ARCHIVES
PARLEMENTAIRES
DE 1787 A 1860

RECUEIL COMPLET

DES

DÉBATS LÉGISLATIFS & POLITIQUES DES CHAMBRES FRANÇAISES

IMPRIMÉ PAR ORDRE DU SÉNAT ET DE LA CHAMBRE DES DÉPUTÉS

SOUS LA DIRECTION DE

M. J. MAVIDAL

CHEF DU BUREAU DES PROCÈS-VERBAUX, DE L'EXPÉDITION DES LOIS, DES PÉTITIONS, DES IMPRESSIONS
ET DISTRIBUTIONS DE LA CHAMBRE DES DÉPUTÉS

ET DE

M. E. LAURENT

BIBLIOTHÉCAIRE ADJOINT DE LA CHAMBRE DES DÉPUTÉS

PREMIÈRE SÉRIE (1787 à 1799)

TOME TROISIÈME

ÉTATS GÉNÉRAUX. — CAHIERS DES SÉNÉCHAUSSÉES & BAILLIAGES

DEUXIÈME ÉDITION

PARIS

LIBRAIRIE ADMINISTRATIVE DE PAUL DUPONT

44, RUE J.-J.-ROUSSEAU (HOTEL DES FERMES)

1879

ARCHIVES

PARLEMENTAIRES

IMPRIMERIE ADMINISTRATIVE DE PAUL DUPONT
41, Rue J.-J.-Rousseau, Paris

ARCHIVES
PARLEMENTAIRES
DE 1787 A 1860

RECUEIL COMPLET

DES

DÉBATS LÉGISLATIFS & POLITIQUES DES CHAMBRES FRANÇAISES

IMPRIMÉ PAR ORDRE DU SÉNAT ET DE LA CHAMBRE DES DÉPUTÉS

SOUS LA DIRECTION DE

M. J. MAVIDAL

CHEF DU BUREAU DES PROCÈS-VERBAUX, DE L'EXPÉDITION DES LOIS, DES IMPRESSIONS
ET DISTRIBUTIONS DE LA CHAMBRE DES DÉPUTÉS

ET DE

M. E. LAURENT

BIBLIOTHÉCAIRE-ADJOINT DE LA CHAMBRE DES DÉPUTÉS

PREMIÈRE SÉRIE (1787 à 1799)

TOME TROISIÈME

ÉTATS GÉNÉRAUX. — CAHIERS DES SÉNÉCHAUSSÉES & BAILLIAGES

DEUXIÈME ÉDITION

LIBRAIRIE ADMINISTRATIVE DE PAUL DUPONT

41, RUE JEAN-JACQUES-ROUSSEAU, 41

1879

ARCHIVES PARLEMENTAIRES.

DISTRICTS DE COLMAR ET SCHLESTADT.

CAHIER

*Du clergé réuni de Colmar et de Schlestadt, pré-
cédé des proces-verbaux des deux districts (1).*

PROCÈS-VERBAUX
*Du clergé des deux districts réunis de Colmar et
de Schlestadt.*

L'an 1789, le 26 mars, nous, Benoît-Antoine-
Frederic, baron d'Andlau, abbé-prince de Murbach
et de Lure, grand vicaire du diocèse de Besançon,
nous étant transporté, après l'assemblée des
trois ordres, convoquée en l'église des RR. PP.
Dominicains de cette ville, avec le clergé réuni
des districts de Colmar et de Schlestadt, dans la
salle du Poêle des Maréchaux, destinée à l'assemblée dudit clergé, dont la présidence nous a
été assurée en notre qualité de prince-abbé, en
vertu de l'article 41 du règlement du 24 janvier
de la présente année, avons procédé à la nomination d'un secrétaire dudit ordre, et par acclamation a été choisi le sieur Pierre-Felix-Antoine
Gérard, prévôt du chapitre de Lautembach, conseiller-clerc au conseil souverain d'Alsace.

Après quoi avons fait procéder à la verification
et au récolement de tous les membres du clergé
ici présents et déjà dénommés au procès-verbal
de la convocation des trois ordres, en date de cejourd'hui ; et ledit récolement fait, il a été dit
que les procurations dont plusieurs d'entre eux
sont porteurs, ne seraient vérifiées qu'à la prochaine assemblée générale de l'ordre, et lorsqu'il
s'agira de procéder définitivement à l'élection de
ses députés aux Etats généraux ; et cependant il
a été unanimement statué et arrêté que, pour
cette fois et sans tirer à conséquence, tous lesdits
membres seront admis à délibérer sans distinction de rangs, dignités ou bénéfices, et sans division de diocèse, mais indistinctement comme
ils se trouveront placés, le tout sans préjudice des
droits et prétentions quelconques, qui resteront
en leur entier.

Et à l'instant ont demandé à être admis dans
la chambre du clergé trois députés du tiers-ordre,
lesquels reçus et introduits, ont déclaré, au nom de
leur ordre, que son intention est de procéder séparément à la rédaction des cahiers. La même motion
ayant été faite incontinent à l'ordre du clergé, il a
été arrêté des voix, que ledit ordre travaillera également à la rédaction de ses cahiers,
sauf à les combiner le cas échéant avec ceux
des deux autres ordres, et à les réduire, s'il est
possible, par la médiation des commissaires res-

(1) Nous publions ce cahier d'après un imprimé de la
Bibliothèque du Senat.

pectifs, à un seul et même cahier commun à tout
le district.

Apres quoi ont demandé à être admis et ont
été introduits dans ladite chambre du clergé,
MM. le baron de Berckheim de Ribeauville, le
baron de Boulach, colonel, et le baron de Schau-
bourg, major de Nassau, tous trois deputés de
l'ordre de la noblesse, lesquels étaient chargés
de communiquer au clergé l'arrêté suivant, dont
copie a ete laissée sur le bureau :

« L'ordre de la noblesse des districts réunis de
Colmar et de Schlestadt, assemblé en vertu des
lettres de convocation de Sa Majesté du 7 février 1789, s'empresse, avant toutes choses, de
déclarer de la manière la plus formelle qu'il
s'engage de contribuer, en proportion de ses facultés, aux charges de l'Etat, déterminées par la
nation assemblée ; mais afin que son désir sur l'égalité des impôts, auxquels il se propose de contribuer, ne puisse être équivoque, il a été arrêté :
que la présente déclaration serait à l'instant communiquée à l'ordre du clergé, ainsi qu'à celui du
tiers, et qu'elle serait rendue publique par la voie
de l'impression. *Signé*, DE MULLER, secrétaire de
l'ordre de la noblesse. » Lesquels trois députés reçus par trois membres du clergé à la porte d'entrée de la salle, et reconduits par iceux jusqu'à
ladite porte, l'ordre retirés, l'ordre du clergé, par
acclamation et à l'unanimité la plus patriotique,
a répondu à la motion ci-dessus transcrite par
l'arrêté suivant :

« L'ordre du clergé, animé de l'esprit qui a
« inspiré celui de la noblesse, ne se serait pas
« laissé prévenir par cet exemple patriotique, si
« des délibérations antérieures n'avaient retardé
« la manifestation de ses sentiments. C'est par
« acclamation et avec la plus parfaite unanimité
« que l'ordre du clergé se réunit à celui de la
« noblesse, pour faire la renonciation la plus au-
« thentique à toute exemption et privilèges pécu-
« niaires, et il a arrêté en même temps que sa
» présente délibération, qui doit être l'expression
« d'un vœu pur aux cœurs de tous les membres
« qui le composent, sera communiquée à l'ordre
« de la noblesse et à celui du tiers, et rendue
« publique par la voie de l'impression. »

Lequel arrêté, signé du secrétaire de l'ordre,
MM. l'abbé de Holdt, doyen du conseil souverain
d'Alsace ; Brunck, doyen du chapitre de Saint-Léonard ; Kieu, archiprêtre de Benfeld, et Wilhelm,
recteur de Soultz, ont été chargés de porter et
communiquer aux deux autres ordres. Et lesdits
deputés à peine rentrés, se sont présentés, au nombre de huit, MM. les députés du tiers, pour témoigner au nom de leur ordre à celui du clergé, leur
sensibilité au dévouement patriotique dudit ordre,

et leur reconnaissance pour le sacrifice qu'il vient de faire à l'intérêt général, d'une manière aussi honorable que prompte et généreuse.

Et de suite il a été procédé à la nomination des commissaires chargés de la rédaction des cahiers, et après avoir fixé à douze le nombre des commissaires qui travailleront à ladite rédaction, pour parvenir avec plus de facilité à faire ce choix, ledit ordre s'est partagé pour cette fois, et sans tirer à conséquence, en deux parties, l'une formée du diocèse de Bâle, et l'autre de celui de Strasbourg, lesquelles deux parties ont nommé chacune séparément leurs commissaires, qui se réuniront sous notre présidence pour la formation desdits cahiers; et ont été choisis à la pluralité des suffrages : *pour le diocèse de Bâle*, MM. de Noldt, doyen au conseil souverain d'Alsace; Delort, curé d'Orbey, doyen du chapitre rural; Hoenner, curé de Cueberschwir, doyen du chapitre rural; Reech, curé de Colmar, doyen du chapitre de cette ville; Gerber, curé de Gundelsheim; dom Queffemme, prieur de l'abbaye de Pairis; *pour le diocèse de Strasbourg*, MM. Hirn, abbé d'Ebersmunster, ordre de Saint-Benoît; Guntz, curé d'Obernai, camérier du chapitre rural; Pinelle, curé de Hiltzheim; Brobeque, curé de Lipsheim; Lessai, doyen du chapitre de Haslach; Bœhr, ancien curé; auxquels ont été remis les mémoires et observations présentés par quelques membres de l'ordre. Et la présente séance a été continuée à lundi prochain, 30 de ce mois, jour auquel MM. les commissaires se sont engagés de rapporter leur travail à l'assemblée de l'ordre, pour y être définitivement arrêté.

Fait à Colmar en ladite ville, les jour, mois et an que dessus. *Signé* baron de Truchses, commandeur de Rouffach; de Rathsamhausen, grand chantre de Mourbach; Pinelle, curé de Bruder, capitulaire de la commanderie de Strasbourg; Stockel; Wilhem; Fuchs; Keifflin; Spitz, abbé d'Altorff; Thannberger, curé de Frélan; Delasablière; Jacob, curé; Pierre, curé de Meyenheim; Kien, curé de Geispitzen et archiprêtre du chapitre de Benfeld; Dévieleuse, curé de Rodern; Wendling, capitulaire de la commanderie de Strasbourg; l'abbé de Munster; Delannoy, Lessai, doyen; Klipffel, curé d'Hipsheim; Henry; Fossié; Le Febvre, curé de Guemar; Gassmann; Stinlin, curé de Korschwir; Jacob, curé de Grussenheim; Reichstetter, curé de Bollwiller et Feldkirch; Weifrock, curé à Saint-Étienne, à Rosheim; Hassenforder, curé de Hartmannsweiler; Grand, curé de Moutzig; Masson, recteur de Wiche et Lützelhausen; Schillinger; Kurtz, curé de Sermersheim; Payan, curé de Sainte-Croix; Keller, curé de Bibl; Litaize, curé de Blobsheim; Stirnemann; Spitz, curé de Saint-Martin, Messeingott et Steige; Munschina, curé d'Eggisheim; Dupont; Queffemme, prieur de Pairis; Baehr, curé vétéran de Bainheim; Fels, principal; de Hold; Windholtz; Reech, doyen et curé de Colmar; Poirot, curé de Heideren; Burkard, recteur des dames d'Alspach; Beck, curé de Niederhergheim; Chauffour, prévôt du chapitre de Colmar, chargé de la procuration du prince-évêque de Bâle; Brunck, doyen de Saint-Léonard; de Boug, Brobeque; Wendling; Hillenweg; Schwartz; Klein; Anstett, curé; Broly; Bettinger; Petit-Demange; Minery; Herrenberger; Henner; P. Clément Oberlé, ex-provincial prieur des RR. PP. Augustins de Ribeauvillé; Labarbe; Kuentz; Tellier; Nansé, curé d'Orthausen; Henri Gossing; Aland Greff, prieur des Dominicains; P. Antoine Bernard, prieur des Augustins, à Colmar; P. Vincent Rohmer, prieur des Domi-

nicains, à Schlestadt; P. François Ruch, procureur des Dominicains à Guebwiller; P. Dirr, pour le monastère de Sainte-Catherine, à Colmar; Burgunder, recteur de Guebwiller; Müller, curé de Biltzheim; Kauffmann, curé de Katzenthal; Streicher, curé de Mutzig; Hertzeg; Kien, curé de Bischwir; Vogel, curé de Koltzheim; Deville, curé de Sigolsheim; dom Gobel; Klein, curé d'Ammerschevir; Klem, curé de Turckheim; Mousche, curé de Wintzenheim; Prossé, curé de Honnawir; Hochstetter, curé d'Andolsheim; Ettlin, recteur et curé de l'abbaye princière d'Andlau; Pierre, curé de l'hôpital; Guntz, curé; Meyer; Colin, curé de Hindisheim; Brobeque, curé de Lipsheim; Moppert, curé à Kintzheim; Russy, Prémontré; Ruhlmann, curé d'Ebersmunster; Hermann; Gombaut, curé de Bersch; Rumpler, curé d'Illwichersheim; Fels, curé; Mittelberger, curé d'Ohnenheim; Gondart, curé de Biesheim; Haenner, curé d'Herlisheim; Boll, député de l'abbaye de Marbach; Echlé, curé de Saint-André, à Andlau; Housson, curé de Soultzmatt; Stackler, curé de Neuve-Église; Zapffel, curé d'Elsenheim; Delort, curé doyen à Orbé; Metz, curé d'Artolsheim; Melsheim, curé de Saint-Pierre-et-Paul à Rosheim; Boyet, procureur de Münster; Schneider, curé de Niderehenheim; Loos, curé de Merxheim; Poujol, pour le chapitre de Colmar; Gress, chapelain de Gndelsheim; Haenner, curé de Gueberchwir; Welté, curé de Fessenheim; Baccara, recteur d'Erstein; Favre, bénéficier des Trois-Rois à Ensisheim; Pouguet, curé recteur de Ribeauvillé; D. Holder, prieur de Therbach; Reinbolt, curé d'Artzenheim; Liochtlé, chapelain; Burkard, curé de Sasenheim; Fless, curé de Dessenheim et chapelain d'Ensisheim; Scheck, curé de Vau; Saglio, vicaire d'Andlau; Burger, curé de la Poutroye; Navert, curé à Fouchy; Frédéric-Louis Deville, curé de Niderentzheim; Drœling, chapelain; Bernard, curé de Saint-Pierre; Schmitt, curé d'Ostheim; Sermonet, chargé de procuration pour la Chartreuse de Molsheim; Lothringer, chapelain; Mosser, curé de Zellwiller; Meistertzheim, curé de Lautembach; Engelmann, prêtre non bénéficier de Schlestadt; Montel, curé de Lautenbachzelle; Fauget, curé de Saint-Pierre-Bois; Bosque; Krafft; Gerber, curé de Gundelheim; Hirn, abbé d'Ebersmunster; d'Andlau, abbé-prince de Murbach, président, et Gérard, secrétaire. *Collationné : Signé* Klein, greffier.

L'an 1789, le 1er avril, nous, Benoît-Antoine-Frédéric, baron d'Andlau, abbé-prince de Murbach et de Lure, grand vicaire du diocèse de Besançon, après avoir invoqué les lumières de l'Esprit saint, dans une messe que nous avons célébrée pontificalement, et à laquelle ont assisté les trois ordres de l'assemblée réunie des districts de Colmar et de Schlestadt, nous sommes transporté, avec le clergé desdits districts réunis, dans la salle du Poêle des Maréchaux, destinée à l'assemblée dudit ordre, pour procéder, conformément à la teneur du règlement du 24 janvier de la présente année, et du procès-verbal de la journée d'hier, à la nomination et élection des députés à envoyer par ledit clergé aux États généraux du royaume. En conséquence, MM. Nauer, curé de Fouchi, âgé de quatre-vingt sans, l'abbé de Munster, âgé de soixante-quinze ans; Ettlin, recteur de l'abbaye d'Andlau, âgé de soixante-quatorze ans, s'étant placés au bureau avec le secrétaire de l'ordre, il a été unanimement procédé, dans les formes prescrites par le règlement, à l'élection des trois scrutateurs, et après vérification faite des billets, ont été choisis et proclamés à la pluralité des voix, MM. de Holdt, doyen du con-

seil souverain d'Alsace; Haener, curé de Gue-
berschwihr, doyen du chapitre rural; Delort, curé
d'Orbey, doyen du chapitre rural; et s'étant lesdits trois scrutateurs placés au bureau, ont
commencé à procéder à la vérification et au recensement des suffrages et procurations, et le dénombrement étant calculé et parachevé, les billets ont
été déposés dans le vase à ce préparé, et le premier scrutin parachevé, n'y ayant point eu d'élection, il a été à l'instant procédé à un second.

Et par ce second, il a été trouvé que M. Pinelle,
curé de Hultzheim, et M. l'abbé Louis, chancelier
de l'Université de Strasbourg, ont été mis en balance, ayant eu la pluralité, et ont été proposés
à un troisième scrutin.

Et à ce troisième scrutin a été élu à la pluralité
et proclamé M. Marin Pinelle, curé de Hultzheim,
qui a accepté.

Après quoi il a été procédé à l'élection du second
député, et le premier scrutin n'ayant pas réussi, il
a été procédé à un second, et par ce second il a été
trouvé que M. le prince de Murbach et M. Delort,
curé d'Orbey, ont été mis en balance, ayant eu la
pluralité, et ont été proposés à un troisième scrutin.

Et à ce troisième scrutin a été élu à la pluralité et proclamé le prince-abbé de Guebwiller, qui
a accepté.

Et la séance a été continuée à demain 2 avril
présent mois, pour remettre aux députés élus les
cahiers de plaintes, doléances, remontrances et
instructions arrêtés par ledit ordre dans l'assemblée générale des trois ordres, fixée par M. le
bailli d'épée ; et cependant dès à présent a ledit
ordre du clergé donné auxdits sieurs députés du
clergé des districts réunis de Colmar et de Schlestadt
et leur donne par les présentes tout pouvoir
général et spécial de présenter son cahier à Sa
Majesté en l'assemblée des Etats généraux convoqués à Versailles le 27 avril présent mois, et
sans entendre limiter ni restreindre leurs pouvoirs en tout ce qui n'intéresse pas la constitution générale du royaume et celle particulière de
la province, ainsi que ses privilèges ; il leur
est enjoint de réclamer constamment pour le
clergé la prérogative d'être le premier ordre de
l'Etat ; de ne pas souffrir qu'il soit donné atteinte
à la distinction et division des trois ordres, aussi
ancienne que la monarchie, de s'opposer constamment à ce que le vœu des deux ordres puisse
lier le troisième, et être envisagé comme le vœu
des trois ordres réunis; de ne pas consentir à la
délibération par tête, hors seulement le cas où
il s'agira de l'impôt, après que les trois ordres
séparément auront d'un commun accord acquiescé
à cette forme de délibération, et de s'opposer à la
formation d'une commission intermédiaire. Du
reste, ledit ordre du clergé, en recommandant à
ses députés de ne pas oublier qu'ils ne sont que
ses mandataires, que les pouvoirs qui leur sont
confiés sont subordonnés au vœu dudit ordre, et
qu'ils seront responsables de leur conduite à leurs
concitoyens, leur donne charge et procuration
de remontrer, aviser et consentir, au nom de leurs
commettants, tout ce qui peut concerner le bien
de l'Etat, la réforme des abus, l'établissement fixe
et durable dans toutes les parties de l'administration, la prospérité générale du royaume, et le
bien de tous et un chacun des sujets, à charge de
prêter dans l'assemblée générale des trois ordres,
qui se tiendra demain, le serment en tel cas
requis et accoutumé.

Fait à Colmar, dans l'assemblée de l'ordre du
clergé, tenue au Poële des Maréchaux, les jour,
mois et an que dessus.

S'ensuivent les signatures des membres présents, au nombre de cinquante-six. *Signé* GÉRARD,
secrétaire du clergé.

INSTRUCTIONS

*Que le clergé des districts réunis de Colmar et
Schlestadt donne à ses députés aux Etats généraux.*

Avant de consentir à aucune imposition, les
députés du clergé à l'assemblée des Etats généraux feront arrêter et sanctionner de la manière
la plus solennelle :

1° Qu'aucune espèce d'impôt ne pourra être
levée dans toute l'étendue du royaume, s'il n'a
été octroyé et consenti par les Etats généraux, et
que les cours souveraines seront autorisées à
poursuivre comme concussionnaire quiconque
osera entreprendre de faire aucune levée de deniers qui n'aurait pas eu l'approbation de la nation ;

2° Que la liberté personnelle étant aussi sacrée
que la propriété, les lettres de cachet, dont le
despotisme ministériel s'est fait une arme si puissante, seront abolies, et que tout citoyen, vivant
sous l'empire des lois et sous leur protection, s'il
a été arrêté par l'autorité, sera remis à l'instant
entre les mains de ses juges naturels, pour être
par eux jugé, ou statué ainsi qu'il appartiendra ;

3° Que le retour des Etats généraux sera périodique, et ne pourra être retardé au delà de cinq
années au plus.

Ces trois points étant arrêtés de manière à faire
la base de la constitution nationale, et à être mis
au nombre des lois fondamentales de la monarchie, alors seulement les députés porteurs du
vœu de leur ordre, renouvelant en face de la nation la renonciation qu'ils ont déjà faite à l'assemblée des trois ordres de leurs districts, à toutes
exemptions et privilèges pécuniaires, s'engageront à contribuer aux charges publiques de l'Etat
et à celles de leur province, à l'instar de tous les
citoyens, et dans la proportion des biens que le
clergé possède; protestant néanmoins de revendiquer leurs droits et privilèges, du moment que, par
des événements que la sagesse humaine ne peut
prévoir, le despotisme renaissant de ses cendres
serait parvenu à priver de nouveau la nation
de ses droits imprescriptibles.

Cependant, avant de déterminer aucun impôt,
ils demanderont :

1° Que la dette nationale soit consolidée, et à
cet effet, que toutes les créances de l'Etat soient
vérifiées, les titres examinés, et celles qui auront
une origine impure ou illégale, réduites, ou même
anéanties ;

2° Que la nature des impôts actuellement existants soit approfondie, et que ceux qui, d'après
un sévère examen, seront jugés destructeurs de
l'industrie nationale et de l'agriculture, seront
supprimés, pour être remplacés par d'autres, qui
seront supportés également par tous les ordres,
et atteindront toutes les classes de citoyens.

3° Que les impôts que la nation aura accordés
soient invariablement fixés et limités à une époque certaine, et pas plus éloignée que la tenue la
plus prochaine des Etats généraux; et que si,
sous quelque prétexte que ce soit, les Etats doivent être suspendus ou retardés, l'impôt dès
lors serait suspendu, et les cours autorisées à rendre
arrêt de défenses de les lever et de poursuivre
les collecteurs ;

4° Que les états de dépenses soient remis aux
Etats généraux, pour être par eux vérifiés et exa-

minés, et la dépense de chaque département fixée et limitée;

5° Qu'il soit rendu compte aux États généraux, périodiquement convoqués, de l'emploi des fonds accordés par les États qui auront précédé, et de l'exactitude des payements faits en extinction de la dette nationale, à quel effet il sera par eux établi une caisse d'amortissement, dont les deniers seront irrévocablement destinés à cet usage, et ne pourront être détournés à un autre objet;

6° Que les lois faites sur la proposition ou avec le consentement et par le concours des États généraux, seront renvoyées aux cours pour être par elles enregistrées, avec la clause du consentement de nosseigneurs les États généraux du royaume;

7° Que les lois qui seront rendues pendant l'intervalle des États généraux seront envoyées à la vérification libre et enregistrement des cours, qui continueront de jouir en ce cas du droit d'adresser leurs remontrances au Roi et aux prochains États généraux, qui jugeront du mérite de leurs réclamations;

8° Qu'en tous temps, les cours particulièrement chargées du dépôt des lois et du maintien de la constitution, veilleront à ce qu'il ne leur soit porté aucune atteinte, et rappelleront à l'époque déterminée la convocation périodique des États généraux, si la loi qui l'aura fixée pouvait être méconnue;

9° Enfin que chaque province, et notamment l'Alsace, jouissent de l'avantage d'avoir des États provinciaux, dont les membres seront librement choisis parmi les différents ordres qui les composent; que toute représentation particulière en soit proscrite; qu'avant de déterminer leur formation, les trois ordres soient de nouveau convoqués pour en donner le plan et corroborer par leur assentiment; que lesdits États soient chargés de répartir l'impôt, d'affecter, sur les objets de consommation les moins dommageables au commerce et à l'industrie, la cote proportionnelle des impositions qui devra être payée particulièrement par les consommateurs, et de veiller à la conservation des droits et privilèges des habitants d'Alsace.

Ces préliminaires fixés et arrêtés, les députés du clergé pourront consentir à telle imposition que les États généraux jugeront nécessaires, ou concourir à tel emprunt que la position présente des finances exigera.

De plus, le clergé desdits districts réunis de Schlestadt et Colmar charge ses députés de présenter aux États généraux les demandes qui intéressent particulièrement l'état de la religion en Alsace, et le bonheur des habitants de cette province.

Persuadés que la prospérité d'un État dépend des mœurs, et qu'il n'y a pas de mœurs sans religion; que la qualité de ses ministres, s'ils sont honorés, leur impose surtout l'obligation de veiller à son maintien et à sa pureté, et d'arrêter, autant qu'il est en leur pouvoir, le progrès de corruption qui tend à l'avilir, les membres du clergé desdits districts recommandent à leurs députés de s'occuper en premier lieu de tout ce qui peut procurer la pureté du culte, le rétablissement des mœurs, et assurer le moyen d'avoir constamment de bons et dignes ministres des autels.

Les députés du clergé sont chargés en conséquence de demander:

1° Que les lois tant civiles qu'ecclésiastiques, qui imposent aux évêques l'obligation de résider dans leurs diocèses, soient renouvelées et exécutées suivant leur forme et teneur;

2° Que la résidence des évêques de Spire et de Bâle hors du royaume, obligeant les Alsaciens, sujets du Roi, à sortir du pays de la domination française pour recevoir les ordres sacrés, pour puiser dans les écoles non surveillées une doctrine et des principes qui pourraient n'être pas conformes aux maximes de l'Église de France, et pour répondre aux injonctions qui peuvent leur être faites de la part de leur évêque, l'établissement d'un grand vicaire, suffragant et official, résidant en Alsace, et la création d'un séminaire dans chacun de ces diocèses, soient ordonnées, et n'éprouvent plus ni difficulté ni retard;

3° Que les lois et ordonnances, qui ont pour objet la conservation des mœurs et de la religion, soient exécutées suivant leur forme et teneur; que les juges des lieux soient tenus de concourir avec les pasteurs à la destruction des maux qui résultent de la fréquentation des cabarets et lieux de débauche; à la sanctification des dimanches et fêtes, et aux moyens de procurer une éducation chrétienne à la jeunesse de leurs paroisses; que cet objet si négligé, et cependant si important, fixe surtout l'attention des États généraux, et les détermine à adopter le plan d'une éducation nationale, dont nos voisins nous offrent un modèle bon à être imité;

4° Que la classe des maîtres d'écoles soit perfectionnée, encouragée, améliorée; que leurs places ne soient données qu'au concours et avec l'approbation des curés; qu'il soit formé des pépinières de ces hommes si nécessaires;

5° Que les maisons religieuses rentées, de l'un et de l'autre sexe, soient obligées de donner gratuitement leurs soins à la première éducation des enfants des lieux où elles sont établies; cette honorable destination détruira leur reproche d'inutilité, dont on aime de les accabler.

6° Que l'administration dispendieuse des maisons de charité, hôpitaux, fabriques et fondations pieuses de cette province, soit supprimée pour être remplacée par une autre plus simple; que les abus qui se sont glissés soient surveillés et réformés par les États provinciaux, et que les pasteurs y aient l'influence que doivent leur donner leur caractère et leur mission;

7° Qu'après vérifications faites par des commissaires de l'évêque diocésain, et les formes usitées en pareil cas, les bénéfices simples de patronage ecclésiastique, dont l'inutilité aura été reconnue, soient, après la mort des titulaires, supprimés et éteints, et qu'après l'acquittement des charges et fondations, leurs revenus soient versés dans une caisse commune, à la disposition des États provinciaux;

8° Que cette caisse soit renforcée du produit des pensions perpétuelles affectées sur les abbayes de la province, qui seront réglées et fixées à proportion des revenus desdits abbayes, et après vérification faite des revenus des collèges supprimés, qui n'ont point encore de destination certaine, ainsi que de ceux des maisons régulières éteintes depuis trente années, notamment celle des Antonins; et que la révocation des lettres patentes qui ont ordonné leur réunion, ou autre disposition quelconque, soit sollicitée avec autant de suite que de vivacité;

9° Que les fonds de cette masse soient appliqués à améliorer le sort des cures royaux répandus dans la province, à procurer un supplément de pension bien juste et bien mérité à messieurs les ex-jésuites; à doter des cures nouvelles; à améliorer celles qui n'auraient pas d'autres ressources ; à la formation des maîtres d'école, a d'autres objets de piété et de nécessité publique, mais surtout à la fondation d'une maison de retraite pour des vieux ecclésiastiques de la haute Alsace, à l'instar de celle de Steffansfeld dans la basse, institution d'autant plus facile, que le prieuré de Saint-Morand, ou celui de Saint-Valentin de Rouffach, offrent un local convenable ; et qu'en attendant, la maison de Steffansfeld soit indistinctement ouverte aux ecclésiastiques de la haute comme de la basse Alsace ;

10° Les sieurs députés sont pareillement chargés par la classe de MM. les curés, de demander la révocation de l'édit de 1768, concernant les portions congrues et que les novales, qui ont toujours été attachées à leurs clochers, soient restituées aux titres de bénéficiers, sauf les réserves, droits et actions des gros décimateurs ;

11° Ils demanderont, en outre, que les États généraux daignent fixer leur attention sur le sort des curés à portion congrue ; qu'ils emploient les moyens qu'ils jugeront le plus couvenables à leur procurer un sort qui les mette au-dessus du besoin, et leur permette de suivre les mouvements de charité envers les pauvres de leurs paroisses ;

12° Qu'il ne soit plus possible d'opérer arbitrairement la suppression ou translation d'aucune maison ou corps ecclésiastique ; que la ressource qu'ils offrent à la piété et au soulagement des grandes familles soit toujours ouverte au tiers-état ; que ces opérations, si elles étaient de nécessité ou utilité évidente, ne puissent plus être faites qu'avec le concours des États provinciaux et à leur sollicitation ;

13° Que la maison de Marbach, dont l'existence édifiante inspire un intérêt général dans la province, soit conservée, et que le Roi soit supplié de faire révoquer l'arrêt qui ordonne le séquestre de ses revenus, jusqu'à la mort de son abbé ;

14° Que, pour venir au secours de la classe la plus indigente du peuple, et l'empêcher de recourir aux juifs qui la ruinent par leurs usures, il soit permis aux gens de mainmorte de la province de placer leurs fonds sur obligations et à modiques intérêts ; que Sa Majesté soit suppliée d'interpréter à cet égard son édit de 1749, ce qui sera d'autant plus aisé qu'on a étendu aux obligations les défenses relatives aux constitutions des rentes, qui sont presque inconnues dans la province ;

15° Que les juifs, par leurs vexations, leurs rapines, la duplicité cupide dont ils offrent journellement de si pernicieux exemples, étant la principale et la première cause de la misère du peuple, de la perte de tout sentiment d'énergie, de la dépravation morale d'une classe renommée autrefois par cette foi germanique si vantée, leur étonnante pullulation, qui, d'après des calculs et des états, a été en croissant, à 3,000 qu'ils étaient au commencement du siècle, à près de 20,000, suivant leur dernier dénombrement, soit arrêté dans son principe, et qu'il ne puisse plus être permis de contracter mariage qu'au fils aîné de chaque famille juive ;

16° Qu'il leur soit expressément défendu de contracter pour prêt d'argent avec les chrétiens, ni aucune vente mobilière à crédit, sous peine de nullité des actes qu'ils auront passés, sans préjudice néanmoins aux lettres et billets de commerce, passés entre eux et les banquiers et marchands, pour fait de négoce ;

17° Que l'état des trois religions autorisées en Alsace, en vertu des traités de paix, soit maintenu tel qu'il était en l'année décrétoire 1624 ; qu'il soit défendu aux luthériens et calvinistes d'étendre leur culte dans les lieux où ils n'en avaient pas en cette année, et que le temple ou oratoire que ces derniers ont bâti à Strasbourg, et celui que les luthériens ont érigé à Ribauville, contrairement à la teneur expresse du traité de Wesphalie, soient démolis ;

18° Que les dispositions de l'édit de novembre 1787, qui ne devait rien changer à l'existence civile et politique des protestants dans cette province, ayant étendu leurs vues ambitieuses et fait naître la prétention d'aspirer à des charges distinguées, dont, depuis la réunion, ils avaient été exclus, soient expliquées d'une manière si claire et si positive, qu'ils ne puissent plus se faire une arme de l'esprit de tolérance qui a dicté cette loi pour aspirer à des offices de judicature, réservés par les lois à ceux-là seulement qui professent la religion du prince ; en conséquence, que l'alternative établie dans le directoire du corps de la noblesse, par une simple lettre ministrielle, soit abolie, et que les choses soient remises à cet égard en l'état où elle ont été sous le règne de Louis XIV, et pendant tout le cours de ce siècle ;

19° Que la cour souveraine soit chargée de porter un œil attentif sur un objet aussi intéressant pour la religion, et que le zèle qu'elle a déjà montré se réveille toutes les fois qu'il s'agira de conférer une place de juge, chef de ville ou communauté, à un sujet qui ne serait pas de la religion du prince.

20° Enfin les députés sont chargés de concourir à tout ce que les députés du clergé du royaume, réunis aux États généraux, pourront proposer d'utile à la gloire de la religion et au rétablissement des mœurs ; et, après avoir rempli à cet égard ce que leur zèle et leur piété auront pu leur inspirer, s'intéressant également à tout ce qui peut contribuer au bonheur des peuples, ils demanderont de plus :

1° Que nul impôt, nulle contribution, nulle charge en un mot, particulière à l'Alsace, ne pourra être assise sur la province, à moins qu'elle n'ait été consentie par elle, et fixée par une loi du prince, enregistrée à la cour souveraine ;

2° Qu'il sera fait des très-expresses inhibitions et défenses de lever aucuns deniers sur aucun habitant, corps ou communauté de la province, en vertu de lettres ministérielles, ou d'arrêts du conseil d'État, non revêtus de lettres patentes, enregistrées à la cour ; et que quiconque osera prendre sur lui de mettre à exécution de pareils ordres, sera poursuivi comme concussionnaire ;

3° Que la première opération sera de faire l'examen précis et détaillé de toutes les impositions assises sur la province, de leur origine, des titres en vertu desquels elles sont levées, et de l'époque à laquelle elles sont dues ou doivent cesser ;

4° Que l'effet de cet examen sera de délivrer la province de toute charge ou imposition qui n'aura eu pour principe que la volonté arbitraire du despotisme ministériel, ou qui, éteinte par des abonnements déjà acquittés, continue à être illégalement perçue et contrairement à toute règle de justice et d'équité ;

5° En conséquence, que l'imposition concernant les cartons et amidons, et celles concernant les courtiers changeurs, seront supprimées, la province s'en étant depuis longtemps libérée par un abonnement fait avec le gouvernement, abonnement qui ne continue à être perçu que par la plus criante injustice ;

6° Que celle qui a pour objet la milice entrera dans la réclamation des États, comme étant levée sans cause, et portant le plus grand préjudice à la classe la plus nécessiteuse, et devant exciter les plus vives oppositions aux États généraux ;

7° Qu'en général, toute contribution qui aura pour objet les besoins particuliers de la province sera levée par les États, sans pouvoir être versée dans le trésor royal, et sera employée sans circuit à sa destination, ses différents revirements, qui ont eu lieu jusqu'ici, n'étant propres qu'à faire lever en sus des deniers de taxations extrêmement onéreux ;

8° Que l'imposition concernant les ponts et chaussées, et autres travaux publics, sera supportée par les trois ordres ; que l'emploi en sera déterminé par les États, et les travaux dirigés par la commission intermédiaire ;

9° Que, sous aucun prétexte, soit de service militaire, soit d'administration, des corvées en nature ne puissent être exigées, mais que dans tous les cas, même de nécessité urgente, les journées et voitures soient fidèlement payées aux particuliers qui ont été commandés pour service indispensable ;

10° Que le nom même de privilège pécuniaire soit anéanti, que tous les droits cèdent à la raison irrésistible, à la nécessité de l'État, et que les princes étrangers ne puissent invoquer, pour leurs possessions, pour leurs officiers ou leurs vassaux, les exemptions auxquelles les princes du sang et le Roi lui-même, pour ses domaines, ont généreusement renoncé ;

11° Qu'en conséquence le Roi, soit supplié de faire examiner avec la plus sévère attention la nature des titres en vertu desquels les princes réclament des prérogatives si onéreuses à ses sujets ; de se rendre sourd à la voix du crédit, pour n'entendre que les gémissements de ses peuples, et dans le cas que sa justice se croie irrévocablement liée par des traités qu'il ne pense pas pouvoir enfreindre, de régler les indemnités qu'il daignera leur accorder, de manière qu'elles ne retombent point à la charge d'une province qui a des droits particuliers à sa protection ;

12° Que le Roi sera également supplié de permettre aux États d'aviser aux moyens les plus simples et les moins coûteux, à la levée des impositions, d'après les plans qui lui seront proposés à cet effet par les États, et entre autres, le remboursement des charges de receveurs des finances, entièrement à charge à la province par les taxations qu'ils ont droit de percevoir ;

13° Que le remboursement des charges du conseil ayant été indûment affecté sur la province, puisque ce n'est point elle qui a touché la première finance, les payements qu'elle a faits jusqu'à présent lui formeront une créance sur l'État, et lorsque les dettes de celui-ci seront consolidées aux États généraux, elle formera ses prétentions et établira ses droits à cet égard ;

14° Qu'aucune pension ne pourra plus être accordée sur les impositions levées dans la province, et qu'elle ne pourra être assujettie à payer de traitements qu'à des personnes actuellement employées, et exerçant des fonctions réelles, et tournant à l'avantage de la province ;

15° Que les traitements des commandants et chefs militaires seront fixés en argent, sans qu'en aucun cas les provinces ou les villes soient tenues de fournir le logement et encore moins les ustensiles ;

16° Que la province se maintiendra de toutes ses forces dans sa position présente, qui l'a fait réputer province étrangère, tant que l'odieux impôt des aides et gabelles affligera le reste de la France, et que les cinq grosses fermes seront autorisées à continuer leur régime dévastateur et corrupteur ;

17° Que jusque-là elle renouvellera les efforts qu'elle a déjà faits pour s'opposer au reculement des barrières jusqu'au Rhin, qui anéantirait son commerce et détruirait entièrement les relations nécessaires que sa position l'a forcée de conserver avec l'étranger ; qu'elle réclamera cependant, pour l'introduction de ses denrées et manufactures dans l'intérieur de la France, d'être traitée plus favorablement que la nation étrangère la plus favorisée ; et en outre, que la ligne de démarcation qui s'étend à trois lieues dans la province, soit dès à présent, dans toute son étendue, reculée aux limites respectives de la Lorraine et de la Franche-Comté ;

18° Mais, dans le cas où les États généraux auraient trouvé le moyen de suppléer les odieux impôts qui dévorent les provinces de l'intérieur par des impositions moins cruelles et plus profitables au Trésor, qu'il soit permis à la province d'affecter sa cote proportionnelle qu'elle aura à supporter dans l'impôt général sur tel objet de production ou de consommation que les États jugeront pouvoir la supporter avec plus d'avantage et moins de danger ;

19° Que la province conservera ses mœurs, ses coutumes, ses usages et même les villes leurs statuts particuliers et magistrats actuels, à moins que la commune réunie ne demande une forme d'administration moins compliquée et moins dispendieuse ; auquel cas les réclamations des communes seront portées aux États provinciaux qui, sous le bon plaisir du Roi, et en pleine connaissance de cause, décideront de l'utilité ou de la nécessité des changements proposés ;

20° Que les villes et communautés seront réintégrées dans le droit de choisir librement leurs préposés municipaux ; que les usurpations des seigneurs seront réprimées à l'égard de celles-ci, et qu'à l'égard de celles-là, le brevet extorqué du Roi, et par plus forte raison, les recommandations ministérielles, soient nulles et de nul effet ;

21° Que les propriétés des citoyens étant garanties contre les atteintes du despotisme ministériel, par la nécessité du consentement libre des États, de toute espèce d'usurpations, il ne sera pas moins important de veiller à assurer leur liberté, qui est trop facilement compromise dans cette province, par des exécutions militaires ;

22° Que le pouvoir des commandants sera restreint et borné à s'assurer des vagabonds et gens sans aveu ; mais que le citoyen domicilié soit constamment sous la sauvegarde des lois et des formes, et ne soit tenu de répondre de ses actions qu'à son juge naturel ; que dès lors si, ayant été impliqué dans quelque rixe, ou ayant excité du trouble dans la province, il est provisoirement arrêté par ordre du commandant, il soit dans les vingt-quatre heures renvoyé à son juge, pour être par lui statué ainsi qu'il appartiendra ;

23° Que les officiers de maréchaussée seront tenus de répondre personnellement à la cour souveraine des excès commis par leurs cavaliers dans les captures et emprisonnements qu'ils auront faits, et que l'attribution de la connaissance de ces faits au tribunal de la connétablie sera révoquée, l'impunité étant toujours à côté de la violence pour la soutenir et la protéger ;

24° Que l'ordre des juridictions sera maintenu

sur le pied où il est en Alsace, depuis l'époque de la réunion, et que la province qui, au moyen de la subvention, s'est rachetée de la création de nouveaux offices, s'opposera de toutes ses forces à l'érection de nouveaux tribunaux, dont l'établissement ne pourrait que tourner à la charge des habitants et à la ruine des plaideurs, par la multiplication des officiers et suppôts de justice ;

25° Que la province soit maintenue, avec plus d'énergie que jamais, dans le privilège qu'ont eu de tout temps les Alsaciens de ne pouvoir être traduits hors de leur ressort; qu'elle ne soit plus exposée aux distractions de juridictions, aux attributions devenues trop fréquentes, aux exécutions arbitraires d'arrêts du conseil des dépêches, qui prend illégalement connaissance d'affaires purement contentieuses, tant civiles qu'ecclésiastiques ; à tout déni de justice, et refus de lettres du sceau d'attache, et autres nécessaires aux ecclésiastiques, pour la poursuite de leurs droits, et aux évocations qui ne seraient pas fondées sur les lois et ordonnances ; que celle au conseil d'État, qu'a obtenue la ville de Strasbourg, pour les procès quelconques qu'elle peut avoir, sera révoquée, comme ayant été accordée pour une cause qui n'existe plus, et surtout comme étant infiniment dommageable à ceux qui ont le malheur d'avoir quelque différend avec cette ville ;

26° Il sera avisé aux moyens de rendre les juges de première instance *moins* dépendants du caprice des seigneurs ; qu'il ne sera plus possible à ceux-ci, de prendre, sous la dénomination de simples agréments, des sommes plus considérables que ne pourrait être la plus forte finance ; qu'un juge puisse être certain de conserver sa place, tant qu'il n'aura contrevenu ni à l'honneur, ni à ses devoirs, ni à ce qu'il doit à son seigneur ; qu'en un mot, il ne soit mis en situation de n'être pas forcé à se trouver chaque jour dans l'odieuse alternative de choisir entre son devoir et le désir de conserver sa place ;

27° Que le conseil souverain d'Alsace continuera à être le seul tribunal de la province jouissant des prérogatives essentiellement attribuées aux juges royaux ; qu'il sera maintenu dans le droit de conserver au Roi trois sujets nés alsaciens pour sa régénération, étant nécessaire que les juges connaissent les deux langues, et par conséquent soient nés dans le pays ;

28° Enfin que les États choisiront dans leur sein des commissaires, pour convenir, avec des commissaires, choisis par la cour souveraine des réformes à faire dans la taxation des frais de justice, ainsi que des greffes et tabellionés, dans l'étrange multitude de praticiens de première instance, qui sont le véritable fléau de la campagne, et en général dans l'administration de la justice civile et criminelle; qu'à cet effet les États se réuniront avec le conseil pour solliciter de Sa Majesté d'accélérer et de consommer le grand ouvrage de la réformation de la justice en France, que sa bonté paternelle a bien voulu annoncer, et pour la perfection duquel elle a déjà nommé des commissaires. *Signé* de Holdt; Lessai, doyen ; Hæner, doyen-curé; Exuper Hirn, abbé d'Ebersmunster; Brobeque curé; Gerber, chambrier; Pinelle, curé; Delort, curé-doyen à Orbey; Gast, curé; Bacher; François Queffemme, prieur de Pairis Rech, curé de Colmar; d'Andlau, abbé-prince de Murbach et de Lure, président, et Gérard, secrétaire du clergé, *avec paraphe.*

CAHIER

De doléances de l'ordre de la noblesse des districts réunis de Colmar et Schlestadt (1).

Conformément aux lettres de convocation, qui ordonnent aux trois ordres des deux districts réunis de Colmar et Schlestadt d'élire leurs représentants aux États libres et généraux du royaume, et de leur confier les pouvoirs et instructions propres à assurer le succès des volontés bienfaisantes du Roi, la restauration des affaires publiques, la prospérité de l'État, et le bonheur particulier de la province d'Alsace, nous, les membres composant le corps de la noblesse des deux districts réunis de Colmar et Schlestadt, donnons par ces présentes à nos députés auxdits États généraux du royaume qui doivent se tenir à Versailles le 27 avril 1789, les instructions et pouvoirs tels qu'ils suivent :

Art. 1er. Sa Majesté sera suppliée d'accorder le retour périodique des États généraux, qui seront, à l'avenir, composés et constitués dans la forme qui sera arrêtée à la future assemblée.

Art. 2. Pour assurer à tous les citoyens la sûreté et la liberté individuelles, les députés demanderont qu'il soit arrêté par les États généraux une loi perpétuelle et irrévocable, qui défende, pour l'avenir, l'usage des lettres closes, et à toute personne revêtue de l'autorité publique de faire arrêter un citoyen domicilié, sans le rendre à son juge naturel dans les vingt-quatre heures.

Art. 3. Qu'il ne sera plus établi aucunes commissions extraordinaires, aucuns tribunaux d'attribution, d'exception ; que ceux qui subsistent seront et demeureront supprimés; que tous droits de *committimus*, lettres d'évocation, hors les cas prévus par les ordonnances, seront révoqués, sans qu'il en puisse être accordé à l'avenir.

Art. 4. La réformation du Code civil et criminel étant devenu le sujet des réclamations générales, elle sera sans doute l'objet de l'attention particulière des États généraux. Nos députés pourront proposer qu'il soit nommé des commissaires qui, réunis à ceux de Sa Majesté, travailleront à cette utile réforme, et pourront demander aux principaux corps des provinces les instructions dont ils auront besoin pendant le cours de leur opération, dont le résultat sera présenté aux plus prochains États généraux pour y être examiné et approuvé, avant de recevoir la sanction requise pour avoir force de loi.

Les mémoires particuliers qui auront été donnés sur cet objet seront envoyés des provinces directement à la commission, ou adressés aux cours de justice ou autres corps principaux, qui seront tenus de les lui faire parvenir.

Art. 5. Que la forme dans laquelle se fait depuis longues années le tirage de la milice, présentant le plus grand inconvénient et réunissant à une charge cruelle sur les cultivateurs une occasion considérable de dépenses pour les communautés, il sera demandé que l'ordonnance actuelle de la milice soit changée après un mûr examen et qu'il soit suppléé au tirage, toujours odieux et souvent éludé à force d'argent, par l'obligation imposée à chaque arrondissement, qui est tenu maintenant de fournir un milicien, d'entretenir toujours un soldat fort, bien constitué et natif de l'arrondissement même, en état de marcher au premier ordre, et que chaque arrondissement sera subor-

---

(1) Nous publions ce cahier d'après un manuscrit des *Archives de l'Empire.*

donné, pour la sûreté de l'exécution de cet ordre important, à l'inspection d'un officier public qui en instruira les États provinciaux.

Art. 6. Ils demanderont que les prérogatives de rangs, d'honneurs et de priviléges personnels, ne puissent être attaqués attendu, qu'ils sont inséparables de la constitution monarchique, et qu'il soit statué par une loi confirmative des anciennes que les droits de fiefs et de seigneuries, qui intéressent également les possesseurs de la commune et ceux des ordres du clergé et de la noblesse, sont des propriétés placées sous la sauvegarde des lois, de même que toutes les autres.

Art. 7. Ils demanderont que tout impôt soit fixé pour sa durée à six mois seulement au delà du jour de la convocation des États généraux, et qu'aucun emprunt direct ou indirect, comme création d'offices et autres, ne puisse être établi; que de l'aveu des États généraux et dans le cas particulier où l'approche d'une guerre imprévue rendrait indispensables des subsides plus considérables, qu'alors les États généraux soient convoqués extraordinairement.

Art. 8. Ils demanderont la révision de la loi qui fixe l'inaliénabilité des domaines, et ils inviteront les États généraux à examiner s'il ne serait pas plus utile de les aliéner, soit pour toujours, soit à terme, en appliquant leur produit à l'extinction d'une partie de la dette nationale, plutôt que de les laisser en proie à une administration onéreuse au Roi.

Art. 9. Que les ministres de chaque département seront tenus de rendre un compte exact aux États généraux de l'emploi des fonds dont ils auront la disposition, et qu'ils en seront personnellement responsables.

Art. 10. Que le Roi sera supplié de n'accorder à l'avenir aucune survivance.

Art. 11. Les États généraux seront invités à prendre en considération le trop grand nombre de charges que donne la noblesse transmissible, pour aviser au moyen d'en restreindre les priviléges.

Art. 12. Après avoir présenté et obtenu ces objets d'utilité générale, les députés fixeront l'attention des États généraux sur ceux qui sont particuliers à la province. En premier lieu, ils demanderont qu'il soit accordé à l'Alsace des États provinciaux, que tous les membres de ces États soient élus librement, sans que personne y puisse prétendre une représentation de droit, d'honneur ni de priviléges, et que pour que la province soit plus tôt en état, ou de choisir entre les différents projets qui ont été proposés, ou d'en créer un nouveau, il lui soit ordonné de nommer des commissaires pour s'en occuper et pour envoyer à ses députés aux États généraux celui qui aura paru le plus avantageux.

Art. 13. Les députés demanderont que l'usage abusif d'ordonner les levées d'impositions sur la province par de simples lettres ministérielles soit proscrit à jamais, et qu'aucunes charges ne puissent être mises sur les contribuables qu'autant qu'elles auront été consenties par les États généraux, vérifiées par les États provinciaux, et finalement enregistrées par la cour souveraine de la province.

Art. 14. Ils demanderont que les princes étrangers qui jouissent en Alsace du revenus considérables le plus grande part consommée hors du royaume, soient tenus de payer les impositions comme les autres citoyens; ou si des traités positifs, dont l'avantage paraisse au Roi soit présent, soit éventuel, les exemptent de contribuer dans la proportion commune, que la quotité à laquelle ils pourraient être imposés soit évaluée ou défalquée sur la masse d'imposition affectée sur la province.

Art. 15. Ils demanderont que les corps et communautés des gens de mainmorte soient autorisés à placer leurs fonds en Alsace, de la même manière que tous les autres citoyens, avec défense néanmoins de les employer hors le royaume, sous peine de confiscation de la valeur de la somme exportée.

Art. 16. Que la province se maintiendra, comme du passé, dans le privilége dont jouissent les Alsaciens, de ne pouvoir être traduits hors du ressort.

Art. 17. Que tous les fiefs obtats de la province ne puissent, suivant la teneur des traités, être donnés qu'à des gentilshommes alsaciens; que surtout ils ne puissent jamais être vendus comme il y en a plusieurs exemples, et que le Roi sera supplié de ne disposer qu'en faveur de sa noblesse d'Alsace de ceux qui dépendent de sa couronne; ces fiefs étant la dépouille des anciennes maisons que le temps a éteintes, il est juste qu'ils soient la récompense de leurs concitoyens.

Art. 18. Que les chasses des gouverneurs des villes de guerre, celles des garnisons, et toutes autres de ce genre, soient rendues aux propriétaires des terres auxquelles elles appartiennent, sans qu'il puisse jamais, sous aucun prétexte, être formé à l'avenir de semblables capitaineries.

Art. 19. Qu'il soit statué définitivement sur l'état des juifs, dans une province où l'accroissement énorme de leur nombre et l'usure qu'ils y exercent sur la classe du peuple rendent leur existence une calamité publique. L'expérience a trop démontré que les réglements faits jusqu'à présent étaient également vicieux et insuffisants; il est plus que temps de prendre un parti définitif et tranchant.

Art. 20. Les rapports nécessaires de l'Alsace avec l'étranger ne permettant pas qu'elle cesse jamais d'être province étrangère effective, à moins d'anéantir les ressources de son commerce, pour rendre tous les habitants de la province participant à la liberté et à l'avantage de ce commerce, l'on demandera que la ligne de démarcation de la ferme générale soit repliée sur les frontières intérieures de la Lorraine et supprimée entre les États du Montbéliard et l'évêché de Bâle.

Art. 21. Que tous les ordres de la province, corps et corporations, conserveront tous leurs anciennes franchises, droits et priviléges généraux et particuliers; que les juridictions seront maintenues sur le pied où elles subsistent depuis la réunion de la province à la couronne, sans qu'il puisse être fait aucun changement à leur existence actuelle que sur leur propre demande et sur l'avis des États provinciaux, auxquels États provinciaux les habitants du tiers-état de la ville de Strasbourg et des dix villes impériales ne pourront être admis que concurremment avec ceux du même ordre dans les districts dans l'étendue desquels ces villes se trouveront situées, à quel effet l'exception qui leur a été accordée pour la convocation des prochains États généraux sera révoquée.

Art. 22. Ce ne sera qu'après que tous ces objets, tant généraux que particuliers à la province, auront été discutés et consentis, que les députés s'occuperont de prendre une connaissance approfondie et détaillée de l'état actuel des finances, des moyens de réformes, d'économie et d'amortissement de la dette nationale, et seront ensuite autorisés à consentir à tous les moyens que les États généraux jugeront nécessaires pour la consolider et la mettre sous la garantie de la foi publique; ils pourront néanmoins, s'il est proposé, acquiescer à un emprunt modéré, tel qu'il pourrait paraître aux États généraux nécessaire, pour subvenir aux premiers besoins, avant que les articles tant généraux que particuliers, qu'il leur est recommandé de suivre, puissent être réglés.

Art. 23. Ils demanderont que l'Alsace, partageant avec le reste du royaume l'inconvénient de renfermer beaucoup de capitalistes, dont la fortune purement mobilière la met dans le cas d'échapper à la contribution générale, il soit avisé au moyen propre à leur faire supporter leur part proportionnelle dans toutes les impositions.

Art. 24. Ils demanderont que les États généraux confirment, d'une manière positive et authentique, qu'aucun officier ne pourra être cassé ni perdre son emploi d'une manière qui puisse intéresser son honneur, sans avoir été jugé dans un conseil de guerre, conformément à l'article 3 du titre II de l'ordonnance portant règlement sur la hiérarchie, du 17 mars 1788.

Art. 25. Que la noblesse d'Alsace entrant de préférence et par choix dans les régiments allemands, et y étant également déterminée par la nécessité de parler la langue et par la convenance particulière aux protestants qui ne peuvent prétendre qu'à l'obtention de l'ordre du Mérite, Sa Majesté sera suppliée d'accorder aux gentilshommes alsaciens la moitié des emplois supérieurs des huit régiments tant de cavalerie que d'infanterie allemande.

Fait et arrêté en l'assemblée de l'ordre de la noblesse des districts réunis de Colmar et Schlestadt, à Colmar le 31 mars 1789.

Signé le baron de Stachstonden, le baron de Berckheim; de Krantergersheim; Louis Sanson, baron de Rathsamhausen d'Ehenweger; le baron de Bertett; de Michelet; le prince de Broglie, commissaire et grand bailli d'épée, et de Muller, secrétaire de l'ordre de la noblesse.

RÉDACTION

Des cahiers de doléances du tiers-état du bailliage des deux districts de Colmar et Schlestadt réunis (1).

Art. 1er. L'honneur, qui est le ressort principal du gouvernement monarchique, n'étant pas un véhicule moins nécessaire au tiers-état, qui forme la partie la plus nombreuse de la nation, qu'aux deux autres ordres, les règlements qui tendent à l'avilir ne peuvent qu'étouffer en son âme un sentiment utile à la prospérité de l'État; ainsi les représentants du tiers seront chargés de demander, avant toute délibération, la révocation des ordonnances des 25 mars 1776, 17 mars 1788, et autres, en ce qui concerne l'exclusion donnée au tiers-état; en conséquence, qu'il soit ordonné que tous les sujets de l'ordre de la noblesse et du tiers indistinctement seront admis aux emplois militaires et élevés à tous les grades dont leur mérite les rendra susceptibles.

Art. 2. Que l'usage des lettres de cachet soit aboli; qu'aucun ministre, commandant, et toute autre personne revêtue de la puissance publique, ne puisse faire arrêter un citoyen qu'à la charge

(1) Nous publions ce cahier d'après un manuscrit des *Archives de l'Empire*.

de le faire remettre entre les mains de son juge dans les vingt quatre heures et d'être responsable de l'emprisonnement par-devant le juge supérieur ordinaire.

Art. 3. Qu'à l'exception des matières dont la connaissance sera attribuée aux États provinciaux, tout tribunal d'attribution et d'exception, et notamment celui de la connétablie, soit irrévocablement supprimé; que tout sujet du Roi ne pourra être jugé par des commissions particulières, mais par ses juges naturels; qu'en conséquence, de quelle qualité qu'il soit, il ne pourra être distrait de son ressort, nonobstant tout *committimus*, évocation générale et particulière (hors le cas de droit) privilège de fief et tous autres, lesquels seront à cet effet révoqués.

Art. 4. Que les demandes en cassation des arrêts des cours souveraines ne puissent être portées qu'au conseil d'État privé du Roi; que le conseil des dépêches, ni autre, ne puisse, sous aucun prétexte, en prendre connaissance; que les arrêts desdites cours soient exécutés par provision jusqu'à ce que les jugements de cassation aient été signifiés aux parties.

Art. 5. Que le retour périodique des États généraux sera fixé à quatre ans; que le tiers continuera d'y assister par ses représentants en nombre égal à celui des deux autres ordres réunis, et qu'on y votera par tête.

Art. 6. Qu'il sera établi en chaque province des États particuliers qui seront formés de la manière la plus convenable à la constitution desdites provinces, dont les membres seront tous élus librement pour le temps qui sera fixé, et auquel le tiers-état sera admis en nombre égal aux autres ordres réunis; que la ville de Strasbourg et les dix villes ci-devant impériales ne pourront participer au choix des députés du tiers que concurremment avec les autres habitants de la province du district dans lequel lesdites villes seront situées, ce qui aura pareillement lieu, à l'avenir, pour la convocation aux États généraux.

Art. 7. Que les États provinciaux auront la même autorité en matière d'administration de province dont ont joui jusqu'à présent MM. les intendants en Alsace, avec pouvoir suffisant pour faire mettre tous leurs règlements à exécution, sauf l'opposition ou la voie des remontrances, selon le cas; en conséquence, que toutes les intendances de province seront supprimées.

Art. 8. Qu'il y aura des municipalités dans toutes les villes et communautés, dont les membres seront tous élus librement par les habitants des trois ordres réunis, à la pluralité des voix, par tête, pour le temps qui sera fixé, et qu'il leur sera attribué le même pouvoir en fait d'administration qu'avaient les gerichts et magistratures municipales qui seront abolies.

Art. 9. Qu'avant de consentir l'impôt et d'en déterminer la durée, il sera avisé à vue des bordereaux, accompagnés de pièces justificatives qui seront représentées, à la diminution dont la dépense est susceptible, à celle de la dette de l'État, dont le montant sera préalablement constaté et fixé, ainsi qu'aux moyens les plus simples et les moins onéreux de pourvoir à son extinction.

Art. 10. Qu'il sera procédé à l'abolition ou réduction des traitements généraux et particuliers, quelques noms qu'ils puissent avoir, tels que logements, ustensiles et autres, ainsi que les pensions affectées tant sur le royaume que sur les provinces et les villes; qu'il ne sera plus accordé aucune pension ni traitement sur les provinces et que toutes les pensions et traitements à accorder sur le royaume ne pourront l'être que du consentement des États généraux.

Art. 11. Qu'il ne subsistera et ne sera établi aucune imposition généralement quelconque, que du consentement des États généraux et pour le temps seulement qui sera fixé par eux, avec défense d'en lever d'autres et au delà, à peine d'être poursuivi à l'extraordinaire.

Art. 12. Que toute imposition par eux consentie, tant réelle que personnelle, sans exception, sera supportée, également par les trois ordres dans la proportion des facultés individuelles et comprise dans les rôles des lieux de la situation des biens, pour les impositions réelles, et de leur domicile, pour les impositions personnelles, avec abolition à perpétuité de toute exemption, franchise et immunité du clergé, des princes, de la noblesse et de tout autre privilége indistinctement.

Art. 13. Que dans le cas où des raisons de politique, ou le prétexte de l'exécution de quelque traité, exigeraient que certain prince étranger, possessionné dans l'Alsace ou dans le surplus du royaume, fût exempté de la contribution, sa cote, qui sera néanmoins fixée par les rôles, passera pour comptant au trésor royal, étant juste qu'elle soit supportée par tout le royaume.

Art. 14. Qu'il ne sera fait aucun emprunt que de l'agrément des États généraux ; que l'emploi des revenus ordinaires du Roi et de l'impôt, qui sera accordé pour y suppléer, sera rendu public par un compte que le ministre des finances fera imprimer annuellement des recettes et dépenses et chaque ministre demeurera personnellement responsable envers la nation de l'administration de son département.

Art. 15. Que la suppression des receveurs généraux et particuliers des finances sera instamment demandée, sauf à faire parvenir l'impôt au trésor royal par telle voie directe et la moins dispendieuse qui sera avisée aux États généraux et aux États provinciaux de chaque province.

Art. 16. Que le tirage de la milice sera aboli ; quelles villes et communautés livreront, en temps de guerre, à leur frais, des hommes engagés volontairement, en nombre au plus égal à celui qui a été tiré au sort dans la plus forte année jusqu'à présent, lesquels frais seront supportés également par les trois ordres à proportion des facultés individuelles.

Art. 17. Que la contribution pour les épis du Rhin sera fixée par les États provinciaux d'Alsace, et que les travaux relatifs à ces épis seront dirigés pareillement par lesdits États provinciaux ; qu'en conséquence, la province sera déchargée de contribuer à aucuns travaux publics, tels que canaux et autres, dans les autres provinces du royaume.

Art. 18. Que les entrepreneurs de fortifications ne pourront se procurer à un prix déterminé aucuns matériaux en bois de service, pierre de taille, moellons, fascines et autres ; mais qu'ils seront tenus de traiter de gré à gré avec les propriétaires pour la fourniture de ces objets, ainsi que pour les voitures.

Art. 19. Que l'impôt représentatif de la corvée en Alsace sera supporté également par les trois ordres, sauf aux États provinciaux à faire les règlements convenables pour l'exécution des travaux.

Art. 20. Que la régie des cuirs et marque des fers seront supprimées et la liberté du commerce des cuirs et des pierres en Alsace rétablie.

Art. 21. Que, pour se rédimer des vexations qu'entraîne la fouille forcée du salpêtre, les députés en solliciteront l'abolition.

Art. 22. Que les gardes bourgeoises dans les communautés ne seront plus soumises à l'inspection des commandants de la province, et que ce sera aux États provinciaux à faire le règlement pour la formation et police desdites gardes bourgeoises qu'au cas appartiendra.

Art. 23. Que dans les endroits où les ponts et chaussées sont entretenus aux frais de la province, tous les droits de péage et de pontonage seront abolis, et que dans les endroits où les péages et pontonages seraient conservés, il soit défendu, sous prétexte de nouvel octroi et autres prétextes quelconques, de percevoir aucun droit excédant celui qui existait au temps de la réunion de la province à la couronne, dont le tarif sera imprimé dans les deux langues et attaché à un poteau au lieu de la perception.

Art. 24. Que, pour la sûreté des propriétés, il sera établi un bureau de conservation d'hypothèques dégagé de toute fiscalité et conciliable avec la constitution de l'Alsace.

Art. 25. Que, pour le passé, toutes les créances des juifs, quelque cause qu'elles puissent avoir, seront converties en constitution de rentes à 5 p. 0/0, et que, pour l'avenir, aucun juif ne pourra devenir volontairement créancier de chrétien pour quelque cause que ce puisse être, hors le fait de banque proprement dit ; par contre, sera permis aux juifs l'exercice des professions et le commerce des choses mobilières, pourvu qu'ils ne vendent que pour argent comptant.

Art. 26. Qu'il soit procédé sans délai à la réformation du Code civil et criminel et à une taxe générale des frais de justice ; que le code qui sera envoyé en Alsace soit imprimé, traduit en allemand et distribué dans chaque communauté.

Art. 27. Que les offices de président, conseiller, avocat et procureur général de la cour souveraine, seront conférés gratuitement en Alsace, et qu'en cas de vacance d'aucuns desdits offices, les États provinciaux présenteront au Roi trois sujets.

Art. 28. Que les offices de justice seigneuriale seront pareillement conférés gratuitement, et que les officiers ne pourront être révoqués que pour cause jugée légitime par la cour souveraine.

Art. 29. Que la chambre royale des consultations, récemment établie, sera supprimée ; qu'il n'y aura plus qu'un degré de juridiction ; qu'en conséquence, le directoire de la noblesse immédiate de la basse Alsace, les régences de Saverne et de Bouxwiller, seront pareillement supprimées ; que les juges de première instance jugeront jusqu'à concurrence de 50 livres en dernier ressort et de 100 livres par provision, en donnant caution, hors les cas d'amende qui seront appelables pour toutes sommes ; que les baillis et juges de première instance ne pourront plus être reçus qu'après un examen public, subi audience tenante.

Art. 30. Qu'il ne pourra être supprimé en Alsace aucun corps, chapitre et maison régulière, rentée et non mendiante, remplie par les personnes du tiers-état, à charge par lesdites maisons régulières d'enseigner la jeunesse gratuitement et de ne plus recevoir de pensions pour la réception des profès de l'un et de l'autre sexe.

Art. 31. Que le Roi sera supplié de lever le séquestre des revenus de l'abbaye des chanoines réguliers de Marbach, ordonné par arrêt et commandement du conseil des dépêches du 25 août 1786, et d'accorder aux habitants du tiers-état de la province les biens et revenus de l'ordre de Saint-Antoine, pour être régis et administrés par les États provinciaux, et par eux affectés soit à l'augmentation des pensions des curés royaux, soit à telles œuvres pies qu'ils estimeront le plus avantageuses au bien public.

Art. 32. Que les évêques de Spire et de Bâle soient tenus d'établir à leurs frais, dans la partie de l'Alsace qui est de leur diocèse, des séminaires, ainsi que des suffragants et officiaux résidants.

Art. 33. Que les curés soient desservies dorénavant par les prêtres séculiers, et que les réguliers rentrent dans leurs cloîtres.

Art. 34. Qu'il ne sera plus donné d'abbayes et de prieurés en commende; que les pensions créées sur les abbayes et maisons religieuses depuis le 1er janvier 1789, seront supprimées ; que celles créées auparavant seront éteintes à la mort des titulaires; qu'il n'en sera plus créé à l'avenir en faveur d'individus, mais que le montant de ces pensions supprimées et éteintes, ainsi que des revenus des abbés, prieurs commendataires, sera attribué aux maisons de retraite et ateliers de charité qui sont et seront établis pour le soulagement des pauvres et l'abolition de la mendicité.

Art. 35. Que la presse soit libre, et qu'il soit permis à chacun de proposer des projets de lois, surtout relativement au Code civil et criminel.

Art. 36. Que les gens de mainmorte pourront prêter leur argent à 4 p. 0/0 aux gens de la classe du peuple, remboursable après un avertissement préalable de six mois ; par contre, tant eux que les possesseurs des fiefs qui ne cultiveront pas les biens par eux-mêmes, ne pourront augmenter le canon des biens affermés tels qu'ils seront constitués actuellement, et changer de fermiers, tant qu'ils acquitteront régulièrement leur canon ; et en cas de changement devenu nécessaire par négligence ou insolvabilité du fermier, qui sera judiciairement constatée, qu'ils ne pourront exiger plus de canon du nouveau fermier que du précédent, à peine de restitution du quadruple, applicable au fermier et tout autre dénonciateur, afin que toutes les impositions ne retombent en définitive sur le cultivateur, et ne causent la ruine totale de l'agriculture et des gens de la campagne.

Art. 37. Qu'une grande partie des communautés de la montagne réclame l'exécution de l'arrêt du conseil d'État de 1731, relativement aux vignes; les communautés de la plaine ne pouvant prévoir cette doléance, n'ont fait aucune motion à ce sujet.

Art. 38. La dîme du trèfle et des prairies artificielles sera réduite à la première tonte, qui se fera lorsqu'ils commenceront d'entrer en fleur. Que les terrains qui n'ont point payé dîme depuis quarante ans, en seront perpétuellement exempts, quelques fruits que l'on y sème et que l'on y plante.

Art. 39. Que l'administration des forêts des communautés d'habitants appartiendra aux États provinciaux, qui feront des règlements adaptés aux localités, tant pour l'exploitation que pour la pâture.

Que tous les inspecteurs et gardes-marteaux seront supprimés; que les forestiers seront nommés par les municipalités et révocables à volonté; que la juridiction absolue sur ces mêmes forêts sera rendue aux juges ordinaires.

Art. 40. Que les amendes encourues pour les délits forestaux, n'ayant pas été prononcées au fur et mesure des rapports, et formant par leur accumulation une masse énorme qui, en quelques communautés, excède la valeur des facultés des habitants, le Roi sera supplié d'accorder la remise desdites amendes prononcées par le

commissaire départi, et à prononcer sur les rapports faits jusqu'à ce jour, sauf à infliger aux délinquants déjà repris des peines plus fortes en cas de récidive.

Art. 41. Que les caisses forestales établies par M. l'intendant seront supprimées, et les deniers versés dans lesdites caisses, remis au receveur de chaque communauté, après qu'il en aura été rendu compte aux communautés et aux États provinciaux par ceux auxquels le maniement desdites caisses a été confié.

Art. 42. Que l'Alsace étant inondée de monnaie de mauvais aloi de la ville et république de Bâle, depuis la pièce de 6 liards jusqu'à celle de 4 livres 10 sous, le Roi sera supplié de faire répandre dans la province une quantité de monnaie suffisante pour la circulation journalière, et d'ordonner que toute la monnaie de Bâle sera retirée par les collecteurs des impositions, pour être renvoyée en Suisse en payement des pensions dont Sa Majesté gratifie annuellement cette nation, avec défense d'en introduire et faire circuler de nouvelles sous les peines des ordonnances.

Art. 43. Que, dans le cas où le reculement des barrières aux frontières du royaume soit proposé, l'Alsace n'y sera pas comprise, et qu'à cet égard, ainsi que pour tous ses autres priviléges, la province conservera son état de province effective.

Art. 44. Que la ligne de démarcation établie en Alsace, en vertu des arrêts du conseil de 1773 et 1774, sera repliée sur les frontières intérieures de la Lorraine, de la Franche-Comté et des Évêchés, pour que tous les habitants jouissent également du bénéfice de la culture et du commerce du tabac; la même ligne entre l'Alsace et la principauté de Montbéliard et de Porrentrui sera supprimée pour rétablir une communication de commerce entre la province et ces deux États étrangers.

Art. 45. Qu'il ne pourra être établi en Alsace aucune nouvelle fabrique de toile peinte, que du consentement des États provinciaux, donné en leur assemblée générale.

Art. 46. On demandera qu'il soit accordé aux Alsaciens la faculté de pouvoir faire circuler par tout le royaume tous les objets de fabrication de la province; que les droits d'entrée et de sortie soient toujours moindres que ceux imposés sur l'étranger effectif.

Art. 47. Que toutes les maîtrises d'arts et métiers seront supprimées, comme contraires à la liberté.

Art. 48. Que le droit de mainmorte et Todfalt soit aboli.

Art. 49. Que tout fils de bourgeois sera reçu de droit à la bourgeoisie sans que, pour ce, il soit tenu de payer aucune rétribution au seigneur.

Art. 50. Que les parties des parcs de M. le cardinal-évêque de Strasbourg, dans lesquelles des propriétés de particuliers et de communautés sont enclavées, seront détruites, que les biens seront rendus aux propriétaires, avec réserve de dommages et intérêts ; que l'imposition levée sur ses vassaux sous prétexte de construction de ses palais, et sous le nom de Pattastgeld, Brandfleuer, sera abolie et les sommes indûment perçues restituées aux parties payantes.

Art. 51. Que toutes les communautés d'Alsace étant surchargées de droits seigneuriaux de toute espèce et de toute dénomination, telles que corvées, tailles, ohmgeld, subsides, officiantengeld liegergeld, trentième et cinquantième denier, lods et ventes, débit de fer et de sel exclusif, accis, droit de ramonage, chasses, forêts, weidgeld, atzgeld, etc., et rentes sans nombre, qui ont été augmentées par différentes lettres patentes depuis la réunion de la province à la couronne et augmentent journellement, Sa Majesté sera humblement suppliée de remédier à cette surcharge insupportable ou de la prendre en considération pour diminuer les impôts qu'on a établis en cette province, qui, avant sa réunion, ne payait pas d'autres droits que les droits seigneuriaux, et qui, depuis sa réunion, les paye encore et des plus forts en sus des impositions royales, ce qui réduit les habitants au désespoir et les pousse à émigrer ; à quoi il doit être pourvu.

Art. 52. Que, pour toutes les autres doléances relatives à chaque communauté en particulier, il lui sera réservé d'en charger les députés aux États généraux ; à quel effet elle pourra leur remettre un *duplicata* de son cahier, qui leur sera réservé ; en outre, de se retirer par-devant les États provinciaux ou les cours de justice, suivant l'exigence des cas.

Fait à Colmar et lu le 31 mars 1789. *Signé* Chauffour, Ostermann, Geiger, de Desseuheim, de Bois-Gautier, B. Stachkler, Bourges, Prudhomme, Probst, Bruges, Nessel, Geiger, Kuhrt, Holtamann, F. Th. Gisdœrffer, Mathieu, Pfeiffer, Spannagel, prévôt, F. Wennert, Paccord, M. Steib, Bruuer, Ph. Foltzer, Walter, Ulrich, Langhans, Reubell, J. L. Kauffmann Depinay, Meitian, Kornman, Kolmann, Otry, Seugel, Schaffer, Belling, Haan aîné.

Le présent cahier de doléances des districts réunis de Colmar et de Schlestadt, fourni par le tiers-état ayant été lu et approuvé par l'ordre assemblé, nous l'avons coté et paraphé par première et dernière page. Clos et arrêté, cejourd'hui 31 mars 1789. *Signé* Chauffour cadet, lieutenant général.

Signé KLEIN, *greffier.*

CAHIER

Des doléances et remontrances que la ville de Colmar entend faire à Sa Majesté sur les moyens de pourvoir et subvenir aux besoins de l'État, ainsi qu'à tout ce qui peut intéresser la prospérité du royaume et celle de tous et chacun des sujets de Sa Majesté (1).

Art. 1er. Les députés des dix villes d'Alsace supplieront Sa Majesté de supprimer par un édit perpétuel, de l'avis et du consentement des États généraux du royaume, généralement tous les impôts royaux pécuniaires, sans aucune exception quelconque, actuellement levés dans le royaume, dont l'état visé, par les commissaires des États généraux sera joint, sans qu'aucun desdits impôts, ni autre, puisse être rétabli par la suite sans le consentement des États généraux.

Art. 2. Que, pour remplacer les impôts supprimés et pourvoir aux vrais besoins de l'État et au maintien de la dignité royale, il en soit établi de suffisants, en ayant soin de fixer la dépense de chaque département.

Art. 3. Qu'à cet effet, il soit remis aux États généraux des états exacts et détaillés par le même :

1° De toutes les dettes de l'État, tant en intérêts qu'en capitaux ;

2° De toutes ses dépenses fixés ;

3° Des dépenses casuelles par aperçu ;

4° De tous les revenus actuels de la couronne et des réunions qui pourraient y être faites avec justice pour, vérification faite, être par les États généraux réglé pour la partie de l'impôt nécessaire pour suppléer au déficit.

Art. 4. Que ledit impôt soit réparti sur toutes les provinces de la domination française proportionnellement :

1° Aux anciens impôts dont certaines provinces seront déchargées ;

2° A leurs richesses territoriales, industrielles et commerciales, et relativement aussi à leur position sur des frontières qui leur font supporter des charges annuelles auxquelles celles de l'intérieur ne sont pas exposées, et qui, en temps de guerre, augmentent énormément.

L'Alsace est d'autant plus dans le cas de demander cette proposition, qu'elle est chargée de l'entretien des épis du Rhin, qui occasionnent des frais énormes, et qu'elle a néanmoins contribué jusqu'ici aux frais de construction des canaux de l'intérieur du royaume.

Art. 5. Que la répartition générale, avant d'être définitivement arrêtée, soit communiquée aux provinces, pour, par elles, pouvoir faire les représentations qu'elles croiront convenables.

Art. 6. Que les nouveaux impôts sur les biens-fonds, de telle nature qu'ils puissent être, soient répartis également sur les trois ordres sans exemption quelconque, sous aucun prétexte que lesdits biens soient possédés par des étrangers ou domiciliés ; que les impôts qui pourraient tomber sur les personnes soient payés de même par les individus des trois ordres, indistinctement, suivant leurs facultés, et que, dans les impositions réelles, la cote des princes étrangers, qui pourraient être exceptés de la contribution par des raisons d'État, soit répartie sur la généralité du royaume, et que, pour aucune espèce d'impôts, il ne soit accordé aucun abonnement ; qu'en conséquence, il ne sera formé qu'un seul et même rôle pour chaque ville ou communauté, lequel comprendra tous les contribuables des trois ordres, ainsi que les étrangers.

Art. 7. Qu'aucune des sommes accordées par les États généraux pour le bien général de l'État, ne pourra être divertie de sa destination, ni employée à autres usages ; qu'en conséquence, il en sera rendu compte annuellement pour chacun de ceux qui en auront eu le maniement, pour lesdits comptes être représentés et vérifiés, tant en recette qu'en dépense, aux premiers États généraux, et qu'en attendant leur convocation, ils seront vérifiés par qui la nation assemblée avisera bon être, et ensuite rendus publics par la voie de l'impression.

Art. 8. Que Sa Majesté sera suppliée de fixer l'époque des prochains États généraux, et que les impôts qui seront consentis par les États généraux actuels ne pourront être augmentés ni changés dans l'intervalle, ni perçus au delà dudit terme.

Art. 9. Que, pour donner à la province une représentation légale, Sa Majesté sera suppliée de supprimer les assemblées provinciales de district et municipales créées par son édit du mois de juin 1787, et d'y substituer des États provinciaux électifs, renouvelés par tiers, chaque année, et composés d'un nombre déterminé de citoyens des anciens États de la province, du clergé, de la noblesse, des villes royales et seigneuriales et des communautés de la campagne en nombre toujours égal des membres du tiers-état à celui du clergé et

(1) Nous publions ce cahier d'après un manuscrit des *Archives de l'Empire.*

de la noblesse réunis; bien entendu que personne ne puisse concourir aux élections ni être député à moins qu'il ne contribue à toutes les charges publiques ; que, dans les communautés où les bourgmestres-jurés et gens de justice ont été jusqu'à présent à la nomination des seigneurs ou qui se regénèrent eux-mêmes, ils seront dorénavant élus par les habitants et présidés par le prévôt officier du seigneur, pour le maintien de la police et de l'ordre, et le bourgmestre-syndic chargé de la recette des deniers et de l'exécution de tout ce qui aura été délibéré par les élus des habitants.

Art. 10. Que les États provinciaux soient chargés, sous l'autorité de Sa Majesté, du règlement de tout ce qui sera de l'utilité générale de la province, de l'entretien des ponts et chaussées, cours de rivières, de la régie et administration de tous les ouvrages publics à la charge de la province, de l'aménagement des forêts, des intérêts du commerce et de tous autres objets d'administration publique.

Art. 11. Qu'il sera formé une commission intermédiaire provinciale, composée de deux membres du clergé, deux de la noblesse et quatre du tiers-état, parmi lesquels il y aura un président nommé alternativement dans les trois ordres, d'un syndic du corps de la noblesse ou du clergé, d'un syndic du tiers-état et d'un secrétaire, tous élus par les États réunis.

Art. 12. Que la commission intermédiaire soit astreinte à se conformer aux délibérations des États provinciaux approuvés par Sa Majesté, et en cas d'ordre contraire, Sa Majesté, sera suppliée de les faire communiquer aux États convoqués à cet effet, pour lui être fait telles représentations qu'au cas appartiendra.

Art. 13. Que les frais de députation et assistance aux États provinciaux seront à la charge de ceux qui enverront des députés, ceux de la commission intermédiaire à la charge de la province.

Art. 14. Que les provinces, villes ou communautés et habitants soient maintenus dans leurs privilèges civils et ecclésiastiques, ainsi qu'il est stipulé par les traités, droits, us et coutumes compatibles avec la souveraineté du Roi, et notamment l'Alsace et les autres provinces qui en ont le droit, en celui que leurs habitants ne puissent pas être distraits du ressort de leurs juges naturels de la province par évocation soit générale, soit particulière, hors les cas de droit; qu'il n'y a puisse être créé aucuns nouveaux offices royaux; que les bourgeoisies soient conservées en leur libre élection de leurs magistrats dans les villes où elles en ont le droit, et les magistrats dans le règlement en dernier ressort de la police, à laquelle tous les habitants indistinctement sont tenus de se conformer, sans que les cours ni les officiers militaires commandant pour le Roi, puissent s'y entremettre, hors les cas de police générale, ou que le bien du service du Roi ou du public l'exigera.

Art. 15. Sa Majesté sera suppliée de révoquer toute ordonnance du règlement qui exclurait le tiers-état du grade d'officier dans les troupes, comme injurieux à l'ordre le plus nombreux de la nation, préjudiciable à l'État, inconciliable avec l'édit de la création d'une noblesse militaire, qui suppose l'existence actuelle et future d'officiers généraux parvenus par leur mérite aux grades les plus élevés du militaire, quoique nés dans le tiers-état.

Art. 16. De ne plus consentir aucune suppression d'ordres, abbayes, chapitres, ni autres fondations ecclésiastiques rentées et remplies par des sujets du tiers-état, pour transférer leurs revenus à des corps de noblesse, ni surcharger les abbayes de pensions au delà du tiers de leur revenu, déduction faite de l'entretien des bâtiments, impositions royales, cens et charges, aumônes fondées ou usitées, toute suppression privant le tiers-état de places destinées à leur ordre par les fondateurs, et la surcharge des abbayes privant les pauvres de leurs environs des charités qui les font subsister et les mettent en état d'acquitter les charges royales et seigneuriales; que les pensions qui seront mises sur les abbayes soient assignées préférablement à l'augmentatation de la compétence des curés royaux et autres qui peuvent en avoir besoin, et en général à des établissements pieux et utiles au public; supprimer, s'il est possible, la mendicité des ordres religieux, les réduire à un moindre nombre, et les rendre utiles pour l'éducation de la jeunesse; obliger les communautés de femmes, qui sont suffisamment rentées, à recevoir sans dot le nombre de sujets dont elles doivent être composées.

Art. 17. Que Sa Majesté sera suppliée de faire refondre les Codes civil et criminel, à l'effet de faire rendre aux sujets une justice plus prompte et moins coûteuse, et de procurer aux accusés en matière criminelle plus de moyens de défendre leur innocence qu'ils n'en ont eu jusqu'à présent, sans que cependant il puisse en résulter l'impunité des crimes.

Art. 18. Que, dans les provinces où il n'y a pas encore de coutume écrite, il soit rédigé des coutumiers sur les matières de la communauté conjugale, des successions *ab intestat* tant en ligne directe que collatérale, sur les retraits, en un mot sur tout ce qui est de coutume locale, et qu'en chaque auditoire, les points de la coutume locale, quand ils seront rédigés et sanctionnés légalement, soient lus et publiés, et restent affichés et imprimés dans les langues usitées parmi le peuple.

Art. 19. Que les résultats des délibérations des présents États généraux, agréées et érigées en lois par Sa Majesté, soient enregistrées dans les cours souveraines de chaque ressort du royaume, les cours chargées de veiller à leur pleine et entière exécution, les procureurs généraux de Sa Majesté chargés de poursuivre les contrevenants, suivant l'exigence du cas.

Art. 20. Que les cours du royaume conservent la liberté de faire des remontrances contre tous édits, déclarations, lettres patentes ou closes qui pourraient leur être adressées, et qu'elles trouveraient contraires aux droits des sujets, à ceux du Roi, aux constitutions de l'État ou aux privilèges des provinces de leur ressort, sans cependant qu'elles puissent suspendre l'exécution des édits et règlements relatifs aux impositions et à l'administration des finances qui auront été consenties par les États généraux.

Art. 21. Que Sa Majesté sera suppliée de ne plus lâcher de lettres de cachet, et que tous ses sujets emprisonnés par un ordre ou tribunal quelconque seront remis dans les vingt-quatre heures entre les mains de leurs juges naturels, sans autres frais que ceux de capture et transport.

Art. 22. Qu'on établisse des limites à la liberté de la presse, qui, sans priver la nation des lumières utiles de ceux qui veulent faire imprimer leurs idées, ne donnent pas ouverture à outrager impunément la religion, les mœurs, la majesté royale, les opérations du gouvernement; qu'à cet effet, chaque auteur sera tenu de mettre son nom au bas de son ouvrage et l'imprimeur au bas de son impression.

Art. 23. Que les barrières de l'Alsace ne soient point reculées quant à présent et qu'elles ne puissent l'être que du consentement des États provinciaux.

Art. 24. Qu'il ne soit point accordé ou renouvelé de priviléges exclusifs qui détruisent le commerce ou l'industrie.

Art. 25. Qu'il soit accordé aux chapitres, abbayes, couvents et autres gens de mainmorte, la permission de prêter de l'argent à un intérêt moindre qu'à celui du taux du Roi.

Art. 26. Que toute propriété soit inviolable et que nul ne puisse en être privé, même à raison d'intérêts publics, à moins qu'il n'en soit dédommagé à dire d'experts.

Art. 27. Que chaque ville ou communauté fasse faire la recette de ses impositions royales, les receveurs ou collecteurs d'icelles tenus de les verser avec le moins de frais possible, soit dans la caisse générale de la province, soit au trésor royal, moyennant quoi les receveurs généraux et particuliers pourront être supprimés en leur remboursant leurs finances.

Art. 28. Que personne ne sera exempt du logement des gens de guerre, et que tout le monde sera astreint de contribuer à la bâtisse et entretien des casernes, et que les lits, bois et lumière seront fournis aux dépens du Roi.

Art. 29. Que toutes les pensions assignées sur les provinces, les villes et les communautés, seront amorties au décès des titulaires, sans que, sous aucun prétexte, on puisse en accorder de nouvelles sur telle partie que ce soit, et que notamment à Colmar on vérifiera celles qui sont assignées sur les revenus patrimoniaux pour les supprimer, au cas qu'elles n'aient point été obtenues pour une cause légitime encore subsistante et relative à la ville.

Art. 30. Que le tirage de la milice soit aboli comme étant contraire à la liberté des citoyens; par conséquent, chaque province fera enrôler à ses frais les soldats provinciaux qu'elle sera tenue de fournir, et aucun habitant d'icelle ne sera exempt sous aucun prétexte de la contribution que ce nouvel ordre exigera.

Art. 31. Que les sommes payées jusqu'à présent et à payer encore pour la liquidation des offices du conseil souverain d'Alsace, seront envisagées comme une dette de l'État envers la province.

Art. 32. Que les prés artificiels ensemencés dans les terres en repos seront exempts de dîmes pendant cette année, et ceux des terres non en repos ne dîmeront que pour la première tonte.

Art. 33. Qu'en considérant que depuis la réunion de la province à la couronne, les villes impériales n'ont conservé d'autres droits de tous ceux dont elles jouissaient au seizième siècle, que celui de la supériorité territoriale; que lesdites villes ci-devant représentées à la diète de l'empire par un nombreux corps de citoyens, n'ayant plus de droits à défendre, n'entendent plus se conserver un magistrat aussi nombreux.

Que partie de MM. les magistrats n'étant parvenus que contrairement aux libertés des élections aux places qu'ils occupent, ont introduit une administration insupportable aux habitants de la ville;

Que Sa Majesté sera suppliée de permettre à la bourgeoisie de Colmar d'élire parmi le nombre de ses citoyens nés Français, dont les lumières et probité seront suffisamment reconnues, un corps de magistrature irrévocable, lequel sera composé

d'un préteur royal, de quatre stettmeistres, de quatre conseillers de ville, et d'un fiscal permanent; que ces magistrats ne connaîtront que du contentieux entre les citoyens, sans qu'ils puissent pour raison quelconque prendre part à l'administration des revenus patrimoniaux.

Ils demanderont incessamment à Sa Majesté une chambre d'administration composée de huit échevins et d'un greffier, lesquels seront choisis parmi un nombre de quarante-huit échevins des dix tribus réduites à quatre, savoir : celle des laboureurs, vignerons et jardiniers n'en auront qu'une et auront douze échevins; celle des tonneliers, bouchers et cordonniers la seconde, et auront également douze échevins; celle des tisserands, maréchaux et boulangers avec douze échevins, chacune présidée aux assemblées, alternativement d'année en année, d'un de ces quatre conseillers de ville susdits.

Que ladite chambre d'administration susdite, présidée par M. le préteur royal et les quatre stetmeistres, répartira les impositions et gérera les revenus patrimoniaux ainsi que ceux de l'hôpital, desquels officiers les gages et émoluments seront réglés par lesdits quarante-huit échevins, et rendront annuellement publics leurs comptes par des imprimés, après qu'ils auront été ratifiés par les États provinciaux.

Que la chambre des tutelles sera présidée par deux échevins élus de la bourgeoisie, qui alterneront d'année en année par tribus; que cette nouvelle chambre se fera rendre compte de la gestion de MM. les anciens magistrats depuis l'année 1770, lesquels justifieront l'emploi des sommes perçues ; que tous les biens et bons communaux retourneront à la communauté que Messieurs du magistrat ont obtenu de nosseigneurs les intendants, contrairement à l'arrêt du conseil d'État du 28 novembre 1721, et ce, sans le consentement et au détriment de la bourgeoisie.

Que la demande de l'établissement de la chambre susdite étant provisoire par sa nature, les députés des dix corporations de la ville, réduits à quatre, comme dit est, seront autorisés à s'adresser à l'assemblée provinciale séant à Strasbourg ou directement à Sa Majesté, pour solliciter des lettres patentes qui autoriseront à faire l'élection de cette chambre d'administration le plus promptement possible.

Que MM. les magistrats et conseillers actuels resteront tels qu'ils sont aujourd'hui aux seuls gages fixés par l'arrêt de liquidation du 28 novembre 1721, jusqu'à ce qu'il soit fait droit sur les plaintes et doléances desdites bourgeoisies.

Bien entendu que les membres ci-dessus dénommés seront mi-partie entre les deux religions et l'alternation observée pour les places uniques comme ci-devant, et notamment pour celle de procureur fiscal.

Que les six tribus supprimées seront vendues, et le prix en provenant sera employé à la construction des casernes, les dettes de toutes les tribus préalablement acquittées.

Le magistrat s'est réservé de faire ses observations touchant l'article 33 ci-dessus, sur lequel il n'a point voté; les sieurs Pfeffel et Saudhern, députés des privilégiés et contribuables non bourgeois, ont protesté contre la teneur dudit article.

Art. 34. Que la mendicité sera défendue, et que chaque communauté et paroisse sera tenue de pourvoir à la subsistance de ses mendiants valides et infirmes.

Art. 35. Que les loteries soient supprimées, étant pour le peuple une occasion de se ruiner.

Fait, lu et interprété le contenu ci-dessus et des autres parts, que les députés ont signé avec nous, les preteur royal, magistrats et conseillers de ville, assesseurs à Colmar, le 24 mars 1789. *Signé* Pfeffel, Saudhern jeune, Mathieu Gérhard, Pierre-François-Xavier Vilhelm, Deba fils, Jean-Jacques Scheurem, Georges Scherb, Xavier Meyer, François-Mathias Hug, Etienne Plaz, Xavier Sprimer, parfumeur; Chauffour, stettmeistre-régent; Saudhern l'aîné, stettmeistre et procureur fiscal; Dehort, stettmeistre; Burb, stettmeistre; Mueg, stettmeistre; Edighoffen, assesseur; Widmann, assesseur; Bisckoll, assesseur; Sommevogel, préteur royal de Colmar, et Kastner substitut, avec paraphe.

Le présent cahier coté par première et dernière page, et paraphé *ne varietur* au bas d'icelles, par nous, préteur royal de Colmar, les jour, mois et an que dessus. *Signé* Sommervogel, préteur royal de Colmar.

Pour copie collationnée conforme à l'original déposé en la chancellerie et dans les archives de la ville de Schlestadt. *Signé* Bavelaen, syndic, avec paraphe.

Collationné et trouvé conforme à une copie collationnée qui se trouve déposée en la chancellerie de cette ville de Colmar par le soussigné, substitut-juré d'icelle.

A Colmar, le 27 avril 1789.

Taxe 3 livres 13 sous 4 deniers.

Signé KARTNER, substitut.

SUPPLEMENY

Aux articles de doléances de la bourgeoisie de la ville de Colmar.

1° La bourgeoisie exige qu'à l'avenir toutes les usines et fabriques en Alsace brûleront des houilles au lieu de bois, attendu que le bois commence à devenir rare dans la province. En second lieu, qu'à l'avenir tous les étrangers autres que ceux nés en cette ville de Colmar, ne pourront parvenir à aucun office, soit du magistrat, soit de la chambre d'administration, ni à aucun office de tel nom qu'il puisse être, à moins qu'au préalable le régnicole ait été admis depuis cinq ans et l'étranger depuis dix ans à la bourgeoisie, en relation duquel article le mot de gradué à l'égard des stettmeistres porté au cahier général ne doit plus rien signifier; en conséquence, la bourgeoisie supplie Sa Majesté de lui permettre de faire une nouvelle élection de son magistrat, qui doit consister à l'avenir en un préteur royal, quatre stettmeistres, quatre conseillers de ville et un procureur fiscal permanent, attendu que la plupart des officiers de justice actuels sont parvenus à leursdits offices soit par brevets, recommandations ou finances prohibées, et ce, avant qu'ils fussent bourgeois, de manière qu'ils n'ont jamais ressenti les charges et griefs de la bourgeoisie, qui depuis un très-long temps lui sont fort onéreux, mal que cause leur mauvaise administration, à l'exception néanmoins de la nomination du préteur royal, qui dépendra en tout temps de la volonté de Sa Majesté.

En troisième lieu, la bourgeoisie a été instruite depuis que la ville a été chargée d'un trop grand fardeau de dettes par ses administrateurs précédents, pour cause de quoi elle révoque toutes les pensions qu'elle a promis aux membres du magistrat en son cahier.

En quatrième lieu, la bourgeoisie supplie Sa Majesté de lui faire bâtir une caserne, suivant l'article 21 de leur cahier, pour mieux loger que fait n'a été jusqu'à présent les régiments qui doivent être en garnison à Colmar, attendu que personne n'est exposé à loger, que l'homme [de moyenne faculté et le pauvre, et que le riche s'en exempte par la voie de la subordination.

En cinquième lieu, la bourgeoisie demande que des huit chefs de la chambre d'administration il en sera démis quatre tous les trois ans, qui seront remplacés par quatre autres à élire des quatre tribus, pour que, par ce temps, les chefs des tribus puissent prendre connaissance de l'administration.

Signé à l'original:

Gérhard, avec paraphe; Eggerlé, avec paraphe; Debs fils, avec paraphe; Pfister, avec paraphe; MM. Stockmeyer; Antoine Richert; Levieux; Laurent Brobequer et Chrétien Keller.

Traduit en français sur l'original allemand, par moi soussigné, avocat, secrétaire-interprète au conseil souverain d'Alsace, à Colmar, le 4 mai 1789. *Signé* Kœnig, avec paraphe.

Par-devant les conseillers du Roi, notaires de la province d'Alsace et de la résidence de Colmar, soussignés, sont comparus en personne : Mathieu Gérhard, bourgeois; Daniel-Adam Eggerlé, ingénieur géographe, juré du conseil souverain d'Alsace et bourgeois de cette ville de Colmar, comme aussi Jean-Georges Debs fils, aussi bourgeois, chirurgien de ladite ville, lesquels, tant pour eux qu'au nom de tous les autres bourgeois soussignés au supplément des autres parts, nous ont requis de prendre ledit supplément *ad acta* et le garder en dépôt en notre notariat, pour telles causes que de droit, de laquelle déposition ils ont requis acte à eux octroyé.

Fait et lu à Colmar, en l'étude de maître Hertzog, l'un desdits notaires, le quatrième jour du mois de mai 1789.

Signé Gérhard, Eggerlé, Debs fils, Bernard, notaire, et Hertzog, notaire, avec paraphes, vers lequel dernier la minute est restée.

Par-devant les mêmes notaires sont comparus les bourgeois de Colmar ci-après nommés:

Lesquels, après que lecture leur a été donnée tant du translat déposé et fait par M. Kœnig, avocat-secrétaire interprète au conseil souverain d'Alsace, que de l'acte de dépôt au bas d'icelui, ensemble de la pièce en original allemand, sur laquelle ledit M. Kœnig a fait son translat, de lui signé, qui est resté joint et annexé à la minute des présentes et à l'instar paraphé *ne varietur* par M. Hertzog, l'un desdits notaires, ont déclaré qu'ils ratifient et confirment ledit supplément et adhèrent à icelui, en toute sa forme et teneur, de laquelle comparution, ratification et adhésion respectives, ils ont pareillement requis acte à eux octroyé, et sont lesdits bourgeois les suivants, tous en qualité de députés de la bourgeoisie :

Jean Siebert; Levieux, laboureur; Jean Lever le jeune, vigneron; Jean-Jacques Scheürer, teinturier, et François-Xavier Mayer, receveur des dames religieuses de Sainte-Catherine; Jean Georges Scherl, chaudronnier, et Etienne Platz, hôte au *Roi de Pologne.*

Fait, passé, lu et interprété à Colmar, le 4 mai 1789.

Signé (noms écrits en allemand) :

François-Xavier Meyer; Etienne Platz; Bernard, notaire, et Hertzog, notaire.

Collationné et délivré pour la seconde fois à Colmar, le 8 mai 1789.

Signé Hertzog, notaire, avec paraphe.

CAHIER

Des doléances de la ville de Schlestadt (1).

1° Les députés rappelleront très-humblement à Sa Majesté que, sous le règne de son auguste aïeul, en 1744, les Alsaciens, par la résistance volontaire et invincible qu'ils ont opposée au prince Charles de Lorraine, commandant l'armée impériale, ont fait connaître leur inviolable attachement à la couronne, leur fidélité et soumission; que, jaloux de conserver les sentiments que leur conduite a pu inspirer au Roi et à la nation, ils demandent à être vus et régis comme tous autres sujets du royaume, cependant sous la réserve de quelques droits, dont ils ont obtenu ou acquis la propriété des empereurs et archiducs et qu'ils ont conservés jusqu'à ce jour.

. 2° Que le droit de supériorité territoriale étant une propriété des habitants de Schlestadt, ils demanderont à être continués dans cette jouissance en ce qui concerne particulièrement l'élection des officiers de judicature, lesquels dorénavant seront réduits au nombre de deux bourgmestres, quatre conseillers ou assesseurs, d'un lieutenant de police permanent, d'un greffier, lesquels officiers pourront être révoqués tous les trois ans, sauf à être élus de nouveau si leur conduite le permet. L'on attribuera à ces juges des honoraires honnêtes en argent, selon leur état, et sans aucune autre exemption ou immunité, franchise quelconque, à l'élection desquels officiers la bourgeoisie, au cas de vacance de l'un des membres, s'assemblera et élira librement dans les vingt-quatre heures, à compter du décès, le sujet qui lui paraîtra le plus propre pour l'office vacant; les nouveaux juges ne prononceront aucune amende pécuniaire que pour fait de police de la ville.

3° Que tous les biens communaux aliénés par les magistrats actuels retourneront à la jouissance de la bourgeoisie de la ville en sa qualité de propriétaire.

4° Que les droits de parcours et pâturage seront remis à la bourgeoisie.

5° Les députés demanderont que, vu le despotisme qui opprime la bourgeoisie, despotisme exercé par les magistrats actuels qui se sont attribué et approprié l'administration des revenus de la ville, la bourgeoisie élira par elle-même vingt échevins qui seront choisis au nombre de deux par tribune, desquels échevins la moitié sera révocable tous les ans et remplacée par dix autres, de manière que le nombre des vingt soit toujours complet, lesquels échevins veilleront gratuitement à l'administration des revenus patrimoniaux de la ville.

6° Que les échevins soient munis d'un pouvoir légal pour opérer le bien général de la bourgeoisie par la suppression d'une multitude d'abus que le temps et la cupidité des magistrats actuels ont introduits et propagés.

7° Qu'ils seront chargés de l'exécution du règlement forestal qui pourra être fait par les États provinciaux.

8° Qu'ils rendront un compte annuel de leur administration par la voie la moins onéreuse et tiendront un journal.

9° Que lesdits échevins se feront rendre compte des droits de gabelle et levées faites sur le débit des boissons depuis 1762 et des autres droits perçus sur les viandes, lumières, des revenus patrimoniaux et de l'hôpital depuis 1774.

10° De supplier Sa Majesté de faire faire les réparations locatives par les commandant et officier de l'état-major de la place dans les maisons que ceux-ci occupent, comme aussi de les entretenir; de décharger en outre la ville des ustensiles et droits de cantine dont ces officiers jouissent.

11° Qu'au cas qu'il plaise à Sa Majesté accorder à la bourgeoisie la nouvelle administration qu'elle a l'honneur de solliciter, la ville, après avoir acquitté les dettes dont elle est chargée, se verra dans l'heureuse situation d'offrir à Sa Majesté une somme qui sera le fruit de ses épargnes, et laquelle sera employée au payement de la dette nationale.

12° Ils demandent l'abolition de tout don gratuit, frais de taxation, huit, dix sous pour livre, généralement tout ce que les abus ont introduit.

Signé à l'original : Jean Lautour, François-Ignace Scheneck, Jean-George Brauwlein, Antoine Reilly, André Frudler, Jean-Michel Trayer, Ignace Rohmer, François-Antoine Saur, Jean Rohmer, Jean Ruch, Stolz; X, *marque* de Mathias Phites; Augustin Lambla, Pierre Thillman, Jean Martin, Muller, Mathias Keobelé, Mathias Fucher, mathias Wagner, Jean-Baptiste Werlin, Johner le vieux, Jean Hirsinger, Joseph Denichert, François Billiger.

Et le cahier étant clos, les trois députés de la tribune des bouchers de la ville ayant remarqué l'omission d'un article capital, il fut aussitôt ajouté à la réquisition et signé par les députés de la tribune et les deux députés élus porteurs du présent.

13° Que les échevins demanderont au magistrat, ou tout autre qu'il appartiendra, un compte particulier de la perception et emploi de la somme de 6,000 livres demandée par Sa Majesté, en 1763, une fois payée dans le cours de trois années; cette perception, contre le dispositif de la volonté de Sa Majesté manifestée par son édit, a été continuée jusqu'à ce jour et s'est accrue jusqu'à la somme de 9777 livres 8 sous 8 deniers. Cet abus étant odieux en lui-même, ruineux pour les bourgeois, militaires et habitants, les députés en solliciteront la suppression générale.

Signé à l'original : Paul Klein, Ulrich Morlock, Jacques Kirschel, Augustin Lambla, Joseph Reibel, Jean Lautour, François-Ignace Scheneck.

Ce jourd'hui vingt-huit avril mil sept cent quatre-vingt-neuf, ont comparu par-devant le soussigné, notaire royal de la ville de Schlestadt, les sieurs Jean Lautour, aubergiste, et François-Ignace Scheneck, marchand, les deux bourgeois de cette ville, lesquels m'ont présenté le présent cahier contenant des doléances signées d'eux et de différents autres bourgeois, requérant moi ledit notaire de le parapher, et ensuite de le recevoir au rang de mes minutes, pour et aux fins d'en délivrer copie rédimée moyennant salaire, de tout quoi ils ont requis acté qui leur a été octroyé, et après lecture à eux faite ont signé avec Georges Brunsflein et François Bilger, les deux bourgeois de cette ville témoins à ce requis et moi le notaire à Schlestadt, les jour, mois et an que dessus.

Collationné :

Signé Fiess, notaire royal.

RÉPLIQUES

Des bourgeois et habitants aux observations que les magistrats de Schlestadt ont fait insérer dans le cahier des doléances de ladite ville (1).

Articles du cahier.

Que la municipalité soit établie conformément aux réglements édictés du Roi, pour les administrations provinciales.

Que l'administration patrimoniale ne soit confiée qu'à la municipalité ; qu'en conséquence :

Le magistrat ne s'occupera qu'à rendre justice à ceux qui la réclament.

Observation des magistrats.

Il a été observé de la part des deux députés des habitants non agrégés à aucune tribu, corporation et communauté, ainsi que par les officiers municipaux, sur les trois derniers articles concernant l'établissement d'une nouvelle municipalité, que celle qui existe en cette ville est de toute ancienneté, et conforme aux anciens statuts de la ville, revêtue de la sanction de l'autorité souveraine, et confirmée par les traités de paix, est une véritable municipalité, d'autant que les membres qui la composent sont les vrais représentants de la ville, comme étant nommés par la bourgeoisie. Sous ce seul point de vue, la magistrature de Schlestadt est la municipalité la plus parfaite qui puisse exister.

Réplique des bourgeois.

Avant d'entrer en matière, il convient de faire connaître quel, sont les députés des habitants non agrégés à aucune tribu, corporation et communauté, et les officiers municipaux dont il est fait mention dans les observations ci-dessus et dans celles qui seront rapportées ci-après : l'un est M. Dartein, préteur royal, et l'autre M. le bourgmestre Kœbelé, qui tous deux représentent ici un rôle parfaitement amphibie.

Le motif qui a dicté les trois articles sur lesquels sont faites les observations ci-dessus, est la très-mauvaise administration que les magistrats ont faite jusqu'à présent des revenus patrimoniaux de cette ville. C'est avec la plus vive douleur que nous sommes obligés de déclarer qu'elle est ruinée par et depuis l'établissement d'un préteur en 1747. Avant cette époque elle avait des fonds dans sa caisse ; depuis, non-seulement ces fonds sont évanouis, mais encore elle a contracté des dettes considérables ; nous n'en pouvons fixer positivement le montant, attendu que les emprunts faits par les magistrats sont soigneusement ignorés par la bourgeoisie ; cependant nous présumons avec assez de vraisemblance qu'elles vont à plus de 400,000 livres. La construction et l'entretien des bâtiments très-utiles n'ont pas peu contribué au dérangement de ces fonds et à l'accroissement de ces dettes. La ville a de grands revenus, mais les charges qu'elle supporte sont encore plus grandes.

Les forêts qui nous appartiennent, dont l'acquisition a été faite primitivement par nos ancêtres, et dont les magistrats se sont approprié seuls l'administration, sous l'autorité de M. l'intendant, sont dégradées par les coupes fréquentes qu'ils y ont fait faire depuis nombre d'années, et qui s'y font encore continuellement,

(1) Nous publions ce cahier d'après un manuscrit des *Archives de l'Empire.*

sans aucun avantage pour nous, les bois en étant vendus aux étrangers, sans même qu'on daigne nous donner la connaissance de l'emploi de leur produit ; par les compétences considérables en bois et fagots accordées annuellement aux magistrats et autres employés, qui, pour ainsi dire, profitent seuls des forêts des bourgeois, à l'exclusion des bourgeois. Que les magistrats prétendent qu'ils sont une véritable municipalité, d'accord ; toutefois, n'est-elle pas telle que nous la demandons. Nous la désirons ainsi qu'elle est entendue dans le compte rendu de monseigneur le directeur général des finances, au mois de janvier 1781, à l'article des administrations provinciales. Et ce sont les heureux effets que le Roi a déclaré par son édit du mois de juin 1787, qu'elle a opérés dans les provinces de la Haute-Guyenne et du Berry, qui nous ont fait naître le désir de jouir du même bonheur. Quoique Sa Majesté ait déclaré, par l'article 1er des assemblées municipales, qu'elle n'entend pas changer pour le moment la forme et l'administration des municipalités établies, notre espérance néanmoins de pouvoir y parvenir se trouve renouvelée par la lettre de convocation des Etats généraux, par laquelle Sa Majesté demande à connaître les souhaits et les doléances de son peuple ; doléances véritables dès qu'il s'agit de mettre un frein à l'autorité despotique d'une magistrature telle qu'elle est établie à Schlestadt, et de la dispenser de poursuivre dorénavant sa mauvaise administration.

Article du cahier.

Qu'aucun bourgeois, aucun habitant ne puisse être emprisonné que par jugement.

Observation des magistrats.

Il a été observé par lesdits deux députés et les officiers municipaux que l'article précédent ne peut être appliqué aux cas de police et autres, excepté par l'ordonnance.

Réplique des bourgeois.

Cette dernière observation est sans réplique.

Article du cahier.

Que la justice soit administrée gratuitement.

Qu'il soit libre à chacun de se défendre lui-même, sans être obligé de recourir au ministère du procureur.

Observation des magistrats.

Observé par lesdits deux députés et officiers municipaux que, du su même du public, les deux articles précédents sont sans objet, attendu que la justice s'administre gratuitement, et que personne n'a jamais été forcé à Schlestadt de se servir d'un procureur.

Réplique des bourgeois.

L'observation ci-dessus ne peut absolument être contredite ; mais il paraît que lorsqu'un bourgeois est dans le cas et obligé de porter des plaintes contre son cobourgeois, soit à M. le préteur ou au bourgmestre en régence, il conviendrait que l'un ou l'autre de ces magistrats fît appeler et paraître en même temps la partie adverse, afin, s'il est possible de terminer le différend, de porter les deux parties à un accommodement et éviter des discordes entre citoyens. C'est cependant ce qui ne se pratique guère ; le plaignant est ordinairement éconduit avec cette décision : « Allez trouver un procureur, intentez un procès. » Et ce, souvent pour des causes de peu de conséquence, des malentendus, qu'une explication devant le juge et ses lumières pourraient vider amiablement et à l'instant.

Article du cahier.

Que le magistrat ne connaîtra en aucune manière des parties de l'administration patrimoniale, icelle ne devant être soumise qu'à l'inspection des États provinciaux.

Observation des magistrats.

Observé encore par les deux députés et les officiers municipaux, que, s'il plaît à Sa Majesté d'établir des États provinciaux en Alsace, les magistrats s'y soumettront comme à toute autre autorité légitime supérieure ; mais il leur paraît nécessaire que, hors l'assemblée des États, il y ait une commission intermédiaire présidée par le commissaire du Roi, et composée de trois membres du clergé, trois de la noblesse et six du tiers-état, parmi lesquels derniers un serait constamment député des dix villes jadis impériales, puisqu'aux États généraux Sa Majesté a permis d'envoyer deux députés sur vingt-quatre, pour toute l'Alsace.

Réplique des bourgeois.

On ne peut s'imaginer la raison pour laquelle ces députés et officiers municipaux demandent qu'une commission intermédiaire à établir soit présidée par le commissaire du Roi, tandis que les présidents de toutes les assemblées provinciales sont tirés de l'un des deux premiers ordres qui les composent ; tout bourgeois, tout habitant est frappé en entendant seulement prononcer le nom du commissaire du Roi : chacun est persuadé que c'est par lui que les magistrats sont soutenus et que leur mauvaise administration est autorisée.

Article du cahier.

Que leurs charges ne soient que triennales, sauf à les continuer par une nouvelle élection.

Observation des magistrats.

Observé par lesdits deux députés et les officiers municipaux, que les charges de magistrature étant reconnues à vie, même par l'autorité royale, et les magistrats ci-présents n'ayant demandé et accepté les places qu'ils occupent que sur la foi de cette perspective, ils supplieront les États généraux de rejeter une proposition aussi évidemment contraire aux droits communs de la province qu'à leurs intérêts particuliers.

Réplique des bourgeois.

Il n'est pas douteux que l'établissement de la triennalité dans les charges des membres de magistrature ne soit contraire à leurs intérêts particuliers, comme ces deux députés et officiers municipaux l'expriment ; mais leurs intérêts particuliers ne doivent pas prévaloir au détriment de ceux d'une ville. Ainsi c'est très-mal à propos qu'ils se proposent de supplier les États généraux de rejeter cette proposition. S'ils ont la conscience nette, le cœur franc, et qu'ils prennent à tâche d'agir en pères du peuple à l'égard des bourgeois et habitants, comme il convient, ils ne courront aucun risque de ne pas être élus de nouveau après les trois ans révolus. D'ailleurs, quelle influence les charges de judicature peuvent avoir sur les droits de la province ? Le Roi n'est-il pas le maître de réformer les abus, dès qu'ils sont reconnus ? Ne voit-on pas fort souvent de nouvelles lois succéder aux anciennes, de nouveaux rè-

glements, de nouvelles ordonnances déroger aux antécédentes ? Si des variations, des réformes ont lieu pour le militaire, pourquoi ne doivent-elles point être employées envers les magistrats, les municipalités dès qu'il s'agit du bien de la chose que les intérêts de Sa Majesté sont compromis, e que ses sujets se trouvent dans la souffrance ?

Article du cahier.

Que les appointements des magistrats soient fixés en argent, qu'il n'y ait plus de casuel, plus de compétences en bois, ni autres accidentels.

Observation des magistrats.

Observé par lesdits deux députés et les officiers municipaux, que les compétences en bois étant réglées par l'autorité supérieure, et notamment par arrêt du conseil d'État, du 25 octobre 1733, ils trouvent et ont lieu d'espérer que ce traitement en nature ne sera point changé ; et quant au casuel, que comme il ne peut être que le résultat de vacations particulières, ils le croient d'autant plus juste, qu'il est de très-petite conséquence.

Réplique des bourgeois.

Ces députés et officiers municipaux auraient dû ajouter que lorsqu'en 1733, les compétences en bois leur ont été accordées, les bois ne manquaient pas aux bourgeois, les forêts étaient garnies, la corde valait alors 4 à 5 livres ; aujourd'hui elle en vaut 16, et va toujours en augmentant ; depuis l'époque de cette concession, la participation aux forêts a de plus en plus été interdite à la bourgeoisie, sans qu'il y eût aucune diminution dans ces compétences, dont le montant est si considérable, que les compétenciés en vendent la moitié et même jusqu'aux deux tiers, qui ne leur servent point, et dont ils peuvent se passer pour leur usage. Aujourd'hui, si un particulier est pris en flagrant délit dans les forêts, quelque mince qu'en soit l'objet, le rapport en est dressé sans rémission et envoyé à M. l'intendant, pour statuer des amendes qui sont toujours d'une rigueur inexprimable. Quant au casuel, si les magistrats en sont frustrés, ils ne perdront pas grand'chose, dès qu'ils conviennent qu'il n'est que de très-petite conséquence.

Articles du cahier.

Que partie des bois de la forêt soit distribuée entre la bourgeoisie, moyennant un prix honnête, et que de leur partie il soit formé un magasin d'approvisionnement pour y avoir recours dans les saisons rigoureuses, comme aussi pour subvenir aux besoins des pauvres.

Que les magistrats et les employés de la ville n'auront plus à l'avenir de compétence en bois, en nature, mais qu'elle leur sera réglée en argent ; et que quant aux autres qui ont été compétenciés en bois jusqu'à ce jour, et qui ne sont pas au service de la ville, la ville sera déchargée de cette compétence, et Sa Majesté suppliée d'y pourvoir.

Observations des magistrats.

Néant.

Réplique des bourgeois.

Nous désapprouvons le contenu du premier des deux articles ci-dessus, ainsi que celui du second, seulement en ce qui concerne la conversion en argent des compétences en nature pour les magistrats et employés de la ville, et entendons que les compétences en bois supprimées en nature, ne leur soient aucunement payées en argent; mais que le partage des bois soit fait par égalité entre les magistrats et la bourgeoisie, de sorte que le premier membre des magistrats et le dernier bourgeois soient traités uniformément, tant en bois qu'en fagots, suivant que les coupes pourront le permettre; bien entendu que les parties qui recevront seront tenues d'en payer la façon et la voiture. Quant aux autres compétenciés en bois, qui ne sont pas au service de la ville, nous nous référons à ce qui est dit à leur sujet audit dernier article.

Article du cahier.

Que tous les octrois, accises, péages, soient supprimés sur tous les comestibles et sur les objets de commerce.

Observation des magistrats.

De la part des officiers municipaux a été observé qu'ils ne demandent pas mieux que le succès de cet article, pourvu qu'il plaise à Sa Majesté indemniser la ville de ceux des droits en question dont elle jouit à titre onéreux.

Réplique des bourgeois.

Nous ignorons par qui ce titre onéreux a été ordonné; nous ignorons en quoi il consiste et quel en est le montant.

Article du cahier.

Que les revenus de l'hôpital soient administrés par les municipalités.

Observation des magistrats.

Observé par les officiers municipaux et les deux députés des habitants non agrégés à corporation, que les revenus de l'hôpital ont toujours été administrés par les municipalités représentées dans le magistrat, ordre qui ne peut être interverti.

Réplique des bourgeois.

C'est par ce même principe de mauvaise administration que nous demandons que les revenus de l'hôpital soient toujours administrés par la municipalité à établir conformément aux règlements de l'administration provinciale.

Article du cahier.

Que Schlestadt sera séparée des autres villes de la préfecture d'Haguenau et mise sur le pied des autres villes de la province.

Observation des magistrats.

Observé par lesdits deux députés et le sieur Hermann, l'un des députés de la manance, ainsi que par les officiers municipaux, que ce dernier article est diamétralement contraire au propre intérêt des habitants de cette ville, qui même, à l'occasion de la convocation des Etats généraux, auraient été dans le cas d'être confondus dans la foule des innombrables votants aux districts réunis de Colmar et Schlestadt, tandis qu'ils ont obtenu par la protection de M. l'Oberlandvogt l'inestimable avantage de délibérer seuls et tranquillement sur l'intérêt commun; que d'ailleurs il ne serait pas possible de faire la distraction dont s'agit sans attaquer les droits du fief de la préfecture, dont le maintien pur, simple et intégral a été respectivement et solennellement juré par M. le grand bailli à la ville de Schlestadt, et les magistrats audit seigneur grand préfet; et

qu'enfin cette demande est tout à fait contraire aux traités de paix qui ont maintenu la constitution des dix villes impériales, lorsqu'elles sont passées sous la domination du Roi.

Réplique des bourgeois.

Nous avons fait voir au commencement quels sont les deux députés et officiers municipaux qui ont fait les observations parsemées dans le cahier de nos doléances; nous croyons devoir ajouter ici que le sieur Hermann, l'un des députés de la manance, dont il est parlé dans cette dernière observation, est conseiller à la magistrature, par conséquent intéressé à y faire cause commune.

Nous ne savons pas si, sous la dénomination des habitants de cette ville, on entend ou la magistrature ou la bourgeoisie, ou toute la communauté en général : si c'est des magistrats dont on entend parler, alors on a raison de dire que sa séparation de la préfecture est contraire à leur propre intérêt, puisque c'est par le droit de cette préfecture qu'ils jouissent d'une autorité aussi absolue, et qu'ils se disent être une véritable municipalité. Mais comme nous la trouvons par trop préjudiciable et ruineuse, c'est la raison pour laquelle nous demandons la séparation dont il s'agit, afin de pouvoir, avec moins d'inconvénient, solliciter et espérer l'établissement d'une municipalité conforme aux règlements de l'administration provinciale. Si, par les habitants on veut dire la bourgeoisie, nous ne connaissons aucun intérêt qui pourrait porter l'équilibre au bien que nous procurerait la nouvelle municipalité demandée. S'il est question de toute la communauté, il n'est pas juste que presque tous les individus qui la composent souffrent pour faire l'heur et le bonheur des magistrats. Si, d'un autre côté, nous devons reconnaître l'avantage que par la protection de M. l'Oberlandvogt nous avons obtenu de délibérer seuls et tranquillement, d'un autre côté, nous sommes obligés de convenir, malgré nous, que cet avantage n'a pas eu pour nous tout le mérite qu'on lui attribue, puisque M. le préteur a expressément défendu aux élus des tribus et corporations de cette ville de communiquer entr'elles, afin de pouvoir recueillir leurs doléances, et qu'avec bien de la peine il a permis aux mêmes élus de communiquer entre eux, cause de l'effervescence que l'on a vu naître parmi la bourgeoisie, lors de la rédaction des cahiers des dix villes impériales en un seul. S'il n'est pas possible, comme ces magistrats le disent, de faire la distraction dont il s'agit, sans attaquer les droits du fief, du moins profitons de la grâce que le Roi daigne nous faire. Sa Majesté demande à connaître les souhaits et les doléances de son peuple; nous nous croyons en droit, par la lettre de convocation des Etats généraux, faire telles propositions que nous trouvons convenables et avantageuses. Il est sans contradiction que le maintien pur, simple et intégral a été respectivement et solennellement juré par M. le grand bailli à la ville de Schlestadt, et les magistrats audit seigneur grand préfet; ces formalités peuvent être prises pour un devoir réciproque : M. le grand bailli tire ses revenus de la ville et les magistrats leur pouvoir et autorité par ledit seigneur grand préfet, et c'est à cause de ce pouvoir et autorité des magistrats, qu'il a plu à Sa Majesté de placer dans chacune des villes de cette préfecture un préteur ou prévôt royal, pour faire observer ses droits, tandis qu'en même temps ces officiers sont la ruine de ces mêmes villes. Il est bien difficile de concevoir dans quelle intention nos magistrats rappellent les traités de paix qui ont maintenu la constitution des dix villes impériales, lorsqu'elles sont passées sous la domination du Roi. Leur intention serait-elle de retourner et se rendre de nouveau à l'empire, si ces traités de paix ne sont pas scrupuleusement observés de la part de Sa Majesté, et qu'il lui plût d'y déroger, aux fins de réprimer ou anéantir des abus contraires à ses intérêts et au bien de ses sujets ?

Conclusion.

Le présent supplément aux doléances des bourgeois et habitants de Schlestadt a été fait et rédigé en conséquence de la réserve insérée à la réquisition des deux élus de la bourgeoisie de ladite ville, dans le cahier général dressé par les dix villes de la préfecture royale d'Haguenau, pour les raisons y mentionnées, afin d'être joint audit cahier.

Fait à Schlestadt, le 23 avril 1789. Signé à l'original : Lomüler, député de Schlestadt, et Stahl.

La présente copie est certifiée conforme à l'original. *Signé* Lomüler, avec paraphe.

NOTA. Le présent supplément a été adressé ledit jour, 23 avril 1789, à monseigneur le directeur général des finances, avec très-humble supplication de la part des bourgeois et habitants de Schlestadt de vouloir bien leur faire la grâce de le faire remettre aux deux députés aux Etats généraux pour les villes impériales de la préfecture royale d'Haguenau.

ETAT

Comparatif des dettes que la ville de Schlestadt avait en 1780, avec celles qu'elle a en 1789.

Dettes en 1780 : 111,800 livres.

Dettes en 1789 : 162,300 livres.

Surplus de dettes en 1789 : 50,500 livres.

Mais il a été dépensé depuis 1780, pour frais de construction,

Savoir :

D'un nouveau corps de caserne et réparations des anciennes	160,000 liv.
Pour construire une salle d'assemblée publique et son ameublement.	18,000
Pour construire : 1° un corps de garde sur lequel l'on a placé un hôtel de ville qui manquait depuis la démolition de l'ancien, et 2° des prisons civiles et criminelles y adjacentes......................	55,000
Total............	233,000 liv.
A quoi il convient d'ajouter, pour construction d'une écurie-infirmerie ordonnée par le ministre pour les chevaux de la cavalerie en garnison et des pompes pour l'abreuvage, environ.........................	4,000
Total général.........	237,000 liv.

Ainsi, malgré tant de dépenses qui sont quasi toutes pour le service du Roi, la ville n'a depuis 1780 que 50,500 livres de dettes de plus.

Certifié véritable à Schlestadt, le 19 mai 1789.

Signé DE DARTEIN, préteur royal.

COMTÉ DE COMMINGES.

Des plaintes et doléances du clergé du comté de Comminges.

NOTA. Ce cahier n'existe pas aux Archives de l'empire. Nous le faisons rechercher dans les départements de la Haute-Garonne, du Gers et de l'Ariège. Nous l'insérerons, si nous parvenons à le découvrir, dans le Supplément qui terminera le recueil des cahiers.

MANDAT DE LA NOBLESSE DU PAYS ET COMTÉ DE COMMINGES, COUZERANS, ET NEBOUZAN,

Contenant les instructions, mandats et pouvoirs par elle donnés à ceux de son ordre, qui seront députés aux États généraux du royaume (1).

L'ordre de la noblesse des comté et pays de Comminges, Couzerans et Nebouzan, considérant que jamais les objets qui ont occupé, par le passé, les États généraux du royaume, n'ont été aussi importants que ceux qui vont occuper les États généraux actuels; qu'il ne s'agit de rien moins que d'affermir la constitution du royaume sur des bases fixes et invariables, d'assurer aux citoyens la liberté de leurs personnes et la propriété de leurs biens, et à la nation le retour des États généraux à des époques déterminées; de fixer, d'une manière nationale et constitutionelle, la convocation, l'organisation, la discipline et le régime des États généraux. Et quand il aura été pourvu à ces objets d'importance première pour la nation, de vérifier la dette nationale; d'en sonder la profondeur, et après avoir constaté le déficit avec toute l'exactitude que la matière peut comporter, d'octroyer les subsides nécessaires, et de prendre les moyens les plus convenables pour consolider la dette du royaume. Que l'on ne peut se dissimuler que, quelle que soit l'application, quels que soient les efforts des États généraux pour terminer le plus promptement possible des objets d'une si haute importance, le temps destiné à leur tenue aura peine à y suffire.

Que la sagesse prescrit donc, de la manière la plus impérieuse, de ne pas surcharger le cahier des mandats d'une moindre utilité, pour ne pas distraire les députés de l'accomplissement de ceux qui sont d'une utilité majeure, et qui ne souffrent pas de retard.

C'est dans ces vues que la noblesse de ce comté et pays de Comminges, Couzerans et Nebouzan, bornera ses instructions au cahier et mandats qui suivent, et qu'elle charge ses députés d'insister, dans l'assemblée des États généraux, pour qu'on renvoie les objets d'une moindre utilité aux États généraux qui suivront, et qui (n'ayant pas à s'occuper d'intérêts aussi grands), pourront y donner tout le temps et toute l'attention qu'ils méritent.

(1) Nous publions ces pièces d'après un manuscrit des *Archives de l'Empire.*

Art. 1er. Nous chargeons nos députés de présenter au Roi l'hommage de notre fidélité, de notre attachement et de notre respect inviolable, et de lui porter en même temps nos très-humbles remerciments du dessein qu'il a conçu de rétablir la nation dans tous les droits que sa constitution lui assure, et d'avoir bien voulu annoncer à son peuple cette résolution magnanime, en permettant à son ministre des finances de la manifester dans le rapport qu'il lui a fait, le 27 décembre dernier, et en ordonnant, pour qu'aucun de ses sujets ne l'ignore, que ce rapport fût rendu public dans tout le royaume.

Art. 2. L'ordre de la noblesse charge, de la manière la plus spéciale, ses députés aux États généraux de s'opposer à ce qu'on opine par tête; de faire tout ce qui sera en leur pouvoir pour maintenir les ordonnances et les usages qui ont établi, comme règle certaine, que l'on doit opiner par ordre, et que l'avis de deux ordres ne peut lier le troisième; et, dans le cas où, malgré l'opposition de ses députés, on voudrait passer outre, la noblesse, dès à présent, révoque les pouvoirs de ses députés, leur enjoint de se retirer de l'assemblée, et déclare qu'elle ne se regardera pas comme liée par les délibérations de ladite assemblée, comme prises sans sa participation, et contre le véritable ordre et police des États généraux.

Art. 3. Pour seconder les intentions si nobles que le seigneur Roi a annoncées, de rétablir ses peuples dans les droits que l'antique constitution de la monarchie leur assure, et pour concourir avec lui, selon le vœu qu'il a exprimé dans ses lettres de convocation, à établir un ordre constant et invariable dans le gouvernement du royaume, nos députés solliciteront ledit seigneur Roi d'octroyer une charte pour fixer, d'une manière invariable, les droits de ses peuples, et, à cet effet, de statuer par ladite charte:

1° Qu'il ne sera mis aucun impôt, ni fait aucune levée de deniers dans le royaume sans le consentement des États généraux; qu'il sera déclaré que c'est à la nation seule qu'il appartient d'accorder les subsides, d'en fixer l'étendue et la durée, d'en régler l'emploi, l'assiette et la répartion; de faire les emprunts pour l'État. Qu'en conséquence, tous les impôts existant actuellement, que les États généraux ne jugeront pas à propos de sanctionner ou de continuer, demeureront supprimés à l'instant de leur séparation; que, de même pour l'avenir, tous emprunts ou impositions, auxquels la nation n'aurait pas consenti, seront déclarés, d'ores et déjà, inconstitutionnels, nuls et de nul effet, et non obligatoires pour la nation; qu'il sera prohibé, par exprès, à tous États provinciaux d'octroyer séparément aucun subside ou d'ouvrir aucun emprunt; mais lesdits États provinciaux pourront seulement asseoir, répartir et lever la portion des impositions consenties par les États généraux, qui sera à la charge de leurs provinces; et s'ils ont besoin de faire quelques emprunts ou quelque levée de deniers particulière pour des réparations ou constructions d'édifices ou ouvrages publics, et pour d'autres objets d'administration locale, les États généraux permettront à chacun d'eux de lever les sommes qui seront jugées nécessaires pour les dépenses de leurs provinces, jusqu'à la prochaine tenue des États généraux.

2° Que non-seulement les lois bursales mentionnées à l'article précédent, mais encore toutes lois générales et perpétuelles ne pourront être formées qu'au sein des États généraux, et par le concert mutuel de l'autorité du Roi et de l'avis et consentement de la nation, duquel avis et consentement il sera fait mention dans le préambule desdites lois, et lesdites lois étant ainsi parfaites, seront, pendant la tenue même de l'assemblée nationale, envoyées au Parlement de Paris, les princes et les pairs y séant, et aux parlements des provinces, pour y être inscrites sur leurs registres, sans qu'il leur soit loisible d'y apposer aucune modification ; mais lesdites cours pourront seulement adresser au Roi et aux États généraux les observations que leur zèle leur suggérera, sans que, sous prétexte de ces observations, l'exécution desdites lois puisse en aucune manière être suspendue.

3° Lesdites cours auront, non-seulement le dépôt, mais encore l'exécution et la garde desdites lois, ainsi que de toutes les anciennes lois et ordonnances du royaume. Elles demeureront chargées, par exprès, du maintien de la constitution du royaume et des droits nationaux, et toutes les fois qu'elles les croiront en danger, elles pourront faire des remontrances au Roi et des dénonciations à la nation, et tout ce quelles croiront dans leur sagesse être le plus propre à opérer la conservation du dépôt qui leur est confié ; et elles en seront comptables à la nation.

4° Toutes lois quelconques, autres que les lois bursales et les lois générales et permanentes, toutes ordonnances et tous règlements provisoires d'administration et de police, qui seront faits par le Roi seul, et hors la tenue des États généraux, seront envoyés et présentés aux parlements en la forme ordinaire, pour y être librement vérifiés et enregistrés, s'il y a lieu, sans toutefois que leur vérification et enregistrement puisse les dispenser d'être représentés à la première assemblée nationale, pour être confirmés si elle le juge à propos ; et dans le cas où elle ne jugerait pas à propos de les confirmer, ils demeureront comme non avenus et sans aucune force et vigueur.

5° Pour donner auxdites cours la force, le courage et la consistance nécessaires pour le maintien de la constitution et des droits nationaux, la loi de l'inamovibilité des offices sera inviolablement observée ; elle sera confirmée de nouveau, et sera déclarée faire partie de la constitution ; et il ne pourra être fait aucun changement dans l'essence, juridiction, permanence, ressort et discipline desdites cours, que du consentement des États généraux.

6° Il sera déclaré solennellement que les États généraux seront assemblés régulièrement tous les quatre ans, sans préjudice de les assembler plus tôt, si les circonstances l'exigeaient. Et dans les dites assemblées périodiques, il leur sera rendu compte de l'emploi des subsides accordés pendant la tenue précédente ; et sur le compte qui leur sera rendu, et d'après l'examen qu'ils feront de l'état des finances, ils décideront de la continuation ou suppression, augmentation ou diminution des subsides.

Ils prendront aussi en considération l'état du royaume, et proposeront toutes les réformes et changements qu'ils estimeront être du bien de l'État, et sur tous abus et malversations dans l'emploi des impôts, feront faire, contre les ministres et tous autres administrateurs, telles poursuites qu'ils croiront nécessaires.

7° Les convocations des États généraux se feront à l'avenir selon les règles et les formes qui seront déterminées aux prochains États généraux ; et, à cet effet, les députés demeureront chargés de demander auxdits États généraux qu'il y soit fait, avec le concours de l'autorité du Roi, un réglement clair et précis concernant la convocation, la formation, l'organisation, le régime et la discipline des États généraux à venir, et qui puisse prévenir toutes les réclamations auxquelles a donné lieu la manière dont les États généraux actuels ont été convoqués et composés ; et ils insisteront, lorsqu'on fera ledit règlement, pour qu'il y soit défendu d'établir jamais aucune commission intermédiaire des États généraux, ni aucun autre corps quelconque de leurs délégués, qui, sous toute autre dénomination, serait chargé de les représenter et suppléer.

8° Il sera déclaré, en outre, que tous impôts et subsides ne dureront que pendant le temps pour lequel ils auront été octroyés ou consentis ; et qu'ils ne pourront être accordés pour un plus long terme que l'intervalle d'une tenue d'États généraux à l'autre ; et lorsqu'ils auront été ainsi accordés jusqu'à la tenue des États qui suivront, ils cesseront de plein droit lors de la tenue desdits États.

9° Et dans le cas où on voudrait percevoir lesdits impôts au delà du temps pour lequel ils auront été accordés, les États provinciaux demeureront chargés de s'opposer à la perception desdits impôts, et de n'en faire aucune répartition ni assiette ; et, en outre, les procureurs généraux des cours souveraines auront charge expresse de poursuivre les exacteurs desdites impositions comme concussionnaires, devant lesdites cours souveraines, qui seront tenues de les punir suivant la rigueur des lois.

10° Tout droit de propriété sera inviolable ; et en conséquence, aucune autorité, quelle qu'elle soit, ne pourra enlever au citoyen sa propriété, soit mobilière, soit immobilière, si ce n'est dans des cas de nécessité ou d'utilité majeure pour le public, jugée telle par les États provinciaux, après le plus mûr examen et la plus exacte discussion, auquel cas la propriété que le citoyen sera obligé de céder lui sera payée au plus haut prix et sans délai.

11° Il sera libre à tout citoyen d'aller et de venir dans le royaume, d'y demeurer et d'en sortir ainsi que bon lui semblera. La censure des livres sera supprimée et la liberté indéfinie de la presse établie, l'imprimeur seulement astreint à apposer son nom aux ouvrages qu'il imprimera, à l'effet d'en répondre personnellement, le cas y échéant, s'il ne pouvait procurer la découverte et la conviction de l'auteur.

12° En matière civile, comme en matière criminelle, aucun citoyen ne pourra être traduit devant d'autres juges que ceux qui lui seront assignés par la loi ; et toutes évocations hors du cas de la loi, toutes commissions, sauf celles de la loi, toutes commissions, demandées et consenties par toutes les parties intéressées, toutes surséances, cassations et retentions de cause par le conseil du Roi, n'auront plus lieu en aucun cas, pour quelque corps, ou pour quelque personne que ce soit.

13° Il ne pourra plus, à l'avenir, être donné aucune atteinte à la liberté individuelle du ci toyen, sauf dans les cas prévus par la loi ; et, en conséquence, tout Français qui serait arrêté, sera remis, dans vingt-quatre heures, dans une prison légale, et renvoyé de suite devant ses juges naturels. Et toutes lettres de cachet, lettres d'exil, et tous autres ordres arbitraires seront abolis pour toujours, et toutes prisons d'État supprimées, sauf aux États généraux à pourvoir de quelque autre manière à l'honneur et au repos des familles.

14° Si, au préjudice de la disposition de l'article précédent, quelqu'un venait à solliciter, donner ou exécuter quelque ordre arbitraire contre aucun citoyen, il pourra être poursuivi, non-seulement en dommages et intérêts par la partie qui serait l'objet dudit ordre, mais il sera poursuivi encore extraordinairement par le procureur général du Roi, comme infracteur de la constitution et de la liberté nationale.

15° Tous ministres, commandants pour le Roi, commissaires départis ou autres agents du pouvoir exécutif s'ils se trouvent avoir participé à ladite violation de la liberté des citoyens, ou s'ils viennent à commettre quelque autre infraction à la charte déclarative des droits de la nation, seront poursuivis pendant la tenue des États généraux, par-devant les États généraux eux-mêmes, sur la dénonciation des parties intéressées, ou de quelqu'un des députés.

Mais si lesdites infractions ne sont faites que pendant l'intervalle d'une tenue d'États généraux à l'autre, alors les procureurs généraux seront tenus de les dénoncer aux cours souveraines, et de les poursuivre devant elles ; et lesdites cours pourront faire telles procédures et informations qu'elles jugeront nécessaires pour empêcher le dépérissement des preuves, pour le tout être rapproché aux prochains États généraux, qui y pourvoiront ainsi que leur sagesse le leur suggérera, et sans préjudice néanmoins aux parties lésées de faire, pour leurs intérêts, telles poursuites qu'elles aviseront et que, dans tous les cas où les États généraux jugeront à propos de faire procéder au jugement des affaires et personnes à eux dénoncées, il leur soit libre de renvoyer lesdites personnes et affaires à celui des parlements qu'il leur plaira de choisir.

16° Les infractions de la charte et des droits de la nation seront réputées crimes de lèse-patrie, et ledit crime de lèse-patrie sera irrémissible comme celui de lèse-majesté.

Art. 4. Nos députés, après avoir obtenu ladite charte, et l'avoir fait revêtir de toutes les formes extérieures des lois, demanderont qu'elle soit envoyée, les États généraux tenants, au Parlement de Paris, les princes et pairs y séant, et aux parlements des provinces, pour y être inscrite dans leurs registres, publiée et envoyée aux bailliages et sénéchaussées ; et ils veilleront à ce qu'il ne manque rien à la promulgation d'une loi aussi importante pour la nation.

Art. 5. Ils demanderont encore que les traités qui unissent le Comminges et autres provinces à la couronne, ainsi que tous les droits et privilèges qui leur seront propres, et les chartes de nos rois, qui les maintiennent, soient confirmés.

Art. 6. Ils demanderont en conséquence desdits privilèges, que les pays de Comminges et de Couzerans soient rétablis dans le droit qu'ils avaient anciennement de s'assembler en États provinciaux pour procéder à la répartition et assiette des impôts ; qu'ils puissent procéder à leur levée en la manière la plus économique qu'ils aviseront ; puissent enfin traiter des affaires générales desdits pays, et s'occuper de tout ce qui concerne leur bien et leur avantage ; et ils veilleront à ce que les États desdits pays soient formés de manière que les divers ordres des citoyens y soient effectivement représentés par une élection vraiment libre, et dans une proportion convenable, et que le président y soit pris alternativement dans les deux premiers ordres, sur l'élection qui en sera faite dans le sein desdits États.

Art. 7. Ils demanderont, en outre, le maintien des justices seigneuriales, ainsi que du rang et des prérogatives qui, jusqu'à présent, ont caractérisé notre ordre, et que nous tenons de nos ancêtres. Nous leur prescrivons formellement de s'opposer à tout ce qui pourrait y porter atteinte, et de rejeter toute modification qui pourrait altérer des droits qui entrent dans l'essence de la monarchie.

Art. 8. Tels sont les points fondamentaux de notre constitution nationale, et les objets d'importance première pour nos provinces, sur lesquels nous enjoignons expressément à nos députés de faire statuer dans l'assemblée des États provinciaux, préalablement à toute délibération sur les finances, leur défendant par exprès de rien voter sur aucun impôt ni sur aucun emprunt, ni de s'occuper en aucune manière de la dette publique et des moyens de l'acquitter, que les États généraux n'aient délibéré sur tous et chacun des articles ci-dessus, et n'aient déterminé, sur leur contenu, ce que leur sagesse et leur patriotisme leur aura inspiré. Et si, ce qui n'est pas à croire, nos députés venaient à contrevenir à ce mandat, nous les désavouons formellement, comme des mandataires infidèles, et les déclarons, dès à présent, déchus de tous pouvoirs et sans capacité pour nous lier.

Mais lorsque les États généraux auront statué sur les articles ci-dessus, alors nos députés pourront s'occuper de ce qui concerne les finances. Ils exigeront d'abord un tableau exact et détaillé desdites finances, d'où puisse résulter une connaissance exacte de leur déficit ; ils emploieront toute leur attention et toute leur sagacité pour fixer la consistance de ce déficit ; ils examineront quelles sont les parties de la dette publique sur lesquelles les créanciers de l'État se sont avantagés au gouvernement, et, en retranchant tout ce qui est usuraire, ils les réduiront à leur légitime valeur. Ils confirmeront dans leur intégrité celles qu'ils trouveront légitimement contractées ; ils se feront représenter un état exact des pensions ; et lorsqu'ils auront ainsi fixé le montant de la dette de l'État, par égard pour la foi publique sous laquelle elle a été contractée, nous leur donnons pouvoir de la sanctionner, au nom de la nation, et de la prendre sur son compte.

Mais avant de s'occuper de l'établissement d'aucun impôt, nous les chargeons d'examiner les ressources que l'État pourrait avoir d'ailleurs, et entre autres celles qui résulteraient de l'amélioration et même de la vente du domaine. Ils se feront remettre à cet effet tous renseignements sur la valeur et revenus du domaine, comme mémoires, états de régie, baux à ferme, et les contrats d'engagement et d'échange qui ont été passés depuis trente ans ; ils pourront résilier ceux qui leur paraîtront frauduleux ou préjudiciables aux intérêts de l'État.

S'ils ne croient pas devoir aliéner les domaines, ils feront tout ce qu'ils croiront le plus propre à en augmenter le revenu et à en empêcher le dépérissement.

S'ils croient, au contraire, qu'il serait avantageux d'aliéner les domaines, nous leur donnons pouvoir de voter pour leur aliénation, et de donner le consentement national pour révoquer la loi, jusqu'ici fondamentale, de l'aliénabilité des domaines de la couronne, et de promettre la garantie de la nation à tous ceux qui les achèteront. Et, dans ledit cas où l'aliénation des domaines serait ordonnée, ils prendront toutes les précautions nécessaires pour que les deniers provenant de leur vente soient employés sans détour à la destination qu'ils en feront. Nous n'entendons pas, néanmoins, que, sous le prétexte de la nécessité d'aliéner les domaines, on puisse vendre ni dénaturer, en aucun cas, les forêts royales ; nous leur recommandons, au contraire, de pourvoir à leur conservation et augmentation, en y établissant une meilleure régie et une meilleure police.

Ils prendront aussi toutes les précautions que leur prudence leur inspirera, pour empêcher que le désordre qui s'est introduit dans les finances n'y reparaisse à l'avenir ; et à cet effet, ils feront ordonner qu'indépendamment du compte que les ministres et autres administrateurs devront rendre aux Etats généraux de l'emploi des subsides accordés dans la tenue précédente, ils seront tenus de publier chaque année la situation des finances, par état de recette et dépense, et la liste des pensions, avec une note pour distinguer les pensions nouvelles, soit afin que ceux qui les auront obtenues en soient honorés, soit afin que les peuples soient instruits des augmentations qui surviendront dans l'état des pensions.

Ce ne sera que lorsque toutes ces vues seront remplies, et lorsque nos députés se seront assurés du produit des ressources que l'Etat peut trouver dans la vente ou amélioration des domaines, ou dans tout autre objet, qu'étant bien fixé sur la masse d'impôts qui sera nécessaire pour remplir le déficit, ils pourront octroyer lesdits impôts. Nous leur recommandons de préférer, dans ledit octroi, les impôts qui pourront atteindre les capitalistes, financiers, banquiers et marchands, et de ménager, autant que faire se pourra, les possesseurs des fonds de terre.

Ils pourront aussi consentir à une égale répartition d'impôts sur les biens-fonds, sans distinction de nobles et de ruraux, mais à la charge qu'il sera fait, dans chaque communauté, un rôle séparé des fonds nobles, à l'effet de conserver leurs prérogatives, et que les hommages et dénombrements seront reçus sans autres frais que ceux d'expédition. Ils demanderont que l'arrêt du conseil du 17 mai 1786, qui casse l'arrêt du Parlement de Toulouse du 19 mai 1781, concernant les droits d'échanges, soit rétracté, et que les seigneurs du ressort dudit parlement soient maintenus dans le droit de percevoir les lods des échanges, comme ils en ont toujours joui ou dû jouir.

Enfin, nos députés, si les objets ci-dessus n'ont pas consumé tout le temps de la tenue des Etats généraux, pourront les inviter à prendre en considération les objets énoncés dans la section suivante; et s'il ne reste pas assez de temps pour s'en occuper efficacement, ils pourront proposer d'établir des bureaux pour préparer la matière, afin qu'au moins il puisse y être statué dans les Etats généraux suivants.

CAHIER

Des doléances secondaires de la noblesse du pays et comté de, Comminges, Couzerans et Nebouzan.

Art. 1er. Nos députés solliciteront une loi qui légitime et autorise le prêt à jour, aussi favorable à la circulation du numéraire, qu'avantageux au commerce.

Art. 2. Que les bénéfices consistoriaux ne soient plus accumulés sur une même tête.

Art. 3. La résidence des archevêques, abbés, dignitaires et autres bénéficiers, sous les peines portées par les anciennes ordonnances, tant civiles que canoniques.

Art. 4. Que la dîme soit rendue plus égale et moins onéreuse.

Art. 5. Que les sujets du Roi ne puissent plus être tenus au payement des annates et autres taxes en cour de Rome.

Art. 6. Que toutes dispenses puissent être accordées par les évêques, et que le tarif de leur expédition soit évalué aux plus bas prix possible.

Art 7. La suppression des droits casuels ecclésiastiques, pour que toutes les fonctions curiales soient faites gratuitement.

Art. 8. Que les revenus des préceptoriales soient employés à leur destination, et que, dans le cas où il se trouvera du superflu, l'honoraire honnête de régent fixé, le superflu serve à former des places de boursiers, auxquelles pourvoiront ceux qui nommaient auxdites préceptoriales.

Art. 9. Que la dette du clergé des provinces, et de tous les corps, sera, dans l'assemblée des Etats généraux, divisée en deux branches, l'une contractée par l'Etat en général, laquelle sera réunie à la dette nationale, l'autre contractée pour l'utilité propre du clergé et des autres corps, dont ils demeureront chargés, et qu'il leur sera enjoint d'éteindre par une marche progressive, dans un délai convenable, en leur laissant le choix des moyens qu'ils aviseront être les meilleurs et les plus prompts.

Art. 10. Que les bénéfices de nominations royales, et fondés par d'anciennes familles, seront donnés de droit aux descendants desdites familles, pourvu toutefois que ces descendants soient dans le cas de mériter les grâces du Roi.

Art. 11. Que le Roi sera supplié d'ordonner au conseil de la guerre de lui présenter un plan pour améliorer le sort du soldat, dont plusieurs, surtout les jeunes gens, n'ont pas assez de pain pour leur nourriture, ce qui les force à chercher des moyens pour s'en procurer, qui sont contraires à leur conservation, en multipliant leur service, déjà très-pénible par lui-même, surtout dans plusieurs garnisons.

Le Roi sera encore supplié d'ordonner qu'il soit enfin donné une constitution militaire, stable et permanente, tant pour la tactique que pour la discipline : les changements continuels qui s'y introduisent ne produisant d'autre effet que d'occasionner des dépenses très-onéreuses, et de donner au soldat le plus grand dégoût pour son métier.

Le Roi sera encore supplié d'abolir les coups de plat de sabre, comme une punition avilissante, qui dégrade autant celui qui l'ordonne que le malheureux qui la reçoit, et qui est si opposée à l'esprit de la nation, qui fut toujours celui du courage et de l'honneur. Combien ne sont pas coupables envers la patrie, ceux qui ont cherché à l'éteindre, et qui ont imaginé tous les moyens possibles pour métamorphoser de braves soldats en de vils esclaves! De combien de braves gens, cette révoltante punition n'a-t-elle pas privé nos régiments, dont un grand nombre traîne aujourd'hui des chaînes, pour n'avoir pu se mettre au-dessus de la honte d'avoir été battu en public, sur une botte de paille!

En abolissant cette ordonnance flétrissante et si contraire au bien de son service, le Roi sera encore supplié d'accorder une amnistie générale en faveur des pauvres forçats qui en ont été les victimes.

Le Roi sera encore supplié d'ordonner qu'aucun officier, de quelque grade qu'il soit, ne pourra perdre sa place sans avoir préalablement été jugé par un conseil de guerre; les abus d'autorité, multipliés dans ce genre, n'ont pu qu'alarmer la noblesse.

Plusieurs ont eu des retraites forcées, qui auraient rendu encore des services utiles. Un gentilhomme, entre autres, a perdu, et il n'y a pas longtemps, son régiment sur une simple délation, sans avoir pu obtenir qu'elle fût discutée légalement.

Le Roi sera supplié de prendre les lieutenants-colonels à l'ancienneté dans les régiments de toutes les armes.

L'établissement du conseil de la guerre a été regardé comme très-utile, mais par une fatalité attachée au désir immodéré de s'occuper de brillantes bagatelles, on est encore à attendre une partie du bien qu'on en espérait, pour donner à cet établissement tout le poids qui doit faire sa force, d'après l'opinion publique.

Le Roi sera supplié d'y admettre un nombre de maréchaux de France, dont le plus ancien présidera toujours le conseil de la guerre.

Art. 12. Convaincus par une malheureuse expérience de l'imperfection et des abus du régime actuel de l'éducation publique, nous chargeons nos députés de supplier Sa Majesté de donner au soin des États généraux une attention particulière à un objet qui influe aussi directement sur les mœurs et la prospérité de l'État.

Art. 13. Que toute administration de haras soit supprimée; et que les particuliers jouissent, à cet égard, de la plus parfaite liberté.

Art. 14. S'occuper sérieusement des funestes suites qui résultent, particulièrement pour les campagnes, de l'impéritie des notaires, et de chercher les moyens d'y remédier, en statuant à l'avenir que nul ne pourra être pourvu de ces offices, qu'après dix ans de pratique chez un notaire, et un examen sur sa capacité, ou par tel autre moyen que la sagesse des États généraux leur indiquera.

Art. 15. Que les droits qu'ils exigent, lors de la passation ou expédition des actes, soient fixés par un tarif clair et précis, et que les registres soient paraphés et cotés.

Art. 16. Le reculement des douanes jusqu'aux frontières du royaume, ainsi que la suppression des droits de péage sur les chemins et les rivières, en indemnisant toutefois les propriétaires.

Art. 17. Qu'à l'avenir, dans aucun cas et sous aucun prétexte, les monnaies ne puissent être altérées ou refondues, sans la sanction de l'assemblée nationale.

Art. 18. Que les villes et communautés du royaume, et particulièrement du comté de Comminges, soient rétablies dans le droit d'élire librement leurs officiers municipaux, sauf le droit des seigneurs; et dans celui de disposer des revenus des communes, sous l'inspection des États provinciaux, à l'exclusion du commissaire départi.

Art. 19. Que la libre exportation des grains sera permise dans tous les temps, sauf à la restreindre momentanément sur la demande des États provinciaux, ou de leur commission.

Art. 20. Suppression de tout privilége exclusif, sauf ceux qui seraient accordés par les États généraux, ou ceux qui seraient demandés par les États provinciaux.

Art. 21. Demander que les États généraux s'occupent des moyens de terminer, sans frais, sur les lieux, et dans leur principe, les contestations dont l'objet n'excède pas 25 ou 30 livres, et celles qui commencent par une plainte à raison d'injures légères.

Art. 22. Supplier les États généraux de prendre en considération l'affaire qui a obligé M. le vicomte de Noé de chercher un asile dans les pays étrangers, et charger nos députés de témoigner l'intérêt très-vif que la noblesse prend au sort d'un officier général, issu d'une des maisons les plus distinguées de la province, qui se plaint d'avoir été traduit devant des juges incompétents, malgré les réclamations réitérées de la première cour du royaume.

Art. 23. Que, dorénavant, les États provinciaux seront chargés du règlement et arrêté de compte des communautés, de toute vérification de rôle, et vérification de cadastre, auxquels ils seront tenus de procéder sans frais.

Art. 24. La noblesse de la province de Nébouzan, travaillant conjointement avec la noblesse du comté de Comminges, a demandé qu'on fît mention, dans le cahier des doléances, de ses réclamations; et que Sa Majesté fût suppliée de conserver ses États sous le même régime établi lors de l'avénement de Henri IV à la couronne de France.

Art. 25. Que l'on ne puisse, dorénavant, acquérir que la noblesse personnelle, et que la noblesse héréditaire et transmissible devienne la suite de la noblesse personnelle acquise pendant trois générations.

Le marquis d'Espagne, sénéchal; le baron de Montagut Barreau, secrétaire; le commandeur de Comminges, commissaire; Parcizas de la Broquère, commissaire; Celès de Marsac, commissaire; Duhaguet du Vernou, commissaire; de Binos, baron de Cuing, commissaire; Sarrieu, commissaire; le vicomte Bustou, commissaire; Panetier, commissaire; le baron Lefage, commissaire adjoint; le vicomte de Barége; le baron de Rabaudy; Montoussin; d'Avizard; d'Encausse de Labatut; le comte d'Espie; Souville de Villeneuve; de Binos du Jardin; La Tour; le comte de Juillac; le baron Dugabé; Fleuriau; le vicomte d'Erce, sénéchal et gouverneur de Nébouzan; de Sirgaud, chevalier d'Erce; le marquis de Mailhsolas; Dutrain du Verdiguier; Despouy; d'Ardiège; chevalier de Roque-Maurel; La Passe de la Passe; Irène de Lalane; Montpezat; Binos de Signan; Trebons de Labusquière; chevalier de Montpezat; le comte Rofilac de Verlhac; le baron de Sède; le chevalier Massa; Recegnié de la Rivière; Lanes; Saint-Blancard-la-Passe-Loumagne; d'Olivier; Virtenausac; le chevalier de Lalène; le baron de Mont; Sacère; le baron de Comminges; le baron d'Ostou-Morlong; le chevalier de Bouret; de Bonnet; Pagoux; Dugrandis; Bugat; de Martres; chevalier de Lartigue; le comte de Lamezan; le marquis de Sarrieu; Doujeat, baron d'Empeaux; de Capèle; Férand de Lesceurs, officier au régiment du Roi; de Capèle-Dox; d'Arrus; le baron de Poucharramet; Laffite, d'Olivier; le baron de Saitha-Faudoas, lieutenant; Le Gardeur de Moncla; Laffergue; le chevalier de Montagut; le chevalier d'Erce; Roquemaurel fils; le baron de La Passe-Laloubère; Dupas de Labastide; le chevalier de Martres; Dupas; le chevalier de La Marque-Mana; le baron de Montagut; Barreau, secrétaire.

Collationné et certifié conforme à l'original, à Versailles, le 12 octobre 1789.

Signé le baron de Montagut; Barreau, secrétaire.

CAHIER

Des plaintes et doléances de la sénéchaussée de Comminges, Couzerans et Nébouzan, délibérées à Muret, en l'assemblée du tiers-ordre, le 22 avril 1789 (1).

Les pays de Comminges, Couzerans et Nébouzan, se confiant dans les lumières de la nation et la sagesse du monarque qui nous gouverne, qui n'a pas dédaigné de s'entourer de ses sujets, pour prendre leurs avis, et qui a eu la noblesse de publier lui-même qu'il voulait être au milieu de ses amis, ont délibéré :

1° De remercier très-humblement Sa Majesté de l'acte de bonté et de justice qu'elle a daigné faire en sa faveur, en l'appelant à la convocation de ses Etats généraux, conformément à son antique constitution, qui n'avait été suspendu que par le fait.

2° De maintenir la constitution de l'Etat par la distinction graduelle des trois ordres.

3° Que, dans toutes les assemblées nationales et autres, les députés du tiers-état seront en nombre égal à celui des deux premiers ordres réunis, lesquels voteront par tête et non par ordre.

4° Que le retour périodique des Etats généraux soit fixé à tous les cinq ans, et que la forme de leur convocation soit déterminée d'une manière précise à la prochaine assemblée de la nation.

5° Que le pouvoir législatif appartienne à la nation assemblée, et le pouvoir exécutif au souverain, toute propriété demeurant respectée.

6° De demander l'abolition de toutes lettres closes, hors les deux cas de la réclamation d'une famille, qui aurait, sur ce, délibéré, au nombre de huit parents ou amis, en défaut, et d'un sujet suspect au gouvernement, lequel, dans trois jours au plus tard, sera remis à ses juges naturels et compétents.

7° Qu'il sera nommé (les Etats généraux tenant) une commission, qui prendra connaissance du nombre des citoyens détenus dans les prisons royales, ou expatriés, et des motifs de leur détention, pour y être statué par ladite commission.

8° Que la liberté de la presse soit établie, avec les précautions convenables, pour éviter les abus.

9° Que tous les ecclésiastiques puissent indistinctement être admis à la nomination des bénéfices consistoriaux, et tous les citoyens aux emplois de la haute magistrature et premiers grades militaires, laissant, à mérite égal, la préférence à la noblesse.

10° Que la nation assemblée ait seule le droit de voter des impôts, d'en fixer la durée; et, dans le cas où le retour de l'assemblée nationale n'aurait pas lieu après les cinq ans, d'autoriser d'avance les Etats provinciaux à cesser la répartition de l'impôt, même les parlements à poursuivre extra-

(1) Nous publions ce cahier d'après un manuscrit des *Archives de l'Empire.*

ordinairement ceux qui voudraient en continuer la levée, sans qu'il puisse être établi aucune cour ni commission intermédiaire, représentant les Etats généraux, sous les mêmes peines, contre chacun des membres qui pourraient la composer.

11° Qu'il ne sera perçu que deux impôts, et à deux titres, savoir : le personnel, sans acception des personnes, et le réel, sans distinction de fonds ni de priviléges en aucun temps. Que cette perception se fera sur deux rôles seulement, ce qui n'en exigerait qu'un, en payant l'impôt réel, au moyen d'une dîme royale payée au dix-huit.

12° D'autoriser les Etats provinciaux à faire par eux-mêmes la répartition de l'impôt et la levée d'icelui, par telles personnes qu'ils commettront à ces fins; et en ordonner le versement direct dans la caisse nationale, aux moindres frais possibles, sauf des fonds destinés aux besoins de la province, soit pour réparations ou embellissements des villes, lesquelles dépenses seront propres et particulières auxdites villes.

13° De prendre en considération une connaissance exacte de la dette nationale et de ses causes, afin d'employer avec sagesse, justice et fermeté les moyens les plus propres à y remédier et à les prévenir.

14° Que les habitants des diverses provinces, et notamment ceux du pays de Comminges, Couzerans et Nébouzan, soient maintenus dans leurs priviléges respectifs, autres néanmoins que ceux qui tiendraient à empêcher l'égalité dans la répartition de l'impôt.

15° De prohiber toute espèce d'emprunt au nom de l'Etat et des provinces.

16° De déclarer les ministres du Roi, gouverneurs et autres administrateurs, dépositaires de l'autorité royale, responsables, envers la nation, des malversations dans les finances, prévarications, abus de pouvoirs, et généralement de toutes atteintes portées aux lois sanctionnées par les Etats généraux; et qu'ils seront jugés selon les lois du royaume, sans que, dans aucun cas, eux, ni tous autres citoyens, puissent être soustraits à leurs juges naturels et compétents.

17° De supprimer les corvées personnelles et en nature; que toutes les routes commencées soient menées à leur perfection; que celles de pur agrément soient abandonnées; que ce, pour favoriser le commerce, pour faciliter le transport des marchandises, et pour la sûreté des voyageurs, il soit fait des routes qui communiquent à toutes les villes où il y a foires et marchés, en indemnisant les particuliers des fonds qu'ils prendront, servant à la construction des nouvelles routes; que la liberté du commerce des grains soit accordée, sauf à la restreindre en cas de besoin, sur l'avis des Etats provinciaux; que les inspecteurs des étoffes soient supprimés et que les gardes du tabac, les douanes et autres commis soient portés aux frontières; qu'il soit encore pourvu à la réparation des ravins, au redressement du lit des rivières ou ruisseaux, qui, par leurs fréquentes inondations, détruisent annuellement l'espérance des cultivateurs : le tout sous l'inspection des Etats provinciaux; et que les fonds nécessaires pour ces objets soient pris, pour la majeure partie, sur l'impôt personnel, et l'autre sur l'impôt réel.

18° Que toutes les provinces du royaume, et notamment le pays de Comminges, de Couzerans et Nébouzan, auront des Etats particuliers, dont l'organisation sera modelée sur ceux du Dauphiné; que tous les membres en seront électifs; que lesdits Etats seront régénérés en la même forme que les assemblées provinciales ; que le président sera triennal, et pris dans les deux premiers ordres, au choix de Sa Majesté, sur la présentation qui lui sera faite de quatre sujets, dont deux dans l'ordre du clergé, et deux dans celui de la noblesse par lesdits États.

19° D'attribuer à ces États le droit de répartir l'impôt, la vérification des rôles et la clôture des comptes arrêtés par les communautés, suivant l'ancien usage et sans aucuns frais ; comme aussi, la suppression des commissaires départis, représentés par une commission desdits États, toujours en activité.

20° De solliciter la suppression des tribunaux d'exception, par exprès, des maîtrises et de tous autres d'attribution (1), sauf l'entier remboursement effectif de tous droits de *committimus* ; la réforme des corps des ingénieurs des ponts et chaussées, et la proscription de la survivance dans les emplois.

21° De prohiber dans toutes les circonstances l'altération et la refonte de l'or et de l'argent monnayé, comme aussi l'introduction du papier-monnaie.

22° De demander la suppression du droit de franc-fief, avilissant pour le tiers-état, et d'après les privilèges du pays de Comminges ; comme aussi la suppression du droit d'amortissement pour toutes aliénations d'immeubles de la mainmorte ; ce qui facilitera le retour de ces biens dans le commerce.

23° De solliciter la suppression de la milice et classes pour la marine.

24° D'autoriser le prêt à jour, avec intérêt à 5 p. 0/0, soit que le prêt soit fait par acte public, ou par billet sous seing privé.

25° Que toute banalité soit supprimée, sauf le dédommagement ou le remboursement envers ceux dont le titre sera connu ; supprimer également le droit de prélation, le retrait lignager, les droits de péage, de passage, leude et douane, coupette ; les droits et privilèges exclusifs des messageries royales, roulage, haras, et tous autres objets de cette nature ; comme aussi, que l'usage des eaux pluviales, ainsi que celui des rivières et ruisseaux, soit entièrement libre, sauf le service des moulins : supprimant à cet effet tous droits et privilèges contraires.

26° Que la maxime *nulle terre sans seigneur* soit abolie, pour lui être substitué dans le royaume celle de *nul seigneur sans titre*.

27° Que toute personne de bonne renommée, ayant un certificat des officiers municipaux du lieu de sa résidence, soit autorisée à avoir des armes chez elle ; et qu'il soit permis aux voyageurs de tous les ordres d'en porter en route.

28° D'encourager les fabriques nationales, en soumettant, à l'entrée du royaume, toutes les marchandises étrangères à un droit qui les rende beaucoup plus chères que celles fabriquées en France.

29° De solliciter la grâce des condamnés aux galères pour raison de contrebande de sel, tabac, soieries et autres ; et de statuer qu'à l'avenir il ne pourra leur être infligé d'autre peine que la perte de leurs marchandises.

30° Que le tabac soit vendu en carotte et non en poudre, avec pouvoir aux particuliers d'avoir des moulins chez eux.

31° Que la sévérité des lois contre les banqueroutiers frauduleux soit remise en vigueur.

_____

(1) Le procès de M. le vicomte de Noé prouve la nécessité et la justice de la réclamation.

32° De solliciter l'abolition des sauf-conduits et de tous arrêts de surséance.

33° Que toutes rentes seigneuriales soient rachetables, à prix d'argent, par les communautés en corps, et les obits, par chacun en particulier; comme aussi, que lesdits obits et rentes seigneuriales soient prescriptibles par cent ans, et les arrérages par cinq.

34° Que les fruits sujets à la dîme, soient invariablement fixés, ainsi que la forme de la perception, et que cette fixation en soit faite au douzième, afin d'affranchir les semences et d'indemniser les propriétaires de la valeur des pailles destinées à la nourriture des bestiaux et aux engrais ; comme aussi que la dîme sur les agneaux, sur la laine, sur les cochons, oies, canards, dindons, poulets, et généralement de tous carnelages, soit supprimée, ainsi que celles des menus grains, luzernes, foins et autres fourrages servant à la nourriture des bestiaux, dans tous les lieux où elle ne forme pas le principal revenu des décimateurs.

35° Que l'entretien, les reconstructions et réparations des églises, presbytères, maisons vicariales et autres bâtiments relatifs au service divin, soient à l'avenir à la charge des gros décimateurs, sur la réquisition des communautés, les dîmes étant destinées à ces dépenses, ainsi qu'au soulagement des pauvres.

36° De prescrire, sans distinction autre que de ceux attachés au service du Roi et des augustes princes de son sang, aux évêques et à tous les bénéficiers, la résidence de leurs diocèses, et dans le lieu de leurs bénéfices, sous peine de privation du temporel.

37° D'arrêter que, lors de la vacance des bénéfices en commende, autres que des évêchés, il n'y sera pas pourvu, et que les revenus en seront versés dans une caisse d'amortissement pour fournir aux besoins de l'État ou au soulagement des peuples.

38° Demander la suppression des escolanies et autres bénéfices simples, après le décès des titulaires, pour les revenus en être employés à l'usage ci-dessus ; fixer indistinctement la portion congrue des curés à 1,200 livres ; l'honoraire des vicaires à 600 livres ; le casuel supprimé.

Qu'en outre, il y aura deux messes dans chaque église, d'où dépendront trois cents communiants, ou, par un prêtre que les gros décimateurs payeront, ou au moyen d'un bis qui sera accordé par les évêques, dont les secrétaires n'auront pas de rétribution pour les expéditions quelconques.

39° Que deux bénéfices, dont le revenu réuni excédera la portion congrue d'un curé, ne pourront plus être sur la même tête.

40° De solliciter la diminution des droits de la cour de Rome, au moyen d'un accord fait par des commissaires respectifs, entre le Roi et le Souverain Pontife ; l'abolition du concordat ; le rétablissement de la pragmatique-sanction ; et laisser subsister la prévention de la cour de Rome, sauf pour les bénéfices-cures qui en seront exempts.

41° Que tous les patrons des bénéfices ne puissent les conférer qu'à des ecclésiastiques domiciliés dans chaque diocèse, eux ou leur famille, depuis cinq ans.

42° Que, dans chaque lieu où il y a une église, il soit établi un prêtre résident.

43° Que les revenus des fondations, séminaires, collèges et hôpitaux, soient employés à leur destination primitive.

44° De perfectionner l'éducation publique, et

d'admettre aux écoles et établissements royaux, entretenus aux frais de l'État, des élèves de l'un et de l'autre sexe, et de tous les ordres, au moins en nombre égal, si mieux on n'aime supprimer ces établissements.

45° De prendre les moyens les plus efficaces pour le rétablissement des mœurs, qui font l'âme des États policés ; de chercher les moyens les plus prompts pour rendre utiles les religieux rentés ; et que l'âge de l'émission des vœux, pour l'un et l'autre sexe, soit irrévocablement fixé à dix-huit ans.

46° Que les parlements soient déclarés être des corps permanents et constitutionnels, tenant du Roi leur pouvoir et leur compétence, et de la nation le droit d'enregistrer les lois sans aucun changement ni modification ; de veiller au maintien de la constitution ; d'en rappeler les principes ; et qu'en conséquence, il ne pourra être rien innové, ni quant à leur existence ni quant à leur ressort, sans le consentement de la nation.

47° Que les charges de judicature soient déclarées inamovibles ; que la justice soit administrée promptement ; que la procédure civile soit simplifiée, et qu'en conséquence, il soit fait un tarif pour les juges, gens du Roi et postulants.

Que la justice criminelle soit supprimée ; et qu'à l'ordonnance criminelle, il en soit substitué une nouvelle, plus douce, plus équitable, et moins barbare, et qui enjoigne de punir les coupables, de quelque ordre qu'ils soient, par le même genre de peines et sans distinction.

Que la justice soit rapprochée des justiciables ; que, pour y parvenir, on supprimera les justices seigneuriales, en conservant aux seigneurs les droits utiles d'icelles.

Qu'il sera fait des arrondissements de quatre lieues de diamètre, dont le siége sera au centre, autant que faire se pourra.

Que lesdits juges jugeront souverainement jusqu'à la somme de 200 livres, assistés néanmoins de deux opinants.

Que l'appel des sentences dont l'objet excédera ladite somme de 200 livres sera porté au présidial, qui jugera souverainement jusqu'à 2,000 livres ; et que l'objet de la contestation devant le premier juge excédant ladite somme de 2,000 livres, l'appel en sera porté *recta* au parlement.

48° Que, dans toutes les villes du royaume, la nomination des officiers municipaux ne soit plus arbitraire, mais au choix des communautés des villes et villages, avec l'exercice exclusif de la police et petite voirie ; et pouvoir aux officiers municipaux de juger sommairement, sans frais, et en dernier ressort, toutes causes personnelles qui n'excéderont pas 18 livres dans les villes et 12 livres dans les campagnes, même tous faits de piquore, dépaissance et gages de domestiques ; les habitants devant avoir un compoix déterminé, jusqu'à la somme de 20 livres de taille, pour être élus, et 10 livres pour voter.

49° De proscrire l'abus, introduit depuis quelques années, de créer des offices de notaires en faveur de tous ceux qui en sollicitent ; et que tous les notaires royaux soient en même temps apostoliques.

50° De simplifier et diminuer les droits de contrôle, de centième denier, d'ensaisinement, insinuation, droits réservés, etc., etc., et de sceau, sur tous les actes volontaires et judiciaires, en faisant un nouveau tarif, clair, précis, invariable et non sujet à interprétation, laquelle devrait toujours être faite en faveur du contribuable.

51° De supprimer l'établissement de 10 sous pour livre sur le produit des octrois et patrimoniaux des villes ; ensemble les droits de consommation, connus sous le nom de droits réservés ou abonnement.

52° De déclarer le domaine de la couronne inaliénable ; qu'en conséquence ceux engagés seront retirés pour être engagés de nouveau, en donnant la préférence aux communautés.

53° De solliciter la révocation de l'édit des hypothèques.

54° De supplier Sa Majesté de maintenir le pays de Nébouzan dans ses droits, priviléges et constitutions, de lui accorder à l'avenir une députation directe aux assemblées nationales : consentant, le pays de Comminges et de Couzerans, que ledit pays de Nébouzan en demeure absolument séparé et pour toujours.

55° Qu'il ne soit pris, dans l'assemblée nationale, aucune résolution définitive qu'après que l'objet aura été proposé, discuté et délibéré par trois fois, et à des intervalles de temps différents.

56° Que l'impôt ne puisse jamais être délibéré ni accordé par l'assemblée des États généraux, qu'après que la constitution nationale sera fixée, la législation déterminée et que l'égalité de la répartition de l'impôt dans toutes les provinces aura été arrêtée par la nation et sanctionnée par le Roi.

Commissaires nommés pour la rédaction du cahier des doléances :

M. Laviguerie, lieutenant-général ; M. Alexis Sevenne, ancien consul de la Bourse . M. Despagnol, avocat ; M. Delpech jeune, négociant ; M. Ad, maître en chirurgie ; M. Albertin, juge ; M. Troy, avocat ; M. Bessignet, avocat ; M. Conte, notaire ; M. Roger, juge royal ; M. Soussens, avocat ; M. Malbois-Delapeyrade, médecin ; M. Pagan, procureur du roi ; M. de L'Isle, avocat ; M. Lacombe, avocat ; M. Camparan, médecin ; M. Majau, avocat ; M. Miramont, notaire ; M. Belballe, bourgeois ; M. Maillac, avocat ; M. Rivière, arpenteur ; M. Rouède, avocat ; M. Dupeyron, notaire ; M. Pellebor, avocat ; M. Garrié, bourgeois ; M. Ribet de Couzet, juge royal ; M. Latour, médecin ; M. Cazaux, avocat ; M. Lafforgue, négociant ; M. Cazals, négociant ; M. Spon, médecin ; M. Ferrère, avocat ; M. Péfort, bourgeois ; M. Mariande, avocat ; M. Labat, avocat ; M. Montalégré, avocat ; M. Monthieu, juge royal ; M. Dubois, bourgeois ; M. Piqué, avocat ; M. Barrère, avocat ; M. Martin, avocat.

CAHIER

Particulier des plaintes, doléances et remontrances de la communauté d'Ardiége, en Nébouzan, et domaine du Roi (1).

Les habitants composant le tiers-état de la commune d'Ardiége, assemblés aux formes ordinaires, en conséquence de la lettre du Roi et de son règlement pour la convocation des États généraux, et en vertu de l'ordonnance de M. le marquis d'Espagne, faisant les fonctions de sénéchal de Comminges, ont dit qu'il est enfin permis à tous les hommes de s'occuper des recherches utiles à la chose publique , et propres à faire anéantir les plus grands abus qui écrasent journellement la malheureuse classe des citoyens vertueux et les plus honnêtes du tiers-état.

Que le Roi a manifesté son désir de trouver des sujets capables de lui dire la vérité, et que ses sollicitudes paternelles ont appris à la nation

(1) Nous publions ce cahier d'après un manuscrit des *Archives de l'Empire.*

que le vœu le plus pressant de son cœur sera toujours celui qui tiendra au soulagement et au bonheur de ses peuples.

C'est avec cette confiance qu'ils remontrent très-respectueusement au plus grand et au meilleur des Rois, et qu'ils se plaignent :

Art. 1er. De la surcharge excessive des impôts en tout genre, et de leur inégale répartition.

Art. 2. Qu'il est de toute justice et d'une nécessité indispensable qu'on allège le tiers-état qui se trouve surchargé et accablé d'impositions en tout genre, et qu'on charge les biens du clergé et de la noblesse, en supprimant l'abus de leurs prétendus privilèges.

Art. 3. Que les abus de la féodalité doivent être supprimés, de même que ceux qui se pratiquent dans le recouvrement des impositions.

Art. 4. Les habitants de cette communauté réclament que les cotes de sept, de huit et de dix pour la dîme soient supprimées, et qu'elles soient fixées à une cote de quinze, et que la dîme insolite des menus grains et carnelage soit supprimée.

Art. 5. Ils se plaignent des vexations inouïes que les maîtrises des eaux et forêts et leurs suppôts exercent contre les communautés, et principalement dans ce pays des montagnes des Pyrénées.

Ces bois ne produisent que du bois rabougri pour le feu et des pâturages pour les bestiaux, sans laquelle et unique ressource, tous les villages de ce pays seraient réduits à la dernière misère, à cause du peu de biens fonds qu'il y a pour la nourriture et subsistance des familles. Ils réclament donc avec raison qu'il plaise au Roi d'inféoder les forêts royales aux communautés qui en offrent un revenu double de celui qu'elle en retire par le régime actuel, et de supprimer les maîtrises des eaux et forêts.

Art. 6. On demande la suppression des lettres de cachet et de leurs ordres arbitraires.

Art. 7. On se plaint de l'impunité des crimes que les procureurs du Roi négligent de poursuivre, ce qui cause les plus grands désordres, et principalement dans les campagnes où les assassinats et tous autres crimes sont commis aujourd'hui sans crainte de qui que ce soit par leur impunité.

Art. 8. On réclame la restitution des biens des pauvres et des églises, que le clergé s'est approprié, en profitant de la faiblesse et de l'ignorance des peuples.

Art. 9. On se plaint de ce que les habitants de la communauté ne concourent pas à l'élection de leurs députés aux États de la province.

Art. 10. On demande la suppression d'un droit exorbitant de consommation qu'on fait payer annuellement à cette communauté, et à quelques autres, et non à tout le Nébouzan, depuis environ quatorze ou quinze années, sans qu'on sache en vertu de quel titre.

Art. 11. On demande qu'il soit établi une mesure et un poids commun et uniforme dans tout le royaume, en prenant les précautions nécessaires pour éviter les dommages d'une telle innovation aux choses déjà existantes.

Art. 12. Que la dette de l'État soit consolidée, et que nul impôt ne soit établi qu'après avoir reconnu l'étendue de la dette nationale et après avoir vérifié et réglé les dépenses de l'État.

Art. 13. On demande pareillement qu'il soit incessamment procédé à la réforme de la législation civile et criminelle.

Art. 14. Que nul impôt ne soit légal et ne puisse être perçu, qu'autant qu'il aura été consenti par la nation dans l'assemblée des États généraux, et pour un temps limité.

Art. 15. La communauté d'Ardiège réclame aussi que la province du Nébouzan soit maintenue dans tous ses droits et anciens privilèges, comme ayant toujours fait un corps séparé et dépendant de l'ancien domaine de Navarre, dont le comté de Comminges n'a jamais fait partie ; que cette vérité a été plusieurs fois reconnue par le gouvernement, qui a maintenu les États de Nébouzan dans leurs droits, par des lettres de confirmation de leurs privilèges, et notamment à l'heureux avénement de Sa Majesté à la couronne.

Signé Labat, avocat au parlement ; Pouy-Fouréat, consul ; Monthieu, consul ; Ollé, conseiller ; Cazaux ; Doucil ; Moudon ; Duprat-Monguillet ; Bourjas ; Gourènes ; Suir ; Monguillet ; Bouillon, Manent ; Dencousse ; Lassere ; Ollé ; Fourletz ; Fouque ; Antoine Bèze ; Bouillon ; Monthieu ; Monthier ; Labardènes ; Doucil ; Michel Tarvax ; Surce ; Soupeu ; Touère ; Labat, avocat en parlement, député ; Bourjac, député ; Sens, président.

Du mandement des consuls et communautés :
BOUILLON, secrétaire pris d'office.

Nota. — Toutes les pages paraphées : SENS.

DOLÉANCES

De la communauté des prébendiers du chapitre de Lombez (1).

Attentifs et soumis à la voix de notre souverain, nous devons répondre et acquiescer aux vues paternelles qu'il a pour le bonheur de tous ses sujets, quoiqu'il puisse lui seul, indépendamment de la bonne conduite des ministres habiles qu'il a sagement établis, rendre son royaume aussi florissant qu'il ait jamais été depuis l'établissement de la monarchie ; il daigne cependant, par un excès de bonté, les appeler tous pour partager avec lui la gloire de les rendre heureux.

Cette universalité d'opinions, que le Roi ordonne, le met sans doute à portée de connaître le cœur de tous ses sujets ; parce que chacun lui faisant part de ses doléances respectives, il verra si les grands oppriment les petits pour les sacrifier au bien de l'État, sans leur laisser la gloire de participer à l'honneur de ce sacrifice.

Les circonstances qui rassemblent aujourd'hui la nation au pied du trône, doivent animer le clergé, dans ses différents ordres, du même cœur patriotique et national, que dans le temps où les détresses de l'État lui gagnèrent l'amour et la puissante protection de nos rois, à cause des largesses immenses qu'il en avait reçues, qui servirent à le rétablir contre la ruine que les puissances ennemies y auraient occasionnée.

En effet, les longues guerres de Charles VIII et de Louis XII, continuées par François Ier, ayant épuisé le peuple et la noblesse, il fallut nécessairement prendre sur le temporel des églises, de quoi soutenir les dépenses et la gloire du royaume.

Le chapitre de Lombez, dans cette occasion, où il était nécessaire qu'il manifestât son zèle, aliéna et vendit tous ses biens-fonds, pour en faire hommage au Roi.

Mais la générosité des prébendés de ce même chapitre fut d'autant plus signalée, qu'avec des sentiments vraiment français, ils firent le sacrifice de presque tout leur temporel.

(1) Nous reproduisons ce cahier d'après un manuscrit des *Archives de l'Empire.*

La plupart des chapitres du royaume possèdent cette classe de bénéfices, où les besoins de l'Etat laissent à peine de quoi vivre à une foule d'ecclésiastiques destinés à la célébration de l'office divin, auquel ils sont tenus par un service assidu, tandis que les chanoines de toutes les églises ont des biens d'ailleurs attachés à leurs dignités, outre ceux qu'ils ont à partager avec les prébendés.

Cette partie du clergé du second ordre, ainsi amoindri dans ses revenus, a encore à souffrir les exactions qu'on emploie dans la répartition peu ou point du tout proportionnée des impositions, au point qu'ils vont être dépourvus de subsistances, sans qu'il soit possible de faire accueillir aucune réclamation de leur part, puisqu'il ne leur est pas permis d'envoyer de députés à l'assemblée qui se tient tous les ans dans chaque diocèse.

Il serait vrai de dire qu'il y a un tiers-état dans le clergé, quoiqu'on ne lui donne que deux états différents; car cette opinion semble d'autant plus s'accréditer, que le clergé même voit, sans aucun intérêt dans cette classe, les prébendés des chapitres, les curés congruistes et les vicaires, qui, les uns et les autres, étant seuls chargés du plus grand poids qu'offrent les devoirs pénibles du ministère, ont cependant des revenus si minces qu'ils ne peuvent pas leur donner de quoi vivre, contre cette belle métaphore de l'Ecriture : *Non ligabis os bovi trituranti.*

C'est avec cette confiance soutenue par l'amour que nous avons pour notre souverain, que la communauté des prébendiers du chapitre de Lombez a l'honneur de présenter ses doléances, comme s'ensuit :

Observations.

1° Que le chapitre de l'église cathédrale de Lombez, composé de douze chanoines et de vingt-quatre prébendés, jouissent ensemble d'un même revenu, qui appartient aux uns et aux autres par la fondation.

2° Que la distribution s'en fait de cette manière, savoir : un tiers aux dignités et payement des grosses, et les autres deux tiers, après avoir prélevé le montant des charges, sont distribués, la moitié aux chanoines, et la moitié aux prébendiers, ce qui forme un très-petit revenu pour chaque prébendier.

Au lieu que ce même revenu pourrait être suffisant, si l'assemblée des Etats généraux voulait y admettre une distribution relative et commune.

3° Que, dans l'état actuel du chapitre, les chanoines ont puissamment le nécessaire pour leur entretien, et que les prébendiers ne l'ont pas, ce qui donne lieu à des procès et des contestations peu édifiantes, à raison des intérêts qui les divisent.

Demandent :

1° Que les chapitres des églises cathédrales, dont les revenus appartiennent, tant aux chanoines qu'aux prébendiers par la fondation, ne soient composés que d'un seul ordre de titulaires, où seront compris tous les prébendiers et les chanoines, sous une même dénomination.

2° Que leur revenu soit également partagé entre eux tous, et qu'il soit amélioré par la réunion des pensions, des grosses et des dimaires, attachés aux dignités, pour rentrer à la mense commune lui ayant ci-devant appartenu, en annulant et révoquant toutes concessions, titres ou autres lois à ce contraires.

3° Qu'ils portent tous le même habit; qu'ils

aient les mêmes devoirs à remplir pour la célébration de l'office divin, et qu'ils jouissent des mêmes titres honorifiques, afin que l'uniformité qui sera établie entre eux, soit le gage de la paix et de l'union qui doit lier les membres d'un même corps.

Signé DUPUY.

CAHIER

Des plaintes et doléances de la communauté de Saubens, délibérées en assemblée générale audit Saubens (1).

Art. 1er. A été délibéré que nous reconnaissons que c'est le propre des grandes âmes, comme celle de notre souverain Roi, de favoriser des sujets qui ne veulent tenir la vie que de sa bonté, et que leurs vœux sincères sont de concourir, avec ceux qui auront un zèle de probité, aux édits, règlements et ordonnances de Sa Majesté; reconnaissant que c'est de sa puissante bonté que nous avons à espérer, par sa main secourable, tous les moyens nécessaires, nous trouvant depuis longtemps épuisés sous le poids des charges mal administrées, nombre desquelles sont injustes, et dont le tiers-état a été, jusqu'à présent, dans l'impossibilité de pouvoir se faire rendre justice. Mais, pour le présent, nous demandons toutes les prospérités qui peuvent se désirer pour l'augmentation de la monarchie, en nous confiant à notre Roi, par l'amour que nous aurons pour toujours pour sa personne et pour sa gloire.

Art. 2. De supplier les Etats généraux de représenter au Roi qu'il convient d'éteindre la loi des coutumes. Elle a varié et changé toujours au préjudice du tiers-état; et qu'à l'avenir une loi fixe règle le royaume.

Art. 3. Qu'il n'y ait d'autre seigneur que le Roi; ni, à l'avenir, d'autres charges à payer que celles qu'il plaira à Sa Majesté d'ordonner.

Art. 4. De représenter que le seigneur dudit lieu exige que les habitants aillent faire cuire le pain à un four qui lui appartient, et où, d'autres fois, on allait à vue d'œil ; et que, depuis environ douze années, on a mis un timon audit four, et on y fait payer à la rigueur du poids le seizième du pain, avant de le faire cuire, et puis on y fait une quête injuste; elle devient forcée de même pour le restant, jusques aux plus pauvres qui n'osent se refuser, à cause qu'on affecte de mal arranger le pain à ceux qui ne la donnent pas. Les habitants n'ayant jamais contracté de banalité, demandent à être autorisés à se faire un four, et se faire cuire le pain là où ils le jugeront à propos, attendu qu'on exige environ le double de ce qu'il conviendrait de payer pour la cuisson dudit pain, et que certains sont obligés à aller à un trajet désagréable à cet effet; observant qu'il n'y a que huit maisons, qui, ayant contracté avec ledit seigneur, se sont obligées à aller à son four ; ce qui ne doit pas faire un titre pour tous les habitants.

Art 5. De représenter que ledit seigneur a trouvé le moyen de se faire payer une afferme, pour le droit de passer la rivière. Autrefois, les *habitants passaient gratis, et à présent on exige* qu'ils payent au delà des règlements, afin de trouver le moyen de payer ladite afferme, sur quoi les habitants demandent que la communauté

---

(1) Nous publions ce cahier d'après un manuscrit des *Archives de l'Empire.*

ait la liberté d'établir pour son compte ou pour le Roi, un batelier qui les passe gratis, comme c'était l'ancien usage, et comme il l'ont encore, à Muret et autres environs.

Art. 6. De représenter que le seigneur du lieu fait payer aux habitants 15 livres par année, par main des collecteurs, auxquels il retient lesdites 15 livres, sans que jamais il y ait eu d'impositions à cet égard.

Art. 7. De représenter que le seigneur du lieu, madame d'Erce et M. de Lespinasse, possèdent, comme biens nobles, environ le cinquième du territoire. On ne connaît pas leurs droits ; s'ils en ont, ils ne peuvent être qu'injustes. Il faut les mettre au rang des bureaux, et demander que, pour le surplus des charges que le seigneur exige, il ait à produire ses titres devant Sa Majesté pour y être dit droit, et, en défaut, être déclarés nuls, et les habitants libérés de tout droit au seigneur.

Art. 8. De représenter qu'une grande partie des biens du royaume, et notamment dans cette communauté, sont en rente colloquée et autres ; et dont une partie observe ce que le terrain peut ou pourrait produire. Mais les rentiers, par la grande agriculture, forcent la terre à leur donner quelque production favorable. Cependant, ceux qui ont les rentes, ont un grand revenu et ne payent aucune charge. Il convient donc de demander qu'à l'avenir un chacun paye à proportion des biens et revenus, et que les propriétaires desdites rentes soient tenus de rembourser auxdits rentiers les vingtièmes qu'ils auraient dû payer, et que ces derniers ont payé sans connaissance de cause ; comme aussi que les rentiers puissent se libérer en payant le capital des rentes en la forme qu'il plaira à Sa Majesté ordonner.

Art. 9. De représenter que la vénérable chartreuse de Toulouse, seigneuresse de Rouquettes, tient dans le territoire de Saubens un canal et ramier, formés sur le bien commun, par des prétentions entées sur de faux titres, et qu'ils n'ont jamais payé ni tailles, ni vingtième, ni aucune imposition ; qu'à ces causes, elle ait à produire ses titres devant Sa Majesté pour y être dit droit ; et en défaut, être dépossédée, et payer à la communauté tout ce qui par Sa Majesté sera ordonné pour l'indemnité des impôts et jouissances.

Art. 10. Ce qui vient d'être dit pour le particulier, indique ce qui peut en être pour le général. Les seigneurs ont des grands biens, possèdent de grands revenus, payent peu de taille, exigent de leurs vassaux, par leur autorité, tout ce qu'ils veulent, et se font payer ce qu'il plaît à un féodiste de demander, ce qui devient très-onéreux à l'État, et mérite d'être réformé.

Art. 11. De représenter qu'on a fait des chaussées à la gauche et dans le lit de la rivière de Garonne, et par ce moyen forcé ladite rivière ; et à ces causes, demander l'indemnité d'un si grand préjudice, et que lesdites chaussées soient arrachées, et l'ancien lit de la rivière ouvert à travers un ramier, que lesdites chaussées ont fait former ; et le tout aux frais et dépens du sieur Duran, possesseur dudit ramier et chaussées.

Art. 12. De représenter qu'il n'y a ni moulin, ni tuilerie dans ledit lieu, et que les habitants demandent qu'il soit loisible à la communauté d'en faire construire, savoir : moulin sur Garonne, et tuilerie sur les biens communs.

Art. 13. De représenter que la communauté a fait, pendant longues années, beaucoup de corvées, et que les chemins dudit lieu sont devenus, en grande partie, impraticables ; à cet effet, demander, pour l'avenir, être à eux à faire sa cor-

vée aux chemins dudit lieu, et être exempts de toute autre, jusqu'à ce qu'ils seront parvenus à avoir mis lesdits chemins praticables, ce qui sera très-dispendieux à cause de la Garonne.

Art. 14. De représenter qu'il y a plusieurs personnes qui ont pris du bien commun, et demander qu'elles aient à payer à l'estimation en capital et intérêts, ou à le rendre et restituer les fruits.

Art. 15. De représenter qu'il y a eu de tous temps un curé et un vicaire dans ladite communauté, et demander qu'ils y soient maintenus, et que leurs revenus et maisons soient fixés par Sa Majesté à un honnête nécessaire, pour qu'à l'avenir il n'y ait plus de procès à cette occasion ; et que la dîme soit au quinze du blé, seigle, avoine et vin, qui sont les productions du lieu, et qu'on ne puisse pas en demander du restant.

Art. 16. De représenter que cette communauté est fort chargée de taille, et qu'il y a des communautés qui en payent fort peu, et d'autres qui n'en payent pas du tout ; et qu'il serait juste qu'il y eût une juste proportion suivant la valeur des fonds pour la taille, et suivant la proximité des commerces pour la capitation.

Art. 17. De représenter qu'il convient d'établir un bureau pour les pauvres, et demander que les décimateurs soient tenus de payer audit bureau 1,000 livres, qui est, à peu près, le tiers de leurs revenus d'une année.

Plus 600 livres pour le prix de sermons et passion du carême, qu'on a manqué de prêcher pendant dix années.

Plus, que M. le curé soit tenu de payer audit bureau sa portion du louage du sol de la rente qu'il a sur le bien commun, et qui monte, pour cinq années, à 75 livres, pour lesdites sommes par ledit bureau être distribuées aux pauvres.

Art. 18. De représenter qu'il convient de donner aux pauvres le tiers du remboursement des biens communs, indemnités et restitutions, qui se feront à la communauté.

Art. 19. De représenter que les pauvres dudit lieu ont des droits considérables par des testaments de plusieurs curés, qui leur ont laissé leur mobilier, dans lequel était comprise une bibliothèque d'un prix de 24,000 livres, et qu'il y a disparu depuis environ cinq années ; et qu'il y a d'autres testaments en faveur des pauvres, et que, cependant, lesdits pauvres sont privés de ce qui leur appartient par l'indigence des mauvaises administrations, et d'autant qu'il importe de donner un prompt secours aux pauvres, les États généraux sont priés de se souvenir d'eux lorsqu'ils seront auprès du trône. Et le sieur Lavergne, syndic, et MM. les consuls sont priés de présenter, requête à monseigneur de Necker, ministre d'État, aux fins de demander son secours et son assistance, pour faire payer aux pauvres tout ce qui leur est dû ; et de joindre à sa requête copie du présent cahier et délibérations et autres éclaircissements.

Art. 20. De représenter que la noblesse est l'ornement du royaume par l'apparence, et le tiers-état par le fait, notamment la partie des agriculteurs, qui, par leurs travaux, procurent le bien de tous, et devraient être encouragés à ce nécessaire ouvrage, si leurs moyens étaient suffisamment honnêtes ; que la noblesse et le clergé ne tinssent pas une si grande quantité de domestiques ; qu'il n'y eût pas une quantité de personnes occupées à des choses inutiles ; qu'on leur laissât les soins nécessaires pour l'entretien des bestiaux de labourage, sans les dîmer ; qu'on leur laissât les légumes sans les dîmer; qu'on n'affectât pas de les mettre au rang des premiers capités, pour soulager les riches, qui devraient tous, sans exception, payer à proportion des richesses; qu'ils ne fussent pas obligés à payer les mêmes charges, lorsqu'ils ont eu des cas fortuits: qu'on leur laissât la liberté de retirer toutes leurs récoltes au fur et à mesure qu'ils les connaissent prêtes, sans aucun retardement; et qu'il y eût une visite tous les trois mois de l'année pour reconnaître l'état des agriculteurs, celui des bestiaux et la culture des biens, pour en rendre compte au ministre de Sa Majesté. Il est assuré que les productions de la terre augmenteraient tous les ans d'un tiers en sus de ce qui est ordinaire. D'un côté, les moyens manquent aux agriculteurs; d'autre côté, les sujets; et pour parvenir à leur projet, qui mieux que notre bon Roi, par la sagesse de dévoiler la vérité à travers tous les voiles, et par un ordre public, pourrait encourager les agriculteurs français?

Art. 21. De représenter que si nous avons mal dressé nos plaintes et doléances, c'est que nous ne sommes pas versés à ces sortes d'écritures; et que nous avons supprimé à dessein plusieurs autres choses, afin que si nous ne réussissions pas, on puisse attribuer la cause à ce que nous avons mal défendu. Et que si, au contraire, nous sommes alloués, il paraisse que nous n'en sommes redevables qu'à la seule clémence du Roi et à la pénétration de son esprit, qui aura connu, mieux que nous-mêmes, les raisons qui peuvent servir à nos besoins.

Et comme elles sont fondées sur le devoir d'un père de famille, et que notre bon Roi le remplit en entier, les agriculteurs osent se flatter qu'ils doivent être placés au rang de ses premiers sujets, et ont signé ceux qui ont su.

Laviguerie, juge, signé; Broustel, consul, signé; Lavergne, syndic, signé; Cambajon; Monjuif; Serré; Fratié; Fajeau; Bories; Martres; Cousses, signés à l'original.

SÉNÉCHAUSSÉE DE CONDOM.

CAHIER

Des doléances, plaintes et remontrances du clergé de la sénéchaussée de Condom, au Roi et aux prochains Etats généraux (1).

Parmi tous les objets sur lesquels le clergé de la sénéchaussée de Condom a à former son vœu et ses doléances, il n'en est pas, sans doute, de plus pressant, de plus essentiel et de plus cher au cœur de tous les membres de cette assemblée que la religion ; il va donc remontrer sur cet objet :

Religion.

1° Que ledit clergé est pénétré de l'affliction la plus vive à la vue des maux et des dangers qui menacent de toutes parts la religion et les mœurs, qui sont devenus trop éclatants et trop multipliés pour avoir besoin d'être indiqués.

Qu'il serait donc intéressant de profiter de la circonstance solennelle d'une assemblée nationale pour réclamer auprès du Roi, et de ladite assemblée, en faveur de la religion et des mœurs.

Qu'en sollicitant l'attention la plus expresse des Etats généraux pour des objets aussi sacrés, c'était les solliciter, et pour le trône lui-même, dont les autels sont le plus solide appui, et pour la nation entière, dont le lien de la charité, sur laquelle est fondée notre religion sainte, ne ferait qu'une seule famille, un même corps, un seul esprit.

Que le clergé de la sénéchaussée de Condom ne peut faire, dans cette conjoncture, que les plus vives et les plus promptes instances auprès du Roi et de la nation assemblée, pour rendre à la religion et à ses ministres le respect et la considération qu'un système réfléchi d'irréligion, combiné avec la légèreté du siècle, tend à anéantir.

Conciles provinciaux et synodes.

Qu'un des moyens les plus efficaces de conserver l'Eglise de France et de ranimer son courage, serait la tenue des conciles provinciaux ; que le clergé regarderait cette permission comme une insigne faveur; que cette province, en particulier, en a recueilli d'excellents fruits ; que la tenue des conciles et des synodes recommandés par les lois de l'Eglise est le moyen le plus propre à maintenir, dans le clergé de France, la pureté de discipline et de zèle pour la science ecclésiastique, qui l'ont toujours distingué et rendu recommandable.

Que, pour maintenir, dans ledit clergé, une plus parfaite harmonie, il serait à désirer qu'il n'y eût qu'un seul catéchisme, une théologie uniforme, un même rituel, un même bréviaire, un même office.

2° Que la facilité pernicieuse avec laquelle les mauvais livres se répandent dans ce royaume,

(1) Nous publions ce cahier d'après un manuscrit des *Archives de l'Empire.*

1ʳᵉ SÉRIE. T. III.

exige que les Etats généraux procurent l'exécution des vues que le clergé de France a manifestées dans plusieurs de ses assemblées sur cet objet intéressant.

Education publique.

3° Que l'éducation publique, exigeant l'attention la plus sérieuse, l'assemblée nationale doit s'en occuper, comme d'un objet qui intéresse singulièrement la société et la religion.

Université.

Qu'un certain nombre de collèges soit agrégé aux universités pour maintenir l'émulation dans les uns, et prévenir les abus de toute espèce que la multitude des étudiants cause dans les autres.

Que les grades, tant des bénéficiers séculiers que réguliers, ne pourront être remplis que pour le taux qui sera fixé par les congruistes.

Sanctification des fêtes.

4° Que les ordonnances royales sur la sanctification des dimanches et fêtes, et le respect dans les églises, ainsi que celles qui concernent la police des cabarets, soient remises en vigueur.

Résidence des prêtres.

5° Que les prêtres non résidents dans leur diocèse, sans être attachés aux cours d'études ou à d'autres emplois analogues à leur état, seront tenus de rentrer dans leurs diocèses respectifs pour y être employés par leurs évêques aux fonctions du ministère et à la desserte des paroisses, qui manquent souvent de vicaires.

Nomination aux cures.

6° Que les évêques collateurs des présentations ne puissent nommer à des bénéfices-cures que des sujets du diocèse ; qu'à cet effet, il sera établi un concours auquel l'ancienneté de service à mérite égal aura la préférence.

Presbytères.

7° Que le Roi sera très-humblement supplié d'ordonner qu'il soit le plus promptement possible, partout où besoin sera, pourvu à la construction et réparation des maisons presbytérales, tant pour les curés que pour les vicaires résidents dans les annexes.

Portion congrue.

8° Qu'il est d'une nécessité absolue d'améliorer le sort des curés à portion congrue, et de ceux dont la dotation est encore au-dessous.

Que la portion congrue a été fixée à une certaine quantité de mesures de blé qui n'est point en nature; qu'il est évalué par la loi, que cette appréciation change tous les vingt ans à peu près ; qu'il conviendrait que les curés, soit de la ville, soit de la campagne, fussent dotés en biens-fonds ecclésiastiques.

Que l'Eglise est assez riche pour pourvoir

abondamment à la subsistance honnête de tous les ministres essentiels de la religion.

Que les curés n'ignorent pas que les évêques sont remplis de bonnes intentions et de bonnes volontés pour ceux qui les aident à porter le poids du ministère; que ces dignes pasteurs ont toujours été le plus précieux objet de leurs soins et de leurs sollicitudes.

Qu'il serait essentiel de changer et de fixer le sort de ces pauvres et intéressants coopérateurs, afin de procurer à leur état une plus grande considération, à leurs travaux une récompense plus convenable, et à leur charité des ressources plus abondantes.

Que les besoins et les ressources des diocèses n'étant pas les mêmes, les circonstances locales étant variées, il y aurait de grands inconvénients à porter une loi générale; qu'il vaudrait beaucoup mieux porter une loi à l'effet d'autoriser et consolider les arrangements que l'on jugerait être les meilleurs pour chaque diocèse.

Que, sous ce point de vue, l'assemblée de la nation est infiniment favorable à la cause des curés, parce qu'elle seule peut suffisamment autoriser les évêques à faire, dans les biens-fonds ecclésiastiques, toutes les suppressions, réductions, réunions qui seront nécessaires pour parvenir à la dotation des pasteurs du second ordre, et les mettre à même de remplir un vœu bien important qu'ils ne cessent de former, c'est la suppression du casuel forcé, de ce casuel qui pèse sur la classe la moins fortunée et la plus nombreuse de la société; qu'il fournit aux gens du monde le prétexte de calomnier l'Église et de regarder les prêtres comme des hommes avides et injustes, qui exigent, pour les mêmes fonctions, un double salaire, parce que, dit-on, la dîme acquitte la dette du paroissien envers son pasteur.

Vicaires à portion congrue.

Que, de cette suppression du casuel forcé, naîtrait un nouveau motif d'amélioration, le sort des curés pauvres, et celui des vicaires à portion congrue, qui leur sont coopérateurs secondaires non moins intéressants que nécessaires, et dont il conviendrait de rapprocher la situation de la dignité du ministère qu'ils exercent, en consultant toujours les besoins et les ressources des diocèses et les circonstances locales.

Et jusqu'à ce que lesdites réunions, réductions et suppressions puissent s'effectuer, Sa Majesté sera très-humblement suppliée d'ordonner que l'honoraire des vicaires soit augmenté et payé par les codécimateurs au prorata de la perception d'un chacun, non-seulement dans les paroisses dont la population et l'étendue exigent leurs services, mais encore dans celles où l'âge et les infirmités des curés les rendent nécessaires, sans en excepter les possesseurs des dîmes inféodées, qui, étant de leur nature dîmes ecclésiastiques, doivent être soumises à la charge dudit honoraire et à l'entretien des églises.

Que la même voie de réunions, réductions et suppressions des biens-fonds ecclésiastiques, soit ouverte, tant pour des créations de bourses et demi-bourses pour les jeunes clercs, que pour des pensions de retraite destinées aux curés et autres ecclésiasiques vieux et infirmes, soit enfin pour augmenter la dotation des collèges, des séminaires et des hôpitaux, ces asiles sacrés de l'humanité souffrante, qui ne seraient pas suffisamment dotés. Les fonds destinés aux bourses, qui ne seront données qu'au concours, et pour un an seulement, seront administrés par le bureau diocésain ou par un bureau établi à cet effet.

Que, pour les diocèses dans lesquels lesdites réunions, réductions et suppressions ne pourraient avoir lieu, Sa Majesté soit très-humblement suppliée de vouloir affecter des bénéfices dépendants de sa collation à tous ces objets pieux, et aussi intéressants pour la société que pour la religion.

Dîmes.

9° Que, malgré toutes les ordonnances, notamment celles des États généraux de Blois et d'Orléans; malgré la nouvelle déclaration du Roi, adressée au Parlement de Toulouse sur les mêmes dîmes, commencent à se répandre dans l'esprit des peuples les opinions les plus contraires à la perception des dîmes et à leur pieuse destination; que bientôt ils ne verraient plus que des usurpateurs avides dans les ministres de la religion.

Que ces motifs démontrent aux États généraux la nécessité d'ordonner que la dîme sera payée dans toute l'étendue du royaume, conformément à l'usage déjà établi, et que si, dans quelques paroisses, l'on ne peut établir un usage certain et bien déterminé, elle sera payée suivant l'usage des paroisses voisines : et les menues dîmes seront recueillies sur les champs par les décimateurs.

Qu'une telle ordonnance mettra les églises et les ministres des autels à l'abri d'être dépouillés de leur antique patrimoine par des jurisprudences nouvelles, et qu'un vil intérêt n'élèvera plus un mur de division entre les pasteurs et les fidèles.

Que tous les curés desservant des bénéfices, cures, indistinctement, aient, suivant le droit commun, le quart de tous les fruits décimables, ainsi que les novales desdits bénéfices; que la dîme verte, qui se perçoit dans lesdites paroisses, soit conservée aux curés qui la jouissent, et restituée à ceux qui ne la jouissent pas, et qui est perçue par d'autres ecclésiastiques ou seigneurs inféodés; et qu'enfin, pour prévenir et éviter des procès qui s'élèvent fréquemment entre les codécimateurs, il soit libre à MM. les curés de faire transporter, sur un sol particulier, la portion des fruits qui leur appartient ; et que, pour empêcher les injustices qui se commettent dans la perception de la dîme par sillon, elle sera payée par gerbes, sans excepter les caxeliaires.

Religieux.

10° Que, d'après les pertes que l'état monastique a successivement éprouvées dans ce royaume depuis plusieurs années, le Roi et la nation assemblée doivent, par les assurances d'une protection publique, spéciale et constante, faire revivre dans le cloître la paix, le bonheur et la régularité.

Que le clergé de la sénéchaussée de Condom saisit avec empressement cette occasion de consigner, de la manière la plus expresse, la plus authentique et la plus honorable, son vœu pour la conservation de l'institut monastique en lui-même, et des différents corps qui composent cette sainte et respectable milice ; et pour se rapprocher du rétablissement de l'ancienne discipline sur l'âge des vœux, les fixer à dix-huit ans.

Économats.

11° Que l'administration des économats, et les inconvénients multipliés qu'elle entraîne, mérite, de tout le clergé du royaume, la réclamation la plus forte et la plus expresse, afin que les revenus immenses qu'elle engloutit ne tournent à l'avenir qu'à l'avantage de l'Église et de l'État.

Tel est le vœu que forme le clergé de la séné-chaussée de Condom pour l'intérêt, l'honneur et l'accroissement de cette religion sainte qu'il professe et qu'il enseigne. Pourrait il n'être pas favorablement accueilli par un Roi très-chrétien, le fils aîné de l'Église, et par une nation qui, par sa constitution, ne peut en admettre d'autre publiquement dans son sein ?

L'attachement des ecclésiastiques de la séné-chaussée de Condom à la religion sera la mesure de leur dévouement à la patrie. Ils savent qu'il faut rendre à Dieu ce qui appartient à Dieu, et à César ce qui appartient à César; ils savent aussi qu'ils sont citoyens avant d'être prêtres. Ils ne laisseront donc aucun doute sur la générosité de leurs sentiments; et afin d'affranchir la nation de toute incertitude sur la quotité de leurs subventions, afin qu'elle ne puisse douter de leur zèle et de leur désintéressement, ils protestent solennellement.

Vérification des biens du clergé.

1° Que le clergé de la sénéchaussée de Condom n'hésitera pas de proposer que la vérification de ses biens soit faite dans chaque diocèse du royaume, si les États généraux jugent ladite vérification nécessaire pour l'avantage public et national; à laquelle vérification sera jointe celle des biens possédés par l'ordre de Malte, comme étant biens ecclésiastiques, et que toute la juridiction qu'ils prétendent avoir sur la personne des curés et leurs fonctions leur soit interdite.

2° Que le zèle dudit clergé pour le bien de la patrie le portera toujours à venir au secours de l'État par des contributions au moins égales à celles des autres citoyens, et, en conséquence, à renoncer à tous priviléges pécuniaires.

Que ladite vérification faite constatera cette vérité et répondra victorieusement aux vaines suppositions hasardées contre le clergé sur la valeur de ses propriétés et la quotité de ses impositions.

Qu'en tous cas, s'il résulte desdites vérifications que le clergé de la présente sénéchaussé paye davantage, il n'entend réclamer aucune diminution au préjudice des autres citoyens.

Que si l'imposition dudit clergé est inférieure, il consent, avec toute franchise et loyauté, une augmentation qui rétablisse l'équilibre entre tous les ordres des citoyens, sans néanmoins qu'il puisse en résulter de nouveaux emprunts qui augmentent la dette du clergé; mais ladite augmentation sera consentie par le clergé dans les formes ordinaires.

Priviléges.

Que l'anéantissement de ces formes ne tourne qu'au préjudice du corps du clergé; sans rien ajouter au bien général, il priverait ledit clergé d'une administration paternelle et bienfaisante qui se modifie de manière à ne pas tenir uniquement compte de la valeur, mais encore à apprécier l'importance et les devoirs des bénéfices, précieuse combinaison qui ne peut avoir lieu que sous un régime particulier qui, produisant la plus grande prospérité particulière du clergé, n'a aucun inconvénient pour l'administration générale.

Agents généraux.

3° Que le clergé se doit à lui-même et à la nation de mettre dans le plus grand jour les caractères spécifiques de sa constitution; que les États généraux ne pourront voir, sans en être touchés, le tableau de son administration; que ce tableau ne peut être mieux présenté que par MM. les agents généraux qui, par leurs lumières ainsi que par la nécessité de l'avoir continuellement sous les yeux, peuvent seuls en faire apercevoir et ressortir les plus petites nuances

Qu'il est donc de toute nécessité que MM. les agents généraux qui, par leur procuration, sont chargés de toutes les affaires du clergé, soient, comme par le passé, membres des États généraux, et, en conséquence, convoqués à raison de leur place à la prochaine assemblée de la nation, ainsi et de la manière qu'ils le furent en 1614, convocation d'autant plus nécessaire que MM. les évêques, jusqu'à cette époque, députés-nés aux États généraux, n'y ont pas de représentants par le règlement de Sa Majesté.

Bureaux diocésains.

4° Que, pour donner à cette administration tout le degré de perfection dont elle peut être susceptible, le Roi et la nation seront très-instamment suppliés de substituer aux usages variés et souvent opposés des différents diocèses dans la composition des bureaux diocésains, qui n'a été assujettie dans l'origine à aucune loi fixe et déterminée, une loi certaine, constante et authentique, qui attire la confiance la plus entière des contribuables et étouffe le germe de toutes les plaintes.

Qu'un des députés au bureau diocésain, pris dans l'ordre des curés, le soit aussi, tant aux assemblées générales que provinciales ecclésiastiques, alternativement avec celui du chapitre cathédral ou d'un des chapitres collégiaux, auxquelles assemblées, tant générales que particulières, sera admis un syndic nommé par le corps religieux rentés du diocèse; qu'il en soit de même de tous les autres députés sans exception, qui, conformément aux règlements de 1770, doivent être renouvelés tous les cinq ans dans les synodes diocésains dont il serait avantageux de fixer la tenue à cette époque dans tous les diocèses, en les rétablissant dans la plénitude de leurs anciens et véritables droits, pour veiller de plus près à la conservation des mœurs, à la pureté de la doctrine et au maintien de la discipline ecclésiastique; que lesdits députés, pendant leur exercice, soient obligés de rendre publics par la voie de l'impression, d'abord le tableau du département qui sera refondu partout où le bon ordre l'exigera, et ensuite le résultat de leurs opérations, toutes les fois qu'il se fera quelque changement au bureau; et qu'ils en enverront copie à tous les intéressés de leur district. Que le nombre des députés, pris dans l'ordre des curés et choisis par eux-mêmes, soit au moins égal à celui de tous les autres ordres qui doivent y être admis.

Milice.

5° Qu'on a eu lieu de se plaindre amèrement de la rigueur avec laquelle on a mis à exécution, dans la généralité de Bordeaux, l'ordonnance concernant la milice à l'égard des domestiques des ecclésiastiques.

Que Sa Majesté et la nation voudront bien agréer les instances les plus vives du clergé de la présente sénéchaussée sur la nécessité d'une décision qui conserve, sans équivoque, le privilége du clergé.

Que, s'il est des priviléges que la société doive voir sans envie, ce sont, sans doute, ceux qui ne sont que la représentation de cette ancienne franchise commune à tous les sujets. Que le clergé l'a précieusement conservée dans son sein, tandis qu'elle a échappé au reste de la nation; que, sans le clergé, les traits de cette noble et généreuse liberté auraient peut-être été effacés pour jamais. L'envie et la jalousie de nos détracteurs et l'inquiétude de nos concitoyens doivent donc ici se convertir en reconnaissance.

Conservation des priviléges.

6° Que tout ce qui pourrait être rendu suspect de vue intéressée étant ainsi écarté, le clergé, en général et en particulier, doit être maintenu dans tous ses droits, prérogatives, distinctions et immunités, dont il a toujours joui, et qui font partie de la constitution française : droits antiques et nationaux que le Roi a fait, à son sacre, le serment de maintenir; qu'il serait contre toute justice d'altérer cette constitution, que l'on ne peut même y toucher indirectement sans ébranler le système constitutionnel. Que la monarchie française consiste essentiellement dans trois ordres, qui ne peuvent ni ne doivent être confondus, et parmi lesquels le clergé a constamment obtenu le premier rang; que cette constitution ne peut être altérée dans une seule de ses parties, sans qu'il en résulte de funestes ébranlements dans la combinaison générale; qu'il ne serait pas sans conséquence de détruire d'aussi anciens priviléges, qui sont, pour les corps qui en jouissent, une vraie propriété qui doit être sacrée et inviolable aux yeux des rois et des nations; qu'il n'est pas permis d'en disposer arbitrairement; qu'il est interdit au clergé, qui n'en est que le dépositaire, de les sacrifier, et même de consentir à leur affaiblissement; que les seuls sacrifices que le clergé puisse se permettre, sont ceux de ses jouissances personnelles, et il n'hésitera jamais de les offrir à la partie. Il ne peut aller au delà sans trahir son devoir, qu'en conséquence, le député qui sera choisi par le clergé de la présente sénéchaussée est expressement chargé de ne point s'écarter de ce grand principe.

Le clergé de la présente sénéchaussée, toujours également animé de l'intérêt public, remontre encore :

Etats généraux.

1° Qu'il plaise à Sa Majesté d'ordonner que les Etats généraux se tiennent désormais tous les cinq ans au plus tard.

Etats provinciaux.

2° D'accorder des Etats provinciaux, auxquels seront appelés les chapitres, les curés, les bénéficiers simples et les corps religieux rentés dans un nombre proportionné.

Qu'il sera accordé à l'ordre des curés un syndic général pris dans l'ordre ecclésiastique, auquel il sera donné, par ledit ordre, un honoraire convenu, pour solliciter et pour suivre les affaires concernant leurs bénéfices, avec la clause expresse de ne pouvoir être promus aux bénéfices consistoriaux, sans perdre leurs syndicats et les émoluments qui y seront attachés.

Code.

3° Que le Code civil et criminel soit réformé de la manière la plus avantageuse au bien public; et qu'afin de rapprocher la justice des justiciables, Sa Majesté sera suppliée d'accorder l'ampliation des présidiaux.

Lettres de cachet.

4° Que la liberté de tout citoyen, étant sa plus chère propriété, Sa Majesté sera suppliée d'abolir pour toujours les lettres de cachet.

Contrôle.

5° Que les Etats généraux sollicitent une modération dans les droits de contrôle, une loi fixe, claire et invariable.

Enfants trouvés.

6° Que l'humanité et le bien de la patrie sollicitent le Roi et les Etats généraux en faveur des enfants trouvés et des hôpitaux, qui en sont surchargés au préjudice des fonds consacrés à leur première destination.

Pauvres.

7ª Que les revenus des pauvres des paroisses soient exempts de la retenue des vingtièmes, comme ceux des hôpitaux.

Impôts.

8° Que, dans la répartition de l'impôt, on prenne surtout en considération les malheureux habitants des campagnes, dont la misère est quelquefois si extrême qu'il serait impossible d'en tracer un fidèle tableau, et plus encore d'y remédier.

Mendicité.

9° Que les Etats généraux veuillent bien s'occuper des moyens propres à proscrire la mendicité.

Article relatif à la dîme des novales.

Que le Roi soit supplié de révoquer l'édit de 1768 concernant les novales, qui enlève à jamais aux curés en général trop malaisés l'espoir d'améliorer leur sort et la perspective consolante de soulager, au gré de leur cœur, la classe indigente, mais utile et laborieuse, de leurs paroisses; et de mettre incontinent les curés en possession des novales ouvertes depuis l'édit de 1768, dont les gros décimateurs peuvent être déjà en possession.

Mainmorte.

Qu'il soit permis aux gens de mainmorte de placer en toutes mains, en rente constituée, toutes les sommes qui pourraient être remboursées.

Signé d'Anguilhe, vicaire général, président; Laborde, curé de Cornelhan, commissaire; Guilhou, curé de Tarranbe, commissaire; Regnaud, hebdomadier, commissaire; Saint-Andrieu, député des Augustins; de Mezin, commissaire; Rouy, archiprêtre de Marsolan, commissaire; Gratiolet, curé de Saint-Juin, commissaire; Pouget, curé de Mazon, commissaire; Magniel, curé de Caumont, commissaire; Desteure, archiprêtre de Condom, commissaire; Lacoste, archiprêtre de Valonné, commissaire; Lambaud, curé de Poudenas, secrétaire.

CAHIER

De l'ordre de la noblesse de la sénéchaussée de Condom, arrêté le 14 mars 1789, pour être présenté à l'assemblée prochaine des Etats généraux, remis à M. le marquis de Lusignan, brigadier des armées du Roi, député de la noblesse (1).

Pénétrée de l'amour et de la confiance que le

---

(1) Nous publions ce cahier d'après un imprimé de la Bibliothèque du Sénat.

meilleur des pères inspire à ses enfants, et que des frères généreux se doivent mutuellement, la noblesse de la sénéchaussée de Condom, dans le dessein et l'espoir de concourir avec tous les ordres de l'État au bien commun de la grande famille, s'empresse de manifester à sa patrie et à son Roi les sentiments de dévouement et de zèle dont ses ancêtres lui ont tracé l'exemple, et qu'elle est jalouse elle-même de transmettre à sa postérité.

En conséquence, après s'être assemblée en vertu des ordres donnés par Sa Majesté, pour la convocation des États généraux du royaume, et s'être conformée aux dispositions prescrites à cet égard, elle a rédigé le cahier des demandes, doléances et résolutions suivantes, pour être présentees dans l'assemblée générale de la nation par le député qu'elle aura nommé à cet effet.

§ Ier.

Art. 1er. Établissement de la forme constitutionnelle de la monarchie française, sur des principes et fondements certains, justes et immuables d'une monarchie tempérée par les lois; elle portera sur la base de l'égalité des droits et de la hiérarchie des rangs, partie intégrante d'un gouvernement monarchique.

Art. 2. Garantie sûre et inviolable à tous et un chacun les membres de l'État, des droits imprescriptibles de la nature et de la société, savoir : sûreté, liberté, honneur et propriétés, de quelque nature et qualité qu'elles soient, sauf l'égalité contributive énoncée ci-après (section III, art. 1er).

Art. 3. Établissement des États généraux et provinciaux, les premiers fixés tous les quatre ans, excepté les prochains après ceux-ci, dont la tenue sera fixée à deux ans après, afin de pourvoir, soit à la perfection de la constitution monarchique, soit à l'institution ou prorogation des lois bursales. Les États provinciaux seront tenus annuellement.

Ces États seront formés, et les uns et les autres, par un choix absolument libre.

Art. 4. Institution d'un code de droit public et de droit privé, clair, précis et rédigé en français.

Administration de la justice civile et criminelle de la manière la plus prompte et la moins dispendieuse possible.

Réforme de l'instruction et de la procédure, tant civile que criminelle.

Rétablissement des charges de magistrature conférées comme elles l'étaient avant le chancelier Duprat.

Suppression des droits de *committimus* et des évocations au conseil, en laissant le libre cours de la justice, et respectant les fonctions des juges naturels.

Art. 5. Sûreté des grandes routes, au moyen d'une meilleure distribution des maréchaussées.

Art. 6. Liberté de commerce en gros, accordée à la noblesse du royaume, conformément à ce qui se pratique en Bretagne.

Art. 7. Liberté de la presse, sauf l'obligation de la part des auteurs et imprimeurs de signer leurs ouvrages.

Art. 8. Voter par ordre et non par tête aux États tant généraux que provinciaux, avec injonction au député, en cas de refus, de protester et de se retirer.

§ II.

Art. 1er. Suppression absolue des lettres de cachet, et dans le cas où l'honneur des familles

l'exigerait, il leur serait accordé des moyens coercitifs, sur la demande faite par un conseil de famille formé de dix personnes au moins, parents, alliés ou amis des plus notables, lesquels s'adresseront au président des États provinciaux.

Art. 2. Suppression de la vénalité de toutes les charges. Réduction des intérêts de la finance de celles qui confèrent la noblesse : celle-ci conservée aux pourvus d'office, selon les règlements fixés à cet égard, laissant aux États généraux les moyens les plus simples et les plus justes de pourvoir au remboursement de ses charges, sans qu'elles puissent jamais être recréées et vendues que du consentement de la nation. Suppression de tous privilèges exclusifs.

Art. 3. Supplications adressées à Sa Majesté de donner au militaire de la France une constitution certaine et immuable propre à lui assurer la considération qu'il mérite, et qui concilie à la fois la discipline nécessaire à ce corps et l'honneur qui en est l'âme, en supprimant toute punition capable d'énerver l'esprit national.

Art. 4. Abolition de toute espèce d'entraves données au commerce dans l'intérieur du royaume. Barrières reculées aux frontières, et le transit libre dans tout le royaume.

Art. 5. Les droits de contrôle, insinuation, amortissement, centième denier, etc., etc., incertains, excessifs et arbitraires du l'état actuel des choses, seront modérés par la suppression des dix sous pour livre : ces droits devront être proportionnés à la valeur des objets cédés, vendus ou échangés; ils seront énoncés clairement dans un tableau imprimé apposé dans les études des notaires et contrôleurs.

Art. 6. Les droits de vérification et enregistrement aux bureaux des finances et chambres des comptes, pour les hommages, aveux et dénombrements également incertains, excessifs et arbitraires, seront pareillement modérés et proportionnés à la valeur intrinsèque des fiefs, terres et autres objets dénombrés.

Art. 7. Toute refonte et altération de monnaies et variation dans leur valeur soit intrinsèque, soit extrinsèque, sera désormais prohibée.

§ III.

Art. 1er. Consentement des subsides généraux, égaux et proportionnels, destinés à remplacer les impôts actuels et par les moyens suivants :

1° Une contribution égale de la part de tous les sujets ecclésiastiques et laïcs, privilegiés et non privilégiés, et même des créanciers de l'État, à raison de leurs créances, ainsi que de toutes propriétés quelconques, même des terres domaniales, celles de l'ordre de Malte, dîmes ecclésiastiques et inféodées; celles-ci, ainsi que les biens nobles, ne pourront être assujetties à l'impôt proportionnel à leur valeur, que pour deux ans, époque assignée à la tenue des seconds États généraux.

2° Taxe industrielle établie sur tous artisans, fabricants et manufacturiers, laquelle sera proportionnée à leurs facultés.

3° D'après la nécessité d'assujettir les capitalistes à la contribution générale et proportionnelle, les prochains États généraux aviseront aux moyens d'y pourvoir, de manière à concilier la liberté du commerce avec l'égalité contributive.

Art. 2. Le consentement donné à ces subsides généraux n'est sensé l'être que sous la condition expresse qu'au préalable il sera fait vérification authentique 1° des états de recettes : et dépense publiques et du montant du déficit existant réellement dans les finances ; 2° du montant des dépenses indispensablement nécessaires dans chaque département.

D'après ces éclaircissements sûrs et positifs, le montant total des subsides à consentir sera fixé par les États généraux, et la répartition d'iceux confiée aux États provinciaux, chacun en droit soi.

Art. 3. A défaut de la tenue des États, soit généraux, soit provinciaux, aux époques convenues, refus absolu de consentir aucun impôt ou emprunt, et cessation immédiate des impôts précédemment consentis, fixée à trois mois après l'époque à laquelle les États généraux auraient dû être convoqués, au moyen de quoi tous préposés à la levée de ces impôts déclarés, dès ce moment, sans caractère et sans pouvoir ; et s'ils persistaient dans ladite perception illégale, ils seraient poursuivis par l'autorité des cours de parlement, à la diligence des procureurs généraux.

Art. 4. Contribution égale de la part des trois ordres à la confection, entretien et réparation des grands chemins et routes du royaume, sous la clause expresse que la police et la forme en seront confiées aux États provinciaux. On demande d'ailleurs que les troupes soient employées à ces travaux, et réparties dans les différentes provinces, à portée des divers ateliers publics.

Art. 5. Au moyen des sacrifices pécuniaires et contributions proportionnelles, il ne sera porté aucune atteinte quelconque, et sous aucun prétexte, aux droits réels et personnels, soit honorifiques, soit utiles, appartenant d'ailleurs à l'ordre de la noblesse.

Art. 6. Cet ordre, dont le caractère distinctif est de servir l'État, de sa personne, sera essentiellement dispensé de toute contribution directe ou indirecte et pécuniaire à la levée et entretien de la milice. Il jouira notamment de l'exemption du tirage, pour les gens et domestiques attachés directement à son service.

L'ordre de la noblesse désire d'ailleurs, pour le bien de l'agriculture, que les laboureurs et cultivateurs soient exempts du pesant fardeau de la milice, hors le cas de presse, et tout autant qu'ils seront uniquement attachés à la culture des terres et qu'ils habiteront les campagnes.

Art. 7. L'ordre de la noblesse interdit expressément à son député la faculté de souscrire à aucune demande du gouvernement, si cet ordre n'obtient l'effet des pétitions énoncées aux articles 1, 2, 3, 8 de la section Ire et 3, 5 et 6 de la section IIIe ; et au cas de refus, il lui est enjoint de protester contre tout ce qui se ferait et de se retirer de ladite assemblée.

Dans le cas où l'on ferait à son député des demandes ou propositions que l'ordre n'aurait pas prévues, il lui enjoint, avant de voter, de se concerter avec les députés de la noblesse des sénéchaussées voisines ayant le même intérêt, et de celles où la taille est réelle. Alors la pluralité des voix fixera le vœu de ce député, qui ne manquera pas d'informer l'ordre de la noblesse des raisons pour lesquelles sa mission éprouverait des difficultés et qui le forceraient de se retirer. En ce cas, il attendrait l'avis du comité de correspondance sur cet objet et sur tous ceux qui n'auraient pas été prévus.

Le présent cahier arrêté ce 14 mars 1789, MM. les membres de la noblesse de la sénéchaussée de Condom, soussignés :

Le comte de Noaillan-Lamezan, président ; le comte de Marin, commissaire ; le comte de Montaut, commissaire ; le comte de Mélignan, commissaire ; Du Bouzet, commissaire ; le comte de Dijon, commissaire ; le marquis de Galard-Tarraube ; le comte de Poudenas ; le comte de Cadignan, pour moi et pour madame la baronne de Cadignan ; le baron de Lustrac ; le vicomte de de Noaillan ; le baron de Trenqueléon, pour moi et pour M. le duc d'Aiguillon et pour M. de Cambon ; le marquis de Lusignan ; le comte de Gélas, pour moi, pour M. le marquis de Flammarens et M. de Brivasac, comte de Beaumont ; Lagrange-Louspeyroux ; le baron de Berauld, pour moi, pour M. de Morin et M. de Rhimbès du Sendat ; de Paty, pour moi et pour M. de Visarel, marquis de Pouy ; le commandeur de Basignan ; D S. Germe, pour moi, pour mademoiselle Lasseran et pour M. de Campagno ; le comte Du Bouzet ; de Lartigue, pour moi et pour madame la comtesse de Beaumont ; le comte de Poudenas, pour M. le marquis de Dunes et pour M. le marquis de Roquepine ; Du Bouzet, pour M. de Guichené ; le baron d'Esparbès, pour moi et pour M de Berrac ; Lafourcade ; Néron de Malausane ; Melet, marquis de Bonas, pour moi et pour M. de Melet de Saint-Orens, baron de Las ; Lissalde de Casteron ; Dupleix de Cadignan ; Dupuy-Dubusca, pour moi et pour M. Dupuy du Molé ; Fabars, pour moi et pour mademoiselle Dupleix de Cadignan ; de Ladevèze de Charrin ; Redon d'Auriole ; Lesage ; le chevalier de Polignac, pour moi et pour chacune de mes deux sœurs ; le chevalier de Mazelière ; Copin de Lagarde ; le comte de Mélignan, pour M. de Mélignan-Caillavère ; le baron de Castillon, seigneur de Parron ; de Vigier ; de Caubeyres, pour moi et pour mon père ; Dubernet, pour moi et pour M. le vicomte de Juliac ; le chevalier de Franccscas ; le chevalier de Basignan de Grenelle ; le comte Dorlan de Polignac, pour moi et pour M. de Ruvignan ; le chevalier Dupin ; Daux de l'Escout ; de Roquevert, Coucy, Destrac, Faulong-Dubosq ; de Vigier, pour moi et pour madame de Bigos ; Galard de Lusanet ; le chevalier de Camhon ; le baron de Gélas ; le comte de Cugnac ; Antoine de Castillon ; chevalier Joseph de Castillon ; chevalier Dumirail ; Declave, Dubernet de Pevrac ; Dubernet fils ; Dubartas de Cavaignan ; le chevalier de Basignan : Goyon d'Eoux ; Molié ; le chevalier de Galard-Tarraube-Bonot ; Peyrecave de Lamarque ; le chevalier de Laverny de Lassale, pour moi et pour madame de Chaseron ; Ducos de Lahite Saint-Barthélemy ; le chevalier de Saint-Germe ; Dubernet de Courrejot ; Lassembelle de Gamin ; La Mothe père ; La Mothe fils ; Ducause ; de Goyon de la Herrouse ; de Lartigue ; de Labat ; de Perricot ; de Lasserre ; Dubartas ; Lesage de Moras ; de Moncade ; de Civrac ; Montaut de Montréal ; le chevalier de Meugin ; de Cambon ; de Lasserre ; le chevalier de Carrère-Maljac ; de Goyon-brichot ; Chic. de Cambon de Larroque ; de Lagrange ; Larrochc-Lauriac ; Goyon d'Arzac, commissaire rédacteur et secrétaire de l'ordre.

CAHIER

De doléances, plaintes et remontrances des gens du tiers-état de la sénéchaussée de Gascogne, siége présidial de la ville et cité de Condom (1).

Le Roi et la nation assemblée seront suppliés d'ordonner :

(1) Nous publions ce cahier d'après un manuscrit des *Archives de l'Empire.*

Art. 1er. L'abolition absolue des lettres closes et la suppression de toutes autres formes, ordre, ou commandement, qui pourraient priver les citoyens de leur liberté sans formalités de justice.

Art. 2. La liberté de la presse.

Art. 3. Que la nation sera assemblée librement et régulièrement, tous les cinq ans, en États généraux.

Art. 4. Que le tiers-état sera toujours admis en l'assemblée des États généraux, en nombre au moins égal à celui des deux autres ordres réunis.

Art. 5. Qu'aux États généraux, les trois ordres réunis opineront par tête.

Art. 6. Que, conformément à l'ancienne constitution, il ne pourra être levé d'impôt ni fait d'emprunt, ni donné des lois générales et permanentes que dans le sein des États généraux, et du consentement de la nation.

Art. 7. Que la durée des impôts consentis par la nation, sera fixée à un terme qui ne pourra être plus long que celui du retour périodique des États généraux.

Art. 8. Qu'il soit substitué à toutes sortes d'impôts qui distinguent les ordres, et tendent à les séparer, des subsides qui soient également répartis entre tous les citoyens, sans distinction ni privilèges, à raison seulement de leurs facultés.

Art. 9. Qu'il sera fait un tarif du contrôle sur des bases de proportion avouée par la raison et l'équité, par une loi claire, littéralement exécutée, et dont la connaissance sera dévolue à la commission intermédiaire des États provinciaux.

Art. 10. Que, pour la sûreté des créanciers hypothécaires outre la publication et affiches qui se font dans l'auditoire des siéges royaux, les contrats d'acquisition soient publiés pendant deux dimanches consécutifs, à l'issue des messes paroissiales, et affichés aux portes des églises des paroisses où les biens sont situés.

Art. 11. Que, conformément au vœu de Sa Majesté, il sera pris, dans les États généraux, les moyens les plus sûrs pour prévenir le désordre que des ministres pourraient introduire dans les finances.

Art. 12. Que les comptes des finances seront, tous les ans, rendus publics par la voie de l'impression.

Art. 13. Que les trois élections de Condom, Agen et Dax, soient réunies en un corps d'États provinciaux, et que lesdits États auront le même régime que ceux du Dauphiné, sauf les modifications locales.

Art. 14. Que les dépenses pour la confection, réparation et entretien des routes et chemins vicinaux, et tous autres ouvrages publics, soient supportées également par les trois ordres.

Art. 15. Que le tirage du sort pour la formation des troupes, provinciales soit supprimé, et qu'il y soit suppléé par une imposition, également supportée par les trois ordres, de laquelle imposition seront affranchies les familles sujettes au régime des classes.

Art. 16. Que, dans toutes les villes où il y a des casernes, elles soient réparées, entretenues et fournies des ustensiles nécessaires pour loger les troupes aux dépens de tous les ordres desdites villes, sans distinction; et que, dans celles où il n'y a pas de pareils établissements, il soit fourni par tous les citoyens, aussi sans distinction, le logement au soldat par logement effectif, ou à prix d'argent.

Art. 17. Que la vénalité des offices municipaux sera supprimée, et la libre élection rendue aux communautés.

Art. 18. Que les assemblées générales de communautés seront composées de tous ceux qui auront passé par les charges municipales, notables habitants, et des représentants de chaque classe de citoyens.

Art. 19. Qu'il soit, tous les ans, convoqué une assemblée générale de communautés, pour procéder à l'audition et reddition des comptes.

Art. 20. Qu'en exécution de l'article 206 de l'ordonnance de 1629, rendue sur les plaintes et doléances portées aux États généraux de 1614 et de l'édit du mois d'avril 1667, lesdites communautés soient autorisées, de plein droit, à poursuivre la rentrée des communaux qui auront été usurpés, et qu'elles utiliseront lesdits communs à leur profit, sans avoir aussi besoin d'y être autorisées.

Art. 21. Que la dîme, qui se perçoit dans plusieurs paroisses au septième et huitième, soit à l'avenir fixée au douzième, au lieu de l'être au dixième, suivant sa dénomination, vu l'obligation où est le propriétaire de fournir les semences, sans que cette fixation puisse nuire aux communautés et paroisses qui sont dans l'usage de la payer à un moindre taux.

Art. 22. Qu'il soit avisé aux moyens de détruire la mendicité dans tout le royaume; que, pour cet effet, le quart de la dîme affecté au soulagement des pauvres par son institution, soit confié, dans chaque paroisse, à un bureau de charité établi sous la surveillance des États provinciaux.

Art. 23. Que l'ordinaire puisse accorder toutes les dispenses, pour lesquelles il a été, jusqu'ici, d'usage d'envoyer en cour de Rome.

Art. 24. Que le sort des curés et surtout des curés congruistes, ainsi que celui des vicaires, soit amélioré.

Art. 25. Que, suivant les anciennes lois, tous bénéficiers soient tenus de résider dans le lieu de leur bénéfice.

Art. 26. Que tous les bénéfices à charge d'âmes ne puissent être conférés qu'aux sujets nés dans le diocèse.

Art. 27. Qu'il soit pourvu, d'une manière invariable, à la subsistance et à l'éducation des enfants trouvés, qui seront toujours regardés comme appartenant à l'État.

Art. 28. Qu'il soit fait incessamment une recherche exacte de la fausse noblesse par les commissaires nommés par les États provinciaux pris en nombre égal dans la noblesse et le tiers-état, lesquels donneront communication des titres produits devers eux aux communautés intéressées à ladite recherche.

Art. 29. Qu'il ne sera plus nécessaire de justifier des titres de noblesse pour entrer au service, tant de terre que de mer.

Art. 30. Qu'il ne soit accordé des lettres de noblesse qu'à ceux qui auront rendu des services importants à l'État.

Art. 31. Que la cessibilité du droit de prélation soit supprimée, et que le seigneur ne soit plus reçu à exercer le retrait pour lui-même après deux mois, à compter du jour de la notification qui lui sera faite du contrat de vente au principal manoir de la seigneurie, et à défaut, au domicile qu'il sera tenu d'élire dans le lieu où sera situé son fief; laquelle faculté de retraire sera prorogée à un an du jour du contrat public, dans le cas où la notification ne lui en aurait pas été faite.

Art. 32. Que désormais les seigneurs ne pourront se faire reconnaître par leur censitaire qu'à leurs dépens.

Art. 33. Qu'à l'avenir, il ne sera perçu aucuns

droits de lods et ventes, ni de centième denier, pour la vente de la coupe des bois à haute futaie.

Art. 34. Qu'il sera cherché des moyes d'affranchir les terres de toutes redevances féodales, agriers, péages, banalités de toute espèce, prestations personnelles et autres droits et devoirs seigneuriaux contraires à la liberté naturelle, sans porter préjudice aux seigneurs.

Art. 35. Que nulle personne du tiers-état ne pourra être désarmée que dans le cas de l'abus, et de l'avis du curé et des officiers municipaux.

Art. 36. Qu'il sera permis à toutes les communautés de faire publier les bans des vendanges sur la vérification et rapport qui sera fait par des experts vignerons nommés par les officiers municipaux.

Art. 37. Que le Roi ne se désistera point de toutes tentatives qui ont été faites, dans divers temps, pour établir mêmes poids et mêmes mesures dans tout le royaume.

Art. 38. Que le prêt à jour sera permis entre particuliers a 5 p. 0/0 d'intérêt, et que les hôpitaux jouiront de la même faculté.

Art. 39. Qu'on lèvera toutes les entraves qui gênent l'importation et l'exportation, et que les douanes seront reculées aux frontières du royaume, et que les denrées non sujettes aux droits de sortie en demeureront exemptes.

Art. 40. Que le tabac ne sera plus vendu dans les manufactures et entrepôts qu'en carottes, et que les poids servant au débit seront vérifiés et étalonnés par les officiers de police.

Art. 41. Qu'il sera fait, dans les lois civiles, criminelles et de police, des réformes relatives au temps et à la meilleure forme du gouvernement.

Art. 42. Qu'il soit promulgué une loi qui ordonne de n'entendre aucune déposition, soit au civil, soit au criminel, sans qu'il y ait deux juges dans les cours supérieures, et que, dans les ordinaires, le juge sera assisté d'un citoyen qui, tous les ans, sera choisi par sa communauté pour remplir cette fonction importante, sans qu'il puisse prétendre d'autre salaire que l'honneur.

Art. 43. Que nul domicilié ne puisse dorénavant être distrait du ressort de ses juges naturels.

Art. 44. Que la justice soit rapprochée des justiciables, et que les tribunaux d'exception soient supprimés.

Art. 45. Qu'il sera donné plus d'extension au pouvoir des présidiaux.

Art. 46. Que tous les juges, tant royaux que seigneuriaux, seront gradués, et qu'ils jugeront, en dernier ressort, en matière civile, jusqu'à la somme de 100 livres en principal, et 50 livres de rentes, à la charge par eux de se faire assister de deux gradués.

Art. 47. Que, dans les lieux où les officiers municipaux ont l'exercice de la justice criminelle, elle soit attribuée au juge ordinaire.

Art. 48. Que la vénalité des offices de justice soit supprimée, et que le prix en sera remboursé.

Art. 49. Que les parlements seront composés de magistrats pris dans les trois ordres de la nation, et que ceux du tiers-état seront toujours en nombre égal à ceux de la noblesse et du clergé, sans que les charges affectées au tiers-état puissent, en aucun temps, conférer la noblesse.

Art. 50. Qu'il soit établi, dans la sénéchaussée de Condom, une brigade de maréchaussée.

Art. 51. Que le sort des soldats retirés soit amélioré.

Art. 52. Qu'il soit établi, dans chaque sénéchaussée, un cours gratuit d'accouchement pour former des sages-femmes.

Art. 53. Que le nombre des écoles vétérinaires soit augmenté.

Art. 54. Comme, dans des temps reculés, il a été vendu jusqu'aux vases sacrés, pour subvenir à des besoins pressants de l'État, on propose, dans ce moment, d'utiliser tous les effets en or, argent et pierreries précieuses qui peuvent être déposés dans les églises du royaume et dans leurs trésors, ne servant point au culte divin, ou qui peuvent lui être indifférents.

Art. 55. Qu'il ne sera plus accordé de sauf-conduits, ni de lettres de répit.

Signé de Lalornerie, lieutenant général, commissaire; Meyruel, commissaire; Vivens, commissaire; Gachiez, conseiller du Roi, commissaire; Duffaut, avocat du Roi, commissaire; Bouet, commissaire; Deauze, commissaire; Depère, commissaire; Cassaigneau de la Couronne, avocat, commissaire; Pelauqueberant, commissaire; de Brescon, commissaire; Lassis de Liage, commissaire; La Roche, commissaire; Lamothe d'Abadie, commissaire; Reynautecorne, greffier, secrétaire.

ILE DE CORSE.

NOTA. Les cahiers du clergé et de la noblesse de l'île de Corse nous manquent encore. Nous les demandons à Bastia et à Ajaccio. Nous les insérerons dans le Supplément qui terminera le recueil des cahiers.

CAHIER

De doléances, demandes et représentations de l'ordre du tiers-état de l'île de Corse, arrêté par l'assemblée générale de cet ordre convoquée à Bastia le 18 mai 1789 (1).

L'ordre du tiers-état, avant toute opération, se croit obligé de manifester les sentiments de la vive joie dont il est pénétré de voir cette île réunie à la nation française, devenir partie intégrante de cette monarchie.

Il déclare que rien ne pouvait être plus consolant pour lui, que la grâce que Sa Majesté daigne accorder à cette province en l'appelant à s'occuper, de concert avec les autres, du rétablissement de l'ordre dans toutes les parties de l'administration de l'Etat.

Que ces dispositions lui font espérer avec fondement de parvenir au degré de régénération et de félicité qu'elle doit attendre sous un monarque puissant et chéri.

Qu'il éprouve le plus vif regret de ne pouvoir concourir par des secours pécuniaires à la réparation du désordre qui s'est manifesté dans les finances de l'Etat.

Que la Corse, désolée par quarante années de guerres consécutives, se voit malheureusement réduite à la dure nécessité de ne pouvoir plus supporter aucune augmentation d'impôts et de n'offrir dans les besoins actuels de l'Etat qu'un tribut de zèle et de fidélité.

Qu'il viendra un temps où cette île, mise en valeur par la culture et par l'industrie, bien loin d'être à charge à la monarchie, lui sera d'une utilité réelle.

Le tiers-état s'est donc borné à porter ses réflexions sur tout ce qui intéresse en Corse la législation civile et criminelle, l'administration de la justice, les Etats du pays, l'administration municipale, le clergé, l'agriculture, le commerce et les objets d'utilité publique.

Il autorise en conséquence ses députés à former les demandes, plaintes, doléances et remontrances suivantes :

Etats généraux.

Art. 1er. Retour périodique des Etats généraux de cinq en cinq ans.

Art. 2. La Corse autorisée à y envoyer deux députations, eu égard à sa population.

Art 3. Supplier Sa Majesté de ne point céder cette île ni aucune autre province du royaume, sans le consentement des Etats généraux et des Etats du pays.

(1) Nous publions ce cahier d'après un manuscrit des *Archives de l'Empire*.

Législation criminelle.

Art. 1er. Publication d'un nouveau code criminel.

Art. 2. Abolition du supplice de la roue, la peine de mort restreinte aux crimes de lèse-majesté, parricide et assassinat prémédité.

Art. 3. Nulle distinction de peines entre les nobles et le tiers-état.

Art. 4. L'infamie n'affectera que les coupables, sans rejaillir sur les familles.

Art 5. Conversion de la peine des galères en un travail public au profit de la province.

Art. 6. Abolition de la confiscation des biens des coupables qui auront subi la peine ; elle n'aura lieu que contre les contumax.

Art. 7. Abolition du serment de l'accusé, de la sellette et de la question en quelque cas que ce soit.

Art. 8. Permettre aux accusés un conseil ; ils ne pourront conférer avec lui qu'après avoir subi le premier interrogatoire ; la procédure ne lui sera communiquée qu'après le récolement.

Art. 9. Les jugements criminels prononcés à l'audience, les gens du royaume et l'avocat de l'accusé admis.

Art. 10. Réduction des nullités qui opèrent la cassation des procédures criminelles.

Art. 11. Jugements criminels motivés, défense aux cours souveraines de prononcer aucune peine pour les cas résultant du procès.

Art. 12. Assurer la salubrité des prisons.

Art. 13. Abolition des lettres de cachet.

Art. 14. Lettres de pardon à tous les fugitifs de Corse qui n'ont point commis de crimes capitaux ; ils rentreront en possession de leurs biens.

Législation civile.

Art. 1er. Prompte publication du Code civil pour la Corse ; son exécution n'aura lieu qu'après avoir été communiquée aux Etats.

Art. 2. Les lois publiées ne pourront être corrigées ni modifiées par des lettres ministérielles.

Art. 3. Causes du domaine assujetties, tant pour la procédure que pour le jugement, aux mêmes règles que celles des particuliers.

Art. 4. Les ordonnances portant réunion des propriétés particulières au domaine ne priveront pas les possesseurs de la jouissance en laquelle ils seront conservés jusqu'à l'arrêt définitif du conseil supérieur ; ceux qui en ont ainsi été dépouillés y seront réintégrés.

Art. 5. La possession centenaire ou immémoriale, titre suffisant pour le possesseur contre toute réclamation du domaine.

Art. 6. Aucune concession accordée par Sa Majesté n'aura son exécution qu'après l'avis des

Etats du pays, l'homologation du conseil supérieur, et que les parties intéressées auront été ouïes ; les lettres patentes seront enregistrées au greffe de la juridiction où les biens sont situés.

Art. 7. Tout particulier qui aura obtenu des concessions sera tenu d'en présenter les titres, tant à l'assemblée de la province, où les biens de sa concession sont situés, qu'aux Etats du pays pour en délibérer, sauf ensuite aux particuliers ou aux communautés à faire valoir leurs droits par-devant les juges compétents.

Art. 8. Les biens communaux ne pourront être concédés ni réunis au domaine.

Art. 9. Liberté de partage des biens substitués entre les cohéritiers, malgré les dispositions contraires du testateur ; égale liberté d'échange contre des biens de la même valeur, du consentement des parties intéressées.

Art. 10. Il sera fixé un délai convenable dans lequel quiconque aura des prétentions aux hypothèques sur les fonds qui seront acquis ou échangés à l'avenir, sera obligé de les faire valoir, sous peine d'en être déchu, à charge par les acquéreurs de faire les proclamations et affiches nécessaires.

Art. 11. Tout droit de propriété sera inviolable, et nul ne pourra être privé, même pour raison d'utilité publique, qu'il n'en soit préalablement dédommagé.

Art. 12. Les causes entre parents jugées par les parents ou amis communs, sauf l'appel au conseil supérieur.

Art. 13. Les demandes principales et les réponses au fond déposées au greffe des juridictions royales, après avoir été signifiées.

Art. 14. Aucun ne sera reçu notaire s'il n'a été clerc pendant trois ans, et s'il ne possède en biens-fonds au moins 5,000 livres, ou qu'il ne fournisse caution valable à concurrence de ladite somme, il sera examiné par un avocat et un notaire, en présence du juge royal et du procureur du Roi, et il présentera un certificat de bonne vie et mœurs du juge de son district.

Art. 15. Les notaires tenus d'inscrire en entier tous les actes qu'ils auront reçus dans un registre particulier, lequel sera déposé à la fin de chaque année au greffe de la juridiction ; le greffier n'en donnera communication ni expédition, que du consentement du notaire ou de ses héritiers.

Art. 16. A la fin de chaque année, deux contrôleurs ambulants Corse ou Français, établis en Corse, l'un en deçà et l'autre au delà des monts, seront chargés de faire leur tournée dans chaque juridiction pour y constater l'état desdits registres et des minutes ; ils en feront leur rapport aux juges, afin qu'en cas de malversation, le procureur du Roi puisse faire les poursuites nécessaires.

Art. 17. Remédier aux inconvénients occasionnés par la négligence des notaires à faire passer les actes au contrôle, en déclarant valables tous ceux qui ont été passés jusqu'ici, et qui n'auraient pas été contrôlés.

Art. 18. Publication d'un tarif pour les actes notariaux ainsi que pour les experts.

Art. 19. Régler les honoraires des médecins et chirurgiens.

Art. 20. Les causes sommaires jugées dans le délai de neuf mois continus, et les ordinaires dans celui de dix huit continus ; les causes d'appel seront jugées dans le délai d'un an.

Art. 21. Les juges, en prononçant les délibérés, feront déposer en même temps les pièces sur les bureaux et seront tenus de les juger dans un mois ; il en sera de même pour les causes appoin-

tées, à compter cependant du jour de la production des pièces, le tout sous peine de 300 livres au profit des parties.

Art. 22. Les juges auront plus d'égard au fond qu'à la forme et seront tenus de condamner d'office les procureurs aux frais de la procédure envers les parties lorsqu'ils reconnaîtront des nullités essentielles occasionnées par leur négligence.

Art. 23. Huissiers des communautés autorisés à signifier les arrêts du conseil souverain ; ils pourront exercer leurs fonctions dans les communautés voisines lorsque l'huissier ordinaire en sera empêché, ce qui sera constaté par les officiers municipaux.

Art. 24. Nouveau règlement pour les procédures civiles.

Art. 25. Modérer l'édit du contrôle ; cette formalité ne sera nécessaire que pour les actes publics portant hypothèque, ainsi que pour les emplois des demandes principales, sentences et arrêts définitifs ; les actes sous seing privé, ceux d'instruction et généralement tous ceux de la municipalité en seront exempts.

Art. 26. Le conseil supérieur ne pourra suspendre l'exécution des sentences rendues par les juges royaux en matières sommaires, possessoires et exécutives ; tout arrêt de défense accordé en ces cas sera nul de plein droit, et les sentences seront exécutées même pour les dépens.

Art. 27. Le conseil supérieur ne pourra refuser de déclarer nobles les familles anciennes de Corse pourvues de titres suffisants et dans le cas de vivre noblement, quand même elles ne pourraient présenter quelque pièce égarée à cause de la guerre.

Art. 28. Toute famille qui fournira preuve d'avoir vécu noblement pendant l'espace de cent ans, sera reconnue noble, selon la coutume de plusieurs provinces du royaume ; la pièce primordiale provenant du prince ne sera pas nécessaire lorsque les parties présenteront des titres équivalents. Le délai de cent ans pourra commencer à quelque époque que ce soit.

Art. 29. Tout noble qui ne sera pas en état de vivre noblement cessera de jouir des privilèges de noblesse jusqu'à ce qu'il soit en état de soutenir son rang, selon la coutume de Bretagne.

Art. 30. Tout particulier qui aura une possession limitrophe à des fonds appartenant à des églises, chapitres, communautés religieuses, chapelles et bénéfices champêtres, pourra exiger l'abandon desdits terrains, en rendant aux mainmortables propriétaires d'autres fonds, à dire d'experts, situés dans les territoires de la même communauté, ou pieve. Parmi les limitrophes seront préférés ceux qui auront la plus grande propriété.

Administration de la justice.

Art. 1er. Augmentation de la cour souveraine de Corse portée au nombre de vingt conseillers au moins, et que le premier président d'icelle soit président à mortier.

Art. 2. Création d'un second assesseur dans chaque juridiction royale de l'Ile, ainsi que d'un avocat du Roi ; ces places ne pourront être confiées qu'à des Corses.

Art. 3. Suppression des deux tribunaux de l'amirauté ; leur juridiction attribuée aux justices royales.

Art. 4. Les fonds provenant des suppressions seront affectés en partie au traitement des nouveaux assesseurs et avocats du Roi.

Art. 5. Suppression des charges d'inspecteur et

directeur des domaines, ainsi que des officiers de
la conservation des bois et forêts ; les fonctions
de ces derniers attribuées aux justices royales.

Art. 6. Les charges de justices royales ne pourront être conférées qu'à des avocats qui auront
suivi le barreau pendant cinq ans sans interruption.

Art. 7. Celles du conseil supérieur aux officiers
des justices royales en exercice depuis quatre
ans, ou à des avocats qui auront suivi le barreau
pendant huit ans.

Art. 8. Le choix des officiers des justices royales
et des magistrats du conseil supérieur sera fait
par le Roi sur la présentation de trois sujets proposés par le conseil supérieur, lequel aura égard
aux articles précédents et préférera les plus anciens et les plus méritants.

Art. 9. Nulle différence de traitement entre les
Français et Corses.

Art. 10. Aucun ne pourra être reçu avocat, quoique muni de lettres patentes d'université, s'il n'a
préalablement étudié la pratique pendant un an
dans le cabinet d'un avocat ; il sera examiné par
quatre avocats, en présence de deux conseillers et
des gens du Roi.

Art. 11. Les greffiers des justices royales seront
reconnus solvables pour la somme de 6,000 livres
au moins, afin de pouvoir répondre des dépôts
qui leur seront confiés ; autrement ils fourniront
caution jusqu'à concurrence de cette somme.

Art. 12. Conservation des juntes notables avec
un changement dans la forme de leur établissement ; défenses aux commissaires desdites juntes
de punir aucun habitant par la privation de la
liberté, et de connaître, sous tel pretexte que ce
soit, des contestations en matière possessoire ; diminution de leurs pouvoirs et modification dans
leur juridiction.

Art. 13. Deux conseillers de la cour souveraine
seront chargés de faire de trois en trois ans
une tournée dans les juridictions de l'île, pour
constater l'état des greffes, et entendre les plaintes des habitants sur ce qui concerne l'administration de la justice.

Art. 14. Transport du conseil supérieur à
Corte (1), et en cas que cela ne soit pas accordé,
établissement d'un présidial à Ajaccio, composé
de sept membres, qui pourront juger en dernier
ressort les causes qui n'excéderont pas la somme
de 3,000 livres.

Art. 15. Indemnités et récompenses aux personnes employées dont on demande la suppression, tant dans la partie de l'amirauté, que des
domaines et bois, surtout aux officiers de l'amirauté et à l'inspecteur des domaines, attendu
leurs anciens services.

Etats de Corse.   ·

Art. 1er. Convocation des Etats de Corse de trois
en trois ans, au 1er avril, en ladite ville de
Corte (2).

Art. 2. Ils jouiront de la liberté, droits et priviléges de ceux de la province de Languedoc ; la
forme de leur convocation sera établie par un
règlement analogue à la constitution particulière
de l'île.

Art. 3. Ils seront composés d'un quart de l'ordre du clergé, un quart de celui de la noblesse,
et de la moitié de celui du tiers-état.

Art. 4. Chaque ordre représenté par les individus de son ordre exclusivement.

Art. 5. Tout membre du tiers-état pourra être
député aux assemblées particulières et générales,
quand même il n'aurait pas de charges municipales, et ne pourra être exclu de ces assemblées,
à moins qu'il ne soit noté d'infamie.

Art. 6. Etablissement d'une commission intermédiaire composée de douze membres, dont trois
du clergé, trois de la noblesse et six du tiers-état;
régler leurs fonctions et leur service de quatre
en quatre mois, suivant cette proportion ; leur
fixer des honoraires convenables.

Art. 7. Les membres de cette commission chargés de l'inspection des routes et chemins.

Art. 8. Aucune gratification, remise ou décharge, ne sera accordée par cette commission, ce
droit réservé aux Etats du pays, après que les
provinces en auront délibéré.

Art. 9. Le greffier en chef des Etats pris indistinctement dans les deux ordres de la noblesse
et du tiers-état.

Art. 10. Administration des droits domaniaux
confiée aux Etats ; tous les employés à la perception de ces droits nommés par eux ; la commission intermédiaire en aura la direction et surveillance.

Art. 11. Le trésorier général et ceux des provinces seront Corses ; ils donneront caution suffisante sous l'approbation des Etats.

Art. 12. Comptabilité du trésorier général par
l'impression à chaque tenue des Etats.

Art. 13. Supplier Sa Majesté de faire connaître
l'étendue des pouvoirs attribués à ces commissaires, afin qu'il n'y ait rien d'arbitraire.

Art. 14. A chaque tenue des Etats, il sera
nommé un syndic et un secrétaire de la province
qui résideront à Paris, à l'effet d'y traiter les intérêts de la Corse. L'assemblée générale leur
fixera des honoraires convenables.

Administration municipale.

Art. 1er. Publication d'un nouveau règlement
concernant la forme et l'élection des officiers municipaux.

Art. 2. Tout notable d'une pièce pourra être
élu podestat-major, quand même il n'aurait pas
été officier municipal.

Art. 3. Ceux qui auront obtenu la pluralité des
suffrages a haute voix ne pourront être exclus, à
moins qu'ils ne soient notés d'infamie.

Art. 4. Changement triennal des officiers municipaux et des podestats-majors, y compris ceux
de la ville de Bastia.

Art. 5. Les officiers municipaux, juges des
causes personnelles, tant du clergé que de la
noblesse et autres personnes privilégiées, jusqu'à
concurrence de la somme de 100 livres.

Art. 6. L'appel des sentences municipales
porté par-devant les juges royaux, qui jugeront
en dernier ressort avec l'assistance de leurs assesseurs ou de deux gradués.

Art. 7. Les amendes ne seront payées que sur les
appelants des sentences municipales qu'après
le jugement définitif des juges royaux; il ne sera
plus nécessaire de les déposer d'avance.

Art. 8. Les officiers municipaux autorisés à
poursuivre en justice les usurpateurs et détenteurs des biens communaux, sans autre formalité
de la communauté, sans autre formalité.

Art. 9. Donner la préférence aux communautés

---

(1) Les juridictions de Bastia, Cap-Corse et Neblio demandent que l'on continue a les tenir dans la ville de
Bastia.

(2) Les provinces de Bastia, Neblio et Cap-Corse, se
sont opposées à cette demande.

pour les baux des terres domaniales situées dans leur territoire.

Art. 10. L'amende pour objet de police pourra être portée jusqu'à 20 livres.

Art. 11. Permission aux officiers municipaux de taxer le prix des denrées et comestibles.

Art. 12. Attribution aux officiers municipaux de statuer sur les demandes en complaintes et réintégrande ; leur jugement provisoire pendant un mois pour empêcher les voies de fait ; dans ce délai les parties se pourvoiront à la justice ordinaire.

Art. 13. Qu'il soit nommé incessamment des commissaires pour fixer définitivement les limites des communautés et pièves qui sont en contestation.

Art. 14. Les officiers municipaux décorés d'une marque distinctive.

Clergé.

Art. 1er. Erection d'un archevêché en Corse, dont les autres diocèses de l'Ile seront suffragants.

Art. 2. Le clergé de Corse jouira de tous les droits, privilèges, prérogatives, et immunités de l'Eglise gallicane.

Art. 3. Les évêques diocésains autorisés à accorder toutes dispenses de mariage et les provisions de bénéfices de quelque nature qu'ils soient; les droits pour les dispenses et provisions réduits de moitié au moins; les évêques tenus d'employer en œuvres pies la moitié de ce qu'ils en percevront ; nulle pénitence publique pour les dispenses de mariage.

Art. 4. Les revenus des bénéfices champêtres, dont la nomination dépend à présent de la cour de Rome, appliqués à l'avenir, moitié à l'université à établir en Corse, et moitié aux paroisses dépourvues de la portion congrue, à l'effet de diminuer les contributions pécuniaires que supportent les habitants.

Art. 5. Abolition de la contribution appelée *Sussido Caritativo*, que les évêques sont dans l'usage d'exiger des curés lors de leur installation.

Art. 6. Régler la portion congrue des curés; elle sera assurée par les évêques.

Art. 7. L'arrondissement des diocèses de Corse de la manière la plus juste et la plus convenable.

Art. 8. Portion congrue de l'archevêque portée à 20,000 livres, et celle des évêques à 12,000 livres, le surplus de ce qu'ils perçoivent actuellement appliqué au profit de quelque institution publique.

Art. 9. Démembrement de la ville de Bonifacio du diocèse de Gênes ; elle sera agrégée à celui d'Aleria ou d'Ajaccio.

Art. 10. Les fruits des biens appartenant aux églises tant paroissiales que cathédrales, perçus abusivement par les évêques et curés respectifs, seront perçus désormais et administrés par les procureurs desdites églises au profit d'icelles, à la charge d'en rendre compte.

Art. 11. Les administrateurs des séminaires et hôpitaux tenus, à la fin de chaque année, de rendre compte de leur gestion, à la requête du procureur du Roi, en présence du juge royal et des officiers municipaux.

Art. 12. Conserver aux pièves de Corse le droit d'envoyer des élèves dans chaque séminaire du diocèse pour y être entretenus et élevés gratis.

Art. 13. Exécution du tarif du pape Innocent II, pour les droits des greffes des évêchés.

Art. 14. Supplier Sa Majesté de ne point permettre qu'il soit imposé aucune pension sur les bénéfices du clergé de Corse.

Agriculture.

Art. 1er. Encouragements et primes aux particuliers qui se distingueront dans l'agriculture.

Art. 2. Exemption de toute imposition pendant dix ans en faveur des étrangers qui s'établiront dans la province pour travailler dans la campagne.

Art. 3. Les pères de famille qui auront dix enfants vivants, exempts de toute imposition.

Art. 4. Les soldats-cultivateurs qui épouseront la fille d'un laboureur corse et qui s'établiront dans l'île, obtiendront leur congé en payant 100 livres seulement.

Art. 5. Lettres patentes sur l'arrêt du conseil d'Etat de 1784 concernant les terrains défrichés ou desséchés; prorogation du délai de cinq à vingt ans.

Art. 6. Les vignes nouvellement plantées exemptées du vingtième pendant vingt ans.

Art. 7. Prélévation de la semence et des frais de culture avant le payement du vingtième et de la dîme.

Art. 8. Prompte publication du règlement sur les mésus champêtres arrêté par les derniers Etats ; ordonner en attendant l'exécution des articles 46, 47 et 48 du statut criminel de Corse.

Art. 9. Sa Majesté sera suppliée de n'autoriser dorénavant aucune exécution de projets de dessèchements de marais ou étangs, et d'établissement de colonies et pépinières, sans que les Etats de la province n'aient délibéré sur les moyens d'en assurer le succès.

Art. 10. Les communautés autorisées à fixer un droit de capture au profit des gardiens sur les bestiaux qu'ils arrêteront faisant du dégât.

Commerce.

Art. 1er. Abolition de tous privilèges exclusifs contraires à la liberté du commerce, et propres à détruire le germe de l'industrie.

Art. 2. Liberté de la pêche dans la mer ainsi que dans les rivières et étangs domaniaux, les étrangers admis à y participer en se conformant aux lois du pays.

Art. 3. Abolition de tout privilège de chasse et de pêche.

Art. 4. Liberté aux marins corses de pêcher le corail dans la Méditerranée, et notamment sur les côtes de Barbarie.

Art. 5. Etablissement d'un port franc en Corse.

Art. 6. Suppression de tout droit de sortie des ports de France pour la Corse sur les denrées et marchandises provenantes des manufactures nationales ; elles seront assujetties seulement à la formalité de l'acquit-a-caution.

Art. 7. Pareille suppression des droits de sortie de Corse sur les marchandises et denrées destinées pour la France, sous la même formalité.

Art. 8. Pareille suppression de tout droit d'entrée sur les farines et les comestibles introduits en Corse, provenant tant de l'étranger que des ports de France.

Art. 9. Les exemptions ci-dessus n'auront lieu que pour les bâtiments naviguant sous pavillon français.

Art. 10. Les marchandises et denrées exportées de Corse pour l'étranger sous pavillon français ne payeront que le 5 p. 0/0 et le 15 sous pavillon étranger.

Art. 11. Diminution des droits de sortie et suppression de la traite foraine sur les huiles; réduire les droits pour cette denrée au taux de l'article précédent.

Art. 12. Imposer les marchandises qui viennent de l'étranger sous pavillon français à un droit de 15 p. 0/0, et sous pavillon étranger à celui de 25 p. 0/0.

Art. 13. Suppression de tous les droits d'entrée pour les marchandises qui viennent en Corse des différentes provinces de la France.

Art. 14. Défense expresse d'importer en Corse les cuirs fabriqués ou tannés chez l'étranger.

Art. 15. Liberté d'exporter à l'étranger les bois de construction, la poix et le goudron, pour favoriser cette branche de commerce, à moins qu'il ne plaise à Sa Majesté de garder tous ces objets pour le service de sa marine.

Art. 16. Les bâtiments faisant le petit commerce d'un port de l'île à l'autre, exempts de tout droit quelconque.

Art. 17. Défense d'exporter en terre ferme aucune denrée, avant que la subsistance de l'île ne soit assurée. La commission intermédiaire en jugera, d'après l'avis des officiers municipaux.

Art. 18. Révocation de l'ordonnance de M. l'intendant du 18 mai 1788, concernant les ouvrages d'orfèvrerie et bijouterie.

Art. 19. Les capitaines ou patrons ne seront tenus de donner leur manifeste que vingt-quatre heures après leur arrivée, ainsi que cela se pratique dans les ports de France. En cas de tempête, autorisés à jeter à terre leur bâtiment, en prévenant les employés du domaine.

Art. 20. Visites des employés ou commis des domaines dans les maisons et boutiques de marchands absolument interdites.

Art. 21. Les employés du domaine qui percevront des droits domaniaux n'auront aucune remise sur les produits ni sur les amendes et confiscations, ces profits obscurs étant l'occasion d'une infinité de vexations.

Art. 22. Passe-port de trois ans à tout capitaine marchand corse, qui voudra entreprendre le grand ou le petit commerce.

Art. 23. Tout étranger établi en Corse depuis deux ans, ou qui aura pris une femme corse, autorisé à faire des expéditions sous pavillon français, sans autres formalités qu'un certificat des officiers municipaux qui constatera son établissement ou son mariage.

Art. 24. Permission générale d'expédier dans tous les ports de l'île des bâtiments marchands pour les établissements français de l'Amérique, de la Guinée, des Indes orientales et pour la pêche de la morue, en se conformant aux règles du port de Marseille.

Art. 25. Privilège aux villes maritimes et marchands de faire assigner devant leurs tribunaux tout particulier qui y contractera des dettes pour objet de commerce seulement.

Art. 26. Établissement de juridictions consulaires dans les principaux ports de l'île; publication de l'ordonnance du commerce de 1673.

Art. 27. Rétablissement des anciennes salines de Corse.

Art. 28. Permission aux bâtiments corses de porter la tête de mance sur le pavillon blanc français, de même que plusieurs villes ou provinces du royaume y portent leurs armes.

Art. 29. Uniformité des poids et mesures; établissement de livres-jurés dans toutes les places maritimes et villes de l'île, notamment à Corte.

Art. 30. Établissement d'un lazaret pour faciliter le commerce du Levant.

Art. 31. Établissement d'un plus grand nombre de bureaux de santé, de distance en distance, autour de l'île; les préposés ou leurs gardes tenus de faire leur séjour sur les plages, afin que les capitaines et patrons ne soient pas dans le cas d'attendre leur arrivée, cela occasionnant souvent des inconvénients.

Art. 32. Conserver lesdits bateaux de poste, et les trois felouques gardes-côtes.

Art. 33. Supplier Sa Majesté de donner une existence égale aux différents corps de métiers, et de leur assigner le rang qu'ils doivent occuper dans l'ordre civil et politique.

Art. 34. Liberté à la province du Cap-Corse d'exporter en terre ferme ses vins en exemption de droits, sous pavillon français.

Objets d'utilité publique.

Art. 1er. Établissement d'une université à Corte (1); les revenus des biens des camaldules, chartreux, jobins et olivétains qui seront supprimés, attribués à cet établissement.

Art. 2. Suppression de la corvée.

Art. 3. Entière liberté de la presse.

Art. 4. Sûreté inviolable des lettres à la poste; que les capitaines et autres puissent remettre à leur adresse les lettres dont ils seront chargés, sans les faire passer par le bureau de la poste.

Art. 5. Diminution des couvents des religieux mendiants en Corse; les États de l'île en proposeront le nombre à supprimer.

Art. 6. Ceux qui seront conservés tenus de prêcher gratis et de tenir dans leur couvent des écoles pour l'instruction des enfants des communautés où ils font la quête.

Art. 7. Établissement d'un collège dans chaque diocèse de l'île.

Art. 8. Établissement d'un collège de médecins et chirurgiens pour examiner les sujets qui voudront exercer cette profession; pareil établissement d'une chaire de chirurgie démonstrative.

Art. 9. Nouvel examen de médecins exerçant actuellement, ainsi que des chirurgiens, attendu la facilité qu'ont eu des sujets peu instruits de se procurer des certificats des médecins commis à leur examen, par arrêt du conseil supérieur.

Art. 10. Aucun ne sera reçu apothicaire en Corse sans avoir subi l'examen du collège de médecine.

Art. 11. Visite annuelle des drogues de toutes les pharmacies par des membres dudit collège.

Art. 12. Création de deux places de professeur d'hydrographie et d'architecture pour l'instruction des jeunes gens qui se destinent à la navigation et à la construction des maisons.

Art. 13. Admission du tiers-état à tous les grades et dignités ecclésiastiques, civiles et militaires.

Art. 14. Supplier Sa Majesté de donner pour les emplois la préférence aux Corses ou Français établis dans l'île, et de distribuer les emplois de manière qu'une même personne ne puisse être pourvue de plusieurs charges en Corse.

Art. 15. Les provinces d'en delà des monts seront pour un tiers au moins dans la distribution desdites charges et emplois, ainsi que toutes leurs députations aux États généraux et particuliers.

(1) Les juridictions de Bastia, Neblio et Cap-Corse, se sont opposées a cette demande que l'Université soit établie à Bastia.

Art. 16. Les places et emplois ne pourront être cédés de père en fils, de quelque nature qu'ils soient.

Art. 17. Rétablissement sur l'ancien pied des vivres, hôpitaux et autres parties du service militaire, la régénération de l'île ne pouvant s'opérer que par les moyens qui tendent à favoriser la population, l'industrie, le commerce et l'agriculture.

Art. 18. La garnison de l'île augmentée de quatre régiments ; une partie sera détachée dans les pièves et communautés pour favoriser la culture, le débit des denrées et le loyer des maisons.

Art. 19. On ne pourra à l'avenir envoyer dans les communautés de l'île aucun détachement du régiment provincial, sous prétexte d'y faire veiller la police, sans la réquisition des juges royaux, à moins qu'il ne s'agisse de poursuite de criminels.

Art. 20. Interdiction à l'autorité militaire de prendre connaissance des contestations et querelles de quelque nature qu'elles soient, qui pourront s'élever entre les habitants, par la prison ou privation de port d'armes, hors le cas de flagrant délit ; les personnes ainsi arrêtées seront incessamment remises à la justice.

Art. 21. Construction de grandes routes pour la communication de toutes les villes de l'île, et pour conduire aux terrains de Fiumorbo, San Giorgio, et Vicio ; Sa Majesté suppliée de contribuer à la dépense de ces établissements qui pourront aussi servir aux soldats de la garnison, et d'entretenir un médecin pendant la saison.

Art. 22. Prompte construction des ports nécessaires à la communication des chemins royaux et provinciaux.

Art. 23. Etablissement de plusieurs magasins d'abondance dans les différentes provinces de l'île, pour assurer la subsistance des habitants. Les Etats s'occuperont des moyens de faire ces établissements.

Art. 24. Construction de casernes dans toutes les places de l'île, excepté Bastia ; il sera pourvu incessamment au remboursement de tous les loyers militaires échus, et l'on assurera le payement des loyers à venir.

Art. 25. Sa Majesté sera suppliée de faire la remise de toutes les avances qui ont été faites pour venir au secours des habitants dans les dernières années de la disette.

Art. 26. Egale remise des arrérages de la subvention en deniers, et de l'imposition des deux vingtièmes des maisons louées au 1er octobre 1777, et de toutes les amendes prononcées au profit du Roi.

Art. 27. Supplier également Sa Majesté de continuer l'abonnement de la subvention en nature à 120,000 livres, ainsi que le secours de 300,000 livres par an, qu'elle a bien voulu accorder jusqu'ici à la caisse civile.

Le présent cahier de demandes, doléances et remontrances a été unanimement arrêté par l'assemblée générale de l'ordre du tiers-état de l'île de Corse, pour être remis aux députés que cet ordre nommera pour les Etats généraux du royaume, lesquels seront chargés de les proposer et soutenir avec toutes les facultés et pouvoirs nécessaires, conformément au règlement de Sa Majesté du 22 mars dernier.

Fait en l'église des Pères Doctrinaires, destinée pour l'assemblée des trois ordres de l'île de Corse, aujourd'hui deux juin mil sept cent quatre-vingt-neuf, onze heures du matin, et tous les députés désignes au procès-verbal ont signé.

Signés à la minute : Suzzoni, Bandiera, Forcioli, Dominique Forcioli, Fondacit, Joseph-Antoine Nattei, Lepidi, Simon-Pierre Poli, Bocheciampe, Foata, l'avocat Panatieri, Sébastien Valeri, Antoine Ouchichino, Ouchichini Poggia, Jean-Baptiste Bonetti, Dufaur, Lazzarini, Peraldi, Giorgi, Galeazzi, Soliceti, Vessini, Schouller, don Martin et Quinza, de Raynan, Paoli, Viale, Adriani, Tartaroli, Biaggini, Raffaelli, Pietri Massei, Gaffori, Franceschetti, Vidan, Arena, da Quinza, comte Colonna de Cesari Rocca, Chiappe, Lasqualini, Belgodere, Massoni, Casabianca, Angeli.

Vu, coté et paraphé par nous, président de l'ordre du tiers-état.

Signé DE FRANCESCHI.

VICOMTÉ DE COUZERANS.

NOTA. Les cahiers du clergé, de la noblesse et du tiers-état de la vicomté de Couzerans manquent aux *Archives de l'Empire.* — Nous les avons demandés infructueusement dans diverses villes du Midi et nous avons reçu, à ce sujet, deux lettres de M. Orléac, archiviste en chef de l'Ariége, dont voici les passages principaux.

17 août 1867.

« Monsieur, j'éprouve le regret de ne pouvoir « vous adresser les copies des cahiers des députés « du Couzerans aux États généraux de 1789, que « vous m'avez fait l'honneur de me demander..... « Ces cahiers, ainsi que ceux des députés du comté « de Foix à la même assemblée, manquent tota- « lement dans nos archives. Un violent incendie « survenu en 1803 dans les bâtiments de la pré- « fecture détruisit tous les papiers des bureaux, « et le dépôt des archives qui était contigu aux « bureaux devint presque entièrement la proie « des flammes..... »

3 octobre 1867.

« Monsieur,....., je me suis mis à faire le dé- « pouillement d'un nombre considérable de « liasses appartenant au dix-huitème siècle et « provenant des justices royales du Saint-Géron- « nais (ancien pays du Couzerans). Ces liasses, qui « avaient été centralisées depuis longues années « aux archives du greffe du tribunal de Foix, « ont été versées récemment aux archives de la « préfecture.

« Parmi ces pièces, qui se rattachent toutes à « des affaires judiciaires, se sont trouvés, par « hasard, les procès-verbaux des assemblées des « trois ordres..... Mais les cahiers où devaient « être consignés les vœux et doléances, ne se « sont pas trouvés joints à la liasse. Il paraît même « qu'ils n'y ont jamais été réunis, car il résulte « d'un inventaire des papiers et minutes qui « avaient été déposés et mis sous le scellé chez le « greffier de la juridiction royale du Couzerans, « au siège de Castillon. dressé le 6 septembre 1791, « à la réquisition du procureur de la commune, « en présence des maire et officiers municipaux, « que les pièces composant ladite liasse consis- « tent seulement en quatre procès-verbaux et en « ceux de toutes les communautés du pays con- « voquées pour l'élection de leurs représentants « à l'assemblée des trois ordres..... »

(Au surplus nous renvoyons aux pages 21, 24 et 26 (*Comté de Comminges*), où doivent se trouver compris, au moins en partie, les détails qui concernent le pays de Couzerans.)

BAILLIAGE DE COUTANCES.

VŒUX, DOLÉANCES ET INSTRUCTIONS DU CLERGÉ DU BAILLIAGE DU COTENTIN, POUR SES DÉPUTÉS AUX ETATS GÉNÉRAUX (1).

Religion.

Les premiers sentiments du clergé envers le Roi sont sa très-humble reconnaissance pour la convocation des Etats généraux de son royaume, et son inviolable fidélité pour sa personne sacrée.

Ses premiers vœux sont pour la religion. Il supplie très-humblement Sa Majesté de lui continuer toute sa protection royale dans ces temps malheureux. En conséquence, il demande :

1º La tenue des synodes diocésains et des conciles provinciaux et nationaux, pour le soutien de la discipline et le maintien des mœurs ;

2º Que les lois, concernant le respect dû aux choses, aux jours, aux lieux et aux personnes de la religion, soient remises en vigueur ;

3º Que la licence de la presse et l'introduction des mauvais livres soient arrêtées dans le royaume conformément aux lois ;

4º Que les rituels soient homologués. On désirerait aussi unité du rit dans l'Eglise gallicane ;

5º Que l'édit concernant les protestants soit pris en considération, et qu'on y ajoute les modifications dont il paraît susceptible.

Législation.

1º Que la constitution de la France soit fixée d'une manière invariable par les Etats généraux, en sorte qu'il ne reste aucun doute sur les droits respectifs du Roi et de la nation ;

2º Que le retour des Etats généraux soit périodique et à époque fixe ;

3º Qu'on rende à la province de Normandie ses Etats particuliers dans la forme des Etats généraux ;

4º Que la distinction constitutionnelle des trois ordres soit conservée dans le royaume ;

5º Qu'aucuns députés ne votent dans les prochains Etats généraux pour aucun impôt, qu'au préalable la constitution du royaume ne soit fixée ;

6º Que la liberté individuelle des citoyens soit assurée et à l'abri de tout acte d'autorité arbitraire ;

7º Que la déclaration du 15 décembre 1698 soit rapportée, et qu'il ne soit plus permis aux évêques d'envoyer provisoirement au séminaire, et sans déduction de causes, les curés de leur diocèse ;

8º Que les codes civil, criminel, maritime et fiscal soient réformés ;

9º Que le territoire des tribunaux soit arrondi, et qu'on établisse des baillages dans les villes considérables qui n'en ont point ;

10º Que tous les tribunaux d'exception soient supprimés, et leurs finances remboursées aussitô qu'il sera possible ;

11º Qu'il soit fait une réforme dans les contrôles des actes ; qu'il y ait tarif et tableau ;

12º Que les charges et droits des prisées et ventes soient supprimés ;

13º Qu'il soit remédié à l'abus des rentes viagères, si contraires au patrimoine et à l'union des familles ;

14º Que l'édit des hypothèques, si préjudiciable aux créanciers, soit révoqué ou corrigé ;

15º Que la gabelle soit supprimée ;

16º Que les traites de l'intérieur du royaume soient supprimées et que tous les commis soient placés sur les frontières ;

17º Que les milices soient supprimées et qu'on avise aux moyens d'y suppléer d'une manière moins onéreuse ;

18º Que, dans chaque paroisse ou arrondissement, il soit établi des juges de paix pour calmer la première effervescence des contestations naissantes, et pour pourvoir à la police provisoire ;

19º Que la tutelle des pauvres mineurs soit réglée gratis par les juges de paix ;

20º Qu'il soit fait un règlement pour les landes, marais et communes, dans lequel le droit de propriété soit assuré contre les prétentions du fisc et le sort des pauvres ménages ;

21º Que les forêts soient repeuplées et que les usagers soient rétablis dans leurs droits, ou dédommagés ;

22º Que les collèges et universités soient réformés ; que les études y soient plus suivies, les examens plus rigoureux ;

23º Que la vérification des lettres patentes et les informations de commodo et incommodo, ordonnées par les cours souveraines pour établissements quelconques, soient renvoyées comme autrefois aux juges royaux du ressort ;

24º Que les visites que font les juges royaux des registres des paroisses à la mort des curés se fassent gratis, ou qu'elles soient aux frais du Roi, comme toute autre fonction concernant l'ordre public ; au surplus, que la déclaration de 1736 soit exécutée ;

25º Qu'il soit apporté plus de discrétion et de réserve dans la demande et la concession des monitoires.

Impôts et finances.

1º Que la dette et les besoins de l'Etat soient constatés et que le sort de ses créanciers légitimes soit assuré ;

2º Les députés du clergé aux Etats généraux pourront faire tous les sacrifices pécuniaires que l'intérêt du royaume exige, dans les circonstances présentes, pour le bien de la paix et l'union des ordres ;

3º Qu'aucun impôt ne puisse jamais être levé sans le consentement de la nation assemblée, et ce, pour un temps limité ;

4º Que la répartition et le recouvrement des impôts consentis soient simplifiés ;

---

(1) Nous publions ce cahier d'après un manuscrit des Archives de l'Empire.

5° Qu'il soit remédié à l'abus des pensions, et que la liste de toutes celles qui seront accordées chaque année soit rendue publique ;

6° Qu'il soit statué sur toutes les autres économies et réductions nécessaires ;

7° Que les ministres d'État soient déclarés comptables à la nation ;

8° Qu'on examine le parti le plus avantageux à prendre relativement aux domaines.

Clergé.

1° Que le clergé conserve ses formes et le droit de répartir ses impositions ;

2° Qu'il soit fait de nouveaux départements entre les diocèses, et un nouveau tarif ;

3° Que l'organisation des chambres syndicales soit changée ; que les curés y soient représentés par des députés pris entre eux, et choisis par eux en nombre égal à tous les autres membres réunis ; qu'il y ait aussi un député particulier pour les ecclésiastiques, et un pour les réguliers contribuables ; qu'il n'y ait plus d'honoraires pour les membres ; et qu'il soit imprimé chaque année un tableau contenant : 1° la somme totale des impositions du diocèse ; 2° les frais de dépense de la chambre ; 3° les impositions particulières de chaque contribuable, qui recevra un exemplaire ;

4° Qu'il y ait une égale représentation des curés dans toutes les assemblées qui intéressent le clergé, par députés également pris entre eux et choisis par eux ;

5° Que les déports soient supprimés.

6° Il serait à désirer que les dîmes, qui sont destinées par leur origine à la desserte des paroisses, à la décence du culte public et au soulagement des pauvres, fussent rendues aux curés, pour être consacrées à ces objets.

7° Du moins, est-il essentiel que les portions congrues et autres bénéfices d'égale ou de moindre valeur, soient portées à 1,500 livres en argent ou en essence, au choix des curés, avec un supplément progressif, à raison des circonstances locales, pour remplacer la suppression de tout casuel forcé ;

8° Qu'il soit établi dans chaque paroisse, relativement à la population et autres circonstances, un ou plusieurs vicaires dont les honoraires soient proportionnellement augmentés ;

9° Qu'il soit accordé des pensions : 1° aux prêtres qui , n'ayant point de bénéfices, auront exercé le saint ministère pendant vingt ans ; 2° aux prêtres infirmes ou âgés ; 3° aux curés qui, en résignant, ne pourraient se réserver une pension suffisante ;

10° Que tous les décimateurs de chaque paroisse soient tenus de contribuer proportionnellement aux honoraires des vicaires ;

11° Que les gros décimateurs et possesseurs de fonds ecclésiastiques, non résidant dans les paroisses, soient obligés de stipuler dans leurs baux le dixième de leur revenu en faveur des pauvres ;

12° Que tous les bénéfices en commende soient supprimés, vacance arrivant, et que les revenus en soient appliqués à des fondations d'écoles, bourses de collèges, de séminaires, à des hôpitaux et autres établissements pieux et utiles, et spécialement à la dotation des cures insuffisantes, et au dédommagement des bénéficiers dont l'intérêt particulier aurait été sacrifié à l'intérêt général ;

13° Que, dans les lieux où cette application ne pourra se faire, on y puisse former de semblables

établissements et fondations, sans formalités coûteuses et sans autres frais que ceux d'expédition de lettres ;

14° Que tous les bénéfices-cures , dépendant des bénéfices supprimés, dont la nomination est dévolue à l'ordinaire, soient conférés aux anciens vicaires et autres anciens prêtres, également occupés au saint ministère dans chaque diocèse ;

15° Qu'il n'y ait plus, à l'avenir, qu'un seul curé ; et que, dans les paroisses où il s'en trouve plusieurs, il n'y ait que le dernier titulaire vivant qui soit remplacé et qui réunisse tous les titres et tous les revenus ;

16° Que les déclarations du Roi, portant défenses aux curés de s'assembler, soient révoquées.

17° Que les curés soient maintenus dans le droit de se choisir des coopérateurs parmi tous les prêtres approuvés par leur évêque ;

18° Que la déclaration du Roi de 1786, portant règlement pour les dîmes dans la province de Normandie, soit vérifiée et exécutée ;

19° Que la déclaration du roi de 1768, touchant les portions congrues, soit révoquée en ce qui concerne les novales et les aumônes ;

20° Que les sarrasins et limages soient réputés généralement vertes dîmes, ainsi qu'ils le sont presque universellement ; et, qu'à ce titre, ils appartiennent aux curés.

21° Que la présidence aux assemblées de fabriques et de bureaux de charité soit rendue partout aux curés ;

22° Que l'imposition au quart denier pour jouissance de terre affermée ou acquise par des ecclésiastiques n'ait plus lieu ;

23° Qu'il soit permis de reconstituer, sur toute sorte de personnes, les rentes amorties aux trésors et fabriques des églises.

Signé Lucas, curé d'Urville ; Le Lubois de Fontenay ; Ebinger, curé de Rouville ; Le Bigot, C. L.; Mahieu, curé de Saint-Jean de la Rivière; F. Hemey, curé de Couville; Le Chosel, curé d'Angoville; Allain, curé de Feugères; Piel, curé de Saint-Aubin de Losque; Baudoise, curé de Marchezieux ; Yvert, curé de Mesnil ; Eury ; Dussaux ; Becherel, curé de Saint-Loup; Mazier, curé du Mont-Saint-Michel; J.-J. Fizel, curé de Saint-Aubin de Terregate ; Dufort, curé de Sainte-Colombe ; Larcher de Catteville, prêtre ; Bazin, curé de Saint-Laurent de Tuves; Durand, curé de Montmartin; Gallès de Mesnilgrand, curé de Breville; Desquennes, prieur-curé de Briquebec; Malot, curé de Querqueville ; Roger, curé des Perques ; d'Orléans, curé de Soltevast; Lemaire, curé de Tollevast ; Vauttier, curé de Voxel ; Dupont, curé de Golleville; Loisel, curé de Groufreville ; J. Varin, curé; Ruallem, curé d'Hainneville; A. Le Planois, curé de Saint-Martin de Bonfossé; Hubert, curé d'Églandes; Obey, curé de Tonneville; Enquebecq, prêtre ; Liot, député du clergé de Cherbourg; Pierre Groutt des Croix, député du clergé de Cherbourg; Desbarres, curé de Camprond; Clouard, curé de Montons; Delagranche, prêtre; Charles Langlois, curé de Sartilly; Duval, curé de Mesnil-Tove; Davy, vicaire principal et député de l'église cathédrale d'Avranches; Repey, curé d'Auville; Baudin, curé de Steauville; Hélie prêtre; Renoult, curé de Saint-Georges ; J. Levavasseur, curé de Rideauville; de Folleville, curé de Saint-Vaast; M. Osoul, curé de Quetehou; Vallée, curé; Lansard , curé de Saint-Quentin ; Langoisseur , curé de Saussay; J. Potêt, curé de Reverières; Lepatry; Le Tullier, curé de Saint-Georges de Bohon; Maupas, curé; Le Treguillé, curé de Sacey; Bisson, curé de Fervaches ; Blin, curé ; Levacher,

4

curé de Cherbourg; Quetil, premier curé de Percy; Douville. curé de Villebaudon; Hotot, curé d'Octeville; Brulley, curé du Mesnil-Herman; Parin, curé de Moyon; Poitevin, curé d'Octeville, près Cherbourg; Simon de Touffreville, curé de Bacilly; F. Poret, curé de Saint-Germain sur E.; Gronet, curé de Sainte-Opportune; de La Vigne, curé du Tamu; Villette, prêtre, député de Carentan; S.-P.-J. Fiquet, curé de Sebville; Fesnière, curé de Beaux; Jacquemin, curé de Bretteville; de Saint-Laurent, curé de la Rondehaye; J.-B. Hubert, curé du Hommet; Ménard, curé du Mesnil-Adelée; l'abbé de Gluichamp, près Avranches, approuve le présent avec grand plaisir; C.-L. Morel, prieur, curé de Poilley; Poullain, prêtre; Lemeilleur, curé des Bourguenottes; Hillerin, curé de Plomb; Gravé de la Rive, vicaire général, curé de Valognes; Feret, curé de Brix; Fouquin-Auvray, curé de Fottemanville-Hague; J. Frestel, curé de Sainte-Floxel; Dabosville, curé de Rasville; Gibert, curé de Sortoville; Gautier, curé de la Chapelle-Vrée; Dupont de Lapesnière, curé de Saint-Georges de Rouelle; Le Riverain, curé de la Luzerne; Dauxais, curé de Cretteville en Beauptois; Lechevallier, curé de Sainte-Loxt-sur-Sienne; Lemor, curé de Benoistville; Dutertre, curé de Cenilly; Blanchet, curé; Le Terrier, curé; Jôme, prieur de Hocquigny; Dozouville, curé de Tarteville; de Laroche, curé de la Boulouze; Dauxais, prêtre; Lefran, curé du Mesnil-Ozenne; Lemesier, prêtre; Le Caunelier, curé de Grosville; Corbin, curé de Quibou; L. Dufresne, curé de Varenguebec; J.-F. Lecanut, prieur-curé de Doville; Hamel, curé de Grimouville; Bouillon, curé de Jebourg; Hinguebecq, curé de Cametour; Osmond, curé d'Auvers; Bannet, curé de Barneville; Toulorge, curé de Saint-Martin du Mesnil; Vincens, curé de Lingreville; Lainé, prieur de la Taille, curé de la Haye d'Ectot; Binaille, curé de Montenil; Dubrisay, curé d'Orglandes; Predois, curé de Saint-Martin d'Antogny; Le Rouvillois, archiprêtre, curé de Souttel; F. de Planques de Ventigny, prêtre; Blouin des Vallées, curé de la Baleine; N. Flamand, curé de Canteloup; Fleury, curé de la Colombe; J. Baboville, prêtre; Grandin, prêtre, député du clergé de Saint-Pierre de Coutances; Barbe de Mesnil Opas; Dubreil, curé de Saint-Pierre de Coutances; l'abbé de Tirrely de Castelet, curé de Gonneville; L. Jouan, curé de Saint-Martin de Cenilly; Mitavaux, curé de Vindef ntaine; J.-B. Coquet, curé de Cavray; Thierry, curé du Mesnil au Val; Le Rouvillois, curé de Carantilly; Lecoq-Desfontaines, prêtre; Rolland des Angles, vicaire général; Mennecier, curé de Saint-Martin de Varreville; A. de Lalande, curé de Turqueville; Postel, curé des Pieux; Mathieu, curé de Saint-Romphaire; Travers, vicaire de Digoville; Lecourt, curé de Maupertus; Diguet, curé de Marigny; Legrand, curé; Poisson, curé de Gorville; Lambateur, prieur, curé de Maisoncelles; Lefranc, curé de Bahais; Sanson, curé; Ponus, curé; Fontaine, curé de Saint-Maurice; Lecardier, curé du Mesnil-Raoul; Chauchemail; de Rosette d'Herquetot, curé de Besneville; Lheuré, curé de Saint-Cormier. Pouchin, curé de Magneville; Leliepvre, curé du Mesnil-Got; Herel, curé de Saint-Eugène; Basset, docteur de Sorbonne, curé de Cailleboit; Lasalle; l'atin, chapelain; Levenard, prieur, curé de la Manc Illère; Lemonnier, curé de Montmartin; Lechaptois, curé de la Mouche; l'abbé de Vauflery, curé de Barenton; Chardey, curé de Bouillon; Côté, curé de Lolif; Fretel, curé de Champuy; L. Anquetil, curé de Champservon; Brostin, **curé** du Vast; Boisselier, curé, proprimat de Mor-

ville; Gibon, curé de Viray; Lelandais, curé de Saint-Saturnin d'Avranches; Cabart d'Anneville, archiprêtre, curé de Sainte-Mère-Eglise; Callé, curé de Larnet; Dudouy, curé de Tocqueville; J.-B. Lebas, curé d'Argouges; Lefevre, curé de Vraville; Ouin, curé de Belval; La Palinière, curé; Sartin, curé de Sainte-Pience, syndic des curés du diocèse d'Avranches; Esline, curé de Tourlaville; Groult, prêtre, curé de Nehou, proprimat; Roger, député du clergé de Valognes; Mouchel; Duhamel le Veel, curé de Varouville; de La Permelle; Carabeusse, curé de Saint-Denis; La Valette le Bouteiller, curé de Guislain; Renault, curé de Réthoville; Lemaur, curé de Courtils; Le Barbanchon, curé d'Ozeville; Godard, curé d'Isigny; Duvivier, curé de Joganville; Soret, directeur des dames du Bon-Sauveur; A.-B. Fauvel, curé d'Ouville; Demay, curé de Treauville, Mabire, curé de Beuzeville-sur-le-Vey; L.-S. Lescaudey, curé d'Ayenville; Buot-Duclos, curé d'Aunay; J.-C. Duhamel, curé de Crenay; Fautrax, curé de la Haye-Dupuits; Levivier, curé de Saint-Pierre de Pierrepont; Fraudinar, curé de Saint-Nicolas de Pierrepont; Mauviot, curé de Nicorps; Lhuillier, curé de Morsalines; Coupard, curé de Macey; Boësset, curé de Saint-Jean-des-Champs; Lemonnier, curé de Muneville, près la mer; Vimont, titulaire de Saint-Jullien du Château de Caillebot; Marguerie, curé de Saint-Germain-le-Vicomte; Lemettetice, curé; Chapelain, curé; de Lecange, curé de Saint-Sauveur-le-Vicomte; de Sonnet, curé de Brouains; Demarcent, curé de la Meurdraquière; Follain, curé du Coreau; Baudry, curé de Saint-Nicolas; Le Mer, curé de Hauteville, près la mer; E. Finel, curé de Montreuil; Le Bar, curé de la Haye-Pesnel; Bottin de Soubrefaux, curé de Sainte-Suzanne; Le Liepvre, curé; Addes, curé; Lenfant, curé de Cauquigay; Bottin, curé de Neufmesnil; Poignant, prêtre; Dumont, curé de la Chapelle en Juger; Lepaysan, curé de Saint-Malo; Le Canu, curé de Litharie; Le Chevalier, curé d'Equeurdreville; Le Charpentier, curé; Lecardey, prêtre, Le Drans, curé de Courcy; Boëssel, curé de Pontorson; Le Comte, curé de Montviron; Pastey, curé; Mesnil, curé d'Aulhoville; Gouin, curé de la Lande-d'Airon; Duranville le Poitevin; Le Verrier, curé de Biville; Paris, curé de Cauvigny; Rodon, prieur-curé de Champeaux; Gervais, curé d'Antocville; Grosourdy de Saint-Fore, curé de Blairville; Fautras, curé de la Haye-du-Puits; Moulin, curé de Vauville; Couchard, curé de Beauchamps; de Lépault, curé de Saint-Aubin des Préaux; J. Langlois, curé de Bloville; Le Rond, curé de Briqueville; Sorin de Lépresse, curé de Grandville, proprimat; de La Haye, curé de Saint-Ebremond; Le Planquais, curé de Vautier; Anquibou, doyen du doyenné de Saint-Lô; Le Vesnier de Brunville, curé de Negreville; Le Muet, curé de Mesnil-Huc; La Bonde, curé de Vaudrimesnil; Mongeot, prêtre, député de Villedieu; Le Brunet, curé de Mesnil-Angot; Denis Doutresoulle, curé d'Orglandes; de Gouverville; Proult, prêtre, curé de Nehou; Doyen, curé de Contières; La Touche, curé de Lengronne; La Barre, curé de Bretot.

A.-F. évêque de Coutances, président; B. Fleury, curé de Fermanville, secrétaire-greffier; Leaplu Dupré, curé des Pas, secrétaire adjoint.

Du jeudi, 26 mars, l'assemblée s'étant réunie au lieu ordinaire de ses séances, monseigneur le président a mis sur le bureau une lettre signée du marquis de Condorcet, adressée à l'assemblée du clergé, par laquelle on se propose de l'intéresser en faveur des nègres. Mais, vu que le cahier était arrêté, on n'a pu y rien insérer sur cet article. L'assemblée, d'une voix unanime, a chargé ses députés de prendre en considération leur état malheureux.

Après quoi, monseigneur le président a proposé de commencer le premier scrutin, qui a été exécuté dans la forme prescrite par le règlement. Vérification faite par MM. les scrutateurs, les suffrages se sont réunis en faveur de maître Jacques-François Le Lubois, curé de Fontenay, diocèse de Coutances. Après quoi, l'assemblée s'est séparée. La séance prochaine est renvoyée à ce soir, trois heures et demie.

Signé Jean Gautier, curé de Saint-Brice de Landelles; J. Levavasseur, curé de Rideauville; d'Hauchemail; A.-F., évêque de Coutances, président; B. Fleury, curé de Fermanville; J.-F.-L. Le Lubois, curé de Fontenay, acceptant.

Du jeudi 26 mars, l'assemblée s'étant réunie au lieu ordinaire de ses séances, monseigneur le président a proposé de passer à un second scrutin, ce qui a été exécuté dans la forme prescrite par le règlement. Vérification faite par MM. les scrutateurs, les suffrages se sont réunis en faveur de maître François Bécherel, curé de Saint-Loup, au diocèse d'Avranches. Après quoi, l'assemblée s'est séparée. La séance prochaine a été renvoyée à demain, huit heures du matin.

Signé J. Gautier, curé de Saint-Brice de Landelles; d'Hauchemail; J. Levavasseur, curé de Rideauville; accepté: Bécherel, curé de Saint-Loup. A.-F., évêque de Coutances, président; B. Fleury, curé de Fermanville, secrétaire-greffier.

Du vendredi 27 mars, l'assemblée s'étant réunie au lieu ordinaire de ses séances, monseigneur le président a proposé de procéder à un troisième scrutin, ce qui a été exécuté dans la forme prescrite par le règlement. Vérification faite par MM. les scrutateurs, les suffrages se sont réunis en faveur de maître François Le Bouvillois, curé de Carantilly, diocèse de Coutances.

Pendant que l'on procédait au scrutin, il est arrivé, de la part de l'assemblée du tiers-état, tenant alors ses séances dans la salle du bailliage de cette ville, une députation composée de dix de ses membres. M. Dupré, lieutenant particulier, qui portait la parole, a commencé par exprimer à monseigneur le président et à l'ordre du clergé les sentiments de respect et de vénération de son ordre, et lui a témoigné ensuite que tout son désir était de se réunir, pour concourir ensemble au bien public. Mais que, comme les cahiers n'étaient pas encore rédigés, cette réunion si désirée ne pourrait s'opérer qu'aux Etats généraux.

A quoi, monseigneur le président a répondu que le vœu du clergé n'était pas moins sincère. Ensuite cette députation a été reconduite par huit des membres du clergé dans le même ordre qu'elle avait été reçue.

Et, sur-le-champ, monseigneur le président a proposé d'envoyer à l'ordre du tiers-état une députation composée de huit des membres de l'assemblée, pour lui témoigner le désir sincère de concourir ensemble au bien public, et de voir régner, entre les deux ordres, la concorde et l'union la plus parfaite. Après quoi, l'assemblée s'est séparée, la séance prochaine renvoyée à ce soir, quatre heures.

Signé J. Levavasseur, curé de Rideauville; d'Hauchemail; J. Gautier, curé de Saint-Brice de Landelles; Le Rouvillois, curé de Carantilly, acceptant; A.-F., évêque de Coutances, président; B.

Fleury, curé de Fermanville, secrétaire-greffier.

Ce même jour, à quatre heures du soir, l'assemblée s'étant réunie au lieu ordinaire de ses séances, monseigneur le président a proposé de passer au quatrième et dernier scrutin, ce qui a été exécuté dans la forme prescrite par le règlement. Vérification faite par MM. les scrutateurs, les suffrages se sont réunis en faveur de monseigneur Ange-François de Talaru de Chalmazel, évêque de Coutances, président. Après quoi l'assemblée s'est séparée, et la séance prochaine renvoyée à demain, neuf heures du matin.

Signé J. Levavasseur, curé de Rideauville; d'Hauchemail; J. Gauthier, curé de Saint-Brice de Landelle; A.-F., évêque de Coutances, président; Le Lubois, curé de Fontenay; B. Fleury, curé de Fermanville, secrétaire-greffier; Bécherel, curé de Saint-Loup, et Le Rouvillois, curé de Carantilly.

Du samedi 28 mars, l'assemblée s'étant réunie au lieu ordinaire de ses séances, il a été donné lecture d'un écrit en réponse à une imputation faite à l'assemblée du clergé du grand bailliage de Cotentin, par un autre écrit intitulé : *Protestation*, imprimée et signée d'environ trente-deux membres, dont quelques-uns, après avoir entendu la lecture dudit écrit en réponse, ont signé le cahier de doléances. Sur quoi, l'assemblée, ayant délibéré, a arrêté, d'une voix unanime, que cette réponse, signée de toute l'assemblée, de monseigneur le président et du secrétaire, serait rendue publique par la voie d'impression, afin de manifester les vrais sentiments du clergé, et qu'elle serait annexée au présent.

Ensuite l'assemblée a fait remise du cahier général, ainsi que de tous les cahiers particuliers à MM. les députés, auxquels elle donne pouvoir pour la représentation aux Etats généraux, y proposer, remontrer, aviser et consentir tout ce qui peut concerner les besoins de l'Etat, la réforme des abus, l'établissement d'un ordre fixe et durable dans toutes les parties de l'administration, la prospérité générale du royaume et le bonheur, tant commun que particulier, de tous les citoyens.

Déclarant que, sur tous les objets exprimés et non exprimés dans son cahier de doléances, qui pourront être proposés et discutés aux Etats généraux, elle s'en rapporte à ce que ses députés estimeront, en leur âme et conscience, devoir être statué et décidé pour le plus grand bien commun.

Le présent clos et arrêté en présence de l'assemblée, et signé par monseigneur le président et le secrétaire de l'assemblée, après lecture, cesdits jour et an que dessus.

Signé A.-F., évêque de Coutances, président; B. Fleury, curé de Fermanville, secrétaire-greffier, et Lesplu-Dupré, curé des Pas, secrétaire adjoint.

CAHIER

Des pouvoirs et instructions de l'assemblée de la noblesse du grand bailliage de Cotentin, réunie aux termes des lettres de convocation, données à Versailles le 24 janvier dernier, remis aux députés élus par la voie du scrutin pour la tenue des Etats généraux, en 1789 (1).

Art. 1er. L'assemblée de la noblesse du grand bailliage de Cotentin donne par le présent acte, et sans autres limitations que celles qui sont contenues dans les articles suivants, pouvoir à ses députés de la représenter aux Etats généraux,

(1) Nous publions ce cahier d'après un imprimé de la *Bibliothèque du Sénat.*

y proposer, remontrer, aviser et consentir tout ce qui peut concerner les besoins de l'État, la réforme des abus, l'établissement d'un ordre fixe dans toutes les parties du gouvernement, la prospérité générale du royaume et le bonheur, tant commun que particulier, de tous les citoyens.

Art. 2. L'assemblée s'est convaincue qu'en droit public elle n'a nul pouvoir de rien changer à la constitution ; que les droits qui assurent la distinction des ordres, dans la monarchie, étant aussi sacrés que ceux de la propriété, elle ne peut, en aucune manière, y déroger ; pourquoi, en se conformant, pour cette fois seulement, au règlement annexé aux lettres de convocation, et protestant contre toute induction qu'on pourrait tirer du serment qu'elle a prêté, elle a arrêté unanimement que l'obéissance provisoire qu'elle rend dans ce moment aux ordres du Roi, ne pourra la préjudicier dans les réclamations et protestations qu'elle charge ses députés de faire aux États généraux, sur l'atteinte qu'on a portée au droit inaltérable d'une représentation égale et légale de chaque ordre.

Art. 3. Elle pose donc pour base que la constitution française est composée du Roi, chef suprême de la nation, et des trois ordres essentiellement distincts et séparés, égaux, libres, individuels, sauf subdivision, et mutuellement indépendants.

Art. 4. Conformément à la loi salique, la succession à la couronne de France est héréditaire de mâle en mâle, dans la race régnante, à l'extinction de laquelle la nation assemblée a le droit de se choisir un roi, de même qu'en cas de minorité ou autres événements qui nécessiteraient une régence, elle a seule le droit de nommer le régent et de régler ses pouvoirs.

Art. 5. Vu le dommage qui est résulté pour la nation de l'interruption des assemblées nationales, et la nécessité constante dont elles sont pour maintenir la constitution et les relations qui doivent exister entre le Roi et la nation, les députés feront statuer qu'à l'avenir les États généraux seront assemblés périodiquement, et à des époques fixes, dont l'assemblée estime que la première doit être au plus tard dans trois ans, et ensuite de cinq en cinq ans.

Art. 6. À la nation seule assemblée en États généraux appartient le droit ancien et reconnu de consentir et octroyer tous les emprunts et tous les impôts soit directs, soit indirects, et de les voter librement ; en conséquence de ce droit certain de la nation, il sera statué qu'aucun emprunt ne pourra être fait, ni aucun impôt mis, prorogé, ni perçu, sans le consentement formel des États généraux, sous peine de concussion.

Art. 7. L'assemblée donne mandat à ses députés de recevoir le compte qui sera rendu aux États généraux du trésor royal ; d'examiner quelle en est l'origine ; de discuter leur légitimité, utilité et la légitimité des dons et pensions ; celle des emprunts et des intérêts auxquels ils auront été contractés ; et seulement après cet examen, d'où il résultera que les dettes illégitimes dans leur origine seront entièrement rejetées, et que les dettes illégitimes par leur quotité seront réduites à leur juste taux, comme surprises par un abus de la confiance du Roi, leur donne pouvoir de s'engager, avec les autres représentants de la nation, et en son nom, au payement de la dette, qui, alors, de dette royale deviendra dette nationale ; de consentir les impôts ou les emprunts qui seront jugés nécessaires

pour en acquitter les intérêts, et pour former en même temps un fonds d'amortissement qui en assure l'extinction.

Art. 8. Aucuns impôts, soit pour les besoins ordinaires de l'État, soit pour le payement de la dette nationale, ne seront octroyés que pour l'intervalle d'une tenue des États généraux à l'autre, et tout impôt cessera de droit au temps fixé.

Art. 9. Les ministres des finances rendront chaque année un compte public, et seront responsables aux États généraux de leur administration.

Art. 10. Les dépenses de chaque département, y compris celles de la maison du Roi, seront invariablement fixées, et les ministres de chacun de ces départements seront responsables à la nation assemblée de l'emploi des fonds.

Art. 11. Il sera statué qu'à l'avenir aucune loi ne pourra être portée que par le concours de l'autorité du Roi, et du vœu ou du consentement libre de la nation.

Art. 12. Pour assurer aux citoyens de tous les ordres la liberté personnelle et individuelle, à laquelle chacun a droit tant qu'il se conforme aux lois, l'usage des lettres de cachet sera aboli ; aucun citoyen ne pourra être détenu ailleurs que dans les prisons ordinaires, pour y être jugé par ses juges naturels, ni privé de son état qu'en vertu d'un jugement préalable.

Art. 13. Aucun acte de pouvoir absolu ne pourra suspendre ni détourner le cours de la justice réglée ; il ne sera établi aucune commission extraordinaire, aucune évocation ne sera admise, que dans les cas prévus par la loi qui sera consentie par les États généraux.

Art. 14. La forfaiture des cours souveraines ne sera jugée que par le Roi et la nation assemblée.

Art. 15. L'assemblée désire que dans tous les cas on maintienne et conserve l'union et la concorde entre tous les ordres, et qu'ils agissent de concert, par la communication de leurs commissaires respectifs ; mais elle veut que l'on délibère toujours par ordre.

Art. 16. La majorité seule des voix de chaque ordre formera le vœu unique et précis de l'ordre dont il sera émané, et la réunion du vœu de chacun des trois ordres pourra seule former le vœu général, le vœu de deux ordres ne pouvant lier le troisième.

Art. 17. L'ordre de la noblesse du bailliage de Cotentin, disposé à faire aux besoins de l'État tous les sacrifices pécuniaires qu'ils exigeront, ne peut cependant s'assujettir à la taille, qui est un impôt contraire aux droits et franchises de la noblesse ; mais il autorise ses députés à offrir, conjointement avec les deux autres ordres, comme don gratuit, un impôt qui soit également réparti sur toutes les propriétés, en réservant pour le noble l'exploitation franche d'une portion de sa propriété, équitablement bornée, et toutes les autres prérogatives distinctives de l'ordre.

Art. 18. Elle charge expressément ses députés de demander la restitution des États provinciaux de la Normandie, suspendus par le fait, quoique toujours existants par le droit, ainsi que l'exécution entière de ses privilèges, consacrés dans tous les traités et chartes des rois.

Art. 19. Elle les charge de se réunir aux députés des autres bailliages, pour concerter ensemble et présenter aux États généraux le plan de la formation et de l'organisation des États de Normandie, et immédiatement après la tenue des États généraux, les trois ordres de la province seront assemblés pour accepter, rejeter ou modifier le plan proposé, et fixer définitivement sa constitution.

Art. 20. L'assemblée enjoint à ses députés de demander que dorénavant la province députe directement aux États généraux, de manière que tout noble conserve son suffrage individuel pour la nomination des députés de son ordre, et de veiller à ce que, dans le plan qui sera arrêté pour la convocation des assemblées nationales, la province y ait à l'avenir une représentation et une influence proportionnée à sa population et à sa contribution.

Art. 21. Elle charge expressément ses députés de demander : 1° que la régie, administration et perception de tous les impôts directs et indirects, qui se percevront dans la province, soient confiés à ses États provinciaux ;

2° Que la portion contributive de la province aux impôts du royaume soit fixée suivant ses facultés, et proportionnellement avec les autres provinces du royaume ;

3° Que les subventions extraordinaires, affectées à l'extinction des dettes remboursables à époques fixes, ou au payement des rentes viagères, soient également partagées et réparties entre les provinces, à raison de leurs forces contributives ; les contrats royaux convertis en contrats sur les provinces, afin que chacune, dans son district, puisse satisfaire à l'acquittement de sa quote-part, de la manière qui lui paraîtra la plus convenable, et qu'elle profite seule des extinctions, à mesure qu'elles arriveront.

Art. 22. Les députés proposeront aux États généraux de prendre en considération l'aliénation du domaine de la couronne, excepté des forêts du Roi ; dans le cas où elle serait adoptée, l'assemblée les autorise à la consentir pour acquitter les dettes de l'État.

Art. 23. L'assemblée enjoint formellement à ses députés de n'entrer dans aucun examen des dettes du trésor royal et de ne consentir à aucuns nouveaux impôts ou emprunts, ni la prorogation de ceux qui existent, qu'au préalable, il ne soit fait une loi fondamentale, sanctionnée par le Roi, les États séant, qui consolide à jamais les bases de la constitution du royaume de la province de Normandie.

Art. 24. Enfin, l'assemblée déclare que, sur tous les objets qui ne sont point exprimés dans les présents pouvoirs, elle s'en rapporte à la sagesse et au patriotisme de ses députés, et elle les charge expressément de se joindre aux autres représentants de son ordre aux États généraux, pour porter au Roi l'expression des sentiments d'amour et de fidélité de la nation française, dont la loyauté a mérité dans tous les temps la confiance de ses rois.

Le présent cahier arrêté en vingt-quatre articles par l'assemblée de la noblesse du grand bailliage de Cotentin, dans sa séance du 27 mars 1789.

INSTRUCTIONS

De la noblesse du bailliage de Cotentin, données à ses députés pour les États généraux.

Art. 1er. L'assemblée enjoint à ses députés de protester contre tout ce qui serait contraire aux articles des pouvoirs sur lesquels elle a prononcé affirmativement, mais de ne jamais se retirer qu'avec l'ordre entier de la noblesse, et de prendre toujours part aux délibérations sur tous les autres objets.

Art. 2. Les députés protesteront formellement contre toute atteinte qui pourrait être portée à la base de la constitution française, que l'assemblée a posée à l'article 3 du cahier de ses pouvoirs, et ils réclameront avec force contre les expressions de l'ordonnance du Roi sur la hiérarchie militaire, qui tendraient à diviser la noblesse en plusieurs classes. La noblesse française est une, et tout gentilhomme est appelé par sa naissance à tous les grades militaires. Les députés prendront, en conséquence, en considération les articles 14 et 15 du titre Ier et les articles 3 et 4 du titre VII de cette ordonnance.

Art. 3. Ils demanderont 1° la réforme si désirée du Code civil et criminel, et qu'aux commissaires jurisconsultes déjà nommés pour y parvenir, il soit joint des membres des États, pris dans les trois ordres, lesquels feront la révision des lois qui n'ont point été consenties par la nation assemblée ;

2° La suppression des tribunaux d'exception, qui multiplient les actes judiciaires et les déclinatoires ;

3° Celle des chambres d'attribution, stipendiées par la ferme ;

4° La suppression des lettres de surséance ;

5° Celle des droits abusifs du contrôle des actes, pour lequel il sera fait un tarif clair et précis, qui sera affiché dans tous les greffes des communautés ;

6° L'édit des hypothèques sera réformé de manière à opérer à peu de frais la sûreté des créances et propriétés ;

7° Que l'arrondissement des tribunaux sera perfectionné, ou leur compétence ou dernier ressort augmentés, mais fixés modérément, et le nombre des juges réglé en conséquence ;

8° La suppression des priseurs vendeurs ;

9° Ils demanderont un règlement sur la prestation de la dîme ecclésiastique, et que la confection et l'entretien des églises et presbytères soient à la charge des décimateurs, parce qu'on leur abandonnera le produit des fabriques, et il sera fait un règlement sur l'aumône, applicable à la destruction de la mendicité.

Art. 4. Demander que, dans tous les crimes qui emportent peines afflictives ou infamantes, douze pairs de l'accusé se réunissent aux juges, pour prononcer le jugement ; qu'il sera donné un défenseur à l'accusé, que l'information soit rendue publique, et que, dans tous les jugements, tant civils que criminels, les juges opinent à voix haute, et motivent leur opinion.

Art. 5. L'assemblée autorise ses députés à proposer d'établir dans chaque communauté des campagnes un tribunal de conciliation, composé de la municipalité qu'elle croit utile de conserver dans la forme actuelle. Ces juges de paix seront chargés spécialement de prévenir et concilier toutes les discussions qui pourraient s'élever dans leur communauté.

Art. 6. Les députés prendront en considération l'édit du Roi, concernant les non catholiques.

Art. 7. Ils aviseront aux moyens d'améliorer et de conserver les forêts du Roi, et surtout de rechercher et prévenir les échanges ruineux surpris à Sa Majesté.

Art. 8. Les députés ne perdront jamais de vue que les impositions sont forcées dans le bailliage de Cotentin, en compensation des privilèges du quart-bouillon dont il jouit ; ils demanderont en conséquence de ne supporter que proportionnellement à leurs facultés l'impôt qui sera substitué à la gabelle, dont ils solliciteront la suppression.

Art. 9. Ils demanderont que l'administration

des haras soit confiée aux États particuliers de la province.

Art. 10. Ils solliciteront la suppresssion du droit unique sur les cuirs, comme entièrement destructif de cette branche de commerce, celle des abus dans les droits de péage, l'abolition des corporations des arts et métiers, comme attentatoire à la liberté des citoyens et destructive à l'industrie, excepté cependant dans les villes principales.

Art. 11. Il sera pourvu aux moyens d'arrêter les banqueroutes frauduleuses, qui se multiplient chaque jour.

Art. 12. Ils demanderont une loi qui autorise et règle les partages des communes, devenues depuis quelque temps un objet de cupidité sans bornes et un sujet de trouble et d'inquiétude pour les habitants des paroisses dont elles dépendent.

Art. 13. Les chemins vicinaux seront entretenus aux frais des communautés, et conservés dans une largeur convenable.

Art. 14. L'assemblée, considérant que les lois les plus utiles pour le bonheur des citoyens sont celles qui ont pour objet de régler les mœurs, charge ses députés de s'occuper essentiellement de cet objet; ils chercheront en conséquence les moyens les plus propres à réformer l'instruction publique.

Art. 15. Ils demanderont que, pour anéantir les contrats usuraires et l'abus des placements en viager, l'argent soit rendu commerçable au taux fixée par la loi.

Art. 16. Le succès trop incertain des travaux de Cherbourg, qui coûtent des sommes immenses, excite dans la province une inquiétude générale; ils seront pris en considération.

Art. 17. L'émission des vœux religieux sera fixée à trente ans pour les hommes, et vingt-cinq ans pour les filles.

Art. 18. Les sommes énormes que la cour de Rome fait sortir de France seront prises en considération.

Art. 19. Il est essentiel de trouver un mode d'impôt qui fasse porter aux capitalistes leur part contributive aux charges de l'État.

Art. 20. La liberté de la presse sera autorisée avec les modifications nécessaires pour garantir l'ordre public et l'honneur des particuliers.

Art. 21. Les députés demanderont qu'il soit fait des recherches exactes des usurpations de la noblesse, et qu'à l'avenir les vertus civiles et militaires puissent seules la procurer.

Art. 22. Ils solliciteront la modération des grâces, pensions et appointements accumulés sur quelques familles puissantes, et une distribution plus générale sur tous les citoyens des récompenses destinées à être l'encouragement à la vertu et le prix des services.

Art. 23. Il sera défendu à qui que ce soit d'usurper un titre quelconque, ou la marque distinctive d'un autre état que le sien.

Art. 24. Ils demanderont l'amélioration du sort du soldat au moral et au physique; qu'on ne leur inflige aucune punition militaire contraire au caractère national, et que les emplois supérieurs des corps soient rendus à l'ancienneté du service.

Art. 25. L'ordonnance pour le tirage des canonniers auxiliaires de la marine sera prise en considération; celle du classement des bateliers de rivière est encore plus funeste, puisqu'elle attaque directement le cultivateur en lui arrachant tous les moyens de se procurer des engrais de mer; l'un et l'autre sont également destructifs de l'agriculture et de la population.

Art. 26. Ils réclameront contre la vénalité des charges de lieutenant des maréchaux de France, et demanderont qu'à l'avenir les charges soient données à l'un des trois sujets qui seront présentés par la noblesse du bailliage auquel elles seront attachées.

Art. 27. Ils réclameront contre la violation du secret de la poste aux lettres.

Art. 28. Ils demanderont la suppression de l'octroi destiné au remboursement du prêteur des fonds affectés à l'achat des offices municipaux dans les villes où ces charges n'ont point été levées, attendu que cette perception illégale sur tous les rapports est une vexation, puisque les sommes payées par les villes excèdent de beaucoup le principal et les intérêts; et qu'à l'avenir les officiers municipaux soient nommés par les villes.

Art. 29. Représenter les maux infinis qui résultent du mauvais état des prisons par l'évasion fréquente des criminels.

Art. 30. Ils aviseront aux moyens de rétablir les différents propriétaires dans l'exercice des droits d'usage dans les forêts dont ils sont privés depuis longtemps, quoiqu'ils soient obligés d'en payer les redevances au domaine.

Le présent cahier arrêté en trente articles par l'assemblée de la noblesse du grand bailliage de Cotentin, dans la séance du 27 mars 1789.

CAHIER

Des demandes, remontrances, plaintes et doléances de l'assemblée du tiers-état, tenue en la ville de Coutances, au mois de mars 1789 (1).

Le vœu de l'assemblée est :

Que les délibérations de l'assemblée des États généraux soient formées par les trois ordres réunis, et que les suffrages y soient comptés par tête, sans aucune prépondérance.

Que le premier objet de ses délibérations soit d'assurer invariablement la constitution de l'État par des règles fondamentales qui concilient les libertés et franchises de la nation avec le respect dû à l'autorité du Roi, et qu'il ne puisse être voté que l'impôt, avant que cette constitution soit réglée et assurée.

Que, dans cette constitution, la composition, l'organisation et la convocation des États généraux, soient fixées.

Que, dans la composition des assemblées nationales, le tiers-état ait un nombre de représentants au moins égal à celui des deux autres ordres réunis, et que ses représentants soient pris dans son ordre.

Que la manière de présenter le cahier et de haranguer aux États généraux soit uniforme pour les trois ordres.

Que l'organisation des assemblées nationales soit simplifiée.

Que le nombre des représentants de chaque territoire soit proportionné à sa population et à ses contributions, de manière à établir, sur cette double base, l'égalité de représentation entre les provinces en général et entre les districts en particulier.

Qu'il soit pourvu aux moyens de faire jouir toute la nation de l'avantage de députer directement aux États généraux, à l'effet de quoi chaque district serait formé de manière à avoir une députation.

(1) Nous publions ce cahier d'après un manuscrit des *Archives de l'Empire.*

Que le retour périodique des États soit nécessairement établi et fixé.

Que chaque assemblée nationale soit libre d'avancer le terme de la suivante sans pouvoir le retarder.

Que l'époque de la tenue des États généraux qui suivra les prochains y soit déterminée à plus bref délai que la période ordinaire.

Que le moyen d'assurer à la nation le retour de chaque assemblée soit prévu et réglé.

Que le droit des États généraux sur toutes matières relatives à la quotité et à la perception des subsides, ainsi qu'à la législation et administration générale du royaume, soit reconnu; et qu'il soit statué sur l'attribution du droit de vérifier les lois qui seront proposées dans l'intervalle d'une assemblée nationale à l'autre, et de leur donner l'exécution provisoire.

Que la nation assemblée puisse seule déférer et régler la régence du royaume.

Que la dette nationale soit vérifiée et consolidée par les États généraux.

Que les États généraux s'assurent du montant des dépenses nécessaires à chaque département, et proportionnent les impôts aux besoins réels de l'État.

Que, dans l'examen ou vérification de ces dépenses, il soit remédié à l'abus des pensions; avisé à la suppression des charges onéreuses à l'É at, et inutiles dans l'administration du gouvernement civil et militaire.

Que l'ordre à observer dans l'administration des finances soit réglé par les États généraux.

Qu'aucun impôt ne puisse être levé sans le consentement des États généraux, et sans leur octroi formel.

Qu'il ne puisse également être fait aucun emprunt sans le consentement des États généraux, faute de quoi il ne serait pas obligatoire pour la nation.

Que les moyens à employer pour le remboursement de l'emprunt soient prévus, discutés et réglés par l'assemblée, avant même que le consentement puisse être accordé.

Qu'un impôt n'ait lieu qu'à temps, et pour l'intervalle seulement d'une assemblée à l'autre, de sorte qu'il cesse de droit à l'expiration du terme fixé.

Qu'il soit néanmoins prévu aux besoins d'une guerre ou autre cas de dépenses extraordinaires, qui pourraient arriver dans l'intervalle d'une assemblée à l'autre.

Que, dans ces cas, l'augmentation de la quotité de l'impôt établi soit préférée à l'établissement d'un nouvel impôt.

Que le tableau de la recette et de la dépense nationale soit publié chaque année, et que le compte en soit vérifiée à chaque tenue d'États généraux.

Que la responsabilité des ministres envers la nation soit établie.

Que l'ensemble de la constitution nationale soit complété par l'établissement d'États provinciaux dans toutes les provinces du royaume, et que lesdits États et leurs commissions soient placés au centre de chaque province.

Que, dans les États provinciaux et leurs commissions intermédiaires, les délibérations soient aussi formées par les trois ordres réunis, et les suffrages comptés par tête, sans aucune prépondérance.

Que le tiers-état y ait, comme dans les États généraux, un nombre de représentants au moins égal à celui des deux autres réunis, et pris dans son ordre.

Que le tiers-état ait ses syndics particuliers.

Que le nombre des représentants de chaque territoire y soit également proportionné à la population et aux contributions.

Qu'il soit avisé et pourvu aux moyens de faire jouir chaque canton d'une province de l'avantage d'être représenté immédiatement auxdits États provinciaux par des personnes instruites de ses besoins locaux et de ses griefs particuliers.

Que le retour périodique des États provinciaux soit également établi et fixé.

Que les États provinciaux et leurs commissions intermédiaires soient chargés de faire exécuter les délibérations et arrêtés des assemblées générales de la nation.

Que chacun desdits États particuliers fasse percevoir les impôts de la province par qui il jugera à propos, d'après le régime déterminé par les États généraux.

Que les États particuliers puissent lever, par forme d'additions aux impositions de la province, la somme nécessaire pour subvenir, tant à leurs dépenses qu'à l'exécution des projets et travaux utiles qu'ils auront arrêtés.

Que si, contre toute attente, les États provinciaux n'avaient pas universellement lieu dans tout le royaume, ils soient rendus à la province de Normandie, et la charte normande renouvelée et confirmée.

Que l'édit de 1771, concernant l'administration des villes, soit supprimé, et qu'il soit fait un règlement général pour la libre formation de leurs municipalités.

Qu'il soit établi, dans l'armée française, une discipline plus analogue au caractère national, surtout que la punition du coup de plat de sabre en soit à jamais bannie.

Que les États généraux s'occupent du règlement promis par l'édit de 1787 au sujet des biens des non catholiques fugitifs, qui sont actuellement en régie.

Que les domaines de la couronne soient aliénés pour servir à la libération des dettes de l'État, à l'exception, toutefois, des forêts, à la conservation et à l'amélioration desquelles il sera pourvu.

Que les États généraux prennent en considération les contrats d'échange et autres concessions des domaines pour les ratifier ou révoquer.

Que le payement des rentes dues par l'État soit fait dans les provinces aux bureaux de recette du domicile des créanciers.

Qu'il ne subsiste aucune exclusion du tiers-état aux dignités, charges et emplois civils et militaires et ecclésiastiques.

Que tous impôts et leur frais de perception soient communs aux trois ordres du royaume, dans toutes les provinces, sans distinction, avec abolition de tous privilèges pécuniaires et de tous abonnements.

Que la taille, taillon et capitation noble et roturière, et toutes autres impositions, tant personnelles que réelles, soient supprimées, et remplacées par des impositions réparties entre les trois ordres, à proportion de leurs biens, et par des rôles communs aux trois ordres.

Qu'il soit avisé aux moyens de faire contribuer les capitalistes, négociants et marchands.

Que le logement des gens de guerre, casernement des troupes, convois militaires, et toutes autres charges publiques soient supprimées.

Que les droits de franc-fief soient supprimés.

Que les droits d'échange soient supprimés, sauf à pourvoir à l'indemnité des acquéreurs desdits droits.

Que la gabelle, les aides, droits sur les cuirs et autres de pareille nature, soient supprimés le plus tôt possible, et remplacés par des impôts moins onéreux, sauf au pays de quart-bouillon en général, et aux propriétaires des salines en particulier, à s'adresser aux Etats généraux pour y obtenir une juste indemnité.

Que les traites à l'intérieur soient supprimées, et qu'en attendant on soit provisoirement dispensé d'acquits-à-caution pour l'enlèvement des denrées du cru du pays, comme cidres et autres, dans les quatre lieues limitrophes de la Bretagne et autres provinces réputées étrangères.

Que le taux des droits de contrôle soit modéré, et leur tarif réformé de manière à faire cesser l'arbitraire dans leur perception; et qu'il soit pourvu à éviter l'inquisition fiscale qu'occasionnent les recherches des préposés au recouvrement, tant desdits droits que de ceux du centième denier, insinuation, etc., de tous lesquels droits la connaissance du litige soit attribuée aux juges ordinaires.

Que les droits de sceau dans les chancelleries de la province, ainsi que les droits de greffe, soient réduits.

Que le Code civil et criminel soit réformé.

Que le même genre de peine soit appliqué aux mêmes crimes, sans distinction des personnes.

Que les lois concernant la chasse et la pêche soient revues et modifiées.

Que les ordonnances sur les faillites et les banqueroutes soient remises en vigueur, et qu'il soit pourvu à l'abus des lettres de répit et des arrêts de surséance.

Que les privilèges de *committimus* et autres privilèges attributifs de juridiction soient supprimés en toute matière.

Que tous les tribunaux d'exception soient supprimés, en toute matière.

Que tous les tribunaux d'exception soient supprimés, en remboursant les officiers de la manière la plus juste qui sera avisée par les Etats généraux.

Que la compétence desdits tribunaux d'exception, ainsi que celle attribuée aux intendants, subdélégués et autres commissaires, soit rendue aux juges ordinaires.

Qu'il y ait nécessairement deux degrés de juridiction en matière criminelle et qu'on n'en puisse éprouver que deux en matière civile.

Que les hautes justices soient supprimées, sauf l'indemnité des seigneurs hauts justiciers s'il y a lieu, et sans toucher à leurs autres droits, utiles ou honorifiques.

Que l'arrondissement des tribunaux soit perfectionné et formé par paroisses entières.

Que la compétence en dernier ressort des tribunaux de première instance soit augmentée, et le nombre des juges réglé en raison et considération de ladite compétence.

Que la vénalité des offices de judicature cesse d'avoir lieu, pour y être pourvu par élection, aussitôt que l'Etat des finances le permettra, en remboursant les titulaires de la manière indiquée pour les tribunaux d'exception.

Que l'on ne puisse être admis ou élu auxdits offices sans avoir exercé la profession d'avocat pendant quatre ans.

Que l'on ne puisse être reçu à l'état de notaire sans avoir travaillé pendant quatre ans chez un avocat ou notaire.

Que les offices de priseurs vendeurs et leurs droits soient supprimés moyennant une juste indemnité.

Que les offices de procureurs soient supprimés, moyennant remboursement, de la manière la plus juste qui sera avisée par les Etats généraux.

Que la durée de l'opposition au sceau des lettres de ratification, établie par l'édit de 1771, soit prorogée à trente ans; et que les deniers à distribuer entre les opposants ne soient pas sujets à consignation.

Que l'on s'occupe de concilier, avec la police générale de l'Etat, concernant le port et l'usage des armes, les moyens de pourvoir à la sûreté particulière des citoyens de toutes les classes, tant au dedans qu'au dehors de leurs habitations.

Que la liberté des citoyens soit assurée, et mise à l'abri des atteintes qui y ont été portées par l'abus des lettres de cachet et des prisons d'Etat; et qu'il ne puisse jamais être fait d'emprisonnement par l'ordre des gouverneurs.

Que la presse jouisse d'une juste liberté.

Que les députés de l'assemblée manifestent aux Etats généraux qu'elle les a chargés par acclamation de leur demander de s'occuper de l'examen des moyens de détruire la traite des noirs, et de préparer la destruction de l'esclavage.

Que la servitude des mainsmortables soit totalement abolie en France.

Que les annates soient supprimées, et que chaque évêque, dans son diocèse, puisse accorder toutes dispenses, provisions et grâces qui s'obtiennent en cour de Rome; de sorte qu'il ne subsiste aucune communication avec la chancellerie romaine; et que l'obtention de ces dispenses, provisions et grâces soit gratuite, à l'exception des simples frais d'expédition dont le taux sera modérément fixé.

Que les déports des bénéfices-cures soient supprimés.

Que la pluralité des bénéfices, au delà de 1,500 livres, ne puisse avoir lieu.

Que les lois concernant la résidence des bénéficiers à charge d'âmes soient strictement exécutées, et leur exécution en général désormais confiée aux juges des lieux.

Que les bénéfices des abbés et prieurs commendataires demeurent supprimés au décès des titulaires actuels, ainsi que les monastères où il ne se trouverait pas le nombre de religieux prescrit par l'édit de 1768, afin de convertir les maisons desdits bénéfices et monastères en hospices de charité, et d'en appliquer les revenus, tant à l'entretien desdits hospices qu'à tous autres objets d'utilité publique, principalement dans le lieu de la situation.

Que l'émission des vœux de religion ne puisse avoir lieu avant trente ans pour les hommes, et vingt-cinq ans pour les femmes.

Qu'il soit pris des mesures efficaces pour assurer une portion des biens ecclésiastiques en général suivant leur destination primitive.

Qu'il soit fait un règlement général sur les dîmes.

Que les paroisses soient déchargées des réparations et reconstructions des presbytères et bâtiments en dépendant.

Que les portions congrues des curés soient augmentées en raison du nombre de feux et de l'étendue des paroisses, sans pouvoir être au-dessous de 1,200 livres, et les pensions des vicaires à proportion, si mieux n'aiment les décimateurs abandonner leurs dîmes, au moyen de laquelle augmentation il ne pourrait être perçu aucun droit pour les baptêmes, mariages et sépultures.

Qu'il soit libre aux gens de mainmorte, aux

fabriques et trésors, de reconstituer les deniers provenus du remboursement de leurs rentes.

Que les maîtrises et jurandes d'arts et métiers soient supprimées, sauf le remboursement.

Que les poids, mesures et aunages soient rendus uniformes dans tout le royaume.

Qu'il soit pourvu aux désavantages résultant du traité de commerce fait avec l'Angleterre, et de l'arrêt du conseil de 1784, relatif au commerce des colonies.

Que les lettres patentes accordées à la ville de Bayonne, concernant l'admission des morues et des huiles de pêche étrangère soient révoquées.

Que les droits perçus en Normandie sur le poisson frais et salé soient supprimés.

Que les manufactures d'ouvrages en cuivre soient encouragées et mises en état de soutenir la concurrence, en modérant les droits perçus sur les cuivres bruts, et en faisant supporter partie de ces droits aux œuvres travaillées venant de l'étranger.

Que les droits de coutumes et péages soient supprimés, comme onéreux et donnant des entraves au commerce, sauf, néanmoins, à pourvoir à l'entière indemnité de ceux qui justifieront d'une propriété légitime desdits droits.

Qu'il soit fait un règlement pour autoriser le prêt d'argent à intérêt, et réformer les abus des constitutions à rentes viagères.

Que, pour le bien de l'agriculture, les communes, landes, bruyères, marais et grèves, dont les paroisses ont titre ou possession, soient partagés; et que les concessions illégitimes, qui pourraient en avoir été faites à leur préjudice, soient révoquées.

Que la liberté de profiter des tangues, varechs et autres engrais de mer, ne puisse être limitée, sous prétexte de droit de propriété ou de préférence, sauf telle indemnité qui pourrait être due pour ceux des droits dont la légitimité serait reconnue, parce que, toutefois, à l'égard du varech de roches, il en sera usé comme par le passé.

Que tous les moyens possibles d'obtenir, dans la prochaine tenue des États généraux, la suppression des banalités, des corvées, des colombiers et garennes, soient mis en usage, avec offre de toute indemnité juste et raisonnable.

Qu'il soit avisé aux moyens de garantir les campagnes voisines des forêts, de la dévastation de leurs moissons par les dégâts que causent les bêtes fauves.

Que les chemins vicinaux soient réparés et entretenus par les paroisses.

Que, pour faciliter les moyens de mettre en valeur les fonds dépendant des bénéfices, les baux qui en auraient été consentis légitimement et sans fraude, ne puissent être résiliés par aucune mutation de titulaire, à l'effet de quoi tous pots-de-vin seront prohibés et tous baux passés à bannissement judiciaire.

Que les levées de milice, tant de terre que de mer, cessent d'avoir lieu autant que faire se pourra; et que, dans le cas où elles seraient nécessaires, il en soit usé, pour la milice de mer, de même que pour celle du terre, avec les mêmes exemptions et permissions, toutefois aux communautés des paroisses de fournir, sans tirage, le nombre d'hommes qu'elles devraient, parce qu'alors le prix de l'engagement serait réparti entre tous les contribuables en général, au marc la livre des impositions communes à tous les ordres.

Que les États généraux prennent en considération le besoin d'une réforme dans les mœurs, et s'occupent des moyens d'y parvenir; que la loterie royale soit supprimée comme une des causes de la ruine du peuple et de la dépravation de ses mœurs.

Que l'éducation publique soit perfectionnée, et qu'il soit remédié aux abus qui ont lieu dans les universités.

Que, pour favoriser les établissements d'écoles de charité, les actes de dotation desdites écoles jusqu'à la concurrence de 300 livres de revenu dans les campagnes, et de 600 livres dans les villes, soient exempts des droits royaux, et dispensés des formalités prescrites par l'édit de 1749, et autres subséquents.

Le présent rédigé par nous, commissaires soussignés, après que les articles y contenus ont été discutés, examinés et consentis définitivement à la pluralité des voix de l'assemblée générale dudit bailliage, ce 30 mars 1789.

Signé Duhamel; Lemenuet; Tenière de Bremesnil; Vieillard; Morin l'aîné; Desplanques-Dumesnil; Caillemer; Brohon le Sacher de la Falière; Le Rebours de la Pigeonnière; Besnard; de Glatigny; Euvremer; Courtaux des Fontaines; Angot; Lelièvre de la Prévôtière; Le Tullier-Pourret; Desmarets de Montchaton et Blosson.

CAHIER

Des remontrances, plaintes et doléances, dressé par les vingt commissaires nommés à cet effet dans l'assemblée générale de l'ordre du tiers-état du bailliage de Saint-Lô, tenue le 10 mars 1789 (1).

Nota. Les commissaires ont suivi autant qu'il leur a été possible le projet de cahier consigné dans la suite de l'avis des bons Normands, tant pour profiter des excellentes vues que renferme cet ouvrage, que pour établir une plus grande uniformité dans les réclamations de la province; ils savent d'ailleurs que le corps de ville de Rouen a adopté entièrement le projet de l'auteur estimable de cette production véritablement patriotique.

Art. 1er. Le but le plus important auquel on doit chercher à atteindre, est de procurer à la nation une constitution solide, durable, et qui, en assurant les droits de la couronne, fixe invariablement ceux du peuple. L'assemblée déclare donc qu'elle regarde cet objet important comme le seul prix digne aux yeux de la nation des sacrifices qu'elle a déjà faits et qu'elle fera certainement encore pour le soutien de l'État.

Les députés aux États généraux doivent donc faire consacrer de nouveau les maximes essentielles et fondamentales qui suivent :

1° Que la France est une monarchie, que le Roi est le chef de la nation, qu'en lui réside sans partage le pouvoir souverain, pouvoir non arbitraire et absolu, mais limité seulement par la loi, ce qui règle et ne diminue pas l'usage légitime de l'autorité souveraine.

2° Que la nation française est libre et franche sous son Roi, l'autorité souveraine ne pouvant s'exercer en matière d'impôt que par le consentement de la nation et avec le secours de ses délibérations et de son conseil en matière de législation.

3° Que chaque citoyen français est personnellement libre et franc sous la protection du Roi et la sauvegarde des lois, en sorte que toute atteinte portée, soit à la liberté individuelle, soit à la stabilité des propriétés autrement que par l'appli-

---

(1) Nous publions ce cahier d'après un manuscrit des *Archives de l'Empire*.

cation des lois et par l'intervention des tribunaux ordinaires, est illicite et inconstitutionnelle.

4° Que, si la famille régnante masculine venait à s'éteindre, il n'appartiendrait qu'à la nation assemblée de se choisir un roi dans la famille duquel le trône deviendrait de nouveau héréditaire, de même qu'en cas de minorité ou autres accidents pareils, la nation assemblée peut seule régler la régence.

5° Si la nation avait le malheur de voir s'éteindre la famille régnante, qu'il fût question d'élire un roi, la nation serait convoquée dans la forme usitée par le chancelier, comme premier magistrat du royaume, et dans les cas de minorité ou autres accidents qui nécessiteraient une régence, cette convocation serait faite de la même manière par le premier prince du sang.

6° Enfin la majorité des rois demeurera fixée à quatorze ans.

Art. 2. Conformément à ces maximes, l'assemblée autorise les députés aux États généraux à demander:

1° Que le retour périodique des États libres et généraux du royaume devienne le régime permanent de l'administration de l'État.

2° Que leur organisation, la forme de leur convocation et celle de l'élection des députés soient fixées invariablement, conformément à ce que prescrivent la raison et l'intérêt général de la nation, sans s'arrêter aux anciens usages lorsqu'ils ne se trouveront pas conformes à ceux des deux grands principes, afin qu'à l'avenir la convocation des États ne puisse occasionner aucun trouble ni dérangement dans l'harmonie générale. Qu'en conséquence, pour l'avenir, le royaume soit divisé en un nombre déterminé de districts dans lesquels se feront les élections, de manière que chaque district ait sa députation complète.

3° Et comme la forme de délibérer par tous les ordres réunis et en comptant les suffrages par tête est la seule voie propre à opérer tout le bien qu'on doit attendre de pareilles assemblées, lesdits députés feront valoir tous les moyens de conviction propres à obtenir que cette forme soit la seule suivie; ils pourront même adhérer aux tempéraments les plus convenables qui seraient consentis à cet égard par la pluralité des opinions.

4° Que l'intervalle des assemblées successives soit fixé, et spécialement que l'époque de la seconde tenue qui suivra les États de 1789 soit déterminée au plus tard pour 1792, attendu que dans la prochaine assemblée les grands intérêts de l'État qu'il s'agira de traiter ne peuvent manquer d'absorber l'attention, et qu'une infinité d'objets de détail, quoique très-essentiels, se trouveront nécessairement négligés. D'autre part, le peu d'intervalle qui s'est écoulé entre le moment de la convocation et celui des assemblées destinées à élire les députés et à former les cahiers n'a pas laissé le loisir de s'occuper de différentes matières qui pourront être agitées et réglées beaucoup plus utilement et plus convenablement dans une prochaine tenue.

5° Qu'il soit statué qu'à chacune de ses assemblées il sera traité de toutes les matières relatives à la quotité, à la nature et à la perception des subsides, à la législation et à l'administration du royaume, et qu'à l'avenir aucun emprunt, aucune levée de deniers ne puissent avoir lieu que par le concours de l'autorité du Roi, et du vœu et du consentement libre de la nation, qui ne reconnaîtra à l'avenir aucun impôt comme légalement établi, et ne se réputera garante et prenable d'aucun emprunt, lorsque n'ayant pas été accordés ni autorisés par elle en assemblée d'États généraux, ils ne seraient revêtus que d'un simple enregistrement dans les cours.

6° Que l'enregistrement dans les cours souveraines des règlements que Sa Majesté pourrait faire dans l'intervalle d'une tenue d'États à l'autre ne puisse être regardé à l'avenir comme une acceptation définitive de ces mêmes règlements, qui n'acquerront force absolue de loi que par la ratification qui en sera faite, les États assemblés.

7° Encore, bien qu'aucun impôt direct ou indirect ne puisse avoir lieu sans le consentement libre de la nation assemblée, l'intérêt du commerce et des manufactures exigeant quelquefois qu'il soit établi des droits au profit du fisc à l'entrée ou à la sortie des marchandises ou productions nationales ou étrangères, le Roi pourra continuer d'établir ou modifier lesdites taxes selon qu'il en sera requis par les députés des chambres du commerce.

8° Que du sein des États généraux il sorte une constitution d'États particuliers dans chaque province dont l'établissement soit sanctionné et l'organisation approuvée par eux; ces États particuliers qui, en participant à l'autorité de l'assemblée nationale, en étendront l'influence sur toute la surface du royaume, veilleront à l'exécution de ses arrêts et seront chargés de tous les détails de l'administration intérieure en chaque territoire, et pourront choisir les moyens qui paraîtront les plus avantageux à la province pour acquitter sa contribution.

Les députés feront valoir spécialement les droits de la province au rétablissement de ces États, indépendamment de ce qui pourrait être décidé pour les autres provinces, mais rétablissement qu'on consentira obtenir par le concours du vœu des prochains États généraux, ainsi que la nouvelle organisation desdits États particuliers, tant pour faire le bien réel de la province que pour s'associer au régime d'administration générale qui serait jugé par l'assemblée nationale plus convenable au bien commun de tout le royaume.

Art. 3. L'assemblée, ne pouvant douter de la loyauté des intentions de Sa Majesté, n'aurait rien à ajouter à cette partie si l'instabilité des événements n'obligeait pas la nation d'affermir les bases de sa constitution contre les vicissitudes possibles d'un avenir moins heureux pour elle; c'est donc ce seul motif qui doit faire recommander aux députés du bailliage:

1° De ne s'occuper de l'octroi des subsides qu'après que le règlement de la constitution aura été préalablement délibéré, accordé et sanctionné;

2° De proposer, lorsqu'ils s'occuperont des subsides, que tous les impôts actuels soient annulés et révoqués pour être remplacés par des impôts nouveaux, ou du moins par une concession nouvelle de ceux qu'il serait trouvé bon de conserver, afin qu'il ne subsiste plus désormais un seul impôt qui n'ait son origine dans la concession libre des prochains, et qui n'ait reçu cette limitation, qui sera incorporée à son établissement, de n'être octroyé qu'à temps et pour la durée seulement de l'intervalle à courir jusqu'au retour des États dont l'époque sera fixée, après laquelle ils cesseront tous de plein droit si les États généraux n'étaient pas rassemblés pour les renouveler;

3° Qu'en octroyant les nouveaux impôts il n'en

soit établi ni conservé aucun qui marque une différence d'ordre pour la contribution, et que l'égalité proportionnelle de répartition sans aucune différence pécuniaire soit ordonnée entre tous les citoyens indistinctement;

4° Qu'en conservant le droit de contrôle des actes non-seulement comme un impôt qui peut être indispensable, mais plus encore comme un moyen d'assurer le repos des familles, il soit nécessairement procédé à la réformation des tarifs de perception, et que, sur les difficultés qui pourraient s'élever à l'occasion de ce droit, il soit statué par les tribunaux ordinaires; et pour qu'il ne reste aucun doute sur la nécessité de cette réforme, il sera remis entre les mains des députés un mémoire particulier et détaillé de tous les abus et de tous les inconvénients auxquels le régime actuel de la perception de cet impôt a donné ouverture;

5° Parmi les impôts qu'il sera nécessaire de conserver, il en est deux surtout qu'on ne peut établir sans perpétuer l'injustice et la gêne la plus accablante : l'un porte sur toutes les villes du royaume, c'est le *don gratuit;* la perception de ce droit occasionne des embarras et des difficultés sans nombre; l'autre ne porte que sur certaines villes, c'est l'impôt connu sous le titre d'*octroi municipal;* la nécessité de l'abolition de cet impôt peut s'établir démonstrativement, mais comme il serait trop long de le faire ici, ce sera l'objet d'un mémoire particulier.

Art. 4. 1° L'opinion et le désir de l'assemblée sont que la constitution ayant été solidement fixée d'après des bases ci-devant exposées, les députés s'occupent d'établir, l'aisance, l'ordre et l'économie dans les finances, de reconnaître exactement l'étendue des besoins réels de l'Etat, celle de la dette publique, et de régler sur ces connaissances les sacrifices patriotiques que la dignité du trône, le maintien de la foi publique et la nécessité du service dans les divers départements pourront imposer *au zèle de la nation.*

L'assemblée croit ne devoir prescrire aux députés aucun plan fixe d'opérations et de délibérations sur cet objet de leur mission, parce que leur conduite en cette partie est nécessairement dépendante des ouvertures qui leur seront faites de la part du gouvernement et des lumières qu'ils acquerront par les renseignements communiqués aux Etats par leur travail personnel et par leurs conférences avec les autres députés.

Elle désirerait cependant que la vérification des besoins et de la dette publique fût faite par l'examen détaillé de chaque espèce de besoins et de dettes, afin de connaître sur chaque objet la source des abus et d'y appliquer le remède en même temps que le secours.

Elle désirerait que les impôts à octroyer puissent être distingués en deux classes bien déterminées par leur dénomination, savoir : en *subsides ordinaires* affectés à l'acquit des dépenses fixes annuelles et permanentes, dans lesquelles seraient comprises les rentes perpétuelles, et en *subventions extraordinaires* à temps, affectées à l'extinction des dettes remboursables à époques fixes et au payement des rentes viagères.

L'assemblée désirerait qu'il fût possible de libérer dès à présent le trésor royal de ces deux dernières espèces de charges, afin que l'impôt envers l'Etat se trouvant réduit à la somme constatée de ses besoins fixes et ordinaires, et l'Etat n'ayant plus à pourvoir qu'à cette espèce de dépense, il s'établît à l'instant un ordre clair, simple, indestructible, qui serait la sauvegarde la plus assurée contre le retour et le renouvellement du désordre.

L'assemblée n'ose proposer à cet égard aucun moyen propre à parvenir à ce but si important; elle ne peut s'en rapporter qu'aux lumières et à la sagesse des Etats assemblés qui, d'après les connaissances et les renseignements qui leur seront communiqués, pourront prendre le parti qui leur paraîtra le plus convenable.

Cependant, au moyen de ce que la nation contractera l'engagement de pourvoir par ses contributions à tous les besoins de l'Etat, même à ce qui peut intéresser l'éclat et la majesté du trône, l'assemblée ne balance pas à estimer que la conservation des domaines étant plus nuisible qu'avantageuse à la nation, que le régime en étant infiniment vicieux, et que leur produit allant perpétuellement en décroissant, il serait très-convenable de les aliéner, à l'exception des forêts, pour appliquer les deniers qui proviendraient des ventes, lesquelles seraient faites par les Etats provinciaux qui seraient commis à cet effet, au remboursement des dettes à époques fixes; et s'ils ne paraissaient pas devoir y suffire, il serait pourvu à l'excédant de toute autre manière.

2° Le régime du subside, borné au taux des charges ordinaires, du subside à temps, du subside qui ne puisse être prorogé ni augmenté que par une assemblée des Etats généraux, oblige de prévoir les besoins inopinés d'une guerre qui surviendrait dans l'intervalle d'une tenue à l'autre; une pareille circonstance exige sans doute qu'il soit pourvu au besoin du moment de la manière la plus prompte et la plus expéditive.

Cette manière serait que Sa Majesté pût valablement former un emprunt dont la somme serait toutefois déterminée et spéculée d'avance par les Etats, et que, pour faire face tant aux intérêts de ces emprunts remboursables à époque fixe, qu'à un excédant actuel, applicable à l'extinction de la dette même, la masse des impôts octroyés pour le service ordinaire fût augmentée d'un ou deux sous par livre, sous la dénomination de *crue de guerre.*

Si ce secours provisoire, ainsi fixé et déterminé en cas de guerre, paraissait insuffisant au gouvernement de prévoir, Sa Majesté pourrait alors convoquer extraordinairement les Etats, et elle serait toujours sûre de trouver dans la fidélité et l'attachement de ses sujets, comme dans leur amour pour la gloire et la prospérité du royaume, des ressources infaillibles.

Au surplus, l'assemblée déclare qu'en manifestant ces vues et ces opinions, elle n'entend pas les proposer aux députés comme un plan fixe auquel ils soient tenus de s'arrêter, mais comme de simples instructions qui ne seront prises en considération qu'autant qu'elles ne se trouveraient pas écartées par des vues préférables.

3° L'assemblée pense qu'en fixant les subsides ordinaires, on ne peut le faire que sur l'aperçu des états de dépense actuelle; mais comme elle ne doute pas qu'il existe dans chaque département une infinité d'abus qu'il serait possible de faire cesser sans nuire en aucune manière au bien et à l'activité du service, et dont l'abolition serait infiniment avantageuse à la nation en fermant mille canaux par où s'opère la déperdition des revenus de l'Etat, il serait à désirer qu'il fût établi une commission dont les fonctions se borneraient uniquement à la recherche de ces abus multipliés : chaque citoyen qui en aurait connaissance serait invité d'en faire la dénonciation à cette commission qui, après s'être assurée de l'existence de l'abus; le dénoncerait elle-même à Sa Majesté.

Sa Majesté y pourvoirait selon sa sagesse et sa prudence, sauf à la prochaine tenue des États à y être définitivement apporté le remède qui serait concerté entre le Roi et la nation, sur le compte qui en serait rendu par sa commission.

1° L'exemple qui a été donné en 1781 par l'administration que la nation voit avec tant de satisfaction à la tête des finances, est bien propre à faire désirer que la loi dont il a voulu lui-même suggérer l'idée, fût adopté, et que, dans un espace de temps déterminé, il fût rendu un compte public de la recette et de la dépense des revenus de l'État; l'assemblée n'insistera pas sur l'utilité de cette institution : outre qu'elle se présente d'elle-même, les motifs que M. Necker a fait valoir dans son compte rendu ne peuvent laisser aucun doute sur ce point.

Art. 5. 1° L'assemblée manifeste le désir que le pouvoir judiciaire, qui est une branche de la puissance exécutive et que Sa Majesté fait exercer en son nom par les officiers qu'elle institue, soit maintenu dans toute l'étendue de l'autorité qui lui est propre, qu'aucune évocation illégale, aucun établissement de commissions extraordinaires, aucun acte du pouvoir absolu ne puissent suspendre ni détourner le cours de la justice réglée; enfin que, pour toutes affaires réelles où personnelles, aucun habitant de la province de Normandie ne puisse être traduit hors le ressort de ladite province, conformément aux priviléges consacrés par la charte normande.

2° Que, pour assurer aux tribunaux le maintien de la considération qui leur est due, et à la nation l'utilité qu'elle en doit retirer, il soit pourvu efficacement à la réforme des abus relatifs à l'exercice de la justice tant civile que criminelle et au renouvellement des lois du commerce, surtout en fait de faillite, et qu'il soit établi une ligne de démarcation certaine qui prévienne la confusion si funeste à la chose publique des objets d'administration et de ceux qui sont du ressort de la juridiction.

3° Que le nombre des tribunaux soit diminué, qu'il soit formé des arrondissements plus analogues à l'avantage et à la commodité des justiciables ; que ces arrondissements soient faits par paroisses et non par fief, en attribuant cependant au tribunal du chef-lieu de la seigneurie la connaissance exclusive des matières féodales entre le seigneur et les vassaux, dans le cas où les juges des seigneuries deviendraient incompétents ; que le pouvoir en dernier ressort des présidiaux et des bailliages soit augmenté, ainsi que cela fut demandé aux États de 1561. (*Histoire de France*, par Garnier, tome XXIX, page 160.)

4° Que, conformément à ce qui fut demandé aux États, on réduise le nombre des officiers à celui seulement jugé nécessaire ; que la vénalité des charges soit abolie et qu'on donne à la nation le pouvoir de choisir et élire elle-même ses juges, avec cette modification toutefois que l'élection n'aura lieu qu'à mesure qu'il se trouverait des places vacantes par le décès ou démission des officiers actuellement en charge, tellement que le remboursement ne serait opéré que sur le taux de l'évaluation faite par ceux desdits officiers qui ont payé le centième denier, et par ceux qui ne l'auraient pas payé sur le taux de l'évaluation dudit office, déduction faite du double des droits de centième denier, à l'effet duquel remboursement successif

il serait formé un fonds ou une caisse particulière sous le titre de caisse de remboursement des offices, sans que les deniers à ce destinés, sous quelque prétexte que ce soit, puissent être appliqués à un autre usage, sinon au payement des pensions qui seraient payées aux juges élus ; au moyen de quoi toutes épices et vacations supprimées et la justice rendue gratuitement.

5° L'expérience montre qu'un fléau désolant pour les campagnes sont les hautes justices ; le droit de juger les citoyens est une prérogative inséparable de la couronne, si on a regardé jusqu'ici comme un principe sacré que les domaines qui lui appartiennent sont inaliénables ; c'est surtout à l'égard de ce droit majestueux d'administrer la justice au peuple, que ce principe doit être invoqué ; l'assemblée estime donc qu'on ne peut trop se hâter de réintégrer Sa Majesté dans toute la plénitude de ce droit ; mais comme elle croit en même temps qu'on ne peut anéantir des traités faits sur la foi publique sans dédommager entièrement ceux qui pourraient se trouver lésés par cette revendication, il devient indispensable de pourvoir au remboursement des propriétaires desdites hautes justices, sans altérer en aucune manière les droits utiles et honorifiques qu'elles leur procurent.

6° Enfin, il est de notorité que la déclaration du mois d'octobre 1703, par laquelle il est statué que les corps et communautés ne peuvent intenter ni y défendre, qu'après avoir obtenu le visa du commissaire départi, opère des inconvénients de toute espèce ; les raisons qui font désirer l'anéantissement ou la modification de cette loi seront plus amplement détaillées dans un mémoire particulier qui sera remis aux députés du bailliage de Cotentin, et ils demeurent invités de solliciter l'effet de ce mémoire.

Art. 6. L'assemblée désire 1° que toutes les entraves fiscales qui retardent le progrès de l'agriculture, qui dégoûtent certaines classes de citoyens de l'exploitation des terres, qui nuisent à la facilité des contrats translatifs de propriétés, soient anéantis ;

2° Que toutes les gênes de même nature qui arrêtent l'essor du commerce et la prospérité des manufactures et de l'industrie soient abolies, et qu'il soit pourvu surtout tant à l'abus des arrêts de surséance devenus arbitraires, qu'aux désavantages actuels du traité de commerce fait avec l'Angleterre et de l'arrêt du conseil du 30 août 1785, relatif aux colonies.

3° Il existe notamment depuis quelques années un droit établi sur les cuirs qui arrête non-seulement l'industrie des fabricants, mais qui cause encore des inquiétudes perpétuelles à ceux qui les emploient et les expose fréquemment à soutenir des procès aussi dangereux que dispendieux ; le moyen le plus sûr de faire revivre une branche de commerce aussi importante pour le royaume et pour cette ville en particulier, serait de l'affranchir et de lui restituer la liberté la plus entière.

4° Il doit être pourvu à une meilleure administration des forêts et à l'encouragement des plantations que de la découverte et de l'exploitation des mines de charbon de terre, afin de prévenir la disette totale de la première espèce de combustible, et de rendre pour la seconde la nation indépendante de l'étranger.

Un moyen, qui paraîtrait propre à prévenir la disette des bois qui se fait déjà sentir, serait de mettre les acquéreurs des landes et bruyères faisant partie du domaine dans la soumission d'en planter une partie et de l'entretenir en cet état.

5° Les landes, grèves, communes, marais et autres terres incultes sont devenues depuis quelque temps un objet de cupidité qui a causé, notamment dans la province, des troubles et des inquiétudes sans nombre; presque toutes les communautés ayant ou prétendant droit à ces terres ont été forcées d'essuyer des procès longs et dispendieux pour soutenir ou réclamer leurs droits; ces terres sont presque inutiles pour l'État tant qu'elles resteront en communes; mais cette considération ne doit pas rendre injuste. On peut concilier l'intérêt général avec l'intérêt particulier; le moyen le plus simple et le plus naturel pour parvenir à ce double but est d'en faire le partage de la manière qui sera jugée la plus convenable; parce que toutefois il sera pourvu à la part des pauvres, encore bien qu'ils n aient aucune propriété.

6° Les chemins publics et vicinaux méritent l'attention des États généraux ; il n'en existe pas dans tous les endroits où le besoin s'en fait sentir, dans d'autres endroits il en existe qui sont trop étroits et s'opposent aux progrès de l'agriculture; l'importation et l'exportation des denrées reçoivent des entraves trop gênantes, en même temps que les voyageurs sont exposés au plus grand danger de perdre la vie. Il faudrait donc pourvoir à ce qu'il fût ouvert des chemins dans les lieux où leur existence serait reconnue nécessaire, et à ce que ceux existant fussent élargis, réparés et entretenus d'une manière convenable.

Art. 7. Un des objets les plus importants sur lesquels l'attention doit se reposer, est l'éducation de la jeunesse. Tout le monde sait combien l'éducation publique est vicieuse; personne n'ignore les abus qui se sont glissés même dans les universités; il est à désirer qu'on s'occupe essentiellement de cet objet, et que dans les principales villes du royaume on établisse une éducation nationale et une chaire de droit public; on peut en même temps appliquer aux colléges particuliers des petites villes une partie des règlements qui seront faits pour les universités et autant que ces colléges en paraîtront susceptibles.

Un autre objet non moins important est la réformation des mœurs. Ce n'est point ici le lieu de faire le tableau de leur corruption ; mais il est encore à désirer, qu'on prenne les précautions les plus sages pour leur régénération. L'assemblée ne croit pas devoir fixer aucune opinion sur les moyens qui peuvent être employés ; cependant elle dira que celui d'honorer et de distinguer la pureté et l'austérité des principes et de la conduite des citoyens serait bien puissant sur des cœurs français.

Il serait à désirer qu'à l'avenir les vertus civiles et militaires pussent seules procurer l'admission dans l'ordre de la noblesse.

Elle ajoutera qu'il serait essentiellement avantageux de rétablir les jugements de famille pour arrêter la licence et les désordres qu'occasionne l'insubordination et sur lesquels la loi semble n'avoir pas de prise.

Une des causes qui contribuent le plus à la corruption est la facilité, ou plutôt la fureur avec laquelle on se porte à contracter en rentes viagères. Non seulement ces sortes de contrats ouvrent la porte à l'usure la plus répréhensible et la plus désastreuse, surtout pour cette basse province, mais encore ils portent le préjudice le plus considérable à la société, à l'agriculture et au commerce. Ceux qui s'obligent se ruinent ; Ceux envers lesquels on s'oblige se condamnent souvent eux-mêmes à un célibat perpétuel, et on voit

des pères de famille, en contractant de cette manière, fondre leur fortune, et anéantir l'espoir de leurs enfants pour satisfaire souvent un goût immodéré pour le luxe.

Le moyen d'arrêter les progrès du mal à cet égard serait de ne permettre ces sortes de contrats qu'à un âge et un taux fixés et déterminés par la loi; et afin de ne point ralentir la circulation du numéraire et de l'augmenter au contraire, en même temps qu'on ferait tomber l'usure, il faudrait permettre le prêt à intérêt et autoriser le remboursement des rentes viagères créées à prix d'argent, nonobstant toutes stipulations contraires.

Art. 8. 1° Depuis quelque temps la matière des dîmes a causé dans la province de Normandie des contestations multipliées entre les décimateurs et les décimables. La jurisprudence est sur ce point dans un état d'incertitude qui fait désirer aux uns et aux autres un règlement qui puisse prévenir par la suite toutes difficultés à cet égard. L'assemblée recommande donc aux députés aux États généraux de solliciter une décision sur ce point important et d'insister surtout pour que le droit décimal soit restreint dans ses justes bornes, sans égard aux usurpations qui peuvent avoir lieu, notamment à l'égard des dîmes insolites et sans que la perception de la dîme sur les fruits qui sont déclarés décimables puisse assujettir le fonds, et ce en cas de changement de culture.

2° Il paraît tout à fait injuste que les communes soient tenues de l'entretien des maisons presbytérales, et mille raisons doivent porter à en revenir aux principes qui existaient avant l'ordonnance de Blois, en chargeant les gros décimateurs de cet entretien ainsi que des linges, ornements et vases sacrés.

3° On se conformera encore aux anciens principes et aux anciennes règles en prenant les mesures convenables pour que les pauvres trouvent dans une partie des revenus de l'Église un secours assuré contre la misère et l'infortune.

Quels secours ne trouverait-on pas, par exemple, dans la suppression des annates, que la religion n'autorise pas à beaucoup près et qu'une saine politique désavoue?

Le droit du déport (*jus omnino abusivum et prorsus abutendum.* Dumoulin) qui s'exerce sur certains bénéfices de la province n'est pas lui-même plus favorable, et il est de l'intérêt de la religion comme de celui du peuple d'en demander la suppression.

4° Il est très-intéressant de solliciter l'exécution précise de l'édit du Roi du mois de mars 1768, relativement au nombre de religieux dont chaque monastère doit être composé, et la suppression surtout des monastères situés dans les campagnes ou dans les petits bourgs et de tous autres qui ne seraient pas réputés maisons principales, et dans lesquels, depuis la promulgation de cette loi, l'ordre ou congrégation dont dépend ladite maison n'a pu envoyer le nombre de sujets désiré par ladite loi.

Les biens et revenus attachés à ces monastères peuvent être très-utilement appliqués soit à décharger le trésor royal des dotations de certaines maisons religieuses dont l'utilité est généralement reconnue, soit au soulagement des pauvres, soit à former des maisons d'éducation, des hospices de charité ou d'enfants trouvés ; un pareil emploi, en servant l'humanité, n'aura rien de contraire à la religion, ni même aux intentions présumées des fondateurs.

5° Les lois relatives à la résidence et à la multiplicité des bénéfices doivent être remises en vigueur et les portions congrues augmentées.

6° Il serait à désirer que tous les fiefs, seigneuries et droits honorifiques appartenant à des gens de mainmorte fussent remis dans le commerce et aliénés dans un temps qui serait fixé, parce qu'il serait pourvu au remplacement des capitaux de la manière la plus avantageuse à l'État, et dans le cas où il en serait autrement, qu'au moins les débiteurs des rentes, soit en essence, soit en argent, pussent s'en libérer au taux qui sera déterminé en pourvoyant de la même manière au remplacement des capitaux.

7° Enfin, comme l'instabilité des baux faits par les bénéficiers nuit infiniment à l'intérêt public en empêchant les fermiers de cultiver cette espèce de biens avec sécurité et de faire les avances convenables pour en tirer le meilleur parti, il serait à désirer que le successeur au bénéfice fût tenu d'entretenir les baux faits par son prédécesseur, et pour éviter tout inconvénient à cet égard, il faudrait que ces sortes de baux fussent passés par bannissement judiciaire et que tout pot-de-vin fût prohibé.

Art. 9. Il est encore quelques objets particuliers dignes de fixer l'attention de l'assemblée prochaine des États généraux.

1° Les députés seront chargés de demander que la liberté personnelle des citoyens soit mise à l'abri des atteintes auxquelles elle est exposée par l'usage arbitraire des lettres de cachet, et par les enrôlements forcés de la milice tirée au sort.

2° Que la liberté de la presse soit autorisée avec les modifications nécessaires pour garantir l'ordre public et l'honneur des particuliers.

3° Que l'État étant chargé de la nourriture et entretien des bâtards et enfants trouvés, et les seigneurs n'y contribuant pour rien, la succession de ces sortes de personnes, mourant sans enfants, soit versée au profit de l'État.

4° Qu'il soit loisible de se rédimer des droits de banalités, corvées et autres services personnels, moyennant une redevance foncière et seigneuriale, fixée par estimation, et dans le cas d'aliénation actuelle des moulins et fours banaux et des fonds auxquels sont attachées lesdites corvées ou services personnels, les débiteurs pourront s'en affranchir en payant le capital de l'estimation au denier vingt-cinq entre les mains des aliénataires.

5° L'assemblée déclare que tous les autres objets non exprimés ci-dessus qui pourront être proposés et discutés aux États généraux, tant pour l'intérêt de la nation en corps, que pour le bonheur personnel de ses membres, elle s'en rapporte à ce que les députés qui seront élus pour le bailliage du Cotentin, estimeront en leur âme et conscience devoir être statué et décidé pour le plus grand bien commun.

6° L'assemblée déclare enfin qu'en consentant que la province s'adjoigne au régime commun d'administration qui sera délibéré par les États, elle n'a d'autre intention que celle de lier les intérêts de la province à ceux du reste du royaume, et de faciliter la régénération générale pour l'unité de principes et de gouvernement, mais qu'elle réserve formellement tous les droits particuliers de la province dans le cas où, par quelque raison que ce soit, les États généraux se trouveront hors d'état de remplir les vues importantes qui la déterminent.

Fait et rédigé en l'hôtel de ville de Saint-Lô, par les commissaires soussignés, ce 11 mars 1789.

Signé Lemenuet, Hélie, Vieillard fils, Bernard, Poisson de Coudreville, Lemonnier de Gouville, Gonfrey, Dubail, Colleville, Lécuyer, Saint, Lécuyer-Montarny, Pézéril, Hubert Dubourg, Osmond, Groualle, Dufour de Précanville, Dufour et Durand.

Et *signés* ROBILLARD et RAOUTTE

Griefs, plaintes et doléances des habitants de la paroisse de Saint-Jean des Agneaux (1).

Demandent : 1° Que les seigneurs et propriétaires des patronages continuent de préposer des sujets dignes et capables aux curés et bénéfices. (L'influence que l'exercice de la fonction de curé a sur les mœurs aurait fait désirer que la nomination en fût accordée aux ecclésiastiques du doyenné dans lequel le bénéfice est enclavé ; mais la crainte de choquer les droits de propriété a fait rendre l'article ainsi qu'il est conçu.)

2° Que la collation ne cesse d'en appartenir aux évêques.

3° Que les ecclésiastiques qui composeront le doyenné surveillent la conduite des curés, vicaires et autres bénéficiers, et que dans l'assemblée dudit doyenné les vicaires y soient préposés et établis dans chaque paroisse où il en sera nécessaire.

4° Que si, dans la suite, il était reconnu par lesdits ecclésiastiques du doyenné que le bénéficier élu ou vicaire délégué fût incapable par le changement de ses mœurs, après une monition, il soit déposé, et dans la même assemblée et délibération, il en soit préposé un autre par le patron et doyen.

5° Que jamais ladite déposition n'ait lieu pour cause de maladie ou infirmité, fût-elle perpétuelle ou incurable.

Dîmes.

1° Que toutes terres soient affranchies de la prestation de la dîme en essence.

2° Que, pour remettre l'égalité entre les propriétaires des terres en labour et autres sujettes à dîmes, et les propriétaires en prés, herbages et autres non sujets à dîme, faire tomber absolument les procès et contestations en cette partie entre les propriétaires et décimateurs, chaque propriétaire sera tenu de payer en argent sa quotité proportionnelle qui sera arbitrée par substitution et sera perçue sur le taux de l'imposition réelle levée au nom de l'État. (Si l'égalité est juste dans l'impôt dû à l'État, la même égalité doit régner dans l'impôt dû à la religion, et cependant il est des pays, des paroisses entières qui ne payent rien à la religion, ce qui est injuste.)

3° Que, pour régler le montant de la prestation en argent, celui du produit des dîmes levées en essence dans chaque paroisse soit arbitré et évalué entre les paroissiens et les décimateurs, pour être levé une somme équivalente sur tous les fonds de l'arrondissement de chaque bailliage ou généralité, tant sur les fonds décimables que non décimables, dont le produit sera versé dans la caisse de la religion.

4° Que de cette caisse seront extraites les pensions arbitrées pour chaque curé, vicaire, et celles qui seront fixées à tous autres bénéficiers possédant auparavant lesdites dîmes, considération faite de la valeur des aumônes, rentes et autres objets

---

(1) Nous publions ce cahier d'après un manuscrit des *Archives de l'Empire.*

attachés aux bénéfices qui seront cédés en diminution de ladite pension auxdits bénéficiers.

5° Qu'il sera aussi extrait de cette caisse la portion revenant à l'État, eu égard à la fixation qui en sera faite en proportion des biens-fonds et revenus de l'État.

6° Que sur ladite caisse il soit encore pris la portion appartenant aux pauvres de chaque paroisse, en proportion du nombre qu'elle contiendra, dont chaque année il sera fait un état entre les curés, vicaires et paroissiens, et que ladite somme soit distribuée, chaque dimanche, issue des messes paroissiales, par les sieurs curés ou vicaires, en présence au moins des six principaux membres de la paroisse, qui signeront avec lesdits sieurs curés ou vicaires au procès-verbal qui en sera rédigé sur le registre à ce destiné.

7° Qu'il ne soit perçu par lesdits curés et vicaires aucuns droits pour l'administration des sacrements et inhumations, et ne sera fait d'autres mémoires que pour les salaires des curiaux.

8° Les revenus des fabriques resteront au trésor pour l'entretien de l'église en général, cimetière, fournitures d'ornements, vases sacrés, etc., etc., et s'ils ne suffisent pas, seront pris et levés sur le produit de la caisse de la religion pour autant qu'elle suffira.

9° Qu'il en soit de même pour la reconstruction et réparation des maisons presbytérales, qui seront également à sa charge du restant du produit de la caisse de la religion, et si elle ne suffit pas, que les frais en soient levés par une imposition particulière sur les fonds de la paroisse qui aura toujours pour base l'impôt territorial levé sous le nom du Roi ou de l'État.

10° Que le nombre des maisons religieuses, autant qu'elles seront jugées inutiles, soit diminué et leurs biens-fonds et revenus attribués à l'administration qui sera formée pour la religion, et les revenus desdites maisons versés dans ladite caisse de la religion.

Justice.

1° Que toutes cours, soit supérieure ou subalterne, ordinaire ou extraordinaire, soient supprimées, même la juridiction attribuée aux intendants.

2° Que deux cours supérieures seulement soient établies aux deux centres de la province de Normandie.

3° Que, pour le rapprochement des justiciables de leurs juges, il soit créé des tribunaux dans chaque ville et lieux où il en sera nécessaire, dont l'arrondissement sera égal à chacun desdits tribunaux.

4° Que tous avocats et procureurs soient supprimés comme le moyen le plus propre à arrêter le cours des procès. « Il est révoltant de voir des hommes dans cet état, en outre la ruine de leur maison, laisser à leurs héritiers des fortunes considérables ; il peut y avoir des jurisconsultes pour le conseil seulement, mais il est du bien public de les empêcher d'approcher des tribunaux. »

5° Que chaque tribunal, soit supérieur ou subalterne, soit formé de deux chambres, une ordinaire et l'autre extraordinaire. La première connaîtra de toutes les contestations ordinaires, et la seconde de tous les cas extraordinaires attribués ci-devant à tous les tribunaux extraordinaires pour autant que lesdits cas et matières subsisteront.

6° Que, pour compléter lesdits tribunaux supérieurs ou subalternes, il soit pris dans le corps des anciens juges, avocats et procureurs dont les

vertus, les mœurs et l'habileté seront connus, tel nombre de juges qui sera nécessaire pour les compléter à raison, dans la chambre ordinaire, d'un par quatre paroisses (dans les cours supérieures, ce sera par juridiction), et dans la chambre extraordinaire d'un par dix paroisses, en outre le procureur du Roi et le greffier, auxquels seront expédiées des provisions nouvelles, sans frais, et que lesdits juges, suivant un tableau, changent chaque année de paroisses.

7° Qu'il soit défendu auxdits juges, procureurs du Roi et greffiers de se taxer aucune épice et vacations, ni rien percevoir, sous les peines qui seront arbitrées, même celle de l'infamie et du déshonneur, et auxquels il sera tenu exactement la main.

8° Qu'il soit liquidé auxdits juges une pension convenable et toutefois modique, dont ils seront régulièrement payés chaque année.

9° Que lorsqu'un desdits officiers décédera ou quittera son état pour quelque cause que ce soit, il soit remplacé de la manière suivante.

10° Que les universités soient surveillées, et que le genre d'étude y soit prescrit de manière qu'il n'y soit enseigné rien que d'utile et de relatif au gouvernement qui sera établi, en sorte qu'il ne sorte desdites universités que des sujets bien instruits et très-capables qui, après en être sortis, seront agrégés aux tribunaux auxquels ils s'attacheront et seront auprès de chaque juge en qualité de secrétaire.

11° Lorsqu'une place de juge vaquera, les paroisses de l'arrondissement s'assembleront séparément et éliront dans leurs délibérations dix du nombre des agrégés qu'ils croiront les plus propres à remplir la place ; les délibérations seront rapportées à l'assemblée de l'arrondissement, qui, dans sa délibération en fixera cinq du nombre des dix : cette délibération, sera envoyée aux États provinciaux que le Roi sera supplié de rendre à la province, qui en choisiront trois dont les noms seront envoyés au Roi par lesdits États, qui choisiront celui qui devra remplir la place et auquel sera, dans le même instant, adressé des provisions.

Administration de la justice.

Art. 1er. Si quelque action est formée, qu'elle soit introduite par un simple exploit avec assignation devant le juge dans le département duquel le défendeur sera domicilié.

Art. 2. Qu'au jour de l'assignation le défendeur soit tenu de comparaître ; s'il ne comparaît pas, qu'il ait un délai de huit jours ; auquel jour, sans plus de délai, il comparaîtra par lui-même ou par procureur fondé de procuration.

Art. 3. Si l'affaire est sommaire, elle sera sur-le-champ décidée par lui et jugée par défaut, ou en présence, avec amende et les frais de l'assignation contre la partie qui succombera.

Art. 4. Si l'une des parties est défaillante au dernier délai, le défaut ou congé sera prononcé sur-le-champ avec amende ; mais en cas qu'elle fasse signifier son opposition, quel qu'en soit l'événement, l'amende et frais prononcés seront toujours sans restitution, et faisant par le juge droit sur l'opposition, il ne la jugera qu'avec amende et frais.

Art 5. Si l'une ou l'autre des parties prétend qu'il lui ait été fait grief, elle en appellera au comité général des juges, qui la jugera avec amende et frais de l'appel comme ci-dessus.

Art. 6. Si l'affaire est de nature à mériter une instruction, les parties remettront au commissaire-juge de la paroisse du défendeur leurs titres établissant leurs demandes et défenses; il entrera en conférence autant de fois qu'il le jugera nécessaire, et fera son possible pour les faire transiger; s'il ne peut y réussir, il renverra la connaissance et décision au comité des juges dont il fera toujours partie; le comité la jugera avec amende.

Art. 7. Il pourra être appelé par un simple exploit dudit comité de toutes affaires excédant 200 livres; celles au-dessous seront jugées en dernier ressort.

Art. 8. L'affaire appelée sera portée au juge de la cour supérieure qui aura le bailliage du défendeur dans son arrondissement, et les délais seront de moitié plus longs qu'au premier degré de juridiction.

Art. 9. Le juge supérieur tentera de faire entrer les parties en conciliation après les avoir entendues et pris connaissance de l'affaire.

Art. 10. Si l'affaire ne peut être conciliée, ces juges de la cour supérieure s'assembleront au comité et rendront leurs arrêts en dernier ressort avec amende et frais, dans lesquels seront comprises les vacations des parties qui tomberont à la charge de celle qui succombera.

Art. 11. Les amendes seront assez considérables et toujours de moitié plus fortes en cour supérieure, comme un moyen d'empêcher le goût de la contestation.

Art. 12. Elles seront versées entre les mains d'un receveur qui sera préposé, et serviront au payement des appointements des juges et à la réparation des auditoires et prisons; le surplus, s'il ne suffit pas, sera à la charge de l'Etat.

Art. 13. Si, en matière sommaire, les parties sont contraires en fait, elles feront venir leurs témoins qui, après serment, déposeront desdits faits en la présence des parties qui en signeront avec le juge, secrétaire et greffier le procès-verbal, après toutefois que les reproches, s'il en est fourni, auront été jugés sur-le-champ et fait mention d'iceux sur le registre, et ensuite le juge fera droit au même instant.

Art. 14. En matière qui sera renvoyée au comité, les parties et leurs témoins comparaîtront devant le comité et feront leurs dépositions en la manière comme ci-devant, et sera jugée dans la même séance ou continuation.

Art. 15. Que si l'imposition de la taille est conservée, pour faire tomber les actions en comparaison de ligne ou cote, au lieu de la voie des arbitres choisis par les parties, le demandeur, en signifiant son action, soit tenu de donner la liste, article par article, de toutes ses propriétés en terres, rentes et de leur valeur annuelle, ainsi que de ses charges; que le défendeur soit tenu, en lui faisant signifier sa réponse, de donner pareillement la liste de ses biens et charges, lesquels exploits seront rapportés au commissaire de la paroisse du défendeur, qui jugera les parties sur ladite liste, ou en comité si l'affaire y est par lui renvoyée, le tout avec amende et frais contre la partie qui succombera.

Art. 16 Dans lesdites affaires de comparaison d'impôt la sentence portera toujours que les objets qui auront été cités dans la liste par l'une ou l'autre des parties demeureront confisqués au profit de la partie qui sera autorisée d'en faire recherche pendant quarante ans, sans que cette disposition puisse jamais être rendue illusoire.

Art. 17. S'il s'agit d'accession de lieu et visite d'experts, les parties en conviendront devant le juge qui en fera mention sur le registre; ils

seront assignés pour se trouver sur le lieu à jour et heure indiqués et marqués par le juge qui, avec les parties et les experts, se rendra sur le lieu, où, après serment prêté, le juge rédigera sur le registre procès-verbal de leurs rapports, des dires et raisons des parties et le fera signer tant aux experts qu'aux parties.

Art. 18. Ledit registre, lors du jugement, sera lu; en cas d'appel, il en sera délivré copie ainsi que des dépositions des témoins dans les affaires où ils seront admis.

Art. 19. Que toute action et procès ne pourra durer plus d'un an à commencer du jour de l'exploit, y compris l'appel en cour souveraine, après lequel temps elle sera déclarée périe sans pouvoir être intentée de nouveau, et que dans ce cas les juges demeurent responsables de tous capitaux, dommages et intérêts et frais des parties, faute d'en avoir poursuivi et terminé le jugement.

Justices seigneuriales, soit hautes, moyennes ou basses.

Art. 1er. Les propriétaires des hautes justices, moyennes ou basses, seront conservés, à la charge par iceux de l'appel au tribunal de l'arrondissement.

Art. 2. Lesdits propriétaires expédieront des provisions aux juges qui seront choisis parmi les agrégés attachés aux tribunaux et qui leur seront présentés par le comité du tribunal de leur arrondissement.

Art. 3. Les propriétaires les pourvoiront de gages et appointements convenables et honnêtes.

Art. 4. Lesdits juges seigneuriaux administreront la justice comme les juges royaux, et les amendes serviront au payement des appointements, des réparations des tribunaux et prisons, et seront payées aux mains d'un receveur à ce préposé.

Impositions.

Art. 1er. Disent lesdits habitants qu'ils ont été vexés ci-devant dans leurs impositions au dixième en résultance des opérations arbitraires et illégales du nommé Briard, vérificateur; qu'outre la disproportion de leurs imposions avec la valeur de leurs fonds, il en existe une plus considérable avec les impositions supportées par les autres paroisses, pourquoi ils demandent une réforme et de ne payer qu'en proportion de leurs biens et en égalité avec tous les membres de quelque ordre qu'ils soient, sans aucun privilège ni exemption, quelque favorable qu'il soit.

Art. 2. Que tous droits d'aides, gabelles, capitation, droits sur les cuirs, boucheries, industries, dons gratuits, tarif, etc., etc., soient supprimés.

Art. 3. Qu'en substitution de tous les droits ci-dessus, après fixation de ce qui en revient au trésor royal et public, il soit levé une somme totale sur la France sur toutes les personnes de l'Etat depuis l'âge de dix ans « elles consomment du sel et des boissons » en raison de ce qu'elle contient d'habitants, autres toutefois que les pauvres jugés tels par les communautés, laquelle somme égale, au produit net, sera distribuée par paroisse eu égard à son nombre d'habitants et imposée sur chaque tête de dix ans et au-dessus, de quelque ordre qu'il soit.

Suppression des tailles, dixième, chemins et impôt territorial actuel.

Art. 1er. Qu'il soit levé, après avoir perçu le montant du produit des impôts ci-dessus, un impôt territorial sur tous les biens et revenus de l'État en proportion de ses biens actuels, lequel impôt sera susceptible d'augmentation ou de diminution, suivant l'exigence des circonstances où l'État se trouvera.

Art. 2. Les sommes seront départies à chaque communauté suivant la valeur de son revenu et imposées sur les habitants suivant le revenu d'un chacun, et versées par le collecteur aux mains du receveur à gages qui sera établi par l'arrondissement, qui le fera parvenir directement au trésor royal.

Art. 3. Les rentes et produits des anciennes fieffes étant anéantis par l'augmentation de la valeur des fonds et le réhaussement des denrées, ne seront passibles d'aucune diminution de l'imposition territoriale; mais les rentes foncières et hypothèques qui pourront être créées dans la suite en seront passibles.

Art. 4. Qu'il soit loisible à tout citoyen de faire valoir son argent à perpétuité ou à temps au denier vingt, à charge des diminutions.

Art. 5. Que les rentes viagères pour fonds, ou rentes vendues ou argent, soient autorisées, sans que les contrats puissent jamais excéder le denier quarante de la valeur du fonds cédé ou de l'intérêt de l'argent donné.

Art. 6. Que de tels contrats soient à toujours défendus aux pères et mères.

Contrôle des actes.

Art. 1er. Que les lois concernant le contrôle soient supprimées et anéanties, comme formant autant de pièges à la bonne foi et à la tranquillité des citoyens; que ledit contrôle soit rendu à sa première institution, que tous les actes des notaires y soient seulement sujets, ainsi que les exploits des huissiers et sergents, et les actes privés que les parties voudront librement faire contrôler pour en assurer la date, lequel contrôle sera fixé sur la valeur des actes et nullement sur les qualités et énonciations des dispositions de quelque manière qu'elles soient rédigées, c'est-à-dire à tant pour livre du montant desdits actes publics ou privés.

Art. 2. Que vu les besoins de l'État et jusqu'à ce que les embarras soient disparus, les successions collatérales, passé le premier degré qui en sera seulement exempt, soient sujettes au payement du treizième de la valeur desdites successions dont la déclaration sera faite.

Art. 3. Que les acquéreurs des fonds ou rentes foncières soient également sujets au payement du treizième de la valeur des contrats de vente, envers l'État.

Noblesse.

Qu'aucunes charges ne pourront conférer dorénavant la noblesse héréditaire; qu'elle ne sera accordée que pour les grands et importants services et actions éclatantes, surtout dans l'État militaire.

Qu'il pourra seulement être accordé une noblesse personnelle et pour la vie seulement aux personnes qui rempliront leur état avec distinction dans le militaire ou dans la robe.

Remboursement des offices supprimés.

Art. 1er. Qu'il soit levé une imposition particulière sur les biens de l'État en général, qui sera versée dans une caisse particulière à ce destinée, sur laquelle seront prises les sommes convnables pour rembourser les finances de chaque office supprimé par ordre d'ancienneté, sans aucune distinction de qualité, supérieur ou inférieur ou de finance, sur le pied de l'évaluation qui en aura été faite.

Art. 2. Que sur ladite caisse soient pris également chaque année les intérêts desdites finances, pour être payés à chaque propriétaire d'icelles jusqu'au jour du remboursement, lesquels intérêts seront sujets à l'impôt territorial.

Bois et forêts.

Art. 1er. Que les lois concernant les bois et forêts et la conservation des arbres soient maintenues et conservées.

Art. 2. Qu'il soit enjoint à tous propriétaires de planter sur les fossés vides d'arbres des arbres en chêne, orme et hêtre, de planter des arbres de cette nature à 30 pieds au moins de distance les uns des autres, à peine d'y être contraints par le ministère public et d'amende.

Art. 3. Que lorsqu'un propriétaire abattra un arbre mûr, ou qu'il mourra ou tombera, il soit obligé, sous peine d'amende, d'en faire planter deux.

Art. 4. Que la chambre extraordinaire soit chargée de l'administration et juridiction de cette partie.

Chemins.

Que les chemins publics nommés petits chemins soient, ainsi que les grandes routes et chaussées, mis à l'entretien public et aux dépens de la somme levée sous le nom de l'impôt territorial, qui les comprendra dans le montant des dépenses.

Commerce.

Art. 1er. Que toutes lettres de change, obligations et billets de commerce, conversion de capitaux en intérêts, ne puissent être faites que sur papier timbré dont le prix augmentera graduellement de 100 en 100 livres et dont le produit fera masse avec les sommes levées sous le nom d'imposition territoriale.

Art. 2. Faute pour les commerçants et capitalistes d'user du papier timbré ou de se servir de celui destiné à la classe des capitaux qu'il s'agira de régler, les actes, billets et obligations seront déclarés nuls et de nul effet, les débiteurs déchargés du payement d'icelles et les parties qui l'auront souscrit, comme aussi celles qui en demanderont le payement, seront condamnées en amende.

Retour périodique des États généraux.

Que la nation s'assemble en corps de cinq ans en cinq ans régulièrement pour prendre connaissance de l'administration réglée lors des États précédents et aviser sous l'autorité du Roi aux besoins de l'État jusqu'à la tenue des États prochains.

Enregistrement.

Que les résultats de l'assemblée des États généraux et ordonnances rendues par le Roi en conséquence soient enregistrés et publiés dans tous les tribunaux tant supérieurs qu'inférieurs, pour y être enregistrés et exécutés pour le temps de la période seulement, ainsi que les édits, ordonnances et règlements qui pourraient être faits par le Roi relativement aux inconvénients qui pourraient se rencontrer dans l'exécution desdits résultats jusqu'à la tenue des États prochains.

Faste et luxe.

Enfin le Roi est très-humblement et très-instamment supplié, par sa suprême autorité, sa profonde sagesse et par l'exemple de sa cour, d'anéantir le faste et le luxe de son royaume comme l'ennemi destructeur des empires les plus affermis, des fortunes particulières, contraire aux bonnes mœurs, aux mariages, à l'utile population et à la félicité publique.

Arrêté par nous, commissaires soussignés, ce 4 mars 1789.

Signé de Champeaux, chevalier de Saint-Louis; Mauger de Tarennes, chevalier de Saint-Louis; Gonfrey; Jean Gires; Bellamy; Lastelle; Adam; Le Rouxel; David Leheup; Aubril.

Paris, etc., etc.

CAHIER

Des plaintes, doléances, représentations et demandes du tiers-état du bailliage de Saint-Sauveur-le-Vicomte (1).

Depuis longtemps les droits de la nation ont été inconnus ou méprisés; ceux du trône ont pris une excroissance monstrueuse et effrayante : la nation a vécu sous le joug humiliant de la servitude, et sa pesanteur insupportable a failli en opérer la ruine.

Constitution.

Pour soustraire désormais la nation aux vexations criantes qui ont été comme les suites naturelles de l'oubli de ses droits, et pour la garantir de ces secousses violentes qui dernièrement l'ont mise à deux doigts de sa perte, le tiers-état demande que le premier travail des États généraux soit de fixer d'une manière claire et précise les droits de la nation et ceux du trône; qu'il soit décidé que les États généraux auront un retour périodique, fixe, assuré et indépendant de la volonté du gouvernement; que les parlements, qui ont si bien mérité de la confiance et de la reconnaissance de la nation, à la fermeté et au patriotisme desquels elle doit l'heureuse révolution dont elle jouit, soient déclarés être une forme de trois États raccourcis au petit pied, les représentants provisoires de la nation pendant l'intermédiaire des États généraux. En conséquence, qu'il soit statué de la manière la plus formelle qu'aucune loi ne pourra être mise à exécution sans un enregistrement fait après vérification libre dans les cours de parlement, et sans que lesdites cours soient tenues d'optempérer à des lettres de première, seconde ou finale jussion de cachet ou patentes.

Que néanmoins il soit arrêté que ces lois ainsi vérifiées n'auront qu'une exécution provisoire, et qu'à la tenue prochaine des États généraux elles seront de nouveau vérifiées pour recevoir, s'il y avait lieu, la sanction nationale.

Des ministres ignorants ou pervers ont successivement et progressivement empiété sur les droits de la nation; ils ont, sous prétexte de servir le Roi et d'affermir son autorité, d'abord égriffé, ensuite déchiré le contrat naturel et saint qui liait les Français à leur Roi, qui n'en est que le chef et non le propriétaire; ils ont osé le faire parler en despote dans les lois qu'il ne pouvait que proposer et non ordonner, même pour le bien de la nation et de tous les individus qui la composent, en insérant dans la clôture du préambule et

à la fin du dispositif des lois des expressions qui le caractérisent énergiquement et ensuite, par une conséquence naturelle de cette insertion et de ces idées qu'elle présente, ils ont violenté la nation dans la personne de ses magistrats, pour que ces lois soient enregistrées afin de leur procurer l'exécution.

Responsabilité.

Le tiers-état demande que ces expressions soient pour jamais proscrites du préambule et de la clôture des lois; que les ministres, s'il s'en trouvait par la suite, ce qu'à Dieu ne plaise ! qui abuseraient de leur crédit et de la confiance de Sa Majesté pour l'induire à ces démarches illégales ou funestes pour elle ou pour la nation, puissent être poursuivis par la cour de parlement séant à Paris et punis comme traîtres au Roi et à la nation; qu'il soit permis à tout citoyen de dénoncer publiquement les abus et malversations des ministres et d'en poursuivre directement la réparation authentique, sans que Sa Majesté puisse évoquer à elle ou à son conseil les procès en résultance desdites dénonciations ou nommer des commissaires particuliers pour les juger.

Liberté des citoyens.

La liberté et la propriété des citoyens ont été attaquées et méprisées, la liberté par des lettres de cachet, la propriété par une multitude d'impôts créés et perçus sans l'aveu de la nation. Le tiers-état demande que les lettres de cachet soient totalement abrogées; que la Bastille, Vincennes et autres prisons dites d'État soient fermées pour toujours; qu'il n'y ait plus d'exils et de proscriptions sans une accusation intentée et un procès fait et parfait dans les formes légales, sauf à Sa Majesté à écarter de sa cour ceux de ses sujets qui auraient encouru sa disgrâce. Le tiers-état demande qu'aucun impôt ne puisse être créé et perçu sans le consentement de la nation.

Pluralité des bénéfices.

Le haut clergé abuse de son crédit à la cour pour faire réunir sur la même tête plusieurs bénéfices; cette bigamie ecclésiastique est un scandale dans la religion; un autre scandale est le défaut de résidence des évêques dans leurs diocèses, des abbés dans leurs monastères et abbayes.

Le tiers-état demande que, suivant les saints canons et la discipline ancienne de l'Église, un ecclésiastique, de quelque état et condition qu'il soit, ne puisse posséder deux bénéfices, si un seul peut suffire à le nourrir et entretenir avec décence, mais en même temps avec la modestie qui doit être inséparable de son état.

Il demande que les archevêques et évêques soient tenus de résider dans leurs archevêchés et évêchés, et les abbés dans leurs monastères ou abbayes; ils sont pasteurs, ils doivent paître leurs brebis.

Contre la suppression des monastères.

Un abus criant que le haut clergé fait de son crédit et de son autorité, c'est la suppression des monastères; les familles nombreuses du tiers-état trouvaient, ainsi que celles de la noblesse de second ordre, dans les monastères de Saint-Benoît de l'ancienne observance et dans beaucoup d'autres, des places honnêtes pour leurs enfants qui voulaient se consacrer dans une vie contemplative au service du Seigneur; ils y trouvaient une très-honnête subsistance; la famille se ressentait souvent de l'aisance du religieux, il fournissait à

---

(1) Nous publions ce cahier d'après un manuscrit des *Archives de l'Empire.*

l'éducation des jeunes frères, à la dot des sœurs, poussait, soutenait les aînés dans un état auquel ils n'auraient pas pu atteindre ; enfin ces solitaires, réunis dans un même lieu, y consommaient leurs revenus, y secouraient les pauvres ; toutes ces ressources, les seules dont le tiers-état jouissait, lui ont été enlevées.

Sa Majesté avait ordonné la réforme des abus qui s'étaient introduits parmi les moines relativement à leur régime et à leur discipline ; il avait nommé une commission pour la générale réformation de ces abus, et au lieu de les réformer on a détruit les moines ; pour y parvenir, les abbés ont empêché les moines de recevoir des novices, et ils ont fait séculariser ceux qui existaient en les séduisant par la crainte, par l'espérance et en leur faisant goûter les délices d'une vie libre et indépendante. Cette conduite du haut clergé blesse la religion, la justice et la charité ; elle enlève à la religion de pieux solitaires qui cultiveraient avec fruit et édification la vigne du Seigneur ; elle prive les fondateurs des prières perpétuelles qu'ils avaient fondées à grands frais et en donnant de gros biens à l'Eglise ; elle déchire le contrat synallagmatique *Do ut facias* intervenu entre les fondateurs et l'Eglise ; enfin elle blesse la charité, en ce qu'elle prive les pauvres de ressources infinies qu'ils retireraient, tant au spirituel qu'au temporel, si les anciens établissements détruits subsistaient.

Le tiers-état demande qu'il soit remédié à cet abus en rétablissant les monastères sur l'ancien pied ; du moins dans le cas où l'incontinence, le désordre des moines si scandaleusement prônés par le haut clergé pour parvenir à ses fins, serait si constant, si avéré que leur rétablissement serait un nouveau scandale dans la religion et ferait même désirer l'anéantissement de ceux qui existent encore, il demande que les abbés soient également supprimés étant absurde qu'il y ait des abbés sans religieux ; il demande que les dîmes des abbayes supprimées, soient rendues aux curés et les biens-fonds desdites abbayes mises en économat perpétuel et affermées pour le produit en provenant servir au payement des pensions des militaires retirés du service et qui les auraient méritées soit à raison de leurs blessures, soit à raison de la longueur de leurs services.

Election des évêques.

La haute noblesse ou la noblesse courtisane absorbe toutes les places, toutes les faveurs de la cour ; il semble que toutes les dignités tant ecclésiastiques que militaires font une partie de son patrimoine et qu'elle a en propriété, sous le titre de pensions et de gratifications, une portion du revenu de l'Etat ; ce n'est pas le mérite personnel, ce ne sont pas les services rendus à l'Etat et à la nation qui font accorder les places et les grâces, mais le crédit ; un grand nom fait un archevêque, un évêque ou un abbé, rarement le mérite met le bâton de maréchal de France à la main d'un militaire.

Dans la primitive Eglise, les évêques étaient choisis par le peuple et il était gouverné par des saints ; aujourd'hui que le Roi nomme à tous les grands bénéfices et que, pour en obtenir, la naissance tient lieu de tout, qu'on ouvre les yeux et qu'on voie.

Le tiers-état demande qu'il soit statué que désormais les archevêques et évêques seront choisis parmi et par le clergé des diocèses ; que les abbayes en commende qui pourraient être conservées soient désormais régulières, et que les abbés soient

élus par les religieux de l'ordre d'où dépendra ladite abbaye.

Déport.

Le droit de déport est un droit usurpé par les évêques de plusieurs provinces de la France ; il est odieux en ce qu'il prive pendant un an un troupeau de son véritable pasteur pour le livrer à un mercenaire, parce qu'il prive les pauvres, pendant l'année du déport, des secours qu'ils retireraient de leur curé ; enfin, parce qu'il semble renfermer en lui une espèce de simonie. Le tiers-état demande qu'il soit anéanti.

Dîmes.

L'exaction de la dîme ecclésiastique est un impôt en faveur du clergé que jamais la nation n'a consentie par une loi formelle ; cet impôt est un des plus accablants pour les personnes de la campagne, c'est le cinquième au moins du produit net du revenu des fonds cultivés ; il est, de plus, une source d'inimitiés et de procès entre les curés et leurs paroissiens.

Il faut sans doute une subsistance honnête aux curés, il faut de plus qu'ils trouvent dans le produit de leur bénéfice les moyens de soulager la misère, les infirmités de leurs pauvres paroissiens. Le tiers-état demande que MM. les députés aux Etats généraux prennent cet objet en très-grande considération, et s'ils ne se portent pas à anéantir ce droit onéreux en y substituant le payement d'une somme à raison des feux d'une paroisse, laquelle somme serait répartie sur chaque propriétaire à raison de ses propriétés et facultés, du moins en le conservant, le tiers-état demande qu'il soit statué que dorénavant la dîme ne sera due uniquement que des fruits que la terre produira par la culture et par l'ensemencement, à la réserve des trémaines, trèfles, luzernes et autres verdages propres à la nourriture des bestiaux. Ensemble des raisins, des pommes et des poires à faire vin, cidre et poiré, non compris néanmoins les légumes et fruits de table des jardins, sauf pour les paroisses où il n'y aurait point ou presque point de culture, et dont le produit de la dîme ne pourrait monter à 1,200 livres ; à assujettir les habitants au payement de cette somme qui serait imposée au marc la livre de la taille, en les dispensant d'ailleurs du payement d'aucune dîme.

La noblesse du second ordre et ce qu'on appelle le tiers-état n'a que des ronces et des épines à recueillir après un travail continuel et accablant. Si un membre d'une de ces deux classes de citoyens prend le parti de l'Eglise, il est souvent réduit à ne vivre que de la rétribution du sacrifice que la nécessité autant que la piété le contraint d'offrir tous les jours au Tout-Puissant : et les emplois les plus minces, les moins lucratifs et les plus fatigants sont perpétuellement son partage ; s'il parvient à une dignité du second ordre, à devenir curé ou recteur, la médiocrité du revenu attaché à la majeure partie de ces places, parce que ce qu'on appelle les gros bénéficiers, enlève dans sa paroisse la plus forte portion des dîmes, le contraint à gémir auprès de l'indigence, et il ne peut lui offrir que des larmes, sincères à la vérité, mais insuffisantes pour la soulager. Le tiers-état ne demande pas que, comme dans la primitive Eglise, tous les biens ecclésiastiques d'un diocèse soient mis en masse pour être partagés à chaque ecclésiastique à raison de ses besoins, de ses emplois et de ses charges ; il connaît les abus qui ont résulté de cette forme d'administration et de répartition, mais il demande qu'il soit décidé par une loi formelle que l'intégrité des dîmes d'une paroisse, si la nation consent à la perpétuité de cet impôt, appartiendra aux curés.

Si la noblesse du second ordre et les personnes du tiers-état prennent le parti des armes, la noblesse qui commande et le roturier qui obéit sont traités de la manière la moins convenable à des Français : les officiers subalternes sont soumis à la férule de l'officier général et supérieur de la manière la plus criante ; son état, sa liberté, son honneur dépendent absolument de son caprice, une note infamante donnée par un officier supérieur contre un officier subalterne, quoique l'ouvrage de la calomnie, suffit pour le perdre ; il est, sans information préalable, privé de son état, condamné souvent à vingt ans et un jour de prison.

Les appointements de l'officier des derniers grades ne peuvent suffire pour son entretien et sa nourriture, et le soldat meurt de faim. Ce n'est cependant pas ce qu'il y a de plus fâcheux pour le soldat ; la discipline à son égard est tyrannique, honteuse et flétrissante ; pour la plus légère faute, il est condamné à recevoir quinze coups de plat de sabre sur le cul ; l'horreur d'une pareille discipline peut se sentir, mais aucune expression ne peut la rendre ; les auteurs de cette discipline atroce l'ont amenée de Prusse ; ces gens ineptes n'ont pas senti la différence qui existe entre la nation française et l'allemande ; la première, conduite par l'honneur, compagnon naturel de la liberté bien sentie, n'a besoin pour agir, pour se contenir, que de son aiguillon toujours en activité par le sentiment de la liberté. L'autre, abâtardie par la servitude, n'a des ressorts que par la crainte des souffrances physiques ; en un mot, le génie français n'est pas le génie allemand ; les humeurs d'un peuple sont pas celles de l'autre, et il est aussi ridicule, aussi absurde de vouloir conduire les Français à l'allemande qu'il le serait de monter la cavalerie française sur des bœufs.

La bande que l'on appelle dorée est trop nombreuse ; la plupart des personnes qui la composent n'ayant rien d'intéressant à faire et voulant paraître gens à talent et se procurer un plus grand avancement, imaginent mille petits changements soit dans l'habillement, soit dans les évolutions militaires, tous changements plus ridicules et plus dégoûtants les uns que les autres ; le changement d'habillement est une puérilité insensée et ruineuse pour l'officier, soit pour l'État ; celui dans les évolutions militaires harcelle l'officier et le soldat sans l'instruire. La nation française a un habillement comme un caractère qui lui est propre ; elle n'est pas faite pour singer une autre nation.

Le tiers-état n'a pas de plan à prescrire pour la composition de l'armée française, il n'a pas le temps de la combiner ; la précipitation que l'on met dans la formation des États généraux lui laisse à peine le temps de jeter un coup d'œil rapide sur tous les grands objets qui intéressent l'État. Mais il demande que la bande dorée soit diminuée au moins des deux tiers, parce que ces deux tiers sont une charge pesante et inutile à l'État ; quatre maréchaux de France, douze lieutenants généraux, vingt-quatre maréchaux de camp et soixante officiers de toutes classes du génie peuvent faire le service avec les princes du sang qui sont faits pour commander sous le titre de lieutenants généraux. Les inspecteurs sont inutiles, les gouverneurs de province peuvent inspecter les régiments en garnison dans leurs gouvernements. Le tiers-état demande que les régiments soient

doublés pour diminuer le nombre des officiers supérieurs ; que ces officiers supérieurs soient d'ailleurs réduits à un colonel, un lieutenant-colonel, un major ; que ces grades soient donnés aux plus anciens officiers des divers régiments ; il demande que les appointements des officiers généraux et supérieurs supprimés servent à augmenter le traitement des officiers des derniers grades, et à contribuer à porter la solde du soldat à 7 sous par jour ; il demande sinon qu'il soit défendu aux officiers généraux et supérieurs de donner des notes au ministre non-seulement capables de perdre un officier, mais même d'occasionner la plus légère sensation désagréable sur son compte, du moins qu'il soit ordonné que ces notes seront envoyées au corps dont l'officier sera membre pour, après avoir entendu l'officier, en reconnaître la vérité ou en dénoncer la fausseté ; il demande que de la discipline odieuse, barbare et tyrannique des coups de plat de sabre, et ce que certain mauvais plaisant appelle dans le régiment dont il est lieutenant-colonel *la divine Marianne*, soit proscrite pour toujours ; il demande enfin que l'habillement des troupes françaises soit l'habit français, et qu'il ne soit pas permis de changer le costume et l'ordonnance nationale dans la plus légère partie.

Les pensions et les gratifications sont données à la noblesse courtisane avec une profusion qui tient de la folie. Le tiers-état demande que MM. les députés aux États généraux s'en fassent remettre l'état avec le nom des pensionnés, pour, en comparant les services à la récompense, juger de la légitimité de ces dernières et la réduire à ses justes bornes.

L'administration, de la justice, au lieu d'être un bienfait gratuit du trône, bienfait dû à la nation, est une occasion pour la vexer.

Les droits de greffe sont horriblement multipliés ; la procédure criminelle ouvre un champ trop vaste à la cupidité des agents subalternes connus sous le nom de procureurs ; leurs droits sont innombrables ; ils sont énormes surtout dans les cours souveraines. Enfin ils ont trop la liberté et l'occasion de multiplier les actes de la procédure ; aussi il semble que les procès sont une propriété qui leur appartient et qu'ils font valoir au gré de leur cupidité ; souvent la forme donnée à une procédure, les incidents sans nombre qui en résultent, rendent les procès éternels et ruineux, et dans la marche tortueuse, entortillée et ténébreuse de la procédure, l'homme qui a le droit le meilleur et le plus apparent fait souvent un faux pas, et quand la forme n'emporte pas le fond, les frais des incidents absorbent souvent le capital. Les plaidoiries retardent excessivement l'expédition des affaires ; elles sont une occasion dernière de diffamation et de scandale ; elles servent d'aliment à la curiosité, à la médisance et à la calomnie et font souvent l'occasion de procès en sous-ordre dans lesquels les parties, les avocats et les juges mêmes sont compromis.

La composition des juridictions, quant à leur territoire et à la compétence des juges, produit une foule de procès aussi ridicules que ruineux ; souvent on plaide pendant dix ans et on consomme sa ruine pour savoir devant quel juge on plaidera et quel homme s'engraissera du reste de notre substance. Enfin l'on voit souvent un juge obligé de descendre de dessus son siége et d'abandonner le service public pour se mettre au rang des plaideurs et s'exposer à des condamnations de dépens très-considérables afin de conserver ou acquérir une compétence stérile pour lui et dont les agents subalternes de sa juridiction profitent seuls.

Le tiers-état demande que les droits de greffier soient sinon supprimés en totalité, du moins réduits à un seul et modique droit; il demande non la destruction des procureurs, parce qu'ils peuvent être utiles pour diriger une procédure, mais que leurs droits soient simplifiés et modérés; il demande que la forme et les délais de la procédure soient réglés de telle sorte qu'il ne soit pas à la liberté des procureurs de multiplier les actes de la procédure, et qu'ils soient contraints de suivre l'instruction dans les époques déterminées sans délayer et sans nécessiter des actes et des jugements pour les y astreindre, à peine de répondre personnellement des frais que leur négligence aurait pu occasionner; il demande qu'il n'y ait de plaidoiries que pour les affaires provisoires, celles qui se jugent sans instruction préalable, comme clameur gagée, à la première audience et autres, et pour faire rendre les jugements interlocutoires nécessaires à l'instruction à l'égard des autres affaires, il demande que lorsqu'elles seront instruites par un écrit de défense, de réponse, de réplique et de solution, ce qui fait deux écritures de chaque côté, lesquelles écritures seront fournies dans un délai déterminé, après lequel les parties ne pourront plus les fournir, cette diligence puisse poursuivre le jugement de l'instance dans l'état d'instruction où elle se trouvera, en faisant une sommation à l'autre de déposer dans huitaine ses pièces au greffe; que lesdites pièces soient déposées sans inventaire, mais après avoir été cotées; que, la huitaine expirée, le greffier représente à la chambre du conseil sur le bureau de justice les pièces qui lui auront été déposées, et que les juges procèdent de suite et sans interruption à l'examen et au jugement des procès dont les pièces leur ont été représentées.

Le tiers-état demande que chaque bailliage soit arrondi par paroisses entières, et comme cet ordre serait impossible si les hauts justiciers subsistaient, il en demande la suppression et la réunion aux bailliages, suppression d'autant moins embarrassante, que d'un côté les hautes justices sont plus à charge qu'utiles aux seigneurs qui les possèdent; d'un autre côté, qu'elle opérera une ruineuse réunion à la couronne d'un droit qui en est essentiellement dépendant, qui en est le domaine le plus beau, et qui doit être à ce titre plus inaliénable que les domaines utiles, droit enfin qui n'est possédé par les seigneurs qu'à titre d'usurpation faite dans le temps où les lois féodales ont par la force assujetti les Français à leur empire ou par une concession nulle et illégale de nos rois; il demande, le tiers-état, que les hautes justices ainsi supprimées et réunies aux bailliages royaux, tous les présidiaux et bailliages soient également supprimés et qu'il soit formé de nouveaux bailliages arrondis par paroisses et dont le siège soit placé autant qu'il sera possible dans les villes situées le plus près du centre de chaque bailliage ainsi arrondi; il demande que les tribunaux dits d'exception, à la réserve des élections, soient supprimés et la compétence de ces tribunaux réunie à celle des bailliages auxquels elle appartenait originairement; il demande que les bailliages soient composés d'un certain nombre de juges pour que le service public puisse se faire avec l'intelligence et la célérité convenables; il demande enfin que les bailliages ainsi circonscrits et composés jugent au souverain les causes tant réelles que personnelles et mixtes non excédantes 200 livres de rente ou 4,000 livres

une fois payées, sans y comprendre les dommages et intérêts qui seraient conclus par les parties; les affaires concernant la police et celles du petit crime, c'est-à-dire celles où il ne peut échoir peine afflictive ou infamante.

Dans la forme de la justice criminelle, l'humiliation de la sellette est absurde et révoltante; l'instruction secrète peut avoir quelques inconvénients, mais l'instruction publique serait un moyen de rendre les procès éternels et ruineux pour les familles et pour l'État; l'astucieuse chicane trouverait dans son hideuse tête des ressources pour les rendre éternels; elle arracherait par ce moyen l'homme puissant et riche de dessous le glaive de la loi; ce serait un nouveau scandale et une occasion de plus aux riches et à l'homme haineux pour vexer et écraser celui qui aurait le malheur de lui déplaire; quant à la punition des délits, les peines ne sont pas relatives aux crimes. Le tiers-état demande que l'interrogatoire sur la sellette soit supprimé et que nul individu de la société ne puisse être condamné au dernier supplice, s'il n'a tué ou attenté d'une manière non équivoque à la vie d'un citoyen.

Vénalité.

La vénalité des charges, fruit malheureux de la déprédation des finances, de la prodigalité et du besoin, opère un mal dont on ne peut mesurer l'étendue; la nation a souvent réclamé contre, et elle avait été proscrite aux États de 1614; mais sa proscription n'a été que momentanée, et l'impossibilité où le besoin a réduit l'État de rembourser les propriétaires des offices a fait rétablir ou maintenir les choses sur l'ancien pied. Le tiers-état désirerait avec ardeur que les offices de judicature ne fussent que la récompense des talents et des vertus des personnes qui se consacrent au barreau, et que les juges de chaque tribunal pussent à leur choix leur nombre, les juges supérieurs en prenant parmi les inférieurs de leur ressort, et les inférieurs parmi les jurisconsultes attachés aux tribunaux de la province; mais l'état malheureux des finances et la nécessité de combler un déficit énorme lui ôte toute espérance à cet égard. « Il faudrait 800 millions de livres au moins pour rembourser les officiers. » Il ne peut former que des vœux pour qu'un meilleur ordre dans l'administration des finances et dans la répartition des impôts prépare cette heureuse révolution; cependant il croit qu'il est possible de diminuer le mal en corrigeant les abus qui se sont introduits dans les écoles de droit et en ôtant aux jeunes gens la faculté d'exercer la profession d'avocat et celle de juge au sortir des bancs.

Dans les écoles de droit il n'y a pas la cinquantième partie des étudiants qui suivent les leçons des professeurs; ces étudiants restent chez eux, se contentent de faire à la fin de chaque trimestre un voyage dans la ville où est l'université, pour inscrire leur nom sur les tablettes; ils apprennent quelques définitions de Justinien, qu'ils récitent aux examinateurs qu'ils se font choisir; on leur donne ensuite à soutenir une thèse qu'ils n'ont pas eu le temps ou qu'ils ont négligé d'apprendre, et voilà souvent, sans d'autres études, des jurisconsultes, des défenseurs de la veuve et de l'orphelin, des guides dans les sentiers tortueux de la procédure, dans le dédale obscur des lois, enfin voilà tout d'un coup, avec de l'argent, des juges même souverains des biens, de la vie, de l'honneur des citoyens.

Le tiers-état demande que, par une loi précise,

il soit statué que qui que ce soit ne pourra être reçu au grade de licencié s'il n'a de fait et avec assiduité suivi les leçons des professeurs pendant trois ans ; que désormais il ne sera accordé aucune dispense d'étude, et qu'un licencié ne pourra exercer, même dans les bailliages, la profession d'avocat ou être reçu à l'office de juge s'il n'a de fait suivi les audiences pendant cinq ans avec assiduité, et travaillé de même et pendant le même temps dans l'étude d'un avocat, ce dont il sera tenu de rapporter un certificat en bonne forme.

Des lois excluent les membres du tiers-état de l'entrée dans le service de terre et de mer comme officiers : par des délibérations de certaines compagnies, ils n'y sont jamais admis, quoique cependant les places de ces compagnies paraissent faites pour eux, puisqu'elles confèrent la noblesse au premier ou au deuxième degré. Ces lois, ces délibérations sont injustes, humiliantes et contraires au bien de l'Etat; elles livrent souvent les places importantes à la médiocrité et éteignent l'émulation. Le tiers-état demande à être admis, comme la noblesse, à toutes les places militaires et civiles, parce que, de son côté, l'homme noble pourra sans dérogeance exercer tel état qu'il voudra prendre.

Les gens du tiers-état portent seuls la majeure partie des impôts, et sous cet aspect ils ressemblent plutôt à des serfs, à de vils esclaves dont les travaux et les sueurs sont le patrimoine des nobles et des gens d'église, qu'à des hommes libres; les gens d'église et la noblesse reconnaissent enfin, si l'on en croit les papiers publics, l'injustice, la tyrannie, l'odieux, la vexation de pareils procédés ; ils tentent que tous les individus d'une société d'hommes également libres, liés ensemble par leur mutuel consentement, doivent supporter avec égalité et en raison de leurs facultés respectives les charges de la société, comme ils doivent prétendre par concurrence à toutes les places, à toutes les dignités de l'Etat, s'ils ont un mérite propre à les remplir pour l'avantage de la société. C'est un retour de leur part aux règles de la justice et du bon sens. Le tiers état se flatte que ce retour est véritable et sincère, qu'il sera durable et qu'il sera consacré par une loi irréfragable de ses demandes et du vœu unanime du clergé et de la noblesse; mais s'il était trompé dans son attente, ce qu'à Dieu ne plaise ! si le clergé et la noblesse voulaient continuer de jouir des exemptions monstrueuses qui font la ruine du tiers-état, alors la nécessité de défendre le sien...... mais le tiers-état détourne les yeux pour ne pas voir les suites funestes et inconcevables qui résulteraient ; il ne veut voir dans les membres du clergé et la noblesse que des hommes justes et bons.

Les impôts doivent être répartis avec égalité ; il suit de ce principe sacré qu'aucun particulier, qu'aucun corps ne doit être assujetti à aucun impôt particulier, soit à raison de sa personne, soit à cause de son état, soit parce qu'il possède une espèce particulière de biens. Ainsi, un roturier ne doit pas payer un droit de franc-fief, pour raison des biens qualifiés nobles qu'il possède, le centième denier représentatif du potte doit être supprimé; le tiers-état demande que ces deux impôts soient anéantis.

L'on a engagé le Roi à faire des échanges inégaux et ruineux ; ce sont des aliénations indirectes des domaines de la couronne que la constitution de l'Etat réprouve. MM. les députés aux Etats généraux s'occuperont de cet objet, cas-seront les contrats d'échanges inégaux et réuniront ainsi à la couronne les grands biens qui en ont été distraits. Plusieurs villes, paroisses et communautés possèdent depuis un temps immémorial des marais, des landes : ces biens, seule ressource des pauvres familles et seul soulagement pour les riches chargés d'impôts, ont de tout temps excité la cupidité des gens puissants ; ils ont, par toutes sortes de moyens, cherché à se les approprier; il n'y a point de tracasseries qu'ils n'aient suscitées pour parvenir à leur but ; le nombre d'arrêts du conseil qu'ils ont fait rendre effraye, ils s'en sont fait faire des concessions, des inféodations : ils ont ensuite voulu contraindre les habitants des paroisses à communiquer des titres de propriété de leurs communes, comme s'il était possible d'avoir des titres d'une possession plus que millénaire après les guerres et les troubles qui ont de temps en temps désolé la France; ils les ont traduits au conseil, et plusieurs sont parvenus à dépouiller des paroisses de leurs biens ; quoiqu'en Normandie, par un statut réel, la possession quadragénaire vaille des titres en toute cour et juridiction, il existe encore une infinité de procès au conseil qui désolent et ruinent plusieurs villes et paroisses.

Le tiers-état demande que les habitants des villes et paroisses où il y a des biens communaux soient gardés et maintenus dans la possession et jouissance desdits biens communaux, sans pouvoir jamais y être troublés en manière quelconque. En conséquence, que toutes concessions, inféodations ou autres actes qui en transféreraient la propriété à tous autres qu'auxdits habitants soient déclarés nuls et de nul effet, et comme s'ils n'avaient jamais existé.

Les assemblées provinciales ont été établies pour le bien de la société; elles peuvent l'opérer ; mais leur formation ne donne pas assez la confiance publique; d'ailleurs leurs opérations subordonnées ne leur laissent pas suffisamment de liberté; les Etats provinciaux doivent opérer nécessairement un plus grand avantage avec moins de dépense. Le tiers-état demande que les Etats provinciaux de la Normandie soient rétablis, mais dans la forme de ceux du Dauphiné.

Il faut des impôts parce qu'il faut subvenir aux besoins de l'Etat ; mais il faut qu'outre la parfaite égalité dans la répartition entre tous les membres d'un Etat, les impôts tombent sur des objets qui, en procurant un revenu suffisant, soient en même temps le moins à charge au peuple. Et tout impôt qui, sans rapporter un grand bénéfice à l'Etat, est excessivement à charge, soit en raison des frais de perception, soit parce que la fixation des droits à payer dépend de l'arbitraire des agents du fisc, soit enfin parce qu'il occasionne des tracasseries ou est la source presque nécessaire d'une foule de procès, doit être proscrit et supprimé.

De ce nombre est le contrôle; l'arbitraire d'un commis est une souveraine loi qu'il faut suivre, et l'interprétation qu'il donne aux clauses d'un acte, les conséquences qu'il en tire souvent d'après son intérêt personnel, son amitié ou sa haine pour la personne qui présente l'acte à contrôler, déterminent les droits qu'il perçoit ; aussi l'on voit souvent qu'ici l'on demande 100 livres pour contrôler un acte, et que là on le contrôle pour 15 sous. Cet établissement du contrôle qui d'abord n'a eu pour principe, pour but, que la sûreté, que la tranquillité publique, est une des sources de son malheur; la nécessité où l'on est de rédiger certains actes importants d'une certaine manière pour éviter des droits immenses, la représentation et le contrôle forcé des différents actes dont on n'a que faire, mais qui en font la base ou l'occasion, donne naissance à une multitude de procès ruineux, Le tiers-état demande que cet impôt soit supprimé.

Une autre espèce d'impôt d'autant plus malheureux à supporter qu'il ne porte aucun bénéfice à l'État et qu'il en fait sortir l'or, c'est l'obligation où sont les Français d'avoir recours a la cour de Rome pour les collations de bénéfices consistoriaux, etc., etc. Enfin, c'est le payement du droit d'annates ; les évêques de France comme celui de Rome ont la plénitude des pouvoirs ; ils l'ont comme lui de droit divin ; il n'est que le premier des évêques et non leur supérieur. Jean XXII a abusé de son crédit à la cour de France pour se faire accorder le droit d'annate sur tous les bénéfices consistoriaux ; Léon X et François Ier se sont donné réciproquement par le fameux concordat ce qui ne leur appartenait pas ; la nation, pour lors abâtardie sous la verge de l'esclavage, a prêté le cou au joug ; les évêques de France ont méconnu leurs droits ou n'ont pas eu le courage de les réclamer, ils ont reçu des lois d'une puissance étrangère quoique égale à la leur ; ils se sont abaissés jusqu'à se rendre ses tributaires, ses dépendants et comme ses vicaires ; les évêques français sentiront sans doute ce qu'ils sont, ils réclameront certainement contre l'enlèvement de leurs droits, contre l'exaction du droit d'annate, espèce de déport non moins odieux que celui que certains évêques de France exigent dans leurs diocèses ; ils demanderont indubitablement à être réintégrés dans leurs droits, à être soustraits au payement de l'annate ; mais le tiers-état doit faire et fait de ces abus inconcevables l'objet de sa réclamation particulière. Il demande que toute communication avec la chancellerie romaine soit anéantie, que le droit d'annate soit aboli, que les évêques de France soient réintégrés dans leurs droits ; qu'en conséquence, ils confèrent tous les bénéfices vacants ou impétrables de leurs diocèses de telle manière que ce soit sur la présentation, nomination et résignation de qui a le droit de présenter, nommer et résigner ; qu'ils accordent également toutes les dispenses dont les diocésains pourraient avoir besoin, enfin qu'ils fassent dans leurs diocèses ce que le pape ou l'évêque de Rome fait dans le sien et ce que par usurpation ou par des concessions des rois de France il fait dans les diocèses des évêques français.

Un impôt excessivement à charge, c'est la nécessité où sont les habitants d'entretenir et de reconstruire les presbytères de leurs paroisses ; ils n'y ont pas toujours été obligés, ils le doivent au crédit du haut clergé. Le tiers-état demande à être déchargé de cette obligation.

Le tiers-état peut encore mettre au nombre des impôts qui le vexent sans procurer le plus léger bénéfice a l'État, le droit de banalité de moulin, celui de garennes, celui de colombier : la banalité de moulin est une occasion de voler et de vexer de bien des manières ceux qui y sont sujets, c'est une entrave à la liberté ; les lapins et les pigeons désolent les récoltes.

Le tiers-état demande que le droit de banalité en général soit anéanti, que les garennes à lapins et les colombiers soient détruits, ou qu'il soit permis à toute personne de tuer les pigeons et les lapins qu'elle trouvera sur ses fonds.

Les bois sont détruits partout ; le gouvernement, il est vrai, s'occupe d'une manière convenable de leur repeuplement, mais les particuliers détruisent et ne repeuplent pas. Le tiers-état demande qu'il soit ordonné que celui qui abattra un arbre sera tenu d'en replanter deux.

Les finances sont dans l'état le plus affligeant : un déficit énorme, incalculé et peut-être incalculable, menace la fortune d'une foule de citoyens et d'étrangers. Le crédit et l'honneur de la France en sont ébranlés ; il faut le combler, ce déficit. Le tiers-état est disposé à faire pour cet effet tous les sacrifices nécessaires, mais il demande que ses causes soient mises au grand jour et que les déprédateurs des finances soient poursuivis et punis.

Cependant si Sa Majesté annonçait de la répugnance pour faire connaître les causes de la déprédation ainsi que ses auteurs, l'amour du tiers-état pour son Roi, sa reconnaissance pour les grands sacrifices que Sa Majesté a daigné faire et promet encore de faire pour le soulagement des misères publiques, le détermine dès à présent à se désister de cette demande, et il remet la peine encourue par ces déprédateurs,

Pour combler ce déficit, il faut sans doute une réforme générale dans toutes les parties de l'administration et principalement dans celle des finances ; il faudra une refonte générale des impôts. Le tiers-état ne doute pas que M. le directeur général des finances n'ait des projets bien vus, bien calculés, d'où il doit résulter les moindres charges avec de plus grandes recettes ; il ne doute pas qu'il fera enfin disparaître ces énormes financiers qui s'engraissent si facilement et avec tant de rapidité de la substance de la nation ; qu'il réduira à ses justes bornes cette armée effroyable et hideuse de commis de toute classe, vermine qui ronge et consomme une portion considérable du produit des impôts en même temps qu'elle cause le trouble, la consternation, la désolation, la ruine et quelquefois le déshonneur dans les familles ; c'est à son zèle si connu pour le bien public, à son amour pour Sa Majesté, aux talents admirables qu'il développe avec tant d'énergie et de patriotisme qu'il s'en rapporte avec la plus haute confiance. Ses projets seront mis sous les yeux des États généraux, ils seront infailliblement reçus avec admiration et reconnaissance. Cependant, puisque le tiers-état est appelé à donner son avis pour un meilleur ordre de choses, il va hasarder quelques réflexions sur un objet qui l'intéresse aussi essentiellement.

Des impositions qui nécessitent une perception compliquée des frais de recette ou de perception considérables, lui paraissent devoir être supprimés.

Ceux au contraire dont la perception est simple qui n'exigent presque point de frais, dont le versement se fait presque sans moyens au trésor royal, lui paraissent devoir être conservés ou adoptés ; ainsi l'impôt sur le sel, sur le tabac, les boissons, les cuirs, etc., etc., qui demandent une multitude, et pour en faire la recette et pour en empêcher les fraudes, leur paraissent devoir être réformés ; ceux au contraire comme la taille réduite générale, les dixièmes et la capitation dont la perception se fait sans frais et qui ne présentent aucune occasion de faire la fraude, paraissent devoir être conservés et portés au taux convenable pour fournir au trésor royal la somme suffisante pour les nécessités de l'État.

Il importe peu ou doit peu importer aux citoyens qui sont obligés de fournir une somme quelconque à l'État que cette somme soit apportée dans son trésor par mille ruisseaux différents ou par deux ou trois canaux, puisque ces mille ruisseaux découlent d'une même source, qui est leur bourse ;

ainsi le tiers-état pense que ce serait une bonne opération de n'imposer que les personnes par la capitation et les tailles personnelles, les terres par les tailles d'exploitation, le dixième et le territorial, les rentes dues par la ville de Paris et le Roi par la retenue du dixième, enfin les maisons, les châteaux, les parcs, les bois par le dixième de leur produit, et supprimer toute autre espèce d'impositions, excepté les droits dus aux frontières pour l'entrée et la sortie des marchandises, pour lesquels droits il serait seulement besoin de commis aux frontières. Sans doute des impositions qui ne porteront pour la majeure partie que sur les fonds feront augmenter le prix des productions de la terre, le pain sera plus cher, mais la classe indigente de la nation n'aura pas à se plaindre, parce que le sel, le tabac, le vin, le cidre, la bière, l'eau-de-vie, le cuir et autres objets de consommation journalière étant moins chers, elle trouvera dans la diminution de ces choses un ample dédommagement de l'augmentation du prix du pain ; au surplus le tiers-état le répète, c'est aux talents admirables de M. le directeur général des finances, c'est à son amour pour Sa Majesté, à son zèle pour le bien de l'État et pour le soulagement de la classe des citoyens vexés, écrasés et si tyranniquement traités depuis si longtemps, qu'il s'en rapporte pour la réforme aussi essentiellement nécessaire dans l'administration des finances ; il pensera certainement que la nation française ne sera pas toujours gouvernée par Louis XVI et qu'un second Calonne pourra devenir ministre des finances.

Les prisées et ventes sont excessivement à charge au peuple ; le droit des priseurs-vendeurs absorbe souvent le montant de ventes ; les mineurs dont les biens doivent être vendus par les priseurs-vendeurs se trouvent ruinés par l'excès de leurs droits ; le tiers-état demande que les priseurs vendeurs soient supprimés et qu'il soit à la liberté d'un chacun de faire faire les ventes de meubles par tel officier qu'il voudra choisir ; il demande aussi que les droits de vente soient rédimés.

Les vérificateurs du dixième font des opérations qui n'ont pas toujours pour base la justice et l'équité ; ils n'ont pas d'ailleurs la connaissance nécessaire pour répartir ou faire répartir cette imposition avec égalité entre les individus d'une même paroisse ; le tiers-état demande que si l'on continue à payer le dixième, chaque paroisse soit imposée à une somme totale par les États provinciaux ou par les assemblées provinciales, et que cette somme soit répartie sur tous les fonds de la paroisse à raison de leur valeur par des députés qu'elle se sera choisis.

Presque tous les propriétaires de fonds de terre doivent des rentes à leur seigneur, et les seigneurs ne veulent point leur diminuer le dixième. Le tiers-état demande que, dans le cas où le dixième continuerait d'être perçu, les seigneurs ne seront pas imposés au dixième pour leur gage-pleige.

Les rentes viagères font la ruine de bien des familles, elles sont l'aliment de la paresse et conduisent au célibat. Le tiers-état demande qu'il soit défendu à toute personne âgée de moins de soixante ans de placer ses fonds en viager, ou au moins que les rentes soient fixées à un taux modéré, sans qu'il soit permis de l'excéder, à peine de nullité des contrats et de confiscation du capital au profit des pauvres.

Le matelotage ou la milice de mer, à laquelle les paroisses qualifiées côtes sont assujetties, effraye et désole les habitants de ces paroisses ; elle arrache de bons propriétaires et de bons cultivateurs à la culture des terres ; ils aiment mieux s'abaisser et se réduire à l'état bas et humiliant de domestique de curés ou de gentilshommes que d'y rester sujets. Le tiers-état demande que cette milice soit abolie, ou dans le cas où elle ne serait pas proscrite, qu'il y ait pour cette milice les mêmes exemptions que pour la milice de terre.

La mer est commune à tout le monde ; ainsi tout le monde a le droit d'y prendre ce qu'elle présente pour l'engrais des terres ; cependant les paroisses qui bordent immédiatement la mer prétendent avoir le droit exclusif d'y prendre du varech ou d'en couper trois jours avant les autres paroisses plus éloignées ; le tiers-état demande que cette prétention, occasion de rixes et de procès, soit proscrite comme souverainement injuste, et qu'il soit décidé que tous ceux qui voudront aller à la mer pour y chercher des engrais le feront par concurrence.

L'éducation de la jeunesse est un objet de la plus haute importance pour l'État ; beaucoup de paroisses sont privées d'écoles, parce que les frais énormes qu'il faut faire pour les fonder, les formalités qu'il faut prendre rebutent les personnes pieuses et bien intentionnées qui donneraient des biens pour l'établissement d'écoles. Le tiers-état demande qu'il soit permis de donner des biens-fonds ou des rentes jusqu'à la concurrence de la somme de 300 livres de revenus d'écoles, sans être assujetti au payement d'aucuns droits, à aucunes formalités.

Les entrepreneurs de chemins sont dans l'usage de laisser, lors de la confection des grandes routes, des intermédiaires considérables et impraticables. Le tiers-état demande que ces entrepreneurs soient tenus de travailler à la construction des chemins sans y laisser d'intervalle.

L'on a privé depuis longtemps une très-grande quantité de personnes de leurs droits pour la construction des grandes routes ; d'autres ont fourni ou laissé prendre sur leurs terres les matériaux nécessaires à cette confection ; ces personnes ont fait maintes et maintes démarches, présenté requêtes sur requêtes pour obtenir le dédommagement qui leur est dû ; elles n'ont encore pu l'obtenir ; le tiers-état demande qu'il soit ordonné que ce dédommagement sera payé incontinent, et à l'égard de celui qui sera dû par la suite pour ces objets, qu'il sera payé dans l'année.

Le tiers-état demande que désormais il ne soit plus accordé aux débiteurs aucuns arrêts de surséance. Enfin il demande qu'aux États généraux les voix soient comptées par tête et non par ordre.

Demandes particulières des paroisses de Turqueville, du Vast et de Héville.

Que l'édit de création des conservateurs des hypothèques soit retiré.

Fait, arrêté et signé à Saint-Sauveur-le-Vicomte, le 10 mars 1789.

BAILLIAGE DE CRÉPY

CAHIER

Ou sommaire de pétitions faites par l'assemblée de l'ordre du clergé, convoquée à Crépy en Valois le 14 mars 1789 (1).

Les ministres de la religion sont par état des ministres de paix ; soulager les peuples, concilier les différends, réformer les abus, rétablir l'ordre où règne la confusion, protéger les pauvres, essuyer les larmes des malheureux, propager partout le flambeau de la vérité, telles sont leurs fonctions augustes ; c'est ce qu'a envie le monarque bienfaisant sous lequel nous avons le bonheur de vivre, en assemblant les Etats généraux, et c'est ce que se proposent également les trois ordres convoqués aujourd'hui dans la ville de Crépy. En conséquence, le clergé du bailliage de Crépy désirerait :

Art. 1er. Qu'on remît en vigueur les lois de police relatives à la sanctification des dimanches et fêtes.

Art. 2. Qu'on choisît le moyen le plus efficace de procurer à l'Eglise des pasteurs éclairés et doués de bonnes mœurs ; pour y parvenir, il serait peut-être à propos qu'aucun ecclésiastique ne fût promu à l'épiscopat, sans avoir préalablement exercé le saint ministère pendant un certain nombre d'années, et que les cures fussent données au concours.

Art. 3. Rien n'étant si pernicieux à la religion et aux mœurs que les mauvais livres, il serait à désirer que le gouvernement prît des mesures assurées pour en empêcher la circulation et la vente, et que les ministres de l'Eglise n'eussent plus à gémir de son inconséquence en semblant ne les blâmer publiquement que pour leur donner plus de vogue.

Art. 4. Qu'on pourvût à l'éducation de la jeunesse, qui paraît fort négligée, et que pour la rendre meilleure on établît dans les villes des collèges gouvernés par des bureaux de charité et des hôpitaux dans les villes, et des dépôts de remèdes gratuits dans les campagnes, des boîtes fumigatoires, dans les lieux situés sur les bords des rivières, seraient aussi d'une très-grande ressource pour parer aux accidents trop souvent occasionnés par l'imprudence des hommes.

Art. 5. Rien n'étant aussi expressément recommandé que la commisération envers les pauvres et les malades, il faudrait pourvoir à leur existence en établissant des bureaux de charité et des hôpitaux dans les villes, et des dépôts de remèdes gratuits dans les campagnes, des boîtes fumigatoires, dans les lieux situés sur les bords des rivières, seraient aussi d'une très-grande ressource pour parer aux accidents trop souvent occasionnés par l'imprudence des hommes.

Art. 6. Dans les Etats même les plus parfaits, les hommes ayant un penchant naturel au relâchement, ne serait-il pas à propos de convoquer à des époques fixes des conciles nationaux, où des députés du premier et second ordre seraient convoqués en juste proportion pour travailler de

(1) Nous publions ce cahier d'après un manuscrit des *Archives de l'Empire.*

concert à la réforme des mœurs et de la discipline ?

Art. 7. Le vœu public étant connu depuis longtemps sur la réforme du Code civil et criminel, nous la demandons avec instance et nous nous reposons pour l'opérer sur la sagesse et les lumières des Etats généraux.

Art. 8. On connaît dans toute l'étendue du royaume les ravages affreux que cause la trop grande quantité de gibier sur les capitaineries des princes, et ce désastre est encore plus sensible dans nos cantons ; c'est pourquoi nous désirons ardemment leur suppression ; nous voudrions aussi qu'on abolît tous les tribunaux d'attribution.

Art. 9. Etant parfaitement convaincus que la plus parfaite justice consiste à réparer les torts et à rendre à chacun ce qui leur est dû, de la manière la moins compliquée, nous demandons que les justiciables soient approchés de leurs juges naturels, et qu'on diminue s'il est possible les degrés de juridiction.

Art. 10. Nous désirons que plusieurs bénéfices ne soient pas accumulés sur la même tête, et que les titulaires, conformément aux décrets de plusieurs conciles, résident dans le lieu de leur bénéfice ; la décence et la justice indépendamment des décisions de l'Eglise leur ont dicté cette loi.

Art. 11. Rien n'étant aussi méritoire que les fonctions du saint ministère quand on s'y livre avec assiduité, l'assemblée du clergé de ce bailliage vote pour l'établissement d'une maison de retraite dans chaque diocèse, où les curés, vieillards ou infirmes, puissent goûter le repos et trouver un soulagement à leurs infirmités, ou si on trouve mieux, leur assurer des pensions sur leurs revenus ecclésiastiques.

Nous désirons aussi que les canonicats ne soient possédés que par des ecclésiastiques qui auront vaqué pendant quinze ans aux fonctions du saint ministère.

Art. 12. Pour faciliter le commerce et prévenir les fraudes, nous croyons qu'il serait convenable que les poids et les mesures fussent les mêmes dans toutes les provinces ; c'est pourquoi nous en demandons l'uniformité.

Art. 13. Il n'y a pas de province où l'on ne se plaigne du prix exorbitant du sel ; cette denrée, de peu de valeur en elle-même, devient cependant un objet de grande dépense pour le peuple par rapport aux impôts dont elle est chargée. Nous demandons l'abolition de ces impôts et l'entière suppression de la gabelle.

Art. 14. Nous nous joignons aux vœux de tous nos concitoyens pour demander l'abolition des lettres de cachet.

Art. 15. Pour éviter à l'avenir les murmures de toutes les classes des citoyens touchant la répartition des impôts, murmures dont les membres du clergé ont été trop souvent l'objet, nous opinons qu'il ne doit y avoir à l'avenir pour les trois ordres de l'Etat qu'un seul et même impôt perçu par les mêmes agents.

Art. 16. Que, par cette innovation, le sort des ecclésiastiques étant assimilé à celui des laïques pour les impôts, il le soit aussi pour ce qu'ils doivent, et que les dettes du clergé soient confondues avec celles de l'Etat.

Art. 17. La dotation des curés fixera sans doute l'attention des Etats généraux. Plusieurs d'entre eux ont à la vérité un revenu suffisant pour pourvoir à leur nécessaire et à la subsistance des pauvres ; mais combien y en a-t-il dont la possession les rend témoins de la misère des peuples sans que leurs facultés modiques leur permettent de la soulager ! On peut mettre de ce nombre tous ceux que l'on appelle communément curés à portion congrue ; cette portion de 700 livres est encore de beaucoup insuffisante ; il est notoire que depuis quatre-vingts ans la valeur des fonds a augmenté de trois à huit ; ce calcul, fort simple, nous détermine à demander que lesdites portions soient augmentées d'une manière honnête et décente et que leur revenu soit assigné en nature sur des fonds ecclésiastiques.

Art. 18. Nous demandons qu'un fermier ne puisse faire valoir que les terres attachées à un seul corps de ferme.

Art. 19. Nous désirons la conservation des ordres religieux, qu'on les maintienne dans leur institut, et qu'il soit demandé compte de l'emploi qui a été fait depuis vingt ans des monastères supprimés.

Art. 20. Nous demandons enfin qu'on mette les mêmes religieux à l'abri du reproche qu'on leur fait chaque jour injustement de leur inutilité. Si les fonctions auxquelles ils se livrent ne sont pas suffisantes pour constater leur utilité, qu'on leur en indique d'autres. L'éducation publique et le ministère ouvrent un champ assez vaste, et ce champ commence à devenir désert.

Art. 21. Le droit de banalité est si odieux et peut avoir des conséquences si funestes pour l'avantage des peuples, qu'on a cru devoir en demander la suppression, et qu'il en soit de même des autres droits de servitude féodale, tels que péages, minages et autres, et qu'il soit pourvu au remboursement desdits droits.

Art. 22. Le vœu général est qu'au moyen de la nouvelle dotation des curés, le casuel soit supprimé, et l'entretien des presbytères et des églises pris sur le revenu ecclésiastique.

Art. 23. On supplie très-humblement Sa Majesté de consentir qu'il soit pourvu aux moyens d'affranchir les novices de la servitude à laquelle ils sont assujettis, vœu dicté par la religion et l'humanité.

Fait et arrêté par le clergé de l'assemblée du bailliage de Crépy, cejourd'hui 18 mars 1789, et avons signé.

CAHIER

De la noblesse du bailliage de Crépy (1).

La défense de la patrie est le principal devoir de la noblesse. Appelée aujourd'hui de même ce que les autres ordres à chercher un remède aux maux qui menacent le royaume, elle va s'occuper de répondre aux vues d'un monarque bienfaisant.

La loyauté, le patriotisme, l'amour pour son Roi dicteront ses vœux.

Elle n'a pour but, pour arriver au bonheur et à la gloire de l'Etat, que le concours le plus

(1) Nous publions ce cahier d'après un imprimé de la *Bibliothèque du Sénat.*

fraternel avec les autres ordres, et les sacrifices qui annonceront son zèle.

Pénétré de ces sentiments, l'ordre de la noblesse déclare qu'il renonce à tous privilèges pécuniaires, avec réserve spéciale des seules distinctions honorifiques et prérogatives, qui sont une vraie propriété confirmée par les lois de la monarchie; mais que, pour ne gêner aucuns suffrages, il est essentiel que l'on opine par ordre.

Et dans le cas où il arriverait que les représentants de la nation réunie en décidassent autrement, ou proposassent d'établir une constitution nouvelle, il est de toute nécessité, pour conserver la liberté des trois ordres, que, quoique réunis ensemble d'après un vœu porté séparément par chacun des ordres à la pluralité des voix, il soit libre à chacun desdits ordres de se retirer, pour délibérer séparément sur les points qui le concerneront particulièrement, et que la pluralité des voix dans chacun des ordres soit fixée aux trois quarts.

Et considérant que les Etats généraux, s'assemblant pour régénérer la constitution de la monarchie, vont s'occuper de grandes questions qui doivent être délibérées avec toute la sagacité due à la confiance de la nation dans ses députés, Etablit ses doléances et pétitions ainsi qu'elles suivent :

1° Qu'aucune loi générale et permanente ne puisse être statuée que du consentement des trois ordres, sous la sanction expresse de l'autorité paternelle du Roi. En conséquence, le projet de toute loi proposée sera mis sur le bureau, pour que chaque député puisse en prendre copie, la méditer séparément, en balancer les avantages et les inconvénients, et qu'elle ne pourra être adoptée qu'après un délai proportionné à son importance.

2° Que les Etats généraux avisent aux moyens de faire contribuer les capitalistes en proportion de leur aisance et de leur luxe.

3° Que la noblesse ne soit plus vénale ; qu'elle ne soit obtenue que par des services utiles et distingués.

4° Que la vénalité des charges soit supprimée; que le Code civil et criminel soit réformé, et qu'il est important qu'une autre peine remplace celle du bannissement, qui ne fait que présenter au criminel un nouveau théâtre à ses forfaits.

5° Que les capitaineries soient supprimées; qu'en conservant la propriété des chasses il soit rendu une loi qui, combinée avec sagesse, réprime les abus qui excitent des plaintes presque générales.

6° Que, conservant aux gens de mainmorte cette même propriété, ils ne puissent faire chasser que des gardes revêtus de leurs bandoulières.

7° Qu'il soit fait un règlement concernant les banalités, qui, en réprimant les abus de leurs servitudes, n'attaquent pas la propriété.

8° Que les droits de péage, fondés ou usurpés, soient, après un mûr examen, rachetés ou supprimés.

9° Que, pour perfectionner la culture et donner à un plus grand nombre de familles une subsistance plus facile, le même fermier ne puisse exploiter plus de quatre charrues, à moins qu'un nombre plus considérable n'appartienne au même propriétaire, en composant le même corps de ferme.

10° Que les baux des usufruitiers, des bénéficiers ou grevés de substitution, aient leur durée, nonobstant les mutations.

11° Que, pour prévenir la disette menaçante des bois, les nouvelles plantations soient encouragées par l'affranchissement de toute imposition pendant trente années.

12° Que le sort des curés et des vicaires soit plus conforme à la décence et aux obligations de leur état.

13° Que la noblesse indigente trouve dans les secours de la nation le retour des services que ses ancêtres ont rendus à la patrie, et que la présentation des Etats provinciaux (dont il sera parlé ci-après], juges incorruptibles des facultés des trois ordres, soit le moyen le plus déterminant pour l'admission aux écoles militaires, maison de Saint-Cyr et autres établissements pareils.

14° Que les bénéficiers soient tenus à une résidence plus exacte, leur absence étant une contravention formelle à l'intention des fondateurs, qui s'occupaient des pauvres.

15° Que les traitements des gouverneurs, commandants de province, etc., tournent au profit des provinces, que leur présence doit vivifier.

16° Que la mendicité soit supprimée, et que l'indigence soit prévenue par des travaux utiles.

17° Que la passion du jeu ayant fait des progrès dangereux, malgré les lois de la haute police, il soit prononcé des peines rigoureuses contre les infracteurs, observant qu'il est une sorte de jeu encore plus dangereux, quoiqu'il soit autorisé par l'Etat, le jeu de la loterie royale. Par ses combinaisons, il semble s'approcher de toutes les fortunes ; que ce jeu tend des pièges à la cupidité des gens déjà opulents, la décision du sort renverse souvent leurs combinaisons et les punit, mais qu'il présente un espoir insidieux à l'indigence, par les caprices de la fortune, la ruine de ce spéculateur est achevée.

18° Que le retour périodique des Etats généraux, reconnu nécessaire, soit fixé à l'époque de trois ans.

19° Qu'il soit établi une commission intermédiaire, choisie dans les députés des trois ordres des Etats généraux, et que les pouvoirs très-restreints qui lui auront été conférés cessent de droit au retour périodique des trois ans.

20° Que les Etats provinciaux projetés par Sa Majesté elle-même pour le bien de ses peuples, soient établis prochainement, et organisés de manière que « pour former un lien durable entre l'administration particulière de chaque province et la législation générale, ils aient une relation suivie avec la commission intermédiaire des Etats généraux. »

21° Que désormais les Etats généraux jouissent du droit constitutionnel de fixer les apanages des princes, par une pension convenable à la dignité de leur rang.

22° Que, dans le malheur d'une régence ou d'une minorité, les Etats généraux soient aussitôt convoqués de droit.

23° Que les domaines du Roi puissent être aliénés, mais jamais échangés, et que la jouissance des objets déjà aliénés soit confirmée.

24° Que le Roi seul ait la distribution des grâces et pensions, que la masse en soit fixée, que le travail en soit rendu public tous les ans, pour annoncer à la nation la justice du souverain et les récompense du mérite.

25° Que les Etats généraux avisent au remplacement des gabelles par un moyen moins onéreux pour le peuple.

26° Que, pour la liberté et facilité du commerce, qui languit sous des gênes vexatoires que les douanes y apportent, elles soient supprimées, et que les barrières qu'établissent des provinces étrangères dans le sein du royaume, soient reculées jusqu'à ses extrêmes frontières.

27° Qu'aucun emprunt ne puisse être constitué que de l'aveu des trois ordres.

28° Qu'aucun impôt ou subside ne puisse être consenti que par les trois ordres, jusqu'à l'époque seulement du retour des Etats généraux.

29° Qu'après un mûr examen de la dette du clergé, les Etats généraux s'occupent des moyens de l'éteindre.

30° Que les lettres de cachet soient supprimées, comme attentatoires à la liberté des citoyens, qui doivent être protégés, contenus et punis par la loi.

31° Que la liberté de la presse ait des bornes qui rassurent le citoyen sur sa tranquillité particulière, et l'ordre public sur le bien général.

32° Que les Etats généraux agitent la question sur l'utilité des greniers d'abondance dans chaque province.

33° Que les faillites et banqueroutes, qui ont causé des désordres bien fréquents depuis quelques années, semblant s'être multipliées par l'impunité, par les lettres de surséance, et par les commissions auxquelles la connaissance de ces faillites a été attribuée, considérations particulières qui trop souvent ont mis les criminels à l'abri de l'opprobre dont ils devaient être couverts, il est essentiel que de tels délits envers l'Etat et envers la société soient réprimés par les juges qui en ont la connaissance légale.

34° Que la nation, alarmée de l'état obscurément connu des finances, ne peut cependant désespérer du sort de la patrie, quand elle est appelée à son salut. La dilapidation des finances n'a pu provenir que de l'incapacité ou de l'infidélité des ministres, presque éphémères, qui, par un abus criminel de leur pouvoir, ont surpris la religion du Roi, bouleversé les provinces, et armé les citoyens contre les citoyens.

Que, justement indignée contre eux, elle aurait droit de rechercher leur conduite; mais qu'apprenant de son Roi à exercer la clémence, elle fait taire son ressentiment, en se bornant à demander, pour prévenir de semblables abus, que les ministres soient désormais responsables à la nation de leur administration.

35° Qu'un remède n'est qu'un palliatif quand il est administré sans la connaissance entière du mal.

Qu'il est donc nécessaire que l'état actuel des finances, le produit des subsides déjà établis, les dépenses d'absolue nécessité, le montant du déficit, son origine et ses causes soient soumis à la recherche des Etats généraux, pour parvenir à fixer chaque département, porter l'économie dans toutes les branches d'administration, prendre les mesures les plus efficaces pour en assurer la gestion; qu'à ces conditions seules les députés aux Etats généraux pourront reconnaître la dette nationale, et consentir enfin l'impôt que le besoin impérieux de la patrie doit seul nécessiter. *Signé* Le Desmé de Saint-Elix; Gesvres, seigneur de Maye; le comte de Mazancourt; Benoît Desmars; Neret; Du Boulet de Teraminy; le chevalier de Mazancourt; le comte de Boursonne; L'Huillier de Saint-Julien; le comte de Janson; le marquis de Nicolay; Billeheust de Saint-Georges; Du Boulet-Desbrosses de Séry; de Péhu; Desmars du Rozoy; de Maintenant; Héricart de Thury; le chevalier Le Pelletier de Glatigny; le marquis de Mazancourt; L.-F. Héricart de Thury, secrétaire.

Extrait du procès-verbal de l'assemblée.

Nous, grand bailli d'épée, et nobles fieffés ou domiciliés dans le bailliage de Crépy,

Observant que la liberté individuelle étant une prérogative que l'homme acquiert avec le jour, elle lui est propre, sauf la portion dont il a fait, pour la sûreté de la société, le sacrifice ordonné par la loi;

Que les lois constitutives de l'Etat sont les conditions auxquelles chacun de ses membres a souscrit;

Mais que ces mêmes lois pouvant s'altérer, l'Etat est alors en danger;

Que la nation a le droit de veiller à la conservation de celles qu'elle a établies pour le maintien de tous et un chacun de ses membres, et pour la gloire de la monarchie.

Que cette surveillance ne peut être observée que par le retour périodique des Etats généraux,

Nous commettons à notre représentant le pouvoir de faire valoir nos demandes, de soutenir nos droits avec le zèle que méritent notre confiance et l'importance du bien général de la patrie.

Mais nous lui imposons la charge spéciale de demander la liberté individuelle, bornée par les lois que fixeront les Etats généraux, et le retour périodique desdits Etats à l'époque qu'ils détermineront.

Et à défaut de ces deux points irrévocablement statués, nous annulons et retirons tous les pouvoirs que nous lui avons confiés.

Ledit procès-verbal en date du 14 mars 1789, et signé comme dessus, de tous Messieurs composant ladite assemblée.

CAHIER GÉNÉRAL

Des plaintes, doléances, instructions et pouvoirs généraux des députés du tiers-état des municipalités de villes, bourgs, paroisses et communautés de campagnes, aux trois états du bailliage royal, ancien siège présidial du duché de Valois, à Crépy, pour être remis aux députés qui seront nommés par le tiers-état dudit bailliage aux Etats généraux (1).

Les gens composant le tiers-état des municipalités du bailliage royal de Valois, à Crépy, pénétrés de la plus vive reconnaissance des intentions paternelles de leur souverain, n'hésiteraient pas de remettre leurs intérêts à la décision d'un monarque aussi équitable qu'éclairé s'il ne leur recommandait lui-même de lui faire parvenir leurs vues, et s'ils pouvaient être assurés d'avoir toujours un Roi aussi bienfaisant et aussi digne de leur amour.

Mais considérant que ce n'est que par le concours de la volonté des trois ordres réunis, qu'il sera possible de former une constitution inébranlable, et qu'il est aussi intéressant pour un Roi assez juste pour chercher à établir sa félicité sur celle de ses sujets, qu'il l'est pour les peuples que cette constitution soit inaccessible aux variations des ministres;

Qu'il est maintenant reconnu que la nation a seule le droit de consentir les impôts, et que la volonté du Roi est d'en ratifier aucun sans le consentement des Etats généraux, et de n'en proroger aucun sans le consentement des mêmes Etats généraux;

Que la volonté du Roi est d'assurer le retour périodique des Etats, de les consulter sur les intervalles à mettre entre les époques de leur convocation, et d'y écouter favorablement les représentations qui lui seront faites pour donner à ces dispositions une stabilité durable;

Que Sa Majesté veut prévenir de la manière la plus efficace les désordres que l'inconduite ou l'incapacité de ses ministres pourrait introduire par la suite dans les finances, en concertant avec les Etats généraux les moyens d'y parvenir;

Que Sa Majesté veut que, dans le nombre des dépenses dont on assurera la fixation, on ne distingue même pas celles qui tiennent plus particulièrement à sa personne;

Que Sa Majesté veut aller au devant du vœu légitime de ses sujets en invitant les Etats généraux à examiner eux-mêmes la grande question qui s'est élevée sur les lettres de cachet:

Que Sa Majesté désire avoir l'avis des Etats généraux sur la liberté qu'il convient d'accorder à la presse;

Que Sa Majesté préfère les délibérations durables des Etats, au conseil passager de ses ministres;

Que Sa Majesté a formé le projet de donner des Etats provinciaux au sein des Etats généraux, et de former un lien durable entre l'administration particulière de chaque province et de la législation générale,

Les députés des municipalités, réunis au bailliage dudit duché de Valois, chargent spécialement les députés qui seront nommés aux Etats pour représentants du tiers-état dudit bailliage des pouvoirs qui suivent:

Art. 1er. Les gens du tiers-état de ce bailliage donnent mandat spécial à leurs députés aux Etats généraux de demander que l'on vote par tête les trois ordres réunis, et que, dans le cas où la pluralité des suffrages ne favoriserait pas cette réunion, deux ordres ne pourraient pas obliger le troisième, et que dans tous les cas les députés des trois ordres ne pourraient voter qu'à haute voix, et jamais par scrutin sur tous les objets soumis à leur décision.

Art. 2. Ils les chargent de demander la suppression de tous impôts actuellement subsistants, et d'en solliciter le remplacement par d'autres qui seront supportés également par les trois ordres sans distinction de privilège qui laisseront le plus de liberté pour la perception, et qui seront toujours limités au terme de la tenue d'un des Etats à l'autre.

Art. 3. La nation ayant seule le droit d'accorder les impôts, les députés ne pourront les consentir que pour un temps limité; ils prendront en considération l'état du royaume, examineront la situation des finances, l'emploi des subsides, en décideront la continuation, suppression, distribution, l'augmentation ou la diminution; ils proposeront en outre toutes les réformes et les améliorations dans toutes les branches de l'économie politique, et à cet effet, ils demanderont le retour périodique des Etats généraux au terme de cinq ans, et dans le cas où la convocation de l'assemblée générale n'aurait pas lieu dans le délai fixé par les Etats, l'impôt ne pourra plus être perçu.

Art. 4. Ils demanderont qu'il soit fait dans l'assemblée nationale une révision de toutes les lois rendues, sur quelque matière que ce puisse être, depuis la tenue des Etats de 1614, pour les unes être consenties ou modifiées, les autres abrogées, attendu que les simples enregistrements des cours souveraines n'ont pu suppléer au consentement de la nation, ni par conséquent leur imprimer le caractère de loi.

Art. 5. Ils sont autorisés à statuer que non-seulement aucune loi bursale, mais encore aucune

---

(1) Nous publions ce cahier d'après un manuscrit des *Archives de l'Empire.*

loi générale ou permanente, ne soit établie à l'avenir qu'au sein des États généraux et par le concours mutuel de l'autorité du Roi et du consentement de la nation ; que ces lois portant dans le préambule : « de l'avis et du consentement des gens des trois états du royaume » soient, pendant la tenue même de l'assemblée nationale, envoyées au Parlement de Paris et à ceux des provinces pour y être inscrites sur leurs registres et placées sous la garde des cours souveraines, lesquelles ne pourront y faire aucune modification.

Art. 6. Ils demanderont qu'il soit arrêté que les lois autres que les lois générales et permanentes, ou les bursales, c'est-à-dire les simples lois de police, seront, en l'absence des États généraux, provisoirement arrêtées à l'enregistrement libre et à la vérification des cours, mais qu'elles n'auront de force que jusqu'à la tenue de l'assemblée nationale, où elles seront vérifiées pour continuer à avoir l'exécution.

Art. 7. Ils solliciteront l'établissement et la formation d'États particuliers organisés sur le modèle de ceux accordés à la province de Dauphiné, sans qu'en aucun cas, les États provinciaux puissent accorder ni laisser percevoir aucun impôt provisoire ou de toute autre nature, qui n'aurait pas été préalablement consenti par les États généraux.

Art. 8. Ils demanderont la liberté individuelle des citoyens, l'abolition entière et irrévocable des lettres de cachet et de tout acte arbitraire contre les corps et les particuliers, et que tous citoyens arrêtés soient remis dans les vingt-quatre heures devant son juge naturel pour connaître la nature du délit qui lui est imputé, sauf aux États généraux a prendre les moyens qui seront jugés les plus convenables pour l'honneur des familles.

Art. 9. Que le droit de propriété foncière soit inviolable et que nul ne puisse être privé de ses propriétés foncières, même à raison de l'intérêt public, qu'il ne soit dédommagé suivant l'estimation et sans aucuns délais.

Art. 10. La réintégration des privilèges des villes du royaume en ce qui concerne la libre élection des officiers municipaux, et l'entière disposition des revenus des communes, lesquels ne seront plus soumis à l'inspection des commissaires départis, ni à celle des ministres, mais à la charge seulement d'en rendre compte à la commune. Ils demanderont aussi que les mêmes droits soient accordés aux municipalités de campagne.

Art. 11. Ils demanderont que les ministres du Roi soient déclarés responsables de toutes les déprédations de leurs départements, ainsi que de toutes les atteintes portées par le gouvernement aux droits tant nationaux que particuliers, et que les auteurs de ces infractions soient poursuivis suivant la rigueur des lois.

Art. 12. Ils demanderont la liberté indéfinie de la presse, à la charge par les imprimeurs et auteurs de rendre de ce que les écrits pourraient contenir de contraire à la religion, à la majesté du trône, aux bonnes mœurs et à l'honneur des citoyens.

Art. 13. Qu'aucun citoyen ne puisse être traduit en quelque matière que ce soit que devant son juge naturel ; en conséquence, la suppression des *committimus*, lettres de garde gardienne, attribution de scel, droits de suite des officiers du Châtelet et autres privilèges de pareille nature.

Art. 14. La révocation et la suppression pour le présent et pour l'avenir de toutes commissions et de toutes évocations au Roi, au conseil et autres qui tendent à dépouiller les juges ordinaires de la connaissance des affaires qui leur appartiennent, et que les affaires actuellement pendantes au conseil et devant les commissions, soient renvoyées aux juges et en doivent connaître.

Art. 15. Pour être en état de s'occuper des subsides, ils donnent mandat à leurs représentants d'exiger le tableau exact et détaillé de la situation des finances, la connaissance approfondie de la masse du déficit.

Art. 16. De demander la publication annuelle des états de recette et de dépense, à laquelle sera ajoutée la liste des pensions, avec l'énonciation des motifs qui les auront fait accorder.

La reddition publique des comptes par pièces justificatives à chaque tenue d'États.

Art. 17. La fixation motivée des dépenses des divers départements.

Art. 18. Que les sujets du Roi qui jouissent des rentes viagères sur l'État, y contribuent proportionnellement, à quelque titre qu'elles aient été créées.

Art. 19. Le reculement des barrières jusqu'aux frontières du royaume.

Art. 20. De solliciter la suppression du privilège d'exemption du droit de contrôle des notaires de Paris et autres.

Art. 21. Un nouveau tarif du droit de contrôle clair et calculé sur des principes invariables, qui procure une diminution pour les sommes modiques et une augmentation pour les sommes considérables.

Art. 22. Que toute sentence, même consulaire, prononçant condamnation de sommes réclamées sans titre, et celles portant renouvellement d'un titre, soient pareillement assujetties au contrôle.

Art. 23. Ils demanderont que l'on ne puisse protester aucun effet et exiger en justice le payement des lettres de change, billets à ordre et autres effets de commerce, qu'ils n'aient été préalablement contrôlés.

Art. 24. Ils leur recommandent de s'opposer à l'obtention et au renouvellement de tous privilèges exclusifs qui seraient destructeurs du commerce et de l'industrie.

Art. 25. Ils leur recommandent surtout de solliciter la réforme des abus dans l'administration de la justice civile et criminelle.

Art. 26. La suppression de toutes les juridictions d'attribution, et que leurs fonctions soient renvoyées devant les juges naturels.

Art. 27. Qu'il soit fait de nouveaux arrondissements fixés et immuables à chaque juridiction royale dont l'utilité sera reconnue.

Art. 28. Ils solliciteront l'établissement dans le chef-lieu des justices royales d'une juridiction composée de cultivateurs à l'instar des juges consuls accordés au commerce, laquelle connaîtra de tous les différends relatifs aux agriculteurs.

Art. 29. Ils demanderont que les juges des seigneurs soient tenus de résider dans l'étendue de leur juridiction, et en cas de non résidence, que les justiciables puissent se pourvoir directement devant le juge royal.

Art. 30. Que, dans toutes les affaires tant civiles que criminelles, les justiciables ne puissent parcourir plus de deux degrés de juridiction.

Art. 31. Que les accusés en matière criminelle soient autorisés à se faire assister d'un conseil à leur choix dans tout le cours de l'instruction de la procédure.

Art. 32. Leurs députés proposeront, lors de la réformation des lois, tant civiles que criminelles, que les magistrats des cours souveraines ne s'occupent uniquement qu'à rendre la justice ; qu'ils soient choisis et nommés par les Etats de la province; que les offices ne soient ni vénaux ni même héréditaires, et cependant inamovibles, et que, pour les distinguer, il leur soit accordé les prérogatives personnelles de la noblesse, leur vie durant.

Art. 33. Ils demanderont que nulle charge ne donne la noblesse héréditaire, et que Sa Majesté soit suppliée de n'accorder des lettres de noblesse qu'à des citoyens qui auront mérité cette haute distinction par des services signalés rendus à l'Etat, et sur les demandes des Etats provinciaux.

Art. 34. Qu'il soit fait, immédiatement après la tenue des Etats généraux, un tableau de la noblesse actuelle, duquel tableau copie sera déposée dans tous les bailliages.

Art. 35. Ils demanderont la révocation des règlements qui interdisent aux gens du tiers l'espérance de parvenir dans les troupes aux grades successifs, suivant leurs mérites.

Art. 36. La suppression des milices, et dans le cas où des raisons d'Etat ou des motifs puissants empêcheraient de l'accorder, que les ecclésiastiques ou gentilshommes ne puissent exempter qu'un seul domestique, et que toutes personnes qui auront rempli un engagement de huit ans dans les troupes nationales en soient exemptes.

Art. 37. Qu'il soit accordé aux soldats une augmentation de solde, et que les appointements des officiers généraux soient diminués dans la proportion.

Art. 38. Ils leur donnent mandat spécial de demander la suppression des capitaineries, excepté celles que Sa Majesté jugera à propos de se réserver pour ses plaisirs personnels, la suppliant d'en fixer les limites.

Art. 39. Un nouveau code des chasses et la suppression de tous les droits et règlements abusifs des capitaineries.

Art. 40. Ils solliciteront une loi annulant l'arrêt de règlement de Paris, du 15 mai 1779, qui fixe des formalités simples et faciles dans leur exécution pour constater les dégâts occasionnés par le gibier, et qui, après ces formalités remplies, procurent aux cultivateurs la faculté de détruire eux-mêmes le gibier de toute espèce sans armes à feu, et que le dégât occasionné par le gibier puisse être constaté par les municipalités les plus voisines et sans frais.

Art. 41. Pour faire cesser toutes discussions sur la nature et l'espèce du gibier auteur du dommage, ils supplieront très-humblement Sa Majesté de permettre la chasse du cerf et de la biche à tous les seigneurs propriétaires de fiefs dont les terres sont distantes des lieux des capitaineries réservées pour les plaisirs de Sa Majesté.

Art. 42. Ils demanderont qu'il soit défendu de céder la chasse à titre de conservation, sous peine d'une amende applicable aux pauvres de la paroisse.

Art. 43. Que les municipalités soient autorisées à fixer le jour que les habitants de la campagne pourront faire le chaume.

Art. 44. Que toutes les remises plantées sur le bord des chemins soient arrachées pour la sûreté publique, que celles qui se trouvent sur les terres à blé, pour servir de retraite au gibier, le soient pareillement.

Art. 45. Ils demanderont la suppression du droit de franc-fief.

Art. 46. La suppression des aides et traites, celle des gabelles, ou au moins une modification considérable dans le prix du sel, avec la liberté de le prendre au grenier à sel que l'on jugera à propos,

comme aussi la suppression des droits pour l'inspection des boucheries.

Art. 47. La suppression des privilèges d'exemption d'entrées accordés aux bourgeois et propriétaires domiciliés à Paris.

Art. 48. La suppression des droits perçus pour les échanges dans les coutumes telles que la nôtre, qui n'accordent aux seigneurs aucuns droits pour ces mutations.

Art. 49. Ils solliciteront que dorénavant il ne soit fait aucune suppression des ordres religieux et aucunes réunions des cures de campagne.

Art. 50. Ils demanderont que les bénéficiers soient tenus de résider dans le chef-lieu de leurs bénéfices.

Art. 51. Que les bénéfices simples d'un revenu trop modique pour procurer à leurs titulaires une existence honnête, soient réunis aux fabriques de leur situation, soit pour procurer aux enfants une instruction gratuite, soit pour former des établissements de charité en faveur des pauvres.

Art. 52. Qu'il soit fondé dans toutes les villes un Hôtel-Dieu dans lequel tous les pauvres malades seront indistinctement reçus, et auxquels seront remis tous les biens-fonds donnés autrefois pour l'établissement des maladreries, où étaient reçus les pauvres malades et passants, à la charge toutefois par les administrateurs dudit Hôtel-Dieu de faire accomplir les charges dont lesdites maladreries étaient tenues par leurs fondations.

Art. 53. Que les corps et communautés ecclésiastiques seront tenus de conserver annuellement dans leurs greniers une certaine quantité de leurs grains pour servir de ressource dans les années de disette.

Art. 54. Que l'augmentation des portions congrues des curés de ville et de celles des curés de campagne soient réservée à la prudence des Etats généraux.

Art. 55. Que les propriétaires des dîmes ecclésiastiques ou inféodées soient seuls tenus des reconstructions, réparations des églises et presbytères, et que les propriétaires et habitants ne soient tenus d'y contribuer que lorsque les dîmes seront épuisées.

Art. 56. Que les nouveaux titulaires de bénéfices, même de collation royale, soient tenus d'exécuter les baux faits par leurs prédécesseurs, a tel titre qu'ils leurs succèdent, pourvu néanmoins que lesdits baux soient faits dans le temps utile et pour neuf années seulement.

Art. 57. Ils solliciteront la suppression des économats et demanderont que les fonctions qui leur sont actuellement attribuées soient renvoyées devant les juges royaux, pour les fonds provenant desdits économats versés dans la caisse du trésorier de la province et être employés ainsi qu'il sera avisé par les Etats généraux.

Art. 58. Ils demanderont que les ecclésiastiques, corps et communautés soient autorisés à faire des baux de dix-huit ans de leurs biens de campagne, et qu'il leur soit défendu d'affermer leurs biens à bail général.

Art. 59. Ils demanderont une nouvelle évaluation des biens donnés et reçus en échange par Sa Majesté actuellement régnante.

Art. 60. Qu'il ne soit plus donné d'apanages aux enfants de France, mais qu'il leur soit assigné un revenu fixe à prendre sur le trésor royal.

Art. 61. Que la contribution pour les routes soit également supportée par tous les ordres de l'Etat, et que partie de cette contribution soit employée pour des ouvrages particulièrement utiles aux communautés et qui seront constatés par les jugements de la province et approuvés par les Etats provinciaux.

Art. 62. Ils demanderont la suppression des huissiers priseurs.

Art. 63. La suppression des péages, banalités, droit de minage, halage et autres de pareille nature, en indemnisant toutefois les propriétaires de ces droits qui justifieront d'un titre originaire et constitutif.

Art. 64. L'uniformité des poids et mesures dans tout le royaume.

Art. 65. Les députés solliciteront un règlement qui fixera la quantité de terre que devra faire valoir chaque laboureur à quatre charrues, à moins qu'un nombre plus considérable n'appartienne au même propriétaire.

Art. 66. Ils demanderont que tout agriculteur dont la récolte aura été détruite par la grêle, le feu ou autres accidents non provenant de son fait, soit déchargé de l'impôt proportionnellement à sa perte.

Art. 67. Que tout particulier chargé d'enfants et n'ayant point de propriétés soit, conformément aux anciennes lois, déchargé de toute espèce d'imposition.

Art. 68. Ils demanderont la suppression de toutes servitudes et corvées locales.

Art. 69. La suppression des lettres de surséance.

Art. 70. Ils demanderont que tout prêt d'argent remboursable à époque fixe puisse porter intérêt.

Art. 71. Que tous les impôts qui pourront être perçus sur les terres, le soient en argent, et que l'imposition soit faite non sur le prix des baux, mais à raison de la valeur intrinsèque des terres qui seront classées.

Art. 72. Que les acquéreurs et nouveaux propriétaires à titre singulier des biens de campagne soient tenus d'exécuter les baux faits par les anciens propriétaires, et ne puissent évincer les fermiers, même en les indemnisant.

Art. 73. Ils leur donnent mandat spécial de ne consentir aucun subside que les droits sacrés de la nation n'aient été reconnus, la constitution fixée et consolidée, et qu'au surplus il n'ait été statué sur les doléances des Etats ; cependant, dans le cas où les subsides seraient reconnus urgents et nécessaires, ils les autorisent à en accorder de provisoires dans les premières séances, mais pour un an seulement.

Tous les cahiers des différentes paroisses seront remis aux députés du bailliage pour leur servir de mémoire et d'instruction à l'assemblée des Etats généraux, pour, après ladite assemblée, lesdits cahiers être par les sieurs députés remis au greffe de ce bailliage et y rester déposés.

Le cahier ci-dessus et des autres parts a été arrêté et convenu unanimement par MM. les commissaires des villes, bourgs, paroisses et communautés situés dans le ressort du bailliage de Crépy, et celui rapporté en l'assemblée générale du tiers-état ; il en a été à l'instant fait lecture.

Fait et arrêté en l'assemblée générale du tiers-état, tenue au bailliage royal du duché de Crépy en Valois.

A Crépy, le 17 mars 1789.

Délivré par nous, greffier en chef du bailliage de Crépy en Valois, soussigné.

Signé PARENT.

PROVINCE DE DAUPHINÉ.

POUVOIRS DES DÉPUTÉS DE LA PROVINCE DE DAU-
PHINÉ AUX ÉTATS GÉNÉRAUX (1).

EXTRAIT

*Du procès-verbal des Etats de la province de
Dauphiné, assemblés à Romans. Du 31 décembre
mil sept cent quatre-vingt huit, sur les dix
heures du matin.*

Les membres des Etats et leurs adjoints ayant
pris séance,

M. l'évêque de Gap a dit que la commission
s'est occupée du traitement que doivent avoir
les députés aux Etats généraux ; sur son rapport,
il a été délibéré que chacun des députés aurait
20 louis pour les frais du voyage, et 12 livres par
jour, à compter de celui qui sera indiqué pour
l'ouverture des Etats généraux.

Ensuite, M. l'évêque de Gap a dit que la commission a approuvé un projet de pouvoirs pour
ceux qui doivent représenter la province, et que
M. Mounier, secrétaire des Etats, rendrait compte
des motifs qui avaient dirigé la rédaction de ces
pouvoirs.

M. Mounier a développé les motifs qui ont déterminé la commission.

Le projet annoncé, ayant été lu, a été approuvé
deux fois par acclamation.

M. le chevalier de Murinais a dit que M. Mounier, rédacteur de ce projet, doit être député aux
Etats généraux par acclamation ; ce qui a été accepté par l'assemblée avec de grands applaudissements.

M. Mounier a dit qu'il était trop vivement ému
pour qu'il lui fût possible d'exprimer l'excès de
sa reconnaissance, mais que le règlement ne lui
permettait pas d'accepter l'honneur qu'on voulait
lui faire.

Il a été aussitôt arrêté qu'il sera fait mention
dans le procès-verbal du choix par acclamation
que venait de faire l'assemblée en faveur de
M. Mounier, et que, cependant, sur sa demande,
sa nomination serait renouvelée par la voie du
scrutin.

On a ensuite recueilli les suffrages sur le projet
présenté par la commission ; il a été de nouveau
accepté ainsi qu'il suit.

L'assemblée, qui doit se conformer aux principes consignés dans la lettre écrite au Roi par
les trois ordres de la province, le 8 novembre
dernier, et dans la délibération prise par les Etats,
le 9 de ce mois, plus que jamais persuadée de
leur justice et de leur importance pour le bonheur
de la nation, donne pouvoir aux personnes qui
seront choisies par la voie du scrutin de représenter la province dans les Etats généraux du
royaume, et tant qu'ils seront composés de membres librement élus.

Leur défend de délibérer séparément.

Leur donne mandat spécial d'employer tous
leurs efforts pour obtenir que les députés du tiers-

(1) Nous publions ce cahier d'après un imprimé de la
Bibliothèque du Corps législatif.

état soient en nombre égal à ceux du premier et
du second ordre réunis; que les délibérations
soient constamment prises par les trois ordres
réunis, et que les suffrages soient comptés par
tête, sans qu'ils puissent voter sur aucune proposition avant que ces formes aient été définitivement arrêtées; l'assemblée déclarant qu'elle
désavoue ses députés, et leur retire ses pouvoirs
s'ils contreviennent au mandat ci-dessus.

Et, dans le cas seulement où les Etats généraux
seraient composés de membres librement élus,
les députés du tiers-état en nombre égal à ceux
du premier et du second ordre, les délibérations
prises par ordres réunis et les suffrages comptés
par tête, l'assemblée donne pouvoir et mandat
spécial à ses députés de concourir, par tous les
efforts de leur zèle, à procurer à la France une
heureuse constitution, qui assure à jamais la stabilité des droits du monarque et de ceux du peuple français ;

Qui rende inviolable et sacrée la liberté personnelle de tous les citoyens;

Qui ne permette pas qu'aucune loi soit établie
sans l'autorité du prince et le consentement des
représentants du peuple réunis dans des assemblées nationales, fréquentes et périodiques;

Qui ne permette pas que les ministres, les tribunaux et aucuns des sujets du monarque puissent violer les lois impunément; qu'il soit fait
aucun emprunt direct ou indirect, et qu'aucun
subside soit perçu sans le libre consentement des
Etats généraux, en préférant les genres d'impôts
et de perception les plus compatibles avec la liberté publique et individuelle, et les plus susceptibles d'être également répartis sur tous les
citoyens.

Leur donne, de plus, mandat spécial de procurer la réforme des abus relatifs aux tribunaux
et à l'administration de la justice.

Leur défend de s'occuper des subsides avant
que les principes et les bases de cette constitution
soient établis, à moins que les circonstances
n'exigent impérieusement des secours extraordinaires et momentanés; leur recommandant, lorsque ces bases seront fixées, de chercher tous les
moyens propres à rétablir l'ordre et l'économie
dans les finances ; de prendre une connaissance
exacte des besoins de l'Etat et de la dette publique, afin d'y proportionner les sacrifices que la
gloire du trône, l'honneur français et le salut de
la nation pourront rendre nécessaires.

Leur défend encore d'accorder aucun impôt
pour un temps illimité, sans que le terme de l'octroi puisse excéder l'intervalle d'une assemblée
d'Etats généraux à la suivante.

L'Assemblée déclare qu'en tout ce qui n'est pas
restreint ou limité par le mandat ci-dessus, elle
s'en rapporte à ce que les députés estimeront, en
leur âme et conscience, pouvoir contribuer au
bonheur de la patrie, ne doutant pas qu'ils ne
soient toujours dirigés par la justice, la modération, la fidélité envers le Roi, le respect des propriétés, l'amour de l'ordre et de la tranquillité
publique.

Il leur sera remis des instructions sur quelques objets particuliers.

Et comme rien de ce qui peut intéresser la dignité de l'homme ne saurait être indifférent à cette assemblée, en respectant la juste prérogative de la préséance du clergé et de la noblesse, elle défend à ses députés de consentir aux distinctions humiliantes qui avilirent les communes dans les derniers États généraux de Blois et de Paris.

L'assemblée déclare de plus que, n'ayant eu, pour confondre les intérêts du Dauphiné avec ceux du reste du royaume, d'autre but que celui de la félicité commune, elle réserve expressément les droits de cette province, dans le cas où des obstacles imprévus ne permettraient pas aux États généraux de prendre les résolutions salutaires qu'elle a droit d'en espérer.

Il a été délibéré que les instructions dont il est parlé dans les pouvoirs des députés seront arrêtées définitivement avant de commencer le scrutin, et que la commission nommée pour les pouvoirs s'occupera de ces instructions.

M. le président a renvoyé la séance à demain, à quatre heures après midi, et il a signé :

† J.-G., *archevêque de Vienne, président.*

MOUNIER, *secrétaire.*

Du 1er janvier 1789, à quatre heures après midi.

La commission a fait le rapport d'un projet d'instructions sur quelques objets particuliers : elles ont été approuvées ; elles sont de la teneur suivante :

L'assemblée, délibérant sur les instructions qu'il convient de donner, relativement à quelques objets particuliers, aux députés qui doivent représenter la province dans les États généraux,

A arrêté qu'ils pourront consentir à l'aliénation des domaines du Roi et à la confirmation des aliénations précédentes, pour employer le prix des ventes et des confirmations au payement des dettes de l'État ;

Qu'ils demanderont la destruction des entraves qui s'opposent aux progrès de l'industrie et nuisent à la liberté des arts et métiers et à celle du commerce ;

Qu'ils demanderont de plus qu'on accorde au Dauphiné la faculté de racheter les péages ;

Qu'ils feront prendre en considération le grand nombre de routes que le Dauphiné est obligé d'entretenir pour la marche des troupes vers les frontières, et dont il retire peu d'avantage ; l'énormité des frais des ouvrages d'art qu'exigent ces mêmes routes, coupées fréquemment par des montagnes et des torrents ; et combien il serait injuste que le Dauphiné supportât seul des dépenses qui sont utiles à tout le royaume, et pour lesquelles il a toujours reçu des secours du gouvernement jusqu'à l'année 1788.

Au surplus, l'assemblée invite tous les membres qui la composent, ainsi que les villes et communautés, corps et corporations du Dauphiné, à envoyer à la commission intermédiaire toutes les instructions ou mémoires qu'ils pourront juger convenables sur toutes les parties de la législation et de l'administration, sur les abus de tous les genres et sur les moyens qu'ils croiront les plus propres à en opérer la réforme, afin que la commission intermédiaire fasse parvenir les divers renseignements aux représentants de la province.

Ensuite on a relu les pouvoirs, sur lesquels on a de nouveau recueilli les opinions des membres de l'assemblée ; ils ont été encore approuvés.

M. le président a dit que les députés qui doivent concourir, avec les membres des États, à l'élection de ceux qui représenteront la province dans les États généraux, avaient été convoqués conformément aux intentions de Sa Majesté, communiquées par ses commissaires ; que la lettre écrite, à ce sujet, par M. Necker, annonçait de nouveaux ordres pour le 27 du mois dernier, mais que les ayant attendus jusqu'à ce jour, il y aurait des inconvénients à retarder plus longtemps la nomination ; qu'il était indispensable de commencer le scrutin et de choisir trente représentants, sans préjudice des lettres de convocation, et que, dans le cas où les ordres du Roi exigeront un moindre nombre, les personnes qui se trouveraient au delà du nombre fixé seraient en remplacement.

Ensuite on a commencé le scrutin.

À l'heure de minuit, les billets de scrutins, ainsi que les relevés des suffrages, ont été enfermés, sous deux cachets, par MM. les procureurs généraux, syndics.

M. le président a renvoyé la séance à demain, à neuf heures du matin, et il a signé :

† J.-G., *archevêque de Vienne, président.*

MOUNIER, *secrétaire.*

Du vendredi 2 janvier 1789, à neuf heures du matin.

Les cachets du scrutin ayant été vérifiés et ensuite rompus, on a continué le scrutin.

Monseigneur Jean-Georges Le Franc de Pompignan, archevêque de Vienne, président des États ;

M.Henri-François-Lucretius d'Armand de Forest, marquis de Blacons fils ;

M. Nicolas-François, marquis de Langon, maréchal des camps et armées du Roi ;

M. Alexandre-Joseph de Falcos, comte de la Blache, maréchal des camps et armées du Roi ;

M. Jean-Joseph Mounier, secrétaire des États ;

M....... Dambesieux, avocat à Romans ;

M......... Barthélemi d'Orbanne, avocat au parlement de Grenoble ;

M. Alexis-François Pison du Galland fils, juge épiscopal de la ville de Grenoble ;

M. Marcellin-René Bérenger, procureur du Roi en l'élection de Valence ;

M. Antoine-Pierre-Joseph-Marie Barnave fils, avocat au parlement, propriétaire à Vercheny

Et M. Louis-Antoine-François, de Bertrand de Montfort, lieutenant général au bailliage des Boronnies, ont été nommés députés aux États généraux, ayant tous réuni plus de la moitié des suffrages.

M. le président a renvoyé la séance à quatre heures du soir, et il a signé :

† J.-G., *archevêque de Vienne, président.*

MOUNIER, *secrétaire.*

Du même jour, à quatre heures du soir.

Le scrutin ayant été recommencé ;

M. Jean-Antoine, comte d'Agoult, colonel de cavalerie, sous-lieutenant des gardes du corps du Roi,

Et M. Pierre Revol, avocat au parlement de Grenoble, ont été nommés députés aux États généraux, ayant réuni plus de la moitié des suffrages.

M. le président a renvoyé la séance à demain, à neuf heures du matin, et il a signé :

† J.-G. *archevêque de Vienne, président,*

MOUNIER, *secrétaire.*

Du samedi 3 janvier 1789, à neuf heures du matin.

M. le président a renvoyé la séance à trois heures et demie du soir, et il a signé :

† J.-G., *archevêque de Vienne, président.*

MOUNIER, *secrétaire.*

Du même jour, à trois heures et demie du soir.

M. le président a renvoyé la séance à demain, à quatre heures du soir, et il a signé :

† J.-G., *archevêque de Vienne, président.*

MOUNIER, *secrétaire.*

Du dimanche 4 janvier, à quatre heures du soir.

Le scrutin ayant été repris,

M. Charles-Emmanuel de Gratet de Dolomieu, abbé commendataire de l'abbaye de Saint-Hilaire, vicaire général du diocèse de Vienne, chanoine et comte de l'église de Saint-Pierre et Saint-Chef de la même ville ;

M. François-Henri, comte de Virieu, colonel du régiment d'infanterie-Limousin;

M. Pierre-François, comte de Morges ;

M. Jean-Louis-Dominique Biguan de Coyrol, négociant à Suze;

M. Charles Chatroud, avocat à Vienne,

Et M. Guy Blancard, propriétaire, habitant à Loriol, ont été reconnus députés aux États généraux, ayant réuni plus de la moitié des suffrages.

M. le président a renvoyé la séance à demain, à neuf heures du matin, et il a signé :

† J.-G., *archevêque de Vienne, président.*

MOUNIER, *secrétaire.*

Du lundi 5 janvier 1789, à neuf heures du matin.

Le scrutin ayant été repris,

M. Laurent-César, Baron de Chaléon, conseiller au parlement de Grenoble,

Et M. Jean-Loïs-François, comte de Marsanne-Fonjuliane, ont été reconnus députés aux États généraux, ayant réuni plus de la moitié des suffrages.

M. le président a renvoyé la séance à quatre heures du soir, et il a signé:

† J.-G., *archevêque de Vienne, président.*

MOUNIER, *secrétaire.*

Du même jour, à quatre heures du soir.

Le scrutin ayant été repris,

M. Aimé-François de Corbeau de Saint-Albin, doyen de l'église primatiale de Vienne, vicaire général du diocèse, et abbé commendataire de l'abbaye royale d'Aulnay;

M. Jacques-Bernardin Colaud de la Salcette, chanoine de l'église cathédrale de Die;

M. Jean-Baptiste, marquis de Baronnat;

M. Joseph Allard Duplantier, propriétaire à Voyron;

M. Jean-Louis Cheynet, maire de la ville de Montélimar,

Et M. Antoine-Joseph Richard, maire de la ville de Crest, ont été reconnus députés aux États généraux, ayant eu plus de la moitié des suffrages.

M. le président a renvoyé la séance à demain, à trois heures et demie du soir, et il a signé :

† J.-G., *archevêque de Vienne, président.*

MOUNIER, *secrétaire.*

Du mardi 6 janvier 1789, à trois heures et demie du soir.

Le scrutin ayant été repris,

M. Raymond Grand de Champrouet, assesseur au bailliage de Briançon, a réuni plus de la moitié des suffrages.

Le scrutin ayant été repris une seconde fois,

M. Pierre-Paul-Alexandre de Monspey, chevalier de justice de l'ordre de Saint-Jean-de-Jérusalem, commandeur de Montbrison, lieutenant de M. le grand; prieur d'Auvergne en Dauphiné,

Et M..... Dedelley d'Agier, maire de la ville de Romans, ont réuni plus de la moitié des suffrages.

M. le président a renvoyé la séance à demain à trois heures du soir, et il a signé :

† J.-G., *archevêque de Vienne, président.*

MOUNIER, *secrétaire.*

Du mercredi 7 janvier 1789, à trois heures du soir.

Il a été fait lecture du résultat du conseil du Roi et du rapport fait par M. Necker à Sa Majesté au sujet des formes des États généraux. Cette lecture a été plusieurs fois interrompue par les plus grands applaudissements et par des cris de : Vive le Roi! Ensuite il a été arrêté que les États écriraient à Sa Majesté pour lui présenter les témoignages de leur respectueuse reconnaissance, et qu'on écrirait également à M. Necker, ministre des finances.

M. le président a dit qu'il fallait nommer en remplacement un membre du clergé, deux de la noblesse et trois du tiers-état.

Le scrutin ayant été repris,

M. Guy-Joseph-François-Louis-Timoléon d'Aubergeon, chevalier de Murinais, a réuni plus de la moitié des suffrages.

Un officier du régiment de Royal-la-Marine est entré dans la salle des États, et a présenté à M. le président une lettre écrite par M. Necker à MM. les commissaires du Roi, dans laquelle il annonce que Sa Majesté a fixé le nombre des représentants du Dauphiné dans les États généraux à vingt-quatre; il a été aussitôt arrêté que MM. le commandeur de Monspey, le marquis de Baronnat, Dedelley d'Agier, Cheynet, Richard et de Champrouet, ne seront considérés que comme nommés en remplacement, ainsi que M. le chevalier de Murinais.

Il a été fait lecture d'une lettre écrite à M. le marquis de Viennois par les Dauphinois qui sont actuellement à Paris, qui contient leur adhésion aux principes du Dauphiné, qui rend hommage au zèle et au courage avec lesquels MM. les marquis de Viennois, le comte de La Blache et le comte de Virieu, députés de la noblesse, ont soutenu les intérêts de la province pendant leur séjour dans la capitale. Cette lettre est signée par MM. Cuchet, Reymond, Lenoir de la Roche, Robin de Mozas, Giroud, Sarrasin de Marèze, Allemand, Buisson *aîné*, Guillaumet; Sarret du Cernal, Toscan, l'abbé Pollin, Amblart, Mathon, Amblard de Rue, Lacroix, Vincent, Donnet, Chanies, Julien *aîné*, Buisson *jeune*, l'abbé Garcin, Buisson, J. Troussier, l'abbé de Pérret, Lemaistre, *régisseur général*; Menuret de Chambaud, *médecin*; Perier du Merlet.

M. le président a renvoyé la séance à demain, à dix heures du matin, et il a signé :

† J.-G., *archevêque de Vienne, président.*

MOUNIER, *secrétaire.*

Du 8 janvier 1789, à dix heures du matin.

Plusieurs membres de l'assemblée ont fait des observations relatives aux pouvoirs des députés aux États généraux.

La séance a été renvoyée à demain, à dix heures du matin, et M. le président a signé.

† J.-G. *archevêque de Vienne, président.*

MOUNIER, *secrétaire.*

Du vendredi 9 janvier, à dix heures du matin.

Un des membres de l'assemblée a dit qu'il ne paraissait pas qu'on eût suffisamment recommandé aux représentants de la province dans les États généraux de veiller à ce que la constitution garantisse les propriétés de tous les genres, et qu'il serait convenable de faire à ce sujet une addition au mandat spécial qui leur a été donné.

L'assemblée a unanimement délibéré qu'elle a entendu suffisamment pourvoir à la sûreté des propriétés, en déclarant qu'elle ne doutait pas que ses députés ne fussent dirigés par le respect des propriétés ; mais que, pour ne laisser aucune incertitude, elle déclare de nouveau charger expressément ses députés d'obtenir une constitution qui garantisse tous les genres de propriétés, de manière qu'on ne puisse jamais y porter atteinte, et que les propriétaires soient toujours assurés d'une indemnité effective, juste et proportionnelle, dans le cas où le bien public exigerait quelque changement qui leur serait préjudiciable. L'assemblée déclare, de plus, que la *nobilité* des fonds en Dauphiné ayant augmenté leur valeur dans le commerce et le partage des successions, elle ne pourra être abrogée sans une indemnité également effective, juste et proportionnelle.

M. le président a signé :

† J.-G., *archevêque de Vienne, président.*

MOUNIER, *secrétaire.*

CAHIER

De doléances de la ville de Vienne (1).

La Providence qui soutint tant de fois la monarchie française sur le penchant de sa ruine ; qui l'a fait triompher de ses ennemis étrangers et de ses dissensions intestines ; qui lui donna Charlemagne, Louis XII, Henri IV et Louis XVI, permet aujourd'hui que, du sein même de sa détresse, renaisse l'espoir de sa gloire.

Les représentants du peuple vont ouvrir l'assemblée la plus auguste qui ait jamais été, et assurer, de concert avec un monarque vertueux, le sort du plus bel empire de la terre et de vingt-quatre millions d'êtres pensants et sensibles.

Puisse le peuple français, puissent toutes les classes des citoyens, écouter la voix du souverain qui veut leur bonheur, et ne pas perdre en vains démêlés la grande occasion qui leur est offerte !

Puissent se taire, en ces moments précieux, tous les intérêts opposés à la régénération de la France ; et du Rhin aux Pyrénées, des Alpes à l'Océan, un seul vœu être formé pour la félicité générale ! S'il est permis à tous les citoyens de témoigner hautement ce qu'ils attendent de l'assemblée nationale, la ville de Vienne élèvera la voix dans cette conjoncture, à jamais mémorable, pour demander que la nation française soit heureuse, et que son chef soit un grand monarque.

L'accomplissement de ce souhait doit être le fruit d'un patriotisme noble et pur. Mais, peut-il exister où la patrie n'appartient pas également à tous ; où les droits usurpés sont, pour quelques-uns, l'humiliation, et les fers pour le plus grand nombre ?

Il est arrivé enfin ce grand jour, où une sage constitution et de bonnes lois, substituées à des coutumes incertaines, et à de longues erreurs, ne permettront plus que la dignité de l'homme et du citoyen soit oubliée, et que les Français laissent échapper le rang qui leur est dû parmi les peuples de la terre.

Remplie de cette confiance, la ville de Vienne dépose, dans ce cahier, ses principes, ses représentations, ses doléances, ses intentions pures : et elle en offre l'hommage au Roi et aux États généraux.

Des lois constitutionnelles.

Il est à désirer que les provinces fassent à la nation le sacrifice de leurs constitutions particulières, de leurs capitulations, de leurs traités ; et que la France ne soit, à l'avenir, qu'un grand corps de monarchie sous une seule loi, comme sous un seul roi ; que l'on n'y connaisse d'autres droits et d'autres pouvoirs que ceux du Roi et ceux de la nation.

Que la liberté de la nation soit inviolable ; et après ce grand intérêt assuré, la puissance du Roi rendue aussi absolue qu'il est possible, et qu'il est nécessaire au gouvernement d'un grand empire.

Que les personnes qui appartiennent à la noblesse et au clergé soient distinguées par la préséance, par des droits honorifiques, et surtout par le devoir de donner au corps du peuple l'exemple du patriotisme et de l'obéissance aux lois.

Que la liberté des citoyens étant mise sous la sauvegarde de la constitution, nul ne puisse être arrêté, mandé, constitué prisonnier, qu'il n'en soit en vertu, et selon les formes de la loi, et tout procédé contraire réprimé par les mesures efficaces que les États auront prescrites.

Que les propriétés soient sacrées, sans que la raison du bien public puisse en faire dépouiller les citoyens, si ce n'est à la charge d'une indemnité juste et préalable.

Que la nation soit représentée et déclare sa volonté par ses États généraux, composés de ses députés librement élus, dont la moitié au moins sera toujours prise dans les communes, à l'exclusion des nobles et des ecclésiastiques.

Que, dans les prochains États généraux, tous les députés soient réunis dans une même assemblée, sans pouvoir délibérer séparément : les suffrages comptés par tête, et la constitution qui intéresse toute la nation, rendue en effet l'ouvrage de la nation entière.

Que l'on y règle le retour fréquent et périodique de l'assemblée nationale, la distribution des députés entre les provinces, les formes de la convocation des élections et des délibérations.

Que la loi soit ce qui aura été résolu et accordé par le Roi et par les États généraux ; qu'elle oblige tous les individus sans distinction, et anéantisse tout pouvoir d'en dispenser.

Qu'elle ait toute sa force par l'effet seul de ce double consentement ; le soin de publier étant confié aux États provinciaux, afin qu'elle soit, ensuite, purement et simplement transcrite dans les greffes des tribunaux.

Qu'aucun impôt, subside ou contribution, de quelque nature et sous quelque dénomination que ce soit, ne puisse être levé dans le royaume sans l'octroi libre des États généraux.

Que toutes personnes qui feront des levées de deniers non octroyés par les États généraux,

---

(1) Nous publions ce cahier d'après un imprimé de la *Bibliothèque impériale.*

soient poursuivies et jugées comme concussionnaires.

Que tous impôts soient déclarés supportables également et indistinctement par tous les citoyens, à raison de leurs biens et facultés : tout impôt qui ne serait pas susceptible de cette égalité de répartition, à jamais rejeté, et la nobilité des fonds abolie, sans que ceux qui en profitent puissent prétendre aucune indemnité.

Que les provinces soient administrées sous l'autorité du Roi par des États particuliers, dont les États généraux auront réglé la composition et les pouvoirs ; et les villes et communautés par des administrations municipales.

Que tout Français, à quelque classe qu'il appartienne, soit déclaré capable de tous bénéfices, états et emplois ecclésiastiques, civils et militaires, s'il y est propre par ses qualités personnelles.

Que les ministres soient comptables aux États généraux de l'administration qui leur aura été confiée, et principalement de l'emploi des finances.

Des lois et des tribunaux.

La constitution serait infructueuse pour les peuples, si les lois civiles et criminelles n'en descendaient comme de leur principe, et si les tribunaux n'étaient rendus conformes à ce nouvel ordre de choses.

Les États généraux doivent charger, sous le bon plaisir du Roi, une commission de rassembler ce qu'il est utile de conserver des lois romaines, des coutumes et des ordonnances du royaume, et d'en former un code national.

Il faut que la procédure criminelle ne soit plus un mystère fatal à la liberté, et dangereux pour l'innocence.

Que les décrets, en vertu desquels des hommes libres sont mis dans les fers, ne puissent être donnés qu'après mûre délibération, et par trois juges au moins.

Que la loi en détermine les degrés et les cas.

Que l'humanité veille à la garde des prisons.

Que tout accusé soit assisté d'un conseil aux frais de la nation, dès le moment où il est détenu.

Que les peines soient les mêmes pour les coupables de toutes les classes, et jamais atroces.

Que nul pouvoir ne puisse ravir un coupable de quelque condition qu'il soit aux poursuites de la justice, sauf le droit du Roi de faire grâce après le jugement.

Que l'on appelle à tout jugement criminel les pairs de l'accusé.

Que la fonction des juges soit d'appliquer littéralement la loi ; et le coupable plutôt absous que si une peine était prononcée pour des cas où elle ne serait pas précisément infligée par la loi. Il faut aussi que la procédure soit abrégée et simplifiée.

Qu'il soit défendu aux tribunaux de faire des règlements et d'interpréter la loi, sous le prétexte même de l'équité ; et aux avocats de citer dans leurs plaidoyers et leurs mémoires autre chose que le texte de la loi même.

Qu'il n'existe à l'avenir, d'autres tribunaux que ceux des juges ordinaires.

Que la vénalité des offices de judicature soit abolie, les juges élus par les États provinciaux, confirmés et pourvus par le Roi, et la moitié des offices au moins affectés aux personnes de l'ordre non privilégié.

Que la justice soit rendue en Dauphiné au nom du Roi par quatre ou cinq présidiaux composés de huit juges, avec attribution du dernier ressort jusqu'à 4,000 livres ; et pour les affaires plus importantes, par une cour supérieure composée d'un président nommé par le Roi, et de vingt juges majeurs.

Que, dans chaque présidial, le roi établisse et nomme un sien avocat et un sien procureur ; et dans la cour supérieure, deux avocats généraux et un procureur général.

Que, dans aucun cas, il n'y ait plus de deux degrés de juridiction.

Qu'aucunes affaires ne puissent être attribuées à des commissions, et que tous privilèges et committimus soient supprimés.

Que les matières de commerce, arts, et manufactures soient traitées sommairement à des audiences séparées, où seront appelés, à l'égard des présidiaux, deux négociants, et à l'égard de la cour supérieure, quatre négociants députés des corps de marchands, pour y avoir voix délibérative ; les délais, dans les affaires de ce genre, courts et péremptoires ; le dernier ressort des présidiaux porté jusqu'à 10,000 livres, et la caution de payer le jugé abrogée.

Que les personnes qui composeront les tribunaux ne puissent être considérées comme formant des corps, ni avoir d'autres fonctions et séances communes que celles des jugements.

Que la péremption d'instance par trois ans ait lieu dans tout le royaume.

Que les études et formes nécessaires pour parvenir aux offices de juge, à la profession d'avocat, et à exercer les fonctions de notaire et de procureur, soient déterminées.

Que ces professions soient déclarées incompatibles.

Que l'on s'assure de la capacité et de l'honnêteté des huissiers et sergents, et de la foi des ajournements et des significations.

De l'agriculture et du commerce.

C'est par l'agriculture et le commerce que les États fleurissent ; et ils sont loin en France d'être au point de prospérité qu'un climat heureux semblait leur promettre.

Ils attendaient une constitution, la renaissance de l'esprit national, et une administration protectrice des propriétés.

Des fléaux nombreux molestent l'agriculture, et tarissent la première source des richesses.

Des restes du servage que la tyrannie féodale avait imprimé sur les têtes des Français subsistent pour la désolation des campagnes.

Il est des lieux où le laboureur paye chèrement le jour qui l'éclaire et le droit de dormir dans une chaumière après une journée laborieuse.

Lorsqu'il voit tomber l'eau bienfaisante du ciel, la nature lui dit : Je te la donne pour arroser ta terre ; mais le seigneur s'empare du bienfait de la nature.

Quand le laboureur est quitte envers son seigneur, le fermier de la dîme lui enlève une part de ses semences, de ses pailles, de ses fruits et du modeste salaire de ses peines.

Il paye ensuite l'impôt, prix de la protection du gouvernement dont il profite si peu.

Et si les torrents de l'automne rompent sa terre et entraînent sa semence, on a partagé la récolte, on ne partage pas le dommage.

Ce tableau vrai doit être mis sous les yeux du Roi et des États généraux.

C'est au Roi, c'est aux États généraux qu'il appartient de venir au secours de l'agriculture.

La nation doit espérer que la générosité des seigneurs français secondera ses vœux ;

Que l'agriculture sera affranchie des droits personnels, et les seigneurs exonérés des concessions qui y auraient donné lieu.

Il faut que l'on rappelle aux soins de la culture le riche propriétaire qui sacrifie au luxe des villes l'honneur si distingué dans les premiers âges de faire le bien dans les campagnes;

Que le commerce des grains soit libre et protégé;

Que l'on vienne, par des avances non ruineuses, au secours du cultivateur dans les années de disette, afin qu'il échappe à l'usure des petits marchands qui le vexent;

Que l'on ordonne le partage des communes au marc la livre, de l'estime pour une moitié, et l'autre moitié divisée par tête ;

Que l'on abolisse la levée des milices par le sort.

Alors la terre sera féconde, et celui qui la cultive bénira sa destinée.

Le commerce donne la main à l'agriculture ; il ne veut presque, pour enrichir la patrie, qu'être abandonné à sa propre activité : la liberté le vivifie, les gênes lui donnent la mort.

Le Roi verra dans sa sagesse, au milieu de l'assemblée de son peuple, s'il n'est pas bon de supprimer les priviléges, les maîtrises, la tyrannie que les arts exercent sur leurs candidats;

D'établir, dans tout le royaume, l'uniformité des poids et des mesures;

De favoriser par des préférences les manufactures qui œuvrent les matières nationales ;

D'abolir le barbare préjugé qui ne permet pas aux nobles d'embrasser une profession utile;

De modifier les traités avec l'étranger, qui ont blessé le commerce national ;

D'appeler le commerce lui-même à composer son code ;

De prévenir, par de bonnes lois, les faillites imprudentes, d'éclairer et de punir les faillites frauduleuses ;

D'honorer, de récompenser, par des distinctions, ceux qui, comme cultivateurs ou comme commerçants, auront bien mérité de la patrie.

Du clergé.

Le Roi et les États généraux ordonneront, par les moyens qui seront jugés convenables, le payement des dettes du clergé.

Ils sentiront la nécessité d'une législation claire et certaine sur la distribution des bénéfices, la résidence des bénéficiers, la suppression des titres inutiles, le rétablissement de la discipline ecclésiastique.

Ils allégeront le royaume des taxes qu'il paye à la cour de Rome et qui l'épuisent inutilement.

Ils considéreront que le peuple paye les dîmes pour la subsistance des ministres de la religion, et pour le prix des services spirituels qu'il en reçoit ;

Que cette contribution, pénible pour le cultivateur, est détournée de son emploi légitime , et le pauvre peuple forcé de payer encore ses vrais ministres, et de construire des églises et des presbytères.

Ils aviseront à rendre utiles les religieux, à supprimer les quêtes, à donner à tous les moyens de vivre en remplissant les devoirs de leur état.

Enfin, en réformant les lois et les tribunaux, ils arrêteront que les ministres de la religion sont au milieu du peuple pour l'instruire et pour l'édifier, non pour former une classe distinguée, exempte des lois et des tribunaux qui jugent tous les citoyens.

Des finances et des impôts.

Lorsque les États généraux auront assuré la constitution, ils jetteront leurs regards sur les besoins présents , sur les besoins à venir du royaume.

Le vœu de tous les Français est que les plaies de l'État soient sondées et guéries.

L'aliénation des domaines de la couronne est un moyen offert de subvenir à la dette publique, et de rendre au commerce des biens dont l'administration est coûteuse et peu profitable.

Mais l'économie, l'ordre, la vigilance, portés dans tous les départements, sont les premiers, les vrais remèdes aux maux que la dissipation, la confusion et l'*incurie* ont produits : l'intention du monarque prévient ici les desseins de la nation.

Qu'un impôt sur les terres, et un impôt sur les facultés mobilières remplacent toutes les impositions directes; la répartition, la perception seront moins compliquées, moins dispendieuses, moins à charge aux contribuables.

Le timbre pourrait atteindre facilement les biens mobiliers, et cet impôt, combiné avec sagesse par une administration nationale, n'aurait plus les dangers qui l'avaient fait redouter.

Une capitation sur les valets frapperait le riche à la décharge du peuple, et pourrait rendre des hommes vigoureux à l'agriculture, aux arts et aux mœurs.

Les impôts indirects doivent respecter les consommations de première nécessité, et chercher partout celles du luxe.

Il est digne de l'assemblée nationale de prononcer contre les gabelles la sentence de proscription, de vouer à l'infamie quiconque proposerait à l'avenir de rétablir cet impôt funeste;

D'abolir les loteries, le plus terrible des jeux du hasard, piège du fisc, dangereux par son obscurité, où un appât trompeur attire la pure substance du pauvre;

Les aides, les droits sur les cuirs, sur les fers ; les autres impôts de ce genre sont un fardeau que portent péniblement l'agriculture et le commerce ; le régime de leur perception semble fouler les esclaves, et révolte des hommes libres.

Quand les Français auront comme contracté une alliance nouvelle, quand ils ne seront qu'un seul peuple, il faudra enlever ces barrières qui séparent les provinces, où le citoyen arrêté doute s'il est encore dans sa patrie ou s'il passe sur une terre étrangère.

Que l'on rende ensuite le tabac au commerce, et l'on délivrera la France de cette effrayante multitude d'employés et de commis, malfaiteurs soudoyés, dont l'infaillibilité fiscale révolte la raison et la justice , que le riche écarte facilement de sa route, et qui creusent des précipices sur celle du pauvre.

Les douanes établies sur les frontières, les taxes perçues sur le sel aux salines, et sur le tabac à son entrée dans le royaume, d'autres impôts sur les besoins du riche, moins onéreux au peuple, suppléeront au vide qui suivra la réforme.

Enfin, les taxes perçues à raison des conventions et des dispositions des hommes sont devenues l'objet d'une science mystérieuse et compliquée, vaste champ de vexations sourdes et de démêlés, où les agents de la finance sont à la fois juges et parties.

Ces taxes peuvent subsister; elles sont attachées à une institution utile, propre à fixer la date et assurer la foi des actes ; et quand l'arbitraire en sera banni, le peuple les payera sans murmurer.

Mais il faut qu'on oublie dans la poussière des bureaux ces énormes volumes de lois, d'arrêts, de décisions, prétexte éternel d'extensions arbitraires, et que l'on y substitue un tarif unique dans lequel le redevable trouve son obligation intelligiblement écrite.

Après avoir accordé les impôts, les Etats généraux devront donner des règles à la perception et aux contraintes, et concilier, avec la sûreté du recouvrement, les ménagements dus aux contribuables.

Il faut que les sommes qui doivent être employées dans les provinces soient portées, sans en sortir, à leur destination.

Que toutes les contributions des peuples soient rendues dans chaque district à une caisse unique, et la comptabilité plus simple et plus éclairée.

Que les Etats généraux, sous le bon plaisir du Roi, règlent les dépenses ordinaires de tous les départements, et opposent des barrières aux abus.

Considérations diverses.

Le Roi et les Etats généraux n'oublieront pas que l'éducation est la mère des mœurs, et que les empires ne prospèrent point sans les mœurs.

L'homme est l'ouvrage de ses maîtres, et sa vie est la conséquence des principes qui lui furent enseignés.

Une commission doit être chargée de former un plan d'école nationale, où le choix des maîtres soit éclairé par de sages précautions, et où les élèves deviennent hommes et citoyens.

Les universités ont dégénéré de leur splendeur et de leur discipline, en même temps qu'une méthode barbare a continué de diriger leur leçon. Il en est où les études sont entièrement abandonnées, et qui n'ont conservé que les ridicules droits de vendre des degrés.

Et de là cependant sortent ceux qui, sous les noms de jurisconsultes et de médecins, usurpent la confiance, et mettent en danger les biens et la vie des citoyens. Combien de réformes à faire, d'utiles règlements à prononcer !

Il faut qu'une bonne législation prévienne la mendicité ; qu'à la pauvreté laborieuse on fasse trouver partout la ressource du travail ; à la vieillesse et aux infirmités, des secours ; à l'oisiveté, le mépris et une police sévère.

Que les enfants trouvés soient reçus sans inquisition, sans difficultés dans les hôpitaux et élevés aux frais des provinces. Que les hôpitaux soient dotés selon leurs besoins. Les services qu'on y rend au pauvre malade, propres à le consoler et à mériter sa confiance ; et leur administration surveillée par les Etats provinciaux.

Que l'utile établissement des maréchaussées soit porté à sa perfection.

Que les dépôts des chambres des comptes soient portés dans les archives des Etats provinciaux, et ceux des tribunaux supprimés, dans les greffes des tribunaux ordinaires.

Que la voirie soit confiée aux Etats provinciaux ; que des plans soient dressés sous leur inspection pour régler celle des villes, et que les assemblées municipales soient chargées de leur exécution.

Que l'on attribue encore aux Etats provinciaux l'exécution des lois qui seront faites pour la conservation des eaux et forêts.

Que les Etats provinciaux aient l'administration des postes, et que l'inspection nationale assure

la fidélité d'une institution précieuse dont le secret n'eût jamais dû être violé.

Mais on aurait en vain obtenu une constitution et des lois si l'on oubliait le soin de les conserver. L'expérience a averti tous les peuples que leur liberté est sans cesse en danger, et des intérêts opposés toujours en mouvement pour l'opprimer.

C'est à la censure nationale que le maintien de la constitution doit être confié ; qu'elle veille, qu'elle puisse parler hautement.

Qu'en donnant à la presse toute la liberté qui lui est nécessaire, les citoyens reconnaissent le bien qu'elle leur a fait.

Qu'il soit permis de dire et de publier, comme il est permis de faire tout ce qui n'est pas défendu par les lois ; et que la circulation de la pensée, cette première propriété de l'homme, échappe, comme l'air qu'il respire, aux efforts impuissants des ennemis de l'humanité.

Aujourd'hui jeudi, seizième avril mil sept cent quatre-vingt-neuf, dans l'une des salles de l'hôtel de ville, à deux heures de relevée, se sont assemblés les notables citoyens de la ville de Vienne, soussignés, en exécution des différents ordres du Roi, et à l'exemple des autres municipalités, pour arrêter le cahier des représentations et doléances ci-dessus, contenant ce qu'elle désire voir exposé au Roi et aux prochains Etats généraux ; a été délibéré qu'il en sera envoyé une copie en bonne forme à la commission intermédiaire des Etats de la province, pour qu'il en soit fait mention dans le cahier général du Dauphiné.

Bonin, avocat, ancien échevin ; Almeras, procureur, ancien échevin ; Chabroud, avocat ; Bouthier, bourgeois, ancien administrateur de l'Hôtel-Dieu ; Bertet-Dupinay ; Lambert ; Baudrand ; Petroquin, ancien procureur ; Desaubiers, officier ; Pelisson de Valencise ; le chevalier de Corbeau ; Boissat, notaire ; Ginet de la Rancolière, juge, ancien maire ; Charelton ; Armanet ; Moro, procureur comtal de la ville ; Givord, procureur du Roi ; Giranton, doyen des procureurs ; Labbé fils, avocat ; Ginet-Demure fils ; Charetton, cadet ; Bonnir-Derrives, chevalier de Saint-Louis ; Penin-Flocard ; Triboulet ; Trainard, procureur député de la communauté ; Laras ; Bonnel ; Gelas procureur ; Gelas aîné ; Revollat, médecin du Roi ; Couturier ; Gelas, avocat ; Gelas, procureur ; Malet procureur ; Boissonnet ; Genin ; Challial, bourgeois ; Benatru ; Tuillier ; Gautier ; Charvet aîné, négociant ; Jean Mary ; Medal, bourgeois ; Donnat cadet, syndic des négociants ; Bruyas père ; Rondet ; Perrin ; Lavillardière, docteur médecin ; Gelas cadet ; Bruyas fils ; Serverin ; Bouchu ; Thevenin ; Acloque ; Piot ; Odous fils ; Jean Grimal ; Bonnevay fils ; Genin ; Badin ; Bouthier de Borgard, ancien conseiller assesseur ; Fornand des Essard, chevalier, ancien syndic avocat, notable de cet ordre ; Almeras Latour, ancien premier échevin et ancien syndic de l'ordre des avocats ; Monnier ; Dar ; Servant, officier ; C. Bajard, député du commerce ; Channa ; Arthaud ; Gelas ; C. Jacquier neveu, négociant ; Labbé père, avocat, ancien consul ; Guillermin, procureur ; Rigollier, procureur ; Cochard, procureur et procureur du Roi en la viguerie royale de Sainte-Colombe ; Regnaud ; Tranchard ; Bachellard, ancien échevin ; Avignon, ancien échevin ; Janeriat, propriétaire de la Verrerie ; Genin fils ; Laurent de Vallort ; Jullin ; Thevenin, procureur ; De Comberousse, avocat ; Barry, négociant ; Recordon, procureur ; Dupré, marchand ; Bernard, négociant ; etc., etc., etc.

SÉNÉCHAUSSÉE DE DAX OU DES LANNES.

CAHIER

De remontrances, plaintes et doléances du clergé (1).

Les ecclésiastiques de la sénéchaussée des Lannes rendent de très-humbles actions de grâces à Dieu des regards de miséricorde qu'il a bien voulu jeter sur la nation française. Après avoir appesanti son bras sur la France en la livrant aux inquiétudes désespérantes que le mauvais état des finances, les fléaux, les calamités, le trouble et l'agitation des esprits semblaient autoriser, la divine Providence vient de nous rassurer en inspirant au Roi de repousser loin du trône les séductions du pouvoir absolu pour s'entourer de ses sujets, les rappeler tous à la régénération de la chose publique, et ne régner sur eux que par l'amour, la confiance et la persuasion. Quoi de plus propre à rendre à la nation son énergie, à rétablir entre les trois ordres cette concorde, ce concert d'efforts, cette réciprocité de sacrifices, desquels dépend le bonheur de tous ? Les ecclésiastiques de la sénéchaussée des Lannes, ministres d'une religion sainte, qui sait mesurer toute l'étendue des droits du citoyen envers la patrie, s'empressent de porter au pied du trône leurs vœux pour le monarque bienfaisant qui l'occupe, et les très-humbles remontrances, plaintes et doléances et avis, qui leur paraissent propres à réformer les abus, à régénérer ce royaume, et à le rétablir dans son ancienne splendeur.

Art. 1er. — *De la religion et des objets qui y ont rapport.*

La monarchie française doit son établissement, elle doit ses jours de splendeur et de gloire à la religion catholique, apostolique et romaine. C'est sur cette religion qu'elle repose depuis près de quatorze siècles. A-t-elle été ébranlée par des schismes, par des hérésies, l'édifice qu'elle soutenait a éprouvé des secousses qui ont presque causé sa ruine : l'unité du culte, voilà le centre qui réunit, sous une législation uniforme, les citoyens d'un même État. En conséquence, le clergé de la sénéchaussée des Lannes supplie Sa Majesté de répondre favorablement aux remontrances que la dernière assemblée générale du clergé lui a adressées sur l'édit concernant les non catholiques, et il demande des lois propres à empêcher toute autre espèce de culte public que celui de la religion catholique, apostolique et romaine.

Ce n'est pas seulement sur les restes d'une erreur qui, dans les derniers siècles, déchira le sein de l'Église, que le clergé de la sénéchaussée des Lannes doit porter ses alarmes aux pieds du trône. Une secte impie et audacieuse, qui décore sa fausse sagesse du nom de philosophie, paraît acharnée à éteindre toute confiance. En voulant renverser les autels, elle a tenté d'ébranler le trône. La corruption de ses principes entraîne la corruption des mœurs, et précipitera la nation

(1) Nous publions ce cahier d'après un manuscrit des *Archives de l'Empire*.

dans l'anarchie et l'indépendance, si le gouvernement ne s'empresse d'opposer à ce torrent destructeur les digues les plus fortes. Le clergé de la sénéchaussée supplie Sa Majesté d'exciter, par les règlements les plus pressants, la vigilance de ses cours de justice contre les écrivains qui attaqueront la religion, les mœurs et le gouvernement. Qu'il soit enjoint au ministère public de ne pas borner ses fonctions à la simple formalité de déférer un livre qui contiendra des principes erronés et licencieux, et d'en requérir la flétrissure, mais de faire informer, par toutes les voies de droit, même celle du monitoire, contre l'auteur, les imprimeurs, libraires et détenteurs.

Ledit clergé représente que le gouvernement ne peut se promettre de délivrer la France du fléau qui la désole, qu'en décernant les peines les plus sévères contre les auteurs des mauvais livres ; qu'en déclarant incapables de toutes charges, placés dans les académies, les collèges et les universités, les auteurs qui auront été convaincus d'avoir écrit contre la religion, les mœurs ou le gouvernement ; quelque solennelle que soit la rétractation de la part desdits auteurs, elle ne suffira pas pour les rendre habiles auxdites charges, lorsque les principes qu'ils auront répandus dans leurs ouvrages seront si ouvertement opposés à ceux de la religion, aux bonnes mœurs et au gouvernement, qu'il ne soit pas possible d'attribuer leur erreur à l'ignorance et à la précipitation, et de supposer lesdits auteurs de bonne foi, lorsqu'ils ont écrit que la liberté indéfinie de la presse ouvrirait la porte à un torrent de mauvais livres, si les règlements de police sur la librairie n'étaient pas maintenus et exactement observés à l'égard des colporteurs. Qu'il serait à désirer que Sa Majesté voulût bien ordonner, conformément aux États de Blois, qu'aucun livre sur la religion ne fût imprimé et vendu sans avoir été approuvé par l'évêque diocésain ou ses vicaires généraux dans les villes où il n'y a ni censeurs royaux, ni faculté de théologie!

Qu'aucun marchand colporteur ne peut exposer en vente dans les villes ou bourgs du royaume sans en avoir présenté la liste à l'évêque diocésain dans les villes épiscopales, ou aux curés dans les villes éloignées de la résidence de l'évêque, ainsi qu'aux juges royaux, pour ladite liste être visée et approuvée ; que, dans le cas de contravention, lesdits marchands colporteurs seront punis par la confiscation des livres, amendes, ou telles autres peines qu'il plaira à Sa Majesté de décerner.

Art. 2. — *De la sanctification des fêtes.*

Les fêtes et dimanches furent toujours, dans l'Église catholique, des jours consacrés au Seigneur, des jours consacrés au culte extérieur, et sanctifiés par l'hommage public que les vrais fidèles rendent à Dieu. Le clergé de la sénéchaussée des Lannes représente que les ordonnances royales sur cet objet ne sont pas exécutées de manière à prévenir toutes les profanations, et à procurer l'accomplissement du précepte. Il supplie Sa Majesté de renouveler lesdites ordonnances ; et pour en procurer l'exécution, d'enjoindre aux maires, échevins, consuls, jurats des villes et bourgs, de veiller à ce que, pendant les offices publics, et après l'angelus du soir, les cabarets et lieux d'assemblées publiques soient fermés ; de dresser procès-verbal sur papier ordinaire de leurs visites, pour lesdits procès-verbaux être remis chaque fois aux procureurs du Roi des juridictions royales.

Art. 3. — *Réformation du clergé séculier*

Le clergé de la sénéchaussée des Landes croit devoir renouveler les instances faites par l'Eglise de France depuis plus d'un siècle pour le rétablissement des conciles provinciaux. Y eut-il un temps où l'Eglise eût plus besoin de rassembler ses forces contre les efforts combinés de ses ennemis? Une conspiration effrayante menace de tous côtés le dépôt sacré de la foi ; les maximes de la morale la plus sublime sont presque discréditées ; que les conciles provinciaux s'assemblent, le concours des lumières et des vertus rallumera le flambeau de la foi, la morale reprendra sa pureté, la discipline, sa force et son uniformité, la subordination, son empire. Si l'Eglise de France doit jamais espérer le rétablissement de ses conciles provinciaux, ce doit être sous un prince qui, dans ce moment, croit ne pouvoir faire fleurir les différentes branches de son administration politique qu'en les confiant à des assemblées nationales.

Art. 4. — *Synodes diocésains.*

Sa Majesté sera aussi priée de susciter le zèle et la vigilance des évêques, afin que les synodes diocésains soient convoqués au moins tous les deux ans. Et comme il arrive souvent que les fondations ne s'exécutent pas et s'oublient, ces synodes offriront un moyen de justifier, aux yeux du public, la confiance des bienfaiteurs de l'Eglise par les procès-verbaux, qu'on y dressera, des fondations, de leur exécution, et, dans le cas où elles n'auraient pu être exécutées, de l'emploi des fonds y destinés.

Art. 5. — *Education.*

Le clergé des Lannes prie le Roi de considérer que, depuis la destruction des Jésuites, l'éducation de la jeunesse est négligée en France ; que si, d'un côté, il existe encore bien des collèges, de l'autre, la plupart des instituteurs qui dirigent ces collèges n'ont pas la confiance générale. Le seul moyen de prévenir, et la perte des lettres, et les suites funestes de l'oisiveté, est, peut-être, celui de faire revivre une société à laquelle Louis XIII, sur la demande des Etats généraux, ouvrit en 1614 les collèges de son royaume ; une société dont le but principal et le but permanent étaient l'instruction de la jeunesse ; une société qui, pour cette instruction, trouvait, dans la multitude et les talents de ses individus, des ressources que n'ont ni ne peuvent avoir des corps, ou peu nombreux, ou mal organisés ; une société, enfin, qui multipliait les instituteurs, non-seulement dans son sein par une sollicitude constante, mais encore dans les congrégations étrangères par une espèce d'émulation et de rivalité qu'elle leur inspirait. Les restes encore subsistants d'un corps aussi utile suffiront pour produire une nouvelle génération d'autant plus intéressée au bonheur de la France, qu'elle devra son existence à la

bonté du prince et aux vœux de la nation assemblée.

Art. 6. — *Universités et colléges.*

Parmi les abus qui nécessitent la réforme des universités, un des plus nuisibles au bien de l'Eglise, c'est la facilité avec laquelle on donne des grades à des jeunes gens qui n'ont, quelquefois, d'autre mérite que celui d'avoir fréquenté les classes, et qui, avec des grades, mais sans talents, deviennent aptes à posséder ceux des bénéfices qui exigent le plus de lumières. Le meilleur moyen de rendre aux universités leur ancien éclat, c'est de former une commission composée des personnages les plus vertueux et les plus éclairés, à laquelle sera admis un nombre choisi de ceux qui, par état, se consacrent à l'instruction de la jeunesse ; et cette commission s'occupera du plan de réforme, tant pour l'enseignement que pour le régime et l'administration des universités et colléges.

Art. 7. — *Séminaires.*

L'intérêt de la religion et celui de l'Etat, qui en est inséparable, se réunissent pour réclamer, dans chaque diocèse, des secours en faveur des séminaires, dont l'établissement tourne à l'avantage de l'un et de l'autre. La plupart se trouvent, par la modicité de leurs revenus, hors d'état de suppléer au défaut de facultés des sujets qu'on est forcé d'y élever pour fournir aux besoins des différentes paroisses ; le clergé de la sénéchaussée des Landes demande :

1º Que les séminaires puissent acquérir, sans être assujettis au droit d'amortissement et de nouvel acquêt, jusqu'à une somme quelconque qui sera déterminée par la prudence de chaque évêque diocésain ;

2º Que les fondations de bourses ou de places gratuites, ainsi que les dotations des maîtres, soient exemptes de tout droit de fisc ;

3º Que les ecclésiastiques, pourvus de certaines fondations de messes, équivalentes à de véritables prébendes, puissent, en vertu de leurs titres, être promus aux ordres sacrés, sans autre titre patrimonial ;

4º Que la même faveur, sollicitée pour les séminaires, s'étendra sur les colléges, les hôpitaux et autres établissements publics destinés au bien de la religion et de l'humanité, ainsi que sur les fonds qui seront assignés, dans chaque diocèse, pour servir de retraite aux prêtres invalides.

Art. 8. — *Des réguliers.*

Les ecclésiastiques de la sénéchaussée des Lannes portent au pied du trône leurs justes doléances sur l'état de langueur qui menace les ordres religieux d'une dissolution prochaine. Il n'est aucun ordre dans l'Etat qui ne doive s'intéresser à la conservation d'un institut qui, dans les beaux jours de la religion, contribua à sa gloire et fut sa consolation dans ses jours de deuil ; d'un institut qui, dans les siècles de trouble, d'ignorance et de barbarie, conserva à l'Eglise sa tradition, sa discipline, ses rites, ses usages, et à la nation ses mœurs et ses annales. Tant de titres pourraient-ils être méconnus dans un siècle qui réunit tant de lumières !

Ces monuments augustes, élevés à l'ombre de la protection et de la bienfaisance de nos rois, quelque ébranlés qu'ils soient, se soutiendront contre tous les efforts de la calomnie, si le monarque trouve dans sa sagesse les moyens de les raffermir. Il en est principalement que le clergé de France croira devoir proposer à Sa Majesté dans l'assemblée de la nation. C'est la révocation de la loi qui fixe les vœux à vingt et un ans pour les religieux. À vingt et un ans, on a respiré l'air de la contagion; l'innocence a eu des assauts terribles à soutenir. Une loi pareille, rendue sans doute dans de bonnes vues, ne peut, par conséquent, produire d'autres effets que de dépeupler les monastères.

Le clergé des Lannes observe qu'il serait pareillement convenable de donner aux religieux mendiants des moyens de subsister moins onéreux au peuple que la ressource de la mendicité. Il reste encore dans le royaume une grande quantité de terres en friche, dont une partie pourrait servir à leur dotation; et dans les provinces totalement cultivées, les États particuliers trouveront, dans leur propre générosité des ressources suffisantes pour l'entretien de ces hommes utiles.

Mais le clergé supplie le Roi de ne pas permettre qu'on dépouille les monastères déjà dotés pour subvenir aux besoins de ceux qui ne le sont pas. Une nation juste respectera la volonté des fondateurs et les droits sacrés de la propriété. Bien au contraire, pour remplir l'esprit de l'Église et les désirs constants des conciles, ainsi que pour tarir les sources des procès qui s'élèvent journellement entre les abbés et les religieux, le Roi est supplié d'ordonner l'exécution du concordat passé entre Léon X et François Ier, relativement à la suppression des commendes, vacances arrivant; de remplir, à cet égard, les vœux du concile de Trente, ceux de la nation assemblée aux États de Tours, en 1483, sous Charles VIII, les ordonnances et les promesses de nos souverains, renouvelées par Charles IX, en 1571, par Henri III, en 1579, et enfin par Louis XIII dans l'assemblée des notables, tenue à Rouen en 1617.

Un moyen très-efficace de ramener l'état religieux à ses plus beaux jours, serait de rendre aux différents ordres leur première règle. Tous les maux qui existent dans les cloîtres ne viennent que des changements qu'on y a introduits; en faisant disparaître la nouveauté, on ramènera le bon ordre. Mais si les États généraux ne pouvaient s'occuper de conserver à l'Église les instituts religieux par les règlements sages que le clergé des Lannes se donnera la liberté de leur proposer, ledit clergé supplie Sa Majesté de renvoyer la décision de leur sort au premier concile national qu'il lui plaira de convoquer.

Art. 9. — *De la nomination aux premières dignités de l'Église.*

Le clergé des Lannes prie Sa Majesté de ne nommer aux premières dignités de l'Église, que des ecclésiastiques qui, dans les places inférieures, aient donné des preuves non équivoques et soutenues de l'esprit de leur état, et d'un zèle véritable pour les fonctions de l'autel et l'administration des sacrements.

Art. 10. — *Oppositions aux mariages.*

Le clergé de la sénéchaussée des Lannes demande que les oppositions aux mariages, autres que celles des pères, mères, tuteurs et curateurs, soient sujettes à une amende, selon l'exigence des cas, et par corps, lorsqu'on en sera débouté.

Art. 11. — *Mariages des mineurs.*

Le clergé de la sénéchaussée des Lannes remontre que l'exécution des lois relatives aux mariages des mineurs expose la classe des cultivateurs et des artisans à des frais que la plupart ne sont pas en état de supporter, et demande, en conséquence, qu'il leur suffise d'être assistés de leurs parents, et, à leur défaut, de leurs voisins, à l'effet de contracter mariage, sans qu'il soit besoin de tuteurs curateurs, ou qu'il leur en soit donné sans aucune formalité de justice, et seulement par-devant les jurats ou officiers municipaux.

Art. 12. — *Des unions et des suppressions.*

Le clergé de la sénéchaussée des Lannes ne peut voir d'un œil indifférent les difficultés sans nombre qui retardent les unions et les suppressions, justifiées par l'intérêt public et autorisées par lettres patentes. Il ose solliciter, avec tout le clergé de France, une loi qui simplifie les unions, et qui renvoie à l'enregistrement des lettres patentes toutes les oppositions qui seraient formées dans le cours de la procédure.

Art. 13. — *Duel.*

La sévérité des lois contre le duel rend ces lois entièrement inutiles dans ces circonstances. Le Roi sera supplié d'en faire de plus douces, et d'en assurer l'exécution en refusant toutes les lettres de grâce, et en n'admettant pas de distinction entre duel prémédité et duel de rencontre.

Art. 14. — *Régents, chirurgiens, et sages-femmes de campagne.*

Les campagnes ont besoin de toute la vigilance du gouvernement; elles sont dépourvues de tout secours, soit pour l'instruction de la jeunesse, soit pour les soulagements ordinaires de l'humanité. On s'ingère dans les fonctions de régent et on s'y maintient sans approbation, et souvent contre la volonté des supérieurs. La plupart des chirurgiens ignorent les premiers éléments de leur art; il suffit de savoir manier un rasoir pour s'ériger en maître en chirurgie; enfin, c'est la témérité qui fait les sages-femmes, puisqu'elles osent exercer un art dont elles ne connaissent pas mêmes les principes. Sa Majesté sera priée :

1° De renouveler les ordonnances sur les régents, et d'enjoindre aux procureurs dans les baillages de tenir la main à leur exécution;

2° D'ordonner aux lieutenants et à son premier chirurgien de visiter les chirurgiens de son district, de recevoir les plaintes qu'on portera contre eux, et d'interdire ceux qui ne seront pas capables de cette profession; tout cela, sous peine d'être interdits eux-mêmes; enfin, de ne donner le titre de lieutenant de son premier chirurgien qu'à condition que, dans la ville principale du baillage, le pourvu ouvrirait, pendant quatre mois de l'année, une espèce de cours où pourraient se rendre les sages-femmes des environs; et pour exciter l'émulation de celles-ci, Sa Majesté leur accordera une diminution dans les impositions.

Art. 15. — *Des portions congrues des curés.*

La portion congrue, fixée par l'édit de 1768 à la somme de 500 livres, et augmentée jusqu'à la somme de 700 par l'édit de 1786, est insuffisante pour un honnête entretien. Il est donc nécessaire de venir au secours de ces curés; et tandis qu'on ne les payera qu'en argent, on n'améliorera jamais leur sort, parce qu'on ne saurait établir une proportion constante entre la valeur de l'argent et le prix des denrées. Le seul moyen de prévenir tous ces inconvénients est de leur assigner une partie de la dîme de leur paroisse, ou de fixer la quantité de grains et de vin que les décimateurs seront obligés de leur passer tous les ans; et dans les paroisses où toute la dîme ne serait pas suffisante pour l'honnête entretien des curés, comme sont plusieurs dans les Lannes, Sa Majesté sera priée d'autoriser les évêques à pourvoir au sort des curés de ces paroisses par l'union de quelques bénéfices simples, ou par l'attribution d'une partie de la fabrique, s'il y en a.

Art. 16. — Portion congrue des vicaires.

Sa Majesté sera aussi priée d'augmenter la portion congrue des vicaires, et de leur assigner la moitié de la congrue qu'elle adjugera aux curés, en statuant que la pension des vicaires d'un curé congruiste sera, dans tous les cas, supportée par les gros décimateurs, et que la pension de tout vicaire d'un curé, fruit prenant, sera supportée par tous les décimateurs ensemble, chacun en proportion des dîmes qu'il perçoit.

Art. 17. — Des novales.

Sa Majesté sera priée de révoquer l'édit de 1768 sur les novales, parce que cet édit, surtout si on le rapproche de l'édit de 1786, est entièrement opposé aux vues bienfaisantes du Roi pour les curés, puisqu'il accorde aux gros décimateurs un dédommagement qui ne leur est pas dû dans les paroisses où il n'y a pas de vicaire, et où le curé n'est pas à portion congrue ; puisqu'il transporte aux gros décimateurs un dédommagement dû aux curés dans les paroisses où les vicaires sont payés par les curés ; puisque, dans les paroisses où la population augmente, les peines du curé augmentent aussi et que son revenu n'augmente pas ; puisque enfin les nouvelles terres ne se cultivent presque jamais qu'en abandonnant les anciennes ; et ainsi le revenu des curés diminue dans la même proportion que le revenu des gros décimateurs augmente.

Art. 18. — De la liberté de s'assembler.

Les religieux, les corps réguliers, les chanoines jouissent du privilége de s'assembler et de nommer un syndic pour poursuivre leurs affaires. Le corps seul des curés est privé de cet avantage. Et combien de fois n'aurait-il pas voulu porter ses vœux au pied du trône! Mais personne n'était autorisé à le représenter. Il prie le Roi de lui permettre de s'assembler, toutes les fois que les circonstances le requerront, sur la convocation et sous la présidence des évêques, ou bien sous la convocation et la présidence du plus ancien d'entre eux, lorsque le syndic qu'il leur sera aussi permis de choisir aura prié l'évêque de convoquer l'assemblée, et que l'évêque l'aura refusé sans expliquer les motifs de son refus.

Art. 19. — Des bureaux diocésains.

On se plaint généralement de l'organisation des bureaux diocésains. Sa Majesté sera priée d'ordonner qu'elle soit réformée ; que les curés, ainsi que les autres bénéficiers, aient une influence proportionnelle, à raison de leur nombre, de leurs charges, et de l'intérêt qu'ils peuvent y avoir ; que les députés ne soient point perpétuels, et qu'ils soient choisis, non par les bureaux, mais par les personnes qu'ils représentent.

Art. 20. — Députation du deuxième ordre à l'assemblée générale du clergé.

Le Roi sera prié d'ordonner :

1° Que le clergé en corps soit assemblé pour nommer un député à l'assemblée provinciale, et que cette élection se fasse par scrutin ;

2° Que les députés à l'assemblée provinciale nomment encore, par la voie du scrutin, le député à l'assemblée générale ; qu'ils puissent élire tout ecclésiastique bénéficier dans la province, et y résidant, à condition toutefois que cet ecclésiastique possédera un bénéfice au moins de la valeur de 400 livres, et aura son domicile habituel dans la province, au moins depuis six ans.

Art. 21. — Bénéfices simples fondés pour le service du chœur.

Sa Majesté sera priée d'ordonner que tout possesseur d'un bénéfice simple, fondé pour le service du chœur, soit tenu à la résidence, ou à se demettre d'un titre oisif sur sa tête, et qu'il ne retient qu'au détriment du service divin.

Le même motif engage à demander que les bénéfices simples réguliers soient réunis aux monastères dont ils dependent.

Art. 22. — Réparations des églises.

Pour réveiller le zèle de plusieurs bénéficiers, qui sont obligés de réparer les églises, et qui ne les réparent pas, le Roi sera prié de renouveler les ordonnances sur ce point, et d'enjoindre à ceux qui ont déjà transigé pour ces réparations, et se sont chargés de les faire, d'acquitter leurs obligations au plus tôt.

Art. 23. — Droits honorifiques dans les églises.

Les curés ne refuseront jamais de rendre aux seigneurs des terres les honneurs qui leur sont dus dans les églises ; mais, parce qu'il n'est pas de loi qui déterminent en quoi consistent ces honneurs, le clergé des Lannes supplie le Roi de donner un règlement qui explique ce qu'on doit entendre par droit honorifique dans l'église.

Art. 24. — Droits des évêques en cours de visites.

La déclaration de 1698 donne aux évêques le pouvoir d'envoyer les curés au séminaire pour trois mois sur un simple verbal, sans qu'il leur en soit donné aucune connaissance, et par conséquent sans qu'ils puissent opposer une défense légitime contre la calomnie et la malignité d'une dénonciation secrète. Le clergé de la sénéchaussée des Lannes supplie Sa Majesté de révoquer cet article de la susdite ordonnance, et de rétablir les curés dans la faculté, commune à tout citoyen, de ne pouvoir être poursuivis que par les voies de droit.

Art. 25. — Des baux à ferme devant notaires.

Le clergé de la sénéchaussée des Lannes espère que Sa Majesté voudra révoquer la loi qui impose aux bénéficiers l'obligation de n'affermer leur revenu que par contrat devant notaire, et de les assujettir, dans le cas de la régie, à une faire la déclaration, sous peine d'une grosse amende ; d'autant plus que cette loi n'est que le fruit du génie fiscal, qui ne cherche que l'oubli et la négligence des bénéficiers.

Art. 26. — Des économats.

Le clergé de la sénéchaussée des Lannes réunit ses très-humbles remontrances à celles que plusieurs assemblées du clergé ont portées au pied du trône contre l'administration vicieuse et ruineuse des économats, et propose un moyen beaucoup plus simple pour remplir la tâche imposée relativement à l'entretien des objets dépendant des bénéfices consistoriaux : c'est d'attribuer au syndic du clergé de chaque diocèse le pouvoir de séquestrer les revenus du bénéfice vacant, et de remplir, à cet égard, tout ce qui est actuellement à la charge des économats.

Art. 27. — Des monitoires.

Les abus multipliés des monitoires, demandés et obtenus pour les causes les plus légères et les moins importantes, tandis qu'aux termes de l'article 26 de l'édit de 1695, on ne devrait les accorder que pour des crimes graves et des scandales publics, excitent des plaintes générales d'autant plus justes que cette facilité, en énervant cette arme spirituelle, l'expose au mépris. C'est pourquoi le clergé de la sénéchaussée des Lannes renouvelle, avec les plus vives instances, les remontrances qui furent faites à Sa Majesté par l'assemblée générale du clergé de 1775, et demande :

1° Que les juges ne puissent permettre la demande d'aucun monitoire que dans le cas où il leur sera évident que les voies ordinaires de droit ont été inutilement employées, et que les officiaux ne soient pas tenus, sous peine de la saisie de leur temporel, d'en accorder aucun qu'autant qu'il leur constera aussi de l'insuffisance des moyens ordinaires;

2° Qu'il soit défendu aux juges d'ordonner, et aux officiaux d'accorder des monitoires dans d'autres cas que ceux prescrits par les ordonnances, et notamment par l'édit de 1695.

Art. 28. — Des dévolutions.

Le clergé de la sénéchaussée des Lannes, en renouvelant les différentes remontrances qui ont été faites à Sa Majesté par l'assemblée générale du clergé, sur la facilité qu'ont les dévolutaires d'obtenir, des tribunaux supérieurs, la possession des fruits des bénéfices dévolutés, au grand scandale de la religion et des fidèles, et sur les inconvénients sans nombre qui résultent d'une pareille jurisprudence, supplie Sa Majesté d'opposer à l'abus contre le clergé de France, réclamé depuis si longtemps, un règlement qui défende les maintenues en possession jusqu'à ce que le dévolutaire prouve qu'il a épuisé tous les degrés de juridiction pour obtenir un visa, et qui exclue de la jouissance des fruits ceux qui, dans le délai de six mois, à dater de la publication dudit règlement, n'auront pas fait toutes les diligences de droit pour faire juger le refus de l'ordinaire.

Art 29. — Des domaines, péages et cizes.

Le clergé de la sénéchaussée des Lannes représente :

1° Que les droits de contrôle et d'insinuation soient établis sur des principes qui ne soient susceptibles d'aucune interprétation et d'aucune extension; que la moindre peine qui puisse être infligée aux commis ou receveurs qui auront perçu des droits plus forts que ceux fixés par le tarif, soit d'être destitués, et que les parties intéressées puissent les prendre à partie, lorsque l'excédant de la somme perçue passera un louis;

2° Qu'il soit défendu aux fermiers de faire des recherches après l'expiration de leur bail ou de leur régie, et que toutes les recherches soit pour de prétendues fausses déclarations, soit pour des suppléments ou des omissions de droit, soient défendues après trois ans que les droits auront été acquittés;

3° Que toutes les contestations qui pourront naître à raison desdits droits domaniaux, soient attribuées aux sénéchaussées, présidiaux ou cours supérieures, suivant les cas de compétence;

4° Que les droits de péage, cizes et octrois librement engagés mettent des entraves au commerce. Les États particuliers seront autorisés à rembourser lesdits droits; et dans le cas où le remboursement ne pourrait pas avoir lieu, les syndics desdits États poursuivront l'exécution des conditions auxquelles lesdits droits ont été engagés ou aliénés.

Art. 30. — Des impôts.

Le clergé de la sénéchaussée des Lannes supplie Sa Majesté d'arrêter par une loi constitutionnelle, qu'il ne sera perçu aucune espèce de subside sans le consentement libre de la nation représentée par les États généraux; que les impôts, ainsi établis, ne seront levés et perçus que par les États particuliers, qui en seront garants et responsables au trésor royal, auquel ils verseront par les moyens qu'ils trouveront moins onéreux; et que le retour périodique des États généraux sera le terme de la durée desdits impôts.

Art. 31. — De la mendicité.

Le clergé de la sénéchaussée des Lannes représente qu'il est, surtout dans les provinces éloignées, dans les provinces frontières, un genre de fléau, dont la nation assemblée ne peut pas trop s'occuper, c'est la mendicité. La Flandre et la Hollande nous prouvent que chaque paroisse peut se charger de ses pauvres, sans qu'ils soient infiniment à charge. Il n'est de paroisse en France qui n'ait quelque ressource, soit dans le résidu des fabriques, soit dans les fondations faites pour les pauvres dans les revenus des communaux, et dans la bienfaisance des décimateurs, pour pensionner les pauvres chez des particuliers. Si, sous l'inspection des États provinciaux, qui surveilleraient l'emploi des fonds ou suppléeraient à leur insuffisance par des impositions particulières, on renvoyait chaque pauvre dans sa province, et si ce règlement avait son exécution dans tout le royaume, la France serait bientôt délivrée de tous ces mendiants, de tous ces vagabonds qui désolent la campagne, et qui, chaque jour, sont à la veille de se rendre coupable de crimes qui entraînent les derniers supplices.

Art. 32. — De la liberté individuelle.

Le clergé des Lannes supplie Sa Majesté d'assurer la liberté personnelle de chaque citoyen, et de fixer les cas où le grand intérêt de l'ordre public demandera que Sa Majesté prive quelques individus d'une liberté dont ils ne pourraient qu'abuser.

Art. 33. — De la législation.

Demande ledit clergé que les lois bursales, ainsi que les lois générales, soient établies à l'avenir au sein des États généraux, et par le concours de l'autorité du Roi et du consentement de la nation, et que, pour prévenir les obscurités et les fausses interprétations qui résultent souvent de la rédaction des lois les plus salutaires et les plus désirées, lesdites lois soient publiées dans les termes et de la manière qu'elles auront été rédigées par l'assemblée, et sanctionnées par le Roi.

Demande ledit clergé qu'aucun citoyen ne puisse être enlevé à ses juges naturels, et qu'en conséquence, on abolisse toute commission particulière, ainsi que les évocations au conseil, hors le cas où elles seront demandées par les parties; et que les États généraux s'occupent des moyens de prévenir la suspension de la justice dans tous les cas et dans tous les temps.

Demande aussi ledit clergé que la réformation de la justice, l'examen des lois civiles et crimnelles, l'étendue des ressorts, l'augmentation ou suppression de plusieurs tribunaux, ainsi que leurs attributions, soient renvoyées à une commission, afin qu'il soit statué sur tous les articles, d'après le rapport que ladite commission en fera aux États généraux. La même commission pourrait s'occuper de l'administration des intendants et de la forme qu'ils observent dans les jugements qu'ils rendent.

Art. 34. — Des États généraux.

Le clergé de la sénéchaussée des Lannes, persuadé que le retour périodique des États généraux offre au Roi le moyen le plus sûr de prévenir les maux qui accablent la nation; que la source en sera bientôt tarie lorsqu'il aura plu à Sa Majesté de la découvrir à ses sujets; que la confiance renaîtra bientôt, parce qu'alors le dépôt précieux de l'intérêt public étant dans leurs mains, ils n'adopteront pour mesure de l'impôt que celle du besoin qui l'aura rendu nécessaire; qu'ils pourront surveiller à l'emploi des fonds destinés à la conservation de la chose publique, et les mettre à l'abri de tout divertissement; sollicite le retour périodique des États généraux, qui seront fixés par le Roi, d'après le vœu unanime des trois ordres.

Remontre ledit clergé que la députation accordée à la sénéchaussée des Lannes est insuffisante; qu'elle n'est pas proportionnée ni à l'étendue, ni à la population du pays, et que, d'après les bases adoptées par le gouvernement, sa population, s'élevant à plus de deux cent mille âmes, lui donne droit au moins à deux députations.

Art. 35. — Des États particuliers du pays des Lannes.

Le clergé des Lannes sollicite de la justice et de la bonté du Roi la restauration de ses anciens États particuliers, États que la nature du sol et la situation d'une province, séparée de la Guyenne par d'immenses déserts, lui rendent nécessaires; États qui ont subsisté au moins jusqu'à l'an 1645, États qui sont une partie des privilèges des peuples des Lannes ont mérités par une fidélité toujours soutenue envers leur souverain; États, par conséquent, que Sa Majesté ne leur refusera pas dans un temps où elle a déclaré vouloir les accorder à des provinces mêmes qui n'en avaient jamais eu. Les peuples des Lannes s'en rapporteront, pour la nouvelle organisation de leurs États, à ce qui sera arrêté par la délibération des trois ordres aux États généraux, sauf les exceptions particulières qui conviennent à chaque pays, et qu'on ne saurait déterminer que sur les lieux.

Art. 36. — Des privilèges du pays des Lannes.

Le clergé des Lannes supplie Sa Majesté de conserver à sa province tous ses privilèges et franchises. Elles furent stipulées par le traité de Taillebourg du mois de juillet 1451; elles ont été renouvelées par des lettres patentes du mois de juillet 1490, du 10 septembre 1533, du 19 juin 1606, et successivement confirmées jusqu'à ce moment. Ledit clergé réunit ses instances et doléances à celles des deux autres ordres sur tout ce qui peut intéresser le bien général de la sénéchaussée, et le bien particulier de chacune de ses parties.

Art. 37. — Des immunités.

Le clergé de la sénéchaussée des Lannes pourrait être alarmé des cris séditieux qu'on fait retentir de toutes parts contre les privilèges et les immunités du clergé. Ce ne sera pas sous un roi

aussi religieux que juste, ce ne sera pas sous un roi qui s'empresse de rendre à la nation des droits méconnus depuis trop longtemps, que le clergé perdra ceux que les lois constitutives de l'État lui assurent, ceux qui, depuis les premiers empereurs chrétiens jusqu'à nos jours, ont été consacrés d'âge en âge par le consentement libre de la nation, par les ordonnances de nos rois, par leur serment, par les traités les plus solennels, par les décisions des cours souveraines; enfin des droits dont la possession se perd dans la nuit des temps. Ledit clergé, en défendant ses immunités, défend celles de la nation. Le domaine religieux est sous la sauvegarde de la nation qui en doit la conservation aux générations futures, parce que ce domaine est frappé d'une substitution perpétuelle. Si ledit clergé défend ses immunités, s'il revendique le droit de ne contribuer que librement aux charges de l'État par des formes qui lui sont propres, il revendiquera pour les autres ordres le même privilège; il dira que le tiers-état forme dans notre constitution un ordre libre, indépendant des deux autres ordres, un ordre qui a ses franchises, un ordre qui n'est séparé des deux autres que par cette ligne de démarcation qui dut être tracée, dans tous les temps, par la nature des fonctions et des emplois attachés à chaque ordre; il dira que le tiers-état n'a jamais pu être dépouillé du droit de ne contribuer aux charges publiques que par des subsides librement consentis. Enfin, ledit clergé, animé de ces sentiments de patriotisme qu'il attache à l'intérêt général par les liens les plus forts, ceux de la religion et de l'honneur, offrira au Roi et à la nation tous les sacrifices, toutes les contributions que la liquidation de la dette nationale rendra nécessaires dans ce moment. Il les offrira dans une proportion telle qu'elle soit propre à rétablir, entre les trois ordres, cette bonne intelligence, cet esprit d'union et de concorde qui doivent assurer la marche des États généraux et le succès de leurs opérations.

Art. 38. — Agents généraux.

Le clergé de la sénéchaussée des Lannes demande que MM. les agents généraux du clergé soient appelés à la chambre ecclésiastique desdits États, pour y exercer les fonctions qui leur furent marquées aux États généraux de 1614; que les grands intérêt du clergé étant dans leurs mains, ainsi que toutes les parties de l'administration qui regarde le clergé de France, MM. les agents ne peuvent être étrangers à une assemblée qui doit s'occuper de tous les objets qui ont rapport audit clergé.

Art. 39. — Précautions sur les demandes qu'on pourrait faire contre les intérêts des particuliers.

Dans le cas de quelque demande faite aux États généraux contre les intérêts de quelques corps ecclésiastiques, de quelques églises, ou de quelques bénéficiers, le clergé des Lannes prie Sa Majesté de ne pas permettre qu'il soit statué sans avoir informé et reçu les moyens de défense des personnes intéressées.

Art. 40. — Dons gratuits des villes.

Les dons gratuits des villes étaient, dans le principe, une espèce d'octroi, une espèce d'imposition sur les denrées. Le clergé, soit séculier, soit régulier, fut exempté de l'exécution de l'édit du mois d'août 1758, portant établissement de cette imposition. Les lettres patentes d'exemption sont du 3 décembre 1758; elles ne s'étendent qu'aux denrées du cru de leurs bénéfices, destinées à leur consommation. La difficulté de répartir cette imposition détermina les villes à proposer les abonnements qui furent acceptés et répartis par généralité. La somme, imposée sur la généralité d'Auch, fut arrêtée par un arrêt du conseil et des lettres patentes du 28 février 1761. Il paraît que cette loi n'obtint pas son exécution, puisqu'en 1764 le Roi, par un arrêt du conseil du 5 février, ordonna que la répartition en serait faite sur les contribuables au marc la livre de la capitation. Mais les ecclésiastiques, soit séculiers, soit réguliers, furent exceptés par le même arrêt. Le Roi leur demanda, par forme de don gratuit, une somme qui devait être imposée par les chambres ecclésiastiques de chaque diocèse. Celui de Dax fut taxé à 587 livres, celui d'Aire à 1,234 livres, celui de Bayonne à 1,131 livres 10 sous. On ignore l'exécution que reçut cette loi; mais le clergé de la sénéchaussée des Lannes croit être fondé à se plaindre d'une espèce de capitation que certaines villes se sont cru autorisées à établir, non-seulement sur les ecclésiastiques qui habitent les villes ou bourgs, mais encore sur des curés qui n'habitent que des hameaux, qui n'ont ni rapport avec les bourgs ou villes qui les imposent, ni part à leurs privilèges ou charges. Les curés de la vicomté d'Orthe, diocèse de Dax, sont taxés par les officiers municipaux de la ville ou bourg de Peyrehorade, sous prétexte de contribution au don gratuit, à des sommes de 40 ou 50 livres, taxe exorbitante qui a tous les caractères de l'injustice. Le clergé de la sénéchaussée des Lannes prend la liberté de remontrer au Roi qu'il lui sera impossible de suivre les mouvements de patriotisme dont il est animé, et de contribuer, par de nouveaux sacrifices, à la libération de la dette nationale, s'il est livré aux recherches obscures et arbitraires d'officiers de police, et forcé de souscrire à des contributions qui devraient lui être étrangères.

Ainsi signé : l'abbé Lallemand, chanoine, commissaire élu par l'assemblée; Dharander, chanoine, commissaire élu par ladite assemblée; Lacouture, chanoine, commissaire nommé par l'assemblée; de Lissale, curé de Bardos; Desbordes, curé, commissaire nommé par ladite assemblée; Devios, archiprêtre d'Orgons; Lanne, commissaire nommé par ladite assemblée; Vigneau, chanoine, commissaire nommé par ladite assemblée; Teillary, curé, commissaire; Pebarthe, curé, commissaire nommé par ladite assemblée; Broustes, curé de Pimbe, commissaire; Dom Gros, prieur, curé de Saint-Sever, commissaire nommé par ladite assemblée; Charles-Auguste, évêque de Dax; et Cautin, secrétaire, *ne varietur*. Signé de Neurisse, lieutenant général.

Collationné sur l'original, à Dax, le 1er avril 1789. Domec, syndic du clergé du diocèse de Dax.

CAHIER

Et pouvoirs de la noblesse de la sénéchaussée des Lannes, pour être remis à son député aux États généraux convoqués par le Roi à Versailles, pour le 27 avril 1789 (1).

Assemblés pour faire connaître nos plaintes et doléances, nous avons examiné quelles réclamations nous aurions à présenter à la nation; nous

_____

(1) Nous publions ce cahier d'après un imprimé de la *Bibliothèque du Sénat.*

avons reconnu que les circonstances et notre amour pour la patrie nous imposaient le devoir de nous occuper plus particulièrement des choses générales, que de celles qui seraient particulières et locales. Pénétrés de ce sentiment, instruits par le passé, espérant pour l'avenir, nous enjoignons à notre député de demander :

1° De voter, dans tous les cas, par ordre, et non autrement, selon l'antique usage essentiel et nécessaire à toute constitution monarchique; prescrivant à notre député de se retirer plutôt que de voter par tête, les ordres réunis.

2° Que deux ordres réunis ne puissent, dans aucun cas, obliger le troisième.

3° Que les États généraux soient composés, dans la suite, de douze cents représentants au moins.

4° Que les États généraux s'assembleront à des époques certaines, qui seront fixées à la prochaine assemblée.

5° Que, dans le cas où la noblesse se séparera par gouvernements ou par bureaux, nulle délibération ne pourra être prise que par la réunion des deux tiers de ces gouvernements ou bureaux; et, dans les affaires importantes, on votera toujours par tête, tout l'ordre réuni.

6° Qu'il ne soit jamais pris aucune détermination dans l'assemblée des États généraux, qu'après que le sujet proposé aura été mis deux fois en délibération, à des intervalles de temps suffisamment éloignés.

7° Qu'il soit reconnu que la nation a seule le droit de s'imposer, d'accorder ou de refuser des subsides, d'en régler l'étendue, l'assiette, la durée, la répartition et l'emploi, et qu'elle peut seule consentir des emprunts; que toute autre manière d'imposer ou d'emprunter est illégale, et que, par cette raison, les peuples devront s'y refuser, sous peine d'être poursuivis par les États généraux comme contrevenants à une loi du royaume, et tous préposés pour la perception de tels impôts, comme concussionnaires.

8° Que les ministres soient responsables à la nation de leur administration; que les États généraux aient le droit de leur en demander compte et de les mettre en jugement.

9° Que les fonds soient réglés et déterminés pour chaque département, dont les comptes seront produits et rendus à chaque tenue des États généraux, et que l'emploi de ces fonds soit rendu public chaque année.

10° Que les fonds destinés pour amortir la dette publique ne puissent être détournés de cet objet, sous aucun prétexte.

11° La liberté des citoyens étant inviolable, qu'elle soit spécialement placée sous la sauvegarde des lois.

12° Que le terrible usage des lettres appelées de cachet, et d'emprisonnement par autorité, soit à jamais proscrit; que nul citoyen ne puisse être privé de sa liberté pendant plus de vingt-quatre heures; que, pendant cet intervalle de temps, il soit remis à ses juges naturels, et qu'il puisse prendre à partie celui qui aura donné l'ordre de l'arrêter. Par une suite équitable de ce principe, et pour prouver que la patrie n'abandonne pas les défenseurs de ses droits, il sera demandé justice pour tous ceux qui auraient été lésés par quelque acte d'autorité, depuis le 1er mai 1788.

13° Que la liberté de la presse soit accordée, avec les bornes convenables pour la décence, les mœurs et le repos des citoyens.

14° Que toute propriété soit respectée et garantie par la puissance des lois.

15° Que tout citoyen ne puisse, dans aucun cas, être jugé que par ses juges naturels.

16° Que l'observation de ces lois, fondamentales et constitutionnelles, soit jurée par le monarque et par la nation, et qu'elles soient réunies en un seul corps, qui sera déposé dans les archives des États généraux, et des copies dans celles de chaque État particulier et de toutes les cours souveraines.

17° Que les États généraux ne puissent s'occuper de la dette publique ni de l'impôt, qu'après que les lois de l'État auront reçu la sanction du Roi.

Après que les lois constitutionnelles et fondamentales auront été solidement rétablies, nous autorisons notre député à reconnaître la dette publique, après toutefois qu'on en aura vérifié l'existence et la légitimité, qu'on l'aura réduite, autant que la justice et le respect dû au Roi pourront le permettre, et qu'on se sera assuré d'une économie sévère, et de tous les retranchements possibles.

18° Dans cet objet, nous autorisons notre député à consentir l'octroi des seuls subsides et emprunts qui seront absolument nécessaires aux besoins réels et indispensables de l'État. Nous lui enjoignons de défendre l'agriculture de toutes nouvelles charges, qui, s'il est nécessaire d'en établir, doivent plutôt porter sur les objets de luxe, de consommation et sur les richesses mobilières.

19° Nous autorisons notre député à consentir que tous les citoyens, de tout ordre, de tout rang et dignité, supportent, proportionnellement à leurs biens et facultés, la totalité des charges, impôts et contributions pécuniaires, et que tous privilèges relatifs à cet objet soient abolis. Mais, si le sacrifice n'est pas général, nous retirons, de notre mandataire, les pouvoirs qui lui sont donnés, pour ne consentir cette égalité qu'autant, et non autrement, qu'il n'existera plus dans le royaume aucun privilège à cet égard, et que même tous les biens du domaine du Roi seront assujettis à cette loi de l'égalité de l'impôt.

20° Nous demandons de l'assemblée nationale, au même moment où la noblesse prononcera ce sacrifice, raffermisse l'existence des rangs, prérogatives, honneurs et dignités dont elle est en possession depuis l'établissement de la monarchie.

21° Nous demandons qu'il soit reconnu que les fiefs et tous leurs attributs, qui intéresse également les trois ordres, soient une propriété placée sous la sauvegarde des lois, et à laquelle il ne puisse être porté d'atteintes.

22° Dans le cas où l'exécution de ces deux derniers articles éprouverait des difficultés, nous retirons de notre député les pouvoirs qui lui sont donnés pour consentir à l'égale répartition de l'impôt, à laquelle nous n'entendons nous assujettir qu'autant que les articles 20 et 21 seront mis au nombre des lois constitutionnelles; sans quoi nous déclarons que nous conserverons dans leur entier nos droits et privilèges relatifs à l'impôt.

23° Nous désirons que les États généraux et le Roi fixent leurs regards sur les provinces sujettes à la gabelle. Mais nous nous opposons à ce que cet impôt désastreux puisse jamais être étendu sur celles qui en sont exemptes.

24° Que les droits des actes sujets aux contrôles soient fixés d'une manière si précise, qu'il soit à la portée de tout le monde d'en connaître l'étendue par un tarif clairement exprimé; que les tribunaux ordinaires puissent prononcer sur toutes

contestations à ce sujet; et qu'après un an de délai, les préposés en cette partie ne soient plus à temps de former aucune demande.

25° Que les bureaux intérieurs des douanes soient reculés aux frontières, et que tous droits de circulation soient supprimés

26° Qu'il soit pris les meilleurs moyens pour administrer avantageusement les domaines du Roi, ainsi que toutes les forêts du royaume.

27° Qu'il soit procédé à la réformation du Code civil et criminel, dans l'objet principal de prévenir les procès et de rendre l'administration de la justice, dans toutes ses parties, plus prompte et moins coûteuse; et aussi dans l'objet d'avoir des lois pénales dictées par la raison et l'humanité, qui tendent plutôt à trouver des innocents que des coupables.

28° Que tout citoyen qui aurait un procès dans un parlement contre un de ses officiers puisse demander son renvoi à une autre cour, et que tout droit de *committimus* soit supprimé.

29° Que, dans l'objet important de rapprocher les justiciables de leurs tribunaux, les juges des seigneurs soient reconnus souverains jusqu'à 30 livres, les officiers municipaux des villes jusqu'à 100, les sénéchaux jusqu'à 1,000, les présidiaux jusqu'à 2,000, et la bourse jusqu'à 3,000; que les arrondissements des sénéchaussées soient rectifiés, et que les districts des cours souveraines, qui sont trop étendus, soient resserrés et circonscrits dans de bornes convenables.

30° Que les États généraux s'occupent des moyens de rendre la composition des tribunaux, et surtout des cours supérieures, la meilleure possible, et la plus digne de la confiance de la nation.

31° Que les juges ne puissent jamais être enlevés à leurs fonctions, et qu'ils soient maintenus dans tous les droits qui assurent leur état contre la puissance exécutive.

32° Que les tribunaux d'exception soient supprimés; que l'intérêt de la finance en soit payé jusqu'au remboursement; que les privilèges honorifiques soient conservés à tous ceux qui sont pourvus, en exigeant le sacrifice du prix de leur charge, et par conséquent de l'intérêt en proportion du temps qu'ils auraient à servir, et que chacun sera le maître d'accepter ou de refuser.

33° Que la noblesse ne puisse plus être acquise à prix d'argent; qu'elle soit toujours la récompense des services rendus à l'État.

34° Que l'on s'occupe de former et de mettre en vigueur un règlement avantageux pour l'administration des communautés, dont les officiers municipaux seront nommés par tous les habitants qui auront vingt-cinq ans; que les comptes soient rendus chaque année devant des commissaires nommés à cet effet de la même manière, et qu'ils soient vérifiés par la commission intermédiaire des États particuliers, qui sera chargée de les requérir.

35° Que les lois aient pour objet essentiel, et qu'elles tendent à mettre quelque propriété foncière dans les mains de chaque citoyen, soit par le partage des communes ou autrement.

36° Que le Roi soit supplié de n'accorder ni honneurs ni dignités, aucune place ni office, soit auprès de sa personne, dans le service militaire ou politique, dans l'Église ou la magistrature, en faveur de qui que ce soit, sans avoir consulté l'opinion publique. Le Roi sera aussi supplié de rendre publique, tous les ans, la liste des pensions, dons, gratifications et places qu'il aura accordés, avec les noms des personnes qui les auront obtenus et les motifs qui auront déterminé son choix.

37° La pluralité des bénéfices étant contraire aux règlements, la résidence de ceux qui en sont pourvus étant convenable et nécessaire, nous demandons que ces objets soient pris dans la plus importante considération.

38° Le Roi sera supplié d'établir, dans les armées de terre et de mer, des ordonnances, dont l'instabilité ne soit pas un sujet continuel de découragement pour ses troupes; que ces ordonnances aient pour objet essentiel que les soldats et les officiers soient conduits et dirigés par des moyens conformes au génie et à l'esprit de la nation; que le mérite, sans faveur, puisse espérer d'être distingué et avancé, et que les anciens serviteurs soient assurés d'obtenir des récompenses méritées, sans avoir à craindre de les voir retardées ou diminuées.

39° Nous serons supplié d'ordonner qu'il ne soit vendu aucun emploi militaire, afin qu'ils soient tous la récompense du mérite distingué ou de l'ancienneté respectable.

40° Nous demandons qu'il soit formé quelque établissement d'éducation nationale dans la sénéchaussée des Lannes, entièrement privée de ce précieux avantage, et très-éloignée de tout secours de cette espèce.

41° Nous demandons qu'il soit pris des moyens pour former des établissements, où les filles nobles de la sénéchaussée, la plupart privées de l'espérance du mariage à cause de leur peu de fortune, puissent, réunies en chapitre, trouver une vie tranquille, avec une aisance honnête.

42° Nous demandons que l'on fasse examiner si les dépenses immenses que l'on fait au port de Saint-Jean-de-Luz sont proportionnées à l'espérance du succès.

43° Le port de Bayonne étant le seul moyen pour l'exportation de nos denrées, nous demandons qu'on y fasse ou continue les travaux nécessaires, ainsi que pour la navigation de l'Adour, et pour former des canaux dans l'intérieur du pays.

44° Nous représentons que la partie des ponts et chaussées est plus négligée dans l'élection des Lannes qui partout ailleurs; et nous demandons qu'avant de fixer les moyens pour la corvée, l'on consulte ce qui peut être le moins préjudiciable à cette province.

45° Nous observons que la sénéchaussée des Lannes, d'une vaste étendue et d'une population considérable, n'est pas suffisamment représentée par une seule députation : il sera demandé qu'il en ait deux pour les prochains Etats généraux.

46° Nous souhaitons que, du sein des Etats généraux, soient formés des Etats particuliers dans tout le royaume; que l'étendue et le régime en soient fixés par le Roi, avec la nation; et que ce régime soit établi aussi uniforme que les circonstances et les localités pourront le permettre.

47° Nous demandons, avec la plus vive instance, la restauration des Etats particuliers de l'élection des Lannes, comme un droit qui n'a pu prescrire, et comme une convenance marquée, principalement par la position de lieux, une qualité uniforme du sol, enfin par sa séparation de Bordeaux par un vaste désert.

48° Le Roi et les Etats généraux seront instamment requis, par notre député, de donner pour règle fondamentale, que nul ne pourra être admis dans aucune assemblée de l'ordre de la noblesse, qu'il n'ait préalablement prouvé, par-devant tels juges qui seront désignés à cet effet, qu'il est en possession de la noblesse acquise et transmissible.

Telles sont les doléances de l'ordre de la noblesse de la sénéchaussée des Lannes, et les pouvoirs que nous donnons à notre député aux Etats généraux.

Fait et arrêté par l'ordre de la noblesse, assemblée dans la salle du Palais de la ville de Dax, le 31 mars 1789.

Signé de Bruxs, président; le comte de Barbotau, commissaire; le baron de Spens, commissaire; vicomte de Duisse, commissaire; de Laborde Lissalde, commissaire; Darmana, commissaire; le baron d'Orthès, maréchal de camp; Ducros, maréchal de camp; Monval, chevalier de Prague; de Laas; le chevalier de Melet; vicomte d'Aurice; de Reynal; Basquiat; le chevalier d'Arbo de Casaubon; de Spens-d'Estignols; le comte de Bailleux; de Marsen; chevalier de Basquiat-Mugriet; chevalier Dupuy; de Batz, le chevalier de Castaignos; Mesplès; chevalier d'Aren; Bonehé; chevalier de Cap-Deville; le baron de Cazalis; de Saint-Martin; le comte de Beaufort; le baron de Lataulade; le chevalier de Vignes; le chevalier Maupas; d'Artigues d'Ossaux; de Pratferré de Mau; chevalier de Borda; de Saint-Cristau; Bachelier d'Agès; Chevalier; Bachelier de Talamon; Saint-Paul; Ladoue; Soustrar; de Mont-Lezun; le vicomte d'Abbadie Saint-Germain; le baron de Fortisson-Habas; le baron de Cescaupenne; Cabanes de Cauna; Laurens-Herculas; le chevalier de Borda-Labatut; Basquiat de Toulouzette; Labarrère; le comte de Bezons; Capdeville d'Aricau; Lalande; baron de Hing; Guéheneuc de Lano aîné; Guéheneuc de Lano cadet; de Laborde Saint-Louhouer; Pemolié de Saint-Martin; Borda-Josse fils; Lalane de Ciz; le chevalier de Borda; le baron de Momuye Borda-Labatut; de Cloche de Fargue.

LE BARON DE CAPDEVILLE,
Secrétaire de l'ordre de la noblesse.

CAHIER GÉNÉRAL

Des remontrances, plaintes et demandes du tiers-état des trois siéges de Dax, Saint-Sever et Bayonne, formant la sénéchaussée des Lannes, réduit conformément au règlement de Sa Majesté, du 24 janvier 1789, pour être remis aux députés de cet ordre, et par eux porté aux Etats généraux convoqués à Versailles par la lettre du Roi du même jour (1).

Les députés demanderont :

Art. 1er. Que l'ordre du tiers-état ne soit soumis à aucune distinction humiliante dans l'assemblée des Etats généraux; qu'il y cède seulement le rang aux ordres du clergé et de la noblesse.

Art. 2. Que la nation soit véritablement et légalement représentée aux Etats généraux; qu'à cet effet les députés des trois ordres délibèrent conjointement, et que les suffrages soient pris et comptés par tête, et non par ordre.

Art. 3. Que toutes les fois que la nature et la célérité du travail exigeront que l'assemblée se partage et se divise en bureaux, les députés du tiers-état y soient en nombre égal à celui des deux autres ordres réunis.

Art. 4. Que si les deux ordres du clergé et de la noblesse ne voulaient pas accéder à la demande du tiers, pour rendre les délibérations communes, les députés du tiers, usant alors du droit que donne à chaque ordre la faculté de *veto*, refusent de concourir à toute opération ul-

(1) Nous publions ce cahier d'après un imprimé de la *Bibliothèque du Sénat.*

térieure, jusqu'au règlement de ce premier point ; protestant contre tout ce qui pourrait être délibéré par les deux autres ordres, en se retirant devers Sa Majesté, pour lui exposer que le tiers-état, formant la presque totalité de la nation, il est de toute justice que son opinion, sanctionnée par l'autorité de Sa Majesté, détermine la résolution du point contesté ; qu'en conséquence le tiers-état déclare qu'il est prêt à concourir, avec Sa Majesté, au nom de la nation, à l'exécution de tous les objets qui doivent être soumis à l'examen des trois ordres réunis, offrant d'admettre à ses délibérations les députés du clergé et de la noblesse qui voudraient y assister et concourir.

Art. 5. Qu'aussitôt que la forme de délibérer sera fixée, les députés s'occupent, préalablement à tout autre objet, de donner à la France une constitution vraiment monarchique, qui fixe invariablement les droits du prince et de la nation, qui assure la puissance de l'Etat, l'autorité du monarque et le bonheur des sujets.

Art. 6. Que le droit de consentir les lois, appartenant à la nation, soit exclusivement dévolu à ses représentants librement élus ; qu'il ne soit reconnu de lois obligatoires que celles qui auront été sanctionnées aux Etats généraux ; et que, pour en assurer le dépôt et l'exécution, elles soient envoyées aux cours souveraines, et par elles enregistrées sans délai, restriction ni modification.

Art. 7. Que la nation ne puisse être assujettie à aucune espèce d'impôt, qu'après qu'il aura été consenti par les Etats généraux.

Art. 8. Que le retour constant et périodique des Etats généraux, formés en raison composée de la population et contribution des provinces, soit établi comme loi nationale, et fixé à un terme qui ne pourra être porté au delà de cinq ans, et qui sera plus rapproché, s'il paraît convenable, sans préjudice d'une convocation extraordinaire dans la même forme, si les besoins de l'Etat l'exigent ; que cependant les prochains Etats généraux soient convoqués deux ans après la clôture des premiers, afin d'assurer l'exécution des différentes réformes qui auront été statuées par ceux-ci, et de perfectionner, par des décrets plus mûrement combinés, tous les moyens de mieux organiser toutes les parties de l'Etat.

Art. 9. Que les députés du tiers aux Etats généraux ne puissent être pris que dans leur ordre, et non parmi les ecclésiastiques, les nobles, les anoblis et privilégiés, les officiers des seigneurs, ceux qui exercent des commissions médiates ou immédiates de finance ou de subdélégation, les entrepreneurs des ouvrages publics, ou leurs cautions.

Art. 10. Que les membres des Etats généraux soient reconnus et déclarés *personnes inviolables*, et que, dans aucun cas, ils ne puissent répondre de ce qu'ils auront fait, proposé ou dit dans les Etats généraux, si ce n'est aux Etats généraux eux-mêmes.

Art. 11. Que la liberté individuelle de tous les citoyens soit mise sous la sauvegarde de la loi ; qu'en conséquence les lettres de cachet, lettres closes, et tous ordres qui attenteraient à cette liberté, soient à jamais proscrits ; qu'il soit statué que nul ne puisse être jugé, en matière civile et criminelle, que par les juges que la loi lui a donnés.

Art. 12. Que les commandants militaires, et tous magistrats revêtus de l'autorité du Roi, qui auraient fait arrêter des perturbateurs du repos public, ou d'autres personnes, pour quelque cause

que ce puisse être, soient tenus de les remettre de suite à la justice ordinaire, sans préjudice, dans le cas d'un emprisonnement injuste, de se pourvoir, contre lesdits commandants, magistrats, devant leurs juges naturels.

Art. 13. Que les membres du tiers-état puissent être promus à tous grades et dignités ecclésiastiques, militaires et civils, sans égard à toutes décisions et délibérations des corps qui les en excluent, et qui seront supprimés.

Art. 14. Que la presse soit libre et dispensée de l'attache de tout censeur, à la charge par l'imprimeur d'apposer son nom à la tête des ouvrages, et de nommer les auteurs, s'il en est requis.

Art. 15. Que toutes lettres et écrits confiés aux bureaux des postes soient déclarés sacrés et inviolables.

Art. 16. Que les abus relatifs à la composition et au tirage des milices soient pris en considération, ainsi que ceux de la levée des matelots, pour y faire les réformes qui seront jugées convenables en faveur de l'agriculture.

Art. 17. Que toute la France soit divisée en Etats provinciaux, formés d'après les convenances et les demandes des diverses provinces et cantons du royaume, pour veiller à leur administration économique, répartir tous les impôts, régler les dépenses communes, examiner, arrêter et faire exécuter tous les plans d'amélioration, et pourvoir à la réforme des abus locaux ; qu'en conséquence le pays des Lannes obtienne la restauration ou l'établissement de ses anciens Etats particuliers, indépendants de ceux de la province de Guyenne, et organisés d'après les bases de justice et d'égalité.

Art. 18. Qu'après que les objets généraux et fondamentaux de la constitution auront été établis et sanctionnés, les Etats généraux s'occupent de l'impôt, et que, dans cette vue, les députés du tiers demandent :

Que les impôts devant toujours être proportionnels aux besoins de l'Etat, variables suivant les circonstances, ne soient consentis que pour un terme limité, et borné à l'époque pour laquelle les Etats généraux auront indiqué le retour de leur prochaine assemblée, passé lequel terme toute perception cessera de droit, et les percepteurs seront poursuivis comme concussionnaires.

Que le déficit des finances soit mis en évidence, et le montant de la dette nationale déterminé et consolidé.

Que les sommes annuellement nécessaires pour toutes les dépenses de l'Etat soient arrêtées.

Que les dépenses particulières de chaque département soient fixées, dès le commencement de chaque année, en raison de son importance; qu'elles soient assises sur des fonds assurés, et irrévocablement affectés à chacun des départements, de manière que les forces de terre et de mer soient constamment tenues sur un pied respectable ; que tous les objets d'administration intérieure soient menés de front, et que le trône jouisse de la splendeur qui lui est due.

Qu'il soit rendu tous les ans un compte public des revenus de l'Etat, des dépenses, du montant des dettes payées, et de celles qui resteront à acquitter, tant en capitaux qu'en rentes et intérêts ; que les ministres soient responsables de leur administration, et poursuivis, en cas de malversation, suivant la rigueur des ordonnances.

Art. 19. Que les impôts soient répartis d'une manière égale et proportionnelle, sur les facultés des individus des trois ordres, sans distinction de privilégiés et non privilégiés, sur le produit net de toutes les terres et des maisons, sur celui des fiefs et seigneuries, sur les dîmes de toute espèce, sur les capitalistes, le commerce et l'industrie, et qu'il n'y ait qu'un rôle unique pour la capitation.

Art. 20. Que les deniers publics soient versés directement des mains des collecteurs des villes et des campagnes, dans la caisse des trésoriers nommés par les États provinciaux, pour être, par ceux-ci, directement versés au trésor royal.

Art. 21. Que les taxes distinctives qui avilissent certaines classes de citoyens soient abolies; qu'en conséquence, la corvée pour les grandes routes soit faite à prix d'argent, et supportée par tous les individus des trois ordres, sans distinction, privilégiés et non privilégiés, en proportion des facultés; et que, pour les chemins vicinaux, le règlement en soit fait par les États provinciaux, mais néanmoins la charge répartie sur tous les individus des communautés intéressées, aussi sans distinction.

Art. 22. Que les sommes destinées pour dons, pensions et gratifications, dans chaque département, soient fixées; qu'à cet effet, on ne dispose à l'avenir que de la moitié des pensions qui viendront à s'éteindre, jusqu'à ce qu'on ait atteint la fixation qui sera faite; qu'au surplus, l'état des pensions, dons et gratifications, sera rendu public, énonçera les motifs de leur obtention et le nom de ceux à qui elles auront été accordées.

Art. 23. Que, pour la perception des divers droits du domaine, du contrôle et insinuation des actes, il soit formé, le plus tôt possible, un tarif précis, à la portée de l'intelligence de tous les redevables, et dans une proportion plus équitable que celle qui existe aujourd'hui, de manière que les préposés à cette perception ne puissent s'en écarter, ni commettre des injustices et des vexations de l'espèce de celles sans nombre dont on se plaint journellement, sans s'exposer à être rigoureusement punis; et qu'en attendant la confection de ce tarif, il soit permis aux parties lésées de se pourvoir devant les juges ordinaires, auxquels la compétence et le droit d'en connaître seront attribués.

Art. 24. Qu'il soit statué que les redevables desdits droits et autres quelconques ne puissent être recherchés, après un terme de deux ans, depuis leur ouverture, même sous prétexte de fausses déclarations, de supplément de droits ou d'omissions, le tout à peine de dommages-intérêts solidairement contre le régisseur et les préposés, en cas d'exécution et d'indue exaction.

Art. 25. Que tous les droits de traites, dans l'intérieur du royaume, soient supprimés et remplacés par un seul et unique droit à la frontière, combiné d'après les rapports politiques avec les nations étrangères, tarif que la sénéchaussée des Launes réclame en son particulier, pour faire cesser les gênes, les entraves, les vexations et les injustices que le commerce éprouve par la multiplicité des bureaux intérieurs, la complication des droits qui y sont perçus, l'obscurité et l'arbitraire des différents tarifs particuliers, l'application injuste de certains droits à des territoires qui n'y sont pas soumis, tels que la traite d'Arzac, dont le tarif n'est pas même autorisé, la patente du Languedoc, la comptablie de Bordeaux perçue au bureau de Saint-Esprit-lès-Bayonne, et ailleurs, sur certaines marchandises, et autres droits que les préposés des traites se permettent d'appliquer, d'après de simples lettres de la compagnie des fermes.

Art. 26. Que les titres de tous droits que perçoivent les seigneurs ecclésiastiques, laïcs et autres,

sur les routes, les rivières, places publiques ou ailleurs, pour quelque raison et de quelque manière que ce soit, soient vérifiés par-devant les juges royaux des lieux ; et que tous ceux qui ne seront point dûment autorisés, soient supprimés ; comme aussi que tous les droits seigneuriaux insolites, tels que ceux des corvées, banalités, banvin, et autres semblables, qui ne seront pas légitimement établis, soient supprimés.

Art. 27. Qu'il soit permis aux provinces et pays intéressés de racheter tous droits de péage, cize et octrois engagés par le remboursement du prix d'engagement, lequel ne devra avoir lieu qu'autant que les conditions et charges desdits engagements auront été remplies.

Art. 28. Que l'uniformité, depuis si longtemps désirée, d'un seul poids, d'une seule mesure et d'un seul aunage dans tout le royaume, soit enfin établie.

Art. 29. Que les abus de la justice civile et criminelle soient réformés; que les formes de la procédure soient simplifiées, notamment celle des saisies réelles et décrets ; que les degrés de juridiction soient réduits, et que les présidiaux, sénéchaux et juridictions consulaires soient autorisés, par ampliation ou nouvelle attribution, à juger en dernier ressort jusqu'à la somme ou valeur qui sera trouvée convenable par les États généraux; que les juges de police jugent sans appel et sans frais, jusqu'à concurrence de 25 livres dans les villes, et 12 livres dans les campagnes, toutes matières de police et celles de peu de conséquence.

Art. 30. Que les justices soient rapprochées des justiciables, en supprimant toutes commissions particulières, évocations au conseil, et tribunaux d'exception, et que le nombre de juges des sénéchaux, dont la juridiction sera par ce moyen considérable, soit augmenté.

Art. 31. Que la vénalité des charges, tant de judicature que de municipalité, soit abolie.

Art. 32. Que les jurandes et maîtrises dans les villes, si elles sont jugées bonnes et utiles, soient maintenues suivant leurs statuts revêtus des formes prescrites; sinon qu'elles soient supprimées sans exception, et que la liberté devienne générale dans tous les corps et métiers du royaume.

Art. 33. Que les États généraux prennent en considération l'éducation de la jeunesse, objet si important et si négligé; que dans cette vue on ordonne l'exécution de toutes les fondations et des établissements qui ont pour objet l'enseignement et l'instruction de la jeunesse dans les villes et campagnes.

Art. 34. Que la portion congrue des curés et des vicaires secondaires soit augmentée; qu'en expliquant les articles 5 et 6 de la déclaration du 13 août 1766, il soit ordonné que la dîme des terres défrichées depuis cette déclaration sera fixée au vingtième, après l'expiration des quinze années, qui sont la durée de l'exemption accordée par cette loi.

Art. 35. Que les grains de semence soient prélevés sur le total du produit avant de percevoir la dîme.

Art. 36. Que tous pacs et prémices sur la portion du propriétaire et du cultivateur soient abolis, sans préjudice, aux possesseurs de ces pacs et prémices, d'en demander le remplacement sur la dîme.

Art. 37. Que les règlements faits pour la résidence des évêques dans leurs diocèses, soient exécutés selon leur forme et teneur.

Art. 38. Qu'il soit pris des mesures efficaces pour la suppression de la mendicité, et pour l'exécution des règlements concernant l'administration des hôpitaux.

Art. 39. Qu'en exécution des articles 20 et 24 de l'édit de 1771, les conservateurs des hypothèques soient tenus de donner des extraits des oppositions avec les noms des opposants, avant et après l'expédition des lettres de ratification, lorsqu'ils en seront requis; que lesdites lettres ne puissent être expédiées qu'après quatre mois depuis l'affiche du titre translatif de propriété, faite à l'auditoire et à la porte de l'église de la situation des biens rendus, et la prise de possession de fait.

Art. 40. Que Sa Majesté rentre en la possession des domaines de la couronne, aliénés sans avoir rempli les formes prescrites, ainsi que de ceux qui ont été engagés, à la charge de remboursement des prix d'acquisition et d'engagement, pour mettre ces fonds dans le commerce, les vendre et en employer le produit à l'extinction de la dette nationale.

Art. 41. Qu'une représentation juste et proportionnelle aux Etats généraux, étant la base d'une bonne constitution, il paraît que la sénéchaussée des Lannes, composée des trois sièges de Dax, Saint-Sever et Bayonne, bornée à une seule députation, est insuffisamment représentée, en raison de son étendue, de ses contributions et de sa population, qui passe trois cent mille âmes; et que, d'après ces considérations, elle doit obtenir, dans les proportions admises pour base de la convocation aux Etats généraux, au moins trois députations.

Art. 42. Que tous les privilèges, franchises et exemptions accordés au pays des Lannes, et qui ont été confirmés successivement par tous les rois, depuis Charles VII, à raison de la fidélité inviolable de ses habitants et la stérilité notoire de son sol, soient maintenus, ainsi que les privilèges particuliers des villes et communautés; en observant que les peuples dudit pays ne renoncent momentanément à ceux relatifs aux impôts pour les besoins de l'Etat, qu'autant que tous les autres pays, villes, corps et communautés de la nation feront le même sacrifice.

Finalement, l'ordre du tiers-état du pays des Lannes s'en remet, sur les objets qui n'auraient pas été prévus au présent cahier, et ceux des instructions et demandes particulières qui seront remis à ses députés, à ce que lesdits députés estimeront, en leur honneur et conscience, pouvoir contribuer à la gloire du Roi, à la prospérité du royaume et au bonheur de ses peuples.

Fait et arrêté en l'assemblée générale du tiers-état, par nous, commissaires soussignés, le trente et unième de mars 1789.

Ainsi signés Dulos, avocat, *commissaire;* Ramonbordes, avocat, *commissaire;* Forsans, avocat, *commissaire;* Verges, *commissaire;* Lamarque, *commissaire;* Lafitte, *commissaire;* Dusault, *commissaire;* Mericamp, *commissaire;* Ducournau, *commissaire;* Hirigoyen, *commissaire;* Poydenot, *commissaire;* et Tausin, *commissaire.*

Ne varietur. Ainsi signé de M. de Neurisse, *lieutenant général.*

CAHIER

Des délibérations proposées par les trois ordres réunis de la ville de Bayonne, assemblés le 21 mars 1789, pour procéder à l'élection de leurs députés aux Etats généraux ; précédé d'un discours de M. le maire de la ville de Bayonne, à l'ouverture de l'assemblée (1).

Ce jour luit enfin, Messieurs, où tous les vrais Français vont être libres de discuter leurs droits de propriété, depuis longtemps tombés en désuétude et envahis par l'injuste autorité que la tyrannie s'était arrogée sous les deux règnes précédents. Notre auguste monarque Louis XVI, digne descendant d'Henri-le-Grand, comme lui se dispose à ouvrir à tous ses sujets un libre accès jusqu'aux pieds de son trône ; il vient enfin de briser la chaîne fatale que la flatterie et l'ambition avaient forgée depuis plus d'un siècle pour en défendre les approches à la partie la plus intéressante de la nation.

Que d'obstacles Louis XVI n'a-t-il pas eus à surmonter pour rendre à la nation qui le chérit, sa constitution primitive, où chaque citoyen avait le droit de réclamer auprès de son souverain, lorsqu'il était opprimé ! Il vient enfin de rendre à tous ses sujets le droit de s'assembler (droit qu'ils réclamaient depuis longtemps), pour délibérer sur la réforme des abus qui se sont introduits dans l'administration de toutes les parties du gouvernement français, depuis les derniers Etats tenus en 1614, à Paris.

La France a eu une constitution dans l'origine de sa monarchie ; mais depuis sa pureté primitive, cette constitution a éprouvé une multitude de révolutions. Peut-être parviendra-t-on à la dégager de tous les obstacles qui ont ralenti ou obstrué ses ressorts ; mais que pour ce grand ouvrage tous les intérêts se réunissent, que les divisions cessent, que les opinions se rapprochent, que le bien général soit le point de ralliement de tous les citoyens, sans quoi le despotisme ministériel conservera tous ses avantages.

Que la noblesse reconnaisse qu'il est de son intérêt de faire le sacrifice de ses exemptions pécuniaires, parce que l'équité des contributions est nécessaire à la prospérité générale ; parce qu'on ne peut obtenir de bonnes lois qu'en rendant hommage aux lois primitives et fondamentales du contrat social ; parce qu'avec de bonnes lois la noblesse verra prospérer ses possessions ; parce qu'avec de bonnes lois la noblesse verra cesser un accroissement illégitime des fortunes, qui l'éclipse et l'entraîne dans un accroissement de dépenses contraires à la vraie félicité ; parce qu'avec de bonnes lois elle recevra la récompense de ses services.

Que le tiers-état ne cherche point à détruire les distinctions auxquelles il a droit d'aspirer ; que, satisfait des sacrifices pécuniaires de la noblesse, il n'aspire point à envahir la puissance législative par une majorité que le hasard pourrait souvent lui procurer, s'il avait exactement la moitié des votants dans une assemblée nationale et qu'on y votât par tête ; que les distinctions de la naissance soient le prix d'une suite de vertus perpétuelles dans les familles ; que la vertu et la distinction du soldat ne soient point confondues dans l'opinion avec la vertu et la distinction du grenadier ; que la vertu et la distinction du grenadier ne soient pas confondues avec la vertu et la distinction du général ; que le magistrat soit

------

(1) Nous publions ce cahier d'après un imprimé de la *Bibliothèque du Sénat.*

distingué du pâtre, et que les hommes qui ont rendu des services à la patrie puissent transmettre à leur postérité les distinctions qu'ils ont acquises; que le tiers-état, en portant ses vœux vers l'éclat des richesses, ne perde pas de vue qu'une ambition légitime peut porter ses vues vers l'éclat de ses discussions.

Qu'aucun de ces ordres ne l'emporte sur l'autre relativement à la puissance législative; que le consentement du Roi, que le consentement des nobles, que le consentement du tiers-état soient tous les trois nécessaires pour donner force de loi à une motion quelconque, et que les ecclésiastiques se rangent dans l'ordre où leur naissance les a placés.

Mais ne nous occupons pas plus longtemps à discourir; mon but n'est point de vous instruire sur vos devoirs, Messieurs; dans ce moment où toute l'Europe a les yeux fixés sur nous tous, d'après l'exemple magnanime que les trois ordres de la province du Dauphiné viennent de donner à la France entière, nous devons oublier tout intérêt particulier, pour ne nous occuper que de celui de l'auguste souverain qui nous gouverne, de la gloire du nom français et du bonheur général.

Nous allons proposer les articles principaux dont les cahiers des États nous paraissent devoir être composés, ou les lois que la nation paraît devoir demander pour la prospérité générale. Nous joindrons à quelques articles des observations qui en contiendront les motifs ou l'interprétation.

1. *La puissance législative appartient au Roi et à la nation.*

Déjà on ne met plus en question le droit qu'a la nation de consentir les lois qui peuvent attaquer le droit naturel de la propriété. Si la volonté du prince faisait la loi, ses ministres auraient le droit d'attenter aux propriétés des particuliers; le monarque serait un despote; ce serait donc contre le droit naturel. Le contrat social des Français a été établi sur la condition du consentement aux lois: si la volonté du prince faisait la loi, ce serait donc contre le droit positif.

2. *Chaque ordre a la puissance de refuser les lois qui le concernent.*

Si un ordre pouvait l'emporter sur l'autre dans la balance des intérêts opposés par une majorité facile à obtenir, ou par d'autres moyens imaginables, cet ordre aurait sur l'autre un empire contraire aux lois du contrat social: le gouvernement tendrait vers le despotisme, vers l'aristocratie ou vers la démocratie, suivant l'ordre qui aurait l'avantage, et l'on aurait manqué le but d'établir une bonne constitution monarchique.

Donc aucune loi positive ne doit exister sans le consentement du Roi, de la noblesse et du tiers-état.

3. *Toute la puissance exécutrice appartient au roi de France.*

S'il s'agissait d'élire un roi dans une nouvelle association déterminée pour le gouvernement monarchique, on pourrait mettre en question quelles seront les branches du pouvoir exécutif qui seront remises au nouveau roi; et en examinant bien cette question, on reconnaîtrait que le pouvoir exécutif s'exerce avec plus d'avantage par une subordination monarchique que par des portions d'assemblées populaires, pourvu que toute la partie subordonnée au monarque soit comptable.

Mais en France, depuis plusieurs siècles, nos rois jouissent de cette puissance; il est bien étonnant que quelques systématiques aient cherché à altérer cette subordination, en confiant à des assemblées des branches du pouvoir exécutif, tandis qu'on leur ôtait les pouvoirs législatifs qui appartiennent de droit aux assemblées, et qu'un projet aussi contraire aux bases du contrat monarchique ait réussi (1).

Le pouvoir exécutif consiste dans ce que l'on appelle en France les droits régaliens.

Le roi a le droit de faire la paix ou la guerre, de faire avec les puissances étrangères des traités qui ne soient point contraires aux lois nationales, de commander les troupes de terre, de mer et de milices, de convoquer et dissoudre les États, de faire rédiger les lois, de refuser ou consentir les lois proposées par la nation, de nommer tous les officiers chargés des branches du pouvoir exécutif, de rendre la justice, de la faire rendre par ses mandataires, de faire exercer la police, de faire poursuivre les délinquants ou criminels, de commuer leurs peines, d'administrer les dépenses publiques, de distribuer des récompenses, de naturaliser les étrangers, de faire des nobles, d'ériger des ordres de chevalerie, de légitimer des bâtards, de fonder des universités et écoles, de diriger et faire diriger les travaux publics, savoir: les édifices des villes, bourgs et villages, les monuments, les routes, les canaux, les dessèchements, les ports de mer, les fortifications; d'administrer et faire administrer les hôpitaux; de former des établissements utiles aux mœurs; de protéger les sciences et les arts.

4. *La nation aura le droit de s'assembler à terme fixe.*

On a déjà remarqué qu'en Angleterre la puissance nationale est illusoire, si le roi est assez riche pour ne point convoquer le parlement. Supposons qu'une conquête le rende assez riche pour se passer d'impôts, il est despote par la constitution.

Pour assurer la puissance nationale, il est donc nécessaire qu'elle soit confirmée dans le droit de s'assembler à termes fixes.

Il paraît qu'on pourrait assembler la nation tous les neuf ans, et les provinces tous les trois ans; ces assemblées étant très-coûteuses, il paraît important de ne pas les rendre plus fréquentes qu'il ne le faut pour la conservation de la liberté nationale. Cependant, comme tous les abus ne pourront pas être réformés à l'assemblée de 1789, la première assemblée qui doit suivre celle-ci ne devrait pas avoir un si long terme.

5. *Il ne sera point établi de commissions intermédiaires ni par l'assemblée nationale, ni par les assemblées provinciales.*

Si l'on assemble des commissions intermédiaires, ce ne peut être que pour exercer le pouvoir exécutif; car on ne peut confier à des commissions intermédiaires des branches du pouvoir législatif. Or, si le Roi a de droit le pouvoir exécutif dans toute son étendue, les commissions intermédiaires sont des surcharges pour le peuple. Les anciens États provinciaux se détacheront

---

(1) Voyez ce que nous avons dit des administrations provinciales dans une addition à la suite du Traité des richesses en 1780, dans un plan de banque nationale en 1787, et dans le canevas des délibérations des États généraux en 1788. Le canevas des doléances est le résumé des conséquences que nous tirons de ces trois ouvrages.

sans doute très-difficilement de leurs commissions intermédiaires ; mais s'ils conservent leur droit périodique de s'assembler, si ce droit est assuré aux provinces, non-seulement par leurs anciens priviléges, mais encore par la sanction générale de la nation, et qu'elles soient confirmées dans la puissance législative, les provinces sont intéressées à abandonner au monarque le pouvoir exécutif, pourvu que ses officiers soient comptables ; les commissions intermédiaires ont beaucoup trop de rapport avec les gouvernements aristocratiques.

6. *Le Roi aura le droit de convoquer les Etats généraux et provinciaux pour ressources extraordinaires.*

Ce droit est incontestable.

7. *La nation assemblée aura le droit de juger les officiers du Roi.*

Ce droit ne peut être accordé aux Etats provinciaux, à cause des désavantages que les intérêts particuliers donneraient aux accusés ; mais l'assemblée nationale, qui est le juge primitif de toutes les contraventions faites au contrat social, doit juger l'officier d'une province accusé par les députés, si le monarque ou ses mandataires n'ont pas sévi avec une rigueur proportionnée au délit.

8. *La loi de propriété est la loi primitive et constitutive du contrat social.*

Tous les biens deviennent propres par le travail, par don, par échange ou par héritage ; le bien de chaque propriétaire ne peut être abandonné ou employé que pour son avantage particulier, ou pour un avantage public auquel il participera. Si vous attaquez ces principes, une fois la première atteinte étant portée, les progrès vers la destruction n'auront point de bornes. De tous les principes, c'est celui qui est le moins susceptible d'exceptions et de modifications.

9. *Les opinions religieuses n'influeront point sur l'état civil.*

Cette loi, que notre monarque a publiée l'année dernière, ne peut manquer d'être sanctionnée par la nation dans l'état actuel de l'opinion publique. Cet acte de bienfaisance est un de ceux pour lesquels la nation présentera sans doute au souverain une adresse de remercîment.

10. *La presse sera libre, pourvu que le nom de chaque auteur soit au moins sur son manuscrit, et qu'il soit puni s'il contrevient aux lois rendues contre les libelles ou contre les calomniateurs.*

11. *La justice civile sera séparée de la justice criminelle ; les juges civils seront chargés de la vérification des lois civiles, et les juges criminels seront chargés de la vérification des lois criminelles.*

Si aucune motion n'a force de loi qu'après avoir été consenti par les trois puissances dont nous avons parlé, et que ce principe soit passé en loi, les juges n'auront plus aucune puissance législative, et leur vérification ne consistera plus qu'à reconnaître le caractère de loi fondé sur cette condition, dans les édits qui leur seront adressés. Si l'on propose la séparation des justices civiles et criminelles, c'est pour éviter une trop grande étendue de pouvoir dans les corps chargés de l'administration de la justice : c'est pour que les corps chargés d'un même objet et d'une même

étude, soient moins détournés par d'autres objets, par d'autres études.

12. *La vénalité des charges sera abolie ; les charges seront remboursées.*

Cette demande est celle des derniers Etats, qui prévoyaient déjà combien un tel abus serait préjudiciable à la monarchie.

13. *Les motifs des juges seront rendus publics par leurs sentences et par leurs arrêts.*

Cette loi rendra nécessairement les juges circonspects sur leurs opinions, et contribuera à mettre les parties à l'abri de l'arbitraire.

14. *Les accusés seront protégés par la loi tant qu'ils ne seront pas jugés coupables, et dédommagés lorsqu'ils seront reconnus innocents.*

15. *La sûreté des personnes non coupables est une des bases du contrat social.*

16. *Il sera rédigé une déclaration des droits nationaux, assez brève et assez claire pour former le catéchisme des citoyens les moins propres à l'étude et les moins lettrés.*

17. *Les lois civiles qui attaquent les droits naturels de la propriété, ou qui favorisent le monopole, doivent être réformées.*

Nous ne citerons ici que la loi des substitutions, suivant laquelle une famille se met à l'abri de ses créanciers, par laquelle les immeubles restent indivis, et par laquelle des villes se trouvent exposées aux abus du monopole.

C'est aux Etats provinciaux à consentir la réforme des lois civiles ; c'est par les différences qui se trouvent entre les lois et coutumes des provinces, qu'une commission royale doit concerter entre les différents Etats le rapprochement qui tendra à l'uniformité des lois. C'est de cette manière que les lois tendront à l'uniformité autant que le consentement des provinces le permettra, et c'est par cette réforme que l'étude des lois deviendra plus facile.

Dans la réforme des lois, on distinguera celles qui ont conservé leur pureté première, de celles qui sont nées de ces lois.

18. *Les formes de procédure et les tribunaux seront réduits à leur plus grande simplicité ; les degrés de juridiction seront limités.*

Rien n'est plus contraire à l'intérêt des citoyens, que la complication des formes de procédure, et que l'excès des degrés de juridictions ; le travail à faire pour réformer ces abus dépend de la puissance souveraine.

19. *L'arbitraire sera interdit aux juges.*

C'est par là qu'on détruira le colosse de la jurisprudence et le fatras des commentaires.

20. *Les parlements jouiront du droit de représentations, mais ils ne jouiront jamais du droit d'oppositions.*

Les parlements, n'ont jamais reçu d'aucune puissance le droit de refuser les édits : cela est porté dans les cahiers du tiers-état des Etats de Blois ; mais une proposition avancée dans des représentations d'un des ordres de l'Etat pendant des temps de trouble et de factions, pour appuyer des prétentions que l'on n'accordait pas même alors au tiers-état et sur laquelle il n'y a pas eu de loi, n'est point une transmission de pouvoirs surtout lorsque les fastes de la monarchie déposent le contraire.

Les parlements, dit-on, sont des portions émanées de la cour des pairs, et la cour des pairs est une des portions principales de l'assemblée nationale : donc les parlements sont le raccourci des États généraux. Mais dans une assemblée nationale, les membres y assistent, ou comme citoyens propriétaires, ou comme officiers du Roi, ou avec ces deux qualités réunies ; l'officier du Roi n'a pas en cette qualité le pouvoir qu'il a comme citoyen propriétaire. Le pair siége aux États généraux comme citoyen propriétaire ; le conseiller du parlement a siégé dans les placités comme officier du Roi. Le citoyen propriétaire a droit de concourir à former la majorité pour refuser un édit ; prétendre qu'un officier du Roi a droit de résister à ses volontés, c'est confondre toutes les idées de la subordination monarchique.

21. *Les bureaux des finances et les chambres des comptes seront réunis, sous le nom de Chambre des comptes.*

Art. 22. *Les officiers de la chambre des comptes seront élus par la nation.*

Si les officiers du Roi sont comptables, ce ne peut être par-devant des officiers du Roi. Si la nation a droit d'exiger des comptes, c'est par-devant des commissaires de la nation qu'ils doivent être rendus ; mais comme la nation ne sera point toujours assemblée, elle pourra désigner des surnuméraires pour remplir les places, lorsqu'elles vaqueront dans les intervalles.

23. *Les cours des aides et élections seront maintenues dans leurs droits, relativement à l'impôt.*

Ou l'on supprimera les cours des aides et élections, ou l'on supprimera les administrations provinciales. Les premières, établies depuis plusieurs siècles par les États généraux, ont plus de droit à être conservées ; la conservation de ces deux corps serait une surcharge pour le peuple : le but de leur établissement est le même ; pourquoi compliquer les ressorts du gouvernement ? Les cours des aides et les élections étaient, dans l'origine, des administrations provinciales et des assemblées de district.

24. *La police, chargée des peines correctives, sera distinguée de la police chargée des peines effectives.*

Ces deux polices sont distinctes dans quelques lieux de la France ; elles doivent l'être partout. Il est contraire à la bonne police que, pour une dispute, on ne puisse obtenir justice qu'en prenant les formes juridiques.

25. *Les maires de villes auront le pouvoir d'infliger des peines correctives ; les peines correctives seront limitées et distinguées suivant les personnes.*

26. *Les gouverneurs des provinces seront censeurs de la noblesse ; les peines qu'ils pourront infliger pour exercer cette censure seront limitées.*

27. *Toutes les villes jouiront des droits des villes municipales ; la commune aura le droit de nommer ses officiers.*

28. *Les justices seigneuriales seront supprimées.*

Le consentement des seigneurs est sans doute nécessaire pour cette suppression ; mais ces justices leur sont souvent plus à charge qu'à profit.

Elles sont honorifiques, mais elles écrasent les vassaux ; elles n'ont point de police en activité, et les procédures criminelles sont à la charge des seigneurs ; les seigneurs sont intéressés à l'impunité. Les seigneurs ont des amendes ; mais ordonnées par le juge royal, sur le procès-verbal du garde seigneurial, elles peuvent tourner au profit du fief. L'esprit philosophique, s'étendant sur tous les fiefs, ne leur fera-t-il pas apercevoir des distinctions plus désirables et plus flatteuses que celles de nommer un bailli, un procureur fiscal, et de faire rendre une justice souvent ridicule en leur nom ?

Les titres de fiefs sont les dénominations des anciens offices ; c'est contre les lois de l'ordre monarchique que ces offices sont devenus héréditaires, sans d'autres fonctions publiques que celle de nommer un substitut ; c'est contre les lois de cet ordre que le droit de rendre la justice s'est réparti entre les principaux propriétaires de la monarchie.

Celui des États de France qui est le plus intéressé au rétablissement de l'ordre général, c'est la noblesse : si la noblesse tient à des priviléges dont on puisse lui démontrer l'incohérence avec les lois générales de l'ordre monarchique, comment réclamera-t-elle les lois fondamentales qui doivent redresser ses principaux griefs ?

Si les lois de la propriété sont soumises à l'arbitraire des ministres, qu'est-ce qui en souffre plus que la noblesse ? Si les peuples sont accablés d'impôts, les principales propriétés n'en éprouvent-elles pas les plus grands préjudices ? Si les capitaux épargnés annuellement sont détournés des grandes entreprises de la culture, de l'industrie et du commerce, pour satisfaire les dispositions ministérielles, n'est-ce pas la base fondamentale des droits de la noblesse qui en est altérée ? Si le désordre engendre l'accroissement le plus illégitime des fortunes pécuniaires, n'est-ce pas la noblesse qui en est écrasée ? Si le crédit des grands a souvent contrebalancé le pouvoir des fortunes pécuniaires, n'est-ce pas au détriment du corps général de la noblesse ?

C'est contre les lois de l'ordre que les salaires des offices, connus sous le nom de bénéfices, sont devenus héréditaires. L'ensemble de ces bénéfices formait le domaine public inaliénable, *sacrum patrimonium*. Le temps a confondu les bénéfices avec les alleux pour la propriété ; le temps a acquis aux terres féodales le droit de propriété particulière ; mais le droit de rendre la justice, que la faiblesse des anciens monarques a abandonné avec l'inaliénabilité des terres féodales, est imprescriptible. Ce droit ne peut être héréditaire par sa nature dans les officiers chargés de l'exercer. Le droit de nommer les officiers de justice ne peut être réparti entre les principaux propriétaires de district ; ce droit est et doit être entre les mains du Roi ; il est insubdivisible et inaliénable.

Mais il ne faudrait pas conclure de nos raisonnements, que les terres féodales, ayant fait partie du domaine public inaliénable, devraient aussi rentrer dans ce domaine : d'abord la propriété en est acquise par une prescription de plusieurs siècles ; mais une observation qui en assure encore la propriété d'une manière plus inattaquable, c'est que, par un accord qui est un des phénomènes les plus extraordinaires que l'on puisse rencontrer dans les abus de l'ordre social, les alleux ou propriétés libres ont été convertis en fiefs, en si grande quantité, qu'il serait impossible de reconnaître, dans la multitude des fiefs qui existent, les bénéfices primitifs, ou le patrimoine sacré de la république, et les alleux qui ont acquis les privilèges des fiefs.

C'est par cet accord singulier que, les rois ayant abandonné des droits de souveraineté, et les sujets ayant abandonné des droits de propriété libre, il s'était fait une espèce d'échange de ces droits, dont il résultait que le Roi était censé propriétaire général des terres, et que les sujets jouissaient des droits de souveraineté. Nous avons exposé, dans le plus grand détail, des recherches philosophiques sur les révolutions que les propriétés ont éprouvées en France, dans notre Traité des richesses. Pour juger la cause du système féodal, on ne peut se dispenser de se rendre compte de ces révolutions qui forment un des objets les plus curieux de l'histoire philosophique et politique des peuples.

29. *Les tribunaux des eaux et forêts seront supprimés. Leur juridiction sera réunie aux bailliages et sénéchaussées, et leur administration sera réunie à celle des domaines.*

Pour décharger les peuples de l'excès des juridictions.

30. *Le domaine du Roi sera déclaré aliénable.*

La maxime de l'aliénabilité du domaine du prince dérive de la loi romaine, par laquelle le domaine de la république était inaliénable. Ce domaine de la république était distingué du domaine du prince; il était destiné à former des bénéfices pour les serviteurs de la patrie : c'était ce domaine public dont la république avait assuré l'inaliénabilité par la loi; mais il est contre les principes fondamentaux de la société que le premier citoyen ne puisse aliéner sa propriété.

Le principe de l'inaliénabilité est contraire à la prospérité territoriale et favorise le monopole des bois.

31. *Le contrôle des actes sera réuni aux greffes des bailliages.*

Le contrôle est actuellement une opération fiscale; il faut en faire un monument de la protection souveraine.

32. *La loi de 1771 sur les hypothèques sera abrogée.*

Cette loi, qui est encore une émanation du génie fiscal, au lieu de favoriser la sûreté des hypothèques, suivant son objet apparent, expose les créanciers à la perte de leurs droits. Les lettres de ratification des contrats de vente sont l'invention du despotisme.

Qu'il y ait un registre où les créanciers feront enregistrer leurs hypothèques spéciales dans les immeubles dans les greffes du bailliage ou de la sénéchaussée où ces immeubles sont situés, ou leur hypothèque générale dans les greffes du bailliage ou de la sénéchaussée où les propriétaires sont domiciliés, les acquéreurs, pour acheter avec sûreté, consulteront ces registres, et l'hypothèque n'aura lieu qu'en vertu de cet enregistrement.

33. *Les rapports entre les officiers royaux et les officiers nationaux seront déterminés.*

Les officiers municipaux des villes étant électifs, ainsi que les officiers de la chambre des comptes, il sera nécessaire de déterminer leurs rapports avec les officiers du Roi, surtout ceux des officiers municipaux avec les chefs de l'administration. De même que les officiers du Roi seront comptables à la chambre des comptes, de

même les villes peuvent être comptables au commissaire du Roi.

34. *Il sera mis des bornes à l'usage des lettres de répit.*

35. *Il sera pris des mesures pour abroger les formes qui favorisent les banqueroutes frauduleuses, et les contrats d'atermoiement des créanciers simulés.*

36. *La police des alignements des rues des villes sera confiée aux officiers municipaux des villes, et celle des traverses des villes et des grandes routes aux intendants.*

37. *L'ordonnance pour la formation des classes des matelots sera révoquée.*

C'est un monument de la servitude et du despotisme; c'est une gêne pour le commerce qui ne produit pas de meilleurs matelots que s'ils étaient enrégimentés pour la marine, et occupés pendant la paix, soit en mer, soit aux travaux des ports.

38. *Il sera accordé des défenseurs aux accusés quelconques.*

Cette noble fonction peut être remplie par ceux qui sont destinés à être juges criminels, et exercée jusqu'à l'âge de trente ans. Ils auraient seulement à cet âge voix délibérative.

39. *Les recherches des procureurs du Roi s'étendront plus loin que sur les crimes capitaux.*

L'impunité tient souvent aux dangers d'entreprendre une dénonciation où l'on puisse succomber. Mais il faut éviter en même temps l'impunité des faux dénonciateurs.

40. *Les innocents seront dédommagés sur les fonds publics.*

41. *L'exécution des arrêts des juges criminels sera suspendue au moins pendant quinze jours.*

Cette loi avait déjà été demandée par les Etats en 1626 pour les nobles; sans elle le droit de faire grâce est illusoire.

42. *Les biens-fonds des bénéfices ecclésiastiques, à la nomination royale ou ecclésiastique, seront déclarés former le domaine public.*

Cette loi, qui choquera sans doute les parties intéressées, est cependant conforme au droit primitif des bénéfices.

Les bénéfices ont été, depuis l'origine de la monarchie, des terres publiques concédées à vie pour des services publics. C'est d'après cette loi que le Roi jouit de ceux qui sont à sa nomination pendant la vacance.

Il ne faut pas juger des bénéfices ecclésiastiques ainsi que des bénéfices laïcs; les bénéfices ecclésiastiques ont conservé leur nature primitive, relativement à l'inaliénabilité; il semble seulement que la partie destinée aux églises est affectée exclusivement aux églises. Mais si des parties d'un domaine public sont destinées au salaire d'un service public, et que ce service devienne nul par la succession des temps, la nation et le Roi ont le droit de se réunir pour employer le domaine public à récompenser des services utiles. Au fait, à quoi servent les grands bénéfices à la nomination royale? Ils servent à récompenser des familles utiles, en la personne d'un membre qui prend un état souvent contraire à ses mœurs particulières, pour satisfaire le vœu de sa famille ou le désir de participer aux récompenses publiques, d'un membre qui quelquefois étend les avantages de ses bénéfices sur sa famille, quelquefois en abuse en faveur de la corruption des mœurs. Pourquoi ne récompenserait-on pas les membres utiles des familles utiles par une distribution équitable des parties du domaine public?

43. *Les dîmes seront éteintes au profit des propriétaires des terres à mesure que les titulaires des bénéfices mourront.*

C'est un impôt accablant que la dîme; il surpasse dans quelques endroits les contributions publiques. Si le but de son établissement est rempli d'une autre manière, il faut qu'il cesse de nuire à la reproduction annuelle.

44. *La nation rentrant dans la propriété des bénéfices, à mesure que les usufruitiers mourront, les bénéfices à charges utiles seront donnés à des ecclésiastiques avec un dédommagement de la dîme qui sera supprimée, et les bénéfices sans charges utiles seront concédés dans toutes les classes de la société, ainsi que les pensions sur ces bénéfices, pour récompenses de services utiles.*

45. *Le domaine de ces bénéfices sera déclaré inaliénable, suivant sa nature primitive.*

46. *Les honoraires des évêques et grands vicaires, des curés et vicaires, seront réglés d'après les revenus qui leur resteront, déduction faite de la dîme.*

47. *Les associations non utiles seront supprimées; les moins utiles seront pensionnés, et leurs fonds rentreront dans le domaine public.*

48. *Les ecclésiastiques se rangeront aux assemblées nationales, dans les ordres où leur naissance les aura placés.*

49. *Les fondations faites dans les églises supprimées seront reportées aux paroisses sur le territoire desquelles ces églises seront situées.*

50. *Les évêques seront autorisés à faire des réunions de paroisses dans tous les lieux où le bien et l'économie du service l'exigeront.*

51. *Il sera interdit aux officiers de police des villes de taxer la viande.*

52. *Les octrois sur les viandes dans les villes seront supprimés.*

Les habitants des villes sont foulés par la taxe de la viande et par les octrois sur les viandes; cette taxe n'est nécessaire que pour l'octroi, et la liberté de tuer et de vendre, sans être assujettie à un droit, diminuera le prix de la viande dans les villes. Les habitants des villages espèrent échapper aux poursuites, en vendant la viande dans les villes, même au-dessous du prix taxé, déduction faite de l'octroi.

53. *Les banalités seront abolies, les propriétés étant remboursées.*

Les lieux sujets aux banalités sont exposés à toutes les vexations du monopole.

54. *Les péages seront abolis, les propriétaires étant remboursés.*

La loi existe; elle n'a pas été exécutée.

55. *Les droits de bichenage et de mesurage des blés seront abolis, les propriétaires étant remboursés.*

Ces droits font déserter les marchés et procurent plus de désavantage dans les villes que les propriétaires n'en tirent d'avantage.

56. *Il sera établi une commission du conseil, chargée de faire un état de tous les remboursements à faire pour charges et droits à supprimer, lequel état sera rapporté à la première assemblée des Etats, après celle de 1789.*

57. *Le taux des monnaies, et le bénéfice du souverain sur cet objet, seront déterminés de manière que les ministres ne puissent y contrevenir.*

Depuis longtemps l'opinion publique a interdit les hausses et les baisses arbitraires des monnaies; mais pour que l'envie n'en reparaisse pas, il est nécessaire d'y pourvoir par une loi.

58. *Les communes seront déclarées aliénables pour la prospérité de l'agriculture, pourvu néanmoins que le contrat soit homologué par le Roi.*

59. *Toute loi en faveur des prohibitions du commerce sera abrogée.*

Nous avons traité fort au long de la théorie dont cette loi est une conséquence; nous l'avons établie sur deux principes: celui du droit de propriété et de l'équité à établir dans la balance des intérêts du producteur et des intérêts du consommateur, et le principe suivant lequel le revenu disponible doit être plus grand qu'il soit possible, relativement à la somme des frais dans la reproduction générale ou suivant lequel la somme des jouissances doit être la plus grande qu'il soit possible, relativement à la somme des frais.

La liberté du commerce s'étendra à toute importation et toute exportation quelconques.

Dans la discussion des intérêts du commerce, il sera reconnu sans doute que le plus grand gain du commerçant n'est pas toujours le plus grand gain du commerce, que le plus grand avantage du commerçant n'est pas toujours le plus grand du commerce.

On reconnaîtra que si les ministres se sont trouvés quelquefois obligés d'employer des ressorts pour contrebalancer les abus, il ne faut pas en conclure que ces ressorts ne sont point abusifs dans la supposition du bon ordre.

60. *Les priviléges exclusifs, les maîtrises et jurandes seront abolis; il sera établi un ordre dans les villes pour les maîtres; mais le nombre n'en sera jamais limité, et les colporteurs de marchandises qui n'intéressent pas la vie des citoyens jouiront de la liberté de vendre.*

C'est aux acheteurs à se prémunir contre l'infidélité des marchands colporteurs et forains; mais leur concurrence est indispensable pour établir les prix à leur juste mesure.

61. *La population sera favorisée par la protection accordée au plus grand accroissement possible des richesses.*

62. *Les ports, les passages et les marchés seront libres et ouverts à tous les négociants nationaux et étrangers en temps de paix, et n'auront d'autres gênes en temps de guerre que celles que la sûreté de la nation et ses intérêts, relativement aux ennemis de l'Etat, exigeront.*

63. *Il ne sera jamais établi de commission pour les approvisionnements de blé, si ce n'est en faveur des armées de l'Etat.*

64. *Toute clôture fiscale, toutes barrières dans l'intérieur du royaume et aux frontières seront détruites.*

65. *Tous les offices de mesureurs, jaugeurs, contrôleurs, marqueurs de denrées et marchandises seront supprimés.*

66. *Les officiers municipaux des villes seront chargés de veiller à l'exactitude des mesures, des jauges, des contrôles et des marques.*

67. *Toute loi somptuaire sera abolie.*

Le Roi sera supplié d'encourager ou de favoriser, soit par l'exemple, soit par son influence, les fabriques nationales, la modération dans les dépenses, la considération pour les arts utiles, l'affluence des étrangers, la résidence des capitalistes, les dépenses foncières, les épargnes sur la reproduction annuelle.

68. *La sortie des métiers et instruments des manufactures sera permise.*

Cette loi paraîtra peut-être au premier coup d'œil impolitique; mais d'un côté, elle est conforme aux principes fondamentaux de la propriété et de la liberté; de l'autre, on observera que c'est par la protection et par le bien-être qu'il faut retenir les ouvriers utiles, et non par des gênes que dictent des ordres arbitraires.

69. *Le revenu des messageries étant abandonné par le souverain, elles ne seront plus autorisées à interdire aux rouliers le port des paquets quelconques, et aux voyageurs l'usage des voitures quelconques.*

La gêne que l'on propose d'abolir est un des plus grands obstacles nuisibles au commerce, ou contraires à la liberté des citoyens.

70. *Le produit des postes aux lettres sera suffisant pour le service, et n'entrera point dans les coffres publics.*

Le commerce lucratif et les correspondances utiles et agréables en tireront un grand avantage.

71. *Tous les citoyens jouiront de la liberté d'avoir des étalons et de se faire payer par les propriétaires de juments.*

L'intérêt personnel et les spéculations produiront sans doute la perfection des races avec plus d'avantage qu'une direction à revenus fixes.

72. *Les privilèges des charges et emplois publics n'attenteront point aux droits des citoyens.*

73. *Les nobles auront la liberté de commercer sans déroger.*

74. *Le tiers-état ne sera exclu d'aucun emploi public, ni d'aucun grade, lorsque ses qualités personnelles l'y auront appelé.*

75. *Le tiers-état sera rétabli dans le droit d'acquérir des biens sans payer des droits avilissants.*

76. *Tous les propriétaires jouiront de la liberté de faire dans leurs terrains toute espèce de culture quelconque.*

77. *Tout citoyen jouira de la liberté de faire des approvisionnements de toute espèce de denrée quelconque.*

78. *Le gouvernement ne favorisera, par des primes et récompenses, aucune espèce de production préférablement à une autre.*

C'est aux besoins des demandeurs et aux moyens de payer, à attirer les quantités de productions qui leur conviennent.

79. *Les officiers publics seront tenus de résider au lieu de leur destination.*

Il serait à désirer, par exemple, que les gouverneurs résidassent pendant six mois, et les évêques et intendants pendant les trois quarts de l'année.

80. *Il sera établi une banque nationale pour toutes les villes du royaume.*

Cette banque servira de caisse générale des deniers publics et particuliers; nous en avons présenté et détaillé le plan (1). Elle a pour ressort principal des banques particulières de dépôt: une banque de correspondance, qui, sans être dépositaire, sera débitrice et créancière par compensation de toute les banques de dépôt.

81. *Il sera dressé un état général des dépenses publiques pour asseoir l'impôt.*

82. *Le terme de l'impôt sera fixé à l'époque de la convocation des États généraux.*

Pour la réforme des abus qui naissent de l'impôt.

83. *On abolira les ventes exclusives du souverain.*

84. *On abolira les droits sur les services publics.*

85. *On abolira les droits sur les consommations.*

86. *On abolira les impositions arbitrées sur l'opinion que l'on a de la fortune des particuliers.*

87. *On abolira les impôts sur les charges ou sur les salaires de l'administration.*

88. *On abolira les droits sur l'administration de la justice et sur le sceau.*

89. *On abolira les impôts sur les successions ou mutations.*

90. *On interdira pour jamais les affaires extraordinaires.*

Les ventes exclusives du souverain sont contraires à la dignité d'un monarque, et elles sont injustes, vexatoires et contraires à la reproduction annuelle. C'est pourquoi la gabelle a été jugée; mais on n'a pas jugé la vente du tabac, la vente de à canon que l'on pourrait faire venir de l'étranger, par exemple, de Suisse, à meilleur marché, et pour laquelle on fait des perquisitions dans l'intérieur des maisons.

Les services les plus utiles de la souveraineté, tels que les postes, les messageries, les contrôles, deviennent à charge par les revenus que le Roi en tire, et par les gênes auxquelles on est assujetti pour produire ces revenus.

Les droits sur les consommations portent des entraves au commerce, sont contraires à la liberté des citoyens, ou sont injustes par les dispositions irrégulières des barrières. Si l'on croit qu'en reculant toutes les barrières aux frontières, on reportera l'impôt sur les étrangers, c'est une grande erreur. Pourquoi donc n'y aurait-il que les marchandises consommées par les étrangers qui payeraient l'impôt?

91. *Les exemptions pécuniaires seront abolies pour tous les ordres.*

Savoir: les exemptions personnelles et les exemptions réelles, ou les exemptions à raison des personnes, et les exemptions à raison de la nature des biens.

_____

(1) Voyez *Plan de banque nationale.* Jersey, 1787.

92. Il sera établi au greffe des élections des registres pour le cens ou dénombrement général de tous les propriétaires ou chefs d'entreprise de culture, d'industrie ou de commerce par villes ou communautés.

93. Dans les pays d'États, qui sont actuellement distingués par ce nom, il sera établi un tribunal semblable à celui des élections pour l'établissement du cens.

94. Tout propriétaire ou chef d'entreprise de culture, d'industrie ou de commerce, sous peine de ne pas jouir des avantages de la société pour la conservation des propriétés, sera tenu de déclarer et faire inscrire sur le registre du cens un état de ses propriétés productives ou richesses foncières, de leurs qualités et de leurs quantités, réglées sur des mesures communes, avec un état des salariés ou fermiers qu'il emploie pour la production, et des domestiques qu'il emploie pour son service, dans tous les greffes des élections sur le territoire desquelles il aura une propriété, les richesses pécuniaires n'étant pas comprises dans les richesses foncières et productives.

95. Il sera remis une expédition du cens de chaque ville, bourg et village aux officiers municipaux, syndics ou échevins des bourgs ou villages, aidés d'un commissaire répartiteur et d'un expert vérificateur, qui auront la liberté de vérifier les déclarations.

96. Les officiers municipaux des villes, les syndics ou échevins des bourgs ou villages, aidés d'un commissaire répartiteur et d'un expert vérificateur, auront la liberté de vérifier les déclarations.

Ils seront chargés de joindre à l'article de chaque propriétaire les observations propres à en estimer la valeur, savoir : les terres seront divisées en trois, cinq ou sept classes, suivant leur nature. Les maîtres des arts et métiers seront classés suivant leur vogue. Les chefs des manufactures seront classés suivant le nombre de métiers; les négociants, suivant le nombre de vaisseaux ou voitures employés; les chefs de roulage, suivant le nombre de leurs chevaux ; les propriétaires d'usines suivant leur produit ; en un mot, en raison composée de tous les agents de production qu'ils emploient.

97. C'est d'après ce cens que sera réparti un impôt unique sur tous les propriétaires ou chefs d'entreprise de culture, d'industrie ou de commerce, non en raison du produit total, mais en raison de ce produit, déduction faite des frais de production, par les officiers municipaux des villes et les commis répartiteurs des paroisses.

98. Les créanciers de l'État ne seront pas compris dans ce cens, à raison de leurs rentes, parce qu'on leur fera payer l'impôt par une réduction sur l'intérêt.

99. Les rentiers hypothécaires payeront l'impôt par une retenue du propriétaire, laquelle sera dans le même rapport que l'impôt.

100. Les banquiers et négociants de spéculation ne seront point tenus de justifier dans le cens l'état des fonds qu'ils emploient, soit à la banque, soit dans le commerce étranger. Ils seront imposés à raison des richesses foncières connues s'ils en ont, tels que des vaisseaux, des magasins, des boutiques. Pour les richesses employées à la banque ou au commerce de spéculation, ils seront imposés à raison de la déclaration pure et simple qu'ils fe-

ront, c'est-à-dire, la nation recevra sans recherche le tribut qu'ils offriront à la république.

Suivant notre plan de banque nationale, les banques particulières seront nécessairement très-réduites, et la nation aurait peu de tributs à tirer des banquiers. Quant aux négociants occupés du commerce étranger, ce sont des capitalistes que la moindre gêne peut rendre errants, et qu'on est trop heureux de fixer chez soi par les épargnes qu'ils finissent par employer en dépenses foncières et productives. Ce n'est, dans tous les cas, que lorsqu'ils se déterminent à dépenser sur les lieux leurs revenus qu'ils n'échappent plus à l'impôt. On peut donc établir l'impôt sans faire une inquisition injuste et dangereuse dans les cabinets des négociants.

Pour le commerce et l'industrie, on mettra dans le cens les fonds productifs réels et ostensibles, et non les capitaux représentatifs ou pécuniaires. On distinguera donc dans le commerce et l'industrie deux espèces :

L'une comprendra les négociants et manufacturiers qui ont des immeubles ou des meubles productifs, tels que les magasins, les vaisseaux, les voitures, les bateaux, les métiers ; l'autre comprendra les marchands et artisans dont le détail des marchandises ou des outils n'est pas proposable : ces derniers seront rangés par classes, et il est présumable que dans ces états, le désir de la vogue engagera ceux qui seront dans les dernières classes à se rapprocher de la première, en sacrifiant un peu plus d'impositions.

101. L'impôt sera donc perçu sur toutes les richesses disponibles de la culture, de l'industrie et du commerce dans une même proportion.

C'est l'impôt le plus juste et le plus simple à percevoir.

On a proposé un impôt territorial en nature, mais cet impôt a deux causes d'exclusion : la première, c'est qu'il est perçu en raison de tout le produit et non en raison du produit, déduction faite des frais ; d'où il suit qu'il est injuste ; la seconde, c'est qu'il crée une classe de fermiers publics, attirant une somme énorme de denrées de première nécessité et bien exposés à la tentation du monopole. D'ailleurs, pour faire payer l'impôt au commerce et à l'industrie, il a fallu imaginer un projet de timbre injuste et vexatoire.

Le projet des économistes sur l'impôt n'est pas soutenable : ils croient que si l'on percevait l'impôt sur les productions de la terre, il en résulterait des changements de prix qui feraient payer l'impôt par les salariés et capitalistes. Aucun de leurs ouvrages ne prouve cette proposition, sans laquelle le système s'écroule promptement ; mais on peut leur prouver qu'elle est fausse.

L'impôt proposé, en produisant une diminution de frais de perception de plus de cent millions, doit réparer le désordre des finances et établir par la suite une source de prospérité, si les mesures sont bien prises pour que le désordre ne renaisse point.

102. Il sera pris des mesures pour procurer des revenus aux villes qui n'en ont pas, surtout pour leurs pavés, pour leurs ponts, pour leurs lanternes, pour les auditoires, les hôtels de ville, les fontaines et les édifices publics qui leur conviennent, suivant leur rang et leur population.

103. Les emprunts publics seront interdits, si ce n'est dans des besoins extraordinaires et imprévus, et en prenant des mesures pour qu'ils soient promptement remboursés.

104. *La dette nationale sera répartie entre les provinces en raison de leurs contributions, ainsi que l'état des remboursements des rentes perpétuelles, et il sera créé à cet effet des billets provinciaux au porteur*

105. *Il sera destiné des fonds pour les encouragements pécuniaires à accorder aux inventions dans les arts et métiers, dans les sciences et dans les projets de travaux publics.*

106. *Il sera destiné des fonds pour procurer annuellement des secours aux avariés, pourvu que les incendiés n'y soient compris que lorsqu'ils l'auront été par le feu du ciel ou par leurs voisins.*

107. *Il sera destiné des fonds pour former des ateliers de charité.*

Ces fonds ne seront point accordés constamment dans le même lieu, de peur d'y former une ressource assurée à la paresse ou à la dissipation, et d'enlever des ouvriers aux richesses foncières. Ils seront accordés suivant les besoins dont les circonstances seules détermineront la nécessité. Ils ne seront point accordés sur des contributions de seigneurs, qui entraînent une influence quelquefois contraire au bien public.

108. *Il sera destiné des fonds pour préserver les vallées des inondations.*

109. *Il sera pris des mesures législatives pour que les lits des rivières à moulins ne s'élèvent pas insensiblement au-dessus du fond des vallées, par l'élévation des soles-gravières des meuniers ou propriétaires d'usines.*

110. *Il sera statué que tous les comptes publics et toutes les répartitions devront être mis sous les yeux des citoyens qui demanderont à les vérifier eux-mêmes, ou publiés par l'impression.*

111. *Le Roi sera confirmé dans le droit d'acquérir les terrains nécessaires pour les travaux publics utiles à la nation ou aux villes, bourgs et villages, pourvu que ces terrains soient remboursés.*

112. *Les travaux neufs des grandes routes, des canaux navigables, des digues, les dessèchements des marais seront exécutés par le tiers des troupes d'infanterie, et par les chevaux et voitures propres au service de l'artillerie en temps de guerre.*

113. *Il sera établi des écoles d'administration et de droit des gens, pour former des administrateurs et des membres du corps diplomatique.*

INSTRUCTIONS PARTICULIÈRES

Pour les députés du tiers-état de la sénéchaussée des Lannes qui seront nommés pour aller à l'assemblée des États généraux du royaume, convoqués par la lettre de Sa Majesté du 24 janvier 1789 et fournies par les différentes villes et communautés du siège de Saint-Sever (1).

1° Les députés demanderont qu'il soit accordé aux colons partiaires des avantages capables de relever leur courage et les attacher à leur état, comme exemption de collecte et séquestration, et qu'attendu que la milice dépeuple la campagne par l'émigration que cause cette loterie de malheur, ils proposent de faire entretenir le même nombre d'hommes par les communautés qui, engageant pour six ou huit années, à raison de dix écus par année, comme cela se pratique dans la châtellenie de l'Isle, formeraient des troupes plus belles et procureraient la tranquillité des familles.

2° Qu'il soit procédé incessamment au partage des landes communes; conformément à l'arrêté du conseil de 1771, et que, dans les lieux où elles ont été aliénées, il soit permis aux communautés de les racheter.

3° Que, dans les lieux où les seigneurs sont en droit ou possession de nommer les maires et jurats, les communautés soient autorisées à leur présenter chaque année et au jour d'usage un certain nombre de sujets parmi lesquels seulement le seigneur aura le choix; que cette présentation soit faite quinze jours avant l'époque fixée pour la nomination, et dans le cas où le seigneur ne ferait pas la nomination, que le choix soit dévolu à la communauté quinze jours après cette époque.

4° Les députés se réuniront aux autres députés du même ordre s'ils réclament l'abolition de la féodalité, et dans le cas contraire, ils offriront de racheter à prix d'argent, par convention ou à dire d'experts, les droits insolites mais justifiés de corvée, banalité, banvin et autres semblables.

5° Que les seigneurs ne pourront exiger des reconnaissances qu'à chaque mutation de seigneur, et que les emphytéotes soient autorisés à les consentir par une reconnaissance générale.

6° Que les juges des seigneurs ne puissent connaître des causes où les seigneurs seront intéressés directement ou indirectement, quoiqu'il s'agisse de droits seigneuriaux non contestés.

7° Les députés observeront qu'indépendamment de la dîme, on exige dans certaines paroisses un droit appelé *prémice*, qui se prend sur les propriétaires cultivateurs ; que ce droit s'est introduit dans les siècles d'ignorance et s'est accrédité par les bulles des papes qui disaient que la prémice, tout comme la dîme, était de droit divin; que les gros décimateurs ne laissant rien aux curés desservants, pour leur subsistance, ceux-ci se sont attachés à maintenir les prémices, et que par ce moyen, plusieurs paroisses les ayant payées tandis que d'autres les ont refusées ou en ont été affranchies par les arrêts des cours souveraines, il est par conséquent de toute justice de les supprimer, et qu'il en soit fait une loi générale.

8° Les députés demanderont la confirmation et le maintien des parlements comme des corps antiques et nationaux, sans qu'il leur soit permis d'enregistrer, même par provision, les édits bursaux en en corrigeant les abus qui peuvent s'être glissés dans l'administration et expédition de la justice.

9° Que les privilèges particuliers de la ville de Geanne soient confirmés et maintenus ainsi que ceux de la ville de Bonne-Garde.

10° Les députés demanderont qu'il soit ordonné qu'on multipliera les aqueducs dans les grandes routes et surtout dans les levées portées à une certaine hauteur, afin d'empêcher la submersion des terres.

11° Les députés demanderont que dans la ville de Saint-Sever, où, faute de palais, les audiences se tiennent dans une maison particulière, qu'il en soit construit un assorti de pièces nécessaires pour la distribution de la justice.

12° Que, dans la même ville, où les anciennes

(1) Nous publions ce cahier d'après un manuscrit des *Archives de l'Empire.*

prisons ont été démolies pour former un alignement, il en soit construit de nouvelles qui se rapprochent du palais autant qu'il sera possible.

13° Que, pour faciliter et perfectionner l'éducation de la jeunesse, il soit établi dans la ville de Saint-Sever un collége confié aux religieux bénédictins qui, ayant une maison spacieuse, saine et bien rentée, se prêteront aux vues du gouvernement pour cet objet.

14° Que, dans la ville de Saint-Sever et communautés du siége, il n'y ait qu'un rôle de capitation, où tous les habitants, sans distinction, soient compris et taxés suivant leurs facultés, et qui sera toujours fait par les villes et communautés, de l'avis des répartiteurs pris en assemblée de la commune dans toutes les classes.

15° Les députés demanderont qu'il soit défendu à la ferme générale du tabac d'envoyer du tabac en poudre dans leurs différents bureaux.

16° Que les sommes levées pour les corvées et qui sont encore dans les mains des collecteurs seront distribuées aux contribuables qui les ont payées, ou tenues en compte sur les impositions.

16° Que les députés soient expressément chargés d'employer tous leurs efforts pour l'obtention des États particuliers du pays des Landes, dont la juste utilité et la nécessité ont été si évidemment reconnues dans les différents écrits qui ont été imprimés sur cet objet important, desquels il leur sera fourni des exemplaires, et dans le cahier particulier de la sénéchaussée de Saint-Sever dont ils se feront délivrer un extrait par le greffier du siége de Dax ; ils concerteront encore avec les députés du Mont-de-Marsan pour y tenir le pays de Marsan, les Bastilles et le Gavardan.

18° L'interprétation de la déclaration du 29 avril 1768 pour déterminer la lisière des landes de Bordeaux qui se prolonge de l'embouchure de l'Adour à l'embouchure de la Garonne, depuis la mer jusqu'aux paroisses qui sont en pleine culture, est indispensablement nécessaire, soit pour encourager l'agriculture, soit pour tarir les procès qui naissent entre les décimateurs et les cultivateurs sur l'étendue de ce territoire ; le sénéchal de Tartas a jugé que la paroisse de Saure n'en faisait pas partie, et le sénéchal de Nérac, au contraire, que celle de Durante y était comprise. Nos députés demanderont donc un règlement là-dessus, et que les encouragements accordés par la déclaration s'étendent au moins depuis la mer jusqu'à la rivière de l'Adour, puisque aucune des paroisses qui s'y trouvent n'a la dixième partie de ses fonds en culture.

Fait et arrêté en assemblée générale du tiers-état par nous, commissaires soussignés, le 31 mars 1789. Ainsi signé : Ducos, avocat, commissaire ; Ramombordes, avocat, commissaire ; Verges, commissaire ; Lamarque, commissaire ; Lafitte, avocat, commissaire ; Dusault, avocat, commissaire ; Méricamp, avocat, commissaire ; Du Cournau, commissaire, sans approuver toute demande qui pourrait concerner la suppression du privilége de la franchise du port et ville de Bayonne ; Hirigoyen, commissaire ; n'entendant approuver que les demandes conformes au bien général du royaume et protestant contre celles faites au préjudice de la ville de Bayonne en particulier ; et Poydenot, commissaire, n'entendant approuver que les demandes conformes au bien général du royaume et protestant contre celles faites au préjudice de la ville de Bayonne en particulier.

Coté et paraphé, *ne varietur*. Ainsi signé : de Mausienne de Neurisse, lieutenant géneral.

INSTRUCTIONS ET DEMANDES PARTICULIÈRES

DE CERTAINES VILLES ET COMMUNAUTÉS DE LA SÉNÉCHAUSSÉE DES LANDES AU SIÉGE DE DAX (1).

États particuliers.

Les États particuliers du pays des Landes doivent être composées des quatre sénéchaussées de Dax : Saint-Sever, Bayonne, Tartas et Labour, qui anciennement n'en formaient qu'une seule, de laquelle dépendait le pays de Soule ; d'autant que ces quatre sénéchaussées forment l'arrondissement du pays des Landes, et composaient, avec le Marsan et le Gavardan, ses anciens États. Et pour donner à ces États plus de consistance, il conviendrait d'y réunir le Marsan et le Gavardan, contrées limitrophes, et aussi peu rapprochées de la ville de Dax que les sénéchaussées de Saint-Sever et de Bayonne.

Commis aux frontières.

Il est intéressant d'ordonner que les commis qu'il sera nécessaire d'employer aux frontières ne pourront être reçus qu'après enquête de bonne vie et mœurs ; qu'ils n'affirmeront pas leurs verbaux sur la simple lecture qui leur en sera faite, mais qu'ils seront tenus de les répéter et ensuite affirmer ; qu'enfin, il ne pourra être fait aucun accommodement par les commis ou employés su balternes avec les parties contre lesquelles ils auront procédé, attendu que ces sortes d'accord sont, le plus souvent, arrachés à la faiblesse ou à la crainte.

Présidial.

Pour rendre la juridiction présidiale plus avantageuse, les députés remontreront qu'il conviendrait de donner au siége de Dax l'arrondissement qu'il avait autrefois, et de le former des sénéchaussées de Saint-Sever, Bayonne, Labour et Tartas, et des pays du Marsan et du Gavardan ; d'y réunir même, en première instance et par appel, les paroisses de Minbaste, de Clermont, de Garrey, de Poyartin, d'Angoumé et de Soubusse, qui seraient démembrées de la sénéchaussée de Tartas, en attribuant à celle-ci, en remplacement, le comté de Belhade qui en est plus rapproché que de la sénéchaussée de Dax, dont il dépend actuellement, et les paroisses de Cabreton et Labenne.

Juges royaux et seigneuriaux.

Sa Majesté sera suppliée d'accorder aux officiers des présidiaux et sénéchaux des prérogatives qui puissent les attacher à leurs places ; de pourvoir à l'assiduité des officiers de justice dans l'exercice de leurs fonctions, notamment à ce que ceux des juridictions ordinaires soient rendus dans les chefs-lieux desdites juridictions ; qu'ils soient pourvus à vie par les seigneurs, et que les juges et procureurs d'office soient gradués.

Incompatibilité.

Sa Majesté sera suppliée d'ordonner que les offices de juge et de notaire et l'emploi de contrôleur seront déclarés incompatibles ; et que ceux qui se trouvent actuellement dans l'exercice desdits offices et emplois seront tenus d'opter pour l'un d'eux, et de se dépouiller des autres.

Exception.

Mais, comme dans le pays des Landes, les offices de notaires sont de si médiocre rapport qu'ils

---

(1) Nous publions ce cahier d'après un manuscrit des *Archives de l'Empire*.

ne peuvent pas faire un état suffisant à un particulier, Sa Majesté sera très-humblement suppliée de permettre que le même sujet puisse exercer, sans incompatibilité, l'office de notaire conjointement avec celui de procureur, comme il a été pratiqué jusqu'en l'année 1780; à la charge que le notaire ne pourra pas retenir d'actes relatifs aux instances pour les parties dont il sera actuellement procureur, et à la charge que deux des notaires de la communauté de Dax seront toujours présents en ville;

Attendu encore que les offices de notaire de campagne ne rapportent presque rien, et qu'ils sont depuis longtemps délaissés, Sa Majesté sera suppliée de relever cette profession délicate en accordant des distinctions et des prérogatives personnelles à ceux qui sont pourvus et à ceux qui se feront pourvoir desdits offices.

Francs-fiefs, lods et ventes.

Sa Majesté sera suppliée de maintenir les habitants du pays des Lannes dans l'affranchissement du droit de franc-fief et dans celui des lods et ventes, conformément au traité de Taillebourg du mois de juillet 1451, aux lettres patentes du mois de juillet 1490, à celles du 10 septembre 1533, et du 19 juin 1605, successivement confirmées; et de supprimer les droits de lods et ventes, des échanges, sauf les cas où ils peuvent être dus aux seigneurs particuliers d'après les dispositions des coutumes, dûment sanctionnées, dudit pays des Lannes; le tout, nonobstant tous arrêts du conseil et autres décisions qui seront regardées comme non avenues.

Ravages des terres.

Les députés supplieront Sa Majesté de permettre aux habitants du pays des Lannes de défendre, avec toutes sortes d'armes et dans toutes les saisons, leurs domaines de l'incursion de toutes les bêtes fauves qui ravagent leurs moissons.

Vins.

Ils demanderont encore que le privilége exclusif qu'avaient différentes paroisses et communautés du pays des Lannes, pour la vente de leurs vins, soit rétabli.

Jurats.

Ils demanderont aussi que les communautés des campagnes soient autorisées à nommer leurs jurats; aussi que les seigneurs soient maintenus dans le droit ou possession de les nommer; que lesdites communautés puissent se choisir un chef pour veiller à leurs intérêts; et que lesdits jurats ou chefs, choisis par ladite communauté, soient autorisés à exercer la police intérieure, chacun dans sa paroisse, et, à cet effet, à se revêtir d'un chaperon pour marque de leur autorité.

Communaux.

Ils demanderont qu'il soit ordonné que les édits, déclarations et arrêts du conseil, relatifs au partage des communaux, soient exécutés suivant leur forme et teneur.

Sous pour livre.

Que les sous pour livre sur les droits d'octroi et autres, non engagés, soient supprimés.

Revenus des communautés.

Qu'il soit pourvu à ce que les administrateurs des revenus des communautés soient obligés d'en rendre compte chaque année.

Entretien des églises.

Ils demanderont qu'il soit ordonné que, dans les paroisses dont les églises qui n'auront pas de fabriques, et dans celles où les fabriques n'auront pas des revenus suffisants, les gros décimateurs seront tenus de l'entretien des églises et de la fourniture de toutes choses nécessaires au service divin.

Liberté des rivières.

Que le cours des rivières navigables soit rendu libre par l'enlèvement des vases et autres obstacles, ainsi que par l'emploi des fonds destinés à nettoyer lesdites rivières.

Ville de Dax.

Ladite ville de Dax demande que l'on s'occupe, sans délai, des moyens de parvenir à la construction d'un pont sur la rivière de l'Adour à Dax, et de faire cesser, le plus tôt possible, le droit de pontage qui se perçoit depuis vingt ans, en employant, d'abord, à ladite construction, les sommes qui se trouvent en pied, provenant de la perception du droit de pontage.

Que les officiers du présidial soient rétablis dans l'exercice de la chancellerie, dont ils ont été dépouillés par les secrétaires du Roi séant à Bordeaux.

Qu'il soit établi à des faubourgs de Saint-Vincent des foires, franches de tous droits, pour tout ce qui y sera porté ou amené aux époques qui seront fixées.

Qu'enfin, il soit inhibé à sa municipalité de concéder à l'avenir le droit de bourgeoisie à quiconque, moyennant finance, ni autrement que par acclamation de tous les citoyens assemblés, pour service rendu à la ville, ou mérite reconnu par lesdits citoyens.

Ville de Hastingue.

La ville de Hastingue supplie très-humblement Sa Majesté de lui accorder la confirmation de ses anciens priviléges portés par les lettres patentes de Charles VII, de l'année 1455; de Charles VIII, de l'année 1483; de François Ier, de l'année 1538; d'Henri II, du mois de décembre 1550; de François II, du mois de novembre 1560; d'Henri III, du mois d'octobre 1583; de Louis XIII, du mois de décembre 1614; et enfin de Louis XIV, du mois de mai 1651. Ladite ville réclame encore de la justice de Sa Majesté le rétablissement des priviléges dont elle a été privée, déclarant néanmoins s'en remettre à la sagesse de Sa Majesté sur l'exécution de l'édit du mois de janvier 1748, portant réunion de la justice royale de Hastingue à la sénéchaussée et siége présidial de la ville de Dax, à la charge, néanmoins, qu'au cas où il sera ordonné que cet édit doit être maintenu, l'article 2 d'icelui sera exécuté suivant sa forme et teneur.

Ladite ville supplie encore Sa Majesté d'accorder à ses jurats la police, haute, moyenne et basse, dans l'étendue et de la même manière dont les anciens jurats l'exerçaient autrefois; d'ordonner, au surplus, que les derniers statuts et règlements, concernant les priviléges des vins, seront rétablis.

Ville de Peyrehorade.

Ladite ville demande qu'il soit défendu de vendre du tabac en poudre dans les bureaux de détail,

Que les exempts du logement de guerre indemnisent à l'avenir ceux qui y sont sujets.

Que les officiers municipaux des villes situées dans l'enclave d'une haute justice puissent exercer la police par prévention avec les juges seigneuriaux, ordonner et faire exécuter jusqu'à la somme de 10 livres, nonobstant opposition ou appellation quelconque.

Ville de Sordes.

Ladite ville de Sordes expose que la suppression demandée de la prémice est d'autant plus juste que la perception en est odieuse, puisque le taux varie suivant l'espèce d'attelage qu'on emploie pour le labour, et que cette charge tombe uniquement sur le cultivateur.

Vicomté d'Orthe.

Toutes les paroisses de ladite vicomté et la ville de Sordes, dans lesquelles on perçoit les droits réservés, en demandent la suppression et le remboursement des sommes qui ont été payées par elles jusqu'à ce jour, attendu que la vicomté n'a rien de commun avec la ville de Peyrehorade, son chef-lieu ; qu'elle ne jouit d'aucun des privilèges de ladite ville, et que celle de Sordes n'a ni rentes, ni marchés, ni commerce. Ladite vicomté et la ville de Sordes demandent que leurs habitants soient maintenus dans l'exercice du privilège du franc-salé, dont la paroisse de Josse réclame aussi l'extension en faveur de ses habitants.

Les paroisses de ladite vicomté d'Orthe demandent enfin que la viande de boucherie soit vendue à leurs habitants au même prix qu'à ceux de la ville de Peyrehorade.

Paroisse de Pouillon.

Ladite paroisse demande que les deux chapelles d'Hibarthe et de Truquès, qui tombent en ruine, soient réparées aux dépens des bénéficiers, et qu'il y soit célébré des messes chaque année, suivant l'usage ; que la juridiction royale, qui, pendant plusieurs siècles, existait dans les paroisses de Pouillon et de Gaas, à titre d'engagement, conservée en 1641 et 1696, par le payement d'une somme de 1,200 livres avec les 2 sous pour livre, et réunie au sénéchal de Dax par édit du mois de janvier 1748, soit rétablie ; ou qu'en tout cas, l'article 2 de l'édit de réunion, concernant les frais de procédure, soit exécuté suivant sa forme et teneur, et lesdits frais perçus conformément au règlement fait par les juridictions inférieures ; qu'enfin, dans ce second cas, il soit pourvu à l'indemnité du remboursement de la finance payée pour l'acquisition de la justice, et de la somme de 400 livres pour l'adjudication portée par un contrat de 1641, avec les intérêts depuis la réunion.

Qu'attendu son étendue et sa population, il soit attribué à ses habitants le droit d'élire des officiers municipaux dans la proportion établie par l'article 52 de l'édit du mois de décembre 1767, auxquels sera accordée la justice ordinaire de la police.

Montfort.

Ladite paroisse supplie Sa Majesté de lui accorder un octroi de 4 livres par barrique de vin qui s'y vendra en détail.

Elle demande, ainsi que la paroisse de Capbreton, l'abolition de la franchise de la ville et port de Bayonne, et la liberté de s'y pourvoir de tous objets de nécessité.

Misson et Habas.

Ces paroisses demandent que leurs seigneurs ne puissent prendre les lods et ventes dans les ventes à pacte et de rachat.

Benesse, Autarive et Josse.

Ces paroisses demandent un curé ou prêtre desservant et résidant, aux frais des gros décimateurs.

Narosse, Pouy et Saint-Paul.

Ces paroisses demandent le remboursement des sommes levées pour le rachat des corvées, ou leur emploi utile, ou surveillé.

Cagnotte, Cazordite, Belus et Peyregave.

Ces paroisses demandent l'abolition et décharge des cens et rentes seigneuriales, attendu que les seigneurs ne remplissent plus leur obligation réciproque à cet égard, ou qu'il soit permis de s'en libérer en payant un capital.

Heugas.

Cette paroisse demande qu'il plaise à Sa Majesté d'ordonner que toutes les vignes appelées *Picquepont* soient arrachées sous l'inspection des commissaires que les États particuliers des Lannes établiront, avec défenses d'en planter à l'avenir suivant les arrêts du conseil, attendu la disette des grains dans le pays des Lannes, et la difficulté d'exploiter les vins de bonne qualité du pays ; l'immense plantation desdits picqueponts et la mixtion des vins desdits picqueponts avec ceux de bonne qualité qu'ils déprécient et discréditent chez l'étranger.

Belhade et Moustey.

Ces paroisses demandent que les jurats des paroisses, dans lesquelles les juges de police ne résident pas, puissent faire arrêter les malfaiteurs, les perturbateurs du repos public, les errants et les vagabonds.

Biganon, Saugnacq et Muret.

Ces paroisses demandent d'être réunies à la sénéchaussée de Bordeaux et d'y payer leurs impositions, à la charge de continuer à être régies par la coutume de Dax.

Saint-Jean-de-Luz.

La pêche de la morue est la seule ressource de la ville de Saint-Jean-de-Luz ; mais elle est contrariée par des droits que la ferme perçoit injustement sur les approvisionnements nécessaires, contre l'esprit des lettres patentes de 1784. Si les armateurs cessent de faire des armements, l'État perdra l'école précieuse de nos marins, d'autant que nos matelots ont mérité, dans la dernière guerre, les éloges de leurs chefs.

Le pont de Saint-Jean-de-Luz touche au moment de sa ruine ; c'est, depuis le Roussillon, le seul point de communication de la France avec l'Espagne. Il a encore, sur celui du Roussillon, l'avantage de la direction. Il est de nécessité instante qu'il soit reconstruit ; en conséquence, nous nous sommes adressés, sans fruit, au gouvernement qui n'a pas daigné répondre à nos désirs. Nous demandons qu'il soit rétabli.

Fait et arrêté en assemblée générale du tiersétat, par nous, commissaires soussignés, le 31e de mars 1789. Ainsi signé : Ducos, avocat, commissaire; Forsans, avocat, commissaire; Ramonbordes, avocat, commissaire; Vergès, commissaire; Lamarque, commissaire; Lafitte, commissaire; Dusault, commissaire; Mericamp, commissaire; Tausin, commissaire; Ducournau, commissaire, sans approuver toute demande qui pourrait concerner la suppression du privilége de la franchise du port et ville de Bayonne; Hirigoyen, commissaire, n'entendant approuver que les demandes conformes au bien général du royaume, et protestant contre celles faites au préjudice de la ville de Bayonne en particulier; et Poydenot, commissaire, n'entendant approuver que les demandes conformes au bien général du royaume, et protestant contre celles faites au préjudice de la ville de Bayonne en particulier.

Coté, paraphé, *ne varietur;* ainsi signé de M. de Mausienne de Neurisse, lieutenant général.

BAILLIAGE DE DIJON.

EXTRAIT

Du procès-verbal d'assemblée générale des trois Etats (tant du bailliage immédiat de Dijon, que des bailliages de Beaune, Nuits, Auxonne et Saint-Jean-de-Losne, qui en dépendent), réunis pour la convocation des Etats généraux indiqués au 27 avril, et ouverts le 4 mai 1789 (1).

EDME-AUGUSTIN FRECOT DE SAINT-EDME, conseiller du Roi, lieutenant général au bailliage de Dijon, siège principal.

Savoir faisons que cejourd'hui samedi 28 mars 1789, heure de huit du matin, nous nous sommes transporté avec M. François Popelard, conseiller-procureur du Roi audit siége, et Nicolas Lafontaine, notre greffier commis ordinaire, en la salle des gardes du Logis-du-Roi de cette ville, par nous indiquée provisoirement et par affiches, partout où besoin a été, pour tenir l'assemblée générale des trois Etats de notre ressort, médiat et immédiat, en exécution des lettres de Sa Majesté à nous adressées pour absence, en date du 7 février dernier, des règlements de Sadite Majesté, dudit jour 7 février, et du 25 janvier aussi dernier, ensemble de notre ordonnance du 26 dudit mois de février aussi dernier.

Où étant, en présence des trois ordres qui ont comparu par-devant nous, ainsi qu'il sera annoncé ci-après, nous avons dit :

« Messieurs, le Roi vous appelle à concourir au « grand ouvrage de la régénération publique. De « nombreux abus ont nécessité de nombreux re-« mèdes; et sans le concert de toutes les volontés, « l'accord et l'harmonie de toutes les intentions, « le concours de tous les soins et de tous les « efforts, on ne peut espérer de guérir les plaies « multipliées de ce royaume souffrant et malheu-« reux.

« Vainement la France tiendra de la justice de « son Roi un retour inespéré à son antique exis-« tence, si nos divisions rouvrent pour elle un « abîme plus affreux que celui dans lequel elle « s'agite depuis longtemps.

« Elle peut en sortir, si nous le voulons, plus « brillante et plus glorieuse que jamais; balan-« cerons-nous à la sauver, lorsque son salut dé-« pend de notre réunion? Le titre de Français, « ce titre seul ne doit-il pas être pour nous un « signal de ralliement, de paix et de concorde? « Déjà tout retentit dans ce cri de joie qu'a excités « dans plusieurs parties mêmes de cette belle pro-« vince, le rapprochement des différents ordres ; « déjà on y a vu des citoyens de toutes les classes, « las d'une guerre intestine, alarmante, désas-« treuse, voler les uns au-devant des autres, « s'embrasser avec transport, et serrer solennelle-« ment les liens heureux de la plus douce frater-« nité.

« Et nous cependant resterons-nous en proie à « des dissensions fatales? repousserons-nous tous « les avantages qu'on verrait naître de l'unani-

(1) Nous publions ce document d'après un imprimé de la *Bibliothèque du Sénat*.

« mité des sentiments et d'une tendance com-« mune vers l'objet commun de la félicité pu-« blique?

« Non, Messieurs, je ne puis croire que tant de « citoyens veuillent se regarder sans cesse avec « des yeux ennemis.

« Je ne puis croire que l'amour de la patrie, si « puissant ailleurs, ne renverse pas à la fin les « obstacles qui arrêtent parmi nous le dévelop-« pement de son énergie.

« Je ne puis croire que nous résistions plus « longtemps aux désirs d'un monarque sensible, « idolâtre de ses peuples, et passionné pour leur « bonheur.

« Je ne puis croire enfin que nous ne sentions « pas que les intérêts personnels, les affections « privées doivent toujours, mais surtout dans une « occasion aussi importante, se taire et s'abaisser « devant la majesté de l'intérêt général.

« Le Roi, Messieurs, m'a chargé expressément « de mettre sous vos yeux ces hautes considéra-« tions; il espère que ses fidèles sujets des trois « Etats de ce bailliage n'affligeront pas son cœur « paternel par une mésintelligence si contraire « au succès de ses vues bienfaisantes, et que tous « les ordres l'aideront à l'envi à consommer, pour « l'avantage de la nation entière, l'ouvrage à ja-« mais grand, à jamais célèbre de sa justice et de « sa bonté. »

Ensuite cela a été prononcé un discours par Monseigneur l'évêque de Dijon, président du clergé; un autre par M. de Vienne, président de la noblesse; et un autre par M. Durande, avocat, député du tiers-état; lesquels discours ne nous ont pas été remis.

Et à l'instant sieur Charles Hernoux, négociant à Saint-Jean-de-Losne, l'un des députés du bailliage de ce nom, nous a demandé acte de la déclaration qu'il a faite en présence de tous les ordres, et suivant une délibération de ladite ville de Saint-Jean-de-Losne, du 9 mars dernier, dont il nous a à l'instant représenté l'expédition dûment en forme, conçue dans les termes qui suivent :

« Que si, par les Etats généraux assemblés et « votant légalement d'après le vœu exprimé en « ladite délibération, il est connu que les privi-« léges pécuniaires, quoique accordés au mérite « et pour services essentiels rendus à l'Etat, soient « contraires au système de réforme que « l'on doit adopter, lesdits habitants font, tant au « Roi qu'à la nation, cession authentique des « priviléges qu'ils ont maintenus avec la plus « grande fermeté, parce qu'ils les regardaient « moins comme un avantage particulier que « comme un motif général d'émulation; mais que « n'ayant pu confondre leurs intérêts particuliers « avec ceux du royaume et de la province, par « d'autre but que celui de la félicité commune, « ils se réservent leurs droits et priviléges parti-« culiers, dans le cas où des obstacles imprévus « ne permettraient pas aux Etats de prendre les « résolutions salutaires que l'on a droit d'en « attendre; et ce, jusqu'à ce que les réformes qui

« font l'objet des cahiers de demandes, soient « effectuées. »

De laquelle déclaration nous avons donné acte audit sieur Hernoux, ensemble de la représentation par lui à nous faite présentement de la délibération ci-dessus énoncée et datée, laquelle sera annexée à la minute de notre présent procès-verbal, pour y avoir recours, le cas échéant (1).

Après quoi il a été procédé à la vérification des titres et pouvoirs de ceux des trois ordres qui ont comparu jusqu'au 31 mars, jour auquel, avant leur prestation de serment, M. le procureur du Roi prononça le discours suivant :

« Messieurs, le chef d'un grand empire dépose volontairement la puissance illimitée qu'il a reçue de ses prédécesseurs : soumettant l'autorité souveraine à l'autorité des lois, *des extrémités de son royaume et des habitations les moins connues* (2), il appelle les vœux de ses sujets ; il veut s'entourer de l'elite de la nation, pour combiner avec elle les moyens d'assurer le bonheur de tout son peuple.

« Vous êtes réunis, Messieurs, pour concourir à remplir un dessein si généreux et si sage.

« Admirateurs des vertus de Louis XVI, et remplis d'une juste reconnaissance pour le bienfait qu'il accorde aux Français, en leur rendant ces assemblées nationales, dont nos fastes nous rappellent à peine le souvenir, et contre lesquelles le despotisme avait en quelque sorte prescrit, vous êtes bien convaincus que le plus digne tribut d'action de grâces que vous pouvez offrir au Roi, c'est de faire cesser tous les obstacles qui pourraient s'opposer à l'accomplissement de ses désirs pour la félicité commune.

« Jamais la nation ne fut occupée de plus grands intérêts.

« Après une longue suite de siècles, qui n'ont été qu'une longue suite de désordres, d'oppressions et d'abus, vous allez travailler à assurer les droits également sacrés du peuple et du monarque ; et à rétablir, dans toutes les parties du gouvernement, l'ordre et l'économie ; à rendre à l'agriculture, cette première source de richesses, la splendeur que les frivolités du luxe lui ont fait perdre ; à vivifier enfin le commerce et l'industrie. Tant d'objets, qui sont soumis à votre discussion, et sur lesquels vous devez énoncer votre vœu, fixeront sans doute votre attention la plus sévère, et du sein de vos délibérations, il s'élèvera un faisceau de lumières, qui éclairera tout à la fois le monarque sur les lois qu'il prépare, la nation sur celles qu'elle doit demander ou consentir.

« Dans un moment où vous allez exercer les fonctions de citoyens dans toute leur plénitude, où les droits et avantages communs vont être balancés, les préjugés d'état, les passions privées, les petits intérêts particuliers disparaîtront : vous êtes tous pénétrés, Messieurs, de cette vérité sacrée, que le bien public est la première loi.

« Que ne doit-on pas attendre de cet ordre dont les vertus chrétiennes, qui sont la base des

vertus politiques, font le principal attribut ? Il réunit toutes les lumières nécessaires au grand ouvrage qui vous occupe : d'une part, la connaissance des désordres de la cour ; d'une autre, la connaissance des misères de la campagne ; et dans le jour solennel où se prépare le triomphe du patriotisme, il se fera gloire de renoncer à des droits, à des titres qui ne se concilieraient point avec les droits et les titres de citoyen.

« Le second ordre de l'Etat, en qui le désintéressement et la loyauté sont aussi essentiellement unis que le courage, a déjà prévenu nos espérances, en renonçant volontairement à des privilèges et des exemptions que leur antiquité semblait avoir consacrés, et que nos gentilshommes ont méprisés, dès qu'ils ont vu qu'ils étaient nuisibles au bien général. Dans les champs de bataille, jamais la noblesse française n'a cédé à l'ennemi ; elle s'honorera de céder, dans les comices, aux vœux du prince et de la patrie.

« Et vous, qui êtes plus particulièrement l'objet des sollicitudes du père commun, parce que vous êtes la partie la plus nombreuse et la plus souffrante, vous concourrez aussi de tout votre pouvoir à la restauration générale. Longtemps victimes des abus, mais pleins d'une noble confiance dans la bienfaisance du Roi et l'équité des deux premiers ordres, vous n'apporterez point dans vos demandes, ni cette aigreur qu'une oppression trop longue ne justifierait pas, ni ces prétentions indiscrètes qui porteraient atteinte à la propriété, ni cette chaleur ambitieuse qui tendrait à renverser les distinctions légitimement établies.

« Tous enfin, animés du même esprit, tous unis pour le bien commun, tous citoyens, vous répondrez à l'attente de vos frères, vous acquitterez dignement la dette immense dont vous êtes chargés envers eux et envers le prince, en confondant vos lumières et vos vœux, pour faire porter à l'assemblée générale de la nation des pétitions qui opéreront le salut de l'Etat.

« Mais le choix de ceux que vous honorerez de cette mission doit surtout être l'objet de votre attention la plus profonde.

« Vous ne l'ignorez point, Messieurs, vos représentants aux Etats généraux seront véritablement les modérateurs de votre destinée ; à leur prudence, à leur foi sera commise la félicité de tout l'empire ; et vous devenez comptables, en les nommant, de tout le bien qu'ils feront pas, de tout le mal qu'ils pourront faire : pensez donc avec terreur au serment que vous allez prêter, de procéder à cette nomination en votre âme et conscience.

« Vous avez médité sans doute ces paroles pleines d'une sagesse admirable et touchante, que le Roi vous adresse dans le préambule de la loi qui vous rassemble ici. *Les hommes d'un esprit sage*, a dit ce grand prince, *méritent la préférence ; car, par un heureux accord de la morale et de la politique, il est rare que, dans les affaires publiques et nationales, les plus honnêtes gens ne soient aussi les plus habiles*. Ainsi, pour vous guider dans votre choix, vous consulterez surtout l'opinion publique, et vous préférerez les vertus aux talents : vous écarterez ces hommes dont la bouche est éloquente, mais dont le cœur est corrompu ; vous craindrez de confier vos intérêts à ceux qui auraient une capacité brillante pour les défendre, mais qui auraient l'âme assez fausse pour les sacrifier. Oh ! que ce choix est difficile, qu'il est redoutable à former ! Quels regrets éternels, si ceux que vous allez rendre les gardiens de votre bonheur, ne répondaient

(1) Pour l'intelligence de tout ce qu'on vient de lire, il est nécessaire de savoir que les habitants de Saint-Jean-de-Losne ayant, en 1636, par une longue défense, soutenu et repoussé les efforts de l'armée impériale, commandée par le fameux général Galas, et préservé par leur courage la France entière d'une invasion désastreuse, le Roi crut devoir récompenser ce grand service par une exemption perpétuelle de toutes impositions. La source des immunités de la noblesse et du clergé est-elle aussi belle, aussi pure ?

(2) Préambule du règlement de Sa Majesté, du 24 janvier 1789.

pas à votre attente! Quels reproches douloureux de la part de vos frères, si ceux que vous allez charger de la cause commune, la trahissaient!

« Les titres pour vous représenter aux Etats généraux seront donc une intégrité hautement reconnue, un sens droit, un amour ardent pour la patrie : quiconque réunit ce triple avantage saura bien distinguer ce qui est bon et sage, de ce qui est ou nuisible ou injuste ; et pour appuyer une pétition légitime, pour écarter une proposition dangereuse, la vertu, enflammée par le patriotisme, ne manquera jamais d'éloquence.

« Telles sont, Messieurs, les considérations importantes sur lesquelles notre ministère nous fait la loi de fixer vos esprits.

« A Dieu ne plaise que nous croyions qu'il soit nécessaire de vous faire connaître toute l'étendue de vos obligations! Nous sommes intimement persuadés qu'il n'est pas un de vous qui ne sache que l'intérêt public est l'unique mobile qui doit vous diriger; que le salut de la patrie est l'unique but auquel vous deviez tendre.

« Mais combien ne serait-il pas satisfaisant pour nous, Messieurs, si, courant, les uns et les autres, la même carrière, vous parveniez à vous unir dans votre course! Combien nous nous tiendrions heureux, si, pour arriver au terme auquel vous aspirez tous, vous vous accordiez sur les moyens! Quel triomphe, pour la Bourgogne, de donner à la France l'exemple d'une concorde stable et réfléchie! Quelle douceur, pour vous, de faire porter à la grande assemblée nationale un vœu commun! Oh! que notre bon Roi serait touché de cette union! qu'elle lui serait chère! qu'elle répandrait d'éclat de bonheur et de joie dans tous les cœurs, et particulièrement dans le nôtre! »

Invocation prononcée ensuite par M. le lieutenant général, en présence des trois ordres.

« Messieurs, j'ajouterai quelques réflexions à celles qui viennent de vous être présentées : c'est sous les yeux, c'est entre les mains du suprême Ordonnateur des événements, que vous allez prêter un serment auguste et redoutable ; vos voix vont s'élever vers le ciel, qui vous entendra, et vous allez jurer de remplir fidèlement les devoirs que vous impose la noble qualité d'hommes et de citoyens.

« Avant de vous livrer à cet acte saint et religieux, laissez-moi m'adresser au Père commun des mortels, dont vous allez attester la puissance, et lui dire avec toute l'effusion dont mon cœur est capable :

« O toi, qui veux le bonheur de tous les êtres à qui ton souffle créateur a donné l'existence; toi, dont le bras terrible a secoué jusqu'en ses fondements cet empire effrayé qui tremble sur ses bases, sans doute pour faire sortir du sein de tant d'agitations et d'ébranlements quelque nouvel éclat d'une félicité nouvelle et inconnue; toi, que cette assemblée va prendre à témoin de la pureté de ses vues et de la droiture de ses intentions, grave en traits de feu dans tous les cœurs, et le serment que tu vas recevoir, et le désir unique de servir cette patrie que tu nous a donnée! Que tout soit rapporté à cet objet si digne de tous nos soins : que l'éternelle équité préside à toutes ces délibérations ; qu'elle soit la règle de tous les desseins, le mobile de tous les choix. Et quand, par l'effet de son pouvoir souverain, les divisions auront cessé, les intérêts seront confondus, et les cœurs réunis, laisse tomber alors sur nous un de ces regards satisfaits que tu promènes sans doute quelquefois sur ce magnifique

univers, et jouis du plaisir de voir dans tes enfants, non plus des rivaux inquiets, aigris, ulcérés, mais le plus doux spectacle qui puisse s'offrir à tes yeux, un peuple entier d'amis, de patriotes et de frères! »

Et l'heure de midi étant survenue, et la chambre du tiers étant sur le point de se séparer, après avoir nommé vingt de ses membres, dont quatre par chaque bailliage, pour aller recevoir et reconduire les députations qui pourraient lui être faites par les deux autres chambres, et y porter tour à tour les délibérations et réponses du tiers-état, sont entrés en ladite salle d'assemblée générale, le sieur abbé Jannon, doyen de la cathédrale de cette ville ; le sieur curé de Saint-Michel, le sieur abbé Deschamps et le sieur curé de Saint-Jean-de-Losne, députés par l'ordre du clergé, pour porter à la chambre du tiers-état une délibération en date de ce jour, signée du seigneur évêque de Dijon, et des quatre secrétaires de la chambre du clergé, laquelle sera annexée à la minute du présent procès-verbal, et dont la teneur suit :

« Monseigneur le président ayant proposé à l'assemblée de délibérer s'il convenait de se réunir aux deux ordres de la noblesse et du tiers-état, pour travailler en commun à la rédaction des chapitres et au choix des différents députés,

« La matière mise en délibération, le vœu gé-
« néral a été que l'ordre du clergé aurait été flatté
« de pouvoir profiter des lumières et des connais-
« sances répandues dans les autres ordres ; mais
« que la plupart des membres qui composent le
« clergé, ayant des motifs pour accélérer les opé-
« rations, afin de pouvoir se rendre aux devoirs
« de leurs places, le clergé d'ailleurs ayant à dé-
« libérer sur des objets qui lui sont particuliers,
« et étrangers aux autres ordres, il formerait ses
« délibérations séparément. »

« Sur quoi la chambre du tiers-état a formé la délibération suivante :

« M. le président de la chambre du tiers-état ayant proposé à l'assemblée de délibérer sur l'objet de la députation qui vient de lui être faite par Messieurs du clergé, la chambre, les voix recueillies, a délibéré unanimement qu'elle voit à regret le parti que Messieurs du clergé ont pris de procéder séparément à la rédaction de leurs cahiers et à la nomination de leurs députés; elle aurait désiré qu'aucun intérêt particulier n'eût empêché, dans cette importante occasion, le concours de toutes les lumières et la réunion de tous les vœux. Néanmoins, en conséquence de la détermination prise par le clergé, le tiers-état se résoudra à procéder séparément aux opérations qu'une réunion de sentiments et de volontés eût rendues plus utiles pour le bonheur de la patrie. »

La délibération ci-dessus ayant été portée à l'instant à la chambre du clergé, et les députés étant revenus, ils ont rendu compte à la chambre du tiers-état de leur mission.

Ensuite on a annoncé qu'il allait entrer à la chambre une députation envoyée par Messieurs de la noblesse.

Et à l'instant sont entrés à la chambre :

MM. le marquis de Courtivron, le président d'Arcelot, Esmonin de Dampierre et Surget, députés de l'ordre de la noblesse, pour porter à la chambre du tiers-état une délibération signée Vienne, président, Bataille de Mandelot, comte d'Andelarre, et Lemulier de Bressey, secrétaires, laquelle délibération, en date de ce jour, sera annexée à la minute des présentes, et conçue dans les termes qui suivent :

« M. le président de l'ordre de la noblesse ayant

8

proposé à l'assemblée de délibérer s'il convenait de se réunir aux deux autres ordres du clergé et du tiers-état, pour travailler en commun à la rédaction des cahiers et au choix des différents députés,

« La matière mise en délibération, il a été arrêté que la question se trouvant décidée par la délibération de Messieurs du clergé, qui ont décité de nommer les députés séparément, l'unanimité étant nécessaire pour cet objet. »

Sur quoi la chambre du tiers-état, les voix recueillies, a délibéré qu'elle ne peut témoigner à Messieurs de la noblesse que le regret dont elle a chargé ses députés de porter l'expression à Messieurs du clergé, sur la résolution de procéder séparément aux opérations que doivent faire respectivement les trois chambres. Le tiers-état a cru devoir consigner encore dans la présente délibération le vœu d'une réunion si désirée par Sa Majesté, et d'où résulteraient tant d'avantages pour l'État, si elle pouvait être réalisée.

Ladite délibération ayant été à l'instant portée par des députés à ce nommés, à la chambre de la noblesse, lesdits députés revenus :

MM. le marquis de Courtivron et Esmonin de Dampierre, députés de la noblesse, sont entrés, et ont dit qu'ils étaient chargés, par cet ordre, de prier la chambre du tiers de vouloir bien ne se point séparer jusqu'à ce que la chambre de la noblesse eût envoyé au tiers-état une nouvelle députation, dont l'objet était important.

À quoi ladite chambre ayant consenti, lesdits sieurs députés ci-dessus sont sortis.

Ensuite est entrée une députation de la chambre du clergé et de la chambre de la noblesse, composée de douze membres de chaque ordre, marchant sur deux lignes, qui sont : MM. l'abbé de Luzine, l'abbé Leprince, le prieur de Saint-Bénigne, l'abbé Champanet, l'abbé Bertrand, le R. P. Montéléon, le prieur d'Ahuy, le curé de Saint-Jean-de-Losne, le doyen du chapitre de Beaune, le curé de ladite ville, le curé de Beire et l'abbé Vollius, pour le clergé ;

Et pour la noblesse : MM. Lemulier de Bressey, Charpy de Jugny, le président de Vesvrote, le président Richard de Ruffey, de Berbis, le marquis de Macheco, Hocquart, le baron de Drée, Le Seurre de Mussey, le chevalier de Sassenay, le chevalier d'Arceau et le comte de Mandelot ;

Lesquels députés ci-dessus dénommés, après s'être assis sur plusieurs sièges placés devant nous, ont dit qu'ils étaient chargés de la part de leurs chambres respectives de porter à la chambre du tiers-état les délibérations dont ils ont fait lecture, et dont la teneur suit :

Délibération de l'ordre du clergé du bailliage de Dijon, du 31 mars 1789.

Le clergé du bailliage de Dijon, profitant de la première occasion qu'il a eu de manifester aux deux ordres son vœu de contribuer comme eux à toutes les impositions, a délibéré unanimement de déclarer à l'ordre de la noblesse et à celui du tiers-état, qu'il leur offre volontairement et librement de supporter toutes les impositions présentes et à venir, dans une égalité parfaite et proportionnelle à la fortune de chacun ; déclarant en même temps, qu'en renonçant formellement à toutes exemptions pécuniaires, le clergé croit devoir réserver toutes les distinctions et prérogatives qui lui sont propres, et toutes celles qui, tenant à l'essence d'une monarchie, par cela même qu'elles maintiennent la prééminence des

deux premiers ordre de l'État, maintiennent aussi plus efficacement les droits du souverain, ceux de la nation, sa liberté et la stabilité de la constitution.

Ladite délibération signée R., évêque de Dijon ; Mutel, Joly, Garraut et Forastier, secrétaires.

Délibération de l'ordre de la noblesse du bailliage de Dijon, du 31 mars 1789.

La noblesse de ce bailliage s'empresse d'adopter le vœu que, la première en France, la noblesse de Bourgogne, assemblée dans cette ville, a manifesté en faveur du tiers-état, de déclarer avec intérêt et comme elle que le bonheur de tous l'intéresse vivement ; et que pour l'établir en ce moment sur des bases solides et durables, le moyen le plus sûr est la concorde ; qu'elle n'a rien plus à cœur que de la cimenter entre tous les ordres ; qu'elle veut au premier instant, où par l'ordre du Roi elle est assemblée, en donner les preuves les moins équivoques à ses concitoyens du tiers-état.

Qu'elle offre donc librement et unanimement de supporter toutes les impositions présentes et à venir, dans une égalité parfaite et proportionnelle à la fortune de chacun ; mais qu'en renonçant ainsi formellement à toutes distinctions pécuniaires, elle croit devoir réserver celles qui tiennent à l'essence d'une monarchie, qui, par cela même qu'elles maintiennent la prééminence des deux premiers ordres, maintiennent aussi plus efficacement les droits du souverain et de la nation entière, la liberté et la constitution.

Avant la lecture des délibérations ci-dessus, le sieur abbé de Luzines, pour le clergé, a fait un discours qu'il n'a point remis à la chambre, ayant déclaré ne l'avoir point écrit.

Et M. de Bressey a fait également un discours dont la teneur suit :

« Messieurs, l'espérance la plus chère à nos cœurs nous amène au milieu de nos concitoyens, l'espérance de cimenter entre tous les ordres la concorde dans laquelle la nation doit trouver sa force et son bonheur.

« Pourriez-vous douter du vif intérêt que la noblesse prend au vôtre ? La délibération que nous vous apportons, et à laquelle nous avons invité l'ordre du clergé d'adhérer, est le témoignage le plus authentique qu'elle puisse vous donner de sa droiture et de sa loyauté.

« Accueillez-le, Messieurs, dans le même esprit qu'elle vous l'offre : vous applaudirez au désir louable d'une union sincère ; qu'il nous soit permis d'en conserver l'espoir : puissions-nous, fidèles interprètes des sentiments de notre ordre, réunir à l'honneur d'une mission flatteuse la satisfaction plus douce encore de vous avoir convaincus de la pureté de ses intentions. »

Lesdites délibérations nous ayant été remises avec la copie des discours ci-dessus, nous avons répondu que la chambre du tiers-état ne pouvait voir qu'avec sensibilité et reconnaissance tout ce qui pouvait tendre à réunir les citoyens de l'empire français ; qu'elle délibérerait sur les déclarations contenues dans les délibérations du clergé et de la noblesse, ci-dessus énoncées, et qu'elle aurait l'honneur de leur faire porter sa réponse.

La matière mise ensuite en délibération, il a été arrêté que MM. Durande, Vollius, Buvée, Laurent, Gillotte-Robert, Hernoux, puîné, et Navier demeurent nommés commissaires pour examiner lesdites délibérations, et en faire ensuite leur rapport à la chambre, pour, ledit rapport ouï, être délibéré ce qu'il appartiendra.

Avons en outre ordonné, d'après les délibérations des trois chambres, ci-dessus mentionnées, que les trois ordres procéderont séparément à la rédaction de leurs cahiers et à la nomination de leurs députés.

Du 31 mars 1789, de relevée.

Et cejourd'hui, 31 mars 1789, heure susdite de trois relevée, en ladite salle des gardes du Logis-du-Roi, et par-devant nous, lieutenant général susdit, en présence et assisté comme dessus, la chambre du tiers-état, ouï le rapport des commissaires nommés à la séance de cejourd'hui, a délibéré, à la pluralité des voix, que Messieurs du clergé seront remerciés, avec toute la sensibilité et la reconnaissance dues à leur patriotisme, de la déclaration qu'ils ont faite de vouloir supporter, à l'avenir, toutes les impositions comme les autres citoyens ; et qu'ils seront priés, afin qu'il ne puisse rester aucun doute sur l'acceptation des termes dont ils se sont servis, de déclarer s'ils n'ont pas entendu supporter, avec les autres citoyens, en proportion de leurs propriétés et facultés, toutes les impositions et charges publiques quelconques sans distinction ; et si la réserve apposée à la fin de leur délibération ne concerne pas seulement la prééminence et les égards que le tiers-état reconnaît solennellement leur être dus, à raison de la dignité des fonctions qu'ils exercent ; ou si, au contraire, ils ont entendu y comprendre la séparation des chambres aux États généraux ou provinciaux, et le vœu par ordre dans ces assemblées ; leur déclarant, ladite chambre, que les explications qu'elle leur demande ne sont qu'un moyen surabondant de s'assurer, sans incertitude, des intentions qu'elle leur suppose d'avance, et qu'elle est sûre qu'ils concourront avec plaisir au succès des vues du tiers-État sur les deux points auxquels son salut est attaché :

1° Une contribution égale et proportionnelle à toutes les impositions et charges publiques quelconques, entre tous les citoyens, dans la même forme et sur les même rôles ;

2° L'opinion par tête, soit aux assemblées nationales, soit dans celle des États provinciaux.

Et à l'instant ladite délibération a été portée à la chambre du clergé, par les députés à ce nommés, lesquels ont rapporté à la chambre que le président du clergé leur avait dit que cet ordre en délibérait.

Du 2 avril 1789.

Et à l'instant, un des députés (M. Navier) s'étant levé, a remontré à la chambre qu'il avait appris que la noblesse du bailliage de Dijon sollicitait avec une nouvelle ardeur la convocation des États de la province avant la tenue des États généraux, et que ladite noblesse annonçait hautement l'espérance de l'obtenir ; que néanmoins cette convocation pouvait entraîner, si elle avait lieu, mille conséquences dangereuses ; en conséquence, il a proposé à l'assemblée de délibérer s'il ne convenait point de faire tous ses efforts pour l'empêcher : sur quoi, la matière mise en délibération, il a été arrêté d'écrire à M. Necker, pour le supplier de représenter à Sa Majesté l'inutilité et les dangers de cette convocation préalable des États provinciaux de la Bourgogne ; et la lettre ayant été écrite, a été signée par les vingt commissaires pris, comme est dit, dans chaque bailliage, par nous et notre greffier-commis ordinaire, en qualité de secrétaire de la chambre.

Du 2 avril 1789, de relevée.

Et sur l'heure de quatre de relevée, un député,

s'étant levé, a remontré à l'assemblée que le président du clergé avait promis de faire porter à la chambre du tiers-état la réponse du clergé aux explications que ladite chambre lui avait demandées ; que cependant cette promesse était restée jusqu'ici sans exécution ; qu'il semblait d'ailleurs que le clergé voulût faire dépendre sa réponse de celle que ferait la noblesse à ces mêmes explications qu'on ne lui avait point demandées ; en conséquence, ayant proposé à l'assemblée de délibérer s'il ne convenait pas de faire une nouvelle députation à la chambre du clergé, pour obtenir la réponse qu'on avait jusqu'ici vainement attendue.

La matière mise en délibération, les voix recueillies, la chambre du tiers-état a formé la délibération dont la teneur suit :

« La chambre du tiers-état, affligée de n'avoir pas encore reçu de Messieurs du clergé la réponse qui avait été promise à la dernière délibération de ladite chambre, a arrêté de leur faire porter par une nouvelle députation la prière instante que leur fait le tiers-état de répondre seuls à une demande qui n'a été faite qu'à eux seuls. La chambre espère que la promesse faite par Messieurs du clergé, aux députés du tiers-État, de donner cette réponse dans un bref délai, ne sera pas vaine, et qu'une assemblée, composée de tant de respectables ministres des autels ne différera pas le moment de déclarer avec précision qu'elle est sensible aux malheurs des peuples ; qu'elle veut contribuer à leur soulagement, et le rendre aussi sûr qu'il est nécessaire, en conséquence :

« 1° A une contribution égale et proportionnelle à toutes les impositions et charges publiques quelconques entre tous les citoyens, dans la même forme et sur les mêmes rôles ;

« 2° A l'opinion par tête, soit aux assemblées nationales, soit dans celle des États provinciaux. »

Et à l'instant ladite délibération a été portée à la chambre du clergé par des députés à ce nommés, lesquels, étant rentrés, ont dit que le président du clergé avait fait réponse que la chambre allait s'en occuper sur-le-champ.

Ensuite a été continué de procéder auxdites lectures du cahier et arrêtés d'articles : et sur l'heure de six du soir, sont entrés à la chambre : MM. le doyen de Nuits, le curé de Notre-Dame de cette ville, le curé de Fontaine et l'abbé Bertrand, députés de l'ordre du clergé, lesquels ont apporté une délibération de cette chambre, signée des président et des secrétaires, laquelle sera annexée à la minute des présentes dont la teneur suit :

La chambre du tiers-état ayant pris en considération la dernière délibération qui vient de lui être apportée par MM. les députés du clergé, a été unanimement d'avis d'observer à Messieurs du clergé que la déclaration qu'ils ont faite à la chambre sur leur intention de contribuer à l'avenir aux impositions comme tous les citoyens, dans la plus parfaite égalité, ayant été faite séparément par le clergé, quoique apportée par les députés de cet ordre réunis à ceux de la noblesse, il ne peut y avoir de raison d'exiger le concours de la noblesse pour faire une réponse à des explications demandées à un seul de ces ordres ; en conséquence, la chambre du tiers-état prie instamment Messieurs du clergé de réaliser les dispositions qu'ils ont bien voulu annoncer au commencement de leur dernière délibération, et de donner à la chambre du tiers-état, dans le plus bref délai, les explications qu'elle ne leur demande que pour avoir occasion de leur manifester ensuite une reconnaissance plus entière. »

La délibération ci-dessus a été à l'instant portée à la chambre du clergé par des députés à ce nommés; lesquels étant revenus, ayant rendu compte de leur mission, il a été continué, etc.

Le 4 avril 1789.

M. Navier, l'un des membres de l'assemblée, a fait lecture d'un projet de lettre pour M. de Villedeuil, ministre et secrétaire d'État, tendant à ce qu'il plût à Sa Majesté d'ordonner que les communes, et notamment celle de la ville de Saint-Jean-de-Losne, dans laquelle la place de maire est vacante, puissent s'assembler pour l'élection libre de leur maire, élection qui sera confirmée par Sa Majesté; ou que, du moins, il ne pourra être nommé par les élus de la province de Bourgogne, soit à cette place, soit à celles de la même nature, qui viendraient à vaquer, et que ladite nomination restera suspendue jusqu'à ce qu'il ait été statué aux États généraux sur cet objet.

Ledit projet ayant été agréé par l'assemblée, la lettre a été rédigée et signée par vingt commissaires, par nous et le greffier commis de notre siège, en qualité de secrétaire de la chambre du tiers-état, en la même forme que celle ci-dessus énoncée, écrite à M. Necker.

Et sur l'heure de midi ont comparu par-devant nous les sieurs Moutrille, curé d'Auxonne; Pincedé, curé de Spoy; Targuet, curé d'Arc-sur-Tille; Moingeon, curé de Nuits; Durand, mépartiste à Nuits et chapelain d'Argencourt; Genret, prieur de Marsannay-la-Côte; Petitjean de Marcilly, curé de Messigny; Roy, mépartiste et desservant d'Argencourt; Chamouvert, curé de Flamerans; Griselle, curé de Nolay; Merceret, curé de Fontaine-lès-Dijon; Tarnière, chanoine de Saint-Jean, député; Villemin, curé de Saint-Apollinaire; Chauchot, curé d'Is-sur-Tille; Dureuille, curé de Couternon; Joly, prieur d'Orgeux; Lagarde, chapelain de Nolay; Cautin, député des Ursulines de Beaune; Bauchelet, curé d'Ozilly, et autres.

Lesquels nous ont remontré que, par une délibération prise dans la chambre du clergé, à la pluralité des voix, il a été arrêté de faire porter à la chambre du tiers-état, les réponses du clergé aux explications demandées par le tiers-état, relativement aux impositions et charges publiques à supporter par tous les citoyens dans une égalité parfaite et proportionnelle aux propriétés et facultés de chacun desdits citoyens, dans la même forme et sur les mêmes rôles; que ladite délibération est formée depuis environ trois jours; qu'il a été arrêté le jour d'hier, également à la pluralité des voix, d'envoyer cette délibération à la chambre du tiers-état; que même les députés chargés de l'apporter ont été nommés; que néanmoins, quelque invitation, quelque instance que la majorité des membres du clergé aient faites depuis pour obtenir l'envoi au tiers-état de la délibération ci-dessus, ils n'ont pu jusqu'à présent y réussir; en conséquence, ils nous supplient, en leur donnant acte du refus fait par le président de ladite chambre, de faire remettre ladite délibération aux députés nommés pour l'apporter au tiers-état, et d'ordonner pour ce regard ce qui nous paraîtra convenable.

Sur quoi nous avons ordonné qu'il en serait par nous délibéré, et que les sieurs susnommés se représenteront par-devant nous cejourd'hui, heure de deux et demie de relevée, pour leur être fait droit ainsi qu'il écherra.

Du 4 avril, deux heures et demie de relevée.

Et ledit jour 4 avril 1789, heure susdite, en ladite salle et par-devant nous, en présence assisté comme dessus, les comparants dénommés en notre procès-verbal de cejourd'hui, à la séance de ce matin, s'étant représentés en la chambre : vu leurs dire et réquisition aussi mentionnés en notre présent procès-verbal, et ouï le procureur du Roi : nous disons que le seigneur président de la chambre du clergé sera invité de nouveau de faire remettre entre les mains des députés nommés à cet effet en la chambre du clergé la délibération dont il s'agit, pour être apportée au tiers-état, conformément à ce qu'est exposé au dire ci-dessus; sinon et dans le cas où il ne déférerait à ladite invitation, il nous en sera référé, pour y être par nous pourvu ainsi qu'il appartiendra : ce qui sera exécuté nonobstant opposition ou appel, à la forme de l'article 51 du règlement de Sa Majesté, du 24 janvier dernier.

Et sur l'heure de trois de relevée, sont entrés à la chambre les sieurs curés d'Auxonne, de Quetigny, d'Is-sur-Tille et d'Arc-sur-Tille, députés du clergé; lesquels ont apporté une délibération signée du président et des quatre secrétaires de ladite chambre; laquelle sera annexée à la minute de notre présent procès-verbal, et dont la teneur suit :

« La chambre du clergé ayant mis en délibération :

« 1° S'il ne convenait pas de consentir à être taxé comme et avec les autres citoyens, c'est-à-dire dans le même lieu, par les mêmes assesseurs et sur les mêmes rôles, pour toutes les impositions pécuniaires, de quelque nature qu'elles puissent être;

« 2° S'il n'était pas à propos de conserver la forme particulière au clergé, c'est-à-dire la distribution des côtes en différentes classes, selon la nature des bénéfices et la valeur de chacun d'eux dans leurs espèces, de manière que les bénéfices à charge d'âmes et à résidence supportent une imposition moindre que celle qu'ils auraient supportée.

« La chambre est d'avis : 1° de consentir l'imposition telle qu'elle est proposée dans la première partie de la proposition;

« 2° De faire le sacrifice des formes énoncées dans la seconde partie. »

Sur quoi nous avons répondu que la chambre du tiers-état ne différait sa réponse à Messieurs du clergé que pour chercher des termes qui puissent exprimer sa reconnaissance.

Et les députés du clergé s'étant retirés aux applaudissements de toute l'assemblée, la matière mise en délibération, il a été arrêté d'une voix unanime de faire porter à la chambre du clergé, par une députation, la réponse suivante :

« La chambre du tiers-état, pénétrée de la sensibilité la plus vive pour l'abandon fait par Messieurs du clergé, des formes qui soumettaient à un régime particulier les contributions qu'ils fournissaient à l'État; pénétrée de la noblesse avec laquelle ils consentent à supporter toutes les impositions comme et avec les autres citoyens, dans le même lieu et sur les mêmes rôles, a arrêté, d'une voix unanime, de faire porter à Messieurs du clergé l'assurance des vœux que fait le tiers-état pour qu'une résolution si digne d'éloges leur attire les hommages de la France entière, comme elle leur acquiert pour jamais le dévouement du tiers-état du bailliage de Dijon, et pour que l'acte patriotique qu'ils viennent de faire immortalise les membres d'un corps, qui avaient déjà tant de droits à la vénération publique. »

La chambre a ensuite nommé des députés pour porter à Messieurs du clergé la délibération ci-dessus.

Observant, nous, lieutenant général susdit, que les quatre députés du clergé qui ont apporté ce jourd'hui à la chambre du tiers état la délibération énoncée plus haut, nous ont demandé acte de ce qu'ils s'étaient présentés à la chambre de la noblesse pour la prévenir qu'ils allaient porter au tiers-état ladite délibération, et qu'ils n'ont trouvé personne à ladite chambre; de laquelle déclaration acte leur a été par nous octroyé.

Du 5 avril 1789, quatre heures de relevée.

Ensuite a été mis en délibération le point de savoir s'il ne convenait point de demander à la noblesse, d'après la réponse du clergé, les mêmes explications que celles qui avaient été demandées à ce dernier ordre; et les voix recueillies, il a été décidé, à la pluralité, d'envoyer à la noblesse, actuellement assemblée, la délibération suivante:

« La chambre du tiers-état ayant pris en considération la délibération à elle apportée par MM. les députés de la noblesse, le 31 mars dernier, et pénétrée de regret de n'avoir pu encore lui porter sa réponse,

« A arrêté que Messieurs de la noblesse seront remerciés avec toute la sensibilité et la reconnaissance dues aux dispositions généreuses qu'ils ont manifestées, et à la déclaration qu'ils ont faite de vouloir à l'avenir supporter toutes les impositions, comme les autres citoyens, dans une parfaite égalité;

« Qu'ils seront priés, pour qu'il ne puisse rester aucun doute sur l'étendue du vœu qu'ils ont exprimé, de déclarer s'ils n'ont pas entendu supporter avec les autres citoyens, en proportion de leurs propriétés et facultés, toutes les impositions et charges publiques quelconques, sans distinction; et si la réserve apposée à la fin de leur délibération ne concerne pas uniquement la prééminence et les égards que le tiers-état reconnaît solennellement être dus à leur rang et à leur naissance, ou s'ils ont voulu y comprendre la séparation des chambres aux États soit généraux, soit provinciaux, et le vœu par ordre dans ces assemblés : leur déclarant, ladite chambre, que les explications qu'elle leur demande ne sont qu'un moyen surabondant de s'assurer, sans incertitude, des intentions qu'elle leur suppose d'avance sur les deux points auxquels le salut de vingt-quatre millions d'hommes est attaché :

« 1° Une contribution égale et proportionnelle à toutes les impositions et charges publiques quelconques, entre tous les citoyens, dans la même forme et sur les mêmes rôles;

« 2° L'opinion par tête soit aux assemblées nationales, soit dans celles des États provinciaux;

« Leur déclarant en outre, ladite chambre, que le motif qui l'a déterminé à différer de donner sa réponse à Messieurs de la noblesse, a été le désir de connaître d'abord les intentions du clergé, dans la crainte où était le tiers-état qu'il ne voulût conserver le régime particulier qui lui était propre pour la concession des subsides et leur répartition sur ses membres, et que ce désir du clergé n'apportât quelque obstacle à la réunion des trois ordres; que dès lors il a paru convenable au tiers-état d'acquérir préalablement le vœu du clergé sur ce point; lequel vœu n'a été commu-

niqué que le jour d'hier à la chambre, qui l'attendait avec impatience. »

Ladite délibération ayant été formée, il a été nommé seize membres de l'assemblée, lesquels, ayant porté à la chambre de la noblesse ladite délibération, sont rentrés et ont dit qu'il ne leur avait été fait ni promis aucune réponse.

Il a été décidé ensuite que le cahier général, dont lecture a été en partie faite, ne sera signé qu'après l'élection des députés.

Du 6 avril, huit heures du matin.

Il a été mis en délibération s'il ne convenait pas d'envoyer demander à Messieurs du clergé leur réponse sur le second point, à l'égard duquel ils ne se sont point expliqués dans leur dernière délibération, les explications qu'ils ont données ne concernant que les impositions à supporter par tous les citoyens sans distinction, et ne contenant rien de relatif au vœu par tête ou par ordre dans les États généraux ou provinciaux.

Sur quoi, les voix recueillies, il a été décidé d'envoyer ce soir à Messieurs du clergé une députation, pour les prier de s'expliquer sur ce point essentiel.

Du 6 avril, trois heures de relevée.

En conséquence de la résolution prise ce matin par la chambre, de députer à Messieurs du clergé pour avoir leur réponse sur le vœu par tête, a été formée la délibération suivante :

« La chambre du tiers-état, vivement touchée du patriotisme dont Messieurs du clergé lui ont déjà donné une preuve si éclatante, et convaincue que, ne mettant aucune borne à leur amour pour le bien public et la prospérité de l'État, ils saisiront avec un empressement digne de leur ministère de paix tous les moyens possibles d'éteindre la division que les formes actuelles maintiennent entre les trois ordres, et de faire du peuple français un peuple de frères uniquement animés du bonheur commun.

« En conséquence, la chambre du tiers-état a délibéré de renouveler avec instance à Messieurs du clergé la prière qu'elle leur a déjà adressée, de vouloir bien lui faire connaître si les distinctions dont ils ont fait la réserve dans leur délibération du 31 mars, tendent à tenir toujours les ordres isolés; ou si, au contraire, comme la chambre a droit de l'espérer des sentiments patriotiques et des lumières de Messieurs du clergé, ils sont disposés à remplir les vœux du tiers-état, en consentant à la réunion des trois ordres, et à l'opinion par tête, soit dans les États généraux de la nation, soit dans les États provinciaux. »

Ladite délibération formée, six des membres de l'assemblée ont été nommés pour la porter à la chambre du clergé ; et lesdits députés étant rentrés, ont fait rapport à la chambre, que le président du clergé leur avait répondu qu'on allait s'occuper sans délai du point dont était question.

Ce fait, sont entrés à la chambre MM. le doyen de la cathédrale de cette ville, l'abbé Leprince, le provincial des Carmes, et le curé de Spoy, députés de la chambre du clergé; lesquels ont apporté une délibération datée de ce jour, prise par le clergé et signée du président et de trois secrétaires; laquelle délibération sera annexée à la minute des présentes, et est conçue dans les termes suivants :

« La chambre du clergé ayant pris en considération la proposition faite par Messieurs de l'ordre du tiers-état, pour savoir s'il convenait d'opiner par ordre ou par tête, tant aux États généraux qu'aux États particuliers de la province ;

« La matière mise en délibération, il a été délibéré, à la très-grande pluralité des voix, de conserver l'ancien usage constitutionnel de voter par ordre ; déclarant, de plus, à Messieurs de l'ordre du tiers-état, que ce même vœu était exprimé dans les cahiers de la chambre du clergé. »

Sur quoi nous avons répondu que la chambre du tiers état ne pouvait qu'exprimer à Messieurs du clergé son regret de n'avoir point à lui manifester sur ce point, comme sur l'autre précédemment accordé, une reconnaissance pleine et entière.

Du 7 avril, dix heures du matin.

A l'instant sont entrés en ladite chambre MM. Grisel, curé de Nolay ; Petitjean de Marcilly, curé de Messigny ; Chauchot, curé d'Is-sur-Tille ; Bauchetet, curé d'Oisilly ; Pincedé, curé de Spoy ; Dubuisson, curé de Fenay ; Genret, prieur de Marsannay-la-Côte ; Villemin, curé de Saint-Apollinaire ; Passerat, prieur de Saint-Georges ; Rivry, curé de Combertaut ; Edouard, curé de Premeaux ; Coteu, curé de Saint-Romaï · Lamiral, curé de Marey-lès-Chassagne ; Guillemot, curé de Painblanc ; Dumay, curé de Jansigny ; Bardolet, curé de Desize ; Lagarde ; Verdereau, curé de Rouvre ; Targuet, curé d'Arc-sur-Tille ; Petitjean, curé de Gevray ; Briaudet, curé de Lantenay ; Alotte, curé de Morey ; Quillot, curé de Saint-Jullien, et autres ; lesquels nous ont remis une déclaration d'eux souscrite, et signée également de plusieurs autres ecclésiastiques et curés, conçue en ces termes :

« Les soussignés déclarent à la chambre du tiers-état, actuellement séante en la ville de Dijon, qu'ils n'ont point pris de part à la délibération passée le 6 avril, à la pluralité des voix, en la chambre du clergé, par laquelle il a été arrêté que ladite chambre du clergé adopte l'opinion par ordre, tant pour les États généraux que pour les États provinciaux ; et comme le motif qui a déterminé la grande pluralité des suffrages est tiré du danger que courrait la religion catholique, si l'on opinait par tête et non par ordre, ils invitent Messieurs du tiers-état à demander, comme eux, dans leurs cahiers, qu'aux États généraux, et avant toutes autres discussions, il soit décidé et arrêté par tous les ordres réunis et séparés, que l'on conservera la religion dominante de l'État, qui est le culte, seul public, de la religion catholique, apostolique et romaine, dans toute son intégrité et sa pureté.

« Les soussignés invitent pareillement Messieurs de la chambre du tiers-état à faire une députation à Messieurs de la chambre du clergé, par laquelle ils lui feront connaître la pureté de leurs sentiments, touchant leur religion, et leur zèle pour la conservation de la foi nationale, et la restauration de l'État.

« Enfin, les soussignés déclarent qu'ils ont fait assez entrevoir leur vœu d'opiner par tête, en rappelant, à leur tour d'opinion, l'exemple du Dauphiné, où les trois ordres ont consenti à l'opinion par tête, et en ont même fait une loi précise à leurs mandataires.

« Le clergé de cette province, sans doute aussi attaché que nous à la conservation de la religion, n'a donc point vu dans l'opinion par tête les dangers pour la religion, que le clergé du bailliage de Dijon y aperçoit.

« Les soussignés prévoient les grands obstacles qui peuvent se rencontrer dans la régénération de l'État, en opinant par ordre, soit que le veto soit admis, soit que deux chambres lient la troisième.

« Cependant, quoique la matière soit de la plus haute considération, et que l'opinion par tête soit nouvelle, relativement aux États généraux derniers, les soussignés ont opiné dans leur chambre, et ils déclarent encore qu'ils opinent à renvoyer la décision de cette grande question à la grande assemblée nationale ; laquelle peut sans aucun doute adopter l'opinion par ordre ou par tête, selon qu'elle le jugera plus utile au bien général de l'État. Fait à Dijon, cejourd'hui 7 avril 1789. Signé Grisel, Petit-Jean de Marcilly, Renaud, Alotte, Terguet, Toussard, Petit-jean, Lagoutte, Bernigal, Quillot, Briaudet, Dubuisson, Bauchetet, Pincedé, Chauchot, Rivry, Verdereau, Lamiral, Guillemot, Villemin, Lagarde-Passerat, Bonnet, Edouard, Cottin, Adrien, Bardolet, Pascal, Jobard, Dumay et Genret. »

Sur quoi nous avons répondu, au nom de la chambre, auxdits comparants, qu'elle était convaincue de l'ardent désir dont ils étaient animés pour la prospérité du royaume et le soulagement des peuples, et qu'ils pouvaient être certains que l'opinion de la chambre à leur égard était telle qu'elle doit être.

Ensuite ledit sieur Chauchot, curé d'Is-sur-Tille, a prié la chambre de permettre qu'il fît lecture du discours par lui prononcé le jour d'hier à la chambre du clergé, lorsque l'opinion par tête ou par ordre y avait été discutée.

A quoi ladite chambre ayant consenti avec applaudissement, ledit sieur curé d'Is-sur-Tille a lu ce qui suit :

« Monseigneur et Messieurs, les trois ordres qui composent la nation n'en font qu'un : l'unité d'intérêt produit infailliblement l'union entre les trois ordres, et la rend nécessaire, et, par là même, efficace pour le bien, vis unita fit fortior. Pour cimenter cette union si désirable, qui fait notre bonheur et notre sûreté, le plus grand, le seul bien de la vie, dont le prix est inestimable, et qui a fait dire au prophète royal, dans un saint transport : Ecce quam bonum et jucundum habitare fratres in unum ; Pour assurer les fruits de cette union, je vous ai présenté pour les trois ordres mes biens, mon sang et ma vie ; j'en ai déposé le sacrifice à vos pieds sous les auspices et les garanties de la religion : il ne me reste plus que mon opinion, et j'en fais l'hommage à la nation assemblée, aux États généraux et à mon Roi ; c'est la seule chose qui est à moi et en moi, la seule chose dont nulle puissance ne peut me dépouiller : elle est, cette opinion, inhérente à la constitution de l'homme. Oui, Messieurs, l'homme, image de la divinité, peut être réduit à l'esclavage ; mais on ne peut enchaîner son opinion ; il peut, il doit la sacrifier au bien de la patrie ; mais ce sacrifice doit être volontaire, et nous ne pourrions sans crime en dépouiller le dernier des hommes ; c'est une prérogative que l'homme tient du Tout-Puissant, ce serait vouloir le dégrader que de la lui disputer.

« Vous avez bien voulu, Monseigneur et Messieurs, adopter mes principes pour abandonner vos immunités pécuniaires et la forme de vos contributions. Permettez-moi d'en faire l'application à l'opinion par tête.

« Que nous disent, en effet, la religion, la raison et les circonstances ?

« Nous sommes tous également liés par la religion du serment, pour concourir au bien commun ; nous sommes tous frères ; notre mère patrie, dans ce moment, attend de tous également ; nous devons tous voler à son secours dès qu'elle est en danger ; nous le devons tous sans distinction d'état, d'âge, de condition. La raison nous le dit dans ces circonstances, et la religion nous en fait un devoir.

« Reconnaissons, Messieurs, la dignité de l'homme lors même qu'il est couvert de haillons ; gardons-nous d'ajouter à sa misère le poids affligeant du mépris, et rejetons avec horreur toutes distinctions qui seraient humiliantes pour nos frères.

« Pour moi, Messieurs, membre du premier ordre de la nation, je me regarde comme le dernier de tous dans l'ordre civil et politique. Elevé par la religion au-dessus des deux autres ordres par mon état et mes fonctions, je ne veux que leur être utile en me plaçant a leurs pieds ; je renonce à toutes distinctions qui seraient désavouées par la religion et la raison je ne veux : l'as recevoir de prérogatives dans l'ordre politique et civil, que celles qui me seront volontairement offertes ou conservées par l'amour ; et pour me résumer, Monseigneur et Messieurs, je dis : Par le sacrifice de vos immunités et de vos formes, vous avez établi l'union ; en posant les fondements de cette union, vous avez prononcé le bannissement de la discorde ; mais son retour est à craindre. Or, pour nous prémunir pour toujours contre ces cruelles attaques, appelons les cœurs de nos frères à notre secours, en prononçant l'opinion par tête comme inhérente à la dignité de l'homme, et constituant son essence ; que ce dernier arrêt, prononcé par les ministres de la paix, par le clergé de la première province du royaume, soit aussitôt présenté à notre Roi pacifique et véritablement le père de son peuple, et qu'il ait la douce consolation d'apprendre que, dans la première province de son royaume, digne de l'immortalité, toutes les têtes de cette hydre de discorde, toujours renaissantes, ont été tranchées par les mains de l'amour. »

La chambre a manifesté de nouveau par des applaudissements universels la sensibilité que lui causaient les sentiments généreux et désintéressés qu'on remarque dans ce discours.

Les opérations des deux premiers ordres n'étant pas encore terminées, il y a eu interruption depuis le 10 avril, jour indiqué d'abord pour la dernière assemblée générale, jusqu'au 16 du même mois.

CLOTURE

Et prestation de serment de MM. les députés, en présence des trois ordres.

Et cejourd'hui 16 avril 1789, l'heure de midi, en ladite salle des gardes du Logis-du-Roi, et par-devant nous, en présence et assisté comme dessus, les trois ordres s'étant réunis, nous avons dit :

« Messieurs, vous êtes enfin arrivés au terme de vos longs travaux.

« La nation qui veillait sur vous, pendant le cours de vos délibérations successives, va voir sans doute le résultat de vos méditations lui présenter une suite de combinaisons sages, de vues profondes, de plans utiles, salutaires et régénérateurs.

« Sans doute les abus destructeurs et cruels, poursuivis, forcés par votre courage dans les retranchements épais qu'ils s'étaient élevés, vont à la fin céder et disparaître ; la liberté refleurira ; les campagnes seront rafraîchies et consolées ; une

sève nouvelle et pure va couler dans tous les membres de cet état malade et languissant, et lui redonner la fraîcheur d'une jeunesse active, brillante et vigoureuse.

« C'est ce qu'attendait de vos soins le monarque bienfaisant qui vous a réunis.

« C'est ce que vous demandait cette patrie qui, après tant d'années d'un sommeil léthargique et funeste, s'est enfin réveillée, et fait aujourd'hui retentir en tous lieux les accents mâles et fiers de sa voix magnanime.

« C'est elle, Messieurs, n'en doutez pas, qui, dans un temps si court, a opéré tant de miracles inattendus ;

« C'est elle qui a montré dans toute leur difformité ces privilèges pécuniaires écrasants pour la multitude ;

« C'est elle qui a déterminé les sacrifices généreux qui en ont été faits de tous côtés.

« Et s'il lui reste encore quelques changements à opérer ; s'il est quelque chose qui manque à sa victoire, vous la verrez, dans les jours solennels qui se préparent, détruire tous les obstacles, vaincre toutes les résistances, subjuguer, dompter tout ce qui s'opposera à son action entraînante et rapide, pour atterrer plus sûrement, pour réduire à un silence absolu tous les intérêts, toutes les passions, toutes les préventions qui frémissent autour d'elle, lever d'un bras puissant l'étendard du bien public, sous lequel tous les citoyens iront se réunir.

« C'est d'un si beau triomphe que vous devez être les auteurs et les témoins, vous, Messieurs, qu'une élection libre appelle à la défense de la cause de vos frères ;

« Vous, les coopérateurs choisis d'une restauration si vivement désirée ;

« Vous, les dépositaires des droits les plus sacrés et les plus précieux,

« Vous allez être admis dans ce sanctuaire redoutable, où le génie de l'empire préside, et va vous observer curieusement ;

« Vous allez penser, parler, agir sous ses yeux pénétrants ;

« Vous allez déposer à ses pieds, avec une fidélité qui sera remarquée, les réclamations et les vœux que vous êtes chargés de faire entendre.

« Songez, et ne l'oubliez pas, qu'un grand peuple attend de vous son bonheur et sa destinée ;

« Songez que vous êtes comptables envers plusieurs générations des événements que vous allez préparer ;

« Songez que vous devez à chaque instant du jour écouter d'une oreille attentive et inquiète, non pas seulement le bruit, assez facile à distinguer, de ces chaines flétrissantes qu'une nation courageuse veut secouer pour jamais, mais ces plaintes secrètes et douloureuses, mais ces gémissements ignorés, mais ces soupirs obscurs et sourds que votre humanité démêlera, et dont votre devoir est d'arrêter la source ;

« Songez enfin que l'auguste mission que vous avez à remplir ne vous laisse de sentiment, de faculté, de vie, d'existence, que pour l'objet imposant et relevé de l'utilité commune et de la prospérité générale.

« Ah ! sans doute, Messieurs, vous vous croirez trop récompensés de toutes vos peines quand, par l'effet de vos soins généreux, l'Europe étonnée verra cette France, si longtemps, si cruellement affligée, se montrer à ses regards ce qu'elle peut redevenir, ce qu'elle devrait être toujours, heureuse, illustre et rayonnante entre toutes les nations de l'univers. »

Ensuite l'ordre du clergé et celui de la noblesse nous ont remis leurs procès-verbaux de séances et élections de leurs députés aux États généraux, celle des députés du tiers-état ayant été faite pardevant nous ; desquels procès-verbaux il résulte que Mgr René de Moutier de Mérinville, évêque de Dijon, et sieur Claude Merceret, curé de Fontaine-lès-Dijon, ont été nommés députés pour ledit ordre du clergé.

Et que MM. Jean Lemulier de Bressey, conseiller honoraire au parlement de cette ville, et M..... le comte de Lévis-Lugny, maréchal des camps et armées du Roi, ont été nommés députés de l'ordre de la noblesse, lequel, a en outre, nommé pour suppléants M. Henri-Camille-Sophie Bataille, comte de Mandelot, et M. Antoine-Philippe Tanneguy le Compasseur, Crequy, Montfort, marquis de Courtivron.

Les députés du tiers-état étant, comme il est énoncé en notre procès-verbal ci-joint, MM. Volfius, Arnoult, Hernoux, Gantrey, et les suppléants, MM. Durande fils et Gillotte.

Tous lesquels ci-présents, à l'exception néanmoins du sieur comte de Levis, absent, ont accepté ladite commission, et d'eux tous avons pris et reçu le serment, par lequel ils ont promis de bien et fidèlement, et en leur âme et conscience, remplir les fonctions dont ils sont chargés.

Ensuite nous avons remis aux députés de chaque ordre le cahier de leurs plaintes, doléances et remontrances, après avoir été de nous coté et paraphé, *ne varietur*.

Ce fait, l'ordre du clergé et du tiers-état ont déclaré qu'ils donnaient à leurs députés tous pouvoirs généraux et suffisants de proposer, remontrer, aviser et consentir tout ce qui peut concerner le besoin de l'État, la réforme des abus, l'établissement d'un ordre fixe et durable dans toutes les parties de l'administration, la prospérité générale du royaume, et le bien de tous et de chacun les sujets du Roi ; l'ordre de la noblesse nous ayant déclaré qu'il donne à ses députés les pouvoirs énoncés dans le cahier de ses mandats et doléances, qui vient de nous être représenté, lesquels sont généraux et suffisants, sauf les restrictions qu'il a cru devoir y mettre.

Ordonnons que les procès-verbaux de l'ordre du clergé et de la noblesse seront annexés à la minute de notre présent procès-verbal, pour être du tout délivré expédition aux députés des trois ordres, à la forme de la quinzième disposition de notre ordonnance du 26 février dernier.

En foi de quoi nous avons clos le procès-verbal et signé icelui avec le procureur du Roi, le greffier-commis ordinaire de notre siége, et les membres des trois ordres présents à l'assemblée.

Nous allons donner la liste, par ordre alphabétique, des noms de Messieurs du clergé et de la noblesse qui ont signé ou comparu à la susdite assemblée ; celle de l'ordre du tiers-état a été insérée à la fin de ses cahiers.

ORDRE DU CLERGÉ.

Président : Mgr de Mérinville, évêque de Dijon.

Abbés : M. l'abbé de Cîteaux. M. de Luzines, abbé de Saint-Seine.

Secrétaires : M. Forastier, curé de Baubigny. M. Garreau, curé de Chaux. M. Joly, chanoine de la cathédrale de Dijon. M. Mutel, chanoine du chapitre de Langres.

A

R. P. Abriot, cordelier de Dijon. M. Adrien, chanoine de la Chapelle-aux-Riches. M. Alotte, curé de Morey. D. Antoine Mayet, prieur des Feuillants.

B

M. Badoz, curé de Reneve. M. Bailly, chanoine de la cathédrale. M. Barbeck, de l'oratoire de Dijon. M. Bardolot, curé de Dezize. M. Bauchelet, mépartiste de Saint-Nicolas. M. Bauchetel, curé d'Oizilly. M. Bellon, curé de Fontaine-Française. M. Bernardy, curé de Plombières. M. Bernigal, curé de Villers-les-Pots. M. Bertrand (l'abbé). M. Bezard (l'abbé). M. Blachere, chanoine de la Sainte-Chapelle. M. Blandin, curé de Santenay. M. Boilaud, curé d'Arceau. M. Boilaud, familier de Saint-Jean-de-Losne. M. Bonnet, curé de Meursault. M. Boudier (l'abbé), de Beaune. M. Boullemier (l'abbé). M. Boussard de la Chapelle, conseiller-clerc. M. Boyon, prieur des Dominicains de Dijon. M. Bremont, mépartiste de Notre-Dame. M. Briaudet, curé de Lantenay. M. Brion, doyen de Saint-Jean. M. Brocard, familier d'Auxonne.

C

M. Camus, mépartiste de Saint-Nicolas. M. Canquoin (l'abbé). M. Carnot, curé de Ternant. M. Carnat, chanoine de Nuits. M. Carré d'Alligny, curé de Bligny, M. Cazadde, doyen de Nuits. D. Champagne, pour le prieuré de Saint-Sulpice. M. Champanhet, chanoine de la cathédrale. M. Champion (l'abbé), de Dijon. M. Charrier, curé de Fixey. M. Chauchot, curé d'Is-sur-Tille, M. Chaucouvert, curé de Flamerans. M. Chaudot, vicaire d'Orain. M. Chaussenot, prêtre. M. Chauvelot, chanoine de la Sainte-Chapelle. M. Chisseret (l'abbé). M. Claudon, trésorier et curé de Saint-Médard. M. Clément, curé d'Aiserey. M. Clopin de Bessey, chanoine de la cathédrale. M. Colas, chanoine de la Sainte-Chapelle. M. Combrial de la Chassagne, prêtre de Saint-Nicolas. M. Cotillon, curé de Colonges. M. Cottin, pour les Ursulines de Beaune. M. Cottin, curé de Saint-Romain. M. Croze, curé de la cathédrale. D. de la Croze, prieur des Chartreux de Dijon.

D

M. Damotte, prêtre. M. Décombe, curé d'Ouges. M. Delamarre, doyen de Beaune. M. Delautel, pour les prêtres libres de Saint-Jean. R. P. Demars, des Carmes de Saint-Jean-de-Losne. M. Denolet (l'abbé). M. Deschamps, mépartiste de Saint-Pierre. M. Deschamps, chanoine de Notre-Dame. M. Detaule (l'abbé). M. Dullon, doyen de la Sainte-Chapelle. M. Drapier, prieurcuré de Mirebeau. M. Drouhin, des habitues de Beaune. M. Dubisson, curé de Fenay. M. Dubois (l'abbé). M. Dumay, curé de Jansigny. M. Dumont, mépartiste de Saint-Michel. M. Dupasquier, curé de Saint-Jean-de-Pontailler. M. Durand, mépartiste à Nuits. M. Dureuil, curé de Saussey. M. Duval d'Estenne, chanoine de la cathédrale.

E

M. Édouard, curé de Premeaux. M. Enaux, chanoine de Notre-Dame

F

M. Fabarel, grand chantre de la cathédrale. M. Facellier, curé de Bressé en Chaume. M. Fleury, mépartiste de Saint-Pierre. M. Foucherot (l'abbé). M. Foulon, des mépartistes de Saint-Nicolas. Frère Charles-Dominique, des Écoles chrétiennes.

G

M. Gabillot, curé de Prenois. R. P. Gacon, des Minimes de Notre-Dame de l'Etang. M. Gagnerot de Saint-Victor, curé de Meloisel. M. Garot, mépartiste de Saint-Michel. M. Genret, chanoine de Notre-Dame. M. Genret, prieur-curé de Marsannay-la-Côte. M. Gerhois, curé de Vergy. M. Gilquin, chanoine de la Chapelle-aux-Riches. M. Godard, familier de Saint-Jean-de-Losne. D. Godard, des bénédictins de Dijon. M. Granger (l'abbé). M. Grisel, curé de Nolay. M. Gruère, mépartiste de Saint-Pierre. M. Guillemot, curé de Painblanc. M. Guillemot, chanoine de Beaune. M. Guiller, chantre en titre de Saint-Maurice de Chaussin. M. Guyot, mépartiste de Saint-Pierre.

H

M. Horry, curé de Chaignay. M. Huet, des prêtres libres de Notre-Dame. M. Humberdot, curé de Talant.

J

R. P. Jacquier, des Minimes de Dijon. M. Jannon, doyen de la cathédrale de Dijon. M. Jobard, curé d'Heuilley. M. Joly, curé d'Orgeux. D. Isidore, pour les religieux du Lieu-Dieu de Beaune.

L

M. Lafond, chanoine de la Chapelle-aux-Riches. M. Lagarde (l'abbé). M. Lagoutte, prieur-curé d'Ahuy. M. Lamiral, curé de Marey. M. Lardet, curé de Poligny. M. Lausseur, chanoine de Nuits. M. Lefranc de la Bussière. M. Lemoine, curé de Notre-Dame. M. Lenoir, curé de Pommard. M. Leprince, chanoine de la Sainte-Chapelle. M. Leroy, curé de Saint-Pierre. M. Lesave, curé de Corgengout.

M

M. Magny, prêtre. M. Marigny, mépartiste de Saint-Michel. M. Massenot, curé de Brochon. M. Menetrier, ancien prieur de Marsannay. M. Menu, curé de Saint-Philibert de Dijon. M. Merceret, curé de Fontaine-lès-Dijon. M. Meussot, curé de Molinot. M. Michaud, mépartiste de Saint-Philibert. M. Michea, curé de l'Abergement. M. Mignot, chapelain de la cathédrale. M. Moingeon, curé de Nuits. M. Moinier, chanoine de Notre-Dame. D. Montagerand, religieux bénédictin. M. Mongeot (de), curé de Saint-Nicolas. R. P. Montéléon, provincial des Carmes. M. Moratin, curé de Norges. M. Morelet, official d'Auxonne. M. Morizot, curé de Couternon. M. Mortureux, mépartiste de Saint-Philibert. M. Moutet, curé de Bretenières. M. Moutrille, curé d'Auxonne. M. Mutin du Chartry.

N

M. Nault, prêtre. M. Niessard, curé d'Hauteville. M. Noiret, curé de Chassagne.

O

M. Olivier, curé de Merseuil.

P

M. Paquelin, curé de Vignolle. Dom Pascal, curé de Cîteaux. M. Passerat, curé de la Rochepot. M. Patelin, curé de Chenove. M. Perille, prieur-curé de Neuilly. M. Perron, supérieur du séminaire. M. Perrot, curé de Brazey. M. Perruchot, chanoine de Notre-Dame. M. Petitjean, curé de Gevrey. M. Petitjean de Marcilly, curé de Messigny. M. Petot, prêtre, pour les dames Sainte-Marie de Dijon. M. Picard, curé d'Emailly. M. Pignolet (l'abbé). M. Pincedé, curé de Spoix. M. Pinot, curé de Beaune. M. Piot de Montaigu, curé de Bellenenve. M. Poussard, curé de Saint-Aubin. M. Proteau, curé de Longecourt. M. Prudon, chapelain de la Sainte-Chapelle.

Q

M. Quarré de Monay doyen du chapitre d'Autun. M. Quillot, curé de Saint-Julien.

R

M. Racle, prieur, curé de Quetigny. M. Raviot, chanoine de la Sainte-Chapelle. M. Refford, curé d'Argilly. M. Regnault, curé de Saint-Michel. M. Remeissenet, curé de Selongey. M. Renault, curé de Trichey. Dom Rerolle, prieur des Chartreux de Beaune. M. Robelot, chanoine de la cathédrale. M. Roberdot, curé de Glanon. M. Rouhier, chapelain à Rouvres. M. Roy, mépartiste de Nuits. M. Rozand, chanoine de la cathédrale.

S

M. Seguin, prévôt de la cathédrale. M. Seloudre, curé de Vosne. M. Semetier, curé de Beire. M. Sivry, curé de Comberteau.

T

M. Tarnier, chanoine de Saint-Jean. M. Terguet, curé d'Arc-sur-Tille. M. Thomas, familier de Brazey. M. Tissier, curé de Saint-Jean-de-Losne. M. Toison (l'abbé). M. Toussaint, prêtre, M. Truchot, curé de Fleurey.

V

M. Verderean, curé de Rouvre. M. Verdun (l'abbé).

M. Vergnette de la Motte, chanoine de la Sainte-Chapelle. M. Véthu, curé de Longvic. M. Villemin, curé de Saint-Apollinaire. M. Villot, chanoine de Saint-Jean. M. Voisin, archidiacre. M. Volfius, des prêtres libres de Saint-Michel.

ORDRE DE LA NOBLESSE.

Président : M. le comte de Vienne.
Secrétaires : M. le comte de Bataille de Mandelot. M. le comte de Jaquot d'Andelarre. M. Lemulier de Bressey.

A

M. Agrain (le marquis d'). M. Aligny (le chevalier Quarré d'). M. Arceau (le chevalier d'). M. Arcelot (le chevalier d'). M. Arcelot (le président Verchère d'). M. Arminot du Châtelet. M. Aubin (de Saint-). M. Audra. M. Auvillars (le comte d'). M. Auvillars (le chevalier d').

B

M. Baillyat. M. Baleurre (Perreney de). M. Beauregard (de). M. Berbis (de). M. Bernardon (Bouhier) M. Bessey (Clopin de). M. Boucheron (de. M. Bouguet. M. Bouillet. M. Broindon (Baillyat de). M. Brondeau (le président).

C

M. Chamandrey (Gravier de). M. Chambertin (Jobert de). M. Changey (Guyard de). M. Charnailles (Cortois de). M. Charrey (Perreney de). M. Chavanson. M. Cissey (Courtot de). M. Conigham (de). M. Cautin. M. Courtivron (le marquis de). M. Courtot. M. Courtot de Cissey-Seguin.

D

M. Daix (le président Fardel de). M. Dampierre (Esmonin de). M. Desormes Duplessis. M. Dracy (le comte de). M. Drée (le baron de). M. Duplessis d'Argencourt.

F

M. Flamerans (Suremain de). M. Fontette (le chevalier Fevret de).

G

M. Gault. M. Gaultier. M. Genot. M. Gillet de Grammont. M. Gouvernet (le marquis de la Tour-du-Pin de), commandant en chef en Bourgogne. M. Gouz (le). M. Gravier de la Gelière. M. Grenaud (le baron de). M Grozelier (de). M. Guillemier.

H

M. Hocquart.

J

M. Jeannon (le président). M. Jobert. M. Joux (de la Folie de). M. Jugny (Charpy de). M. Ivry (le marquis de Richard d'). M. Ivry fils (le marquis de Richard d').

L

M. Latroche (de) maître des comptes. M. Latroche (de). M. Lésaulé (de). M. Lebelin. M. Lentillère (Canablin de). M. Loge (le chevalier de la). M. Longecour (le marquis Berbis de). M. Loppin d'Azincourt. M. Lorenchet de Beliguy.

M

M. Macheco (le chevalier de). M. Macheco (le marquis de). M. Malmont (Mairetet de). M. Marey. M. Martenne. M. Martenot (Courtot de). M. Martinière (David de la). M. Meix (Durand du). M. Momin (de Saint). M. Menil (Jobard du). M. Messange (Pasquier de). M. Meurville (le baron de). M. Mimeure fils (le marquis de). M. Monchat (le marquis de). M. Montaugé (Richard de). M. Moyria (le chevalier de). M. Mussey (Leseurre de)

O

M. Orgeux (Begin d').

P

M. Pelletier, capitaine du Perche. M. Perard (le président). M. Perrin père. M. Perrin de Corbeton. M. Perrin de la Tour. M. Perrin (le chevalier). M. Petit. M. Premeaux (le marquis de).

Q

M. Quincey (Cortois de).

R

M. Reuille (le président Barbier de). M. Richard (le président) M. Richemont (Cattin de). M. Rochepot (le comte de la). M. Royer l'aîné. M. Royer cadet. M. Ruffet (le président Richard de).

S

M. Santenay (Parigot de). M. Sassenay (le chevalier Joseph-Bernard de). M. Selongey (Quirot de). M. Suremain. M. Surget puîné. M. Suzenet (Poulletier de).

T

M. Talmay (Fijan de). M. Tardy (Joseph). M. Tardy, fils. M. Thorey (Gillet de). M. Torcy (Villedieu de). M. Tournay (Brosses de).

V

M. Vaublanc (de). M. Vautrin. M. Vesvre (Thomas de la). M. Vesvrotte (le président Richard de). M. Villières (Lalleman de). M. Virely (le président Grossard de).

DISCOURS

Prononcé par M. le comte de Vienne, président de l'ordre de la noblesse, à l'ouverture de l'assemblée générale, le 28 mars (1).

« Messieurs, c'est au nom de la noblesse du premier bailliage de la Bourgogne; c'est comme dépositaire et interprète de ses sentiments patriotiques, qu'elle m'autorise à élever ma voix en présence des trois ordres réunis dans cette solennelle assemblée.

« La noblesse de cette province n'a rien négligé de tout ce qui pouvait prouver jusqu'à l'évidence la loyauté de ses intentions; elle les a fait parvenir, par ses députés, au pied du trône; elle les a consignées dans la lettre qu'elle a écrite au Roi le 31 décembre dernier : les ministres de Sa Majesté ont entre leurs mains cette preuve du vœu authentique qu'elle a formé, de renoncer à toute distinction pécuniaire, en faveur d'un ordre qu'elle honore et qu'elle aime, espérant par là convaincre tous les esprits et rapprocher tous les cœurs.

« C'est, Messieurs, pour confirmer une aussi juste résolution, que la noblesse de ce bailliage me charge expressément de déclarer ici qu'elle persiste à consentir, par un mouvement libre et volontaire, à partager toutes les impositions présentes et à venir, pour être supportées par elle dans la juste proportion de ses propriétés individuelles.

« Voilà, Messieurs, la fidèle expression de nos sentiments; nous nous la présentons avec une noble franchise, nous y persistons, et nous nous applaudissons d'en avoir donné le patriotique exemple à la noblesse de presque toutes les provinces du royaume; et lorsque nous avons reçu des remercîments de l'heureux effet qui en est résulté pour l'union entre les trois ordres, nous avons pensé, avec l'enthousiasme de la plus douce satisfaction, au moment tant souhaité, où nous pourrons vous offrir l'hommage du sentiment qui nous y a déterminés.

« Nous osons donc espérer, Messieurs, de la franchise et de la pureté de nos intentions, que rien ne pourra, à l'avenir, relâcher les liens de cette précieuse et nécessaire union; ne nous dissimulons jamais qu'elle seule peut ramener l'ordre, maintenir la tranquillité publique, faire

(1) Malgré toutes nos recherches pour réunir les autres discours prononcés dans les assemblées de la noblesse du bailliage de Dijon, nous n'avons pu nous procurer que celui-ci.

« le bonheur de tous, établir enfin la prospérité, la gloire et la dignité de ce vaste empire, sous le règne du Roi juste. et qui aime la nation noble et généreuse qu'il gouverne. »

DISCOURS

Prononcé le 5 avril, en la chambre du tiers-état, avant la lecture du cahier général, par M. Debays, avocat, et l'un des députés de la ville de Nuits.

« Messieurs, vos cinq cahiers sont lus et discutés, les pouvoirs de vos commettants sont près d'expirer entre vos mains : vous avez suivi, chacun de vous, en honneur et conscience, leurs vœux; nous ne croyons pas avoir trahi leur confiance. Tous les abus qui ont été présentés n'ont pu se soutenir devant les lumières de la discussion; vous avez apporté à l'adoption ou au rejet des grands objets qui vous ont passé successivement devant les yeux, tout le zèle, le patriotisme qu'on pouvait désirer de Messieurs du tiers-état : vous avez toujours donné la préférence au meilleur avis; c'était, Messieurs, l'espérance que l'on devait concevoir sur le choix des citoyens honnêtes et décents, qui n'ont accepté la députation et ne sont arrivés à cette assemblée que guidés par le seul amour du bien public et de la monarchie, sans aucune vue d'intérêt personnel. A la veille de nous séparer, il nous reste auparavant deux vœux à remplir, qui doivent être chers à nos cœurs, et qui vous ont sans doute inspirés (1).

« Ce moment, Messieurs, où vous vous trouvez réunis, n'est-il pas celui où vous devez témoigner hautement à tous MM. les commissaires et députés de Dijon, qui, comme ces généreux Romains, se dévouant au salut de la patrie, ont fait le sacrifice de leurs moments précieux, de leurs veilles; qui, sans crainte, nous ont fait parvenir, et les abus, et les remèdes de l'administration, et ont porté nos justes réclamations aux pieds du trône, dans une requête au Roi, ouvrage d'un excellent citoyen, qui mérite tous les jours, de plus en plus, notre estime. Les voilà tous rassemblés parmi nous : montrons-leur donc hautement, par acclamation, et notre approbation, et notre adhésion, et notre reconnaissance universelle.

« Il me reste, Messieurs, un second objet. Nous sommes tous frères, tous compatriotes, tous députés du bailliage du Dijonnais, divisé en cinq points. Nous avons eu, en cette assemblée, même chef; nous avons fait les mêmes serments en ses mains; nous avons émis les mêmes vœux; nos mandants connaissent ceux qu'ils nous ont chargés d'exprimer et de faire à notre assemblée; mais ils ignorent ce qu'ils auront l'espoir d'obtenir aux États généraux; ils ne peuvent le connaître que par les cahiers réduits en un seul.

« N'est-il pas à désirer, Messieurs, pour la satisfaction de nos commettants, de nous-mêmes, de nos enfants, de prouver à nos compatriotes que nous n'avons pas été indignes de leur confiance; que, sans acception d'ordres, de privilèges et de personnes, nous avons dévoilé les abus qui pesaient sur eux et sur nous, et en avons demandé la réforme; et que cette conduite doit nous mériter de plus en plus leur attachement, seule récompense flatteuse pour les Français? Et en conséquence, Messieurs, ne seriez-vous pas d'avis de nous réunir à l'instant, pour supplier M. notre

(1) Suit un éloge du président de la chambre du tiers-état, que sa modestie n'a point permis de retenir dans ce procès-verbal.

président de nous accorder, à la clôture du procès-verbal de notre assemblée, qu'il soit imprimé aux frais de tous MM. les députés qui voudront y concourir, en y joignant les discours prononcés dans les séances, et les délibérations prises avec les deux autres ordres, et qu'il soit terminé par la liste alphabétique, sans distinction de bailliages, de rangs, ni d'états de tous MM. les députés.

« Déjà, Messieurs, j'ai appris que le bailliage de Châlons fera imprimer ses doléances et son procès-verbal : par ce moyen, nous saurons successivement les articles accordés à nos justes réclamations.

« Dans nos vieux jours, Messieurs, et quand nous nous retrouverons ensemble, nous nous rappellerons avec attendrissement, avec plaisir, ces moments consacrés à l'utilité publique ; nous le dirons à nos enfants, qui, je l'espère, jouiront, par la bienfaisance de Sa Majesté et de son nouveau Sully, du fruit de nos sollicitations, de nospeines : ils seront excités par un tel exemple à mériter encore mieux de la patrie : *Et meminisse jurabit.* »

CHAMBRE DU CLERGÉ
DU BAILLIAGE DE DIJON (1).
Avertissement.

Plusieurs personnes ont désiré de connaître le cahier du clergé du bailliage de Dijon. Pour les satisfaire, on le donne ici, d'après une copie parfaitement conforme à la minute, lue, tant à l'assemblée des commissaires, où ce cahier fut adopté d'une voix unanime, qu'à l'assemblée générale de la chambre, où il fut reçu avec applaudissements.

On assure que, depuis l'élection des députés, il y a été fait quelques changements, desquels (pour des raisons connues) une partie assez nombreuse de la chambre n'a eu aucune connaissance. On ignore en quoi consistent ces changements, mais on doit présumer qu'ils sont peu considérables, et qu'ils n'altèrent pas essentiellement la substance de l'ouvrage et du mandat.

CAHIER

De l'ordre du clergé du bailliage principal de Dijon, et des bailliages secondaires de Beaune, Nuits, Auxonne et Saint-Jean-de-Losne, contenant les instructions et les pouvoirs que donne ledit ordre à ses députés aux États généraux, convoqués pour le 27 avril 1789, en la ville de Versailles (1).

§ I.

Les députés sont chargés, et c'est le principal objet de leur commission, de demander, qu'avant toutes choses, il soit formé et promulgué une loi générale et fondamentale, laquelle *énonce et déclare* positivement les principaux droits des citoyens, des provinces, de la nation, et des différents ordres qui la composent, savoir :

1. Le droit de tout citoyen de conserver inviolablement la liberté de sa personne, sans qu'il puisse y être porté atteinte, par emprisonnement, détention en un lieu circonscrit, ou interdiction de paraître en quelque lieu déterminé, en vertu d'ordre arbitraire, verbal ou par écrit, de la part de qui que ce puisse être, et autrement que pour les causes, et selon les formes prescrites par des lois expresses.

2. Le droit de tout citoyen de conserver de même le libre exercice de sa pensée ; de sorte

que, d'une part, toute correspondance par écrit demeure inviolable et sacrée sous le sceau des parties, et que nul ne puisse impunément en surprendre le secret ; de sorte que, d'autre part, tout écrit puisse être librement publié par la voie de l'impression, en exceptant, néanmoins, tout ce qui pourrait troubler l'ordre public, dans tous ses rapports, et en observant les formalités qui seront jugées nécessaires pour assurer la punition du délit en pareil cas.

3. Le droit de tous les citoyens de conserver inviolablement toutes leurs propriétés, mobilières et immobilières, honorifiques et utiles, individuelles et communes, de quelque nature qu'elles soient, avec entière liberté dans la manière d'en jouir, sans qu'elles puissent être attaquées autrement que par les voies ordinaires entre le demandeur et le défendeur, devant les juges naturels, suivant les formes judiciaires établies ou à établir ; et sans que la cession en puisse être exigée, autrement que pour construction d'ouvrages publics, tels que chemins, canaux, édifices, etc., auquel cas l'indemnité doit toujours être prompte, effective, et pour le moins égale en valeur à celle de l'objet.

4. Le droit de tous les citoyens de conserver de même toutes leurs possessions usufruitières, de quelque nature qu'elles soient, et semblablement avec libre jouissance pendant le temps de leur usufruit, sans qu'ils puissent y être troublés, autrement que pour les causes et en la manière spécifiée en l'article précédent, concernant les propriétés.

5. Le droit de tous les citoyens d'être égaux, relativement aux lois ; en ce sens, que tous y sont également soumis, et que nul ne peut s'en prétendre exempt ni s'y soustraire.

6. Le droit de tous les citoyens d'être égaux, relativement aux places et emplois ecclésiastiques, civils et militaires, et aux récompenses qu'ils peuvent procurer ; en ce sens, que tous en sont susceptibles et peuvent y prétendre, à raison de leurs talents, de leur mérite et de leurs services, et que nul n'en puisse être exclu, pour raison de naissance ou de condition non noble.

7. Le droit de tous les citoyens d'être égaux, relativement aux subsides nécessaires, tant pour les dépenses générales de l'État, que pour les dépenses particulières et locales de leurs provinces respectives ; en ce sens, que tous y doivent contribuer indistinctement et uniformément, sans aucun privilège d'ordre ou d'état, et sans aucune exemption personnelle de place ou d'emploi ou à vie.

8. Le droit de tous les citoyens d'être égaux, relativement à l'assiette et à la répartition des impôts nécessaires pour fournir les subsides ; en ce sens, que les impôts doivent être établis avec égalité proportionnelle, sur toutes les natures et espèces de revenus des contribuables, soit en terres, soit en rentes, en commerce ou en industrie, et que les cotes individuelles doivent être fixées proportionnellement aux revenus des cotisés, sans qu'il y ait abus dans la répartition, soit de la part des plus riches, par l'influence de leur crédit, soit de la part des autres, par l'influence de leur crédit, soit de la part des autres, par l'influence et l'ascendant du plus grand nombre.

9. Le droit des habitants de chaque province de conserver leurs lois, coutumes, usages et tribunaux particuliers, sans qu'il puisse y être fait aucun changement, que de la volonté de la province elle-même, légitimement et pleinement assemblée.

(1) Nous publions ce cahier d'après un imprimé de la *Bibliothèque du Sénat.*

10. Le droit des habitants de toute province, ayant une constitution d'Etats et une forme d'administration, de conserver l'une et l'autre, sans qu'elles puissent être changées, que de la volonté de la province même, assemblée légitimement et pleinement.

11. Le droit de la nation de conserver inviolablement la forme de son gouvernement, qu'elle reconnaît et veut être une pure monarchie, réglée par les lois.

12. Le droit de la nation de conserver inviolablement, et sans qu'il y soit rien changé, l'ordre de la succession à la couronne, lequel elle veut être toujours tel qu'il subsiste dans l'auguste maison régnante depuis Hugues Capet, sans que la monarchie puisse jamais être démembrée ni partagée.

13. Le droit de la nation, en cas de défaut d'hoirs mâles, légitimement issus par mâles, dans l'auguste maison de France (ce qu'il plaise à Dieu ne jamais permettre !) de choisir elle-même et d'établir roi, celui qu'elle aura jugé digne de régner sur elle.

14. Le droit de la nation, en cas de minorité de ses rois de nommer elle-même à la régence du royaume; si ce n'est qu'il ait été porté une loi qui dispose d'avance de la régence, pour tous les cas.

15. Le droit de la nation d'empêcher ou de consentir, selon qu'elle le jugera plus utile, l'aliénation perpétuelle et irrévocable des domaines et droits domaniaux de la couronne.

16. Le droit de la nation, dans l'un et l'autre cas, de régler et fixer les apanages des frères et des enfants puînés des rois; lesquels apanages, elle entend devoir être toujours à la charge de la réversion à la couronne, faute d'hoirs mâles légitimement issus par mâles.

17. Le droit de la nation de conserver inviolablement sa religion nationale, devant seule avoir l'exercice public de son culte; laquelle elle reconnaît et veut être la religion chrétienne, selon la foi catholique, apostolique et romaine; si ce n'est pour les villes qui ont des capitulations expresses à ce sujet.

18. Le droit de la nation d'accorder, autant qu'elle le jugera convenable, la tolérance civile à toute autre religion ou secte; n'entendant néanmoins leur accorder jamais l'exercice public de leurs cultes.

19. Le droit de la nation de n'être gouvernée que par ses propres lois; en ce sens, que rien ne puisse avoir, définitivement force et caractère de loi, dans le royaume, qui n'ait été ou proposé par le Roi et consenti par la nation, ou proposé par la nation et autorisé par le Roi; et que tout règlement qui réunit ces deux conditions est, par cela seul, une loi à laquelle tout Français doit obéir, et que tout officier public doit faire exécuter, en ce qui le concerne.

20. Le droit de la nation de n'être jugée que par ses propres juges; en ce sens, qu'il lui appartient de concourir, de la manière expliquée en l'article précédent, à la constitution de l'ordre juridictionnel du royaume, à la formation de la hiérarchie des tribunaux, et à la fixation des attributions particulières de chacun d'eux; de sorte qu'une fois établi, cet ordre ne puisse être changé que du consentement de la nation, et qu'il ne puisse d'ailleurs être arbitrairement troublé ou interverti, soit par évocations, soit par commissions, ou par tout autre moyen qui pourrait priver le justiciable de son juge naturel.

21. Le droit de la nation de déterminer les subsides nécessaires pour les dépenses générales de l'Etat; de sorte qu'il ne puisse être imposé et levé sur elle aucuns deniers pour lesdits subsides, que de son exprès et libre consentement, donné, tant pour la forme et la durée, que pour les formes d'assiette, de répartition et de perception de l'impôt.

22. Le droit de la nation de former seule des emprunts pour les besoins de l'Etat, d'où il puisse résulter des dettes nationales; de sorte qu'il ne puisse être fait aucun emprunt, direct ou indirect, en son nom, que de son libre et exprès consentement, donné, tant pour la somme que pour la forme de l'emprunt, le taux de l'intérêt, le gage des prêteurs, l'assignat et l'ordre progressif des remboursements.

23. Le droit de la nation de se faire communiquer, par les ministres du Roi, tous états, mémoires et renseignements authentiques, à l'effet de régler en connaissance de cause les subsides nécessaires à l'Etat, soit par forme d'impôt, soit par forme d'emprunt et d'en proportionner les sommes et la durée aux besoins réels de chaque département du royaume.

24. Le droit de la nation de se faire rendre compte de l'emploi des deniers provenant des impôts et des emprunts qu'elle aura consentis, par les ministres du Roi, chacun en ce qui regarde leurs départements respectifs.

25. Le droit de la nation de s'assembler pour l'exercice et la conservation de ses droits, et de se choisir librement des députés qui, réunis collectivement sous le nom d'*Etats généraux*, la représentent et puissent délibérer, consentir et statuer pour elle et en son nom, sur les lois, les subsides, et sur tous les autres objets concernant l'administration générale du royaume.

26. Le droit de la nation de déterminer et fixer, selon qu'elle le juge convenable à ses intérêts et à ses besoins, le retour périodique de ses Etats généraux; lesquels elle veut être tenus désormais tous les cinq ans, sans que, sous aucun prétexte, ces assemblées puissent être omises ou différées; de sorte qu'à défaut de convocation expresse en l'année déterminée, elles soient, de droit, indiquées au 1er mai de ladite année, en la ville de.....

27. Le droit de la nation de conserver inviolablement l'antique et constitutionnelle distribution de tout son corps en trois ordres distincts : *le clergé*, comprenant tous les nationaux ecclésiastiques, séculiers ou réguliers; *la noblesse*, comprenant tous les nationaux d'extraction noble ou anoblis; et *le tiers-état*, comprenant tous ceux des nationaux qui n'appartiennent à aucun des deux autres ordres; sans que le nombre desdits ordres puisse être augmenté ou diminué, ni leurs rangs intervertis.

28. Le droit de chacun desdits ordres assemblés périodiquement, et aux époques fixées, dans des districts ou arrondissements communs à tous les trois, tels qu'ils sont ou seront réglés pour la suite, de choisir et nommer, librement et séparément, leurs députés respectifs, toujours et partout, dans les proportions qui seront fixées, tant entre les trois ordres, qu'entre les différentes classes et sous-divisions de chacun d'eux.

29. Le droit antique et constitutionnel de chacun des trois ordres, soit dans les assemblées préparatoires à celles des Etats généraux, soit dans les assemblées des Etats généraux eux-mêmes, de délibérer et d'opiner séparément les uns des autres, et de former, à la pluralité de leurs voix, chacun leur vœu distinct et séparé.

30. Le droit de chacun des trois ordres d'être indépendant, et de ne pouvoir être lié et forcé, même par le vœu réuni des deux autres ordres ; de sorte que, pour opérer une résolution ou décret national, la réunion des trois ordres en un seul vœu soit nécessaire.

31. Le droit de la nation que, dans les intervalles entre les assemblées périodiques des États généraux, les règlements particuliers que les circonstances peuvent exiger ne puissent être exécutés qu'après avoir été enregistrés dans les cours souveraines, auxquelles la nation confie le soin de les vérifier, c'est-à-dire de reconnaître s'ils ne contiennent rien de contraire à ses droits et aux principes constitutifs de la monarchie.

32. Enfin, le droit de la nation, que tout règlement, même après avoir été ainsi enregistré par les cours souveraines, dans l'intervalle entre deux assemblées d'États généraux, ne puisse avoir néanmoins qu'une exécution provisoire, jusqu'à ce qu'il ait été confirmé par la nation assemblée, dont le consentement exprès peut seul lui imprimer le caractère immuable de loi de l'État.

Les députés insisteront fortement pour que, avant la discussion de tout autre objet, il soit formé et promulgué solennellement une loi contenant, dans les termes les plus clairs et les plus énergiques, et avec le degré de développement convenable, tous les articles ci-dessus, et autres qui pourraient avoir été omis ici et qui n'échapperont point aux lumières et à la prévoyance des États généraux ; afin qu'une telle loi constate à jamais les véritables droits de la nation, et que dans tous les temps elle puisse servir de base et de règle à toutes les lois particulières que pourra rendre nécessaire la variété des circonstances et des temps.

Et dans le cas où, à l'assemblée des États généraux, on mettrait d'abord en délibération la forme d'y opiner, séparément et par ordre, ou en commun et par tête, comme, dans la disposition actuelle des esprits, ce sujet préliminaire de délibération pourrait faire naître des contestations et des débats capables de troubler l'assemblée, d'y semer la division, d'en retarder le travail, et d'empêcher peut-être tous les heureux effets que l'on doit en attendre, il est expressément recommandé aux députés du clergé de ce bailliage, d'engager, autant qu'ils le pourront, les députés des deux premiers ordres de toutes les provinces à délibérer, préalablement et à part, sur les dix premiers articles du projet de loi ci-dessus, et, s'ils les adoptent, à en faire aussitôt une déclaration précise à tout ordre du tiers-état.

Ensuite, les députés représenteront fortement à ce dernier ordre, et aux membres des deux autres qui pourraient penser comme lui, qu'après une telle déclaration unanime de la part du clergé et de la noblesse du royaume (déclaration devant être aussitôt consacrée par une loi solennelle et fondamentale), toute discussion sur la forme de délibérer dans les États devient sans objet pour les intérêts particuliers de chaque ordre pris séparément, et que, par conséquent, il ne peut rester aucun prétexte pour abandonner une forme liée à la constitution même, utile aux intérêts communs des trois ordres, nécessaire pour la conservation de la liberté nationale, et la seule qui puisse, dans tous les temps, prémunir de nombreuses assemblées contre les rapides et dangereux effets de la surprise, de la séduction, de l'enthousiasme, du caprice et de la légèreté, d'où naîtrait une variation continuelle dans les principes, et une perpétuelle instabilité dans les lois.

§ II.

Lorsque les députés auront obtenu la loi générale qu'ils sont chargés de solliciter, et dont les principaux articles sont ci-dessus énoncés, ils feront observer à l'assemblée des États généraux que plusieurs parties principales de l'administration du royaume demandent, ou un nouvel ordre de choses, ou des réformes très-étendues et très-multipliées ; qu'il paraît difficile qu'une assemblée aussi nombreuse, et dont les différents membres n'auront pas apporté, sur ces objets, des vœux déterminés de la part de leurs commettants, puisse y pourvoir en parfaite connaissance de cause ; et que le succès d'une si grande entreprise serait d'autant mieux assuré, si l'on en différait sagement l'exécution.

En conséquence, ils proposeront de former, dans le sein des États mêmes, quatre commissions particulières, chargées de rédiger des plans et projets, savoir :

La première, pour une meilleure distribution des districts et arrondissements où devront se faire les élections et instructions des députés pour les États généraux à assembler périodiquement par la suite ; la fixation du nombre des députés de chaque ordre, que chaque district aura le droit d'y envoyer ; semblable fixation pour les différentes classes et subdivisions de chaque ordre, et en général, la détermination de toutes les circonstances et cas relatifs à cet objet.

La seconde, pour la meilleure forme d'*assiette*, de *répartition*, et de *perception* des impôts qui pourraient remplacer ceux qui existent aujourd'hui, et dont le vœu général paraît demander la suppression ; laquelle forme, on ne s'éloignant jamais des principes fondamentaux exprimés par les articles 7 et 8 du projet de loi générale ci-dessus, puisse faciliter, au contraire, l'égalité proportionnelle dans la répartition, prévenir toutes les difficultés et les abus à cet égard, et supprimer tous les frais inutiles et onéreux dans la perception.

La troisième, 1° pour la formation d'un meilleur code criminel, propre à défendre également la société des atteintes du crime, et l'innocence des attaques de la calomnie et de l'injustice ; 2° pour la formation d'une meilleure ordonnance concernant la procédure civile, propre à rendre cette procédure moins compliquée, moins dispendieuse et moins longue, sans priver néanmoins les parties du temps et des moyens de faire connaître leurs droits ; 3° pour quelques changements utiles dans l'ordre des juridictions, et spécialement à l'effet de supprimer, s'il est possible, par des attributions claires et précises, toute difficulté de compétence et tout procès en règlement de juges.

La quatrième, enfin, pour la formation d'un plan général d'éducation publique et vraiment nationale, propre à donner à l'État des citoyens utiles dans tous les genres.

Les députés demanderont qu'il soit rédigé, dans les États généraux mêmes, et en leur nom, des instructions détaillées, pour chacune de ces quatre commissions, concernant les objets de leurs travaux respectifs; qu'il leur soit ordonné d'entrer en fonction aussitôt après la clôture des prochains États généraux, de demander et recevoir tous mémoires et renseignements nécessaires ou utiles, de rédiger leurs plans et projets dans les temps et aux époques qui auront été fixés à chacune d'elles, et de les rendre aussitôt publics, par la voie de l'impression, afin qu'il puisse y être délibéré, en connaissance de cause, dans les assemblées de chaque district, pour l'élection et instruction des députés aux États généraux subséquents, et que chaque district puisse faire connaître son vœu déterminé sur l'admission ou rejection du tout ou partie des plans et projets que lesdites commissions auront proposés.

Enfin, les députés observeront qu'il serait à désirer qu'il fût tenu, à cet effet, une assemblée extraordinaire d'Etats généraux, en l'année 1791, après laquelle les Etats se tiendront périodiquement tous les cinq ans, ainsi qu'il est proposé par l'article 26 du projet de loi ci-dessus.

§ III.

Aussitôt que les commissions demandées par la seconde partie de cette instruction auront été formées, il sera proposé par les députés de s'occuper : 1° de la vérification de la dette publique ; 2° de l'examen de la dépense annuelle et habituelle de l'Etat, dans ses différents départements.

En ce qui concerne la dette, les députés demanderont : 1° qu'on en retranche tous les articles dont la créance ne serait pas légitimement établie ; 2° qu'on y réunisse toutes les dettes contractées sur le crédit des provinces et autres corps ; 3° qu'on y ajoute spécialement la dette du clergé, laquelle ayant été contractée pour le service de l'Etat, ne doit plus être à la charge des bénéficiers, soumis désormais à toutes les impositions, comme les autres citoyens ; 4° enfin, qu'il soit fait un tableau complet et détaillé contenant tous les genres et espèces de créances dont se trouvera formée la masse de dette nationale, et que ce tableau soit aussitôt rendu public, par la voie de l'impression.

En ce qui regarde la dépense de l'Etat, les députés demanderont qu'il soit formé, de même, et rendu public, un tableau comprenant en détail toutes celles de chaque département, après en avoir fait retrancher tous les articles qui ne se trouveraient pas d'une nécessité réelle, ou d'une utilité parfaitement démontrée.

La connaissance des charges étant ainsi acquise, les députés s'occuperont des moyens d'y subvenir.

En conséquence, ils proposeront d'abord la suppression de tous les impôts directs, actuellement établis, et distinctifs des ordres, tels que tailles, capitation, vingtièmes, décimes ecclésiastiques et autres, accessoires ou équivalents, sous diverses dénominations.

Ils proposeront ensuite de remplacer tous ces impôts par d'autres, dont le montant, réuni aux impositions indirectes qui sont l'objet des fermes et des régies, puisse suffire : 1° au payement des intérêts annuels de la dette, telle qu'elle aura été vérifiée ; 2° à tel fonds de remboursement annuel des capitaux que l'on aura jugé convenable ; 3° à la dépense annuelle de l'Etat, telle qu'elle aura été estimée en détail, pour chaque département.

Enfin, ils auront soin que (même en attendant la meilleure forme d'assiette et de répartition des impôts, dont la recherche, pour l'avenir, doit être l'objet de la seconde commission demandée dans la seconde partie de cette instruction), les nouveaux impôts dont il s'agit, et qui ne doivent être établis que provisoirement, remplissent, le mieux qu'il sera possible pour cette fois, le vœu exprimé par les articles 7 et 8 du projet de loi générale, proposé dans la première partie.

À l'égard des impositions indirectes, c'est-à-dire de celles qui consistent en droits perçus sur certains objets de consommation, ou sur certains actes de la vie civile, tels que la gabelle, les aides, les droits de contrôle, etc., les députés observeront que, si les circonstances ne permettent pas de supprimer, dès à présent, ceux que le vœu public semble avoir proscrits, il convient du moins que, dans le moment, ils soient concédés formellement par les Etats généraux, afin qu'il n'existe plus dans le royaume aucune imposition qui n'ait son titre légal dans le consentement libre et exprès de la nation actuellement assemblée.

Et pour que les députés puissent concourir, tant à l'établissement des impôts de remplacement devenus nécessaires, qu'à la nouvelle concession de ceux qu'il est indispensable de conserver pour le moment, l'ordre du clergé de ce bailliage leur donne tout pouvoir nécessaire et requis à cet effet, mais sous les clauses et conditions suivantes, et non autrement, savoir :

1° Que la loi générale et fondamentale, demandée dans la première partie de cette instruction, aura été préalablement accordée et promulguée ;

2° Que le clergé, devant être soumis aux nouveaux impôts, comme tous les autres citoyens, aura été déchargé de l'acquittement de ses propres dettes, tant en intérêts que capitaux, lesquelles auront été déclarées réunies à la masse de la dette nationale ;

3° Enfin, que tant les nouveaux impôts établis en remplacement, que les anciens impôts conservés, ne soient censés avoir été accordés, et ne puissent être perçus que pour et pendant l'intervalle entre les prochains Etats et les suivants, desquels l'époque aura été fixée dans l'assemblée même qui va s'ouvrir.

Déclarant, le clergé de ce bailliage, à ses députés, porteurs de la présente instruction, que, faute par eux de se conformer aux trois clauses et conditions ci-dessus énoncées, il les désavoue d'avance, pleinement et hautement.

Au surplus, les députés observeront qu'ils ne peuvent faire usage du pouvoir qui leur est ici donné qu'autant que les députés des deux autres ordres de ce bailliage, et les députés des trois ordres des autres bailliages de cette province seraient autorisés par leurs commettants respectifs, au même effet ; et que, sans le concours desdits députés, leur consentement particulier ne pourrait obliger la province de Bourgogne, laquelle, en matière d'impositions, ne peut être liée que de son consentement exprès, donné par ses représentants, et ne peut être forcée, même par le vœu et consentement des Etats généraux, ainsi qu'il est formellement reconnu par les lettres patentes du roi Charles VII, données à Tours, le 8 mars 1483.

Et sont chargés, les députés, même en consentant aux impositions dont on vient de parler, si le cas y échet, de déclarer qu'ils réservent expressément à la province de Bourgogne le droit reconnu par lesdites lettres patentes du 8 mars 1483, pour par elle en jouir et user toutes les fois et ainsi que les circonstances et ses intérêt paraîtront le demander.

§ IV.

Les objets généraux et essentiels, indiqués dans les trois premières parties de cette instruction, étant remplis, les députés formeront les différentes demandes particulières qui suivent, dont les unes concernent plus particulièrement l'ordre du clergé, et les autres regardent quelques points de l'administration et police du royaume.

En ce qui regarde spécialement l'ordre du clergé, les députés demanderont :

1° Que désormais et sans interruption, les conciles provinciaux, pour la discipline ecclésiastique, soient tenus tous les dix ans, ainsi qu'il a été souvent demandé par les assemblées du clergé ;

2° Qu'il soit fait droit sur les remontrances de la dernière assemblée du clergé, au sujet de l'édit concernant les non catholiques ;

3° Que le droit de patronage attaché aux fiefs possédés par les non catholiques soit suspendu et attribué à l'ordinaire, lequel, dans les provisions qu'il donnera, sera tenu de faire mention de cette suspension, afin d'assurer le retour du droit au fief, lorsqu'il sera possédé par un catholique ;

4° Qu'il soit désormais permis de faire les vœux de la profession religieuse à l'âge de dix-huit ans, en dérogeant, pour ce regard, aux édits qui ne les permettent qu'à la vingt et unième année ;

5° Que les collateurs ou présentateurs de bénéfices ne puissent être prévenus en cour de Rome, avant le cinquantième jour de la vacance, le jour du décès et celui de la date non compris ;

6° Que l'on rende commune à tous les établissements ecclésiastiques la déclaration qui soustrait au dévolu les bénéfices unis depuis plus d'un siècle à quelques-uns de ces établissements ;

7° Que les gens de mainmorte, séculiers et réguliers, puissent placer leurs deniers à constitution de rente, sur toute espèce de corps et même sur les particuliers ;

8° Que l'on supprime les droits d'amortissement, pour les nouvelles constructions et réparations, servant à augmenter et à améliorer les bâtiments des bénéfices ;

9° Que l'on combine avec l'ordre de Malte les moyens de soustraire à l'amovibilité les cures qui en dépendent.

10° Que les curés, contribuant aux charges de leurs paroisses, participent avec elles aux avantages des communautés, notamment dans la répartition des bois d'usage ;

11° Et surtout, qu'il soit pourvu, par tous les moyens possibles, et les plus prompts, à l'augmentation du revenu des cures à portion congrue, et de celles où les curés, quoique décimateurs, n'ont pas, ou n'ont que la valeur de la portion des congruistes, en sorte que le revenu desdites cures puisse être établi à 1,200 livres, et celui des vicaires, à moitié ; et ce 1° par l'union des biens qui ont appartenu à des maisons religieuses supprimées, desquels l'emploi est inconnu ; 2° par l'union de bénéfices simples, et notamment de ceux dont la nomination est tombée ou tombera dans les mains du Roi, par la suppression des abbayes dont ils dépendent ; 3° sur de fortes pensions sur les évêchés, abbayes et riches prieurés, auxquels il sera nommé à l'avenir, lesquelles pensions seront distribuées, à fur et mesure, entre lesdits curés, en observant que les cures dépendantes de l'ordre de Malte doivent participer aux avantages sollicités par cet article ;

12° Enfin, que, pour accélérer l'amélioration de ces cures, les nombreux et riches bénéfices, qui sont actuellement en économat, en soient tirés, et que, dans la nomination qui en sera faite, il soit établi sur chacun d'eux de fortes pensions, pour être distribuées aux curés, conformément au précédent article.

En ce qui regarde l'administration et police, les députés solliciteront des règlements généraux :

1° Pour la suppression de la mendicité dans tout le royaume ; les règlements particuliers pour les villes et même pour les provinces étant, par leur nature, insuffisants ;

2° Pour le roulage, afin de concilier les intérêts du commerce avec la conservation des routes, dont les réparations et l'entretien entraînent des dépenses exorbitantes, qui s'accroîtront de jour en jour, si l'on n'y pourvoit par de sages mesures.

Enfin, les députés sont spécialement chargés de représenter au Roi que la province de Bourgogne donna à Sa Majesté, en 1782, un don gratuit extraordinaire d'un million de livres, pour la construction d'un vaisseau du premier rang, lequel serait appelé *les Etats de Bourgogne* ; que Sa Majesté fut suppliée, en même temps, par les élus généraux d'accorder de préférence le commandement de ce vaisseau à un capitaine né en Bourgogne ; que M. le chevalier de Bataille-Mandelot, gentilhomme bourguignon, du bailliage d'Auxois, a mérité, par une action éclatante, à la journée du 18 juillet dernier, dans les mers du Levant, d'être promu au grade de capitaine de vaisseau ; et que Sa Majesté remplirait les vœux de la province en confiant spécialement aux ordres de cet officier le vaisseau qui doit porter le nom de ses Etats.

§ V.

Au surplus, l'ordre du clergé de ce bailliage, en autorisant ses députés à entendre et consentir, selon leurs lumières, et en leur âme et conscience, à tout ce qui pourra être proposé dans les Etats généraux, pour l'avantage du royaume (excepté toutefois en ce qui serait contraire aux articles compris au présent cahier, en quoi il leur est expressément ordonné de se conformer aux vœux de leurs commettants), les charge de communiquer la présente instruction, dès l'ouverture de l'assemblée, aux députés de toutes les autres provinces, et de les inviter à se réunir à eux dans le même vœu, particulièrement en ce qui concerne l'ordre des opérations des Etats, tel qu'il est indiqué dans cette instruction, comme singulièrement propre à accélérer le travail de cette première assemblée, qui peut être regardée, pour ainsi dire, comme préliminaire ; à réserver, pour la suivante, ce qui ne pourrait être exécuté dans celle-ci, et à procéder, en tout, avec une sage et utile maturité, digne d'une grande nation et des grandes vues qui doivent désormais l'occuper.

CAHIER

Des pouvoirs et instructions remis à MM. Lemulier de Bressey et comte de Lévis, élus députés, et à MM. le comte de Bataille de Mandelot, et marquis de Courtivron, députés suppléants aux prochains Etats généraux, par l'ordre de la noblesse du bailliage de Dijon, le 8 avril 1789 (1).

La noblesse de ce bailliage s'empresse d'adopter le vœu que, la première en France, la noblesse de Bourgogne, assemblée dans cette ville, a manifesté en faveur du tiers-état, de déclarer, avec elle et comme elle, *que le bonheur de tous l'intéresse vivement* ; que, pour l'établir en ce moment

(1) Nous publions ce cahier d'après un imprimé de la *Bibliothèque du Sénat.*

sur des bases solides et durables, le moyen le plus sûr est la concorde ; qu'elle n'a rien plus à cœur que de la cimenter entre tous les ordres, et qu'elle veut, au premier instant où, par le commandement du Roi, elle est assemblée, en donner les preuves les moins équivoques à ses concitoyens du tiers-état ; qu'elle offre donc librement et unanimement de supporter toutes les impositions présentes et à venir, dans une égalité parfaite et proportionnelle à la fortune de chacun ; mais qu'en renonçant ainsi formellement à toutes distinctions pécuniaires, elle croit devoir réserver celles qui tiennent à l'essence d'une monarchie, qui, par cela même qu'elles maintiennent la prééminence des deux premiers ordres, maintiennent aussi plus efficacement les droits du souverain, ceux de la nation entière, la liberté et la constitution.

En adhérant aux protestations de la noblesse de Bourgogne assemblée à Dijon, au mois de décembre dernier, contre tout ce qui pourrait être décidé aux États généraux du royaume, *si, d'après les lois constitutionnelles qu'elle est résolue de maintenir*, on y votait autrement que par ordre, la noblesse enjoint à ses députés de s'y conformer et de les renouveler, s'il y échet ; et dans le cas où ils voteraient pour l'opinion par tête, et où ils contreviendraient en ce point à leurs pouvoirs, déclare qu'elle les leur retire et qu'elle les désavoue ; leur enjoint également de réitérer leurs protestations, et de rester sans opiner chaque fois que l'on délibérera par tête.

L'établissement des articles suivants paraît si essentiel à l'ordre de la noblesse, qu'elle fait une condition expresse à ses députés de faire des protestations dont ils justifieront avoir demandé acte, si, après avoir ratifié les impôts actuels, pour ne durer que jusqu'à la fin des présents États, l'on voulait, sous aucun prétexte, s'occuper d'emprunts ou subsides à établir, même à proroger, soit pour constituer la dette publique, soit pour toute autre raison, avant d'avoir assuré la constitution, et par une loi promulguée et enregistrée pendant la tenue des États généraux, portant dans son préambule, *de l'avis et consentement des trois ordres*, obtenu la déclaration des principaux droits de la nation, des différentes provinces et des citoyens, savoir :

1. Le droit de la nation de s'assembler pour l'exercice et la conservation de ses droits, de déterminer tout ce qui peut être relatif à l'organisation des États généraux, de fixer leur retour périodique au terme le plus rapproché, de sorte qu'à défaut de convocation expresse en l'année convenue, l'assemblée soit de droit indiquée au 1er mai suivant, en la ville de.....

2. Le droit de la nation de ne pouvoir être liée par aucune commission intermédiaire, ni par le vœu de deux ordres réunis, en sorte que, pour former un décret, la réunion des trois ordres eu un seul vœu pris séparément soit nécessaire.

3. Le droit de la nation de conserver inviolablement l'ordre de la succession à la couronne, et à défaut d'hoirs mâles, légitimement issus par mâles, dans l'auguste maison de France (ce qu'il plaise à Dieu ne jamais permettre !) de choisir elle-même et d'établir roi celui qu'elle aura cru digne de régner sur elle.

4. Le droit de la nation de statuer seule sur la régence, auquel cas les États généraux seront rassemblés de droit, au plus tard le quarantième jour, et formés par les députés qui auraient assisté à la dernière session.

5. Le droit de la nation d'empêcher ou de consentir, selon qu'elle le jugera plus utile, l'aliénation perpétuelle et irrévocable des domaines et droits domaniaux de la couronne.

6. Le droit de la nation, dans l'un et l'autre cas, de régler et fixer les apanages des frères et enfants puînés des rois, lesquels apanages elle entend devoir être toujours à la charge de la reversion à la couronne, faute d'hoirs mâles légitimement issus par mâles.

7. Le droit de la nation de faire des décrets qui, après la sanction du Roi et la promulgation par les cours souveraines, auront seuls force de loi, et de ne réputer pour loi du royaume aucun acte émané de l'autorité royale qui n'aurait été consenti par les États généraux, en sorte qu'il ne puisse être exécuté que provisoirement dans l'intervalle d'une assemblée à l'autre, et après avoir été enregistré librement dans les cours souveraines, auxquelles la nation commet le soin de vérifier s'il ne contient rien de contraire à ses droits, et dont la volonté ne pourra être forcée par aucun exprès commandement du Roi.

8. Le droit de la nation de déterminer tous subsides nécessaires aux dépenses générales de l'État, en sorte qu'ils soient nuls de droit, s'ils n'ont été établis du consentement des États généraux, et ne puissent durer, savoir, les impôts directs que pendant l'intervalle de la fin d'une assemblée à la fin de la suivante, et les impôts indirects que pendant le temps fixé pour les baux, et qu'aucune province, aucune ville, aucun ordre, aucun individu ne puisse en voter ou fournir en aucune manière, sans y être autorisé par les États généraux.

9. Le droit de la nation de constituer seule les dettes nationales, en sorte qu'il ne puisse être fait aucun emprunt, direct ou indirect, en son nom, que de son libre et exprès consentement donné tant sur la somme que pour la *forme, le taux de l'intérêt, le gage des préteurs, l'assignat et l'ordre progressif des remboursements.*

10. Le droit de la nation d'autoriser les parlements et autres cours souveraines qui sont de l'essence de la monarchie, comme dépositaires des lois, à en maintenir l'exécution, à punir comme concussionnaires ceux qui, de quelque manière que ce soit, auraient concouru à la perception des impôts non consentis par les États généraux, et à poursuivre, dans tous les cas qui intéressent la nation, toutes personnes indistinctement, même les ministres qu'elle aurait accusés et traduits devant ces cours.

11. Le droit de la nation de se faire communiquer par les ministres du Roi tous états et renseignements authentiques, de la fidélité desquels les signataires répondront sur leur honneur et sur leur tête, à l'effet de régler pour chaque département la quotité et la durée des impôts nécessaires, de l'emploi desquels ils seront tenus de rendre compte chacun en ce qui les regarde.

12. Le droit de la nation de demander que le titre et la valeur des monnaies ne puissent être changés sans le consentement des États généraux.

13. Le droit de la nation de déterminer la religion nationale, devant seule avoir l'exercice public de son culte, laquelle elle entend être la religion chrétienne, selon la foi catholique, apostolique et romaine, si ce n'est pour les villes qui ont des capitulations expresses à ce sujet.

14. Le droit de la nation de demander que l'emploi des forces militaires soit déterminé de manière que, utiles au maintien de l'ordre et de la tranquillité, elles ne puissent jamais devenir dangereuses à la liberté générale et individuelle.

15. Le droit des habitants, dans chaque province, de conserver leurs lois, coutumes, usages et tribunaux particuliers, et dans les pays d'États, leur constitution et forme d'administration, sans que, dans aucun cas, il puisse être fait aucun changement que de la volonté de la province elle-même assemblée.

16. Le droit de tout citoyen de ne pouvoir être jugé que par les tribunaux reconnus par la nation, suivant les formes judiciaires par elle reçues ou à établir.

17. Le droit de tous les citoyens de conserver inviolablement leurs propriétés ou usufruits mobiliers et immobiliers, honorifiques et utiles, individuels et communs, avec entière liberté de la manière d'en jouir, sans qu'il puisse y être porté atteinte, ni la cession en être exigée autrement que pour les constructions d'ouvrages publics, tels que chemins, canaux, édifices, etc., auquel cas l'indemnité doit toujours être prompte, effective, et pour le moins égale en valeur à celle de l'objet réel ou relatif.

18. Le droit de tout citoyen de conserver inviolablement la liberté de sa personne, sans qu'il puisse y être porté atteinte de la part de qui que ce puisse être, par emprisonnement, détention en un lieu circonscrit, ou interdiction de paraître en quelque lieu déterminé, en vertu d'ordre arbitraire, verbal ou par écrit, sinon pour les causes et selon les formes prescrites par des lois expresses.

19. Le droit de tout citoyen arrêté d'être remis, suivant les délais prescrits par l'ordonnance, dans une prison légale, entre les mains de ses juges naturels, sous peine, contre quiconque aurait provoqué l'emprisonnement, ou coopéré à la détention, d'être déclaré incapable de posséder aucun office, condamné à des dommages et intérêts, même à plus forte peine s'il y échet.

20. Le droit de tout citoyen de conserver le libre exercice de sa pensée ; en sorte que, d'une part, toute correspondance par écrit demeure inviolable et sacrée sous le sceau de chacun, et que nul ne puisse impunément en surprendre le secret ; que, d'autre part, tout ouvrage auquel l'imprimeur, en France, aura mis son nom, puisse être librement publié, sauf à répondre des écrits condamnables, auquel cas il ne sera procédé contre l'imprimeur ou contre l'auteur, que suivant les formes légales.

21. Le droit de tout citoyen, député aux États généraux, d'être un membre inviolable de la nation, et de n'être en aucun cas responsable de ce qu'il aurait dit ou fait dans les États généraux, si ce n'est aux États généraux eux-mêmes et à ses commettants.

22. Enfin le droit de la nation d'exiger que l'observation de tous les articles de cette déclaration de ses droits soit jurée par tous les officiers civils et militaires.

Ce n'est qu'après la promulgation de cette loi que les députés pourront, si toutefois des circonstances impérieuses exigent qu'on s'en occupe avant la réforme des abus, prendre une connaissance approfondie de l'état des finances, fixer les dépenses de chaque département et, par des réductions rigoureuses, restreindre, s'il est possible, la dépense au niveau de la recette ; mais si les besoins de l'État rendaient indispensable l'établissement de nouveaux impôts, les députés prendront, *ad referendum*, tout ce qui pourrait être délibéré sur cet objet, protestant, conformément aux privilèges de la province, de ne pouvoir être imposée, même après la résolution des États gé-

néraux, *sans le consentement de tous les États dudit pays*. (Déclar. 1483.)

Dans tout ce qui ne serait pas conforme aux articles ci-dessus, et aux droits de la province, dont la constitution doit être à l'abri de toute atteinte, puisqu'elle résulte, non d'une concession, mais d'un pacte entre le souverain et la province, et qu'un pacte ne peut être changé que d'un consentement réciproque, les membres de la noblesse, en confiant à MM. Lemulier de Bressey, comte de Levis, de Bataille de Mandelot et marquis de Courtivron, leurs plus chers intérêts, s'en remettent à la conscience éclairée et à l'esprit de modération de leurs députés, qu'ils chargent de n'être pas moins les fidèles interprètes de leur profond respect pour la personne sacrée du Roi, que les organes de leurs volontés, et auxquels ils donnent pouvoir de consentir, sauf la ratification des États de la province, aviser, remontrer et proposer tout ce qui peut concerner les besoins de l'État et la réforme des abus.

Signé Vienne, président. Bataille de Mandelot. Lemulier de Bressey. Guyard de Changey. De Latroche, maître des comptes. Cottin de Joncy. Parigot de Santenay. Viennot de Vaublanc. Le marquis de Courtivron. Le marquis de Jaquot d'Andelarre. Esmonin de Dampierre. Grozelier. Le président Richard. Le baron de Meurville, commissaire.

Les présents pouvoirs ont été approuvés par MM.

Le marquis d'Agrain, le chevalier Quarré d'Aligny, le chevalier d'Arceau, le chevalier d'Arcelot, le président Verchère d'Arcelot, Arminot du Châtelet, de Saint-Aubin, Audra, le comte d'Auvillars, le chevalier d'Auvillars, Baillyat, Perreney de Baleurre, de Beauregard, de Berbis, Bouhier-Bernardon, Clopin de Bessey, de Boucheron, Bouguet, Bouillet, Baillyat de Broindon, le président Brondeau, Gravier de Chamandrey, Jobert de Chambertin, Cortois de Charnailles, Perney de Charrey, Chavanson, Courtot de Cissey, de Conigham, Cautin, Cœurderoi, le marquis de Courtivron, Courtot, Courtot de Cissey-Seguin, le président Fardel de Daix, Desormes Duplessis, le comte de Dracy, le baron de Drée, Duplessis d'Agencourt, Suremain de Flamerans, le chevalier Fevret de Fontette, Gault, Gaultier, Genot, Gillet de Gramont, marquis de La Tour-du-Pin de Gouvernet, commandant en chef en Bourgogne, le Gouz, Gravier de la Gelière, le baron Grenaud, Guillemier, Hocquart, le président Jannon, Jobert, de La Folie de Joux, Charpy de Jugny, le marquis de Richard d'Ivry, le marquis de Richard d'Ivry fils, de Latroche, de Léauté, Lebelin, Canablin, de Lantillière, le chevalier de La Loge, le marquis Berbis de Longecourt, Loppin d'Azincourt, Lorenchet de Beligny, le chevalier Mocheco, Maircret de Malmont, Marey, Martenne, Courtot de Martenot, David de La Martinière, Durand du Meix, de Saint-Memin, Jobart du Meuil, Pasquier de Messange, le marquis de Mimeure, le marquis de Mimeure fils, le marquis de Monchat, Richard de Montaugé, Le Seurre de Mussey, Begin d'Orgeux, Pelletier, capitaine du Perche, le président Perard, Perrin père, Perrin de Corbeton, Perrin de la Tour, le chevalier Perrin, Petit, le marquis de Premeaux, Cortois de Quincey, président Barbier de Reuille, Catin de Richemond, le comte de Rochepot, Royer l'aîné, Royer cadet, le président Richard de Ruffey, Parigot de Santenay, le marquis Bernard de Sassenay, le chevalier Joseph-Bernard de Sassenay, Quirot de Selongey, Suremain, Surget puîné, Pouletier de Suzenet, Fijan de Talmay, Joseph Tardy, Tardy fils, Gillet de Thorey, Villedieu de Torcy, Brosses de Tournay. Vautrin, Thomas de La Vesvre, le président Richard de Vesvrotte, Lalleman de Villières, le président Grossard de Virely.

CAHIER

Du tiers-état du ressort du bailliage de Dijon, siége principal, formé par la réduction et réunion des cahiers des bailliages de Beaune, Nuits, Auxonne et Jean-de-Losne, qui en dépendent, à la rédaction duquel cahier il a été procédé par nous, assisté du greffier-commis ordinaire de notre siége, en présence du procureur du Roi audit siége, et des députés tant du bailliage principal que des bailliages secondaires de notre ressort, les 31 mars, 1er, 2, 3 et 4 avril présent mois, ainsi qu'il suit (1).

MANDATS.

L'assemblée a délibéré de donner pouvoir aux députés qui seront envoyés par elle aux États généraux, d'y paraître aux conditions suivantes.

Art. 1er. Que les États généraux, ne seront composés que de membres élus librement; que les députés du tiers-état y seront en nombre égal à ceux du clergé et de la noblesse réunis; que les délibérations seront prises en commun, et les suffrages donnés à voix haute et comptés par tête, lequel article sera de rigueur.

Demanderont avec instance, lesdits députés, que les suffrages soient pris dans chaque ordre, alternativement: savoir, un du clergé, un de la noblesse et deux du tiers-état.

Art. 2. Que dans le cas où les députés du clergé et de la noblesse refuseraient d'opiner en commun et par tête, et qu'ils voudraient rester séparés ou se retirer, alors les députés du tiers-état, représentant vingt-quatre millions d'hommes, pouvant et devant toujours se dire l'assemblée nationale, malgré la scission des représentants de quatre à cinq cent mille individus, tant qu'ils sont ecclésiastiques, offriront au Roi, de concert avec ceux de la noblesse et du clergé qui voudront s'unir à eux, leur secours, à l'effet de subvenir aux besoins de l'État, après la promulgation de la loi qui aura fixé la constitution, et que les impôts, ainsi consentis, seront répartis entre tous les sujets du Roi indistinctement.

Art. 3. Que dans le cérémonial des États généraux, le tiers-état ne souffre aucune distinction qui l'avilisse.

Art. 4. Que les députés ne s'occuperont d'aucuns impôts, qu'il n'ait été fait, dans les États généraux, une loi par laquelle les droits constitutionnels de la nation seront fixés et assurés. Le présent article étant de rigueur, comme l'article 1er.

Art. 5. Que les députés concourront de même, avant de s'occuper d'aucun subside, à ce que la promesse faite par Sa Majesté de former des États provinciaux au sein des États généraux, soit accomplie; qu'en conséquence, les États provinciaux de Bourgogne soient organisés de la même manière que ceux du Dauphiné, sauf les modifications et corrections qui seront jugées nécessaires; notamment que le tiers-état des campagnes jouira du droit naturel et imprescriptible d'avoir, à l'administration de la province, un nombre de représentants proportionnel à sa population, choisis dans ses membres.

Art. 6. Pourront néanmoins les députés, si les

(1) Nous publions ce cahier d'après un imprimé de la *Bibliothèque du Sénat.*

circonstances nécessitaient impérieusement des secours extraordinaires et momentanés, en accorder avant que la constitution nationale et celle des États provinciaux soient entièrement établies; avec cette restriction néanmoins que lesdits secours ne pourront être consentis que pour un an, et que le subside établi pour cet effet le sera d'une manière telle qu'il frappe également sur les trois ordres.

Art. 7. Pourront, en conséquence des articles 4 et 5 ci-dessus, renoncer aux privilèges de la Bourgogne, sur les points qui feraient obstacle à l'établissement d'une constitution uniforme dans tout le royaume, et en tant que les autres provinces feraient la même renonciation; sous la réserve expresse néanmoins desdits privilèges de la Bourgogne et de ses franchises et libertés, dans le cas où, par quelques événements imprévus, la constitution ne pourrait être réglée, ou viendrait à être changée sans le consentement de la nation assemblée légalement.

Art. 8. Feront valoir, lesdits députés, les vœux de leurs commettants, pour que la loi mentionnée en l'article 4 soit fondée sur les bases suivantes.

1° Qu'aucune loi générale ne sera faite que dans l'assemblée générale de la nation; qu'en conséquence, les lois demandées ou consenties par elle, et sanctionnées par le Roi, seront promulguées dans la même assemblée, avant sa séparation, adressées ensuite par le Roi aux assemblées particulières des provinces, pour être déposées dans leurs archives, et envoyées par Sa Majesté aux cours souveraines, pour les publier et les faire exécuter.

2° Qu'aucuns impôts ne pourront être établis, et qu'aucuns emprunts directs ni indirects ne pourront être faits sans le consentement libre de la nation assemblée, sans que, dans aucun cas, il puisse être accordé ni consenti, par les assemblées particulières des provinces, aucuns subsides, et même à titre de provision ou don gratuit; sauf à être déterminé, dès à présent, par les États généraux, les moyens de procurer au gouvernement les secours extraordinaires que des besoins urgents et imprévus pourraient nécessiter.

3° Que le titre des monnaies ne pourra jamais être changé que du consentement des États généraux.

4° Que nul impôt ou subside ne pourra être accordé ou consenti que pour un temps limité qui n'excédera jamais le retour périodique de l'assemblée générale de la nation, lequel sera déterminé ci-après; qu'en conséquence, tous impôts ou subsides cesseront de plein droit après l'époque de ce retour, et que ceux accordés pour un moindre espace de temps, cesseront également de plein droit, après l'expiration des termes pour lesquels ils auront été consentis.

5° Que tous les sujets du Roi, indistinctement, seront soumis à la contribution de l'impôt et des charges publiques, en proportion de leurs propriétés et facultés respectives; qu'ils seront imposés dans la même forme et sur les mêmes rôles, sans aucun privilège pécuniaire quelconque, et sans que l'exemption des impôts et charges publiques puisse jamais être, dans aucun cas, ni un payement, ni une récompense des services rendus à l'État, ni une grâce du souverain.

6° Que les États généraux seront convoqués au moins de cinq ans en cinq ans, et néanmoins qu'il soit fait une loi dans ceux qui vont être tenus, par laquelle Sa Majesté déclarera que l'assemblée prochaine demeure convoquée à trois ans, sauf à être promulguée dans chacune des assemblées des États généraux qui suivront l'assemblée prochaine une loi semblable, qui détermine particulièrement l'époque de chaque assemblée successive.

7° Que la liberté individuelle des citoyens sera assurée de la manière la plus étendue qu'il sera possible, ainsi qu'il y sera pourvu par les États généraux.

8° Que la liberté de la presse sera assurée, avec les limitations qui seront jugées nécessaires pour le maintien du bon ordre.

9° Que les propriétés seront tellement respectées, que jamais on ne puisse y porter atteinte; et que, dans le cas où l'intérêt public exigerait le sacrifice total ou partiel desdites propriétés, une indemnité effective, juste et proportionnelle, dédommagera toujours ceux qui seraient forcés de faire ce sacrifice pour le bien général.

10° Que la noblesse ne pourra être acquise à prix d'argent, et que toutes les charges de judicature ne pourront être acquises par la même voie.

11° Que les États généraux détermineront dans le nombre des autres emplois et offices, tant civils que militaires, quels seront ceux dont il conviendra ou non d'abolir la vénalité : qu'au surplus, toutes lesdites charges, emplois et offices, seront conférés aux citoyens de toutes les classes, à l'exception néanmoins des offices de judicature, lesquels ne pourront être remplis par ceux qui seraient revêtus d'un pouvoir délégué en matière d'administration soit générale, soit particulière.

12° Qu'il ne sera établi dans l'intervalle d'une tenue d'États à l'autre, aucune juridiction intermédiaire, sauf à être, par les États généraux, avisé aux moyens relatifs à la formation et à l'exécution des lois qui pourraient être nécessaires dans ledit intervalle.

13° Qu'attendu qu'il appartient véritablement à la nation de déterminer la manière dont elle entend être représentée aux assemblées où elle traite de ses intérêts, les États généraux régleront la meilleure forme possible d'élection et de représentation pour les assemblées nationales.

14° Que le tiers-état ne pourra choisir ses représentants aux États, soit généraux, soit provinciaux, que dans son sein et parmi ses pairs.

15° Que toutes les lois qui excluent le tiers-état des emplois ecclésiastiques, civils et militaires, seront abolies; qu'en conséquence tous les bénéfices, à l'exception de ceux que leurs titres de fondation affectent spécialement à la noblesse, les dignités ecclésiastiques et tous les grades et emplois, soit de robe, soit d'épée, pourront être confiés aux citoyens de tous les ordres que leur mérite y appellera; sauf, à l'égard des offices de judicature, l'exception portée en la clause onzième du présent article.

PLAINTES, DOLÉANCES ET REMONTRANCES.

CHAPITRE I.

Administration générale.

Art. 1er. Qu'il sera pris une connaissance exacte des dettes de l'État et de leurs causes, à l'effet de réduire, d'après les règles de l'honneur et de la justice, celles qui se trouveraient susceptibles de réduction, et de ratifier celles qui seront reconnues légitimes.

Art. 2. Que les pensions ne devant être que la récompense des services rendus à l'État, les titres en seront sévèrement examinés, pour être avisé à leurs suppressions ou réductions, conformé-

ment à ce qui est porté en l'article ci-dessus.

Art. 3. Que les États généraux prendront pareillement connaissance de l'administration des domaines et revenus fixes de Sa Majesté, des concessions, aliénations et échanges onéreux qu'peuvent lui avoir été surpris, des moyens les plus propres à améliorer ses bois et à rétablir généralement l'ordre et l'économie dans toutes les parties de l'administration et dans le régime des finances; qu'ensuite de ces opérations, et après avoir pris les mesures les plus certaines pour connaître dans leur étendue précise la masse des dettes légitimes de l'État et la nature de ses ressources, tirée du revenu fixe de Sa Majesté, ils s'occuperont de régler, d'après les intentions connues de Sadite Majesté, les dépenses de chaque département; que le Roi sera très-humblement remercié de ce qu'il a bien voulu permettre que celles même de sa maison fussent soumises à une fixation déterminée.

Art. 4. Que la masse des dettes de l'État étant calculée et arrêtée à la forme des articles 3 et 4 ci-dessus, la répartition de ces dettes et celle des impôts dont il sera parlé ci-après, sera faite entre toutes les provinces du royaume, au prorata de leurs facultés respectives; lesquelles provinces établiront une caisse d'amortissement, pour éteindre successivement la portion de la dette qu'elles auront prise à leur charge.

Art. 5. Qu'après avoir arrêté la somme des impôts qui auront été reconnus être nécessaires pour subvenir au payement des dettes et à l'acquittement des charges de l'État, et après l'établissement de la constitution nationale, au désir des articles 4 et 8 des mandats ci-dessus, les États généraux accorderont les impôts dont ils auront reconnu la nécessité.

Art. 6. Que dans l'octroi desdits impôts, les États généraux consentiront par préférence ceux qui sont les plus compatibles avec la liberté publique et individuelle; qui sont les plus susceptibles d'une répartition égale entre tous les citoyens, et proportionnelle à leurs facultés respectives; qui pèseront le moins sur les classes indigentes; qui porteront principalement sur les objets de luxe; qui seront le moins susceptibles d'être éludés par la fraude; enfin, qui seront le moins dispendieux dans leurs perceptions.

Art. 7. Que les États généraux demanderont ou accorderont, par préférence à tous autres, l'impôt territorial perceptible en argent.

Art. 8. Que lesdits impôts ainsi accordés, il en sera fait par les États généraux une répartition égale et proportionnelle entre toutes les provinces du royaume, en raison de leurs facultés comparatives, ainsi qu'il est énoncé en l'article 6 du présent chapitre.

Art. 9. Que la répartition, assiette et perception de la portion d'impôts qui sera tombée à la charge de chaque province, par le fait de la répartition générale, énoncée en l'article 8 ci-dessus, sera faite par les États provinciaux, sur chaque ville ou communauté de leurs districts.

Art. 10. Que la somme qui aura été destinée par les États provinciaux, pour être supportée par chaque ville ou communauté, sera répartie par elles, sur elles-mêmes et sur les lieux.

Art. 11. Que, pour prévenir l'inégalité qui pourrait avoir lieu entre ces provinces ou entre les communautés de chaque province, et pour faciliter les réclamations contre cette inégalité, le tableau de la division des impôts entre lesdites provinces, et celui de la sous-division de ces mêmes impôts, entre les villes et communautés de ces mêmes provinces, seront rendus publics par la voie de l'impression, et distribués avec les mandements.

Art. 12. Que la taille sera supprimée, et que, dans le cas où cet impôt sera remplacé par un autre, il sera commun aux citoyens de tous les ordres, à la forme de la cinquième clause de l'article 8 des mandats ci-dessus.

Art. 13. Que la destination de chaque impôt, qui pourrait être établi ou conservé, sera faite et ne pourra être changée, et que toutes opérations tendantes à en détourner l'emploi seront déclarées préjudiciables au bien du royaume.

Art. 14. Que la milice sera supprimée et que les États généraux aviseront un moyen de remplacer à Sa Majesté les secours que lui procurait la méthode alarmante et désastreuse du tirage au sort de ladite milice; qu'au surplus, s'il était établi quelque impôt pour ce regard, il sera supporté, comme tous autres, par tous les sujets du Roi sans distinction, attendu qu'il s'agit de la défense commune.

Art. 15. Que l'édit qui abolit provisoirement la corvée en nature sera rendu définitif; sauf aux administrations provinciales à pourvoir à l'entretien des chemins de leurs districts, de la manière la moins onéreuse, par une contribution commune à tous les ordres.

Art. 16. Que les gabelles seront supprimées; et dans le cas seulement où il serait jugé absolument impossible d'en effectuer la suppression dans l'état actuel des choses, il sera pourvu, dès à présent, à la réduction du prix du sel et à l'uniformité de ce même prix dans toutes les provinces du royaume.

Art. 17. Que les droits qui se perçoivent sur les cuirs, papiers, cartons, fers et tous autres réunis sous le titre de régie générale, seront supprimés; sauf néanmoins et excepté ceux qui se perçoivent sur l'or, l'argent, les cartes et autres objets de luxe.

Art. 18. Que les droits d'amortissement sur les gens de mainmorte qui voudront bâtir, ou faire des reconstructions sur des terrains déjà amortis, seront supprimés.

Art. 19. Que le droit de franc-fief sera aboli.

Art. 20. Qu'il sera pourvu à la suppression de tous les droits fiscaux sur les offices et les actes, tels que centième denier et autres, ou du moins et dès à présent, à la réduction desdits droits, et que, jusqu'à leur suppression définitive, la peine du double droit ne pourra avoir lieu dans aucun cas.

Art. 21. Qu'il sera pourvu à la suppression du privilège attribué aux messageries royales, de voiturer seules les particuliers qui n'ont point de voitures et de chevaux, comme étant, ledit privilège, contraire à la liberté, et exposant le père de famille qui veut se faire conduire, avec ses enfants, d'une ville à l'autre, par un voiturier particulier, à la saisie de la voiture et à une amende arbitraire, s'il n'a obtenu, à grands frais, du directeur des messageries, la permission de se servir de ladite voiture particulière.

Art. 22. Qu'il sera procédé à la confection d'un nouveau tarif des droits de contrôle, lesquels droits seront proportionnés aux prix des choses ou revenus d'icelles; qu'en conséquence le tarif actuel sera supprimé, attendu son injustice et sa combinaison si vicieuse que les petites sommes sont comparativement soumises à une taxe plus forte que les grandes, ce qui rejette la majeure partie de cette charge sur la classe du peuple; qu'entre autres changements dans les dispositions de ce ta

rif, le contrôle de l'actif d'un inventaire ne sera perçu qu'après la déduction préalable du passif; que le droit sur la vente qui suit l'inventaire ne sera perceptible que sur l'actif réel qui restera, déduction faite de ce qui a été exigé pour ledit inventaire, attendu le double emploi qui résulte de cette perception géminée.

Art. 23. Qu'à l'avenir, le parchemin timbré, dans les bailliages, prévôtés, justices royales et autres tribunaux inférieurs, ne sera plus en usage; que les sous pour livre des dépens et des droits du greffe seront également supprimés.

Bois.

Art. 24. Qu'il sera avisé à la police des bois, aux précautions à prendre pour leur conservation; et qu'entre autres moyens, il sera ordonné, qu'avant toutes exploitations de bois, les chênes, et autres arbres d'espérance qui porteront quatre ou cinq pieds de tour, et qui seront en nombre tel qu'il ne gêne pas l'accroissance des taillis, seront comptés et marqués par des officiers à ce commis, qui en feront le recensement après l'exploitation, traite et récolement, et que les amendes qui seront prononcées pour coupe d'arbres de réserve appartiendront au Roi, à la forme de l'ordonnance.

Art. 25. Que le délai fixé pour la coupe des taillis soit porté à dix-huit ans pour les bois de plaine, et à vingt-cinq ans pour les bois de montagne, sauf néanmoins les exceptions et modifications qui pourraient être nécessaires, à raison de la situation de certains bois et de leurs espèces ; lesquelles exceptions seront déterminées par les États provinciaux, chacun dans leurs districts.

Art. 26. Que l'aménagement, assiette et délivrance des bois communaux, seront renvoyés pardevant les juges des lieux, pour le tout être fait sans frais, à la forme de l'ordonnance et des règlements.

Art. 27. Que toutes les usines et forges qui ne justifieraient point d'un affouage suffisant, seront supprimées ou réduites au nombre de feux qui pourront être alimentés par ledit affouage; qu'au surplus, les ordonnances et règlements intervenus pour la conservation des bois de chauffage, et relativement à l'espèce de bois qu'il est permis de convertir en charbon, seront exécutés selon leur forme et teneur.

Commerce.

Art. 28. Qu'il sera avisé aux meilleurs moyens d'encourager, de pratiquer et d'étendre le commerce national, et de le dégager des entraves qui peuvent en gêner l'activité.

Art. 29. Que, pour cet effet, les traites foraines et les douanes, dans l'intérieur du royaume, seront supprimées et reculées aux frontières, de manière que la circulation du commerce ne soit plus arrêtée par aucun obstacle, et qu'aucunes provinces désormais ne seront réputées étrangères.

Art. 30. Qu'il soit accordé, par une loi générale la faculté de stipuler dans le même acte l'exigibilité du principal à terme fixe, et celle des intérêts de la somme prêtée; que les simples billets puissent porter intérêts, et que les hôpitaux et bureaux de charité soient autorisés à faire des prêts à intérêts de cette manière.

Art. 31. Qu'il sera avisé au moyen d'établir dans tout le royaume l'uniformité dans les poids, les mesures, et dans les monnaies.

Art. 32. Que le titre des matières d'or et d'argent sera également uniforme dans tout le royaume.

Art. 33. Que les effets de change et de commerce seront également soumis à un même régime, dans tout le royaume, pour l'époque de leurs payements.

Art. 34. Que la liberté de faire le commerce sera interdite aux marchands colporteurs, à moins qu'ils ne justifient qu'ils ont domicile fixe dans le royaume, et qu'ils sont compris au rôle des impositions royales de l'année; qu'ils ne puissent débiter leurs marchandises dans les villes que pendant trois jours, et qu'ils ne puissent y revenir que de trois mois en trois mois.

Art. 35 Que le droit de gros, et tous les droits d'aide, dans l'intérieur du royaume, soient supprimés, qu'à l'égard des vins qui seront exportés hors du royaume, le droit de gros susénoncé sera fixé sans distinction de la qualité desdits vins, et que ce droit ne soit perceptible que sur les frontières, dans les bureaux qui seront établis à cet effet.

Art. 36. Que les foires de mars et novembre, à Dijon, soient établies franches, comme elles étaient dans les temps antérieurs.

Art. 37. Que le privilége dont jouissent les créanciers hypothécaires dans le comté de Bourgogne, sur les effets mobiliers, marchandises, etc., de leurs débiteurs, au préjudice des autres créanciers, soit abrogé.

Art. 38. Que les juges consuls, dans toutes les villes, soient toujours assistés de deux conseillers assesseurs, nommés en même temps qu'eux, lesquels n'auront néanmoins que voix consultative, et qu'ils pourront juger sans appel jusqu'à concurrence de la somme de 600 livres.

Art. 39. Qu'il sera établi des juridictions consulaires dans toutes les villes qui en seront susceptibles ; et que, dans les lieux où ledit établissement ne pourra être fait, les juges locaux soient autorisés à juger souverainement les matières consulaires, jusqu'à concurrence de ladite somme de 600 livres, en se faisant assister de deux négociants, lesquels auront voix délibérative.

Art. 40. Que les sentences des juges consuls seront exécutoires dans tous les ressorts, sans qu'il soit besoin de *pareatis*.

Gens de guerre.

Art. 41. Qu'il sera pourvu, par les États généraux, à l'amélioration du sort des soldats, et aux moyens propres à empêcher les vexations que les états-majors exercent, tant à l'égard des officiers et soldats, qu'à l'occasion des congés.

Art. 42. Que l'ordonnance qui a établi la peine des coups de plat de sabre sera abolie, comme peine ignominieuse, avilissante et indigne du caractère noble et courageux du soldat français.

Art. 43 Que le logement des troupes étant une charge publique, tous les ordres des citoyens y seront assujettis, et qu'il sera pourvu aux dépenses de leurs passages dans les villes, par les administrations provinciales, moyennant une contribution dont nul ne pourra être exempt.

Art. 44. Que les survivances seront abolies pour quelques places que ce soit, militaires ou autres, et qu'elles ne pourront également avoir lieu pour les pensions.

Art. 45. Que les places de commandants dans les provinces, celles de gouverneurs des places non frontières ni fortifiées, les états-majors des villes particulières seront supprimés, et que les appointements ou gratifications des gouverneurs de provinces seront réduits.

Art. 46. Que tous lieutenants du Roi, et tous officiers commissionnaires de justice, police, finance ou administration, soient tenus de résider dans le chef-lieu, ou au moins dans l'enceinte de leur département.

Art. 47. Qu'il sera établi, pour le maintien du bon ordre, dans toutes les villes ayant un siége royal, et dans les gros bourgs au-dessus de quatre cents feux, éloignés des villes de plus de trois lieues, des brigades de maréchaussée.

Municipalité.

Art. 48. Que les villes et bourgs seront rétablis dans le droit de choisir et nommer librement, tous les trois ans, leurs maires, échevins et syndics, avec tout pouvoir auxdits officiers de régir seuls et administrer les biens, droits, revenus et affaires desdites villes et bourgs, et d'en rendre compte, selon la meilleure forme qui sera adoptée et déterminée par la commune, de concert avec les officiers municipaux, lesquels seront tenus, dans toutes les affaires importantes, de convoquer la commune.

Art. 49. Que les franchises concédées par les souverains, relativement aux droits d'entrée dans les villes, et les exemptions attribuées aux places, offices, corps et communautés, autres que les hôpitaux et établissements de charité, seront abolies.

Art. 50. Que les communes des villes et communautés des campagnes pourront s'assembler librement pour délibérer de leurs intérêts et faire parvenir leurs pétitions au pied du trône ; et que la demande d'une assemblée étant formée dans les villes où il y des jurandes, par un nombre de corporations, et dans les autres villes et les campagnes, par un nombre d'habitants qui sera déterminé, les officiers municipaux, les syndics, ni autres, n'auront le droit ni le pouvoir de la refuser.

Art. 51. Que le pouvoir de régir et administrer les biens, droits, revenus et affaires de communautés villageoises, seront les modifications et sous les conditions portées en l'article 48 du présent chapitre, soit accordé aux syndics et échevins desdites communautés.

Art. 52. Qu'il soit loisible à toutes communautés de choisir, parmi ses membres, un receveur de ses revenus communs, à la charge par ledit receveur de donner bonne et suffisante caution, et de rendre compte, tous les ans, desdits revenus à la communauté assemblée.

Art. 53. Qu'il soit loisible à toutes communautés de se servir, pour payer ses impositions, des deniers provenant du superflu de ses revenus communs, des charges locales de chaque communauté préalablement acquittées.

Art. 54. Que l'autorisation, à laquelle les communautés ont été assujetties par l'édit de 1704, ne pourra leur être refusée à la vue d'une délibération prise par les habitants et de la consultation de deux avocats.

Art. 55. Que les communautés villageoises, toutes les fois que le cas le requerra, pourront demander des troupes pour la destruction des bêtes noires et carnassières, comme loups, renards et sangliers, et ce par une simple requête présentée au juge des lieux ; lequel, à la vue de la délibération des habitants, jointe à ladite requête, ne pourra refuser ladite permission.

Art. 56. Qu'il sera demandé aux États généraux une loi sur la manière de procéder à la confection et réparation des chemins finerots, et sur la contribution nécessaire à cet effet, perceptible, comme il est dit précédemment, sur les citoyens de toutes les classes.

Art. 57. Qu'ils s'occuperont des moyens les plus

prompts et les plus sûrs d'empêcher l'exportation des grains hors du royaume, dans le cas où le prix du blé sera tel que la livre du pain se vende plus de deux sous.

Art. 58. Que la loi du 31 décembre 1773, concernant les mésus, attendu les désordres qui résultent de l'impunité des délits occasionnés par la difficulté d'exécuter cette loi, et la faveur que trouve le coupable dans l'indulgence des prud'hommes, sera abolie, et qu'il sera fait une nouvelle loi pour cet objet.

Art. 59. Que l'expédition des titres de communautés et les terriers des seigneurs seront déposés au greffe des administrations provinciales.

Art. 60. Que les Etats généraux s'occuperont des moyens de favoriser et encourager l'agriculture, et d'empêcher l'accaparement des fermes rurales; comme aussi de procurer aux habitants des campagnes des terres à cultiver pour leur subsistance et celle de leur bétail.

Art. 61. Que les baux pourront être faits pour un temps illimité, sans payer de centième denier ni double droit de contrôle, et que la faculté de faire des échanges, sans payer de contrôle ni de centième denier, sera perpetuelle.

Art. 62. Que les colombiers seront supprimés, qu'il sera permis seulement d'avoir des pigeons de volière.

Art. 63. Qu'il n'y aura qu'un seul ban de vendange par finage dans chaque vignoble, à la charge de le publier et afficher vingt-quatre heures auparavant.

Art. 64. Que le droit de parcours sera établi indistinctement dans tous les bois banaux et autres, excepté pendant le temps de la glandée, et après seulement que lesdits bois seront défensables, eu égard à leur situation dans les plaines ou dans les montagnes.

Art. 65. Qu'il sera permis de racheter les cens, rentes, servis, et toutes autres redevances seigneuriales, suivant le taux qui sera fixé par les Etats généraux; mais que le cens général sur un territoire ne pourra être scindé ni racheté que généralement; auquel effet, les propriétaires, soit habitants, soit forains, d'une communauté qui devra ledit cens général, s'assembleront à l'effet de décider à la pluralité, en raison des propriétés, s'ils entendent faire ledit rachat; et dans le cas où la pluralité déterminée comme ci-dessus opinerait pour icelui, lesdits habitants et forains ne pourront racheter ledit cens que généralement, tant pour eux que pour ceux qui seront refusants de le faire; continueront, audit cas, les refusants, de payer leurs portions dans ledit cens, jusqu'au rachat d'icelui, chacun en droit soi; lequel cens appartiendra, tant pour les arrérages que pour le capital, en cas de remboursement, à ceux desdits habitants ou forains qui auront fait ledit rachat; si mieux n'aime néanmoins le seigneur consentir que ceux qui auraient refusé d'y concourir continuent de lui devoir la portion de cens qui serait à leur charge.

Art. 66. Qu'il sera également permis de racheter aussi, suivant le taux qui sera fixé par les Etats généraux, tous les cens simples et emphytéotiques dus de particulier à particulier, comme aussi, toujours suivant le même taux, toutes les dîmes inféodées.

Art. 67. Que la banalité des moulins, pressoirs et fours, que le droit de banvin et celui d'éminage seront supprimés, sauf l'indemnité qui sera jugée convenable à raison de ladite suppression.

Art. 68. Que le droit d'indire, celui de jambage, ou ceux qui le remplacent, celui de guet et garde,

de mainmorte; et tous ceux qui en résultent, sous quelques titres et dénominations qu'ils existent, seront abolis.

Art. 69. Que l'action en triage demeurera dès à présent éteinte.

Administration provinciale.

Art. 70. Que le président du tiers-état de la province sera élu librement, à chaque tenue d'Etat, par ses pairs, et ne pourra être pris que parmi eux.

Art. 71. Que les intendants et commissaires départis dans les provinces seront supprimés, et leurs fonctions attribuées aux administrations provinciales, à la réserve de tout ce qui peut être contentieux, qui sera dévolu aux tribunaux ordinaires.

Art. 72. Que les receveurs généraux et particuliers des impositions qui se perçoivent dans la province soient supprimés, et que les recettes desdites impositions soient délivrées au rabais, à la charge de fournir bonne et valable caution.

Art. 73. Que les offices de receveurs généraux des finances dans les pays d'Etats soient supprimés et réunis aux recettes, soit générales ou particulières desdits pays.

Art. 74. Que les offices de jurés priseurs soient supprimés, et les propriétaires desdits offices remboursés, ainsi que de droit et de justice.

Art. 75. Que les cotes d'office et toutes impositions arbitraires soient supprimées.

Art. 76. Que les vins d'honneur et de présent soient également supprimés.

Art. 77. Que chaque province rentrera, au nom du Roi et par son autorisation, dans les biens domaniaux qui ont été aliénés, ou engagés, ou échangés à vil prix, si ce n'est que les acquéreurs ou engagistes desdits domaines ne préférassent de parfournir, en deniers effectifs, la mieux-value du prix desdits domaines, suivant l'estimation qui en sera faite par des commissaires à ce nommés, pris dans les membres des commissions intermédiaires provinciales; que lesdits engagistes ou propriétaires seront, dans le premier cas, indemnisés du prix d'achat ou d'engagement, et en outre, de toutes améliorations utiles, aussi suivant l'estimation qui en sera faite par des experts convenus de gré à gré, ou nommés en justice, à la forme de droit.

Art. 78. Qu'ensuite il sera procédé à la revente desdits domaines, lesquels seront mis en délivrance dans le lieu de leurs situations, après les affiches et publications requises, par-devant les commissaires choisis comme il est dit ci-dessus, en observant de diviser les objets à délivrer le plus que faire se pourra.

Art. 79. Que lesdits domaines ne pourront être vendus qu'à deniers comptants, ou à des termes dont la durée sera fixée, et le plus courte qu'il sera possible, pour être le prix d'iceux employé de préférence à l'extinction de la dette nationale; et à l'effet de tout ce que dessus, que l'ordonnance de 1566 sera révoquée et abrogée.

Art. 80. Que l'usage de trancher au feu les délivrances publiques sera aboli, comme abusif, et que lesdites délivrances ne pourront par la suite être faites qu'à la chaleur des enchères, avec la liberté de tiercer la dernière dans les vingt-quatre heures.

Art. 81. Que les dépenses faites et à faire, pour la confection des canaux de jonction des différentes mers, soient supportées par toutes les provinces

Population.

Art. 82. Que les Etats généraux aviseront un moyen d'encourager la population par des distinctions honorifiques, ou récompenses pécuniaires, accordées aux pères de famille qui auront dix enfants, et qu'il sera pourvu, de la manière qu'il sera jugé convenable, au moyen d'empêcher le célibat.

Comptes publics.

Art. 83. Que le compte des dépenses de l'Etat sera rendu public tous les ans, ainsi que l'état de situation des finances.

Art. 84. Que les comptes particuliers des dépenses de chaque département seront rendus publics aussi tous les ans, avec le compte général ci-dessus, et présentés dans le plus grand détail, le tout par la voie de l'impression.

Art. 85. Que les ministres seront responsables de leurs malversations aux Etats généraux.

Art. 86. Que les comptes de l'administration provinciale de Bourgogne, depuis quinze ans, seront également rendus publics, d'une manière détaillée, par la voie de l'impression.

Bâtards.

Art. 87 Qu'il sera avisé un moyen d'améliorer le sort des bâtards, en les rendant utiles à l'Etat.

Art. 88. Qu'à l'avenir ils pourront être admis, comme tous les autres citoyens, à tous les emplois de la société.

Police.

Art. 89. Qu'il sera permis aux habitants de la campagne de tenir des chiens, sans être astreints à leur faire porter des billots; et qu'il sera défendu aux gardes qui trouveraient lesdits chiens avec leurs maîtres, portant fusils et chassant, de les tuer; que seulement ils en dresseront procès-verbal.

Art. 90. Qu'il sera pourvu au moyen de détruire la mendicité, et que les députés demanderont aux Etats généraux des règlements exprès sur cet objet.

Art. 91. Qu'il soit établi un nombre suffisant de nitrières pour, au moyen desdits établissements, parvenir à la suppression des préposés à la fouille des salpêtres.

Rentes sur le Roi, les provinces, et autres.

Art. 92. Que sur les rentes dues, soit par le Roi, soit par le clergé, soit par les provinces, et qui seraient stipulées payables sans rétention, il sera retenu aux régnicoles, par les payeurs d'icelles, chacun en droit soi, une somme proportionnelle à l'impôt auquel les propriétés, soit foncières, soit mobilières, auront été jugées devoir être soumises.

Art. 93. Qu'il sera fait, sur les rentes viagères dues par le Roi, une rétention semblable par les payeurs desdites rentes, et toujours proportionnelle aux degrés de charge que tous les biens devront supporter.

Art. 94. Qu'il en sera usé de même à l'égard des rentes dues, soit à des communautés, ou corps ecclésiastiques ou laïques, ou de particuliers à particuliers.

CHAPITRE II.

Justice civile.

Art. 1er. Que les lois civiles seront incessamment réformées, ainsi que les abus de l'administration de la justice, et qu'il sera pourvu au moyen de réduire et simplifier les procédures; comme encore à l'abolition, ou du moins à la réduction des droits fiscaux auxquels elles sont assujetties.

Art. 2. Que la justice sera rendue gratuitement; auquel effet il sera défendu aux juges de percevoir aucunes épices, vacations ou droits quelconques; sauf aux Etats généraux à fixer les gages qu'il convient de leur attribuer.

Art. 3. Que la vénalité des charges de judicature étant abolie, les offices qui viendront à vaquer seront remplis par des sujets choisis, savoir: à l'égard des parlements, ou cours supérieures, par le concours des membres desdits tribunaux et de ceux de la commission intermédiaire provinciale; et à l'égard des bailliages, par le concours des officiers qui les composeront, et des officiers municipaux de chaque ville où lesdits sièges seront établis; qu'il sera choisi, dans cette forme, un sujet pour être présenté à Sa Majesté, et par elle pourvu de l'office vacant.

Art. 4. Que les tribunaux supérieurs seront composés, moitié de nobles, moitié du tiers-état, sauf les places affectées au clergé, qui lui demeureront réservées; comme encore, que dans les tribunaux supérieurs, tous sujets devront, pour être admis, être âgés de trente ans accomplis, et avoir fait, pendant dix ans, la profession d'avocat, ou servi cinq ans dans les bailliages: à l'égard de ces derniers tribunaux, que nul ne pourra y être admis sans avoir atteint l'âge de vingt-cinq ans accomplis, et avoir exercé, pendant cinq ans, ladite profession d'avocat; demeurant néanmoins exceptés de cette règle tous ceux qui, par leur mérite, seront jugés dignes de remplir lesdites fonctions de judicature.

Art. 5. Que plusieurs parents jusqu'au quatrième degré ne pourront siéger comme juges dans la même chambre, sans que cette règle puisse être éludée par des lettres de dispense.

Art. 6. Que toute espèce d'évocations, *committimus*, droits de bourgeoisie de Paris, privilège de la conservation de Lyon, et généralement toutes distractions de ressort, seront abolies entre quelques personnes et pour quelque matière que ce soit.

Art. 7. Que le ressort du parlement de Dijon sera conservé dans son intégrité, attendu son peu d'étendue, n'ayant pas même les comtés du Mâconnais, Auxerre et Bar-sur-Seine qui font partie de la province; que la chambre des comptes et celle du trésor, établies en la même ville, seront également conservées.

Art. 8. Que la création de nouveaux tribunaux, charges ou offices, ainsi que la suppression de ceux établis, ne pourront être faites sans le *consentement des Etats généraux*, à la charge expresse, en cas de suppression, du remboursement, tel que de droit et de raison.

Art. 9. Que la Maîtrise des eaux et forêts, la Table de marbre et la juridiction du grenier à sel seront supprimées, et que les pourvus d'offices dans ces tribunaux seront indemnisés suffisamment, comme il est dit à l'article précédent.

Art. 10. Que la connaissance des délits de contrebande sera attribuée aux juges ordinaires.

Art. 11. Que les amendes pour fait de chasse et pêche seront modérées suivant la fixation qui en sera faite par les Etats généraux, eu égard au temps du délit.

Art. 12. Que les coseigneurs ne pourront, pour raison du même fait, faire prononcer contre les mêmes particuliers différentes amendes et restitutions dans différents tribunaux.

Art. 13. Que les seigneurs et autres propriétaires de bois qui aboutissent, soit sur des chemins publics, soit sur des pâquiers ou communaux, et qui seront sans clôture, ne pourront obtenir aucune condamnation, soit d'amende, soit de restitution, pour raison des mésus qui pourraient y être commis par les bestiaux, à l'échappée.

Art. 14. Qu'à l'avenir, aucun garde ne pourra être cru sur son rapport, pour somme au-dessus de 10 livres, s'il n'est pas assisté de deux témoins.

Art 15. Que l'amende de 10 livres ci-dessus ne pourra être prononcée payable à raison de chaque tête de bétail, et qu'il sera pourvu par les États généraux aux moyens de proportionner les peines aux délits qui pourront être commis dans les bois ; qu'ils régleront pareillement ou modéreront l'amende qui se prononce pour les abroutissements par chaque animal mésusant.

Art. 16. Que les greffiers qui actent aux tenues de jours, seront autorisés à recevoir, sur-le-champ et sans frais, le payement des amendes, lorsque les condamnés voudront les payer.

Art. 17. Qu'en confirmant et expliquant l'article 115 de l'ordonnance de 1629, les juges royaux décideront, sans appel, de toute matière sommaire au-dessous de 50 livres, dans les bailliages et sénéchaussées seulement, à condition que les sentences dans lesdites matières seront rendues au moins par trois juges.

Art. 18 et 19. Qu'il sera tenu des jours sur les lieux, tous les trois mois, pour être renvoyées à ces assises toutes les causes qui seront susceptibles d'y être expédiées ; que les greffiers des justices locales résideront sur les lieux, autant que faire se pourra, ou tout au plus à une heue de distance.

Art. 20. Que la noblesse héréditaire ne sera plus attachée aux offices de judicature et qu'il sera fait un nouveau règlement pour la réduction des épices à percevoir par les chambres des comptes et bureaux des finances.

Art. 21. Que la procédure des décrets sera abolie et remplacée par une autre plus prompte, moins dispendieuse, qui ait le même effet, et qui consacrera la maxime, aut cede, aut solve.

22. Qu'il sera fait une loi modificative de l'édit de 1771, concernant les hypothèques, à l'effet de parer aux inconvénients qui résultent de cet édit, de la jurisprudence à laquelle il a donné lieu, et des procédures relatives à son exécution ; en conséquence, que les oppositions au bureau des hypothèques dureront six ans, qu'elles porteront sur toutes les ventes qui auront lieu successivement pendant le temps de leur durée.

Art. 23. Que les États généraux détermineront quels seront les arrêts du conseil dont l'exécution ne pourra être suspendue par une opposition.

Art. 24. Qu'il ne sera plus accordé, au conseil, d'arrêt de sursis et lettres de surséance en faveur des débiteurs, et qu'ils n'auront plus d'asile où ils puissent être à l'abri des poursuites de leurs créanciers.

Art. 25. Qu'il sera fait une loi positive pour fixer la durée de l'action et le privilège des collecteurs contre les contribuables, ainsi que celle résultante à celui qui aura payé une cote dont il n'était pas tenu.

Art. 26. Qu'à l'avenir, les arrérages des cens et droits seigneuriaux et fonciers qui ne seraient pas rachetés seront prescriptibles par cinq ans ; qu'au surplus il ne pourra, à l'avenir, être exigé qu'une seule amende pour défaut de payement desdits cens.

Art. 27. Que tous les droits seigneuriaux et en justice, qui également ne seraient pas rachetés,

seront prescriptibles par trente ans, sans que le manuel, désormais, puisse être utile pour interrompre la prescription, s'il n'est signé des cosignataires.

Art. 28. Que l'article 8 du titre des successions de la coutume de Bourgogne, qui exige que la suscription d'un testament olographe soit reçue par un notaire en présence de deux témoins, sera modifié ; qu'en conséquence ladite suscription pourra être reçue par deux notaires, comme par un notaire et deux témoins, à condition néanmoins que les deux notaires seront présents, et que mention en sera faite dans l'acte de suscription.

Demande particulière de la ville d'Auxonne.

Art. 29. Que, dans la ville d'Auxonne, les dépenses de la construction et entretien des casernes établies, dans l'origine, pour une seule brigade, les dépenses des ustensiles du logement des officiers et autres personnes attachées à l'artillerie, soient réparties sur toute la nation ; auquel effet ladite ville d'Auxonne offre au Roi, en toute propriété, le bâtiment desdites casernes par elle construites à grands frais, avec les meubles et fournitures que ce bâtiment renferme.

Demande particulière de la ville de Beaune.

Art. 30. Qu'il soit érigé, dans la ville de Beaune, un présidial, et que cette ville ait, à l'avenir, le droit de députer directement aux États généraux ; laquelle demande est ici insérée, sauf l'opposition que les autres bailliages ont déclaré y former.

Justice criminelle.

Art. 31. Qu'il sera fait un nouveau code criminel ; que la nature des peines sera déterminée par la nature du crime, et qu'elles seront infligées à tous les coupables qui les auront encourues, sans distinction de naissance et d'état, et sans qu'il en puisse résulter aucune tache sur les familles.

Art. 32. Que tous accusés pourront avoir un défenseur.

Art. 33. Que le juge instructeur sera assisté, dans tous les actes d'instruction à faire dans une procédure criminelle, de deux officiers du siège où l'affaire sera poursuivie.

Art. 34. Que tous sujets appréhendés et mis dans les prisons pour léger délit ou pour dettes, seront élargis provisoirement, en donnant caution suffisante, à la charge de se présenter à toutes réquisitions.

Art. 35. Que l'édit d'Henri II, qui condamne à mort les filles enceintes qui négligent de déclarer leur grossesse, n'aura d'exécution que lorsqu'il y aura preuve suffisante que les filles et veuves auraient détruit le fruit dont elles étaient enceintes.

Art. 36. Que la confiscation sera abolie.

Art. 37. Qu'il sera pourvu à l'indemnité due aux accusés poursuivis par le ministère public, et reconnus innocents.

Art. 38. Que toute sentence et arrêt qui prononceront le renvoi des accusés et la décharge des accusations, seront lus par le greffier à l'audience publique, et ensuite affichés dans tout le ressort des tribunaux qui les auront rendus.

Art. 39. Qu'au surplus, il sera permis aux accusés, sans être tenus d'en déduire les raisons, de récuser, en matière criminelle, tel nombre de juges qui sera réglé par les réformateurs du code criminel ; et qu'en matière civile, chaque partie pourra récuser de la même manière un juge dans les présidiaux, et deux dans les cours souveraines.

CHAPITRE III.
Clergé.

Art. 1er. Que le Concordat sera aboli, et la Pragmatique-Sanction sera rétablie, à l'exception des articles contraires aux libertés de l'Eglise gallicane et à l'autorité du Roi ; et que, dans le cas où le Concordat serait conservé, Sa Majesté sera suppliée d'établir un conseil de conscience, composé d'ecclésiastiques vertueux et éclairés, pour lui présenter ceux qui mériteront le mieux de remplir les bénéfices à sa collation.

Art. 2. Que le royaume sera affranchi des contributions que la cour de Rome en tire chaque année, sous quelque dénomination que ce soit.

Art. 3. Que tous les bénéfices seront déclarés spécialement affectés aux ecclésiastiques du diocèse dont ils dépendront.

Art. 4. Que les ecclésiastiques ne pourront posséder plusieurs bénéfices ou pensions sur les bénéfices qui puissent excéder 3,000 livres.

Art. 5. Qu'expliquant l'article ci-dessus, nul ne pourra posséder, à l'avenir, plusieurs bénéfices ni de pensions sur d'autres bénéfices, dès que les revenus de celui ou de ceux dont il sera pourvu excéderont 3,000 livres ; sauf à opter un bénéfice plus considérable auquel il serait nommé, en renonçant à celui ou ceux dont il serait en possession.

Art. 6. Que la portion congrue des curés des villes sera réglée à 2,500 livres ; celle des curés dans les bourgs et villages où il y aura plus de cent cinquante feux, à 1,800 livres ; celle des curés des paroisses composées de cent feux, au moins à 1,200 livres ; les autres à 1,000 livres, si ce n'est dans les deux derniers cas que les curés desservissent trois hameaux outre leur paroisse ; auquel cas leur portion congrue sera portée à la somme de 1,500 livres ; que celle des vicaires desservants sera fixée à 1,000 livres. En conséquence, toute espèce de casuel sera abolie, ainsi que les gerbes de passion et toutes oblations.

Art. 7. Que les canonicats des collégiales et la collation des ordinaires, cathédrales et chapitres, seront affectés spécialement aux anciens curés.

Art. 8 Qu'il sera pris sur les revenus des abbayes commendataires et prieurés, un fonds suffisant pour faire les réparations des églises, qui sont actuellement à la charge des communautés villageoises.

Art. 9. Que, dans les communautés dont l'importance sera telle qu'elles puissent avoir un curé ou vicaire résidant, lequel soit rétribué suffisamment par la dîme qui se perçoit sur le finage desdites communautés, et où néanmoins il n'y ait ni curé ni vicaire à résidence, il en sera établi, aux offres par les habitants de faire construire pour ledit curé ou vicaire, selon qu'il écherra, un logement convenable.

Art. 10. Que tous les bénéficiers, y compris l'ordre de Malte et autres, seront tenus d'entretenir les baux passés par leurs prédécesseurs, étant au surplus interdit à tous bénéficiers de passer des baux pour un temps plus long que celui de neuf années.

Art. 11. Qu'à l'avenir il sera prélevé une contribution sur l'excédant des bénéfices dont le revenu surpassera la somme de 6,000 livres, pour subvenir au payement des pensions militaires.

Art. 12. Que les biens de l'Eglise étant, à vrai dire, le patrimoine des pauvres, et spécialement destinés à leur entretien, il sera pourvu aux secours nécessaires pour les établissements de charité, par une contribution prélevée sur les bénéfices excédant 3,000 livres de revenus, laquelle sera versée dans la caisse des administrations provinciales, pour l'emploi en être réglé par ces mêmes administrations.

Art. 13. Qu'il sera pris également, sur le revenu des biens du clergé, un fonds d'amortissement pour l'extinction de ses dettes, et que les revenus des prieurés et abbayes commendataires, jusqu'à leur suppression, y seront spécialement affectés.

Art. 14. Qu'à l'avenir il ne pourra être fait d'union de bénéfice aux évêchés, archevêchés et chapitres nobles des deux sexes.

Art. 15. Que les évêques et archevêques seront tenus de résider dans leurs diocèses pendant les trois quarts de l'année, et les prieurs et abbés commendataires dans leurs prieurés et abbayes, jusqu'à leur suppression, à peine de perdre leurs revenus pendant tout le temps de leur absence excédant le quart de l'année ; lesquels revenus, dans ce cas, seront affectés aux hôpitaux.

Art. 16. Que la mendicité des communautés religieuses sera abolie, et que, pour fournir à l'entretien des maisons mendiantes, tant qu'elles subsisteront, il sera perçu une contribution sur le clergé régulier suffisamment renté ; qu'il sera perçu une semblable contribution, pour fournir aux maisons religieuses non mendiantes, mais non suffisamment rentées, les secours qui leur sont nécessaires ; au moyen de quoi, le dixième qui se prélève sur le prix de l'adjudication des quarts de réserve des communautés villageoises cessera d'être perçu.

Art. 17. Que nul ne puisse faire des vœux, dans les maisons religieuses des deux sexes, avant l'âge de vingt-cinq ans accomplis, et que le consentement libre et volontaire des profès soit constaté par un acte authentique, dressé par le juge royal dans le ressort duquel la maison religieuse sera située.

Art. 18. Qu'il sera avisé, aux Etats généraux, sur les moyens de supprimer et remplacer l'administration des économats.

L'assemblée a, en outre, délibéré unanimement et par acclamation qu'elle charge, d'une manière expresse et spéciale, les députés qui la représenteront aux Etats généraux, de faire connaître à Sa Majesté les sentiments de fidélité, de respect et d'amour dont tout le tiers Etat du bailliage de Dijon et des bailliages qui en dépendent, est pénétré pour sa personne sacrée, et la reconnaissance qu'il conservera éternellement des généreuses dispositions de Sa Majesté pour le bonheur de ses peuples.

Qu'elle se charge pareillement d'une manière expresse de supplier Sa Majesté de conserver auprès de sa personne le digne et vertueux ministre, M. Necker, qu'elle a chargé de l'administration des finances du royaume, comme le seul capable de remplir l'attente de la nation et de seconder les vues bienfaisantes du meilleur des rois.

Fait, clos et arrêté en la chambre du tiers-état du bailliage principal de Dijon, et des quatre bailliages secondaires ci-dessus dénommés, cejourd'hui 4 avril 1789 ; et nous nous sommes soussignés avec le procureur du roi et le commis greffier de notre siége, secrétaire du tiers-état, et ceux des députés présents à l'assemblée, qui ont su signer ; les autres ayant déclaré ne le savoir, de ce enquis. *Signé,* etc.

Pour éviter la confusion dans la lecture des signants, nous allons rapporter, sur deux colonnes indistinctement, et par ordre alphabétique de lieux, tous les députés-électeurs du tiers-état des cinq bailliages, qui ont nommé les députés chargés de porter aux États généraux le susdit cahier.

CHAMBRE DU TIERS-ÉTAT.

Président.

M. Edme-Augustin Frecot de Saint-Edme.

Gens du Roi.

M. François Popelard.

Secrétaire.

M. Nicolas Lafontaine.

Bailliage de Dijon.

A

MM.
Asserey et dépend. François Brille.
Arcelot et dépend. Etienne Bornier.
Arçon. Philippe Noirot.
Arc-sur-Tille. Pierre Jacmard fils.

B

Barges. Antoine Lallouet.
Bassoncourt. J.-B. Rodolphe Brocard.
Beaumont-sur-Vingeanne. Jean Barret.
Binges. Nicolas Geuland.
Blagny-sur-Vingeanne. Claude Fonsard.
Bretenières. Pierre Robin et Jean Philibeau.
Brochon. Jean Val-on.

C

Cssy. Etienne Clopin et Etienne Bartet.
Chaignay. Louis Rouget.
Chenôve. François Bourelier.
Clenay Jean Roi.
Compasseur, Gabr. Brocard.
Courcelles les-Citeaux. Pierre Marion.
Courtveron. François Meot.

D

Daix. Marie Lambelin.
Dampierre-sur-Vingeanne. François Perdrix.
Dienay. Toussaint Frère-Jacques.
Dijon. Claude Bernard Navier.
  Alexandre-Eugène Volfius.
  Claude-Michel Larché.
  Pierre-Bernard Poulet.
  Jacques Minard fils.
  Jean-Edme Durande.
  Antoine Minard.
  François Renault.
  Antoine Leroux.
  Jean-François-Paul Gillotte.
  Claude Thorey.
  Claude-Aug. Durande fils.
  Jean-Baptiste Maigrot.

E

Epagny. Etienne Brocard.
Elevaux. Jean-François-Regis Lombard.

F

Fauverney. Pierre Tarnier et Jean Bartet.
Fais-Billot. Nicolas Bouvenot.
  Julien Lallemand.
Fenay. Jacques Laligant.
Fixin. Denis Lambelin.
Fleurey. Mathieu Perille.
Fontaine-Française. Eloi-Felix Claudon et Fr. Japiot.
Fontaine-lès-Dijon. Etienne Gérard père et Benigne Arlin.

G

Gemeaux. Pierre Chanvot et Claude Paté.
Genlis. Nicolas Martin et Huguet Dugied.
Gevrey. Claude Schillotte et Nicolas Lallouet.

I

Is-sur-Tille. Pierre-Perrenet et Louis Perrenet.

L

Longchamp. Claude Morisot fils.
Longecourt et Thorey. Jean-Baptiste Thomas.
Lux. Nicolas Brûlé.

M

Magny-sur-Tille. Pierre Tarnier.
Marandeuil. Jean-Claude Ranievier.
Marsannay-la-Côte. Prudent Lépine.
Marsannay le-Bois. Pierre Jacotot.
Messigny. Jean-Baptiste Disson.
Mirebeau. Jean-Jérôme Buvée et Jean Dumay.

N

Norges. Pierre François.

O

Ouge. François Quillardet.

P

Plombières. Jacq. Chaineau.
Poinçon-lès-Fays. Jean Sirot.

R

Rouvre. Denis Tarnier

S

Saint-Julien Joseph Blagny.
Selongey. Etienne de Martinécourt et Pierre Renard.
Spoy. Claude Vaudrey.

T

Talant. Antoine de Villebichot.
Tanay. Nicolas Chaboeuf.
Tellecey. Claude Lambert.

U

Val-de-Suzon. François Demorey.
Varanges. François Roussotte.
Véronnes-lès-Grandes. Jeand Dugied.
Vievigne. François Marlet.

Bailliage de Beaune.

A

Aloxe. Germain Grozelier.
Antigny-la-Ville. Etienne Tisserand.

B

Beaune. Jean-Baptiste Boucheron.
  Joseph Guillet l'aîné.
  Claude Laurent.
  Nicolas Demzot.
  Jean-Baptiste Lamarosse.
  Paul-Pierre Blandin.
  Philibert-François Barollet.
  Claude Suillot.
  Claude Robelin.
Bessy-la-Cour. Jean-Baptiste Duverger.
Bligny-sur-Ouche. Claude Didier.
  Simon Lavirotte.
  Hugues-Franc. Bouzereau.
Bourguignon. Cl. Gantrey.

MM.

C

Cessey. Jean-Baptiste Troussard.
Chalanges. Nicolas Bailly.
Chassagne. Etienne Bonnard et Joseph Paquelin.
Corpeau. Nicolas Millard.
Crugey. Jacques Gauvenet.

E

Ecutigny. Antoine Virely et Barthélemy Gentes.

G

Géanges. Nicolas Dorey.

I

Ivry. Jean-Baptiste Pannetier.

L

Laborde-aux-Châteaux. Jean-Baptiste Morelot.

M

Marigny. François Gantrey.
Mercueil. Joseph Boucheron.
Meursault. Benoît Fournier, Jean Jobard et J. Latour.
Monceau. Simon Ranfer.
Monthelie. Jean-Marie Blondeau.

N

Neuvelle. Jean Foissey.
Nolay. Pierre Moisy.

P

Paris-l'Hôpital. Jean-Baptiste Barreau.
Poil (le). Pierre Leflève et Luc Leflève.
Puligny. Pierre Latour et Jean-Baptiste Labelle.

R

Reulley. Pierre Villot.
Rouvray. Franc. Desvelles.

S

Saint-Aubin. Cl. Naudin.
Santenay. Pierre-Marie Blochet et Joseph-François Lavirotte.
Savigny. Jean-Baptiste Mardant et Jean-Baptiste Guillemot.

V

Vernois (du). J.-B Pignolet.
Veuvey. Jean-Baptiste Seguin.
Vollenay. Hubert Grozeher.

Bailliage de Nuits.

A

Agencourt. Louis Leflève.
Antilly. Charles Boudier.
Arcenant. Jean Renevey.
Arcenant-et-Bruant. Henri Jacquinat.
Argilly. Jean-Baptiste Sauvageot.

B

Bagnot. François Villot.

C

Chambolle. Jean Guillemard.
Chaux. Pierre Royer et François Labalestier.
Corberon. Jacques Clément.
Curtil. Nicolas Cardeur.

D

Détain. Joseph Arnoult.

E

Etang (l'). Fiacre Rouhier.

G

Gerland et dépendances. Joseph Janniard.

MM.

Gilly. Henri Renaudot.

L

Labergement-le-Duc. Antoine Combet.

M

Messange. Jacques Durey.
Meuilley. Bernard Pignot.
Molaize. Nicol. Ménétrier.
Montmain. Franc. Gillotte.
Morey. Joseph Colin.

N

Nuits. Joseph Gillotte.
        Charles-François Gillotte.
        Bernard Gillotte.

P

Palleau. Joseph Durand.

S

Saint-Bernard. Cl. Courroux.
Saint-Nicolas. Fr. Girard.

V

Vergy. Edme de Bays.
Villers-la-Faye. Guillaume Gros.
Villy-le-Moutier. Jean-Baptiste Terran.
Vougeot. Jean-Baptiste Baudoin.

Bailliage d'Auxonne.

A

Arsan. Léon Guinchard.
Auxonne. François Buvée.
         Claude de Bellegrand.
         Pierre Petit.
         Antoine-François Roussot.
         François Demartinécourt.
         René Chaudot.
         Denis Serdet.

C

Chaussin. Abraham Billiotet.
          Amable Chasot.
Clery. François Gomion.

D

Drambon. Louis Rude.

H

Heuilly. François Noirot.

L

Lamarche. Bernard Porte.

M

Maxilly-sur-Saône. Hubert Dégre.

P

Perrigny. Simon Rouhey.
Pluveault. Cypr. Marchet.
           Jean Joly.
           Pierre Gauthier.
           Claude Blondel.
           François Lerouge.
Prennière. François Pignon.

T

Tichay. Pierre-Antoine Michaut.
Tillenai. Claude Rabiet.

V

Villers-lès-Pots. François Lera.
Villers-Rotain. J. Macherat.
Vonges. Jean-Baptiste Valon.

Bailliage de Saint-Jean-de-Losne.

B

Bonnencontre. P. Soucelier.
Drazey. Philippon.

C

Charey. Joseph Fauchey.

E

Echenon. Louis Godard.

F

Franxault. Pierre-Antoine Couvert.

S

Saint-Jean-de-Losne. Claude-Marc-A. Convert.
　　　　　Bernard Joly.
　　　　　Charles Hernoux, négociant.
　　　　　Antoine Hernoux, lieutenant
　　　　　civil.

Liste de MM. les élus députés des trois ordres, chargés de porter les cahiers et doléances aux États généraux.

CLERGÉ.

M. l'évêque de Dijon.
M. Merceret, curé de Fontaine-les-Dijon.

NOBLESSE.

M Lemulier de Bressy, conseiller honoraire au parlement de Dijon.
M. le comte de Lévis.
M. le comte Bataille de Mandelot, *suppléant.*
M. le marquis de Courtvyron, *suppléant.*

TIERS-ÉTAT.

M. Volfius, avocat au parlement de Dijon.
M. Arnoult, avocat au parlement de Dijon.
M. Hernoux, négociant à Saint Jean-de-Losne.
M. Gantheret, cultivateur à Bourguignon, bailliage de Beaune.
M. Durand fils, médecin à Dijon, *suppléant.*
M. Gillotte, procureur a Dijon, *suppléant.*

Pouvoirs relatifs aux mandats de rigueur donnés aux députés du tiers-état.

Cejourd'hui, 9 avril 1789, la chambre du tiers-état du bailliage médiat et immédiat de Dijon, ayant pris en considération les mandats qu'elle a donnés à ses députés,

A délibéré, qu'en leur imposant de nouveau l'obligation de faire valoir, par tous les efforts de leur zèle, les vœux exprimés par les mandats, et en leur interdisant, sous peine de désaveu, la liberté de porter individuellement un vœu différent, elle autorise néanmoins les mêmes députés à se conformer à ce qui sera réglé, à la pluralité, dans les assemblées générales des représentants du tiers-état du royaume, en manière qu'ils ne soient réputés rester, en aucun cas, sans pouvoir pour agir de concert avec les autres députés du tiers-état, et conformément à leur vœu général ; sauf les actes conservatoires et toutes déclarations que lesdits députés pourront faire, selon que le cas y écherra. *Signé*, etc.

MANDATS DU TIERS-ÉTAT DE LA VILLE DE DIJON (1).

Art 1er. Que les États généraux seront composés de membres librement élus ; que les députés du tiers-état seront en nombre égal à ceux de la noblesse et du clergé réunis ; que les délibéra-

---

(1) Nous publions ce cahier d'après un manuscrit des *Archives de l'Empire.*

---

tions seront prises en commun et les suffrages donnés à voix haute et comptés par tête.

Leur recommandant de faire tous leurs efforts pour obtenir que les suffrages soient pris dans chaque ordre alternativement, savoir : un du clergé, un de la noblesse et deux du tiers-état.

Art. 2. Qu'ayant l'honneur de représenter la nation avec le clergé et la noblesse, ils ne consentiront pas qu'elle soit avilie en leurs personnes par des distinctions humiliantes, sauf la préséance et les égards dus aux deux premiers ordres.

Art. 3. Qu'ils ne s'occuperont d'aucun impôt qu'il n'ait été fait aux États généraux une loi par laquelle les droits constitutionnels de la nation seront reconnus et assurés.

Art. 4. Que les députés concourront de même, avant de s'occuper d'aucuns subsides, à ce que la promesse faite par Sa Majesté de former se-États provinciaux au sein des États généraux soit accomplie ; qu'en conséquence, les États provinciaux, notamment ceux de la province de Bourgogne, soient rétablis et régénérés dans la forme déterminée pour les États généraux par l'article 1er du présent mandat.

Art. 5. Pourront néanmoins, si les circonstances nécessitaient impérieusement des secours extraordinaires et momentanés, en accorder avant que la constitution, tant des États généraux que des États provinciaux, ait été entièrement établie.

Art. 6. Pourront, en conséquence des articles 3 et 4 ci-dessus, renoncer aux priviléges de la Bourgogne, en ce qui ferait obstacle à l'établissement d'une constitution uniforme pour tout le royaume et en tant que les autres provinces feront la même renonciation, sous la réserve expresse néanmoins de ces priviléges, franchises et libertés, dans le cas où, par quelque événement imprévu, la constitution ne pourrait être réglée ou viendrait à être changée sans le consentement de la nation assemblée.

Art. 7. Feront valoir le vœu de leurs commettants pour que la loi mentionnée en l'article 3 soit fondée sur les bases suivantes :

1° Que les États généraux soient convoqués trois ans après ceux qui vont être tenus, et qu'ensuite ils auront un retour périodique et fixe au moins de cinq en cinq ans.

2° Qu'aucune loi générale ne sera faite que dans l'assemblée générale de la nation ; qu'en conséquence les lois consentis par la nation et sanctionnées par le Roi seront promulguées dans la même assemblée et, avant qu'elle ne se sépare, adressées ensuite par le Roi aux assemblées particulières des provinces pour être fait le dépôt d'icelles dans leurs archives et envoyées par Sa Majesté aux parlements et autres cours souveraines, pour y être publiées et exécutées.

3° Qu'aucuns impôts ne pourront être établis et qu'aucuns emprunts directs ni indirects ne pourront être faits, que de la libre concession de la nation et dans les assemblées générales, sans que dans aucuns cas, il puisse en être accordé ni consenti par les assemblées provinciales, même à titre de don gratuit ou de provision, sauf à en être déterminé dès à présent, par les États généraux, et les moyens de procurer au gouvernement les secours extraordinaires que des besoins urgents et imprévus pourraient exiger, et que le titre des monnaies ne pourra jamais être changé que du consentement des États généraux assemblés.

4° Que nuls impôts ne pourront être accordés ni consentis que pour un temps limité et qui n'excédera jamais le retour périodique de l'assemblée générale de la nation; qu'en conséquence, tous impôts cesseront de plein droit après l'époque de ce retour et que ceux accordés pour un moindre temps cesseront de plein droit après l'époque ou terme pour lequel ils auront été consentis.

5° Que tous les sujets du Roi indistinctement seront soumis à la contribution de l'impôt et des charges publiques en proportion des propriétés et des facultés, dans la même forme et sur les mêmes rôles, sans aucuns privilèges pécuniaires quelconques et sans que l'exemption des impôts et charges publiques puisse jamais être, dans aucuns cas, ni un payement ni une récompense de services rendus à l'État, et une grâce du souverain.

6° Que la liberté individuelle des citoyens sera assurée, ainsi qu'il sera pourvu par les États généraux.

7° Que les propriétés seront tellement respectées, que jamais on ne puisse y porter atteinte, et que les propriétaires soient toujours assurés d'une indemnité effective, juste et proportionnelle, dans le cas où l'intérêt public exigerait quelque changement qui leur fût préjudiciable.

8° Que la liberté de la presse sera assurée avec les limitations qui seront jugées nécessaires par les États généraux.

9° Que la noblesse ne pourra être acquise à prix d'argent, que toutes charges de judicature, emplois et offices tant civils que militaires ne pourront être acquis par la même voie, et qu'ils seront conférés aux citoyens de toutes les classes.

10° Que la cour de Parlement, séant à Dijon, sera conservée sans diminution de chambres ni démembrement de ressort, que la Chambre des comptes, la Table de marbre, la Chambre du trésor et autres juridictions établies dans la ville seront également conservées.

PLAINTES, DOLÉANCES ET REMONTRANCES.

Administration.

Art. 1er. Qu'attendu qu'il appartient véritablement à la nation de déterminer la manière dont elle entend être représentée aux assemblées où elle traite de ses intérêts, les États généraux s'occuperont de régler la meilleure forme possible d'élection et de représentation pour les États généraux, et qu'il sera arrêté que le tiers-état ne pourra choisir ses représentants que dans son sein.

Art. 2. Que toutes les lois qui excluent le tiers-état des emplois ecclésiastiques, civils et militaires, soient abolies, et qu'en conséquence tous les bénéfices, à l'exception de ceux que leurs titres de fondation affectent spécialement à la noblesse, les dignités ecclésiastiques et tous les grades et emplois soit de robe, soit d'épée, pourront être conférés aux citoyens de tous les ordres que leur mérite y appellera.

Art. 3. Qu'il sera pris une connaissance exacte des dettes de l'État et de leurs causes, à l'effet de réduire, d'après les règles de l'honneur et de la justice, celles qui se trouvent susceptibles de réduction, et de vérifier celles qui seront reconnues légitimes.

Art. 4. Que la masse des dettes de l'État étant fixée, la répartition en sera faite entre les provinces au prorata de leurs facultés respectives; lesquelles provinces établiront une caisse d'amortissement pour éteindre successivement la portion de la dette qu'elles auront prise à leur charge.

Art. 5. Que les impôts qui auront été consentis par les États généraux seront répartis entre toutes les provinces, pour la répartition, assiette et perception de la portion qui sera tombée à la charge de chaque province, être faite par les États provinciaux.

Art. 6. Que dans l'octroi des subsides, les États généraux accorderont par préférence ceux qui seront le plus compatibles avec la liberté publique et individuelle, qui seront les plus susceptibles d'une répartition égale et proportionnelle entre les citoyens, proportionnelle à leurs facultés respectives, qui pèseront le moins sur les classes indigentes, qui porteront principalement sur les objets de luxe, qui seront le moins susceptibles d'être éludés par la France, et enfin qui seront les moins dispendieux dans leur perception.

Art. 7. Que la taille sera supprimée, ou, si l'on juge à propos d'établir un impôt sous cette dénomination, il sera commun aux citoyens des trois ordres.

Art. 8. Que la milice sera supprimée.

Art. 9. Que la corvée demeurera irrévocablement supprimée, sauf aux administrations provinciales à pourvoir à l'entretien des chemins de leurs districts, de la manière la moins onéreuse pour une contribution commune à tous les ordres.

Art. 10. Que les traites foraines et les douanes dans l'intérieur du royaume seront supprimées et reculées aux frontières, de manière que la circulation du commerce ne soit plus arrêtée par aucun obstacle.

Art. 11. Que, dès à présent, il sera pourvu à la réduction du prix du sel, sauf aux États généraux à aviser aux moyens de supprimer, par la suite, l'impôt désastreux qui subsiste sur cette denrée de première nécessité.

Art. 12. Qu'il sera pourvu à la suppression de tous les droits fiscaux sur les offices et sur les actes, ou du moins à la réduction desdits droits.

Art. 13. Que le droit de franc-fief sera aboli.

Art. 14. Que les droits d'amortissement sur les gens de mainmorte qui voudraient bâtir ou faire bâtir des reconstructions sur des terrains déjà amortis seront abolis.

Art. 15. Que les droits sur les cuirs, papiers, cartons, or, argent, sur les fers et autres, réunis sous le titre de régie générale, seront supprimés.

Art. 16. Que le titre des matières d'or et d'argent sera uniforme dans tout le royaume.

Art. 17. Que les dépenses de chaque département y compris celles de la maison du Roi, seront fixées.

Art. 18. Que le compte des dépenses de l'État sera rendu public tous les ans, ainsi que l'État de situation des finances; que les ministres seront responsables de leurs malversations aux États généraux.

Art. 19. Que les pensions ne devant être que la récompense des services rendus à l'État, les titres en seront sévèrement examinés pour être avisé à leur suppression ou réduction.

Art. 20. Que les survivances seront abolies pour quelque place que ce soit, même pour les pensions.

Art. 21. Que les États généraux ne négligeront rien pour parvenir à connaître plus exactement et avec précise les vrais besoins de l'État, et qu'ils détermineront, d'après les intentions connues de Sa Majesté, les réformes jugées convenables soit dans la maison du Roi, soit dans celle de la Reine et des princes, soit dans toutes les branches de l'administration du royaume.

Art. 22. Que les États généraux prendront également connaissance de l'administration des domaines et revenus fixes du Roi, des concessions, aliénations et échanges onéreux qui pourront avoir été surpris à Sa Majesté, de la régie de ses bois, des moyens les plus propres à améliorer cette partie de l'administration et à rétablir l'ordre et l'économie dans toutes les parties des finances.

Art. 23. Que les États généraux témoigneront à Sa Majesté leur vœu pour que le règlement proposé par le comte de Saint-Germain, relatif à la maison militaire du Roi, soit mis à exécution; qu'en conséquence, en supprimant les compagnies chargées dispendieusement de la garde de la personne de Sa Majesté, chaque régiment sera tour à tour appelé à cet honorable emploi; ce changement offrira tout à la fois une réforme considérable dans la dépense et un grand motif d'émulation et de gloire pour les troupes.

Art. 24. Qu'il sera pourvu par les États généraux à l'amélioration du sort du soldat, et qu'ils aviseront aux moyens propres à empêcher les vexations que les états-majors exercent tant à l'égard des officiers et soldats, qu'à l'occasion des congés.

Art. 25. Que l'ordonnance qui a établi les coups de plat de sabre sera abolie, cette peine étant ignominieuse, avilissante et indigne du caractère noble et courageux du soldat français.

Art. 26. Que le logement des troupes étant une charge publique, tous les ordres des citoyens y seront assujettis, et qu'il sera pourvu à leur passage dans les villes par les administrations provinciales, moyennant une contribution dont nul ne pourra être exempt.

Art. 27. Que la ville de Dijon sera rétablie dans le droit de choisir et nommer tous les trois ans, les maire, échevins et syndic, avec tous pouvoirs auxdits officiers de régir seuls et administrer ses biens, droits, revenus et affaires, et d'en rendre compte suivant la meilleure forme qui sera adoptée et déterminée par la commune, de concert avec les officiers municipaux dans toutes les affaires importantes; que la chambre municipale sera rétablie, en outre, dans le droit de nommer et choisir les conseils de ville, commissaires de police, voyers, receveurs et autres personnes attachées à la municipalité.

Art. 28. Que la ville de Dijon sera maintenue dans le droit qui lui appartient de toute ancienneté d'élection perpétuelle et de présidence du tiers-état à l'assemblée générale des États de la province, dont son maire jouit; droit que la lettre confirmé par nos Rois, et notamment par les lettres patentes de Henri II, du 10 juin 1555, en cas d'absence ou empêchement légitime de son maire, la ville de Dijon sera rétablie dans le droit de se faire représenter auxdits États par l'échevin le remplaçant.

Art. 29. Que les communes pourront s'assembler librement pour délibérer sur leurs intérêts et porter leurs pétitions au pied du trône, et que la demande d'une assemblée formée par un nombre de corporations qui sera déterminée, les officiers municipaux n'auront ni le droit ni le pouvoir de la refuser.

Art. 30. Que les intendants et commissaires départis dans les provinces seront supprimés et leurs fonctions attribuées aux administrations provinciales, à la réserve de tout ce qui peut être contentieux, qui sera attribué aux tribunaux ordinaires.

Art. 31. Qu'il sera avisé aux meilleurs moyens d'encourager l'agriculture et les autres branches d'industrie, et de protéger et d'étendre le commerce national et de le dégager des entraves qui peuvent en gêner l'activité.

Art. 32. Qu'il sera avisé aux moyens d'établir une uniformité dans les poids et mesures pour tout le royaume.

Art. 33. Que les billets et obligations à terme fixe pourront porter intérêts.

Art. 34. Que toutes les usines et forges qui ne justifieront pas de leur affouage seront supprimées.

Art. 35. Qu'il sera avisé à la police des bois, aux précautions à prendre pour leur conservation et aux encouragements à donner à leur amélioration.

Art. 36. Nul ne pourra prendre plus de fermes qu'il ne pourra en exploiter par lui-même.

Art. 37. Qu'il sera avisé aux moyens d'améliorer le sort des bâtards et de les rendre utiles à l'État.

Art. 38. Qu'il sera pourvu à la suppression du privilège attribué aux messageries royales de voiturer seules les particuliers qui n'ont pas en propre des voitures et des chevaux.

Art. 39. Que les places de commandant dans les provinces seront supprimées et que les appointements ou les gratifications du gouverneur seront réduits.

Art. 40. Que les franchises concédées par le souverain, relativement aux droits d'entrée dans les villes, attribuées aux places et offices, seront supprimées.

Art. 41. Que le tarif des droits de contrôle de tous les actes sera fixé d'une manière invariable; que cet impôt sera assis sur des bases positives qui ne puissent être sujettes à des extensions, que les instances qui pourront s'élever relativement à sa perception seront portées aux sièges royaux et ordinaires et les appellations relevées aux cours de Parlement, sans que, dans aucun cas, les décisions des compagnies des fermiers généraux puissent avoir aucune influence.

Art. 42. Que les offices de receveurs généraux des finances des pays d'États seront supprimés et réunis aux places de trésoriers desdits pays, sans attribution ni augmentation de gages ou gratifications.

Art. 43. Que les effets de change et de commerce soient soumis à un régime uniforme dans tout le royaume pour l'époque de leur payement, auquel effet il sera remis aux députés des mémoires particuliers.

Art. 44. Que les sentences des juges consuls soient exécutoires dans tous les ressorts, sans qu'il soit besoin de *pareati*.

Art. 45. Que les juges-consuls puissent, à l'avenir, juger en dernier ressort jusqu'à concurrence de la somme de 1,000 livres.

Art. 46. Que, dans le comté de Bourgogne, les privilèges que les créanciers hypothécaires ont sur les effets mobiliers, marchandises, etc., de leurs débiteurs, au préjudice des autres créanciers, soient abrogés.

Art. 47. Que, de même qu'en plusieurs autres villes, les juges consuls de celle de Dijon soient toujours assistés de deux conseillers assesseurs nommés en même temps que lesdits juges consuls, lesquels assesseurs n'auront que voix consultative.

Art. 48. Qu'ainsi que dans des temps antérieurs, les foires de mars et de novembre soient rétablies franches.

Art. 49. Qu'il sera demandé une loi générale sur la manière de procéder à la confection et réparation des chemins finerots et sur la contribution nécessaire à cet effet, par les citoyens des trois ordres.

Justice.

Art. 1er. Que les lois civiles seront incessamment réformées ainsi que les abus de l'administration de la justice; qu'il sera pourvu à la réduction des procédures et des frais énormes qu'elles entraînent, comme encore à l'abolition ou du moins à la réduction des droits que le fisc perçoit sur elles.

Art. 2. Qu'il sera fait un nouveau code criminel.

Art. 3. Que la nature des peines sera déterminée par la nature du crime; qu'elles seront infligées à tous les coupables qui les auront encourues, sans distinction de naissance et d'état, et sans qu'il en puisse résulter aucune tache sur les familles.

Art. 4. Que l'édit de Henri II, qui condamne à mort les filles enceintes qui négligent de déclarer leur grossesse, n'auront d'exécution qu'autant qu'il y aura preuve suffisante que les filles et veuves enceintes auraient détruit leur fruit.

Art. 5. Que la confiscation sera abolie.

Art. 6. Qu'il sera pourvu à l'indemnité due aux accusés poursuivis par le ministère public et reconnus innocents.

Art. 7. Que la vénalité des charges de judicature étant abolie, les offices qui viendront à vaquer seront remplis par des sujets choisis par les tribunaux, à présenter au nombre de trois à la nomination du Roi, et que les tribunaux supérieurs seront composés moitié de nobles et moitié de membres du tiers état, en conservant néanmoins les places affectées au clergé.

Art. 8. Que plusieurs parents jusqu'au quatrième degré ne pourront siéger comme juges dans la même chambre, sans que cette règle puisse être éludée par des lettres de dispense.

Art. 9. Que toute espèce d'évocation, committimus, droit de bourgeoisie de Paris, privilège de la conservation de Lyon, et généralement toutes distractions de ressort, seront abolies entre quelques personnes et pour quelque matière que ce soit.

Art. 10. Que le ressort du Parlement de Dijon sera conservé dans son intégrité, attendu son peu d'étendue, et que les autres cours établies en la même ville seront conservées.

Art. 11. Que la loi du 31 décembre 1773, concernant les mésus, sera abolie, et qu'il en sera fait une nouvelle pour cet objet.

Art. 12. Que la connaissance des délits de contrebande sera attribuée aux juges ordinaires.

Art. 13. Qu'il ne sera plus accordé au conseil d'arrêts de sursis, lettres de surséance en faveur des débiteurs, et qu'ils n'auront plus de maison d'asile où ils puissent être à l'abri des poursuites de leurs créanciers; qu'il sera avisé à l'abolition ou réduction de tous les privilèges exclusifs.

Art. 14. Que la procédure des décrets sera abolie et remplacée par une plus sûre, moins dispendieuse, qui ait le même effet et qui consacre la maxime, aut cede, aut solve.

Art. 15. Que les baux pourront être faits pour un temps illimité sans payer de centième denier ni de double droit de contrôle.

Art. 16. Que les titres des communautés seront déposés au greffe des administrations provinciales, et qu'expéditions des terriers des seigneurs y seront également déposées.

Art. 17. Que les offices de jurés-priseurs seront supprimés.

Art. 18. Que nul ne pourra avoir colombier ou volière qu'il n'ait au moins deux cents journaux de terre sur le finage où sera établi le colombier ou volière, sans que jamais et dans aucun cas il puisse être permis à qui que ce soit, même aux seigneurs, d'avoir deux colombiers sur le même finage.

Art. 19. Qu'à l'avenir les arrérages des cens et droits seigneuriaux et fonciers seront prescriptibles par cinq ans.

Art. 20. Qu'il sera permis de racheter les cens, rentes, et toutes autres redevances seigneuriales, suivant le taux qui sera fixé par les États généraux, mais que le cens général sur un territoire ne pourra être racheté que généralement.

Art 21. Que tous les droits seigneuriaux et en justice seront prescriptibles par cent ans.

Art. 22. Que l'article de la coutume de Bourgogne, qui exige que la suscription d'un testament olographe soit reçue par un notaire en présence de deux témoins, sera modifié; en conséquence, ladite suscription pourra être reçue par deux notaires, comme par un notaire et deux témoins.

Clergé.

Art. 1er. Que le concordat sera aboli et la Pragmatique-Sanction rétablie, à l'exception des articles contraires à la liberté de l'Église gallicane et à l'autorité du Roi; et que, dans le cas où le Concordat serait conservé, Sa Majesté sera suppliée d'établir un conseil de conscience composé d'ecclésiastiques vertueux et éclairés, pour lui présenter ceux qui mériteront le mieux de remplir les bénéfices de la collation.

Art. 2. Que le royaume sera affranchi des contributions que la cour de Rome en tire chaque année, sous quelque dénomination que ce soit.

Art. 3. Que tous les bénéfices seront déclarés spécialement affectés aux ecclésiastiques du diocèse dont ils dépendront.

Art. 4. Que nuls ecclésiastiques ne pourront posséder plusieurs bénéfices dès qu'ils excéderont 3,000 livres.

Art. 5. Que la portion congrue des curés des villes sera réglée à 2,500 livres; celle des bourgs et villages où il y aura plus de cent cinquante feux, à 1,800 livres; celle des curés des bourgs et villages composés de cent feux, à 1,000 livres; et celle des vicaires desservants à 800 livres. En conséquence, toute espèce de casuel sera abolie.

Art. 6. Que les canonicats des collégiales à la collation des ordinaires et chapitres seront affectés spécialement aux anciens curés.

Art. 7. Que les évêques et archevêques seront tenus de résider dans leurs diocèses, pendant les trois quarts de l'année, à peine de perdre leurs revenus pendant tout le temps de leur absence, qui, dans ce cas, seront affectés aux hôpitaux.

Art. 8. Qu'il sera pris sur les revenus du clergé un fonds d'amortissement pour l'extinction de ses dettes, et que le revenu des abbés commendataires y sera spécialement affecté.

Art. 9. Qu'attendu que les biens de l'Église sont spécialement affectés à l'entretien des pauvres dont ils sont, à vrai dire, le patrimoine, il sera pourvu au secours et à l'entretien des établissements de charité par une contribution prélevée sur les bénéfices excédant 3,000 livres de revenu, laquelle sera versée dans la caisse des administrations provinciales, pour l'emploi en être réglé par les mêmes administrations.

Art. 10. Que la mendicité des communautés religieuses sera abolie, et que, pour fournir à l'entretien des maisons mendiantes, tant qu'elles subsisteront, il sera perçu une contribution sur le clergé régulier.

Art. 11. Que tous les bénéficiers, y compris l'ordre de Malte et autres, seront tenus d'entretenir les baux passés par leurs prédécesseurs, étant, au surplus, interdit à tous bénéficiers de passer des baux plus longs de neuf ans.

Art. 12. Qu'il sera avisé aux Etats généraux aux moyens de suppléer et remplacer l'administration des économats.

Art. 13. Qu'expliquant l'article 4 ci-dessus, nul ne pourra posséder a l'avenir plusieurs bénéfices ni pensions sur d'autres bénéfices, dès que les revenus réunis de celui ou de ceux dont il sera pourvu excéderont 3,000 livres, sauf à opter un bénéfice plus considérable auquel ils seraient nommés en renonçant à celui ou ceux dont ils seraient en possession.

Art. 14. Que pareillement, à l'avenir, il sera prélevé une contribution sur l'excédant des bénéfices dont le revenu surpassera 6,000 livres, pour subvenir au payement des pensions des militaires.

Art. 15. Qu'à l'avenir il ne pourra être fait d'union aux évêchés, archevêchés et chapitres nobles des deux sexes.

ARTICLES AJOUTÉS.

Art. 1er. Qu'en attendant que la suppression des commandants et intendants soit effectuée, la ville de Dijon sera, dès à présent, déchargée du payement du loyer de l'hôtel du commandant, de l'entretien et fourniture dudit hôtel, comme aussi de l'entretien et fourniture de l'hôtel de l'intendance.

Art. 2. Décharger pareillement la ville de Dijon du payement annuel de 2,950 livres, pour différents objets relatifs aux château, soldats et officiers invalides, à leur logement.

Art. 3. Rétablir les officiers municipaux de ladite ville dans le droit d'accorder le privilége de jouer la comédie, dans la salle des spectacles, à tels directeurs de troupes que bon leur semblera.

Fait et arrêté à l'assemblée des députés du tiers-état de la ville de Dijon, tenue à l'hôtel de ville les 15, 16 et 17 mars 1789.

CAHIER

Des doléances, plaintes et remontrances, arrêté en l'assemblée générale du tiers-état du bailliage d'Auxonne du 17 mars 1789.

Extrait des minutes du bailliage d'Auxonne (1).

Les députés des villes et communautés du bailliage d'Auxonne assemblés en ladite ville, sensibles à la sollicitude bienfaisante du Roi qui les invite à concourir avec ses autres sujets à la réformation des abus de l'administration de son royaume et à l'établissement de l'ordre le plus analogue au bonheur de l'Empire, acceptent avec respect et reconnaissance cette commission honorable, et remercient Sa Majesté de la confiance qu'elle met en un peuple qui s'est fait depuis son origine un devoir et un plaisir d'aimer, de chérir et de respecter ses rois ; et en conséquence proposent les établissements et réformes qui suivent.

CONSTITUTION.

1° Que sur toutes les matières mises en délibération aux Etats généraux, les trois ordres voteront individuellement et par tête.

2° Dans le cas où quelques députés des premiers ordres ou tous refuseraient leur suffrage

---

(1) Nous publions ce procès-verbal et le cahier qui suit d'après un manuscrit des *Archives de l'Empire.*

à cette demande préliminaire, ceux du tiers-état ne doivent pas laisser que de délibérer comme représentants de la nation.

3° Que les assemblées nationales aient un retour périodique qui ne pourra être prorogé au dela de cinq ans.

4° Que, dans l'intervalle d'une tenue d'Etats généraux à l'autre, il n'y ait pas de commission intermédiaire.

5° Que, dans le cérémonial des prochains Etats généraux, le tiers-état n'essuie aucune distinction humiliante.

6° Que la nation regarde comme loi constitutionnelle de la monarchie qu'aucun impôt ne peut être établi ni conservé, qu'aucun emprunt ne peut être fait sans le consentement de la nation assemblée en Etats généraux, qui en fixeront la durée.

7° Que les impôts soient simplifiés, qu'ils soient payés en argent et non en nature ; que toutes exemptions et tous priviléges cessent ; qu'en conséquence, la répartition s'en fasse indistinctement sur tous les individus des trois ordres, selon les propriétés et facultés de chacun, et que la répartition qui en sera faite entre les provinces soit rendue publique, ainsi que celle qui se fera entre les villes et communautés de chaque province.

8° Que le ministre des finances rende compte à la nation, à chaque assemblée des Etats généraux, et au Roi, annuellement ; que son compte dans les deux cas soit imprimé et rendu public.

9° Que l'on établisse de bonnes lois contre la mendicité, et à cet effet, que chaque communauté soit tenue de nourrir ses pauvres ; que les fonds des confréries, le superflu des fabriques, les aumônes publiques soient réunis sous la même administration, et que les comptes en soient rendus publics dans chaque communauté.

10° Que les cens emphytéotiques, droits seigneuriaux, tels que les mainmortes, droit d'indize, champarts, corvées, banalités, banvin, tailles seigneuriales et autres droits semblables soient déclarés prescriptibles comme les biens de roture et rachetables à perpétuité, à la volonté des débiteurs, sur le prix qui sera fixé par la loi ou par des experts.

11° Que les municipalités soient réformées, les maires et échevins des villes et campagnes élus librement par les députés des corporations ou par tous les habitants ; que leur exercice dure trois ans dans les villes et un an dans les campagnes ; qu'ils puissent être continués, avec la liberté à eux d'accepter ou de refuser la continuation.

12° Que les lettres de cachet soient abolies, et dans le cas où un particulier serait arrêté par les ordres du Roi, il soit remis entre les mains de ses juges dans les vingt-quatre heures.

13° Que la liberté de la presse soit autorisée, sauf les limitations nécessaires pour prévenir les abus.

14° Que la loi qui exclut le tiers-état des grades d'officiers militaires soit abrogée.

15° Que les milices soient supprimées et que, si la nécessité en paraît indispensable, elles se composeront par des enrôlements volontaires, aux frais proportionnels des trois ordres.

16° Que la peine militaire des coups de plat de sabre et de bâton soit abolie, comme contraire au préjugé national.

MATIÈRES ECCLÉSIASTIQUES.

17° Que l'on retranche la dépense des annates, frais de bulles, brefs, dispenses et autres de même espèce, et que l'argent que l'on y emploie soit destiné à la liquidation des dettes du clergé qui deviendront dettes de l'État.

18° Que les États généraux soient invités à s'occuper des portions congrues et de l'emploi des dîmes et autres biens ecclésiastiques, de manière que le casuel soit supprimé.

19° Que les prélats ne puissent s'absenter de leurs diocèses plus de trois mois, et les curés de leurs paroisses sans se faire remplacer; et que ces derniers ne puissent prendre plus de six semaines de vacances, le tout à peine de saisie de leur temporel applicable au profit des pauvres de leurs diocèses et paroisses.

20° Que les canonicats soient destinés pour la récompense et la retraite des anciens curés des villes et des campagnes, qui le demanderont après l'avoir mérité par la continuité de leurs services.

ADMINISTRATION DE LA JUSTICE.

21° Que les tribunaux d'exception soient supprimés, particulièrement les maîtrises, et que les affaires concernant les eaux et forêts, tant contentieuses que d'administration, soient renvoyées, relativement aux bois du Roi et des ecclésiastiques, aux bailliages, et relativement aux communautés séculières et aux particulières, par-devant les juges locaux.

22° Que la nation s'occupe de la réformation des ordonnances civiles et criminelles, et confie sans retard ce soin à des magistrats et jurisconsultes éclairés pour simplifier la procédure; que, dans aucun cas, les juges souverains ou autres ne puissent les modifier ou les changer.

23° Qu'aucun citoyen ne puisse être enlevé à ses juges naturels; qu'en conséquence, toutes commissions de judicature, toutes délégations du conseil demeurent révoquées pour ce qui est du contentieux; que l'administration des affaires des communautés, ainsi que la connaissance des droits de contrôle, centième denier et autres droits semblables, soient désunies des intendances; que les adjudications et comptes des communautés se fassent par-devant les juges, sans frais, et que les contestations qui seront portées par-devant eux, suivant leur compétence, lequel article a passé par acclamation en grande connaissance de cause.

24° Que les officiers de justice soient inamovibles; que la justice s'exerce dans le chef-lieu où les juges se transporteront une fois par mois, pour y juger les affaires sommaires, sans frais; que le droit de *committimus* soit aboli.

25° Que les juges des seigneurs connaissent des affaires de commerce; qu'ils les jugent conformément à l'ordonnance du commerce; en appelant en aide, de droit, deux négociants qui seront nommés annuellement par la communauté à la tenue des jours.

26° Que les peines soient uniformes pour tous les citoyens, attendu que les fautes sont personnelles, et que le droit de confiscation soit aboli.

27° Que les offices de jurés-priseurs soient supprimés.

28° Que les juges locaux soient souverains dans les causes sommaires jusqu'à la somme qui sera fixée par les États généraux, et les bailliages à proportion.

29° Que l'édit des clôtures soit révoqué et que le pâturage soit libre dans le temps de la vaine pâture.

30° Que les colombiers et volières, renfermant des pigeons fuyards, soient fermés depuis le 1er mars jusqu'au 1er décembre de chaque année.

31° Qu'il soit permis de faire rouir le chanvre dans les rivières navigables et dans celles qui seront reconnues propres au rouissage par l'administration des provinces.

32° Que les greffiers qui actent aux tenues de jours soient autorisés à recevoir sur-le-champ le payement des amendes, sans frais, lorsque les condamnés voudront les payer.

33° Que les règlements qui prescrivent de mettre des landons ou billots au cou des chiens soient abolis; qu'en conséquence les gardes ne puissent tuer les chiens qui en seraient dépourvus.

34° Que les poids et mesures soient réduits à la même matrice par tout le royaume, ou au moins pour la province de Bourgogne.

FINANCES.

35° Que la nation s'occupe des meilleurs moyens de procurer une diminution sur le prix du sel; que ce prix soit égal par tout le royaume.

36° Que l'impôt sur les cuirs soit supprimé.

37° Qu'il soit procédé nécessairement à la confection d'un nouveau tarif pour les droits de contrôle, petit scel, insinuation et autres droits du fisc.

38° Que l'on ne conserve de pensions que celles qui seront reconnues justes et qui auraient été concédées à gens d'une fortune médiocre, le mérite opulent devant recevoir des récompenses autres que des pécuniaires; que néanmoins la nation fixe la somme qui pourra être employée à cet objet.

39° Que l'impôt du centième denier des offices soit aboli, et qu'il rentre dans la classe des impôts sur les facultés.

40° Que le droit d'ensaisinement soit supprimé.

41° Que les rentes usuraires dues par l'État, le clergé et les provinces, soient réduites au taux des ordonnances, et que la rétention des vingtièmes ou autres impôts qui y seront substitués se fassent sur les régnicoles par les payeurs des rentes, tant sur celles constituées à perpétuité que sur les viagères.

42° Que le droit de franc-fief soit aboli.

43° Que toutes les aliénations ou échanges onéreux des domaines de la couronne soient déclarés nuls et révoqués, ou au moins que les engagistes payent le supplément du véritable prix de l'aliénation ou de la mieux-value de l'échange, suivant l'estimation de commissaires nommés par la nation.

COMMERCE.

44° Que le titre des matières d'orfèvrerie soit uniforme par tout le royaume.

45° Qu'il soit permis de prêter à intérêts à terme fixe par tous actes, même sous seing privé.

46° Que la liberté de faire le commerce soit interdite aux marchands colporteurs, à moins qu'ils ne justifient qu'ils ont un domicile fixe dans le royaume et qu'ils sont compris aux rôles des impositions royales de l'année; qu'ils ne puissent débiter leurs marchandises dans les villes qu'au pendant trois jours, et qu'ils ne puissent y revenir que de trois mois en trois mois.

47° Que les barrières des provinces réputées étrangères soient reculées jusqu'aux frontières.

ADMINISTRATION DES PROVINCES.

48° Qu'il soit accordé à la Bourgogne une constitution d'États provinciaux semblable à celle établie pour le Dauphiné par l'arrêt du conseil du 22 décembre 1788.

49° Que les corvées pour les routes et grands chemins soient supportées par les trois ordres indistinctement et à proportion de leurs facultés, et que chaque partie qui peut concerner une communauté soit faite à prix d'argent, la délivrance tranchée sur les lieux et la communauté admise à faire des enchères.

50° Que les seigneurs soient invités à accorder aux communautés le droit de pâturage dans leurs bois, après la quarte feuille, moyennant rétribution, sauf le droit déjà acquis aux communautés.

DOLÉANCES PARTICULIÈRES.

Ville d'Auxonne.

51° Que, dans la ville d'Auxonne, les dépenses de la construction et entretien des casernes établies dans l'origine pour une seule brigade, les dépenses de l'ustensile, du logement des officiers et autres personnes attachées à l'artillerie, soient à la charge de la nation; pour cela elle offre au Roi, en toute propriété, le bâtiment des casernes qu'elle a construit à grands frais, avec tous les meubles et fournitures qu'il renferme.

52° Que les états-majors inutiles, notamment celui qui existe dans son enceinte, soient supprimés.

Pontailler.

53° Que la ville de Pontailler soit rétablie dans le droit d'envoyer des députés aux États particuliers de la province.

54° Que la même ville soit déchargée de l'entretien de ses quatre ponts qui servent à la desserte de trois provinces pour les routes nouvellement établies, attendu qu'elle contribue à l'entretien des ponts de la province.

55° Que les droits de petit scel, présentations, défauts, sous pour livre, qui se perçoivent dans la châtellenie de Pontailier, sur le même tarif que dans les bailliages, soient supprimés.

Chaussin.

56° Le marquisat de Chaussin demande la continuation sur la Franche-Comté des routes ouvertes sur le marquisat.

Chaussin et la Perrière.

57° Que, dans le cas où les privilèges des provinces, villes et communautés du royaume seraient conservés, ceux qui ont été accordés aux habitants du marquisat par les traités de Noyon et de Cambrai leur soient également conservés dans toute leur intégrité, nonobstant les atteintes que les fermiers généraux y ont déjà portées; qu'il en soit également pour le marquisat de la Perrière.

Perrigny Cléry, Vielverge et Soissons.

58° Ces communautés demandent d'être déchargées de la construction et entretien des deux ponts qui servent à la desserte de trois provinces et la continuation de leurs privilèges dans le cas où les provinces, villes et communautés du royaume seraient conservées dans les leurs.

Observations particulières.

59° Lecture ayant été faite à la présente assem-

blée d'un Mémoire du sieur D....., citoyen d'Auxonne, concernant l'amélioration de l'agriculture et des bois, ce Mémoire a paru rempli de vues utiles et a été très-accueilli. En conséquence, il a été délibéré qu'il en serait fait mention dans le présent cahier pour être soumis à la décision de Messieurs, qui opineront dans le bailliage du Dijonnais, avec la réserve néanmoins qu'en cas d'admission, les communautés et les individus ne pourront être forcés de s'y conformer.

Article ajouté.

60° Que les chemins finerots, souvent incertains dans les campagnes et surtout dans les bois, soient fixés et bornés par tout le royaume, aux frais des propriétaires.

Fait, clos et arrêté en l'assemblée générale des villes et communautés du bailliage d'Auxonne, aujourd'hui 21 mars 1789, en exécution de l'ordonnance de M. le lieutenant civil au même siège, lequel s'est soussigné avec le procureur du Roi, tous les députés présents en ladite assemblée le sachant faire, et le greffier; quant aux autres, ils ont déclaré ne savoir signer, de ce requis. Signé Buvée-Chandot, Chemeret, Petit de Martincourt, Roussot, de Belgrand, de Moisy, Serdet, Joly, Gauthier le Rouge, Billotet, Pechinot, Borthon, Berger, Rude, Jean-Simon-Claude Precheux, Dégré, Marizot-Montagnay, Simon Roger, Antoine Dauvey, Jean Bernard, Gabriel Bertaux, Mitaine, Gueritey, Nicolas Chenevoy, Jean-Baptiste Lespagnol, Visenne, Jean Foulot le Noir, Guenaux, Herard, Marchet, Bazenet Pauzaux, Pignaut, Dauvry, Drouelle, Boudier, Joseph Chapelotte, Ferdinand Myon, Jean-Claude Bannelier-Perrenin, Fremey, Camus, Guinchard, Fluchon, Claude-Pierre Quenon, E. Vautey, Michaux, et Humbert, greffier.

Pour adhésion : P.-F. Beuzon.
Pour adhésion : Martin Bourgeois.

Doléances particulières des habitants de Chavannes.

Déclarant les habitants de cette communauté que leur hameau, dépendant de la paroisse de Vers en Franche-Comté, est enclavé dans cette dernière province, ce qui gêne beaucoup leur commerce et leur rend l'obtention de la justice très-difficile; en conséquence, ils demandent d'être désunis du marquisat de Chaussin et remis au bailliage de Poligny.

Fait, clos et arrêté, en exécution de notre ordonnance de cejourd'hui 22 mars 1789, et nous nous sommes soussignés avec le procureur du Roi, lesdits Beuzon et Bourgeois et le greffier.

Signé Buvée-Chandot, Beuzon, Martin Bourgeois et Humbert, greffier.

Vérifié et collationné par le soussigné, greffier du bailliage d'Auxonne, cejourd'hui 23 mars 1789.

Signé Humbert.

NOTES

Sur les articles de doléances et remontrances, du bailliage d'Auxonne, du 22 mars 1789.

Sur l'article 1er. Plusieurs votants étaient d'avis de limiter la proposition au cas où les trois ordres ne pourraient se concilier en délibérant séparément.

24° Plusieurs communautés demandaient : 1° que leurs juges fussent gradués ; 2° qu'il leur fût libre d'éviter un degré de juridiction en plaidant en première instance dans les bailliages. L'opinion des officiers des seigneurs députés à l'assemblée a entraîné les suffrages contraires.

25° Cette proposition, faite par un juge de seigneur, a passé difficilement.

28° Huit officiers de basse justice et environ autant de fermiers de seigneurs ont influé sur la demande de la souveraineté des juges seigneuriaux.

29° Cette proposition a passé de l'avis des gens de la campagne contre l'opinion unanime de tous les habitants des villes.

36° Plusieurs étaient d'avis d'y substituer un impôt sur le luxe.

40° On a agité la question de rendre la perception du droit d'ensaisinement générale par tout le royaume, en compensation de la suppression d'autres impôts plus onéreux.

SÉNÉCHAUSSÉE DE DINAN.

Nota. Le clergé et la noblesse de Bretagne refusèrent de députer aux Etats-généraux. *Voy.* plus loin les délibérations de ces deux ordres à l'article Saint-Brieuc.

CAHIER GÉNÉRAL

Des charges plaintes , doléances et représentations du tiers-état de la ville et faubourg de Dinan, évêché de Saint-Malo, en Bretagne, fait et rédigé par les commissaires nommés en l'assemblée des électeurs de ladite sénéchaussée, le 7 et jours suivants du mois d'avril 1789 , tenue en l'auditoire royal de la ville de Dinan, en exécution et en conformité de la lettre de Sa Majesté, pour la convocation des Etats généraux, et règlements y annexés des 24 janvier, 27 avril et 16 mars 1789, et de l'ordonnance de M. Lallané, de la sénéchaussée de Dinan, le tout lu et publié dans les villes et paroisses du ressort de ladite sénéchaussée de Dinan, pour ledit cahier être délivré aux députés qui seront ci-après élus à l'effet de le représenter et déposer au greffe du tiers-état de Versailles (1).

Art. 1er. La province de Bretagne n'ayant été unie à la couronne de France qu'à des conditions qui doivent être sacrées, on demande que cette province soit maintenue dans tous les droits, priviléges, franchises et libertés qui lui sont conservés par le contrat d'union à la couronne et par les autres postérieurs, autant qu'ils en sont renovatifs et conservatifs, et qu'il n'y sera pas dérogé par les articles ci-après.

Art. 2. Que tous impôts qui auront lieu dans la province de Bretagne soient, à l'avenir, supportés d'une manière égale et par chacun en proportion de ses propriétés et facultés quelconques, sans distinction d'ordre, et qu'il n'y ait qu'un seul rôle pour chaque objet, et qu'on supprime tous impôts particuliers à un ordre, sauf à les remplacer, s'il est possible, par des impositions générales.

Art. 3. Que les rôles des répartitions de toutes les impositions seront faits dans chaque paroisse par des commissaires nommés par la généralité des habitants, lesquels commissaires répondront personnellement des injustices qu'ils commettraient dans la répartition, et que tous les contribuables seront tenus de faire faire la collecte desdits rôles.

Art. 4. Que la corvée en nature soit définitivement supprimée, et que la dépense de l'ouverture et entretien des grandes routes soit faite par le trésor public ou par une imposition sur les trois ordres.

Art. 5. Que les habitants des campagnes soient admis, à l'avenir, à se faire représenter à toutes assemblées nationales, et que dans ces assemblées les représentants du tiers-état soient en nombre égal à celui des deux ordres réunis de l'Eglise et de la noblesse; que les voix y soient comptées par tête, et que nul ne puisse présider le tiers

(1) Nous publions ce cahier d'après un manuscrit des *Archives de l'Empire.*

qu'autant que la réunion des suffrages l'aura fait élire, et que les députés aux Etats particuliers de la province soient élus dans la même forme que pour les Etats généraux.

Art. 6. Que l'impôt sur les cuirs, dont la perception est aussi vexatoire que l'impôt est désastreux par lui-même, soit supprimé.

Art 7. Qu'il soit fait un nouveau tarif pour la perception des droits de contrôle et autres, en conformité des édits de création et sans égard aux différents arrêts du conseil et déclarations du Roi surprises à sa religion ; que ce tarif soit clair et précis; qu'il soit rendu public pour empêcher les préposés de percevoir ces droits arbitrairement, et qu'il soit ordonné que les contestations qui surviendraient seront portées devant les juges royaux des plus prochains du bureau.

Que la défense faite aux avocats et autres officiers publics d'écrire sur papier libre quittances, obligations et traités entre particuliers sachant signer, soit supprimée.

Que le droit de sceau qui se perçoit à raison des vacations des greffiers de juridictions royales de la province sur les actes des appositions de scellés, d'inventaires , prisages de meubles , de certification des titres et papiers , soit supprimé.

Que les inventaires, prisages de meubles, pour les mineurs pauvres et autres, le sommaire n'excédera pas la somme de 300 livres, ne soient sujets qu'au *vidi* du commis dans la quinzaine, pour la sûreté de ces actes.

Que les partages, divisions, subdivisions des mêmes meubles et effets qui auront acquitté les droits en l'acte d'inventaire, prisage, ne puissent être assujettis à un second droit, puisque ce sont les mêmes objets dont il s'agit et que, dans le cas de vente d'iceux, le droit ne sera perçu que sur l'excédant du montant des inventaires, partages et subdivisions.

Que les tutelles des pauvres mineurs que sont tenus de faire gratis les juges et greffiers de la province soient exemptes de tous droits, même du parchemin et papier timbré, pour en faciliter le retrait aux tuteurs et mineurs.

Que les droits réservés ne soient perçus à l'avenir que sur la vacation du juge et non sur celle du procureur du Roi, suivant l'esprit de création de ces droits.

Que les greffiers de la province qui auront acquitté au bureau les droits exigés par les commis sur les actes et sentences qu'ils y auraient présentés, ne restent plus, comme on l'a prétendu, responsables du défaut de non-perception de la part des commis de tout ou partie desdits droits, et qu'il en soit de même à l'égard des notaires.

Que les mêmes greffiers, qui ne peuvent forcer les parties aux retraits des différents actes et sentences qui émanent des juges, ne puissent être assujettis d'en payer les droits d'insinuation ou autres dont ces actes sont susceptibles dans la quinzaine, et qu'ils ne soient tenus de les acquitter que lors de la demande du retrait.

Enfin, que les droits de contrôle et insinuation sur les partages des biens immeubles et contrats de mariage soient modérés.

Art. 8. Que les droits de péage, de coutumes, de bouteillages, de halle et d'étalage qui se perçoivent dans les villes et dans les campagnes, aux foires et marchés, les droits de quintaine, sauts de poissonniers, ceux établis sur les bouchers sous le nom de bœuf vilé, os moellé, soules et autres semblables, soient supprimés et totalement abolis comme sujets à concession, contestations et meurtres, en remboursant néanmoins les propriétaires de ceux d'entre ces droits qui sont lucratifs, au taux qui sera fixé, dans le cas qu'ils justifient la propriété incontestable de ces droits.

Art. 9. Que les droits d'entrée et de sortie d'une province à l'autre, ceux des traites foraines et domaniales soient supprimés comme étant infiniment gênants pour le commerce ; que les droits sur les marchandises étrangères soient payés à leur entrée dans le royaume.

Art. 10. Que les évêques soient autorisés à donner à prix modéré les dispenses pour lesquelles on a recours à Rome ; que l'archevêque metropolitain concède les bulles et collations des bénéfices, et que le produit de ces dispenses et droits de collation de bénéfices soit appliqué au soulagement des pauvres des paroisses des impôtrants.

Art. 11. Qu'il soit ordonné aux évêques de résider dans leurs diocèses, et que nul ne pourra posséder deux bénéfices lorsqu'un seul pourra suffire pour les besoins honnêtes.

Art. 12. Que les exemptions de dîmes attribuées aux nouveaux défrichements et dessèchements faits depuis l'année 1768, et pour ceux qui le seront dans la suite, soient déclarées perpétuelles pour l'encouragement de l'agriculture étant reconnu que majeure partie des défrichements et dessèchements en Bretagne ne peut être perfectionnée qu'après un long délai et de grandes dépenses. Ces terres de mauvaise qualité, la plupart très-froides, sont susceptibles d'être abritées par des arbres, qui toujours y viennent difficilement.

Que les dîmes vertes, de lainages et de charnages soient supprimées comme insolites et abusives, et que la perception des autres dîmes ne puisse retarder l'enlèvement de la récolte.

Art. 13. Qu'à l'égard des terrains encore vagues, les galloys, landes et bruyères, les seigneurs qui justifieront en être propriétaires soient tenus de les mettre en culture ; faute de quoi il soit permis aux riverains de s'en emparer pour les partager entre eux, les défricher, les mettre en valeur et en disposer à titre de propriété.

Art. 14. Qu'il soit ordonné que les rentes censives et seigneuriales, droits de corvée et autres prestations féodales soient déclarées franchissables au taux qu'il plaira aux États généraux de fixer, et que, pour éviter la perte qui en résulterait pour ceux qui possèdent beaucoup de rentes de cette nature, il soit permis de faire valoir l'argent à intérêt au denier fixé par la loi.

Art. 15. Que la réformation des fiefs soit faite aux frais des seigneurs, ainsi que la collecte des rentes, conformément aux aperçus jusqu'à leur affranchissement, et qu'ils soient tenus de les faire percevoir chaque année, sous peine de prescription après trois ans.

Art. 16. Qu'il soit fait défenses à toutes personnes ayant le droit de chasse de l'exercer ailleurs que sur son terrain, et de chasser lorsque le terrain sera ensemencé jusqu'à la récolte finie, sous peine de 300 livres d'amende applicables un tiers aux besoins de l'État, l'autre au profit du propriétaire du terrain sur lequel elles auront chassé et le troisième aux pauvres de la paroisse que les maîtres répondront de leurs domestiques et gardes-chasses, et que la connaissance de ces délits appartiendra aux juges royaux les plus prochains des lieux.

Art. 17. Qu'il soit permis aux habitants propriétaires et gros fermiers d'avoir chez eux des fusils pour leur sûreté personnelle, tant contre les voleurs que contre les bêtes nuisibles, sur lesquelles il leur sera permis de tirer sans qu'ils puissent porter lesdites armes au delà de leurs domaines.

Art. 18. Que les garennes soient détruites et les colombiers, fuies, trapes soient supprimés, et qu'il soit permis de tirer sur les pigeons trouvés en dommage.

Art. 19. Que les banalités de fours, moulins et pressoirs et toutes corvées personnelles dues aux seigneurs à raison de ces objets, soient absolument et entièrement détruites et supprimées, et qu'il soit libre à toute personne de bâtir des moulins, fours et pressoirs ; que défenses soient faites à tous propriétaires de moulins à eaux de conserver leurs eaux au devant de leurs moulins et d'avoir des batardeaux qui puissent les faire refluer sur les terrains voisins.

Art. 20. Que les rivières soient rendues navigables au plus loin possible, sans autre art que la suppression des batardeaux, qui s'opposent à la navigation, sauf à faire par la suite l'établissement des canaux pour communiquer d'une rivière à l'autre, observant ici particulièrement que la rivière de Rance, près de Dinan, serait dès à présent navigable à trois lieues plus loin par le moyen du flux de la mer, sans autre travail que le curage et la suppression desdits batardeaux.

Art. 21. Qu'il soit permis à toutes personnes d'user de l'eau des ruisseaux fluant le long de leurs possessions, tant pour l'arrosement de leurs terres que pour les rufoirs des lins et chanvres, et que tout écoulement d'eau qui n'aura pas sept pieds de lit dans son cours ordinaire sera réputé ruisseau.

Art. 22. Que les successions des bâtards tombant en vacance et les déshérences en toutes autres successions appartiendront à la fabrique de la paroisse où le décès sera arrivé, et les biens situés pour tourner à la nourriture des bâtards et enfants trouvés, ou que cette charge soit imposée aux seigneurs qui profitent des vacances et déshérences.

Art. 23. Qu'à l'avenir les sujets de l'ordre du tiers-état soient admis à occuper toutes places dans l'Église, la haute magistrature, le militaire et la marine ; qu'en conséquence toutes lois qui les en excluent soient supprimées, et que le parlement de Bretagne soit composé des trois ordres, dont moitié du tiers-état.

Art. 24. Que les droits de lods et ventes de contrats d'échange d'héritages soient supprimés comme contraires au texte formel de la coutume; qu'ils soient de même supprimés pour tous les autres contrats, ainsi que les rachats et tous droits casuels de fiefs : ce que le Roi peut faire avec justice si Sa Majesté voulait, pour le bien-être de son peuple, faire la remise de mêmes droits en faveur des seigneuries qui relèvent prochainement de sa couronne, et ordonner que par compensation les vassaux inférieurs en soient dispensés.

Art. 25. Que tous les enrôlements forcés, tels que les milices de terre et de mer, soient supprimés, sauf à les remplacer par des enrôlements à prix d'argent, au moyen d'une imposition sur les trois ordres, ou que, dans le cas contraire, les domestiques des ecclésiastiques, gentilshommes et privilégiés soient assujettis au sort.

Art. 26. Qu'il soit construit, aux frais des trois ordres de l'État, des casernes dans les villes destinées à avoir des troupes en garnison ou en quartier, et que l'achat des fournitures à ce nécessaire soit fait aux frais des mêmes.

Art. 27. Que les privilèges pécuniaires à raison de naissance, charges, fonctions et emplois soient abolis; que l'attribution donnée à certaines charges de transmettre la noblesse soit supprimée, et que, pour éviter la facilité de l'usurper, nul ne puisse être admis pour obtenir arrêt de maintenue, qu'après avoir communiqué ses titres et preuves à la municipalité la plus prochaine de sa résidence, laquelle sera autorisée à faire, aux frais de l'impétrant, les recherches nécessaires dans les lieux et paroisses où ses auteurs auront résidé.

Art. 28. Qu'en conformité de l'article de 667 de la coutume de cette province et arrêt de la chambre royale du mois d'août 1672, il soit défendu à toutes personnes de condition roturière de prendre la qualité d'écuyer, et à toutes personnes nobles la qualité de messire, chevalier, vicomte, comte, baron, ou toutes autres, à moins qu'elles n'y aient été maintenues par arrêt de noblesse, sous peine de 1,000 livres d'amende, laquelle sera applicable, un tiers à Sa Majesté, un autre au dénonciateur, et l'autre aux pauvres de la paroisse du domicile du contrevenant, laquelle sera perçue par les préposés et receveurs aux bureaux des contrôles, lesquels seront tenus d'en faire la poursuite.

Art. 29. Que suppression soit faite de toutes les pensions ci-devant accordées sans des causes légitimes bien justifiées ou concédées à des personnes riches.

Art. 30. Que les ordonnances civiles et criminelles, celles des eaux et forêts, et celles du commerce soient réformées; qu'elles soient remplacées par des lois uniformes qui assurent également la liberté des personnes et des biens, qui assujettissent les prévenus de crimes et délits aux mêmes peines, sans distinction de rang ni de personnes, et abolissent celles qui seraient plus favorables aux uns qu'aux autres, sans que les punitions infligées aux coupables soient déshonorantes pour les familles, et qu'outre les peines qui seront prononcées contre les personnes prévenues d'abus d'autorité et de confiance, il sera énoncé des amendes applicables au soulagement des pauvres.

Art. 31. Que les lettres de cachet soient supprimées.

Art. 32. Que les domaines de la couronne, dont la régie absorbe la majeure partie des revenus, soient déclarés aliénables, afin que le produit en tourne à l'acquit des dettes de l'État.

Art. 33. Que nul impôt ne pourra être perçu qu'autant qu'il aura été consenti par les États généraux et pour un temps limité, et que la tenue périodique des États généraux soit fixée à un terme court et de six ans au plus.

Art. 34. Que les ministres soient comptables aux États généraux de l'emploi des fonds qui leur auront été confiés.

Art. 35. Que l'impôt ne sera consenti qu'après la reconnaissance de l'étendue de la dette nationale et le règlement des dépenses de l'État.

Art. 36. Que les fouages ordinaires et extraordinaires et les droits de franc-fief soient totalement supprimés.

Art. 37. Que le droit de centième denier sur les offices soit supprimé, en observant que ce droit, représentatif du droit annuel, a été affranchi par les propriétaires de plusieurs offices dans les années 1744 et 1745.

Art. 38. Que tous poids et mesures soient rendus uniformes dans tout le royaume, avec défenses aux acheteurs et vendeurs de se servir d'autres, à peine d'amende.

Art. 39. Que les postes aux chevaux dans cette province soient mises en baux par adjudication.

Art. 40. Que les maîtres de messagerie soient tenus de fournir en bon état et bien équipés des chevaux et voitures à ceux qui en auront besoin, et qu'il soit libre aux particuliers de s'en procurer ailleurs sans permis dans le cas que les maîtres ne puissent en fournir.

Que les fermiers soient tenus d'avoir des voitures dont les roues portent six pouces de jantes, conformément à l'arrêt du conseil de 1788 et aux conditions de leur bail.

Que les droits de transport de paquets et malles soient perçus en conformité du tarif de 1775; qu'en conséquence les fermiers et sous-fermiers ne puissent prétendre aucun droit de changement de bureaux, et que le tarif desdits droits soit exposé en lieu visible dans chaque bureau.

Art. 41. Que dans les bureaux des postes, les lettres ne puissent être décachetées, soustraites ou retardées, sous les peines les plus rigoureuses, tant contre ceux qui donneront les ordres que contre ceux qui les exécuteront.

Art. 42. Que la justice soit rendue à l'avenir au nom du Roi seul, comme chef de l'État; qu'à cet effet les juridictions seigneuriales soient supprimées ainsi que toute juridiction d'attributions, à l'exception de celles des conseils, dont Sa Majesté sera suppliée d'établir des siéges dans les villes du second ordre et de commerce dans la province; qu'à cet effet il lui plaira d'établir des juridictions dans toutes les juridictions et gros bourgs, à la distance de quatre à cinq lieues les unes des autres, dont les arrondissements seront déterminés par paroisses, et qu'il plaise au Roi de supprimer à l'égard de ces nouvelles juridictions, même de toutes les autres ci-devant établies et destinées à juger les causes en première instance, tous les droits qui se perçoivent aujourd'hui dans les juridictions royales et qui ne se payent pas dans les juridictions des seigneurs.

Que ces juridictions soient autorisées à juger en dernier ressort toutes les petites causes jusqu'à telle somme qu'il plaira au Roi de fixer, et que toutes les appellations ne puissent souffrir qu'un seul ressort, et que dans chacune de ces juridictions il y ait trois juges pris dans le nombre des avocats; que les procureurs soient strictement tenus de répondre de la forme des procédures.

Art. 43. Que nul ne pourra être admis en qualité de juge des juridictions ordinaires et présidiales qu'il n'ait atteint l'âge de trente ans et exercé avec distinction la profession d'avocat pendant au moins six ans; comme aussi que nul ne pourra être admis juge dans le parlement qu'il n'ait exercé la fonction de juge pendant au moins quatre ans ou celle d'avocat pendant dix ans, et que tous les juges seront tenus à résider au lieu de l'exercice de leurs fonctions.

Art. 44. Que Sa Majesté soit suppliée d'ordonner que la coutume de Bretagne sera réformée par des commissaires choisis en Bretagne, attendu que plusieurs articles sont tombés en désuétude, que d'autres ont souffert des atteintes par des arrêts, et que d'autres enfin sont mal rédigés et qu'on ne peut en connaître facilement l'esprit.

Art. 45. Que la police pour l'alignement et le nivellement des rues dans les villes, la propreté d'icelles, le bon ordre dans les foires et marchés, la fixation du prix du pain, de la viande et autres comestibles concernant l'approvisionnement, soit commise aux officiers municipaux, qui seront tenus de l'exercer sans frais et de faire pratiquer les amendes prononcées par les ordonnances et règlements sur le rapport de leurs simples procès-verbaux et à la suite d'iceux.

Art. 46. Que les habitants des campagnes ne soient plus assujettis au transport des bagages des troupes, et qu'en tout cas les harnais des ecclésiastiques et des nobles y soient également assujettis moyennant payement.

Art. 47. Que les appointements des officiers supérieurs soient diminués et que le nombre soit réduit, qu'enfin il n'y ait qu'un seul commandement pour chaque province.

Art. 48. Sa Majesté sera suppliée de retirer les édits et déclarations qui permettent aux nations étrangères d'introduire dans le royaume et dans nos colonies différentes marchandises fabriquées, et d'exporter des colonies les productions qui y croissent, et que toutes compagnies exclusives soient supprimées.

Art. 49. Que les adjudications des octrois et tiers en sus soient faites sans frais en présence des juges royaux et sur la réquisition des officiers municipaux ; que l'examen des comptes des mineurs soit également fait sans frais, et qu'à l'avenir il ne soit prélevé sur les deniers d'octrois des villes aucune somme soit à raison des offices municipaux, soit au profit des commissaires des guerres et tous autres officiers de justice ou autres.

Art. 50. Que défense soit faite à tous ecclésiastiques de faire commerce et prendre des héritages à ferme, soit directement ou indirectement, au delà de trois journaux de terre, dans le cas où le propre n'allât pas à cette quantité.

Art. 51. Qu'il soit ordonné que dans chaque paroisse il y aura des registres distincts et séparés pour les enregistrements des baptêmes, mariages et sépultures ; que chaque registre soit imprimé et qu'il n'y ait en blanc que les noms, qualités, demeures et état; qu'il soit ordonné aux recteurs, curés et vicaires d'exprimer le lieu de la naissance de père et mère.

Art. 52. Qu'il soit fait un établissement d'accoucheurs et matrones jurés dans les campagnes, de distance en distance, et un hôpital dans chaque diocèse pour les mineurs pauvres, les bâtards, les vieillards et infirmes y être reçus, lesquels établissements seront faits par la réunion des bénéfices qui seront supprimés ou réduits.

Art. 53. Qu'il soit créé dans les paroisses éloignées de plus de deux lieues du siège de l'établissement de la juridiction, un notaire royal qui fera fonction de greffier pour les appositions de scellés, inventaires, ventes, réceptions d'avis de parents pour tutelles, curatelles, émancipations, décrets de mariages et tous actes de notaires, faisant signer ces derniers par deux témoins, et que ces notaires soient autorisés à se faire restituer les minutes des notaires royaux décédés ou supprimés.

Art. 54. Que chaque partie de bien soit imposée dans la paroisse où elle est située et que l'imposition soit réglée tant sur le revenu certain que sur le revenu casuel.

Art. 55. Que tous impôts quelconques, qui ont ou auront lieu dans la province, seront régis par la province même, laquelle versera directement dans le trésor public le montant de l'impôt, et que d'ici à ce temps les habitants soient autorisés à désigner des casernes pour le logement des employés au tabac, sans que lesdits employés puissent se loger arbitrairement.

Art. 56. Que la presse soit libre, sauf la peine justement due aux auteurs et imprimeurs pour les écrits calomnieux et incendiaires, ou injurieux au prince ou à la nation.

Art. 57. Qu'on ne pourra s'emparer des propriétés privatives pour les ouvrages de l'utilité publique qu'après un dédommagement de leur valeur.

Art. 58. Que l'ordonnance de la marine soit réformée, spécialement en ce qui concerne la coupe des algues, varechs ou goëmons, et pour fixer l'exécution des articles qui concernent la pêche, et arrêter les infractions qui dépoisonnent les côtes par les prises du fretin.

Art. 59. Qu'il plaise à Sa Majesté d'accorder des prix aux cultivateurs, pour l'encouragement de l'agriculture.

Art. 60. Que le tarif pour la vacation des officiers de justice sera réformé, réduit et modéré.

Au surplus, il sera adhéré à tout ce qui pourra être proposé au nom de l'ordre du tiers et à tout ce qui sera reconnu utile et avantageux au bien des peuples de l'État et pour la gloire du monarque, sans néanmoins pouvoir donner aucune atteinte aux droits, privilèges, franchises et libertés de la province.

Fait et arrêté dans l'assemblée des électeurs des villes et paroisses du ressort de la sénéchaussée royale de Dinan, le 10 avril 1789. Ainsi signé sur la minute : Sevestre, de la ville de Rembert; Tirol; Bechu; Guibourg; Sorcoueffa; Moreau; Viel; Le Grand-Champ; Dutertre; Denoual; Le Cacq; Beslay; Bameul; de La Chabossais; Janson; Coupard; Villalon; Le Baron; Beslay de Saudrai; Onice Guillaume, Egault; Brandely; Laurent Robours; Jean de Saint-Pern; François Rouxel; Le Marié; Rochet; Duponcel; François Fetil; Jean Thébaut; Le Bigot; Joseph Bernard; François Jauton; Joseph de Lourme neveu; Courseulles; Le Gallais-Briand; Houel; Rouaut; Roger; Le Chien; Pluet; Gilles; Sevestre Robert; Mossier; Julien-Guy Thomas; Bugaut; Vincent; Jean Josselin; Mabille; l'évêque Jean Le Tonturier; Olivier de La Ville; Girouard; Guygerien; Nicolas Viel; Jean-Baptiste Rocheril; l'abbé Gervaise; Fau; Goupil; Briand; Jacques Hubert; Mathurin Ory; Deschamps; Claude Jumel; Pierre Jamel; Charles Recouvel; Jacques Fouré; Pépin; Marcelin; Yves Eclard; Debon; Louis Rault; Perroquin; Yves Juhel; Louis Blanchard; Guerin; Halonet; Dubois; Jean Le Branchu; Charles Malivel; Pierre Joulain; Le Menard , et Jourdain de Coutance, lieutenant général en la sénéchaussée, président de l'assemblée, et Baignoulx , greffier-secrétaire.

Collationné par nous, greffier-secrétaire, sur la minute dont nous sommes saisi, à Dinan, le 15 avril 1789. *Signé* Baignoulx.

BAILLIAGE DE DOLE.

CAHIER

Des instructions et doléances de la chambre du clergé de l'assemblée bailliavale de Dôle, en Franche-Comté, pour être présenté aux Etats généraux en 1789 (1).

L'ordre du clergé de l'assemblée du bailliage de Dôle, désirant répondre aux vues de sagesse et de bienfaisance de Sa Majesté Louis XVI, qui veut établir un ordre constant et invariable dans toutes les parties du gouvernement qui intéressent le bonheur de ses sujets et la prospérité du royaume, estime que, pour remédier aux maux de l'Etat, pour réformer les abus qui les ont occasionnés, leur député doit, après avoir adressé au Roi de très-humbles remercîments de ses bontés pour son peuple, faire aux Etats généraux les demandes suivantes sous le bon plaisir de Sa Majesté.

Art. 1er. Dans tous les Etats généraux le nombre des membres du tiers-état sera égal à celui des deux premiers ordres réunis, ainsi que Sa Majesté l'a réglé pour les Etats de l'an présent.

Art. 2. L'ordre du clergé sera toujours en nombre égal à celui de la noblesse.

Art. 3. Toutes les questions seront décidées à la pluralité des suffrages comptés par tête, sauf celles qui regardent la religion et la discipline ecclésiastiques réservées au clergé.

Art. 4. Les Etats généraux s'assembleront de nouveau en 1793, et après cette époque, tous les six ans et toutes les fois que de grands motifs en requerront la convocation.

Art. 5. Les Etats provinciaux seront établis dans chaque province du royaume, ils seront organisés sur le modèle des Etats généraux. Les officiers des cours souveraines n'y seront point éligibles et ne pourront y comparaître que par procureurs.

Art. 6. L'assemblée dépose au pied du trône, entre les mains de la nation, la renonciation qu'elle a faite unanimement à toutes ses immunités réelles et pécuniaires et son consentement de supporter par égalité et proportionnellement toutes les charges publiques converties en argent, la noblesse ayant également renoncé à toutes exemptions pécuniaires.

Art. 7. Il ne sera levé aucune contribution ni fait aucun emprunt sans le consentement des Etats généraux, et les impôts qui seront déterminés par la nation assemblée ne pourront être perçus que jusqu'à l'époque à laquelle les Etats généraux en auront fixé le terme, en sorte que, si les Etats généraux ne se tiennent point, les contributions cesseront à l'instant où la convocation aurait dû être faite.

Art. 8. Il n'y aura qu'un seul rôle pour l'impôt, et l'impôt ne sera réglé qu'après un mûr examen de recettes et dépenses des dettes de l'Etat et des pièces originales qui peuvent en constater ; et la répartition des impôts sur les villes et communautés sera entre les mains des Etats provinciaux.

Art. 9. Les articles ci-dessus seront consentis avant tout ; c'est le vœu unanime de la chambre qui les regarde comme absolument nécessaires au bonheur du peuple français.

Art. 10. Tout membre du clergé séculier et régulier aura droit d'être convoqué et de voter pour la nomination des députés aux Etats provinciaux.

Art. 11. Les Etats généraux commettront les Etats de chaque province pour faire rentrer tous les domaines aliénés ou échangés au préjudice de la couronne, à commencer depuis 1674, pour la Franche-Comté, et notamment faire révoquer l'échange fait en dernier lieu avec le prince de Montbéliard.

Art. 12. Les Etats provinciaux affermeront, tous les neuf ans, tous les biens domaniaux à ceux qui en feront les conditions meilleures, et toutes les fermes du Roi seront mises en régie.

Art. 13. L'entretien des routes royales, la confection des nouvelles et leur direction, seront à la disposition des Etats provinciaux, et il sera toujours libre aux communautés de les faire par corvées ou à prix d'argent.

Art. 14. Il sera permis de tirer intérêt au taux fixé par le prince pour une somme aliénée sur simple billet à terme.

Art. 15. Les lettres de cachet seront supprimées. La liberté individuelle, le droit de n'être jugé que par des tribunaux avoués de la nation, et la propriété des biens seront sacrés.

Art. 16. La liberté du commerce aura lieu dans toute l'étendue du royaume, et la nation statuera sur le reculement des barrières.

Art. 17. La police veillera avec plus de circonspection sur la liberté de la presse ; les arrêts et règlements seront observés à l'égard des auteurs, imprimeurs et colporteurs, pour le maintien de la religion, des mœurs, de l'obéissance due au souverain et de l'honneur de chaque citoyen.

Art. 18. La forme du tirage actuelle de la milice, infiniment à charge, sera abrogée ; les Etats provinciaux aviseront aux moyens de la simplifier et de la rendre moins onéreuse.

Art. 19. Les intendants seront tenus de rendre compte aux Etats provinciaux des sommes qu'ils ont perçues pour l'habillement des soldats provinciaux et généralement de tout ce qu'ils ont levé sur la province.

Art. 20. Tous les biens et bénéfices possédés ci-devant par les jésuites, en Franche-Comté, seront administrés par les Etats provinciaux, auxquels les anciens administrateurs rendront compte depuis le 1er avril 1765.

Art. 21. Les receveurs du don gratuit seront également tenus de rendre compte aux Etats provinciaux de leurs recettes et dépenses depuis la même époque, pour les sommes é ⁴ᵃᵖᵒsées dans la caisse provinciale dont il se..

(1) Nous publions ce cahier d'après un manuscrit des *Archives de l'Empire.*

Art. 22. Il ne sera plus payé de don gratuit, et la chambre ecclésiastique de Besançon, chargée de le percevoir, sera supprimée.

Art. 23. Suppression de tous tribunaux d'exception, notamment de celui des eaux et forêts, en place duquel sera créé un lieutenant général qui aura dans son département les eaux et forêts.

Art. 24. La vénalité des charges de judicature et de municipalité sera supprimée, l'administration de la justice simplifiée, les frais de procédure modifiés, les codes civil et criminel corrigés, tous les droits de *committimus* abolis.

Art. 25. Il sera fait de nouveaux tarifs où tous les droits des officiers supérieurs et inférieurs de judicature, ainsi que ceux du notaire et du contrôle des actes, seront clairement déterminés.

Art. 26. Les droits de contrôle seront invariablement fixés et perçus conformément à l'édit enregistré au parlement de Besançon, sans avoir égard aux différents arrêts du conseil, et pour ce, le tarif desdits droits sera imprimé et affiché dans les bureaux des contrôleurs et études des notaires; les centièmes et demi-centièmes deniers pour les successions collatérales et usufruitières seront supprimés.

Art. 27. Le Roi sera très-humblement supplié de laisser sans exécution dans la province de Franche-Comté la déclaration de 1703, qui oblige les gens de mainmorte de passer par-devant notaire les baux de leur fonds, ces fonds devant être dans la suite imposés comme les autres.

Art. 28. Le Roi sera très-humblement supplié de rétablir la chambre des comptes dans la ville de Dôle, d'y fixer les États provinciaux de la Franche-Comté, ainsi que la commission intermédiaire.

Art. 29. Même genre de supplice sera décerné contre le noble et le roturier coupables des mêmes crimes, et l'infamie sera personnelle.

Art. 30. Nul ne sera admis à une charge de judicature dans les bailliages ou sénéchaussées, s'il n'a travaillé et fréquenté habituellement le barreau au moins pendant quatre ans, à moins qu'il n'ait été officier dans les bailliages et sénéchaussées pendant quatre années.

Art. 31. La mainmorte personnelle sera supprimée dans toute la France; l'édit concernant le droit de suite ne disant pas assez, on est obligé de quitter le mcix mainmortable, pour jouir de l'avantage de l'homme franc: l'embarras est encore plus grand si le seigneur a généralité de mainmorte.

Art. 32. La mainmorte réelle sera également supprimée, moyennant indemnité qui sera, au besoin, fixée par les États généraux.

Art. 33. Le délai de quarante jours accordé aux seigneurs, pour user du droit féodal, sera fatal; ce délai commencera à courir du jour que le contrat aura été passé devant le tabellion, ou à lui présenté avec les lods en présence de témoins sans qu'il soit besoin de le signifier au seigneur ou à aucun autre officier.

Art. 34. Les droits de triage sur les bois et communes attribués aux seigneurs hauts justiciers seront supprimés.

Art. 35. L'administration des forêts de Sa Majesté sera confiée aux États provinciaux; ils présideront aux adjudications qui seront faites chaque année des différents triages; Sa Majesté sera de plus instamment suppliée de leur enjoindre d'avoir égard aux droits que les villes, villages et seigneurs particuliers feront apparaître (notamment dans la forêt de Chaux), en vertu des concessions faites par les ducs et comtes de Bourgogne.

Art. 36. Lorsque les gardes auront fait quelques rapports ou procès-verbaux, on pourra se défendre par la voie de dénégation en demandant la preuve du contraire, sans passer à l'inscription de faux.

Art. 37. Les amendes pour délit commis dans les forêts, pour faits de chasse ou de pêche, seront modérés, et la moitié d'icelles appliquées aux œuvres pies. Le recouvrement desdites amendes sera fait à la diligence du procureur du Roi, du procureur d'office ou autres officiers, qui seront obligés de le verser dans la caisse de charité établie ou à établir dans chaque paroisse.

Art. 38. Tous arrêts de règlement du parlement concernant la chasse et les chiens seront cassés.

Art. 39. Toutes les charges et dignités civiles et militaires, qui ne demandent ni résidence ni services personnels, supprimées.

Art. 40. La police des grains appartiendra aux États provinciaux et à la commission intermédiaire.

Art. 41. Il appartiendra également à la commission intermédiaire de garder la caisse où seront versées les sommes provenant de la vente de quarts de réserve des communautés.

Art. 42. Sa Majesté sera humblement suppliée de laisser sans exécution dans sa province de Franche-Comté l'édit concernant les non catholiques.

Art. 43. Pour empêcher efficacement la bigamie, on demandera une loi générale portant que tous ceux et celles qui voudront contracter mariage feront publier leurs bans dans leurs paroisses d'origine.

Art. 44. Les États généraux prendront en considération l'inconvénient qui résulte des petites maisons religieuses isolées dans les campagnes, et donneront aux États provinciaux qui seront établis la commission expresse de s'en occuper incessamment et de les rappeler au régime de leur première réunion.

Art. 45. Toutes les abbayes ou prieurés en commende seront supprimés lors de leurs vacances. Il en sera de même des prieurés ruraux en commende dont la collation est réservée au pape par l'apposition des mains, et les revenus de ces bénéfices seront versés dans la caisse provinciale à établir.

Art. 46. La caisse provinciale sera formée et fournie du produit des revenus desdits bénéfices supprimés; elle sera sous l'inspection d'un bureau formé par les États provinciaux et composé des membres des trois ordres.

Art. 47. Suppression de tous droits casuels des curés, vicaires en chef, du secrétariat des archevêques et évêques, où tout s'expédiera gratuitement.

Art. 48. Le Roi sera supplié d'établir un conseil de conscience pour arrêter et signer les bénéfices avant de les présenter à Sa Majesté.

Art. 49. Les archevêques et évêques rentreront en possession de tous les pouvoirs qui leur appartiennent de droit commun.

Art. 50. On demandera la suppression des annates, et sur cet objet, ainsi que sur le précédent, on entrera incessamment en négociation avec la cour de Rome.

Art. 51. On demandera la suppression des résignations en faveur.

Art. 52. Abolition de toutes prestations curiales dans les lieux où les dîmes, soit ecclésiastiques, soit inféodées, sont suffisantes pour l'entretien des pasteurs ; bien entendu que l'on ne pourra faire aucun retranchement des dîmes appartenant aux chapitres, collégiales, et communautés religieuses qui n'avaient que leur honnête sustentation.

Art. 53. Quant à la portion congrue et au casuel des curés et vicaires tant des villes que des campagnes, on s'en rapporte à la sagesse des États généraux et à la bonté du Roi.

Art. 54. Les vicariats en chef ou églises succursales, composées de quatre cents communiants réunis, ou de trois cents dispersés, seront érigés en cure sur la demande des paroissiens.

Art. 55. Dans les villes où il y aura plus de quatre mille âmes, ainsi que dans les campagnes où le besoin les requerra, on établira de nouvelles cures.

Art. 56. Les annexes seront désunies, et si l'ordinaire refuse de procéder à l'érection ou désunion, il sera obligé de donner par écrit les raisons de son refus

Art. 57. Il faut simplifier les causes marquees par les canons et les ordonnances pour l'érection des curés et pour l'établissement des vicaires communaux.

Dans les paroisses de cinq cents communiants réunis, il y a ra un vicaire communsal, de même que dans celles de quatre cents dispersés.

Art. 58. La même chose sera observée dans toutes les paroisses où un curé aura deux églises à desservir, et quand un curé, par l'âge ou les infirmités, ne pourra seul desservir la paroisse.

Art. 59. Lorsqu'il y aura des fonds suffisants dans la caisse, on assignera des pensions à tous prêtres pauvres ou infirmes qui auront bien mérité de l'Eglise, et les fonds qui ont déjà cette destination et qui sont entre les mains de monseigneur l'archevêque, seront versés dans ladite caisse.

Art. 60. Dans le cas où un curé ferait option de la portion congrue, il ne pourrait être contraint d'abandonner les fonds de cure dont on fera une estimation juridique, et ils lui resteront au taux de l'estimation.

Art. 61. Toutes les cures de patronages ecclésiastiques seront pourvues au concours, pendant huit mois ; quant aux quatre mois réservés aux patrons, le concours leur présentera trois sujets, parmi lesquels ils en choisiront un.

Art. 62. Les prêtres pourvus de cures dans la province ne seront plus astreints à subir examen de doctrine par-devant aucuns de Messieurs du parlement, pour obtenir l'arrêt de leur envoi en possession.

Art. 63. L'arrêt du règlement du 12 août 1762, concernant l'envoi en possession de tout bénéfice, sera cassé.

Art. 64. Le synode diocésain sera rétabli comme il existait en 1636 ; tous les curés pourront y paraître par eux-mêmes ou par procureur pris dans la classe des curés, et les corps ecclésiastiques auront droit d'y assister par députés.

Art. 65. Les grades pris dans les universités, faisant preuve de capacité, seront refusés à ceux qui n'en seront pas dignes, et conférés gratuitement à ceux qui les mériteront. Les États provinciaux pourvoiront à l'indemnité des professeurs s'il y a lieu.

Art. 66. Les officiers de police donneront l'attention la plus scrupuleuse à faire observer exactement les ordonnances concernant la sanctification des dimanches et fêtes, la fréquentation des cabarets, la défense de servir du gras dans les auberges les jours d'abstinence, les apports et les pèlerinages superstitieux et abusifs.

Art. 67. Les États provinciaux s'occuperont de l'éducation chrétienne et civile des jeunes gens de l'un et l'autre sexe, et Sa Majesté sera très-humblement suppliée d'ordonner qu'il sera fait un plan d'éducation nationale pour les citoyens des villes et des campagnes.

Art. 68. Les vues du gouvernement par rapport aux sages-femmes n'ayant pas été remplies jusqu'à présent, les États provinciaux en feront un objet important de leur surveillance.

Art. 69. On déterminera chaque année une somme pour subvenir à des besoins pressants en cas de grêle, d'incendie, d'inondation, etc. ; laquelle somme sera prise dans la caisse provinciale.

Art. 70. Sa Majesté sera suppliée de retirer l'article concernant l'émission des vœux solennels, fixée par son édit de 1768 à vingt et un ans, et de les autoriser à dix-huit ans.

Art. 71. Sa Majesté sera de même suppliée d'établir un conseil pour décider les pensions qu'il voudra accorder, et pour modérer, révoquer même celles qui seront déjà accordées ; dans ce même conseil seront réglées les gratifications que Sa Majesté voudra donner aux princes de son sang.

Art. 72. Sa Majesté sera de même suppliée de révoquer la disposition du nouveau code militaire qui exclut les non noble des grades supérieurs, et d'admettre dans les cours souveraines les gens du tiers-état qui en seront jugés dignes.

Art. 73. Tout archevêque dont l'archevêché rendra 30,000 livres de rente, et tout évêque dont l'évêché rendra 20,000 livres, seront inhabiles à posséder d'autres bénéfices, et le bref qu'ils auraient obtenu pour retenir leurs anciens bénéfices vacants par la promotion à l'épiscopat sera abusif.

Nota. M. le député du clergé, quoique chargé des pouvoirs généraux et suffisants pour proposer, remontrer, aviser et consentir tout ce qui sera décidé à la pluralité des suffrages, ne pourra demander cet article que dans le cas où Sa Majesté se déciderait à accorder la suppression des commendes.

Art. 74. Cette assemblée, remplie de sentiments d'humanité et de justice, recommande à son député de ne pas souffrir les distinctions humiliantes que supportèrent les communes aux derniers États généraux de Blois et de Paris, et la charge de présenter, sans aucune distinction de forme, le présent cahier et ses pouvoirs.

Tous les articles ci-dessus, au nombre de soixante-quatorze, ont été arrêtés par la chambre, qui a requis MM. les commissaires de les signer.

A Dôle, le 14 avril 1789.

Signé à la minute : P.-F. Guillot, curé de la paroisse d'Orchamps-en-Vennes, commissaire ; le chevalier du Dechaux, commissaire ; Trouillot, curé de Menottey, commissaire ; Trouillet, curé d'Ornans, commissaire ; Moyse, professeur de théologie, commissaire ; D. Mercier, principal du collège de Saint-Jérôme, commissaire ; Courtot, curé de Champvans, commissaire ; Roumette le cadet, prêtre familier de Dôle ; Perrot, curé de Villers-Robert ; commissaire ; Boisson, président élu ; Breton, curé de Rochefort, secrétaire élu de l'ordre du clergé.

CAHIER

De l'ordre de la noblesse de Dôle, Ornans et Quingey, assemblée au siège principal de Dôle, pour être présenté aux États généraux (1).

L'an mil sept cent quatre-vingt-neuf, le treize

(1) Nous publions ce cahier d'après un manuscrit des *Archives de l'Empire.*

avril, en vertu des lettres de convocation qui ordonnent aux trois ordres des bailliages de Dôle, Ornans et Quingey d'élire leurs représentants aux États libres et généraux du royaume, et de leur confier tous les pouvoirs et instructions qui seraient jugés nécessaires pour la restauration de l'État et des bailliages ci-devant dénommés, l'ordre de la noblesse desdits bailliages donne dans ces présentes à son député auxdits États, qui doivent se tenir à Versailles, le vingt-sept avril de la présente année, les pouvoirs et instructions tels qu'ils suivent :

La noblesse des bailliages de Dôle, Ornans et Quingey, charge son député d'unir son vœu à ceux de toute la France, pour la conservation de la personne sacrée de Sa Majesté, de lui offrir les assurances de sa fidélité et de sa reconnaissance du bienfait qu'elle a accordé à la nation en la convoquant en États généraux.

La noblesse a toujours signalé son zèle pour la défense de la patrie; aujourd'hui que la bonté du monarque l'appelle à concourir à l'administration, elle s'empressera de faire éclater son patriotisme dans les fonctions paisibles qui contribueront au bonheur de ses citoyens.

Art. 1er. Le député aux États généraux s'engagera sous le sceau de l'honneur, de la religion et du serment, à suivre avec la plus grande exactitude, à ne s'écarter en matière quelconque, et à ne point outrepasser les pouvoirs et instructions qui lui seront remis, concourir par tous les moyens possibles à obtenir les demandes dont il sera chargé, quoique contraires à son opinion particulière qu'il soumettra à celle de ses commettants; il ne perdra jamais de vue qu'il n'assiste aux États généraux que comme mandataire des bailliages.

Art. 2. Le député aux États généraux s'occupera d'abord de la vérification des procurations respectives, de la légalité et liberté des élections réciproques, condition essentielle, sans laquelle il ne pourra procéder.

Art. 3. Comme c'est à la nation assemblée en États généraux à statuer sur la forme la plus avantageuse de ses délibérations, on laisse au député la liberté de délibérer quelle que soit la forme que la majorité décidera, lui recommandant néanmoins de voter pour la délibération par ordre.

Art. 4. Il ne souffrira pas les distinctions humiliantes pour le tiers-état qui ont eu lieu dans quelques États généraux, et qui dégraderaient la qualité de Français dans les représentants de la nation.

Art. 5. Si, pour l'avantage général de la France et de la prospérité publique, la province de Franche-Comté consent à abandonner plusieurs de ses priviléges et franchises, et à confondre ses intérêts avec ceux du reste du royaume, le député déclarera expressément qu'elle n'entend le faire qu'autant qu'il en sera de même par les autres provinces, et dans le cas contraire, ou si, par quelqu'obstacle imprévu, les États généraux étaient empêchés de prendre les résolutions salutaires que la nation a droit d'espérer pour sa restauration, il déclarera alors qu'elle entend se réserver expressément toutes les franchises, priviléges et immunités, sans exception quelconque, particulièrement celle de ne pouvoir être imposée que par son libre et exprès consentement accordé dans ses États particuliers. Il demandera, en conséquence, que les capitations de la province, particulièrement celle du 7 juin 1674 accordée à la ville de Dôle qui en était la capitale, soient

sanctionnées et ratifiées par les États généraux en tous les objets dont elle ne se départira pas, avec déclaration que, quel que soit le sort de la gabelle, des aides et du papier timbré, elle n'entend jamais, sous aucun prétexte, s'y assujettir.

Art. 6. Lorsqu'il aura été pris une résolution aux États généraux, l'arrêté en sera présenté au Roi pour recevoir sa sanction; et pendant l'examen de cet arrêté dans son conseil, les États généraux pourront s'occuper d'autres questions, et en préparer les délibérations; mais ils ne pourront passer à un nouvel arrêté qu'après que la sanction aura été donnée à celui précédemment présenté.

Art. 7. Il demandera qu'il soit irrévocablement reconnu et déclaré que la France est une nation libre, gouvernée par le Roi, suivant les lois, qu'aucune de ces lois ne peut être établie, changée ou détruite sans le consentement de la nation, librement assemblée en États généraux, et la sanction du prince à qui elle a transmis le pouvoir exécutif dans toute son étendue.

Art. 8. Qu'aux États généraux appartient le droit de délibérer sur tous les objets de législation; que leurs décisions, sanctionnées par le prince, deviennent décrets nationaux, lois constitutionnelles du royaume, dont le Roi ne peut se dispenser de procurer l'exécution.

Art. 9. Qu'à la nation appartient le droit de s'ajourner en États généraux; qu'aucune autorité ne peut dissoudre sans son consentement cette assemblée nationale, dont la police intérieure n'appartient qu'à elle seule, et dont les membres sont sous la sauvegarde de la nation; que leur périodicité sera déterminée et ne pourra être remise au delà de cinq ans, sans que dans cet intervalle il puisse être fait aucune loi générale même provisoire.

Art. 10. Le député ne pourra consentir à l'établissement d'aucune commission intermédiaire des États généraux.

Art. 11. Il demandera que, dans le cas d'une minorité, le droit de conférer la régence n'appartienne qu'à la nation; qu'en conséquence, les membres qui auraient assisté aux derniers États généraux soient tenus de se rendre, dans le mois, dans la ville où ils auraient été assemblés, et que, jusqu'à ce qu'ils aient conféré la régence, le premier prince du sang soit chargé du gouvernement du royaume, sans que l'on puisse induire de ces cas particuliers que, dans toute autre circonstance, les mêmes députés puissent retourner aux États généraux subséquents sans une nouvelle élection.

Art. 12. Il demandera qu'il soit pourvu par un décret solennel à la liberté individuelle des citoyens, à laquelle il ne pourra être donné atteinte que d'après les formalités requises par la loi. Toutes lettres de cachet et autres ordres de cette espèce, sous quelque forme qu'ils puissent se reproduire, soit contre les corps, soit contre les particuliers, seront irrévocablement proscrits, et les peines les plus sévères prévues contre les ministres qui pourraient un jour contrevenir à ce décret national.

Art. 13. La liberté de la presse sera assurée par un décret qui donnera en même temps un moyen de réprimer la licence de ceux qui pourraient en abuser par des écrits contraires à la religion, aux mœurs et à l'honneur des citoyens.

Art. 14. Il demandera que tous ministres et administrateurs quelconques soient toujours responsables de leurs gestions, desquelles ils rendront compte à chaque assemblée de la nation en États généraux.

Art. 15. Il demandera qu'il soit reconnu par un décret sanctionné que tout citoyen ne pourra être jugé, soit au civil, soit au criminel, que suivant les lois, par les juges naturels reconnus et établis par elles, s'en rapportant à la sagesse des Etats généraux, sur les moyens de prévenir les abus du pouvoir judiciaire.

Art. 16. Qu'il n'y aura dans la suite aucune commission.

Art. 17. Que toutes évocations soient proscrites, sauf les cas de suspicion ou récusation, soit des juges individuellement, soit des tribunaux, auxquels la loi pourvoira.

Art. 18. Que le droit de *committimus* soit supprimé dans son entier.

Art. 19. Il demandera que par le même décret, il soit reconnu qu'à la nation appartient le droit de changer les tribunaux, en étendre ou restreindre la juridiction, les supprimer ou les créer; que les offices de magistrature soient inamovibles individuellement, en ce qu'il n'est pas permis de destituer un officier pour le remplacer par un autre, ni même un tribunal pour le remplacer par un autre qui a fait les mêmes fonctions, sans qu'il fût permis d'attoucher au parlement, cour et tribunaux de Franche-Comté, qui appartiennent directement à la nation franc-comtoise de l'exprès consentement des Etats de cette province ;

Le député étant chargé au contraire de demander spécialement que la chambre des comptes sera rétablie dans la ville de Dôle, dans tous ses droits et priviléges, telle qu'elle était lors de sa suppression.

Art. 20. Il proposera de prendre les moyens les plus efficaces pour parvenir à la plus prompte réforme et simplification des lois civiles et criminelles, adoucir les dernières, abolir la cruauté des supplices, proportionner la peine aux délits, simplifier les formalités des procédures et les abréger. Il proposera enfin d'examiner s'il ne conviendrait pas d'établir la procédure criminelle par les jures, suivant l'ancien usage des Francs et des Bourguignons, comme la plus conforme aux vrais principes de l'humanité et de la liberté, d'accorder tous les adoucissements que l'humanité exige en faveur des prisonniers.

Art. 21. Il demandera que le même décret détermine qu'il ne pourra résulter aucune tache ni note d'infamie sur les familles d'un criminel; que les membres de ces familles, à quelque degré que ce soit, ne pourront être exclus d'emplois ou états quelconques, ecclésiastique, militaire ou civil, ni encourir aucun blâme, et qu'il n'y aura plus de différence de supplice, pour le même délit, entre les nobles et les roturiers.

Art. 22. Il ne pourra expressément, à peine d'être désavoué, entendre aucune proposition d'emprunts ni d'impôts, ou secours pécuniaires quelconques, à quelque titre qu'ils soient demandés, que préalablement les droits de la nation n'aient été reconnus et assurés de la manière la plus solennelle, et la constitution déterminée.

Il pourra seulement consentir provisoirement la continuation des impôts actuels pendant la durée des Etats généraux à laquelle ils seront limités; passé lequel temps, tous ceux de quelque nature qu'ils soient, directs ou indirects, qui n'y auront pas été accordés, seront éteints et supprimés de plein droit.

Art. 23. Il demandera l'abolition de la mainmorte personnelle, sans indemnité; il exprimera le vœu du bailliage sur les destructions de la mainmorte réelle moyennant indemnité raisonnable envers les seigneurs, recommandant expressément au député de s'opposer à toutes atteintes qui pourraient être portées au droit de propriété.

Art. 24. Il demandera l'abolition de la vénalité des offices de judicature, et que l'on pourvoie à leur remboursement suivant l'estimation du centième denier, pour ceux qui y sont assujettis, ou suivant le prix des acquisitions antérieures à 1788, pour ceux qui en sont exempts.

Art. 25. Il demandera que l'on détermine le nouvel ordre à donner aux tribunaux, soit souverains, soit de première instance, dont les membres, ayant les qualités qui seront requises par la nouvelle constitution, seront présentés par les Etats provinciaux et pourvus par le Roi; le nombre enfin dont ils doivent être composés.

Art. 26. Il demandera que, pour être admis à exercer une charge dans un tribunal de première instance, il faille être âgé de vingt-cinq ans et avoir exercé la profession d'avocat pendant l'espace de cinq ans, et que pour exercer une charge dans une cour supérieure, il sera nécessaire d'avoir servi dans un tribunal de première instance, pendant l'espace de dix ans, ou avoir exercé la profession d'avocat pendant quinze ans.

Art. 27. Il demandera que la juridiction des parlements soit bornée aux jugements des contestations civiles et criminelles et à faire exécuter les lois consenties par les Etats généraux et enregistrées dans les greffes desdites cours sans vérification.

Art. 28. Il demandera que le devoir des fiefs soit exempt de tous droits d'épices et autres frais, excepté ceux du greffe.

Art. 29. Il demandera qu'il ne soit plus permis aux seigneurs ecclesiastiques et laïques d'amodier la justice et les amendes de leurs terres et fiefs, à peine, en cas de contravention, d'être obligés de les rendre aux pauvres et aux fabriques des paroisses, et que leurs gardes soient tenus, à l'instar de ceux des communautés vulgairement appelés messieurs, d'avertir les propriétaires ou cultivateurs d'héritages dans lesquels ils ont trouvé un délinquant, afin que le propriétaire puisse en faire estimer le dommage en temps utile.

Art. 30. Il demandera d'abroger le tirage de la milice, trop onéreux, et encore plus dispendieux pour le peuple, surtout dans les campagnes, sauf à pourvoir par tous autres moyens au remplacement de ces troupes.

Art. 31. Il demandera que les troupes ne puissent jamais être employées contre leurs concitoyens que lorsqu'elles en seront requises par le pouvoir judiciaire pour maintenir la police et favoriser l'exécution des lois.

Art. 32. Que l'ordonnance qui exclut des grades et emplois militaires, le tiers-état, soit réformée.

Art. 33. Le Roi sera supplié de donner aux militaires une constitution stable et permanente, qui mette fin aux variations décourageantes pour les troupes ; de supprimer les punitions des baguettes comme trop cruelles, et les coups de plat de sabre, punitions qui répugnent à l'esprit d'une nation dont l'honneur est le premier mobile.

Art. 34. Il demandera qu'il soit dit dans la constitution militaire que les officiers de l'armée jouiront également, comme les autres citoyens, du droit de ne pouvoir être privés arbitrairement de leur emploi et sans un jugement.

Art. 35. Qu'ils auront, ainsi que les soldats, la liberté de proposer toutes récusations légitimes contre les juges qui formeront le conseil de guerre qui devra les juger, et qu'il sera créé un tribunal militaire permanent, à la révision duquel seront soumis de droit tous jugements prononçant des peines graves, et par-devant lequel ils pourront appeler des sentences prononcées contre eux, sur les formes judiciaires lorsqu'elles auront été enfreintes dans l'instruction de la procédure ; sauf néanmoins les jugements prévôtaux pour maraude, désertion ou indiscipline grave en temps de guerre lorsque l'armée sera proche de l'ennemi; enfin il ne sera dans aucun cas permis aux ministres d'aggraver ou changer les jugements.

Art. 36. Le député de la noblesse adoptera pour la forme des Etats particuliers de cette province celle qui sera jugée la meilleure par la majorité des Etats généraux ; cependant il votera de préférence pour la formation en deux chambres, et dans le cas où la formation par ordre et par représentation prévaudrait, il demandera que la chambre de la noblesse, à laquelle auront droit tous ceux qui ont la noblesse acquise et transmissible, ait à elle seule le double de représentants que l'ordre du clergé.

Art. 37. Le pouvoir judiciaire et législatif ne pouvant être réunis dans la même personne, nul magistrat en exercice ne pourra paraître aux assemblées des provinces, mais il pourra être représenté par procureur et être élu pour député aux Etats généraux.

Art. 38. Les députés aux Etats provinciaux seront nommés, chacun dans son bailliage ou arrondissement, dans la proportion qui sera réglée, et les députés aux Etats généraux seront élus par les Etats provinciaux ; mais, dans ce cas, chaque bailliage triplera le nombre de ses représentants aux Etats provinciaux pour procéder à cette élection.

Art. 39. Il demandera qu'il soit déclaré qu'aux seuls Etats provinciaux appartient le droit de procéder à la répartition des impôts dans leur ressort, et de statuer sur l'administration intérieure des provinces, subordonnément aux règlements généraux arrêtés dans l'assemblée nationale et sanctionnés par le Roi, sans entendre néanmoins les priver du droit de proposer des règlements et des lois locales sur les objets étrangers à l'intérêt général du royaume.

Art. 40. Il demandera que pendant l'intervalle des assemblées des Etats provinciaux, ils soient représentés par une commission intermédiaire, composée des membres du tiers-état, en nombre égal à celui des deux autres ordres réunis, dans la proportion d'un du clergé, de deux de la noblesse et trois du tiers-état.

Art. 41. Que cette commission soit spécialement chargée de surveiller tout ce qui peut intéresser les provinces, comme répartition des impôts, ponts et chaussées, transports et fournitures militaires, surveillance des caissiers et receveurs ; de poursuivre l'exécution de ce qui aura été arrêté par les Etats particuliers, d'en demander la convocation anticipée dans les circonstances où il le lui paraîtra nécessaire ou utile; mais, dans aucun cas, elle ne pourra s'arroger le droit de consentir aucun impôt ni perception quelconque, non plus que de décider sur les objets tenant à la constitution et législation des provinces.

Art. 42. Il demandera la vérification de l'état des finances.

Art. 43. Qu'après une exacte vérification, l'on assure les dettes nationales, qu'on supprime les frauduleuses, que l'on réduise les usuraires, et par les mêmes motifs d'équité, qu'on rétablisse celles qui ont été injustement réduites et supprimées par l'arbitraire des administrateurs précédents.

Art. 44. Il demandera qu'il soit accordé aux corps et communautés ou particuliers lésés par ces jugements des commissaires nommés dans les différentes circonstances sous le règne précédent, notamment par les commissaires de réformation des bois et salines de Franche-Comté, un délai de cinq ans pour se pourvoir en opposition contre ces jugements par-devant les tribunaux, sans néanmoins que les adjugés qu'ils obtiendront puissent opérer contre le domaine, ou le trésor royal, un apport de fruits et levées, mais seulement une restitution des fonds ou sommes légitimement dues, ou du moins que les tribunaux ou une commission des Etats provinciaux soient chargés d'examiner les réclamations particulières sur ces objets, les vérifier et en rendre compte aux prochains Etats généraux, pour y être statué par la nation elle-même.

Art. 45. Il demandera que on vérifie les pensions et gratifications annuelles, leurs titres, leurs causes ; qu'on supprime celles que la justice indiquera et qui n'ont pas été méritées, ou trop considérables relativement aux services rendus, ou à l'état actuel des finances ; que l'on arrête qu'il sera annuellement rendu public, par la voie de l'impression, un état de toutes les pensions ou gratifications, pour quelque cause ou prétexte qu'elles aient été accordées ; que celles réunies sur une même tête seront comprises dans un seul et même article de cet état, et que s'il arrivait que quelques-unes soient comprises dans un article séparé, ou omises dans cet état général, pour cela seul de plein droit elles seront supprimées, celui qui les aura reçue sera obligé de restitution et déclaré incapable d'en obtenir de nouvelles ; il paraît également convenable que, toutes celles accordées à la même famille, comme père, mère, enfants, frères et sœurs, soient comprises de suite dans le même état.

Art. 46. Il demandera que les dépenses de chaque département soient fixées après qu'on aura examiné les détails et fait les retranchements des parties inutiles, sans que les fonds qui y seront destinés puissent être appliqués à d'autres objets.

Art. 47. Que, par une suite du même examen, l'on supprime une foule de gouvernements, commandements, états-majors de place et autres charges et commissions multipliées inutilement, et que l'on réduise à une somme convenable les appointements et traitements excessifs de la plupart des places de cette espèce qui seront jugées devoir être conservées à raison de leur utilité. Que, sans égard à la faveur, les pensions militaires seront accordées et fixées désormais, tant aux officiers de cavalerie qu'à ceux de l'infanterie, suivant le grade et l'ancienneté de leur service. Que leurs veuves jouiront de la moitié de leur pension, ainsi qu'il se pratique chez les autres puissances. Que les veuves des officiers tués à la guerre jouiront de la même grâce, c'est-à-dire de la moitié de la pension qu'auraient obtenue leurs maris, s'ils eussent servi pendant trente années, et dans le cas où les Etats des provinces le jugeront convenable.

Art. 48. Que l'on supprime toutes commissions ou offices qui ne seront pas d'une utilité reconnue, et que l'on déclare que la même personne ne pourra pas en réunir et en exercer plusieurs en même temps, de même que des gouvernements, commandements, grades, charges de la couronne, emplois militaires et autres, de quelque nature qu'ils soient; qu'il pourra cependant être accordé un traitement aux pourvus de commission ou emploi supprimé jusqu'à ce qu'ils soient remplacés.

Art. 49. Que l'on fixera un fonds annuel aux dépenses imprévues, des administrations des provinces ; que ces fonds resteront déposés pendant l'année dans les caisses particulières desdites provinces, et s'ils ne sont pas employés à des dépenses imprévues, qu'ils le soient à la fin de chaque année à l'amortissement progressif de la dette nationale par les provinces elles-mêmes.

Art. 50. Qu'il soit fixé par les États généraux, au commencement de chaque règne, une somme pour les dépenses de la maison royale, que la nation payera, sans que la concession ait besoin d'en être renouvelée pendant toute la durée du règne.

Art. 51. Il demandera également la suppression de tous les priviléges, soit des commensaux de la maison du Roi, soit de toutes charges dans le royaume, portant des exemptions d'impôts onéreux au peuple sur lequel elles refluent.

Art. 52. Il en sera de même de la suppression de toutes exemptions d'impôts en faveur des ordres privilégiés qui occasionnent une surcharge à la nation, sous réserve néanmoins d'accorder, de l'agrément unanime des trois ordres, des encouragements à l'agriculture et aux familles nombreuses en faveur de la population.

Art. 53. Il demandera la suppression des charges et des compagnies de finances et toutes espèces d'entreprises publiques qui peuvent être confiées plus avantageusement à l'administration des États de province, et que l'état des recettes et des dépenses de chaque année soit rendu public par la voie de l'impression, ainsi que celui des différents départements ; enfin que le compte général des finances ait la même publicité.

Art. 54. Il demandera que l'on examine les droits des greffes et des contrôles pour en fixer modérément les tarifs dans une proportion convenable ; et surtout avec une si grande précision, qu'elle ôte tout prétexte aux différentes interprétations que l'esprit fiscal pourrait encore y donner.

Art. 55. Il demandera la suppression des loteries royales et autres établies dans le royaume.

Art. 56. Il demandera que l'on s'occupe des moyens de remplacer de la manière la moins onéreuse le produit des aides, traites et gabelles, la marque des cuirs, des fers, l'impôt sur le papier, la poudre, l'amidon, droits sur les huiles et savons, dans les provinces qui y sont assujetties ; de l'abolition des priviléges exclusifs, des entraves mises au commerce de province à province, et autres préjudiciables aux manufactures nationales et aux arts particulièrement, du traité de commerce avec l'Angleterre et des réclamations qu'il a occasionnées, de l'abolition et rachat des péages dont la caisse n'est plus subsistante pour un service habituel, du rachat et réduction des dimes exorbitantes moyennant indemnité aux propriétaires ; enfin de tous les moyens possibles de faire fleurir le commerce, d'encourager les manufactures et les arts, mais plus particulièrement l'agriculture, en accordant des gratifications aux inventeurs, et qu'il soit donné de l'extension aux lois qui permettent le commerce à la noblesse sans dérogeance.

Art. 57. Que l'intérêt de l'argent prêté à terme fixe sera autorisé par une loi.

Art. 58. Il demandera que l'on vérifie et que l'on consolide au besoin les apanages dont l'on assurera le retour à la couronne, le cas échéant, ainsi que les engager à temps, à vie et à durée de familles, ou bien il proposera d'indemniser les princes par un équivalent en argent qui leur tiendra lieu desdits apanages, garanti par la nation.

Art. 59. Il demandera la vérification des échanges faits sous ce règne et sous le précédent, et la nullité de ceux qui auront été faits au détriment du domaine, et la réunion à la couronne de toutes concessions du domaine.

Art. 60. Il demandera ensuite la vente des domaines et terres domaniales, même des forêts d'une petite étendue ; mais il réglera en même temps la forme de ces aliénations, qui ne pourront être faites que lorsque lesdites terres seront portées à leur valeur réelle, et pour y parvenir plus avantageusement, elles seront détaillées et divisées par village, sans qu'il en puisse être réuni deux dans une même enchère. Les enchères ne seront reçues qu'après une première offre, proportionnée à leur valeur, après diverses affiches, à délais suffisants ; elles seront faites par-devant les juges chargés de leur conservation, à la participation des États provinciaux représentés par les députés et procureurs syndics.

Art. 61. Le prix provenant de ces ventes sera incontinent employé en acquittement et extinction des dettes de l'État, par les États provinciaux, en préférant les plus onéreuses et celles dont l'équité demande le remboursement le plus instant.

Art. 62. Dans la vente des domaines, ne seront point comprises les justices qui appartiennent au Roi sur les territoires des villes, justices pour l'exercice desquelles on pourrait prendre des arrangements avec les municipalités.

Art. 63. Il sera également pourvu, avec le plus grand soin, à la conservation et à la meilleure administration des forêts domaniales, à leur aménagement, à celui des bois des communautés, des corps ecclésiastiques, religieux et des bénéficiers.

Art. 64. Il proposera également de pourvoir par un traitement fixe aux appointements, frais de bureaux de tous caissiers, receveurs et gens de finances quelconques, dont la conservation sera jugée nécessaire au lieu et place de taxations proportionnelles à leur maniement de deniers, qui sera simplifié le plus possible.

Art. 65. Que ces caissiers et receveurs seront à la disposition et sous l'inspection particulière des États généraux et provinciaux, sauf la juridiction des tribunaux. Ils seront chargés de la recette, soit des domaines et bois, soit des impôts directs ou indirects et de la dépense à faire dans les provinces, dans lesquelles on renverra tous les payements de pensions, appointements, gratifications, intérêts de rentes perpétuelles et viagères qui seront à leur proximité, ainsi que de toutes dépenses publiques à faire dans lesdites provinces.

Art. 66. Que ces mêmes caissiers seront également dépositaires de l'argent provenant de la vente des bois de communautés, jusqu'à ce qu'elles en aient fait l'emploi avec due autorisation. Cet argent ne pourra plus être employé à Paris, ni dans toutes autres caisses hors de la province, et pour en empêcher la fériation au préjudice des communautés, il sera employé au remboursement des dettes de l'État, et il leur en sera payé intérêt jusqu'à ce que leurs besoins exigent qu'il leur soit rendu, auquel cas cette restitution leur sera faite sur les premiers deniers destinés à l'amortissement desdites dettes.

Art. 67. Que les communautés seront déchargées du payement du dixième du prix de la vente de leurs bois, dixième affecté, à titre de secours, aux pauvres communautés religieuses.

Art. 68. Il procurera les meilleurs règlements pour l'administration des municipalités qui seront rendues électives, et pour le maintien de la police des villes et des campagnes, auxquelles il conviendrait également de donner des municipalités.

Art. 69. Le député se conformera à la demande de l'ordre du tiers-état en ce qui concernera la corvée pour l'entretien et confection des grandes routes, pour être faite dans la suite, soit en nature, soit par un impôt également réparti, sans privilége ni exemption.

Art. 70. Il donnera la plus grande attention aux canaux de navigation, et à leur exécution au fur et mesure qu'on pourra y appliquer des fonds, en préférant ceux qui seront reconnus de la plus grande utilité, pour la facilité du commerce, et parmi ces canaux, celui de la communication du Rhône au Rhin, par la Saône et le Doubs, en continuant celui auquel on travaille sous les murs de la ville de Dôle. Il représentera que ce dernier n'est pas un des moins intéressants, pour la généralité du royaume qui doit y contribuer.

Art. 71. Il ne sera pris aucun terrain, soit pour confection de grandes routes et chemins de traverses nouveaux, soit pour canaux de navigation et accessoires, sans en avoir payé aux propriétaires la valeur au plus haut prix, en suite d'estimations contradictoires.

Art. 72. Il demandera la réforme des abus dans la manutention des salines de province et dans l'administration des bois qui y sont affectés ; que l'on fasse cesser la violation des propriétés, soit des communautés, soit des particuliers, dans les affectations des bois qui y sont faites.

Quel'on examine scrupuleusement si, à raison de la diminution notable des bois dans la province, il ne lui serait pas plus avantageux de diminuer la fabrication du sel, en suppléant à ces besoins, auxquels il doit être abondamment pourvu, par du sel de mer; enfin, quels que soient les arrangements qui seront pris sur cet objet, il sollicitera provisoirement la suppression des salines de Montmoret, dont le sel passe avec raison pour nuisible, ou que, si ces salines sont conservées, il soit ordonné qu'on livrera le sel en provenant en grains, ou qu'il soit mis en pains différemment de la fabrication actuelle, et qu'il soit également pourvu, sans surhaussement de prix, du sel d'ordinaire de la province qui lui sera délivré gratis, en aussi bonne qualité que celui qui se livre aux Suisses, et ce, dans toutes les salines de la province.

Art. 73. Le député sera chargé de réclamer l'exécution de lois relatives aux forges et fourneaux, attendu la pénurie actuelle des bois dans la province, et que dans toutes celles excédant le nombre de feux qui leur a été permis par leur titre constitutif, ces feux y seront réduits.

Art. 74. La constitution étant irrévocablement fixée, l'état des finances vérifié, les dépenses des divers départements déterminées, les retranchements à bonification arrêtés, le député consentira les impôts nécessaires pour balancer la dépense avec la recette, même pour un fonds annuel essentiellement destiné à l'amortissement des dettes de l'État.

Art. 75. Ces impôts ne pourront être accordés que pour un terme limité, comme il a été dit ci-devant, et le député observera scrupuleusement de les diversifier le moins possible, de les asseoir sur les objets dont la perception sera la plus facile, la moins dispendieuse et susceptible de la répartition la plus égale sur toutes les propriétés et personnes, sans distinction d'ordres et de priviléges, qui n'existeront plus sur cet objet ; il évitera que les impôts soient établis sur les

denrées de première nécessité et sur les objets qui porteraient plus particulièrement sur la classe indigente ; mais il demandera d'en asseoir une partie sur les objets de luxe et sur les emprunts ouverts en France, et que l'on préfère ceux du genre le plus compatible avec la liberté publique et individuelle.

Art. 76. Après avoir examiné le concordat, on ne peut douter que les États généraux n'en demandent l'abolition, et qu'ils ne prennent tous les moyens possibles et les plus efficaces pour empêcher le sortir du royaume, sous aucun prétexte, des sommes quelconques, pour payement des bulles des bénéficiers, dispenses, et ce relativement à ce qui est exigé en cour de Rome pour ces objets, lesquels, sans manquer à la déférence qui est due au chef de l'Église, peuvent être accordés sans frais par les évêques, sauf à ceux-ci à recevoir gratuitement des bulles de la cour de Rome pour leur installation.

Art. 77. Le député demandera également la suppression des octrois et autres impôts établis pour subvenir aux besoins des maisons de charité, auxquels il sera suppléé sur les fonds désignés ci-après.

Art. 78. Il sera établi dans chaque province une caisse, religieuse ou de charité, laquelle sera formée du superflu du revenu de tous les bénéfices et dotations des maisons religieuses et bénéfices inutiles qui pourront être supprimés.

Art. 79. Il demandera que les archevêques et évêques soient fixés chacun à un revenu de 40 à 50,000 livres, et que le surplus de leurs revenus actuels servira à en établir de nouveaux, où la localité et la convenance l'exigent, plutôt encore par des réunions de bénéfices simples et commendes, lequel surplus de revenus ci-devant dit, ainsi que lesdits bénéfices simples et en commendes, sera mis en caisse, soit pour servir à ces nouveaux établissements, soit à multiplier les cures ; en sorte qu'il y en ait une, autant que faire se pourra, dans chaque village, et leur fixer un revenu suffisant, comme de 1,500 a 1,800 livres pour non-seulement subvenir aux besoins des cures, mais encore pour la possibilité de secourir l'indigence, et, au moyen de cette dotation, supprimer toute espèce de casuel, gerbes de passion et toutes autres rétributions conventionnelles et corvées sur leurs paroissiens, n'entendant néanmoins attoucher en rien aux fonds curiaux et aux dîmes, en leur ajoutant de plus 200 livres pour les honoraires d'un vicaire, lorsqu'ils en auront un.

Art. 80. Il demandera l'exécution des décrets et canons sur la résidence des évêques, curés et tous bénéficiers à charge d'âmes ou dessertes, de ceux contre la réunion sur une même tête de plusieurs bénéfices, dont le tableau sera rendu public par la voie de l'impression, ainsi que de leurs possesseurs, et doter convenablement les ordres mendiants des deux sexes, leur supprimer toute quête.

Art. 81. La suppression de toutes dots monastiques, ou toutes pensions équivalentes de religieux, religieuses à la charge des familles sur cet objet, sous quelque prétexte qu'elles soient demandées.

Art. 82. De réunir les monastères, ou trop peu nombreux, ou dont les revenus sont insuffisants pour leurs dépenses nécessaires.

Art. 83. De rendre utiles tous les ordres religieux et demander la réunion ou suppression de ceux qui sont inutiles.

Art. 84. Que tous revenus d'abbayes commendataires excédant 6,000 livres, seront versés dans la caisse religieuse ou de charité, sans entendre par là augmenter les bénéficiers de cette espèce d'un revenu inférieur ; il en sera usé de même à l'égard des maisons religieuses, après avoir néanmoins encore fixé une somme convenable pour entretien de leurs églises et maisons.

Art. 85. Il sera procédé à la révision des réunions qui ont été récemment faites des biens des différents bénéfices ou ordres religieux, notamment celle des Grandmontins et des Antonins, ces derniers à l'ordre de Malte, ce qui emporte une aliénation à un Etat étranger.

Art. 86. Après avoir pourvu aux suppléments de dotation proposés ci-devant pour les évêques et curés, le surplus du produit de la caisse religieuse sera employé à un supplément d'entretien et subsistance des hôpitaux et maisons de charité, qui en auraient besoin, même à fournir chez eux des secours aux malades domiciliés, et il sera pourvu à empêcher que les administrateurs de ces maisons n'emploient le superflu de leurs revenus à des bâtiments plus de luxe que d'utilité, à former des établissements d'instructions religieuses ou civiles, à établir dans chaque bailliage, autant qu'il y aura possibilité, ou du moins dans chaque arrondissement déterminé, des hôpitaux pour recueillir gratuitement, élever et instruire les enfants trouvés, apprendre un métier aux infirmes ou d'une faible constitution, préparer les autres aux travaux de l'agriculture, enfin rendre les uns et les autres utiles à la société.

Art. 87. Il sera demandera que l'on forme par arrondissement des établissements pour retirer les mendiants, y retenir les vagabonds, occuper les valides et détruire la mendicité.

Art. 88. Que l'on comprendra dans les établissements de charité, l'instruction gratuite d'accoucheuses, pour les multiplier dans les campagnes, ainsi que des chirurgiens intelligents, auxquels il serait payé sur cette caisse les secours qu'ils donneraient aux pauvres, sur le certificat des curés, des seigneurs et des notables habitants, et empêcher par ce moyen les chirurgiens ineptes et les empiriques d'abuser de la crédulité du peuple et de se jouer de son existence.

Art. 89. Que le surplus de la caisse soit employé en augmentation aux ateliers de charité après avoir pourvu aux maîtres et maîtresses d'école, dans les campagnes, ces dernières à établir, nonseulement pour l'instruction, mais encore pour donner quelques leçons de travail à leurs élèves.

Art. 90. Le député proposera également d'obliger par un décret, soit le clergé de France, soit celui des provinces, qui ont contracté en corps des dettes, à les éteindre et rembourser dans un terme déterminé, soit par le séquestre d'une partie des bénéfices simples, à mesure qu'ils viendront à vaquer, prélèvement fait des sommes qu'ils en devront verser dans la caisse de charité, soit par vente de fonds des différents ordres qui sont supprimés ou qui pourront l'être à l'avenir, soit par un impôt particulier sur les bénéficiers des provinces dont le clergé a contracté la dette.

Art. 91. Le député sera également chargé de solliciter l'exécution de l'établissement du collège royal militaire ordonné à Dôle, par lettres patentes de 1777, dont l'enregistrement a été refusé; il demandera la reddition des comptes du régisseur des biens des jésuites qui sont affectés pour cet établissement, et qu'il y soit ajouté deux professeurs de théologie, prêtres séculiers à la nomination du diocésain et un professeur de droit public.

Art. 92. Il sollicitera également la fixation de la séance des Etats de la province et de leur commission intermédiaire à Dôle; enfin, qu'en attendant que cette ville ait fait valoir ses droits dans la forêt de Chaux, il soit pourvu à son chauffage par une augmentation suffisante dans l'affectation qui lui a été faite pour cet objet dans cette même forêt.

Art. 93. Dans tous les autres objets qui ne sont pas prévus dans ce cahier, l'ordre de la noblesse en remet la décision à la sagesse et à la prudence de son député.

Art. 94. Le député demandera que les gens de mainmorte ne puissent jamais faire aucune acquisition, soit à titre d'échange ou autrement, sauf le cas où ils auront obtenu la permission des Etats généraux, qui seuls pourront la leur accorder sur l'avis des Etats des provinces.

Art. 95. Qu'il soit enjoint au député de voter pour que, dans la présente tenue des Etats généraux, ainsi que dans celles qui auront lieu par la suite, il n'y ait aucun membre qui y soit appelé autrement qu'en vertu d'une élection libre, et que le choix du président et du secrétaire soit fait au scrutin parmi les membres de l'assemblée.

Art. 96. A moins d'une utilité la plus évidente, les grandes routes seront restreintes aux communications de ville à ville; les autres abusivement multipliées seront suppléées par des chemins de communication qui seront établis et entretenus dans le meilleur état, de village à village, aux frais des communautés chacune dans leur territoire, sauf, pour celles qui se trouveraient en être surchargées, soit par le peu de ressources qu'elles trouveraient chez elles, soit par difficultés résultant de la localité pour confection de ponts, ou autres dépenses de cette espèce; elles seront alors secourues par les Etats provinciaux, soit avec les fonds qui seront destinés aux ateliers de charité, soit avec les fonds des ponts et chaussées, pour les constructions de cette nature.

Les trois derniers articles sont additionnels et doivent être remis à ceux auxquels ils ont rapport.

Fait, lu et arrêté à la pluralité des suffrages le 13 avril 1789. *Signé* de Mignot de la Bevière, président élu, et Pourcy, secrétaire élu.

Vérification faite de l'ordonnance du lieutenant de M. le bailli, qui a réglé par l'article 14 que les commissaires signeraient les cahiers tels qu'ils seraient adoptés par la chambre, nous avons signé, Mouciel du Déchaux, de Dortau, Aguin de Rouffauge, Bachelu de Montmyrer et Nétalon.

Collationné. *Signé* CHAPPUIS.

CAHIER

Des doléances, demandes, plaintes et remontrances générales et particulières, que présente aux Etats généraux le tiers-état du bailliage principal de Dôle, et des bailliages secondaires d'Ornans et Quingey réunis et assemblés par-devant M. François Grison, conseiller-doyen, assesseur audit bailliage municipal de Dôle, faisant les fonctions de M. le bailli et de son lieutenant général, en exécution des ordres du Roi, pour la convocation desdits Etats généraux, en date du 24 janvier 1789, des règlements y annexés, et des ordonnances et assignations ensuivies (1).

CHAPITRE PREMIER.

Des Etats généraux

Art. 1er. Aucun subside ne sera accordé aux

___

(1) Nous publions ce cahier d'après un manuscrit des *Archives de l'Empire.*

Etats généraux, que, préalablement, la liberté de la nation et les droits des citoyens ne soient assurés et reconnus, et que la dette nationale ne soit vérifiée.

Art. 2. La tenue des Etats généraux sera fixée à des époques déterminées par eux-mêmes, savoir : la première, dans trois ans à compter de la cessation la plus prochaine, et pour l'avenir tous les cinq ans, à défaut de quoi la perception de tous impôts qui auront été consentis cessera de plein droit.

Art. 3. Le tiers-état y sera représenté par des députés en nombre au moins égal à celui des députés du clergé et de la noblesse réunis soit en assemblée de bureaux, soit en assemblée générale, et il sera délibéré par tête.

Art. 4. Lesdits Etats généraux régleront la manière et la forme de leur convocation, en observant que les députés y seront appelés en raison composée des populations et contributions respectives des provinces.

CHAPITRE II.
De la liberté de la nation et des individus.

Art. 1er. Les Etats généraux sont priés de reconnaître que la France est un Etat monarchique libre et gouverné par le Roi, suivant les lois faites ou consenties par la nation et sanctionnées par le Roi, qui ne peut les changer ni en établir d'autres, créer de nouveaux impôts, faire des emprunts, ni les proroger, sans le consentement de la nation assemblée.

Art. 2 Toutes lettres de cachet et arbitraires seront abolies, et si quelque individu est arrêté en suite des lettres ou ordres de cette nature, il sera remis dans les vingt-quatre heures à ses juges naturels et ordinaires, pour être par eux statué sur les causes de sa détention, la plainte pouvant pour ce être faite par tout Français ou habitant du royaume, sans distinction; et dans le cas où la personne détenue serait jugée innocente, toute réparation lui sera accordée sur les fonds et de la manière à régler par les Etats généraux.

Art. 3. Aucun citoyen ne sera tenu de comparaître devant les cours, si ce n'est en vertu d'assignation ou de décret, et ne pourront lesdites cours rendre aucune ordonnance de mandats ni de veniat.

Art. 4. Aucun Français ou habitant du royaume ne pourra être jugé, soit au civil, soit au criminel, que par ses juges naturels et ordinaires et nullement par des juges de commission, attribution ou évocation, tous privilèges de committimus abolis.

CHAPITRE III.
Des ministres.

Article unique. Les ministres du Roi seront et demeureront responsables et comptables à la nation assemblée en Etats généraux de leur conduite dans l'administration.

CHAPITRE IV.
Des Etats particuliers des provinces.

Art. 1er. Toutes les provinces du royaume seront régies par des Etats particuliers, où le tiers-état sera représenté par des députés en nombre au moins égal à ceux du clergé et de la noblesse réunis, et où les députés seront appelés en raison composée de la population et contribution des provinces, villes, bourgs et villages.

Art. 2. Les lois concernant l'administration de la justice seront portées aux Etats provinciaux, pour y être délibéré; en cas qu'ils les acceptent, elles seront enregistrées au parlement, sans qu'à prétexte de la nécessité de cet enregistrement, lesdites cours puissent les rejeter; celles qui seront étrangères à l'administration de la justice seront adoptées ou rejetées par lesdits Etats provinciaux et deviendront exécutoires, sans qu'il soit besoin de l'enregistrement desdites cours.

Art. 3. Les assemblées du tiers-état, soit pour les Etats généraux, soit pour les Etats provinciaux, ne pourront être composées que de gens du même ordre; nuls nobles et ecclésiastiques ne pourront y être admis.

Art. 4. Les Etats particuliers ne pourront être tenus dans aucune ville parlementaire et où il y aurait tribunal remplaçant les parlements. Les commissions intermédiaires seront fixées dans le même lieu que les Etats.

CHAPITRE V.
De la justice.

Art. 1er. Sa Majesté est suppliée de réunir à la couronne toutes les justices des seigneurs, et d'ordonner que les officiers desdites justices seront à la nomination des Etats provinciaux, résideront sur les lieux et seront inamovibles.

Art. 2. Au cas que les justices des seigneurs ne soient pas réunies à la couronne, Sa Majesté est très-humblement suppliée d'ordonner la réunion aux prévôtés de la province de tous les villages qui en dépendaient autrefois, et qui en ont été dismembrés, en déclarant, dans tous les cas, que les amendes ne pourront être affermées et que les gardes n'auront aucune part auxdites amendes.

Art. 3. Sa Majesté est suppliée d'ordonner que les gardes des seigneurs ne pourront, à l'avenir, faire aucun rapport dans la plaine, ni de délit dans les bois des communautés, en raison des vexations qu'éprouvent les habitants des campagnes de la part de ces gardes que les seigneurs se plaisent à multiplier dans leurs terres; nombre de communautés, et notamment celle de Berthelange, composée de trente-trois feux, se plaint particulièrement de ce que les seigneurs de ce lieu y ont habituellement huit gardes, tandis que leur territoire ne contient que six cents journaux de terres labourables.

Art. 4. Les messiers, gardes de vignes, forestiers, maires et échevins seront autorisés à faire rapport contre les seigneurs, et tous autres qui chasseraient dans les fruits pendants, et à mettre leur rapport au greffe de la juridiction royale, où ressortira la juridiction subalterne.

Art. 5. Les officiers des seigneurs ne pourront exiger des justiciables, pour vacations et journées, que comme résidants dans l'étendue des seigneuries.

Art. 6. Les tabellions seront supprimés, ou du moins, en cas de non-suppression, ils résideront dans la seigneurie; sinon les sujets pourront, sans danger d'amende, ni droit, faire recevoir leurs actes par tous autres officiers publics, et lesdits tabellions ne pourront s'ingérer, lorsqu'ils ne seront pas notaires royaux, à passer des actes étrangers au tabellionnage.

Art. 7. Tous les offices, tant des cours souveraines que des tribunaux royaux, seront inamovibles, si ce n'est dans le cas de forfaiture jugée dans les formes.

Art. 8. Tous les tribunaux d'exception, attribution, ainsi que toutes chancelleries seront supprimés, sauf la juridiction consulaire.

Art. 9. La vénalité de tous offices de judicature sera abolie, sauf à laisser en titres vénaux les offices de notaires, procureurs, greffiers et huissiers.

Art. 10. Il sera pourvu au remboursement des titulaires, conformément aux évaluations faites en exécution de l'édit de 1771, pour ceux qui étaient assujettis à payer le centième denier, et sur le pied de la finance pour les titulaires qui n'ont pas été astreints à payer ce droit, Sa Majesté étant suppliée d'ordonner que ledit remboursement sera fait auxdits titulaires avant qu'ils puissent être privés de leurs offices.

Art. 11. Les justices de police et mairies patrimoniales aux villes seront réunies, et ne formeront qu'une seule et même justice ressortissant aux bailliages et sénéchaussées.

Art. 12. Les bailliages royaux seront autorisés à juger en dernier ressort en toutes matières civiles, jusqu'à la somme de 200 livres, au nombre de sept juges, sauf l'opposition ; et les cours supérieures ne pourront recevoir les appels qui en seront interjetés, dans laquelle somme de 200 livres ne seront point compris les dommages et intérêts, à moins qu'ils ne fassent l'objet principal du procès.

Art. 13. Lors de la vacance d'un office dans les cours souveraines, bailliages et sénéchaussées, les États de la province présenteront à Sa Majesté trois sujets pour en retenir un, lesquels sujets seront, savoir : pour les cours souveraines, âgés de trente-cinq ans, et auront exercé pendant dix ans, avec honneur et distinction, la profession d'avocat, soit dans les cours, soit dans les bailliages, ou un office de juge ou de gens du Roi dans les bailliages ou sénéchaussées, lesdits sujets seront âgés de trente ans et auront également exercé, avec honneur et distinction, la profession d'avocat pendant cinq ans.

Art. 14. Le tiers-état sera admis à l'exercice des fonctions de la haute magistrature, et les cours souveraines composées de manière que les gens du tiers-état soient toujours au moins en nombre égal à celui des officiers des deux autres ordres réunis ; et les offices desdites cours ne conféreront point la noblesse.

Art. 15. Quel que soit le degré de parenté avec la personne condamnée pour crime, il n'y aura aucune tache ni infamie sur ses parents ; les membres de sa famille ne pourront être exclus d'aucun emploi ecclésiastique, militaire ou civil ; les peines et supplices seront du même genre contre les nobles et les roturiers ; Sa Majesté étant suppliée de faire maintenir cette loi par toute la force de son autorité.

Art. 16. Il sera incessamment procédé à la réformation des codes civil et criminel.

Art. 17. Sa Majesté est suppliée d'ordonner la suppression des droits d'ensaisinement en toutes successions, soit directes, soit collatérales ; des mêmes droits et de celui de lods, en matière d'aliénations, dans les domaines où il n'y a aucun cens d'établi, et du droit de petit scel dans les prévôtés royales.

Art. 18. Sa Majesté sera suppliée d'ordonner la suppression de l'impôt du centième denier sur les charges qui resteront héréditaires et disponibles, des 8 et 10 sols pour livre, sur les droits qui se perçoivent dans les greffes, sur ceux du contrôle, insinuation, petit scel et autres quelconques ; d'ordonner encore la fixation invariable desdits droits, en renvoyant aux juges royaux la con-

naissance de toutes difficultés et prévarications, et d'abolir la peine du double droit pour non-payement du centième denier dans les délais fixés, sauf aux contrôleurs à se pourvoir par les voies ordinaires contre les débiteurs.

Art. 19. Sa Majesté est suppliée d'assujettir les biens d'Église et ceux grevés de substitutions à un droit périodique et proportionné au droit du centième denier, et un centième denier qu'ils payeront s'ils étaient aliénables ; lesdites périodicités et proportions à régler par les États généraux.

Art. 20. Sa Majesté est suppliée d'autoriser les États de Franche-Comté à faire travailler à un code de lois pour les bâtiments et tout ce qui peut y avoir rapport, même concernant le nivellement des étangs, la hauteur des vannes, chaussées et écluses, et les distances à observer pour la plantation des arbres de différentes espèces.

Art. 21. D'ordonner, que dans tous les cas, les oppositions de scellés et inventaires seront faites, dans la province de Franche-Comté, par les juges des lieux, à l'exclusion des juges royaux, à charge que les greffiers en resteront dépositaires par inventaires qui seront récolés à chaque mutation.

Art. 22. Sa Majesté est suppliée d'ordonner un nouveau tarif pour les droits des officiers de justice et des notaires, même que toutes épices et vacations, ainsi que les offices de receveurs d'épices, contrôleurs de quittances d'épices, contrôleurs des taxes de dépenses et receveurs des consignations, soient supprimés.

Art. 23. Les offices de procureurs et de notaires ne sont point incompatibles, du moins dans les villes bailliagères de médiocre population, et le titulaire d'un office ne pourra réunir dans ses mains un autre office de notaire, pour écarter toute concurrence contre le bien du service.

CHAPITRE VI.

Des universités

Article unique. Sa Majesté est suppliée de donner un règlement uniforme pour toutes les universités, de créer dans chacune un professeur de droit public, et d'ordonner que les grades y seront conférés sans frais.

CHAPITRE VII.

Des impôts et finances.

Art. 1er. Sa Majesté est suppliée d'abolir tous privilèges et exemptions, quelle qu'en soit la cause, en fait d'impôts et charges publiques, qu'ils soient royaux, provinciaux ou locaux, même ceux du domaine du Roi, et les bénéficiers de l'ordre de Malte, ainsi que des maîtres de poste.

Art. 2. Toutes les impositions royales seront réduites en une seule, et perçues en vertu d'un seul et même rôle, dont la répartition sera faite par les États provinciaux ; toutes les dîmes, cens, redevances seigneuriales, châteaux, parcs, enclos et vergers, seront réputés, à cet égard, propriétés foncières de première classe, et il n'y aura aucune exemption quelconque, réelle ou personnelle, même pour les rivières, étangs, forêts, etc., Sa Majesté étant suppliée d'ordonner que les fermiers, qui supporteront une plus grande partie d'impôts en raison de la suppression des privilèges, seront indemnisés par les propriétaires, nonobstant toutes clauses et conditions contraires.

Art. 3 La répartition dudit impôt royal sera faite par les États généraux sur toutes les provinces, eu égard à leur étendue, population, production, commerce, industrie, propriétés réelles et fictives.

Art. 4. Chaque province répartira la masse de l'impôt qui lui aura été assignée, eu égard à ce qui est porté dans l'article précédent, et la perception de l'impôt sera faite par les États de chaque province, en sorte que tous les offices de finance soient supprimés, ainsi que toutes commissions, et les deniers levés ne pourront sortir de la province qu'après que toutes les charges et assignations sur le Trésor auront été acquittées.

Art. 5. Les Etats généraux choisiront un ou plusieurs receveurs généraux des finances du royaume, lesquels fourniront bonne et suffisante caution, et à chaque tenue des Etats généraux rendront des comptes publics qui seront envoyés dans chaque province.

Art. 6. Il sera, de plus, imprimé chaque année et rendu public un état des finances du royaume, de ses revenus et dépenses, de ses charges et dettes, des fonds destinés à leur acquittement ou amortissement, de l'emploi qui en aura été fait, des titres de créances sur l'Etat, des noms des créanciers, en un mot un compte exact par recette, dépense et reprise.

Art. 7. Les confections, entretiens et réparations des grands chemins seront faits en nature par les trois ordres, sauf aux ecclésiastiques, aux seigneurs et à tous autres, à faire faire, à leurs frais et par qui ils trouveront convenir, les portions qui pourraient tomber à leur charge ; les ponts et ponceaux sur les routes seront faits, réparés et entretenus aux frais de la province ; la direction en appartiendra aux Etats particuliers, qui en feront aussi la répartition sur les trois ordres, en raison des propriétés et facultés respectives.

Art. 8. Lorsqu'il sera pris quelque terrain particulier, soit pour l'élargissement ou confection des routes, soit pour autres ouvrages publics, les propriétaires ne pourront être dépossédés qu'après l'estimation desdits terrains contradictoirement faite, et qu'après le payement du prix fixé par les experts.

Art. 9. La marque et les droits sur les cuirs seront supprimés.

Art. 10. L'établissement concernant les haras sera supprimé, et le service en ce genre sera ramené à une pleine liberté.

Art. 11. Les Etats provinciaux seront autorisés à se faire rendre compte, par qui de droit, des sommes perçues pour le remboursement des charges du Parlement et de la Chambre des comptes, pour les frais de milice, pour les octrois sur les sels, de la caisse des haras, ponts et chaussées, fortifications, etc.

Art. 12. Tous comptables envers l'Etat et les provinces et commis employés dans les finances ne pourront être admis aux Etats généraux ou provinciaux.

Art. 13. Chaque province aura la direction et fera les frais des postes, carrosses, diligences, messageries et autres entreprises publiques, dans l'étendue de son territoire, et le produit en sera versé dans la caisse de chaque province.

Art. 14. L'état des monnaies sera fixé et ne pourra être changé sans le consentement de la nation. Le Roi sera supplié de faire frapper du billon ou autres petites monnaies d'argent, et le papier-monnaie ne pourra être établi en aucun temps.

CHAPITRE VIII.
Des domaines du Roi.

Article unique. Tous les domaines aliénés à titre d'accensement, arrentement et autres titres, même d'échange, retourneront à la couronne. Sa Majesté sera suppliée de rentrer dans toutes ses justices aliénées, même dans celles qui l'ont été à titre d'échange ; et dans le cas où Sa Majesté ne retirerait pas lesdites justices, la communauté de Tassenne se soumet de rembourser, à l'acquit du Roi, au seigneur dudit lieu, ce qu'il a pu payer pour l'acquisition qu'il a faite de la justice sur les lieu et territoire dudit Tassenne, à condition, néanmoins, que cette communauté n'aura, à l'avenir, d'autre seigneur que Sa Majesté.

CHAPITRE IX.
Du clergé.

Art. 1er. Toutes les annates, bulles et provisions de la cour de Rome, en matière bénéficiale, seront abrogées. Lesdites provisions réservées aux évêques rière leurs diocèses, ainsi que la collation des bénéfices appartenant au pape ; il en sera de même des dispenses, quel qu'en soit l'objet, lesquelles ne pourront être accordées que par les évêques, et sans frais ; tous casuels des archevêques, évêques, et même de leurs secrétaires, seront supprimés.

Art. 2. La première année du revenu des bénéfices consistoriaux, autres toutefois que ceux dont la suppression sera demandée, sera versée dans la caisse du trésorier de chaque province, selon la situation des bénéfices.

Art. 3. Le clergé du tiers-état sera pourvu de la moitié de tous les bénéfices consistoriaux, comme archevêchés, évêchés, et tous autres ; et sera imprimé et rendu public un état des bénéfices du royaume, de leurs revenus, des titulaires, des pensions affectées sur lesdits bénéfices, sur les économats, et du nom des pensionnaires.

Art. 4. Les abbayes et prieurés commendataires seront supprimés, et les biens qui en dépendent remis au domaine de la couronne pour être vendus, et le prix être employé à l'acquittement des dettes de l'Etat, tous justes prélèvements faits.

Art. 5. Les maisons religieuses qui sont hors des villes seront supprimées, sauf à ordonner que les religieux desdites maisons se retireront dans celles qui sont dans les villes, ou qui sont maisons matrices, quoique dans les campagnes ; les biens desdites maisons supprimées vendus, et le prix employé à l'acquittement de la dette nationale.

Art. 6. Les biens des ordres déjà supprimés et réunis, soit à l'ordre de Malte, soit à d'autres ordres, corps et communautés, seront désunis et destinés au même emploi que ci-dessus.

Art. 7. Toutes les maisons d'ermites seront abolies et supprimées.

Art. 8. Il sera fait défense aux religieux mendiants de recevoir à l'avenir aucun sujet.

Art. 9. Dans les maisons religieuses des deux sexes, qui seront conservées, nul ne pourra émettre les derniers vœux avant l'âge de vingt-cinq ans accomplis.

Art. 10. Les ordres religieux des deux sexes seront, à l'avenir, immédiatement soumis à l'autorité des diocésains.

Art. 11. Les archevêques et évêques seront tenus de résider habituellement dans leur diocèse, à peine de la perte du temporel de leur bénéfice au prorata de leur absence, lequel prorata sera versé dans le Trésor de chaque province.

Art. 12. Il sera ordonné que les habitants des lieux où il y a des succursales établies, prêtres résidants, églises, cimetières, fonts baptismaux, ne seront point tenus de contribuer aux constructions, réparations et entreprises de la mère église et du presbytère.

Art. 13. Le casuel et même les prestations en gerbes et mesures de grains seront supprimés dans toutes les cures sans exception.

Art. 14. Il sera ordonné que dans les lieux éloignés de leurs paroisses ou de difficile desserte, il y aura des curés ou vicaires perpétuels, à la charge des décimateurs ecclésiastiques ou laïques; Sa Majesté étant suppliée d'y pourvoir à défaut desdits décimateurs, et, en cas de refus par l'ordinaire, d'ériger les cures ou vicariats en chefs; la voie d'appellation comme d'abus leur sera ouverte.

Art. 15. Les portions congrues des curés et vicaires perpétuels seront augmentées et déterminées par la sagesse des États-généraux qui aviseront au payement du supplément, en cas d'insuffisance des dîmes ecclésiastiques ou inféodées.

Art. 16. L'édit ou déclaration concernant l'inhumation des cadavres hors les villes et villages, sera exécuté selon sa forme et teneur.

Art. 17. Les résignations des bénéfices seront prohibées.

Art. 18. Les États provinciaux auront la superintendance et la police des hôpitaux royaux et le droit d'en recevoir les comptes, ainsi que de l'administration des revenus des collèges destinés à l'éducation de la jeunesse.

Art. 19. Les États généraux autoriseront les États de la province à faire rendre compte aux régisseurs et administrateurs actuels des biens et revenus de tous les collèges de cette province.

CHAPITRE X.

De la noblesse.

Article unique. La noblesse transmissible ne pourra être concédée directement ni indirectement à prix d'argent, et ne sera accordée qu'aux services rendus et reconnus.

CHAPITRE XI.

Des droits seigneuriaux.

Art. 1er. Toute mainmorte personnelle, ainsi que tous droits serviles en résultant, seront supprimés; la mainmorte réelle le sera pareillement, sans aucune indemnité envers les ecclésiastiques, et au regard des laïques, avec indemnité à régler par les États généraux, s'il y a lieu.

Art. 2. Tous les droits ayant pour objet des services personnels ou réels envers les seigneurs, curés et tous autres dont la cause ne subsiste plus, seront supprimés, ainsi que les redevances représentatives de ces droits.

Art. 3. Toutes banalités de fours, moulins, pressoirs, banvins et autres, seront abolies, ainsi que les redevances représentatives de ces droits.

Art. 4. Tous droits de fort-bans seront abolis.

Art. 5. Tout droit d'induire aide sera supprimé; il en sera de même de celui de commise, sauf toutefois les droits et hypothèques des seigneurs sur les fonds vendus en raison des arriérés de cens et du droit de mutation qui, en cas de fraude, sera double.

Art. 6. Les seigneurs ne pourront exiger aucun droit pour leur consentement aux contrats de mutation, mais seulement les lods.

Art. 7. Le retrait féodal et en censive ne pourra être cédé à prix d'argent par les seigneurs; et s'il est ainsi cédé, le fonds vendu retournera à l'acquéreur moyennant seulement le payement des lods de son acquisition.

Art. 8. Tous cens en directe, rentes et cens fonciers, seront rédimables, ainsi que toutes dîmes, de quelque espèce qu'elles soient, sauf toutefois celles dont jouissent les curés pour portion congrue.

Art. 9. Les droits de lods au quatrième, sixième etc., seront réduits au douzième denier du prix des fonds vendus sans indemnité, et tous lods seront rédimables à prix d'argent, dans les lieux où ces droits ne dériveront pas du cens.

Art. 10. Le retrait lignager sera préférable au droit censitif et féodal.

Art. 11. Le délai du retrait lignager courra du jour de l'insinuation et ne s'exercera que jusqu'au quatrième degré inclusivement, excepté toutefois en ventes de portions indivises d'immeubles, dans lesquelles il aura lieu comme du passé, à moins que l'acquéreur ne soit parent et déjà copropriétaire d'une autre portion indivise du même immeuble.

Art. 12. Tous biens féodaux pourront être possédés par les gens du tiers-état, sans permission ni dispense du souverain, à charge par les acquéreurs de remplir les devoirs requis envers le seigneur suzerain.

Art. 13. L'arrêt de règlement du parlement de cette province qui ordonne de mettre des billots au cou des chiens sera supprimé.

Art. 14. Les droits des seigneurs ne pourront s'exiger dans les ventes à faculté de rachat pour trois années et au-dessous.

Art. 15. L'arrêt du conseil qui permet de faire rouir dans les rivières les chanvres sera exécuté dans tout le royaume, sans qu'à l'avenir les juges puissent prononcer aucune condamnation à ce sujet.

Art. 16. Les contraventions à l'arrêt de règlement du parlement de cette province, concernant les cabarets, ne pourront donner lieu à aucune amende contre les pères et mères, maîtres et maîtresses, mais seulement contre les cabaretiers, qui seront seuls contraignables par corps, pour le payement des amendes prononcées à ce sujet.

Art. 17. Les droits de minages et péages appartenant au Roi, aux communautés et aux particuliers, demeureront supprimés, sans indemnité pour ceux qui appartiennent au Roi, et ceux qui a été permis aux communautés de lever à titre d'octrois, et avec indemnité pour ceux qui sont dans le patrimoine desdites communautés ou qui appartiennent aux particuliers; laquelle indemnité sera réglée par les États de la province, sauf à établir un droit pour la fourniture, dans les lieux, de cuviers et mesures nécessaires à l'entrepôt et vente de grains.

Art. 18. Ceux qui auront droit de colombier seront tenus de renfermer leurs pigeons pendant le temps des semailles, de carême, d'automne, et pendant le temps des moissons, Sa Majesté étant suppliée de faire un règlement sur cet objet.

Art. 19. Des expéditions ou copies collationnées en forme probante de tous titres communs, concernant les seigneuries, seront placées dans un lieu sûr de chaque seigneurie, pour en être pris communication, sans déplacer.

Art. 20. Il sera permis à tous les sujets de la province de faire parcourir le bétail dans les remises à gibier, sans encourir aucune amende.

Art. 21. Tous les bois, tant des seigneurs que de Sa Majesté, des communautés religieuses et séculières et des particuliers, seront sujets au parcours lorsqu'ils seront défonçables, et ils seront censés tels, six ans après l'exploitation, toutes circonstances et droits de localités reversés ainsi que la reconnaissance du contraire.

Art. 22. Tous les droits seigneuriaux qui ne sont point établis sur titres valables ou sur possession centenaire seront abolis.

Art. 23. Le bénéfice de triage dans les bois et communaux, accordé aux seigneurs, demeurera aboli tant pour le passé que pour l'avenir.

CHAPITRE XII.
Des places, emplois et pensions.

Art. 1er. Il sera procédé à la révision des causes de toutes les pensions accordées, et celles qui seront exorbitantes ou non méritées seront réduites ou supprimées.

Art. 2. Il sera fait des fonds distincts pour les pensions destinées à la récompense de tous les gens de service, à l'encouragement de l'agriculture, des arts libéraux ou mécaniques et du commerce, sans que les fonds destinés à chaque département puissent être outrepassés, sous quel prétexte que ce soit; il en sera de même pour les prix et gratifications quelconques; et, à chaque tenue d'États, sera imprimé et rendu public l'état de tous les dons, pensions et les noms des pensionnaires ou donataires.

CHAPITRE XIII.
De l'état militaire.

Art. 1er. Tous les emplois militaires inutiles seront supprimés.

Art. 2. Les gens du tiers-état seront admis à tous emplois militaires, abrogeant toutes ordonnances à ce contraires.

Art. 3. Le tirage de la milice sera abrogé, moyennant que les États provinciaux fourniront, en cas de besoin, le nombre d'hommes qui leur sera demandé par Sa Majesté, et qu'à ce sujet les fonds seront pris sur les trois ordres de la province, en raison des propriétés et facultés respectives.

Art. 4. Les frais de logement des gens de guerre et de maréchaussée seront supportés de même par les trois ordres.

Art. 5. Seront augmentées convenablement, dans le comté de Bourgogne, les brigades de maréchaussée.

CHAPITRE XIV.
Du commerce.

Art. 1er. Toutes peines de mort, galères, ou autres afflictives et infamantes, pour fait de contrebande, seront abolies.

Art. 2. Les droits d'entrée et de sortie qui se percevront sur les frontières seront versés dans la caisse du receveur de la province.

Art. 3. Les marchands roulants, sans domicile fixe, seront tenus d'élire domicile, pour être imposés, et seront toujours munis de certificats valables de cotisation; faute de quoi, ils seront réputés vagabonds et punis comme tels.

Art. 4. La liberté du commerce et le transport des grains hors la province demeureront confiés à ses États particuliers qui pourront l'autoriser, restreindre ou défendre.

Art. 5. Il y aura dans l'étendue du royaume uniformité de poids et mesures adoptés aux États généraux, et les poids et mesures portés aux titres et terriers seront réduits et égalés au taux de ceux à régler par lesdits États.

Art. 6. Le prêt à intérêts au taux de la loi sera autorisé dans toute l'étendue du royaume, moyennant que la retenue de l'impôt aura lieu sur lesdits intérêts.

Art. 7. La retenue de l'impôt pourra être faite par les débiteurs de gros cens et de rentes vingères, qu'elles aient été faites ou non pour ventes de fonds, nonobstant toutes clauses et stipulations contraires.

Art. 8. Les capitaux de rentes sur l'État seront réduits à proportion des intérêts usuraires perçus par les créanciers, à l'exception de ceux qui ne sont pas régnicoles.

CHAPITRE XV.
Des municipalités.

Art. 1er. La vénalité de tous offices municipaux pour les villes et bourgs sera supprimée, et le prix des offices actuellement existants sera remboursé par l'État qui aurait profité de ces finances, sans que jamais la vénalité puisse être rétablie.

Art. 2. Toutes les villes et bourgs qui sont et seront dans le cas des municipalités, auront le droit de choisir leurs administrateurs et les élections se feront par députés des classes ou corporations différentes, et par la voie du scrutin, qui sera réitéré autant de fois qu'il y aura de membres à élire.

Art. 3. Les officiers municipaux ne pourront exercer leurs fonctions que pendant trois ans, à moins qu'ils ne soient continués de la même manière qu'ils auront été élus.

Art. 4. Les mêmes classes d'habitants choisiront toujours parmi elles, par la voie du scrutin, un nombre égal de notables, pour assister pendant le temps de trois ans les officiers municipaux.

Art. 5. Lesdits officiers et notables ainsi élus choisiront dès le lendemain, par la voie du scrutin, deux d'entre lesdits officiers, qui devront remplir les fonctions de maire et échevins, et ils choisiront dans les classes des citoyens ceux qui devront remplir les places des procureurs des justices du corps et de secrétaire-greffier et autres.

Art. 6. Les maire et échevins élus prêteront le serment devant le juge royal du bailliage.

Art. 7. Les autres officiers municipaux, le procureur des justices du corps et le secrétaire-greffier prêteront le serment par-devant le maire, ainsi que les notables.

Art. 8. Les gardes de police, sergents de ville et autres seront aux gages des villes et bourgs.

Art. 9. Les archives des villes et bourgs fermeront à trois clefs différentes, dont une sera remise au maire, une autre à l'un des notables, et la troisième au secrétaire, inventaire préalablement fait desdites archives, lequel inventaire sera récolé à chaque élection; il ne pourra être tiré des archives aucun titre ni papier, sans délibération préalable des officiers municipaux et sans récépissé, ce qui aura lieu pour les communautés des campagnes autant que faire se pourra.

Art. 10. Les receveurs des villes et bourgs, ainsi que des impôts royaux et locaux, seront aussi élus par les officiers municipaux et notables, et à gages; mais ils ne pourront entrer en exercice qu'après avoir fourni bonne et suffisante caution.

Art. 11. Les officiers municipaux ne pourront rien délibérer seuls au delà de l'administration simple, nécessaire et journalière, et tout ce qui l'excédera sera délibéré, tant par eux que par les notables, qui pourront même se retirer devant les classes qui les auront commis, pour les consulter sur les objets de la délibération.

Art. 12. Les comptes des villes, bourgs et villages seront rendus trois mois après l'expiration de chaque année, en présence de tous les officiers municipaux et notables, le jour qui aura été indiqué par délibération précédente et en suite des comptes, et leurs pièces justificatives resteront pendant un mois au secrétariat, où chacun en pourra prendre communication.

Art. 13. Les officiers municipaux seront tenus de souffrir la révision de leurs comptes depuis 1771; il en sera de même à l'égard des receveurs des communautés.

CHAPITRE XVI.

Des intérêts particuliers de la province.

Art. 1er. La province de Franche-Comté et ses villes seront confirmées dans les droits et privilèges qui leur appartiennent par leurs traités et capitulations, sauf en matière d'impôts.

Art. 2. Le canal commencé pour la navigation de la rivière du Doubs sera continué, et toutes les provinces du royaume contribueront aux frais nécessaires à ce sujet, la province de Franche-Comté ayant contribué aux frais des canaux du royaume.

Art. 3. Les adjudications des bois, tant des villes, bourgs, communautés, que les forêts du Roi, seront faites aux plus offrants et derniers enchérisseurs : celles des ouvrages desdits villes, bourgs et communautés, seront faites au rabais et de la même manière, et pour assurer la fabrication et le commerce des cuirs, les adjudicataires seront tenus de faire des écorces, suivant la possibilité des bois adjugés, d'après la reconnaissance qui en sera faite par les officiers compétents. Sa Majesté est suppliée de permettre la coupe desdits bois en tout temps, même en temps de seve, comme encore d'autoriser les Etats provinciaux à permettre la coupe d'une partie des quarts en réserve des communautés, suivant les besoins et circonstances de localité.

Art. 4. Les deniers provenant de la vente des bois des communautés seront déposés entre les mains de leurs procureurs spéciaux ou receveurs, qui donneront bonne et suffisante caution, Sa Majesté étant suppliée d'abolir la perception du droit du dixième sur le prix de la vente desdits bois.

Art. 5. Sa Majesté est suppliée d'ordonner la suppression des salines d'Arc et Montmorot ; qu'il ne sera plus fait que du sel en grains dans celles de Salins, dont une partie sera aux Suisses, en exécution du traité fait entre eux et la France, une autre partie distribuée aux habitants des montagnes pour la salure de leurs fromages, et le surplus à tous les habitants de la province, pris égard à la force contributive de l'imposition, tout privilège de franc-salé aboli ; Sa Majesté étant suppliée d'ordonner que ledit sel en grains sera délivré aux habitants de la province au prix qu'ils doivent l'avoir suivant le traité de capitulation de ladite province.

Art. 6. Il sera libre à chaque communauté, même à celles voisines des salines de Salins, Montmorot et de Chaux, au cas où Sa Majesté conserverait les deux dernières, de vendre leurs bois comme elles le jugeront à propos, sans que la coupe de ces bois soit invariablement affectée auxdites salines, sauf qu'elles auront la préférence sur les adjudicataires de ces bois pour pourvoir à la consommation à faire dans lesdites salines.

Art. 7. Les Etats de la province seront autorisés à procéder à la réduction du nombre des forges et fourneaux.

Art. 8. Il sera permis aux communautés de la province de mettre en nature de culture, après toutefois reconnaissance préalable, les forêts marécageuses dans lesquelles le bois n'a pas crû depuis cinquante ans ; tous autres propriétaires auront la même faculté.

Art. 9. Il sera fait défense de cultiver et semer les essarts et terrains qui se trouvent entre les grandes routes et les forêts, si ce n'est de mêmes graines, autres cependant que le chanvre, seigle et maïs.

Art. 10. Il sera ordonné que les revenus communaux seront affermés avec les formalités ordinaires d'autorité du juge des lieux, et le prix versé entre les mains d'un habitant de la communauté, qui sera choisi dans une assemblée, lequel fournira caution et rendra compte par-devant le même juge, les habitants appelés.

Art. 11. Les octrois de la Saône, qui se perçoivent au profit des Etats du duché de Bourgogne sur les grains, vins, bois, bétail et toute espèce de denrées qui s'embarquent en Franche-Comté, seront et demeureront supprimés.

Art. 12. L'homologation de toutes les délibérations et traités de communautés sera confiée aux Etats particuliers de la province ou à sa commission intermédiaire.

Art. 13. Sa Majesté est suppliée d'ordonner que les enclaves et autres terrains de la province du duché de Bourgogne, qui se trouvent renfermés dans celles de la Franche-Comté, y seront réunis.

Art. 14. De restreindre les substitutions graduelles au second degré inclusivement.

Art. 15. D'aviser aux moyens propres à prévenir la mendicité.

Art. 16. La presse sera libre aux sujets du Roi, sauf l'animadversion de la loi contre les auteurs, imprimeurs et distributeurs des écrits qui attaqueront les dogmes de la religion , la constitution de l'Etat, les mœurs et l'honneur des citoyens.

Art. 17. et 18. Maintenir et réintégrer les villes, prévôtés , bourgs, communautés et particuliers dans les propriétés, droits d'affouage, usage, parcours et tous autres droits dont ils jouissaient avant la réformation de 1728, dans tous les bois de Sa Majesté, des ecclésiastiques, des seigneurs et particuliers, Sa Majesté étant suppliée d'ordonner que lesdits droits seront vérifiés par les juges ordinaires.

Art. 19. Il sera permis aux communautés de rentrer dans tous leurs biens aliénés depuis 1620, moyennant tous remboursements légitimes ; il sera de plus permis auxdites communautés et à tous particuliers de rentrer dans les terrains qui, comme voisins des forêts, y auraient été réunis ; d'après cette règle le bois acquiert le plein, mais à la charge que les terrains recouvrés resteront toujours en nature de bois.

Art. 20. Il sera dressé une charte du délibéré des Etats généraux pour former à l'avenir la constitution de la monarchie française ; il en sera expédié des lettres authentiques en grande chancellerie, pour être remise aux députés de chaque province, et par ceux-ci déposées dans les archives de leurs Etats respectifs, pour en être par lesdits Etats envoyé des copies collationnées dans toutes les villes, bourgs et villages de leur ressort.

Articles particuliers du bailliage de Dôle.

Art. 1er. Le commerce de la ville de Dôle,

étant au moment de s'étendre par la construction des canaux de navigation commencés dans les duchés et comtés de Bourgogne, Sa Majesté est suppliée d'établir en cette ville un tribunal de juridiction consulaire à l'instar de celui de Paris.

Art. 2. S'il plaît à Sa Majesté de rétablir la Chambre des comptes, aides et domaines et finances, qui existait ci-devant à Dôle, Sa Majesté est suppliée d'ordonner qu'elle sera rétablie en ladite ville.

Art. 3. Sa Majesté est très-humblement suppliée de conserver à la ville de Dôle la séance des États de la province, ainsi que de la commission intermédiaire.

Art. 4. D'ordonner que la somme de 160,000 livres, faisant partie de celle de 353,000 livres accordée à la ville de Dôle pour l'agrandissement de ses casernes, ainsi qu'il est évident par une lettre de M. de Saint-Ange, intendant de cette province, adressée aux officiers municipaux, le 27 septembre 1784, sera remise à ladite ville pour être employée à sa destination, notamment au remboursement des sommes qu'elle a déjà dépensées pour l'entretien et pour l'ameublement desdites casernes.

Les communautés des bailliages n'entendent être tenues d'aucun frais pour le recouvrement de ces sommes qu'elles ont déjà payées.

Art. 5. Maintenir et réintégrer la ville de Dôle dans la propriété et jouissance de tous les fonds, bâtiments et revenus attachés à son collège appelé le collège de Lare, ainsi que des prieurés qui y ont été réunis, afin de pouvoir entretenir des professeurs, maîtres, régents séculiers ou réguliers pour la théologie, la philosophie, les mathématiques et les humanités, une académie de peinture, dessin, sculpture et architecture, un cours d'anatomie, chimie et botanique.

Les officiers municipaux et notables de la ville de Dôle, qui seront administrateurs des revenus de ce collège, seront obligés d'en rendre compte aux États provinciaux, et l'excédant desdits revenus sera employé à établir des bourses en faveur des habitants de la ville du bailliage de Dôle. Les États provinciaux nommeront à ces places.

Art. 6. Conserver l'édit des hypothèques, en y apportant les modifications nécessaires; notamment celles qui suivent :

1° Les oppositions de conserver à fin dureront vingt ans ;

2° Les affiches au tableau y resteront six mois, et elles seront mises en l'auditoire de la juridiction royale de la situation des biens vendus et au greffe de la justice des domiciles des vendeurs ;

3° Il sera libre de stipuler que les titres d'aliénation ne seront point mis au bureau des hypothèques qui seront dénoncées, sans que les créanciers qui auront ces hypothèques puissent exiger le remboursement de leurs créances ;

4° Les lettres de ratification ne purgeront point les hypothèques des enfants sous l'autorité de leur père, ni celle des femmes en puissance de leurs maris, si ce n'est lorsqu'elles auront contracté avec eux.

Art. 7. Les habitants et communautés du village d'Orchamp supplient Sa Majesté d'excepter de la suppression du droit de péage celui qui leur appartient en vertu d'arrêt du conseil du 19 septembre, en raison du pont qu'ils font construire à leurs frais sur la rivière du Doubs.

Art. 8. Sa Majesté est suppliée de permettre aux habitants et communautés du comté de Bourgogne, voisins de la rivière du Doubs, plus bas que l'embouchure de la Couve, de faire passer ladite rivière dans les endroits les moins dommageables, ainsi que de faire à cet effet tous encaissements nécessaires ; le tout aux frais des parties intéressées, sauf néanmoins les oppositions des communautés et particuliers qui pourraient en souffrir ; et elle est aussi suppliée de déclarer que le droit d'alluvion n'aura pas lieu, depuis le point de réunion des deux rivières, en réservant à tous propriétaires le droit de recouvrer leurs terrains qui auront pu être envahis depuis quarante ans, sauf les mêmes oppositions.

Art. 9. D'apporter des modifications à l'édit des clôtures, en laissant la liberté du parcours réciproque pour les communautés qui en jouissaient avant ledit édit en vertu des titres, ou de possession suffisante, sauf les oppositions des parties qui peuvent avoir des intérêts contraires.

Art. 10. Par une loi abusive du duché de Bourgogne, les seconds fruits des prés sont toujours mis en réserve et cédés au profit des communautés, au préjudice des propriétaires de ces fruits. Les habitants du comté de Bourgogne souffrent spécialement de cette loi injuste, puisque la réciprocité n'a pas lieu pour eux au regard des héritages que les gens du duché possèdent en communauté. Dans le seul bailliage de Dôle, la perte des seconds fruits des prés situés en Bourgogne étant considérable, Sa Majesté est suppliée de vouloir remédier à cet abus, et d'ordonner que, dans tous les cas, les propriétaires francs-comtois jouiront des seconds fruits de leurs prés, situés en Bourgogne, et qu'il sera fait défense aux communautés de ce pays de s'approprier lesdits fruits.

Articles particuliers du bailliage d'Ornans.

Art. 1er. Sa Majesté sera suppliée de retirer l'édit portant établissement du bureau des hypothèques sur les immeubles réels et fictifs, comme dangereux et frappant inégalement sur les trois ordres.

Art. 2. Elle demeurera également suppliée d'autoriser les États de la province à maintenir l'exécution de l'édit des clôtures dans les parties de ladite province où il aurait été jugé convenable.

Articles particuliers du bailliage de Quingey.

Art. 1er. Ce bailliage, après avoir examiné le plan d'organisation fait par des gens du tiers-état assemblés à Besançon par les ordres de Sa Majesté, concernant les États de cette province, y adhère en tous ses points, priant Sa Majesté de vouloir bien le confirmer, s'en rapportant cependant à la prudence et à la sagesse de ses députés aux États généraux, pour consentir aux modifications qu'ils trouveront convenables.

Art. 2. Il n'y aura aucune chambre des comptes à rétablir dans la province de Franche-Comté, et l'arrondissement des bailliages ou sénéchaussées sera fait de telle manière que lesdits sièges, loin d'être diminués, seront multipliés pour rapprocher de plus en plus les justiciables de leur ressort.

Art. 3. Le droit de parcours réciproque sera supprimé.

Art. 4. Sa Majesté est suppliée de vouloir bien ordonner qu'il y aura par la suite dans la ville de Quingey un brigadier et deux cavaliers de maréchaussée de résidence, attendu qu'elle, ville de bailliage, a déjà joui de ce droit, et que ce n'est que depuis quelques années qu'elle en a été privée.

Art. 5. Article général. Les États généraux sont suppliés d'autoriser les États particuliers de la province de statuer sur tous les objets de réclamations particulières aux communautés.

Les gens du tiers-état des bailliages de Dôle, Ornans et Quingey supplient Sa Majesté de croire qu'en amour, respect et fidélité, ils le disputeront à tous Français lorsqu'il sera question de donner à leur Roi des preuves de ces sentiments; qu'ils lui font l'hommage le plus sincère de leur vie et de leurs biens, et qu'ils s'estimeront trop heureux d'en faire le sacrifice, quand il faudra contribuer à la gloire d'un si bon prince, au bonheur de la nation.

Sa Majesté est enfin suppliée de conserver l'honneur de sa confiance au ministre citoyen sous les mains duquel s'opère l'heureuse révolution qui va rendre à la France son ancienne liberté, et lui assurer des siècles de paix, de gloire et de prospérité.

Fait, clos et arrêté par les commissaires soussignés, le 14 avril 1789. Signé à la minute Rabusson, Hubert Jean.

Lyard; Ledoux, médecin; Bougaud; Brun; Gronot; Broch; J.-J. Tisserand-Bailly, maire; Drouhard; Masson; Reynaud; Tournier; Grison et Chappuis.

Le présent cahier de doléances a été lu, arrêté et approuvé par l'ordre du tiers-état à la séance du 14 avril courant, sous notre présidence et à la participation de M. le procureur du Roi, qui a signé avec nous et notre greffier.

Signé à la minute,
GRISON, REGNAUD-DEPERCY et CHAPPUIS.

CAHIER

De doléances, plaintes et remontrances du corps des marchands et négociants de la ville d'Ornans, fait par Etienne Belin, membre dudit corps, choisi à cet effet et nommé un de leurs députés (1).

CHAPITRE PREMIER.

Concernant les dépenses de la cour.

Art. 1er. Pour le bien de l'Etat, il faudrait régler les dépenses de la cour, les proportionner néanmoins au mérite et à la grandeur d'un si auguste et si cher monarque, et supprimer toutes dépenses superflues à charge à l'Etat.

Art. 2. Régler le nombre de toutes les charges de la cour qui seraient nécessaires et suffisantes, et supprimer toutes les autres à charge à l'Etat.

Art. 3. Diminuer, suivant le besoin de l'Etat et à proportion du mérite des personnes pensionnées, le prix de leurs pensions.

Art. 4. Ne plus accorder à l'avenir de pension que suivant le grand mérite, et qu'elles soient données à vie des pensionnés et toujours proportionnées au bien de l'Etat.

Art. 5. Pour le soulagement de l'Etat, en temps de paix, réformer une grande partie de la troupe, soldats et officiers dans chaque régiment, et ne laisser que le nombre suffisant dans tout régiment pour faire le service du Roi dans les citadelles, forts et villes de la France.

Art. 6. Régler le nombre suffisant des officiers, tant dans chaque régiment que des officiers établis dans les villes capitales pour le service du Roi, ainsi que ceux dans les forts et citadelles et en supprimer le nombre trop grand, superflu et à charge à l'Etat.

(1) Nous publions ce cahier d'après un manuscrit des *Archives de l'Empire.*

Art. 7. Qu'il n'y eût pour Sa Majesté qu'un seul impôt perçu dans un seul rôle, dans tout le royaume, pour lequel tous ses sujets seront imposés indistinctement et payeront chacun, sans aucune distinction de qualité et de rang, à proportion des biens qu'ils posséderont.

Art. 8. En cas de nécessité et besoin urgents, Sa Majesté augmentera son impôt, qui sera perçu et payé de la manière dite en l'article précédent.

Art. 9. Pour donner de l'émulation pour le service du Roi et récompenser le mérite, que toute personne de quelle qualité et condition qu'elle soit, puisse parvenir aux grades militaires.

Art. 10. Pour le bien de l'Etat ainsi que pour prévenir le dérangement de la jeunesse, que la troupe, en temps de paix, ne puisse être placée que dans les forts, citadelles et villes de guerre, jamais chez le bourgeois, mais toujours dans les casernes.

Art. 11. Que tous militaires et autres soldats soient toujours dans leurs habits d'ordonnance pour prévenir à leur égard toute surprise.

Art. 12. De régler le nombre suffisant des commis aux ponts et chaussées et en supprimer le nombre trop grand, à charge à l'Etat; leur régler des pensions proportionnées à leur rang, et toujours suivant le bien de l'Etat.

Art. 13. Que la troupe soit au compte du Roi, et les grades donnés au mérite, et que tout déserteur ne soit pas puni de mort; qu'il subisse toute autre punition qu'il plaira ordonner à Sa Majesté.

Art. 14. Le pardon général de tous les déserteurs et la sortie de prison de tous les contrebandiers, ainsi que la délivrance de tous galériens qui y sont détenus pour fait de contrebande.

Art. 15. Qu'il soit fait défense de faire payer aucun droit d'habitantage ni droit de levée de boutique, et droit de changer et faire de nouveaux jours sur les rues, dans tout le royaume.

Art. 16. La suppression des centièmes deniers et sous pour livre, des contrôles, et qu'à l'avenir, qu'il n'y eût qu'un seul droit perçu sans aucune distinction de qualité de personne, et que ce droit fût modique et d'égalité dans toute la France.

Art. 17. La suppression de toute mainmorte quelconque ecclésiastique et autres, tant personnelle que réelle, si le cas y échet, et dans ce cas réglé par expert.

Art. 18. La suppression de toutes sortes de banalités quelconques.

Art. 19. La suppression de tous droits particuliers de pêche et de chasse et que ces droits à la suite soient communs.

Art. 20. La suppression de l'édit de la conservation du bureau des hypothèques dans tout le royaume, pour laisser une pleine liberté à tous sujets de trouver, aux uns de la ressource dans leurs besoins, et aux autres de placer leur argent en rente et obligation plutôt que sur des fonds.

Art. 21. La suppression de la loi qui autorise les bilans ainsi que la séparation de biens entre mari et femme, comme encore l'émancipation des enfants à leur communion avant d'avoir pris un établissement, pour arrêter les brigandages qui s'accroissent de jour à autre, éviter beaucoup de procès, rendre la confiance publique et le commerce plus florissant; enfin, il vaut mieux préférer le bien public que le bien particulier, il vaudrait mieux, pour conserver le bien d'une mère à ses enfants, ôter tous pouvoirs aux femmes sous la puissance de leurs maris; seulement ne jamais pouvoir aliéner les biens-fonds à elles appartenant.

CHAPITRE II.

Au sujet du commerce.

Art. 1er. La suppression des cinq grosses fermes, le reculement des commis et employés à l'extrème frontière du royaume, la libre circulation de toutes marchandises sans être assujetties à aucuns droits dans l'enceinte du royaume ; fixer aussi un nombre d'employés suffisants et supprimer le superflu à charge à l'État.

Art. 2. Le libre établissement de toute manufacture et l'exemption de tous droits sur leurs objets de fabrication dans le royaume.

Art. 3. Que l'entrée d'aucune marchandise de fabrique étrangère ne soit prohibée, mais assujettie à un droit proportionné à son utilité.

Art. 4. Que toutes matières propres devant servir aux fabriques nationales venant de l'étranger ne soient assujetties à aucun droit à l'entrée du royaume, mais qu'elles payent moitié du droit des marchandises lorsqu'elles auront reçu une première main-d'œuvre.

Art. 5. Les marchandises étrangères, qui ne feront qu'emprunter le territoire du royaume pour parvenir à leur destination, ne payent à l'entrée du royaume qu'un droit modique, et sont accompagnées d'un acquit-à-caution qui sera déchargé au bureau de la sortie.

Art. 6. Que nulle matière première, reconnue de première nécessité pour l'aliment des fabriques nationales, ne puisse être exportée sans payer un droit proportionné à l'utilité de la fabrication à laquelle elle est destinée.

Art. 7. Que toute marchandise n'ayant reçu qu'une première main-d'œuvre paye à la sortie un droit auquel sera assujettie la matière première qui la compose, et en soit exempte lorsqu'elle aura reçu la première main-d'œuvre.

Art. 8. Que les droits d'entrée et de sortie soient perçus uniformément dans tous les bureaux de la frontière, sans qu'aucun puisse être privilégié pour l'entrée ou la sortie de telle ou telle marchandise.

Art. 9. La suppression de tous priviléges exclus pour toutes fabriques ou manufactures établies ou à établir, ainsi que pour toute branche de commerce.

Art. 10. La suppression de tout péage, à charge par l'État d'en indemniser les propriétaires et à dire d'experts.

Art. 11. L'uniformité de poids, aunage, toise et mesure et égalité de valeur d'or, argent et monnaie dans tout le royaume.

Art. 12. Le prêt d'argent au taux du prince, sur obligation et simple billet, comme il se pratique en Lorraine et en Alsace.

Art. 13. Une augmentation de nombre de monnaie dans tout le royaume, principalement dans les provinces de la frontière, où elle est très-rare.

CHAPITRE III.

Au sujet de la justice.

Art. 1er. Qu'il n'y ait qu'une seule et même loi par écrit par tout le royaume, tirée du recueil de toutes les différentes autres lois, et l'asseoir sur le sentiment de celui des auteurs qui sera reconnu du sentiment le plus juste, pour empêcher le grand nombre de procès qui sont la ruine du peuple.

Art 2. Que, pour ne laisser aucune fausse interprétation dans la loi, il y soit coté tout au long des modèles d'exemple dans chaque article qui pourrait être interprété à double sens.

Art. 3. La suppression de la loi qui accorde le droit de retrait, soit lignager et autres quelconques, pour éviter toute fraude et procès, et faire porter au prix de leur valeur les fonds vendus, le plus souvent, de contrainte et nécessité ; les lods des seigneurs augmenteraient, et le vendeur ou ses créanciers toucheraient le juste prix de la valeur du fond, tandis qu'au contraire, c'est le seigneur ou le parent qui en profite.

Art. 4. La suppression de la vénalité de toutes les charges de judicature auxquelles chacun pourra être admis, suivant la capacité de mérite.

Art. 5. Un nouveau code civil et criminel, et qu'à l'avenir la justice soit rendue avec le moins de frais possible, et qu'il y ait un temps prescrit pour la durée de tous procès; que les juges rendent la justice sans frais, qu'ils taxent dans leurs sentences et arrêts les frais de tous procès; que le nombre des écritures soit diminué et fixé, et le droit des frais diminué.

Art. 6. Que le remboursement du prix de toutes les charges soit fait par l'État et en taux du prix de la finance, et leur en payer l'intérêt au taux du prince, jusqu'à ce que l'État soit à même de pouvoir les rembourser.

Art. 7. La suppression des justices des seigneurs ainsi que des maîtrises et bureaux des finances, et qu'il n'y ait dans chaque bailliage qu'une seule justice royale, tant pour le civil que pour le criminel.

Art. 8. Que les juges royaux du bailliage, chacun dans son district, puisse connaître toutes affaires quelconques sans qu'aucun sujet puisse être traduit en d'autre juridiction pour quelle cause et matière que ce puisse être.

Art. 9. Que tous marchands et négociants soient traduits par-devant les juges des bailliages du ressort de leur résidence, où ils seront jugés avec la même célérité et en la même manière et forme qu'à une juridiction consulaire.

Art. 10. Que tous marchands roulants, forains et autres, qui voudront faire commerce dans d'autres provinces que celle de leur résidence seront tenus d'élire autant de domiciles dans chaque province qu'ils y feront commerce, pour pouvoir y être traduits au tribunal bailliager qu'ils auront élu, et y seront jugés à la manière avant dite.

Art. 11. Qu'il soit ordonné qu'au greffe de chaque bailliage, il y ait un registre coté et paraphé par le premier juge du siége, pour enregistrer tous les noms, surnoms et lieux de résidence de toutes les personnes qui sont marchands, négociants et ceux à la suite qui voudront l'être, à charge par ces derniers de se faire recevoir par-devant le juge, en justifiant de leur conduite par un certificat de bonne vie et mœurs de MM. les curés et échevins de leurs paroisses, que tous marchands forains soient tenus d'être munis de pareils certificats, même légalisés du juge de leur bailliage, sans quoi qu'il leur soit interdit la vente de toutes marchandises, et confiscation de celles dont ils seraient chargés.

Art. 12. L'établissement d'un concours dans chaque ville capitale, ainsi qu'une académie pour accroître les sciences et donner de l'émulation pour les arts et métiers.

Art. 13. Que toute personne née Française, âgée de vingt-cinq à trente ans, puisse être admise et reçue aux charges et offices de juges, ainsi qu'à celles d'avocats et procureurs du Roi, dont le choix n'en pourra être fait et laissé qu'au mérite du concours.

Art. 14. Que, pour tenir une juste circonspection dans l'exercice de la justice, donner et accroître l'émulation pour les sciences, faire rendre la justice égale tant aux pauvres qu'aux riches; que de six en six ans au moins il soit fait une élection nouvelle desdits offices et toujours laissée au mérite du concours.

Art. 15. Qu'aucune autre charge ne puisse être donnée à vie et que par élection de mérite et la pluralité des suffrages dans chaque district de bailliage; et ne pourront être reçus électeurs ni éligibles que gens nés Français, âgés de vingt-cinq ans et cotisés dans les rôles, et toute personne de la prédite qualité pourra y être admise indistinctement après avoir subi l'examen devant les juges royaux s'ils en sont trouvés capables, avec aussi une pleine liberté de les changer pour les toujours contenir dans leur devoir.

Art. 16. Que le salaire des huissiers soit fixé par lieue et non par journée de campagne, et qu'ils soient obligés de fournir caution suffisante pour la sûreté des sommes qui leur sont confiées et qui-très-souvent sont perdues pour les créanciers qui leur confient leurs contrats.

Art. 17. Qu'à l'avenir toute faute et tout crime soit regardé personnel, et qu'aucun reproche ni aucune tache n'en puisse rejaillir sur les familles, et qu'elles ne puissent être privées pour cet égard d'aucuns privilèges ni droit général ni particulier.

Art. 18 Qu'il soit fait défense de jamais mettre aucuns impôts ni sur les grains, ni pain, ni farine, sous quel prétexte que ce puisse être.

Art. 19. Qu'il soit ordonné que toute personne établie, exerçant l'état et profession de boulanger, soit tenue d'avoir chez soi un four, ainsi que d'être toujours assortie de toute sorte de pain et en avoir de tous poids, d'un quart de livre, demi-livre et livre, et avoir des pains de pesanteur de trois livres et six livres, moins efficace pour ne pas laisser tromper le public sur le poids, et que l'indigent puisse avoir du pain dans ses besoins.

CHAPITRE IV.

Concernant les villes et communautés des bailliages.

Art. 1er. Qu'il soit ordonné aux anciens officiers municipaux des villes de rendre compte par-devant les nouveaux officiers et par-devant tous les députés des différentes corporations desdites villes.

Art. 2. Qu'il leur soit aussi ordonné une révision de compte des années antérieures, suivant que le cas pourra l'exiger.

Art. 3. Que les officiers municipaux de la ville d'Ornans, condamnés solidairement par arrêt de la cour des aides, à Paris, à remettre dans la caisse de ladite ville, avec intérêt, même avec l'intérêt de l'intérêt, tous les deniers qu'ils y ont pris pour la poursuite du procès qu'ils avaient intenté sous le nom de la ville, injustement et par motif et délibération secrète et particulière de leur part et sans aucun avis ni consentement de notables, aux MM. Gudots de Verliat, au sujet de leur titre de noblesse, procès qui a été traduit à plusieurs tribunaux, ayant duré au delà de quarante et plusieurs années; qu'il soit ordonné de rendre compte incessamment à cet égard et restituer le tout conformément audit arrêt, nonobstant qu'ils se soient pourvus au conseil par requête en cassation, qui leur a accordé une suspension de l'exécution dudit arrêt, laquelle sans doute n'a été présentée qu'à dessein de ne jamais être for-

cés d'exécuter ledit arrêt; raison pourquoi ils se sont empressés d'acheter les charges de la magistrature à un si grand prix; car s'ils eussent été fondés, ils n'auraient pas laissé écouler au delà de vingt-cinq ans, sans avoir donné suite à leur appel; du moins qu'ils y soient condamnés par provision, sauf à eux à faire vider leur appel, avec soumission de la part des bourgeois, dans le cas où, contre toute attente, ils obtiennent de faire condamner la ville en leur lieu et place, de leur restituer, même avec intérêt, tous les deniers qu'ils auront remis dans ladite caisse.

Art. 4. Qu'à l'avenir MM. les officiers municipaux des villes soient élus à la pluralité des suffrages des députés de tous les corps et corporations des bourgeois et habitants des villes.

Art. 5. Que tout bourgeois âgé de vingt-cinq ans et cotisé dans les rôles indistinctement puisse y être éligible, sans néanmoins en pouvoir nommer deux parents communiers.

Art. 6. Que le magistrat soit composé d'un maire qui prête le serment chaque année devant le premier juge du bailliage, de deux échevins, quatre conseillers et seize notables.

Art. 7. Les notables seront choisis dans trois classes, savoir : trois dans la classe des marchands et négociants, trois dans celle des arts et métiers, quatre dans celle des procureurs et gens vivant bourgeoisement, et six dans les cultivateurs, étant dans le plus grand nombre.

Art. 8. Que de préférence, entre la capacité égale, lesdits notables doivent être choisis et préférés entre ceux qui payent les meilleures cotes.

Art. 9. Qu'il y ait un receveur particulier pour les deniers de la ville, à gage, étant obligé de fournir caution suffisante, et qu'il soit tenu de faire l'office de secrétaire au magistrat.

Art 10. Qu'il soit fait défense à l'avenir à MM. les officiers municipaux d'amodier une maison pour tenir leur assemblée, et qu'il leur soit ordonné de tenir le magistrat dans la maison de ville établie à cet effet.

Art. 11. Qu'il leur soit aussi fait défense de refaire aucuns ouvrages pour la ville, sinon en suite d'affiches publiques en trois dimanches consécutifs par adjudications, soit à l'enchère, soit au rabais.

Art. 12. Qu'il leur soit aussi fait défense de soutenir ni d'intenter aucun procès, à l'avenir, au nom de la ville, qu'après un consentement par écrit de trois professeurs ou des plus habiles avocats de Besançon qui les trouveront fondés, et joint à l'autorité de l'homme public à cet effet.

Art. 13. Que ledit receveur et lesdits officiers municipaux rendront compte à la fin de l'année de leurs gestions et rapporteront de bonnes et valables quittances et marchés et un état fidèle, par-devant les notables et les députés des villes, ainsi que par-devant les nouveaux officiers qui seront élus; et leurs comptes seront déposés chez le secrétaire de la ville qui les tiendra publics aux bourgeois.

Art. 14. Chaque différente corporation fera ses députés par élection et à la pluralité des voix, à proportion du nombre des individus de leurs corps, pour élire les officiers municipaux; et il y en aura au moins le double de notables dans la corporation des cultivateurs que dans toutes les autres corporations ensemble, et ne pourront être électeurs ni éligibles que ceux âgés de vingt-cinq années, nés bourgeois et cotisés dans les rôles.

Art. 15. Qu'il leur soit aussi fait défense à l'avenir auxdits officiers municipaux de faire des dépenses inutiles à la ville et de détruire des ouvrages faits, pour en construire de nouveaux, de les rétablir plutôt, et les entretenir au lieu de les détruire, ni faire venir au compte de la ville des gazettes et papiers publics, surtout dans les villes qui sont sans revenus, telle qu'est celle-ci, et en ce cas, que cela ne leur soit pas passé dans leurs comptes.

Art. 16. Qu'il leur soit aussi fait défense de faire des emprunts au-dessus de 3,000 livres, à moins qu'ils ne fussent autorisés et p tentés de Sa Majesté, et que, dans le cas contraire, lesdits emprunts ne leur soient pas passés dans leurs comptes.

Art. 17. Qu'il soit ordonné, dans la révision des comptes des anciens officiers municipaux de toutes les villes, que, pour tous les emprunts qu'ils auront faits dont ils n'auront pas suivi exactement les prescrits à cet effet de la loi, ils soient tenus de rapporter aux villes et de remettre dans la caisse tous les intérêts que les villes auront payés, et qu'ils soient chargés eux-mêmes, à l'avenir, des capitaux ainsi que des intérêts.

Art. 18. Que Sa Majesté retire ses domaines aliénés, soit ceux donnés, vendus et autres accensés à vil prix, ayant, sans doute, été trompée dans les adjudications qui en ont été faites.

Art 19. Je ne parlerai pas de la manière de gouverner les communautés de la campagne ; je l'ai déjà cité tout au long, par le détail dans le premier mémoire que j'ai eu l'honneur d'adresser à monseigneur le garde des sceaux, à la date du 11 août 1788, duquel j'en ai fait passer un extrait à M. Necker avec les deux mémoires imprimés, preuves justificatives des deux procès qui font la ruine des bourgeois, dans lequel mémoire j'en avais traité.

Art. 20. Qu'il soit ordonné que toutes les écluses qui, par l'inondation, portent du préjudice aux villes, bourgs et villages, soient diminuées de leur hauteur et remises à hauteur convenable à ne pouvoir nuire à l'avenir, et dans le cas contraire, qu'elles soient détruites, sauf aux propriétaires à les remplacer en d'autres lieux où elles ne puissent nuire à l'avenir.

Art. 21. Que, pour rendre l'égalité de l'usage réciproque du droit commun entre tous les sujets de Sa Majesté, la suppression de l'édit des clôtures, et que toutes les clôtures faites depuis ledit edit soient détruites et remises en commun comme elles étaient auparavant.

Art. 22. La suppression de toutes maîtrises, gabelle, octrois et don gratuit, ainsi que tous droits perçus sur quelle soute de denrées et marchandises quelconques dans le royaume.

Art. 23. Que, pour éviter une infinité de procès et arrêter l'usurpation, il soit ordonné à l'avenir que tout arpentement de communauté soit fait de manière à ne pouvoir jamais transplanter les bornes d'un héritage à l'autre, en désignant à chaque pièce de fonds la longueur de chaque côté ainsi que la juste longueur au bas et au-dessus et dans le milieu, et y désigner aussi la contenance de largeur dans toutes les parties inégales, vrai moyen pour reconnaître aussi les anticipations, qui se feraient dans les biens de la commune, et il faudrait ordonner et faire faire une correction dans les arpentements qui ne sont pas faits de cette manière.

Art. 24. Que, pour prévenir et terminer une infinité de procès qui font la ruine des communautés, au sujet des droits communs de parcours et jouissance de bois, comme encore au sujet de leur délimitation territoriale, il soit ordonné que

lesdits droits de parcours et usage soient appréciés par des experts autres que ceux des habitants qui seraient en difficulté, conjointement avec des experts géomètres, et qui entre eux puissent régler et terminer tous les différends, et ensuite tirer les lignes nécessaires pour faire la délimitation territoriale, y planter des bornes, de manière qu'elles ne puissent jamais être transplantées, du moins faciles à retrouver les lieux de leur position et situation, et que chaque communauté paye les frais de partage, chacune par part égale, et que l'une rende à l'autre le prix qui serait fixé par les experts du droit d'usage et droit commun, et quant aux anciens procès, que chaque communauté paye ses dépens particuliers.

Art. 25. Pour le bien de l'État et éviter les scandales, qu'il soit permis à l'avenir, à tout garçon âgé de vingt-cinq ans et à toute fille âgée de vingt-deux ans, de pouvoir se marier après avoir fait les sommations respectueuses à leurs père et mère.

Art. 26. Qu'il soit permis à toutes communautés qui ont beaucoup de parcours d'accenser ou amodier à leur profit, par adjudication à l'enchère, une partie de leur commune la plus propre à semer du grain, et à cette condition à charge qu'après la levée de chaque année d'un seul fruit, il soit au rang du parcours commun.

Art. 27. Qu'il soit aussi permis à toute communauté, pour donner de l'émulation à l'agriculture et rendre le grain plus abondant, augmenter le parcours des communes, de faire défricher de trois en trois ans une partie de leur commune inculte qui serait parsemée d'épines, rocs et rocailles, à leur profit et les faire semer après l'expiration de quelques années ; lesdits terrains resteraient en parcours communs, et continueraient jusqu'à ce qu'ils aient défriché toutes les parties incultes.

Art. 28. Qu'il soit ordonné que tous les fruits et feuilles des arbres fruitiers qui sont dans les communaux, soient amodiés au profit des communautés, et défense à toutes personnes d'en couper aucuns, sous quelques causes et prétextes que ce puisse être, et ordonner aux communautés d'en planter dans tous les lieux propres à cet effet.

Art. 29. Que Sa Majesté retire ses domaines aliénés, soit ceux donnés, vendus ou autres censés à vil prix, ayant pu être trompée dans les adjudications qui en ont été faites.

Art. 30. Qu'à l'avenir toute faute et tout crime soient regardés personnels, et qu'aucun reproche n'en puisse rejaillir sur les familles, et qu'elles ne puissent être privées pour cet égard d'aucuns privilèges, ni droit général ni particulier ; cet article mis par doublement est déjà mis dans le troisième chapitre.

CHAPITRE V.

Concernant le bien particulier du Roi et l'avantage de l'État.

Art. 1er. Que, pour l'augmentation des grains et fourrages et donner de l'émulation pour l'agriculture, même pour le bien général des peuples et le profit particulier de Sa Majesté, toutes les plaines ou terrains incultes qui sont dans l'enceinte des forêts, tant de Sa Majesté que des communautés, lesquels étant reconnus n'être pas propres pour la crue du bois, soient accensés à perpétuité, ceux de Sa Majesté à son profit et les autres au profit des communautés, et le tout laissé en adjudication à l'enchère.

Art. 2. L'usage du sel de mer en grains, la suppression des salines, d'où résultera l'avantage de la santé des peuples ainsi que le profit des provinces, plus l'utilité des bois pour une plus grande fabrication de fer, comme encore un très-grand profit pour Sa Majesté, tant du prix de tant de dépenses faites dans la manutention desdites salines dont il sera déchargé, que du grand produit qu'il fera des ventes annuelles de ses bois, sapins et autres, comme encore des écorces desdits bois et glandées dans le nombre aussi grand de forêts à lui appartenant.

Art. 3. Que les archevêques, évêques, prieurs, abbés et autres du haut clergé soient réduits à une pension égale et honnête, et le surplus de leurs revenus employé au besoin de l'Etat, comme à payer les pensions dont il se trouve chargé, etc.

Art. 4. Que toutes communautés de religieux et religieuses soient réduites à une pension égale et honnête, et obligés d'enseigner gratis la jeunesse, et leur supplément de revenus employé aux pensions des ordres mendiants, et le surplus au besoin de l'Etat.

Art. 5. Qu'il soit libre à toutes communautés de se faire desservir par un prêtre à leur gré et à leurs frais, et dans ce cas, qu'elles ne soient plus tenues à contribuer à aucune charge dans la paroisse d'où elles dépendaient.

Art. 6. Que MM. les curés soient fixés à une pension honnête ainsi que leurs vicaires, lorsqu'ils seront dans le cas d'en avoir, et que les fonds dépendant des cures retournent au pouvoir des communautés qui les feront valoir à leur profit, et seront tenus, lesdits vicaires et curés, de faire toutes fonctions de leur ministère gratis.

Art. 7. Que, pour prévenir à la suite l'exportation du grain hors du royaume dans les temps défendus, tous marchés trop près des frontières soient supprimés, et qu'ils soient transférés à une bonne lieue au moins de la distance de la frontière, et que toutes voitures de grains trouvées au delà des marchés allant contre l'étranger soient arrêtées et confisquées, moitié au profit des capturants, et le surplus au profit du Roi, et que ladite graine ainsi que les voitures et chevaux ou autres animaux soient vendus et délivrés au plus offrant au jour du marché le plus près, et les voituriers condamnés à une amende au profit du Roi pour la première fois, et pour la récidive, à une peine afflictive, outre l'amende, et la corde pour la troisième fois, étant regardé comme rebelle à son Roi, perfide et traître à la nation.

Art. 8. Que, pour une sûreté plus grande de l'exécution des ordres du Roi contre l'exportation du grain à l'étranger, il soit fait défense à toutes personnes de voiturer du grain au delà de la limite d'une lieue des frontières, à moins qu'ils ne soient munis d'un certificat signé par le commis préposé comme il est expliqué dans l'article ci-après.

Art. 9. Que tous les habitants d'une lieue limitrophe de la frontière seront tenus, pour aller vendre ou acheter du grain au marché, de faire faire, auparavant de conduire leur grain, une reconnaissance par les maires et échevins de la quantité qu'ils en veulent conduire, de laquelle quantité ils donneront un certificat signé d'eux et de M. le curé de la paroisse, daté et fait du jour du départ et enregistré dans un registre coté et paraphé, déposé dans un lieu destiné à chaque paroisse à cet effet, et le vendeur sera tenu de faire décharger son certificat de vente dans le registre qui sera établi dans chaque endroit où il y aura marché établi, et rapportera le certificat qui sera signé gratis du commis à cet effet, et sera

tenu de le présenter dans trois jours pour le faire enregistrer dans le registre de la paroisse, à peine d'amende pécuniaire pour la première fois ; en cas de récidive, il se pratiquera de même qu'il est dit dans l'article 7 ci-devant du présent chapitre, et ceux qui achèteront au marché suivront les mêmes prescrits.

Art. 10. Qu'il soit fait défense à tous habitants qui seront hors de la ligne de pouvoir vendre du grain aux habitants qui sont dans la ligne, du moins leur livrer ailleurs qu'aux marchés, sous peine d'amende arbitraire ; défense aux habitants de la ligne d'en acheter ailleurs que dans les marchés, sauf de ceux qui sont dans la ligne, mais toujours en suivant le prescrit de l'article précédent.

Art. 11. Ordonne aux employés des frontières à y tenir la main et y veiller exactement, et que les captures qu'ils feront d'exportation à la charge de grain, soit pour le profit seul du capturant et l'amende seule pour le Roi ; c'est à la vérité bien gêner les habitants des frontières, mais il faut préférer le bien général de la nation pour une chose aussi nécessaire à la gêne d'une petite partie des habitants du royaume.

Art. 12. Que, pour le bien réciproque des provinces, il serait nécessaire de fixer le nombre des brasseries dans chaque province, et que le nombre en soit petit ; cela occasionnerait le débit du vin et rendrait la vie plus douce à l'indigent par la plus grande abondance de grains.

CHAPITRE VI.
Concernant les provinces.

Art. 1er. Que les provinces soient chargées, seulement en temps de guerre, de fournir chacune leurs soldats provinciaux, le nombre desquels sera acheté à prix d'argent, réparti sur toute la province sans aucune exception ni distinction de qualité et de rang, en suivant l'imposition royale.

Art. 2. Que chaque province soit pareillement chargée de l'entretien des chemins royaux dans leur district, l'entretien desquels sera réparti au marc la livre de l'imposition sur toute la province, et laissé en adjudication au rabais, soit en bloc ou en détail.

Art. 3. Que la poste aux chevaux et le carrosse soient aussi à la charge de chaque province, et qu'il soit aussi permis d'y envoyer messagers et voitures publiques, sans être tenu en aucune manière à payer aucun droit auxdits maîtres de poste et carrosse.

Art. 4. Que le commis contrôleur dans chaque ville bailliagère soit établi receveur du bailliage pour les impôts de Sa Majesté à gage, dans la caisse duquel chaque échevin videra sa recette ; lequel receveur, muni d'une caution suffisante, transférera sa recette dans la caisse du commis contrôleur ; établir dans les villes capitales un receveur général, lequel transférera sa recette directement dans les coffres du Roi, lequel transport peut se faire sans frais au moyen de la correspondance de la maréchaussée.

Art. 5. Qu'il soit ordonné à tout bailliage de faire des greniers suffisants pour prévenir les années de disette de grains ; qu'ils soient assez grands et suffisants pour y mettre au moins la provision nécessaire pour la nourriture, pour une ou deux années, au moins, de tous les habitants et sujets de chaque bailliage, et qu'il leur soit ordonné d'avoir soin de les faire remplir aussitôt après la moisson et dans les années d'abondance générale seulement. Après que tous les greniers dans le royaume seraient remplis, et même à vue d'une bonne apparence pour la récolte prochaine, dans ce cas seulement, la sortie des grains hors du royaume soit permise.

Art. 6. Qu'il soit fait défense dans la cherté des grains d'en faire aucune fabrication sous quelque cause et prétexte que ce soit ; interdire pendant le susdit temps toute fabrique, comme la bière, poudre et amidon et autre de cette nature.

Art. 7. Qu'à l'avenir il soit fait défense dans tout le royaume de planter de la vigne dans les lieux qui sont propres à produire des grains, ni même en ceux propres au gras pâturage et où la charrue peut aller partout.

CHAPITRE VII.
Sur les États généraux et provinciaux.

Art. 1er. Que, pour maintenir l'équité, la juste égalité dans tous les corps et corporations d'états, arts et métiers, dans tous les ordres sujets de la France, chaque corporation puisse choisir et élire dans sa corporation des députés répartis suivant la quantité qu'il y aura de nombre de tel individu dans les trois ordres, et qu'ils soient répartis par égalité dans tous et non pas par égalité de nombre de corps et corporations, et sans aucun égard ni à la distinction du corps ni à la qualité des personnes.

Art. 2. Que les assemblées générales ainsi que les provinciales soient à la suite composées des trois ordres du clergé, de la noblesse et du tiers-état ; que, ce dernier ordre, pour y assister, ait lui seul, étant plus nombreux que les deux autres en-semble en individus et étant l'unique nécessaire, un nombre au moins égal aux deux premiers ordres ensemble pour députer leurs représentants.

Art. 3. Que les deux premiers ordres, réunis par une recorporation pour faire l'égalité des voix et suffrages à celui du tiers-état, se présentent auxdites assemblées par un nombre de députés qu'ils choisiront chacun dans leurs différents ordres, et les répartiront à proportion du nombre égal des individus qui composent leurs différents ordres ; le nombre desquels ne pourra excéder le nombre des députés du tiers-état, lequel fera une pareille élection de députés par nombre réparti de tels individus qui seront dans leurs différentes corporations.

Art. 4. Que les assemblées générales soient tenues de six en six ans et les provinciales de trois en trois ans, et que dans lesdites assemblées provinciales soit réglé le prix ou pensions des officiers de justice, qui seront tenus de rendre la justice sans frais.

Art. 5. Qu'il soit ordonné que, dans l'élection de la chambre intermédiaire, il y ait un pareil nombre au moins de députés pour le tiers-état seul que pour les deux premiers ordres ensemble, et que rien n'y puisse être arrêté ni décidé qu'à la pluralité des suffrages, comme dans les assemblées générales et provinciales, et au scrutin, et que ladite chambre fixe les vacations des magistrats et notables des villes.

Art. 6. Que les assemblées générales donnent les ordres nécessaires aux assemblées provinciales et les donnent à la chambre intermédiaire, qui les mettront en exécution.

CAHIER

Des plaintes, doléances et remontrances de l'ordre du clergé de la gouvernance du souverain bailliage de Douai et Orchies, arrêté le 3 avril 1789 (1).

Pénétré de reconnaissance des bontés paternelles dont le Roi vient de donner de nouvelles preuves à ses peuples, en les invitant à porter aux pieds du trône leurs vœux et doléances, à concourir au rétablissement d'un ordre invariable dans toutes les parties du gouvernement et d'assurer pour jamais les droits inaliénables des citoyens et le bonheur de ses sujets, le clergé de la gouvernance du souverain bailliage de Douai et Orchies a chargé son député aux Etats généraux de demander :

1° La conservation et le maintien de nos constitutions et priviléges, stipulés et jurés par nos Rois.

2° Que la religion catholique, apostolique et romaine continue d'être seule admise dans l'Etat, et qu'elle seule ait des temples et un culte public.

3° L'exécution des lois ecclésiastiques et civiles touchant la sanctification des dimanches et fêtes, et la réforme des abus, trop multipliés à cet égard, abus aussi contraires à l'esprit de la religion que nuisibles aux bonnes mœurs.

4° Que les lois concernant l'impression et la vente des livres contre les bonnes mœurs et la religion, soient remises en vigueur.

5° Que les dignités ecclésiastiques ne soient plus exclusivement le partage de la noblesse, mais des vertus, des talents, des services rendus, en un mot, du mérite.

6° L'exécution des saints canons touchant la pluralité des bénéfices et la résidence des bénéficiers.

7° Réduction du nombre des commensaux de la maison du Roi et des maisons royales, d'où il résultera une économie pour l'Etat et l'avantage de voir plusieurs bénéficiers rendus aux fonctions de leurs bénéfices.

8° Entière abolition des commendes contraires au bien public, et le droit d'élection rendu aux abbayes de nos provinces, conformément à nos constitutions, et qu'il ne soit accordé de pensions sur lesdites abbayes qu'aux ecclésiastiques qui rendent des services dans les provinces où elles sont situées.

9° Perfectionner l'éducation et l'enseignement de la jeunesse, et en confier ce soin aux réguliers qui offrent de s'en charger gratuitement.

10° Que, sur les représentations faites par MM. les curés, on établisse dans les grandes villes un hospice, où les femmes enceintes et sans ressources trouvent les secours nécessaires à leur situation.

11° Augmentation et fixation des portions congrues, portées à un taux convenable.

12° Que les curés rentrent dans les administrations des biens des pauvres et concurremment avec les décimateurs dans celles des fabriques.

13° Retour périodique des Etats généraux, suivant les modifications qui pourront être apportées par lesdits Etats.

14° Que les impositions et emprunts, qu'ils auront seuls droit de consentir, ne puissent avoir lieu que pour un temps déterminé.

15° Fixité des dépenses de tous les départements du royaume, les comptes desdites dépenses rendus publics chaque année par la voie de l'impression.

16° L'exécution de l'arrêt du conseil du 2 mars 1789, annonçant la nouvelle constitution des Etats auxquels l'administration de la Flandre sera confiée, et qui devront être composés des trois ordres de la province, les curés compris dans celui du clergé.

17° La répartition et perception des deniers publics confiées aux Etats ou administrations de chaque province pour être versés directement et immédiatement dans les coffres du Roi ; en conséquence, suppression des emplois devenus par là inutiles.

Les comptes de ces Etats ou administrations provinciales rendus publics tous les ans par la voie d'impression.

18° Dans les villes, les comptes de la commune ne seront clos et arrêtés par les auditeurs, qu'après avoir été par eux contradictoirement vérifiés et coulés sur les pièces justificatives ; ils seront aussi chaque année imprimés et rendus publics.

19° Que les impôts, s'il échoit d'en établir, le soient de préférence sur les objets de luxe.

20° Le maintien et la conservation de toutes les propriétés du clergé, tant séculier que régulier, et l'assurance de la liberté individuelle.

21° Solliciter une loi de l'Etat qui assure efficacement aux cultivateurs le fruit de leurs travaux, en faisant détruire la trop grande quantité de gibier que les seigneurs se plaisent à multiplier dans leurs terres.

22° Suppression de la réserve dans les bois des mainmortes, comme contraire à l'administration en bon père de famille.

23° Subordonnément, suppression de la réserve sur les bois taillis, qui, dans cette province, sont de nature à dépérir après treize à quatorze ans de crue : les réserver plus longtemps, c'est les perdre.

24° La réforme des abus résultant de la multiplicité des degrés de juridiction, qui ne servent qu'à prolonger les procès et à multiplier les frais de procédure. Réprimer les abus qui se sont glissés dans les justices seigneuriales.

25° Que personne ne soit admis à remplir, dans

(1) Nous publions ce cahier d'après un manuscrit des *Archives de l'Empire.*

les cours souveraines, les fonctions de juge, qu'il n'ait acquis la confiance publique par des services distingués dans un siège inférieur ou dans le barreau.

26° Plaintes contre les arrêts rendus du propre mouvement du Roi :

Contre l'établissement des commissions particulières ;

Contre les arrêts d'évocation ;

Contre les cassations trop fréquentes des arrêts des cours souveraines ;

Contre la facilité d'obtenir, en chancellerie, lettre de cession misérable, de répit, de surséance ;

Suppression de la juridiction des intendants.

27° Réformation du code tant civil que criminel ; suppression du serment qu'on exige de l'accusé, qui l'expose au parjure.

28° Révocation de l'arrêt du conseil d'État du Roi du 7 septembre 1785, concernant les formalités trop rigoureuses à observer, pour les constructions et reconstructions des bâtiments appartenant aux gens de mainmorte, hôpitaux généraux et particuliers, maisons et écoles de charité.

29° Confirmation de l'arrêt du 12 juillet 1729, pour les provinces de Flandre, Hainaut et Artois, avec la clause expresse que tous les biens que les gens de mainmorte de ces provinces justifieront de posséder avant le 1er janvier 1681, seront respectés, amortis avec finances.

30° L'exemption des droits d'amortissement pour les bâtiments que les mainmortes feront construire sur des fonds amortis avec finances ou réputés tels, à raison de leur possession antérieure au 1er janvier 1681, ces constructions étant presque toujours à l'avantage du public.

31° Décharger du droit d'amortissement et de nouvel acquet les maisons abbatiales, prieurales, canoniales, presbytérales, etc., qui ne sont louées que pour un temps, sans que leur destination primitive en soit changée.

32° Rentes constituées, et reconstituées par gens de mainmorte, sur communauté quelconque, tant séculière, régulière que laïque, affranchies de tout amortissement.

33° Exempter du droit d'amortissement toutes fondations de prières et pour rétribution de messes, qui ne doivent pas durer plus de cinquante ans, ces fondations n'étant pour l'ordinaire qu'un moyen de conscience pour satisfaire à quelques devoirs qu'on aurait négligés pendant la vie.

34° Renonciation aux priviléges pécuniaires accordés au clergé, sauf l'indemnité à ceux qui les ont acquis à titre onéreux ou d'honoraires.

35° Demander la suppression du don gratuit, accordé par le clergé de la Flandre wallonne, confirmé par l'arrêt du conseil du 26 juin 1786.

Ainsi fait à l'assemblée des commissaires, le 3 avril 1789.

Ont signé D. Alexis, abbé de Marchiennes ; de Verry, prévôt de Saint-Pierre ; J.-J. Ernotte, chanoine de Saint-Aimé ; J.-L. Breuvart, curé de Saint-Pierre ; C.-J.-M. Primat, curé de Saint-Jacques ; J.-F. Grand, curé de Bouvignies ; J. Mars, ministre des Trinitaires ; D. Pierre ; Parmentier, religieux de Marchiennes ; Gavelles, chanoine de Saint-Aimé, secrétaire de la commission.

Lecture faite du cahier qui précède et après approbation générale des articles qu'il contient, il a été arrêté à la demande de quelques membres d'y insérer les articles suivants :

Demander : 1° Que sur les deniers provenant des biens situés en France appartenant ci-devant à des maisons religieuses supprimées chez l'Empereur et actuellement mis en séquestre à l'intendance de Flandre, soient acquittées les rentes dues aux mainmortes établies en France ;

2° Qu'il soit accordé aux carmélites, aussi supprimées chez l'Empereur et incorporées en différentes maisons situées dans la province, une pension sur les biens qui leur appartenaient avant leur suppression, et qui sont actuellement séquestrés par ordre du Roi.

Signé D. ALEXIS, abbé de Marchiennes.

CAHIER

De doléances, plaintes et remontrances de l'ordre de la noblesse du ressort de la gouvernance du souverain bailliage de Douai et Orchies, remis à M. le marquis d'Aoust, président de l'ordre de la noblesse dudit bailliage, et son député aux États généraux (1).

NOTA. Dans la dernière assemblée de l'ordre de la noblesse, du 16 avril, la plupart des membres ont renoncé personnellement à toute espèce d'exemptions pécuniaires.

L'ordre de la noblesse du ressort de la gouvernance du souverain bailliage de Douai et Orchies, convoqué par ordre du Roi, *pour procéder fidèlement à la rédaction du cahier de ses doléances, plaintes et remontrances*, empressé de correspondre aux intentions bienfaisantes de Sa Majesté et à l'attente de la nation ; animé des sentiments du plus pur patriotisme ; pénétré de la nécessité d'affermir à toujours la constitution nationale, sur laquelle reposent la liberté et la propriété des citoyens ; déterminé à tous les sacrifices que peut exiger le bien de l'État ; chargé de faire connaître les abus, d'en demander la suppression, et d'indiquer tous les moyens qui peuvent, en assurant la félicité publique, régénérer le plus bel empire de l'univers, a déclaré et déclare qu'il regarde comme lois constitutionnelles et maximes fondamentales du royaume, les points et articles suivants :

LOIS CONSTITUTIONNELLES.

1° La religion catholique, apostolique et romaine est la seule dominante dans le royaume.

2° La France est une monarchie.

3° La couronne y est héréditaire de mâle en mâle, par ordre de primogéniture, à l'exclusion des filles et de leurs descendants.

LIBERTÉ DES PERSONNES.

4° Les Français sont libres en leurs personnes et leurs propriétés, sous la protection des lois.

5° Tout citoyen français, de quelque qualité et condition qu'il soit, ne pourra être privé de sa liberté, de sa propriété et de son état, que par jugement prononcé par juges compétents.

6° Les magistrats seront inviolables en leurs personnes et leurs fonctions, et ne pourront être destitués de leurs charges que par jugement de leurs pairs.

7° Les officiers militaires ne pourront être privés de leurs emplois que par jugement d'un conseil de guerre, présidé par le commandant de la province où le délit dont lesdits officiers seront accusés aura été commis.

8° Les engagements militaires seront libres, et ne pourront être prorogés au delà du terme de

---

(1) Nous publions ce cahier d'après un imprimé de la *Bibliothèque du Sénat.*

huit ans, à moins qu'ils ne soient renouvelés.

9° Les lettres de cachet, lettres d'exil, lettres closes, et tous ordres arbitraires généralement quelconques, seront abolis comme attentatoires au droit naturel et civil, aux ordonnances du royaume et à la liberté dont les Français doivent jouir sous la protection des lois; il sera fait, en conséquence, très-expresses inhibitions et défenses à toutes personnes indistinctement, de déférer, en aucuns cas, auxdites lettres de cachet, lettres d'exil, lettres closes et autres ordres arbitraires, sous telles peines qu'il appartiendra; il leur sera enjoint de les dénoncer au ministère public, qui sera tenu d'en poursuivre d'office les instigateurs, fauteurs et porteurs, et de requérir contre eux la peine capitale qui sera déterminée; le tout sans préjudice des dommages et intérêts que les parties lésées auront la faculté de réclamer, sans qu'on puisse leur opposer aucune prescription.

10° Les citoyens, de quelque état et condition qu'ils soient, actuellement détenus en vertu de lettres de cachet ou autres ordres arbitraires, seront mis en liberté, ou remis entre les mains de leurs juges naturels, qui ne pourront néanmoins, en aucun cas, prononcer une peine plus forte que l'incarcération à temps ou à perpétuité, et toutes lettres d'exil seront révoquées.

11° La liberté de la presse sera accordée; et néanmoins les auteurs ou éditeurs, ou les imprimeurs, qui devront se nommer, seront responsables de tout ce qui pourrait être contraire à la religion, aux mœurs et à la réputation ou aux intérêts des particuliers, et poursuivis extraordinairement, s'il y échet, suivant la rigueur des ordonnances.

12° La violation du sceau des lettres confiées à la poste sera proscrite; en conséquence, il sera défendu aux ministres du Roi, et à toutes personnes sans exception, d'en ordonner, permettre ou effectuer l'ouverture; seront déclarés infâmes ceux qui oseront transgresser cette prohibition.

LIBERTÉ DES BIENS.

13° Aucun subside, impôt, ou droits quelconques qui en tiennent lieu, sous quelque dénomination que ce puisse être, ne pourront être autorisés, établis, perçus, prorogés ni augmentés que du consentement des États généraux; et par suite, il ne pourra être fait aucun emprunt ou levée de deniers, ni créé aucun office, charge ou emploi à finance que du même consentement.

14° Les États généraux se tiendront au moins tous les cinq ans.

15° Il sera délibéré par ordre et non par tête.

16° Les impôts et subsides, accordés par les États généraux, ne pourront être perçus au delà du terme fixé pour le retour périodique de leur assemblée.

En conséquence, seront poursuivis comme concussionnaires, à la requête du ministère public, tous ceux qui donneront quelque extension directe ou indirecte soit au terme, soit à la quotité du subside accordé.

17° Les dépenses de chaque département, y compris celui de la maison du Roi, seront invariablement fixées.

18° Les ministres de chaque département seront comptables et responsables à la nation de l'emploi des fonds assignés à leurs départements respectifs.

19° Les comptes de la recette et de la dépense nationale seront rendus publics chaque année, par la voie de l'impression.

20° Il sera établi par lesdits États généraux, et sous leur garde et inspection particulière, une caisse d'amortissement, pour opérer insensiblement le remboursement de la dette nationale; les fonds y affectés et leur accroissement progressif, opéré par les extinctions, ne pourront, en aucun cas, et sous aucun prétexte, même en temps de guerre, être employés à une autre destination.

21° Il ne sera fait à l'avenir aucune anticipation sur les finances et revenus de l'État.

22° Aucune loi constitutionnelle ne pourra être sanctionnée que du consentement de la nation.

23° Les lois particulières de justice, d'administration et de police, continueront d'être adressées aux cours souveraines, pour y être librement vérifiées, enregistrées et promulguées.

24° Il ne pourra être porté atteinte aux lois locales, ni aux traités et capitulations, sous la condition et la foi desquels différents pays ont été réunis au royaume, que du consentement exprès des trois ordres desdits pays.

25° Ces lois constitutionnelles, ces maximes fondamentales, et leurs conséquences, seront consignées dans une charte, qui formera le code de la nation, réglera ses droits, et sera enregistrée, lesdits États généraux tenant, dans toutes les cours souveraines du royaume, imprimée et promulguée en la forme et manière accoutumées.

26° Les cours souveraines veilleront à l'exécution de ladite charte et en seront responsables à la nation.

27° Les États généraux, délibérant par ordre, régleront ces objets préliminaires; ils prendront ensuite en considération la forme actuelle de leur convocation, ils détermineront celle suivant laquelle ils devront être convoqués à l'avenir, et il y sera fait, de la part dudit ordre de la noblesse, les observations et les demandes suivantes :

IMPÔT.

28° Le député dudit ordre de la noblesse ne consentira à aucune levée d'impôts ou à aucun emprunt, que le Code national n'ait été d'abord arrêté et promulgué, et qu'ensuite l'État des finances du royaume, la dette nationale, et le déficit qui pourrait exister, n'aient été constatés.

29° Les différentes constitutions des provinces du royaume ne permettant pas d'établir partout un impôt uniforme, les États généraux accorderont, par forme de subside, pour un temps déterminé, jusqu'à la prochaine tenue desdits États, telle somme annuelle qu'ils jugeront nécessaire aux besoins de l'État : ladite somme sera répartie sur toutes les provinces, suivant la quotité à laquelle elles reconnaîtront devoir y contribuer.

30° La somme qui sera accordée par lesdits États généraux, à titre de subside, devant suffire aux besoins de l'État, tous les impôts et droits quelconques qui en tiennent lieu, actuellement établis, viendront à cesser à l'époque de la levée et perception dudit subside.

31° Il sera établi, dans toutes les provinces du royaume, et notamment dans celle de Flandre, des États provinciaux, composés des trois ordres organisés, suivant le mode qui sera réglé par les États généraux; lesdits États provinciaux auront seuls le droit de répartir et percevoir, de la manière la moins onéreuse que faire se pourra, la somme contributive à laquelle lesdites provinces se trouveront assujetties.

32° Il ne sera accordé à l'avenir aucun abonnement personnel qui puisse tenir lieu d'impositions, sur des possessions ou domaines particuliers.

33° Le trésorier desdits États provinciaux acquittera, des deniers de sa recette, les objets payables pour le service du Roi et de l'État dans ladite province ; et le surplus sera versé, par ledit trésorier, directement au trésor royal.

CAPITULATIONS.

34° En exécution des capitulations, sous la condition et la foi desquelles les provinces de Flandre sont passées sous la domination du Roi, les habitants de ces provinces ne seront jamais distraits de la juridiction de leurs juges naturels et domiciliaires, sous tels prétextes que ce soit.

35° Ils ne seront tenus de déférer à aucun arrêt d'évocation, de distraction de ressort, d'établissement de commission ou d'attribution de juridiction, sous prétexte de *committimus*, ou autrement.

36° Conformément au droit national des Pays-Bas, et à l'article 1er de l'édit du mois d'avril 1688, l'usage des révisions ou propositions d'erreur continuera d'avoir lieu à l'égard des arrêts rendus par le Parlement de Flandre, sans que le conseil du Roi puisse recevoir aucune requête tendante à la cassation de ces arrêts.

37° Aucun arrêt du conseil d'État du Roi, non rendu contradictoirement, qui donnerait la moindre atteinte à la liberté ou à la propriété des citoyens, ou qui aurait pour objet la concession de quelques privilèges ou autres droits quelconques, ne pourra être mis à exécution dans le ressort du Parlement de Flandre, s'il n'est revêtu de lettres patentes dûment vérifiées et enregistrées audit Parlement.

En conséquence, l'arrêt rendu du proper mouvement du Roi en son conseil d'État, le 20 décembre 1788, concernant la prévôté d'Haspres, située dans la province du Hainaut, du ressort dudit Parlement, sera dénoncé à Sa Majesté et à la nation assemblée.

38° Il ne sera accordé aucunes lettres d'État, de surséance et de sauf-conduit, au préjudice des créanciers, sauf aux juges naturels et domiciliaires des débiteurs à y pourvoir dans des cas extraordinaires, après avoir entendu les intéressés.

39° Aucunes abbayes, prieurés, ou autres bénéfices du pays, ne seront donnés en commendes, même aux cardinaux.

40° Aucunes pensions ne seront accordées sur lesdits bénéfices, les biens ecclésiastiques étant ainsi libérés des charges énormes auxquelles ils sont actuellement assujettis contre la teneur des capitulations ; les abbés, prieurs, et autres titulaires desdits bénéfices, seront invités de contribuer à l'entretien des maisons religieuses peu fondées, et chargées de l'éducation de la jeunesse, d'établir des écoles pour les pauvres et les hôpitaux nécessaires pour y recevoir les malades des villes et des campagnes, les femmes en couche, les incurables, les enfants trouvés et les insensés. Ces secours sont indispensables dans la province de Flandre ; et ceux qu'exige le maintien de l'établissement utile, fondé pour la ville de Douai, en vertu de lettres patentes du mois de janvier 1784, pour en bannir la mendicité, ne sont pas moins privilégiés ni moins nécessaires.

41° Les lettres patentes, du 13 avril 1773, qui assujettissent dans la Flandre maritime au défaut des fabriques, les gros décimateurs aux réparations, reconstructions et entretien des églises et presbytères, seront rendues communes aux autres provinces du ressort du Parlement de Flandre.

42° Les lettres patentes sur arrêt du conseil d'État du Roi, du 18 août 1781, concernant les preuves à faire pour être admis dans les chapitres nobles des chanoinesses, établis dans les Pays-Bas français, seront révoquées.

Il en sera rendu de nouvelles, par lesquelles il sera réglé que, vacance arrivant d'aucunes prébendes desdits chapitres, il y sera nommé dans l'année ; et dans le cas où il ne se présenterait aucune demoiselle qui serait en état de faire les preuves paternelles et maternelles qui étaient exigées avant l'émanation desdites lettres patentes, on y admettra les demoiselles qui feront les preuves les plus approchantes de celles exigées, sans que l'âge soit un titre d'exclusion, et sans que lesdites prébendes, ni aucun autre bénéfice dont le titre est situé audit pays, puissent être conférés à des personnes étrangères des Pays-Bas français.

43° Les pourvus de bénéfices à charge d'âmes, et sujets à résidence, seront tenus de résider.

44° Le droit de franc-fief ne pourra être exigé dans la province de Flandre que dans les mutations par ventes, à raison d'une année et demie de revenus, conformément à la déclaration rendue pour cette province le 22 novembre 1695 ; il sera déclaré prescriptible par vingt années de possession ; la charge additionnelle et injuste de 10 sols pour livre, ajoutée au principal de ce droit, sera supprimée ; les abus et les vexations, auxquels sa perception donne ouverture, seront réformés et prévenus ; et dans tous les cas, les contestations, auxquelles pourra donner lieu le droit de franc-fief, seront portées devant les juges ordinaires.

45° Les droits d'amortissement, et nommément ceux exigés à la charge des fabriques, des hôpitaux et autres établissements de charité, seront supprimés.

46° Les administrations des monts-de-piété établis dans le pays seront, en exécution desdites capitulations, confiées aux juges ordinaires, pour y constater toute police et juridiction, constater l'état de situation desdits monts-de-piété, prendre les moyens d'acquitter les rentes dues par iceux, dont les cours n'ont pas été payés depuis plus de cinquante années, et y établir la surveillance et les règles prescrites par l'édit du mois de décembre 1777, portant établissement du mont-de-piété à Paris, et notamment par l'article 16 dudit édit.

47° Il ne pourra être consenti au reculement des barrières à la frontière extrême du royaume, que dans le seul cas où une prestation en argent serait substituée à tous impôts quelconques, et sous la condition expresse que la culture du tabac deviendra libre dans tout le royaume, et que les Pays-Bas français ne seront, dans aucun cas, soumis à la gabelle ni à l'impôt sur le tabac, dont ils sont affranchis par leurs capitulations, ni à aucun subside de ces impositions.

JUSTICE CIVILE.

48° L'administration de la justice civile sera simplifiée ; les degrés de juridiction diminués ; les attributions de juridiction des juges inférieurs, à effet de juger sans appel, augmentées, et les procédures abrégées.

49° La prévention ou concurrence, accordée aux juges et consuls de Lille sur les échevins de Douai, faisant les fonctions de juges et consuls, sera révoquée ; de manière que soit que les habitants de Douai et de son échevinage soient demandeurs ou défendeurs, leurs demandes ou défenses en fait de commerce puissent être jugées consulairement par lesdits échevins.

50° Toutes les sentences des juges inférieurs sujettes à appel, dont l'exécution sera réparable en fin de cause, seront exécutées par provision, nonobstant appel et moyennant caution.

51° En cas de partage des opinions des juges d'appel, le jugement dont il aura été appelé sortira effet, et l'usage des objets de partage sera abrogé.

52° On ne pourra être admis à l'exercice d'un office de conseiller dans une cour souveraine, sans avoir atteint l'âge de vingt-cinq ans accomplis, et sans avoir rempli les fonctions de juge dans un siége inférieur, pendant cinq ans, ou exercé avec distinction la profession d'avocat pendant le même terme ; il ne sera accordé dans aucun cas des lettres de dispense à cet égard.

53° La multiplicité des lettres de compatibilité pour cause de parenté et d'alliance entre les membres des cours souveraines étant un abus, les Etats généraux prendront cet objet en considération.

54° Les Etats généraux examineront si la vénalité et l'hérédité des offices sont avantageuses ou nuisibles à la nation.

JUSTICE CRIMINELLE.

55° La forme et l'instruction des procédures criminelles seront corrigées : les peines portées par l'édit de Henri II, du mois de février 1556, concernant les recélés de grossesse, et celles portées par la déclaration du 4 mars 1724, concernant les vols, seront diminuées ; l'usage de sellette supprimé, et la reclusion dans une maison de travail substituée à la peine du bannissement.

56° Il sera assigné sur le domaine du Roi des fonds destinés à indemniser ceux qui, ayant été accusés et constitués prisonniers en vertu des décrets, auront été renvoyés absous.

ADMINISTRATION.

57° Les habitants des villes seront rétablis dans le droit primordial des communes, de nommer et de choisir leurs officiers municipaux, et de les remplacer, vacance arrivant ; ensemble de contredire et clore les comptes qui seront rendus publiquement.

58° Les intendants et commissaires départis dans les provinces seront supprimés : aucun officier du Roi ne pourra être revêtu, en tout ou en partie, des pouvoirs qui ont été attribués auxdits intendants, sous quelque nom, titre ou dénomination que ce puisse être ; leurs fonctions seront remplies par les Etats provinciaux, pour la partie d'administration attribuée aux commissaires ordonnateurs des guerres, ou autres pour la partie militaire, et restituées aux juges ordinaires pour la partie contentieuse ; ce changement rendra aux provinces de Flandre leur ancien régime, et leur procurera une grande diminution de dépense.

59° Les dépenses pour les fortifications, casernes, ponts et portes d'entrée des villes fortifiées, et autres semblables objets, ensemble les logements, fournitures de lits, linges et ustensiles pour les états-majors, inspecteurs, commissaires des guerres, et autres officiers militaires, seront assignées sur les fonds destinés au département de la guerre.

60° Les provinces et les villes auront seules, et à l'exclusion des officiers du génie, l'adjudication et la conduite des travaux dont elle feront la dépense.

DOMAINES.

61° Les Etats généraux prendront en considération l'objet des domaines du Roi, ils examineront s'il échet de les aliéner pour toujours, en totalité ou en partie, ou seulement de rendre leur administration moins dispendieuse et moins vexatoire en la confiant aux Etats provinciaux.

62° Dans le cas où le Roi conserverait ses domaines, ils ne pourront être aliénés ou échangés que du consentement de poursuivre comme usurpateurs de fonds publics, tous ceux qui parviendraient à s'approprier quelque partie desdits domaines.

63° Lorsqu'il s'élèvera une contestation judiciaire sur les objets domaniaux, les droits du domaine du Roi, quant à l'adjudication de la provision, seront les mêmes que ceux des particuliers.

COMMERCE.

64° Les Etats généraux examineront si les traités de commerce, faits avec les puissances étrangères, sont avantageux ou nuisibles à la nation.

65° Les priviléges exclusifs accordés aux bateliers de Condé et aux bélandriers de Dunkerque, par arrêts du conseil d'Etat du Roi, des 25 juin 1771 et 23 juin 1781, les droits d'entrée du royaume, et autres droits établis sur les charbons étrangers, sur les cuirs, huiles et autres objets de seconde nécessité, et sur les matières premières qu'on ne peut se procurer dans le royaume; ensemble les différents droits d'écluse, de vinage, de minage, péage, passage, travers, pontonnage, et autres semblables qui sont exigés sur les routes, rivières et canaux, étant infiniment nuisibles à la classe indigente des citoyens et au commerce, seront supprimés, sauf à indemniser ceux qui justifieront, par-devant les juges ordinaires, jouir desdits droits à titre légitime.

66° Pour prévenir la multiplicité des faillites et banqueroutes frauduleuses, il sera réglé que quiconque aura fait faillite, sera privé de l'état civil, aussi longtemps qu'il n'aura justifié, par-devant ses juges naturels, des pertes involontaires qu'il aura essuyées ; et le ministère public sera chargé de poursuivre extraordinairement les banqueroutiers frauduleux d'après la notoriété, ou sur une simple dénonciation.

AUTRES OBJETS D'ABUS.

67° Tous les emplois, offices et charges civiles et militaires, qui n'ont point un service actuel et indispensable, seront supprimés : la réforme de cette dépense inutile sera très-avantageuse à l'Etat.

68° Les capitaineries de chasse accordées aux gouverneurs généraux et particuliers des provinces et villes, et les priviléges de chasse accordés aux officiers des garnisons, seront supprimés, comme très-préjudiciables aux droits de propriété et donnant lieu à une infinité d'abus.

69° Les ordonnances sur le fait de la chasse seront renouvelées et rigoureusement observées ; les juges royaux détermineront chaque année, dans leurs ressorts respectifs, l'époque où elle sera permise ; et sur les plaintes qui leur seraient données de la trop grande multiplicité du gibier, ils ordonneront une visite, à effet d'y remédier.

70° Les troupes étrangères étant très-dispendieuses, et privant d'ailleurs les sujets du Roi des emplois auxquels ils ont seuls le droit de prétendre, seront remplacées par des troupes nationales, à l'exception de celles desdites troupes étrangères, à l'égard desquelles il y a des traités qui s'opposeraient à leur remplacement.

71° Les États généraux s'occuperont de l'objet de l'établissement du conseil de guerre, de ses fonctions, de son autorité et des abus qui peuvent en résulter.

72° Les États généraux demanderont au Roi d'élever indistinctement aux grades militaires supérieurs tout officier qui aura bien mérité de la patrie.

73° Le Roi sera très-humblement supplié de prendre en considération la modicité des pensions de retraite accordées, après de longs services, aux capitaines et autres officiers d'un grade inférieur, ainsi que la modicité du sort que l'on fait aux bas officiers, caporaux et soldats qui ont vieilli sous les drapeaux et bien mérité de la patrie par leurs longs services.

74° Il sera sévèrement défendu de donner aucuns coups de plat de sabre aux soldats; ce châtiment servant moins à punir qu'à avilir le militaire français.

75° Tous les délits commis par les militaires envers les citoyens non militaires, seront soumis à la juridiction des juges ordinaires.

76° Les entreprises que les officiers du génie et autres militaires pourraient se permettre, au détriment de la propriété des citoyens, seront soumises à la juridiction des juges ordinaires.

77° Les États généraux perfectionneront les règlements qui concernent l'éducation publique et les universités.

78° Il ne sera plus dérogé à l'avenir à la loi qui établit un concours public pour la nomination aux chaires vacantes en l'université de Douai.

79° Ledit ordre de la noblesse supplie très-humblement Sa Majesté d'accorder à M. de Calonne, son ancien ministre, la faculté qu'il réclame de se justifier; ce droit d'être jugé, qui est assuré par les lois à tout Français, serait réclamé en sa faveur par ledit ordre, quand même M. de Calonne ne serait pas ce membre dudit ordre.

Ledit ordre fait la même supplication à Sa Majesté en faveur de ceux de ses sujets qui se trouvent, par un effet de la volonté arbitraire des ministres, privés de leurs états ou dignités, notamment en faveur de M. Moreton-Chabrillant, colonel du régiment de la Fère-Infanterie, et de M. Dubreuil, capitaine au régiment d'Orléans-Infanterie, qui ont été privés de leurs emplois, et ce dernier de sa liberté, sans avoir été jugés ni pu se justifier.

Ledit ordre implore aussi la justice et la bienfaisance du Roi en faveur de M. le cardinal de Rohan, qui, déclaré innocent par un jugement solennel, a néanmoins été privé de ses emplois et dignités, et de sa liberté.

Tels sont les vœux et les demandes formés par l'ordre de la noblesse du ressort de la gouvernance du souverain bailliage de Douai et Orchies, pour répondre aux intentions bienfaisantes du Roi, en procurant l'avantage de l'État et la félicité de la nation.

Ainsi fait et arrêté en l'assemblée générale de l'ordre de la noblesse de la gouvernance du souverain bailliage de Douai et Orchies, le 13 avril 1789.

Signé le marquis d'Aoust ; le marquis de Nédonchel ; le marquis de Jumelle ; de Forest ; Tassin de Gœulzin ; Du Pont de Castille ; Du Bois ; Bruneau de Beaumez ; de Warenghien de Flory.

Nous, membres de la noblesse du bailliage de Douai, soussignés, déclarons qu'il a passé à la pluralité des voix, contre notre avis, d'insérer dans nos doléances l'article 79, contenant un point suffisamment et généralement exprimé par la demande faite au Roi, de supprimer toute lettre d'exil, toute évocation au conseil, et toute punition arbitraire.

Protestons en conséquence contre l'insertion dans notre dit cahier, dudit article 79.

Fait à Douai, le 12 avril 1789.

Signé de Boubers-Mazignan, Le Merchier de Renoncourt, Goyer de Sennecourt, Foucque, Tassin, le marquis de Nédonchel, Honoré de Varennes, le baron de Commerfort, Mortagne, baron de Landas, Tassin de Gœulzin, Honoré Le Roux de Bretagne, Tassin de Givenchy, Remy de Campeaut, le chevalier de Bacquehem, de Wavrechin, de Herbais de Villecasseau.

CAHIER

D'instructions, doléances, plaintes, remontrances et demandes pour les députés du tiers-état de la gouvernance de Douai aux États généraux du royaume (1).

Le tiers-état de la gouvernance de Douai, appelé auprès du meilleur et du plus sage des rois, pour le conseiller et assister, aussi touché qu'il doit l'être de la sollicitude paternelle de ce monarque pour le bonheur du peuple qu'il gouverne, et désirant y répondre autant qu'il est en lui, charge ses députés de concourir avec ceux des autres provinces au grand ouvrage de la régénération de la France, et d'y apporter tout le zèle, toute l'énergie nécessaire pour fixer d'une manière inébranlable les principes de la constitution française, rétablir l'ordre dans les finances du royaume, et corriger les abus qui altèrent et minent la santé du corps politique.

En conséquence, les députés du tiers-état de la gouvernance de Douai demanderont :

1° Qu'il soit déclaré solennellement, proclamé et reconnu comme loi fondamentale, que le royaume de France est une monarchie pleine et entière, tempérée néanmoins par les lois, et qu'elle est indivisiblement successive, héréditaire dans la maison de Bourbon, d'aîné en aîné, et de mâle en mâle, à l'exclusion des femmes, ainsi qu'il s'est pratiqué depuis Hugues Capet, jusqu'à présent.

2° Qu'il soit également déclaré solennellement, proclamé et reconnu comme loi fondamentale, que les sujets du royaume de France sont libres et propriétaires, et qu'en conséquence, il ne peut être établi aucun impôt sans leur consentement exprimé par les États généraux.

3° Que les États généraux soient toujours composés d'un nombre de représentants du tiers-état égal à celui des ordres du clergé et de la noblesse réunis.

Et les députés insisteront à ce que les opinions soient recueillies par tête et non par ordre.

4° Que les États généraux soient assemblés tous les cinq ans ou autre terme qui sera fixé par Sa Majesté, de l'avis de la nation assemblée, conformément à la promesse que le Roi en a faite dans le rapport annexé au résultat de son conseil du 27 décembre 1788.

5° Que les États généraux soient convoqués trois mois avant l'ouverture de leur assemblée, et que la nomination des députés soit faite dans la forme prescrite par le règlement du 24 janvier

(1) Nous publions ce cahier d'après un manuscrit des *Archives de l'Empire.*

dernier, jusqu'à ce qu'il ait plu au Roi d'en déterminer un autre sur la demande et du consentement des Etats généraux.

6° Que Sa Majesté, de concert avec les Etats généraux, détermine invariablement la manière dont il sera pourvu à la régence du royaume, lorsque le cas en arrivera, pour quelque cause que ce soit.

7° Qu'il soit déclaré que les ministres sont comptables et responsables envers la nation, et que leurs comptes soient rendus publics par la voie de l'impression.

8° Que comme les impositions ne peuvent excéder les bornes du besoin de l'Etat sans altérer, sans même anéantir la loi fondamentale la manière de la propriété, il soit déclaré que les Etats généraux ont le droit de constater l'importance de ce besoin pour fixer en conséquence les sommes à répartir par la voie des impositions.

9° Qu'il plaise à Sa Majesté de déterminer la dépense de sa maison et de fixer, de concert avec les Etats généraux, celle de chacun des autres départements.

10° Que Sa Majesté daigne pareillement fixer et déterminer invariablement les fonds destinés aux pensions, et qu'à l'égard de celles qui ont été accordées jusqu'à présent, il en soit remis un état sous les yeux de l'assemblée nationale, qui, en conséquence, suppliera le Roi de faire rayer celles qui ont été accordées sans cause, et de réduire celles qui ont été excessives.

11° Que les Etats généraux ne puissent accorder d'impositions ni subventions, que depuis l'époque d'une assemblée nationale jusqu'à une année au delà de celle qui devra lui succéder, de manière que si le retour périodique de ces assemblées ne s'effectuait pas au terme fixé, tous les impôts et subsides précédemment consentis cesseraient d'être exigibles et seraient éteints de plein droit, avec défense, dès à présent comme pour lors, à tous receveurs, commis, collecteurs ou préposés à la recette des deniers publics, de les percevoir ou prétendre, à péril d'être poursuivis comme concussionnaires, et punis suivant la rigueur des ordonnances.

12° Qu'il n'y ait plus à l'avenir aucune exemption d'impositions quelconques, même de celles établies par octroi ; de manière que les ecclésiastiques, les nobles, les officiers de judicature et de chancelleries militaires, les employés dans les finances du Roi, et toutes autres personnes, sans aucune exception, y contribuent également.

13° Qu'il ne soit fait aucun emprunt sans le consentement des Etats généraux, et que les Etats généraux ne puissent consentir à aucun emprunt qu'il ne soit fondé, tant pour les intérêts que pour le remboursement graduel et successif,

Les députés étant néanmoins autorisés à adopter et consolider comme dette nationale les emprunts faits jusqu'à présent par Sa Majesté et ses prédécesseurs.

14° Que les lettres de cachet devant être abolies par une conséquence nécessaire de la seconde maxime fondamentale ci-dessus tracée, l'usage n'en soit conservé que dans les cas et les circonstances où la nation assemblée le jugerait utile par forme d'essai, en prescrivant le mode et les précautions à prendre pour qu'elles ne puissent blesser la liberté civile.

15° Qu'il soit déterminé et fixé nettement, par une loi portée de l'avis des Etats généraux, quels sont les droits des cours souveraines relative-

ment à la vérification et enregistrement des lois publiques.

16° Qu'il ne puisse être consenti par les Etats généraux à aucun secours ni subside, qu'au préalable les points ci-dessus ne soient adoptés et reconnus comme maximes fondamentales et lois constitutionnelles.

17° Que, ce préalable rempli, la somme que les Etats généraux trouveront nécessaire pour faire face au déficit, soit répartie entre les différentes provinces du royaume en raison de leur étendue, de leur population et de leurs contributions actuelles, sauf aux administrations de ces provinces à employer, sous l'autorité de Sa Majesté, les moyens qu'elles trouveront convenables et les moins onéreux au peuple, pour le recouvrement et l'acquittement de leur quote-part dans le déficit, le vœu du tiers-état étant qu'il ne soit établi aucun impôt territorial en nature dans la Flandre.

18° Qu'il soit établi dans toutes les provinces du royaume des Etats provinciaux, dont l'organisation sera conforme, toutes proportions gardées, à celle des Etats généraux.

19° Que tous les habitants, nés Français ou naturalisés, âgés de vingt-cinq ans, domiciliés et compris au rôle des impositions, aient le droit de concourir à l'élection des députés, et d'être élus à l'exception des receveurs, commis et suppôts des Etats provinciaux.

20° Que l'assemblée des Etats provinciaux soit annuelle, que le jour en soit fixé, ainsi que la durée, et que la convocation s'en fasse un mois à l'avance.

21° Qu'il soit établi une commission intermédiaire, composée pour moitié des députés du tiers-état.

22° Que cette commission ne soit qu'exécutrice des délibérations des Etats provinciaux, et qu'elle leur soit comptable de sa gestion.

23° Que le procureur-syndic des Etats provinciaux soit changé tous les trois ans et pris alternativement dans l'ordre de la noblesse et dans celui du tiers-état.

24° Que les comptes annuels de l'administration de ces Etats soient rendus publics par la voie de l'impression.

25° Que ces mêmes États et les administrations municipales versent directement le produit de leurs impositions dans le trésor royal.

CLERGÉ.

26° Qu'il soit pris des mesures efficaces pour assurer l'exécution des règles prescrites et des précautions établies par le concile de Trente et l'ordonnance de Blois, pour obliger les archevêques, évêques et autres pourvus de bénéfices à charge d'âmes ou sujets à résidence, de quelle qualité et condition qu'ils soient, de résider chacun dans le chef-lieu de leur bénéfice, afin qu'ils y remplissent leurs fonctions, et que les revenus ecclésiastiques se consomment sur les lieux qui les produisent.

27° Que les commendes soient supprimées et les lods abbatiaux appliqués, en tout ou en partie, aux dépenses ecclésiastiques dont le trésor royal est actuellement chargé, telles que le payement des appointements des curés des forts et citadelles, celui des aumôniers des régiments, l'entretien et le soulagement des hôpitaux, et autres objets semblables qui, par leur nature, sont analogues à la destination des biens de l'Eglise, afin de faire servir à la liquidation des dettes de l'Etat les fonds que ce moyen d'économie épargnera au trésor royal.

28° Que les ecclésiastiques réguliers soient chargés de l'enseignement public et gratuit dans les collèges, et que les biens de ces collèges, affectés aux pensions des professeurs et régents, soient convertis en bourses qui seront données au concours.

29° Que toutes les maisons religieuses de l'un et de l'autre sexe, tant des villes que des campagnes, soient chargées de l'instruction gratuite des pauvres enfants.

30° Qu'il soit porté une déclaration qui restreigne la charge de la dîme aux quatre gros fruits, et en fixe la quotité d'une manière uniforme dans tout le royaume ; en sorte néanmoins que dans les lieux où, par une profession suffisante, cette quotité est actuellement inférieure à celle qui sera réglée, elle ne puisse pour cela être augmentée, et que les fonds qui en sont affranchis par la prescription ou autrement, en restent exempts.

31° Que, par la même déclaration, il plaise au souverain d'ériger en loi générale la jurisprudence des arrêts qui obligent les décimateurs de faire récolter et engranger dans chaque territoire les dîmes qu'ils y perçoivent.

32° Que les lettres patentes du 13 avril 1773, rendues pour la Flandre maritime, soient déclarées communes à la Flandre wallone, et qu'en conséquence les décimateurs soient chargés de tous les frais de constructions, réparations et entretien, tant d'églises paroissiales, que des logements des curés et vicaires.

33° Que les églises paroissiales, les hôpitaux et les tables des pauvres soient affranchis du droit d'amortissement, conformément aux règles établies dans l'intérieur du royaume.

34° Que, pour engager les gens de mainmorte à construire de nouvelles maisons dans les villes et campagnes, les constructions à neuf qu'ils en feront, ou permettront de faire, soient pareillement déchargées du même droit d'amortissement.

35° Que, conformément à l'article 34 de l'ordonnance du mois de janvier 1629, les titres et enseignements des abbayes et autres gens monastères (ainsi que les chapitres et autres gens de mainmorte) soient inventoriés en présence des procureurs du Roi, et copies desdits inventaires, dûment collationnés, mises ès greffes des juridictions royales les plus prochaines ; à péril que lesdits abbayes, chapitres et mainmortes ne seront plus recevables à se prévaloir d'aucun titre non compris auxdits inventaires.

JUSTICE ET ADMINISTRATION DES VILLES ET COMMUNAUTÉS D'HABITANTS.

36° Que les communes de Douai et d'Orchies soient confirmées dans leur droit d'être jugées par leurs pairs échevins, tant en matière civile que criminelle, sans qu'en matière civile il puisse en être appelé dans les cas où l'objet de contestation n'excédera pas 300 livres tournois.

Que les échevins de Douai soient maintenus dans leur qualité de juges consuls des marchands, ayant pouvoir, en cette qualité, de juger en dernier ressort jusqu'à 800 livres, et révocation du droit de prévention ou concurrence accordé sur eux aux juges consuls de Lille.

Que les mêmes échevins et ceux d'Orchies soient encore confirmés dans le droit dont ils ont joui jusqu'à présent, d'administrer les biens et revenus de l'une et de l'autre communes.

Que leurs fonctions soient triennales.

Qu'ils soient choisis et nommés par vingt électeurs, dont le premier, en cas de partage, aura voix prépondérante ; lesquels électeurs seront eux-mêmes choisis par les représentants des trois ordres, en la même forme et proportion que les députés aux Etats provinciaux ; le tout sans frais.

Que si, dans l'intervalle d'un renouvellement à l'autre, il vient à vaquer des places d'échevins, il y soit pourvu par les mêmes électeurs qui seront encore vivants et résidents.

Que les mêmes échevins soient tenus de rendre compte publiquement et annuellement de leur administration à la commune représentée par lesdits électeurs, et par-devant tel commissaire qui sera choisi par les échevins et les électeurs eux-mêmes, dans le corps des Etats provinciaux.

37° Qu'à l'égard des villes, bourgs et villages, qui n'ont pas droit de commune, les seigneurs soient confirmés (sauf dans les lieux où il y a profession contraire) dans le droit d'y nommer les baillis, mayeurs, échevins, procureurs d'office, greffiers et sergents pour l'exercice de la juridiction.

Que lesdits greffiers et procureurs d'office soient tenus de résider sur les lieux.

Que, pour l'administration des affaires communales, des biens des pauvres et des fabriques, il soit nommé par les communautés d'habitants, des syndics, qui ne seront comptables qu'envers elles, et seront renouvelés tous les ans, ainsi qu'il se pratique dans les provinces de l'intérieur du royaume et dans une partie de la Flandre.

Que les mêmes syndics puissent vérifier et faire reviser les comptes rendus dans quinze ans.

Qu'ils aient un secrétaire-greffier résidant sur les lieux.

38° Que les juges inférieurs soient autorisés à juger à l'audience et sans appel, savoir : ceux des seigneurs jusqu'à la somme de 60 livres, et ceux des juridictions royales jusqu'à celle de 500 livres.

39° Qu'il soit dressé un inventaire exact de tous les titres et pièces déposés au greffe de chaque juridiction.

40° Que tous les *committimus* et toutes les espèces d'évocation soient abolis, et que les cassations d'arrêts soient restreintes au seul cas de contravention directe aux ordonnances.

41° Que les commissions d'intendants de justice, police et finances, soient révoquées, 1° comme inconstitutionnelles ; 2° comme contraires à la déclaration du Roi du 13 juillet 1648, qui les a supprimées, et à laquelle il n'a jamais été dérogé légalement ; 3° comme une source de dépenses et de contributions ruineuses ; 4° comme sujettes dans leur exercice à mille abus, et aux surprises de tous les genres ; 5° enfin comme devenant inutiles dès que, conformément au vœu général, leur juridiction contentieuse est restituée aux juges ordinaires sur qui elle a été usurpée, et que leur autorité administrative est rendue aux Etats provinciaux ; et sera le Roi supplié de n'envoyer à l'avenir des commissaires particuliers dans ces provinces, que dans des cas extraordinaires, et pour le temps seulement que ces cas le requerront.

COMMERCE.

42° Que le commerce soit affranchi de toutes les entraves qui gênent, arrêtent et interceptent soit les fabrications, soit la circulation intérieure, soit la vente, l'achat et l'approvisionnement des denrées et marchandises.

Qu'en conséquence, il plaise à Sa Majesté d'exécuter le projet annoncé par l'arrêt de son conseil du 15 août 1779, de supprimer tous les péages, travers, vinages, pontonnages et autres droits semblables, soit que la perception s'en fasse au profit du Roi ou des particuliers à qui il les a concédés, en indemnisant ceux qui devront l'être conformément audit arrêt.

43° Que toutes les corporations de bateliers puissent exercer librement la navigation sur toutes les rivières et canaux du royaume, aller et revenir avec charge partout et en tels cas qu'ils trouveront convenir, tous priviléges exclusifs établis en faveur de quelques-unes de ces corporations devant cesser, comme contraires à l'avantage du commerce et à l'intérêt public.

44° Que, pour faire fleurir les manufactures, les Etats généraux supplieront Sa Majesté de ne porter et d'engager sa cour à ne porter que des étoffes manufacturées dans le royaume.

45° Que les projets de transaction et conventions générales, qui se feront avec les puissances étrangères relativement au commerce national, soient communiqués aux Etats généraux, lorsqu'ils seront assemblés, et quand ils ne le seront pas, aux chambres de commerce, pour avoir leur avis.

46° Que le ministère public soit tenu de prendre connaissance de toutes les faillites et banqueroutes, et de poursuivre d'office celles qui seront soupçonnées frauduleuses.

Que nul ne puisse présenter des lettres de cession, et en obtenir l'entérinement, à moins que, conformément à l'ancienne jurisprudence, il ne se soit constitué prisonnier et ne le soit encore lorsque ses lettres seront entérinées.

Que les sauf-conduits, les lettres de répit, les arrêts de surséance et les franchises locales soient entièrement abolis.

47° Que la connaissance des faillites et des banqueroutes au civil soit attribuée indéfiniment aux juges-consuls.

Que les juges-consuls puissent juger en dernier ressort jusqu'à la somme de 800 livres.

48° Qu'il soit établi une loi uniforme dans tout le royaume, pour les usances et échéances des billets de commerce, de quelque manière qu'ils soient causés.

49° Que les chambres syndicales soient établies de préférence dans les villes où il y a Université ou Parlement, afin que l'imprimerie et la librairie y soient mieux surveillées.

50° Que le gouvernement s'interdise à l'avenir tout usage des ressources de finances employées à la fin du dernier siècle et dans le cours de celui-ci, par des créations, suppressions et recréations d'offices de municipalités, de police et de jurandes, et qu'il ne soit plus dorénavant expédié de brevets pour venir prendre part aux priviléges exclusifs des corporations d'arts et métiers.

AGRICULTURE.

51° Que la déclaration de François Ier, du 6 août 1533, et toutes les lois qui s'en sont ensuivies, relativement à la prohibition de la chasse, soient révoquées; qu'en conséquence et conformément aux lois précédentes, telle entre autres que l'ordonnance de Charles VI, du mois de janvier 1396, il soit déclaré que la chasse sans armes à feu est libre à toute personne, même roturière, tant sur son terrain que sur celui des propriétaires de qui elle en aura la permission;

Et subsidiairement qu'il soit porté un règlement efficace pour empêcher les ravages que le gibier fait dans les terres, sans mettre les agriculteurs dans la nécessité de soutenir à cet effet des procès souvent ruineux et toujours illusoires.

52° Qu'il soit défendu à tous ceux qui ont ou auront à l'avenir des colombiers d'en laisser sortir les pigeons;

Et subsidiairement, que le droit d'avoir colombier soit restreint aux seigneurs et propriétaires, ou leurs fermiers, qui ont cinquante arpents de domaine en exploitation actuelle, et que le nombre des boulins dans chaque colombier soit limité à un par arpent.

53° Que l'article 6 du chapitre Ier de la coutume de la gouvernance de Douai, concernant le droit de plantis soit exécuté selon sa forme et teneur; qu'en conséquence, les propriétaires soient maintenus dans la faculté que leur accorde cet article, de planter sur les fiégards ou chemins, à l'endroit et à cinq pieds près de leurs héritages, et que les atteintes portées depuis quelques années à cette faculté soient réprimées.

Qu'à l'égard des chemins où le droit de plantis pourrait appartenir légitimement aux seigneurs, ce droit soit soumis à un règlement général qui en déterminera le mode et l'exercice.

Que par ce règlement il soit, entre autres points, déclaré que les seigneurs ne peuvent planter sur le chemins vicinaux, qui sont ou seront ci-après établis pour les besoins et la commodité des habitants, ni sur les chemins vicomtiers, qui, n'ayant pas actuellement une largeur suffisante pour souffrir l'exercice du droit de plantis, pourraient être élargis par la suite.

Que, dans les lieux où plusieurs chemins conduisent d'un village à une ville, ou à un autre village, il n'y en ait qu'un seul qui puisse être réputé vicomtier.

Qu'à l'avenir il ne soit fait aucun nouveau chemin sans le consentement de la communauté des habitants du lieu.

54° Qu'il soit défendu à tous seigneurs de bâtir sur les chemins vicomtiers, landes et terres vagues, d'en accenser aucune partie, de troubler les communautés d'habitants dans le droit de vains pâturages qu'elles y ont, et que tous actes faits au contraire depuis vingt ans soient révoqués.

DOMAINES DU ROI.

55° Que tous les engagements des domaines soient révoqués sans aucune espèce de distinction ni d'acception de personnes.

Que les biens qui, par cette révocation, rentreront dans le patrimoine de la couronne, et ceux qui s'y trouvent actuellement, soient vendus par les Etats de chaque province où ils sont respectivement situés, moyennant tels deniers d'entrée, telles redevances annuelles, et pour telle tenue que Sa Majesté daignera déterminer, de l'avis des Etats généraux.

Que les sommes provenant de ces ventes soient appliquées d'abord à l'extinction des rentes assignées sur les domaines, ensuite au remboursement de la quote-part du déficit, qui se trouvera répartie sur chaque province.

Que les forêts domaniales, dont le délabrement, ou l'excessive dépense font gémir tous les bons citoyens, soient abandonnées par Sa Majesté aux provinces dans l'étendue desquelles elles sont situées, pour être régies par les Etats provinciaux, à la charge par eux de verser annuellement, dans le trésor royal, une somme équivalente au revenu que le souverain en tire annuellement, en y imputant le prix des bois de construction, qu'ils fourniront en nature au gouvernement, et de rembourser les offices des maîtrises des eaux et forêts.

56° Que les placards de l'empereur Charles-Quint et de Philippe IV, roi d'Espagne, des 21 février 1547 et 21 juillet 1628, concernant la domanialité du droit d'eau et de vent, soient restreints à la Flandre maritime, pour laquelle seule ils ont été portés ; qu'en conséquence, il plaise à Sa Majesté de révoquer l'arrêt surpris à la religion de son conseil, le 18 novembre 1778, et déclarer définitive la mainteue provisoire accordée aux habitants de la Flandre wallonne, par arrêt du conseil du 3 octobre, laissée a tout propriétaire de bâtir des moulins sur son héritage.

OBJETS DIVERS.

57° Que toutes les banalités de moulins, foursel autres, qui ne sont pas fondées en titres soient abolies.

58° Que les chemins vicomtiers et les ponts, dont la réparation et l'entretien sont actuellement à la charge des propriétaires riverains, soient à l'avenir réparés et entretenus par tous les propriétaires de chaque territoire, soit ecclésiastiques, nobles ou roturiers, au prorata de leurs professions.

Que les réparations et entretiens soient exécutés par voie d'administration, et non en forme judiciaire.

59° Que le droit de franc-fief soit supprimé, comme formant une charge humiliante pour le tiers-état, et donnant ouverture à une infinité de vexations de la part des préposés au recouvrement de ce droit.

Et subsidiairement,

Que la déclaration rendue pour la Flandre, le 22 novembre 1695, soit exécutée selon sa forme et teneur ; qu'en conséquence, le droit de franc-fief ne puisse être exigé dans cette province que dans les mutations par vente à raison d'une année et demie de revenus, sans y ajouter la charge extraordinaire des dix sous pour livre, dont l'établissement est contraire aux règles de la justice, n'y ayant plus de raison d'ajouter dix sous pour livre au droit principal de franc-fief, qu'il n'y en aurait à l'ajouter aux droits de lods et ventes qui sont dus au Roi, dans le cas de vente des terres mouvantes de ses domaines.

Que ce droit soit déclaré prescriptible par vingt années de profes-ion.

Que, pour éviter l'abus qui résulte de ce que les traitants et receveurs de ce droit fouillent dans les papiers des familles, il ne leur soit donné communication et inspection que des titres d'aliénation.

Que, pour éviter aussi l'abus qui résulte de ce que par la perte des quittances, il arrive souvent que ce droit est payé deux ou trois fois, les mêmes traitants et receveurs soient tenus d'avoir un registre dûment coté et paraphé, dans lequel ils transcriront, en présence des parties, les quittances qu'ils leur délivreront : lequel registre sera déposé tous les ans au greffe du tabellion de la ville de leur résidence, afin que les personnes intéressées puissent y avoir recours au besoin.

Que les contestations auxquelles pourra donner lieu le droit de franc-fief soient portées devant les juges ordinaires.

60° Que l'arrêt du conseil du 18 février 1687, qui a proscrit le droit de garennes en Cambrésis, soit rendu commun à la partie de la Flandre qui ressortissait du bailliage de Douai.

61° Que dans les familles roturières, les fiefs et ténements nobles soient partagés également. sans préférence de sexe ni d'âge, tant en ligne directe qu'en ligne collatérale.

62° Que la représentation soit admise dans les coutumes de la gouvernance de Douai et Orchies, aux termes de droit.

63° Que les administrations municipales soient dispensées de payer des logements aux gouverneurs et autres officiers militaires qui ne résident pas dans leurs villes.

64° Qu'à l'exemple de ce qui a été réglé par la province d'Artois, par arrêt du conseil du 8 septembre 1787, les biens communaux dont le partage par feux et le défrichement ont été ordonnés par les lettres patentes sur arrêt du 27 mars 1777, soient remis dans leur état primitif, si les communautés le demandent.

Que les droits nouveaux attribués aux seiseigneurs par les mêmes lettres patentes, et par le titre XXV de l'ordonnance des eaux et forêts de 1669, soient révoqués ; que l'édit du mois d'avril 1667 soit exécuté selon sa forme et teneur ; que, conformément à ses dispositions, nul seigneur ne puisse prétendre à aucun droit de triage sur les biens communaux, et que les communautés d'habitants puissent rentrer dans ces mêmes biens, nonobstant tout contrat, transactions, arrêts, jugements, lettres patentes vérifiées, et autres choses à ce contraires.

Au surplus, les députés du tiers-état de la gouvernance de Douai ne perdront jamais de vue les capitulations, sur la foi desquelles la province est passée sous la domination du Roi ; ils veilleront à la conservation des usages, franchises, immunités et priviléges, confirmés par ces actes sacrés, et ils ne pourront souscrire à la suppression que de ceux dont la province elle-même a déjà demandé ou pourra ci-après demander la révocation.

Le tiers-état de la gouvernance de Douai ne portera pas plus loin les détails sur les maux auxquels la bonté du Roi lui promet des remèdes prompts et efficaces. Il est cependant encore une foule d'abus que les doléances des différentes communautés et corporations ont manifestés ; mais comme ces doléances ne sont relatives qu'à des intérêts locaux et particuliers, et ne peuvent conséquemment être portées qu'aux tribunaux ou Etats des provinces, l'ordre n'a pas cru devoir les consigner ici. Elles ne doivent pas néanmoins être négligées, elles peuvent fournir des éclaircissements utiles et des lumières précieuses pour les discussions qui s'élèveront dans l'assemblée des Etats généraux. C'est beaucoup... elles seront remises sous inventaire aux députés de l'ordre pour leur servir d'instructions particulières et de pièces justificatives.

Ainsi fait et arrêté en l'assemblée générale du tiers-état de la gouvernance de Douai, ce 4 avril 1789. S'ensuivent les signatures des commissaires dénommés ci-dessus de M. Duhamel, lieutenant général, et du greffier autorisé de la gouvernance de Douai.

Liste des députés des trois ordres élus pour les Etats
généraux à la gouvernance de Douai.

CLERGÉ.

M. Breuvart, curé de la paroisse de Saint-Pierre de Douai.

NOBLESSE.

M. le marquis d'Aousl de Cuinchy.

TIERS-ÉTAT.

M. Simon, avocat.
M. Merlin, id.

CAHIER

*Des doléances du tiers-état de la ville de Douai,
rédigé en l'assemblée tenue en l'hôtel de ville,
en exécution du règlement du 24 janvier 1789 (1).*

Art. 1er. Le royaume de France est une monarchie pleine et entière, néanmoins tempérée par les lois. — Cette monarchie est indivisiblement successive, héréditaire, dans la maison de Bourbon, d'aîné en aîné, et de mâle en mâle, à l'exclusion des femmes, ainsi qu'il s'est pratiqué depuis Hugues Capet jusqu'à présent.

Art. 2. Les sujets du royaume de France sont libres et propriétaires, de manière qu'aucune autorité, aucune puissance ne peut attenter à leur liberté, ni enlever la moindre partie de leurs droits et propriété, même sous prétexte d'impôts, sans que lesdits impôts n'aient été consentis par leurs députés aux États généraux.

Les députés sont chargés de supplier Sa Majesté d'assembler les États généraux tous les cinq ans ou autre terme qui sera fixé par Sa Majesté, de l'avis des États généraux, conformément à la promesse que le Roi en a faite à la nation par le rapport annexé au résultat de son conseil du 27 décembre 1788.

Art. 3. Sa Majesté sera également suppliée de convoquer les États généraux trois mois avant le terme de leur assemblée, et que la nomination des députés en soit faite en la forme prescrite par le règlement du 24 janvier dernier, jusqu'à ce qu'il lui ait plu, sur la demande et du consentement des États généraux, de déterminer une autre forme.

Art. 4. Que les impositions ou subventions, qui seraient fixées par les États généraux, ne seront accordées que depuis l'époque des présents États jusqu'à une année au delà du terme fixé par les États qui devront succéder, en telle sorte que si le retour périodique desdits États généraux ne s'effectuait pas au terme fixé, l'exigibilité desdits impôts, charges, subsides, aides, traites, vingtièmes, etc., etc., et toutes autres subventions ou impositions précédemment consenties, demeurera nulle, éteinte et résolue par le fait, sans qu'il soit besoin d'aucune déclaration.

Que, suivant ce, il soit fait défense jusqu'à présent, comme pour lors, à tous receveurs, commis collecteurs ou préposés à la recette desdits impôts, charges, subsides ou subventions, d'en faire la perception, à peine d'être poursuivis comme concussionnaires, et punis suivant la rigueur des ordonnances.

Art. 5. Il ne sera fait aucun emprunt sans le consentement des États généraux, et les États généraux ne pourront consentir à aucun emprunt qu'il ne soit fondé, tant pour les intérêts que pour le remboursement partiaire. Néanmoins, les députés sont autorisés à adopter et consolider, comme dettes nationales, les emprunts faits jusqu'à présent par Sa Majesté et ses prédécesseurs.

Art. 6. La suppression et abolition de toutes exemptions et privilèges pécuniaires relativement aux impositions foncières, ainsi que de tous droits d'octroi, même sur les consommations, soit en faveur des ecclésiastiques ou nobles, soit en faveur des officiers de judicature, des militaires, des employés dans les finances du Roi, et de toutes autres personnes, sans exception quelconque.

Art. 7. Et comme les impositions ne peuvent excéder les bornes du besoin de l'État, sans alté-

(1) Nous publions ce cahier d'après un manuscrit des *Archives de l'Empire.*

rer, sans même anéantir les lois fondamentales de la propriété, on demande que les États généraux consultent l'importance de ce besoin, et qu'en conséquence ils fixent les sommes à répartir par la voie des impositions.

Art. 8. Les États généraux supplieront de plus Sa Majesté de déterminer la forme nécessaire aux dépenses de la cour et à la splendeur du trône, afin de ne laisser rien à l'incertitude et à l'arbitraire, et la dépense des autres départements sera également déterminée aux États généraux.

Art. 9. Les États généraux seront toujours composés d'un nombre de représentants du tiers-état égal à celui des deux ordres du clergé et de la noblesse; et les députés seront chargés d'insister à ce que les opinions soient recueillies par tête et non par ordre.

Art. 10. La comptabilité et la responsabilité des ministres envers la nation.

Art. 11. Les comptes d'administration seront rendus publics par la voie de l'impression.

Art. 12. La suppression des commendes appliquée en totalité ou en partie; le produit des menses abbatiales, pour faire face à la dépense dont le trésor royal est actuellement chargé, pour le soulagement des hôpitaux, le payement des appointements des curés des forts et citadelles, aumôniers de régiments et autres objets semblables, qui, par leur nature, sont analogues à la destination des biens ecclésiastiques; et faisant servir à la liquidation des dettes de l'État l'importance des fonds que ce moyen d'économie épargnera au trésor royal.

Art. 13. La résidence des grands bénéficiers dans les provinces, afin qu'ils y remplissent leurs fonctions, et que les revenus ecclésiastiques se consomment sur les lieux qui les produisent.

Art. 14. Les députés du tiers état demanderont l'abolition de tous *committimus*, et de toutes espèces d'évocations; et que les cassations d'arrêts soient restreintes aux seuls cas de contraventions aux ordonnances.

Art. 15. Demander que le droit de nouvel acquêt soit supprimé, comme formant une charge accablante et humiliante pour le tiers, et comme donnant ouverture à une infinité de tracasseries et de vexations de la part des préposés à la recette et au recouvrement de ce droit.

Subsidiairement, insister pour que, dans la Flandre, ce droit ne soit exigible qu'aux mutations par vente, en conformité des usages et privilèges du pays, à raison d'une année et demie du revenu, sans y ajouter la charge extraordinaire des dix sols pour livre, dont l'établissement est contraire aux régles de la justice, n'y ayant plus de raison d'ajouter dix sols pour livre au droit principal de franc-fief ou de nouvel acquêt, qu'il n'y en aurait à l'ajouter aux droits de lods et ventes qui sont dus au Roi dans le cas de vente de terres mouvantes de ses domaines; et insister également à ce que ce droit soit prescrit après vingt années de possession.

Que pour éviter l'abus qui résulte de ce que les traitants et receveurs de ce droit fouillent dans les papiers de famille, il ne leur sera donné communication et inspection que des titres d'aliénation et d'acquisition.

Que pour éviter aussi l'abus qui résulte de ce que, par la perte des finances, il arrive souvent que ce droit est payé deux ou trois fois, lesdits traitants et receveurs devront avoir un registre dûment coté et paraphé, dans lequel ils transcriront, en présence des parties, les quittances desdits droits; lequel registre sera déposé tous les ans au greffe du tabellion de la ville de leur résidence, afin que les personnes intéressées puissent y avoir recours au besoin.

Art. 16. Pour engager les mainmortes à faire de nouvelles constructions de maisons dans les villes, les députés seront chargés de demander que, pour les constructions à neuf des maisons dans les villes, les mainmortes ne soient tenues à aucuns droits d'amortissement.

Art. 17. Que toutes les corporations des bateliers pourront exercer librement la navigation sur toutes les rivières et canaux navigables du royaume, et qu'en conséquence ils pourront conduire charge, et charger en retour partout, et en tel cas qu'ils trouveront convenir, tous privilèges exclusifs établis en faveur de quelques corps de navigation particulière devant cesser, comme contraires à l'avantage du commerce et à l'intérêt du public.

Art. 18. Les députés seront chargés de demander qu'il ne soit accordé aucune permission d'exporter les matières premières servant d'aliments aux fabriques du royaume, sans l'avis des États des provinces; et pour faire fleurir les manufactures du royaume, le Roi sera très-humblement supplié de ne porter et d'engager sa cour à ne porter que des étoffes manufacturées dans le royaume.

Art. 19. Que le gouvernement ne fera plus usage des ressources de finances, employées à la fin des derniers siècles et au commencement de celui-ci, par des créations, suppressions et recréations d'offices municipaux de police et de corps d'arts et métiers; et qu'il ne sera plus dorénavant expédié de brevet de maîtrise, pour venir prendre part aux privilèges exclusifs des corporations d'arts et métiers.

Art. 20. Que les biens communaux, dont le partage par feux et le défrichement ont été ordonnés par les lettres patentes sur arrêt du 27 mars 1777, puissent être remis dans leur état primitif et que les communautés le demandent; et que les droits nouveaux, accordés par la même loi, aux seigneurs, soient restreints aux termes fixés par le titre XXV de l'ordonnance des eaux et forêts du mois d'août 1669.

Art. 21. Que les transactions et conventions générales du commerce national, qui se feront avec les puissances étrangères, soient communiquées aux États généraux lors de leur assemblée, pour en donner leur avis, et lors de leur vacance, aux chambres du commerce du royaume.

Art. 22. Que les députés du tiers-état demanderont qu'il soit accordé des États provinciaux à toutes les provinces du royaume, lesquels devront être assemblés tous les ans; et que leur organisation soit telle que le tiers-état y ait un nombre de voix égal à celui des deux premiers ordres réunis.

Art. 23. Que toute personne du tiers-état, domiciliée, assise au rôle des impositions et âgée de vingt-cinq ans, ait le droit d'élire et d'être élue.

Art. 24. Que la forme de l'élection des députés aux États provinciaux soit la même que celle de l'élection des députés aux États généraux, et que la convocation s'en fasse un mois d'avance.

Art. 25. Qu'il soit établi une commission intermédiaire, laquelle sera composée de députés moitié du tiers-état, et que le procureur-syndic soit changé tous les trois ans, et pris alternativement dans l'ordre de la noblesse et du tiers-état.

Art. 26. Que la commission intermédiaire ne soit qu'exécutrice des délibérations des États provinciaux; qu'elle leur en rende compte, et que les comptes annuels de l'administration soient rendus publics par la voie de l'impression.

Art. 27. Que les États provinciaux et les administrations municipales verseront directement leurs contributions dans le trésor royal.

Art. 28. La confirmation de la commune dans le droit d'être jugée par ses pairs, échevins, tant en matière civile que criminelle, sans qu'il puisse en être appelé dans le cas où l'objet de la contestation n'excédera pas 300 livres.

Le maintien des échevins dans la qualité de juges consuls des marchands, avec pouvoir, en cette qualité, de juger en dernier ressort jusqu'à 800 livres, et révocation du droit de prévention ou concurrence accordé sur eux aux juges consuls de Lille.

Qu'ils soient confirmés dans le droit dont ils ont joui, jusqu'à présent, d'administrer la chose publique, les biens et deniers de la commune.

Que leurs fonctions n'aient lieu que pendant trois ans.

Qu'ils soient choisis et nommés par vingt électeurs dont le chef, en cas de partage, aura voix prépondérante; lesquels électeurs seront eux-mêmes choisis par les représentants des trois ordres, et ce, en la même forme et proportion que pour les États provinciaux et sans frais.

Qu'il soit pourvu aux places vacantes par ceux des mêmes électeurs qui seront encore vivants et résidents.

Qu'ils soient tenus de rendre compte publiquement et annuellement de leur administration à la commune, représentée par lesdits électeurs, et par-devant tel commissaire qui sera choisi par les échevins et les électeurs dans le corps des États provinciaux.

Art. 29. Que les députés du tiers demanderont au souverain la suppression des lettres de cachet, sauf dans le cas et les circonstances où la nation assemblée jugerait utile d'en conserver l'usage par forme d'essai, en prescrivant le mode et les précautions à prendre pour en empêcher l'abus.

Art. 30. Le ministère public prendra connaissance de toutes les faillites et banqueroutes; il y poursuivra d'office celles qui seront présumées frauduleuses, et personne ne pourra prendre des lettres de cession, et en obtenir l'entérinement, à moins que, conformément aux dispositions des coutumes de nos provinces, il ne se soit constitué prisonnier, et ne se soit encore lors dudit entérinement. Et les députés demanderont l'abolition des sauf-conduits, lettres de répit et arrêts de surséance.

Art. 31. Que les députés demanderont aux États généraux que l'éducation de la jeunesse soit confiée aux communautés régulières.

Art. 32. Que les administrations municipales seront dispensées de payer des logements aux gouverneurs et autres officiers militaires qui ne tiennent pas leur résidence dans leur ville.

Art. 33. Que la somme qui sera trouvée par les États généraux être nécessaire pour faire face au déficit, sera répartie entre les différentes provinces du royaume, en raison de leur étendue, de leur population et de leurs contributions actuelles, sauf aux administrations desdites provinces à employer, sous l'autorité de Sa Majesté, les moyens qu'elles trouveront le plus convenables et le moins onéreuses à leurs habitants pour le recouvrement et l'acquittement de leur cote dans le déficit.

Art. 34. Les députés seront chargés de demander qu'on ne s'occupe des moyens d'acquitter le déficit, qu'au préalable on ait pourvu à la réforme des abus et aux remèdes à y apporter.

Art. 35. Les députés demanderont la conserva-

tion des usages, franchises, immunités et priviléges de la Flandre, confirmés par les capitulations
du pays, sauf de ceux dont la province elle-même
a demandé ou pourra demander la révocation;
et lesdits députés ne pourront pas donner leur
vœu ni leur consentement, à la suppression desdites immunités et priviléges.

Art. 36. Les députés seront chargés de supplier
Sa Majesté de porter, de l'avis des États généraux, une loi qui détermine et fixe nettement le
pouvoir des parlements et autres cours souveraines du royaume, sur la vérification et l'enregistrement des lois publiques.

Art. 37. Les députés du tiers-état demanderont
qu'il soit mis sous les yeux des États généraux
un état de toutes les pensions actuellement payées
par le Roi, afin d'y être examiné, et afin que celles qui auront été accordées sans cause soient
supprimées, et que celles qui seront jugées excessives soient réduites; et que, pour l'avenir,
les fonds destinés à la distribution et à l'acquittement des pensions seront invariablement fixés et
déterminés.

Art. 38. La révocation des commissions d'intendants de justice, police et finance : 1° comme
inconstitutionnelles; 2° comme contraires à la
déclaration du Roi du 13 juillet 1648, qui les a
supprimées, et à laquelle il n'a jamais été dérogé
légalement; 3° comme une source de dépense et
de contribution ruineuse; 4° comme sujettes,
dans leur exercice, à mille abus et à des surprises de tous les genres; 5° enfin, comme devenant inutiles, dès que leur juridiction contentieuse est restituée aux juges ordinaires, qui
elle a été usurpée, et que leur autorité administrative est attribuée aux États provinciaux; et
sera le Roi supplié de n'envoyer à l'avenir des
commissaires particuliers dans ses provinces, que
dans des cas extraordinaires, et pour le temps
seulement que les cas le requerront.

Ainsi fait et arrêté sous la présidence des officiers municipaux, en l'assemblée des représentants des différentes corporations, corps et communautés de cette ville, des bourgeois et
habitants; et le présent cahier ayant été coté et
paraphé, *ne varietur*, le 25 mars 1789.

Signé à l'original : Simon de Maibelle; Deprès;
Merlin; Taranget; Brachet; Milot; Poulet; Darthe;
Pilat; Becourt; Carion; Simon Derhaix; Pudomme
Delval; Dassouville; Copin; Bricot; Fabre Senson,
orfèvre; Vardou; Thery; Nicollon; Berguet;
A. Delporte; Pierre Carmin; A. Bassey; A. Piquet;
Jupin; Guillemot; Carlier; Dogmont; Laurent;
Crouzes; Melles; P. Taudem l'aîné; C. Caulet;
Pierre Traux Cayotte; Antoine Royer; Guille-
mard; Louis Cauchy; Louis Coquerau; Mornave;
Jean de Paris; Bernard; Bery; Lefèvre; Dela-
grange; Antoine-Joseph Lapostole; de Cloque-
ment; de Fontaine.

Le présent cahier a été coté et paraphé au désir du règlement, depuis la page première jusqu'à
la page vingt-sixième, par le greffier soussigné,
ne varietur : Houzé de Laulnois, signé à la minute.

CAHIER

*Additionnel d'instructions, doléances, plaintes,
remontrances et demandes, pour les députés du
tiers-état de la commune de la ville de Douai,
aux États généraux du royaume* (1).

(1) Nous publions ce cahier d'après un manuscrit des
archives de l'Empire.

Les députés de la commune de Douai avaient
lieu d'espérer qu'on aurait inséré dans le cahier
de doléances du tiers-état de la gouvernance du
souverain bailliage de Douai et Orchies, leurs
plaintes locales. On s'est contenté de déclarer à la
clôture qu'il existait encore une foule d'abus, que
les doléances des différentes corporations de la
ville ont manifestés, mais qu'étant simplement relatives à des intérêts locaux et particuliers, elles
ne peuvent être portées qu'aux États de la province, tandis néanmoins que les autres doléances des communautés villageoises du ressort
de ladite gouvernance, quoique locales et particulières, y sont distinctement exprimées. Sa Majesté autorise toutes les corporations de faire leurs
remontrances; c'est pourquoi ladite commune
de Douai croit essentiel, pour le redressement des
abus qui se commettent journellement dans cette
ville de Douai, de renfermer dans ce cahier additionnel les doléances locales et générales de
ladite ville.

Art. 1er. Les corporations ont demandé et demandent encore aux échevins la représentation
du tableau de l'actif et du passif de la ville de
Douai; les fermes autorisées et non autorisées;
les abonnements des vingtièmes, sous pour livre
et les capitations, rapportent annuellement une
somme considérable dont la commune ignore
l'emploi. Ces droits odieux et insolites sont :

1° L'abonnement des deux vingtièmes, et deux
sous pour livre d'iceux; 2° capitations; 3° l'industrie; 4° la milice; 5° l'impôt sur l'eau-de-vie;
6° sur la bière; 7° sur le vin; 8° sur le vinai-
gre; 9° sur le tabac; 10° sur le chauffage; 11° sur
le houblon; 12° sur les grains entrant et sortant; 13° les droits du pied fourchu; 14° des
chaussées; 15° de tonlieu sur les grains et les
fruits; 16° sur le minck au marché aux pois-
sons; 17° le quinzième denier; 18° le courtage
des charrois; 19° douze offices de charbon de
feu; 20° jeaugeage des bois entrants; 21° droits
de nesves; 22° douze offices de charbon de terre;
23° bancs de bouchers; 24° droits d'étalage;
25° ceux sur les cuirs; 26° ceux sur les amidons;
27° sur la poudre à poudrer; 28° sur les cartes à
jouer; 29° sur les huiles; 30° sur les fers; 31° sur
l'acier; 32° sur les tuiles, ardoises et lattes;
33° les droits de l'aunage; 34° d'avalage et de dé-
cavage sur les vins et bières; 35° de forage et
criage sur les vins; 36° sur les latrines; 37° sur
les boues; 38° droits sur chaque faix de chanvre;
39° droits de bouthours, quand il y a six rasières
de grains sur un chariot sortant de la ville;
40° ceux qui se payant pour l'écluse du port de
Scarpe; 41° droits d'écuyers sur les balais, pote-
ries et verres; 42° droits de ferme sur les grains
qui tombent sur le marché; 43° droits pour l'a-
breuvoir du Barlet qui se perçoivent sur la bière,
et dont le produit est très-considérable; 44° droit
de balance, etc., etc., etc.; suppression des droits
et impôts insolites et odieux, de ceux détaillés ci-
dessus.

Art. 2. Qu'il n'y ait plus que deux degrés de
juridiction, dont le premier prononcera au souverain jusqu'à 500 livres.

Art. 3. Suppression des justices seigneuriales,
a seule police réservée.

Art. 4. Que la connaissance de toutes les actions
personnelles et réelles soit ôtée aux échevins de
Douai; que la seule police leur soit réservée,
ainsi que la juridiction en matière mercantile; et
ils ne pourront juger en dernier ressort que

jusqu'à la concurrence de 500 livres, suivant le privilége accordé en fait de mercantile.

Art. 5. Que lesdits échevins, lors de leurs visites dans les maisons bourgeoises, soient en habit noir, rabat et manteau, qui caractérisent leurs qualités.

Art. 6. Que les charges des six officiers permanents du corps municipal de Douai, savoir : de deux conseillers pensionnaires, de deux procureurs-syndics et de deux greffiers, soient supprimées comme superflues et onéreuses à la commune, conformément à l'arrêt du conseil d'État du Roi, rendu pour la province d'Artois.

Art. 7. Que les échevins soient choisis par vingt et un électeurs, qui seront eux-mêmes choisis par la commune.

Art. 8. Que cette élection se renouvelle tous les treize mois, conformément aux anciens placards du pays.

Art. 9. Que les échevins soient tenus de rendre compte publiquement et annuellement de leur administration à toute la commune, et par-devant les commissaires qu'elle voudra choisir ; et que ce compte soit rendu public par la voie de l'impression.

Art. 10. Que s'il vient à vaquer une place d'échevin dans l'intervalle de treize mois, il y soit pourvu par les mêmes électeurs.

Art. 11. Que des anciens échevins descendants, il en reste toujours le quart choisi par lesdits vingt et un électeurs.

Art. 12. Que du nombre des échevins, il en soit choisi cinq pour connaître des affaires mercantiles, savoir : le juge et quatre consuls.

Art. 13. Que les corvées que les échevins font faire par les portefaix soient anéanties.

Art. 14. Que tous les corps d'arts et métiers, les fermiers et norequiers, rendent annuellement leurs comptes par-devant deux échevins commissaires, sans frais, et qu'ils soient maintenus dans tous leurs usages et priviléges.

Art. 15. Que l'administration du mont-de-piété rende annuellement son compte par-devant des échevins, sans frais ; qu'il soit rendu public par la voie de l'impression ; et que l'intérêt qui se perçoit sur les gages, à raison de 10 p. 0/0, soit réduit à 5.

Art. 16. Que toutes les commendes des abbayes, prieurés et autres bénéfices du pays, soient supprimées à la mort des titulaires, et Sa Majesté est très-humblement suppliée de se rendre abbé commendataire de toutes les abbayes de France.

Art. 17. Qu'il soit fait un cadastre de tous les biens et revenus des abbayes et prieurés, et que la moitié desdits revenus, notamment des abbayes et prieurés riches, soit versée directement et sans frais, tous les ans, dans la caisse royale.

Art. 18. Que l'Université de Douai, soit chargée d'enseigner gratuitement les principes de dessin, d'écriture, d'agriculture, peinture, architecture, etc.

Art. 19. Abolition des abonnements pour les vingtièmes et capitation, attendu qu'ils sont abusifs et onéreux.

Art. 20. Anéantissement du droit de garenne et de celui d'esterling, qui est parfaitement inconnu et inintelligible, et qu'on veut métamorphoser en droit seigneurial.

Art. 21. Que les marais de l'échevinage de Douai soient rendus communs, comme ci-devant, au profit de la commune, attendu que le défaut de pâturage fait manquer les élèves, et d'autres choses nécessaires à la vie des citoyens, et surtout du militaire, le soutien de l'État.

Art. 22. Que les coups de plat de sabre ou de

bâton, châtiment servant à punir le militaire, soient défendus.

Art. 23. Que la mendicité des ordres réguliers soit proscrite ; que chaque individu reçoive une pension du clergé ; que lesdits ordres réguliers soient chargés des écoles dominicales.

Art. 24. Que les bureaux d'entrée soient reculés aux frontières du royaume, et que, dans aucun cas, les habitants du pays bas-français ne soient soumis à la gabelle ni à l'impôt sur le tabac, dont ils sont affranchis par les capitulations, ni à aucun impôt représentatif desdits droits.

Art. 25. Que la liberté du commerce soit dans toute la France, et notamment qu'il soit permis aux habitants de Douai de faire venir les eaux-de-vie et le tabac, de quelques provinces qu'ils trouveront convenir, en payant l'impôt ordinaire à l'entrée ; et que tout dépôt d'eau-de-vie dans la ville de Douai soit anéanti, et ce, pour réformer les abus en empoisonnant les habitants par des mélanges et en frelatant les eaux-de-vie ; et qu'il soit établi une uniformité pour les poids, mesures, aunages, la monnaie, et la même façon de compter.

Art. 26. Les administrateurs de l'hôpital général et de la Charité seront choisis par les vingt et un électeurs des échevins. Le receveur de l'administration rendra annuellement son compte par-devant deux desdits électeurs, qui sera encore rendu public par la voie de l'impression ; et qu'il soit établi un quartier distinct et séparé pour y recevoir les individus des honnêtes familles.

Art. 27. Il existait ci-devant quatre compagnies bourgeoises de la ville de Douai que les échevins ont supprimées de leur propre autorité. Elles avaient plusieurs biens qui leur étaient inhérents ; on demande que les échevins de Douai en donnent un détail, et qu'ils rendent compte à la commune de l'emploi de tous les revenus desdits biens.

Art. 28. Que tous ceux qui sont aux galères pour fait de contravention de la chasse et de la fraude, soient rendus à la liberté. On supplie Sa Majesté qu'il soit défendu, à l'avenir, de prononcer une pareille peine contre de semblables contrevenants.

Art. 29. Que l'article 6 du cahier de doléances du tiers-état de la gouvernance de Douai soit regardé comme non avenu, concernant la régence du royaume.

Art. 30. Qu'il soit déclaré que l'article 9 dudit cahier, concernant la dépense de la maison du Roi, y a été inséré contre le vœu de la plus saine partie des habitants de Douai, comme offensant Sa Majesté.

Art. 31. Que la subvention territoriale, ainsi que tous les impôts quelconques sur les comestibles, qui seront perçus en argent, soient supportés par tous les habitants du royaume indistinctement, sans aucune préférence ni distinction du clergé et de la noblesse ; que chaque receveur des villes et de communautés des villages en verse le produit dans la caisse de la province, et que le caissier de ladite province verse tous les produits directement dans le trésor royal, et le tout sans frais.

Art. 32. Enfin, il sera délibéré, dans les États généraux, par tête et non par ordre.

Ce sont les doléances additionnelles que la commune de Douai avait remises ès mains de ses députés particuliers pour être insérées dans le cahier du tiers-état de la gouvernance dudit Douai, et qu'on n'a pas voulu englober soit par négligence, soit par affectation, et que Sa Majesté

Louis XVI est très-humblement suppliée d'accepter d'après la permission que sa bonté paternelle a daigné accorder à tous ses sujets, par l'arrêt de son conseil du 27 décembre dernier.

Ainsi fait et arrêté dans l'assemblée de la plus saine partie des citoyens de Douai, le 17 avril 1789, après l'exhibition du procès-verbal de protestation, fait le 16 du présent mois; ont signé Jean-Baptiste Chevalier; J. Blanpain; Albert Carlier; Lepolard Wagrès; Jean-Baptiste Mareschal; P. Gourdin; A.-S. Mazingue; J. Ripé Porte; Jacques Stienne; Alexis Molez; Demoulin; Cramette Vigogne, rentier; A.-J. Menu; E. Mailly fils; J. Tuneau; Ducrocq; Dutilleux; A. Potier; Neveu; Delval; E. Delenve; Cabaret; Alexandre Lequin; Grosnier fils; Pinard, négociant; Luc Chevalier; Delcourt; G. Prince; Sentin; Leflou; Crépin; L. Henousse; B. Chevalier; Cambray fils, négociant; Suson; N. Delarue; J. Wacheux; L. Desbordes; Bassette; Jean-Baptiste Potier; Aimé Dubocquet; Baronne; Manier; Duvivier; Mollez; Battut; Daugremont; Couturier; Jean Cambray, négociant; L. Delâtre; Baudelet; Drapier; † marque de Charles Ponce; Jean Dubreuil; Joseph Moupas; Druelle, marchand orfèvre; F. Leflou; Dubourg; E. Dumortier; L. Roux; Vauheddeghem; Leflou Bassette, Delahaye-Lagache; Venoux, horloger; Petit; Lemaire; J. Collier-Dutilleux; Charles Damse; Delahaye-Debreuille; Barbieu; J. Midi, marchand orfèvre; L. Delagrange fils; Escalier; Wahave; Demarbray; M. Blondeau; Bis, graveur de monseigneur le prince de Condé; J. Sy; M. Pèpe Herlaut; Amé Dutoy; J.-F. Yvoy; Coquery; Bois; J.-B. Martin; P.-L. Escalier; Chardot-Écuyer; Carbonnelle; Ferdinand Runut; Redbaler; Al. Boda; Lacoche; Anicot; V. Vivenot; Jos. Jeu; N. Bulcourt; Riquoir; Gavelle; L. Druelle, fermier; Pancoise; Arnould Rolez; Philippe Hounelle; Pierre Rolez; Henri Chevalier; Joseph Dumez; J.-B. Dubus; Fouquet; Ph.-P. Preuger; F. Burtaire; Deresmeaux; Marchand-Heurteaux; Chrétien; Goffier; Lesieur, marchand orfèvre; Goffier fils; Sry; Desfosse.

CAHIER

DES PLAINTES ET DOLÉANCES DE LA VILLE D'ORCHIES.

Articles de plaintes, doléances et très-humbles remontrances du tiers-état de la ville d'Orchies, à insérer dans le cahier général de plaintes, doléances et très-humbles remontrances, qui sera formé au bailliage et gouvernance de Douai, pour être présenté en l'assemblée des États généraux (1).

1° Les députés du tiers-état du ressort de la gouvernance de Douai devront insister, dans l'assemblée de la nation, à ce que les opinions soient recueillies par tête, sans qu'ils puissent se prêter ni coopérer à aucune délibération qui serait formée d'une autre manière, si ce n'est dans le cas où ils se trouveraient munis ou porteurs de nouveaux pouvoirs.

2° Il sera déclaré et reconnu que la loi de la propriété est inviolable de la part du souverain, et que tous les citoyens ont un droit égal de la réclamer, comme membres de l'État, comme membres des provinces qu'ils habitent respectivement, comme membres des communes et comme individus.

3° Comme membres de l'État, tous les citoyens

(1) Nous publions ce cahier d'après un manuscrit des *Archives de l'Empire.*

ont droit, d'après la loi de la propriété, à ce qu'il ne soit établi ni prorogé aucun impôt sans le consentement de la nation; il en est de même des emprunts, parce qu'emprunter n'est pour l'État qu'une manière indirecte d'imposer, puisqu'il faut acquitter ces emprunts.

4° Cependant la confiance qu'on dû avoir les créanciers du Roi dans un long usage, et l'honneur du nom français exigent que les États généraux adoptent et consolident la dette contractée par Sa Majesté et ses prédécesseurs; mais avant de pourvoir au remboursement de cette dette, ils en vérifieront le montant et arrêteront l'état actuel des finances du royaume, tant en recettes qu'en dépenses.

5° Ils rechercheront tous les moyens possibles de diminuer la dépense, et ils auront une attention particulière à se faire remettre l'état des pensions payées par le Roi, pour faire rayer celles qui ont pu être accordées sans cause, et réduire celles qui sont excessives.

6° Toutes les impositions qui seront déclarées devoir subsister ensemble, celles qui seront consenties par les États généraux, seront réparties également sur tous les membres de l'État à proportion de leurs facultés, sans aucune distinction d'ordre, de rang, de noblesse, ni égard aux qualités, offices ou privilèges quelconques des contribuables. Les immunités et exemptions, de quelque espèce et sous quelque dénomination qu'elles soient ou puissent être, dont ne jouit pas le tiers-état, demeureront également éteintes et révoquées à toujours, de sorte qu'il n'y ait plus dans le royaume aucune exemption pécuniaire ou équivalente. Cette répartition générale et proportionnelle de tous les impôts, et cette extinction d'exemptions, privilèges et immunités, dont jouissent sur toutes les denrées de consommation, et quantité d'autres objets, l'ordre du clergé et de la noblesse, la magistrature, les officiers de chancelleries, les municipalités, les administrateurs, fermiers généraux, et enfin le nombre prodigieux des préposés au recouvrement des finances, les abbayes, couvents et communautés de l'un et de l'autre sexe, tous corps d'arts et métiers, redonneront au corps de la nation une vigueur et un encouragement dont il est privé depuis si longtemps et dont le retour est aussi nécessaire que désiré.

7° Toutes les impositions actuelles seront sérieusement discutées par les États généraux, pour être, les unes continuées, et les autres abolies ou remplacées par d'autres plus faciles à répartir et moins onéreuses aux contribuables.

8° Les mêmes députés apporteront encore une attention particulière à la réforme de quantité d'objets qui intéressent toute la nation, et particulièrement le tiers-état, tels que toutes les dépenses qu'entraînent la maison du Roi, l'entretien de tous ses châteaux et dépenses qui pourraient souffrir une grande réduction, sans rien diminuer de l'éclat convenable à la royauté.

9° La suppression des intendants et de leurs subdélégués dont les fonctions sont généralement si mal remplies, quant à ce qui concerne les intérêts du peuple, et dont le train, la magnificence, et souvent la cupidité, coûtent des sommes immenses aux villes et provinces de leur département.

10° La revente des domaines de la couronne, à laquelle les grands engagistes ont toujours trouvé le moyen de résister, quoiqu'il ait été démontré et qu'il soit de la première évidence que cette revente dont il serait payé une redevance annuelle réprésentative des intérêts du prix, augmenterait considérablement les revenus du Roi.

11° Une grande réforme dans le recouvrement et l'administration des finances, dont la perception pourrait devenir beaucoup moins gênante pour le peuple et les frais de régie beaucoup moins considérables, en simplifiant le tout par une sage combinaison.

12° Parmi les abus particuliers dont souffre le tiers-état de la ville d'Orchies, il en existe un dont il a le plus grand droit de se plaindre. Cet abus regarde son corps municipal. Avant de le dénoncer, il est bon d'observer que l'administration de la justice, des biens de la communauté, la perception des impôts et leur répartition, résident dans la personne de ce même corps municipal, composé d'un procureur d'office, d'un trésorier, d'un greffier et de quatorze échevins, c'est-à-dire de sept échevins en exercice, et de sept échevins du conseil. Ces derniers, conformément à leur dénomination, sont quelquefois convoqués pour assister les premiers dans leurs délibérations, et toujours scrupuleusement invités à partager avec ceux-ci les repas et les parties de plaisir qu'ils se donnent entre eux à la maison de ville, presque toujours aux dépens des revenus de leur administration, et au grand préjudice de la communauté, à qui ces revenus appartiennent de droit.

Le premier de ces abus se trouve dans la manière injuste et révoltante dont trois ou quatre familles sont parvenues à s'emparer de toute l'autorité, et à se rendre les maîtres de se reproduire dans le corps échevinal.

Ces échevins, autrefois à la nomination de tout le peuple, sont aujourd'hui dans l'usage de faire choisir eux-mêmes, par celui-ci, trois personnes qui semblent encore le représenter. Ces trois personnes qu'on nomme électeurs, ou plutôt ces trois machines montées et préparées longtemps avant la rénovation du magistrat, choisissent constamment trois premiers échevins du conseil pour remplacer les trois premiers échevins régnants, c'est-à-dire en exercice; ceux-ci se choisissent pour adjoints les quatrième et cinquième échevins du même conseil, et ces cinq derniers se choisissent et s'adjoignent enfin les sixième et septième échevins du même conseil, de sorte que ce corps municipal, composé, comme on vient de l'annoncer, de sept échevins régnants et de sept échevins du conseil, se maintient, par cette manœuvre, dans la magistrature, et ressemble parfaitement au jeu de deux seaux de puits dont lesdits électeurs figurent la chaîne, qui descendent et remontent tour à tour.

Ce corps municipal, toujours composé des mêmes familles, parents et amis, tient, pour la plus grande partie, imperturbablement à sa place pour les ressources et les émoluments y attachés et non pour opérer le bien et l'avantage du peuple par une administration saine et sans reproches. De cette uniformité et identité d'échevins, il résulte toujours que le plus grand nombre d'entre eux est à cent lieues des talents, du désintéressement, on n'ose dire de la décence, nécessaires pour y gérer honorablement les fonctions d'une place aussi intéressante, tandis qu'on a grand soin d'en écarter des hommes distingués par leur conduite, recommandables par leur état, leur expérience et leur mérite.

Le tiers-état se plaint et murmure journalièrement de cet usage abusif et ruineux pour ses intérêts, parce qu'il en résulte un deuxième abus pire que le premier, c'est la mauvaise administration des biens de la communauté, dont une grande partie se consomme annuellement en ouvrages et réfections arbitraires pour le prix et l'utilité, ouvrages qui coûtent des sommes considérables, parce que la plus grande partie ne se passe jamais au rabais; encore cette dernière manière n'est-elle observée que pour la forme, ouvrages d'ailleurs toujours mal surveillés; en secours et aumônes, souvent répartis par faveur et sans discernement, au préjudice du véritable indigent, qui gémit, qu'on refuse, par dureté, ou faute de se donner la peine de en connaître et apprécier la situation, de sorte que tous ces indigents, éconduits et rebutés, reviennent à la charge du peuple; en procès et contestations témérairement liés et mal soutenus, et quelquefois même étrangers aux intérêts de la communauté; en députations toujours trop multipliées et souvent inutiles, qui coûtent chaque année des sommes considérable à ladite communauté. Enfin ces mêmes biens se consomment en quantité d'autres objets de dépense qui sont un mystère pour le peuple, qui n'a aucun accès à la reddition des comptes.

Ce même peuple a encore à se plaindre de la répartition des impôts, qui est devenue arbitraire entre les mains de ce même magistrat, qui n'en proportionne pas l'assiette aux facultés respectives des habitants, parce qu'en cette partie, comme en toutes les autres, c'est beaucoup moins l'équité que la faveur qui préside.

Un autre reproche à faire au corps des magistrats, c'est le choix des médecins et chirurgiens pensionnés des biens de la communauté pour visiter et médicamenter les pauvres. Ces derniers sont communément si rebutés et si négligés par les uns et les autres de ces pensionnés, qu'ils n'osent les faire appeler dans leur maladie, de sorte que le plus grand nombre meurent, faute de secours et souvent sans confession ni sacrements, faute d'avoir connu le danger de leur situation. Cependant les pensions vont leur train, et c'est le seul article qui n'est pas oublié. On n'oublie pas non plus d'en solliciter de temps à autre des augmentations; si le corps municipal s'occupait assez de son état, une partie aussi précieuse de son administration ne serait pas si négligée.

Les revenus de la communauté sont si peu sacrés pour le corps municipal, à qui l'administration en est confiée, que ce même corps vient de se nommer pour conseiller pensionnaire, aux dépens des revenus ci-dessus énoncés, le fils d'un de ses membres, qui sort de sa licence, faite on ne sait où, tandis qu'il n'appartient qu'à des jurisconsultes consommés dans les fonctions d'avocat de remplir une place aussi intéressante; d'ailleurs il sera toujours inutile, pour ne pas dire préjudiciable aux intérêts du peuple, d'avoir dans son corps municipal des conseillers pensionnaires tant et si longtemps que ce même corps sera obligé d'avoir recours à des avocats étrangers pour se procurer des règles de conduite, ainsi que cela s'est toujours pratiqué et se pratique encore aujourd'hui, malgré l'avocat pensionné; d'où il résulte que la pension de ce dernier est un surcroît de charge pour la ville, qui n'en retire aucun avantage.

Pourquoi tous ces abus dans l'administration des deniers publics? C'est que le corps municipal, livré et abandonné à sa propre autorité, dispose arbitrairement de ses deniers, sans consulter tout au moins la plus saine partie du peuple, sans son consentement ni adhésion; c'est que ce même peuple, à qui ces deniers appartiennent, n'est appelé ni convoqué à la reddition des comptes, à laquelle il n'est admis ni directement ni indirectement; c'est que cette même reddition de comptes se fait à huis clos entre le subdélégué du commissaire départi et les officiers municipaux; que tout s'y passe et s'y alloue sans surveillants ni contradicteurs; c'est que ce même subdélégué, à qui l'on donne de grands repas, et qu'on défraye généreusement aux dépens du peuple, passe légèrement sur tous les articles de dépenses, parce que souvent il manque de connaissances nécessaires pour réduire ou rejeter quantité d'articles de cette même dépense; qu'il est pour ainsi dire familiarisé à leur exagération qu'il a trouvée et toujours vue sur le même pied; que d'ailleurs il est seul à combattre tous les officiers d'un corps municipal, qui sont d'accord à soutenir et colorer leur administration.

Mais pourquoi encore ce corps municipal écarte-t-il avec tant de soin le tiers-état de l'audition des comptes, tandis que c'est à lui qu'ils doivent être rendus, et qu'il a seul le droit de surveiller ses administrateurs? La raison en est simple. C'est pour lui ôter la connaissance des abus qui s'y commettent, et l'empêcher d'en demander le redressement; et à cet égard, le tiers-état de la ville d'Orchies a moins de priviléges que les derniers paysans de chaque village de la gouvernance de Douai, qui, aux termes des règlements de ce dernier siége, se font annoncer, au son de la cloche, à l'issue de la messe paroissiale, la reddition qui se fait chaque année de leurs comptes de communauté, afin que tous et chacun des manants et habitants puissent y assister et y surveiller l'emploi et l'administration de leurs deniers, former opposition aux articles de dépenses qu'ils croient injustes, les faire acter de suite, pour y être fait droit par le procureur du Roi du même siége, aux termes des mêmes règlements.

Pour remédier à une administration aussi arbitraire, aussi contraire au bien-être et aux intérêts du peuple, il est indispensable de couper le mal à sa source; c'est-à-dire ôter au corps municipal le pouvoir abusif de se maintenir de père en fils dans la magistrature, sous prétexte de se faire choisir par trois électeurs qu'ils ont eux-mêmes choisis parmi les personnes qui leur sont vendues et affidées, tels que perruquiers et autres ouvriers, qui n'ont pas même l'air de faire un choix, puisque, à chaque rénovation du corps municipal, c'est toujours le seau du fond du puits qui remplace celui qui surnage, c'est-à-dire que les sept échevins du conseil, au moyen de cette manœuvre, succèdent constamment aux sept échevins régnants.

Ce jeu électoral, ainsi que l'autorité du corps municipal, sont cependant sans force et sans pouvoir lorsqu'il est question de remplacer un échevin décédé parmi le corps en exercice; c'est alors l'intendant qui nomme, et le peuple n'en est pas mieux servi, parce que c'est uniquement la cabale et la faveur qui président à ce remplacement, où le peuple n'a aucune part.

Comme membres de la ville d'Orchies, tous les habitants ont un droit égal au maintien et à la régénération de ses propriétés. En conséquence, ils demandent d'être rétablis et confirmés dans le droit de se nommer et choisir, tous les treize mois, des échevins à qui ils confieront l'administration des biens de la communauté, à charge par ceux-ci d'en rendre des comptes publics et imprimés chaque année, sans autres frais que ceux de l'impression d'un certain nombre d'exemplaires

qui seraient distribués gratuitement à tous les notables de la ville.

Que, pour parvenir à cette rénovation d'échevins, tous les habitants de ladite ville auraient le droit de nommer chaque année des électeurs en la même forme qui sera adoptée par la nation pour la nomination des députés aux États généraux, lesquels électeurs auraient également le droit de pourvoir aux places d'échevins qui viendraient à vaquer dans l'intervalle d'un renouvellement à l'autre.

Les habitants de la ville d'Orchies ont d'autant plus de droit à se choisir et nommer eux-mêmes des échevins administrateurs, que toutes les places d'échevins et autres officiers publics, tels que procureurs d'office, trésoriers et greffiers, appartiennent à ces mêmes habitants, corps et communautés qui ont fait le rachat et acquisition de leurs propres deniers, lorsque ces places ont été érigées en titre d'office; d'où il résulte que c'est encore aux habitants de cette dite ville à se choisir et nommer des personnes capables de bien remplir les fonctions de ces trois dernières places.

C'est encore à tous les habitants à se nommer, en cas de besoin, deux conseillers pensionnaires, érigés en titre d'office, en ladite ville d'Orchies, puisque sa communauté en a pareillement fait le rachat. Lorsque l'équité et la raison, soutenues de l'autorité royale, auront rétabli le tiers-état de la ville d'Orchies dans ses anciens droits et priviléges, alors il se donnera pour juges et administrateurs des personnes recommandables par leur état, leur dévouement, leur talent et leur mérite. Ses biens seront administrés avec sagesse, avec économie; la masse des impôts répartie avec une juste proportion et en raison des facultés de chaque particulier; les électeurs qu'il aura choisis le représenteront à la reddition de tous les comptes. Alors l'administration sera sans reproche, et les plaintes et les murmures s'évanouiront avec l'arbitraire et le despotisme auxquels succèderont l'encouragement et la satisfaction publique.

13° Outre la suppression de tous ces abus, le tiers-état de la ville d'Orchies demande encore qu'il soit examiné si les octrois accordés par Sa Majesté sur toutes les denrées qui se consomment dans ladite ville, dont le produit monte à des sommes considérables, méritent d'être continués, parce qu'il est constant que tous ces octrois qui gênent et chargent infiniment le peuple, ont pour la plupart été prorogés sans cause suffisante, attendu que les besoins qui ont motivé dans le temps la concession de ces octrois, ou n'existent plus, ou ne sont plus assez considérables; de cet examen il en résultera nécessairement ou une suppression ou une modification, suivant qu'il sera trouvé juste et convenable.

14° La suppression des quatre grands baillis, des quatre seigneurs hauts justiciers représentant les États de la Flandre wallonne, dont l'autorité et l'administration ont été démontrées en différents mémoires sous des couleurs ruineuses pour le public et déshonorantes pour leurs personnes, le remplacement de cette administration vicieuse et despotique par des États provinciaux pareils à ceux du Dauphiné, dont le régime et la formation ne pourraient qu'être très-avantageux à cette province.

15° L'assujettissement de tous les gros décimateurs, à la construction, reconstruction et entretien de toutes les églises et presbytères dépendant des villes, bourgs et villages où ils lèvent la dîme, ainsi qu'il a été réglé pour la Flandre maritime.

16° La réduction de la dîme à trois du cent.

17° La réintégration des habitants et communautés d'Orchies dans le droit de chasse et plantis sur le terroir et échevinage dudit lieu, attendu que ce droit, dont elle a toujours joui en vertu des lettres les plus respectables, a été adjugé au seigneur marquis de Bouvignies par surprise faite à Sa Majesté et à son conseil, à la suite d'un procès considérable entre ledit seigneur marquis et le corps municipal de cette même ville.

18° Le tiers-état de la même ville d'Orchies demande encore que le produit de la portion du marais dit des Six-Villes, appartenant à la communauté, soit partagé également entre tous les feux qui la composent, ainsi qu'il a été réglé et que cela se pratique à l'égard des cinq autres communautés qui ont partagé ce même marais avec celle d'Orchies; observant que les loyers et pots-de-vin provenant de cette portion de marais, sont à la discrétion desdits échevins ou corps municipal, sans que le tiers-état en connaisse l'emploi.

19° L'abréviation des formes de la procédure, d'où naissent quantité de chicanes qui en éternisent les suites, embrouillent le droit des parties, rendent la justice incertaine et entraînent des frais immenses qui ruinent les familles. Sa Majesté ne peut prendre trop de précautions pour rétablir l'ordre dans cette partie qui intéresse toute la nation.

20° La liberté de la navigation, à laquelle il a été porté des atteintes qui gênent le commerçant et augmentent infiniment les frais de transport.

21° Qu'il soit pris des mesures efficaces pour assurer l'exécution des règles prescrites et des précautions établies par le concile de Trente et l'ordonnance de Blois, pour obliger les archevêques, évêques et autres pourvus de bénéfices à charge d'âmes, et sujets à résidence, de quelque qualité et condition qu'ils soient, de résider chacun dans le chef-lieu de leur bénéfice.

22° L'application des menses abbatiales, c'est-à-dire du superflu des religieux, et conséquemment du patrimoine naturel des pauvres, aux œuvres pies, aux établissements de charité, au soulagement et à l'instruction des familles indigentes de la province dans laquelle seront situées les abbayes.

23° La suppression de tous les droits sur les huiles de graines, afin d'encourager la culture des colzas qui est déjà considérable dans cette province, culture d'autant plus précieuse qu'il en résulte deux avantages : une abondance d'huile, dont l'usage s'applique à tant d'objets, l'engrais des terres, et la nourriture des bestiaux, à quoi l'on fait servir les tares ou tourteaux qui résultent de la fabrication.

Les Autrichiens, nos voisins, ont si bien senti l'avantage de cette culture, que, pour l'encourager, chaque tonne d'huile chez eux ne paye que 13 patars à la tonne, tandis que nous payons 3 florins 9 patars à chaque tonne de fabrication, y compris l'octroi de la ville, ce qui augmente la valeur des huiles et savons, et en empêche la vente et circulation à l'étranger.

24° Ordonner que tous les bureaux qui se trouvent entre l'ancienne et la nouvelle France soient reculés sur les extrêmes frontières de cette province, afin de donner une libre circulation à toutes les fabriques, qui se trouvent infiniment gênées par tous ces bureaux de l'intérieur du royaume et les droits exorbitants qu'on y paye.

25° Ordonner que les juges et consuls de cette province aient seuls la connaissance des faillites et banqueroutes, attendu que les frais qui se font, à cette occasion, aux autres tribunaux, sont énormes et absorbent quelquefois tout ce qui devrait revenir aux créanciers ; ce qui les force à accepter toutes propositions onéreuses, et multiplie les banqueroutes à l'infini.

Pour obvier à un pareil inconvénient, il serait aussi sage que convenable d'obliger tous ceux qui veulent jouir du bénéfice d'abandon à se constituer prisonniers pour rendre à leurs créanciers un juste compte de leur conduite et de l'état de leurs affaires, et qu'il serait permis auxdits juges et consuls de juger tous banqueroutiers frauduleux, de prononcer contre eux toutes peines infamantes, en les obligeant d'en porter des marques distinctives.

26° Ordonner pareillement que toute lettre de change ait un certain nombre de jours de grâce également limité par tout le royaume, et que ces jours de grâce soient à l'avantage du porteur, qui pourra faire protester pendant les susdits jours, afin qu'il ne risque plus de perdre la propriété d'un effet pour un malheureux moment d'oubli; qu'il serait également statué sur ce que l'on doit suivre lorsqu'au jour d'un protêt fait à tard, il ne se trouve point de fonds au domicile indiqué.

27° Ordonner que par tout le royaume il n'y ait qu'une même aune, un même poids, une même mesure, une même manière de compter qui serait en livres de France.

28° Comme la ville d'Orchies se trouve restreinte à un approvisionnement de 100 livres seulement toute espèce d'épiceries, ce qui gêne et détruit entièrement cette branche de commerce en obligeant tous les marchands épiciers à multiplier au delà de la raison et souvent du possible, leurs achats, qu'ils sont obligés de faire dans des villes fortéloignées, d'où il résulte qu'ils ne peuvent jamais être assortis, et qu'ils sont souvent obligés de laisser manquer la ville et la campagne, faute d'approvisionnements suffisants, ce qui force le public à faire ses emplettes en fraude sur l'étranger, au grand détriment du commerce de cette ville ; ordonner en conséquence que les marchands épiciers d'icelle ville jouiront pour cette branche de commerce, comme pour toutes les autres, des mêmes libertés et privilèges accordés à la ville de Lille et les autres.

29° Porter un règlement sage sur les droits de chasse des seigneurs, dont les pigeons et le gibier de toute espèce couvrent les campagnes, en rongent et dévastent les moissons, au point qu'il y a quantité de cultivateurs qui, après s'être épuisés à labourer et ensemencer, ne récoltent presque rien.

30° Ordonner que, dans les familles roturières, tous les fiefs et nobles ténements, pourront être partagés également sans préférence de sexe ni d'âge; déroger à cet égard à toutes les coutumes qui accordent lesdits fiefs et nobles ténements à l'aîné des mâles ou mâle en ligne directe qu'en ligne collatérale, à l'exclusion de leurs cohéritiers.

31° Les habitants de la ville d'Orchies unissent encore leurs vœux à celui de tous les autres citoyens pour demander la suppression du droit de franc-fief, et ils doivent y compter avec d'autant plus d'assurance, que ce droit est injurieux au tiers-état, qu'il n'a d'autre fondement qu'une prétendue incapacité des roturiers de posséder des biens féodaux, qui est démontrée n'avoir jamais existé; qu'il est nuisible à la noblesse elle-même, des fiefs de laquelle il diminue nécessairement la valeur, lorsqu'il est question de les vendre ; enfin, qu'il est une source de vexations incalculables, sous lesquelles le peuple gémit tous les jours.

32° Décharger tous les aubergistes de cette ville du logement gratuit des officiers lors du passage des troupes, attendu que, dans toutes les autres villes de cette province, tous les aubergistes sont payés en pareil cas. Et est écrit à l'original :

« Approuvé pour bon une rature à la cinquième page du présent, trois mots mis en interligne, quatre grattés et surchargés et onze marginés, etc. »

Ainsi fait, présenté et rédigé en conclave, en présence des sieurs échevins et officiers municipaux de ladite ville d'Orchies, par les représentant au tiers-état de la même ville soussignés, le 26 mars 1789. *Signé* Louis Bouquet, Henri Soufflet, Monnier, A. Caron, Victor Varoquier, S. Lenier, Drouon, V.-F.-J. Paté, Jacques Martin, Bertrand, Sablon, Benoît-Joseph May, E. Sénéchal, Philippe Chastellerain, Couteau, Poteau, Louis Charleles père, Jean-Charles Pein, Antoine d'Orchies, Philippe Brequet. *Ne varietur*, Doulon, C.-F. de Roubaix, J.-B. Josson, Drumey, J. Dubus.

CAHIER

Des plaintes, doléances et propositions des habitants de la ville de Marchiennes.

C'est par l'effet de la bienfaisance du monarque que son peuple est ici assemblé; c'est sous un règne aussi heureux, que chacun est invité à concourir au bien de l'Etat, sous la promesse solennelle qu'il fait à ses fidèles sujets de procurer leur bien particulier; c'est pourquoi tout exige de satisfaire et d'obéir aux ordres de Sa Majesté, dont le nom sera à jamais gravé dans le cœur de tous les Français. En conséquence, les habitants de la ville de Marchiennes se réunissent avec d'autant plus d'empressement qu'il s'agit de l'appui du trône et de l'intérêt général de toute la monarchie.

Dans ces sentiments soutenus par le respect et animés par le zèle, on observe premièrement qu'il serait du bien public que toutes les impositions réelles de toutes les terres, maisons et héritages, fussent également supportées par tous les propriétaires et possesseurs indistinctement, sans aucune exemption ni privilège, en déclarant le clergé et la noblesse contribuables en tout, comme le tiers-état, en égard à la valeur des biens.

2° Que la capitation et autres droits personnels soient cotisés et répartis sur chacun de tous les individus à raison de sa faculté et de son industrie, par les officiers municipaux de chaque endroit.

3° Que cette capitation tienne lieu de droit de maîtrise, privilège et franchise, pour exercer librement le commerce, les arts et métiers dans toute l'étendue du royaume, en exceptant de cette libertée l'orfèvrerie, l'imprimerie et la pharmacie.

4° Que les droits de consommation soient perçus sur le vin, la bière, le cidre, l'eau-de-vie, au lieu de la fabrique, sans aucun privilège et dans une juste proportion, avec une entière liberté pour la livraison et le transport dans l'intérieur de tout le royaume, ou suppression totale de ces droits, chacun devant être cotisé selon ses revenus.

5° Tous ces droits étant légitimement surveillés et répartis dans chaque ville, bourg et communauté, et les recettes en étant mises au rabais, produiront à l'Etat des ressources suffisantes à ses besoins.

Si l'on supprime d'ailleurs les exemptions et privilèges, qu'on n'accorde les récompenses qu'en argent.

6° Qu'il y ait une entière liberté sur les routes et que pour leur entretien il soit établi des barrières et des droits convenables dont personne ne soit exempt.

7° Que les bureaux intérieurs de douanes soient transférés aux frontières du royaume, avec un nouveau tarif des droits d'entrée et de sortie, en supprimant les cinq grosses fermes.

8° Que tous les travaux publics soient mis au rabais en totalité ou en partie, selon l'exigence des cas.

9° Que le droit d'amortissement soit supprimé, spécialement pour les églises, les pauvres et les biens communaux.

10° Qu'on établisse une loi pour fixer l'uniformité sur la perception de la dîme et la déclaration des espèces de fruits décimables.

11° Que les églises soient à la charge des décimateurs, à l'instar de ce qui est ordonné pour la Flandre maritime.

12° Qu'il soit procédé à la formation des styles civils et criminels, en abrégeant toutes les formes judiciaires.

13° Qu'il soit procédé à la réduction des dégrés de juridiction ; que les juges subalternes, pour des sommes modiques, jugent sans appel, et les juges royaux pour des sommes plus importantes, le Parlement maintenu dans ses droits, la justice rendue gratis.

14° Que tous les biens et droits communaux soient de la compétence exclusive des juges royaux, sans aucune attribution aux intendants, supprimant d'ailleurs les maîtrises des eaux et forêts, et remboursant les charges des offices.

15° Qu'il soit ordonné à tous les seigneurs ecclésiastiques et laïques de déposer dans un lieu public leurs titres concernant les droits relatifs aux communautés et aux droits desdits seigneurs à l'encontre de leurs vassaux et de chacun en particulier.

16° Que les droits de dîme à la mutation, et pareils de relief, à la mort, soient éteints, supprimés et anéantis.

Ces droits odieux se ressentent de la servitude et sont la source des contestations journalières entre les seigneurs et les vassaux, dont la ruine précède toujours la décision des procès qu'on suscite à ces derniers.

17° L'abbaye de Marchiennes, retenant devers elle les titres communs aux habitants, s'est approprié deux vastes et spacieux marais appelés les marais de Quelaine et du Vivier, appartenant auxdits habitants qui en avaient joui de temps immémorial. Ceux-ci demandent d'y être réintégrés et d'en faire le partage entre eux, ainsi que des autres parties.

18° Qu'il est aussi nécessaire de supprimer les grandes fermes pour augmenter le nombre des laboureurs.

19° On demande spécialement pour cette ville que les échevins soient nommés et élus annuellement par la communauté, pour être les juges de leurs concitoyens, administrer la chose publique et régir les biens et revenus communaux, à la charge de rendre compte publiquement de leur administration, ne réservant à l'abbaye que la justice foncière, vu les abus résultant de la nomination qu'elle fait des officiers municipaux constamment choisis parmi ses fermiers et parmi les habitants qui sont le plus étroitement liés à ses intérêts, lesquels sont toujours opposés avec ce qui doit constituer la meilleure direction des affaires de l'administration publique.

Du moins qu'il y ait des économes particuliers

pour la régie des biens communs, éligibles chaque année et indépendants de l'abbaye.

Tel est le vœu général des habitants et celui auquel ils sont essentiellement intéressés.

20° Enfin que, par une harmonie et une union parfaites, tous les sujets français soient soumis à des règles uniformes pour tout ce qui intéresse le bien général de l'État, en se félicitant unanimement d'être nés sous un règne aussi propice.

21° Des États particuliers pour cette province, établis de la manière la moins onéreuse et la plus avantageuse au peuple.

22° La suppression des commendes, qui emportent avec elles des sommes considérables, sommes qui seraient dépensées dans chaque province et qui serviraient à occuper une infinité d'ouvriers oisifs, et assister les pauvres dans leurs besoins.

23° La confirmation des anciens privilèges de la province, ratifiés par les capitulations.

24° Que les banqueroutiers soient poursuivis en rigueur, en les notant d'infamie.

25° Plus de rigueur pour bannir la mendicité, et que chaque paroisse nourrisse ses pauvres.

Ainsi fait et arrêté en l'assemblée du 22 mars 1789. Signé à l'original :

Bridon, Demarquette, Becquet, Pierre-Joseph Coutreau, J.-F. Duché, Jean-Baptiste Ridou, Jean-Louis Fromont, P.-P. Redanne Dubois, J.-N. Defontaine, L. de Herté, P.-J. Dubois, J.-B. Olivier, L.-George Champagne, Maurant, Louis Pève, B.-H. (11) Cottel, B. Gambiez, Charles de Lambre, André Becquet, Nicolas-Jean Boulanger, Jean-Baptiste Legros, P.-J. Jievet, Etienne-Joseph Pauly, P.-M. Foulon, Regimbal, Le Cœuvre, Duval, J.-P. Georges, Lemoy, Corby, A. Teinturier, Carbonné, Denis Piedance, Pierre Podevin, J.-B. Durart, Jacques-Alexis de Brabant, P.-J. Dauquemiez, J. Hand, Jean-Baptiste Massy, J.-P. Lacquemant, Dupire, J.-B. Horier, Hened, Jaudot, Delaunay, Dufort, Mallet, Guillemot Thery, Petit, Herbier, Caullet, Corby, procureur d'office, Lainesse, greffier.

CAHIER

Des plaintes, doléances et remontrances du village de Raches.

L'an 1789, le dix-huitième jour du mois de mars, en chambre ordinaire des assemblées au village de Raches, châtellenie de Lille, gouvernance de Douai, nous, manants et habitants composant la communauté dudit Raches, au nombre de cent quarante-quatre feux, tous nés Français, âgés de vingt-cinq ans et plus, compris dans les rôles des impositions et autres charges à supporter, désirant satisfaire aux ordres de Sa Majesté portés par ses lettres données à Versailles le 19 février dernier, ainsi qu'à l'ordonnance particulière de M. le lieutenant général de ladite gouvernance, du 7 de ce même mois de mars, tendant à ce que nous nous occupions à la rédaction de notre cahier de doléances, plaintes et remontrances, et par ce moyen il soit apporté le plus promptement un remède efficace aux mœurs, charges, surcharges, impôts et impositions que nous supportons depuis si longtemps, à tout quoi avons procédé comme il suit :

1° Quant au premier chef de doléances, nous avons à nous plaindre de ce qu'aucune personne du tiers-état ne plat pays n'a part dans l'administration des tailles, vingtièmes et impôts réels et personnels; nous désirerions en conséquence qu'il y ait des assemblées provinciales sous le titre d'États généraux de la Flandre, dans lesquels nous serions représentés par députés librement choisis.

2° Quant au deuxième chef de doléances, nous nous plaignons que les ecclésiastiques et nobles ne payent aucun impôt sur les boissons de différentes espèces, ce qui surcharge tout au moins les remontrants d'un tiers en sus de ce qu'ils doivent payer dans leurs consommations.

Il en est de même pour toutes les impositions, consistant en vingtièmes et tailles, dans lesquelles lesdits nobles et ecclésiastiques n'y interviennent que pour peu de chose.

3° Nous mettons sous les yeux de Sa Majesté que l'abbaye de Flines fait valoir en propriété, quantité de terres à bois qui se trouvent enclavées dans les terres de ce lieu de Raches, sans être reconnues ès rôles des impositions dudit lieu. Que si néanmoins lesdites terres se trouvaient imposées, cela ferait une grande diminution en nosdites impositions, dans lesquelles nous, propriétaires ou occupant terres, sommes extraordinairement imposés.

4° Nous croyons devoir nous plaindre de ce qu'une quantité de rasières ou mesures de terre qui composent notre même territoire, s'étendant en différents cantons, sont plus chargées les unes que les autres. S'il est de droit qu'on doit percevoir trois gerbes de chaque cent, pourquoi s'enlève-t-il donc par les curés et patron de la paroisse, six aussi de chaque cent sur les parties de terre ci-devant dites?

Il en est de même de plusieurs autres parties de terre soumises aux droits de tenages vers ladite abbaye de Flines et l'église de Coutecher, quoique n'ayant aucun droit seigneurial.

5° Quant au cinquième chef de remontrances, il consiste en la demande de la suppression des francs-fiefs;

Dans le maintien des privilèges et des capitulations de la province et le reculement des barrières.

L'opinion par tête et non par ordre aux États généraux, et en cas de contestation en l'assemblée de la gouvernance de Douai, que le tout soit renvoyé à la décision desdits États généraux.

6° Nous croyons devoir représenter que notre communauté se trouve annuellement vexée dans l'entretien d'un pavé traversant en partie le village, quoique chaussée royale; néanmoins il se perçoit un droit que toutes les voitures payent et sans savoir à quel profit ces deniers, en procédant, peuvent contourner.

7° Nous supplions très-humblement Sa Majesté de vouloir nous permettre de lui représenter pour le septième chef de doléances, que depuis 1756 nous sommes privés de la moitié de notre marais, comme faisant partie de celui des six villes, et ce, par une sentence rendue par M. de Sechelles, lors intendant de Flandre et d'Artois, à la charge de notre communauté et en la faveur de celle d'Aulniers et marais Varendin, juridiction d'Artois, chose qui doit être jugée contre l'esprit de la donation faite en 1248 par la dame Marguerite, comtesse de Flandre, auxdites six villes, à l'exclusion de toute autre; à la vue de cette privation, à compter de cette époque, nos habitants pauvres languissent extraordinairement, attendu que les biens de l'aumône de ce lieu sont de très-peu de produit, ce qui les met à l'impossibilité de pouvoir se procurer les secours nécessaires à la vie. Si donc les habitants desdits hameaux Aulnier et marais Varendin profitent à l'exclusion de nous et de nos communes pauvres de la moitié de ce marais dont il est question, ils doivent tout au moins faire intervenir ces derniers dans les revenus des biens de leurs aumônes respectives, qui sont on ne peut pas plus grandes pour suppléer au peu qu'ils ont ; mais malheur pour nous et pour eux, c'est que nous sommes privés de l'un et de l'autre, à quoi on espère que Sa Majesté voudra bien remédier.

8° Et finalement, nous remontrons que, pour le plus grand bien et avantage de nous et notre communauté, que lesdits États généraux soient périodiquement assemblés à des termes convenus pour au besoin y faire toutes les plaintes et remontrances convenables.

De tout quoi en avons formé, dicté et signé le présent cahier de doléances pour nous servir et valoir ce que de raison, audit Raches, ledit jour, 10 mars 1789.

Signé à l'original :

Goguillon, Moreil, Martin, Petit, Jacques Hurtret, Desplanque, Pierache, Varlet, Montagne, Pecqueur, G. Caudrelier, Vagas, de Soy, P.-J. Avoine, C. Dumoulin, Cambies, Noé, François Denis, J. Varlet, J. Montagne, Hustrie, Gaspard, Tara de Balienne, Epranegers, Roch Petit, Cambier, Parly, Blanquart, D.-J. Hery.

ADDITION

Que l'on propose au présent cahier.

Les députés soussignés, n'ayant eu qu'un petit espace de temps entre la publication de Sa Majesté et l'assemblée de la communauté, et n'ayant pu mûrement réfléchir sur tous les objets qu'ils pourraient désirer, supplient très-humblement Messieurs les commissaires qu'il leur soit permis de leur mettre sous les yeux qu'ils désireraient :

1° Que les différents impôts établis sur les terres soient réduits en un seul et qu'il n'y ait plus qu'un seul rôle.

2° Que l'ouverture de la chasse, autant qu'il plaira à Sa Majesté d'en laisser exister le droit, soit prorogé jusqu'au 1er octobre, et qu'il soit strictement défendu de chasser avant ce temps pour ne plus être exposé à voir fouler les avetes en retard, par les chasseurs et par les chiens.

3° Que les propriétaires aient seuls le droit de planter vis-à-vis leurs héritages respectifs à l'exclusion de tous autres, puisqu'ils sont tenus de payer les impositions et chargés de raccommoder les chemins.

4° La suppression des droits de péage, pontonnage et vinage.

5° Comme les cuirs sont utiles à tous les citoyens et notamment aux militaires qui sont dans le cas de voyager en tout temps, nous supplions notre auguste souverain qu'il lui plaise de supprimer les 8 sous pour livre et de les ajouter aux droits établis sur la poudre, amidon, sur celle à tirer, et particulièrement sur les cartes et le café.

6° Quoique les soussignés aient réclamé, à l'article 5 de leur cahier de doléances, la conservation des privilèges de la province, bien entendu que ce n'est que dans le cas où les autres du royaume feraient la même demande, désirant, autant que la nécessité exigera, faire tous les sacrifices que la gloire du trône, l'honneur français et le salut de la nation pourront rendre nécessaires.

7° Que la justice soit plus expéditive.

8° Que les échevins des villages soient à la nomination du tiers-état.

CAHIER

Des doléances que la communauté de la Terre-Franche et comté de Ribaucourt, châtellenie de Lille, gouvernance de Douai.

Prend la respectueuse confiance de présenter au désir de la lettre de Sa Majesté du 19 février dernier, du règlement et de l'ordonnance de M. le lieutenant général de ladite gouvernance, dont elle a chargé ses députés.

1° La commune de Ribaucourt supplie Sa Majesté de conserver à la province de la Flandre française ses immunités, privilèges et capitulation, en sorte qu'elle soit affranchie pour jamais du pouvoir tyrannique des fermiers généraux, leurs sous-traitants et tous autres de la gabelle, contrôle, papier timbré et petit scel, et autres droits de cette espèce auxquels elle n'a jamais été assujettie, sauf à continuer le rachat desdits droits par des abonnements proportionnels aux besoins du moment, ainsi qu'il en a toujours été usé par le passé.

2° De conserver audit pays ses administrations, dont la douceur du régime a maintenu l'opulence, et la justice des municipalités, qui s'exerce sans frais.

3° Sa Majesté est suppliée de consommer le plan qu'elle a arrêté dans sa sagesse de donner à la France des États provinciaux composés du clergé, de la noblesse et du tiers-état, en donnant à ce dernier ordre autant de représentants égaux en nombre à celui des ordres du clergé et de la noblesse réunis, et ce, nonobstant réclamation des grands baillis des États ou oppositions de la part des seigneurs hauts justiciers qu'ils représentent.

4° Sa Majesté est encore suppliée d'ordonner en faveur de justice aux quatre grands baillis des États de Lille, leurs préposés, receveurs ou autres ayants droit, de rendre aux trois ordres, ou leurs députés à ce spécialement commis, compte de l'emploi des deniers perçus au nom de l'État, à quelque titre que ce puisse être, et notamment des deniers destinés à la confection des pavés et chaussées, dont l'emploi a été tenu secret jusqu'à ce jour, ce qui est opposé à tout principe d'une bonne et loyale administration.

5° Sera encore Sa Majesté suppliée de jeter ses regards paternels sur les habitants de la bonne province de Flandre, d'y abolir les droits de corvées, contrainte, banalités et autres, attentatoires à la liberté du peuple, et de les éteindre pour jamais lorsqu'ils n'auront d'autres titres que la possession qui pour l'ordinaire a pris naissance dans l'ombre d'un mystère répréhensible ; qu'à l'égard des droits de cette nature qui seraient fondés en titres visibles et représentés, les habitants seraient habiles de les racheter moyennant une reconnaissance pécuniaire proportionnelle, attendu que les supprimer sans indemniser, ce serait attenter aux propriétés.

6° Sera encore suppliée Sa Majesté de déclarer que les propriétés seront constamment respectées, de sorte qu'il ne sera jamais possible de s'en emparer ou d'attenter à une partie, même sous le nom emprunté du souverain, soit à titre d'impôt, subsides, taille ou de quelque manière que ce soit, sans rien excepter ni réserver, sans le consentement exprès de la province assemblée en États, et sans que les propriétaires n'aient été entendus ou défendus par leurs représentants.

7° Supplient encore Sa Majesté d'ordonner qu'en aucun cas, pour quelque cause et sous l'autorité de qui que ce soit, on ne puisse attenter à la liberté d'aucun citoyen, sans au préalable une information et un jugement rendu en connaissance de cause par le juge domiciliaire du citoyen.

8° Déclarer que les nobles et ceux de l'ordre du clergé ne seront exempts de tailles et impositions sur leurs biens, même sur ceux qu'ils cultivent eux-mêmes, mais payeront également et ainsi que ceux du tiers-état.

9° Demande la commune de Ribaucourt qu'il plaise à Sa Majesté éteindre à jamais le droit de franc-fief, si préjudiciable et si humiliant pour le tiers-état en ce qu'il rappelle les exactions de la féodalité ou l'esclavage où le peuple a été plongé.

10° On met sous les yeux de Sa Majesté que les droits de péage, pontonnages, chaussées et autres sont très-frayeux à son peuple, et que les pigeons causent un tort considérable aux aveties croissantes de toute espèce.

11° Il ne reste plus pour le onzième chef de doléances que de supplier Sa Majesté de vouloir bien maintenir cette communauté de Ribaucourt dans ses droits de franchise sur les vins, bière, tabac et autres, que les habitants d'icelle communauté jouissent depuis mémoire d'homme, pour lui avoir été confirmés par la concession des ducs de Bourgogne et des comtes de Flandre.

Seront tenus les députés nommés pour cet effet, de présenter ledit cahier, et supplient M. le lieutenant général lors de l'assemblée du 30.

Ainsi fait et arrêté en l'assemblée de commune de Ribaucourt, ledit jour, 18 mars 1789.

Signé à l'original :

J. Dutrem, Duburque, J. Nommez, Baratte, Crouze, Baratte, Michel Lagache, J. Dupuis, Dubon Trachez, J.-R. Lemaire, Pole Dupuis, Crousel, Carpentier, Louis Carpentier. J.-François Dubrouille, Pechussoy, Baratte, d'Avril, J.-B. Baratte, Baudoin, Jean-Marc Vauderville, Mathieu-Philippe-François Cattier, Louis Tion de Regnaucourt, J. Baratte, Duhem, C.-A. Blondeau, A.-J. Ballet, L.-J. Mortelette.

CAHIER

Des plaintes, doléances et remontrances de la communauté de Vatines, s'étendant dans la paroisse de Capelle-en-Pevelle.

Pour remplir le devoir que leur qualité de citoyen leur impose, les remontrants croi t devoir proposer les objets de réforme qui leur ont paru les plus importants ; demandent en conséquence :

1° Que les voix des députés aux États généraux soient prises non par ordre mais par tête.

2° Le retour périodique des États généraux aux époques qui seront fixées entre le Roi et la nation et dans la forme adoptée pour les présents États généraux, sauf les modifications qui pourront y être apportées par cette assemblée même.

L'établissement dans toutes les provinces d'États provinciaux identiquement organisés comme les États généraux, quant à la composition, et proportionnellement, quant au nombre de leurs membres.

Accorder aux juges des seigneurs la compétence pour juger en dernier ressort, et sur un seul procès-verbal de comparution des parties, toutes causes dont l'objet n'excédera pas la somme de 50 florins et celles des départements de louage.

Charger indistinctement tous décimateurs de l'entretien et reconstruction des églises, clochers, cimetières et presbytères, quels que soient les usages ou titres contraires qui auraient pu s'introduire.

Le reculement des barrières aux extrêmes frontières du royaume.

Qu'il soit accordé des primes à ceux qui élèveront des bêtes à laine, ces animaux donnant, outre le produit précieux de leur toison, un très-bon engrais et une nourriture saine.

Que, pour favoriser plus encore ceux qui en élèveront, on supprime les dîmes de moutons et d'agneaux ainsi que toute autre dîme de carnage.

Suppression de tous les privilèges pécuniaires de terres franches, et enclavée généralement quelconque.

Suppression de toute exemption en matière de subsides, tailles, impôts, tant sur les personnes que sur les biens, et sur tous les objets de consommation.

Suppression des droits de primes accordées aux adjudicataires des routes et messageries, ou application de ces droits à l'entretien des pavés.

Suppression de tous les sous pour livre comme moyens illégaux d'aggraver les impôts.

Que tous les deniers provenant des impositions resteront dans la province pour en payer les charges, et verser directement au trésor royal le produit net du contingent que l'on sera tenu de payer.

Abolition du droit de franc-fief dans la Flandre walonne pour les mutations opérées par vente et par succession.

La simplification de l'impôt, l'égalité de sa répartition et l'économie de son recouvrement.

L'abolition des dîmes possédées par les abbayes.

L'abolition des droits de plantis dans les chemins royaux et vicomtiers.

L'abolition de la chasse, et qu'il soit permis à toute personne de chasser.

Et que les seigneurs fussent obligés de renouveler la loi tous les deux ans.

Ainsi fait et arrêté le 21 mars 1789, par les soussignés habitants de ladite terre et communauté de Vatines.

Signé à l'original :

J.-J. Jacquemot, P.-J. Salambrier, P.-J. de Reynaucourt, B.-B. Hoel, J.-G. de Deuxville, J.-B. Durier, D.-J. de Reynaucourt, J.-F. Dubus, J.-P. Fichelle, J.-B. Leroy, J.-B. de la Planque, J.-B. Mocq, Delaunoy, Caron.

CAHIER

Des plaintes et doléances du village d'Auchy.

RÉDACTION DU CAHIER

Des plaintes, doléances et remontrances que les habitants du village d'Auchy entendent faire à Sa Majesté, pour être remis ès mains des députés choisis et portés à l'assemblée générale qui se tiendra le 30 de mars 1789, par-devant M. le lieutenant de la gouvernance de Douai, d'après les ordres de Sa Majesté et ceux du juge de ladite gouvernance.

L'an 1789, le 27 du présent mois de mars, nous, nés Français, ou naturalisés, âgés de vingt-cinq ans, habitants dudit Auchy, composant le tiers-état dudit lieu, compris au rôle des impositions, assemblés cejourd'hui dans le lieu ordinaire de justice à l'effet de former leurs demandes et doléances suivantes :

1° D'être régis comme la plus grande partie des provinces du royaume par des États provinciaux, ce qui empêchera d'être gouvernés et composés par des étrangers.

2° De décharger les fermiers et cultivateurs de l'imposition du vingtième royal dont ils sont chargés par les propriétaires, malgré la défense de Sa Majesté lors de son établissement.

3° De vouloir ôter les barrières qui séparent une province d'avec une autre et qui les rendent presque toutes étrangères, quoique formant un même royaume, en les reculant à l'extrême frontière.

4° De vouloir ordonner la suppression des abbés commendataires du royaume et d'appliquer leurs revenus au profit de la province dans laquelle chaque abbaye en commende sera située, afin que par ce moyen ces biens servent au payement de la dette nationale.

5° La suppression du droit de franc-fief.

6° Que, pour concourir efficacement à l'acquit de la dette de la nation, on propose, au lieu d'imposer d'autres droits sur les biens des cultivateurs, de prendre au profit de la province les grands revenus que produit la dîme appelée dîme des cinq (sans y comprendre celle appelée des trois attribuée au décanat et curé de ce lieu), appartenant aux abbayes, chapitres, etc., etc. ; lequel revenu, dans l'état actuel, forme, en augmentation d'impôt pour le cultivateur qui la paye, à peu près un tiers de ce qu'il paye déjà au Roi.

7° Une égale répartition dans les tailles et impôts, dans les trois ordres du royaume, sans exception quelconque, bien entendu que la quotité des contribuables s'étendra dans la proportion de leurs biens légalement déclarés dans leur âme et conscience.

8° De garantir toute espèce de propriétés, sans que sous tels prétextes que ce puisse être, on puisse y donner atteinte.

9° On observe que notre territoire comprend 400 bonniers de terre environ pour lesquels nous sommes imposés à la somme de 6,931 livres 5 sols, 3 deniers de francs, que nous payons actuellement aux États de Lille.

10° Une diminution dans les tailles et vingtièmes de cette année, à cause de la perte des grains occasionnée par la grêle du 13 juillet dernier et la grande gelée qui occasionne une très-grande cherté dans les grains, en obligeant de ressemer les terres.

11° L'abolition des droits de tailles et vingtièmes sur les moulins.

12° On espère que Sa Majesté voudra avoir égard aux calamités de son peuple, et qu'il voudra bien, en simplifiant l'administration des finances, le décharger des sommes qu'on paye pour leur recouvrement.

Ainsi fait et arrêté en notre assemblée, lesdits jour, mois et an susdits.

Signé à l'original :

François-Joseph Dupire, Philippe Crétien, V. Balde, J. Leleu, Jérôme de Breuille, L.-J Dubus, Delatre, J.-B Cambrie, J.-H. Dupire, Pierre Leleu, François Ornet, Gabriel Dubois, Philippe-Adrien Madoux, Jean-François Sinsoillier, P. Dupire, P.-J. Desmons, J. Duroquet, J.-C. Sinsoulier, Pierre-Joseph Desobry, P.-J. Defurne, P.-J. Vilbin, Antoine-Jean Dubus, Louis Derenaucourt, Jean-Baptiste Dupire, B. François Leleu, P.-J. Plaisant, V.-J. Dupire A.-J. Fossies, Louis Hauvel, Jean-Baptiste Desmons, Michel Alavoiel, Louis Lelen, P.-J. Desmons, J.-B. Desmous, J.-B. Desobry, Pierre Mouchot, L.-J. Derenaucourt, M. Messainsoliers, L.-C. Olliviers, P.-J.Solens, C.-J.Dedenviller, J.-L. Dujardin, L.-J. Hoel, P.-J. Desmons, J -L. Lemaire, J.-B Vauderlinden, Ellevet ; ne varietur, Ellevet.

CAHIER

Des plaintes, doléances, très-humbles et très-respectueuses remontrances du tiers-état du village, corps et communauté de Courtiches, formé en l'assemblée tenue extraordinairement le 19 mars, en l'hôtel de ville ordinaire.

Par-devant le sieur Jacques François Demetier, mayeur actuel dudit Courtiches, considérant l'étendue du bienfait que le Roi veut bien accorder à la nation en daignant consulter tous les ordres de son royaume sur les abus dont on peut avoir à se plaindre, et désirant répondre en bons et fidèles sujets aux vues bienfaisantes de Sa Majesté, avons arrêté et arrêtons par forme de doléances et remontrances les points et articles suivants :

1° Que le Roi sera très-humblement remercié d'avoir bien voulu convoquer une assemblée générale de la nation, et très-instamment supplié de déclarer et statuer irrévocablement que ces sortes d'assemblées seront désormais convoquées périodiquement et à époque fixe, telle que de dix ans en dix ans, ou six ans en six ans, cette convocation périodique étant le seul moyen de perfectionner le régime de l'administration et d'empêcher qu'il ne s'y glisse de nouveaux abus.

2° Que le Roi sera pareillement remercié du bienfait particulier qu'il vient de promettre solennellement à la province, par un arrêt de son conseil d'État du mois de février dernier, lequel porte et annonce comme un fait certain, qu'il sera incessamment établi des États provinciaux dans les deux Flandres, auxquels seront appelés le clergé, la noblesse et le tiers-état, en ajoutant que Sa Majesté ne diffère la formation de cet établissement que pour en rendre la composition plus parfaite et mieux combinée et donner le temps aux représentants des trois ordres des provinces de lui remettre dans l'assemblée des États généraux les plans qu'ils jugeront les plus convenables à cet effet.

3° Qu'en conformité de cette disposition, les habitants de Courtiches déclarent que leurs vœux les plus ardents et leurs désirs les plus pressants sont que les députés ou représentants du tiers-état dans l'assemblée générale de la province soient en nombre égal à ceux du clergé et de la noblesse réunis, à l'instar du Dauphiné, Bretagne et Béarn.

4° Qu'en outre la province soit divisée en districts, composés d'un certain nombre de communautés, et que dans chaque district soient réunies les différentes paroisses de son arrondissement nommant librement et directement des députés aux États provinciaux et particuliers de la Flandre à raison des feux, population et individus de l'arrondissement.

5° Que désormais toutes les assemblées paroissiales soient tenues dans la forme prescrite par le règlement porté aujourd'hui pour la convocation des États généraux ; qu'en conséquence, nul ne puisse être admis à l'avenir dans ces assemblées, s'il n'est né Français ou naturalisé, âgé de vingt-cinq ans, domicilié de droit dans la paroisse, et compris dans le rôle d'impositions, cette voix étant le seul moyen d'empêcher que ces assemblées ne soient trop tumultueuses.

6° Que la répartition des impôts, administration des affaires communes et régie des biens communaux de toutes les communautés soient désormais confiées dans chaque paroisse à des citoyens notables, instruits et pleins de probité, librement choisis dans une assemblée paroissiale à raison de trois, cinq ou sept individus, et eu égard à l'étendue, population et feux de chaque communauté, lesquels administrateurs et officiers municipaux seront renouvelés chaque année lors de la réddition des comptes, ou prorogés d'après une assemblée publique et ordinaire, si l'on est content de leur administration; qu'en conséquence les citoyens librement, légalement et unanimement choisis, élus et nommés, aient seuls, sous le nom de mayeur ou adjoint, la régie de tout ce qui intéresse la communauté et l'administration des biens communaux sans que les officiers seigneuriaux puissent s'en occuper en aucune manière, sauf aux baillis et procureurs fiscaux des hauts justiciers le droit d'assister et intervenir gratuitement aux comptes qui seront rendus chaque année publiquement et à l'entier apaisement de toute la communauté, n'étant ni juste ni raisonnable que les administrateurs d'une chose commune soient nommés par d'autres que ceux qui y ont un intérêt dominant.

Que la répartition et assiette des impôts sera également faite publiquement en présence de la communauté, dont chaque individu pourra librement voir, inspecter et vérifier les cotes de chaque habitant, les balancer avec les totaux des mêmes impôts, cette intervention et examen étant nécessaires et indispensables pour parer à toutes exactions et falsifications; ne pourront au surplus être élus tant dans les assemblées paroissiales pour ce qui est relatif aux affaires communes et administration des biens communaux que dans les assemblées de districts pour être députés aux États de la province, que les plus notables, les plus intruits, les plus prudents, les plus probes des citoyens, qui aient une fortune suffisante pour répondre de leur gestion.

7° Que les États généraux du royaume ainsi que ceux particuliers des provinces, auront le droit de faire en tout temps des remontrances et supplications sur les inconvénients des lois qui pourraient être portées. Qu'en matière d'impôt, Sa Majesté soit très-humblement suppliée de reconnaître et faire arrêter comme un point incontestable de la constitution française, qu'il ne peut être établi directement ni indirectement aucun impôt général, sans le consentement des États généraux du royaume, ni même aucun impôt particulier de cette province de Flandre, sans le consentement des États particuliers de cette province. Le tout conformément aux chartes et priviléges de cette province, accordés par les comtes de Fandre et aucuns souverains du pays, confirmés par les capitulations lors de la conquête.

8° Demandent en outre la suppression de tous les impôts et droits, maintenant établis dans la province, et notamment celle des tailles ordinaires et extraordinaires, maltotes sur les bières, impôts sur le vin, eaux-de-vie, droits de franc-fief, amortissement, et de tous les droits uniquement supportés par les roturiers, attendu que ces impôts sont aussi humiliants pour les citoyens de cet ordre qu'ils sont injustes dans leur perception actuelle, la raison qui les a fait établir n'existant plus.

9° Qu'au lieu de tous ces droits, il sera établi un impôt seul et uniforme, réparti sur toutes les propriétés indistinctement, et également supporté par tous les citoyens de quelque ordre et de quelque condition qu'ils soient; que le clergé et la noblesse, pour le soulagement des peuples, supportent à l'avenir avec le tiers-état, à proportion de leurs facultés respectives, toutes les charges, impositions, tailles, aides, impôts généralement quelconques qui seront accordés et consentis par les États généraux et particuliers; déclarant le tiers-état de Courtiches d'être très-disposé à supporter sa part des dettes, charges et impositions, à due concurrence et juste proportion, cette répartition générale des impôts redonnant au corps de la nation une vigueur et un encouragement qui ne laissent plus rien à désirer pour son bonheur que la réforme des abus.

10° Que l'agriculture, qui, dans cette province surtout, doit être regardée comme la première de toutes les manufactures, et tous les autres arts utiles, soient encouragés, et qu'en conséquence tous les objets de luxe et de frivolité soient plus fortement imposés. Qu'à cet effet, tous les châteaux, parcs, maisons de plaisance, soient cotisés à un impôt double de celui payé par les meilleures terres et jardins du canton, le tout à raison de leur grandeur respective; qu'il soit pareillement établi des droits sur les équipages et voitures fermées, excepté les messageries, comme aussi sur les chevaux de carrosses et les grands hôtels dans les villes.

Qu'à la même fin la capitation soit modérée sur tous les citoyens d'une fortune médiocre et peu considérable, et augmentée sur les gens riches, toujours en doublant proportionnellement au nombre des domestiques qu'ils auront à leur service.

11° Que toutes les rentes seigneuriales censuelles et foncières, dues sur les biens-fonds, supportent l'impôt à établir sur les terres, et qu'en conséquence, les débiteurs de ces rentes soient autorisés à retenir sur icelles une somme quelconque proportionnée à celle qu'ils auront à payer, n'étant pas juste que les propriétaires de ces terres payent l'impôt en plein, puisqu'ils ne sont que propriétaires partiaires.

12° Que les dîmes, qui sont pour les décimateurs un revenu net, sans qu'il soit obligé à aucuns dépens pour la culture des terres qui les produisent, soient aussi cotisées à leur valeur réelle, et qu'à cet effet, une branche de dîme, par exemple, qui rapporte un revenu net de 6,000 livres, soit imposée sur le pied de 168 bonniers de terres exploitées par un bon cultivateur.

13° Que les barrières soient portées partout à l'extrême frontière du royaume, et qu'il soit établi des droits de traites considérables, pour empêcher l'exploitation des matières premières nécessaires aux fabriques et manufactures du royaume, et d'autres droits de traites considérables, pour empêcher l'importation des denrées et autres marchandises étrangères qui ne sont plus nécessaires ni à notre agriculture ni à notre commerce; qu'il soit prononcé des peines rigoureuses et amendes pécuniaires contre tous fermiers et autres facteurs qui feront sortir le blé, escourgeon, orge, avoine et autres grains de première nécessité aux provisions et comestibles.

14° Que les regisseurs de tous les droits et impôts à établir soient subordonnés aux États provinciaux de la province, et comptables par-devant eux de toutes leurs gestions, afin que lesdits États puissent connaître et vérifier chaque impôt, ou du moins le produit d'iceux; que le nombre de ces officiers sera réduit et qu'il n'y sera nommé que des gens absolument instruits et d'une probité connue; qu'il soit nommé un percepteur général dans chaque bailliage, et un receveur dans chaque paroisse, ou du moins composant un arrondissement, si elles sont de peu d'étendue, qui portera les deniers de la recette dans la caisse générale du percepteur du bailliage.

15° Que le Roi soit très-instamment supplié de faire porter remède aux abus journaliers, qui se glissent dans l'administration de la justice ; qu'à cette fin la suppression de la vénalité des offices de judicature, toujours vainement demandée par es États généraux anciens, soit enfin effectuée, comme étant la principale source de tous les abus.

Qu'arrivant la vacation desdits offices, les États de la province présenteront, sur l'avis des députés des districts susdits trois sujets capables, instruits, et d'un âge mûr, parmi lesquels Sa Majesté choisira celui qu'elle estimera le plus digne.

16° Qu'il soit ordonné que dorénavant, il n'y aura plus que deux degrés de juridiction, et qu'en outre, dans les matières très-ordinaires, il soit permis, comme devant les consuls, de se défendre soi-même, sans être obligé de se servir du ministère d'aucun avocat ni procureur.

17° Que la suppression des chancelleries près les parlements et conseils supérieurs, soit aussi effectuée, non-seulement comme n'étant d'aucune utilité, mais encore très-préjudiciable au public et aux fidèles sujets du Roi.

18° Que le Roi soit encore instamment supplié de supprimer toutes les commendes comme contraires a l'ancienne discipline de l'Église, et d'ordonner que les menses abbatiales de toutes les abbayes en commendes soient séquestrées et vendues publiquement.

19° D'ordonner que les petites maisons religieuses où se trouvent peu de religieux soient réunies ensemble à raison de deux ou trois couvents, afin d'y rétablir l'ordre et la régularité, et que les biens des maisons supprimées soient vendus à l'encan pour payer les dettes de l'État.

20° Que le Roi soit pareillement supplié d'ordonner aux évêques et au clergé de son royaume de faire exécuter les lois de l'Église concernant la pluralité des bénéfices ; qu'en conséquence, nul ecclésiastique, une fois pourvu d'un bénéfice rapportant 1,500 livres de revenu, ne puisse jouir d'aucun autre bénéfice, fût-il simple, ni d'aucune pension ecclésiastique à péril ; que le produit desdits bénéfices et pensions sera saisi et confisqué au profit de Sa Majesté et employé à payer les dettes de l'État ; qu'il sera ordonné la résidence de chaque bénéfice dans le lieu ordinaire désigné par le titre de fondation, dont l'objet était d'instruire le peuple, faciliter l'administration des sacrements et l'assistance du peuple au sacrifice de la messe, de catéchiser les pauvres et soulager les orphelins et pauvres veuves.

21° Que la milice et l'impôt qui en est suivi soit supprimée comme vexative et tortionnaire, l'État ne manquant point de citoyens qui désirent servir par engagement libre et volontaire.

22° Que les étalons des États de Flandre, onéreux à la province tant par le prix qu'ils coûtent que pour leur nourriture et les gages de ceux qui les conduisent, soient également supprimés ; qu'il soit permis dorénavant à chaque particulier de faire couvrir ses juments par les chevaux étalons qu'il croira le plus convenables, et conséquemment qu'il soit permis aux particuliers d'avoir chez eux des chevaux étalons et de pouvoir les promener partout où ils voudront.

23° Que le Roi soit très-respectueusement supplié de faire examiner et vérifier dans l'assemblée des États généraux toutes les pensions assignées sur le trésor royal, et de supprimer en même temps toutes celles qui ne seront étayées sur aucun motif légitime ou raisonnable, ou accordées par forme de récompense ; discuter et faire exa-

miner en même temps l'utilité de toutes les places, charges et offices existant dans le royaume, et ensuite de supprimer aussi celles qui seront jugées et reconnues inutiles et onéreuses au public.

24° Que Sa Majesté soit très-instamment suppliée de supprimer le droit d'aînesse ou préciput ; d'ordonner en conséquence dans les familles roturières, que tous les fiefs et nobles tènements, sans différence ni de sexe ni d'âge, soient partagés également entre les héritiers légaux, et qu'il soit dérogé aux coutumes défavorables aux puinés et cadets de famille. Car est-il rien de plus bizarre que tous ces jeux, ridicules et points obscurs des coutumes qui accablant l'un de riches possessions, ne laissent à l'autre qu'une très-mince possession ? Est-il de prérogative plus mal entendue ? Tout frère est issu du même sang ; nous devrions être tous égaux.

25° Que l'on jette les yeux sur cette multitude de gouvernements subalternes ; que l'on compte le grand nombre de gens attachés aux intendances pour surveiller à la recette des deniers royaux sans épreuve préalablement faite de leurs mœurs et vertus ; quel bien font à la province tous les commis dont fourmillent les bureaux des secrétariats de l'intendance, sinon qu'ils emportent des sommes immenses par leurs appointements ? Quelle vexation n'y est-elle pas annexée ? Quel train, quelle magnificence, quel luxe chez l'intendant, tandis qu'il y a des moyens si efficaces dans une administration provinciale, composée des trois ordres de l'État, qui assurent tous les avantages que l'on peut espérer de la continuation du même esprit de réunion de toutes les connaissances locales et de l'appui de la confiance publique ?

Pour quoi Sa Majesté sera très-humblement suppliée d'ordonner la suppression de tous les intendants comme étant inutiles pour l'administration des finances du Roi et des provinces, et onéreux au peuple par le grand nombre de commis qui leur sont attachés.

26° Que Sa Majesté sera encore très-humblement suppliée d'ordonner la suppression de la dîme ecclésiastique, ou du moins de l'inégalité d'icelle si elle subsiste, causant tous les jours des discussions coûteuses entre les décimateurs et les particuliers, moyennant par les communautés se charger de l'entretien, réédification et réparation des églises, presbytères et maisons vicariales. Observer en outre les habitants de Courtiches, que si la suppression de la dîme ecclésiastique n'a point lieu, Sa Majesté veuille bien ordonner l'égalité de la dîme dans la perception d'icelle, puisqu'à Courtiches elle se perçoit sur le pied de huit gerbes, et dans un canton appelé Saumont, sur celui de trois gerbes du cent ; ordonner au surplus que l'entretien et réédification ou réparation de l'église, presbytères, maisons vicariales et portions congrues et cléricales, soient une charge inhérente à la dîme ; que les lettres patentes de 1773 soient entièrement exécutées à cet égard dans toute la Flandre, et qu'il soit défendu très-expressément aux gros décimateurs d'écraser en frais de procédure les communautés dont ils perçoivent les dîmes, pour constater s'il est nécessaire et si c'est à eux de bâtir l'église. Effectivement, est-il juste qu'une communauté dépense 2,000 livres, qu'elle se ruine enfin pour parvenir à faire entendre raison à un décimateur qui ne profite de la dîme que pour et sous la condition expresse de bâtir et entretenir les églises ?

27° Qu'il soit ordonné la suppression de la chasse, et du moins, si elle subsiste, l'exécution des règlements de police portés relativement à elle-même, et en conséquence, que tous seigneurs, qui chasseront depuis la mi-mai jusqu'à la mi-septembre, fouleront aux pieds les aveties et maltraiteront leurs vassaux, soient condamnés en de gros dommages et intérêts envers les particuliers intéressés, et une forte amende envers le Roi, et que tous braconniers non possédant fiefs soient punis rigoureusement pour fait d'infraction des règlements portés concernant la chasse.

28° Que Sa Majesté sera très-instamment suppliée d'ordonner l'exécution des règlements portés sur le fait des pigeons, dont le grand nombre dévaste les campagnes dans la moisson et les semailles. En conséquence, qu'il soit fait défense aux nobles, ecclésiastiques et gros seigneurs, d'avoir un trop grand nombre de pigeons ; qu'ils ne puissent sortir dans la moisson et semailles, à peine qu'il sera permis de les tuer et qu'il sera estimé et apprécié le dommage causé par eux ; qu'il y a un canton sur le Lauzentit où la dîme se recueille sur le pied de cinq gerbes, sans être tenu à l'église, à réparation d'icelle.

29° Qu'il soit statué sur l'administration de la justice, qui est si défectueuse, parce qu'elle est trop lente par la facilité qu'ont les plaideurs de mauvaise foi de faire des chicanes sur les formes et mille autres futilités qui souvent sont étrangères à l'objet et au fond de la cause ; pour quoi Sa Majesté sera très-instamment suppliée d'ordonner une marche plus simple et moins frayeuse pour parvenir à se faire rendre ce qui nous appartient, et qu'après trois plaids il sera ordonné aux parties de fournir pour être fait droit sur leur demande.

30° Qu'il sera demandé la suppression des corvées par titres et droits seigneuriaux moyennant le remboursement ou rachat ; que les communautés seront obligées d'en faire aux seigneurs à qui elles appartiennent.

31° Qu'il sera demandé la suppression de toute espèce de droits qui se perçoivent dans les marchés pour les blés et autres denrées que l'on y achète, et qu'il soit permis aux bourgeois, marchands, étrangers, habitants des villages d'alentour et tous autres sans exception ni distinction d'articles, d'acheter tout et autant de grains qui leur est nécessaire, sans payer aucun droit soit d'étalage, soit de montre, ni d'être astreints à attendre, pour faire leur approvisionnement, que les bourgeois aient acheté le grain qui leur convient.

32° Qu'il sera de même demandé la suppression des lettres d'octrois et impositions sur les moulins. En conséquence, qu'il soit permis à chaque particulier de bâtir et ériger des moulins à bras ou à cheval, sans être assujettis à aucunes impositions quelconques, vu leur utilité dans le temps des comètes, qui empêchent les moulins à vent de tourner, et eu égard à ce pays, où il n'y a pas de moulin à eau dans les campagnes.

33° Qu'il soit ordonné dans tout le royaume une même aune, même pied, même poids, même mesure, et une seule façon de compter qui serait une livre de franc.

34° Qu'il soit demandé la suppression de toute espèce d'abonnements quelconques, qui sont et seront faits par les administrateurs des communautés. En conséquence, que l'impôt du pied fourchu et autres ne seront plus dorénavant supportés par les revenus des biens communaux, comme il en a été jusqu'à ce jour abusivement ; mais ces mêmes abonnements seront répartis sur toutes les personnes de la communauté, au pro-

rata de leur revenu et de leur exploitation, et par chaque animal.

35° Qu'il sera de même fait à l'avenir un règlement sur la manière d'intenter et entreprendre des procès au nom de la communauté, et qu'il sera statué sur les députations faites à ce sujet abusivement par les syndics et administrateurs des communautés.

36° Qu'il sera demandé l'abrogation d'une ordonnance portée par le lieutenant général de la gouvernance de Douai en 1768, autorisant le magistrat de Courtiches de prendre sur les revenus du marais dit des Six-Villes, les deniers suffisants pour soulager les pauvres, mais que les deniers provenant des fermages dudit marais soient entièrement répartis à chaque ménage, toutes charges inhérentes audit marais préalablement acquittées.

Que, pour le soulagement des pauvres, il soit assis une taille de faux frais sur chaque bonnier de terre par chaque exploitation.

37° Que Sa Majesté sera de même suppliée d'accorder la permission et pouvoir aux propriétaires des terres de planter à l'endroit de leur propriété, à l'exclusion des seigneurs, sur la rive adjacente à ces mêmes propriétés, et que ces mêmes seigneurs ne puissent planter des flégards qu'à cinq pieds de l'arbre.

Que les réparations des chemins qu'il aura plantés soient entièrement à sa charge, et que les règlements concernant l'épincement des arbres soient exécutés entièrement pour que les rayons du soleil puissent pénétrer sur les aveties, afin de chauffer le sein de la terre et empêcher que les pluies et la défeuillaison ne soient nuisibles au fond par la trop grande humidité qu'elles pourraient causer en l'y faisant séjourner, attaquer de pourriture et fétidité les aveties.

38° Qu'il soit ordonné de procéder incessamment à un cadastre et déclaration de toutes les terres du territoire ; que chaque fermier et occupant soit tenu de donner au préposé à la rédaction du cahier de vingtièmes une déclaration spécifique et exacte de chaque corps de terre, signée et affirmée sincère et véritable par eux, et pour qu'il n'y ait plus aucun marché en rapport, ce qui est évidemment injuste, il sera levé contre tout propriétaire occupeur et fermier qui omettra quelque partie de terre dans sa déclaration, et chaque corps de terre non déclaré, ou faussement déclaré, seront confisqués au profit du Roi, avec une grosse amende envers les pauvres.

39° Que le Roi sera très-instamment supplié d'accorder aux magistrats et officiers municipaux de la communauté le droit de faire l'assiette et répartition de la capitation, vingtième royal et autres impositions, à l'exclusion des États provinciaux, attendu qu'étant sur les lieux et connaissant les facultés respectives de chaque citoyen, ils peuvent apporter à cette cotisation toute l'équité et la justice désirables et se mettre à couvert de bien des erreurs qui ne sont souvent que trop multipliées.

40° Qu'il soit demandé la suppression de toute espèce de droits qui se perçoivent sur les briques, tuiles et autres matières cuites par les particuliers à la campagne, droit qui est depuis peu établi par les États de Lille.

41° Que Sa Majesté sera très-humblement suppliée d'ordonner aux abbayes de vider leurs mains de toute espèce de biens-fonds et autres propriétés qu'elles ont envahies ; qu'en conséquence elles seront forcées à représenter les titres justificatifs de l'acquisition par elles faite de toute espèce de biens qui ont autrefois été dans les mains et possession des communautés.

Ainsi fait et rédigé en l'hôtel de ville ordinaire de Courtiches, en présence des officiers municipaux dudit lieu, par les habitants du village, corps et communautés de Courtiches, en leur assemblée tenue extraordinairement, les jours, mois et an que dessus.

Signé à l'original :

J.-Philippe Bonnier de Reynancourt, Bonnet, Jean-Chrysostôme Dubus, G.-M. Madoux, J.-P. Rutruille, Philippe-Joseph Ville, P.-M. Leleu, L.-C. Dubus, Mathieu Dubus, J. Pluchard, F.-J. Salez, A.-J. Marquisv, Jean-Philippe Gossart, Baudin, J. Dubois, F.-J. Lambert, P.-J. Olivier, Loy, D.-J. Cavelon, Duhem, Gassajet; *ne varietur*, Denetier.

PROCÈS-VERBAL

D'assemblée de la communauté de Bouvignies, dans lequel sont contenues ses doléances, plaintes et remontrances, eto., etc.

Aujourd'hui, vingt-deux mars mil sept cent quatre-vingt-neuf, en l'assemblée convoquée au son de la cloche, en la manière accoutumée, sont comparus dans l'église dudit Bouvignies, par-devant nous, François-Joseph Biencourt, bailli substitut dudit lieu, Louis Fontenier, Charles de Rosne, Jean-Baptistes Piedanna, François Dulieu, Louis Dupuis, Toussaint Joveau, Jean-Baptiste de Lecroix André de Lobet, Frédéric de Letrier, Jean-Baptiste de Rosne, Pierre-Albert Liénant, Jacques Flou, Guillaume Dupas, Jacques Bahoult, François Quent, Maximilien de l'Etanbes, Philippe Contignics, André Datioche, Pierre-François d'Orchies, François de Reynancourt, Joseph Ibel, Antoine de Reux, Pierre-Joseph Rompteau, Adrien Delan, Etienne-François Briquet fils, Apolman, Biseau, Joseph Lucas, Franquillan Sablon, Noël Joveau, Jean-Baptiste Biseau, Jean-Baptiste Dufour, Laurent Brouillard, Benoît Dupas, Adrien de Reux, Jacques Herbault, André Herbault, Louis-Charles Fontenier, Pierre-Joseph de Lecroix, Annable de l'Erive, Jean-Baptiste Savelon, Jean-Baptiste de France, Jude, Joseph Thomas, Gille Cathelin, Martin Herbaut, Tranquillon Rossel, Pierre-Joseph Coulon, Alexis Carpentier, Pierre-Joseph Dussart, Louis de Gobelle, Pierre-Joseph l'Espagnol, Paul Piédanne, Antoine de Reux, François Mousseur, Jean-Etienne Broutin, Antoine Broutin, Joseph de Lerve fils, Jacques Lacquement, Jacques Leprêtre, Charles de Rome, Charles Dudart, Jean-Etienne Hache le jeune, Joseph Durieux, Louis l'Espagnol, Michel de Rosne, Antoine de Marceaux, Louis Lambert, Jean-Baptiste Joveau, Pierre Tavernier, Joseph Flon, Jean-Baptiste d'Hery, Martin Catelin, Jean-Baptiste Bousquelle, Pierre-François Des Fontaine, François Fontenier, Philippe Hennart, Jean-Baptiste de France, Jean-Baptiste Treoult, Celestin Dereux, Gos Joveau, Charles-Louis Pontieux, Jean-Baptiste Lefèvre, Louis Deffontaine, Jean-Baptiste Lemaine, Jean-Baptiste Desmons, Jean-Baptiste Baudoun, François Dubraille, Jean-Baptiste Fovaux, Juret, Dusart, Martin Bonnet, Pierre-Jean Lubret, Albert Hémard, Jean-Baptiste Carpentier, Louis Dutouquet, Nicolas Loubert, Jean-Baptiste Coron, Pierre Masingue, François Dumoulin, Jean-Baptiste Bourguelle, François Fontenier, Célestin d'Auchy, Pierre-Joseph de Lerne, Jean-Baptiste Beaucamp, Prosper Herbaye, Jérôme Hache, Lainé, Jean-Baptiste de Reynancour, François Houdart, Antoine Bonnet, Pierre-Joseph Dupire, Michel Hennart, Simon Massin-

gire, Noël Delestier, Jean-Baptiste Dupont, César-Auguste Becquet, Pierre Hérouier, Eugène Nequiert, Jean-Baptiste d'Orchies, Pierre Cocher, Jean-Baptiste Choteau, Pierre-Joseph Marceaux, Pierre-Joseph Moneau, Louis Demanceaux, Jean-Baptiste Fonteiner, Venant, Meguien, Michel Blervaque, Antoine Phlismazunque, François Dusart, Antoine de Foite, Etienne-François Criquet père, Louis de Saulty, Riquet père, Martin de Bachy, Pierre Hereud, Jean-Baptiste Moreau, Jean-Baptiste Delaunoy, Pierre-François Tourtois, César-Auguste de Leplanque,

Tous nés Français, âgés de vingt-cinq ans, compris dans les rôles des impositions, habitants de cette communauté, composée de trois cent trente-deux feux, lesquels, pour obéir aux ordres de Sa Majesté, portés par ses lettres données à Versailles le 24 janvier et le 19 février dernier, pour la convocation et tenue des Etats généraux de ce royaume, et satisfaire aux dispositions du règlement y annexé, ainsi qu'à l'ordonnance de M. le lieutenant général de la gouvernance de Douai, dont ils nous ont déclaré avoir une parfaite connaissance, tant par la lecture qui vient de leur être faite que par la lecture et publication ci-devant faites au prône de la messe de paroisse au-devant de la porte principale de l'église, nous ont déclaré qu'ils allaient d'abord s'occuper de la rédaction de leur cahier de doléances, plaintes et remontrances, et en effet, y ayant vaqué, nous ont représenté ledit cahier, qui a été signé par ceux desdits habitants qui savent signer, et nous, après l'avoir coté par première et dernière page et paraphé *ne varietur* au bas d'icelle.

Pour à quoi satisfaire ils ont l'honneur de représenter très-humblement à Sa Majesté le présent cahier, d'eux signé, les plaintes, doléances et remontrances des charges dont ils sont annuellement et journellement cotisés, soit par rapport aux terres qu'ils font valoir par leurs mains, soit par rapport à leurs consommations personnelles, soit enfin pour une infinité d'autres charges qu'ils sont obligés de supporter sans le concours des deux autres ordres ; à cet effet, ils ont dressé le présent cahier comme s'ensuit :

1° Les habitants de Bouvignies composant le tiers-état payent annuellement une somme considérable au receveur des Etats de Lille, pour les vingtièmes ordinaires ; MM. les ecclésiastiques et nobles de la province de Flandre, quoiqu'ils possèdent des biens immenses, ne payent presque rien.

2° Leurs possessions ne sont point fidèlement déclarées ; il conviendrait d'en faire l'arpentage dans toutes les communautés pour les connaître ; il faudrait aussi faire imprimer un tableau de toutes les terres, prairies, bois de chaque bailliage par communauté, dont les exemplaires seraient déposés au greffe de chaque bailliage et un autre dans les fermes ou greffe de chaque communauté, afin que l'on pût s'y conformer pour les impositions.

3° Tous les occupeurs de terres de Bouvignies payent également aux receveurs desdits Etats de Lille une somme considérable annuellement, pour les cinq tailles ordinaires et la double taille ; le clergé et la noblesse ne payent rien du tout pour ces objets.

4° La capitation est imposée annuellement par les Etats, sur tous les habitants des communautés, sans qu'ils en connaissent les facultés, ce qui devrait être fait par les magistrats des lieux qui sont plus à portée de connaître les facultés de leurs concitoyens.

5° Les vingtièmes royaux et sous pour livre imposés par édit du Roi de 1749 et depuis montent à une somme considérable, puisque la communauté de Bouvignies a payé, pour les années 1783, 1784 et 1786, une somme de 2,115 florins 14 partars 8 deniers par chaque année, somme qui sûrement n'a point été versée entière dans les coffres de Sa Majesté, puisque le recouvrement de cette dite somme emporte de trop grands frais selon l'administration actuelle, ce qui serait beaucoup moins onéreux si les rôles en étaient donnés par les greffiers des communautés du royaume qui sont à portée de connaître les changements d'occupation annuellement.

6° On est forcé de dire que les impositions actuelles sur les terres de Bouvignies sont aussi fortes qu'elles l'étaient les rendages dans la quinzième année de ce siècle; que la plus grande partie des laboureurs vont à leur ruine totale si elles ne sont modérées; cependant quelques-uns demandent que les terres soient encore surchargées d'une taille de faux frais annuellement pour les secours des pauvres, quoique les revenus de la communauté soient suffisants pour y fournir, mais ils observent aussi qu'un pauvre ne doit point faire l'aumône à un autre pauvre, parce qu'ils sont égaux entre eux.

7° Les impôts sur les vins, bières et eaux-de-vie sont des plus exorbitants; les ecclésiastiques et nobles de la province ne payent rien, quoique ce soit eux qui en fassent la plus grande consommation, et que leurs facultés les mettent plus à portée d'y faire honneur; en effet, l'eau-de-vie est payée au bureau des États de la province par les roturiers à trois livres cinq sous le pot, et par les ecclésiastiques et nobles à cinquante sous, différence d'autant plus injuste, que les plus riches payent le moins.

Quand les États de Lille ont établi des cantines de fraude, il y a environ trois ans; ils vendaient l'eau-de-vie à vingt-cinq sous le pot, et y gagnaient encore.

8° Pour le bien du royaume, le soutien de l'État et la décharge du tiers, il conviendrait que le clergé et la noblesse payassent exactement tous ces impôts, tailles et autres charges, comme les roturiers, sans distinction.

9° Il serait aussi nécessaire que les deniers provenant des communautés des provinces de campagne soient portés et versés dans les coffres du Roi par des préposés dans tout le royaume, parce que dans ce cas les États des provinces ne pourraient plus s'enrichir ni graisser les mains des créatures qui leur sont attachées, au préjudice des sujets du Roi et de Sa Majesté même; cela étant ainsi, le tiers-état serait déchargé de presque la moitié de ce qu'il paye annuellement, ce qui ne manquerait pas de faire fleurir l'État, de voir renaître les puissances du royaume.

10° Cela étant, il ne faudra plus que des assesseurs dans chaque communauté et un collecteur ou receveur, qui sera chargé de remettre les deniers au sieur préposé de chaque bailliage, qui portera chez le Roi le produit des impositions gratis, les revenus de sa charge lui étant payés pour cela.

11° Quant à l'impôt à lever sur les habitants des villes closes, les rôles en seront dressés par les magistrats sur tous les bourgeois dont ils connaissent les facultés et dont les deniers seront employés à solder les troupes de Sa Majesté; s'il y avait de la courtresse, il y sera suppléé par ordre du Roi.

12° Il se perçoit encore des impôts pour presque toutes les denrées, comme l'huile à brûler, les chandelles, la cire, le cuir, le tabac; la culture est même gênée; il faut faire les déclarations, il y a des droits sur les bestiaux, sur les briques, tuiles, et généralement sur tout. De plus on paye dans l'intérieur du royaume, pour passer d'une province à une autre, des droits sur presque toutes sortes de denrées: c'est ce qui paraît injuste pour les sujets d'un même Roi, car ils devraient avoir le droit de tirer sans impôts, d'un bout du royaume à l'autre, les choses nécessaires à la vie, et, ce qui concerne le tout étant réciproque, alors il ne serait plus nécessaire d'employés, qui pourraient être reculés aux barrières de la frontière; toutes ces contributions surchargent considérablement tous les sujets de Sa Majesté, et nous croyons qu'un seul impôt une fois payé annuellement par tous les sujets du royaume ne leur serait point si onéreux.

13° Un laboureur ou cultivateur ensemence une partie de terres en orge ou escourgeon et une autre partie en houblon; il paye les contributions pour les parties de terres qui sont avenies de ces denrées; cependant s'il faut de la bière pour son usage et consommation, il faut qu'on paye encore l'impôt au receveur des États: on peut donc dire qu'on paye l'impôt de l'impôt même, comme si l'on mettait un impôt sur le blé crû sur les terres déjà chargées d'impositions.

La bière est une denrée de première nécessité; les pauvres habitants et les soldats sont les seuls qui en souffrent; elle est cependant de cinq à six livres la rondelle de soixante-douze pots.

La grande consommation du vin se fait par les nobles et ecclésiastiques, et ils sont exempts d'impôts.

14° Il est encore à représenter très-humblement à Sa Majesté, que le clergé et la noblesse ont, en qualité des seigneurs de haute justice, des plantis considérables de bois blancs et d'ormes qui bordent les chemins de leurs juridictions et qui empêchent les rayons du soleil de pénétrer sur les terres voisines; que ces ombrages et les eaux qui tombent de leurs rameaux sur lesdites terres ensablent leurs racines, causent un tort des plus considérables aux habitants de la campagne, puisqu'il y a plus de 100 pieds de terrain sur lesquels on ne recueille presque rien. On sait que les lois défendent de pareilles plantations; cependant personne n'oserait se pourvoir contre ces abus, crainte de s'attirer des procès ruineux. Pour quoi nous prions Sa Majesté de vouloir renouveler ses ordonnances à cet égard.

Le parlement de Flandre a porté un arrêt le 14 août 1780, par lequel il est ordonné que les arbres et haies qui avoisinent les chemins soient coupés, sous prétexte qu'ils empêchent le soleil de pénétrer sur lesdits chemins, à dessein, soi-disant, de les rendre plus praticables, en ordonnant également que lesdits chemins soient élargis à la concurrence de 22 pieds, et cet arrêt paraît de plus injuste et de plus rigoureux, en ce qu'il n'est observé que contre les particuliers qui ont des droits acquis de planter vis-à-vis leur héritage, puisque les flégards leur appartiennent suivant l'article 6 du chapitre I de la coutume de cette gouvernance; quant aux plantis des seigneurs, on les laisse subsister; il y a plus, c'est qu'ils s'emparent aujourd'hui des places abattus des arbres de particuliers pour y exercer les leurs; on ne doit point être surpris de cet arrêt rigoureux, parce qu'il a été porté à l'avantage des seigneurs dont Messieurs de la cour font partie, ce pour exercer les mêmes plantations dans leurs terres.

15° Le grand nombre des pigeons dévastent les campagnes dans le temps de la moisson et des semailles, sans qu'on puisse y apporter secours, parce que, le plus souvent, ils appartiennent au clergé ou à la noblesse, qui sans doute en font commerce, parce qu'ils sont trop nombreux pour leur consommation, abus qui doit être réformé, pour quoi nous avons toute confiance en la bonté de Sa Majesté, qui voudra bien faire réformer cet abus.

16° Il n'est que trop commun que, dans toutes les provinces du royaume, les abbayes et seigneurs particuliers lèvent sur leurs vassaux des droits de lods et ventes à chaque mutation de leurs héritages, connus sous les noms et titres des dixièmes ou cinquièmes deniers ; ils soutiennent que ces droits leur appartiennent depuis plusieurs siècles, à quoi on répond qu'il est possible, mais aussi on leur observera que ces mêmes droits ont varié dans tous les temps, puisqu'ils ont toujours été contestés ; les tribunaux du royaume peuvent attester cette vérité, puisqu'ils ont toujours retenti de ces sortes de contestations ; ces droits sont des plus onéreux au peuple : par exemple, le seigneur de Bouvignies a perçu sur ses vassaux, pendant plusieurs années, le dixième denier à la vente ou achat de leurs héritages ; cependant il vient de reconnaître solennellement que ces droits des dixièmes ne lui étaient pas dus par ses vassaux ; il ne réclame plus sur les habitants que deux sous d'entrée et deux sous d'issue, conformément à ses titres. Les sommes ci-devant indûment payées ne doivent-elles pas être refondées aux vassaux qui les ont avancées ? Cela paraît incontestable ; cependant il n'en fait rien, et il y a plus, il exige et se fait payer les cinquièmes deniers à la vente des héritages ; lorsque le vendeur et l'acheteur sont tous deux forains, il perçoit encore le dixième denier ; lorsqu'ils achètent des héritages des forains, il exige encore pareil droit s'ils prennent à cours de rentes certaine somme de deniers au moment qu'ils affectent leurs héritages, si le crédit rentier est forain de sa juridiction ; cependant le débit rentier, au bout de trois, quatre à six ans, rembourse les sommes qu'il a levées, et le droit seigneurial ne lui est point remis. Cette vexation paraît d'autant plus injuste, puisque la somme qu'il a prise et les fonds qu'il a aliénés n'étaient que momentanés.

C'est au plus grand des monarques que ses sujets ont leur très-humble recours pour voir réprimer de pareils abus. Il exerce encore ce même droit sur les terres, fiefs et cotteries qui sont de sa mouvance, comme aussi le double de la rente sur les mains fermes et cotteries à la mort de l'héritier et autres droits, tels que les retraites pour surcharger les vassaux de nouvelles rentes, s'il veut retenir l'héritage qu'il a acquis, etc.

17° Depuis plusieurs années les États de Lille, ont une quantité de chevaux étalons qu'ils achètent à grand prix aux frais de la province, et qu'ils envoient dans plusieurs endroits de la châtellenie pour faire saillir les juments, avec défense de les faire saillir par d'autres. L'expérience cependant nous fait voir que les élèves étaient beaucoup plus beaux avant cette institution qu'ils ne le sont aujourd'hui, parce que la plus grande partie des étalons ne sont point propres pour l'agriculture ; de plus, cette institution inutile est extrêmement onéreuse aux provinces, tant par les frais d'achat que par les nourritures et gages des conducteurs ; il n'y a aucun lieu de craindre que les étalons appartenant aux particuliers manquent jamais dans les provinces.

18° L'administration de la justice est défectueuse en ce qu'elle est trop lente par la facilité qu'ont les plaideurs de mauvaise foi de faire des chicanes sur les formes et sur mille autres bagatelles qui sont étrangères à l'objet sur lequel on plaide ; il ne se trouve que trop souvent des personnes qui mangent en démarches et en sollicitations le double de la chose pour laquelle ils plaident ; il serait donc à désirer que le gouvernement s'occupât des moyens propres à rendre les procédures plus courtes et par conséquent moins onéreuses au peuple ; on verrait par là bien des injustices réprimées par la facilité qu'un chacun aurait à se faire rendre ce qui serait dû.

Le commerce est à l'abri de ces malheureux et funestes inconvénients, à cause de la sage institution des juges-consuls.

19° La vénalité des charges de judicature est encore un de ces abus contre lequel on ne saurait trop réclamer. Les charges étant vénales, des personnes riches et souvent ineptes les achètent, et par là sont en droit de disposer de la fortune et de la vie des peuples en rendant la justice, sans que quelquefois ils en connaissent les premiers éléments, ce qui n'aurait pas lieu si les charges se rendaient au concours, car alors les plus savants et les plus dignes en seraient revêtus, et il faudrait de plus supprimer les épices et consignations, car les frais sont souvent la cause que bien des personnes se trouvent obligées d'abandonner leurs droits faute de pouvoir y satisfaire.

20° Les tribunaux subalternes, tels qu'ils se trouvent dans les campagnes du royaume, sont mal organisés en ce que les magistrats sont nommés par les seigneurs hauts justiciers, ce qui fait souvent que les droits des particuliers sont mal défendus lorsqu'ils sont opposés à ceux desdits seigneurs. Pour prouver la vérité de ce que nous avançons, l'abbaye de Marchiennes s'est emparée des marais, du vivier et sec marais en 1759, quoiqu'ils avaient été cédés aux habitants des communautés pour l'usage, la paisson et nourriture de leurs bestiaux ; cette abbaye céda 320 rasières aux communautés, sous de grandes charges qui sont annuellement d'une coupe d'avoine à chaque rasière de terre, plus une dîme de huit gerbes du cent, savoir cinq pour ladite abbaye et trois pour les curés, en outre, le double de la rente tous les quarante ans. Quelle vexation ! et elle en retient 400 rasières et plus, à son profit au grand préjudice des paroisses de Bouvignies et Marchiennes, quoique ledit Bouvignies se soit défendu seul pendant un grand nombre d'années, à cause que le magistrat dudit Marchiennes était vendu à ceux de qui il tenait leur charge ; ceux de Marchiennes ne se sont jamais unis à ceux de Bouvignies pour défendre leurs droits, ce qui a obligé le magistrat dudit Bouvignies, lassé d'une procédure qui leur était tout à fait ruineuse, de transiger forcément en faveur des religieux de Marchiennes. Pour obvier à ces inconvénients, nous demandons et requérons que les magistrats des paroisses de campagne soient choisis à la pluralité des voix et renouvelés tous les ans lors de la rédaction des comptes, ou prorogés d'après une assemblée de commune, si on est content de leur administration.

Les habitants des communautés ci-contre ont l'honneur de se jeter aux pieds du plus juste des rois pour obtenir la révision et révocation de ladite transaction de 1759 ; c'est ce qui ferait le bonheur et l'avantage desdites communautés, lesquelles rendraient à jamais leurs louanges et obligations à Sa Majesté.

21° La communauté de Bouvignies est composée de trois cent trente-deux chefs de familles ou feux, dont la moitié sont pour ainsi dire dans le cas d'être aumônés à cause de la cherté des blés et des autres denrées qui sont de première nécessité, ce qui a été occasionné par l'exportation des blés permise immodérément. Nous espérons que le gouvernement ne permettra plus dans la suite de pareilles exportations, qui sont la cause des calamités présentes ; pour le bien commun, nous mandons et requérons que dans toutes les villes ou autres endroits où on fait le marché au blé et autres grains, il soit permis aux habitants des campagnes de pouvoir acheter leurs grains comme les bourgeois sans distinction, soit pour faire marchandise comme autrement ; ce qui paraît bien juste, puisque ces denrées de nécessité proviennent de la campagne, objet qui mérite absolument toute l'attention du gouvernement, de qui nous avons l'honneur d'attendre la révocation des ordonnances des magistrats des villes qui ont été portées à cet égard.

22° Les dîmes ont été accordées par les particuliers aux ecclésiastiques pour récompense de l'administration des sacrements, et pour donner au peuple les instructions dont il avait besoin pour le spirituel ; aujourd'hui, vu la population actuelle, les prêtres qui se trouvent dans les paroisses ne sont plus suffisants pour en remplir les fonctions pour lesquelles les dîmes ont été accordées ; suppliant Sa Majesté que les décimateurs soient obligés de mettre à leurs frais dans toutes les paroisses des prêtres en assez grande quantité pour instruire le peuple tant pour le spirituel que pour le temporel ; on pourrait les prendre, ces prêtres, dans toutes les abbayes qui sont si fréquentes en France, où il se trouve un grand nombre de religieux oisifs qui devraient se faire un plaisir de rendre ce service à l'État, et alors on verrait des enfants écolés dont partie d'eux pourrait former des sujets capables de rendre service à Sa Majesté et au public.

Les abbayes même devraient être aussi des écoles publiques de charité.

Les peuples supportent aussi le poids des ordres mendiants plus que les nobles et ecclésiastiques.

23° Les dîmes ne remplissent aucunement les charges de leur primitive institution. Le pape Gélase, dans le canon *Quatuor*, XII, cause XXVIIe, question II, ordonne le patronage des biens de l'Église en quatre portions savoir : une pour l'évêque, la deuxième pour les prêtres qui desservent l'autel, la troisième pour les pauvres, et la quatrième pour les fabriques.

Si cette institution était remplie, les curés seraient bien dotés, au lieu que la plupart sont à portion congrue, et eux-mêmes une charge pour la communauté ; il n'y aurait plus de pauvres, et les crimes et délits seraient plus rares, la construction et l'entretien des églises ne seraient plus une surcharge pour les habitants.

24° Le Roi, par ses lettres patentes du 13 août 1773, assujettit dans la Flandre maritime le gros décimateur aux réparations, reconstructions et entretien des églises et presbytères. Le peuple de la Flandre walonne sollicite de la justice et de la bonté de Sa Majesté que cette loi leur soit rendue commune pour les mêmes raisons, et ces mêmes motifs repris dans lesdites lettres patentes de 1773 et dans le mémoire présenté au nom de la province.

25° La dîme, qui est pour les décimateurs un revenu net, sans qu'ils soient obligés de faire aucune dépense pour la culture des terres qui les produisent, n'est pas imposée selon la valeur réelle, ce qui est injuste ; par exemple, il se trouve dans bien des communautés des dîmes qui valent jusqu'à 6,000 florins et qui ne sont imposées que sur le pied de 14 bonniers de terre ; cependant un propriétaire qui aurait ce même nombre de terre ne retirerait que 500 florins de fermage, et il serait obligé de payer autant que le décimateur qui retire 6,000 florins, par conséquent douze fois autant que ledit décimateur ; pour mettre de la proportion dans l'imposition des dîmes avec celle des terres, il faudrait qu'une dîme qui produit 6,000 florins fût imposée sur le pied de 168 bonniers ; cette imposition, quoique légale selon les règles de proportion, serait encore plus onéreuse aux cultivateurs qu'aux décimateurs, car ledit cultivateur est tenu à une infinité de frais pour la culture de ses terres, auxquels les décimateurs ne sont nullement exposés.

26° Le terrage, les rentes foncières et les droits seigneuriaux, sont des revenus qui n'emportent pas plus de frais à celui qui les perçoit que la dîme, ils doivent par conséquent être imposés sur leur valeur réelle comme ladite dîme.

27° Nous demandons qu'il soit permis aux habitants de la campagne d'avoir des moulins à bras ou à cheval pour l'utilité des habitants de la province, parce qu'il manque des moulins à eau ; donc ils ne sont pas fréquents, et qu'il est bien des temps que les moulins ne peuvent tourner par le manquement des vents ; alors les particuliers pourraient se servir de ces sortes de moulins pour se procurer de la farine pour faire leur pain, et que lesdits moulins ne soient susceptibles d'aucune imposition.

28° C'est aussi le désir des habitants de la province qu'il n'y ait qu'une même aune, une même mesure, un même poids, et la seule façon de compter par livre de France.

29° Il serait également à désirer que les familles roturières partageassent également tous les fiefs et nobles ténements qui leur seraient acquis par succession de leurs auteurs, et que la disposition en soit libre entre les mains de tous ceux qui en possèdent en propriété ; en conséquence qu'il soit dérogé à toutes ces coutumes qui ont cette disposition, et que l'aîné des héritiers, soit en ligne directe ou collatérale, n'aura pas plus dans les fiefs que les frères ou sœurs, ou autres héritiers.

30° Nous désirons pareillement et requérons la suppression du droit de franc-fief, qui gêne et intéresse infiniment les habitants du tiers, soit dans l'achat, soit dans la possession que plusieurs appréhendent d'acheter des terres-fiefs, à cause des droits qu'ils sont tenus de payer à chaque mutation.

31° Le désir des habitants de la communauté de Bouvignies serait que le cahier général qui sera dressé au bailliage de Douai pour être envoyé aux États généraux, soit imprimé, et qu'il en soit délivré un exemplaire à chaque communauté, afin que lesdites communautés puissent voir si leurs vœux y sont renfermés.

Et de suite les habitants, après avoir mûrement délibéré sur le choix des députés qu'ils sont tenus de nommer en conformité desdits lettres du Roi et règlement y annexé, et les voix ayant été par nous recueillies de la manière accoutumée, la pluralité des suffrages s'est réunie en faveur des sieurs Jean-Michel de Rosne, Jean-Este Martal, pour Albert Fontenier et Nicolas Loubert, qui ont accepté ladite commission et promis de s'en acquitter fidèlement.

Ladite nomination des députés ainsi faite, lesdits habitants ont en notre présence remis auxdits sieurs de Rosne, Martal, Fontenier et Loubert, leurs députés, le cahier, afin de le porter à l'assemblée qui se tiendra le 30 du présent mois de mars devant M. le lieutenant général, et leur ont donné tous pouvoirs requis et nécessaires, à l'effet de le représenter dans ladite assemblée pour toutes les opérations prescrites par l'ordonnance susdite de M. le lieutenant général, comme aussi de donner pouvoirs généraux et suffisants, de proposer, remontrer et consentir tout ce qui peut concerner le besoin de l'État, la réforme des abus, l'établissement d'un ordre fixe et durable dans toutes les parties de l'administration de la propriété générale du royaume et le bien de tous et de chacun des sujets de Sa Majesté.

Et de leur part, lesdits députés se sont présentement chargés du cahier des doléances de ladite communauté dudit Bouvignies, ont promis de le porter à ladite assemblée et de se conformer à tout ce qui est prescrit et ordonné par lesdites lettres du Roi, règlement y annexé et ordonnance susdatée, desquelles nominations des députés, remise de cahier, pouvoirs et déclarations, nous avons à tous lesdits comparants donné acte et avons signé, avec ceux desdits habitants qui savent signer et avec lesdits députés, notre présent procès-verbal, ainsi que le duplicata, que nous avons présentement remis auxdits députés pour constater leurs pouvoirs, et le présent sera déposé aux archives ou secrétariat de cette communauté lesdits jour et an susdit.

Signé de Rosne, Jean-Baptiste Marlot, P.-A. Fontenier, N.-J. Loubet, Massingue, J.-B. Moreau, D.-J. Carneau, J.-B. Sauvelon, J.-M. Lubré, J.-B. Piedans, Louis Fontanier, Briquet fils, C.-J. Moreau, H.-J. Dupas, Joseph Delenve fils, T.-J. Fauveau, J.-C. Carpentier, Gilles Cathelin, Beauchamp, Pierre-Joseph de Lecroix, A. J. Delaire, J.-B. Fauveau, P.-A. Deraux, J.-B. Dupont, Louis Pierrat, P.-M. Humart, J.-B. Wacher, F.-G. Delobelle, P.-J. Defontaine, P.-P. Herbage, A.-C. Cathelin, Louis Lambert, J.-B Fontenir-Durieux, J.-J. Courtois, P.-J. Hermand, C.-A. Delplanque, J.-M. Debachy, N.-F. Riquier, P.-J. Haend, J.-F. Desaulty, J.-B. Desmons, A.-J. Briquet, F.-D. Huvet, vicaire de Bouvignies, Varoquier, greffier, Biencourt.

CAHIER

Des plaintes, doléances et remontrances des habitants de la communauté de Flines.

L'an 1789, le 23 mars, nous, manants et habitants du village de Flines, nés Français, âgés de vingt-cinq ans et au-dessus, assemblés ce jourd'hui au lieu ordinaire des assemblées dudit Flines, à effet de procéder à la rédaction du cahier de doléances, plaintes et remontrances qu'il nous est enjoint de former pour présenter à Sa Majesté, le tout en exécution des lettres du Roi du 19 février dernier et règlement y annexé, et de l'ordonnance de M le lieutenant général de la gouvernance de Douai du 7 du présent mois, à la formation duquel cahier avons procédé à ladite injonction de MM. les lieutenants et échevins dudit Flines, comme il s'ensuit.

1° Nous remontrons pour premier chef de doléances, que nous avons à nous plaindre de ce qu'aucune personne du tiers-état du plat pays n'a part dans l'administration des vingtièmes et autres impôts réels ou personnels; nous demandons en conséquence qu'il y ait des assemblées provinciales dans lesquelles nous soyons représentés par des députés librement choisis.

2° Nous remontrons pour deuxième chef de doléances, que nous avons à nous plaindre de ce que l'abbaye de Flines jouit de plusieurs places, telles que celle de Montreux et autres; nous demandons en conséquence que ces places appartiennent à notre communauté.

3° Nous remontrons pour troisième chef de doléances, que nous avons à nous plaindre de ce que les seigneurs de différents cantons de Flines se sont emparés du droit de plantis sur les flégards; nous demanderons que ces plantis appartiennent aux propriétaires des terres adjacentes auxdits flégards, étant tenus aux réparations des chemins.

4° Nous remontrons pour quatrième chef de doléances, que nous avons à nous plaindre de ce que Madame l'abbesse de Flines a le droit de nommer les échevins dudit Flines; nous demandons en conséquence qu'ils soient nommés par la communauté tous les deux ans.

5° Nous remontrons pour cinquième chef de doléances, que nous avons à nous plaindre de ce que l'on assiste une partie des pauvres de Flines avec les revenus des biens communaux, ce qui fait que notre répartition est diminuée annuellement. Nous demandons en conséquence qu'il soit défendu d'assister les pauvres avec lesdits revenus.

6° Nous remontrons pour sixième chef de doléances, que nous avons à nous plaindre que l'abbaye de Flines fait valoir des bois, prairies et terres à labour sans payer presque de vingtièmes ni tailles. Nous demandons que ladite abbaye soit, pour ce qu'elle fait valoir, comme les habitants du lieu, de même M. le curé.

7° Nous remontrons pour septième chef de doléances, que nous avons à nous plaindre de ce que le chapitre d'Arras et autres jouissent d'une dîme à huit du cent, audit Flines; nous demandons que cette dîme soit abolie et que la communauté soit chargée de la réédification de l'église ainsi que des autres charges y relatives.

8° Nous remontrons pour huitième chef de doléances, que nous avons à nous plaindre de ce que les seigneurs jouissent des droits seigneuriaux tel que dixième et soixantième denier, à la vente d'un transport, relief, etc. Nous demandons que ces droits soient abolis.

9° Nous remontrons pour neuvième chef de doléances, que nous avons à nous plaindre de ce que nous payons beaucoup d'impôts sur les boissons; nous demandons que lesdits impôts soient modérés, et que les ecclésiastiques et nobles les payent comme les habitants.

10° Nous remontrons que les terres de notre terroir sont imposées trop haut à proportion de celles des villages voisins, en payant trois florins du bonnier pour les tailles et quelquefois plus.

11° Nous demandons le reculement des barrières aux frontières.

12° Nous remontrons que Messieurs des Etats de Lille nourissent plusieurs chevaux entiers pour procurer des élèves; nous demandons qu'il n'y ait plus de ces chevaux, et que nous soyons libres d'en avoir où nous voudrons.

13° Et enfin nous demandons qu'il soit arrêté que les Etats généraux seront assemblés périodiquement à des termes convenus.

De tout quoi nous avons fait et signé ces présents pour servir et valoir ce qu'il appartiendra, les jour mois et an que dessus.

Signé à l'original :

Delaunov, Candrelier, Lenoir, Godin, Vasseur, Baf, P.-J. Debroeul, Debruille, L. Lemaire, J.-Baptiste Léonard, Paul Des Mois, L. Vannicat, Philippe Baillet, Bouchart, Dulieu, Candrelier, J.-Baptiste Descène, Jacques-Joseph de Lannoi, Pierre Despinoi, Jérôme Debruille, Richard, P.-J. Deleplanque, Bouchard, Blervaque, Dufrenoy.

CAHIER

Des plaintes, doléances et remontrances des habitants de la communauté de Nomain.

1° Les habitants de Nomain sont au nombre de trois cent vingt environ.

2° Le terroir contient environ mille seize bonniers, tant en terres labourables que bois et prairies.

3° La communauté paye aux États de Lille, pour la milice deux cents florins.

Ci..................   200 fl. » »

4° Elle paye auxdits, pour les cinq tailles, dix-huit cent trente six florins douze patars sept deniers.

Ci..................   1,836 fl. 12 p. 7 d.

5° Elle paye aux susdits, pour double taille, neuf cent quatre florins sept patars quatre deniers.

Ci..................   904 fl. 7 p. 4 d.

6° Elle paye pour vingtième, année commune, cinq mille dix-neuf florins quatre patars trois deniers.

Ci..................   5,019 fl. 4 p. 3 d.

7° On paye auxdits, pour la capitation, neuf cent cinquante et un florins, trois patars trois deniers.

Ci..................   951 fl. 3 p. 3 d.

8° Aux susdits, pour vingtièmes royaux, on paye cinq mille huit cent trois florins, neuf patars.

Ci..................   5,803 fl. 9 p. »

9° Aux mêmes, pour deniers Césars, trente-neuf florins neuf patars.

Ci..................   39 fl. 9 p. »

10° Nous payons pour pied fourchu des bêtes à laine et autres au fermier du tonlieu, cent florins.

Ci..................   100 fl. » »

Le total de ces sommes se monte à celle de quatorze mille huit cent cinquante quatre florins sept patars.

Ci..................   14,854 fl. 7 p. »

Ou en livres de France la somme de dix-huit mille cinq cent soixante sept livres neuf sous trois deniers.

Ci..................   18,567 liv. 9 s. 3 d.

11° La communauté paye en outre pour une pièce de vin 1 louis 5 sous, la rondelle de bière contenant 72 pots, 5 livres 9 sous, et l'eau-de-vie 3 livres de France 19 sous. On nous met des impôts sur les briques, tuiles, moellons, etc.

12° Il a fallu payer 900 livres à un certain de Quaix d'Areinbourg, se disant receveur de Sa Majesté, pour droit d'amortissement, pour pouvoir posséder librement la collecte de notre communauté, qui nous appartenait avant, et on n'en connaît aucun droit.

Nous prions Sa Majesté de nous le faire connaître.

Rien de plus frappant pour nous que cette réclamation de droit, inconnu à nous jusqu'ici; pour toute autre chose nous avons recours aux cours souveraines et subalternes, mais ici les receveurs attrayent, jugent et vous font payer.

Si on fait bâtir à neuf sur une terre à rentée, ils font payer au double du droit seigneurial.

Si une personne, par testament, oblige ses héritiers à un anniversaire pendant dix ans ou vingt ans, ils prennent pour amortissement l'équivalent des rétributions des anniversaires. Sans doute que Sa Majesté ne touche aucuns deniers de tout ceci.

13° Les terres d'abbayes font une troisième partie du terroir de Nomain; il y a une inégalité considérable pour les impositions sur les terres et les vingtièmes; elles ne sont cotisées qu'à douze patars au bonnier de bois appartenant aux abbayes de Flines et Saint-Martin, qui ne payent rien, du moins fort peu de chose.

14° La communauté est en outre chargée d'un droit de terrage de neuf au cent de gerbes sur cinquante bonniers ou environ, qu'on est obligé de conduire à la grange seigneuriale; de 1,600 rasiers d'avoine de rente et enfin de mainte rente qui forme un produit annuel de 1,200 livres.

15° Comme le clergé et la noblesse ne payent presque rien à la charge des habitants, il conviendrait de les imposer comme les autres.

16° La capitation est imposée annuellement par les États sur tous les habitants des communautés, sans qu'ils connaissent les facultés, ce qui devrait être fait par les magistrats des lieux qui sont plus à portée de connaître les facultés de leurs concitoyens.

17° La somme totale que paye la communauté n'a certainement pas été versée en entier dans les coffres du Roi, puisque le recouvrement emporte de trop grands frais, selon l'administration actuelle; cela serait moins onéreux si les rôles étaient formés par les greffiers des communautés qui sont plus à portée de connaître les changements d'occupation, et le montant des impositions pourrait être porté directement au trésor royal par des préposés, parce que dans ce cas les États des provinces ne pourraient plus s'enrichir, ni graisser les mains de leurs créatures. Le tiers-état pourrait par ce moyen seul être déchargé de presque la moitié de ce qu'il paye annuellement, surtout si le Roi daigne accorder que le clergé et la noblesse payent les contributions comme le tiers-état. Il ne faudrait plus que des assesseurs dans chaque communauté et un receveur qui sera chargé de remettre les deniers à ce préposé de la province, lequel versera le produit de ces impositions dans le trésor royal sans frais, au moyen de la rétribution annuelle qui lui sera accordée par la province, et ces receveurs seront choisis dans chaque communauté à la pluralité des voix, et l'élection renouvelée tous les ans lors de la reddition des comptes.

18° Les impôts sur les vins, bières et eau-de-vie

sont des plus exorbitants ; les ecclésiastiques et nobles ne payent rien et ce sont cependant eux qui en font la plus grande consommation ; leurs facultés les mettant plus à portée d'y faire honneur ; en effet, l'eau-de-vie est payée au bureau des États de la province par les roturiers à 3 livres 10 sous le pot, et par les ecclésiastiques et nobles à 47 sous et demi ; cependant, quand Messieurs des États ont fait établir des cantines, pour livrer en frande aux provinces limitrophes, il y a environ trois ans, le pot d'eau-de-vie se vendait 25 sous, et ils y gagnaient certainement encore ; la différence de ce prix d'avec celui d'aujourd'hui est de plus de deux cinquièmes.

19° On paye auxdits États pour la culture du tabac vingt-cinq patars pour en planter dix verges de terre ; les sous-fermiers des communautés payent des sommes considérables pour avoir seulement le droit d'en débiter en poudre et en carotte ; de plus, on paye dans l'intérieur du royaume, pour passer d'une province à une autre, des droits sur presque toutes sortes de denrées, ce qui paraît injuste pour les sujets d'un même Roi, qui devraient avoir le droit de tirer sans impôts d'un bout du royaume à l'autre les choses nécessaires à la vie.

20° Depuis plusieurs années, les États de Lille ont une quantité de chevaux étalons qu'ils achètent à grand prix, aux frais de la province, et qu'ils envoient dans plusieurs endroits de la châtellenie pour faire saillir les juments, avec défense de les faire saillir par d'autres ; la province cependant fait voir que les élèves étaient beaucoup plus beaux avant cette institution qu'ils ne le sont aujourd'hui, parce que la plus grande partie de ces étalons ne sont pas propres pour l'agriculture ; de plus, cette institution inutile est extrêmement onéreuse aux provinces, tant pour les frais d'achat que pour les nourritures et gages des conducteurs, et il n'y a pas à craindre que les étalons appartenant aux particuliers manquent jamais dans la province.

21° Les tribunaux subalternes, tels qu'ils se trouvent dans les campagnes du royaume, sont mal organisés, en ce que les magistrats sont nommés par les seigneurs hauts justiciers, ce qui fait souvent que les droits des particuliers sont mal défendus lorsqu'ils sont opposés à ceux desdits seigneurs.

Pour obvier à ces inconvénients, nous demandons que les magistrats des paroisses de campagne soient choisis à la pluralité des voix et renouvelés tous les ans à la reddition des comptes, ou prorogés d'après une assemblée de commune si on en est content.

22° Les décimateurs ont les dîmes qui leur ont été accordées par les particuliers pour récompense de l'administration des sacrements et pour donner au peuple les instructions pour le spirituel, c'est pourquoi nous supplions Sa Majesté que les décimateurs soient obligés de mettre à leurs frais, dans toutes les paroisses, des prêtres en assez grande quantité pour instruire les peuples ; notre communauté est obligée de loger un vicaire.

23° Les décimateurs et seigneurs, enfin les abbayes, pour la plupart non domiciliés dans les communautés, ne laissent rien et ne donnent rien aux pauvres, ni sur leurs dîmes ni sur leurs bois. Les ordres mendiants sont même une charge plus grande pour les peuples que pour les ecclésiastiques et nobles.

24° Les dîmes ne remplissent aucunement les charges de leur première institution. Le pape Gélase, dans le canon *Quatuor*, cause, XVII°, can. XII,

quest. II, ordonne le partage des biens de l'Église en quatre portions, savoir : une pour l'évêque, la seconde pour le prêtre qui dessert l'autel, la troisième pour les pauvres, et la quatrième pour la fabrique. Si cette destination était remplie, les curés seraient bien dotés, et ils ne seraient pas une charge à la communauté ; il n'y aurait plus de pauvres, et les crimes et délits seraient plus rares ; la construction ne serait plus une surcharge pour les habitants.

25° Le Roi, par ses lettres patentes du 13 avril 1773, a assujetti dans la Flandre maritime le gros décimateur aux réparations et reconstructions des églises et presbytères ; les peuples de la Flandre walonne sollicitent de la bonté de Sa Majesté que cette loi lui soit commune pour les mêmes raisons reprises dans lesdites lettres patentes et dans les mémoires présentés au nom de la province.

26° Les décimateurs ont dans notre terroir la douzième et treizième gerbe, de façon que tous les cinq ans révolus, ils lèvent deux fois toute la dépouille de notre communauté, qui peut leur revenir à la somme de 15,000 livres environ chaque année ; toute la dépense de la dîme se fait par les propriétaires ou leurs représentants, c'est net, pour le décimateur : la dîme ne connaît pas même d'insolvabilité ; elle se perçoit sur la main garnie ; les malheurs du cultivateur ne la regardent point : dès que son champ est chargé de dépouilles, cela lui suffit ; enfin, sans paraître tyrannique, elle enlève au royaume la plus belle partie de ses plus clairs revenus, en dépouillant le propriétaire à cette proportion ; le propriétaire abandonne les pailles pour favoriser la récolte future, tandis que le décimateur les prend à son singulier profit ; souvent même, le même qui a dîmé en grains, dîme une seconde fois en chair, par le secours de la même dîme qui se perçoit sur les bestiaux qui ont été nourris avec le pain qu'il avait déjà dîmé. Enfin le droit est si exorbitant qu'il se porte même vers sa source, car la semence qui produit la dîme y est soumise. La nourriture des hommes et des bestiaux qui la cultivent et qui procurent le fumier qui la vivifie n'en est pas exempte.

27° Enfin les bois, qui sont considérables et qui par le même sont aux ecclésiastiques et nobles, ne payent rien ; ils doivent aussi être imposés sur leur produit réel : ils rapportent plus que les champs cultivés, ils n'exigent aucuns frais et sont à l'abri des malheurs et inconvénients de l'agriculture.

28° Au moment même que nous étions à rédiger nos cahiers de doléances, il nous est arrivé, de la part de Messieurs des États, deux vingtièmes et demi pour nous consoler de la perte de deux tiers de nos avelnes, qui ont été saccagées par l'ouragan du 13 juillet dernier. Les gros occupeurs eux-mêmes sont obligés d'acheter les grains et fourrages nécessaires pour nourrir leurs bestiaux ; mais il existe un plan général proposé, qui réunit lui seul tous les avantages que peuvent espérer tous les peuples du royaume, en particulier celui de la Flandre walonne. Il est l'ouvrage même du génie tutélaire de la France, du sage et vertueux ministre qui est à la tête des finances du royaume.

C'est le mémoire présenté au Roi en 1778, par M. Necker; tous les peuples adoptent par acclamation et reconnaissance toutes les vues et tous les moyens qui y sont présentés. En conséquence, ils demandent que le règlement pour l'organisation de la Flandre walonne soit rédigé de manière que le tiers-état y ait la même influence que le Roi a daigné lui accorder pour l'assemblée des États généraux ; de cette manière nous déclarons nous soumettre de cœur et d'esprit à toutes les contributions que Sa Majesté peut désirer pour le bien de l'État, pour remplir le *déficit*, pour le remboursement de toutes les charges vénales, pour la suppression d'une infinité d'impôts dont les frais de perception enlèvent la majeure partie. Enfin, pour faire face à tout, non-seulement nous payerons la même somme que nous payons aujourd'hui (laquelle, portée directement au trésor royal, rapportera bien plus au Roi qu'à présent), mais en outre nous offrons à notre Roi comme à notre père, telle augmentation qu'il faudra, tous nos biens, nos personnes et notre vie, qui seront constamment dévoués au besoin de l'État.

Mais qu'il y ait une égalité parfaite sur tous les biens et les contribuables. Les États provinciaux une fois bien organisés, le plus grand bien est fait ; chaque province réglera les impositions analogues à son genre de faculté ; la Flandre pourra tout rendre par l'impôt territorial, où les dîmes et rentes contribueront par l'impôt sur les vins et par la capitation ; tout autre droit sera inutile, les États provinciaux régleront à la pluralité ce que chaque ville, chaque communauté d'habitants devra fournir, les communautés s'imposeront aussi elles-mêmes les rôles d'impositions par des assesseurs qui seront choisis entre eux à la pluralité des voix, ou continués tous les ans à la reddition des comptes.

Nous, habitants du village de Nomain, avons signé le présent cahier pour servir et valoir aux députés de notre communauté.

Signé à l'original :

Vaugier, M.-B. Bocquillon, J.-E.-J. Dubois, F.-J. de l'Inselle, Dubois, G.-J. Deroubaix. R.-J. Dauchy, J.-P.-H. Les Rousseaux, P.-J. Blanquart, M.-M. Rogin, M.-F.-J. Flanquet, J.-B. de l'Ebassée, J.-F. Guillain, A.-J. Menet, P.-J. Dubu, F. Lelou, F.-J. Denque, L. D.-D. Dupont, J.-B. Menet, A. Despres, Ch. Avez, L.-F.-F. de Renoncourt, Alexandre Calimé, Philippe Fclique, L.-J. de l'Ebassé, A.-J. Basecq, M.-J. Vaquier, J.-A. Rogier, Jean-Antoine Vacquier, J.-B. Merlier, Pierre-Joseph Manche, J.-B. Duquesne, J.-B. Lefevre, J.-Joseph de Laby, Charles-Joseph Lemaire, A.-T.-J.-C. Blanquart, J.-B. Lombart, J.-J. Defresne, J.-B. Franquet, P.-J. Matinache, L.-J. Guillain, C.-J. Dufravis, A.-F. Dupire, J.-J. de l'Inselle, J.-P. Olivier, P.-L. Reguier, P. May, de Legene, L.-J. Comble, L.-F. Tavernier, P.-J. Vernier. J.-B. Lombard, A.-J. Vacquier, C.-J. Fontry, Louis-Joseph, Lambert, P. Martin, Cathelain, Thomas-François Ladam J.-B. l'Etienne, S.-J. Ricquier, P.-Joseph de Croix, P.-J. Lefebvre P.-L. Martinache, Jean-Baptiste Blanquart ; *ne varietur.*

CAHIER.

Des plaintes, doléances et remontrances des habitants de la communauté d'Aix.

1° Le terrain contient quatre cents bonniers environ.

2° Le nombre de feux est de 143.

3° La communauté d'Aix paye annuellement aux receveurs des États de Lille une somme de 4,200 florins, ou 5,250 livres de France, tant pour les dixièmes royaux et capitation que pour les vingtièmes, ordinaires, tailles derniers Césars, milice, etc.

4° Les ecclésiastiques et nobles de la province de Flandre, qui possèdent des biens immenses, ne payent presque rien à la décharge des communautés ; il y a d'ailleurs une inégalité considérable dans la répartition des impositions territoriales, et enfin les possessions desdits ecclésiastiques et nobles ne sont point fidèlement déclarées ; il conviendrait d'en faire l'arpentage dans toutes les communautés pour les connaître.

5° Il faudrait aussi faire imprimer un tableau de toutes les terres, prairies et bois de chaque bailliage, par communauté, dont les exemplaires seraient déposés au greffe de chaque communauté, afin que l'on pût s'y conformer pour les impositions.

6° La capitation est imposée annuellement, par les États, sur tous les habitants des communautés, sans qu'ils en connaissent les facultés, ce qui devrait être fait par les magistrats des lieux qui sont plus à portée de connaître les facultés de leurs concitoyens.

7° Le terroir d'Aix paye la dîme de huit du cent, sur 310 bonniers environ. Cette dîme rapporte annuellement 5,000 florins, et n'est imposée en tailles que pour dix-huit bonniers, de manière que le propriétaire de pareil nombre de terres paye plus de six fois autant que le décimateur.

8° Le seigneur d'Aix perçoit le dixième denier du prix des biens-fonds indistinctement, et non-seulement des fiefs, mais des cotteries et autres biens à la vente, dons, transports ou autres aliénations.

L'on perçoit en outre le soixantième denier pour les hommes de fief, et enfin l'on perçoit le centième denier pour droit d'affranchissement au bailli.

9° Il se perçoit encore sur le même terroir des rentes foncières et seigneuriales, tant en avoine qu'autrement, pour la valeur annuelle de 500 florins ; rien de tout cela ne contribue à la décharge des impositions de la communauté.

10° Pour le bien du royaume, le soutien de l'État et la décharge du tiers, il conviendrait que le clergé et la noblesse payassent exactement toutes les impositions et tailles comme les roturiers sans distinction.

11° Les impôts sur les vins, bières et eaux-de-vie sont des plus exorbitants ; les ecclésiastiques et nobles de la province ne payent rien à ce sujet ; ce sont cependant eux qui en font la plus grande consommation, et leurs facultés les mettent plus à portée d'y faire honneur. Le vin paye un louis à la pièce de 8 pots, le soucrion, le houblon, l'orge, etc., sont crus sur les terres qui payent encore l'impôt ; c'est l'impôt de l'impôt même, comme si l'on mettait un impôt sur le blé cru sur des terres déjà chargées d'impositions.

Pourtant la bière est une denrée de première nécessité ; le pauvre habitant, le pauvre soldat, sont les seules qui souffrent de l'impôt, qui est de 5 à 6 livres à la rondelle de 72 pots, l'eau-de-vie est payée au bureau des États de la province par les roturiers à 3 livres 5 sous de France le pot, et par les ecclésiastiques et nobles à 50 sous.

Quand Messieurs des États de Lille ont fait établir des cantines pour livrer en fraude aux provinces limitrophes, il y a trois ans environ, le pot d'eau-de-vie se vendait 25 livres et ils y gagnaient certainement encore ; cependant la différence de ce prix d'avec celui actuel est de plus de deux à cinq.

12° Il se perçoit encore des impôts presque sur toutes les denrées, comme sur l'huile à brûler, les chandelles, la cire, les cuirs, les tabacs, etc. La culture du tabac est même gênée ; il faut faire des déclarations et payer 25 patars pour dix verges de terre ; il y a des droits sur les bestiaux, sur les briques, sur les tuiles, etc., et généralement sur tout; de plus, on paye dans l'intérieur du royaume, pour passer d'une province à une autre, des droits sur presque toutes sortes de denrées, ce qui paraît injuste pour les sujets d'un même Roi, qui devraient avoir le droit de tirer sans impôts d'un bout du royaume à l'autre les choses nécessaires à la vie.

13° La somme des impositions sur les communautés n'est sûrement point versée entière dans les coffres de Sa Majesté, puisque le recouvrement emporte de trop grands frais selon l'administration actuelle, ce qui serait beaucoup moins onéreux, si les rôles en étaient formés par les greffiers des communautés du royaume, qui sont à portée de connaître les changements d'occupation annuellement.

Il serait aussi nécessaire que les deniers provenant des communautés soient portés et versés dans les coffres du Roi, par des préposés, dans tout le royaume, parce que dans ce cas les Etats des provinces ne pourraient plus s'enrichir, ni graisser les mains des créatures qui leur sont attachées au préjudice des sujets du Roi et de Sa Majesté même; de cette manière le tiers-état serait déchargé de presque la moitié de ce qu'il paye annuellement; cela étant ainsi, il ne faudrait plus que des assesseurs dans chaque communauté, et un collecteur ou receveur qui serait chargé de remettre les deniers au sieur préposé de chaque province, lequel porterait chez le Roi le produit des impositions, sans frais, au moyen de la rétribution qui lui serait accordée par la province; ces assesseurs et collecteurs seraient choisis à la pluralité des voix et renouvelés tous les ans lors de la reddition des comptes, ou prorogés après une assemblée de commune, si on est content de leur administration. La nouvelle administration aurait le droit de censurer la précédente, et celle qui va être établie reviserait tous les comptes rendus depuis dix ans.

14° Le clergé et la noblesse ont, en qualité de seigneurs hauts justiciers, des plantis considérables de bois blancs et d'ormes qui bordent les chemins de leurs juridictions, et qui empêchent les rayons du soleil de pénétrer sur les terres voisines; les ombrages et les eaux qui tombent des rameaux sur lesdites terres, ensemble les racines, causent un tort considérable aux habitants de la campagne, puisqu'à l'endroit des arbres, il y a plus de cent pieds de terrains sur lesquels on ne recueille presque rien. Ce droit de plantis doit appartenir aux propriétaires des terres, suivant la coutume de cette gouvernance; mais en 1780, on a fait abattre, en vertu d'arrêt du parlement, les arbres à tête et haies des particuliers pour avoir de meilleurs chemins, et les seigneurs ont profité de cette circonstance pour s'emparer du droit de plantis.

15° Depuis plusieurs années les Etats de Lille ont une quantité de chevaux étalons qu'ils achètent à grand prix aux frais de la province, qu'ils envoient dans plusieurs endroits de la châtellenie pour faire saillir les juments, avec défense de les faire saillir par d'autres. L'expérience démontre cependant que les élèves étaient beaucoup plus beaux avant cette institution qu'ils ne le sont aujourd'hui, parce que la plus grande partie desdits étalons ne sont pas propres à l'agriculture; de plus, cette institution inutile est extrêmement onéreuse aux provinces, tant par les frais d'achat que par les nourritures et gages des conducteurs, et il n'y a pas à craindre que les étalons appartenant aux particuliers manquent jamais dans la province.

16° L'administration de la justice est défectueuse en ce qu'elle est trop lente, par la facilité qu'ont les plaideurs de mauvaise foi de faire des chicanes sur les formes et sur mille autres bagatelles qui sont étrangères à l'objet sur lequel on plaide. Il ne se trouve que trop souvent des personnes qui mangent en démarches et en sollicitations le double de la chose pour laquelle ils plaident. Le commerce est à l'abri de ces malheureux et funestes inconvénients, à cause de la sage institution des juges-consuls. Il serait donc à désirer que le gouvernement s'occupât des moyens de rendre les procédures plus courtes, et par conséquent moins onéreuses au peuple, qu'il n'y ait plus de charges vénales, et que la justice soit gratuite.

17° Les tribunaux subalternes, tels qu'ils se trouvent dans les campagnes du royaume, sont mal organisés en ce que les magistrats sont nommés par les seigneurs hauts justiciers, ce qui fait souvent que les droits des particuliers sont mal défendus lorsqu'ils sont opposés à ceux desdits seigneurs; pour obvier à ces inconvénients, l'on demande que les magistrats des paroisses de campagne soient choisis à la pluralité des voix et renouvelés ou prorogés tous les ans d'après une assemblée de la communauté.

18° Les moulins à vent sont une chose de première nécessité, puisque, sans farine, on ne peut faire de pain. Loin donc de mettre obstacle à leur construction, on doit au contraire permettre à tout un chacun d'en ériger.

Les moulins doivent d'ailleurs être exempts de toute espèce d'imposition, à cause des incendies, des ouragans et des autres inconvénients auxquels ils sont exposés.

19° La communauté, composée de cent quarante-trois feux, contient soixante-cinq pauvres ménages, et par conséquent plus des deux cinquièmes et presque la moitié de la commune. Le village d'Aix ne possède aucun bien de commune.

Le bien des pauvres produit environ 600 florins, somme insuffisante à tous égards. son terroir touche aux frontières, le village est donc plus peuplé de commis qu'aucun autre, ce qui lui donne encore quantité d'enfants étrangers, de bâtards, nouveau-nés et exposes.

Pour remédier à la mendicité qui entretient la fainéantise, qui multiplie les crimes et délits, chaque village devrait nourrir ses pauvres; la mendicité devrait être interdite, et les enfants exposés ou illégitimes d'étrangers devraient être à la charge de la province.

20° Les dîmes ont été accordées par les particuliers aux ecclésiastiques pour récompense de l'administration des sacrements, et pour donner au peuple les instructions dont il avait besoin pour le spirituel; aujourd'hui, vu la population actuelle, les prêtres qui se trouvent dans les paroisses ne sont plus suffisants pour remplir les fonctions pour lesquelles les dîmes leur ont été accordées. Le village d'Aix sollicite vainement depuis longtemps la demande d'un vicaire; nous demandons et supplions Sa Majesté, que les décimateurs soient obligés de mettre à leurs frais, dans toutes les paroisses, des prêtres en assez grande quantité pour instruire les peuples, tant pour le spirituel que pour le temporel; on pourrait les prendre, ces prêtres, dans toutes les abbayes qui sont si fréquentes en France, où il se trouve un si grand nombre de religieux oisifs, qui devraient se faire un plaisir de rendre ce service à l'Etat. Les abbayes devraient même être des écoles publiques et charitables, et alors on verrait des enfants écolés dont partie d'eux pourrait former des sujets capables de rendre service à Sa Majesté et au public. Il ne faut pas perdre de vue que les ordres mendiants sont une charge encore plus grande pour le peuple du tiers-état que pour les ecclésiastiques et nobles; qu'en outre les décimateurs et les seigneurs qui, pour la plupart, ne sont pas domiciliés dans l'endroit, ne laissent rien pour le secours des pauvres, ni sur les dîmes, ni sur les bois, ni sur les rentes, etc.

21° Les dîmes ne remplissent aucunement les charges de leur primitive institution. Le pape Gelase, dans le canon *Quatuor* XXVII°, can. XII°, quest. II°, ordonne le partage des biens de l'Eglise en quatre portions, savoir : une pour l'évêque, la deuxième pour les prêtres qui desservent l'autel, la troisième pour les pauvres, la quatrième pour la fabrique. Si cette destination était remplie, les curés seraient bien dotés, au lieu que la plupart sont à portion congrue et une charge eux-mêmes pour les communautés, il n'y aurait plus de pauvres, et les crimes et délits seraient plus rares, enfin la reconstruction et l'entretien des églises ne seraient plus une charge pour les habitants.

22° Le Roi, par ses lettres patentes du 13 avril 1773, a assujetti dans la Flandre maritime le gros décimateur aux réparations, reconstructions et entretien des églises et presbytères. Le peuple de la Flandre wallonne sollicite de la justice et de la bonté de Sa Majesté que cette loi lui soit commune pour les mêmes raisons et mêmes motifs repris dans lesdites lettres patentes de 1773 et dans les mémoires présentés au nom de la province.

23° La dîme se perçoit sur tous les fruits; elle se perçoit constamment chaque année ; il y a plusieurs provinces où la troisième année une année de repos pour la terre que l'on appelle alors *jachère*.

Dans la province de Flandre, l'on est parvenu à cultiver constamment chaque année, mais ce n'est qu'à force d'industrie, de mises et de travaux extraordinaires, en faisant sarcler et arracher les mauvaises herbes dans les racines croissantes, en multipliant les engrais que l'on achète à grand prix, tel que cendres, chaux, boues des villes, des fossés, etc., etc., etc.

Le cultivateur est découragé souvent par les charges de ses terres qui quelquefois doivent la dîme de huit du cent, en outre terrage de huit du cent, et encore des rentes foncières et seigneuriales, outre une infinité d'autres droits.

Les tribunaux ont autorisé le laboureur à ensemencer du grain non terrageable une année sur trois ; on devrait donc aussi être exempt de la dîme une année sur trois, dans les endroits où on ne laisse aucune *jachère*, et où l'on cultive constamment chaque année par des mises extraordinaires, et pour éviter des inconvénients, la dîme devrait être restreinte aux deux tiers.

24° Le lin est une denrée précieuse et dont la culture néanmoins est infiniment coûteuse ; la multitude de mises qu'il faut faire, la cherté du bois nécessaire pour la ramure, la crainte de ne pas réussir, et surtout la circonstance de la dîme et souvent du terrage auxquels la terre est assujettie, rebutent souvent le cultivateur qui ne peut douter de se voir enlever la plus belle partie de ses espérances ; le lin devrait donc être exempt de dîme et de terrage.

25° D'un autre côté, la dîme ne paye presque rien des charges des communautés soit en dixièmes royaux, soit en taille, ou en toute autre imposition. Le propriétaire d'un bien-fonds de

mêmes revenus payera six, huit, dix, douze fois et même quelquefois plus, selon les villages, que ne payent les décimateurs ; cependant les biens-fonds sont sujets aux vicissitudes des temps, à des entretiens, à des réparations de toute espèce, à des insolvabilités, des dépérissements, des destructions ; la dîme au contraire est au-dessus de tous ces inconvénients, toutes les dépenses se font par le propriétaire ou son représentant, c'est un produit net, elle ne connaît pas même d'insolvabilité, elle se perçoit sur la main garnie, les malheurs du cultivateur ne la regardent point, dès que son champ est chargé de dépouilles, cela suffit ; elle y exerce tout son empire; enfin, sans paraître tyrannique, elle enlève au royaume la plus belle partie de ses plus clairs revenus en dépouillant les sujets propriétaires à cette proportion. Le propriétaire abandonne les pailles pour la récolte future, tandis que le décimateur les prend à son singulier profit ; souvent le même qui a dîmé en grains, dîme une seconde fois en chair par le secours de la même dîme qui se perçoit sur les volailles et bestiaux qui ont été nourris avec le grain qu'il avait déjà dîmé. Enfin ce droit est si exorbitant qu'il se porte même vers sa source, car la semence qui produit la dîme y est soumise ; la nourriture des hommes et des bestiaux qui la cultivent et qui procurent le fumier qui la vivifie n'en est pas exempte. Le propriétaire, encore un coup, est soumis à la construction des bâtiments de la ferme, il est exposé aux incendies et autres malheurs qui ne sont que trop fréquents ; les désastres même de son fermier lui sont communs par les modérations qu'il est obligé de lui faire, tandis que le décimateur, qui ne connaît que le champ et la dépouille, s'embarrasse fort peu du cultivateur et de tout ce qui l'accompagne.

La dîme doit donc être imposée conséquemment à son produit annuel.

26° Il en est de même du terrage, qui est un aussi clair et aussi beau revenu que la dîme ; le cultivateur est même obligé dans bien des endroits de tenir lui-même le terrage à la grange du seigneur avant de pouvoir prendre aucune autre partie de la dépouille de son champ.

27° Les rentes foncières et seigneuriales, qui sont non plus assujetties à aucune perte ni à aucune diminution, doivent aussi être imposées sur leur produit annuel.

28° Les droits seigneuriaux, qui sont aussi des propriétés claires et belles, tels que le dixième denier, le cinquième denier, même en bien des endroits de la valeur des biens-fonds, ne payent non plus aucune espèce d'impositions, parce qu'ils appartiennent pour la plupart aux ecclésiastiques et nobles qui ont su s'en exempter ; ils doivent aussi être imposés sur leur produit réel.

29° Enfin les bois, qui sont considérables et qui par la même raison qu'ils sont aux ecclésiastiques et nobles, ne payent rien, doivent aussi être imposés sur leur produit réel, car ils rapportent plus que les champs cultivés, si l'on considère qu'ils n'exigent aucuns frais et qu'ils sont à l'abri des malheurs et inconvénients de l'agriculture.

30° On propose pour l'imposition territoriale trois classes de terres : bonnes, médiocres, et mauvaises; mais il vaudrait mieux, ce semble, que l'imposition du droit de terrage fût à la décharge des terres chargées de terrage, l'imposition de la dîme de huit du cent à la décharge des terres chargées de huit et ainsi de la dîme de trois et des rentes foncières et seigneuriales pour les terres qui en sont chargées.

1re SÉRIE, T. III. 14

31° Mais il existe un plan général proposé, qui réunit lui seul tous les avantages que les peuples du royaume puissent espérer, et en particulier celui de la Flandre wallonne; il est l'ouvrage même du génie tutélaire de la France, du sage et vertueux ministre qui est à la tête des finances du royaume. C'est le mémoire présenté au Roi en 1778 par M. Necker. Tous les peuples adoptent par acclamation et reconnaissance toutes les vues et tous les moyens qui y sont présentés. En conséquence, ils demandent que le règlement pour l'organisation des États de la Flandre wallonne soit rédigé de manière que le peuple du tiers-état y ait la même influence que celle que le Roi a daigné lui accorder pour l'assemblée des États généraux; de cette manière le peuple déclare se soumettre de cœur et d'esprit à toutes les contributions que Sa Majesté peut désirer pour le bien de l'État, pour remplir le *déficit*, pour le remboursement de toutes les charges vénales, pour la suppression d'une infinité d'impôts dont les frais de perception enlèvent la majeure partie; enfin, pour faire face à tout, non-seulement il payera la même somme qu'il paye aujourd'hui (laquelle portée directement et sans frais au trésor royal rapportera bien plus au souverain qu'à présent), mais en outre il offre à son Roi comme à son père, telle augmentation qu'il faudra; enfin tous ses biens, sa personne et sa vie seront aussi contamment dévoués au service de Sa Majesté et au bien de l'État, mais qu'il y ait une égalité parfaite sur tous les biens et les contribuables.

Les États provinciaux une fois organisés, le plus grand bien est fait; chaque province réglera ses impositions analogues à son genre de facultés.

La Flandre pourra tout remplir par l'impôt territorial, ou les dîmes, ou les rentes contribueront par l'impôt sur le vin et par la capitation. Tout autre droit sera inutile. Les États provinciaux régleront à la pluralité ce que chaque ville, chaque communauté d'habitants devra fournir. Les communautés s'imposeront aussi elles-mêmes, feront elles-mêmes les rôles d'impositions par des assesseurs qui seront choisis entre eux à la pluralité, renouvelés ou continués tous les ans à la reddition du compte. Les abus se réformeront, l'ordre deviendra parfait; ce qui ne sera pas trouvé juste d'après l'expérience pourra être réformé; au moyen des assemblées on cherchera aussi les moyens d'empêcher les abbayes et seigneurs de faire retomber le poids de leurs charges sur leurs fermiers. Le cahier de toute une province contiendra tout, et en cas de difficulté, Sa Majesté y fera droit; on parviendra à éteindre les procès, on proposera des points qui les font naître les moyens d'y pourvoir, ou d'avoir une décision générale, enfin tous les avantages qui en résulteront sont développés dans le mémoire présenté au Roi en 1778. Les communautés lésées par les abbayes et seigneurs parviendront aussi à avoir l'ouverture des archives que ces abbayes et seigneurs ont conservées, tandis que les ravages des guerres, les incendies, etc., etc., ont fait perdre tous les titres des particuliers et des communautés; on parviendra à éclaircir le point de la féodalité, à revenir sur ces droits odieux de mainmorte, terrage, etc., qui, pour la plupart, ont été usurpés par les abbayes et seigneurs, à l'aide de ce qu'ils ont toujours choisi, pour régir les communautés, leurs fermiers et créatures, etc., etc.

32° Les habitants proches de l'église de ce lieu ont requis un vicaire par le présent cahier, mais il y a une portion congrue qui s'y oppose à cause du trop grand éloignement, à cause que ladite n'est éloignée du terroir de la baronnie de Landas que de cent cinquante pas de géométrie, tandis que l'église dudit Aix est éloignée du haut hameau de cinq quarts de lieues environ, que cet éloignement cause souvent que nombre de personnes dudit hameau meurent sans sacrements, ce qui cause encore, que plusieurs personnes ne puissent se rendre à l'office divin; ce qui empêche que les enfants ne puissent se rendre aux instructions ordinaires, et par conséquent les habitants dudit haut hameau désirent qu'il y ait une église au milieu du village pour les commodités des paroissiens de ce lieu.

Les habitants dudit Aix se plaignent que tous les gibiers qui sont sur ce territoire sont en si grande quantité, qu'ils ne font que causer des dommages aux cultivateurs.

Un particulier se plaint que le seigneur de ce lieu fait renouveler la loi d'Aix à la rétribution de 10 écus, qui se payent par la commune et que les échevins de ladite loi consomment encore aux dépens de ladite communauté 10 autres écus.

(En marge est écrit, *calomnie*, que ce particulier, nommé Antoine Lecat, n'est point employé dans les rôles des impositions dudit Aix.)

Signé à l'original:

P.-J. Galinde, député; P.-J. Wavrin, député; J.-B. Épinette, J.-L. Lubrez, P.-F. Vragon, A.-J. Poulée, J.-M. Vaudrecq, A.-J. Duprez, J.-F. Duquesne, P.-F. Dieuprez, J.-L. Diret, J.-B. Vacquier, Valos, A.-J. Despret, J.-M. Dupret, Louis Joseph Ricquier, J.-Dufour, J.-F. Martinache, J.-B. Lortoir, P.-J. Dorchies, A.-L. Choteau, Richard, Joseph Conat, Lepetit, A.-F. Duganquier, F.-J. Dauchy, A.-F. Douchy, L.-J. Alanvart, P.-J. d'Assonville, L.-S. Mazenque, J.-Creton, L.-S. Boury, P.-J. Galide, Daveno, Bailly.

RÉDACTION

Du cahier des plaintes, doléances et remontrances que la communauté de Landas entend faire à Sa Majesté, pour être remis ès mains de députés qui seront élus pour le porter en l'assemblée générale qui se tiendra le 30 mars 1789, par-devant M. le lieutenant général de la gouvernance de Douai.

À l'abri de cette grâce inattendue, et pénétrés de cette bonté royale qui daigne s'étendre jusqu'à elle, la communauté de Landas ose exprimer ses très-humbles remontrances et les cris des malheureux tant de fois étouffés avant de parvenir dans le sein de ce souverain chéri, qui n'a pas dédaigné de se déclarer pour leur père; il leur fallait traverser pour y parvenir une foule innombrable de personnes trop accoutumées à vivre de la sueur du pauvre pour ne pas empêcher les faibles soupirs de la misère de parvenir à celui qui seul pouvait les alléger; écrasée par ces ordres et ces états supérieurs dont elle a été jusqu'à présent l'esclave infortunée, elle voyait blanchir ses membres sous le poids du travail, s'efforçant de tirer d'un sol très-souvent ingrat de quoi acquitter les enchères redoublées dont leurs maîtres inexorables accablent le théâtre de leurs travaux. Courbée sous le joug impérieux de ses maîtres et propriétaires, elle voyait annoncer le moment fatal où les campagnes n'auraient produit qu'une faible moisson par l'impuissance de se fournir le nécessaire pour aider leur fécondité.

Réduite aux abois, elle apprend avec extase que la bonté de son Roi daigne lui tendre une main secourable pour la tirer du bourbier de malheurs; qu'il veut bien recevoir ses doléances, entendre ses remontrances et même s'abaisser jusqu'à recevoir ses faibles avis sur les moyens qu'elle croit les plus propres pour l'empêcher de tomber dans cette indigence prochaine. O jour heureux, où le meilleur des Rois reçoit l'hommage unanime de ses sujets trop fortunés, si Sa Majesté daigne jeter un regard de bonté sur le fidèle tableau de ceux qui composent cette communauté !

1° La communauté de Landas contient quatre cent treize feux.

2° Son terroir s'étend à 670 bonniers environ.

3° Ladite communauté paye annuellement aux États de Lille, tant pour dixièmes royaux et capitation que pour dixièmes ordinaires, cinq tailles, denier César, milice et droit de tonlieu double taille, environ 9,000 florins, suivant son dernier compte rendu par-dessus les charges annuelles de ladite communauté qui montent à 2,000 florins environ.

4° Elle paye en outre tous les impôts de consommation et de fabrication généralement quelconques.

5° Leur église est nouvellement bâtie, et malgré cela le produit des biens de la fabrique ne suffit pas pour la fabrique, la charge en retombe sur la communauté.

6° Il y a parmi les habitants cent pauvres familles et plus, et le revenu de la pauvreté n'est que de 300 florins, de laquelle somme un tiers est absorbé pour satisfaire aux charges de la fabrique, nouvelle charge encore pour la communauté, *qui n'a aucun bien de commune.*

7° Les années à jamais mémorables où la main de Dieu, appesantie sur son peuple, a ravagé en un instant l'espoir du laboureur, ont mis la communauté dans l'impuissance d'acquitter annuellement les impositions; ses collecteurs, incapables de parvenir au recouvrement des fonds nécessaires sans réduire les redevables à la mendicité la plus affreuse, ont à peine acquitté chez MM. les trésoriers des États de Lille les impositions de l'année 1786. Ils ont à peine reçu la moitié de celle demandée pour 1787. Dans cette infortunée circonstance ils n'ont d'autres moyens pour parvenir à un avancement de payement que la vente des effets, sans lesquels la culture est impossible.

8° La présente année, loin de tirer un voile sur les désastres du mois de juillet dernier, ne fait qu'augmenter la terreur publique. Une gelée longue et inouïe retrace de nouveau ce jour infortuné où une horrible grêle détruisit en un instant l'espoir d'une triste moisson. La terre, qui dans ce mois est ordinairement parée de verdure, ne présente aux yeux du laboureur qu'un sol nu où il a nouvellement tracé ses sillons dans le sein desquels il a confié de nouveau ses faibles espérances.

9° Le terroir de Landas est chargé de la dîme de huit du cent sur environ 450 bonniers, le surplus à trois du cent; 40 bonniers environ sont en outre chargés de terrage encore de huit du cent; il se perçoit annuellement en rentes foncières et seigneuriales, 1,000 razières d'avoine environ et 1,000 florins en mêmes rentes, le tout par différents seigneurs, chapitres et communautés religieuses.

10° Les ecclésiastiques et nobles de la province de Flandre, qui possèdent des biens immenses, ne payent presque rien de l'imposition territoriale; il existe une inégalité considérable dans la répartition des impositions sur les biens-fonds.

11° Les possessions des ecclésiastiques et nobles ne sont point fidèlement déclarées; il conviendrait d'en faire l'arpentage dans toutes les communautés pour les connaître, il faudrait aussi faire imprimer un tableau de toutes les terres, prairies et bois de chaque village, dont les exemplaires seraient déposés au greffe de chaque bailliage, et un autre dans les fermes ou greffe de chaque communauté, afin que l'on pût s'y conformer pour les impositions.

12° La capitation est imposée annuellement par les États sur tous les habitants des communautés, sans qu'ils en connaissent les facultés, ce qui devrait être fait par les magistrats des lieux qui sont plus à portée de connaître les facultés de leurs concitoyens.

13° La somme que payent annuellement les communautés n'est certainement point versée en entier dans les coffres de Sa Majesté, puisque le recouvrement de cette somme emporte de trop grands frais selon l'administration actuelle, ce qui serait beaucoup moins onéreux si les rôles en étaient formés par les greffiers des communautés du royaume qui sont à portée de connaître des changements d'occupation annuellement; il faudrait que les deniers provenant des communautés soient portés et versés directement dans les coffres du Roi, par des préposés dans tout le royaume, parce que dans ce cas les États de province ne pourraient plus s'enrichir ni graisser les mains des créatures qui leur sont attachées, au préjudice des sujets du Roi et de Sa Majesté même. Cela étant ainsi, le tiers-état serait déchargé de presque la moitié de ce qu'il paye annuellement, ce qui ne manquerait pas de faire fleurir l'État et de voir renaître les puissances du royaume. Il ne faudrait plus que des assesseurs dans chaque communauté et un collecteur ou receveur qui serait chargé de remettre les deniers au sieur préposé de chaque province, qui porterait chez le Roi le produit des impositions, sans frais, au moyen de la rétribution qui lui serait accordée par la province; ces assesseurs et ce collecteur seraient élus dans chaque communauté à la pluralité des voix, renouvelés ou prorogés tous les ans d'après une assemblée de commune, lors de la reddition des comptes.

14° Les impositions sur les vins, bières et eaux-de-vie sont des plus exorbitantes : celle du vin est de 24 livres la pièce, celle de la bière est de 5 à 6 livres à la rondelle de 70 pots. Les ecclésiastiques et nobles de la province ne payent rien de ces impositions; ce sont cependant eux qui en font la plus grande consommation, et leurs facultés les mettent plus à portée d'y faire honneur. L'eau-de-vie est payée au bureau des États de la province par les roturiers à 3 livres 5 sous de France le pot, et pour les ecclésiastiques et nobles à 50 sous, même monnaie; il est injuste que les riches payent le moins, et quand MM. les grands baillis des États de Lille ont fait établir des cantines pour livrer en fraude aux provinces voisines et limitrophes, il y a environ trois ans, le pot d'eau-de-vie se vendait 25 sous, et ils y gagnaient certainement encore; cependant la différence de ce prix d'avec celui actuel est de plus de 2 à 5.

15° Il se perçoit encore des impôts presque sur toutes les denrées, comme sur l'huile, les chandelles, la cire, les cuirs, les tabacs; la culture du tabac est même gênée, il faut faire des déclarations et payer 25 patars pour dix verges de terre; il y a des droits sur les bestiaux, sur les briques, tuiles et généralement sur tout. De plus, on paye dans l'intérieur du royaume, pour passer d'une province à une autre, des droits sur presque toutes sortes de denrées, ce qui paraît injuste pour les sujets d'un même roi, qui devraient avoir le droit de tirer sans impôts d'un bout du royaume à l'autre les choses nécessaires à la vie.

16° Le soucrion, le houblon, l'orge, etc., sont crûs sur des terres qui payent les impositions, c'est l'impôt de l'impôt même, comme si l'on mettait un impôt sur le blé crû sur les terres déjà chargées des impositions. La bière est pourtant une denrée de première nécessité; le pauvre habitant et le pauvre soldat sont les seuls qui souffrent de l'impôt. La grande consommation du vin se fait par les nobles et ecclésiastiques, et ils sont exempts de l'impôt.

17° Depuis plusieurs années les États de Lille ont une quantité de chevaux étalons qu'ils achètent à grand prix aux frais de la province et qu'ils envoient dans plusieurs endroits de la châtellenie pour faire saillir les juments, avec défense de les faire saillir par d'autres. L'expérience cependant fait voir que les élèves étaient beaucoup plus beaux avant cette institution qu'ils ne le sont aujourd'hui, parce que la plus grande partie desdits étalons ne sont pas propres à l'agriculture; de plus, cette institution inutile est extrêmement onéreuse aux provinces tant pour les frais d'achat que pour les frais de nourriture et gages des conducteurs; il n'y a pas à craindre que les étalons appartenant aux particuliers manquent jamais dans les provinces.

18° L'administration de la justice est défectueuse en ce qu'elle est trop lente; par la facilité qu'ont les plaideurs de mauvaise foi de faire des chicanes sur les formes et sur mille autres bagatelles étrangères à l'objet, ils lèvent des incidents ruineux. Il ne se trouve que trop de personnes qui mangent en démarches et en sollicitations le double de la chose pour laquelle ils plaident (le commerce est à l'abri de ces malheureux et funestes inconvénients à cause de la sage institution des juges-consuls). Il serait donc à désirer que le gouvernement s'occupât dès moyens propres à rendre les procédures plus courtes et par conséquent moins onéreuses au peuple; on verrait par là bien des injustices réprimées.

19° Les dîmes ont été accordées par les particuliers aux ecclésiastiques, pour récompense de l'administration des sacrements et pour donner aux peuples les instructions dont il avait besoin pour le spirituel. Aujourd'hui, vu la population actuelle, les prêtres qui se trouvent dans les paroisses ne sont plus suffisants pour remplir les fonctions pour lesquelles les dîmes ont été accordées. Nous demandons et supplions Sa Majesté que les décimateurs soient obligés de mettre à leurs frais dans toutes les paroisses des prêtres en assez grande quantité, pour instruire les peuples tant pour le spirituel que pour le temporel; on pourrait les prendre, ces prêtres, dans toutes les abbayes qui sont si fréquentes en France où il se trouve un grand nombre de religieux oisifs, qui devraient se faire un plaisir de rendre ce service à l'État. Les abbayes devraient même être des écoles publiques et charitables, et alors on verrait des enfants écolés dont partie d'entre eux pourraient former des sujets capables de rendre service à Sa Majesté et au bien public. Il faut observer que les ordres mendiants sont une charge pour le peuple du tiers-état, bien plus

grande qu'aux abbayes et décimateurs, qui ne laissent jamais rien pour les pauvres sur leurs dîmes ni sur leurs autres biens.

20° Les moulins sont de la première et de la plus urgente nécessité; l'on doit donc les encourager plutôt que les interdire. Le droit de vent devrait donc être libre et les moulins exempts d'aucune imposition; ils sont exposés aux incendies, ouragans et autres désastres.

21° Le lin, qui est une denrée précieuse et dont en même temps la culture est infiniment coûteuse, devrait être exempt de dîme et terrage; il est rare que l'on réussisse pleinement en lin, la cherté des bois pour ramer, le peu de fortune de plusieurs cultivateurs qui voient leurs terres chargées de dîmes et terrages, et qui calculent que la plus belle portion de leurs espérances sera ainsi pour d'autres, fait qu'ils n'osent risquer tant de mises et de dépenses dont ils ne peuvent seuls espérer le profit.

22° On a proposé pour l'imposition des terres d'en faire trois classes, bonnes, médiocres et mauvaises; mais il paraît qu'il vaut mieux mettre l'impôt uniformément, mais ce que le droit de terrage payera d'impôt sera à la décharge des terres chargées de terrage, ce que la dîme de huit payera sera aussi à la décharge des terres qui la doivent, et ainsi de la dîme de trois et des rentes à la décharge des terres qui doivent rentes.

23° Les dîmes ne remplissent aucunement les charges de leur primitive institution. Le pape *Gélase* dans le canon *Quatuor XXVII*, can. XII, quest II°, ordonne le partage des biens de l'Église en quatre portions, savoir : une pour l'évêque, la seconde pour les prêtres qui desservent l'autel, la troisième pour les pauvres, la quatrième pour la fabrique.

Si cette destination était remplie, les curés seraient bien dotés, au lieu que la plupart sont à portion congrue et eux-mêmes une charge pour la communauté, il n'y aurait plus de pauvres et les crimes et délits seraient plus rares, la construction et l'entretien des églises ne serait plus une charge pour les habitants.

24° Le Roi, par ses lettres patentes du 13 avril 1773, a assujetti dans la Flandre maritime le gros décimateur aux réparations, reconstructions et entretien des églises et presbytères ; le peuple de la Flandre wallone sollicite de la justice et de la bonté de Sa Majesté que cette loi lui soit commune pour les mêmes raisons et mêmes motifs repris dans les mémoires présentés au nom de la province.

25° La dîme se perçoit sur tous les fruits, elle se perçoit constamment chaque année. Il y a plusieurs provinces où la troisième année est une année de repos pour la terre que l'on appelle alors en *jachère*; dans la province de Flandre, l'on est parvenu constamment à cultiver chaque année, mais ce n'est qu'à force d'industrie, de mises et de travaux, en faisant sarcler et arracher dans les aveties croissantes toutes les mauvaises herbes qui s'y trouvent, en multipliant les engrais que l'on achète à grand prix, tels que cendres, chaux, boues des villes et des fossés, etc., etc. Le cultivateur est souvent découragé par les charges de ses terres qui quelquefois doivent dîme de huit du cent, et en outre terrage aussi de huit du cent, des rentes foncières et seigneuriales, outre une infinité de droits. Les tribunaux ont autorisé le laboureur à ensemencer du grain non terrageable une année sur trois. On devrait donc aussi être exempt de la dîme, une année sur trois dans les endroits où on ne laisse aucune jachère, et où l'on cultive constamment par des mises extraordinaires, et pour éviter des inconvénients la dîme devrait être restreinte aux deux tiers.

26° D'un autre côté, la dîme ne paye presque rien des charges des communautés soit en vingtièmes royaux, soit en tailles, soit en tout autres impositions. Cette dîme dans certains villages rapportera 6,000 florins annuellement aux décimateurs et ne sera imposée que pour 1¼ bonniers de terre. Un pareil nombre de terre ne rapportera au propriétaire que 500 florins de fermage; il paye donc douze fois autant que le décimateur. Cependant les biens sont sujets aux vicissitudes des temps, à des entretiens, à des réparations de toute espèce, à des insolvabilités, des dépérissements, des destructions. La dîme, au contraire, est au-dessus de la plupart des inconvénients; toute la dépense se fait par le propriétaire ou son représentant, c'est un produit net, elle ne connaît pas même d'insolvabilité, elle se perçoit sur la main garnie, les malheurs du cultivateur ne la regardent point, dès que son champ est chargé de dépouilles cela lui suffit, elle exerce tout son empire; enfin, sans paraître tyranique, elle enlève au royaume la plus belle partie de ses plus clairs revenus, en dépouillant les sujets propriétaires à cette proportion.

Le propriétaire abandonne les pailles pour favoriser la récolte future, tandis que le décimateur les prend à son singulier profit; souvent même, qui a dîmé en grains dîme une seconde fois en chair par le secours de la même dîme qui se perçoit sur les volailles et les bestiaux qui ont été nourris avec le grain qui avait été déjà dîmé. Enfin ce droit est si exorbitant qu'il se porte même vers sa source; car la semence qui produit la dîme y est soumise, la nourriture des hommes et des bestiaux qui la cultivent et qui procurent le fumier qui la vivifie n'en est pas exempte; elle se replie pour ainsi dire sur elle-même de toute façon; le propriétaire, encore un coup, est soumis à la construction des bâtiments de la ferme, il est exposé aux incendies et autres malheurs qui ne sont que trop fréquents, les désastres mêmes de son fermier lui sont communs par les modérations qu'il est obligé de lui faire; tandis que le décimateur, qui ne connaît que le champ et la dépouille, s'embarrasse très-peu du cultivateur et de tout ce qui l'accompagne, doit être imposé conséquemment à son produit annuel.

27° Il en doit être de même du terrage qui est un aussi clair et un aussi bon revenu que la dîme; le cultivateur est même obligé dans bien des endroits de conduire lui-même le terrage à la grange du seigneur, avant de prendre aucune autre partie de la dépouille de son champ.

28° Les rentes foncières et seigneuriales, qui ne sont non plus assujetties à aucune perte ni aucune diminution, doivent aussi être imposées sur leur produit annuel.

29° Les droits seigneuriaux, qui sont aussi des propriétés claires, tel que le dixième denier, même le cinquième, en bien des endroits de la valeur des biens-fonds, ne payent non plus aucune espèce d'impositions parce qu'ils appartiennent pour la plupart à des ecclésiastiques qui ont su s'en exempter; ils doivent être aussi imposés sur leur produit réel.

30° Enfin, les bois qui sont considérables et qui par la même raison qu'ils sont aux ecclésiastiques et nobles, ne payent rien, doivent aussi être

imposés selon leur produit réel, ils rapportent plus que les champs cultivés, ils n'exigent aucuns frais et sont à l'abri des malheurs et inconvénients de l'agriculture.

31° Mais il existe un plan général proposé, qui réunit lui seul tous les avantages que peuvent espérer tous les peuples du royaume et en particulier celui de la Flandre wallone, il est l'ouvrage même du génie tutélaire de la France, du sage et vertueux ministre qui est à la tête des finances du royaume. C'est le mémoire présenté au Roi en 1778 par M. Necker; tous les peuples adoptent par acclamation et reconnaissance toutes les vues et tous les moyens qui y sont présentés. En conséquence, ils demandent que le règlement pour l'organisation des États de la Flandre wallone soit rédigé de manière que le peuple du tiers-état y ait la même influence que celle que le Roi a daigné lui accorder pour l'assemblée des États généraux; de cette manière le peuple déclare se soumettre de cœur et d'esprit à toutes les contributions que Sa Majesté peut désirer pour le bien de l'État, pour remplir le déficit, pour le remboursement de toutes les charges vénales, pour la suppression d'une infinité d'impôts, dont les frais de perception enlèvent la majeure partie; le commerce dégagé des entraves qu'il rencontre à chaque instant, même dans sa propre province, prendrait une nouvelle vigueur; cette multitude innombrable d'employés répandus au travers du royaume deviendrait inutile et serait bornée à un nombre suffisant pour garnir les frontières; enfin, pour faire face à tout, ce même peuple offre de payer ce qu'il paye aujourd'hui (cette somme portée directement et sans frais au trésor royal rapportera infiniment plus au souverain qu'à présent), et en outre il offre à son Roi, comme à son père, telle augmentation qu'il faudra; enfin, tous ses biens, sa personne et sa vie seront constamment dévoués au bien de l'État, mais qu'il y ait une égalité parfaite sur tous les biens et les contribuables. Les États provinciaux une fois organisés, le plus grand bien est fait, chaque province réglera ses impositions analogues à son genre de facultés. La Flandre payera avec ardeur les impositions réparties avec justice sur les dîmes, comme autrement, où tout le monde contribuera indistinctement par l'impôt sur le vin et la capitation. Les États provinciaux régleront à la pluralité ce que chaque ville, chaque communauté d'habitants devra fournir, les communautés s'imposeront elles-mêmes, feront elles-mêmes les rôles d'impositions, les abus se réformeront, l'ordre deviendra parfait, et ce qui ne sera pas trouvé juste d'après l'expérience pourra être réformé au moyen des assemblées.

Le cahier de tout une province contiendra tout, et en cas de difficulté Sa Majesté y fera droit; on parviendra à éteindre les procès, ou proposera des points qui les font naître les moyens d'y pourvoir ou d'avoir une décision générale; enfin tous les avantages qui en résulteront sont développés dans le mémoire présenté au Roi en 1778, et rendront heureux ceux qui trament, pour premier honneur, d'être les très-humbles sujets du meilleur et du plus chéri des Rois.

Fait et arrêté en l'assemblée du 24 mars 1789.

Signé à l'original :

A.-J. de Lermer, A.-J. Dubof, A.-S. Delegrange, Jean-Baptiste Beaumont, P.-J. Imbré, J.-F. Duheme, J.-F. Bouchart, J.-C. Mont, Blauvart, J. Delahaye, J. Justillain, P.-P. Lemaire, Martinache, Rogier, A. Leprêtre, J. Héry, M. Ridou, P.-A. Locuil, P.-J. Dubois, J.-B. Lanquemart, M.-A. Conte,

P.-J. Labres, Lacquemant, A. Dubois, G.-J. Bourre, J. Luber, J.-F.-J. Ducauchey, Jean-Baptiste Ricquier, Bouchard, L. Lemaire, Estal, Jacques Dourlet, L.-F. Bazin, P.-J. Duchauchey, Leger, Baumain, A. Drumez, J.-B. Dujardin, Papotier, J.-P. Lubert, Paroberet, Lacquesnet, C.-J. Rousseau, A.-J. Ducauchey, A.-J. Ducauchey, J.-L.-G. Ducauchey, Cornet, Duvivier, A. Vanderbecq, A. Demory, J.-D. Lacquemont, J.-F. Bouchard, Adrien Robert, Jean-Jacques Rogier, J.-P. de La Hamaide, D. Dupret, Faudinn, Bleuzet, L.-F. Payen, Loulers, Le Lubrunc, D.-J. Delemer, P. Delcroix, M.-J. Quennois, J.-L, Delemer, L.-J. Decarpentires, Hippolyte Duprez, J. Leprêtre, J.-F. Dauchy, J.-B. Dourloz, C. Lubrez, B. Sonbart, P.-B. Lanquemant, P.-J. Descamps, P.-J. Lanquemant, P.-M. Bourguelle, J.-B.-J. Ducauche, J. Derache, P.-P. Bazin, J.-B. Couteau, J.-A. Dupire, J.-J. Salez, J.-B. Bazin, J.-F.-J. Duquesne, C.-J. Claire, J.-B. Lacquement, E.-J. Lapere, A, Delvigne, J.-A. Mielley, J.-B. Robert, P.-J. Rogier, J.-B. Dupire, P.-P. Leprêtre, C.-M-J.-J. Ducauché.

CAHIER

Des plaintes, doléances et remontrances, des habitants de la commune de Benvry.

1° Le terroir de Benvry contient environ 750 bonniers.

2° La communauté paye annuellement aux receveurs des États de Lille la somme de 3,895 florins, 12 patards, tant pour vingtièmes royaux et capitation que pour les vingtièmes ordinaires, les cinq tailles, les doubles tailles, denier César, milice, droit de tonlieu, etc., etc.

3° MM. les abbés et religieux de Marchiennes, qui sont les seigneurs de Benvry, qui en sont aussi les décimateurs et qui, en outre, possèdent eux seuls la moitié du terroir, ne payent presque rien à la décharge de la communauté.

En effet, ils possèdent d'abord plus de 200 bonniers de bois.

Ils ont, en second lieu, 132 bonniers, environ, de terres labourables.

En troisième lieu, ils ont 22 bonniers 1/2 de prairies.

En quatrième lieu, il leur appartient la dîme universelle de tout le terroir, dont 450 bonniers environ sont chargés de huit du cent, le surplus à trois du cent; cette dîme leur rapporte, année commune, 6,000 florins, faisant 7,500 livres de France.

En cinquième lieu, ils perçoivent un droit de terrage de huit du cent sur environ 132 bonniers, lequel droit leur rapporte annuellement 1,600 florins, faisant 2,000 livres de France.

En sixième lieu, les mêmes terres chargées de dîme et de terrage sont, en outre, chargées envers la même abbaye de plusieurs rentes foncières et seigneuriales, tant en avoine qu'en argent, savoir : 500 rasières d'avoine annuellement, et environ 300 livres de France en argent, en tout, fait encore à ladite abbaye un revenu annuel de 2,000 livres de France.

En septième lieu, enfin, l'abbaye possède à Benvry non-seulement le droit de dixième denier sur les fiefs, mais en outre elle y perçoit le droit rigoureux de mainmorte, reste affreux de l'esclavage, qui consiste dans le dixième denier de tous les biens cotiers, non-seulement à la vente, don et transport, mais encore à la mort de l'héritier, à celle d'un père, d'un frère, d'une sœur, et ainsi à l'infini, de sorte que les religieux de Marchiennes, eux-mêmes, racontent avec complai-

sance qu'il y a certains héritages sur lesquels ils ont perçu trois fois le dixième denier en une même année.

Cependant, comme on l'a dit plus haut, l'abbaye de Marchiennes ne paye presque rien à la décharge de la communauté; elle a d'abord 282 bonniers qui, dans le cahier des vingtièmes, ne sont imposés qu'à 11 patards 1/2 du bonnier, tandis qu'il y a des parties d'héritages aux particuliers qui sont imposées jusqu'à 8 florins, ce qui fait par conséquent quinze à seize fois autant que ne paye l'abbaye.

Le terrage et les rentes foncières de l'abbaye ne payent rien en taille et vingtième ordinaire.

La dîme, qui rapporte 6,000 florins, n'est imposée dans les assiettes des tailles que pour 14 bonniers; cependant le propriétaire de pareille quantité de terres ne pourrait en retirer que 500 florins environ; le propriétaire de 14 bonniers paye donc douze fois autant que l'abbaye ne paye pour la dîme.

Enfin les 200 bonniers de bois environ de ladite abbaye ne payent non plus aucune imposition en taille et vingtième ordinaire.

Pour le bien du royaume, le soutien de l'État et la décharge du tiers, il conviendrait que le clergé et la noblesse payassent exactement tous les impôts et tailles comme les roturiers sans distinction.

4° Les possessions des ecclésiastiques et nobles ne sont point fidèlement déclarées; il conviendrait d'en faire l'arpentage dans toutes les communautés pour les connaître : il faudrait aussi faire imprimer un tableau de toutes les terres, prairies et bois de chaque bailliage, par communauté, dont les exemplaires seraient déposés au greffe de chaque bailliage et un autre dans les fermes au greffe de chaque communauté, afin que l'on pût s'y conformer pour les impositions.

5° Le village de Benvry est composé de trois cent quarante feux environ ; ils n'ont pour tous biens de commune que 12 bonniers qu'il a fallu aliéner l'année dernière pour la reconstruction de leur église.

L'abbaye de Marchiennes a encore exigé le droit seigneurial de cette aliénation, qu'elle a cependant modéré au cinquantième denier. Avant cette aliénation, le nombre des pauvres était si considérable qu'il a fallu autoriser la communauté d'assoir une taille extraordinaire de 800 florins annuellement, moitié sur la capitation, moitié sur les occupants intranes ; et aujourd'hui que leur commune est aliénée, quand la communauté assoirait le double, elle ne pourrait encore subvenir aux besoins des pauvres, parce qu'ils n'obtiennent aucun secours de l'abbaye ni sur leur dîme, ni sur leurs bois, ni sur leurs rentes, ni sur leurs propriétés antérieures; que leur curé est à une chétive portion congrue, et que finalement les ordres mendiants sont une plus grande charge pour le peuple que pour les ecclésiastiques et nobles.

6° Le village de Benvry a été ruiné totalement à plusieurs reprises et écrasé par les procédures qu'il lui a fallu soutenir depuis plus de trois siècles avec l'abbaye de Marchiennes, tant pour le droit odieux de mainmorte que pour la dîme, le terrage et les rentes. Tous ces droits ont été usurpés à la longue sur la communauté. Une sentence du gouverneur de Douai, du 10 juin 1441, avait défendu à l'abbaye de percevoir ce droit; en 1515 l'abbaye renouvela sa prétention contre cent trente-trois particuliers; les magistrats des villages était nommés par les seigneurs, et toujours choisis parmi leurs fermiers et créatures; les habitants ont toujours leurs intérêts abandonnés dès qu'ils sont opposés à ceux des seigneurs ; l'abbaye a toujours fait autant de procès qu'il y avait de particuliers, ce qui les a écrasés. En 1699, ces habitants furent obligés de s'inscrire en faux contre plusieurs dénombrements produits par l'abbaye ; par sentence du 31 janvier 1708, l'abbaye fût déboutée de ses prétentions en payant par les habitants pour droit de dîme trois du cent conformément à leurs offres, et condamnée à la restitution de ce qu'elle avait perçu au delà de cette quotité.

La multitude des habitants n'a jamais pù se défendre, parce qu'on les a forcés de plaider chacun en particulier. Leur ruine, occasionnée par les frais, a opéré l'établissement de tous les droits dont ils sont chargés.

Une enquête tenue en 1698 par le lieutenant général de la gouvernance de Douai, et composée de quarante huit témoins, prouve que les religieux de l'abbaye, à l'aide de leurs fermiers qui étaient des gens de loi, ont enlevé furtivement la ferme qui était dans l'église et qui contenait tous les titres du village. On sonna l'alarme inutilement. La communauté avait une taille dans le bois, nommée la Queue-de-la-Praielles, dont elle avait accordé la jouissance pour un certain temps à l'abbaye, en considération des grès et pierres qu'elle donnait pour réparer les chemins ; le temps de cette concession allait expirer lors de l'enlèvement du ferme. La communauté dépourvue de ses titres, l'abbaye a fait tout ce qu'elle a voulu tant par craintes, menaces, que par l'effroi des procédures.

Il y a encore, par exemple, les 22 bonniers de prairie que possède l'abbaye, dite l'abbaye de Cannebrai ; elle appartenait anciennement à la communauté. L'abbaye a obtenu la première coupe des herbes par chirographes du 7 mars 1398, moyennant la cession à la communauté du droit de pâturage dans tous les bois de l'abbaye. Aujourd'hui, nonseulement l'abbaye a prétendu exclure le pâturage des bois, mais elle fait payer à chaque tête de bétail qui va pâturer les secondes herbes de Cannebrai.

Le Roi, par son édit du mois d'août 1779, a supprimé le droit de mainmorte et de servitude dans ses domaines. Nous espérons que Sa Majesté daignera supprimer et abolir de son autorité celui usurpé par l'abbaye, et qu'elle obligera celle-ci à nous donner l'ouverture de ses archives pour revenir de tous les droits usurpés sur nous, malgré toute possession, puisqu'elle n'a jamais eu de légitime depuis 1441 que les procédures ont commencé, et que, pour obvier aux inconvénients dont nous avons été les victimes, nos ancêtres et nous, depuis plus de trois siècles, il sera ordonné que les magistrats ou autres administrateurs des paroisses de campagne soient choisis à la pluralité de voix et renouvelés tous les ans, lors de la reddition des comptes, ou prorogés d'après une assemblée de commune, si on est content de leur administration ; chaque année la nouvelle administration pourra reviser tous les comptes des communaux depuis dix ans.

7° Notre communauté est encore chargée de la sauvegarde des bois et des plantis qui bordent les chemins de leurs juridictions, empêchent les rayons du soleil de pénétrer sur les terres voisines ; les ombrages et les eaux qui tombent de leurs rameaux sur les terres, ensemble leurs racines causent un tort des plus considérables aux habitants de la campagne, puisqu'à l'endroit des arbres il y a plus de 100 pieds de terrain sur lequel on ne recueille presque rien. Le droit de plantis appartient aux propriétaires des champs,

suivant la coutume de cette gouvernance ; mais en 1780 on a fait abattre, en vertu d'arrêt du Parlement, les arbres à tête et haies des particuliers pour avoir de meilleurs chemins, et les seigneurs ont profité de cette circonstance pour s'emparer du droit de plantis.

8° La capitation est imposée annuellement par les États sur tous les habitants des communautés, sans qu'ils en connaissent les facultés, ce qui devrait être fait par les magistrats des lieux qui sont plus à portée de connaître les facultés de leurs concitoyens.

9° La somme des impositions que paye chaque communauté aux receveurs des États, n'est certainement pas versée entière dans les coffres de Sa Majesté, puisque le recouvrement emporte de trop grands frais selon l'administration actuelle, ce qui serait beaucoup moins onéreux si les rôles étaient formés par les greffiers des communautés du royaume, qui sont à portée de connaître les changements d'impositions annuellement. Il serait aussi que les deniers provenant des communautés soient portés et versés dans les coffres du Roi, directement, par des préposés dans tout le royaume, parce que dans ce cas les États des provinces ne pourraient plus s'enrichir ni graisser les mains des créatures qui leur sont attachées, au préjudice des sujets du Roi, et de Sa Majesté même ; de cette manière le tiers-état serait déchargé de presque la moitié de ce qu'il paye annuellement ; il ne faudrait plus que des assesseurs dans chaque communauté et un collecteur ou recevour ; ces assesseurs et collecteurs seraient choisis et renouvelés ou prorogés tous les ans à la pluralité, et le collecteur serait chargé de remettre les deniers au sieur préposé de chaque province qui porterait chez le Roi le produit des impositions, sans frais, au moyen de la rétribution qui lui serait accordée par la province.

10° Il se perçoit encore des impôts presque sur toutes les denrées, comme sur l'huile à brûler, les chandelles, la cire, les cuirs, les tabacs, etc. La culture du tabac est même gênée, il faut faire des déclarations et payer 25 patars pour 10 verges de terre. Il y a des droits sur les bestiaux, sur les briques, tuiles etc., et généralement sur tout. De plus, on paye dans l'intérieur du royaume, pour passer d'une province à une autre, des droits sur presque toute sorte de denrées, ce qui paraît injuste pour les sujets d'un même Roi, qui devraient avoir le droit de tirer sans impôts d'un bout à l'autre du royaume les choses nécessaires à la vie.

11° Les impôts sur les vins et eaux-de-vie sont des plus exorbitants ; les ecclésiastiques et nobles de la province n'en payent rien : ce sont cependant eux qui en font la plus grande consommation, et leurs facultés les mettent plus à portée d'y faire honneur. L'impôt sur le vin est de 1 louis à la pièce de 80 pots, le soucrion, le houblon, l'orge, etc., sont des terres crûs sur des terres qui payent les impositions ; cependant la bière paye encore l'impôt de l'impôt même, comme si l'on mettait un impôt sur le blé crû sur les terres déjà chargées d'impositions ; d'ailleurs la bière est une denrée de première nécessité : le pauvre habitant, le pauvre soldat, sont les seuls qui souffrent de l'impôt qui porte pourtant 5 à 6 francs à la rondelle de septante-deux pots. L'eau-de-vie est payée au bureau des États de la province par les roturiers 3 livres 5 sols de France le pot, et par les ecclésiastiques et nobles à cinquante sols. Quand Messieurs des États de Lille ont fait établir des cantines pour livrer en fraude aux provinces limitrophes, il y a environ trois ans, le pot d'eau-de-vie se vendait 25 sols, et ils y gagnaient encore ; cependant la différence de prix d'avec celui actuel est de plus de deux à cinq.

12° Depuis plusieurs années les États de Lille ont une quantité de chevaux étalons qu'ils achètent à grand prix aux frais de la province et qu'ils envoient dans plusieurs endroits de la châtellenie pour faire saillir les juments avec défense de les faire saillir par d'autres ; l'expérience cependant fait voir que les élèves étaient beaucoup plus beaux avant cette institution qu'ils ne le sont aujourd'hui, parce que la plus grande partie desdits étalons ne sont pas propres à l'agriculture ; de plus cette institution inutile est extrêmement onéreuse aux provinces, tant par les frais d'achat, que par les nourritures et gages des conducteurs, et il n'y a pas à craindre que les étalons appartenant aux particuliers manquent jamais dans les provinces.

13° L'administration de la justice est défectueuse, en ce qu'elle est trop lente pour la facilité qu'on met aux plaideurs de mauvaise foi de faire des chicanes sur les formes et sur mille autres bagatelles qui sont étrangères à l'objet sur lequel on plaide ; il ne se trouve que trop souvent des personnes qui mangent en démarches et sollicitations le double de la chose pour laquelle elles plaident (le commerce est à l'abri de ces malheureux et funestes inconvénients, à cause de la sage institution des juges consuls). Il serait donc à désirer que le gouvernement s'occupât des moyens propres à rendre les procédures plus courtes et, par conséquent, moins onéreuses au peuple ; on verrait par là bien des injustices réprimées.

14° La vénalité des charges est encore un de ces abus contre lequel on ne saurait trop réclamer ; les charges étant vénales, des personnes riches et souvent ineptes les achètent, et par là sont en droit de disposer de la fortune et de la vie des peuples en rendant justice, sans que quelquefois ils en connaissent les premiers éléments, ce qui n'aurait pas lieu si les charges se vendaient au concours ; car alors les plus savants et les plus dignes en seraient revêtus, et il faudrait de plus supprimer les épices et consignations, car ces frais sont souvent la cause que bien des personnes se trouvent obligées d'abandonner leurs droits, faute de pouvoir y satisfaire.

15° Les dîmes ont été accordées par les particuliers aux ecclésiastiques pour récompense de l'administration des sacrements, et pour donner au peuple les instructions dont il avait besoin pour le spirituel. Aujourd'hui, vu la population actuelle, les prêtres qui se trouvent dans les paroisses ne sont plus suffisants pour remplir les fonctions pour lesquelles les dîmes leur ont été accordées. Nous demandons et supplions Sa Majesté que les décimateurs soient obligés de mettre à leurs frais dans toutes les paroisses des prêtres en assez grande quantité pour instruire le peuple, tant pour le spirituel que pour le temporel ; on pourrait les prêtres, ces prêtres, dans toutes les abbayes, qui sont si fréquentes en France, où il se trouve un grand nombre de religieux oisifs qui devraient se faire un plaisir de rendre ce service à l'État (les abbayes devraient même être des écoles publiques et charitables), et alors on verrait des enfants écolés, dont partie d'eux pourrait former des sujets capables de rendre des services à Sa Majesté et au public.

16° Les moulins sont de première nécessité ; sans farine on ne peut faire de pain ; le droit de

vent, la permission de construire des moulins doivent donc être accordés à tout un chacun.

Les moulins doivent aussi être exempts de toute imposition ; ils sont sujets aux incendies, ouragans, etc.

17° Le lin est une denrée précieuse et dont la culture est infiniment coûteuse ; le cultivateur est souvent découragé non-seulement par la crainte de ne pas réussir, par les grandes mises qu'il faut faire, mais parce que sa terre étant chargée de dîme, et en outre quelques fois de terrage, il verra enlever de son champ la plus belle partie de sa récolte ; le lin devrait donc être exempt de la dîme.

18° On propose pour l'imposition territoriale de faire trois classes de terres : bonne, médiocre et mauvaise ; mais il vaut mieux, ce semble, les imposer toutes également.

L'impôt du terrage serait à la décharge des terres chargées de terrage, l'impôt de la dîme de huit à la décharge des terres chargées de huit ; ainsi de la dîme à trois et des rentes foncières et seigneuriales pour les terres qui en sont chargées.

19° Les dîmes ne remplissent aucunement les charges de leur primitive institution. Le pape Gelase, dans son canon Quatuor XXVII°, can. XII°, question II° ordonne le partage des biens de l'Église en quatre portions, savoir : une pour l'évêque, la seconde pour les prêtres qui desservent l'autel, la troisième pour les pauvres, la quatrième pour la fabrique.

Si cette destination était remplie, les curés seraient bien dotés, au lieu que la plupart sont à portion congrue et une charge eux-mêmes pour les communaux ; il n'y aurait plus de pauvres, et les crimes et délits seraient plus rares, la reconstruction, l'entretien des églises ne seraient plus une charge pour les habitants.

20° Le Roi, par ses lettres patentes du 13 avril 1773, a assujetti, dans la Flandre maritime, le gros décimateur aux réparations, reconstructions et entretien des églises et presbytères. Le peuple de la Flandre wallone sollicite de la bonté et de la justice de Sa Majesté, que cette loi lui soit commune pour les mêmes raisons et mêmes motifs repris dans lesdites lettres patentes de 1773 et dans les mémoires présentés au nom de la province.

21° La dîme se perçoit sur tous les fruits, elle se perçoit constamment chaque année ; il y a en outre des provinces où la troisième année est une année de repos pour les terres, que l'on appelle alors jachères ; dans la province de Flandre, l'on est parvenu à cultiver constamment chaque année, mais ce n'est qu'à force d'industrie, de mises et de travaux extraordinaires, en faisant sarcler et arracher dans les aveties croissantes les mauvaises herbes qui s'y trouvent, en multipliant les engrais que l'on achète à grands frais, tels que cendres, chaux, boues des villes et des fossés, fumiers, etc., etc.

Le cultivateur est découragé souvent par les charges de ses terres qui, quelquefois, doivent huit du cent et en outre terrage de huit du cent, et encore des rentes foncières et seigneuriales, outre une infinité d'autres droits. Les tribunaux ont autorisé le laboureur à ensemencer du grain non terageable, une année sur trois, dans les endroits où on ne laisse aucune jachère, et où l'on cultive constamment par des mises extraordinaires, et pour éviter les inconvénients, la dîme devrait être restreinte aux deux tiers.

22° D'un autre côté la dîme ne paye presque rien des charges des communautés, soit en vingtièmes royaux, soit en tailles, soit en tout autres impositions.

Cette dîme, dans certains villages, rapportera 9,000 florins ou 7,500 livres de France, annuellement, au décimateur, et elle ne sera imposée que pour 14 bonniers de terre. Un propriétaire de pareil nombre de terres ne retire que 500 florins de fermage. Il paye douze fois autant que le décimateur ; cependant les biens sont sujets aux vicissitudes des temps, à des entretiens, à des réparations de toute espèce, à des insolvabilités, des dépérissements, des destructions.

La dîme, au contraire, est au-dessus de ces inconvénients, toutes les dépenses se font par le propriétaire ou son représentant, c'est un produit net, elle ne connaît pas même d'insolvabilité, elle se perçoit sur la main garnie, les malheurs du cultivateur ne la regardent point ; dès que son champ est chargé de dépouilles, cela lui suffit, elle y exerce tout son empire ; enfin, sans paraître tyrannique, elle enlève au royaume la plus belle partie de ses plus clairs revenus en dépouillant les sujets propriétaires ; à cette proportion le propriétaire abandonne ses roiles pour la récolte future, tandis que le décimateur les prend à son singulier profit ; souvent le même qui a dîmé en grains, dîme une seconde fois en chair par le secours de la même dîme qui se perçoit sur les volailles et les bestiaux qui ont été nourris avec le grain qui avait déjà dîmé ; enfin ce droit est si exorbitant qu'il se porte même vers sa source ; car la semence qui produit la dîme y est soumise, la nourriture des hommes et des bestiaux qui la cultivent et qui procurent le fumier qui la vivifie n'en est pas exempte ; le propriétaire, encore un coup, est soumis à la construction des bâtiments de la ferme, il est exposé aux incendies et aux malheurs qui ne sont que trop fréquents, les désastres même de son fermier lui sont communs par les modérations qu'il est obligé de lui faire, tandis que le décimateur, qui ne connaît que le champ et la dépouille, s'embarrasse fort peu du cultivateur et de tout ce qui l'accompagne.

La dîme doit donc être imposée conséquemment à son produit annuel.

23° Il en doit être de même du terrage qui est un aussi clair et aussi beau revenu que la dîme ; le cultivateur est même obligé, dans bien des endroits, de conduire lui-même le terrage à la grange du seigneur avant de pouvoir prendre aucune partie de la dépouille de son champ.

24° Les rentes foncières et seigneuriales, qui ne sont non plus assujetties à aucune perte, ni à aucune diminution, doivent aussi être imposées sur leur produit annuel.

25° Les droits seigneuriaux, qui sont aussi des propriétés claires et belles, tels que dixième-denier, cinquième denier même en bien des endroits de la valeur des biens-fonds, ne payent non plus aucune espèce d'impositions, parce qu'ils appartiennent pour la plupart aux ecclésiastiques et nobles qui ont su s'en exempter ; ils doivent aussi être imposés sur leur produit réel.

26° Enfin les bois qui sont considérables et qui par la même raison qu'ils appartiennent aux ecclésiastiques et nobles, ne payent rien, doivent être imposés selon leur produit. Ils rapportent plus que les champs cultivés, ils n'exigent aucuns frais et sont à l'abri des malheurs et inconvénients de l'agriculture.

27° Mais il existe un plan général proposé, qui réunit à lui seul tous les avantages que les peuples du royaume puissent espérer et en particulier celui de la Flandre wallone ; il est l'ouvrage même du génie tutélaire de la France, du sage et vertueux ministre qui est à la tête des finances du royaume. C'est le mémoire présenté au Roi par M. Necker en 1778. Tous les peuples adoptent par acclamation et reconnaissance toutes les vues et tous les moyens qui y sont présentés.

En conséquence, ils demandent que le règlement pour l'organisation des États de la Flandre wallone soit rédigé de manière que le peuple du tiers-état y ait la même influence que celle que le Roi a daigné lui accorder pour l'assemblée des États généraux.

De cette manière le peuple déclare se soumettre de cœur et d'esprit à toutes les contributions que Sa Majesté peut désirer pour le bien de l'État, pour remplir le *déficit*, pour le remboursement de toutes les charges vénales, pour la suppression d'une infinité d'impôts dont la perception enlève la majeure partie ; enfin pour faire face à tout, non-seulement il payera la même somme qu'il paye aujourd'hui (laquelle portée directement et sans frais au trésor royal rapportera bien plus au souverain qu'à présent), mais, en outre, il offre à son Roi, comme à son père, telle augmentation qu'il faudra ; enfin, ses biens, sa personne et sa vie même, seront aussi constamment dévoués au bien de l'État ; mais qu'il y ait égalité parfaite sur tous les biens et les contribuables. Les États provinciaux une fois bien organisés, le plus grand bien est fait : chaque province réglera ses impositions analogues à son genre de facultés ; la Flandre pourra tout remplir par l'impôt territorial ou les dîmes, et les rentes contribueront pour l'impôt sur le vin et par la capitation, dont droit sera inutile ; les États provinciaux régleront à la pluralité ce que chaque ville, chaque communauté d'habitants devra fournir, les communautés s'imposeront aussi elles-mêmes, feront elles-mêmes les rôles d'impositions par des assesseurs qui seront choisis entre eux à la pluralité, renouvelés ou continués tous les ans à la reddition du compte. Les abus se réformeront, l'ordre deviendra parfait, et ce qui ne sera pas trouvé juste d'après l'expérience pourra être réformé au moyen des assemblées. Le cahier de toute une province contiendra tout, et en cas de difficulté, Sa Majesté y fera droit, on parviendra à éteindre les procès, ou proposera des points que les font naître, des moyens d'y pourvoir, ou d'avoir une décision générale ; enfin, tous les avantages qui en résulteront sont développés dans le mémoire présenté au Roi en 1778. Les communautés lésées par les abbayes ou seigneurs, parviendront aussi à avoir l'ouverture des archives, que ces abbayes et seigneurs ont conservées, tandis que les ravages des guerres, incendies, etc., etc., ont fait perdre les titres des particuliers et des communautés ; on parviendra à éclaircir le principe de la féodalité, à revenir sur les droits odieux de mainmorte, etc., qui pour la plupart ont été usurpés par les abbayes et seigneurs, à l'aide de ce qu'ils ont toujours choisi pour régir leurs communautés leurs fermiers et leurs créatures.

Signé à l'original :

C.-F. Hache, P. de Rosne. J.-J. Carton, A. Dupont, J.-J. Baucamp, M. Courtunge, Edouard Delgrange, Henri Hume, Jacques-Joseph Broutin, A. Morelle, P.-J. Delannoy, J. Vaillant, P.-F.-J. Esarlet, J.-F. Dufournay, M. Martin, A. Hacar, J.G. Decarpentry, P.-J. Vaillant, P.-F. Morelle, J.-C. Piedama, L.-J. Desix, J.-A. Descarpentries, P.-J. Delannoy, P.-J. Duvez, A.-J. Lacquement, C.-F. Sauvage, P.-J. Descarpentries, Comain, J. Bouchain, J.-B. Delacroix, L.-G. Sauvage, J.-B. Houdart, A.-J. Deroue, P. Desix, J.-B. Morelle, A.-M. Macq, P.-J. Courtecuisse, J.-A.-S. Duhem, Simon Pinte, G.-G. Mathé, J.-B. Dobrignies, L.-J. Bleuzot, J. Landurel, A.-J. Pesir, M. Dennetière, Pierre Couteau, E.-J.-B. Jalempe, J.-J. Simon, P.-J. Macq, C.-G. Blanzet, L.-J. Cattelain, Corby, A Delegrange Thierry, greffier.

CAHIER

De doléances pour les habitants de la communauté de Brillon; bailliage de Douai.

En accordant les États généraux, le monarque n'a décidément en vue que le bien de ses peuples ; c'est par cet acte de bienfaisance que Sa Majesté se déclare pour le bonheur de tous ses sujets, en voulant s'éclairer sur tous les maux de l'État, en demandant la réforme des abus qui intéressent le gouvernement et chacun de tous les individus de son royaume ; tout oblige donc de concourir à des vues aussi propices ; c'est une soumission que l'on doit à cet auguste souverain, qui, à son, tour est assuré de la sensibilité, du respect et de l'attachement le plus inviolable de tous ses fidèles sujets, dont la réunion se fait avec d'autant plus d'empressement qu'il s'agit de l'intérêt général de toute la monarchie et du bonheur de tous les particuliers qui se félicitent de vivre sous un règne aussi propice.

En conséquence, les habitants de ladite communauté de Brillon exposent :

1° Qu'il est important que les États généraux soient assemblés périodiquement tous les quatre ans.

2° Que les impositions qui y auront été consenties pour un temps cessent de plein droit après la révolution de ce terme.

3° Que la province soit maintenue dans ses anciens droits et priviléges.

4° Que les États provinciaux de la Flandre soient composés des trois ordres, que les représentants du tiers-état soient en nombre égal à ceux des deux autres ordres.

5° Que les délibérations et résolutions soient prises à la pluralité des voix des trois ordres réunis.

6° Que les nouveaux États provinciaux jouissent du même droit d'administration publique dont jouissaient les anciens États.

7° Que les impositions réelles de toutes les terres, maisons et héritages soient également supportées par tous les propriétaires et possesseurs indistinctement, sans aucune exemption ni privilége, en déclarant le clergé et la noblesse contribuables en tout comme le tiers-état, eu égard à la valeur des biens, pour lesquels on procéderait à la formation des anciens cahiers ou cadastre, puisque la communauté de Brillon en particulier est trop cotisée de 6 bonniers, et que d'autres communautés sont imposées bien inférieurement à leurs biens.

8° Que la capitation et autres droits personnels soient cotisés et répartis sur chacun de tous les individus, sans distinction, eu égard à ses facultés et à son industrie.

9° Que les droits de consommation soient perçus sur le vin, au lieu de la fabrique, sans aucun privilége et dans une juste proportion, avec une entière liberté pour la vente et le transport dans tout le royaume, en supprimant tous les autres impôts généralement quelconques.

10° Tous ces droits étant légitimement répartis dans chaque ville, bourg et communauté, et les recettes en étant mises au rabais, produiront à l'État des ressources suffisantes à ses besoins.

11° Qu'il y ait une entière liberté sur les routes, en supprimant tous les droits de permis, messageries et autres, ainsi que les droits de corvées.

12° Que l'on supprime toutes les pensions et récompenses en nature pour ne les distribuer qu'en argent.

13° Que les bureaux intérieurs des douanes soient transférés aux frontières du royaume avec un nouveau tarif des droits d'entrée et de sortie, en supprimant toutefois les cinq grosses fermes.

14° Que tous les travaux publics soient mis au rabais en totalité, selon l'exigence des cas, afin de ne plus être exposé à payer des gages et pensions à un directeur des eaux pour l'entretien des rivières et canaux qui, sur sa simple demande, en obtient l'augmentation à l'intendance sans l'aveu ni la participation des intéressés.

15° Qu'on supprime les droits onéreux d'amortissement et de franc-fief.

16° Qu'on établisse une loi pour fixer l'uniformité sur la perception de la dîme, en déclarant quelles seront à l'avenir les espèces de fruits décimables.

17° Que les églises soient entièrement à la charge des décimateurs pour la reconstruction et l'entretien, à l'instar de ce qui est ordonné pour la Flandre maritime.

18° Que les décimateurs soient obligés d'abandonner une partie de leurs dîmes pour satisfaire aux besoins pressants des pauvres.

19° Qu'il soit procédé à la réformation du style civil et criminel, en abrégeant toutes les formes judiciaires, en les rendant moins dispendieuses.

20° Qu'il soit procédé à la réduction des degrés de juridiction, que les juges subalternes pour des sommes modiques jugent sans appel, et les juges royaux pour des sommes plus considérables.

21° Que les biens et droits communaux soient de la compétence exclusive des juges royaux, sans aucune attribution aux intendances.

22° Qu'on supprime toutes les maîtrises des eaux et forêts, en remboursant les charges des officiers, en supprimant d'ailleurs tous les tribunaux d'exception.

23° Que tous les bois des seigneurs soient libres pour la paisson des bestiaux des particuliers, après cinq années de sève.

24° Que les chemins pratiqués dans ces bois soient libres à tous les particuliers pour la culture de leurs terres situées dans les paroisses voisines et pour le transport des denrées; enfin pour procurer l'aisance publique qui se trouve spécialement gênée à Brillon, dont les habitants se trouvent forcés de faire de longs détours d'une lieue et plus, par la clôture que font les abbayes de Marchiennes et d'Hanon des chemins formés dans leur bois qu'il intéresse infiniment de rendre publics.

25° Que les droits de dixième à la mutation et pareil droit de relief à la mort soient éteints, supprimés et anéantis, puisque ces droits odieux ressentent de la servitude et sont, pour ne pas être légitimement constitués, la source des contestations journalières entre les seigneurs et les vassaux dont la ruine précède toujours la décision des procès qu'on suscite à ces derniers.

26° Que les biens des collèges soient convertis en bourses, et l'instruction des écoliers remise aux réguliers pour enseigner *gratis*.

27° Que pour la conservation des fruits de la

terre, on anéantisse les pigeonniers des seigneurs et les franches garennes.

28° Que les administrateurs des biens communaux et officiers de chaque communauté soient éligibles parmi les habitants dont ils seraient les juges, et que l'élection s'en fasse chaque année.

29° Le territoire de Brillon est composé de 120 bonniers dont 36 à l'abbaye de Saint-Amand, qui a toute seigneurie dans ce lieu, et y tient en propriété un moulin mis en location.

30° L'imposition de toutes les terres de ce territoire monte annuellement à 3,200 livres Hainaut, nom compris la capitation ni les vingtièmes royaux qui augmentent les charges de 1,000 livres, lesquelles seraient moins onéreuses et moins accablantes aux tributaires si une administration plus simple était introduite, en mettant les recettes de chaque communauté au rabais, qui seraient reversibles dans une caisse provinciale, et celle-ci au trésor royal directement.

31° Les seigneurs et les abbayes de la châtellenie de Lille ayant prélevé en 1777 le tiers des marais, et ces biens faisant partie du domaine des communautés, il est d'un bien général que les habitants soient réintégrés dans cette propriété.

32° Qu'on supprime l'établissement des étalons.

33° Que le mémoire de M. Necker, présenté au Roi en 1778 soit adopté sur les acclamations du peuple.

Ainsi fait et arrêté dans l'assemblée tenue audit Brillon, le 24 mars 1789.

Signé à l'original :

Philippe de Brabant, Charles Dubois, J.-J. Vallez, Augustin Jouy, Charles de Brau, Briez, L.-J. Couvet, J. de ,Béthune, A.-J. de Brabant, Jean d'Herbomey, J.-F. Jeu, J.-J. de Brabant, P.-J. Malkenne, J. Martin, Théodore Longut, J.-J. Haquart, J.-F. Courtenser, Jean Lechêne, Antoine, F. Lecœuvre, J.-B. Lorthier, C.-F. de Béthune, Richard, d'Herbonez, Charles-Joseph de La Haye, J. d'Herbonez, J.-B. Pillon, André-J.-B. Tison, J.-L. d'Herbounier, A. Placide, de Brabant, Martin-André de Brabant, P.-F. Huvet, Pierre Philippe Henniquant, E.-J. d'Auchy, Jean-Baptiste Pillon, Jacques-Joseph Dublos , Antoine-Joseph d'Auchy, A.-J. Tavernier, mayeur ; E.-M.-J. Chaffaut, Alexandre Gouy, J.-P. Henniquant, Duvez, *greffier.*

CAHIER

Des plaintes, doléances et remontrances de la communauté de Millonfosse en Flandre, dépendance de la gouvernance de Douai, pour être présenté à l'assemblée indiquée au 30 mars 1789, concernant la tenue des États généraux au château de Versailles, le 27 avril suivant.

Lesdits habitants, pénétrés des maux de l'État et de ceux de leur communauté, qui gémit sous le poids des vexations en tous genres de l'abbaye d'Anson, seigneurie de leur endroit, croient que pour remplir le déficit qui se trouve , dit-on, au trésor royal, il serait à propos d'imposer à la taille, et à toutes charges de l'État, les ordres du clergé et de la noblesse ni plus ni moins que le tiers-état, tant à raison de toutes leurs possessions indistinctement qu'en raison de leurs consommations en denrées et vivres, tels qu'en vin, eau-de-vie, bière, etc., relativement auxquels objets, qui sont très-considérables, Sa Majesté, en leur faisant ainsi payer l'impôt à cet égard, trouvera une nouvelle ressource pour les besoins actuels de son État.

Ils croient aussi qu'en simplifiant l'administration des finances et en laissant à chaque communauté le soin de répartir sur les habitants l'impôt ou la taille à laquelle elle serait cotisée annuellement, sans la confier à des collecteurs étrangers, cette administration n'en irait que mieux, parce que les communautés comptables et responsables en même temps des objets de cotisation qu'elles feraient elles-mêmes, les verseraient directement où il plairait à Sa Majesté d'indiquer.

Ils croient pareillement qu'il serait utile d'ordonner que les commis, employés, les bureaux des fermes, les douanes, en un mot tout ce qui blesse ou qui met des entraves au commerce intérieur du royaume seront supprimés ; qu'en conséquence ce commerce (qui fait la grande richesse de l'État) soit permis de province à province, sans payer aucun droit quelconque. Qu'il soit défendu dans chaque partie du royaume de tenir chez elles des grains ou d'en faire tenir des amas excédant le nombre de 100 rasières au-dessus de leur consommation ordinaire et qui doit être proportionnée au nombre des membres qui composent ces abbayes.

Que les droits qualifiés de seigneuriaux, mortemain, et tous autres de cette nature, soient abolis et supprimés, comme étant une charge très-onéreuse au peuple et contraire à la liberté nationale.

Que celui appelé dîme, de telle nature qu'elle soit aussi, ne soit désormais perçu en nature mais en argent, et au moindre prix possible, eu égard aux facultés du fermier et cultivateur et aux peines qu'il a journellement pour l'exploitation de ses terres, tandis que le riche et le clergé n'y prennent aucune part.

Que la corvée à bras et à chevaux soit aussi abolie pour jamais.

Que les communautés aient le droit d'établir et nommer, à l'avenir leurs officiers municipaux, tels que mayeurs, échevins, procureurs d'office, greffiers, etc., et que ce droit soit enlevé aux seigneurs qui ne placent ordinairement dans ces emplois que de leurs créatures, des gens affidés ou asservis, et qui en conséquence négligent les droits des communautés pour faire ceux des seigneurs auxquels ils n'osent déplaire.

Qu'il soit ordonné que lesdits seigneurs et particulièrement les abbayes restitueront toutes les usurpations qu'elles ont faites sur les marais de cette province, warechaies, chemins, fligards, etc., appartenant aux communautés d'habitants, et le tout sans forme ni figure de procès, et sur la simple indication desdits habitants qui en justifieront soit par titre, ou par la notoriété publique.

Que lesdits seigneurs, jouissant des droits de plantis, de chasse, de pêche et autres semblables, dans l'étendue de leurs seigneuries respectives, doivent être aussi tenus de l'entretien et réparation des chemins, canaux et rivières qui traversent leursdites seigneuries.

Qu'il doit en être de même de l'édification et réparation des églises paroissiales des campagnes, ainsi que de leurs ornements, comme étant une charge inhérente et attachée à leur qualité de patron et fondateur.

Telles sont les doléances des habitants de Millonfosse, soussignés, que leurs députés et représentants porteront à l'assemblée du 30 mars 1789, selon et conformément aux ordres de Sa Majesté et à celui de M. le lieutenant général de la gouvernance de Douai.

Signé à l'original :

J.-B. Becq, André Josse, Théodore Dupret,

J.-B. Landrieu, J.-Baptiste Potier, J.-B. Thioler, André Fleury, André Lecoq, Martin Potier, Bernard Notre-Dame, Pierre Herboner, André Midavoine, N.-J. Landrieux, M.-J. Vasseur, J.-A. Lecœuvre.

CAHIER

Des plaintes, doléances et remontrances des habitants composant la communauté de Bouvignies en Flandre, pour être présenté en l'assemblée qui se tiendra par-devant M. le lieutenant général de la gouvernance de Douai le 30 mars 1789, en exécution des ordres du Roi pour la tenue des Etats généraux de ce royaume, au château de Versailles, le 27 avril suivant.

Lesdits habitants pensent d'abord que, pour remplir le déficit qui se trouve au trésor royal, il serait utile et avantageux à l'Etat d'imposer à la taille et à toutes les charges quelconques les biens et possessions des deux ordres du clergé et de la noblesse, ni plus ni moins que le tiers-état, qui se trouvera aussi, par ce moyen, déchargé du fardeau des charges publiques à cette proportion.

Qu'il doit en être de même à l'égard de la consommation en denrées et en vivres, qui est immense parmi ces deux ordres, surtout en vin, bière, eau-de-vie, etc., et de les assujettir en conséquence aux impôts ordinaires comme le roturier, loin de les conserver dans leurs privilèges à cet égard, lesquels seront supprimés et anéantis pour toujours.

Ils pensent aussi qu'il serait essentiel pour l'avantage des peuples de permettre et laisser libre le commerce de toutes les espèces dans l'intérieur du royaume, et de province à province, sans aucune entrave, impôts ni droits quelconques. Qu'en conséquence il conviendra pareillement de supprimer tous les bureaux, les douanes, les commis et employés, tant ambulants que ceux qui sont aux portes des villes et en très-grand nombre et très-onéreux au public.

Qu'il en est aussi de même des différents droits insolites que perçoivent les seigneurs et surtout les abbayes, tels que ceux connus sous le nom de droits seigneuriaux, mortemain, et tous autres de cette espèce, qui sont très-nuisibles et à charge au peuple.

Qu'il en est pareillement de même de certains autres droits, tel entre autres celui de dîme sur les fruits de la terre, qui est également très-onéreux au cultivateur et le décourage souvent. Que si cependant Sa Majesté trouvait à propos de le laisser subsister, au moins ses peuples attendent de sa bienfaisance deux grâces à cet égard : celle de la réduction de ladite dîme à une petite quantité de gerbes, et celle de la payer en argent et non plus en nature.

Qu'il serait aussi essentiel de supprimer pour toujours la corvée à bras et à chevaux dans toute l'étendue du royaume.

Qu'il soit ordonné à tous les seigneurs, laïques et ecclésiastiques de restituer aux communautés d'habitants tous les marais, wareschaies, filgards et tous autres terrains qu'ils se sont appropriés et qui néanmoins appartenaient auxdites communautés, en justifiant pour celle-ci de leur propriété, soit par titre ou par la notoriété publique.

Que comme lesdits seigneurs jouissent des droits de pêche, de chasse, de plantis dans leurs seigneuries respectives, il est juste aussi, par une conséquence naturelle qu'ils soient chargés de l'entretien des pavés, canaux et rivières qui traversent leursdites seigneuries, et non les habitants, à qui ces différents fardeaux sont une surcharge.

Qu'il doit en être encore de même de l'édification, réparation et entretien des églises paroissiales et des clochers d'icelles, de même que de l'achat des ornements desdites églises, par la raison que ces charges incombent auxdits seigneurs comme étant inhérentes et attachées non-seulement à cette qualité, mais encore à celle de patrons et fondateurs.

Que, par rapport à la communauté particulière des habitants soussignés, il serait à propos (vu qu'elle n'a point de loi complète dans son enceinte, ni même d'hôtel de ville, et qu'elle est obligée d'aller à Hasnon, qui est hors de la province de Flandre, pour plaider), il serait, dis-je, à propos d'ordonner à l'abbaye dudit Hasnon d'établir incessamment cet édifice public dans le lieu même de Bouvignies, et permis à la communauté de ce même lieu de nommer et créer ses officiers municipaux et de les renouveler à sa volonté, sans l'agrément ni participation de cette abbaye, qui sera privée de cette faculté pour l'avenir.

Enfin lesdits habitants soussignés espèrent de la haute sagesse de Sa Majesté qu'elle confirmera la suppression des grands baillis des Etats de Lille, dont l'administration était ruineuse pour le peuple, et qu'elle confiera cette administration à une assemblée provinciale comme il se pratique maintenant dans l'intérieur du royaume.

Telles sont les très-humbles doléances desdits habitants, qui seront présentées par ses députés en l'assemblée du 30 mars 1789.

J.-B. Robert, J.-B. Baudry, Augustin Ventry, J.-B. Robert le jeune, J.-B. Dubois, J.-J. Lecœuvre, J.-B. Heureq, A.-J. Simon, J. Baptiste Lecœuvre, G. de Brabant, Philippe Licois, Charles-François Lecœuvre.

DOLÉANCES ET PÉTITIONS

Pour la communauté de Sin-Lebled.

Art. 1er. Le retour périodique des Etats généraux de cinq ans en cinq ans.

Art. 2. Nul impôt ni emprunt qui n'ait été consenti par les Etats généraux.

Art. 3. La révocation des quatre grands baillis de la châtellenie de Lille et de l'intendant.

Art. 4. Que tous les ans les communautés des campagnes choisissent toutes ensemble quatre députés d'entre elles pour faire partie des Etats de la province et avoir part à l'administration desdits Etats.

Art. 5. Que l'impôt territorial en nature ne soit point établi, ni le terrage.

Art. 6. La suppression du droit de garenne dès longtemps supprimé dans le Cambrésis.

Art. 7. La suppression du droit de franc-fief que l'on ne paye pas dans le Cambrésis ni le Hainaut.

Art. 8. Les communautés d'habitants remises et restituées dans tous les droits qu'elles peuvent avoir aux marais, monts, etc., et autres biens de pareille nature, et qu'elles ne soient plus tenues au partage par feu et par ménage de leursdits marais.

Art. 9. Qu'il ne soit permis à personne, sous aucun prétexte que ce soit, de nuire à leur commerce, soit par la diminution, suppression des ruissoirs, etc., ou autrement.

Art. 10. Que les dîmes et terrages soient affermés aux gens du lieu, afin que ce qui doit servir aux engrais des terres reste dans le lieu qui le produit et qui pourvoit ainsi à sa reproduction.

Art. 11. Qu'il n'y ait plus aucune espèce d'exemption de contributions pécuniaires, et que toutes, soit réelles, soit sur ces consommations ou autrement, soient payées également par les ecclésiastiques, nobles et tous autres, sans aucune exemption, ni même à prétexte que lesdits ecclésiastiques ou nobles feraient cultiver par eux-mêmes.

Art. 12. Point d'arbres plantés dans les rivages qui seraient nécessaires au commerce.

Signé à l'original :

Thomas Sturq, Noël-Joseph Mouton, André Vaudrot, Jean-Baptiste Vallerieu, Mouton, Aimable de Cloquemant, Augustin Mouton, de Paris, P.-P. de Béve, Jean Dupont, Sébastien Lamercy, Antoine Loubey, François Havache, Millevil, Louis Goulois, Pierre Grere, Joseph Dupont, Louis Caffart, Beauchamp, Charles Jacquart, Michel Guenet, Hubert Anache, Estoreb.

REPRÉSENTATIONS

Et doléances de la paroisse de Marquette en Ostrevent.

1° La dîme n'ayant été accordée aux ministres de l'Eglise que pour en recevoir gratuitement le spirituel, il est bien dur pour une pauvre famille qui perd son soutien et toute sa ressource, souvent après avoir supporté les frais d'une maladie longue et dispendieuse, d'être encore obligée de se dépouiller d'une partie de son nécessaire pour rendre les derniers devoirs à ce qu'elle avait de plus cher; d'où il s'ensuit que les curés, avec une modique portion alimentaire, étant obligés pour fournir à leur existence de recevoir un certain salaire, passent dans l'esprit des peuples pour des exacteurs impitoyables, et les représentants d'un Dieu de miséricorde passent pour de cruels tyrans, tandis que les gros décimateurs jouissent paisiblement de la sueur de l'indigent. Le Roi devrait donc être supplié d'obliger les pourvus de dîmes de payer annuellement aux curés vingt-cinq sous par chaque communiant jusqu'au nombre de mille, et au-dessus de ce nombre dix sous seulement, parce que quoique la besogne fût alors immense, cette rétribution, avec une honnête portion alimentaire qui pourrait être portée à 1,000 florins pour les pays bas où les denrées sont beaucoup plus chères, suffirait à un pasteur pour vivre selon son état. Cela posé, les curés administreraient gratuitement les sacrements, même celui du mariage; ils inhumeraient également, chanteraient une messe d'enterrement et feraient les cérémonies prescrites par le rituel, sans rétribution.

2° En conséquence de l'article précédent, le Roi devrait être supplié de décharger les peuples de toute reconstruction et entretien d'édifices, et dans le cas qu'il fallût reconstruire une église qui aurait fabrique, on pourrait accorder aux décimateurs les revenus des biens de l'Eglise pendant dix ans au moins en cas qu'ils fussent considérables, sauf à eux à payer pendant ce temps pain, vin, luminaire et les autres choses nécessaires à la célébration des terribles mystères.

3° Les pauvres villageois, plus accoutumés à la culture d'un champ qu'à l'intrigue des procès, laquelle réunit nécessairement des coutumes et formalités différentes, le Roi serait supplié d'introduire un code de loi uniforme pour tout le royaume, les enfants d'un même père devant partager également sa bénigne influence; ou au moins il serait supplié d'établir une réforme dans la justice afin que la forme ne l'emportât plus sur le fond, comme cela arrive souvent, et qu'un procès ne fût pas au même tribunal plus de trois mois; ces dispositions empêcheraient la ruine d'honnêtes familles.

4° Le Roi serait supplié de ne point introduire l'impôt territorial en nature comme tendant à décourager l'agriculture, et que l'on voit dans les pays où il y a terrage, le peuple ne voyant plus d'un bon œil l'effet de ses sueurs passer en mains étrangères, car dans ce cas il est privé d'un quart de sa dépouille : huit gerbes pour la dîme, huit pour le terrage et huit pour l'ouvrier; on pourrait donc, pour suppléer à cette taxe, établir à la rasière une imposition fixe, partager les terres en trois classes, afin qu'une terre d'un meilleur rapport et d'une culture moins dispendieuse fût plus chargée qu'une terre qui ne rapporte qu'à force de dépense et d'engrais. Un système contraire décourage le cultivateur et porte préjudice au bien de l'Etat, en faisant négliger la culture des petites terres; en conséquence, les impositions ne devraient être faites ni à raison de la population, ni à raison de la grandeur des terroirs, mais bien à raison de la bonté du sol; et pour éviter toute fraude, on aurait recours au mesurage.

5° Le monarque serait supplié d'introduire partout des assemblées provinciales; cette forme de gouvernement décharge beaucoup les peuples et enrichit l'Etat, puisque, moyennant 8 deniers de la livre, l'argent est porté dans les coffres du Roi, ce qui a lieu en Picardie, au lieu que dans un pays d'Etats, 8 sous suffisent à peine. La raison qu'apportent les partisans des Etats pour l'appui de leurs opinions, c'est que les membres de cette administration étant en plus petit nombre et par conséquent plus unis (*vis unita fortior*), sont plus capables de résister à la cupidité du Roi et de ses ministres; mais a-t-on quelque chose de semblable à craindre de la part d'un monarque français? Ils apportent encore pour raison que le gouvernement des Etats est plus paisible; cela est vrai, parce que les grands savent captiver les petits, qui ont toujours des intérêts à ménager, ce qui ne peut arriver quand le nombre du tiers-état est grand. D'ailleurs le tiers-état est souvent choisi par la noblesse, et ceux qui le composent sont, pour l'ordinaire, créatures des grands, comme on peut le voir dans les Etats du Hainaut.

6° L'agriculture devant particulièrement fixer l'attention du souverain, il serait supplié de ne pas permettre que ce qui est donné en décime par le peuple d'une paroisse passât en vertu d'un bail dans une autre paroisse. Cette pratique prive le terroir d'une partie des fruits qui doivent lui être rendus, tout le monde sachant que les terres ne peuvent rapporter sans engrais.

7° Le villageois étant occupé de la culture de ses terres et de la gestion d'affaires qui demandent sa présence, payant d'ailleurs avec exactitude les charges de l'Etat, le Roi serait supplié de l'exempter des corvées et autres démarches qui gênent l'agriculture par une absence forcée, ou au moins de l'indemniser, comme c'était la coutume dans la paroisse soussignée lorsqu'elle était sous l'administration des Etats de Flandre.

8° L'état-major de la ville de Bouchain ayant soi-disant droit à une cinquantaine de voitures pour se procurer son chauffage, met encore des entraves à l'agriculture, ou s'il se contente d'une certaine somme comme il le fait, il impose une nouvelle charge à un peuple zélé à la vérité, pour soutenir les charges de l'Etat, mais qui supporte avec peine une imposition de cette nature qu'ignore peut-être le monarque bienfaisant qui nous gouverne.

9° Le Roi serait supplié d'accorder le reculement des barrières et de ne plus permettre qu'une horde de commis ou employés des fermes vinssent molester le simple villageois dans son humble chaumière. Ces sortes d'exploits sont fréquents, et pour un quart de livre de tabac, ces cruels exacteurs ne craignent pas de plonger dans la peine une honnête et pauvre famille.

10° Les seigneurs de la province du Hainaut et abbayes, qui jouissent par eux-mêmes des terres et bois, devraient payer toutes les impositions du Roi, comme le tiers-état de la paroisse où lesdites terres et bois sont situés et de leur quantité de rasières. Sa Majesté devrait donc être suppliée d'obliger lesdits seigneurs et abbayes qui jouissent eux-mêmes des terres et bois soient imposés dans les rôles des impositions de ladite paroisse comme le tiers-état.

11° Lesdits seigneurs et abbayes, dans les paroisses où ils ont terres à clochers et seigneuries, font des plantis le long des chemins vicomtiers et chemins de traverse ; quand ces arbres commencent à grossir, font des intérêts considérables jusqu'à ce que lesdits arbres soient parvenus à maturité : quoique le bois est très-cher, le prix de la vente de ces arbres ne suffirait pas pour indemniser l'intérêt que lesdits arbres ont causé aux dépouilles de terres marchissantes lesdits chemins. Sa Majesté devrait donc être supplié d'ordonner auxdits seigneurs et abbayes de payer et indemniser les propriétaires et occupeurs des intérêts causés par lesdits plantis.

12° Les villageois de la province de Hainaut, voulant tuer une bête, soit vache, veau, porc ou brebis, sont obligés d'aller chercher un permis au bureau du domaine du Roi à Bouchain, pour tuer, et payer sept sous et demi pour un veau et des autres à proportion, de plus ; on fait payer les pieds de bêtes ou taille de bêtes, feux et cheminées, chose qui n'est pas d'usage dans les autres provinces d'Artois et de la Flandre.

13° Le Roi serait supplié d'accorder à chaque communauté le droit de nommer les membres de la magistrature ou de l'échevinage, car étant les représentants et les protecteurs du peuple, il n'est pas juste qu'ils soient choisis par un seigneur, dont l'intérêt n'est pas toujours celui de la paroisse, du moins les seigneurs devraient nommer la moitié et les communautés l'autre moitié.

14° Les peuples tels que celui de la paroisse soussignée, gênés par l'obligation de dépendre d'une province pour l'imposition et d'une autre province pour la juridiction, le Roi serait supplié d'ôter ces distinctions.

15° La paroisse soussignée se plaint que le seigneur du lieu fait payer le droit de banalité, dit le droit de four banal, qui est porté à un sou de France à chaque personne au-dessus de l'âge de quatorze ans pour les habitants, et droit d'avoir un four chez eux pour y cuire leur pain. Le Roi devrait donc être supplié de supprimer ce droit.

16° Enfin les pauvres villageois de cette province se plaignent de la misère et de l'indigence ; que les monastères tant d'hommes que de filles jouissent de la plus grande partie des biens du royaume et vivent dans l'abondance de toutes choses pendant que lesdits pauvres villageois souffrent dans lesdits lieux où les biens sont situés ; ils ont des fermiers qui occupent 3 à 400 rasières de terre et même plus ; ces fermiers

ne veulent pas vendre leur grain aux pauvres pour leur argent, ce qui cause encore une plus grande misère dans les années de disette telle que celle-ci. Le Roi devrait donc ordonner auxdits monastères que les exploitations de leurs fermiers ne seraient plus que de 100 rasières de terre ; cela suffirait à un fermier pour lui procurer la vie et élever une honnête famille. Lesdits villageois qui achètent des sels pour débiter au peuple, ce sel a payé les droits des fermes à Douai, et cependant le bureau de la ville de Bouchain fait encore payer 22 patars et demi à la rasière ; cela fait double emploi.

Ainsi fait, après avoir convoqué la communauté dudit Marquette au son de la cloche, en la manière accoutumée et lieu ordinaire, le 22 mars 1789.

Signé à l'original :

Lavallart, greffier; Nicolas-Augustin Riboncourt, L.-J. Dufour, Etienne-Joseph Leclerc, Barthélemi Cachera, V. Lavallart, Jacques-Antoine Cachera, François-Vincent Rocquet, Nicolas-Joseph Marichalle, Michel-Paul Caillier, Philippe-Charles Bernard, N. Delcambre, Philippe-Antoine Delcambre, Constant Lesner, Piette, Jean-François Lacroix, Jean-Antoine Mieux, Cyprien Dubois, André-François Marichalle, Thomas-Eustache Lefebvre, Antoine-Albert Ségard, Jean-Thomas Hérogué, Jean-Antoine Delforge, Jean-Louis Cerignolle, J.-M. d'Alliencourt, A. Rousseau, P.-J. Delcambre, J.-P. Descamps, J.-J. Petit, Louis-Joseph Cachers, A. Ledieu, C.-J. Mieux, Nicolas Mieux, Jacques Corsaux, Antoine Lefebvre.

PLAINTES, DOLÉANCES

Et remontrances de la communauté du village de Montigny en Ostrevent, intendance de Flandre.

1° Il existe un marais commun entre les habitants du village de Montigny et celui de Dechy, voisin ; ce marais était ci-devant possédé et cultivé par indivis ; les paysans y envoyaient paître leurs bestiaux indivisément. Il a plu aux habitants de Dechy de susciter différentes chicanes à ceux de Montigny pour leur enlever la propriété, tantôt en les forçant de se cantonner dans certains endroits dudit marais, tantôt en les nécessitant de se contenter d'une jouissance viagère, c'est-à-dire de la superficie de certains droits concentrés ; en sorte que les habitants de Montigny, soit par l'ignorance des gens de loi qui les présidaient, soit par négligence, soit par dol personnel, se sont vus réduits à un droit limité de certaines paissons ; les habitants de Montigny demandent donc que ledit marais soit rendu et restitué commun entre les habitants dudit Montigny et Dechy, ainsi que de toute ancienneté, notamment depuis l'érection du gouvernement féodal, ce qui se trouve caractérisé par les chartes de la Bourgogne, en observant notamment que les seigneurs respectifs de ces deux villages limitrophes n'ont jamais exercé les moindres droits propriétaires sur ce marais commun.

2° Les charges de l'État doivent être supportées par tous les propriétaires, au prorata de leur domaine. Les habitants demandent encore à ce que la subvention territoriale soit imposée sur toutes les terres, sans aucune distinction ni du clergé ni de la noblesse.

3° Un moyen facile pour réparer le déficit des finances et lui donner une stabilité immuable, c'est, outre ladite subvention territoriale qui sera supportée par chaque propriétaire sans aucune distinction, d'asseoir un impôt sur tous les objets de luxe et sur toutes choses absolument superflues.

4° La Flandre, avant sa réunion à la couronne, était composée des Etats les plus réguliers, savoir: du clergé, de la noblesse et du tiers-état ; elle est maintenant gouvernée par quatre grands baillis dont la composition est aussi extraordinaire qu'incroyable. Les habitants de Montigny demandent encore à ce que leurs anciens Etats soient réintégrés comme ils étaient du temps des comtes de Flandre.

5° L'ordre des paysans est ignoré en Flandre, qui est cependant le plus utile à l'Etat. Ils demandent encore à ce qu'on ajoute auxdits trois Etats, celui des paysans, comme il se pratique en Suède.

6° Les intendants des provinces sont parfaitement inutiles à l'Etat : ce sont des sangsues qui sucent le peuple ; on en demande la suppression.

7° Les maîtrises des eaux et forêts sont très-inutiles et très-dispendieuses à l'Etat ; on en demande la suppression, et à ce qu'elles soient gouvernées par la voie de régie ou celles moins dispendieuses.

8° Les seigneurs territoriaux convertissent la plupart des sentiers en chemins vicomtiers ; on en demande la suppression, et notamment à ce que les sentiers superflus soient rendus à la culture.

9° Les plantis des seigneurs sont portés à l'excès, ce qui détruit l'agriculture ; on demande à ce qu'ils soient circonscrits dans des bornes équitables.

10° Les gens de loi de Montigny, ainsi que de tous les villages circonvoisins de la Flandre, sont nommés d'après le caprice du seigneur ; on demande à ce que cette élection des gens de loi se fasse par la commune à la pluralité des voix, tous les ans.

11° Les collecteurs des deniers royaux devront être choisis par les communes à la pluralité des suffrages, et ils seront en premier lieu responsables de leur gestion à la commune.

12° L'impôt territorial sera levé en argent, et non en nature, tant pour alléger les cultivateurs de toute entrave que pour empêcher la sortie des pailles de chaque endroit, ce qui préjudicierait infiniment aux engrais de chaque village respectif.

13° Les lois de la Flandre tombent en désuétude et sont parfaitement ignorées par le défaut de republication ; on demande à ce qu'elles soient republiées au moins une fois tous les six ans.

14° La dîme se paye pour acquitter toutes les charges du ministère divin ; on demande que la construction et la réparation des églises paroissiales, des maisons pastorales et vicariales, entretien des cimetières, de toutes les cloches, de tous les suppôts de la paroisse et de tous les ornements de l'église, soient à la charge de la dîme.

15° La dîme devra être tournée, collectée par un paroissien de l'endroit, et la paille devra être consommée pour les engrais de chaque paroisse.

16° Les colombiers sont très-fréquents en Flandre, les pigeons dévastent les campagnes ; on en demande la suppression.

17° La justice est très-mal administrée par les officiers des seigneurs des villages ; il y règne même à cet égard les plus grands abus ; on en demande la suppression de manière à ce que la simple police leur soit réservée et qu'il n'y ait plus que deux degrés de juridiction dont la première prononcera au souverain jusqu'à certaine somme.

18° Les seigneurs de Flandre, par défaut de payement de rentes seigneuriales, d'autres droits de vassalité, ont remis différents héritages au gros de leurs fiefs ; ils ne veulent point les remettre

aux propriétaires qui offrent d'acquitter les anciennes prestations moyennant une reddition de comptes des fruits perçus. On demande cette désunion et la restitution à chaque propriétaire.

19° Suppression de la chasse.

Ce sont les très-humbles doléances, plaintes et remontrances que font à S. M. Louis XVI ses très-humbles, très-soumis et très-fidèles sujets les habitants de Montigny.

La lecture du présent cahier de doléances a été faite en pleine assemblée de loi le 29 mars 1789, ce qui est certifié par les deux députés dénommés de ladite communauté.

Signé à l'original :

Pierre-Antoine Caron, Jean-Charles Bruer, Douillard, mayeur, Paul Brabant, Antoine-Louis Sangueur, Denis-Michel-François Caron, Charles-François Desfontaines, François J. Humbert, Jouvenet.

CAHIER

Des doléances des habitants du village d'Abscons.

1° Les habitants remercient sa Majesté de ce qu'elle a bien voulu convoquer les Etats généraux.

2° Ils prient Sa Majesté de convoquer les Etats généraux tous les trois ans.

3° Ils demandent la conservation des privilèges et immunités de la province, le maintien du droit sacré de propriété pour tous les sujets de Sa Majesté.

4° Ils demandent que toutes les tailles, droits, impositions, corvées et charges soient supportées à l'avenir par le clergé, la noblesse et le tiers-état à proportion égale de leurs possessions respectives.

5° Demandent la suppression des droits qui portent sur les bestiaux, tels que tailles de bêtes vives, terrage et pas de penas.

6° Demandent qu'il supprime, modifie et remplace les impôts de manière qu'ils gênent le moins possible la liberté.

7° Qu'il supprime ceux d'une perception difficile ou frayeuse.

8° Demandent que ces impôts soient tels encore qu'ils n'exigent qu'un très-petit nombre d'employés de caisse, de régisseurs, et que les offices de finance soient supprimés.

9° Que les impôts seulement établis du consentement de la nation soient légaux, exigibles et constitutionnels, que ceux non consentis soient réprouvés, et que les exacteurs de ces deux derniers soient poursuivis et punis comme concussionnaires.

10° Que les impôts ne soient votés que pour trois ans, et que les emprunts ne soient faits que du consentement des Etats généraux, à peine de nullité, celui à la perte des fonds empruntés.

11° Que les gens de finance dont la fortune s'établit sur les désordres de l'Etat, soient éloignés des affaires, attendu qu'ils n'ont aucun autre crédit que celui de leur connexion avec l'administration de l'Etat, de laquelle ils tirent leurs richesses.

12° Que le compte des états des finances soit publié tous les ans, et qu'il soit établi un conseil pour traiter fréquemment et chercher les moyens qui peuvent convenir à la bonification des produits et réduction des dépenses nécessaires et aux retranchements des dépenses superflues.

13° Que l'enseignement de la jeunesse soit rendu et confié aux réguliers, et qu'ils l'exercent gratuitement.

14° Que Sa Majesté ne nomme plus l'abbé commendataire; qu'il accorde la liberté aux abbayes de se choisir un supérieur moyennant une rétribution réversible dans la caisse de la province.

15° Demandent qu'on réforme l'abus de la destination des pensions sur les abbayes, en ce qu'elles sont plus souvent conférées à des personnes étrangères à la province.

16° Demandent qu'on abrége la durée et réduise les frais de procédure, et qu'on réforme l'abus des chancelleries à accorder aux débiteurs misérables des lettres de cession.

17° Que tous les sujets de chaque province soient jugés par leur juge domicilié, sans autre évocation, où l'on est souvent condamné avant d'être entendu.

18° Demandent qu'il soit rendu un compte exact et public par l'administration de chaque province.

19° Que l'impôt territorial n'ait pas lieu, puisqu'il serait un fléau désolant pour l'agriculture et l'intérêt du peuple en général.

20° Ils représentent qu'il serait avantageux aux cultivateurs et aux particuliers de recueillir le fruit de leurs labours, pour pouvoir en profiter jusque compris la paille, et comme il s'en détache une partie par la perception de la dîme, lesdits habitants demandent, en considération du bien général, à ce qu'ils soient autorisés d'enlever sur leur champ la totalité de leur dépouille et en pouvoir payer la dîme et terrage en argent par forme de fermage.

21° Observent encore lesdits habitants que l'impôt donné sous le nom d'aide extraordinaire ou double aide que l'on perçoit sur la châtellenie de Bouchain, ce qui produit aux environs de 38,000 livres, impôt inconnu dans le reste de la province, impôt qui écrase les campagnes et dont on ignore l'emploi, soit supprimé.

22° Ils demandent enfin que les criées de Mons soient ponctuellement observées à l'égard de l'eau-de-vie qui en fixe les droits à quinze patars le pot de Mons, tandis que dans le Hainaut, châtellenie de Bouchain, dont Abscon fait partie, ce droit se perçoit au pot du lieu qui est plus petit de 13 p. 0/0 que le pot de Mons.

23° Que la répartition et l'entretien des chemins vicinaux ne soient plus à la seule charge des propriétaires aboutissant auxdits chemins, mais que ces charges soient supportées par tous les propriétaires, soit ecclésiastiques, nobles et roturiers, au prorata de leurs possessions sur le territoire, et que cet objet s'exécute par voie d'administration et non par celle judiciaire, comme à présent.

24° Que les décimateurs et collecteurs seront obligés à la reconstruction et réparation des églises au défaut des fabriques.

Signé à l'original :

Paul Lacquet, J.-F. Lequet, Plichont, Joseph Lancreau, Guillemot, Adrien Laquet, J.-L. Leclerc, Pierre-Philippe Dufour, Jean-Baptiste Legoulois, A.-L. Raoult, d'Hailly, Jean-Antoine Cambray, Benoît Caille, J. Danneur, Guillaume Brulez, J.-M. Vaugncuille, A. Piedaus, Jean-Philippe Borlet, Nicolas Vallerand, Jacques Duché, L. Lecerf.

CAHIER

Des plaintes, doléances et propositions pour les habitants de la communauté d'Erre, bailliage de Douai.

C'est avec tout le respect et la confiance dus à un Roi bienfaisant et protecteur né, de ses fidèles sujets que l'on doit la prochaine assemblée des Etats généraux; animés de ces sentiments et pour répondre aux vues de Sa Majesté dont la sagesse se réunit pour opérer le bonheur de la France, aidée du génie tutélaire d'un ministre éclairé chargé de diriger cette grande opération, les habitants de la communauté d'Erre, entièrement dévoués au monarque et à tout ce qui intéresse la félicité publique, exposent :

1° Qu'il est de l'intérêt général que les Etats nationaux soient renouvelés périodiquement de temps à autre.

2° Que les Etats provinciaux de la Flandre soient composés chaque année des membres des trois ordres, et que ceux du tiers-état soient en nombre égal à ceux des deux autres ordres réunis.

3° Que la commission intermédiaire desdits Etats ne soit qu'exécutrice des délibérations et résolutions de l'assemblée provinciale à qui elle serait comptable chaque année.

4° Que toutes les impositions réelles de toutes les terres, maisons et biens, héritages, bois et autres fonds, soient également supportés par tous les propriétaires et possesseurs indistinctement, sans aucune exemption ni privilége, en déclarant le clergé et la noblesse contribuables en tout avec le tiers-état.

5° Que la capitation et autres droits personnels soient cotisés et répartis sur chacun de tous les individus, à raison de sa faculté et de son industrie, par les officiers municipaux de chaque endroit.

6° Que les droits de consommation soient perçus sur le vin, la bière, l'eau-de-vie et autres boissons, au lieu de fabrique, sans aucun privilége et dans une juste proportion avec une libre circulation dans tout le royaume, en mettant toutes les recettes au rabais.

7° Qu'il y ait une entière liberté sur les routes, et que, pour leur entretien, il soit établi des barrières et droits convenables dont personne ne soit exempt.

8° Que les bureaux intérieurs des douanes soient transférés aux frontières du royaume, avec un nouveau tarif des droits d'entrée et de sortie, en supprimant les cinq grosses fermes.

9° Que tous les travaux publics soient mis au rabais en supprimant toutes les directions des rivières et canaux, ponts et chaussées.

10° Qu'il y ait une entière abolition des droits de franc-fief et d'amortissement.

11° Que la dîme et le terrage, qui enlèvent la plus grande partie des fruits des cultivateurs, et qui se perçoivent à Erre en raison de 16 du cent soient limités et restreints à une moindre quotité, et que les décimateurs soient totalement chargés de reconstruire, réparer et orner les églises.

12° Qu'on supprime surtout les droits seigneuriaux du dixième, que l'abbaye de Marchiennes à qui appartient la seigneurie d'Erre, exige au préjudice de ses vassaux sur le pied de la valeur de toutes les terres, maisons et héritages, à la vente d'un transport et autres aliénations, ainsi qu'à la mort de l'héritier, droits d'autant plus odieux qu'ils causent la ruine des habitants.

Nous demandons la suppression de l'homme vivant et mourant, des amortissements de la seigneurie d'Erre.

13° Qu'il soit procédé à la réduction des degrés de juridiction; que les juges subalternes jugent sans appel pour des sommes modiques, et les juges royaux pour des sommes plus considérables.

14° Que tous les biens et droits communaux soient de la compétence exclusive des juges royaux sans aucune attribution aux intendances, et que lesdits intendants soient supprimés.

15° Que les administrateurs et juges des droits et revenus de chaque communauté soient à la nomination des habitants, avec d'autant plus de raison pour la communauté d'Erre que les officiers nommés jusqu'à présent par l'abbaye de Marchiennes se sont toujours opposés, de concert avec elle, aux droits des habitants, en faisant adopter, en insinuant des arrangements d'autant plus ruineux que la communauté se trouve actuellement privée de la plus grande partie de ses propriétés, après une suite et continuité de procédures qui ont absorbé la fortune de différents particuliers qui avaient épousé la cause commune.

16° Que la transaction faite avec les communautés d'Abscon, Fenian et les deux horinains d'Erre, l'abbaye de Marchiennes, relative à la propriété du marais d'Erre, soit supprimée et que la communauté dudit Erre rentre dans tous ses droits et possessions comme ci-devant.

Ainsi fait et arrêté ledit cahier des plaintes, doléances et propositions de la communauté d'Erre, pour satisfaire au désir de Sa Majesté par nous, susdits mayeurs et échevins, manants et habitants, et les députés conjointement avec nous, qui ont prêté leur ministère à la forme dudit cahier, en foi de quoi nous avons signé à l'original.

Nicolas Delcambre, Jean - Chrysostôme Pic, Pierre Bécar, J.-B. Bouillonne, François - Jean Bouillons, Pierre Roger, Grégoire Lotton, Jean-Baptiste Pot, Pierre - Joseph Cotton, Bernard de Lais, Jean-Jacques Pagnies, Florentin Vantel, Alex. Cotton, Jean - Charles - Joseph Châtelain, Alex. Vantelet, Quérin, Cotte, Jean-Baptiste Carpentier, Nicolas de Bray, Jean-Baptiste Mohieux, Jacques Colte, Louis-François Cotton, Pierre-Antoine Helle, Nicolas-Joseph Fotière, Pierre Pothier, Jacques de Bray, François Cotte, Hubert Perrin, mayeur, Moura, échevin, Bourler, Gourmez, Delin échevin, P.-F. Nauquier échevin.

CAHIER

Des doléances pour la communauté de Tilloy, paroisse d'Hamage.

1° Le terroir de Tilloy contient environ 172 bonniers, tant en bois que terres labourables et ce, non compris les marais dudit lieu.

2° Les habitants sont au nombre de 70 feux ; ils payent annuellement aux receveurs des États de Lille, tant pour vingtièmes royaux et capitations que pour vingtièmes ordinaires, cinq tailles, doubles tailles, milices, denier César, etc., environ 817 florins 7 deniers.

3° Les ecclésiastiques et nobles de la province de Flandre qui, possèdent des biens immenses, ne payent presque rien à la décharge du tiers-état; il y a d'ailleurs une inégalité frappante dans l'imposition des biens-fonds, et enfin les possessions desdits ecclésiastiques et nobles ne sont point fidèlement déclarées; il conviendrait d'en faire l'arpentage dans toute la communauté pour les connaître, car la ferme de MM. les abbés et religieux de Marchiennes, seigneurs de Tilloy, et qui est imposée seulement pour 30 bonniers et demi, contient bien 60 bonniers.

4° Il faudrait aussi faire imprimer un tableau de toutes les terres, prairies et bois de chaque bailliage, par communauté, dont un exemplaire seraient déposés au greffe de chaque bailliage, et un autre dans la ferme ou greffe de chaque communauté, afin que l'on puisse s'y conformer pour les impositions.

5° L'abbaye de Marchiennes possède aussi des bois sur notre territoire, qui ne payent aucune imposition; on en ignore la quantité, parce qu'elle s'est toujours refusée aux déclarations nécessaires en pareil cas, ainsi qu'à la communication des titres pour constater les limites du terroir de Tilloy d'avec celui de Marchiennes.

6° Chaque bonnier de terre est chargé envers ladite abbaye de 16 rasières d'avoine, de rentes foncières et seigneuriales ; les rentes considérables ne sont imposées pour les vingtièmes royaux qu'à la clétive somme de 29 livres 14 sous, et ne payent aucune autre espèce d'imposition à la décharge de la communauté.

7° La dîme du terroir se perçoit en plein par le curé d'Hamage ; l'abbaye de Marchiennes lui a cédé, moyennant d'exempter les terres de ladite abbaye d'ancienne contribution de dîme.

8° La communauté de Tilloy ne peut se dispenser de mettre au jour une grande partie des vexations qu'elle a éprouvées et qu'elle éprouve continuellement de la part de l'abbaye de Marchiennes. D'abord il y a une partie de bois dite la Queue-de-Tilloy, contenant environ 40 bonniers, qui appartenaient anciennement à la communauté; la jouissance de cette partie a été cédée à l'abbaye au commencement du dix-septième siècle, pour un certain nombre d'années, sous la promesse d'avoir un pavé dans le village ; mais ce pavé n'a jamais été fait, et dans les troubles des guerres, le dépôt des titres de la communauté a été réfugié à l'abbaye de Marchiennes, d'où il n'a jamais été possible de le ravoir. L'abbaye de Marchiennes s'est emparée des marais du Vivier et Sec-Marais en 1759, appartenant aux paroisses de Bouvignies et de Marchiennes, parce que les magistrats de Marchiennes, toujours nommés par l'abbaye, et par conséquent toujours ses créatures, se sont prêtés aux désirs de ladite abbaye ; et pour ensuite contenter la commune de Marchiennes, l'abbaye a usurpé, sur le marais de Tilloy , 120 bonniers qu'elle a cédés à ladite commune de Marchiennes, et sur la part que l'abbaye a laissée à la communauté de Tilloy, elle l'a encore grevée de 27 rasières d'avoine annuellement, outre le don, droit de terrage de trois du cent, et enfin de 54 rasières d'avoine tous les quarante ans.

La communauté de Tilloy n'a jamais pu se défendre contre l'abbaye, parce qu'elle a pour mayeur et chef de la communauté le fermier même de l'abbaye ; cependant ce fermier est paroissien de Marchiennes; mais soutenu par l'abbaye, il a toujours dirigé la communauté de Tilloy ; il profite lui seul de tout le pâturage du terroir avec un nombreux troupeau de deux cent cinquante moutons. Il resterait encore un petit marais dit le Pré, contenant 3 bonniers, qui devait être partagé entre Marchiennes et Tilloy et dont Tilloy est encore exclu.

Le fermier de l'abbaye est encore soutenu de l'abbaye pour interdire la communication des chemins publics ; tous les anciens chemins sont interdits par des barrières, et Tilloy est obligé de prendre les chemins des villages étrangers pour aller aux villes voisines.

Les habitants de Tilloy sont encore privés du droit qu'ils avaient anciennement de faire pâturer leurs bêtes dans les bois de l'abbaye.

La première cause de toutes ces vexations vient de ce que les magistrats soit nommés par les seigneurs, ce qui fait que les droits des particuliers sont mal défendus lorsqu'ils sont opposés à ceux desdits seigneurs. Pour obvier à ces inconvénients, nous demandons que les magistrats des paroisses de campagne soient choisis à la pluralité des voix et renouvelés tous les ans, lors de la reddition des comptes, ou prorogés d'après une assemblée de commune si on est content de leur administration. Nous demandons aussi que l'abbaye de Marchiennes soit obligée de nous donner l'ouverture de ses titres et archives pour tout ce qui concerne le village de Tilloy, et que nous puissions être reçus à l'avenir de tous les biens et droits usurpés sur notre communauté par ladite abbaye, nonobstant toutes possessions et laps de temps, puisqu'elle n'a jamais joui qu'avec la force et le pouvoir en main et la retenue du ferme, qui contenait les anciens titres et chirographes de Tilloy.

Qu'enfin le greffe de Tilloy se tient encore à Marchiennes en la puissance de l'abbaye.

9° Le bailli des eaux est encore une grande charge pour la communauté de Tilloy et pour les communautés voisines ; les gages de ce bailli viennent d'être doublés tout d'un coup de l'autorité de M. l'intendant ; mais ce bailli ne rend aucunement les charges de son office soit pour la construction et entretien des ponts, soit pour les digues, etc.

10° Pour le bien du royaume, le soutien de l'Etat et la décharge du tiers, il conviendrait que le clergé et la noblesse payassent exactement les impôts et tailles comme les roturiers sans distinction.

11° Il serait aussi nécessaire que les deniers des communautés soient portés et versés dans les coffres du Roi par des préposés dans tout le royaume, parce que ce cas les Etats de province ne pourront plus s'enrichir ni graisser les mains des créatures qui leur sont attachées au préjudice des sujets du Roi et de Sa Majesté même ; de cette manière le tiers-état serait déchargé de presque la moitié de ce qu'il paye annuellement ; cela étant ainsi, il ne faudrait plus que des assesseurs dans chaque communauté et un collecteur ou receveur qui serait chargé de remettre au receveur préposé de chaque province qui porterait chez le Roi le produit des impositions, sans frais, au moyen de la rétribution qui lui serait accordée par la province.

12° Il se perçoit des impôts considérables sur les vins, bières et eaux-de-vie ; les ecclésiastiques et nobles de la province ne payent rien ; ce sont cependant eux qui en font la plus grande consommation, et leurs facultés les mettent à même d'y faire plus d'honneur.

Les vins payent 1 louis à la pièce de 80 pots, le sourcion, le houblon, l'orge, etc., sont crûs sur des terres qui payent les impositions ; cependant la bière paye encore l'impôt, c'est l'impôt sur l'impôt même, comme si l'on mettait un impôt sur le blé crû sur les terres déjà chargées d'impositions ; pourtant la bière est une denrée de première nécessité, le pauvre habitant, le pauvre soldat sont les seuls qui souffrent de l'impôt qui porte à 5 ou 6 livres la rondelle de 72 pots. L'eau-de-vie est payée au bureau des Etats de la province par les roturiers à 3 livres 5 sous de France le pot, et pour les ecclésiastiques et nobles à 50 sols.

Quand MM. des Etats de Lille ont fait établir des cantines pour livrer en fraude aux provinces limitrophes, il y a trois ans environ, le pot d'eau-de-vie se vendait 25 sous, et ils gagnaient certainement encore ; cependant la différence de ce prix d'avec celui actuel est de plus de deux à cinq.

13° Il se perçoit des impôts presque sur toutes les denrées, comme sur l'huile à brûler, les chandelles, la cire, les cuirs, les tabacs, etc. ; la culture du tabac est même gênée : il faut faire des déclarations et payer 25 patars pour 10 verges de terre. Il y a des droits sur les briques, sur les tuiles, et généralement sur tout. De plus, on paye dans l'intérieur du royaume, pour passer d'une province à une autre, des droits sur presque toutes les denrées, ce qui paraît injuste pour les sujets d'un même roi, qui devraient avoir le droit de tirer sans impôts, d'un bout du royaume à l'autre, les choses nécessaires à la vie.

14° Depuis plusieurs années, les Etats de Lille ont une grande quantité de chevaux étalons qu'ils achètent à grand prix aux frais de la province, et qu'ils envoient dans plusieurs endroits de la châtellenie pour faire saillir les juments, avec défense de les faire saillir par d'autres. L'expérience cependant fait voir que les élèves étaient beaux avant cette institution qu'ils ne le sont aujourd'hui, parce que la plus grande partie desdits étalons ne sont pas propres pour l'agriculture ; de plus, cette institution est extrêmement onéreuse aux provinces, tant pour les frais d'achats que pour la nourriture et gages des conducteurs, et il n'y a pas à craindre que les étalons appartenant aux particuliers manquent jamais dans les provinces.

15° L'administration de la justice est défectueuse en ce qu'elle est trop lente, par la facilité qu'ont les plaideurs de mauvaise foi de faire des chicanes sur les formes et sur mille autres bagatelles qui sont étrangères à l'objet sur lequel on plaide ; il ne se trouve que trop souvent des personnes qui mangent en démarches et en sollicitations le double de la chose pour laquelle ils plaident. (Le commerce est à l'abri de ces malheureux et funestes inconvénients par la sage institution des juges-consuls.) Il serait donc à désirer que le gouvernement s'occupât des moyens propres à rendre les procédures plus courtes, par conséquent moins onéreuses au peuple ; qu'il n'y eût plus de charges vénales et que la justice fût gratuite.

16° Les moulins sont une chose de première nécessité ; il devrait être permis à tout un chacun d'en construire. Sans farine on ne peut faire de pain, et ils devaient être exempts de toute imposition parce qu'ils sont exposés à des incendies, à des ouragans, etc., etc.

17° Le lin est une denrée de première nécessité et dont la culture est infiniment coûteuse, et devrait être exempte de dîme et de terrage, parce que le laboureur qui souvent n'a pas le moyen de faire les mises et qui craint de ne pas réussir, est découragé par la circonstance que la dîme et le terrage lui enlèveront la plus belle partie de ses espérances.

18° Les trois quarts du marais de Tilloy ont été partagés par feux et ménages, en exécution des lettres patentes de 1777, l'autre quart est demeuré en pâturage commun ; mais comme depuis le partage il y a déjà 22 feux ou ménages surnuméraires qui ne peuvent rien prétendre aux portions, suivant lesdites lettres patentes, que par rang d'ancienneté, et prévoyant l'impossibilité pour plusieurs d'y avoir jamais la moindre part de leur vivant, vingt habitants ont présenté requête aux magistrats de Tilloy, le 13 février 1785, tendant à ce que toutes les terres appartenant à la communauté soient passées à bail, pour du produit et revenu d'icelles, en faire une répartition des deniers à tous et indistinctement les chefs de famille de la communauté y ayant droit, au moyen de quoi une grande partie desdits habitants ne seraient plus privés des revenus des biens communaux, quoiqu'ils payent les charges et impositions comme ceux qui en profitent. Sur cette requête, le magistrat a fait assembler la commune, mais le plus grand nombre des habitants s'est opposé à la demande, par délibération du 20 du mois de février; les habitants privés de toute part dans le marais se sont pourvus alors d'une autre manière pour obtenir de M. l'intendant qu'ils auraient leur part sur le quart du marais qui n'est point encore défriché et qui est demeuré en pâturage commun; mais ils ont été encore déboutés de cette demande sur la nouvelle opposition fondée sur la lecture des lettres patentes de 1777. Les habitants exclus demandent un nouveau règlement, disent qu'ils ne doivent point être privés à toujours de leur part des biens communaux, et que ce n'est certainement point l'intention du souverain.

Les autres habitants disent pour réponse, qu'un nouveau partage ne serait pas juste; que ceux qui ont partagé étaient anciens dans la communauté, qu'ils ont supporté eux seuls les charges et dépenses antérieures des frais de procédure, etc., que les surnuméraires auront leur part par rang d'ancienneté, que déjà trois en ont eu, que la chose deviendra à son tour désavantageuse aux enfants des portionnaires actuels, que ces portionnaires actuels payent chaque année une demi-coupe de blé au cent de terre faisant 2 rasières de blé au bonnier, dont le produit est accordé exclusivement aux surnuméraires; que d'ailleurs plusieurs portionnaires ont déjà aliéné leur viage; ces raisons exposées de part et d'autres sont laissées à la sagesse du gouvernement sur ce qui pourra être décidé en général pour les marais et tous les biens communaux des paroisses.

19° En général les dîmes ne remplissent aucunement les charges de leur primitive institution.

Le pape Gélase, dans le canon *Quartor XXVII, can. XII, quest. II,* ordonne le partage des biens de l'Eglise en quatre portions, savoir : une pour l'évêque, la seconde pour les prêtres qui desservent l'autel, la troisième pour les pauvres, la quatrième pour la fabrique. Si cette destination était remplie les curés seraient bien dotés, au lieu que la plupart sont à portion congrue et une charge eux-mêmes pour les communautés; il n'y aurait plus de pauvres, et les crimes et délits seraient plus rares. Enfin la reconstruction et l'entretien des églises ne seraient plus une charge pour les habitants.

20° Le Roi, par ses lettres patentes du 13 avril 1773, a assujetti dans la Flandre maritime le gros décimateur aux réparations, reconstructions et entretien des églises et presbytères; le peuple de la Flandre wallone sollicite de la justice et de la bonté de Sa Majesté que cette loi lui soit commune pour les mêmes raisons et les mêmes motifs repris dans lesdites lettres patentes de 1773 et dans les mémoires présentés au nom de la province.

21° La dîme se perçoit sur tous les fruits, elle se perçoit chaque année; il y a plusieurs provinces où la troisième année est une année de repos pour la terre, que l'on appelle alors *jachère.* Dans la province de Flandre l'on est parvenu à cultiver constamment chaque année, mais ce n'est qu'à force d'industrie de mises et de travaux extraordinaires, en faisant sarcler et arracher les mauvaises herbes dans les avelies croissantes, en multipliant les engrais, que l'on achète à grand prix, tels que cendres, chaux, boues des villes et des fossés etc., etc. Le cultivateur est découragé souvent par les charges de ses terres, qui quelquefois doivent payer la dîme du cent, en outre terrage de huit du cent et encore des rentes foncières et seigneuriales, outre une infinité d'autres droits.

Les tribunaux ont autorisé le laboureur à ensemencer du grain non terrageable une année sur trois; on devrait donc aussi être exempt de dîme une année sur trois, dans les endroits où on ne laisse aucune jachère et où l'on cultive constamment chaque année par des mises extraordinaires; et pour éviter des inconvénients la dîme devrait être restreinte aux deux tiers par chaque année.

22° La dîme ne paye presque rien de charge, des communautés soit en vingtièmes royaux, soit en vingtièmes ordinaires, tailles, ou toutes autres impositions; c'est cependant le plus beau de tous les biens; elle doit donc être imposée conséquemment à son produit annuel.

23° Il en doit être de même de son terrage, qui est un aussi clair et aussi beau revenu que la dîme. Le cultivateur est même obligé dans bien des endroits de conduire lui-même le terrage à la grange du seigneur avant de pouvoir prendre aucune autre partie de la dépouille de son champ.

24° Les rentes foncières et seigneuriales qui ne sont plus assujetties à aucune perte ni à aucune diminution doivent aussi être imposées sur leurs produits annuels.

25° Les droits seigneuriaux, qui sont aussi des propriétés claires et belles, tels que le dixième denier, le cinquième denier même, en bien des droits de la valeur des biens-fonds, ne payent non plus aucune espèce d'impositions, parce qu'ils appartiennent pour la plupart aux ecclésiastiques et nobles qui ont su s'en exempter; ils doivent aussi être imposés sur leur produit réel.

26° Enfin les bois, qui sont considérables, et qui par la même raison qu'ils sont aux ecclésiastiques et nobles, ne payent rien, doivent aussi être imposés selon leur produit réel; ils rapportent plus que les champs cultivés, ils n'exigent aucuns frais et sont à l'abri des malheurs et des inconvénients de l'agriculture.

27° Mais il existe un plan général proposé qui réunit lui seul tous les avantages que les peuples du royaume puissent espérer, et en particulier celui de la Flandre wallone; il est l'ouvrage même du génie tutélaire de la France, du sage et vertueux ministre qui est à la tête des finances du royaume : c'est le mémoire présenté en 1778 par M. Necker. Tous les peuples adoptent par acclamation et reconnaissance toutes les vues et tous les moyens qui y sont présentés. En conséquence ils demandent que le règlement pour l'organisation des Etats de la Flandre wallone soit rédigé de manière que le peuple du tiers-état y ait la même influence que celle que le Roi a daigné lui accorder pour l'assemblée des Etats généraux; de cette manière le peuple déclare se soumettre de cœur et d'esprit à toutes les contributions que Sa Majesté peut désirer pour le bien de l'Etat, pour remplir le déficit, pour le remboursement de toutes les charges vénales, pour la suppression d'une infinité d'impôts dont les frais de perception enlèvent la majeure partie; enfin, pour faire face à tout, non-seulement il payera la même somme qu'il paye aujourd'hui, laquelle portée directement et sans frais au trésor royal rapportera bien plus au souverain qu'à présent, mais en outre, il offre à son Roi comme à son père, telle augmentation qu'il faudra ; enfin, tous ses biens, sa personne et sa vie seront aussi constamment dévoués au service de Sa Majesté et au bien de l'État, mais qu'il y ait une égalité parfaite sur tous les biens et les contribuables ; les États provinciaux une fois bien organisés, le plus grand bien est fait ; chaque province règlera ses impositions analogues à son genre de facultés ; la Flandre pourra tout remplir par l'impôt territorial, où les dîmes et les rentes contribueront par l'impôt sur le vin et par la capitation ; tout autre droit sera inutile ; les États provinciaux régleront à la pluralité ce que chaque ville, chaque communauté d'habitants devra fournir ; les communautés s'imposeront aussi elles-mêmes, feront elles-mêmes les rôles d'impositions par des assesseurs qui seront choisis entre eux, à la pluralité, renouvelés ou continués tous les ans à la reddition du compte. Les abus se réformeront, l'ordre deviendra parfait, et ce qui ne sera pas trouvé juste d'après l'expérience, pourra être réformé au moyen des assemblées ; on cherchera aussi les moyens d'empêcher les abbayes et seigneurs de faire retomber le poids de leurs charges sur leurs fermiers ; le cahier de toute une province contiendra tout, et en cas de difficulté, Sa Majesté fera droit ; on parviendra à éteindre les procès, on proposera des points qui les font naître, les moyens d'y pourvoir ou d'avoir une décision générale. Enfin tous les avantages qui en résulteront sont développés dans le mémoire présenté au Roi en 1778 ; les communautés lésées par les abbayes ou seigneurs parviendront aussi à avoir l'ouverture des archives que ces abbayes et seigneurs ont conservées, tandis que les ravages des guerres, les incendies, etc., ont fait perdre tous les titres des particuliers et des communautés ; on parviendra à éclaircir le point de la féodalité, à revenir sur les droits odieux de mainmorte, terrage, etc., qui, pour la plupart, ont été usurpés par les abbayes et les seigneurs, à l'aide de ce qu'ils ont toujours choisi pour régir les communautés leurs fermiers et créatures, etc., etc.

Ainsi fait et arrêté dans notre assemblée du 23 mars 1789. Signé à l'original :

J.-H. Lecœuvre, M.-G. Monier, L.-J. Broutin, J.-B. Tracard, Em. Robert, M.-A. Petit, P.-J. Lecœuvre, J.-B. Delahaye, J.-P. Capon, L.-J. d'Herbonnez, P. de Brabant, Emmanuel Aimer, P.-T. Briquet, J.-A. Houdart, C.-J. Havez, J.-J. de Brabant, P.-J. Herbaud, L.-J. Platot, Loiseleur, greffier.

CAHIER

De doléances pour les habitants de la communauté d'Alne, en exécution des ordres de Sa Majesté.

C'est avec la reconnaissance due à un Roi bienfaisant et protecteur-né de ses sujets, que l'on doit la prochaine assemblée des États généraux, et pour concourir au vœu du monarque, les habitants de la communauté d'Alne, soussignés, exposent :

1º Qu'il serait de l'intérêt du bien général qu'il y ait partout une égalité parfaite dans la perception des droits domaniaux, soit pour les vingtièmes, capitation, tailles, aides, soit pour les impositions réelles établies sur les fonds et tous autres droits sans exception.

2º Que cette proportion soit également établie sur les droits des comestibles et des boissons, sans aucuns privilèges ni exemptions, soit pour le clergé ou la noblesse, en déclarant les membres de ces deux ordres contribuables sur tous les objets indistinctement comme tous les sujets du tiers.

3º Que, pour faciliter cette perception, on établisse de nouvelles formes moins dispendieuses, et qu'en les simplifiant on impose chaque province pour une somme déterminée, répartie ensuite sur chaque communauté qui en réglera la taxe sur tous les habitants, eu égard aux biens, facultés, revenus et industrie de chacun, dont on mettrait dans chaque endroit la recette au rabais pour en verser annuellement l'importance dans une caisse provinciale qui soit réversible directement au trésor royal. On éviterait par ce moyen la multiplicité des recettes et les droits stipendiaires d'autant plus onéreux à l'État qu'ils diminuent la meilleure partie des sommes destinées à ses besoins en augmentant toujours les charges du peuple et surtout de l'artisan et du cultivateur.

4º En établissant les formes on bannirait avec succès tous les droits de péages, corvées et autres semblables, en procurant d'ailleurs l'entière liberté des routes, en mettant encore en proscription les bureaux internes pour n'en placer qu'une partie aux frontières, puisqu'il serait suppléé abondamment à ces droits par l'importance réelle de tous les fonds dont une grande partie était exempte, soit du côté des privilégiés, soit par le défaut des anciens cadastres qu'on pourrait renouveler exactement.

5º Qu'il y eut abolition et extinction des droits seigneuriaux, surtout des droits de dixième, que l'abbaye de Marchiennes exige sur cette communauté, à la vente de chaque partie d'immeubles ainsi qu'à la mort de chaque propriétaire, ce qui gêne le commerce des immeubles et laisse aux héritiers la charge onéreuse de ne pouvoir succéder aux biens de leurs proches, sans payer la dixième partie de la valeur des héritages que ces derniers délaissent en mourant, droit inhumain connu sous le nom de droit de relief ou de mainmorte.

C'est précisément ce droit que Sa Majesté a aboli dans ses domaines en 1779. Ce désintéressement du monarque ne peut fléchir les seigneurs particulièrement, ni les engager à se relâcher de ce reste de servitude qui répugne au nom français si une loi impérative ne les oblige de s'en désister.

D'ailleurs ces droits ne sont constitués par aucun titre positif, la possession qu'on invoquerait pour en tenir lieu n'étant que l'effet de la crainte ou de la pusillanimité, tandis qu'il faut des titres primordiaux dont tout nécessite de prouver l'existence ; la loi qui interviendrait pour ordonner cette production suffirait seule pour écarter cette espèce de droit, parce qu'il ne repose pas sur une base solide.

6º Que les marais entiers soient du domaine des communautés usagères ; les habitants d'Alne réclament ici particulièrement le tiers-lot que l'abbaye de Marchiennes a prélevé sans préjudice aux droits des parties, dans les marais dudit Alne, ce qui forme néanmoins un préjudice sensible auxdits habitants, puisqu'ils en avaient la pleine jouissance, et que pour la leur ôter, cette abbaye n'a produit aucun titre qui lui assure la perpétuité du triage dont elle s'est emparée par provision, contre toutes les règles établies en faveur des anciens possesseurs, pour ce tiers-lot être partagé avec les autres parties à tous les habitants.

7º Que la dîme se perçoive uniformément sur

tous les fruits décimables, en réglant indistinctement la quotité pour chaque espèce, et qu'en raison de ces revenus réels, les églises et les presbytères soient à la charge des décimateurs.

8° Qu'on puisse s'apaiser sur les travaux publics et ne pas être obligé de payer des gages à un directeur qui en obtient l'augmentation, sur sa simple demande, à l'insu de toutes les communautés intéressées, à qui on fait encore payer des sommes considérables, sans que leur consentement soit intervenu, pour obtenir les arrêts du conseil qui fixent ces payements, sous le motif spécial des travaux de la tracloire, lorsque tous ces ouvrages ne profitent ni à Alne ni aux communautés voisines, puisque enfin ces travaux ne sont pas exécutés vis-à-vis leurs possessions, à raison desquelles on vient encore d'exiger tout récemment une contribution qui n'est que supplétive de celle qu'on a formée il y a quelques années ; ce qui ne serait pas aussi accablant, si ces travaux étaient mis au rabais et exécutés à l'apaisement de toutes les communautés contribuables et décidément à beaucoup moins de frais.

Ainsi fait et arrêté en l'assemblée tenue audit Alne, le 19 mars 1789, neuf heures du matin ; ajoutant que la communauté est en cause contre M. de Bouvignies qui, en sa qualité de seigneur de Varlaing, veut enlever une partie de ses marais pour tenir lieu d'indemnité d'un ancien droit de vinage pour lequel les habitants d'Alne ne lui doivent aucune garantie, ce qui occasionne des frais et une surcharge aux susdits habitants qui se réunissent pour réclamer contre une entreprise aussi injuste qu'elle est destituée de raison et de fondement.

Observant enfin que M. le curé d'Hamage ne se contente pas de jouir d'une portion ménagère dans les marais d'Alne, puisqu'il jouit encore de la dîme sur tous lesdits marais, de manière que les habitants désireraient à cet égard que leur pasteur fût obligé d'opter à retenir l'une et à abandonner l'autre.

Signé à l'original :

C.-J.-B. Descamps, R.-J. Hannet, Philippe Duprés, Dalloy, Philippe Lobel, P.-J. Quenoy, J.-B. Benoît, Pierre Sang, Charles-Joseph Briquet, A Harau, P.-L. Derobin, P.-J. Benoît Gratien Tison, M.-M. Descamps, J.-B. Broutin, Lubrez Taillez, Houdart, Matthias Tison, mayeur, J.-J. Deleme, Pothier, Loiseleur.

Depuis la rédaction du cahier qui précède, lesdits habitants ayant fait de nouvelles réflexions, il fut unanimement délibéré d'ajouter :

1° Que le vœu général de la communauté était de rentrer dans ses anciens droits relativement aux marais, à l'exclusion de la communauté de Warlaing, qui n'y a acquis des droits que par la concession faite à son profit par l'abbaye de Marchiennes, qui n'en était pas même propriétaire.

2° Considérant que le marais de Bonté, appartenant audit Alne, a été aliéné pour une somme modique et pour quatre-vingt-quatorze ans, afin de payer des frais de procédure sans autre forme que l'autorisation de M. l'intendant, d'après le consentement seul d'un petit nombre d'habitants, l'on demande de faire annuler cet arrentement, moyennant l'offre de restituer le prix fixé par l'arrentataire qui a été suffisamment indemnisé de la somme par les fruits et profits annuels dont il a joui jusqu'à ce jour.

3° Que tous les arrentements faits jusqu'à ce jour par l'abbaye de Marchiennes, en empiétant sur les communes, soient restitués aux habitants

en accordant à ces derniers l'exemption des dîmes sur toutes les parties du marais.

4° Que la planche posée sur la Scarpe, pour servir de passage à l'église paroissiale d'Hamage et pour donner communication à Waudiguier, soit à la charge de l'abbaye de Marchiennes qui en était chargée autrefois, tant pour la reconstruction que pour la réparation et l'entretien.

5° Que la province soit entièrement maintenue dans tous ses droits, ainsi qu'ils lui ont été accordés par les différents traités et capitulations depuis que la France en a fait la conquête.

Signé à l'original :

Jean-Baptiste Broutin, Charles-Joseph Briquet, R.-J. Hannet, Gratien Tison, P.-L. Dozoli, B. Descamps, P.-F. Benoît, J.-J. Huart, Augustin Harau, Pierre-Joseph Quenoy, Dalois, J. Duprés, N.-J. Houdart, J.-J. Lubiez, Mathias Tison, mayeur, M.-M. Descamps, P.-J. Avez, Jean-Louis Pothier, Loiseleur.

CAHIER

De doléances pour les habitants de la communauté de Warlaing.

Puisque c'est au concours de ses fidèles sujets qu'un Roi bienfaisant daigne référer aujourd'hui toutes les difficultés pour établir suivant ses vœux un ordre constant et invariable dans toutes les parties du gouvernement, pour les besoins de l'État, la réforme des abus, la prospérité générale et le bien de tout et chacun de ses sujets, les habitants de cette communauté doivent s'empresser de répondre à ces vues, d'autant plus précieuses qu'elles intéressent tous les individus sans exception.

Il y a donc une obligation étroite de dresser dans chaque endroit un cahier de doléances ; c'est un acte d'obéissance, mais un acte favorable que l'on doit au plus auguste des souverains, qui l'exige, moins à titre de soumission, que pour opérer le bonheur de son peuple dont il sera toujours assuré de la vénération et de l'attachement le plus inviolable.

En entrant dans le détail de tous les abus qui intéressent Warlaingt on observe :

1° Que la communauté est composée de cultivateurs et d'ouvriers qui ne vivent la plupart qu'à force de travail pour procurer à leurs enfants un pain grossier trempé dans leur sueur.

2° Toutes les ressources de la communauté ne consistent que dans quelques portions de marais situés dans la seigneurie d'Alne, dont l'abbaye de Marchiennes a prélevé le tiers, sans avoir néanmoins justifié de ses titres, ce prélèvement n'étant que provisoire et sans préjudice aux droits des parties ; ce sont des droits cependant qu'une communauté craint toujours de faire valoir contre une abbaye puissante qui a des ressources inépuisables.

3° Les autres biens situés sous la juridiction de Warlaing et qui composent la seigneurie ne consistent en total qu'en 120 bonniers. M. le marquis de Bouvignies, seigneur dudit Warlaing, en possède lui seul 40 bonniers ; il en a donc un tiers.

4° Toutes les impositions sont payées par les habitants, tandis que le seigneur est exempt pour ses possessions, à raison desquelles il ne paye qu'une faible partie des vingtièmes, qui forme une surcharge auxdits habitants, qui se trouvent cotisés à l'avenant pour la totalité des terres qui composent le territoire, puisque la répartition ne pouvant comprendre les biens du seigneur, l'exemption dont celui-ci jouit diminue le nombre des contribuables, en augmentant la charge de tous les possesseurs particuliers ; cela est annuellement sensible, puisque la somme imposée sur la communauté ne peut souffrir de remises à raison de l'exemption du seigneur, qui n'a un privilège que pour aggraver les charges de ses vassaux, qui payent pour lui et pour ses possessions lorsque tout le produit revient au seigneur.

5° Ce seigneur jouissant d'un droit de plantis sur tous les chemins et sur ses terres, il en profite de manière que la seigneurie présente plutôt une forêt qu'une campagne propre à la culture ; ainsi chaque fond est environné d'arbres qui étendent leurs racines et leurs branches de toutes parts, empêchent la production des fruits, altèrent toutes les moissons et affaiblissent la nature du sol devenu par ce moyen infiniment moins fertile, sans que ce motif puisse engager le seigneur à louer ses terres à un prix modique, lorsqu'il ne les afferme au contraire qu'à un prix excessif ; de là vient que le laboureur trouve à peine la vie dans une telle exploitation, puisque les fruits qu'il récolte après le fermage acquitté, les impositions payées et la dîme prélevée, tantôt à cinq, tantôt à trois du cent, ne lui laissent que le faible espoir du plus léger tribut qu'on puisse accorder à ses peines et à ses travaux. De là aussi la source de la misère et l'indigence des familles agricoles.

6° Le propriétaire particulier n'est pas plus heureux ; il paye aussi la dîme et les tailles à un taux onéreux, et sa propriété se trouve aussi gênée par les plantis voisins, sans compter les rentes annuelles qui accroissent du revenu du seigneur, et plus que cela encore, les droits seigneuriaux à raison du dixième de la valeur qu'on exige à la vente, dons, transports, aliénations et pareils droits du dixième à la mort, connu sous le nom odieux de droit de relief.

Ces droits pour l'ordinaire ne sont que le reste barbare de l'ancienne servitude, qui n'ont pour appui qu'une possession peu soutenue et dénuée de titres constitutifs.

On en demanderait en vain la production ; les procès sont la seule voie pour y parvenir, mais la ruine de ceux qui les soutiennent en précède toujours la décision.

7° Outre ces surcharges accablantes, toujours des demandes continuelles mais extraordinaires ; le canal de la Tractoire excite à cet égard des plaintes formelles.

Il y a pour la rivière et les canaux de la Scarpe un directeur, dont les gages étaient fixés ; on vient de les augmenter sur la simple demande de M. l'intendant, sans qu'aucune communauté n'eût été entendue pour y donner son adhésion, laquelle était sans doute nécessaire pour y obliger légalement.

Relativement à la Tractoire, chaque communauté a payé en 1764 une somme considérable pour l'élargissement, le curement et la prolongation de ce canal ; il a fallu y suppléer ensuite par une autre somme. Aujourd'hui on demande encore un supplément onéreux à la même occasion, tandis qu'on a payé il y a quelques années tout ce qu'il fallait pour tous les travaux nécessaires, et tout cela se dirige sans l'aveu des communautés, qui savent qu'il faut payer, et rien de plus, car elles n'ont pas participé aux arrêts du conseil qu'on sollicite à leur insu, qu'on obtient de même, sans néanmoins que Warlaing ni les communautés voisines aient encore vu le moindre signe de l'emploi des sommes exigées, puisqu'on n'aperçoit aucuns travaux au susdit canal, travaux pourtant seuls objets de ces payements.

8° A ces doléances, il faut ajouter la difficulté des routes et les droits multipliés qu'on y perçoit, ce qui gêne la liberté due principalement au commerce et au transport des denrées.

Lesdits habitants désireraient en conséquence :

1° Que le tiers-lot des marais, retenu par l'abbaye de Marchiennes, leur soit remis et partagé entre eux ;

2° Qu'il n'y ait plus de droits seigneuriaux, si le seigneur n'en justifie préliminairement par des titres probants et en forme authentique.

3° Qu'il n'y ait plus d'exemptions ni aucuns privilèges pour le clergé et la noblesse, que tous soient contribuables, par une juste égalité pour tous les droits quelconques, à raison des biens, facultés et industrie et de la consommation de chacun.

4° Que les droits de plantis soient cotisés comme tous les autres droits utiles.

5° Que la taxe de tous les impôts réels ou personnels soit réglée annuellement par la province qui les répartira dans son ressort, puis par chaque communauté, pour en faire le recouvrement elle-même au moyen des receveurs établis au rabais ; lesquels verseraient annuellement le montant de leurs recettes dans une caisse provinciale, et celle-ci, sans autres moyens, au trésor royal directement.

6° Qu'il y ait une parfaite uniformité dans la perception de la dîme et dans la déclaration des fruits décimables.

7° Enfin que tous les travaux publics soient donnés en entreprise, mais à cri public et au rabais.

8° L'on observe encore que la communauté se trouve tellement chargée qu'on a aliéné, il y a treize ans, 30 rasières de biens communaux pour l'espace de quatre-vingt-quatre ans, ce qui excite à juste raison les vives réclamations de tous les habitants, puisqu'ils supportent seuls le fardeau des charges, lorsque le seigneur prétend encore d'enlever dans leurs marais 8 rasières de terre mises en réserve, dans lesquelles il n'a aucun droit même apparent, ne résidant pas d'ailleurs à Warlaing ni seigneur desdits marais.

9° Une considération bien affligeante, c'est que l'on voit chaque année le transport des grains surtout en blé, dont il passe annuellement plus de 50 bateaux sur la Scarpe, pour être exportés à l'étranger, ce qui occasionne la disette et expose cette province à la misère dont elle ressent déjà les effets, lesquels deviendraient plus funestes si l'on ne pouvait y remédier promptement.

10° Ce qui excite aussi le désir public, c'est la réforme des abus dans l'administration de la justice, puisqu'il n'existe aujourd'hui que des formes dispendieuses qu'on devrait simplifier en adoptant un nouveau code et des tribunaux moins fréquents, puisqu'il suffirait que les communautés soient soumises en toute matière aux juges royaux sans aucun recours aux intendances.

Ainsi fait et arrêté en l'assemblée du 20 mars 1789.

Signé à l'original :

C.-F. Joly, J.-B. de Carpentry, Jacques Morelle, J.-J. Salet, T. Bonnet, Martin Lambert, Florentin Joly, Pierre-André Doby, P.-J. Louvet, J.-J. Coudet, Zéphirin de Brabant, F. Baret, Louis Pillon, J.-B. Louis, J.-B. Lambert, P.-J. Joly, J.-C. Marcheux.

CAHIER

Des plaintes, doléances et remontrances pour les habitants de la communauté de Vred, province de Flandre.

Pour obéir aux ordres et aux vues bienfaisantes du souverain, les habitants de la communauté de Vred observent, pour l'intérêt et le bien général :

1° Que les impôts forment une surcharge onéreuse aux sujets du Roi, principalement aux membres du tiers-état, seul cotisé ; que le vrai moyen d'alléger cette charge est de répartir les impositions générales sur les trois ordres, par égalité, le clergé et la noblesse eu égard aux biens et à leur valeur sans distinction.

2° Que, pour remédier aux abus causés par la multiplicité des formes et des préposés aux différentes récoltes et administrations, une régie plus simple serait moins onéreuse.

On pourrait donc réduire à une somme fixe l'imposition totale de chaque province, en y comprenant tous les droits sans exception, de sorte que ladite province serait abonnée en proportion et chaque paroisse cotisée séparément en raison de ses biens, en mettant toutes les recettes particulières au rabais, lesquelles seraient réversibles dans une caisse provinciale, et-celle-ci au trésor royal directement.

3° Que, pour les biens comme pour les droits de consommation, il n'y ait plus de priviléges, ni d'exemptions, ni de prérogatives dans aucun ordre, en réglant d'ailleurs la capitation selon les facultés et l'industrie de chaque individu.

4° Qu'il soit procédé en conséquence à la rénovation d'un nouveau cadastre ou cahier de tous les biens, afin de procurer une juste égalité nécessaire dans les impositions réelles.

5° Que les droits de consommation soient perçus au lieu de la fabrique, avec une entière liberté pour la vente et le transport dans tout le royaume.

6° Qu'il y ait aussi pleine liberté pour faciliter le commerce et la circulation des denrées, en supprimant tous les droits d'entrée et de sortie à chaque ville et province, en fixant aux frontières les bureaux des douanes.

7° Qu'on supprime tous les droits de corvées, et que tous les ouvrages publics soient mis au rabais, parmi l'extinction des gages et pensions accordées aux différents directeurs et qui forme une surcharge aussi accablante que dispendieuse.

8° Qu'on anéantisse les droits d'amortissement et de franc-fief, et généralement tout ce qui entre dans la régie des cinq grosses fermes, en supprimant tous les receveurs et commis, lesquels forment une troupe frayeuse de gens oisifs qui troublent et inquiètent l'artisan et le cultivateur.

9° Qu'on établisse une loi pour fixer l'uniformité dans la perception de la dîme, en réglant les diverses espèces de fruits décimables.

10° Que, pour la conservation de plusieurs de ces fruits, partie précieuse pour l'humanité, il serait à souhaiter qu'il émanât une loi constante et invariable pour les pigeons, dont toutes les terres sont accablées dans les temps de semaison et moisson, qui font manquer une partie des grains de toute espèce, et par là occasionnent un tort réel et irréparable aux pauvres ménagers.

11° Que les églises soient à la charge des décimateurs pour leur reconstruction et entretien, conformément à ce qui est statué pour la Flandre maritime.

12° Qu'on simplifie les formes judiciaires, en diminuant les degrés de juridiction, et que la justice soit rendue gratuitement.

13° Que chaque communauté ne soit justiciable que des juges royaux, sans aucun recours aux intendances.

14° Qu'il y ait suppression des droits seigneuriaux du dixième à chaque mutation, droits onéreux qui n'ont pour fondement qu'une possession peu soutenue, une possession abusive et dénuée de titres consécutifs.

15° Que la communauté de Vred soit spécialement admise à rentrer dans le tiers-lot des marais dont elle a toujours joui paisiblement, et que les abbayes d'Auchin et de Marchiennes ont prélevé sans établir leurs droits ni justifier de leurs titres ; suppliant Sa Majesté de vouloir ordonner que le tiers dont il s'agit rentre au plus grand profit de ladite communauté, qui déclare de rester en entier dans ses droits pour les dommages et intérêts qui lui sont dus pour les fonds destinés et propres à faire tourbe que ladite abbaye d'Auchin a enlevés contre les dispositions des lettres patentes de 1777, tandis qu'il était défendu par icelles à ladite communauté de se servir desdits fonds pour faire tourbe et palées, qui étaient d'un grand secours pour la paroisse.

16° Que les États provinciaux de Flandre soient composés des trois ordres, et que les représentants du tiers soient en même nombre que les députés collectifs du clergé et de la noblesse.

17° Que la commission intermédiaire soit composée moitié des députés du tiers-état, et qu'elle n'ait que l'exécution des délibérations desdits États, à qui elle serait comptable chaque année.

18° Qu'ayant égard aux pertes occasionnées dans cette communauté par l'inondation arrivée en 1784, par l'ouragan survenu en 1785, et par les différents incendies qui ont eu lieu successivement, il soit pourvu aux indemnités dues aux habitants victimes de ces malheurs, dont les réclamations n'ont pas été accueillies aux États ni à l'intendance.

Ainsi fait, convenu et arrêté en notre assemblée tenue cejourd'hui en l'hôtel de ville dudit Vred, le 23 dudit mois de mars 1789.

Signé à l'original: Louis de Lops ; J.-B. Barier ; Alexandre-Louis L'Espagnol ; C. Desor; Antoine Detuc ; François Foucaud ; A.-J. Martin ; Chrysostôme Desor ; J.-B. Massingue ; H. Legrand ; Philippe Durot; C.-F. Martin ; Paul Dhumain ; B. Massingue ; J.-B. Desor ; J.-B. Sans ; Adrien Jessour; J.-B. Martin ; Claude Langlin ; Dieudonné Desormayeur ; Charles-F. Dubray, échevin ; P. Seinglein; P.-A. Broutin ; Amoult ; Legrand ; Brachelet, greffier; Dieudonné Desor, mayeur.

MÉMOIRE

Et état de la doléance des habitants du village d'Estrées, comme il suit.

1° Il y a une très-grande quantité de terre qui était tant en marais qu'inculte, appartenant à la communauté, que le seigneur s'en est emparé ; nous demandons d'y rentrer.

2° Il existe une pièce de 15 rasières ci-devant à marais, appartenant à la communauté, nonobstant le cordon que le seigneur a réclamé. Il perçoit encore un droit de demi-terrage qui est de quatre gerbes du cent; on demande qu'il abandonne l'un ou l'autre.

3° Le chemin qui conduit au marais ci-devant, le seigneur s'en est emparé ; nous demandons d'y rentrer.

4° Tous les plantins qui sont sur notre territoire, les arbres sont tout au plus éloignés les uns des autres de 20 pieds, ce qui occasionne les chemins défectueux qui obligent de moment à autre des réparations ; nous demandons que le seigneur les fasse faire à ses dépens.

5° Nous nous plaignons aussi que les levrauts, perdrix et faisans, se multiplient très-fort sur notre terroir, au point que nous en souffrons de grands dommages; nous demandons que le seigneur les fasse détruire, ou qu'il permette à ses vassaux de les détruire eux-mêmes.

6° Quant aux différents impôts que nous sommes obligés de payer aux Etats, nous demandons que les ecclésiastiques et nobles payent comme nous.

7° Dans tous les différents impôts de l'Etat nous demandons de payer comme nos voisins, et pour les vingtièmes royaux et ordinaires, nous demandons que l'on nous taxe à une somme fixe et à chaque rasière de terre.

8° Dans l'étendue de notre territoire nous avons certaines pièces de terre qui doivent dix-huit du vent, d'autres seize et huit ; nous demandons de payer cette dîme en argent, au lieu qu'en nature, attendu qu'il manque de paille pour faire fructifier la terre.

Nous demandons aussi de ne plus payer la dîme insolite.

9° Avant que la Flandre fût réunie à la France, elle était gouvernée par de vrais Etats composés du clergé, de la noblesse et du peuple, c'est-à-dire du tiers-état, tandis que présentement qu'il n'y a plus qu'un symbole d'Etats régis par quatre grands baillis, dont la forme est aussi insolite qu'inconcevable, nous demandons à ce qu'on nous rende nos anciens Etats, et même en la forme réglée par Sa Majesté pour le Dauphiné et la province, et qu'on y ajoute un quatrième ordre, savoir l'ordre des paysans, comme il se pratique en Suède.

Toutes les meilleures lois rentrent dans l'oubli et tombent en désuétude par des défauts de republications ; nous demandons à ce qu'on englobe toutes ces lois dans un code pour la Flandre, et qu'on en fasse la republication une fois au moins tous les trois ans.

10° Outre les rentes seigneuriales que nous payons annuellement au seigneur, il nous impose encore des corvées; nous demandons encore d'en être déchargés.

11° Quelques personnes qui travaillent à gré, demandent de le prendre au dixième.

12° Les bouteurs de Douai, qu'on charge dans la ville de Douai, font tort à toute la populace, qui demande de vendre son grain elle-même.

13° Nous demandons que le droit de franc-fief soit aboli.

Nous demandons aussi que le Roi ne souffre point de magasins de blé dans son royaume.

14° Nous nous plaignons aussi de savoir si la dîme est bien juste et s'il y a titre.

15° Nous demandons que les habitants des villages puissent procéder à la nomination de la moitié de la justice avec le seigneur.

16° Nous demandons à Sa Majesté qu'il lui plaise arrêter le prix des vivres propres à fabriquer du pain, à environ 9 à 10 francs; de cette manière il ne se trouverait pas tant de brigands.

17° Nous nous plaignons que, dans notre territoire, on a travaillé à l'extraction des grains depuis un temps immémorial ; il a donné un grand produit et une grande facilité dans le royaume, et a fait la fortune des quatre grands baillis en les faisant passer dans des royaumes étrangers, et que les terres sont si défectuées, qu'on n'y peut presque dépouiller.

Signé Jacques-Etienne Le Nestre; Pierre-Joseph Pinchon; Jean-Louis Richer; Nicolas Dellebart; Guillain L'Evêque; Etienne-Joseph Charles; Ignace Dellebart; Guillain-Joseph Bayeux; Charles-Joseph Favaux; Philippe-Joseph Bayeux; Jean-Philippe-André Vinois; Joseph Verdières; Jean-Charles Mouchiers; Jean Briet; Guillain-Joseph Boyer; Pierre-Joseph-Dellebart; Toussaint Riquart; Guillain Drade; Michel Beaucourt; Pierre-Laurent Beauduin; Charles-Joseph Dauphin; Antoine Aimé; Jean-Baptiste de l'Illé; André Chevalier; Adrien Hardelain; Jacques de Levast; Roch Lefors; J.-B. Faveau; Nicolas de Sains; Etienne Badaut; André Patrice; Charles d'Abricourt; Guillemot, bailly; Dellebart, échevin, Gillon, échevin.

DOLÉANCES

Plaintes et remontrances de la commune d'Hamelle.

1° La communauté d'Hamelle jouissait d'une partie de marais indivise avec la communauté d'Arleux, sur environ 200 rasières limitées par le clocher de Cour-Saint-Quentin et au bois du Sart, tant pour tomber que pour faucher, fossoyer et pâtre, moyennant 7 sous et demi par ménage, à Mme de Bergle, et y coucher au château dudit Arleux, tous les ans, la veille de la Saint-Rémi.

En 1787, le vicomte d'Arleux a fait paraître et rendre un arrêt à la cour du parlement de Flandre, pour avoir la transaction faite entre lui et la communauté d'Hamelle au Molaquier, pour sûreté de ses droits contre ladite communauté d'Hamelle; cette transaction avait été faite en 1609.

Cependant la princesse de Bergle, il y a neuf ans, nous a fait passer une requête tendant à ce que nous ayons consenti au partage; pour ne point ruiner notre communauté, nous avons été obligés à tout ce qu'elle a voulu et jouir de ce qu'elle a bien voulu nous donner.

Nous demandons d'y rentrer et de jouir des droits de nos prédécesseurs.

2° La communauté dudit Hamelle a un marais en propriété, sans que le seigneur d'Hamelle y ait jamais perçu aucun droit; ladite communauté d'Hamelle a essuyé un procès contre la communauté de l'Ecluse, pour avoir une limite à son propre et prix nom; quelque temps après le seigneur a fait planter le cordon sous promesse verbale qu'il aurait fait mettre deux cloches dans le clocher dudit Hamelle. Il n'a jamais exécuté sa promesse ; ensuite, par les lettres patentes de 1777, le même seigneur a forcé la communauté dudit Hamelle pour le partage, et il a pris le tiers à lui.

Nous demandons d'y rentrer et de le mettre à l'usage qu'il était ci-devant, et comme nos prédécesseurs en ont joui à notre plus grand profit.

3° Tant pour l'une que pour l'autre partie de marais, que la communauté d'Hamelle jouit, il serait très-nécessaire de le remettre dans leur premier état; c'est la perte et la ruine de toutes les communautés qui avoisinent celle d'Hamelle.

Premièrement, la feuille manque et coûte le triple double ; les terres ne peuvent plus fructifier à cause qu'il faut consommer des charbons ; on n'a plus de cendres pour les amender, plus de pâture, moins de bétail ; on ne peut plus faire d'élèves en bêtes à cornes ni en poulains ; le beurre vaut une fois le double, le lait s'ensuit, de sorte que le pauvre fermier, et tout le monde, quand il faut qu'il achète un bétail de l'une ou de l'autre espèce, il est extraordinaire ment cher ; de là provient pour ainsi dire tout le mal et la misère de la Flandre, et surtout pour les mercenaires qui n'ont pas de ressources.

Nous ne pouvons nous soustraire sans nous plaindre et faire savoir à Sa Majesté que les seigneurs, après nous avoir empêchés de tourber dans notre propre bien, ils font faire des tourbes eux-mêmes et nous les vendent ce qu'ils veulent.

4° Tous les plantis qui sont sur notre territoire, les arbres sont tout au plus éloignés les uns des autres de 20 pieds, ce qui occasionne les chemins défectueux, et de moments à autres on nous oblige à raccommoder les arbres, qui font intérêt aux propriétaires et cultivateurs au moins du cinquième de leurs aveties. Nous demandons au moins qu'ils nous appartiennent; nous demandons aussi que tous les plantis inutiles soient déplantés.

Nous sommes obligés de répondre de tous les plantis par arrêt de la cour du parlement de Flandre; nous demandons d'en être déchargés.

5° Nous nous plaignons aussi que les levrauts, lapins, perdrix et faisans se multiplient très-fort sur notre territoire, au point que nous souffrons des grands dommages; nous demandons que les seigneurs les détruisent ou qu'ils permettent à leurs vassaux de les détruire eux-mêmes.

6° De tous les impôts quelconques que nous payons aux Etats, nous demandons que les ecclésiastiques et nobles payent comme nous.

7° Dans les demandes qu'on nous fait pour la terre par dixième ordinaire, dixièmes royaux, capitation, tailles, nous demandons de payer une somme fixe à la rasière, et que les ecclésiastiques et nobles payent comme nous de toutes leurs exploitations.

8° Nous demandons de ne plus payer la dîme en nature, de ne plus payer le terrage, et pour la dîme, qu'on nous taxe à une somme fixe à la rasière, attendu que la paille qu'on nous prend nous empêche de faire fructifier la terre; nous demandons aussi de ne plus payer la dîme insolite.

9° Outre les rentes seigneuriales que nous devons au seigneur et que nous payons annuellement, on nous impose encore des corvées; nous demandons d'en être déchargés.

10° Nous demandons que les droits de francs-fiefs et d'amortissement soient abolis, qu'ils sont la division des familles et la ruine de la plupart. Nous demandons que les habitants de notre communauté puissent procéder à la nomination de la justice avec le seigneur au moins pour la moitié.

11° Nous demandons qu'il plaise à Sa Majesté d'arrêter le prix des vivres propres à la fabrique du pain à environ 9 à 10 livres de France; cela sera un moyen solide pour faire vivre tout le monde et il se trouvera moins de brigands.

12° Nous nous plaignons aussi que, dans notre territoire, on a travaillé à l'extraction des grains et que toutes nos terres sont demignorées au point qu'on ne peut plus presque rien dépouiller.

Les Etats de la Flandre ont fait extraire en laissant le dixième au propriétaire sous prétexte de les employer dans la province; ils les ont toujours payés aux ouvriers ainsi qu'ils ont trouvé convenir, et par ce moyen ils ont pour ainsi dire ruiné la province et eux ils ont fait leur fortune de la sueur et fatigue du pauvre mercenaire en les faisant passer sur des provinces étrangères. Depuis que Sa Majesté a cassé leur dixième, les marchands les payent autant qu'autre fois.

13° Nous nous plaignons des pigeons qui font un tort considérable dans toutes les remises, et encore plus à la moisson; premièrement, depuis le 1er de juin, ils vont aux colzas; le pauvre cultivateur est obligé d'y mettre une garde du matin au soir, s'il veut recueillir le fruit de ses travaux, encore faut-il qu'il souffre un grand intérêt, ensuite aux autres aveties, de sorte que jusqu'à la Saint-Rémi on n'est pas tranquille; après pour la remise à la Saint-Remi qui dure au moins jusqu'à la Saint-Martin, quelquefois plus tard, pour la remise de mars, qui commence au mois d'avril et qui ne finit qu'au mois de juin, ils font encore pareil dommage, de sorte qu'il n'est pas possible d'estimer le tort qu'ils occasionnent dans notre terroir et dans le terroir voisin. Nous demandons d'en être délivrés.

La négligence de dénicher les nids de corbeaux et de pies, est cause qu'ils sont multipliés, que quand l'hiver vient sans neige, ils détruisent tous blés et les autres aveties. Nous demandons qu'il soit ordonné, sous grande peine, aux seigneurs qui ont des bois et toutes autres personnes qui ont des arbres, de les faire dénicher, afin que nous soyons déchargés de ces animaux si pernicieux aux cultivateurs.

Avant que la Flandre fût réunie à la couronne, elle était gouvernée par de vrais Etats, composés du clergé, de la noblesse et du peuple, c'est-à-dire du tiers-état, tandis que maintenant qu'il n'y a plus qu'un symbole d'Etats régis par quatre grands baillis dont la forme est aussi insolite qu'inconcevable, nous demandons à ce qu'on nous rende nos anciens Etats, et même en la forme réglée par Sa Majesté pour le Dauphiné et la province, et qu'on y ajoute un quatrième ordre, savoir l'ordre de paysans, comme il se pratique en Suède.

Toutes les meilleures lois rentrent dans l'oubli et tombent en désuétude par défaut de republication. Nous demandons qu'on englobe toutes lois dans un code pour la Flandre et qu'on en fasse la republication tous les trois ans.

Signé à l'original :

Jean-Baptiste Guinée ; Pierre-Joseph Brie ; Jean-Etienne Guinée ; Jean-Nicolas Lepreux ; Guillemain Lepreux ; Antoine Poulain ; Philippe-Joseph Varlet ; Nicolas Varlet ; Antoine Duconseil ; Antoine-Joseph Pinchon ; Alexis Varlet ; Jean Leclerc ; Jean-Aubert Fouquet ; Jacques-Marqué ; Michel Lepreux ; Jean-Nicolas Lepreux ; Antoine Vaneul ; Guillain Mieuyent, Xavier Ruichevals, député ; Jean-Nicolas Peru, député ; Decomble, lieutenant, *ne varietur*.

CAHIER

Des plaintes, doléances et demandes du tiers état, du village de l'Erarde et de Vesignon.

Les députés du tiers-état demanderont au Roi que les Etats généraux du royaume soient toujours composés de députés des trois ordres du clergé, de la noblesse et du tiers-état.

Les députés du tiers-état soient en nombre égal à celui des deux autres ordres réunis.

Les Etats généraux devront consentir la prorogation des impôts subsistant et la levée de nouveaux.

Ils pourront demander compte de l'emploi des deniers provenant de ces impôts et demander la recherche et punition des administrateurs infidèles.

Ils pourront connaître toutes les dettes de l'Etat, en demander le compte, en arrêter le montant, désigner et finir les revenus suffisants pour en payer les capitaux, deniers et intérêts.

Ils pourront demander à Sa Majesté la réformation de tous les abus qui peuvent ou pourront avoir lieu dans toutes les parties de l'administration du royaume.

Les États généraux, de concert avec les ministres de Sa Majesté et sur les états munis de pièces justificatives qui leur seront produites, arrêteront la dépense ordinaire et annuelle nécessaire pour subvenir aux besoins de l'Etat; et ils consentiront la levée d'impôts suffisants pour former un revenu clair et net, égal à cette dépense.

Les impôts qui seront conservés et accordés par les Etats généraux seront en petit nombre, généraux, simples, d'une perception aisée, peu coûteuse et à la portée des connaissances des contribuables.

Les impôts, quelle que soit leur dénomination, à quel titre et par qui ils soient levés, seront supportés et payés par tous les habitants du royaume, sans distinction ni exemption aucune.

Ils déclareront à Sa Majesté qu'il se trouve différents propriétaires qui refusent aux ouvriers d'extraire et briser des grains dans leurs terres. En ce cas ils supplieront Sa Majesté de permettre et autoriser les brisures de grains de l'Erarde et d'autre lieux; d'extraire et briser les grains nécessaires pour les fortifications de Sa Majesté, ainsi que pour les réparations des chaussées dans la province, en payant par lesdits ouvriers le quantième dû aux propriétaires comme il se perçoit par ceux voisins qui font tirer et briser des grains dans leur terre.

Ils demanderont à Sa Majesté que les décimateurs soient obligés à reconstruire et entretenir les églises des paroisses dont ils sont décimateurs, attendu que la dîme qu'ils perçoivent est plus que suffisante pour payer MM. les curés et pour lesdits entretiens et reconstructions, ou s'ils n'aiment mieux abandonner ladite dîme au profit des communes.

Les députés du tiers-état supplieront Sa Majesté d'abolir le droit de franc-fief;

De convertir la levée de la dîme en nature en un payement en argent tel qu'il plaira à Sa Majesté de fixer, de l'avis des Etats généraux.

Ils supplieront Sa Majesté d'ordonner que les biens communaux, comme prairies, marais, etc., soient restitués aux communes suivant leurs droits de propriété de possession immémoriale, le suppliant d'ordonner aux dames de Mauhcuge, aux dames de Berlenmont, à Bruxelles, et aux religieuses d'Auchin de restituer le tiers des marais dudit Erarde, Versignon, de Guesnon, et de l'offre de mise à labeur depuis quelques années par ordonnance de Sa Majesté, attendu que ce sont des gens de mainmorte auxquels sa Majesté a défendu d'acquérir aucun immeuble.

Ils supplieront Sa Majesté d'accorder à la Flandre des Etats provinciaux dont la forme soit la plus conforme possible à celle des Etats généraux, et de leur attribuer la répartition et levée des impositions, subsides et autres droits, pour être versées au trésor royal, les dépenses de la province déduites.

Ils supplieront Sa Majesté d'ordonner auxdits Etats provinciaux de faire attention à ce qui suit :

1° Que la franche terre de l'Erarde contient 16 rasières de terre en manoirs, que les demandes de Messieurs des Etats de Lille font pour ladite terre se montent à la somme de 202 florins 16 patars, savoir : 67 florins 5 patards 10 deniers pour les cinq tailles ordinaires et pour ses gages et soldes des officiers et cavaliers de la maréchaussée ; 76 florins, 17 patars 5 deniers pour deux vingtièmes royaux, le tout demandé par MM. les députés des grands baillis des Etats de Lille.

Il appert donc que ladite terre paye 12 florins 13 patars 6 deniers pour chacune rasière de terre, tandis qu'on ne paye pour les manoirs des terroirs voisins, aussi terres de Flandre, qu'environ 4 florins à la rasière ; par conséquent on paye 8 florins 13 patards 6 deniers de trop par chaque rasière de terre.

2° Que les habitants dudit Erarde et de Vesignon n'ayant point de territoire, si ce n'est un usage, payent à la tête et à la bête les faux frais ou frais de commune qu's'y font, et payent en outre les faux frais de cinq villages voisins par les terres qu'ils occupent desdits villages, attendu que les gens de loi de ces mêmes villages assisent leurs frais de commune sur toutes les terres de leur territoire avec les deniers royaux dont ils ont une église à faire rebâtir, etc., etc. Ils chargent les dépens sur lesdites terres ; il suit de là que la communauté dudit Erarde paye avec eux des frais et des deniers qui ne doivent être payés que par les paroissiens et non par les forains ; pour remédier à ces abus ils souhaiteraient que Sa Majesté ordonnât à chaque communauté de former chacune une taille de faux frais pour faire rentrer leur frais de commune à la tête et à la bête, ou de permettre ou autoriser les gens de loi dudit Erarde d'administrer leur territoire usager.

3° Que lesdits habitants bourgeois dudit Erarde payent un quart 2 patars 6 deniers pour 60 pots de bière, brassant dans la brasserie bourgeoise, et ceux desdits bourgeois brassant en d'autres brasseries de l'Erarde payent 3 florins 8 patards 6 deniers, tandis que ceux à la terre de Hainaut et sur celle d'Artois payent beaucoup moins.

4° Qu'on exige beaucoup de droits sur les denrées et sur les bestiaux qu'on mène au marché de la ville de Douai, tandis qu'on ne demande aucun droit pour ces denrées et bestiaux dans les villes voisines.

5° Qu'il ne se trouve dans la plupart des villages qu'un fermier qui occupe une grande partie des territoires appartenant aux abbayes et seigneurs des lieux, consistant en trois, quatre ou cinq cents rasières de terre et qui n'occupe que très-peu d'ouvriers; il arrive de là qu'il n'y a que ce fermier qui vit à son aise et qu'une grande partie des habitants sont très-pauvres, étant sans occupation, ne trouvant pas assez souvent de travail pour gagner leur vie; que s'il plaisait à Sa Majesté d'ordonner qu'un fermier n'occupât pas plus de 150 rasières de terre suffisant pour vivre commodément, cela multiplierait le nombre des fermiers qui occuperaient une grande partie des ouvriers du village. Il se trouve d'autres petits fermiers ménagers et quelques petits propriétaires qui occupent une autre partie du territoire qui doit dîme et terrage, faisant seize gerbes au cent et plusieurs rentes seigneuriales, et ces derniers en font la culture par leurs propres mains.

6° Que les seigneurs font des plantis sur les chemins et varechais qui font un tort considérable aux occupeurs et propriétaires; que cependant ces chemins ne leur appartiennent pas, attendu que la plupart desdits chemins et varechais sont compris dans le contenu des champs y aboutissant; c'est pourquoi il serait à propos que Sa Majesté ordonnât aux seigneurs de donner le contenu auxdits champs avant d'y planter.

7° Que la chasse au gibier ne serait ouverte aux seigneurs, ni à leurs officiers ou commettants, que le 15 septembre de chaque année, au sujet que les chasseurs s'ingèrent d'aller à la chasse dès le 15 août, brisent et massacrent les dépouilles croissantes sur la campagne et font un dommage considérable aux fermiers et occupeurs.

8° Ils supplient Sa Majesté d'accorder aux habitants la liberté de choisir et nommer leurs mayeur et échevins, car il arrive très-souvent que les seigneurs nomment des personnes qui dépendent d'eux pour leur pain.

Fait et arrêté par les habitants dudit Erarde et de Vesignon, assemblés le 22 mars 1789. Signé : Manier ; Miens; Pierre Rache ; Charles Rincheval ; P.-H. Delval; F. Caluyer Dubusq; Viart; Taté; Penin ; P. Delval ; Louis Vincheval; Auguste Sallieu; Gabriol ; Berthe ; Paul L'Angrand ; André Paul ; François l'amor ; François Paul ; Domesses Charles ; Havez; Caluger; Sandemont ; P.-J. Lepeuple; P.-J. Depret; Gourdin ; Leroy ; L'Angrand ; Havy; Moual, greffier.

PLAINTES,

Doléances et remontrances des manants et habitants du village de l'Ecluse et Toriequesne, composant la châtellenie de l'Ecluse, gouvernance de Douai.

1° Les marais de cette châtellenie, composant ci-devant au moins 1,800 rasières et en dernier lieu 1,200 environ, était de la plus grande utilité à tous les habitants, ils en extrayaient des tourbes pour leur chauffage, ils en faisaient commerce avec le restant, ils y faisaient des élèves et notamment en chevaux et en vaches ; le laitage et le beurre s'ensuivaient, et par suite ils procuraient aux villes circonvoisines une quantité considérable de bestiaux pour les boucheries. Il a plu au seigneur, le marquis de Larcandre, de postuler par subite obreption un arrêt du conseil pour être autorisé à faire défricher et diviser ce marais immense en portion ménagère, prélèvement fait pour lui du tiers d'icelui.

Ce partage opéré et consommé par la voie coactive, ce seigneur, non content de son tiers qu'il avait reçu par la voie du sort lors du partage avec la plus grande liberté et au plein acquiescement, quoiqu'il n'ait jamais exercé les moindres droits de propriétaire sur ce marais, et qu'il paraît des anciens titres et de la possession que le plein domaine a toujours résidé indivisément dans les cinq communautés composant la châtellenie, il réclama par-devant le siège royal de la gouvernance de Douai la pleine et entière propriété de ce marais pour forcer ses vassaux par cette voie indirecte à lui céder au moins la moitié de cette propriété, en quoi il réussit complétement, et ce, sans titre ni qualité. Lesdits habitants demandent donc que leurs anciens marais soient remis dans leur état primitif.

2° Le gibier est très-nombreux dans cette châtellenie ; le seigneur ne chasse presque jamais et ne souffre pas aussi qu'on y chasse, ce qui est la cause que le gibier consistant en lièvres, lapins, grande quantité de faisans, est si nombreux que ce gibier dévaste toutes les avelnes, en sorte que le principal fermier souffre des dommages et intérêts considérables chaque année ; il se verrait même dans la nécessité d'abandonner leur exploitation.

Ces infortunés habitants ont fait nombre de représentations à leur seigneur pour avoir la destruction de ce gibier, mais le tout a été inutile. Ces habitants demandent donc à ce qu'il soit enjoint à leur seigneur de détruire son gibier, sinon que cette permission soit accordée à ses vassaux.

3° Ce seigneur prétend assujettir tous ses vassaux à venir moudre leurs grains à son moulin; il se fait donner des reconnaissances par quelques particuliers, pour caractériser une prétendue banalité qui n'a jamais existé, et pour la quelle il n'a aucun titre. Ils demandent donc encore que ce droit odieux de banalité prétendu soit supprimé.

4° Ce seigneur a fait former un plantis dans la généralité de sa châtellenie ; toutes les rues des cinq villages sont plantées, les arbres offusquent toutes les maisons et les rues, en sorte qu'en plein jour il existe la plus grande obscurité.

5° Cette châtellenie, comme on vient de le dire, est composée de cinq villages; la loi n'est qu'une et elle se tient à l'Ecluse qui est néanmoins composée d'échevins de chaque; leurs intérêts ne sont cependant pas communs, ils ont des fondations particulières et des charges distinctes. Ils demandent encore qu'on établisse une loi complète dans chaque village pour y administrer la justice et régler tous leurs droits concernant leurs biens communaux respectifs, et surtout si on fait attention qu'il y a un curé et une église paroissiale dans chaque desdits cinq villages.

6° Il existe dans cette châtellenie plusieurs chemins utiles; le seigneur tâche même de toutes parts de convertir les sentiers en chemins vicomtiers. Ils demandent donc encore que tous ces chemins inutiles soient supprimés.

7° Les charges réelles devant être supportées par tous les propriétaires, au prorata de toutes leurs propriétés, ils demandent que les impositions soient supportées par tout le monde en général.

8° Un moyen très-facile pour alléger les charges de l'Etat, réparer le déficit des finances et y donner une stabilité immuable, serait de faire supporter par tous les propriétaires sans distinction, de mettre un impôt sur tous les objets de luxe et les choses parfaitement superflues.

9° Avant que la Flandre fût réunie à la couronne, elle était gouvernée par de vrais Etats composés de la noblesse, du clergé et du peuple, c'est-à-dire par le tiers-état, tandis que maintenant qu'il n'y a plus qu'un symbole d'Etat, régi par quatre grands baillis dont la forme est aussi insolite qu'inconcevable, ils demandent qu'on leur rende leur ancien état, et même en la forme réglée par Sa Majesté pour le Dauphiné et la province, et qu'on y ajoute un quatrième ordre, savoir l'ordre des paysans, comme il se pratique en Suède.

10° Toutes les meilleures lois rentrent dans l'oubli et tombent en désuétude par le défaut de republication; ils demandent qu'on englobe toutes ces lois dans un code pour la Flandre et qu'on en fasse la republication une fois au moins tous les six ans.

11° Ils mandent encore que, conformément à un arrêt du Roi, il était adjugé aux communautés et permis de défricher et de s'approprier tous les monts, bruyères et terrains vagues, sous les conditions qu'elles les feraient faire de suite; que cependant n'en ayant pas eu l'éclaircissement par les gens de loi, ils ne l'ont pas fait; que le seigneur a profité de leur négligence et s'en est emparé au bout de trois ans. Ils demandent donc à y rentrer et en être déclarés pleinement propriétaires.

12° Ils demandent encore qu'on supprime les droits de franc-fief et amortissement, comme contraires à la liberté de vendre et peu propres à conserver le secret des familles.

13° Ils demandent encore que les pigeons soient renfermés dans les temps des semailles et de la récolte, conformément à l'ordonnance portée à ce sujet, et que l'on prenne les moyens pour diminuer la quantité des pigeonniers.

Et de suite lesdits habitants, après avoir mûrement délibéré sur le choix des députés qu'ils sont tenus de nommer en conformité desdites lettres et règlement y annexé, et les voix ayant été recueillies par nous en la manière accoutumée, la pluralité des suffrages s'est réunie en faveur de Charles Lefebvre, Ambroise Pecqueur et Jean-Paul Coutance, messager, demeurant tous à l'Ecluse, et de Pierre-Joseph Mayeux, habitant, demeurant à Tortequesne, qui ont accepté ladite commission et promis de s'en acquitter fidèlement.

Ladite nomination des députés ainsi faite, lesdits habitants, ont en notre présence, remis auxdits députés ci-dessus nommés le présent procès-verbal contenant leurs doléances, afin de les porter à l'assemblée qui se tiendra le 30 de ce mois de mars devant M. le lieutenant général, et leur ont donné tous pouvoirs requis et nécessaires à l'effet de les représenter en ladite assemblée pour toutes les opérations prescrites par l'ordonnance susdite de M. le lieutenant général, comme aussi de donner pouvoirs généraux et suffisants, de proposer, remontrer, aviser, consentir tout ce qui peut concerner les besoins de l'Etat, la réforme des abus, l'établissement d'un ordre fixe et durable dans toutes les parties de l'administration, la prospérité générale du royaume et le bien de tout un chacun des sujets de Sa Majesté.

Et de leur part, lesdits députés se sont présentement chargés du présent procès-verbal portant les doléances et plaintes des habitants dudit l'Ecluse et Tortequesne, et ont promis de le porter en ladite assemblée et de se conformer à tout ce qui est prescrit et ordonné par lesdites lettres du Roi, règlement y annexé et ordonnance susdatée : desquelles nominations des députés remises audit procès-verbal portant plaintes, doléances, pouvoirs et déclarations, nous avons à tous les susdits comparants donné acte et avons signé avec ceux desdits habitants qui savent signer et avec lesdits députés notre présent procès-verbal, ainsi que le duplicata que nous avons présentement remis auxdits députés, pour constater leurs pouvoirs après l'avoir coté par première et dernière page; et le présent sera déposé au greffe dudit l'Ecluse, et Tortequesne, lesdits jour et an que dessus.

Signé à l'original :

Pierre-Joseph Mayeux, Ambroise Pecqueur, Constance Lefebvre, Bart Maillien, Constance Mayeux, P. Viard, J.-B. Pecqueur, Jean Dubois, Lobin, Michel Fouche, Nicolas-Martin Mayeux, Jean-Hubert Des Cours, Antoine Mayeux, Jean Brisse, Guillaume-Joseph de Sably, Pierre Barré, Guilain Varles, Pierre-Louis Dubois, Remond Lengen, Nicolas Mayeux, Pierre Bonneta, Pierre Riche, Jean-Baptiste Mayeux, Simon Croisille, Cyprien-Joseph Thierry, Charles-Joseph Coquelet, Pierre-Louis Dubois, Remond Lengen, Nicolas Mayeux, Pierre Bonneta, Pierre Riche, Simon Croisille, Cyprien-Joseph Thierry, Pierre Dormand, Jean Dubeulle, Charles Joubriy, Jean Dubois,

Théodore Guilbert, Jean-Pierre Denoyelle, Ambroise Ardells, Henri Lefebvre, Jean-Baptiste Quant, Pierre-Joseph Ledin, F.-J. Jaucourt, André Faucourt, Albert Constance, F. Dormand, J. Dormand, Nicolas-J. Legrand, Jean-Baptiste Ledent, Aimé Pierrache, Louis Varlet, Charles Varle, Dominique Ludant, Baptiste Lermoye, Charles Legros, Florentin Roquet, Cyprien Tridet, Pierre Legrand Pierre-Joseph Lefebvre, Charles-André Tolevale, François Joyant, Hubert Bulcourt, Noé Croisille, Charles-François Pecqueur, Louis Lebry, François Barré, Nicolas Reculrée, Gabriel-Joseph Rincheval, François Loquet, Pierre Legros, Maximilien Duquesne, Alexandre Dormar, Charles-Antoine Foriaux, Adrien Lefebvre, Jean-Baptiste Duquesne, Charles-André Dumarquet, Guillain-Joseph Fromont, Bazile Gambié, Frédéric Viard, Pierre Croisille, Paul Croisille, Jean-Baptiste Fromont, Charles Honnoré, Jean-Jacques Quent, Coquelle, Martin Fevée, Pierre-Joseph Crosson, Roch Blin, Charles Hardelin, Adrien Gand, Guillain Lefebvre, Etienne Honoré, Adrien Lemain, Pierre-Joseph Fouquet, Hubert Fremont, Charles Ledant, Hippolyte Sarcavoi, Louis-Joseph Lermoyer, Silvain Ledent, Etienne de Noyelle, Etienne Lefebvre, Charles Dubois, Hubert Dupuis, Antoine-Humbert Honoré, Désiré Laballette, Guillain Cousil, Nicolas Dormard, Jean-Antoine Latour, Joseph Legras, Jean-Baptiste Dubois, Antoine Dubois, Pierre-Joseph Pivastre, Damien Dubois, Joseph Delecourt, Etienne Lefebvre, Pierre-Antoine Legrand, Pierre Fauquent, Marc Viart, Joseph Baquet, Antoine Ledent, Remy de Levéque, Gabriel Lecoq, Chrysostôme Lecoq, Chrysostôme Boulant, Gaspard Ardelent, Hubert Frevet, Jean-Baptiste Novat, Antoine Bulcourt, Jean-Baptiste Bernard, François Convoye, Louis Dubois, Pierre Honoré, Paul Mayeux, Adrien L'Ermonez, Jean-François Dormand, Jean Dubois, Jean-François Dupuis, Antoine Lermoyer, Cyprien Gaud, Sylvain Bacquet, Pierre-Guillain Vilervalle, Louis Mayeux, Grard, Claude Croisille Marqué, Casimir Lefebvre Marqué, F.-J. Marqué Després, Hubert-Joseph Pary, Antoine-Jude Mournal, Antoine Lecoq, Hubert Foutant, Arsène Dubois, Pierre Lemoine, Philippe Legrand, Charles-André Dormand, Amable Urasson, Charles-Louis Lermoyer, Jean-Baptiste Delcome, Nicolas-Paul Croisille, Antoine Legros, Augustin Laballette, Nicolas Mommet, Nicolas Fouque, Antoine Legrand, Martin Coquelle, J.-Louis Legros, A.-J. Fouquet, Augustin-Joseph Delevaque, Samuel Dormand, Jean-Jacques Duboyés, Louis Momal, Paul Grace, François Gaud, Constant Bacquet, Adrien Lecoq, Léonard Bacquet, Pierre-Joseph Legros, Philibert Bremant, Nicolas Legros, Antoine Lefebvre, André Lermoyer, Guillain Legros, Nicolas Duquaine, Philippe Marsille, Pierre-Charles Fouquet, Jean-Baptiste Dubois, Jacques Maroi, Gaspard-Thomas Baquet, Antoine-Joseph Lefebvre, Nicolas Lermoyer, Joseph Liberal, Philippe Dubois, Mailly, greffier.

PLAINTES, DOLÉANCES

Et remontrances des manants et habitants du village d'Etaing, composant la châtellenie de l'Ecluse, gouvernance de Douai, intendance de Flandre et d'Artois.

1° Les marais de cette châtellenie, composant ci-devant au moins 1,800 rasières, et en dernier lieu 1,200 environ, étaient de la plus grande utilité à tous les habitants; ils y extrayaient des tourbes pour leur chauffage, ils en faisaient commerce avec le restant, ils y faisaient des élèves, et notamment en chevaux et vaches; le laitage et le beurre s'ensuivaient, et par suite ils procuraient aux villes circonvoisines une quantité considérable de bestiaux pour les boucheries. Il a plu au seigneur, marquis de La Riauderie, de postuler, par subite obreption, un arrêt du conseil pour être autorisé à faire défricher et diviser ces marais immenses en portions ménagères, prélèvement fait pour lui du tiers d'iceux.

Ce partage opéré et consommé par la voie coactive, ce seigneur, non content de son tiers qu'il avait reçu par la voie du sort lors du partage avec la plus grande liberté et un plein acquiescement, quoiqu'il n'eût jamais exercé le moindre droit propriétaire sur ces marais, dès qu'il paraît des anciens titres de la possession que le plein domaine a toujours résidé indivisément dans les cinq communautés composant la châtellenie, il réclama, par-devant le siège royal de la gouvernance de Douai, la pleine et entière propriété de ces marais pour forcer les vassaux par cette voie indirecte à lui céder au moins la moitié de cette propriété, à quoi il réussit complètement, et ce, sans titre ni qualité. Lesdits habitants demandent donc que leurs anciens marais soient remis dans leur état primitif.

2° Le gibier est très-nombreux dans toute cette châtellenie; le seigneur ne chasse presque jamais, et ne souffre pas aussi qu'on y chasse, ce qui est la cause que ce gibier, consistant en lièvres, lapins, perdrix et grande quantité de faisans, est si nombreux.

Que ce gibier dévaste toutes les avelies, en sorte que les principaux fermiers souffrent des dommages et intérêts considérables chaque année; ils se verront même dans la nécessité d'abandonner leurs exploitations.

Ces infortunés habitants ont fait nombre de représentations à leur seigneur, pour avoir la destruction de ce gibier; mais le tout a été inutile.

Les habitants demandent donc à ce qu'il soit enjoint à leur seigneur de détruire ce gibier, sinon que cette permission soit accordée à ses vassaux.

3° Le seigneur prétend assujettir tous les vassaux à venir moudre leurs grains à son moulin; il s'est fait donner des reconnaissances par quelques particuliers pour caractériser une prétendue banalité qui n'a jamais existé, et pour laquelle il n'a aucun titre. Ils demandent donc encore à ce que le droit odieux de banalité prétendu soit supprimé.

4° Ce seigneur a fait former un plantis dans la généralité de sa châtellenie; toutes les rues des cinq villages sont plantées, les arbres offusquent toutes les maisons et les rues, en sorte qu'en plein jour il existe la plus grande obscurité. Ils demandent encore à ce que leur seigneur soit tenu d'abattre les arbres croissant dans les rues pour rendre à l'air sa salubrité et anéantir l'obscurité.

5° Cette châtellenie, comme on vient de le dire, est composée de cinq villages; la loi n'est qu'une et elle se tient à l'Ecluse qui est néanmoins composée d'échevins de chaque village; leurs intérêts ne sont cependant pas communs, ils ont des fondations particulières et des charges distinctes. Ils demandent encore à ce qu'on établisse une loi complète dans chaque village pour y administrer la justice et régler tous leurs droits concernant leurs biens communaux respectifs, et surtout si l'on fait attention qu'il y a un curé et une église

paroissiale dans chaque de ces cinq villages.

6° Il existe dans cette châtellenie plusieurs chemins inutiles; le seigneur tâche même de toutes parts de convertir les sentiers en chemins vicomtiers. Ils demandent donc encore à ce que tous ces chemins inutiles soient supprimés.

7° Les charges réelles ne devant être supportées par tous les propriétaires qu'au prorata de toutes leurs propriétés, ils demandent à ce que l'impôt ou la subvention territoriale soit supportée par tous les propriétaires quelconques sans aucune distinction ni de la noblesse ni du clergé.

8° Un moyen très-facile pour alléger les charges de l'État, réparer le déficit des finances et y donner une stabilité immuable, serait, outre ladite subvention territoriale qui sera supportée par tous les propriétaires sans distinction, de mettre un impôt sur tous les objets de luxe et des choses parfaitement superflues.

9° Avant que la Flandre fût réunie à la couronne, elle était gouvernée par de vrais États composés du clergé, de la noblesse et du peuple, c'est-à-dire du tiers-état, tandis que maintenant qu'il n'y a plus qu'un symbole d'État régi par quatre grands baillis, dont la forme est aussi insolite qu'inconcevable, ils demandent à ce qu'on leur rende leurs anciens États et même en la forme réglée par Sa Majesté pour le Dauphiné et la province, et qu'on y ajoute un quatrième ordre, savoir; l'ordre des paysans, comme il se pratique en Suède.

10° Toutes les meilleures lois rentrent dans l'oubli, retombent en désuétude par le défaut de republication. Ils demandent à ce que l'on englobe toutes ces lois dans un code pour la Flandre, et qu'on en fasse la republication au moins tous les six ans.

11° Lesdits habitants demandent d'être exempts de payer la dîme sur toutes les denrées semées en mars.

Et de suite lesdits habitants, après avoir mûrement délibéré sur le choix des députés qu'ils sont tenus de nommer en conformité desdites lettres du Roi et règlement y annexé, et les voix ayant été par nous recueillies à la manière accoutumée, la pluralité des suffrages s'est réunie en faveur du sieur Charles-Joseph Brissez, chirurgien, et Adrien Legentil, fermier, demeurant tous deux audit Etaing, qui ont accepté ladite commission et promis de s'en acquitter fidèlement.

Ladite nomination de députés ainsi faite, lesdits habitants ont, en notre présence, remis auxdits députés ci-dessus nommés le présent procès-verbal contenant leurs doléances, afin de le porter à l'assemblée qui se tiendra le 30 de ce mois de mars, devant M. le lieutenant général, et leur ont donné tout pouvoir requis et nécessaire à l'effet de les représenter en ladite assemblée pour toutes les opérations prescrites par l'ordonnance susdite de M. le lieutenant général, comme aussi de donner tous pouvoirs généraux et suffisants, de proposer, remontrer, aviser et consentir tout ce qui peut concerner les besoins de l'État, la réforme des abus, l'établissement d'un ordre fixe et durable dans toutes les parties de l'administration, la prospérité générale du royaume et le bien de tous et de chacun des sujets de Sa Majesté. Et de leur part, lesdits députés se sont présentement chargés du présent procès-verbal portant les doléances et plaintes des habitants dudit Etaing. Ils ont promis de le porter à ladite assemblée et de se conformer à tout ce qui est prescrit et ordonné par lesdites lettres du Roi, règlement y annexé et ordonnance susdatée, desquelles nominations de députés, remise dudit procès-verbal portant plaintes, doléances, pouvoirs et déclarations, nous avons à tous ces susdits comparants donné acte et avons signé avec ceux desdits habitants qui savent signer et avec lesdits députés notre présent procès-verbal, ainsi que le duplicata que nous avons présentement remis auxdits députés pour constater leurs pouvoirs, après l'avoir coté par première et dernière page, et le présent sera déposé au greffe dudit Etaing lesdits jour et an.

Signé à l'original :

Wiart, Brissez, Legentil, Petit, Legentil, Lefebure, Binrette, Mocquart, Larieu-Dumarqué, Petit, Lefebvre, Delvarde, Mailly, greffier.

PLAINTES, DOLÉANCES

Et remontrances des manants et habitants du village de Dury, dont partie est Flandre, partie Cambrésis et partie Artois, la partie Flandre faisant partie de la châtellenie de l'Ecluse, gouvernance de Douai, intendance de Flandre et d'Artois.

1° Que la collection de la dîme de la paroisse de Dury soit faite pour rester dans leur lieu, sans pouvoir la faire passer dans une autre paroisse et encore moins dans une autre province.

2° Qu'il soit nommé des officiers de justice, habitants, paroissiens, en nombre suffisant pour administrer les biens de leur église, de la pauvreté, et gérer les affaires qui regardent la police de leur communauté ; que ces officiers soient nommés par les seigneurs, le curé et le tiers-état de leur communauté.

3° Qu'il soit nommé et élu chacun un marguillier par les seigneurs, le curé et les paroissiens, pour gérer les affaires de leur église gratuitement, recevoir les revenus de ses biens comme il se pratique généralement et en rendre compte par-devant les paroissiens.

4° Que les biens de la maladrerie de la châtellenie de l'Ecluse, dont ladite paroisse de Dury fait partie, reviennent aux pauvres dudit Dury, proportionnellement à sa population, et soient administrés par les officiers du même lieu.

5° Que les marais et biens communaux dont ladite communauté jouissait ci-devant depuis 1242 pour leurs chauffes et pâturages de leurs bestiaux, qui leur couraient des élèves en chevaux et vaches, leur soient remis par le seigneur marquis de La Riauderie, qui s'en est emparé totalement sans titre ni qualité, dans lequel marais il fait maintenant extraire de la tourbe à son profit et a fait planter les autres biens communaux, en sorte que lesdits habitants sont totalement privés des avantages qu'ils avaient coutume de retirer de ces biens.

6° Que la prétendue banalité des moulins de la châtellenie de l'Ecluse soit anéantie et supprimée, d'autant que ledit seigneur, marquis de La Riauderie, qui la prétend, n'a jamais fait paraître aucun titre constitutif, et qu'elle n'a jamais été reconnue publiquement que par des prises de pain et de farine et amendes exercées par les officiers dudit seigneur, spécialement envers les pauvres qui n'avaient pas les moyens de se défendre.

7° Que le gibier est si nombreux sur la terre dudit Dury et dans les environs, tant en lièvres, lapins, perdrix, que grande quantité de faisans, qu'ils détruisent entièrement les fruits de la terre, et empêchent la production ; que ledit seigneur de l'Ecluse a toujours refusé de les détruire sur les réquisitions et supplications qui lui ont été souvent faites. Demandent lesdits habitants la destruction de ce gibier, et qu'il soit fait défense audit seigneur de chasser dans les grains prêts à récolter avant qu'ils soient liés et enlevés.

8° Demandent lesdits habitants que les rues de leurs villages ne puissent aucunement être plantées, encore moins à doubles rangées, attendu que les arbres les rendent impraticables, les légumiers sans récolte, les toits des maisons sans durée par l'ombre qu'ils procurent, et les murs des habitations sans solidité par l'augmentation annuelle de leurs racines.

9° Demandent de plus lesdits habitants la réforme des chemins inutiles, tels sont ceux qui conduisent aux mêmes endroits ; et d'être maintenus dans le droit du vain pâturage des chemins vicomtiers que ledit seigneur prétend s'approprier.

10° Quant aux demandes des impositions que Sa Majesté trouvera convenir de former sur ses sujets, demandent lesdits habitants qu'elles soient supportées également entre les trois États, proportionnellement à leurs biens et revenus, sans distinction de dignité et de naissance, et d'être ministrées par l'assemblée provinciale composée des trois États, conformément aux États généraux du royaume.

11° Demandent lesdits habitants le reculement des barrières aux frontières ; que toutes les provinces du royaume soient égales en impositions ; que les poids et mesures soient uniformes et que la justice soit rendue par arrêt en chacune province d'après que les juges domiciliaires des parties auront jugé des causes, pour éviter les frais énormes des procédures et l'anéantissement du droit de franc-fief.

12° Un moyen très-facile pour alléger les charges de l'État, réparer le déficit des finances et y donner une stabilité immuable, serait, outre ladite subvention territoriale qui sera supportée par tous les propriétaires sans distinction, de mettre un impôt sur tous les objets de luxe et des choses parfaitement superflues, comme aussi à Sa Majesté de se déclarer abbé commendataire de toutes les abbayes de son royaume à la vacance d'icelles, en nommant des abbés réguliers en chacune abbaye pour se faire rentrer le tiers ou plus des revenus d'icelles.

13° Avant que la Flandre fût reconnue à la couronne, elle était gouvernée par de vrais États composés du clergé, de la noblesse et du peuple, c'est-à-dire du tiers-état, tandis que maintenant qu'il n'y a plus qu'un symbole d'État régi par quatre grands baillis, dont la forme est aussi insolite qu'inconcevable, ils demandent à ce qu'on leur rende leurs anciens États et même en la forme réglée par Sa Majesté pour le Dauphiné et Provence, et qu'on y ajoute un quatrième ordre, savoir, l'ordre des paysans, comme il se pratique en Suède.

14° Toutes les meilleures lois rentrent dans l'oubli et tombent en désuétude par le défaut de republication. Ils demandent à ce qu'on englobe toutes ces lois dans un code pour la Flandre et qu'on en fasse la republication une fois au moins tous les six ans.

Ainsi fait par nous, manants et habitants du village de Dury, soussignés, en l'assemblée tenue audit lieu, le dimanche 22 mars 1789, à l'issue des vêpres, en l'église dudit lieu.

Signé à l'original :

J.-P. Louis Bailly, E. Bouissaud, Ourquel, Isidore-Pierre Point, Jean-Baptiste Drapié, François Drapié, Lemoine d'Enguin, Antoine-Joseph Caufais, Quéant, Brissez, J.-S. Déquant, J. Vagon, P.-P. Dequéant, M. Vagon, J.-L. Brisse, Placide Romain, Quénant, Jean-Baptiste Louis, J.-P. Viart, Louis Lesage, J. Carpentier, Dupuis, Louis-Joseph Dubois, Drapié J.-B. Dequéant, N.-J. Drapié, Prévôt, J.-B. Drapié; Bacquet, Louis Mercier, Antoine Follot, Letimu, Lemoine, Boutrouille, Bacquet, Joachim Drapié, Copin, J.-P. Louis, F.-F. Quéant.

DOLÉANCES ET REMONTRANCES

Rédigées par les habitants composant la communauté d'Eterpigny, pour être remises au sieur Hilaire Parmentier, député par nous dans l'assemblée du 25 mars 1789, lesquelles seront présentées par ledit sieur à l'assemblée du 29 mars qui se tiendra à Douai.

1° Les États généraux rendus périodiques.

2° Un impôt général et territorial, non en nature, mais en équivalent, qui sera payé par tous les individus du royaume pour subvenir aux charges de l'État.

3° Des États provinciaux à l'instar du Dauphiné, chargés de la répartition et de la perception des impôts, et les deniers versés directement au trésor royal.

4° Que les députés des campagnes soient en nombre égal à ceux des villes dans le tiers-état qui assistera aux États provinciaux.

5° La répartition exacte des impôts selon les règles de la justice distributive, d'après l'avis des communautés, qui indiqueront la valeur de chaque corps de terre.

6° Que cette répartition soit imprimée et rendue publique pour que chaque communauté, en cas d'inexactitude, puisse la faire réformer.

7° La suppression des intendants.

8° La réforme dans la procédure civile et criminelle, et qu'il n'y ait aucune distinction de peine pour aucun État.

9° La restitution et conservation des communes, marais, landes ou pâturages, à la communauté, pour en jouir en commun. Car, outre le tiers que le seigneur a retiré dans les marais de la communauté, il s'est emparé et a envahi la plupart du restant, de sorte que les habitants, tant à la présente communauté que des voisines, après avoir exposé environ 20,000 florins pour le dessèchement de leurs deux tiers, se sont vus réduits à perdre le fruit de leurs espérances, ces deux tiers étant presque engloutis dans les propriétés du seigneur, de sorte que maintenant les communautés à qui appartenaient ces deux tiers sont réduites dans la plus affreuse misère : presque plus de bestiaux, plus de chauffage, chose dont la communauté est dépourvue et qui forme le principal objet du bonheur des habitants des campagnes.

10° La suppression de toute banalité, corvées, etc.

11° L'abolition des droits seigneuriaux par un rachat.

12° La division des fiefs dans les familles roturières.

13° La suppression absolue du droit de francfief.

14° La nomination des gens de loi par la communauté assemblée, qui se prorogeront ou renouvelleront tous les quatre ans, pour en éviter le despotisme des seigneurs qui cassent et annulent leurs officiers à volonté, selon qu'ils sont guidés par leurs intérêts.

15° Le droit de chasse accordé à la communauté pendant six semaines par chaque année,

seul moyen de remédier à la dévastation des campagnes, produite par la trop grande quantité de gibier.

16° Le droit de plantis accordé aux particuliers le long de leurs terres aboutissant aux chemins publics.

17° Suppression de plantis dans les mêmes chemins à cause qu'ils deviennent inhabitables et de trop grand entretien.

18° Suppression des chemins inutiles au profit des communautés.

19° L'établissement d'un impôt sur les carrosses et équipages, laquais, chiens non nécessaires et autres objets plutôt de luxe que de nécessité.

Nous laissons à la prudence et conscience de notre député ci-dessus nommé, de faire choix de deux députés pour l'assemblée nationale, hommes impartiaux.

En foi de quoi nous avons apposé nos signatures, habitants d'Eterpigny, ci-jointes.

Signé :

Marteloi, échevin, B. Bernard, d'Angleterre, Charles de La Motte, Antoine-Louis Petit, Charles-Joseph Petit, Dieu-Pierre d'Angleterre, Dubois, Dumont, Bulle, Vasseur, Martin Bernard, Guillain de Lamotte.

Le 25 mars, à une heure après dîner, après évocation faite solennellement de toute la communauté d'Eterpigny, sur le refus du bailli d'assembler ladite communauté à Eterpigny, et attendu qu'il ne se trouve d'échevin que nous, Marteloi, avons procédé en ladite communauté selon l'édit de Sa Majesté publié et affiché à Eterpigny, à la nomination d'un député.

En conséquence, avons nommé et nommons Hilaire Parmentier, et le chargeons de porter nos remontrances et doléances à l'assemblée qui se tiendra à Douai.

En foi de quoi nous avons apposé nos signatures.

Signé :

Marteloi, échevin, Blas Bernard, d'Angleterre, Charles de Lamotte, Antoine-Louis Petit, Charles-Joseph Petit, Dieu-Pierre d'Angleterre, Dubois, Dumont, Bulle, Usson, Tabary, Martin Bernard, Guillain de Lemotte, H. Parmentier, Philibert Legros.

CAHIER

Des plaintes, doléances et remontrances formées par les habitants, corps et communauté de Waziers, en leur assemblée tenue extraordinairement le 22 du présent mois de mars, par-devant M. l'Estoquoy, bailli dudit lieu, assisté du sieur Panier, leur greffier ordinaire.

Nous, fermiers, laboureurs et habitants du village de Waziers, considérant l'étendue du bienfait que le Roi veut bien accorder à la nation, en daignant consulter tous les ordres de son royaume sur les abus dont on peut avoir à se plaindre sur l'administration générale du royaume, et désirant répondre en bons et fidèles sujets aux vues bienfaisantes de Sa Majesté, avons arrêté et arrêtons par forme de doléances et remontrances les points et articles suivants :

1° Que le Roi soit très-humblement remercié d'avoir bien voulu convoquer une assemblée générale de la nation et en même temps très-instamment supplié de déclarer et statuer irrévocablement que ces sortes d'assemblées seront désormais convoquées périodiquement, et à époques fixes, tels que de dix ans en dix ans, ou six ans en six ans, cette convocation périodique étant le seul moyen de perfectionner le régime de l'administration et d'empêcher qu'il ne se glisse de nouveaux abus.

2° Que le Roi soit pareillement remercié du bienfait particulier qu'il vient de promettre solennellement à la province par un arrêt de son conseil d'État du mois de février dernier, lequel porte et annonce un point certain, qu'il sera incessamment établi des États provinciaux dans les deux Flandres, auxquels seront appelés le clergé, la noblesse et le tiers-état, en ajoutant que Sa Majesté ne diffère la formation de cet établissement que pour en rendre la composition plus parfaite et mieux combinée et donner le temps aux représentants des trois ordres de cette province de lui remettre, en l'assemblée des États généraux, les plans qu'ils trouveront le plus convenables à cet effet.

3° Qu'en conformité de cette disposition, les habitants de Vaziers déclarent que leurs vœux et leurs désirs les plus ardents sont que les députés ou représentants du tiers-état dans l'assemblée générale de la province soient en nombre égal à ceux du clergé et de la noblesse réunis.

4° Qu'en outre, la province soit divisée en districts composés d'un certain nombre de communautés, et que dans chaque district tous les députés réunis des différentes paroisses de l'arrondissement nommeront librement et directement les députés aux États particuliers de la province en raison des feux et population de leurdit arrondissement.

5° Que désormais toutes les assemblées paroissiales soient tenues dans la forme prescrite par le règlement aujourd'hui porté pour la convocation des États généraux.

Qu'en conséquence, à l'avenir, nul ne puisse être appelé à délibérer dans ces assemblées, à moins qu'il ne soit né Français ou naturalisé, âgé de vingt-cinq ans, domicilié dans la paroisse et repris dans les rôles d'impositions sans aucunement être assisté par la table des pauvres.

Suppliant en outre Sa Majesté d'ordonner que les notables habitants et plus haut cotisés aient une voix prépondérante à raison de leur cotisation, cette voie étant le seul moyen d'empêcher que ces sortes d'assemblées ne soient trop tumultueuses et que la populace n'y ait trop d'influence au détriment de la chose publique.

6° Qu'en outre les citoyens qui seront élus tant dans les assemblées paroissiales que dans les assemblées du district, pour remplir une fonction quelconque, soient toujours nécessairement pris parmi les habitants les plus notables et les plus instruits, sans pouvoir en admettre aucun qui n'eût une fortune suffisante pour répondre de sa gestion.

7° Que le Roi soit reconnu au besoin pour législateur souverain et indépendant en matière de pure législation, sauf aux États généraux du royaume ainsi qu'aux États particuliers des provinces le droit de faire en tout temps des remontrances sur les inconvénients des lois qui pourraient être portées ; mais qu'en même temps Sa Majesté soit suppliée de reconnaître et faire arrêter comme un point incontestable de la constitution française, qu'en matière d'imposition il ne peut être établi directement ni indirectement aucun impôt général sans le consentement des États généraux du royaume, ni aucun impôt particulier sur la province de Flandre, sans le consentement des États particuliers de cette province, le tout conformément aux chartes et privilèges accordés par les comtes de Flandre et anciens souverains du pays et confirmés par les capitulations lors de la conquête.

8° Que tous les autres privilèges et exemptions du pays soient pareillement confirmés, à moins qu'il ne soit expressément et spécialement consenti à leur abrogation par les États généraux de la province.

9° Que tous les impôts et autres droits maintenant existant dans la province, et notamment les tailles ordinaires et extraordinaires, ainsi que le droit de franc-fief et tous autres uniquement supportés par les roturiers, soient généralement supprimés, attendu que tous ces impôts sont aussi humiliants pour les citoyens de cet ordre qu'ils sont injustes dans leur perception actuelle, la cause qui les a fait établir ne subsistant plus.

10° Qu'en conséquence, au lieu de tous ces impôts il soit établi un seul impôt uniforme, réparti sur toutes les propriétés indistinctement et également supporté par tous les citoyens de quelque ordre et condition qu'ils soient.

11° Que tous autres privilèges et exemptions pécuniaires relatives aux impositions sur les boissons et autres denrées, soient également supprimées, comme contraires à la saine politique, et sujets à une multitude d'abus.

12° Que l'agriculture qui, dans cette province surtout, doit être regardée comme la première de toutes les manufactures, et tous les autres arts utiles soient encouragés par des primes et autres moyens, et qu'en conséquence tous les objets de luxe et de frivolité soient plus fortement imposés.

13° Qu'à cet effet tous les châteaux, parcs et maisons de plaisance, soient cotisés à un impôt double de celui payé par les meilleures terres labourables du canton, le tout à raison de leur grandeur respective.

14° Qu'il soit pareillement pris des moyens pour faire contribuer aux charges et besoins de l'État les riches capitalistes des villes, soit en établissant un droit de timbre sur les effets de commerce, soit tout autrement.

15° Qu'il soit pareillement établi des impôts sur les provisions d'offices, collations de bénéfices et autres avantages à titre gratuit, le tout à raison de leur importance ou revenus.

16° Que les barrières soient portées à l'extrême frontière du royaume, et qu'il soit établi des droits de traite pour empêcher l'exportation des matières premières nécessaires aux fabriques et manufactures du royaume et d'autres droits de traite considérables, pour empêcher l'importation des denrées et marchandises étrangères qui ne sont pas nécessaires à notre agriculture ni à notre commerce.

17° Que tous les régisseurs des impôts et droits à établir soient subordonnés et comptables aux États provinciaux des provinces, afin que lesdits États puissent connaître et vérifier le produit de chaque impôt.

18° Que le Roi soit très-instamment supplié de faire porter remède aux abus qui se sont glissés dans l'administration de la justice ; qu'à cette fin la vénalité des offices de judicature, toujours vainement demandée par les anciens États généraux, soit enfin effectuée comme étant la principale source de tous les abus.

19° Qu'en conséquence il soit ordonné que chaque province remboursera tous les offices de son arrondissement et que vacation d'iceux offices arrivant, les États de chaque province présenteront trois sujets capables au Roi, ayant exercé la profession d'avocat avec distinction au moins pendant dix ans, parmi lesquels Sa Majesté choisira celui qu'elle trouvera le plus digne.

20° Qu'il n'y ait plus désormais que deux degrés forcés de juridiction en matière civile.

21° Que tout *committimus* et lettres de gardes gardiennes soient généralement supprimées et révoquées comme n'étant propres qu'à faire vexer le faible par le puissant, et qu'en conséquence tous corps ecclésiastiques et séculiers, ainsi que tout autre citoyen de tel rang et condition qu'il soit, soient justiciables des tribunaux de la province de laquelle ils feront territorialement partie.

22° Que toutes les commendes et pensions sur les abbayes et bénéfices ecclésiastiques soient généralement supprimées comme contraires à l'ancienne discipline de l'Eglise et aux capitulations du pays.

23° Que tous les bénéficiers à charge d'âmes, et notamment les évêques, soient assujettis à la résidence, à péril de saisie de leur temporel et de confiscation au profit du fisc.

24° Que les lois ecclésiastiques concernant la pluralité des bénéfices soient exécutées, et qu'en conséquence, à l'avenir, nul ecclésiastique une fois pourvu d'un bénéfice rapportant 1,500 livres annuellement, ne puisse jouir d'un autre bénéfice, fût-il même simple, à péril de saisie et de confiscation du produit de ce second bénéfice.

25° Que le Roi soit très-instamment supplié de rendre commun à la Flandre wallone l'édit de 1775, qui charge les décimateurs de tous les entretiens, réparations et reconstructions des églises et presbytères et autres choses nécessaires au service divin, le tout ainsi qu'il est déjà pratiqué dans la Flandre maritime et dans les autres provinces belges restées sous la domination autrichienne.

26° Et pour justifier la justice des différents articles qui précèdent, a été arrêté et résolu de faire former au besoin tel mémoire qu'il appartiendrait.

Ainsi fait, résolu et arrêté en l'hôtel de ville de Wazières, par les habitants dudit lieu, ledit jour 22 mars 1789, par-devant et à l'assistance que dessus.

Signé à l'original :

A. Berthelet, Duforêt, Joseph de Gourdin, Marquet, de Philippe-Poulet, Viginal, Berthet, Emmanuel Gagel, Martiau, Pottier, Doisy, Alexis-Joseph Leblanc, de Fontaine, Riquet, Wignolle, Lamour, Fossier, Panier, greffier.

———

DOLÉANCES,

Plaintes et remontrances de la terre et seigneurie de Bray.

L'an 1789, le 21 mars, nous, manants et habitants nés Français, âgés de vingt-cinq ans et au-dessus, de la terre et seigneurie de Bray, compris dans le rôle d'imposition dudit lieu, assemblés cejourd'hui au lieu ordinaire des assemblées audit Bray, à l'effet de procéder à la rédaction du cahier de plaintes, doléances et remontrances qu'il nous est enjoint de former, pour présenter à Sa Majesté, le tout en exécution de la lettre du Roi du dix-neuf février dernier, et du règlement y annexé, et de l'ordonnance de M. le lieutenant général de la gouvernance de Douai, du 7 du présent mois, à la formation duquel cahier avons procédé, à l'adjonction de M. le lieutenant et échevins dudit Bray, comme il suit :

1° Nous remontrons pour premier chef de doléances que nous avons à nous plaindre de ce qu'aucune personne du tiers-état du plat pays n'a part dans l'administration des vingtièmes et autres impôts réels ou personnels ; nous demandons en conséquence qu'il y ait des assemblées provinciales dans lesquelles ils soient représentés par des députés librement élus.

2° Nous remontrons pour deuxième chef de doléances que nous avons à nous plaindre de ce que les ecclésiastiques, nobles et privilégiés sont exempts d'une partie des impositions sur les terres à labour, bois et prairies qu'ils font valoir par leurs mains ; nous demandons en conséquence qu'ils soient imposés comme tous les habitants. Nous observons qu'ils ne payent aucun impôt sur les boissons, ce qui nous surcharge.

3° Nous remontrons pour troisième chef de doléances que nous avons à nous plaindre de ce qu'un grand nombre de villages, dans cette province, jouissent de plusieurs biens communs défrichés, sans payer aucun vingtième en taille. Nous demandons en conséquence que lesdits biens communs, qui rapportent annuellement infiniment plus de produits que les terres de notre territoire, soient imposés en vingtièmes et tailles, en concurrence de leurs qualités, pour décharger les terres imposées qui sont de moindre valeur.

4° Nous remontrons pour quatrième chef de doléances que nous avons à nous plaindre de ce qu'en charroyant sur les chaussées nous nous trouvons chargés de payer plusieurs droits pour pavé ou autrement. Nous demandons en conséquence que ces droits soient abolis, et que les barrières soient reculées aux frontières.

5° Et enfin nous demandons qu'il soit arrêté que les Etats généraux soient assemblés périodiquement à des termes convenus, et qu'il soit défendu à tous seigneurs ayant droit de chasse de chasser avant que les aveties soient récoltées.

De tout quoi nous avons fait et signé ces présentes pour servir et valoir ce qu'il appartiendra, à Bray, les jour, mois et an susdits, après qu'ils ont observé que les pigeons appartenant à différents seigneurs leur faisaient un tort considérable.

Signé à l'original :

J. Wampeteyheu, Tierent, Dupuis, Dautricourt, P.-F. Pillou, Alexandre Vion, Amélie Bullot, Ilerent, Jean-Michel Rion, Dupuis. Et les autres ont déclaré ne savoir signer.

———

RÉCLAMATIONS

Des habitants de Raimbaucourt des immunités et privilèges à eux appartenant depuis un temps immémorial.

Par-devant le notaire royal de Flandre de la résidence de Raimbaucourt, gouvernance du souverain bailliage de Douai et Orchies, et témoins soussignés,

Furent présents les sieurs de Bruille, Florentin Duheu, Charles-Auguste Blondeau, François Ballot, Louis Mortelette, lieutenant et échevin dudit Raimbaucourt, Jacques-Ignace Veindeville, Pierre-Philippe de Regnancourt, député, y compris ledit sieur de Bruille, de la communauté dudit Raimbaucourt audit bailliage royal de Douai, pour leurs doléances locales et pour la nomination des députés du tiers-état aux États généraux ;

Lesquels ont représenté que les manants et habitants dudit Raimbaucourt jouissent depuis un temps immémorial des droits de franchise et d'exemption sur les comestibles, tels que vins, bières, tabacs, eaux-de-vie et autres denrées;

16

que cette franchise locale et exemption et immunités et priviléges leur ont été accordés par les comtes et souverains de Flandre et confirmés plusieurs fois en après, savoir :

1° Par les lettres patentes du mois de décembre 1243, par le comte Jean, châtelain de Lille et de Péronne.

2° Par autres lettres patentes de la même année 1243, données par Thomas et Jeanne, comte et comtesse de Flandre et du Hainaut.

3° Par autres lettres patentes de Marguerite, comtesse de Flandre et du Hainaut de l'an 1267, par le comte Jean de Lille et du Hainaut.

4° Par lettres patentes de Philippe, duc de Bourgogne, données en son château d'Esdin le 24 août 1457, sur les plaintes à lui faites par Louis de Coutay, seigneur de Raimbaucourt.

5° Et enfin par autres lettres patentes données par différents comtes, souverains de Flandre, successeurs, et définitivement par les capitulations de Lille et de Douai accordées par Sa Majesté Louis XIV, desquels priviléges, immunités et franchises ladite communauté de Raimbaucourt a joui constamment jusqu'à ce jour sans interruption. Que cette franchise locale a formé le principal article de leurs doléances et remontrances, comme il se voit en leur cahier reposant ès mains de deux députés du tiers-état de la gouvernance de Douai aux États généraux du royaume ; que néanmoins on voit dans l'article 47 du cahier dudit tiers-état de la gouvernance de Douai qu'on demande que les saufs-conduits, les lettres de répit, les arrêts de surséances, les franchises locales soient entièrement abolies; que cet article y a été inséré contre le vœu des députés dudit village de Raimbaucourt. C'est pourquoi nous n'avons rien à nous reprocher.

Ils prennent la très-humble et très-respectueuse confiance de faire adresser à Sa Majesté le présent acte notarié, par les mains de deux députés du tiers-état de la gouvernance de Douai aux États généraux assemblés, et de prier très-humblement Sa Majesté de les conserver dans leursdites immunités, priviléges, franchises et exemptions, auquel effet ils donnent tout pouvoir auxdits deux députés du tiers-état de faire et faire faire tout ce qui sera jugé nécessaire pour obtenir ladite conservation, et promettant d'avoir pour agréable tout ce qui sera géré à ce sujet.

Ainsi fait et passé audit Raimbaucourt en double, dont l'un sera déposé au greffe du lieu et l'autre remis aux parties, en présence de Germain-Joseph Hallain, praticien, et Philippe-Joseph Blervacques, marchand, demeurant tous deux audit Raimbaucourt, témoins requis le 11 mai 1789.

Signé à l'original :

E.-F. Desbrullets, G.-A. Blondeau, A.-F. Ballot, L.-F. Mortelette, F.-F. Vexdedille, P.-P. Regnancourt, Alain, P.-J. Blermaque, Bouquet.

A tous ceux qui ces présentes lettres verront, Henri-Ignace-Marie-Joseph Duhamel, conseiller du Roi, lieutenant général civil et criminel de la gouvernance du souverain bailliage de Douai et Orchies, salut; savoir faisons que maître Bouquet, qui a signé l'acte ci-dessus, est vraiment notaire royal de Flandre, de la résidence de Raimbaucourt, et qu'aux actes par lui ainsi signés en cette qualité, foi et crédence doivent y être ajoutés, tant en jugement que dehors; en témoin de quoi nous avons à ces présentes fait mettre le scel de ladite gouvernance et signé par le greffier d'icelles qui furent faites audit Douai, où le papier timbré, droit de contrôle et petit scel ne sont en usage. Le 16 mai 1789.

Signé Duhamel.

BAILLIAGE DE DOURDAN.

CAHIER

De doléances du clergé du bailliage de Dourdan, à porter aux Etats généraux par M. Millet, bachelier en droit, prêtre-curé de la paroisse Saint-Pierre de Dourdan, député ;
M. Béchant, prêtre, vicaire général du diocèse de Chartres et official de Dourdan, député suppléant (1).

Quand le Roi appelle ses sujets auprès de lui pour les consulter sur les besoins de l'Etat, les ministres de la religion ne doivent pas être les moins empressés à lui donner des preuves de leur respectueuse reconnaissance. Leur double qualité de citoyen et d'ecclésiastique est un titre pour porter aux pieds du trône les vœux les plus étendus pour le bonheur de la monarchie et pour le maintien d'une religion qui en assure la tranquillité. En conséquence, Sa Majesté sera humblement suppliée :

CHAPITRE PREMIER.
Religion.

1° De conserver dans son intégrité le précieux dépôt de la religion catholique, apostolique et romaine, le soutien le plus solide des lois fondamentales de l'Etat, de faire exécuter les ordonnances concernant le respect dû aux églises, la sanctification des fêtes et dimanches, et en général tout ce qui regarde le culte public.

2° D'avoir égard aux représentations faites par la dernière assemblée du clergé sur l'édit concernant les non catholiques, et de ne pas permettre qu'aucune autre religion que la catholique ait un culte et des enseignements publics.

3° D'accorder à l'Eglise de France la tenue des conciles provinciaux ou nationaux, à l'effet de rétablir et d'entretenir dans toute sa vigueur la discipline ecclésiastique, de manière que la convocation desdits conciles puisse se faire sans long délai sur la demande et selon les besoins de chaque métropole.

4° De maintenir l'exécution de toutes les lois et ordonnances reçues dans le royaume, qui en forment le droit public, ecclésiastique et canonique, et que les rois, ses augustes prédécesseurs, ont marqué du sceau de leur autorité.

5° Pénétré d'une douleur profonde à la vue du dépérissement affreux de la religion, et de la dépravation des mœurs dans le royaume, nous adressons à Sa Majesté les plus vives et les plus humbles représentations sur la cause funeste et trop connue de ce renversement déplorable de tous les principes. Il provient évidemment de la multitude scandaleuse des ouvrages où règne l'esprit du libertinage, de l'incrédulité et de l'indépendance, où l'on attaque, avec une égale audace, la foi, la pudeur, la raison, le trône et l'autel : livres impies et corrupteurs, répandus de

(1) Nous publions ce cahier d'après un imprimé de la *Bibliothèque du Sénat*.

toutes parts avec la profusion et la licence les plus révoltantes, auxquels on ne saurait opposer trop promptement les digues les plus fortes.

6° Sa Majesté sera aussi humblement suppliée d'ordonner toutes les précautions nécessaires pour qu'on n'admette dans toutes les universités du royaume, et dans toutes sociétés académiques, aucun maître ou membre qu'il n'ait auparavant donné des preuves de la plus grande capacité et de son respectueux attachement à la religion catholique, la diversité des sentiments sur la religion, dans les institutions de la jeunesse française, étant la chose du monde la plus à craindre.

7° L'éducation nationale dégénérant tous les jours, le Roi voudra bien prendre en considération un objet aussi intéressant pour les mœurs et pour la splendeur du royaume, et préparer dans sa sagesse des ressources aux talents de l'indigence par la dotation des collèges de province qui, presque tous, ne le sont pas suffisamment, parce qu'une bonne éducation est le seul moyen d'assurer de bons citoyens à l'Etat et des ministres vertueux à la religion.

8° L'instruction des gens de la campagne étant précieuse à l'Etat, il est bien à désirer qu'on établisse dans chaque paroisse des maîtres et maîtresses d'école, dont les honoraires joints aux contributions des écoliers en état de payer, leur feraient un sort suffisant pour eux et leur famille, lesquels seraient sous la conduite et l'inspection du curé, qui s'assurerait auparavant de leur religion et de leurs talents, et aurait le droit de les renvoyer s'ils ne répondaient pas à ce qu'on attendait d'eux, sauf à eux de se pourvoir devant le seigneur évêque.

9° Nous osons solliciter de la bonté et de la piété du Roi une protection particulière pour les ordres religieux de l'un et l'autre sexe qui subsistent dans tout le royaume, sous les heureux auspices de sa faveur et de son autorité ; nous espérons voir fleurir et vivifier de plus en plus ces saints instituts utiles à la religion, au bien de l'Etat, aux familles indigentes, à la subsistance surtout des pauvres de la campagne.

10° Il est dans les villes de province, et particulièrement dans ce bailliage, des communautés nombreuses destinées à l'éducation des petites filles pauvres, pour la religion et le travail : nous supplions Sa Majesté de jeter un regard de bonté sur des établissements si utiles, et de leur faciliter l'accès dans les bureaux établis pour le soulagement des maisons religieuses.

CHAPITRE II.
Constitution.

1° Le gouvernement monarchique étant la constitution inébranlable de la nation, la plus propre à sa tranquillité intérieure et à sa sûreté au dehors, la plus convenable à l'étendue de ses provinces, la plus conforme au caractère de ses peuples, qui, dans tous les temps, se sont distingués par leur amour et leur attachement pour leurs souverains : nous ne nous prêterons jamais à rien de ce qui tendrait à altérer la forme de ce gouvernement ; nous y sommes inviolablement attachés par les devoirs les plus sacrés de l'obéissance, par les liens du serment et de la fidélité, par l'amour et le respect pour nos maîtres, ou par le bonheur de leur être soumis.

2° Nous désirons que, dans les matières mises en délibération aux États généraux, qui intéresseront tous les ordres, on vote par tête ; mais dans celles qui intéresseront plus particulièrement un des trois ordres, nous demandons que les voix soient prises par ordre.

3° Le Roi sera très-humblement supplié de prendre en considération l'inégalité des bailliages. Elle donne lieu nécessairement à une inégalité de représentations : Sa Majesté sera suppliée de chercher dans sa sagesse des remèdes, tels qu'une nouvelle division du royaume. Cette division pourrait se faire sans distinction de provinces, de pays d'États, de généralités. Elle serait en raison combinée de l'étendue et de la population, de manière à donner à la représentation toute l'égalité dont elle est susceptible.

4° Le corps des évêques étant, dans la hiérarchie ecclésiastique, différent de celui des pasteurs du second ordre, le clergé du bailliage de Dourdan supplie Sa Majesté d'accorder au corps épiscopal une représentation distinguée de celle des autres ecclésiastiques. Les évêques pourraient être convoqués par provinces ecclésiastiques, et nommer par chaque province un représentant à l'Assemblée nationale.

5° L'Assemblée des États généraux devant affermir de plus en plus l'autorité du monarque, et l'établir sur le bonheur et l'amour de ses peuples, Sa Majesté sera très-humblement priée d'accorder à la nation le retour périodique d'un bienfait aussi intéressant pour elle.

CHAPITRE III.

Administration ecclésiastique.

1° Le Roi sera très-humblement supplié de faire accorder à MM. les curés une représentation plus proportionnelle à leur nombre dans les chambres diocésaines, dans les chambres ecclésiastiques supérieures, et dans les assemblées générales du clergé. Ils y doivent avoir au moins la moitié des représentants, comme étant eux-mêmes la beaucoup plus nombreuse partie du clergé qui ressortit de ces tribunaux.

2° Nous supplions humblement Sa Majesté d'ordonner que l'agence du clergé, les lettres de grand vicaire ne soient pas toujours données à des jeunes gens nouvellement sortis de licence, à l'exclusion d'anciens pasteurs que l'étude et l'expérience rendraient dignes de ces places.

3° Sa Majesté sera très-instamment priée de supprimer le droit odieux connu dans quelques diocèses sous le nom de *spolium*, de supprimer aussi le droit de *déport* établi dans plusieurs, sauf à donner à MM. les archidiacres un dédommagement moins onéreux si ce revenu était jugé nécessaire à leur place.

4° Nous supplions instamment Sa Majesté qu'elle accorde au clergé la conservation de ses formes anciennes d'imposition et de recouvrement : elles sont avantageuses à la partie utile et laborieuse du clergé qui ne paye pas et ne doit pas payer autant à proportion que les bénéficiers simples.

5° Que la chambre ecclésiastique diocésaine, chargée de la répartition et de la perception de l'impôt, soit composée du seigneur évêque, d'un chanoine, d'un régulier, d'un curé de la ville épiscopale et de quatre de la campagne ; que les membres de cette chambre changent alternativement chaque année, excepté le seigneur évêque ; qu'annuellement il soit publié un compte de l'imposition de chaque bénéfice du diocèse, ainsi que de la recette et de la dépense de cette administration.

6° Que le Roi et la nation seront très-instamment suppliés d'améliorer le sort des ministres utiles de la religion, dont le travail et les secours sont si précieux dans les villes et dans les campagnes : que le revenu fixe des cures de ville doit être de 2,000 à 2,400 livres ; que celui des cures de campagne doit être de 1,800 livres, et de 1,500 livres, en graduant sur le besoin des circonstances locales ; que les honoraires de MM. les vicaires doivent être déterminés entre 800 livres et 1,000 livres.

7° Que ces améliorations, pour être toujours en proportion avec la cherté des denrées, se payeront en bon blé froment, à raison d'un muid, mesure de Paris, pour 220 livres. Que ces augmentations n'auront lieu qu'après une estimation juste des biens que possèdent actuellement les cures ; et que celles dont les revenus s'élèveraient à une somme supérieure, seront conservées et respectées dans leur intégrité.

8° Que, pour faciliter cette opération, on sollicitera la réunion de quelques bénéfices à la chambre diocésaine ; qu'on demandera la réduction des formalités qui sont actuellement nécessaires pour opérer ces unions, et que la chambre diocésaine chargée de l'administration de ces biens, en rendra chaque année un compte détaillé et public par la voie de l'impression.

9° Que les bénéfices dont on demandera la réunion à la chambre diocésaine seront d'un revenu suffisant pour fournir à l'augmentation des cures, et à un fonds destiné au soulagement des ecclésiastiques que l'âge ou les infirmités forceraient de quitter les fonctions du ministère, et que la pension qui sera donnée à ces derniers sera au moins de 1,000 livres.

10° Que tous les biens des gens de mainmorte aliénés contre la disposition des édits, ordonnances et arrêts des cours souveraines, seront restitués, sans frais, aux parties intéressées.

11° Qu'aucun ecclésiastique ne sera dorénavant apte à obtenir un bénéfice au-dessus de 600 livres, sans être engagé dans les ordres sacrés ; et qu'on fera revivre les règles de discipline, qui défendent la pluralité des bénéfices et ordonnent la résidence.

CHAPITRE IV.

Administration civile.

1° Disposés à seconder les vœux de la nation, nous nous porterons avec zèle à partager avec tous les citoyens la charge de l'impôt que nous consentons à payer comme eux, en réservant nos propriétés, nos titres et nos droits honorifiques.

2° La nation sera très-humblement suppliée de se charger de la dette actuelle du clergé, et de la consolider comme une dette nationale, puisqu'elle a été contractée pour le service de l'État.

3° Le Roi ayant rendu à la nation son droit ancien de voter elle-même ses subsides, droit que le clergé seul avait conservé, l'assemblée générale, dès sa première séance, arrêtera la continuation des impôts qui existent actuellement jusqu'à la fin de sa tenue, et elle statuera définitivement sur ce grand objet avant sa séparation.

4° Sa Majesté voudra bien faire, dans toutes les branches de dépense, les retranchements que lui dicteront son esprit d'économie et les besoins de ses peuples. Une partie de l'imposition serait destinée au service des dépenses reconnues nécessaires, le reste devant s'appliquer à l'acquittement des intérêts et à la liquidation de la dette nationale.

5° Tout emprunt public supposant un impôt, puisqu'il doit avoir une sûreté, et l'impôt devant être voté par la nation, tout emprunt serait abusif s'il n'était autorisé par l'assemblée nationale.

6° Nous demandons que les assemblées provinciales ou les Etats provinciaux, s'ils sont établis, aient la charge de répartir, d'égaliser et de percevoir les impôts. Que ces impôts soient employés, autant que faire se pourra, à acquitter les charges de l'Etat dans la province où ils auront été perçus. Que tous les agents, sans distiction, employés au recouvrement, à la recette, à la garde et au payement, soient absolument dans la dépendance des différentes assemblées.

7° Que tous les brevets de pension soient revisés, afin de modérer celles qui sont exorbitantes, et de supprimer celles qui ne sont pas fondées sur des services réels rendus a l'Etat.

8° Que les Etats généraux publient un compte exact et détaillé des dettes dont la nation va se charger ; qu'ils déterminent la quotité de l'impôt qui sera affectée au payement de leur liquidation, et qu'ils fixent l'époque consolante où la nation, enfin libérée, verra diminuer ses contributions.

9° Nous supplions encore Sa Majesté qu'elle veuille rapprocher les justices royales des justiciables, pour éviter les appels multipliés, et les différents tribunaux par lesquels il faut passer pour être jugé en dernier ressort; qu'elle diminue aussi les formalités qui mettent tant de lenteur dans la justice.

10° Que la vénalité des charges de magistrature soit détruite, et que toutes celles qui ne sont qu'onéreuses aux peuples et nullement utiles, soient supprimées, telles que celles d'huissiers-priseurs, renouvelées ou recréées dans la plupart des provinces, et qu'il soit permis, comme autrefois, de choisir tel huissier qu'il plaira.

11° Que les assemblées municipales soient chargées de la police intérieure des paroisses; que toutes les contestations soient d'abord jugées par elles, et sans frais, sauf appel, s'il y a lieu, aux tribunaux supérieurs.

12° Qu'aucun seigneur ne puisse enclore un chemin de communication sans l'agrément de la paroisse à qui ce chemin est de quelque utilité, et qu'en général on ne puisse en établir aucun que son utilité ne soit auparavant bien démontrée.

13° Que la noblesse ne soit plus acquise à prix d'argent, mais qu'elle soit la récompense des services réels et importants rendus à la patrie.

14° Que, pour encourager la population, le Roi veuille bien accorder une récompense aux familles chargées de dix enfants.

15° Que la réunion de plusieurs fermes en une seule étant aussi contraire au produit de l'agriculture qu'aux intérêts des habitants de la campagne, un objet aussi intéressant pour le bien public soit pris en considération par les Etats généraux.

16° Qu'il soit établi dans chaque province des magasins de blé suffisants pour l'approvisionner pendant trois ans, et que chaque année le tiers de l'approvisionnement soit vendu et renouvelé.

17° Qu'il soit défendu de planter des remises au milieu des terres labourables, et ordonné

qu'on arrache toutes celles qui sont aussi mal placées, et que les bois et remises soient écartés de 50 toises du chemin, suivant les ordonnances.

18° Qu'on réforme les abus qui se sont glissés dans l'exercice des gardes-chasses et des gardes-bois, auxquels on ne devrait pas permettre de porter des armes à feu, et de faire condamner les délinquants sur leurs seuls témoignages.

19° Qu'il soit permis à tout cultivateur de défendre sa propriété contre l'invasion du gibier, des pigeons, etc.; que, sur l'estimation des dégâts et des dédommagements à obtenir, on s'en rapporte au témoignage de la municipalité, et que l'arrêt de règlement rendu en cette matière soit regardé comme non avenu.

20° Que la milice par voie du sort soit supprimée, comme étant et la sorte plus onéreuse au peuple que l'impôt même de la taille.

21° Qu'il sera très-expressément défendu à tous les mendiants de sortir de leurs paroisses ; que les assemblées provinciales se concerteront avec les municipalités pour pourvoir à leur subsistance, soit par des travaux, soit par des aumônes.

22° Que le sel étant une des denrées de première nécessité pour la classe la plus indigente, et d'une très-grande utilité pour les bestiaux des campagnes, les Etats généraux sont priés d'en fixer le prix au meilleur marché possible.

23° Que le Roi sera très-humblement supplié de faire réformer les abus de confiance, tel que l'inquisition qui s'exerce quelquefois sur le secret des lettres, la taxe arbitraire de ces letttres à la poste, etc.

24° Que le Roi sera aussi supplié de réformer les abus et l'arbitraire des lettres de cachet.

25° Que l'on renouvelle les ordonnances sur les duels et sur le suicide, et qu'on tienne la main à leur exécution; qu'il soit aussi défendu à toutes personnes, sans qualité pour vendre des remèdes, de s'ingérer à en débiter.

26° Que, ni pendant ni après l'assemblée, les députés ne pourront être inquiétés pour ce qu'ils auraient dit ou écrit sur les affaires publiques; que l'assemblée fera justice elle-même de ceux qu'elle croirait coupables, jusqu'à les exclure de son sein, si elle le jugeait à propos.

27° Que si quelqu'un des deux ordres du clergé ou de la noblesse est élu pour représentant du tiers, il ne pourra voter à l'assemblée des Etats généraux sans renoncer formellement aux privilèges de son ordre.

28° Que si les privilèges mettaient les ordres en opposition, et menaçaient l'assemblée d'une désunion, chaque ordre ferait le sacrifice des siens, par esprit de concorde et par zèle pour le bien public.

29° Que l'on tiendra la main à l'exécution des lois portées contre les personnes qui font banqueroutes frauduleuses, et que tout asile leur soit interdit.

Arrêté par l'assemblée du clergé du bailliage de Dourdan, ce 27 mars 1789.

Ainsi *signés* Metivet, curé de Roinville, *président.* Gagé, *président,* curé de Sainte-Mesme. R. Le Bis, prêtre-curé de Brys. Lévêque, curé de Boissy-sur-Saint-Von. Grenier. Mension, curé d'Authon. Dancel, prêtre licencié. F.-M. Fauvel, vicaire de Saint-Von, prêtre. Millet, curé de Saint-Pierre de Dourdan. Carrey, prieur-curé des Granges-le-Roi. Bonnardot, chapelain de l'abbaye de Louie. Peteil, curé de Saint-Escobille. Delamare, curé de Richarville. Chauvot, curé de Saint-Sulpice de Favières. Guerrier, curé de Saint-Cheron. Dom

J. André Blanc, procureur de Saint-Martin-des-Champs. Jouan, curé de Saint-Ville. D.-M. Corel, dit F. Benoit, chapelain de la communauté. L'abbé B^chant. Legueult, vicaire. Lambert, prieur de Saint-Pierre, curé de Corbreuse. Ciergeur, vicaire de Breuillet. Lhomme, curé de Sermaise. Piebourg, vicaire de Saint-Cheron. Ravary, curé de Courson. Goislard, *secrétaire*.

Pour copie conforme à l'original,
GOISLARD, *secrétaire*.

CAHIER

De la noblesse du bailliage de Dourdan, remis à
M. le baron de Gauville, baron de la Forest-le-
Roy, député ;
En cas d'empêchement, M. le prince de Broglie-
Revel, grand bailli d'épée, député suppléant (1).

CONSTITUTION.

Les citoyens composant l'ordre de la noblesse du bailliage de Dourdan pensent qu'aussitôt que les Etats généraux seront réunis et que l'assemblée sera constituée, il doit être voté une adresse au Roi pour le remercier du grand acte de justice qu'il vient d'accorder à la nation, en lui restituant ses droits, et pour lui jurer, au nom de tous les Français, une reconnaissance et un amour sans bornes, une soumission et une fidélité inviolables pour sa personne sacrée, pour son autorité légitime et pour son auguste maison royale : le premier usage qu'ils voudraient faire de cette liberté serait sans doute de lui faire un nouvel hommage de leur sang et de leur fortune ; mais ils veulent plus, ils veulent contribuer de tout leur pouvoir au bonheur particulier de Sa Majesté, ainsi qu'au bonheur général de ses peuples, en travaillant de concert avec elle à reprendre en sous-œuvre l'édifice ébranlé de la constitution française, en rendant ses fidèles communes plus heureuses, par une juste répartition des impôts nécessaires à l'Etat, en l'affranchissant elle-même des peines et des inquiétudes qu'entraînent nécessairement à sa suite une législation immense et absolue; enfin, en ne laissant à son cœur que des grâces à faire et des bienfaits à répandre sur la nation libre qu'elle gouverne ; c'est ainsi que les sujets de tous les ordres, environnant le monarque de leur liberté, de leur bonheur et de leur dévouement sans bornes, le rendront, s'il se peut, encore plus aimé dans son empire, et certainement plus respectable à l'étranger.

En conséquence, les citoyens nobles du bailliage de Dourdan demandent :

Que le pouvoir législatif réside collectivement entre les mains du Roi et celles de la nation réunie.

Qu'il soit établi une formule, tant pour la publication que pour la formation de la loi, et qu'elle exprime le droit de la nation en même temps que celui du Roi, par ces mots ou autres semblables : « Les Etats libres et généraux de « France déclarent que la volonté générale est..... « En conséquence, lesdits Etats supplient très-« respectueusement Sa Majesté de vouloir sanctionner lesdits articles par l'adhésion de la vo- « lonté royale..... Nous, Roi de France, sur la « demande qui nous a été faite par les Etats « généraux assemblés à..... ayons publié et pu- « blions..... ordonné et ordonnons..... Si mandons

(1) Nous publions ce cahier d'après un imprimé de la *Bibliothèque du Sénat.*

« à tous ceux qu'il appartiendra qu'ils aient à y « tenir la main, et à faire exécuter tous les arti- « cles ci-dessus énoncés selon leur forme et te- « neur : CAR TEL EST LE RÉSULTAT DE LA VOLONTÉ « NATIONALE QUI A REÇU LE SCEAU DE NOTRE AUTO- « RITÉ ROYALE. »

Les lois constitutionnelles consistant à assurer à tous et chacun en particulier sa liberté, sa fortune, son état et sa propriété, la noblesse demande :

Que tout ordre arbitraire et attentatoire à la liberté des citoyens soit entièrement aboli ;

Que la liberté individuelle soit assurée et garantie, de manière que tout citoyen arrêté soit déposé dans les prisons des tribunaux qui doivent connaître de son délit dans le délai de vingt-quatre heures, à compter du moment où il aura été arrêté ; qu'à l'instant de sa détention, il lui soit permis de choisir un conseil ou un défenseur.

L'on comprendra sous le titre de liberté le droit d'aller, venir, de vivre et demeurer partout où il plaît, dans l'intérieur et hors du royaume, sans qu'il soit besoin d'aucune permission, s'en rapportant aux Etats généraux pour déterminer les cas où il serait nécessaire de restreindre cette liberté, relativement à la sortie du royaume.

Que la liberté de la presse soit accordée, sauf à l'auteur et à l'imprimeur à être responsables de l'ouvrage ; et les Etats généraux détermineront les restrictions les plus fortes pour empêcher que cette liberté ne dégénère en licence.

Demande également la noblesse du bailliage de Dourdan, d'après le vœu formel de Sa Majesté, qu'il ne soit établi aucun impôt ni fait aucun emprunt sans le concours de la puissance législative.

Qu'il ne puisse être fait, par l'administrateur des finances, aucune anticipation ni assignation que sur les revenus de l'année, sans encourir la peine de *lèse-patrie*; et les prêteurs déchus de toute réclamation.

Que tout particulier convaincu d'avoir perçu une somme quelconque au-dessus de celle fixée par la loi, soit déclaré concussionnaire, et jugé comme tel.

Qu'aucun citoyen ne puisse être privé de son rang, de son emploi, de sa charge, que d'après un jugement légal.

Que les propriétés soient inviolables et sacrées, quelle que soit la personne qui en jouisse, entendant par propriété ce que chacun a possédé sous la foi publique et sur l'assertion de la loi ; que nul ne puisse en être privé que pour l'intérêt public, et qu'il ne soit alors dédommagé sans délai et au plus haut prix possible.

Enfin, que les ministres soient à l'avenir responsables et comptables aux Etats généraux.

Mais s'il est de la grandeur du monarque français de partager avec des sujets libres le pouvoir législatif, il est en même temps juste et nécessaire qu'il soit revêtu de toute la puissance exécutrice, et que sa personne soit à jamais sacrée.

Il doit avoir à ses ordres les troupes de terre et de mer, nommer les emplois militaires, les généraux, les ministres; faire la paix ou la guerre, faire des traités d'alliance ou de commerce avec les puissances étrangères ; convoquer, proroger et dissoudre les Etats généraux, sous la condition expresse, en cas de dissolution, de faire une nouvelle convocation sur-le-champ dans la forme et le nombre qui sera consenti par la nation assemblée.

Enfin, le Roi doit conserver seul ce droit si

doux, si consolant, si digne d'un grand monarque : ce droit de répandre des bienfaits, d'encourager à la vertu par des dignités et des marques distinctives, et surtout le droit de faire grâce.

Le vœu de l'ordre de la noblesse est encore que, dans les États généraux, la distinction des trois ordres soit consolidée et regardée comme inhérente à la constitution de la monarchie française ; et que l'on n'y opine que par ordre.

Que dans le cas cependant où l'opinion par ordre serait absolument rejetée par les États généraux, et lorsque le député du bailliage de Dourdan aura vu qu'une résistance ultérieure à l'opinion par tête deviendrait inutile, qu'il demande alors que cette opinion par tête se prenne dans les chambres séparées de chaque ordre, et non dans l'assemblée des trois ordres réunis.

Que l'opinion par tête ne puisse jamais avoir lieu, lorsqu'il s'agira de délibérer sur un objet qui intéresserait particulièrement un seul des trois ordres.

Que l'opposition d'un seul ordre ne puisse arrêter les projets formés par les deux autres et acquérir le *veto* que par les deux tiers des voix au moins.

Que les États généraux soient périodiques; qu'ils déterminent l'époque de leur retour, la forme de leur convocation et celle de leur composition ; qu'ils ne consentent jamais l'impôt que jusqu'à leur prochaine assemblée ; que s'ils n'étaient pas convoqués par le Roi à l'époque fixée, tous les impôts cessassent de droit et à l'instant dans toute l'étendue du royaume.

Que les États généraux ne puissent s'occuper d'aucune délibération jusqu'à ce qu'il ait été passé entre eux et le roi un acte déclaratoire de la constitution et des droits ci-dessus mentionnés, pour être dorénavant la loi fondamentale du royaume.

Qu'en cas de changement de règne ou de régence les États généraux soient convoqués dans le délai de deux mois par le Roi, ou en son nom par une commission du grand sceau, qui sera expédiée par le chancelier de France.

Qu'il ne soit point laissé de commission intermédiaire dans l'intervalle des États généraux.

Que les pouvoirs des députés soient limités au terme de deux ans, à dater de l'ouverture des prochains États généraux, et que la personne des députés soit inviolable pendant la tenue des États.

Que l'usage des procurations données aux députés des bailliages ayant les plus grands inconvénients, les États soient priés de les supprimer ou d'y apporter les restrictions qu'ils jugeraient convenables.

Que dans toutes les provinces du royaume il soit établi des administrations provinciales dont la forme et le pouvoir soient déterminés par les États généraux.

Enfin, pour rendre plus imposantes ces lois des Français, qu'il soit rédigé une formule uniforme et invariable du serment que les rois doivent prêter à leur sacre : par ce serment, ils jureront en présence des États généraux d'observer l'acte déclaratoire dont un double sera déposé dans le trésor de l'église de Saint-Remi de Reims, et leur sera présenté avec autant d'appareil que la Sainte-Ampoule. Par ce serment le monarque sera formellement engagé à protéger la religion chrétienne, catholique, apostolique et romaine, à employer également tout son pouvoir et tous ses moyens pour la maintenir dans toute sa pureté, enfin par ce serment la constitution du royaume doit être entièrement garantie.

ADMINISTRATION.

Sur cet objet important les demandes de la noblesse sont :

L'administration générale des provinces confiée aux administrations provinciales, et par conséquent la suppression des intendants.

La libre élection des officiers municipaux rendue aux villes.

La suppression des municipalités des paroisses de campagne, et la réunion desdites paroisses au chef-lieu du district, chaque paroisse conservant le droit d'y envoyer deux représentants, qui, conjointement avec le curé et le seigneur en personne, ou par procureur, se rendraient à l'assemblée au jour indiqué.

L'établissement de greniers publics dans les paroisses sous la direction des administrations provinciales, auxquelles administrations il sera fait rapport tous les ans de la quantité de grains renfermés dans les greniers publics et de la somme des grains excédante, afin que, pour le compte qu'elles seront tenues d'en rendre au gouvernement, celui-ci puisse leur en prescrire l'emploi.

Qu'il soit pourvu à une augmentation de revenu pour les curés, vicaires et autres ecclésiastiques qui n'ont pas de quoi vivre, par des rentes prélevées sur la totalité des bénéfices.

Qu'il soit établi dans toutes les paroisses des bureaux de charité pour le soulagement des vieillards et infirmes des deux sexes, des femmes en couches et des enfants indigents et en bas âge.

Qu'il soit également établi dans toutes les provinces des ateliers publics de charité surveillés par les administrations provinciales; que le prix des journées d'ouvrier y soit fixé à un cinquième au-dessous du prix ordinaire des journées ; qu'il sera arrêté chaque année après la récolte par l'administration de la province, et en raison de la valeur des denrées de première nécessité.

Que lesdits ateliers soient employés à la construction des grands chemins, à celle des chemins de communication, à leur entretien et à tous les ouvrages de ce genre, sous l'inspection et conduite des ingénieurs des ponts et chaussées.

Que lesdits ingénieurs rendent compte aux administrations provinciales, non-seulement de leurs opérations et gestions, mais encore de l'emploi et de la conduite desdits ouvriers attachés aux ateliers publics.

Que les produits des loteries soient appliqués au soutien des ateliers et des bureaux de charité.

Que lesdits ateliers publics de charité étant établis dans les provinces, ils puissent remplacer les corvées, et qu'elles soient en conséquence supprimées.

AGRICULTURE.

La noblesse du bailliage de Dourdan, intimement convaincue de la nécessité de protéger l'agriculture, demande :

Qu'on s'occupe des moyens de faire disparaître, autant qu'il est possible, les anciennes traces du régime féodal, en respectant toutefois le droit sacré de la propriété.

Que le champart en nature, de tous les droits seigneuriaux le plus contraire aux progrès de l'agriculture et à la liberté du cultivateur, puisse être racheté ou échangé,sans porter atteinte à la propriété,et sans donner ouverture aux droits royaux et seigneuriaux Dans la supposition, par exemple, où il serait perçu au douzième,qu'il soit permis alors de s'en rédimer de gré à gré, et avec le consentement du seigneur suzerain, soit en abandonnant le tiers de sa propriété, pour en affranchir les deux autres tiers, soit en payant, argent comptant, la valeur de ce même tiers, d'après l'estimation qui lui en sera faite, à dire d'experts.

Que les dîmes, également nuisibles aux progrès de l'agriculture et à la considération due aux curés, qui sont souvent obligés d'avoir des disputes d'intérêts avec des personnes auxquelles ils doivent prêcher le désintéressement, puissent être échangées, d'après une convention faite de gré à gré entre le décimateur et la communauté entière qui serait grevée de la dîme.

Qu'il soit libre à la totalité des contribuables d'une même communauté, et non à un particulier isolé, de se racheter des corvées particulières et des banalités, au denier 40 du revenu réel ou fictif, à dire d'experts.

Que tous les fermiers qui réunissent sous la même régie une grande quantité de terres, au détriment de l'agriculture et des petits cultivateurs, supportent la majeure partie de l'impôt personnel, dont lesdits cultivateurs peu riches seront soulagés.

Que le droit de franc-fief, qui gêne la circulation des fonds de terre, et peut humilier le citoyen qui n'est pas né noble, soit aboli.

Que les administrations provinciales regardent comme un de leurs premiers devoirs de s'occuper des moyens de découvrir cette noblesse très-pauvre, qui ne quitte les armes que pour venir labourer son champ, afin de pouvoir la secourir d'une manière digne d'elle et du sacrifice qu'elle fait, malgré les besoins de ses privilèges pécuniaires, en engageant le gouvernement à faire passer annuellement, pour cet objet, une somme déterminée.

MORALE.

Que tout citoyen ne puisse occuper les emplois civils et militaires avant l'âge de vingt ans révolus, le temps de la vie, jusqu'à cet âge, devant être consacré à l'éducation.

Que la religion soit toujours la base de l'éducation scolastique et de l'éducation morale.

Qu'il y ait dans les villes des écoles publiques, présidées par des citoyens d'un mérite personnel et distingué, et dont les lumières soient reconnues ; le seul objet qu'on doit s'y proposer d'y enseigner sont :

1° Les principes du droit naturel, qui éclairent sur les droits et les devoirs de l'homme ;

2° Les principes du droit civil, qui éclairent sur les droits et les devoirs du citoyen ;

3° Les principes du droit public, qui éclairent sur les droits et les devoirs de la nation.

Qu'on ne soit reçu dans les écoles qu'à dater de l'âge de quinze ans.

Que l'éducation scolastique devant préparer à l'éducation morale, les professeurs gouvernant en chef les écoles scolastiques, soient tenus de rendre compte de leur conduite et de leurs élèves aux professeurs gouvernant en chef les écoles morales, et reçoivent leurs documents sur cet objet essentiel.

Qu'il y ait, dans les paroisses de campagne, des vicaires ou des religieux desservants, pour aider les curés dans les fonctions de leur ministère, augmenter les moyens d'assister au service divin, et pour surveiller et conduire les écoles de la jeunesse, sans aucun frais, en faveur de la classe indigente, et cela au moyen des pensions qui leur seraient fixées sur les bénéfices.

Afin qu'aucun citoyen ne soit perdu pour la **patrie**, que les ordres religieux soient partagés

en deux classes : l'un destinée à l'éducation de la jeunesse, et l'autre au soin de visiter les malades, pour leur administrer les secours spirituels et temporels.

Que, jusqu'à l'âge de vingt ans, les pères et mères aient sur leurs enfants une autorité absolue, et, à leur défaut, leur tuteur naturel ; que, dans le cas où les pères et mères ou tuteurs auraient besoin du secours de la loi contre leurs enfants ou pupilles, il soit, pour éviter les abus d'autorité, nommé un tuteur *ad hoc*, lequel, de concert avec lesdits pères, mères et tuteurs naturels, s'adresseront aux tribunaux de justice, dans lesquels il y aurait toujours des audiences *à huis clos*, pour recevoir les plaintes portées en pareil cas.

COMMERCE.

Que tous les privilèges exclusifs accordés à des particuliers ou à des compagnies, en quelque espèce qu'ils soient, étant attentatoires à la liberté générale, ne puissent jamais être renouvelés, et qu'il n'en soit point accordé de nouveaux.

Que les manufactures d'utilité première soient encouragées et multipliées, de préférence à celles qui n'ont pour objet que le soutien du luxe, et que les premières soient déchargées d'une partie de l'impôt, qui serait reporté sur les secondes.

Que la multiplicité des douanes et des barrières, qui gênent le commerce intérieur du royaume, soient reculées aux frontières.

Que la trop grande population des villes, qui ne peut avoir lieu que par le dépeuplement pernicieux des campagnes, continue d'être restreinte par la perception des droits d'entrée aux portes des grandes villes.

JUSTICE.

Que la vénalité des charges soit généralement abolie, et que les États généraux avisent aux moyens les plus sages de rembourser les propriétaires des offices, s'occupant en même temps de remplacer par la voie de l'élection les offices vacants.

Que la trop grande étendue des ressorts de quelques cours souveraines soit également restreinte ; que le nombre des offices y soit diminué, qu'il soit créé de nouvelles cours partout où elles seront nécessaires ; qu'il soit fait, de tous ces ressorts respectifs, une distribution plus favorable aux justiciables ; que la fixation de chacun de ces ressorts soit pareillement arrêtée, et que le justiciable ne subisse jamais plus de trois degrés de juridiction, y compris celui des justices seigneuriales.

Que ces justices subalternes, répandues dans les campagnes, et faisant partie de la propriété des seigneurs, soient dirigées vers le bien public ; que l'on s'occupe de rendre leur composition plus respectable et leur subordination plus régulière ; elles appartiennent aux citoyens de tous les ordres et peuvent éclairer de plus près les vices de la société.

Que les cours souveraines soient composées de membres choisis indistinctement dans tous les ordres. Ce qui importe le plus dans un magistrat, est qu'il soit intègre et instruit.

Que les tribunaux supérieurs, chargés de conserver le dépôt des lois, ne puissent les soumettre à aucun examen, ni s'écarter d'aucunes de leurs dispositions.

Qu'aucun procureur ne puisse se charger de la défense d'une cause, sans avoir préalablement l'aveu d'un des avocats consultants qui seraient désignés à cet effet par les différents tribunaux, à peine contre ledit procureur contrevenant que de perdre son état.

Que toutes commissions, évocations, ensemble les lettres de surséance et les droits de *committimus* soient supprimés; et que ceux qui auraient signé ou exécuté des ordres arbitraires, quand bien même ils s'autoriseraient d'ordres évidemment surpris à Sa Majesté, soient poursuivis par les tribunaux, et condamnés à des réparations exemplaires.

Que la procédure criminelle soit publique, qu'elle s'instruise par le concours des juges ordinaires de l'accusé, et de douze de ses pairs assermentés, de manière que ces derniers prononcent uniquement et exclusivement sur le fait, et que les cours de justice n'aient plus à prononcer que sur le droit, et qu'à appliquer la peine, textuellement articulée par la loi, sur le délit, textuellement défini par cette même loi.

Que l'accusé ait constamment le secours d'un conseil, et que toutes les preuves justificatives soient admises depuis le commencement jusqu'à la fin de la procédure.

Que le fait ou les faits dont l'accusé sera chargé soient positivement articulés et définis dans la plainte qui fera la base du procès; qu'ils y soient exprimés, et que nul autre ne puisse l'être dans la sentence de condamnation.

Que les pairs assermentés prononcent, en portant la main sur l'Evangile, par ces mots : *coupable, non coupable;* qu'ils se retirent ensuite, et que les cours de justice prononcent l'absolution ou la peine.

Que l'unanimité entière des pairs assermentés soit nécessaire pour opérer la conviction qui doit soumettre un accusé à la peine de mort.

Que les mêmes délits soient punis par le même genre de supplice, quel que soit le rang et l'état du coupable.

Que la peine de mort soit infiniment plus rare; qu'elle ne soit exécutée que d'une seule manière, la moins douloureuse ; et que tous ces supplices, stérilement barbares, qui répugnent aux mœurs d'une nation douce, et qui offensent la religion autant que l'humanité, en dévouant à la rage les derniers moments du condamné, soient à jamais proscrits.

Que tout juge qui, après un arrêt de condamnation porté, oserait étendre la peine arbitrairement et faire subir à l'accusé un genre de supplice et d'opprobre auquel l'arrêt ne l'aurait pas condamné, soit déclaré coupable de *lèse-humanité*, dégradé, déchu de son emploi, et incapable d'en exercer aucun à l'avenir.

Que les Etats généraux puissent seuls connaître du crime de forfaiture des cours, et que l'on puisse se pourvoir par-devant eux contre l'injustice de ces mêmes cours.

Que tous les tribunaux d'exception, autres que ceux dénommés ci-dessus, soient détruits, en avisant aux meilleurs moyens d'en dédommager les titulaires.

POLICE.

Que les capitaineries, qui sont une infraction manifeste des droits de propriété, soient généralement détruites ; mais qu'il soit fait hommage au Roi de l'étendue de chasse nécessaire à ses plaisirs, en dédommageant les propriétaires qui souffriraient de ce régime.

Que les droits de chasse ordinaires soient également conservés comme propriété ; mais qu'il soit fait estimation, à dire d'experts, des dégâts causés par la trop grande quantité de gibier, et que les dédommagements puissent être exigés à la rigueur.

Qu'il soit pourvu aux inconvénients qui résultent de la multiplicité des pigeons, en remettant en vigueur les règlements faits à cet égard.

Que les dépôts de mendicité, tout à la fois coûteux, inutiles et destructeurs, soient détruits et remplacés par des travaux publics, qui puissent offrir des ressources à la misère, en les faisant en même temps servir à l'utilité publique, et que les vagabonds et gens sans aveu soient employés aux travaux réglés par les administrations provinciales, auxquelles ces sages mesures doivent être confiées.

Que les Etats généraux qui se sont occupés plusieurs fois, mais toujours inutilement, de l'uniformité des poids et mesures pour tout le royaume, s'attachent à établir ce point intéressant pour la facilité et l'activité du commerce.

Que les règlements faits pour le maintien de la religion et des mœurs soient rétablis dans toute leur vigueur; qu'il en soit fait de nouveaux pour opérer s'il se peut leur restauration si désirable.

Que les magistrats chargés de l'inspection des prisons soient tenus d'y faire de fréquentes visites, de veiller à la salubrité de l'air, à la propreté, à la santé des prisonniers, de leur proposer et de leur fournir même des livres de morale.

[FINANCES.]

La noblesse regarde comme infiniment utile et même nécessaire que la première déclaration des Etats généraux soit, que la nation ayant le droit de consentir les impôts, et n'en existant aucuns qui ne soient d'origine ou d'extension illégale, les Etats généraux les déclarent tous supprimés de droit; et cependant, à cause du temps nécessaire pour créer un ordre nouveau dans cette partie des affaires nationales, et aussi afin d'éviter les inconvénients qui résulteraient pour l'impôt futur d'une suppression absolue de tout rapport entre les contribuables et le fisc, les Etats généraux statuent provisoirement que tous les impôts actuels momentanément autorisés continueront à être payés, mais seulement pendant le cours de la présente tenue, voulant qu'il n'y ait point d'autres contributions que celles qui auront été établies par la présente assemblée avant la première séparation.

Que les assemblées provinciales ne puissent jamais faire aucun emprunt, ni accorder aucuns subsides, quelque modique qu'ils fussent, et quand même ils ne devraient regarder qu'un seul village, les Etats généraux devant se réserver exclusivement le consentement de toute espèce d'imposition.

Que les Etats généraux, après leur adresse de remerciment au Roi, après leur déclaration sur l'impôt, annoncent par une proclamation publiée sur-le-champ, qu'aussitôt qu'ils auront établi la Constitution, ils reconnaîtront la dette royale, qui deviendrait dès l'instant la dette nationale, se réservant d'en vérifier l'étendue, et de pourvoir aux payements des intérêts, ainsi qu'au remboursement successif des capitaux ; en conséquence, que la reconnaissance de cette dette suive immédiatement la passation de l'acte constitutif.

Que les sommes attribuées par la nation et jugées nécessaires à chaque département soient fixées d'une manière invariable par les Etats généraux.

Que les administrations provinciales élues par les provinces, et approuvées des Etats généraux, soient chargées de surveiller la répartition et la perception de l'impôt décidé; que la levée en soit faite aux moindres frais possibles; et si, pour simplifier cette perception aujourd'hui très-onéreuse, il était nécessaire de faire des réformes considérables dans le département des finances, observez alors que l'état et l'existence d'un grand nombre d'individus étant attachés sur la foi publique, il est de toute justice de laisser plutôt éteindre ces abus, que de s'attacher à les supprimer trop précipitamment.

La noblesse pense aussi que c'est une précaution sage et très-importante de statuer que l'intitulé de tout mandement d'impôt, tarif de droits conservés ou établis, annonce en tête : « De par le Roi, impôts ou droits consentis par les États généraux jusqu'en......17...... ». Elle croit aussi qu'il est infiniment utile que tous les Français aient sans cesse sous les yeux cette vérité fondamentale, que les impôts ne peuvent être établis qu'avec le consentement de la nation.

Que si la corvée ne peut être abolie et remplacée par les ateliers de charité, elle doit continuer d'être convertie en une prestation en argent et supportée indistinctement par tous les citoyens.

Que la gabelle et les aides étant de toutes les impositions les plus vexatoires, ils doivent être convertis en d'autres genres d'impôts.

Que le consentement des subsides doit être la dernière opération des États généraux.

Elle supplie encore très-respectueusement Sa Majesté de faire rendre publique, par la voie de l'impression, la liste des dons, gratifications, pensions, offices, places accordées pendant chaque semestre, les noms des personnes qui les auront obtenus, les motifs qui les auront fait accorder, et tous les ans un compte également public de la recette et dépense de chaque département.

Enfin, la noblesse déclare que, pour témoigner ses sentiments d'estime, d'équité naturelle et d'attachement pour ses concitoyens du tiers-état, elle veut supporter avec eux, en raison des biens et des possessions de tous les ordres, les impôts et contributions quelconques qui seront consentis par la nation, ne prétendant se réserver que les droits sacrés de la propriété, les prérogatives du rang, d'honneur et de dignité qui doivent lui appartenir suivant les principes constitutionnels de la monarchie française.

CLERGÉ.

Sa Majesté est encore suppliée d'ordonner que les évêques et bénéficiers quelconques résident dans leurs bénéfices.

Que la pluralité des bénéfices soit proscrite, comme la pluralité des charges.

Qu'il y ait des canonicats et des bénéfices affectés pour la retraite des curés qui auraient rempli dignement leur ministère pendant vingt ans.

Que l'administration des sacrements soit gratuite, et que la dotation des curés, plus fortes dans les villes que dans les campagnes, soit fixée pour ces derniers de 15 à 1,800 livres, et le traitement des vicaires de 700 livres à 1,000 livres.

Sur la question qui a été présentée par un membre de la noblesse, et sur laquelle il a insisté avec le plus grand zèle, à savoir :

Si, dans la supposition où l'on voudrait porter et discuter aux États généraux des matières de religion, ils seraient tribunal compétent pour donner une décision, et si l'autorité des États s'étend jusqu'au spirituel, ou si elle est bornée au temporel,

La chambre a déclaré qu'elle croyait les États généraux compétents pour la discipline, et non pour le dogme ; et sur la réquisition instante du membre de la noblesse qui avait proposé la question, a été arrêté qu'elle serait portée dans son cahier.

NOBLESSE.

La noblesse du bailliage de Dourdan déclare qu'elle ne reconnaît qu'un seul ordre de noblesse jouissant des mêmes droits.

Elle demande que les charges purement vénales sans fonctions n'anoblissent plus.

Que la noblesse soit le prix des seuls services distingués en tout genre.

Que le commerce ni aucun emploi civil ne déroge plus, pourvu que cet emploi ne soit point servile.

Fait en l'assemblée de la noblesse de Dourdan, arrêté et signé par les membres alors présents, le 29 mars 1789, ainsi signés :

Le marquis de Saint-Germain d'Apchon; Pecou, marquis de Cherville ; le comte Detilly ; le baron de Gauville ; Lienard du Colombier ; Defroys du Roure ; Pajot de Juvisi, secrétaire de la noblesse ; Pajot fils, secrétaire adjoint de l'ordre de la noblesse; Brœlie, prince de Revel, grand bailli d'épée du bailliage de Dourdan, président l'ordre de la noblesse.

CAHIER

Du tiers-état du bailliage de Dourdan, remis à MM. Lebrun et Buffy, députés aux États généraux (1).

L'ordre du tiers-état de la ville, bailliage et comté de Dourdan, pénétré de la reconnaissance qu'excitent en lui les bontés paternelles du Roi, qui daigne lui rendre ses anciens droits et son ancienne constitution, oublie, en ce moment, ses malheurs et son impuissance pour n'écouter que son premier sentiment et son premier devoir, celui de tout sacrifier à la gloire de la patrie et au service de Sa Majesté. Il la supplie d'agréer les doléances, plaintes et remontrances qu'elle lui a permis de porter aux pieds du trône, et de n'y voir que l'expression de son zèle et l'hommage de son obéissance.

Son vœu est :

Art. 1er. Que ses sujets du tiers-état, égaux à tous les autres citoyens par cette qualité, se présentent devant le père commun sans autre distinction qui les avilisse.

Art. 2. Que tous les ordres, déjà réunis par le devoir comme par le vœu commun de contribuer également aux besoins de l'État, délibèrent aussi en commun sur ses besoins.

Art. 3. Qu'aucun citoyen ne puisse perdre sa liberté qu'en vertu des lois ; qu'en conséquence personne ne puisse être arrêté en vertu d'ordres particuliers, ou que si des circonstances impérieuses nécessitent ces ordres, le prisonnier soit remis, dans un délai de quarante-huit heures au plus tard, entre les mains de la justice ordinaire.

Art. 4. Qu'aucunes lettres, aucuns écrits interceptés à la poste, ne puissent motiver la détention d'aucuns citoyens, ni être produits en justice contre lui, si ce n'est dans le cas d'une conjuration ou entreprise contre l'État.

Art. 5. Que les propriétés de tous les citoyens soient inviolables, et qu'on ne puisse en exiger le

---

(1) Nous publions ce document d'après un imprimé de la *Bibliothèque du Sénat*.

sacrifice au bien public qu'en les indemnisant à dire d'experts librement nommés.

Art. 6. Que tous les impôts établis depuis 1614, dernière époque des États généraux, pouvant être regardés comme illégaux par le défaut de consentement de la nation, et cependant le maintien de la chose publique exigeant un revenu actuel, ces impôts soient confirmés provisoirement par Sa Majesté, sur le vœu des États généraux, et la perception ordonnée pendant un délai déterminé, qui ne pourra être de plus d'une année.

Art. 7. Que les charges habituelles et ordinaires de l'État soient réglées; que la dépense de chaque département, les appointements de tous ceux qui y sont employés, leurs pensions de retraite, soient fixés d'une manière invariable.

Art. 8. Qu'à ces charges de première nécessité soient affectés par préférence les impôts sur les terres et sur toutes les propriétés réelles ou fictives, les domaines de la couronne et les autres branches des revenus qui naissent d'établissements utiles au public, tels que les postes, les messageries, etc.

Art. 9. Que la dette nationale soit vérifiée; que le payement des arrérages de cette dette soit assuré par des impôts indirects, mais tels qu'ils ne puissent nuire ni à la culture, ni à l'industrie, ni au commerce, ni à la liberté et à la tranquillité du citoyen.

Art. 10. Qu'il soit établi un fonds annuel de remboursement pour éteindre le capital de la dette.

Art. 11. Qu'à mesure qu'une partie de la dette sera éteinte, une partie correspondante de l'impôt indirect s'éteigne aussi.

Art. 12. Que tout impôt, soit direct, soit indirect, ne puisse être accordé que pour un temps limité, et que toute perception au delà de ce terme soit regardée et punie comme une concussion.

Art. 13. Qu'il ne puisse être formé, sous quelque prétexte ni sur quelque gage que ce soit, aucun emprunt que du consentement des États généraux.

Art. 14. Que toute anticipation, toute émission de billets de trésoriers ou autres, pour le compte de l'État, sans une sanction publique, soit regardée comme une violation de la foi publique, et que les administrateurs qui les auraient ordonnées ou autorisées en soient punis.

Art. 15. Que tout impôt personnel soit anéanti; qu'ainsi la capitation, la taille et ses accessoires soient confondus avec les vingtièmes, en un impôt sur les terres et sur les propriétés réelles ou fictives.

Art. 16. Que cet impôt soit supporté également par toutes les classes des citoyens sans distinction, et par toutes les natures de biens, même les droits féodaux et éventuels.

Art. 17. Que l'impôt représentatif de la corvée soit supporté également et indistinctement par toutes les classes de citoyens; que cet impôt, qui, dans l'état actuel, est au-dessus des forces de ceux qui le payent et des besoins auxquels il est destiné, soit réduit au moins de moitié.

Art. 18. Qu'il soit établi des États provinciaux subordonnés aux États généraux, lesquels seront chargés de la répartition, de la levée des subsides, de leur versement dans la caisse nationale, de l'exécution de tous les travaux publics et de l'examen de tous les projets utiles à la prospérité des pays situés dans les limites de leur arrondissement.

Art. 19. Que ces États soient formés de députés des trois ordres, librement élus, des villes, bourgs et paroisses qui seront soumises à leur administration, et ce, dans la proportion établie pour la prochaine tenue des États généraux.

Art. 20. Que, sous ces États, il y ait des bureaux de districts fixés dans les chefs-lieux des bailliages, et qu'il soit formé à ces bureaux des arrondissements tels qu'il puisse y avoir une correspondance prompte et commode entre le chef-lieu et tous les points qui y répondent.

Art. 21. Qu'en cas de décès ou de retraite des députés de l'ordre du tiers-état aux États généraux, ou de l'un d'entre eux, dans le cours de la prochaine tenue, les électeurs actuels soient autorisés à se rassembler pour en élire d'autres à leur place.

JUSTICE.

Art. 1er. Que l'administration de la justice soit réformée, soit en la rappelant à l'exécution précise des ordonnances, soit en réformant ces ordonnances mêmes dans les articles qui pourraient être contraires à l'accélération et au bien de la justice.

Art. 2. Que chaque bailliage royal ait un arrondissement tel que les justiciables ne soient pas éloignés de plus de trois à quatre lieues de leurs juges, et qu'ils puissent juger en dernier ressort jusqu'à la valeur de 300 livres.

Art. 3. Que les justices seigneuriales, érigées à titre purement gratuit, soient supprimées.

Art. 4. Que les justices seigneuriales, distraites du ressort des bailliages royaux pour ressortir nûment au parlement, autres cependant que les pairies, en ce qui concerne uniquement les droits de la pairie, soient remplacées dans le ressort de ces bailliages.

Art. 5. Que les justices seigneuriales dont l'érection n'a pas été gratuite, ou dont l'usurpation ne sera pas prouvée, soient supprimées avec remboursement.

Art. 6. Que les droits de scel attributifs de juridiction, de garde-gardienne, *committimus* et droit de suite en faveur de certains officiers, soient supprimés, et le privilège accordé aux bourgeois de Paris par l'article 112 de la coutume soit abrogé.

Art. 7. Que la vénalité des charges soit supprimée par le remboursement successif à mesure de leur extinction; qu'en conséquence il soit établi dès ce moment un fonds pour opérer ce remboursement.

Art. 8. Que le nombre trop multiplié des offices dans les tribunaux nécessaires, soit réduit à sa juste mesure, et que nul ne puisse être pourvu d'un office de magistrature, s'il n'a atteint au moins l'âge de vingt-cinq ans accomplis et qu'après un examen sérieux et public qui constate ses mœurs, sa probité et sa capacité.

Art. 9. Que toutes les juridictions d'exception, élections, maîtrises, greniers à sel, bureaux de finances, soient supprimés, sous comme inutiles, multipliant les procès et nécessitant les conflits de juridiction; que leurs attributions soient renvoyées aux bailliages dans le ressort desquels elles sont situées, et les officiers qui les composent, ou incorporés à ces bailliages, ou remboursés de leurs finances.

Art. 10. Que l'étude du droit soit réformée; qu'elle soit dirigée d'une manière analogue à notre législation, et que les aspirants aux degrés soient assujettis à des épreuves rigoureuses et telles qu'elles ne puissent être éludées; qu'il ne soit accordé aucune dispense d'âge ni d'interstices.

Art. 11. Qu'il soit dressé un corps de droit coutumier général de tous les articles communs à toutes les coutumes des différentes provinces et bailliages, et que les coutumes des différentes provinces et bailliages ne contiennent que les articles d'exception au coutumier général.

Art. 12. Que les délibérations des cours et compagnies de magistrature qui tendraient à en fermer l'entrée au tiers-état, soient cassées et annulées comme injurieuses aux citoyens de cet ordre, attentatoires à l'autorité du Roi, dont elles limitent le choix, et contraires au bien de la justice, dont l'administration deviendrait le patrimoine de ceux qui n'auraient que de la naissance, au lieu d'être confiée au mérite, aux lumières et à la vertu.

Art. 13. Que les ordonnances militaires qui n'accordent l'entrée au service qu'à ceux qui ont de la noblesse soient réformées.

Que les ordonnances de la marine, qui établissent une distinction flétrissante entre les officiers nés dans l'ordre de la noblesse et ceux qui sont nés dans celui du tiers-état, soient révoquées, toutes comme injurieuses à un ordre de citoyens, destructives de l'émulation si nécessaire à la gloire et à la prospérité de l'Etat.

FINANCES.

Art. 1er. Que si les Etats généraux jugent nécessaire de conserver les droits d'aides, ces droits soient rendus uniformes dans tout le royaume, rappelés à une seule dénomination; qu'en conséquence toutes les ordonnances et déclarations qui subsistent soient révoquées, attendu que, par leur nombre, elles sont nécessairement inconnues aux citoyens, et que, par leurs dispositions, elles semblent n'être dressées que pour tendre des pièges à leur bonne foi; que surtout l'impôt odieux du *trop-bu*, source de vexations éternelles dans les campagnes, soit pour jamais effacé.

Art. 2. Que l'impôt de la gabelle soit éteint s'il est possible, sinon qu'il soit réglé entre les différentes provinces du royaume, en observant d'indemniser celles qui l'ont racheté ou, jusqu'ici, qui n'y ont point été assujetties, de manière qu'il ne soit plus nécessaire d'entretenir cette armée de commis et de gardes qui menacent partout la sûreté et la vie des citoyens.

Art. 3. Que les droits sur les cuirs, qui ont anéanti cette branche de commerce, et l'ont fait passer à l'étranger, soient supprimés sans retour.

Art. 4. Que les offices de jurés priseurs, onéreux au public, dont ils gênent et souvent trompent la confiance, soient éteints et supprimés, ainsi que tous les offices inutiles, soit à la police, soit à l'administration de la justice.

Art. 5. Que les offices d'huissiers soient assignés à un tribunal et à un arrondissement particulier, et que ceux qui en sont revêtus ne puissent exercer leurs fonctions que dans ses limites.

Art. 6. Que ces offices mêmes soient éteints et supprimés successivement pour être remplacés par des commissions révocables.

Art. 7. Que le droit de contrôle des actes soit établi universellement et uniformément, et qu'en conséquence toutes exemptions, abonnements, aliénations en faveur d'officiers particuliers ou des provinces, soient révoqués.

Art. 8. Qu'un tarif clair et précis, établisse d'une manière invariable la quotité de ce droit; que, dans ce tarif, le contrat de mariage soit traité avec la faveur qu'il mérite; que jamais il ne soit taxé que sur la valeur de la dot de la future, lorsqu'elle sera fixée, ou sur le douaire ou le gain de survie stipulé, et non sur la qualité des contractants, base toujours arbitraire; que quelques conventions que renferme cet acte, donations, conventions extraordinaires, soit entre les futurs soit de la part de leurs parents, ou même d'étrangers, il ne soit jamais soumis qu'à un seul et unique droit, sauf l'insinuation dans les cas prescrits; que les obligations et les quittances, qui ne sont point des actes lucratifs, presque toujours à la charge des malheureux, soient taxées le plus modiquement qu'il sera possible, eu égard encore, par rapport aux quittances, que ce qui en fait l'objet, est bien souvent le résultat d'autres actes déjà revêtus de cette formalité; qu'enfin tout acte qui ne sera pas renfermé dans les classes établies par le tarif, soit rappelé à la classe la plus analogue et la plus favorable au contribuable; que ce classement, ni autre, ne dépende pas des directeurs des domaines, mais soit fixé par les juges royaux, chacun dans leur arrondissement, au bas d'un simple mémoire; que le projet de ce tarif soit publié un an avant son exécution, afin que les Etats provinciaux et tous les ordres des citoyens y puissent faire leurs observations, préparer l'aveu des Etats généraux et la décision de Sa Majesté.

Art. 9. Que les droits de franc-fief, établis sans motifs depuis que les fiefs ne sont plus soumis au service militaire, soient absolument supprimés, ou que, si les besoins de l'Etat forcent de les conserver encore, la perception ne puisse en être faite que de vingt ans en vingt ans, quelque mutation qui arrive en cet espace : que ce droit ne puisse excéder le revenu effectif d'une année, et qu'il ne soit chargé d'aucun impôt additionnel.

Art. 10. Que tous les droits connus sous le nom de droits réservés, concernant les actes judiciaires et les 8 sous pour livres des émoluments des greffes, soient éteints et supprimés, comme ruineux aux justiciables et source de calomnie contre les magistrats.

AGRICULTURE.

Art. 1er. Que les droits d'échange, funestes à la culture, dont ils gênent les opérations et arrêtent l'amélioration, soient supprimés.

Art. 2. Que les lettres patentes du 26 août 1786, qui fixent les droits des commissaires à terrier au triple et au quadruple de leurs anciennes rétributions, soient révoquées; que ces droits soient réduits à de justes limites, et qu'il ne puisse être procédé à aucun renouvellement de terrier qu'au bout de quarante ans, et sur de nouvelles lettres.

Art. 3. Que le privilége de la chasse soit restreint en ses justes limites; que les arrêts du Parlement, des années 1778 et 1779, qui tendent plutôt à fermer la voie aux réclamations du cultivateur qu'à opérer son dédommagement, soient cassés et annulés; qu'après avoir fait constater la trop grande quantité de gibier, et sommé le seigneur d'y pourvoir, le propriétaire et le cultivateur soient autorisés à le détruire sur leurs terres et dans leurs bois particuliers, sans pouvoir néanmoins se servir d'armes à feu, dont le port est défendu par les ordonnances; qu'au surplus il soit établi une voie simple et facile pour que chaque cultivateur puisse faire constater le dommage, et en obtenir la réparation.

Art. 4. Que le droit de chasse ne puisse jamais gêner la propriété du citoyen; qu'en conséquence il puisse, dans tous les temps, se transporter sur ses terres, y faire arracher les herbes nuisibles, couper les luzernes, sainfoins et autres productions à telles époques qu'il lui conviendra; et qu'à l'égard des chaumes, ils puissent être librement ramassés immédiatement après la récolte.

Art. 5. Que le port d'armes soit défendu aux gardes-chasses, même à la suite de leurs maîtres, conformément aux anciennes ordonnances.

Art. 6. Que les délits, en fait de chasse, ne puissent jamais être punis que par des amendes pécuniaires.

Art. 7. Que Sa Majesté soit suppliée de faire renfermer les parcs et forêts destinés à ses plaisirs, même d'autoriser ailleurs la destruction des bêtes fauves, qui ruinent les campagnes, et particulièrement ce qui avoisine cette forêt de Dourdan.

Art. 8. Que tout particulier qui, sans titre ou possession valable, aura colombiers ou volières, soit tenu de les détruire; que ceux qui auront titre ou possession valable soient tenus de renfermer leurs pigeons dans les temps de semences et de récoltes.

Art. 9. Que tous les baux de dîmes, terres et revenus appartenant aux ecclésiastiques et gens de mainmorte, soient faits devant les juges royaux, après affiches et publications solennelles, et qu'en conséquence les baux, ainsi faits, subsistent même après la mort des titulaires, et que lesdits baux ne puissent être faits pour moins de neuf années.

Art. 10. Qu'il ne soit permis à aucun cultivateur de prendre, soit en son nom, soit sous des noms interposés, plusieurs corps de ferme et exploitations distinctes, à moins que les exploitations réunies n'excèdent pas l'emploi de deux charrues de labour.

Art. 11. Que les droits de champart et autres de pareille nature, soient convertis en prestation, soit en grain, soit en argent, d'après une estimation haute et favorable, pour le propriétaire qu'il plaira au Roi de déterminer sur le vœu des Etats généraux, et que, dès ce moment, il soit défendu de transporter hors de la paroisse les pailles provenant des champarts et des dîmes.

Qu'il soit permis aux particuliers, ainsi qu'aux communautés, de se rédimer des droits de banalité, droits de corvée, soit à prix d'argent, soit par des prestations en nature, à un taux qui sera pareillement fixé par Sa Majesté, d'après la délibération des Etats généraux.

Art. 12. Que les domaines corporels de la couronne soient ascensés en grains à perpétuité par des contrats préparés par les Etats provinciaux, et garantis par les Etats généraux et par Sa Majesté.

Art. 13. Que les biens communaux soient partagés entre les membres des communautés, dans la forme qu'il plaira à Sa Majesté d'ordonner, sur le vœu de la nation.

Art. 14. Que les plaintes en retirage et dégâts de bestiaux soient portées préalablement aux municipalités des paroisses, qui constateront les délits et concilieront amiablement les parties, si faire se peut, le tout sans frais, sinon les renverront devant leurs juges naturels.

Art. 15. Que les milices, qui dévastent les campagnes, enlèvent des bras à la culture, forment des mariages prématurés et mal assortis, imposent à ceux qui y sont sujets des contributions secrètes et forcées, soient supprimées et remplacées par des enrôlements volontaires, aux frais des provinces.

Art. 16. Qu'il soit permis aux particuliers et communautés de se libérer des rentes qu'ils doivent aux gens de mainmorte, en remboursant le capital au taux qui sera f.__é, à la charge par les gens de mainmorte de verser ces capitaux dans des emprunts autorisés et garantis par le Roi et par la nation.

Art. 17. Que l'ordonnance et règlement sur les bois et forêts soient réformés, de manière à conserver les droits de propriété, encourager les plantations et à prévenir la disette des bois.

Que l'administration des forêts et des bois appartenant aux gens de mainmorte soit soumise aux Etats provinciaux, et subordonnément aux bureaux de district, et qu'il soit établi de nouvelles lois pour en assurer la conservation et punir les délits.

Art. 18. Qu'il ne soit accordé aux gens de mainmorte aucun quart de réserve, sans qu'une partie du produit soit destinée à la replantation de leurs bois ou des terrains en friche dépendant de leur propriété.

Art. 19. Que les seigneurs voyers ne puissent planter ni s'approprier les arbres plantés sur les propriétés qui bordent les grands chemins; qu'il soit ordonné, au contraire, que ces arbres appartiendront aux propriétaires des fonds, en remboursant les frais de plantation.

Art. 20. Que la largeur des grandes routes, celle des chemins vicinaux et ruraux, soit déterminée d'une manière fixe, uniforme et invariable.

Art. 21. Qu'il soit imposé des peines contre ceux qui laboureraient les chemins vicinaux et ruraux.

COMMERCE.

Art. 1er. Que tout règlement qui tendrait à gêner l'industrie des citoyens, soit révoqué.

Art. 2. Que l'exportation et la circulation des grains soient dirigées par les Etats provinciaux, qui correspondront entre eux pour prévenir respectivement l'enchérissement subit et forcé des subsistances.

Art. 3. Qu'au moment où le blé froment aura atteint dans les marchés le prix de 25 livres le septier, il soit défendu à tous laboureurs d'en acheter, sous peine pour leur subsistance.

Art. 4. Que si les circonstances ne permettent pas de se priver du revenu qui résulte des brevets et lettres de maîtrise d'arts et métiers, il ne soit admis dans les communautés aucun membre qu'à la charge de résider dans le lieu de son établissement; que les veuves puissent exercer l'état de leur mari sans de nouvelles lettres; que leurs enfants y soient admis à prix modique; que le colportage soit interdit à toutes personnes qui n'ont pas un domicile fixe et connu.

Art. 5. Que la banqueroute frauduleuse soit regardée comme crime public; qu'il soit enjoint au ministère public de la poursuivre comme tel, et que les lieux privilégiés ne puissent plus servir d'asile aux banqueroutiers.

Art. 6. Que tous droits de péage et autres semblables soient supprimés dans l'intérieur du royaume, les douanes reportées aux frontières et les droits de traite anéantis.

Art. 7. Que, dans un délai fixé, les poids et mesures soient rendus uniformes dans toute l'étendue du royaume.

MŒURS.

Art. 1er. Que dans le chef-lieu de chaque bailliage il soit établi une école publique, où les jeunes citoyens soient élevés dans les principes de la religion, et formés aux connaissances qui leur seront nécessaires par des méthodes autorisées par Sa Majesté sur le vœu de la nation.

Art. 2. Que dans les villes et villages, il soit établi des écoles où le pauvre soit admis gratuitement et instruit dans tout ce qui lui est nécessaire, soit pour les lecturs, soit pour son intérêt particulier.

Art. 3. Qu'à l'avenir les cures et bénéfices à charge d'âmes ne soient donnés qu'au concours.

Art. 4. Que les prélats et curés soient assujettis à une résidence perpétuelle, sous peine de perte des fruits de leur bénéfice.

Art. 5. Que les bénéficiers qui n'ont pas charge d'âmes soient obligés à résidence pendant la plus grande partie de l'année dans le chef-lieu de leur bénéfice, sous la même peine, s'ils ont au moins un revenu de 1,000 livres par an.

Art. 6. Que nul ecclésiastique ne puisse posséder plus d'un bénéfice si ce bénéfice vaut 3,000 livres de revenu et au-dessus, que ceux qui excéderaient ce revenu soient déclarés impétrables.

Art. 7. Que toute loterie, dont l'effet est de corrompre la morale publique, tout emprunt auquel seraient unies des chances dont l'effet est d'encourager l'agiotage et de détourner les fonds destinés à l'agriculture et au commerce, soient proscrits sans retour.

Art. 8. Que chaque communauté soit tenue de pourvoir à la subsistance de ses pauvres invalides; qu'en conséquence toute aumône particulière soit sévèrement défendue; que dans chaque district il soit établi un atelier de charité dont les fonds seront composés des contributions volontaires des particuliers et des sommes qu'y destineront les Etats provinciaux pour assurer un travail constant aux pauvres valides.

Art. 9. Que dans l'arrondissement de chaque administration principale, il soit établi une maison de correction pour renfermer les mendiants et vagabonds.

Art. 10. Qu'il soit défendu à tous charlatans et autres que ceux qui auront fait les études nécessaires et passé par les épreuves requises, de vendre aucunes drogues ni remèdes, et d'exercer la médecine ou la chirurgie, et qu'il soit fait défense d'accorder pour cet effet aucun brevet, ni permission, ni dispenses.

Art. 11. Qu'aucune femme ne puisse se livrer à l'art de l'accouchement qu'après en avoir fait un cours, avoir obtenu certificat de capacité d'un collège de chirurgie, et avoir été reçue au bailliage.

Art. 12. Qu'il soit enjoint aux maréchaussées d'obéir aux ordres des officiers des bailliages pour le maintien de l'ordre public, et que les municipalités des différentes paroisses soient autorisées à y avoir une police intérieure, sauf dans les cas extraordinaires à en faire rapport au procureur du Roi du bailliage.

Art. 13. Que les sacrements soient administrés gratuitement, et les droits casuels supprimés.

Fait et arrêté en l'assemblée générale de l'ordre du tiers-état du bailliage de Dourdan, par nous, commissaires nommés à cet effet par le procès-verbal de M. le lieutenant général, du 17 du présent mois, cejourd'hui 29 mars 1789.

Signé Heroux; Roger; Petit; de Saint-Michel; Odile; Savouré et Pillaut.

Le présent cahier, contenant douze feuillets, a été coté et paraphé par nous, lieutenant général et président, par premier et dernier feuillet, et signé enfin par nous et notre greffier, en l'assemblée générale dudit ordre, au désir de notre procès-verbal de cejourd'hui 29 mars 1789.

Signé ROGER *et* GUDIN.

SÉNÉCHAUSSÉE DE DRAGUIGNAN.

Nota. Les cahiers du clergé et de la noblesse de la sénéchaussée de Draguignan manquent aux *Archives de l'Empire.* Nous demandons ces deux documents à Draguignan même, et nous les insererons dans le Supplément qui terminera le recueil des cahiers.

CAHIER GÉNÉRAL

Des doléances du tiers-état de la sénéchaussée de Draguignan (1).

Un monarque juste et bienfaisant daigne appeler son peuple autour de lui, pour puiser dans le concours des lumières et des sentiments de ses fidèles sujets les moyens les plus sûrs de rétablir l'ordre, de réformer les abus, de fixer à jamais une administration pure et économique, d'assurer enfin la prospérité générale du royaume.

Ainsi, sous un Roi citoyen, l'espérance renaît du sein du malheur même; l'époque la plus funeste pour la monarchie devient la plus mémorable, et des jours de paix et de bonheur vont succéder à ces temps de désordre, de confusion et d'abus qui avaient mis l'Etat si près de sa perte.

Pour concourir à ce grand objet d'une régénération universelle, le tiers-état de la sénéchaussée de Draguignan vient déposer aux pieds de Sa Majesté ses doléances sur les abus, dont les effets frappent plus directement sur lui, ses vues sur la réformation, sur l'établissement d'un ordre sage, fixe et durable, et les sentiments profonds dont il a pénétré pour un souverain si digne d'amour, qui ne veut que le bien, qui ne recherche que la vérité, et qui se montre plus grand par la noble confiance qu'il y témoigne à son peuple, que par le droit de lui commander.

ETATS GÉNÉRAUX.

C'est de la tenue des Etats généraux que la prospérité générale doit renaître, l'ordre se rétablir dans les finances, la confiance publique s'assurer, l'impôt devenir plus égal, et dès lors moins onéreux, l'industrie prendre un nouvel essor, le commerce une plus grande activité, la fortune de l'Etat se raffermir, la législation civile et criminelle se perfectionner, l'éducation de la jeunesse et les études recouvrer leur ancien lustre (2).

La perspective de ces effets salutaires, qui nous sont promis par Sa Majesté elle-même, détermine le premier vœu de la sénéchaussée de Draguignan :

1° Pour le retour périodique des Etats généraux de trois en trois ans.

2° Pour le rapprochement de ce terme dans les cas urgents, tels que les changements de règne, de régence, et toute autre révolution imprévue dans l'Etat.

3° Pour l'attribution aux seuls Etats généraux

(1) Nous publions ce cahier d'après un manuscrit des *Archives de l'Empire.*

(2) Discours du garde des sceaux à la clôture de l'Assemblée des notables.

du droit absolu, exclusif et incommunicable, de consentir, vérifier et sanctionner toutes les lois quelconques émanées de Sa Majesté, soit d'administration, d'imposition ou de police, en tant que ces lois seront générales et relatives à l'universalité du royaume.

4° Pour que le premier acte des prochains Etats généraux soit de publier une loi fondamentale et constitutionnelle, réciproque entre le Roi et la nation, qui établisse, détermine, fixe, confirme et perpetue les droits respectifs et relatifs : loi qui sera enregistrée ensuite dans le greffe des Etats provinciaux, et déposée dans les archives de chaque communauté.

5° Que les Etats généraux s'occupent ensuite du redressement des griefs du tiers-état.

6° Que la dette nationale soit vérifiée et reconnue.

7° Que, pour pourvoir aux moyens de l'acquitter, il soit présenté à la nation assemblée un tableau exact et fidèle du déficit, de la situation des finances, des pensions dont l'état est grevé, des titres et motifs de ces pensions, et généralement de tout ce qui, tendant à constater la dette, peut aider à la liquider.

8° Qu'il sera pris en conséquence les mesures les plus efficaces pour subvenir à son amortissement, par telles suppressions, diminutions, réductions et réformes qu'il sera avisé.

9° Que, pour étouffer à jamais le germe de nouveaux abus, de nouvelles déprédations, les sommes nécessaires à chaque département seront déterminées, l'emploi justifié, les comptes publiés et imprimés; qu'il ne sera enfin rien négligé de tout ce qui peut obvier à de nouvelles dissipations, et maintenir entre le Roi et son peuple ces sentiments d'amour et de reconnaissance qui, ne peuvent exister sans la confiance, qui, en allégeant d'un côté l'exercice des droits du souverain, rend de l'autre plus facile aux sujets l'acquittement de leurs devoirs envers lui.

10° Enfin qu'aucun impôt ne sera voté qu'après les connaissances préalablement acquises, et les délibérations prises sur les objets susmentionnés.

Et de suite le tiers-état de la sénéchaussée donne à ses députés aux Etats généraux les pouvoirs nécessaires et suffisants pour proposer, remontrer, aviser et consentir tout ce qui leur paraîtra utile et nécessaire, sur leur âme et conscience, pour raison d'aucun objet ci-dessus non exprimé; les charge spécialement de faire valoir et appuyer les présentes doléances et notamment d'insister :

1° A ce que les délibérations aux Etats généraux soient prises par tête, et non par ordre.

2° A ce qu'aucun député ne soit admis, s'il n'est muni d'un pouvoir authentique légal, conforme aux règlements du 24 janvier dernier et 2 mars suivant, afin de ne pas compromettre, par une admission illégale, la légalité des États généraux.

CONSTITUTION NATIONALE.

La France va commencer une nouvelle vie; mais ce projet de régénération qui enflamme tous les bons citoyens d'admiration et de reconnaissance, qui ouvre tous les cœurs à l'espérance, qui rallume le patriotisme presque éteint par l'abattement du malheur, ne serait qu'un projet nul, si une loi constitutionnelle, à jamais sacrée et immuable, n'établissait les droits du Roi et de la nation d'une manière à fonder la confiance publique, et n'assurait à toutes les classes de citoyens, sans distinction de privilèges, liberté, sûreté et propriété.

Cette loi, qui doit être la pierre angulaire de la monarchie, qui doit prévenir dans l'État toutes les commotions résultant d'une constitution mal assurée, qui doit par conséquent être le premier objet de la sollicitude des États généraux, embrasse les objets les plus dignes de l'attention du souverain.

1° La liberté individuelle de chaque citoyen vivant selon les lois, de manière qu'aucun ne puisse en être privé que par voie juridique et pour fait dans lequel il aurait abusé de cette liberté.

Cette sauvegarde pour la liberté doit s'étendre à l'action, à la pensée, et la liberté de la presse ne peut qu'en être un des plus utiles effets.

De là découle encore l'abolition des lettres closes ou de cachet.

2° Sauvegarde également inviolable pour la propriété, dont les droits sacrés sont l'appui le plus immuable de la couronne même.

Et de là dérive encore ce principe, qui tient à la constitution de la monarchie, qu'aucun impôt ne peut être établi que par le consentement de la nation assemblée,

Et qu'aucun citoyen ne peut être dépouillé, qu'en force de jugement rendu avec pleine connaissance.

3° Une précaution bien essentielle à prendre dans la loi constitutionnelle, est de soumettre les ministres à la dénonciation aux États généraux et à une responsabilité personnelle.

4° L'uniformité de l'administration dans tout le royaume est encore un objet bien désirable, et il serait utile pour la simplifier d'établir dans toutes les provinces des États particuliers réellement représentatifs des trois ordres, avec égalité de pouvoir et de suffrage entre les deux premiers ordres réunis et l'ordre du tiers. Il serait superflu de faire ressortir les avantages que présente cette forme d'administration plus simple et partout la même.

5° Un objet majeur que le Roi et les États généraux doivent aussi prendre en considération, et qui trouverait bien sa place dans la loi constitutionnelle, est l'éducation de la jeunesse et la réformation des mœurs. C'est par l'éducation que se forment les citoyens: ce sont les mœurs qui fortifient, les bonnes lois suppléent aux lois insuffisantes, corrigent les mauvaises. Quel objet plus digne de l'attention du gouvernement!

6° C'est encore un point de la constitution qu'il est essentiel de fixer, que l'égalité de représentation et de contribution entre les trois ordres. Tous les hommes sont égaux dans l'ordre de la nature; tous, dans l'ordre politique, ont un droit égal à la protection du gouvernement; tous sont donc liés envers l'État par les mêmes devoirs; tous lui doivent les mêmes secours et les mêmes sacrifices; tous doivent avoir la même influence

dans l'administration. L'aveu solennel de ces maximes imprescriptibles de la morale et du droit naturel, qui vient d'être consigné dans le procès-verbal de l'assemblée, faisant cesser toute controverse sur un point qui en était si peu susceptible, rassure la religion de Sa Majesté sur cette réclamation essentielle du tiers.

7° Enfin tout ce qui intéresse les droits de l'homme, ceux du citoyen, tout ce qui peut resserrer les liens qui unissent le Roi à son peuple et le peuple à son Roi, doit être soigneusement inscrit dans la loi constitutionnelle, de manière que chacun connaissant ses droits et ses devoirs, ses prérogatives et ses obligations, l'ordre soit inaltérable, l'administration uniquement et constamment dirigée vers le plus grand bien, et tout nouveau système d'oppression désormais impossible.

IMPOT.

Il n'est aucun citoyen qui ne sente la nécessité de cette contribution; il n'en saurait refuser le payement raisonnable sans trahir ses propres intérêts, puisque ce n'est que par les subsides que le souverain peut défendre les citoyens et assurer la tranquillité de l'État.

Mais les impôts étant à l'État ce que les voiles sont au vaisseau pour le conduire, l'assurer, le mener au port, non pas pour le charger, le tenir toujours en mer, finalement le submerger, un roi qui met sa gloire dans le bonheur de son peuple ne dédaignera pas quelques vérités utiles sur cette matière, vérités qui s'allient si bien avec ses intentions paternelles, de ne demander à ses sujets que des subsides justes et nécessaires.

Le tiers-état de la sénéchaussée de Draguignan ose donc représenter à Sa Majesté:

1° Que l'impôt doit être levé de la manière la moins onéreuse, la moins arbitraire, et surtout la plus uniforme qu'il sera possible. Et là vient la suppression de tant de fermiers, régisseurs, receveurs, collecteurs, commis, préposés, en un mot de tous les canaux intermédiaires qui ne servent qu'à aggraver l'impôt, dont ils absorbent une partie, qu'à le rendre plus pesant sur la tête du peuple, puisqu'aux sommes nécessaires de l'État il faut ajouter celles qui sont nécessaires pour eux.

Une perception plus simple, un versement plus direct au trésor royal, présente l'idée consolante d'un adoucissement sensible. Combien de personnes d'ailleurs qui, oisivement employées à l'exaction de l'impôt, seront obligées alors de porter leurs soins, leurs facultés et leur industrie vers des objets plus utiles!

2° Un seul impôt territorial, frappant également sur tous les biens, de quelque nature qu'ils soient assis, sur un dénombrement et une estimation vraie et exacte, ou perçu sur les fruits, paraîtrait préférable sous tous les rapports. Aucun arbitraire dans la taxation, l'égalité proportionnelle parfaitement gardée, plus de facilité dans la perception, toute crainte de vexation bannie, cette persuasion satisfaisante pour le contribuable de ne payer que relativement à ce qu'il perçoit, la proportion ainsi établie entre la fortune de l'État et celle du citoyen, tels sont les motifs qui, présentés à Sa Majesté, doivent déterminer sa justice à adopter de préférence ce genre d'imposition.

3° Que l'impôt ne soit jamais déterminé que pour un temps limité, qui ne pourra être plus long que l'intervalle d'une assemblée des États généraux à l'autre.

Le droit du prince pour la perception de l'impôt est fondé sur les besoins de l'État. C'est dans l'assemblée nationale que ces besoins seront exposés et connus ; c'est donc là qu'il doit y être pourvu par des impositions équitables. Une durée illimitée de l'impôt présenterait les inconvénients de l'arbitraire, si dangereux dans cette partie ; elle pourrait donner lieu au divertissement de l'impôt de sa vraie destination qui doit être sacrée.

4° Que Sa Majesté permette ici à des sujets fidèles, mais épuisés, de lui représenter que cette destination doit être inviolable, que les comptes de l'emploi ne sauraient être trop éclairés, trop rigoureusement jugés, et que sa justice inflexible sur cet article doit faire violence à sa clémence, et lui interdire de pardonner au ministre prévaricateur, ennemi de l'État, qui abuserait de sa confiance et des derniers efforts de son peuple.

5° Qu'il plaise à Sa Majesté d'accorder aux provinces la même faculté acquise à la Provence, et dans laquelle elle sera maintenue, de percevoir l'impôt en la forme et manière qui lui sera la plus avantageuse.

6° De faire porter tout nouvel impôt préférablement sur les objets de luxe, plutôt que sur tout autre objet : tels que les denrées, marchandises, consommations, industrie ; parce qu'il est sensible en morale comme en politique que celui qui de son superflu multiplie l'aisance et les commodités de la vie, doit plus à l'État que celui qui a peine à vivre avec son nécessaire ; il est d'ailleurs à considérer sur ce point combien il est important de favoriser l'agriculture, la population qui en est une suite, le commerce et les arts utiles, source des richesses du souverain et des sujets ; source qui serait bientôt tarie, si l'impôt frappait trop directement sur de tels objets.

7° Que tous les tarifs pour la perception des droits du domaine, droits réunis de contrôle, insinuation et autres soient changés, d'après les observations que les États de chaque province adresseront à Sa Majesté ; que toutes les lois relatives à cette partie soient recueillies par ordre et rédigées avec cette simplicité qui les mette à portée de tout le monde, avec défenses aux fermiers, régisseurs, administrateurs et commis de fonder aucune perception sur des décisions particulières, ou arrêts ; et que la connaissance des contestations qui pourraient s'élever à raison de la perception de ces droits, soit exclusivement attribuée aux tribunaux ordinaires de la province.

8° Rien n'étant si onéreux pour le peuple que la capitation par feux ou familles, la levée de cet impôt étant toujours difficile, et la répartition en étant si souvent injuste, il faut solliciter de la bonté du Roi un règlement relatif à cet objet ; que les communautés fussent autorisées à payer la capitation en corps, que du moins la classe la plus pauvre fût soulagée de cette imposition : que les enfants et les septuagénaires en fussent exempts ; que la mort d'un chef de famille ne devint pas un nouveau malheur pour ses enfants, qui dès ce moment sont cotisés par tête, et que tant qu'ils demeurent réunis dans la maison paternelle, ils ne fussent cotisés que comme si le chef vivait ; qu'il soit établi une règle fixe de répartition, et qu'en cas d'une injustice trop souvent éprouvée, le recours soit ouvert par-devant les juges ordinaires.

9° Que la classe des capitalistes, la plus aisée, celle dont les revenus sont le plus assurés, le moins exposés aux vicissitudes des saisons, soit également et proportionnellement imposée soit par des retenues relatives au taux de l'imposition territoriale, puisque tout créancier devient propriétaire direct du fonds sur lequel sa créance est

établie, soit par des taxes particulières, ou de telle manière que la sagesse du gouvernement avisera, ne pouvant y avoir dans l'État aucun ordre de citoyens exempt de l'impôt.

Tout ce qui n'est point ci-dessus sur la nature, la forme, la quotité, la perception de l'impôt, est laissé à la sagesse des États généraux, à la prudence et au patriotisme des députés : mais il est un vœu, dont ils ne doivent jamais se départir ; c'est qu'en se prêtant aux besoins de l'État, il ne faut pas cependant exiger du peuple au delà de ses moyens ; c'est qu'il faut que la mesure de l'impôt soit juste autant que la répartition doit en être égale, et ils doivent se bien pénétrer de cette vérité , que surcharger le peuple , c'est ruiner l'État même plutôt que l'aider.

LÉGISLATION ET ADMINISTRATION DE LA JUSTICE.

Une bonne législation est la sauvegarde de l'État, le palladium du peuple, et sans l'administration de la justice, les lois demeurent impuissantes, il ne peut exister ni ordre ni sûreté.

Les lois et la justice placées entre les hommes pour réprimer le combat de leurs passions, pour entretenir la paix dans la société, pour apaiser les débats que des intérêts opposés ne sauraient manquer d'y produire, méritent donc singulièrement l'attention de Sa Majesté et des États généraux.

La réformation du Code civil et criminel est unanimement sollicitée d'une extrémité du royaume à l'autre. Le tiers état de Draguignan peut présenter avec confiance le même vœu à Sa Majesté.

Et en est-il de plus légitime que celui de simplifier les formes, d'abréger les longueurs, diminuer les frais, rapprocher les juges de leurs justiciables , réformer cette multitude de d grés successifs de juridiction qui rend les procès interminables, et qui n'est utile qu'à la mauvaise foi ?

En est-il de plus légitime et de plus humain que celui d'offrir des ressources à l'innocence ; effacer de la procédure criminelle ce secret qui, enhardissant la fausse témoignage, donne à une plainte légale l'apparence d'une délation, donne un conseil aux accusés, instruire ensemble et d'un pas égal l'accusation et la justification, subordonner l'exécution des jugements de mort à une surséance déterminée ; prévenir enfin pour l'avenir, et par des moyens qui concilient autant qu'il sera possible ce que la police de l'État exige et ce qu'on ne peut refuser à l'humanité, des regrets tardifs, des remords inutiles, des larmes infructueuses sur le sang de l'innocent : telles sont les vues que l'on se propose, en suppliant Sa Majesté :

1° D'établir une commission pour l'examen et réformation des lois civiles et criminelles, et surtout pour la rédaction d'un nouveau code, où les peines seront graduées et proportionnées aux délits, aux circonstances, à l'âge, et où elles soient surtout fixées de manière que le juge soit lié, et que la loi seule condamne.

2° De donner aux lois qui seront publiées, sur l'objet intéressant de la justice distributive, une uniformité et une simplicité qui excluent à jamais l'arbitraire des interprétations et le danger des commentaires.

3° De supprimer tous les tribunaux inutiles, onéreux, d'exception, attribution et privilèges, comme aussi les *committimus ;* de manière que pour quelque cause ce soit, aucun citoyen ne puisse être condamné que devant son juge naturel.

4° De supprimer par les mêmes motifs, tous tribunaux intermédiaires, de manière qu'il n'y ait plus que deux degrés de juridiction, l'une de première instance et l'autre d'appel.

5° D'abolir en conséquence toutes juridictions seigneuriales qui ne sont qu'inutiles et onéreuses tant aux justiciables qu'aux seigneurs eux-mêmes, cette suppression utile sous tous les points de vue, ne pouvant même être regardée comme la spoliation d'un droit, mais seulement comme la réforme d'un abus, puisque la justice est essentiellement la dette du souverain envers ses sujets.

6° D'accorder aux premiers juges des arrondissements le droit de souveraineté et dernier ressort, jusqu'à une somme déterminée, et le droit des juges nonobstant appel jusqu'à une somme plus considérable, sous caution, l'expérience journalière ne prouvant que trop que cette facilité de l'appel, n'est qu'un moyen de plus de vexer et de fatiguer le pauvre et le faible, qui déjà combat avec des armes si inégales contre l'homme riche et puissant.

7° D'abolir à jamais la vénalité des charges de magistrature ; le droit de juger son semblable peut-il être acquis à prix d'argent ? Aussi s'est-on récrié de tout temps contre cet abus, et Sa Majesté, frappée des inconvénients qui seront mis sous ses yeux, s'empressera d'y remédier.

8° D'établir dans chaque communauté un bureau pour l'exécution des règlements de la police, avec attribution de dernier ressort aux causes minimes entre plébéens, jusqu'à 9 livres, et entre bourgeois et artisans jusqu'à 12 livres, lequel bureau ressortira aisément au parlement.

9° D'établir dans chaque ville et bourg, où le commerce l'exige, une juridiction consulaire pour la plus grande expédition des affaires mercantiles.

10° Que les charges de magistrature soient éligibles et amovibles.

11° Que le nombre des officiers des cours souveraines soit réduit.

12° Que, dans chaque cour souveraine, il y ait une chambre du tiers, où seront portées toutes les affaires qui intéressent cet ordre et les communes du royaume, et que pour les affaires qui surviendront entre le clergé et la noblesse et le tiers-état, il soit établi dans les mêmes cours une chambre mi-partie composée de membres des deux premiers ordres, en nombre égal des membres du tiers.

Cet établissement tient à ce principe que tout citoyen doit être juge par ses pairs, et ce serait en effet une institution bien sage que les jugements, surtout au criminel, fussent rendus en présence des jurés du même état que l'accusé.

13° Que les cours souveraines n'aient plus sur les magistrats des tribunaux subalternes, qu'une inspection légale, et non aucune autorité arbitraire; que le droit de mander venir ceux-ci soit aboli, comme aussi le droit, non moins oppressif, d'exiger d'eux des visites, lorsqu'ils arrivent dans une ville, ce qui sera également statué au regard des officiers municipaux.

14° Qu'il sera établi dans la province un tribunal de révision des jugements des cours souveraines, et qui connaîtra des prévarications des juges.

15° Qu'après la requête en cassation d'un arrêt, soit au conseil, ou autre tribunal, revue et appointée, l'exécution en sera sursise de droit.

16° Que les juges seront obligés de donner et insérer les motifs de leurs jugements.

17° Qu'ils seront responsables des jugements par eux rendus contre les formes.

18° Que la question définitive sera abolie.

19° Qu'aucun arrêt de mort ne soit exécuté qu'un mois après avoir été publié à l'audience et visé par le Roi.

20° Qu'il sera accordé aux absous une indemnité, soit par la partie civile, soit par le domaine.

21° Que les cours souveraines ne connaîtront plus de la vérification des lois, exclusivement attribuée aux États généraux ; qu'elles ne leur seront adressées que pour leur en donner connaissance et la transmettre par elles aux tribunaux inférieurs; qu'elles n'auront plus aussi le droit de faire des règlements.

22° Que les juges seront obligés à résidence ; qu'ils seront obligés de juger suivant les lois et non suivant les arrêts, sur leur texte précis et non sur des commentaires souvent fautifs et toujours arbitraires.

23° Qu'il sera accordé des émoluments fixes aux juges moyennant lesquels l'instruction des procès et les jugements seront gratuits.

24° Qu'il sera pris des mesures efficaces pour diminuer les frais, pour obvier à l'abus de la chicane, pour réprimer les efforts de la chicane, pour rendre enfin la justice simple et facile dans sa distribution, moins longue, moins dispendieuse pour ceux qui sont obligés d'y avoir recours, et pour qu'on puisse l'obtenir dans une proportion toujours rapprochée de l'objet plaidé, de la localité, de la situation et des circonstances.

25° Il est digne de la bonté du Roi et du siècle où il règne, qu'il soit fait une loi qui efface le préjugé barbare qui note d'infamie la famille d'un condamné.

26° L'amour du souverain pour son peuple lui fera aussi adopter le projet de l'arbitrage forcé entre toutes parties quelconques, sur le simple requis de l'une d'elles.

27° Ce serait une loi non moins utile pour le bien du commerce et celui de l'État, que celle qui autoriserait le prêt à jour avec intérêt, le prêt d'argent n'étant en effet qu'un louage.

28° On demande encore que les causes personnelles et mixtes des ecclésiastiques soient distraites de la juridiction de l'officialité, et que la connaissance en soit rendue aux juges ordinaires.

La commission qui sera établie pour la réformation des lois suppléra à ce qui manque dans cette partie essentielle de nos doléances, et les députés aux États généraux auront tous pouvoirs de consentir à ce qui leur sera proposé pour le plus grand bien.

ADMINISTRATION PROVINCIALE.

La constitution des trois ordres qui existent dans la monarchie bien fixée, l'ordre rétabli dans les finances par une administration sage et éclairée, l'État réglé par de bonnes lois, la justice rendue facile aux peuples, les regards du tiers-état de la sénéchaussée de Draguignan se portent sur l'administration intérieure de la province; et quels abus n'y aperçoit-on pas à réparer !

Sans entrer à cet égard dans un détail aussi affligeant qu'il est connu, détail qui a été déjà si souvent mis sous les yeux de Sa Majesté, qui a reconnu elle-même que les États de Provence sont inconstitutionnels; « que le second ordre du « clergé n'y est point admis; que la nombreuse « partie de la noblesse qui ne possède pas de « fiefs en est exclue; que la nomination des re- « présentants du tiers état est soumise à des rè- « glements municipaux qui écartent des élections « le plus grand nombre des citoyens; que le « nombre respectif des trois ordres s'y trouverait « nécessairement inégal. » Sans retracer le tableau des inconvénients résultant d'une administration aussi vicieuse, dans laquelle la classe la plus nombreuse, la plus utile, celle qui forme véritablement la nation, n'a qu'une influence nulle dès qu'elle n'est pas égale, en se rapportant sur ce point aux mémoires et aux instructions qui ont été fournis, aux délibérations adressées de toutes parts à Sa Majesté, à la réclamation universelle, les doléances du tiers-état se bornent à demander :

1° La convocation générale des trois ordres de la province pour casser et réformer la constitution actuelle ; appeler aux Etats le clergé du second ordre et les nobles non possédant fiefs ; donner au tiers-état une représentation égale à celle des deux premiers ordres réunis ; lui accorder des syndics qui aient séance et voix délibérative auxdits Etats ; en rendre la présidence éligible et amovible ; en exclure tout membre permanent, sous quelque qualité et prétexte qu'il puisse être, comme aussi les magistrats et les gens attachés au fisc, et n'y admettre que des députés légalement et librement élus.

2° La séparation de l'administration de la province de l'administration particulière de la ville d'Aix, et que cette administration soit confiée à une commission intermédiaire composée des membres du clergé et de la noblesse, et des membres du tiers en nombre égal.

3° L'impression annuelle des comptes de la province pour être mis sous les yeux de chaque communauté.

4° Le remboursement des fonds de la fondation de M. de Saint-Vallier, établissement payé par le tiers, et qui n'est utile qu'à la noblesse.

5° L'attribution exclusive et incommunicable aux seuls Etats provinciaux de consentir, vérifier et sanctionner les lois particulières à la Provence, quelles qu'elles soient et à quel objet qu'elles soient relatives.

6° Que la répartition des secours que le Roi accorde annuellement pour la haute Provence soit faite dans le sein des Etats, pour exclure tout arbitraire, avec application de préférence aux lieux où les besoins sont plus urgents.

7° Que les communautés jouissent des droits attachés aux officiers municipaux, puisqu'elles les ont achetés.

8° La modération du prix du sel, à raison du plus grand besoin qu'on en a en Provence pour les bestiaux, qui seuls peuvent fournir aux engrais suffisants. D'autant que le sel étant une production territoriale, la vente devrait être assujettie à moins d'entraves.

9° La suppression de la commune compascuité, excepté dans les terres vagues et gartes.

10° Qu'il soit avisé aux moyens les plus capables d'encourager l'agriculture, de favoriser l'habitation des campagnes et la multiplication des bestiaux, et parmi ces moyens la suppression de Draguignan indique et sollicite la suppression des droits d'albergue, ramage et cavalcade, levés par la communauté de Callas, comme abusifs, tortionnaires, contraires au commerce et à l'agriculture.

11° De protéger et faciliter les desséchement des marais.

12° De supprimer tous privilèges exclusifs, comme contraires à la liberté, à l'émulation et au commerce.

13° D'interdire aux sages-femmes tout exercice des fonctions de cet état, si elles n'ont fait préalablement un cours d'accouchement, subi un examen, et rapporté un certificat de capacité.

14° De poursuivre la vente du tabac en poudre de la nouvelle manipulation, comme nuisible à la santé.

15° Que l'homologation des baux et autres actes des communautés soit gratuite et attribuée aux juges des arrondissements.

16° Qu'il soit fait un règlement sévère pour prévenir les incendies des forêts.

17° Que la Provence soit distribuée en districts égaux, et que chaque communauté soit elle-même chargée de la réparation et de l'entretien des chemins de viguerie dans son territoire, moyennant quoi déchargée de toute contribution relative à cet objet, et la viguerie de ce soin.

18° Qu'il soit fait un règlement de police, relatif à la maréchaussée, pour que l'objet important de la sûreté publique soit mieux rempli.

19° Que tous privilèges qui exemptent aucunes villes et communautés de la province en tout ou en partie, suivant la juste et commune répartition, à l'affouagement général du pays, cessent et soient révoqués.

20° La cessation de l'imposition pour les milices, incompatible avec le tirage effectif, ou la suppression de la levée de la milice personnelle.

Les députés aux Etats généraux seront enfin chargés de remettre sous les yeux de Sa Majesté le titre d'union de la Provence a la couronne ; ils en demanderont le renouvellement et la confirmation, le maintien dans nos privilèges, et ils ajouteront que le tiers-état provençal ne mérite pas moins du souverain qui se gouverne par ses sentiments et sa fidélité, que par la recommandation tendre et pressante du dernier de nos comtes qui nous unit à la France et nous mit sous sa protection.

DOMAINE DE LA COURONNE.

L'aliénabilité du domaine offrirait de nouveaux moyens à l'Etat pour l'acquittement de la dette nationale.

D'autres temps amènent d'autres principes ; les lois ne sont pas plus immuables que leur objet.

Le domaine n'était inaliénable qu'en faveur de la nation par la suffisance aux dépenses royales et publiques. Il était sacré sans doute, quand il écartait du peuple tous autres impôts.

Mais étant aujourd'hui absolument disproportionné avec les charges de l'Etat, ne défendant plus le peuple de l'impôt, insuffisant et épuisé, il a perdu ce caractère d'inaliénabilité, et l'aliénation en serait d'autant plus utile, que le prix en serait employé au payement des dettes, et que produisant plus au citoyen qui l'acquerrait qu'il ne produit au Roi, par cela seul qu'il n'y aurait pas autant de degrés intermédiaires entre le propriétaire et le cultivateur, au bénéfice de l'amortissement des dettes se joindrait le bénéfice périodique de l'impôt.

Quant aux domaines aliénés au titre précaire d'engagement, ou usurpés, il serait important que le Roi y rentrât ; le besoin de l'Etat en est le motif le plus pressant comme le plus légitime.

CLERGÉ.

Cette partie des doléances du tiers-état de la sénéchaussée de Draguignan n'est pas relative au régime spirituel. Les membres du premier ordre seront sans doute les premiers à s'élever contre les abus qui peuvent s'y être glissés ; ils donneront les premiers l'exemple d'une réformation utile.

Mais comme le clergé a aussi des rapports de politique avec l'Etat et le peuple, c'e   sous ce point de vue que les instructions à donner aux députés aux États généraux vont être posées.

Ils ne négligeront cependant pas ce premier vœu de leur ordre, pour le maintien des lois protectrices de la religion, pour qu'elle jouisse seule dans le royaume de l'honneur du culte public.

Mais ce qu'ils demanderont principalement est :

1° La suppression de la dîme, à la charge par les communautés de payer les curés et vicaires nécessaires aux paroisses, comme aussi tout ce qui est relatif au service divin et à l'exercice de la religion.

2° Et s'il n'y a pas lieu à cette suppression, ils demanderont au moins l'abonnement de la dîme, sa fixation à un taux égal et uniforme, et le prélèvement de la semence avant la perception.

3° Ils demanderont que les biens de l'Église et autres de mainmorte soient mis dans le commerce, et premièrement employés au payement des dettes du clergé.

4° La fixation de la portion congrue des curés et vicaires en proportion de l'habitation et de l'importance des paroisses qu'ils desservent ; de manière qu'un curé ait au moins 1,000 livres et un vicaire 500 livres.

5° Le renouvellement des lois qui obligent les évêques, prieurs, décimateurs et autres bénéficiers quelconques, a la résidence dans leurs diocèses ou lieux de leurs bénéfices, desquels ils ne pourront s'absenter que deux mois dans chaque année, si ce n'est pour cause majeure et justifiée ; passé lequel terme de deux mois, il sera enjoint soit aux officiers de justice, soit aux officiers municipaux ou aux administrateurs des hôpitaux, et au plus diligent d'entre eux, de faire saisir le temporel des bénéfices, sans autre procédure préalable, pour tout le temps excédant les deux mois d'absence, au profit des pauvres du lieu.

6° La révocation du Concordat comme contraire à la religion et à l'intérêt du royaume, et l'établissement de la Pragmatique-Sanction en Provence.

7° La prohibition de la pluralité des bénéfices excédant entre eux 1,000 livres en revenu.

8° Que nul ne puisse posséder des bénéfices, qu'il ne soit prêtre.

9° Que les bénéfices des diocèses soient pour des sujets diocésains et non pour des étrangers.

10° Que nul ne puisse être promu à une cure qu'après un service éprouvé en qualité de vicaire dans une paroisse.

11° La suppression absolue du casuel.

12° L'établissement dans chaque diocèse d'une maison dotée de revenus convenables pour le produit des bénéfices simples, pour la retraite des prêtres vieux et infirmes qui auront servi l'église pendant un temps déterminé.

13° Qu'il soit permis aux évêques de donner des dispenses de mariage au troisième et quatrième degré de parenté, gratuitement et sans annexe.

14° Que les évêques ne puissent refuser les ordres sacrés à ceux qui sont déjà engagés, sans donner par écrit les motifs de leur refus.

15° Qu'il soit accordé à l'Université d'Aix le privilége du *quinquennium*.

16° La suppression de tous les droits de la cour de Rome et le versement des annates et régales dans le trésor royal pour le service de l'État.

17° Enfin la réduction des fêtes, qui sont trop multipliées, et dont les jours sont si peu consacrés à l'objet de leur institution ; ces jours, rendus au travail et à l'agriculture, seront plus utilement employés.

DROITS SEIGNEURIAUX.

Au moment de la renaissance des droits de l'homme, de la liberté civile et individuelle, l'abolition des vestiges encore existants de la servitude de nos pères est un acte bien digne du gouvernement.

Toutes les communes de la sénéchaussée se réunissent et n'élèvent qu'un cri pour demander cette abolition.

Les droits seigneuriaux offensent l'homme, comme homme ; il en est surtout qui avilissent et dégradent le citoyen sur lequel ils sont établis et exercés. Ils arment l'homme contre son semblable, ils produisent une occasion toujours renaissante d'oppression, de vexation, d'injustices marquées sous le titre trompeur de droit acquis et qu'on ose même dire imprescriptible, comme si par aucun temps possible l'usurpation faite sous les faibles successeurs de Charlemagne sur l'autorité royale et sur des hommes nés libres pouvait être légitime ! Quelles entraves ne mettent pas d'ailleurs les droits seigneuriaux dans la société, dans le commerce ; à quel point ne gênent-ils pas la liberté, la propriété, l'agriculture et les progrès des arts les plus utiles ?

Il est impossible de donner un détail et de ces droits et des abus qu'ils entraînent. Le cœur paternel de Sa Majesté en serait ému. Ici le pauvre n'a pas le droit de faire du feu dans sa chaumière pour se garantir des impressions du froid, s'il ne l'achète chèrement du seigneur, par une contribution prise sur sa subsistance et celle de sa famille. Ce droit inhumain existe à Brovès sous la dénomination du droit de fouage. Là le laboureur n'a pas même le droit de nourrir ses bestiaux de l'herbe qui croît dans son champ ; s'il y touche, il est dénoncé, puni par une amende qui le ruine ; et l'exercice le plus légitime des droits de sa propriété est subordonné à la volonté arbitraire du seigneur, qui a la prétention du droit universel sur tous les herbages du territoire. Ce droit barbare existe à Romaluette sous la dénomination du droit de rolarguier exclusif, et dans beaucoup d'autres lieux ; partout enfin la liberté naturelle, la liberté civile est asservie, le commerce est enchaîné, l'homme est esclave, et ce dernier mot, qui n'est que trop exact, peint tout l'odieux des droits contre lesquels le tiers-état réclame.

Il est esclave puisqu'il est privé des facultés, même du droit naturel ; le seigneur a la prétention d'empêcher les habitants d'aller prendre du sable sur les bords de la rivière qui traverse le territoire à Villecroze, et les seigneurs ont la prétention d'empêcher les habitants de vendre leurs denrées, avant qu'ils aient vendu les leurs ; et cependant il faut que le pauvre vive. Tellement la propriété est gênée que la coupe du bois taillis, qui n'est qu'un fruit, du bois même à brûler, est asservie au lod. Et ce qui est à remarquer pour le bien général de l'État, si le seul bruit des chaînes des hommes ne permettait la révolution heureuse qui est sollicitée , c'est que le despotisme féodal gêne les mutations, éloigne les cultivateurs et dépeuple les campagnes.

Osons le dire, puisque nous avons le bonheur de vivre sous un Roi qui honore l'humanité, encourage la liberté,et qui a le premier donné l'exemple de l'abolition de ces droits flétrissants sous l'empire desquels ses sujets gémissaient. Tout est abusif dans l'exercice des droits seigneuriaux : la justice n'est pas rendue, et trop souvent cette justice n'est qu'une arme dans la main des seigneurs ;

la directe n'est qu'une entrave mise à la propriété et à la liberté ; l'exercice du retrait féodal, prolongé pendant trente ans, laisse les possesions incertaines, et expose le possesseur de bonne foi à être spolié après vingt-neuf ans d'un bien qu'il a arrosé de ses sueurs, et dont la valeur a triplé. La cessibilité de ce droit n'est qu'une occasion de préférences injustes. Il n'est besoin que de sentiment pour être pénétré de l'odieux des banalités; et comment surtout ne pas s'elever contre cette attribution exclusive au seigneur des eaux qui coulent sans doute pour l'usage de tous les hommes, pour féconder tous les champs, et dont la faculté libre faciliterait tant d'établissements utiles au commerce?

Encore un trait : les champs sont dévastés, les moissons sont dévastées, et le propriétaire n'a cependant pas la liberté de défendre son bien de l'incursion des animaux. Que la liberté de la chasse soit subordonnée aux lois générales d'une police éclairée, c'est ce qui est juste et nécessaire ; mais le droit de défendre son champ et ses fruits n'est pas incompatible avec les règlements d'une police sage.

Sans pousser plus loin ce développement, qui sera suppléé par les députés aux Etats généraux, auxquels ils dénonceront l'abus des cens, des tasques, des redevances, des corvées, l'abus plus criant encore de ces devoirs personnels, inconciliables avec la dignité de l'homme auxquels le peuple et les représentants sont assujettis dans les fiefs ; c'est en avoir assez dit que d'avoir fait connaître la plaie mortelle que les droits seigneuriaux font au droit naturel et à l'intérêt de l'Etat, pour espérer que Sa Majesté et les Etats généraux rétabliront l'homme dans ses droits primitifs, sacrés et vraiment imprescriptibles, en frappant tous ces droits qui l'avilissent d'une abolition absolue, sous la juste condition du rachat ou de l'abonnement, relativement aux droits utiles et légitimement acquis.

TIERS-ÉTAT.

Les députés aux Etats généraux feront essentiellement valoir les droits du tiers-état fondés sur la nature, sur son utilité dans la monarchie, et sur l'intérêt politique du royaume, si cette considération pouvait ajouter aux raisons de justice et d'équité qui sollicitent pour lui.

Ils feront valoir surtout que le tiers-état, asservi, opprimé, épuisé, n'a cependant jamais cessé d'être fidèle. Le sentiment du bien public, le sentiment plus vif peut-être de l'amour pour son Roi a toujours prévalu dans cet ordre aux sentiments pénibles et douloureux qui auraient pu justifier ses plaintes. Le Roi, l'Etat, la patrie ont toujours été pour lui le mot d'un ralliement heureux, le motif d'une patience à toute épreuve, d'une obéissance aveugle et les objets les quels il s'est consolé. Quel droit n'a-t-il donc pas à la protection spéciale d'un monarque qui, en brisant ses chaînes, en acquiert lui-même de nouveaux à sa reconnaissance !

Il existe cependant encore une exclusion injurieuse, dont le patriotisme du tiers-état a droit de s'offenser ; si la patrie admet indistinctement dans son sein tous les citoyens, surtout tous les citoyens qui lui sont utiles; si tous les citoyens sont obligés, à ce titre, de contribuer, autant par leurs talents que par leurs subsides, au bien et aux besoins de l'Etat, pourquoi cette exclusion du tiers des emplois civils et militaires, des charges, des offices, des bénéfices; pourquoi lui fermer les moyens de se rendre utile; pourquoi détruire ce

concours qui ne pourrait que produire une émulation toujours profitable?

Les députés aux Etats généraux demanderont donc avec les instances les plus respectueuses, mais les plus fermes, autant pour l'honneur du tiers-état que pour la gloire du Roi et la prospérité du royaume, l'admission des membres de cet ordre à toutes charges, emplois, bénéfices, sans distinction, exception, ni privilége quelconque.

Que la distinction dans les peines sera abolie ; le noble qui s'est rendu coupable ne cesse-t-il pas de l'être, et quand il a dérogé par le fait, quand par le crime il s'est dévoué à l'infamie, de quelle distinction peut-il être encore digne? Si son ordre le désavoue, il n'est pas moins en horreur à l'ordre du tiers, et l'ombre même d'un honneur quelconque peut-elle le suivre sur l'échafaud?

COMMERCE.

Il serait inutile d'entreprendre d'établir que le commerce mérite l'attention et la protection du gouvernement. Le commerce augmente la masse des richesses; c'est par lui que l'industrie est animée, c'est par ce canal de communication que le surabondant s'écoule et que le nécessaire est acquis; il donne une nouvelle activité a l'agriculture, en engageant le colon à tirer de la terre un surabondant toujours plus grand, dont l'échange produit ensuite une richesse nouvelle ; en ouvrant de nouvelles ressources, il accroît et propage la population.

De tels avantages, des avantages plus considérables encore, que le commerce plus libre dans sa marche et dans ses mouvements produirait, déterminent le vœu du tiers-état de la sénéchaussée de Draguignan, pour que le Roi soit supplié :

1° De supprimer tous les droits qui gênent la circulation dans l'intérieur du royaume et de reculer les bureaux des traites et des douanes sur les frontières.

2° De protéger le commerce contre les vexations de la ferme, ou plutôt d'établir une ferme plus simple et moins oppressive de perception des droits imposés.

3° De supprimer tous les droits sur les cuirs, et de prendre surtout en considération que la levée de ces droits se fait d'une manière tyrannique. Les visites fréquentes que les commis font non-seulement dans les fabriques, mais même dans les maisons, occasionnent mille inconvénients et mille désordres. Une maison doit être un asile sacré, et cependant on y porte le flambeau d'une inquisition odieuse.

4° Le renouvellement des lois contre les faillites et surtout leur exécution trop négligée.

5° La suppression des droits sur les huiles et savons, allant même à Marseille et à l'étranger.

6° Que les savonneries de Provence soient mises à même de supporter la concurrence de celles de Marseille, en jouissant d'une même franchise de droits sur les matières à lessive et d'un moindre droit de sortie sur les savons, en indemnité de ce qu'elles ne peuvent consommer que les huiles du pays, tandis que Marseille consomme les huiles de tous les pays de production et jouit à la fois du privilége du pays étranger, lorsqu'elle achète les matières qui composent le savon, ce qui l'exempte de tout droit, et d'être traitée avec plus de faveur même que le pays régnicole, lorsqu'il expédie le savon fabriqué.

7° Que l'inspection des manufactures soit donnée à un ancien commerçant de la province.

8° L'uniformité et égalité des poids et mesures partout.

9° Enfin l'abonnement des impôts particuliers supportés par le corps des orfèvres et autres, en proportion du produit annuel de ces impôts.

DEMANDES PARTICULIÈRES.

L'impossibilité d'embrasser dans les objets généraux toutes les demandes particulières des diverses communautés du ressort a déterminé l'assemblée à mettre sous les yeux de Sa Majesté et des Etats généraux un tableau à part de ces demandes.

Le Roi porte tous ses sujets dans son sein, il veut pourvoir aux besoins de tous, et c'est avec cette confiance que sa justice et sa bonté lui inspirent, qu'ils viennent les lui exposer.

Fréjus demande des commissaires chargés de vérifier tout ce qui s'est passé relativement aux travaux entrepris par la province dans son territoire; si les concessions faites par la communauté ont été surprises et valablement rétractées; si les obligations contractées par la province ont été remplies; s'il ne s'est glissé aucun abus considérable, quel a été l'emploi des deniers, quelles sont les sommes restantes, et qu'elles soient employées suivant leur destination à des objets vraiment utiles pour cette ville infortunée.

Saint-Raphaël demande l'exécution d'une délibération de l'assemblée générale des communautés et de l'arrêt du conseil du 22 août 1782 qui en ordonne l'exécution; que les ouvrages arrêtés, dans lesquels le port de Saint-Raphael est compris, soient définitivement exécutés en ce qui touche ledit port et son terroir, afin de faire cesser le préjudice souffert, et prévenir les maux à venir.

Le Cannet demande la faculté aux habitants d'abreuver leurs troupeaux à la fontaine salée, que la nature a placée dans leur terroir ; la prohibition d'en user ne donne aucun profit aux fermiers généraux, et préjudicie à la multiplication si nécessaire du petit bétail.

Demande, de plus, le droit de rentrer dans les terres gâtées.

Flayosc demande l'exécution des motifs qui ont déterminé l'établissement de la compagnie d'Afrique, pour prévenir les disettes de blé en Provence.

Gassin propose que chaque communauté députe aux Etats provinciaux, et que les députés du tiers-état soient choisis dans les assemblées des vigueries pour que la représentation soit plus parfaite.

Sa ernes demande le rétablissement des *Missi dominici*, la suppression des collégiales, corps réguliers et mendiants, des bénéfices qui ne sont point à charge d'âmes, des annates, des dispenses en cour de Rome, et l'emploi desdits fonds à l'acquittement des dettes de l'Etat.

Montferrat demande l'établissement de places gratuites dans les universités et les colléges, au profit des enfants pauvres et qui ont du talent.

Callas demande qu'il soit permis de nommer les officiers de justice pour six années au lieu d'un an, pour éviter les abus qui s'ensuivent.

Frans se plaint que le seigneur prohibe aux habitants de prendre du sable dans le lit de la rivière pour bâtir;

Qu'il s'approprie le sol des anciens chemins, et de ceux abandonnés, tandis que la communauté fournit et paye le sol des nouveaux chemins.

D'être maintenu contre le seigneur dans la propriété des alluvions et atterrissements contigus.

Empus demande d'être autorisée à présenter à l'évêque trois sujets pour remplir chaque bénéfice à charge d'âmes, que l'évêque nommera le plus digne ;

La suppression de tous les autres bénéfices, en pourvoyant à la subsistance des titulaires actuels, et que tous les fonds en provenant soient destinés à l'acquit des dettes de l'Etat ;

Réclame contre le seigneur du lieu qui prohibe, sans titre authentique, aux propriétaires des fonds soumis à la taille, de disposer et vendre le bois inutile qui croît dans leur fonds ;

De profiter des eaux inutiles aux moulins pour arroser sans trouble leurs fonds arides et de profiter desdites eaux en hiver pour construire un moulin à huile.

Fayence demande d'avoir entrée aux Etats de la province, revendique la réunion au domaine de tous les fiefs démembrés.

Tourrettes demande la réunion des terres adjacentes au corps de la province.

La suppression du centième denier, droit de late et inquant, et de tous autres droits bursaux et pécuniaires.

Callian et *Montauroux* demandent la réunion des fiefs au domaine de la couronne.

Montauroux demande de soumettre les terres du seigneur de Montauroux à la compascuité, l'abolition du droit des seigneurs de cantonner les communautés pour l'usage des bois.

Mons réclame contre le droit prétendu par le seigneur d'Escragnolle de faire dépaitre dans tout le terroir et même dans les terres du seigneur.

Seillans demande la réunion du fief dudit lieu à la couronne, demande encore le rétablissement d'une fabrique d'amidon audit lieu.

Callian demande que tous les Français soient nobles.

Qu'on prohibe pendant trois ans de tuer des veaux et des agneaux pour empêcher le dépérissement de l'espèce et favoriser l'accroissement, sauf aux officiers municipaux d'en donner la permission dans les cas urgents.

Que chaque viguerie pourvoie aux change ments, constructions et reconstructions des ponts, chemins et chaussées, sans le concours de la province.

Régusse et *Moissac* demandent que le seigneur soit tenu de payer les reconnaissances qu'il exige des emphytéotes, et que tout vassal attaqué par son seigneur soit soutenu par la communauté, d'après l'avis rapporté de deux avocats.

Moissac demande encore qu'il soit établi dans cette province une commission dont les membres soient pris dans l'ordre du tiers, pour connaître l'état et les titres des communautés, pour en discuter les droits et les soutenir, avec l'intervention de la province, contre les seigneurs et autres personnes puissantes.

Les Arcs demande qu'on soumette les célibataires à des taxes proportionnelles, suivant leur âge;

Demande, de plus, qu'il ne soit attribué aucun dernier ressort au premier tribunal, seulement le droit en nonobstant appel pour une somme déterminée, et même pour quelque somme que ce soit, quand la condamnation dérivera des titres authentiques, en donnant caution, à l'exception néanmoins des cas où le jugement serait irréparable en définitif.

Que l'emploi du contrôleur aux actes, et autres de même nature, ne puisse être rempli par un notaire du lieu.

Taradel et *les Arcs* présentent un nouvel ordre

hiérarchique des ministres de l'Église, composé, dans chaque diocèse, d'un évêque, d'un chapitre, et des curés et vicaires utiles; que tous autres bénéfices, corps, couvents, etc., soient supprimés, la dîme abolie, les fonds vendus et les sommes en provenant destinées, une partie à l'entretien des ministres utiles, et le restant à l'acquittement des dettes du clergé et de l'État.

Brouet demande la suppression de l'ordre de Malte, et les fonds employés à l'acquittement des dettes de l'État. La suppression du casuel des curés et des vicaires, et la fixation d'appointements fixes et proportionnels;

Réclame contre son seigneur le droit de vendre toutes les productions de leurs terres, même les buis, bois, paille et fumier;

Demande enfin que les pigeonniers soient fermés dans les temps des semences et de la maturité des blés.

Aups dénonce à Sa Majesté une injustice surprise à sa religion, lorsqu'on l'a portée à accorder le droit de prestation sur la moitié de la juridiction, que ladite communauté avait achetée sous la clause expresse de la remettre au Roi;

Demande la dispense de la milice pour tous les enfants uniques;

De revenir contre l'arrêt qui lui défend la compascuité dont elle jouissait depuis longtemps à Moissac, comme arrêt surpris et consenti par un conseil de ville peu nombreux;

Demande appui contre le seigneur d'Aiguines qui veut exiger la désemparation du tiers des domaines de la communauté du lieu, dans lesquels celle d'Aups a droit de compascuité;

Même appui contre le seigneur de Fabrègues qui veut troubler les habitants d'Aups dans le droit de compascuité et autres facultés, dans son territoire, ainsi que contre le seigneur de Turennes qui, par les défrichements, nuit aux mêmes facultés des habitants d'Aups.

La communauté d'Aups regarderait comme un acte de justice de n'accorder qu'aux enfants du lieu et à mérite égal les bénéfices de l'église collégiale de la ville; et que les religieuses ursulines ne puissent exiger pour la réception d'une fille du lieu que la somme de 2,400 livres, suivant leur obligation, au lieu de 4,000 livres qu'elles exigent.

Demande de pouvoir faire annuellement deux battues aux bêtes fauves dans les terres des seigneurs voisines et limitrophes;

Que les règlements sur la coupe des bois le long des grands chemins soient exécutés sous peine grave;

Enfin que les premiers jugements, pour fait de dénonce, soient définitifs et en dernier ressort pour favoriser les pauvres qui n'ont pas les moyens de suivre un appel.

Draguignan demande la reconstruction des prisons, et l'établissement d'une commission pour la recherche des faux nobles.

La Garde-Freinet se plaint qu'étant soumise à l'entretien des gardes-côtes, elle est aussi soumise à la levée et entretien de la milice.

Grimaud se joint à cette dernière communauté, pour se plaindre de la moindre mesure du sel et de la mauvaise qualité de celui qui est mesuré au bureau de Saint-Tropez.

Le Luc demande que la noblesse ne puisse plus être acquise à prix d'argent et le rétablissement des *Missi dominici*; qu'il soit accordé un encouragement aux pères d'une nombreuse famille relativement aux facultés qu'ils ont.

Villecroze demande qu'en cas que le droit de la

chasse ne soit pas supprimé, les seigneurs ne puissent l'exercer que sur leurs propres terres;

La révocation des noblesses acquises à prix d'argent, ou par charges, et de toutes celles qui ne dérivent pas de services essentiels;

Indemnité par les seigneurs des dégradations par eux faites dans les défends;

Un seul évêque dans la province payé par elle;

Les cures amovibles et électives par le peuple;

Suppression de la dîme et des bénéfices simples, dont les revenus seront versés dans le trésor royal, pour l'acquittement des dettes de l'État, néanmoins après la mort des titulaires.

La Molle demande qu'il lui soit permis d'embarquer les denrées et marchandises du pays dans la plage de Grimaud, après en avoir pris l'expédition au bureau des droits.

Tavernes réclame la justice du Roi pour obliger les chanoines de Barjols à acquitter les fondations dont ils sont chargés et dont ils perçoivent les revenus.

Comps demande, à raison de sa situation et des grands chemins dont il est traversé, l'établissement d'une maréchaussée.

Sainte-Maxime demande que les rentes foncières constituées entre particuliers soient extinguibles;

Qu'il soit permis à toutes personnes d'établir des fabriques, en payant le sol et les matériaux à dire d'experts;

Que le tiers des revenus ecclésiastiques soit distribué aux pauvres des lieux où les revenus sont perçus, par un bureau composé du curé, des consuls et de quelques notables;

Que dans le cas où la dîme ne serait pas supprimée, l'entretien des fabriques et des autels soit à la charge seule du décimateur;

D'être exempt de la milice, garde-côte, attendu qu'elle fournit cent matelots au service du Roi.

Le Muy demande la suppression de tous les droits seigneuriaux qui pèsent sur les habitants, et particulièrement de celui de faire pâtrir tout le blé que le seigneur perçoit dans ses terres, et d'en faire vendre le pain sans être soumis aux droits de boulangerie et de gabelle;

Qu'il soit permis à tout habitant de bâtir sans être soumis à payer le sol, dans tous les fonds qui appartenaient autrefois à la communauté et que le seigneur s'est appropriés.

Carces demande que la paix et la guerre soient votées dans les États généraux, sans préjudice des dispositions préliminaires dans l'urgence de l'un ou l'autre cas, en attendant l'assemblée des États généraux qui sera convoquée dans trois mois au plus tard.

Qu'en cas de négligence de la part du ministre de faire ladite convocation aux époques déterminées, les États provinciaux soient autorisés à la faire;

Que la distinction des ordres soit abolie et qu'à défaut la dénomination d'ordre de citoyen soit substituée à celle du tiers-état. La renonciation du tiers à la noblesse héréditaire.

Lorgues demande la disjonction absolue des offices de notaire et de procureur; que les fonctions de ces deux états soient déclarées incompatibles, même dans les juridictions où il n'y a pas de procureurs érigés en titre d'offices; de manière qu'il soit interdit aux notaires d'occuper dans quelque juridiction que ce soit comme procureurs, et aux procureurs de prendre des offices de notaire;

Demande encore qu'avant la signature des actes lecture en soit faite par un des témoins qui y sont appelés.

Château-Double demande que les instructions données par M. le duc d'Orléans à ses procureurs fondés soient présentées en entier dans les Etats de la sénéchaussée ;

Que lesdits députés soient chargés de solliciter l'entérinement de l'édit du 8 mai, concernant les tribunaux en bailliages ;

L'abolition à jamais de la cour plénière ;

L'établissement d'un bailliage de Draguignan ;

La suppression des collégiales et bénéfices simples ; et que les chapitres des cathédrales soient composés d'anciens curés :

La faculté aux communautés de rentrer en la possession des terres gâtés ;

Et la tenue d'un concile, pour établir le concours libre de toutes personnes aux sacrements, sans incompatibilité.

Tourtour demande qu'il soit défendu d'interpréter les lois et d'en publier des commentaires ;

De connaître les motifs de l'établissement d'Afrique.

Saint-Tropez demande la confirmation des priviléges du lieu, ratifiés jusqu'à Louis XIV inclusivement, sauf la contribution générale aux charges de l'Etat ;

La suppression de la citadelle de la ville comme inutile à l'Etat et à charge aux habitants ; ou, à défaut, que le pouvoir et les prérogatives du commandant, à Saint-Tropez, soient confirmés à ceux des autres villes ;

La maintenue dans le régime constitutionnel des terres adjacentes.

Bargemon demande l'exécution de l'arrêt du conseil d'Etat, du 14 janvier 1781, et supplie Sa Majesté de réunir à son domaine toutes les juridictions et fiefs qui en ont été aliénés ou engagés, sans excepter ceux qui avaient été aliénés ou engagés par les comtes de Provence.

Bauduen demande le rétablissement de son ancienne paroisse.

Flayosc demande la faculté de dériver les eaux des fleuves et rivières non navigables ainsi que des torrents pour le service des fabriques et engins ;

La faculté aux coseigneurs dudit lieu d'assister aux conseils de la communauté et de participer aux charges municipales ;

Roquebrune a formé la même demande ;

Il demande, de plus, que tous les coseigneurs n'aient entre eux tous qu'un même juge, pour faire cesser l'abus et surtout l'incertitude de la justice divisée entre une foule de coseigneurs qui tous ont leurs officiers ;

Une nouvelle répartition des revenus du clergé aux membres du premier et du second ordre, et la distribution du surplus en faveur des militaires qui auront bien mérité.

Le Revest demande l'établissement d'un seul juge entre les divers seigneurs, et se joint à Roquebrune pour demander qu'aucune charge ne dispense de la payement des droits dus au Roi.

Telles sont les très-humblement très-respectueuses doléances que le tiers-état de la sénéchaussée de la ville de Draguignan a l'honneur de présenter à Sa Majesté, le suppliant de daigner les prendre en considération, dans la tenue des prochains Etats généraux, et d'accueillir les vœux et les sentiments d'un peuple soumis et fidèle.

L'assemblée donnant, au surplus, aux députés aux Etats généraux tous pouvoirs généraux et suffisants, pour proposer, remontrer, aviser et consentir tout ce qui peut concerner les besoins de l'Etat, la réforme des abus, l'établissement d'un ordre fixe et durable dans toutes les parties de l'administration, la prospérité générale du Royaume et le bien de tous et de chacun des sujets de Sa Majesté, bien que non exprimés dans les présentes instructions et suivant les mouvements de leur conscience et de leur patriotisme.

Signé Muraite-Maximin, Isnard cadet ; Lions, Sieyrs, Léon Templier, Paschal, Perreymond, Boyer, médecin, Martin Roquebrune.

Paraphé *ne varietur* par nous, lieutenant général en la sénéchaussée de cette ville. A Draguignan, ce 1er avril 1789, *Signé* Lombard-Taradu-Thouron, greffier-secrétaire de l'assemblée.

CAHIER

Des doléances des sieurs curés congruistes, non possédant bénéfices, du diocèse de Fréjus (1).

Assemblés dans la ville de Draguignan en exécution des réglements de Sa Majesté, et par l'ordonnance de M. le lieutenant général en la sénéchaussée de la ville, M. l'évêque de Fréjus présidant à ladite assemblée ; lequel cahier doit être remis pour être joint aux autres cahiers contenant les doléances générales du clergé de Fréjus ;

Les sieurs commissaires, après avoir pris lecture de toutes les doléances des curés, vicaires, et autres ecclésiastiques, ou des députés et procureurs fondés d'iceux qui leur ont été remises, ont arrêté :

ART. 1er. — *Votation sur les impôts.*

Que les sieurs députés qu'aura élus l'ordre du clergé, pour assister et voter aux Etats généraux de France, seront expressément chargés de supplier Sa Majesté de vouloir bien permettre qu'ils ne votent à aucun impôt, qu'après que les doléances de la nation auront été discutées, et que les moyens qui doivent faire cesser les abus auront été arrêtés et fixés.

ART. 2. — *Voter par tête.*

D'accorder que le clergé vote par tête et non par ordre.

ART. 3. — *Education chrétienne et catéchisme*

Ils supplieront Sa Majesté de vouloir bien jeter un regard paternel sur l'éducation trop négligée que ses sujets reçoivent dans les colléges et autres maisons d'éducation, et d'ordonner, à cet effet, qu'il sera incessamment rédigé un même code de doctrine et de morale pour tout le clergé de France, un seul catéchisme, un seul bréviaire et un même rituel pour toutes les paroisses de son royaume.

ART. 4. — *Universités.*

D'accorder à tous les séminaires le droit d'agrégation aux universités, pour que les séminaristes qui désireront prendre des grades ne soient point refusés, quand ils seront munis de certificats favorables de leurs supérieurs et professeurs.

ART. 5. — *Pluralité des bénéfices.*

Que nul ecclésiastique ne pourra posséder plusieurs bénéfices, quand l'un excédera le taux fixé pour les portions congrues.

ART. 6. — *Décimes.*

Que les portions congrues n'étant que des pensions alimentaires, seront franches de décimes.

(1) Nous publions ce cahier d'après un manuscrit des *Archives de l'Empire.*

ART. 7. — Petits services.

Que les décimateurs seront seuls obligés de fournir et payer tous les droits connus sous le nom de *clero et matière*, attendu que les 11 livres attribuées aux curés congruistes pour lesdites fournitures sont très-insuffisantes, que cette modique fixation, surprise à la religion du Roi et provoquée par les décimateurs, anéantit l'effet de la bienfaisance envers les curés congruistes, ce qui perpétue les indécences dans le service divin et est une source de contestations entre les curés congruistes et les décimateurs.

ART. 8. — Novales.

Que les novales soient restituées aux curés ; les dîmes leur ayant été originairement destinées, doivent être regardées comme une espèce d'imposition qui se lève pour fournir au service divin, et comme une pension alimentaire, pour fournir à l'honnête nécessaire de ceux qui exercent le saint ministère.

ART. 9. — Union des bénéfices.

Que dans les lieux où la dîme ne suffit pas à l'honoraire des prêtres, il soit uni des bénéfices simples, des abbayes même, pour faire ce supplément nécessaire.

ART. 10. — Dîme, son payement.

Que les décimateurs auront le choix de payer en fruit, ou en argent, le taux fixé par les pensions congrues, en observant le taux des denrées.

ART. 11. — Pensions.

Que le produit résultant des bénéfices supprimés et unis et des autres biens ecclésiastiques sera employé, selon l'esprit de la déclaration du Roi de 1786, à des pensions de retraite des curés, vicaires et autres prêtres que l'âge ou les infirmités mettent hors d'état de continuer les fonctions de leur ministère.

ART. 12. — Fixation des pensions.

Qu'aucun ancien curé, ou autre prêtre, n'aura droit de participer auxdites pensions de retraite, s'il possède, en bénéfices ou en pensions ecclésiastiques, le taux fixé pour les pensions congruistes.

ART. 13. — Distribution desdites pensions.

Que lesdites pensions de retraite ne seront accordées qu'aux prêtres infirmes du diocèse ; et aux extradiocésains, que lorsqu'ils auront servi au moins l'espace de douze ans.

ART. 14. — Suppression des pensions.

Que les prêtres qui ne sont point au cas des articles 13 et 14 ci-dessus, et qui jouissent actuellement desdites pensions, en seront et demeureront déchus.

ART 15.

Que le tableau du produit annuel desdits bénéfices et autres biens ecclésiastiques unis et supprimés, ainsi que le nom des pensionnaires, seront annuellement imprimés et envoyés aux curés de toutes les paroisses.

ART. 16. Tribunal ecclésiastique.

Sa Majesté sera également suppliée d'accorder au diocèse de Fréjus un tribunal ecclésiastique présidé par le seigneur évêque, assisté de douze

graduës, qui connaîtra de toutes les matières bénéficiales et prétentions qui pourraient s'élever entre les ecclésiastiques, afin que tous les susdits différends soient jugés ou terminés sans bruit et sans scandale.

ART. 17. — Peines et interdits.

Que ledit bureau connaîtra privativement de toutes les peines canoniques, interdits et autres.

ART. 18.

Que les douze graduës qui composeront le tribunal seront éligibles tous les dix ans par la voie du scrutin, dans un synode diocésain convoqué à cet effet.

ART. 19.

Que les ecclésiastiques ayant le droit dit de *committimus* et autres privilèges semblables en soient déchus, et que les lois qui attribuent à d'autres tribunaux lesdites matières bénéficiales, de quelque nature qu'elles soient, seront abrogées.

ART. 20. — Siége vacant.

Que le chapitre, *sede vacante*, soit obligé de nommer un des deux grands vicaires dans la classe des curés, qui ait uniquement dans son département la partie concernant le gouvernement des paroisses.

ART. 21. — Vicaires, leurs approbations.

Que les évêques ne pourront refuser aux ecclésiastiques qu'ils puissent sur-le-champ servir les paroisses. Qu'après l'expiration de l'année, lesdits ecclésiastiques soient obligés de se présenter devant le seigneur évêque, pour être examinés sur leur conduite et leur capacité, et rapporteront, lors dudit examen, un certificat signé des curés des paroisses qu'ils auront desservies.

Qu'au cas que l'examen soit favorable auxdits ecclésiastiques, les seigneurs évêques ne pourront leur refuser une approbation indéfinie, et dans le cas contraire, lesdits ecclésiastiques desserviront de nouveau une année les paroisses, et seront obligés de se representer après l'expiration d'icelle, pour subir un nouvel examen, et ce jusqu'à ce que leur capacité reconnue puisse leur mériter l'approbation indéfinie.

ART. 22. — Choix des vicaires.

Que les curés ne pourront choisir leurs vicaires que parmi ceux des ecclésiastiques qui auront été approuvés indéfiniment.

ART. 23. — Indults, leurs injustices.

Que les brevets d'indults soient abrogés, parce qu'ils font passer dans les mains de ceux qui n'ont point travaillé au bien de l'Eglise les bénéfices qui doivent être la récompense de ceux qui ont bien mérité.

ART. 24. — Chapitres nobles.

Les biens et dignités de l'Eglise ayant été destinés dans les premiers siècles de l'Eglise, indistinctement pour tous les ministres, Sa Majesté sera humblement suppliée de supprimer les distinctions qui se trouvent entre les chapitres nobles et les chapitres roturiers. Il semble que les distinctions devraient être réservées pour les curés qui, après longues années de service, ont rempli leurs devoirs avec distinction. Notre Sauveur ayant choisi les ministres de la religion dans la classe la plus obscure des citoyens.

ART. 25. — *Casuel, son abolissement.*

Que les droits casuels soient abolis, parce que la dîme, ou la portion congrue, sera fixée à un taux suffisant pour l'entretien des curés et de leurs vicaires.

ART. 26. — *Congrue, sa fixation égale.*

Que la portion congrue sera uniforme pour toutes les cures du royaume, sauf les exceptions à faire pour les curés des villes du premier ordre.

ART. 27. — *Chanoines.*

Que nul ecclésiastique ne pourra obtenir ni canonicat ni prieuré simple avec titre de curé primitif, qu'il n'ait été promu à la prêtrise.

ART. 28. — *Sacristies.*

Que l'entretien des sacristies étant souvent fort négligé par les décimateurs, ceux-ci seront obligés de les mettre en état convenable et décent, pour, après, en être dressé rapport par deux experts ecclésiastiques, qui en chargeront les curés, et dès lors lesdits curés seront obligés à l'entretien desdites sacristies, moyennant l'indemnité qui sera fixée à cet effet.

ART. 29. — *Prédications.*

Qu'il soit pourvu à la dotation d'une maison pour y nourrir et entretenir les jeunes prêtres que leurs talents appellent à la prédication de la parole de Dieu; l'union des bénéfices simples et autres biens ecclésiastiques pourrait fournir à l'entretien de ces prêtres et d'une bibliothèque.

ART. 30. — *Carêmes et Avents.*

Que, vu les difficultés que les curés éprouvent pour se procurer des prédicateurs pour le Carême et pour l'Avent, les décimateurs soient obligés d'augmenter la rétribution desdits stationnaires, qui se trouve partout insuffisante pour leur entretien et les frais de voyage.

ART. 31. — *Pauvres, leurs patrimoines.*

Qu'il sera prélevé annuellement une somme déterminée sur le produit de tous les bénéfices, tant séculiers que réguliers, pour ladite somme être remise et distribuée proportionnellement aux curés des campagnes, pour le soulagement des pauvres de leurs paroisses, aux termes d'un règlement qui sera fait à ce sujet.

ART. 32. — *Synodes.*

Que, conformément aux saints canons, il sera tenu, au moins tous les trois ans, un synode diocésain après la quinzaine de Pâques, pour être fait à ce synode des règlements utiles à la pureté de la doctrine, au maintien de la discipline ecclésiastique et à la conservation des bonnes mœurs.

ART. 33. — *Jeux et cabarets.*

Sa Majesté sera suppliée d'aviser aux moyens les plus sûrs pour procurer l'exécution des lois qui prohibent la fréquentation des jeux et des cabarets les saints jours des dimanches et fêtes.

ART. 34. — *Assemblées générales du clergé.*

Que les curés soient admis et représentés par leurs députés dans les assemblées générales du clergé de France, et qu'ils y voteront en nombre égal à ceux qui représenteront les autres classes de la hiérarchie ecclésiastique.

ART. 35. — *États provinciaux.*

Que Sa Majesté sera suppliée de prendre en considération l'égalité des suffrages qui doit se trouver entre les différents ordres de ses sujets dans les États particuliers de cette province; la 2e classe de son clergé n'y est, dans l'état présent nullement représentée; les curés osent demander une représentation suffisante des députés de leur classe proportionnée à leur nombre et à l'importance de leurs fonctions.

ART. 36. — *Syndics.*

Que les curés soient autorisés à s'assembler tous les ans, à l'effet de procéder à l'élection de deux syndics chargés de veiller à la conservation de leurs droits.

ART. 37.

Que les charges des lieutenants du Roi et chirurgiens seront supprimées, comme un abus barbare et monstrueux qui accorde à prix d'argent à des personnes ignorantes la faculté d'empoisonner impunément le genre humain; cet abus, un des plus grands fléaux qui affligent les paroisses de la campagne, excite depuis longtemps les gémissements des pasteurs et de toutes les âmes sensibles.

ART. 38. — *Sages-femmes.*

Demander un établissement pour l'instruction des sages-femmes, et un règlement pour son exécution.

ART. 39. — *Notaires.*

Que les offices importants des notaires ne soient accordés qu'à des gens instruits et de probité reconnue.

ART. 40. — *Mendicité.*

Tenir la main aux moyens connus et à proposer pour anéantir la mendicité, école des voleurs et des malfaiteurs.

ART. 41. — *Confréries.*

Demander un règlement uniforme pour l'élection, l'administration et reddition des comptes des marguilliers, pour toute le royaume; afin d'éviter tout procès et tout scandale, les confréries étables pour aiguillonner la piété, doivent être également soumises à des règlements.

Les sieurs curés, vicaires et autres ecclésiastiques, non possédant bénéfices, chargent expressément les sieurs députés que l'ordre du clergé aura élus pour les représenter aux États généraux, de témoigner à Sa Majesté les sentiments de respect et de reconnaissance dont ils sont animés, à la vue des bienfaits dont elle ne cesse de les combler, et par l'espoir qu'elle leur a donné de faire cesser les maux et la misère qui affligent son peuple, si digne de son amour, par son attachement pour le meilleur et le plus juste des rois, et de sa sollicitude paternelle à cause de ses besoins; ils espèrent que le faible ne sera plus la proie du fort, que l'indigent trouvera sa subsistance parmi ses frères, que la doctrine et la saine morale rétabliront le culte divin et les mœurs, enfin que la régénération du bien public amènera dans le plus florissant royaume les premiers temps de l'Église; que les pasteurs ne cesseront de rappeler tant de bienfaits à son peuple, et d'en bénir le Roi des rois, qui nous l'a accordé dans sa clémence pour le bonheur de l'Église et celui de ses sujets.

Ils seront aussi expressément chargés de témoigner à monseigneur Necker les sentiments d'estime et d'attachement dont ils sont animés pour ce ministre, si digne de la confiance de Sa Majesté, de celle de ses peuples et de l'admiration de toutes les nations.

Il a été enfin arrêté que, quant aux autres objets généraux pour le royaume, soit particuliers à cette province, ils s'en réfèrent absolument au cahier général des doléances du clergé de la province qui sera dressé dans la tenue des États généraux, approuvant, dès à présent, tout ce qui sera fait et arrêté dans lesdits États.

Fait et arrêté, à Draguignan, dans une des salles du couvent des révérends pères prêcheurs de ladite ville, où le clergé a tenu ses assemblées, le 30 mars de l'année de grâce 1789. *Signé* Gras, curé; de Laroque, commissaire-rédacteur, Myttre, curé, électeur; Reymond, curé d'Empus, électeur; Régis, curé de Bayemon, électeur; Maurel, prieur, électeur; F. Abrain, prieur, électeur des dominicains.

CAHIER
Des doléances et remontrances générales des diocèses de Grasse et de Vence, et des autres prêtres réunis à la sénéchaussée de Grasse (1).

Art. 1er. — *Religion catholique déclarée la seule religion du royaume.*

Le Roi sera très-humblement supplié de faire une loi qui soit loi fondamentale de l'État, consentie par les États généraux, laquelle déclarera que la religion catholique, apostolique et romaine, sera la seule perpétuellement et publiquement professée dans tout le royaume, et que nulle autre religion ne pourra jamais être publiquement professée ni tolérée par aucune loi.

Art. 2. — *Restriction de l'édit des non catholiques.*

Le Roi sera très-humblement supplié de donner à l'édit des non catholiques les explications sollicitées dans les remontrances du clergé.

Art. 3. — *Restriction à la liberté de la presse.*

Que si Sa Majesté trouve à propos d'accorder la liberté de la presse, ce sera avec les restrictions convenables pour tout ce qui concerne la religion, les bonnes mœurs et le respect dû au souverain.

Art. 4. — *Immunités personnelles des ecclésiastiques.*

Que Sa Majesté sera très-humblement suppliée de ne rien changer aux prérogatives et immunités personnelles des ecclésiastiques de son royaume.

Art. 5. — *Lois concernant les bénéfices. Prevention.*

Demander que les patrons et collateurs des bénéfices ne pourront être prévenus, soit à Rome, soit en légation d'Avignon, qu'un mois après la vacance des bénéfices.

Art. 6. — *Résignation avec pension.*

Le Roi, dans sa déclaration du 2 septembre 1786 qui fixe la portion congrue des curés à 700 livres, leur ôte la faculté de résigner avec réserve de pension.

Le Roi sera très-humblement supplié de ré-

(1) Nous publions ce cahier d'après un manuscrit des *Archives de l'Empire.*

voquer cet article de sa déclaration et de rendre, à cet égard, aux curés la liberté dont jouissent tous les autres bénéficiers.

Art. 7. — *Patronage des protestants.*

Les protestants ou non catholiques ne pourront jouir, ni par eux-mêmes ni par procureur, du droit de présenter aux bénéfices qui seront de leur patronage, jusqu'à ce qu'ils se soient réunis au sein de l'Église. Les ordinaires conféreront les bénéfices, tant que les patrons seront protestants ou non catholiques.

Art. 8. — *Monitoires.*

Le Roi sera très-humblement supplié de conserver à l'Église sa juridiction contentieuse, et de réprimer les abus que les juges banneriers en font en ordonnant des monitoires.

Art. 9. — *Pensions des prêtres.*

Les curés, les secondaires de paroisse et autres prêtres servant les diocèses avec l'approbation des évêques par un service suivi et continu, que des infirmités réelles ou la caducité empêcheront de continuer leur service, ou forceront à quitter leurs cures, auront une pension suffisante et relative à leurs besoins réels; et s'il ne se trouve point dans un diocèse des prêtres dans le cas ci-dessus, lesdites pensions seront distribuées aux plus anciens, tant curés que secondaires, qu'autres prêtres qui auront bien mérité par leurs services.

Art. 10. — *Séminaires.*

Les séminaires auront, suivant l'étendue et les besoins des diocèses, un certain nombre de bourses ou places gratuites, pour élever les jeunes ecclésiastiques et les mettre à même de faire leurs études; ces bourses seront données aux seuls ecclésiastiques pauvres, de bonnes mœurs et conduite, et d'une capacité telle qu'elle puisse faire espérer que leur éducation ne sera pas infructueuse. Ces bourses ne seront données qu'à ceux qui seront à même de faire leurs cours de philosophie ou de théologie.

Art. 11. — *Colléges.*

Le Roi sera très-humblement supplié de donner une loi qui facilite l'établissement des colléges, qui maintienne ceux déjà établis, et qui remédie aux abus auxquels est sujette l'éducation actuelle, en donnant aux supérieurs ecclésiastiques une inspection plus étendue, pour ce qui concerne la manière d'y enseigner la religion.

Art. 12. — *Religieux.*

L'état religieux a rendu trop de services à la nation et à la religion, pour qu'il ne mérite pas toute la protection du gouvernement.

Le Roi sera très-humblement supplié de remettre les vœux monastiques à seize ans, pour les personnes de l'un et l'autre sexe.

De conserver toutes les maisons religieuses partout où elles existent.

D'accorder aux religieux la faculté de concourir pour toutes les chaires des universités du royaume, tant pour la philosophie que pour la théologie.

TEMPOREL DU CLERGÉ.

Art. 1er. — *Contributions.*

Le clergé du diocèse de Grasse et le clergé du diocèse de Vence offrent de contribuer dans le pays de Provence à tous les impôts royaux et locaux quelconques librement consentis par les trois ordres, et notamment par le tiers-état, dans une parfaite égalité et proportion à leurs biens et fortunes, sans réserve d'aucune restriction et prérogative pécuniaire.

ART. 2. — *États de Provence.*

Le clergé des diocèses de Grasse et de Vence réclame le maintien de la constitution provençale, dans tout ce que les États du même pays ne trouvent pas susceptible de changements.

Le clergé ci-dessus réclame pour le second ordre une représentation suffisante aux États et assemblées du pays.

ART. 3. — *Estimation des biens.*

Le clergé des diocèses de Grasse et de Vence, en votant d'être imposé dans la province, demande que ses biens soient évalués par des opérations conjointes avec les biens des autres ordres.

ART. 4. — *Assurance des dettes et libération ou déchargement du clergé.*

Le clergé, en se soumettant à toutes les charges royales et municipales librement consenties par les trois ordres, et notamment par le tiers-état, doit prendre avec le gouvernement des mesures propres à assurer, en faveur de ses créanciers, les dettes qu'il a contractées pour le service de l'État, et en même temps en être déchargé lui-même d'une manière solide et irrévocable.

Art. 5. — *Suppression des impôts sur les blés et farines et diminution du prix du sel.*

Le Roi sera très-humblement supplié de venir au secours de la partie la plus pauvre de la nation par la suppression de toute imposition soit générale, soit locale, sur les denrées de première nécessité, comme les blés et farines, et par la diminution de la gabelle du sel, si elle ne peut pas être entièrement supprimée.

Art. 6. — *Assemblées du clergé.*

Le clergé demande la continuation de ses assemblées générales et périodiques sans frais pour les diocèses qui députeront. Et le second ordre y aura une représentation suffisante.

Art 7. — *Conciles provinciaux.*

Le Roi sera très-humblement supplié de rétablir les conciles provinciaux périodiques tous les dix ans.

Art. 8. — *Grâces du Roi pour tous les ecclésiastiques.*

Le Roi sera très-humblement supplié de répandre sur le clergé du second ordre les grâces relatives à la distribution des bénéfices et pensions ecclésiastiques, grâces qui sont d'autant plus nécessaires que leur sort et leur situation méritent des améliorations que tout le clergé sollicite avec empressement.

Lesquelles doléances, contenant neuf pages, ont été signées par tous MM. les commissaires. *Signé,* Chevretel, commissaire; Cresp, curé, commissaire; L. Pons, député des Augustins, commissaire; Giraud, curé, commissaire; Bayon-Benet, missaire; Mallet, prieur curé, commissaire; Flory, prieur-curé de Vignères, commissaire; Chery, curé, commissaire; Ricaud, commissaire; Albanelly, commissaire; de Villeneuve, sénéchal.

DEMANDES ET DOLÉANCES

Du clergé de Grasse et de Vence, auxquelles les curés des deux diocèses n'ont pas souscrit. — Agents généraux.

1° Le Roi sera très-humblement supplié de permettre que MM. les agents généraux du clergé soient admis dans la chambre ecclésiastique des États généraux du royaume.

2° Que les trois ordres du royaume, en votant les impôts le feront d'une manière si libre, que jamais le consentement des deux ordres réunis ne pourra enchaîner le troisième. Les doléances de la présente page ont été souscrites par les commissaires y adhérant. *Signé* Chevretel, sacristain, commissaire; Albanelly, commissaire; F. Pons, député des Augustins, commissaire; Bayon-Benet, commissaire. Paraphé, *ne varietur. Signé* de Villeneuve, sénéchal.

DOLÉANCES PARTICULIÈRES

De M. l'évêque de Vence.

1° L'évêque de Vence a pris part à l'assemblée de la sénéchaussée de Grasse pour donner au peuple l'exemple de la soumission aux ordres du Roi et prouver à la nation française son dévouement au bien public; mais, attaché à la constitution provençale, il proteste contre la forme de convocation aux États généraux qui vient d'être employée, laquelle est contraire aux prérogatives et anciens usages de la province, et réclame pour les États généraux subséquents l'ancienne forme, avec les changements qui pourront être jugés convenables pour les États de la province, pour l'avantage de tous les ordres.

2° Sa Majesté a promis, par ses lettres patentes, du mois de décembre 1788, de pourvoir dans sa sagesse aux besoins du diocèse de Vence. Le chapitre, les curés, le séminaire sont dans le cas d'être secourus, et Sa Majesté est suppliée d'effectuer sa promesse.

3° Le Roi est encore supplié de procurer dans la ville de Vence l'établissement d'un collége qui puisse former des sujets utiles à l'Église et à la patrie.

Lesquelles doléances, contenant deux pages, ont été signées par M. de Lattil, vicaire général et député de M. l'Évêque de Vence, commissaire. *Signé* Lattil, vicaire général et procureur fondé de M. l'Évêque de Vence.

Paraphé, *ne varietur. Signé* de Villeneuve, sénéchal.

DOLÉANCES PARTICULIÈRES

Du chapitre de Grasse.

1° Que l'augmentation des portions congrues mettant le chapitre hors d'état de supporter les charges annuelles, il lui sera accordé un secours fixe et permanent, au lieu de celui que son état de souffrance lui a procuré momentanément dans la dernière assemblée générale du clergé et qui est sur le point d'expirer, et que dans le cas de nouvelles augmentations desdites portions congrues, il supplie le Roi de pourvoir aux moyens de remplir cet objet, en dotant suffisamment le chapitre.

2° Que dans le cas où les impositions seront payées séparément par le clergé et les décimes existants, on appellera au bureau diocésain les membres du chapitre en proportion de ce qu'ils payent.

3° Que dans le cas où les États généraux seraient de nouveau assemblés par sénéchaussée, les chapitres soient représentés dans ces assemblées d'une manière suffisante et proportionnelle à l'intérêt qu'ils y ont.

4° De plus, ledit chapitre déclare adhérer à toutes les autres réclamations justes qui seront faites sur les autres chapitres de cette province, ainsi qu'à toutes oppositions et protestations qui seront utiles et nécessaires pour la conservation de leurs droits, lesquelles doléances, contenant deux pages, ont été signées par M. Chevretel, sacristain, député du chapitre et commissaire.

Signé Chevretel, député commissaire.

Paraphé, *ne varietur. Signé* de Villeneuve, sénéchal.

DOLÉANCES PARTICULIÈRES

Du chapitre de Vence.

1° Le chapitre de Vence n'a que des revenus modiques ; il a à sa charge tout ce qui concerne le service divin et le payement des bénéficiers dont il voudrait améliorer le sort. Il a beaucoup souffert par l'augmentation des portions congrues, il est à la veille de supporter une grande dépense pour la reconstruction de son église qui tombe en ruines ; tels sont les motifs qui le forcent de demander un secours annuel de 6,000 livres.

2° Dans le cas d'une nouvelle convocation des États généraux, le chapitre de Vence réclame les formes anciennes pour la Provence, et si le Roi trouvait à propos de les convoquer encore par sénéchaussée, le chapitre réclame le droit d'y être appelé par une représentation convenable et proportionnelle à l'intérêt qu'il y a.

3° Il déclare adhérer a toutes les autres réserves, déclarations et réquisitions des autres chapitres de la Provence, de toutes les choses justes et conformes au droit commun et à sa constitution propre.

4° Le chapitre réclame que, dans les élections aux États généraux, les seigneurs évêques y soient en nombre suffisant pour y représenter véritablement le corps épiscopal.

Lesquelles doléances, contenues en deux pages, ont été signées par M. Chevretel, sacristain, commissaire des églises cathédrales.

Signé Chevretel, sacristain, député commissaire.

Paraphé, *ne varietur. Signé* de Villeneuve, sénéchal.

DOLÉANCES PARTICULIÈRES

Des curés de la sénéchaussée de Grasse.

Le vœu de la nation paraît être encore aujourd'hui ce qu'il était il y a un peu plus d'un siècle ; à cette époque elle fit demander par ses ambassa-, ..s au concile de Trente :

Que les prieurs et abbés conventuels établissent des hôpitaux, des écoles et des infirmeries pour exercer l'hospitalité qui était anciennement en vigueur.

Nota. C'était l'article 11 du cahier des demandes.

Que, pour purger l'ordre ecclésiastique de toute ordure et de toute tache d'avarice, les pères du concile eussent soin d'empêcher qu'on n'exigeât rien de l'administration des sacrements, et qu'on fit en sorte que les curés eussent assez de revenu pour exercer l'hospitalité.

Nota. C'était l'article 16.

Que les prieurés simples auxquels, contre leurs institutions, on a ôté le soin des âmes en les transférant à des vicaires perpétuels à qui l'on assigne une petite portion des dîmes, ou une pension sur les revenus, fussent établis dans leur ancien état en les réunissant aux bénéfices à charge d'âmes dont ils ont été démembrés.

Nota. C'était l'article 23.

Pour remplir ces trois objets qui, comme le disaient nos ancêtres par la voix de leurs représentants au concile, sont très-raisonnables et avantageux à l'intérêt commun de la chrétienté, Sa Majesté sera humblement et instamment suppliée :

Portion de la dîme pour les pauvres.

1° D'ordonner qu'il sera fait dans toutes les paroisses, dans les villages surtout où communément les pauvres n'ont pas d'autres ressources, une caisse des infirmes et nécessiteux, dans laquelle sera versée une portion de la dîme telle qu'il plaira à Sa Majesté de la fixer, attendu le droit que les pauvres ont de l'aveu de tous sur les biens de l'Église, et toutes les sommes que l'on exige des fidèles qui demandent à être dispensés des lois ecclésiastiques, lesquelles, au bout de l'an, seront renvoyées dans les paroisses respectives de ceux qui ont concouru à les former.

Suppression du casuel.

2° De supprimer le casuel forcé comme une injustice faite au peuple, lequel ayant déjà fourni par la dîme à l'horaire des fonctions pastorales, se trouve, par le casuel, assujetti à un second payement, ce qui viole essentiellement les premiers principes de la justice commutative.

Union des dîmes.

3° De restituer aux curés la dîme et les biens-fonds à elle annexés comme étant le vrai patrimoine des curés, patrimoine dont les prieurs auraient dû se désemparer au moment où, ne voulant plus paître eux-mêmes le troupeau, ils se reposèrent de ce soin sur des vicaires d'abord amovibles, actuellement perpétuels ; patrimoine qui ne se trouve encore entre les mains de ces prieurs, autrefois pasteurs, que par un abus qui pour être ancien n'en est pas plus respectable, et ne doit pas tenir contre les réclamations réitérées de raison et de justice.

Que si Sa Majesté et les États du royaume jugeaient dans le conseil de leur sagesse qu'un changement aussi essentiel qui déracine d'un seul coup tous les abus en les frappant dans leur principe, ne peut sans des inconvénients plus grands encore s'opérer dans le moment, elle est très-instamment suppliée d'accorder du moins à ceux des ministres de l'Église qui seuls, du second ordre, remplissent à l'égard des peuples les fonctions pour lesquelles la dîme est payée, une portion sur ladite dîme, suffisante pour vivre honorablement dans leur état, les biens immenses de l'Église étant le plus grand des abus tant que ses ministres essentiels et nécessaires n'auront pas de quoi subvenir à leurs besoins.

Sur la quotité de la pension dont il s'agit et sur la forme du payement, nous nous référons avec une entière confiance à la sagesse de Sa Majesté et des États.

Secours aux curés à qui la dîme des paroisses ne suffit pas pour la congrue.

Nous nous permettons seulement d'observer que, comme il existe dans cette sénéchaussée un certain nombre de paroisses dont la dîme ne suffit pas même à la congrue actuelle, et que l'injonction de réunir des bénéfices simples aux-dites cures ne s'exécute point, l'équité demande-rait qu'on suppléât à ces paroisses par une voie plus efficace et plus prompte.

Cela fait, comme on l'espère de la bonté et de la justice de Sa Majesté, il restera encore à statuer pour que les curés ne soient pas lésés à l'avenir comme par le passé.

Curés admis aux bureaux diocésains.

1° Les faire jouir du droit de députer eux-mêmes leurs représentants tant dans les assem-blées du diocèse que dans celles de la province et de la nation, comme les seigneurs évêques, les abbés, les chapitres, les prieurs, les moines mêmes, pour la plupart décimateurs; accorder aux curés un nombre suffisant pour pouvoir balancer seuls toutes ces différentes voix qui, réunies par un intérêt commun, ont jusqu'à aujourd'hui acca-blé les congruistes par leur nombre; ou plutôt faire disparaître les bureaux diocésains, les décimes et les dons gratuits, en faisant payer le clergé, dans la même proportion que les autres sujets, et dans la même forme, ainsi que nous, curés, l'avons voté dans l'assemblée générale des trois ordres réunis le 26 du courant.

Si l'on avait procédé ainsi par le passé, l'énorme dette du clergé général n'existerait pas, de même que celle du clergé particulier de ce diocèse de Grasse, laquelle, prise relativement, est plus forte encore.

Nos prédécesseurs auraient fait face aux impo-sitions d'alors, et nous n'aurions à payer que notre contingent.

Par là l'honoraire des membres du bureau ces-serait; par là disparaîtrait une légion de rece-veurs; par là enfin les assemblées économiques du premier ordre du clergé, plus coûteuses encore, deviendraient inutiles. Il ne serait plus question que d'en tenir une pour une l'adoption d'un seul catéchisme, d'un seul rituel, d'un seul bréviaire, ramenât l'uniformité d'enseignement et de disci-pline dans tout le royaume, et que le renvoi des fêtes moins principales au dimanche suivant fa-vorisât la culture des terres et le commerce en rendant la main-d'œuvre moins chère.

Evocation des causes ecclésiastiques aux tribunaux laïques.

2° Il restera à faire ressortir aux tribunaux laïques généralement toutes les causes où l'in-térêt du deuxième ordre étant opposé à celui du premier, le tribunal ecclésiastique devient suspect et récusable, étant alors juge et partie en même temps.

Canonicats dévolus aux anciens curés.

3° Et leur accorder aujourd'hui un privilège dont ils auraient dû jouir dans tous les temps, celui de pouvoir seuls être nommés aux canoni-cats des églises cathédrales; en effet, les chapitres cathédraux, par cela seul qu'ils doivent être le conseil subsistant de l'évêque, sont censés n'être composés que de sujets qui ont vieilli dans le ministère et qui ont acquis de l'expérience.

Que Sa Majesté veuille donc bien ordonner, d'après ce que régla, le 8 octobre 1783, le digne frère de notre auguste reine, Joseph II, heu-reusement régnant, ordonner, dis-je, qu'il ne pourra être nommé aux susdites places que ceux qui ont fait pendant dix ans les fonctions curiales.

Préséances des curés sur les chanoines.

Les curés, après avoir pris dans cette occasion comme dans toutes les autres le rang qu'un usage ancien, mais injuste, leur assigne, se permettent de réclamer contre l'espèce d'avilissement dans lequel la médiocrité de leurs honoraires, et les préjugés du peuple qui en sont comme une suite nécessaire, tiennent le second ordre des pas-teurs.

Par notre institution primitive et la dignité de notre état, notre rang est immédiatement après les évêques; avec eux nous formons la vraie hiérarchie ecclésiastique établie par Jésus-Christ: ainsi comme le pape est le légitime successeur de saint Pierre et les évêques ceux des autres apô-tres, de même les curés sont les successeurs des soixante-douze disciples; seuls comme les évêques nous avons une juridiction ordinaire de droit divin, seuls nous partageons avec eux l'avantage de remonter au premier instant de la formation de l'Eglise; et par là seul, les prieurs simples et chanoines n'étant que des établisse-ments humains, leur rang doit être après le nôtre.

Pensions pour les curés et vicaires.

4° Nous supplions encore Sa Majesté d'accorder aux diocèses de cette sénéchaussée un fonds pour fournir une retraite honnête à ceux des curés et vicaires qui, hors d'état, à raison de vieillesse, de remplir désormais les fonctions du ministère, ont bien mérité des fidèles par la manière dont ils les ont remplies jusqu'alors, sur lequel fonds on prendrait aussi les honoraires du prêtre qui serait chargé de les suppléer dans le cas de ma-ladie.

Moyens : le monastère de Lérins supprimé.

Les revenus du monastère de Lérins qu'on vient de supprimer pourraient fournir à tout ce que dessus.

Syndicats permis aux curés.

5° De permettre aux curés de se syndiquer, à l'effet de veiller plus efficacement au maintien de leurs droits, privilèges et prérogatives, auxquels on donne tous les jours de nouvelles atteintes.

Liberté de résigner sans nouvelles entraves.

6° De ne pas mettre de nouvelles entraves à la liberté de résigner, dont les curés et autres béné-ficiers ont joui jusqu'aujourd'hui.

Nouvelle fixation des mêmes fournitures.

7° De fixer d'une manière plus juste et plus équitable le montant des mêmes fournitures con-nues sous le nom de clerc et matière, si mieux n'aiment les décimateurs faire les notes pour fournitures par eux-mêmes.

8° De réformer le règlement pour les taxes dé-cimales et d'ordonner que les bases sur lesquelles porte cette fixation ne soit plus un mystère pour les contribuables.

Pour cela, dire qu'il sera dressé toutes les années un tableau des impositions, lequel tableau con-tiendra :

1° La somme que le diocèse a à verser dans la caisse du clergé général.

2° Celle qu'il faut pour les dettes et les charges particulières du diocèse; ensemble la valeur de chaque bénéfice d'après le dernier bail, qu'on sera tenu de produire, duquel tableau imprimé il sera envoyé un exemplaire à chaque contribuable.

Sa Majesté est suppliée encore d'ordonner qu'il sera tenu dans chaque diocèse un synode toutes les années, en conformité des canons, et que la visite des paroisses sera faite tous les trois ans.

De supprimer en faveur des curés codécimateurs le deuxième article du dernier édit portant augmentation de congrue, dans lequel article il est dit que les curés décimateurs en usage de payer les charges de ladite. cure payeront à l'avenir comme par le passé sans recours aux autres décimateurs. Un tel article paraît avec justice devoir être revoqué, les autres décimateurs devant naturellement contribuer auxdites charges, *au prorata* de leurs portions.

Curés de Grasse.

Depuis longtemps les curés de Grasse en exercice, ainsi que leurs prédécesseurs, ont formé des vœux sur le défaut des vicaires ou secondaires ; dans l'état actuel, deux curés sont chargés d'une population de dix à douze mille paroissiens qui donnent chaque année environ quatre cents baptêmes. Trois ou quatre mille de ces paroissiens sont répandus dans la campagne et y demeurent toute l'année. Les extrémités sont situées au delà d'une heure de chemin ; on ne parvient dans les habitations que par des chemins presque toujours montueux et de difficile accès. Cette brève mais exacte description des lieux fait voir la justice et la nécessité de l'établissement que l'on ne cesse de solliciter et auquel on trouve des obstacles difficiles à surmonter par les difficultés que l'on éprouve de la part des décimateurs et les formes juridiques que le for ecclésiastique contentieux exige en pareilles opérations. Il en coûterait des frais immenses à la ville. Il y a cinquante ans qu'on a intenté des procès à cet effet.

Enfin, puisque par notre état nous sommes des ministres de bonté, comme les magistrats sont des ministres de justice, et que nous sommes à notre place, lorsque, ne pouvant faire le bien par nous-mêmes, nous le sollicitons, nous osons porter au pied du trône et mettre sous les yeux de la nation assemblée les vœux ardents que nous formons pour l'établissement d'un tribunal de juges conciliateurs, tel que celui qui existe dans une république d'Europe sous le titre de faiseurs de paix, destinés à examiner paisiblement et sans partialité toute contestation qui vient à s'élever entre corps, communautés et particuliers, et à tâcher de la déterminer sans frais avant qu'il fût permis de se pourvoir en justice réglée.

Tels sont les objets de réforme que nous avons cru, d'après la liberté qui nous en a été donnée à tous, de vouloir proposer à notre religieux monarque ; quant aux besoins des peuples confiés à notre sollicitude et dont les intérêts nous sont précieux, nous espérons les porter aux pieds de son trône dans l'assemblée de la nation.

La justice et l'humanité qui l'y a fait asseoir l'intéresseront sans doute à ce peuple qui l'adore et à cette portion du clergé dont les fonctions tiennent essentiellement au maintien de la religion, au bonheur des peuples et à la tranquillité du royaume, laquelle supplie Sa Majesté de vouloir bien agréer mille actions de grâces pour avoir fait rentrer le second ordre du clergé, ainsi que le tiers-état, dans leurs véritables droits, et les vœux qu'elle ne cesse de former pour la prolongation de ses jours et la prospérité du royaume.

Lesquelles doléances, contenant seize pages, ont été signées par MM. les curés et autres commissaires soussignés.

Signé Giraud, curé, commissaire ; Chéry, curé,

commissaire ; Mallet, prieur, commissaire ; Cresp, commissaire ; Ricaud, curé, commissaire ; Flory, prieur, curé des Ciprières, commissaire.

Paraphé, *ne varietur*. Signé de Villeneuve, sénéchal.

DOLÉANCES PARTICULIÈRES

Des bénéficiers de l'église cathédrale de Grasse.

Dans l'institution primitive de l'Eglise de Grasse, ou de son chapitre, les chanoines bénéficiers et curés logeaient tous sous le même toit, vivaient en la même table, avaient le même usage aux meubles ; les titulaires ne possédaient rien en propre, tout appartenait à la communauté.

Le partage des biens de cette Eglise fut d'abord fait entre l'évêque et le chapitre, qui continuaient à vivre sous les mêmes lois ; il fut enfin assigné à chaque collégie une portion relative à ses besoins.

Cette portion a essuyé différentes variations qui ont fini par mettre tout le produit d'un côté et toutes les charges de l'autre. Les chanoines jouissent de tous les biens de l'Eglise, reçoivent toutes les offrandes des fidèles, profitent de tous les dons, quoique tous les règlements donnés par les évêques ou les cours souveraines aient toujours donné aux bénéficiers une part des augments.

Indépendamment de l'assistance journalière aux offices divins, de laquelle dépendent leurs distributions, ils se trouvent chargés d'une partie journalière de fonctions qui ont été attachées à la cure jusqu'en 1718 : les grand'messes de tous les jours, pour la célébration desquelles les deux curés, avant leur option, avaient environ cinq charges de blé dont le chapitre profite aujourd'hui.

Les bénéficiers ont toujours contribué aux charges de l'Eglise. Tout leur revenu consiste en un état de blé qui produit tout au plus 400 livres y compris 36 livres pour les fournitures en vins, qui lors de cette fixation ne valait pas le sixième du prix actuel.

Le moindre canonicat produit près du triple, sans compter les gratifications qui ne sont point annuelles, et que les chanoines partagent entre eux, quoique les bénéficiers dussent y participer suivant les statuts et les arrêtés.

En conséquence, ils demandent :

1° Qu'il plaise à Sa Majesté de faire cesser les abus qui se sont glissés dans le partage des biens de l'Eglise de Grasse, afin que par cette information ils aient une portion décente et suffisante pour leur entretien.

2° D'être confondus avec toute la nation française pour contribuer à tous les impôts et subsides proportionnellement à leurs modiques facultés.

3° D'être déchargés des décimes pour ne pas payer deux fois pour le même objet.

4° Que, dans le cas où ils subsisteraient, le bureau des décimes eût une nouvelle formation où ils puissent avoir un représentant, et que celui-ci comme tous les autres ne reçussent aucuns honoraires, pour faire par là disparaître ces dépenses qui soulageraient d'autant le clergé du diocèse. — Lesquelles doléances, contenant trois pages et demie, ont été signées par le député et commissaire de MM. les bénéficiers. Signé Bayon-Benez, commissaire.

DOLÉANCES
Des bénéficiers de l'église cathédrale de Vence.

L'objet des biens qui se trouvent dans toutes les églises est qu'il soit fourni à tous les membres un entretien honnête et décent, et qu'ils soient attachés au travail par l'assurance de trouver un honnête nécessaire. La position des bénéficiers de Vence est très-opposée à ces maximes, fondées sur la loi naturelle, à l'esprit de l'Eglise consigné dans ses canons. Ils espèrent que le meilleur des rois daignera jeter un regard sur leur état et remédier aux abus qui ont introduit l'inégalité.

Tout le revenu que chaque bénéficier reçoit pour le service qui les astreint à plusieurs exercices journaliers n'est que d'environ 300 livres tournois par an, ce qui démontre l'impossibilité où ils sont pour subsister décemment.

Malgré cette triste situation, ils consentent à payer tous les impôts que la nation française, avec laquelle ils veulent être confondus, arrêtera de payer proportionnellement à leurs facultés, dont ils espèrent l'amélioration par la sagesse qui inspirera notre souverain. Lesquelles doléances, contenant une page et demie, ont été signées par le commissaire de MM. les bénéficiers.

Signé Bayon-Benez, commissaire.

Paraphé, *ne varietur.* Signé de Villeneuve, sénéchal.

DOLÉANCES PARTICULIÈRES
De MM. les secondaires et autres prêtres non bénéficiers des diocèses de Grasse et de Vence.

1º Que leur portion congrue sera augmentée proportionnellement à celle de MM. les curés.

2º Que le casuel sera aboli.

3º Qu'il sera permis à MM. les vicaires de se syndiquer.

4º La suppression des décimes.

5º Que les bénéfices vacants seront donnés aux plus anciens non pourvus.

6º Que les secondaires des paroisses seront déclarés inamovibles.

7º Que tous les ecclésiastiques des ordres inférieurs seront établis et fixés dans des titres pour y exercer les fonctions de leurs ordres.

Lesquelles doléances, contenant une page, ont été signées par le commissaire de MM. les vicaires. Signé Ricaud, commissaire. Paraphé, *ne varietur.* Signé de Villeneuve, sénéchal.

DOLÉANCES PARTICULIÈRES
De M. le théologal du chapitre de Grasse.

Le théologal du chapitre de Grasse de l'église cathédrale représente que le canonicat attaché à la théologale de ladite église n'est rien moins que suffisant pour l'honnête subsistance d'un ecclésiastique dévoué à des fonctions telles que son bénéfice; outre que, par lui-même, il ne peut fournir à la susdite subsistance, il se trouve encore chargé, contre les principes de droit, de payer la rétribution de l'Avent et une partie de celle du Carême qu'on prêche dans ladite église, ce qui ne lui laisse plus qu'un revenu de la moitié insuffisant pour son honnête entretien; dans la persuasion où il est que le gouvernement, dans sa sagesse, pourvoira à une dotation suffisante des chapitres des pauvres cathédrales de Provence, ledit théologal demande que, dans la répartition des

secours qui pourront être accordés, on ait égard à la nature de son bénéfice, à ses importantes et pénibles fonctions et aux charges dont il est grevé par l'assignation d'un précipuî ou prébend particulière que toutes les considérations de justice et d'équité réclament.

Laquelle doléance a signée Houstau, théologal

DOLÉANCES DES RELIGIEUX.

Les corps réguliers ayant consenti toutes les impositions royales et locales, demandent la suppression du bureau des décimes, et dans le cas qu'il subsistât un représentant régulier audit bureau, se réfèrent pour leurs doléances aux doléances générales du diocèse.

Laquelle doléance, le député des religieux, commissaire, a signée F. Pons, député des Augustins, commissaire.

Toutes les susdites doléances, contenues en quarante pages d'écriture, que nous avons trouvées signées partie par tous MM. les commissaires députés, et l'autre partie par les autres commissaires intéressés auxdites doléances, et enfin nous avons signé nous-même le cahier de ces doléances avec notre greffier, à Grasse, ce 30 mars 1789. Signé † Franc, évêque de Grasse. Preyre, secrétaire.

Les présentes doléances, contenues en quarante pages, ont été signées, savoir : les doléances générales par tous les commissaires qui y ont adhéré, de tout quoi nous avons donné acte, le 30 mars 1789 et nous sommes signés † Franc, évêque de Grasse. Preyre, secrétaire.

Paraphé, *ne varietur.* Signé de Villeneuve, sénéchal.

DOLÉANCES
Du clergé de la sénéchaussée de Castellane (1).

ART. 1ᵉʳ. — *Doléances de monseigneur l'évêque de Glandève.*

Publication du concile de Trente, sauf les droits et libertés de l'Eglise gallicane; liberté des conciles provinciaux ; dotation de son chapitre ; pension pour les anciens curés et secondaires ; supplément pour les curés à qui on a abandonné les dîmes ne rendent pas le prix des portions congrues; augmenter la dotation de son séminaire pour y multiplier les bourses pour l'éducation des jeunes ecclésiastiques ; faciliter les unions des bénéfices et simplifier les formalités pour éviter les frais ; autoriser l'exécution des statuts synodaux, si essentiels au maintien de la discipline ecclésiastique ; que les objets qui regardent le clergé soient discutés dans les Etats généraux par ses seuls députés, et que les lois qui interviendront soient consenties par les trois ordres; amélioration du sort des curés à portion congrue et des vicaires; indemnité pour tous les décimateurs du diocèse ; suppression des surcharges introduites en Provence contre les édits et déclarations telles que les non-services, les clercs et matières, l'huile de la lampe, les réparations des maisons curiales, etc.

Au surplus, l'évêque de Glandève, dont le revenu est très-modique en France, adhère de très-grand cœur au vœu général de son ordre pour partager toutes les charges pécuniaires du royaume avec les deux autres ordres.

Signé Poyet, vicaire général, député de monseigneur l'évêque de Glaudève, président.

(1) Nous publions ce cahier d'après un manuscrit des *Archives de l'Empire*

ART. 2. — *Doléances du chapitre de Glandève.*

Nécessité de la dotation dans l'état de détresse où il se trouve, puisque les dignitaires et chanoines de cette église cathédrale, à l'exception de M. le prévôt et archidiacre, n'ont que 200 livres de revenu annuel, et les prêtres du bas chœur 100 livres tout au plus.

Il n'a subsisté depuis longtemps que par les secours momentanés que le Roi lui a accordés sur l'archevêché d'Auch pendant dix ans, et ce terme expiré, par une pension de 4,200 livres accordée dans la dernière assemblée du clergé pour quatre ans, et qui est à la veille d'expirer.

Quelque triste que soit le sort de Castellane, ce chapitre est très-disposé à entrer dans toutes les vues du gouvernement pour contribuer à toutes les charges publiques et particulières. Il verrait néanmoins avec plaisir la conservation de diverses clauses pour régler l'imposition dans la même forme qui a lieu actuellement.

Le prévôt a souffert considérablement dans sa mense particulière par l'augmentation des congrues pour deux curés et deux vicaires et par la diminution de sa dîme, causée par la dépopulation et le dépérissement des terres. Il demande une indemnité qu'on trouverait dans l'union des deux cures de la ville d'Entrevaux, où il est décimateur et où il n'y a que treize ou quatorze cents communiants.

M. l'archidiacre et M. le capiscol ont aussi souffert considérablement par l'augmentation des portions congrues et seraient dans le cas d'une indemnité aussi bien que le sacristain, qui a été obligé d'abandonner toutes les prébendes.

Signé Pons, chanoine, sacristain, député de Sénez.

ART. 3. — *Doléances du chapitre de Sénez.*

Le chapitre de Sénez réclame un supplément de dotation. Les revenus des chanoines de cette église sont devenus, par l'augmentation des congrues, beaucoup inférieurs à celui des curés à portion congrue ; il n'y a plus de bas chœur dans cette église, où l'on continue pourtant de faire le service divin avec décence. Il observe qu'ayant consenti à contribuer aux charges publiques et particulières, son revenu sera encore considérablement diminué à cause des terres qu'il possède, et d'où il tire son principal revenu.

Signé Gibelin, chanoine, représentant le chapitre de Sénez.

ART. 4. — *Doléances du corps des curés du ressort de la sénéchaussée de Castellane.*

Ils chargent leurs députés aux États généraux de demander 1° le rétablissement des synodes diocésains pour obvier aux innovations arbitraires qui causent souvent de grands troubles dans les diocèses.

2° Le renouvellement des ordonnances contre la profanation des saints jours, contre les jeux de hasard, contre les brochures qui déchirent la religion et corrompent les mœurs, et qui tendent au renversement de la monarchie française.

3° L'amélioration du sort des curés à congrue, avec permission de se résigner ou bien l'établissement d'une pension en faveur de ceux qui seront dans le cas de se démettre de leurs bénéfices.

4° La réforme de la chambre ecclésiastique concernant les impositions, et dans le cas où on laisserait subsister les bureaux diocésains dans

l'état présent, le clergé dudit ressort demanderait qu'il fût établi un tribunal dans chaque diocèse, qui jugera souverainement des plaintes qui lui seraient portées sur les taxes, lequel tribunal serait composé des membres du bureau sortant de charge, et d'un syndic général éligible tous les cinq ans.

5° Permission de s'assembler et d'élire deux syndics du corps à la nomination des seuls curés dans chaque diocèse.

6° La gratuité de l'administration des sacrements.

7° L'abonnement des dîmes en denrées avec les communautés.

8° Adhésion au vœu du tiers-état, avec offre de partager toutes les charges, bien entendu que l'État contribuera à l'acquittement de nos dettes contractées pour fournir à ses besoins.

9° Qu'on conservera dans les impositions la même forme qui a lieu actuellement par rapport aux diverses classes des bénéfices.

10° Qu'il soit défendu à tous vicaires et autres prêtres de venir administrer les sacrements dans les paroisses sans un mandement par écrit du seigneur évêque, signé et consenti par les curés.

11° Les sieurs curés dudit ressort, ainsi que toute l'assemblée, faisant attention aux deux maisons religieuses de cette ville de Castellane, les seules dans les trois diocèses voisins, et désirant leur conservation, supplient Sa Majesté de vouloir bien les conserver et de leur être favorable, surtout aux dames de la Visitation, qui se distinguent dans la contrée par leur régularité et par le soin qu'elles prennent de l'éducation des jeunes demoiselles, non-seulement de ce ressort, mais encore de tous les endroits de la Provence.

Signé Lambert, prieur-curé, secrétaire ; Laurensy, prieur-curé; Feraud, curé; Périmond, prieur-curé; Dedoue, prieur-curé; De Monblanc, prieur-curé; Martiny, prieur-curé; Poësy, curé; Dellas, prieur-curé; Martiny, prieur; Gravier-Moulovon, curé; Mistral, prêtre; Gaudalbert; Engelfred, prieur-curé.

Fait et arrêté dans l'hôtel de ville de Castellane, le 4 avril 1789, et a signé avec les deux secrétaires du clergé de la sénéchaussée de Castellane.

Signé Payet, vicaire général, sans autoriser plusieurs articles des doléances de MM. les curés, et protestant autant que de besoin pour les droits des seigneurs évêques et des chapitres, s'ils pouvaient être lésés par le présent procès-verbal.

Bernard, secrétaire; Lambert, prieur-curé, secrétaire.

Et MM. les curés ont protesté contre la protestation ci-dessus.

Signé Laurensy, prieur-curé; Feraud, curé; Dedoue, prieur-curé; Mistral, prêtre; Gravier-Moulovon, curé; Martiny, prieur-curé; Engelfred, prieur-curé; Poësy, curé.

Collationné par nous, greffier en chef, COLLONYT.

CAHIER

Des pétitions et doléances de la communauté des frères mineurs conventuels du lieu de Carces, fondée par les illustres ancêtres de S. A. S. monseigneur le prince de Condé.

Art. 1er Nous demandons d'être confondus avec toute la nation pour l'acquittement des subsides, et offrons de payer à proportion de ce que nous avons et en égalité avec tous les sujets qui, sans distinction aucune, doivent être soumis à tous les genres d'impôts quelconques.

Art. 2. En conséquence de cette pétition, nous demandons l'abolition du bureau des décimes, n'étant pas juste que nous payions deux fois pour le même objet, et si ladite pétition n'était point admise, que nous restions sous la direction du bureau imposant les dérimes

Art. 3. Nous demandons d'avoir des représentants dans ledit bureau, nommés par les seuls réguliers, pour concourir aux impositions à répartir et veiller à ce que les charges soient réparties avec égalité et proportion.

Art. 4. Nous demandons d'avoir des représentants dans les assemblées du clergé toutes les fois que le clergé s'assemble par ordre de Sa Majesté à Paris, puisqu'il est de notre commun intérêt que nous nous trouvions partout où on traite des intérêts communs à tout le clergé, dans lequel nous sommes compris, et que ces représentans soient pris chez les réguliers et commis par eux.

Art. 5. Nous demandons que nos droits sacrés de propriété et de fondation ne puissent, sous quelque prétexte et domination que ce soit, nous être contestés et enlevés, pour que nous puissions dans tous les temps contribuer aux charges et impositions susdites.

Art. 6. Nous demandons que, conformément à la décision du saint concile de Trente et à l'article 28 des Etats de Blois tenus en l'année 1579, auquel les derniers Etats de 1614 n'ont de tout point dérogé, la profession religieuse soit dorénavant valablement et légitimement émise à l'âge de seize ans complets après un an et un jour de noviciat, nonobstant tous édits et déclarations contraires, étant de fait notoire et prouvé que, depuis l'époque de la profession fixée à vingt et un ans, la plupart des sujets introduits dans le cloître sont onéreux au corps, inutiles à l'Eglise et à l'Etat par les funestes effets de la corruption des mœurs du siècle, du dépérissement et de la ruine prochaine du corps régulier en France, la cessation et la privation des secours qu'il donne en sa qualité d'auxiliaire à l'Eglise, et pour l'Etat d'un asile honnête qu'il présentait aux familles.

Art. 7. Nous demandons que le Concordat passé entre le souverain pontife Léon X, et François Ier, roi de France, qui porte qu'il y aura constamment parmi les évêques du royaume cinq sujets pris dans le corps régulier de France soit exécuté selon sa forme et teneur, pour donner de l'émulation au cloître, et le rendre utile de plus en plus à l'Eglise et à l'Etat.

Art. 8. Que tout recours à des tribunaux séculiers soit prohibé à tout régulier dans tous les cas de police et discipline domestique et régulière, jusqu'à ce qu'il ait été jugé par sentence claustrale de son corps, ou de tout autre corps régulier à son choix, permis à lui de lever appel de la sentence qui sera intervenue au parlement du ressort, sous la réserve que son appel ne sera jugé qu'à huis clos et porte fermée; pour cela, il serait établi dans chaque province de chaque corps régulier, un tribunal composé d'un promoteur, d'un président, de quatre conseillers, gens éclairés et intègres qui seraient choisis et élus ou confirmés tous les trois ans par le chapitre provincial de chaque corps régulier ou par la voie du scrutin, libre à chaque régulier de se pourvoir en premier ressort ou par-devant le tribunal de son corps, ou par-devant celui de tout autre corps régulier, au choix du demandeur; le tribunal serait tenu de se conformer aux ordonnances du royaume et aux règles usitées dans les officialités.

Signé F. François Germain, syndic et député des mineurs conventuels de Carces.

CAHIER

Des doléances des communes de la sénéchaussée de Grasse (1).

Les députés des communes de la sénéchaussée de Grasse, considérant que les Etats généraux, que le meilleur des rois, aidé d'un ministre vertueux a convoqués, vont être la restauration du royaume, la source de la paix et de la félicité publiques;

Que Sa Majesté, dans l'arrêt de son conseil du 27 décembre 1788, a avoué les droits incontestables de la nation, pour l'assise et la durée des impôts et pour le retour successif des Etats généraux;

Qu'elle a promis d'écouter favorablement toutes les représentations qui lui seront faites relativement à la législation générale et à l'administration particulière de chaque province;

Que, par des règlements postérieurs, Sa Majesté a renouvelé les même dispositions, a invité toutes les communes de son royaume à déposer dans son cœur paternel leurs doléances et leurs demandes;

Considérant enfin qu'il est indispensable, non seulement pour toutes les communes du district, mais encore pour la sûreté de tous les individus formant la nation, que leurs droits soient établis sur des bases inébranlables;

Ont arrêté et chargé ceux qui seront élus dans la ville de Draguignan pour les représenter aux Etats généraux, d'exprimer le vœu de l'ordre du tiers de la sénéchaussée de Grasse, de la manière suivante :

Que les Etats généraux seront à jamais la base des droits constitutifs de la France; qu'à cet effet ils seront convoqués périodiquement de cinq en cinq ans et nécessairement dans le cas de régence et autres cas extraordinaires;

Que l'élection des représentants des trois ordres pour assister aux Etats généraux sera faite dans le sein de leur assemblée respective;

Que l'ordre du tiers aura dans ses Etats généraux un nombre de représentans égal à celui des deux premiers ordres réunis, et qu'on y opinera, non par ordre, mais par tête;

Que les différentes classes du clergé y seront représentées, non de la même manière relative à leur richesse, mais eu égard au nombre et à l'utilité de chaque classe;

Que la dette nationale sera acquittée de la manière que les Etats généraux détermineront;

Que Sa Majesté n'ordonnera la levée d'aucun subside qu'avec le consentement des Etats généraux, et qu'elle consultera son cœur paternel à l'effet que les impôts établis et à établir affectent le moins qu'il sera possible les classes les moins indigentes de la nation;

Que l'on établira pour les finances des formes de perception plus simples, plus uniformes, moins gênantes et moins onéreuses que celles qui existent;

Que tous les ordres seront obligés de contribuer sans restriction et sans réserve, pour le présent et pour l'avenir, à toutes les charges royales et locales mises et à mettre, dans la proportion la plus égale, nonobstant toute possession contraire;

Que les droits de contrôle, insinuation et centième denier, seront modérés, et qu'il sera établi un tarif moins obscur, plus précis et plus pro-

(1) Nous publions ce cahier d'après un manuscrit des *Archives de l'Empire.*

portionné aux facultés et qualités des contribuables ;

Qu'il sera fait aussi un tarif pour les droits d'entrée et de sortie, dans lequel les droits principaux et les droits additionnels seront réunis et ne formeront qu'un droit unique ;

Que les bureaux des douanes seront reculés aux frontières, et qu'en conséquence ceux de l'intérieur du royaume seront supprimés ;

Que les gênes imposées par les règlements à la circulation des marchandises dans les quatre lieues limitrophes de l'étranger, ne s'étendront par eux qu'à quatre lieues de côte maritime ;

Que les employés aux fermes ne pourront plus faire de visites domiciliaires qu'en présence d'un consul, quand même ils seraient assistés d'un capitaine général, à peine d'être poursuivis criminellement ;

Qu'un nouveau règlement mettra une juste proportion entre les délits pour la contrebande et les peines qui y sont attachées ;

Que les employés étant crus jusqu'à inscription de faux, il est nécessaire qu'ils ne soient pourvus de commission qu'après information de vie et mœurs ;

Que les droits sur les cuirs en vert seront payés non au poids, mais à la pièce, comme ils l'étaient avant l'édit du 30 juillet 1764 ;

Que l'impôt désastreux sur les cuirs et peaux tannées sera aboli ;

Que tout traité de commerce nuisible à la nation sera révoqué ;

Que la Compagnie des Indes sera supprimée ;

Que tout péage appartenant au Roi ou aux particuliers sera supprimé, sauf le dédommagement ;

Que l'approvisionement de nos colonies appartiendra exclusivement aux nationaux ;

Que les lettres patentes du 5 mars 1779, qui admettent l'arbitraire dans la fabrication des étoffes grossières, seront supprimées, et qu'il sera fait un règlement général pour toute la sénéchaussée à raison de la fabrication des cuirs de couleur verte, sans préjudice des règlements particuliers qui existent pour la ville de Grasse ;

Qu'à l'exemple de plusieurs provinces du royaume, on assignera une portion des dîmes pour la subsistance des pauvres des paroisses ;

Que Sa Majesté sera suppliée d'améliorer le sort des curés congruistes et des vicaires, à la charge de renoncer à tout casuel ;

Que suivant l'institution primitive, les canonicats des cathédrales et des collégiales seront remplis par les curés anciens ;

Que, pour donner plus de consistance à l'éducation publique, on établira des collèges dans les villes principales, en considérant que ceux des villes frontières attireront l'argent de l'étranger ;

Qu'il sera établi à Antibes, siège d'amirauté, un professeur d'hydrographie, attendu la trop grande distance de cette ville à celle de Toulon.

Que les corps religieux seront conservés, comme vraiment utiles, surtout si plusieurs d'entre eux se dévouent à l'éducation publique ;

Que la liberté de la presse sera érigée en loi, sans préjudice des droits de la police générale contre tout ouvrage qui blesserait la religion, la personne sacrée du Roi et les mœurs ;

Que les codes civil et criminel seront réformés ;

Que la vénalité des charges sera supprimée ; qu'elles seront données au mérite, et que la justice sera rendue gratuitement ;

Que les juridictions seigneuriales et les tribunaux inutiles et onéreux seront supprimés, ainsi que les justices d'appeaux ;

Que les causes qui ressortissent devant les commissaires départis juges des gabelles, traites, eaux et forêts, seront portées par-devant les juges royaux des sénéchaussées ;

Qu'il sera donné aux sénéchaussées et aux lieutenants généraux de police une attribution de souveraineté, jusqu'à concurrence que Sa Majesté daignera déterminer dans sa sagesse, ce qui aura également lieu à l'égard des juges royaux.

Que tous jugements rendus en vertu d'un contrat ou d'une obligation avérée pour telle somme que ce soit, seront exécutés nonobstant appel en donnant caution ;

Qu'il sera attribué aux lieutenants des sénéchaussées et aux juges royaux la connaissance de tout objet étranger aux matières de police et qui n'excédera pas 10 livres ; qu'à cet effet les parties comparaîtront par-devant eux, plaideront en personne, et il sera par lesdits juges statué sommairement sans frais et en dernier ressort ;

Que les officiers municipaux connaîtront dans chaque lieu des causes qui étaient attribuées aux juges de seigneurs jusqu'à la concurrence de 10 livres, et les jugeront en dernier ressort ; et sur la peine et dommage il sera également statué sommairement et sans frais, sauf l'appel sur les derniers objets, en cas de contestation sur les droits de propriété ;

Que les communautés nommeront elles-mêmes les officiers de justice pour remplacer ceux du seigneur, lesquels connaîtront de toutes les autres causes, statueront nonobstant appel jusqu'à la concurrence de 200 livres en donnant caution, sauf néanmoins et permis aux parties de se pourvoir par prévention et par évocation en tout état de cause par-devant le lieutenant du ressort.

Que les conseils de toutes les communes du district statueront sur les causes de police à l'égal des consuls des villes.

Qu'aucun citoyen ne pourra être mandé, ni détenu par un ordre ministériel, ou émané des commissaires départis, des procureurs généraux, et des cours de justice, mais qu'il sera remis entre les mains de ses juges naturels ;

Que les lois qui fermaient au tiers-état l'entrée aux emplois militaires seront abrogées ;

Que les droits qui portent l'expression de l'ancienne servitude, tels que l'hommage-lige aux seigneurs justiciers, seront anéantis comme flétrissants pour l'humanité et contraires à la liberté ;

Que la pêche sur toute l'étendue de la mer, les étangs et les rivières sera permise ;

Que toutes les banalités féodales, droit de tasque, cens, rentes foncières, pâturages et généralement tous les droits seigneuriaux, seront rachetables en tout temps, en indemnisant les seigneurs suivant la fixation qui en sera faite par Sa Majesté, comme elle l'a déjà ordonné pour les banalités acquises à prix d'argent ;

Que le retrait féodal sera restreint à une année ; qu'il ne sera point cessible, et que le payement du lot fait aux fermiers ou préposés du seigneur de même qu'à l'usufruitier du fief vaudra investiture ;

Qu'il sera construit un pont sur la rivière du Var, pour faciliter le commerce entre la France et le comté de Nice ;

Que Sa Majesté sera suppliée d'empêcher qu'on ne tue des veaux, agneaux et chevreaux pendant trois ans, sauf les cas de nécessité absolue, jusqu'à l'arbitrage des consuls des lieux.

Que toutes personnes qui perçoivent des droits et prétendent avoir des priviléges sur les communautés d'habitants seront tenus d'en exhiber les titres dans le délai qui sera prescrit par les États généraux, à l'effet de les racheter à prix d'argent s'ils sont justes, ou de les abolir, s'il est reconnu qu'ils sont injustes, oppressifs, attentatoires à la liberté et destructifs du commerce, et là où lesdits titres ne seront point communiqués, les prétendus priviléges seront abolis de plein droit;

Qu'il sera établi une uniformité de poids et de mesures dans tout le royaume;

Que les états-majors des places et des troupes, tant en quartier qu'en garnison, seront soumis au payement des revues et impositions des villes;

Que les communautés soumises à des seigneurs jouiront du droit de mairie à l'égal des villes royales, les charges ayant été acquises en corps de province;

Que tous les autres priviléges des communautés seront conservés ou renouvelés s'ils étaient tombés en désuétude;

Que les savonneries de Provence seront affranchies des droits d'entrée sur toute matière à lessiver, à l'égal de celles de Marseille qui n'en payent point, et que les droits des savons au transport d'une province à l'autre seront diminués pour les rapprocher de l'avantage qu'ont sur eux les savons de Marseille qui ne payent aucun droit sur toutes les huiles qui viennent de l'étranger, tandis que les mêmes droits sont payés par les fabricants de Provence;

Que les savonneries seront obligées de se servir du charbon de pierre, en conformité des arrêts de réglement;

Que les consuls de Grasse et de Saint-Paul ne seront plus administrateurs-nés de leur viguerie respective; mais que ces mêmes vigueries nommeront chacune tel nombre de syndics qu'elles trouveront convenable, sous le bon plaisir de Sa Majesté, lesquels syndics s'assembleront périodiquement dans lesdites villes de Grasse et de Saint-Paul;

Que les comptes annuels de vigueries seront imprimés;

Que les communautés lèveront sur elles-mêmes les impositions de la manière qu'elles le trouveront bon, suivant leur art. L'assemblée donne encore pouvoir à ses représentants aux États généraux de protester contre la constitution abusive des États particuliers de cette province, et de réclamer le droit imprescriptible d'être gouvernés par une constitution légitime et vraiment représentative, notamment que le président des États sera éligible et que la présidence ne durera que pendant deux ans;

Que le clergé sera représenté dans les États de la province par les évêques, les chapitres, les curés, les prieurs et les réguliers;

Que les nobles non possédant fiefs y seront admis.

Que les magistrats des cours souveraines et tous officiers attachés au fisc en seront exclus;

Qu'il sera accordé aux communes un syndic ayant entrée aux États avec voix délibérative, lequel aura le droit d'assembler les communes lorsqu'il le jugera nécessaire à leur intérêt;

Que la procure du pays sera désunie du consulat d'Aix;

Que les voix de l'ordre du tiers seront, dans les susdits États, égales à celles des deux premiers ordres réunis;

Qu'il en sera de même dans la commission intermédiaire;

Qu'il sera ordonné que les comptes de la province seront imprimés annuellement et mandés à chaque communauté;

Que les secours que Sa Majesté accorde, par une suite de sa bienfaisance au pays, seront répartis et arrêtés dans l'assemblée des États;

Qu'il en sera de même de la répartition de l'imposition de 15 livres par feu de la haute Provence, laquelle sera également faite et arrêtée dans le sein des États.

Demandes particulières des communautés.

La communauté de Grasse supplie Sa Majesté d'ordonner ou de faire ordonner l'établissement de huit vicaires dans la paroisse de la même ville, dont la population s'élève à environ 14,000 âmes, et qui n'est desservie que par deux curés. Un procès à ce sujet, qui est en instance depuis plus de quarante ans, est interminable, à cause des longueurs et des difficultés que l'on éprouve dans les juridictions ecclésiastiques.

La même communauté demande que le papier, affranchi de tous les droits dans les villes qui l'avoisinent, le soit aussi dans sa propre cité.

Elle supplie Sa Majesté de lui accorder une juridiction consulaire, eu égard à sa population et à son commerce.

Les corporations des marchands parfumeurs, des marchands tanneurs, des cordonniers, des perruquiers et des maçons joignent leurs mémoires particuliers au présent cahier.

La communauté des Carmes supplie Sa Majesté de vouloir déterminer un temps précis pour la construction d'un môle à sa plage ouverte au vent de S.-O. Il se fait par cette plage un commerce annuel qui s'élève au-dessus de 8 millions. Il est joint au présent cahier un mémoire relatif à cet objet, pour établir les puissants motifs qui le sollicitent.

Le corps des pêcheurs de Cannes réclame particulièrement la liberté de la pêche sans assujettissement à aucune redevance, et d'être constitué en corps de prud'hommes à l'égal des pêcheurs de Marseille et de Toulon. Leur mémoire est annexé aux présentes doléances.

Les communautés de Gattières, Dosfraires, Fougassières, Bouyon, Lesferres, Cousegude, Roquesteron et Puget-de-Theniers, échangées en 1760, demandent que la province se charge de leurs dettes passives, contractées avant l'échange, ou qu'elles soient elles-mêmes dispensées de contribuer au payement de celles de la province contractées avant la même époque. Leur mémoire relatif à cet objet, et qui contient aussi des doléances particulières de quelques-unes des dernières communautés, est annexé au présent cahier.

Les communautés du Bar, de Cabrie et du Tiguet, qui ont aussi des objets particuliers à demander, joignent leurs mémoires au présent cahier.

Toutes les communes, jalouses d'encourager les agriculteurs et ceux qui font prospérer leurs bestiaux, supplient Sa Majesté de les autoriser à récompenser avec les précautions convenables des services vraiment utiles.

Elles se réunissent encore pour demander la révocation des lettres d'attribution expédiées, et qui ne tendent qu'à distraire les justiciables de leurs juges naturels, et pour supplier Sa Majesté de ne plus en accorder à l'avenir.

Et finalement, toutes les communes protestent solennellement que, malgré l'hiver désastreux qui a ruiné plusieurs territoires considérables de la sénéchaussée, elles ne redouteront point le sacrifice d'une partie de leur nécessaire, afin de manifester de plus en plus leur fidélité, leur amour et leur respect pour un Roi juste et bienfaisant.

Paraphé *ne varietur*, *signé* Fauton d'Andou, lieutenant général, à l'original.

Et plus bas, *signé* Mougine-Roquefort, maire de Grasse; L. Luce, Bonnet, Reille-Bouyon, Roubaud fils, Preyre, Euzière, Lavalette, J. Gautier, Ollivier et Chabert, commissaires nommés pour dresser les présentes doléances.

Collationné par moi, greffier et secrétaire de l'ordre du tiers-état, soussigné, sur l'original à Grasse le 15 avril 1789. *Signé* Maubert, greffier et secrétaire.

DOLÉANCES

Des officiers de la sénéchaussée de Grasse, adressées à M. le garde des sceaux.

Monseigneur,

Plusieurs siècles de splendeur et d'éclat avaient couvert et envenimé les plaies de la France; une longue chaîne d'années glorieuses avait sourdement préparé des jours de deuil; la nation jouissait en apparence d'un bonheur solide et réel, au moment même où elle penchait vers l'abîme qui menaçait de l'engloutir; un sommeil profond, celui de la confiance, en lui présentant les illusions flatteuses d'un beau rêve, lui dérobait la connaissance du progrès rapide de ses maux; tel était notre état, lorsqu'une main hardie vint déchirer le voile qui le cachait à nos propres yeux et nous mit à même de sonder la profondeur de nos blessures. Le premier sentiment que fit naître ce réveil aussi salutaire qu'effrayant, fut celui de la terreur. Le peuple français s'indigna d'avoir été trompé; il craignit un instant que son erreur ne lui eût préparé une infortune éternelle, et il regretta presque d'avoir été désabusé. Mais bientôt une flatteuse espérance vint effacer la crainte de tous les cœurs. Au premier regard que les Français jetèrent sur le trône, ils y virent leur salut, ils y virent, avec l'émotion de la joie, un Roi bon, juste, humain et généreux; ils y virent avec admiration un monarque sage et profond dans sa politique, ferme et inébranlable dans ses projets pour le bien public. Tels furent les objets de consolation et d'espoir que le trône fit briller aux yeux de la nation affligée, qui cessa tout à fait de craindre le triste sort qui la menaçait, lorsqu'elle vit son illustre souverain faire reposer le précieux dépôt de sa confiance sur des ministres parfaitement dignes de sa sagesse et de sa vertu, et qui, portant le même degré d'affection au monarque et à la nation, s'efforcent, dans la pureté de leur zèle d'opérer le bien général.

L'espoir que la France a conçu sur de si justes motifs, Monseigneur, n'a pas été vain. Déjà le jour n'est pas loin où ses représentants, aux pieds de leur souverain, lui exposeront les maux qu'elle souffre, les secours dont elle a besoin, et recevront de son auguste bouche la certitude d'un plus heureux avenir; déjà le sujet de nos craintes est devenu celui de nos espérances, déjà les intérêts obscurs déguisés sous des prétextes éclatants ne sont plus écoutés, déjà les brigues et les cabales particulières, ennemies du bonheur général, sont impuissantes; tout concourt au bien de tous, et la lumière heureuse de la vérité a dissipé les nuages épais de l'opinion qui en interceptaient les rayons.

Dans ces circonstances fortunées, dont nous goûtons d'autant mieux les charmes que notre impatience d'en jouir a été grande, nous prenons la liberté de vous adresser, Monseigneur, les doléances suivantes, et de vous supplier de vouloir bien les mettre sous les yeux de Sa Majesté; nous osons nous flatter qu'elle daignera y avoir égard et ordonner:

1° Qu'aux États généraux qui suivront ceux de cette année, les magistrats formant le corps de chaque sénéchaussée seront admis à y députer de telle manière qu'il plaira à Sa Majesté de fixer. Outre les motifs particuliers qui les engagent à réclamer un droit que le Roi vient d'accorder à tous ses sujets en général, un intérêt bien plus sacré, celui de leurs justiciables, dont ils sont, par la nature de leurs fonctions, à portée de connaître les besoins, leur fait une loi de solliciter cette représentation, dont ils ne pourraient être privés d'ailleurs sans injustice;

2° Que le code civil et criminel, dont on reconnaît tous les jours les défectuosités et les imperfections, sera réformé;

3° Que la vénalité des charges sera abolie, et qu'elles seront désormais accordées au mérite; que les provinces seront chargées de payer aux titulaires actuels la valeur de leurs offices; mais pour que ce remboursement soit moins onéreux auxdites provinces, elles ne seront astreintes à l'effectuer qu'au décès ou à la démission des anciens pourvus;

4° Que la justice sera, à l'avenir, rendue gratuitement et qu'en conséquence, les provinces ayant un intérêt majeur à cette distribution gratuite, elles donneront aux officiers des émoluments tels qu'il plaira à Sa Majesté de les fixer dans le sein de sa prévoyance et de sa bonté.

5° Que puisque la province doit retirer tout le fruit de la suppression de la vénalité des charges et de la distribution de la justice, elle sera chargée d'acquitter dans un temps déterminé la dette de 8,000 livres dont la sénéchaussée de Grasse est grevée et qu'elle a été obligée de contracter, savoir : 6,000 livres pour fournir les diverses sommes que nos rois lui ont successivement demandées, et 2,000 pour le remboursement de l'office de juge royal réuni à la sénéchaussée; que la province acquittera, en outre, environ 10,000 livres d'arrérages qui se sont accumulés, malgré que les officiers de ce tribunal fassent depuis dix ans le généreux sacrifice du produit de leurs charges, en mettant en bourse commune toutes les épices et les émoluments pour payer les intérêts;

6° Que la forme des procès sera simplifiée et tous les droits des greffes généralement supprimés; mais, comme il sera nécessaire d'établir un contrôle pour fixer la date des actes, il sera donné des appointements fixes à un contrôleur qui remplira ces fonctions gratuitement;

7° Qu'il sera établi une brigade de maréchaussée dans cette ville, où elle est d'une nécessité absolue, tant à cause du voisinage de la frontière qu'à raison des commissions importantes que le siège est souvent dans le cas de lui confier. Elle est d'ailleurs nécessaire pour croiser sur les routes de la montagne qui sont très-fréquentées, et qui sont cependant peu sûres, la brigade la plus voisine étant celle de Cannes, dont les courses ne s'étendent pas jusque-là;

8° Qu'aux États généraux qui suivront ceux de 1789, le ressort de la sénéchaussée de cette ville sera admis à députer directement et sans être réuni à aucun autre, prérogative dont il jouit aux États de 1588 et qu'il n'a pas dû perdre, puisque les motifs qui la lui méritèrent alors, sa population, son commerce et son étendue, ont reçu depuis cette époque une augmentation très-considérable ;

9° Que dans le cas où Sa Majesté, dans sa sagesse infinie, déciderait de changer la forme des tribunaux et de leur donner plus ou moins d'étendue ou d'importance, elle est suppliée de ne pas perdre de vue que la sénéchaussée de Grasse mérite d'être distinguée des autres sénéchaussées de la province ; son ressort est d'une conséquence majeure, à raison de sa population, des villes et des gros bourgs qu'il renferme. Il a dans son arrondissement deux justices royales, deux évêchés *Grasse* et *Vence*. La population de cette première ville s'élève à 15,000 âmes ; d'ailleurs ses diverses branches de commerce, ses nombreuses fabriques, et l'industrie générale de ses habitants, la rendent d'une conséquence de beaucoup supérieure à sa population. La proximité de la frontière exige aussi à Grasse un tribunal des plus importants. Ce voisinage procure un grand nombre de vagabonds et de malfaiteurs. C'est là qu'une justice criminelle, vigilante et éclairée est nécessaire pour prévenir les crimes et en assurer la punition ;

10° Que les tribunaux d'exception seront supprimés ;

11° Que le greffier en chef de cette sénéchaussée,

qui réside à Marseille et qui n'a pas même fait enregistrer ses provisions au greffe de ce siége, sera obligé d'exercer en personne ou de se démettre de son office ;

12° Que le palais de justice de cette ville sera réparé ; cet édifice tombe en ruine et n'est plus habité depuis huit ans ; cependant les réparations ne coûteraient pas dans ce moment 6,000 livres, et le domaine est grevé d'un loyer considérable pour une salle de justice insuffisante et bien peu assortie à la dignité des fonctions qu'on y exerce ;

13° Que Sa Majesté daignera prendre en considération la ville de Grasse si recommandable par l'industrie et l'activité de ses habitants ; son territoire, peu étendu et montueux, serait d'un produit insuffisant pour acquitter les charges publiques, si elle n'y suppléait par l'importance de son commerce qui lui donne un rang distingué parmi les plus grandes villes de la province, ainsi qu'on peut s'en convaincre par le tableau ci-joint.

Telles sont, Monseigneur, les respectueuses doléances des officiers de la sénéchaussée de Grasse ; ils se flattent que Sa Majesté ne les dédaignera pas, parce que les motifs qui les ont dictées, l'amour et le zèle pour le bien public, trouvent toujours un accès favorable auprès d'elle.

Signé Fauton d'Andou, lieutenant général.

CAHIER

Des demandes, plaintes et doléances de l'ordre du clergé du bailliage d'Etampes (1).

Considérant que le système de l'opinion par tête n'est qu'une illusion trompeuse et une amorce dangereuse inventée par le despotisme ministériel, comme une dernière ressource pour empêcher l'assemblée ou du moins les effets des États généraux;

Que la fermentation et la discorde que ce système a excité dans tout le royaume a eu déjà les suites les plus fâcheuses; mais que le mal serait encore plus grand, si tous les esprits se réunissaient pour l'adopter;

Que les plus grands intérêts et le sort éternel *de la nation seraient exposés à l'influence momentanée*, mais toujours sûre, de l'intrigue, à l'empire de l'éloquence, ou même à l'enthousiasme souvent dangereux du patriotisme et de la liberté;

Que le tiers-état serait la première victime de ce système de confusion et d'anarchie; qu'en délibérant par ordre, il est parfaitement libre et maître de toutes ses opérations; il peut accorder ou refuser ses subsides, adopter ou rejeter les lois qu'on lui propose; il est maître de se retirer, s'il veut, et de laisser l'assemblée sans force et sans vie; mais que tous ces avantages seront nuls dans une délibération commune, et que sa liberté, ses droits et ses prérogatives disparaîtraient bientôt en les abandonnant à l'influence et à l'opinion des deux ordres;

Que les priviléges et les exemptions pécuniaires, n'ayant d'autre fondement que la liberté de consentir ou refuser les impôts, deviendraient communs au tiers-état dès qu'il sentira la faculté qu'il a d'en jouir et de voter sur les subsides avec le même pouvoir et la même liberté que le clergé et la noblesse;

Que la *distinction des ordres est la sauvegarde* la plus sûre contre les entreprises et l'influence ministérielle.

Que les gouvernements les plus populaires se sont toujours bien gardés de confier le sort de l'État à une seule assemblée, mais l'ont toujours soumis à des opinions et à des pouvoirs différents;

Que l'objection qu'on fait de l'inaction qui pourrait résulter dans l'assemblée des États du *veto* d'un seul ordre est nulle, puisque les intérêts des trois ordres devenus communs par l'égale répartition des subsides, le *veto* d'un ordre ne pourrait jamais avoir lieu que pour la défense de *tous*, ce qui change l'objection en preuve démonstrative pour l'opinion par ordre;

Que ce dernier système, n'eût-il pour lui que son antique origine, son usage constant depuis le commencement de la monarchie et ses liaisons essentielles avec la constitution, devrait être respecté jusqu'à ce que la nation en ait autrement ordonné;

Que le rapport fait au Roi, et qui a déterminé

(1) Nous publions ce cahier d'après un manuscrit des *Archives de l'Empire.*

la décision de Sa Majesté pour la forme des États généraux, a consacré la justice et la légitimité de l'opinion par ordre, et n'a pas cru devoir proposer la nécessité de l'opinion par tête, malgré l'évidence de ses vœux et de son penchant pour la popularité;

Que, par conséquent, il serait également dangereux et téméraire que des classes particulières de citoyens voulussent ériger en loi des innovations dont le moindre mal serait de distraire les esprits des moyens utiles qu'ils pourraient employer à la chose publique;

D'après ces considérations, le clergé du bailliage d'Etampes a délibéré, à la pluralité des voix, de conserver l'usage ancien et constitutionnel de voter par ordre et non par tête dans l'assemblée des États généraux; mais pour prévenir la seule crainte qu'on puisse avoir, la seule objection raisonnable qu'on puisse faire sur cette détermination, et pour montrer au Roi, à la nation et en particulier au tiers-état qu'elle n'a point pour objet aucun espoir et aucun avantage pécuniaire, le clergé manifeste solennellement le vœu qu'il forme pour que tous les impôts, qui pourront être consentis par la nation, soient répartis sur tous les ordres et sur tous les individus dans une égale et juste proportion, sans aucune espèce d'exemption et de privilége. Il charge spécialement son député aux États généraux d'employer tous les moyens qui seront en son pouvoir pour que l'ordre entier du clergé en fasse part aux deux autres dès que l'assemblée sera formée, afin de prévenir toute dissension et d'établir l'harmonie qui sera si nécessaire pour la réforme des abus et le rétablissement de l'ordre.

Mais cet accord n'étant pas moins nécessaire dans l'intérêt de chaque ordre en particulier et surtout dans celui qui est composé des ministres de la paix et de la charité, le clergé d'Etampes, voulant prévenir tout ce qui pourrait le troubler au détriment de l'État et au scandale de la religion, déclare vouloir toujours rester uni au premier ordre et se conserver dans son intégrité. Il déclare protester contre toute espèce de scission, qui rangerait le second ordre du clergé dans une classe séparée et l'empêcherait de jouir de tous les droits, prérogatives, distinctions, dignités et bénéfices auxquels chaque ecclésiastique, de quelque condition qu'il soit, a droit de prétendre quand il y est appelé par ses travaux, son mérite et ses vertus.

Le clergé a cru devoir motiver les objets des délibérations qu'il vient de former pour les rendre plus sûres et pour justifier l'attention qu'il a apportée à leur examen; mais les vœux qui lui restent à former sont d'une justice si évidente, qu'il croit n'avoir besoin que de les énoncer.

Tels sont:

1° Le retour périodique de l'assemblée de la nation au moins de trois ans en trois ans.

2° La responsabilité des ministres et de tous les administrateurs publics pour tout ce qui concerne leur gestion.

3° La réforme du code civil et criminel.

4° L'abolition de toutes les lettres closes attentoires à la liberté des citoyens et particulièrement des magistrats dans leurs personnes et leurs opinions.

5° La sûreté du dépôt confié aux bureaux des postes et la punition exemplaire de tous ceux qui pourraient concourir à le violer.

6° La liberté du commerce dans tout le royaume, et le reculement des barrières jusqu'aux extrémités du royaume.

7° L'établissement constitutionnel des assemblées provinciales pour répartir les impôts, pour simplifier leur recette et pour assurer leur versement dans la caisse de la nation.

8° La reconnaissance de la dette nationale, la réforme des finances, l'établissement d'une caisse pour payer les dettes, les troupes et les dépenses de l'État, sans que les fonds puissent être divertis à d'autres usages ; enfin, le député du clergé d'Étampes se réunira à tous ceux de l'ordre entier pour proposer, remontrer, aviser et consentir à tout ce qui pourra contribuer à la prospérité de la nation, à la gloire du trône et au bonheur des sujets.

Considérant que les moyens que l'on prendra dans les États généraux augmenteront la recette du trésor public à l'effet de payer la dette nationale ; considérant que cette dette diminuera chaque jour par l'extinction progressive des rentes viagères, par les remboursements, les bonifications, les réformes des abus et tous les moyens quelconques ;

Le clergé du bailliage d'Étampes, charge son député aux États généraux de demander qu'il soit décidé que, tous les ans, il sera fait un compte exact de ces bonifications et accroissements de revenus, pour être employés par la nation à l'extinction des impôts qui pèsent le plus grièvement sur elle, tels que la gabelle, la taille, les vingtièmes ou tous autres objets qu'elle jugera convenable ; que lesdits excédants de revenu ne pourront jamais rester entre les mains des ministres, et que chaque année on en fera la remise de la manière que décidera la nation, soit quand elle sera réunie en États généraux, soit dans les États provinciaux, ou les assemblées provinciales ;

Considérant que la place de ministre des finances est tellement surchargée de travail qu'un seul homme ne peut y suffire, et qu'elle exige tous les efforts du génie pour apercevoir toutes les combinaisons ; considérant qu'il est dangereux de laisser exister une place aussi difficile à bien remplir, et cependant si importante ; considérant qu'il est possible qu'elle soit par la suite occupée par un homme au-dessous des forces et des moyens qu'elle exige, le député du clergé d'Étampes demandera qu'elle soit supprimée et combinée de manière qu'il n'y ait désormais que des receveurs de deniers, comptables à tous les instants, lesquels seront forcés de tenir leurs comptes toujours prêts à subir l'examen le plus rigoureux ; considérant qu'il s'est élevé plusieurs questions pour prouver qu'il existe une constitution, et d'autres pour prouver qu'il n'en existe pas, les États généraux seront suppliés de donner une définition claire et précise de ce que l'on doit appeler la constitution française.

Signé L'abbé de Tressan, président ; d'Olivier, curé de Mauchamp, secrétaire.

DEMANDES, PLAINTES

Et doléances de l'ordre du clergé du bailliage d'Étampes pour être portées aux États généraux qui se tiendront à Versailles, le 27 avril prochain.

Art. 1er. L'ordre du clergé du bailliage d'Étampes demande que la religion catholique continue d'être la seule religion dominante dans le royaume, que le culte public ne puisse être accordé aux non catholiques.

Art. 2. Que la religion et les mœurs soient respectées dans les écrits, que les imprimeurs et colporteurs soient responsables des écrits qu'ils imprimeront ou débiteront, et dans lesquels la religion et les mœurs seront attaquées.

Art. 3. L'ordre du clergé demande que les États généraux prennent en considération le malheureux sort des curés qui, ayant à peine le plus étroit nécessaire, sont encore obligés d'en sacrifier une partie pour les besoins des pauvres qu'ils sont tenus, par état, de visiter et de consoler. Que la mendicité, surtout dans les campagnes, est encore pour ces porteurs indigents un nouveau fardeau qui les accable et auquel ils ne peuvent se soustraire.

Art. 4. Le clergé remet à la sagesse des États généraux de déterminer le revenu annuel convenable aux curés pour leur procurer l'honnête nécessaire, eu égard, pour chaque canton, à la cherté des denrées et des consommations, aux circonstances locales, à la population et aux sacrifices qu'ils sont obligés de faire pour soulager l'indigence.

Art. 5. Qu'il soit établi dans le royaume, pour le soulagement des curés et vicaires et les pensions de retraite des uns et des autres, une caisse générale de religion, dont les évêques et les curés seront les administrateurs, et dans laquelle seront versés tous les revenus des bénéfices supprimés et à supprimer, à laquelle seront dévolus tous les revenus des bénéfices en économats ; que la régie actuelle des économats soit supprimée et réunie à la caisse de religion.

Art. 6. Qu'il ne puisse être accordé de pension sur cette caisse qu'à des curés et vicaires, et à des ecclésiastiques qui se seront distingués par leur mérite, leurs talents et leurs vertus.

Art. 7. L'ordre du clergé demande qu'en cas d'insuffisance de ces biens, le sixième du revenu de toutes les abbayes du royaume soit versé à la caisse de religion, et le Roi supplié de ne les conférer désormais qu'à cette condition.

Art. 8. Que dans toutes les villes du royaume où il se trouve plusieurs chapitres collégiales, ces chapitres soient réunis en un seul, que le nombre des prébendés soit réduit si le revenu n'est pas suffisant pour l'honnête entretien d'un ecclésiastique.

Art. 9. Que toutes les prébendes de ces collégiales ne puissent être remplies que par d'anciens curés, auxquels elles seront données pour retraite ; qu'alors ces titulaires étant vieux et infirmes, tout autre office que celui de la grande messe et de vêpres soit supprimé dans ces églises.

Art. 10. L'ordre du clergé demande qu'à la mort des titulaires tous les bénéfices simples de collation ecclésiastique soient supprimés et leurs revenus versés à la caisse de religion.

Art. 11. Que les biens des monastères qui pourraient être supprimés soient versés à la caisse de religion ; que les fondations dont ils seraient chargés soient transférées dans les églises paroissiales, avec les fonds suffisants pour les acquitter.

Art. 12. Le clergé demande que les évêques soient chargés de réformer tous les abus qui se sont introduits dans les monastères ; que les chapitres réguliers qui ne se trouvent pas composés de dix individus soient réunis et incorporés avec d'autres, suivant la convenance.

Art. 13. Que les Etats généraux soient suppliés d'ordonner la vente de tous les droits honorifiques des bénéfices supprimés, et le produit versé à la caisse de religion.

Art. 14. L'ordre du clergé demande l'inamovibilité des curés de l'ordre de Malte, que les biens de cet ordre et ceux de Cîteaux soient soumis à la dîme, que les dîmes inféodées rentrent aux ecclésiastiques.

Art. 15. Qu'il soit pourvu à l'amélioration des curés par leurs réunions avec d'autres bénéfices-cures ; que les évêques soient autorisés à faire dresser des procès-verbaux de celles à supprimer et réunir, et à réaliser ces réunions.

Art. 16. L'ordre du clergé demande qu'il soit pareillement donné, par les Etats généraux, pouvoir aux évêques de donner à certaines paroisses une circonscription plus convenable et plus naturelle, de retrancher d'une paroisse des habitations et des hameaux qui en sont trop éloignés et qui demandent naturellement à être réunis à une autre paroisse plus voisine.

Art. 17. Que toutes les cures des villes et campagnes soient données au concours que les évêques en soient les juges, que les collateurs soient tenus de nommer un des trois sujets qui leur seront présentés, que dans le concours, les vertus et les mœurs des sujets soient prises en considération.

Art. 18. Que les gradués ne puissent requérir de bénéfice en vertu de leurs degrés, s'ils ne sont bacheliers en théologie ; que toute prévention en cour de Rome ne puisse avoir lieu qu'après un mois de vacance des bénéfices.

Art. 19. L'ordre du clergé demande que l'usage odieux des déports soit aboli.

Art. 20. Que la loi contre la pluralité des bénéfices soit observée et accommodée aux circonstances présentes.

Art. 21. Que les évêques ne puissent faire aucun changement de conséquence, qu'au préalable ils ne soient approuvés dans un synode du diocèse.

Art. 22. L'ordre du clergé demande que les Etats généraux prennent en considération la malheureuse alternative dans laquelle se trouvent souvent les curés, de transgresser les statuts synodaux de leur diocèse, ou d'être traduits devant les tribunaux.

Art. 23. Que les induits trop multipliés soient également soumis aux Etats généraux

Art. 24. Que la loi si juste et si salutaire qui oblige les évêques à la résidence soit fidèlement exécutée.

Art. 25. Que le clergé du royaume ne puisse désormais s'assembler que par députés choisis et nommés, comme le seront les députés du clergé aux Etats généraux.

Art. 26. L'ordre du clergé demande que les Etats généraux prononcent sur la nomination des curés à patronage laïque possédé par des non catholiques.

Art. 27. Qu'il ne puisse être demandé ni obtenu de monitoire que pour les meurtres et des crimes d'Etat.

Art. 28. Que la déclaration qui soustrait à toutes recherches les unions faites depuis plus d'un siècle aux hôpitaux, cathédrales, cures, collé-

ges, etc., s'étende à tous les établissements ecclésiastiques.

Art. 29. L'ordre du clergé demande qu'il soit établi des vicaires et des maîtres d'école dans toutes les paroisses de deux cents feux et au-dessus.

Art. 30. Qu'après avoir pourvu aux besoins des pasteurs et à leurs pensions de retraite, les séminaires et les colléges soient pris en considération.

Art. 31. Le clergé demande la réforme des universités et notamment des facultés de droit.

Art. 32. Qu'il soit fixé un terme pour la durée des procès et donné un tarif qui règle les épices des juges et le salaire de tous les officiers de justice.

Art. 33. Que dans tous les bourgs et villages, les officiers de police tiennent la main à l'exécution des ordonnances qui défendent aux cabaretiers de donner à boire pendant les offices divins, et la nuit après une certaine heure, l'ivrognerie étant d'ailleurs la première cause des maladies et de la misère du peuple.

Art. 34. Le clergé demande que les abus relatifs à l'apposition des scellées, ainsi que l'arbitraire dans les vacations, soient pris en considération par les Etats généraux.

Art. 35. Une suppression considérable dans les droits de contrôle et un tarif qui empêche l'arbitraire.

Art. 36. L'ordre du clergé demande que toutes les redevances en grains payées aux curés par les décimateurs le soient désormais en argent sur le prix du marché pris aux quatre époques principales de l'année, pour éviter les procès et les contestations sur la qualité des grains.

Art. 37. Que tous les baux des biens des gens de mainmorte ne puissent être annulés ni par la mort ni par la mutation des titulaires ; qu'ils soient tenus de faire crier et adjuger leurs fermes au siége de la justice du lieu.

Art. 38. Que dans le cas que les Etats généraux décident que les impôts seront communs aux trois ordres, les dettes contractées par le clergé pour les besoins de l'Etat et par ordre du gouvernement deviennent dettes de l'Etat.

Art. 39. L'ordre du clergé demande que les ecclésiastiques, les nobles, les privilégiés, les exempts et les gens du peuple portent toutes les charges et les impositions, chacun à raison de sa fortune.

Art. 40. Que, pour parvenir à l'égale répartition de l'impôt, il soit fait un cadastre de tous les biens-fonds du royaume ; que les seigneurs et les curés, joints aux députés des municipalités, soient chargés de la confection de celui de chaque paroisse.

Art. 41. Qu'il soit établi dans chaque province des Etats provinciaux, que ces Etats particuliers ne puissent lever d'autres impositions que celles ordonnées par les Etats généraux.

Art. 42. L'ordre du clergé demande qu'il soit établi dans chaque bailliage des juges-consuls, et dans chaque ville de généralité un conseil gratuit de trois avocats pour servir de guide aux communautés dans toutes leurs contestations.

Art. 43. Le clergé demande la suppression totale de la mendicité par les voies les moins dispendieuses, la suppression de toute servitude, de toute banalité, de tout péage, barrage, etc., comme infiniment nuisibles au commerce et source de troubles.

Art. 44. La suppression des bureaux des finances, des élections, une meilleure administration dans les aides et le sel marchand par tout le royaume, et la suppression des huissiers-priseurs.

Art. 45. La suppression des eaux et forêts comme cour de judicature.

Art. 46. L'ordre du clergé demande la suppression des droits de franc-fief en faveur des voituriers, pour faciliter la vente des héritages et droits féodaux.

Art. 47. Qu'il soit permis à tout particulier de racheter son héritage du droit de champart, destructif de l'agriculture, en abandonnant au seigneur champarteur une partie des biens-fonds ou une redevance en grains dont le revenu égale celui que le champarteur retire de son champart.

Art. 48. Qu'il soit permis de rembourser en argent toute rente foncière au-dessous de 20 livres d'intérêt et de 400 livres en principal, pour éviter les frais ruineux des oppositions et des titres nouveaux.

Art. 49. Le clergé demande la suppression de tout casuel pour les curés au moyen d'un dédommagement de ce sacrifice.

Art. 50. Que les officiers de police fassent observer les ordonnances pour l'observation des dimanches et fêtes, et celles contre le monopole et les jeux de hasard.

Art. 51. Que les appels comme d'abus ne puissent avoir lieu dans tout ce qui concerne l'administration des sacrements.

Art. 52. Qu'il soit permis de détruire le gibier par toute autre voie que par celle des armes à feu, et la démolition de tous les colombiers établis sans titre et contre la disposition des coutumes des lieux.

Art. 53. L'ordre du clergé soumet à la sagesse des Etats généraux l'examen des moyens de supprimer la milice forcée.

Art. 54. Le clergé demande que toutes les expéditions des secrétariats des évêchés et les visites des archidiacres soient gratuites.

Art. 55. Le clergé demande s'il ne serait point à propos de doter les religieux mendiants, pour supprimer toute espèce de mendicité.

Art. 56. Il demande l'uniformité du culte dans tous les diocèses du royaume.

Art. 57. Il demande l'exécution du Concordat; mais que tous les bénéfices ne soient donnés qu'après une élection préalable de trois sujets qui seront présentés au Roi et pris principalement dans la classe des curés qui auront exercé pendant dix ans; que personne ne puisse être évêque, abbé, prieur commendataire, s'il n'a exercé les fonctions de curé ou de vicaire pendant dix ans; pourront néanmoins être élus les vicaires généraux, pourvu qu'ils aient été vicaires ou curés pendant dix ans.

Art. 58. Le clergé demande qu'il soit aussi présenté aux collateurs, patrons laïques et fondateurs deux sujets élus, dont ils choisiront l'un pour remplir les cures et autres bénéfices à leur nomination.

Art. 59. Qu'il soit fait un règlement pour procéder aux élections énoncées dans les deux articles précédents, lequel sera avisé avec l'ordre du clergé dans l'assemblée des Etats généraux.

Art. 60. Qu'il soit pourvu à l'éducation des enfants dans la religion catholique apostolique et romaine, par un traitement convenable et des pensions de retraite pour les maîtres d'école âgés et infirmes.

Art. 61. Le clergé demande qu'il soit pourvu à des pensions de retraite prises sur les décimes ou subsides quelconques pour les curés, quand ils voudront se retirer après vingt-cinq ans d'exercice en qualité de curé.

Art. 62. L'ordre du clergé demande qu'il ne soit point délibéré pour accorder les impôts que les Etats généraux n'aient assuré leur retour périodique, et que les impôts ne puissent être accordés que jusqu'au moment d'une nouvelle tenue des Etats généraux.

Art. 63. Que la liberté individuelle, la responsabilité des ministres soient décidées avant toute autre délibération; qu'il sera pris connaissance de la dette nationale, et que la concession des impôts sera la dernière de toutes les délibérations; qu'il soit pourvu de la manière la plus convenable aux dépenses nécessaires et indispensables pendant la tenue des Etats généraux.

Art. 64. Que, pour obvier au très-grand inconvénient qu'il y aurait que le député du clergé du bailliage d'Étampes reste sans pouvoirs, il a été délibéré et décidé que le député pourra opiner par tête, mais dans le cas seulement qu'il y serait entraîné non par la majorité des Etats généraux, mais par la majorité de son ordre.

Art. 65. L'ordre du clergé demande à être toujours inviolablement uni au saint siège et aux évêques.

Fait et arrêté en notre assemblée, tenant à Etampes, dans la salle des révérends pères barnabites, par nous, soussignés, abbés, députés des chapitres séculiers et réguliers, prieurs-curés et autres ecclésiastiques composant l'ordre du clergé du bailliage de ladite ville, le 18 mars 1789.

Signé Boivin, chevalier, curé de Notre-Dame; l'abbé de Tressau, chevalier, chef chantre de Sainte-Croix; Delaville, curé de Sacles; Lavaur, prieur de Chaufour; Voltigeur, curé de Boissi-Larivière; Deglo de Besse, curé de Notre-Dame; Lartillot, curé d'Ormoi-la-Rivière; dom Bougaud, procureur de Villiers; Grégy, chanoine de Notre-Dame; Chemille, curé de Pinnay; F. Salmon, desservant de la Forêt-Sainte-Croix; Gillet, curé de Boutri-Villiers; Le Chartier, curé de Puisel; Reynard, curé de Tionville; Voisodes, chantre de Notre-Dame d'Etampes; Legris, curé de Romionvilliers; Haillard, curé de Saint-Basile; Soulavie, vicaire de Saint-Basile; Deshayes, curé des Breves-de-Scellés; Delanoire, curé de Villeneuve; Hureau, curé de Saint-Cyr-la-Rivière; Porchon, curé de Saint-Georges d'Auvers; Legrand, curé de Saint-Martin d'Etampes; Leheron, vicaire de Chamarande; Biou, prieur des Mathurins; Travers, curé de Guillora; Rousselet, curé d'Augerville; Genest, curé de Laforêt-le-Roi; Deliancourt, curé; Dufay, curé de Chale-la-Reine; Guyot, chanoine d'Auxerre; Huet, curé; Bertheau, curé d'Autrui; Tesson, prieur-curé de Boissy; l'abbé Lestoré; Lefort, curé de Moulrieux; Perier, curé de Sainte-Reine-d'Etampes; Ledoux, curé d'Etrechy; Voche, curé de Saint-Gilles; Blanchet, curé de Saint-Marc; Denis, chapelain de Bouray; Devaux, curé de Santoine; Daage, curé de Souzy; Barrois, curé de Thionville; Boilleau, curé de Boigneroille; d'Olivier, curé de Mauchamp; Hourdel, curé de Sermoise; Frichel, curé de Champigny; Bullet, ancien curé de Rouvrai; Denis, l'abbé Fromentin, évêque de Limoges; Follier, curé de Monnerville; Devaux, curé de Fontaine-la-Joyeuse.

CAHIER

Des plaintes et doléances de la noblesse d'Etampes.

Nota. Ce cahier manque aux *Archives de l'Empire;* nous le demandons à Etampes et à Versailles et nous l'insérerons dans le Supplément qui terminera notre recueil.

CAHIER

Du tiers-état du bailliage d'Etampes, remis à MM. Laborde de Mereville et Gidoin, députés aux Etats généraux (1).

L'assemblée du tiers-état du bailliage d'Etampes, pénétrée de reconnaissance pour les bontés paternelles de Sa Majesté, porte à ses pieds l'hommage de ses respects et de ses vœux ; la convocation présente des Etats généraux sera toujours regardée comme un des plus grands bienfaits dont Sa Majesté a comblé ses peuples, et ils espèrent qu'une restauration salutaire va porter de nouvelles forces et une vigueur inespérée dans toutes les parties du royaume ; si leurs désirs ne sont point trompés, le bonheur de l'Etat va assurer à Sa Majesté une nouvelle gloire qui la placera à côté des plus grands rois dont la France s'honore.

L'assemblée supplie Sa Majesté de vouloir bien considérer avec bonté et indulgence les différents articles dont son cahier est composé, et de ne pas douter qu'ils n'aient été dictés par le zèle le plus pur et le dévouement le plus sincère.

CHAPITRE PREMIER.
Lois constitutionnelles.

Art. 1ᵉʳ Nos premiers vœux doivent naturellement se porter sur ce qui doit former à l'avenir la constitution du royaume. Les anciens monuments nous offrent si peu de conformité et de certitude, que nous devons profiter des lumières actuelles pour opérer un plus grand bien ; en conséquence, nous désirons qu'il soit établi une distinction positive des trois pouvoirs qui sont nécessaires au gouvernement et à la prospérité d'une grande nation.

Le premier et le plus essentiel à établir d'une manière invariable est le pouvoir législatif ; il appartient incontestablement à la nation ; elle en a été privée depuis trop longtemps, et c'est à cette privation qu'elle doit attribuer les désordres qui ont troublé la tranquillité de l'Etat ; nous désirons donc que ce pouvoir soit rendu pour toujours à la nation, et que l'assemblée de ses représentants soit désormais chargée de la confection de toutes les lois par lesquelles elle sera gouvernée ; nous espérons de la justice de Sa Majesté que les Etats généraux ne seront plus troublés dans l'exercice de ce pouvoir.

Le second est le pouvoir exécutif, que la nation verra toujours avec confiance et reconnaissance entre les mains de Sa Majesté et de ses descendants ; nous désirons, pour sa gloire et le bonheur de l'Etat, que ce pouvoir soit le plus étendu possible.

Il est à souhaiter que le pouvoir judiciaire soit absolument séparé des deux autres, et ne puisse en aucune manière mettre des entraves à l'exercice du pouvoir législatif.

Art. 2. Ces principes établis, le retour périodique des Etats généraux est indispensable ; et nous désirons qu'il soit fixé à trois ans, et dans le cas d'un changement de règne, ou celui d'une régence, ils seront assemblés extraordinairement dans un délai de six semaines ou de deux mois.

Art. 3. Il est essentiel que les trois ordres délibèrent par tête et non par ordre.

Cette manière d'opérer est indispensable cette année pour la tenue des Etats ; peut-être que dans ceux qui suivront les impôts et charges publics ayant été jugés devoir être supportés par tous les ordres sans distinction, les abus réformés dans chaque classe, il ne subsistera plus de raison de délibérer par tête ; mais dans la position actuelle, il ne faut pas se départir de l'égalité des suffrages qui serait une chimère si on délibérait par ordre. D'ailleurs la situation des affaires nécessite des remèdes prompts ; la délibération par ordre entraînerait des longueurs, et peut-être empêcherait de rien terminer, tandis que la délibération par tête formerait une prompte décision sur les objets à traiter.

Art. 4. Les Etats généraux ne pourront point communiquer leurs pouvoirs à une commission intermédiaire, la nation ne devant être représentée que par la totalité de ses députés.

Art. 5. Les membres des assemblées provinciales ayant été nommés par le Roi, nous demandons qu'elles soient supprimées et remplacées par des Etats provinciaux, uniformes par tout le royaume ; ils seront formés d'une seule chambre dont les députés seront élus librement dans les trois ordres, moitié prise dans le clergé et la noblesse réunis, et l'autre moitié dans le tiers-état.

Art. 6. Il est nécessaire qu'il soit établi dans tous les chefs-lieux un peu considérables un bureau de correspondance avec les Etats provinciaux.

Art. 7. Les Etats provinciaux seront chargés de la répartition et perception des impôts, dont le produit sera versé dans une caisse qui ne sera comptable qu'à eux ; le trésorier sera chargé de faire passer les deniers de sa recette sans frais au trésor national, après avoir acquitté toutes les charges de la province.

Art. 8. Il y aura un fonds de réserve dans la caisse des Etats provinciaux pour payer les dépenses extraordinaires et imprévues.

Art. 9. La liberté qu'ont eu les ministres de régler à leur volonté les dépenses de département étant une des principales causes du déficit actuel, il est nécessaire d'établir la fixité des dépenses, quelles qu'elles soient, même celles personnelles à Sa Majesté et à la famille royale, sans qu'elles puissent jamais être altérées par les ministres.

Art. 10. Les ministres n'étant que les administrateurs des affaires de la nation, ils seront responsables et comptables de leur gestion aux Etats généraux.

Art. 11. Les domaines de la couronne seront déclarés aliénables, il n'en sera réservé que ceux que Sa Majesté désirera garder, et les forêts que les Etats généraux voudront conserver pour les bois de construction ; la vente en sera faite par les Etats provinciaux, chacun dans leur district.

Art. 12. Le Roi doit rentrer dans les domaines engagés, vendre ces domaines, et du produit, payer à ceux qui les tiennent à titre d'engagement les sommes qui leur sont dues, et employer le surplus à l'acquit des dettes.

Art. 13. Il y a eu depuis quarante ans quantité d'échanges ruineux pour l'Etat, surpris au Roi par des ministres qui l'ont trompé ; en faire une vérification et examen exacts, et rentrer dans les objets donnés en échange s'il y a eu dol, ou au moins faire payer ce qui excède en valeur, ensemble les revenus depuis l'échange.

Art. 14. Les domaines et les objets dans lesquels le Roi rentrera seront, en attendant la vente, régis par les Etats provinciaux.

Art. 15. La liberté individuelle des citoyens ; qu'un décret seul puisse conduire un homme en prison, à moins qu'il ne soit errant et vagabond, ou pris en flagrant délit.

---

(1) Nous reproduisons ce cahier d'après un imprimé de la *Bibliothèque du Sénat.*

Dans le cas où les Etats généraux jugeront que l'emprisonnement provisoire pût être nécessaire, il soit ordonné que les personnes ainsi arrêtées soient remises dans les vingt-quatre heures entre les mains de leurs juges naturels, et que ceux-ci soient tenus de statuer dans le plus court délai sur leur emprisonnement.

Art. 16. La liberté de la presse, sauf les restrictions que les Etats généraux jugeront à propos d'y mettre.

Art. 17. Que dorénavant la noblesse ne soit plus le prix de l'argent ; qu'il n'y ait de nobles que ceux qui, ayant mérité par leurs services, auront ainsi été jugés par Sa Majesté, et cette noblesse ne sera plus héréditaire ; elle ne sera accordée aux enfants que lorsque ayant suivi les traces de leurs pères, le Roi les aura de nouveau déclarés tels : on pourrait décorer la noblesse d'une marque distinctive.

Art. 18. De grands hommes dans le clergé, dans la marine, dans les armées et dans la magistrature, sont sortis du tiers-état ; toute la noblesse et le haut clergé en sont sortis les uns plus tôt, les autres plus tard ; et cependant, aujourd'hui que les abus sont montés au comble, on n'admet aucuns citoyens du tiers dans les cours supérieures, ni dans les places d'officiers des armées de terre, de la marine, ni dans les dignités ecclésiastiques ; des lois nouvelles les en excluent. Demander la réforme d'un abus aussi criant ; les citoyens par ce seul titre doivent avoir une entrée libre dans toutes les places de l'Etat, quand leur conduite, leur intelligence, leurs mœurs et leur courage les en rendent dignes. Aussi jaloux que la noblesse de verser son sang pour la patrie, pourquoi priver le tiers de cet honneur ? pourquoi enchaîner son courage et le reléguer dans la seule classe des soldats où il ne peut faire connaître ce qu'il vaut, comme il le ferait s'il parvenait aux grades plus élevés ? La rivalité entre la noblesse et le tiers ne pourrait que donner aux uns et aux autres cette noble émulation qui fait les grandes actions et forme les grands hommes. Pourquoi priver un habile jurisconsulte, un avocat célèbre d'entrer dans les parlements ? Il semble que ces places devraient être comme autrefois destinées à ceux qui se seraient distingués par leurs lumières et leur intégrité.

CHAPITRE II.

Législation.

Art. 1er. Demander la suppression de tous les tribunaux d'exception, tels que le grand conseil, les grands maîtres, les maîtrises particulières des eaux et forêts, les traites foraines, bureaux des finances, élections et greniers à sel. Les juges des juridictions ordinaires, chacun dans leur district, sont en état de décider les affaires qui naissent dans ces différents tribunaux, et ils le feront à moindres frais.

Art 2. Demander également la suppression des priviléges de *committimus*, des lettres de garde-gardienne et attribution du sceau ; ces priviléges n'ayant pu être accordés aux uns qu'au préjudice des autres, ils blessent l'égalité qui doit être observée entre tous les citoyens.

Art. 3. Il est à désirer que les charges de judicature ne soient plus vénales, et qu'il n'y soit admis que ceux qui auront été agréés par les Etats provinciaux, après que le récipiendaire aura justifié qu'il a exercé au moins pendant cinq ans la fonction d'avocat.

Art. 4. Etendre le pouvoir des bailliages royaux jusqu'à 250 livres en principal, à condition que les sentences seront rendues par cinq juges ; leur former des arrondissements qui rapprochent les justiciables de leurs juges.

Art. 5. Etablir dans les justices des seigneurs et dans les bourgs et villages qui relèvent directement des sièges royaux, un officier pour y exercer les fonctions de commissaire de police, lequel sera élu tous les deux ans dans une assemblée des habitants des lieux, et ne sera assujetti qu'à une simple prestation de serment devant le juge royal ou seigneurial, et sans frais.

Art. 6. Comme les justices des seigneurs ne sont pas exactement suivies, il est nécessaire d'établir, dans les bailliages royaux, des assises qui se tiendront tous les trois mois, et qui dureront trois jours francs, pendant lesquels les affaires des justices des seigneurs seront portées pour y être jugées sans autres frais que ceux attribués aux greffiers et procureurs dans les justices des seigneurs, et autoriser les seigneurs qui ne pourront avoir des juges sédentaires à faire tenir les audiences dans le lieu qu'ils désigneront, pourvu que ce soit dans la ville où sera situé le siège principal.

Art. 7. Les affaires civiles n'auront, à l'avenir, que deux degrés de juridiction ; elles seront portées sur l'appel devant le juge, qui aura le droit de les juger en dernier ressort ; et dans le cas où quelques-uns des bailliages royaux relèveraient de plusieurs présidiaux, les appels seront portés à celui le plus près du bailliage royal.

Art. 8. Réformer la procédure civile et criminelle.

Art. 9. Accorder aux accusés la faculté de prendre, par un officier public qu'ils choisiront pour leur conseil, communication de toute la procédure faite contre eux, et la faculté de s'en faire délivrer des expéditions sans frais sur papier libre.

Art. 10. Il sera permis à un accusé de se munir d'un conseil aussitôt le premier interrogatoire, qui sera toujours fait dans les vingt-quatre heures après que l'accusé aura été arrêté, et sans être tenu de prêter aucun serment.

Art. 11. Un accusé ne doit jamais être chargé de fers ni mis au cachot, à moins qu'il ne soit prouvé, par une information, qu'il a abusé de la liberté qui lui avait été laissée.

Art. 12. L'instruction criminelle doit être faite publiquement, et avant le jugement, son conseil doit être aussi entendu publiquement.

Art. 13. La peine doit être proportionnée au délit, et la condamnation à mort ne doit être prononcée que contre les assassins, les empoisonneurs et les incendiaires.

Art. 14. Le bannissement à temps ou à perpétuité doit être aboli. Il doit y être suppléé par une condamnation à des travaux publics pour un temps déterminé.

Art. 15. Qu'aucun arrêt de mort ne soit lu au coupable ni mis à exécution, qu'il n'ait été signé par Sa Majesté.

Art. 16. La peine de mort doit être attachée au délit, et non relative à la personne qui le commet ; elle doit être conséquemment la même pour tous les sujets de Sa Majesté sans distinction.

Art. 17. La confiscation des biens ne sera jamais prononcée ; ils appartiendront toujours aux présomptifs héritiers dans le cas de condamnation à mort civile ou naturelle.

Art. 18. Il doit être adjugé une indemnité à ceux qui auront été renvoyés absous ; il n'est pas juste qu'ils soient les victimes de la méprise de la justice.

Art. 19. Les formes prescrites par l'ordonnance civile donnent naissance aux longueurs dont les justiciables se plaignent; il est indispensable de les abréger.

Art. 20. Les justices ne doivent jamais être vacantes; les officiers présents, suivant l'ordre du tableau, remplaceront les absents; les délais de vingt-quatre heures, et même de trois jours, accordés aux premiers officiers, n'auront plus lieu, parce qu'ils retardent le cours de la justice.

Art. 21. La taxe des juges, procureurs, greffiers et huissiers, étant en quelque sorte arbitraire, il doit être fait un nouveau tarif; la taxe des bailliages et sénéchaussées pourra être des deux tiers de celles des cours souveraines, et celles des justices seigneuriales des deux tiers de celles des bailliages et sénéchaussées.

Art. 22. Les enquêtes sommaires qui se font à l'audience, dans les bailliages, sont abusives, en ce que tous les témoins sont entendus en présence les uns des autres; il serait à désirer que le juge ne pût les entendre que séparément.

Art. 23. Dans le cas d'apposition de scellés, le juge qui est obligé de venir les reconnaître devrait être autorisé à faire l'inventaire, ainsi que cela se pratiquait autrefois; cela éviterait la présence et vacation d'un notaire, qui ne peut ni reconnaître les scellés ni prononcer sur les difficultés qui naissent ordinairement dans ces sortes d'inventaires. Ces frais sont exorbitants; les juges des justices royales et seigneuriales ne les apposent qu'en qualité de commissaires; ils doivent être seuls, ainsi que cela se pratique au Châtelet. Supprimer aussi tous droits de suite.

Art. 24. Les visites pour les dégâts sur les biens de campagnes et pour les retirages de terre, toutes affaires peu intéressantes par elles-mêmes, coûtent cependant des frais considérables. On peut y suppléer en nommant, par paroisse, trois habitants qui connaissent la culture; le plaignant requerra deux d'entre eux de faire la visite; ils estimeront le dommage et ils remettront le certificat au plaignant, après en avoir fait part au défendeur et lui avoir demandé s'il veut payer; s'il consent, ils recevront les deniers au plaignant; s'il ne paye pas, le plaignant pourra l'actionner, et la demande, dégagée des frais de la visite, coûtera peu aux parties.

Si les deux experts n'étaient pas d'accord, ils prendront l'avis d'un troisième dans la paroisse la plus voisine.

La nullité d'une telle visite ne pourrait être requise ni prononcée; le juge aurait seulement la faculté d'entendre les deux arbitres si leur rapport était obscur.

Art. 25. Les droits du Roi, sur la procédure, doivent être supprimés en entier, sauf le contrôle sur les exploits, qui est nécessaire pour en assurer la date, mais qu'il faudrait cependant réduire; les autres droits du Roi augmentent considérablement les frais, et il n'est pas juste que le Roi retire un tribut particulier et aussi exorbitant de ceux qui sont nécessités de réclamer sa justice.

La suppression du centième denier doit aussi avoir lieu.

Art. 26. Les actes de tutelle, clôture d'inventaire et autres actes d'hôtels, dans les justices royales et seigneuriales, doivent être faits comme au Châtelet, hors la présence du procureur du Roi, qui est inutile.

Art. 27. Accorder à tous citoyens la faculté de faire vendre à l'encan ses meubles et effets, en le faisant néanmoins publier et afficher huitaine auparavant, sans être assujetti d'appeler un huissier-priseur, plutôt que tous les autres officiers publics, au choix des parties, même en cas de minorité ou de vente ordonnée en justice. Supprimer les quatre deniers pour livre, et assujettir les huissiers à la taxe des frais de vente.

Art. 28. Que la loi du 20 août 1786 soit modifiée : elle est très-onéreuse au tiers-état. Les commissaires à terrier le mettent à contribution, et les deux autres ordres en tirent tout le bénéfice, ayant la facilité de faire faire leurs terrains sans bourse délier.

La rénovation des terriers ayant été jusqu'à présent à la discrétion des seigneurs, ils ne pourront dorénavant les faire renouveler que tous les cinquante ans.

CHAPITRE III.

Droits féodaux.

Art. 1er. Les droits de mainmorte, mainmortable, corvée seigneuriale, four, pressoir et moulins banaux, et autres droits de servitude, restes odieux de la tyrannie des grands, doivent être bannis à jamais.

Art. 2. Chacun doit avoir la faculté d'affranchir son héritage des droits de cens, rentes seigneuriales, dîmes, champarts, avinages et autres droits seigneuriaux, tous droits très à charge par les accessoires, en payant le principal au denier vingt.

Art. 3. En attendant le remboursement du champart et dîme seigneuriale, on pourrait convertir ces droits en une prestation en argent. Le propriétaire et le cultivateur y gagneraient. La récolte de ce dernier ne serait plus exposée à l'intempérie des saisons, comme elle l'est aujourd'hui, le cultivateur ne pouvant enlever ses grains avant que le receveur n'ait compté les gerbes, et il conserverait en outre les pailles et fourrages qui lui sont nécessaires pour l'engrais de ses terres.

Art. 4. L'on doit être aussi autorisé à rembourser les droits de quint et lods et ventes.

Art. 5. Les actes de foi et hommage, aveux et dénombrement, doivent être supprimés; une simple déclaration en tiendra lieu.

Art. 6. La chasse n'est pas un droit; tout droit ne peut provenir que d'une convention stipulée entre les parties intéressées : or cette convention ne doit pas être supposée, le droit de chasse s'étant établi autrefois par la force des seigneurs et la faiblesse des habitants de la campagne; ces derniers, en effet, n'ont jamais pu consentir à nourrir à perpétuité, pour les seigneurs, la quantité prodigieuse de gibier qui existe aujourd'hui. Il faudrait permettre la chasse à tout propriétaire de cinquante arpents de terre, et à tous les fermiers de deux cents arpents de terre, lesquels seraient tenus de faire une déclaration au greffe de la justice, dont ils se feraient délivrer une expédition pour justifier de leurs droits.

Les bois seront exceptés. Le propriétaire du bois pourra seul y chasser, avec obligation de ne pas souffrir de lapins, qui seront proscrits partout, sauf aux seigneurs à se procurer et entretenir une garenne forcée à leurs frais; supprimer les arrêts des 21 juillet 1778 et 15 mai 1779, qui ordonnent trois visites, et y substituer une visite dans la forme prescrite, article 24 du précédent chapitre; que défenses soient faites aux seigneurs d'épiner les champs pour empêcher aux habitants de la campagne la prise des alouettes.

Art. 7. Les capitaineries doivent être entièrement supprimées; elles sont encore plus préjudiciables à la culture des terres.

Art. 8. La plupart des seigneurs et des propriétaires de la campagne ont des colombiers considérables; le pigeon détruit les semences et les récoltes des particuliers, il conviendrait de les supprimer.

Art. 9. La plupart de nos coutumes accordent aux aînés la majeure partie des biens en fiefs; cela occasionne des animosités dans les familles, dont on doit faire en sorte de conserver l'harmonie : réformer en conséquence cette disposition et rétablir l'égalité pour le partage de ces biens comme pour ceux en roture.

CHAPITRE IV.

Agriculture.

Art. 1er. Tout ce qui contribuera à donner de l'aisance aux habitants de la campagne enrichira la France par de plus abondantes récoltes et un plus grand nombre de bestiaux. Il est donc de la première importance de les favoriser dans leurs entreprises, de les mettre à l'abri des vexations des commis et leur éviter des procès qui les distraient de leurs occupations et les ruinent.

Art. 2. Permettre aux laboureurs et gens de la campagne de se livrer à leurs travaux dans le temps précieux de la moisson, même les dimanches, hors le service divin, sans qu'ils soient obligés de se déplacer pour en demander la permission à qui que ce soit.

Art. 3. Dans le cas où les fêtes ne seraient pas entièrement supprimées, les cultivateurs doivent être autorisés, de même que tous les artisans de la France, à pouvoir travailler les fêtes sans en demander la permission, hors le service divin.

Art. 4. La réunion de plusieurs fermes en une diminue, en apparence, les charges du propriétaire, elle détruit l'espoir du laboureur pour placer ses enfants, elle détruit la population des bourgs et paroisses, elle ôte l'abondance des bestiaux et des engrais, elle diminue, par une suite nécessaire, le produit en grains de toutes espèces; l'intérêt de l'État exige donc que l'on ne puisse composer à l'avenir toute exploitation de 300 arpents au total.

Art. 5. Les droits que l'on exige quand un bail excède neuf années préjudicient à l'agriculture, parce qu'un fermier qui n'est pas certain de conserver sa ferme au bout de neuf ans, ne peut y faire la même dépense qu'il ferait s'il avait l'espoir d'y rester plus longtemps; pour éviter ces abus, on doit donc autoriser les bénéficiers à louer leurs fermes pour douze ans, et les autres personnes pour le temps qu'ils jugeront à propos de le faire, pourvu que le temps n'excède pas vingt-sept ans.

Art. 6. Les baux des fermes de bénéficiers et autres usufruitiers doivent subsister pendant toute leur durée, qu'il y ait changement ou non. Un fermier qui n'est pas certain de finir son bail ne donne pas à ses terres l'engrais dont elles sont susceptibles, dans la crainte que son bail ne soit résilié ; ce préjudice causé à l'agriculture sera réparé en privant le bénéficier successeur du droit qu'il a aujourd'hui de faire cesser les baux faits par son prédécesseur; les baux pourront même se renouveler trois ans avant leur expiration.

Art. 7. Un propriétaire qui a loué pour neuf ou dix-huit ans vend quelquefois aussitôt qu'il a loué, après avoir tiré un pot-de-vin, et dans un moment où le fermier a fait des dépenses considérables, dont il n'a encore tiré aucuns fruits; le nouvel acquéreur peut, suivant la loi romaine, EMPTOREM, expulser le fermier en lui donnant une légère indemnité ; il abuse presque toujours de la position du fermier, et le force ou à augmenter son fermage ou à sortir de la ferme ; c'est une injustice qui ne doit plus être permise à l'avenir : supprimer la faculté accordée par cette loi quand il s'agira des biens de campagne.

Art. 8. Il y a quantité de pâtures et communes pour les bestiaux des villages; il serait nécessaire de veiller à leur conservation, et que les meuniers ne puissent les inonder par une mauvaise construction de leurs moulins, ainsi que cela n'est que trop commun sur toute l'étendue de la rivière d'Étampes, depuis la source jusqu'à Corbeil.

Pour éviter les inondations des prairies et communes, il faut forcer tous les meuniers à avoir des déversoirs suffisants, pour que l'eau ne puisse plus les submerger; les propriétaires des moulins seront responsables des délits, sur le rapport des municipalités des paroisses, sauf leur recours contre leurs meuniers quand il y aura des déversoirs.

Art. 9. Ces prairies desséchées pourront aisément servir à élever des chevaux et autres bestiaux, et suppléer aux haras très-coûteux à l'État.

Tout particulier aura la liberté d'avoir chez lui des étalons, et alors il sera nécessaire de supprimer les haras, qui nuisent à la liberté et au commerce des chevaux.

Art. 10. Le bois manque dans une grande partie du royaume; il est intéressant de faire revivre les lois qui ordonnent les plantations sur les grandes routes et d'encourager les particuliers à planter en leur accordant une surséance de tous impôts pendant vingt ans sur le terrain qu'ils planteraient et dont ils constateraient l'assiette et l'étendue par un arpentage qui serait déposé, sans frais, au greffe des assemblées provinciales; il existe beaucoup de terres incultes, susceptibles de cette plantation.

CHAPITRE V.

Finances.

Art. 1er. Attendu que la nation a seule le droit d'établir et régler les impôts, et qu'il n'en existe aucun qui ne soit d'origine ou d'extension illégale, nous demandons qu'ils soient tous supprimés à l'époque du 1er janvier 1790, et qu'ils soient remplacés en tant que besoin par d'autres contributions dont la nature et la quotité sera réglée, qui porteront également sur tous les citoyens quels qu'ils soient. Ils seront répartis et perçus par les États provinciaux, dont le trésorier, qui ne sera comptable qu'à eux, fera verser directement le produit à la caisse nationale; cette opération entraînera la suppression des receveurs généraux des finances et des receveurs des tailles.

Art. 2. Il n'y aura qu'un seul rôle pour les trois ordres pour chaque impôt, sans permettre d'abonnement à qui que ce soit, et tous les contribuables seront poursuivis pour le payement par les mêmes voies et dans les mêmes tribunaux.

Art. 3. Il serait à désirer qu'il n'y eût qu'un seul et unique impôt, et si on ne peut y parvenir on emploiera tous les moyens possibles pour supprimer la gabelle, impôt ruineux par le peuple et préjudiciable à l'agriculture.

Art. 4. Nous demandons la suppression absolue des aides, qui pèsent plus particulièrement sur le pauvre et qui entraînent des vexations tyranniques. Leur produit pourrait être remplacé par une imposition sur les vignobles, laquelle serait comprise au même rôle que l'impôt territorial pour diminuer les frais de perception.

Si les États généraux ne croient pas prudent de les supprimer la première année, il est indispensable au moins de réunir tous ces droits en un seul, sous une même dénomination.

Art. 5. Que les droits sur les cuirs soient supprimés et qu'ils soient remplacés par un droit levé sur l'abat chez les bouchers. L'honneur et la tranquillité des fabricants seraient en sûreté et l'État y gagnerait.

Art. 6. Le droit sur la marque sur les ouvrages d'or et d'argent doit être invariable, et il ne doit plus être rien payé sur les vieux ouvrages.

Art. 7. Les droits de péage, plaçage, barrage, passage, pontage et autres dans les marchés, villes et sur les ponts doivent être supprimés. Ces droits ne produisent le plus souvent qu'à ceux qui sont chargés d'en faire la perception, ils occasionnent des querelles et des embarras, ils nuisent à la liberté : l'on ne doit conserver que le droit de plaçage dans les marchés, où celui au profit de qui il est perçu, fournit bancs, tables et un couvert; c'est une juste indemnité du service que l'on en retire.

Art. 8. Le droit de franc-fief, payé par les roturiers, est onéreux et humiliant; nous en demandons la suppression.

Art. 9. Les loteries doivent aussi être supprimées; elles sont une ressource indigne d'un État policé, elles entraînent la ruine et le déshonneur de beaucoup de familles; il faut aussi empêcher soigneusement l'introduction des loteries étrangères.

Art. 10. Nous désirons pareillement que le droit de contrôle des actes soit modifié, qu'il soit fait un nouveau tarif ; que pour les actes où le droit se perçoit sur la quantité des contractants, les classes des citoyens soient distinguées suivant l'importance de chaque état, de manière qu'il ne soit pas à l'arbitraire des fermiers de le varier, et qu'enfin il soit pourvu aux abus qui résultent des différentes visites et vérifications des commis auxquelles les notaires ne sont que trop exposés, en obligeant les commis de se faire assister d'un juge lorsqu'ils feront lesdites visites.

Il serait à désirer qu'il y eût des bureaux d'enregistrement des actes de notaires de Paris, pour en assurer la date.

Art. 11. Nous demandons l'abolition absolue de la corvée, soit en nature, soit en argent. La prospérité du commerce et la facilité des communications tournant au profit de la nation entière, c'est à elle à supporter les frais qu'entraînent le soin et la perfection des communications; cet objet doit être porté dans l'état général des dépenses de la nation.

Art. 12. L'on pourrait, en temps de paix, employer les soldats à faire des chemins, ouvrir des canaux et à d'autres ouvrages d'utilité publique, en augmentant leur paye du double, et l'État, en les accoutumant au travail et à la fatigue, épargnerait encore considérablement sur les dépenses que ces entreprises occasionnent.

Art. 13. Que toutes personnes, de quelque état qu'elles soient, soient assujetties au logement des gens de guerre, afin que les plus malheureux des villes et villages ne soient plus écrasés par les exemptions dont jouissent les plus riches, lesquels cependant, par l'étendue de leurs logements et leur aisance, sont plus à portée de recevoir ceux qui défendent leur propriété.

Art. 14. Que le guet et garde soient acquittés en personne par ceux qui y étaient précédemment assujettis, et en argent, par ceux qui, comme le clergé, la noblesse, les magistrats et autres, en étaient exempts, et que les deniers qui en parviendront soient répartis par l'état-major à ceux qui auront fait leur service : ces deniers ne seront choisis que dans la classe la plus indigente; tous les citoyens profitent également du guet et garde, il est naturel que chacun y contribue ; la noblesse, le clergé et la magistrature doivent donc payer, puisqu'à raison de leur état, ils doivent être dispensés du service.

Art. 15. L'état actuel des dépenses du royaume étant le fruit du caprice et de l'arbitraire des anciens ministres, nous demandons qu'il soit entièrement refondu par les États généraux et qu'il en soit arrêté un nouveau dans lequel on supprimera toutes les charges et emplois qui ne sont pas essentiels à la nation, et on réduira les autres au taux le plus modéré.

Art. 16. Parmi ces dépenses, nous recommandons spécialement une révision générale de toutes les pensions ; on fixera une somme annuelle pour les pensions que payera la nation aux personnes qui les auront méritées par leurs services, et que l'on ne pourra excéder sans le consentement des États : cette somme ne pourra être au delà de dix millions.

Art. 17. Il est raisonnable, et nous demandons que toutes les dépenses qui n'intéressent pas directement la nation soient remises en un seul article, avec celles qui sont nécessaires à la personne de Sa Majesté et à la famille royale, laquelle somme sera fixée par les États.

Art. 18. Un État comme la France ne peut se soutenir que par les ressources que la bonté de son sol peut lui procurer, et par son crédit ; on doit donc faire les plus grands efforts pour lui conserver ce dernier moyen en payant toutes les dettes contractées sous la foi d'un enregistrement qu'on regardait légal ; les États généraux en feront la vérification et la consolidation.

Art. 19. Il sera fait la loi la plus sévère pour empêcher les ministres d'anticiper les revenus de la nation, et les États généraux devront déclarer désormais ces anticipations illégales, et non obligatoires pour la nation.

CHAPITRE VI.

Commerce.

Art. 1er. Depuis le traité de commerce entre la France et l'Angleterre, nos fabriques, ne pouvant soutenir la concurrence, sont de beaucoup diminuées ; déjà le tort qui en est résulté est très-considérable ; il sera incalculable dans plusieurs années. L'on craint, en le rompant, de s'attirer une guerre que l'on se regarde, quant à présent, hors d'état de soutenir.

Les États généraux doivent examiner si cette crainte peut être fondée, et si, d'ailleurs, il ne vaudrait pas mieux en courir les risques, plutôt que de miner graduellement l'État par ce traité ruineux pour nous, qui enrichit nos voisins.

Art. 2. Il faudrait reculer aux extrémités du royaume toutes les barrières, de telle sorte que le commerce fût entièrement libre dans l'intérieur, et qu'il n'eût pas mille entraves par les précautions sans nombre qu'il faut prendre quand on veut traverser plusieurs provinces.

Art. 3. Etablir dans tous les bailliages royaux une juridiction consulaire, ou au moins nommer tous les deux ans trois négociants qui assisteront les juges royaux pour la décision de ces affaires, qui seront jugées en dernier ressort jusqu'à 500 livres quand la sentence sera rendue par cinq juges, dont deux au moins seront marchands ou négociants.

Art. 4 Il serait aussi nécessaire d'établir des règles pour éviter les abus qui résultent du colportage; il est de ces gens-là qui n'ont de la marchandise que pour s'introduire dans les maisons et y voler plus facilement.

Art. 5. Il serait également nécessaire qu'il n'y eût en France qu'un seul poids, mesure et aunage.

Art. 6. Il est absolument nécessaire, pour la sûreté publique et la conservation des propriétés, qu'il soit fait des lois très-sévères sur les banqueroutiers; la première serait l'ouverture des endroits privilégiés comme le Temple et le Cloître de Saint-Jean-de-Latran.

La seconde serait un traité avec toutes les puissances voisines, pour qu'ils soient réciproquement rendus lors de leurs évolutions; il faudrait refondre et faire revivre les anciennes lois faites à cet égard.

Art. 7. Dans un Etat policé et aussi abondant en grains qu'est la France, jamais la disette et la cherté de cette denrée ne devraient se faire sentir; le prix auquel les grains sont aujourd'hui portés, prouve la nécessité de faire des règlements assez sages pour que, par la suite, le peuple n'éprouve une pareille cherté.

CHAPITRE VII.
Clergé.

Art. 1er. Demander la suppression des droits d'annates, de bulles et dispenses en cour de Rome. Des provisions du Roi aux évêchés et autres bénéfices à sa nomination en tiendront lieu; à l'égard des autres, les provisions des évêques, chacun dans leur district, suffiraient; l'Etat profiterait des droits que l'on paye dans un pays étranger pour les différents actes et dispenses; ces droits seraient versés dans la caisse nationale.

Dans le cas d'un éloignement de plus de dix lieues, les évêques donneront des pouvoirs aux doyens ruraux d'accorder toutes dispenses dont le tarif sera arrêté par les Etats.

Art. 2. Les évêques, créés pour veiller à l'observation de la discipline ecclésiastique dans leur diocèse, doivent continuellement y résider.

Art. 3. Il serait intéressant de supprimer généralement tous les bénéfices simples, ensemble les couvents principaux de l'ordre. Les revenus desbénéfices simples et des couvents supprimés seraient destinés à faire un sort aux curés, et alors il faudrait supprimer les dîmes ecclésiastiques qui excitent souvent des contestations entre les curés et leurs paroissiens, ne tendent qu'à diminuer le respect de ces derniers pour les ministres des autels et tournent au détriment de la religion; les curés ne pourraient même rien exiger pour aucunes de leurs fonctions curiales, administration de sacrements et autres.

Art. 4. Le clergé, obligé de contribuer, comme les autres sujets de Sa Majesté, à toutes les dettes de l'Etat qui seront à l'avenir imposées, sera par cette raison déchargé des dettes qu'il a contractées de l'agrément de Sa Majesté, quand il en aura rendu compte aux Etats généraux.

Art. 5. Réunir les cures voisines les unes des autres, et augmenter le nombre des vicaires.

Art. 6. Le commerce et l'exploitation des terres doivent être interdits aux ecclésiastiques.

CHAPITRE VIII.
Articles divers.

Art. 1er. Demander la suppression de la milice; qu'est-il besoin de faire des miliciens quand l'Etat est en paix, quand l'Etat, au moindre signal, peut se procurer autant de soldats qu'il en est besoin pour attaquer ou se défendre? Les milices occasionnent des dépenses considérables aux pères de famille, ils saignent, ils vendent jusqu'à leurs vêtements pour mettre à la bourse. Le gouvernement, il est vrai, défend ces bourses; mais sa défense ne sera jamais suivie, il s'en fera toujours tant que les milices se tireront; c'est un mystère entre chaque village: d'ailleurs les intendants qui en profitent ne font aucunes diligences pour les empêcher.

Art. 2. Il existe à la poste aux lettres, à Paris, un bureau particulier qui est autorisé par le gouvernement à ouvrir toutes les lettres pour en faire des extraits, et même les supprimer à volonté; cette inquisition odieuse est une violation manifeste de la foi publique, donne lieu à des abus de tous genres par la connaissance qu'elle donne du secret des familles et des affaires particulières qui n'ont aucun rapport à celles de l'Etat; nous demandons la suppression de ce bureau, et que les agents de la poste soient responsables en leur propre et privé nom de toutes infidélités.

Art. 3. L'administration des messageries ne doit pas être considérée comme une affaire de finance et de luxe, mais comme un établissement d'une nécessité indispensable pour le public et le commerce; les réformes faites d'abord par M. Turgot, et depuis par M. de Cluny, loin de rapporter au gouvernement, lui ont au contraire coûté plus de 15 millions, quoique les places et les ports des marchandises aient été de beaucoup augmentées. Ces messageries ne doivent jamais être en régie. L'Etat y gagnerait toujours beaucoup, et le public serait mieux servi.

Art. 4. Il serait nécessaire d'établir des écoles dans tous les villages et villes, où ceux qui seraient jugés par la municipalité hors d'état de payer seraient admis.

Art. 5. Il doit être établi des hôpitaux et assurer une dot suffisante, dans les collèges fondés dans les chefs-lieux; il en doit être aussi fondé où il n'y en a point.

Art. 6. L'établissement des communautés d'arts et métiers est utile dans les villes un peu conséquentes, mais il serait nécessaire d'admettre les fils de maîtres à se faire recevoir sans payer aucuns droits quand ils prendront la place de leur père.

Art. 7. Demander qu'il soit fait un règlement uniforme pour les assemblées municipales des villes à raison de leur importance.

Art. 8. Jusqu'à ce jour, le gouvernement s'est plus occupé à porter la guerre au dehors que d'assurer la tranquillité intérieure; il serait intéressant d'augmenter le nombre des maréchaussées et de les mieux payer. Ce corps est le plus utile à la nation. Il ne saurait être trop multiplié. Les brigands désolent les villes et les campagnes, et tous les citoyens sont intéressés à pouvoir voyager avec sûreté, et d'être chez eux à l'abri des attaques de ces ennemis de leur repos. Chaque chef-lieu devrait avoir dix cavaliers commandés par un lieutenant ou sous-lieutenant, et il faudrait former des arrondissements composés de plusieurs paroisses sous l'inspection d'un brigadier et de quatre cavaliers ; tous ces différents corps, se correspondant les uns aux autres, pourraient exercer une police qui ferait bientôt disparaître les fripons.

Ces brigades ne pourront exiger de qui que ce soit le payement de leurs courses ; elles auront des gages suffisants, et elles seront obligées de se rendre quand les juges et officiers municipaux de leur district les requerront.

Art. 9. La mendicité désole les villes et campagnes : il serait intéressant de la détruire ; l'on pense que le meilleur moyen serait d'établir des ateliers de charité dans chaque département, où tous les pauvres seraient admis ; alors tous les particuliers valides qui seraient trouvés mendier seraient arrêtés.

Art. 10 Le nouvel ordre que l'on demande nécessite la suppression des intendants, très à charge à la nation.

Le présent cahier, rédigé par nous, commissaires soussignés, en conformité du procès-verbal du 10 de ce mois, après y avoir vaqué sans interruption depuis le 11 jusqu'à cejourd'hui 14 mars 1789, en présence de M. le lieutenant général, président de l'ordre du tiers-état, et du secrétaire greffier, a été signé :

Picart de Noir-Épinay, lieutenant général et président.

Perrier, greffier.

COMMISSAIRES :

Laborde de Mereville ; Choiseau de Gravelles ; Champigny, procureur du Roi, de la ville ; Sergent, avocat du Roi ; Baron, échevin ; Crosnier, procureur ; Pineau, procureur ; Petit du Coudray, ancien échevin ; Robert, notaire royal ; Rousseau, maître des postes d'Angerville ; Robert Durand, laboureur ; Baron, laboureur ; Des Roziers, laboureur ; Poisson, laboureur ; Baudet, laboureur ; Dramard, laboureur ; C. Marcelle, laboureur, Le Fèbvre, laboureur ; M. Marsille, laboureur ; Marchon, laboureur ; Deniset, laboureur.

BAILLIAGE D'ÉVREUX.

CAHIER

Des instructions, doléances et pouvoirs du clergé des bailliages principal et secondaire d'Evreux, remis à M. DE LALANDE, bachelier de Sorbonne, curé d'Iliers-l'Evêque, et à M. LINDET, docteur de Sorbonne, curé de Sainte-Croix de Bernay, élus députés pour les Etats généraux prochains (1).

Religion.

Le clergé des bailliages d'Evreux, persuadé que la religion est la base essentielle de la stabilité et du bonheur des empires, déclare 1° qu'il regarde comme une loi fondamentale du royaume que la religion catholique, apostolique et romaine, la seule véritable, est la seule reçue en France. Le flambeau de la foi avait éclairé les Gaules avant que les Français en fissent la conquête. Les vainqueurs embrassèrent la religion des peuples subjugués, et depuis Clovis cette religion sainte a toujours été la seule publiquement professée par la nation et par les princes qui l'ont gouvernée. Le clergé charge ses députés aux Etats généraux de solliciter le renouvellement des lois nécessaires pour réprimer une licence effrénée avec laquelle on se déchaîne de nos jours contre un culte si vénérable.

Mœurs.

L'oubli des principes religieux entraîne infailliblement l'oubli des principes de la morale ; aussi dans ce siècle, où l'incrédulité a fait de si rapides progrès, on peut dire que la dépravation des mœurs a surpassé les égarements de l'esprit ; les lois, les usages qui paraissent les plus inviolables à nos pères, sont foulés aux pieds. Chaque citoyen s'élève au-dessus des règles ; les crimes et les scandales demeurent impunis et sont souvent récompensés ; des esprits inquiets et téméraires semblent avoir formé une conspiration pour briser tous les liens qui attachent les hommes à la société. L'insouciance et la cupidité ont occasionné ces déprédations qui ont presque renversé l'Etat. Mille plumes audacieuses réclament aujourd'hui la liberté de répandre plus universellement, par la presse les funestes conceptions d'une imagination déréglée. Le clergé recommande instamment à ses députés aux Etats généraux de solliciter les règlements et les établissements les plus efficaces pour réformer les mœurs dans toutes les conditions des citoyens ; et si les Etats généraux jugeaient que la liberté de la presse dût être accordée, les députés du clergé demanderont qu'il soit ordonné que les imprimeurs auront un livre signé de l'auteur, ou qu'ils seront, solidairement avec les auteurs, responsables pour les livres contraires à la religion, aux mœurs et aux lois.

Monarchie.

Le clergé des bailliages d'Evreux déclare que la France est une monarchie héréditaire, dans la-

1) Nous publions ce cahier d'après un imprimé de la *Bibliothèque du Sénat.*

quelle les Rois se succèdent de mâles en mâles, suivant l'ordre d'aînesse ; que la suprême puissance réside dans la personne du Roi, qui ne peut détruire ni changer les lois constitutives ; que cependant tous les sujets du Roi naissent francs et libres, et doivent être gouvernés par les lois ; que le consentement de la nation a toujours été nécessaire pour la levée des impôts ; que la toute-puissance du trône ne peut suppléer ce consentement.

Voter par ordre.

Le clergé regarde comme une des plus importantes lois fondamentales de la monarchie la distinction et l'indépendance respective des trois ordres, du clergé, de la noblesse et du tiers-état, dont aucun ne peut être lié par les délibérations des deux autres ordres, le consentement des trois ordres étant essentiellement requis pour donner à un acte le caractère de loi nationale. Il défend expressément à ses députés de consentir qu'il soit porté aucune atteinte à l'antique constitution, qui est de délibérer par ordre ; il leur défend aussi de consentir à ce qu'on introduise le mode d'opiner par tête, qui insensiblement produirait la confusion des rangs et des conditions, et qui ferait dépendre la durée des lois les plus essentielles de la mobilité des opinions de la multitude. Le clergé et la noblesse faisant dans tout le royaume le sacrifice volontaire de leurs franchises et exemptions pécuniaires, aucun des ordres de l'Etat n'a d'intérêt au changement de la forme antique et constitutionnelle de voter par ordre ; ils doivent tous se réunir pour écarter l'exemple d'une innovation qui entraînerait des suites alarmantes.

Soumission à l'impôt. Réserves.

Le clergé des bailliages d'Evreux, désirant prouver au Roi et à la nation son empressement à procurer la libération de l'Etat, déclare qu'il se soumet à payer tous les impôts que les Etats généraux trouveront à propos de conserver ou d'établir, dans la même proportion que les autres ordres de citoyens, sous la réserve expresse que les emprunts faits pour le Roi par le clergé, et les secours extraordinaires accordés par le même clergé dans les temps où les autres citoyens n'étaient pas chargés d'impôts extraordinaires, seront confondus dans la dette nationale ; que le clergé jouira des mêmes avantages que les autres sujets du Roi, notamment de la liberté de passer ses baux sous signature privée, de l'affranchissement du droit d'amortissement pour les mutations de ses propriétés entre gens de mainmorte, et qu'il ne sera porté aucune atteinte à ses droits honorifiques et utiles, qui ne pourraient lui être enlevés sans blesser les droits sacrés de la propriété et les principes fondamentaux de la monarchie.

Etats généraux.

Le vœu le plus formel du clergé des bailliages d'Evreux est que ses députés ne délibèrent sur les nécessités de l'Etat, qu'après que les lois constitutionnelles du royaume auront été solennellement déclarées de l'autorité du Roi et du consentement des Etats généraux, dont le retour périodique sera fixé à des époques peu éloignées, dans le commencement, et qui se tiendront dans la suite de cinq ans en cinq ans au plus tard. Pour assurer la perpétuité des Etats généraux, le clergé estime qu'ils ne devront accorder aucuns impôts pour un terme plus long que l'intervalle d'une session à l'autre, et les impôts octroyés dans les Etats généraux cesseront de plein droit à l'époque fixée pour la tenue des Etats suivants.

Commission des Etats généraux.

Le clergé demande avec instance que, pour écarter tout ce qui pourrait empêcher le retour périodique des Etats généraux, les députés auxdits Etats généraux s'abstiennent de former aucune commission intermédiaire, les Etats de chaque province pouvant remplir avec moins de péril les fonctions de cette commission.

Impôt à terme. Comptabilité.

Nous pensons que les prochains Etats généraux jugeront nécessaire de procurer une loi stable, qui défende à tous les tribunaux d'enregistrer et d'autoriser aucune levée d'impôt et aucun emprunt, avant qu'ils aient été consentis par lesdits Etats généraux ; il sera de leur sagesse de n'en consentir aucun avant d'avoir fait établir la comptabilité pour la perception et l'emploi des impôts, et faire régler la compétence des tribunaux qui connaîtront des délits en cette matière, et les peines à encourir.

Impôts proportionnels et communs.

Il sera de la justice des Etats généraux, en établissant de nouveaux impôts, ou en conservant les anciens, dont les noms sont odieux pour un peuple libre et sensible à l'honneur, de se charger d'ordonner qu'ils soient répartis proportionnellement sur toutes les classes des citoyens du royaume, sans privilège ni exemption.

Etats provinciaux.

Le clergé des bailliages d'Evreux charge ses députés de représenter humblement à Sa Majesté qu'il eût été à désirer que les députés de la province de Normandie aux Etats généraux du royaume eussent pu être nommés par les Etats de cette province dûment constitués, ce qui leur aurait donné le caractère de députés de la province ; que cette forme ancienne ayant été négligée par le règlement du 24 janvier dernier, il n'a pas cru devoir mettre aucun obstacle ni retardement à la convocation si désirée des Etats généraux, parce qu'il espère que la forme de la convocation sera désormais réglée d'une manière fixe et invariable, qui conservera à chaque province la représentation la plus équitable.

Commission des Etats provinciaux.

Le clergé des bailliages d'Evreux recommande et enjoint expressément à ses députés de solliciter le rétablissement et la convocation périodique des Etats de la province de Normandie, dont l'organisation provisoire sera arrêtée entre les députés de tous les bailliages de ladite province aux prochains Etats généraux. La première convocation desdits Etats provinciaux sera déterminée avant la dissolution des Etats généraux, et ils seront assemblés au plus tard six mois après la dissolution desdits Etats généraux ; il devra

être formé une commission intermédiaire qui sera divisée en trois chambres, dont l'une tiendra ses séances dans la haute, l'autre dans la basse, et la troisième dans la moyenne Normandie : les membres de la commission intermédiaire auront entrée et voix délibérative dans chacune de ces chambres.

Fixation de la maison du Roi et des départements.

Le clergé des bailliages d'Evreux pense que les Etats généraux devront déclarer qu'ils attendent de la générosité de Sa Majesté qu'elle daignera fixer, de concert avec les Etats généraux, la somme nécessaire pour entretenir sa maison, avec l'éclat qu'exige indispensablement la dignité du trône et l'économie que prescrit la situation des finances du royaume. Les fils de France seront suppliés de se contenter des apanages qui leur ont été assignés par édits dûment enregistrés. Les Etats généraux s'occuperont de l'examen des différents départements, fixeront les sommes qu'il conviendra d'employer, et exigeront que les comptes en soient rendus aux Etats généraux.

Recherche des abus.

Le clergé des bailliages d'Evreux charge l'honneur et la conscience de ses députés de se faire rendre compte de la situation des finances du royaume, de vérifier les dettes de l'Etat, et d'en rechercher les causes ; de consolider celles qu'ils croiront devoir être acquittées pour l'honneur de la nation ; de demander la suppression ou la diminution des dépenses, l'examen des pensions et des causes pour lesquelles elles ont été accordées, la réforme de tous les abus qu'ils pourront découvrir dans l'administration ; une perception d'impôt moins onéreuse, moins arbitraire et moins vexatoire.

Réforme des intendants et compagnie de finance.

Les Etats généraux jugeront sans doute que leur retour périodique, celui des Etats de chaque province rétablis dans celles où la convocation était négligée, et créés dans celles qui n'en avaient jamais eu, et la permanence des commissions intermédiaires desdits Etats provinciaux, assureront à la nation une administration économique, qui rendra inutile le service des intendants et de toutes les compagnies de finance, dont la suppression sera accélérée autant que la justice le permettra.

Impôts arbitraires.

Il est à désirer que les Etats généraux ne consentent jamais d'impôts qui n'aient pas de bases fixes, indépendantes de la volonté des percepteurs et des assesseurs.

Abonnement, aides et gabelles.

Le vœu de la nation s'est depuis longtemps assez manifesté pour la suppression des aides et gabelles, qui peuvent être remplacées, ainsi que les autres impôts, par un abonnement pour chaque province.

Emprunts viagers, loteries.

Il semble que les Etats généraux ne devront jamais autoriser d'emprunts viagers, ni de loteries : l'impôt, qui tend à détruire les mœurs et les liens de famille, et à concentrer les hommes dans un fatal égoïsme, doit être proscrit par de sages administrateurs.

Charges et tribunaux.

Nous désirons que les États généraux procurent une loi nouvelle, qui défende la création de nouvelles charges et de nouveaux tribunaux, pour subvenir aux besoins du fisc par la vénalité de ces offices.

Contrôle.

Le contrôle et l'insinuation peuvent être convertis en un enregistrement littéral et collationné des actes, fait au greffe des justices royales, pour servir de seconde minute. Les États généraux feront rédiger un tarif des droits de ce nouveau droit d'enregistrement, clair, invariable et moins onéreux. L'économie exige que le payement des créanciers de l'État se fasse dans les recettes les plus voisines de leur demeure, ou du lieu de leurs travaux et de leurs fournitures.

Domaines.

Les domaines de la couronne ont été, pour la plupart, aliénés ou engagés à vil prix ; l'instabilité des engagements fait qu'ils sont mal cultivés et qu'ils produisent peu ; leur aliénation paraît désirable, et il est nécessaire d'établir une meilleure administration pour faire valoir ceux qui ne seront pas aliénés.

Colombiers, chasses.

L'agriculture mérite l'attention et l'encouragement des États : elle sollicite le renouvellement des règlements sur les colombiers et les chasses, pour empêcher la multiplication du gibier qui dévaste les campagnes.

Traites, poids et mesures.

Le clergé des bailliages d'Evreux croit qu'il est de l'intérêt du commerce de demander l'abolition des droits de traite, le dépôt des matrices des poids et mesures dans les municipalités.

Municipalité.

Il croit que les communes doivent solliciter la suppression de la vénalité des offices municipaux, leur réintégration dans le droit naturel d'élire leurs représentants et l'assignation des fonds nécessaires pour les dépenses des villes. Les officiers municipaux ne devront rien statuer, délibérer ou exécuter, sans l'avis des députés des ordres et corporations qui formeront la municipalité, et qui seront nommés par leurs corps respectifs.

Justice.

Le clergé des bailliages d'Evreux pense que l'administration de la justice doit être regardée comme un des objets qui intéressent le plus la félicité et la sûreté publiques. Il charge ses députés de solliciter la suppression du grand conseil et de tous les tribunaux d'exception, et leur réunion aux tribunaux ordinaires ; le renvoi aux tribunaux ordinaires des procès en matière d'impôts ; l'abolition des commissions et évocations ; un nouvel arrondissement des juridictions ; la fixation du nombre des juges nécessaire pour rendre un jugement ; la simplification et l'abréviation de la procédure ; un double dépôt de tous les actes des greffes ; la modération de tous les frais judiciaires ; l'obligation de recourir à des juges de conciliation, qui jugeront, sans frais, dans un bref délai qui sera fixé, avant qu'on puisse s'adresser aux tribunaux de justice réglée ; la liberté civile des citoyens ; la responsabilité devant les tribunaux ordinaires de ceux qui, par des ordres surpris ou autrement, auraient fait ou procuré l'enlèvement d'aucun citoyen, et l'auraient soustrait à ses juges naturels ; l'amélioration de l'état des prisons ; la faculté pour les accusés d'interpeller les témoins avant que ces derniers soient mis en péril, s'ils varient dans leurs dispositions ; un conseil pour les accusés après le premier interrogatoire ; la suppression du serment des prévenus en crime avant l'interrogatoire ; l'instruction à charge et à décharge ; l'admission en tout état de cause à la preuve des faits justificatifs ; l'accélération des procédures criminelles ; les dommages et intérêts de l'accusé innocent contre le fisc, comme contre les accusateurs ; l'appel de tous les jugements criminels aux cours souveraines ; un intervalle entre les arrêts qui condamnent à des peines afflictives et infamantes et l'exécution ; le pourvoi contre les arrêts en matière civile et criminelle permis et restreint à une seule fois ; la détermination des tribunaux auxquels seront adressées les révisions des procès ; la modération des peines afflictives ; l'abolition des supplices qui révoltent l'humanité ; la suppression de la confiscation des biens des condamnés ; la suppression de la peine du bannissement ; l'établissement des maisons de correction où seraient renfermés à temps ou à perpétuité ceux qui auraient été condamnés à cette peine par les tribunaux, pour y être employés aux travaux dont ils seraient susceptibles ; on y renfermerait également, mais sans communication avec les condamnés, les enfants de famille dont le libertinage et l'inconduite donneraient lieu à de justes appréhensions, les ivrognes incorrigibles, les vagabonds, les mendiants, les gens de mauvaise vie qui troublent l'ordre public, et ce, d'après la délibération de la municipalité, sur les plaintes qu'elle aurait reçues et les informations qu'elle aurait prises ; cette dernière détention ne serait point infamante, et les renfermés seraient relâchés après qu'ils auraient repris des mœurs plus honnêtes par l'amour et l'habitude du travail, et gagné un pécule pour fournir à leurs premiers besoins.

Mendicité.

L'établissement et la dotation de ces maisons de correction paraissent le moyen le plus certain de purger la France de la mendicité ; on assurera la tranquillité publique contre le retour de ce fléau désastreux, en demandant le renouvellement des ordonnances de police contre les maisons de jeu, les cabarets, les loteries, les jeux de hasard, etc. ; en faisant ordonner que nulle personne ne puisse s'établir dans une paroisse de ville ou de campagne, dans laquelle elle n'est pas née, sans avoir déclaré à la municipalité les moyens qu'elle a de subsister ; en procurant l'établissement de bureaux de charité dans les grandes paroisses et dans les arrondissements des paroisses peu considérables, et en multipliant les ateliers de charité dont on a déjà éprouvé de si heureux effets, soit pour le soulagement des pauvres, soit pour la réforme de leurs mœurs.

Discipline ecclésiastique.

Le clergé, après avoir proposé la réforme des abus introduits dans l'ordre civil, ne doit pas se dissimuler le relâchement de la discipline ecclésiastique : comme citoyens, nous devons gémir sur les malheurs de la patrie ; comme ministres de la religion, nous devons déplorer amèrement les maux dont l'Église est affligée. L'influence graduelle de la discipline ecclésiastique sur la religion, de la religion sur les mœurs, des mœurs sur la constitution de l'Etat, démontre que le rétablissement de la discipline ecclésiastique n'est pas un objet indifférent ni étranger à l'assemblée générale de la nation.

Pluralité des bénéfices.

Le clergé des bailliages d'Evreux recommande à ses députés de solliciter aux Etats généraux l'exécution des saints canons sur la pluralité des bénéfices.

Résidence, incompatibilité des bénéfices.

La résidence effective des ecclésiastiques dans les bénéfices à charge d'âmes, ou qui exigent résidence par leur titre, a toujours paru à l'Eglise l'objet le plus digne de son attention. Les Etats généraux devront assurer, par les moyens les plus efficaces, l'exécution des lois qui la prescrivent ; et pour ôter aux bénéficiers un des prétextes le plus ordinaire d'abandonner les églises auxquelles ils sont attachés, les Etats généraux feront établir, par une loi formelle, l'incompatibilité des places de la cour avec les bénéfices qui exigent résidence.

Economats.

La longue vacance des bénéfices paraît également contraire à l'esprit de l'Eglise et à l'intérêt des peuples, qui se voient, avec douleur, privés des secours spirituels et temporels que leur procurerait la présence du titulaire. Le clergé des bailliages d'Evreux charge ses députés de demander la suppression des economats, dont l'administration obscure intervertit la destination des biens des églises ; une loi qui ordonne qu'il soit pourvu à tous les bénéfices dans le même délai qu'aux cures, et aux réparations des bénéfices consistoriaux, de la même manière qu'il est pourvu aux réparations des bénéfices cures.

Le clergé a toujours regretté la Pragmatique Sanction ; cette loi solennellement adoptée par la nation, cette loi dont le rétablissement a toujours fait l'objet des justes réclamations des cours et des différents ordres du royaume, et même des Etats généraux précédents ; cette loi, si sagement combinée, paraîtra sans doute aux prochains Etats généraux digne d'être remise en vigueur.

Conciles, synodes.

La cassation des conciles est une des causes qui ont le plus influé sur la décadence des mœurs et de la discipline de l'Eglise. Les députés du clergé des bailliages d'Evreux demanderont le rétablissement de ces assemblées, solliciteront un concile national qui devra se tenir un an après la clôture des prochains Etats généraux, une loi qui ordonne que les conciles nationaux se tiennent tous les vingt ans, les conciles provinciaux tous les cinq ans, et les synodes diocésains chaque année.

Le libre exercice de la juridiction ecclésiastique paraît encore un moyen nécessaire pour donner du nerf à la discipline de l'Eglise ; les Etats généraux devront s'occuper de l'affranchir des entraves qu'elle a reçues, assigner les limites des deux juridictions, et assurer en particulier l'exécution de la déclaration de 1736.

Monitoires.

L'abus des monitoires est une des servitudes les plus affligeantes de l'Eglise ; le premier juge a droit de les décrouer ; la légèreté et l'indiscrétion avec lesquelles on les ordonne, pour des causes même ridicules, exposent au mépris et à la dérision des censures qui doivent être réservées pour les causes les plus importantes.

Les députés solliciteront aux Etats généraux une loi formelle, qui déclare que les monitoires ne pourront être accordés que sur l'arrêt des cours souveraines, pour des crimes capitaux.

Oppositions aux mariages.

Les députés solliciteront une loi qui interdise les oppositions frivoles aux mariages.

Protestants.

Le retour des protestants en France, et les effets civils accordés à leurs mariages, sont des objets trop graves pour qu'ils ne soient pas soumis à l'examen de la nation assemblée. Comme on peut se flatter qu'une abondance de lumières a heureusement disposé l'esprit à l'union et à la concorde, nous ne pensons pas qu'on doive refuser à nos frères errants le rang qu'ils réclament dans la société au nom de la nature ; beaucoup d'entre eux le méritent par leurs vertus morales et civiles, et cet acte d'humanité et de justice ne peut servir qu'à les ramener avec le temps dans le sein de l'Eglise ; néanmoins nous adhérons à la société au nom de la nature ; pour solliciter une déclaration interprétative de l'édit concernant les non catholiques.

Patronages protestants.

Nous pensons aussi qu'il ne convient point à la sainteté de l'Eglise d'être forcée de recevoir ses ministres de la main des patrons qui ne croient pas à ses mystères ; en conséquence, les députés des bailliages d'Evreux demanderont que l'exercice du patronage soit suspendu et dorme, lorsqu'il sera possédé par des non catholiques ; qu'il soit dévolu aux ordinaires, sans que, par les nominations ainsi faites, les ordinaires puissent jamais acquérir la prescription.

Les commissaires ecclésiastiques aux Etats généraux examineront, dans leur sagesse, si l'on devra recommander aux prières nominales les patrons non catholiques.

Les mêmes commissaires solliciteront une ordonnance qui règle, d'une manière uniforme, les droits honorifiques des seigneurs et patrons dans les églises.

Rang des curés.

L'importance et l'utilité des fonctions du saint ministère exercé par les pasteurs du second ordre doivent faire désirer qu'ils jouissent de la considération qui leur est due ; en conséquence, le clergé désire que les Etats généraux déterminent le rang que les curés tiendront dans les assemblées politiques et ecclésiastiques.

Portion congrue.

L'indigence de la plupart des curés et de leurs coopérateurs contribue souvent à leur avilissement. Le remède à cet abus serait de fixer en essence la portion congrue des curés, des vicaires et même des confesseurs nécessaires dans les paroisses des villes, bourgs et campagnes ; d'augmenter la portion congrue, fixée par les derniers règlements à un taux nullement proportionné aux besoins des ministres et au prix des denrées. Les besoins n'étant pas les mêmes dans toutes les paroisses, il conviendrait de laisser la faculté et de recommander aux évêques de fixer la portion congrue, dans les circonstances qui l'exigeront,

› à un taux plus considérable que celui qui serait généralement ordonné.

Unions.

Il n'est pas moins indispensable de procurer la dotation des cures, dont les portions congrues ne peuvent être assignées sur les grosses dîmes de la paroisse, par l'union des bénéfices aux cures, ou par la réunion des portions des cures en une. Ce moyen, indiqué depuis longtemps, n'a produit aucun effet, à cause des frais qu'entraînent lesdites unions ou réunions. Les États généraux jugeront combien il est indispensable de simplifier les formalités des réunions et des unions faites aux cures, et même aux églises cathédrales, aux séminaires, collèges, pensions de retraite pour les vieux prêtres. Il semble aussi que les États généraux doivent procurer une loi qui autorise à couvrir, par la prescription quadragénaire, le défaut des formalités exigées pour ces sortes d'unions et réunions.

Vicaires à la charge des gros décimateurs.

Le clergé des bailliages d'Evreux croit que la jurisprudence qui affranchit les gros décimateurs de la portion congrue des vicaires, dans les paroisses dont les curés jouissent d'une partie de la dîme, doit être changée, et que les gros décimateurs doivent être assujettis au payement de la portion congrue des vicaires nécessaires, eu égard à la population et l'étendue des paroisses, concurremment avec les curés, et à proportion des dîmes qu'ils possèdent.

Fabrique.

Il paraît juste que les gros décimateurs suppléent à l'indigence des fabriques, pour l'entretien desdites fabriques.

Aumônes.

L'aumône étant une des obligations les plus indispensables des bénéficiers, les États généraux feront ordonner que, sur les dîmes que les gros décimateurs possèdent dans les diverses paroisses, il soit taxé une aumône proportionnelle au nombre des pauvres et au revenu des bénéfices, laquelle aumône sera distribuée par le curé et la municipalité.

Malte.

Les mêmes motifs qui ont déterminé l'Eglise à consacrer l'inamovibilité des curés, et qui engagent aujourd'hui à réclamer en leur faveur et en celle de leurs vicaires une augmentation de portion congrue, doivent procurer les mêmes avantages aux églises de l'ordre de Malte.

Scellés.

Souvent les successions des curés suffisent à peine pour les frais qu'entraîne l'apposition des scellés après leur mort. Le clergé demande que les municipalités soient chargées d'apposer, sans frais, les scellés sur les successions des curés ; que les chapitres soient maintenus dans le droit d'apposer les scellés sur les successions de tous les membres de leurs églises et des personnes qui y sont attachées ; que les chapitres des églises cathédrales soient autorisés à apposer les scellés sur les successions des évêques.

Quote-morte.

Les réguliers qui nomment aux cures régulières prendront, dans tous les cas, la quote-morte des curés réguliers, et seront chargés des réparations desdits bénéfices.

Déport et année des héritiers.

Lors du décès des curés, les héritiers jouissent quelquefois du revenu de l'année commencée, et les évêques de Normandie jouissent du revenu de l'année suivante, à charge de payer le desservice ; l'année des héritiers peut, à la vérité, servir de gage pour les réparations du presbytère ; mais de cet usage reçu dans la province, il résulte que le titulaire ou le desservant, pendant l'année des héritiers, et pendant l'année du déport, sont privés des ressources nécessaires pour leur subsistance et pour le soulagement des pauvres des paroisses. Le clergé charge ses députés de solliciter aux États généraux une loi qui abolisse les déports, en indemnisant les intéressés, et qui ordonne que les héritiers ne participeront aux revenus des cures que jusqu'à la prise de possession du successeur.

Dépôt des titres des cures.

Les titres des cures se trouvent souvent égarés au décès des titulaires ; il paraît à désirer que les États généraux fassent ordonner que les titres soient mis dans un dépôt qui sera indiqué par les États généraux ; qu'il en soit fait inventaire, et qu'ils ne puissent être déplacés que sous récépissé.

Deniers des fabriques.

Les deniers des fabriques étant destinés à l'entretien des églises, le clergé demande que ces deniers ne puissent être employés à d'autres usages, tels que réparations de presbytère, chemins vicinaux, etc.

Reconstitutions.

Les fabriques se trouvent exposées à la diminution graduelle et à l'anéantissement de leurs revenus, par la loi qui leur interdit la faculté de reconstituer les capitaux provenant du remboursement des rentes anciennement constituées à leur profit ; de là résulte nécessairement l'impuissance de faire acquitter les fondations et d'entretenir les établissements des maîtres et maîtresses d'écoles, et même les aumônes fondées pour les pauvres des paroisses. Le clergé demande qu'on laisse aux fabriques la faculté de reconstituer lesdits capitaux.

Aliénation.

Les derniers temps offrent une si grande multitude d'exemples d'aliénation des biens ecclésiastiques, et surtout des biens réguliers, qu'il paraît nécessaire de prévenir la dissipation entière du patrimoine de l'Eglise, en faisant ordonner que les biens d'église, même appartenant aux réguliers, ne pourront être aliénés sans le consentement des évêques, et sans lettres patentes dûment enregistrées.

Dîmes.

L'incertitude de la jurisprudence sur les dîmes étant devenue un sujet de contestations innombrables, le clergé désire que, pour assurer aux pasteurs le repos et la tranquillité dont ils ont besoin pour vaquer à l'exercice de leurs fonctions, les États généraux veuillent bien assurer l'enregistrement et l'exécution de la déclaration du Roi, du 29 mai 1786, pour les dîmes, et lever les difficultés auxquelles il n'aurait pas été suffisamment pourvu par ladite déclaration.

Novales.

Les nouvelles lois relatives aux novales se trouvant contraires aux droits des curés qui ne sont pas à portion congrue, les députés demanderont que lesdites novales soient réglées comme elles l'étaient avant 1768.

Sanctification des fêtes et dimanches.

La sanctification des fêtes et dimanches doit être regardée comme une partie essentielle du culte qui est dû à la Divinité; le clergé renouvelle les instances qu'il a faites dans tous les temps, pour faire interdire les foires et marchés dans ces saints jours et les assemblées aux jours de fêtes de paroisses.

Hôpitaux et retraite des prêtres.

Le clergé sollicite la faculté d'assigner sur les biens de l'Eglise des pensions aux anciens prêtres, à qui leur âge et leurs infirmités ne permettent pas de continuer l'exercice de leurs fonctions, et aux ecclésiastiques dans les ordres sacrés, infirmes ou indigents.

Sages-femmes, charlatans.

Les mêmes motifs de charité engagent le clergé à solliciter les Etats généraux de s'occuper des moyens de former des cours d'accouchement pour l'instruction des sages-femmes, et de procurer l'établissement desdites sages-femmes dans les campagnes, où une multitude de femmes en couches périssent, victimes de l'ignorance des personnes qui leur donnent leurs soins ; l'intérêt que toute âme sensible prend à l'humanité souffrante inspire au clergé le désir de faire dénoncer, par ses députés aux Etats généraux, l'abus effrayant qui résulte de la tolérance accordée aux empiriques.

Colléges.

On se plaint du peu de succès de l'instruction dans nos colléges ; les députés du clergé représenteront aux Etats généraux que le moyen de remédier aux abus de l'instruction de la jeunesse serait d'employer quelques corps réguliers ou congrégations séculières dans les colléges, ou de les inviter d'établir des colléges dans leurs maisons, en rappelant les religieux à la sévérité des anciennes maximes des clôtures ; ils seraient plus à portée de perfectionner le plan d'enseignement, qui deviendrait uniforme et perpétuel entre leurs mains.

Les réguliers et les congrégations seraient soumis à l'inspection des évêques dans ce qui concerne l'enseignement et le temporel des colléges qui y auraient été réunis.

Agents du clergé.

Il est important que les agents du clergé soient membres des Etats généraux ; ils furent admis en cette qualité à ceux de 1614. Le clergé ne peut traiter aucune affaire sans agents ; leur procuration les charge de toutes les affaires du clergé ; ils sont donc les députés du clergé dans toutes les assemblées où l'on convoque cet ordre et où l'on peut traiter de ses intérêts.

Le présent cahier, arrêté et rédigé par MM. les commissaires, approuvé par l'assemblée du clergé, a été transcrit sur le brouillon qui avait été signé et paraphé par Mgr l'évêque d'Evreux, et la collation faite par MM. les commissaires soussignés, et ceux de MM. les curés désignés pour suppléer à ceux de MM. les commissaires qui

n'ont pu attendre la transcription : et la présente copie servira de minute ainsi qu'il a été arrêté.

Noms de MM. les députés de l'ordre du clergé des bailliages principal et secondaire d'Evreux, pour les Etats généraux.

DIOCÈSE D'ÉVREUX.

M. **de Lalande**, docteur de Sorbonne, curé d'Illiers-l'Evêque.

DIOCÈSE DE LISIEUX.

M. **Lindet**, docteur de Sorbonne, curé de Sainte-Croix de Bernay.

CAHIER
DE L'ORDRE DE LA NOBLESSE DU BAILLIAGE D'ÉVREUX,

Rédigé par MM. les commissaires nommés en l'assemblée de tout ordre, tenue le 18 mars 1789, devant M. le grand bailli, contenant les demandes et réclamations dudit ordre, remis à M. le comte de Bonneville et à M. le marquis de Chambray, députés aux Etats généraux en 1789 (1).

L'assemblée de l'ordre de la noblesse du bailliage d'Evreux,

Considérant que les malheurs qui affligent la France prennent leur source dans les violations répétées qu'ont ont été faites aux lois constitutives du royaume et aux droits imprescriptibles de la nation, qui en sont une partie intégrante et essentielle ;

Que ces lois sont tombées en désuétude que parce que, n'étant pas rassemblées en un seul corps, elles ont donné plus de facilité aux ministres de tromper la religion de plusieurs de nos souverains, et de leur présenter les secours volontaires que leur offrait une nation libre et généreuse, comme le tribut d'un peuple asservi ;

Considérant enfin que le temps, les abus, des actes multipliés et illégaux de l'autorité souveraine ont fait perdre de vue les vrais principes de la monarchie, pour y substituer l'usage du pouvoir arbitraire dont nous éprouvons actuellement les funestes effets;

L'assemblée pense que le premier, l'unique moyen qu'on puisse et qu'on doive employer pour remédier efficacement aux maux actuels de l'Etat et prévenir ceux dont il est menacé, est de rappeler la constitution française à ses vrais principes ;

Que tous les moyens qu'on pourrait employer, si on négligeait celui-là, ne seraient que des palliatifs dont l'effet serait encore plus funeste que les maux actuels ; et en conséquence, les sentiments profonds d'attachement et de fidélité que l'ordre de la noblesse du bailliage d'Evreux a pour le Roi, et ceux qu'il doit à la patrie, lui font un devoir de charger très-expressément les députés qui seront élus par voie du scrutin, de solliciter de la justice du Roi une charte qui, en constatant et déterminant d'une manière précise les droits respectifs du souverain et de la nation, les assurent à jamais, et dans laquelle il soit expliqué :

Que la nation déclare qu'elle regarde comme un des principes de la constitution française l'ordre de succession au trône, tel qu'il a été consacré par l'usage depuis tant de siècles.

Que dans les cas d'extinction totale de toutes

(1) Nous publions ce cahier d'après un imprimé de la *Bibliothèque du Sénat.*

les branches de la maison de Bourbon, le droit de disposer de la couronne appartient exclusivement à la nation assemblée en États généraux.

Que c'est particulièrement à la nation seule à prononcer dans tous les cas où la succession au trône pourrait présenter quelques difficultés.

Que, par une suite du même droit, la nation assemblée peut seule disposer de la régence du royaume dans le cas de minorité, ou dans tous les autres cas imprévus qui mettraient le monarque dans l'impuissance de gouverner par lui-même, auquel cas les États particuliers de chaque province, par le ministère de leur commissions intermédiaires, seront autorisés à provoquer sans délai la nomination des députés aux États généraux, lesquels seront tenus de se rendre, aussitôt après leurs élection, dans le lieu qui sera désormais désigné pour la tenue des assemblées générales de la nation ; qu'ils se réuniront sans délai, et procéderont à la disposition de la régence.

Que les États généraux, de concert avec le Roi, doivent fixer l'âge de la majorité des rois.

Qu'elle reconnaît le Roi comme partie essentielle de la puissance législative, en sorte qu'aucune loi ne peut exister sans qu'elle ait été proposée par Sa Majesté et consentie par la nation, ou proposée par la nation et consentie par Sa Majesté.

Qu'elle reconnaît dans la personne du Roi la plénitude du pouvoir exécutif, lequel comprend le droit de faire la paix ou la guerre, et tous les traités qui y ont rapport, et la disposition de la force publique pour la défense de la nation et le maintien des lois.

Etats généraux.

Elle charge encore ses députés de déclarer que les convocations des Etats généraux doivent avoir lieu à des époques fixes, et que la prochaine convocation sera fixée, au plus tard, dans trois années de la présente, et qu'il ne doit point être établi de commission intermédiaire.

Que les députés de la nation, partagés trois ordres distincts, doivent opiner aux États généraux par ordre et sans que le vœu unanime des deux ordres puissent enchaîner le troisième.

Que, conformément aux lois constitutionnelles du royaume, les Etats généraux ont et peuvent avoir seuls, à l'avenir, le droit de faire des changements à la forme de leur convocation et à leur organisation.

Que nul impôt, nul subside, nulle taxe, ne peut être directement ni indirectement établi, perçu ni proposé, nul emprunt ouvert, nulle anticipation faite, nulle création d'office faite sans le consentement des Etats généraux.

Que la durée de tout impôt doit être déterminée par les Etats généraux, qui en fixeront le terme.

Que les Etats généraux doivent vérifier, éclaircir et publier, par la voie de l'impression, l'état actuel des finances. Que le même état devra être annuellement publié, à l'avenir, dans l'intervalle d'une assemblée nationale à la suivante, par l'administrateur des finances, et que toute personne aura la liberté de le discuter à la même voie.

Qu'aucune loi concernant l'état ou la fortune des citoyens ne pourra être envoyée aux cours pour y être déposée, qu'elle n'ait été proposée et consentie par les Etats généraux, sauf les lois particulières au duché de Normandie, lesquelles il suffira que les Etats dudit duché aient consenties.

Que la liberté personnelle, base de toute société, doit être assurée à tous les individus.

La noblesse du bailliage d'Evreux exprimément ses députés aux Etats généraux de déclarer en son nom, à la face de la nation, qu'elle entend provoquer, sur la tête de l'exécuteur de tout ordre arbitraire et contraire aux lois, l'anathème de l'opinion publique ; que s'il est gentilhomme, elle le rejette de son sein, et que son vœu le plus ardent est qu'ayant cessé d'être citoyen, il soit privé du droit d'assister aux assemblées nationales, dans quelque ordre qu'il se trouve classé.

Qu'aucun citoyen ne peut être détenu, sous quelque prétexte que ce soit, sans être remis, au plus tard dans les vingt-quatre heures, à ses juges naturels, et que celui qui aurait été arrêté et jugé ensuite être innocent, puisse exercer son recours contre qui il appartiendra.

Que la liberté de la presse doit être accordée indéfiniment, sauf la responsabilité personnelle devant les tribunaux ordinaires.

Que les ministres doivent être responsables de leur administration aux Etats généraux.

Que tout droit de propriété est inviolable, que nul ne peut en être privé que pour l'intérêt public, auquel cas il en sera préalablement et suffisamment dédommagé.

Etats provinciaux.

Considérant ensuite, qu'outre les droits communs à tous les Français, les Normands en ont encore de particuliers attachés à la constitution du duché de Normandie, l'assemblée de l'ordre de la noblesse du bailliage d'Evreux charge expressément ses députés d'établir les principes, et de réclamer les choses suivantes :

Elle réclame, pour toutes les provinces du royaume, le régime des Etats particuliers, le seul d'où puisse à la fois résulter et le bien particulier des provinces, et le bien général du royaume.

Que ces mêmes Etats, chargés seuls de l'administration de leur province, soient chargés de la répartition et perception de ces impôts, et en rendent les rôles exécutoires.

Que l'ancienne organisation des Etats du duché de Normandie, mal connue, pleine de variations, et peu propre aux circonstances actuelles, exige que les trois Etats dudit duché de Normandie soient assemblés, pour déterminer l'organisation la plus convenable à son administration ; qu'en conséquence, il soit convoqué par bailliage une assemblée nombreuse, avec pouvoirs suffisants aux députés qui la composeront, pour établir la forme et le régime desdits Etats du duché, et pour répartir, cette fois seulement, les impôts qui auront été consentis par les Etats généraux, et pourvoir provisoirement à l'administration du duché.

Que les Etats généraux ayant seuls le droit de consentir l'impôt, et les Etats provinciaux de le répartir, il importe que cette assemblée provisoire ait lieu le plus tôt possible.

Que les Etats du duché ainsi rétablis seront chargés, outre la répartition de l'impôt, de la surveillance des intérêts de la nation, et qu'en conséquence leurs procureurs syndics seront autorisés à faire, dans quelque tribunal que ce soit, les réclamations nécessaires, et à y stipuler ses intérêts.

Que la Normandie, ayant la propriété imprescriptible de plusieurs droits constitutionnels qui lui sont particuliers, lesquels sont consignés dans sa Charte et dans les confirmations d'icelle, elle réclame que cette Charte soit restituée, maintenue et exécutée dans toutes ses parties et dans toute sa force.

Tribunaux.

Les tribunaux doivent être sous la sauvegarde de l'assemblée générale de la nation.

L'ordre de la noblesse du bailliage d'Evreux réclame, comme partie essentielle de la constitution normande, l'existence de sa cour souveraine telle qu'elle existe ou doit exister, ainsi que celle de tous les autres tribunaux établis sur la demande ou du consentement des gens du duché, et elle s'oppose à ce qu'il y soit fait aucun changement, sans que les États du duché les aient proposés ou examinés et consentis formellement.

Elle charge les députés de rappeler, si cela est nécessaire, que la justice de l'échiquier appartenait à la province, et était administrée en son nom par ses prélats, ses barons et ses justiciers, et qu'elle en avait tellement la propriété, que Louis XII, en 1499, déclara qu'elle était la justice des sujets de son duché de Normandie.

De rappeler que si cette justice a éprouvé des changements notables, les États du duché les ont toujours provoqués ou consentis.

Elle charge ses députés de déclarer positivement que toute loi doit être nécessairement enregistrée dans ses cours souveraines, qui, suivant notre Constitution, n'en font qu'une; mais que cet enregistrement ne sera fait à l'avenir qu'après que la sanction nationale lui aura été donnée, soit par les États généraux, si la loi est générale pour tout le royaume, soit par les États du duché, si elle lui est particulière.

De demander qu'aucun tribunal ne puisse modifier, interpréter ou changer aucune loi ainsi établie, sous quelque prétexte que ce soit, mais que toutes interprétations, changements ou règlements quelconques émanent du prince, et soient revêtus de la sanction nationale.

Qu'aucune évocation ni attribution au conseil ne puissent avoir lieu dorénavant, sinon dans les cas de pourvoi contre des arrêts de cour souveraine; qu'au terme de la Charte normande on ne puisse obliger les habitants de la Normandie d'aller chercher la justice hors du duché, soit à cause des *committimus* au grand conseil, aux requêtes de l'hôtel et du palais, attribution du scel du Châtelet, privilèges des apanages et de la pairie.

Que même les *committimus* dans l'intérieur du duché soient supprimés ou accordés seulement en matière personnelle.

Qu'en résultat du droit qu'ont tous les habitants du duché de Normandie, de n'être pas obligés de plaider ailleurs que devant les tribunaux de leur duché, on ne puisse, en aucun cas, enlever les archives de sa Chambre des comptes, ni réunir cette cour à aucune autre hors des limites dudit duché.

Qu'on puisse poursuivre devant la nation assemblée en États généraux tout tribunal pour forfaiture, s'il refuse d'enregistrer et faire exécuter tous les actes revêtus des autorités combinées du Roi et de la nation, ou s'il se prête à l'exécution de ceux qui ne seraient revêtus que d'une de ces autorités.

Que toutes lois contraires aux précédentes réclamations soient annulées.

Les articles concernant la Constitution et les droits de la nation assemblée en États généraux, étant reconnus, les députés s'occuperont de l'état des finances.

Ils s'occuperont de l'examen de l'administration de ce département dans toutes ses parties, pour y porter toutes les réformes dont elles seront susceptibles; ils constateront la dette nationale avant de procéder ni consentir aucun impôt.

Ils demanderont que tous impôts actuellement existants ne puissent être continués, et qu'ils soient révoqués de droit, si leur continuation n'a pas obtenu le consentement des États généraux, et nous autorisons en conséquence nos députés auxdits États à consentir la continuation des impôts, actuellement existants, pour un temps limité, dont le terme ne pourra excéder l'expiration de l'année 1790, parce que préalablement cette continuation, consentie par les États généraux, sera adressée aux cours souveraines pour y être enregistrée. Les États tenant; qu'il ne soit délibéré sur la quotité des subsides à accorder, qu'après que la dépense de chaque département aura été irrévocablement déterminée.

Que la dépense de chaque département étant réglée et fixée habituellement, s'il arrive des cas extraordinaires qui nécessitent une augmentation de dépense, les ministres seront tenus de rendre compte aux États généraux des motifs qui l'ont déterminée, des moyens qu'ils ont pris pour y pourvoir, et de l'emploi qu'ils en ont fait.

Que les dettes du clergé soient constatées; que s'il y en a une partie qui ait été réellement contractée pour le service de l'État, elle soit jointe aux dettes de la nation, mais que le clergé reste chargé des autres, et soit obligé d'en acquitter les capitaux dans un temps limité par les États généraux.

La dette nationale étant constatée, la dépense déterminée, et les droits de la nation reconnus préalablement à tous, les députés seront alors autorisés à accorder les subsides nécessaires pour fournir aux payements des dépenses qu'exigera le service, jusqu'à six mois après le terme qui sera fixé par les États généraux pour la convocation de ceux qui devront les suivre, et les impôts qui seront mis en conséquence ne seront accordés que pour ce temps, après lequel ils cesseront de droit, si lesdits États ne les renouvellent pas.

Arrête aussi le corps de la noblesse du bailliage d'Evreux, que dans le cas où la tenue des États généraux serait reculée au delà du 1er janvier 1790, elle cessera de ce moment de payer aucune espèce d'impôt quelconque, sous quelque forme et dénomination qu'il puisse exister: déclarant qu'alors, en vertu de ses anciens droits, dont elle réclame l'exercice, qui n'a pu être que suspendu, elle consentira seulement l'imposition des sommes nécessaires à l'administration de son duché, pour être cette somme répartie dans une juste proportion sur les trois ordres dudit duché.

L'ordre de la noblesse du bailliage d'Evreux charge ses députés de demander que tous les privilèges pécuniaires attachés aux différentes charges, offices ou commissions, soient abolis, ainsi que ceux attachés à différentes villes, bourgs ou corporations du royaume, de manière que chaque individu paye les impôts en raison de ses fonds, et les autres impôts en raison de sa profession, de son commerce ou de son industrie.

Que le régime des impôts qui portent sur les consommations soit examiné, à l'effet de supprimer ceux qui seront reconnus trop généralement onéreux, de modifier et simplifier les autres, et de convertir en abonnement, autant qu'il sera possible, tous ceux qui en seront susceptibles.

Que tous les privilèges des maîtres de poste

soient anéantis, et que la permission d'exercer cet emploi soit mise à l'enchère dans les lieux fréquentés, et au rabais dans ceux qui le seront le moins, et qu'ils soient payés convenablement et comptant lorsqu'ils seront envoyés en tournée.

Qu'on cherche tous les moyens possibles d'anéantir la gabelle et la ferme des aides.

Qu'on examine scrupuleusement l'origine de chacun des droits de contrôle, que le régime et le tarif de ces droits soient expliqués de manière à éviter toutes contestations, et faire connaître à chacun ce qu'il doit, et que toutes les questions qui pourraient s'élever au sujet desdits droits soient décidées par les cours souveraines auxquelles elles sont attribuées.

Que les loteries soient supprimées aussitôt que l'état des finances le permettra.

Que l'on cherche le moyen de faire supporter aux capitalistes une imposition proportionnée à leur fortune, soit par une imposition particulière ou par une diminution graduelle de 1 p. 0/0 sur les effets royaux à chaque mutation.

Administration.

L'ordre de la noblesse du bailliage d'Evreux charge ses députés de demander la réforme des abus dans l'administration de la justice.

La suppression des procureurs, la diminution des frais, la liberté aux plaideurs de se défendre par eux-mêmes quand ils le jugeront à propos.

Qu'il n'y ait à l'avenir que deux degrés de juridiction.

Que les arrondissements des bailliages et élections soient corrigés et réformés, pour les rendre plus commodes aux justiciables et obvier aux mélanges de compétence.

Demander l'abolition des lettres de surséance, de sauf-conduit, et toutes autres tendantes à arrêter le cours de la justice.

Demander une compétence souveraine pour les bailliages secondaires en manière de fait.

Que les jugements et arrêts soient motivés.

Que tous procès, excepté les affaires très-compliquées, soient jugés à l'audience ou au délibéré.

Que dans le cas où il y aura lieu à juger des procès sur appointé en droit ou à mettre, le rapport soit fait publiquement.

Qu'il soit travaillé à la réformation du Code civil, des règlements qui en sont émanés, du Code criminel, pénal et d'instruction, par des commissaires instruits par une expérience habituelle, et choisis dans diverses classes de citoyens, notamment dans les bailliages.

La suppression des intendants et de leurs subdélégués, surtout celle de leurs juridictions contentieuses.

La suppression des offices des commissaires aux saisies réelles, de receveur des consignations et de tous autres offices y réunis, ou au moins la réduction de leurs droits et de leurs actions.

La suppression des offices de secrétaire du Roi, des trésoriers de France, des maîtrises des eaux et forêts, des offices municipaux dans les villes où ils ne sont pas électifs, la réduction des huissiers et sergents, celle des offices des cours des comptes, aides et finances, l'abolition du privilège qu'elles ont de transmettre la noblesse, et de l'usage pratiqué dans le dernier siècle et les précédents de l'accorder pour l'argent; la restitution aux bailliages de la compétence des affaires domaniales et de celles des eaux et forêts.

De prendre en considération l'abolition de la vénalité des offices, leur prix, le choix des sujets pour les exercer, l'incompatibilité de plusieurs offices unis ou désunis sur la même tête, la désunion de ces derniers, l'incompatibilité de plusieurs parents dans les siéges inférieurs, une meilleure discipline dans les maréchaussées, leur dépendance des Etats et des bailliages, un accroissement de brigades, une police plus active et plus vigilante dans les villes et dans les campagnes.

Une police et une administration plus exacte au civil et au criminel dans les hautes justices, la résidence des juges ou la suppression de celles qui n'en seraient pas susceptibles.

Que les notariats soient exercés par des sujets capables et instruits; qu'il soit pourvu à la garde de leurs minutes et à celle des greffes, et qu'il soit pris des précautions plus certaines pour faciliter aux familles la recherche de leurs titres généalogiques.

Que, pour être admis aux fonctions de juge, il faille être préparé à des exercices graduels; qu'on n'y reçoive que des sujets qui aient une naissance et une fortune honnêtes, et qui, s'ils ne sont pas originaires Normands, aient au moins été élevés dans les tribunaux de la province.

La réformation de l'édit des hypothèques de 1771, la simplification du centième denier et des autres impôts.

Qu'il soit porté une nouvelle loi sur le fait des chasses, qui rende plus sacrée la propriété des riverains des forêts, et qu'elle soit exécutée sévèrement.

Demander les établissements pour des écoles nationales, et des réformes dans les écoles de droit pour en rendre l'étude plus utile.

Demander une loi contre l'agiotage.

La réforme de celle sur l'usure, et qu'il soit licite de prêter à intérêt sans aliénation du capital, et surtout des limitations aux intérêts à fonds perdus.

Demander que les Etats généraux s'occupent de l'uniformité des poids et mesures dans tout le royaume.

Demander la suppression des déports, comme n'étant pas une propriété, et la sanction par la nation à la loi donnée en 1787, en faveur des non catholiques.

Demander la recherche des abus et des déprédations qui se sont introduits dans les travaux publics du duché.

De remédier aux abus du tirage de la milice et aux inconvénients qui résultent de rassembler toutes les paroisses dans le chef-lieu de l'élection.

Qu'on emploie, autant que cela sera possible, les troupes à la confection des grandes routes.

Que la direction des haras du duché soit confiée exclusivement à ses Etats, et que tous les biens dépendant de cette régie, ou qui en ont été distraits, leur soient rendus.

Demander une loi sévère, dont l'exécution soit confiée aux juges ordinaires, qui protége efficacement le secret du service de la poste aux lettres; qu'il soit défendu à toute personne de l'enfreindre en tout temps et en toutes circonstances.

Réclamer contre l'augmentation nouvellement introduite dans la ferme de la poste aux lettres, dont le tarif n'est plus connu.

Les députés seront autorisés à faire prendre aux Etats généraux en considération s'il est avantageux d'aliéner tout ou partie des domaines, non compris les forêts et les droits honorifiques, et à consentir l'aliénation de ceux qui seront trouvés être susceptibles de cette aliénation, sous la réserve de faire les recherches, vérifications et examens nécessaires, relativement à ceux qui ont été aliénés depuis moins de quarante ans ; et dans le cas où cette aliénation ne serait pas trouvée possible, MM. les députés sont chargés de demander que l'administration, ainsi que celle des forêts dans tous les cas, en soit confiée aux Etats généraux du duché.

Demander un meilleur aménagement pour les forêts et les bois, tant ecclésiastiques que domaniaux.

L'assemblée de la noblesse du bailliage d'Evreux, pénétrée des principes d'honneur qui dirigent toujours ses démarches et son zèle, n'a pas balancé, dans la douloureuse position des finances de l'Etat, à sacrifier des priviléges pécuniaires que des droits consacrés et la possession de plusieurs siècles pouvaient les porter à conserver; mais elle prononce avec la même franchise la résolution absolue de maintenir les droit honorifiques attachés à ses fiefs, les distinctions qui en dépendent, et autres essentielles et inhérentes à son ordre, renouvelant la demande qu'elle a faite aux précédents Etats généraux : « qu'elle soit con-« servée et maintenue en ses honneurs, droits, « priviléges et prérogatives, tant personnels que « réels. »

Que le droit de posséder les fiefs lui est essentiellement réservé; pour quoi la taxe de franc-fief, à laquelle est assujetti le non noble qui en possède, sera conservée pour marquer la différence des deux ordres.

Elle recommande surtout à ses députés de s'employer avec zèle, afin d'obtenir une école à la fois nationale et militaire, dont le but soit d'inspirer à la jeune noblesse la religion, l'honneur et le respect pour la subordination, et que cette école soit soumise à la surveillance des Etats provinciaux.

De demander l'amélioration des prisons et hôpitaux.

Que les religieux ne puissent, à l'avenir, prononcer leurs vœux avant trente ans, et les religieuses à vingt-cinq.

Que Sa Majesté soit suppliée d'ordonner la réforme d'un article du dernier règlement militaire, concernant la hiérarchie, par lequel elle se réserve la nomination de quelques emplois, qu'elle destine à une classe de gentilshommes, qui y sont désignés sous le titre de première noblesse; cette expression tend à diviser un ordre dont le titre générique de tous les individus qui le composent, est celui de gentilhomme, titre consacré par Henri IV, adopté par les princes, frères du Roi, et qui est tellement commun à tous, qu'en y admettant des distinctions, ce serait le diviser en deux classes.

Elle demande aussi, et par la même raison, que le règlement du feu roi, qui fixe à l'époque de 1400 l'admission à la présentation, soit réformé, et que Sa Majesté détermine un nombre de siècles ou de générations dont on fera preuve de noblesse pour y parvenir, sauf les cas où des actions éclatantes porteraient Sa Majesté à y déroger ; elle demande aussi qu'il soit ordonné à tous les généalogistes d'admettre comme prouvés les degrés de filiation et de noblesse établis par des arrêts de maintenue et autres titres semblables.

Elle demande enfin que, pour secourir la pauvre noblesse, plusieurs chapitres d'hommes et de femmes soient érigés en chapitres nobles.

Que les emplois militaires continuent à être destinés aux gentilshommes, sauf le droit qu'a tout brave militaire qui se sera distingué dans les emplois subalternes, d'espérer d'être élevé au grade d'officier.

La noblesse du bailliage d'Evreux charge expressément ses députés aux Etats généraux d'exprimer le vœu de remplir le devoir honorable et cher à son cœur, de marcher au ban et arrière-ban, toutes les fois que la défense de la patrie l'exigera.

Que le tribunal de MM. les maréchaux de France soit sanctionné aux Etats généraux, afin que rien ne puisse porter atteinte aux priviléges que le corps de la noblesse a d'être jugé par eux, comme ses juges naturels sur le point d'honneur.

Que les places de MM. les lieutenants des maréchaux de France soient désormais sans finances, et qu'elles soient accordées à des gentilshommes d'un âge et d'un mérite fait pour exciter la confiance.

Que la noblesse seule ait le droit exclusif de porter l'épée, droit qui lui a toujours appartenu.

Que les cahiers des Etats généraux et les réponses qui y seront faites seront imprimés, et vidimus d'iceux déposés dans les greffes des villes et des parlements du royaume, et que copie du présent sera déposée au greffe du bailliage principal d'Evreux.

Déclare, au surplus, la noblesse du bailliage d'Evreux, par le présent acte, mettre ses députés sous la sauvegarde de la nation, et leur donner pouvoir de proposer, remontrer, aviser, consentir tout ce qui leur paraîtra le plus propre à la réforme des abus, à l'établissement d'un ordre fixe et durable dans toutes les parties de l'administration, et à la prospérité du royaume.

Déclare, en outre, s'en rapporter à ce que ses députés estimeront à leur âme et conscience devoir être utile et décidé pour le bien commun sur tous les articles du présent cahier, à l'exception de ceux qui concernent la constitution générale, la constitution particulière du duché, la liberté des personnes et des biens, l'examen et discussion du besoin de l'impôt et de son emploi, avant de les consentir et les régler.

Sur lesquels articles son intention est de limiter tellement le pouvoir de ses députés, qu'ils ne puissent nullement s'en écarter; leur prescrivant de ne passer à aucune délibération postérieure quelconque, sans avoir obtenu sur tous un consentement plein, authentique, sanctionné par Sa Majesté, et enregistré dans les cours souveraines.

En présence de la noblesse assemblée, présidée par M. le grand bailli, qui a signé avec MM. les commissaires, le 25 mars 1789. *Signé* de MM. les commissaires, de M. le président, et de MM. les secrétaires.

La présente copie collationnée sur l'original déposé au greffe du bailliage d'Evreux. *Signé* le comte de Courcy, le marquis de la Pallu, secrétaires de l'assemblée.

Discours de M. le grand bailli d'Evreux, lors de la prestation de serment de MM. les députés des trois ordres.

Messieurs, j'ai eu l'honneur d'exprimer à l'assemblée générale les sentiments dont je suis pénétré ; c'est à vous, citoyens chargés de la confiance générale, à qui j'adresse la parole.

Voici le plus beau moment de votre vie, mais c'est aussi le plus beau de la nôtre, par la tranquillité où nous sommes sur nos intérêts. Ils vous sont confiés, ainsi que les droits de la nation.

Faites-les valoir ces droits, Messieurs, raffermissez dans sa constitution cette nation si florissante.

Je vous le recommande au nom de toute l'assemblée, dont le vœu est exprimé formellement dans les cahiers qui vous seront remis.

Soyez inébranlables, Messieurs, sur les formes constitutionnelles ; ce sont elles seules qui en assureront solidement les bases.

Vous ramènerez à la conviction de ce grand principe, par votre courage, par votre fermeté, par la solidité et la clarté de vos raisons, ceux de nos députés qui s'en seraient écartés.

Je dis nos députés, Messieurs, parce que tous les députés aux États généraux sont les nôtres.

Je le répète, vous êtes tous collectivement les députés de la nation entière.

Les trois ordres distinctifs, quoique séparés pour avoir plus de force, ne feront plus qu'un même esprit, qu'une seule voix pour le bien général.

Chaque ordre sentira combien il serait dangereux d'attaquer les propriétés ; que nécessairement il en résulterait un désordre universel, mais nous sommes tous tranquilles ; elles sont de droit sous la sauvegarde de la nation, et par conséquent inattaquables.

Je n'entrerai point dans le détail de ces propriétés ; il en est d'inhérentes aux rangs, d'inhérentes à la personne, et vous les couvrirez toutes, Messieurs, de votre égide nationale.

Je le répète, le serment que vous allez prononcer n'est que pour la forme ; chacun de nous retourne tranquille dans ses foyers, pénétré des mêmes sentiments que l'ordre de la noblesse a déjà exprimés dans ses délibérations.

Tous les vœux dictés par le même esprit d'union, de concorde, et fondés sur la loi inviolable de la justice, se confondront et concourront ensemble au bonheur commun et général, qui peut seul faire celui de notre auguste monarque, que nous proclamons tous avec transport le *véritable ami de ses sujets.*

CAHIER

Des délibérations de l'ordre du tiers-état, arrêtées à l'assemblée générale du bailliage d'Évreux, le 23 mars 1789, remis à MM. Buschey de Noes, conseiller au bailliage de Bernay, Le Maréchal, négociant à Rugles, bailliage de Breteuil ; Beaupérey, propriétaire à la Chapelle, près Gacé, bailliage d'Orbec ; Buzot, avocat à Évreux, bailliage d'Évreux ; élus députés, pour être portés aux États généraux prochains (1).

VŒU DU TIERS-ÉTAT.

Art. 1er Que le tiers-état soit représenté aux États généraux par des députés pris dans son ordre.

Art. 2. Que le nombre de ses députés soit égal au nombre réuni des deux autres ordres.

Art. 3. Que les ordres conservent la liberté de s'assembler et de délibérer séparément ou en commun.

Art. 4. Que préalablement à toute délibération, il soit accordé une charte fondamentale qui assure à la France une bonne et solide constitution, et par laquelle il sera reconnu et statué que la puissance législative réside essentiellement dans le concours du consentement de la nation assemblée et de l'autorité du Roi.

Art. 5. Que les États généraux tiennent, sui-

vant une forme invariablement arrêtée, à des époques fixes et périodiques.

Art. 6. Qu'il soit proposé d'établir des États provinciaux dans tout le royaume ; que ceux de la Normandie, seulement suspendus, reprennent leur activité ; que leur organisation soit sanctionnée par les États généraux.

Art. 7. Qu'il soit établi des commissions intermédiaires pour chacun des États provinciaux ; que ces commissions soient assemblées pendant toute l'année dans l'intervalle d'une tenue des États provinciaux à l'autre ; que l'organisation de ces États provinciaux et commissions intermédiaires soient les mêmes que celles des États généraux.

Art. 8. Qu'il ne soit porté aucune atteinte, sous quelque prétexte que ce soit, à la liberté individuelle des citoyens, soit par lettres de cachet, ordres de gouverneurs et commandants de provinces, soit par tous autres actes du pouvoir arbitraire.

Art. 9. Que la liberté de la presse soit accordée, tout manuscrit devant être signé de l'auteur, et l'imprimeur garant de sa signature.

Art. 10. Que les ministres et autres dépositaires du pouvoir exécutif soient responsables à jamais de toute malversation et abus d'autorité ; qu'ils soient poursuivis à la requête des procureurs généraux des cours souveraines, ou sur la dénonciation des procureurs-syndics des États provinciaux, et même sur celle des parties ou à leur requête.

Art. 11. Que les non catholiques jouissent indistinctement de tous les droits de citoyen, et que leur État civil soit assuré, garanti et sanctionné par les États généraux.

Art. 12. Qu'il soit reconnu et statué, comme principe constitutionnel, que tous impôts doivent être et seront supportés par les trois ordres indistinctement ; qu'en conséquence tous les impôts auxquels les trois ordres ne contribuent pas également, tels que vingtièmes, taille, accessoires et autres, soient supprimés, et tous privilèges pécuniaires et inutiles éteints et anéantis.

Art. 13. Qu'il soit aussi reconnu et statué comme principe constitutionnel et fondamental, qu'il ne peut être et sera établi aucun impôt, ni fait aucun emprunt, ni anticipation, sans le consentement libre et unanime des trois ordres.

Art. 14. Qu'avant l'octroi d'aucun impôt, les députés constatent la dette du gouvernement qui sera déclarée nationale ; qu'ils vérifient aussi les dépenses ordinaires et extraordinaires de chaque département, dans lequel ils établiront l'ordre et l'économie la plus exacte.

Art. 15. Que les dons, brevets et pensions soient soumis à l'examen le plus rigoureux pour réduire ceux qui, étant excessifs, ont néanmoins une cause légitime, et supprimer ceux qui n'en ont pas.

Art. 16. Que tous les droits et impôts qui se perçoivent actuellement soient supprimés, et qu'il en soit octroyé de nouveaux, suivant les besoins connus de l'État.

Art. 17. Que les gabelles, droits d'aides, d'inspecteurs aux boucheries, dons gratuits, droits réservés et autres y réunis, ainsi que les droits de marque sur les cuirs, demeurent irrévocablement éteints et anéantis, sans que, sous aucun prétexte que ce soit, ils puissent être jamais rétablis suivant le régime actuel.

Art. 18. Et comme il est nécessaire de remplacer ces impôts par d'autres d'une perception plus facile et moins onéreuse, il soit proposé pour les

---

(1) Nous publions ce cahier d'après un imprimé de la *Bibliothèque du Sénat.*

villes, bourgs, lieux et professions sujets auxdits droits, un abonnement proportionné au produit net d'une année commune.

Art. 19. Que les droits d'échange et de franc fief demeurent aussi supprimés irrévocablement.

Art. 20. Que les actes de justice et expéditions de greffe ne puissent être assujettis qu'à un seul droit, qui sera déterminé par une loi claire et précise.

Art. 21. Que les droits de contrôle ne puissent être rétablis que sur un tarif modéré, dont la clarté et la précision détruisent tout arbitraire.

Art. 22. Que les droits d'insinuation et de centième denier ne puissent être rétablis que sur un pareil tarif, et que les baux au-dessous de trente années ne puissent y être assujettis.

Art. 23. Que, dans le cas où le centième denier des successions collatérales serait conservé, il ne puisse être fait aucune recherche, sous prétexte de fausse déclaration, deux ans après que les droits auront été acquittés.

Art. 24. Que les députés proposent aux États généraux, s'il est plus avantageux d'aliéner que de conserver les domaines de la couronne; que les forêts ne puissent néanmoins être aliénées dans aucun cas; que la régie et aménagement en soient confiés aux États provinciaux, ainsi que l'administration des autres domaines, dans le cas où l'on jugerait à propos de les conserver.

Art. 25. Que les États généraux s'occupent de la révision des contrats d'échange des biens domaniaux faits depuis 1715, et que la cassation de ceux qui sont onéreux à l'État soit irrévocablement prononcée.

Art. 26. Que tous les biens-fonds indistinctement, châteaux, maisons, jardins, parcs, lieux de plaisance et toute espèce de dîme, comme tous droits réels et fonciers, soient frappés d'un impôt unique, sous la dénomination de subvention territoriale payable en argent, supporté également et sans distinction par tous les ordres, et que lesdits fonds et droits soient imposés au rôle de la paroisse où ils seront situés et perçus; qu'il soit pourvu en même temps aux moyens d'indemnité réciproque entre le propriétaire et le fermier pendant la durée des baux subsistants, lors de la nouvelle imposition, ainsi qu'entre le créancier et le débiteur des rentes.

Art. 27. Que les États généraux s'occupent aussi des moyens de faire supporter à tous les états, autres que celui de l'agriculture, les charges publiques dans une égale et juste proportion, et de manière à balancer les intérêts de l'agriculture et du commerce.

Que l'on frappe plus particulièrement tous les objets de luxe de la portion d'impôts dont ils paraîtront susceptibles.

Art. 28. Que chaque province soit abonnée; que les États provinciaux soient chargés de la répartition, recouvrement et régime de tous subsides, et généralement de tout ce qui tient à l'administration particulière de chaque province.

Art. 29. Que chaque province établisse ses trésoriers par district, pour recevoir, des préposés de chaque municipalité, le produit des impositions qu'elle aura réparti sur elle-même.

Art. 30. Que les municipalités des villes, bourgs et campagnes soient électives, et tous offices municipaux supprimés.

Art. 31. Que la province acquitte d'abord ses charges des deniers et des caisses, et que le surplus soit versé directement dans la caisse nationale.

Art. 32. Que les ministres soient responsables de l'emploi des deniers publics; qu'il soit donné tous les ans, par la voie de l'impression, un compte détaillé de l'administration générale des finances, par recette et dépense de chaque département, et dont la vérification sera faite à chaque tenue d'États.

Art. 33. Qu'il ne soit accordé aucuns subsides que pour l'intervalle déterminé d'une tenue d'États généraux à l'autre, sans qu'ils puissent être prorogés, sous aucun prétexte que ce soit, au delà du terme de l'octroi, après lequel ils cesseront tous de plein droit.

Art. 34. Qu'il ne soit fait, sous quelque prétexte que ce soit, aucune altération dans les monnaies, et qu'il n'y soit fait aucun changement sans le consentement des États généraux.

Art. 35. Que les corvées pour les chemins demeurent supprimées; que les États provinciaux établissent le régime le plus économique pour la formation, l'entretien et la perfection des routes et des chemins vicinaux.

Art. 36. Qu'il soit pris les précautions les plus sages pour prévenir le prix excessif des grains. Que cette partie de la législation soit soumise à l'examen le plus approfondi des États généraux et provinciaux.

Art. 37. Qu'ils prennent aussi en considération la question de l'uniformité des poids, mesures et aunages, dans tout le royaume.

Art. 38. Qu'il soit demandé aux États généraux un règlement qui soit le résultat de la balance entre les avantages et les inconvénients de la liberté indéfinie, et les entraves trop multipliées dans l'exercice des arts et métiers, des fabriques, du commerce et de l'industrie.

Art. 39. Qu'ils s'occupent efficacement des moyens de remédier aux désavantages qui sont résultés pour la province de Normandie, du traité de commerce fait avec l'Angleterre.

Art. 40. Que les États généraux prennent en considération si les machines mécaniques pour carder et filer le coton sont nuisibles ou avantageuses à la nation.

Art. 41. Que l'abolition des traites intérieures, péages, octrois des villes, droits de coutume, havage, et autres semblables impositions, soit demandée, sauf indemnité, et que la liberté de la circulation et du roulage par tout le royaume soit établie.

Art. 42. Que l'administration des postes aux lettres, relais et messageries, soit soumise au régime qui sera établi par les États généraux.

Art. 43. Qu'ils s'occupent des moyens nouveaux pour favoriser et encourager les défrichements dans tout le royaume.

Art. 44. Que les États généraux délibèrent s'il est plus avantageux de conserver les biens communaux en état de communes, que d'en provoquer le partage.

Art. 45. Qu'il est indispensable de s'occuper des moyens prompts et efficaces pour la destruction des bêtes fauves, du lapin, d'autre espèce de gibier, qui ravagent les campagnes.

Art. 46. Que les colombiers soient fermés pendant le temps des semailles et des récoltes, si on ne peut en obtenir la suppression.

Art. 47. Qu'il soit permis à tout agriculteur, pour sa sûreté, d'avoir chez lui des armes à feu, avec les modifications qu'il plaira aux États généraux d'y attacher.

Art. 48. Que les États s'occupent des ravins et des abus résultant de l'établissement des gords, dideaux, pêcheries et portes à bateau de rivières; que la police et l'ouverture provisoire desdites retenues d'eau soient accordées à l'assemblée municipale du lieu, et qu'il soit défendu à tout maître de forges d'extraire les mines de fer, sans être préalablement convenu de l'indemnité de gré à gré ou par experts avec le propriétaire.

Art. 49. Que les banalités de moulin, four, pressoir, et de toute autre espèce, soient supprimées.

Art. 50. Que toutes les corvées seigneuriales soient converties en une prestation en argent, et suivant une appréciation qui sera réglée par les Etats généraux.

Art. 51. Que les seigneurs soient invités à consentir au remboursement des rentes et redevances seigneuriales.

Art. 52. Qu'aucun ecclésiastique ne puisse se pourvoir en cour de Rome pour y obtenir des bulles et provisions de quelques bénéfices que ce soit, et nommément des bénéfices consistoriaux.

Art. 53. Qu'aucune personne ne puisse s'y pourvoir pour obtenir des lettres et dispenses de quelque nature et pour quelque cause que ce soit ; lesquelles dispenses seront accordées sans frais ni rétribution par les évêques et archevêques, et qu'il soit permis, en cas de refus, de se pourvoir par appel comme d'abus aux cours souveraines.

Art. 54. Que les évêques et archevêques, abbés et prieurs commendataires soient tenus de résider.

Art. 55. Que le Roi soit supplié d'arrêter l'abus de la pluralité des bénéfices sur une même tête, et que les Etats s'occupent des moyens d'améliorer, par la suppression et union des bénéfices simples, le sort des curés à portion congrue et autres bénéficiers ayant charge d'âmes, dont le revenu n'excéderait pas 1,200 livres dans les campagnes et 1,500 livres pour les villes.

Art. 56. Que le sort des vicaires soit également amélioré, et que les curés rentrent dans le droit de les choisir eux-mêmes.

Art. 57. Que toutes les maisons religieuses dans lesquelles on ne pourrait pas établir la conventualité. soient supprimées ; que la suppression en soit poursuivie à la requête du procureur-syndic des Etats provinciaux, et que l'application de leurs biens soit faite aux hôpitaux, collèges et autres établissements publics, conformément à la destination et à l'emploi que lesdits Etats provinciaux en arrêteront.

Que, dans le cas où le décret de suppression desdites maisons religieuses ne serait pas prononcé dans les six mois de la réquisition, le procureur-syndic soit autorisé à se pourvoir à la cour souveraine par appel comme d'abus.

Art. 58. Que les dettes du clergé soient acquittées par la vente de ses fiefs, et que, dans le cas d'insuffisance, les bénéfices vacants à la nomination du Roi, qui ne seront pas à charge d'âmes, restent en économat jusqu'à l'acquit parfait desdites dettes, lesquelles ne pourront jamais être comprises dans la dette nationale.

Que le produit des ventes soit versé dans la caisse des économats, pour être employé sûrement avec le revenu des bénéfices vacants à l'acquittement et extinction entière desdites dettes, et que les économats soient tenus de rendre compte de leur recette aux Etats généraux et provinciaux sans frais.

Art. 59. Que l'usage du déport soit supprimé.

Art. 60. Que les dîmes insolites, d'usages domestiques et de charnage soient aussi supprimées, et qu'il soit fait un règlement clair et précis pour déterminer la nature des dîmes et leur quotité.

Art. 61. Qu'il soit statué que les nouveaux pourvus de bénéfices seront obligés d'entretenir les baux de leurs prédécesseurs.

Art. 62. Que les paroisses soient déchargées de la reconstruction, entretien et réparation des presbytères, de leurs dépendances, des bâtiments de fondation, et que tous ceux qui prennent part aux dîmes contribuent par portion aux grosses réparations; que les curés, chapelains de fondations et leurs héritiers restent chargés des réparations usufruitières dont les autres décimateurs demeurent responsables dans le cas d'insolvabilité de la succession des curés.

Art. 63. Qu'il soit pris les précautions les plus sûres pour prévenir les abus qui se commettent dans l'administration des bois de réserve des gens de mainmorte.

Art. 64. Que, pour détruire la mendicité, il soit établi, dans chaque paroisse des villes et des campagnes, des bureaux de charité sous l'administration des municipalités.

Art. 65. Que le régime des maisons des enfants trouvés et des hôpitaux soit perfectionné, et que l'administration en soit confiée aux municipalités, sous l'inspection des Etats provinciaux.

Art. 66. Qu'il soit établi au plus tôt dans les villes des écoles en tout genre, ou des collèges de plein exercice, et de petites écoles gratuites dans les bourgs et campagnes.

Art. 67. Que la procédure civile soit réformée et simplifiée, et que les décrets d'immeubles et distribution de deniers reçoivent surtout une plus prompte réforme.

Art. 68. Que les justiciables soient rapprochés de leurs juges, qui seront sujets à résidence; qu'il soit formé de nouveaux arrondissements, et qu'il n'y ait que deux degrés de juridiction.

Art. 69. Que les justices seigneuriales et tous tribunaux d'exception soient supprimés, et que la connaissance de toute matière soit attribuée aux juges ordinaires, sans distinction de personnes ni d'état.

Art. 70. Que les juges de première instance, au nombre de trois, connaissent en dernier ressort de toutes choses qui n'excéderont pas la valeur de 100 livres.

Art. 71. Que les municipalités des villes et campagnes connaissent aussi dans un comité de paix entre les habitants des villes et des paroisses, les contestations pour entreprises, plantations de bornes, délits de bestiaux et autres de cette nature, sauf le pourvoi devant le juge ordinaire, auquel l'avis du comité de paix serait représenté par l'une ou l'autre des parties.

Art. 72. Que les lettres de *committimus*, de garde-gardienne, et le privilége d'attribution du sceau du Châtelet de Paris, toutes évocations pour quelque cause et personne que ce soit, et toutes commissions, tant en matière civile que criminelle, soient supprimés, et la charte aux Normands confirmée.

Art. 73. Que les effets de commerce soient exigibles dès leur échéance, et que les délais de grâce, rendus uniformes par tout le royaume, ne soient conservés que pour le porteur; et que les prêts à intérêts soient autorisés dans tout le royaume au taux fixé par la loi, sans aliénation des capitaux.

Art. 74. Que les arrêts de surséance, lettres de répit et sauf-conduit soient abolis.

Art. 75. Que les banqueroutiers puissent être arrêtés en tous lieux, nonobstant tout privilége d'asile.

Art. 76. Qu'il soit promulgué un nouveau code pénal, dans lequel les délits seront classés, et la nature des peines déterminée selon les délits et sans distinction de personnes.

Art. 77. Qu'aucun décret ne puisse être prononcé que par trois juges.

Art. 78. Qu'il soit donné un défenseur aux accusés après le premier interrogatoire, et que la procédure soit communiquée au défenseur sans déplacer.

Art. 79. Que les procès criminels soient jugés dans l'année, savoir : pour première instance dans dix mois, et dans deux autres sur l'appel.

Art. 80. Que les juges d'instruction ne puissent assister au jugement définitif, et que la question préalable soit supprimée.

Art. 81. Que les juridictions prévôtales et présidiales en matière criminelle soient supprimées.

Art. 82. Qu'il soit reconnu que tout délit est anéanti, lorsque le coupable a satisfait à la loi; que la confiscation n'ait jamais lieu, et que les proches parents du condamné soient admis, sans aucune difficulté, à posséder tous offices, places, emplois et bénéfices.

Art. 83. Que la vénalité des charges et de tous offices de judicature soit abolie, et la justice rendue gratuitement par des juges élus inamovibles, pris indistinctement dans les trois ordres.

Art. 84. Qu'aucun juge et gradué ne puisse exercer la justice civile et criminelle qu'il n'ait atteint l'âge de trente ans, et donné, par dix ans de travail, des preuves de capacité.

Art. 85. Que les offices de jurés-priseurs-vendeurs, de commissaires aux saisies réelles, de procureurs en tous tribunaux, soient supprimés.

Art. 86. Que les offices de receveurs des consignations soient supprimés, ou que leurs droits soient diminués.

Art. 87. Que la cumulation d'offices soit défendue.

Art. 88. Que la liberté et sûreté individuelle de chaque citoyen soit sanctionnée et garantie par les États généraux; que le tirage de la milice soit supprimé, ainsi que tous enrôlements forcés.

Art. 89. Qu'il soit établi des brigades de maréchaussée dans les villes et lieux où cet établissement peut être nécessaire.

Art. 90. Que le tiers-état ne soit exclu d'aucun grade militaire, et que le commerce soit permis à la noblesse sans déroger.

Art. 91. Que les députés aux États généraux se refusent à tous actes humiliants pour le tiers-état.

Art. 92. Qu'il soit sollicité une loi qui défende à tous gens de mainmorte de donner leurs biens à ferme générale.

Art. 93. Donnons, au surplus, tous pouvoirs à nos députés de proposer, remontrer, aviser, consentir tout ce qui leur paraîtra le plus propre à réformer les abus, à établir un ordre fixe et durable dans toutes les parties de l'administration, la prospérité générale du royaume et le bien de tous et chacun; n'entendant, par les articles du présent cahier, leur faire une loi de se conformer absolument à ce qu'ils contiennent, à l'exception de ceux qui doivent établir la constitution de la monarchie, qui réclament la suppression de tous impôts et droits qui ne sont pas supportés par tous les ordres, et qui prescrivent de n'en consentir que pour l'intervalle d'une tenue d'États à l'autre, desquels ils ne pourront s'écarter.

Fait et arrêté par les commissaires de l'assemblée générale du bailliage principal d'Évreux, le samedi 21 mars 1789.

Commissaires-rédacteurs de l'ordre du tiers-état au grand bailliage d'Évreux.

BAILLIAGE D'ÉVREUX.

MM. de Girardin, président; Regnault; Buzot; Bellenger; Boquin; Châtel.

CONCHES.

MM. Nouvel; Roussel; Moulin; Bucaille; Mouchard.

BRETEUIL.

MM. de Girancourt; Cosnard; Le Maréchal; Renard; Levacher.

BEAUMONT-LE-ROGER.

MM. Duval; Chambellan; Chevalier; de La Rue; de Sacquenville.

BAILLIAGE DE BERNAY.

MM. Le Danois de la Soisière; Lindel; Buschey des Noes; Marescal; Duval.

ORBEC.

MM. Rivière; Signol; Quesney Duvert; Jamot; Ozière.

NONANCOURT ET EZI

MM. D'Hautterre; le chevalier de La Haye; L'Hopital; Malvault; Laval.

Compliment de l'ordre du tiers-état à Messieurs de la noblesse.

Messieurs, l'ordre du tiers-état n'a jamais douté que la raison et la justice ne président aux délibérations de l'ordre de la noblesse, et celle que vous avez prise le 17 de ce mois par acclamation et avec cet empressement qui peint si bien la loyauté et la franchise de véritables Français, en excitant nos applaudissements, n'a cependant été pour nous qu'une nouvelle preuve de l'esprit patriotique qui vous caractérise.

Nous brûlons comme vous, Messieurs, de l'amour le plus pur pour un Roi chéri, qui mérite le surnom glorieux de *l'Ami du peuple*, et toutes nos idées se portent à assurer à jamais sa gloire et la tranquillité de la nation.

C'est en réunissant nos efforts, c'est en échauffant encore, s'il se peut, notre zèle commun, c'est par notre assentiment aux moyens les plus propres à former une bonne et solide constitution, que nous pouvons d'autant plus espérer parvenir au grand œuvre du bonheur public.

Dans ces vues, Messieurs, l'ordre du tiers-état vous propose une communication respective, et puissions-nous donner à la France entière cet exemple d'une union et d'une fraternité, d'où dépendent si essentiellement la force et la félicité de tous et de chacun !

CAHIER

Du duc de Bouillon (1).

Messieurs, l'assemblée des États généraux ayant pour objet de régler, sous l'autorité du Roi, tout ce qui peut concerner les besoins de l'État, la réforme des abus, l'établissement d'un ordre fixe et durable dans toutes les parties de l'administration, la prospérité générale du royaume et le bien de tous et de chacun des citoyens, il est indispensable que les députés aux États déterminent avant tout la manière dont les délibérations

---

(1) Nous publions ce cahier d'après un imprimé de la *Bibliothèque du Sénat.*

y seront prises, et comment les suffrages doivent y être comptés.

En conséquence, le duc de Bouillon désire qu'il soit arrêté que, dans toutes les matières qui seront traitées aux États, les délibérations soient prises d'abord par chacun de trois ordres en particulier, et que tous les points dont ils conviendront tous les trois soient sanctionnés.

Mais dans le cas où l'un desdits ordres ne pourrait s'accorder avec les deux autres sur quelque matière que ce soit ou puisse être, le duc de Bouillon demande qu'alors il soit statué que les délibérations seront prises par les trois ordres réunis, et que les suffrages seront comptés par tête.

Comme la nation a le plus grand intérêt de jouir d'une constitution solide, qui fixe d'une manière invariable les droits du trône et ceux du peuple, il est essentiel que les trois ordres ne perdent pas de vue que la France est une monarchie dont le Roi est le chef; mais que l'autorité souveraine qui réside en sa personne, sans partage, ne peut cependant s'exercer, en matière d'impôt et de législation, que par le consentement libre de la nation et de son avis; que par conséquent chaque citoyen est personnellement libre et franc, sous la protection du Roi et la sauvegarde des lois; et qu'ainsi toute atteinte portée, soit à sa liberté individuelle, soit à la stabilité des propriétés, autrement que par l'application des lois, est absolument illicite et inconstitutionnelle.

En conséquence, le duc de Bouillon désire que les députés aux États généraux demandent, avant de prendre aucune autre matière en considération, que le retour périodique des États devienne le régime permanent de l'administration du royaume, et que l'époque de la tenue qui suivra leur assemblée soit spécialement et préalablement fixée et déterminée.

Qu'il soit statué qu'à chaque assemblée des États, il y sera traité de toutes les matières relatives à la quotité, à la nature et à la perception des subsides, ainsi qu'à la législation et à l'administration générale du royaume, et qu'à l'avenir aucune loi essentielle, aucun emprunt et aucune levée de deniers ne puisse avoir lieu que par le concours de l'autorité du Roi, et du consentement libre de la nation.

Que le pouvoir judiciaire soit maintenu dans toute l'étendue de l'autorité qui lui est propre; qu'il soit pourvu efficacement à la réforme des abus relatifs à l'exercice de la justice, tant civile que criminelle, et qu'il soit établi une ligne de démarcation certaine, qui prévienne la confusion, si funeste à la chose publique, des objets d'administration, et de ceux qui sont du ressort de la juridiction.

Que les États généraux établissent et créent des États particuliers en chaque province, et spécialement dans celle de Normandie, dont les États provinciaux n'ont été que supendus et non anéantis; que leur établissement ainsi sanctionné, leur organisation soit la même que celle des États généraux, et que, participant à l'autorité de l'Assemblée nationale, ils soient chargés de veiller à l'exécution de ses arrêtés et de tous les détails de l'administration intérieure de chaque territoire.

Et comme il est intéressant pour la nation d'affermir les bases de la Constitution, le duc de Bouillon désire encore que les députés aux États généraux demandent que tous les impôts actuels soient supprimés et révoqués, pour être rempla-

cés, s'il se peut, par un impôt unique qui ait son origine dans la concession libre des prochains États, et qui ne sera octroyé qu'à temps, et pour la durée seulement de l'intervalle à courir jusqu'au retour des États, dont l'époque sera fixée, et après laquelle ils cesseront tous de plein droit, si les États généraux ne sont rassemblés pour les renouveler.

La constitution de l'État ainsi assurée, il sera indispensable de connaître exactement l'étendue de la dette publique et les besoins réels de l'État, afin de régler les moyens de pourvoir à l'une et à l'autre.

En conséquence, le duc de Bouillon désire que les députés aux États en fassent la vérification, par l'examen détaillé de chaque espèce de besoin et de dette, afin de connaître sur chaque objet la source des abus, et d'y appliquer le remède en même temps que le secours.

Que tous les emprunts faits par le gouvernement, et tous les engagements qu'il a contractés jusqu'à ce jour une fois fixés, soient sanctionnés par les députés aux États, et que la nation en demeure garante et responsable.

Que les impôts à octroyer soient distingués en deux classes, savoir : en subsides ordinaires affectés à l'acquit des dépenses fixes de l'État, et en subventions extraordinaires destinées à l'extinction des dettes de la nation.

Que ces subsides et subventions ne portent avec eux aucune marque distinctive d'ordre pour la contribution; qu'ils soient répartis également et d'une manière uniforme sur chacun des membres des trois ordres sans exception, et en raison de ses facultés; que la perception s'en fasse de la manière la plus simple et la moins onéreuse pour l'État; et que comme il sera statué que tout subside ne pourra être prorogé ni augmenté que par une assemblée des États généraux, il soit pourvu aux besoins inopinés que pourrait occasionner une guerre qui surviendrait dans l'intervalle d'une tenue d'États à l'autre, et pour lesquels on pourrait lever un ou deux sous pour livre sur les subsides ordinaires, sous la dénomination de crue de guerre.

Le duc de Bouillon désire encore que les députés aux États soient autorisés à demander que désormais on ne puisse attenter à la liberté d'aucun citoyen que par les moyens indiqués par les lois, et que l'usage arbitraire des lettres de cachet soit aboli.

Que les propriétés de tous genres et les droits réels et fonciers qui y sont attachés, soient respectés, et que dans le cas où l'utilité publique et l'intérêt général exigeraient qu'on s'écartât de cette règle, il soit statué qu'on ne pourra la faire qu'en indemnisant au plus haut prix et argent comptant.

Que la liberté de la presse soit autorisée, et que si les États généraux y apportent quelques modifications, qu'elles soient tellement claires et précises, qu'elles ne puissent laisser rien à l'arbitraire.

Que l'agriculture, le commerce et l'industrie soient protégés, et qu'on anéantisse toutes les entraves qui en gênent les ressorts et en retardent les progrès ; de manière que le tiers-état soit protégé et encouragé le plus possible, et qu'on accorde à la noblesse le droit et la liberté entière de toute espèce de commerce, sans déroger; de façon que, de cette émulation des deux ordres qui nourrissent et défendent l'État, il en résulte sa prospérité, et une grande augmentation de puissance pour la nation, et conséquemment pour le Roi.

Qu'il soit pourvu à une meilleure administration des domaines de la couronne et des forêts, à l'encouragement des plantations et de l'exploitation des mines de charbon de terre ; et que les députés aux Etats soient même autorisés à consentir l'aliénation à perpétuité des domaines et des forêts, pour le prix en provenant être employé à acquitter d'autant les dettes de l'Etat.

Qu'à des époques fixées, il soit fourni un compte exact de l'emploi, tant des revenus ordinaires que des sommes qui seront accordées pour subvenir aux besoins de l'Etat, et qu'il soit pourvu aux moyens d'empêcher le divertissement de tous les deniers publics, dont le versement se fera au trésor royal aux moindres frais possibles.

Le duc de Bouillon, uniquement occupé du bien et de la puissance de la nation française, désirerait que les Etats généraux s'occupassent à donner une activité que son régime semble lui ôter. Ministres des autels, ils sont, sous ce titre, le premier ordre de l'Etat ; mais réellement ils ne tiennent à aucun ! Point de famille ! Point de successeurs ! Ils ne se sont occupés jusqu'à présent que de maintenir des priviléges, souvent à charge à la nation, et toujours à la portion la plus utile de leur ordre. C'est aux Etats généraux à leur donner un régime, qui en répandant d'une manière plus utile et plus égale les biens immenses dont ils jouissent, et en laissant à l'ordre supérieur du clergé une portion suffisante de ces mêmes biens pour venir au secours des pauvres, remît ceux de l'ordre inférieur dans un état qui pût les mettre dans le cas d'exercer aussi leur charité. En réformant les abus, trouver des ressources dans ces mêmes réformes qui puissent être utiles à l'Etat, et que la totalité du clergé partage d'une manière uniforme avec le reste de la nation les moyens de venir à son secours.

Au surplus, le duc de Bouillon donne, par le présent, aux députés de l'ordre de la noblesse qui seront envoyés aux Etats généraux, suivant et conformément à la lettre du Roi, ses pouvoirs généraux et suffisants pour proposer, remontrer, aviser et consentir tout ce qui peut concerner les besoins de l'Etat, la réforme des abus, l'établissement d'un ordre fixe et durable dans toutes les parties de l'administration, la prospérité générale du royaume et le bien de tous et de chacun des citoyens ; sous la réserve néanmoins de tous les droits qui lui sont acquis par son contrat d'échange, en vertu duquel il possède le comté d'Evreux, et dont il réclame la sanction et la pleine et entière exécution.

Arrêté au château de Navarre, le 14 mars 1789.

LE DUC DE BOUILLON, COMTE D'EVREUX.

CAHIER

Des doléances du bailliage secondaire de Beaumont-le-Roger (1).

Du mardi quatorzième jour de mars 1789.

Devant nous, Jacques-Claude-Lucas de Lamare-aux-Ours, conseiller du Roi, lieutenant général, ancien juge particulier civil, criminel et de police au bailliage royal de Beaumont-le-Roger, assisté de maître Pierre Marcel, greffier desdits siéges, lesdits députés au bailliage secondaire de Beaumont-le-Roger, reprenant la suite de leur opération du

(1) Nous publions ce cahier d'après un manuscrit des *Archives de l'Empire.*

mardi 10 dudit mois, et rapport fait à l'assemblée, par MM. les commissaires députés, de leurs opérations sur la réduction en un seul de tous les cahiers des quatre-vingt-treize paroisses qui composent cette dite assemblée, elle a procédé à la formation dudit cahier de réduction de la manière qui suit :

Rendus aux vœux du monarque chéri qui nous assemble autour de lui, comme un père tendre au milieu de sa famille, qui avec la franchise de la loyauté nous expose ses besoins, les nôtres, puisque ce sont ceux de l'Etat, qui nous invite à proposer les moyens de bonification, d'amélioration ,dans toutes les parties de l'administration ; nous apportons les sentiments de la plus vive et de la plus respectueuse reconnaissance, et nos expressions seront des sacrifices au bien de l'Etat.

Puisse ce témoignage de notre sincère dévouement nous faire rentrer dans les droits de nous imposer nous-mêmes, avec le concours de l'autoritésacrée du monarque, et dans ceux d'une liberté presque étouffée par des abus augmentant progressivement !

C'est d'après les vœux réciproques du monarque et de tout bon Français que nous allons exposer avec confiance, excités par les propres termes de Sa Majesté, et nos vœux et nos griefs, nos plaintes, nos doléances et nos demandes.

Art. 1er. Le vœu de l'assemblée est que, dans la nomination des députés à élire à l'assemblée générale du bailliage principal d'Evreux, ceux que nous allons députer ne puissent élire que des personnes choisies dans notre ordre.

Tel est le régime des deux autres ; tel doit être le nôtre, et le leur cède ni en amour pour son Roi ni en élévation de sentiments.

Et pour que ce vœu ait sa pleine et entière exécution, nous révoquons dès à présent tous les pouvoirs donnés à nos députés qui y contreviendront, déclarant nul tout ce qui y serait contraire.

Art. 2. Que, dans les pouvoirs à donner aux députés de notre ordre aux Etats généraux, il soit inséré comme clause essentielle, qu'ils se joindront aux députés de notre ordre dans les autres provinces, pour être statué que lesdits députés conjoints, s'il y a lieu, avec ceux des deux premiers ordres, opineront par tête et non par ordre, et qu'aucune loi, aucune imposition, n'auront de sanction, sans le concours des trois ordres.

Art. 3. La complication et la diversité des affaires importantes à traiter aux Etats généraux, faisant prévoir que tout n'y pourra être approfondi, les bases immuables posées à la félicité publique, la prospérité du royaume, en bien de tous en général et en particulier devant en être les principaux objets ; les députés sont autorisés à demander le retour périodique des Etats généraux ; et après en avoir mûrement pesé et délibéré la nécessité, en rapprocher l'époque eu égard aux circonstances et au bien de l'Etat.

Art. 4. Qu'il soit vivement sollicité par nos députés, le rétablissement des Etats particuliers à notre province et suivant les accords faits entre nos anciens monarques et nos ancêtres ; droit inaliénable et imprescriptible.

Que l'exercice en soit rendu à l'instant de l'ouverture des Etats généraux.

Qu'il soit accordé que le siége des Etats provinciaux sera établi et fixé à Caen, comme le centre de la province.

Que leur formation soit composée des membres des trois ordres, en nombre égal du tiers aux deux autres réunis , élus et choisis par un suffrage libre, sans aucune influence étrangère.

Que leur organisation soit donnée par eux-mêmes, en évitant, autant qu'il se pourra faire, la complication des moyens.

Que les États provinciaux soient les gardiens, les défenseurs de nos privilèges.

Que nos députés aux États généraux ne puissent voter, consentir aucune loi, aucun impôt, que cette juste demande de nos États provinciaux ne soit octroyée.

Art. 5. Qu'ils ne puissent après accorder aucun impôt, qu'il n'ait été procédé à l'examen détaillé de l'état actuel des finances par recette, dépense et déficit; à cet effet, nous les autorisons à demander à se faire représenter tous les renseignements convenables, la profondeur de la plaie ne pouvant être connue avant que d'avoir été sondée.

Art. 6. Que les propositions ci-dessus acceptées et remplies, les impôts, tels qu'ils seront déterminés et consentis ne puissent, sous quelque prétexte que ce soit, être augmentés, ayant reçu par le consentement général de la nation le caractère et la sanction de l'immutabilité.

Art. 7. Que, pour entretenir la confiance entre le monarque et son peuple, il soit rendu chaque année un compte exact, par la voie de l'impression, de l'état des finances sur la route tracée par ce ministre qui les gouverne actuellement avec la supériorité du génie et la probité du citoyen.

Que ce compte, après sa reddition, soit examiné par des commissaires en nombre suffisant, et pris par la voie d'élection, dans les trois ordres, en se conformant aux principes de l'organisation des assemblées prescrite par les articles ci-dessus.

Art. 8. Que les pouvoirs qui seront donnés à ces commissaires ainsi élus soient restreints uniquement à l'examen de ce compte, dont ils sont requis et priés d'approfondir le résultat, avec l'intégrité et l'impartialité de bons citoyens.

Et qu'après ils instruisent la nation, par la voie de l'impression, de l'état des finances, et en cas de dilapidation, ils en fassent la dénonciation, pour les faire réprimer, à des États généraux sollicités et demandés à ce sujet.

Art. 9. Que l'établissement de l'impôt nécessaire aux besoins pressants de l'État soit perçu en argent, et non autrement; que ce subside soit accordé par le vœu des trois ordres réunis; tous les sujets sans distinction d'ordres et d'états devant contribuer également dans les proportions de leurs fonds, sans que personne pût alléguer privilèges ou exemptions, lesquelles demeureraient dès l'instant supprimés.

Que tous, indistinctement, soient compris aux mêmes rôles.

Que, pour ôter l'odieux qu'inspire le mot *taille*, cet impôt prenne une autre dénomination quelconque.

Art. 10. Plus confiant dans la bonté, la magnanimité de notre auguste monarque, que dans les exemples donnés par les rois, ses prédécesseurs, entre autres le roi surnommé *le Bon*, c'est avec une tendre émotion que nous nous rappelons que lui-même a proposé de faire au bien de ses peuples le sacrifice de ses augustes prérogatives, en consentant à faire supporter à ses propres domaines la proportion de l'imposition ainsi qu'à ceux des princes de son sang.

Art. 11. Comme il est d'un principe de la plus exacte équité, que la contribution à la dette nationale soit supportée avec égalité, tous les avantages que l'on retire de la société étant égaux,

l'assemblée trouverait juste que tous les parcs, jardins, lieux de plaisances, châteaux, supportassent la contribution, sans égard aux qualités et rangs des propriétaires, les seules maisons royales exceptées.

Art. 12. Qu'au moyen de subside, impôt accordé sous la dénomination telle qu'il plaira aux États généraux lui donner, les vingtièmes, taille, capitation, et tous les accessoires, soit réels ou personnels, demeurent éteints et supprimés; qu'à ce subside ou impôt qui leur sera substitué, toutes les propriétés foncières soient assujetties et soumises.

Que la répartition de l'imposition partielle sur chaque paroisse soit faite par la municipalité.

Art. 13. Pour prévenir les difficultés qui pourraient s'élever entre les propriétaires et les fermiers actuels dont la durée des baux pourrait s'étendre à plusieurs années au delà de la perception de l'impôt ainsi fixé, l'assemblée croit conforme aux règles de la justice que le fermier soit tenu d'acquitter à la décharge du propriétaire la même somme à laquelle il se trouverait lors imposé seulement; et dans le cas prévu où l'imposition foncière excéderait la somme payable par le fermier, il serait de même obligé de l'acquitter aux préposés ou receveurs, sur et en déduction de ses fermages, si mieux n'aimait le propriétaire acquitter lui-même cet excédant.

Art. 14. Tous les sujets ne sont pas propriétaires; tous ne sont pas fonciers, mais tous doivent une contribution aux besoins de l'État; les en exempter ce serait une injustice, contre laquelle la loi naturelle réclamerait;il est donc d'une nécessité absolue qu'ils y contribuent, et c'est peut-être dans cette classe trop nombreuse des capitalistes, négociants, marchands, artistes et artisans, que se trouve la plus grande aisance.

Mais comment fixer une imposition sur leurs têtes? l'arbitraire se présente dans tous les systèmes.

Peut-être que celui qui aurait tout l'ensemble de ce vaste empire pourrait développer un système où l'équilibre, l'égalité, ce premier produit de la justice, seraient gardés.

Est-il insoluble ce problème politique? Ne sommes-nous pas encouragés à en avoir la solution, par les combinaisons du laborieux ministre qui préside aux finances, par la confiance aux lumières, à l'intégrité des députés des trois ordres, se prêtant un mutuel secours?

C'est dans cet espoir que nous ne balançons pas à renvoyer à la décision des États généraux ce point de question, qui tient à la morale et à la politique.

Art. 15. De ces deux impôts, foncier et personnel, il en est un troisième qui a sa proportion relative : c'est l'impôt connu sous le nom de corvées.

La loi précise qui le détermine, est une suite nécessaire, un accessoire individuel de ces deux-là, qui conséquemment doit être supporté par tous les contribuables à ces deux impôts.

Comme cet impôt est uniquement applicable aux localités, sa destination étant pour la construction, réparation et entretien des routes, ponts et chaussées et autres ouvrages publics ; que son régime, son administration soient déférés aux États provinciaux, qui chaque année en fixeront la levée à la proportion des ouvrages à entreprendre pendant l'année ; les rôles et la perception partielle seront faits par les municipalités et leurs receveurs.

Art. 16. Pour prévenir toute suspicion d'abus

dans la manutention des deniers en provenant, qu'il soit statué qu'ils resteront aux mains des receveurs de la municipalité de chaque paroisse, à la garantie de la communauté.

Que le receveur ne s'en dessaisisse que sur le mandat des assemblées provinciales ou personne ayant pouvoir et caractère pour elles ; que ce mandat soit visé par le syndic des paroisses où les travaux auront été faits et le syndic de la municipalité où l'argent aura été levé.

Art. 17. Qu'après l'impôt concerté et accordé aux États généraux, la loi qui en ordonnera la levée soit claire et précise ; que l'on en bannisse scrupuleusement les termes équivoques ; qu'ils soient à la portée de tout le monde.

On désirerait que les dispositifs pour son impartition et sa réimpartition fussent dictés avec la même clarté et la même précision.

Art. 18. Le gouvernement, ayant déjà reconnu que la simplification des moyens était au peuple un avantage précieux, avait réduit le nombre des collecteurs à deux, avec liberté aux municipalités de n'en établir qu'un.

Sans doute cette loi était dictée par l'humanité, qui ne veut pas qu'on arrache à leur travail cinq ou six malheureux artisans ou journaliers ; mais cette loi avait un inconvénient encore ; il fallait nommer tous les ans ; il y avait des disputes, des procès de préférence.

L'assemblée, pour écarter ces inconvénients, demande qu'il soit statué qu'il n'y ait dans un endroit qu'un unique receveur, choisi par la municipalité à bureau fixe, où tous les contribuables seront tenus de verser dans le courant des trois mois de chaque quartier leur contribution.

Art. 19. Que chacun de ces receveurs fasse arrêter son compte tous les mois par le syndic de la municipalité et tous les trois mois au moins, verser ses fonds directement au trésor royal, par la voie des directeurs des postes aux lettres, au bureau le plus prochain duquel ils déposeraient leur argent avec leur bordereau.

Qu'incontinent après l'arrivée à l'hôtel des postes, il soit porté au trésor royal.

Au surplus, pour indemniser les directeurs des postes, les États généraux fixeraient une modique rétribution.

Art. 20. Cet article ne consistera qu'en une simple observation, et fera connaître le vœu de beaucoup de personnes qui regrettent le transport de plusieurs millions à l'étranger, pour se procurer à grands frais une plante dont la culture avait pris avantageusement en France, c'est-à-dire le tabac.

L'assemblée, cédant aux considérations d'État, abandonne volontiers ses idées sur cet article, le tabac n'étant pas d'ailleurs de première nécessité.

Art. 21. Elle ne croit pas devoir se restreindre aussi rigoureusement sur un autre monopole, celui de l'impôt du sel.

Les considérations d'État nous empêcheront d'en demander la suppression totale.

Le sel, ce bienfait de la seule nature, qui se puise dans un de ses éléments, et dont l'élaboration est due aux rayons bienfaisants du soleil ;

Le sel, ce besoin de première nécessité, dont la distribution aux bestiaux produirait tant d'avantage à nos agriculteurs, devient, malgré ces avantages, un fléau pour les provinces, où sa vente est exclusive, où, sans besoin, sans moyen de l'acheter, on y est inhumainement forcé par des brigades armées.

Désarmons ces brigades tout en conservant cet impôt : que le prix en soit modéré à 5, 6 ou 7 sous au plus ; l'appât du grain ne donnera point le triste spectacle de voir aux galères ceux que la fiscalité appelle contrebandiers.

Le pauvre pourra s'en pourvoir ; la diminution le rendant à un taux modique, ôtera l'envie d'en introduire en fraude.

Mais est-ce dans ce temps désastreux que cette diminution peut être proposée? Elle le peut sans doute.

Les moyens paraissent s'en présenter naturellement.

Combien de provinces en France ne connaissent point ce droit ! N'est-il pas juste que, dans la crise présente, il y ait une proportion entre toutes les provinces, que l'on calcule le manque que cette diminution pourrait faire aux finances, et que la somme de ce manque soit répartie sur les provinces affranchies?

Et ce manque devient un mince objet par la suppression de tous les employés.

Que l'achat et l'emplacement des sels soient remis aux assemblées provinciales.

Que le receveur-magasinier dans chaque endroit soit réduit aux simples appointements fixes.

Qu'il soit sous la surveillance des municipalités.

Tous ces retranchements rendront bien légers ce manque à remplacer.

Qu'il nous soit permis de dire à MM. les Bretons qui ont senti l'abus des privilèges de corps à corps, et de particuliers, combien il est davantage préjudiciable de province à province.

Art. 22. Tout retentit du mot de liberté individuelle ; la nature crie au fond des cœurs, la constitution des Francs la réclame, et nous la réclamons.

Comment la concilier, cette liberté, avec la ferme des aides?

Le droit simple en lui-même, s'accroissant par degrés, est devenu un colosse monstrueux qui, par ses agents, guette, furète, épie, paye les délations, entretient des délateurs pour se procurer l'avantage pécuniaire des procès-verbaux ; d'ailleurs la confiance est accordée jusqu'à la voie ruineuse de l'inscription de faux procès-verbaux, qui sont le marchepied aux ambulances, qui elles-mêmes sont l'échelon aux directions.

Qu'à ce mot de liberté, mais liberté contenue dans ses justes bornes, il nous soit permis de demander l'abolition de ce droit.

Nous ne demandons pas à nous affranchir du produit qui est un des canaux par où l'argent s'écoule au profit de l'État, et subvient à ses charges.

Mais que MM. les députés aux États généraux calculent :

Les frais de régie, les frais d'hôtels et de bureaux ;

La solde des employés, les gains immenses des régisseurs ; que le tout déduit, il y soit suppléé par des abonnements de villes et bourgs.

Que les débitants soient abonnés en sus des autres impositions à un taux moyen des droits qu'ils payent actuellement, pour le débit seulement fixé en proportion de l'imposition principale déterminée par les États généraux, distribuée aux États provinciaux et par gradation aux paroisses.

L'abonnement fait par les municipalités, et l'argent versé dans la caisse de leur receveur.

Qu'il en soit de même des bons gratuits, des droits d'inspection aux boucheries et cuirs.

Art. 23. Il s'agit du contrôle des actes :

Autant le sceau public était à désirer, pour assurer une date certaine aux actes, autant l'abus que l'on a fait de cette salutaire institution offre de justes réclamations.

Tarif excessif en 1772, tarif qui n'existe plus, chaque contrôleur s'en faisant un.

Perception absolue; procès-verbaux si on a la témérité de contredire.

L'homme éclairé, consommé dans la jurisprudence, portant à la rédaction d'un acte ses lumières, sa probité, ne fera qu'un acte qui compromettra les contractants avec le traitant des contrôles.

D'après notre connaissance sur l'utilité et l'avantage de cet établissement, qu'il soit sollicité un nouveau tarif, clair, précis; chaque acte classé, qu'il ne puisse être interprété, ce tarif, ni commenté, et qu'il soit la règle invariable de la perception.

Par cette forme fixe et déterminée, plus de directeurs, d'ambulants; un simple inspecteur, pour vérifier, surveiller: place alors honorable, puisqu'il sera un homme de l'État pour le bon ordre.

Le tarif sera l'unique juge dans cette partie; ainsi point de directeur pour poursuivre à l'intendance.

Faut-il simplifier la marche, le droit est assuré par le tarif; que chaque notaire qui reçoit l'acte, le contrôle; obvions aux antidates.

Le registre sur lequel il portera son contrôle, sera coté et paraphé gratuitement par le juge royal; l'enregistrement sera signé par les parties contractantes, et les témoins nécessaires présents.

Le registre également coté et paraphé du juge, où il reporterait sur-le-champ l'extrait de son premier registre.

Ce second registre serait arrêté jour par jour. Le juge en chef, le procureur du Roi, le faisant ouvrir pour vérifier à toute réquisition, pour obvier à toute antidate.

La crainte de la surveillance sera la sûreté des dates; qu'une faible remise de 3 deniers pour livre soit l'indemnité des notaires; il n'y aura plus lieu aux abus, après ces précautions.

Déjà le notaire est homme public, déjà sa bonne conduite, son expérience, sa capacité, ses vie et mœurs ont l'approbation et le sceau de la justice; déjà il a mérité la confiance publique.

S'il prévariquait, il a son état de notaire à perdre; il sera donc exact, honnête, et craindra de compromettre son honneur, sa fortune.

Peut-être y aura-t-il une diminution dans les droits, et leur rapport au total ira-t-il à l'épargne?

On peut au moins regarder cette question comme problématique; couvrons le déficit. Les notaires de Paris, affranchis de ce droit, passent la majorité des actes qui opèrent le plus de droits.

Que leurs actes soient assujettis au contrôle, et pour indemnité de la modique finance qu'ils ont payée, qu'il leur soit accordé, pour un temps, 3 deniers pour livre de remise sur les droits de contrôle.

Nés tous libres, ne sera-ce qu'avec de l'argent que l'on conservera sa liberté; sont-ce d'autres citoyens que le reste des notaires de la France? Liberté, égalité, distinction seulement d'ordre à ordre.

Le payement du centième denier en succession collatérale forme encore un objet de perception onéreuse et injuste qui occasionne une infinité de poursuites et des inquisitions rigoureuses de la part des traitants, sous le prétexte que les estimations des biens ne sont pas portées à leur juste valeur.

Nous tenons de la loi les biens de nos proches; ils doivent être affranchis de toute espèce de perception autre que celle que la propriété doit supporter à la décharge de l'État.

Art. 24. S'il est juste que de vieux militaires peu fortunés, qui ont vieilli au service de leur prince, bien mérité de la patrie, versé leur sang pour la défendre, soient, sur la fin de leur carrière, assurés d'une récompense qui leur appartient à tant de titres; n'est-il pas abusif que des ministres, disgraciés presque toujours pour avoir été les ennemis de l'État, qu'ils devaient soutenir, emportent à leur retraite des pensions considérables. Celle d'un chancelier, par exemple, est de 12,000 livres par mois; cette charge immense que l'État acquitte actuellement serait suffisante pour stipendier les soldats de deux régiments.

La retraite d'un contrôleur général est de 40,000 livres par an, et comme l'embarras des finances a forcé le Roi de faire l'essai de beaucoup de contrôleurs généraux, l'État doit être grevé envers eux d'une dette considérable.

Il y a bien d'autres sujets sur lesquels tombent indistinctement les faveurs du monarque, aux dépens du pauvre, éloigné de ses regards, et auxquels il ne peut atteindre, comme il le dit lui-même, que par sa bienveillance et son amour.

L'on croit donc que les États doivent fixer leur attention sur tous ces pensionnaires du gouvernement, et supplier Sa Majesté d'en diminuer le nombre, ainsi que la valeur du bienfait.

Art. 25. La liberté est sans doute, après l'honneur, le bien le plus précieux de l'homme; il n'en doit être privé que lorsque ses écarts troublent l'ordre de la société, et il n'appartient qu'à elle d'y mettre un frein à l'aide des lois qui la gouvernent.

Le monarque, tout-puissant qu'il est, en viole lui-même les droits, s'il étend son pouvoir jusqu'à priver le citoyen de cette liberté, qui lui est si chère, sans être déterminé par d'autres motifs que sa seule volonté.

Tels étaient les sentiments de Charlemagne, ce roi qui a affermi l'empire des Français; sentiments bien énergiquement manifestés dans ses Capitulaires. Tels étaient ceux d'Henri IV, qui reconnaissait, disait-il, au-dessus de lui deux souverains: Dieu et la loi.

Les lettres de cachet sont l'effet le plus immédiat du pouvoir despotique. C'est un abus de l'autorité qui jette le trouble dans l'ordre social, sans en barrer les maux.

Il est cependant des cas où les lettres de cachet tendent à prévenir les crimes et à purger la société des membres qui en dérangent l'harmonie, et à renfermer dans le secret des familles les traces de leur inconduite.

Alors, sur le vœu bien clairement manifesté de ces familles, il serait juste de venir à leur secours par un acte d'autorité qui, en procurant le repos dans leur sein, donnerait cependant les formes nécessaires pour ne pas consommer une injustice.

Ces formes seraient, suivant l'opinion de cette assemblée: que la famille qui voudrait solliciter une lettre de cachet convoquât préalablement la réunion de six parents paternels et six autres maternels, les plus proches de celui qui serait l'objet de leur plainte, qui rédigeraient un acte contenant les motifs de leur demande; un des parents serait député pour porter cet acte au ministre chargé de ce département, lequel délivrerait un ordre signé du Roi, pour la détention provisoire du sujet, dans telle maison de force qui serait indiquée, et où le détenu serait nourri et gouverné à ses dépens, ou à ceux de sa famille dans le cas où il n'aurait pas une fortune suffisante, et à cet effet, sa pension serait par elle fixée dans le même acte qui resterait déposé au bureau du ministre.

Mais comme il est injuste de punir qui que ce soit sans l'entendre, il faudrait que celui qui serait frappé de la lettre de cachet eût la liberté d'user des moyens propres à sa justification ; il lui serait à cet effet signifié, immédiatement après sa détention, copie de la lettre de cachet et de l'acte de délibération de sa famille, par l'officier chargé de sa conduite, et par cet officier rédigé du tout procès-verbal renvoyé au comité qui serait spécialement établi par les États généraux, auquel comité le détenu pourrait adresser ses moyens justificatifs et être entendu, sur le rapport des membres qui le composeraient, prononcé par le Roi, dont le comité serait tenu de requérir et faire exécuter la volonté.

Art. 26. C'est par une suite de cet amour de la liberté, qui repose dans le cœur de tout Français, que l'assemblée a considéré que le pouvoir des gouverneurs de province de faire emprisonner (et souvent sur la délation d'un seigneur prévenu) un citoyen suspecté de braconnage, est un abus révoltant de l'autorité. La punition d'un crime quelconque ne peut être encouru que d'après le vœu de la loi ; à plus forte raison lorsque le moment d'effervescence de la jeunesse, ou le besoin et l'indigence ont mis un citoyen à la poursuite d'un lièvre, ne doit-il être jugé et puni que par les juges compétents du délit.

Cette assemblée croit donc qu'il est nécessaire de ne permettre à qui que ce soit de donner des ordres pour la détention à cause du braconnage qu'après un jugement judiciaire.

Art. 27. Retenus dans les justes et étroites limites que nous nous sommes prescrites pour ne point porter atteinte aux propriétés, nous ne pouvons réclamer qu'avec certaines modifications sur l'inutilité des fiefs et droits honorifiques appartenant aux communautés religieuses abbayes, etc.

Quelques-uns en ont proposé la vente au profit de l'État ; ils conservaient les droits utiles, comme colombiers, rivières, moulins, rentes considérables, etc.

Plus réservés, nous demanderons que tous ces fiefs et seigneuries rentrent dans le commerce ; qu'il soit sollicité une loi qui oblige tous les gens de mainmorte, excepté les évêques, à mettre ces objets hors de leurs mains, dans les cinq ans qui suivront la promulgation de la loi.

Cette loi se rapproche des principes certains qui leur interdisent l'usage du retrait féodal, qui leur enjoignent de mettre hors leurs mains, dans l'an, tous les biens qui leur échoient aux droits de leurs fiefs.

Toutes ces seigneuries rentrées dans le commerce y feraient une circulation avantageuse à l'État ; elles feraient opérer des droits de mutation, etc.

Art. 28. Les inconvénient de la féodalité se sont trop multipliés depuis sa naissance pour que cette assemblée ne prenne pas en considération les plaintes générales qui retentissent sous la voûte du temple où elle délibère.

De malheureux cultivateurs, qui supportent la plus grande part dans la masse des impôts, tombent dans le découragement lorsqu'ils se voient obligés de faire le sacrifice d'une portion de leur récolte pour le plaisir des grands, ou la sensualité des riches.

Combien chaque année ne perdent-ils pas de grain par la dent du lièvre, la voracité du lapin, l'excursion des cerfs et le dégât brutal du sanglier !

Il faut être riverain des forêts ou vassal d'un grand seigneur pour sentir la vérité de ce fait.

Le laboureur confie sa semence à la terre qui le nourrit ; mais il y met la part du gibier ; et cette part dans une paroisse en substenterait pour ainsi dire les pauvres.

Qu'on régénère les lois qui restreignent le lapin dans l'enceinte des garennes, que l'on permette au colon d'exterminer ceux qui s'en échapperont et de détruire leurs demeures souterraines ; qu'on autorise les riverains des bois et forêts à porter leurs plaintes aux juges compétents, contre les dommages causés à leurs grains par les bêtes fauves, et à solliciter une indemnité contre les seigneurs qui les protégent s'ils ne veulent pas les détruire : voilà le vœu général que les députés de cette assemblée porteront au bailliage d'Évreux.

Art. 29. Mais ils y joindront leurs plaintes contre l'existence trop étendue des pigeons. Tous les champs sont à eux, tous les grains sont leurs tributaires, et l'on n'en sème aucun qu'ils n'y exercent rigidement leurs droits, dans l'automne, au printemps, et au moment de la récolte.

Ce qui échappe à leur satiété, est par eux foulé, mêlé et engrainé, et plus encore lorsque les grains sont versés. Il faut en outre des gardiens dans les semailles et aux approches de la moisson. Que de pertes, que d'embarras cause un oiseau peu ou point nécessaire !

Demander leur destruction paraîtrait sans doute rigoureux ! Les restreindre au plein fief Haubert, ce serait peut-être une indiscrétion ! Que du moins on les enferme, dans les temps de semailles des blés, dès menus grains et de la récolte.

On objectera sans doute qu'ils périraient par le défaut d'air ou de liberté.

La liberté n'est point pour eux d'une nécessité absolue ; on en nourrit bien en cage. De l'air, on leur en procurera en faisant des colombiers sans toit et seulement couverts d'un réseau pendant les instants de leur réclusion.

Art. 30. Nous ne pouvons nous empêcher de nous rendre un instant à la réclamation des habitants des campagnes, contre la multiplicité des moineaux. Ils assurent qu'il n'est pas un seul de cette légère espèce d'oiseaux qui ne consomme en son année un boisseau de blé ! Si le calcul en était strictement vérifié, que de boisseaux de blé dans un royaume, enlevés à la subsistance de l'homme !

La matière qui fait cet article paraît aussi petite que l'oiseau même : mais cependant pourquoi plusieurs de nos voisins spéculateurs l'ont-ils prise en considération ?

Trouver le moyen de détruire les moineaux et les corneilles qui déciment les blés, ce serait rendre à cette classe de peuples, qui ne rougit pas de descendre dans les plus petits détails, un service qu'elle croirait bien important.

Art. 31. La banalité et les corvées ne durent leur existence qu'au régime féodal, cet emblème du gouvernement despotique La liberté des actions comme celle des personnes est de droit général et imprescriptible.

Nous ne sommes plus dans ces temps d'ignorance où la complication des machines les rendait infiniment coûteuses et où la servitude du moulin était l'intérêt du capital que le seigneur avançait pour sa construction. Cet intérêt est d'ailleurs bien usuraire maintenant que le seigneur dépense peu et reçoit beaucoup.

Nous ne sommes point dans ces contrées où l'homme est attaché à la glèbe qui l'a vu naître. La corvée est un reste de cette distinction humiliante qui existait entre l'homme et l'homme, ou le seigneur et le vassal.

La banalité enchaîne la liberté du consommateur, encourage les déprédations du meunier, fomente les procès.

La corvée gêne trop les cultivateurs, ou les met pour ainsi dire à la merci du féodiste.

Coupons ces deux têtes de l'hydre de la féodalité. Mais pour qu'on ne dise pas qu'on enlève au seigneur sa propriété, qu'il soit permis de lui rembourser le capital des droits intrinsèques que la banalité en général et les corvées lui fournissent; et que les États généraux veuillent bien en déterminer le denier.

Art. 32. Il est des idées que les circonstances enfantent. Une carie générale et successive des blés, pendant ces dernières années; un hiver dont la rigueur a surpassé celle des temps les plus reculés; le ravage des campagnes qui entourent la capitale du royaume; une disette certaine des blés, la perspective la plus affligeante de la récolte future; des rumeurs populaires qui excitent la défiance des approvisionneurs : voilà certainement plus de calamités qu'il n'en faut pour exciter notre prévoyance.

La fourmi nous donne une leçon bien sage : elle emmagasine; pourquoi ne le ferions-nous pas aussi ?

La construction de dépôts publics dans chaque ville de bailliage principal, leur garnissement fait dans des temps d'abondance serait une ressource contre ce premier malheur des peuples, la disette du grain que leur fournit la nature.

Nous prions instamment MM. les députés aux États généraux de ne pas oublier cette partie de notre intérêt commun.

Art. 33. Les bois forment dans l'État une branche de propriété précieuse, surtout dans les circonstances où notre marine s'est accrue et est devenue redoutable; le prix en est aussi graduellement excessif, et l'espèce beaucoup plus rare.

Les bois de haute futaie sont immeubles. C'est un point de droit que personne ne conteste; aussi les bois de cette qualité appartenant au bénéfice sont un fond du bénéfice même.

Or, les bénéficiers n'étant que simples usufruitiers, il est évident que s'ils viennent à couper ces bois, il ne leur est pas plus permis de s'en approprier le produit, que le prix d'une maison, ou d'un autre héritage quel qu'il soit, qu'ils aliénent même avec toutes les formalités requises.

Le produit des coupes des bois de haute futaie doit donc être placé au profit des bénéfices; tout autre emploi est proscrit par les lois, sans en excepter même celui qui serait fait pour les réparations ordinaires, parce que ces réparations ne sont pas à la charge du bénéfice, mais du bénéficier. C'est-à-dire que les frais en doivent être pris, non sur les fonds, mais sur les fruits, dont le tiers est destiné à l'acquit des charges.

Si on doit permettre quelquefois à des bénéficiers de faire des coupes de bois de haute futaie pour des réparations, ce n'est que dans des cas rares et extraordinaires, comme d'incendie ou autres événements imprévus et occasionnés par une force majeure.

On verra toujours avec peine que les titulaires des bénéfices obtiennent très-facilement la liberté de disposer du quart de réserve, sous le prétexte de réparations à faire aux bâtiments du bénéfice : réparations qui souvent sont arrivées pendant leur jouissance et qui en sont une charge inséparable.

Souvent, dans les cas prévus et autorisés par la loi, il arrive que les bénéficiers obtiennent des coupes dont le produit est beaucoup plus considérable que les reconstructions ou réparations pour lesquelles les coupes ont été accordées; que, sous des noms empruntés, ils se rendent adjudicataires desdits bois, au-dessous de leur juste valeur, et qu'ils se rendent pareillement adjudicataires des réparations ou reconstructions, pour une somme bien supérieure à celle qui est nécessaire pour la confection des ouvrages; alors, dans les circonstances où ces fraudes sont découvertes, on poursuit quelquefois les héritiers des bénéficiers, quand il s'en présente, et on parvient, après bien des procédures, à leur faire restituer les sommes que les titulaires se sont indûment appropriées.

Pour prévenir de semblables abus, qui touchent essentiellement à l'intérêt public, il paraîtrait convenable de n'accorder aux gens de mainmorte des coupes de futaie que dans les seuls cas d'incendies, ruines ou démolitions arrivées par accident extraordinaire, ou force majeure, ou quand leurs bois sont jugés dépérissants et sans retour, par des procès-verbaux rédigés en présence du procureur du Roi du lieu et des représentants des fondateurs.

Qu'avant d'accorder cette permission, il fût fait, en présence des mêmes personnes, un devis estimatif des reconstructions à faire et des causes qui les auraient nécessitées, afin de proportionner la coupe aux frais de la reconstruction ou de la nécessité de les couper pour cause de vétusté; qu'alors la vente desdits bois fût judiciairement faite par adjudication et sans frais; que le prix en fût provisoirement déposé aux mains du notaire le plus proche, à qui il serait accordé un denier pour livre de remise.

Que, dans le premier cas prévu de reconstruction pour laquelle la coupe aurait été accordée, si ladite reconstruction n'absorbait pas tout le produit, le surplus serait employé, à la diligence du bénéficier, en présence du ministère public et des représentants des fondateurs, à faire un fonds au profit du bénéfice.

Que, dans le second cas, on placerait le prix total avec de semblables précautions; parce que néanmoins, pour perpétuer l'espèce de bois, il serait prélevé quelquefois sur le prix une nouvelle plantation sur un terrain du bénéfice d'une semblable ou plus grande étendue, mais jamais moindre, qui serait choisie par le titulaire, et dont il justifierait de l'emploi au procureur du Roi, dans un délai fixe et déterminé; sans que, dans aucun cas, le produit des bois vendus pût être appliqué à aucune espèce de réparations, mais seulement le revenu qui en résulterait.

De semblables précautions rempliraient, au surplus, le vœu de l'article 5 du titre XXIV de l'ordonnance de 1669.

Art. 34. Ce serait mettre des entraves à l'agriculture, que d'autoriser plus longtemps la résiliation de baux des gens de mainmorte, à chaque mutation des bénéficiers, soit au cas de mort ou de permutation.

Un fermier qui a éprouvé des pertes dans le courant de son bail, qui a fait des frais dispendieux et qui a presque toujours payé un pot-de-vin considérable, se voit souvent privé, à la veille d'une récolte abondante, du fruit de ses travaux.

C'est une injustice criante : il paraît nécessaire

d'y pourvoir ; et pour cet effet d'arrêter que, dans tous les cas de mutation des bénéfices, même lorsque les bénéfices seront mis en économat, les baux continueront d'avoir leur effet jusqu'à leur expiration ; et comme il y aura lieu de craindre que les dispositions d'une loi aussi sage ne devinssent illusoires, par le pot-de-vin considérable que les titulaires ne manqueraient pas d'exiger pour diminuer le prix des baux, ce qui occasionnerait un dommage sensible et préjudiciable à leurs successeurs, alors il paraîtrait indispensable d'ordonner que tous les baux concernant les biens de leurs bénéfices ne pourraient être faits que par adjudication, devant le notaire du lieu, sur de simples affiches, dans les villes et paroisses voisines de leur bénéfice.

Art. 35. Le curés sont obligés à l'entretien de leurs presbytères, et les paroissiens ont sur eux la voie de l'inspection et de coaction ; mais dans les campagnes surtout, où les pasteurs ont sur leurs ouailles un ascendant mérité, que leur donne le caractère sacré de la religion, quelques-uns négligent les réparations usufruitières des lieux qu'ils habitent, et insensiblement arrive la ruine des bâtiments : il en est dont la succession est renoncée à leur décès, et les habitants sont seuls chargés non-seulement de la reconstruction, mais même des réparations d'usufruit.

Ne serait-il pas juste d'astreindre tous les décimateurs de chaque paroisse, soit curés, soit titulaires de bénéfices ou autres, à reconstruire les presbytères et objets en dépendant ainsi qu'à les entretenir de grosses réparations, et cela dans la proportion que chaque codécimateur percevrait de dîme dans la paroisse? Et à l'égard des réparations d'entretien, de les en charger subsidiairement, dans le cas où les successions des curés seraient abandonnées et ne pourraient pas les supporter?

Quant aux presbytères des bourgs et villes où il n'y a point de dîme, on pourrait prendre les deniers suffisants aux coffres des fabriques, et à ce défaut sur les habitants.

Art. 36. Par les dispositions du droit général et commun, c'est aux curés qu'il appartient de choisir et nommer leurs vicaires.

Ce ne peut être que par une entreprise manifeste sur leurs droits, qu'on les a privés de cette faculté.

Ce droit leur est spécialement attribué par l'article 190 de la coutume de Paris, et par plusieurs conciles, et particulièrement par les dispositions du concile de Trente, session XXI, *De reformatione*, chapitre IV, qui leur accorde ce droit en termes exprès.

Les vicaires sont destinés par état à travailler sous les curés, et à les soulager dans les fonctions pénibles de leur ministère. Il est donc juste qu'ils choisissent ceux qu'ils croient les plus dignes et les plus capables de coopérer avec eux au gouvernement de leur paroisse.

Aussi il serait du bon ordre et de l'intérêt public de rétablir les curés dans l'exercice de leurs droits, qui sont à cet égard imprescriptibles.

Art. 37. Nous serait-il permis de demander la résidence de MM. les évêques dans leurs diocèses? Ne nous reprochera-t-on point de mettre ici la main à l'encensoir ?

Quel que soit notre droit et notre qualité, il suffit que notre vœu soit l'expression de l'intérêt des peuples et du salut de nos âmes pour légitimer la demande que nous insérons en cet article.

C'est sous ce double résultat que nous la formons.

La résidence des évêques dans leurs diocèses y fait consommer les revenus de leurs évêchés. Ces revenus ne vont pas s'engloutir dans ce gouffre immense de la capitale pour n'en point ressortir. Voilà pour l'intérêt des bourses.

Leur présence est le frein des mœurs ecclésiastiques, leur conduite est l'édification des fidèles ; tout s'échauffe aux rayons de leurs vertus chrétiennes. Voilà pour l'intérêt moral.

Enjoindre à ces pasteurs du premier ordre de résider au milieu de leur troupeau ne serait pas une loi nouvelle ; différents canons, plusieurs conciles l'ont ainsi disposé, mais régénérer une institution si pure ne serait pas un acte indifférent que le monarque dût rejeter ; et les trois ordres de l'Etat assemblés s'empresseront sans doute à le solliciter.

Art. 38. Les dîmes insolites ont causé une réclamation générale, et la plupart de ces dîmes décimales avaient été retranchées par un arrêt de règlement du tribunal supérieur de cette province; il serait à désirer, pour l'avantage et le progrès de l'agriculture, que toutes les dîmes insolites fussent anéanties, ou au moins réformées ; mais si l'on ne parvient pas à la suppression des dîmes insolites de toute espèce, au moins demandera-t-on avec confiance l'abolissement de cette partie de dîme de charnage. Cette dîme, qui n'a sûrement d'autre fondement que la générosité et la politesse des paroissiens envers leurs curés, est d'une injustice manifeste et une répétition du droit de la dîme. En effet, les bestiaux du cultivateur sont nourris et multipliés à grand frais par les récoltes du cultivateur, aux dépens de productions qui ont déjà payé la dîme.

Les prairies artificielles, telles que les luzernes, sainfoins, trèfles et bourgognes, mériteraient la même faveur. Ces herbes faciliteraient au cultivateur la moyen d'élever un plus grand nombre de bestiaux, aux dépens d'une très-petite quantité de terrain.

Les terres qui resteraient en culture recevraient plus d'engrais, et l'abondance des récoltes sur ces terres cultivées compenserait pour le moins la défaut de récoltes sur celles qui ne produiraient que les foins artificiels, qui sont uniquement employés par le cultivateur à la nourriture et entretien de ses animaux.

Art. 39. La mendicité est un fléau bien affligeant pour l'humanité. La charité chrétienne, l'honneur et le gouvernement en ont souvent sollicité la destruction; différentes lois ont indiqué des réformes, mais elles sont toujours restées sans vigueur, parce que probablement l'exécution n'en était pas possible. Ce serait bien là le moment sans doute d'assurer à la classe la plus malheureuse des peuples une existence moins dure.

Un hiver désastreux doit nous porter pour ainsi dire, malgré nous, vers cet objet ; mais l'anéantissement de la mendicité présente tant de difficultés dans ses moyens, l'espace que l'assemblée a à parcourir pour y donner toute son attention est si court, qu'elle ne peut qu'indiquer en gros les ressources qu'elle envisage, pour atteindre à un but si généralement désiré, et charger ses députés de se réunir à l'assemblée du bailliage principal d'Évreux, pour traiter une matière si importante.

Il paraît juste que chaque paroisse nourrisse ses pauvres.

L'assemblée municipale ferait chaque année un rôle d'imposition sur chaque famille, laquelle imposition serait proportionnée à ses facultés, soit foncières ou d'industrie.

Le produit total serait perçu par un des membres qui serait élu tous les ans.

Les gros décimateurs devant contribuer aux charges de la paroisse qui les nourrit, seraient imposés au dixième ou au quinzième de leur revenu net.

On diviserait les pauvres en deux classes; dans l'une seraient compris les enfants, les gens âgés ou invalides, et dans l'autre les gens valides qui n'auraient point de travail.

Aux premiers on distribuerait les secours proportionnés à leur état, à leur âge et à leur sexe. Ce serait à l'assemblée municipale à entrer dans les détails à cet égard.

Aux autres on procurait du travail. Les travaux tourneraient à l'utilité publique; par exemple, on établirait des ateliers de charité, soit pour l'entretien ou la façon à neuf des grandes routes. Si le canton n'en fournissait pas, les communications vicinales offriraient des réparations; enfin on enverrait les travailleurs partout où les calamités locales appelleraient des secours.

Les mendiants de profession qui ne voudraient pas travailler seraient enfermés dans des dépôts publics, où l'on pourrait les employer à la filature des lins, laines et coton, ou à d'autres ouvrages de commerce et même d'utilité publique.

Et nulle part on ne permettrait aux pauvres de quêter ni de sortir de leurs paroisses, si ce n'est pour aller gagner les travaux publics qui leur seraient désignés, et en les munissant auparavant d'un passe-port du syndic de l'assemblée municipale.

Art. 40. Il serait essentiel d'abréger les délais et les formes de procédure qui sont infiniment trop longs et trop dispendieux, de les réduire à un état de simplicité et de clarté qui tournerait au soulagement des plaideurs et à la prompte expédition des affaires.

Il ne le serait pas moins d'apporter une réforme dans la procédure criminelle, et de diminuer les peines des condamnés. Mais Sa Majesté ayant manifesté son désir de corriger les abus de différentes espèces qui règnent dans ces deux parties de l'administration de la justice, et l'assemblée étant instruite par la notoriété publique que le Roi a nommé des commissaires pour opérer cette réforme utile, elle ne fait qu'applaudir aux intentions bienfaisantes du souverain, et recommander à ses députés de solliciter le plus prompte expédition dans l'opération des commissaires nommés par le Roi.

Art. 41. Il paraîtrait nécessaire de supprimer, aux termes de l'article 34 de l'ordonnance de Charles IX aux États d'Orléans, toutes sortes d'évocations en vertu de lettres de *committimus*, de garde-gardienne et d'autres priviléges qui ne tendent qu'à perpétuer les abus, et à contraindre à un déplacement dispendieux les citoyens forcés d'aller plaider hors leur province, sous l'empire d'une coutume qui souvent méconnaît les statuts de celle qui la régit.

Par exemple, il est des charges ou commissions de messagers de l'Université de Paris, dont les pourvus résident pour la plupart dans des provinces étrangères aux diocèses pour lesquels leurs offices sont créés.

Cependant, à la faveur de leur privilége, ils évoquent leurs causes, tant en demandant qu'en défendant, au Châtelet de Paris. Ces évocations n'ont d'autre objet que de fatiguer leurs parties, de les intimider et souvent de les réduire à l'impossibi-

lité de se défendre, à cause de la longueur des voyages et de la dépense qui en est une suite nécessaire.

Il en est de même des grands seigneurs de nombre de communautés religieuses, et particulièrement des commensaux de la maison du Roi, qui ne font qu'un service momentané auprès de sa personne, qui souvent même n'en font point du tout, et qui évoquent leurs procès à différents tribunaux d'attribution, au mépris des priviléges attribués à la province de Normandie, spécialement par la Charte normande.

Art. 42. Ce serait une époque à jamais mémorable que celle où l'on supprimerait la vénalité des charges de judicature dans tous les tribunaux du royaume.

Ce projet tant de fois présenté, et tant de fois abandonné, serait conforme dans son exécution aux articles 100 et 101 de l'ordonnance d'Henri III aux États de Blois.

Il serait juste de rembourser les héritiers des titulaires qu'on laisserait mourir dans la possession de leurs offices; mais le remboursement se ferait sur l'évaluation portée sur les états du Roi.

Les charges ou offices des tribunaux supérieurs seraient conférés aux lieutenants généraux et autres officiers des bailliages, sénéchaussées et autres justices qui auraient exercé pendant dix à douze ans à la satisfaction et à l'applaudissement de leurs concitoyens.

Ceux des tribunaux du second ordre seraient accordés aux avocats qui auraient plaidé pendant le même temps, avec distinction et désintéressement, et dont la probité serait universellement reconnue. Tel était encore le vœu de la même ordonnance dans l'article 105.

Art. 43. Ce serait rendre un service à la nation que de supprimer dans tous les tribunaux les offices de procureurs, dont les droits sont excessifs et les fonctions inutiles.

Les avocats suffiraient pour plaider et instruire les affaires de toute espèce, mais il serait juste en même temps de rembourser ces officiers supprimés sur le pied de la finance de leurs charges.

Art. 44. Déjà le Roi, pour diminuer les frais de procédure dans les procès de peu de conséquence, et épargner aux plaideurs un degré de juridiction où les dépens vont bien au delà du principal, a accordé aux bailliages, par son édit du mois de mai 1786, le droit de juger en dernier ressort jusqu'à la somme de 40 livres, dans toutes les affaires personnelles. Les mêmes motifs déterminent l'assemblée à supplier Sa Majesté de vouloir bien étendre ce privilége en faveur des mêmes tribunaux jusqu'à concurrence de 100 livres.

Art. 45. L'existence des jurés-priseurs créés par l'édit de 1771, est un mal réel dans l'ordre judiciaire : elle enchaîne la confiance publique; elle apporte souvent du retard à toutes les prisées et ventes qu'un seul homme et un petit nombre d'adjoints ne peuvent faire au même instant.

Les lettres patentes du 24 mai 1784 leur accordent 12 sous par feuille d'écriture en grosse et 30 sous pour chaque extrait de leurs procès-verbaux. Ces droits sont exorbitants et la finance de leurs charges trop modique, en raison du bénéfice qu'ils en retirent.

Leur suppression serait un bien; l'État y retrouverait, par la perception des 4 deniers pour livre, un revenu considérable; mais il faudrait rembourser la finance de ces offices.

Les moyens en seraient aisés : cette perception graduelle des 4 deniers pour livre, fournirait de quoi faire face au remboursement, et dans peu d'années l'extinction serait totale.

Si cependant ces moyens, qui paraissent simples à l'assemblée, n'avaient pas le même degré d'évidence aux yeux de la nation, ce serait du moins un soulagement pour les peuples que de réduire les salaires des priseurs aux taux accordés aux huissiers par les règlements de justice émanés du parlement de chaque province, l'objet de leur création et leurs fonctions étant absolument les mêmes.

Art. 46. La délivrance en parchemin des sentences pour une somme médiocre aggrave le sort des malheureux débiteurs et est quelquefois un obstacle à la réclamation des droits des créanciers; il serait donc juste, dans le cas où le Roi n'entendrait pas les dispositions de l'édit du mois de mai 1786 jusqu'à la somme de 100 livres, d'enjoindre aux greffiers de délivrer en papier lesdites sentences qui ne porteraient pas condamnation au delà de la somme de 100 livres.

Il serait également juste de supprimer dans tous les cas les droits de contrôle tiers et parisis, qui doivent leur naissance à des temps calamiteux, et dont la finance a été extrêmement modique. Les propriétaires de ces offices sont d'ailleurs suffisamment remplis de bénéfice considérable qu'ils en ont retiré depuis leur établissement.

Art. 47. La rétribution accordée aux receveurs des consignations est excessive, si on considère surtout la modicité de leurs finances et la simplicité de leurs fonctions. Leurs droits absorbent une portion considérable des capitaux déposés en leurs bureaux; ils sont encore accrus depuis l'édit des hypothèques de 1771.

Il leur a été accordé jusqu'à présent 18 deniers pour livres sur les sommes provenant des immeubles, et 9 deniers pour toute somme mobilière; il semblerait indispensable de réduire leur perception, sur les sommes consignées en leurs bureaux à 6 deniers pour livre au premier cas et à 3 deniers pour livre au second.

Art. 48. Il est autant préjudiciable à l'intérêt du commerce que contraire à l'ordre social, d'accorder indifféremment des arrêts de surséance aux marchands qui sont en faillite, et même en banqueroute, et encore plus de les autoriser à percevoir leurs revenus, et disposer de leurs meubles, parce que, à la faveur d'une surséance qu'ils font successivement accorder et prolonger pendant plusieurs années, ils dissipent leurs effets au grand détriment de leurs créanciers.

Il serait beaucoup plus naturel de les renvoyer devant les juges-consuls les plus proches des lieux, qui feraient une information sommaire, constateraient si les débiteurs ont essuyé des pertes et feraient droit sur leurs demandes, après avoir entendu le syndic de leurs créanciers, et ne pourraient accorder mainlevée des saisies mobilières qu'en fournissant une caution solvable; ce serait remplir les vues de l'article 61 de l'ordonnance de Charles IX, aux États d'Orléans. Il existe encore dans différentes villes des lieux de franchise, où les débiteurs vont se réfugier pour éviter les contraintes de leurs créanciers. On conçoit facilement combien de semblables privilégiés sont abusifs; et la nécessité de les supprimer paraît indispensable à l'assemblée.

Art. 49. Dès que nous sommes occupés de réformes salutaires, nous ne pouvons nous dispenser d'en solliciter encore, pour parvenir à des arrondissements des justices et des notariats.

Il n'est presque point de bailliages de vicomtés,

ni de hautes justices dont les territoires ne s'embranchent les uns dans les autres. La même paroisse, la même mesure, la même maison ressortiront partiellement à plusieurs juridictions. De là l'incertitude des officiers ministériels; de là ces réclamations, ces déclarations qui occasionnent des frais préjudiciaux, prolongent les délais et ruinent les plaideurs. Ces sortes d'accessoires étouffent pour ainsi dire le principal par mille moyens que la chicane sait inventer.

Il en est de même des notariats; il faut qu'un notaire s'applique à de minutieux détails de topographie s'il ne veut pas commettre des erreurs préjudiciables aux contractants, tandis qu'il emploierait mieux son temps à l'étude du droit de son pays.

Il serait sans doute d'un intérêt général de circonscrire chaque juridiction, chaque notariat dans un espace donné, mais exact, mais invariable, mais sans mélanges.

Telle paroisse où les juridictions sont embranchées appartiendrait en entier à un bailliage, parce que, pour dédommagement, on donnerait une autre paroisse à tel autre bailliage qui aurait des extensions dans la première.

Il en serait ainsi par toutes les autres justices, excepté les basses, qui n'ont presque d'exercice que pour le vassal et le seigneur.

On agirait encore de même pour les notariats, et ces opérations retireraient du moins une griffe au démon de la chicane.

Art. 50. Si le régime des assemblées provinciales sanctionnées par nos États particuliers de Normandie se consolide, nous ne voyons pas à quoi servirait la juridiction des intendants. C'est en matière de finance surtout qu'il faut restreindre la multiplicité des êtres.

Un seul homme d'abord ne peut suffire à toute une généralité. Avec les meilleures vues du monde, il est sujet à l'erreur, exposé à la surprise, parce qu'il est homme, et que l'homme, sans le secours des lumières de ses semblables, n'est qu'un être faible et isolé.

En donnant aux assemblées provinciales un caractère d'invariabilité et d'organisation parfaite, qui leur manque encore, en retirant d'après cela aux intendants une toute espèce de juridiction, en ne leur laissant que leurs autres fonctions de commissaires qui sont indispensables, on remplirait à ce que nous nous imaginons l'attente générale de la nation.

Art. 51. La consistance désirée des États provinciaux rendrait inutile l'existence des tribunaux d'exception. MM. les députés aux États généraux sont priés de s'occuper de leur réforme et de pourvoir au remboursement de leurs finances, au taux de leur évaluation, en attribuant la juridiction contentieuse aux bailliages royaux.

Art. 52. On croit inutile de réclamer contre les privilèges exorbitants des maîtres de postes extraordinaires, puisqu'on sollicite la suppression de toute espèce d'exemptions personnelles; cependant il paraîtrait juste de leur accorder une légère augmentation sur les courses, dans les routes de traverse seulement.

Art. 53. Suivant l'opinion de l'assemblée, il serait avantageux d'aviser aux moyens de prévenir les conséquences d'un procès dispendieux, souvent pour de simples matières de fait, dont les frais d'instruction excèdent le résultat du principal

Elle propose l'établissement d'un tribunal de conciliation dans chaque paroisse, où le demandeur sera tenu de citer sa partie, pour être l'un et l'autre entendus et renvoyés en justice réglée dans le cas d'une mésintelligence inconciliable.

Ce tribunal pourrait être présidé par le seigneur, et en cas d'absence, par le curé, et composé des membres de la municipalité.

Art. 54. Les maréchaussées, par leur destination, sont des ministres exécuteurs des ordres de la justice.

Établies pour le maintien du bon ordre de la société, ils sont pour tous les cas qui troublent la tranquillité publique, et tous ces cas ne sont pas cas prévôtaux.

Cependant ils sont actuellement sous un régime purement militaire : inspecteurs généraux, grands prévôts,lieutenants,sous-lieutenants,maréchaux des logis, etc.

Ce régime est absolument contraire à la destination des fonctions qu'ils ont à remplir, il multiplie considérablement les frais. Arrêtent-ils une personne : transport de prison en prison, jugement de compétence, nouveaux transports, et après bien du temps, bien des courses, le coupable, le prévenu est ramené à son véritable juge.

Par cette formation militaire, ils n'ont aucune relation, aucune subordination à la justice réglée, l'unique qui doive exister.

La multiplication des grades, pour rapprocher d'autant plus ce corps du militaire, est une charge à l'État :

Cent soixante-quatorze sous-lieutenants inutiles, jouissant de 1,500 livres chacun d'appointements.

Cent soixante-seize lieutenants, pareillement inutiles, à 2,110 livres.

Trente-quatre grands prévôts, à 4,120 livres.

Cinq à six inspecteurs, à 10,000 livres.

Il serait donc utile de supprimer les inspecteurs et de leur substituer des officiers généraux retirés dans leurs provinces, pourvus d'une commission du Roi, pour les inspecter comme militaires, et de subordonner les fonctions civiles des maréchaussées à MM. les procureurs généraux et à la magistrature.

Le grand prévôt serait fixé à 2,400 livres d'appointement, sans aucune crue.

De même les lieutenants 1,800 livres.

C'est rappeler les dispositions de l'ordonnance de Moulins, du mois de novembre 1566, article 45.

Ce serait encore un retranchement économique pour l'État, de plus de 228,540 livres, et on attribuerait aux syndics des municipalités une surveillance dans les lieux où il y a résidence de brigade.

Art. 55. Le premier avantage de la paix serait sans doute de retrancher les dépenses que la guerre entraîne avec elle; on lève encore des milices, et chaque année ramène au tirage.

Il faut l'avoir vu, pour être persuadé et convaincu des dépenses considérables que ce tirage occasionne à la classe malheureuse du peuple qui se voit enlever son fils, son unique espérance.

La conservation des troupes réglées assure des défenseurs respectables par leur nombre, leur discipline, contre les surprises hostiles de nos voisins.

Les engagements libres sont plus que suffisants pour en maintenir le complet.

On peut donc laisser reposer le peuple, et goûter les avantages d'une paix qu'il a acquise aux dépens de ses facultés et de son sang, et ne pas tous les ans rouvrir ces plaies.

L'amour du Français, sa belliqueuse et martiale ardeur le fera voler sous les drapeaux au seul bruit de guerre, et les enrôleurs n'auront plus que l'embarras du choix.

Alors nos frontières dégarnies exigeant en remplacement une levée de milice pour garder leurs murailles,

Il n'y aura point d'exception pour tout ce qui est compris au rôle, ou qui doit l'être.

On tirera dans chaque bailliage au lieu de son assiette, ou par district, suivant l'organisation qui sera arrêtée aux États provinciaux.

Il est plus facile qu'un commissaire se transporte à différents lieux, que les habitants de différents lieux se transportent devant le commissaire.

Peut-être n'a-t-on pas bien calculé quand on a compté trois livres de dépense par chaque tête d'individu allant attendre son sort.

Art. 56. Un grand bien à produire pour la prospérité du royaume dont le commerce est si étendu, ce serait de détruire l'usure, ou du moins d'affaiblir l'influence que cette hydre désastreuse a sur toutes les classes des citoyens. Nos pieux ancêtres, persuadés que c'était un crime que de tirer un produit, quelque médiocre qu'il fût, de leur argent, ont appelé ce produit usure, et ce mot qui, dans son acception étroite, ne signifie rien autre chose que service, usage, est devenu, par la force des préjugés, une qualification déshonorante, et sous le nom d'usurier, l'on a confondu l'homme avare, dur et inhumain qui profite de la détresse où se trouve son semblable pour le rançonner impitoyablement, par une usure exorbitante et arbitraire, avec des hommes justes qui se contentent de l'intérêt courant du royaume.

Mais il y a peu de ces prêteurs équitables, et comme on ne leur tient aucun compte de leur désintéressement, qu'ils sont forcés de faire un effort sur eux-mêmes pour braver le préjugé, d'honnêtes qu'ils sont en commençant, ils finissent quelquefois par devenir de durs usuriers.

Le moyen de remédier aux maux que produit l'usure, serait d'autoriser le prêt à intérêt; par ce moyen beaucoup d'honnêtes gens que le respect humain retient et qui renferment dans leurs coffres des métaux inutiles, les feraient circuler.

Le commerçant, le laboureur et l'artisan en profiteraient, la félicité publique en résulterait, il en résulterait un bien pour toutes les classes des citoyens. Les usuriers seraient forcés de donner leur argent au taux qui serait réglé, ou ils encourraient la peine que la loi aurait prononcée contre l'usure, s'ils en étaient convaincus.

Art. 57. L'encouragement que nos rois ont donné aux défrichements, et particulièrement la déclaration du 13 août 1766, la nécessité qu'il y a à mettre en valeur toutes les terres que l'habitude, les préjugés et les coutumes abandonnent aux seules ressources de leurs natures, portent cette assemblée à solliciter le partage et le défrichement des biens communaux. L'expérience démontre que leur produit est d'un modique avantage pour les habitants auxquels ils appartiennent.

S'ils sont en pâturage, les herbes en sont dépouillées en un instant, parce que chacun ne songe qu'à la jouissance du moment et que les bestiaux qui les paissent sont toujours dans une proportion exorbitante; aussi sont-ils pour la plupart du temps dans un état de maigreur qui altère les espèces et diminue les avantages qu'on devrait en attendre.

S'ils sont en bois ou landes, ils sont abandonnés à la merci des troupeaux du canton, et à l'hostilité des indigents, parce que l'intérêt particulier étant presque nul, ou du moins très-faible, le bien général est toujours négligé.

En cultivant les biens communaux, on mettrait en valeur une partie considérable de la surface du royaume ; ils entreraient dans le commerce et contribueraient à la charge des impôts.

Le produit accroîtrait considérablement.

Le desséchement des terrains aquatiques et fangeux détruirait ces exhalaisons pestilentielles, qui ont si souvent moissonné les habitants et leurs troupeaux.

Enfin il en résulterait une infinité d'autres avantages que différents auteurs ont indiqués, que plusieurs assemblées provinciales ont également aperçus et qu'il serait inutile de répéter.

Il paraît donc à cette assemblée d'une évidente utilité de partager et cultiver les communes dont la propriété indivise appartient aux habitants des paroisses.

Les sentiments n'ont pas toujours été uniformes sur le mode du partage ; mais celui qui semble se rapprocher le plus du but des concessions de ces sortes de biens, serait de les partager par feux et dans une égale proportion. Ce n'est pas celui qui possède le plus qui doit être le mieux loti ; cette préférence serait injuste, et répugnerait même à l'étymologie du mot *communes*.

Le seul argument qu'on peut faire, et qu'on a effectivement fait contre l'égalité des partages, est de dire que les moins aisés d'une paroisse laisseraient inculte la portion qui leur serait échue, et que l'intention du triage ne serait pas remplie.

Mais cet argument n'est pas sans réplique. On pourrait obliger chaque copartageant à défricher sa part, en un temps fixé par l'assemblée de paroisse, eu égard à son étendue et à ses difficultés locales ; l'obliger encore à lui donner le genre de culture et de production le plus convenable à la nature de son sol, qui serait également déterminé par l'assemblée.

Sinon la fabrique serait autorisée de s'en emparer à perpétuité, et d'y faire les frais nécessaires ; et après qu'elle serait remplie de ses avances, elle verserait le produit net dans la caisse des pauvres, ou en ferait l'emploi à des ouvrages publics de la paroisse.

Mais cependant il serait à la liberté de chaque habitant de louer ou mettre hors de sa main la portion de terrain avant l'expiration du délai accordé pour le défrichement.

Si les biens communaux étaient si modiques qu'on ne pût les partager, il serait alors au choix des habitants de procéder à une licitation entre eux de leurs parts indivises, dont le produit serait de même réparti par feux.

Si les communes consistaient en prairies fertiles ou gras pâturages, on ne les dénaturerait pas.

Soit que les terrains fussent de la concession gratuite ou onéreuse des seigneurs, on leur en laisserait la propriété, à la charge du défrichement, le cas échéant, sous les peines ci-devant indiquées, et en renonçant par eux à leurs droits de cens, mais en conservant toujours la directe.

Si cependant ils préféraient conserver leurs redevances seigneuriales, ils abandonneraient la propriété de leurs tiers à la communauté.

Les gens de mainmorte seraient exclus du bénéfice du triage et conserveraient seulement l'intégrité de leurs droits seigneuriaux.

Les communes, ainsi partagées, seraient exemptes de toutes dîmes, charges et impositions pendant dix ans, si elles étaient en pâturages, prés, bois et autres espèces qui ne changeraient pas de nature, et qu'il s'agirait seulement d'améliorer, pendant vingt ans pour celles qu'on serait obligé de défricher et d'ensemencer en grains, et pendant trente ans si on les replantait en bois et autres espèces de productions dont le développement serait lent et d'un mince bénéfice pour le propriétaire.

Art. 58. Il est de la gloire de la nation, de la justice du souverain et de son humanité, de chercher tous les moyens propres à déraciner le préjugé qui fait considérer la famille la plus honnête comme notée d'infamie, par le supplice d'un de ses membres.

Tout le monde convient que les fautes sont personnelles, que la honte ne doit en rejaillir que sur celui qui les a commises : cependant, par l'effet de ce préjugé national, ceux qui sont attachés au criminel par les liens du sang se trouvent enveloppés dans sa disgrâce et son déshonneur et jugés incapables de posséder aucuns emplois distingués dans la société.

Il en résulte un mal plus réel ; la population souffre de cette distinction ; chaque membre de la famille notée ne trouve que très-difficilement, et même après une série de générations, l'occasion de se reproduire par les nœuds sacrés du mariage.

Plusieurs nations, convaincues de l'absurdité de ce préjugé, et éclairées sur ses dangereux effets, se sont empressées à le secouer.

On convient que l'opinion est indépendante des lois ; cependant elle en est quelquefois le résultat ; et en voulant, par Sa Majesté, que tout sujet honnête pût remplir et occuper toutes charges, places, emplois, dans les trois ordres de l'État, selon qu'il y serait appelé par ses vertus, ses talents ou sa naissance, bientôt le préjugé serait anéanti, la population accroîtrait insensiblement, et la nation ne serait pas privée des lumières d'un nombre de citoyens auxquels on n'aurait d'autres reproches à faire que d'avoir appartenu à un homme proscrit ou sacrifié pour la sûreté publique.

Telles sont les doléances et humbles remontrances que présentent les députés du bailliage de Beaumont-le-Roger. Pour être moins étendues que les circonstances désastreuses de la province l'auraient exigé, ils ont déployé toute l'énergie de leur patriotisme, leur tendre amour pour le meilleur des rois ; ils osent espérer de la bonté paternelle, secondée du génie du chef de la magistrature et du chef de l'administration des finances, que l'amélioration desdites finances se fera successivement, les dettes réformées, un ordre constant établi.

Nous avons un avantage bien précieux pour la présentation de notre cahier, les qualités brillantes de M. le président ; son amour de l'ordre, sa tendre compassion pour les malheureux, dont nous faisons retentir ici les justes plaintes, nous sont un présage assuré de l'accueil que nous en espérons.

Ses qualités conciliantes réuniront les suffrages, banniront les dissensions, la vivacité sera contenue par l'honnêteté, les justes égards qu'il mérite à tant de titres formeront les liens de la concorde qui doit régner entre les membres d'un ordre qui sait se respecter.

Arrêté à l'assemblée générale lesdits jour et an que dessus, collationné et certifié véritable, conforme à l'original, signé de tous les députés des quatre-vingt-treize paroisses et de M. le président, tant à la fin de la séance du mardi 10 qu'à celle du samedi 14, par nous, greffier du bailliage de Beaumont-le-Roger, ce 10 avril 1789.

Signé MARCEL.

CAHIER

Des doléances, instructions et pouvoirs des habitants composant le tiers-état du bailliage d'Orbec-Bernay (1).

11 mars 1789.

Appelée par la justice du Roi à proposer, remontrer, aviser et consentir tout ce qui peut concerner les besoins de l'État, la réforme des abus, l'établissement d'un ordre fixe et durable dans toutes les parties de l'administration, la prospérité générale du royaume et le bien de tous et de chacun des sujets de Sa Majesté, l'assemblée du tiers-état, que des événements désastreux, que de longs malheurs que souvent l'impuissance de l'administration n'a pu prévenir menaçaient de plonger dans l'excès de la douleur et du découragement, s'empresse de consacrer les premiers élans de l'espérance et de la raison éclairée, à offrir à son souverain le sacrifice de tous ses moyens, de toutes ses facultés, pour soutenir l'autorité du monarque, contribuer à l'accroissement de sa puissance, fermer les plaies de l'État, assurer sa prospérité et prévenir tout ce que pourrait introduire de nouveau le désordre et la confusion dans l'administration et replonger la France dans les maux qu'elle ne parviendrait à détruire que par l'immensité des efforts et des sacrifices que lui inspirent l'amour et la confiance.

Les objets qui ont occupé l'assemblée embrassent :

1° La nécessité du concours de tous les ordres et de leur contribution égale et proportionnelle à toutes les charges publiques.

2° La grande administration.

3° L'administration particulière ou les États provinciaux.

4° Les devoirs des représentants de la nation aux États généraux.

5° Les pouvoirs, les fonctions des États provinciaux.

6° Les domaines.

7° Le clergé, l'emploi d'une partie de ses revenus.

8° L'administration de la justice, l'édit du mois de juillet 1771, l'examen de quelques droits dérivés de l'exercice de la justice.

DE LA NÉCESSITÉ DU CONCOURS DE TOUS LES ORDRES ET DE LEUR CONTRIBUTION A TOUTES LES CHARGES PUBLIQUES.

Lorsque la monarchie était divisée, que les droits de la souveraineté étaient partagés, les seigneurs qui s'étaient saisis d'une portion de ses droits exerçaient une portion de la puissance publique : loin qu'on pensât à les assujettir à contribuer aux dépenses de la grande administration, on ne pouvait se dispenser de leur offrir à eux-mêmes ou de les laisser s'appliquer les contributions du peuple, puisqu'on s'était accoutumé à les envisager comme les administrateurs-nés de l'État dans les provinces et les districts qu'ils avaient soumis à leur autorité sous la suprématie ou la souveraineté territoriale des Rois.

Ces administrateurs, se regardant comme les propriétaires des contrées qu'ils s'étaient soumises, établirent, sous le nom de féodataires, des administrateurs particuliers où ils laissèrent les grands propriétaires établir leur administration particulière dans leurs districts, à la charge de reconnaître leur domination et de contribuer à l'affermir ou à la soutenir.

Tel fut le résultat de l'institution des bénéfices militaires et des fiefs, telle fut l'anarchie du régime féodal.

On ne peut assigner d'autres causes ni d'autre origine à l'exemption dans laquelle la noblesse a pu être de se dispenser de contribuer aux charges et aux dépenses de l'administration.

Les propriétaires des fiefs avaient tous les droits de justice, ils étaient dépositaires de la puissance publique; on ne doit pas s'étonner qu'ils fussent exempts de contribuer aux impôts et aux charges publiques, puisque le motif de soutenir la puissance et l'autorité de ces administrateurs était une des considérations qui portaient à augmenter les charges publiques.

Depuis que les rois se sont ressaisis de la puissance publique, qu'il n'y a qu'un souverain et qu'une administration dans le royaume, peut-on concevoir qu'il existe un ordre qui se refuse de contribuer aux charges et aux dépenses de cette administration qui, embrassant tout le royaume, doit délivrer toutes les provinces des charges que ces anciens administrateurs leur avaient imposées pour soutenir une puissance qui n'existe plus, ou qui s'est précipitée vers sa source et ne réside plus que dans la souveraineté?

Art. 1er. La noblesse et le clergé, donnant l'exemple de la soumission et du dévouement pour la défense de l'État, la prospérité de la nation, et de l'amour et de l'attachement pour la personne des rois, doivent contribuer sans distinction à toutes les dépenses de la grande administration et des administrations particulières.

Art. 2. Tous les ordres, tous les citoyens de chaque ordre doivent renoncer à tous privilèges et à toutes distinctions pécuniaires.

Art. 3. Tous doivent s'engager à n'apporter aucun obstacle à ce que les subsides que les États généraux accorderont soient répartis sans aucune distinction, sans privilège et sans exemption, afin que nul ne puisse s'y soustraire, et que l'on n'éprouve jamais l'inconvénient des répartitions arbitraires et incertaines.

Art. 4. Que cette déclaration que le tiers-état attend de la justice et des sentiments déjà manifestés de la noblesse et du clergé, soit la base de la confiance et de la tranquillité publique; qu'elle soit reçue et sanctionnée par l'autorité du monarque et le vœu unanime des trois ordres; qu'elle ne reçoive aucune exception ni modification, sans quoi l'effet en serait éludé; une seule exception autoriserait par l'exemple, par la comparaison, par l'amour inné des distinctions, l'abrogation d'une loi qui doit servir désormais de base à la puissance et à la prospérité de la nation.

DE LA GRANDE ADMINISTRATION.

Depuis que le gouvernement s'est privé du secours des assemblées nationales, l'administration a souvent eu lieu de se convaincre de la faiblesse et de l'insuffisance des moyens et des facultés qui la Providence lui avait départis pour se charger du bonheur d'une grande nation; un Roi que donne à tous les souverains du monde l'exemple des vertus les plus chères et les plus précieuses à l'humanité, qui environne son trône de ministres révérés et déclarés par la voix publique les appuis et les restaurateurs de la France, veut employer la nation elle-même à concourir à opérer ce bonheur, qui est la véritable gloire des rois.

L'on ne peut atteindre à ce but qu'en ranimant la confiance publique et en la perpétuant par la stabilité de la Constitution.

Art. 1er. Que la convocation des Etats généraux ne soit pas envisagée comme un événement accidentel; qu'elle soit inséparablement liée à la grande administration; qu'elle en soit le principe fondamental.

Art. 2. Que, dans la séance des Etats généraux, on assure et l'on garantisse le retour périodique de leurs assemblées.

Art. 3. Que les Etats n'accordent de subsides que pour l'intervalle d'une assemblée à l'autre, et que toute perception cesse à l'époque qui sera déterminée pour l'assemblée suivante, si les Etats assemblés n'en consentent de nouveau.

Art. 4. Que, dans la composition des Etats, l'on observe d'admettre un quart des représentants dans l'ordre du clergé, un quart dans l'ordre de la noblesse et la moitié dans l'ordre du tiers-état.

Art. 5. Que les ordres conservent la liberté de délibérer séparément ou en commun, ainsi que leur indépendance; la loi qui doit assurer le retour périodique des Etats et leur organisation doit être sanctionnée et promulguée; qu'on accrédite les représentants de la nation pour étendre leurs vues, enflammer leur zèle en leur présentant sans cesse sous les yeux l'efficacité et l'utilité de leurs travaux; que cette loi désirée précède toutes les opérations et tous les travaux qui doivent remplir la séance des Etats généraux.

DE L'ADMINISTRATION PARTICULIÈRE DE LA PROVINCE.

Art. 1er. La rappel des Etats généraux nécessite de remettre en activité les Etats particuliers de la province; ces Etats, suspendus depuis près de cent cinquante ans, rendront à l'administration de la province tous les avantages dont elle a été privée; le principe d'uniformité de plan exige que du sein des Etats généraux, il sorte des Etats particuliers qui, pénétrés des mêmes vues, du même esprit, s'appliquent à réformer tous les abus, et soient les seuls administrateurs de leurs provinces.

Art. 2. Que les Etats particuliers de la province soient chargés de l'entière administration et du régime des subsides et de toutes les sources de la prospérité publique.

Art. 3. Qu'ils règlent l'époque et le lieu de leur séance périodique.

Art. 5. Que le quart des représentants ou députés des Etats soit pris dans l'ordre du clergé, qu'un quart soit pris dans l'ordre de la noblesse, que la moitié soit prise dans l'ordre du tiers-état.

Art. 5. Que les ordres y conservent le droit de s'assembler séparément ou en commun et qu'ils conservent leur indépendance.

DES DEVOIRS DES DÉPUTÉS AUX ETATS GÉNÉRAUX.

Art. 1er. Comme les députés ne peuvent trop s'empresser de se procurer les connaissances qui leur seront d'un usage indispensable, il est à désirer qu'immédiatement après leur élection ils sollicitent les ordres en vertu desquels ils puissent prendre une connaissance exacte de tous les subsides réels et personnels, de tous les impôts qui se perçoivent dans leurs districts, du régime particulier de chaque bureau, de chaque recette, des frais de perception, du produit de chaque impôt; et ces connaissances seront une introduction à celle que les députés prendront de tous les droits, impôts et subsides qui se perçoivent actuellement.

Art. 2. Appelés à sonder la profondeur de la plaie de l'Etat, ils examineront la dette nationale, ils vérifieront les droits des créanciers de l'Etat. Toute dette reconnue légitime sera sanctionnée, et la nation en deviendra garante.

Art. 3. Ils examineront dans les actes de l'administration quel a été l'emploi de tous les revenus, de tous les subsides et de tous les emprunts, quelle a été la cause de l'accroissement si prodigieux de la dette publique; ils proposeront les moyens qui sont seuls capables de garantir la nation de retomber dans un pareil désordre.

Art. 4. On réglera les dépenses des départements des bureaux.

Art. 5. On suppliera le Roi de régler les dépenses de sa maison avec l'éclat et la grandeur qui conviennent au plus puissant monarque de l'Europe.

Art. 6. On suppliera Sa Majesté d'autoriser les plans de réforme et d'économie dans tous les autres départements; qu'en vérifiant le département de la guerre, en considérant l'état, l'ordre des troupes, le nombre des recrues, les députés représentent combien il est facile d'abandonner la milice et les régiments provinciaux; qu'ils obtiennent la suppression de la milice et de tout service forcé, vu qu'un pareil service ne doit jamais s'exiger que lorsque l'Etat est en danger ou menacé d'une invasion, parce que, dans ce cas, tout citoyen devient soldat et que, hors le cas de nécessité, le peuple n'envisage la milice que comme une oppression.

Art. 7. Les députés, instruits de la masse des engagements que le gouvernement doit acquitter annuellement, instruits de la contribution respective des provinces, accorderont pour la Normandie la contribution qu'elle devra supporter et qui ne sera imposée que par les Etats particuliers et perçue par les agents et préposés des Etats; ils obtiendront la suppression de tous les anciens impôts, des tailles, aides, gabelles, droits affermés ou régis, subsides réels ou personnels, impôts sur la consommation et sur les conventions.

DU POUVOIR ET DES FONCTIONS DES ÉTATS DE LA PROVINCE.

Art. 1er. Les Etats s'assembleront immédiatement après la séparation des Etats généraux.

Art. 2. Ils simplifieront le nombre des impôts et les frais de régie.

Art. 3. Qu'il n'y ait qu'un seul impôt sur toutes les propriétés; que cet impôt les atteigne et frappe toutes dans la même proportion; que personne ne puisse se soustraire ni à l'impôt ni à sa juste quotité, sans distinction et sans égard à l'état, à la naissance, aux fonctions et aux emplois des propriétaires.

Art. 4. Qu'on règle la contribution respective du fermier et du propriétaire dans l'imposition unique qui ne frappera que la propriété.

Art. 5. Qu'il n'y ait qu'un seul rôle.

Que les Etats règlent la quotité de l'impôt personnel que devront supporter tous les citoyens de quelque ordre qu'ils soient, exerçant des sciences, arts, commerce, industrie et états qui augmentent leurs facultés réelles.

Art. 6. Que les préposés élus dans chaque paroisse, pour faire le recouvrement de l'impôt, versent les fonds entre les mains des trésoriers ou receveurs que les Etats établiront dans chaque ville, et que chaque province porte sa contribution au trésor royal.

Art. 7. Que les impôts d'entrée, de sortie, tous les impôts sur la consommation, autant qu'on sera dans la nécessité de conserver des subsides dont le régime exige le concours de tant de préposés, soient régis par les Etats de la province, qui établiront les règles, les frais de perception et l'ordre de comptabilité.

Art. 8. Que les impôts qui seront conservés sur les conventions, tels que le contrôle, l'insinuation, le centième denier, soient régis et perçus par les Etats ou leurs préposés, et que de nouvelles règles, un tarif clair garantisse le préposé de toute méprise et le contribuable de toute exaction.

Art. 9. Une expérience bien malheureuse a appris combien le tarif de 1722 et la perception de tous ces droits ont occasionné de maux et répandent journellement d'inquiétudes et d'alarmes dans le sein des familles.

Art. 10. Des droits modérés bien connus auraient favorisé la liberté des traités, et n'auraient pas mis des entraves multipliées à nos conventions.

Art. 11. L'ouverture des routes, l'entretien et la réparation des chemins seront l'objet des soins et de l'attention des Etats, qui, sachant mieux apprécier l'économie, n'envisageront que la nécessité et l'utilité publique, et préserveront la province de ces routes fastueuses qui exigent de grandes dépenses et enlèvent tant de fonds à l'agriculture.

Art. 12. L'impôt qui sera perçu pour cet objet sera réparti au marc la livre de l'imposition réelle et personnelle de tout propriétaire ou habitant de la province, sans distinction et sans exemption.

Art. 13. Les Etats proposeront les règlements nécessaires pour concilier la conservation des routes avec la liberté du roulage, soit par rapport au nombre de chevaux, soit par rapport à la forme des roues des voitures.

Art. 14. Les Etats maintiendront la liberté individuelle des citoyens, la liberté du commerce, des arts, de l'agriculture et de cette classe nombreuse de citoyens qui y sont employés.

Art. 15. Pénétrés que le plus noble encouragement que l'on puisse offrir à l'industrie est la liberté, ils ne proposeront que des règlements sages et dégageront le commerçant, l'agriculteur, l'artiste, le fabricant de toutes les entraves qui retardent les progrès de la raison et de l'expérience.

Art. 16. Ils seront spécialement autorisés de procurer la construction des halles couvertes et d'ouvertures de places aux frais des propriétaires des droits de coutume et de péage dans tous les endroits où l'on ne perçoit pour faciliter l'approvisionnement et la sûreté des marchés, le dépôt et la vente des grains.

Art. 17. Les droits de péage et de coutume ne furent établis que pour cet usage; cette disposition ne tend qu'à rappeler aux propriétaires l'usage et l'emploi de pareils revenus et à les obliger de les employer à leur destination primitive, contre laquelle on ne peut articuler aucune prescription, puisque la perception même des droits perpétue leur obligation, qui est le motif de la perception.

Art. 18. S'il se trouve des lieux, des marchés, où il ne se perçoit pas de pareils droits, les Etats seront autorisés de pourvoir à la construction de places et de halles, sur les mémoires que les communautés des lieux adresseront.

Art. 19. Lorsque les Etats auront reçu et adopté les mémoires des communautés et autorisé les dispositions nécessaires pour l'exécution de ces établissements, les communautés en poursuivront l'exécution, et s'il arrivait que les propriétaires ou autres personnes intéressées s'y opposassent, les procureurs-syndics des Etats interviendront dans les instances pour réclamer l'exécution de l'établissement que le seul intérêt général, supérieur à tous les intérêts particuliers, aura fait adopter.

Art. 20. Les Etats seront spécialement autorisés à faire observer les règlements concernant les fabriques, en ce qui concerne le genre et la qualité de la fabrication qui ont fixé la réputation des fabriques et qui les ont longtemps soutenues, puisqu'on ne peut se dissimuler que la liberté indéfinie sur les moyens de fabrication, l'introduction des combinaisons arbitraires ont produit des maux réels et fait tomber la plupart des fabriques, spécialement celles des gros draps et des toiles, dans un discrédit général, et ont fait naître la défiance et l'incertitude qui ont ralenti le commerce, en substituant ces combinaisons arbitraires a un ordre de fabrication qui répondait de la qualité des marchandises et en assurait le commerce et la circulation.

Art. 21. Il ne pourra être mis à exécution aucun règlement concernant l'agriculture, les arts et le commerce que lorsqu'il aura été reçu et approuvé par les Etats.

Art. 22. Il sera établi, pour l'exécution des résolutions des Etats et l'administration particulière de chaque lieu, des collèges ou administrations municipales dans chaque ville. Le nombre de ces administrateurs, qui seront tous électifs et à temps, sera proportionné à la population des habitants.

Art. 23. Que l'édit du mois de juillet 1766 soit toujours présent aux yeux de ceux qui proposeront le projet d'un règlement concernant l'administration municipale des villes, dont on doit adopter toutes les dispositions, qui règlent le nombre des députés, des notables et des autres membres de l'administration qui seront perpétuellement éligibles.

Art. 24. Qu'il soit formé dans une assemblée générale de chaque paroisse un corps d'administration municipale dont tous les membres seront élus à temps dans les assemblées.

Art. 25. Que ce corps soit toujours permanent et les membres toujours éligibles par la communauté.

Art. 26. Que toutes ces administrations soient chargées de la répartition des impôts réels et personnels, de la confection des rôles et du recouvrement.

Art. 27. Qu'il soit fait des arrondissements des paroisses voisines de chaque ville.

Art. 28. Que toutes les administrations particulières des paroisses correspondent à l'administration de la ville.

Art. 29. Que s'il s'élevait des difficultés entre ces administrations, et qu'elles ne pussent pas se concilier, elles soient tenues de s'adresser aux Etats de province, qui pourront seuls redresser leurs griefs.

Art. 30. Que tous les pouvoirs et les fonctions des Etats de la province soient invariablement assurés par une loi permanente, contre laquelle nul corps, nulle communauté et nulle personne, ne puissent se pourvoir, ni qu'aucun propriétaire ou habitant ne doit troubler l'harmonie d'une administration qui lui garantit la conservation de ses biens, la sûreté, la liberté de sa personne et tous les avantages qu'il peut raisonnablement attendre de sa situation dans l'ordre de la société.

DU DOMAINE.

L'on ne doit considérer sous la dénomination de domaine que ces fonds, ces droits réels qui appartiennent à la couronne et à l'Etat, et non ces impôts qualifiés de droits domaniaux.

Si l'on a été convaincu que la possession des terres était peu avantageuse aux hôpitaux, que les soins qu'exigent la conservation, l'entretien et l'exploitation de pareilles possessions étaient incompatibles avec l'attention et la vigilance continuelles que de pareils établissements prescrivent aux administrateurs, si les distractions, si les inconvénients attachés à la possession de pareils biens ont porté le gouvernement à autoriser la vente des biens appartenant aux hôpitaux et à les dispenser des formalités que l'usage et les ordonnances avaient introduites , combien l'inconvénient de ces possessions n'est-il pas sensible dans la grande administration !

Art. 1er. Que le Roi, dans l'assemblée des Etats généraux et sur leur demande, ordonne la vente des domaines, à l'exception des forêts qui seront assez considérables pour être régies et aménagées particulièrement par des préposés et des agents qui seront tenus de faire toutes adjudications devant les juges des lieux, de présenter un compte de leur administration aux Etats généraux assemblés et d'en rendre pareillement compte aux Etats particuliers de chaque province lors de chaque tenue d'Etats.

Art. 2. Que le surplus des domaines soit aliéné ; que les ventes se fassent après des annonces dans les papiers publics et des affiches dans les provinces et devant les juges des lieux de leur situation.

Art. 3. Que ces ventes soient affranchies de tous droits de contrôle, d'insinuation, de centième denier et généralement de tous autres droits.

Art. 4. Que toutes personnes, excepté les gens de mainmorte, soient reçues à les enchérir, les acquérir et les posséder, sans être assujetties à aucuns droits particuliers.

Art. 5. Que tout redevable de rentes domaniales ait la faculté de les racheter au denier trente.

Art. 6. Comme les princes appartiennent à la nation et sont les fils de l'Etat, que tout ce qui intéresse leur gloire et leur bonheur concerne particulièrement la nation ; ils seront suppliés d'accréditer de leur suffrage un plan uniforme dans cette partie de l'administration, de porter au Roi le vœu de l'Etat et d'en solliciter l'exécution complète et générale.

Art. 7. Les besoins de l'Etat réclament si puissamment les secours que l'on peut tirer de l'aliénation des domaines, du rachat des rentes domaniales, que le tiers-état ose espérer que ses vœux seront accueillis.

Art. 8. L'agriculture réclame ces fonds pour les mettre en valeur et augmenter les richesses réelles du royaume.

Art. 9. Le commerce, les arts réclament dans les villes et dans les environs ces terrains dont ils offriront la valeur et feront connaître l'utilité ignorée jusqu'à ce jour, si on leur permet d'en acquérir incommutablement la propriété.

Art. 10. Que la nation se rende garante de toutes les aliénations qui seront ainsi faites.

DU CLERGÉ ET DE SES REVENUS.

Art. 1er. Le tiers-état déclare qu'il est dans l'intention de demeurer inviolablement uni au saint siège par la profession d'une même foi et la pratique d'une même morale ; s'il ose porter ses regards sur quelques dépenses particulières que la politique du seizième siècle ou des égards pouvaient rendre nécessaires alors, ce n'est pas pour porter atteinte à la hiérarchie ecclésiastique ni à l'esprit d'unité qui lie tous les membres au chef de l'Eglise. La nécessité de rappeler tous les ordres au premier devoir, qui est le salut de l'Etat, a inspiré à l'assemblée de rendre ainsi le vœu général qu'elle forme sur l'Etat ecclésiastique.

Art. 2. Que tout évêque soit sacré dans son église par son métropolitain, tout archevêque par son suffragant, sur la nomination royale. Que les abbés et autres ecclésiastiques pourvus de bénéfices consistoriaux prennent ainsi possession de leurs bénéfices sur la nomination du Roi.

Art. 3. Qu'il soit défendu de solliciter aucune provision de bénéfice en cour de Rome, pour quelque cause que ce soit.

Art. 4. Qu'il soit défendu de solliciter en cette cour aucunes dispenses.

Art. 5. Que les évêques et les archevêques soient invités d'accorder toutes celles qu'on obtiendrait en cour de Rome.

Art. 6. Les droits d'annates, les taxes des dispenses se trouvant ainsi supprimées, qu'on abolisse le déport, usité dans cette province.

Art. 7. Lorsque les évêques se chargeaient eux-mêmes de l'administration des paroisses après le décès des titulaires, prenaient connaissance de tout ce qui pouvait concerner le bien spirituel des habitants et venaient y rétablir la discipline et l'esprit de la religion, entretenir la ferveur ou corriger le relâchement, il était juste qu'ils fissent percevoir les fruits du bénéfice et qu'ils en disposassent. Leurs sages dispositions étaient avantageuses au pauvre et à l'indigent ; mais depuis combien de siècles a-t-on perdu de vue cette sainte institution !

Art. 8. On regarde aujourd'hui les déports comme des casualités, comme des profits de fief. Un fermier général ou un sous-fermier régit et administre le bénéfice, en perçoit tous les revenus, y fait placer un ecclésiastique étranger ou éloigné, qui arrive dans une paroisse sans la connaître, qui est ordinairement privé de toutes ressources, de toutes facultés, qui n'a que la modique pension qu'un fermier lui paye, et qu'enfin les habitants se trouvent obligés de secourir ; l'honnêteté, la reconnaissance les engagent à rendre à ces desservants tous les devoirs, tous les services qui dépendent d'eux. On ne sait lequel est le plus à plaindre, de l'ecclésiastique honnête et vertueux qui se défend d'accepter tout ce que le zèle et la considération lui offrent, ou des habitants témoins et victimes d'un abus si sensible.

Art. 9. Que tout titulaire jouisse des fruits et revenus de son bénéfice dès l'instant de sa prise de possession.

Art. 10. Que le partage des fruits entre les héritiers du titulaire décédé et le nouveau pourvu se fasse au prorata de l'année à compter du 1er janvier, afin d'obvier à l'inconvénient de ces dispositions et usages abusifs, qui appliquent au profit des héritiers d'un titulaire tous les fruits et revenus du bénéfice si le titulaire décède après Pâques, dans plusieurs diocèses, et après le dimanche *Lœtare*, dans un autre.

Art. 11. Que l'entretien, la reconstruction de tous les bâtiments des presbytères soient à la charge des curés non à portions congrues; que ceux des curés à portions congrues soient à la charge des décimateurs ; que les bâtiments dépendant de fondations cessent d'être à la charge des paroisses.

Art. 12. Qu'il soit établi dans chaque paroisse des bureaux de charité et une caisse des pauvres, que les curés y versent le quart de leurs revenus, en retenant jusqu'à concurrence de 3,000 livres pour leur dépense, leurs impositions, leurs charges, leurs réparations et leurs bonnes œuvres particulières; que tous les autres décimateurs soient tenus de verser dans cette caisse le quart du revenu de toutes les dîmes qu'il perçoivent.

Art. 13. Que le reliquat des comptes des fabriques et des confréries y soit encore versé, puisque la véritable destination de ces revenus, lorsque les charges sont acquittées, est d'être employés en œuvres de piété.

Art. 14. Que l'on ne conserve aucuns fonds oisifs dans les caisses des fabriques et des confréries; on sait que ces richesses inutiles ont occasionné de grands crimes et de grands désordres.

Art. 15. Que ce superflu soit employé à des ateliers de charité, qui multiplieront dans chaque paroisse les moyens d'occuper l'indigent valide et tendront à détruire le fléau de la mendicité.

Art. 16. Qu'un règlement général, concernant les dîmes, rétablisse la paix et la tranquillité dans les paroisses ; que les grains et autres productions tenant lieu de fourrages soient affranchis ou déclarés exempts de la dîme, que l'on abolisse la dîme des laines, du charnage et des élèves qui n'est qu'un double emploi. Que les décimateurs vendent les pailles aux habitants et n'en puissent transporter hors de la paroisse, que trois mois après qu'ils en auront affiché la vente qui se fera, à prix égal, à l'habitant de préférence à l'étranger.

DE L'ADMINISTRATION DE LA JUSTICE.

Art. 1er. Qu'il y ait toujours une cour souveraine dans la province.

Art. 2. Que le droit des Normands d'être jugés dans leur province, sans pouvoir être cités ni traduits dans aucune autre cour ou conseil, soit reconnu, sanctionné et inviolablement observé.

Art. 3. Que tous procès soient irrévocablement terminés par la justice souveraine de la province.

Art. 4. Le motif du pourvoi en cassation n'étant fondé que sur l'inobservation de l'ordre judiciaire et sur la forme, doit-on hésiter à proscrire une voie qui n'est fondée que sur la forme, et qui ne permet pas même de s'occuper du fond des contestations? Mais une nouvelle législation rendra cette voie inutile.

Art. 5. La situation particulière de cette ville exige singulièrement l'attention des États : son bailliage comprend trente-trois paroisses ; on n'en fit pas originairement le siége de la résidence d'un lieutenant de M. le bailli d'Évreux, parce que l'abbaye possédait la seigneurie de la plus grande partie de la ville.

Art. 6. On assigna la résidence d'un lieutenant dans la ville d'Orbec, dont la seigneurie et un assez grand territoire appartenaient au Roi. La seigneurie de l'autre partie de cette ville et quelques domaines appartenaient au Roi ; un lieutenant de M. le bailli d'Alençon, qui avait son principal siége à Montreuil, avait un siége particulier dans la ville, où il exerçait l'intégrité de sa juridiction sur les lieux qui en dépendaient. Enfin le lieutenant de M. le bailli d'Évreux, résidant à Orbec, vint tenir un siége particulier dans cette ville, comme le lieutenant de M. le bailli d'Alençon, résidant au bourg de Montreuil; ainsi la ville eut deux bailliages, l'un tenu par un lieutenant résidant dans un bourg éloigné de quatre lieues, l'autre par un lieutenant résidant dans la petite ville d'Orbec, à peu près à égale distance. Cet ordre a subsisté pendant plus de cent cinquante ans. En 1776, le Roi créa, en faveur de M. de la Soisière, un office de lieutenant général d'Orbec, résidant à Bernay. En 1783, le bailliage de Montreuil fut éteint et supprimé : la plus grande partie de son territoire, voisine d'Orbec, fut soumise à la juridiction d'Orbec ; la partie de Bernay et des environs fut soumise à la juridiction de cette ville. On créa un procureur du Roi résidant à Bernay. On créa plusieurs autres officiers autorisés de siéger à Orbec et à Bernay ; ces dispositions sont une suite du régime féodal. Les baillis étaient établis dans des villes dépendantes du domaine, les lieutenants ne furent envoyés et établis que dans des lieux de la même dépendance. Ainsi l'on ne vit point de lieutenants à Lisieux, l'on n'en vit pas de sédentaires à Bernay, quoiqu'il y en eût à Orbec et au bourg de Montreuil.

Mais comme l'abbaye de Bernay n'a jamais exercé les droits de haute justice, les lieutenants d'Orbec et de Montreuil vinrent y tenir leurs séances et exercer l'intégrité de leur juridiction, chacun dans son territoire. Une disposition aussi imparfaite et aussi défectueuse avait fait longtemps désirer et solliciter de nouveaux arrangements. On sentit, depuis 1776, l'avantage et la nécessité d'avoir des officiers résidant dans la ville, mais une seule partie de la ville avait cet avantage, l'autre en était encore privée. On supprima enfin le bailliage de Montreuil. La composition du bailliage paraît encore si irrégulière que tous les vœux se réunissent à solliciter l'établissement d'une compagnie de magistrats résidant en cette ville, uniquement attachés à leur juridiction. Le service sera plus assidu, plus suivi, et l'on sera délivré des épines et des inconvénients d'une justice ambulante, dont la conservation serait sans doute peu compatible avec les vues de réformation et d'accélération dans l'instruction des procès criminels et même de toutes les affaires civiles. La situation de cette ville, sa population qui la firent choisir pour le dépôt d'un grenier à sel qui embrasse la ville d'Orbec, pour le chef lieu d'une élection, d'une direction des aides, d'un entrepôt de tabacs, doivent, dans ce moment, agir avec autant d'efficacité et accélérer l'établissement que les habitants de toutes les paroisses ont chargé leurs députés de solliciter.

Art. 7. Plusieurs de ces paroisses dépendent de quatre ou cinq juridictions, et les prétentions obscures de plusieurs seigneurs à cause des limites peu connues de leurs fiefs, rendent encore plus incertaine l'étendue des juridictions. Le vœu de l'assemblée est que toutes les paroisses soient soumises dans leur intégrité à la juridiction du lieu que l'on connaît des cus royaux.

Art. 8. Le vœu général est aussi qu'il n'y ait qu'une seule et même juridiction, qui connaisse de toutes matières, de toutes contestations, des affaires civiles, des affaires criminelles, du recouvrement des impositions et de l'exécution des rôles, de la perception de tous les droits qui pourraient être conservés ou imposés de nouveau, de toutes contestations, de tous délits en matière d'eaux et forêts.

Art. 9. Que les compagnies de magistrature soient aussi nombreuses que l'importance de leurs fonctions le requerra; que chaque magistrat ne puisse cumuler plusieurs charges ou offices; que les arrondissements soient fixés invariablement dans le seul rapport de l'utilité publique, de la considération et de la commodité des lieux de leur établissement. Que l'on supprime les offices de procureurs, à cause de la multiplicité de leurs droits et de l'inutilité de leurs fonctions.

Art. 10. Qu'il soit permis à tout citoyen du tiers-état, ayant le mérite et les connaissances nécessaires, d'aspirer à toutes les charges de magistrature, et qu'il puisse y être admis sans que le défaut de naissance puisse être un sujet d'exclusion.

Art. 11. Que le citoyen qui aura servi la province dans la magistrature souveraine reste dans le tiers-état, que ses enfants rentrent dans le même ordre si l'officier par des services particuliers ne s'est mérité des lettres de noblesse, que ces lettres soient rarement accordées et qu'il n'y ait aucun anoblissement général.

Art. 12. Que les États s'appliquent à rechercher les moyens d'abolir, s'il se peut, la vénalité des offices.

Art. 13. Que l'on supprime toutes les juridictions devenues inutiles.

Art. 14. Qu'après que cet ordre aura été établi, il ne puisse y être fait aucun changement, et qu'il ne puisse être créé ni supprimé aucun office; que cet ordre établi dans l'administration de la justice, inséparablement lié à la constitution de la province, soit ferme et permanent comme elle.

Art. 15. Que les États obtiennent de la justice du Roi un code civil et un code criminel; que ces codes soient communiqués aux États de la province, vu qu'ils intéressent si essentiellement le bonheur de tous et que de pareilles lois influent sur tous les points de notre existence; qu'ils ne soient publiés et enregistrés au parlement dans les juridictions qu'après avoir été consentis par les États.

Art. 16. Que dans chaque paroisse il soit créé un tribunal de paix composé des membres de la municipalité pour éteindre sur-le-champ toutes contestations dont la nature et l'objet seront déterminés par un règlement particulier. Que toutes les décisions de ce tribunal soient exécutées provisoirement. Que tout habitant qui y sera cité ne puisse se dispenser d'y comparaître et d'exposer ses défenses; que ces juges de paix puissent rendre des décisions provisoires dans les cas qui requerront célérité. Mais que jamais ils ne concourent à favoriser l'évasion de coupables et l'impunité de délits qui troublent la société.

Art. 17. Que les États généraux demandent l'exécution de l'édit de Henri II, du mois de mai 1557, concernant les poids et mesures; que les magistrats soient chargés de faire exécuter la nouvelle ordonnance qu'on obtiendra de la justice du Roi et qu'il y ait dans le royaume une entière uniformité de poids et de mesures; c'est l'un des principaux moyens que l'on ait pu concevoir pour généraliser la confiance, étendre et faciliter le commerce, rendre ses opérations plus

promptes et plus rapides. Il exige l'application, la surveillance particulière des magistrats.

Art. 18. Que les importantes fonctions de notaire ne soient confiées qu'à des personnes instruites et graduées.

Art. 19. Que les États généraux sollicitent et obtiennent avant de se séparer la réformation de plusieurs dispositions de l'édit de juillet 1771. Cet édit appartient principalement à l'administration de la justice.

Art. 20. Une loi qui grève le citoyen d'un impôt pour lui conserver le gage de sa créance doit lui garantir la valeur entière de ce gage, et ne pas laisser à la liberté du débiteur de ne laisser à son créancier qu'une hypothèque stérile, et de lui enlever réellement la valeur de son gage.

Art. 21. Pour conserver votre hypothèque sur les biens de votre débiteur, vous êtes obligé, suivant cette loi, de former opposition au bureau de la situation de ses biens; votre opposition doit être renouvelée de trois ans en trois ans.

Art. 22. Mais pendant cet intervalle votre débiteur, quoique tombé dans un dérangement notoire, poursuivi par ses créanciers, quoique son dérangement soit manifesté par des scellés apposés après son évasion, peut vendre ses biens même à l'un de ses plus proches parents à vil prix pour moitié de leur vraie valeur; l'acquéreur fait afficher son contrat, il obtient dans deux mois des lettres de ratification, scellées à la charge de votre opposition, il fait assigner les créanciers opposants, représente la moitié de la valeur des biens parce que c'est le prix de son contrat; si vous n'êtes pas des premiers créanciers, vous perdez votre créance, et votre gage s'évanouit, après que vous avez satisfait à ce que vous prescrivait la loi pour conserver votre hypothèque.

Art. 23. La loi vous a indiqué, pour obvier à cet inconvénient, un moyen dont vous ne serez peut-être jamais à portée de faire usage. Elle vous permet d'enchérir sur le prix du contrat dans les deux mois de son exposition. Vous êtes donc obligé de veiller de deux mois en deux mois sur la conduite de votre débiteur, quoique la loi semble vous inviter de vous reposer sur sa garantie pendant trois ans; si votre domicile est à quinze ou vingt lieues de votre débiteur, pourrez-vous en être averti? et si vous avez un correspondant qui entre à l'audience tous les mois et vous avertisse que votre débiteur a vendu ses biens, serez-vous chaque mois en état d'enchérir et d'acquérir une terre qui excédera peut-être dix fois vos facultés?

Art. 24. C'est sur les dispositions de cette loi que le sieur d'Antignate, receveur des finances de Bayeux, ayant pris la fuite, étant rentré en France en faveur d'un sauf-conduit, ayant vendu pour 170,500 livres, au sieur Dumanoir, son beau-frère, une terre évaluée à 300,000 livres; tandis que les créanciers s'assemblaient pour s'unir, l'acquéreur ayant fait afficher son contrat, les créanciers ayant formé opposition au sceau des lettres de ratification, ayant commencé les poursuites d'un décret avant l'affiche du contrat, l'acquéreur ayant cité les créanciers aux requêtes du palais à Paris, contre les droits de la province, et malgré les arrêts et défenses du parlement, il est intervenu au parlement de Paris, le 20 août 1782, un arrêt qui accorde mainlevée de l'opposition et des poursuites des créanciers et juge que les créanciers unis n'avaient que la faculté d'enchérir dans les deux mois.

Des dispositions si alarmantes, des conséquences si ruineuses tirées du texte de la loi, ne doivent elles pas exciter les plaintes et doléances de la nation ?

Art. 25. Le moyen le plus facile de remédier à cet inconvénient est d'ordonner que toutes les fois qu'il se trouvera des oppositions sur des biens acquis, l'acquéreur ne puisse obtenir des lettres de ratification qu'il n'ait appelé les opposants pour déclarer s'ils entendent se contenter du prix de son acquisition ou s'ils préfèrent trouver des enchérisseurs après des annonces et des publications qu'ils seront autorisés de faire pendant six mois, parce que s'il se trouve des enchérisseurs, les biens seront adjugés au plus offrant, et s'il ne s'en trouve pas, il sera scellé des lettres de ratifications au bénéfice de l'acquéreur.

Art. 26. Que les États représentent à Sa Majesté les abus innombrables qui résultent de l'obtention des sauf-conduits et des arrêts de surséance.

Art. 27. En vertu d'un arrêt de surséance, un débiteur a mainlevée de ses effets, s'empresse de les dissiper et de se jouer de la foi publique. Tous les exemples que l'assemblée peut se rappeler ne justifient que trop que tout débiteur ne s'est prévalu de ces grâces que pour tromper ses créanciers et leur enlever les débris de sa fortune.

Art. 28. Que l'usage de ces grâces si nuisibles aux mœurs et au commerce soit aboli, que jamais le conseil ne puisse suspendre l'ordre de l'administration de la justice ; que le pouvoir judiciaire soit conservé dans sa plénitude et dans toute son efficacité.

Art. 29. Que les États obtiennent la révocation de toutes lettres de cachet arbitraires, qu'ils représentent à Sa Majesté l'injustice de ces enlèvements, de ces détentions illégales, si contraires à l'esprit de son gouvernement ; que la liberté de chaque citoyen soit sanctionnée par le souverain et la nation comme la première des propriétés.

Art. 30. Que nul ne puisse être détenu qu'en vertu de jugement, ou à la clameur publique ; que l'on abolisse les prisons d'État et que tout prisonnier soit remis sur-le-champ à la justice ordinaire.

Art. 31. Si plusieurs ministres ont cru faire disparaître l'injustice de pareils ordres, en ne les accordant que sur des considérations les plus agissantes et dans les occasions où le citoyen détenu n'était que trop heureux d'éprouver un pareil traitement, ils se sont trompés ; si le prisonnier est coupable, quel qu'il soit, la justice exige qu'il soit puni. La commutation de peine qu'il peut obtenir de la puissance du Roi n'est-elle pas la plus insigne dont il soit encore susceptible ? Ce ressort invisible d'un pouvoir immense, dont on n'ose envisager l'étendue, répugne à tout principe de gouvernement. Il offense la société s'il est employé contre l'innocence, si des passions viles, des soupçons, des intrigues, la calomnie font quelquefois mouvoir ce redoutable ressort ; les yeux se baignent de larmes. Que les États rassurent la nation consternée en lui annonçant que le Roi a brisé ce ressort.

Cet injuste préjugé qui poursuit encore un coupable qui a satisfait à la loi, qui n'épargne pas même sa famille, a été une source continuelle d'abus et de violation des règles dans l'administration de la justice. La destruction d'un préjugé si funeste qui souvent a entraîné la ruine, la dispersion des familles, signalera le zèle et le patriotisme des États.

Art. 32. Que la confiscation des biens n'ait jamais lieu, que des enfants qui ont perdu leur père ne soient pas condamnés à traîner des jours infortunés dans la misère et dans l'opprobre, que l'ordre de succéder ne soit pas interverti, et que l'on ne prélève sur les biens du condamné que les réparations civiles.

Art. 33. Que le Roi soit supplié de déclarer, conformément au vœu et à la prière des États, que tout délit est anéanti lorsque le coupable a satisfait à la loi ; que ses parents les plus proches, s'ils sont irréprochables, doivent être également reçus et admis dans toutes les places dont ils seront susceptibles et qu'il ne sera fait aucune différence entre eux et tous autres concurrents que celle de l'aptitude et du mérite.

Art. 34. On rappelle à la fin de cet article de l'administration de la justice, l'examen de plusieurs droits féodaux qui ne furent dans l'origine qu'une suite de l'exercice de la puissance publique et de la police entre les mains des seigneurs qui s'en étaient saisis.

Art. 35. La banalité, réclamée par les seigneurs comme une propriété, n'est qu'un privilège exclusif dont la raison et la loi exigent la suppression.

Art. 36. Sous les rois de la deuxième race, les moulins et les fours publics appartenaient au prince ; il avait seul le droit d'en avoir de publics ; chacun avait la faculté d'en faire construire sur son fonds pour son usage, mais le droit d'en avoir de publics n'appartenait qu'au prince, à raison de la police à laquelle ces établissements publics étaient soumis. Lorsque les seigneurs s'attribuèrent les droits de justice et de police, ils représentèrent le prince, et eurent, par conséquent, seuls, le droit d'avoir des moulins et fours publics : ces fours, ces moulins n'étaient établis que pour la commodité de ceux qui ne pouvaient pas en avoir. Mais dans les mains des seigneurs, ces lieux de liberté, établis pour la commodité publique, devinrent des lieux de contrainte contre leur institution. Le célèbre Fulbert, évêque de Chartres, dans le dixième siècle, écrivit au duc Richard et lui adressa des plaintes de ce que l'on usait de contrainte envers le peuple, pour l'assujettir à un nouveau genre de servitude au sujet des moulins.

Art. 37. Ces moulins étaient en effet qualifiés de moulins banaux, ce qui signifiait communs et ouverts au public, mais n'entraînaient ni servitude ni assujettissement ; ce n'a été que dans des siècles postérieurs que l'on a changé le sens et l'acception des termes.

Art. 38. On s'est élevé contre ce nouveau joug dans plusieurs assemblées nationales, et le peuple y a trouvé d'illustres défenseurs qui, rappelant la banalité à son origine et à son institution, nous ont transmis que ces établissements n'avaient passé entre les mains des seigneurs qu'avec la puissance publique ; que, dépositaires de cette puissance, administrant la justice et la police qui sont des actes de la puissance publique, ils n'avaient fait tenir ces lieux publics qu'à l'exemple des rois et comme successeurs ou dépositaires d'une partie de leur autorité ; mais que des actes de la puissance publique, des actes de justice et de police ne doivent pas être confondus avec les titres de propriété, qu'on peut enfin laisser aux seigneurs les moulins banaux, c'est-à-dire publics et ouverts à tous ceux qui veulent s'y présenter, mais qu'ils ne peuvent contraindre qui que ce soit de s'y présenter.

Art. 39. Le tiers-état réclame l'abolition de ce privilège, devenu par succession de temps un privilège exclusif. Quelque faveur que mérite un privilège, on doit examiner ses avantages et ses inconvénients. Il n'est point de privilége qu'on ne doive soumettre à un pareil examen.

Art. 40. La banalité a perpétuellement excité des réclamations, elle a nui au progrès de la mouture économique. Dans les banalités la mouture ne s'est jamais perfectionnée : elle est au contraire devenue de jour en jour plus coûteuse par l'évaporation, le déchet et la manipulation défectueuse. La mouture n'est pas même ce qu'elle était dans le quinzième siècle, les moulins sont négligés et en mauvais état ; les abus, les infidélités des agents ne sont que trop constants.

Art. 41. Les droits de mouture se payent en grains, et dans des temps de pénurie un vassal, incertain de son approvisionnement, est contraint de payer au meunier la seizième partie de son grain, de supporter un déchet résultant de l'imperfection du moulin, et tous les autres abus que personne n'ignore.

Art. 42. Un privilége qui n'a jamais été érigé en loi, peut-il se soutenir, lorsqu'il est attaqué par les abus qui dérivent de son exercice?

Art. 43. Il faut rendre à la liberté et à l'industrie la mouture des grains ; la mécanique, les arts s'occuperont bientôt de sa perfection. C'est l'unique moyen de conserver et d'économiser la première denrée dont la banalité a occasionné une déperdition inappréciable.

Art. 44. La multiplication des colombiers excite pareillement les plaintes du tiers-état. Les réglements subsistants suffiraient pour retrancher les abus; mais pour ne pas distraire le cultivateur de ses occupations et ne pas l'engager dans des contestations onéreuses, il est du devoir des États d'obtenir un loi nouvelle qui rappelle le souvenir des anciens réglements, qui oblige de supprimer tous les colombiers construits sans droit, et qui assujettisse les propriétaires ayant droit d'avoir des colombiers à les fermer aux approches et pendant la récolte, pendant le temps de la semaille du blé et des menus grains.

Art. 45. La quantité prodigieuse du gibier est un fléau qui afflige les campagnes. Que les États choisissent les moyens les plus convenables de les en garantir. Le tiers-état, soumis aux lois de la police et ne voulant s'en écarter pour aucun intérêt, attend avec autant de soumission que de confiance l'effet des sages mesures que les États prendront à cet égard.

Art. 46. La liberté de la presse doit être également établie et sanctionnée ; c'est un des principaux avantages que tout gouvernement occupé de sa constitution doit s'empresser de se procurer. Que tout citoyen puisse offrir à la patrie le résultat de ses études, de son expérience et de ses méditations ; c'est souvent l'unique moyen d'être averti de grands dangers, d'éviter et de prévenir de grandes fautes dans toute espèce d'administration.

Art. 47. Que toutes les lois soient promulguées avec la plus grande publicité, et qu'il en soit en-

voyé un exemplaire dans chaque paroisse, pour l'instruction des habitants que l'on ne peut prendre trop de soin d'éclairer et d'instruire ; ce qui tendra à concilier aux lois le respect, l'attachement et la soumission des peuples.

Art. 48. Pressé de remettre à ses députés le cahier de ses doléances, le tiers-état les charge de ne jamais perdre de vue que, sacrifiant tout au bonheur de la patrie et prenant l'honorable résolution de sanctionner une dette que tout annonce devoir être immense, son vœu est que les deux premiers ordres renoncent préalablement à toujours, à toutes distinctions pécuniaires, et que la constitution soit affirmée et consolidée, que ses bases fondamentales doivent être posées avant que les États puissent s'occuper de la dette publique et d'aucuns autres objets qui seraient soumis à leur examen.

Art. 49. Le vœu de l'assemblée est que les députés qu'elle va choisir et charger de se rendre à Évreux, soient tenus de réclamer le droit de délibérer séparément des premiers ordres, et de réclamer que le tiers-état rédige séparément son cahier et élise ses députés dans son ordre.

Arrêté en l'assemblée des députés du tiers-état du bailliage, et signé double après lecture, l'un desdits doubles pour rester joint au procès-verbal de M. le lieutenant général, et l'autre remis au quart desdits députés choisis pour le porter à l'assemblée générale, à Évreux le 16 de ce mois; lesdits doubles signés par lesdits sieurs délibérants, par MM. le lieutenant général, le procureur du Roi, et leur greffier, coté par mondit sieur le lieutenant général par première et dernière pages et paraphé, *ne varietur*, au bas d'icelles, ce jourd'hui, 11 mars 1789, en la grande salle de l'abbaye royale de Bernay. *Signé* Fouquai, Follin, avocat ; Lindet, Le Prévost, Buschey, Furet, Leconte, M. A. Valmont de Bomare, Delangle, Denis des Chandelliers. P.-L.-F. Delamarre, G. Fleury, syndic de Saint-Victor; Jean Goutier, Maréscal, Baynet, Dulaurens, Mattard, Jacques Mousillon, J.-F. Lefèvre, P. Duval, S. Lemercier, F. Petit, Guillaume Haumey, P. Duval, N. Philippes, J.-B. Louis, Maurey, Nicolas Conard, M.-V. Conard, F. Goutier, P. Étable, C. Levelain, N. Goupil, Pierre Trinité, J. Lelièvre, Quercy, François Furet, Jean Broutin, Adrien Prévost, F. Louis de Laquèze, Gaspard Écalard, Jacques Motte, Pierre Véron, J. Deschamps, Louis-Nicolas Desmollaud, Pierre Poullain, J.-B. Levieil, Talbot, N. Le Seigneur, François Duval, Louis Motte, Delamare, Menicher, P. Aulney, P.-H. Le Prévost, Philemon Legrand, P. Moisy, J. Bomel, Jean Guernier, A. Villecoq, P. Mourié, Bonière, C. Dumame, Le Roy, Charles Robine, Passemer, Louis, Écalard, Procourt Régnier, Miard, Le Danois de la Soisière et Pitois, avec et sans paraphes.

Collationné par nous, commis au greffe en chef dudit bailliage d'Orbec. Bernay, ce 12 mars susdit an. *Signé* Pitois, avec paraphe.

SÉNÉCHAUSSÉE DE FORCALQUIER.

CAHIER

Des doléances du clergé séculier et régulier de la sénéchaussée de Forcalquier, en l'assemblée des trois Etats de ladite sénéchaussée, convoquée et séant à Forcalquier, pour la formation des cahiers et la nomination des députés aux Etats généraux (1).

Touché des maux qui affligent son peuple, Louis XVI, le meilleur, le plus juste, le plus sensible des rois, appelle ses sujets auprès de son trône. Il veut s'abaisser jusqu'au moindre d'entre eux, entendre sa voix, recevoir ses conseils, chercher dans son cœur le calme dont il est privé ; et par le rapport consolant d'une confiance mutuelle, d'un amour réciproque entre le souverain et ses sujets, le père et ses enfants, apporter le plus prompt remède aux maux de l'Etat. Il demande avec bonté les souhaits et les doléances de ses peuples, pour chercher le moyen d'assurer la félicité publique. Pénétrés des sentiments de respect, d'amour et de reconnaissance pour un prince si bienfaisant, les membres du clergé, qui forment le premier ordre dans l'assemblée de cette sénéchaussée, ont déterminé de faire parvenir aux pieds du trône, par le moyen des députés qui seront élus pour les Etats généraux, le présent cahier des doléances, que leur ont dicté le zèle pour la religion, les besoins des peuples, l'intérêt de leur ordre et leur amour pour la patrie.

RELIGION.

Art. 1er. Le premier objet dont se sont occupés les membres de l'assemblée, a été la religion. Affligés des progrès de l'incrédulité et de la dépravation des mœurs, qu'ils regardent comme la source des maux qui désolent la France, ils supplient instamment Sa Majesté et les Etats généraux de s'intéresser à cet important objet, d'arrêter le torrent de l'impiété, de maintenir dans les dogmes et la morale notre religion sainte, le plus ferme appui et la gloire de la monarchie.

Nos vœux à cet égard que l'impie cesse de triompher ; qu'il porte au moins la peine de la honte et de l'oubli ; que les amis de la religion soient traités comme les meilleurs citoyens du royaume, et qu'ils soient préférés dans la distribution des honneurs et des récompenses.

Art. 2. Nous voyons avec douleur qu'il n'y a plus de respect pour les saints jours, pour la maison du Seigneur, pour les sacrés mystères. Les lois de l'Etat, pour les objets intéressants, sont entièrement négligées. Nous en réclamons l'exécution, ainsi que pour les jeux prohibés, et même les jeux permis dans les jours d'œuvre, les cabarets qui conduisent infailliblement à l'impiété, à l'indigence et à tous les vices.

(1) Nous publions ce cahier d'après un manuscrit des *Archives de l'Empire*.

DISCIPLINE

Art. 3. La liberté de la presse, toujours nuisible et surtout en matière de religion, des mœurs, et de subordination, demande d'être modifiée, pour qu'elle ne dégénère pas en licence. Les maux, produits par les mauvais livres sont inconcevables : les vœux de toute l'assemblée sont que les libelles impies et libertins soient plus soigneusement proscrits.

Art. 4. Ce qui a paru bien important au clergé, dont les désirs sont ici exprimés, c'est que les Etats généraux cherchent les moyens de rendre à la religion toute la vigueur de sa discipline. Les députés demanderont le rétablissement des conciles et des synodes, qu'on s'appliquera à rendre utiles à l'Eglise et à l'Etat, par le concours réglé et justement subordonné de tous ceux qui doivent y être appelés.

Dans ces saintes assemblées, on s'assurera mieux de la vocation des jeunes gens ; on veillera à leur éducation ecclésiastique, on s'appliquera à n'admettre au saint ministère que des prêtres bien éprouvés, et à ne donner à l'Eglise que de bons pasteurs.

L'esprit de litige, si nuisible dans la société, est surtout funeste parmi les ecclésiastiques. Nous chargeons les députés aux Etats généraux de solliciter, pour chaque diocèse, l'établissement d'un tribunal de pacification, dans lequel les contestations parmi les prêtres des paroisses, relatives au ministère, et toutes les causes ecclésiastiques seraient jugées par voie de médiation, lors même qu'il s'agirait d'une contestation entre un séculier et un régulier, pour ne pas recourir si facilement aux tribunaux séculiers.

Ce tribunal serait formé dans une assemblée générale du clergé diocésain, réuni à l'évêque.

Plusieurs membres de l'assemblée ont témoigné que le bien des peuples paraissait exiger que chaque évêque, dans son diocèse, pût dispenser de tous les empêchements de mariage.

CONTRIBUTIONS.

Art. 5. On ne saurait parler sans attendrissement de l'unanimité avec laquelle tout le clergé de cette assemblée a témoigné son désir de contribuer à toute espèce d'imposition qui aura été consenti par les Etats généraux, selon ses facultés, et dans la même proportion que les autres sujets du Roi. Evêques, abbés, chapitres, prieurs, curés, tous se sont disputé l'avantage de concourir au soulagement du peuple, et de lui donner l'exemple de l'obéissance aux volontés du souverain.

Les députés aux Etats généraux, en portant aux pieds du trône le témoignage sincère de notre respectueuse soumission, manifesteront aussi notre désir, pour que les dettes considérables que le clergé a contractées pour subvenir aux besoins de l'Etat, soient assurées et successivement éteintes de la manière la moins onéreuse aux contribuables.

BÉNÉFICES.

Art. 6. Sa Majesté sera suppliée de se former un conseil de conscience pour l'éclairer sur le choix des ministres de l'Eglise, et d'avoir égard, dans la distribution des bénéfices et autres grâces ecclésiastiques, au service et au mérite plutôt qu'à la naissance.

Les Etats généraux solliciteront une loi qui ordonne que les bénéfices ne soient donnés qu'aux ecclésiastiques utiles à l'Eglise, une loi qui renouvelle la défense de la pluralité, si commune et toujours contraire à la sage disposition des canons et au bien de la société.

La résidence, si négligée, si nécessaire, sera fortement recommandée, et les absents de leurs bénéfices seront obligés de ne pas perdre de vue les pauvres du lieu.

Les bénéfices exigent tous des qualités relatives; on ne doit en donner qu'après des examens sérieux, afin que le bien de l'Eglise ne tourne pas au scandale des peuples.

Nous désirons qu'on adoucisse les frais ruineux qu'il faut faire pour être pourvu d'un bénéfice, et que la course ne soit plus un moyen de se le procurer.

ÉDUCATION.

Art. 7. Le vice de l'éducation a opéré parmi nous la destruction des mœurs. Les députés aux Etats généraux exposeront la nécessité des écoles dans les paroisses de campagne et des villes. Dès les premiers ans, on mettra entre les mains des jeunes gens les principes de religion, simplement et clairement développés, afin qu'en apprenant à lire, ils apprennent à rendre à leur Dieu, à leur patrie, à leur souverain, à leurs parents, à tous les hommes, ce qu'ils leur doivent.

L'expérience a fait connaître combien les frères des Ecoles chrétiennes travaillent avec succès dans cette partie de l'enseignement.

Les collèges, les universités, sont ici de trop justes sujets de nos doléances. L'enseignement, les instituteurs, l'administration, tout y a besoin de réforme. Les Etats généraux seront priés d'établir une discipline plus sévère et des méthodes plus sûres pour l'amélioration et les progrès des études.

Le gouvernement choisira des personnes habiles, amies de la religion et de la patrie, qu'on chargera de composer des livres élémentaires pour un enseignement public et uniforme.

Un moyen nécessaire pour améliorer l'enseignement, c'est la dotation des collèges et des séminaires, pour l'avantage des élèves et des instituteurs. Il convient d'encourager ces derniers par des honoraires plus convenables et des espérances plus efficaces, et de leur tenir compte de leurs travaux dans tous les traitements des diocèses.

Nous croyons devoir faire ici mention du vœu de M. l'évêque d'Apt, sur cet important objet, ainsi que des députés de sa cathédrale, auxquels toute l'assemblée a applaudi, et conclu d'en faire article de doléances.

Les filles qui, dans les divers ordres de citoyens, ont aussi besoin d'éducation, seraient utilement confiées aux religieuses.

CONGRUES.

Art. 8. Les curés, décidés, pour leur sort temporel,

à s'en rapporter aux bontés du Roi, n'ont pas été moins sensibles aux vœux formés par M. l'évêque d'Apt, par les députés des deux chapitres et par les autres membres de l'assemblée, pour l'amélioration de leur sort; ils demandent qu'on prenne des arrangements pour l'entretien des sacristies, et pour les menues fournitures qui sont encore, en Provence, la source de bien des contestations; qu'il fût ajouté à la congrue une somme annuelle que le décimateur payerait aux curés et à la communauté conjointement, laquelle somme déchargerait le décimateur de tout soin, même pour l'huile de la lampe, qui, par la cherté de cette denrée, devient article considérable. Il serait bon d'abolir le casuel pécuniaire, en distinguant alors diverses classes de paroisses.

CURÉS.

Art. 9. Le sort des curés dévoués au bonheur des peuples paraît exiger une attention particulière. Il y en a, comme ceux de Malte, qui sont amovibles. Cette incertitude prive le troupeau des soins souvent les plus essentiels : il est bien désirable qu'on les fixe, pour les attacher plus intimement à leur état.

Ces mêmes curés ne reçoivent pas une congrue pareille aux autres; ils n'ont que 550 livres. Nous demandons pour eux une égale congrue : plusieurs curés, en Provence, décimateurs dans leurs cures, y vivent souvent, au milieu d'un peuple surchargé et misérable, soumis seuls à l'entretien de la sacristie, du sanctuaire et de toute fourniture. Les Etats généraux seront suppliés de prendre des mesures efficaces pour leur fournir, au plus tôt, de quoi subsister, et qu'ils aient la même congrue que les autres.

CURÉS INFIRMES.

Art. 10. La voix de l'humanité se joint ici à celle de la justice et de la charité. Nous avons appris avec édification l'attention paternelle que M. l'évêque d'Apt a faite dans les notes aux pasteurs, aux prêtres, qui, après avoir passé la plus grande partie dans les pénibles travaux du ministère, se trouvent souvent réduits, dans leur vieillesse et leurs infirmités, à la plus déplorable indigence. L'assemblée se flatte que les députés aux Etats généraux demanderont une retraite honnête pour les pasteurs et les prêtres; et qu'en attendant, il sera expressément permis aux curés qui résigneront leurs cures, pour raison d'âge ou d'infirmité, de se réserver le tiers de leur congrue

CHAPITRES.

Art. 11. La plupart des chapitres de la province sont trop médiocrement dotés : le rang qu'ils tiennent dans le clergé, les services qu'ils rendent à l'Eglise, exigent qu'on sollicite en leur faveur quelque union qui supplée à la modicité de leurs revenus.

Il y a, dans les chapitres des bénéficiers, dans certaines paroisses, comme à Manosque, des prêtres titulaires coadjuteurs des curés; ils concourent au service de l'Eglise : l'assemblée voudrait qu'on sollicitât aussi pour eux un meilleur sort.

Les prêtres de Manosque ont 10 charges blé, 1 charge seigle, 2 charges orge, 2 charges avoine, tout grain bon, marchand et réceptable.

Pour ce qui regarde les bénéficiers de Forcalquier, M. le doyen du chapitre, député de son corps, supplie Sa Majesté de considérer que ledit chapitre est très-pauvre, et que MM. les bénéficiers ont une congrue à l'abri des événements fortuits, qui consiste en 6 charges froment de distribution, 5 panaux pour leur assistance aux petites, 15 panaux pour les grandes messes, et 4 charges seigle pour leur distribution : tous lesdits grains bons, marchands et réceptables ; ensuite, 36 coupes vin, et la jouissance d'un fond de deux hommes de vigne, outre et par-dessus leur part et portion à toutes les fondations.

Le député des bénéficiers supplie Sa Majesté de considérer que le chapitre de Forcalquier est très-riche ; qu'il y a des prébendes de 2,000 livres, d'autres qui en approchent avec le revenu du canonicat ; que le revenu des bénéficiers ne consiste qu'en 6 charges et demie froment, 4 charges seigle, 36 coupes vin, que le reste est fondation et casuel, et qu'ils sont sans logement ; et le susdit député chanoine a improuvé la susdite protestation, et a déclaré que lui, doyen du chapitre, a une prébende qui ne produit pas annuellement 700 livres et que quatre des derniers chanoines n'ont pas 150 livres de prébendes.

Le député des bénéficiers supplie Sa Majesté d'établir, entre eux et les chanoines, une égale répartition de toutes les rentes et revenus du chapitre.

ÉTABLISSEMENTS UTILES.

Art. 12. Les députés ne perdront pas de vue les autres établissements utiles, comme hôpitaux, œuvres pies ; on pourvoira aux moyens de fournir, dans chaque diocèse, d'après les mémoires dressés sur les lieux, au dédommagement de leurs œuvres pour les pertes qu'elles auront faites, n'étant pas juste que, pour opérer un bien, on tarisse la source de plusieurs autres. Les bénéfices simples paraissent une ressource naturelle pour celle-là.

BUREAU DIOCÉSAIN.

Art. 13. Si, pour des dettes à payer, ou pour des dépenses locales, on conserve encore dans le clergé une administration particulière, nos députés seront priés de demander, pour les bureaux d'imposition, un règlement nouveau, une constitution mieux organisée, pour établir une plus juste proportion, et pour donner à tous les intéressés la part qu'ils doivent avoir à l'administration. Chacun élira librement qui le représentera, et pourra le changer à volonté. Ce syndic ne pourra être élu dans un corps qui a déjà son représentant. Outre ce syndic au bureau, les curés demandent un syndic dans chaque diocèse pour les affaires qui les regardent en qualité de curés. Le receveur du bureau qui sera nommé après des enchères, et sous une bonne caution, rendra compte tous les ans devant les syndics et deux auditeurs librement élus. Ce compte sera montré à tous ceux des intéressés qui le demanderont, ainsi que le tableau des revenus et des impositions de chaque bénéfice du diocèse. Il sera surtout fait un nouveau pouillé, pour avoir égard à l'augmentation ou à la diminution des revenus, et au prix des denrées.

RELIGIEUX.

Art. 14. Les religieux, députés à l'assemblée, en votant la co-union de l'impôt avec tous les

autres ordres, ont désiré : 1° que les décimes et l'imposition d'*oblat* soient supprimés ;

2° D'avoir des représentants par eux librement choisis dans toutes les assemblées nationales, provinciales, municipales et ecclésiastiques ;

3° Que le *Concordat* soit observé en ce qui favorise le clergé régulier ;

4° Que leurs monastères situés à la campagne ne soient plus exposés aux vexations des employés aux fermes.

Le député des RR. PP. Minimes de Manes a ajouté, pour son ordre seulement, que Sa Majesté serait suppliée d'assurer, par une déclaration authentique, la conservation de l'état religieux, de rouvrir les portes de l'enseignement public aux réguliers, de révoquer l'édit qui recule la profession religieuse à vingt et un ans, ce qui est cause qu'il n'entre dans les monastères que des sujets inutiles à l'Etat et à l'Église, par les funestes effets de la corruption du siècle. Il demande de pouvoir acquérir et aliéner des biens comme les autres citoyens ; qu'un religieux, après cinq ans de profession, ne puisse plus réclamer contre la validité de ses vœux, ainsi que la règle le dit (concile de Trente), ni passer dans un autre corps différent du sien, même en vertu d'un bref non patenté et annexé ; et en outre, qu'un religieux, dans les cas de police et de discipline monastiques, soit toujours jugé par un tribunal établi dans son ordre, avant de recourir aux tribunaux séculiers ; dans lequel cas, il sera jugé comme on dit à *huis clos*.

Les religieuses de la Visitation de Forcalquier demandent, et le chapitre demande pour elles ainsi que M. le curé de Forcalquier et toute l'assemblée, la levée de la lettre de cachet du 31 mars 1768, qui leur défend de recevoir des novices ; et supplient Sa Majesté d'ordonner qu'on les décharge d'un droit d'indemnité qu'elles payent pour des biens-fonds qui sont rentrés dans le commerce.

A ces justes doléances des religieux, le clergé séculier joint le vœu qu'on demande pour eux la protection du prince et de la nation ; qu'on préfère le parti de la réforme à celui de la destruction, et qu'on conserve à l'Eglise ces troupes auxiliaires qui rendent encore aux fidèles des services signalés.

ADMINISTRATION.

Art. 15. Convaincus, avec tous les bons citoyens, de la nécessité d'une nouvelle constitution pour la province, les membres du clergé s'unissent avec tous les ordres, pour demander à Sa Majesté cette désirable réforme, qui donnera à tous les ecclésiastiques intéressés, ainsi qu'aux autres citoyens, par la voie libre et légale des représentants, l'influence aux affaires que la justice exige.

RÉPARTITION DES IMPOTS.

Art. 16. C'est dans l'assemblée provinciale que se fera la répartition des impôts, pour toute l'étendue de la province. Les ecclésiastiques, ainsi que tous les intéressés, y seront admis, de même que dans les assemblées municipales ; les intérêts étant communs, il convient que l'administration soit générale.

ASSEMBLÉES ECCLÉSIASTIQUES.

Art. 17. Le second ordre demande d'être admis à toutes les assemblées ecclésiastiques, de concourir à nommer les députés, et d'y avoir voix délibérative. S'il existait encore des assemblées générales, les curés demanderaient d'y avoir tel nombre de députés de leur ordre que Sa Majesté jugerait à propos de fixer, parce que les députés qu'on y envoie ne sauraient être regardés comme leurs représentants.

IMPOTS.

Art. 18. Les Etats généraux voteront pour que les impôts soient simplifiés ; qu'on n'ait pas besoin d'un si grand nombre d'agents ; que chaque province fasse parvenir ses impositions dans les coffres du Roi, pour que la plus grande partie possible du produit y soit versée.

RÉFORMES.

Art. 19. Le peuple est surchargé, mais les impôts sont nécessaires. L'équité forme dans le cœur de tout bon Français le désir que la dette nationale soit avérée et acquittée. Nous solliciterons l'adoucissement des impôts qui pèsent davantage sur le pauvre peuple, celui des cuirs, des droits inouis et ruineux des domaines, des contrôles. Le Roi ne sait pas que ses sujets ne peuvent pas contracter, sans s'exposer à être ruinés. S'il était informé, souffrirait-il l'impudent brigandage des employés de la ferme? Laisserait-il subsister les douanes qui tourmentent notre commerce, qui enchaînent les voyageurs?

Nos députés obtiendront du bon cœur de notre prince l'éloignement de la gabelle, et des précautions sages contre la trop grande cherté des grains, qui, dans diverses parties du royaume, et dans ce moment en Provence, accable, aveugle et détruit la classe indigente.

Art. 20. Un des plus pressants besoins du royaume, c'est la réformation de la justice, le civil et pour le criminel. On s'occupera sans doute de cet important objet, et nous aurons la consolation de voir abréger les formes et simplifier les détours de la chicane, qui rendent les procès interminables.

On facilitera les arbitrages ; il y aura moins de tribunaux. Les tribunaux seront composés de tous les ordres, et chaque citoyen sera jugé avec le concours de ses pairs.

Le chapitre de Forcalquier demande qu'on rende les officiaux inamovibles dans tout le royaume.

Le clergé du diocèse d'Apt demande une sénéchaussée pour la ville d'Apt, considérable par l'activité de son commerce et par le nombre de ses habitants : à quoi le chapitre de Forcalquier n'a pas consenti, non plus que le curé de la ville.

AGRICULTURE.

Art. 21. Notre bon Roi appelle cette classe de ses sujets des *citoyens précieux* et utiles. On doit chercher des moyens pour relever leur profession de l'espèce d'avilissement où nous la voyons, on encouragera le vertueux campagnard par des récompenses utiles, des exemptions avantageuses, des distinctions honorables, et surtout l'assurance, pour lui, d'être bien soigné dans sa vieillesse et ses infirmités. Un ministre à la cour se ferait-il une peine de protéger cet article nécessaire ! Il serait alors plus facile d'empêcher la trop grande destruction des veaux, des agneaux, qui menace l'espèce entière.

PAUVRES.

Art. 22. Les prêtres, les pasteurs, sont les pères des pauvres. Leur triste état leur mérite une place dans le cahier. Il y a souvent, dans les paroisses, des œuvres de charité ; l'administration en éloigne quelquefois les curés, qui seuls peuvent éclairer l'application des secours : il convient de les placer à la tête de ces œuvres, d'ordonner qu'on n'y fasse rien sans les avertir dans leurs domiciles. La mendicité, fléau terrible : on parle depuis longtemps de la supprimer en France ; naîtrait-il enfin un moyen efficace, dicté par la sage politique, qui respecte les droits de la religion et de l'humanité?

Le journalier laborieux à qui le travail ne suffit pas, la pauvre veuve chargée d'enfants, n'ont de ressources que dans la charité de leurs pasteurs. Nos députés seront nos interprètes, et obtiendront, pour les infortunés, l'adoucissement de toutes charges.

Art. 23. L'assemblée désirerait encore que, pour le bien de la paix dans les paroisses, on ne donnât aux curés des vicaires, que de leur consentement ;

Qu'on établît une règle uniforme pour les droits honorifiques des seigneurs, que les curés ne veulent pas refuser, mais qu'ils voient avec peine si variés ;

Qu'on accordât aux curés, qui sont dans les chapitres, un peu d'existence qui honorât leur place, par exemple le rang et l'habit des chanoines, sans être de grémio ;

Qu'aussitôt que l'état des finances le permettrait, on construisit un pont sur la Durance, qui divise la province et intercepte souvent le commerce par la crue des eaux, laissant aux Etats provinciaux le choix du lieu où le pont serait sis avec plus d'utilité.

CONCLUSION.

Art. 24. Enfin, nos députés aux Etats généraux porteront et déposeront aux pieds du trône, avec le présent cahier, l'engagement respectueux que nous contractons tous de lever nos mains vers le ciel, et de former, aux pieds des autels, les vœux les plus ardents pour la conservation de notre bienfaisant monarque, pour le ministre, ami de la France, qui s'occupe avec tant de zèle du bonheur de la nation, pour le succès des Etats généraux, pour la gloire du trône et pour la prospérité de tous les ordres de l'Etat.

Cejourd'hui, 7 avril 1789, le présent cahier des doléances particulières remises par les divers membres du clergé de l'assemblée et de la sénéchaussée, a été lu, d'un bout à l'autre, dans l'assemblée convoquée à son de trompe, et avec les solennités accoutumées, et tenue dans l'hôtel de ville de Forcalquier ; et les membres de l'assemblée, adhérents, ont signé : Blanchardy, chanoine sacristain et président de l'assemblée ; Berthe, chanoine, député du chapitre d'Apt ; Chamel, chanoine ; Sylvestre, curé de Forcalquier, sans approbation des débats entre MM. les chanoines bénéficiers du chapitre concathédrale de ladite ville ; est écrit à l'original : Beauchamp, curé d'Apt, sans approuver les débats ; Macelon, curé de Saint-Christol ; Garnier, chanoine, chargé de la députation de M. l'évêque d'Apt ; Sainte-Croix, curé de Rustrel, et procureur de M. le curé de Gignac ; Petit, député du clergé de Forcalquier ; Silvestre, curé ; Letamière, curé recteur de l'hôpital, Vial, curé de Cereste; Goudant, curé de Casseneuve; Budos, curé de la ville de Reillac; Bouteille, représentant du prieur d'Augé; Forest, curé de Gordes, Jaubert, prieur curé de Lavniol; J. Dreux, prieur de l'abbaye de Senauque; Gentil, curé de Limans; J. Daigrevaux, prieur de Valsainte et député de madame l'abbesse de Sainte-Croix d'Apt; Cherni, bénéficier prébendé, député du chapitre d'Apt; Arenne, curé de Sainte-Tulle; J. Berger, gardien des cordeliers de Forcalquier, député; Solier, prêtre, député des prêtres d'Apt; J. Durand, gardien des cordeliers d'Apt, député; Rey, curé de Goust; J. Igoulin, curé de Vions; Romani, curé de Banou; Ducros, procureur de M. le prieur curé de la Bastide-des-Jourdans; Dauphin, curé de Villemus; Motet, chanoine de Forcalquier, procureur; Pelleu, curé de Saint-Simianne; Beauchamp, prieur de Saint-Michel; Arnaud, chanoine de Saint-Michel; Arnauld, chanoine théologal, député des religieuses de Forcalquier et de M. le curé de Sigouce; Escoffier, curé de Lincel. Les curés du diocèse de Sisteron chargent les députés aux États généraux de représenter à Sa Majesté :

1º Que leurs décimes relèvent jusqu'à 80 livres, et celles de leurs vicaires à 40 livres. Ils demandent la fixation de ces premières sur les dispositions de l'ordonnance de 86, et l'entière suppression de ces dernières.

2º Que mention ayant été faite de l'adhésion de M. l'évêque d'Apt à toutes les charges royales et locales, il est juste que mention soit aussi faite de celle de M. l'abbé de Lure, pour les mêmes objets, et qui ne fait pas moins l'éloge de son cœur vraiment patriotique.

ACTES D'ADHÉSION DE M. L'ABBÉ DE LURE.

Je, soussigné, Claude-Louis Rousseau, prêtre de Paris, licencié en droits civil et canonique, prédicateur ordinaire du Roi, vicaire général d'Albi, abbé commendataire de l'abbaye de Lure, diocèse de Sisteron, et en cette dernière qualité, membre du clergé de Provence, persuadé que les deux premiers ordres de la province ne balanceront point à former le vœu d'être associés, comme tous les autres sujets du Roi, aux impositions tant royales que locales; qu'ils porteront ce souhait honorable aux pieds du trône, pour le déposer dans le sein paternel de Sa Majesté à l'effet de recevoir son entière exécution par l'autorisation, toujours indispensable, du souverain, et par l'agrément des prochains États généraux, je déclare adhérer, de toute mon âme, par tous les principes de raison et de justice, comme sujet du Roi, comme citoyen, au vœu énoncé ci-dessus. Telle est ma doctrine constante ; et notre qualité de prêtre nous rend ce devoir plus saint, plus sacré, plus indispensable, envers le Roi et la patrie. Fait à Chartres, le 4 mars 1789 Signé l'abbé Rousseau, vicaire général du diocèse d'Albi.

Chabus, curé ; Meffre, curé de Lardies ; Nalin, curé de Saint-Martin de Renacas ; Gentil, curé ; Avène, curé de Sainte-Tulle ; Bouteille, représentant le prieur d'Augé ainsi que les autres ci-dessus ; Sicard, curé de Saint-Michel ; Compte, curé de Dauphin ; F. Frégier, député des minimes de Manc ; F. Roux, autre minime, député du curé de Villeneuve ; Lacombe, curé de Saint-Maisme ; Escoffier, curé de Lincel ; Fenouille, curé de Corbières.

Et comme, après la lecture des doléances, la majorité de l'assemblée s'étant aperçue qu'elles étaient incomplètes en ce qu'elles ne demandent pas au Roi :

1º De le supplier de maintenir au clergé de Provence le privilège dont il avait toujours joui de posséder seul les évêchés et les bénéfices consistoriaux de la province ;

2º D'abolir l'usage des lettres de cachet, et de lever celles qui ont été données par le passé ; et avant de signer, Astier vicaire général d'Ajaccio ajoute : je supplie encore les bontés du Roi et de son ministre, de terminer un procès pendant au parlement de Provence, entre MM les chanoines et les bénéficiers mes confrères, dont l'objet est de demander de quoi vivre ; de le terminer, soit par la réunion des deux sortes de titulaires en une seule classe, soit par la fixation d'une congrue convenable à leur état, et conforme à celle des curés. Pelin, député des bénéficiers ; Besson, bénéficier, prieur curé d'Ongle, secrétaire du clergé, signé à l'original.

Collationné par nous, greffier en chef de la sénéchaussée de Forcalquier, Jaussaud, greffier en chef.

OBJET DES DOLÉANCES DE L'ORDRE DE LA NOBLESSE DU RESSORT DE LA SÉNÉCHAUSSÉE DE FORCALQUIER EN PROVENCE (1).

Les nobles, en présentant leurs objets de doléances, remplissent une mission de devoir et d'honneur.

Ils considèrent qu'ils sont Français, Provençaux et nobles ; comme Français, l'intérêt de la nation excite leur zèle.

Comme Provençaux, celui de la patrie réclame leur sollicitude.

Comme nobles, ils sont faits, et toujours prêts à verser leur sang pour la défense du royaume et l'augmentation de la gloire du Roi. Ils doivent encore coopérer à la prospérité de ses États, s'occuper de leurs concitoyens et de la classe la plus nombreuse et la moins favorisée.

INTÉRÊT GÉNÉRAL DE LA NATION.

Etats généraux.

Art. 1er. 1º Le Roi sera supplié de fixer la convocation des Etats généraux, d'une manière certaine et périodique.

2º Permission aux députés d'opiner par tête, ou par ordre, ainsi que les Etats jugeront plus utile ; l'opinion par tête paraît préférable.

3º Suppression des distinctions humiliantes qui avilirent le tiers-état dans les précédents Etats généraux.

FINANCES.

Art. 2. 1º Égalité dans la répartition de l'impôt d'une manière proportionnelle, et sans distinction d'état, de condition, et de biens nobles ou roturiers. Pareille égalité pour la contribution aux charges communes des communautés des provinces.

2º Economie dans les grâces et pensions ; ne les accorder qu'à ceux qui, par leurs services, auraient bien mérité de l'État.

3º Extinction et suppression de toutes les places

(1) Nous publions ce cahier d'après un manuscrit des *Archives de l'Empire.*

inutiles et de celles dont les fonctions peuvent être réunies.

4° Suppression de toutes les pensions affectées sur des objets particuliers, en sorte que toute pension soit payée par le trésor royal.

5° Transport des douanes aux frontières.

6° Suppression des visites domiciliaires par les employés des fermes.

7° Suppression de toutes les attributions en dernier ressort des affaires relatives aux fermes et aux impôts, de quelque nature qu'ils soient, avec renvoi de toutes ces affaires, en première instance, aux tribunaux des lieux ressortissant aux cours souveraines, et en dernier ressort, auxdites cours.

8° Envoi direct du produit des impositions des provinces au trésor royal, sans intermédiaire, sauf le cas où il sera donné des rescriptions sur les trésoriers desdites provinces, pour les payements à faire pour le service de l'État.

9° Suppression de toute place de trésorier, de quelque département que ce soit.

10° Suppression du Concordat.

Application de tous les droits qui sont actuellement payés en cour de Rome au payement des dettes du clergé, et successivement au soulagement des pauvres.

11° Supplier le Roi de mettre en économats les abbayes et prieurés qui vaqueront, à la nomination de Sa Majesté, jusqu'à ce qu'il y ait un revenu suffisant pour éteindre, chaque année, un dixième des dettes du clergé, sans assignats d'aucunes pensions sur cette partie.

12° Compte, par l'administrateur ou contrôleur des finances, par-devant les États généraux.

CLERGÉ.

Art. 3. 1° Résidence des évêques, résidence de tout titulaire de bénéfices, dans les lieux où lesdits bénéfices doivent être desservis.

2° Application des revenus des évêques, qui seront absents de leur diocèse pendant plus de trois mois, chaque année, aux hôpitaux ; pour raison de quoi, les officiers municipaux et les procureurs de Sa Majesté seront tenus de faire leur demande par-devant les cours supérieures.

LOIS.

Art. 4. 1° Réforme du code civil et criminel.

2° Modérer les peines ; rendre l'instruction de la procédure publique, et donner un conseil aux accusés.

3° Employer les moyens convenables à détruire la mendicité.

4° Prendre des moyens plus efficaces contre les jeux de hasard.

5° Garantir la liberté individuelle des citoyens de l'abus du pouvoir arbitraire.

6° Établir la liberté de la presse, sous les restrictions convenables qui seront déterminées par les États généraux.

7° Supprimer tous les moyens d'acquérir la noblesse autrement que par le mérite personnel, et distingué par des services réels rendus à l'État.

PROVENCE.

Art. 5. 1° Demander l'assemblée des trois ordres, composée des évêques et autres ecclésiastiques qui y ont droit, de tous nobles sans distinction, fieffés ou non, et des députations du tiers, pour régénérer les États de Provence.

2° Qu'à l'avenir, les lettres de convocation, pour la tenue des États généraux adressées aux États de la province, ne formant qu'une seul corps individuel, représentant la nation provençale, dans lequel se fera l'élection des députés aux États généraux, réintégrés par le meilleur des rois ; la noblesse ne s'étant rendue aux sénéchaussées que par obéissance aux ordres de Sa Majesté, obéissance nécessaire pour la tenue des États généraux.

3° Que les évêques et officiers de justice seront Provençaux, conformément à notre constitution.

4° Demander la réunion d'Avignon et comtat Venaissin au royaume de France, dont le pays a été démembré ; et, en attendant cette réunion, réclamée avec instance, que les bureaux des fermes seront placés sur les limites de ce pays et de la Provence. Les employés de la ferme commettent les plus grandes vexations, les étendant dans les quatre lieues frontières, plus considérables même que cet État, malgré que la Provence et le comtat Venaissin ne soient pas compris dans les cinq grosses fermes. Cet État du pape est régnicole, et non soumis à aucun bureau du traité.

Signé à l'original : d'Eymard Dubignon, président ; Bernardy ; de Sigoges ; Boyery ; Bermond ; Savourin de Saint-Jean ; Gassaud ; le chevalier de la Broussière ; Pochet ; Sauteyron ; Tamisier fils ; Deserry-Duclot ; Goudon fils ; Jouquières ; Gassaud père ; Gassaud de Serry ; de Lugueton de Tende ; Saint-Vincent, secrétaire à la minute.

Collationné par nous, greffier en chef de la sénéchaussée de Forcalquier. *Signé* Jaussaud, greffier en chef.

CAHIER

Des doléances et remontrances des communautés représentant l'ordre du tiers-état de la sénéchaussee de Forcalquier, et instruction pour ses députés aux États généraux (1).

CONSTITUTION.

Les députés de la sénéchaussée aux États généraux seront, sans doute, pénétrés de l'importance et de la sainteté du ministère qui leur est confié. Appelés par les intentions bienfaisantes du Roi, et par le vœu et les suffrages des peuples, à concourir au grand ouvrage de la régénération du royaume, à préparer, par leurs avis et leurs conseils, toutes les réformes à faire dans notre législation, dans les finances de l'État et dans toutes les autres parties de l'administration, ils élèveront leur âme et leurs pensées au niveau de ces grands objets. Et comme de leur sagesse et de leurs lumières dépend le bonheur de l'État, on attend, de leur zèle et de leur patriotisme, que ce puissant motif sera toujours leur guide dans toutes leurs délibérations.

Mais en vain se flatteraient-ils d'atteindre à ce but désiré, si la réforme qu'ils solliciteront des abus et des vices de nos institutions, n'était consolidée par une bonne constitution ; c'est d'elle que dépend la prospérité et la durée des nations ; c'est pour n'avoir jamais eu de constitution réelle, que la France a sans cesse varié dans son administration, suivant le caractère moral de ses princes et de ses ministres, dépositaires de leur autorité, et qu'elle s'est vue dans

---

(1) Nous publions ce cahier d'après un manuscrit des *Archives de l'Empire*.

le danger. C'est pour s'être écartés de leurs constitutions, ou pour n'en avoir eu que de défectueuses, que d'anciens peuples ont perdu leur empire, et que des peuples modernes n'ont jamais pu s'élever au degré de puissance auquel la fertilité de leur sol et de leur population semblait les appeler, tant est grande l'influence de la constitution.

Les députés regarderont donc cet objet comme le plus important, et mettront tous leurs soins à obtenir une constitution fixe et permanente à toujours, des États généraux du royaume, qui assure les droits naturels et civils des citoyens de tous les ordres, et à celui du tiers-état, l'égalité, au moins, des suffrages et de pouvoir, dans lesdits États, avec les deux premiers ordre réunis.

Ils demanderont le retour périodique desdits États, de cinq en cinq ans, et la fixation à un terme plus court, tel que celui de deux ou trois ans, pour les États qui suivront ceux de cette présente année, sauf les convocations extraordinaires en cas de guerre ou de régence; auquel dernier cas, ils requerront qu'il soit statué que les députés aux États précédents seront élus de droit, et tenus de se rendre aussitôt auprès du successeur au trône.

Comme toute constitution doit être établie sur des principes fixes et reconnus, on demandera une déclaration légale des droits de la nation et du citoyen, qui consacre à jamais, comme constitutives et fondamentales, les maximes suivantes :

1° La liberté individuelle des citoyens, ainsi que la faculté à tous de concourir, pour tous emplois militaires, civils et ecclésiastiques, et la suppression des lettres de cachet.

2° La nécessité du consentement des États généraux, limités à l'intervalle d'une assemblée à l'autre, pour tout impôt et emprunt, ainsi que pour la promulgation des lois, sauf la sanction du Roi, et l'enregistrement matériel aux cours souveraines.

3° L'abrogation de tous privilèges d'exemption en matière d'impôt et de contributions.

4° La responsabilité des ministres.

5° La publication du compte des dépenses de l'État.

6° La liberté de la presse, sous les modifications qui seront jugées nécessaires par les États généraux.

Tout avilissement tendant à dégrader l'homme et à empêcher le développement de ses facultés, les députés ne consentiront à aucune humiliation de l'ordre du tiers que les deux premiers ordres ne partageraient pas aux États généraux, parce que devant le Roi il n'y a que des sujets; ils ne pourront, non plus, consentir à y opiner par ordre, mais seulement par tête, sauf d'établir telles autres formes pour les assemblées subséquentes, lorsque les abus auront été supprimés. La sagesse des délibérations exige encore qu'on ne puisse délibérer que vingt-quatre heures après que les propositions auront été faites. En conséquence, les députés seront tenus de solliciter ce délai préalable, ainsi que l'exclusion desdits États de tous députés de tous ordres, qui auront été élus contre les formes prescrites par les règlements de Sa Majesté, l'obéissance et le respect qui lui sont dus, et refuseront de délibérer avec eux.

Ils solliciteront, pour l'avenir, la convocation des États généraux par sénéchaussée.

La diversité de la composition des provinces du royaume, ouvrage du hasard, des conquêtes, des successions, présente une bizarrerie nuisible à

l'unité, à l'économie de l'administration, et au bel ordre qu'il conviendrait d'introduire dans une monarchie telle que la France. Les députés demanderont la réduction au nombre de vingt ou environ des quarante grands gouvernements généraux ; qu'il soit fait une nouvelle division du royaume en provinces, une sous-division des provinces en districts ou arrondissements en tous genres, à faire pour perfectionner l'administration et le gouvernement civil et militaire des provinces.

Tous les privilèges particuliers, devant être confondus dans celui d'être citoyens et membres d'un grand empire, il serait convenable et avantageux au bien de l'État qu'on accordât à chacune des provinces une constitution uniforme, analogue à celle des États généraux, et dans lesquelles constitutions on assurât au moins au tiers l'égalité numérique et de pouvoir avec les deux ordres réunis. En conséquence, les députés seront chargés d'en faire la demande.

Ils ne pourront consentir à voter aucun impôt pour le secours momentané dont l'État pourrait avoir besoin, qu'après avoir obtenu :

1° La susdite constitution pour les États généraux avec leur retour périodique, et celle pour la province.

2° La liberté individuelle des citoyens et celle de la presse, ci-dessus.

3° L'abrogation à jamais de tous privilèges d'exemption en matière d'impôt et autres charges publiques quelconques, sans distinction ni restriction aucune, telle que serait la prétention, de la part des deux premiers ordres, d'être imposés ou de payer séparément, et par ordre, lesdites impositions et charges, sur leurs personnes et leurs biens : devant, à cet égard, être confondues avec celles mises sur les membres et les biens du tiers-état, à l'effet de ne former qu'une seule et même recette.

4° La réformation des tribunaux, et celle du code civil et criminel, déterminées.

Les quatre articles ci-dessus accordés, et le déficit reconnu, les députés auront l'attention de ne mettre aucune entrave aux opérations utiles du gouvernement. Ils s'empresseront d'y concourir en consolidant la dette publique, et votant les impôts nécessaires, après, toutefois, la réforme faite des dépenses superflues, dans tous les départements, notamment dans celui des finances, en observant d'affecter principalement sur les objets de luxe, lesdits impôts, et de soulager, autant qu'il sera possible, la classe des cultivateurs.

La lésion qu'éprouve le tiers dans la constitution actuelle de la province, et les obstacles que cette constitution oppose au bien public, exciteront leur attention. En conséquence, ils demanderont la convocation régulière et juste des trois ordres de Provence, à l'effet de les autoriser à créer un autre régime constitutif, et ils ne consentiront à aucun plan constitutionnel proposé desdits États, s'il n'assure au tiers l'égalité, au moins, des suffrages et de pouvoir avec les deux premiers ordres réunis.

Les abus du régime actuel n'étant pas moins sensibles dans l'administration des viguerios, ils solliciteront une constitution sur lesdites vigueries ou districts analogues, celle que l'on désire pour la province, et demanderont l'abolition de toute permanence dans les charges de toute administration provinciale de district et de municipalité, comme contraire au bien général, oppressive de toute liberté publique; et, guidés par les mêmes motifs, ils demanderont l'entière liberté dans toutes les élections, et l'exclusion des magistrats des susdites administrations.

Cette exclusion nécessaire serait incomplète, si les juges des seigneurs continuaient à présider dans les conseils des communautés dépendantes de leur seigneurie. En conséquence, les députés demanderont que les conseils desdites communautés jouissent, exclusivement aux officiers du seigneur, des prérogatives de la mairie qui avait été acquise et payée par la province, la présence de ces officiers ne pouvant que nuire à l'administration desdites municipalités.

Plusieurs pays ayant été désunis de la Provence ou de ses États, au grand désavantage de la province, il serait très-important de les y réunir pour renforcer son administration, et lui donner les moyens de former les grandes entreprises qu'exigerait le bien général, telles que seraient le creusement des divers ports maritimes dont elle aurait besoin pour l'extension du commerce, le desséchement des marais, et l'encaissement de ses rivières, ce qu'elle ne pourra jamais faire, si une partie de la province demeure isolée à l'égard de l'autre. En conséquence, les députés feront les plus vives instances pour obtenir la réunion des villes de Marseille, Arles, des autres terres adjacentes, et des villes de Sault, Barcelonnette, et leur vallée, à son administration; et ils supplieront Sa Majesté de prendre les moyens que sa sagesse lui inspirera pour réunir à la Provence le comtat Venaissin, dont la possession n'est d'aucun produit réel pour Sa Sainteté.

La sénéchaussée ne voulant laisser subsister aucun doute sur son opinion concernant la composition des trois ordres de l'État dont il est fait si souvent mention dans les articles ci-dessus, elle déclare comprendre dans l'ordre du clergé, non-seulement les prélats, mais tous les ecclésiastiques du second ordre; et dans celui de la noblesse, tous les nobles quelconques, possesseurs de fiefs, ou sans fiefs : ce qui servira de règle à ses députés dans tous les cas où cette distinction serait nécessaire.

LÉGISLATION.

Comme c'est de la bonté des lois, et surtout de leur exacte observation, que dépendent la sûreté des citoyens, la conservation des propriétés et le bonheur, tant public que particulier, les députés s'occuperont avec soin de la réformation de la législation civile et criminelle, et des moyens de la rendre à jamais inébranlable.

Ils demanderont qu'il soit établi une gradation proportionnelle dans les peines, et que celle de mort ne soit plus décernée pour simples vols.

Que les accusés puissent avoir connaissance de la procédure, et se choisir un avocat, surtout lorsqu'il y a partie civile.

Que leur élargissement soit accordé en donnant caution, excepté lorsqu'ils seront accusés de crimes graves.

L'assemblée recommande expressément à ses députés de réclamer avec force contre la vénalité et l'hérédité des offices, et de demander qu'à l'avenir les juges soient nommés par le Roi, sur la présentation de trois sujets élus dans les assemblées provinciales, pour les tribunaux souverains; et dans les assemblées des districts ou vigueries, pour les tribunaux d'arrondissement.

Ils demanderont la suppression de tous les tribunaux d'exception, soit subalternes ou souve-rains, et de tous les privilèges quelconques de compétence; et qu'il n'y ait, dans un même ressort, qu'un seul tribunal, tant en première qu'en dernière instance.

La réduction des charges de magistrature.

Qu'il soit accordé aux tribunaux d'arrondissement une attribution souveraine, jusqu'à une certaine somme, et l'exécution provisoire jusqu'au double de la première.

Que les juges soient obligés de motiver leurs jugements; qu'ils soient responsables, tant ceux des cours souveraines que des tribunaux subalternes, des nullités de leurs procédures; et que le conseil, en cassant les arrêts, puisse évoquer l'affaire et juger le fond.

Les députés ne négligeront point de demander que la justice soit rendue au nom du Roi, dans tout le royaume; et en conséquence, que les justices seigneuriales, source d'injustices et de vexations, par l'impéritie et l'avidité de ceux à qui elles sont confiées, et par la dépendance où ils sont des seigneurs, soient abolies.

Néanmoins, si on proposait des moyens qui puissent concilier, à cet égard, la dignité des fiefs avec la tranquillité des vassaux, les députés ne doivent pas se refuser à les adopter.

Ils examineront, par exemple, s'il suffirait, pour remplir ce double objet, de permettre aux justiciables de décliner la juridiction seigneuriale par-devant les tribunaux royaux plus rapprochés, ou de rendre les juges inamovibles pour qu'ils fussent plus indépendants des seigneurs, et s'il serait nécessaire d'obliger les seigneurs à faire résider leurs officiers, en leur assignant des émoluments convenables, ou de permettre que la justice fût exercée dans le chef-lieu.

Mais, dans tous les cas, et quelque forme de distribution des tribunaux que les États généraux adoptent, les députés représenteront qu'il ne doit y avoir jamais que deux degrés de juridiction.

Il suffit que la méfiance soit générale, pour que, quelque exagérée qu'elle soit, on ne doive rien négliger pour rassurer la nation, en accordant aux justiciables le privilège si consolant d'être jugés par leurs pairs.

Ils demanderont, en outre, que la justice soit rendue gratuitement; et en attendant que ce bienfait puisse être accordé à la nation, le Roi sera supplié de décharger les communautés des frais d'enregistrement des baux à ferme, et de tous les autres auxquels les cours souveraines les soumettent pour l'exécution de leurs règlements; que les annexes soient supprimées ou du moins accordées sans frais, et généralement que toutes les formalités inutiles et dispendieuses soient abrogées.

Ils demanderont que les consuls des communautés ne soient obligés de visiter les magistrats qui passent dans leur territoire, que lorsqu'ils sont en commission.

Qu'il soit établi, dans les lieux principaux, un tribunal de pacification, dont les membres soient annuels, et nommés par les communautés.

L'ignorance et les prévarications des notaires étant une source de procès et de désordres, les députés demanderont qu'on prenne des moyens pour qu'à l'avenir le choix en soit plus épuré, en les obligeant d'être gradués, d'avoir un patrimoine, en réduisant leur trop grand nombre, en leur prohibant la commission de contrôleur, et en leur accordant, comme à ceux de Paris, le privilège de ne point déroger lorsqu'ils sont nobles.

FINANCES.

Deux objets fixent ici notre attention : 1° Les besoins de l'État; 2° ceux du peuple. Pour tâcher de concilier les uns avec les autres, on doit, tout à la fois, établir une forme de perception moins onéreuse et déterminer une modération sur les droits les plus onéreux. On demande donc :

Que l'économie la plus sévère soit introduite dans les divers départements ; que les impôts soient versés directement au trésor royal par les provinces, et que les fermiers généraux soient supprimés.

Comme il est absurde qu'il y ait dans la société quelques ordres qui se prétendent exempts de coopérer au bien commun, on demandera que tous les individus quelconques contribuent aux impositions royales et locales, sans distinction d'ordre, et sans pouvoir réclamer aucune exemption réelle ni personnelle; que le recouvrement en soit fait par une seule et même régie; que toute contribution par ordre soit rejetée; et que tous les biens, soit nobles, soit ecclésiastiques, soient soumis à la taille, à l'instar des biens roturiers.

Puisque le vœu de la nation, dans les derniers États généraux, avait établi que le domaine était inaliénable, on doit demander que la couronne rentre en possession de ses domaines aliénés, engagés ou usurpés. Mais, comme il faut subvenir aux besoins de l'État, et que le même vœu qui a prohibé l'aliénation peut la légitimer, on doit demander que, d'après le consentement des États généraux, ces domaines rentrés, de même que ceux qui sont encore entre les mains du Roi, et les maisons royales inutiles, soient aliénés.

Les lois prohibitives n'ont fait que des infracteurs ; et lorsque la cupidité est puissamment excitée, elle franchit tous les obstacles. Il faut demander que le prix du sel soit modéré, et mis à un taux uniforme pour tout le royaume, sans autre différence que celle des frais de transport, et que le régime actuel des gabelles soit supprimé.

Le contrôle est nécessaire ; il doit, par cette raison, être conservé. Mais il faut demander un tarif plus simple, plus clair, moins sujet à des extorsions arbitraires, et qui pèse moins sur le pauvre. La nation désire ardemment celui que M. Necker a annoncé.

Il faut demander que les droits de greffe soient abolis ou du moins modérés, jusqu'à ce que des temps plus heureux en permettent l'entière suppression.

Il faut demander que le droit de franc-fief soit aboli, comme gênant le commerce, et formant une distinction pécuniaire entre les ordres.

Rien n'est plus odieux que les vexations des agents subalternes du fisc, même après avoir reçu les droits tels qu'ils les ont exigés. Il faut donc demander que les droits bursaux soient prescrits après un an.

Il faut demander que la loterie royale soit supprimée dès que l'État pourra se passer de ce secours honteux.

La manière dont la capitation est répartie n'est soumise à aucun règlement ; il faut en demander un qui établisse qu'elle sera faite par les États provinciaux, qui soient autorisés à faire un règlement pour déterminer la manière suivant laquelle on doit procéder dans les communautés à la répartition de cet impôt. Qu'il n'y ait plus de capitation distincte à raison des dignités et

emplois ; que tous les individus soient capités dans le lieu de leur domicile ; et qu'il soit établi une capitation extraordinaire sur les célibataires.

Il faut demander que les maisons dans les villes soient imposées, et que les impôts frappent principalement sur les objets de luxe, afin que les habitants des villages et des campagnes puissent être soulagés.

CLERGÉ.

Il n'y a qu'un principe en politique, et c'est celui du plus grand bien public. Trop longtemps, le clergé s'est écarté de ce but, il faut donc l'y ramener. En conséquence, nos députés aux États généraux demanderont la suppression de la dîme ; la perception de ce droit est une énorme surcharge pour le peuple.

Il faut cependant pourvoir à la subsistance des ministres des autels : on proposera pour cela de réduire le nombre trop considérable des prêtres séculiers, et de faire une masse de tous les biens du clergé, dont la recette sera confiée à des administrateurs des trois ordres, pris dans chaque province ou chaque district ; sur laquelle recette seront assignées à chaque évêque, curés ou vicaires, des portions congrues relatives à l'importance des lieux de leur résidence et de leur dignité, et des pensions pour les curés et vicaires après un certain temps de service déterminé, ou en cas d'infirmité.

Le clergé a des dettes, et il faut les payer. On peut vendre des biens jusqu'à la concurrence du montant de ces mêmes dettes : ce qui restera en sus devant être plus que suffisant pour fournir aux objets ci-dessus énoncés. Encore le clergé devrait-il regarder cette disposition comme une grâce, puisqu'il est certain que les décimes n'étant qu'une taxe personnelle, il n'aurait jamais dû lui être permis de l'acquitter par des emprunts.

Si ce plan, tout simple qu'il est, éprouve des contradictions qui en rendent l'exécution impossible, on demandera alors, en insistant sur la réduction du clergé séculier, une modération et une uniformité dans le taux de la dîme ; et que la loi qui interviendra autorise néanmoins à prélever les semences, ou du moins que la perception de ce droit soit réglée à un taux plus considérable dans la fixation duquel on aura égard aux semences. Mais, dans toutes les suppositions, on doit insister sur l'entière suppression des dîmes vertes et des menues dîmes, telles que légumes, agneaux, etc. Dans l'un comme dans l'autre cas, le casuel doit être aboli ; c'est un usage barbare que de mettre un taux aux sacrements. Les ministres de l'autel seront suffisamment dédommagés, ou par la perception intégrale de la dîme sur les paroisses, ou par une plus forte assignation de portion congrue.

Il faut encore demander la suppression des abbayes et des riches monastères, leur moindre vice étant d'être parfaitement inutiles au bien général.

On demandera encore l'abolition du Concordat. Les provinces étant essentiellement intéressées à connaître l'usage que les ecclésiastiques font de leurs revenus, on rétablirait, en sa faveur, l'ancienne forme des élections. Pour les grands bénéfices, elles présenteraient au prince trois sujets, parmi lesquels il serait obligé de choisir ; pour ceux de moindre valeur, les assemblées de districts ou de communautés présenteraient à l'ordinaire ; et il n'est pas douteux que, dans cet établissement, le vrai mérite n'eût plus d'avantage, et l'intrigue infiniment moins.

L'expédition des bulles ne peut pas être un obstacle à ce projet. Il n'y aurait aucun inconvénient à établir qu'on obtiendrait du Roi les bulles nécessaires, pour se mettre en possession des grands bénéfices, et les autres, de l'ordinaire; et ce moyen aurait même l'avantage inappréciable de prévenir la sortie du numéraire.

Il y a des lois promulguées contre la pluralité des bénéfices. Jusqu'à présent, la cupidité s'en est jouée. Il faut demander de les mettre en vigueur, et permettre de dévoluter ceux qui seront accumulés sur une seule et même tête. Il ne doit y avoir qu'une exception à cette règle, et ce, dans le cas où le premier bénéfice ne fournirait pas au titulaire une substance honnête.

Il faut demander qu'un évêque et autre bénéficier, ayant charge d'âmes, soit tenu de résider. Il n'y a qu'un moyen de les y obliger, c'est de séquestrer les revenus du bénéfice pendant l'absence du titulaire, lorsque cette absence n'aura pas été légitime. Et il faut rendre les assemblées de district juges de la légitimité de ces motifs. On peut espérer que le pasteur, en résidant, ne verra pas avec insensibilité l'humanité souffrante, et que sa charité ne se contiendra pas dans les bornes que lui a assigné la loi.

Il faut encore demander la réunion des petits monastères de même ordre, et la direction de leur institution vers le plus grand bien de la société.

C'est une inconséquence dans nos lois que de permettre à tous citoyens de disposer de la liberté dans un âge où elles ne lui permettent pas de contracter le moindre engagement civil.

Il faut donc demander que l'âge, pour l'émission des vœux, soit fixé après vingt-cinq ans; et comme la raison rejette tout engagement perpétuel, peut-être faudrait-il assigner un terme à leur durée.

Suivant le droit civil, la prescription de trente ans est un titre légitime; on l'a étendue jusqu'à quarante, en faveur de l'Eglise. C'est à ce terme qu'il faut réduire son privilége, et solliciter une loi qui déclare l'aliénation des biens de l'Eglise, faite même sans formalités, légitimée par le laps de quarante ans, loi qui aura son effet pour les aliénations déjà faites. Dans le cas où les dîmes seraient entretenues, il faut demander que les maisons curiales et églises soient entièrement à la charge des décimateurs.

Le Roi, par son édit du mois de novembre 1787, a assuré un état civil aux non catholiques; il faut le supplier de ne pas laisser imparfait cet acte de justice, et d'ordonner que les biens des religionnaires seront rendus à leurs familles; et que, dans le cas où cette restitution ne serait pas possible, ils soient vendus au profit de l'Etat, et les deniers en provenant employés à l'acquittement de la dette.

DROITS SEIGNEURIAUX.

Le régime féodal n'a produit que des esclaves; les branches de l'arbre ont été abattues, mais le tronc subsiste encore; et il faut employer la cognée et la hache pour le renverser entièrement. On demande donc :

Que les droits de chasse, de pêche, de pulvérage et de passage, les banalités, les corvées, les régales mineures, la propriété prétendue par les seigneurs, sur les mines trouvées dans les fonds de leurs vassaux, la prestation de la foi et hommage, et autres droits serviles et humiliants, prétendus par les seigneurs, soient supprimés :

la nature ayant fait tous les hommes égaux, la raison n'a pu les rendre dépendants que pour leur bonheur.

Il faut demander que les directes, tasques, censes et autres redevances appartenantes au Roi, aux seigneurs et à l'Eglise, et fondées sur un titre légitime, qui sera vérifié par une commission, soient sujettes au rachat, soit en corps de communautés, soit en particulier, sans que les arrêts ni les reconnaissances puissent former ce titre légitime; et qu'à cet effet, il soit accordé, par les provinces, des secours aux communautés indigentes : toute disposition qui tend à priver le débiteur de la faculté de se libérer, étant contraire au droit naturel, doit, par cette raison, être anéantie.

Il faut demander qu'en cas de vente des fiefs, les communautés soient autorisées à les retenir; et que les actes d'acquisition et de rachat soient exemptes des droits d'amortissement, de lods et autres droits.

En attendant l'événement du rachat, on doit demander que les lods soient fixés uniformément au douzième; et comme l'exercice du retrait féodal est une source de vexations contre le vassal, puisque après vingt-neuf ans d'acquisition, il peut encore être dépossédé de la propriété qu'il a pris soin d'améliorer, on doit demander que ce droit soit aboli, ou du moins qu'il soit incessible, et que le seigneur ne puisse l'exercer pour lui-même après le payement des lods, fait à lui-même ou à ses fermiers et préposés, ou après le laps d'un an.

Il faut demander que les fonds et bâtiments, destinés à l'utilité publique, soient exempts de tous droits d'indemnité envers le seigneur.

Que les semences et la dîme soient prélevées avant la perception de la tasque.

Que la jurisprudence de Provence sur l'imprescriptibilité des droits seigneuriaux soit abrogée; et que les arrérages ne puissent être demandés au delà de cinq ans et sans intérêt.

Que les communautés d'habitants soient maintenues dans l'usage libre et gratuit des pâturages, bois et biens communaux dans leurs terroirs respectifs, conformément à la déclaration du mois d'avril 1667.

Que tout vassal puisse disposer librement des productions de son fond, telles que pailles, foin, bois et autres, sans être obligé de les faire consommer dans le terroir.

Que les droits d'usage qu'une communauté a sur le territoire, d'une à autre, soient soumis au rachat.

Qu'il soit établi une commission pour faire rentrer dans les domaines des communautés, les îles et bien usurpés par les seigneurs le long des rivières.

COMMERCE.

Le commerce national, une des principales sources de la prospérité de l'Etat, mérite à tous égards la protection du gouvernement. On demandera donc :

La liberté à tout citoyen d'embrasser le genre de commerce ou de profession qu'il trouvera bon, et la suppression des jurandes et de tous priviléges exclusifs. Le commerce ne se soutient que par l'émulation; et c'est frapper l'industrie et les talents, d'un coup meurtrier, que de leur donner des entraves.

Comme les productions d'une province, le génie et l'aptitude de ses habitants, et les matières de fabrication ne sont pas les mêmes partout, et qu'un inspecteur étranger ne peut pas avoir ces connaissances locales, on demandera que l'inspecteur des manufactures en Provence soit choisi par les États provinciaux.

Il faut demander une modération sur les droits des cuirs. Cette fabrication a considérablement diminué. Pour prouver le contraire, les fermiers ont présenté l'état de leur recette ; mais on n'a pas fait attention que, s'ils ont toujours versé la même somme au trésor, c'est à l'augmentation progressive et trop forte des droits, et non à l'activité de cette fabrication qu'il faut l'attribuer.

Le négociant profite seul de la diversité des poids et mesures ; on doit donc en demander l'uniformité dans tout le royaume, ou au moins dans chaque province.

Les bureaux intérieurs sont une gêne pour le commerce, et une source de vexations pour le citoyen. On doit donc en demander l'entière suppression ; et qu'ils soient tous reculés aux frontières.

Il faut demander la réunion du contrat à la couronne, ou qu'il soit pris des arrangements avec le pape, afin que cette province étrangère soit réputée, à l'instar de celles du royaume, pour la liberté de la circulation.

Il faut demander la suppression de la juridiction de l'intendant de Lyon sur les matières de soie. Ce tribunal a l'inconvénient de ceux d'attribution : il juge avec partialité, et met des entraves à ce commerce essentiel pour les provinces méridionales.

Il faut demander qu'il soit fait un règlement pour remédier aux abus introduits dans la filature des soies. M. Payan de la Coste a fourni un mémoire à ce sujet.

Des rigoristes outrés aiment encore mieux garder leur argent que de le prêter, pour un terme court, à un homme industrieux. Il semble qu'il n'y aurait point d'inconvénient à établir qu'il sera permis de stipuler l'intérêt pour le prêt à jour.

Les juridictions consulaires sont d'un avantage trop reconnu pour ne pas les placer à la portée de tous les citoyens ; il faut donc demander qu'il soit établi, dans tous les chef-lieux d'arrondissement, ou même dans chaque communauté, ou qu'au moins on donne à la police le pouvoir de juger consulairement jusqu'à une somme déterminée.

AGRICULTURE.

Les grands administrateurs, les vrais politiques, ont tous considéré l'agriculture comme faisant la force d'un État. Si cette maxime n'est point fausse, il est juste d'accorder aux cultivateurs des priviléges honorables, puisqu'ils forment une classe distinguée par son utilité et la seule d'un intérêt général. En conséquence, les députés demanderont :

1° Que tous les ménagers, pères de six enfants vivants, soient exempts de la capitation, et leur veuves après eux.

2° Que les valets employés aux travaux de la campagne aient le même privilége.

On se plaint de la rareté et de la cherté des bœufs et des moutons : les premiers sont d'une nécessité absolue pour le labour, les autres pour les engrais. Les députés demanderont qu'il soit défendu de tuer des veaux et des agneaux pendant un temps déterminé.

Les animaux malfaisants s'étant accrus dans une progression effrayante, rien n'est plus à

l'abri de leur voracité ; ils dévastent les campagnes, se jettent sur les troupeaux, et ne respectent pas les hommes. On demandera qu'il soit permis à chaque particulier de s'en garantir, ainsi qu'il avisera, par des piéges à force ouverte ou autrement, par des battues générales, sous l'autorisation des consuls.

Le grand nombre de défrichements, la manière peu éclairée dont on y procède, menace la Provence d'une disette prochaine de combustible. Les députés demanderont :

1° Qu'il soit pris des mesures efficaces pour prévenir la destruction totale des bois de cette province.

2° Qu'il soit fait des recherches des mines de charbon, et que l'on propose des encouragements pour l'exploitation.

On demandera une protection particulière pour les gens de campagne, écrasés par les frais d'exploitation et les ravages des eaux.

ÉDUCATION NATIONALE.

Pour avoir des bons citoyens, il faut les créer. On demande donc :

Qu'il soit établi un plan d'éducation nationale uniforme dans tout le royaume.

Que les colléges et universités soient réformés, de manière à devenir plus utiles ; et que les grades ne soient plus donnés qu'avec circonspection, et après un examen rigoureux.

Qu'il soit établi des colléges et des écoles pour les deux sexes, de distance en distance, et principalement dans les chefs-lieux de district, où l'on admette une étude particulière de morale et de politique sur un catéchisme qui embrassera ces deux objets.

ÉTAT MILITAIRE.

La quantité de soldats que la France soudoie en temps de paix, est une surcharge pour le peuple. Leur peu d'utilité excite la réclamation générale. On demande que le nombre en soit diminué ; que l'on emploie le restant aux travaux publics et à la sûreté des chemins.

Les députés demanderont encore la suppression de la milice, au moins en temps de paix, comme ne pesant que sur la classe inférieure de la nation ; d'ailleurs, elle enlève à la campagne beaucoup de bras, et porte un coup meurtrier à l'agriculture.

Les écoles militaires seront transformées en écoles nationales, dans lesquelles tous les citoyens indistinctement auront droit d'entrer. On ne croit pas qu'il soit besoin de prouver quatre degrés de noblesse pour mériter les faveurs de la patrie.

DEMANDES PARTICULIÈRES.

La communauté de Forcalquier réclame la suppression de tous les tribunaux, tant royaux que seigneuriaux et d'appeaux, et le rétablissement de la sénéchaussée dans tout son arrondissement originaire.

Elle demande l'établissement d'un collége, doté avec les revenus de quelques prieurés simples.

Elle demande encore la révocation de la lettre de cachet qui prohibe au monastère des dames religieuses de la Visitation, établi en ladite ville, de recevoir des novices.

Les artisans et paysans propriétaires de la même ville, demandent d'être admis aux conseils municipaux, au moins par députés. Ils demandent l'exemption de toutes impositions sur leurs fruits, et sur les objets de consommation relatifs à leur subsistance, comme farine, vin, sel, et autres de cette nature. Ils offrent de contribuer à un impôt unique, proportionnellement à leurs facultés, à condition que cet impôt sera également réparti sur toutes les classes de citoyens, sans exemption.

Les communautés d'Apt, de Rustrel, Lioux, Auribeau, Lacoste Caseneuve, Simianne, le Castelet, Gargas, Viens, Saint-Martin de Casbillon, et Gordos, réclament le rétablissement du siège qui existait anciennement dans la ville d'Apt, chef-lieu de viguerie. Sa population, les avantages de sa localité, placée dans le centre du commerce des lieux circonvoisins, semblent nécessiter ce rétablissement.

La même communauté d'Apt réclame une augmentation de revenus pour son chapitre cathédral, un des moins dotés de la province. L'on pourrait pourvoir à cette augmentation par la réunion de quelques bénéfices simples.

Elle réclame encore le rétablissement des écoles gratuites, et une dotation pour son collége.

Ne pouvant se dissimuler les vices qui infectent son administration municipale, elle demande qu'il lui soit accordé un nouveau règlement ; et les ménagers demandent à être admis au conseil.

Les communautés de Manosque, Sainte-Tulle, Corbières, Villeneuve et Brunet, demandent qu'il soit pris des moyens pour assurer à la rivière de Durance un lit fixe et permanent ; des fortifications sur cette rivière préviendraient la dévastation de leur terroir, et rendraient à l'agriculture un terrain immense et fructueux. La communauté de Greoux forme la même demande pour la rivière de Verdon.

La communauté de Manosque réclame contre la perpétuité de son conseil municipal ; et elle espère en obtenir l'abrogation, avec d'autant plus de confiance que la perpétuité dans toutes les administrations publiques est généralement réprouvée.

Elle demande, en même temps, d'être maintenue dans l'intégrité de tous les droits et priviléges dont elle a joui jusqu'à ce jour, en vertu des chartes, titres et concessions à elle accordés par les comtes de Provence, et confirmés de règne en règne, et notamment de ceux déterminés par les transactions intervenues entre elle et l'ordre de Malte.

La communauté du Castelet-les-Oraisons demande d'être séparée de la viguerie, pour ce qui concerne les impositions relatives aux ponts et chemins.

Les communautés de Lure et de Saint-Martin de Castillon réclament contre le privilége exclusif qu'a le seigneur de vendre son vin depuis la Saint-Jean jusqu'à la Saint-Michel : elles demandent la suppression de ce privilége comme contraire au droit naturel que chaque citoyen doit avoir de disposer de ses denrées, lors et de la manière qui lui convient.

La communauté d'Oppedette demande une modération sur la tasque qui est au septième, quant aux grains, et au dixième sur les raisins, sur les agneaux et jeunes cochons : le support d'un pareil droit présentant une charge intolérable.

Cette même communauté expose encore que, par l'acte d'habitation de 1508, il est prohibé aux habitants d'avoir, dans leurs troupeaux, un plus grand nombre de bêtes mâles que de femelles, à peine de payer un droit au seigneur ; qu'il leur

est prohibé d'engraisser d'autres cochons que ceux qui naissent dans le terroir, et que, s'ils veulent en acheter pour engraisser, ils sont soumis à une redevance de 30 sous pour chaque cochon. La communauté réclame l'abolition de tous ces droits, comme tendant à la ruine de l'agriculture par la privation des engrais.

Elle demande encore la suppression d'une cense de deux poignardières et un quart et demi seigle, sur chaque individu ayant atteint l'âge de quatre ans, comme faisant acheter à l'homme la faculté de respirer.

Le seigneur exige encore un droit d'une géline et 9 sous argent pour chaque habitation éloignée de cent toises du bâtiment ; même droit sur chaque aire placée à la même distance. Les habitants demandent la suppression de tels droits intolérables dans un siècle de lumières.

La communauté de Pierrue demande la faculté de dégurpir le four banal et le moulin à blé, en l'état qu'ils se trouveront sans dégradation évidente.

La communauté de Mane demande la suppression de la dîme de Saint-Suffren, jusqu'à ce que le chapitre de Forcalquier ait fait rétablir la chapelle érigée sous ce titre.

Elle demande que le droit de lods dans le terroir de Châteauneuf ne soit payé qu'au même taux que celui de Mane.

Elle demande encore que la chaire de théologie, établie chez les Minimes, soit convertie en collége pour les basses classes.

La communauté de Gordes demande l'abolition de la servitude personnelle contre certaines familles qui ne peuvent tenir en franchise de tasque des biens francs dans leur origine, et qui y sont soumis dès qu'ils sont entre les mains de ces familles serviles.

La communauté de la ville de Seignon, et plusieurs autres, demandent qu'il soit permis de tirer sur les pigeons dans les semés.

La même communauté demande qu'auparavant de procéder au rachat des usages et droits que les communautés ont les unes sur les autres, il soit fait une distinction des usages, qui sont d'une absolue nécessité pour les communautés en faveur desquelles ils sont établis.

Elle demande encore l'impression annuelle des comptes du pays.

La communauté des Ybourgues demande la suppression de la dîme, jusqu'à ce que le service divin, qu'on faisait anciennement dans cette communauté, soit rétabli.

La communauté de Goult demande la suppression des abbés de la jeunesse, du mai qu'on plante à la porte du seigneur, le premier jour du mois de mai, et l'abolition de la fassaille.

La communauté de Reillaune fait la même demande.

La communauté d'Ongles expose que les titres intervenus entre elle et son seigneur donnent aux habitants le droit de verser leurs troupeaux sur une montagne très-considérable ; mais que le seigneur ayant vendu tous les bois à son seul profit, moyennant la somme de 30,000 livres, leur droit de pâturage sur cette montagne va devenir illusoire, si on ne prévient une telle dévastation.

L'assemblée, enfin, se croirait coupable d'une réticence condamnable ; si elle n'exposait que la Provence, en général, et plus particulièrement le district de cette sénéchaussée, offre un terrain montagneux, de mauvaise qualité, sec et aride, que l'on ne peut mettre en valeur que par le moyen des cultures et des engrais, qui en absorbent presque tout le produit; que, dans la partie méridionale du district, agrégée en oliviers dans des expositions avantageuses, les froids excessifs qui ont affligé le reste de la province, ont détruit les oliviers en grande partie, et arrêté le produit de la partie restante pour plusieurs années.

Signé à l'original : Chanu; Maisse fils ; Bernard; Issomtiers ; Decorio ; Madou Martin ; Raffin ; Bouche fils ; Verdet ; Jaussaud ; Berraud, lieutenant général.

OPTION DE DIFFÉRENTS CITOYENS DE FORCALQUIER, POUR LA DÉPUTATION AUX ÉTATS GÉNÉRAUX PAR PROVINCE, ET NON PAR SÉNÉCHAUSSÉE.

Forêt, député d'Apt : Je persiste dans mon opinion pour la députation aux États généraux par province et non par sénéchaussée, conformément au vœu de la communauté d'Apt et de plusieurs autres communautés, consigné dans leurs doléances particulières.

Je suis du même avis que M. Forêt. *Signé* Perrin, député d'Apt.

Je persiste dans mon opinion qui a été, que la convocation, pour députer aux États généraux, fût demandée d'abord par province, ou par tout autre moyen que les États généraux trouveraient bon, conformément au plus grand nombre des doléances des communautés qui avaient exprimé différents vœux sur cet objet *Signé* Silvestre, député de Gordes.

Je suis de l'avis ci-dessus, c'est-à-dire de celui de M. Silvestre : Jouve, député de Gordes.

Je suis de l'avis de M. Silvestre : Payan, député de la Coste.

Je suis de l'avis de M. Forêt : Chapuis, député de la Bastide-des-Jourdant.

Signé : Berraud, lieutenant général.

TRÈS-HUMBLES DOLÉANCES DU CLERGÉ DE LA SÉNÉCHAUSSÉE DE DIGNE (1).

Sire,

Pénétré de la reconnaissance la plus vive pour la bonté que Votre Majesté témoigne au clergé de son royaume; animé du désir le plus ardent de concourir à vos vues bienfaisantes pour le soulagement d'un peuple cher à votre cœur, et dont il est à portée de connaître plus particulièrement les maux et les besoins, le clergé de la sénéchaussée de Digne a l'honneur de mettre sous vos yeux :

Que le peuple, cette classe si utile et si intéressante, malheureux dans toutes les provinces, l'est plus particulièrement dans ce canton. Livré au travail le plus pénible et le plus ingrat, accablé sous le poids des charges les plus onéreuses et trop multipliées; frustré souvent du fruit de ses travaux par l'intempérie des saisons, le ravage des orages, la mortalité des bestiaux, l'impétuosité des torrents, la stérilité du sol, le défaut enfin de commerce et de communications, produit par les obstacles que forment des montagnes escarpées, nues et arides, la privation de toutes autres ressources, le réduit à n'avoir qu'une subsistance souvent précaire, toujours modique, et détruit, même en lui, jusqu'à l'espoir d'un avenir plus heureux.

(1) Nous publions ce cahier d'après un manuscrit des *Archives de l'Empire.*

Témoins sensibles de ces maux, mais impuissants pour les soulager, nous les présentons à Votre Majesté, dans la persuasion qu'en indiquant les besoins du peuple à un roi sensible et bienfaisant, c'est l'intéresser à y apporter un remède efficace.

Pour y concourir autant qu'il est en nous, nous déclarons que nous sommes dans la disposition de contribuer à toutes les charges publiques, royales, provinciales et municipales, en proportion de nos revenus. Nous nous joignons d'esprit et de cœur aux deux autres ordres pour concourir, dans une union parfaite, à la gloire de votre règne, à la prospérité et à la tranquillité de la monarchie française.

RELIGION.

Comme ministres d'une religion sainte, notre devoir principal est de nous en occuper. Nous conjurons donc Votre Majesté, avec toute la confiance que votre piété nous inspire, que la religion catholique, apostolique et romaine soit maintenue dans toute sa pureté, et que toutes les questions, ayant trait directement ou indirectement à cette religion, qui pourraient être agitées dans les États généraux, soient conférées à un concile national.

Nous osons aussi attendre de votre piété, Sire, que les lois concernant la sanctification des jours consacrés au Seigneur seront renouvelées, et que vous ordonnerez qu'il soit veillé de près à leur exécution. Nous sommes bien loin de vouloir interdire un amusement honnête et l'entrée des lieux où l'on peut pourvoir à ses besoins, mais nous désirons que les cabarets, dont la fréquentation est si pernicieuse à la religion, si nuisible au bon ordre, et si ruineuse pour les familles, surtout dans les paroisses de campagne, demeurent exactement fermés, les jeux publics interdits dans le temps des offices divins ; et qu'on ne voie point, les jours du saint dimanche, un étalage de marchandises, un commerce ouvert qui les assimile avec les autres jours de la semaine.

Ce qui mérite aussi une attention particulière de Votre Majesté, c'est cette passion effrénée des jeux prohibés, qui va toujours croissant, et est un fléau destructif des villes et des campagnes.

Le clergé désirerait également qu'il plût à Votre Majesté d'ordonner que les foires qui se rencontrent ou sont fixées aux jours de fêtes, soient renvoyées à un autre jour.

La religion est une ; elle doit être enseignée avec uniformité. Notre vœu serait que l'Église de France n'eût qu'un seul catéchisme, plus étendu pour les villes, plus resserré pour les campagnes, un corps de doctrine universellement enseigné dans les universités et les séminaires, un même rit, une même liturgie, un même bréviaire. Cette uniformité devrait s'étendre jusqu'à l'éducation publique.

En désirant la liberté de la presse pour réunir, sur les objets essentiels, les vues et les lumières de tous les ordres, nous osons vous représenter qu'il est de la dernière importance d'arrêter l'impression et la circulation des ouvrages contre la religion et les bonnes mœurs.

Enfin, le clergé de cette sénéchaussée espère, de votre zèle pour la religion, que vous voudrez bien, Sire, avoir égard aux remontrances du clergé de France, adressées à Votre Majesté, touchant l'édit en faveur des non catholiques, auxquelles il adhère.

DISCIPLINE.

Le trop long intervalle dans la tenue des conciles a toujours été regardé comme une cause de relâchement dans la discipline. Ce relâchement influe infiniment sur les principes religieux et moraux. Le clergé désire que les conciles provinciaux soient convoqués tous les cinq ans, et les synodes toutes les années.

Afin que ces assemblées puissent produire un avantage réel, et qu'on ne perde pas en contestations inutiles un temps précieux, nous vous prions de régler les rangs qu'un chacun doit y occuper, et que la voix délibérative soit conservée à tous ceux qui doivent y assister.

Qu'aucune loi particulière ne pourra avoir force et vigueur dans un diocèse, qu'elle n'ait été approuvée dans le synode à la pluralité des voix.

La non résidence des premiers pasteurs excite les plaintes journalières des peuples, et est une source de relâchement dans la discipline. Daignez, Sire, assurer l'exécution des anciens canons sur le point qui n'intéresse pas moins la religion que la politique.

Les conciles ont également condamné les translations comme un abus introductif du relâchement, et une source ouverte à l'ambition. Nous désirons qu'elles soient prohibées ou permises seulement dans le cas d'une utilité reconnue par le concile provincial.

Il nous paraît aussi avantageux et conforme à l'ancienne discipline de l'Église qu'on ne pût être promu à l'épiscopat, aux cures, à l'emploi de grand vicaire, qu'après avoir exercé pendant un temps fixé les fonctions du ministère.

Que le droit aux bénéfices, dignités et places ecclésiastiques, soit acquis par le mérite seul, et que les obstacles qui en privent les ministres non nobles, soient dorénavant écartés comme contraires à l'esprit de la religion, qui a bien plus besoin de serviteurs distingués par leur zèle que par leur naissance.

La distribution des diocèses, formée sur le plan des anciennes juridictions romaines, prive nombre de paroisses du secours qu'elles ont droit d'attendre de leurs premiers pasteurs; il serait nécessaire d'obvier à cet inconvénient par un nouvel arrondissement.

Qu'en attendant que cet arrangement soit effectué, il soit permis aux curés dont les paroisses sont situées dans une province différente de celle du chef-lieu, de se nommer un syndic pour veiller à leur intérêt.

Les chapitres des cathédrales seraient mieux composés et se référeraient plus à l'ancien gouvernement de l'Église, si les places en étaient uniquement destinées aux plus anciens curés. Votre Majesté voudra bien ordonner que les places actuelles demeureront irrésignables.

Pour faciliter cet établissement, on pourrait supprimer les collégiales et tous les bénéfices simples, autres que ceux de fondations laïques.

Que, dans le cas d'union ou de suppression des titres des bénéfices, elle serait demandée par le synode seul, et faite par l'autorité de l'ordinaire, sauf le recours au métropolitain.

Votre clergé, Sire, sollicite l'abolition du Concordat et de la daterie, et que les ordinaires soient autorisés à accorder les provisions qu'on expédie en cour de Rome, au taux le plus modéré.

Le nombre suffisant des œuvres évangéliques étant l'unique moyen de pourvoir efficacement à l'instruction des fidèles, il serait nécessaire d'en

établir de nouveaux dans les paroisses qui en manquent.

Si la station des carêmes dans les grandes paroisses contribue à la conservation de la religion et de la piété, cette même station ne peut être d'aucune utilité dans les paroisses des campagnes, où les travaux et les occupations des fidèles ne leur permettent guère d'en profiter. L'application de la rétribution, ainsi que celle du non service des vicaires aux œuvres pies, serviraient à un bien plus réel et non moins analogue à l'esprit de la religion.

L'expérience ayant prouvé, dans tous les temps, que les maisons les plus nombreuses sont toujours les mieux réglées, où l'enseignement se fait avec plus de fruit, où l'émulation règne avec plus de succès, ces considérations feraient désirer que les séminaires fussent réduits à un plus petit nombre, où tous les ecclésiastiques des divers diocèses de la province étant réunis, pourraient prendre plus facilement et plus sûrement l'esprit de leur état, et se former, par des secours plus abondants, aux fonctions du ministère.

Par la réforme ci-dessus énoncée, les séminaires étant mieux composés et les études s'y faisant avec plus d'ordre et plus de facilité, les grades deviendraient inutiles pour s'assurer de la capacité; et les ecclésiastiques seraient habiles à être promus aux charges et aux dignités de l'Église, d'après les attestations qu'ils auraient obtenues de leurs professeurs.

Votre Majesté est suppliée de fixer un temps précis après lequel la régale sera censée fermée ; d'ordonner l'abrogation ou fixation du droit de procuration pour les visites pastorales, le renouvellement et exécution des lois concernant la pluralité des bénéfices.

BIENS TEMPORELS DE L'ÉGLISE.

Le recoublement de tous les biens ecclésiastiques, même de ceux de l'ordre de Malte, a paru au clergé de cette sénéchaussée un des moyens les plus propres pour assurer une dotation suffisante aux évêchés, chapitres, cures, séminaires et autres établissements utiles ou nécessaires, et pour éteindre successivement la dette locale et générale du clergé. On verrait alors les biens ecclésiastiques employés, suivant leur première destination, à l'entretien des ministres de la religion, aux objets relatifs à son culte, et au soulagement des pauvres.

Notre vœu est encore qu'il soit fait un abonnement perpétuel des dîmes en denrées, fixées à une quantité précise, dont l'évaluation en argent serait chaque année relative au prix courant du marché voisin ; et que tout accord à ce sujet entre le décimant et les décimables soit exempt du droit d'amortissement, et soumis à un simple contrôle.

Que les fiefs, les droits seigneuriaux, et les domaines appartenant à l'Église, soient aliénés.

Que les dépenses extraordinaires soient autorisées par le synode, et les ordinaires par le bureau diocésain, que le compte des uns et des autres soit rendu au synode.

De ce projet une fois adopté, découlerait nécessairement l'établissement d'un revenu dans chaque diocèse, qui, après l'état des dépenses faites, le recouvrement du déficit sur la caisse qui lui serait indiquée, on compterait le superflu à celle qui lui serait assignée.

Un établissement d'une œuvre de charité, dont la direction principale serait attribuée aux curés, paraît d'une nécessité indispensable.

L'établissement d'une fabrique dans chaque paroisse serait également nécessaire ; et jusqu'à cette époque, il devrait être adjugé une somme suffisante pour les mêmes fournitures, connues en Provence sous le nom de clair et matière, qu'il fût libre aux curés d'accepter ou de refuser.

Nous demandons à Votre Majesté la suppression du casuel forcé, après la dotation des cures, l'attribution des aumônes pour les dispenses aux pauvres des paroisses dans lesquelles elles sont accordées.

L'exemption du droit d'indemnité, ou demi-lods et du droit de banalité ; l'*uniformité dans les droits honorifiques des seigneurs*, la réformation des lois concernant les droits domaniaux, et leur exécution confiée aux cours souveraines.

Il serait à souhaiter qu'il fût fait un fonds dans tous les diocèses, pour procurer un sort convenable aux prêtres vieux ou infirmes ; la religion, l'humanité, la reconnaissance sollicitent depuis longtemps cet établissement.

REQUISITION DES SEIGNEURS ÉVÊQUES DE DIGNE ET DE RIEZ.

Les seigneurs évêques de *Digne* et de *Riez*, ayant consigné leurs doléances dans un cahier particulier, dont ils ont requis la jonction au présent, déclarent s'en rapporter à ce qui y est contenu.

Renvoyé par MM. les commissaires à l'assemblée pour faire droit à ce requis.

DOLÉANCES PARTICULIÈRES DES CURÉS.

La nécessité indispensable où sont les curés de pouvoir se syndiquer, les autorise à supplier Sa Majesté de révoquer la défense qui leur a été faite à cet égard. Une pareille inhibition leur est moins sensible encore par la lésion de leurs intérêts que par les soupçons injurieux qu'elle semble répandre sur l'esprit de droiture et de modération dont ils sont animés.

Les curés, étant incontestablement en droit d'élire leurs députés au bureau diocésain, ils demandent qu'il soit permis d'en avoir en nombre suffisant pour contrebalancer les suffrages des autres membres de la chambre.

Du moment que les impositions seront devenues communes aux trois ordres, les curés doivent être admis aux assemblées municipales.

Ils espèrent de la bonté et de la justice de Votre Majesté, qu'ils seront légalement et librement représentés aux États provinciaux en nombre proportionnel aux autres membres du clergé.

Ils ne sollicitent pas avec moins de confiance que les curés de l'ordre de Malte jouissent dorénavant des mêmes droits, des mêmes prérogatives et de la même rétribution que les autres curés du royaume, et notamment qu'ils soient exempts de toute dépendance et juridiction de l'ordre.

Les curés, étant mieux à même de connaître les besoins de leurs paroisses, et les coopérateurs qui sont les plus capables d'y faire le bien, il est de bon ordre qu'ils soient maintenus dans le droit de les choisir eux-mêmes, et les présentant à l'évêque pour recevoir son approbation.

Que l'approbation et la surveillance des maîtres et maîtresses d'école appartiennent aux curés.

Ils paraissent également fondés à réclamer que ce soit au synode à pourvoir au règlement du diocèse dans le cas de siége vacant, et de nommer ceux qui exercent provisoirement la juridiction. Qu'il ait encore le pouvoir de nommer aux cures vacantes, autrement que par résignation.

En ramenant les choses à leur première institution, le corps des premiers et seconds pasteurs ne doit être interrompu, dans aucune circonstance, par aucuns titulaires ou corps intermédiaires quelconques. Votre Majesté est donc suppliée d'ordonner que les curés reprendront place et suffrage immédiatement après les évêques : l'opinion publique leur a déjà rendu justice à cet égard, et semble leur assurer, par la suite, un rang, une considération et des droits, que des siècles d'ignorance et de barbarie avaient pu seuls leur enlever. Leur réclamation est fondée sur l'antiquité de leur origine, sur leur unité avec le corps épiscopal, et sur la nature de leur ministère.

S'il est un objet de justice généralement reconnu, c'est celui de l'insuffisance de la portion congrue des curés et des vicaires. Une réclamation universelle annonce la nécessité de leur faire un sort plus convenable.

DOLÉANCES DES CHAPITRES CATHÉDRAUX DE DIGNE ET DE RIEZ RÉUNIS.

Les chapitres des églises cathédrales de Digne et de Riez vous supplient, Sire, de leur conserver les droits et les préséances qu'ils ont toujours eus dans la vacance du siége, dans les conciles et synodes, dans les États de la province, et dans toutes autres assemblées ecclésiastiques, politiques ou économiques.

Ils réclament, pour les archidiacres de leurs églises respectives, la juridiction qu'ils avaient anciennement, et qu'ils ont conservée dans la plus grande partie du royaume.

Ils observent à Votre Majesté que la prohibition de résigner les canonicats des cathédrales les priverait du droit d'y nommer pendant la régale ; et vous prient d'ordonner que les canonicats soient résignables, aussi longtemps que les cures le seront.

Que par le règlement qui convoque les trois ordres de chaque sénéchaussée, le nombre des députés des chapitres étant réduit tout au plus à deux, leur influence est, pour ainsi dire, nulle dans une assemblée où MM. les curés convoqués plénièrement ont une prépondérance trop avantageuse dans la discussion des intérêts opposés. Les simples ecclésiastiques et les communautés religieuses sont dans le cas de faire la même réclamation et d'en demander respectivement le remède.

Ils désirent un règlement général ou local, pour fixer la constitution de la chambre diocésaine, dans le cas où le tribunal aura encore lieu.

Ils réclament une représentation libre et vraiment suffisante du second ordre du clergé aux États de cette province.

Comme les charges publiques seront communes à tous les ordres, ils demandent d'être admis aux assemblées tant provinciales que municipales, d'assister à toutes impositions, départements et redditions de comptes, en nombre suffisant pour y défendre leurs intérêts.

Ils adhèrent aux doléances des seigneurs évêques de Digne et de Riez.

DOLÉANCES PARTICULIÈRES DU CHAPITRE DE DIGNE.

L'augmentation progressive des portions congrues de MM. les curés et vicaires, le dépérissement des dîmes et le malheur des temps ont absorbé tous les revenus du chapitre de Digne. Il ne subsiste plus que d'une pension que le clergé de France, avec l'approbation de Votre Majesté, lui a assignée et qui suffit à peine pour payer les modiques prébendes des membres de cette Église, les réparations, les fournitures nécessaires pour la fabrique et les gages de ses serviteurs. Sans un secours, et une nouvelle dotation qu'il espère de votre bonté, cette Église est tout à fait anéantie, et ses membres exposés à finir leurs jours dans la mendicité.

DOLÉANCES PARTICULIÈRES DU CHAPITRE DE RIEZ.

Cette Église est composée de vingt-sept titulaires, dont douze chanoines et quinze bénéficiers. Elle a encore neuf officiers ou serviteurs nécessaires pour le service divin et l'administration de la mense.

Les chanoines seuls ont l'administration de la mense; ils sont, par conséquent, seuls chargés des distributions des quinze bénéficiers, de la portion congrue du curé et du vicaire de la paroisse, et de toutes les fournitures de la fabrique.

Les revenus de la mense ne suffisant plus depuis longtemps à toutes les charges, ils ont été obligés d'abandonner leurs propres distributions, et d'imposer successivement jusqu'à la moitié du revenu des prébendes qui formaient leur gros, pour y faire face. Cette imposition même de la moitié laisse encore un déficit toutes les années. Par cette imposition, les prébendes de cette Église sont réduites à l'état suivant :

Prébende de la prévôté à	924 liv.
De l'archidiacone à	858
De la sacristie à	798
Du capiscolat à	1,709
5ᵉ Prébende à	416
6ᵉ — à	416
7ᵉ — à	356
8ᵉ — à	342
9ᵉ — à	326
10ᵉ — à	208
11ᵉ — à	129
12ᵉ — à	102

Tel est le revenu juste de chacun des douze chanoines de cette église.

Au conspect de ce tableau, malheureusement trop vrai, il serait superflu d'ajouter aucune réflexion.

Les causes de la décadence de cette Église lui sont communes avec les autres chapitres pauvres de la province, telles que l'augmentation des portions congrues des curés et vicaires, et la diminution des dîmes.

A cet égard, les doléances du chapitre de Riez sont les mêmes que celles des autres décimateurs, consignées dans le cahier de l'assemblée ecclésiastique de la province d'Aix en 1788, auxquelles ils se rapportent.

Outre l'augmentation des portions congrues et la diminution des dîmes, il y a une autre cause de décadence particulière au chapitre de Riez. Il est soumis à des arrêts extrêmement rigoureux pour la formation de l'assiette des distributions en blé des quinze bénéficiers, et pour le payement du vin qui leur est adjugé.

Depuis longtemps, il s'en faut de beaucoup que les dîmeries de la mense ne fournissent la quantité du blé et du vin qui est nécessaire. Pour ne parler que des deux dernières années, combinées l'une dans l'autre, le déficit de la mense, à cet égard, s'est élevé à la somme de 5,784 livres.

Telles sont les principales causes de la misère de cette Église, qui réduit la majeure partie des chanoines, et même un dignitaire, au-dessous de

la portion congrue des vicaires; quelques-uns à presque rien; presque tous au-dessous de la portion congrue des curés, et même du revenu des bénéficiers.

Cet exposé doit convaincre que les alarmes du seigneur-évêque de Riez, sur le sort de son chapitre, n'étaient que trop fondées, lorsqu'il dit, dans son mémoire adressé à la dernière assemblée générale de 1785, que si l'on assujettissait les chanoines de son Église à payer l'augmentation des portions congrues, avant de s'occuper de les doter de nouveau, il serait obligé de fermer les portes de son Église.

Cette nouvelle dotation exigerait des revenus considérables, que nous ne pouvons espérer que de la bienfaisance de Votre Majesté. Il est digne de votre bonté paternelle de nous retirer de cet état humiliant où nous a réduits la misère, et d'assurer du pain à des titulaires d'une église cathédrale, qui se voient sur le point d'en manquer, soit en leur assignant une pension fixe sur les économats, immisçant à leur mense quelque abbaye ou autres bénéfices, tels que le doyenné de Valensole dans ce diocèse, le prieuré de Payerols, autrefois membre de l'abbaye de Boscodou, dont il a été désuni, situé dans le diocèse et de la nomination de Votre Majesté, le prieuré de Saint-Michel, dépendant du monastère de Danagobie, de l'ordre des Bénédictins de Cluny, non réformés, situé aussi dans le diocèse, ou par tel autre moyen que vous suggérera votre sagesse.

DOLÉANCES PARTICULIÈRES DU CORPS DES BÉNÉFICIERS DU CHAPITRE DE RIEZ.

Les bénéficiers de l'église cathédrale de la ville de Riez en Provence ont été fondés pour remplir le service et toutes les fonctions de la prière publique dans cette église, conjointement avec MM. les chanoines. L'administration de tous les biens est dévolue aux chanoines, sans que les bénéficiers aient aucun droit de la surveiller, quoique leur propriété dérive du titre primordial de leur fondation. Ces deux classes de titulaires ont été fondées chacune avec un droit égal de propriété sur la part des biens qui lui a été assignée, et chacune aussi pour servir l'église.

Il suit de là que le bénéficier ne tient point son modique revenu du chanoine, qu'il n'est point à sa charge; que, dans la répartition primordiale, on lui a assigné une portion distincte et séparée, comme on l'a assignée aux chanoines; et que les deux classes doivent être mises au même niveau pour l'ancienneté et les droits sacrés de propriété. Il suit aussi que, selon toutes les lois de la justice, les bénéficiers ne peuvent être rendus responsables du dépérissement des biens de cette église, puisqu'ils n'ont eu ni pu avoir aucune part à l'administration, pas même la surveillance.

Le revenu des bénéficiers consiste en 9 charges 5 panneaux blé, 46 coupes vin, 25 livres argent, ce qui leur donne à peu près un revenu total de 500 livres.

Les subsistances, le logement, tous les objets d'entretien sont très-chers dans la ville qu'ils habitent. La nature de leur bénéfice les expose à des pertes inévitables, n'ayant que des rétributions réparties sur chaque office. Leurs congés sont de deux jours par mois, et chaque mois porte le terme fatal de ce soulagement dont ils ne peuvent faire usage dans ces occasions indispensables.

Il est facile à présent de voir que les bénéficiers sont bien loin d'avoir un honnête nécessaire. Ils se jettent aux pieds du monarque qui veut le bien ; et soit qu'il juge la réunion des deux classes nécessaire, soit qu'il décide pour la conservation du régime actuel, ils espèrent qu'il veillera à leurs besoins, leur conservera leurs droits sur la denrée, ou leur assignera une portion congrue comme à MM. les curés.

DOLÉANCES PARTICULIÈRES DU DOYEN DE VALENSOLE.

Le procureur fondé du doyen de Valensole observe à Votre Majesté que la demande faite par le chapitre de Riez, de la réunion de ce doyenné à la mense de ce chapitre, est attentatoire au droit de propriété. Il observe, de plus, que le droit de préséance, dont ces abbés commendataires ont toujours joui, ayant constamment siégé après les prélats, doit leur être conservé.

SÉMINAIRES ET HOPITAUX.

L'exclusion des assemblées de la sénéchaussée, donnée aux prêtres attachés aux séminaires, a paru defavorable à une classe d'ouvriers infiniment utiles et respectables. Les hôpitaux font la même réclamation.

DOLÉANCES PARTICULIÈRES.

La supression de la signature du Formulaire est sollicitée comme gênant les consciences.
Le notariat apostolique devrait être adjugé à tous les notaires royaux.

VŒUX GÉNERAUX.

Le clergé de cette sénéchaussée se joint aux autres ordres pour supplier Votre Majesté d'accorder à tous les citoyens la liberté individuelle.
Nous sollicitons encore, avec eux, la réformation du Code civil et criminel, la simplification de la marche judiciaire, le rapprochement de la justice, et l'attribution de souveraineté aux tribunaux d'arrondissement jusqu'à la concurrence d'une somme déterminée.
Et, dans le cas que l'établissement des grands bailliages ait lieu dans cette province, Votre Majesté est priée d'observer que la ville de Digne est le point central de la haute Provence, et en a toujours été regardée comme la capitale.
L'intérêt plus particulier que notre ministère nous oblige de prendre à tout ce qui peut contribuer au soulagement du peuple, nous met dans la nécessité de demander la suppression des gabelles, et le reculement des traites aux frontières du royaume.
Nous ne pouvons, non plus, empêcher de réclamer contre les droits exorbitants du contrôle, insinuation, centième denier, etc., la manière de les percevoir, le tarif qui les évalue, sources abondantes de vexations, et l'objet continuel des alarmes du peuple.

PROTESTATION.

Sur la réquisition du procureur fondé des seigneurs-évêques de Digne et de Riez, de joindre le cahier de leurs doléances particulières du clergé de la sénéchaussée, les commissaires ayant renvoyé la décision à l'assemblée, il a été délibéré qu'en acquiesçant à la jonction requise, l'on protestait, comme l'on proteste avec tout le respect possible, premièrement contre l'illégalité d'un cahier particulier et distinct de celui du clergé de la sénéchaussée ; secondement contre toutes les prétentions et expressions qui peuvent porter atteinte aux droits du second ordre, et notamment contre l'article 25, page du mémoire du seigneur-évêque de Riez, où il est dit, entre autres choses, que, d'après la forme actuelle de convocation, il était possible que le premier ordre du clergé n'eût aucune représentation, ou seulement bien insuffisante aux Etats généraux : ce qui, outre le préjudice qui en reviendrait au premier ordre, réduirait *le second à la condition d'un ordre purement passif, et privé de toute influence dans cette assemblée....* et de plus, contre la première déclaration contenue en l'adhésion du seigneur-évêque de Digne, la *pluralité* du clergé de cette sénéchaussée étant incapable d'adopter, soit par précipitation, soit pour toute autre cause, des vœux contraires à l'esprit et à la lettre des saints canons, des lois du royaume, aux droits (légitimement) attachés à la dignité épiscopale, en tant qu'ils peuvent servir et contribuer à la gloire de Dieu, au salut des âmes, et au bon ordre dans la sainte hiérarchie, prostestant, en outre, contre les pouvoirs qu'a cru devoir donner, en particulier, ledit seigneur-évêque de Digne, à MM. les députés aux Etats généraux, comme si ceux qui leur seront donnés par l'assemblée du clergé de cette sénéchaussée pouvaient être insuffisants.
Signé Duchaffaut, président ; Audibert, prieur-curé ; Burle, curé ; Cogordau, chanoine, député du chapitre de Riez, commissaire ; Thomas, curé d'Arguines, commissaire ; Champsaud, curé de Digne ; Gassaud, prieur-curé de Barras, commissaire ; Vassal, prêtre bénéficier, commissaire.
Lecture faite des doléances ci-dessus, elles ont été généralement adoptées par l'assemblée.
A Digne, le 7 avril 1789. *Signé* Duchaffaut, prévôt, président ; Audibert, prêtre, recteur, secrétaire.
En foi de quoi nous avons coté toutes les feuilles du présent cahier, depuis première jusqu'à vingt-deuxième, et signé au bas de chaque page. A Digne, lesdits jour et an que dessus. *Signé* Duchaffaut, prévôt, président ; Audibert, prêtre, recteur, secrétaire de l'assemblée, ainsi à l'original.

CAHIER

Des représentations, réclamations et doléances de la chambre ecclésiastique au bureau du diocèse de Riez, arrêté dans l'arrêté de ladite chambre, tenue le 18 mars 1789 (1).

RELIGION.

Art. 1er. La chambre ecclésiastique a commencé à s'occuper d'abord de la religion, dont elle a déplore le dépérissement depuis que les maximes de la nouvelle philosophie ont pénétré dans toutes les classe de citoyens jusque dans les paroisses de la campagne, et ont perverti une infinité de fidèles de tout état, et presque généralement les jeunes gens ; de l'abandon des sacrements, de la confession annuelle, de la communion pascale, pratiques traitées aujourd'hui de minuties par une infinité de chrétiens qui ne tiennent plus à la religion que par une bienséance extérieure, par l'assistance à la messe ; et combien même qui ont rompu ce faible lien ! — de la licence de

_____

(1) Nous publions ce cahier d'après un manuscrit des *Archives de l'Empire.*

mœurs, la mauvaise foi, les faux témoignages, les blasphèmes les plus horribles, devenus si communs de nos jours; de là encore l'impiété, les scandales et les excès de tout genre; de là, en un mot, le renversement de tous les principes: un affreux égoïsme en a pris la place.

Pour arrêter ce déluge de maux, non moins nuisibles à la tranquillité du gouvernement qu'aux intérêts de la religion et de la société chrétienne, et dont tous les membres du bureau diocésain ont vu les progrès s'opérer successivement, mais rapidement, sous leurs yeux, il a été convenu de proposer les moyens suivants:

1° La prohibition à faire par le gouvernement d'imprimer, vendre, colporter aucuns livres contenant des maximes contraires soit à la religion, soit aux bonnes mœurs.

COLLÉGES.

2° D'établir des colléges dans les villes qui en sont susceptibles, comme étant le centre d'un arrondissement, et les doter assez convenablement pour avoir de bons professeurs.

La ville de Riez est dans une semblable position. Elle a un collége, mais qui est encore sans dotation; et l'on ne voit pas d'autres moyens d'y pourvoir que l'union des bénéfices.

3° Dans un plan quelconque d'éducation publique, faire entrer la religion comme objet majeur et fondamental, auquel les professeurs seront tenus de donner les soins les plus suivis, tant pour les parties dogmatiques et morales que pour la partie historique.

4° Faire choix de bons professeurs, ayant plus d'égards dans le choix aux mœurs qu'aux talents et à la capacité. On trouvera plus ou moins de facilité dans le choix, selon la quotité des honoraires. Même attention, proportion gardée, sur le choix des maîtres d'école.

5° Doit-on appeler les religieux à la direction des colléges? Il a paru à la chambre ecclésiastique que les religieux pourraient être appelés utilement, mais non sans quelques inconvénients, dans les colléges des grandes villes. Mais on a cru devoir donner la préférence aux ecclésiastiques séculiers pour les colléges des petites villes.

6° Subordonner l'éducation publique à la surveillance et à l'inspection immédiate des prélats.

7° La chambre ecclésiastique a reconnu que les curés et leurs vicaires pourraient avoir la plus grande influence à l'œuvre de la réformation; qu'ils devaient s'attacher singulièrement à former la jeunesse, comme faisant l'espérance de la nation, ainsi que de l'Eglise; à faire avec zèle le cathéchisme (fonction dont l'importance est rarement sentie), de même que les instructions au peuple; ramenant fréquemment, dans les instructions, l'exposition de la partie de la discipline chrétienne, suivie et soutenue de la partie de l'histoire sainte qui y a rapport; ce qui était la manière d'instruire des apôtres.

8° Il a été reconnu que la vie exemplaire et édifiante des curés, des chanoines, et généralement des ecclésiastiques de tous les ordres, était un des moyens les plus puissants pour accréditer la doctrine de l'Eglise, pour préparer et accélérer l'œuvre de la réformation.

9° Etant dans la nature des choses de requérir l'action d'un premier moteur, il a été reconnu encore que la résidence des prélats dans leurs diocèses respectifs était un moyen général, un moyen nécessaire pour soutenir l'influence, pour augmenter l'énergie des moyens particuliers indiqués ci-dessus.

CONCILES PROVINCIAUX ET SYNODES.

10° La chambre ecclésiastique a manifesté ses vœux pour le rétablissement et la tenue périodique des conciles provinciaux et des synodes diocésains, qu'elle a envisagés comme les moyens les plus puissants pour animer et soutenir, dans toutes ses parties, la vigueur de la discipline ecclésiastique.

CONCOURS DES CURES.

11° Le bureau diocésain a pensé qu'il résulterait de grands avantages, pour la religion et pour le diocèse, si la nomination des cures était soumise au concours. Les avantages se présentent d'eux-mêmes; mais on entrevoit des inconvénients à la suite. Le bureau a jugé qu'il serait possible de les écarter au moyen de sages règlements qui n'admettraient au concours que des sujets qui réuniraient, aux talents et à la capacité, les autres qualités nécessaires pour régir une cure: lesquelles qualités, ainsi que les talents et capacité, seraient soumises au jugement des examinateurs ou juges du concours; et le jugement serait sans appel.

ATTRIBUTIONS AUX ORDINAIRES DE LA NOMINATION AUX CURES.

12° Dans le cas où l'établissement du concours éprouverait des difficultés, il a paru à la chambre ecclésiastique, conformément au vœu de plusieurs diocèses, que le moyen pourrait être supplié utilement par l'attribution aux ordinaires du droit de nomination aux cures.

PRÉVENTION.

13° La chambre ecclésiastique désirerait que la prévention de la cour de Rome dans la collation des bénéfices fût modifiée de manière que, sans en détruire le droit et les avantages qui en résultent, elle ne pût avoir lieu qu'après le premier mois de la vacance des bénéfices, ce qui écarterait l'indécence de ces courses qui révoltent même les gens du monde.

Tels sont les moyens que la chambre ecclésiastique du diocèse de Riez a cru propres à établir l'ordre ecclésiastique dans son ancien lustre, et à réparer les pertes de la religion, et qu'elle a jugé devoir consigner dans le présent cahier de ses doléances.

DIMANCHES ET FÊTES.

Art. 2. Dans un siècle de relâchement et de corruption, où les saints jours établis pour être employés à la prière, au service divin et autres exercices spirituels, sont profanés par une infinité de fidèles qui les passent au jeu, aux bals, à l'ivrognerie, à la débauche, et à tout ce qui est une suite de pareils excès, il a paru à la chambre ecclésiastique:

1° Que le zèle et l'activité des officiers, chargés de veiller à l'observation des ordonnances, avaient besoin d'être excités en toutes manières.

SUPPRESSION DES FÊTES.

2° Qu'il y aurait lieu de réduire le nombre des fêtes, en faisant cesser l'obligation de chômer la troisième fête de chacune des solennités de Noël et de la Pentecôte, ainsi que l'Annonciation de la Vierge, lorsqu'elle tombe dans la quinzaine de Pâques, les fêtes de Saint-Jean-Baptiste et de Saint-Pierre, placées dans une saison où les travaux de la campagne sont urgents, la Nativité de la Sainte-Vierge, et généralement toutes les fêtes locales et patronales, dont chacune est, pour la paroisse où se célèbre la fête, et pour les paroisses voisines, une source de désordres.

La chambre ecclésiastique a reconnu que semblables suppressions n'excèdent pas les pouvoirs des ordinaires; mais elle a considéré qu'étant faites dans une assemblée nombreuse de prélats et d'ecclésiastiques du second ordre, elles seraient reçues des peuples avec moins de défaveur, et passeraient sans occasionner les rumeurs et les réclamations qui accompagnent, pour l'ordinaire, les changements faits par les évêques diocésains.

DISETTE DE PRÊTRES.

Art. 3. L'assemblée ecclésiastique a désiré qu'il fût fait un article de doléances de la disette des prêtres, qui règne depuis plusieurs années dans le diocèse, et qui fait vaquer un grand nombre de places de vicaires. Elle a reconnu deux causes de cette disette. La première dans l'esprit du siècle qui incline fortement vers la licence et l'irréligion; la seconde, dans la modicité de la rétribution affectée aux places des vicaires. Et quant aux effets de cette disette, elle a remarqué qu'ils n'étaient pas bornés aux inconvénients résultant de la vacance de plusieurs places de vicaires, mais qu'elle avait même une funeste influence sur plusieurs autres de ces places qui sont remplies, en ce que les prêtres qui les occupent se prévalant de la difficulté qui se rencontre à les remplacer, après s'être livrés à l'indolence et à la dissipation, ne tardent pas de méconnaître les règles de la subordination : ce qui réduit les paroisses, où il y a des vicaires de ce caractère, à un état bien souvent pire que s'il n'y en avait point.

Ici, la chambre diocésaine a fait des vœux pour qu'aux prochains États généraux du royaume, il soit pris des mesures pour procurer, en chaque diocèse, un plus grand nombre de prêtres qui soient remplis de l'esprit de leur état, et qui non-seulement puissent subvenir aux besoins présents des paroisses, mais encore remplir le vide que laissent, dans tous les diocèses, les corps religieux.

PRÉDICATEURS DU CARÊME.

Art. 4. Les ordres religieux suffisent à peine, ou même ne suffisent pas pour remplir les stations des grandes villes. Le clergé séculier, occupé au service ordinaire des paroisses, fournit peu de prédicateurs. Les petites villes sont exposées, chaque année, à manquer; les paroisses de la campagne manquent généralement de prédicateurs. L'ignorance des fidèles, le dérèglement des mœurs, le voisinage de l'hérésie, furent les grands motifs qui déterminèrent les Pères du concile de de Trente à faire de salutaires règlements touchant l'institution des stations quadragésimales. Ces mêmes motifs subsistent, et ont acquis une nouvelle force dans un siècle où l'Eglise a à combattre une ignorance pareille, une corruption de mœurs plus grande, une hérésie plus dangereuse, un système d'irréligion qui se réduit à une hérésie universelle.

BRÉVIAIRE, LITURGIE, ENSEIGNEMENT PUBLIC.

Art. 5. La chambre ecclésiastique a regretté qu'il n'y eût pas un seul et même, une seule et même liturgie, un seul et même catéchisme, pour toutes les églises de France. Elle a regretté surtout qu'il n'y eût pas un cours complet de théologie, qui, en excluant l'esprit de parti, réunit les avantages, les qualités propres à la faire adopter dans tous les séminaires. La chambre ecclésiastique a jugé l'entreprise d'un tel ouvrage digne de la sollicitude du clergé de France.

ORDRES RELIGIEUX.

Art. 6. La chambre ecclésiastique a fait, sur les ordres religieux, les réflexions suivantes :

Le règlement, porté par l'édit qui fixe les vœux de religion à vingt et un ans pour les garçons, paraît être une suite des progrès de la nouvelle philosophie, qui tend sourdement à la destruction et à l'anéantissement des ordres religieux. Ce règlement a produit trois effets sensibles.

1° L'admission des sujets sans choix; 2° la diminution du nombre des religieux; 3° le relâchement de la discipline régulière.

Le désir de conserver, dans chaque ordre, l'esprit primitif de l'institut, aurait pu faire sentir aux supérieurs respectifs la nécessité de se replier, en abandonnant les petits couvents, et n'en conservant qu'autant qu'ils en pourraient composer d'un nombre de religieux suffisants pour l'observation de la règle.

Tout au contraire, une politique désastreuse ne leur a pas permis d'abandonner aucun établissement. La difficulté était de faire face, ou plutôt c'était chose impossible, vu la diminution des sujets que chaque ordre éprouvait annuellement. On voyait donc, comme on voit encore, des simulacres de communautés religieuses. Cependant, après avoir gagné les petits, le relâchement, la dissipation, l'esprit du siècle pénétraient bientôt dans les grands couvents; de là, les réclamations contre les vœux devenus si fréquentes de nos jours; de là, tout ce qui est une suite de l'ennui, de la solitude et du dégoût du cloître.

L'assemblée diocésaine n'a pu se dissimuler les maux de l'Eglise dans le relâchement et le dépérissement des ordres religieux. Entre ces divers maux, elle a remarqué les progrès trop sensibles de la nouvelle philosophie, la difficulté de pourvoir à l'éducation publique, à la prédication de l'Evangile, à la direction des âmes. Elle a formé des vœux pour qu'il fût possible de les réformer, et de les rendre de nouveau, utiles à l'Eglise, en les ramenant au premier esprit de leurs instituts respectifs, et les soumettant immédiatement à la juridiction des ordinaires.

MONITOIRES.

Art 7. Le bureau diocésain a reconnu un grand abus dans la multiplicité des monitoires, que les juges laïcs ordonnent pour les moindres objets, et il désirerait que l'usage en fût entièrement supprimé; ou si on croit devoir les conserver, ils devraient être réservés pour les plus grands crimes, comme meurtres, crimes d'Etat. Et, dans tous les cas, il devrait être libre à l'official de les refuser, lorsqu'il le jugerait convenable, sans crainte d'être pris à partie.

CHAPITRE DE LA CATHÉDRALE DE RIEZ.

Art. 8. Mgr l'évêque de Riez a rappelé au bureau les démarches que lui avaient inspirés, auprès des dernières assemblées du clergé de France, sa sollicitude sur la situation déplorable du chapitre de son église cathédrale, et notamment le mémoire qu'il avait adressé à l'assemblée de 1785 et 1786, dont la conclusion était telle que s'en suit : « Ce tableau doit convaincre avec évi-« dence le clergé que les alarmes du seigneur-« évêque de Riez, sur le sort de son chapitre, « n'étaient que trop fondées lorsqu'il disait, dans « son mémoire à l'assemblée générale de 1785, « que si l'on assujettissait les chanoines de son « église à payer l'augmentation des portions con-« grues, avant de s'occuper de les doter de nou-« veau, il serait obligé de fermer la porte de son « église. »
Mgr l'évêque a reconnu que ce fait aussi fâcheux serait arrivé, s'il n'avait été prévenu par le secours qu'il avait sollicité et obtenu de la part du clergé général, en faveur de son chapitre; secours qui ne lui a été accordé que pour deux années seulement, et dont Mgr l'évêque a senti que la continuation était indispensable pour faciliter l'exécution des moyens généraux d'incorporation de deux classes de titulaires en une seule, de suppression de titres, des moyens de retraite, etc., et que si ce secours venait à manquer, l'événement prévu et annoncé arriverait infailliblement.

ANNONCE DU MÉMOIRE DU CHAPITRE CATHÉDRAL DE RIEZ.

Sur quoi la chambre diocésaine, ayant pris de nouveau une connaissance détaillée de la situation du chapitre, a reconnu que, tant la mense que les prébendes dudit chapitre sont réduites à un état qui diffère peu de l'anéantissement, ainsi qu'il conste par le mémoire que ce même chapitre avait adressé à l'assemblée du clergé en 1785 (1) et 1786, muni de l'autorisation de Mgr l'évêque, et dont une copie sera jointe à la suite du présent cahier, avec quelques additions et éclaircissements que des événements postérieurs ont rendu nécessaires.

SÉMINAIRES.

Art. 9. On sent, dans tous les diocèses, l'utilité des séminaires et l'intérêt que doivent inspirer de pareils établissements. Mais le diocèse de Riez éprouve plus que bien d'autres la nécessité de faciliter aux jeunes ecclésiastiques leurs longues études, en multipliant les secours et les pensions gratuites. Le séminaire de Riez manque de moyens pour fournir à des besoins aussi étendus; et l'on ne voit d'autres ressources pour y pourvoir, que des moyens de bénéfices qui sont en petit nombre dans le diocèse, et très-modiques.

AMÉLIORATION DES CURES.

Art. 10. Le bureau a représenté plusieurs fois aux assemblées générales du clergé, que, dans le

(1) Nous nous en référons uniquement au mémoire envoyé à l'assemblée du clergé en 1785, dont le double est resté entre nos mains, n'ayant eu aucune connaissance de celui dont les députés de notre chapitre à la sénéchaussée de Digne et de Forcalquier ont été chargés. Signé : † F., évêque de Riez.

diocèse, il n'y avait d'autres moyens d'améliorer les cures, et de dédommager les corps ecclésiastiques utiles, que l'union des bénéfices. Mais on a déjà observé que cette ressource est très-bornée, et même insuffisante.

CURES DE L'ORDRE DE MALTE.

Art. 11. Le bureau a reconnu qu'il était de toute justice de réclamer, en faveur des curés de l'ordre de Malte, la partie congrue fixée par les ordonnances en faveur des autres curés du royaume, et de faire cesser l'amovibilité à laquelle sont soumis les curés dudit ordre.

ÉCONOMATS.

Art. 12. La chambre ecclésiastique est dans le cas de réclamer, comme tous les autres diocèses, contre les économats. Les inconvénients de cet établissement ne sont point balancés par les avantages qui en résultent. Ces avantages se réduisent à assurer les réparations des bénéfices : il a paru que les chambres ecclésiastiques rempliraient suffisamment cet objet, si elles étaient soumises, à cet effet, à un règlement qui leur en confie la surveillance et la manutention, et que cette administration n'entraînerait avec elle aucune des vexations et des abus inséparables des économats, et qui, par la longueur de leurs procédures, souvent multipliées inutilement, et par les frais immenses qu'elles occasionnent, ainsi que les opérations de leur régie, font souvent, à la honte et au détriment de tout le clergé du royaume, mourir des ecclésiastiques respectables, insolvables, les plus sages économes des biens de leurs églises, et qui, toute leur vie, avaient mis le plus grand ordre dans leurs affaires domestiques : ce qui rend, en outre, presque constamment inutiles leurs intentions charitables envers les pauvres, et les secours qu'ils auraient pu laisser à leurs familles souvent indigentes.

Il a paru encore que les revenus des abbayes et autres bénéfices, en dépôt aux économats, seraient employés bien plus utilement à subvenir aux besoins de tant de chapitres pauvres, qui ont été réduits presque à rien, par l'augmentation des congrues, à l'amélioration des cures, et au soulagement de tant de prêtres vieux ou infirmes, qui ont été obligés de quitter les fonctions de leur ministère, et autres établissements utiles, tels que collèges, séminaires, hôpitaux, fabriques des églises, etc.

DIMES.

Ars. 13. Les dîmes, qui ont été longtemps le patrimoine assuré des églises, sont devenues aujourd'hui une cause continuelle de procès et la plus embarrassante de leurs revenus. La forme de leur perception, leur quotité, les fruits qui doivent l'acquitter sont discutés dans tous les tribunaux; et les églises, généralement dépouillées de leur antique droit, sont cependant accusées de chercher à les étendre. Le vœu unanime du clergé de ce diocèse serait qu'il y eût une loi fixe et invariable à cet égard, qui rendît la tranquillité et aux décimateurs et aux décimables, quand même les premiers devraient être soumis à faire quelque sacrifice qui paraîtrait juste et raisonnable.

DÉCIMES

Art. 14. Le bureau diocésain réclame depuis longtemps et se voit dans la nécessité de réclamer de nouveau contre l'excès des contributions auxquelles est soumis le clergé de ce diocèse de Riez. Le premier fondement de ces réclamations se trouve dans la surcharge que ce diocèse éprouva dans la fixation de la quotité de la matière imposable qui fut arrêtée en 1760, époque d'un nouveau département général ; laquelle surcharge a nécessité une augmentation d'impositions, depuis 2 jusqu'à 6 sols par livre ; et bien que le bureau crût d'abord trouver un dédommagement dans l'augmentation progressive du prix des denrées, d'où s'ensuivit une semblable augmentation dans le prix des baux à ferme, cependant le dédommagement n'a été que passager, parce que, la situation du diocèse l'exposant à des dégradations continuelles, produites par les pluies rapides et par les orages, il en est résulté une diminution considérable de tous les fruits décimables, et que, d'autre part, le produit des dîmes n'a pas cessé de diminuer par une suite de fraudes et des abus étrangement multipliés, depuis 1760. En sorte que, d'un côté, le diocèse de Riez n'a éprouvé qu'un dédommagement passager de la surcharge de la matière imposable, et que, de l'autre, il n'a pas cessé d'éprouver de nouvelles diminutions de cette même matière, qui met le diocèse de Riez dans un excès de surcharge d'impositions incalculable, relativement et proportionnellement aux autres diocèses, tant de la province que du royaume, qui n'ont éprouvé aucune surcharge dans le principe, qui jouissent en outre, eu égard à la situation des lieux, d'une augmentation de revenus fixe et durable, sans éprouver les mêmes causes de diminution par les abus et les fraudes dans les perceptions. Toutes ces considérations mettent le diocèse de Riez dans la nécessité de solliciter un nouveau département général ; nécessité d'autant plus urgente que le revenu des bénéfices, le moins privilégié, a passé presque en totalité dans la classe des bénéficiers les plus privilégiés, tels que les curés à portion congrue et les vicaires, dont le nombre est plus que double, par une suite des options faites depuis la déclaration de 1786 sur les portions congrues.

SUPPRESSION DE PLACES DE VICAIRES ET APPLICATION DE NON-SERVICES.

Art. 15. Le bureau diocésain a considéré que les places de vicaires sont plus multipliées en Provence que dans les autres provinces du royaume ; que l'on y éprouve, comme ailleurs, la disette des prêtres. D'où il arrive que non-seulement celles de ces places qui sont peu utiles ne sont pas remplies, mais que plusieurs même des plus importantes restent vacantes. Le bureau a considéré encore que, suivant la jurisprudence du parlement de Provence, les rétributions affectées aux places de vicaires qui ne sont point remplies, qu'on désigne communément sous la dénomination de non-service, sont appliquées respectivement aux pauvres des paroisses pour leur être distribuées par les consuls, ce qui, dans le fait, a été étendu aux stations vacantes des carêmes et avents , bien qu'elles ne soient pas mentionnées dans l'arrêt de règlement rendu en 1741.

Sur ces considérations, le bureau diocésain a fait des vœux :

1° Pour que la suppression des places de vicaires, qui ne sont ni nécessaires, ni utiles, fût moins hérissée de difficultés, et que le jugement en fût laissé purement et simplement aux évêques diocésains ;

2° Pour que l'application des non-services fût pareillement laissée aux évêques diocésains, qui l'appliqueraient principalement au soulagement des prêtres vieux et infirmes, et hors d'état de remplir leurs fonctions.

CONTRIBUTION AUX CHARGES PUBLIQUES.

Art. 16. La chambre ecclésiastique n'a pas cru devoir réclamer d'autres priviléges, que celui qui lui est commun avec les deux autres ordres de l'État, et qui consiste à ne pouvoir être soumis à payer aucunes impositions que celles qui auront été librement et volontairement consenties. Elle désire, en conséquence, se réunir aux autres ordres, pour voter, aux États généraux, les subsides qu'y seront jugés nécessaires pour les besoins de l'État, et y concourir, ainsi qu'aux charges locales, proportionnellement à ses facultés.

DETTES DU CLERGÉ DE FRANCE.

Art. 17. Mais, en manifestant ainsi son vœu de concourir aux charges publiques, le clergé de ce diocèse n'a pas pu perdre de vue ni les dettes générales du clergé de France, ni les dettes particulières au clergé de ce même diocèse. Personne n'ignore à combien d'emprunts le clergé de France a été nécessité par les demandes consécutives et trop multipliées du gouvernement. Jamais le clergé n'a écouté, dans ces circonstances, que son zèle et son entier dévouement aux besoins de l'État. C'est donc au gouvernement à en répondre ; et le seul reproche qu'on pourrait hasarder contre le clergé, serait celui de s'y être soumis peut-être trop facilement.

Quant aux dettes particulières du clergé du diocèse de Riez, elles ne proviennent que des surcharges auxquelles il a été soumis par une augmentation arbitraire de la matière imposable, et dont il n'a jamais cessé de se plaindre aux assemblées générales du clergé de France, notamment et plus récemment à celles de 1770, 1782, et 1785.

ANCIENNES UNIONS.

Art. 18. Le bureau diocésain désirerait que les États généraux obtinssent de la bienfaisance du Roi de rendre commune à tous les établissements ecclésiastiques la déclaration de 1769, qui soustrait aux recherches des dévolutaires les unions faites depuis plus de cent ans aux cathédrales, aux cures, aux séminaires, aux colléges et aux hôpitaux. Les raisons, qui en ont fait accorder la loi, semblent en solliciter l'extension sur les autres établissements ecclésiastiques, quand ce ne serait que pour procurer, après le terme de cent ans, la tranquillité des églises.

ADMINISTRATION DES DOMAINES.

Art. 19. L'administration des domaines occasionne partout des plaintes qu'il paraît au clergé en général, comme à celui du diocèse de Riez, ne pouvoir faire cesser qu'en attribuant aux cours souveraines l'entière connaissance de tous les droits domaniaux et des difficultés qui peuvent s'élever au sujet de leur perception ; attendu qu'il est impossible aux intéressés de se défendre contre une administration qui varie continuellement les principes à son gré, et qui peut toujours les faire consacrer par des arrêts du conseil. Et lors même que les arrêts sont obtenus en faveur des particuliers contre le domaine, la même difficulté se reproduit continuellement sur la demande des nouveaux administrateurs : ce qui occasionne des vexations et des inquiétudes interminables.

BUREAU DIOCÉSAIN.

Art. 20. La chambre ecclésiastique a cru devoir prendre en considération les avis qui lui sont parvenus, touchant les réclamations de plusieurs ordres de bénéficiers contre la manière de former ladite chambre, ou d'en nommer les syndics, sans le concours et la participation des ordres que ces mêmes syndics représentent. Sur quoi, la chambre ecclésiastique a témoigné ses dispositions et son vœu de se conformer aux règlements que plusieurs diocèses sollicitent, et qui pourront intervenir de la part du gouvernement.

DÉPUTATION AUX ÉTATS DE PROVENCE.

Art. 21. La chambre ecclésiastique a cru devoir joindre ses réclamations à celles de divers ordres de bénéficiers, et notamment du chapitre de la cathédrale, contre l'organisation des États de Provence dans les deux dernières assemblées desdits États, auxquelles le clergé du second ordre n'a été ni représenté ni convoqué : ce qui a paru également opposé au droit naturel et aux anciens usages, suivant lesquels les États pléniers de Provence ne s'assemblaient point sans le concours du second ordre du clergé, et particulièrement des églises cathédrales. En conséquence, il a été arrêté qu'il serait fait mention desdites réclamations dans le présent cahier, pour qu'aux prochains États généraux il soit avisé aux mesures à prendre pour assurer au clergé du second ordre une représentation convenable aux états particuliers de Provence.

FORME DE CONVOCATION.

Art. 22. Le clergé du diocèse de Riez a cru devoir pareillement réclamer contre la forme de la convocation de l'ordre du clergé, en ce que cette forme s'écarte des règles de l'uniformité qui en devraient faire la base, puisque, d'un côté, elle admet en totalité des classes de bénéficiers à concourir aux députations aux États généraux, et que, d'autre part, elle n'admet qu'un chanoine *sur dix*, et qu'elle fait semblable distinction entre d'autres classes de bénéficiers : ce qui a paru établi sans aucuns fondements, et contrarier les vrais principes qui fondent le droit de concourir aux députations sur l'intérêt attaché à tout titre quelconque de bénéfice.

Le clergé du diocèse a reconnu qu'il est intéressant pour la nation que le droit de suffrage ne puisse pas ainsi être accordé ou refusé à volonté.

ORDRE DE MALTE.

Art. 23. Le clergé du diocèse de Riez ne pense pas que l'ordre de Malte puisse être admis à faire corps avec le clergé de France, par la raison que cet ordre a un régime particulier, et qui est opposé à plusieurs égards à celui du clergé.

CONVOCATION PAR BAILLIAGES.

Art. 24. La chambre ecclésiastique du diocèse de Riez a trouvé un sujet aux plus vives réclamations dans la convocation par bailliages et par sénéchaussées. Cette forme présente les plus grands inconvénients :

1° En ce que, le clergé de ce diocèse ressortissant à différentes sénéchaussées, les divers membres qui le composent seront privés de tous les moyens de se réunir et d'arrêter en commun leurs vœux et doléances ;

2° En ce que le clergé de Riez, étant ainsi divisé, n'aura vraisemblablement aucune influence aux députations pour les États généraux ; ce qui lui donne lieu de craindre que ses intérêts ne soient entièrement négligés dans cette assemblée, et ses alarmes sont encore augmentées par le défaut de concert et d'union avec le clergé des autres diocèses de la province.

REPRÉSENTATION DE L'ORDRE DES ÉVÊQUES.

Art. 25. Ce qui a singulièrement affligé la chambre ecclésiastique de ce diocèse, c'est de voir le silence absolu qui règne sur le premier ordre du clergé, sur l'ordre épiscopal. Le premier ordre n'y est pas même nommé, et il n'est pas possible de le reconnaître autrement que sur la dénomination générale du clergé.

Ce silence a paru d'autant plus étonnant que toutes les opérations et délibérations ecclésiastiques requièrent l'influence et la sanction épiscopale. Les évêques sont les administrateurs-nés de leurs diocèses, ainsi que les juges de leurs bénéfices.

D'autant plus étonnant encore, que les évêques ont été regardés, dans tous les temps, comme les membres-nés des États généraux, ainsi que des États provinciaux. D'où il résulte que l'omission dont il s'agit est également contraire, et aux principes religieux, et aux principes constitutionnels.

Les conséquences de ce silence n'ont pas paru moins affligeantes. La chambre ecclésiastique en a inféré qu'il était possible que le premier ordre du clergé n'eût aucune représentation, ou seulement une représentation bien insuffisante aux États généraux ; ce qui, outre le préjudice qui en reviendrait au premier ordre, réduirait le second ordre à la condition d'un ordre purement passif, et privé de toute influence dans cette assemblée. Et, dès lors, quel succès les divers ordres du clergé peuvent-ils se promettre de leurs représentations, de leurs doléances? Quelle ressource, quel appui peut-il rester aux chapitres, aux autres classes de bénéficiers, aux séminaires, aux collèges, et autres établissements, qui sont pauvres, bien que reconnus d'une utilité publique?

On ne craint donc pas de le dire : écarter ainsi la surveillance du corps épiscopal, disperser les pasteurs du second ordre, c'est livrer au hasard les intérêts les plus précieux de la religion et de ses ministres.

Pour toutes ces considérations, la chambre ecclésiastique a arrêté de porter aux États généraux ses réclamations contre la forme actuelle des lettres de convocation, et pour qu'aux mêmes États, il soit fait un règlement qui assure au corps épiscopal une représentation fixe et suffisante.

ADMISSION DES ECCLÉSIASTIQUES DANS LES CONSEILS DES COMMUNES DE CHAQUE VILLE ET PAROISSE.

Art. 26. Le bureau diocésain, ayant manifesté son vœu de supporter, avec les autres ordres de l'État, sa quote-part proportionnelle des subsides et autres impositions pécuniaires du pays, a acquis, par là même, le droit de réclamer l'admission du clergé aux conseils respectifs des communes, des villes et des paroisses. Cette admission paraît ne pouvoir être refusée aux seigneurs ecclésiastiques, aux corps et communautés pareillement ecclésiastiques (tels que les chapitres), qui sont soumis, soit en corps, soit par individus, à des contributions particulières ; aux curés et autres bénéficiers qui supportent de semblables contributions, et aux vicaires des paroisses. La réclamation du bureau diocésain doit être accueillie d'autant plus favorablement, qu'elle présente un moyen de balancer et arrêter l'influence des praticiens qui, pour l'ordinaire, plus occupés de leurs intérêts particuliers que du bien public, brouillent les affaires communes et font naître une infinité de procès, tant dans les petites villes que dans les paroisses de la campagne ; procès qui, comme il est de notoriété publique, ont écrasé des communautés sans nombre, tant dans le diocèse que dans plusieurs autres de la province.

L'ÉVÊCHÉ DE RIEZ.

Art. 27. La chambre ecclésiastique du diocèse de Riez, après s'être occupée de l'amélioration du sort de différentes classes de bénéficiers, ainsi que des autres besoins du diocèse, a cru ne pouvoir se dispenser de faire connaître la triste situation de l'évêché de Riez. Le gouvernement avait reconnu la nécessité de venir au secours des évêchés de Provence ruinés, tant par les anciennes que par les nouvelles charges, et par les pertes de tous genres qu'ils avaient faites, notamment par les défrichements, ou par la fraude des dîmes ; presque tous, en effet, ont été récemment dotés par différentes réunions de bénéfices.

L'évêché de Riez, réduit à moins de 8,000 livres de revenus annuels, charges déduites (ainsi que cela a été détaillé et démontré par le mémoire du clergé du diocèse, envoyé à l'assemblée générale du clergé de France en 1785) ;

Cet évêché est resté le seul de cette province, qui, dans son appauvrissement, n'a obtenu aucun secours ni aucun dédommagement de pertes.

Le clergé de ce diocèse se croit donc obligé de faire encore aujourd'hui, aux États généraux, de nouvelles réclamations à cet égard ; et il espère qu'on accordera enfin à ce siége épiscopal des moyens suffisants pour que son évêque puisse remplir ses obligations et y subsister avec décence et dignité.

CONCLUSIONS.

Tels sont les objets de réclamations et doléances que la chambre ecclésiastique du diocèse de Riez a cru devoir arrêter et consigner dans le présent cahier, pour concourir, au moins par ses représentations et par ses vœux, au rétablissement de l'ordre, à la réparation des pertes de la religion, à l'amélioration du sort de ses ministres. Cette chambre, en embrassant l'universalité des intérêts du diocèse de Riez, a cru offrir un motif plus puissant au zèle des personnes qui auront commission pour représenter ce même diocèse aux États généraux.

La chambre ecclésiastique n'a pas pu se dissimuler que les réclamations et les demandes formées par les divers ordres des bénéficiers sont souvent en opposition entre elles, et se contrarient réciproquement, dans l'état présent ou dans le système courant des choses, suivant lequel le sort des membres appartenant à un ordre ne serait amélioré qu'au préjudice d'un autre ordre, dont les besoins sont encore plus pressants et plus étendus. Mais, dans les circonstances actuelles, où l'opinion publique s'attache à proscrire les préjugés comme des erreurs, les priviléges antiques comme des abus ; dans un moment où toutes les idées, tous les sentiments semblent se rapprocher des grands principes de l'équité naturelle, cette même chambre n'a pas pu désespérer qu'on ne doive chercher et qu'on ne puisse trouver, dans une répartition nouvelle et plus juste des biens ecclésiastiques, dans un retranchement du faste et du luxe, des moyens suffisants pour fournir à l'honnête subsistance de tous les bénéficiers reconnus d'une utilité publique.

LE PRÉSENT CAHIER PROPRE ET PARTICULIER A Mgr L'ÉVÊQUE DE RIEZ.

Mgr l'évêque de Riez, en reconnaissant les vœux des divers membres de la chambre ecclésiastique dans les articles contenus dans le présent cahier, a cru devoir déclarer que ces mêmes articles présentent son vœu particulier, et qu'il désire, en conséquence, qu'il soit porté aux États généraux dans son intégrité, comme son mémoire propre et avis personnel.

Fait et arrêté dans notre palais épiscopal, où nous avons rassemblé la chambre ecclésiastique de notre diocèse pour lui faire connaître nos vues générales et particulières pour le bien des différents ordres de notre diocèse, et pour profiter de ses lumières. Signé et paraphé par nous, à chaque page ; et signé encore par les membres de ladite chambre. À Riez, le 24 mars 1789. † F., évêque de Riez ; Audibert, prieur, syndic général ; Lambert, chanoine, syndic ; Villeneuve, curé, syndic. Par mandement de Mgr l'évêque de Riez et de la chambre ecclésiastique de ce diocèse : Arnoux, secrétaire. Ainsi à l'original.

SÉNÉCHAUSSÉE DE DIGNE.

Doléances de l'ordre de la noblesse (1).

Le Roi veut s'environner de sa nation pour rétablir l'ordre public et poser les fondements solides de la prospérité de l'État. Convoqués pour choisir les représentants qui doivent porter notre vœu dans les États généraux du royaume, nous devons donner à ces représentants les instructions et avis qui sont le mandat de tous ceux qui leur suffrages de leurs concitoyens appellent à voter dans la grande assemblée du peuple français. C'est dans cet objet que nous allons rédiger les articles d'après lesquels ils doivent se diriger et se conduire.

Art. 1er. Les États généraux seront assemblés de trois en trois ans, ou, au plus tard, de cinq en cinq ans. Il faut que ces assemblées aient un cours réglé et périodique, si l'on veut que la liberté publique ne soit pas altérée.

Art. 2. En cas de minorité, on devancera la tenue de la convocation, et les États généraux seront extraordinairement assemblés sans aucun délai.

Art. 3. La puissance exécutrice n'appartiendra qu'au Roi, et les lois seront toujours publiées au

---

(1) Nous publions ce cahier d'après un manuscrit des *Archives de l'Empire.*

nom de Sa Majesté. Mais aucune loi, de quelque espèce qu'elle soit, ne pourra être publiée et exécutée qu'après l'acceptation des États généraux.

Art. 4. Aucun impôt ne pourra être pareillement établi que par le consentement des États généraux : la nécessité de ce consentement est une conséquence du droit de propriété.

Art. 5. Les États généraux ne consentiront les impôts que pour un temps limité, et sur la preuve qui leur sera administrée d'un besoin vérifié. Un impôt ne pourra avoir plus de durée que l'intervalle d'une tenue d'États à l'autre.

Art. 6. Tous les impôts, sans exception, seront supportés et payés par tous les ordres, sans aucune distinction de personnes, de rangs et de privilèges. Tous les trois ordres contribueront donc à toutes les charges et impositions, tant royales que locales et provinciales, en proportion de tous leurs biens, revenus et facultés, à commencer dès la présente année, et pour toujours; et le produit des impositions sera versé dans la même caisse, appartenant aux trois ordres.

Art. 7. On ne consentira les impôts que sur la mesure des besoins. Les impôts doivent être réglés, non sur ce que les peuples peuvent donner, mais sur ce qu'ils doivent donner relativement aux nécessités publiques.

Art. 8. Avant que de voter sur aucun impôt, il faut pourvoir aux retranchements économiques, et fixer la véritable dépense de l'État. Il faut, avant tout encore, fixer toutes les réformes salutaires que le bien public exige.

Art. 9. Il ne doit point être établi de commission intermédiaire, parce qu'elle pourrait devenir dangereuse et aristocratique. Mais il faut demander que les provinces soient érigées en pays d'États; et les assemblées provinciales tiendront la main à l'exécution des délibérations prises aux États généraux.

Art. 10. On ne pourra ouvrir aucun emprunt pendant l'intervalle de la tenue des États généraux à l'autre.

La vénalité des charges sera supprimée, les finances remboursées; les magistrats, stipendiés honnêtement, seront gens de probité, capacité, et expérience. Ils jouiraient de la confiance publique s'ils étaient présentés par les assemblées de leurs districts respectifs.

Les matières distraites de la juridiction ordinaire y seront réunies. En conséquence, les tribunaux d'exception seront supprimés.

La justice sera rapprochée des justiciables; les contestations importantes seulement subiront deux degrés de juridiction.

Dix villes, deux cents paroisses, dont la plus éloignée n'est pas à 10 lieues, la vallée de Barcelonnette, dont la partie la plus reculée n'en est qu'à 12 et 14, ont tout lieu de désirer l'établissement d'un grand bailliage à Digne, annoncé par l'ordonnance sur l'administration de la justice du mois de mai 1788.

Art. 11. Il ne pourra être attenté à la liberté d'aucun citoyen par aucun ordre arbitraire, de quelque autorité qu'il émane; et nul homme quelconque ne pourra être arrêté et constitué prisonnier qu'en vertu de décret décerné par les juges ordinaires. Et dans le cas où les États généraux jugeraient que l'emprisonnement provisoire peut quelquefois être nécessaire, il doit être ordonné que toutes personnes ainsi arrêtées soient remises entre les mains de leurs juges naturels dans les vingt-quatre heures.

Art. 12. La liberté de la presse sera accordée indéfiniment, sauf les réserves qui pourraient être faites par les États généraux.

Art. 13. La dette de l'État sera consolidée. Les deniers de l'impôt ne seront pas divertis de leurs destinations, et les ministres seront responsables de leur gestion aux États généraux, qui pourraient les faire juger sur les faits de l'exercice de leurs fonctions.

Art. 14. Les magistrats ne seront pas troublés dans l'exercice de leurs fonctions, et ils seront responsables de leurs charges à la nation assemblée.

Art. 15. Le respect le plus absolu pour toute lettre confiée à la poste sera pareillement ordonné, et on prendra les moyens les plus sûrs pour empêcher qu'il n'y soit porté atteinte.

Art. 16. La Provence sera conservée dans sa franchise et sa constitution : les lois de son union à la couronne doivent être à jamais respectées.

Art. 17. Nous reconnaissons que notre constitution a besoin d'être réformée; et nos députés aux États généraux se réuniront à ceux du tiers, pour avoir, incessamment après la tenue desdits États, une assemblée générale des trois ordres du pays, pour travailler à cette réformation et faire cesser le régime abusif de ses États.

Art. 18. Il ne faut pas détruire la distinction des rangs, elle est nécessaire, surtout dans une monarchie. Mais nos députés aux États généraux doivent demander l'abolition de toute servitude et de toute forme incompatible avec la dignité de l'homme; sans confondre les rangs, il ne faut en humilier aucun.

Art. 19. Les pensions militaires sont la récompense bien méritée des services rendus au souverain et à l'État. Elles doivent être payées avec autant de reconnaissance que d'exactitude; et à cet effet, l'on doit prendre de justes moyens pour en faciliter le recouvrement et faire cesser les retards abusifs.

Art. 20. On fera des représentations pour que les places de commissaires des guerres ne soient désormais accordées que pour retraites à des officiers militaires, en récompense de leurs services.

Art. 21. Enfin, nous donnons aux députés de notre ordre, qui seront élus à Forcalquier, dans l'assemblée qui y sera tenue en la sénéchaussée, pour aller assister aux États généraux du royaume, tous pouvoirs généraux et suffisants de proposer, remontrer, aviser et consentir tout ce qui peut concerner les besoins de l'État, la réforme des abus, l'établissement d'un ordre fixe et durable dans toutes les parties de l'administration, la prospérité générale du royaume, et le bien de tous et chacun les sujets du Roi, promettant d'agréer et approuver tout ce que lesdits députés, qui seront nommés, auront fait, délibéré et signé en vertu des présentes, de la même manière que si lesdits sieurs comparants y avaient assisté en personne.

Fait et passé à Digne, dans le palais de la sénéchaussée de cette ville de Digne, cejourd'hui 8 avril 1789. *Signé* Magnau, président; La Serre, commissaire; Du Chaffaut, commissaire. Ainsi à l'original.

Collationné par nous, greffier en chef de la sénéchaussée de Digne, signé.

CAHIER

D'instructions et doléances de l'assemblée du troisième ordre de la sénéchaussée de la ville de Digne, convoquée le 1er avril 1789, pour être présenté aux États généraux du royaume, par les députés qui seront élus à l'assemblée de la sénéchaussée de la ville de Forcalquier (1).

GOUVERNEMENT MONARCHIQUE.

Art. 1er. Le vœu le plus solennel du troisième ordre est que le gouvernement soit constamment monarchique. Il est le plus doux, le plus favorable à la nation et le plus glorieux pour le monarque; la gloire du monarque et le bonheur des sujets doivent être soutenus par des lois qui soient respectivement observées.

LETTRES DE CACHET.

Art. 2. Les lettres de cachet, ne présentant que l'abus le plus terrible du despotisme ministériel, étant inconciliables avec la liberté individuelle des citoyens, l'abolition doit en être sollicitée avec instance : la liberté de chaque personne fait partie de la liberté publique. Si, cependant, le citoyen tramait ou intriguait contre la chose publique, ou si des considérations très-puissantes exigeaient qu'on l'arrêtât sur-le-champ, on doit le conduire dans les prisons ordinaires pour être jugé par ses juges naturels. Les prisons d'État deviennent absolument inutiles, et la suppression doit en être ordonnée.

RETOUR PÉRIODIQUE DES ÉTATS GÉNÉRAUX.

Art. 3. La périodicité des États généraux de trois en trois ans est indispensable, absolument nécessaire, si l'on désire que la liberté publique ne souffre jamais d'altération. Ce retour doit être demandé avec instance.

COMMISSION INTERMÉDIAIRE.

Art. 4. Réclamer contre l'établissement de toute commission intermédiaire dans l'intervalle d'une tenue des États généraux à l'autre. Une pareille commission formerait insensiblement une aristocratie dangereuse.

RÉGENCE.

Art. 5. Dans un cas de minorité du successeur à la couronne, ou, dans tout autre cas qui empêcherait le souverain de régner, la régence ne pourra être déférée que par les États généraux. Ils seront convoqués de droit, et extraordinairement assemblés à Versailles dans un mois.

ÉTATS GÉNÉRAUX SUBSÉQUENTS.

Art. 6. Si aux États généraux tous les vœux ne peuvent être conciliés; si chaque détail ne peut atteindre à une perfection complète, il y sera pourvu ensemble sur tous les autres chefs de doléances que les peuples pourront former, aux États généraux subséquents.

RANGS ET DISTINCTIONS.

Art. 7. Dans un grand État, il est nécessaire de

_____

(1) Nous publions ce cahier d'après un manuscrit des *Archives de l'Empire.*

ne pas confondre les rangs : il ne faut pas en détruire les distinctions. L'assemblée nationale doit abolir toute servitude et tout ce qui contraste avec les droits et la dignité de l'homme et du citoyen. Les rangs peuvent et doivent être conservés sans en humilier aucun.

POUVOIR LÉGISLATIF.

Art. 8. Le pouvoir législatif n'appartiendra qu'à la nation; mais la puissance exécutrice et de gouvernement n'appartiendra qu'au Roi. Les lois, qui auront été déterminées par l'Assemblée nationale, seront enregistrées dans le dépôt appartenant aux États généraux, et de suite adressées aux États des provinces et administrations provinciales, pour y être enregistrées, observées, et envoyées dans les villes royales de la province, qui en feront part aux communautés de leur arrondissement.

IMPÔTS.

Art. 9. Le pouvoir d'établir, d'accorder et de proroger l'impôt, sera solennellement, et par une loi d'État, déclaré et reconnu n'appartenir qu'à la nation assemblée. Aucune sorte d'impôt ne pourra avoir plus de durée que l'intervalle de la tenue des États généraux à l'autre.

EMPRUNTS.

Art. 10. Il ne sera jamais fait d'emprunts qu'autant que la nation l'aura délibéré. Les emprunts sont des impôts d'autant plus dangereux qu'ils paraissent d'abord moins effrayants.

VÉRIFICATION DES DETTES DE L'ÉTAT

Art. 11. Il sera procédé, par les États généraux, à la vérification des dettes de l'État. Celles qui seront reconnues justes et légitimes seront reconstituées au nom de la nation; et elle décidera si les intérêts de la dette doivent être réduits au taux de la loi.

IMPÔTS PAYÉS INDISTINCTEMENT PAR LES TROIS ORDRES.

Art. 12. Tous les impôts, sans exception, doivent être payés par les trois ordres, proportionnellement à leurs facultés et revenus quelconques, non-seulement pour le rétablissement des finances, mais encore pour l'avenir et à jamais, en renonçant à toutes exemptions pécuniaires. Et au moyen de ce, les roturiers qui ont acquis ou acquerront à l'avenir des fiefs, ne seront plus soumis à payer aucuns droits de franc-fief. Il ne peut pas plus exister des biens exempts de charges publiques, qu'il ne peut exister des personnes indépendantes des lois de la souveraineté. Les exemptions féodales et les immunités ecclésiastiques ne sont que des abus incompatibles avec l'ordre social. Les divers ordres de l'État n'ont d'autre droit que celui de ne payer que les impôts qu'ils ont librement consentis; et ce droit est autant le patrimoine du tiers-état que celui du clergé et de la noblesse.

RETRANCHEMENT ÉCONOMIQUE.

Art. 13. Avant que de voter sur aucun impôt, il est de l'intérêt des peuples de pourvoir aux retranchements économiques, de fixer la véritable dépense de l'État par départements, et arrêter toutes les réformes salutaires que le bien général exige.

IMPÔT UNIQUE.

Art. 14. Les députés voteront pour un impôt unique qu'il plaira à la sage prévoyance des États généraux d'arrêter, qui ne compliquera ni la perception ni la comptabilité, et qui sera supporté également par les trois ordres, dans la proportion de leurs biens et revenus ; voteront pour une taxe sur la valeur réelle et foncière des maisons des villes, bourgs et villages, et châteaux, à raison de 40 sols par 1,000 livres, indépendamment des impôts indirects et volontaires, tels que ceux sur le tabac, les portes, les cartes, sur tous les grands objets de luxe, sur les capitalistes, les rentiers à viager et les agioteurs.

FERMIERS GÉNÉRAUX ET TRAITANTS.

Art. 15. Solliciter avec force le renvoi des fermiers généraux et des traitants : le bonheur des peuples y est attaché. Les provinces feraient verser directement les subsides dans le trésor de la nation. Leur administration ne sera ni vicieuse ni tyranique ; les peuples seront soulagés ; l'État aura plus de revenus et toutes les ressources nécessaires pour l'extinction de la dette publique.

PLACES INUTILES.

Art. 16. On remarquera la suppression de toutes les places auxquelles on attache de grands revenus et de petites fonctions. Il n'est pas nécessaire qu'il y ait, dans une province, un gouverneur, un lieutenant du Roi, un commandant, avec patentes, et quelquefois avec deux ou trois commandants en sous-ordre. Ces places ruinent les peuples sans aucune utilité pour l'État.

OFFICES INUTILES.

Art. 17. Selon les principes de la raison, et d'après nos lois provençales, il ne peut exister aucun office inutile. Ils troublent la police de l'État, et sont un poids onéreux pour la nation. On demandera la suppression de tous offices de finances et autres qui n'ont été, dans l'origine, que des impôts déguisés, et qui ont mis le plus grand embarras dans l'administration publique.

PENSIONS.

Art. 18. Pour prévenir les abus énormes et les déprédations du trésor public, occasionnées par les pensions, il est du plus grand intérêt qu'à l'avenir elles soient supprimées, et qu'il soit fixé, par les États généraux, une somme annuelle destinée pour les gratifications, au choix de Sa Majesté.

Quant aux pensions établies, il est important de porter l'examen le plus sévère sur celles qui ont été données sans motif, et qui n'ont eu pour base que l'appui et l'abus du crédit.

PRIVILÉGES EXCLUSIFS.

Art. 19. Toutes maîtrises et privilèges exclusifs, qui gênent la liberté des arts et du commerce, doivent être proscrits. Il ne faut pas que des ressources communes à tous soient réservées à un seul.

ALIÉNATION DES DOMAINES.

Art. 20. Les rois ne vivant plus de leurs domaines, on gagnerait beaucoup de rendre lesdits domaines aliénables. Ils sont la proie de quelques courtisans. En les rendant au commerce, on les rendrait à la bonne culture, et on accroîtrait d'autant les revenus de la nation. Il est de son intérêt que le Roi rentre dans ses domaines, qui ont été engagés, inféodés ou échangés avec perte, sauf de les revendre à leur juste valeur.

ABOLITION DE LA DÎME.

Art. 21. Parmi les bienfaits que les peuples osent espérer de la sage prévoyance des États généraux, celui de l'abolition de la dîme serait le plus distingué. Les ministres de notre sainte religion recevraient des honoraires qui, en posant de justes limites d'accroître leurs revenus, mettraient encore leurs consciences et celles de leurs paroissiens à l'abri des regrets.

VENTE DES DOMAINES DE L'ÉGLISE.

Art. 22. La vente de tous les biens et domaines de l'Église indistinctement sera autorisée ; et la vente en sera faite par des commissaires établis par les États généraux. Le produit en sera appliqué :

1° A l'extinction des dettes du clergé, à la subsistance des religieux ;

2° A former des honoraires aux archevéques, évêques et autres ecclésiastiques ;

3° Aux congrues des curés et vicaires ;

4° A des pensions pour des prêtres infirmes, et finalement à concourir au payement de la dette nationale.

AUGMENTATION DE LA CONGRUE DES CURÉS ET VICAIRES.

Art. 23. L'augmentation de la congrue des curés, et l'exemption des décimes, sont de toute justice. Les peuples tiennent, par reconnaissance et une rare estime, aux pasteurs du second ordre, qui leur rappellent les prêtres de la primitive Église par leurs travaux et leurs charités. L'amélioration de leur sort ne doit point être laissée à l'assemblée du clergé, mais confiée aux États généraux qui, sûrement, s'en occuperont avec joie. L'augmentation doit être relative à l'importance des lieux ; la moindre, de mille livres ; tout casuel supprimé ; la congrue des vicaires, fixée à la moitié de celle des curés.

SUPPRESSION DES BÉNÉFICES SIMPLES.

Art. 24. Tous les bénéfices, autres néanmoins que ceux dépendant d'un patronage laïque, demeureraient supprimés au décès ou démission des titulaires actuels.

ORDRES RELIGIEUX.

Art. 25. La réformation et la suppression des ordres religieux ne doivent point être abandonnées. On doit, au contraire, demander l'exécution des lois promulguées, et le rétablissement de la commission destinée à cet effet.

ORDRE DES HOSPITALIERS DE SAINT-JEAN DE JÉRU-
SALEM.

Art. 26. Parmi les ordres religieux, le plus
inutile est celui des Hospitaliers de Saint-Jean
de Jérusalem. Les individus de France, qui en
sont membres, sont soumis à un souverain étranger, et ils exportent, tous les ans, hors du
royaume, des sommes immenses, qui, jointes
aux revenus dont ils jouissent individuellement,
s'élèvent environ à 8 millions de livres. Ce revenu
pourrait servir à des établissements patriotiques,
et, distribué à quatre ou cinq mille officiers
qui ont servi fidèlement la patrie, leur assurerait
une retraite honnête. La suppression de cet ordre
en France, en laissant jouir tous les titulaires de
leurs bénéfices et commanderies, serait très-avantageuse à l'Etat.

PLURALITÉ DES BÉNÉFICES.

Art. 27. Supplier, avec ce zèle qu'inspire une
religion éclairée des principes de la saine raison,
d'abolir à jamais la pluralité des bénéfices, de
quelque nature et espèce qu'ils soient. Elle était
inconnue dans les beaux jours de l'Eglise. Elle
ne fut introduite que quand la possession des richesses eut fait perdre aux ecclésiastiques le
véritable esprit de leur vocation. Un abus aussi
scandaleux nécessite la réforme la plus sévère. Il
est de la dignité de la nation d'y pourvoir.

RÉSIDENCE DES ARCHEVÊQUES ET ÉVÊQUES.

Art. 28. Demander avec instance l'exécution
des lois canoniques et civiles, qui ordonnent aux
archevêques et évêques la résidence dans le lieu
de l'établissement de leur siége. Ils doivent à
leurs devoirs, au bon exemple et à l'intérêt politique de leur diocèse, cette soumission aux décisions des conciles et aux ordonnances du
royaume. Les peuples qui les connaissent desire-
raient de n'être pas forcés de les leur rappeler.

JURIDICTION DES ARCHEVÊQUES, ÉVÊQUES ET DE
LEURS OFFICIAUX.

Art. 29. Demander que la juridiction des archevêques et évêques, et de leurs officiaux, soit
limitée précisément aux matières spirituelles, et
qu'ils ne puissent instruire, ni juger au civil, ni
au criminel, soit entre ecclésiastiques ou laïques.
Sans cette restriction, elle ne présente qu'un mélange de spirituel et de temporel, pernicieux, sous
tous les rapports, à la religion et à la tranquillité
des peuples. Les ecclésiastiques, par un esprit
d'empire et de domination, ont toujours cherché
à confondre la distinction réelle et sensible des
deux puissances.

CLERGÉ DE PROVENCE.

Art. 30. Le clergé de Provence doit être séparé
de l'administration générale du clergé de France,
puisqu'il partage, avec les autres ordres, l'administration. Il doit venir, dans le sein de sa famille,
partager toutes les charges, et verser, dans la
caisse commune de la province, les deniers provenant des impositions les concernant.

RÉGALE.

Art. 31. N'étant ni juste ni raisonnable que les
titulaires des bénéfices soient privés du droit,
que toutes les lois leur accordent, de se choisir
leurs successeurs, et n'en jouissent cependant
point lorsque la régale est ouverte et qu'on
affecte de ne point la fermer, il est essentiel
qu'une loi nationale ordonne qu'elle le sera par
la prestation du serment du pourvu entre les
mains du roi.

CONSTRUCTION ET ENTRETIEN DES MAISONS CURIALES,
DES ÉGLISES.

Art. 32. Les maisons curiales, le logement des
vicaires, et les églises ne doivent plus être à la
charge des peuples, puisque leur construction
et leur entretien sont une des principales destinations des biens ecclésiastiques. Demander, en
conséquence, la révocation de tous les édits qui
mettent les dépenses à la charge des villes et
communautés.

CONCORDAT.

Art. 33. Le concordat, aussi irrégulier qu'impolitique, sera révoqué comme contraire à l'honneur de la religion et au bien du royaume.

CHAPITRES NOBLES.

Art. 34. La dotation des corps et des chapitres
étant le fruit des bienfaits et de la munificence
des peuples, c'est attenter à leur patrimoine que
d'avoir pris des mesures pour leur en fermer
l'entrée. Il est essentiel de demander la révocation de toutes lettres patentes, édits et déclarations du roi, portant érection de la plupart des
chapitres et corps, tant d'hommes que de filles,
en corps et chapitres nobles, dans tous lesquels
les citoyens du troisième ordre seront admis
comme par le passé.

ADMISSION DU TROISIÈME ORDRE A TOUS LES EMPLOIS
MILITAIRES ET CIVILS.

Art. 35. Le troisième ordre doit être admis à
tous les emplois militaires et civils. C'est la nature qui donne les talents et les distribue, sans
suivre le hasard de la naissance. Pourquoi priver
la patrie des ressources que la nature lui ménage
dans toutes les conditions et dans toutes les classes des citoyens ? Les fastes de l'histoire vengent
le tiers état des préjugés indécents du second
ordre. L'harmonie, le patriotisme n'existent, dans
toute leur grandeur, qu'autant que tous les
membres de l'Etat participent à tous ses avantages.

ÉDUCATION ET MŒURS DES JEUNES GENS.

Art. 36. Il est du plus grand intérêt de l'assemblée nationale de s'occuper de l'éducation et des
mœurs des jeunes gens. C'est au magistrat civil à
y veiller ; ce droit et ce devoir lui appartiennent.
Les enfants, devant former un jour les citoyens
de tous les ordres de la société, c'est aux magistrats à les faire élever de la manière la plus
propre à donner de l'énergie à l'âme, à leur montrer partout l'idée du bien général unie à celle
du bien particulier, et à éloigner de leur cœur
toute idée de superstition qui rétrécit l'esprit, et
qui a désolé, pendant des siècles, les peuples et
les rois. Les sciences et les arts font l'ornement
de la société, la force et le bonheur d'un empire.

L'ignorance rend les peuples stupides, et fait des esclaves.

COMMUNAUTÉS, OFFICES MUNICIPAUX.

Art. 37. Sa Majesté sera suppliée de faire jouir indistinctement toutes les communautés des droits et prérogatives attachés aux offices municipaux créés par l'édit du mois d'avril 1692, supprimés ensuite, et créés de nouveau par un autre édit de 1733. Ces offices furent réunis par la province, moyennant le prix de 1,798,000 livres, suivant l'arrêt du conseil du 21 mars 1757. Cependant les communautés seigneuriales sont privées depuis longtemps d'une partie des droits attachés auxdits offices, et notamment de celui de faire présider par les maires et consuls leurs assemblées, générales et particulières, à l'exclusion de tous officiers des seigneurs, et d'avoir la préséance dans toute les cérémonies publiques, sur les mêmes officiers ; et que lesdits maires et consuls soient rétablis et maintenus dans le droit d'exercer la police conformément à ce qui est porté par l'édit de 1699, portant création d'offices de lieutenants généraux de police, qui ont été réunis au corps de la province.

JURIDICTION DES JUGES DE POLICE.

Art. 38. L'intérêt public unit ses vœux pour que la juridiction des juges de police soit autorisée à statuer définitivement et sans appel jusqu'à la somme de 30 livres au moins ; qu'il soit fait un règlement plus étendu, plus clair pour tous les objets dont la connaissance lui sera dévolue. Demander que les amendes pécuniaires, prononcées par les juges de police, soient appliquées en faveur des pauvres : le motif est que ce tribunal a pour objet principal la paix et la concorde de tous les citoyens. Que tout s'y termine sans frais ; cette justice, se rapprochant plus des mœurs du peuple, il est rare qu'il se plaigne de ses jugements. Une plus grande étendue de pouvoir ne peut qu'opérer un grand bien.

GABELLE.

Art. 39. La gabelle fut reconnue un impôt odieux et nuisible, même lors de son établissement. Elle a détruit et ruiné les campagnes et leurs habitants. Le meilleur des rois l'a déclarée, en dernier lieu, un impôt désastreux et en a solennellement promis la suppression. On ne peut élever, nourrir les troupeaux et les bestiaux nécessaires au cultivateur, sans l'usage libre du sel. Le gouvernement doit faveur et protection à l'agriculture ; elle sera éclatante si cet impôt est entièrement proscrit.

AGRICULTURE.

Art. 40. L'agriculture étant un des premiers arts utiles, il importe à tout gouvernement de la favoriser. L'histoire de l'univers entier nous apprend que les nations agricoles sont les plus riches et les plus heureuses. Des distinctions aux agronomes, des encouragements aux laboureurs, assureraient une plus grand quantité de productions qui répandraient partout l'abondance. Les troupeaux, plus nombreux et mieux entretenus, donneraient des laines de meilleure qualité et des engrais plus propres à vivifier un sol léger et peu productif.

Art. 41. De prendre en considération que les bœufs, en Provence, sont d'une excessive cherté ; ils y manquent presque partout ; l'agriculture en souffre. La cause de ce mal procède de la quantité de jeunes veaux que l'on tue. Il est de la plus haute importance, pour les cultivateurs, qu'on s'occupe des moyens efficaces d'empêcher cette destruction, en prohibant de tuer des veaux au-dessous de l'âge de six mois. Des lois sur cet objet sont dignes des grandes vues d'utilité publique de l'Assemblée nationale.

Prohiber encore la conduite des bœufs hors du royaume.

DÉFRICHEMENTS, CHÈVRES.

Art. 42. Les défrichements dans des terrains montueux, l'introduction des chèvres dans les bois, font les plus grands maux, détruisent les arbres, les baliveaux et des gazons précieux pour la nourriture des bestiaux. Les terrains défrichés produisent véritablement quelques années ; mais lavés par les orages, les cultivateurs les abandonnent, et les pluies plus rapides dévastent les biens de la plaine. Le moyen d'obvier à ces inconvénients est de prohiber tous défrichements quelconques dans les lieux montueux et l'introduction des chèvres autres que celles qui sont nécessaires pour la conduite des troupeaux d'avirage, sauf la conservation des chèvres dans les communautés qui ont obtenu la permission.

DROITS SUR LES MARCHANDISES.

Art. 43. La balance du commerce entre les diverses nations de l'Europe ne permet pas que l'on supprime les droits sur les marchandises ; mais les bureaux établis pour la perception de ces droits doivent être reculés aux frontières, pour que la circulation intérieure ne puisse éprouver aucune gêne dangereuse. Il faut également demander un nouveau règlement ou tarif de ces droits, qui ne laisse rien d'obscur sur la quotité et la légitimité de la perception.

OFFICES DES JURÉS-PRISEURS.

Art. 44. La création des jurés-priseurs a occasionné des plaintes dans tout le royaume. Plusieurs provinces en ont relevé avec énergie les dangers et les abus. Elles ont été contestées. Notre ressort est dans le cas de porter des doléances également fondées. Il sollicite de la justice et de l'amour de Sa Majesté pour son peuple la suppression desdits offices.

JURIDICTIONS CONSULAIRES.

Art. 45. On doit demander qu'il soit établi des juridictions consulaires dans toutes les principales villes ; que l'on donne aux juges ordinaires dans les autres lieux tous les privilèges de ces juridictions pour les affaires de commerce, et attribution de souveraineté à leurs jugements, jusqu'à une certaine somme déterminée.

NOTAIRES.

Art. 46. La fortune des peuples tient aux fonctions des notaires. Ils sont les dépositaires de leur confiance. Elles ne doivent pas être données indifféremment à tout sujet qui se présente. Il est nécessaire que l'homme public soit instruit et d'une réputation bien établie. Pour éviter les surprises et donner à cet état la considération qui lui est due, il importe de solliciter des règlements pour établir le meilleur régime, et qui fixent les honoraires des notaires pour chaque acte, ainsi que pour les expéditions.

CONTRÔLE.

Art. 47. Les motifs de l'établissement du contrôle sont infiniment louables pour la sûreté des actes. Mais cet établissement, qui, dans son principe avait uniquement pour objet l'utilité publique, est devenu une source de vexations portées au dernier terme ; et la multiplicité des jugements rendus sur les divers objets en fait un chaos tellement absurde et inexplicable, que la perception est devenue entièrement arbitraire. La nation ne peut s'accoutumer à voir changer en loi bursale des établissements de police et d'ordre public.

DROITS DOMANIAUX.

Les députés demanderont avec instance la suppression de tous les droits que l'on appelle domaniaux, tels que ceux des greffes, centième denier et autres, et que le contrôle reprenne sa première destination, sans être supprimé. Mais il sera demandé que ces droits soient diminués et rendus uniformes et proportionnels à toutes sortes de sommes, de manière qu'ils frappent sur le riche comme sur le pauvre. On doit rédiger un nouveau tarif plus clair, plus précis, et non susceptible d'extension et de fausses interprétations.

EXPLOITS POUR TAILLES.

Art. 48. Tous exploits concernant la levée, commandements et exécutions pour taille, pourront être faits par les sergents ordinaires pour éviter les frais.

VÉNIATS.

Art. 49. Les véniats, décernés par les tribunaux supérieurs et autres magistrats, contre les juges inférieurs, officiers publics, et arbitrairement contre tous autres justiciables, n'étant qu'un abus d'autorité, contraire aux ordonnances, doivent être prohibés aussi solennellement que les lettres de cachet.

VISITE DE CORPS.

Art 50. Les corps de justice des villes et communautés ne seront soumis à aucune sorte de visites d'obligation à l'égard des étrangers de quelque état et condition qu'ils soient, ne devant y avoir d'exception à cette règle que pour le Roi, les princes et les commandants des provinces.

Art. 51. Les recherches tyranniques que les particuliers éprouvent de la part des traitants et commis au contrôle, pour les droits domaniaux, nécessitent une loi nationale pour que tous les droits soient perçus dans le terme d'une année, sans aucune réserve.

MILICE.

Art. 52. Demander que Sa Majesté s'occupera de recruter ses armées par toute autre voie que par le tirage de la milice, qui ne pèse que sur le troisième ordre, et principalement sur la classe utile des laboureurs, et fait déserter les campagnes.

TROUPES EN TEMPS DE PAIX.

Art. 53. Qu'en temps de paix, il n'y aura sur pied qu'un nombre fixe de troupes ; les autres licenciées. Les troupes en réserve seront distri-

buées dans chaque province et par départements, où l'on pourrait les employer à des ouvrages d'utilité publique, et assurer la police des grandes routes et des chemins coupés par des torrents ou des bois. Les soldats invalides pourraient être envoyés sur les frontières pour surveiller la contrebande.

LIBERTÉ DE LA PRESSE.

Art. 54. Demander la liberté de la presse.

PRÉSIDENTS PERPÉTUELS DES CORPS ET ADMINISTRATIONS.

Art. 55. Pour l'harmonie de tous les ordres de l'État, de tous les corps et communautés qui concourent à l'avantage général des administrations, il est important d'en supprimer les présidents perpétuels et la permanence de tous les membres quelconques. Rien ne décourage et n'entrave autant la marche des idées pour opérer le bien, que de voir continuellement en place le même homme lorsqu'il n'y est pas appelé par le vœu de la confiance ; il y devient exigeant, et il reste insensiblement le maître absolu. On verrait le retour du zèle patriotique et charitable, si le vœu de la cité et des administrateurs nommait le citoyen qui doit les présider.

CONSTITUTIONS DE LA PROVENCE.

Art. 56. La Provence doit être maintenue dans ses franchises et dans sa constitution. Les lois de son union à la couronne doivent être à jamais respectées.

ADMINISTRATION MUNICIPALE SUBORDONNÉE AUX ÉTATS DE LA PROVENCE.

Art. 57. L'administration municipale, dans ses rapports avec l'ordre général et avec la liberté politique, ne doit être subordonnée qu'aux États généraux du pays.

ASSEMBLÉE DES TROIS ORDRES EN PROVENCE.

Art. 58. Pour donner une nouvelle vie à cette province, pour répandre sur tous les individus la félicité commune, le Roi sera très-humblement supplié d'y autoriser une assemblée des trois ordres qui soit convoquée incessamment, et pendant la tenue des États généraux, le troisième en nombre égal avec les deux autres réunis, pour y arrêter des lois constitutionnelles, en demander ensuite la sanction à Sa Majesté, et solliciter la révocation de l'ordonnance de 1535 au chef où elle attribue la charge de procureur du pays aux sieurs consuls et assesseur de la ville d'Aix.

Demander qu'à la même assemblée soient admis les gentilshommes non possesseurs des fiefs, et le clergé du second ordre.

ÉVOCATIONS.

Art. 59. Toute évocation de grâce et de privilège doit être proscrite.

OPINER PAR TÊTE.

Art. 60. Dans les États généraux, on doit opiner par tête et non par ordre. Les rangs peuvent être distincts, mais il ne faut pas diviser les intérêts. Il n'y a qu'une nation, qu'une patrie, qu'un bien public. Les voix seront recueillies par scrutin, toutes les fois qu'il sera requis par un membre de l'assemblée.

MAUVAISE ADMINISTRATION DES FINANCES.

Art. 61. La mauvaise administration des finances étant le foyer des révolutions les plus désastreuses des empires et le vrai motif du peu d'influence d'une nation dans les affaires publiques, il est de la plus haute importance de prendre toutes les précautions inspirées par la prudence et la sagesse, pour qu'à l'avenir l'entrée du trésor public soit fermée à toutes les déprédations qui l'entourent et le convoitent. La fidélité des ministres, une grande économie, l'abolissement des priviléges, des exemptions, seront toujours des vraies richesses ; et le ménagement des finances assurera encore au monarque une riche et immense possession, c'est le trésor des cœurs et de ses sujets.

MINISTRES RESPONSABLES DE LEUR CONDUITE.

Art. 62. Les ministres seront et demeureront responsables de l'abus de l'autorité qui leur est confiée, responsables encore de leur gestion, des divertissements des deniers nationaux, et comptables de l'emploi des fonds assignés par la nation pour chaque département. Les ministres coupables de quelques-uns des crimes désignés ci-dessus, ou d'autres délits graves qui offensent la chose publique, seront jugés par les Etats généraux, et, en conséquence, le procès fait à M. de Calonne.

COMPTES RENDUS AUX ETATS, IMPRIMÉS.

Art. 63. Demander que tous les comptes rendus aux Etats généraux, vérifiés et certifiés par eux, soient rendus publics par la voie de l'imprimerie.

JUSTICE RAPPROCHÉE, PROMPTE ET GRATUITE.

Art. 64. Un des premiers fondements de la félicité publique est le règne des lois. Le vœu national est d'obtenir une justice rapprochée, prompte et gratuite. Les députés aux Etats généraux observeront que la ville de Digne se trouve au centre de la haute Provence ; qu'elle en a toujours été regardée comme la capitale et qu'elle est entourée de plus de deux cents paroisses, et de dix villes, dont la plus distante n'est qu'à 6 ou 7 lieues, et que la vallée de Barcelonnette n'en est qu'à 12. Demanderont que les justices subalternes soient autorisées à juger provisoirement en matière personnelle, jusqu'au concurrent de la somme de 200 livres, avec la clause nonobstant l'appel, et sans y préjudicier.

TRIBUNAUX DE JUSTICE ; COMMENT COMPOSÉS.

Art. 65. Le bonheur du peuple tient encore à la manière dont les tribunaux seront composés. Leur vœu est que la magistrature souveraine soit mi-partie entre la noblesse et le tiers-état ; que la vénalité des charges soit à jamais abolie ; que les charges soient données au mérite et aux sujets qui seront présentés par les Etats généraux de Provence à Sa Majesté, et dont elle sera suppliée de sanctionner le choix.

REMBOURSEMENT DES CHARGES.

Art. 66. Que le remboursement des charges de magistrature et autres soit fait par le corps de la

nation ; que le Roi sera supplié d'assigner des honoraires aux juges, qui seront distribués en proportion de leur travail et de leur présence.

MAGISTRATS PARENTS.

Art. 67. Il ne pourra pas y avoir plusieurs parents dans le même tribunal jusqu'au degré de cousin germain, de consanguinité et d'alliances inclusivement : quelques familles ne doivent point être dépositaires d'une pareille importance de la puissance publique.

TRIBUNAUX CARTULAIRES ET DE PRIVILÉGE.

Art. 68. Les tribunaux cartulaires et de privilége sont une surcharge pour les judiciables : l'administration de la justice souffre. Il importe donc de ne conserver que les tribunaux dont l'existence est nécessaire à l'ordre public.

JUSTICIABLES JUGÉS PAR LEURS PAIRS.

Art. 69. Que quand deux personnes du tiers-état plaideront ensemble, elles seront jugées par leurs pairs, qui seront des juges du tiers-état, et lorsqu'un noble plaidera contre un citoyen du troisième ordre, ou une communauté contre un seigneur, le procès sera jugé par des juges des deux ordres en nombre égal ; et dans ce cas, si le noble est demandeur, le président sera pris dans le tiers-état, et vice versâ ; et l'impair sera en raison inverse du président. La même règle aura lieu pour le criminel ; les peines seront proportionnées au délit, et seront égales pour les trois ordres.

INFAMIE DES CRIMES ; NE DOIT PAS REJAILLIR SUR LES FAMILLES.

Art. 70. Demander que les peines prononcées et exécutées contre les individus ne rejaillissent pas contre leur famille ; et solliciter une loi qui déclare les crimes personnels aux coupables, sans pouvoir laisser aucune note d'infamie aux parents ; demander, en outre, que les coupables soient punis sur les lieux du délit.

JUGES ; NE PEUVENT FAIRE DES RÈGLEMENTS.

Art. 71. Il sera défendu à tous juges indistinctement de faire aucun règlement : le droit de législation appartient au Roi et à la nation exclusivement. Que le Code civil et criminel soit réformé ; qu'il n'y ait plus dans la procédure criminelle de pièce secrète, et qu'on donne à l'accusé un conseil, deux même s'il est nécessaire, pour qu'il ait les moyens de se défendre ; qu'il n'y ait plus d'emprisonnement provisoire sans un décret préalable, excepté le cas de flagrant délit constaté par des plaignants dignes de foi.

DÉCRET DE PRISE AU CORPS.

Art. 72. Que les décrets de prise au corps ne soient plus taxés avec cette légèreté qui dégénère en abus, et en un véritable délit. Deux juges, au moins, ou assesseurs prendront l'information, et deux autres verront la procédure, l'examineront, décréteront et exprimeront, dans le décret, leurs motifs ; qu'il sera accordé des dédommagements à l'accusé poursuivi par le ministère public lorsqu'il sera envoyé absous et déchargé de l'accusation ; qu'à cet effet, le Roi et les Etats généraux seront suppliés d'assigner des fonds pour donner à l'innocence opprimée une satisfaction pécuniaire qui, quelque forte qu'elle puisse être, ne sera jamais qu'un faible dédommagement à ses malheurs.

PRISONS.

. Art. 73. Que les prisons soient saines ; que les prisonniers pour de.tes civiles ne soient pas confondus avec les accusés de crimes, et qu'à cet effet, il soit établi des prisons hors de l'enceinte des châteaux seigneuriaux.

MOTIVER LES JUGEMENTS.

Art. 74. Que les motifs des jugements, tant au civil qu'au criminel, soient énoncés : c'est une consolation pour celui qui est jugé.

BANQUEROUTE.

Art. 75. Que toute banqueroute frauduleuse soit sévèrement punie.

CHARGE D'INTENDANT DU COMMERCE.

Art. 76. Les emplois ne devant point être multipliés sur la même personne, demander, avec instance, que la charge d'intendant du commerce soit distincte et séparée de celle des finances de la province.

INTENDANT, PREMIER PRÉSIDENT.

Art. 77. Demander que les fonctions du commissaire départi en Provence soient distinctes et séparées de la charge de premier président du Parlement : tout fait sentir l'incompatibilité de ces fonctions, et la nécessité de les diviser.

ÉGALITÉ DE POIDS ET MESURES.

Art. 78. L'égalité du poids, l'uniformité des mesures dans toute la province, et même dans tout le royaume.

BUREAUX CHARITABLES, TRIBUNAUX DE PAIX.

Art. 79. Les lois civiles doivent être simplifiées. Il faut que le sanctuaire de la justice puisse être abordé par le pauvre comme par le riche. Ce serait un grand bien d'établir des tribunaux charitables partout, et des tribunaux de paix. La justice est la dette des rois envers tous les sujets : elle doit donc être perpétuellement présente à tous.

EXÉCUTION POUR TAILLES.

Art. 80. Que les commandements et exécutions pour tailles, et même pour les fermes des communautés, seront faits en vertu des délibérations portant l'imposition, ou en vertu des contrats de bail de la trésorerie, ou des fermes qui auront une exécution parée, sans qu'il soit nécessaire d'obtenir aucune contrainte ni homologation.

RÉPARTITION DES SECOURS ÉTABLIS PAR LE ROI.

Art. 81. Demander qu'en attendant la réformation de la constitution provençale, il soit ordonné que la répartition des secours que le Roi accorde annuellement au pays, ensemble le produit de l'imposition de 15 livres par feu, affectée à la haute Provence, soit faite dans le sein des Etats et par eux arrêtée.

LETTRES A LA POSTE.

Art. 82. Que le respect le plus absolu pour toutes lettres confiées à la poste sera ordonné, et qu'on prendra le moyen le plus sûr d'empêcher qu'il n'y soit porté atteinte, sous telles peines que le Roi et les Etats généraux aviseront, ces sortes de contraventions devant être considérées comme un attentat contre le droit des gens.

JURIDICTIONS SEIGNEURIALES SUPPRIMÉES.

Art. 83. Sa Majesté sera sollicitée de réunir toutes les juridictions seigneuriales, à l'effet que ses sujets ne puissent désormais être jugés que par des officiers indépendants de tout particulier, et qu'ils ne tiennent leur pouvoir et leur existence politique que de l'autorité royale.

INCONVÉNIENTS DES DROITS FÉODAUX.

Art. 84. Les inconvénients des droits féodaux opèrent la ruine des communautés et de leurs habitants ; c'est ce qui est retracé dans toutes leurs doléances, et démonstrativement prouvé par une fatale expérience. On peut facilement s'en convaincre en comparant les augmentations et les améliorations progressives des territoires des villes libres, avec les détériorations et diminutions sensibles des territoires des lieux soumis aux droits féodaux, dans lesquels les malheureux tenanciers regardent moins leurs possessions comme le fondement de leur subsistance et celle de leurs familles, que comme la source et le prétexte de leur asservissement à des taxes de surexaction et de vexations de tous genres. De là viennent les découragements, l'abandon et le déguerpissement de leurs fonds ; et enfin, les émigrations qui font déserter les campagnes, et vont peupler les grandes villes.

RÉGIME FÉODAL.

En conséquence, les députés solliciteront, avec les instances les plus respectueuses, mais les plus fortes, la suppression des restes funestes du régime féodal, source d'oppression et d'esclavage, qui enracinerait tous les abus.

SUPPRESSIONS DES CORVÉES, PÉAGES, ETC.

1° En supprimant les corvées, péages, pulvirage, banalités féodales, etc., et en permettant aux communautés de racheter des particuliers les domaines, bois et pâturages, quoiqu'ils aient été encadastrés.

RACHAT DES CENS, SERVICES, TASQUES, ETC., ETC.

2° En permettant, tant aux communautés d'habitants qu'aux particuliers, de racheter tous les droits actuellement existants, soit qu'ils dérivent des fiefs, soit qu'ils aient été établis à prix d'argent, et de se rédimer de tous cens, services, tasques, fournages, albergues, cavalcades, leydes, bouages, chevalage, dinette, droits de lods, indemnités, et de tous autres droits seigneuriaux et féodaux quelconques, à un taux raisonnable qui serait fixé dans les Etats de chaque province.

ABOLITION DU RETRAIT FÉODAL.

3° En abolissant le retrait féodal et surtout la cession du droit de prestation, dont l'exercice odieux est un véritable abus, principalement de la part des seigneurs de mainmorte, qui se sont arrogé la faculté de céder un droit qu'ils ne peuvent exercer par eux-mêmes.

CHASSE ET PÊCHE.

4° En permettant généralement la chasse et la pêche qui sont de droit naturel, sans cependant porter atteinte aux ordonnances qui prohibent le port des armes.

DEMI-LODS.

5° Que dans le cas où les communautés ne

seront pas autorisées à se rédimer du droit du demi-lods, il soit ordonné que les maisons de charité, et les immeubles qui ont pour objet l'utilité publique, soient exempts, pour l'avenir, du droit d'indemnité.

VISITE PASTORALE ; DES DAIS.

6° Qu'il soit défendu, à l'avenir, aux évêques, lors de leurs visites pastorales, de s'emparer des dais sous lesquels on les reçoit à la porte des églises paroissiales, ou de mettre à contribution les communautés qui témoignent envie de ne pas laisser emporter les ornements de leur église.

DROIT DE FORAINE.

7° La suppression du droit de foraine, qui n'est fondé que sur une possession abusive.

COMMUNAUTÉS DE CE RESSORT, LEUR SITUATION.

Art. 85. Solliciter Sa Majesté et les Etats généraux, avec ce zèle qui exprime le vœu du sentiment et de la douleur, de prendre particulièrement en considération que près de la moitié des communautés de ce ressort ont leurs terroirs situés sur le penchant des montagnes ; des rivières d'une vaste étendue, et des torrents affreux dans leurs débordements, les ravagent presque toutes les années. L'intempérie des saisons, les neiges, qui couvrent pendant six mois leurs terres, font périr les blés en les pourrissant. Les grêles, les orages, au moment où les blés touchent à leur maturité ; les pigeons, le gibier, les bêtes fauves répandent sur les contrées une si forte misère que des habitants sont dans la dure nécessité de manger bien souvent du pain d'avoine. Il est de l'humanité et de tout intérêt politique de donner à ces pauvres communautés les secours efficaces pour assurer leur existence et arrêter les émigrations ; leurs maux et ceux des autres communautés sont encore prodigieusement aggravés par l'énorme quantité de droits féodaux auxquels elles sont soumises, et par la rigueur des seigneurs dans la perception. Oppresseurs impunément envers leurs vassaux, ils les ruinent par des procès iniques, et ils ne s'en désistent qu'en faisant augmenter et reconnaître des prétentions qui n'ont ni le vœu de la raison ni de l'équité, et dont l'ensemble se réunit pour faire renier à ces malheureux censitaires leur patrie et le lieu de leur naissance. Le régime féodal ayant tous les vices du régime fiscal, enlève au cultivateur toutes les ressources pour mettre en valeur ses terres, et anéantit l'agriculture, la vraie richesse des rois et des Etats. Les calamités vraiment affligeantes sont dignes de toucher le cœur sensible du monarque chéri qui nous gouverne. Elles cesseront, et la prospérité publique s'élèvera sur des bases éternelles, en établissant la liberté réelle des fonds, comme ses augustes prédécesseurs ont rendu aux peuples leur liberté primitive et personnelle.

ÉLOGE DE M. DE CASTELANE, SEIGNEUR D'ESPAROU.

Une seule communauté, qui est celle d'Esparou-les-Verdou, a donné des éloges à M. de Castelane, son seigneur. Elle parle avantageusement de sa bonté et de sa bienfaisance envers les habitants ; de ses sollicitudes pour obtenir des secours de la part des administrateurs de la province, et de sa générosité à faire le sacrifice de sa pension féodale dans des époques fâcheuses, et à prêter, sans intérêt, à la communauté et aux particuliers, des sommes importantes pour le payement des impositions.

MENDICITÉ.

Art. 86. Demander au Roi et aux Etats généraux une loi qui obvie aux inconvénients de la mendicité, en ordonnant aux communautés de retenir et nourrir leurs mendiants valides, qui, au mépris de la loi, vaqueraient dans les provinces : dans lesquels établissements, il serait utile d'avoir des ateliers où on les fît travailler.

VICAIRES SECONDAIRES.

Art. 87. Sa Majesté sera suppliée d'ordonner qu'à l'avenir aucun prêtre ne puisse desservir aucune paroisse en qualité de vicaire secondaire, contre la volonté des habitants, manifestée par des délibérations des conseils généraux de tout chef de famille.

RÉVISION DES ARRÊTS DU PARLEMENT POUR LES DROITS FÉODAUX.

Art. 88. Il sera demandé une loi qui établisse une commission, mi-partie, chargée de revoir les arrêts rendus depuis cent ans par le parlement de Provence, sur les procès mus entre les seigneurs et leurs communautés, ou leurs vassaux ; lesquels arrêts servent de fondement à la malheureuse jurisprudence féodale de ce parlement ; et néanmoins tous ont été rendus par des juges possesseurs de fiefs, suspects, par conséquent, aux communautés et aux vassaux, et emphytéotiques ; pour être le travail rapporté au conseil du Roi qui statuerait de nouveau et définitivement sur les questions jugées par ces arrêts.

PRESCRIPTION DES DROITS FÉODAUX.

Art. 89. On demandera, avec la même instance, qu'en attendant l'effet du rachat, l'extinction ou amortissement des droits féodaux, on pourra alléguer et faire valoir la prescription par le défaut de demande du seigneur, et de celui de prestation depuis trente ans par le prétendu redevable, sans que le seigneur puisse opposer le défaut de dénégation, et puisse, depuis le susdit terme de trente ans, qui est le temps fatal et légal de la prescription de toutes les actions dérivant de tous jugements ou contrats quelconques ; et de même suite, le retrait féodal sera borné au terme fatal d'une année à compter du jour de la vente, sans que l'acquéreur soit tenu de faire aucun acte de notification au seigneur direct.

RÉVISION DES COMPTES DE LA PROVINCE.

Art. 90. Il n'est aucun objet qu'on doive demander avec plus d'instance que la révision des comptes de la province. Son administration est depuis si longtemps en proie à la cupidité la plus excessive, qu'on peut répondre que cet acte de justice, en décélant le vice, en indiquerait les déprédations en tous genres qui s'y sont commises. Il apprendrait encore à nos administrateurs à venir, à respecter les deniers destinés à l'utilité publique ; et l'on n'aurait plus la douleur de les voir employer à grands frais, des ponts et des chemins pour aboutir uniquement aux châteaux des seigneurs. Cette révision, en dévoilant les abus infinis de notre administration, achèverait de démontrer la nécessité de nous choisir librement, en corps de nation, nos procureurs du pays.

DÉPUTATIONS AUX ETATS GÉNÉRAUX.

Art. 91. Que, dans le cas où un ordre quelconque de cette province, en faisant sa députation aux États généraux, ne se serait pas conformé aux lettres de convocation et règlements y annexés, les États généraux sont suppliés de ne pas l'admettre à l'assemblée nationale.

CONTESTATION SUR LA QUALITÉ ET PRIX DU SEL ET DU TABAC.

Art. 92. Les contestations qui s'élèveront sur la qualité du sel et du tabac, seront attribuées aux officiers municipaux, exclusivement à tous autres juges; et on demandera que le tabac soit vendu en carotte et non en poudre.

IMPÔT TERRITORIAL RELATIVEMENT A LA HAUTE PROVENCE.

Art. 93. Dans le cas où l'on voterait pour l'impôt territorial, ou tout autre impôt unique, Sa Majesté et les États seront suppliés d'avoir égard à l'emplacement des lieux, n'étant pas juste que la haute Provence, qui, par sa position, est soumise à des réparations qui absorbent une partie du revenu des fonds, qui est écrasée, presque tous les ans, par les orages; qui n'a aucune sorte de commerce et de débouché pour ses denrées; qui est obligée de se pourvoir, à grands frais, de plusieurs denrées de première nécessité qu'elle tire de la basse Provence, dont les denrées n'ont pas un prix proportionné à celui du reste de la province, fût soumise à une imposition territoriale sur le même taux que le reste de la province; parce qu'alors elle serait soumise, pour ainsi dire, à une double imposition.

RÉTRÉCIR LES LITS DES RIVIÈRES.

Art. 94. On sollicitera l'exécution du projet de rétrécir les lits des rivières de la haute Provence; et Sa Majesté sera suppliée de contribuer aux frais de cette importante réparation qui serait très-avantageuse à cette province, par les fonds nouveaux qu'elle acquerrait, et par la conservation de ceux qui sont actuellement en valeur, et qui sont continuellement dégradés par les crues des eaux, surtout dans la saison des orages.

PROVINCIAUX QUI ONT DES AFFAIRES A PARIS.

Art. 95. Supplier les États généraux de vouloir bien prendre en considération qu'il est important, pour ramener la confiance des provinciaux qui ont des affaires à Paris, de s'occuper des moyens pour qu'ils puissent faire parvenir sûrement leurs plaintes au Roi et aux ministres; que ces mémoires ne soient pas interceptés dans les bureaux par les sous-ordres.

DES EAUX DANS LES TERRES SEIGNEURIALES.

Art. 96. Plusieurs communautés se plaignent que les seigneurs s'emparent des eaux, du cours et fuites d'icelles, et privent les habitants du produit qu'ils pourraient retirer des arrosages. Il est intéressant pour le public et pour le plus grand avantage de l'agriculture que toutes les eaux fussent communes, et que là où elles ne seraient pas trop abondantes, elles fussent partagées entre tous les propriétaires, à proportion de la contenance de leurs propriétés.

PLACES FRONTIÈRES.

Art. 97. Les places frontières doivent être conservées; et comme en temps de guerre, elles sont les premières exposées aux incursions de l'ennemi, et qu'elles en souffrent les premières pertes et dommages; que leur résistance est non-seulement utile, mais qu'elles sauvent quelquefois l'intérieur des provinces, il est juste de prendre les objets en considération, à l'effet de leur accorder les soulagements et les indemnités qu'elles méritent, surtout dans le pays de montagnes dénué de toutes ressources, lorsque les herbages, en temps de guerre, restent invendus.

POUVOIR AUX DÉPUTÉS QUI IRONT AUX ÉTATS GÉNÉRAUX.

Art. 98. Et finalement pour tous les objets qui peuvent avoir été omis dans le présent cahier, et qui peuvent tendre à la gloire du trône, à la prospérité de l'État et au bien général et particulier de la province, l'assemblée s'en réfère à tout ce qui pourra être représenté et observé par toutes les autres assemblées des sénéchaussées de la province; et nos députés aux États généraux sont autorisés à suivre le mouvement de leur zèle et de leur patriotisme dans tout ce qui pourra être proposé pour le bien commun par tous les députés de l'ordre du tiers de toutes les provinces du royaume.

CHASSE AUX PETITS OISEAUX.

Art. 99. Demander qu'il soit défendu de chasser aux petits oiseaux dont la destruction est infiniment nuisible à la province, par la raison qu'ils se nourrissent de chenilles qui, depuis quelques années, dévorent les arbres de toute espèce, surtout les amandiers, dont une partie a péri par la dévastation de ces insectes; prohiber, en conséquence, l'usage des toiles, filets, tirasses, gluaux, chouettes et autres instruments et moyens pour prendre les petits oiseaux.

COMMERCE DE LA TANNERIE.

Art. 100. Le commerce de la tannerie et pelleterie a beaucoup diminué en Provence. Il est reconnu et démontré que c'est la marque des cuirs, et les droits auxquels ils sont soumis, qui en a occasionné la diminution. Il est important au bien général de prévenir la perte absolue de cette branche de commerce par l'abolition de ces droits, ou du moins par une diminution considérable.

Lu et arrêté, dans l'assemblée de l'ordre du tiers-état, le 6 avril 1789; et ont signé MM. les président, les commissaires et le secrétaire : Fressal, L.-G., président; de Roihas; Simon; Bourret; Michel Salvator; Rougon; Guaud; Thomas; Arnauld Faudon; Bayle; Trabue, greffier.

Signé à l'original, collationné : Trabue.

DOLÉANCES

Locales des villes et paroisses de la sénéchaussée de Digne (1).

La communauté des Mées demande qu'il sera défendu à toute personne d'accaparer le blé à quel prix que ce soit, et qu'on n'en pourra acheter au delà de dix charges; qu'il soit fait des représentations pour la réformation des règlements de la communauté à l'effet d'augmenter le nombre des officiers municipaux jusqu'à quarante. Que le troisième consul soit mis au nombre des administrateurs de l'hôpital. Qu'on demande le renouvellement des règlements concernant la publication des enchères, et que tous les officiers municipaux pourront assister à la répartition et taxation de la capitation avec voix délibérative.

---

(1) Nous publions ce cahier d'après un manuscrit des Archives de l'Empire.

AURIBEAU.

La communauté d'Auribeau se plaint du trop grand nombre et de l'excès des droits qu'ils payent au seigneur et dont on ignore le titre de la plus grande partie ; de ce que le seigneur s'approprie et afferme les pâturages destinés aux bestiaux des habitants.

AINAC ET LAMBERT.

La communauté d'Ainac se plaint en particulier des vexations qu'ils essuient journellement au sujet de quelques filets d'eau salée qui découlent dans leur terroir, ce qui est un sujet d'oppression, et ils demandent de supplier le Roi et les États généraux de leur permettre l'usage de l'eau salée comme on l'a permis aux autres communautés que la nature a gratifiée d'un pareil don.

Ladite communauté d'Ainac se plaint encore d'une pension féodale de 407 livres et de quelques cens que les habitants sont forcés de payer sans qu'on ait jamais pu en connaître le titre.

De ce qu'on a ôté le titre de la cure de ce lieu et qu'on l'a réduite à un simple service rural.

Qu'ils sont trop affouagés eu égard à la petite étendue de leur terroir ; de ce qu'ils contribuent à plusieurs dépenses de la viguerie dont ils ne profitent pas.

La communauté de Lambert se plaint aussi de cens, pensions, tasques et autres droits seigneuriaux, comme lods, droits de prestation, compensation ; de ce qu'elle n'a jamais reçu aucuns secours de la province, ni de la viguerie ; demande un affouagement général.

BARRAS.

La communauté de Barras supplie les États généraux de s'occuper des moyens de mettre son terroir à couvert des inondations de la rivière des Duges qui coule tout le long du terroir.

Elle demande encore d'être reçue à revenir contre les transactions qu'elle a passées avec son seigneur au sujet de la pension féodale de 45 charges de blé qu'elle lui paye.

PUYMICHEL.

La communauté de Puymichel se plaint de la quantité de droits seigneuriaux qui sont insolites et extraordinaires, à l'occasion desquels la communauté et ses habitants ont de tout temps été fatigués par des procès ruineux, et ils sollicitent la suppression de tous lesdits droits.

Ils demandent encore de rentrer dans la possession des fonds, des eaux et de tous les objets dont les seigneurs se sont emparés sans titre, dans l'usage de tous les bois et pâturages, et généralement de tous droits dont ils ont été injustement dépouillés.

THOARD.

La communauté de Thoard est soumise à plusieurs seigneurs ; leur ambition à se dépouiller respectivement a répandu une si grande confusion pour leur directe, qu'il n'est plus possible aux habitants de connaître la directe dont ils relèvent. Cette incertitude les inquiète ; ils sont exposés à des procès, et il ne leur a jamais été possible d'obtenir un règlement. Ils supplient Sa Majesté de vouloir bien leur procurer un règlement.

ETREVENNES.

La communauté d'Etrevennes demande des secours pour des réparations le long du ruisseau dit Ramur, qui traverse ses prairies et les principaux fonds du terroir ; sans ces réparations la perte du terroir est inévitable.

Elle demande encore le défrichement des terres incultes et bois taillis qui ne rendent rien et produiraient beaucoup de grains.

La révision des comptes du pays.

L'établissement d'accoucheuses instruites et approuvées.

ESTOUBLON.

La communauté d'Estoublon expose que la terre et seigneurie dudit lieu a été donnée ou inféodée par la reine Jeanne, comtesse de Provence, à Antoine de Grimaldy, pour en jouir lui et ceux légitimement issus de son ventre seulement, au moyen de quoi, par le défaut des successeurs de Grimaldy, cette terre est réversible à la couronne. En conséquence, elle supplie le Roi et les États généraux d'ordonner la réunion de ladite terre et seigneurie au domaine de la couronne.

Elle se plaint encore de la manière irrégulière dont use le seigneur en faisant des réparations sur la rivière d'Asse, qui deviennent préjudiciables aux habitants, et de ce que plusieurs desdits habitants ont été fatigués par des procès au sujet de la chasse.

COURBONS.

La communauté de Courbons se plaint de ce qu'elle n'a jamais pu obtenir de la province de faire supporter toutes les charges, d'imposer également les biens et domaines que les dames dudit Courbons et un particulier de cette ville possèdent en franchise de taille, nonobstant les arrêts qui sont intervenus en leur faveur, qui les maintient en franchise de taille.

BRAS-D'ASSE.

La communauté de Bras-d'Asse se plaint de ce que le terroir étant exposé à des réparations très-dispendieuses le long de la rivière, que le seigneur dudit lieu, en faisant des réparations, les avance trop dans le lit de la rivière, et de ce qu'on emploie aux réparations du seigneur ce que la province accorde pour celles des habitants ; elle désire d'obtenir un règlement à cet égard.

CHAMPTERCIER.

La communauté de Champtercier expose que son terroir est en grande partie montueux et penchant, coupé par nombre de ravins et torrents qui le dégradent continuellement, et elle sollicite quelques secours et une diminution de charges.

ESCLANGON.

La communauté d'Esclangon se plaint des droits de tasque et autres qu'elle paye et dont on n'a jamais connu le titre, et elle en sollicite la suppression ou le rachat ; de ce qu'il y a des biens d'église qui sont en franchise de taille, et elle demande qu'ils soient soumis à toutes les charges que payent les autres biens du terroir.

LE CASTELET.

La communauté du Castelet réclame que les échevins qui sont à sa charge soient entretenus par elle et non par la viguerie ; elle demande que les lods perçus par le seigneur, d'une vérité reconnue nulle par les parties, soient rendus aux particuliers sans que le seigneur puisse obliger les emphytéotes à obtenir un arrêt.

ROBINE.

La communauté de Robine réclame contre un droit de tasque, un droit de fournage et de corvées qu'elle paye au seigneur, elle en sollicite la suppression ou le rachat.

MALMOISSONS.

La communauté de Malmoissons se plaint que les fortifications des seigneurs voisins de son terroir, sur les rivières de Bleoune et des Duges, ont fait emporter au-delà de 80,000 aunes de terrain, et que, pour conserver ses droits, elle dépense annuellement plus de 600 livres; que le terroir est coupé par plusieurs torrents qui ravagent les terres et emportent les meilleurs fonds; qu'il n'y a point de fontaines au village et que l'indigence des habitants a toujours mis des obstacles pour se procurer de l'eau.

LAPÉRUSSE.

La communauté de Lapérusse observe que son terroir est dans une situation la plus désagréable, qu'il est entouré de torrents, que ses terres sont des plus ingrates, que presque toutes sont sur des collines, que les lièvres, les sangliers dévorent toutes leurs semailles, que la pension féodale et autres droits onéreux mettent lesdits habitants qui composent cette communauté dans la misère et hors d'état de cultiver le peu de biens qu'ils ont.

CASTELLARD.

La communauté de Castellard se plaint que les fortes impositions, les différents droits seigneuriaux l'accablent et réduisent aux abois ses habitants; que le seigneur, par de prétendus droits, refuse de contribuer aux charges locales; qu'il en prend occasion pour tyranniser ses vassaux; que les terres, à raison de ce, sont négligées et abandonnées, et que les habitants ignorants et sans fortune ne peuvent se défendre contre la grande puissance du seigneur.

MEZEL.

La communauté de Mezel se plaint de ce qu'elle n'a point de représentant aux États de la province; qu'en sa qualité de ville royale et payant de fortes impositions, il est juste qu'elle ait un député auxdits États.

MELAN.

La communauté de Melan se plaint que les droits seigneuriaux qu'il paye sont exorbitants, que leur multiplicité donne prise tous les jours au seigneur pour tyranniser ses vassaux; elle se plaint encore que le seigneur, à raison d'un prétendu droit de forain, refuse de contribuer aux dépenses locales, qu'il prive d'autorité les habitants de mener leurs troupeaux paître dans un deffens dont la communauté a toujours joui; que les terres, à raison de cet esclavage, sont abandonnées, et les émigrations fréquentes.

MARIAUD.

Cette communauté observe qu'elle paye une pension féodale de 36 livres, une autre de 15, 24 poules et 24 panaux de blé.

SAINT-JULIEN D'ASSE.

La communauté se plaint que ses habitants avaient la liberté de bucherer dans les terres gastes et d'y prendre des matières propres à faire du fumier, mais que le seigneur, par des procès et des tracasseries, les a en privés, ce qui est cause de la ruine de ses habitants; ils sont obligés de déguerpir, attendu qu'ils ne peuvent tenir des troupeaux.

PRAS.

La communauté de Pras se plaint que les officiers de justice du seigneur résidant audit lieu de Pras, ignorent entièrement les règles, et que pour la moindre affaire, les habitants sont obligés d'aller à Digne pour faire dresser les défenses, et ils demandent de plaider en première instance par-devant M. le lieutenant.

SAINT-ESTÈRE.

La communauté de Saint-Estère se plaint que les droits seigneuriaux sont si multipliés que les habitants en sont accablés, qu'elle n'a point de chemin pour faire exporter ses denrées, qu'elle a toujours payé son contingent de l'imposition pour les chemins, et qu'elle n'a jamais rien reçu de la province; que le seigneur exige des droits de cavalcade et d'albergue, et le lieu de Saint-Estère ne connaît aucun titre qui établisse ce droit.

TANNERON.

La communauté de Tanneron expose la mauvaise situation de son terroir, qui dépérit journellement; que le peu de terrain qui reste ne peut être entretenu qu'à grands frais, que chaque année il déguerpit des habitants, que ceux qui restent sont dans la misère, hors d'état de payer les charges, et entièrement ruinés par les exécutions des trésoriers.

SAINT-JEANNET.

La communauté de Saint-Jeannet réclame un nouvel affouagement, attendu la diminution de leur terroir occasionnée par le débordement des rivières et des orages; que le droit de prélation des habitants soit prescrit après l'an; que la communauté et les habitants puissent rédimer et affranchir toutes censes, tasques et droits seigneuriaux, la restitution des taillis due par le seigneur depuis un très-grand temps, qu'il refuse de payer sous prétexte d'anciens procès. Enfin l'anéantissement des droits casuels des curés et vicaires, taxés par une ordonnance de monseigneur l'évêque.

LA JAVIE.

La communauté de la Javie se plaint d'être trop affouagée, et elle réclame en conséquence un nouvel affouagement; sa position sur deux rivières appelle les réparations de la plus grande nécessité.

CLUMANE.

La communauté de Clumane sollicite l'affouagement général et la permission de se servir de deux fontaines d'eau salée qui se trouvent entre Moriès et Tartonne.

CHAUDON ET MORANTE.

Cette communauté expose qu'en 1478, le Roi René donna le fief d'Auran Chaudon et.... à Louis Dupuget en payement de la dot d'Argentine de Souliers pour le prix de 3,000 livres; réservé au Roi et à ses successeurs de rentrer dans la possession de ses terres en remboursant lesdites 3,000 livres; les habitants de ces communautés supplient instamment Sa Majesté de vouloir bien rentrer dans le premier droit en remboursant le prix de la vente au seigneur actuel, ou de céder ses droits à la communauté, qui se rédimerait elle-même au moyen de ce remboursement.

SAINT-JACQUES.

La communauté réclame l'aliénation de la prévôté ou seigneurie, attendu que le village se trouve enclavé dans ladite seigneurie et que les habitants ne peuvent pas augmenter leurs maisons.

BARREUSE.

La communauté sollicite l'affouagement général et l'aliénation des biens de gens de mainmorte en remboursant le prix.

COLMARS.

Frontière de la comté de Nice, dans un pays de montagnes couvert de neige six mois de l'année, ne produisant qu'un peu de grains, le terroir resserré coupé par des torrents et des rivières, exposé à tous les désordres des employés des fermes.

BEAUVESET.

Terroir resserré et de peu de valeur; la communauté réclame des secours sans lesquels les habitants sont dans le cas de déguerpir.

THORANE BASSE.

Les incursions des eaux des rivières et torrents qui traversent le terroir endommagent prodigieusement le pays; la communauté demande des secours pour faire des fortifications le long desdites rivières et torrents, surchargée par les droits seigneuriaux, ruinée par les procès qu'elle a essuyés avec le seigneur, n'ayant aucun chemin de communication; la communauté demande d'être rétablie dans le droit de faire construire des moulins à foulons et des engins, elle avait toujours joui de ce droit jusqu'en 1738, époque où le seigneur força les particuliers à abandonner lesdits moulins, sous le frivole prétexte que les eaux lui appartenaient.
Destruction des pigeons.

THORANE HAUTE.

Pays montueux et désastreux; réclamation de la part de la communauté au sujet des exactions qui se font au nom du seigneur; la montagne dite le Pasquier de Col Germain cédée par la communauté en faveur du seigneur; réclamation d'y rentrer.
Demande que le blé ne soit plus dans le commerce. La communauté sollicite encore des encouragements pour la fabrication de la faïence, la diminution des droits sur l'exportation de cette marchandise et proscription des faïences anglaises; elle demande aussi des secours pour combler un ravin qui traverse la ville et le faubourg et l'établissement d'un grenier public de 120 charges de blé pour être distribuées aux pauvres cultivateurs dans le temps de la semence, fournies par les décimateurs et la communauté.

AIGUINES.

La communauté d'Aiguines observe que son terroir est très-ingrat et que les récoltes sont presque absorbées par la dîme et les droits seigneuriaux; elle demande une prohibition de faire dépaître dans son terroir les troupeaux de la haute et basse Provence; elle se plaint que le seigneur s'est emparé de l'eau d'une fontaine publique pour la conduire dans son château.

SAINTE-CROIX.

La communauté demande la destruction des pigeons à cause des maux qu'ils font à la récolte, et encore le défrichement des terres gastes; les habitants demandent encore que M. le curé ne dispose point seul de l'établissement des pauvres filles; elle demande aussi que le..... de la communauté du côté de Baudinard soit fait pour l'intérêt de la communauté.

ALLEMAGNE.

La communauté se plaint que, sans aucun titre, le seigneur prétend avoir le droit de vendre avant les habitants les fruits à coquilles, et qu'il lui soit permis de mettre en culture l'île du long du Verdon.
La communauté se plaint que le seigneur s'est approprié une partie des diverses terres et une partie des eaux de la fontaine publique; elle se plaint encore du monopole qu'on exerce sur les grains et qui nuit à la subsistance du peuple.

LAPALUD.

La communauté demande que les habitants puissent faire des fours à chaux et défricher leurs terres, à cause que le seigneur coupe le bois des forêts du lieu et le transporte hors du territoire; elle observe que son terroir est aride et peu productif.

ROUGON.

La communauté se plaint que le fermier du seigneur, qui perçoit une tasque générale sur les grains, veut obliger les habitants de ne fouler leurs gerbes que lorsqu'il lui plaît. Les habitants qui sont généralement pauvres, sont nécessités de supporter cette vexation, parce qu'ils ne peuvent se défendre.

HÉVENS.

La communauté observe que les habitants recueillent à peine de quoi subsister leur vin, que pendant l'hiver ils sont hors d'état de se procurer aucun secours à raison de la neige qui leur ferme le passage; elle sollicite des soulagements proportionnés à son état de détresse.

MONTPEZAT.

La Communauté observe que son terroir a été totalement dévasté par le débordement des eaux et que la plus grande partie des habitants est obligée de déguerpir et d'aller chercher ailleurs sa nourriture.

ROUMOULES.

La communauté se plaint que les seigneurs ont forcé par des voies illicites les habitants à leur reconnaître de nouveaux droits seigneuriaux; ils demandent de porter leurs réclamations par-devant le tribunal que le Roi voudra bien leur indiquer.

SAINT-LAURENS.

La communauté observe que son terroir est montueux et dégarni de bois, et entièrement coupé et dévasté par beaucoup de ravins; que les habitants sont accablés de charges et impositions de toute espèce, qui enlèvent au propriétaire la moitié de son produit; qu'il y a autant de terres incultes et abandonnées que de terres cultes.

MAJASTRES.

La communauté observe que les maladies épizootiques ayant fait périr beaucoup de moutons, il serait essentiel qu'on s'occupât des moyens pour qu'on n'en détruisît pas autant, et qu'on eût la même attention pour les agneaux; elle se plaint que le seigneur l'a forcée de rescinder une transaction et à rétablir une pension féodale que la communauté avait rachetée.

SAINT-JUERS.

La communauté demande que trois prêtres desservant la paroisse ne puissent pas quitter tous ensemble, et qu'il en reste au moins deux sans déroger au service de l'autre.

TREVANS.

La communauté se plaint que le seigneur retire des habitants un droit de fournage, et qu'il oblige la communauté à l'entretien du four, ce qui est de toute injustice. Elle demande qu'il soit permis aux habitants de pouvoir faire construire des fours et des moulins; elle se plaint que les droits seigneuriaux sont très-forts et qu'il y a environ douze ans que le seigneur les a obligés à tasquer les raisins, et qu'ils payent cette dernière tasque, parce qu'ils n'ont pas eu le moyen de se défendre.

VALLENSOLE.

La communauté se plaint des vexations des ambulants au sujet de la marque des cuirs, de la vexation des commis du contrôle, surtout contre les pauvres ménagers.

Elle demande encore l'exécution de l'ordonnance de 1601 relative à la chasse des petits oiseaux, dont la destruction est infiniment nuisible à la province, par la raison qu'ils se nourrissent de chenilles, qui depuis quelques années dévorent les arbres de toute espèce, et surtout les amandiers, dont une grande partie a péri par la dévastation de ces insectes. Prohiber en conséquence l'usage des filets, thèzes, baguettes, chouettes et autres manière de prendre les petits oiseaux.

CHATEAUNEUF.

La communauté demande l'abolition des lods qui est au sixième et celle du péage; elle se plaint que les administrateurs de la province ne lui ont pas envoyé l'argent qui leur était destiné, et demande la révision des comptes de la province depuis vingt-neuf ans.

RIEZ.

La communauté de la ville de Riez supplie humblement Sa Majesté de mettre en considération que depuis vingt ans, elle est en proie à tous les efforts de l'intrigue et de l'ambition du seigneur-évêque qui la gouverne; livrée à sa seule faiblesse, elle a succombé sous le poids de l'oppression et du crédit. Ledit sieur évêque, qui en est seigneur temporel et spirituel, uniquement occupé à étendre les droits de son siège, a trouvé dans les vieilles chartes, couvertes de la poussière de plusieurs siècles, le moyen de ruiner quatre mille familles et de les réduire dans un état de dépendance absolue, appuyé sur sa qualité de seigneur temporel, rapportant toutes ses prétentions à ce titre qui seul suffit en Provence pour obtenir la faveur spéciale des cours souveraines; ses demandes ont été accueillies avec empressement, et il est parvenu à dépouiller cette ville des droits qui lui étaient acquis et à en faire revivre d'autres dont l'origine remontant à des siècles de barbarie, ne se retrace à la mémoire que pour faire détester un temps malheureux où la nation était plongée dans la plus profonde ignorance.

Par arrêt rendu par le parlement de Provence en 1776, il fut accordé au seigneur-évêque divers chefs de demande dont il avait été débouté par un jugement arbitral; ledit seigneur-évêque, non content des succès qu'il remporta contre la communauté et enhardi par son crédit, attaqua divers particuliers pour les faire condamner au payement de quelques menues censes. Ceux qui possédaient depuis des siècles, sous la foi des titres, contenant la clause de franchise, réclamèrent l'assistance de la communauté, qui, désirant de procurer enfin la paix à ses habitants, et de les affranchir encore d'un droit de corvée établi par un acte de 1309, que le seigneur voulait faire revivre, fut forcée à consentir en sa faveur une pension annuelle et féodale de 15 charges de blé.

D'après ce tableau, qui n'est encore qu'une esquisse bien faible des injustices et vexations dont la ville de Riez a à se plaindre, pleine de confiance en la bonté paternelle de son souverain, en adhérant aux trop justes doléances générales ci-devant bien établies comme lui étant personnelles, supplie très humblement Sa Majesté d'ordonner : 1° que la juridiction seigneuriale usurpée par ledit seigneur-évêque soit à jamais abolie; 2° que la communauté soit autorisée à racheter à prix d'argent la directe et tous les droits féodaux que ledit seigneur s'est indûment arrogés; 3° que les régales mineures de ladite ville qui, de tous temps, avaient appartenu à Sa Majesté, et qui furent adjugées audit seigneur-évêque par le susdit arrêt du parlement d'Aix de 1776, ainsi qu'il conste par les reconnaissances que les particuliers possédant dans les régales avaient fournies au Roi, et par l'aveu même des évêques, seigneurs temporels, qui voulaient faire des ouvrages sur lesdites régales avaient demandé une permission au bureau des domaines, soient déclarées de celui de la couronne et les habitants tenus de faire à Sa Majesté et non audit seigneur-évêque l'aveu et le dénombrement des propriétés qu'ils possèdent sur lesdites régales.

DIGNE.

La ville de Digne a l'honneur d'exposer au Roi et aux États généraux que, placée au centre de la haute Provence, en étant considérée comme la capitale, elle a, par sa position, encore plus par la fidélité de ses habitants, mérité l'attention du gouvernement. Elle fut comprise parmi les villes désignées par l'édit de 1535 pour l'établissement des premières sénéchaussées en Provence et elle a toujours joui des avantages qu'elle tient de la nature et de la bonté de ses souverains.

Elle n'a pu voir sans surprise que par le règlement du 2 mars dernier la ville de Forcalquier, placée à l'extrémité de la province, ait été désignée pour y convoquer les représentants de la sénéchaussée de Digne et de Sisteron et de la préfecture de Barcelonnette qui doivent députer aux États généraux, tandis qu'une foule de circonstances également décisives eussent dû lui faire refuser une faveur aussi distinguée.

La ville et sénéchaussée de Digne, rassurée par les termes de l'article 50 du règlement du 24 janvier, où il est dit en général que de toutes les dispositions faites par Sa Majesté, on ne pourra en induire ni en résulter en aucun cas, aucun changement ou innovation dans l'ordre accoutumé, de supériorité, infériorité ou égalité des bailliages, et par ceux de l'article 8 du réglement du 2 mars qui contient la même disposition, n'ont pas hésité de se conformer aux ordres du Roi.

Elles ont député à Forcalquier sans entendre se préjudicier, et sous la protestation expresse de faire valoir tous leurs droits, et dans la plus ferme espérance que le Roi, monseigneur le garde des sceaux et les États généraux auraient égard à leurs justes réclamations.

La ville de Digne possède dans son terroir un bienfait de la nature dont un nombre infini de particuliers de toutes les parties du royaume ont ressenti les salutaires effets : ce sont des eaux minérales qui attirent chaque année un nombre considérable de malades. Le Roi les a mises depuis quelque temps au nombre des eaux minérales et bains militaires, et il y aborde beaucoup d'officiers et de soldats dans les deux saisons.

Ces bains, placés sur un torrent très-dangereux, sont inabordables à la moindre crue des eaux, et on a eu la douleur de voir des personnes noyées le long de ce torrent. La province fait ouvrir à grands frais depuis quelques années un chemin à mi-côte dans la montagne, mais cela ne remplit pas entièrement l'objet; ce n'est qu'une partie du chemin, il en reste encore une partie; il faudrait un pont sur la rivière, sans cela la dépense faite devient inutile, et les mêmes inconvénients subsistent; tout le royaume est intéressé à ce que l'accès de ces bains soit sûr et facile, et on supplie le Roi et les États généraux de vouloir bien ordonner de faire faire incessamment les travaux nécessaires pour que les particuliers de tout état, les soldats qui sont forcés de venir chercher leur guérison dans ces eaux salutaires, puissent y aborder en tout temps et sans danger.

La ville de Digne est située entre des torrents et des rivières qui dévastent le terroir et menacent même la ville d'une prochaine submersion ; la plus dangereuse et celle qui occasionne les plus grands ravages est la rivière de Bléonne. De tous les temps on y avait fait des réparations en osiers qui n'étaient ni solides ni durables et absorbaient la majeure partie du produit des fonds; depuis environ trente ans, on a fait des fortifications en rochers dont la dépense excède la valeur des fonds ; elles ne sont pas suffisantes pour garantir les biens-fonds et la ville des inondations de cette rivière; les propriétaires, épuisés et fatigués par les dépenses énormes faites jusqu'à présent, ne veulent plus en faire de nouvelles. Les administrateurs de la province, convaincus de la nécessité des réparations pour conserver la ville, ont mandé des ingénieurs sur les lieux ; il a été dressé plusieurs devis qui en indiquent les réparations à faire en fixant la valeur à 80,000 livres. Il n'est pas possible d'exécuter ces devis et de garantir cette ville du danger imminent auquel elle est continuellement exposée, si le Roi et les États généraux ne viennent à leur secours. Signé Fressal, L.-G. et Trabue.

DOLÉANCES
Du clergé de la sénéchaussée de Sisteron (1).

RELIGION.

Le clergé de la sénéchaussée de Sisteron a

(1) Nous publions ce cahier d'après un manuscrit des *Archives de l'Empire.*

unanimement délibéré de porter aux pieds du trône et à l'auguste assemblée de la nation ses humbles représentations sur les maux qui affligent l'Eglise et menacent de dissoudre l'Etat et la société.

L'irréligion fait des progrès alarmants non-seulement dans les villes, mais encore dans les campagnes ; l'âge le plus tendre et les esprits les plus grossiers ne sont pas à l'abri de ses atteintes. Tous les principes de la morale sur lesquels repose le bonheur commun et particulier sont ébranlés, la dépravation des mœurs est à son comble ; ce n'est pas assez que les devoirs de la religion soient oubliés, ils sont même méprisés ; les dimanches et fêtes ne sont presque plus sanctifiés, nul respect, nulle décence dans nos églises, nos ministres appréhendent même qu'elles ne devinssent bientôt désertes. Tous ces maux annoncent et préparent évidemment la ruine de la religion; ils doivent être attribués à cette foule de livres impies qui circulent si librement dans le royaume et répandent leur poison corrupteur dans tous les esprits. Nous espérons (et c'est le vœu le plus ardent, le plus sincère de nos cœurs) qu'un Roi dont le plus beau titre est celui de Roi Très-Chrétien, et que les représentants de la nation qui vont s'occuper de la félicité publique, prendront les moyens les plus sûrs et les plus efficaces pour maintenir la religion dans sa pureté et arrêter le cours de tant de maux. Pour y remédier nous demandons le rétablissement de la discipline ecclésiastique et des synodes dans les diocèses et la suppression des abus suivants :

PRÉVENTION.

1er *Abus.*

La prévention assure des titulaires à tous les bénéfices par la crainte qu'elle donne au collateur d'être prévenu. Nous réclamons une loi qui n'expose point la récompense des services, du mérite et de la vertu à devenir le prix d'une course plus ou moins rapide

2e *Abus.*

On donne trop à la faveur et pas assez au mérite, dans le choix des pasteurs, soit du premier ordre, soit du second ordre.

3e *Abus.*

La pluralité des bénéfices, surtout de ceux qui sont considérables.

4e *Abus.*

Le dévouement trop servile, la faiblesse extrême, ne craignons ne le dire, l'avilissement où l'on a voulu réduire les curés, en les privant de la plus considérable portion de leur autorité hiérarchique.

5e *Abus.*

L'inégale et injuste répartition des biens de l'Eglise dont on a privé les ministres les plus utiles.

6e *Abus.*

La scandaleuse pénurie, l'indécence des sacristies et de tout ce qui est nécessaire au service divin dans les paroisses de campagne.

7e *Abus.*

L'insuffisance des portions congrues, plus grande insuffisance pour les curés décimateurs qui ne jouissent que d'une partie de la congrue, plus grande encore pour les vicaires qui en réclament les deux tiers.

8e Abus.

Insuffisance de ce que payent les décimateurs pour les menues dépenses que le service divin rend indispensables, connues en Provence, où il n'y a point de fabriques établies, sous le nom de clerc et matière.

9e Abus.

Surcharge extrême pour les curés dans la répartition des charges diocésaines, connues sous le nom de décimes.

10e Abus.

L'injuste refus fait dans plusieurs diocèses, et notamment dans celui de Sisteron, d'un syndic nommé par les curés pour assister en leur nom au bureau diocésain, même refus pour les réguliers.

11e Abus.

L'exclusion des curés des assemblées générales du clergé.

12e Abus.

L'extinction des maisons religieuses, principalement de celles qui sont utiles.

MONITOIRES.

La multiplicité des monitoires occasionne des plaintes dans presque tous les diocèses; nous demandons leur abolition, excepté dans le cas de meurtre ou de crime d'État.

COLLÉGES.

Un établissement aussi utile qu'un collège serait à désirer dans une ville dont l'arrondissement est aussi considérable; c'est là où commence l'éducation des jeunes gens qui se disposent au sacerdoce; nous joignons à cet égard nos vœux à ceux de tous les citoyens.

DIMES.

Les dîmes, qui ont été longtemps le patrimoine le plus assuré des églises, sont devenues une cause continuelle de procès et la partie la plus intéressante de leurs revenus; nous en faisons la triste expérience et nous proposons deux moyens pour obvier à ces inconvénients et pour détruire tout sujet de discussion entre les ministres et les fidèles. Le premier serait que les collecteurs de la dîme fussent assermentés en justice, les consuls des lieux dûment appelés. Le deuxième serait un abonnement en grain qui pourrait être converti en argent, après une évaluation à renouveler de dix en dix ans.

DOTATION DES CHAPITRES.

L'amélioration du sort des différents ministres de l'Église utiles et nécessaires sera certainement un des objets qui fixeront l'attention des États généraux. Dans les diocèses qui offrent de grandes ressources ce point essentiel rencontrera peu d'obstacle; mais il est des églises si pauvres qu'elles n'offrent que les moyens les plus faibles de venir au secours des ministres qu'elles voudraient soulager. Toutes celles du ressort de la sénéchaussée de Sisteron sont dans cette triste position. On ne craint point d'avancer que la dernière augmentation des portions congrues a mis dans la plus grande détresse les menses capitulaires des chapitres de Sisteron et de Gap, qui

ont leurs biens situés dans le ressort de cette sénéchaussée; qu'elle a détruit presque toutes les prébendes particulières de ces deux chapitres, au point que Mgr l'évêque de Sisteron s'est vu obligé de rendre un décret qui suspend le service canonial dans son église cathédrale, et que Mgr l'évêque de Gap est à la veille d'en faire de même; cependant ces deux chapitres ne sont composés que de douze chanoines ou dignitaires et de dix bénéficiers ou semi-prébendés. Ainsi la majesté du service divin, la nécessité d'un culte public rendent toute réduction impossible. La réunion d'une abbaye et, en attendant, des secours provisoires sont absolument nécessaires pour prévenir la destruction de ces deux églises cathédrales.

La classe des petits nombres de décimateurs qui existent encore dans ce ressort et dont les bénéfices ne sont point encore totalement éteints, mérite aussi la sollicitude du gouvernement. Ces décimateurs ont été réduits à la dernière indigence par l'augmentation progressive des portions congrues; la plus légère diminution de leurs revenus leur ôterait le moyen de subsister. Cependant la plupart de ces bénéficiers ont vieilli dans le ministère, les bénéfices qu'ils possèdent sont la récompense de leurs travaux et la seule ressource qui reste à leur âge et à leurs infirmités. Une opération digne de la sagesse des États généraux serait de se faire représenter les différents tableaux de situation des bénéfices existant encore dans ce ressort qui ont été envoyés à différentes époques à MM. les agents généraux du clergé, pour être convaincu de la vérité de ce qu'on avance.

INDEMNITÉ.

Le droit de demi-lot exigé par les seigneurs occasionne nombre de procès entre ceux-ci et les titulaires des bénéfices; on désirerait une loi qui obligeât les seigneurs, comme dans les autres provinces, à prouver eux-mêmes que les immeubles possédés par l'église dans l'étendue de leurs fiefs ne leur appartiennent qu'après l'inféodation de la terre.

PENSIONS DE RETRAITE.

Le clergé de cette sénéchaussée réclame l'établissement d'un fond dans tous les diocèses, qui soit destiné à fournir des secours aux curés, vicaires et autres prêtres utiles que leur âge ou leurs infirmités mettent hors d'état de faire leur service.

SUPPRESSION DU CASUEL.

Les curés demandent la suppression du casuel dans les paroisses de la campagne; la gloire de la religion, l'honneur du sacerdoce réclament cette suppression.

DOTATION DES PRÊTRES MISSIONNAIRES.

Les prêtres de la Mission, fondés dans cette ville, qui se rendent utiles dans tous les diocèses et partagent les sollicitudes ainsi que les travaux des pasteurs, n'ayant représenté que l'augmentation des portions congrues a considérablement diminué leurs revenus, nous réclamons des secours nécessaires pour leur existence.

ADMISSION AUX ÉTATS PROVINCIAUX.

Le clergé du second ordre demande d'être admis aux États de la province légalement constitués et dans une représentation convenable.

PATRONAGE.

Le clergé désire que le droit de patronage appartenant aux non catholiques ne puisse être exercé que par un procureur fondé de leur part, catholique et régnicole.

ADMISSION DES AGENTS GÉNÉRAUX.

Les intérêts du clergé semblent le mettre dans le cas de réclamer avec justice l'admission de MM. les agents généraux à l'assemblée de la nation.

MISÈRE DU PEUPLE.

Enfin les ministres de la religion, autorisés par la bonté et la justice du Roi à porter leurs voix aux pieds du trône, et à les faire entendre dans l'auguste assemblée de la nation, peuvent-ils faire de cette faculté précieuse un plus digne usage que d'implorer des soulagements pour la classe la plus indigente des habitants des campagnes confiés à leurs soins? Témoins de leur travaux pénibles, de leur misère, et surtout de la détresse où les tiennent le joug accablant des impositions, et une multiplicité de droits onéreux, les curés ont la douleur de voir encore leurs maux présents aggravés par les appréhensions de l'avenir. Ils voient en gémissant que la classe nourricière de l'État renferme plus de malheureux qu'aucune autre ; que les campagnes perdent tous les jours de leur population et de leur culture ; que les contestations qui s'y élèvent et dont la plupart devraient être jugées brièvement et définitivement sur les lieux, si l'administration de la justice avait une forme plus heureuse, occasionnent des frais, des déplacements, des pertes de temps qui consomment la ruine de leurs habitants. Il n'y a que l'attention et les bienfaits du gouvernement qui puissent prévenir le comble de leur maux, et c'est pour répondre aux intentions bienfaisantes de Sa Majesté que des pasteurs charitables viennent en déposer cette faible image dans son âme sensible et la mettre sous les yeux des représentants de la nation, prêter leur voix et servir d'interprète aux malheureux ; c'est le devoir le plus sacré de leur état. Fait et arrêté à l'assemblée du 2 avril 1789, tenue à Sisteron, dans une des salles de la Charité. *Signé* Ricaudy, commissaire-rédacteur; Bois, curé; Baudin, curé; Dalmas, curé; Laugier, curé, commissaire; Ripet, Soliou, Fabres, commissaires ; J. Teruche, Barlet et Roland, tous curés et commissaires-rédacteurs.

CAHIER

Des plaintes, doléances et remontrances de la noblesse de Sisteron du 1er avril 1789 (1).

L'ordre de la noblesse, comparaissant de la sénéchaussée de Sisteron, composé des membres soussignés, convoqués, réunis aux termes de convocation de Sa Majesté et règlements y joints, en date des 24 janvier et 2 mars de la présente année, et de l'ordonnance de M. le lieutenant général de cette sénéchaussée, en date du 14 mars dernier, après s'être rendu cejourd'hui à huit heures du matin dans l'assemblée générale des trois ordres de ladite sénéchaussée, fixée auxdits jour et heure par ladite ordonnance, avoir fait vérifier ses pouvoirs et prêté le serment requis, s'est retiré à la Chambre qui lui a été désignée à

(1) Nous publions ce cahier d'après un manuscrit des *Archives de l'Empire*.

l'effet d'y dresser ses plaintes et doléances et nommer les députés qui doivent la représenter à l'assemblée générale qui sera tenue dans la ville de Forcalquier; ladite noblesse déclare que, conformément aux dispositions desdits règlements et ordonnances, sous la présidence de M. Burle d'Aujarde, le plus âgé d'entre eux, ils l'ont unanimement nommé pour leur président, et pour leur greffier, le sieur Jean-François Reybaud, de cette ville.

Ce fait, ladite noblesse a unanimement déclaré que ce n'est que pour donner un témoignage de son amour et de son respect pour Sa Majesté, de son obéissance et de sa soumission à ses ordres, et parce qu'elle n'a rien de plus à cœur que de concourir aux vues de son souverain et de coopérer autant qu'il est en elle au bien public ; qu'elle soit soumise provisoirement à la forme d'après laquelle elle est assemblée, ladite forme étant inconstitutionnelle et contraire aux usages, privilèges et droits dudit ordre et du pays.

Et préalablement à toute opération l'ordre a unanimement délibéré que tous ses membres, sans distinction de possédants fiefs et de non possédants fiefs, contribueront proportionnellement à toutes les charges royales et locales, sans aucune exemption pécuniaire, ainsi et de la manière qu'il en sera délibéré, soit dans les États généraux, soit dans ceux de cette province librement constituée et légalement convoqués, et dans lesquels le tiers-état sera admis en nombre égal aux deux premiers ordres réunis.

En conséquence de ce vœu, l'assemblée a prié M. de Bonne et de Berard d'en donner connaissance, tant à l'ordre du clergé qu'à celui du tiers-état, d'en demander acte et sa rémission sur le bureau.

Lesquels députés revenus ont dit que leur commission avait été reçue avec applaudissement par les deux chambres, et qu'il leur en avait été concédé acte, et attendu que l'ordre a été légalement certioré du vœu du tiers-état était de rédiger ses doléances et de procéder à part à la nomination de ses députés, procédant de son côté à l'un et à l'autre objet, elle a unanimement nommé M. de Burle, lieutenant général, M. de Gournardre, officier du génie, chevalier de l'ordre royal et militaire de Saint-Louis, M. Bonne, lieutenant de vaisseau, M. de Ventavon et M. Bérard de Saint-Denis pour rédiger ses doléances et motiver ses avis et instructions, lesquels ont déclaré qu'ils allaient y travailler sans interruption.

Après quoi M. le président a renvoyé la séance à trois heures de relevée.

Et advenue ladite heure, l'ordre ayant repris la séance, Messieurs de l'ordre du clergé ont envoyé une députation pour faire part du vœu qu'ils ont émis, parfaitement conforme à celui de la noblesse relaté ci-dessus, Messieurs de l'ordre du tiers-état ont également envoyé une députation pour témoigner audit ordre de la noblesse sa reconnaissance du vœu qu'il lui a communiqué ce matin.

MM. les commissaires de la noblesse pour rédiger les doléances, ayant fait part à l'ordre que leur travail était fini, l'ordre l'ayant mûrement examiné, l'a adopté dans tous ses chefs et délibéré qu'il serait transcrit dans ledit procès-verbal ainsi que s'ensuit,

INSTRUCTIONS GÉNÉRALES POUR LES DÉPUTÉS DE LA NOBLESSE DE PROVENCE.

Permission aux députés d'opiner par ordre ou

par tête, ainsi que les États généraux le jugeront le plus utile.

Suppression des distinctions humiliantes, qui avilirent le tiers-état dans les derniers États généraux.

Liberté individuelle, par l'entier abolissement des lettres de cachet et des ordres arbitraires.

Liberté de penser assurée par la liberté de la presse.

Reconnaissance formelle des droits nationaux, consistant principalement dans le consentement nécessaire des États généraux à toutes les lois générales et à tous les impôts, l'enregistrement dans les cours ne devant avoir d'autre objet que de vérifier le concours du souverain et des États généraux à sanctionner les lois sans pouvoir y apporter retard ni modifications.

Le retour périodique des États généraux avec toutes les précautions possibles pour les rendre indépendants du ministère.

Établissements d'États provinciaux annuels dans tout le royaume.

ÉGLISE.

Art. 1er. L'ordre de la noblesse demande et désire que les annates à Rome, ainsi que les translations des dépouilles de chevaliers et commandeurs à Malte soient supprimées, ces usages abusifs et contraires au bien public faisant sortir annuellement du royaume des richesses immenses.

Art. 2. Que les évêques, chanoines et tous bénéficiers résideront, à peine de saisie de leur temporel ; et que lesdits évêques seront tenus sous les mêmes peines, de visiter annuellement sans aucun frais le tiers au moins de leur diocèse, et que le procès-verbal de visite sera déposé dans le greffe de la juridiction royale et dans celui des communautés.

Art. 3. Que tous les bénéficiers sans fonctions n'exigeant pas résidence seront supprimés après la mort des titulaires, et les revenus destinés aux objets énumérés dans l'article 6 ci-après.

Art. 4. Que le clergé de toutes les provinces du royaume sans aucune distinction, et tant séculier que régulier, contribuera proportionnellement à toutes les impositions quelconques, royales, provinciales et locales.

Art. 5. Que l'aliénation de tous les biens immeubles du clergé séculier sera autorisée, et que les sommes en provenant seront spécialement affectées au remboursement de ses dettes, et le surplus à l'acquittement de celles de l'État, qui, au moyen de ce, pourvoira à toutes les dépenses relatives au service divin.

Art. 6. Que toutes les maisons religieuses non complètes seront supprimées et que leurs biens ne pourront être adjugés qu'aux communautés où ces mêmes biens sont situés pour être appliqués, ensemble ceux en l'article 3 ci-dessus, à des établissements publics, tels que collèges, hôpitaux, séminaires, chapitres de chanoinesses, éducation gratuite, notamment des enfants des pauvres militaires et à la dotation des chapitres pauvres, tels que celui de la ville de Sisteron.

Art. 7. Que les portions congrues des curés et des vicaires seront augmentées, et au moyen de ce, toute sorte de casuel sera supprimé même, sous forme de dons ou offrandes ; que les résignations seront supprimées, et qu'il sera établi dans chaque diocèse une maison de retraite pour les ecclésiastiques qui auront servi au moins trente ans, ou qui seront devenus infirmes pendant le temps de leur service.

Art. 8. Que les collèges, les séminaires et les universités seront réformés d'après un plan adopté dans toute la France.

Art. 9. Que les assemblées du clergé seront supprimées et les conciles provinciaux rétablis sur la forme la plus convenable.

Art. 10. Que la dîme sera supprimée ou convertie en abonnement.

NOBLESSE.

Art. 1er. Que la noblesse sera conservée dans tous ses droits, prérogatives et privilèges autres néanmoins que les exemptions pécuniaires.

Art. 2. Que la faculté de négocier en grand par la noblesse, et sans déroger, sera déclarée utile et nécessaire à l'État et aux familles et sanctionnée par les États généraux.

Art. 3. La noblesse pauvre et sans crédit ne méritant pas moins la protection de l'état, il sera arrêté que chaque province, et chaque district dans chaque province, seront en droit de présenter un certain nombre de nobles proportionnel à leur population et à leur étendue, pour être placés, soit dans les troupes, soit dans les autres corps, lesquels ne pourront être rejetés sans des motifs graves, lorsqu'ils seront présentés dans l'ordre et dans la forme qui seront déterminés.

TROUPES.

Art. 1er. Qu'il sera fait des règlements, et pris des précautions pour que les troupes nécessaires au maintien de la tranquillité générale ne puissent jamais servir à opprimer le citoyen et à enchaîner la liberté publique.

Art. 2. Que les places sans nombre et sans fonctions de gouverneur, de lieutenants généraux, de commandants et autres semblables seront supprimées.

JUSTICE.

Art. 1er. Il sera établi une commission pour la réforme générale de l'administration de la justice, de tous les tribunaux et de la législation civile et criminelle.

Art. 2. Que les *committimus* seront supprimés, qu'aucun sujet du Roi et notamment du comté de Provence ne pourront être distraits de leurs juges naturels ; qu'en conséquence il soit fait une loi qui prohibe les évocations, les commissions et tout ordre qui pourraient tendre à intervertir le cours ordinaire de la justice.

FINANCES.

Art. 1er. Qu'il ne sera accordé aucun impôt avant que l'état des finances ait été dépouillé, que les causes et les sources du déficit aient été connues, et que l'on ait déterminé des moyens pour qu'elles ne se reproduisent pas.

Art. 2. Que la masse des subsides nécessaires à l'administration et à la défense de l'État sera fixée et répartie sur les provinces qui auront le droit, et notamment la Provence, conformément à ses privilèges et à ses statuts, de déterminer la forme de compléter le montant des impositions dans leurs États provinciaux.

Art. 3. Que l'administration générale des finances rendra compte, les États généraux assemblés, et par-devant eux, et que ce compte sera rendu public par l'impression.

Art. 4. Que tous les officiers de finances seront supprimés, et qu'il sera établi un nouvel ordre de perception qui sera le plus simple possible.

Art. 5. Que tous les impôts onéreux au commerce, à l'agriculture, à l'expédition de la justice, à la mutation des immeubles, et ceux établis sur les productions de première nécessité seront supprimés ou simplifiés.

Art. 6. Que tous les droits qui appartiennent à des particuliers ou à des corps autres que ceux qui sont librement établis par les provinces ou communautés, et qui portent sur le commestible, et notamment sur les blés et grains, seront supprimés, sauf le remboursement, s'il y échet, à dire d'experts, et successivement tous les droits de péage et pulvérage, sauf aussi l'indemnité au propriétaire.

Art. 7. Que l'impôt ou les impôts à établir soient établis de manière que les commerçants et les capitalistes n'en soient point exempts.

Art. 8. Que l'état des pensions sera vérifié par une commission, et qu'à l'avenir le montant des pensions faites par l'Etat sera invariablement déterminé.

Art. 9. Qu'il sera dressé un état des sommes affectées à chaque département.

INSTRUCTIONS PARTICULIÈRES POUR LES DÉPUTÉS DE LA NOBLESSE DE PROVENCE.

Les députés demanderont instamment que les trois ordres de la Provence soient incessamment assemblés pour réformer nos Etats et les rendre véritablement représentatifs de la nation; ils représenteront même que ce n'a été que par obéissance pour les ordres du Roi, obéissance dont la noblesse doit donner l'exemple, et pour ne pas retarder les Etats généraux, que nous n'avons pas réclamé contre la convocation par sénéchaussée, qui sépare une nation unique et individuelle, et en conséquence, ils solliciteront une assemblée générale des trois ordres, même pendant la tenue des Etats généraux, ou du moins immédiatement après.

Les députés soutiendront les pactes de notre réunion à la couronne, qui, ayant été accordés, consentis et sanctionnés dans une assemblée générale des trois ordres, ne peuvent être modifiés que dans une pareille assemblée.

En conséquence de ces pactes, les subsides consentis par les Etats généraux ne pourront être levés en Provence qu'après le consentement de la nation provençale, et ils seront payés dans la forme que la nation provençale avisera.

Les droits et augmentations sur le sel seront supprimés comme contraires à notre droit et destructifs de la province, dont le sol aride ne peut se passer de bestiaux qui ne subsistent en Provence que par le moyen du sel; ses fontaines salées seront rouvertes et le sel rendu absolument marchand.

Suppression des droits sur les cuirs, destructifs de nos fabriques.

Suppression de la milice, établissement d'un corps de troupes nationales et résidant, lequel sera payé par un impôt également réparti.

Les évêques bénéficiers et officiers de justices seront Provençaux, d'après les pactes de réunion.

La police appartenant aux municipalités sera par elle exercée sans qu'on puisse les y troubler.

L'établissement de juridictions consulaires dans les principales villes de la Provence.

Et attendu l'heure tarde M. le président a renvoyé la séance à demain 2 avril, à trois heures de relevée.

Et advenu ledit jour et heure, les membres susdits du susdit ordre se sont rendus à la présente Chambre, et après avoir mûrement examiné le verbal, doléances et instructions ci-dessus, et les avoir unanimement approuvés et ratifiés dans toutes les parties, ladite Chambre, toujours en conformité desdits règlements et ordonnances, procédant à la nomination de six de ses députés, a unanimement délibéré de nommer M. Jacques de Lombard, seigneur de Château-Arnould, M. Jean-Etienne Lolivier de Bone, M. François-Charles de Burle, lieutenant général en la sénéchaussée de cette ville, M. Jean-Joseph de Castagny, ancien capitaine d'infanterie, chevalier de l'ordre royal et militaire de Saint-Louis, M. Joseph-Honoré de Richaud de Lervoules, officier d'infanterie, M. Pierre-Honoré de Bérard de Saint-Denis, capitaine d'infanterie, et de suite il a été nommé en remplacement M. Jean-Joseph-Laurent de Gourbert fils, M. Casemière Lolivier de Bone, lieutenant de vaisseau, et M. J.-H. Charles de Boniface de Fonteta, officier de cavalerie, lesquels députés ont de leur part promis de se conformer aux instructions tant générales que particulières contenues dans le présent procès-verbal, et ont signé avec tous les membres dudit ordre, et le greffier; ensuite est écrit à l'original. Le présent contenant dix-huit pages, la présente comprise, et avant la signature un de Messieurs aurait dit, qu'il serait convenable de communiquer, tant les doléances que les instructions ci-dessus, à Messieurs du clergé et du tiers-état; en conséquence, l'ordre aurait député MM. de Bone et de Bérard, pour remplir cet objet, et revenus, ils auraient rapporté que leur commission avait été accueillie avec reconnaissance par Messieurs du clergé et Messieurs du tiers-état, qui, de leur côté, auraient envoyé une députation à la noblesse pour lui témoigner leur sensibilité, et Messieurs du clergé auraient de leur part communiqué leur cahier de doléances. Signé à l'original de Bernard Bayon, Burle d'Aujarde, Domerau, Gombert, de Bernard, Suzac, le chevalier de Servan, J.-Lombard de Château-Arnould, de Tourneau, Casimir de Bonnay, Laides de Bonne, de Bonne, Ventavon. Castagny, Gombert fils, d'Eparron, Bérard de Saint-Denis, de Boniface Fonteta, Reybaud, greffier.

Le présent cahier de doléances et instructions de l'ordre de la noblesse, contenant dix-huit pages, a été paraphé par nous, lieutenant général. ne varietur, à Sisteron, le 3 avril 1789. Signé de Burle.

CAHIER

Des remontrances et doléances du clergé de la vallée de Barcelonnette (1).

Le clergé de Barcelonnette, assemblé cejourd'hui 31 mars 1789, par-devant M. le préfet de cette vallée, après avoir prêté serment, conformément au règlement donné par le Roi pour les Etats du comté de Provence, composé de vingt curés, leurs vicaires et quelques bénéficiers simples, obligés pour se substanter de partager la médiocre fortune de leurs familles, remontrent:

1° Qu'ils sont obligés de ne pouvoir venir au secours de l'Etat autant qu'ils le souhaiteraient, mais qu'ils consentent que leur peu de fonds soient assujettis aux impositions que Sa Majesté jugera nécessaires au bien de l'Etat.

2° Que les prêtres de la vallée, obligés de servir, dans le climat le plus dur, au sommet des Alpes, pays fort stérile, ont besoin pour subsister d'être maintenus, eux et leurs paroissiens, dans leurs

(1) Nous reproduisons ce cahier d'après un manuscrit des *Archives de l'Empire.*

usages, privilèges et droits, desquels ils ont toujours joui sous la domination des comtes de Provence, des princes de Piémont, et depuis qu'ils ont eu le bonheur d'être réunis de nouveau à la Provence, en passant sous la domination du Roi de France par le traité d'Utrech.

3° Que leur portion congrue suffit à peine pour leur bien médiocre alimentation, et ne leur permet pas de venir au secours de la classe indigente de leurs paroissiens, et supplient Sa Majesté de continuer à tendre une main paternelle à cette partie intéressante de ses sujets.

4° Que, par un abus général glissé dans cette vallée, les jours de dimanches et fêtes sont profanés, et ont recours à Votre Majesté pour renouveler et mettre en vigueur les ordonnances et règlements faits à ce sujet, de faire cesser en ces jours tous travaux publics, tout négoce, et de protéger par ces sages lois la religion en qualité de Roi Très-Chrétien.

5° Que le casuel usité dans les paroisses avilit l'état ecclésiastique et pèse sur la classe inférieure de leurs ouailles, et qu'en assignant un revenu fixe pour y suppléer, Sa Majesté fournirait aux ministres de l'autel un moyen de subsistance plus conforme à la décence de leur état.

6° Que dans la paroisse de Barcelonnette, les assemblées paroissiales sont présidées et autorisées par les magistrats et officiers municipaux, contre les usages de tout le royaume ; le curé demande de les présider lui-même pour épargner des frais à son peuple.

7° Que dans cette même paroisse, composée de trois mille âmes, il n'y a qu'un vicaire réduit au revenu de 200 livres, provenant de deux chapelles réunies ; le suppliant réclame que son vicaire soit traité comme ses confrères, conformément à la déclaration du Roi, ou qu'il y soit mis quelque nouveau bénéfice qu'il indiquera dans sa paroisse.

8° Enfin le clergé de la vallée de Barcelonnette assure le Roi que l'objet de ses vœux les plus ardents est le maintien de son autorité ; que Dieu daigne l'éclairer, avec que la confiance des peuples conduira à ses pieds pour l'aider de leurs conseils, et qu'ils ne trouvent aucun obstacle à ses vues de bienfaisance.

Lecture faite dans l'assemblée des présentes doléances, elles ont été adoptées par les soussignés.

Signé Jaufroid, curé ; Gatinel, curé ; Donnaud, curé ; Tirau, prieur-curé ; Allair, prêtre, curé ; Gastenel, curé ; Reynaud, curé ; Grores, curé ; Audiffred, curé ; Billy, vicaire ; Pascalis, prêtre, curé de Revel ; Jombert, vicaire perpétuel ; Audiffred, prêtre ; Falsque, prêtre ; Jubert, prêtre ; Lainé, bénéficier ; Cottotaur, prêtre bénéficier ; Arnauld, prêtre ; Colomb, bénéficier ; Jauffred, secrétaire ; Rinier, curé de Barcelonnette, président de l'assemblée

A l'original est écrit : Après avoir signé, les curés de la susdite assemblée ont prié M. le président de remettre le présent cahier à M. le préfet, qui aura la bonté de le faire parvenir à M. le sénéchal qui présidera l'assemblée de Forcalquier, auquel ils observent que la moitié des curés n'a pu comparaître que par des représentants à raison de la grande quantité de neige et impraticabilité des chemins.

Par cette raison, et la proximité du temps pascal, qui exige leur présence dans leurs paroisses, ils n'ont pu faire des dépenses, et supplient M. le sénéchal d'approuver la légitimité de leurs raisons, et de faire attention à leur présent cahier signé par nous et notre secrétaire.

Signé Rinier, curé de Barcelonnette, président, et Jauffred, secrétaire. Paraphé *ne varietur*, l'assemblée tenant à Barcelonnette le 3 avril 1789. *Signé* Curault et Donnaud, greffier.

RÉDACTION DES CAHIERS DE DOLÉANCES

Du tiers-état de la ville et communauté de la vallée de Barcelonnette, composant l'arrondissement de la préfecture (1).

Sire,

Quel sentiment délicieux de penser que nous touchons au moment où le souverain va s'entourer de ses sujets, de ses enfants, pour poser, de concert avec eux, les bases de la félicité publique; qu'il va régénérer l'État et rappeler par une constitution solide les siècles fortunés du gouvernement patriarcal!

Un monarque que la sollicitude du bien public prive du calme et de la tranquillité, qui ne peut se promettre de les recouvrer que par le remède aux maux de l'État et la réforme des abus en tout genre, et dans toutes les parties de l'administration, qui ne fait consister le droit des rois qu'à rendre les hommes heureux, qui ne compte ses jours que par les actes de sa justice, commande l'amour et la reconnaissance; il mérite le sacrifice de nos biens et de nos vies.

Si Louis XII, si Henri IV sont encore aujourd'hui l'idole des Français par le souvenir de leurs bontés paternelles, Louis XVI, Louis le Bienfaisant, en est le Dieu; l'histoire le proposera pour le modèle des rois dans tous les pays et dans tous les siècles.

Qu'il est beau, qu'il est grand et qu'il est consolant de se peindre un Roi allant au-devant de tous ses sujets pénétrés par son amour jusqu'aux régions les plus reculées, les interroger sur leurs besoins, écouter favorablement leurs avis sur tout ce qui peut intéresser leur bonheur!

Le temps est enfin arrivé, où il est permis de développer sans crainte ses maux, d'en indiquer et d'en attendre le remède.

SITUATION GÉOGRAPHIQUE DE LA VALLÉE DE BARCELONNETTE.

Si, par sa situation, la vallée de Barcelonnette est un pays important à l'État, si ses montagnes escarpées offrent à la France une clef sûre contre les entreprises de ses ennemis et une porte facile pour s'introduire dans l'Italie, elle n'est pour les habitants qui la cultivent qu'une marâtre qui refuse à leurs sueurs des productions pour les nourrir.

Des torrents fort nombreux tant au nord qu'au midi, les vallons ne présentent à la vue que des espaces dévastés par leurs débordements.

La rivière d'Hubaye dévaste à son tour tout le pays plat qu'elle parcourt, elle y dépose le gravier qu'elle reçoit des torrents, et des versements journaliers enlèvent à la culture le sol le plus productif.

Les eaux de filtration que la rivière d'Hubaye fixe dans la ville de Barcelonnette et à Jausiers, dont la situation est la même, y causent des dommages considérables et infectent l'air que les habitants y respirent.

D'après ce tableau, il est inutile d'observer que dans cette vallée les habitants ne peuvent mettre en culture que la mi-côte des montagnes et quel-

---

(1) Nous publions ces pièces d'après un manuscrit des *Archives de l'Empire.*

ques coins de terre éloignés des torrents et de la rivière d'Hubaye.

SES PRODUCTIONS.

Les productions de la vallée ne peuvent être considérables ; son sol froid, stérile et couvert de neige pendant plus de six mois de l'année, ne donne dans certaines parties que de l'orge et de l'avoine, dans d'autres du seigle, et dans les plus favorisées fort peu de froment.

Ces productions en grains suffisent à peine pour nourrir nos habitants six mois de l'année, et ce qui manque à ce premier besoin, de même que pour l'achat du vin, huile, savon, toile, chanvre, fer, sel, dont les frais de transport, qui ne peut être fait qu'à dos de mulets, augmentent considérablement le prix, etc., etc., etc., ils ne peuvent y suppléer que par le produit de leurs foins et des herbages que donnent des montagnes qui ne sont accessibles qu'aux troupeaux.

Des milliers de moutons viennent de la basse Provence, pour pâturer nos montagnes quelques mois de l'été. Ils nous apportent un revenu qui sert à acquitter une faible partie de nos impositions. Ces troupeaux nous donnent de plus un engrais sans lequel nos terres seraient bientôt absolument stériles.

Nos habitants nourrissent de leurs foins, pendant huit mois de l'année, des troupeaux de brebis et de moutons ; les laines qu'ils en retirent occupent leurs bras pendant l'hiver, soit à filer, soit à fabriquer des draps de cadis, qu'ils font ensuite passer en très grande partie à l'étranger.

Mais cette ressource, qui est unique, ne peut suffire à tous nos besoins ; nous n'avons ni suffisamment de laines pour occuper tous les bras, ni suffisamment de blé pour nourrir tous nos habitants, et une grande partie est nécessitée de se répandre sur toute l'Europe, pour s'y procurer une subsistance qu'ils ne peuvent trouver chez eux.

Plus le produit des foins et des herbages devient d'absolue nécessité aux habitants de la vallée, plus l'Etat doit être attentif à favoriser cette partie de production, qui est encore loin du niveau de ses besoins, et elle ne peut l'être utilement, si l'Etat ne donne aux habitants le sel nécessaire aux troupeaux qui pâturent les montagnes, pendant l'été, et qui pendant les huit mois d'hiver sont nourris à sec.

C'est au don gratuit du sel que tient l'existence de cette vallée ; elle a successivement passé sous plusieurs dominations, et il n'en est aucune qui ne l'ait formellement reconnu.

En 1696, le prince de Piémont crut pouvoir augmenter d'un sou la livre le prix du sel dans le comté de Nice. Mais loin de faire supporter à la vallée de Barcelonnette cette augmentation, Son Altesse Royale, instruite de la situation, en diminua le prix d'un liard.

En 1713 cette vallée étant de nouveau revenue à ses premiers maîtres, M. d'Argenvilliers proposa au gouvernement de porter le prix du sel à 10 livres le minot ; mais M. de Grandval, doyen des fermiers généraux, chargé d'examiner cette partie, après avoir vu, parcouru et reconnu la vallée, prouva :

1° Que dans le pays ce ne sont pas les hommes, mais les bestiaux qui font la consommation du sel ;

2° Que le sel est d'absolue nécessité pour ces troupeaux de Provence qui viennent pâturer nos montagnes et pour ceux qui consomment nos fourrages ;

3° Que ce n'est qu'autant qu'on leur en donne

abondamment que les bergers de Provence ramènent leurs troupeaux en bon état dans la basse Provence ; que ce n'est qu'autant qu'on leur en donne abondamment, que les ménagers peuvent exciter les leurs à manger le foin à sec ;

4° Enfin, qu'augmenter le prix du sel, c'est nuire tout à la fois aux bergers de la basse Provence et à nos laboureurs. C'est écarter ceux-là de nos montagnes, et nuire à l'espèce ; c'est priver ceux-ci d'un profit nécessaire, pour l'acquittement de leurs impôts, d'un engrais sans lequel leurs moissons deviendraient nulles, et les forcer à des émigrations toujours nuisibles à l'Etat.

C'est d'après ces informations que Sa Majesté, par sa déclaration du 21 février 1716, article 14, fixa à 16 deniers le prix du sel dans cette vallée.

En 1744 les circonstances de la guerre ayant considérablement renchéri les frais de transport, les fermiers généraux se refusèrent à la fourniture, sur le fondement que les 6 livres 13 sous 4 deniers auxquels était fixé le prix du minot de sel ne suffiraient point aux frais du transport et de régie, et que l'excédant devait être supporté par les habitants.

La vallée, déterminée par des motifs de justice, se soumit au payement de cet excédant par sa délibération du 17 février, qui fut approuvée par M. Ory, contrôleur général, par la lettre qu'il écrivit à monseigneur l'intendant le 30 mars en ces termes :

« Je pense, dit le ministre, que s'il est nécessaire de payer un excédant de prix de voiture au delà de 6 livres puis d'un certain fermiers généraux veulent bien payer, cet excédant doit être payé par les habitants, puisque le sel est pour leur consommation nécessaire; ainsi je vous prie d'en instruire les consuls de Barcelonnette pour qu'ils fassent à cet égard exécuter leurs délibérations. »

Les précautions que la vallée a prises pour la conservation de sa franchise, en chargeant ses administrateurs de faire tous les six mois la vérification des personnes et des bestiaux de chaque propriétaire, en donner le dénombrement, d'assujettir les particuliers à donner une déclaration des augmentations et des diminutions accidentelles, la petite quantité de sel d'absolue nécessité à laquelle on s'est borné, l'intérêt qu'a l'habitant d'en faire lui-même la consommation;

L'obligation que la vallée a contractée de payer l'amende pour tous faux sauniers insolvables, la récompense assurée aux délateurs, tout cela fait que le fraudeur a autant d'accusateurs que d'habitants, que le sel est sous la sauvegarde publique, et l'on peut assurer avec vérité que la contrebande est nulle.

Tout concourait donc à assurer à nos habitants que jamais aucune augmentation ne frapperait à l'égard de la valeur sur le prix du sel ; néanmoins, par des progressions successives et par divers impôts additionnels des sous pour livre sur l'impôt principal, le prix du sel a été augmenté du tiers.

Cette vallée n'a cessé de réclamer contre les augmentations additionnelles ; elle a toujours prouvé que c'était attaquer les principes de son existence ; qu'il n'y avait pas lieu à l'impôt additionnel, parce qu'il n'y avait pas d'impôt principal ; que ce pays ne devait que les frais de transport et de manipulation ; que les Etats de 1760, 1763 et 1771 ne pouvaient nous concerner qu'à l'instar de la ville d'Arles, sur qui ne frappe pas cet impôt additionnel, parce qu'elle a un sel gratuit, cette vallée ne devait pas payer les sous pour livre; mais nos réclamations n'ont encore pu procurer à la vallée le redressement que sa pauvreté ne lui a jamais permis de solliciter par une députation directe.

SUBSIDES.

Dans les derniers temps que cette vallée se trouvait sous la domination des ducs de Savoie, Son Altesse Royale, voulant connaître et exiger tout ce qu'elle pouvait en retirer, envoya des commissaires pour mesurer l'étendue de nos terres et faire l'estimation exacte de tous les biens des communautés qui la composent.

L'opération fut faite avec la plus grande rigueur, et Son Altesse Royale donna ensuite, le 15 janvier 1702, un édit qui fixa pour toujours ce que chaque communauté devait payer pour taille.

Cette fixation a été adoptée après notre réunion à la couronne, par la déclaration de 1716.

Avant notre réunion, cette vallée payait, outre les tailles, quelques sommes peu importantes sous la dénomination d'albergues et cavalcades.

L'insinuation des actes établis en 1610 plutôt en considération de l'intérêt public que dans la vue de faire un revenu au souverain, coûtait à la vallée environ 1,500 livres.

L'établissement de l'insinuation, vraiment utile en ce qu'elle réunissait dans trois archives tous les actes de famille reçus par les notaires de la vallée, pour les transmettre en forme probante et en leur entier à la postérité, a été remplacé par l'établissement du contrôle vraiment utile pour les finances, mais ruineux par les vexations des commis qui en sont inséparables, et inutiles pour transmettre aux siècles futurs les actes sur lesquels on a perçu les droits.

Si l'insinuation coûtait à la vallée, avant 1702, 1,500 livres, le contrôle des actes lui coûte depuis au delà de 16,000 livres. Or, si avant 1702 ce pays payait pour subsides tout ce qu'il pouvait payer, quelle doit être sa situation après avoir payé pendant longues années un impôt si considérable ?

Le contrôle n'est pas le seul impôt qui ait frappé le pays depuis sa réunion à la couronne; la capitation, les vingtièmes, sont des objets non moins importants ; l'augmentation sur le sel coûte à la vallée au delà de 16,000 livres.

Si nous comparons ce que la vallée paye maintenant avec ce qu'elle payait en 1716, nous trouvons que l'impôt s'est plus que quadruplé, et si nous y joignons encore les intérêts de 400,000 livres en principal, pour des emprunts que les anciennes guerres l'avaient forcée de contracter, le payement de nos officiers de justice et nos charges locales, on ne peut qu'être étonné de voir que la vallée qui perçoit si peu puisse tant payer ; sa ressource est dans l'activité de ses habitants, dans leur frugalité, qu'ils poussent jusqu'à ne consommer dans leurs familles que ce qu'ils ne peuvent convertir en argent.

Mais cette ressource est affaiblie à tel point que la vallée s'est vue dans l'impuissance de venir au secours du collége (établissement le plus utile et le plus cher à ses habitants, et lorsque le supérieur du collége a voulu les y forcer, voici quelle a été la réponse de l'intendant de Provence, par sa lettre du 3 septembre 1762 : « Il paraît, dit-il, que la maison aurait besoin de secours; mais les communautés de la vallée sont si chargées d'impositions, elles ont tant de peine à les acquitter, que ce serait les plonger dans un dérangement total que de les soumettre à y contribuer. »

Les pauvres habitants de cette vallée ne peuvent payer leurs impositions, que du produit des ventes qu'ils font dans l'automne, de quelques draps grossiers et de quelques bêtes à laine; aussi nos impositions ne sont-elles jamais versées dans la caisse du receveur général des terres adjacentes qu'en novembre et en décembre ; sur ce retard le receveur fait supporter des intérêts à 6 1/4 p. 0/0 qui font une surcharge pour le pays.

Si l'État fâcheux des finances fait que les habitants de cette vallée n'osent espérer un soulagement d'impôt, ils croient du moins pouvoir se permettre de supplier Sa Majesté d'ordonner qu'ils ne seront tenus de verser leurs impositions dans la caisse du receveur qu'à la fin de chaque année; et que celui-ci n'ait à prétendre aucuns intérêts.

La vallée a longtemps joui de l'exemption des contrôles. Plusieurs contrées plus fortunées sont en possession de cette immunité; pourquoi la vallée, excessivement pauvre, n'y serait-elle pas rétablie? Si cependant, malgré la promesse solennelle contenue dans le traité d'Utrecht de nous maintenir dans nos anciens usages et priviléges, il n'était pas permis aux habitants de l'espérer, ils osent du moins supplier Sa Majesté d'ordonner un nouveau tarif, qui donne aux commis moins d'arbitraire et de sujet de vexation, qui range les sujets de cette vallée dans les dernières classes que leur pauvreté indique, et que les commis leur contestent pour leur intérêt particulier; et qu'enfin Sa Majesté veuille bien encore ordonner que la perception des droits de contrôle soit graduelle et relative à toute somme indéfiniment, sans mettre au plus grand droit un terme qui fait retomber l'impôt sur la classe la plus indigente des citoyens, et met l'achat le plus considérable presque au niveau du plus médiocre.

Quoique ce pays ne connaisse point de fief, quoique tous les habitants aient toujours individuellement concouru à l'impôt, à la réserve de quelques fonds ecclésiastiques de la plus petite considération, quoique nous ne puissions attendre aucun adoucissement de l'extinction des exemptions locales, cependant, dans le malheureux état des finances, notre zèle et notre patriotisme ne connaîtront d'autres bornes que notre impuissance absolue.

ADMINISTRATION DE LA JUSTICE.

Pour bien connaître ce que sont nos tribunaux de justice, actuels il faut commencer par connaître ce qu'ils ont dû être.

La vallée de Barcelonnette, connue dans l'antiquité sous le nom de Hautes-Montagnes, ou Terres-Neuves de Provence, se donna volontairement, en 1231, à Raymond Bérenger, comte de Provence.

L'acte de concession, passé entre les peuples et le nouveau souverain, leur réserva le droit naturel d'élire ses juges et de se gouverner suivant leurs coutumes et statuts.

C'est en force de ce droit que chaque communauté se nommait annuellement un juge, dénommé baile, pour connaître de toutes les causes personnelles, réelles et mixtes des habitants de la communauté.

Toutes les communautés réunies nommaient en corps de vallée un juge, dénommé juge de la vallée, qui connaissait des affaires de tout l'arrondissement, et se trouvait en concours avec tous les bailes pour les causes civiles.

En 1611, dans la nécessité de rapprocher le second degré de juridiction, les peuples de la vallée demandèrent à Emmanuel II, duc de Savoie, l'établissement d'une préfecture, aux offres de loger et de payer les honoraires du préfet, avec attribution de la connaissance de l'appel des sentences du *baile* de chaque communauté, et du juge de la vallée, et des affaires criminelles en concours avec le dernier juge.

En 1697, Victor-Amédée, pour subvenir à des besoins urgents, voulut inféoder et aliéner les terres et juridictions de cette vallée ; déjà il avait disposé des pays de l'Arche-Mironne et de Jausiers.

Les peuples de la vallée implorèrent la protection du Roi, successeur de Louis XIII, qui les avait cédés au duc de Savoie ; ils invoquèrent les traités, les concessions si souvent et si solennellement confirmées par tous les princes à qui ils avaient successivement appartenu, soit par le sort des armes, soit par l'effet des traités.

Le roi interposa sa puissante médiation, et par un édit du 29 juillet 1700, le duc de Savoie reconnut et consacra à perpétuité les priviléges de la vallée. Voici les principales dispositions de cette loi importante relativement à l'administration de la justice. Elle dit :

Nous ordonnons audit vicariat des lieux susdits que le préfet soit changé de trois ans en trois ans, et le terme expiré, les préfets, qui seront élus de temps à autre, ne pourront être confirmés par grâce spéciale de nous et de nos successeurs ni à autre titre, même onéreux, et de plus leur exercice étant fini, ils seront tenus de rendre leur syndicat ; comme aussi que, dorénavant, les préfets ne pourront être natifs dudit vicariat et lieux susdits, ni même avoir eu auparavant leur domicile dans les mêmes terres.

Ces droits et les priviléges ont été solennellement reconnus, lors de notre réunion à la couronne, par les articles 5 et 19 de l'arrêt du conseil, du 7 janvier 1710, portant règlement pour les juridictions de cette vallée.

Le privilége de faire renouveler tous les trois ans le préfet, qui, dans cette vallée, devait former le second degré de juridiction, parut si étroitement lié aux intérêts de cette vallée, que par une délibération du conseil général, du 11 avril 1718, nos pères arrêtèrent que là où quelque préfet viendrait à obtenir des lettres de confirmation pour un second *triennium*, il y serait formé opposition pour en réclamer la révocation.

Les préfets nommés par Sa Majesté n'ont jamais obtenu des brevets pour un exercice de plus de trois années. Il est parfois arrivé que le premier consul de Barcelonnette a pris sur lui-même de demander au nom des peuples une prorogation pour un second *triennium*, et d'avoir obtenu quelquefois jusqu'à deux confirmations, comme conformes aux réclamations du pays ; mais les communautés de cette vallée ne tardèrent pas à reconnaître l'abus de ces demandes clandestines, souvent opposées au vœu général, et elles ont arrêté, dans les différentes délibérations, de prier le gouverneur de la Provence, qui présente à la place de préfet, de n'avoir aucun égard aux confirmations qui ne lui seront demandées que par quelques particuliers.

Les confirmations réitérées, malgré les vœux et les représentations de la vallée, l'ont mise dans le cas, pour se maintenir dans un privilége d'autant plus essentiel qu'il tient à l'intérêt public et à sa constitution, de porter ses réclamations aux pieds du trône, lorsque des lettres patentes du 10 novembre 1787, sollicitées à l'insu du pays, et dont l'ambiguïté a déjà été la source de plusieurs procès, lui ont supprimé ses *bailes* et son premier juge.

Par l'effet de ces lettres patentes, dix tribunaux,

où la justice se rendait à peu de frais, sont supprimés, et leur juridiction réunie au tribunal d'appel où les frais sont trois fois plus considérables, et le tribunal si important n'est rempli que par un seul magistrat qui est l'arbitre des biens, de l'honneur et de la vie de tout un peuple.

Les lettres patentes ne présentent qu'une surprise faite au plus juste des souverains.

La justice, dans cette vallée, est le patrimoine de ses habitants ; l'acte de concession passé avec Raymond Bérenger, comte de Provence, en 1231, le prouve, et tous les souverains depuis ont possédé cette vallée l'ont formellement reconnu

Le tribunal de la judicature a été supprimé sur le motif que, d'après les dispositions de l'édit de 1749, il ne pouvait y avoir de justice royale là où il y avait un siége ; mais le juge de la vallée n'est pas un juge royal, le Roi n'a jamais nommé, c'est au contraire la vallée qui le nommait chaque année ; il ne pouvait conséquemment être supprimé.

La vallée se serait fondée à réclamer contre les lettres patentes avec pleine confiance de les faire révoquer ; mais elle a cru qu'elle devait plus solliciter encore. Depuis longtemps elle a fait la triste expérience qu'un tribunal qui n'est rempli que par un seul juge n'a rien d'imposant pour le plaideur téméraire qui croit toujours avoir bonne cause ; que le défaut de confiance multiplie les appels, et que les appels ruinent, et celui qui obtient gain de cause, et celui qui est condamné, surtout lorsque, comme nous. l'on est obligé de se porter fort au loin pour réclamer justice.

La vallée conçoit, dès lors, le projet de faire remplir le siége de la préfecture par plusieurs juges, tous dignes de sa confiance ; cet espoir la flatte et adoucit ses maux, tandis que chaque jour quelque particulier regrette de n'avoir pu goûter cette douceur.

Dirons-nous maintenant que ce pays n'offre que le simulacre d'un tribunal ? c'est une réflexion qui ne peut avoir échappé à ceux qui connaissent notre situation ; mais ce que nous devons dire, c'est que l'intérêt du pays serait qu'il plût à Sa Majesté d'y établir un tribunal composé d'un certain nombre de juges et de leur accorder la souveraineté jusqu'à un certain point.

L'intérêt en est sensible ; il n'est pas sans exemple de voir dans ce pays interjeter appel de jugement portant condamnation de sommes très-minimes, pour en solliciter la réformation par-devant la cour du parlement ; un arrêt vient pour lors imposer silence à ce plaideur insensé, mais il avait quitté sa famille, sa charrue, son atelier ; mais il lui en coûte 12 à 1,500 livres, mais celui qui a gagné son procès par arrêt, regrette de ne l'avoir pas perdu au premier tribunal.

La vallée doit se plus faire connaître qu'il n'est pas un seul de ses habitants qui ne puisse se dire pauvre, et qu'il est fréquent de voir les débiteurs de mauvaise foi abuser de cette qualité pour évoquer par-devant la cour des demandes formées sur des contrats ou sur des obligations consignées dans des écritures privées, et dès lors le créancier a la dure perspective ou d'abandonner sa dette, ou d'attendre de longs délais, pour prendre un arrêt de défaut qui lui coûte toujours au delà de ce qui lui est dû.

Cet abus ne peut être réparé qu'autant que le nouveau Code ordonnera :

1° Que tout jugement de condamnation des sommes liquides et portées par contrat ou par obligation, sous-seing privé, sera exécuté nonobstant appel, sans y préjudicier et sans caution ;

2° Que les parties ne pourront évoquer à la cour de parlement aucunes demandes qui seront en cas d'être jugées, ou souverainement, ou nonobstant appel.

La réforme ne sera qu'imparfaite si le législateur ne vient au secours du pauvre débiteur, et ne diminue les dépens des jugements de condamnation ; ces dépens pourront être diminués en ordonnant :

1° Que les jugements rendus et prononcés à l'audience le soient sans épices. Cette prononciation supprimerait un droit de 2 p. 0/0, que le préfet a dans tous ses jugements, même par défaut ;

2° Que, dans les jugements d'audience et surtout de défaut, les magistrats liquideront les dépens : cette prononciation supprimerait une parcelle et une taxe par procureur tiers très-onéreuse ;

3° Que les jugements à rendre ne seront pas sujets au petit scel, puisque nos premières juridictions en étaient exemptes, et que Sa Majesté ne les a supprimées que pour soulager le débiteur.

La vallée doit avec d'autant plus de confiance espérer d'obtenir cette réclamation, qu'elle a toujours payé ; et qu'elle offre de payer ses juges.

C'est la confiance que les justiciables ont au tribunal qui prononce sur leurs prétentions, qui met le plus grand frein aux appels, et on ne peut leur en inspirer à un plus haut degré qu'en laissant à chaque pays le droit de présenter les juges qu'il croit de son intérêt d'élever sur le siége.

Ce droit est acquis à cette vallée ; elle y a été maintenue jusqu'à ce jour, et n'en eût-elle pas le droit, le monarque qui ne cherche que le bonheur de ses peuples, leur accorderait sans peine ce témoignage de son amour.

Comme la vallée ne peut donner que des honoraires très-modiques aux magistrats qui rempliraient le nouveau tribunal, elle espère que Sa Majesté voudra bien ordonner qu'ils seront nommés à vie, que leurs provisions seront expédiées sans finance et sans frais, ainsi qu'elles l'ont toujours été au juge et au préfet ; que le titre et place de préfet sera toujours dévolu au plus ancien magistrat, et que nul ne pourra être nommé, qu'il n'ait atteint l'âge de trente-cinq ans.

Si l'intérêt de la nation en général sollicite le rapprochement de la justice, et exige de prévenir les frais de déplacement, à plus forte raison celui de la vallée, qui, entourée de montagnes, n'a que des routes pénibles et périlleuses, souvent interceptées par les neiges, tous les difficultés locales augmentent l'éloignement de la capitale.

D'après cette considération majeure et locale, l'universalité de juridiction attribuée au nouveau tribunal ne remplirait pas l'intérêt de la vallée si les habitants des communautés éloignées de la ville, dans laquelle le siége est établi, ne trouvaient dans leurs foyers une juridiction qui décidât, à la charge de l'appel, les contestations sur des objets minimes. Elles ont intérêt que la juridiction attribuée aux consuls dans chaque communauté par l'article 13 de la déclaration de 1716, et par les articles 3 et 4 des lettres patentes du 10 novembre 1787, leur soit accoutumée ; que le sommaire fixé à 25 livres soit porté à 50.

Que le pouvoir de procéder à l'apposition des scellés et à la confection des inventaires leur soit dévolu dans tous les cas, même dans ceux dépendant des instances de discussion et de bénéfice d'inventaire.

Qu'ils auront le droit d'autoriser les actes d'émancipation, et d'ordonner les rapports de future cautèle.

Rien ne s'oppose à l'érection d'un tribunal ; la vénalité est inconnue dans la vallée, il n'y a point de pourvu en titre d'office, les gens du Roi n'ont que des provisions à vie ; aucun intérêt personnel, aucun remboursement ne peut contrarier ni arrêter l'exécution d'un établissement que la justice et le bien public réclament.

Ce plan est le seul conforme aux vœux et aux intentions du public ; il désavoue vacants tous ceux qui pourraient être proposés à son insu, comme produits par des motifs particuliers ; nous ne le présentons cependant que dans l'incertitude si la réformation générale sera opérée, et pour faire connaître nos besoins particuliers. La vallée adoptera avec transport tous les arrangements que le plan général exigera, parce qu'elle attend encore plus de la bienfaisance du monarque que de son propre intérêt.

COLLÉGE.

Le collége de la vallée de Barcelonnette, sous la direction des Pères de la Doctrine chrétienne, fut établi en 1646, pour tirer ses peuples de l'ignorance dans laquelle leur éloignement des villes et leur pauvreté les retenaient.

Le prince Maurice, pour exciter les habitants à seconder cet établissement précieux, concourut lui-même à sa dotation par l'assignation d'une pension annuelle de 120 ducatons évalués dans l'acte constitutif à 4 livres 15 sous de Piémont, à prendre sur les revenus du greffe de la préfecture qui produiraient 642 livres de France ; cette rente, jointe à celle que les communautés s'imposent et aux fondations pieuses que le collége reçoit, porta son revenu à plus de 3,000 livres.

En 1688, Victor-Amédée II affecta les revenus du greffe à l'acquittement des intérêts d'un emprunt de 20,500 livres ; il transféra la rente du collége sur les douanes, traites et foraines, elle lui fut payée jusqu'en 1707 par le receveur des domaines de Barcelonnette, ainsi qu'il en résulte par les ordonnances des commissaires gouverneurs et intendants des ducs de Savoie.

Les avantages de ces établissements attirèrent bientôt la jeunesse des vallées convoisines, et surtout du comté de Nice et de Piémont, qui venaient y puiser l'éducation et les mœurs françaises ; un pensionnat considérable augmenta les revenus et fournissait au collége une honnête aisance.

Il jouissait de cet état de prospérité lorsqu'en 1707 la guerre vint exercer ses ravages dans la vallée ; à cette époque, le payement de la rente de 120 ducats fut totalement suspendu.

Le traité d'Utrecht réunit la vallée à la couronne, en 1713, et lui donna un état fixe.

En 1715 le collége se pourvut au conseil pour obtenir les arrérages que la guerre avaient suspendus et la continuation de la rente.

Sa requête fut renvoyée à M. de Lebret, intendant de Provence, qui, sans avoir ouï partie, évalua d'office la valeur des ducatons à 3 livres 12 sous 8 deniers, et réduisit par ce moyen la rente annuelle à 427 livres 10 sous, contre la disposition de l'acte constitutif, malgré la valeur intrinsèque du ducaton, vérifiée aux hôtels des monnaies de Sa Majesté, et le cours qu'il recevait dans le commerce de la vallée ; et partant de cette évaluation, il en fixa les arrérages à 2,992 livres 10 sous, tandis qu'ils auraient dû être portés à 4,487 livres.

Sur cet avis intervint l'arrêt du conseil du 16

juillet 1716, qui fixe la valeur des 120 ducatons à 427 livres 10 sous argent de France, avec assignation sur les douanes, traites et foraines de la vallée, et qui en ordonne le payement par le receveur du domaine de Barcelonnette, de même que des arrérages par coupons en six années.

Le collège, étonné de cette réduction, forma opposition à cet arrêt du conseil, ce qui prolongea la suspension jusqu'en 1720, où les administrateurs, maîtrisés par le besoin, acceptèrent les 427 livres 10 sous de rente annuelle et les arrérages de trois années tant seulement.

En 1725, cette pension reçut encore réduction fiscale, par la retenue du dixième se montant à 43 livres 10 sous contre la nature des pensions alimentaires, et au lieu de la faire payer à Barcelonnette, conformément à l'acte constitutif et à l'arrêt du conseil du 16 juillet 1716, elle ne fut payée qu'à Paris, ce qui formait encore une vraie réduction par les retards et les frais de recouvrement, et depuis lors le collège n'en a été payé que sur le pied de 384 livres.

En 1759 et 1760, nouvelle suspension de payement. En 1761, nouvelle réclamation de la part du collège ; son mémoire communiqué aux fermiers généraux, ils y répondaient :

1° Qu'ils ne sont pas tenus de payer les arrérages, pour en avoir fait compte annuellement au trésor royal ;

2° Ils conviennent de n'être point nommément autorisés à la retenue du dixième par l'édit d'imposition ; mais si le Roi en ordonne la restitution depuis 1725, il doit préalablement en être fait fonds dans la caisse du trésorier de la province, à qui ils en ont tenu compte. La liquidation des ducatons comme le lieu du payement de la rente restèrent sans réponse de leur part.

La diminution sur la valeur des ducatons, la suspension du payement pendant plusieurs années, la retenue du dixième et les frais de recouvrement, formant pour le collège un objet réuni de 23,654 livres, sans compter les intérêts, joint encore les révolutions et guerres de 1744, le mirent bientôt dans le cas d'aliéner ses capitaux ; et prenant ainsi chaque année sur ses fonds, il se trouva dans peu sans crédit ; et sans moyens de subsistance ; dès lors le pensionnat cessa, le collège suspendit ses exercices, et la congrégation ralentit sur le maintien d'une même maison, dont le rétablissement lui paraissait si éloigné et si difficile ; en outre exigea de continuer ses réclamations et n'y laissa plus qu'un supérieur pour administrer les débris de son ancien patrimoine.

La vallée ne tarda pas à ressentir les effets de la suspension de son collège, et la congrégation, de son côté, pour se rendre autant qu'il était en elle aux besoins du public, y plaça des prêtres pris au hasard, et doubla les classes pour mesurer la dépense aux revenus actuels.

Depuis ce nouveau régime les régents ne vivant point en commun, on ne trouve nulle part dans ce collège jusqu'aux plus légères traces ni de la discipline d'un corps, ni de l'émulation nécessaire pour en exciter les membres.

Les édifices négligés n'offrent plus qu'un délabrement presque universel, et l'ameublement de l'intérieur, dépéri ou égaré, exige un remplacement autant général qu'indispensable.

Tel est l'état de cet établissement, que la vallée voit depuis longtemps tomber progressivement en ruine ; souvent elle a voulu chercher les moyens d'y remédier, mais en calculant ses forces elle a constamment trouvé dans sa pauvreté un obstacle insurmontable.

Vivement pressée d'un côté par la nécessité de conserver le collège dans son sein, et arrêtée de l'autre par son impuissance à y pourvoir par elle-même, elle en fait un sujet de doléances au pied du trône, pour obtenir de la justice du monarque le payement des 23,654 livres qui lui sont dues sur ses domaines, en laissant à sa bonté paternelle de lui accorder tel autre dédommagement que sa sagesse et sa bienfaisance pourront lui dicter.

Cette somme suffisant à peine aux réparations des édifices et au nouvel ameublement, il resterait encore à donner au revenu une augmentation relative au prix des denrées, pour la subsistance des individus établis pour régir le collège.

La vallée sent que l'état des finances ne permet pas d'espérer dans ce moment fâcheux d'obtenir aucun secours du gouvernement ; elle ne réclame que son agrément pour mettre à profit les moyens qu'elle trouve dans son sein pour redonner à ce collège son ancien lustre.

Il y a dans la vallée plusieurs bénéfices simples, dont le produit ne sert qu'à grossir les revenus des titulaires qui vont le consommer au loin, entre autres les prieurés de Notre-Dame de Moulance et Notre-Dame de Faucon, dont l'union au collège serait seule capable de remplir cet objet.

Le collège ne pouvant profiter de cette union que par la vacance qui renverrait trop loin son rétablissement déjà trop différé, le Roi ayant bien voulu par l'arrêt de son conseil du 11 février 1784 faire une remise de 180,000 livres en indemnité des fournitures que la vallée réclamait de sa justice, pour être employées à différents objets d'utilité publique, et le collège devant être regardé comme le plus essentiel, le plus urgent et le plus utile à toutes les communautés qui doivent partager cette remise ;

La vallée borne sa doléance à supplier Sa Majesté de lui permettre de prendre sur cette somme des fonds suffisants qui, joints aux revenus actuels du collège, soient capables d'anticiper sa restauration.

ENTRAVES DES FERMES POUR LE COMMERCE INTÉRIEUR.

Cette vallée forme une prolongation enclavée entre le Dauphiné, le Piémont et le comté de Nice au levant, au midi et au nord.

Les neiges en hiver interceptent souvent la communication, suspendent le commerce intérieur, et l'habitant est obligé de se précautionner contre les intempéries de la saison et de se pourvoir des denrées nécessaires à son usage en temps opportun.

La ville de Barcelonnette en est la capitale et le centre ; c'est là que sont établies les foires et les marchés, que se font les ventes et les échanges des denrées, des laines, des draps et des bestiaux de toutes les communautés.

Rien ne mérite plus de faveur que cette communication fréquente et habituelle, c'est une relation indispensable entre les membres d'un même corps ; cependant les commis de la ferme y mettent journellement des entraves : ils exigent que les habitants se prémunissent d'acquits-à-caution au bureau voisin de leur résidence, qu'ils les fassent décharger au bureau du lieu de leur destination, sur le fondement des articles 15 et 16 du titre VII de l'ordonnance de 1687.

Ce n'est que par une application abusive de leur disposition, que les habitants peuvent être considérés comme délinquants.

Ces articles ne frappent pas sur le transport

des denrées, dans l'intérieur d'un pays, ni sur la conduite des bestiaux destinés à la nourriture et à la consommation de fourrages des ménagers; ils n'ont en vue que les marchands, voituriers, rouliers et messagers, qui ne transportent que pour le commerce.

Assujettir les habitants de la vallée à la forma-lité des aquits-à-caution, c'est les vexer, les gêner, c'est les arrêter sur le seuil de la porte de leurs maisons, les exposer à payer des droits, des amendes par rapport à leurs denrées, aux objets de leur consommation, c'est les leur faire ache-ter, les leur ravir.

Les différences des droits qui se perçoivent sur les mulets du Dauphiné et de la vallée, portent à cette vallée un préjudice évident.

La sortie des mulets du Dauphiné pour l'étran-ger ne paye que 3 livres par chaque bête.

Ceux de la vallée allant à l'étranger sont sou-mis a la foraine domaniale, qui coûte environ 17 livres ; s'ils entrent en Dauphiné, il faut ajouter à ce premier droit la douane de Valence.

De cette disparité, il résulte que les Brian-çonnais qui sont nos voisins font vendre leurs mu-lets en Piémont, ou les Piémontais viennent les chercher chez eux, et que les nôtres sont dédai-gnés parce qu'ils ne peuvent soutenir la concur-rence, et ce qui est plus douloureux, c'est qu'ils traversent la vallée en allant et en venant.

On dirait que cette différence n'a été établie que pour nous interdire la vente et nous rendre témoins de celle de nos voisins. Nous avons eu la douleur de voir tantôt des habitants d'Allos transportant des porreaux du crû de leurs jar-dins au lieu le plus voisin, sans s'être munis de passavant, arrêtés et amendés de 18 livres par amiable composition ; *ceux des communautés de l'Arche, de Meironnet,* également arrêtés et mis à contribution pour le fromage de leur crû, qu'ils venaient vendre au marché de Barcelonnette, sans avoir pris la même précaution ; tantôt l'ha-bitant des frontières, promenant au printemps ses mulets pour les rompre à la marche, est mé-connu, arrêté, et ses mulets confisqués.

MARÉCHAUSSÉE ET PRISONS.

La vallée, par sa position, a été de tous les temps l'asile des scélérats piémontais que le crime fait expatrier. A l'abri des poursuites, ces trans-fuges s'arrêtent en grand nombre dans la ville, soit par la facilité qu'ils y trouvent à entre-tenir une correspondance avec leur famille, soit par le manque de force publique coactive qui semble leur promettre une liberté qu'ils ne trou-veraient pas ailleurs.

Indépendamment des désordres et du trouble que ces transfuges apportent dans cette contrée, on sent que les liaisons et les unions que ces gens y contractent ne peuvent qu'insinuer insen-siblement cette licence effrenée qui les porta au crime. Or, une contrée, journellement exposée par le concours de ces étrangers à la dépravation de ses mœurs, a nécessairement besoin de tous les moyens capables de maintenir le bon ordre et de procurer la sûreté publique.

Depuis longtemps cette vallée partage avec la Provence sa contribution pour l'entretien de la maréchaussée, et elle n'a encore pu parvenir à partager avec elle la sûreté que ce corps lui pro-cure.

De toutes les brigades voisines, il est sans exemple qu'aucun détachement soit jamais en-tré dans la vallée que pour y exécuter des ordres

particuliers, de sorte que cet établissement en Provence devient autant indifférent à sa sûreté intérieure qu'onéreux à ses intérêts.

La vallée a également des prisons dont l'entre-tien fut toujours aux frais du domaine; l'enga-giste, après avoir reconnu cette charge dans tous les baux postérieurs à son engagement, y a tou-jours été contraint, lorsque le cas s'est présenté; mais les toits de cet édifice et celui de la geôle ayant été consumés par les flammes au mois de mai 1780, ces réparations deviennent plus considé-rables; l'engagiste opposant aux contraintes dé-cernées contre lui par le préfet de la vallée, à la requête du procureur du Roi, en forma une in-stance qui se trouve encore pendante au parle-ment.

Depuis lors les voûtes et les murs exposés aux injures du temps et prêts à s'écrouler, ne laissent entrevoir que la ruine la plus prochaine, et par ce moyen les prisons et la geôle sont devenues inhabitables. La vallée est restée entièrement au dépourvu d'un lieu de sûreté pour la garde des malfaiteurs.

La vallée aurait été solliciter elle-même le jugement du procès, si les lettres patentes du Roi du 10 novembre 1787, en ordonnant la suppres-sion de la judicature, n'en avait en même temps supprimé le greffe, qui formait la partie la plus considérable du domaine engagé.

C'est par ce moyen que le tribunal de justice, seul capable de veiller au maintien du bon ordre et à la sûreté des citoyens, manquant d'un côté de force exécutrice pour capturer les coupables, et de prisons de l'autre pour s'assurer de leurs personnes, ses décrets impuissants ne sont plus qu'un jeu pour les malfaiteurs.

La vallée réclame de la justice du souverain un détachement de maréchaussée pour le maintien de sa police intérieure, et le rétablissement de ses prisons comme étant une charge inséparable des domaines de Sa Majesté.

MILICE.

L'exemption de la milice dans la vallée est une immunité qui fut reconnue indispensable dans tous les temps, par la loi impérieuse du local, les mœurs et les préjugés des habitants.

Formant une des frontières du royaume, ce pays sans garnison, sans fortifications, et trop reculé pour recevoir un prompt secours, offre l'entrée la plus libre par le Piémont.

Partout ailleurs, les limites sont garnies de troupes et de forteresses pour résister au premier effort de l'ennemi ; dans toute cette vallée, au con-traire, la valeur des habitants est le seul garant contre une invasion subite, surtout des Vaudois qui nous avoisinent ; les guerres de 1743 en sont un exemple.

Au premier bruit de rupture, sur les ordres du commandant de la vallée et d'après différentes apparitions des Vaudois, elle mit sur pied tout ce qui était en état de prendre les armes, en at-tendant qu'on eût formé un camp à Tournoux capable d'en imposer à l'ennemi ; ce fut alors qu'une partie de ses troupes fut licenciée, tandis que l'autre fut conservée sous le nom de *compa-gnies franches,* jusqu'à la paix.

Les efforts qu'avaient faits les habitants de cette vallée dans le temps de cette guerre, à la satis-faction des généraux, semblaient leur promettre que leur zèle et leurs services seraient récom-pensés par le gouvernement. La vallée les fit valoir et fit sentir par ses réclamations combien il était important que sa population fût favorisée; elle présenta l'exemption de la milice comme un moyen efficace pour empêcher les émigrations, et les motifs furent cause que Sa Majesté accorda l'exemption demandée. Il en est justifié par la lettre de M. le maréchal de Belle-Isle du 10 juillet 1758, en ces termes : Le « Roi a bien voulu, Messieurs, sur le compte que je lui ai rendu de l'état où se trouve la vallée de Barcelonnette par les pertes qu'elle a souffertes pendant le cours de la présente guerre, la dispenser de la levée des hommes qu'elle avait à fournir en cas de remplacement ou d'augmentation de milice; mais l'intention de Sa Majesté en accordant cette grâce à la vallée est que vous donniez toute votre attention à y faire revenir promptement ceux qui s'en sont éloignés. »

Louis XV, de glorieuse mémoire, ne mit d'autre condition à la concession que celle des rentrées des jeunes gens qui s'étaient éloignés; le succès fut au delà de toute espérance. Dans moins d'une année, après la publication de ce bienfait, un nombre considérable de jeunes hommes vinrent rejoindre leurs foyers qu'ils semblaient avoir abandonnés pour toujours.

L'exemption de la milice nous fut annoncée et applaudie par M. l'intendant par sa lettre du 8 août; cependant, à notre grand étonnement, nos administrateurs reçurent peu d'années après des ordres de M. l'intendant lui-même pour une nouvelle levée de milice.

Cette vallée, dont le premier devoir est toujours celui d'obéir, exécuta ses ordres; la milice fut levée, les émigrations se renouvelèrent, et nos réclamations réitérées auprès des ministres n'ont pu être écoutées; cependant les Briançonnais, la vallée du Quenat et Entrevaux, situés comme la vallée sur les frontières, ont toujours été exempts de la milice, quoique gardés par des troupes, et sous l'égide des forteresses qui les entourent; la seule obligation de coopérer à leur défense dans le besoin leur conserve l'immunité.

La vallée, privée de tout secours, a une obligation bien plus étroite à remplir dans le cas d'hostilité imprévue : elle ne peut trouver son salut que dans sa propre défense ; par cette raison elle a un droit bien mieux fondé à réclamer de Sa Majesté l'exclusion de l'exemption de la levée des milices qu'elle nous a accordée en 1758.

MAINTIEN DE LA VALLÉE DANS SON RÉGIME PARTICULIER.

La déclaration du 30 décembre 1714 unit cette vallée à la Provence; mais par ses dispositions elle continue à l'en séparer, puisqu'elle porte, qu'elle n'aura point entrée dans les assemblées des communautés de province, et qu'elle payera ses impositions comme les terres adjacentes. L'intérêt et la localité de ce pays furent les motifs qui déterminèrent Sa Majesté à cette séparation particlle.

La vallée a le plus grand intérêt à n'être pas unie aux États de la Provence, soit parce qu'elle a des dettes qui lui sont propres, et que celles de la Provence lui sont étrangères, soit parce que son existence dépend même du régime particulier qui la gouverne.

Plus une administration est grande et étendue, plus elle est compliquée, plus les frais en sont considérables, et il est de l'intérêt de ce pays d'être gouverné par une administration gratuite, et il ne peut la trouver que dans son régime particulier. La seule députation aux États provinciaux qui se renouvelle chaque année serait une surcharge pour ce pays.

Unir la vallée aux États de la Provence c'est rendre la Provence arbitre de son sort. Eh ! comment pourrait-on faire dépendre le sort de tout un peuple d'une administration qui, par son éloignement et par l'énorme différence de ses climats, ne peut se faire d'idée ni des besoins qui la maîtrisent ni des maux qui l'affligent?

LIBRE ADMINISTRATION DE LA REMISE DE 180,000 LIVRES.

La vallée, après avoir longtemps sollicité de la justice du monarque le payement des fournitures qu'elle avait faites à ses troupes dans les guerres de 1744, a enfin obtenu de sa bonté une remise de 180,000 livres, par l'arrêt de son conseil du 11 février 1781, pour être employée à la réparation des chemins et autres objets d'utilité publique; elle réclame aujourd'hui de sa bienfaisance la faculté de pouvoir déterminer elle-même l'emploi de cette somme; pressée par ses propres besoins, elle peut mieux que toute autre en faire la plus utile application, et l'emploi toujours délibéré d'avance, elle n'aurait pas la douleur de voir ses fonds chômer dans la caisse du trésorier des terres adjacentes, dans le temps qu'il perçoit l'intérêt au 6 1/4 p. 0/0 de retard de tous les payements qu'on néglige de lui faire.

La vallée, après s'être occupée de son intérêt particulier, croirait manquer aux vues bienfaisantes de Sa Majesté et au bien général de ses concitoyens si elle ne marquait son vœu pour tout ce qui peut opérer le bonheur de la nation entière.

Elle déclare désirer ardemment :

1° La votation par tête et non par ordre sur tout ce qui sera proposé dans l'auguste assemblée des États généraux.

2° La taillabilité des biens ecclésiastiques et nobles.

3° L'extinction des prérogatives des fiefs relativement à la contribution.

4° La réformation de la justice civile et criminelle.

5° La suppression des douanes intérieures dans tout le royaume.

6° La suppression des péages.

7° La réduction des pensionnaires du Roi qui excèdent la somme de 2,000 livres.

8° Imposition sur les objets de luxe, comme équipages, etc., etc.

9° La liberté de la presse.

10° La suppression des lettres de cachet.

Et enfin le retour périodique des États généraux.

Signé à l'original : Caire fils, premier consul, député; Jaubert, consul; Amand, consul; Martin, consul ; Lions, député ; Imberty, avocat défenseur ; Jaubert, député ; Maurin, député, avocat ; Emaujean, député ; Herber de la Tour, député; Jaubert, député d'Allos; Honnorot, député d'Allos; Jean-Baptiste Brunaud, député de Saint-Paul ; Joseph Bertrand, député de Saint-Paul ; Ripert ; Pierre Fortoul, consul, député de Gaulier; Arnauld, avocat, député de Meolans ; Derbez, député de Meolans ; Maurin, notaire et député de Renel, Hyacinthe Autieq, consul et député de Renel; Bovis, député de Meironnes ; Belloz, député de Meironnes ; P. Fabre, député ; Donnaud ; Pascales ; Reguis, député ; Vigne, député ; Joseph Plaisant, député de Chatelas ; Joseph Charpenel, député.

Paraphé, *ne varietur*, l'assemblée tenant, ledit jour 2 avril 1789. *Signé* Curault et Donnaud, greffier.

DOLÉANCES

Particulières de la ville de Barcelonnette (1).

La conservation de la ville de Barcelonnette est l'objet principal de ses doléances et de ses souhaits. Cette ville, par sa position en plaine au centre de la vallée, à 4 lieues de distance des limites qui la séparent du Piémont, est de la plus grande utilité à Sa Majesté dans le passage de ses troupes destinées pour ou contre le Piémont et l'Italie, dans les temps malheureux de guerre.

Les troupes y sont logées, le quartier général y est établi, des magasins de foin, d'avoine, d'orge, de blé, de farine, et les hôpitaux y sont formés.

Les eaux de la rivière d'Habaye, coulant dans le vallon du levant au couchant, viennent aboutir sur le centre de la ville à la distance de 200 ou environ de toises. Là elles sont contenues par une ancienne et mauvaise digue transversale du nord au midi qui les oblige de s'écarter, mais leur lit est si large, et cette digue est si diamétralement opposée au cours des eaux que, lors de la fonte des neiges, et dans les temps d'orage, elles entraînent de gros graviers de la montagne qu'elles déposent dans leur cours, et qui forment une élévation progressive; dès lors ces eaux se répandent latéralement, surmontent très-souvent la digue et suivent la pente naturelle qui les conduit sur la ville.

Ces eaux qui coulent au midi de la ville n'en sont éloignées que d'environ 30 toises, et leur niveau est plus de 2 toises au-dessus du sol de la ville, au point que les fenêtres du premier étage de la maison qu'habite le commandant qui est la première vers le midi, sont au niveau du lit de la rivière; d'ailleurs cette élévation aussi progressive donne lieu à la filtration des eaux qui viennent jaillir dans les rues, dans les écuries et dans tous les rez-de-chaussée des maisons; et ces eaux croupissantes, par le manque de pente, occasionnent des maladies aux habitants et aux bestiaux.

Le commissaire, départi en Provence, faisant sa tournée dans cette vallée au mois de juillet 1785, accompagné d'un ingénieur en chef, après avoir examiné l'emplacement de cette ville, le lit des eaux de la rivière, sa largeur et ayant été le témoin de la filtration de ces eaux stagnantes et croupissantes dans la ville, reconnut la nécessité de les encaisser dans une étendue seulement nécessaire pour les contenir; il chargea l'ingénieur de dresser un plan et un devis dont l'exécution tend à saigner la ville et à la mettre hors du péril imminent qui la menace, de même que les terres de la plaine.

Ce plan et ce devis furent dressés, des représentations furent adressées aux ministres de Sa Majesté, pour en ordonner l'exécution et venir au secours des habitants. Les propriétaires des maisons de la ville et des terres de la plaine menacées du débordement des eaux, dont ils éprouvent annuellement les tristes et funestes effets par la perte de leurs récoltes, et la communauté, relativement à l'intérêt qu'elle doit y prendre, délibérèrent de concourir à ce grand ouvrage; ce-

pendant ce concert manquant par les entraves que les habitants de cette communauté et ceux de la vallée intéressés y mettent, et par la sanction qui en altérait l'exécution, Sa Majesté bienfaisante, attentive au bien de ses fidèles sujets de sa ville de Barcelonnette, est très-humblement suppliée d'y joindre le sceau de sa volonté, et d'ordonner l'exécution de ce plan et de ce devis par un arrêt de son conseil qui veillera aux intérêts d'un chacun, et de leur procurer par quel que voie un encouragement qui les aide à mettre fin aux maux qui les affligent, sans lequel ils sont dans l'impuissance d'y parvenir.

RÉUNION DES QUARTIERS.

Il y a longtemps que de bons compatriotes ont tenté la réunion des quatre quartiers qui composent le corps de communauté de Barcelonnette; mais des circonstances fâcheuses ont occasionné la suspension de l'exécution de cette réunion nécessaire et utile au bien général.

Des motifs particuliers qui n'existent plus pouvaient avoir donné lieu, dans des temps reculés, à la division de la communauté en quatre quartiers, en raison seulement des impositions sur chacun de leurs territoires, de la nomination d'un trésorier pour le recouvrement de ces impositions, de la nomination d'auditeurs des comptes pour ouïr et juger ceux de l'administration de chaque année, enfin de la nomination d'un secrétaire de chaque quartier.

Le vice qui résulte de cette division se fait sentir dans le cours et la marche de l'administration. La dépense est quadruple, les intérêts, qui doivent être communs et relatifs à tous, deviennent quelquefois la source des procès qui s'élèvent entre ces quatre quartiers. Le remède est sûr et l'intérêt d'un chacun l'exige; l'influence qui se rencontre dans chaque quartier en arrête les effets, mais la justice, après avoir pesé l'objet de cette réunion, l'adoptera sans doute et l'ordonnera.

Il résulte de cette division de communauté en quartiers plusieurs inconvénients, et des dépens multipliés qui vont contre l'intérêt commun. On établit d'abord que le terroir des quatre quartiers est égal, c'est-à-dire en contenance, en bonté et en allivrement; que le terroir commun posé dans l'enclave d'un chacun est commun et à l'usage de tous.

Les deniers royaux et les autres charges locales sont payés partout par portions égales, et ainsi de même la dépense des réparations des chemins royaux, etc., etc.

Tous ces objets, loin d'obster à cette réunion, justifient qu'elle peut se faire sans inconvénient, puisque tout est commun entre les quatre quartiers, et que l'intérêt de tous l'exige encore; dès lors point de contestations, point de procès entre eux; un seul secrétaire suffira, un seul trésorier aussi, il n'y aura qu'un compte à rendre et à juger, et les frais du tout seront bien moindres. Une seule imposition sur les fonds suffira pour tous, et on évitera par là l'inconvénient actuel que par une moindre imposition faite par un quartier, celui-ci se trouvera arrérager dans ses payements et sera obligé dans la suite à faire des impositions plus fortes, tant pour les dépenses courantes que pour les arrérages des dépenses passées, ce qui fait une inégalité préjudiciable au public.

NOUVELLE FORMATION ET COMPOSITION DU CORPS MUNICIPAL..

Les abus qui se sont glissés dans la forme des

---

(1) Nous publions ce cahier d'après un manuscrit des *Archives de l'Empire.*

élections municipales et dans la formation et composition du conseil de communauté, sont une entrave au bien du service du Roi, au bien de la justice et à celui de la police, et enfin à celui du public ; c'est par le moyen de ces abus qu'on a éludé les vues bienfaisantes de Sa Majesté consignées dans l'arrêt de son conseil du......... Il résulte de ces abus que les habitants de la campagne, gens de peine et peu instruits dans l'administration municipale, se sont emparés, à l'aide de l'influence des élections municipales, et de la composition des consuls, au point qu'un ou deux jours avant l'élection et la composition du conseil, on sait et l'on connaît les sujets qui doivent remplacer les officiers municipaux et les conseillers, composant le conseil, qui doivent les élire et élire leurs successeurs ; c'est de là que l'on voit qu'il est rare qu'il y ait un consul et un défenseur dans la ville ; ils sont tous pris dans la campagne, choisis conséquemment pour la plupart parmi les habitants non lettrés, non instruits non-seulement des affaires publiques, mais de celles qui leur sont propres, et pour lesquelles ils sont obligés à venir à conseil, dans la ville. Elle se vérifie par l'élection municipale de cette année. Il en est de même des conseillers composant le conseil de la communauté, qui par cet état sont au cas de délibérer sur tous les objets, et les plus intéressants de la communauté. Dès lors ce n'est que par l'influence qui réside dans deux ou trois personnes qu'ils opinent comme elles, mais sans connaissance et sans lumières. Quant à l'intérêt du Roi et de l'État, ses ordres ne peuvent être exécutés avec toute la célérité que la circonstance exige. La police intérieure de la ville est engourdie, le délinquant est impuni, les ordres du commandant militaire sont suspendus, le tribunal consulaire pour le sommarisme est vacant, enfin tout ce qui concerne la municipalité se trouve engourdi et suspendu lorsque les consuls en exercice sont pris et domiciliés à la campagne.

D'ailleurs n'est-il pas du bon sens, et n'est-il pas attaché aux règles que le premier consul soit élu parmi les personnes du premier ordre ; le second, du second ordre ; le troisième, dans l'ordre des négociants, et que le quatrième (pour que tous les citoyens veillent à leurs intérêts et participent aux honneurs et aux peines attachés à cette place) soit pris dans l'ordre des habitants des campagnes ? Dès lors l'intrigue cesse, chaque officier municipal est astreint de présenter un sujet de sa classe pour le remplacer ; le sujet ne doit-il pas être ensuite élu au scrutin ? Même forme doit être désirée pour l'élection des conseillers formant le conseil, et dès lors la brigue cessant et les conseillers pris par partie dans chacune de ces classes de citoyens, les délibérations seront toujours prises à la pluralité avec connaissance de cause par des personnes instruites ou à même de s'instruire des intérêts de la communauté.

Cependant si l'influence pouvait encore contrarier ces doléances de réformation et de rénovation sur cet objet municipal, il sera toujours vrai, pour quiconque s'occupera sans prévention de ces doléances, que la forme actuelle de l'élection des officiers municipaux et des conseillers qui forment le conseil de communauté est susceptible de tous les inconvénients rappelés, et que la forme nouvelle portée par ces doléances ne laisse aucun arbitraire, et qu'elle préjuge une meilleure administration.

COURTAGE.

La ville de Barcelonnette n'a absolument aucuns revenus, le courtage est le seul qui y soit établi ; lors de son établissement, il était d'une petite considération, il avait été attribué aux consuls pour en employer le revenu à des réparations utiles à la ville. Or, depuis, des administrateurs s'en sont départis en faveur de la communauté, pour en employer le revenu à la construction des fontaines et à des objets d'utilité publique de la ville.

Il y a plus de cinquante ans que les fontaines ont été faites ; la communauté a joui depuis de ce droit de courtage, dont le revenu a progressivement augmenté, ce qui l'a amplement dédommagée de la dépense de cet établissement des fontaines.

C'est avec douleur que les habitants de la ville ont vu ceux de la campagne se refuser à la plus petite dépense pour l'utilité de la ville ; lorsqu'elle fut forcée, il y a environ douze ans, de refaire son pavé ; elle se vit contrainte de s'adresser à Sa Majesté pour que la communauté fût soumise à la réfection de ce pavé, comme jouissant de ce seul revenu établi dans la ville. Ce qui fut aussi ordonné par arrêt de son conseil et de suite exécuté.

Dès lors n'est-il pas de toute justice que la ville seule jouisse du revenu de ce courtage, pour pouvoir employer ce revenu aux objets d'utilité publique qu'elle trouvera bon ?

HOTEL-DIEU.

Le revenu de 150 ducatons donné à l'hôpital de la ville de Barcelonnette forme au moins le quart de celui de cette maison de charité ; ce revenu procède de l'intérêt du capital que Jean-Pierre Caire avait donné à cette maison, qui lui était dû par S. M. le roi de Sardaigne. Par le traité d'Utrecht entre la France et le Piémont, la vallée de Barcelonnette fut heureusement réunie à la couronne de France ; dès ce moment la France fut chargée du payement de cet intérêt annuel de 150 ducatons, et Sa Majesté, voulant favoriser cette maison de charité pour l'exaction annuelle de cette somme, après avoir fait faire par le commissaire départi en Provence la vérification des titres de cette dette, elle ordonna, par sa déclaration du 28 novembre 1716, que cet hôpital resterait conservé dans la jouissance annuelle de 150 ducatons à prendre sur le revenu annuel du greffe de la préfecture de Barcelonnette, avec défense aux fermiers de ses domaines et à tous autres de l'y troubler.

Ce greffe de préfecture, mis depuis cette époque de trois en trois ans aux enchères, sous l'autorisation du préfet, présent le procureur du Roi, n'a jamais produit le revenu annuel de 150 ducatons ; de façon que cet hôpital a toujours été au cas de demander un supplément pour être payé jusqu'à concurrence de ces 150 ducatons ; le manque de cette partie de revenu a tourné au préjudice des pauvres malades ; mais indépendamment que les arrérages de ces intérêts sont considérables, cet hôpital a la douleur de voir qu'à la réquisition du procureur du Roi, le préfet a taxé contrainte plusieurs fois, depuis la suppression de la judicature seulement, contre le greffier de la préfecture, pour le moment de la fourniture du pain faite aux prisonniers, à prendre sur le revenu du greffe de la préfecture, insuffisant pour le montant de payement des 150 ducatons attribués à cet hôpital par Sa Majesté, contrainte décernée contre les dispositions de Sa Majesté consignées dans sa déclaration du 28 novembre 1716.

Les administrateurs de cet hôpital, préposés pour le maintien de ses droits, sous peine de blâme, se voient forcés de porter aux pieds du trône leurs réclamations envers les exactions requises par le procureur du Roi et ordonnées par le préfet, au préjudice des droits réels de cette maison, et attentatoires aux dispositions et aux défenses de Sa Majesté.

Ces administrateurs, conduits par leur devoir à soutenir les intérêts de cette maison, et invités par la bienfaisance et l'humanité de Sa Majesté envers les pauvres à porter leurs souhaits et leurs doléances aux pieds de son trône, présentent avec soumission et sincérité à Sa Majesté, leurs vœux, ceux du pauvre, et leurs prières journalières pour sa conservation de sa personne sacrée, l'état de la couronne et la prospérité de son royaume.

Sous les heureux auspices de leurs souhaits accomplis, ils verront cette maison de charité soutenue, rétablie dans ses droits attaqués, et dans des temps de prospérité, ils verront aussi verser dans la caisse des pauvres par la main bienfaisante de Sa Majesté des secours qu'elle jugera aussi justes que pressants.

Signé à l'original : Cayre-Magnaudy, Domand, Cauton, Pascalis, Duvalon, Arnaud Donnaud, Richard, Brune, Cotteclène fils, Sébastien d'Erbès, Béraud, Jean-Antoine Cotte, Bellon, Joseph Mille, Jean-Baptiste Gastinet, Barthélemy Renjaud, Antoine Donnaud, M. Goin, François Pellot, Jean-François Hermenjoud, Dominique Trop, J.-A. Antoine Olivier, Pierre Langier, J.-Jacques Jaulour, Jean-François Trop, Jean-Pierre Caire, Charpenel, Joseph Gasline, Joseph Bellot, Joseph Richard, Jean-Baptiste Boulomy, Jean-Pierre Allemand, Jean-Antoine Thoré, Paul Fabre, Pierre Graugard, J. Magnaudi, Jean-Antoine Rolland, Pierre Leattan, Jean-Honoré Heissaut, Joseph Lions, Jacques-Antoine Olivier, Jean-Antoine Munil, Jean-Baptiste Ebrume, Jacques Armand, Jean Boux, Louis Michel, Cartinier père et fils, Pierre Buffle, Jean-Baptiste Baille, Jean-Baptiste Emenyaud, Jacques Allemand, André Gardon, Joseph Crou, Étienne Fabre, Touche fils, Jean Emanjaud, Pierre-Henri Bard, Joseph Touche, S. Gastinel, Jean-Dovin, Sébastien Jaubert, Jean-Antoine Charpenel, Pascalis, Lachamp, Joseph Allemand, Barthélemy Gas, Regnier, Jean-Antoine Coste, Jean-Baptiste Lions, Nicolas Lions, Joseph Charpent, Joseph Touche, Pierre-Antoine Bellou,

Paragraphé, *ne varietur*, le conseil tenant. *Signé* Curault.

DOLÉANCES PARTICULIÈRES
De la communauté d'Allos.

La communauté d'Allos, à laquelle les doléances de la vallée sont communes, mérite encore par sa position les attentions particulières du gouvernement.

La privation des avantages du commerce de la vallée, l'impossibilité absolue de se rendre aux marchés de la ville, les contributions excessives qui lui ont été arrachées pendant les guerres de la part des Français et des Piémontais en passant alternativement sous la domination des deux couronnes, par sa position sur les frontières des deux États, les aliénations forcées de tous les pâturages communs qui formaient seuls les revenus

publics, les productions de son terroir qui ne consistent qu'en seigle, orge et avoine, suffisant à peine à la consommation de ses habitants, la dévastation de la meilleure partie des terres par les orages et les débordements de ses torrents, les émigrations continuelles que le défaut de subsistance nécessite, l'exclusive rigueur du climat prive le pauvre habitant de donner le moindre soin à la culture de son fond, le retient captif plus de six mois de l'année au fond d'une écurie pour se garantir du froid, retient aussi le blé jusqu'à quatorze mois dans la terre, en rend conséquemment la perception plus dangereuse, plus fautive et plus alarmante pour le citoyen.

Cette communauté est composée de trois cents habitants dont le chef-lieu en renferme quatre-vingt-dix, et les autres sont dispersés en différents hameaux répandus dans le terroir à des distances assez considérables du chef-lieu.

Quoique cette communauté fasse partie de la vallée, elle est néanmoins à la distance de six lieues de Barcelonnette; elle en est surtout séparée par une montagne affreuse qui rend la communication impraticable pendant sept mois de l'année ; les chemins sont en mauvais état, bordés de précipices, des glaces affreuses et les coulées de neiges en rendant l'usage très-dangereux ; les événements les plus sinistres qu'on éprouve quelquefois dans ce trajet, ne peuvent que rendre le passage toujours plus redoutable et plus alarmant.

Avant les lettres patentes du 10 novembre 1787, un baile résidait sur les lieux. On avait à chaque instant le moyen et la facilité de recourir à la justice locale ; ce moyen que la situation d'Allos rendait nécessaire lui est enlevé par les lettres patentes du 10 novembre qui suppriment le juge de Barcelonnette et tous les bailes locaux. La suppression du juge de Barcelonnette n'a rien qui puisse intéresser la communauté d'Allos ; les habitants peuvent recourir au préfet tout comme ils y recouraient auparavant, mais il est indispensable pour eux de réclamer de la justice et de la bonté du Roi, qu'on leur fournisse le secours d'une justice locale et permanente, et qu'on prévienne les dangers de les laisser sans moyens pour remplir cet objet, lorsque la communication entre la ville de Barcelonnette et la communauté d'Allos se trouve interceptée.

La communauté d'Allos est dans un site tout différent de celui des autres communautés qui composent la vallée. Ces dernières sont beaucoup moins éloignées du lieu principal, leurs habitants ont d'ailleurs dans tous les temps le moyen et la facilité de s'y rendre pour y requérir justice. Les habitants d'Allos sont dans un cas bien différent ; leur communication avec le tribunal qui doit les gouverner est physiquement impossible pendant une partie de l'année. Le préfet de Barcelonnette est alors dans l'impuissance de remplir les fonctions de juge local. Ils ont donc à cet égard des besoins particuliers et des droits qui leur sont propres à raison de leur position.

Les lettres patentes du mois de novembre 1787 donnent aux consuls le droit de juger au sommaire jusqu'à 25 livres. Cette disposition prouve que le souverain s'est occupé du soin de ménager aux habitants de cette vallée les avantages d'une justice localement permanente ; elle ne peut suffire pour les autres communautés de la vallée, à plus forte raison elle est insuffisante pour la communauté d'Allos, dont le Roi n'a pas connu la vraie position, et à qui il n'eût pas manqué de donner de plus amples secours, s'il l'avait connue.

La situation de la communauté d'Allos étant telle qu'on vient de le dire, il serait essentiel, indispensable même d'amplier au moins les pouvoirs et les fonctions des consuls. Les lettres patentes les réduisent aux sommaires n'excédant pas 25 livres ; mais il est une infinité de cas qui sont tous pressants et dans lesquels il est nécessaire d'avoir un juge local. Les causes des tailles sont de cette dernière espèce ; les lettres patentes réduisent le cas à 25 livres, mais presque toutes les causes de cette matière portent sur une plus forte adjudication ; le trésorier a son privilège pendant trois ans, les demandes des trésoriers excèdent presque toujours la somme de 25 livres, elles l'excèdent le plus souvent même, quand il ne s'agit que de la taille courante, et lors même qu'il ne sera question que d'une demande au-dessous de la somme de 25 livres, les frais de séquestration et autres de cette espèce iront au delà, de manière que le trésorier, forcé d'aller plaider par-devant le préfet, ne pourra que rencontrer de gros embarras dans la perception de l'impôt, perception qui se faisait auparavant avec rapidité et presque sans frais ; il n'en coûtait auparavant que 5 livres par-devant les consuls pour une sentence de défaut ; il en coûtera désormais jusqu'à 50 pour le même objet. L'intérêt de la perception et celui des redevables exigent donc que l'attribution conservée aux consuls en matière de tailles, puisse excéder la somme de 25 livres ; auparavant les consuls en connaissaient, à quelque somme que s'élevât le principal demandé pour taille ; il serait convenable, tant pour l'intérêt du Roi que pour celui des sujets, que les consuls pussent connaître de toutes les causes de tailles, à quelque somme qu'elles pussent monter, ou tout au moins de toutes les causes concernant les tailles des trois dernières années.

Il serait également essentiel et digne de la justice du Roi de donner aux consuls le ministère des émancipations. Les opérations qui exigent la présence du juge sont souvent pressantes, le repos et l'honneur des familles peuvent en dépendre ; l'âge des pères, l'état des enfants peuvent rendre leur transmarchement impossible ; il serait d'ailleurs cruel dans tous les cas de soumettre les parties aux frais d'un voyage pour parvenir à l'émancipation, et pour se rendre auprès du préfet à cet effet. Les émancipations expresses sont une opération de droit qui exige l'interposition du juge compétent ; serait-il juste que les parties fussent les chercher à grands frais dans un territoire étranger, et en se déplaçant ; et ne devient-il pas encore plus nécessaire de donner les émancipations aux consuls, juges locaux, quand on considère que les routes sont interceptées pendant plusieurs mois, et qu'alors l'accès du juge dont la présence est nécessaire pour valider l'émancipation serait physiquement et absolument impossible ?

Il est un nouvel article digne de l'attention du Roi, parce qu'il tend au soulagement du peuple : c'est celui des sentences volontaires qui sont en usage dans la vallée. Ces condamnations ont la même forme que celles des actes publics et des jugements ; elles forment une manière de procéder propre à épargner et prévenir des frais, il n'en coûte que 10 sous pour les jugements de cette espèce rendus par les consuls, il en coûterait dix et vingt fois plus pour rapporter un pareil titre de l'autorité du préfet. Il n'y a nul inconvénient à donner aux consuls le droit de rendre illimitativement des jugements de cette espèce, il y en aurait beaucoup à le leur refuser. D'une part, la

nécessité du ministère du préfet ne pourrait que tomber à la surcharge du peuple ; de l'autre, on ne pourrait pas profiter de l'occasion qu'on pourrait avoir d'engager un débiteur de mauvaise foi à consentir à une condamnation juste et volontaire, parce qu'on n'aurait pas le juge d'accord pour dresser le titre de condamnation au moment où les parties seraient respectivement réunies pour le demander.

Les objets liquidés comme ceux des sommes portées par jugement, actes et billets, semblent également devoir être attribués aux consuls pour une somme infiniment plus forte que celle de 25 livres avec le nonobstant appel. Les causes de cette nature n'excèdent pas la capacité des consuls ; elles sont tout à fait à leur portée ; il est de l'intérêt de tous qu'elles soient expédiées, et qu'elles le soient à moindre frais possible, d'autant que ces causes sont ordinairement terminées par le premier jugement et par la crainte des exécutions dont il peut être suivi ; on abrégerait donc le temps d'une condamnation souvent pressante, quelquefois nécessaire, et l'on gagnerait beaucoup sur les frais, si l'on donnait à cet égard une amplification convenable et telle que la matière peut l'exiger aux consuls d'Allos.

Il en est de même des contestations sur les objets réels comme sur les limites, passages etc. ; l'instruction de ces discussions est souvent coûteuse par la descente des juges. Les consuls-juges locaux faisaient ces descentes et les procès-verbaux à peu de frais ; les parties ne pourraient qu'y trouver les plus grands avantages ; au lieu qu'en attribuant les procès au préfet, les frais des procédures locales ne peuvent que devenir très-onéreux par la nécessité de déplacer cet officier hors de son tribunal quand il faudra faire un accédit sur les lieux, et le cours de la justice ne pourra qu'être arrêté, parce qu'il arrivera souvent que le juge ne pourra pas même accéder, vu la rigueur du temps et les dangers du passage.

La misère devient toujours plus sensible dans la montagne ; de là viennent les émigrations qu'elle éprouve, de là les fréquentes requêtes et procédures en vergence ; faudra-t-il aller à Barcelonnette pour aggraver la dépense de ces procédures qui pourraient se faire sur les lieux à très-peu de frais ; faudra-t-il ajouter à cette surcharge celle du déplacement des parties et celui des témoins, tandis qu'il ne coûterait rien ou presque rien pour obtenir un décret de vergence sur les lieux, et faudrait-il suspendre cette procédure souvent très-pressante pour le repos et l'honneur des familles pendant sept mois de l'année, temps auquel toute communication est interceptée d'Allos à Barcelonnette, temps tout au moins auquel on ne peut se rendre auprès du préfet sans les plus grands dangers.

Les rapports de future cautèle, qui portent souvent sur un modique objet, méritent à tous égards le même privilège.

Enfin, parmi tous les objets qui embrassent les procédures locales et qu'il paraîtrait convenable et de grande utilité de laisser aux consuls, on peut compter l'objet de complaintes, réintégrantes et attentats sur les propriétés, qui emportent et exigent la descente du juge et son interposition personnelle. Ces procédures essentielles et toujours pressantes exigent l'accédit du juge ; ce dernier se rend sur les lieux, il constate la voie de fait, il la fait réparer de suite ; cette procédure s'expédie sans frais, ils deviennent excessifs quand la discussion en est abandonnée à un juge étranger et surtout à un juge supérieur, comme le pré-

fet; outre l'augmentation des frais, on y trouve encore l'inconvénient du défaut absolu de toute justice pendant plus de la moitié de l'année, et cependant l'intérêt de la justice exige que cette procédure soit faite dans l'instant. Il importe, d'un autre côté, que l'attentat soit réparé le plus tôt possible, les retards de la justice sur les objets de cette espèce pouvant souvent causer les plus grands désordres.

C'est notamment sur les objets qu'on vient de parcourir que la communauté d'Allos désirerait que le pouvoir et que le ministère de ses consuls, dans l'ordre de la juridiction qui leur est confiée, fussent remplis; elle réclame à cet effet les bontés et la justice du souverain. Ces motifs n'ont en vue que l'intérêt de l'habitation; elle sent bien que les causes à l'égard desquelles le ministère des consuls serait amplié aurait un tribunal de plus à subir, parce que l'appel en serait porté des consuls au préfet, mais elle en serait bien dédommagée par la possession d'un tribunal local qui serait toujours prêt à opérer à moindre frais et qui laisserait les habitants d'Allos sans crainte sur l'interruption de la justice, dans le cas où le secours des tribunaux est tout à la fois le plus urgent et le plus nécessaire. L'inconvénient d'avoir un tribunal de plus à franchir ne peut frapper que contre ces plaideurs obstinés.

L'avantage d'avoir la justice à moindre frais et d'être assuré au besoin de sa protection l'emporte sur tous les autres objets qui peuvent être mis en considération dans les cas de cette espèce, s'il est possible surtout que cette justice s'administre sans le ministère des procureurs.

Les habitants de la communauté d'Allos pourraient-ils ne pas espérer ce qu'ils demandent? Un Roi qui s'occupe du bonheur public ne sera pas insensible à leurs réclamations; leurs espérances sont dans son cœur; pourraient-ils les former sous de meilleures auspices que dans le moment où il ne veut s'entourer de son peuple que pour le rendre heureux? *Signé* Honorat, député; Jaubert, député. Paraphé, *ne varietur*, l'assemblée tenant... *Signé* Curault.

DOLÉANCES

De la communauté de Chatelard, vallée de Barcelonnette.

Nos doléances sont, en abrégé, qu'étant dans un pays des plus âpres, des plus froids et des plus affreux du monde, pays horrible, hérissé de montagnes à perte de vue et de rochers escarpés qui rendent nos avenues presque inaccessibles, pays où les rivières, les ravins et les gaves occupent presque tout ce qu'il y a de bon pour la culture, où nous sommes assiégés par la neige, jusqu'à six mois de l'année, lesquels nous sommes réduits à passer dans de méchantes écuries, avec les animaux pour être gardés de la gelée par la chaleur de leur haleine, pays où ces neiges sont si fréquentes et si abondantes, qu'elles ont ordinairement demi-toise de hauteur ou même plus, lesquelles se mettant en coulées affreuses, désolent, dévastent, occupent et engravent les campagnes capables du peu de récolte que la terre promet à une très-pénible culture, récolte qui consiste strictement en grains, seigles, orges, avoines, bien peu de froment, point de fruits d'aucune espèce, point de vin, point de bière, n'étant notre nourriture ordinaire, pour la plupart, que de la soupe d'orge et d'avoine, avec des herbes en potage avec un peu de pain bis, notre soul au moins de

l'eau fraîche et cristalline, tout le reste ne venant qu'à grands frais de l'étranger, ce qui force une grande partie de nos habitants à s'isoler, à se répandre de part et d'autre dans le pays étranger, pour vivre et pour trouver moyen de gagner avec d'inconcevables peines de quoi payer les surcharges dont ils se trouvent oppressés, fatigués par les dîmes, les tailles, les taux de capitations, contrôles et les entretiens personnels en tout genre, pays où les pauvres habitants sont sans cesse harcelés de pétitions et répétitions des droits des individus, des familles, régis par une justice longue, attachée superstitieusement aux formes de procédures pour raison et chicane desquelles le fond est souvent perdu de vue parmi les labyrinthes où les parties sont dévorées en frais jusqu'aux os avant de recevoir justice.

C'est pourquoi nous supplions très-humblement Sa Majesté d'avoir égard à nos misères, au moins en ne les augmentant pas en tant qu'il lui sera possible par un surcroît d'impôt, mais bien prendre l'argent où il est, c'est-à-dire dans les coffres de tant de nobles et de riches magistrats, lesquels à leur aise ont tout en abondance, et qui font de votre pauvre peuple leurs vassaux à leur plaisir.

Mais, sur toute chose, nous supplions très-instamment Sa Majesté qu'il lui plaise et daigne ordonner que tout le sol de la France, pays exactement et justement taillé, ait sa juste quote-part de toutes les impositions communes et utiles à l'État, nous soumettant néanmoins très-humblement à tout ce que sa bonté paternelle trouvera bon d'ordonner.

Ce n'est pas, au reste, que nous souhaitassions pouvoir faire passer en détail toutes les dimensions de nos misères sous vos yeux; néanmoins nous nous contenterons de dire avec respect: Ah! si le Roi avait pu admirer l'insigne bonté, dont l'excès a prévenu nos doléances, pouvait le savoir, mais une juste pudeur, et l'intime respect dont nos cœurs sont remplis pour sa personne sacrée ne nous permet pas de les amplifier davantage, de peur d'être indiscrets, ou d'attrister, de plaire ou louer le cœur si noblement paternel d'un souverain si juste, si prévenant et si bon, auquel nous devons craindre avec raison de donner le moindre déplaisir, car nous souhaiterious bien plutôt être capables de pouvoir contribuer à sa satisfaction et sa réjouissance par les protestations les plus sincères de notre dévouement à son service, et c'est ce que nous souhaitons faire maintenant pleins de joie de lui rendre à cette heure nos hommages, et de ce que l'occasion nous procure le bonheur inouï de lui témoigner pour toujours nos respects et nos remerciments sur les présents effets d'une bonté inouïe et si grande enfin qu'elle surpasse toutes nos atteintes; aussi souhaitons-nous de tout notre cœur la conservation de sa personne auguste et sacrée de même que de son illustre famille, sous la domination de laquelle nous souhaitons, désirons et attendons *in eternum manere*, lui laissant maintenant le soin de pourvoir paternellement à tous nos besoins. Nous dirons sans cesse en action de Vive le Roi! Vive le Roi! *Vivat Rex! Vivat Rex! Signé* Jean Caire, Pierre Chapenel, Joseph Reynauld, Jean Jean, Joseph Plesant, Joseph Arnauld, Jacques Jean, André Desdiers, Pierre Cottier, Pierre Regnaud, Pierre Plesant, Jean-Baptiste Chapenel, Pierre-Jacques Cottier, Pierre Renaud, Pierre Plesant, Jean-Baptiste Chapenel, Sébastien Langier, Pierre Cottier, Antoine Plesant, consul; Joseph Jean, consul; Pierre Cottier, défenseur; de Vallancau, greffier ; Joseph Plesant, député ; Joseph Chapenel, député.

Paraphé, *e varietur*, l'assemblée tenant.

DOLÉANCES PARTICULIÈRES
De la communauté du Lauzet.

La communauté du Lauzet est la plus petite, la plus pauvre et la moins favorisée, par sa situation, de toutes celles de la vallée de Barcelonnette; son terroir, partout escarpé et précipiteux, occupé par les torrents et la rocaille, est traversé dans la longueur de deux lieues par le chemin royal, d'où dépend toute la communication avec le reste du royaume.

Il n'est point d'années où les eaux pluviales et la fonte des neiges ne causent les plus grands ravages et rendent l'entretien de ces chemins d'autant plus onéreux qu'il en est plus fréquent. Souvent on a vu le commerce intercepté et le reste de la vallée affamé de tous les comestibles de première nécessité que son sol ingrat lui refuse ; aussi regarde-t-on avec raison cet entretien comme une des causes qui retiennent cette communauté dans l'état de misère et d'appauvrissement qui la distingue.

Dans tous les temps elle a réclamé un secours, ou tout au moins le concours des autres communautés de la vallée, pour l'aider à supporter cette charge. L'utilité générale et l'absolue nécessité de ces chemins et l'excessive disproportion de ses dépenses annuelles pour cet objet, et ses forces combinées avec celles que sont en cas de faire plusieurs communautés, qui, quoique la moitié plus considérables, n'ont, par leur position, pas la dixième partie des chemins à entretenir, à son impuissance généralement reconnue, sont les titres de sa réclamation.

Enfin, déjà soumise à l'entretien de trois ponts en pierre, ou en bois jetés sur la rivière d'Hubaye pour son utilité particulière, lui continuer le fardeau entier de ses chemins, c'est lui rendre sa ruine inévitable, c'est l'anticiper ; enfin, c'est inviter ses habitants à l'abandon d'un sol sur lequel on est déjà étonné qu'ils aient pu s'arrêter si longtemps. Signé Régnier, député; Vigne, député. Paraphé, *ne varietur*, l'assemblée tenant. *Signé* Curault.

DOLÉANCES PARTICULIÈRES
De Revel.

Les députés de Revel, chargés de dresser les réclamations de leur communauté,

Disent que d'après la connaissance qu'ils ont eue des doleances dressées par les commissaires de la municipalité de Barcelonnette, qui portent sur tous les objets qui intéressent en général la vallée, ils bornent leurs réclamations à un objet qui leur est particulier et prennent la liberté de le mettre sous les yeux de Sa Majesté dont ils implorent la justice.

La communauté de Revel remontre qu'il a été accordé par Sa Majesté à la vallée de Barcelonnette la somme de 180,000 livres en dédommagement des fournitures faites aux dernières guerres, et comme il fut ordonné que cette somme fût employée aux réparations des chemins et autre utilité publique à l'avantage du pays, la communauté de Revel avait lieu d'espérer d'être traitée comme le reste de la vallée dans les réparations ordinaires aux chemins publics ; elle a été frus-

trée dans ses attentes et a eu la douleur de se voir privée d'une propriété commune entre elle et la communauté de Méolans qui serait devenue très-considérable.

Un particulier a fait offre de réparer le chemin de l'étroit de Revel, en lui accordant la concession du gravier qu'il gagnerait sur la rivière d'Habaye en y établissant les digues nécessaires pour contenir la rivière et le chemin.

La demande de ce particulier a été accueillie par M. l'intendant, sous le droit de préférence pour les communautés de Méolans et de Revel qui, après avoir bien examiné la dépense à faire et l'avantage qu'elles pourraient en retirer, se sont déterminées à abandonner leur terrain dans le temps qu'elles avaient lieu d'espérer que les dépenses occasionnées par cette répartition seraient prises sur les 180,000 livres accordées, comme l'ont été celles faites aux communautés du Lauzet, Méolans, Barcelonnette et Chatelard.

La communauté de Revel observe qu'elle est obligée, avec la communauté de Méolans, à l'entretien de leur pont, qui traverse la rivière d'Habaye le long de la grande route, que le pont a besoin d'être refait à neuf, que les communautés qui sont obligées à son entretien sont dans l'impuissance de fournir a la dépense qu'exige sa réfection, qui ne pourra être faite qu'en pierre, attendu qu'on ne trouvera qu'avec peine et à une distance très-considérable le bois qui y serait nécessaire, ce qui rendrait la dépense presque aussi considérable d'une façon que d'autre,

La communauté de Revel espère des bontés de Sa Majesté qu'attendu le droit qu'elle a sur les 180,000 livres accordées a la vallée dont elle n'a encore ressenti aucun bienfait, elle voudra bien ordonner la réfection de ce pont sur cette somme, qui, par sa chute et l'impuissance des communautés à le rétablir, intercepterait le chemin royal et toute communication dans la vallée.

Signé Maurin, Anticq, consuls et députés.

Paraphé, *ne varietur*, l'assemblée tenant.

DOLÉANCES PARTICULIÈRES
De Tournoux et Gleisolles.

La communauté de Saint-Paul, divisée en quatre paroisses, a une municipalité composée de quatre consuls et de deux défenseurs auxquels est attribuée la juridiction de la police et de l'observation des statuts municipaux.

La paroisse de Tournoux et Gleisolles, éloignée d'une lieue de Saint-Paul, forme une partie considérable de cette communauté; elle n'a que ses communaux particuliers, que leur position sépare de ceux de la communauté, et qui néanmoins se trouvent soumis a la même loi municipale dont l'observance est le thermomètre de leur existence.

L'eloignement en été, et la grande quantité de neige qui couvre le terroir en hiver, en interceptent souvent la communication, dérobent toujours à la connaissance des consuls, seuls chargés d'y veiller, les contraventions qui se commettent dans les quartiers les plus précieux à conserver, et la licence targuée de l'impunité, en produisant la destruction des bois qui dominent les maisons et les fonds, ne laisse entrevoir que leur ruine la plus prochaine par les coulées de neige pendant l'hiver et l'irruption des eaux pluviales pendant l'été.

L'attention journalière d'un consul pris chaque année dans leur sein, dont sa conscience et son intérêt personnel lui imposerait ce devoir indispensable, serait le remède le plus efficace et le seul que ses habitants réclament de la bonté du monarque.

C'est à Tournoux et Gleisolles que fut établi le camp général de Sa Majesté aux guerres de 1744; à cette occasion, les bois, les maisons, les denrées, tout fut sacrifié au service des troupes et à la formation des magasins.

Les habitants de cette contrée malheureuse n'ont cessé depuis lors de réclamer le payement des fournitures qu'ils avaient faites et des dommages qu'ils avaient soufferts, sur les états de liquidation dressés par M. Sercy, chargé de cette partie dans le mois d'août 1751. Mais leur faible voix n'a pu encore parvenir aux pieds du trône.

Si leur local fut, dans les dernières guerres, jugé le plus propre pour l'établissement d'un camp général, la conservation de ses habitants en devient d'autant plus précieuse à l'Etat, qu'en les abandonnant à leur infortune, ils seraient, dans le cas d'une nouvelle rupture, privés d'un avantage qu'ils ne pourraient se procurer ailleurs.

Le village de Tournoux, situé sur une élévation, est privé de l'eau nécessaire à son usage domestique; depuis longtemps les habitants ont épuisé leurs forces et leurs ressources pour se procurer une fontaine, mais la dépense excessive qu'ils sont obligés de faire a rendu jusqu'à présent leurs efforts impuissants, et ne leur laisse d'espoir d'y parvenir que dans l'indemnité qu'ils réclament de la justice du souverain.

Signé à l'original : Pierre Garien. Paraphé, *ne varietur*, l'assemblée tenant. *Signé* Curault.

DOLÉANCES PARTICULIÈRES
Des habitants du vallon de Fours.

Par-devant nous, les députés de la ville et communauté de Barcelonnette, nommés par délibération prise au conseil de ladite communauté, dans l'église du collége de Saint-Maurice de ladite ville tenue le 25 du présent mois de mars pour procéder à la rédaction du cahier de plaintes, doléances et remontrances des quartiers, paroisses, hameaux et particuliers de ladite ville et communauté de Barcelonnette, est comparu sieur Alexis-Armand Ménager, habitant de la paroisse et vallon de Fours, syndic et procureur fondé de ladite paroisse et vallon, lequel nous a représenté qu'en suite des lettres de Sa Majesté du 2 mars 1789 pour la convocation des Etats généraux à Versailles le 27 avril prochain et règlement y annexé, et de l'ordonnance de M. le préfet de Barcelonnette, tout quoi a été publié et affiché audit lieu le 22 du courant, il se rendit, mercredi dernier, 25 du présent mois de mars, au conseil convoqué à Barcelonnette, ledit jour, dans ladite église du collége de Saint-Maurice, pour y procéder, conjointement avec les autres habitants de ladite ville et communauté de Barcelonnette, d'abord à la rédaction du cahier de plaintes, doléances et remontrances à faire à Sa Majesté, et présenter les moyens de pouvoir subvenir aux besoins de l'Etat, ainsi qu'à tout ce qui peut intéresser la prospérité du royaume et celle de tous et chacun des sujets de Sa Majesté; qu'en conséquence la paroisse et vallon de Fours ayant plusieurs plaintes à porter et plusieurs réclamations à faire, il aurait voté et demandé à pouvoir en faire article dans ledit cahier de plaintes, doléances et remontrances. Que MM. les consuls lui répondirent que ce n'était point le jour ni le moment, et qu'il n'aurait pour cela qu'à s'adres-

ser à MM. les députés qu'on allait nommer et choisir, et qui seraient chargés de recevoir les plaintes de chacun et de rédiger ledit cahier de doléances, ce qui est cause que ledit comparaissant s'adresse à nous pour nous prier et requérir, au nom de tous les habitants de ladite paroisse et vallon de Fours, d'insérer et de faire un article exprès, dans notre cahier de plaintes, doléances et remontrances des réclamations, et pétitions desdits habitants de Fours qui sont ainsi que suit.

Le lieu de Fours est un village assez considérable, dépendant de la communauté de Barcelonnette, ayant paroisse et succursale; il est composé de cent cinquante deux habitations, formant en tout neuf cent trente individus; sa situation se trouve au fond de quatre montagnes escarpées, dans le climat le plus froid de la vallée, les abords sont inaccessibles plus de six mois de l'année par la quantité de neige qui tombe en hiver, et par le défaut de chemins. Ce village est éloigné de six heures de marche de la ville de Barcelonnette dont il fait la quinzième partie de l'afflorinement du cadastre.

Cette position désagréable et pénible laisse les habitants exposés à manquer des secours nécessaires en cas de maladie : ils n'ont sur les lieux ni chirurgien ni notaire ; aussi arrive-t-il souvent que les malades périssent faute de soulagement et que des habitants se détruisent faute de disposition de la part de leurs chefs ; on a presque toujours vu les pupilles dépouillés de leurs principales ressources, lorsque les pères sont morts sans disposer de leurs biens.

Il ne se passe pas d'année qu'il n'y ait des morts par accident, soit en hiver par les coulées de neige, soit en été pour faire paître les troupeaux à travers les montagnes escarpées qui dominent le village; dans ces événements malheureux, il est arrivé souvent que les cadavres ont pourri sur la place, faute de justice sur les lieux, ou qu'ils sont restés trois mois ensevelis sous la neige.

Ce tableau, tout effrayant qu'il est, n'est point exagéré; l'éloignement du chef-lieu et la difficulté des chemins rendent le hameau de Fours isolé, et comme séparé du reste de la vallée.

Les habitants gémissent depuis longtemps dans ce désordre; jamais le corps de la communauté n'a rien fait pour leur hameau : ponts, chemins, répartition publique, tout a toujours été à leur charge, jamais on ne les a admis à aucune charge municipale, ils n'ont jamais eu ni consuls, ni défenseurs, ni conseillers ; jamais aucun habitant n'a participé à l'administration; cependant la ville a toujours été attentive à les surcharger d'impôts; quelque misérable que soit le hameau par sa position et son peu de produit, les habitants ont toujours supporté les plus fortes charges. On ne craint pas de dire que la ville a toujours abusé de son pouvoir à leur égard ; aussi, avant de succomber sous le joug accablant qu'ils portent ils ont pris la résolution de profiter dans ces temps heureux de la justice du Roi bienfaisant qui les gouverne, et de faire leurs derniers efforts pour se soustraire, s'il est possible, à l'administration du chef-lieu.

Dans cette vue, ils ont pris une délibération le 21 juin dernier, par-devant M. Tirau (notaire, après avoir obtenu permission de M. le préfet de Barcelonnette de s'assembler), par laquelle les habitants ont unanimement nommé des préposés pour traiter toutes les affaires qui les intéressent, former le plan le plus avantageux, prendre avis et agir auprès des puissances qui pourront connaître de leurs affaires, avec promesse d'approuver et ratifier tout ce qui sera fait.

En exécution de cette délibération les habitants, de Fours avaient pris des mesures pour parvenir à faire séparer leur paroisse de la communauté de Barcelonnette, et à se faire ériger en corps de communauté particulière, mais ils n'ont encore pu y parvenir.

Le nombre de cent cinquante-deux habitations et de neuf cent trente individus est une population assez considérable pour mériter une administration particulière ; les charges que le village paye s'élèvent à une somme assez forte pour favoriser leur réclamation ; mais par-dessus tout, l'éloignement du lieu de Fours de la ville de Barcelonnette, les obstacles qui se rencontrent six ou sept mois de l'année pour la communication, les accidents fâcheux qui arrivent à chaque instant, et enfin les désordres qui se multiplient chaque jour uniquement pour n'avoir aucun chef sur les lieux qui en impose au public : ces différents motifs réunis doivent être assez frappants pour favoriser la juste prétention des habitants de Fours.

Ils demandent donc, leurs motifs étant des plus justes, d'être séparés de la communauté de Barcelonnette, à l'administration de laquelle ils n'ont jamais été appelés, soit à cause de l'éloignement et de la difficulté de la communication, soit à cause de l'empire absolu que la ville a toujours exercé sur cette paroisse et vallon.

Il ne leur est plus possible de rester unis à la communauté de Barcelonnette ; six heures de marche font une distance trop considérable pour concourir à une même administration, surtout dans les pays horribles et sans communication par la quantité de neige qui y tombe, et qui forme des coulées qui emportent et engloutissent presque annuellement nombre de personnes, la moindre affaire les expose à des frais et à des dangers considérables; pour ne pas se ruiner en frais, on préfère souvent d'abandonner les prétentions les plus justes; de là l'impunité des crimes et la hardiesse des mauvais sujets qui se prévalent du défaut de justice ; cet endroit étant sans chef, la loi du plus fort l'emporte et le désordre devient universel.

Les habitants sont assez nombreux pour mériter une administration particulière; lorsqu'ils se gouverneront eux-mêmes, ils pourvoiront aux moyens d'établir une communication moins dangereuse, de se procurer les secours nécessaires à l'humanité dans un pays isolé, et ceux qui seront à la tête de l'administration, ayant une autorité légale, maintiendront le bon ordre et la justice dans tout le vallon.

Telles sont les pétitions et doléances que ledit vallon et paroisse de Fours adresse à notre seigneur Roi, et que ledit sieur Alexis Arnaud comparaissant nous a remis et prié et requis d'insérer et d'en faire un article exprès dans notre cahier de plaintes et doléances que nous sommes chargés de rédiger, nous déclarant que c'est tant en son nom qu'en celui des habitants pour lequel il se fait fort, et en fait au besoin son fait et cause propre, quoique suffisamment pourvu par eux de pouvoirs, soit en vertu de celui à lui donné par la susdite délibération prise le 24 juin dernier, pardevant M. Tiran, notaire, soit ensuite du pouvoir verbal encore à lui donné par lesdits habitants dimanche dernier, 22 du courant, attendu que par rapport à l'éloignement et aux mauvais chemins, ils n'ont pu se rendre en cette ville de Barcelonnette, ni moins encore se procurer un notaire qui rédigeât en forme publique leurs intentions et désirs à cet égard, mais que Sa Majesté n'a entendu priver aucun individu dans son royaume, ce qui arrive aujourd'hui à Fours, étant au cas imprévu auquel il espère de la bienfaisance de Sa Majesté et de la justice du plus vertueux des ministres (M. Necker) qu'il sera remédié à l'avenir ; et acte. Et a signé Alexis Arnaud, syndic et procureur; J.-Baptiste Arnaud, Baptiste Arnaud, J.-Jacques Arnaud, Barnabé Arnaud, Jean-Antoine Arnaud, Jean-Louis Arnaud, Joseph Arnaud, Barnabé Jaufred, Jean-François Leautaud, Jean-Baptiste Leautaud, Joseph Jouffred, Jean-Joseph Goyen, Jean-Joseph Leautaud, Joseph Juufred, Jean-Jacques Bellon, Alexis Loutaud, Jean-Joseph Gonin, Jean-Joseph Jaufred, Jean Leautaud, Jean-Baptiste Lentad, Joseph Jaufred, Jean-Baptiste-Pierre Leautaud, Jean-Baptiste Seand, Jean-Honoré Jaufred, Jean-Charles-François Leautaud, Thomas-Pierre Jouffraud, Jean-Jacques Bellon, Joseph Joutard, et Curault.

PROVINCE DE FOREZ.

CAHIERS
Des doléances du clergé, de la noblesse et du tiers-état de la province de Forez

REMIS A LEURS DÉPUTÉS AUX ÉTATS GÉNÉRAUX (1).

CAHIER *des doléances et vœux du clergé séculier et régulier de la province de Forez, assemblé à Montbrison, en conséquence des lettres du Roi, pour la convocation des Etats généraux, du 24 janvier 1789, et de l'ordonnance de M. le bailli de Forez, du 17 février dernier.*

Du 27 mars 1789.

Appelé par députation aux Etats généraux, le clergé séculier et régulier, témoin des maux du peuple, et de leurs apprehensions, charge ses députés de porter aux pieds du trône les doléances que le meilleur des rois lui demande.

Ministres d'une religion sainte, dont les principes tendent à entretenir les peuples dans la soumission, l'amour et la fidélité qu'ils doivent au souverain, ils supplient très-humblement Sa Majesté de continuer la protection qu'elle lui a accordée jusqu'à présent.

De veiller à la conservation des ordres religieux, et les rendre utiles, en les appliquant aux fonctions du ministère et à l'éducation.

Supprimer la mendicité des religieux des deux sexes.

Faciliter l'établissement des écoles dans les paroisses.

Procurer l'uniformité d'enseignement et de liturgie dans tout le royaume.

Démembrer les paroisses trop étendues.

Réunir les villages éloignés aux églises les plus proches.

Entretenir dans les villes, proportionnellement à la population, un nombre de prêtres approuvés, subordonnés aux curés.

Maintenir les curés dans le droit de choisir leurs vicaires dans le nombre des prêtres approuvés pour le diocèse, et qu'on ne puisse révoquer leurs pouvoirs sans en déduire aux curés les motifs.

Autoriser les curés à se choisir un syndic par archiprêtré.

Supprimer toute confrérie qui éloigne du service paroissial.

Donner au concours tout bénéfice à charge d'âmes, après cinq ans de vicariat.

Annuler les résignations en faveur de celui qui n'aurait pas vicarié cinq ans.

Décharger les paroissiens du casuel, au moyen d'une dotation suffisante aux curés, même de Malte, qui ne soient plus assujettis à entrer dans ledit ordre.

Pourvoir à la retraite des curés après quinze ans de service, et des vicaires après vingt.

(1) Nous publions ces cahiers d'après un imprimé de la *Bibliothèque du Sénat.*

Établir dans chaque paroisse un bureau de paix et de charité qui se prêtera à prévenir et éteindre les procès entre les paroissiens.

Enjoindre aux officiers de justice de veiller soigneusement au bon ordre et à la police dans chaque paroisse ; de résider sur les lieux ; et en cas de négligence, autoriser le syndic à dresser des procès-verbaux contre les réfractaires.

Mettre un frein à la licence de la presse ; la permettre pour les seuls ouvrages qui ne blessent ni la religion, ni les mœurs, ni le respect dû au monarque et aux lois.

Établir le cadastre pour les propriétés, afin de détruire l'arbitraire dans la répartition des impôts.

Trouver le moyen d'atteindre les capitalistes.

Rendre les impositions communes aux trois ordres de l'Etat.

N'établir aucun impôt sans le consentement de la nation.

Supprimer la levée des milices par le sort.

Accorder les offices de notaires au concours et gratuitement.

Diminuer les droits de contrôle pour éviter les sous-seings privés.

Permettre le rachat des droits emphytéotiques.

Abolir les droits de *committimus.*

Diminuer les frais de justice.

Supprimer les tribunaux d'exception.

Restreindre les justices seigneuriales aux fonctions de la police, aux tutelles, curatelles, inventaires, poursuite des matières criminelles jusqu'au décret inclusivement.

Établir l'uniformité des poids et des mesures dans chaque province.

Supprimer les concessions pour l'exploitation exclusive des carrières de charbon.

Abolir les gabelles ; fendre le sel marchand, en percevant les droits dans les salines.

Supprimer les aides et droits y joints ; reculer les douanes sur les frontières.

Enjoindre très-expressément à tous juges royaux d'exécuter les ordonnances relatives à la salubrité de l'air des prisons, et de visiter chaque année celles des justices seigneuriales.

Admettre tous les ordres indistinctement aux dignités ecclésiastiques, emplois civils et militaires, en préférant la noblesse à mérite égal.

Accorder à la province de Forez des Etats indépendants du Lyonnais et Beaujolais, alternativement tenus à Montbrison, Saint-Etienne et Roanne.

Conserver à l'ordre ecclésiastique, dans ces Etats, ainsi que dans les Etats généraux, l'égalité de suffrage avec la noblesse ; et de ces deux ordres avec le tiers-état.

Diminuer le nombre des étangs nuisibles à la santé et à l'agriculture.

Assurer la propriété et la liberté individuelles.

Établir une constitution invariable dans la monarchie.

Ordonner le retour périodique des Etats généraux ; y opiner par tête et non par ordre.

Soumettre chaque ministre à rendre compte des objets de son département à la nation assemblée.

Suivre le vœu de la religion et de l'humanité sur la liberté des nègres de nos colonies.

Tels sont les vœux de l'ordre ecclésiastique, inspirés par son attachement à la religion, son amour pour sa patrie et son Roi.

Les commissaires rédacteurs, *signé* Dulac, curé de Saint-Etienne; Gagnières, curé de Saint-Cyr-les-Vignes; Chapot, curé de Saint-Haon-le-Châtel; Farge, curé de Saint-Bonnet-le-Château; Paulze, chanoine de Montbrison; Dubessey de Contenson, doyen du chapitre royal de Montbrison, *président*.

———

CAHIER

Des doléances, plaintes et représentations de l'ordre de la noblesse de la province de Forez.

L'objet le plus généralement intéressant pour tous les ordres, est d'établir, d'une manière fixe et invariable, la base constitutionnelle du gouvernement.

En conséquence, l'ordre de la noblesse de la province de Forez demande :

CONSTITUTION.

Art. 1er. Qu'aucune loi, soit générale, soit bursale, ne puisse être établie que dans le sein des Etats généraux, par le concours de la volonté du souverain et du consentement de la nation.

Que, pour assurer l'existence de ces lois, elles soient d'abord déposées dans les archives de l'assemblée nationale, que ladite assemblée en envoie des copies collationnées aux Etats provinciaux, qui les adresseront aux différentes cours, pour être transcrites dans leurs registres, sans que lesdites cours puissent y apporter aucune modification.

Qu'au Roi seul appartienne exclusivement et entièrement l'exécution des lois.

Que les Etats généraux aient un retour périodique et régulier, fixé au terme de trois à cinq ans, terme même à rapprocher, si la nation assemblée le juge nécessaire.

Que l'octroi des subsides ne soit consenti que pour le temps limité d'une convocation à l'autre; et dans le cas où cette convocation n'aurait pas lieu au delai fixé, que lesdits impôts cessent, et que les Etats provinciaux demeurent autorisés à s'opposer à leur levée, comme les tribunaux à poursuivre, pour concussion, tous ceux qui voudraient en continuer la perception.

Que, dans l'assemblée des Etats généraux, les voix se comptent par tête ou par ordre, ainsi qu'il sera décidé par ladite assemblée.

Que, pour conserver à l'ordre de la noblesse l'influence qu'il doit avoir dans les affaires publiques, il lui soit accordé en toutes assemblées deux représentants sur six, en conservant au tiers-état l'égalité sur les deux autres, un dans le clergé, deux dans la noblesse et trois dans le troisième ordre.

Que la liberté individuelle soit assurée; que les lettres de cachet et d'exil soient abolies; que la propriété soit garantie; que la liberté indéfinie de la presse soit établie de telle manière que l'*imprimeur* demeure seul garant de ses ouvrages, lorsque l'auteur n'en sera pas connu.

Que les ministres soient responsables à la nation de leur administration.

Entendant que nos mandataires fassent, sur ces points aussi essentiels, statuer dans l'assemblée des Etats, avant de délibérer sur les suivants, déclarant que nous révoquons formellement tous pouvoirs à eux donnés, s'ils n'avaient point égard à cette clause expresse de notre mandat.

ADMINISTRATION.

Art. 2. Les articles fondamentaux ci-dessus obtenus, nos députés s'occuperont de connaître la situation du royaume, examineront l'état de ses finances, exigeront le tableau exact et détaillé de chacune de leurs parties.

La connaissance approfondie de la recette et de la dépense, nos députés, pour ramener dans l'une et l'autre un parfait équilibre, demanderont qu'il soit établi une fixité dans toutes les parties de dépense de chaque département.

Que les fonds pour les pensions soient déterminés de manière à ce qu'il n'en soit jamais accordé que lorsqu'il y en aura de libres, à moins de services essentiels rendus a la patrie, auquel cas elles seraient sollicitées par la nation.

La facilité des emprunts ne servant qu'à grever l'Etat, il sera arrêté qu'à l'avenir il ne puisse en être ouvert légalement aucun que par le consentement de la nation assemblée régulièrement et librement, et en présentant les moyens d'en acquitter les intérêts et d'en effectuer le remboursement.

Que chaque ministre soit tenu de rendre à la nation représentée par les Etats généraux, compte des objets de son département, soutenu des pièces justificatives.

Qu'il soit chaque année rendu public, par la voie de l'impression, le tableau des finances en général, et l'état des recettes et dépenses de chaque département.

Que tous impôts distinctifs des ordres soient éteints pour leur en être substitué, qui seront également supportés par tous les ordres.

Témoigneront nos députés combien l'ordre de la noblesse, d'après la renonciation à ses priviléges, a lieu d'espérer que les provinces n'hésiteront pas à se départir de ceux dont elles peuvent jouir.

Qu'aux impositions connues sous le nom de vingtièmes, sous-vingtièmes, subsidiaires, capitation, accessoires des rôles de cette nature, il soit substitué sur les fortunes immobilières un impôt unique, dans une proportion égale dans tout le royaume, modifié seulement par la qualité du sol qui doit en être la base.

Pour prévenir la défaveur des propriétés, résultantes d'une imposition trop forte sur cette seule espèce de biens, autant que pour faire concourir aux besoins de l'Etat chaque individu, en raison de ses facultés, nos députés demanderont qu'il soit établi un impôt industriel, proportionnel à celui qui grèvera la propriété, sur tous les officiers de finance et autres, tous capitalistes, négociants, commerçants et ouvriers; seront seulement exceptés de cet impôt, les fermiers et simples cultivateurs, qui, en indemnité de ce qu'acquitteront pour eux les propriétaires, seront tenus de résilier avec eux les baux qui subsistent, ou de leur faire raison des objets qu'ils payaient avant le nouveau plan.

Sur les rentes dues par le gouvernement, sous quelque titre que ce soit, il sera établi une retenue dans la même proportion que le revenu des fonds sera imposé.

Chaque propriétaire ou débiteur sera autorisé à faire une retenue sur les cens, rentes foncières, dîmes, fondations, etc., proportionnellement à l'imposition dont sera grevée la propriété.

Nos députés solliciteront la rentrée générale et absolue dans les domaines du Roi, et que leur aliénation entière, les forêts de haute futaie exceptées, soit faite à titre irrévocable et sanctionnée par la nation, même de ceux donnés et possédés à titre d'apanage, sauf à le remplacer en argent.

Ils demanderont que le Roi soit supplié d'ordonner la vente de plusieurs maisons royales dont l'entretien est aussi coûteux qu'inutile, ce qui opérerait la suppression des charges qui y sont attachées.

Que dans la recherche des domaines de la couronne, soient compris les échanges récents que le temps n'a pu légitimer, et ceux anciens que les formalités prescrites par la loi n'ont pas encore consacrés.

Le sort des curés fixera l'attention des États généraux; et supprimant tous casuels, ils formeront uniquement leur dotation de la masse commune des biens de l'Église, sur lesquels il sera également fourni à l'entretien, reconstruction et réparation des clochers, églises et presbytères.

Les maisons religieuses qui ne seront point occupées, ou dans lesquelles se trouveraient moins de neuf religieux, seront vendues, et le prix en provenant, ainsi que celui des aliénations à faire des biens des ordres éteints ou qui s'éteindront, soit par suppression, soit autrement, seront versés dans la caisse destinée à l'acquittement de la dette du clergé.

Que les villes soient réintégrées dans le droit d'élire librement leurs officiers municipaux, comme dans celui de régir, administrer les maisons d'établissements publics, collèges, hôpitaux, dont la dotation appartiendrait aux villes.

Nos députés demanderont l'établissement, dans le chef-lieu de la juridiction royale, d'un dépôt pour les minutes des greffes et des notaires, desquelles remises procès-verbal serait dressé sans frais à la diligence des procureurs généraux ou leurs substituts, incontinent après l'expiration des baux desdits greffes, ou du décès, démission ou suppression desdits notaires.

Les honoraires des notaires pour les réceptions et expéditions des actes variant sans cesse, il serait nécessaire qu'il y ait, comme en Bourgogne, un tarif qui règle les émoluments à raison de la nature et importance des actes.

Le nombre de ces officiers publics étant trop multiplié, et leurs fonctions très-importantes, nos mandataires réclameront que nul ne soit reçu dans ces offices sans être gradué, et que dans l'étendue de chaque ressort ils soient réduits en nombre moindre que celui qui existe.

RÉFORMES.

Art. 3. L'ordre de la noblesse de Forez demande la réduction des places de finance, surtout de celles des receveurs dans les provinces, et la détermination de leur sort en appointement.

L'abolition entière de toutes évocations au grand conseil, de toutes évocations particulières et de tous droits de *committimus* accordés aux particuliers, ou aux ordres.

La suppression de tous privilèges exclusifs, comme ceux de l'exploitation des carrières de charbons de la province, dans les environs de Saint-Étienne, et du balisage de la rivière de Loire, attentatoires à la propriété, et nuisibles au commerce.

La réforme du Code civil et criminel.

Le rapprochement des tribunaux supérieurs.

La suppression des siéges d'exception, sans réserver les tribunaux gradués de la maréchaussée.

Les mandataires de l'ordre voteront sur la non-vénalité des charges de magistrature et de celles anoblissantes, de manière que l'exercice des unes, et la distinction des autres, soient uniquement à l'avenir le prix du mérite.

La vicissitude qu'éprouve le Code militaire, ne tendant qu'à énerver le génie de la nation, il serait nécessaire que les États généraux s'occupassent d'une loi qui assure invariablement la constitution des troupes, ce qui l'empêcherait de changer avec le ministre.

Les droits féodaux gênant la propriété de l'agriculture, nos députés en solliciteront le rachat général, en conciliant avec cet avantage l'intérêt des propriétaires par un dédommagement proportionné.

Ils demanderont que les poids et mesures aient une uniformité générale.

Que la circulation intérieure soit parfaitement libre; en conséquence, que les bureaux de traites, douanes et barrières soient reculés sur les frontières du royaume.

L'impôt du sel étant extrêmement onéreux, tant à l'agriculture qu'à la consommation, soit par son prix excessif dans certaines provinces, soit par les suites de la contrebande occasionnée par la diversité des prix, nos mandataires proposeront le changement le plus prompt dans cet objet de première nécessité, ou par l'uniformité du prix, ou par tel autre moyen que les États généraux aviseront moins dispendieux et plus équitable que le régime actuel.

Ils solliciteront la suppression des droits d'aides, dont le produit pourrait être remplacé par les bénéfices qui résulteront des impôts dont a été question, ou de l'aliénation des domaines de la couronne.

La réforme du contrôle des actes par les considérations détaillées dans un mémoire sur cet objet, et qui sera joint au présent cahier.

Nos députés déféreront et dénonceront aux États généraux les acquisitions faites par le Roi, qui sont contraires à ses intérêts, et par suite à ceux de la nation.

LOCALITÉS.

Art. 4. Nos mandataires solliciteront, pour cette province, des États particuliers, séparés de la ville de Lyon, dont le génie commerçant est trop différent de celui du Forez, essentiellement agricole, pour n'avoir qu'une seule et même administration.

La tenue desdits États alternativement à Montbrison, à Roanne et à Saint-Étienne.

Leur organisation sera réglée comme celle des États généraux, et les membres librement élus seront en nombre égal pour chacune des trois élections ou départements, dans lesquels il serait établi une commission intermédiaire, continuellement subsistante.

Ils demanderont que l'administration des ponts et chaussées soit prise en considération essentielle dans l'assemblée nationale; en conséquence, que l'ouverture, confection des routes, et toutes opérations relatives à cette partie, soient entièrement confiées auxdits États provinciaux, ou aux assemblées de département, auxquels seront subordonnés ingénieurs et sous-ingénieurs.

Que les fonds qui se perçoivent pour cet objet soient entièrement employés dans les provinces qui les fournissent.

La province de Forez ayant quantité de communaux nuisibles à l'agriculture, sur lesquels l'imposition ne pourrait être que difficilement acquittée, nos mandataires solliciteront que la vente ou le partage en soient ordonnés.

Les sentiments d'union qui rapprochent les trois ordres, engagent la noblesse à demander que dans les États généraux, le troisième ordre, cette portion si précieuse de la nation, n'éprouve plus les distinctions humiliantes auxquelles il était soumis.

Comme les opérations desdits États généraux doivent justifier le zèle des mandataires, et ne peuvent devenir que très-instructives à chaque individu, l'ordre de la noblesse charge expressément ses représentants de demander que le procès-verbal de ce qui se passera, tant dans les assemblées générales que particulières de chaque ordre, et dans les bureaux et comités qui pourraient être établis, soit rendu public par la voie de l'impression.

Tels sont les vœux de l'ordre de la noblesse, ordre pénétré de respect pour son Roi, d'amour pour la régénération de l'État français et de dévouement à sa patrie.

Arrêté et convenu dans l'assemblée générale de l'ordre de la noblesse de la province de Forez, convoquée par M. le bailli dans la ville de Montbrison, en conséquence des ordres du Roi, en date du 24 janvier 1789, ce 21 mars 1789.

Les commissaires : *Signé* de Challaye. Le comte d'Apinac. Chappui de Meauboux, chevalier de l'ordre de Saint-Louis. Le baron de Rochetaillée. De Saint-Genest. Le chevalier Barthelats, capitaine d'artillerie. De Ramet de Sugny. Le marquis de Rostaing, président. E. Grailhe de Montaima, secrétaire de l'ordre.

CAHIER

Des doléances, plaintes, remontrances et vœux du tiers-état de la province de Forez, réduit sur les cahiers du bailliage principal de Montbrison, et du bailliage secondaire de Bourg-Argental, et arrêté dans l'assemblée générale de leurs députés, pour obéir aux ordres de Sa Majesté, portés par ses lettres données à Versailles, le 24 janvier 1789, pour la convocation et tenue des États généraux à Versailles, le 27 avril prochain, et satisfaire aux dispositions du règlement y annexé, et à l'ordonnance de M. le bailli de Forez, du 17 février dernier.

Du 20 mars 1789.

Le troisième ordre, pénétré de la reconnaissance la plus respectueuse envers Sa Majesté, s'empresse de mettre aux pieds du trône l'hommage de sa soumission, de sa fidélité et de son dévouement, pour tout ce qui peut intéresser la gloire du monarque et la prospérité de l'État.

Les députés de cet ordre demanderont :

Art. 1er. La régénération de la constitution sur des bases invariables.

La division de la puissance publique en trois pouvoirs : le pouvoir législatif, le pouvoir exécutif, le pouvoir judiciaire, et l'assignation des vraies limites à chacun.

Les délibérations prises par les trois ordres réunis, soit en bureaux, soit en assemblées générales, et les suffrages comptés par tête.

La réduction de toute proposition à l'affirmative ou à la négative, et le nom des votants inscrit au bas de chacune des deux opinions, sur le résultat qui sera rendu public.

La révision de toutes les charges de l'État, la fixation des impôts nécessaires ; un excédant

mis en réserve au trésor royal, pour servir de premier fonds en cas de guerre, et la distribution proportionnelle entre les différentes provinces, nonobstant tous priviléges particuliers.

La limitation de l'octroi des impôts, au terme qui sera indiqué pour le retour des États généraux.

Aucune loi, aucun impôt, aucun emprunt, aucun changement dans la valeur des monnaies, sans le consentement des États généraux.

Le retour périodique des États généraux à époques fixes et rapprochées.

La forme des convocations, et le nombre des députés respectifs, fixés à chaque tenue pour celle qui doit la suivre.

Art. 2. 1° L'établissement au trésor royal d'une caisse d'amortissement, dont les fonds seront fournis par chaque province, en proportion de ses impositions, et employés à la liquidation des dettes les plus onéreuses, et au remboursement des offices, qui, par l'inutilité de leurs fonctions, seront dans le cas d'être supprimés.

2° La fixation d'une somme pour les grâces, dont le Roi sera seul dispensateur ; Sa Majesté suppliée de n'en disposer qu'en faveur de ceux qui auront rendu, dans tous les genres, des services réels à la patrie.

3° L'extinction de toutes charges anoblissantes ; Sa Majesté suppliée de n'accorder la noblesse qu'au mérite et aux vertus.

4° L'examen de la gestion des ministres.

Qu'ils reçoivent le tribut d'éloges mérités par une conduite sage et éclairée.

Et, en cas de mauvaise administration, qu'ils en soient déclarés responsables.

L'extirpation des abus et le choix des moyens pour en prévenir le retour.

5° La révision des échanges onéreux, et leur rescision.

La rentrée dans les domaines engagés.

La vente de tous les biens domaniaux à perpétuité, ou par bail emphytéotique à long terme.

6° La suppression de toutes concessions et priviléges exclusifs.

La prohibition de ceux concernant les mines de houille ou charbon de terre.

Sa Majesté suppliée de n'accorder de concession, par rapport aux métaux, que sur l'avis des États provinciaux, le propriétaire préalablement indemnisé.

7° L'encouragement de l'agriculture.

8° La liberté du commerce dans l'intérieur.

9° Le reculement des douanes sur les frontières.

Les marchandises manufacturées dans le royaume tarifées modérément.

L'exemption de tous droits sur les fers et aciers, et matières premières venant de l'étranger.

10° La suppression des droits de péage, d'acquits et congé, et de navigation, tant sur le Rhône que sur la Loire, pour cette province.

La suppression d'une compagnie établie à Roanne pour le balisage et navigation du fleuve de Loire.

Réduction à moitié du droit qu'elle perçoit sur les bateaux venant de Saint-Rambert.

Perception de ce droit ainsi réduit, au profit des États provinciaux, à la charge du balisage et entretien dont cette compagnie était tenue.

11° Un comité des plus habiles négociants du royaume, pour examiner les causes de la langueur actuelle du commerce, et aviser aux moyens de le vivifier.

12° La suppression des aides et droits y joints.

13° La suppression des gabelles. — Le prix du

sel rendu uniforme pour tout le royaume, et vendu aux salines pour le compte du Roi.

Art. 3. L'établissement des Etats provinciaux particuliers, sur la formation, l'organisation et pouvoirs desquels Sa Majesté sera suppliée de consulter la province.

Art. 4. La suppression des exceptions dans la levée des milices; son remplacement à prix d'argent.

Art. 5. La répartition de toutes charges et impôts par une contribution commune et proportionnelle, entre tous les individus de toutes les classes et de tous les ordres de citoyens, sans exception quelconque.

Art. 6. La répartition de tout impôt, tant sur les propriétés foncières que sur les facultés mobilières et personnelles, réglée d'une manière uniforme, et qui en écarte l'arbitraire, en attendant le cadastre, qui fait le vœu commun de la province.

L'emploi dans la province de l'impôt représentatif de la corvée et fonds de charité.

Art. 7. La perception des impôts dans chaque paroisse, par un collecteur de son choix, à ses gages.

Le versement de tous les impôts entre les mains d'un seul receveur des Etats particuliers.

L'acquittement sur les lieux, par le receveur, de toutes les dépenses assignées sur sa caisse; le surplus versé directement au trésor royal, tout intermédiaire demeurant supprimé.

Art. 8. L'abolition du droit de franc-fief.

Art. 9. La révocation de toute exclusion aux dignités, charges et emplois civils, ecclésiastiques et militaires.

Art. 10. La restriction de l'usage des lettres de cachet, aux cas où la demande en serait faite par une famille, préalablement assemblée devant le juge des lieux, et sur son avis; comme aussi à ceux jugés nécessaires par Sa Majesté, pour le maintien du bon ordre, en en donnant avis aux magistrats chargés de la police dans le lieu, et au moment de la détention, et le renvoi par-devant les juges qui doivent connaître du délit, dans le délai qui sera fixé par les Etats généraux.

Art. 11. La liberté de la presse sur les matières politiques et affaires publiques, sous les modifications qui seront pesées dans la sagesse des Etats généraux.

Art. 12. Un établissement dans cette province, qui garantisse des dangers attachés à la naissance, et veille à la conservation des enfants nés d'un commerce illicite, et des individus pauvres, privés de la raison.

Art. 13. La fixation des droits de contrôle et insinuation, par un tarif clair, précis et bien proportionné aux différentes natures d'actes et qualités des parties; et les contestations y relatives dévolues aux tribunaux ordinaires.

La liberté aux parties de l'usage du papier timbré, pour toutes expéditions d'actes volontaires et judiciaires, assujetties à la formule du parchemin.

Art. 14. Le partage des biens communaux, autorisé par une loi générale.

Art. 15. L'uniformité des poids et mesures.

Art. 16. La réforme du Code pénal.

La proportion des peines aux délits.

La même peine pour le même délit, sans distinction de rangs et qualités.

Un conseil à l'accusé.

L'admission des pairs dans les jugements.

Art. 17. 1° La suppression de la juridiction de la maréchaussée et de tous tribunaux d'excep-

tion. L'attribution des cas à eux réservés aux juges royaux ordinaires.

La suppression des offices d'experts en titre et de jurés-priseurs.

2° L'abolition de toutes lettres de *committimus*, lettres closes, évocations et commissions.

3° L'attribution aux juges royaux de la province ressortissant nuement en la cour, de la présidialité jusqu'à concurrence de la somme qui sera fixée par les Etats généraux.

Art. 18. Le versement des sommes à consigner dans la caisse du receveur des Etats provinciaux.

La modération des droits de greffe et contrôle pour l'instruction des procédures.

Un comité de jurisconsultes, pour aviser aux moyens de rendre la justice plus prompte, moins dispendieuse et plus rapprochée.

Art. 19. L'exercice de la police des villes confié à leur municipalité, composée de membres librement élus.

Le dépôt des procès-verbaux au greffe de la juridiction, dans les vingt-quatre heures.

La décision sur iceux prononcée par les juges ordinaires de la police des lieux.

Art. 20. La suppression de tous droits insolites, et non procédant du bail emphytéotique, comme leyde, banvin, guet et garde, sauvegarde, civérage, taille seigneuriale, corvée, portéage, lods, mi-lods en ligne directe, banalités, fours et fournages, et de tous autres droits de cette nature.

Sa Majesté suppliée d'en donner le premier exemple pour ceux dépendants de ses domaines.

La liberté aux emphytéotes du rachat des autres droits de directe, conciliée avec les droits légitimes de la propriété des seigneurs.

Art. 21. La suppression du casuel.

L'amélioration du sort de l'ordre utile des pasteurs.

Art. 22. Le choix des moyens pour rendre la dîme uniforme et sa perception moins onéreuse.

Art. 23. L'émission des vœux monastiques, pour l'un et l'autre sexe, fixée à majorité.

Art. 24. La régie des biens mis en économat, confiée aux Etats provinciaux, pour les parties sises dans le district de chacun, et le produit par eux versé directement au trésor royal.

La sanction aux Etats généraux de toutes aliénations, traités et abénévis de biens d'Eglise et gens de mainmorte, dont la date remonte au delà de quarante ans.

Art. 25. L'établissement d'une commission ou chancellerie ecclésiastique en France.

Expéditions en icelle de toutes dispenses canoniques, et de toutes provisions de bénéfices, dans les cas réservés au saint-siège.

Les annates perçues au profit de Sa Majesté, sans préjudicier à la prééminence et prépondérance du saint-siège, en fait de dogmes, conformément aux libertés de l'Eglise gallicane.

Le payement en la même chancellerie de tous droits attachés à la vacance et nomination des commanderies de l'ordre de Malte, le droit d'y nommer demeurant réservé au grand maître.

La réduction des revenus de tous bénéfices consistoriaux.

La suspension, à chaque vacance, de la nomination des abbayes et prieurés, pendant un terme qui sera fixé par les Etats généraux, et les revenus versés au trésor royal.

L'emploi du tout à la liquidation de la dette du clergé.

Art. 26. L'accumulation des bénéfices sur une même tête, prohibée.

Le premier impétrable en la chancellerie ecclésiastique de France, s'il n'en a été disposé dans le mois, après la mise en possession du second.

Art. 27. L'obligation à tous bénéficiers de résider, pendant neuf mois, dans le lieu de leur bénéfice ; la saisie de leurs revenus à la diligence des syndics des Etats provinciaux, à raison de l'intervalle d'une plus longue absence.

Un vœu du troisième ordre, non moins cher à son cœur, est que, dans l'assemblée nationale et dans tout le royaume on répète à grands cris :

VIVE LOUIS XVI ! Vive le clergé ! vive la noblesse ! Vive à jamais la réunion des trois ordres, pour le bonheur de la France !

Les commissaires rédacteurs :

Signé Portier, avocat à Montbrison. Detours, avocat à Saint-Etienne. Chassaing, châtelain à Saint-Germain-Laval. Pourret-des-Gauds, avocat. Richard neveu, à Bourg-Argental. Chaspoul, lieutenant de juge, à Saint-Pierre-de-Bœuf.

SÉNÉCHAUSSÉE DE FOUGÈRES.

Nota. La noblesse et le clergé de Bretagne refusèrent de députer aux États généraux de 1789. (Voy. plus loin l'article *Saint-Brieuc*.)

Il nous a été impossible jusqu'à ce jour de nous procurer le cahier du tiers-état de la sénéchaussée de Fougères : nous l'insérerons dans le Supplément qui terminera notre Recueil, si nous parvenons à le découvrir.

PAYS DE GEX.

CAHIER GÉNÉRAL
Des doléances et demandes du pays de Gex (1).

AU ROI.

Sire,

Le clergé du pays de Gex, assemblé en exécution des lettres de convocation de Votre Majesté du 24 janvier dernier, pénétré de la plus vive reconnaissance pour les vues paternelles qu'elle a daigné y manifester, s'empresse de confier à son amour pour tous ses sujets ses plaintes et demandes; il charge ses députés aux États généraux de les lui exposer en lui présentant le cahier qui les renferme, et il la supplie très-respectueusement de les prendre en considération et de lui accorder :

Art. 1er. De réformer les abus qui se sont introduits dans l'administration du pays et de la rendre plus utile en lui donnant une forme différente.

Le pays de Gex, ainsi que ceux de Bresse et de Bugey, étaient anciennement régis par un conseil composé des représentants des trois ordres librement élus; des abus sans nombre qui se sont introduits dans l'administration en demandent et en nécessitent la régénération. Pour s'en convaincre il suffira d'exposer l'état dans lequel elle se trouve surtout depuis 1782.

A cette époque il s'éleva entre les administrateurs une mésintelligence dont le représentant du clergé fut la victime; il fut destitué, sans être ouï, par un arrêt du conseil qui ordonnait en même temps de nommer à sa place; mais en vain présenta-t-on des sujets pour le remplir, en vain a-t-on sollicité constamment depuis pour obtenir cette justice, le pays est toujours resté et il reste toujours exclu de l'administration.

Il est vrai que dans le mois de juillet 1788 l'on a paru vouloir le tirer de cette oppression en obtenant un ordre du Roi qui lui nommait ses officiers ; mais quand ses représentants qui lui étaient ainsi donnés sans sa participation auraient cru pouvoir accepter une place dont la volonté seule de leurs corps pouvait disposer, auraient-ils pu se flatter d'en obtenir la confiance? Aussi la refusèrent-ils.

Il n'y a donc dans le corps de l'administration,

(1) Nous publions ce cahier d'après un manuscrit des *Archives de l'Empire*.

depuis plus de sept ans, aucuns représentants du clergé.

La noblesse a à peu près les mêmes plaintes à former; depuis plus de dix ans que son dernier conseiller est mort, elle est réduite à un seul syndic que son âge et ses infirmités éloignent presque de toutes affaires.

Les représentants du tiers-état composent donc seuls le conseil administrateur; mais, par un abus aussi étrange que funeste, ces officiers se nomment entre eux seuls ou d'après des ordres supérieurs qui ôtent à la liberté du choix, ils n'ont jamais obtenu les suffrages de leur ordre, et ils ne peuvent être revêtus de la confiance de ceux dont ils prétendent défendre les intérêts.

Ces officiers, nommés d'une manière si illégale, conserve encore continués chaque triennalité par une lettre du ministre d'État, et ils deviennent ainsi inamovibles.

Cette formation monstrueuse a des conséquences qui paraîtront à peine vraisemblables; le premier syndic actuel du tiers-état étant subdélégué de M. l'intendant de Bourgogne et noble, conserve néanmoins sa première place comme inamovible, et le peuple se trouve ainsi représenté par un officier qu'il n'a pas choisi et dont l'état ainsi que la place sont si contraires à ses intérêts.

De ce désordre est née une réclamation générale; il n'est aucun individu qui n'élève la voix pour solliciter une réforme dans l'administration actuelle, et le clergé dont les intérêts ne sauraient être séparés de ceux de ses concitoyens, se réunit à eux pour l'obtenir.

Il demande donc une administration telle qu'il charge son député d'en présenter la forme appropriée au bien et à l'avantage de la province.

Il demande en second lieu que l'arrêt du conseil du mois de février 1782, qui a destitué son syndic, digne à tous égards de sa confiance et qui a préjudicié à ses droits dans la forme qu'il lui prescrit pour la nomination de ses officiers, soit révoqué.

Art. 2. De continuer au pays son affranchissement des cinq grosses fermes.

Par ses lettres patentes de 1775, le Roi affranchit le pays de Gex des cinq grosses fermes et ordonna en conséquence que tous les bureaux de traites et autres établis tant sur les frontières que dans l'intérieur du pays, demeureraient supprimés.

Il est inutile de répéter les motifs qui déterminèrent Sa Majesté à établir cet ordre; leur sagesse en est démontrée par l'avantage qui en est résulté.

Une seule preuve et qui doit être bien précieuse aux yeux du gouvernement suffit pour établir le bien qu'il a produit; la population, augmentée de plus d'un cinquième, ne démontre-t-elle pas les progrès de l'agriculture et le bonheur du peuple?

Le reculement des barrières aux frontières alarme déjà ce pays; déjà il craint de perdre cette prérogative à laquelle il doit son bien-être, et avec les bureaux il ne doute pas de voir reparaître tous les maux dont il fut autrefois accablé.

L'état de prospérité dont il a joui ne lui permet pas d'envisager sans frayeur celui qui le menace, et le clergé regarde comme son premier devoir de demander avec toute l'énergie que lui inspire l'intérêt public, qu'il plaise à Sa Majesté de se faire remettre sous les yeux les motifs qui la déterminèrent en 1775 d'accorder à son pays de Gex cette prérogative; il ne doute pas qu'ils ne lui paraissent tous les jours les mêmes, et que sa bonté paternelle ne la détermine à continuer un privilége sans lequel les habitants de ce pays seraient les plus malheureux de ses peuples.

Il croit qu'il n'y aura aucun changement à faire aux conditions de cet affranchissement renfermées dans les lettres patentes, si quelques abus se sont glissés dans cette régie; la nouvelle administration, y portant un œil attentif, parviendra aisément à les détruire.

Il observe seulement que le sol ne parviendra pas à fournir de quoi à la consommation de ses habitants; le pays de Gex a obtenu la facilité d'extraire des provinces voisines, lorsqu'il y a une défense d'exportation, 3,000 coupes de blé chaque mois; le clergé demande également que cette permission soit confirmée et que les peuples puissent s'en procurer sur le certificat seul des curés qui constatera de leurs besoins.

Art. 3. De conserver au pays une administration particulière et absolument distincte et indépendante de celle de Bresse et de Bugey, le Bugey et la Bresse ayant une administration absolument séparée de celle du pays de Gex, font les efforts pour incorporer celle-ci dans la leur; les motifs qu'ils peuvent alléguer sont sans réalité, et cette réunion tournerait au plus grand désavantage du pays.

Pour s'en convaincre il suffit de jeter un coup d'œil sur sa position; environné de toute part et séparé de ses voisins par une chaîne de montagnes, souvent les routes sont interceptées et les abords de Belley et de Bourg, qui serait le chef-lieu de l'administration, lui seraient impraticables.

Éloigné de plus de dix-huit lieues de la plus proche de ces villes, les membres que ce pays fournirait au conseil administrateur pourraient-ils s'y rendre à chaque assemblée sans de grands inconvénients, et ses intérêts ne seraient-ils pas oubliés s'ils en étaient absents? D'ailleurs les deux peuples, quoique voisins, ont si peu de rapport, ils ont entre eux si peu de commerce, si peu d'habitudes, qu'il y a tout lieu de penser que l'harmonie si nécessaire pour le bien ne s'y trouverait pas, et alors le pays de Gex fournissant un moindre nombre de représentants, serait constamment sacrifié.

Mais il paraît presque inutile de s'opposer à une pareille réunion; le gouvernement ne saurait en accueillir la proposition au moment ou le Vivarais et différents autres pays sollicitent des démembrements, et n'est-il pas dans l'ordre que

moins une administration est étendue, plus elle trouvera de facilité à opérer le bien.

D'ailleurs, si le pays de Gex obtient la conservation de ses franchises comme tout concourt à le lui faire espérer, son administration aura a régler des intérêts si différents de ceux de la Bresse et du Bugey, que leur réunion conduirait nécessairement au désordre.

Le clergé, effrayé des suites d'une pareille opération, supplie donc le Roi de n'avoir aucun égard aux demandes de la Bresse et du Bugey et de laisser à chacun des pays une administration particulière qui, étant à portée de connaître le bien, aura aussi plus de moyens de l'opérer.

Art. 4. D'accorder au bailliage de Gex l'attribution de la connaissance des eaux et forêts, et d'ordonner que toute justice seigneuriale soit exercée dans la ville de Gex.

Le clergé demande que le bailliage de Gex connaisse, privativement à tout tribunal d'exception, de tout ce qui regarde les matières des eaux et forêts; les bois de communauté et des particuliers n'en seront que mieux ménagés, et les habitants du pays auront par ce moyen plus prompte et moins dispendieuse justice.

La multitude des tribunaux subalternes fournissant aux habitants des paroisses qui les avoisinent une facilité malheureuse d'intenter à leurs voisins des procès en leur élevant des difficultés toujours accueillies et toujours regardées comme fondées par des personnes à qui il intéresse de les discuter, il est important d'enlever à l'artisan et au laboureur cette pierre d'achoppement et de les concentrer dans leurs travaux intéressants en leur ôtant la proximité et presque jusqu'au nom de ces justices inférieures où l'ignorance, la cupidité dominent presque toujours.

Le clergé, touché des maux innombrables qui en résultent et pour conserver dans les mains qui l'ont acquise avec peine et par des soins soutenus une fortune suffisante pour l'entretien honnête d'une famille et qui bientôt s'absorbe dans des procès où l'entêtement et l'ivrognerie ont ordinairement plus de part que la valeur intrinsèque des objets contestés et poursuivis, demande que la justice ne soit plus rendue que dans la ville de Gex par les officiers que les seigneurs y auront choisis, réclamations d'autant mieux fondées, que les tribunaux inférieurs où se forme la première instance ne finissent aucun procès et qu'ils sont à peu près toujours portés par la voie d'appel au bailliage, qui, si la cause y eût d'abord été instruite aurait évité aux parties des frais faits en pure perte et des longueurs toujours inutiles.

Art. 5. Une augmentation de portion congrue.

Le clergé du pays de Gex, pénétré de reconnaissance envers Sa Majesté qui, en 1786, a porté la portion congrue des curés à la somme de 700 livres et celle des vicaires à la somme de 350 livres, profite avec confiance de l'accès qu'elle lui donne auprès du trône pour lui représenter que ces sommes sont insuffisantes pour l'entretien honnête des ministres des autels et pour en solliciter l'augmentation; il fonde sa demande sur les raisons suivantes:

1° Les fabriques ordonnées par les édits et supposées établies par tous les règlements n'existent dans aucune paroisse du pays de Gex; tous les objets incontestablement à la charge des fabriques retombent sur les curés, qui s'en trouvent surchargés.

En second lieu, le casuel qui fait dans toutes les autres provinces une portion du revenu des pasteurs secondaires, n'est pas connu dans cette province; le voisinage de Genève a constamment rendu les curés délicats à cet égard, ils ont préféré et ils préfèrent encore à cet égard une vie moins qu'aisée au blâme d'une existence avide et intéressée que n'auraient pas manqué de jeter sur eux les peuples voisins; la crainte d'énerver et de compromettre par le plus léger endroit la grandeur de leur ministère leur a strictement interdit la ressource du casuel que les lois leur permettent et qui leur serait absolument nécessaire.

Le pays de Gex enfin n'ayant de richesse que celle de son commerce avec Genève, le numéraire ne circulant dans cette province qu'à raison des denrées qu'elle rapporte et qui se consomment dans cette ville, il en résulte que les curés à portion congrue sont les seuls à qui ce débouché devient inutile et nuisible, n'ayant en effet aucunes denrées à vendre et se trouvant dans le cas d'acheter tous les objets de première nécessité; ces objets sont, pour les curés, à un prix que rien ne compense; la proportion qu'avait voulu mettre le souverain entre leur portion congrue et les choses absolument nécessaires à la vie ne se trouve pas encore établie dans le pays de Gex.

Les curés pourraient ajouter ici qu'ils éprouvent presque ordinairement de la part des hauts décimateurs lorsqu'ils manifestent les besoins de leurs sacristies et ce que demande la décence du culte, des refus, des délais, des contestations qui les forcent, pour peu de zèle qu'ils aient, à fournir de leurs deniers des objets auxquels ils ne sont pas tenus; l'on aperçoit aisément que pour fournir à toutes ces dépenses ils sont obligés de prendre sur leur honnête entretien ou d'être encore à charge à leurs familles, souvent épuisées par les frais de leur éducation.

Art. 6. Une nouvelle loi concernant les cabarets.

Tous les efforts du gouvernement devant tendre à porter la population au plus haut degré possible comme étant la principale source de la puissance, tout citoyen doit lui dénoncer les désordres qui s'y opposent et lui indiquer les moyens qu'il croit les plus propres pour les prévenir.

Il en est un dont le clergé gémit parce qu'il en est journellement le témoin et contre lequel il doit élever la voix avec d'autant plus de force qu'il a des suites aussi funestes dans l'ordre religieux que dans l'ordre politique: c'est la multiplication des cabarets et des tavernes qui, dans tous les villages, est portée aujourd'hui à un point effrayant; ces pompes aspirant continuellement le produit des journées du manœuvre et la petite fortune des propriétaires, réduisent bientôt l'un et l'autre à l'indigence la plus extrême, de là les mariages moins communs dans les campagnes, et les enfants qui en naissent manquant des premiers secours, loin de préparer à l'État une ressource, ne semblent exister que pour augmenter ses charges.

L'on peut ajouter que les enfants de famille et les domestiques qui sont reçus indistinctement dans ces cabarets cherchent souvent dans des vols un moyen de satisfaire à des dépenses qui vont bien au delà de leurs ressources.

Les règlements qui existent sur cet objet et qui sont dictés par la sagesse deviennent dans l'exécution d'une difficulté qui les rend nuls.

Il n'est personne de ceux qui sont chargés de les faire observer qui n'atteste cette vérité.

Le seul moyen d'éviter ces désordres serait d'en éloigner les occasions. Il est des villages où les cabarets devraient être défendus et d'autres dans lesquels le nombre devrait en être limité. Ainsi dans tous ceux qui ne sont pas éloignés de plus d'une demie-lieue des villes, dans ceux qui ne sont pas sur un passage, il faudrait en interdire l'établissement, parce qu'ils ne peuvent avoir d'autres effets que de donner aux habitants, aux fils de famille et aux domestiques un moyen de débauche.

Dans les villages situés sur les routes, le nombre devrait en être fixé; il serait proportionné à la grandeur du passage et au nombre des étrangers; ces établissements ainsi restreints seraient facilement surveillés.

L'on parviendra même à retrancher tout ce qu'ils ont de vicieux en ordonnant que nul ne pourra établir une auberge sans en avoir obtenu le droit d'un conseil de paroisse, qui pourrait le révoquer dès que des abus connus l'exigeraient.

Ce règlement serait la source des plus précieux avantages; bientôt l'on verrait la misère diminuer, la population s'accroître, l'agriculture fleurir, bientôt l'on verrait les principes religieux, la probité, les mœurs et la vertu renaître dans les campagnes; touché de ce tableau, le clergé qui, par état, doit être le bienfaiteur des peuples, supplie le Roi d'accorder ce règlement et d'enjoindre de nouveau que les ordonnances d'Orléans et de Blois ainsi que les arrêts de règlement du parlement de Dijon sur cet objet soient remis en vigueur et exécutés avec soin.

Art. 7. Que les ordonnances concernant la sanctification des fêtes et dimanches et celles qui regardent la vente de la viande dans les temps prohibés soient renouvelées.

Dans des cahiers destinés à contenir ses doléances, le clergé pourrait-il ne pas dénoncer au gouvernement des abus qui l'affligent d'autant plus qu'ils intéressent essentiellement la religion et qu'ils s'opposent à tout le bien de leur ministère?

Les fêtes et dimanches, ces jours destinés, dès l'origine de la religion, à rendre à Dieu le culte qui lui est dû, n'existent plus pour ce grand objet; ce sont des jours de trafic et de travail, des jours de désordre et de libertinage; dans ces jours, les routes couvertes de voitures, les boutiques ouvertes, les artisans occupés, annoncent que les œuvres serviles ne sont plus regardées comme des transgressions punissables; les cris de la débauche qui se font entendre au loin ces jours-là, ne prouvent que trop que les cabarets, établissements destinés au soulagement des étrangers, sont devenus une source de désordre pour les habitants; nulles heures, pas même celles qui sont consacrées aux offices divins, ne sont respectées; notre douleur est au comble. Situés sur la frontière de deux États différents dont la religion et le culte sont plus différents, encore, nous y voyons l'ordre régner, la police faire respecter les jours religieux, et ceux d'entre eux qui veulent les transgresser obligés de se jeter dans les paroisses voisines pour en trouver la facilité. Quel contraste! Le Roi Très-Chrétien voudra-t-il le croire? Nous nous jetons donc à ses pieds pour lui demander de prendre dans sa sagesse des moyens pour que la religion revoie ces temps heureux où les dimanches et les fêtes étaient uniquement les jours du Seigneur.

Un autre objet anime encore notre zèle. Il est dans la religion des jours d'abstinence, une loi de l'État vient sur ce point à l'appui de la loi de l'Église; mais l'une et l'autre sont également méprisées. L'on voit dans des établissements publics la viande se vendre publiquement sans distinction de temps, les auberges donnent aussi indistinctement des mets gras aux jours qu'ils sont prohibés ; les peuples s'en scandalisent encore, mais ils sont bientôt entraînés, parce que l'attachement à ce devoir est devenu un ridicule. Le clergé demande donc avec la plus vive instance que les lois établies sur des points si importants soient renouvelées et qu'injonction soit faite de plus fort aux ministres qui en sont chargés de les faire observer avec plus d'exactitude à l'avenir.

Art. 8. Que les curés soient autorisés à exiger les legs qui se font en faveur des pauvres et qu'ils soient toujours appelés à la distribution des fonds destinés à les secourir.

Les curés, comme pères des pauvres, doivent veiller avec zèle à leurs intérêts ; c'est le devoir le plus cher à leur cœur, parce qu'il intéresse les plus malheureux de ceux qui leur sont confiés. Plusieurs testaments leur assurent quelques secours, mais rarement ces secours parviennent à leur destination : ou ils ne sont pas distribués, ou ils le sont mal par les héritiers.

Le clergé demande donc d'être déclaré le dépositaire nécessaire de ces legs pour les répandre d'une manière plus utile ; il demande encore d'être toujours chargé, ou seul ou avec les administrateurs de la distribution, de tous les fonds destinés dans leur paroisse au même objet. Qui mieux que le clergé connaît les malheureux, qui mieux que lui s'empressera de leur distribuer avec justice et sans partialité des secours qu'il gémit tous les jours de ne pouvoir pas accroître autant que les besoins l'exigeraient ? Le Roi est donc supplié très-humblement d'accorder une loi conforme à ce vœu.

Art. 9. D'ordonner dans toutes les paroisses l'établissement de petites écoles ainsi que des fabriques.

Le clergé, affligé de voir l'ignorance des peuples des campagnes qui lui sont confiés et les soins qu'il leur donne n'avoir pas tous les succès qu'il désirerait, a depuis longtemps recherché la cause et demandé les moyens de la faire disparaître. C'est à ses sollicitations que l'on a accordé l'établissement de petites écoles dans différents villages. Cet établissement, surtout nécessaire dans ce pays, où nos paroisses, voisines de Genève, ont besoin de plus de connaissances, ne s'y rencontre cependant presque nulle part. C'est pour l'obtenir conformément à la déclaration du Roi du mois de mai 1724, que le clergé renouvelle aujourd'hui ses instances.

Les fabriques établies presque partout pour fournir dans toutes les églises paroissiales les ornements et les autres articles nécessaires pour la décence et la majesté du culte, n'existent pas non plus dans aucune paroisse du pays de Gex ; il n'en est cependant pas où elles fussent plus essentielles. Situé sur la frontière de la Suisse et de Genève, États protestants, il est indispensable que l'extérieur du culte y soit plus imposant que dans bien d'autres endroits. D'ailleurs plusieurs amendes étant prononcées en faveur de ces établissements et n'étant jamais exigées, les abus qu'elles devraient réprimer se multiplient. Enfin les fabriques devant être chargées des réparations des églises, les paroisses à la charge desquelles elles retombent s'en trouvent surchargées par les formalités qu'elles sont obligées de remplir avant de les faires exécuter. Le clergé demande donc l'exécution des ordonnances rendues à ce sujet, et qu'il soit au moins spécialement ordonné que dans toutes les paroisses l'on fournisse au moins un clerc aux frais de qui il appartiendra.

Art. 10. Que la noblesse genevoise ne soit admise dans les assemblées du pays que par députés et jamais en corps.

Le clergé ayant été témoin de la division qui a agité le corps de la noblesse dans l'assemblée des trois ordres et qui a été occasionnée par la permission accordée à la noblesse genevoise d'y paraître, craignant la trop grande influence que son nombre, qui s'accroît chaque jour et qui surpassera bientôt celui de la noblesse française, pourrait lui donner, demande qu'elle ne puisse paraître à l'avenir dans aucune assemblée de noblesse, en supposant que son droit soit reconnu à cet égard, que par des députés qui ne puissent jamais surpasser en nombre égal le quart des gentilshommes français qui y assisteront ; par là leurs intérêts seront ménagés sans que l'ordre public puisse sous aucun rapport en être compromis.

Le clergé du pays de Gex, dans l'impossibilité d'exposer tous les maux généraux et particuliers qu'il aperçoit, borne ici ses doléances.

Mais, Sire, il est trop plein de confiance dans la sagesse des vues de Votre Majesté pour ne pas espérer qu'elle en fera bientôt tarir la source.

Elle maintiendra dans ses États la religion qui chancelle, en portant dans le choix des premiers pasteurs une attention qui assurera toujours la préférence à la vertu, en rétablissant les conciles nationaux et provinciaux, en proscrivant toute innovation dangereuse, en soutenant par son autorité les lois de l'Église, en refusant constamment la liberté de la presse dans ce qui regarde la religion et les mœurs et en ne permettant jamais l'exercice public d'une autre religion que celle qu'elle se fait gloire de professer.

Elle soulagera ses peuples que le poids des impôts accable, par l'ordre et l'économie dans ses finances, par une forme nouvelle dans la perception, qui la rendra plus simple et moins coûteuse, par la suppression de tant de places à charge à l'État, et surtout par le soin qu'elle prendra de ne placer à la tête de cette partie de l'administration que des hommes dont la probité austère égalera les talents et qui regarderont comme leur premier devoir d'être comptables de leur gestion à la nation assemblée.

Elle rappellera l'administration de la justice à sa première institution en réformant comme elle l'a résolu le Code civil et criminel, en abolissant une foule de formalités dans la procédure, aussi ruineuses qu'inutiles, en supprimant tous les tribunaux d'exception, en admettant dans la formation des cours souveraines des membres tirés de tous les ordres, et en confiant aux juges naturels seuls le pouvoir de connaître des délits et de prononcer seuls sur la punition des coupables.

Tels sont, Sire, les vœux, les très-humbles demandes et doléances du clergé du bailliage de Gex, qui ont été rédigés par nous, François-Denis Basson, curé de Perron et archiprêtre ; Pierre Hugonet, curé de Fernex et archiprêtre; et Louis-Marie Martin, curé d'Ornex et promoteur du diocèse de Genève en la partie de France, nommés commissaires à la pluralité des voix dans la séance de l'après-midi du 17 mars 1789 et dont la lecture ayant été faite dans celle du 18 au matin, ont été approuvés par tous les membres. Ledit cahier ensuite clos et arrêté, les dits commissaires l'ont signé avec nous, Pierre-Marie Raup de Taricourt official de Genève en la partie de France et président de l'assemblée. Signé lesdits jour et an, Basson, curé de Perron ; Hugonet, curé de Fernex ; Martin, curé d'Ornex ; de Taricourt, président.

Par extrait des registres de l'assemblée du clergé du 16 mars 1789 et collationné sur l'original par nous, secrétaire de ladite assemblée, le 19 mars 1789.

Signé Romain Quiet, curé de Prégny.

CAHIER GÉNÉRAL
Des doléances, plaintes, remontrances et demandes de la noblesse du pays de Gex (1).

AU ROI.

Sire, la noblesse du pays de Gex, convoquée en assemblée par vos ordres, ainsi que le clergé et tiers-état de ce bailliage, pour nommer un député de son ordre chargé de présenter à Votre Majesté et à nosseigneurs les États généraux de France ses demandes, plaintes, doléances et remontrances sur les abus de l'administration locale et générale qui minent la prospérité de cette province et de la monarchie française, demande respectueusement à Votre Majesté :

Art. 1er. Que l'ancienne administration municipale de cette province, confirmée par le traité d'échange qui l'a réunie en 1601 avec ses franchises à la monarchie, et à la liberté de laquelle il a été porté différentes atteintes par les commissaires départis et par leurs subdélégués, soit rétablie. Qu'en conséquence les États provinciaux soient convoqués régulièrement et assemblés périodiquement tous les trois ans en la ville de Gex ou à Fernex, lieu central, en présence de votre grand bailli ou de son lieutenant, sur la demande des syndics généraux suivie de l'approbation de Votre Majesté, pour entre eux séparément d'ordre à ordre délibérer sur les intérêts et élire librement leurs représentants au nombre de douze, savoir : deux du clergé, quatre de la noblesse et six du tiers-état, chargés, sous le titre de commission intermédiaire, de toute répartition des impositions royales et locales qui pourront être librement accordées ou conservées par nosseigneurs les États généraux de France, et successivement des recettes, payements, dépenses et manutention, à charge par ladite commission de rendre compte aux assemblées générales et triennales par des états au vrai signés et justifiés par delibérations et quittances valables, à cause desdites délibérations.

Qu'il plaise à Votre Majesté ordonner que les discussions qui pourraient naître sur le résultat de la comptabilité triennale soient jugées sommairement et sans frais à vue des pièces mises sur le bureau par la chambre des comptes ou le parlement de la province.

Art. 2. Demande qu'en considération du sacrifice fait par son ordre des exemptions pécuniaires qui lui appartiennent et dont elle jouit, consenti librement pour subvenir dans sa quote-part et contingent aux dettes du gouvernement, la noblesse française ne soit plus sujette à encourir les peines de la dérogeance.

Art. 3. Demande que toutes les gratifications annuelles quelconques ci-devant accordées pour l'administration de la province soient supprimées à jamais comme abusives, et qu'il ne puisse être accordé dorénavant que des récompenses une fois payées pour exciter l'émulation mécanique des gens utiles au service de la province et sans que lesdits dons ou récompenses puissent être accordés que par les assemblées générales et d'après le

compte rendu par la commission intermédiaire.

Art. 4. Demande que l'impôt désastreux de la gabelle, abusif en cette province en ce qu'il a été remplacé par la libre concession des tailles en 1564, soit anéanti comme destructeur de l'agriculture et de la population, et qu'en attendant cette salutaire opération, l'abonnement actuel contracté entre le Roi et l'administration du pays soit maintenu suivant sa forme et teneur.

Qu'en exécution de la liberté indéfinie stipulée dans l'arrêt du conseil du 22 décembre 1775, qui sanctionne l'abonnement, il soit loisible à chaque communauté du bailliage de Gex d'avoir chez elle pour sa commodité un ou plusieurs débitants de sel autorisé, par délibération desdites communautés, avec liberté néanmoins à chaque consommateur de s'approvisionner où bon lui semblera ; qu'il soit également loisible aux États provinciaux et à la commission intermédiaire, d'extraire des salines de France quelconques les approvisionnements généraux de la province, s'il y échet, sans être tenus à aucun droit autre que le prix convenu de l'abonnement.

Art. 5. Demande que les comptes de finances et gestion de l'administration de ce pays, qui depuis nombre d'années n'ont été rendus aux assemblées générales des trois ordres, le soient à la prochaine assemblée, et que la cause de cet abus occasionné par la cumulation des pouvoirs incompatibles et même des comptabilités dans une même personne, soit réformée à jamais par la liberté dans les élections et par l'obligation de ne pouvoir réunir deux charges ou commissions sur la même tête, afin de ne pas priver l'administration de ses contradicteurs légitimes.

Art. 6. Demande que vu la stérilité du pays de Gex, qui ne produit pas la sixième partie du blé nécessaire à sa consommation, chaque particulier domicilié puisse, moyennant un certificat délivré par les syndics et le curé de son domicile qui constate ses besoins, extraire de France les grains qui lui seront nécessaires, sans avoir besoin d'autorisation des subdélégués du commissaire départi, et que dans le cas où le bien public exigerait en France une défense d'exportation, il en soit accordé sur la demande des syndics généraux la quantité nécessaire aux besoins des consommateurs du pays de Gex.

Art. 7. Demande que le franc-alleu naturel au pays de Gex, reconnu et confirmé par arrêt du conseil de juillet 1693, enregistré au parlement de Bourgogne, soit maintenu et dorénavant à l'abri des inquisitions des agents du fisc qui cherchent à soumettre le pays au droit de franc-fief incompatible avec le franc-alleu naturel, sans préjudice néanmoins des rentes foncières créées par les seigneurs ou autres sous le nom d'abergeage et des conditions stipulées et convenues entre les parties par les concessions libres de ce genre indépendantes du domaine et de la mouvance du Roi.

Art. 8. Expose que les seigneuries n'étant dans ce pays que des fiefs d'honneur et de nobles magistratures sans autres concessions des souverains que l'exercice de la justice inféodée et des émoluments qui en résultent, elles ne sauraient être assujetties gratuitement et arbitrairement aux conditions dures et abusives auxquelles a paru les soumettre l'édit de 1771 qui condamne les seigneurs aux frais de justice criminelle en cas de prévention de la part des gens de Votre Majesté; les exécutoires décernés dans ce cas contre les domaines patrimoniaux des seigneurs ne sont qu'indues vexations, parce que d'une part les ruraux des seigneurs indépendants de la seigneurie

---

(1) Nous publions ce cahier d'après un manuscrit des *Archives de l'Empire.*

et de l'inféodation et par eux possédés en franc-alleu naturel à ce pays, ne doivent rien à la justice; d'autre part, parce que les ministres du Roi, en établissant le droit de timbre et contrôle et en créant des tribunaux d'exception au préjudice des fonctions et attributions de justices seigneuriales, ne sauraient exiger, après avoir dépouillé les seigneurs de leurs fonctions et émoluments, que leurs propriétés franches et patrimoniales soient grevées des frais de la justice criminelle.

Demande en conséquence la noblesse que le Roi, abolissant tous les tribunaux d'exception et les attributions dont il a privé leurs justices, les restitue dans tous les droits qui leur sont inféodés en abrogeant l'édit de 1771, en ce que Sa Majesté retirant à soi de leur consentement l'exercice de la justice criminelle, leur accorde une indemnité proportionnelle à la diminution qu'ils éprouveront dans leurs propriétés.

Art. 9. Demande, pour le plus grand avantage de l'agriculture et du bien public, que le partage des biens communaux à chaque lieu soit fait avec égalité entre les différents propriétaires qui contribuent aux charges royales et locales de chaque communauté, sans autre distraction au profit des seigneurs ou autres que les parts ou portions qu'ils justifieront leur appartenir par leurs inféodations, concessions ou titres probants, conformément à l'édit de Savoie du 21 août 1509.

Demande que les bois et fonds communaux qui se trouveront appartenir aux communautés situées dans les justices patrimoniales de Votre Majesté soient également partagés et dans la même forme, soit en vertu de la franche propriété des habitants, soit en raison de la renonciation faite par Votre Majesté à tout triage et partage à son profit stipulé dans l'ordonnance de 1669.

Art. 10. Demande que les carrières placées dans les biens communaux et patrimoniaux des habitants de ce pays, dont le fermier du domaine de Votre Majesté s'est emparé depuis plusieurs années à la faveur d'une clause indûment insérée dans son dernier bail, soient restituées auxdites communautés qui en sont propriétaires, et que les habitants de ce pays placés au milieu des rochers du Jura et des Alpes ne soient pas tenus d'acheter du fermier de Votre Majesté jusqu'aux pierres que la nature leur a prodiguées pour la construction de leurs habitations.

Art. 11. Expose qu'indépendamment de la prohibition des carrières faite par le fermier du domaine de Votre Majesté, il a en outre établi sans titre la perception sur chaque four à chaux à son profit sur chaque four à chaux fait et construit par tout particulier, soit dans les biens communaux de sa paroisse, soit dans sa propriété patrimoniale.

Demande la noblesse que cette perception soit abrogée et que défense soit faite audit fermier d'exiger dorénavant pareil droit.

Art. 12. Demande que les droits de contrôle des actes soient réduits et simplifiés et réglés avec égalité par un tarif certain et connu d'un chacun, et que les contribuables soient désormais à l'abri des droits arbitraires exigés par les agents du fisc et de toutes recherches au bout de deux ans.

Art. 13. Demande à Votre Majesté que les lois qui règlent la propriété soient simplifiées; qu'il soit établi entre elles de la concordance afin d'éviter les procès ruineux qui naissent journellement de leur contrariété.

Que les formes ruineuses des procédures judiciaires soient également simplifiées; que les agents subalternes de la justice qui les étendent arbitrairement soient diminués ou supprimés, et que chacun puisse défendre ses droits par simple requête comme au conseil de Votre Majesté, sans autre ministère que celui des avocats.

Que les tribunaux d'exception tels que les maîtrises des eaux et forêts soient supprimés et leur attribution rendue aux juges naturels et locaux, sans qu'il soit permis dans aucun cas de pouvoir distraire qui que ce soit de son ressort.

Que les justices seigneuriales soient conservées conformément aux titres de leurs concessions et leurs jugements déclarés sans appel jusqu'à 100 livres.

Que le bailliage royal de Gex soit conservé et ses jugements déclarés sans appel jusqu'à 200 livres, et que les appellations au-dessus de cette somme soient portées en dernier ressort au parlement de leur province, sans autre intermédiaire.

Demande que les honoraires des juges soient tarifés, à moins que Votre Majesté ne regarde cet objet comme une dette de sa couronne.

Demande que la vénalité des offices des bailliages soient supprimée et leur remplacement, vacances arrivantes, fait par le choix de Votre Majesté sur trois gradués au-dessus de trente ans, sans dispense d'âge, présentés par les États provinciaux du pays.

Art. 14. Demande que les droits de guet et garde, messelleries, redevances en grains, indûment conservés et perçus au profit du domaine patrimonial de Votre Majesté sur les villages, de presse-vin et autres, soient supprimés comme abusifs, attendu que ces villages payent les impositions et charges publiques ainsi que tous les autres sujets de Votre Majesté.

Art. 15. Exposent les sieurs frères de Prez, seigneurs de Crassier, et les sieurs frères d'Avricux, seigneurs de Pralies, que le limitement fait depuis quelques années entre la souveraineté de France, d'une part, et la souveraineté de Berne, d'autre, sans que les exposants au service de Sa Majesté ou en minorité y aient été appelés, se sont dépouillés ainsi que les communautés de Crassy et de Vezence, du chemin commun aux sujets des deux États et de notable partie de leurs biens communaux et patrimoniaux; en conséquence, demandant les exposants que cet article du limitement soit rectifié du consentement des souverains respectifs.

Telles sont les demandes et doléances de la noblesse du pays de Gex, rédigées sur les divers mémoires reçus par MM. les baron de Tasserat, de la Batie, de Seissel de Cressieux, de Prez de Crassier, le marquis de Billiac, Pictet de Sergy, soussignés, commissaires nommés par l'assemblée générale en la séance du 1er avril courant, auxquelles ils ont travaillé sans interruption en la chambre du bailliage indiquée par M. le président.

Fait double à Gex, le 5 avril 1789. *Signé* le baron de Tasserat, de la Batie, Seissel de Cressieux, de Prez, de Crassier, Bourgeois marquise de Billiac, et Pictet de Sergy.

Par addition, demande l'assemblée générale à Votre Majesté que les droits en régie sur les cuirs, les cartels, objets minutieux dans ce pays, et dont la perception est plus à charge qu'à profit à Votre Majesté, restent supprimés et compris dans l'abonnement général de cette province.

Lecture faite ledit jour à l'assemblée du présent cahier, et les articles en ayant été approuvé, il a été déclaré clos et arrêté par ladite assemblée ayant les cinq commissaires, signé avec M. le grand bailli président et M. le secrétaire de la noblesse, et ensuite coté et paraphé par M. le président, en foi de quoi il a été dressé le présent procès-verbal lesdits jour et an.

Signé le baron de Tasserat, de la Batie, Seissel de Cressieux, de Prez de Crassier, Bourgeois, marquis de Billiac, et Pictet de Sergy.

Coté et paraphé par nous, signé, comte de la Forest, président et grand bailli de Gex, et plus bas, Sédillot de Saint-Genix, secrétaire.

CAHIER GÉNÉRAL
Des doléances, remontrances et vœux du tiers-état du pays de Gex (1).

AU ROI.

Sire, dans l'intention la plus pure et la plus sincère de concourir aux vues bienfaisantes de Votre Majesté, manifestées dans les lettres de convocation de tous les Français pour députer aux Etats généraux qu'elle rassemble autour de son trône pour aviser aux besoins de l'Etat et en réformant les abus qu'on lui fera connaître dans les administrations générales et provinciales, procurer la prospérité de son royaume et le bien de tous et chacun des sujets de Sa Majesté.

Le tiers-état des villes, bourgs et villages du pays de Gex, plein de confiance en la promesse d'une entière liberté d'ouvrir son cœur à Votre Majesté et de démontrer avec vérité les maux qui accablent ses sujets, vient avec la plus humble supplication lui demander de pourvoir et faire droit sur les articles des doléances et souhaits et propositions contenues au présent cahier, qui lui sera présenté par ses deux députés aux Etats généraux.

Art. 1er, Sa Majesté sera très-humblement et très-respectueusement suppliée, au nom du tiers-état du pays de Gex, d'ordonner que toutes les délibérations générales et particulières les suffrages seront comptés par tête et non par ordre, et que tous les impôts et contributions du pays sous quelques dénominations que ce puisse être seront supportés par tous les ordres indistinctement dans une parfaite égalité et en proportion de la fortune de chacun, sans aucune exemption pécuniaire.

Art. 2. D'accorder la suppression de l'imposition connue sous le nom de gratification, qui a été supportée jusqu'à présent par l'ordre du tiers-état seul.

Art. 3. D'établir dans le pays de Gex des Etats provinciaux qui soient absolument distincts, séparés et indépendants de toutes les autres provinces, et dont la moitié des représentants sera prise dans le tiers-ordre, lesquels Etats auront la même attribution, droits et prérogatives que ceux établis dans le Dauphiné, à quel effet il en sera présenté un projet à Sa Majesté, qui sera priée de lui accorder la sanction.

Le pays de Gex s'est déterminé à solliciter des Etats provinciaux, par la raison que la manière que les impôts et affaires publiques ont été administrées jusqu'à présent était vicieuse en plusieurs points et contraire au bien général :

1° Les membres de l'administration actuelle sont tous riches propriétaires et privilégiés; la condition du premier syndic général est incompatible avec son état en ce qu'il est membre de la noblesse et subdélégué de l'intendance et que tous les papiers, titres, registres de la province

(1) Nous publions ce cahier d'après un manuscrit des *Archives de l'Empire*

et ceux de la subdélégation sont dans le même bureau et qu'il n'y a qu'un seul et même greffier qui est en même temps secrétaire du premier syndic.

2° Le tiers-état n'a aucune influence dans les assemblées qui se tiennent tous les trois ans ; il n'est pas consulté sur les besoins publics ni sur les représentions à faire à Sa Majesté ; les cahiers sont rédigés d'avance au gré du rédacteur; on se contente d'en faire la lecture et de les faire signer aux assistants le plus souvent sans mission et la plupart intéressés ; il n'est pas consulté de savoir s'il convient de continuer les mêmes syndics et les mêmes conseillers, il ne l'est pas plus lorsqu'il s'agit de leur remplacement par décès.

Il résulte d'une aussi mauvaise administration qu'il n'y a pas de proportion dans la répartition des impôts, non-seulement supportés par le tiers, mais encore ceux supportés par les trois ordres ; il s'en faut bien que le plus riche paye la plus forte cote ; plusieurs familles riches qui ont le bonheur d'appartenir aux membres de l'administration, les uns sous de faux prétextes, font faire le rejet de leurs tailles sur la classe des taillables, d'autres qui ne jouissent d'aucun privilège n'en parlent pas.

Les syndics généraux, malgré l'abonnement du pays de Gex pour ses vingtièmes, ont ouvert dans les rôles depuis 1776 plusieurs cotes arbitraires.

3° Un autre abus qui s'est introduit dans l'administration actuelle, c'est que l'ordre du clergé, dans le conseil général de la province n'a aucun représentant, et que celui de la noblesse n'en a plus qu'un seul dont le grand âge et les infirmités sont pour lui un obstacle à coopérer le bien général du pays.

On observe pour l'ordre du clergé que le sieur Castin, curé de Gex, qui était son syndic, ayant voulu s'élever contre les abus, il exprima ses sentiments dans le registre des trois ordres de la province; le premier syndic du tiers qui se crut offensé porta plainte à M. Necker, directeur général des finances, mais ce respectable ministre renvoya sa plainte, sauf à se pourvoir devant le juge du lieu; le premier syndic se détermina pour ce dernier parti, mais information faite par-devant le juge, il a abandonné le tout et ne suivit pas cette affaire. Peu de temps après M. Necker se retira de l'administration; le premier syndic n'hésita pas de recourir à son successeur, qui fit sortir, partie hors ouïe, une décision du conseil qui taxa la remontrance du syndic du clergé de calomnieuse et téméraire et ordonna qu'elle sera rayée et biffée du registre ; on répandit cette décision avec éclat : ce digne chef du clergé qui n'avait rien à se reprocher succomba à ses chagrins.

Ce qui vient à l'appui de la demande formée par le pays de Gex, d'avoir des Etats distincts et séparés des autres provinces voisines, c'est que depuis la réunion dudit pays à la couronne par le traité de Lyon, en 1601, les rois de France ont toujours conservé au pays de Gex une administration particulière et indépendante ; que les ducs de Savoie, auxquels ledit pays appartenait avant ledit traité, gouvernaient ce pays comme étant indépendant de toutes provinces de leurs Etats; il y avait un juge mage et un commandant qui ne relevaient que du Sénat, l'un pour la justice, et l'autre du gouverneur général pour le gouvernement; auparavant ledit pays était sous la domination des Bernois qui lui conservèrent tous ses avantages et privilèges et établirent un pays à Gex ; si l'on voulait remonter à un temps plus reculé, l'on citerait Léonette de Genève, femme du sire de Joinville, qui possédait à titre de souveraineté le pays de Gex.

Art. 4. D'accorder au pays de Gex l'affranchissement des cinq grosses fermes qu'il a obtenu de Sa Majesté par lettres patentes du mois de décembre 1755, moyennant l'indemnité de 30,000 livres par an, pourvu néanmoins qu'il ne survienne aucun changement dans les fermes, et qu'en conséquence il plaise à Sa Majesté faire très-expressément défenses à tous employés de venir sur ledit pays de Gex, et notamment dans la vallée de Mijoux qui en fait partie, faire aucune saisie ni exécution, comme cela a eu lieu dans quelques circonstances, au grand détriment des sujets de Sa Majesté, dans ladite vallée, depuis que Sa Majesté a accordé ladite franchise. Elle a encore eu la bonté de lui faire délivrer 3,500 minots de sel pour les fermiers, quoique cette quantité ne fut pas suffisante pour le pays, eu égard au bétail; si la susdite quantité eût été gouvernée avec sagesse, le pays ne se serait pas trouvé dans le cas d'en manquer au milieu de l'année; il n'y a dans le pays que quatre à cinq regrats qui vendent le sel à l'étranger : les plaintes les plus amères n'ont pu produire aucun effet à cet égard; les ventes à l'étranger ont pour objet une plus prompte rentrée de fonds qui augmente le bénéfice de celui ou de ceux qui en font la recette.

On demande qu'il soit établi des regrats dans chaque paroisse pour la facilité du public.

Que les cultivateurs, fermiers et grangers ne puissent être imposés au rôle de l'industrie, attendu que cela est contraire aux lettres patentes qui autorisent l'administration d'imposer seulement jusqu'au tiers de l'abonnement les habitants du pays de Gex qui font commerce ou qui exercent des arts et métiers.

Art. 5. D'ordonner qu'il soit rendu un arrêt du conseil revêtu de lettres patentes pour la confirmation du privilége accordé au pays de Gex d'extraire des autres provinces du royaume 36,000 coupes pour la subsistance de ces habitants à raison de 3,000 coupes par mois.

Art. 6. D'ordonner l'attribution au bailliage de Gex de la connaissance des matières des eaux et forêts, ainsi qu'il en jouissait avant l'érection du siége de la maîtrise de Belley, attendu l'éloignement de ce siége, et que les délinquants dans les bois des communautés seront poursuivis à la requête de la partie publique, par la raison que les communautés étant dans l'impuissance d'en faire les frais, les délits demeurent impunis et les bois sont dévastés.

Art. 7. L'amovibilité de toutes les charges municipales sans exception.

Les raisons de former une pareille demande sont:

1° De l'avantage qui résultera infailliblement de la certitude qu'auront les personnes qui seront revêtues desdites charges qu'elles ne seront jamais rappelées à les exercer si elles ne s'en acquittent pas dignement.

2° La justice qu'il y a que chaque individu qui aura les talents et la capacité requis puisse prétendre aux honneurs et priviléges attachés auxdites charges.

Art. 8. Que les justices seigneuriales du pays seront exercées dans la ville de Gex, ce qui diminuera le nombre des procès, parce que la proximité de la justice exercée sur les lieux en occasionne beaucoup et cause la ruine des habitants.

Art. 9. La suppression de tous les tribunaux d'exception, attendu qu'ils sont remplacés par les États provinciaux.

Art. 10. Qu'il soit permis aux habitants dudit pays de se rédimer des cens, servis, banalités, mainmorte et autres droits seigneuriaux moyennant l'indemnité qui sera accordée aux seigneurs et telle qu'elle sera réglée par Sa Majesté.

Art. 11. La suppression du droit de franc-fief, humiliant et onéreux pour le tiers-état.

Art. 12. L'abolition des droits de régie, attendu que cet objet est fort à charge au peuple et à la régie même, qui n'en retire pas de quoi payer les appointements de ses commis.

Art. 13. La permission d'extraire du royaume les matières de fabrication telles que les meules des moulins, chiffons pour le papier et autres, le tout sans payer aucun droit de sortie.

Art. 14. La permission d'introduire, toujours sans payer aucun droit, et sous les formalités requises pour éviter fraudes et abus, les fromages fabriqués dans le pays de Gex ainsi que les ouvrages de lapidairerie.

Art. 15. L'exécution du règlement qui assujettit les marchandises destinées pour Genève et la Suisse à passer par Longerais ou par Pontarlier.

Art. 16. L'abolition de tous les péages dépendant du domaine.

Art. 17. La réformation des codes civil et criminel, en diminuant et simplifiant les formalités de la procédure, qui n'occasionnent que des frais considérables aussi inutiles que ruineux pour les parties.

Art. 18. La suppression de la redevance connue sous le nom de messeillerage et dépendante du domaine du Roi.

Art. 19. La conservation aux communautés du pays du droit et de la propriété des carrières placées dans les communaux, desquelles le fermier du domaine s'est emparé depuis plusieurs années, et notamment de celles de la paroisse de Toiry et de celles situées dans les bois communaux des paroisses de Chevry, Pouilly, Crozet et Echenevex, ledit fermier ne pouvant se prévaloir de la clause qu'il aurait pu faire insérer dans son bail, par laquelle la jouissance desdites carrières lui aurait été accordée, attendu que cette clause serait subreptice :

1° Parce que les communautés propriétaires n'ont pas été ouïes;

2° Parce qu'il est de fait que lesdites communautés étant propriétaires de communaux et dépendances comme de leurs biens particuliers et patrimoniaux à titre de franc-alleu naturel au pays de Gex, reconnu et confirmé par arrêt du conseil en 1693 et enregistré au parlement;

3° Qu'un isolant même cette loi fondamentale de la province et en supposant que le Roi, à titre de seigneur haut justicier de la baronnie de Gex, eût des droits dans les communaux, son fermier n'aurait pas été recevable à les demander, parce que le Roi, dans son ordonnance de 1669, a renoncé à tous droits de trianges et partages; que d'ailleurs, dans les titres de concessions faites par le souverain aux communautés de leurs communaux, il n'y a aucune réserve, et que l'ordonnance des eaux et forêts défend à toutes personnes d'enlever dans l'étendue des forêts aucunes terres, sables, marnes, pierres ou argiles, à peine de 500 livres d'amende et de confiscation des chevaux et harnais.

Sa Majesté sera très-humblement suppliée d'ordonner à son fermier l'abandon desdites carrières, la restitution des sommes qu'il a perçues conformément aux baux à ferme qu'il en a passés, et le condamner aux dommages et intérêts résultant auxdites communautés.

Le fermier du domaine de Sa Majesté dans le pays de Gex est dans l'usage d'exiger une quantité de chaux équivalente à un chau et demi sur tous les fours à chaux qui se cuisent dans ledit pays, sans qu'on connaisse ni l'origine ni l'existence d'un pareil droit ; Sa Majesté sera encore très-humblement suppliée d'en ordonner l'abolition et condamner son fermier en telle restitution qu'elle jugera convenable en cas d'indue perception.

On ajoutera à cet article, par forme d'observations, que les revenus des communautés dudit pays ont été jusqu'à présent mal administrés ; qu'ils disparaissent sans qu'elles en ressentent aucun avantage ; que le compte desdits revenus n'est jamais communiqué qu'à deux ou trois particuliers, amis du receveur, sans mission légale du corps de ladite communauté, et ensuite arrêté par le subdélégué ; que dans toutes les adjudications qui se donnent pour les réparations publiques, ce sont presque toujours les mêmes architectes qui donnent les devis, les mêmes entrepreneurs qui obtiennent les adjudications, parce qu'ils sont toujours d'accord entre eux ; il suit de là que la constitution des ouvrages et les matériaux qu'on y emploie étant mauvais, il faut perpétuellement recommencer, et si les communautés entreprennent de s'opposer à la réception desdits ouvrages, lesdits adjudicataires ont toujours raison, abus que Sa Majesté sera suppliée de faire réformer; on pourrait en dire autant pour ce qui concerne l'entretien et les réparations des grandes routes.

Art. 20. Le droit de porter les armes et de chasser comme étant naturel à l'homme, ainsi que le droit de pêche dans le lac de Genève, attendu que les étrangers se l'arrogent, au préjudice des habitants du pays.

Art. 21. L'abolition du tirage de la milice, sauf à remplacer les troupes par des moyens plus doux.

Art. 22. L'admission du tiers-état dans les emplois militaires et dans les cours souveraines de justice.

Art. 23. La suppression des droits qui se payent à Rome pour bulles, annates, dispenses et autres objets, sauf à y être pourvu par les évêques du royaume.

Art. 24. L'augmentation du traitement des curés à portion congrue.

Art. 25. Que dorénavant il ne sera plus accordé de récompenses pécuniaires qu'au seul mérite et proportionnées aux services rendus.

Art. 26. Un tarif plus simple, plus précis et plus clair pour la perception des droits de contrôle, insinuation, centième denier et autres qui se perçoivent sur les actes.

Art. 27. La suppression de la redevance qui se perçoit en avoine sur les communautés de Prevessin, Ornex, Saccousex et autres au profit du domaine, connue sous le nom de droit de gate ; la cause de ce droit ne subsistant plus, il doit être éteint.

Art. 28. L'abolition des corvées personnelles exigées par le chapitre de Saint-Pierre d'Annecy sur les habitants de Divorne, Arbère, Vosenex, Crassy et autres lieux ; les habitants se croient fondés d'en réclamer l'abolition sans indemnité, par la raison que ledit chapitre n'est pas un seigneur direct et qu'il ne possède ni terre ni domicile dans leur territoire.

Art. 29. Qu'il soit défendu de dériver de la rivière de la Versoix une quantité d'eau au-dessus de deux pouces pour la faire couler dans le canal ouvert pour la nouvelle ville de ce nom, et ainsi

que cela avait déjà été ordonné verbalement par M. Dupleix, ci-devant intendant de Bourgogne, vu que si on en tirait une plus grande quantité, on ferait chômer les usines inférieures placées sur ladite rivière et que l'abondance des eaux qui refluent dudit canal porte un préjudice considérable aux fonds riverains.

Art. 30. Qu'il soit pourvu, aux frais de Sa Majesté, à la construction d'une digue dans un endroit convenable pour arrêter les graviers et garantir les maisons du bourg de Versoix, situé sur le bord du lac de Genève, dont les vagues dégradent les murs desdites maisons.

Art. 31. Qu'il soit ordonné que les pâturages des fonds situés dans l'emplacement de la nouvelle ville de Versoix et que Sa Majesté n'a pas accordé, demeurent communs entre les habitants de ladite ville et ceux du bourg.

Art. 32. L'établissement de deux foires au village de Saint-Genix, l'une le mardi de la semaine sainte, et l'autre le 11 octobre.

Art. 33. Une révision de bornage entre les États de Berne et de Genève et ceux de la France, pour le préjudice que cette opération a causé aux communautés dudit pays de Gex voisines desdits États.

Les habitants des communautés de Crassy et de Vessenex entre autres se croyant lésés par le limitement fait il y a environ vingt-cinq à trente ans dans les bois dont ces communautés avaient joui paisiblement et constamment jusqu'à l'époque de ce limitement sur une ligne directe d'orient et d'occident jusqu'à l'angle oriental et septentrionnal d'une prairie appartenant à la communauté de la Rippezière (Suisse), au lieu que par ces mêmes limitements ces habitants sont frustrés d'une partie considérable de leurs bois.

Art. 34. Qu'il plaise à Sa Majesté de recevoir opposants les habitants d'Arbère à l'arrêt obtenu au conseil le 17 mars 1773 par défaut contre eux, par le seigneur de Divonne, et leur permettre de faire statuer contradictoirement sur le droit d'affouage que ces habitants ont dans les bois et côtes situés dans la terre et seigneurie de Divonne, pourquoi ils payent au seigneur de ce lieu la redevance d'une mesure de froment par chaque feu connu sous le nom de fournage.

Art. 35. Permettre aux habitants de Divonne de se pourvoir contre les limitements, assiettes et placements que leur fait fixer le seigneur de Divonne en vertu du susdit arrêté du conseil du 17 mars 1773 de la portion de leurs bois et montagnes en ladite terre de Divonne, pour être lesdits habitants grevés en la contenance de la portion qui leur a été assignée ou la valeur du sol et par son éloignement de plus de trois lieues de leurs habitations.

Art. 36. Sera très-humblement suppliée Sa Majesté d'ordonner que toutes les cures du pays de Gex seront données aux prêtres originaires dudit pays par préférence à tous autres.

Art. 37. Que le receveur général des deniers publics du pays de Gex rendra ses comptes par-devant les commissaires des trois ordres, ainsi qu'il l'a offert dans l'assemblée générale du 16 de ce mois, et qu'il ne pourra se prévaloir d'aucun compte qui pourra avoir été rendu autrement.

Telles sont les très-humbles supplications et doléances du tiers-état du pays de Gex, rédigées par nous Claude-François Bizot ; Joseph-Marie Martin ; Jean-Pierre Girod, avocat ; Pierre-François Nicod ; Jean-Louis Dulcis ; Jean-Louis Barberat, notaires ; Jean-Pierre Girod et Gaspard Lagros Bourgeois, commissaires, soussignés , en l'absence néanmoins du sieur Jean-Louis Girod, maire de Gex, qui n'a pas reparu depuis la première séance de mercredi matin 18 de ce mois, lesquelles nous avons réduites d'après les cahiers de chaque communauté en un seul, et ce, en exécution du choix qui a été fait de nos personnes par les députés constatés par le procès-verbal dressé par-devant M. le président de l'assemblée à la séance d'après-midi du mardi 17 de ce mois, auquel nous avons travaillé sans interruption en l'auditoire royal du bailliage de Gex, le 20 mars 1789. *Signé* Bizot, Girod, Nicod, Martin, Dulcis, Girod, Barberat et Lagros.

Du samedi 21 mars 1789, à la séance du matin.

Lecture faite à l'assemblée du tiers-état du cahier général de ses doléances, remontrances, souhaits et propositions ci-devant, tous les membres en ont approuvé les articles et en ont requis l'augmentation de celui ci-après.

Art. 38. Sera suppliée Sa Majesté de continuer à ce pays le don de 6,000 livres par triennalité, que tant elle que ses augustes prédécesseurs, de glorieuse mémoire, les rois Louis XIV et Louis XV, ont bien voulu lui accorder jusqu'à présent pour pouvoir fournir aux dépenses de tout genre a la charge de la province, laquelle demande sera appuyée de mémoires et instructions qui seront remis aux députés.

Ensuite ledit cahier a été déclaré clos par ladite assemblée à forme du règlement, ayant les dix-huit commissaires ci-devant dénommés signé avec nous, Claude-Joseph Barberat, conseiller du Roi, lieutenant criminel au bailliage de Gex, président de ladite assemblée pour l'indisposition de M. le lieutenant général et maltre Marc-François Vuaillet, secrétaire, lequel cahier a été coté et paraphé par nous, président susdit, de tout quoi a été dressé procès-verbal à Gex, en l'auditoire royal lesdits jour et an, sieur Jean-Louis Girod, autre commissaire, n'ayant voulu signer de ce enquis. *Signé* Bizot, Martin, Girod, Nicod, Dulcis, Barberat, Girod, Lagros, Barberat et Vuaillet.

Pour extrait collationné, *signé* VUAILLET, secrétaire.

BAILLIAGE DE GIEN.

CAHIER

Des doléances, plaintes et remontrances du clergé du bailliage de Gien pour les Etats généraux (1).

Aujourd'hui 16 mars 1789, six heures de relevée, en exécution de la lettre du Roi et de l'ordonnance de M. le grand bailli de Gien, et de l'indication ce matin à l'assemblée des trois états de la salle de la maison de M. le curé de Saint-Louis, pour le lieu de nos délibérations et la rédaction de nos cahiers et la nomination de notre député, où se sont trouvés assemblés les sieurs Charles Clerjaut, curé dePoily; Pierre-Nicolas Hollier, curé d'Ouzouer-sur-Trezée; François Mauduisson, curé de Dampierre; Jacques Goiwille, curé d'Arablay; Claude-Benjamin Vatlet, curé de Saint-Pierre et Saint-Louis; Etienne-Germain Baullier, curé de Saint-Laurent de Gien; Raymond-Hector Vallet, curé de Briare; Christophe Reignier, curé de Neuvoy; Antoine Courrier, prieur-curé de la Bussière; Jean-Baptiste-Joseph Maçon, chantre du chapitre de Gien; Théodore-Sébastien Cartigni, fondé de procuration de monseigneur le prieur de Gien-le-Viel, Charles-Jean-Baptiste Tempet, représentant M. le curé d'Eriguelles; Jacques Gouville, fondé de procuration de M. Vallon, curé de Breteau et desservant de Champoulet; Christophe Regnier, fondé de procuration de M. Fouinard, desservant de Saint-Euroge; Antonin Pagnard, fondé de procuration de la communauté des Minimes; Antoine Courrier, fondé de pouvoirs du curé d'Adon; Etienne-Germain Boullier, représentant les chanoines de l'église metropolitaine deBourges, tous réunis et formant le clergé du bailliage de Gien, avons procédé d'abord à la nomination d'un président et avons choisi pour cela volontairement M. Jean-Etienne Fernault, trésorier du chapitre, sans reconnaitre pour cela la supériorité dudit chapitre sur les curés dans l'ordre de la hiérarchie, et avons aussi nommé pour secrétaire-greffier à l'unanimité Etienne-Germain-Boullier, curé de Saint-Laurent, qui accepte et a promis de s'en acquitter fidèlement.

Et délibérant tout de suite si nous procéderions conjointement ou séparément à la rédaction de nos cahiers et à l'élection d'un député pour les Etats généraux, nous sommes convenus à l'unanimité d'y procéder seuls et séparément dans notre assemblée, et aussitôt nous avons procédé à la nomination des redacteurs du cahier qui doit être porté aux Etats généraux par notre député, et les voix recueillies, l'unanimité a été pour les personnes de M. Charles Clerjaut, curé de Poily; Pierre-Nicolas Hollier, curé d'Ouzouer; Jean-Baptiste-Jacques Maçon, chantre du chapitre de Gien, qui ont accepté et promis de s'en acquitter fidèlement, dont acte signé desdits assistants, qui se sont ajournés à demain 17 du présent mois. Je signe le présent acte sans qu'il puisse préjudicier aux

(1) Nous publions ce cahier d'après un imprimé des *Archives de l'Empire*.

rien aux droits du chapitre. *Signé* Fernaut, trésorier du chapitre de Gien; Hollier, curé d'Ouzouer; Clerjaut, curé de Poily; Vallet, Gouville, Courrier, Paignard, Rignier, Vallet, Cartigny, Tempet, Boullier, secrétaire.

Aujourd'hui 17 mars 1789,à huit heures du matin, nous, Charles Clerjaut, curé de Poily; Pierre-Nicolas Hollier, curé d'Ouzouer-sur-Trezée; et Jean-Baptiste-Joseph Maçon, chantre du chapitre de Gien, nommés à l'assemblée d'hier pour réduire en un seul tous les cahiers qui ont été présentés à ladite assemblée, nous nous sommes réunis pour procéder à ladite rédaction, et après avoir entendu les réflexions de chacun en particulier, avons reconnu que lesdits cahiers contenaient trois sortes de demandes et doléances : les premières concernant la constitution de l'Etat, les secondes la réformation de la justice, les troisièmes les biens de l'Eglise.

CONSTITUTION DE L'ÉTAT.

Le clergé du bailliage de Gien demande :

Art. 1er. Qu'aucun impôt ne soit à l'avenir mis ou prorogé sans le consentement des Etats généraux.

Art. 2. Que lesdits Etats généraux soient convoqués tous les cinq ans.

Art. 3. Que les ministres soient responsables de leurs gestions aux Etats géneraux et qu'ils puissent les faire juger sur les faits de leurs fonctions par les juges compétents.

Art. 4. Que les dépenses de chaque département, y compris celles de la maison du Roi, soient invariablement fixées.

Art. 5. Que l'ordre militaire qui exclut du service en qualité d'officier quiconque n'est pas à la quatrième génération de noblesse sera révoqué comme affrontant inutilement le tiers-état.

Art. 6. Qu'aucune partie des propriétés des citoyens ne puisse leur être enlevée par des impôts, s'ils n'ont été préalablement consentis par lesdits Etats généraux.

Art. 7. Que toutes les provinces soient établies en pays d'Etats, afin que s'imposant elles-mêmes tout le monde puisse voir s'il est trop imposé ou non.

Art. 8. Qu'il soit substitué aux impôts qui distinguent les ordres et tendent à les séparer, des subsides qui soient également répartis entre les ordres de tous les citoyens sans distinction ni privilége et au prorata de leurs possessions.

Art. 9. Que ces subsides ne soient accordés ou consentis qu'après la connaissance détaillée qu'on prendra des états de finances et des besoins de l'Etat rigoureusement démontrés, toutes dépenses inutiles préalablement retranchées.

Art. 10. Que lors de la convocation des Etats généraux les délibérations se fassent en commun, et que les voix se comptent par tête et non par ordre, ni par bailliage, ni par province.

Art. 11. Que les délibérations du clergé et de

la noblesse réunis, si elles sont différentes de celles du tiers-état ne puissent avoir force de loi, parce qu'après la justice accordée au tiers-état d'avoir un nombre égal de voix à celui des autres ordres pris ensemble deviendrait illusoire.

Art. 12. Que l'impôt territorial en nature, comme le plus juste, soit substitué à la taille et vingtième, et que chaque citoyen y soit soumis et imposé à proportion de ses biens et possessions, dont l'évaluation serait faite publiquement par des personnes intègres.

Art. 13. Que le sel soit marchand, attendu que c'est une denrée nécessaire à la vie, et qu'il est trop cher pour les pauvres.

Art. 14. Que les aides et gabelles soient supprimées comme donnant lieu à une multitude de fraudes et à des procès souvent injustes et toujours ruineux pour la classe indigente des citoyens et comme occasionnant des dépenses immenses à l'État.

Art. 15. Que la ville de Gien, où les prisonniers n'ont qu'un seul endroit pour les deux sexes, soit pourvue de prisons séparées pour les hommes et les femmes, pour éviter les désordres que ce mélange occasionne.

Art. 16. Que la maison délaissée par les Capucins sera employée à quelque établissement utile à la ville de Gien et paroisse de Poïly.

RÉFORME DE LA JUSTICE.

Le clergé demande aussi :

Art. 1er. Qu'on diminue le ressort et l'arrondissement des justices supérieures et qu'on établisse des présidiaux assortis pour la commodité et le bien public des citoyens.

Art. 2. Qu'il soit fait un nouveau code civil et criminel.

Art. 3. Que les frais de procédure soient fixés, diminués et rendus publics.

Art. 4. Qu'aucun citoyen ne puisse être enlevé à ses juges naturels.

Art. 5. Que les tribunaux souverains ainsi que les juges subordonnés à ces cours continuent à maintenir le bon ordre sans que les magistrats puissent être troublés dans l'exercice de leurs fonctions ni les cesser d'eux-mêmes sans préjudice de l'ordre public.

BIENS DU CLERGÉ ET DE LA RELIGION.

Le clergé demande aussi :

Art. 1er. La suppression des décimes et des assemblées ruineuses et bureaux qui les répartissent, attendu qu'il se soumet aux mêmes impôts que les autres citoyens dans la même forme et les mêmes proportions.

Art. 2. Que l'acquiescement que le clergé fait à cet impôt soit sanctionné par une loi qui ordonne que les curés soient taxés d'office comme le sont les personnes publiques dans l'ordre civil, pour n'être pas exposés au caprice de la populace.

Art. 3. Que si l'on persiste contre l'attente du public à laisser subsister les décimes et les bureaux qui les départissent, elles ne soient imposées qu'en présence et du consentement d'un nombre de curés suffisant pour contrebalancer les gros bénéficiers.

Art. 4. L'abolition du casuel forcé, ce casuel qui choque les honnêtes gens, sincèrement attachés à la religion qui pèse sur la classe la moins fortunée et la plus nombreuse des citoyens, qui avilit et dégrade les pasteurs et fournit aux gens du monde le prétexte de les faire passer pour de vils mercenaires.

Art. 5. La dotation en biens-fonds de toutes les cures, soit celles à portion congrue, soit celles dont le casuel fait le principal revenu, à la somme de 3,000 livres pour les grandes villes, de 2,400 livres pour les petites villes, 2,000 livres pour les curés de la campagne, 1,000 livres pour les vicaires de villes, et 800 livres pour les vicaires de campagne, lesquels ne seront plus à la charge des curés, déduction faite des dîmes et autres biens à l'égard de ceux qui en possèdent si on leur en laisse.

Mais où prendre les fonds nécessaires pour de pareilles dotations en rejetant et le casuel et la portion congrue? Les curés répondent qu'il ne leur appartient pas de tracer au gouvernement la marche qu'il doit suivre à cet égard, mais ils savent seulement que l'Église est assez riche pour pourvoir abondamment à la subsistance honnête de tous les ministres essentiels de la religion, et qu'il n'est pas tolérable que du même patrimoine destiné par la loi à la subsistance des ecclésiastiques les plus essentiels et qui portent le poids de la chaleur et du jour, n'aient pas le plus étroit nécessaire, tandis que les autres jouissent d'un ample et immense superflu.

Quel riche fond l'État ne trouverait-il pas pour la dotation des pauvres curés et vicaires et les besoins mêmes de l'État, s'il plaisait au Roi et aux États généraux de réduire, suivant le désir des honnêtes gens, les gros biens de nosseigneurs les archevêques et évêques, abbés commendataires, couvents riches, etc., à un revenu honnête et proportionné à leurs qualités et dignités, au jugement de la nation!

Art. 6. Qu'on mettra dans les paroisses des vicaires à proportion du nombre des habitants et de la difficulté du service.

Art. 7. Qu'on réunira dans la ville de Gien les chapitres de Toney, d'Auzy et Cône, attendu que lesdits chapitres étant trop peu nombreux, l'office ne peut plus s'y faire décemment, et que le chapitre de Gien étant dans une espèce d'anéantissement, et cependant composé de onze chanoines dont deux dignitaires, aurait besoin d'une pareille réunion pour faire l'office avec plus de décence. Cette réunion d'ailleurs ne nuit pas aux droits du seigneur-évêque d'Auxerre, qui, s'il ne nomme pas à tant de prébendes, sera dédommagé en nommant à de meilleurs canonicats, qui devraient être donnés de préférence aux curés et vicaires qui auront leurs forcés dans le ministère.

Art. 8. Qu'on sollicitera la sécularisation des religieux qui la demanderont.

Art. 9. Qu'il ne sera jamais toléré en France d'autre exercice public de religion que celui de la catholique, apostolique et romaine.

Art. 10. Que les ordres religieux ne soient pas détruits, mais qu'ils soient repliés sur eux-mêmes, de sorte qu'il n'y ait plus de maisons religieuses où il n'y ait au moins douze religieux, afin que la règle s'y observe en son entier et qu'ils puissent arriver dans la sainteté de leur état; que chaque religieux ait 800 livres, et que s'il y a des biens de reste de ces maisons abandonnées, ces biens entrent encore dans le fond qui servira à la dotation des cures et vicariats.

Art. 11. Qu'il plaise à Sa Majesté suspendre par une déclaration l'exercice du droit de patronage que les non-catholiques peuvent prétendre à raison de leurs fiefs, et que la nomination de ces bénéfices soit remise entre les mains de l'ordinaire jusqu'à ce que le patronage puisse être exercé par un catholique.

Art. 12. Que toute sorte de monitoires soient

abolis, ou du moins que s'ils sont conservés ils ne le soient que pour crime d'Etat et les meurtres.

Art. 13. Que les lois établies pour la sanctification des fêtes et dimanches soient sévèrement observées, les curés n'étant pas écoutés lorsqu'ils se plaignent de la transgression de ces lois si sagement portées.

Art. 14. Qu'il soit établi un collége dans la ville de Gien, ainsi que des écoles de charité pour les garçons, les filles étant pourvues de cette ressource.

Art. 15. Que la liberté de la presse, excepté pour les ouvrages contraires à la religion, au gouvernement et aux bonnes mœurs, sera établie.

Art. 16. Que la plus étroite union avec le saint-siége soit conservée pour le bien de la religion.

Art. 17. Que la loi pour la construction et les reconstructions des presbytères soit observée, et qu'il en soit donné à ceux qui n'en ont pas.

Art. 18. Qu'il donne acte du sieur curé de Dampierre, membre du clergé du bailliage de Gien, néanmoins du diocèse d'Orléans, de la demande qu'il fait d'adhérer aux curés de son diocèse pour la suppression du déport.

Art. 19. Que tous les bénéfices, de quelque nature qu'il soient, puissent être possédés par tous les ecclésiastiques, sans avoir égard à la naissance.

Tous lesquels articles, après avoir été lus et relus dans l'assemblée de l'ordre par les susdits commissaires en présentant le travail de la rédaction finie, ont été définitivement arrêtés et consentis dans ladite assemblée commencée hier et prorogée cejourd'hui 18 du présent mois, dont acte signé des membres dudit clergé. *Signé* Fernaut, trésorier.

Et le même jour, ledit clergé continuant ses opérations, a procédé au scrutin de trois membres de l'assemblée pour être scrutateurs. Les billets déposés successivement par les députés dans un vase placé sur la table au-devant du secrétaire de l'assemblée, et la vérification faite par ledit secrétaire assisté des trois plus anciens d'âge, les trois qui ont eu le plus de voix ont été les sieurs Clerjaut, Hollier et Mauduisson, qui en conséquence ont été les trois scrutateurs, lesquels ayant pris place au milieu de l'assemblée devant le bureau, ils ont déposé d'abord leurs billets dans le vase à ce préparé, après quoi tous les électeurs sont venus l'un après l'autre déposer ostensiblement leurs billets dans ledits vase ; les électeurs ayant repris leurs places, les scrutateurs ont procédé d'abord au compte et au recensement des billets, et le compte s'étant trouvé, ils les ont ouverts et ont trouvé que le plus grand nombre de voix a été pour le sieur Claude-Benjamin Vallet, curé de Saint-Louis de Gien, qui en conséquence a été élu député aux Etats généraux qui se feront le 27 avril prochain à Versailles, et comme tel on lui a remis les procès-verbaux et le cahier ci-dessus, en lui recommandant pour instructions de s'y renfermer, et lui donnant en outre pouvoirs suffisants pour proposer, remontrer, aviser et consentir tout ce qui peut concerner les besoins de l'Etat, la réforme des abus, l'établissement d'un ordre fixe et durable pour la prospérité générale du royaume et le bien de tous et chacun des sujets du Roi, lequel procès-verbal restera déposé entre les mains de notre greffier et une copie authentique d'icelui sera remise au député avec le cahier dudit clergé pour lui servir à Versailles ce que de raison. Fait sous nos seings et celui du greffier, les jour et an que dessus. *Signé* Fernaut, trésorier, et Guérin, greffier.

Nous Joseph-Augustin-Marie de Montmercey, conseiller du Roi, juge magistrat au bailliage royal de Gien-sur-Loire, faisant en l'absence de MM. les lieutenants général et particulier audit siége, certifions à tous qu'il appartiendra que maître Guérin, qui a collationné le cahier des autres parts, est greffier du bailliage royal de Gien-sur-Loire et que sa signature apposée en fin est véritable.

Fait à Gien, en notre hôtel, le 22 avril 1789, *Signé* Marie de Montmercey.

———

CAHIER

Des pouvoirs et instructions de l'ordre de la noblesse du bailliage de Gien, remis à M. de Villiers, élu député pour les Etats généraux (1).

L'an 1789, le vingt-deuxième jour de mars, les membres composant la noblesse du bailliage de Gien, soussignés, réunis dans la salle désignée pour l'assemblée de l'ordre, en conséquence du règlement du Roi, en date du 24 janvier 1789, présidée par M. le bailli, pour Sa Majesté;

Ont arrêté que leur député portera au pied du trône les assurances de leur soumission et de leur fidélité à la personne sacrée de Sa Majesté; leurs respectueuses actions de grâces pour la convocation des Etats généraux, dont la formation légale et le retour successif peuvent seuls établir et conserver les droits de la nation.

Manière d'opiner. — Représentera que la possession d'opiner par ordre en a fait un point de droit public; les lettres du 24 janvier dernier l'ont confirmé. Chaque ordre a choisi ses députés; c'est une conséquence qu'ils opinent de même.

Cette prérogative, du plus grand intérêt pour le clergé et la noblesse, établit une constitution politique avantageuse.

La constitution des Etats doit être combinée de manière qu'une portion modère l'autre; que les trois ordres forment leurs opinions séparément, afin de n'être pas emportés par une même fermentation; qu'une question ait le temps d'être discutée par des gens sages, avant de recevoir une décision : alors l'effet d'une intrigue sera retardé dans un ordre par l'incertitude de la façon de penser de l'autre.

Dans l'état actuel, les Etats généraux sont composés de trois ordres; et le *veto*, ou opposition d'un seul des trois ordres, arrête toute décision. L'ordre de la noblesse demande que l'ordre du tiers-état ne soit plus à l'avenir composé que des habitants des villes, et que par ville on entende toutes celles où il y a quelques tribunaux ou juridiction royales, ou enfin plus de deux clochers de paroisse.

Création d'un quatrième ordre. — Qu'il soit créé et établi un quatrième ordre, qui sera composé de tous les habitants des paroisses de campagne, de quelque profession qu'ils soient, à l'exception seulement de ceux déjà compris dans les trois autres ordres, savoir : nobles, ecclésiastiques, et notamment les huissiers et praticiens, lesquels seront appelés à l'ordre proprement dit du tiers-état, en suivant le tribunal auquel ils sont ou ont été attachés ou immatriculés; lequel quatrième ordre, sous le nom d'ordre des *paysans*, députera et sera représenté, ainsi que l'ancien ordre du tiers-état, par un seul député par cha-

———

1) Nous publions ce cahier d'après un imprimé de la *Bibliothèque du Senat.*

que députation, et pourra choisir ses députés et représentants dans tous les ordres, pourvu qu'ils ne soient ni notaires, ni avocats, procureurs, gens de pratique, médecins ni chirurgiens : alors le corps des États ayant quatre voix au lieu de trois, les décisions passeront à la pluralité, et, en cas de partage, il n'y aura point de décision.

Prérogative royale. Le premier devoir des sujets étant de reconnaître et confirmer l'autorité du Roi, le député requerra qu'on pose cette première base des délibérations qu'il est seul législateur dans l'ordre civil et de police, centre de réunion, magistrat suprême en qui réside le point de décision ; absolu dans les différentes demandes et remontrances de ses peuples, et des corps qu'il a créés pour l'ordre politique de son royaume ; indivisible entre les mains du Roi, l'autorité lui est confiée pour conserver et garantir à chaque individu les droits et propriétés, sans aucune atteinte inaliénable de sa nature, et n'est pas plus maître de s'en départir pour lui et ses successeurs, que de nommer un héritier au trône.

Toute espèce de pouvoir qu'il a confié à des particuliers ou à des corps doit être regardé comme portion du sien ; et nul ne peut prétendre, par un long usage, se l'arroger et se le regarder propre.

Autorité des États généraux. Pour effectuer la garantie des propriétés que le Roi doit à ses sujets, le député requerra qu'il soit proclamé, comme loi constitutionnelle, irrévocable, qu'aucun impôt ne sera mis ni prorogé que par la nation, et pour un temps limité au moins à l'intervalle des États généraux ; en sorte que cette prochaine tenue venant à ne pas avoir lieu, tout impôt cessera ; que la nation ne sera responsable d'aucun emprunt à l'avenir, à moins qu'il n'ait été fait par les États généraux ou particuliers ; et afin de veiller à l'exécution d'une loi fondée sur tous les principes moraux et politiques, les États, composés de députés librement élus dans tous les cantons des terres soumises à la domination française, sans aucune exception, et chargés de leurs pouvoirs, s'assembleront tous les cinq ans ;

Examineront si les lois, déjà promulguées, n'ont pas été enfreintes ; s'il ne leur a pas été donné d'extension, si les sommes provenantes des impôts ont été employées à leur destination.

Chambre intermédiaire. Le député insistera expressément à ce qu'il soit arrêté qu'aucune Chambre intermédiaire, aucun corps ne puisse remplacer les États généraux pendant l'intervalle desdits États. Cet établissement dépouillerait insensiblement la nation et le Roi lui-même de son autorité, tendrait à une aristocratie anti-constitutionnelle, destructive de la monarchie : point d'intermédiaire entre la nation française et son Roi.

La liberté de chaque individu étant aussi sacrée que celle de la nation, aucun citoyen ne peut être enlevé à ses juges naturels ; il est sous la protection de la loi. La noblesse voterait pour l'abolition totale des lettres de cachet ; mais des circonstances graves exigent que la grande police ait un provisoire. Les lettres de cachet pour causes particulières continueront d'avoir lieu ; elles ne pourront être accordées que sur la décision d'un tribunal que Sa Majesté sera suppliée d'établir, composé de dix-huit juges au moins, dont six seront dans les premiers rangs de la magistrature, six dans la noblesse et six du clergé, devant lequel l'instruction sera faite, sur simples mémoires, et la défense de l'accusé

sera entendue incessamment après sa détention.

Lettres de cachet. Les lettres de cachet, pour raison d'État, ne pourront être expédiées qu'après le rapport fait au conseil des dépêches ; elles seront signées de la main du Roi, et ceux contre lesquels elles seront expédiées seront remis dans les prisons soumises à la visite des tribunaux ordinaires, pour leur police seulement et la sûreté des détenus. Tous autres ordres donnés à titre de police, ou autre titre que ce soit, ne pourront avoir d'effet pendant plus de huit jours.

États provinciaux. Le député votera pour qu'il soit établi des États particuliers dans les provinces qui n'en possèdent pas encore, afin d'en régler l'organisation, et statuer sur l'assiette et répartition des subsides, où seront convoqués les députés des trois ordres, pour y assister et délibérer dans la formation adoptée aux États généraux.

La noblesse recommande à son député d'insister à ce qu'il soit fait un examen du déficit avant d'accorder aucun impôt, cette connaissance étant absolument nécessaire pour déterminer les sacrifices que la nation doit faire.

Il annoncera que les États généraux pourront annuler tous les emprunts faits par le gouvernement, qui leur paraîtront onéreux, en faisant le remboursement des emprunts, pour être faits dans le cours de six années, par un emprunt que les États généraux feraient, et, en attendant leur remboursement, les créanciers de ces emprunts recevraient leurs intérêts comme les autres créanciers des rentes perpétuelles.

Impôts. Que les impositions connues sous le nom de taille, capitation, accessoire de la taille et autres, comprises dans le second brevet ; celles relatives aux routes et ouvrages d'art, et les vingtièmes, désormais réunies sous la dénomination de subsides, soient supportées par tous les citoyens, sans distinction d'ordre et de privilèges, en raison de leurs propriétés et fortunes. La noblesse ne doute pas que le clergé n'annonce les mêmes sentiments patriotiques : elle a voulu donner une marque de son dévouement à son souverain et de son zèle pour le bien public, en concourant à remédier aux maux de l'État, quoiqu'elle n'y ait en aucune part : elle sacrifie volontiers ses privilèges, qui ont pour objet des avantages pécuniaires ; mais elle croit devoir en faire une réserve expresse en faveur de cette classe intéressante de gentilshommes que l'indigence réduit à cultiver la terre de leurs propres mains. Peu considérable dans son effet, cette réserve est précieuse pour les citoyens qui la méritent à tous égards ; elle sera un monument subsistant du sacrifice généreux et volontaire que tout le corps fait dans ce moment.

La noblesse continuera d'être exempte des charges personnelles dont son service actif et continuel dans les armées lui assure le privilège ; telles sont les collectes de deniers, les logements des gens de guerre, milice, etc.

Déterminée par les malheurs des temps au sacrifice qu'elle fait de ses droits, elle se réserve d'y rentrer quand l'administration sage et économique, que les États généraux peuvent établir, aura guéri les plaies de l'État.

Dettes nationales. Les parlements ont annoncé qu'ils n'avaient pas eu le droit d'hypothéquer la France aux emprunts immenses qui absorbent ses revenus : il paraît cependant de la justice de les sanctionner. Le député établira, avant tout, le principe incontestable que les dettes contractées par le gouvernement ne peuvent être avouées dettes de l'État qu'autant que les créanciers de l'État en portent les charges comme les autres citoyens. Leur revenu doit en être charge, en raison de l'impôt qui pèsera sur les propriétés réelles et non-valeurs, casualités des réparations.

La noblesse désire qu'on prenne les moyens les plus sages pour faire une répartition exacte de l'impôt : ce sera par un arpentage et une évaluation des terres des différentes paroisses, contradictoires avec les paroisses voisines. Ces procédés sont d'une exécution lente et éloignée. Le gouvernement ayant besoin d'une rentrée prompte de deniers, il faut offrir un moyen provisoire d'y parvenir.

Impôt territorial. La noblesse propose qu'il soit présenté un tableau général des impositions connues sous le nom de tailles, accessoires d'icelles et autres destinées aux travaux des routes et ouvrages publics, et vingtièmes ; que la masse en soit distribuée par province, répartie par élection et paroisse ; avec cette seule différence, que sur les paroisses nouvellement vérifiées il soit attribué une diminution proportionnelle, qui sera répartie en augmentation sur les paroisses qui l'ont été anciennement ; lequel total, ainsi arrêté, formera le brevet de l'imposition territoriale ; et si les besoins de l'État exigeaient quelque augmentation actuelle et passagère, elle serait répartie selon la même base.

Quant à l'égalité de la répartition entre les particuliers, elle serait assurée par la contradiction que la solidarité établit ; le rôle en serait fait par quatre particuliers propriétaires, dont l'un serait pris dans la noblesse, un dans le clergé et deux dans le tiers, lesquels deux derniers seraient en même temps collecteurs.

Capitation. La capitation a donné lieu aux réclamations que l'arbitraire excite nécessairement. Il paraît difficile de faire acquitter leurs quoteparts des charges publiques à ceux dont le revenu, ignoré, consiste en contrats et billets, sous promesse de passer titre. Ces capitalistes touchent leur revenu sans courir de risque d'aucunes impositions, avantage qu'on ne peut regarder comme compensé par la privation de l'accroissement naturel et progressif de la valeur des héritages : il n'est que la peine de l'oisiveté dans laquelle ils végètent.

La noblesse demande qu'on fixe le rapport du total de l'impôt territorial avec l'un des vingtièmes ; et que s'il résulte de ce calcul qu'il est égal à l'un ou l'autre des vingtièmes, il soit fait une loi qui autorise les débiteurs des rentes à la retenue : le Roi fera la même retenue sur les rentes dues par l'État, soit perpétuelles, soit viagères, imputant néanmoins sur ladite retenue celles qui ont déjà eu lieu : d'où il résulte une diminution de l'intérêt annuel de la dette publique.

Indépendamment des propriétaires de fonds ou de contrats, il existe dans les villes diverses classes nombreuses, et dont sont plusieurs opulentes, qui trouvent dans leur industrie, ou dans l'emploi de leurs fonds, ou spéculations de commerce, ou entreprises de toutes natures, des sources de richesses. Il est juste que ces classes de citoyens concourent à supporter les charges de l'État. On voudrait indiquer des bases qui puissent établir de l'égalité dans la répartition de la capitation, à laquelle il est juste de les soumettre, et en bannir l'arbitraire.

L'administration s'en occupera sans doute : mais, en attendant, il faut bien la répartir d'après les apparences des facultés de chacun et les notions que la commune renommée peut donner sur leurs aisances.

Gabelle. La gabelle n'est un impôt que par l'excessive cherté du sel ; il serait dangereux d'abandonner tout à fait à un commerce incertain l'approvisionnement d'une denrée de première nécessité. Le député, en votant pour qu'il soit marchand, demandera que le Roi soit supplié d'en avoir des dépôts ouverts, qui, entrant en concurrence avec ceux des négociants, en balanceront la valeur, et seront une ressource intarissable. Alors il n'y aura plus de frais de régie, et le consommateur sera soustrait aux gênes et vexations auxquelles il est exposé. La variété des privilèges de différentes provinces sur cet objet, la nécessité de les en faire jouir pour conserver l'harmonie et le bon accord entre elles, la considération de justice, d'autant plus évidente, qu'elles sont grevées en conséquence de plus forts impôts, élevant de grandes difficultés à l'exécution d'un projet si désirable, la noblesse soumet le sien à la décision des États généraux.

On ne doit chercher à remplacer par une imposition que la partie du produit net de la gabelle, déduction faite des frais de régie, garde, procédures, contraintes, juges ; lesquels n'ayant plus d'objet seraient une économie claire. Il convient de déduire aussi les frais de fabrication, transport, emmagasinement : supposons donc que la gabelle porte 50 millions au trésor royal, cette somme sera comparée avec le montant total de l'impôt territorial des retenues sur les rentes, et de la capitation des villes ; la proportion étant 4 sous par livre, on ajouterait 4 sous par livre à ces sortes d'impositions, dans les provinces des grandes gabelles, 2 sous par livre, dans les petites gabelles, où le sel est moitié moins cher, et ainsi des autres en suivant le même ordre de réduction : bien entendu qu'on déterminera les proportions avec plus d'équité, quand un calcul plus exact le permettra.

Ferme du tabac. C'est avec regret qu'on s'occupe de supprimer une imposition qui paraît la plus heureusement conçue, puisqu'elle est entièrement libre, et ne porte que sur un objet de luxe : mais en la laissant subsister, la suppression des employés et commis, que nous avons regardée comme le plus grand avantage de la gabelle, devient impossible. On propose donc d'opérer la suppression de la ferme du tabac, en adoptant les mêmes moyens qui ont été admis pour la gabelle, mais en faisant porter l'imposition au marc la livre de la capitation des villes.

Des aides. Les États provinciaux seront chargés de faire bon, au trésor royal, des sommes provenantes des aides, fermes des cuirs, droits réunis, par le moyen qu'ils jugeront convenable : telles que pourraient être des entrées aux portes des capitales et villes du premier rang, impôt assis sur les maisons où l'on vendrait et ferait débit ; et d'une imposition particulière sur les terres et vignes : les livres comptables des régisseurs serviraient à les éclairer, et seraient la base de leurs opérations.

Contrôle. Quelque utile que soit à la sûreté publique l'établissement du contrôle, l'incertitude que présente le tarif, dont l'explication est laissée aux percepteurs, entraîne trop d'inconvénients pour qu'on n'en sollicite pas la réduction.

Le député représentera qu'au lieu de soudoyer des directeurs et autres, n'étant question que de constater la date d'un acte, non d'en contrôler l'esprit, et de suggérer un sens étranger, le greffier du bailliage pourrait tenir registres, où se ferait l'inscription des actes, pour un droit modique. La noblesse, en demandant l'inscription absolue du droit de contrôle, entend aussi ceux de l'insinuation au tarif.

Les objets de recouvrement des tailles aux différents articles unis aux fermes des postes, messageries, à celles des cartes, aux droits de marc d'or sur les pensions, grâces, lettres d'honneur, revenu casuel, etc., présentent une masse immense de revenus dans l'État. Il s'offre encore une ressource précieuse dans l'aliénabilité des domaines du Roi.

Aliénabilité des domaines de la couronne. Tant que les rois n'ont été que chefs d'une confédération de souverains ; qu'ils ne percevaient d'autres tributs que les approvisionnements en nature, pour fournitures de leurs maisons, des présents, qu'ils restituaient avec plus de magnificence encore, ils exerçaient un droit de gîte dans les abbayes : il était essentiel qu'une substitution indéfinie leur assurât des domaines et des revenus, pour soutenir la splendeur du trône, et qu'ils fussent transmissibles à leurs successeurs. La couronne était héréditaire dans la maison régnante, mais la nation était libre d'y choisir son souverain. Aujourd'hui que la succession au trône a été irrévocablement déterminée en faveur de l'aîné ; que tous les seigneurs du sang en sont éventuellement héritiers, solidairement propriétaires ; que la loi des apanages a été déterminée ; que les services militaires des tenanciers de fief ont été changés en subsides ; que les peuples entretiennent les flottes et soudoient les armées du souverain, fournissent à toutes les dépenses de sa maison et à celles qu'entraîne l'administration, n'a-t-il pas été fait, pour ainsi dire, confusion du monarque avec l'État ? Leur existence est une, leurs biens sont communs, les seigneurs du sang, enfants de l'État, sont apanagés par lui : alors pourquoi le Roi aurait-il des domaines propres à lui, inaliénables, dont il ne pourrait disposer pour le bien de ses peuples ? Pourquoi une possession de dix années leur imprimerait-elle un caractère ineffaçable ! Deux princes économes, dans la durée d'un règne, envahiraient des provinces entières, et les rendraient domaines inaliénables. Le principe constitutionnel, dans le droit public d'un duc des Français, ne l'est plus dans celui d'un Roi de France.

Le Roi pourra, par un traité, céder à l'étranger des pays immenses, et il ne serait pas maître de se dépouiller de droits à charge, aliéner à ses sujets eux-mêmes des domaines d'un médiocre rapport entre ses mains, faire bénéficier l'État des dépenses excessives qu'ils occasionnent, tarir la source des surprises qui sont faites à sa générosité, assurer la tranquillité des familles troublées par le peu de sûreté des engagements et la cessation des emphytéoses.

La noblesse demande que les domaines du Roi soient aliénables ; que l'ancienne loi soit révoquée ; et qu'en vertu de nouvelles conventions et de vente publique, les biens domaniaux soient assurés par la nation même aux acquéreurs. Ils prendront une nouvelle forme dans la main des particuliers ; et mouvants de la couronne, les profits de mutation seront dévolus au trésor royal.

Économies. Tant de ressources seraient inutiles, sans l'économie. Sa Majesté s'est dépouillée volontairement de l'appareil de grandeur qui l'entourait. Elle a bien voulu promettre des réductions dans les dépenses qui lui sont personnelles.

Le député demandera que la quotité des pensions et récompenses, accordées à chaque état, soit définitivement fixée et jamais excédée.

De la justice. La nation annonce depuis longtemps le vœu de voir les tribunaux rapprochés des justiciables.

Érection des grands bailliages. Le député demandera l'érection d'un ou de plusieurs tribunaux, dans chaque province, à raison de son étendue, pour juger sans appel toute espèce d'affaires dont la valeur n'excéderait pas 6,000 livres ; de réunir à ces tribunaux les différentes juridictions qui ont relation aux impôts et autres, telles que les eaux et forêts, et les bureaux des finances, pour diminuer le nombre de juridictions multipliées à la charge des peuples.

Il demandera que ces tribunaux soient constitués de façon à remplir sans obstacle l'objet de leur établissement. La moindre dépendance des parlements serait pour ces nouveaux tribunaux un principe destructeur de leur souveraineté ; pour cet effet ils ne doivent juger aucune matière sujette à l'appel. La compétence de leurs pouvoirs ne doit avoir d'autres juges que les conseils du Roi.

Abolition de la vénalité. Il demandera que les charges de ces tribunaux ne soient point vénales ; que les juges y rendent gratuitement la justice ; que dans la composition il y ait au moins deux charges remplies par des gentilshommes, et deux par des ecclésiastiques, et que les juges soient gagés. Il sera facile de le faire, sans nouvelles charges pour les peuples, en y réunissant de petits bénéfices, dont fourmillent les provinces, sans nulle espèce d'utilité, comme chapelles, prieurés, biens de couvents supprimés. Tous ces revenus passent le plus souvent à des étrangers aux provinces : cet emploi ne serait point contraire à l'intention des fondateurs, puisqu'il serait destiné à rendre la justice gratuite au peuple.

Ces biens ecclésiastiques seraient réunis au tribunal de la province, pour être régis par lui, à l'effet d'en partager les revenus entre les magistrats, selon le règlement qui en serait fait ; et il serait distrait, sur la masse du revenu, une portion pour les gages des juges de paix, dont il va être question ci-après.

Les affaires des gens de la campagne, l'ordre des paysans, ne peuvent supporter aucune espèce de frais : il est bien malheureux pour cette classe de citoyens, la plus nombreuse et la plus utile, qu'on n'ait jamais songé à lui rendre seulement possible la justice ; qu'on n'ait jamais calculé la perte de temps en faveur d'une classe qui n'a que ses bras et son travail journalier pour se nourrir et vêtir, ainsi que sa famille.

Tribunal de juges de paix. Le député requerra l'érection d'un tribunal arbitral dans les petites villes, auxquelles il sera formé un arrondissement : il sera composé d'un juge de paix, choisi par les communes dans les juges des environs, et de deux arbitres présentés par les parties : ils jugeront gratuitement les affaires des gens de la campagne, depuis 200 livres et au-dessus, excepté les questions d'État et droits seigneuriaux. Seront libres les parties d'y porter leurs contestations directement, sans avoir été en première instance à la justice seigneuriale : on y décidera sur le vu des pièces, dire des parties, et d'après un transport sur les lieux. Le juge de paix préviendra ses juges sur les objets désignés ci-dessus.

On observe encore un abus dans l'administration de la justice. Le mot seul de justice emporte avec lui l'égalité de l'obtenir entre tous les citoyens : jusqu'à ce jour, cette égalité n'a pas en lieu entre les juges des parlements et les autres citoyens. Les parlements, en jugeant les affaires civiles de leurs membres, ont une supériorité qui fait redouter à tous leurs voisins de leurs propriétés de leur contester le moindre droit et la moindre prétention. On demande la réforme de cet abus, de le prévoir dans l'érection des nouveaux tribunaux, et que les juges des cours souveraines ne puissent point porter leurs affaires civiles au tribunal dont ils sont membres. En général le député demandera la suppression de tous droits de *committimus*, lettres de garde gardienne et autres privilèges de ce genre.

Lois criminelles. La noblesse supplie Sa Majesté de ne plus à l'avenir accorder aucun arrêt de surséance, sauf-conduit, ou autres actes d'autorité, qui puissent arrêter le cours ordinaire de la justice. Elle ne réclame pas avec moins d'instance la réforme des lois criminelles : ces lois prononcent la peine de mort pour des délits qui n'ont aucune proportion avec cette peine atroce : leur sévérité tient de la barbarie ; la cruauté dans les lois et peines ne rendit jamais les hommes meilleurs; elle les habitue à bannir la pitié de leur cœur, elle les rend plus méchants.

L'affreuse prétention où sont les cours de faire exécuter les condamnés à mort aussitôt après leurs jugements est effrayante pour la sûreté des citoyens : il est de la justice et de l'humanité de leur laisser le temps de pouvoir obtenir leur grâce du Roi, ou de démontrer leur innocence, si les juges s'étaient trompés, ou si la faiblesse ou les circonstances avaient plutôt entraîné un malheureux dans le crime que la perversité de son cœur.

Le député demandera que la peine de mort ne soit prononcée, en aucun cas, que contre celui qui a mis à mort son semblable; que la confiscation des biens des condamnés n'ait jamais lieu que jusqu'à la concurrence des frais de la procédure et la restitution des vols, sans préjudice des dommages et intérêts de la partie civile, s'il y a lieu.

Que l'édit de Henri II, concernant les déclarations à faire pour les filles enceintes, soit abrogé : qu'elles ne soient plus condamnées à mort, à moins qu'il ne soit démontré qu'elles ont, de dessein prémédité, détruit leurs enfants. Que les hôpitaux seront tenus d'avoir des salles secrètes, destinées à recevoir les filles enceintes, avec la liberté d'y rester inconnues, et de les traiter sans reproches. Cette manière de prévenir le crime évitera jusqu'à l'embarras de trouver des coupables.

Que la déclaration du Roi, datée du 10 mai 1788, qui suspend l'exécution des arrêts de mort d'un mois, soit exécutée dans toutes ses dispositions et dans tous les tribunaux, en attendant que la nouvelle ordonnance criminelle qui est annoncée soit faite.

Le député demandera que la noblesse puisse exercer toute espèce de commerce ou trafic, tant en gros qu'en détail, sans déroger.

Que tout militaire ne puisse paraître à la cour et chez les ministres du Roi qu'en uniforme.

Dans les temps où les fondations des monastères ont été faites, le grand nombre des religieux établissait une proportion raisonnable entre la magnificence et l'étendue des dotations et les besoins des individus qui devaient être entretenus sur les fonds dont ces dotations étaient formées : de même le grand nombre de sujets, réunis dans chaque maison, établissait une vie vraiment commune et régulière.

Du fait de l'Eglise et des biens ecclésiastiques. Aujourd'hui le défaut de sujets, en rendant les monastères déserts et inhabités, a rompu toute proportion raisonnable entre les dotations des maisons et le nombre des religieux dont elles sont composées : on en trouverait plusieurs riches de 3 à 4,000 livres par chaque tête de religieux.

Le même défaut de sujets a rendu la vie commune de l'observation de la règle impossible dans la plupart des maisons.

L'intention des fondateurs n'a pas été de destiner leurs dons à doter des maisons, pour y recevoir des ecclésiastiques plutôt séculiers que réguliers : c'est donc le remplir et non l'éluder, que d'employer à des objets de piété et d'utilité publique les fonds des monastères où la règle ne peut plus être observée.

En conséquence, le député demandera que la conventualité soit fixée à quinze, pour les maisons de religieux, et à neuf pour les maisons de moniales ; que tous les sujets composant les maisons qui n'ont que cette conventualité soient transférés dans les grandes maisons, où elle pourra être complétée, et dans lesquelles ils porteront une pension de 600 livres pour chaque religieux, et de 500 livres pour chaque moniale, lesquelles pensions seront prises et prélevées sur les biens des maisons abandonnées ; et elles cesseront d'avoir lieu au moment du décès des sujets auxquels elles seront affectées : bien entendu que ces pensions ne seront accordées que dans le cas où les revenus des maisons, dans lesquelles les conventualités seront complétées, ne présenteraient un revenu suffisant pour entretenir le nombre de sujets dont elles seront composées : bien entendu encore que les religieux ou moniales desdites maisons supprimées seront libres de demander d'être relevés de leurs vœux de clôture, pour ensuite aller jouir desdites pensions dans l'intérieur de leur famille.

Le surplus des revenus des maisons supprimées sera affecté aux objets de piété et de bienfaisance ci-après indiqués.

On ne peut voir sans étonnement la faculté laissée aux citoyens de disposer de leur liberté, avant l'âge où celle de disposer de leurs biens leur est accordée. Le député demandera que l'âge pour l'émission des vœux, dans quelque ordre régulier que ce soit, soit fixé à trente ans pour les hommes et à vingt-huit ans pour les femmes, et que cette émission soit précédée de cinq années de noviciat.

Les dîmes ne sont autre chose qu'une prestation pieuse et volontaire, accordée par les fidèles pour subvenir à toutes les dépenses nécessaires au culte divin.

La plus forte partie des dîmes est aujourd'hui perçue par des curés primitifs, qui ne l'emploient aucunement à procurer au peuple les secours spirituels; ils sont remplacés par des vicaires perpétuels, qui seuls exercent le ministère et desservent les paroisses ; tellement qu'il faut que les propriétaires qui payent déjà la dîme subviennent une seconde fois à l'entretien de leurs pasteurs, par des rétributions connues sous le nom de casuel, et à une partie des dépenses qu'exigent les lieux et bâtiments sacrés : c'est un double emploi évident, qu'il est nécessaire de faire cesser au moment où les propriétaires font les plus grands efforts pour supporter la dette nationale.

Le député demandera donc que les dispositions de l'édit de 1695, qui rejettent sur les propriétaires et habitants la dépense des constructions et réparations des nefs et cimetières des paroisses et le logement des vicaires perpétuels, soient révoquées : que les dîmes ecclésiastiques des paroisses soient spécialement affectées à ces objets, tellement que les propriétaires et habitants ne puissent y contribuer qu'en cas de dîmes : quoi faisant, il sera juste que les curés primitifs, ne jouissant plus de la dîme, soient déchargés de l'entretien des chœurs et cancels, qui sera pareillement affecté sur le produit des dîmes de la paroisse.

La plupart des vicaires perpétuels, ou curés desservant les paroisses, loin d'être en état de soulager les pauvres, dont les besoins pressants excitent infructueusement leur charité, ont à peine eux-mêmes de quoi s'entretenir convenablement, avec la décence qu'exige un état aussi respectable. Il est contre cette même décence que ces pasteurs soient dans la nécessité de suppléer à l'insuffisance de leurs revenus en percevant des rétributions, connues sous le nom de casuel, qui leur répugnent à recevoir.

Le député demandera donc que le traitement des curés desservant les paroisses soit complété à 1,000 livres, pour les paroisses de cent communiants, a 1,200 livres, pour celle depuis cent jusqu'à deux cents, à 1,500 livres, pour celles depuis deux cents jusqu'à quatre cents communiants, et ensuite toujours en augmentant de 100 livres pour chaque cent communiants.

Que les rétributions connues sous le nom de casuel soient annulées.

Que le supplément de traitement à accorder aux curés, selon les proportions ci-dessus, soit affecté sur le produit des dîmes de chaque paroisse, et en cas d'insuffisance, sur les revenus d'une partie des monastères supprimés, ainsi qu'il a été dit ci-dessus, qui seront réservés pour cet objet, jusqu'à due concurrence, et qui seront administrés par une chambre établie dans chaque diocèse, composée d'anciens curés.

Qu'enfin, s'il arrive que la dotation de quelques évêchés se trouve trop réduite par la privation des dîmes, il y soit pourvu par l'union de quelque bénéfice; de manière que les sièges soient toujours convenablement dotés.

La bienfaisance et la piété de nos rois les a portés à former différents établissements qui ont pour objet ou le culte divin, ou le soulagement de l'humanité; tels sont les secours fournis pour l'entretien des enfants trouvés, pour les hôpitaux militaires, pour les hôpitaux de mendicité, pour les remèdes que le gouvernement fait distribuer dans les généralités et dans les diocèses, pour l'entretien de plusieurs maisons de Nouvelles-Catholiques, pour l'entretien des pensions des ci-devant jésuites, sur le produit des bénéfices séquestrés pour cet objet.

Pour la construction de différents bâtiments censés affectés sur les loteries.

Pour l'exercice du service divin dans les chapelles et abbayes, dans les palais.

Enfin, pour plusieurs œuvres pies et aumônes qui s'exercent dans différents départements.

Tous ces objets grèvent le trésor royal et peuvent sans doute être convenablement affectés sur des fonds ecclésiastiques.

Le député demandera qu'il y soit affecté une portion suffisante des revenus de monastères dont on a demandé ci-devant la suppression.

Dans le cahier présenté au Roi le 21 février 1615, il a été demandé « que les abbayes et prieurés conventuels ne soient dorénavant tenus en commende par les séculiers, ainsi accordés en titre aux religieux profès de l'ordre. » Il a été demandé encore « que le tiers du revenu des bénéfices

et églises soit, par chacun an, employé aux réparations d'icelles, maisons et fermes qui en dépendent; et à ce faire les bénéficiers contraints par saisie de leur temporel, à la diligence des procureurs généraux. »

On a pu considérer, sans doute, en faisant ces demandes, d'une part, que la commende n'a nullement rempli l'objet de son institution, qui était de rétablir l'ordre et l'observation de la règle dans les monastères; de l'autre, que le tiers lot n'ayant d'objet que de subvenir aux charges et réparations des bénéfices, il ne pourrait être uni aux abbatiales ou prieurales qu'autant que les titulaires en emploieraient le produit réellement à cet objet, et deviendraient comptables de cet emploi.

Mais la noblesse est loin de faire des demandes qui tendraient à atténuer l'importance des grâces qui sont dans la main du Roi, et dont une juste dispensation concourt à soutenir l'éclat du trône et la prospérité de l'administration; elle sait d'ailleurs que la plus forte partie de ces mêmes grâces tournent à son avantage; elle est donc intéressée à leur accroissement; elle croit pouvoir s'en occuper au moment où elle fait d'ailleurs le sacrifice de ses privilèges les plus précieux : mais cet intérêt particulier ne doit pas lui faire perdre de vue que le Roi a un droit essentiel à exiger que les biens dépendants des bénéfices soient entretenus, pour que les objets de ses grâces ne soient pas détériorés; que la nation a aussi un intérêt direct à ce que les fonds qui dépendent des bénéfices ne soient pas dégradés; elle doit convenir que les mesures prises à ce sujet sont loin d'être suivies, puisqu'au lieu d'exiger des titulaires l'emploi de la totalité du tiers lot en réparations, on se borne à exiger qu'elles soient seulement faites ou parachevées sur les deniers des successions des titulaires, qui, le plus souvent, ne proviennent que des revenus des bénéfices. Mais ces mesures, quelque modérées qu'elles soient dans leur objet, sont cependant, par les formes qu'elles entraînent, souvent très à charge aux familles des bénéficiers. Il serait à désirer d'indiquer un procédé, qui, en assurant également, ou même mieux encore, l'entretien des fonds dépendants des bénéfices, pût soustraire les familles aux gênes et aux frais qu'entraînent les formes présentement suivies.

Le député demandera donc qu'arrivant le décès des bénéficiers, la succession soit entièrement déchargée des réparations du bénéfice, et qu'il soit aussitôt procédé, en présence du procureur de Sa Majesté au bailliage dans lequel est situé le chef-lieu du bénéfice, ou du syndic du diocèse, ou tout autre commissaire ecclésiastique, au devis et à l'adjudication de toutes les réparations et frais faits pour y parvenir; lequel devis ne comprendra aucuns bâtiments inutiles ou de pur agrément, mais seulement ceux destinés au service divin, à la résidence du tribunal dans le chef-lieu, et à l'exploitation des fonds ou exercice de la justice et des droits seigneuriaux, et qu'il soit sursis à la nomination au bénéfice, pendant le temps nécessaire pour que les revenus puissent acquitter le montant de l'adjudication.

L'ordre du clergé, ayant intérêt à ce que ce sursis dure le moins longtemps possible, doit désirer que les bénéfices se trouvent le moins dégradés qu'on pourrait au décès du titulaire, et par conséquent qu'il soit pris des mesures sages et suffisantes pour que les titulaires soient obligés de bien entretenir les bénéfices pendant leur jouissance. C'est donc au clergé d'indiquer ces mesures, et de supplier Sa Majesté de sanctionner de son autorité les règlements qu'il proposera à cet effet, et dont l'exécution lui sera confiée. Le clergé peut même, s'il le juge à propos, éviter le séquestre des bénéfices pendant le temps nécessaire pour pourvoir à la dépense des réparations, en demandant qu'il soit établi sur tous les titulaires une retenue qu'on pourrait évaluer au dixième du bénéfice ; laquelle retenue serait perçue et versée dans une caisse établie dans chaque diocèse, sous l'administration du clergé, et son produit employé à pourvoir annuellement aux réparations.

Le député rappellera les demandes portées au cahier du 21 février 1615, afin « que les fruits des « prélatures, abbayes et bénéfices vacants soient « employés à la nourriture des pauvres, et répa- « rations nécessaires des églises. »

Il demandera que les fonds destinés à secourir les nouveaux convertis, continuent d'être employés à leur objet, atiendu que c'est au moment où les non catholiques viennent d'obtenir une existence civile, qu'il est plus à désirer que le nombre en diminue, et que la seule vraie religion soit plus dominante.

Le même cahier du 21 février 1615 contient cette demande : que nul *ecclésiastique ne puisse te plus d'un bénéfice*. On ne croit pas devoir trop insister sur cet objet, puisque c'est à Sa Majesté qu'il appartient de déterminer dans sa sagesse la disposition de ses grâces. La noblesse se permet seulement de marquer son vœu pour qu'elles soient réparties de manière qu'un plus grand nombre d'individus puisse y participer.

L'ordre de la noblesse, en remettant ses cahiers par elle arrêtés, donne à son député tous pouvoirs généraux et suffisants, à l'effet de proposer, remontrer, aviser et consentir tout ce qui peut concerner les besoins de l'État, la réforme des abus, l'établissement d'un ordre fixe et durable dans toutes les parties de l'administration, la prospérité générale du royaume, et le bien de tous et chacun des sujets de Sa Majesté, pour le bonheur de laquelle chacun des membres de l'ordre de la noblesse du bailliage de Gien forme les vœux les plus ardents ; et ont signé. Fait et arrêté les jour et an que dessus.

Signé FEIDEAU DE BROU, président et grand bailli d'épée ; de Villers, député de Rancourt ; La Barre ; de Chasal ; le chevalier du Verne ; Definance ; chevalier Dufaurd ; de Chasseval ; de Falaiseau ; le chevalier de la Fage.

Nota. Il s'était élevé quelques difficultés dans l'assemblée de Gien, sur l'admission de M. de Villers ; mais il prouva que son père lui avait acquis ce droit par sa charge de secrétaire du Roi du petit collège, dans l'exercice de laquelle il était mort, et qu'ayant des droits au concours pour la nomination des députés aux États généraux, il avait volontairement fait le sacrifice de la place de subdélégué de l'intendance d'Orléans qu'il occupait depuis longtemps d'une manière distinguée ; son frère, receveur du grenier à sel, son neveu, receveur des tailles, et son beau-frère ont eu la satisfaction de voir confirmer leurs vœux. M. de Chasal, conseiller au grand conseil, a bien voulu joindre ses vastes lumières à celles de M. de Villers pour la rédaction des cahiers ; cette élection fait d'autant plus honneur à M. de Villers qu'il a eu la majorité sur un gentilhomme respectable par ses actions éclatantes à la guerre.

CAHIER

Des plaintes, doléances et remontrances du tiers- état du bailliage de Gien au Roi et aux États généraux (1).

Plaise à Sa Majesté et aux États généraux ordonner l'exécution des articles ci-après :

CONSTITUTION.

PREMIÈRE DIVISION.

États généraux.

Art. 1er. Les délibérations se prendront en commun, et les suffrages seront comptés par tête, non par ordre, par provinces ni par bailliages.

Art. 2. Chaque bureau sera composé d'un nombre de représentants du tiers-état égal à celui des deux autres ordres réunis.

Art. 3. Les États généraux seront convoqués périodiquement de trois en trois ans, et à cet effet les subsides et droits ne seront accordés que pour ce terme.

Art. 4. Ils continueront d'être convoqués par bailliage.

Art. 5. Les députés ne pourront élire ni être élus que dans leurs ordres respectifs.

Art. 6. Dans l'intervalle de la tenue des États généraux, il ne pourra y avoir aucune commission intermédiaire, et les cours souveraines, sous aucun prétexte, ne pourront prétendre le droit de représenter les États généraux.

Art. 7. Auxdits États généraux, seuls, appartiendra le droit d'accorder les subsides, consentir les emprunts, déférer la régence et donner la sanction à toute espèce de lois.

Art. 8. Chaque ordre réglera et payera la dépense de ses députés aux États généraux et provinciaux.

DEUXIÈME DIVISION.

Art. 1er. La liberté individuelle du citoyen sera respectée, en sorte qu'aucun ne pourra en être privé, non plus que de sa propriété, par lettres de cachet ni ordre ministériel, dont seront responsables ceux qui les auront délivrés et sollicités.

Art. 2. Tous héritages pris pour l'utilité publique seront évalués et payés aux propriétaires avant de pouvoir s'en emparer.

Art. 3. La liberté de la presse sera accordée sous les modifications jugées nécessaires par les États généraux.

TROISIÈME DIVISION.

États provinciaux.

Art. 1er. Il sera établi dans chaque province, et particulièrement dans celle d'Orléans, des États provinciaux dont les députés seront élus par bailliage comme pour les États généraux.

Art. 2. Auxdits États provinciaux les députés du tiers-état seront en nombre égal à celui des deux autres ordres réunis et pris chacun dans leur ordre respectif.

Art. 3. Ils seront présidés par un membre élu à la pluralité absolue des suffrages pris alternativement dans chacun des trois ordres.

Art. 4. Les députés aux États provinciaux ne

---

(1) Nous publions ce cahier d'après un manuscrit des *Archives de l'Empire.*

pourront être réélus qu'après un intervalle de trois ans.

Art. 5. Il y aura toujours deux secrétaires dont l'un sera constamment du tiers-état.

Art. 6. Les fonctions desdits Etats provinciaux consisteront dans la répartition et perception des impositions de toute nature et autres objets de l'administration qui leur seront confiés par le Roi et les Etats généraux.

Art. 7. En conséquence, les intendants et tribunaux chargés desdits objets d'administration supprimés.

Art. 8. Lesdits Etats ou leurs commissions intermédiaires et procureurs-syndics rendront compte, et pareil compte sera demandé aux administrations provinciales actuellement subsistantes.

Art. 9. Tous les officiers municipaux créés dans les villes, supprimés; la liberté de s'en choisir, rendue aux citoyens ; plus de création à l'avenir en titre d'office et les mêmes règles observées pour les bourgs et communautés des campagnes.

Art. 10. Il sera établi des règles pour la représentation des communes, et tous les officiers municipaux rendront leurs comptes en la forme qui sera arrêtée.

QUATRIÈME DIVISION.

Du clergé et de l'état ecclésiastique.

Art. 1er. La révocation du Concordat entre François Ier et le pape Léon X, ainsi que le rétablissement de la Pragmatique-Sanction, seront sollicités.

Art. 2. Conformément à l'article 2 de l'ordonnance des Etats tenus à Orléans, il ne sera payé à l'avenir aucun droit d'annate pour les provisions des archevêques, évêques, abbés et autres bénéficiers; défenses seront faites de transporter hors du royaume or ni argent, sous prétexte d'annate ou autrement, sous la peine portée par ladite ordonnance, et chaque archevêque ou évêque accordera gratuitement dans son diocèse toute espèce de dispense.

Art. 3. Les bénéfices simples, les abbayes, les monastères, tant d'hommes que de femmes, dans lesquels il n'y a pas dix religieux ou religieuses; les chapitres des villes, bourgs et villages qui ne sont composés au moins de trois cent feux, non compris les feux de campagne, et tous autres religieux qui n'auront qu'une existence inutile et purement contemplative, seront supprimés, leurs biens vendus, et le prix en provenant employé d'abord à l'acquittement des dettes de chaque corps aux communautés supprimées et le surplus à l'acquittement de celles de l'Etat.

Art. 4. Tous les ordres mendiants tant d'hommes que de femmes seront supprimés.

Art. 5. Les supérieurs majeurs et autres des ordres religieux seront tenus de donner le dénombrement de leurs individus, de leurs maisons et biens, afin qu'on puisse juger du nombre des maisons à réformer.

Art. 6. Il sera défendu à tous ordres et communautés d'entretenir aucune relation avec un supérieur étranger, et tous seront soumis à l'ordinaire.

Art. 7. Les vœux de religion ne pourront être faits avant l'âge de vingt-cinq ans.

Art. 8. Le revenu des curés sera augmenté dans les paroisses où il sera nécessaire de le faire, sans que l'augmentation puisse se prendre sur les habitants et propriétaires.

Art. 9. Les curés seront chargés de se fournir de logements à leurs frais dans les paroisses où il n'y a pas de presbytères, et à plus forte raison d'entretenir ceux qui existent.

Art. 10. Les seigneurs décimateurs seront tenus d'entretenir à leurs frais les clochers des paroisses, quand même ils seraient placés sur les nefs des églises.

Art. 11. Les églises des paroisses seront reconstruites et même entretenues aux dépens des biens ecclésiastiques et non des économats dont la suppression est si nécessaire.

Art. 12. Il sera pourvu au moyen de contraindre les évêques à résidence et à faire les visites de leurs diocèses aux termes des règlements et à leurs frais.

Art. 13. Tous titres d'évêchés qui seraient insuffisants par rapport aux fonctions et aux revenus seront supprimés, et ceux dont les diocèses seraient trop étendus et les revenus trop considérables, restreints et diminués.

Art. 14. Les cures appartenantes aux ordres religieux seront rendues à l'ordinaire, et tous religieux admis à se faire séculariser.

CINQUIÈME DIVISION.

De la noblesse.

Art. 1er. Il sera demandé que la noblesse ne puisse être acquise à prix d'argent et qu'elle soit seulement la récompense des services rendus à la patrie.

Art. 2. Les anoblis à prix d'argent ne pourront, jusqu'à la troisième race inclusivement, prendre même la qualité d'écuyer.

SIXIÈME DIVISION.

Du militaire.

Art. 1er. La suppression de l'ordonnance, qui interdit d'une manière humiliante pour le tiers-état l'entrée en qualité d'officier dans le service militaire, sera vivement sollicitée, parce que cette interdiction anéantit le patriotisme.

Art. 2. Il sera rendu un règlement qui fixera le train et la dépense des militaires en temps de guerre.

Art. 3. Il ne sera plus fait de levées de milices aux soldats provinciaux.

Art. 4. En cas de guerre où il y aurait nécessité d'augmenter le nombre des troupes, il ne sera pas fait de levée parmi les laboureurs et manouvriers des campagnes, leurs enfants et domestiques, afin de favoriser l'agriculture ; mais tous les domestiques des particuliers sans distinction d'ordre y seront assujettis.

Art. 5. Pour que ce service ne soit plus une charge du tiers, il sera compensé par une contribution que supporteront les personnes des trois ordres qui en seront exemptes.

Art. 6. On supprimera l'ordonnance ou résultat du conseil qui a assujetti les mariniers de Loire au classement de la marine, cet établissement étant préjudiciable au commerce de cette rivière et à l'approvisionnement de Paris.

Art. 7. La paye des gens de guerre sera augmentée.

Art. 8. Il sera répandu dans les provinces des troupes pour être employées aux travaux publics.

Art. 9. Les places de gouverneurs, commandants, lieutenants du Roi, et autres de cette espèce, seront supprimées comme inutiles et onéreuses, et les seuls gouverneurs des places frontières seront conservés sans commandants ni autres officiers.

Art. 10. Les maréchaussées seront augmentées et distribuées dans les campagnes.

SEPTIÈME DIVISION.

Tiers-état.

Art. 1er. Il ne sera désormais assujetti à aucunes charges, contributions ni services de corps, qui puissent retracer le moindre vestige de servitude personnelle.

Art. 2. Les contributions pour les chemins et tous ouvrages publics seront également supportés par tous les sujets du Roi sans distinction d'ordres

Art. 3. Le droit de franc-fief sera anéanti, parce que le tiers-état contribue actuellement à la solde et entretien des troupes.

HUITIÈME DIVISION.

De l'administration de la justice.

Art. 1er. On supprimera les chambres des comptes, cour des aides, cour et juridiction des monnaies, requête du palais et de l'autel, eaux et forêts, bureaux de finances, élections, greniers à sel, traites foraines, tous autres tribunaux d'attributions et d'exception, ainsi que toute commission, et il ne pourra en être établi à l'avenir.

Art. 2. Les seuls princes et pairs auront droit de *committimus*; tous priviléges de cette nature, voies d'évocation et d'attribution, même le privilège de bourgeois de Paris, seront supprimés. Nulle personne ne pourra plus être traduite ailleurs que devant le juge de son domicile, mais il ne sera rien innové aux juridictions consulaires.

Art. 3. La vénalité des offices n'aura plus lieu; la justice sera rendue gratuitement, et le Roi nommera aux offices de judicature sur les présentations des cours et compagnies.

Art. 4. La police des cours souveraines consistera à faire des règlements généraux pour leur ressort; les règlements pour la police générale des ressorts des bailliages appartiendront aux juges desdits bailliages, et la police particulière des lieux sera rendue aux municipalités.

Art. 5. On n'accordera plus aucun brevet, privilége ni permission aux empiriques, opérateurs, gens promenant animaux et autres objets de curiosité; on établira des règles pour les marchands forains.

Art. 6. Les bailliages seront arrondis et multipliés de sorte que les justiciables n'en soient éloignés de plus de cinq à six lieues. Tous seront érigés aux présidiaux, avec le droit de juger jusqu'à 400 livres, en dernier ressort; les jugements seront motivés.

Art. 7. Toutes autres justices royales où il ne peut y avoir un nombre suffisant d'officiers gradués supprimées.

Art. 8. Les juges des seigneurs seront tous gradués; tous officiers de justices seigneuriales, sans distinction, seront résidents et inamovibles.

Art. 9. Il n'y aura jamais plus d'un degré de juridiction seigneuriale. Ces juridictions ne pourront jamais connaître des contestations sur les impôts.

Art. 10. Les seigneurs devant leurs juges ne pourront traduire qui que ce soit, même pour les droits et revenus de leurs terres.

Art. 11. Les seigneurs n'auront aucun droit de revendiquer les causes portées devant les juges royaux.

Art. 12. On travaillera incessamment à la réforme de toutes lois et ordonnances civiles et criminelles.

Art. 13. Dans les parlements il n'y aura aucuns appointements qui n'aient été prononcés à l'audience sans plaidoirie contradictoire, et toutes les causes d'audiences seront partagées entre les différentes chambres qui pourraient être conservées.

Art. 14. On travaillera à la réunion des coutumes autant qu'on pourra le faire sans blesser les mœurs et les droits des différentes provinces.

Art. 15. Aucun pays ne pourra être régi par deux coutumes; en conséquence, on réformera l'usage introduit dans le bailliage de Concressault de suivre pour les totures les coutumes de Berry, où le bailliage est situé, laquelle accorde aux seigneurs des profits en collatérale et un droit de retrait censuel aux mutations par ventes, et pour les fiefs, la coutume de Lorris, qui accorde des quints et requints inconnus dans la coutume de Berry, qui n'accorde qu'un rachat.

Art. 16. En procédant à la réforme du Code civil, on ordonnera que toutes affaires susceptibles d'une instruction étendue seront jugées sur simples mémoires écrits sur papier libre.

Art. 17. Les frais qui seront faits et coûts des sentences qui seront rendues en matière consulaire dans les juridictions ordinaires ne pourront être plus considérables que dans les juridictions consulaires, ni assujettis à de plus grands droits

Art. 18. Il sera fait tous règlements et tarifs pour les droits et salaires des greffiers, notaires, procureurs, huissiers et autres officiers inférieurs de la justice dont le nombre sera réduit.

Art. 19. Les receveurs des consignations, commissaires aux saisies réelles et huissiers-priseurs supprimés. Les sommes sujettes à consignation déposées sans frais aux greffes.

Art. 20. La faculté du jeu de fief par baux à cens ou autres conventions, même avec deniers d'entrée, égaux à la valeur totale de l'héritage, sera rétablie.

Art. 21. Les commissaires au Châtelet de Paris ne pourront se transporter hors de leur juridiction, même par suite de leur apposition de scellés, et les notaires aux différents châtelets du royaume, ne pourront recevoir des actes hors de leur ressort.

Art. 22. Les prétendus droits de juridiction et priviléges de bazoche seront supprimés.

Art. 23. Il sera établi dans chaque bailliage un dépôt de minutes de tous les notaires et greffiers du ressort, et tout droit de tabellionnage seront supprimés.

Art. 24. Il sera fourni par les curés une copie collationnée de leurs registres de baptêmes, mariages et sépultures antérieurs à 1736, laquelle sera remise audit dépôt pour prévenir les pertes ou altérations desdits registres.

Art. 25. Aucunes ordonnances ne pourront être rendues par les juges des seigneurs ou autrement, pour faire mettre des landons aux chiens, et faire désarmer les gens de la campagne.

Art. 26. Les gardes-chasse ne porteront jamais d'armes à feu, et leurs procès-verbaux ne feront foi s'ils ne sont signés de deux d'entre eux qui auront prêté serment.

Art. 27. Dans le cas où des domestiques de seigneurs auraient tiré sur des particuliers trouvés à la chasse, ou commis d'autres violences de cette espèce, ils seront sévèrement punis; les seigneurs responsables des dommages et intérêts envers la partie, et obligé de payer les frais faits pour toute espèce de procédures.

Art. 28. Les tribunaux des maréchaussées supprimés et leurs fonctions attribuées aux présidiaux.

Art. 29. Les commandants des brigades des maréchaussées tenus d'obéir à toutes réquisitions des procureurs du Roi et autres officiers, même aux syndics des municipalités,sans pouvoir exiger de rétributions.

Art. 30. Après l'interrogatoire et l'information, l'accusé pourra se choisir un conseil ; la procédure ne sera plus secrète, toute question sera abolie et l'on abrogera l'usage de mettre les prévenus de crime au secret.

Art. 31. Il ne sera plus prononcé de peine de mort que contre les homicides, incendiaires et empoisonneurs.

Art. 32. Pour détruire le préjugé qui fait rejaillir sur les parents du supplicié le déshonneur de la peine, il sera défendu à tous corps ecclésiastiques, civils et militaires, de donner aucune exclusion pour ce sujet.

Art. 33. Les peines seront réglées par rapport à la nature des crimes, sans distinction d'ordres ni de personnes.

Art. 34. En matière criminelle, le privilége de l'instruction conjointe pour les ecclésiastiques sera aboli.

NEUVIÈME DIVISION.
Des droits seigneuriaux.

Art. 1er. Il sera permis à toutes personnes de rembourser les rentes foncières en grains, argent, poules et autres denrées seigneuriales, dîmes, terrages, corvées, tailles et autres droits, sous quelque dénomination que ce soit, dus aux seigneurs tant ecclésiastiques que laïques et aux corps et communautés, suivant le capital qui ne se trouvera pas porté au contrat, suivant les évaluations qui en seront faites et au denier vingt-cinq; enfin la faculté de faire ces remboursements ne recevra aucune exception, et elle sera continuelle et illimitée.

Art. 2. Lesdits droits de terrages n'auront pas lieu sur les terres nouvellement défrichées, quoique situées dans des mesures qui y seraient sujettes.

Art. 3. Tout cens excédant 5 sous pour mesure sera réduit à ladite somme, le surplus remboursable, et la solidité des cens et rentes dont le titre primordial ne sera justifié demeurera supprimée.

Art. 4. Les droits généraux des terres contre les communautés d'habitants et universalités des censitaires, comme banalités, ménages, péages, poids publics exclusifs,vente exclusive de viandes, vins, denrées et autres servitudes réelles ou personnelles, seront supprimées ; les colombiers et volières qui sont sur des censives et fiefs volants qui n'ont pas même cent arpents de terrain seront également supprimés; mais les propriétaires des colombiers et volières qui ont une propriété suffisante seront obligés d'en tenir les pigeons renfermés pendant le temps de toute espèce de semailles, et dans ledit temps permis de tirer dessus.

Art. 5. Toutes les mesures des seigneurs seront réduites sur celle des plus prochains marchés, dont la mercuriale sert à fixer le prix des rentes en grains qui leur sont dues à cause de leur seigneurie, dans le cas où les rentes n'auraient pas été acquittées en nature.

Art. 6. Les rentes en grains seront mesurées par les débiteurs, non par les créanciers ou leurs gens d'affaires.

Art. 7. Les remboursements desdits droits seigneuriaux faits au Roi dans les terres du domaine serviront à l'extinction des dettes de l'Etat ; ceux aux bénéficiers à celle des dettes du clergé, ceux aux corps et communautés au payement de leurs dettes particulières, et le surplus placé sur les Etats généraux ou provinciaux.

Art. 8. Les seigneurs ne pourront faire reconnaître les cens et rentes imprescriptibles qu'à leurs dépens à l'égard des surcens et rentes prescriptibles ; ils seront reconnus tous les quarante ans, de laquelle reconnaissance les censitaires ne devront que le droit du notaire, sans égard pour le nombre des articles y compris ; pourquoi les droits des commissaires à terrier supprimés.

DIXIÈME DIVISION.
Du commerce et de l'agriculture.

Art. 1er. On ne pourra faire aucun traité de commerce avec l'étranger sans l'avis et consentement des villes de commerce dont le ministère sera tenu de justifier aux prochains Etats généraux.

Art. 2. Les poids et mesures seront uniformes pour tout le royaume; la mesure de toutes les terrains sera aussi uniforme tant pour le nom que pour l'étendue.

Art. 3. Toutes mesures pour la vente des grains dans les marchés seront ferrées, auront une barre et un pivot au milieu de leur circonférence et seront râpées net ; chacune desdites mesures aura en profondeur la moitié de son diamètre et les bords trois lignes d'épaisseur.

Art. 4. On opérera la suppression de tous priviléges exclusifs pour le commerce, toutes jurandes et maîtrises pour les eaux et forêts.

Art. 5. Les ordonnances concernant les banqueroutes seront renouvelées et mises en vigueur. Il ne sera accordé aucune lettre de cession, de répit ou sauf-conduit à ceux qui seront en faillite et dont la bonne foi ne sera justifiée.

Art. 6. On délivrera l'agriculture des entraves du privilège exclusif de la garde des étalons, et l'on supprimera cette partie du service des haras.

Art. 7. Pour assurer la fidélité du service des meuniers et la fixation des droits de mouture, il sera établi des règles invariables.

Art. 8. On proscrira aussi des règles particulières pour les chemins vicinaux dans les campagnes, en donnant aux municipalités les moyens de pourvoir à leur réparation et entretien.

ONZIÈME DIVISION.
De la finance.

Art. 1er. Il sera remis aux Etats généraux un état de toutes les dettes, tant rentes perpétuelles que viagères,ainsi que des autres charges annuelles de l'Etat, afin de pouvoir réduire ou supprimer celles qui en seront susceptibles, et de proportionner les impôts aux besoins de l'Etat.

Art. 2. La dépense pour chaque département sera fixée, même celle des maisons du Roi et de la famille royale, les ministres responsables et tenus d'en rendre compte aux Etats généraux.

Art. 3. Toutes les impositions personnelles qui ne seront pas communes aux trois ordres, supprimées.

Art. 4. Lesdites impositions seront remplacées par un impôt unique sous le nom de capitation, supporté par les sujets de tous les ordres.

Art. 5. Le mode de cet impôt sera déterminé par les Etats généraux, qui en feront la répartition entre les provinces en raison de leurs richesses respectives.

Art. 6. La portion de chaque province sera distribuée dans la même proportion entre les bailliages, etcelle des bailliages entre les municipalités qui en feront la répartition individuelle.

Art. 7. Dans la répartition de cette imposition, les individus de la capitale contribueront proportionnellement et pour une somme plus considérable, que les capitales de provinces et villes maritimes qui peuvent être comprises dans le même ordre ; le troisième ordre de villes y contribuera pour une somme plus forte que celle qui sera supportée par le quatrième, et ainsi de suite ; enfin les habitants des campagnes y contribueront pour la moindre somme, afin de favoriser l'agriculture.

Art. 8. Tout seigneur ou propriétaire, quoiqu'il n'ait pas de domicile dans une communauté, y sera imposé pour raison de ce qu'il occupera ou exploitera par lui-même, soit par les gens d'affaires ou régisseurs, en proportion de la valeur des objets.

Art. 9. Les propriétaires et principaux fermiers ou principaux locataires seront responsables et obligés de payer après l'expiration de chaque terme les impositions qui seront données à leurs fermiers, laboureurs partiaires, sous-fermiers et sous-locataires, sans que les préposés aux recouvrements soient obligés de faire aucune espèce de frais aux fermiers, locataires, sous-fermiers et sous-locataires.

Art. 10. L'imposition qui sera répartie sur chaque objet d'exploitation ne pourra être augmentée, quoiqu'il y ait un principal fermier ou principal locataire et un sous-fermier, un laboureur partiaire et un sous-locataire, mais alors l'imposition assise sur cet objet affermé ou sous-affermé sera divisé entre eux.

Art. 11. Les aides et droits y joints, gabelles, tabacs, douanes de l'intérieur du royaume, péages par terre et par eau seront supprimés ; dans le cas où la suppression de ces droits ne serait pas ordonnée, ils seront réglés et simplifiés de manière que les provinces puissent en faire la régie et en accepter l'abonnement ; alors le franc-salé et toutes exemptions desdits droits, supprimés ; en admettant lesdites suppressions, les fermiers généraux tenus de donner du tabac de meilleure qualité que celui envoyé depuis quelque temps, dont l'usage est reconnu dangereux.

Art. 12. Les vingtièmes seront également supprimés et remplacés par un impôt territorial en nature sur tous les fruits naturels, industriels et civils.

Art. 13. Les débiteurs de rentes foncières, même seigneuriales, en argent, grains et autres denrées, seront autorisés à retenir les impôts sur les arrérages.

Art. 14. Cet impôt territorial en nature sera affermé dans chaque paroisse et par paroisse ; le taux en sera fixé pour chaque espèce de fruits, en ayant égard aux frais de culture et semences pour ceux qui en seront susceptibles, et à l'égard des dîmes et champarts qu'on aura laissé subsister sur le pied des fruits qui n'occasionnent ni culture ni semences.

Art. 15. Le même fermier ne pourra l'être que pour deux ou trois paroisses.

Art. 16. Le montant des impositions personnelles et du prix des fermes sera remis par les municipalités et les fermiers directement au trésor royal, sous la retenue des frais d'administration de l'intérieur des provinces et districts.

Art. 17. Tous fermiers, régisseurs généraux, receveurs généraux et particuliers des finances, directeurs et préposés des vingtièmes et fermes seront supprimés.

Art. 18. Les droits de marque d'or et d'argent et tous droits sur les matières premières, fers, cuirs et autres de cette nature, seront supprimés, et en cas de difficultés sur leur suppression, réglés par abonnement que payeront les artistes qui emploient lesdites matières.

Art. 19. On supprimera pareillement tous droits de visite et jurandes auxquels les orfévres sont assujettis : mais ils seront toujours soumis de fait à l'essai.

Art. 20. Les domaines de la couronne et les maisons royales qui ne seront plus aux plaisirs de Sa Majesté seront vendus à perpétuité, pour le prix en provenant être employé aux dettes de l'État.

Art. 21. Les droits de contrôle et insinuation au tarif seront simplifiés et réduits.

Art. 22. Les droits réservés a ceux du greffe seront supprimés ou au moins réduits à 2 sous pour livre, comme ils l'étaient avant 1770.

Art. 23. Il ne sera fait aucune recherche pour toute espèce de droits sur les actes, sur les contrats qui auront été présentés au contrôle et pour lesquels aura été fait une perception quelconque.

Art. 24. Le droit d'échange, rétabli depuis peu, sera supprimé.

Art. 25. Le centième denier des successions collatérales et baux excédant neuf ans sera également supprimé ; en cas que cette suppression n'ait pas lieu, la déclaration par laquelle se percevra ledit centième denier des successions collatérales ne pourra être critiquée autrement que par une estimation convenue avec la partie, sans avoir égard à aucune autre espèce de preuve.

Art. 26 On dégagera l'administration des postes et messageries de toute espèce de fiscalité ; on supprimera particulièrement tous droits de permissions et d'établissement de droit exclusif de voitures connues sous le nom de pataches pour les journaliers et gens du peuple.

CHAPITRE PREMIER.
Pour la ville de Gien.

Art. 1er. Une arche du pont, qui menace ruine, sera incessamment reconstruite en pierre, attendu la nécessité absolue de ce pont pour la communication de la province de Berry et autres méridionales avec Paris, le pont provisoire en bois au-dessus de cette arche qui a déjà été construit deux fois à gros frais exigeant encore une reconstruction prochaine.

Art. 2. Les caves qui sont dans les piliers de ce pont seront remplies en maçonnerie, dans la crainte qu'à une débâcle ou par tout autre accident, les pierres qui servent de parement à ces piliers ne soient emportées et que les glaces et l'eau entrant dans ces caves ne fassent écrouler le pont.

Art. 3. La communication de la route du Berry à Paris pour cette ville sera incessamment finie, n'ayant plus environ qu'une demi-lieu de chemin pour la perfectionner.

Art. 4. Il sera incessamment construit un quai sur la Loire, le long de la ville, pour sa conservation, la facilité du commerce et l'abordage des bateaux tel qu'il a été arrêté au conseil il y a plusieurs années.

Art. 5. La suspension des contraintes par corps, accordée par arrêt du conseil du 15 février 1656 à tous les commerçants du royaume qui viennent à la foire de cette ville appelée les Cours, durant leur voyage, séjour et retour, sera renouvelée.

Art. 6. La foire de Gien, dite les Cours, une des plus anciennes du royaume, sera fixée au lundi et jours suivants d'après les Cendres pour éviter sa concurrence avec les cours de Troyes, dont l'établissement est nouveau et préjudiciable à ceux de ladite ville.

Art. 7. Le chantier sur la rive gauche de la Loire, au-dessous des ponts, sera revêtu en pierres pour éviter que les terres avec les habitations qui l'avoisinent ne soient emportées et que cette rivière ne change de lit.

Art. 8. Le bailliage sera érigé en présidial; il lui sera formé un arrondissement, et pour les cas qui ne sont pas présidiaux, ce bailliage continuera de ressortir au parlement.

Art. 9. Les lettres qui viennent d'Orléans à Gien et autres villes et bourgs du bailliage, ainsi que celles qui vont de cette ville à Orléans, ne passeront plus par Paris, afin de rendre la correspondance plus active et plus facile.

Art. 10. Le tarif de la taxe des lettres sera public, et toute personne qui aura reçu une lettre surtaxée pourra se pourvoir devant les juges du lieu pour obtenir la répartition, contre le directeur des postes aux lettres, du montant de la surtaxe.

Art. 11. Il sera construit un palais décent pour rendre la justice, une chapelle avec des prisons solides et assez étendues pour que les hommes soient désormais séparés des femmes et les débiteurs des criminels, au lieu d'être mêlés et confondus, comme ils le sont actuellement.

Art. 12. Il sera établi un second notaire pour cette ville.

Art. 13. En attendant la suppression des gabelles, il sera provisoirement rendu justice à la ville de Gien en réduisant le prix du sel au taux qu'il doit être vendu, le taux actuel étant fixé à une somme plus considérable qu'il ne l'est à la Charité, dix-huit lieues au-dessus de cette ville, par erreur de position.

Art. 14. Il paraît juste qu'on supprime un droit de 40 sous par poinçon de vin établi pour le rachat des charges municipales de cette ville créées en 1733, supprimées en 1766, recréées en 1771 et nouvellement rachetées.

Art. 15. L'alignement de la grande rue qui traverse la ville sera réformé; au lieu de 24 pieds de largeur qu'on doit lui donner par cet alignement, il sera réformé à 20 pieds, attendu que ladite ville étant par sa position resserrée entre une montagne et la Loire, les maisons qui n'ont pas de profondeur deviendraient pour la plupart inhabitables par un reculement considérable; d'ailleurs le quai sur la Loire étant arrêté au conseil, la route d'Orléans en Bourgogne et Lyon passera sur ce quai; alors la grande rue n'aura pas besoin d'une si grande largeur.

Art. 16. Le couvent des Pères Minimes, qui depuis longtemps n'est occupé que par deux religieux, supprimé, et ses bâtiments, biens, revenus, accordés à la ville pour l'établissement d'un collège.

CHAPITRE II.

Pour la ville d'Ouzouer-sur-Trézée.

Art. 1er. En cas de suppression des aides et des droits y joints, permis aux habitants de percevoir une somme de 400 livres pour tenir lieu à cette ville de sa portion dans les droits d'octrois, laquelle somme ils répartiront sur eux de la manière la plus convenable.

Art. 2. Conformément à l'édit du mois d'avril 1667, rendu en faveur de toutes les communautés du royaume, permis à celle d'Ouzouer, aux conditions portées audit édit, de rentrer, sans aucune formalité de justice, dans les fonds, prés, pâturages, communes et fossés de ville qui ont pu avoir été vendus, engagés ou usurpés.

Art. 3. Les quatre foires qui avaient anciennement lieu en ladite ville seront rétablies aux jours qu'elles se tenaient, ainsi que le marché de chaque semaine.

Art. 4. Ladite ville demande que le bailliage de Gien soit érigé en présidial, attendu qu'elle n'en est éloignée que de trois lieues et de près de vingt, au contraire, de celui d'Orléans, où elle va présentement pour les cas présidiaux.

Art. 5. Par suite des arrondissements, qui doivent être vivement sollicités pour la fixation de l'étendue des juridictions, il sera établi un notaire en titre d'office par ladite ville particulièrement.

Art. 6. Il lui sera aussi accordé plusieurs cavaliers de maréchaussée pour maintenir le bon ordre.

Art. 7. Dans le cas où la suppression des dîmes n'aurait pas lieu, il ne pourra être perçu par aucun décimateur ni curé autres dîmes que celles actuellement établies, et les terres et vignes qui n'y sont pas assujetties ne pourront l'être sous quelque prétexte que ce soit.

CHAPITRE III.

Pour la paroisse de Poilly.

Art. 1er. En cas que l'extinction des privilèges ne soit pas admise, les habitants demandent que celui des maîtres de poste soit détruit comme singulièrement onéreux à cette paroisse, où trois maîtres de poste jouissent à titre de ferme de plusieurs objets considérables, sans compter ceux dont ils jouissent, au même titre, dans le lieu de leur domicile et autres endroits.

Art. 2. Les différents cantons de cette paroisse ressortissant à Orléans et au bailliage de Concressault seront réunis à celui de Gien, à cause de la proximité et attendu que le chef-lieu de cette paroisse en dépend.

Fait et arrêté en l'hôtel de ville de Gien, en l'assemblée des députés de l'ordre du tiers, dans toutes les villes et communautés de ce bailliage, le 20 mars 1789. *Signé* Carré de Poutant, Pauttre, Guérin, Dumarchais, Pilliard, Vannier, Devade, Le Comte, Colette, Vallet, Le Bègue, Moreau, Souesme, Loiseau, Nibelle, Bertrand, Vincent, Vallo, Bouchard, Michau, Boura, Trouvain, Genet, Jarlet, et Brilliard de la Motte, et Guérin, greffier.

Collationné à l'original déposé au greffe du bailliage royal de Gien et certifié conforme. *Signé* Guérin.

Nous, Joseph-Augustin-Marie de Montmerey, conseiller du Roi, juge et magistrat au bailliage royal de Gien-sur-Loire, faisant, en l'absence de MM. les lieutenants général et particulier audit siège, certifions à tous qu'il appartiendra que maître Guérin, qui a collationné le cahier ci-dessus, est greffier du bailliage royal de Gien, et que sa signature apposée en fin est véritable. Fait à Gien-sur-Loire, en notre hôtel, ce 22 avril 1789. *Signé* Marie de Montmerey.

PROCÈS-VERBAL

De nouveaux pouvoirs donnés par le tiers-état du bailliage de Gien à leurs députés aux États généraux.

L'an 1789, le 25 mars, heure de quatre après midi, nous, Charles-Henri Feydeau de Brou, seigneur des marquisat de Dampierre et comté de Gien, chevalier, conseiller d'État, directeur général des économats, bailli pour Sa Majesté des ville, bailliage et comté de Gien-sur-Loire, nous étant rendu en l'hôtel commun de la ville de Gien, nous y avons trouvé MM. les députés de l'ordre du tiers-état du bailliage, rassemblés en conséquence des avertissements à eux donnés à cet effet : MM. Brilliard de la Motte, Carré de Poulant, Vannier et Thomas de Gérissay, députés de la ville de Gien ; Michel Gentil, Jean Deschamp, Étienne Vincent et Étienne Picard, députés de la ville d'Ouzouer ; Louis-Barnabé Cottelle, Victor Abraham Pillard et Thomas Le Bègue, députés de la ville de Briare et représentant Edme-Moreau ; Jean-Guillaume Devada et François Chaperon, députés d'Arabloy ; Louis Harry et Pierre Le Chapt, députés d'Asdon ; Jean Adam, Brilliard et Benjamin Genet, députés de la Bussière ; Simon-Pierre Benoist et André Michau, députés de Nevoy. Étienne Souesme et Jean Bouchard, députés de Bois-Morand ; Augustin, Loiseau et Éloi Boura, députés de Breteau ; Pierre-Claude Paultre et Denis-Nicolas Lecomte, députés de Dampierre ; Claude-Raymond Vallet et Charles Sarlet, députés de Saint-Ezoye ; Pierre Gerin du Marchais et René-Claude Renard, députés d Écriguelle ; Jean Bazin, Paul Nibelle et Jean Bertrand, députés de Poilly.

Et ayant fait faire lecture des pouvoirs donnés par lesdits sieurs à leurs députés aux États généraux par leur délibération du 20 de ce mois, nous leur avons rappelé que les restrictions apportées à leursdits pouvoirs mettant les sieurs Bazin, Pierre Sanson et Thomas de Gerissay, leur suppléant, dans l'impossibilité d'adhérer aux délibérations qui seraient arrêtées dans l'ordre du tiers-état aux États généraux dans le cas où elles se trouveraient contraires à certains articles de leurs cahiers, nous n'aurions pas cru pouvoir procéder à la réception du serment de leurs députés jusqu'à ce que lesdits pouvoirs n'eussent été par eux revus et rectifiés ; et leur ayant proposé de remettre cet objet en délibération, il a été dans le cours des opinions proposé différentes rédactions nouvelles desdits pouvoirs, et d'après l'unanimité des suffrages, lesdits sieurs députés composant l'ordre du tiers-état du bailliage, interprétant les précédents pouvoirs par eux donnés à la séance du 20 de ce mois, à leurs députés aux États généraux, et y ajoutant autant que de besoin, leur ont donné pouvoirs généraux et suffisants à l'effet de se rendre à l'assemblée des États généraux pour y proposer, aviser, remontrer et consentir tout ce qui peut contribuer au bien de l'État et concerner ses besoins, la réforme des abus, l'établissement d'un ordre fixe et durable dans toutes les parties de l'administration, la prospérité générale du royaume et le bien de tous et chacun des sujets de Sa Majesté, ainsi qu'il est porté aux lettres de convocation et règlement de Sa Majesté en date du 27 janvier 1789, déclarant que'ils leur recommandent expressément tous leurs efforts pour que préalablement à l'octroi des subsides le cahier, arrêté en la présente assemblée, à la séance du 20 mars, soit accordé, notamment en ce qui concerne : 1° la forme de délibérer ; 2° la liberté individuelle des citoyens de chaque ordre; 3° la sûreté des propriétés des sujets du Roi; 4° le retour périodique des États généraux, sans le consentement desquels aucune loi générale ne peut avoir sanction; 5° la fixation de la dette nationale, de toutes les dépenses du gouvernement dans chaque partie de l'administration et la répartition proportionnelle de tous impôts sans distinction d'ordre et de personne, lesquels pouvoirs ci-dessus n'auront effet au delà du terme d'un an à compter de l'ouverture des États généraux, déclarant néanmoins, tant sur ce point que sur tous ceux mentionnés auxdits pouvoirs ci-dessus, qu'ils s'en rapportent aux décisions qui seront portées à la pluralité des suffrages de l'ordre du tiers-état en l'assemblée des États généraux, laquelle pluralité ils donnent expressément pouvoirs à leurs députés de suivre sur tous les points, ce dont nous avons dressé le présent procès-verbal que nous avons signé avec M. le lieutenant général, président du tiers état, et tous les membres dudit ordre qui savent signer, et ce fait avons mis l'assemblée pour la prestation de serment desdits sieurs députés dudit ordre aux États généraux à demain jeudi, en l'église paroissiale de Saint-Louis de cette ville, heure de dix du matin.

La minute est signée Cotelle Bazin, Le Comte, Thomas de Gerissay, Devade, Guerin du Marchais, Vannier, Pauttre, Benoist, Vallet, Brilliard, Pillard, Bouchard, Vincent, Gentil, Pilliard, Renard, Nibelle, Bertaud, Souesme, Deschamps, Genet, Boura, Billard de la Motte, Feydeau de Brou et Guérin, greffier.

GUYENNE (QUATRE—VALLÉES-SOUS).

Nota. Le tiers-état du pays des Quatre-Vallées-sous-Guyenne nomma un député aux Etats généraux Le clergé et la noblesse participèrent à l'élection des députés de la sénéchaussée d'Auch. — Voy. le règlement du Roi du **2** mai 1789, *Archives Parlementaires*, tome 1er, page 650.

CAHIER

Des plaintes et doléances du tiers-état du pays des quatre vallées d'Aure, Magnonac, Nestes et Barousse, arrêté à la Barthe, le 28 mai 1789 (1).

Les députés du tiers-ordre du pays des quatre vallées d'Aure, Magnonac, Nestes et Barousse, assemblés à la Barthe, en vertu du règlement fait par leur auguste maître, le 2 du présent mois, pour la nomination d'un député à l'assemblée nationale qui se tient à Versailles, supplient Sa Majesté de recevoir l'hommage de leur reconnaissance pour avoir écouté, dans sa justice, les représentations qu'ils lui avaient adressées pour cet objet. Ils osent encore supplier Sa Majesté de déclarer la forme de convocation établie par le règlement, le modèle perpétuel des convocations des Quatre-Vallées aux Etats généraux qui se tiendront dans la suite, en rendant leur députation complète.

Pour répondre au vœu de la bonté paternelle du Roi qui demande d'être éclairé sur les griefs, abus et objets des plaintes de la part de ses sujets, la présente assemblée va mettre sous les yeux de Sa Majesté et de nosseigneurs des Etats généraux, les articles de doléances et remontrances qui suivent :

Art. 1er. Avant de passer à aucune délibération concernant la régénération du royaume, il sera fait une loi qui supprime à jamais toutes lettres closes, tous ordres arbitraires, et qui déclare sacrée et inviolable la personne de tout citoyen assez courageux pour dire nos maux, en indiquer la source et le remède.

Art. 2. Assurer le retour périodique des Etats généraux pour tous les cinq ans, et que la forme de leur convocation soit déterminée d'une manière précise par la nation elle-même.

Art. 3. Maintenir la constitution de l'Etat par la distinction des trois ordres.

Art. 4. Prendre connaissance du déficit des finances, et aviser au moyen le plus propre d'en remplir le vide.

Art. 5. La liberté de la presse, sauf aux auteurs à souscrire leurs ouvrages, et à répondre, en leur propre et privé nom, de ce qu'ils pourraient contenir de contraire à la religion, au gouvernement, aux mœurs et à l'honnêteté publique.

Art. 6. Qu'il soit statué, par une loi, qu'à la nation seule appartient de droit de consentir les impôts, d'en fixer la durée, de les proroger ou de les abolir.

Art. 7. Les parlements seraient déclarés des corps inhérents à la nation, établis par elle à la garde et à l'exécution des lois qu'elle-même aura faites, sans pouvoir enregistrer les édits portant création d'impôts qu'elle n'aura pas con-

sentis, et autorisés par elle à poursuivre, suivant la rigueur des lois, ceux qui voudraient en asseoir de nouveaux, ou continuer la levée de ceux qu'elle aurait abolis.

Art. 8. Il sera établi deux impôts, l'un personnel, sans exception des personnes, et l'autre réel, sans distinction des fonds privilégiés.

Art. 9. Abolir la maxime : *nulle terre sans seigneur*, et lui substituer celle : *nul seigneur sans titre.*

Art. 10. Que les ministres, gouverneurs des provinces, et autres dépositaires de l'autorité royale, soient déclarés responsables envers la nation des malversations dans les finances, abus de pouvoir, prévarications, atteintes portées aux lois sanctionnées par les Etats généraux ; et qu'en conséquence, ils soient poursuivis et jugés suivant les lois du royaume, sans qu'aucune autorité puisse les soustraire à leur animadversion.

Art. 11. Que tous les grades dans les armées, tous les emplois dans la magistrature, l'Eglise et les finances, soient déclarés également accessibles au mérite, sans distinction d'ordre, de rang ni de personne.

Art. 12. Abolition des gabelles, et reculement de tout bureau aux frontières.

Art. 13. Prohibition du tabac en poudre à cause des mixtions dangereuses dont il est susceptible.

Art. 14. Simplifier les procédures en matière civile, et faire un nouveau Code criminel.

Art. 15. Fixer, par un tarif général, le droit des officiers de justice, greffiers, procureurs, et salaire des huissiers exécuteurs de leurs ordres.

Art. 16. Qu'il sera fait une loi qui permette de prêter de l'argent à terme, en stipulant l'intérêt au denier vingt, ainsi qu'il est d'usage dans le pays de Béarn, limitrophe des Quatre-Vallées.

Art. 17. Qu'il sera promu une autre loi par laquelle il sera défendu de n'accorder des provisions qu'à des avocats en parlement, ou à des praticiens de dix ans, lesquels notaires seront aussi apostoliques.

Art. 18. Que les curés et vicaires soient autorisés à déposer aux greffes des justices royales les plus voisines de leurs paroisses les registres de baptêmes, sépultures et mariages, afin que le public puisse y recourir plus aisément et à moins de frais, en interdisant aux juges et greffiers aucun droit pour la remise.

Art. 19. Faire révoquer expressément l'arrêt du 14 août 1744, pour que l'ancienne constitution des Etats soit rétablie.

Art. 20. Rétablir les communautés des Quatre-Vallées dans l'usage et droit de ne rendre compte de leur gestion qu'à la communauté en corps ; de déterminer toutes les dépenses utiles et nécessaires ; de lever et imposer toutes les sommes qu'il faudra pour fournir auxdites dépenses ; comme aussi d'intenter et défendre à toute action sans qu'il soit besoin de réclamer l'autorisation d'aucun tribunal, que de la commission qui sera

---

(1) Nous publions ce cahier d'après un manuscrit des *Archives de l'Empire.*

à ces fins établie par nos États, sans aucune espèce de frais.

Art. 21. Que chaque communauté d'habitants soit autorisée à perfectionner et à entretenir la tâche des routes qui lui sera assignée, sous l'inspection des syndics et des officiers municipaux ; laquelle tâche ne pourra être changée ; comme aussi il ne pourra être ouvert de nouvelles routes sans le consentement exprès du pays.

Art. 22. Permettre aux communautés des villes et villages d'acquérir des immeubles sans lettres patentes, formalités de justice, ni être assujetties au payement du droit d'amortissement.

Art. 23. Rétablir les communautés des Quatre-Vallées, qui en ont été dépouillées, dans le droit de créer et élire leurs officiers municipaux.

Art. 24. Comme la dévastation de nos bois date de l'époque à laquelle la maîtrise s'immisça dans leur administration, supprimer ce tribunal pour le moins inutile, et tous autres tribunaux d'exception, et attribuer la connaissance de tout ce qui est relatif à ces objets aux juges des lieux.

Art. 25. Qu'en ramenant la forme du contrôle à l'objet de son établissement, le droit en soit fixé par un taux précis, clair, déterminé, et invariable, quelles que soient la qualité des parties, la nature du contrat, ses clauses, et le prix des objets, avec attribution des contestations aux juges royaux.

Art. 26. Demander que tous les registres du contrôle, insinuations et autres quelconques, tenus pour le compte du Roi et du public, seront communiqués à tous requérants, sans frais et sans aucune formalité.

Art. 27. Faire fixer la dîme des gros fruits à la cote douze, et faire abolir tant la dîme du foin que celle des carnalages, et autres dîmes insolites.

Art. 28. Permettre au seigneur de se jouer de son fief, ou de ne conserver qu'un fief en l'air, conformément à la jurisprudence du parlement de Toulouse.

Art. 29. Abolition de tous droits domaniaux, et réclamer, conformément à l'arrêté des États, la restitution des droits de franc-fief, indûment perçus sur les habitants des Quatre-Vallées, au mépris des lettres patentes de Henri IV, et de l'arrêt du conseil de 1742, rendu contre les traitants.

Art. 30. Demander un traité avec l'Espagne, pour permettre le libre transport du produit des bestiaux que les Français vont y vendre, soit en argent, soit en or ; et dans le cas où ce traité soit refusé, prohibition du transport de ces bestiaux, laquelle prohibition doit nécessairement opérer ledit traité.

Art. 31. Rétablissement de l'exploitation libre des marbrières, comme devant occuper des bras qui vont chercher des travaux et leur subsistance dans des royaumes étrangers.

Art. 32. Rendre les juges ordinaires souverains jusqu'à la somme de 1,200 livres, avec l'assistance des deux opinants en toute matière civile ; et pour celles excédant cette somme, elles seraient portées par appel au présidial, ou au parlement, de manière qu'il n'y ait jamais à parcourir que deux degrés de juridiction.

Art. 33. Qu'il soit permis aux consuls, assistés de quatre prud'hommes nommés par la communauté, de juger sans frais toutes les contestations qui s'élèveraient dans leurs communautés au sujet des arrosements, servitudes, bornages et dommages causés dans les héritages des particuliers, ainsi que toutes les affaires sommaires dont le

capital n'excédera pas 30 livres, ensemble le salaire des ouvriers. Cette forme de jugement épargnera beaucoup de frais aux personnes litigieuses qui se ruinent en parcourant les divers degrés de juridiction.

Art. 34. Enjoindre aux décimateurs de déposer, entre les mains des consuls et notables de chaque paroisse, la portion des fruits destinés aux pauvres et à l'Église.

Art. 35. Reconstruction et entretien des églises, presbytères et autres bâtiments relatifs au service divin, à la charge des gros décimateurs, sur la réquisition des communautés.

Art. 36. Suppression de tout retrait féodal, ou bien, dans le concours, le lignager sera préféré.

Art. 37. Réunir aux Quatre-Vallées partie de la baronnie de la Barthe, dont le démembrement fut une usurpation, ou, tout au moins, une infraction au traité d'après lequel cette baronnie fut inviolablement unie à la couronne ; réunion qui devient d'autant plus indispensable que le parlement de Navarre n'a jamais voulu reconnaître ce démembrement, vu qu'il oblige les communautés qui en font partie à faire leur démembrement devant leur chambre des comptes, comme relevant directement de la couronne.

Art. 38. Attribuer à chaque communauté un prêtre résident pour les fonctions ecclésiastiques, payable par les décimateurs ; annuler tous les accords entre le peuple et les décimateurs, à raison de l'honoraire des prêtres desservants, sous quelque prétexte que ce soit.

Art. 39. Suppression des haras, et la liberté individuelle d'en avoir.

Art. 40. Suppression de toute justice seigneuriale dans les Quatre-Vallées, comme n'ayant jamais pu s'introduire que par abus, d'après ses privilèges, ses droits et sa constitution.

Art. 41. Que les lieux des Quatre-Vallées, fondés en titre, seraient maintenus dans le droit de tenir des foires et marchés.

Art. 42. Assujettir tous les décimateurs à vendre, en temps fixe et opportun, les pailles cueillies dans le dîmaire, aux habitants des paroisses, au taux des lieux voisins, et, en défaut, suivant le prix que les officiers municipaux en fixeront.

Art. 43. Demander l'exécution pleine et entière du contrat synallagmatique, intervenu lors de la soumission volontaire des habitants des Quatre-Vallées à la couronne de France, sous le règne de Louis XI, confirmé de règne en règne, et par voie de suite, l'anéantissement de tous édits, déclarations du Roi et arrêts de son conseil, contraires audit traité.

Art. 44. Obliger les évêques, abbés, prieurs et tous autres ecclésiastiques, à la résidence ; et déclarer abusives toutes les dispenses qu'ils pourraient obtenir à cet égard ; autoriser les officiers municipaux à saisir les revenus du titulaire, en concurrence du temps qu'il n'aura pas résidé.

Art. 45. Déclarer tous prêtres et bénéficiers incapables de posséder plus d'un bénéfice ; comme aussi déclarer incompatibles les offices de notaire, commissions de contrôle et autres emplois domaniaux.

Art. 46. Que tous collateurs de bénéfices ecclésiastiques ne pourront les conférer qu'aux ecclésiastiques nés dans le diocèse, ou qui y auront fixé leur résidence depuis dix ans.

Art. 47. La suppression de l'office du juré-priseur établi dans la sénéchaussée d'Auch, attendu que le plus souvent les frais du transport de cet officier sur les lieux coûteraient plus que la valeur des meubles à priser.

Art. 48. Que tous les registres de contrôle et abus quelconques, tenus pour le compte du Roi, soient communiqués à tout le monde, sans frais et sans aucune formalité de justice.

Art. 49. Les habitants des Quatre-Vallées chargent expressément leur député aux États généraux de promouvoir un arrêt du conseil qui enjoigne aux cinq pays d'élection de rembourser aux communautés desdites vallées les dépenses que leurs députés ont faites inutilement à Auch, lors de leur convocation, par rapport à l'obstination que ces mêmes élections mirent à ne pas laisser voter en commun.

Art. 50. Les députés qui composent la présente assemblée supplient très-humblement Sa Majesté de rendre à leur cœur et à ses fonctions M. le vicomte de Noé, leur sénéchal, qui, depuis plusieurs années, fait par sa situation l'objet de leurs regrets.

Art. 51. Que, conformément à l'article 43 des présentes doléances, les habitants des Quatre-Vallées resteront exempts des milices, amortissements, francs-fiefs, nouveaux acquêts, lods et ventes, ensaisinements, traites foraines, leudes, péages, gabelles, logements de gens de guerre et autres subsides; jouiront du droit de port d'armes, chasse et pêche; pourront construire des moulins à farine et à scie sur les rivières, et jouiront de l'exemption de tous droits sur le sel, à raison de leur consommation et celle de leurs bestiaux.

Arrêté en l'assemblée générale des Quatre-Vallées, à la Barthe de Restes, le 29 mai 1789 : Dutrey, juge, président; Duming l'aîné, commissaire; d'Abadie, commissaire; Trône de Bonies, commissaire; Lacassin, commissaire; Bourjac, commissaire; Labroquère, commissaire; Rivière, commissaire; Manem, commissaire; Dutrey, commissaire; Forgue, commissaire; Verdié aîné, commissaire; D. Galan, commissaire, signés.

Expédié et collationné.

Signé Carrère, greffier en chef et de la commission.

DISTRICT DE HAGUENAU.

Nota. Les cahiers du clergé et de la noblesse de Haguenau manquent aux *Archives de l'Empire.* Nous les avons demandés inutilement en Alsace. Si nous parvenons à les découvrir, nous les insérerons dans le Supplément qui terminera notre Recueil.

CAHIER

Des doléances des députés de l'ordre du tiers-état d'Alsace du grand-bailliage de Haguenau et de Wissembourg, à leurs représentants aux Etats généraux du royaume, convoqués à Versailles le 27 avril 1789 (1).

Appelés à l'assemblée de la nation pour y discuter nos droits et coopérer avec les députés des autres provinces du royaume à la régénération de l'Etat, nos représentants insisteront d'abord sur toutes les demandes qui tendent à faire déterminer invariablement par Sa Majesté les bases et les principes de la constitution de la monarchie.

Ils supplieront Sa Majesté :

1° De fixer le retour périodique des Etats généraux aux époques que lesdits Etats croiront utile de déterminer.

2° D'établir que les Etats généraux seront composés de députés du tiers-état librement élus et en nombre égal à ceux des députés du clergé et de la noblesse réunis.

3° De reconnaître qu'il appartient aux seuls Etats généraux de consentir des impôts, d'accorder des subsides, d'autoriser des emprunts pour le compte de la nation, sans que, dans aucun cas, il puisse y être dérogé.

Après que ces objets auront été consentis par Sa Majesté, nos représentants feront valoir près d'elle et des Etats généraux les justes doléances de la province, en se bornant au contenu des articles qui suivent et aux instructions qu'ils renferment.

Art. 1er. La sûreté et la liberté individuelle des citoyens étant une prérogative indélébile d'un peuple libre, ils demanderont que l'usage des lettres closes soit aboli, que désormais, il n'y ait dans tout le royaume d'autres tribunaux que ceux de la justice ordinaire, qui connaîtront au civil et au criminel de toutes les causes, instances et procès qui pourront se présenter, chacun suivant sa compétence ; qu'aucun ministre, commandeur, ou toute autre personne revêtue de la puissance publique, ne puisse faire arrêter un citoyen qu'à charge de le faire remettre entre les mains du son juge dans les vingt-quatre heures.

Art. 2. La liberté de la presse étant le seul moyen de propager les connaissances et de déraciner les préjugés et les abus, Sa Majesté sera suppliée de l'accorder à ses peuples, sous la réserve toutefois que les auteurs demeureront personnellement responsables de leurs écrits et pourront être traduits devant les tribunaux pour subir la peine que leur licence leur aurait méritée.

(1) Nous publions ce cahier d'après un manuscrit des *Archives de l'Empire.*

Art. 3. Les trop fréquents abus que les ministres de Sa Majesté ont faits de sa confiance doivent faire désirer à la nation de les rendre responsables de leur conduite par-devant les Etats généraux. La gloire de Sa Majesté et sa justice sont trop intéressées à cette marque de confiance dans les représentants de son peuple, pour qu'elle refuse de la leur accorder.

Art. 4. La réforme du Code civil et criminel, étant un des objets les plus importants pour la tranquillité des citoyens et la sûreté de leurs propriétés, Sa Majesté sera suppliée de ne pas la refuser à ses peuples.

Art. 5. Les formes de l'administration de la justice ont excité depuis longtemps des réclamations dans tout le royaume. Cette province, dans laquelle la multitude des seigneuries particulières augmente le nombre des juridictions inférieures, est plus qu'aucune autre victime de tous les fléaux que les huissiers, les procureurs et les autres suppôts de la chicane font éprouver à ses habitants. Sa Majesté voudra bien prendre leurs justes doléances en considération et leur accorder des formes moins ruineuses dans l'administration de la justice.

Art. 6. Elle voudra bien aussi établir les fonctions des cours souveraines et fixer leurs rapports avec les Etats généraux, ainsi que leur responsabilité envers le Roi et la nation.

Art. 7. La vénalité des charges de la cour souveraine ayant été abolie, et la finance des offices remboursée par la province, les députés demanderont avec instance qu'en cas de vacance d'aucun desdits offices, les Etats provinciaux présentent à Sa Majesté trois sujets pour les remplir. Il importe à la province de choisir elle-même les personnes destinées à décider de la vie, de l'honneur et de la fortune de ses habitants

Art. 8. La confirmation du droit des Alsaciens de ne pouvoir être traduits que par-devant les juges naturels et territoriaux, est une justice que la province a droit de réclamer.

Art. 9. Les députés demanderont que tout acte obligatoire portant hypothèque soit relaté par date, qualité des parties et des biens, et inscrit dans des registres particuliers à ce tenus par les greffiers des juridictions où le fond de l'hypothèque est situé, à peine de perte de l'hypothèque.

Art. 10. Les offices de justice des seigneurs d'Alsace doivent être conférés gratuitement pour parer aux abus que la vénalité a introduits dans l'administration de la justice.

Art. 11. Que l'Alsace sera maintenue dans les droits et privilèges qui lui ont été assurés par les traités de paix.

Art. 12. Les députés du tiers-état de la province ne consentiront, dans aucun cas, à voter en matière d'impositions, autrement que par tête ; quant aux autres objets, ils auront la liberté d'adopter la forme que les États généraux croiront la plus avantageuse.

Art. 13. Toutes les impositions de telle nature qu'elles soient devront être supportées par les trois ordres dans la juste proportion de leurs revenus et de leurs propriétés, à l'effet de quoi toutes exemptions de telle nature qu'elles soient, et à tels titres qu'elles soient acquises, seront et demeureront supprimées, sans que dans aucun cas ni sous aucun prétexte il puisse en être accordé.

Art. 14. Parmi les privilégiés de cette province, il en est qui, se fondant sur les traités publics et des lettres patentes, se croient en droit de refuser toutes les contributions de l'État et de la province. Les députés supplieront Sa Majesté d'ordonner que lesdites lettres patentes seront rapportées en tant qu'elles dérogent aux titres originaires, à l'effet de quoi elles seront soumises à la révision des États généraux.

Art. 15. Aucune imposition ne pourra être fixée que pour un temps limité qui ne pourra pas excéder l'intervalle d'une tenue d'États généraux à l'autre, à l'expiration duquel il devra être voté par les États généraux pour de nouveaux subsides.

Art. 16. Les députés du tiers-état de l'Alsace voteront pour que Sa Majesté fasse donner aux États généraux du royaume les détails exacts de tous les revenus de l'État et ceux de leur emploi. Ils supplieront Sa Majesté d'établir les réformes et les économies que les États généraux croiront compatibles avec l'honneur de la nation et la gloire du nom français.

Art. 17. Après que l'État exact des recettes et des dépenses de l'État aura été invariablement arrêté, les députés aviseront aux moyens de sanctionner la dette publique et de pourvoir à son remboursement. Ils prieront Sa Majesté de considérer que la nation se chargeant de l'acquittement des dettes de l'État, elle doit avoir aussi en main les moyens d'y satisfaire ; qu'en conséquence il est de l'intérêt du Roi et de la nation de diviser les revenus du royaume en trois classes : la première, destinée à soutenir la majesté du trône, après avoir été déterminée par les États généraux, sera à l'entière disposition de Sa Majesté. La seconde, devant servir à l'acquittement des charges publiques, comme entretien des troupes de terre et de mer et tous autres objets qui concernent la gloire de la nation, sa quotité sera fixée par les États généraux et l'emploi en sera fait par Sa Majesté qui en fera rendre compte par ses ministres aux États généraux assemblés. Enfin la troisième classe des revenus publics devant servir à l'extinction successive des dettes de l'État, devra être à l'entière et libre disposition des États généraux, qui prendront telles mesures qu'ils croiront convenables pour en faire la perception et en diriger l'emploi, sans être comptables de leur conduite envers qui que ce soit autre que la nation elle-même.

Art. 18. Les comptes de toutes les parties de l'administration des finances du royaume devront être rendus publics tous les ans, pour que la nation puisse en connaître l'emploi.

Art. 19. Après que la position exacte des finances du royaume aura été reconnue et qu'un nouvel ordre de choses pourra faire espérer leur restauration, si les besoins de l'État exigent de nouveaux secours, ce que le tiers-état d'Alsace est bien éloigné de penser, les députés seront autorisés à voter pour le subside que les États généraux croiront convenable d'accorder.

Art. 20. Ils chercheront à faire établir la proportion dans laquelle les différentes provinces du royaume, comme les membres d'une grande famille, contribueront aux besoins communs relativement à leurs facultés et population respectives.

Art. 21. Il écherra de demander, après que la masse totale des contributions de tout le royaume aura été établie, qu'il soit libre aux États des différentes provinces d'adopter, sous le bon plaisir de Sa Majesté, le mode de répartition qu'elles croiront le plus convenable aux diverses localités et au genre d'industrie ou de productions des provinces.

Art. 22. La ferme générale étant l'impôt le plus destructeur de l'industrie, le plus ennemi de la liberté des peuples, celui dont la perception est la plus onéreuse et dont les formes sont les plus vexatoires, les députés du tiers-état aviseront aux États généraux sur les moyens de procurer à la nation la suppression d'une charge aussi oppressive.

Ils supplieront le Roi de peser si elle ne pourrait pas être remplacée par un autre régime, si les provinces ne pourraient pas être chargées de représenter au trésor de la nation le montant du produit actuel de la ferme, sauf à prendre tel parti qu'elles croiront convenable, soit pour percevoir par elles-mêmes les droits, en établissant une surveillance patriotique qui délivre les peuples des vexations odieuses des suppôts de la ferme, soit pour remplacer son produit de telle manière qu'elles jugeront plus avantageuse à leurs habitants.

Art. 23. Sa Majesté voudra bien accorder à l'Alsace la suppression de la régie des cuirs, comme un des impôts les plus destructeurs et qui ne tend qu'à mettre des entraves insurmontables à un genre de commerce dans lequel la province pourrait trouver des ressources avantageuses.

Art. 24. Toutes les impositions particulières assises sur la province d'Alsace, comme fourrages, amidon, etc., devront être supprimées et converties en une seule imposition déterminée, pour faire disparaître à jamais l'arbitraire qui a régné jusqu'à aujourd'hui dans la répartition des impôts.

Art. 25. Sa Majesté sera suppliée de ne plus accorder aucunes pensions sur la province, à tel titre que ce soit, et d'ordonner que celles qui existent actuellement demeureront supprimées à la mort des titulaires.

Art. 26. Les députés du tiers-état d'Alsace ne pourront voter en matière d'impositions, avant qu'il ait plu à Sa Majesté de faire droit aux justes doléances de la nation en général et de la province en particulier.

Art. 27. Sa Majesté sera suppliée d'accorder à cette province l'établissement d'États provinciaux dont tous les membres seront librement élus par les habitants et dans lesquels les différents ordres seront admis dans la même proportion qu'aux États généraux, et devront les députés protester, en tant que besoin sera, contre toutes prétentions contraires, et nommément contre celles établies par le grand préfet, les villes impériales, l'évêque de Strasbourg et le directoire de la noblesse immédiate de la basse Alsace.

Art. 28. Sa Majesté sera suppliée d'accorder aux États généraux tous les pouvoirs en matière d'administration dont jouissent les intendants qui paraissent désormais inutiles et dont la suppression procurerait une grande économie.

Art. 29. L'établissement des municipalités devaut faire régner, dans l'administration intérieure des communautés, cet ordre et cette économie qu'il est si intéressant d'établir dans celle des revenus de l'État, les députés demanderont leur maintien en suppliant Sa Majesté d'attribuer aux États provinciaux la connaissance et l'emploi des moyens qui pourront parer aux inconvénients des conflits de pouvoirs qui existe entre elles et les anciens Gerichts, et rendre le calme à beaucoup de communautés qui ont été exposées à des divisions intestines ennemies à tout ordre public.

Art. 30. La finance étant une des plaies qui ont le plus épuisé le royaume, la suppression de toutes les places de receveurs généraux et particuliers des finances, trésoriers, etc., doit être prononcée et pourvu à leur remboursement par les États généraux.

Art. 31. Devront les États provinciaux être chargés de la levée et du recouvrement de toutes les impositions de telle nature qu'elles soient, lesquelles elles verseront directement au trésor royal, en adoptant pour ce le régime qu'ils croiront le plus avantageux aux intérêts de la province.

Art. 32. Les États provinciaux doivent être autorisés à procéder à la confection d'un cadastre dans lequel toutes les propriétés de la province seront classées, en adoptant pour cette opération les principes qu'ils jugeront les meilleurs pour parvenir à une juste répartition des impositions.

Art. 33. Les États provinciaux seront autorisés d'adopter le régime qu'ils croiront le moins onéreux au peuple pour le recouvrement des impositions,

Art. 34. Les sommes levées annuellement sur la province, sous le titre de frais communs généraux, doivent être déterminés par les États provinciaux et ne pourront servir qu'à acquitter les charges intérieures de la province, sans que dans aucun cas il puisse y être compris d'autres objets, comme logement des officiers supérieurs et états-majors, les ustensiles de leurs maisons et autres charges étrangères à la province et qui doivent être acquittées par les fonds des différents départements auxquels elles appartiennent.

Art. 35. Le contentieux de l'administration des forêts ayant été abusivement attribué aux intendants, il est de la justice du Roi de le rendre aux juges des lieux, qui en connaîtront conformément aux règlements qui seront faits par les États provinciaux.

Art. 36. Sa Majesté sera suppliée d'observer qu'en attribuant aux États provinciaux l'administration des forêts qui lui appartiennent en Alsace, il en résulterait pour elle une économie que le zèle de ses fidèles sujets cherchera à étendre autant qu'il dépendra d'eux.

Art. 37. Sa Majesté a bien voulu supprimer les corvées pour les chemins, en y substituant une imposition locale qui a conservé l'empreinte d'une servitude avilissante pour l'ordre du tiers-état, dont tous les privilégiés, qui profitent le plus des avantages de la perfection des routes, restent affranchis. Les députés supplieront Sa Majesté d'en changer la dénomination en celle des contributions pour les travaux des routes, et d'ordonner que tous les citoyens sans distinction seront tenus d'y contribuer en proportion de leurs facultés. Ils demanderont que le régime des corvées et l'impôt qui les représente soient entièrement attribués à la connaissance des États provinciaux, à qui il sera permis d'y faire tels changements que les localités et les intérêts des

habitants de la province pourraient prescrire.

Art. 38. Le tiers-état d'Alsace déclare que n'ayant eu d'autre but, en cherchant à confondre les intérêts de sa province avec ceux du reste du royaume, que celui de la félicité commune, il se réserve expressément ses droits dans le cas où des obstacles imprévus ne permettraient pas aux États généraux de prendre les résolutions salutaires qu'il a droit d'en espérer.

Art. 39. Sa Majesté voudra bien ordonner que les juifs de cette province contribueront à toutes les impositions, à l'instar des autres habitants, qu'ils ne feront plus corps, qu'ils n'auront plus de syndics, ni d'agents, ni d'autres tribunaux que ceux des chrétiens, enfin qu'ils ne pourront se marier que sur la permission des États provinciaux, laquelle permission sera gratuite et ne pourra être accordée que dans les cas prévus par le règlement que feront lesdits États dans la vue de réduire une population devenue déjà trop onéreuse à la province.

Art. 40. Le Roi sera supplié, en amplifiant et restreignant les dispositions de son règlement du 10 juillet 1784, d'ordonner que les créances des juifs sur les habitants chrétiens de la province d'Alsace et causées pour prêt d'argent ou cession de billets et obligations, ainsi que pour vente de toute chose mobilière, seront constituées au denier vingt du capital, sauf auxdits juifs de recouvrer le capital et intérêts des créances causées par vente d'immeubles, ou pour cession à eux faites pour prix de pareille vente ; que désormais il leur sera défendu d'accepter par eux-mêmes ou par personnes interposées aucune procuration des chrétiens pour procéder sous leur garant à la vente des immeubles desdits chrétiens, ainsi que de leur faire aucun prêt d'argent et de contracter avec eux par vente et achat autrement que pour argent comptant, sous peine de nullité de tous contrats ou billets, sans préjudice néanmoins aux lettres et billets de commerce passés entre eux et les marchands en fait de négoce.

Art. 41. La plupart des communautés de la province, et surtout les fermiers des seigneurs laïcs et ecclésiastiques, craignent que l'égalité de l'impôt entre tous les ordres ne puisse être éludée par le rehaussement des baux, et que tout le poids de l'imposition ne retombe sur eux ; les députés seront chargés de porter cette sollicitude aux pieds du trône et de solliciter Sa Majesté de la peser dans sa sagesse et sa justice, et d'autoriser les États provinciaux à prendre sur ces objets les mesures qu'ils croiront les plus sages.

Art. 42. Dans le cas où le reculement des barrières serait agité aux États généraux, le Roi sera supplié de n'y pas comprendre l'Alsace, et qu'à cet égard ainsi que pour tous ses autres privilèges, elle conserve son état de province étrangère effective et soit traitée vis-à-vis du reste du royaume comme les plus favorisées.

Art. 43. Les députés demanderont la destruction des entraves qui s'opposent aux progrès de l'industrie et nuisent à la liberté des arts et métiers et à celle du commerce.

Art. 44. Sa Majesté sera suppliée de prendre en considération la position fâcheuse des curés royaux et de ceux en portion congrue, et de peser dans sa sagesse les moyens les plus propres pour établir les curés une aisance et une égalité qui les mette à même de remplir plus efficacement les vœux de leur institution et le ministère de charité qui leur est confié.

Art. 45. Observer en même temps à Sa Majesté que le défaut d'investiture des cures royales mettant les curés dans une dépendance continuelle de leurs supérieurs, même dans ce qui concerne le temporel ; cet asservissement leur ôte la liberté de remplir exactement leur devoir.

Art. 46. Une des plaies les plus profondes de l'Alsace consiste dans l'exportation immense du numéraire qui se fait continuellement par tous les propriétaires étrangers au royaume; Sa Majesté sera suppliée d'ordonner que tous les seigneurs et princes étrangers possessionnés en Alsace, seront tenus d'y passer tous les ans un temps proportionné aux revenus qu'ils en tirent, afin de rendre à la circulation et à la province un numéraire qui, sans cela, serait entièrement perdu pour elle.

Art. 47. Sera également Sa Majesté suppliée de vouloir bien astreindre les chanoines de l'église cathédrale de Strasbourg, qui retirent des revenus considérables de la province, d'y faire au moins annuellement un séjour de six mois, afin de consommer dans la province les produits qu'ils en perçoivent.

Art. 48. Que les archevêques, évêques, abbés et autres bénéficiers, les gouverneurs et commandants des provinces, et généralement tous ceux qui retirent des peuples une grande partie de leur existence, seront tenus de résider dans les lieux où sont situés leurs évêchés, bénéfices, et dans les provinces où ils sont censés employés, afin de leur rendre, par la consommation qu'ils y feront, une partie des fruits qu'ils en retirent.

Art. 49. Sa Majesté sera pareillement suppliée d'ordonner que les évêques de Spire et de Basle seront tenus d'établir à leurs frais, dans la partie d'Alsace qui est de leur diocèse, des séminaires ainsi que des suffragants et officiaux généraux résidents.

Art. 50. Les communautés de la province réclament contre les abus qui naissent de la surveillance accordée aux cavaliers de maréchaussée sur les gardes bourgeoises dans les bourgs et villages, et demande à ce que cette surveillance appartienne dorénavant à la police des lieux. Ce changement que Sa Majesté sera suppliée d'accorder à la province les délivrera des vexations que les cavaliers de la maréchaussée leur font éprouver, et des vexations auxquelles ils les astreignent pour s'en racheter.

Art. 51. Toutes les communautés se réunissent pour supplier Sa Majesté de vouloir bien accorder à son royaume la suppression des milices, qui sont onéreuses à l'État sans aucun avantage pour son service.

Art. 52. Les députés supplieront Sa Majesté de vouloir bien autoriser les États provinciaux de surveiller le degré d'étendue que prennent différentes usines de cette province et qui peut faire craindre qu'une trop grande consommation de bois finisse par augmenter le prix de ce combustible d'une manière onéreuse aux habitants, ce que les doléances d'un assez grand nombre de communautés doivent faire craindre; en conséquence, charger lesdits États provinciaux de limiter cette consommation lorsqu'ils la jugeront trop étendue, et de prendre à cet égard les précautions que leur sagesse leur dictera.

Art. 53. Les prairies artificielles facilitant d'une manière aussi sensible les progrès de l'économie rurale, Sa Majesté sera suppliée d'ordonner qu'elles seront exemptes de toutes dîmes.

Art. 54. Sa Majesté sera suppliée de vouloir bien établir, par une loi constante et invariable, que la liberté du commerce des grains avec l'étranger ne pourra être suspendue que sur la demande des États provinciaux, lesquels seront chargés de la surveillance exclusive de ce commerce et de la détermination des moyens qu'ils croiront nécessaires d'adopter pour la destruction des abus qui pourraient s'y introduire.

Art. 55. Nos représentants insisteront sur le rapport des ordonnances qui excluent le tiers-état des grades militaires tant au service de terre que de mer.

Art. 56. Ils demanderont que tous les corps ecclésiastiques soient libres de prêter des fonds, sans avoir besoin de se pourvoir à cet effet de lettres patentes pour y être autorisés, avec la clause cependant qu'ils ne pourront percevoir qu'un intérêt de 3 p. 0/0 et qu'aucun titre hypothécaire ne puisse devenir pour eux un titre de propriété; et seront les anciennes ordonnances, qui défendent aux corps ecclésiastiques de prêter de l'argent hors du royaume, renouvelées.

Art. 57. Les loteries étant l'impôt le plus destructeur, puisqu'il est fondé sur la crédulité publique, la nation entière doit demander leur abolition.

Art. 58. Sa Majesté sera suppliée d'aviser aux moyens les plus propres pour détruire la mendicité et assujettir à des travaux réglés cette classe d'hommes accoutumés à vivre dans l'oisiveté et à être le fléau du reste de la société. En conséquence elle voudra bien consacrer au soulagement des pauvres les revenus d'une partie des abbayes et d'autres bénéfices qui se trouveraient ainsi ramenés au but primitif de leur institution.

Art. 59. Sa Majesté sera également suppliée d'assigner, sur les mêmes fonds, des secours qui puissent mettre les États provinciaux à portée d'établir des écoles publiques, où les communautés pourraient envoyer des sujets qui porteraient ensuite parmi elles les instructions qu'ils y auraient puisées.

Art. 60. Les couvents de religieuses étant destinés à recevoir les personnes que leur vocation y conduit, il devra leur être défendu d'accepter ou prétendre aucune dot, sauf à proportionner à leurs facultés le nombre de leurs religieuses.

Art. 61. Les dispenses en cour de Rome font sortir annuellement du royaume un numéraire immense. Sa Majesté sera suppliée de peser dans sa sagesse les moyens qui pourraient parer à cet inconvénient.

Art. 62. Les sujets de Sa Majesté composant les bailliages contestés la supplient de prendre en considération leur position particulière. Livrés par leurs seigneurs qui consomment les revenus de leurs terres hors du royaume, à des officiers de justice qui les oppriment, ils sont soumis à tout l'arbitraire d'une autorité seigneuriale qui ne se croit point assujettie aux lois protectrices du royaume et qui les prive des avantages qu'ils devraient en retirer.

Lésés dans leurs droits et dans leurs propriétés, ils implorent la protection du Roi et demandent qu'il soit nommé par Sa Majesté une commission composée des membres des États provinciaux, qui soit chargée d'examiner leurs griefs particuliers, et de fixer d'une manière équitable et conforme aux traités les rapports dans lesquels ils doivent être vis-à-vis du royaume et leurs seigneurs territoriaux. Ils supplient Sa Majesté de faire examiner le titre de réunion de la prévôté de Weissembourg à l'évêché de Spire, et qu'elle soit détachée pour établir dans cette partie de la province un évêché qui mette les sujets du Roi à portée des secours spirituels dont ils sont privés par l'éloignement actuel de leur évêque.

Art. 63. Sa Majesté voudra bien mettre des bornes à l'extension abusive que les droits de chasse ont pris successivement, et empêcher les habitants des campagnes de voir leurs récoltes et le fruit du travail le plus pénible devenir la proie du gibier qui dévaste leur propriété.

Art. 64. Sa Majesté sera suppliée d'ordonner qu'il ne pourra être supprimé en Alsace aucuns corps, chapitres et maisons réguliers, remplis par les personnes du tiers-état; en conséquence, que le séquestre des revenus de l'abbaye de chanoines réguliers de Marbach, ordonné par arrêt en commandement du conseil des dépêches du 25 août 1786, sera levé, et d'accorder, par forme d'indemnité, aux habitants du tiers-état de la province, les biens et revenus de l'ordre de Saint-Antoine, pour être régis et administrés par les Etats provinciaux et par eux affectés soit à l'augmentation des pensions des curés royaux, soit à telles œuvres pies qu'ils estimeront les plus avantageuses au bien public.

Art. 65. Toutes les villes et communautés de ce grand bailliage ont inséré dans leurs cahiers de doléances différentes plaintes qui tiennent plus particulièrement à l'administration intérieure et locale. Telles sont celles qui portent sur divers droits perçus par les seigneurs, sur les abus d'autorité des prévôts, l'inexactitude de la reddition de comptes des villes et communautés, la mauvaise administration de leurs biens communaux, les taxes exorbitantes de plusieurs baillis, les corvées que les officiers de justice exigent d'eux sous divers prétextes, les compétences de bois que les magistrats et les préposés s'attribuent, les couages dans les forêts royales de l'évêché de Strasbourg et de Spire, du duché des Deux-Ponts, du comté de Dabo et autres dont elles ont été privées, nonobstant les titres qui les y autorisent, la suppression des droits mortuaires, la réforme de toute banalité, etc.

Ces plaintes ont une influence si directe sur le bonheur individuel des citoyens et la prospérité de l'Etat, qu'elles méritent toute l'attention d'un gouvernement paternel. Les députés seront donc spécialement chargés de demander à Sa Majesté qu'il soit nommé par les Etats provinciaux des commissaires pour entendre, sur les lieux, les griefs et les plaintes de ses fidèles sujets d'Alsace et y être statué ce que de droit.

Art. 66. Enfin seront nos députés autorisés à proposer telle chose qu'ils croiront avantageuse à la prospérité générale de l'Etat et à celle de la province.

BAILLIAGE DU PAYS DE LABOURT.

EXTRAIT DU PROCÈS-VERBAL DE L'ASSEMBLÉE DES
TROIS ORDRES DU PAYS DES BASQUES ET LA-
BOURT,

Contenant la liste des comparants des trois ordres
Du dimanche 19 avril 1789 (1).

Ce jour, à dix heures du matin, M. d'Urtubie, baron de Garro, grand bailli d'épée, assisté
de MM. Dithurbide, faisant fonctions de son
lieutenant général, et de Pierre Harriet, procureur du Roi, s'étant rendu en l'église paroissiale
de la ville d'Ustaritz chef-lieu du Labourt, où se
sont assemblés les trois états de la province du
pays des Basques français, y a pris séance, ainsi
que ladite assemblée, le clergé étant à sa droite,
la noblesse à sa gauche, et le tiers-état en face.

La séance, ainsi formée, M. d'Urtubie, baron
de Garro, a dit :

« Messieurs,

« J'ai reçu de la part de Sa Majesté, et de l'envoi
de M. le comte de Fumel, commandant en chef de la
Guyenne, une lettre du Roi pour la convocation
des États généraux, à Versailles, le 27 de ce
mois, signée LOUIS, et plus bas : par le Roi, Laurent de Villedeuil, un règlement fait par Sa Majesté pour le ressort du bailliage d'Ustaritz, du
28 mars dernier, également signé LOUIS, et
plus bas, Laurent de Villedeuil, annexé ; ainsi
que le règlement du 24 janvier dernier, auxdites
lettres de convocation : la lettre d'envoi desdites
lettres et règlement, datées du 7 de ce mois,
signée de M. de Fumel, commandant en chef en
Guyenne ; le tout dûment enregistré et publié en
la cour du présent bailliage, en l'audience du
15 de ce mois, notifié et signifié auxdits trois
États dans la forme prescrite par lesdits règlements, comme appert des relations contenant
lesdites notifications et significations en date des
15, 16 et 17 de ce mois, exhibé et remis sur
une table placée à cet effet.

Ce fait, M. le grand bailli a donné acte de la
présence desdits trois États, l'assemblée étant
composée, savoir :

A LA DROITE :

Messire Joseph-Étienne de Pavée de Villevielle,
évêque ;
Seigneur de Bonloc, pour le chapitre de Bayonne,
défaillant ;
MM. Pierre Despens-Destinotz, abbé commendataire ;
Le curé d'Ascain, défaillant ;
Laurent Juda, curé d'Ainhoue ;
Gaspard Gardera, curé d'Arcangues ;
Joseph-Léon Dubrocq, curé d'Anglet ;
Le curé d'Arbonne, défaillant ;
Bernard Soshain le, curé de Briscous ;
Pierre Barancette, curé de Biarritz ;
Martin Hiriart, curé de Bidart ;
Martin d'Etcheverry, curé de Bassussary, fondé
de procuration de M. Bernard Larreguy ;
Martin de Lissalde, curé de Bardos, pour lui et
pour M. Dominique d'Harancder, chanoine.

(1) Nous publions ce procès-verbal d'après un manuscrit des *Archives de l'Empire.*

MM. Martin Diharu, curé de Cambo ;
Robert d'Alincourt, curé d'Espelette, procureur
fondé de procuration de M. d'Etcheverry, curé,
Jean Casteneau, curé de Guiche ;
Pierre Barrigol, curé de Guethary ;
Martin d'Etcheverry, curé d'Hasparren ;
Pierre Harambourg, curé d'Andaye, procureur
fondé de procuration de M. Galbaret ;
Pierre Haranboure, curé d'Halsou ;
Dominique Subiburni, curé d'Itscasson ;
Michel Behola, curé de Lonhossoa ;
Le curé de Maccaye, défaillant ;
Le curé de Mendionde, *idem* ;
Bernard Sorhanide, curé de Mouguerre, fondé de
procuration de M. Goytia ;
Michel Harismardy, curé de Saint-Jean de Luz ;
Jean-Louis-Xavier de Saint-Esteven, curé de Si-
boure ;
Laurent Laphitz, prêtre, fondé de procuration de
M. Teilhary, curé de Sare ;
Pierre Hiviart, prêtre, fondé de procuration de
M. Marithourry, curé de Saint-Pée ;
Martin Durruty, curé de Souraide ;
Sorhaitz, fondé de procuration de M. Jean Gelos,
curé de Saint-Pierre Dimbe ;
Jean-Baptiste Darrigol, curé de Saubernoa ;
Le curé d'Urrugne, défaillant ;
Jean Descos, curé d'Ustaritz ;
Pierre Diparaguerre, curé d'Urt ;
Bernard Darrigol, fondé de procuration de M. Ar-
naud d'Etcheverry, curé d'Urcuit ;
Jean Daguerre, curé de Villefranque ;
Pierre Haranboure, fondé de procuration de
M. Martin de Morduteguy, curé d'Iatscou ;
Martin Dartagui, curé de Bonloc ;
Bernard Darrigo, curé de la Honce ;
Le curé de Greciette, défaillant.

COMMUNAUTÉS RELIGIEUSES.

La Honce.	MM. Darrigol ;
Hasparren.	d'Etcheverry, curé, procureur fondé de procuration des dames religieuses ;
Saint-Jean-de-Luz.	André Baratisart, prêtre, fondé de procuration des dames religieuses.

PRÉBENDIERS.

MM. l'abbé d'Alincourt, pour lui, et comme procureur
fondé de procuration de M. l'abbé d'Iluiguiagaray
l'abbé Baratciart, pour lui, et comme fondé de
procuration de M. l'abbé d'Etchevers ;
Pierre Hiriart, fondé de procuration de M. Ber-
rouet, bénéficier ;
le curé de Saint-Jean-de-Luz, procureur fondé de
procuration de M. l'abbé Duhalde, vicaire de
Cibous.
Jean Hiriart ;
Martin Diharée, curé, procureur fondé de procu-
ration de M. Jean Dublanq ;
Pierre-Vincent Camprand, pour lui, et comme pro-
cureur fondé de procuration de M. Duronea ;
Jean de Lissalde ;
Pierre Hiriart ;
Martin Dartaguiette ;
Dominique Dithurbide ;
Pierre Darrigol, curé, fondé de procuration de
M. Lehetchipy ;
Martin Dubalde ;

MM. Salvat Dibasson, fondé de procuration de M. Jean-
Baptiste Dubernard, Ducanoille et de M. Jean
Delarronde;
Laurent Laphitz, pour lui et pour M. Domi-
nique Lahetjusan;
Jean Larralde, pour lui et comme fondé de pro-
curation de M. Baptiste Casenave et de M. Jean-
Baptiste Jeoffroy;
Martin de Lissalde, curé, fondé de procuration de
M. Dominique d'Haraneder, chanoine;
Ogier Saint-Martin, pour M. Jean Lahigoyen, vi-
caire, en vertu de procuration

PRÊTRES.

Jean Lehetchipy;
Etienne-Joseph Harem;
Billet, curé pensionné;
Jean Hiriart;
Pierre Hiriart;
Ogier Saint-Martin;
Salvat Sorhainde;
Jean Issassarry;
Pierre Cruchet;
Jean Sorhaits.

À LA GAUCHE.

MM. les gentilshommes:

Pierre d'Haraneder, vicomté de Maccaye, commissaire de la noblesse.
Pierre de Haitze, écuyer, seigneur des maisons nobles de Haitze, de Berriotz et de Lissalde, lieutenant-colonel du régiment de Labourt, chevalier de l'ordre royal et militaire de Saint-Louis,
et commissaire de la noblesse, pour lui, et pour
M. Jacques-Barthélemy Gramont de Castera,
écuyer;
Pierre-Nicolas d'Haraneder fils, vicomte de Maccaye, commissaire de la noblesse;
Joseph de Laborde-Lissalde, écuyer, seigneur de
Sandau, conseiller du Roi, et lieutenant-général
de l'amirauté;
Jean-Pierre de Colomboz, écuyer;
Jean de Saboulin, écuyer;
André, chevalier de Haitze, capitaine commandant
au régiment du colonel général infanterie;
Jean-Louis de Rolle de Montpellier, chevalier de
l'ordre royal et militaire de Saint-Louis, ancien
major du régiment de Bourgogne-Infanterie, seigneur du fief royal de Montpellier en Gosse, et
des biens nobles de Constantin en Labourt, et
commissaire de la noblesse.

FONDÉS DE PROCURATION.

MM. Joseph de Laborde Lissalde, 1° pour M. Henri
de Lalande, chevalier, vicomte d'Urtubie; et
2° pour dame Jeanne-Martine de Logras, veuve
de M. Laurent d'Urtubie, baronne de Garro;
Jean de Saboulin, écuyer, pour dame Marie
Pemartin, veuve de M. Saint-Martin Fenouil-
Gouzian de Souhy, dame de la maison noble
de Souhy;
Gaspard-Chevalier d'Arcangues, pour M. Michel
d'Arcangues, écuyer et seigneur d'Arcangues;
Henri-Nicolas-Chevalier de Caupenne, pour
M. Anne-Henri-Louis, marquis de Caupenne, chevalier, seigneur du château noble de Saint-Pée
et d'Arbonne en Labour et du marquisat d'A-
mon, maréchal des camps et armées du Roi, et
commandant pour Sa Majesté à Bayonne, au
pays de Labourt, et autres pays adjacents;
Jean-Louis Roll de Montpellier, pour dame Jeanne-
Marie Darquie, veuve de M. le baron de Lalanne.

ET EN FACE, L'ORDRE DES PAROISSES.

Urrugne.	MM. Martin Domaldeguy; Martin de Cigarva; Martin Lairontel; Jean Darrusse, et Michel Bar-randeguy;
Ascaza.	Martin Pargez; Saint-Martin Lu-quo, et Martin Soubiet;

Saint-Jean-de-Luz.	Michel Tausin; Gracian Ducos; Saint-Jean Bidegaray, et Sal-vador Lereinbourg;
Sare.	Dominique Le-ca; Pierre Hirriba-ren; Dominique Dornatelche; Jean Dopgarai; Pierre Lahet-jusan, et Jean Meudiboure;
Saint-Pée.	Victor Duhalde; d'Etchevers, mé-decin; Duronea, notaire; le sieur Certain; Antoine Chamar.
Ahetze.	Dominique Dupouy, et Jean Duhart;
Bidart.	Martin Darginbel, et Pierre Lar-routet;
Arbonne.	Pierre Docherard, et Arnaud He-goas;
Arcangues.	Jean Laborde, et Pierre Brachet;
Biarritz.	Jean Commamable; Bernard Des-pessailles, et Pierre Mous-sempés;
Anglet.	Florentin Dhiriart; Pierre Longin; Soubat Ducasso, et Jean Da-rancette;
Aïnhoue.	Martin d'Etcheverry, et Martin d'Etchepare;
Souraide.	Jean Dolhagaray, et Jean d'Et-cheverry;
Espelette.	Jean Gorostarsou; Domingo Du-ralde, et Jean Belescain;
Itzassou.	Jean-Pierre Dolhguiry; Pierre Larronde; Jean Teillery, et Martin Hirigoyen;
Larressore.	Dominique Darretche, et Bertrand Darreiche;
Halsou.	Bernard Harriet, et Jean-Baptiste d'Etchegaray;
Cambo.	Gracian Dagoriet; Baptiste Prat; Jean Saint-Martin Urendoy, et Martin Duhart;
Hasparren.	Pascal Lougougain; Jean-Pierre Casalar; Pierre Saint-Buis; Jean Berho; Bernard Courtelarso; Louis Jaureguicabar; Jean Lorta-Saut; Dominique Brous-saint; Jean Larramendy; Jean Lahirlgoyen; Pierre Deyheralde, et Laurent Garat;
Briscous.	Jean Bridart; le sieur Delissalde, notaire; et Lambert Duhas;
Monguerre.	Mathieu Daguerresahar, et Ray-mond Diesse;
Ureuit.	Laurent Delissalde, et Saubat De-lissalde;
Saint-Pierre-Dimbe.	Pierre Larre, et Pierre Jaurretche;
Villefranque.	Jean Daguerre; Antoine Chibitat, et Etienne Bidegarray;
Mendionde.	Pierre Hirigoyen; Jean Larsabal; Jacques Hiriart, et Jean Bi-dart;
Maccaye.	Pierre Camino, et Bernard Dain-ciboure;
Guethary.	Gabriel Laffitte, et Jean Milet;
Ciboure.	Eustache Dhiriart; Martin Gazte-luzar-Etcheto, et Pierre Haris-mandy;
Louhossoa.	Jean Haramboure, et le sieur Apes-teguy;
Andaye.	Défaillant;
Bardos.	Michel Damestoy; Jean Casenave; Jean Damestoy-Germain; Ga-briel d'Etchart, et Pierre Darri-cau;
Urt.	Pierre Gestede; Jean-Baptiste Ge-nevoy; Lafourcade Dactissan; et Bernard Vila;
Guiche.	Bertrand Labepie; Jean Toulet, et Martin Saint-Martin;
Bassussary.	Jean d'Etcheverry, et Pierre Daran-cette;
Ustaritz.	Dominique Sorhaitz; Jean-Martin Monduteguy; Martin Dibarast jeune; Dominique Garat; Don-cosseph Garat; Pierre Dithur-bide, et Jean-Baptiste Gestas;

Biriatou. MM. Pierre Gueldy ; et Ambroise Hiribaren ;
latscov. Jean Hiriart, et Pierré Baratciart ;
Ronloc. Arnaud Cornu , et Jean Durruty ;
Lahonce. Jacques Darrigol , et Jean Tottems ;
Serres. Michel Monsegur.

Desquelles comparutions nous avons octroyé acte; et ne s'etant les autres assignés, présentés, ni personne de leur part, a été contre eux donné défaut.

CAHIER

De remontrances que le clergé du bailliage de Labourt remet à son député, pour le présenter au Roi, dans l'assemblée des Etats généraux du royaume, à Versailles (1).

Art. 1er. Le clergé du bailliage de Labourt a d'éternelles actions de grâces à rendre à la divine Providence, de ce qu'elle a conservé, dans toute sa pureté, le précieux dépôt de la foi au milieu des peuples confiés à son ministère.

Ni les nouveautés de l'hérésie, ni les divisions du schisme, ni le délire de la nouvelle philosophie, ne sont jamais venus troubler l'esprit de la religion sainte qu'ils professent, et leur soumission aux vérités de l'Evangile a toujours été la base inébranlable de celle qu'ils portent à leur souverain.

Art. 2. Que le glaive formidable de nos rois veille sans cesse, et jusqu'à la consommation des siècles, à la garde de cette portion fidèle du troupeau de Jésus-Christ, et que, comme le sang de l'agneau appliqué sur la porte de Israélites, il soit une sauvegarde assurée contre les cruelles attaques de l'ange exterminateur, et contre l'adresse maligne de l'homme ennemi qui tenterait de semer l'ivraie dans le champ du père de famille!

Art. 3. Quelle consolation pour nous, dans ces jours d'allégresse universelle, où le meilleur et le plus tendre des pères, assis au milieu de sa famille, demande à tous ses enfants ce qu'ils désirent qu'il fasse pour leur bonheur, de pouvoir porter aux pieds du trône, avec les hommages de notre respect et de notre amour, le témoignage authentique de la sincérité de ceux que vont présenter les députés des deux autres ordres de la nation basque.

Art. 4. Nous supplions Sa Majesté de continuer sa puissante protection, à l'exemple de ses augustes prédécesseurs, à la religion catholique qui a rendu le royaume de France si florissant, et qui en assurera la prospérité.

Art. 5. Nous chargeons notre député de faire, devant la nation assemblée nos représentations : 1° sur la discipline ecclésiastique; 2° sur le gouvernement général du royaume; 3° sur le régime particulier de notre province.

SUR LA DISCIPLINE ECCLÉSIASTIQUE.

Art. 6. De ne conférer les premières dignités de l'Eglise qu'à des prêtres qui auront mérité la confiance des peuples dans les fonctions du ministère, pendant plusieurs années, sans que la naissance ou la faveur soient des titres pour y parvenir.

Art. 7. Que les évêques de Bayonne, à cause de l'idiome basque du diocèse, qui n'a aucun rapport avec les autres langues, soient choisis parmi les naturels.

(1) Nous publions ce cahier d'après un manuscrit des *Archives de l'Empire.*

Art. 8. Que les lois canoniques, concernant la résidence des évêques, et celles qui défendent la pluralité des bénéfices, soient exécutées; et que, conformément aux mêmes lois, il soit tenu des synodes diocésains à des époques convenables.

Art. 9. Que celles qui regardent la sanctification des fêtes et dimanches soient exactement observées; et qu'il soit pourvu à l'exécution des lois concernant les cabarets qui interrompent le service divin et le bon ordre dans les paroisses.

Art. 10. Que la portion congrue des curés et vicaires soit augmentée.

Art. 11. Que l'article 14 de l'édit de 1768, qui prive les curés de la dîme des nouveaux défrichements, soit révoqué.

Art. 12. Que chacun des quatre mois qui suivra immédiatement chaque mois des gradués, soit affecté, pour les canonicats, aux curés qui auront servi au moins pendant dix ans.

Art. 13. Que dans les assemblées générales du clergé, l'un des députés du second ordre soit du nombre des curés.

Art. 14. Que les curés puissent s'assembler lorsqu'ils le jugeront nécessaire, sous la présidence de l'évêque diocésain ; et sur son refus constaté, sous celle du plus ancien d'entre eux, à la réquisition du syndic du diocèse.

Art. 15. Que les curés soient rétablis dans tous les droits attachés à leur état, conformément aux anciens canons de l'Eglise.

Art. 16. Qu'il soit pourvu à la subsistance des prêtres infirmes et pauvres, sur un excédant d'impositions, qui restera entre les mains du receveur des décimes.

Art. 17. Qu'il y ait une loi précise qui interdise aux cours séculières la connaissance des cas qui peuvent regarder les fonctions de notre ministère, et qui assure l'exercice de la juridiction ecclésiastique.

Art. 18 Que les ordres religieux, qui sont utiles à l'Eglise, soient conservés ; et que leurs vœux soient fixés à dix-huit ans.

Art. 19. Que les religieux insubordonnés soient renvoyés à leur ordre, pour être jugés ; sauf l'appel, et toujours l'intervention de la partie publique.

Art. 20. Que les bureaux diocésains soient organisés de manière que les contribuables y soient représentés dans une juste proportion.

Art. 21. Que les fondations des messes autorisées par l'article 3 de l'édit de 1749, soient exemptes de droit d'amortissement et de nouvel acquet, et que les fonds puissent être colloqués ailleurs que sur les fonds publics, jusqu'à concurrence de 400 livres, révoquant à cet effet les dispositions de l'article 14 du même édit.

Art. 22. Que le collége appelé *de Larressore* en Labourt, soit maintenu pour les humanités et la philosophie, et qu'il y soit établi des bourses, par la réunion de quelques bénéfices, en faveur des étudiants qui sont dépourvus des moyens nécessaires pour leur éducation ecclésiastique ; les Basques, à cause de leur idiome, ne pouvant avoir des ministres de la religion que parmi les naturels du pays.

Art. 23. Que les oppositions aux décrets d'union et de désunion des bénéfices soient renvoyées, pour être jugées, lors de l'enregistrement des lettres patentes, et sans y préjudicier, pour ne pas arrêter le cours de la procédure.

Art. 24. Que les monitoires ne puissent être obtenus pour des causes légères, et qu'il soit fait une loi précise qui fixe les cas graves où il convient, après avoir épuisé toutes les autres voies, d'avoir recours aux censures ecclésiastiques.

Art. 25. Que les oppositions aux mariages puissent être jugées par les juges ordinaires, et que celui qui en sera débouté soit condamné aux dommages et intérêts, selon l'exigence du cas, et par corps.

Art. 26. Que les maîtres de pension soient tenus d'avoir l'approbation de l'évêque diocésain, et qu'il y ait, dans le nombre des éducateurs, au moins un ecclésiastique pour veiller sur les mœurs et l'instruction chrétienne.

Art. 27. Que chaque paroisse soit tenue d'avoir un ou plusieurs maîtres d'école à ses frais, et que cette dépense soit portée sur le rôle des impositions.

SUR LE GOUVERNEMENT GÉNÉRAL DU ROYAUME.

Art. 28. Les corps politiques, comme toutes les choses humaines, portent un germe de destruction dans leur sein. Son développement progressif a insensiblement altéré les principes de notre constitution, et causé les plus grands désordres dans l'économie de notre gouvernement.

Art. 29. Nous proposons, pour moyens d'une prompte régénération :

Art. 30. Que la convocation des États généraux soit faite au moins tous les cinq ans, et que les agents généraux du clergé puissent y être admis avec voix consultative.

Art. 31. Que les ecclésiastiques dans les ordres sacrés, et les prébendiers soient réduits, comme les chapitres le sont par le règlement du 24 janvier dernier, et qu'ils ne puissent assister aux assemblées que par députés.

Art. 32. Qu'il soit établi des États provinciaux, et que les curés, de même que d'autres membres du clergé, puissent y être admis.

Art. 33. Que toutes les impositions soient versées directement au trésor royal, sauf les fonds destinés pour les provinces, qui resteront entre les mains des receveurs particuliers, pour être employés selon les ordres du Roi.

Art. 34. Qu'il y ait, dans tout le royaume, égalité absolue dans la répartition des charges entre les trois ordres.

Art. 35. Qu'il y ait une libre circulation de toutes les marchandises dans tout le royaume, et que les bureaux de la ferme ne puissent être établis qu'aux frontières.

Art. 36. Que le compte des finances soit rendu public chaque année, et que la dette de l'État soit consolidée

Art. 37. Que l'état des pensions accordées par la loi soit aussi rendu public, avec leurs motifs et le nom des personnes qui les auront obtenues.

Art. 38. Que toutes les dépenses, pour chaque département, soient fixées, avec l'assignation des fonds, sans confusion.

Art. 39. Que les ministres du Roi ne soient choisis que parmi les personnes dont l'opinion publique garantit le mérite et la capacité.

Art. 40 Qu'il ne soit accordé de pension de retraite aux ministres, qu'après l'examen de leur administration, si elle est jugée bonne et équitable; et que, dans le cas contraire, ils puissent être poursuivis par les voies de droit.

Art. 41. Qu'il soit pris les mesures les plus justes, pour que les intendants et les commandants des provinces n'abusent pas de leur autorité.

Art. 42. Que, lorsqu'ils auront fait arrêter quelqu'un sur leurs ordres, ils soient tenus de le remettre, dans les vingt-quatre heures, entre les mains des juges des lieux, sous peine d'être pris à partie.

Art. 43. Que les intendants soient assistés de deux gradués, au moins, dans les affaires contentieuses de leurs juridictions ; et que, s'il est possible de s'en passer, ils soient entièrement supprimés.

Art. 44. Que la liberté individuelle soit sous la protection des lois et des tribunaux.

Art. 45. Que l'usage des lettres de cachet soit aboli, comme contraire au droit naturel de tout citoyen ; et que s'il y a quelques cas rares d'exception, dans l'intérêt des familles ou de la sûreté publique, ces cas soient clairement exprimés et fixés par une déclaration du Roi.

Art. 46. Que personne ne puisse être jugé que par ses juges naturels, toute évocation ou distraction de juridiction étant absolument inconstitutionnelle dans la nation française.

Art. 47. Qu'il soit fait des règlements plus efficaces contre la mendicité.

Art. 48. Que chaque gros décimateur n'ayant pas charge d'âmes, soit obligé de remettre, chaque année, une somme déterminée entre les mains du curé ou du bureau de charité, pour le soulagement des pauvres de la paroisse d'où dépendent les dîmes.

Art. 49. Que le Code civil et criminel soit réformé.

SUR LE RÉGIME PARTICULIER DE NOTRE PROVINCE.

Art. 50. Depuis que, par le traité de Taillebourg, nous avons passé, comme faisant partie de l'Aquitaine, sous la domination française pendant le règne de Charles VII, nous avons joui, comme auparavant, de l'indépendance de notre administration.

Art. 51. Nous sommes pays de franc-alleu naturel et d'origine, et la liberté de nos personnes et de nos biens n'a jamais reconnu d'autre dépendance que la dépendance immédiate de nos souverains.

Art. 52. Nous demandons à être conservés comme nous avons toujours été, et à ne nous mêler à aucun autre peuple, quelque avantage qu'on puisse nous annoncer.

Art. 53. Notre situation topographique, notre caractère particulier, nos usages, les dispositions de notre coutume, notre idiome, nos allures, tout, en un mot, exige que nous nous gouvernions nous-mêmes, et que nous nous fassions une administration particulière.

Art. 54. Sous cette administration que nous aimons, nous avons toujours été fidèles à nos souverains ; nous avons constamment gardé nos frontières avec un régiment de mille hommes, que nous entretenons.

Art. 55. Les Basques sont tous soldats au besoin ; et ils sacrifieront courageusement leurs vies et leurs biens à la défense de leur patrie, et au service de leur souverain ; et, pour prix de ce dévouement généreux, ils demandent de ne dépendre que de lui, de pouvoir lui offrir toujours directement leurs contributions et le tribut de reconnaissance qu'ils doivent à sa bienfaisante protection.

Art. 56. Une fiscalité oppressive est venue, depuis quelque temps, nous arracher, de force et par des voies illégales, les exemptions et les franchises dont nous jouissions.

Art. 57. On a établi la franchise du port de Bayonne, qu'on a étendue sur une partie du Labourt, et non sur l'autre, en sorte que, dans notre propre pays, très-borné en lui-même, nous ne pouvons avoir aucune liberté de communication d'un côté de la rivière de la Nive à l'autre, avec nos parents, nos amis, nos concitoyens.

Art. 58. Nous supplions Sa Majesté de supprimer la franchise du port de Bayonne, ou, à tout événement, que tout le pays de Labourt soit uniforme et jouisse des mêmes priviléges dans toute son étendue; que la liberté de la rivière de l'Adour soit rendue aux paroisses riveraines du Labourt, dont on les a privées par une voie de fait fiscale, bien inconcevable, puisque cette rivière est la seule voie par laquelle ces paroisses peuvent communiquer avec Bayonne, les routes étant, la plus grande partie de l'année, impraticables pour y arriver. Nous payons 2,000 livres, par an, d'impositions pour les canaux navigables du royaume, et on nous prive impitoyablement de celui dont la Providence nous a favorisés.

Art. 59. Que le gouvernement continue les ouvrages commencés au port de Saint-Jean-de-Luz, et qu'il y soit construit un pont.

Art. 60. Qu'il en soit construit un autre sur la Nive, dans la paroisse d'Itsassou.

Art. 61. Que la manière dont se fait la levée de la milice basque, et celle des matelots, soit surveillée, et que les commissaires n'en agissent pas despotiquement comme par le passé.

Art. 62. Que le commerce de la morue étrangère soit prohibé, pour encourager la pêche que les Basques vont faire à Terre-Neuve; et que, pour éviter les naufrages qui arrivent fréquemment dans cette partie, il soit ordonné à tous les bâtiments de rentrer dans les ports où ils bénéficient la morue, au plus tard pour le 15 septembre, afin d'échapper aux ouragans de l'équinoxe, qui en font périr une grande quantité.

Art. 63. Que le bailliage du Labourt, au siége d'Ustaritz, ressortisse nûment au parlement, et qu'il puisse juger souverainement jusqu'à concurrence de 200 livres.

Art. 64. Que les affaires des communautés soient discutées sous l'autorité de M. le procureur général ou de son substitut, de même que celles des employés de la ferme.

Art. 65. Nous donnons à notre député des pouvoirs généraux et illimités, pour concourir à la réforme de tous les abus, à l'amélioration de toutes les parties de l'administration, à l'établissement des meilleures lois possibles dans tous les genres, et à l'acquittement des dettes de l'Etat, après que la nation les aura reconnues légitimes; ne lui interdisant que la faculté de porter atteinte à la liberté individuelle et à la propriété personnelle des citoyens. Et le présent cahier a été arrêté par l'assemblée de l'ordre à Ustaritz, le 23 avril 1789.

Signé † E.-J., évêque de Bayonne; Darrigol, chanoine prémontré et curé de la Honce, commissaire; Délissalde, curé de Bardos, commissaire, et Subiboure, curé d'Itsassou, commissaire.

CAHIER

De l'ordre de la noblesse du bailliage du pays de Labourt, envoyé à M. le marquis de Caupenne, nommé son député aux Etats généraux convoqués par le Roi à Versailles pour le 27 avril 1789, lequel les a transmis à son suppléant, M. le vicomte de Maccaye (1).

En vertu des lettres de convocation qui ordonnent aux trois ordres d'élire des représentants aux Etats libres et généraux du royaume, et de leur confier tous les pouvoirs jugés suffisants pour contribuer à la restauration de l'Etat, et à

1) Nous publions ce cahier d'après un imprimé de la *Bibliothèque du Sénat.*

la prospérité particulière du pays qu'ils habitent: nous, membres de la noblesse du pays de Labourt, donnons à notre député auxdits Etats, indiqués pour le 27 avril 1789, les instructions et pouvoirs suivants:

OBJETS GÉNÉRAUX.

1. Que le président de l'ordre de la noblesse aux Etats généraux soit élu librement par son ordre, sans distinction de rang ni de province, et que notre député donne sa voix, non au gentilhomme le plus ancien ou le plus illustre, mais à celui qui, par ses vertus et ses lumières, lui semblera mériter la préférence.

2. Quant à la question importante de voter par ordre ou par tête, nous enjoignons à notre député d'opiner pour qu'on vote par ordre; mais si cependant l'opinion contraire prévalait dans son ordre, de ne pas troubler les opérations par une résistance déplacée et inutile.

3. Que la nation, réunie dans l'assemblée des Etats généraux, rentre dans ses droits, et que ses droits soient établis sur une base solide.

4. Qu'avant de traiter aucun objet, la liberté individuelle soit garantie à tous Français.

5. Que la propriété étant le nœud le plus fort qui attache les citoyens à la patrie, elle soit mise sous la sauvegarde spéciale des lois; qu'elles veillent constamment à ce que, sous aucun prétexte, même sous celui du bien public, on ne puisse lui porter aucune atteinte.

6. Que les époques du retour périodique des Etats généraux soient fixées par l'assemblée de la nation.

7. Que les Etats généraux ne puissent procéder à aucune délibération ultérieure, avant que la loi qui doit établir les droits de la nation, et asseoir la Constitution, n'ait été promulguée.

8. Que la nation rentrée dans ses droits, elle déclare nul tout impôt actuellement établi, comme n'étant pas consenti par elle; et que celui qu'elle établira soit également et généralement réparti sur tous les individus des trois ordres.

9. Qu'aucun impôt ou contribution ne seront jamais accordés que pour un temps limité.

10. Que les Etats généraux avisent au moyen de faire contribuer aux charges de l'Etat tous les capitalistes qui, possédant des fortunes énormes en argent ou en papiers, trouvent souvent le secret de se soustraire à toute imposition.

11. Qu'ils établissent une imposition sur tous les objets de luxe, et qu'ils fixent au taux le plus modique possible la contribution annuelle de tout individu qui gagne sa journée aux travaux de la terre.

12. Qu'aucun emprunt ne puisse être fait, ni aucun papier créé et mis en circulation sans la volonté et le consentement de la nation assemblée; que les moyens aussi coûteux qu'onéreux, employés pour la recette des deniers royaux, dont à peine les six dixièmes reviennent aux coffres du Roi, soient supprimés.

13. Qu'il soit expressément ordonné, par le Roi et par la nation assemblée, qu'il ne sortira de la province que la partie de l'impôt qui ne pourra être consommée; qu'en conséquence il soit établi dans tout le royaume des assemblées provinciales, composées de membres des trois ordres, élus librement, chargées de répartir et de percevoir les impôts par des préposés de leur choix, et que ces personnes soient aussi chargées de toutes les branches de l'administration.

14. Que les Etats généraux s'occupent le plus tôt

possible de la composition et de la formation desdites assemblées d'administration, qui ne seront jamais comptables qu'envers la nation assemblée.

15. Qu'une fois la Constitution assise et déterminée, l'état exact et détaillé des revenus du royaume soit mis sous les yeux des représentants de la nation, ainsi qu'un tableau fidèle et circonstancié de ses dettes, charges et obligations quelconques ; que cet état soit discuté ou réformé, ainsi que le jugeront convenable les Etats généraux.

16. Qu'après l'examen et la réforme la plus rigoureuse dans tous les départements, les sommes strictement nécessaires à ces départements seront fixées ; et qu'on avise aux moyens de liquider dans un certain nombre d'années les dettes de l'Etat.

17. Que pour y parvenir, la nation assemblée autorise et supplie le Roi de vendre à l'enchère ses domaines, qui seraient d'un grand secours dans les circonstances actuelles, et qui, mieux cultivés par les particuliers qui en feraient l'acquisition, lui rendraient, par l'impôt seulement, plus de la moitié de ce qu'ils lui rendent aujourd'hui, Sa Majesté se trouvant débarrassée de tous frais d'entretien et de régie, et ses sujets étant toujours disposés à sacrifier leurs vies et leurs biens pour le soutien et l'éclat de sa couronne.

18. Que Sa Majesté soit suppliée d'ordonner que la vente de ses domaines soit faite dans les provinces où ils sont situés, et qu'ils soient vendus au plus offrant et dernier enchérisseur.

19. Le Roi sera supplié d'établir, pour les armées de terre et de mer, des ordonnances dont l'instabilité ne soit pas un sujet continuel de découragement pour ses troupes, et qui aient pour base des principes conformes au caractère et à l'esprit de la nation.

20. Qu'il soit accordé une somme fixe et invariable pour la totalité des pensions, les distribuant en plusieurs classes, et les proportionnant aux services ; et qu'au commencement de chaque année, il soit imprimé un état de toutes les pensions accordées par Sa Majesté, et qu'elles soient toutes payées au trésor royal.

21. Que Sa Majesté soit suppliée de ne plus réunir tant de grâces sur certaines familles, qui semblent les regarder comme des héritages dont on ne peut les frustrer sans injustice.

22. Que le respect le plus absolu pour toutes les lettres confiées à la poste soit expressément ordonné, et que les Etats généraux prennent le moyen le plus sûr pour qu'il ne lui soit porté aucune atteinte.

23. Que la culture, l'industrie, les arts et le commerce jouissent d'une liberté entière, et que, pour leur donner plus d'activité, on les délivre du monopole qu'entraînent toujours les privilèges exclusifs.

24. Que toute personne, autre que les juges ordinaires, ou officier de police, qui aura signé un ordre de détention, et que si elle a violé les droits sacrés de la liberté, elle soit obligée, quel que soit son rang, de comparaître devant les juges compétents, pour être par eux interrogée et condamnée à des dommages et intérêts, ou autres réparations, suivant l'exigence du cas.

25. Que toute personne arrêtée, de quelque manière que ce puisse être, soit remise, dans le délai fixé par les Etats généraux, dans les mains des juges ordinaires ; qu'il soit ordonné de l'interroger dans les vingt-quatre heures, et de statuer sur la détention dans le plus court délai possible.

---

26. Que l'élargissement provisoire soit toujours accordé en fournissant caution, excepté dans le cas d'un crime qui mériterait punition corporelle ou la mort.

27. Que l'on s'occupe de la réforme du Code civil et criminel, de manière à accélérer la marche de la justice, à en diminuer, s'il se peut, les frais, à assurer la publicité des procédures, et surtout à ce qu'il ne puisse y avoir de déni de justice, ni dans aucun cas ni pour personne.

28. Que les lois soient clairement énoncées, et qu'on avise aux moyens les plus propres à en assurer l'exécution dans tout le royaume ; en sorte qu'aucun, quelle que soit sa naissance ou son crédit, ne puisse les enfreindre avec impunité.

29. Que les lois une fois sanctionnées par la nation assemblée, les tribunaux supérieurs, auxquels le dépôt en est confié, ne puissent s'écarter d'aucune de leurs dispositions.

30. Que Sa Majesté conserve toujours la prérogative, si précieuse pour un bon roi, de pouvoir faire grâce ; mais qu'elle soit suppliée de ne jamais étendre sa clémence sur les crimes atroces qui font honte à l'humanité, quelle que puisse être la naissance du coupable.

31. Que toute discussion avec le domaine soit jugée par les juges ordinaires, et que l'abolition du franc-fief soit demandée aux Etats généraux.

OBJETS RELATIFS AU CLERGÉ.

32. Que les membres du clergé payent tous les impôts supportés par la noblesse et par le tiers-état.

33. Qu'on s'occupe d'améliorer le sort des curés pauvres, et de les mettre en état de faire éprouver aux pauvres de leurs paroisses les effets de leur charité.

34. Que les ecclésiastiques sans fonctions particulières, mais jouissant de bénéfices, soient répartis dans les diocèses ; qu'on augmente dans les paroisses de campagne très-étendues le nombre des vicaires, pour que le peuple, auquel le frein de la religion est si nécessaire, soit plus instruit de ses divers devoirs.

35. Que les Etats généraux s'occupent des moyens de borner les fortunes ecclésiastiques, et d'en faire une répartition plus juste.

36. Que tout membre du clergé ne puisse pas réunir des bénéfices, quand celui qu'il possédera excédera la somme de 3,000 livres.

37. Que tout évêque ou abbé commendataire soit tenu de résider dans son diocèse ou abbaye, où leurs bons exemples doivent maintenir la religion, et qu'il ne puisse les quitter que pour le service de l'Etat, et par un ordre exprès du Roi.

OBJETS RELATIFS AU PAYS DE LABOURT.

38. La noblesse du Labourt n'a aucune part à l'administration du pays ; cependant les biens nobles, qui ne forment pas la vingtième partie des fonds, payent la huitième partie des impositions : l'ordre de la noblesse requiert de la justice du Roi d'être admise à cette administration.

39. Elle enjoint à son député de demander que la voie naturelle de la rivière soit permise au plus tôt à celles de ses paroisses situées sur la rive gauche de l'Adour, qui, par la tyrannie des employés des fermes, sont forcés à rapporter par terre tous les objets de consommation qu'elles tirent de Bayonne, ce qui décuple pour elles le prix du transport.

40. De réclamer fortement contre le régime établi par les lettres patentes du 4 juillet 1784, régime différent pour les habitants d'une même paroisse séparée par la rivière de Nive, et qui prête aux vexations inouïes des préposés des fermes.

41. De s'élever fortement contre les décisions arbitraires de tous les suppôts de la ferme, contre l'absurdité intolérable que des gens sans aveu, tous fainéants, la plupart vicieux et tarés, soient crus dans les procès-verbaux sur leurs simples dépositions ; tandis que les honnêtes gens qu'ils vexent de toutes les manières, ne le sont, ni sur la foi des témoins qui déposent en leur faveur, ni même sur celle du serment.

42. D'insister pour que les douanes soient établies aux frontières pour la perception des droits d'entrée et de sortie, pour qu'on trouve des tarifs dans tous les bureaux, et pour qu'il soit très-expressément défendu aux employés des fermes d'exiger aucun droit pour les objets qui ne seraient pas énoncés dans le tarif.

43. De se réunir à tous les députés, pour que l'intérieur du royaume soit délivré de cette foule de préposés des fermes, qui seuls font plus de contrebande que tout le reste de la nation, et qui, par ces manœuvres révoltantes, rançonnent ou foulent comme coupables, des innocents qui n'ont pas même pensé à la fraude.

44. De remontrer au Roi, qu'en outre de ce qui entre dans son trésor, ce monstre impitoyable, appelé finance, engloutit annuellement plus de 150 millions, et de supplier, avec toute la France, Sa Majesté, d'avoir égard aux doléances portées généralement aux pieds de son trône, sur cet objet de désolation continuelle pour tous ses projets.

45. Un pont sur la Nive, au port d'Itsassou, étant de nécessité absolue pour la communication des deux parties du Labourt, dont l'une fournit à l'autre des denrées de première nécessité, Sa Majesté sera suppliée de vouloir bien en ordonner la construction.

46. L'ordre de la noblesse, pensant comme seize paroisses du pays, qui, par leur délibération du 1er avril 1788, ont exprimé leurs vœux, demande l'abolition du retrait trentenaire, et de plusieurs autres coutumes destructives de la population et de la culture du pays.

47. Les Basques français, dont la plus grande partie subsiste par la pêche de la morue, demandent des encouragements pour cette branche de commerce et des primes qui les mettent dans le cas de soutenir la concurrence des morues étrangères. Cette faveur du Roi serait aussi utile à la marine royale, par le plus grand nombre de bons matelots qui se formeraient à cette pêche.

48. Le port de Saint-Jean-de-Luz étant très-essentiel pour cette pêche, et devant aussi servir de retraite à la marine marchande, Sa Majesté sera suppliée d'aviser aux meilleurs moyens de le rendre propre à ce double objet.

49. Que les jetées de la barre de Saint-Jean-de-Luz, étant toutes ébranlées, il soit incessamment accordé des fonds pour les raffermir, ainsi que pour la reconstruction du pont qui établit la communication entre les deux royaumes de France et d'Espagne, et qui tombe en ruine.

50. Que n'ayant pas de police dans la plupart des paroisses du pays de Labourt, elle soit attribuée aux officiers municipaux de chaque lieu, sous la condition expresse d'élargir les détenus, ou de les remettre, dans les vingt-quatre heures, entre les mains de la justice.

51. Que si on ne peut pas établir le même poids et la même mesure dans tout le royaume, ils soient au moins établis dans ce pays de Labourt, qui, malgré son peu d'étendue, a quatre mesures différentes.

52. La position de ce pays, l'ingratitude du sol qui produit à peine le grain nécessaire pour la consommation de quatre mois de l'année, le caractère des habitants, leur langue inintelligible pour tous ceux qui ne sont pas nés Basques, tout fait désirer à cette nation fidèle et soumise, de n'être réunie à aucune des provinces voisines, qui, toutes plus riches qu'elles, auraient de la peine à croire à sa pauvreté.

53. Les membres de la noblesse du Labourt sont prêts à sacrifier leurs fortunes et leurs vies pour le bien de la patrie, et à contribuer, autant que leurs faibles moyens pourront le permettre, à libérer l'État de ses dettes ; mais ils enjoignent à leur député de ne rien négliger pour obtenir à répartir eux-mêmes, et à faire percevoir, par des préposés de leur choix, la contribution à laquelle ils seront taxés.

A l'appui des deux derniers articles, et pour en faire mieux sentir la nécessité, notre député trouvera, à la suite du cahier de nos doléances, quelques notes historiques sur le pays, dont il fera l'usage qu'il croira convenable à nos intérêts.

54. L'ordre de la noblesse termine ses instructions à son député, en lui recommandant de les bien méditer, et d'en faire la base de sa conduite. Il n'entend pas lui prescrire un plan fixe dont il ne puisse s'écarter ; il s'en rapporte à ses lumières pour suppléer à ce qu'il peut y avoir omis, et à son discernement pour l'application et l'extension des principes renfermés dans ses instructions et ses pouvoirs. Il l'exhorte à porter à l'assemblée de la nation un esprit de paix, et à contribuer de tous ses efforts au bien général. Sûr de l'attachement de son député pour la patrie qui lui confie ses intérêts, il est aussi qu'il répondra dignement à la confiance de ses commettants, et qu'il bornera son ambition à obtenir, et surtout à mériter le tribut si flatteur de l'estime et de la reconnaissance de ses concitoyens.

Fait et arrêté par nous, commissaires chargés de la rédaction du cahier, et par tous les membres de l'ordre de noblesse présents. A Ustaritz, le vingt-troisième du mois d'avril 1789.

Signé d'Urtubie, baron de Garro, grand bailli d'épée du pays de Labourt ; le vicomte de Maccaye père, commissaire ; de La Lande, baron de Hint, commissaire ; de Haitre, commissaire, chevalier de Caupenne, procureur constitué de M. le marquis de Caupenne ; Colombots ; Laborde-Lissalde, pour et comme procureur constitué de M. le vicomte d'Urtubie et de madame la baronne d'Urtubie-Garro ; chevalier d'Arcangues son frère ; chevalier de Haitre ; de Saboulin, par procuration de madame de Souhy ; d'Aguerre ; de Haitre, procureur fondé de M. de Grammont de Cantera ; de Roll-Montpellier, procureur fondé de madame la baronne de Lalanne ; Dibarraet-Hirigoyen ; de Roll-Montpellier, secrétaire de l'ordre de la noblesse ; *ne varietur*, Dithurbide, pour M. le lieutenant général, à cause de son incommodité.

CAHIER

De l'ordre du tiers-état du bailliage de Labourt.

Nota. Ce cahier manque aux archives de l'Empire. Nous le demanderons à Ustaritz et à Pau. Si nous parvenons à nous le procurer, nous l'insérerons dans le Supplément qui terminera le Recueil des cahiers.

BAILLIAGE DE LANGRES.

Nota. *Le cahier commun des trois ordres du bailliage de Langres que nous donnons ci-dessous est emprunté* à un imprimé de la Bibliothèque impériale. (*Paris, Esprit,* 1789, un vol. in-8°). Ce cahier est regardé comme apocryphe par diverses personnes ; aussi ne le publions-nous que sous toutes réserves et comme document à consulter : il doit, en tous cas, reproduire l'ensemble des plaintes du bailliage. Les cahiers des trois ordres n'existent pas dans les archives de la ville de Langres : nous les faisons rechercher encore dans tout le département de la Haute-Marne, afin de les publier en supplément, si nous parvenons à les découvrir.

CAHIER

Commun des trois ordres du bailliage de Langres.

Ce sont les représentations et doléances qu'ont l'honneur d'adresser à Sa Majesté les gens des trois ordres de son bailliage de Langres.

Sire, au moment où nous sommes rassemblés par les ordres de Votre Majesté, pour lui adresser nos représentations, et pour députer aux Etats généraux, le premier sentiment que nous éprouvons est la reconnaissance dont nous pénètre le bienfait signalé que vous accordez à vos sujets. Nous sentons, Sire, et plus vivement que nous ne pouvons le témoigner, toute l'étendue du bien que va répandre dans toutes les parties de ce royaume la régénération des Etats généraux nous sentons tout le courage qu'il a fallu à un prince né sur le trône, élevé dans l'attrait du pouvoir absolu, continuellement imbu depuis l'instant de sa naissance des maximes de l'autorité arbitraire, pour former la généreuse résolution de rendre à son peuple l'exercice de tous ses droits ; nous sentons combien de préjugés il a eu à vaincre, combien d'illusions à écarter, combien d'obstacles de tout genre à surmonter autour de lui, au dedans de lui, pour reconnaître son véritable intérêt souvent opposé à celui de ses ministres et essentiellement uni à celui de son peuple, et pour briser toutes les barrières qui depuis près de deux siècles séparaient nos monarques de leur nation. Nos cœurs répondent, Sire, à ce bienfait si grand, si inespéré d'un respect, leur fidélité, leur soumission et leur amour. Nous désirons que ces doléances, que nous vous adressons, soient l'expression de ces sentiments : elles serviront d'instruction aux députés que nous envoyons aux Etats généraux, mais elles ne limiteront pas leur pouvoir ; nous leur donnons tout celui qui leur est nécessaire pour servir utilement Votre Majesté. Qu'ils proposent, qu'ils adoptent tout ce qui sera utile, qu'ils s'éclairent de toutes les lumières, qu'ils s'animent de toutes les vertus de cette auguste assemblée, que le bien général soit leur unique objet, qu'ils n'hésitent jamais à le préférer à notre intérêt particulier, que le patriotisme soit constamment leur mobile et leur règle, voilà la mission que nous leur donnons.

Nous n'apportons point à Votre Majesté des représentations différentes pour les trois ordres qui composent ce bailliage ; comme le même sentiment nous animait tous, il nous a inspiré à tous les mêmes vues. Le zèle du bien public est le centre commun qui a tout réuni parmi nous, et auquel se sont rapportées toutes nos affections toutes nos idées, toutes nos demandes : et ce sentiment nous inspire encore dans ce moment un vœu que nous exprimons à Votre Majesté, dans toute la sensibilité de nos cœurs : c'est que l'auguste assemblée qui va se former sous vos yeux vous fasse goûter la même satisfaction ; que tous les préjugés et tous les intérêts de personnes, de corps, d'ordres, déposés à l'entrée des Etats généraux, il ne paraisse dans ce sanctuaire de la patrie que des cœurs purs, enflammés de l'amour du bien, réunis dans les mêmes sentiments, et tendant par un effort commun à la destruction des abus et à la libération de la dette nationale, au soulagement du peuple, à la protection de la sûreté et de la liberté publique, au maintien de votre autorité, à la prospérité et à la gloire de votre règne.

ÉTATS GÉNÉRAUX.

Entre les objets qui, au moment de la régénération des Etats généraux, fixent les regards de la nation, le premier, Sire, et le plus important de tous après les Etats généraux eux-mêmes, c'est la nécessité de donner de sages lois, qui soient à perpétuité les règles de ces grandes assemblées, et qui établissent invariablement leur convocation, leur formation, leur composition, leur renouvellement, la forme, les objets, l'exécution des délibérations. En proposant humblement à Votre Majesté nos vues sur cet important objet, notre intention n'est point de lui présenter un plan général de cette grande législation, et d'embrasser tout l'ensemble de ce vaste système. C'est du sein de cette auguste assemblée, et du milieu des lumières qui en rejailliront que doit sortir cette loi solennelle sur laquelle Votre Majesté fondera l'immuable édifice de la constitution française.

Nous sentons, nous reconnaissons que l'entreprise de présenter une constitution nouvelle à un grand empire, est trop vaste et trop compliquée pour nos forces. Distinguer les droits respectifs des ordres qui composent la nation, et les conserver en les conciliant, réunir leurs intérêts trop longtemps opposés, et diriger vers le bien commun et l'intérêt personnel et l'intérêt de corps, marquer le point précis où la liberté civile s'arrête devant l'autorité des lois, balancer tous les pouvoirs, les modérer les uns par les autres, tracer autour de chacun d'eux une limite, et la munir de barrières impénétrables à toutes les invasions ; discerner ce qui doit appartenir à la partie de la puissance publique, qui dicte les lois, et à celle qui les exécute, environner l'une de formes solennelles dont la lenteur impose la nécessité de la réflexion et de la maturité, imprimer à l'autre une force et une activité proportionnée à l'étendue de l'empire, et cependant repousser loin de la première l'intrigue qui viendrait troubler ses délibérations et écarter de la seconde les abus que des agents s'efforceraient d'y introduire, voilà, Sire, une légère idée des principaux objets qui doivent entrer dans la composition d'une constitution nationale, et nous convenons que cet ensemble de principes et de vues est trop étendu pour nos faibles lumières. C'est aux hautes méditations, aux profondes discussions des députés que la nation aura honoré de son choix, qu'il est réservé de préparer cette importante législation. Nous osons même former encore un vœu, et le présenter à Votre Majesté et à cette grande assemblée, c'est que ces règlements, qui vont être le fruit de la sagesse et des lumières réunies de Votre Majesté et de toute la nation, ne reçoivent pas dans cette première assemblée une sanction perpétuelle, qu'ils ne soient encore publiés que comme la règle d'une seconde assemblée, qui les soumettra à un autre examen, et ainsi successivement, pendant un intervalle de temps et un nombre de tenues d'Etats déterminés; leurs dispositions seront toujours de nouveau revues, pesées et discutées; enfin, après avoir subi toutes les épreuves des réflexions de la nation entière, des lumières d'un très-grand nombre de ses représentants, de l'expérience de plusieurs années, ils seront proclamés hautement la loi fondamentale du royaume, le pacte solennel du Roi et de son peuple, le garant sacré de l'autorité de l'un et de la liberté de l'autre. Nous voudrions pouvoir ajouter qu'ils acquerront le caractère d'une immutabilité absolue, mais une considération nous arrête : les empires sont sujets à des révolutions et à des variations, qui sont quelquefois l'effet du seul laps du temps, et qui exigent des changements jusque dans leur constitution. Nous nous contenterons donc de proposer que cette loi si solennellement consentie par tous les ordres de la nation, ne puisse éprouver aucune altération, aucune diminution, aucune addition, même les plus légères, même du consentement du souverain, que sur une pluralité de suffrages déterminée et tellement prépondérante, que le changement ne puiss jamais se faire que commandé par une nécessité absolue.

Si le sentiment de notre insuffisance nous défend de discuter l'ensemble de cette vaste et importante législation, qu'il soit cependant permis à notre zèle de présenter à Votre Majesté quelques réflexions générales sur ce grand objet.

En rendant, Sire, à votre nation, le droit antique et précieux de ses assemblées, l'intention de Votre Majesté n'a pas été de lui procurer un bien léger et transitoire, qui bientôt après se perde et s'abîme dans la multitude des abus qui le recouvriraient ; c'est à une plus haute gloire que Votre Majesté prétend, des vues plus élevées l'inspirent.

Régénérateur de votre nation, vous avez annoncé le noble projet de la réintégrer dans tous ses droits, et vous lui avez fait espérer que les Etats généraux que vous venez de convoquer seront le principe et l'origine d'une suite régulière et assurée de semblables assemblées. Ah ! si cette scène auguste, qui va s'ouvrir devant vos yeux devait, comme tant d'autres de ce genre, rester isolée dans notre histoire, et ne laisser après elle que le regret de ne la point voir répétée, loin d'être un bienfait envers la nation, les Etats généraux seraient pour elle un fléau et un malheur de plus; les efforts qu'elle va faire en ce moment pour combler le vide effrayant que les

ministres ont causé dans les finances, ne serviraient qu'à préparer aux ministres qui les remplaceront les moyens de creuser un nouvel abîme plus profond encore peut-être.

Ce n'est pas un remède momentané qu'il faut apporter à un mal qui menace sans cesse. Les Etats généraux qui s'assemblent répareront le désordre actuel; mais ils ont à remplir un plus grand devoir, que leur impose l'attente de la nation et le service de Votre Majesté ; c'est d'opposer aux désordres futurs un obstacle insurmontable et perpétuel. Cet obstacle ne peut être que l'assurance du retour périodique des Etats généraux, mais une assurance qui ne puisse être frustrée ni par aucun motif, ni dans aucun temps, une assurance qui soit à jamais à l'abri et des insinuations subtiles des ministres et des refus absolus de vos successeurs; il n'est, Sire, qu'un seul moyen de les rendre éternellement invariables et d'assurer aux Etats généraux leur retour périodique, qui ne dépend ni des volontés des intérêts de l'autorité et de ses dépositaires : c'est que l'assemblée nationale, en étendant ses dons aussi loin que l'exigent et les besoins et les malheurs actuels de l'Etat, en limite la durée et la mesure sur l'intervalle qui devra s'écouler jusqu'à l'assemblée suivante, en n'exceptant de cette règle que les fonds qu'elle aura assignés à l'acquittement de la dette nationale ; ainsi d'époque en époque le besoin de subvenir aux dépenses de l'Etat ramènera constamment celui de rassembler la nation.

Que Votre Majesté, Sire, parcoure l'histoire de sa monarchie, elle y verra démontrée à chaque époque la nécessité de cette précaution et la justice de nos alarmes.

Nous craignons ce que nous présentent toutes les tenues des Etats généraux, la promesse de les rassembler périodiquement si souvent donnée et jamais exécutée; nous craignons ce qu'ont vu constamment nos pères, ce dont nous-mêmes n'avons cessé d'être témoins, les changements de principes et de volonté à chaque nouveau règne, à chaque nouvelle administration; nous craignons l'abus du pouvoir, l'esprit de domination que nous avons tant de fois éprouvé dans les dépositaires de l'autorité; nous craignons tous ceux qui ont intérêt au désordre, et tous ceux qui les causent, et tous ceux qui en profitent, et les prétextes qu'ils allèguent, et les obstacles qu'ils élèvent contre la convocation des Etats, dès qu'ils ne sont plus nécessaires au besoin du fisc; nous nous craignons nous-mêmes, Sire; nous redoutons cet amour de nos rois qui nous emporte si facilement, cet enthousiasme dont les plus grands de nos souverains nous ont constamment aveuglés, qui nous a fait négliger tous nos droits, oublier nos Etats généraux, sacrifier notre liberté et nous livrer avec un abandon total à leurs vertus, sans prévoir que nous ne retrouverions pas les mêmes affections dans leurs successeurs. Préservez-nous, Sire, de retomber encore dans ce malheur; cimentez en ce moment la réunion éternelle des rois et de leur peuple; régnez désormais selon notre noble projet, par les assemblées constantes, suivies et régulières de votre nation ; régnez comme Charlemagne, mais ajoutez à votre gloire ce qui a manqué à la sienne: forcez vos successeurs à maintenir l'heureuse constitution que vous allez nous rendre.

Nous n'entreprendrons point, sire, de déterminer les intervalles qu'il conviendrait d'assigner au retour périodique des assemblées nationales; cette fixation tient trop intimement au plan général qui sera adopté et à la constitution qui sera formée dans les Etats généraux ; mais nous pensons que Votre Majesté ne doit pas craindre de rendre ces assemblées trop fréquentes.

Si les Etats généraux ne se renouvelaient qu'à des époques éloignées, il serait à craindre que, dans des temps que l'exemple du passé nous force de prévoir, les ministres ne conçussent l'espérance de s'affranchir du joug de ces assemblées, et ne préparassent de loin des obstacles à leur convocation ; lors même qu'ils n'oseraient le tenter, le peuple n'hésiterait pas à les en soupçonner. Quel bien pourrait-on espérer d'Etats généraux où l'on verrait d'un côté la crainte, de l'autre la méfiance ? Les différents pouvoir s'en se rapprochant, au lieu de se réunir, ne feraient que se heurter ; mais que les Etats généraux soient rendus très-fréquents, ils entrent dans l'ordre commun et habituel de l'administration ; l'époque de leur retour, assurée parce qu'elle est prochaine, est attendue avec tranquillité ; on ne conçoit pas même l'idée d'empêcher leur convocation, parce que l'on sait qu'on n'a ni les moyens de former des difficultés, ni le temps nécessaire pour les préparer, il ne reste plus aux dépositaires de l'autorité qu'un moyen pour ne pas les craindre, et ce moyen est celui qui, en leur acquérant la confiance des peuples, assure le bien général et la réunion de toutes les volontés dans l'intérêt public.

Que Votre Majesté ne soit point arrêtée par la crainte minutieuse des frais qu'entraînent ces assemblées ; plus rapprochées elles seront moins longues et moins dispendieuses ; intéressées à se reproduire plus fréquemment, elles chercheront elles-mêmes les moyens de diminuer leurs dépenses ; et quelque étendus que puissent être les frais qu'elles occasionneront, jamais ils n'approcheront des abus qu'elles retrancheront et surtout de ceux que préviendra leur retour assuré et prochain. Cette dépense, Sire, est dans l'ordre d'une salutaire économie. Quelles mains assez hardies oseront attenter à votre trésor, quand tous les yeux de la nation veilleront presque continuellement à sa défense !

Un autre motif réclame encore le retour fréquent des Etats généraux : ce n'est que du consentement de la nation que peuvent être établis les impôts. Votre Majesté a publié hautement ce grand, cet antique principe, les transports de votre peuple l'ont accueilli, et par cet heureux concours il est redevenu la loi sacrée et inviolable de votre royaume ; il n'a plus besoin de la sanction des Etats généraux, il ne s'agit que d'en faire le fondement de la sage institution qui vient désormais nous régir. Mais, Sire, de ce grand principe il résulte une considération majeure : il est dans la région supérieure de l'administration des dépenses que commande le besoin du moment ; différées, elles deviendraient inutiles ; accélérées, elles préviennent les plus grands maux. La nécessité de repousser une invasion soudaine, de parer ou de frapper un coup au loin, dans nos colonies, exige une activité continuellement prête à être mise en mouvement, et déjà plusieurs fois, dans le cours de son règne, Votre Majesté a vu la terreur qu'imprimait le développement de ses forces suffire pour écarter la guerre loin de ses Etats et pour maintenir la paix de l'Europe. Nous voulons, Sire, conserver ce précieux avantage de notre constitution actuelle et soutenir cette opinion de la puissance française, qui fait notre sûreté comme notre gloire. Mais comment pourront s'effectuer ces dépenses menaçantes qui, par leur

nature, doivent être considérables et promptes, si elles ne peuvent être ordonnées que par des assemblées placées à des distances éloignées ; ces longs intervalles laisseront-ils le royaume sans défense ? Pour remédier à cet inconvénient, on a imaginé un pouvoir provisoire d'accorder les impôts qui ne subsisteraient que dans les intervalles des Etats généraux et qui seraient confiés soit à des corps permanents, soit à une commission intermédiaire des Etats eux-mêmes.

En confiant à un corps ce grand pouvoir d'accorder provisoirement les impôts, on lui donne l'intérêt de perpétuer ce pouvoir et de le rendre définitif ; on lui donne en même temps un moyen puissant d'agrandir toutes ses prérogatives. En élevant cette puissance nouvelle au sein de l'Etat, peut-on prévoir ses progrès et calculer jusqu'où s'étendront ses formidables accroissements ? On ne tardera pas à voir ce corps tantôt cherchant à plaire à l'autorité par ses complaisances, tantôt s'efforçant d'embarrasser l'administration de ses difficultés, mettre un prix aux unes, exiger pour les autres des sacrifices, faire alternativement à chaque don et à chaque refus valider de nouvelles prétentions, s'élever successivement de la concession de quelques droits à la réclamation de plusieurs autres, se faire de chaque usurpation un nouveau degré, augmenter sans cesse sa force de toute la masse du pouvoir qu'il aura déjà reçue, et se placer enfin audacieusement entre le Roi et la nation, terrible à l'un et oppressif de l'autre. Sire, l'histoire des nations ne présente aucun pouvoir exorbitant, même provisoire, qui ne se soit éternisé et rendu redoutable à ceux-mêmes qui l'avaient établi.

Quand il serait possible de concevoir une commission intermédiaire des Etats généraux composée d'hommes impassibles, qui ne pussent être ni séduits par l'espérance, ni ébranlés par la crainte, cette commission présenterait encore de grands dangers. Perdant l'espoir de corrompre ou d'intimider la vertu de ceux qui composeraient cette commission, les ministres auraient encore la ressource de l'égarer ; ils pourraient toujours les induire en erreur, leur présenter des besoins de l'ordre politique ou supposés ou exagérés, des besoins qu'ils seraient les maîtres de faire paraître ou disparaître à leur gré, et dont il serait impossible de vérifier la réalité et l'étendue. Auprès de ce premier danger, les membres de la commission intermédiaire en redouteraient sans cesse un autre, celui d'être dans la suite désavoués par les Etats. Ils auraient continuellement à craindre ou de manquer aux besoins publics par leurs refus, ou de voir leur consentement satisfaire des intérêts particuliers, et dans tous les cas de devenir les objets du blâme et de l'animadversion de leurs concitoyens. Voilà entre quels risques seraient placés des citoyens vertueux, religieusement et invariablement attachés à leurs devoirs. Mais sortons d'une hypothèse imaginaire. Ceux qui composeront cette commission seront toujours des hommes ; ils seront donc toujours imbus de préjugés, mus par des passions, guidés par des intérêts. Ainsi, tout, dans cette commission, présente des dangers. Sa composition : si on la rend nombreuse, on ouvre une entrée plus large aux intrigues ; si elle l'est peu, on facilite la corruption. Ses fonctions : la honorera-t-on au pouvoir d'accorder provisoirement des impôts ? mais, dans ce cas, quelle consistance, quelle force contre l'influence ministérielle pourra avoir cette commission, qui, dans le cours donné de plusieurs années, s'assemblera si rarement, peut-être même jamais, dont les membres resteront toujours inconnus les uns aux autres, sans relation entre eux, et par conséquent sans concert? L'investira-t-on encore d'autres pouvoirs? alors quelle grande puissance on établit dans l'État, et quelle tentation on donne à ceux qui en sont revêtus d'en abuser! Quelle que soit cette commission projetée, elle marchera toujours entre deux dangers également à craindre : celui de la condescendance et celui de l'opposition. Poussés par de grands intérêts, armés de grands moyens, les ministres auront toujours la facilité de la séduire, ou de l'intimider; ou, s'ils ne peuvent y réussir, elle se tournera contre eux, se rendra la rivale du pouvoir exécutif, l'embarrassera dans sa marche, qui doit toujours être ferme et rapide, et diffamera l'administration dans l'esprit des peuples. Ainsi, soit qu'elle ambitionne les faveurs que distribue l'autorité, soit qu'elle aspire à la considération que le public décerne à la résistance, une commission intermédiaire sera toujours dangereuse. Et peut-être, après avoir été un moyen d'intrigue à la cour, un sujet de division dans le royaume, peut-être, dans des temps éloignés, finirait-elle par prendre la place des États généraux eux-mêmes, et par s'emparer des pouvoirs qui lui auront été confiés transitoirement. Ce danger, pour être plus éloigné, n'est pas moins redoutable que tous les autres; il menace de loin sans doute, mais il n'en menace que plus sûrement. Il est impossible d'imaginer que, dans le cours des siècles que la Providence accordera à cette monarchie, il ne se trouve des circonstances favorables à l'usurpation, et des esprits ardents à les saisir, et habiles à en profiter. Ce n'est que par elle-même que la nation doit exercer le droit de consentir les impôts, ce droit si précieux, si cher, qui est le garant de tous ses autres droits. Tout dépositaire serait exposé à de trop fortes tentations d'en abuser. Elle seule est inaccessible à la séduction, à la corruption, à la crainte, à la jalousie d'autorité, au désir d'une vaine réputation. Elle seule a un intérêt perpétuellement subsistant à ce que tous les pouvoirs restent à leur place, sans rien acquérir et sans rien perdre, et dans une activité constante, qui ne dégénère jamais en usurpation. Il est donc indispensable, Sire, qu'elle s'assemble aussi souvent ne pourront l'exiger et les dépenses ordinaires de l'État, et ces dépenses soudaines auxquelles il est également nécessaire qu'elle pourvoie. Plus ses assemblées seront rapprochées, plus elles répareront et préviendront d'abus, plus elles tiendront les esprits dans le calme et consolideront la constitution du royaume.

Nous oserons même présenter à Votre Majesté une autre idée. Des États généraux constamment assemblés et qui auraient une consistance permanente, mais dont les membres se renouvelleraient fréquemment, seraient à nos yeux le moyen le plus efficace de pourvoir avec abondance à tous les besoins, et la base la plus solide de notre constitution. Maintenues dans un équilibre constant, l'autorité souveraine et la liberté publique ne seraient exposées à ces chocs, à ces ébranlements qui ne sont pas sans quelque danger pour l'une et pour l'autre, et que les renouvellements d'assemblées peuvent si facilement amener. La tranquillité naîtrait de l'ordre continu, et la stabilité, la puissance, la splendeur, le bonheur de l'État en seraient les suites heureuses.

Dans le moment où Votre Majesté rendait à ses peuples leurs États généraux, suspendus depuis si longtemps, un cri général s'est élevé dans toutes les parties du royaume, et il s'est formé un concert et un vœu commun pour solliciter en même temps des États particuliers pour chaque province. Et votre Majesté, animée de l'amour de ses peuples, toujours mue par le désir de faire leur bonheur, a déjà commencé à accueillir leurs supplications. Ce projet d'établir universellement des États provinciaux, lesquels seraient les éléments des États généraux, a véritablement quelque chose d'imposant. Il offre le spectacle d'une grande nation représentée dans son tout et dans chacune de ses parties. Il développe une hiérarchie de pouvoirs nationaux. Il donne un moyen facile d'assembler les États généraux aussi souvent, aussi rapidement que l'exigeront les besoins de chaque moment.

Nous concevons tous ces avantages : nous sentons tout le respect qui est dû au vœu général de tant de provinces. Qu'il nous soit cependant permis, Sire, de proposer quelques doutes sur ce projet d'associer des États provinciaux aux États généraux. Les observations que nous allons soumettre aux lumières supérieures de Votre Majesté et de l'assemblée nationale, ne seront point inutiles, si, en présentant les inconvénients qui peuvent résulter de ce plan, elles engagent à en chercher le remède et à prendre des précautions qui maintiennent l'ordre et l'harmonie de cette constitution.

Des États provinciaux d'une part, des États généraux de l'autre, surtout placés à des époques rapprochées, formeront deux représentations différentes de la nation. Est-on assuré que ces assemblées se concerteront et se correspondront constamment? Il est nécessaire de prévoir leurs divisions et d'examiner quel en sera l'effet. Les assemblées des provinces auront toujours une plus grande part à la confiance publique, chacune dans son district, et par conséquent une plus grande force. Elles réuniront davantage la confiance des peuples de leur ressort, parce qu'elles seront formées par eux, tandis que les membres des États généraux ne seront élus que par les États provinciaux; parce qu'elles seront toujours placées au milieu d'eux; parce qu'elles s'occuperont plus immédiatement de leurs intérêts particuliers; et que, par là, elles auront avec eux des rapports plus intimes; enfin, parce qu'une de leurs fonctions sera de les protéger auprès des États généraux, d'exposer leur position et leurs besoins, de solliciter en leur faveur des diminutions de charges. Ainsi, dans le conflit entre ces assemblées, celles-ci auront pour elles, avec l'opinion du peuple, toute la puissance de la nation, et l'assemblée nationale en sera entièrement destituée : toute la force sera attribuée au particulier et refusée au public, ce qui est contraire au principe fondamental de toute constitution. La force de tous doit constamment seconder la volonté de tous, et réprimer avec énergie les volontés privées qui osent s'élever contre elle. Cette double représentation, sous l'extérieur séduisant qu'elle présente, cache le risque de faire dégénérer notre constitution en une république fédérative, avec le simulacre de réunion d'un congrès.

Nous n'ignorons pas, Sire, que ce danger a déjà été aperçu. Une grande province a émis le vœu patriotique de remettre aux États généraux son droit, qui est le prix même de sa réunion à la couronne, d'accorder ou de refuser les impôts. Elle s'est réservé le seul pouvoir d'exécuter les décisions de l'assemblée générale, en imposant, en répartissant les sommes qu'elle aura accordées,

Nous applaudissons sincèrement à ce noble sacrifice. Puisse-t-il trouver partout des imitateurs! Puisse la délibération du Dauphiné devenir le point de ralliement de toutes les provinces! Puissent, d'après ce grand exemple, toutes les prétentions, tous les droits particuliers, tomber devant l'intérêt public, et sur ce monceau de prérogatives, d'immunités, de priviléges abattus s'élever l'auguste, le salutaire édifice de la puissance nationale!

Mais, Sire, ce ne sera pas encore assez. Non, il ne suffira pas que toutes les provinces, sentant l'avantage de réunir leurs droits pour les fortifier, reconnaissant la justice de se soumettre toutes aux résolutions auxquelles elles auront toutes concouru, viennent unanimement apporter à la nation leurs priviléges, les remettre de concert entre ses mains, en abdiquer l'exercice isolé, pour en jouir dans elle et avec elle, les déposer tous en une seule masse pour en faire le bien universel, et former de leur réunion le droit commun et inviolable de toute la France. Il faut encore que ce droit général soit rendu éternel; qu'en le mettant à l'abri des attaques ministérielles, on le garantisse aux caprices des peuples eux-mêmes; qu'en transférant aux États généraux leur pouvoir d'accorder des impôts, les provinces s'interdisent non-seulement le droit, mais même la possibilité absolue de le reprendre; qu'elles prennent contre leur changement de volonté des mesures efficaces et perpétuelles qui laissent à jamais ceux qui composeront leurs assemblées, destitués de tout moyen de faire revivre un pouvoir incompatible avec la constitution nationale. Que serait-ce, en effet, qu'un sacrifice que l'on serait maître de rétracter? Quelle solidité aurait un traité qui ne subsisterait que selon la volonté de ses parties? Que deviendrait une constitution que chaque province du royaume pourrait ébranler et changer à son gré?

Pour donner à la loi cette stabilité qui fait un de ses principaux caractères, il ne suffit pas qu'elle ordonne, il faut encore qu'elle oblige: il faut que ceux qui lui sont soumis ne puissent dans aucun temps, sous aucun pretexte, par aucun moyen, se soustraire à son joug tutélaire. Tel est donc le grand problème politique que présente l'idée de former la constitution française d'États provinciaux, élémentaires des États généraux et qui leur soient subordonnés. Il faut, pour sa solution, trouver une sanction suffisante, qui cimente et assure à jamais cette subordination. Il faut conférer aux États généraux une puissance coactive, qui ôte aux États provinciaux la possibilité de ressaisir le droit d'octroyer les impôts, et qui les force à répartir ceux que les assemblées générales auront accordés. On proposera peut-être de remettre cette coaction entre les mains du souverain, et de charger le pouvoir militaire de l'exécution des délibérations de l'assemblée nationale. Mais, Sire, si c'étaient les ministres eux-mêmes (et ce ne sont pas ici de vaines terreurs), si c'étaient les ministres qui suscitassent ces divisions entre les diverses assemblées; qui, espérant trouver plus de facilité auprès des États provinciaux, les engageassent à réclamer leurs antiques priviléges; qui, pour renverser une constitution fatale à leur despotisme, opposassent entre elles les diverses parties qui la composent: si c'étaient jamais les ministres qui fussent les auteurs, les instigateurs de ces réclamations des États provinciaux, que deviendrait la puissance des États généraux? Il est nécessaire à la puissance nationale de n'avoir pas besoin d'un secours étranger, et de trouver dans elle-même des forces suffisantes pour contraindre la soumission. Elle sera toujours trop faible, quand il lui faudra un appui extérieur; elle sera bientôt abattue, quand elle empruntera celui des ministres.

Tels sont, Sire, nos sentiments sur ce système d'États provinciaux, qui paraît acquérir la plus grande faveur. Nous y voyons une grande utilité, s'ils restent toujours subordonnés aux États de la nation; nous y découvrons un grand danger, s'ils peuvent jamais devenir leurs rivaux. Qu'ils soient restreints, comme l'a désiré le Dauphiné, à l'imposition et à la répartition des sommes accordées par les assemblées nationales, nous applaudirons à leur établissement, nous joindrons notre voix à toutes les voix qui les sollicitent, nous nous féliciterons de les obtenir et de concourir encore par nos suffrages libres à cette partie du bien public. Mais nous devons le représenter à Votre Majesté, nous n'apercevons aucun moyen pour fonder solidement, pour cimenter à perpétuité cette subordination qui seule peut entretenir l'harmonie. Nous craignons les retours de volonté, les intrigues des intéressés au changement de constitution, les prétentions de l'amour-propre, les vues dangereuses de l'intérêt particulier, les faux calculs de l'intérêt présent. Nous désirons ardemment que les lumières supérieures de l'assemblée qui va se tenir lui découvrent le remède à cette insubordination, d'autant plus nécessaire à prévoir, qu'elle est facile à susciter. Mais si elle ne peut dans sa sagesse trouver les moyens de conférer aux États généraux une force coactive inhérente à eux-mêmes, supérieure à toute résistance, et perpétuellement subsistante, nous pensons, Sire, et nous ne craignons pas de représenter aux provinces mêmes qui sollicitent des États particuliers, que leur demande est contraire, non-seulement au bien général du royaume, mais même à leur propre avantage; que la prudence exige qu'elles n'ambitionnent pas une force qui d'abord leur serait inutile, puisqu'elles trouveront dans les États généraux toute la représentation dont elles ont besoin; qui ensuite leur deviendrait dangereuse, par les abus auxquels on pourrait si facilement quelque jour les entraîner; que la vraie force de chaque province, la seule qui puisse la protéger efficacement, c'est sa réunion avec toutes les autres: qu'en se réservant les moyens de s'isoler, elles préparent de loin ceux de les opprimer; que si jamais les États généraux, ce grand rempart de la liberté publique, pouvaient être abattus par la division de leurs parties, les États provinciaux, attaqués avec une bien plus grande puissance, seraient bientôt successivement ou dissipés ou asservis; qu'il est donc de l'intérêt essentiel de toutes les provinces d'enchaîner leur existence et leurs priviléges à l'existence et au droit commun de la nation par des liens tellement indissolubles que rien ne puisse les en détacher, et qu'elles-mêmes n'aient jamais le fatal pouvoir de s'en séparer.

Alors, Sire, et dans le cas où il ne serait pas possible d'établir, d'une manière invariable, cette subordination des États provinciaux aux États généraux, qui seule peut assurer leur concert mutuel, nous pensons que de simples assemblées provinciales rempliraient utilement et sans danger l'objet de l'imposition et de la répartition des impôts: formées par les États généraux eux-mêmes, elles se trouveraient dans leur dépendance. Ne tirant point, comme l'assemblée nationale, leur pouvoir du peuple, elles n'auraient point à déployer contre elle la faveur populaire.

Toutes leurs opérations, exécutées avec une entière publicité, et soumises ensuite à l'inspection des États généraux, porteraient nécessairement le caractère de la justice. Et la puissance nationale, une dans son principe et dans son exercice, se développerait sans division et sans obstacle.

Un des points les plus importants que Votre Majesté ait à régler dans la fondation de la constitution nationale, est la puissance dont doivent être revêtus les États généraux : et cette grande question peut être considérée sous deux points de vue. Quelle sera l'étendue des droits que leur remettra Votre Majesté? Quelle sera le mesure des pouvoirs que leur conflera la nation? Nous vous supplions, Sire, de nous permettre encore quelques réflexions sur ce double objet si intéressant pour tout votre royaume.

Vous avez prononcé, Sire, ce mémorable arrêt, qui vous assure la reconnaissance de tous les âges de votre monarchie : ce n'est que par la concession des États généraux que peuvent être désormais établis les impôts. Ils vont se former, investis de toute la plénitude de ce pouvoir que vous leur avez rendu : il ne nous reste, à cet égard, qu'une demande à former, c'est qu'en dépouillant vos ministres de ce redoutable pouvoir d'ordonner les impositions, Votre Majesté leur ôte tout moyen, tout prétexte, tout subterfuge pour éluder cette déclaration solennelle ; qu'elle proscrive, sans espoir de retour, ces extensions multipliées, artificieusement présentées sous le nom d'explications, ou sous l'apparence de remèdes contre les fraudes. La nation seule peut savoir ce qu'elle a eu l'intention d'accorder. Ainsi, le droit d'expliquer la nature, la durée, l'étendue de l'impôt, et d'en caractériser les contraventions, est la conséquence nécessaire du droit de l'octroyer.

Une autre conséquence du droit, que Votre Majesté a rendu à son peuple, de consentir les impôts, est le droit exclusif d'ouvrir des emprunts publics. Il y a entre l'impôt et l'emprunt cette correspondance nécessaire, que tout emprunt nécessite un impôt. Le pouvoir de la nation d'accorder les impôts serait illusoire, si l'administration se réservait celui de l'y forcer par des emprunts. Il est donc aussi de votre justice, Sire, d'interdire à vos ministres la possibilité des emprunts ouverts ou palliés, sous quelque prétexte et dans quelque forme que ce puisse être, et de remettre ce pouvoir à la nation, comme une conséquence immédiate de son droit d'établir les impôts.

Mais nous devons ajouter que ce qui est à cet égard d'équité rigoureuse, est encore d'une utilité évidente. Que Votre Majesté considère la masse énorme de crédit qu'elle va se procurer, lorsque ses engagements seront ceux de la nation entière, et que leur exécution ne sera plus dépendante des principes, des intérêts, des caprices de toutes les administrations successives ; qu'elle contemple tous les abus qui vont être anéantis par cette seule disposition ; et ces emprunts ignorés, faits ou à des corps, ou dans des pays étrangers, et qu'on ne se donnait pas même la peine de revêtir de la légère forme de l'enregistrement ; et ces extensions d'emprunts au delà du montant fixé par les édits de création, extensions insidieuses et ruineuses, contraires à la bonne foi autant qu'à une saine administration, et destructives de tout crédit, parce qu'elles enlevaient à la fois la confiance et les moyens ; et ces anticipations désastreuses qui détournent de leur source les revenus de l'État, qui les dissipent avant même qu'ils soient perçus, qui écrasent le trésor royal de leurs énormes usures, qui retiennent toute l'adminis-

tration à la gêne dans leurs funestes entraves, qui soumettent les ministres au joug honteux de la finance et les forcent aux complaisances les plus onéreuses pour les peuples et les plus ruineuses pour le souverain ; tous ces abus, tous ces malheurs vont disparaître, Sire ; une source intarissable de crédit va couler de votre trésor, et un seul acte de votre justice aura produit tous ces biens.

Le parlement de Paris a supplié Votre Majesté de n'envoyer à l'enregistrement aucune loi qui n'ait été sollicitée ou consentie par les États généraux ; et déjà, une multitude de voix s'est élevée de toutes les parties de ce royaume pour former la même demande. En réunissant nos instances à toutes ces supplications, nous vous présenterons, Sire, une considération qui nous remplit des plus grandes espérances. Votre Majesté, dans sa haute sagesse, à reconnu qu'il était de son véritable intérêt d'abdiquer le pouvoir, si longtemps exercé par ces prédécesseurs, d'établir des impôts sans le consentement de son peuple ; et, dissipant par ses lumières supérieures les nuages qu'élevaient sur le droit national le préjugé des temps, celui de l'éducation, les vains raisonnements des dépositaires de l'autorité, les murmures de tout ce qui environne le trône, elle a découvert ce grand, ce fécond, ce salutaire principe, que le bien public est essentiellement le bien de la royauté, et que l'autorité, loin de s'affaiblir, se fortifie et s'affirme. Puisque ce sentiment si touchant, qui place tout votre bonheur dans celui de votre peuple, a eu la force de vous déterminer au sacrifice d'un pouvoir auquel étaient attachées quelques jouissances, nous ne doutons pas qu'il ne vous fasse prononcer cette décision si désirée, qui associera la nation entière à votre pouvoir législatif. Non, Sire, vous n'avez aucun intérêt personnel à retenir l'exercice entier de ce grand droit, vos courtisans mêmes, et vos ministres ne l'ont pas. Vous ne pouvez pas rédiger vos lois seul : le conseil que vous appelez autour de vous pour vous éclairer a lui-même besoin de lumières étrangères. La législation d'un vaste empire présente des combinaisons si multipliées, exige des connaissances si variées sur les besoins et les droits de toutes les parties de l'État, qu'elle ne peut être que le résultat d'un concours nombreux d'opinions ; et où Votre Majesté pourrait-elle chercher une plus grande abondance de ces connaissances locales, que dans l'assemblée composée de députés choisis par toutes les provinces ? Où trouverait-elle une pareille unité de vues, une égale exemption de préjugés, de prétentions, et surtout d'intérêts ? Car, Sire, c'est principalement dans la législation, que l'intérêt du souverain et celui de son peuple se réunissent et s'incorporent pour n'en faire qu'un seul. Rappelez parmi nous ce temps heureux, le plus beau, le plus brillant de votre monarchie, où Charlemagne fondait ses lois sur la constitution du Roi et le consentement du peuple. Et quelles lois, Sire, que celles qui émanèrent de cet auguste concert! Dix siècles se sont presque écoulés, et elles sont encore l'objet de la vénération, non-seulement de la France, mais dans tous les royaumes qui se sont formés des débris de ce vaste empire. Sire, le vœu de votre cœur est que, semblables à ces immortels Capitulaires, les lois que vous dictérez se concilient non-seulement la soumission, mais encore l'affection de vos peuples. Que vos peuples concourent à les former, ils les chériront comme leur propre ouvrage ; ils s'y soumettront avec joie, parce qu'ils en connaîtront la sagesse et qu'ils en auront eux-mêmes pesé toutes les dispositions : et Votre Majesté jouira de la consolation touchante d'avoir rendu l'empire de ses lois tout à la fois et plus doux et le plus puissant.

En même temps que Votre Majesté élèvera, dans son royaume, le glorieux édifice d'une puissance nationale, qu'elle le fondera sur une succession constante et régulière d'assemblées des États généraux, qu'elle le cimentera par l'étendue des droits dont elle revêtira ces assemblées, nous croyons, Sire, que la nation entière doit concourir a ce grand ouvrage en conférant, de son côté, à ses députés les pouvoirs les plus étendus. Nous rendrions inutile le bienfait de Votre Majesté, si, par des limitations de pouvoirs, nous affaiblissions nous-mêmes ces États protecteurs de nos droits et défenseurs de notre liberté. Ces restrictions purent être salutaires dans les temps malheureux de Charles VI et de Henri III, lorsque le royaume était sans constitution, l'administration sans règle, l'État déchiré par les troubles, les esprits agités par la fermentation; elles étaient une preuve de la faiblesse et du peu de lumières de cette malheureuse nation qui ne connaissait d'autre moyen de se défendre des vexations, de réprimer des dissipations, de repousser des demandes de subsides inutiles, que celui d'ôter à ses mandataires le pouvoir de consentir aux impôts. Mais nous, Sire, appelés par un Roi juste et éclairé pour concerter avec lui une constitution sage, qui, en maintenant les droits de l'autorité, assure ceux de la liberté; pour régénérer l'administration des finances, non pas seulement en couvrant le vide actuel, mais en établissant un ordre nouveau qui ne laisse jamais les abus se reproduire, irons-nous élever nous-mêmes des obstacles contre les vues bienfaisantes, gêner par des limitations ceux à qui nous aurons confié notre bonheur, mettre leur patriotisme dans des entraves, et les réduire à l'impuissance de faire le bien dont nous les aurons chargés ?

Nous voudrions, Sire, exprimer aussi fortement que nous le sentons combien seraient dangereuses, et pour la nation entière, et pour toutes ses provinces, combien seraient funestes et à la force et à la liberté nationale ces limitations de pouvoirs, par lesquelles on propose de restreindre l'autorité des députés aux États généraux. Nous désirerions que cette voix que nous élevons vers votre trône, eût la force de retentir dans toutes les parties de votre royaume, et de leur persuader que leur plus grand intérêt, leur intérêt essentiel, exige qu'elles confèrent à l'assemblée qui doit les représenter, les protéger et les défendre, les pouvoirs les plus illimités, la force la plus énergique, la puissance la plus étendue.

Quel serait donc ce motif si puissant qui devrait nous engager à restreindre le pouvoir de nos députés? On craint qu'ils n'en abusent, qu'ils ne se laissent surprendre, séduire, corrompre, intimider par tous les moyens que l'administration peut sans cesse employer; et pour prévenir ce danger, on propose de ne leur donner que des procurations limitées, et de les circonscrire dans un cercle de pouvoirs qu'ils ne pourront outrepasser, et de laisser aux peuples qui les auront choisis la faculté de ratifier ou de désavouer leurs décisions. Terreur chimérique! ressource illusoire et infiniment plus dangereuse que le mal dont on croyait se préserver!

En accordant aux assemblées élémentaires des États généraux le droit de limiter le pouvoir de leurs députés, il serait juste et nécessaire de leur laisser ce droit dans toute son étendue. Par quel principe de justice, pour quelle vue d'utilité, leur promettrait-on une limitation, et leur en refuserait-on une autre? Si c'est un droit inhérent et inaliénable du peuple de se réserver quelques décisions, le même droit lui appartient nécessairement pour se les attribuer toutes. S'il lui est avantageux de n'accorder qu'une portion de sa confiance, lui seul peut être juge de la partie qu'il lui convient de donner et de celle qu'il lui est utile de retenir. Il n'y a point de milieu entre l'obligation précise de conférer des pouvoirs illimités et l'entière liberté de les restreindre arbitrairement. Tantôt la restriction des pouvoirs pourra être une interdiction formelle de s'occuper d'autres objets que de ceux qui seront exprimés, tantôt elle ne portera que des exceptions et permettra toutes délibérations, hormis celles qui seront exclues. Ici on dictera impérieusement aux députés l'opinion qu'ils devront porter, là on se contentera de leur défendre de donner un tel avis, plus loin on se réservera le droit de sanctionner leurs délibérations, et l'on soumettra les décisions des États généraux à l'examen et à la révision des assemblées particulières. Les procurations seront susceptibles de toutes sortes de conditions, dépendantes des intérêts de chaque province, de chaque bailliage ou de leurs spéculations.

Le premier effet de cette faculté arbitraire va être une infinie variété de restrictions, une confusion inévitable dans les délibérations des États. Il serait déraisonnable d'imaginer que toutes ces limitations puissent être uniformes. Chaque canton étant libre de modifier à son gré sa procuration, on verra autant de limitations qu'il y aura d'assemblées préliminaires; les diverses modifications, n'étant le produit d'aucun concert, seront nécessairement différentes, souvent même opposées entre elles. Dans cette confusion de pouvoirs et de principes, avec quelle lenteur et quelle difficulté se formeront les délibérations des États ! Comment pourra-t-on tirer des résultats de toutes ces opinions? Une partie des députés s'abstiendra de délibérer; d'autres opposeront à leurs avis des restrictions, des conditions toutes diverses et même contradictoires; et jamais ils ne pourront se rapprocher, parce que le sentiment qu'ils exprimeront ne sera pas le leur et ne dépendra pas d'eux.

Et quel sera sur les États généraux eux-mêmes l'effet de la limitation la plus absolue, de celle qui interdirait aux députés toute délibération sur quelques objets ? Arrêterait-elle l'activité de l'assemblée entière, si elle n'était prononcée que par quelques assemblées préliminaires ? Combien faudrait-il de bailliages ou de provinces qui eussent prononcé cette défense, pour réduire l'assemblée nationale à l'inaction ? Dans cette malheureuse hypothèse de la limitation arbitraire des pouvoirs, il s'élèvera une multitude de questions toutes nécessaires à prévoir, toutes embarrassantes à résoudre, sur la forme et la validité des délibérations des États.

Un des principaux avantages des nombreuses assemblées, est la communication des lumières; les grandes discussions éclairent les esprits, en même temps qu'elles élèvent les âmes; les idées de chacun deviennent le bien commun de tous. Il n'est aucun homme, quelque supériorité de génie que la nature lui ait attribuée, qui n'ait vu souvent, par des délibérations motivées, ou changer, ou modifier ses opinions. Cet avantage si précieux sera perdu, quand les députés aux États ne seront plus que les simples instruments de la volonté de leurs commettants et les organes de leurs pensées, quand leurs bouches ne s'ouvriront que pour répéter ce qu'on y aura placé. Quelques motifs qu'on leur présente, quelque force qu'eux-mêmes y voient, leur avis formé d'avance demeurera invariable, et on leur aura imposé le devoir d'opiner contre l'évidence, contre leur propre conscience ; il ne leur restera pas même la consolation de pouvoir modifier l'opinion qu'ils auront apportée ; on leur interdira ces heureux tempéraments qui sont si nécessaires dans les grandes délibérations, qui adoucissent les expressions, qui rapprochent les principes, qui concilient les sentiments, qui souvent atteignent la vérité placée entre les partis extrêmes. La nation entière, réduite à ne délibérer que sur les objets qui lui seront proposés, n'aura d'autre faculté que de consentir ou de refuser, d'autre expression que le oui ou le non absolus. Pour empêcher l'abus que ses représentants pourraient faire de leur liberté, on leur ravira celle de profiter de leurs lumières respectives, de se concerter entre eux pour le bien, de proposer, d'adopter les partis les plus modérés, les plus sages, les plus utiles.

Vous Majesté désire, et c'est aussi le vœu général de tous les citoyens, que les membres des États généraux se considèrent moins comme les députés des districts qui les auront choisis, que comme les représentants de la nation entière ; qu'en entrant dans l'assemblée, ils se dépouillent des préjugés, des prétentions de corps, d'ordres, de provinces, pour se revêtir de cet esprit public qui peut seul opérer le bien ; que, s'élevant au-dessus des intérêts particuliers, ils se portent avec toute l'ardeur du zèle vers l'intérêt général, et qu'ils en fassent le centre commun auquel ils se rallient tous : mais la restriction des pouvoirs arrêtera constamment l'essor de ce zèle patriotique. Circonscrits dans un cercle étroit de pensées et de vues, les députés ne pourront jamais s'élever vers les hautes conceptions ; il leur sera défendu d'outre-passer les limites qui leur auront été tracées, de s'écarter de l'esprit qui aura dicté leurs procurations, de soutenir d'autres intérêts que ceux qui y seront exprimés. La première, la principale obligation qui leur sera imposée, sera celle qu'on ne devrait être que secondaire, de défendre les droits ou réels ou prétendus de leurs commettants : ainsi, par principe même de devoir, ils seront tenus de préférer les intérêts particuliers de leur petit canton à l'intérêt général du royaume. Cette seule interversion de vues détruit tout le bien que l'on peut espérer des États généraux ; elle isole toutes les parties du royaume, les rend étrangères, même opposées, entre elles. A la suite de l'esprit de division marche toujours celui d'intrigue. Chaque député, occupé de faire prévaloir les intérêts de son canton sur les autres, y emploiera tous ses moyens ; le bien général restera seul négligé. On ne verra point une grande nation ; on n'apercevra que des provinces : il n'existera pas une patrie, parce qu'il y en aura cent.

Encore un inconvénient bien sensible de la limitation du pouvoir des députés, c'est qu'elle limite le pouvoir même des États; elle borne nécessairement les objets dont ils doivent s'occuper. Ils ne pourront plus traiter que ceux qui ont été déterminés dans les assemblées préparatoires; et peut-on imaginer que ces assemblées puissent prévoir tout le bien qui est à faire, tout le mal qui est à prévenir, tous les abus qui sont à réparer ? Lorsqu'une matière nouvelle sera proposée,

quelque utile, quelque nécessaire qu'elle puisse être, la délibération sera arrêtée dès le premier pas. Frappés d'immobilité, les membres des États verront le bien, le désireront, et s'arrêteront à sa vue dans l'impuissance de l'opérer : ainsi, sur les principaux objets de ses délibérations (car ce ne sera jamais que sur des points d'une légère importance que tomberont les restrictions), la nation entière se trouvera réduite à l'inaction, et perdra au dedans toute sa force, au dehors toute sa considération.

Jetons les yeux sur les peuples qui nous environnent; instruisons-nous de leurs exemples. Qu'ont opéré ces diètes, ces États généraux, dont les membres, restreints dans leur pouvoirs, sont, à chaque nouvelle proposition, obligés de recourir à leurs commettants ? Ils ont réduit à une faiblesse, à une inertie presque absolues les États les plus vastes, et ceux qui sont les plus opulents. Ah! craignons pour notre patrie le sort de l'Allemagne et de la Hollande ! conservons à la France le plus précieux de ses biens, sa gloire ! Que toujours prépondérante et redoutée, elle continue à imprimer le respect aux nations, et à fonder sa sûreté sur sa force et sur l'opinion de sa puissance !

En proposant de mettre des bornes à la confiance des peuples et aux pouvoirs qu'ils accorderont à leurs représentants, il devient nécessaire d'examiner d'abord dans quelle assemblée plus sage que les États généraux seront agitées et déterminées ce limitations; il faudra ensuite chercher dans quelles mains plus sûres que celles des députés on déposera la partie du pouvoir dont on leur aura privés ; où, par qui, comment seront traitées les affaires dont on aura interdit la connaissance à l'assemblée nationale. On nous dira, sans doute, que les assemblées particulières des différents bailliages se réserveront à elles-mêmes ces importantes discussions, et que, leur décision étant pour les peuples de chaque district d'un intérêt majeur, ils ne doivent point la confier à d'autres.

Mais, plus ces objets sont importants pour les peuples, plus il est essentiel que les peuples se dépouillent du droit de les décider par eux-mêmes, et revêtent leurs représentants aux États généraux du pouvoir absolu de les déterminer.

D'abord, quel inconvénient pour le bien général, que de voir les objets principaux de l'administration du royaume résolus diversement dans les diverses parties de la monarchie ! N'est-il pas évident qu'il sortira de toutes ces assemblées des décisions différentes, souvent même contraires ? il n'y aura ni uniformité, ni concert, ni ordre ; il n'y aura plus de nation.

Mais considérons même le bien particulier des peuples de chaque district; examinons si leurs intérêts peuvent être soutenus aussi avantageusement par eux-mêmes, dans leurs assemblées, que par leurs représentants dans l'assemblée nationale. Réuniront-ils parmi eux plus de lumières qu'il ne s'en trouvera entre ces nombreux députés choisis sur tout le royaume ? Connaîtront-ils mieux ce qui est véritablement utile ? Auront-ils plus de pénétration pour découvrir des vérités souvent obscures et enveloppées à travers les subtilités du sophisme et les prestiges de l'éloquence; et surtout, ce qui leur sera singulièrement difficile, apercevront-ils plus sûrement les sacrifices que l'intérêt général exige continuellement des intérêts particuliers ? Car le bien de l'État est essentiellement lié à celui de toutes ses parties, et les malheurs communs retombent toujours avec force sur les individus. Et quand ils auront vu le bien, auront-ils la même puissance pour l'opérer? Leurs sollicitations auront-elles le même poids, leurs démarches la même force? Pourront-ils se donner la même énergie pour surmonter les obstacles, pour vaincre les difficultés, pour repousser les intrigues?

Nous oserons dire plus; nous ne craindrons pas de révéler à la nation une grande vérité: c'est qu'elle n'est pas susceptible du pouvoir qu'on veut lui attribuer. La décision des grandes affaires ne peut pas réellement appartenir à la multitude. Jamais, dans aucun temps, dans aucun lieu, même dans les gouvernements les plus populaires, ce n'a été véritablement le peuple qui a formé ses lois. Les discussions, même les moins compliquées, sont au-dessus de ses pensées et de ses connaissances. Incapable de juger les choses, il ne connaît que les personnes; il n'agit que par impulsion; ses suffrages sont l'effet, non des motifs qu'on lui propose, mais de sa confiance dans ceux qui les présentent: et ce n'est point ici une vaine spéculation; c'est le tableau fidèle de toutes les assemblées populaires; c'est l'histoire de toutes les démocraties, même les plus célèbres. Ainsi, ce pouvoir qu'on voudrait réserver au peuple, ce ne serait point dans la réalité le peuple qui l'exercerait; il deviendrait, dans chaque district, la proie de quelques hommes plus puissants que les autres, en richesses, en crédit, en réputation, en intrigues, en éloquence; et ces hommes heureux en jouiraient sans risque, parce qu'ils ne répondraient d'aucune délibération, et que toutes leurs erreurs et leurs fautes, recouvertes et autorisées par les suffrages populaires, ne leur seraient jamais imputées. Puisque le peuple n'a pas de motif de décision que sa confiance, pourquoi diviser cette confiance? Pourquoi l'opposer à elle-même? Pourquoi ne pas la concentrer tout entière dans ceux qu'on en a jugés dignes, et qui réunissent tout ce qui doit leur en concilier la plénitude? Ils ont pour garants de leur loyauté, de leur fidélité, d'abord tous les titres qui les ont fait élire, ensuite l'obligation de les soutenir, et le besoin de conserver l'estime dont ils se voient honorés: et si quelques-uns d'entre eux n'étaient pas assez sensibles à ces nobles motifs, ne seront-ils pas encore soutenus par les regards de tous leurs collègues? Au milieu de tant d'yeux qui les environnent et les surveillent, ils craindront de devenir prévaricateurs; ils n'oseront se montrer faibles. Le terme de leur mission, toujours présent à leur esprit, les avertira sans cesse de la manière dont ils doivent la remplir. S'ils n'ont pas à subir le jugement des assemblées populaires, ils redouteront un tribunal plus équitable et plus sévère, celui de l'opinion publique, où ils savent qu'ils seront traduits pour recevoir la louange ou le blâme, la considération ou l'opprobre. Il est impossible d'imaginer des hommes, d'une part assez considérés pour obtenir le suffrage de leurs concitoyens, et de l'autre, assez corrompus pour braver leurs reproches et affronter leurs mépris.

Enfin, veut-on encore, malgré tant de puissantes considérations, conserver quelques alarmes? Au moins est-on assuré que les abus et leurs suites ne peuvent pas être de longue durée: le retour des élections met entre les mains du peuple le moyen fréquent et certain de punir et de réparer les torts de ses représentants. Et c'est là le véritable pouvoir que le peuple a intérêt de se réserver: c'est celui qu'il exerce réellement et par lui-même, parce qu'il n'exige que la connaissance des personnes. Que les élections soient faites dans les assemblées les plus nombreuses, et les affaires discutées dans les assemblées les plus éclairées.

On redoute la puissance ministérielle sur l'assemblée des États généraux, et pour s'en garantir on voudrait affaiblir ceux qui doivent y résister. Mais considérons que la limitation des procurations, loin d'ôter aux ministres le pouvoir de diriger ou d'asservir les délibérations des États, en facilite les moyens. Si les représentants de la nation ne peuvent délibérer que sur les objets qui leur auront été assignés par leurs provinces, ou si, chargés d'opinions toutes formées, ils n'ont pas le pouvoir de les varier et de les modifier, on donne la plus haute influence aux ministres sur l'assemblée. D'un côté, les lettres de convocation, dont ils disposent leur offrent un moyen facile d'éloigner les questions qu'ils redouteraient; de l'autre, cet art si connu, si souvent pratiqué, de présenter avec adresse les sujets des délibérations capte et surprend plus sûrement les suffrages dans des assemblées où les discussions sont inutiles et les modifications impraticables. Les ministres craindront beaucoup moins les plaintes contre leur administration, quand la réclamation, pour devenir générale, devra être universellement autorisée. Si on soumet les représentants à l'inspection des provinces qui les ont députés, et si on établit une sorte d'appel des États généraux aux assemblées particulières des districts, c'est encore une ressource que l'on prépare aux ministres. On leur donne le moyen de revenir contre des délibérations qui leur seraient contraires, on ouvre un vaste champ à leurs intrigues. Et croit-on qu'elles auront moins d'activité, moins d'influence dans les assemblées tumultueuses de la multitude, que dans l'assemblée paisible et régulière des représentants choisis dans toute la nation?

Ainsi, le motif même que l'on allègue pour limiter le pouvoir des députés réclame pour eux les pouvoirs les plus étendus. Ils repousseront, avec bien plus de force les sollicitations, les intrigues, les promesses, les menaces des ministres, lorsque, dépositaires de toute la puissance de la nation, ils auront la liberté de développer hautement tous leurs moyens, de proposer, d'adopter tout ce qui sera utile, de poursuivre tous les abus, de dénoncer toutes les manœuvres; que lorsque, circonscrits dans le cercle étroit où tous leurs mouvements seront à la gêne, arrêtés à chaque pas qu'ils oseraient tenter par les liens dont on les aura enchaînés, recevant toujours l'impulsion et ne la donnant jamais, placés à la vue du bien qu'ils ne pourront atteindre, témoins des abus sans pouvoir les réprimer, des intrigues sans oser les combattre, ils se verront forcés à cette timide circonspection, qui craint sans cesse ou de ne pas répondre à la confiance, ou de l'outre-passer. Quelle énergie pourrait-on espérer de ces hommes qui, porteurs passifs d'opinions qu'ils n'auraient pas formées, n'y mettraient aucune affection, et n'en seraient point responsables?

On craint l'influence ministérielle sur les députés, et pour les y soustraire on diminue la force dont ils auront besoin pour y résister. Donnons-leur, au contraire, et l'intérêt et le pouvoir de la repousser: c'est le vrai, c'est le seul remède que nous puissions y apporter.

Telles sont, Sire, les vues générales que nous croyons devoir exposer et soumettre à Votre Majesté et à l'assemblée nationale, sur la formation des États généraux. Nous ne nous dissimulons pas qu'il y en a plusieurs qui contrarient des idées reçues et soutenues avec chaleur par un grand nombre de personnes. Mais le sentiment qui nous engage à vous les représenter, ne craint point la contradiction : nous la désirons, au contraire, nous l'appelons à haute voix, comme le plus sûr, l'unique moyen d'étendre les lumières. Il s'agit, pour la nation et pour toutes les générations qui doivent nous suivre, de l'objet le plus important et qui exige les plus hautes méditations ; nous aurons rempli le vœu de nos cœurs, si nous pouvons ramener à un examen plus approfondi des principes qui nous ont paru trop facilement adoptés ; si nous engageons à chercher des remèdes aux inconvénients qui nous frappent, et que nous croyons n'avoir pas été assez fortement sentis. La vérité est notre seul objet, le bien public notre unique but. Heureux si nous avons pu les atteindre, nous le serons encore, quand nous n'aurions fait que provoquer les discussions qui nous y conduisent !

ÉTABLISSEMENT DE L'ÉGALITÉ PROPORTIONNELLE DES CONTRIBUTIONS, ET MOYENS DE LA MAINTENIR.

Le temps est arrivé, Sire, de poser les bases d'une juste répartition de l'impôt entre tous les citoyens. Cette justice, si longtemps méconnue, a enfin dissipé le nuage dont la couvraient depuis tant de siècle les préjugés, les prétentions, les intérêts. Elle est apparue à nos regards au sein de nos malheurs, comme notre ressource ; et au milieu de la fermentation qui agite et divise tous les esprits, elle les a tous ralliés autour d'elle. Oui, Sire, tous vos sujets, de tout état et de tout rang, rendent maintenant hommage à cette grande vérité, que l'égalité proportionnelle doit être la loi des contributions. Ils reconnaissent unanimement que toutes les propriétés doivent concourir également au maintien de la puissance publique qui les protège et les défend toutes, et que le soulagement des unes opérant nécessairement la surcharge des autres, il est contraire et aux principes de l'équité, et aux sentiments de l'humanité, d'aggraver le fardeau des plus pauvres pour alléger la charge des plus riches. Un cri général s'élève dans toute la monarchie pour réclamer cette précieuse égalité : les princes de votre sang ont porté ce vœu au pied de votre trône, les habitans de votre royaume l'ont répété, il a retenti dans toutes les provinces, où les ordres ont eu la faculté de se réunir : et nous, Sire, aussitôt que nous nous voyons rassemblés par vos ordres, nous nous empressons d'unir en commun nos voix à toutes ces voix qui vous sollicitent, bien assurés d'intéresser votre cœur en implorant à la fois votre justice et votre bienfaisance.

Le clergé de ce bailliage, sans remonter aux titres primitifs de ses immunités, fait avec joie le sacrifice de tout ce qui se trouvera incompatible avec le salutaire principe de l'égalité proportionnelle de contribution. Attaché à ses formes anciennes, qui lui procurent les moyens de soulager ses membres les plus pauvres, et qui lui conservent des assemblées précieuses dans un ordre de choses cher et sacré, il est encore prêt à les abandonner, si elles ne peuvent se concilier avec le bien général, ou même si l'opinion qu'elles serviraient à conserver les inégalités de répartition, peut fomenter des jalousies ou devenir une semence de discorde.

La noblesse de ce district, pénétrée de la même justice, animée du même patriotisme, reconnaît que l'antique raison de ses privilèges ne subsistant plus, ils ont dû cesser avec elle. Le service militaire étant devenu la charge du peuple, qui entretient les armées par les milices et les soudoie par les subsides, la noblesse veut supporter le fardeau, elle ne réclame que la gloire.

Nos vœux sont sincères, Sire : nous désirons véritablement que toutes exemptions pécuniaires soient à jamais abolies, et que la proportion des fortunes soit désormais la seule mesure des impositions. Nous demandons que ce nouvel ordre de choses, qui doit être le salut du peuple et la régénération de la richesse publique, soit rendu stable et inaltérable ; qu'il soit pour toujours à l'abri des séductions du crédit, des illusions de la puissance, des corruptions de la richesse, et qu'il ne puisse être interverti dans aucun temps, par aucun moyen, sous aucun prétexte.

Pour assurer la perpétuité de ce principe si universellement avoué, nous pensons qu'il suffit à Votre Majesté de maintenir avec constance deux vues que sa sagesse a déjà manifestées.

La première est que le tiers-état jouisse dans toutes les assemblées nationales d'un nombre de suffrages égal à celui des deux autres ordres. Nous avons applaudi à l'arrêt de votre conseil qui a prononcé cette salutaire décision. Les trois ordres de bailliage l'ont reçu comme un bienfait commun. Nous supplions Votre Majesté de le soutenir de toute son autorité. Nous conjurons l'assemblée des États de le cimenter de toute la puissance nationale, et de le proposer comme une des bases de la nouvelle constitution qui va nous régir. Mais il ne suffit pas d'accorder dans ce moment au tiers-état ce que réclame pour lui la justice, il faut encore lui donner les moyens de le défendre à perpétuité. L'influence, quelquefois lente et sourde, mais toujours active, de l'opulence et du pouvoir, ramènera tôt ou tard l'inégalité, si son action continue n'est sans cesse arrêtée et repoussée par une résistance égale à sa force. Tel est, Sire, le grand principe conservateur de toute justice dans l'ordre de la représentation. Des intérêts opposés doivent toujours être également représentés. Dès qu'ils sont en conflit, il faut donner à chacun d'eux une force égale à celles des autres, pour qu'il n'en soit point opprimé. L'ordre du tiers-état étant sans cesse menacé par la supériorité des autres ordres, il est donc juste qu'il obtienne une force égale à celle qu'ils peuvent réunir contre lui. Et c'est là, Sire, le point où s'écartent de la vérité ceux qui contestent encore l'équité de votre décision du 27 décembre 1788. Comme ils voient trois ordres, ils croient découvrir trois intérêts où il n'y en a véritablement que deux : l'ordre du clergé et celui de la noblesse, seuls possesseurs actuels de privilèges, seuls capables par leur prépondance et leur qualité de les ressaisir un jour, ont véritablement un intérêt commun, un seul intérêt, un intérêt opposé à celui du troisième ordre, et par conséquent un intérêt qui ne doit pas obtenir plus de représentation, plus de suffrages, plus de poids que celui du tiers-état.

Le second moyen pour établir à perpétuité cette heureuse égalité proportionnelle dans les contributions, c'est la réforme des contributions elles-mêmes. Tant qu'il subsistera quelque arbitraire dans la répartition, il sera toujours à l'avantage de l'homme puissant. Tant que la base de l'imposition ne sera pas évidemment déterminée, et qu'il sera possible de soustraire la connaissance d'une partie du revenu qui doit la supporter, ce sera encore un nouvel avantage accordé aux hommes riches et en crédit. Cet abus, Sire, tient à la nature de la chose; c'est un vice essentiel et irréformable. Toute l'autorité de Votre Majesté, réunie au pouvoir de la nation, n'est pas suffisante pour y remédier; c'est donc la chose même qu'il faut reformer ce sont les impôts vicieux qu'il est nécessaire de supprimer, en les remplaçant par d'autres impôts, non-seulement justes, mais dont la justice soit clairement démontrée. Que Votre Majesté daigne nous permettre quelques réflexions sur l'application de ce principe incontestable.

1° Les impôts établis sur la totalité de la fortune des particuliers seront toujours inégalement répartis. Le riche, dont les possessions sont répandues dans plusieurs pays, peut facilement en dissimuler la consistance et la valeur; et la difficulté de les vérifier devient encore, dans les mains d'essayeurs complaisants, un moyen de faveur. Il est donc important que l'impôt frappe directement chaque partie de la propriété, et qu'il soit établi et perçu dans les lieux mêmes où sont placées les possessions.

2° Les impôts purement personnels, ayant aussi une base toujours incertaine, donnent de même ouverture à la faveur. Toute proportion est rompue entre l'impôt et la fortune, si la personne entre en considération, et les considérations sont toujours favorables à la puissance. Que les faits viennent ici à l'appui des principes. Il semblerait que la capitation devrait peser plus fortement sur la classe la plus considérable, et ce fut sans doute l'intention de son établissement; mais, par la dégénération successive et naturelle des principes, les nobles et les riches la payent maintenant dans une proportion beaucoup plus faible que le pauvre peuple.

3° Les impôts exprimés par une quotité, tels que les vingtièmes, présentent au premier coup d'œil une apparence de justice. On croirait qu'ils se mesurent exactement sur la valeur des biens, comme le porte leur énoncé. Mais l'examen réfléchi dissipe bientôt cette illusion, et l'expérience, venant à l'appui des réflexions, montre que cette imposition est partout la plus inégalement répartie. Outre que l'impôt de quotité est vicieux dans son principe, parce qu'au moment de sa création on en ignore la valeur, et que l'on ne connaît pas sa proportion avec les besoins de l'État, il pèche dans sa distribution par l'incertitude nécessaire de ses bases. Personne n'ayant intérêt à une juste répartition, il reste à tous les contribuables un intérêt commun, c'est celui de se soustraire à l'impôt par des déclarations fausses sur l'étendue et sur la valeur de leurs biens : et c'est encore un avantage assuré au riche, dont les possessions vastes et dispersées en plusieurs lieux peuvent facilement être dissimulées, tandis que le pauvre, réduit à une seule et mince propriété, ne peut en cacher ni l'étendue ni le produit. On a voulu remédier à cet abus par des vérifications : remède funeste et qui a aggravé le mal, parce que les vérifications ne peuvent avoir pour moyen que l'espionnage, pour règle que l'arbitraire. Aussi le soulèvement général et des cours et des peuples a-t-il arrêté la fiscalité dans son cours. Mais qui peut avoir la force de la ramener sur ses pas, et de lui arracher les victimes qu'elle a saisies? Par la plus révoltante des injustices, une portion de votre royaume, Sire, est soumise aux extensions arbitraires de la vérification, tandis que l'autre partie est restée assujettie à la loi aussi inégale, mais moins oné-

reuse, des déclarations. Le vice étant inhérent à la chose, c'est la chose même qu'il faut supprimer; et Votre Majesté n'en retrancherait les abus que pour en faire de plus odieux encore.

4° De toutes les impositions qui se lèvent dans votre royaume, il n'en est point, Sire, qui se répartissent avec plus d'équité, qui se perçoivent avec moins de difficultés que les impositions locales, levées par les communautés sur elles-mêmes pour leurs besoins particuliers. La somme totale de l'imposition est déterminée : chacune des propriétés qui doivent la supporter est connue; leur valeur ne peut être dissimulée : la répartition se fait publiquement, et la proportion de chaque imposition à chaque propriété est présentée à tous les regards, exposée à toutes les censures. Ce que l'un ne supporte pas étant reporté sur les autres, l'intérêt de tous les propriétaires est que chacun d'eux soit taxé dans sa juste proportion. Toute faveur particulière devient une lésion commune, qui éveille à l'instant la contradiction générale. Ainsi l'intérêt personnel se rend lui-même le défenseur et le garant de la plus entière justice, et il est impossible de cacher ou d'autoriser une vexation.

Les principes que nous venons d'exposer à Votre Majesté et qui nous semblent incontestables, nous conduisent naturellement aux conséquences suivantes, pour établir une exacte proportion entre les fortunes et les contributions.

En premier lieu, il est nécessaire de déterminer positivement, non pas la quotité de l'impôt relativement aux biens, mais sa quotité absolue : ce qui est juste d'ailleurs, parce que la première proportion de l'imposition doit être avec les besoins de l'État.

En second lieu, il faut abolir l'impôt personnel, et le reporter sur les propriétés.

En troisième lieu, il est essentiel que l'impôt soit réparti, non pas en général sur toutes les propriétés des mêmes personnes, ce qui le ferait dégénérer en imposition personnelle, mais sur chaque portion de ces propriétés, et qu'il soit établi et perçu dans les lieux où elles sont situées.

En quatrième lieu enfin, il est de nécessité absolue que non-seulement la masse générale de l'imposition soit déterminée, mais encore que la portion contributive de chaque paroisse soit positivement fixée, à la vue de tous les intéressés, et en appelant hautement leurs contradictions.

Alors, Sire, et seulement alors, Votre Majesté aura une répartition juste et exacte des impositions dans chaque paroisse de son royaume. Aucune propriété ne pourra être soustraite, aucune valeur ne pourra être dissimulée; et de ce premier ordre particulier et de détail naîtra bientôt l'ordre général du royaume. La juste proportion établie dans les paroisses, il ne sera pas difficile d'étendre le bienfait successivement et par degrés à toutes les parties de l'empire. Il suffira de comparer entre elles, d'abord les paroisses du même canton, ensuite les différents cantons de la province, enfin toutes les provinces du royaume.

Il est bien satisfaisant pour nous, Sire, de n'avoir à vous proposer, pour assurer le bien, que vos propres vues. Cet ordre d'impositions que nous présentions, est celui que Votre Majesté elle-même avait préféré : c'est cette subvention territoriale, dont, sur le vœu de ses notables, elle avait ordonné l'établissement. Vous vous êtes arrêté, Sire, à la voix qui vous a redemandé les États généraux, et écoutant votre justice plus encore que votre sagesse, vous avez fait passer les droits de la nation avant ses besoins. Le temps est arrivé où les uns et les autres doivent être satislaits. A la tête de votre nation, reprenez vos grandes vues : anéantissez ces funestes impôts qui, trop longtemps, ont favorisé l'inégalité, et fait gémir, sous le poids de leur disproportion, la partie la plus pauvre de vos sujets. Elevez sur leurs débris un ordre général et uniforme, qui assure, pour toujours, à la nation, l'universalité de l'imposition et la justice de la répartition, et à Votre Majesté la reconnaissance de toutes les générations.

ÉCONOMIES ET RÉFORMES.

Par quelle fatalité est-il donc arrivé, Sir', que ce soit sous celui de nos monarques qui a porté sur le trône le caractère le plus simple, les goûts les plus opposés à la dissipation, les vertus les plus propres à arrêter les prodigalités, à repousser les profusions, à réprimer les déprédations, que se soit manifesté dans les finances un désordre dont l'histoire d'aucun peuple ne présente d'exemple? C'est que ces perfides conseillers qui environnent les trônes, connaissent le plus funeste secret de rendre inutiles les plus belles, les plus précieuses vertus de leurs souverains. Hélas! ils ont même trouvé l'art abominable de faire servir jusque ces vertus à leurs manœuvres criminelles. Ils séduisent la bonté par les tableaux touchants du besoin et de malheurs imaginaires ; ils surprennent la justice par des allégations spécieuses de services, ou de réclamations insidieuses d'indemnités ; ils égarent la sagesse par des vues artificieuses et des projets d'utilité apparente. Ces motifs imposants servent à la fois de prétexte et de voile à leurs dissipations ; ils dissimulent le vide que causent et qu'augmentent sans cesse leurs indiscrètes profusions, jusqu'à ce que eux-mêmes, effrayés, n'envisageant dans l'avenir ni moyens de les continuer, ni ressources pour les réparer, finissent par découvrir aux regards du monarque étonné le gouffre qu'ils ont creusé sous ses pas, et où son royaume va s'engloutir.

Il est bien douloureux pour Votre Majesté d'avoir appris par une aussi funeste expérience quelle peut être la redoutable influence d'un seul administrateur sur le destin d'un grand empire. Votre sagesse a enfin saisi le véritable moyen de réparer ce malheur, et d'en prévenir pour jamais le retour. Vous appelez auprès de vous la nation, vous lui confiez la surveillance et la garde de votre trésor, et vous garantissez ainsi ce dépôt précieux des tentatives toujours renaissantes de l'avidité. En réparant le déficit des finances, assemblée qui va se tenir sous vos yeux, regardera comme un de ses principaux devoirs de prendre des mesures efficaces pour l'empêcher à jamais de se reproduire, et nous osons lui présenter, ainsi qu'à Votre Majesté, quelques vues d'ordre et d'économie, qui nous paraissent propres à atteindre ce but si désirable.

Le premier moyen que nous regardons comme nécessaire pour établir dans toutes les parties un ordre fixe et invariable, est que cet ordre soit réglé par les Etats généraux eux-mêmes ; qu'ils ne se contentent pas de déterminer en général la masse des impôts qu'ils accorderont, mais qu'ils en fixent l'emploi, la dépense de chaque partie de l'administration, qu'ils assignent les fonds qui y correspondront, et que cet ordre établi par eux ne puisse être dérangé par aucun administrateur, et sous aucun prétexte, à peine

d'en répondre personnellement. L'impôt ne peut être accordé que pour des besoins ; il ne doit être employé qu'aux objets pour lesquels il est accordé. Ainsi, le droit de connaître les besoins, et de diriger l'emploi des fonds, est une suite nécessaire du droit d'octroyer les impôts. Que servirait à la nation de ressaisir cet heureux pouvoir d'ouvrir les sources de la richesse publique, si elle n'y joignait pas celui de les diriger, de les distribuer dans des canaux salutaires, et si une puissance étrangère conservait le droit de venir les égarer, les dissiper et les perdre? Une des causes principales du désordre est l'incertitude des dépenses de chaque département, et la facilité de les augmenter arbitrairement. Que la dépense la plus légère ne puisse être ajoutée à celles qui auront été déterminées. Dans les principes de l'économie, la dépense légère est plus dangereuse que celle qui est considérable, parce qu'on la redoute moins, qu'on la répète plus facilement, et qu'elle entraîne plus sûrement à sa suite la redoutable conséquence de l'exemple.

Pour que les Etats généraux puissent tenter cette salutaire entreprise, de rétablir l'ordre dans toutes les parties de la finance, il est nécessaire qu'ils connaissent avec précision et certitude, et l'ensemble et les détails de cette vaste administration. La préalable et indispensable de toutes leurs délibérations est donc que Votre Majesté veuille bien leur faire remettre d'abord des états purs et détaillés de tous les objets sur lesquels ils auront à statuer, et ensuite toutes les pièces justificatives qui assureront la vérité de ces états. C'est la base fondamentale de tous leurs travaux : il est essentiel qu'ils connaissent les recettes, pour les simplifier; les dépenses, pour les modérer : et comment pourraient-ils jamais parvenir à combler ce vide des finances qui les effraye d'avance, s'ils ne commencent par en mesurer toutes les dimensions ? Le moment est enfin arrivé où il est nécessaire que cette grande question, qui, depuis deux ans, occupe et agite la nation, sur la cause, l'origine, les progrès, l'étendue du déficit, soit publiquement et irréfragablement décidée. Il faut que la nation sache par elle-même quelles sont, dans l'état actuel, les dépenses perpétuelles, quelles sont celles qui ont un terme, et les époques auxquelles elles doivent expirer ; et pour qu'elle mesure ses efforts sur les besoins, il est nécessaire qu'elle découvre avec certitude toute l'étendue de ses besoins. Ordonnez donc, Sire, que dès l'ouverture de l'Assemblée nationale, tous les renseignements utiles lui soient donnés, que le compte le plus exact, que les états les plus détaillés de toutes les parties de la finance, soient communiqués à ses membres, que tous les bureaux leur soient ouverts, que tous les éclaircissements leur soient présentés, et qu'ils puissent enfin poser sur une base certaine le salutaire édifice de la réforme.

En déterminant l'étendue des fonds qu'ils assigneront à chaque partie de l'administration, les Etats généraux porteront leurs premiers regards sur la dette publique. Vos provinces, Sire, même celles qui ont le moins de part aux rentes constituées sur l'Etat, ont un grand intérêt à en assurer l'exact acquittement, le maintien de l'honneur national. Ah! que ce ne soit point nous qui imprimions une tache à la gloire du nom français! Craignons d'affaiblir nous-mêmes la confiance des nations : n'étouffons point de nos propres mains ce foyer de crédit si salutaire dans les temps difficiles. Nous consentons à tous les sacrifices, excepté à celui de notre honneur ; et nous sommes capables de supporter tout, hors la honte d'avoir violé nos engagements.

Les départements de la guerre, de la marine et des affaires étrangères, sont encore des objets majeurs qui fixeront l'attention de l'assemblée nationale. Notre premier vœu, à cet égard, est qu'il ne soit fait aucun retranchement qui porte sur la force de cet empire. Environnés de nations puissantes et constamment armées, nous voulons l'être toujours nous-mêmes; nous voulons que la France présente de tous côtés un front menaçant, qui imprime la terreur à ses voisins, et qui repousse jusqu'à l'idée de l'attaquer. Elle serait bien contraire aux lois d'une sage économie, cette parcimonie qui tendrait à laisser l'État sans une défense suffisante; elle produirait bientôt l'effet le plus contraire à ses vues : en donnant à nos rivaux les moyens de nous combattre avec avantage, elle leur en inspirerait la pensée, et nous précipiterait dans des guerres infiniment plus onéreuses que les frais médiocres qu'on aurait cru épargner. Que ces dépenses tutélaires s'étendent donc aussi loin que les besoins de l'État, mais qu'elles s'arrêtent à ce terme. Conservons à la patrie sa force, en réformant les abus qui l'énervent. Que chaque partie de ces grandes administrations, discutée et réglée, soit munie de fonds suffisants et même abondants pour le service public; mais que tout ce qui n'est point nécessaire soit supprimé, que tout ce qui est indispensable soit opéré avec le moins de frais qu'il sera possible.

En examinant les dépenses personnelles à Votre Majesté, la nation, Sire, aura à remplir le devoir bien doux, pour elle, de porter au pied de votre trône l'expression de sa reconnaissance pour les retranchements considérables que vous avez déjà ordonnés : vous avez réalisé ce sentiment si touchant, dont l'expression a retenti dans les cœurs de tous vos sujets, que les sacrifices personnels seraient ceux qui vous coûteraient le moins. Nous sommes, Sire, bien éloignés de vous demander des sacrifices de ce genre; nous désirons au contraire que tout ce qui peut concourir à votre félicité se réunisse autour de vous ; nous désirons augmenter, assurer, perpétuer le bonheur de ces jours que vous consacrez sans cesse à opérer le nôtre ; nous serions même affligés que Votre Majesté voulût diminuer la pompe et la dignité dont elle doit être environnée. La splendeur de votre trône appartient à la majesté de la nation, et l'éclat de votre couronne fait une partie de notre gloire. Mais, Sire, quelle grandeur ou quelle satisfaction personnelle peut apporter à Votre Majesté cette foule d'officiers subalternes que traîne à sa suite votre cour, qui se sont multipliés successivement sous toutes sortes de prétextes et de dénominations, sans autre règle que la faveur et la cupidité qui les établissaient, que peut-être jamais vos regards n'ont rencontrés, et qui surchargent l'État du triple fardeau de leurs rétributions, de leurs privilèges et de leur inutilité ? Que toute cette classe ignorée et superflue soit réduite au service réel ; que la réforme embrasse cette multitude de surnuméraires et d'adjoints de tous les ordres, qui doublent les abus, et qui accablent le trésor royal, moins encore des appointements qu'ils finissent par obtenir, que des grâces qu'ils savent se procurer ; qu'ils soient aussi anéantis ces usages vicieux, destructifs de toute économie, que l'on s'est habitué à regarder comme des droits de places, qui n'ont de mesure que les besoins ou les désirs de ceux qui les font valoir, qui se propagent des ordonnateurs principaux aux subalternes, toujours sans aucune règle, qui réunissent encore le danger de l'exemple à celui de la dissipation, qui sont même peu honorables à ceux qui en jouissent, par les murmures qu'ils occasionnent, et les soupçons qu'ils font naître : qu'il soit à jamais interdit à tout ordonnateur d'employer à son usage, ou de faire servir à l'usage de qui que ce soit la chose qu'il administre; que les États généraux prononcent définitivement la vente ou la démolition de toutes celles des maisons qui ne sont, pour Votre Majesté, d'aucun agrément, et qui augmentent la liste des dépenses, soit par leur inutile entretien, soit par les appointements toujours considérables de ceux qui en ont la garde; qu'ils ordonnent la suppression de ces vastes capitaineries éloignées qui ne vous apportent aucune jouissance, et qui sont une charge affligeante pour la noblesse, et onéreuse pour le peuple; enfin, que toutes les dépenses qui ne contribuent ni à la satisfaction personnelle de Votre Majesté, ni à la magnificence dont elle doit être entourée, disparaissent à jamais. Profitez, Sire, pour ces utiles économies, de l'assemblée nationale. Telle est la protection accordée aux différents abus, tel est l'appui que se donnent les uns aux autres les hommes puissants, intéressés à les soutenir, que leur réformation totale est au-dessus d'un seul administrateur ; il aurait rarement le courage de la tenter, jamais la force de l'effectuer.

Les États généraux, Sire, n'auront encore à présenter à Votre Majesté que leur reconnaissance sur les réformes qu'elle a effectuées dans les pensions; et leur hommage sera d'autant plus vrai qu'ils sentiront aisément que, de tous les retranchements, ce sont ceux qui ont coûté le plus à votre cœur. Ils vous supplieront, Sire, de maintenir l'ordre et la règle que vous avez établis dans cette branche de votre administration, de réduire successivement, et de tenir toujours, du moins dans le temps de paix, le montant total des pensions au taux que vous avez fixé, pour mettre un obstacle éternel au retour de l'indiscrète profusion qui avait porté la masse des pensions à un point si effrayant, d'assurer l'exécution de deux dispositions que votre sagesse a déjà adoptées, et qui ne sont pas encore entièrement effectuées. La première, portée dans un règlement de votre conseil, du 22 décembre 1776, fixe une époque annuelle, à laquelle est renvoyée la détermination de toutes les pensions. Par cette seule disposition sont observées deux proportions essentielles, celle de la totalité des grâces avec les fonds qui y sont affectés, et celle des diverses pensions, entre elles, relativement aux mérites qui les font accorder. Le second point que Votre Majesté avait daigné annoncer à des notables assemblés en 1787, est que, non-seulement toutes les pensions, mais aussi toutes grâces pécuniaires, gratifications, soit actuelles, soit annuelles, indemnités et autres, sous quelque dénomination qu'elles puissent se produire, soient rendues publiques par la voie de l'impression. Cette publicité rendra plus honorables encore les bienfaits de Votre Majesté; elle en assurera la juste application : si elle ne peut être une barrière suffisante contre l'avidité qui importune, au moins elle sera un frein à la complaisance qui accorde.

L'antique patrimoine de nos rois, leur domaine qui, dans les temps anciens, suffisait à entretenir la splendeur du trône, mais que, de nos jours, les vices d'administration, et surtout les aliénations successives ont si considérablement réduit, sera aussi un des objets de l'inspection des États généraux. Nous verrons enfin discuter et juger par la nation assemblée cette grande question de l'inaliénabilité des domaines, qui, depuis si longtemps, occupe et partage les esprits. Mais, quelle que soit la décision qu'elle prononce, nous pensons que son exécution doit être précédée de deux réformes importantes : la première, que l'administration totale des domaines qui comprennent les forêts de Votre Majesté, revue dans tous ses détails par les États généraux, soit améliorée, ou par un système de régie plus parfait, ou par une surveillance soutenue, confiée aux diverses assemblées des provinces. Dans toutes les hypothèses, il est nécessaire de rendre aux domaines leur valeur, soit pour en jouir pleinement, soit pour les aliéner avantageusement. La seconde réforme intéressante est que toutes les aliénations de domaine, sous quelque dénomination qu'elles existent, donations, ventes, échanges, qui ne sont pas encore consommées, soient soumises à l'inspection des États généraux; et que toutes celles qui seront trouvées onéreuses à l'État soient rejetées, et ne puissent jamais être terminées.

Quelle main ennemie du bonheur public a constamment répandu un nuage sur la comptabilité des finances, a ralenti sa marche, au point qu'en 1787, le dernier compte du trésor royal, rendu en votre chambre des comptes, était celui de 1773; a su soustraire à l'inspection de cette cour plusieurs parties importantes, et notamment la régie générale? Pouvons-nous, en voyant les effets, méconnaître la cause? C'est dans les ténèbres dont ils s'enveloppent, que les administrateurs infidèles peuvent avec facilité égarer leur vertueux monarque, l'induire à des dépenses excessives, et creuser, sans qu'il le voie, l'abîme de la ruine publique. L'obscurité des comptes est un des plus faciles moyens de dissipation; l'ordre dans la comptabilité, un des principes les plus assurés d'économie. Qu'il ressorte donc de cette grande assemblée cet ordre si précieux! Qu'elle en prescrive les règles; qu'elle en détermine les formes; qu'elle en trace les modèles invariables, et que, déchirant le voile dangereux dont la comptabilité a été si longtemps couverte, elle produise enfin au grand jour toutes les opérations de la finance!

Le premier tribunal qui doit connaître et juger la comptabilité, est celui des États généraux eux-mêmes. Du droit de diriger l'emploi des revenus publics, résulte nécessairement celui de le vérifier. En vain, la nation aurait-elle consenti la masse des recettes, et prescrit la mesure de chacune des dépenses, si elle n'avait pas le pouvoir de connaître et d'assurer l'exécution de toutes ses volontés. Une des principales fonctions de chaque assemblée nationale sera donc de discuter et de juger tous les comptes des finances.

Il est encore un tribunal élevé au-dessus de tous les autres, supérieur même à celui des États généraux, plus incorruptible qu'eux, c'est l'opinion publique, par laquelle les États généraux eux-mêmes doivent s'attendre à être jugés. C'est surtout à ce juge suprême que doivent être présentés les comptes de l'administration. Il est facile d'induire en erreur le monarque le plus vertueux, le plus attentif; il n'est pas même impossible d'égarer le jugement des assemblées les plus nombreuses et les plus éclairées : mais où pourrait se cacher un secret devant les yeux perçants de la multitude entière? L'ordonnateur ne peut agir seul et sans être témoin. Il n'y a pas un article de la recette, pas un objet de la dépense qui n'ait des témoins, pas un abus qui n'ait ses complices. La seule crainte de la publi-

cité écartera jusqu'à l'idée de la prévarication, excitera l'attention, maintiendra l'exactitude, soutiendra la faiblesse, aucun administrateur n'espérera échapper aux regards publics; aucun n'osera les braver. Ce que nous demandons à Votre Majesté, c'est qu'elle veuille bien maintenir ce que sa sagesse a déjà prescrit, et faire en sorte que, chaque année, non-seulement le compte général de ses finances, mais les comptes particuliers de chaque département soient rendus publics par la voie de l'impression, soient exposés aux regards et à la censure de la nation entière.

Peut-être cette loi générale devra-t-elle subir une exception. L'administration d'un grand empire, et surtout les relations nécessaires avec les royaumes qui l'environnent, peuvent exiger un ordre de dépenses dont il serait dangereux de dévoiler les détails. L'assemblée nationale ne manquera sûrement pas de prendre en considération ce genre de dépenses, d'en balancer l'utilité et les dangers, et d'en concerter avec Votre Majesté la mesure, qui, par la nature de l'objet, ne doit jamais être très-étendue. Mais, Sire, de quels énormes abus cette nécessité, ou réelle ou prétendue, n'est-elle pas devenue le prétexte? Les États généraux seront effrayés d'apprendre ce qui fut dévoilé aux notables, que les acquits de comptant montèrent, en 1772, à 62 millions, en 1773 à près de 82, et que, pour l'année 1785, on les évaluait à 128! Quelle proportion ces sommes immenses peuvent-elles avoir avec les dépenses dont le secret est de quelque utilité? Seraient-elles donc l'expression des dissipations faites dans ces années? Nous ne l'imaginons pas, Sire; nous croyons impossible qu'on ait eu l'audace de porter à ce point la déprédation, et de l'avouer. Mais voici en quoi consiste le vice, plus dangereux peut-être que des prévarications manifestes : on enveloppe dans la masse des acquits du comptant des dépenses utiles et nécessaires; et d'abord, on les étend à son gré; on y associe ensuite tout ce que la faiblesse cède, tout ce qu'obtient l'importunité, tout ce qu'exige la faveur, tout ce que la cupidité arrache; et sous le voile de l'acquit du comptant, sous l'apparence du nom imposant de Votre Majesté, on soustrait, et aux tribunaux chargés de la vérification, et au public, la connaissance de toutes les prodigalités, de toutes les profusions. Faites disparaître, Sire, cet inutile, ce scandaleux, ce funeste mystère; poursuivez l'esprit de dissipation dans ses ténébreuses retraites, et que, dans la comptabilité, soit aux chambres des comptes, soit auprès des États généraux, soit devant le public, toutes les dépenses rangées dans la classe à laquelle elles appartiennent, soient toujours et universellement connues, et facilement aperçues. Elles seront toujours réglées avec justice et économie, quand elles le seront avec clarté et publicité.

PROCÉDURE CRIMINELLE.

Nous sommes assurés, Sire, d'être favorablement écoutés de Votre Majesté, en lui proposant de perfectionner l'administration de la justice et de réformer les abus qui l'altèrent.

Nous ne croyons pas cependant devoir vous dénoncer la multitude d'abus de tout genre, qu'y ont introduits l'intérêt, l'amour-propre, les passions, souvent même la négligence et le seul laps de temps. Nous regardons comme indigne de l'attention de Votre Majesté, et d'une assemblée qui va s'occuper de tant de grands objets, une infinité de points qui ne sont pas très-importants, et nous nous contenterons de porter vos regards sur un petit nombre d'abus essentiels, et dont la réformation préparera et assurera tous les autres.

La première, la plus importante de toutes les réformes que sollicitent, depuis si longtemps, les vœux multipliés de vos sujets, que la justice de Votre Majesté s'est occupée plusieurs fois de leur procurer, et qu'ils attendent avec impatience de l'assemblée de leurs représentants, est celle de la procédure, et surtout de la procédure criminelle.

S'il était possible de confier l'administration de la justice à des êtres supérieurs aux passions humaines, il serait inutile de les soumettre à des formes. Mais il n'y a que la loi qui soit impassible : ses organes ne peuvent être que des hommes. Il a donc été nécessaire que la loi prît des précautions contre les fausses interprétations, contre les applications injustes, contre les abus enfin de tout genre que l'on pourrait faire d'elle-même. Forcée de se revêtir de l'auguste et redoutable pouvoir de juger leurs semblables, des êtres exposés à l'erreur, soumis au préjugé, guidé par l'intérêt, animés par la passion, elle leur a dicté des formes impérieuses qui les contraignissent de s'éclairer, qui les dirigeassent dans le droit sentier de l'équité, qui les y continssent, et les empêchassent de s'en écarter.

Quelle malheureuse cause a donc mis un obstacle aux vues salutaires de la loi ? Par quels funestes principes la procédure destinée à être la sauvegarde de la justice, s'est-elle tournée contre la justice ? Pourquoi est-elle devenue l'instrument des passions qu'elle devait enchaîner ? Pourquoi la voyons-nous si souvent servir à opprimer l'innocence et le bon droit qu'elle était chargée de protéger ? On dira à Votre Majesté que des subalternes pervers en ont abusé, et que c'est le sort de toutes les institutions humaines. Mais, lorsque l'abus est facile, lorsqu'il est universel, lorsqu'il est même réduit en art, lorsque enfin toute la force publique n'a pas le pouvoir de l'empêcher, nous le prononcerons hardiment, Sire, le vice est dans la chose même : c'est de la loi que naissent les abus, et les hommes coupables, qui les font servir à leur intérêt, ne font que saisir ce qu'elle leur a présenté. Il est donc nécessaire d'examiner la procédure en elle-même, pour y découvrir les abus qu'elle a fait naître ; il faut même remonter plus haut, et pour empêcher de pareils abus de se reproduire, il faut chercher le principe qui les a introduits.

Ce principe, Sire, nous devons le dire hautement à Votre Majesté et à la nation, dans ce moment de régénération universelle de l'État, il n'est aucune vérité que l'on doive retenir captive, c'est que l'établissement et la forme de la procédure, soit civile, soit criminelle, ont toujours été entièrement et exclusivement confiés à des magistrats. Nous respectons sincèrement la magistrature ; nous honorons, nous chérissons ses vertueux membres, qui se dévouent pour nous à des travaux assidus et pénibles, nous admirons leur zèle, nous estimons leurs talents. Si nous reprochons des vices sans nombre à notre procédure, nous sommes bien éloignés d'inculper les magistrats célèbres auxquels nos rois ont confié, en divers temps, la rédaction de leurs ordonnances. Le tort de cette législation fut bien plutôt celui de leur temps, trop peu éclairé encore pour la perfectionner ; mais avouons-le aussi, il fut un peu celui de leur état. Une des vertus du magistrat est l'attachement aux anciennes règles, et l'un des plus signalés bienfaits des compagnies qui composent la magistrature est de maintenir la stabilité des maximes et des formes antiques.

Qui pourrait avoir l'injustice de faire un reproche à la mémoire de ces vertueux personnages, attachés aux principes anciens par leur éducation, par l'exemple de leurs pères, par leur propre, et par la constance religieuse avec laquelle ils les avaient suivis, de ne pas en avoir aperçu les inconvénients ? Pouvaient-ils soupçonner que des formes, qui, dans leurs mains, étaient l'instrument de la justice, deviendraient dans des mains moins pures les ressources de la chicane et les armes de l'iniquité ? Ils ne devancèrent pas leur siècle, il leur était même plus difficile qu'à d'autres de le suivre. Nous sommes donc bien éloignés de demander que, dans la réformation de la procédure, Votre Majesté ne consulte point ses magistrats. Nous appelons, au contraire, le secours de leur expérience, nous invoquons les hautes connaissances que leur ont acquises leurs longs travaux. Ce que nous désirons, Sire, c'est d'abord, qu'aucune classe particulière n'ait le droit exclusif d'être consulté sur ce qui garantit la propriété, la liberté, la sûreté, l'honneur de tous les citoyens ; c'est, ensuite, que les lois qui doivent déterminer à l'avenir les formes de l'une et l'autre procédure, soient, d'après les lumières réunies de tous les individus, de toutes les classes, de tous les ordres, préparées par l'assemblée nationale, et présentées par elle à Votre Majesté. Nous réclamons pour la nation elle-même cette partie si intéressante pour elle de la législation. C'est l'intérêt de tous : tous doivent concourir à le régler. Les formes sont le rempart des peuples contre leurs juges ; c'est au peuple à l'élever, non pas les juges. Où Votre Majesté trouverait-elle plus de désir du bien, plus d'intérêt à ce qu'il soit opéré plus d'affranchissement de préjugés, plus d'attachement aux principes, plus d'unité de vues, nous le dirons même, plus de lumières sur cette importante réforme que dans ses États généraux ? On cherche à opposer le vœu de la magistrature à celui de la nation, mais ici ils vont se confondre. Nous espérons que parmi les citoyens de toutes les classes que la voix publique va rassembler, il se trouvera des magistrats, et ceux-là seront certainement aussi bien dignes de la confiance de Votre Majesté, puisqu'ils lui seront désignés par celle de votre peuple. C'est là, Sire, c'est au sein d'une assemblée nombreuse, composée d'hommes choisis dans toutes les classes, dans tous les états, dans toutes les professions, qui apporteront chacun de leur côté leurs opinions, celles de leurs corps, celles de leurs provinces, que seront discutés avec le plus de profondeur, et balancés avec le plus d'impartialité les inconvénients et les avantages de notre procédure : c'est la réunion de toutes ces lumières parties de différents points, et concentrées dans un même foyer, qui éclairera le plus sûrement votre justice, et qui lui découvrira plus nettement les maux et les remèdes. On dira à Votre Majesté qu'une assemblée aussi nombreuse, dont les séances seront limitées et remplies par d'autres objets, n'aura ni le temps ni les moyens de conduire à sa perfection un si grand ouvrage ; mais au moins elle peut le commencer. Une commission, composée de membres des trois ordres, peut préparer les matériaux, les disposer, les mettre en ordre, en sorte que les États généraux qui suivront n'aient plus qu'à élever l'édifice.

En parcourant les inconvénients de notre procédure, il est nécessaire d'éviter deux écueils également dangereux : l'esprit de servilité, et celui d'innovation : l'un, attaché avec opiniâtreté aux choses reçues ; l'autre, les poursuivant toutes avec une égale obstination. Nous devons l'avouer,

Sire, entre les plaintes qui se sont élevées de toutes parts contre les abus de la procédure, il y en a d'exagérées. L'enthousiasme des idées étrangères a emporté beaucoup trop loin quelques esprits, a présenté comme des inconvénients des dispositions utiles, a proposé des réformes plus dangereuses que ce qu'on voulait supprimer. Votre Majesté, dans sa sagesse, rejettera ces systèmes enfantés par l'esprit d'imitation; mais votre âme simple et droite repoussera, avec autant de force, ce vain amour-propre qui, toujours satisfait de soi-même, prétend ne rien recevoir d'autrui. Que tout ce qui est bon et juste, dans la législation de tous les pays, devienne votre conquête; naturalisez parmi nous toutes les formes étrangères qui protègent l'innocence, mais que votre humanité craigne de s'égarer, en introduisant avec elles celles qui favorisent le crime. L'objet de la procédure est de connaître le coupable; elle manque également son but, lorsqu'elle ôte à l'innocent sa défense, et lorsqu'elle fournit des ressources au criminel. Sans doute, de ces deux vices, l'un est plus déplorable que l'autre; mais la justice et le salut public exigent qu'on les évite tous les deux; et la gloire de Votre Majesté sera d'avoir, pour la première fois, posé la limite précise qui sépare l'excès de la sévérité de celui de l'indulgence.

Dans l'examen des vices principaux de la procédure, nous nous attacherons uniquement à la procédure criminelle. Ce n'est pas que celle qui dirige l'ordre civil ne renferme aussi un grand nombre d'inconvénients; mais la justice criminelle est celle qui, dans ce moment, attire tous les vœux. Son objet plus intéressant, ses vices plus dangereux et plus manifestes frappent plus vivement les regards; sa réformation est parvenue à son point de maturité : sollicitée généralement depuis longtemps, préparée par un grand nombre d'écrits, elle n'attend, pour s'opérer, que l'ordre de Votre Majesté.

Le premier vice de la jurisprudence criminelle, qui lui est commun avec la jurisprudence civile, et qui arrête la procédure avant même qu'elle ne soit commencée, c'est la difficulté de régler la juridiction des tribunaux. La compétence est une source intarissable de difficultés. On est étonné de l'immensité de questions qu'elle présente; l'énumération seule de ses parties est incroyable : cas royaux, cas ordinaires, délits communs, délits privilégiés, juges d'église, juges des seigneurs, prévôts royaux, juges des bailliages, des présidiaux, prévôts des maréchaux, juges du lieu du délit, du domicile, de la capture, préventions, concurrences, revendications, attributions, conflits de juridiction, etc. En contemplant cette multiplicité de reports et d'attributions, on ne peut s'empêcher d'être frappé d'une idée : c'est que les rédacteurs des ordonnances se sont beaucoup trop occupés de satisfaire les différents tribunaux, de conserver leurs droits, de ménager leurs prétentions; et cependant la procédure reste arrêtée dès le premier pas, ou se ralentit dans sa marche, et les traces du crime se perdent, et le malheureux accusé, qui souvent est innocent, gémit dans un cachot, tandis qu'on se dispute la triste prérogative de prononcer sur son sort. Simplifiez, Sire, cette législation si compliquée jusqu'à votre règne; que, d'après vos heureuses lois, toutes les parties de l'administration de la justice, désormais unies et correspondantes entre elles, cessent de s'embarrasser, de se nuire réciproquement : qu'on ne voie plus les procès entre les parties, éternellement précédés de procès en-

tre leurs juges; et que ces juges, tranquilles sur leurs droits, sûrs de ne pouvoir ni les perdre ni les étendre, n'aient plus à s'occuper que de leurs devoirs.

L'ordonnance de 1670 confie toute l'instruction du procès criminel à un seul juge. Une seule main va tracer ce tableau redoutable qui exposera aux yeux du tribunal tous les faits de la procédure, qui montrera leur enchaînement, qui développera le degré de leur probabilité. Quel redoutable pouvoir la loi remet à un seul homme! Et ce qui le rend plus effrayant encore, c'est que pour qu'il soit dangereux il n'est pas nécessaire que cet homme soit corrompu : qu'il soit léger, ignorant, peu éclairé, prévenu, les mêmes vices se trouveront dans sa procédure, les mêmes malheurs la suivront. Elle a donc supposé, dans tous ceux qui seront à jamais revêtus du caractère de juges, une réunion imaginable de lumières et de vertus, cette loi qui remet absolument le sort du citoyen dans la main d'un seul juge! Car, il est impossible de se le dissimuler, le tribunal ne prononcera que sur les faits qui lui seront exposés. C'est dans l'ombre du secret que s'exerce cette importante fonction; celui qui la remplit n'a autour de lui remet à un seul homme lorsqu'il s'égare, qui l'avertisse de ce qu'il néglige, qui lui rappelle ce qu'il oublie, dont les avis l'éclairent, dont les doutes écartent ses préventions, dont la surveillance arrête la tentation d'une malhonnêteté; il opère seul, et chacune de ses erreurs est d'une conséquence immense; lui seul encore choisit les témoins qu'il doit entendre : ces témoins, presque toujours simples, peu instruits, ignorant la force des termes qu'ils emploient, timides, embarrassés de la double crainte de dire trop ou de ne pas dire assez, s'expriment imparfaitement, laissent rédiger leur déposition au gré du juge ou du greffier, et la signent aveuglément sans la comprendre, ou sans oser la contredire. C'est un fait, Sire, qui ne sera pas désavoué à Votre Majesté, que l'officier d'instruction est très-souvent le maître des dépositions; et ce sont ces dépositions, ainsi recueillies, qui vont dicter la sentence, et décider la vie ou la mort d'un citoyen. Après le récolement qui, étant fait par le même juge, de la même manière, sans plus de précautions, devient une simple formalité, le témoin ne peut plus se rétracter; la peine qu'il encourrait arrête son repentir, lui fait même craindre de donner des explications; il se voit placé dans la cruelle alternative de perdre l'accusé, ou de se perdre lui-même : ainsi, toutes les erreurs, toutes les négligences, toutes les prévarications que le juge, livré à lui-même, a pu commettre dans l'information, deviennent irréformables. Et si c'est encore le même juge qui est chargé du rapport, car l'ordonnance ne le défend pas, si lui-même rend compte de son propre ouvrage, voudra-t-il, pourra-t-il en faire connaître les vices? Et ne conduira-t-il pas le tribunal dans toutes les voies où il s'est lui-même égaré?

Un principe, aussi cruel qu'absurde, de notre jurisprudence, c'est que la prison n'est pas une peine. Il en résulte qu'on l'inflige indistinctement pour un trop grand nombre de délits. L'ordonnance de 1670 autorise à décerner prise de corps contre les domiciliés, même pour les crimes qui doivent être punis de peines infamantes; comme si on avait besoin de la présence d'un accusé pour lui faire subir de pareilles peines. Que l'on assure à la justice ses victimes, et que l'on prévienne la fuite de ceux qui auraient intérêt de se soustraire à ses châtiments, c'est une rigueur nécessaire, un malheur inévitable de l'ordre social. Mais l'humanité se soulève contre cette affreuse pensée, que ce n'est pas une punition de priver un citoyen du plus précieux de ses biens, de le plonger ignominieusement dans le séjour du crime, de l'arracher à tout ce qu'il a de cher, de le précipiter peut-être dans sa ruine, et d'enlever, non-seulement à lui, mais à sa malheureuse famille, tous les moyens de subsistance. La justice réclame aussi contre tout emprisonnement qu'elle n'exige pas. Si l'accusé est innocent, et il doit être réputé tel jusqu'à ce que le crime soit prouvé, on lui inflige un malheur qu'il n'a pas mérité : s'il est coupable, on lui fait subir une double punition, celle que prononce la loi, et son inutile détention : et c'est encore à tous les juges que la loi confie ce terrible pouvoir. Le bailli de la plus simple seigneurie a le droit d'attenter juridiquement à la liberté des citoyens. Votre Majesté peut juger tous les abus qui doivent résulter d'une pareille autorité, remise à tant de mains, dont un grand nombre mérite si peu de confiance.

C'est dans le séjour de la douleur et de l'opprobre que le malheureux, objet des informations qui se poursuivent, ignorant souvent le crime dont il est accusé, et presque toujours les preuves et les indices que l'on est occupé à accumuler contre lui, agité, tout à la fois, des angoisses de l'impatience et de celles de la terreur, attend en silence le moment redoutable qui doit lui présenter ses ennemis et lui découvrir leurs attaques. Peut-être le secret des premiers moments de procédure est-il nécessaire vis-à-vis de l'accusé : car, dans une matière aussi importante, il faut craindre de se laisser entraîner par le sentiment si juste et si naturel de la pitié. Ne perdons jamais de vue que l'objet direct et principal de la procédure est de manifester le coupable. La connaissance des coups qu'on doit lui porter lui donnerait le moyen de préparer artificieusement ses défenses. On ne doit laisser à l'accusé dans le combat d'autre arme que la vérité : la vérité est une et ne se contredit jamais ; mais le crime à qui on ôte le temps et les moyens de concerter ses fraudes, se trahit toujours et souvent même par les efforts qu'il fait pour se cacher. Ainsi, le mystère qui enveloppe les informations, présente un avantage : il laisse à l'innocent toute sa défense, et il l'enlève au coupable.

Mais ce secret, si utile en lui-même, devient affreux dans notre procédure, et par l'abus que l'on en fait, et par l'étendue illimitée qu'on lui donne. La loi qui ferme la bouche à l'accusé, et lui laisse ignorer ce qui se trame contre lui, ouvre en même temps le champ à l'accusateur. Jouissant de toute sa liberté, il peut s'aider de tous les conseils, préparer à son aise tous ses moyens, combiner ses mesures, dresser, diriger toutes ses batteries. Affranchi de toute contradiction, il ne trouve aucun obstacle aux manœuvres les plus criminelles : il capte, il pratique, il suborne, il corrompt des témoins, et il ne rencontre personne qui ait la charge de l'arrêter. C'est le juge, à la vérité, qui choisit les témoins, mais le plus souvent il ne peut les nommer que sur l'indication de l'accusateur ; et cet accusateur a le droit de les faire entendre en tout temps et en tout état de cause. A cette cruelle jurisprudence opposons l'autorité et les principes d'un des plus célèbres magistrats qui aient honoré la nation. « La loi qui présume toujours l'innocence, et qui craint de découvrir le crime, ne doit pas souffrir que l'accusateur puisse tout dans le temps que l'accusé ne peut rien, et que

la voix du premier se fasse entendre, lorsque le second est obligé de garder un triste et rigoureux silence. Si la balance de la justice ne doit pas pencher plutôt du côté de l'accusé que du côté de l'accusateur, elle doit au moins être égale entre l'un et l'autre, et le moindre privilège que doit espérer un accusé qui peut être innocent, est l'indifférence, ou, si l'on peut s'exprimer ainsi, l'équilibre de la justice. Pour mieux juger de la vérité, il faut envisager du même coup d'œil, et dans un même point de vue, l'accusation et la défense, réunir toutes les circonstances, rassembler tous les différents faits, ne point diviser ce qui est indivisible de sa nature, de peur que, voulant juger, dans un temps, du crime, dans un autre, de l'innocence, on ne puisse juger sainement ni de l'un ni de l'autre. Les preuves de l'accusé peuvent périr dans le temps que l'on s'applique uniquement à examiner celles de l'accusateur ; et quand l'accusé aurait le bonheur de conserver sa preuve dans toute son intégrité, il est toujours à craindre qu'une première impression trop vive et trop profonde ne ferme l'esprit des juges à la lumière de la vérité, et que la lenteur du contre-poison ne le rende même inutile. » Ces principes que développait devant le premier tribunal du royaume l'illustre d'Aguesseau, alors dépositaire du ministère public, nous les revendiquons, Sire, auprès de Votre Majesté, et nous ne doutons pas que la nation assemblée ne se joigne à notre réclamation. Faites disparaître cette juridiction révoltante aussi injuste que cruelle, entre l'accusateur et l'accusé ; faites marcher du même pas la défense et l'attaque ; que l'accusé ignore, s'il est nécessaire, les charges qu'on multiplie contre lui ; mais que, pendant tout le temps où il ne peut se défendre, la justice elle-même se charge de sa défense : en le poursuivant de son glaive, qu'elle le couvre de son égide contre tous les coups qui ne sont pas portés par elle. La loi a pourvu à ce qu'il eût un ennemi ; elle a élevé contre lui le ministère public : pourquoi ne lui susciterait-elle pas un défenseur ? Pourquoi, dans chaque procès criminel, ne chargerait-elle pas un magistrat de veiller pour l'accusé sur toute la procédure, de la suivre dans toutes ses parties, d'assister le juge qui fait les informations, d'entendre avec lui les témoins, de discuter leurs dépositions, de placer à chaque pas des observations qui arrêtent la prévention, dissipent le préjugé, déconcertent les manœuvres ? Ce salutaire établissement honorerait notre législation, en assurant à perpétuité les droits de la justice et de l'humanité.

Le moment arrive enfin où le malheureux accusé est amené devant son juge. Le voile qui couvrait la procédure tombe, et lui laisse découvrir toute l'étendue de son danger. Sans doute, dans ce moment, toutes les ressources lui seront procurées pour sa défense, tous les moyens lui seront facilités ; il lui sera libre de présenter toutes ses apologies, d'exposer les faits de sa justification, d'en développer les preuves, d'appeler à son aide toutes les lumières ! Non, ce serait encore en vain que, dans cette dangereuse position, il espérerait quelque appui. La loi, toujours armée de rigueur, repousse loin de lui tous les secours : seul, sans aucune assistance, il faut qu'il détruise, sur un premier aperçu, et sans délai, une accusation formée dans le secret, préparée par de longues réflexions, concertée avec art, et à laquelle on a eu le temps de donner de la consistance et toute l'apparence de la vérité.

Mais si c'est un homme simple, ignorant, qui pense peu, qui s'exprime mal (et combien y en a-t-il de ce genre dans la classe de ceux qui sont pour l'ordinaire accusés!) si c'est un homme faible, timide, effrayé de la présence du juge qui doit décider son sort, et de l'aspect du danger qui vient de lui être subitement présenté (et qui ne serait pas intimidé dans une aussi terrible circonstance!), il faudra encore que ses omissions et ses erreurs soient irréparables; sa défense même sera tournée contre lui ; l'effet du trouble qu'on aura excité dans son âme deviendra une nouvelle preuve de son crime. Dans ce moment, le premier et le plus essentiel de sa défense, on lui enlève le droit naturel de prouver les faits qui le justifient : c'est lorsque la prévention qu'il est coupable est déjà formée et peut être irrémédiable, que le juge peut examiner s'il est innocent ; c'est lorsque ses preuves pourront avoir dépéri, qu'on sera libre de les vérifier. Et encore ce n'est pas l'accusé qui est le maître de choisir les faits justificatifs dont on doit faire la preuve : c'est le juge déjà imbu de préjugés, qui a le droit de les admettre, de les choisir; et même il faut que leur preuve soumette l'accusé à de nouvelles entraves ; il faut que sur-le-champ il devine et nomme les témoins pour déposer sur ces faits : ce moment passé, il lui est interdit d'en déclarer d'autres; toute ignorance, tout oubli est fatal. Quels motifs ont pu dicter d'aussi injustes dispositions? Du moment où l'accusé a connaissance des charges contenues dans l'information, le secret de la procédure est inutile, et dès lors il est dangereux; il autorise les prévarications, les négligences des juges; il favorise les calomnies des accusateurs; il contribue à égarer, à intimider l'accusé. Pourquoi, après l'interrogatoire et la confrontation, refuse-t-on de lui donner communication des charges ? Craint-on qu'un examen réfléchi ne lui fournisse des réponses plus solides que celles qu'a pu lui suggérer un premier aperçu? Pourquoi rejette-t-on la preuve de son innocence à la fin de tout le procès? Pourquoi le laisse-t-on à l'arbitrage du juge? Il semble qu'on redoute de la trouver. Le vœu de votre cœur, Sire, serait de ne rencontrer que des innocents . donnez donc à ceux qui le sont tous les moyens d'établir leur justification. Il en est un surtout que sollicitent depuis longtemps les désirs de la nation : qu'au moins lorsqu'il est instruit des charges, et qu'il a produit ses premières réponses, l'accusé puisse appeler un conseil qui éclaire son ignorance, qui soutienne sa faiblesse, qui rassure sa timidité : ne le laissez pas seul dans ce combat si disproportionné. La loi ne lui ôte pas ce secours, lorsqu'il ne s'agit que d'un intérêt pécuniaire ; par quel renversement d'idées lui est-il ravi, lorsqu'il défend sa liberté, son honneur et sa vie? L'ordonnance de 1539 accordait aux accusés cet appui : c'est donc encore rappeler nos antiques principes que de rétablir cette utile législation. Nous apprenons, par le procès-verbal de l'ordonnance, que le principal motif qui fit supprimer en 1670 le conseil des accusés, fut qu'il pourrait procurer l'impunité par les difficultés et les longueurs qu'il ferait naître : mais, comme l'observait dès lors un grand magistrat, si le conseil peut sauver un coupable, le défaut de conseil peut faire périr des innocents. Ceux qui entreprennent de justifier l'ordonnance oseraient-ils comparer ces deux inconvénients? Oseraient-ils prétendre que l'un n'est pas et plus funeste dans ses conséquences, et plus souvent dangereux que l'autre ? Rien de plus ordinaire que de voir succomber des innocents qu'un conseil éclairé aurait sauvés : les fastes de la justice en présentent plusieurs exemples récents, et ils ne nous les font pas tous connaître ; mais il serait rare qu'un jurisconsulte appelé par un coupable voulût le sauver, plus rare encore qu'il pût y parvenir : les juges auraient, pour se garantir de ses séductions, les faits de l'information, les premiers aveux de l'accusé, les contradictions dans lesquelles l'erreur se laisse toujours entraîner, la défiance que des variations leur inspireraient. La voix de la raison, l'intérêt de la justice, le vœu des peuples, tout, Sire, sollicite le rétablissement de cet ordre ancien qui accordait aux accusés un conseil au moins après la confrontation ; tout se réunit pour vous demander l'anéantissement de ce fatal secret qui, dès qu'il n'existe plus pour l'accusé, ne présente que des inconvénients.

La loi ordonne que l'accusé s'oblige, sous la foi du serment, à dire la vérité. Qu'a-t-elle pu espérer en mettant la nature et l'intérêt personnel en opposition avec la religion, en plaçant celui qu'elle poursuit dans la nécessité de se perdre ou de se parjurer? Que Votre Majesté daigne consulter tous ceux qui ont acquis quelque expérience dans l'administration de la justice criminelle ; il n'en est aucun qui ne lui réponde que le serment de l'accusé ne produit jamais la vérité, et qu'il n'opère qu'un crime de plus. L'âme religieuse de Votre Majesté sera touchée de cette grande considération, et elle s'empressera de supprimer une formalité si odieuse, dès qu'elle est inutile.

L'humanité doit à Votre Majesté l'hommage de sa reconnaissance pour avoir aboli l'affreux usage de la question préparatoire ; elle attend de vos lumières, de votre bienfaisance, de votre justice, la consommation de cet ouvrage et l'extinction absolue de la question préalable. Cette épreuve, inutile pour l'accusé assez ferme pour la soutenir, dangereuse à l'égard du faible, ne produit qu'un effet certain, celui d'infliger un supplice prématuré et souvent injuste : elle est équivoque pour les juges, par les contradictions et les variations continuelles dont les aveux qu'elle extorque sont embarrassés ; elle devient quelquefois funeste aux innocents, par les fausses déclarations qu'elle leur arrache, et qu'ils n'ont pas ensuite la force de rétracter.

La loi présume que l'accusé est innocent jusqu'à ce qu'il soit condamné : pourquoi donc le traite-t-elle en coupable, en lui faisant subir l'humiliation de comparaître sur la sellette ? C'est le ministère public qui inflige cette peine ignominieuse et prématurée , quoiqu'il soit nécessairement partie, et qu'il ne puisse être juge. Pourquoi ajouter à la honte, à l'effroi qui s'emparent d'un accusé, lorsqu'il comparaît devant ses juges? Il est de la justice de supprimer cette flétrissure déplacée et même dangereuse , puisqu'elle peut ôter à un malheureux la tranquillité d'esprit si nécessaire à sa défense.

Quelle raison, quel motif d'utilité, quel droit a pu introduire l'usage établi maintenant dans les cours souveraines, usage qu'aucune loi n'autorise, qui est contraire à l'esprit de toutes les lois, de ne point motiver les arrêts de condamnation, et de donner pour seul motif de leur jugement l'expression vague des *cas résultants du procès?* C'est donc en vain que, pour détourner des crimes, la loi ordonne la publication des arrêts qui les punissent : cette publicité devient inutile, dès qu'on dissimule au peuple quels sont les crimes que frappe la justice. Nous ne pouvons imaginer que cette absurde clause soit réclamée par des magistrats comme un droit. Les juges n'ont point de droits sur les justiciables ; ils n'ont envers eux que des devoirs. L'effet de ce droit prétendu qui couvre d'un voile les oracles de la justice, serait de soustraire les juges à la loi, et de leur faciliter les moyens de distribuer les peines à leur gré. L'honneur du magistrat consiste au contraire à rendre hautement compte de tous ses motifs, à se montrer tout entier, à prouver par l'éclat de sa conduite qu'il n'a aucun sentiment à cacher. Tout mystère fait naître un soupçon : il importe aux ministres de la justice d'en prévenir la plus légère apparence.

La confiscation des biens, qui suit toujours la condamnation, est un monument de l'ancienne barbarie, un reste de l'avarice féodale, une peine inutile qui ne sert pas de frein à celui qui s'expose à la mort, un châtiment injuste qui enveloppe les enfants dans la punition de leur père, leur arrache leur subsistance et les réduit à la mendicité, premier pas vers le crime, où les leçons et les exemples de leur père ne les portaient peut-être que trop.

La législation criminelle doit embrasser deux parties, la forme de la procédure et la distribution des peines. Nous venons de présenter à Votre Majesté un grand nombre de vices de la première : la seconde est absolument oubliée dans la loi de 1670. Nous avons une ordonnance criminelle, et nous ne possédons point un Code pénal. Cette partie de notre législation n'est composée que d'un amas confus d'ordonnances dictées en divers siècles, selon les besoins et les idées de chaque moment : est-il étonnant qu'on y aperçoive tant de complications, de variations, d'incohérence, de contradictions ? L'opprobre et la mort sont prodigués sans discernement. On ne découvre aucune ligne de démarcation entre les crimes ; nul rapport, nulle proportion entre les délits et les peines ; et pour n'en citer qu'un exemple, la loi égale, dans plusieurs cas, le supplice du vol à celui du meurtre : ainsi, elle-même, rend le voleur assassin, en lui donnant l'intérêt de supprimer le principal témoin de son crime. Il était réservé à Votre Majesté, à un roi toujours mu par les principes de la justice, d'élever le glorieux édifice de la législation pénale, de saisir, de rapprocher toutes ces parties dispersées dans la suite des siècles, répandues dans une multitude d'ordonnances diverses, de les discerner, de les comparer, de les réunir pour en former un tout solide, un ensemble sage, humain, modéré, équitable. La nation l'attend de votre justice, et son espoir ne sera point trompé par un monarque dont le seul désir est le bonheur de son peuple.

L'ordonnance criminelle qui est uniquement dirigée contre le coupable, qui environne l'innocence de tant de pièges, qui l'embarrasse de tant d'entraves, l'abandonne encore et la néglige lors même qu'elle est reconnue. Après l'avoir retenue longtemps dans la captivité, dans la terreur et dans l'opprobre et souvent après l'avoir plongée dans l'indigence, elle ne lui accorde aucune réparation pour l'injure ; elle ne lui assigne aucune indemnité pour le tort, excepté dans le cas très-rare où une partie civile peut en être chargée. Il semble que nos tribunaux lui fassent grâce en la laissant échapper à leurs mains cruelles ; ils ne lui accordent pas même la faible consolation de publier sa justification, et de la réhabiliter solennellement dans l'opinion publique. Cependant, Sire, nous devons le dire à Votre Majesté, c'est ici une des dettes de votre justice : le sentiment naturel de l'équité demande que tout tort soit réparé, et s'il a été fait par la partie publique, il est juste que ce soit la puissance publique qui supporte la réparation. Quelle idée de justice a pu établir que de deux hommes également innocents, l'un attaqué par une partie civile, l'autre poursuivi par le ministère public, le premier obtiendra des dédommagements auxquels ne pourra prétendre le second ? Loin de réclamer aucun privilège sur l'observation des devoirs de justice, l'autorité doit s'imposer plus strictement encore l'obligation de les remplir ; elle doit le premier exemple. En acquittant cette dette de votre couronne, vous satisferez, Sire, le vœu de votre cœur ; vous porterez la consolation dans ces âmes malheureuses que le maintien de l'ordre public vous force d'affliger ; et cette main bienfaisante, qui aura repoussé loin de la loi toutes les rigueurs qu'il est possible de prévenir, sera encore celle qui réparera ses torts inévitables.

Enfin, l'ordonnance s'acharne contre les accusés, même après le jugement rendu contre eux ; elle les poursuit jusque dans l'asile de votre justice et de votre clémence. En vain nos principes monarchiques assurent-ils à Votre Majesté le double droit de revoir les arrêts, et de remettre les peines ; il faut encore que la loi vienne arracher aux malheureux cette ressource, et rendre inutiles ces droits si précieux à Votre Majesté et à ses peuples. Elle ordonne que les jugements seront exécutés le même jour qu'ils auront été prononcés. Ainsi, par une contradiction formelle, les principes autorisent le recours au souverain, et la loi l'empêche. Le juge même, que la sévérité de son ministère force à une condamnation que son cœur désavoue, qui, dans un fait que la loi ordonne de punir, voit des circonstances qui sollicitent l'indulgence, n'a pas le pouvoir de suspendre ses coups, et ne peut que par une contravention arrêter la main qu'il a armée. Supprimez, Sire, cette disposition cruelle, aussi contraire aux droits de Votre Majesté qu'au bonheur de ses sujets : mettez entre la condamnation et la peine l'intervalle nécessaire pour déployer votre justice ou votre clémence. On s'efforcera d'intéresser votre humanité par la crainte de prolonger les supplices, en les faisant connaître d'avance. Mais, c'est un fait connu, que presque toujours les accusés sont instruits de leur jugement. Et quel est, d'ailleurs, le coupable qui, après avoir entendu son arrêt, désire d'en accélérer l'exécution, et ne fait pas tous ses efforts pour le retarder ? Combien l'idée de pouvoir obtenir sa grâce n'animera-t-elle pas encore ce sentiment ? et nous ne parlons que du coupable. Mais l'innocent, dont la loi doit principalement s'occuper, l'innocent qui a droit d'espérer que la révision de son procès manifestera sa justification, l'innocent ne bénira-t-il pas cent fois l'heureux délai qui lui assure une ressource ?

Tels sont les vices principaux de la législation criminelle que nous croyons devoir dénoncer à Votre Majesté. Nous eussions pu, sans doute, en relever beaucoup d'autres ; mais nous croyons avoir suffisamment montré la nécessité de la réforme. Voilà, Sire, un ouvrage digne de votre haute sagesse ; voilà une gloire faite pour votre cœur sensible et juste. Une heureuse réunion de circonstances concourt à vous la faire acquérir : les connaissances du siècle, auquel la Providence vous a accordé, les vœux et les lumières de la nation que vous rassemblez auprès de vous, vos vertus personnelles, tout vous annonce à la France comme son législateur. Placez-vous, dans ce rang auguste au milieu des rois, vos ancêtres : brillez dans les fastes de votre monarchie de cet éclat que ne peuvent ternir les revers, que les révolutions des opinions ne peuvent altérer. Tous les siècles chériront en vous leur bienfaiteur, et votre mémoire adorée sera l'objet des bénédictions de toutes les générations.

RÉFORMATION DES TRIBUNAUX INFÉRIEURS.

Un autre abus de l'administration de la justice, qui cause de très-grands maux, et auquel Votre Majesté peut remédier promptement, est la multiplicité de tribunaux et d'officiers connus sous différents noms, chargés de différentes fonctions, revêtus de différents pouvoirs, qui remplissent vos provinces. Il n'est pas rare de voir dans une ville, même peu considérable, un bailliage, plusieurs justices seigneuriales, une élection, une juridiction de grenier à sel, une autre de traites, encore une autre de la marque des fers, des juges-consuls, une maîtrise d'eaux et forêts, et chacun de ces tribunaux marche environné d'une multitude d'officiers subalternes.

Et quelle est donc la malheureuse cause qui a engendré parmi nous cette bigarrure de tribunaux si inutile, et par la même si dangereuse? Nous devons le révéler à Votre Majesté, l'esprit fiscal; ce malheureux esprit, qui corrompt tout ce qu'il approche, a atteint l'administration de la justice. Le besoin d'argent, devenant la règle de la création de ces tribunaux, l'avidité en a été la mesure.

En multipliant à un tel excès les tribunaux, a-t-on pu espérer qu'ils se rempliraient, ou comment a-t-on cru qu'ils se composeraient?

Aussi, ne voit-on souvent, dans les uns, qu'un vide effrayant, et dans les autres qu'une composition plus effrayante encore.

Quelle expérience, en effet, quelles lumières, quelles connaissances peut-on attendre d'hommes presque toujours oisifs, dévoués par leur état à manquer d'occupations, et qui ont rempli tous les devoirs de leurs charges quand ils ont consacré à leurs fonctions quelques heures dans une semaine? Ce sont les affaires qui forment, qui instruisent le magistrat, et il restera dans une ignorance humiliante pour lui et funeste au public, tant qu'il ne trouvera pas dans le noble exercice de ses devoirs un motif et un moyen continuel d'instruction.

Aussitôt qu'un cultivateur commence à augmenter sa fortune par son industrie, l'ambition de posséder une charge le saisit, ou s'empare de son fils : il abandonne ses utiles travaux au moment où il serait en état de leur donner plus d'activité; et ses champs, que son aisance lui donnait les moyens de fertiliser, laissés à des laboureurs pauvres, restent condamnés à une culture médiocre. A la vanité de se voir décoré d'une charge, se joint l'intérêt de jouir des droits qui en dépendent. A ces nombreux offices sont attachés des privilèges, des exemptions qui soulagent les citoyens les plus aisés pour faire retomber sur le pauvre peuple le fardeau qu'ils devraient supporter. Tristes effets de cette multiplicité de tribunaux ! S'ils restent déserts, c'est au détriment de la justice qu'ils le doivent; s'ils se remplissent, c'est aux dépens des campagnes et de leur culture.

Et cette désolante quantité d'officiers subalternes, que chacun de ces tribunaux traîne à sa suite, devient pour les malheureuses campagnes un fléau plus accablant encore : ils commencent par les dépeupler, ils finissent par les opprimer.

Le jeune habitant de la campagne, qui croit se sentir quelque protection, entraîné par des idées de fortune, court à la ville acquérir une demi-connaissance d'affaires, bien plus dangereuse que la simplicité et l'heureuse ignorance auxquelles son état primitif l'avait destiné. De là, cette multitude de praticiens, qui, par passion, par ignorance, et surtout par intérêt, entraînent le pauvre peuple dans des procès éternels et le précipitent dans sa ruine. De là, ce nombre effréné d'huissiers, qui accablent encore de leurs vexations ce malheureux peuple, et dont les prévarications multipliées et variées presque à l'infini sont mises à l'abri de toute punition par la foi qui est due à leurs actes.

Ce ne sont, Sire, ni des maux imaginaires que nous vous dénonçons, ni des plaintes exagérées que nous vous apportons. Votre Majesté sentira facilement que ces abus sont les conséquences naturelles de la multiplicité immodérée des tribunaux, et de leurs officiers.

Dans l'ordre supérieur nous ne connaissons que deux cours, auxquelles se relèvent tous les appels : vos parlements pour la justice ordinaire, et vos cours des aides pour les impôts ; et même, dans plusieurs provinces, une seule cour réunit les deux qualités, et remplit avec distinction l'une et l'autre fonctions. Dans l'ordre subalterne où les abus sont plus dangereux, parce qu'ils se glissent plus facilement, parce qu'ils sont plus éloignés des regards, parce qu'ils sont plus nombreux et plus de détail, parce qu'ils pèsent plus immédiatement sur la classe indigente, la même règle serait encore plus utile. Dans les villes principales, un tribunal jugerait les matières ordinaires, et un autre prononcerait sur les impôts. Dans les villes moins considérables, un seul tribunal suffirait aux deux objets : il en existe des exemples, et l'une et l'autre justice n'en est pas moins bien administrée.

Prononcez, Sire, cette réformation si intéressante pour vos provinces. Les tribunaux, moins multipliés, seront mieux composés; revêtus d'une juridiction plus étendue, ils deviendront plus instruits : ils imprimeront le respect et non plus la crainte. Ils établiront sur leurs subalternes, devenus moins nombreux, une surveillance exacte qui les contiendra dans le devoir. Ce premier abus réformé, tous les autres abus, qui nuisent à l'administration de la justice, seront bientôt supprimés. Ces tribunaux eux-mêmes dissiperont les uns par leur équité, déféreront les autres à votre autorité : et bientôt la justice, reprenant dans tout le royaume son cours naturel, acquittera la dette et le vœu de Votre Majesté.

LETTRES DE CACHET.

Nous dénonçons à Votre Majesté, Sire, l'abus d'autorité le plus redouté, et en même temps, le plus commun et le plus multiplié : ce sont ces lettres closes, ces ordres particuliers qui dépouillent un citoyen de sa liberté, sur la volonté d'un seul homme. Cet homme, Sire, n'est ni ne peut être Votre Majesté. Non, ce n'est point à leur souverain qu'imputent leur misère les malheureuses victimes du pouvoir arbitraire. Les gémissements douloureux qui sortent de leurs cachots, loin de vous accuser, vous implorent, ils réclament votre équité contre les actes de violence qui vous ont été ou cachés ou dissimulés. C'est loin de vos regards que se fabriquent ces ordres absolus qui portent votre nom ; et lorsqu'ils vous sont présentés, ils vous parviennent revêtus de motifs spécieux, et environnés d'un détail de faits placés à une telle distance qu'il vous est impossible de les vérifier.

Et ce qui est plus déplorable encore, c'est que ces coups d'autorité n'ont pas même toujours été l'ouvrage propre des ministres. Livrés eux-mêmes à des occupations trop multipliées, entraînés par un courant d'affaires qui absorbe tous leurs moments, trop souvent ils ont prêté une oreille facile à des délations qui empruntaient le caractère de la vérité ; trop souvent, ils ont confié à des subalternes, toujours plus susceptibles de corruption, le soin redoutable des informations. Cette négligence, moins coupable peut-être que l'abus personnel de l'autorité, est plus dangereuse encore en ce qu'elle abandonne la liberté des citoyens à plus de haines, de passions et d'intérêts.

Votre Majesté serait effrayée du tableau qu'on pourrait lui présenter de tous les innocents plongés dans le séjour du crime à la voix de l'homme puissant ou favorisé, de tous les malheureux dont la punition, peut-être imméritée, a été aggravée, prolongée avec une dureté qui n'étant soumise à aucune règle, n'avait souvent de mesure que l'inimitié, de tous ceux enfin (on se refuse à le croire), qui ont langui ou qui sont morts dans une longue captivité, uniquement parce qu'ils avaient été oubliés ! Ah ! si la bonté, si la sagesse, si toute la pénétration d'un monarque ne peuvent le garantir de voir son auguste nom devenir le signal, le prétexte de tant d'injustices, combien doit peser à son cœur ce droit si terrible pour lui-même qui l'expose à d'inévitables surprises ! Puisqu'il n'a pas la force d'empêcher les abus de ce fatal pouvoir, il ne lui reste plus qu'un ressource : c'est d'avoir le courage de l'abdiquer.

Mais, Sire, ce ne sont pas seulement des abus que nous reprochons aux emprisonnements arbitraires, c'est leur injustice radicale. En entrant dans la société, l'homme sacrifie une partie de sa liberté naturelle, et par un juste retour la société lui garantit la conservation de ce qui lui en reste. C'est un pacte entre l'État et le citoyen, et il est placée entre l'un et l'autre pour le faire observer. La protection des lois est le prix de la soumission aux lois ; ce n'est que par l'autorité de la loi, d'après les dispositions de la loi, selon les formes de la loi, que le citoyen peut être privé de la liberté que la loi lui assure, et de même que le sujet pèche envers la société lorsqu'il abuse de sa liberté en enfreignant la loi, de même la société se rend coupable envers le sujet lorsqu'elle le dépouille de sa liberté au mépris de la loi. Que sur ces principes si clairs et qui sont la base de tout état social, Votre Majesté daigne juger ce que sont, aux yeux de l'équité naturelle, ces ordres absolus, qui, émanant d'un seul homme, ne sont ni soumis à des règles, ni dirigés par des formes.

En unissant nos voix au cri général qui s'élève de toutes les parties du royaume contre ces proscriptions illégales, nous devons, Sire, prévenir Votre Majesté des obstacles qu'elle trouvera à leur suppression. Au moment où, se livrant à la bonté, à la droiture de son cœur, elle se préparera à prononcer l'arrêt de leur anéantissement, elle entendra répéter autour d'elle que cet exercice absolu de l'autorité est utile à soutenir l'ordre public ; que, s'il fut primitivement un abus, cet abus est devenu utile à l'honneur et à la sûreté des familles, au maintien de la police et à l'administration même de la justice criminelle : et ce qui rend ces étranges assertions plus imposantes,

c'est qu'elles renferment quelque vérité. Que Votre Majesté, Sire, ne soit point arrêtée par cet aveu ; qu'il n'ébranle pas la généreuse résolution de rendre à votre peuple sa liberté : il doit, au contraire, vous montrer le danger des abus. En s'invétérant, non-seulement ils se multiplient, ils s'accroissent, ils se fortifient, mais même ils se mêlent aux choses les plus utiles, et s'incorporent à l'ordre public, et c'est là le plus haut période de leur danger : ils ne sont jamais plus funestes que lorsqu'on en retire quelque avantage ; le bien passager qu'ils opèrent devient à la fois et le prétexte de tous les maux, et l'obstacle à toute réformation. Votre pénétration, Sire, vous garantira de cette illusion ; elle saura distinguer ce que sollicite l'ordre public et ce que réclame la liberté civile ; et elle vous indiquera les moyens de concilier ces deux grands intérêts. En supprimant ces ordres absolus, attentatoires à la liberté des citoyens, vous les remplacerez par des formes légales et tutélaires. Ainsi vous compléterez votre bienfait ; car nous devons vous le déclarer, Sire, il restera imparfait, si, rendant à vos peuples toute la liberté des lois leur promettant, vous abandonnez la tranquillité publique en proie aux ravages de la licence. Les partisans intéressés du pouvoir arbitraire, si habiles à profiter de tous les avantages qu'on leur laisse, sauront tirer parti des désordres qui éclateront de toutes parts ; ils les exagèreront encore, et peut-être dans des jours malheureux leurs murmures et leurs réclamations auraient la force de ramener le déplorable abus des emprisonnements arbitraires. Imposez, Sire, un silence éternel à ces dangereuses déclamations : anéantissez pour jamais tous les prétextes qu'on pourrait employer pour redemander ce redoutable fléau, et que votre sagesse consomme l'ouvrage de votre justice.

Nous osons, Sire, vous proposer deux moyens de prévenir les inconvénients qu'entraînera la suppression des lettres de cachet, et de remplir le vide qu'elles laisseront dans l'administration de la justice et de la police.

Le premier est de confier cette justice sommaire, qui assure la tranquillité publique, à un tribunal régulier et légal.

Le second est d'assigner à ce tribunal ses fonctions précises, de circonscrire ses pouvoirs, en sorte qu'il ne puisse en abuser, ni prolonger injustement une détention.

Le premier de ces moyens rendra légal un pouvoir jusqu'à présent contraire à la loi. Un tribunal sollicité par la nation, établi par Votre Majesté, aura tous les caractères qui concilient la confiance et le respect ; et ses arrêts, formés avec maturité, dictés à la pluralité des suffrages, ne porteront plus l'empreinte redoutée d'ordres arbitraires et de volonté privée.

Votre Majesté assurera à ce tribunal cette confiance si nécessaire pour l'exercice de ses fonctions, si elle veut bien consentir à nommer ses membres sur la voix publique, et permettre qu'à chaque vacance les trois ordres de ses États assemblés lui présentent un certain nombre de sujets, entre lesquels elle déterminera son choix.

Il serait à désirer, sans doute, qu'un tribunal qui statue sur la liberté des citoyens, même provisoirement, pût être nombreux : une plus grande quantité de suffrages répand plus de lumières, engendre plus de réflexions, et assure plus de justice. Mais Votre Majesté voudra bien considérer qu'il est de l'essence d'un tel tribunal d'être le dépositaire de la confiance publique ; les secrets les plus intimes des familles lui seront confiés. On arrêterait cette confiance si précieuse, en la répandant sur trop de personnes ; beaucoup de familles aimeraient mieux dévorer en silence leur malheur, et s'exposer à de plus grands malheurs encore, que d'aller dévoiler leur honte à un grand nombre de citoyens. D'après cette considération, nous pensons que Votre Majesté jugera convenable de rendre peu nombreux le tribunal qu'elle substituera à ses ministres dans l'exercice de cette justice sommaire.

Il nous paraît aussi singulièrement important que les membres de ce tribunal ne soient pas tirés d'un même corps, et attachés à une seule compagnie, mais que Votre Majesté ordonne de les choisir indistinctement dans tous les ordres, dans toutes les classes de ses sujets. Les matières qui seront soumises à leur juridiction n'exigent pas une connaissance profonde de la législation ; l'honneur, la probité, voilà les titres qui doivent déterminer les choix. Et combien ne deviendrait pas redoutable à la liberté publique un corps revêtu du pouvoir exclusif de composer le tribunal qui disposera provisoirement de la liberté des citoyens, surtout si c'était une de ces compagnies dont la fonction est de les juger définitivement ! La réunion de ce double pouvoir d'emprisonner sommairement, et de juger souverainement, exposerait à des abus plus grands peut-être, mais certainement plus irrémédiables que ceux qui existent aujourd'hui. Il sera utile, au contraire, que le nouveau tribunal jalousé par vos cours de justice soit sans cesse surveillé par leur rivalité.

Mais, Sire, en vain Votre Majesté remettrait à un tribunal régulier l'exercice de cette justice trop longtemps confiée à des particuliers ; en vain, elle composerait ce tribunal de membres vertueux, exempts à la fois et des passions personnelles et de préjugés de corps, de personnes que la voix publique y aurait appelées, et que la confiance de la nation aurait désignées à la vôtre : l'erreur si naturelle à l'humanité, une sorte de négligence qui gagne insensiblement les corps même les mieux composés, l'attrait du pouvoir, l'amour même du bien, une multitude d'autres causes qu'il est impossible de prévoir, ramèneront tôt ou tard des abus, à moins que Votre Majesté ne s'empresse de les prévenir, en assujettissant strictement ce tribunal à des formes, et en lui décrivant un cercle de fonctions dont il ne puisse s'écarter.

Dans toutes les circonstances où le nouveau tribunal aura à prononcer provisoirement l'emprisonnement de quelque citoyen, trois précautions paraissent nécessaires pour empêcher cette détention d'être injustement infligée ou prolongée au delà du terme de l'équité. La première, que jamais aucun emprisonnement, demandé par des particuliers, ne soit prononcé que sur une requête de plaintes qui contienne tous les faits et toutes les preuves, et qui ne soit signée des parties intéressées. Cette première formalité arrêtera une multitude de demandes ; elle donnera au moins les moyens de réparer les surprises, en présentant une partie civile responsable de l'événement, et qui pourra être condamnée à des dommages-intérêts. La seconde, que l'immédiatement après la détention, et au plus tard dans les vingt-quatre heures, le détenu soit interrogé ; et nous ne parlons point ici de cet interrogatoire frivole qu'il est d'usage de faire subir aux prisonniers d'État, sur leur nom, leurs qualités, et quelques autres circonstances indifférentes aux causes de leur détention. Nous vous demandons un interrogatoire dirigé sur la plainte, où tous les faits qui ont mo-

tivé la détention soient présentés à l'accusé, afin qu'il les avoue ou les dénie ; où toutes les preuves qui ont été proposées soient remises sous ses yeux, en sorte qu'il ait la faculté d'y répondre. Nous désirons que les questions et les réponses recueillies en bonne forme soient reportées au tribunal qui, sur leur inspection, révoquera ou confirmera l'arrêt de l'emprisonnement. Enfin, la troisième précaution est que le détenu, instruit, par son interrogatoire, des faits et des motifs qui lui sont objectés, puisse toujours appeler de la sentence du tribunal à Votre Majesté et à son conseil. La facilité de ce recours maintiendra une vigilance scrupuleuse ; il préviendra les surprises, ou, en tout cas, les réparera. Autant est dangereux dans les ministres le droit arbitraire de dépouiller les citoyens de leur liberté, autant réunit d'avantages le pouvoir de modérer la rigueur des emprisonnements : il serait précieux quand il ne ferait que préparer à Votre Majesté les moyens d'exercer le plus bel attribut de la royauté, celui qui vous est le plus cher, le droit de faire grâce.

Les occasions où il peut être utile de s'assurer, sans les formes compliquées de la justice ordinaire, de la personne d'un citoyen, peuvent se rapporter à trois points principaux : l'honneur et la sûreté des familles, le maintien de la police, et l'administration de la justice criminelle.

Les familles peuvent avoir un juste intérêt à réclamer cette justice sommaire dans deux circonstances.

L'autorité paternelle, la première, la plus juste, la plus utile de toutes, celle qui fut et le principe et le modèle de toutes les autres, et que les lois des peuples les plus sages avaient encore considérablement exalté, l'autorité paternelle est resserrée par notre législation et par nos mœurs dans des limites trop étroites ; elle expire avec l'enfance et la première éducation ; l'entrée dans le monde (et nos usages ont beaucoup avancé cette époque) est le moment où commence la liberté : ainsi, cet âge si emporté n'est soumis à aucun frein. A la facilité, à la légèreté, à l'indocilité de la jeunesse, aux passions qui l'entraînent, aux conseils qui la séduisent, aux exemples pervers qui l'égarent, la tendresse paternelle n'a d'autres barrières à opposer que les exhortations et les remontrances. Il est important, Sire, pour le maintien des mœurs, pour la sûreté de la société, pour l'intérêt même de la jeunesse, de conserver le moyen de la ramener de ses premiers égarements par d'utiles corrections ; et en prévenant de plus grands désordres, de s'épargner la douleur d'avoir un jour à la punir plus sévèrement. En fortifiant l'autorité des parents trop affaiblie parmi nous, le nouveau tribunal aura quelquefois à tempérer leur trop grande rigueur ; car souvent la tendresse paternelle rebutée s'irrite ; elle n'est pas toujours et juste et modérée, et alors elle-même a besoin d'être ramenée. Il sera aussi nécessaire de régler cette justice correctionnelle, de déterminer l'âge qui y sera soumis, de diriger les punitions de manière qu'elles n'aggravent pas les défauts qu'elles doivent réformer, de ne plus reléguer la facilité du caractère à côté du vice, ni renfermer l'indocilité au milieu des mauvais conseils. Cette police, qui doit être maintenue, a besoin, en même temps, d'être régénérée et soumise à des principes sages et constants qui ne peuvent être mieux établis que par un tribunal régulier, intègre, éclairé et expérimenté.

La seconde circonstance où il est important d'ouvrir aux familles le recours au tribunal chargé d'opérer la tranquillité publique par la détention de ceux qui la troublent, est celle où les familles les-mêmes dénoncent des crimes soumis à des peines afflictives et qui seraient inconnus sans elles. Il semblerait, Sire, que la justice que vous exercez dans vos cours dût suffire à l'ordre public, et qu'il ne dût y avoir aucune tête assez élevée pour pouvoir se soustraire à l'autorité souveraine que vous communiquez aux dépositaires de vos lois; mais la justice ne peut atteindre que les crimes qui lui sont prouvés. Nos mœurs donnent aux familles un intérêt puissant à étouffer la connaissance ou la preuve des crimes de leurs membres, et la richesse et le crédit en fournissent toujours les moyens. Et même, dans les régions où le préjugé moins rigoureux ne fait pas rejaillir sur les familles la flétrissure attachée aux criminels, on ne voit punir dans les hommes riches ou puissants que les crimes très-éclatants qu'il est impossible de dissimuler. Un sentiment de pitié et une honte qui ne tient pas entièrement au préjugé, renferment dans l'intérieur des familles la connaissance des délits qui s'y commettent et font soustraire la preuve des fautes. La richesse paye des dépositions et achète le silence; la puissance séduit, corrompt, et le crime le plus constant s'atténue et disparaît dans les informations. Votre Majesté, dans la plénitude de son autorité, n'a pas le remède à cet abus; votre justice sera toujours incomplète, tant que la classe des citoyens qui a tant de moyens pour soustraire les criminels au châtiment, y conservera de l'intérêt. Ce n'est donc pas pour le bien particulier des familles, c'est pour celui de la sûreté entière que nous vous supplions, Sire, d'ôter aux familles ce funeste intérêt; de les intéresser même à la dénonciation des délits en ordonnant une punition qui soit sans honte : il se formera un contrat autorisé entre elles et la société; et la dénonciation qu'elles feront d'un criminel les sauvera de l'opprobre d'une exécution publique.

Nous sentons, Sire, que ce pouvoir donné au nouveau tribunal peut faire redouter des abus. On pourra craindre qu'ils ne deviennent le prétexte de quelques oppressions; mais nous croyons que Votre Majesté a la sagesse des moyens faciles de dissiper jusqu'aux moindres alarmes, elle pourrait ordonner :

Que jamais, et dans aucun cas, le tribunal établi par elle ne connût des affaires dont se seraient saisis les tribunaux ordinaires;

Que, s'agissant d'une peine qui peut devenir définitive, il fût astreint à procéder, non plus sommairement et dans les formes ordinaires, mais dans les formes régulières des autres tribunaux.

Qu'il fût accordé à l'accusé un conseil à son choix, au moment où la plainte lui serait communiquée, pour le diriger dans ses défenses; et enfin, ce qui garantirait la justice de l'arrêt et rassurerait plus efficacement que toute autre précaution contre les vexations, qu'immédiatement après le jugement qui aurait infligé une détention à temps ou à perpétuité, selon la nature du délit et pendant l'espace d'un mois, indépendamment de l'appel à votre conseil dont nous avons parlé, le condamné fût libre de réclamer la justice ordinaire, et de demander son renvoi devant les cours, pour y être jugé de nouveau, et que son conseil pût encore éclairer cette détermination. Nous pensons qu'il doit être fixé un terme à cette réclamation, pour qu'elle se fasse pendant que les preuves subsistent encore dans toute leur force. Il serait contre la justice qu'un criminel pût, après la mort des témoins qui l'ont fait condamner, revenir contre son jugement, accuser à la fois ses juges et ses parents, attirer le blâme sur les uns, et réclamer contre les autres des dommages et intérêts.

Moyennant ces salutaires précautions, tous les droits sont à couvert, tous les intérêts en sûreté. Nous dirons même plus : il n'y a pas une partie à qui ce nouvel ordre de choses ne procure ces avantages. Le criminel est puni plus doucement qu'il n'aurait mérité de l'être, et il reste libre de provoquer un nouveau jugement, s'il se croit lésé; la famille goûte la satisfaction de n'être plus exposée aux attaques d'un sujet vicieux ou à la honte de son supplice; la société est délivrée d'un membre dangereux qu'elle aurait conservé et qui serait devenu d'autant plus redoutable qu'il serait resté plus longtemps méconnu; votre justice a la victime qui lui aurait été soustraite, et votre humanité jouit d'avoir épargné un châtiment cruel.

Le maintien de la police dans les grandes villes, et surtout dans la capitale, est un second objet qui demande une justice expéditive. Soumettre cette police aux formes lentes de la justice ordinaire, ce serait l'anéantir; chaque moment apporte une affaire nouvelle, chaque fait exige une décision tranchante. Dans l'état actuel, la police de Paris se fait presque entièrement par des ordres absolus. On a trouvé plus facile de présenter à chaque occasion l'appareil redouté de l'autorité suprême, que de former une législation qui aurait gêné le pouvoir arbitraire, et qui aurait aussi éprouvé de fortes contradictions. Ainsi, le nom auguste de Votre Majesté est sans cesse employé pour les objets les plus minutieux; il sanctionne des ordres rigoureux dont jamais la connaissance ne vous parvient, qui sont ignorés du ministre qui les expédie, et que quelquefois même le lieutenant de police, qui les distribue, est forcé de donner sur des rapports qu'il ne peut vérifier par lui-même. Votre Majesté sent déjà combien d'inconvénients ont dû nécessairement résulter d'une forme aussi vicieuse, et sa justice alarmée va s'empresser de l'anéantir. Mais, pour supprimer l'abus serait-il nécessaire de détruire la police qui l'occasionne? Serions-nous dans l'affreuse alternative de gémir sous l'oppression des lettres de cachet, ou de trembler sans cesse devant le vice, libre désormais de tout frein? Sire, nous demandons à votre sagesse des remèdes communs à tous ces maux : nous redoutons l'autorité arbitraire, mais nous respectons, nous chérissons l'autorité salutaire qui nous protége par des formes légales; nous sommes jaloux de notre liberté, mais nous détestons la licence aussi ennemie de la vraie liberté que peut l'être le despotisme. Que d'autres nations se glorifient d'une administration qui n'impose aucun frein, qu'elles vantent, comme des preuves de leur extrême liberté, les désordres et les attentats qui violent journellement la tranquillité et la sûreté publiques. Nous voulons être soumis à ce joug tutélaire qui ne pèse que sur les méchants, et pour être tous véritablement et entièrement libres, nous désirons que personne ne soit libre de troubler l'ordre public. Garantissez-nous, Sire, de l'excès de la liberté, de la liberté du vice : continuez de lui opposer la barrière d'une police exacte, mais, en même temps, repoussez loin de cette police les abus, en la soumettant à des formes assez sûres pour qu'elle ne devienne point oppressive, assez expéditives pour qu'elle conserve son activité.

Nous pensons que le tribunal, dont nous avons préparé l'établissement à Votre Majesté, est propre à remplir à la fois toutes ces vues. Le lieutenant général de police pourra s'y adresser dans tous les cas où il recourrait à vos ministres : il y viendra siéger, et il opinera dans toutes les affaires qu'il y aura apportées. Les membres du tribunal seront guidés par ses réflexions, l'éclaireront lui-même de leurs lumières. La détention ou le bannissement, qui sont les peines ordinaires de la police, seront toujours précédés de formes simples, mais suffisantes, et suivis d'un recours facile à votre conseil : ainsi que la marche prompte et expéditive lui sera conservée, et tous ses abus seront ou prévenus, ou subitement réparés; et ce que nous vous proposons pour la police de la capitale, peut être facilement appliqué aux grandes villes de vos provinces.

Enfin, ces formes sommaires pour la détention des citoyens sont encore nécessaires parmi nous pour l'administration de la justice criminelle; et ce qui prouve incontestablement cette vérité, c'est que les dépositaires des lois eux-mêmes, et spécialement les magistrats chargés du ministère public, sollicitent souvent des ordres absolus pour l'emprisonnement des accusés. Etranges imperfections de notre législation! En même temps qu'elle est si terrible aux prévenus, si injuste même contre eux, elle leur donne le moyen certain et facile de se mettre à l'abri des poursuites! Ce n'est qu'à travers la lenteur et la publicité presque inévitables des formes de l'information et du décret, que l'on peut régulièrement s'assurer de la personne d'un accusé; et cet accusé, presque toujours averti par les mouvements qui se font, par des avis particuliers, par sa vigilance, a le temps de se soustraire aux recherches, et de mettre entre lui et la justice un intervalle qu'elle ne peut franchir. Cet inconvénient est, sans doute, un de ceux que votre justice s'occupera de réformer. Il peut l'être sûrement, puisqu'il n'existe pas dans d'autres nations jalouses à l'excès de leur liberté. Mais la réforme des lois est lente, et le mal exige un remède continu. Ce remède ne peut plus être celui qu'on a jusqu'à présent employé, le recours à l'autorité absolue : le pouvoir arbitraire serait trop redoutable, surtout combiné avec le pouvoir judiciaire.

L'oppression ne sera jamais plus funeste, plus irrémédiable que lorsqu'elle saura se revêtir de formes. Il est donc nécessaire provisoirement, et en attendant que notre législation criminelle rectifiée puisse se suffire à elle-même, de suppléer à ce qui lui manque d'une manière régulière, c'est-à-dire par la voie d'un tribunal; mais il est également nécessaire de prévenir les abus que ce tribunal lui-même pourrait commettre. Outre les précautions générales que nous avons déjà proposées, nous pensons que, dans le cas, on pourrait imposer deux formalités qui atteindront avec sûreté le but désiré. La première, que le tribunal ne pût prononcer la détention d'un citoyen pour l'administration de la justice criminelle, que sur la demande par écrit, motivée et signée d'un des magistrats revêtus du ministère public. La seconde, que peu de temps après la détention opérée, immédiatement après le décret prononcé contre le détenu, et au plus tard un mois après l'emprisonnement, il fût remis à ses juges naturels, et transporté dans les prisons ordinaires. Si le décret n'était pas prononcé dans le mois après la détention, le prisonnier recouvrerait la liberté : par là sera prévenu tout abus, toute collusion entre les tribunaux, et vous as-

surerez tout à la fois à la justice son exercice, aux citoyens leur liberté.

Il est un ordre de malfaiteurs tellement redoutable à la société, que toute nation policée doit les rejeter : leur punition intéresse l'humanité entière, et les souverains sont convenus de leur refuser tout asile. Cette justice qui appartient au droit général des nations, doit, par toutes sortes de raisons, être maintenue; mais son exercice ne peut pas être confié aux tribunaux ordinaires qui ignorent les traités sur lesquels elle est établie; elle exige, d'ailleurs, des formes sommaires qui ne laissent point aux coupables le temps de se soustraire aux poursuites; mais enfin toute détention exige des formes, et l'abus est trop voisin du pouvoir, pour qu'il ne soit point nécessaire de placer, entre l'un et l'autre, des formalités qui préviennent la surprise et arrêtent la vexation. Votre Majesté y pourvoira efficacement, en ordonnant que le tribunal ne puisse prononcer un emprisonnement pour ce motif, que sur la demande motivée et signée du ministre de la puissance qui réclamera, et qu'immédiatement après sa détention, le coupable soit transféré sur la frontière, et remis aux mains qui doivent en disposer.

Nous avons cru, Sire, devoir étendre et développer cet article de nos doléances. Il s'agissait de concilier deux intérêts qu'une politique, aussi fausse que dangereuse, s'est trop longtemps efforcée de mettre en opposition, l'autorité légitime et la liberté civile.

Loin d'être opposées entre elles, elles se donnent un appui mutuel : la liberté sera continuellement violée, si elle n'est défendue par l'autorité; l'autorité s'égarera et dégénérera en despotisme, dès qu'elle cessera de protéger la liberté : l'autorité, en réprimant les violences qui troublent la liberté, en est le rempart le plus puissant; et la liberté, en attachant les citoyens à l'autorité, devient son plus ferme appui. C'est à vous, Sire, c'est à vos mains puissantes qu'a été confié ce double dépôt. Nos pères l'ont remis à vos ancêtres : ils ont voulu qu'il passât de génération en génération à l'auguste race de Votre Majesté pour leur bonheur, pour le nôtre, pour celui de la postérité qui nous remplacera. Accomplissez leur vœu, qui est en même temps celui de votre cœur; que la main bienfaisante qui a déjà rompu les entraves de la servitude, brise le joug plus intolérable encore des lettres de cachet; repoussez les perfides conseils qui vous présenteraient la diminution de votre autorité comme la destruction de ce funeste abus : ce sont eux, ce sont ces conseillers dangereux qui ont intérêt à la conservation de ces ordres absolus qu'ils distribuent au gré de leurs passions et de leurs intérêts. Mais vous, Sire, vous, si au-dessus de tous ces intérêts particuliers, quelle satisfaction personnelle peut vous procurer l'exercice de ce redoutable pouvoir ? Les malheureuses victimes qu'il va frapper sont si éloignées de vous, que souvent vos regards mêmes ne les ont jamais atteintes ! Le seul intérêt de votre personne, le seul qui puisse vous inspirer des désirs, car la Providence vous a donné tout le reste, c'est que votre autorité soit respectée, bénie, chérie; qu'elle ne soit plus l'objet des murmures, le prétexte des plaintes. En la rendant plus chère, vous la rendrez aussi plus stable : la justice des rois et l'amour des peuples sont les fondements les plus solides.

ARRÊTS DE SURSÉANCE.

En même temps que le despotisme ministériel

violait la liberté des citoyens par les lettres de cachet, il attaquait leurs propriétés par les arrêts de surséance. La postérité aura peine à croire qu'un tel abus ait existé dans un siècle éclairé, et sous des princes amis de la justice. L'autorité est établie parmi les hommes pour faire rendre à chacun ce qui lui est dû. Par quel renversement de principes a-t-elle compté entre ses droits la dispense ou le délai de payer ce que l'on doit? Nous ne nous étendrons pas pour prouver à Votre Majesté que c'est une injustice et une atteinte formelle à la bonne foi d'altérer le contrat inviolable du débiteur avec son créancier ; que c'est une vraie banqueroute dont le gouvernement devient le fauteur et le complice, et qu'en l'autorisant, il se rend responsable de toutes les autres banqueroutes qu'elle entraînera. Le sort d'un grand nombre d'honnêtes et d'utiles négociants est donc abandonné aux volontés absolues d'un seul ministre; car, en vain les distributeurs de ces terribles arrêts prétendraient-ils se couvrir de l'autorité imposante de Votre Majesté et de son conseil des dépêches ; ni vous, Sire, ni votre conseil n'avez le temps et les moyens de vérifier les faits, de discuter les titres. Obligé de vous en rapporter aux lumières d'un seul homme, vous n'avez aucune défense contre ses préventions, contre ses négligences, contre ses complaisances, contre ses erreurs, contre ses prévarications. Votre Majesté ne doit donc pas être étonnée de la scandaleuse multiplicité de ces arrêts distribués sans règle et sans mesure. L'abus est parvenu au point que l'on a vu des hommes accrédités, bravant sous leur protection toutes les poursuites, faire des surséances le moyen de leur subsistance et le soutien de leur luxe.

Quels purent donc être les motifs dont on s'autorisa, lorsque, pour la première fois, on osa faire, dans le conseil des rois, l'étonnante proposition des arrêts de surséance? Plus au premier aperçu un vice révolte la raison, plus on est tenté de penser qu'il a fallu, pour l'introduire, présenter l'apparence d'un grand bien, et plus on s'efforce de rechercher quel est cet intérêt public que l'on a cru pouvoir unir à un abus aussi funeste. Et cette recherche, Sire, n'est pas inutile. En supprimant un abus, il importe de connaître toutes ses branches, pour les retrancher ; tous les prétextes dont on l'a coloré, pour les confondre ; tout le bien qu'on a voulu en faire découler, pour le procurer d'une manière légitime.

L'usage des arrêts de surséance n'a jamais été ni pu être justifié que par deux motifs, et dans deux circonstances. La première, lorsque c'est par le fait de l'administration, qu'un particulier est réduit à l'impuissance de satisfaire ses créanciers ; la seconde, lorsque l'on craint que la longueur et les frais de la justice ordinaire n'absorbent les fonds de la libération, et n'altèrent le gage des créanciers.

Les entreprises et les fournitures qui se font pour le service de Votre Majesté mettent presque toujours ceux qui en sont chargés dans le cas de contracter une double obligation ; l'une active envers le trésor royal qui s'engage à leur fournir des fonds à des époques déterminées, l'autre passive envers les particuliers qu'ils doivent payer à leur tour. Ils se trouvent être à la fois créanciers de l'État, débiteurs du public. Mais tel a été depuis bien longtemps le vice de l'administration, qu'en contractant des engagements trop multipliés, elle se mettait sans cesse dans l'impossibilité de les remplir. Ainsi, les

malheureux fournisseurs, placés entre un débiteur qui ne les payait point, et des créanciers qui les pressaient, restaient exposés à toutes les rigueurs des poursuites et à une ruine inévitable, uniquement pour avoir pris confiance dans les promesses du ministère. Dans cette position, l'autorité a regardé comme un acte de justice de venir au secours de ceux qu'elle avait exposés. Telle est la chaîne fatale des abus : parce que l'administration manque à ses engagements, elle fait violer ceux que les particuliers ont pris entre eux, et pour ne pas tromper celui envers qui elle s'est obligée, elle abuse tous ceux qui ont traité avec lui. Nous supprimons, Sire, la multitude de réflexions que fait naître une pareille infraction de tous les droits, une pareille violation de tous les contrats, parce qu'il est une observation qui tranche toutes les autres, et qui les rend désormais superflues. Le nouvel ordre de choses que Votre Majesté va établir, fera disparaître pour jamais le prétexte aux arrêts de surséance. Lorsque les États généraux auront réglé l'administration des finances, déterminé tous les objets de dépense, assigné à chacun les fonds correspondants, et posé des règles invariables qu'aucun ordonnateur n'osera enfreindre, alors, Sire, on ne redoutera plus ce terrible danger de voir le gouvernement manquer à ses engagements ; alors, tranquilles sur ses promesses, le négociant, le banquier se livreront avec sécurité à leurs entreprises ; alors, ils n'exigeront plus des conditions aussi onéreuses, parce qu'ils ne feront plus entrer dans leurs spéculations le risque des délais ou des refus de payement. Et tous ces biens, tous ces avantages vont résulter du seul rétablissement de l'ordre.

Le second motif dont on a prétendu colorer ces actes illégaux présente quelque chose de plus spécieux. On ne peut se dissimuler que des arrêts de surséance ont pu, par le temps qu'ils ont accordé, empêcher la ruine de quelques familles et assurer le payement de leurs créanciers. Notre procédure est embarrassée de tant de longueurs, surchargée de tant de frais, qu'il est presque impossible d'obtenir des tribunaux ordinaires la libération d'un citoyen. Un seul créancier de mauvaise foi ou de mauvaise humeur, ou, ce qui est infiniment plus commun et ce qui se rencontre presque toujours, un seul procureur intéressé et exercé dans les ruses odieuses du palais, suffit pour arrêter la bonne volonté du tribunal. Des chicanes toujours renaissantes, qui toutes exigent des jugements particuliers et des écritures multipliées qu'il faut payer à grands frais, absorbent le patrimoine du débiteur, et dissipent le gage des créanciers. Ainsi, le recours à la justice, qui devrait, dans tous les cas, être le salut des citoyens, devient une cause infaillible de ruine, malgré les meilleures intentions des juges, et contre l'intérêt même de ceux qui s'adressent à eux.

C'est cet abus de la justice, Sire, qui a entraîné l'abus de l'autorité. Habiles à profiter des circonstances pour tout attirer à eux et pour accroître leur pouvoir, les ministres ont imaginé de mettre votre conseil des dépêches à la place des tribunaux, et d'y rendre, sans procédure et sans frais, des arrêts, qui, suspendant les poursuites trop ardentes des créanciers, donnassent aux débiteurs le temps de les satisfaire. Quelquefois, nous l'avouons, il a pu résulter une libération plus facile, plus prompte, et le salut commun des créanciers et des débiteurs ; quelquefois, aussi, cette administration a été soumise à quelques principes. Pour accorder des arrêts de surséance, on a demandé le consentement du plus grand nombre des créanciers, on a exigé l'engagement de payer, pendant le temps de la surséance, une somme quelconque de dettes. On a vu même, dans certains temps, établir des règles strictes, des communications, des examens sévères, mais qui disparaissaient avec les administrateurs qui les avaient ordonnés. Ainsi, c'est toujours le pouvoir arbitraire qui distribue ces redoutables arrêts, et l'usage plus utile qui a pu en être fait par quelques ministres, ne les absout pas de ce vice radical. Pour le faire sentir à Votre Majesté tel qu'il est, nous la supplions de nous permettre quelques observations.

Pour unir une idée de justice à celles des arrêts de surséance, il faudrait que ces arrêts pussent être, non des coups d'autorité frappés à la demande des hommes accrédités, mais des transactions amiables passées entre les diverses parties sur la médiation de la puissance publique; il faudrait que cette puissance, impartiale entre les intéressés, eût pour but l'avantage de tous; qu'elle recherchât l'intérêt des créanciers autant que celui des débiteurs; que sa fonction fût celle d'un ami commun, qui vient s'interposer entre les uns et les autres, ou l'action d'un père de famille qui se met à la tête des affaires de son fils, et dont l'intervention inspire la confiance aux créanciers; il faudrait enfin que ses jugements contentassent également les parties opposées, c'est-à-dire le débiteur, d'une part, et le plus grand nombre des créanciers, en sorte qu'on n'entendît les plaintes que d'un petit nombre de créanciers déraisonnables, ou de quelque praticien avide. A ces conditions, les arrêts de surséance deviennent utiles et même équitables : ils rendent, non-seulement facile, mais encore, dans beaucoup de cas possibles, d'une part la libération du débiteur, de l'autre, le remboursement du créancier, et conservant ainsi tous les droits, ils les garantissent des ruses de la chicane et des atteintes de la justice.

Mais, pour parvenir à ce but si désirable, il est nécessaire que le juge qui prononce l'arrêt de surséance prenne une connaissance complète de toutes les affaires du débiteur, qu'il discute toutes les parties de son revenu, qu'il examine, dans le plus grand détail, ses charges et ses engagements, qu'il connaisse le titre, la nature, l'étendue, l'ordre de chaque créance, et que, d'après cette étude approfondie, il s'assure que l'usage du délai qu'il va accorder sera d'opérer la libération.

Mais ce travail si long, si minutieux, a-t-on jamais pu imaginer qu'il serait véritablement effectué par un secrétaire d'État, déjà surchargé d'un si grand nombre d'affaires? A-t-on même pu croire qu'il serait fait par son premier commis, entraîné aussi par un courant immense? Nous le dirons hardiment à Votre Majesté : de tous les hommes, ceux qui sont le moins propres à être chargés de prononcer les arrêts de surséance, ce sont les ministres d'État, parce qu'ils doivent être les hommes les plus occupés, parce qu'ils sont placés au centre de la faveur, et sans cesse exposés à la tentation d'accorder des grâces, enfin parce que le nom imposant de Votre Majesté couvre toutes leurs erreurs et les rend irrémédiables.

Et pourquoi, si les arrêts de surséance sont justes, sont-ils devenus des grâces? Sire, tous vos sujets ont un droit égal à votre justice; pourquoi faut-il, pour y participer, avoir accès auprès des ministres? Par quelle loi le citoyen obscur, relé-

gué dans le fond d'une province, doit-il être soumis, pour la liquidation de ses dettes, aux longueurs et aux frais d'une procédure, tandis que l'homme qui peut se procurer quelque crédit auprès des ministres ou de leurs commis, trouve le moyen de s'y soustraire? Ils seraient équitables ces arrêts, s'ils étaient le bien commun de tous les citoyens, et non le privilège particulier de quelques-uns; s'ils étaient rendus par des tribunaux réguliers, responsables de leurs jugements, et obligés à l'impartialité. Mais lorsque tout particulier n'a pas ou le droit ou les moyens de les demander, lorsqu'ils sont confiés à des hommes puissants, jaloux du pouvoir, intéressés à faire des créatures, lorsqu'ils se fabriquent dans le secret et loin des regards publics, il est comme impossible qu'ils ne soient des objets de faveur; et dès lors iniques dans leur principe, ils le deviennent bientôt davantage par l'usage que l'on en fait. L'abus est trop facile, trop attrayant, trop sollicité, pour qu'il ne s'introduise pas incessamment.

Tel est donc le vice majeur des arrêts de surséance. Le principe de tout le mal, l'obstacle à tout remède, c'est que l'administration s'en est emparée, et que ce sont les ministres qui les distribuent. Ceux que les tribunaux ordinaires prononcent sont exempts de tous ces inconvénients. Mais, il faut l'avouer, Sire, il est rare de voir sortir de vos cours de justice de pareils arrêts, et nous sommes bien éloignés d'en faire un reproche à nos magistrats. Si, de tous les genres d'affaires, le plus ruineux est l'ordre des créanciers, ce tort est celui de notre législation, trop favorable aux ministres subalternes de la justice, et qui n'a pas pris assez de précautions contre leur rapacité. D'ailleurs Sire, il y a une immense différence entre les fonctions ordinaires des tribunaux de judicature, et les arrêts de surséance. La discussion d'un procès est beaucoup moins compliquée, moins étendue que celle qu'exige l'arrangement des affaires d'un particulier. Il est bien difficile d'espérer que des magistrats, dont tous les moments sont absorbés par leurs importants devoirs, se donnent eux-mêmes les soins de détail, se livrent au travail si long, si minutieux que demande l'examen d'un grand nombre de créances : ils ne peuvent faire que ce qu'ils font dans le cours de leurs fonctions ordinaires, laisser les parties ou leurs procureurs se concerter ou débattre leurs moyens, et se réserver le jugement de chaque incident à mesure qu'il est instruit; et c'est là précisément ce qui éternise les débats, multiplie les frais; c'est parce que les discussions sont faites, non par le juge lui-même, mais par des procureurs intéressés, qu'elles dégénèrent en des chicanes interminables. Le même vice de législation qui rendrait nécessaires les arrêts de surséance, élève continuellement des obstacles contre le désir qu'auraient les cours de les prononcer.

Puisque la fonction de prononcer des arrêts de surséance est dangereuse dans les mains de vos ministres, puisqu'elle est presque toujours impraticable dans les tribunaux réguliers, nous prendrons la liberté de proposer à Votre Majesté d'adopter un parti moyen : c'est d'établir, pour le genre d'affaires qui se concilient par des arrêts de surséance, comme nous l'avons proposé pour celles que l'on termine par des lettres de cachet, des tribunaux particuliers auxquels Votre Majesté prescrira des règles propres à prévenir les abus.

Nous demandons des tribunaux, et non pas un seul tribunal, parce que vos sujets ne pourraient que difficilement apporter, de toutes vos provinces dans la capitale, la discussion longue et épineuse de leurs affaires, et qu'il serait injuste et même impossible de forcer des créanciers à un déplacement aussi onéreux.

Nous pensons que Votre Majesté pourrait s'assurer de l'intégrité et de la capacité des membres de ces tribunaux, en confiant aux assemblées qu'elle établira dans ses provinces, le soin de lui présenter les sujets entre lesquels elle fixerait son choix. Ce choix, Sire, est délicat et difficile : il ne suffira pas d'apporter à ces tribunaux, comme à celui que vous établirez pour remplacer les lettres de cachet, de la probité et quelques lumières. La fonction pénible que vous leur conférerez exige, d'abord, un zèle ardent et soutenu pour le bien des parties qui auront recours à eux; un zèle semblable à celui d'un ami commun qui s'interpose entre ses amis prêts à se diviser, à celui d'un père qui s'efforce d'arracher un fils à sa ruine; un zèle que ne rebutent point la sécheresse, l'aridité, les difficultés des longues et fatigantes discussions, qui en dévore les lenteurs fastidieuses, qui ne s'en rapporte à personne sur l'examen des faits et des pièces. Elle exige, ensuite, non-seulement l'usage et l'habitude des affaires, un esprit rompu au travail, exercé aux calculs, la sagacité de discerner les créances honnêtes et justes de celles qui ne le sont pas, mais encore la connaissance des lois qui règlent l'ordre des créances, et qui forment les titres de tous les intéressés. C'est parmi d'anciens magistrats, des jurisconsultes considérés, des gens d'affaires estimés, que se rencontreront les hommes dignes de remplir cette utile et honorable mission; c'est à l'estime publique à vous les présenter, Sire; toute autre voix que la voix publique ne pourrait qu'égarer votre choix.

Nous estimons que ces tribunaux ne doivent pas être composés d'un grand nombre de membres. Dans l'ordre de la justice ordinaire, où les magistrats n'ont à prononcer que sur des discussions toutes faites, il y a de l'avantage à multiplier les juges; mais ici, les discussions seront faites par les juges eux-mêmes : il serait à craindre que le nombre n'apportât de la confusion. Que le tribunal soit assez nombreux pour que l'erreur qui échapperait à l'un de ses membres puisse être aperçue par les autres. Mais il est important que le nombre soit assez restreint pour que toutes les opérations, tous les calculs, tous les examens puissent se faire en commun.

En organisant les tribunaux qui prononceront sur les arrêts de surséance, il sera encore nécessaire que Votre Majesté leur prescrive des règles qui assurent l'équité de leurs jugements.

Toute l'administration des arrêts de surséance a été longtemps restreinte à deux principes. Le premier, d'exiger, avant de les rendre, le consentement de la majeure partie des créanciers; et ce n'était pas le nombre des individus qui déterminait l'arrêt, c'était la masse des créances. On demandait, pour l'ordinaire, le consentement des deux tiers des créanciers : ainsi celui qui présentait une somme de dettes de 300,000 livres, devait, pour obtenir l'arrêt de surséance, se munir de l'agrément de ses créanciers jusqu'à la concurrence de 200,000 livres. Le second principe était de convenir avec le débiteur d'une somme de dettes qu'il s'obligeait à payer pendant le temps de la surséance, sous la condition qu'elle ne serait continuée, l'engagement n'était pas rempli.

Ces deux principes, sages en eux-mêmes, et propres à concilier tous les intérêts, se sont trou-

vés insuffisants : ils l'ont été, d'abord, parce que les ministres, qui les avaient ou établis ou adoptés, les enfreignaient à leur gré, ensuite parce que la fraude trouvait facilement les moyens de les éluder.

Tantôt les débiteurs, dissimulant une partie de leurs dettes, présentaient un faux état, dans lequel n'étaient compris que ceux de leurs créanciers du consentement desquels ils se croyaient assurés.

Tantôt, par une ruse contraire, ils montraient des états exagérés, où ils comprenaient, parmi leurs créanciers, des personnes affidées qui ne manquaient pas de consentir à la surséance, et ils présentaient toujours le consentement des deux tiers de leurs créanciers.

Cette fraude en entraînait une autre : à l'expiration de la surséance, ils rapportaient des quittances de ces créanciers simulés, et obtenaient ainsi un nouvel arrêt.

D'autres fois, on a vu des débiteurs puissants abuser de l'impatience qu'avaient leurs créanciers d'être payés, leur faire sentir que l'arrêt les laissait maîtres d'accélérer ou de retarder leurs payements, transiger pour une somme moindre, se faire néanmoins donner une quittance totale qu'ils représentaient ensuite pour obtenir la prolongation : ainsi les arrêts de surséance, dont l'objet devrait être de prévenir les banqueroutes, servaient à favoriser les banqueroutes.

L'âme vertueuse et droite de Votre Majesté s'indigne de toute ces fraudes auxquelles on a si longtemps fait servir son autorité; et nous sommes assurés d'entrer dans les vues de sa justice, en lui présentant les moyens de repousser et d'anéantir pour jamais toutes ces ruses.

Ces moyens, Sire, consistent à établir les règles auxquelles les tribunaux, que vous chargerez de prononcer les arrêts de surséance, soient tenus strictement de se conformer.

PREMIÈRE RÈGLE. Tout particulier qui sollicitera un arrêt de surséance, sera tenu de joindre à sa requête un état exact et détaillé de toutes ses dettes, contenant les noms de chaque créancier, le montant et les titres de chaque créance; et dans le cas où il serait trouvé que l'état présenté contiendrait quelque fraude, la requête serait absolument rejetée.

Cet état est essentiel pour que le tribunal puisse prendre connaissance de la situation des affaires du demandeur. Il sera même nécessaire, pour l'examen, qu'on y joigne les pièces justificatives. La peine de la fraude doit être le refus de l'arrêt, mais il faut que les inexactitudes de la requête proviennent de la mauvaise foi; car, dans la discussion d'affaires étendues et compliquées, il se glisse aisément des erreurs qui ne doivent pas préjudicier quand elles sont involontaires.

IIe RÈGLE. La requête et l'état annexé seront communiqués à tous les créanciers, pour qu'ils aient à consentir ou à refuser, à discuter les faits exposés, et à critiquer l'état proposé.

D'après ce que nous avons exposé, la fonction du tribunal est de se placer entre le débiteur et les créanciers, d'arrêter les poursuites trop vives des uns pour leur propre intérêt, de procurer à l'autre des facilités de se libérer. Il est donc nécessaire de consulter les créanciers et de leur demander leur consentement. Cette communication est aussi le plus sûr moyen d'empêcher un grand nombre de fraudes, et notamment celles des créances simulées et exagérées. Les intéressés seront toujours ceux qui les découvriront le plus sûrement.

III° RÈGLE. Il ne sera accordé d'arrêt de surséance que sur le consentement exprès au moins
des deux tiers (ou des trois quarts) des créanciers , lesquels seront comptés, non d'après le
nombre des individus, mais sur la masse des
créances.

IV° RÈGLE. L'état des créanciers certifié par le
débiteur. sera annexé à l'arrêt, et dans ledit arrêt
sera insérée la clause que la surséance n'aura lieu
que vis-à-vis des créanciers compris dans l'état,

Cette précaution obvie à l'infidélité des États
où on n'a pas compris tous les créanciers.

V° RÈGLE. Il sera dressé et joint à l'arrêt un état
des créances que le débiteur sera tenu d'acquitter
pendant la surséance, et l'arrêt ne sera renouvelé
que sur le vu des quittances de ces dettes.

Le consentement des créanciers étant fondé sur
la condition de payer une portion des dettes, il
est juste et nécessaire d'exprimer exactement
quelles seront les dettes acquittées : juste, parce
qu'il y a entre elles un ordre d'antériorité; nécessaire, parce qu'on ôte ainsi au débiteur de mauvaise foi le moyen d'en imposer à ses créanciers
et de traiter avec eux pour de moindres sommes.

VI° RÈGLE. Les arrêts de surséance ne pourront
être donnés pour plus de trois ans.

Il est indispensable de poser un terme, que les
tribunaux, chargés des arrêts de surséance, ne
puissent excéder. Celui de trois années peut être
nécessaire dans des affaires très compliquées,
pour commencer à effectuer des payements, mais,
dans tous les cas, il doit être suffisant.

VII° RÈGLE. Les arrêts de surséance ne seront
accordés que sur l'unanimité des suffrages du
tribunal, en sorte qu'une seule voix suffira pour
les faire refuser : ou au moins ils ne seront prononcés que d'après une majorité très-considérable, comme des deux tiers ou des trois quarts du
tribunal.

Cette disposition, Sire, nous paraît utile pour
les arrêts de surséance. Dans les procès ordinaires elle est impraticable ; l'une des parties a un
droit, il faut que ce droit soit décidé : il ne peut
l'être que par la pluralité : on lui ferait tort en
statuant autrement. Mais un arrêt de surséance
est une exception au droit commun. On ne fait
donc pas injustice à celui à qui on le refuse; on
le laisse sous la loi commune des citoyens. Le
tribunal devant être peu nombreux; l'unanimité
ou la très-grande pluralité ne sera pas difficile à
concilier et s'obtiendra toujours dans les affaires dont la justice sera mise en évidence. Mais il
est important de déconcerter l'intrigue, de réprimer la fraude ; et jamais elles n'oseront se présenter quand elles sauront qu'un seul suffrage
ou un petit nombre de suffrages suffit pour arrêter leurs succès.

Tels sont, Sire, les moyens que nous osons présenter à Votre Majesté pour faire rentrer dans
l'ordre de la justice ce qui a été trop longtemps
un objet de faveur, et pour rendre salutaire une
administration jusqu'à présent oppressive. Sub-
stituez à vos secrétaires d'État des magistrats ;
l'intrigue accoutumée à ramper autour des ministres, n'osera approcher des tribunaux réguliers.
Au lieu de quelques principes légers, sans cesse
enfreints par l'autorité qui les avait établis, et
hautement éludés par la faveur, posez des règles
certaines dont la justice imprime le respect, dont
la sagesse réprime la fraude, dont l'exécution soit
garantie par la publicité des jugements. Vous verrez, Sire, les arrêts de surséance, maintenant des
objets de terreur, inspirer la confiance universelle. Vous verrez les créanciers, loin de les redouter, s'unir à leurs débiteurs pour les solliciter. Vous verrez en résulter le salut commun des
uns et des autres, et vous jouirez de la douce satisfaction de recueillir leur reconnaissance et
leurs bénédictions.

SURVIVANCES.

Entre les vices de l'administration que nous
croyons devoir dénoncer à Votre Majesté, nous
comprenons la multiplicité des survivances, tant
parce qu'il est fâcheux en lui-même, que parce
qu'il est facile de le faire cesser promptement.
Cet abus, Sire, a maintenant atteint son plus haut
période, il a envahi presque toutes les grandes
places qui environnent et qui décorent votre
trône, il s'est étendu jusqu'aux emplois de l'administration, qui exigeraient des talents supérieurs. On a vu des survivances accordées sans
l'agrément, quelquefois même contre le gré des
titulaires ; enfin, l'abus est arrivé au point d'être
réclamé à titre d'exemple ordinaire comme une
sorte de droit. Ce n'est plus pour accorder une
survivance qu'il faut des motifs, c'est pour la refuser. Ainsi Votre Majesté s'est dépouillée du pouvoir de récompenser de grands services par de
grandes places, et d'attacher à sa personne ceux
qu'elle distingue par une faveur particulière. Que
les services d'un père, que les bontés dont Votre
Majesté l'a honoré, forment des titres à son fils
et le conduisent, après lui, à la place qu'il a occupée, rien de plus digne de votre équité et de
votre bienfaisance. Mais, pourquoi faut-il que ce
qui est le bien commun de toute votre noblesse
devienne le patrimoine de quelques familles ? Destructives de toute émulation, les survivances ôtent
au mérite ses encouragements, au service ses récompenses. Non-seulement elles enlèvent les places aux sujets utiles, elles en ravissent jusqu'à la
perspective. La jeunesse , assurée des emplois
avant de les avoir mérités, n'a plus d'intérêt à
s'en rendre digne ; et que peut-on attendre de ses
efforts, lorsqu'une partie n'a plus rien à désirer,
et l'autre rien à espérer ? On dit à Votre Majesté
que ce genre de grâces n'est point onéreux à ses
finances : mais, lorsque le prix le plus glorieux
des services est dissipé d'avance, il faut le remplacer par des grâces pécuniaires. Et combien de
fois, encore, n'a-t-on pas vu une survivance devenir le titre de nouveaux bienfaits, que l'avidité réclamait comme étant devenus nécessaires?
On égare la bonté de Votre Majesté en lui présentant les survivances comme une nouvelle source
de bienfaits. Votre munificence n'en acquiert pas
un don de plus à faire : ce sont toujours les mêmes
faveurs qu'elle distribue, mais avec cette différence qu'étant anticipées, elles perdent de leur
valeur. L'expectative est toujours moins flatteuse
que le don. Une jouissance éloignée a moins de prix
qu'une possession actuelle. Ce que l'on acquiert
héréditairement excite moins de reconnaissance
que ce que l'on obtient par une faveur personnelle.
Ainsi, les survivances, loin d'augmenter le trésor
des grâces, le diminuent : elles sont, dans la distribution des récompenses, ce que sont les anticipations dans l'ordre des finances, un ver rongeur
qui dévore le bien public dans son germe. Que
Votre Majesté, au milieu des sollicitations dont
elle sera importunée, oppose à la bonté de son
cœur cette puissante considération, que le bienfait prématuré qu'on lui demande la priverait du
bonheur d'en accorder un plus grand. Ou plutôt,
Sire, prévenez, dès ce moment, toutes les sollicitations indiscrètes, en prononçant, pour l'avenir,

dans l'assemblée de votre nation, la suppression absolue d'un genre de grâces aussi onéreux pour vous, par les entraves qu'il met à votre bienfaisance, que contraire à la bonne administration, et odieux à ceux auxquels il ôte l'espoir de vos bienfaits. En respectant celles qu'il a plu à votre bonté d'accorder, nous osons la supplier de se les interdire dans la suite, absolument et sans réserve. Sans doute, dans certaines circonstances, des exceptions pourraient présenter quelque utilité, mais elles renfermeraient encore plus de danger. La faveur s'en ferait un prétexte, l'intrigue un moyen, l'avidité un titre. Un seul exemple juste ferait naître cent prétentions qui ne le seraient pas, et l'exemple est l'arme la plus forte du courtisan. Vous n'avez, Sire, d'autre remède à l'abus des survivances, que de les proscrire entièrement : il faut ou extirper jusqu'à la racine du mal, ou vous attendre à le voir se reproduire sans cesse.

ANOBLISSEMENTS.

Nous présentons encore à Votre Majesté nos très-humbles supplications sur un abus aussi opposé à la raison qu'a la bonne administration, aussi contraire aux intérêts du tiers-état, qu'à l'honneur de la noblesse, et dont Votre Majesté peut opérer la suppression par un seul acte de son autorité : c'est la facilité des anoblissements que l'on a attachés à des charges qui sont presque sans fonctions, et à des offices municipaux qui donnent par eux-mêmes une décoration suffisante à ceux qui en sont revêtus.

L'idée de noblesse présente à l'esprit ou un héritage précieux transmis avec le sang, ou une récompense glorieuse de travaux utiles à la patrie; c'est une illustration que l'on a reçue de ses aïeux, ou obtenue par ses services. Par quel renversement d'idées est-il donc arrivé que cette prérogative d'honneur, qui suppose le mérite des ancêtres ou le mérite personnel, ait été mise à prix d'argent, et soit devenue en quelque sorte un objet de trafic? C'est encore l'esprit fiscal, dont les funestes inventions dénaturent, pervertissent les plus heureuses institutions, qui a enfanté cette idée bizarre et dangereuse de mettre un prix à ce qu'il y a de plus honorable dans la monarchie. Après avoir tout soumis à son joug accablant, il a imaginé, pour dernière ressource, de vendre l'honneur.

Et comment, Sire, les premiers auteurs de cette malheureuse interversion de tous principes, n'ont-ils pas senti le tort qu'ils faisaient à la majesté royale elle-même? il ne s'atténua et terni la plus belle récompense que vous ayez à distribuer. Celui que Votre Majesté a daigné, pour ses services, élever à la classe la plus distinguée de la nation, jouit bien moins de cette haute décoration, quand il sait qu'elle a un prix pécuniaire, et quand il la voit partagée par des hommes qui n'ont d'autres titres que leur fortune. La plus brillante des distinctions cesse d'être un objet dès qu'elle devient soumise à un tarif, et que la richesse acquiert le droit d'y aspirer.

Que Votre Majesté daigne considérer encore l'effet de ce malheureux trafic de la noblesse; il enlève au tiers-état ses membres les plus distingués, les détache de leurs utiles professions, les arrache au commerce, aux manufactures, aux arts dans le temps où l'accroissement de leur fortune et les lumières de leur expérience pourraient multiplier leurs entreprises, étendre leurs relations, et augmenter, avec leur propre richesse, celle de la nation.

Votre noblesse, Sire, s'honorera toujours de s'accroître et de se régénérer par des citoyens semblables à ceux qui, les premiers, obtinrent cette déclaration, par des hommes que leur vertus, leurs services dans l'ordre militaire ou civil rendent dignes de cette distinction. Mais la pureté, la délicatesse, l'élévation de ses sentiments souffrent de voir ces honneurs accordés à l'argent, et prostitués à la richesse.

Anéantissez, Sire, nous vous en conjurons tous, pour l'intérêt du tiers-état, pour celui de la noblesse, pour l'intérêt général du royaume, pour le vôtre même, anéantissez cette déplorable institution fiscale qui ose inscrire dans ses tarifs la plus brillante des distinctions : faites disparaître toute proportion, toute relation entre l'honneur et l'argent; mettez à la noblesse son véritable prix : qu'elle soit toujours le prix du mérite et des services.

Nous venons, Sire, d'exposer à Votre Majesté, avec cette confiance que vous avez demandée à votre peuple, et que vos vertus lui inspirent, les principaux objets dont nous pensons que l'assemblée nationale doive s'occuper Nous pourrions, sans doute, vous adresser encore d'autres représentations, vous dénoncer d'autres abus, vous demander d'autres réformes. Nous ne doutons pas que, de toutes les autres parties de votre royaume, il ne s'élève un cri général contre l'énormité des impôts sous lesquels elles succombent. La gabelle, cet impôt que Votre Majesté a si justement qualifié de désastreux, et dont elle a prononcé la proscription, la gabelle subsiste encore et étend son joug de fer sur presque toutes les provinces. Les traites, que Votre Majesté avait ordonné de reporter aux frontières extrêmes du royaume, divisent encore vos provinces et forment, au sein de votre empire, des barrières qui rompent les communications entre vos sujets et repoussent leur commerce; et cependant, il a été annoncé à la nation que le grand ouvrage, commencé par les ordres du Roi votre aïeul, pour la réformation de cet abus, était maintenant terminé et n'attendait plus, pour être effectué, que les dernières volontés de Votre Majesté. Les droits d'aides, si onéreux en eux-mêmes, le sont encore plus par les frais énormes de leur perception, par la rigueur de leur manutention, par le tort qu'ils font à la culture, par la gêne qu'ils apportent à la propriété, par les entraves où ils mettent le commerce, par leur variété multipliée qui expose vos malheureux sujets à des contraventions involontaires, par le double attrait qu'ils donnent au pauvre peuple de commettre des fraudes, aux impitoyables agents du fisc de les poursuivre, en un mot, par tous les genres de vexations dont ils sont l'occasion, le pretexte ou la cause.

Aucune partie de vos sujets, Sire, n'a plus de droit que nous à se plaindre de ces impôts accablants et de leur inégale répartition. La gabelle pèse plus fortement sur notre malheureuse contrée que sur aucune autre. D'une part, l'éloignement des lieux où se forme cette denrée précieuse la rend plus étrangère parmi nous que dans les autres parties du royaume; de l'autre, la proximité des pays où elle est à vil prix présente à la classe pauvre de nos citoyens le funeste appât de la fraude et la précipite dans tous les malheurs qui en sont les suites. Placés auprès de deux provinces que le langage barbare de la finance appelle, l'une étrangère, et l'autre réputée étrangère, nous sommes soumis à tous les frais, à toutes les sortes de vexations qu'a introduits le régime des traites. Nous supportons les droits d'aides dans toute leur étendue, et ils sont pour nous d'autant plus rigoureux, que, voisins de pays qui n'y sont pas soumis, des perquisitions particulières nous tourmentent et nous accablent. Les absurdes et funestes droits sur les cuirs ont anéanti, dans notre ville, un commerce autrefois florissant. Le génie fiscal, si fécond en ressources, n'a imaginé aucun droit, aucune imposition dont nous ne soyons grevés, et que le malheur de notre position ne rende plus onéreux pour nous que pour vos autres sujets.

Nous aurions donc plus de titres que personne pour présenter à Votre Majesté et à l'assemblée qui va s'occuper de réparer tous les maux de l'État les malheurs sous lesquels nous gémissons. Mais une considération nous a arrêtés. La régénération entière d'un grand royaume n'est pas l'ouvrage d'un seul moment; la réformation ne peut pas s'étendre à la fois sur toutes les parties; il n'est accordé à une assemblée qu'une mesure de temps et d'occupations. Il y a dans la réforme des abus un ordre à suivre, sans lequel on en fait naître d'autres, et on tombe dans des contradictions inévitables. Nous avons cru, en conséquence, ne devoir proposer à Votre Majesté et à l'assemblée nationale que les déterminations les plus urgentes, les plus faciles pour le rétablissement de l'ordre, et surtout les objets dont la décision préliminaire est essentielle pour parvenir à toutes les autres améliorations et à toutes les autres réformes. Posons les fondements de l'édifice, élevons sa masse imposante, assurons sa solidité, avant de travailler aux détails de l'intérieur.

Et l'intérêt particulier que nous pourrions y avoir ne sera jamais pour nous le motif d'intervertir cet ordre salutaire. Un intérêt plus grand, plus cher que le nôtre, nous commande le silence sur ce qui nous est personnel. L'intérêt public, voilà quel est, en ce moment, l'unique objet de nos vœux. Quoi! lorsque le plus noble des sacrifices, Votre Majesté consent à rendre à ses peuples des droits dont ses ancêtres ont joui, et dont elle-même a goûté les douceurs, nous irions nous occuper de nos avantages personnels, et nous refuserions de nous unir à notre vertueux souverain pour les immoler avec lui sur l'autel du bien public? La patrie en péril penche vers sa ruine : et, dans ce danger universel, ce serait notre bien particulier que nous poursuivrions; et tandis qu'il est nécessaire de combler l'abîme prêt à engloutir l'État, nous solliciterions des retranchements d'impôts, ou des changements qui entraînent toujours des suspensions et des frais nouveaux? Ah! dans un moment si intéressant, Français, oublions-nous tous, pour ne nous occuper que de la France. Que les divers intérêts de provinces, d'ordres, de classes, d'individus, disparaissent devant l'intérêt public ; ou s'ils sont encore pour nous de quelque considération, songeons qu'ils sont essentiellement liés au salut de la patrie. Oui, et cette réflexion est la dernière que nous offrirons à l'auguste assemblée qui va régler notre sort. Le malheureux égoïsme qui, dans cette crise de l'État, chercherait à s'isoler et à combattre par son intérêt personnel l'intérêt général, serait non-seulement un sentiment malhonnête et injuste, mais encore un calcul faux, et qui deviendrait funeste à lui-même. Les malheurs publics finissent toujours par retomber avec force sur les particuliers, et la ruine commune écrasera indubitablement ceux qui l'auront entraînée !

LISTE DES COMPARANTS DE LA NOBLESSE DU BAILLIAGE DE LANGRES (1).

Cejourd'hui 17 mars 1789, l'ordre de la noblesse assemblé dans la salle du bureau du collège, qui lui a été indiquée pour la tenue de ses séances, en conséquence des lettres du Roi données à Versailles le 24 janvier de la présente année, pour la convocation des États généraux du royaume, du règlement y joint, de l'ordonnance de M. le lieutenant général rendue en conséquence,

Nous, soussignés, assemblés sous la présidence d'âge de M. le marquis de Rose-Dammartin, après nous être fait représenter la liste et état de MM. les nobles possédant fiefs, et de ceux reconnus jouissant des privilèges de la noblesse, ladite liste certifiée et à nous remise par le greffier en chef du bailliage, sommes comparus, savoir :

MM. les gentilshommes, propriétaires de fiefs, tant en personne, que par procureur, de Vallerot, seigneur en partie d'Aisey et de Richecourt, par M. de Lecey de Recour, leur frère ;

le marquis de Bologne, seigneur d'Audilly et Bonnecourt, par M. Girault de Bellefond ;

de Ranty, seigneur en partie d'Enfonvelle, par M. Lallemand de Pradines;

de La Tour du Pin, seigneur de Fouvent, par M. de Lecey de Chaugey, chevalier de Saint-Louis ;

Mademoiselle Hurault, dame de Forfotières et Avrecourt, par M. de Champaux de Vaux-Dimes ;

M. de Froment, en personne, pour la seigneurie de Bize, et pour l'autre partie,

Madame veuve Profilet de Dardeney, par M. Le Boulleur ;

MM. L'Hivert, seigneur de Brevannes, par M. Auberthot de Fresnoy ;

Bichet, seigneur de Chalancey, par M. Leauté de Blonde-Fontaine ;

de Montarby, seigneur de Charmoilles, par M. Le Boulleur ;

Mademoiselle Andrieux, dame de Chastenay-Vaudin, par M. Andrieu de Torney ;

MM. de Serrey, père, seigneur de Chatellenot, par M. de Champaux de Vaux Dimes ;

de Saint-Julien de Porte, seigneur de Chezeaux, par M. Desbarres;

le marquis de Vaubicourt, seigneur de Choiseul, par M. Gaucher, chevalier de Saint-Louis :

de Bouleur, seigneur en partie de Courton, en personne;

l'abbé de Boulleur, seigneur en partie dudit Courton, par M. de Froment, chevalier de Saint-Louis ;

de Charlary, seigneur du comté de Rouvres, par M. Dennezelles;

de Boullay, seigneur en partie de Torcency, par M. Du Houx ;

de Lacoste, seigneur en partie dudit Torcency, par M. de Champeaux ;

Madame veuve de Boulet, dame de Crépans, par M. Aubertot, de Fresnoy ;

Mademoiselle Seurot, dame de Cusey, par M. Léauté de Leycourt, chevalier de Saint-Louis ;

MM. de Gaucourt, seigneur d'Amphalles, par M. de Pietrequin de Prangey ;

les marquis de Rose père et fils, seigneurs de Dommartin, en personne ;

Denis, seigneur d'Ampremont, par M. Perrey, fils ;

Le Gros, seigneur d'Epinaut, en personne ;

Verron, seigneur de Farimont, par MM. Léauté de Grissey et Léauté de Vivey ;

Auberthot, seigneur de Fresnoy, en personne ;

de Lisle, seigneur du fief de Doncourt, par M. Taupin, de Rosney ;

Girault, seigneur de Genevrières et de Bellefond, en personne;

De Piétrequin, seigneur de Gilley, en personne;

(1) Nous publions cette liste d'après un manuscrit des *Archives de l'Empire.*

Madame Dorigny, veuve Gaucher, dame de Grandchamp, par M. le chevalier Gaucher, ancien major du régiment de Bassigny, chevalier de Saint-Louis ;

MM. Mandat, seigneur du comté de Grancey et dépendances, par M. Léauté de Grissey ;

Tolomaise des Tournelles, seigneur de Grenaud, en personne ; et pour mademoiselle Profillet de Saules, sa belle-sœur ;

de Montangard, seigneur de Jorquency, par M. Léauté de Blonde-Fontaine ;

Philippin, seigneur de Longeau et Pency-le-Pautel, en personne ;

Piétrequin de Prangey, seigneur de Marat, en personne ;

De Lallemands, seigneur de Monts, par M. Piétrequin de Prangey ;

Vailland de Savoisy, seigneur de Montigny-sur-Aube, par M. de Lecey, chevalier de Saint-Louis ;

Urquet, seigneur de Montureux-le-Sec, par M. le comte de Roze ;

Madame Andrieu, veuve de Vodonne, dame de Mouilleron et Mussiaux, par M. Andrieux de Torney ;

MM. le marquis de Saint-Simon, seigneur de Pallaizeul et Pressigny, par M. Léauté de Leycourt ;

Philpin, seigneur de Piépape, par M. Philpin de Percey ;

Minette de Beaujeu, seigneur de Pierrefaite, par M. Minette, chevalier de Beaujeu, son gendre ;

Le Gros d'Epinaud, seigneur de Pisseloup et Chaumondelle, en personne ;

le comte de Pasquier la Villette ;

le comte de Roye, par M. Ravenne Fontaine ; — de Lecey, l'aîné, seigneur de Recourt, en personne ;

Madame veuve Piot de Latour, dame de Rivière le Bois, par M. Philpin de Percey ;

M. Rouxet de Blanchelaude, seigneur de Rivière-les-Formes, par M. Lallemand de Pradines ;

Madame veuve Pecault, dame de Rigney-sur-Saône, par M. de Froment ;

MM. le comte de Roze, seigneur de Saules, en personne ; de Porrey de Chatoillenot fils, seigneur de Saint-Broing-les-Fosses, en personne ;

Guyot, seigneur de Saint-Michel, et Verseilles-Bas, par M. Léauté de Vivey ;

Fyeau, seigneur de Talmey, par M. Taupin de Rosney ;

de Landerolle, seigneur de Thuillière, par M. Girault de Bellefond ;

le duc de Saulx-Tavannes, seigneur de Til-Chatel, par M. le chevalier Gaucher, ancien major du régiment de Bassigny ;

le comte de Rostaing, seigneur du fief d'Acheville, à Varennes, par M. le marquis de Rose-Dammartin ;

Mademoiselle de Nogent, dame de Veuxaules, par M. le chevalier Gaucher, ancien major du régiment de Bassigny ;

MM. le comte de Nogent, par M. Gaucher, capitaine de cavalerie ;

Andrieux de Torney, seigneur de Villiers-les-Apprey, en personne ;

Léauté de Gressey, seigneur de Vivey, en personne ;

Lallemand de Pradine, seigneur de Villebas, en personne.

Guillaume de Chevigny, seigneur de Percey-le-Petit, représenté par de Quillard père ;

Tautomaise de Gressoux ;

Verron, seigneur de Farincourt et des Essarts, représenté par M. de Léauté de Gressey ;

le baron de Tricornot, par M. de Sercy de Chatoillenet ;

le duc de Penthièvre, par M. le marquis de Rose de Dammartin ;

Profillet de Grenaud, seigneur en partie de Grandchamp, par M. Destournelles ;

De Sarazin ;

Le baron de Rose ;

Madame Le Gros, dame, en partie, d'Epinant, par M. de Prinsac ;

Mademoiselle Le Gros, dame, en partie, de Pisseloup, par le même.

Et ont comparu en personne MM. les nobles, non possédant fiefs :

MM. Des Barres de Coiffy ;

De Lamotte frères ;

Minette, chevalier de Beaujeu ;

Gaucher, ancien major du régiment de Bassigny ;

Gaucher, ancien capitaine de cavalerie ;

Léauté de Vivey ;

De Léauté de Recour, père ;

Léauté de Reycourt, chevalier de Saint-Louis ;

Léauté de Blonde-Fontaine ;

De Simony fils ;

De Lecey, chevalier de Saint-Louis ;

Tautomaise, l'aîné ;

Tautomaise, de Prinsac ;

De Champeau frères ;

Arminot de Châtelet ;

D'Hennezel de la Rochère ;

Massay de Passavant ;

Villin de Vallemont ;

Taupin de Rosney ;

De Ballay ;

De Venière d'Affleville ;

Champeau de Faverolles ;

De Bigot d'Enfouvelles ;

Du Houx.

Chevalier de Bonnay ;

De Finances ;

Quillard père ;

SÉNÉCHAUSSÉE DE LA ROCHELLE.

EXTRAIT DU PROCÈS-VERBAL

De l'assemblée préliminaire des trois ordres de la sénéchaussée de La Rochelle, contenant la liste des comparants, du clergé, de la noblesse et du tiers-état (1).

Du 16 mars 1789.

ORDRE DU CLERGÉ.

Sont comparus :

Illustrissime et révérendissime François-Joseph-Emmanuel de Crussol d'Uzès, évêque de La Rochelle.

Messire Joseph-Emery Moreau de Marillet, doyen du chapitre; André-Louis-François Pichon, Charles Venant Pichard, tous trois députés dudit chapitre, suivant l'acte capitulaire du 26 février dernier.

Messire Jacques Jamour, prêtre, curé de la paroisse de Notre-Dame de cette ville.

Messire Jean-Baptiste Mirlin, prêtre de l'Oratoire, curé de la paroisse de Saint-Barthélemy.

Messire Pierre-Joseph Le Roi, prêtre de l'Oratoire, curé de la paroisse de Saint-Sauveur.

Messire Benigne-Pierre Roy, prêtre, curé de la paroisse de Saint-Nicolas.

Messire Charles Deschamps, prêtre, curé de la paroisse de Lhoumeau.

Messire Jean-Gabriel Rabiet, prêtre, curé de la paroisse de la Gord.

Messire Jean-Marie Vacherie-Chanteloube, prêtre de la paroisse de Nieûil.

Messire Louis Maudet, prêtre, curé de la paroisse d'Esmandes.

Messire André-François Berthommé, prêtre, curé de la paroisse de Marsilly.

Messire Paul-Marie Coyaud, prêtre, curé de la paroisse de Périgny.

Messire Jean-Augustin-Régis Raoult, prêtre, curé de la paroisse de Saint-Rogatien.

Messire François David, prêtre, curé de la paroisse de Villedoux.

Messire Marie-Joseph Dubuisson, prêtre, curé de la paroisse de Charon, en personne ; mais devant se retirer, il a donné sa procuration à messire Charles Deschamps, curé de Lhoumeau, pour le représenter, suivant qu'il appert de l'acte de Farjenel, notaire, du 17 de ce mois, qui demeure annexée à ces présentes, certifiée dudit sieur Deschamps.

Messire Michel-Pierre-Nadette Pennetreau, prêtre, curé de la paroisse d'Aligre.

Messire François Lalaire, prêtre, curé de la paroisse de l'Isle-d'Elle.

Messire Louis Guine-Folleau, prêtre, curé de la paroisse d'Audilly.

Messire Pierre-Paul Chandoré, curé de la paroisse de Saint-Ouin, représenté par messire

(1) Nous publions ce procès-verbal d'après un manuscrit des *Archives de l'Empire.*

Tourneur, curé de la paroisse de Sainte-Soulle, porteur de sa procuration reçue par Guimbial, notaire, le 11 de ce mois, qui demeure annexée à ces présentes, préalablement certifiée véritable dudit sieur Tourneur.

Messire Pierre Turgué, prieur, curé de la paroisse de Vérines, représenté par messire Jean-Dominique Dumas, curé de la paroisse de Saint-Médard, porteur de la procuration, reçue par Roy et son confrère, notaires en cette ville, en date du 11 de ce mois, qui demeure annexée à ces présentes, préalablement certifiée véritable dudit sieur Dumas.

Messire Louis-François Denechaud, prêtre, curé de la paroisse Dugué-d'Alleré, représenté par messire François de Razay, curé de la paroisse de Benon, porteur de la procuration *ad hoc* reçue par Lange, notaire royal, en date du 11 de ce mois, qui demeure annexée à ces présentes, préalablement certifiée dudit sieur de Razay.

Messire Pierre Logeay, prêtre, curé de la paroisse de Tangon et de la Ronde, son annexe.

Messire Pierre Rotureau, prêtre, curé de la paroisse de Saint-Jean de Liversay.

Messire René-Pierre Poissonnet, prêtre, curé de la paroisse de Longève.

Messire René-Marie de Gasneau, prêtre, curé de la paroisse de Clavette, représenté par messire Vulfrant-Claude-Remy Roux, curé de la paroisse de la Jarrie, porteur de sa procuration, reçue par Lambert, notaire, le 11 de ce mois, qui demeure annexée à ces présentes, préalablement certifiée véritable dudit sieur Roux.

Messire Louis Boisdon, prêtre, curé de la paroisse de Bourgneuf.

Messire Pierre Monnier, prêtre, curé de la paroisse de Mont-Roy.

Messire Pierre Tourneur, prêtre, curé de la paroisse de Sainte-Soulle.

Messire Jean-Dominique Dumas, prêtre, curé de la paroisse de Saint-Médard.

Messire Jean-Baptiste Desvaux, prêtre, curé de la paroisse d'Angliers, représenté par messire Pierre Tourneur, curé de la paroisse de Sainte-Soulle, porteur de sa procuration, reçue par Rousseau, notaire, le 13 de ce mois, qui demeure annexée à ces présentes, préalablement certifiée véritable dudit sieur Tourneur.

Messire Térance Ologhlen, prêtre, curé de la paroisse d'Anais.

Messire Jean-Paul Morin, prêtre, curé de la paroisse de Bouhet, représenté par messire Térance Ologhlen, curé d'Anais, porteur de sa procuration, reçue par Buard et son confrère, notaires à Surgères, le 15 de ce mois, qui demeure annexée à ces présentes, préalablement certifiée véritable dudit sieur Ologhlen.

Messire Étienne Goujon, prêtre, curé de la paroisse de Saint-Martin de Noaillé, représenté par messire Paul Baslin, ancien curé de la paroisse d'Aligre, porteur de sa procuration *ad hoc*, reçue par Lange, notaire royal, le 14 de ce mois, qui demeure annexée à ces présentes, préalablement certifiée véritable dudit sieur Baslin.

Messire François Dislé, prêtre, curé de la paroisse de Saint-Sauveur de Nuaillé, représenté par messire François de Razay, curé de la paroisse de Benon, porteur de sa procuration *ad hoc*, reçue par Lange, notaire royal, en date du 14 de ce mois, qui demeure annexée à ces présentes, préalablement certifiée véritable dudit sieur Razay.

Messire François Razay, prêtre, curé de la paroisse de Benon.

Messire Jacques Sainlo, prêtre, curé de la paroisse de Ferrière, représenté par messire André-François Berthommé, curé de la paroisse de Marsilly, porteur de sa procuration, reçue par Julliot et son confrère, notaires royaux, le 10 de ce mois, qui demeure annexée à ces présentes, préalablement certifiée véritable dudit sieur Berthommé.

Messire Claude Recoquillé, prêtre, curé de la paroisse de Mauzé.

Messire Antoine Douzenet, prêtre, curé de la paroisse de Cran, représenté par messire Henri-Bernard de Coraze, prieur, curé de la paroisse de Courdault, porteur de sa procuration, reçue par Bourdon, le 10 de ce mois, qui demeure annexée à ces présentes, préalablement certifiée dudit sieur de Coraze.

Messire Henri-Bernard de Coraze, prieur, curé de la paroisse de Courdault.

Messire Jean Fillonneau, prêtre, curé de la paroisse de Dompierre.

Messire Louis-Nicolas Riché, curé de la paroisse de la Laigne-Gérard, représenté par messire Recoquillé, curé de la paroisse de Mauzé, porteur de sa procuration, reçue par de Bonneuil, notaire royal, le 9 de ce mois, qui demeure annexée à ces présentes, préalablement certifiée véritable dudit sieur Recoquillé.

Messire Jean-François Chartier, prêtre, curé de la paroisse de Courçon et Nion, son annexe, représenté par messire Berthommé, curé de Marsilly, porteur de sa procuration, reçue par Julliot et son confrère, notaires, en date du 10 de ce mois, qui demeure également annexée à ces présentes, préalablement certifiée véritable dudit sieur Berthommé.

Messire Jacques-François Perault, prêtre, curé de la paroisse de Saint-Martin de Villeneuve, représenté par messire Pierre Routureau, curé de la paroisse de Saint-Jean de Liversay, porteur de sa procuration, reçue par Picard, notaire royal, le 10 de ce mois, qui demeure aussi annexée à ces présentes, préalablement certifiée véritable dudit sieur Routureau.

Messire André-François Benoist, prêtre, curé de la paroisse de Saint-Cyr-Dudoret, représenté par messire Pierre Routureau, curé de la paroisse de Saint-Jean de Liversay, porteur de sa procuration, reçue par Picard, notaire royal, le 10 de ce mois, qui demeure annexée à ces présentes, préalablement certifiée véritable dudit sieur Routureau.

Messire Joseph Peyra, prieur, curé de la paroisse d'Amilly, représenté par messire Henri-Bernard de Coraze, curé de la paroisse de Courdault, porteur de sa procuration, reçue par de Bonneuil, notaire, en date du 10 de ce mois, qui demeure annexée à ces présentes, préalablement certifiée véritable dudit sieur de Coraze.

Messire Jean-François Gaultier, prêtre, curé de la paroisse de Saint-Saturnin du Bois, représenté par messire Recoquillé, curé de Mauzé, porteur de sa procuration, reçue par de Bonneuil, notaire

royal, en date du 9 de ce mois, qui demeure annexée à ces présentes, préalablement certifiée véritable dudit sieur Recoquillé.

Messire Jean-Thomas Tresneau, prêtre, curé de la paroisse de Marsay, représenté par messire Jaucourt, prêtre, curé de la paroisse de Notre-Dame de cette ville, porteur de sa procuration, reçue par de Bonneuil, notaire, le 10 de ce mois, qui demeure annexée à ces présentes, préalablement certifiée véritable dudit sieur Jaucourt.

Messire Bernard Guilain, prêtre, curé de la paroisse de Notre-Dame de Prinies, représenté par messire Jaucourt, curé de la paroisse de Notre-Dame de cette ville, porteur de sa procuration, reçue par de Bonneuil, notaire royal, le 10 de ce mois, qui demeure annexée à ces présentes, préalablement certifiée véritable dudit sieur Jaucourt.

Messire..., curé d'Usseau, défaillant.

Messire Marie-Antoine Lafond de Lescure, prêtre, curé de la paroisse d'Epannes, représenté par messire Jean-Louis Suire, prêtre, curé de la Rochenard, porteur de sa procuration, reçue par de Bonneuil, notaire royal, le 12 de ce mois, qui demeure annexée à ces présentes, préalablement certifiée véritable dudit sieur Suire.

Messire..., curé de la paroisse Duvert, défaillant.

Messire Louis Gravat, prêtre, curé de la paroisse de Vallans, représenté par messire Pierre Chevas, prêtre de l'Oratoire, porteur de sa procuration, reçue par Jousselin, notaire royal, le 3 de ce mois, qui demeure annexée à ces présentes, préalablement certifiée véritable dudit sieur Chevas.

Messire Jean-Louis Suire, prêtre, curé de la paroisse de Rochenard.

Messire Laurent Laflasquère, prêtre, curé de la paroisse de Ballon.

Messire Jean-Baptiste David, prêtre, curé de la paroisse de Salles, représenté par messire Pierre Mousnier, curé de la paroisse de Mont-Roy, porteur de sa procuration, reçue par Roy, notaire, le 8 de ce mois, qui demeure annexée à ces présentes, préalablement certifiée véritable dudit sieur Mousnier.

Messire Gabriel-Charles-Modeste-Hilarion Croiszetière, prêtre, curé de la paroisse de Mortagne.

Messire Jacob-François Bascave, prêtre, curé de la paroisse de Saint-Vivien.

Messire Jean-François Fillon, prêtre, curé de la paroisse de Thaire, représenté par messire Pierre-Georges Regnier, curé d'Aucher, fondé de procuration, reçue par Lambert, notaire, le 14 de ce mois, qui demeure annexée à ces présentes, préalablement certifiée véritable dudit sieur Regnier.

Messire Etienne-François Saudilleau, prêtre, curé de la paroisse de Croix-Chapeaux, représenté par messire Rémi Roux, curé de la paroisse de la Jarrie, porteur de sa procuration, reçue par Collonnier, notaire royal, le 10 de ce mois, qui demeure annexée à ces présentes, préalablement certifiée véritable dudit sieur Roux.

Messire Joachim Bellisle, prêtre, curé de la paroisse de la Jarne.

Messire Jean-Baptiste-Louis Rousselière, prêtre, curé de la paroisse de Ciré.

Messire Pierre-Louis Breuillac, prêtre, curé de la paroisse de Châtel-Aillon.

Messire Jean-Denis de Leutre, prêtre, curé de la paroisse d'Aytré.

Messire Léon Gerbier, prêtre, curé de la paroisse de Virson, représenté par messire Jacques-Joseph Gerbier, prêtre, porteur de sa procuration, reçue par Faurie, notaire royal, en date du 27 février dernier, qui demeure annexée à ces présentes, préalablement certifiée véritable dudit sieur Gerbier.

Messire Jean Giraudeau, prêtre, curé de la paroisse d'Ardillères, représenté par messire Jean-Baptiste-Louis Roussillières, curé de la paroisse de Ciré, porteur de sa procuration, reçue par Moreau, notaire royal, le 10 de ce mois, qui demeure annexée à ces présentes, préalablement certifiée véritable dudit sieur Roussillières.

Messire René Roy, prieur, curé de la paroisse de Thou.

Messire Jacques Maillard, prêtre, curé de la paroisse de Saint-Christophe, représenté par meissre Boisdon, curé de la paroisse de Bourgneuf, porteur de sa procuration en date du 13 de ce mois, qui demeure annexée à ces présentes, préalablement certifiée véritable dudit sieur Boisdon.

Messire François-Daniel Prévost, curé de la paroisse de Saint-Georges du Bois, représenté par messire Bellisle, curé de la Jarne, porteur de sa procuration, reçue par Buard, notaire royal, le 12 de ce mois, qui demeure annexée à ces présentes, préalablement certifiée véritable dudit sieur Bellisle.

Messire Pierre Osmont, prêtre, curé de la paroisse de Puyravault, représenté par messire Pierre Mouilleron, prêtre, curé de la paroisse de Surgères, porteur de sa procuration, reçue par Buard, notaire royal, le 28 février dernier, qui demeure annexée à ces présentes, préalablement certifiée véritable par le dit sieur Mouilleron.

Messire Pierre Mouilleron, prêtre, curé de la paroisse de Surgères.

Messire Jean-François-Nazaire Drapron, prêtre, curé de la paroisse d'Aigrefeuille, représenté par Messire Louis Boisdon, curé de la paroisse de Bourgneuf, porteur de sa procuration, reçue par Musset, notaire royal, le 12 de ce mois, qui demeure annexée à ces présentes, préalablement certifiée véritable par ledit sieur Boisdon.

Messire Jean Veillon, prêtre, curé de la paroisse de Saint-Germain de Marancennes, représenté par messire Pierre Mouilleron, curé de Surgères, porteur de sa procuration, reçue par Buard, notaire royal, le 28 février dernier, qui demeure aussi annexée à ces présentes, préalablement certifiée véritable dudit sieur Mouilleron.

Messire Pierre-Polycarpe Blavout, prêtre, curé de la paroisse Saint-Pierre, près Surgères.

Messire Pierre-Georges Régnier, prêtre, curé de la paroisse du Cher.

Messire Pierre Néau, prêtre, curé de la paroisse du Breuil-Saint-Jean, représenté par messire Pierre-Polycarpe Blavout, prieur, curé de Saint-Pierre, près Surgères, porteur de sa procuration, reçue par Buard, notaire royal, le 10 de ce mois, qui demeure annexée à ces présentes, préalablement certifiée véritable dudit sieur Blavout.

Messire Jean Chatagné, prêtre, curé de la paroisse de Landray, représenté par messire Pierre-Polycarpe Blavout, curé de la paroisse de Saint-Pierre, près Surgères, porteur de sa procuration, reçue par Buard, notaire royal, le 10 de ce mois, qui demeure annexée à ces présentes, préalablement certifiée véritable dudit sieur Blavout.

Messire Pierre Pavie, prêtre, curé de la paroisse de Saint-Maurice.

Messire Gabriel-Jacques Sollard, prêtre, curé de la paroisse de la Leu.

Messire Jean-Jacques Alliou, prêtre, curé de la paroisse de Saint-Mard, représenté par messire Michel François, curé de la paroisse de Laix, île de Ré, porteur de sa procuration, reçue par Buard,

notaire royal, le 9 de ce mois, qui demeure également annexée à ces présentes, préalablement certifiée véritable dudit sieur François.

Messire François Bienvenu, prêtre, curé de la paroisse du Breuil-la-Réorte, représenté par messire Michel François, curé de Laix, île de Ré, porteur de sa procuration, reçue par Buard, notaire, le 9 de ce mois, qui demeure annexée à ces présentes, préalablement certifiée véritable dudit sieur François.

Messire Pierre Castagnary, prêtre, curé de la paroisse de Charentenay, représenté par messire Jean-François-Baptiste Pasquier, prêtre, principal du collège de cette ville, porteur de sa procuration, reçue par Buard, notaire royal, le 10 de ce mois, qui demeure annexée à ces présentes, préalablement certifiée véritable dudit sieur Pasquier.

Messire Vulfrant-Claude-Rémi Roux, prêtre, curé de la Jarrie.

Messire......, curé de la paroisse de Ciré, défaillant.

Messire Jean-Marie Mousseau, prêtre, curé de la paroisse de Vautre, représenté par messire Jean-René Vacherie, curé de la paroisse de Nieuil, porteur de sa procuration, reçue par Gendron et son confrère, notaires royaux en cette ville, en date du 14 de ce mois, qui demeure annexée à ces présentes, préalablement certifiée véritable dudit sieur Vacherie.

Messire Charles-Jean-Baptiste Pinclières, prêtre, curé de la paroisse de Saint-Martin, île de Ré.

Messire Pierre-André Favre, prêtre, curé de la Flatte, île de Ré.

Messire Jacques-Louis Doussin, chanoine régulier de Chauselade, prieur, curé de la paroisse de Sainte-Marie, île de Ré.

Ledit sieur Pinclières, curé de Saint-Martin, pareillement de la paroisse de la Conchard, son annexe.

Messire Michel-François, prêtre, curé de la paroisse de Laix, île de Ré.

Messire Pierre Brizard, prêtre, curé de la paroisse d'Ars, île de Ré. Ledit sieur Brizard, pareillement curé de la paroisse des Portes, annexe d'Ars.

Messire Jacques-Adrien-Augustin Limonas, prêtre et supérieur de la maison de l'Oratoire de cette ville, député de ladite maison, suivant l'acte capitulaire du 14 de ce mois, qui demeure annexé à ces présentes, préalablement certifié véritable dudit sieur Limonas.

Messire Pierre Monnier, titulaire du prieuré de Saint-Pierre de Marsilly.

Messire Joseph-Emmery Morand, doyen de la cathédrale de cette ville, titulaire du prieuré de Coulonge-Mailzay, en la paroisse de Marsilly.

Messire Pierre-Zacharie Morand, prêtre, l'un des secrétaires chapelains, attaché à l'église cathédrale de cette ville, et député desdits chapelains, suivant l'acte capitulaire du 1er de ce mois, qui demeure annexé à ces présentes, préalablement certifié véritable dudit sieur Morand.

Louis-Jean-Baptiste Rousseau, prieur et religieux Jacobin de cette ville, député de ladite maison, suivant l'acte capitulaire du 28 février dernier, qui demeure annexé à ces présentes, préalablement certifié véritable dudit sieur Rousseau.

Jacques-Louis Beaumont, prêtre, prieur des religieux Augustins de cette ville, député de ladite maison, suivant l'acte capitulaire du 4 de ce mois, qui demeure annexé à ces présentes, préalablement certifié véritable dudit sieur Beaumont.

Hippolyte-Godard de Lamotte, prieur des frères

de la Charité de cette ville et député de ladite maison, suivant l'acte capitulaire du 28 février dernier, qui demeure annexé à ces présentes, préalablement certifié véritable dudit sieur de Lamotte.

Emmery Demerie, prieur des pères Carmes de cette ville et député de ladite maison, suivant l'acte capitulaire du 10 de ce mois, qui demeure annexé à ces présentes, préalablement certifié véritable dudit sieur Demerie.

La commanderie magistrale du Temple, à La Rochelle, défaillant.

Les dames religieuses du couvent et monastère de Sainte-Ursule, de cette ville, représentées par messire Antoine-Augustin Aldebert, vicaire général de ce diocèse, porteur de procuration de ladite maison, suivant l'acte capitulaire du 12 de ce mois, qui demeure annexé à ces présentes, préalablement certifié véritable dudit sieur Aldebert.

Les dames religieuses du couvent et monastère de Saint-Joseph et de la Providence, de cette ville, représentées par messire Antoine-Augustin Aldebert, vicaire général de ce diocèse, leur porteur de procuration, suivant l'acte capitulaire du 12 de ce mois, qui demeure annexé à ces présentes, préalablement certifié véritable dudit sieur Aldebert.

Les dames religieuses du monastère de Sainte-Claire, de cette ville, représentées par messire Réné Jubeau, prêtre, chanoine de la cathédrale de cette ville, député de ladite communauté, suivant l'acte capitulaire du 12 de ce mois, qui demeure annexé à ces présentes, préalablement certifié véritable dudit sieur Jubeau.

Les dames religieuses du couvent et monastère des Dames-Blanches, de cette ville, représentées par messire Armand-Alexandre-Réné-François Counaud de la Richardière, prêtre, chanoine de l'église cathédrale de cette ville, député et porteur de procuration de ladite communauté, suivant l'acte capitulaire du 14 de ce mois, qui demeure annexé à ces présentes, préalablement certifié véritable dudit sieur de la Richardière.

Les religieuses hospitalières de la Charité Notre-Dame, de cette ville, représentées par messire Daniel-Xavier Liron-Dayrolles, chanoine de l'église cathédrale et vicaire général de ce diocèse, leur porteur de procuration, suivant l'acte capitulaire du 10 de ce mois, qui demeure annexé à ces présentes préalablement certifié véritable dudit sieur Dayrolles.

Frère Claude Le Nonnaud, prêtre conventuel de l'ordre de Malte, commandeur de Saint-Jean-du-Perrot, de cette ville, représenté par messire Benigne-Pierre Roy, prêtre, curé de la paroisse de Saint-Jean, de cette ville, porteur de la procuration, reçue par Bourbaud et son confrère, notaires royaux, à Poitiers, le 5 de ce mois, qui demeure annexée à ces présentes, préalablement certifiée véritable dudit sieur Roy.

Messire Philibert Fournier, prêtre titulaire du bénéfice de la chapelle des Ramées, en la paroisse de Laix, île de Ré, représenté par messire Charles-Jean-Baptiste Pinelières, curé de la paroisse de Saint-Martin, de ladite île, porteur de sa procuration, reçue par Malo et son confrère, notaires royaux à Saint-Martin, le 9 de ce mois, qui demeure annexée à ces présentes, préalablement certifiée véritable dudit sieur Pinelières.

Messire Elie-Jacques Perraud ; Pierre Baudy ; Pierre Giraud ; Philibert Fournier ; François-Xavier-Victor Grimaud et Louis-Auguste Chantreau,

prêtres, demeurant en la ville de Saint-Martin, île de Ré, représentés par ledit sieur Pinelières, curé de ladite paroisse de Saint-Martin, leur porteur de procuration, suivant l'acte capitulaire du 9 de ce mois, qui demeure annexée à ces présentes, préalablement certifiée véritable dudit sieur Pinelières.

Messire Etienne-Jean-Marie Bourdin, prêtre, curé de la paroisse de Saint-Nicolas de cette ville, titulaire du bénéfice et prieuré de Saint-Etienne, en l'île de Ré.

Les religieux de l'abbaye royale de Sablanceau, au diocèse de Saintes, titulaire du bénéfice de Chantecos, en ladite île de Ré.

Messire Joachim-Thadée-Louis Le Moyne du Gosset, vicaire général du diocèse de Périgueux, prieur du prieuré de Saint-Sauveur, en l'île de Ré, représenté par M. François Grenier, prêtre, chanoine de l'église cathédrale de cette ville, porteur de sa procuration, reçue par Jamelu et son confrère, notaires royaux à Vir, le 4 de ce mois, qui demeure annexée à ces présentes, préalablement certifiée véritable dudit sieur Grenier.

Les sieurs titulaires de la chapelle Lange, en la dite île de Ré, défaillants.

Les sieurs titulaires de la chapelle Longlois, en la même île de Ré, défaillants.

Le sieur titulaire de la chapelle de la Clairay, en la dite île de Ré, défaillant.

Le sieur titulaire de la chapelle de Notre-Dame de Salut, défaillant.

Le sieur titulaire de l'abbaye des Châtelliers, en ladite île de Ré, dont les pères de la maison de l'Oratoire de Saint-Honoré de Paris sont pourvus, représenté par messire Limonas, supérieur de la maison de l'Oratoire, de cette ville, leur porteur de procuration, reçue par Domol, notaires à Paris, du 12 de ce mois, qui demeure annexée à ces présentes, préalablement certifiée dudit sieur Limonas.

Le sieur titulaire de la chapelle la Fecante, en l'île de Ré, par M. Pierre Tourneur, titulaire de ladite chapelle.

Les frères religieux de la Charité, en l'île de Ré, représentés par le frère Joachim Pépin, religieux, député de la maison, suivant l'acte capitulaire du 8 de ce mois, qui demeure annexé à ces présentes, préalablement certifié véritable dudit sieur Pépin.

Messire François Gilbert, prêtre, chanoine grand archidiacre de l'église cathédrale cette ville.

Les abbés prieur et religieux de l'abbaye de la Grâce-Dieu, représentés par dom Martin, procureur de ladite maison et député d'icelle, suivant l'acte capitulaire du 14 de ce mois, qui demeure annexé à ces présentes, préalablement certifié véritable dudit sieur Martin.

Le sieur titulaire du prieuré de Saint-Sauveur de Nuaillé.

Le sieur titulaire du prieuré du Peux, en la paroisse de Benon, représenté par messire Jacques-Adrien-Augustin Limonas, prêtre et supérieur de la maison de l'Oratoire de cette ville, porteur de procuration, reçue par Robinet, notaire royal à Saint-Jean-d'Angély, le 2 de ce mois, qui demeure annexée à ces présentes, préalablement certifiée véritable dudit sieur Limonas.

Le sieur titulaire du prieuré Maillezay, en la paroisse de Dompierre, dépendant du chapitre de cette ville.

Le sieur titulaire du prieuré de Saint-Martin du Rompsay, tenu à bail emphytéotique par messire Raoult, curé de Saint-Rogatien.

Le sieur titulaire du prieuré de Priaires, représenté par messire Jean-Baptiste Mirlin, prêtre de l'Oratoire, curé de la paroisse de Saint-Barthélemy de cette ville, en vertu de sa procuration, reçue par Genex et son confrère, notaires royaux à Clermont, le 26 février dernier, qui demeure annexée à ces présentes, préalablement certifiée véritable dudit sieur Mirlin.

Le sieur titulaire du prieuré de Saint-Saturnois-du-Bois, représenté par messire Jean-Baptiste Druet, prêtre, demeurant à Surgères, fondé de procuration, reçue par Canel et son confrère, notaires à Paris, le 1er de ce mois, qui demeure annexée à ces présentes, préalablement certifiée véritable par ledit sieur Druet.

Le sieur titulaire des prieurés de Saint-Pierre, Notre-Dame et Sainte-Croix, représenté par messire Despré, prieur de l'abbaye de Charon, porteur de procuration, reçue par Du Chatenier et son confrère, notaires royaux à Poitiers, le 3 de ce mois, qui demeure annexée à ces présentes, préalablement certifiée véritable dudit sieur Després.

Le sieur titulaire du prieuré de Sainte-Valère, représenté par messire Louis Lucas, prêtre, vicaire de la paroisse de Saint-Barthélemy de cette ville, fondé de procuration, reçue par Delavaux, notaire à Chaillé-les-Marais, le 24 janvier dernier, qui demeure annexée à ces présentes, préalablement certifiée véritable dudit sieur Lucas.

Messire Pierre-François Hairante, prêtre, chanoine de l'église cathédrale de cette ville et prieur du prieuré de Bouet.

Le sieur titulaire du prieuré de Candide, représenté par messire Jean-Augustin-Régis Raoult, curé de la paroisse de Saint-Rogatien, porteur de procuration, reçue par Millouin et son confrère, notaires royaux à Fontenay, le 11 de ce mois, qui demeure annexée à ces présentes, préalablement certifiée véritable dudit sieur Raoult.

Messire Jean-Augustin-Régis Raoult, prêtre, curé de la paroisse de Saint-Rogatien, titulaire du prieuré d'Esnaudes.

Le sieur....., titulaire du prieuré de Sainte-Catherine, paroisse de Perigny, tenu à bail emphytéotique par le sieur de La Tremblay.

Les révérends pères minimes du couvent de Saint-Gilles de Surgères, pour toutes les possessions qu'ils ont dans cette sénéchaussée, représentés par Pierre Gatineau, prieur de ladite maison et député d'icelle, suivant l'acte capitulaire du 22 de ce mois, qui demeure annexé à ces présentes, préalablement certifié véritable dudit sieur Gatineau.

Les prêtres de l'Oratoire de cette ville, titulaires de l'aumônerie d'Esnaudes, représentés par ledit sieur Limonas, leur député.

Le sieur...., titulaire du prieuré de Lazon, paroisse de l'Hommeau, tenu à bail emphytéotique.

Messire Jacques-Jules Bonnaud, vicaire général du diocèse de Lyon, prieur de Sermaize, en la paroisse de Nieuil, représenté par messire Daniel-Xavier Liron-Dayrolles, vicaire général de ce diocèse, porteur de procuration, reçue par Coste et son confrère, notaires à Lyon, le 27 février dernier, qui demeure annexée à ces présentes, préalablement certifiée véritable dudit sieur Dayrolles.

Messire Louis-Anne Chabot, chevalier de l'ordre de Saint-Jean de Jérusalem, commandeur de la commanderie de Bourgneuf, par messire Etienne-Jean-Marie Bourdin, prêtre, curé de la paroisse de Saint-Nicolas de cette ville, fondé de procuration, par-devant Mesnand et Picard, notaires royaux en la sénéchaussée de Poitiers, le 9 de ce mois, qui demeure annexée à ces présentes,

préalablement certifiée véritable dudit sieur Bourdin.

Les religieux minimes de Surgères, pour leur possession en la paroisse d'Angliers.

Les mêmes religieux de Saint-Gilles, à cause de leur hôpital en la paroisse de Nieuil.

Le sieur....., titulaire de la commanderie de Sainte-Soulle, absent.

Les sieurs prêtres de l'Oratoire de cette ville, dans la paroisse de Villedoux.

Louis-Joseph Desprez, prieur, religieux unique de l'abbaye de Charon.

Messire Pierre-René-André Gaultier, grand chantre de l'église cathédrale de cette ville, titulaire du prieuré de l'Isle d'Elle.

Et ayant vaqué jusqu'à deux heures de relevée, nous avons remis la continuation du présent procès-verbal à demain huit heures du matin. *Signé* Green de Saint-Marsault, comte de Châtel-Aillon, grand sénéchal ; Régnaud, Griffon et Régnault, greffier.

Et avenant le lendemain 17 dudit mois de mars, nous, grand sénéchal susdit, avec notre lieutenant général, le procureur du Roi et le greffier, nous nous sommes rendus en la grande salle du Palais-Royal aux fins de la continuation du présent procès-verbal ; ce fait, sont comparus :

Le sieur titulaire du prieuré de Sainte-Radegonde, en la paroisse d'Angoulin, par..... religieux minime de Saint-Gilles de Surgères, député dudit couvent, titulaire dudit prieuré.

MM. les chanoines et chapitre de l'église de La Rochelle, propriétaires de la prévôté de Mezeron, par les sieurs Moreau et Pichon, députés dudit chapitre.

Dom Renoux, religieux bénédictin de Notre-Dame de Charentenay, par messire Jean-Baptiste Mirlin, prêtre de l'Oratoire, curé de Saint-Barthélemy de cette ville, fondé de procuration, reçue par Geneste, notaire à Clermont, en date du 26 février dernier, qui demeure annexée à ces présentes, préalablement certifiée véritable dudit sieur Mirlin.

Messire Jean-Baptiste Druete, prieur du prieuré de Langle-Giraud.

Messire Jean-Baptiste de Monmignon, vicaire général du diocèse de Soissons, prieur du prieuré de Puyravault, par messire Moreau de Marilles, doyen du chapitre de cette ville, porteur de procuration, reçue par Boulard et son confrère, notaires à Paris, le 6 de ce mois, qui demeure annexée à ces présentes, préalablement certifiée véritable dudit sieur Moreau.

Messire René-Aimé Réguier, prieur du prieuré Notre-Dame de l'Isleau, par messire Claude Sauveur Levacher, chanoine de la cathédrale de cette ville, porteur de sa procuration, reçue par Girard et son confrère, notaires à Loudun, le 7 mars présent mois, qui demeure annexée à ces présentes, préalablement certifiée véritable dudit sieur Levacher.

Le sieur...., titulaire du prieuré de Sainte-Luce, absent.

Théodore Valadon, seul et unique religieux du couvent de la Pointe-des-Minimes.

Dom Charles Moreau, prieur, seul et unique religieux de l'abbaye Saint-Léonard.

Messire Armand-Alexandre-René-François Cousseau de la Richardière, chanoine de la cathédrale de cette ville, titulaire des prieurés Saint-Marc et de Saint-James du Bois-Fleury.

Ledit sieur de La Richardière, prieur titulaire du prieuré d'Agéré, en la paroisse de Ballon.

Révérend père frère Pierre Groisy, prieur des

Augustins de Montmorillon, seigneurs de Bethléem, par le révérend père Jacques-Louis Beaumont, prieur des Augustins de cette ville, fondé de procuration, reçue par Nouveau et son confrère, notaires à Montmorillon, le 10 de ce mois, qui demeure annexée à ces présentes, préalablement certifiée véritable dudit sieur Beaumont.

MM. les prêtres de l'Oratoire de cette ville, seigneurs du fief de Ré, paroisse de Saint-Rogatien, par messire Limonas, prieur de ladite maison et député d'icelle.

Messieurs du chapitre de La Rochelle, prieurs et seigneurs de Saint-Georges du Bois, par lesdits sieurs Moreau, Pichon et Pichard, députés dudit chapitre.

Le sieur....., titulaire du prieuré de Sainte-Radegonde, en l'île de Ré, absent.

M...... abbé de l'abbaye de la Grâce-Dieu, absent.

M....., seigneurs de la Brie, défaillant.

Les religieux de la Charité de La Rochelle, pour leur possession en la paroisse de Dompierre, par frère Hippolyte de Lamotte, prieur de ladite maison et député d'icelle.

Messire François Tauchon, chanoine de l'église royale et collégiale de Saint-Martial de Limoges, prieur du prieuré d'Aneix, par messire André-Louis-François Pichon, chanoine de l'église cathédrale de cette ville, porteur de procuration, reçue par Ardent, notaire royal, le 2 de ce mois, qui demeure annexée à ces présentes, préalablement certifiée véritable dudit sieur Pichon.

Messire Alexandre Pollard, prêtre, vicaire de la paroisse de Notre-Dame de cette ville, titulaire du prieuré de Saint-Blaise, paroisse de la Leu.

Messire Pierre Pavie, prêtre, curé de la paroisse de Saint-Maurice, près cette ville, titulaire du prieuré de Quarante-Dix-Ars. Ile de Ré.

Messire Jean-Gabriel Rabiet, prêtre, curé de la paroisse de la Gord, titulaire du prieuré de Saint-Maur du Vergé.

Messire Charles-Louis Bineau, trésorier du chapitre de cette ville, à cause de ses dîmes attachées à la trésorerie, dues en l'île de Ré.

Dom Alexandre Thibaud de Pierrieux, prêtre, religieux bénédictin, titulaire du prieuré de Saint-Hilaire-des-Bois, par messire Pierre Dhesnin, prêtre, vicaire de Notre-Dame de cette ville, porteur de procuration, reçue par Robinet, notaire royal à Saint-Jean-d'Angély, le 27 février dernier, qui demeure annexée à ces présentes, préalablement certifiée véritable dudit sieur Dhesnin.

Messires Baslin, Fontaine, Bridault, Pasquier, Duchesne, Gauttier, Paulard, Dhesnin et d'Orfeuil, prêtres, demeurant sur la paroisse Notre-Dame de cette ville, par ledit messire Baslin, l'un d'eux et leur député, suivant la délibération du 9 de ce mois, qui demeure annexée à ces présentes, préalablement certifiée véritable dudit sieur Baslin.

Messires Lazare Poitou, Michel-André Chabot, Etienne Bidout et Jean-Baptiste-Louis Lucas, prêtres habitués sur la paroisse de cette ville, par ledit sieur Chabot, l'un d'eux et leur député, suivant l'acte de délibération du 4 de ce mois, qui demeure annexé à ces présentes, préalablement certifié véritable dudit sieur Chabot.

Messires Jouanne de Saint-Martin, Proux et Gerbier, prêtres habitués et domiciliés sur la paroisse de Saint-Sauveur de cette ville, par ledit sieur Jouanne de Saint-Martin, l'un d'eux et leur député, suivant la délibération du 5 de ce mois, qui demeure annexée à ces présentes, préalablement certifiée véritable dudit sieur Jouanne de Saint-Martin.

Messire Barthélemy-René Boutiron, prêtre, vicaire de la paroisse de Saint-Nicolas de cette ville, seul prêtre habitué sur ladite paroisse.

Messires Jean-François-Auguste Marchand et Honoré-Simon-Louis David, prêtres habitués et domiciliés sur la paroisse d'Ars, île de Ré, par messire Pierre Brizard, curé de ladite paroisse, leur député, suivant la délibération du 1er de ce mois, qui demeure annexée à ces présentes, préalablement certifiée véritable dudit sieur Brizard.

Messires Jacques Lauger et Alexis-Marie Geay, prêtres domiciliés sur la paroisse de la Flotte, île de Ré, par Messire Favre, curé de ladite paroisse, leur député, suivant l'acte de délibération du 9 de ce mois, qui demeure annexé à ces présentes, préalablement certifié véritable dudit sieur Favre.

Messire Mathieu Gibaud et André Fillonneau, prêtres habitués sur la paroisse de Sainte-Marie, île de Ré, par messire Doussin, curé de ladite paroisse, leur député, suivant l'acte de délibération du 14 de ce mois, qui demeure annexé à ces présentes, préalablement certifié véritable dudit sieur Doussin.

Messire Claude Cosson, prêtre, curé de la paroisse de Saint-Louis de Rochefort.

Messire François-René-Augustin Laydet, prieur de Notre-Dame de Rochefort.

Messire Jean-Léon Mérillon, prêtre, curé prieur de Saint-Hippolyte du Vergeroux, par messire Claude Cosson, curé de la paroisse de Saint-Louis de Rochefort, porteur de sa procuration, reçue par Hérault, notaire royal, en date du 5 de ce mois, qui demeure annexée à ces présentes, préalablement certifiée véritable dudit sieur Cosson.

Messire Louis Jullien-Fillon, curé de la paroisse du Breuil-le-Magné, par messire François-René-Augustin Laydet, prieur de Notre-Dame de Rochefort, porteur de sa procuration, reçue par Charier et son confrère, notaires, le 4 de ce mois, qui demeure annexée à ces présentes, préalablement certifiée véritable dudit sieur Laydet.

Messire Jean-Jacques Coudret, prêtre, curé de la paroisse de Saint-Laurent de la Prée.

Messire Antoine Chemineau, prêtre, curé de la paroisse de Saint-Etienne d'Ives, par messire Jean Jacques Coudret, curé de Saint-Laurent, de la Prée, porteur de sa procuration, reçue par Defienot, notaire royal, le 14 de ce mois, qui demeure annexée à ces présentes, préalablement certifiée véritable dudit sieur Coudret.

Messire Etienne Talamy, prêtre, curé de la paroisse de Fouras.

Les prêtres de l'Oratoire de cette ville, curés de la paroisse de l'Isle-d'Aix et seigneurs de ladite paroisse, par ledit sieur Limonas, prieur de ladite maison.

Messire Bernard Burgion, curé des paroisses de Saint-Paudelon et Benesse, titulaire du prieuré de Saint-Etienne d'Ives, par messire Jean-Marie-Etienne Bourdin, curé de la paroisse de Saint-Nicolas de cette ville, fondé de procuration, reçue par Senian et son confrère, notaire en la sénéchaussée d'Ars, le 7 de ce mois, qui demeure annexée à ces présentes, préalablement certifiée véritable dudit sieur Bourdin.

Messires François-Jean Rossignol, Nicolas-Joseph Wilin, Jean-Pierre Fach, Paul-Isaac Martin, Jean-Antoine-Bonaventure Florent, Jacques-Pierre-Martin Braud, Stanislas-Joseph-Guillin Bernier, Nicolas Petit-Jean, Allexis-Julien Lucas, tous prêtres habitués et domiciliés sur la paroisse de Saint-Louis de Rochefort, par ledit sieur Braud, l'un d'eux et leur député, suivant l'acte de délibération du 6 de ce mois, qui demeure annexé à ces présentes, préalablement certifié véritable dudit sieur Braud.

Les religieux de l'abbaye royale de Saint-Michel en l'Herme, pour leur possession en cette sénéchaussée, par dom Etienne Paillet, sous-prieur de ladite abbaye et député d'icelle, suivant l'acte de délibération du 27 février dernier, qui demeure annexé à ces présentes, préalablement certifié véritable dudit sieur Paillet.

Messire Etienne-Louis Bridault, prêtre, seigneur du fief de Saint-Benoît et du petit bailliage de Chagnollet.

Messire Pierre Proux, prêtre, vicaire de la paroisse de Saint-Sauveur, titulaire de la chapelle Audouard, en l'île de Ré.

NOMS DE MM. LES NOBLES DE LA SÉNÉCHAUSSÉE
DE LA ROCHELLE.

Messire Henri-Charles-Benjamin Green de Saint-Marsault, chevalier, seigneur, comte, baron de Châtel-Aillon, des châtellenies du Roulles, la Salle d'Aitré, Rudepierre, la Laisse, Bourlaude-les-Viviers, l'Herbaudière, les Bouchaux et autres lieux, ancien capitaine d'infanterie, chevalier de l'ordre royal et militaire de Saint-Louis, conseiller du Roi et son grand sénéchal en la sénéchaussée, ville et gouvernement de La Rochelle, présidant ladite assemblée.

Le seigneur de la châtellenie d'Angoulin.

Dame Marie-Suzanne de Villedon, veuve de messire Antoine de Villedon, chevalier, seigneur de Mortagne-la-Jeune, ancien capitaine de cavalerie, chevalier de l'ordre royal et militaire de Saint-Louis, demeurant en cette ville, par messire Cosme-Joseph de Bressey, écuyer, porteur de sa procuration, reçue par Roy et son confrère, notaires en cette ville, le 10 de ce mois, qui demeure annexée à ces présentes, préalablement certifiée véritable dudit sieur de Bressey.

Le marquis d'Aligre, défaillant.

Messire Louis-Maximilien-Alexandre, comte d'Hanache, chevalier, au nom et comme protuteur des enfants mineurs de feu le sieur marquis de Poléon, en cette qualité administrateur de la baronnie de Poléon, des châtellenies de la Laigne et Milléens, représenté par messire Etienne-Marie-George Coqueray de Valmenier, chevalier, porteur de sa procuration, reçue par Archambaud et son confrère, notaires à Tours, le 2 de ce mois, qui demeure annexée à ces présentes, préalablement certifiée véritable dudit sieur de Valmenier.

Messire Jean-François de La Rochefoucault, vicomte de la Rochefoucault, maréchal des camps et armées du Roi, chevalier de ses ordres, lieutenant pour le Roi au gouvernement du royaume de Navarre et province de Béarn, seigneur baron de Surgères, Lamotte, Virson, Marauces, Vauné, Agure et autre lieux, représenté par messire Jacques-Henri, comte de Linières, porteur de sa procuration ad hoc, reçue par Chaumet et son confrère, notaires à Paris, le 5 de ce mois, qui demeure annexée à ces présentes, préalablement certifiée véritable dudit sieur de Linières.

Messire Charles-Louis Trudaine, conseiller au parlement de Paris, seigneur de la Leu, la Jarrie, Fronsac et autres lieux, représenté par messire Ambroise-Eulalie, vicomte de Malartie, chevalier, lieutenant-colonel, commandant du bataillon de garnison du régiment de Poitou, chevalier de l'ordre royal et militaire de Saint-Louis, porteur de son pouvoir ad hoc, reçu par Fourcaud et son

confrère, notaires à Paris, le 26 février dernier, qui demeure annexée à ces présentes, préalablement certifiée véritable dudit sieur de Malartie.

Messire François-Henri Harouard de Saint-Sornin, seigneur de la Garde-aux-Valets.

Demoiselle Marguerite-Madeleine de Francfort, Marie-Auguste de Francfort, Marguerite-Auguste-Paul de Francfort et Jeanne-Marie-Adélaïde de Francfort, seigneurs de la Baroire, par messire Henri-Augustin Baudouin de la Noue, écuyer, porteur de leur procuration ad hoc, reçue par de La Vergne et son confrère, notaires en cette ville, le 10 de ce mois, qui demeure annexée à ces présentes, préalablement certifiée véritable dudit sieur de la Noue.

Messire Henri-Auguste Baudouin de la Noue, écuyer, seigneur du vieux fief la Maillotière et autres lieux.

Messire Alexandre Rougier, chevalier, seigneur du Marais-Guyot, Bougrenue et autres lieux, conseiller, procureur du Roi honoraire au siège présidial de cette ville.

M. le comte et baron de Châtel-Aillon, propriétaire en partie de la terre de Ciré, faisant tant pour lui que pour ses autres cohéritiers.

Dame Angélique-Elisabeth de la Laurency, épouse de messire Jean-Antoine-Honoré Masson de la Sausay, chevalier, seigneur de la Forêt et de la Fond, ancien officier au régiment de Languedoc-infanterie, et demoiselle Marie-Anne de La Laurency, majeure, dame de la châtellenie, terre et seigneurie de la Fond, représentées par messire Charles de Saintours, chevalier de l'ordre de Saint-Lazare, porteur de leur procuration, reçue par Mervault, notaire royal en Saintonge, le 3 mars présent mois, qui demeure annexée à ces présentes, préalablement certifiée véritable dudit sieur de Saintours.

Messires de Trudaine, seigneurs de la terre de la Leu, par ledit sieur de Malartie, leur porteur de procuration.

Ledit sieur de Trudaine, seigneur des mêmes fiefs, également représenté par ledit sieur de Malartie.

Messire Pierre-Honoré Régnier, écuyer, prêtre, curé de la paroisse de Saint-Valérien en Poitou, seigneur des Grolles et de Courcilles, représenté par messire Pierre-Charles-Martin de Chassiron, écuyer, porteur de sa procuration, reçue par Roy et son confrère, notaires en cette ville, le 6 de ce mois, qui demeure annexée à ces présentes, préalablement certifiée véritable dudit sieur de Chassiron.

Messire Jacques Bruneau Dastrelle, écuyer, chevalier, seigneur de Rivedoux, en l'île de Ré, paroisse de Sainte-Marie, chevalier de l'ordre royal et militaire de Saint-Louis.

Messire Henri-Jean-Baptiste de Parnajon, écuyer, seigneur châtelain du fief de Beaumont, capitaine d'infanterie, représenté par messire Etienne-Alexandre de Gasc, porteur de sa procuration, reçue par Baquet, notaire à Fécamp, le 27 février dernier, qui demeure annexée à ces présentes, préalablement certifiée véritable dudit sieur de Gasc.

Demoiselles Suzanne-Victoire et Charlotte-Julie Green de Saint-Marsault, mineures émancipées, procédantes sous l'autorité de M. le comte et baron de Châtel-Aillon, tant pour elles que pour demoiselle Henriette-Catherine Green de Saint-Marsault leur sœur, seigneur du Treuil-Charrai, par mondit sieur le baron de Châtel-Aillon, leur porteur de procuration, reçue par Drouhet et son confrère, notaires en cette ville, le 24 de ce mois, qui demeure annexée à ces présentes, préalablement certifiée véritable dudit sieur baron de Châtel-Aillon.

Messire Pierre-Étienne-Lazare Griffon, chevalier, seigneur des Motez, Romagné, Mézéron et autres lieux, conseiller du Roi, lieutenant général en la sénéchaussée de la Rochelle, conseiller maître en la Chambre des comptes de Paris, présent à l'assemblée avec Monsieur le grand sénéchal.

Messire Denis-Joseph Gaguet, écuyer, seigneur de la Sausay.

Messire François-Charles Carré, écuyer, seigneur de la terre et seigneurie de Basoges, représenté par messire Jean-François-Catherine Carré et Candé, écuyer, conseiller du Roi, lieutenant particulier au siège présidial de cette ville, porteur de sa procuration *ad hoc*, reçue par de La Vergne et son confrère, notaires en cette ville, le 14 de ce mois, qui demeure annexée à ces présentes, préalablement certifiée véritable dudit sieur de Candé.

Messire François-Louis Jouin de la Tremblay, écuyer, seigneur de la terre de Perigny.

Demoiselle Justine-Elizabeth-Hélène Guillonet Dorvilliers, seigneur de la terre des Grolles, paroisse de Perigny, représentée par maître Claude-Charles-Denis de Bonaventure, chevalier de l'ordre royal et militaire de Saint-Louis, porteur de sa procuration, reçue par Hérault et son confrère, notaires à Rochefort, le 11 de ce mois, qui demeure annexée à ces présentes, préalablement certifiée véritable dudit sieur de Bonaventure.

Messire François-Gaspard-Philippe Petit du Petit-Val, chevalier, seigneur des terres et châtellenies de Loire, Saint-Coux, Huré, la Gordbes, Halles-de-Puilboreau et du fief Beauchamp, représenté par messire Paul-Charles Dupont, chevalier, seigneur des Granges, porteur de sa procuration, reçue par Bayeux et son confrère, notaires à Paris, le 28 février dernier, qui demeure annexée à ces présentes, préalablement certifiée véritable dudit sieur Desgranges.

Messire Honoré de Maussabré, chevalier de l'ordre royal et militaire de Saint-Louis, seigneur de la Maison-Neuve, de la Prée-aux-Bœufs.

Messire Jean-François-Salomon Boutiron, écuyer, seigneur du fief de la Gravelle, en la paroisse de Marsilly.

Messire Etienne-Alexandre de Gascq, écuyer, chevalier, seigneur de la châtellenie, terre et seigneurie du Gué d'Allevé, chef de division des canonniers gardes-côtes.

Messire Raymond de Saint-Ours, écuyer, seigneur du Petit-Cheusse, demeurant en cette ville de La Rochelle.

Messire Alexandre-Jean-Baptiste-Marie-Théodore Cadoret de Beaupreau, écuyer, conseiller du Roi, président trésorier de France au bureau des finances de cette ville, faisant tant pour lui que pour les seigneurs de Charon et de la Gremenaudière, seigneur des grandes et petites Laisses.

Messire Louis-Jean-Baptiste de La Badie, chevalier, seigneur de la Chausselière.

Dame Charlotte-Victoire de Lestant, veuve de Messire Louis-Henri-François Gréen de Saint-Marsault, chevalier, seigneur du Treuil-Charay et autres lieux, capitaine de vaisseau du Roi au département de Rochefort, chevalier de l'ordre royal, militaire de Saint-Louis, dame du fief et seigneurie de la Limandière, représentée par mondit sieur le baron de Châtel-Aillon, en vertu de sa procuration, reçue par Drauhet et son confrère, notaires en cette ville, le 14 de ce mois, qui demeure annexée à ces présentes, préalablement

certifiée véritable de mondit sieur le baron de Châtel-Aillon.

Messire Jacques-Paul de Franquefort, seigneur de la Bauge, paroisse Saint-Médard, lieutenant-colonel de cavalerie.

Ledit sieur comte d'Hanache, seigneur de la terre de Millécus, par ledit sieur Caqueray de Valmenier, son porteur de procuration.

Le seigneur de la terre d'Angliers, défaillant.

Ledit sieur Petit du Petit-Val, seigneur de la terre de Saint-Coux, représenté par ledit sieur de Pont, son porteur de procuration.

Ledit sieur Regnier, seigneur de la maison noble du Petit Passy et Rampsay, représenté par ledit sieur de Chassiron, son porteur de procuration.

Messire Jean-Joseph Ensenon, chevalier, seigneur comte de Kersalun, père et garde naturel des deux fils issus de son mariage avec feue dame Marie de Ransonnet, et en cette qualité seigneur du château de Mont-Roi et ses dépendances, représenté par messire François-Louis Jauin, sieur de la Tremblay, son porteur de procuration, reçue par Paquet et son confrère, notaires royaux à Rennes, le 11 de ce mois, qui demeure annexée à ces présentes, préalablement certifiée véritable dudit sieur de la Tremblay.

Messire Louis-Marie-Joseph Bouzitat de Selines et Marie-Benigne Bouzitat de Selines, mineurs émancipés, procédant sous l'autorité de messire Benoît Bouzitat de Selines, leur oncle et curateur aux causes et porteur de leur procuration, reçue par de La Vergne son confrère, notaires en cette ville, le 14 de ce mois, qui demeure annexée à ces présentes, préalablement certifiée véritable dudit sieur de Selines, lesdits sieur et demoiselle de Selines, seigneurs de la terre et châtellenie de Cheusse, grand-fief de Cheusse et fief de Sainte-Soulle, Coudun, Josapha, Paradis et autres lieux.

Messire Pierre-Charles de Chertemps, chevalier, comte de Seuil, baron de la baronnie de Charon et du fief des Vases-Molles, colonel, inspecteur du régiment du Colonel Général Dragon, chevalier de l'ordre royal et militaire de Saint-Louis.

Le seigneur de la terre d'Audilly, défaillant.

Le seigneur de la terre de Saint-Ouin, défaillant.

Le seigneur de la terre de Courseau, en la paroisse de Saint-Jean de Liversay.

Messire Antoine Lacout, prêtre, curé primitif et archiprêtre de Burie, seigneur du fief de la Goronnière, en la paroisse de Saint-Jean de Liversay, représenté par messire Raymond de Saint-Ours, porteur de sa procuration, reçue par Corbineau, notaire royal en Angoumois, le 8 de ce mois, qui demeure annexée à ces présentes, préalablement certifiée véritable dudit sieur de Saint-Ours.

Le seigneur de la terre de Mandroux, défaillant.

Messire Paul-Charles de Pont, chevalier, seigneur des Granges, de Virson, Aigrefeuille et autres lieux.

Messire René-Alexandre Dauray, comte de Brie, chevalier, seigneur Dartigue, Laudray et Ciré, chevalier de l'ordre royal et militaire de Saint-Louis, représenté par messire Henri-Auguste Baudouin de la Noue, son porteur de procuration, reçue par Dronhet et son confrère, notaires en cette ville, le 14 de ce mois, qui demeure annexée à ces présentes, préalablement certifiée véritable dudit sieur de La Noue.

Messire Michel-Henri de Froger de Laiguille,

chevalier, capitaine des vaisseaux du Roi, chevalier de l'ordre royal et militaire de Saint-Louis, seigneur de la terre de Laiguille en Saintonge et de la terre et seigneurie d'Ardillères, représenté par messire Louis de Froger, chevalier, capitaine des vaisseaux du Roi, chevalier de l'ordre royal et militaire de Saint-Louis, porteur de sa procuration, reçue par Hérault et son confrère, notaires royaux à Rochefort, le 12 de ce mois, qui demeure annexée à ces présentes, préalablement certifiée véritable dudit sieur de Froger.

Le seigneur des Chaumes, défaillant.

Dame Louise-Henriette de Beaucorps, veuve de messire Armand-Louis-Philippe Dufay, chevalier, seigneur de Vaudré, Sigogne et autres lieux, propriétaire de la terre et seigneurie de Sigogne, représentée par messire Jacques-Antoine-Marie de Liniers de Cran, porteur de sa procuration, reçue par Savignac et son confrère, notaires à Niort, le 11 de ce mois, qui demeure annexée à ces présentes, préalablement certifiée véritable dudit sieur de Liniers de Cran.

Le seigneur de la maison du Chiron-Marandeau, défaillant.

Messire Pierre-Antoine de Mauclerc, chevalier, seigneur des terres et seigneuries du Bouchet, le Breuil et autres fiefs, situés en la paroisse de Voulsé, représenté par messire Louis de Verdal, porteur de sa procuration, reçue par Buard et son confrère, notaires à Surgères, le 2 de ce mois, qui demeure annexée à ces présentes, préalablement certifiée véritable dudit sieur de Verdal.

Le seigneur vicomte de la Rochefoucault, seigneur de la terre de Voulsé, représenté par ledit sieur de Liniers, son fondé de procuration.

Le seigneur du fief de La Préfoyer, défaillant.

Ledit sieur de Beaupréau, seigneur de la Moulinette.

Dame Marie-Anne-Thérèse Corneau, veuve de messire Charles-François-Robert de Virigny, écuyer, seigneur de la châtellenie de Rouflac, représentée par messire Charles-Honoré-Robert de Verigny, écuyer, son fils, porteur de sa procuration, reçue par Roy et son confrère, notaires en cette ville, le 10 de ce mois, qui demeure annexée à ces présentes, préalablement certifiée véritable dudit sieur de Verigny.

Messire Pierre-Étienne-Louis Harouard du Beignon, seigneur de la Jarrie.

Messire Louis-Gabriel Ancelin de Saint-Quentin, chevalier, seigneur de Chambon et Dangoute.

Dame Marie-Madeleine-Julie de Gabaré, veuve de messire Jean-Baptiste-Joseph de Raymond, écuyer, chevalier de l'ordre royal et militaire de Saint-Louis, commandant pour le Roi en la ville de Rochefort, représentée par messire François-Joseph de Raymond, écuyer, lieutenant de vaisseau du Roi, porteur de sa procuration, reçue par Airaud et son confrère, notaires à Rochefort, le 13 de ce mois, qui demeure annexée à ces présentes, préalablement certifiée véritable dudit sieur de Raymond.

Messire Jean-Antoine Carré l'aîné, écuyer, seigneur de la Roche et de Sainte-Gennure, ancien capitaine de cavalerie.

Dame Adélaïde-Catherine-Victoire de Crais, veuve de messire Louis de Sainte-Hermine, vicomte de Sainte-Hermine, mestre de camp du régiment Bourbon-Dragons, chevalier de l'ordre royal et militaire de Saint-Louis, capitaine des gardes de M. le prince de Condé, dame de la terre de Saint-Marc, représentée par messire Jacques-Louis-Henri, comte de Liniers, porteur de sa procuration, reçue par Guespreau et son confrère,

notaires à Paris, le 4 de ce mois, qui demeure annexée à ces présentes, préalablement certifiée véritable dudit sieur de Liniers.

Messire Louis-Alexandre, comte de La Roche Saint-André, chevalier, seigneur de la Forest, la Baudrière, Daucher et autres lieux, représenté par messire Louis-Gabriel Ancelin de Saint-Quentin, son porteur de procuration, reçue par Lamure et son confrère, notaires à la Mothe-Achard, le 11 de ce mois, qui demeure annexée à ces présentes, préalablement certifiée véritable dudit sieur de Saint-Quentin.

Dame Françoise-Alexandre Duverger, veuve et commune en biens de messire Marie-Jean de La Laurencye, chevalier, seigneur de Laifort, la Crignollée et autres lieux, représentée par messire Jacques-Paul de Franquefort, lieutenant-colonel de cavalerie, porteur de sa procuration, reçue par Hilairet, notaire en Saintonge, le 5 de ce mois, qui demeure annexée à ces présentes, préalablement certifiée véritable dudit sieur de Franquefort.

Messire Jacques-François de Calais, écuyer, seigneur de Favaudy, demeurant paroisse du Breuil-la-Réorte, représenté par messire Henri-Jean-Jacques de Calais, son fils, porteur de sa procuration, reçue par Buard son confrère, notaires à Surgères, le 13 de ce mois, qui demeure annexée à ces présentes, préalablement certifiée véritable dudit sieur de Calais.

Messire Constant, chevalier de Maubel, écuyer, chevalier de l'ordre royal et militaire de Saint-Louis, major d'infanterie, seigneur du fief de la Granges et autre lieux.

Le seigneur vicomte de La Rochefoucault, seigneur de la terre de Saint-Germain de Marancennes, représenté par ledit sieur de Liniers, son fondé de procuration.

Mondit sieur Griffon, seigneur de la terre de Mezeron.

Messire Jacques-Bertrand de Reboul, seigneur du Treuil-Chartier, paroisse de la Jarrie, maréchal des camps et armées du Roi, chevalier de l'ordre royal et militaire de Saint-Louis.

Mondit sieur de Trudaine, seigneur de la terre de la Jarrie, représenté par ledit sieur de Malartie, porteur de procuration.

Dame Charlotte-Benigne Le Ragois de Bretonvillier, veuve de messire Charles-François-César Le Tellier, marquis de Monmirail, colonel des Cent-Suisses de la garde du Roi, mestre de camp du régiment de Roussillon, chevalier de l'ordre royal et militaire de Saint-Louis, dame de Saint-Christophe, représentée par messire Pierre-Charles de Chertance, chevalier, comte de Seuil, baron de Charon, son porteur de procuration, reçue par Pean et son confrère, notaires à Paris, le 28 février dernier, qui demeure annexée à ces présentes, préalablement certifiée véritable dudit sieur de Seuil.

Ladite dame veuve de Monmirail, dame de la terre de Belledois, par ledit sieur de Seuil, son fondé de procuration.

Le seigneur de la châtellenie de Marsay.

Le seigneur vicomte de La Rochefoucault, seigneur de la terre d'Aguré, par ledit sieur de Liniers, son fondé de procuration.

Messire Jacques-Louis-Henri, comte de Liniers, colonel d'infanterie, chevalier de l'ordre royal et militaire de Saint-Louis, seigneur de la Poussardrie.

Ledit sieur de Liniers, seigneur de la terre du Grand-Breuil.

Demoiselle Anne-Geneviève-Mélanie de Bénac, demoiselle majeure, dame de la terre et seigneurie de Soulias, représentée par messire Jean-Baptiste de Bénac, chevalier, seigneur du Bouqueteau, porteur de sa procuration, reçue par Morisseau, notaire royal, le 12 de ce mois, qui demeure annexée à ces présentes, préalablement certifiée véritable dudit sieur de Bénac.

Ledit sieur de Bénac, seigneur de la terre du Bouqueteau.

Ledit sieur comte d'Hanache, seigneur de la terre de la Laigne, représenté par ledit sieur Caqueray de la Valmenier, son porteur de procuration.

Le seigneur de la terre de Nuaillé.

Messire Pierre-Charles-Martin de Chassiron, écuyer, seigneur de la châtellenie de Beauregard et autres lieux.

Le seigneur de la terre de Dompierre, défaillant.

Le seigneur de la terre de Maubec, défaillant.

Le seigneur de la terre de la Motte, défaillant.

Le seigneur du fief Lavallée, dame Catherine-Julie de la Maignière, veuve de messire Louis-Auguste-César de Séguin, chevalier, seigneur de l'ordre royal et militaire de Saint-Louis, dame de la terre et seigneurie de Chagnolles, représentée par le sieur de Maubeuge, son porteur de procuration, reçue par de La Vergne et son confrère, notaires en cette ville, le 10 de ce mois, qui demeure annexée à ces présentes, préalablement certifiée.

Messire Charles de La Perrière de Tesson, chevalier, seigneur de Tesson, Torigny et fief Herbert-Cuissi, chevalier de Saint-Lazare, capitaine au régiment de Boulonnois, représenté par messire Joseph La Perrière de Roifé fils, porteur de sa procuration, reçue par Clouzeau l'aîné, notaire royal en Saintonge, le 13 de ce mois, qui demeure annexée à ces présentes, préalablement certifiée véritable dudit sieur de Roifé.

Messire Jacques de Galon, chevalier de l'ordre royal et militaire de Saint-Louis, ancien capitaine de cavalerie, seigneur de la terre de Saint-Martin de Villeneuve.

Messire Gédéon-Henri-Nicolas de Voutron, major des vaisseaux du Roi, chevalier de l'ordre royal et militaire de Saint-Louis, seigneur de la terre de Voutron.

Messire Jean-Baptiste Macarty Martaigne, chevalier de l'ordre royal et militaire de Saint-Louis, chef des divisions, major général de la marine au port et département de Rochefort, seigneur de la seigneurie des Tourettes, en la paroisse d'Angoulin, représenté par messire Etienne-Marie-Georges Cacqueray de Valmenier, son porteur de procuration, reçue par Gaultier et son confrère, notaires royaux à Rochefort, le 13 de ce mois, qui demeure annexée à ces présentes, préalablement certifiée véritable dudit sieur de Valmenier.

Messire René Legras, chevalier, seigneur de la terre et seigneurie de Mortagne-la-Vieille, par messire René Legras, son père, chevalier d'honneur au présidial de Tours, fondé de son pouvoir, reçu par Petit et son confrère, notaires à Tours, le 5 de ce mois, qui demeure annexée à ces présentes, préalablement certifiée véritable dudit sieur Legras.

Et attendu l'heure avancée et qu'il est deux heures après midi, M. le grand sénéchal a dit et ordonné que la séance demeure continuée à demain 18 du présent mois, huit heures du matin. Signé Green de Saint-Marsault, comte de Châtel-Aillon, grand sénéchal; Regnaud, greffier.

Et avenant le lendemain 18 dudit mois de mars, huit heures du matin, nous, grand sénéchal susdit, nous nous sommes rendus avec notre lieute-

nant général, le procureur du Roi, assisté du greffier ordinaire de ce siége, dans la grande salle du Palais-Royal, aux fins de la continuation des opérations prescrites par le règlement ci-dessus daté, et y procédant sont comparus le seigneur Du Pont de la Pierre, dame Marie-Thérèse de Liniers, chanoinesse, comtesse de Saint-Martin de Trouard, messire André-Auguste de Liniers, chevalier, capitaine au régiment de Royal Vaisseau, demoiselle Marie-Thérèse-Henriette de Liniers, tous seigneurs de la châtellenie de Grau, par ledit sieur de Liniers. L'un d'eux, porteur de procuration, reçue par Morisseau, notaire royal à Niort, le 13 de ce mois, qui demeure annexée à ces présentes, préalablement certifiée véritable dudit sieur de Liniers.

Messire Jacques-Pierre Thibaud, chevalier, seigneur de Neuchaise, la Rochenard, la Robergie et autres lieux, par messire Jean-François-Catherine Carré de Candé, écuyer, conseiller du Roi, lieutenant particulier au siége présidial de cette ville, porteur de procuration, reçue par Savignac, notaire royal à Niort, le 9 de ce mois, qui demeure annexée à ces présentes, préalablement certifiée véritable dudit messire Carré de Candé.

Messire Henri-Charles de la Perrière de Roifé, chevalier, seigneur de Roifé, chevalier de l'ordre royal militaire de Saint-Louis, lieutenant de nosseigneurs les maréchaux de France, représenté par messire Joseph de la Perrière de Roifé fils, en vertu de sa procuration, reçue par Gaillard et son confrère, notaires à Ausnay, le 12 de janvier dernier, qui demeure annexée à ces présentes, préalablement certifiée véritable dudit sieur de Roifé.

Le seigneur de la Gravelle, en la paroisse de Ballon.

Messire Claude-Philippe Huet, écuyer, seigneur de Sourdon, par messire Etienne-Alexandre de Gasc, son porteur de procuration, reçue par Guimbail, notaire royal, le 12 de ce mois, qui demeure annexée à ces présentes, préalablement certifiée véritable dudit sieur de Gasc.

Messire-Jacques-Christophe Proux de Mont-Roy, chevalier, seigneur de la Valerie, l'un des anciens chevau-légers de la garde ordinaire du Roi.

Messire Joachim-François-Bernard-Paul Gayot de Mascarany, seigneur de Cramahé, chevalier de l'ordre royal et militaire de Saint-Louis, ancien lieutenant des vaisseaux du Roi.

Messire Alexandre Rougier, chevalier, seigneur du Marais-Guyot, Bougrenne et fief de Pucet.

Mondit sieur le comte et baron de Châtel-Aillon, seigneur de la terre de l'Herbaudière.

La seigneurie de Saint-Vivien et Dirac, défaillant.

La seigneurie d'Epannes, messire Charles Roulin, chevalier, seigneur de Baisseuil, d'Epannes. Châteauday, représenté par messire Louis Boscal de Real de Mornac, seigneur de Valans, porteur de la procuration reçue par Ribaud, notaire royal, le 7 de ce mois, qui demeure annexée à ces présentes, préalablement certifiée véritable dudit sieur de Mornac.

Ledit sieur Roulin, seigneur de Boisseuil, par ledit sieur de Mornac, en vertu de la même procuration ci-dessus.

La seigneurie de Bègne.

Messire François-Charles Carré de Candé, seigneur du fief de Margone, représenté par ledit messire Carré de Candé, lieutenant particulier, son fils, et porteur de sa procuration ci-dessus datée.

La seigneurie de Chaban, défaillant.

Messire Louis Boscal de Réal de Mornac, seigneur de laterre de Valans.

Messire Alexandre Prévôt, seigneur d'Olbreuse en Usseaux, par messire Jacques Prévôt, son fils, porteur de sa procuration, reçue par de Bonneuil et son confrère, notaires, le 9 de ce mois, qui demeure annexée à ces présentes, préalablement certifiée véritable dudit sieur Prévôt.

La seigneurie et fief de l'Epine, paroisse Saint Maurice.

Messire Jacques-Jean de Juguelard, chevalier, seigneur de la Barre et du petit Gourdault, représenté par messire Jacques-François-Geneviève de Beynac, chevalier, seigneur de la Chevalerie, en vertu de sa procuration, reçue par Farjenel et son confrère, notaires en cette ville, le 16 de ce mois, qui demeure annexée à ces présentes, préalablement certifiée véritable dudit sieur de Beynac.

Messire Louis-Nicolas de Hillerin, chevalier, sieur de la Braude, par ledit sieur de Beynac, son porteur de procuration, reçue par Farjenel et son confrère, notaires en cette ville, en date du 16 de ce mois, qui demeure annexée à ces présentes, préalablement certifiée véritable dudit sieur de Beynac.

Le sieur Jacques-François-Geneviève de Beynac, chevalier, seigneur de la Chevalerie et lieutenant des canonniers gardes-côtes.

Dame Jeanne-Thérèse Fourneaux, veuve de messire Antoine de Méritans, écuyer, capitaine d'infanterie, chevalier de l'ordre royal et militaire de Saint-Louis, seigneur du fief de Goup-de-Vague, représentée par messire Nicolas, chevalier de Maubeuge, en vertu de sa procuration, reçue par Dumas et son confrère, notaires en cette ville, le 8 de ce mois, qui demeure annexée à ces présentes, préalablement certifiée véritable dudit sieur de Maubeuge.

Demoiselle Marguerite-Charlotte Gaudin de Monlieu, demoiselle de la seigneurie de Monlieu, paroisse de Laudray, représentée par messire Michel-Joseph Le Moyne, chevalier de Périgny, porteur de sa procuration, reçue par Drouhet et son confrère, notaires en cette ville, le 17 de ce mois, qui demeure annexée à ces présentes, préalablement certifiée véritable dudit sieur de Périgny.

Messire François-Henri Harouard, écuyer, seigneur de Saint-Sornin et du fief de l'Herbauge.

Ledit sieur de Saint-Sornin, seigneur de Chermeneuil.

Messire Jacques-Antoine, comte de Nossay, chevalier, seigneur de la châtellenie, terre et seigneurie de Tillon et de Julle en Usseaux, représenté par ledit sieur Henri Harouard de Saint-Sornin, en vertu de sa procuration, reçue par Bion et son confrère, notaires royaux à Niort, le 7 de ce mois, qui demeure annexée à ces présentes, préalablement certifiée véritable dudit sieur de Saint-Sornin.

Messire Antoine-Louis-Auguste de Cres, lieutenant des maréchaux de France, seigneur des Couplets, en la paroisse Saint-Pierre près Surgères.

Messire Ambroise-Eulalie, vicomte de Marlatie, chevalier, lieutenant-colonel, commandant du bataillon de garnison du régiment de Poitou, chevalier de l'ordre royal et militaire de Saint-Louis.

Messire Nicolas, chevalier de Maubeuge, lieutenant-colonel du régiment de Saintonge, chevalier de l'ordre royal et militaire de Saint-Louis.

Messire Jean-François-Catherine Carré de Candé, écuyer, conseiller du Roi, lieutenant particulier au siége présidial de cette ville.

Messire Charles-Côme-Marie de Meynard, capitaine au régiment du Roi-Infanterie.

Messire Antoine-Joseph de Meynard, lieutenant au régiment du Roi-Infanterie.

Messire Damien-Benjamin, chevalier de Saint-Pierre, chevalier de l'ordre royal et militaire de Saint-Louis.

Messire Etienne-Victor Viette, écuyer, sieur de la Rivagerie.

Messire Antoine-Guy Coquille du Vernois, écuyer, capitaine de dragons au régiment de Condé.

Messire Joseph-Louis-Stanislas de Saint-Estève, écuyer, ancien commissaire des guerres de la généralité de cette ville.

Messire Marie-Joseph-Bruno de Saint-Estève, officier au régiment de Vivarais.

Messire Ami-Félix Bridault, écuyer, ancien médecin des hôpitaux militaires et pensionnaire du Roi.

Dame Marie-Olive des Herbiers de le Lenduère, veuve de messire Gaspard Cochon-Dupuy, écuyer, chevalier de l'ordre de Saint-Michel, dame de la terre de Courdault, représentée par messire Joseph Brunet, porteur de sa procuration, reçue par de Bonneuil, notaire royal, le 9 de ce mois, qui demeure annexée à ces présentes, préalablement certifiée.

Messire Charles-Pierre Paudin de Rommefort, chevalier, ancien lieutenant-colonel au régiment d'Agonais, chevalier de l'ordre royal et militaire de Saint-Louis.

Messire Georges Souchet, écuyer, grand secrétaire du Roi, maison et couronne de France et de ses finances.

Messire François d'Escure, écuyer.

Messire Jean-François Bourdon, écuyer, sieur Dombourg, chevalier de l'ordre royal et militaire de Saint-Louis.

Messire Jean-Baptiste Meaume, écuyer.

Messire Pierre Dumarest de La Valette, écuyer.

Messire Louis-Benjamin Goguet de Gallerande, écuyer.

Messire Jean-Joachim de La Haye-Dumesnil, ancien capitaine d'infanterie.

Messire Nicolas Joachim de La Haye-Dumesnil fils, écuyer.

Messire Pierre Boutiron de la Gravelle, écuyer, officier au corps royal du génie.

Messire Marc-Antoine Duviguans, capitaine de canonniers gardes-côtes.

Messire Louis Le Charpentier de Long-Champ, écuyer.

Messire Côme-Joseph de Brecey, écuyer, ancien capitaine d'infanterie, chevalier de l'ordre royal et militaire de Saint-Louis.

Messire Pierre Rodrigue, écuyer.

Messire Michel-Joseph Le Moyne, chevalier de Serigny, chevalier de l'ordre royal et militaire de Saint-Louis, ancien capitaine des vaisseaux du Roi, chef des classes de la marine.

Messire Jean-Jacques de Méric, écuyer, chevalier de Beau-Séjour, capitaine d'infanterie.

Messire Etienne-Hubert de Méric, chevalier, capitaine des canonniers gardes-côtes.

Messire Benoît Bouzitat de Selines, chevalier, lieutenant-colonel d'infanterie, chevalier de l'ordre royal et militaire de Saint-Louis.

Messire Laurent-Just de Nouzières, chevalier de l'ordre royal et militaire de Saint-Louis, ancien capitaine de grenadiers du régiment de Lorraine, incorporé dans celui d'Aunis.

Messire Charles de Saintours, chevalier de l'ordre de Saint-Lazare.

Messire Joseph-Roi-Sophie, chevalier de Martel, ancien chevalier de Malte.

Messire Jean-François-Louis Rougier du Payant, lieutenant dans les canonniers gardes-côtes.

Messire Paul-François de Pont de Virson, lieutenant au régiment des Gardes-Françaises.

Messire Marie-Louis-Jean-Gaspard Carré de Sainte-Gemme, écuyer.

Messire Henri-Jean-Jacques de Calais, écuyer, chevalier.

Messire Jean-Baptiste, chevalier de la Perrière.

Messire Joseph de la Perrière de Roifé, écuyer.

Messire Louis de Verbal, chevalier de l'ordre royal et militaire de Saint-Louis, ancien capitaine au régiment de Penthièvre, chef de division des canonniers garde-côtes.

Messire Augustin-Mathieu Beaugied de Clermont, écuyer.

Messire Charles-Honoré-Robert de Verigny, écuyer.

Messire Jean-Philippe Dubut des Marnières, écuyer.

Messire Etienne-Louis Cherade, comte de Mombron, exempt des Cent-Suisses de la garde de Monsieur.

Messire Guy-Marie-Joseph Brunet, chevalier, seigneur de la Verdrie.

Messire René Le Gras, chevalier d'honneur au présidial de Tours.

NOMS DE MM. LES NOBLES DU BAILLIAGE SECONDAIRE DE ROCHEFORT.

Messire Pierre de La Garigue de Savigny, chevalier de l'ordre royal et militaire de Saint-Louis, chef d'escadre des armées navales de Sa Majesté, seigneur de la terre et seigneurie de Chartres, en la paroisse de Notre-Dame de Rochefort, représenté par messire Joachim-François-Bernard-Paul Gayot de Mascrany, écuyer, seigneur de Cramahé, fondé de son pouvoir, reçu par Airaud et son confrère, notaires royaux à Rochefort, le 3 de ce mois, qui demeure annexé à ces présentes, préalablement certifié dudit sieur de Mascrany.

Messire Paul-Charles Dubreuil, comte de Guiteau, seigneur de Guiteau de la Montagne-Velarzay, ancien officier au régiment de Jarnac-Dragons, représenté par messire Louis de Frogé, capitaine des vaisseaux du Roi, son porteur de procuration, reçue par Bironneau, notaire royal à Saintes, le 14 de ce mois, qui demeure annexée à ces présentes, préalablement certifiée véritable dudit sieur de Frogé.

Dame Marie-Catherine-Geneviève de Calvimont, veuve de messire Nicolas-Etienne de Cueron, écuyer, comte de Merville, lieutenant des vaisseaux du Roi, chevalier de l'ordre royal et militaire de Saint-Louis, seigneur des maisons nobles de Villeneuve-Montigny et des Houlières, représentée par messire Joseph-Hyacinthe Ribaud de Langardière, chevalier, ancien officier au régiment Royal-Comtois, son porteur de procuration, reçue par Delaville et son confrère, notaires à Bordeaux, le 5 de ce mois, qui demeure annexée à ces présentes, préalablement certifiée véritable dudit sieur Langardière.

Messire Jean-Honoré-François-Xavier de Sérigny, ancien capitaine au régiment du Roi-Infanterie, chevalier de l'ordre royal et militaire de Saint-Louis, seigneur de Plantemaure, Luvet et Marus de Saint-Louis en partie, représenté par messire Michel-Joseph Le Moyne, chevalier de Sérigny, porteur de sa procuration, reçue par Bergier, notaire royal, le 6 de ce mois, qui demeure annexée à ces présentes, préalablement certifiée véritable dudit sieur de Sérigny.

Messire Honoré-François-Xavier Le Moyne de Sérigny, chevalier, seigneur de Loir, Saint-Hilaire et fiefs en dépendant, chevalier de l'ordre royal et militaire de Saint-Louis, ancien lieutenant des vaisseaux de Sa Majesté, représenté par messire Joseph-Hyacinthe Ribaud Langardière, porteur de sa procuration, reçue par Charier et son confrère, notaires, le 11 de ce mois, qui demeure annexée à ces présentes, préalablement certifiée véritable dudit sieur de Langardière.

Messire Elie-François de l'assoigne, chevalier né, ancien capitaine d'infanterie, chevalier de l'ordre royal et militaire de Saint-Louis, seigneur des fiefs, terre et seigneurie de Fouras, représenté par messire Pierre-Charles de Chertau, baron de Seuil, en vertu de sa procuration, reçue par Rivaud, notaire royal à Saintes, le 4 de ce mois, qui demeure annexée à ces présentes, préalablement certifiée véritable dudit sieur de Seuil.

Messire Louis-Charles Carré des Varennes, écuyer, seigneur de Saint-Marc, dame Marie-Françoise Astière, veuve de messire Henri-Nicolas, comte de Vautron, chef d'escadre des armées du Roi, chevalier de l'ordre royal et militaire de Saint-Louis, dame et propriétaire des terres et châtellenies de Saint-Laurent-de-la-Prée et fief du Bois, représentée par messire Henri-François-Nicolas de Vautron, chevalier, son fils, et porteur de sa procuration, reçue par de La Vergne et son confrère, notaires en cette ville, le 14 de ce mois, qui demeure annexée à ces présentes, préalablement certifiée véritable dudit sieur de Vautron.

Messire Aimé-Paul Fleurieau de Touchelonge, écuyer, seigneur de Touchelonge, représenté par messire Charles-Pierre Paudin de Rommefort, porteur de sa procuration, reçue par Raffineau et son confrère, notaires à Paris, le 3 de ce mois, qui demeure annexée à ces présentes, préalablement certifiée véritable dudit sieur de Rommefort.

Dame Marie-Julie Du Panage, veuve de messire Pierre-Côme de Meynard, chevalier, aide-major du régiment de Touraine, chevalier de l'ordre royal et militaire de Saint-Louis, dame de la terre de l'Hommé, représentée par ledit sieur Charles-Côme-Marie de Meynard, son fils, porteur de sa procuration, reçue par Quatremer et son confrère, notaires à Paris, le 3 de ce mois, qui demeure annexée à ces présentes, préalablement certifiée véritable dudit sieur de Meynard.

Messire Claude-Charles-Denis de Bonnaventure, chevalier de l'ordre royal et militaire de Saint-Louis, major des vaisseaux de la neuvième escadre.

Messire Louis Froger, capitaine des vaisseaux du Roi, chevalier de l'ordre royal et militaire de Saint-Louis et associé à la société des Cincinnatus.

Messire Etienne-Marie-Georges Cacqueray de Volmintime, aine lieutenant de vaisseau.

Messire Henri-François-Nicolas de Voutron, chevalier, capitaine au régiment du Roi-Infanterie.

Messire François-Joseph de Raymond, chevalier de l'ordre et royal militaire de Saint-Louis, lieutenant de vaisseau du Roi.

Messire Joseph-Hyacinthe Ribaud de Langardière, chevalier, ancien officier au régiment Royal-Comtois.

Messire François Delpy la Roche, chevalier de l'ordre royal militaire et de Saint-Louis, capitaine de vaisseau du Roi, représenté par messire Gédéon-Henri-Nicolas de Voutron, son porteur de procuration, reçue par Dupras et son confrère, notaires à Bordeaux, le 6 de ce mois, qui demeure annexée à ces présentes, préalablement certifiée véritable dudit sieur de Voutron.

Messire Pierre-François de Mazière, chevalier, seigneur du Passage, ancien capitaine des vaisseaux du Roi, comparant par messire Antoine-Joseph de Meynard, chevalier, porteur de sa procuration, dûment en forme, qui sera jointe à ces présentes, préalablement certifiée dudit sieur de Meynard.

NOMS DE MM. LES DÉPUTÉS DU TIERS-ETAT DE LA SÉNÉCHAUSSÉE DE LA ROCHELLE.

Messire Charles-Jean-Marie Alquier,
Messire Jean-Aimé de La Coste.
Messire Pierre-Louis Foucault.
Le sieur Pierre-Charles Druamps.
Messire Pierre Paullet.
Le sieur Etienne-François-Jean-Baptiste Griffon des Rivières.
Le sieur Jean-Baptiste Leconte.
Messire Jean-Frédéric Moreau.
Pierre-François Roudeau.
Le sieur Isaac Drapon.
Le sieur Jacques-Alexandre Boutet.
Le sieur Jean-Baptiste Nairac.
Messire Thomas-Henri Marcelat.
Le sieur Elie-Louis Seignette.
Le sieur Jérémie Babinet de Beauregard.
Le sieur Clément Texier.
Messire Augustin Landrieu.
Jean Simonneau.
Messire Jean-Pierre Banga.
Messire Marc-André Chasteau.
Le sieur Joachim de Baussay.
Le sieur Jacques Petit.
Le sieur René Audry.
Le sieur Henri-Louis de La Porte.
Messire Joseph Emanuel Busseau.
Le sieur François-Louis Renoux La Motte.
Le sieur Jean Perry.
Messire André-Didier-Daniel Raoult.
Jean-François Vexian.
Le sieur Louis Cascaud.
Le sieur Henri Roy.
Le sieur René-Joseph Baron.
Le sieur Louis Landriau.
Le sieur Samuel-Pierre-Joseph-David de Missy.
André Vinet.
Le sieur Gabriel-Louis Picard.
Le sieur François Collonnier.
Le sieur Jean-Baptiste Bastier.
Le sieur Jacques-Jacob de Chezeau.
Le sieur Jean-Pierre Testu.
Messire Pierre-Henri Seignette.
Le sieur Pierre-François Coutant.
Le sieur Pierre-Onézime Guyonnet.
Le sieur François Ordonneau.
Messire André Rignac.
Le sieur Laurent-Auguste Gerbier de Mouchedurre.
Messire Bertrand Desnouy.
Le sieur Jean-Joseph Gast.
Le sieur Jean Châtain Grandmaison.
Messire Antoine-Victor Jonon.
Le sieur François Devige.
Charles Bernard,
Le sieur Daniel Garesché.
Le sieur Hugues Lamotte.
Le sieur Paul Avrard Duchiron
Le sieur Jean Lainé.
Le sieur Charles Chevalier.
Le sieur Pierre La Rade.

Le sieur Philippe Gaultier.
Messire Nicolas-Louis Pichon.
Le sieur Alexandre-Jean Mestadier.
Mathurin Minguet.
Le sieur Jean-Baptiste Monneron.
Le sieur François Liège.
Le sieur Louis Houin.
Le sieur Jacques-Louis Racapé.
Messire Toussaint Collonnier.
Messire Pierre Morin,
Le sieur Jean-Baptiste Monville.
Messire Jean-Baptiste Nicolas Sagebin.

Tous députés du tiers-état de la sénéchaussée de la Rochelle, suivant le procès-verbal qu'ils nous ont représenté en date des 6, 7, 8, 9, 10, 11, 12, 13, 14, 15 de ce mois.

CAHIER

Des plaintes et doléances de l'ordre du clergé de la sénéchaussée de La Rochelle.

NOTA. Ce document n'existe pas aux Archives de l'Empire et il nous manque jusqu'à ce jour. Nous le faisons rechercher avec le plus grand soin : nous l'insérerons dans le Supplément qui terminera le Recueil des cahiers, si nous parvenons à le découvrir.

CAHIER

Des remontrances, plaintes et doléances de l'ordre de la noblesse de la ville et gouvernement de La Rochelle, arrêté le 26 mars 1789 (1).

Du sein des malheurs de l'État un prince bienfaisant appelle ses sujets à travailler avec lui à la régénération de la France, et il existe pour elle un grand motif d'espérance, c'est qu'elle a besoin que de faire revivre sa propre constitution, pour remédier aux maux qui l'assujettissent.

Les Français sont si attachés à leur Roi, si convaincus de l'étendue des pouvoirs qu'ils lui ont confiés, qu'ils ne se sont jamais permis d'élever le moindre doute sur l'autorité dont ils l'ont revêtu ; mais ils n'ont pas oublié qu'entre les pouvoirs du souverain et les droits de la nation il n'existe aucune incompatibilité, quoique ces droits, longtemps méconnus, soient imprescriptibles de leur nature et portent sur ce principe constitutif, que l'intérêt général est la première loi de toute société.

L'intérêt général s'étend sur trois objets :
1º La conservation de l'existence ;
2º La conservation de la liberté ;
3º La conservation des propriétés, suite naturelle et unique moyen de jouir de l'existence et de la liberté.

Tel est l'unique but auquel doivent atteindre les lois de tout gouvernement. Celles qui existent parmi nous sont de trois sortes : les premières de constitution et de police, les autres fiscales et relatives à l'impôt, les dernières de simple administration, c'est-à-dire nécessaires, pour l'exécution des premières, et c'est ce qu'on appelle parmi nous le pouvoir exécutif.

Le principe fondamental de la monarchie est que les lois constitutives résultent du consentement du peuple et de l'adhésion de la volonté du Roi : *Lex fit consensu populi et constitutione regis.* Nous ne craindrons point d'invoquer ce principe. C'est celui qui a élevé le trône, et qui, pour le

(1) Nous publions ce cahier d'après un manuscrit des *Archives de l'Empire.*

bonheur des Français, assure le sceptre entre les mains de nos augustes souverains.

Il est une seconde vérité consignée dans notre contrat social et gravée dans tous les monuments de notre histoire, c'est qu'aucune loi fiscale ne peut être exécutée si elle n'a été préalablement consentie par les contribuables légalement convoqués et assemblés, et adoptée par le prince.

Les lois d'administration appartiennent au pouvoir exécutif, et nous avons remis ce pouvoir entre les mains du monarque. Ces lois ne doivent être que l'exécution des premières et l'expression de la volonté générale. Ces lois sont promulguées par le prince, et l'exécution en est confiée aux tribunaux et aux magistrats, lesquels prononcent que telle est la disposition de la loi relative à telle circonstance.

Mais pour que les magistrats soient l'organe fidèle des lois, ils ne doivent dépendre que d'elles; n'être punis ou récompensés que par elles; ils doivent avoir le dépôt des lois, sans pouvoir les soumettre à aucune interprétation; ils doivent en être les dépositaires comme ils en sont les organes; d'où il suit que, dans aucun cas, un tribunal ne doit être créé pour juger une affaire particulière, parce que l'intention du pouvoir qui en enlèverait la connaissance aux tribunaux compétents ne pourrait être que de faire prononcer suivant sa volonté et non selon les vœux de la loi.

Tels sont les véritables principes de la constitution française; s'ils n'avaient été oubliés ou méconnus, nous n'aurions pas à gémir des maux qui nous affligent et qui ne proviennent que des atteintes portées successivement à notre constitution; pour s'en convaincre, il suffit de porter rapidement nos regards sur la nation, sur les magistrats, sur chaque citoyen et sur le gouvernement lui-même.

Nous verrons des impôts de tout genre enlever arbitrairement nos propriétés, des priviléges exclusifs anéantir toute activité, des lettres de cachet enchaîner la liberté, sauver souvent le coupable et mettre l'innocent dans les fers, des commissions suspendre les lois et intervertir le cours de la justice; chaque ministre renverser l'ordre établi par ses prédécesseurs, les prodigalités s'étendre, les profusions s'établir, des pensions considérables prostituées à toutes personnes, et les plus simples durement refusées à d'anciens et zélés serviteurs, les déprédateurs publiquement protégés, des administrateurs et des ministres flétris dans l'opinion publique, récompensés avec un éclat d'autant plus insultant pour la nation, qu'elle ne pourra plus rien offrir aux héros et aux sages qui ont si bien mérité d'elle; les finances du royaume réduites à l'état effrayant où elles sont aujourd'hui, enfin un déficit énorme qui ne laisse que la cruelle alternative de manquer sans pudeur aux engagements les plus sacrés, d'annuler la parole royale de nos souverains, de déshonorer la nation aux yeux de l'univers, de perdre tout crédit, ou de lutter pendant de longues années contre la plus dure des adversités, et de sacrifier la plupart de nos moyens, peut-être même une partie de notre subsistance, pour combler l'affreux abîme où nous allons être précipités; l'honneur si cher à notre nation, l'amour qu'elle a toujours porté à ses souverains, la générosité, l'exemple du monarque, cette antique et franche loyauté du bon Henri, ses sentiments qui l'animent; le digne et vertueux ministre qui a mérité sa confiance et la nôtre, ne nous permettent pas d'hésiter sur le choix. Le moindre doute serait plus cruel et plus offensant pour nous que le mal qui nous presse.

Grâces soient rendues au souverain, qui, suivant ses paroles remarquables des arrêts de son conseil des 8 août et 5 octobre dernier, veut rétablir la nation dans l'entier exercice de tous les droits qui lui appartiennent, qui sent le prix estimable du concours des sentiments et des opinions; qui veut y mettre sa force, y chercher son bonheur et seconder de sa puissance les efforts de tous ceux qui, dirigés par un véritable esprit de patriotisme, seront dignes d'être associés à ses vues bienfaisantes.

C'est pour répondre aux vues bienfaisantes du monarque, que l'ordre de la noblesse de la sénéchaussée de la ville et gouvernement de La Rochelle a arrêté et arrête ce qui suit et charge son député aux États généraux :

DEMANDES GÉNÉRALES.

1° De déclarer que la nation ne peut être imposée sans son consentement; que ce consentement est absolument nécessaire et que rien ne peut le suppléer. Que les impôts et les contributions publiques ne pourront jamais être délibérés et accordés qu'après que tous les actes de législation, tous les articles de la constitution nationale auront été décidés par les États généraux et sanctionnés par le Roi.

2° Que le terme des impositions et contributions quelconques soit fixé à cinq ans, et que sous aucun prétexte il ne soit prorogé au delà sans une nouvelle assemblée des États généraux. Ceux-ci suppléeront Sa Majesté de vouloir bien régler aussi leur périodicité, et regarder cette périodicité comme constitutionnelle.

3° Que les États généraux vérifient et constatent le montant de la dette publique; une des premières occupations de l'assemblée est de consolider cette dette; qu'ils garantissent au nom de la nation que les rentes, les intérêts et arrérages de la dette ainsi reconnue, ainsi que les remboursements stipulés à terme fixe, seront désormais et à perpétuité acquittés ponctuellement au jour même de chaque échéance, sans que, pour aucune raison, ni dans aucune circonstance quelconque, il puisse être apporté le moindre retard aux payements.

4° L'ordre demande que la nation déclare nuls tous emprunts qui pourraient être faits dans la suite sans le consentement formel des États généraux.

5° Que les États généraux votent toutes les sommes qui seront nécessaires au Roi pour l'entretien de sa maison, pour ses dépenses particulières, pour la distribution des grâces et pensions, pour le maintien d'un grand empire et pour la splendeur du trône; qu'ils fixent celles qu'il conviendra d'accorder à chaque département pour son service annuel; que, conformément aux intentions de Sa Majesté, ils prennent les moyens les plus efficaces pour prévenir les maux que pourrait produire à l'avenir l'inconduite ou l'incapacité des ministres, qui seront responsables de leur gestion à la nation, par la publicité du tableau ou compte général et détaillé des finances, recettes et dépenses de leurs départements, à la fin de chaque année.

6° Que les impositions de toute nature soient supportées par tous les ordres de l'État; que celles qui porteront sur les biens-fonds deviennent réelles et proportionnelles et nullement personnelles.

7° Que la construction et l'entretien des chemins, les réparations des églises et presbytères et autres ouvrages publics et tous les travaux quelconques soient confiés exclusivement a l'administration particulière des États provinciaux; que toutes les discussions contentieuses relatives à ces objets ou à la répartition des impositions, qui ne pourront être terminées par la médiation des États provinciaux, soient portées aux tribunaux compétents, ou sièges royaux. L'ordre déclare que son vœu est d'être gouverné par la loi, et jamais par une commission, de quelque nature qu'elle puisse être.

8° Les vrais citoyens ont toujours vu avec surprise, dans les comptes publics de l'administration des finances, qu'on y comprenait une somme de près de 7 millions, uniquement employée en aumônes, en secours donnés à l'indigence, en construction d'églises, etc, etc.; ils sont persuadés que la première et véritable destination des biens ecclésiastiques est de pourvoir à ces pieuses libéralités. L'ordre demande qu'on avise aux moyens de prélever sur ces biens les sommes qui seront nécessaires pour de pareilles dépenses. Il croit qu'on y réussirait par la réduction des bénéficiers majeurs aux trois quarts, aux deux tiers ou à la moitié de leurs revenus, sur l'évaluation des baux, après la mort de ceux qui les possèdent aujourd'hui. En continuant cette réduction, on trouverait peut-être les fonds nécessaires à l'amortissement successif de la dette du clergé dont il importe essentiellement, à l'État que le clergé se libère. L'ordre désire en même temps que l'on prenne les précautions les plus sages et les plus sûres pour engager et obliger les ecclésiastiques à soigner et administrer, a l'instar des bons pères de famille, les biens et domaines qu'ils possèdent ; qu'on veille strictement à l'exécution des règlements publics à ce sujet, et qu'on fasse enfin cesser cette odieuse inquisition, qui, après la mort des évêques, des abbés et des prieurs commendataires, suscite à leurs familles une foule de procès, et porte partout le désordre et la confusion.

9° L'ordre demande que les portions congrues des curés, et que les cures d'un modique revenu soient augmentées et portées à 1,500 livres un au moins. Pourquoi les curés, ces pasteurs de droit divin, seraient-ils privés de la subsistance légitime qui leur est due ? Ils portent seuls le poids du jour et de la chaleur, c'est-à-dire toutes les peines du ministère, et c'est à des bénéficiers éloignés, à des monastères riches, qui ont peu de relation avec le peuple, que le cultivateur porte les premiers fruits de son travail et de ses avances.

10° Que les pensions des vicaires soient fixées à 750 livres, et que la quête leur soit interdite: ce serait compromettre le saint ministère que de réduire ceux qui y coopèrent dignement à la fâcheuse nécessité de mendier leur subsistance.

11° Que les religieux mendiants qui sont les plus utiles et qui rendent encore de grands services, soient suffisamment rentés, et les fonds pour ce nécessaires, pris sur cette foule de monastères immensément riches, habités par trois ou quatre religieux, hors d'état, par leur petit nombre et par l'abondance dans laquelle ils vivent, de remplir les vœux de leur ordre et de leur fondation.

12° Que les bénéficiers simples jouissant de 1,500 livres de rentes et au-dessus, sans distinction de rang et de qualité, qui ne seront point employés dans l'administration des diocèses,

soient tenus de résider dans leurs bénéfices, au moins six mois de l'année. Ils y apprendront à connaître leurs pauvres et à les secourir; le mauvais état de leurs maisons les forcera de les reconstruire, et à l'exemple des anciens religieux qu'ils ont remplacés, encourageant les paysans par leurs soins et par de légères avances, ils feront renaître l'agriculture presque éteinte dans leurs vastes domaines.

13° L'ordre demande que les États généraux prennent sur l'administration et disposition des domaines du Roi et de la couronne, le parti qu'ils jugeront le plus favorable à l'accroissement des produits nationaux, l'extension de la culture, l'amélioration des revenus et la libération de la dette publique; qu'ils fassent même, s'ils le croient utile, l'aliénation perpétuelle des biens domaniaux aux conditions et pour les destinations qui leur paraîtront les plus avantageuses.

14° L'ordre demande que l'on prenne les moyens les plus prompts pour la réforme du Code criminel; qu'en attendant cette réforme utile, il soit provisoirement accordé un conseil et un défenseur à l'accusé, qui l'obtiendrait en matière civile; que l'instruction soit publique, que tous les arrêts soient motivés; enfin que les avantages ou inconvénients de la forme actuelle soient démontrés par l'expérience.

15° L'ordre demande aussi le changement de la forme civile, surtout relativement aux directions; que les droits onéreux de contrôle, de présentation, sceau et autres innombrables perceptions fiscales, relativement aux droits du fisc, soient modérés, vu qu'ils entraînent souvent un déni formel de justice ; il croit qu'il serait à propos que la justice fût rapprochée du justiciable par une ampliation accordée aux présidiaux, jusqu'à la somme de 6,000 livres; par les appels des jugements de la juridiction consulaire et de l'amirauté, jusqu'à cette concurrence, et par l'extension du jugement des causes sommaires jusqu'à 100 livres.

16° Il importe essentiellement à l'ordre public et au maintien des propriétés que l'édit du Roi sur l'établissement des bureaux des hypothèques soit modifié et clairement expliqué dans plusieurs articles. L'établissement de ces bureaux, très-favorable aux acquéreurs, peut opérer, par la succession des temps, beaucoup de procès et de pertes considérables, au préjudice réel des seigneurs et autres propriétaires. L'ordre pense qu'il faudrait proroger le délai à six mois, et excepter des oppositions les arrérages des cens, rentes, devoirs de fruits dus aux seigneurs et établis par un même contrat; les rentes foncières, droits de quint et requint, droits de lods et ventes et autres droits échus avant la vente. L'ordre propose que les acquéreurs, par leurs lettres de ratification sans opposition, ne puissent être déchargés que des rentes non payées depuis trois ans.

17° L'ordre demande qu'il soit statué par une loi, que tout débiteur qui fournira caution suffisante, agréée par son créancier, ou, à son refus, par le magistrat, ne puisse plus être détenu dans les prisons, sauf les anciennes formes, qui gênaient à ce sujet la compatissante sensibilité du juge, soient abrogées.

18° L'ordre demande qu'il soit établi par les États généraux que tout privilège de corps, corporation ou communauté, toute attribution particulière, toute évocation contraire à la constitution nationale, seront abolis, sauf l'indemnité qui pourra être accordée à ceux dont la propriété se trouveraient lésée par cette suppression.

19° L'ordre demande que les règlements faits en différents temps, pour prévenir, examiner, suivre, discuter et juger les faillites, soient de nouveau examinés et fondus en une loi nouvelle, claire et précise, qui puisse détruire les abus dont on a à se plaindre, en prévenir les causes et bannir les fraudes, ces pitoyables ressources de la mauvaise foi qui déshonorent et décréditent le commerce. Ces différents objets de considération, si importants pour le maintien des propriétés, fixeront les vues du Souverain et des États généraux, et détermineront à établir que les lettres de surséance ne pourront plus, sous aucun prétexte, être prorogées au delà d'un an.

20° L'ordre demande qu'il soit également statué, par une nouvelle loi, que nul citoyen ne puisse reconnaître un avantage quelconque par son contrat de mariage, sans avoir justifié des fonds ou de la propriété sur laquelle il assoit lesdits avantages.

21° L'état le plus important de la société, celui dont les membres jugent de nos biens, de notre honneur et de notre vie, exige nécessairement une étude et des connaissances préliminaires ; il importerait essentiellement qu'il ne fût accordé aucune dispense d'étude de droit, d'âge, ou autre, à ceux qui s'y destinent ; qu'au contraire, on exigera d'eux une étude approfondie de la loi et un jugement cultivé par six ans au moins d'exercice dans la profession de jurisconsulte, ou par une assiduité constante au barreau.

Le terme de cette espèce de noviciat serait abrégé de moitié pour les fils de maître, et pour ceux qui, appelés dès leur naissance à la magistrature, auraient reçu une éducation analogue à cet état. Il est également à désirer qu'il ne soit plus accordé de lettres de compatibilité pour exercer des offices dans deux tribunaux différents.

22° L'ordre croit seconder les vues bienfaisantes du Souverain, et suivre le vœu de son cœur, en demandant l'abolition des lettres de cachet ; il désire qu'aucun Français ne puisse être arrêté par ordre du gouvernement, qu'autant que, vingt-quatre heures après, il sera remis ès-mains des juges ordinaires, qui le jugeront suivant les lois du royaume. Il supplie Sa Majesté de choisir, dans les différents tribunaux, des juges pour visiter les prisons d'État et renvoyer les détenus à leurs juges ordinaires.

23° L'ordre demande que toutes lettres et écrits de confiance soient, dans les bureaux de poste, un dépôt sacré et inviolable ; que tout inquisition tendante à porter la moindre atteinte, directe ou indirecte, à ce dépôt soit à jamais abolie ; et que les dépenses secrètes des postes soient employées à des objets utiles.

L'ordre supplie Sa Majesté d'accorder la liberté de la presse, modifiée par la sagesse des lois.

24° L'ordre demande qu'il n'y ait plus de charges ni offices qui donnent le privilége de la noblesse ; que les États généraux puissent présenter au Roi, pour être, suivant son bon plaisir, déclarés nobles, ceux qui, par des services rendus dans les armées, dans les tribunaux, dans les arts, l'agriculture, le commerce, les sciences, ou par des découvertes utiles, auront bien mérité de la patrie. Les États provinciaux adresseront aux États généraux la liste des citoyens dont ils auront vérifié les droits à cette distinction ; les États généraux la présenteront à Sa Majesté, qu'ils supplieront d'accorder cette grâce, qui sera d'autant plus éclatante, qu'elle ne sera donnée qu'au mé-

rite, de l'aveu du Souverain, sur la demande de la nation. L'ordre propose que soixante ans de services effectifs, de père en fils, dans les armées, en qualité d'officier, et soixante ans effectifs d'exercice dans les fonctions de la magistrature, remplis avec éclat et distinction dans les présidiaux de finance, puissent donner un titre pour prétendre à cette grâce. Les charges et offices supprimés seront remplacés sur le pied de la finance aux titulaires, qui conserveront la jouissance des priviléges qui leur avaient été accordés.

25° La rareté du bois se fait sentir dans presque toutes les provinces du royaume, le prix en est considérablement augmenté dans celles qui en sont les mieux pourvues, et il est excessif dans celles qui n'en ont pas. Il importe essentiellement aux États généraux de vivifier cette branche importante de l'agriculture. Nous ne manquons point de lois sages sur cette partie, mais l'exécution en est confiée à des tribunaux dont le défaut ordinaire est la négligence de leurs devoirs. Les propriétaires des bois aiment mieux supporter les délits énormes qui s'y commettent, que de traduire les délinquants devant les tribunaux, où les frais qu'ils occasionnent ne peuvent se calculer..... — L'ordre propose aux États généraux de supprimer les tribunaux des eaux et forêts et d'y suppléer par l'attribution, aux justices seigneuriales, des délits commis sur les faits des bois, chasse et pêche, dans l'étendue de leur ressort, et par l'appel aux justices royales dont elles relèvent. L'aménagement, l'amélioration et conservation des bois seraient sous l'inspection immédiate des États provinciaux..... — Le pays d'Aunis étant la province du royaume où le besoin du bois se fasse le plus sentir, vu la nécessité de convertir ses vins en eaux-de-vie, il est à désirer qu'on s'y occupe sérieusement du rétablissement du peu de bois qui reste encore dans cette province ; il faudrait engager, encourager les propriétaires à cultiver des semis et plantations dans plusieurs paroisses, qui ont une quantité de terres incultes, où le bois réussirait, en appropriant à la nature du sol l'espèce qui y serait la plus propre. Il serait juste d'exempter de tout impôt, pendant quelques années, les terres employées à cette culture. Celui qu'elles supporteraient dans vingt ans, et la diminution survenue dans le prix du bois, indemniseraient la province du déficit momentané, résultant de cette exemption.

26° L'ordre demande la suppression de l'administration actuelle des haras, et qu'elle soit remplacée par celle que les États provinciaux jugeront la plus convenable dans leur district. Il demande aussi que les États provinciaux soient chargés de l'administration des postes aux chevaux. Les sommes que le gouvernement donne aux maîtres de postes, sous prétexte d'indemnité, sont un objet considérable de dépense, et les exemptions d'impôt qu'on leur accorde, une surcharge pour le peuple. Les États provinciaux surveilleraient de plus près cette partie ; ils n'accorderaient que le nécessaire, pour soutenir ces établissements utiles, et les voyageurs seraient infailliblement mieux servis.

27° L'ordre est intimement convaincu que les États généraux ne pourront pas tout faire dans la durée. Le plus dangereux des abus serait de vouloir remédier dans le même temps à tous ceux dont on se plaint. Le bon choix des choses à exécuter sur-le-champ, de celles qu'il faudra seulement préparer, sera le trait le plus frappant de la sagesse que la nation attend d'une si auguste assemblée.

L'ordre désire que les Etats généraux veuillent bien recevoir leur vœu sur les abus dont ils croiront devoir différer la réforme; qu'ils déposent, pour ainsi dire, leurs pensées dans le sein des Etats provinciaux; qu'ils les chargent de méditer leurs idées, de développer les projets, d'avancer les travaux et de consulter l'opinion publique.

DEMANDES RELATIVES AUX LOIS DE FISCALITÉ.

1° L'ordre demande que les Etats généraux fixent la somme générale des impositions qui sera répartie par les Etats provinciaux; que cette somme ne puisse être augmentée, soit par des impositions nouvelles, soit en changeant la forme de la perception, jusqu'aux prochains Etats généraux.

2° Que les droits d'aides soient supprimés et convertis en un autre droit représentatif, tel qu'il conviendra à la sagesse et à la prudence des Etats généraux, afin de sauver les frais d'une perception ruineuse, et d'échapper au régime d'une administration encore plus intolérable que le droit lui-même..... Que les droits des traites et des fermes soient convertis en un droit d'entrée et de sortie, et les barrières portées aux frontières du royaume.

3° L'ordre demande à connaître la somme effective que la province verse dans les coffres du Roi, pour les droits et impositions de toute nature, afin que les Etats particuliers du pays avisent aux moyens de lever ladite somme, ou telle autre arrêtée par les Etats généraux, de la manière la moins onéreuse et la plus analogue aux facultés des contribuables.

DEMANDES PARTICULIÈRES.

1° L'ordre demande des Etats particuliers pour le pays d'Aunis, indépendants de toute autre province.

2° L'ordre demande que le nombre de ses représentants aux Etats généraux soit désormais en raison double de celui du clergé, que les députés des trois ordres soient, à l'avenir, dans la proportion suivante : le clergé, un; la noblesse, deux, le tiers-Etat, trois. Il demande que cette proportion soit exactement suivie dans la formation des Etats de la province.

3° L'ordre demande que le gouvernement rembourse aux habitants de cette province les sommes qu'ils ont payées pour les réparations et constructions du palais et des prisons de cette ville, ou qu'il leur en soit tenu compte sur les impositions qu'ils auront à payer. Ces sommes ont été perçues sur deux simples arrêts du conseil du Roi, des 15 janvier et 16 octobre 1784, qui avaient ordonné une imposition de 145,350 livres, payable en deux années par tous les justiciables possédant fonds dans l'étendue du ressort du présidial et autres juridictions royales de la ville de la Rochelle, exempts ou non exempts, privilégiés ou non privilégiés, sans aucune exception. Les réclamations générales qu'excitèrent ces deux arrêts, l'injustice évidente de l'impôt qu'ils établissaient, déterminèrent Sa Majesté à les révoquer par un arrêt de son conseil, du 25 janvier 1786, et à imputer dans les charges du domaine la somme de 129,314 livres, qui, avec celle de 16,036 livres payée à compte, en vertu des deux arrêts précédents, formait le total de 145,350 livres; il serait de la dernière injustice que ceux qui ont obtempéré aux deux arrêts de 1784 fussent les victimes de leur zèle et de leur obéissance,

et qu'ils fussent privés du bienfait que la bonté du Souverain a étendu sur leurs concitoyens.

4° L'ordre demande la suppression des arrêts du conseil du 24 août 1788, portant établissement d'un emprunt de 600,000 livres, et une augmentation des droits d'octroi pour les habitants de Rochefort, aux fins de pourvoir à la reconstruction du pavé et autres dépenses.

Cet arrêt, évidemment surpris à la religion de Sa Majesté, ruinerait infailliblement tous les habitants de cette ville. Le sursis qu'on a obtenu à l'exécution de ces arrêts a prouvé la nécessité de leur suppression.

5° L'ordre supplie Sa Majesté et les Etats généraux de prendre en considération le besoin extrême où sont les habitants de Rochefort d'une église paroissiale, et l'impuissance réelle où ils sont d'en faire les frais. Louis XIV s'en était occupé dès la fondation et l'établissement de cette ville. Il y avait même destiné l'abbaye de Saint-Jean-d'Angely ; sa mort et les dépenses énormes dans lesquelles l'Etat s'est trouvé engagé depuis, n'ont pas permis de remplir ses intentions. Il est réservé à la sagesse, à la piété et à la religion de notre auguste souverain de pourvoir à un établissement aussi utile et aussi nécessaire.

6° L'ordre se croit obligé de représenter au Roi et aux Etats généraux l'énormité des charges que la province supporte pour le loyer, l'entretien et l'ameublement de l'hôtel destiné au gouverneur et commandant en chef, pour les différents objets de fourniture dont la ville est tenue pendant leur séjour, pour leurs compagnies de gardes et celles du commandant en second, pour le payement en argent du logement de cet officier général, des généraux divisionnaires, des officiers supérieurs et autres des régiments, de l'artillerie, du génie, de l'état-major de l'armée, des commissaires des guerres, du gouverneur particulier de la ville, du lieutenant général de la province, n'y résidant jamais, du médecin des hôpitaux, etc. Le nombre des officiers employés augmenté depuis quelques années, les nouveaux changements ordonnés dans les casernes, l'augmentation dans la fourniture des lits militaires, les sommes exigées pour la construction d'un arsenal ont nécessité et nécessitent tous les jours une augmentation considérable dans les octrois de cette ville, qui sont déjà excessifs. L'ordre de la noblesse supplie Sa Majesté de réduire le nombre de ses officiers généraux et autres employés dans cette province, autant que le bien de son service et les vues de l'ordre public pourront le permettre. L'ordre de la noblesse, s'il lui est permis de s'expliquer librement, osera proposer que le traitement accordé à des places qu'on ne voit jamais remplies par la résidence, soit destiné à maintenir l'activité de ceux qui résident, et que l'armée morte entretienne en partie l'armée vivante.

7° L'ordre de la noblesse, frappé des dispositions et de l'effet de quelques articles des dernières ordonnances de la constitution militaire, croit devoir représenter à Sa Majesté combien il est nuisible à son service, à celui de la patrie, et affligeant pour une portion de ses sujets, de voir borner d'une manière humiliante l'avancement d'une classe d'excellents officiers, connue sous la dénomination d'officiers de fortune ; ce qui, en portant le dégoût, le découragement et l'apathie dans la classe la plus nombreuse du militaire français, ne peut qu'avoir les suites les plus funestes.

8° L'ordre n'est pas moins affligé de voir la différence marquée que les mêmes ordonnances établissent entre les gens de la cour, ou présentés, et la noblesse qui habite la province, le grade de major en second affecté d'une manière positive à la portion des gens à crédit qui, sans avoir encore mérité, obtiennent les régiments et réduisent dans le fait le reste de la noblesse de la nation à la perspective du grade de lieutenant-colonel, tout espoir au delà de ce grade devenant illusoire, ce qui dégoûte un grand nombre d'anciens officiers, aussi précieux par leurs connaissances que par leurs exemples, occasionne une mutation effrayante dans les troupes, prive les régiments de la classe la plus intéressante de leurs chefs, au moment où ils commencent ou pourraient continuer à leur rendre les plus grands services, et répand un découragement général parmi tous les officiers qui n'envisagent que les bornes d'une carrière aussi limitée à parcourir. L'esprit militaire, ne pouvant être soutenu que par la gloire et l'ambition, doit nécessairement se perdre, lorsqu'on afflige l'un par des distinctions humiliantes et qu'on borne l'autre à un grade très subordonné.

Il est de l'essence du militaire de ne pas envisager de terme à son avancement, pour n'en pas mettre à son courage et aux actions les plus grandes et les plus périlleuses. La noblesse des provinces, qui, par un défaut de fortune, par des principes de sagesse et par l'éloignement du luxe, a conservé ses mœurs antiques comme sa naissance, s'est tenue dans ses châteaux, a fait fleurir l'agriculture, n'a pas ruiné ses créanciers, a secouru et protégé ses vassaux, et a servi avec distinction dans les armées. A-t-elle moins mérité de sa personne que la noblesse de cour, qui, à elle seule, absorbe depuis longtemps une grande partie des fonds de la guerre?

9° Que Sa Majesté soit aussi suppliée d'ordonner une forme de constitution militaire aussi sage qu'éclairée et qui puisse être permanente, à l'avenir : les changements perpétuels sont ruineux à l'État, découragent les troupes et ne forment jamais qu'une milice nouvelle.

10° La noblesse s'en rapporte aux vues bienfaisantes du Roi pour le choix des officiers des différents grades et armes, qui, joignant une grande instruction de détail à un dévouement patriotique, peuvent seuls opérer une heureuse révolution dans la composition et l'esprit de notre armée et détruire une infinité d'abus trop longs à décrire dans les bornes de nos demandes, tels que le trop grand nombre de généraux et ce qu'ils coûtent, l'arbitraire des inspecteurs et des colonels, la composition presque exclusive de ces derniers, les infractions perpétuelles aux ordonnances, l'insuffisance de la solde du soldat, les punitions peu analogues à notre génie national, la très-grande mutation des hommes dans les régiments, surtout dans les troupes à cheval, la composition de cette dernière arme qui, par le caractère de notre nation, devrait être la première de l'Europe, et qui n'est pas ce qu'elle était sous Louis XIV et sous Louis XV, la composition des capitaines de cavalerie et de dragons, la multiplicité des commissions qui ôtent tout espoir aux officiers subalternes, etc., etc., etc. Le vœu du souverain et celui de la nation sera sans doute de régénérer enfin et de mettre sur le pied le plus solide et le plus imposant une armée de laquelle dépend la sûreté, la prospérité et la gloire de la patrie.

11° La noblesse a reconnu les vues bienfaisantes du Roi dans l'établissement du conseil de la guerre, mais elle représente que ce conseil, loin de servir d'échelon à la fortune de chacun de ses membres, ne devrait être composé que de maréchaux de France et d'anciens lieutenants généraux qui n'ont plus rien à demander ; que le rapporteur devrait toujours être un homme de robe sans voix délibérative, et qui, y arrivant sans esprit de système, n'aurait d'autre emploi que de présenter au conseil les projets qui lui auraient été remis et de rédiger les arrêtés du conseil.

12° L'ordre de la noblesse croit devoir aussi supplier Sa Majesté d'accorder, à l'avenir, une décoration militaire à ceux des officiers français non catholiques de ses armées, qui auront mérité cette grâce par l'ancienneté de leurs services, ou par des actions distinguées à la guerre. Il est de la grandeur et de la justice du meilleur des rois de faire cesser des distinctions qui ne tendent qu'à perpétuer un esprit d'éloignement entre des sujets qui, après des temps malheureux, sont parvenus à l'heureuse époque où ils doivent vivre ensemble comme une seule et même famille. Il est de sa générosité de récompenser une portion d'officiers, dont les ancêtres ont peut-être beaucoup contribué à faire reconnaître les droits de la branche auguste du monarque qui nous gouverne, qui ont servi la plupart avec gloire et fidélité, et qui n'ont que mieux mérité de la patrie par une délicatesse de principes, sûr garant de la manière dont ils ont rempli leurs devoirs.

La France peut se rappeler que la différence des opinions religieuses n'a pas mis d'obstacles aux talents et au patriotisme ; qu'une religion étrangère lui a fourni plusieurs hommes célèbres, depuis le grand Sully jusqu'à l'époque d'un ministre qui, par ses lumières, ses vertus et son courage, seconde avec un éclat au-dessus de nos éloges les vues bienfaisantes et paternelles d'un second Henri.

13° L'ordre de la noblesse ose espérer que les mêmes motifs qui ont déterminé Sa Majesté à fixer, par l'article 16 du règlement pour l'exécution des lettres de convocation, le rang des nobles ayant la noblesse acquise et transmissible, la détermineront à leur accorder l'entrée à son service, et qu'ils ne seront plus exclus de l'honneur qu'ils sollicitent d'être utiles à la patrie et de sacrifier leur sang comme leur fortune pour sa défense et celle du souverain.

14° L'ordre supplie également Sa Majesté de ne point accumuler ses grâces sur les mêmes sujets. Tel en réunit plusieurs qui suffiraient pour récompenser plusieurs lieutenants généraux des armées ; en les divisant, Sa Majesté étendra ses faveurs sur un plus grand nombre et diminuera la masse des pensions qu'elle avait été forcée de créer pour suppléer au défaut de places à donner.

15° L'ordre, qui prend l'intérêt le plus vif et le plus particulier au corps de la marine, n'a pu voir qu'avec regret les variations continuelles qu'il éprouve depuis quelques années. Ces variations prouvent assez le peu d'ordre, de suite et de réflexion qui existèrent dans les motifs qui déterminèrent la conduite du ministre qui, le premier, a osé renverser son ancienne constitution, et qui se sont maintenus dans celle de ses imitateurs ; il a vu avec surprise que, dans ce département, on y avait tellement mis à l'écart les principes de toute constitution militaire, que les grades et les décorations y sont accordées à des gens qui, par état, n'ont aucune fonction militaire à remplir ; que l'avancement des officiers y était entièrement livré à l'arbitraire d'un ministre, que de fréquents exemples prouvaient que les ministre. regardaient les droits acquis par des services antérieurs au temps de leur administration comme proscrits, quels qu'ils fussent, même en temps de guerre ; qu'ils n'avaient aucun égard pour des talents véritablement reconnus ; et que l'opinion particulière, l'estime générale du corps, vrais titres qui paraissent donner des droits aux grâces et à l'avancement, éloignaient celui qui en était revêtu de la faveur et de l'opinion ministérielle. L'établissement du conseil de marine devrait, sans doute, faire espérer la réforme de tous les abus et de tous les vices de l'administration de ce département ; mais la constitution de ce conseil, vicieuse par elle-même, donne tout lieu de craindre que la France ne retire pas de cet établissement les avantages qu'elle pouvait et devait s'en promettre.

16° L'ordre de la noblesse supplie également Sa Majesté de supprimer ou modifier l'ordonnance des gardes-côtes, du 13 décembre 1778 ; elle grève excessivement les paroisses riveraines, elle en assujettit les habitants, sans distinction des gens mariés ou principaux fermiers, au tirage des canonniers gardes-côtes. La disette des sujets y est cause, sans doute, que l'exception admise partout ailleurs pour les autres milices n'y est point écoutée. On pourrait y suppléer en exemptant toutes les paroisses intérieures, jusqu'à six lieues de la côte, de la milice ordinaire pour les assujettir à celle des gardes-côtes et des compagnies du guet.

Les paroisses riveraines se trouveraient soulagées sans qu'il en résultât aucun inconvénient pour elles de l'intérieur, qui ne fourniraient plus de soldats provinciaux. Le paysan qui laboure nos champs et nos vignes sur les bords de nos côtes, ne paraît pas plus propre à devenir un matelot que celui qui façonne les terres dans l'intérieur du royaume ; car tous les habitants des campagnes sont peu disposés au service de mer, partout ils craignent d'y être engagés ; pourquoi donc notre pays serait-il plus particulièrement sujet que tout autre à fournir des gardes-côtés, indépendamment des classes des matelots ? Doit-il continuer à être constamment exposé aux causes de dépopulation, d'émigration et de consommation d'hommes qui l'énervent et l'appauvrissent. Ici, pour notre notre malheur, les faits viennent à l'appui du raisonnement, et il est difficile d'exprimer le préjudice qu'a causé à notre province le classement des matelots.

17° L'ordre de la noblesse demande que la constitution municipale de la ville de La Rochelle soit changée : elle est telle aujourd'hui, qu'en attribuant exclusivement les places d'échevins et de conseillers assesseurs aux officiers du présidial, à ceux des autres juridictions, aux membres du commerce, aux marchands, aux bourgeois, elle exclut nécessairement les ordres du clergé et de la noblesse des fonctions municipales. Dès lors, les assemblées ordinaires et extraordinaires de l'hôtel de ville n'offrent que l'ensemble du présidial, des juridictions et de quelques corporations, ensemble qui ne peut jamais être considéré comme la véritable représentation de la commune. Les officiers municipaux de Rochefort peuvent d'autant moins prétendre à ce titre, que l'insuffisance des revenus d'octrois de cette ville a mis leurs concitoyens dans l'impossibilité de faire acquérir à la commune les charges créées par l'édit de 1771, et qu'ils ont été contraints de se soumettre au régime désastreux qu'il établissait. La bienfaisance connue du souverain ne permet pas à l'ordre de la noblesse de douter qu'il ne détruise incessamment les restes d'abus d'un

ministre, aussi connu par sa despotique administration, que par les extensions qu'il imagina dans toutes les branches de la fiscalité. Ce n'est plus l'esprit de la chose publique qui discute les intérêts communs, c'est l'esprit particulier qui les examine et qui peut, sans s'en apercevoir, les plier à ses vues et les subordonner à ses intérêts personnels.

L'ordre demande que les constitutions municipales des villes de l'Aunis soient conformes à celle des Etats provinciaux.

18° L'ordre croit devoir demander, autant pour l'intérêt de la religion que pour celui de l'Etat, que toutes les fêtes de la Vierge ou de saints, celle du patron de l'église excepté, qui se trouvent dans le cours de la semaine soient renvoyées au dimanche suivant ; une fatale expérience a démontré que nos mœurs sont tellement corrompues, que l'oisiveté sert de prétexte et de motif aux débauches de toute nature et à la violation des lois divines et humaines... Cette réunion des fêtes aux dimanches ne serait pas moins avantageuse à l'Etat ; elle supprimerait quatorze fêtes par an, ce qui, en supposant 10 millions de bras actifs, produirait 140 millions de journées, lesquelles, estimées au prix modique de 10 sols, rendraient à l'agriculture et à l'industrie un produit net de 70 millions.

19° L'ordre de la noblesse, considérant que le plus grand bienfait que puisse attendre de nous la génération future, sera de former pour elle des citoyens et des hommes vertueux, pense qu'un des moyens les plus sûrs pour y parvenir serait la restauration des mœurs nationales. Il demande en conséquence que les Etats généraux s'occupent des réformes nécessaires dans l'éducation publique, qu'ils supplient Sa Majesté de n'accorder dans le clergé, dans le militaire ou dans la magistrature, aucune grâce, aucune place éminente qu'à ceux que l'opinion publique aurait désignés, et d'en éloigner à jamais ceux qu'elle aurait flétris et chez qui des talents agréables tiendraient lieu de tout autre mérite.

DEMANDE GÉNÉRALE.

Vœu de la nation.

Le soulagement du peuple occupe sérieusement l'Etat ; celui des pauvres occupe tous les hommes. Si l'histoire trouve à peine dans ses annales un exemple d'une calamité aussi longue, aussi terrible que celle dont nous venons de ressentir les cruels effets, elle trouve encore plus difficilement une circonstance où la bienfaisance et l'humanité se soient signalées avec une efficacité plus universellement énergique. Faire un article de doléance à ce sujet, serait faire un outrage aux sentiments de la nation ; mais il faut plus que des soulagements aux malheureux : ils ont besoin encore de fêtes, de spectacles où ils soient en même temps acteurs et spectateurs ; nous n'en avons point dont le retour périodique flatte et soutienne l'attente laborieuse du peuple. Voici le moment sans doute de constituer un établissement si nécessaire : la régénération de la France, un nouvel ordre de choses, le règne le plus heureux de la nation, qui sort glorieusement de dessous ses ruines par l'impulsion bienfaisante du chef qui la gouverne. Cette époque, à jamais mémorable, se conservera moins longtemps sur le marbre et l'airain que dans le cœur du Français ; qu'on ne lui refuse pas les occasions de montrer publiquement sa joie et de manifester les transports de sa reconnaissance envers un prince à qui la monarchie devra son repos et sa félicité!

Que la fête de la restauration de la France soit aussi durable que le monde! *Signé* Gréen de Saint-Marsault, comte de Châtel-Aillon, grand sénéchal; Gogue, de Chassiron, Baudoin de Lasso-cié, Caqueray de Valmenier, de Chamhon, Rougieu, Charpentier de Longchamps, Froger, Griffon de Romagné et Malartie.

INSTRUCTION PARTICULIÈRE

Donnée par l'ordre de la noblesse à son député aux États généraux (1).

26 mars 1789.

L'ordre de la noblesse de la sénéchaussée de la ville et gouvernement de La Rochelle, voulant faire connaître ses intentions à son député, pour porter son vœu à l'assemblée des États généraux, a arrêté ce qui suit:

Ledit ordre exhorte M. de Malartie à se réunir, autant qu'il le pourra, aux députés des sénéchaussées du Poitou, de Saintes, Saint-Jean-d'Angély et d'Angoumois pour tous les objets qui pourront concerner l'intérêt général de ces provinces, et qui ne seront pas contraires aux intérêts particuliers de l'Aunis.

Comme le premier objet dont les Etats généraux auront à s'occuper sera de savoir si on y votera par ordre ou par tête; comme cette question ne peut être décidée par les Etats généraux, puisque, pour parvenir à une délibération sur cet objet, il faudrait préalablement adopter l'une ou l'autre formation, l'ordre a pensé que les représentés devaient suppléer aux pouvoirs qui manqueraient aux représentants. Après avoir positivement énoncé que son vœu eût été que, suivant les anciens usages, on votât par ordre, il déclare cependant consentir à ce qu'on délibère par tête sur tout ce qui concernera l'impôt et les lois fiscales, mais qu'on ne puisse jamais délibérer que par ordre sur tout ce qui concerna la constitution et les lois ou règlements de police. Ses instructions sont si précises et si formelles sur ce point, qu'il enjoint expressément à son député de protester et de renouveler ses protestations, sans jamais pouvoir se retirer des assemblées, toutes les fois que l'autorité ministérielle, ou la pluralité des voix, dans l'ordre même de la noblesse, détermineront ou consentiront des délibérations par tête sur des objets qui ne concerneront point l'impôt ou la fiscalité. L'ordre est intimement convaincu que la France ne peut point exister sans monarchie, la monarchie sans distinction d'ordres et de rangs, et que les deux premiers ordres du royaume cesseraient d'exister s'ils étaient confondus avec le troisième et privés des distinctions qui leur ont été acquises dès l'établissement de la monarchie. Ces deux ordres, en faisant le sacrifice de tous les privilèges pécuniaires en matière d'impôt, en se soumettant de leur propre mouvement à tous les tributs qu'exigera le bien général du royaume, se sont réservé les droits qui tiennent essentiellement à leur état. Ils n'ont pas pu et ne pourront jamais se dépouiller des privilèges honorifiques, dont le maintien est un des sûrs garants de la monarchie.

Dans le cas où des besoins urgents et la loi impérieuse de la nécessité exigeraient des secours

prompts et momentanés, dans cette seule circonstance, d'après le rigoureux examen fait par les Etats généraux *des motifs* qui pourraient déterminer la nécessité de ces secours, et nullement sur la demande ou l'exposé des ministres, l'ordre autorise son député à consentir un octroi ou un emprunt très-limité, qui sera accordé et fixé par les Etats généraux. Excepté ce seul cas, l'ordre enjoint expressément à son député, ainsi qu'il lui est prescrit par le cahier des demandes et doléances, de ne point s'occuper de subsides, avant que les principes et la base de la constitution soient déterminés par les Etats généraux et sanctionnés par le Roi.

L'ordre charge son député de proposer aux Etats généraux l'examen et la solution de cette question. Serait-il bien vu politiquement et *dans l'état actuel* du royaume de chercher le moyen d'imposer le capitaliste?

A La Rochelle, le 26 mars 1789.

Signé Gréen de Saint-Marsault, comte de Châtel-Aillon, grand sénéchal; Gogue, de Chassiron, de Chambon, Rougieu, Caqueray de Valmenier, Baudoin de Lassocié, Froger, Charpentier de Longchamps, Griffon de Romagné et Malartie.

POUVOIR

Du député de l'ordre de la noblesse de la sénéchaussée, ville et gouvernement de La Rochelle, aux Etats généraux convoqués par Sa Majesté, pour le 27 avril prochain.

L'ordre donne pouvoir et mandat spécial à M. de Malartie de représenter la noblesse de la Rochelle dans les Etats généraux du royaume, en tant qu'ils seront composés de membres librement élus.

Donne pouvoir général et spécial pour proposer, remontrer, aviser et consentir tout ce qui peut concerner les besoins de l'Etat, la réforme des abus, l'établissement d'un ordre fixe et durable dans toutes les parties de l'administration et la prospérité générale du royaume.

Lui donne mandat spécial, vu l'insuffisance de la représentation accordée à la sénéchaussée de La Rochelle dans les Etats généraux convoqués pour le 27 avril prochain, de solliciter et obtenir une seconde députation; il fondera les motifs de sa demande sur ceux exposés dans la lettre que les trois ordres ont adressée aux ministres de Sa Majesté; dans le cas où le gouvernement refuserait d'accorder cette seconde députation, l'ordre charge son député de notifier la nomination et la mission de son suppléant. Il insistera pour la faire agréer, et obtenir, qu'en cas de maladie ou autre empêchement, lui, député, soit remplacé de droit par le suppléant, qui, dès-lors, aura entrée et voix délibérative aux Etats généraux, en vertu des pouvoirs que l'ordre lui a également confiés, à tout ce que son député estimera en son honneur pouvoir contribuer au bonheur de la patrie, ne doutant pas qu'il ne soit toujours dirigé par la justice, la modération, la fidélité envers le Roi, le respect des propriétés, l'amour de l'ordre et de la tranquillité publique.

Fait à La Rochelle, le 26 mars 1789.

Signé Gréen de Saint-Marsault, comte de Châtel-Aillon, grand sénéchal; Gogue, de Chambon, de Chassiron, Baudoin de Lassocié, Rougieu, Caqueray de Valmenier, Charpentier de Longchamps, Froger, Griffon de Romagné et Malartie.

(1) Communiqué par M. de Malartie.

CAHIER

Des doléances, plaintes et remontrances du tiers-état de la sénéchaussée de la ville et gouvernement de La Rochelle, qui sera remis aux députés de l'ordre, pour être présenté aux États généraux (1).

SUR LA CONVOCATION DES ÉTATS GÉNÉRAUX.

Art. 1er. Le pays d'Aunis, d'après sa population et la consistance de son commerce, n'étant pas suffisamment représenté aux États généraux par une seule députation, le tiers-état de la sénéchaussée de la ville et gouvernement de La Rochelle, a arrêté de se réunir aux deux premiers ordres pour solliciter de la justice du Roi qu'il soit accordé à la province une seconde députation, tant pour les États généraux prochains, que pour ceux qui seront convoqués dans la suite.

Art. 2. L'assemblée, espérant que Sa Majesté daignera accueillir les justes réclamations de ses sujets du pays d'Aunis contre l'insuffisance de leur représentation aux États généraux, a arrêté de nommer deux députés qui se réuniront aux deux premiers accordés par le règlement pour former la seconde députation, et dans le cas où le Roi ne croirait pas devoir, quant à présent, rien changer à son règlement pour la province, les États seront suppliés d'admettre les deux derniers députés à représenter le tiers-état du pays d'Aunis dans les séances des États, en cas d'absence ou d'empêchement les deux premiers.

Art. 3. Le tiers-état de la sénéchaussée, ville et gouvernement de La Rochelle, demande que le droit de voter par tête et non par ordre, aux États généraux, soit le premier objet des réclamations des députés, pour conserver au tiers-état l'influence que cet ordre doit avoir dans l'assemblée de la nation.

Art. 4. Le Roi sera supplié de supprimer les distinctions humiliantes qui ont existé aux précédents États généraux entre les deux premiers ordres et le tiers-état.

SUR LE FAIT DE L'ADMINISTRATION.

Art. 5. Les députés demanderont que les impôts ne soient consentis que pour le temps qui s'écoulera d'une assemblée à l'autre, c'est-à-dire pour cinq ans au plus ; de sorte que la perception sera suspendue de plein droit dans le cas où le Roi ne convoquerait pas la nation, sans que l'imposition suspendue puisse arrérager.

Art. 6. Ils voteront pour que toutes les provinces obtiennent des États provinciaux dans la proportion d'un député pour le clergé, de deux pour la noblesse et de trois pour le tiers-état; le Roi sera supplié d'attribuer aux États provinciaux toutes les fonctions d'administration, indistinctement, et de restituer les fonctions sur le contentieux aux tribunaux qui en étaient originairement chargés ; ce qui rend indispensable la suppression des intendants.

Art. 7. Les députés insisteront avec fermeté, et sans pouvoir se départir de leurs demandes, pour que tout citoyen ait la liberté civile, et que les lettres de cachet soient à jamais abolies.

Art. 8. Ils demanderont que les ministres soient responsables de leur administration et justiciables des États généraux, nonobstant toute évocation.

Art. 9. Les députés ne pourront consentir au-

(1) Nous publions ce cahier d'après un manuscrit des *Archives de l'Empire.*

cun impôt que le Roi n'ait accordé les six articles précédents, et qu'il n'y ait à cet effet une loi solennelle qui sera à la fois un monument de la justice du Roi et le titre constitutionnel de la nation.

Art. 10. L'assemblée, prenant cependant en considération l'état actuel des finances, et s'apercevant que l'intimation faite aux députés, par l'article 9 du cahier, de ne consentir aucun impôt que le Roi n'ait accordé le contenu dans les six articles dont il vient d'être fait mention pourrait nuire au bien de l'État et rendre impossible l'acquittement du service des différents départements, a arrêté que les députés aux États généraux seront autorisés à consentir l'emprunt de la somme nécessaire aux besoins de l'État pendant six mois, à condition, toutefois, que la nécessité de l'emprunt sera jugée indispensable par les États généraux, et qu'ils en fixeront la quotité.

Art. 11. Ils solliciteront des États provinciaux particuliers à l'Aunis et indépendants de toute autre province : l'Aunis, pays intéressant par sa position et son commerce, devant obtenir cette faveur de la justice du Roi.

Art. 12. Les impositions, devant être réparties par les États généraux sur chaque province, les députés représenteront en faveur de l'Aunis, lors de la répartition générale, l'aridité du sol de la province dont la nature se refuse, dans la plus grande partie de son étendue, à toute autre culture que celle de la vigne, les frais énorme qu'entraîne ce genre d'exploitation, et l'incertitude des produits qui sont rarement proportionnés aux dépenses faites par le cultivateur, et les États seront suppliés de prendre ces remontrances en considération.

Art. 13. Les députés insisteront pour que les travaux publics exécutés depuis huit ans dans le pays d'Aunis, et les comptes qui en ont été fournis ou qui pourront l'être, soient vus et vérifiés par les États de la province.

Art. 14. Ils réclameront la restitution des sommes indûment perçues sur les propriétaires du pays d'Aunis pour la reconstruction des palais et prisons de la ville de La Rochelle.

Art. 15. Ils demanderont l'exécution du canal projeté depuis si longtemps entre la ville de la Rochelle et celle de Niort, comme devant à la fois augmenter les relations de commerce de l'Aunis et du Poitou, et rendre à l'agriculture une quantité considérable de marais incultes et inondés.

Art. 16. Ils demanderont que les travaux concernant la confection des chemins, des ports, le curement des rivières et canaux et la construction des édifices publics, soient, à l'avenir, exécutés sous l'ordonnance et la direction des États provinciaux, qui emploieront à cet effet tels ingénieurs et surveillants qu'ils aviseront : ce qui nécessite la suppression du corps des ingénieurs des ponts et chaussées.

Art. 17. La réforme la plus prompte et la plus sévère dans le régime de la corvée sera sollicitée au nom du pays d'Aunis, que l'on peut indiquer comme le théâtre des abus les plus répréhensibles en ce genre. Les députés représenteront qu'aux vexations exercées autrefois pour la corvée en nature, ont succédé des déprédations sans bornes dans le régime actuel ; qu'à l'époque de l'établissement de l'imposition représentative de la corvée, plusieurs communautés étaient approvisionnées de pierres pour longtemps; que ces pierres, tirées de la carrière, portées sur les grandes routes et prêtes à être employées, ont été enlevées par les adjudicataires qui n'en ont jamais tenu compte aux communautés; que les formalités indiquées par le conseil pour les adjudications sont violées sans pudeur, qu'à la publicité des offres et des marchés on a substitué la clandestinité la plus suspecte, que le prix des adjudications est excessif en comparaison de la valeur réelle des travaux; qu'il est arrivé que des mises au rabais n'ont pas été reçues; qu'on a rejeté les demandes faites par plusieurs paroisses de se charger de la confection de leur tâche, que les adjudicataires sont moins, en effet, des entrepreneurs publics, que des accapareurs frauduleux; que tous les genres de vexations étaient autrefois employés pour faire paraître imparfaits les ouvrages des corvéables, ou pour les en dégoûter, mais que la méthode pour la confection des chemins, a été changée en faveur des adjudicataires; qu'ils éludent leurs marchés avec une audace toujours impunie, que le défaut de surveillance est un des genres de protection qu'on leur accorde, que leurs profits sont énormes, et que la rapidité scandaleuse de leur fortune est le complément de toutes ces violations de l'ordre public et de la justice.

Art 18. Ils demanderont l'abolition de la taille, de l'imposition représentative de la corvée et des vingtièmes, pour être remplacés par une prestation unique et en argent; cet impôt sera réparti sur tous les régnicoles, sans distinction de naissance, de rang, de dignités, d'immunités et de privilèges, et toute exemption en matière d'impôt sera déclarée injuste et inconstitutionnelle et, comme telle, anéantie. Les députés observeront qu'en demandant l'anéantissement des exemptions, en matière d'impôt, le tiers-état du pays d'Aunis n'a point en vue les exemptions accordées pour forme d'encouragement à ceux qui s'occupent du desséchement des marais et défrichement des terres incultes. Ils réclameront même spécialement de nouveaux encouragements et des secours en faveur des hommes utiles dont les travaux rendront à l'agriculture des terres incultes ou inondées.

Art. 19. Les habitants ou propriétaires de chaque paroisse, de quelque condition qu'ils puissent être, et à quelque ordre qu'ils puissent appartenir, seront établis sur un seul et même rôle d'imposition, sans que, sous prétexte de leur caractère, dignités, charges ou emplois, ils puissent prétendre à être imposés sur un rôle particulier.

Art. 20. Le Roi sera supplié de permettre qu'on limite ses bons sur le trésor royal, et que les États fixent, pour l'entretien de sa maison, une somme proportionnée à l'éclat du trône et à la majesté du grand Roi.

Art. 21. Les députés insisteront sur la réduction des pensions qui seront jugées trop considérables, d'après l'exposé des motifs fait aux États généraux, et sur la suppression totale de celles qui paraissent suspectes, ou dont les causes ne seront pas valablement justifiées.

Art. 22. Ils demanderont une réduction dans le nombre des officiers généraux employés dans les provinces et les états-majors des places.

Art. 23. Les députés réclameront contre l'exclusion donnée au tiers-état, pour les places du haut clergé, de l'armée de terre et de mer et des cours souveraines; ils représenteront que les vertus, la bravoure et les talents étant naturels au tiers-état, comme aux individus des trois ordres, cette exclusion ne peut subsister dans un siècle éclairé, et que toutes les places du haut clergé, de l'armée de terre et de mer et des cours souveraines doivent êtres ouvertes au tiers-état comme aux deux premiers ordres sans distinction.

Art. 24. Les gabelles, les aides, régies, le droit d'inventaire, le don gratuit ou droits réservés, les inspecteurs aux boucheries, à la marque des cuirs et des fers seront présentés comme une calamité publique; les députés solliciteront avec instance leur abolition à perpétuité, et ils proposeront de remplacer leur produit par des abonnements avisés dans les États provinciaux.

Art. 25. Les députés insisteront pour que l'on ait égard aux plaintes et doléances de toutes les communautés du pays d'Aunis sur le fait des aides. Ils attesteront que les réclamations ont été aussi justes que générales; que les abus de cette partie de l'administration sont en effet devenus intolérables; que la multiplicité et l'énormité des droits sont révoltantes; que les formalités que l'on exige, presque toujours impossibles dans l'exécution, deviennent illusoires; que la rigueur des poursuites serait accablante, si elle ne présentait pas en même temps l'absurdité la plus inconcevable; que l'on peut attester qu'il y a actuellement, sur la seule ville de La Rochelle, pour 32 millions de contraintes contre les négociants qui n'ont pas rapporté au bureau des aides les soumissions déchargées des envois d'eau-de-vie qu'ils ont faits dans l'intérieur du royaume; que rien n'égale la mauvaise foi et la dureté des employés supérieurs ou en sous-ordre; que le régime des aides est destructif de l'agriculture, qu'il répand la terreur et le découragement dans les campagnes; que chaque année la ruine de plusieurs familles atteste la certitude de cette affligeante vérité; que la distillation de l'eau-de-vie a été anéantie dans plusieurs paroisses par des vexations inouïes; que ce n'est pas seulement sur le vin et sur l'eau-de-vie que sont assis des droits onéreux et disproportionnés au produit des fonds et à la valeur des denrées, que la main du fisc dispute encore aux malheureux, qui est forcé de vendre son vin pour payer l'impôt, la boisson qu'il se prépare en mettant de l'eau sur le marc du raisin; le Roi sera supplié de considérer que c'est cependant en son nom que se déploie cet odieux régime; qu'il tend à altérer l'amour et la confiance des peuples, et Sa Majesté sera instamment sollicitée, pour sa justice et pour sa gloire, d'en étouffer jusqu'à la dénomination.

Art. 26. Ils demanderont la suppression des receveurs généraux, particuliers et autres gens de finance, de sorte que les États provinciaux puissent verser directement et ainsi qu'ils l'aviseront au trésor royal.

Art. 27. L'aliénation des domaines du Roi à perpétuité, et sous la garantie des États généraux, les forêts exceptées, sera présentée comme infiniment avantageuse au bien de l'État, et les députés seront tenus de la demander.

Art. 28. Ils réclameront l' ppression des francs-fiefs : ce droit, u ... nt de la barbarie féodale, étant en lui-m ... injurieux au tiers-état, et devenant chaque jour plus vexatoire par les rigueurs de l' ... ption.

Art. 29. La faculté de se libérer étant de droit naturel, les députés demanderont que l'amortissement des rentes dues au clergé soit autorisé, et que la liberté, à cet égard, s'étende jusqu'aux rentes inamortissables dues à des particuliers.

Art. 30. Ils réclameront également, en faveur des communes et municipalités, le droit de se rédimer de la banalité des fours et moulins et des corvées seigneuriales justifiées par titre.

Art. 31. Ils solliciteront une nouvelle constitution pour les municipalités, les officiers municipaux, qui représentent tous les citoyens, devant être librement élus par les citoyens de toutes les classes, et pris indistinctement dans les trois ordres.

Art. 32. Les députés réclameront avec force contre le système dangereux qui a fait jusqu'ici tomber le poids de l'impôt sur les sources et les produits de l'agriculture; ils demanderont que les Etats provinciaux soient tenus d'asseoir les impôts dans les villes, d'après l'évaluation la plus précise des maisons, et d'établir cette évaluation, soit d'après les baux à loyers, soit d'après des estimations expertisées et soigneusement discutées.

Art. 33. Ils demanderont que l'on prenne les précautions les plus sûres pour atteindre, par une imposition, les propriétaires des richesses mobilières qui ont été soustraites trop longtemps aux charges de l'Etat, ou qui n'y ont pas été assujettis en proportion de leurs facultés.

Art. 34. Les députés représenteront que depuis trop longtemps les impositions pèsent sur la classe la plus malheureuse, et que, si un grand luxe est l'attribut nécessaire d'un grand Etat, les objets de luxe doivent être fortement frappés de l'impôt; en conséquence, ils demanderont qu'il y ait un impôt sur les voitures, les gens de livrée, les laquais, valets de chambre et autres domestiques qui ne sont point employés à l'exploitation et à la culture des terres.

Art. 35. L'intérêt public exigeant une surveillance continuelle sur le service des postes aux chevaux, les députés demanderont que la direction et l'administration en soient confiées aux Etats provinciaux.

Art. 36. Ils demanderont que les frais de casernement, de guet et de logement de gens de guerre, qui ont été jusqu'ici supportés par le tiers-état, le soient, à l'avenir, par tous les ordres indistinctement.

Art. 37. Les levées de canonniers auxiliaires dépeuplant les campagnes du pays d'Aunis et des îles adjacentes, et le tirage de la milice étant contraire à la liberté personnelle, et, comme tel, inconstitutionnel, les députés seront tenus d'en demander la suppression.

Art. 38. La tranquillité publique, la sûreté personnelle et la conservation des propriétés étant le prix des impôts que le souverain reçoit de la nation, le Roi sera supplié d'augmenter considérablement le corps de la maréchaussée et de consulter les Etats provinciaux sur les établissements et la distribution des divisions et des brigades.

Art. 39. Les députés demanderont que la refonte des monnaies soit consentie par la nation et le titre fixé par elle.

Art. 40. Ils insisteront pour que l'on publie, chaque année, par la voie de l'impression, les comptes de l'administration, et que cette publicité soit également étendue à l'administration de chaque Etat provincial.

Art. 41. Les députés seront autorisés à garantir tous les engagements contractés par le gouvernement jusqu'à l'assemblée des Etats généraux, une discussion et une révision à cet égard, même pour ce qui concerne des intérêts exorbitants et usuraires, n'étant pas de la dignité d'une grande nation. Mais les députés seront tenus de demander à connaître le régime de chaque département et qu'il soit établi un tel ordre que la nation n'ait plus à gémir des abus de l'administration et à souffrir des erreurs ou des vices des administrateurs.

SUR LE FAIT DE LA JUSTICE.

Art. 42. Les lois, en matière d'impôt, qui auront été proposées et consenties par la nation, et sanctionnées par le Roi, seront dès lors revêtues de la plénitude du pouvoir exécutif, sans qu'elles puissent être contredites ou modifiées par quelque tribunal que ce puisse être.

Art. 43. Les députés solliciteront la réformation de l'ordonnance civile, l'abréviation des procédures, et une diminution notable des frais, dont l'énormité peut absorber dans plusieurs cas la valeur de l'objet en litige.

Art. 44. La juridiction des causes sommaires, la plus précieuse, puisqu'elle est la plus rapprochée des besoins du peuple, n'ayant pas, d'après la modicité de sa compétence, le degré d'utilité dont elle est susceptible, le Roi sera supplié, au nom de la classe la moins fortunée de ses sujets, de porter jusqu'à 100 livres la compétence des juges en matière sommaire.

Art. 45. Ils demanderont, en faveur des habitants des campagnes, qu'il n'y ait plus qu'un seul degré de juridiction seigneuriale avant de parvenir à la justice royale, de sorte qu'après avoir été jugées par le juge du seigneur, les causes puissent être directement portées devant le juge royal, *omissio medio*.

Art. 46. Le taux de l'argent n'étant plus à comparer à la fixation qui avait lieu à l'époque où les juridictions consulaires ont été créées, le bien de la justice et l'intérêt des justiciables exigent que la compétence de ces tribunaux soit augmentée.

Art. 47. En conséquence, les députés demanderont que la compétence des juges-consuls soit portée en dernier ressort jusqu'à 2,000 livres.

Art. 48. Que la juridiction présidiale soit affranchie des entraves qu'y mettent les jugements de compétence; qu'il y soit décidé, tant en première instance que sur l'appel et en dernier ressort, de toutes contestations, de quelque nature qu'elles soient, et entre quelques personnes qu'elles puissent exister, excepté les questions d'état; et que, dans les affaires susceptibles d'appréciation, leur compétence soit fixée à la somme de 10,000 livres, et que les appels des juges-consuls et des amirautés y soient dévolus jusqu'à la concurrence de pareille somme.

Art. 49. L'intérêt du commerce exigeant que l'on donne aux juridictions consulaires une activité suffisante, et que l'on y cherche à simplifier les formes et à y modifier les frais, le Roi sera supplié de rendre à ces tribunaux le droit d'apposition de scellés et d'inventaire chez les faillis, et de leur accorder le pouvoir nécessaire pour assurer l'exécution de leurs jugements.

Art. 50. L'art de la navigation s'étant perfectionné depuis 1681, et le commerce maritime ayant développé, dans son accroissement, des intérêts inconnus à l'époque où Louis XIV rendit l'ordonnance de la marine, la révision de cette loi est devenue indispensable; les députés demanderont, en conséquence, qu'elle soit ordonnée ainsi que celle de l'ordonnance du commerce, d'après l'avis des différentes chambres des villes maritimes du royaume, qui doivent être consultées à cet effet.

Art. 51. La suppression de l'amirauté générale de France, séant à Paris, sera demandée.

Art. 52. Les charges d'huissiers, jurés-priseurs, vendeurs de meubles, et la perception des quatre deniers pour livre, faite à leur profit, étant onéreuse au peuple, et surtout à celui des campagnes, les députés en demanderont la suppression.

Art. 53. Ils observeront qu'il est essentiel de veiller à la conservation des minutes, dont l'adirement n'est que trop fréquent chez les notaires de la campagne ; qu'en conséquence il doit être ordonné qu'après le décès d'un notaire royal à la résidence de la campagne, ou d'un notaire de seigneur, il sera pourvu à la sûreté de leurs minutes par le juge royal, ou celui du seigneur qui en dressera procès-verbal, sans frais ; que les minutes seront remises, dans l'espace de trois mois, au successeur, ou à un notaire de pareille qualité, choisi par la famille, et qui s'en chargera au pied de l'inventaire, et que, dans le cas où, après le délai de trois mois, il n'y aurait un successeur connu, ou un notaire présenté par la famille, les minutes seront déposées au greffe de la justice royale, ou dans tout autre dépôt public qui sera indiqué.

Art. 54. Ils demanderont que les notaires royaux à la résidence de la campagne, et les notaires des seigneurs ne puissent être reçus que sur une information très-exacte de vie et mœurs, et après avoir été examinés par les notaires royaux du chef-lieu du ressort dont ils seront tenus de rapporter le certificat et l'avis.

Art. 55. Les députés représenteront que les droits de contrôle qui, dans l'origine, n'avaient été qu'une précaution sage et bienfaisante du législateur, pour constater la date des actes et assurer la tranquillité des parties, se sont multipliés à proportion des besoins de l'État ; que le gage de la sûreté publique est devenu la source des vexations fiscales; que de toutes les parties de l'administration, il n'en est point de plus obscures et de plus vicieuses ; que le mal s'est accru par les interprétations et les distinctions sans nombre qu'on a données sans avoir de plan fixe ; que les contradictions se trouvent où l'on devrait trouver les lumières de la loi ; que cette ambiguïté engage un combat continuel entre le traitant et les parties contractantes, et que celles-ci ont constamment un désavantage ruineux ; qu'il est essentiel de demander instamment sur l'établissement d'un nouveau tarif qui, en diminuant les droits exorbitants du contrôle, soit clair, précis et intelligible pour tous les citoyens. Qu'il est indispensable d'assigner une plus juste proportion dans les classes, et d'opérer la diminution des employés; que les recherches qu'ils sont autorisés à faire chez les notaires tendent à dévoiler les secrets des familles et qu'elles offrent le genre d'inquisition le plus odieux peut-être.

Art. 56. Que les droits de centième denier, tant sur les actes translatifs de propriété, que sur les biens échus en collatérale, sont abusifs et vexatoires, en ce que ces droits se perçoivent sur les biens-fonds, surtout en collatérale, sans distinction des charges; qu'il arrive fréquemment qu'un domaine est grevé de rentes au delà de sa valeur, et que, néanmoins, l'héritier paye le droit rigoureusement et comme si le bien était liquidé; que cette injustice s'accroît encore par le payement des doubles droits et des amendes qu'encourent ceux qui laissent passer le temps fatal ; que cette contravention arrive fréquemment par l'ignorance, bien pardonnable, de l'obligation imposée par les lois rigoureuses du contrôle; que des avertissements de la part des employés préviendraient des erreurs, presque toujours involontaires, de la part des héritiers ; mais que ces avertissements ne sont point donnés, parce qu'à la rigueur de cette partie des lois fiscales on a ajouté l'injustice révoltante de faire tourner au profit des employés l'ignorance où l'on est communément de leurs règlements, et qu'ils obtiennent, sur une partie des amendes qu'ils partagent entre eux, ce qu'ils appellent un excédant de fixations.

Art. 57. L'abolition des commissions et des évocations sera réclamée par les députés comme un gage de la justice du Roi et de la liberté des peuples.

Art. 58. Le Roi sera supplié de ne plus accorder de dispense d'âge, pour l'exercice des fonctions de judicature, à ceux qui ne sont pas âgés de vingt-cinq ans, les grâces de Sa Majesté ne pouvant pas s'étendre jusqu'à accorder à un mineur la prérogative abusive de prononcer sur l'intérêt d'autrui, lorsque, d'après les lois, il ne peut disposer valablement des siens.

Art. 59. Les lettres de compatibilité et de dispense d'alliance seront également présentées comme contraires au bien de la justice et à l'intérêt des justiciables, et on demandera à Sa Majesté de n'en plus accorder.

Art. 60. Les bonnes lois pouvant devenir illusoires et inutiles lorsque les magistrats ne sont pas éclairés, Sa Majesté sera suppliée de réformer les études des écoles de droit, et de n'accorder des provisions pour les offices de judicature qu'à ceux qui auront exercé pendant cinq ans la profession d'avocat, et qui rapporteront des preuves incontestables qu'ils auront exactement suivi, pendant ces cinq années, les audiences d'une justice royale.

Art. 61. Les lettres de *committimus* étant une dérogation au droit commun et une exception aux lois générales du royaume, doivent être abolies.

Art. 62. L'exécution des ordonnances concernant les droits de fuye, de chasse et de garenne, sera réclamée au nom des cultivateurs et des habitants des campagnes.

Art. 63. La vénalité des charges et les abus qui en résultent seront dénoncés aux États généraux, comme ils l'ont été à toutes les assemblées de la nation depuis François Ier, et les députés proposeront de délibérer sur les moyens de rembourser les offices et de rendre ainsi à la justice l'éclat et la pureté qu'elle doit avoir.

Art. 64. La noblesse devant être le prix des vertus d'un citoyen et des services rendus à l'État, que nul, à l'avenir, ne puisse être anobli par charge.

Art. 65. Le nombre excessif des tribunaux étant nuisible pour l'État, les députés représenteront la nécessité de réunir tous les tribunaux d'exception en un seul, autre que celui des juges ordinaires.

Art. 66. Les députés profiteront du moment où la nation est réunie auprès du Roi, pour réclamer, au nom de l'humanité et de la raison, l'abolition des lois pénales sur le fait des contrebandiers, la réhabilitation des condamnés en cette qualité, et la décharge des amendes non encore payées.

Art. 67. Les députés demanderont, comme un des objets les plus importants pour le bonheur public, la révision de l'ordonnance criminelle, et l'abrogation de ses dispositions en plusieurs cas, et, notamment, qu'il ne soit plus permis aux juges de procéder aux interrogatoires et autres actes de l'instruction qu'assisté de deux autres juges; qu'ils ne puissent rendre de décret de prise de corps et d'ajournement personnel que de l'avis de deux juges; enfin, qu'il soit donné en toute matière, et dès l'origine de l'instruction, un conseil aux accusés, et que le conseil soit autorisé à prendre communication de la procédure, toutefois qu'il le jugera nécessaire. Ils observeront, néanmoins, que le bien général de la justice et quelques cas particuliers pouvant exiger la plus grande célérité, les juges doivent être autorisés à prendre seuls et sans être assistés le premier interrogatoire; mais que, dans ce cas, cette pièce ne pourra jamais avoir au procès le caractère d'une pièce de conviction.

Art. 68. Les lois criminelles étant la portion la plus essentielle de la justice distributive que le Roi doit à ses peuples, le Roi sera supplié de considérer la disproportion effrayante qui existe, dans plusieurs cas, entre les délits et les peines, l'inutilité et même le danger de quelques autres lois pénales; que le vol, par exemple, celui avec effraction excepté, est trop sévèrement puni par la peine de mort; que le bannissement est une peine non-seulement absurde, mais encore nuisible à la société, puisqu'elle laisse au coupable une liberté dont il abuse presque toujours, et qui devient funeste à la province dans laquelle il se retire; que le fouet n'est plus qu'une punition illusoire; que la flétrissure infligée trop fréquemment, en marquant à jamais du sceau de l'infamie celui qui s'est rendu coupable d'un délit peu considérable, lui ôte tout remords, ne lui laisse que le désespoir de la honte, et ne sert que trop souvent à le précipiter dans les derniers excès du crime; que la peine de mort, satisfaisant à la vindicte publique et suffisant à punir les plus grands forfaits, les supplices extraordinaires, tel que celui de la roue, doivent être abolis, comme contraires à l'humanité et à la douceur des mœurs nationales.

Art. 69. Les peuples, ayant autant à souffrir du joug des préjugés que des vices des gouvernements, les députés solliciteront, avec le zèle le plus soutenu, les États généraux de délibérer sur l'injustice du préjugé des peines infamantes; ils représenteront que cette fatale opinion, contraire à toutes les idées d'ordre et de raison, n'est pas conciliable avec les lumières et l'humanité qui distinguent la nation française, et ils insisteront pour que les États généraux fassent éclater leur justice et leur sagesse en faveur des victimes infortunées de cette affreux préjugé.

Art. 70. Ils observeront que l'opinion qui fait rejaillir l'infamie du supplice sur la famille du coupable a pris sa source dans l'inégalité des peines infligées au noble et au roturier; qu'il faut représenter au Roi, comme souverain législateur, que la loi doit infliger indistinctement la même peine à tous les hommes tombés au même degré de crime et d'avilissement; que le crime rendant tous les criminels infâmes, le supplice doit être infâme pour tous; que l'opinion contraire est destructive des mœurs publiques et de tous les principes de sociabilité; qu'il est révoltant qu'après un crime commis de complicité par un noble et un roturier, l'un soit déshonoré par la peine capitale qu'a subie son père, tandis que le fils du noble peut attester, comme un titre probatif de la noblesse de son extraction, le supplice du sien; d'après ces considérations importantes, les députés insisteront pour qu'il plaise au Roi, dans la punition des crimes égaux par leur nature, faire cesser l'inégalité des peines fondée sur l'inégalité du rang et de la naissance.

Art. 71. Les députés, ne devant rien omettre de tout ce qui peut accélérer la destruction du préjugé des peines infamantes, représenteront aux États généraux qu'il ne suffit pas d'une égalité de peines communes aux membres des différents ordres de l'État, mais encore que la détermination du genre de peine n'est pas indifférente; ils observeront que le préjugé sera ineffaçable à jamais, si le supplice de la corde, qui a toujours été le signe de l'infamie, est conservé dans l'ordre de nos lois pénales; que les moyens extérieurs ne doivent pas être négligés lorsque l'on veut agir fortement sur l'opinion; que le Roi doit être supplié d'abolir ce supplice et de lui en substituer un moins révoltant d'après nos idées reçues, et qui ne rappelle pas des souvenirs liés de trop près à l'erreur qu'on veut déraciner.

Art. 72. Les députés représenteront que la peine capitale, réservée jusqu'ici aux nobles, pourrait être la règle générale applicable aux cas où la loi condamne à mort; que ce supplice, qui n'a jamais eu dans les idées populaires la note et la tache d'infamie, aiderait à la révolution qu'il faut opérer, ou, qu'au moins, il n'y serait pas contraire; que l'admission de ce genre de peine ne serait pas, d'ailleurs, une innovation dans la justice pénale, qu'il est usité indifféremment en Alsace pour les nobles et les roturiers, et que le Roi doit être supplié de le substituer à celui de la corde.

Art. 73. La liberté indéfinie de la presse, étant le premier attribut d'une nation libre et la sauvegarde de la liberté publique, sera réclamée par les députés.

Art. 74. Les députés, considérant que, si le bonheur public est garanti par les lois, les lois sont elles-mêmes garanties par les vertus des citoyens, s'occuperont de l'imperfection de nos établissements d'éducation publique; ils représenteront la nécessité indispensable d'une réforme à cet égard; ils demanderont que l'éducation publique soit tellement modifiée, qu'elle puisse convenir aux citoyens de tous les ordres et former des hommes vertueux et utiles pour toutes les classes de l'État; ils proposeront également de modifier, dans le régime de nos collèges, ce principe qui, en assujettissant indistinctement au culte catholique tous les jeunes gens qui les fréquentent, en éloignent nécessairement ceux qui professent un culte étranger. Ils représenteront que ce principe adopté dans la plus grande partie des établissements d'éducation publique, en France, détermine les non catholiques à faire élever leurs enfants chez des nations étrangères; que ces funestes émigrations ont le double inconvénient de faire sortir du royaume des sommes considérables, et de rendre pour ainsi dire étrangers aux mœurs et aux lois du royaume des citoyens, qui, élevés parmi nous, auraient appris à les respecter et à les chérir; les députés insisteront d'autant plus fortement sur cette réforme indispensable, que le nombre des jeunes Français non catholiques, élevés chez les nations étrangères, est très-considérable, et qu'il s'élève, dans ce moment, et pour la seule ville de La Rochelle, à quarante-deux individus.

SUR LE FAIT DU COMMERCE.

Art. 75. Les députés chercheront à procurer au commerce, et notamment à celui de la province, tous les encouragements qu'il dépendra des États d'accorder.

Art. 76. Les maîtrises des communautés d'arts et métiers, établies par l'édit d'avril 1777, seront représentées comme accablantes pour le peuple; le libre essor des dispositions et des talents sera réclamé pour tous les citoyens qui en ont été doués, comme un apanage de la liberté.

Art. 77. En demandant la suppression des maltrises, de la création de 1777, on insistera notamment sur celles des boulangers; on représentera que jamais la création fiscale des communautés n'a été aussi funeste que lorsqu'on a donné le privilége exclusif de fournir au peuple l'aliment de première nécessité, et la suppression de la maîtrise des boulangers sera instamment sollicitée.

Art. 78. La perfection des arts et l'intérêt public exigeant qu'il y ait dans toutes les classes d'artisans des hommes véritablement instruits, les députés, en demandant l'abolition des maîtrises, n'y comprendront point celle des règlements concernant l'apprentissage; il sera, au contraire, indispensable d'obtenir une loi qui fixe la durée de l'apprentissage dans chaque métier, et qui prescrive les essais ou chefs-d'œuvre que les apprentis seront tenus de soumettre à l'examen d'experts nommés par le juge, avant d'être autorisés à s'annoncer au public comme exerçant, pour leur compte, la profession qu'ils auront embrassée.

Art. 79. Les députés demanderont également l'abolition des priviléges exclusifs en tout genre de commerce et d'industrie, comme aussi contraires aux progrès du commerce et à la perfection des arts qu'à l'intérêt de chaque individu.

Art. 80. L'inégalité des poids et mesures, contre laquelle le commerce réclame depuis si longtemps, sera déférée, par les députés, à la sagesse des États généraux, et ils voteront pour que les opérations et le travail qui doivent précéder la réduction à un même poids et à une même mesure soient confiés à des commissaires nommés par les États généraux, pour en être rendu compte dans l'assemblée de 1794, et préparer ainsi la décision de la nation.

Art. 81. Les députés demanderont que le payement des intérêts de la dette nationale, des émoluments et pensions, qui seront réglés par les États généraux, soit fait dans les capitales des provinces et divisé à raison de l'étendue des impositions de ces provinces; qu'à cet effet les sommes, nécessaires pour ces divers acquittements, soient retenus sur la masse des impositions de chaque province. La division qu'on propose a pour effet de soulager l'État de l'établissement et de la dépense de cette multitude de bureaux, d'offices ou d'employés attachés à la distribution de cette partie des deniers publics, objet que les États provinciaux pourront remplir gratuitement, et sans rien ajouter à leurs dépenses particulières.

Art. 82. Les députés solliciteront le reculement des barrières et la circulation libre de toutes les marchandises d'une extrémité du royaume à l'autre.

Art. 83. Ils demanderont aussi un droit unique à l'entrée du royaume et à la sortie, fixé par un seul et même tarif, assez clair et précis pour mettre le marchand à l'abri de toute exaction.

Art. 84. Ils solliciteront pour que l'entrée de toutes les matières premières, nécessaires au soutien de nos manufactures, soit particulièrement favorisée; que les droits sur le charbon d'Angleterre soient modérés, et l'exploitation de nos mines encouragée par d'autres moyens que ceux qu'on a cru tirer de l'énormité de ces droits, tandis qu'il est démontré que nous n'avons pu, jusqu'à présent, suppléer les charbons d'Angleterre.

Art. 85. Les députés demanderont que les vins de l'Aunis puissent sortir en franchise de droits pour l'étranger, ou qu'ils soient tout au plus assujettis à un droit principal de 20 sous par

tonneau de quatre barriques, afin d'ouvrir aux cultivateurs de cette province un débouché qu'interdit actuellement le droit subsistant; alors la nécessité de convertir en eau-de-vie ne serait plus excitée que par l'intérêt du propriétaire, et non par l'impossibilité d'aller chercher des consommateurs, dont les facultés ne pouvant s'élever aux vins plus chers et plus précieux de nos autres provinces, atteindraient cependant aux bas prix des vins de l'Aunis.

Art. 86. Ils demanderont que l'attribution de la connaissance des différends, à cause des assurances, grosses aventures, promesses, obligations et contrats, concernant le commerce de la mer, le frêt et le naulage des vaisseaux, qui avaient été accordée aux juridictions consulaires, par l'article 7 du titre XII de l'ordonnance de 1673, soit aussi rendue à ces juridictions; que le porteur de billets pour valeur en marchandises soit tenu de faire ses diligences dans les dix jours, comme pour les autres billets ou les lettres de change négociées.

Art. 87. Ils solliciteront pour que l'introduction dans le royaume des ouvrages d'or et d'argent de fabrication étrangère soit défendue, puisqu'elle attaque directement notre main-d'œuvre, et ne peut s'opérer, d'ailleurs, qu'à la faveur d'altération dans le titre qui, en séduisant l'acheteur, trahissent le plus souvent sa confiance; qu'il ne soit permis à aucun colporteur de faire le commerce des ouvrages d'orfévrerie et de bijouterie, parce qu'il est généralement reconnu que c'est par cette espèce de gens que circulent les objets volés, et qu'ils se dérobent aux poursuites des propriétaires et de la justice.

Art. 88. Les députés demanderont la révocation de l'arrêt rendu au conseil du Roi le 30 août 1784, concernant le commerce étranger dans les colonies et le rétablissement des dispositions des lettres patentes de 1717 et 1727, auxquelles on est redevable des progrès qu'ont fait la navigation française et la culture du sol des îles françaises de l'Amérique.

Art. 89. Ils solliciteront aussi pour que les colons, relativement à leurs dettes, soient assujettis aux lois établies en France, et que l'exécution de ces lois ne puisse être arrêtée par aucune autorité.

Art. 90. Ils solliciteront également la création des juridictions consulaires et des Chambres de commerce patentées, dans les principaux endroits des colonies.

Art. 91. Ils demanderont la suppression de l'entrepôt et des droits actuels de consommation sur les sucres, cafés et indigo venant des colonies, et qu'il soit substitué à l'entrée de la totalité de ces denrées dans tous les ports du royaume un droit uniforme, dont le revenu pour l'État équivaille à celui que rendent les droits actuels de consommation. Que le terrage des sucres étant défavorable à la navigation, s'il n'est pas possible de l'interdire entièrement dans nos colonies comme il l'est dans les colonies anglaises, il soit au moins défendu de l'étendre davantage par de nouveaux établissements, et que les sucres bruts devant être, ainsi que le coton, considérés comme matière première, il soit mis un droit à la sortie du royaume des sucres bruts, assez sensible pour que la plus grande quantité de cette matière soit conservée en France, et serve à relever et à soutenir les raffineries et à procurer du travail, puisque c'est dans ces vues que le gouvernement d'Angleterre interdit rigoureusement la sortie en nature des sucres bruts importés de ses colonies.

Art. 92. Les députés demanderont la révocation de l'arrêt du 14 avril 1785, qui a créé une nouvelle Compagnie des Indes, et de celui pour l'admission des étrangers dans les îles de France et de Bourbon.

Art. 93. Ils solliciteront la liberté à tous armateurs pour l'Inde de faire revenir leurs bâtiments dans tels ports qu'ils jugeront à propos et d'y faire entreposer les marchandises de leurs cargaisons qui ne peuvent être vendues dans le royaume.

Art. 94. Les députés demanderont qu'il soit garanti par les Etats généraux que désormais aucun privilège de commerce, dans quelque partie du monde que ce soit, ne puisse être accordé sans le consentement de la nation.

Art. 95. Ils solliciteront en faveur du pays d'Aunis et îles adjacentes l'affranchissement des droits, de quelque espèce qu'ils soient, sur la morue de pêche française introduite dans le royaume, une prime même sur cette introduction, si cet encouragement est reconnu nécessaire.

Art. 96. Ils solliciteront également en faveur des habitants de La Rochelle l'établissement de quatre foires royales pour être tenues dans l'un des faubourgs de la ville.

SUR LE FAIT DU CLERGÉ.

Art. 97. Les députés feront tout leur pouvoir pour procurer à l'ordre des curés les soulagements que sollicitent l'utilité de leur ministère, la charité dont ils sont animés et la trop injuste modicité de revenus qui est affectée à la plupart d'entre eux.

Art. 98. Ils demanderont que les gros décimateurs soient tenus de porter les portions congrues jusqu'à la somme de 1,500 livres, en cas d'impossibilité de la part des gros décimateurs les bénéfices simples qui ne sont point à patronage laïque seront supprimés à mesure qu'ils viendront à vaquer pour être appliqués à l'augmentation des congrues et autres cures jusqu'à 1,500 livres, et même à une plus forte somme si la population, l'étendue et la situation des paroisses paraissent l'exiger.

Art. 99. La plupart des vicaires n'ayant d'autres émoluments que le produit des quêtes, et ce moyen de subsistance étant à la fois insuffisant en lui-même au-dessous de la dignité du sacerdoce et onéreux aux habitants des campagnes, le Roi sera supplié également d'assurer aux vicaires un entretien suffisant et une existence honnête.

Art. 100. Le Roi sera supplié d'affecter les abbayes en commende, à mesure qu'elles viendront à vaquer, soit à doter les collèges, à augmenter les revenus des hôpitaux, à fonder des établissements pour des chirurgiens et des sages-femmes dans les campagnes, soit enfin à donner des retraites aux curés infirmes ou trop âgés pour exercer les fonctions de leur ministère.

Art. 101. Les députés insisteront également pour que l'on mette à exécution l'article 2 de l'ordonnance d'Orléans sur le fait de l'Eglise, et pour que l'on renonce enfin à laisser sortir du royaume les sommes destinées à payer à la cour de Rome l'obtention des bulles pour les bénéfices consistoriaux, les dispenses et autres grâces que les Français ne doivent tenir que de leur souverain, à l'effet de quoi le Roi sera supplié d'ordonner que les dispenses seront accordées à l'avenir par les prélats régnicoles, et que les droits payés depuis si longtemps à Rome par le clergé de France le seront désormais à la chancellerie du royaume pour les biens appliqués aux besoins de l'Etat.

Art. 102. La tolérance universelle devant être admise dans une nation éclairée, les députés seront tenus de la demander, ainsi que la restitution des biens des fugitifs pour fait de religion.

Art. 103. Le Roi sera également supplié d'accorder aux officiers français non catholiques la croix du Mérite militaire, en attachant l'obtention de cette récompense aux mêmes règlements qui sont observés pour les officiers français catholiques qui obtiennent la croix de l'ordre de Saint-Louis.

Art. 104. Les députés demanderont pour l'intérêt de l'agriculture une réduction considérable dans le trop grand nombre de fêtes observées dans l'Eglise de France.

Art. 105. Les députés demanderont également que les foires puissent être tenues les jours de dimanche, à l'exception des quatre fêtes annuelles.

Art. 106. Les Etats généraux seront suppliés de délibérer sur les moyens d'opérer l'extinction des dettes du clergé.

Art. 107. La translation des cimetières hors des villes sera présentée comme un objet indispensable de police et de salubrité, et cette réforme aura également lieu dans les villes murées et fortifiées.

Art. 108. Le Roi avait ci-devant ordonné que les religieux de chaque ordre ne pourraient être moins de neuf dans chaque maison. Sa Majesté sera suppliée de faire exécuter son édit et de supprimer les monastères qui n'offriront pas ce nombre de religieux.

Art. 109. Les députés représenteront que les lois du royaume ayant fixé à vingt-cinq ans l'âge où un citoyen peut disposer d'une modique propriété foncière, il est contraire à la surveillance qui est due à chacun des sujets du Roi, que l'on puisse avant cet âge faire le sacrifice le plus absolu de sa liberté et de ses facultés civiles; en conséquence, ils réclameront une loi qui fixera à trente ans l'émission des vœux pour les hommes et les femmes qui entreront dans les ordres religieux.

Art. 110. Enfin le tiers-état de la sénéchaussée de la ville et gouvernement de La Rochelle, pénétré de respect, de reconnaissance et d'amour pour le Roi et désirant fixer par un monument imposant l'époque mémorable de la régénération de la France, due à la sensibilité du Roi et aux ressources du caractère de la nation, a chargé ses députés de déterminer les Etats à supplier Sa Majesté d'agréer l'hommage d'une statue qui sera élevée dans la ville où se tiendront les Etats généraux.

DEMANDES PARTICULIÈRES DES COMMUNES DE L'ILE DE RÉ.

L'île de Ré, rempart de l'Aunis, doit être prise en considération par les Etats généraux; sa population s'élève à plus de vingt mille âmes; ses seules productions consistent en vin de mauvaise qualité et en sel; ses ports sont à trois lieues du continent, avec lequel toute communication est souvent interrompue pendant des semaines entières; ses possessions sont défendues par des digues artificielles, qui, dans le régime actuel, coûtent des sommes considérables par leur mauvaise construction, et la mer envahit chaque jour son terrain.

Le rétablissement de ces digues, actuellement renversées en majeure partie, a été porté par le devis des ingénieurs de la province à une somme de 84,000 livres, tandis que les habitants ont offert de les réparer pour moitié de cette somme.

Par ces considérations, les communes de l'île de Ré demandent :

Art. 1er De former un district ou arrondissement dans les États de la province.

Art. 2. Que les revenus des bénéfices en commende de l'île, dont la suppression est demandée, soient employés à l'établissement d'un clergé pour l'éducation de la jeunesse de toutes les paroisses de l'île, et surtout de la classe des marins, dont le nombre s'élève actuellement à quinze cents.

Art. 3. L'établissement d'un siège royal ressortissant nûment au parlement, d'une juridiction consulaire et d'un siège d'amirauté, et dans le cas où Sa Majesté ne se déterminerait pas à créer à l'île de Ré un siège d'amirauté, elle sera suppliée de rendre commun à cette île son édit portant création d'un conseiller d'amirauté résidant à Rochefort, et y faisant fonction de juge.

Art. 4. L'île de Ré doit être une des barrières dont on demande le reculement. La Rochelle, par sa position, en devra être une autre; les marchandises de l'île parvenant à cette seconde barrière, ne pourront être assujetties à de nouveaux droits, et en cas que le reculement des barrières n'ait pas lieu, cette île sera régie comme elle l'était avant l'année 1770.

Art. 5. Les habitants de l'île de Ré demandent à faire le commerce des colonies et à en recevoir les fruits à l'instar des autres places du royaume qui jouissent de ce privilége.

Art 6. Les eaux-de-vie du cru de l'île circuleront dans l'intérieur du royaume sans être assujetties à de plus forts droits que ceux qui sont établis pour les eaux-de-vie de la province; celles de l'île d'Oléron, de Cette et de Barcelonne, inférieures en qualité à celles de l'île de Ré, seront entreposées à leur entrée et ne pourront en sortir qu'avec des expéditions qui caractériseront le lieu de leur origine, afin d'éviter le discrédit qu'elles peuvent causer aux eaux-de-vie de l'île de Ré.

Ar. 7. Les droits perçus pour le Roi sur les sels à la sortie de l'île, pour quelque destination que ce soit, seront réduits et établis à l'instar de ceux perçus sur cette denrée en la province de Bretagne, en proportion de la mesure de ces deux pays, pour établir une égalité entre eux, et la faculté sera accordée de rembourser dans un temps illimité les droits dus aux seigneurs engagistes sur le pied de leur première finance.

Art. 8. Au surplus les communes de ladite île déclarent qu'elles adhèrent entièrement à toutes les demandes insérées dans le présent cahier, fait et arrêté le 26 mars 1789.

Signé Alquier, maire, de La Coste, Foucaud, procureur du Roi, Ruamp, Griffon des Rivières, Lecomte, Roudeau, Drapron, Boutet, Rioullet, Mireau, Braisac, Maréchal, Seiguette, Babinet de Beauregard, Simonneau, Beauga, Clément Bricq, Landrieu, Bauga, Chasteaux, de Ransay, Dudry, Petit, de Laporte, Brisseau, Renou Lamotte, Jean Perry, Raoul Vexau, Cacaut, Henricop, Landriau, Baron, Demissy, Vinet, Morin, Collonnier, Picard, de Chezeau, Bastien, Testus, Coutant, Seignette, assesseur, Guionnet, Ordonneau, Rignac, Gerbier, Gast, Vesnou, Jouon, Denige, Chastin, Grand-Maison, Bernard, Lamothe, Avrad Duchiron, Lainé, Chevalier, de Lacade, Gautier, Bichon, Beaupré, Mestadier, d'Amuré, Mamguet, Monneron, Collonnier, Liége, Houin, Racaté, Mouvilleih, Sagebin, Griffon de Romagné, lieutenant général,

président de l'ordre du tiers-état, et Régnaut, secrétaire.

CAHIER

Des doléances, plaintes, remontrances et pétitions du tiers-état du bailliage de Rochefort-sur-Mer (1).

CONSTITUTION.

Art. 1er. Qu'il soit porté une loi fondamentale pour l'assemblée des trois ordres de la nation, composée tous les cinq ans dans la proportion suivante, savoir :

Un sixième du clergé; deux sixièmes de la noblesse et trois sixièmes du tiers-état.

Art. 2. Aux États généraux les trois ordres se tiendront réunis, délibéreront en commun et voteront par tête ; sauf cependant auxdits États à se distribuer en bureaux dans chacun desquels l'égalité des voix sera toujours observée entre le tiers-état et les deux autres ordres, et à réunir les bureaux soit par commissaires, soit en assemblée générale, quand il sera jugé nécessaire pour former en commun des résultats définitifs.

Art. 3. Que les prochains États généraux se fassent représenter toutes les lois civiles, criminelles et bursales et tous les règlements de police rendus depuis 1614 qui ne sont pas tombés en désuétude, afin de les examiner, et de les consentir ou de demander la réformation, même la suppression desdites lois, etc.

Art. 4. Que les lois militaires qui auraient des rapports avec les lois civiles et autres intéressant le corps de la nation, soient sujettes à l'examen et au consentement des États généraux de même que les règlements concernant l'administration ou la discipline des deux armées relativement à leur influence, sur la somme des dépenses et sur le caractère national qu'il est plus facile de soumettre par les principes de l'honneur que par des châtiments avilissants; qu'enfin il soit demandé auxdits États de faire comparaison des anciennes et nouvelles lois de la marine et de la guerre à l'effet de leur donner une constitution stable sans laquelle la nation ne peut espérer les avantages qu'elle a droit d'attendre des sacrifices immenses qu'elle fait pour l'entretien de ses forces militaires.

Art. 5 Que l'assemblée de la nation ordonne de toutes les impositions et de leur répartition aux provinces.

Art. 6. Que l'assemblée nationale se fasse remettre la situation exacte des finances de l'État; qu'elle juge cette situation et statue sur les moyens d'y remédier efficacement s'il y a lieu.

Art. 7. Que les lettres de cachet soient absolument supprimées; qu'il soit pourvu à la liberté individuelle des citoyens de toutes les classes; que tout homme arrêté ou emprisonné soit remis de suite entre les mains de ses juges naturels.

Art. 8. Que jamais la noblesse ne puisse être acquise à prix d'argent, et qu'à l'avenir aucun citoyen ne l'obtienne que par des services distingués rendus à l'État, et bien prouvés.

Art. 9. Demander la suppression des lois, ordonnances et règlements qui excluent le tiers-état des emplois civils et militaires, et qui mettent des bornes injustes et décourageantes au zèle et à l'avancement des sujets de cet ordre.

Art. 10. Demander la suppression des corvées

(1) Nous publions ce cahier d'après l'ouvrage intitulé : *Archives de l'Ouest*, par M. Antonin Proust.

seigneuriales et des droits de prestation et de retrait féodal ; que le retrait lignager soit restreint aux enfants et aux frères seulement, et que les formalités ruineuses dont il est embarrassé soient abrogées.

Art. 11. Qu'il soit établi une commission intermédiaire, laquelle sera nommée par les États généraux avant leur séparation, pour les représenter pendant les cinq années de leur vacance, et qui sera composée du quart de l'assemblée générale, toujours dans la même proportion établie par l'article 1er entre les trois ordres.

On observera essentiellement de diviser le nombre des représentants par celui des États provinciaux dont il sera parlé ci-après, de manière qu'il puisse en être changé un cinquième tous les ans, lequel cinquième sera remplacé par un nombre égal qui sera tiré desdits États provinciaux proportionnellement à la population de chacun, avec la faculté auxdits États provinciaux de rappeler, révoquer, changer, même dénoncer aux cours, suivant les circonstances, ceux de leurs membres à ladite commission intermédiaire dont les services leur deviendraient suspects.

Les pouvoirs de cette commission seront circonscrits et limités par les États généraux, de telle manière que les délibérations qu'elle sera dans le cas de prendre n'auront jamais qu'un effet provisoire, qui cessera à l'époque même fixée pour le retour périodique des États généraux, sans que les délais qui pourraient être apportés, pour quelque cause que ce soit, à la convocation desdits États généraux puissent être un titre pour donner aux délibérations de ladite commission un effet de plus longue durée ; la résidence de cette commission sera fixée à Tours, comme une des villes centrales du royaume, où elle se réunira pendant trois mois seulement de chaque année.

Les décisions de ladite commission intermédiaire ne pourront passer qu'à la pluralité des deux tiers des voix.

Art. 12. Qu'il soit établi dans tous les pays d'élection des États provinciaux, dans la forme et suivant le régime adopté par Sa Majesté pour ceux du Dauphiné ; demander, à cet effet, la réunion des provinces d'Aunis et de Saintonge en États provinciaux, qui s'assembleront alternativement dans les villes capitales des deux provinces.

Art. 13. Qu'il soit donné connaissance aux États provinciaux et aux cours souveraines de la nature de l'impôt accordé, de sa quotité et de sa durée, et que lesdits États en fassent seuls la répartition à chaque district de la province, lequel district sera représenté par un nombre égal et proportionné de députés auxdits États provinciaux.

Art. 14. Que pendant l'intervalle d'une tenue d'États généraux à l'autre la forme intermédiaire de l'enregistrement aux cours souveraines des lois consenties par la nation soit maintenue et conservée.

Art. 15. Que chaque colonie et l'île de Corse soit admise à députer des représentants aux États généraux.

LÉGISLATION ET JUSTICE.

Art. 1er. Demander qu'il soit rédigé un nouveau Code civil, que le Code pénal soit réformé et édicté par l'humanité ; que tout accusé ait la liberté de se choisir un défenseur ; que son procès soit plaidé et jugé publiquement, et la sentence et l'arrêt définitif, motivés, publiés et affichés.

Qu'il n'y ait aucune distinction dans le genre des peines pour tout individu de quelque ordre qu'il soit ; que tout arrêt portant peine de mort, peine afflictive ou infamante, ne puisse passer qu'aux deux tiers des voix ; qu'au surplus, sur le rapport des tribunaux, il soit accordé une indemnité à tout accusé déclaré innocent.

Art. 2. Former des ressorts et des arrondissements aux tribunaux inférieurs dans la juste proportion de l'étendue des provinces et de leur population ; augmenter la compétence des présidiaux, et en accorder une aux bailliages et sénéchaussées pour juger en dernier ressort, savoir : les présidiaux jusqu'à 3,000 livres, et les bailliages et les sénéchaussées jusqu'à 1,000 livres, à la charge que les jugements de ces derniers seront rendus par trois juges au moins.

Si l'on ne supprime point les juridictions seigneuriales, ordonner, du moins, que les juges soient gradués, avec l'option aux parties de se pourvoir en première instance devant les juges royaux.

Art. 3. Remédier aux dangers des commissions et aux abus des évocations, qui tendent à dépouiller les tribunaux ordinaires et à enlever aux sujets du roi leurs juges naturels ; supprimer indéfinitivement tout droit de *committimus*, et les chambres ardentes établies dans le royaume.

Art. 4. Que tout juge soit tenu de rapporter, dans les six mois, les affaires à son rapport, et qu'il n'ait aucune part aux nouvelles distributions jusqu'à ce qu'il ait apporté les anciennes.

Art. 5. Que les cours, en suivant leurs institutions originaires, envoient de trois en trois ans des commissaires pris en leurs compagnies pour inspecter l'administration particulière des bailliages et sénéchaussées de leurs ressorts, y vérifier les plaintes qui pourraient être portées contre les juges inférieurs, et du tout faire le rapport auxdites cours.

Art. 6. Que les États généraux examinent la grande question de la vénalité des offices, et qu'ils la jugent, sauf à renvoyer à des temps plus heureux l'exécution de ce jugement, s'il était tel que la situation actuelle des finances y mît des obstacles invincibles et, en ce cas, que le centième denier des offices soit supprimé.

Art. 7. Que tous les droits des juges soient supprimés, qu'il leur soit fixé des appointements sur les fonds de la province, en raison de l'importance de leurs fonctions ; demander la réformation des frais de procédure et la suppression des grosses, soit en papier, soit en parchemin, dans les procès, jugements et contrats.

POLICE CIVILE.

Art. 1er. Demander la liberté de la presse, sauf aux auteurs et imprimeurs à répondre des écrits répréhensibles.

Art. 2. Que les États généraux prennent dans la plus sérieuse considération l'éducation de la jeunesse qui doit être combinée de la manière la plus propre à développer les facultés physiques et morales que l'homme et la femme tiennent de la nature.

Art. 3. Que pour diminuer le nombre effrayant des célibataires, autant que faire se pourra, venir au secours des père des famille et favoriser la population ; que les charges et emplois soient (à mérite égal) donnés à un père de famille, de préférence à un célibataire ; la plus grande impartialité apportée dans le choix, et que personne ne puisse posséder plusieurs offices.

Art. 4. Qu'il soit fait un règlement relatif à l'instruction des sages-femmes et à l'éducation des bâtards, qui, abandonnés trop jeunes, périssent de misère ; il serait important qu'il fussent entretenus et employés dans les hôpitaux ou ateliers de charité jusqu'à l'âge de douze ans.

Pour prévenir la transmission réciproque des maladies vénériennes et autres vices du sang, il serait utile de substituer pour la première nourriture de ces infortunés le lait de vache à celui de femme.

Art. 5. Qu'il soit établi dans chaque ville des hospices pour le secours des grossesses clandestines, à l'effet de prévenir les crimes dont leur publicité est souvent suivie.

Art. 6. Qu'il soit aussi établi dans toutes les villes de France, de huit à dix mille âmes, des greniers d'abondance, contenant pour quatre mois d'approvisionnements, afin d'assurer la tranquillité publique et de prévenir les disettes.

Art. 7. Que la mendicité soit proscrite par les moyens les plus sages, dont un serait de renvoyer les mendiants dans leurs paroisses respectives, qui seraient assujetties à pourvoir à leur subsistance, ou par le travail desdits mendiants, ou par des charités indispensables.

Art. 8. Que la nation prenne dans la plus grande considération les changements à faire dans l'établissement des prisons qui, presque toutes dans le royaume, aggravent la peine de l'accusé par leur insalubrité ; qu'il y ait des prisons pour les criminels et des lieux de détention plus commodes pour les particuliers que des fautes légères ou des malheurs arrivés dans leurs commerce exposent à être privés de leur liberté.

Art. 9. La différence qui existe entre les poids et mesures dans presque toutes les provinces du royaume donne lieu à tant d'entraves, de difficultés et de fraudes dans le commerce qu'il serait à désirer qu'ils fussent fixés par tout le royaume à une seule et même espèce invariable.

Art. 10. Demander la suppression des peines prononcées contre ceux qui tuent les pigeons de fuie, animaux destructeurs des productions de la campagne.

Art. 11. Les vols de chevaux et bestiaux aratoires étant très-fréquents dans le royaume, il serait à désirer qu'une loi les prévit en donnant aux acheteurs un moyen de fixer le degré de confiance que l'on doit aux vendeurs.

POLICE ECCLÉSIASTIQUE.

Art. 1er. On croit qu'il serait très-avantageux de supprimer le Concordat, de rétablir la Pragmatique-Sanction et de retenir ainsi dans le royaume, au profit du Roi, les sommes provenant des annates ; l'élection, alors rendue libre, assurerait au peuple des ecclésiastiques d'un mérite constamment reconnu, surtout si les curés concouraient à l'élection des premiers pasteurs en égalité de voix avec les chapitres.

Art. 2. Que la résidence soit ordonnée aux archevêques, évêques, abbés, bénéficiers et autres ecclésiastiques, sous peine de privation du douzième de leur revenu par chaque mois de non résidence, lequel douzième sera versé dans les caisses des Etats provinciaux pour les travaux de charité et le soulagement des pauvres, et qu'il soit porté une loi ad hoc.

Art. 3. Que nul ecclésiastique ne puisse posséder à l'avenir plus d'un seul bénéfice, sous peine d'être dévoluté dans les formes de droit.

Art. 4. Que le moindre revenu des curés à portion congrue et autres soit au moins porté à 1,200 livres, non compris la maison curiale et la precloture, et celui des vicaires à 5, 6 et 700 livres, et pour parvenir à donner ce supplément dans les curés qui ne sont pas à la charge des gros décimateurs, ce supplément sera tout premièrement pris sur les retenues des bénéfices mentionnés en l'article suivant, au moyen de quoi tout casuel demeurera supprimé dans les paroisses de campagne.

Art. 5. Que le Roi soit supplié d'imposer à l'avenir sur tous les bénéfices simples une retenue telle que le plus riche ne produise au titulaire que 20,000 livres de revenus, et que tous bénéfices simples au-dessus de 3,000 livres soient réduits dans la proportion qui sera réglée ; que les sommes provenant de ces retenues soient spécialement affectées : 1° à compléter le traitement énoncé ci-dessus pour les curés et vicaires ; 2° aux constructions des églises, tant de ville que de campagne ; 3° enfin, aux récompenses et pensions que l'Etat doit aux services longs ou distingués des militaires.

Que les sommes provenant desdites retenues soient déposées dans une caisse confiée à un trésorier particulier, pour être, dans les deux premiers cas, remises aux Etats provinciaux, et dans le dernier cas payées tous les six mois sur les listes expédiées par les secrétaires d'Etat au département de la guerre et de la marine, sur les bons du Roi.

Art. 6. Que, dans tout le royaume la dîme ecclésiastique soit restreinte aux grosses dîmes suivant le droit commun.

Art. 7. Que tous débiteurs de rentes foncières, soit en grains, soit en argent, dues à des communautés, aient la faculté de les amortir.

Art. 8. Que les biens des communautés abandonnées par défaut de sujets ou qui le seraient à l'avenir, soient affectés aux établissements destinés à soulager et à occuper les pauvres.

ADMINISTRATION.

Art. 1er. Que tous les ans il soit remis à l'assemblée nationale ou à la commission intermédiaire, qui le rendra public, le tableau fidèle de l'universalité des recettes, ainsi que des dépenses pour chaque département.

Art 2. Que les Etats généraux ou la commission intermédiaire ordonnent la confection des canaux et chemins publics ; qu'il n'en soit ouvert aucun nouveau sans leurs décisions et que d'après la demande des Etats provinciaux, qui en auront fait régler, par le corps des ingénieurs des ponts et chaussées employés dans la province, les directions, sinuosités, largeurs et profondeurs, et en auront arrêté les devis estimatifs, que lesdits Etats provinciaux en fassent seuls les adjudications.

Art. 3. Que les travaux publics, surtout du genre de ceux mentionnés en l'article précédent, soient fait de préférence par les troupes.

Art. 4. Qu'il soit veillé à l'aménagement et repeuplement des forêts du Roi, des ecclésiastiques et communautés ; à la plantation des bois dans les provinces qui en sont susceptibles ; à l'abolition du droit de lods et ventes sur les bois, comme contraire aux droits communs du royaume ; astreindre tous propriétaires à replanter après avoir abattu, sous la surveillance des officiers préposés à cet effet ; accorder des exemptions et primes d'encouragement aux particuliers et communes pour les exciter à planter des bois ; s'occuper des moyens d'y substituer le charbon de terre en faisant la recherche des mines de cette espèce qui peuvent exister dans le royaume ; indiquer l'usage avantageux de la tourbe, chauffage économique et dont la cendre est propre aux engrais.

Art. 5. Que les détenteurs des domaines originairement vendus par Sa Majesté, à perpétuité et à titre de propriété incommutable, soient maintenus dans leur propriété, moyennant le cens énoncé dans leurs contrats.

Art. 6. Qu'il soit fait une loi qui autorise les propriétaires riverains à profiter des laisses et atterrissements de la mer et des rivières qu'ils auront défrichés et mis en culture.

Art. 7. Que toutes les villes soient rétablies dans le droit d'élire tous les trois ans leurs officiers municipaux en remboursant les titulaires, et que les comptes soient rendus à la commune assemblée aux termes des édits d'août 1764 et mai 1765.

Art. 8. Que les appointements des gouverneurs et commandants dans les provinces soient réglés, et que les villes et communautés ne soient plus tenues de leur fournir, non plus qu'à tous autres officiers principaux militaires ou civils, le logement et accessoires.

Art. 9. Qu'il soit fait un règlement général qui fixe les pensions de retraite des ministres, officiers, soldats, administrateurs, et de tous autres employés au service de l'État, avec lettres, brevets ou commissions.

Art. 10. Que dans toutes les villes il soit établi des casernes pour la troupe.

Art. 11. Que le tirage de la milice qui tombe ordinairement sur les laboureurs, si utiles à l'État, se fasse de manière que les domestiques du clergé, de la noblesse et de tous autres privilégiés y soient sujets, et qu'il soit permis de fournir un homme de remplacement.

Art. 12. Demander la suppression des maîtrises et jurandes comme nuisibles à l'industrie et à l'émulation, en exceptant néanmoins les communautés d'apothicaires, d'orfèvres et de perruquiers.

Art. 13. Que les fonctions des intendants ou commissaires départis soient, par tout le royaume, les mêmes que dans les provinces d'États, et notamment en Bretagne.

FINANCES ET IMPOTS.

Art. 1er. Que la gabelle, impôt barbare, soit éteinte à jamais et la vente du sel déclarée libre dans le royaume et au dehors.

Art. 2. Que le droit de franc-fief soit supprimé comme établissant une distinction humiliante pour le troisième ordre, et ruineuse pour les acquéreurs.

Art. 3. Que les successions collatérales soient affranchies des 10 sous pour livre dit centième denier, et que ce centième denier soit seulement perçu à l'instant de la jouissance et sur l'effectif de la succession, toutes rentes et charges déduites ; astreindre les préposés à avertir les redevables qui ne seront assujettis aux peines de la loi que trois mois après l'avertissement.

Art. 4. Que les États généraux préparent l'extinction de toutes les loteries par l'établissement d'une banque nationale combinée de manière qu'elle soit à portée des facultés du pauvre et du riche.

Art. 5. Qu'il soit fait un nouveau tarif du contrôle et d'insinuation distinctif des qualités ; abolir les lois extensives sur cette matière, établir un droit principal et uniforme exempt des dix sous pour livre et uniquement déterminé pour les sommes sur toutes espèces d'actes authentiques, lequel droit, en matière de comptes, ne pourra être reçu que sur le reliquat effectif ; supprimer les sous pour livre du droit de scel pour les cas et même le droit entier, ainsi que tous autres droits de contrôle en faveur des pauvres reconnus tels et qui seront autorisés par les juges à plaider gratis.

Art. 6. Que les États généraux prennent dans la plus sérieuse considération tous les droits de retraites, d'aides et ceux réservés, pour les supprimer entièrement ou pour les modérer et fixer par un tarif lumineux, précis et non susceptible d'accessoires ni d'extension. Que tous les droits de péage sans titre soient supprimés et que ceux fondés sur des titres soient rachetés.

Art. 7. Demander la suppression de tous impôts distinctifs des ordres, tels que les tailles, les corvées, l'industrie, etc., et leur remplacement par des subsides communs également répartis sur les trois ordres au moyen de l'augmentation qui pourra résulter de cette égalité de répartition et de la diminution des frais de perception des impôts ; la masse de leur produit deviendra nécessairement plus forte.

On laisse aux États généraux à établir des subsides personnels et réels les plus simples et les plus faciles à répartir et à percevoir, à les déterminer pour la somme relativement aux besoins, et pour l'espèce et l'assiette aux diverses convenances locales et les moins onéreuses pour l'agriculture depuis si longtemps surchargée.

Art. 8. Comme on ne saurait trop simplifier la perception des impôts, puisqu'il en résultera une très-grande économie d'hommes et de frais, demander instamment qu'ils soient versés directement dans les caisses des trésoriers des États provinciaux qui, déduction faite des dépenses particulières des provinces, les feront passer immédiatement au trésor royal, ou les emploieront dans les départements aux usages qui leur seront ordonnés par Sa Majesté.

Art. 9. Le déficit bien déterminé et connu ne pouvant être comblé tout à coup, la nation cautionnera la dette ; il sera établi une caisse nationale sous l'inspection et administration des États généraux ou de la commission intermédiaire ; cette caisse servira au remboursement graduel de la dette, appliquera à l'extinction de cette dette et des intérêts la rentrée successive des fonds prêtés par la France à l'étranger, des taxes sur les objets de luxe, tels que les laquais, les voitures, les cartes, etc., et enfin l'excédant des impôts et le produit des économies.

COMMERCE.

Art. 1er. Que le commerce qui se trouve à chaque instant arrêté par la différence et la multiplicité des droits établis, soit sur les marchandises nationales qui circulent dans le royaume, soit sur celles étrangères qui y sont importées, soit débarrassé de ces entraves, et que, pour simplifier le droit et la perception, il soit établi un impôt unique sur les marchandises nationales à la sortie des manufactures et sur les marchandises étrangères à leur entrée dans le royaume, de manière que la circulation des unes et des autres soit absolument libre dans l'intérieur du royaume, le tout d'après un tarif clair et précis.

Art. 2. Demander avec instance que les sauf-conduits, arrêts des surséances et lettres de répit, si contraires à l'intérêt public, ne puissent être obtenus que sur l'avis des chambres de commerce, et que les arrêts et déclarations relatifs aux faillites et banqueroutes soient rigoureusement exécutés.

Art. 3. Que le commerce soit affranchi des abus résultant du régime actuel des amirautés, et que les droits en soient modifiés.

Art. 4. Au surplus il sera remis aux députés de la province d'Aunis aux États généraux des instructions particulières soit pour développer les articles ci-dessus concernant le bien général du royaume, soit pour l'intérêt particulier de la ville de Rochefort et des paroisses et communautés du bailliage.

Fait et arrêté en l'assemblée générale du tiers-état du bailliage de Rochefort-sur-Mer, le 7 mars 1789.

PROCÈS-VERBAL D'ASSEMBLÉE ET CAHIER

Des doléances des communes de la sénéchaussée de Lesneven.

L'an 1789, ce jour 1er avril, nous, Nicolas Cossou de Krodies, conseiller du Roi, son sénéchal, premier magistrat civil et criminel en l'évéché de Léon de la sénéchaussée royale dudit Léon à Lesneven, lieutenant général de police et commissaire départi pour l'exécution des ordres de Sa Majesté dans toute l'étendue du ressort, suivant la lettre du 16 mars dernier, scellée du cachet de cire rouge, signée LOUIS et plus bas Laurent de Villedeuil, savoir faisons qu'en conséquence de notre ordonnance du 27 mars dernier dûment notifiée à toutes les villes, communautés, paroisses et trèves de notre ressort, suivant exploits des 28 et 29 mars dernier, par Feillet, desdits jours 28 et 29 mars par Bronnec, Castagnet, Termissan, Paget, Quintin, Maurice, Priser, L'Hostis, Laurent, Levat, Kguadavern, Laost, Catvez, huissiers, lues, publiées et affichées, ensemble la lettre de convocation pour les États généraux, et les règlements des 24 janvier et 16 mars derniers, nous nous sommes ledit jour 11 heures du matin, transporté en la salle de nos audiences en compagnie de messire Jean-Marie-Henri de Kusengin, conseiller du Roi et son procureur en ce siége, ayant avec nous pour adjoint messire Jacques Baller, notre greffier, et assisté de messire François Feillet, notre premier huissier, pour procéder à l'appel des députés, et messires Jacques Bronnec et Jean-François Maurice, pour l'exécution de ces ordonnances, où étant, nous avons ordonné l'appel desdits députés, ce qu'il a fait comme suit par villes et paroisses.

LESNEVEN.

Paroisse *Saint-Michel*, 4 députés : MM. Rouzel de Bellechère, Miorée de Kdanet, du Casquer Testare, Le Tersec.

SAINT-POL.

Paroisse *Minihy*, 8 députés : MM. Raoul, La Teste, Guillaume, Le Hir, Kaugon, Lucas, Floech, Conversy.

LANDERNEAU.

Paroisses : *Saint-Houardon*, *Saint Thomas*, *Saint-Julien*, 6 députés : MM. Guillard, Duthoya de Klavarec, La Caze fils aîné, Lavau, Mazurie de Kralen, Bodros.

Paroisse *Beujet*, 2 députés : MM. Nicolas Cussiat, Jean Maizan.

Paroisse *Breventes*, 1 député : M. Guillaume Lotreau,

Paroisse *Brounemon*, 2 députés : MM. Corentin L'Hostis, François Roue.

Paroisse *Cleder*, 2 députés : MM. François Le Saint; Yves Favé.

Paroisse *Commana*, 2 députés : MM. François Proust, Jean Elleouet.

Paroisse *Saint-Sauveur*, en *Commana*, 2 députés : MM. Jacques Obgral, Gabriel.

Paroisse *Goulven*, 2 députés : MM. Yves Obhervé, Yves Quemener.

Paroisse *Guiclin*, 2 députés : MM. François Le Mer, Jean Lerroux.

Paroisse *Quimiliau*, 1 député : M. Bernard Maguet.

Paroisses *Lambaut*, *Quimiliau*, 1 député : M François Coloiguer.

Paroisse *Guicourtvert*, 2 députés : MM. Jean Tanné, Guillaume Kbrats.

Paroisse *Landicisiau*, 2 députés : MM. Kangalleguen, Piven.

Paroisse *Plounevez*, 2 députés : MM. Juizan, Olivier Berrou.

Paroisse *Guissenni*, 2 députés : MM. Louis Fulhun, François Thépun.

Paroisse *Saint-Frégan*, 2 députés : MM. Goulven Lorrec, Olivier Le Roux.

Paroisse *Plouzeviele*, 2 députés : MM. Guillaume Mergen, François Le Bras.

Paroisse *Lisle de Bas*, 2 députés : MM. Jean Robin, Yves Le Roi.

Paroisse *Klouan*, 2 députés : MM. Jean Gac, Herve Falhun.

Paroisse *Kintis*, 1 député : M. Corfa.

Paroisse *Lanarvily*, 1 député : M. François Pinvidic.

Paroisse *Knoues*, 2 députés : MM. Yves Torcheus, François Juisan.

Paroisse *Ksaint Plabennet*, 2 députés : MM. Jean Kboul, Pierre Marc.

Paroisse *la Foret*, 3 députés : MM. Gouven Gloannet, Louis Leguen.

Paroisse *Saint-Divi*, 1 député : M. François Mouden.

Paroisse *Landeda* (défaut).

Paroisse *Lanquengar*, 2 députés : MM. Jean Cuets, Jean Beyon.

Paroisse *Lanhouarneau*, 2 députés : MM. François Le Coat, François Le Bian.

Paroisse *Lannilis*, 2 députés : MM. Mocquard, Moyat.

Paroisse *Laneuvret*, 2 députés : MM. Jacques Mevel, Jacques Troadet.

Paroisses *Lodreunec*, *Ladouzan*, 2 députés : MM. Laurent Dollon, Jean Gralt.

Paroisses *le Treous*, *Trelevenes* et *Treverene*, 2 députés : MM. Yves Macquerel, François Touruellec.

Paroisse *la Prevalaire*, 2 députés : MM. Guenolé Gralt, Goulven Kboul.

Paroisse *Locquenolé*, 2 députés : MM. François Le Roux, Hervé Greffroy.

Paroisse *Pleiber-Christ*, 2 députés : MM. Guillaume Criminec, Jacques Mazé.

Paroisse *Saint-Egonnet*, 2 députés : MM. Bernard Breton, François Collin.

Paroisse *Plabennet*, 2 députés : MM. Thévenan Jezequel, Jean Le Normand.

Paroisse *Ploudaniel*, 2 députés : MM. Guillaume Kdelaut, François L'Houée.

Paroisse *Saint-Méeu*, 2 députés : MM. Guillaume Corbé, Hervé Grant.

Paroisse *Cremaouezan*, 1 député : M. Yves Fremont.

Paroisse *Plaudiry*, 2 députés : MM. Allain Pouliquen, Olivier Léon.

Paroisse *la Martire*, 2 députés : MM. Goulven Le Velly, Christophe Le Moing.

Paroisse *la Roche*, 2 députés : MM. Jean-Marie Tessoin, Jean Masson.

Paroisse *Logueguiner*, 2 députés : MM. Olivier Pouliquen, Jean-Marie Jancour.

Paroisse *Pancran*, 2 députés : MM. Jérôme Le Firon, Gabriel Nobian.

Paroisse *Pont-Christ*, 2 députés : MM. Jacques Larres, Allain Richou.

Paroisse *Plouedern*, 2 députés : MM. Guillaume Lorient, Gabriel Kdelaut.

Paroisse *Plouenan*, 2 députés : MM. Christophe Le Saout, Mathurin Riou.

Paroisse *Plouescat*, 2 députés : MM. Conniat, Liscoat.

Paroisse *Plougar*, 1 député : M. Tanguy Lichou.

Paroisse *Bodilis*, trève de *Plougar*, 1 député : Jean Pencréach.

Paroisse *Plouqoulin*, 2 députés : MM. François Le Glas, Yves Manach.

Paroisse *Plouguerneau*, 2 députés : MM. Claude Guyavarch, Guillaume Léon.

Paroisse *Planider*, 2 députés : MM. François Nadec, Nicolas Lestang.

Paroisse *Plouncourystrez*, 2 députés : MM. Yves Calvez, Yves Presnel-Cabic.

Paroisse *Plouncourmenez*, 2 députés : MM. Jacques Queinnec, Yves Coat.

Paroisse *Plunneventer*, 2 députés : MM. Jean Drezen, Jean-Thomas Rozec.

Paroisse *Saint-Servais*, sa trève, 2 députés : MM. Jean Boderriou, François Tanguy.

Paroisse *Plauvorn*, 2 députés : MM. Olivier Marc, René Penguily.

Paroisse *Plauvien*, 2 députés : MM. Yves Cuelt, Guillaume Genguen.

Paroisse *le Bourg-Blanc*, sa trève, 2 députés : MM. François Mailloux, François Le Roi.

Paroisse *Roscof*, 2 députés : MM. Maige, Jean Seité.

Paroisse *Saint-Martin de Morlaix* (défaut).

Paroisse *Saint-Sève*, sa trève, 2 députés : MM. Jean Cloarec, François Messuger.

Paroisse *Saint-Thanan*, 2 députés : MM. François Ouemes, Hervé Bouroullet.

Paroisse *Saint-Vougay*, 2 députés : MM. Joseph le Roux, Guillaume Pinvidic.

Paroisse *Sibiric*, 2 députés : MM. Philippe Quiger, Jean Quiviger.

Paroisse *Sizun*, 2 députés : MM. Olivier Inizan, Paul Sauquer.

Paroisses *Lamelar*, *Lizun*, 2 députés : MM. Jean Abgralt, Yves Juizun.

Paroisse *Taulé*, *Henvic*, *Caraulec*, 2 députés : MM. Hervé Jacques, François Calvez.

Paroisse *Tréflaouenan*, *Saint-Jean-Quéran*, 2 députés : MM. René Rozet, Jean Favé.

Paroisse *Trézélidé*, 2 députés : MM. Jean Quillevères, Jean Berron.

Paroisse *Tréflers*, 2 députés : MM. Jean Le Han, Yves Quillevère.

Paroisse *Tregarautec*, 2 députés : MM. Yves Paugan, Joseph Gourious.

Paroisse *Tremenech*, 2 députés : MM. Vincent Le Borgne, Jean Khaven.

Paroisse *Plouyes*, 2 députés : MM. Mathieu Thous, Louis Lochou.

Nous avons décerné acte de la présence de tous les députés comparus ci-dessus, pareil acte du dépôt qu'ils ont fait, en l'endroit, tant des procurations à eux données que nous avons vérifiées, que des cahiers de doléances, et nous avons donné défaut contre la paroisse de Saint-Martin de Morlaix et la paroisse de Landeda, et néanmoins décernons acte à cette dernière du dépôt qu'elle fait en l'endroit par M. Testard du Cosquer, procureur, de sa délibération du 29 mars dernier, et avons de suite procédé à la réception du serment de tous et chacun en particulier desdits députés ci-dessus dénommés séparément, de se bien et fidèlement comporter, et qui seront nommés commissaires pour la rédaction en un seul de tous les cahiers de doléances desdits députés, dans la rédaction d'un seul et unique cahier pour tout le ressort, et tous lesdits électeurs ci-dessous dénommés aussi de se bien et fidèlement comporter et en conscience dans l'élection à faire de deux députés pour les États généraux.

Lequel dit serment ayant été prêté par chacun en particulier et séparément, la main levée à la manière accoutumée, tous lesdits députés ont promis et juré de se bien et fidèlement comporter dans toute la suite de l'opération jusqu'à l'élection faite et consommée.

En conséquence, l'assemblée, procédant à la nomination des commissaires pour la rédaction dudit seul cahier de doléances pour tout le ressort, a arrêté que lesdits commissaires seraient au nombre de quatorze et qu'ils seraient élus par la voie du scrutin, à quoi procédant sur-le-champ, avons reçu ledit scrutin par l'issue duquel il s'est trouvé que Paul Juizan ayant eu cent vingt-deux voix, Jacques Quiennec, cent quatre, le sieur Leguen de Kaugall, cent cinq, le sieur Lavau, quatre vingt-deux, le sieur Gillard, quatre vingt-un, Allain Pouliguen, soixante-quinze, Olivier Juizan, soixante-onze, Yves Magueres, soixante-trois, le sieur La Caze, soixante, le sieur Duthoyes, quarante-six, le sieur Bellechère, trente-sept, le sieur Raoul, trente-sept, le sieur Kaugon, trente-quatre et Olivier Berron aussi trente-quatre. Lesdits susnommés ont été les commissaires nommés pour la rédaction dudit cahier, arrêtant l'assemblée que l'opération desdits commissaires consistera à réunir dans un seul article tous les articles de doléances qui sont les mêmes et à ne retrancher aucuns des autres qui sont dans tous les cahiers, et pour mettre lesdits commissaires à même de travailler sur-le-champ nous leur avons fait servir par notre greffier toutes les doléances des villes et paroisses du ressort, au nombre de quatre-vingt-dix-sept, y compris les pouvoirs et procurations donnés par les différentes communautés de villes, paroisses et trèves, desquelles pièces ont été ressaisis lesdits commissaires qui se sont retirés de l'assemblée pour vaquer à leurs opérations.

Et sur ce qu'il est neuf heures du soir, lesdits commissaires ont réservé de commencer demain 2 du présent mois à vaquer à leur commission pour le tout achevé être rapporté par-devant nous pour en être fait lecture à l'assemblée et insertion dans notre présent procès-verbal, et avons nous renvoyé la séance prochaine au moment où lesdits commissaires auront achevé leur travail, et avons signé avec notre greffier seulement lesdits jour et an, réservant de faire signer à la clôture de notre dit procès-verbal, ceux des députés qui savent signer. Ainsi signé Cosson de Krodies et Buller, greffier.

Et avenu ce jour vendredi 3 avril 1789,

sur une députation vers nous envoyée ce matin par le général des députés pour nous prévenir de recevoir le scrutin pour la nomination des trois scrutateurs, et ce à deux heures de relevée de ce jour, quoique ces messieurs les commissaires, nommés pour la rédaction du cahier de doléances du ressort, soient encore occupés de ce travail, et obtempérant à ladite demande des députés, nous avons comme ci-devant accompagné et assisté, transporté à notre salle des audiences, où ayant pris l'avis de tous les députés, même des commissaires que nous avons fait prier d'entrer à la salle par messire Feillet, notre premier huissier, il a été unanimement arrêté par l'assemblée que, pour accélérer l'opération, il serait de suite procédé, par scrutin, aux termes du règlement, à la nomination des trois scrutateurs, et ce par le motif surtout de rendre à leurs travaux le plus tôt possible tous les députés de la campagne qui sont absolument nécessaires chez eux, sauf à recevoir après ladite nomination le cahier réduit des doléances du ressort et en faire faire la lecture publique, et en faire signer la minute par tous les députés ci-présents avant de procéder à l'élection des deux députés aux États généraux.

En l'endroit, M. le procureur déclare requérir formellement l'exécution de l'article 44 du règlement du 24 janvier dernier, et qu'en conséquence il soit supercédé à tous actes qu'au préalable le cahier général des charges et doléances ne soit arrêté et déposé à l'assemblée, et a signé. Ainsi signé Henri de Kmengui, procureur du Roi.

Et lecture faite de la remontrance et du réquisitoire du procureur du Roi ;

Nous, faisant droit, en avons décerné acte et suivant l'esprit des règlements, ordonnons que pour plus grande célérité il soit sur-le-champ procédé à la réception du scrutin demandé unanimement par l'assemblée; et à cet effet, suivant l'esprit desdits règlements, nommons commissaires pour les recevoir les doyens de l'assemblée.

Messire Mazuren de Kvoulen, Joseph Le Roux et Claude-Guy Avarih, qui assisteront notre greffier à l'ouverture des billets.

Et ledit scrutin reçu, il s'est trouvé que Jacques Quiennec ayant cinquante voix, le sieur Leguen de Kaugall cinquante voix, Bernard Breton vingt-huit, lesquels nombres ont été reçus de la pluralité, lesdits Quiennec, Leguen de Kaugall et Breton sont nommés par l'assemblée commissaires scrutateurs.

Sur quoi, les sieurs Paul Juizan, Yves Magnares, Guy Leguen de Kaugall, Jacques Quiennec, Olivier Juisan, Olivier Berron, Kogon, Allain Pouliguen, La Caze, Gillart, Lavau, Raoul, Du Thoyes et Rougel de Bellechère, commissaires pour la rédaction, étant entrés portant le cahier rédigé, l'ont déposé aux mains de notre greffier avec toutes les doléances particulières leurs remises comme ci-devant, duquel dépôt, eux le requérant, leur avons décerné acte.

Et avons de suite fait faire lecture dudit cahier, duquel tous les articles ont été arrêtés reçus unanimement par l'assemblée jusqu'à l'article 36, duquel lecture ayant été aussi pareillement faite et s'étant sur icelui élevé une discussion, avons renvoyé, attendu qu'il est huit heures du soir, la continuation de notre procès-verbal à demain, 4 du présent mois, et avons signé avec notre greffier seulement, réservant comme ci-devant de faire signer à la clôture tous ceux des députés qui savent signer et les officiers de la commission.

Ainsi signé Cosson de Krodies, messire le sénéchal et Buller, greffier.

Et avenu ce jour 4 avril présent mois 1789, neuf heures du matin, nous nous sommes transporté, assisté comme devant en la salle de nos audiences, où étant en présence de tous les députés nous avons ordonné que la lecture serait continuée à commencer par l'article 36 du cahier réduit des doléances.

Et lecture faite dudit article 36, tous les députés de la campagne ont déclaré protester contre ledit article, à l'exception toutefois des députés de Plouescoat, de laquelle protestation décernons acte à tous lesdits députés, à valoir et servir ce que de raison, et ordonnons que sur papier libre il sera délivré copie du présent acte de protestation à la suite de l'article à tous les députés requérants et sans frais.

Et après continuation de la lecture, et lecture faite en entier dudit cahier des charges, nous en avons ordonné l'insertion dans notre procès verbal pour y être lesdites doléances souscrites par l'assemblée.

(SUIT LE CAHIER DES DOLÉANCES.)

Rédaction du cahier des doléances.

Art. 1er. Que tous les droits, privilèges et immunités de la province soient conservés et maintenus.

Art. 2. On invite les députés du tiers à s'engager leurs codéputés de Bretagne à se réunir pour former un seul cahier de leurs doléances, à se joindre aux deux autres ordres pour les mêmes fins, et si cette réunion ne peut s'effectuer en Bretagne, qu'avant de former aucune demande dans l'assemblée particulière des trois ordres de Bretagne pour convenir entre eux des points généraux sur lesquels ils s'accorderaient, n'en faire qu'un même cahier dans lequel seraient comprises les demandes des ordres, corps, communautés, villes ou cantons particuliers distinctement.

Art. 3. Les députés, après avoir pris en considération le déficit et ses causes, et dirigé les moyens propres à l'empêcher de renaître, fait la balance des recettes et dépenses sur des pièces authentiques et probantes, arrêté la manière d'augmenter les unes et diminuer les autres, adopté un plan d'administration pour les finances le plus simple et le moins dispendieux possible et fixé enfin un résultat général au moins par approximation, devront s'occuper des moyens de remplir le déficit et de pourvoir au payement des arrérages des emprunts et même du remboursement des capitaux de la manière la moins onéreuse pour toutes les classes des citoyens qui doivent y contribuer en raison composée de leur propriété foncière, usufruitière et industrielle.

D'après ces aperçus généraux, les députés consentiront à ce que la Bretagne soit comprise dans le cadastre général des sommes à lever sur tout le royaume.

Art. 4. Que dans le cas d'un consentement unanime des trois ordres réunis aux États généraux, tous les arrêtés et consentements n'auront force de loi en Bretagne que d'après l'acceptation de ces États légalement et constitutionnellement assemblés, le vœu de tiers manifesté au mois de décembre dernier à Rennes.

Art. 5. Que dans le cas de partage d'opinions ou de division entre les ordres aux États généraux, les députés ne reconnaîtront d'autres juges que le Roi, auquel il sera adressé des mémoires respectifs que Sa Majesté sera suppliée d'examiner, attendant de ses lumières, de sa sagesse ainsi que de sa justice une décision qui fera loi.

Art. 6. Que toutes les charges, sous quelques dénominations qu'elles existent ou pourront exister dans la suite, seront supportées également et indistinctement par tous les sujets du Roi, de quelque qualité ou condition qu'ils soient, à raison de leur propriété foncière et usufruitière, ou industrielle.

Art. 7. Qu'il n'y aura pour cet effet qu'un seul et même rôle, pour les objets qui sont susceptibles de cette forme, dans lequel ne seront pas compris les journaliers vivant au jour la journée, parce que qui a à peine du pain ne doit pas d'impôt.

Art. 8. L'on demandera la suppression des francs-fiefs, tailles, fouages, casernement, banalité de four, suite de moulin, droit de guevaire et de motte et toutes autres corvées dites roturières, restes honteux de l'ancienne servitude, sauf à fixer une indemnité aux propriétaires desdits droits ; on désirerait même que toute la province de Bretagne n'eût qu'un même usement.

Art. 9. Réduction des droits qui se perçoivent sous différentes dénominations dans le bureau des contrôles, comme insinuation au sceau, centième denier et du droit en sus pour les successions collatérales, ensaisinement, droit sur les scellés, inventaires, partages, ventes forcées ou volontaires des biens des mineurs, surtout sous pour livre sur la plupart desdits droits, ainsi que ceux de lods et ventes, rachats, etc., et les droits des greffiers pour inventaires lorsqu'il ne passera pas 1,500 livres ; que les expéditions de tutelles, sentences ou autres actes qui se font sur vélin se feront à l'avenir sur timbre, et extinction des trois sous pour livre sur les vacations des huissiers, ou application de ce droit à sa première destination.

Art. 10. Admission des roturiers dans toutes les charges ou emplois civils, militaires ou de finances, dignités ecclésiastiques et en tous les établissements, dont ils étaient ci-devant exclus, et en conséquence abrogation de toutes les lois ou arrêtés des corps qui exigent des preuves de noblesse pour y être admis ou en être pourvu.

Art. 11. L'on ne pourra acquérir la noblesse transmissible à prix d'argent, par les charges vénales ou autres.

Art. 12. L'on demandera le remboursement de toutes les charges de judicature, de finances ou militaires à mesure que les titulaires décederont, et qu'ils soient remplacés sans finances par la voie du concours.

Art. 13. Nul ne pourra être admis à faire les fonctions de juge royal qu'il n'ait atteint l'âge de trente ans et exercé la profession d'avocat pendant cinq ans ; que tous autres officiers de judicature, soit notaires, soit procureurs, ne pourront être admis à en faire les fonctions qu'ils n'en aient été jugés capables par six commissaires, soit du collège des notaires, soit de la communauté des procureurs, lesquels commissaires seront nommés par les juges. Demander en même temps que les anciennes ordonnances prononçant la nullité de tous écrits sous seing privé dont la date au moins ne sera pas de l'écriture du soucrivant, soit renouvelée.

Art. 14. On ne pourra être admis dans aucune cour souveraine qu'on n'ait été juge royal pendant cinq ans ou exercé la profession d'avocat pendant dix ans et qu'on n'ait trente-cinq ans accomplis.

Art. 15. Plus de dispenses d'âge en aucuns cas pour exercer aucunes fonctions publiques.

Art. 16. Plus de lettres de cachet, si ce n'est sur la réquisition d'une famille assemblée, et de la même manière que l'on procède en justice réglée à la nomination d'un tuteur ou à l'interdiction d'un insensé.

Art. 17. La proscription du régime féodal, et le pouvoir laissé à tous les débiteurs de rembourser les rentes, chefs-rentes et tous droits pécuniaires au denier vingt-cinq.

Art. 18. Nouveaux codes civil, criminel, pénal et de police, dans lesquels on s'attachera à trouver les proportions entre les peines pécuniaires, corporelles et infamantes ou capitales, et les délits ou quasi-délits dans le rapport qu'ils ont avec la tranquillité publique et la sûreté des propriétaires, sans exception de qualité noble ou roturière du coupable ou de l'offensé, à donner à l'accusé un défenseur et rendre sa procédure publique par ses interrogatoires, à diminuer la forme et la longueur des procédures civiles, à fixer un délai pour leurs jugements définitifs qu'on estime devoir être fixé pour un an en première instance, à deux en cour d'appel, et à trois ans au plus dans les cours des parlements, et passé lesdits délais l'instance sera périmée, et que les juges et défenseurs des parties par la faute desquels l'instance sera tombée en péremption, en répandront. La coutume de Bretagne sera rédigée en un style clair, aux changements près que l'on jugera convenables.

Art. 19. L'établissement d'un juge criminel appointé dans les juridictions royales d'une certaine étendue.

Art. 20. La réduction des pensions à un taux raisonnable et conforme à l'état actuel des finances du royaume.

Art. 21. Que d'après le vœu du tiers-état consigné dans le résultat des délibérations prises en l'hôtel de ville de Rennes, des 22, 24, 25, 26, et 27 décembre 1788, 14 et autres jours de février 1789, les États généraux prononcent sur les contestations élevées entre les premiers ordres et celui du tiers, déclarant l'assemblée adhérer entièrement auxdits résultats.

Art. 22. Que tous ceux qui feront des défrichements et des dessèchements soient maintenus dans les exemptions pécuniaires qui leur sont déjà acquises, et qu'il en soit pareillement accordé à ceux qui feront des plantations.

Art. 23. Que la liberté individuelle de tous citoyens soit tellement sacrée à l'avenir que nul ne pourra être arrêté qu'en vertu d'un décret décerné par ses juges ordinaires ; en conséquence, que si les emprisonnements provisoires sont jugés par les États généraux être nécessaires en certains cas, le détenu soit remis sans délai entre les mains de son juge naturel ; que de plus l'élargissement provisoire soit toujours assuré, fournissant une caution hors le cas de délit qui entraînerait peines corporelles.

Art. 24. Que le retour périodique des États généraux soit fixé à un terme court, et que, dans le cas d'un changement de règne ou d'une régence il soit assemblé extraordinairement dans le délai de six semaines ou deux mois, et qu'il ne soit négligé aucun moyen propre à assurer l'exécution de ce qui sera décidé à cet égard.

Art. 25. Que nul impôt, subside ou emprunt ne sera légal et ne pourra avoir lieu qu'autant qu'il aura été consenti par la nation dans l'assemblée des États généraux et par ceux de Bretagne pour leur province ; que les États ne consentent que pour un terme limité et jusqu'à leur prochaine tenue, en sorte que cette tenue venant à ne pas avoir lieu, tout impôt cesserait absolument de droit, et nul contribuable ne pourrait être forcé de les payer ; que les cours de parlement et les Etats provinciaux ne devront et ne pourront souffrir la levée d'aucun impôt qu'il n'ait été ainsi accordé ni au delà du temps pour lequel il aura été consenti.

Art. 26. Que les Etats généraux fixent et assignent librement, d'après les demandes du Roi, les fonds de chaque département; que les ministres soient comptables aux Etats généraux de l'emploi des fonds qui leur sont confiés, et responsables de leur conduite en tout ce qui sera relatif à leur administration.

Art. 27. Que tout droit de propriété sera inviolable, et que nul ne pourra en être privé, même à raison de l'intérêt public, qu'il n'en soit dédommagé.

Art. 28. Que les Etats généraux ne consentent à aucune réduction de leurs députés ni à la formation d'aucune commission intermédiaire pour les remplacer ou les représenter, comme le tiers-état refusa d'y consentir aux Etats généraux de Blois de 1576.

Art. 29. Que tous les parlements du royaume soient composés pour une moitié de membres choisis dans le tiers-état, soit par la voie du concours, soit par l'élection qui en sera faite par l'ordre du tiers assemblé.

Art. 30. Que toutes les municipalités soient composées de membres choisis par les assemblées du tiers-état des villes, suivant la forme des élections des députés aux Etats généraux.

Art. 31. Qu'il soit établi le respect le plus absolu pour toutes les lettres confiées à la poste.

Art. 32. Que l'imposition connue en Bretagne sous le nom de devoirs et établie sur le détail des boissons, eaux-de-vie et liqueurs soit ainsi que les octrois des villes aussi établis sur le débit, supprimée et remplacée par un droit équivalent, qui sera perçu à la fabrication dans le pays des crus et à l'entrée des boissons dans les autres, lequel droit de remplacement appartiendra absolument et exclusivement à la province comme lui appartient actuellement celui des devoirs, et qu'à défaut de cela, il soit défendu aux fermiers des devoirs de faire le commerce de vin en gros et en détail et en admettant ; que cette défense ne leur fût pas faite, leur interdire au moins la faculté de vendre des barriques ou des tierçons pour partager entre plusieurs particuliers, ou l'accorder à tous les marchands ; qu'il soit de plus ordonné aux fermiers de ne pas refuser aux débitants et marchands des eaux-de-vie pour détailler au prix déterminé dans le bail des devoirs, pour n'en accorder qu'aux débitants qui leur sont agréables.

Art. 33. Que la liberté de la presse soit accordée sous les réserves qui pourraient être faites par les Etats généraux et sauf à répondre des écrits répréhensibles.

Art. 34. Que les Etats généraux cherchent les moyens les plus efficaces pour anéantir le préjugé qui fait regarder comme déshonorée une famille dont un membre a été condamné au supplice ou à quelques peines afflictives.

Art. 35. Qu'à l'avenir la municipalité de Léon n'ait à payer aucune somme aux prédicateurs qui prêchent les carêmes et les avents dans l'église cathédrale de ladite ville attendu, que c'est aux supérieurs ecclésiastiques et gros décimateurs à instruire les fidèles par eux-mêmes ou à se faire substituer dans le ministère à la charge de leur temporel et jamais aux frais du peuple.

Art. 36. Que Sa Majesté père, dans sa sagesse, d'après l'avis le plus réfléchi des Etats généraux assemblés, les avantages ou les inconvénients qui peuvent résulter de la prépondérance trop marquée que donne le règlement pour la nomination des électeurs à la classe si utile des fermiers et laboureurs sur les autres classes non moins intéressantes du tiers-état. Cette prépondérance est telle qu'elle accorde aux gens de campagne quatre-vingt dix électeurs sur cent ; cette influence ne se fera peut-être pas sentir dans cette première élection de députés, mais n'est-il pas à craindre qu'un jour, mieux instruits de leur force prédominante, les gens de campagne n'en abusent au point de ne nommer les représentants du tiers que dans leur classe et n'entourent le monarque et la nation que de personnes auxquelles l'éducation et les travaux continuels de leur état ne permettent pas de s'instruire et de s'occuper des grands intérêts du royaume, ce qui priverait la nation des connaissances et des conseils de toutes les autres classes du tiers-état composées de savants jurisconsultes, d'habiles négociants, fabricants, armateurs, financiers et autres dont les lumières politiques seront nécessairement toujours plus étendues que celles des fermiers et des laboureurs. Il semble qu'il serait convenable qu'à l'avenir le nombre des électeurs de la classe des fermiers et laboureurs soit réduit à la moitié de ceux des autres classes des citoyens du tiers-état du royaume. Cette influence serait suffisante pour les mettre à même de veiller à leurs intérêts sans pouvoir nuire aux intérêts de personne.

Art. 37. Qu'il ne soit consenti aucun impôt avant que les Etats généraux aient formé une constitution et des lois qui fixent clairement les droits du prince et de la nation et ceux des citoyens des trois ordres entre eux.

Art. 38. Qu'on supprime les tribunaux d'attribution tels que ceux des eaux, bois et forêts, amirautés, intendances et traites, ainsi que les juridictions qui s'exercent dans les bourgs et villages, excepté les bourgs de Landivisiau, Lannilis et Plouescat. Qu'on attribue leurs pouvoirs aux juridictions des villes les plus rapprochées, à la charge de l'appel au parlement ou aux présidiaux suivant les matières, et que dans aucun cas on ne soit obligé de recourir au conseil pour disposer des bois de gens de mainmorte.

Art. 39. Qu'on supprime les degrés intermédiaires de juridiction et le premier tribunal et celui qui doit juger souverainement, en sorte qu'il n'y ait jamais plus de deux degrés de juridiction immédiate.

Art. 40. Qu'on autorise les juges des lieux à juger en dernier ressort toutes les contestations dont le principal n'excédera pas 300 livres, parce que le tribunal sera composé de trois juges.

Art. 41. Qu'on établisse dans chaque ville un bureau de conciliation qui sera composé d'un avocat, d'un procureur et de quatre notables nommés annuellement par les communes dans les villes et les corps politiques, dans les paroisses de campagne, auquel tribunal les parties s'adresseront dans les matières légères et qui décidera sans frais et sans appel les contestations jusqu'à 30 livres.

Art. 42. Qu'on supprime la formalité des saisies réelles, ruineuses pour le débiteur comme pour le créancier ; qu'on autorise le créancier à vendre par simples bannies les biens du débiteur, après lui avoir accordé pour vendre volontairement, s'acquitter par le payement ou s'arranger, le délai d'un an à compter du jour où sommation lui aura été faite à la requête de son créancier, en vertu d'acte, jugement acquiescé ou arrêt définitif.

Art. 43. Que l'on abolisse les asiles accordés aux banqueroutiers qui pour l'ordinaire s'y retirent avec le bien de leurs créanciers.

Art. 44. Qu'on accorde le reculement des barrières aux frontières, comme aussi l'égalité des poids, mesures et aunages dans tout le royaume.

Art. 45 Qu'on supprime plusieurs monastères et abbayes qui ne servent qu'à nourrir l'indolence et à enlever des hommes à la culture, à l'industrie et aux différentes professions de l'Etat, ainsi que les chapelles non desservies.

Art. 46. Qu'on réduise les évêchés et les archevêchés à 20,000 livres, pour avoir lieu ladite réduction à la mort des possesseurs actuels, et qu'il soit fait une nouvelle formation des curés à l'effet que toutes aient même étendue et un revenu proportionné; qu'on fasse à chaque simple prêtre un revenu suffisant pour le dispenser de quêter : la quête est défendue à tout le monde.

Art. 47. Qu'on fasse la vente des biens tombés en économat ainsi que les biens des communautés et abbayes dont la suppression aura été arrêtée, pour le prix de leur vente être employé à l'acquit des dettes de l'Etat ou à former des établissements publics.

Art. 48. Qu'il soit permis de prêter à terme au denier vingt par an.

Art. 49. Qu'on supprime le droit de chasser sur les terres des vassaux.

Art. 50. Que les châteaux, maisons de campagne, parcs, bois de décoration et autres jardins, colombiers et étangs soient, non à raison de leur rapport, mais à raison de leur valeur réelle, sujets à tous les impôts auxquels seront assujetties les autres propriétés foncières.

Art. 51. Que les impôts à établir soient particulièrement assis sur les financiers, sur les gens d'affaires, sur les objets de luxe, sur les laquais, les chevaux, les voitures qui ne sont pas destinés à la culture ou au service public, les chiens de chasse, et les régler de manière que si on paye pour un laquais et un cheval 3 livres d'impôt, on payera 9 livres pour deux et 21 livres pour trois, et toujours en augmentant dans les mêmes proportions.

Art. 52. Que les receveurs des capitations et vingtièmes dans les différents districts soient nommés par les députés des corporations et des paroisses qui en composent l'arrondissement, et que lesdits receveurs ne puissent clore et signer les rôles qu'après qu'ils auront été présentés à l'examen des électeurs des corps et communautés des paroisses.

Ar. 53. Que les maires et les échevins des communautés des villes et les députés aux États de la province soient, à l'avenir, nommés par les électeurs des communautés, corps et corporations des villes et campagnes, la nomination dans cette forme étant nécessaire pour former les représentations légales des habitants, corps et corporations des villes et campagnes; que la police intérieure des villes soit accordée aux communautés des villes, ainsi constituées.

Art. 54. Qu'il soit libre aux électeurs des corps et corporations et communautés des villes et campagnes de rappeler, tant des Etats généraux que des Etats particuliers de la province, leurs députés pour les remplacer par d'autres en motivant le rappel.

Art. 55. Qu'on accorde la rétractation d'une décision particulière du ministre des finances, en 1784, qui prescrit aux préposés de la régie géné-

rale de tolérer à Landerneau l'emmagasinement des cuirs verts contre la disposition formelle de l'article 26 des lettres patentes du 10 janvier 1772, qui veillaient à la conservation des matières premières et de la main-d'œuvre dans la province; qu'on observe que cette décision a porté le coup le plus funeste aux manufactures et aux fabricants en opérant la rareté et la cherté des matières premières et en enlevant aux ouvriers les ressources de leur travail et de leur industrie. Les tanneurs de Landerneau, Lamballe et autres endroits se plaignent de l'excès des droits sur les cuirs; ils sollicitent une diminution ou du moins une régie moins pressive. Il serait possible de donner au commerce de la tannerie une nouvelle forme par un abonnement qui assurerait à l'Etat un revenu fixe et rendrait à la manufacture une liberté si nécessaire pour sa perfection; et de défendre que l'on emploie de l'orge et d'autres blés, de quelque espèce que ce soit, à la fabrication des cuirs.

Art. 56. L'on demande le redressement et le curage de la rivière et de l'entrée du port de Landerneau, qui s'encombrent journellement par la vase; qu'on observe, pour y parvenir, combien ce port est intéressant à conserver, non-seulement à cause de l'intérêt particulier du commerce des habitants de Landerneau, de Lesneven, Landivisiau et leurs campagnes, mais encore en raison de son utilité pour le service de la marine royale de Brest, qui n'en est éloignée que de quatre lieues. Il est notoire que, dans la dernière guerre, il se faisait beaucoup plus de service dans le port de Landerneau que dans le port même de Brest, pour l'approvisionnement des vivres de la marine et même pour le service des navires marchands qui, ne pouvant entrer à Brest, venaient dans le port de Landerneau pour renouveler leurs provisions et pour attendre leurs convois.

Art. 57. Qu'on demande des casernes pour les villes de Saint-Pol, de Roscoff et pour celles de Lesneven et de Landerneau, ces deux dernières servant en temps de guerre d'entrepôts et de magasins à la ville de Brest qui est presque toujours garnie de troupes. Landerneau est d'ailleurs sujet au passage des troupes qui continuellement vont à Brest ou en reviennent. L'établissement de ces casernes à Landerneau, qui soulagerait l'habitant d'un fardeau très-onéreux, ne serait pas d'une dépense trop considérable, en les formant dans deux communautés inutiles, les récollets et les capucins, qui, quoique au nombre de trois ou quatre, ont la plus grande peine à vivre des charités publiques qui toutes réunies seraient à peine suffisantes pour les besoins de l'hôpital; par les mêmes raisons, il serait autant et plus nécessaire de supprimer la communauté des sœurs de la Sagesse qui, en partageant les aumônes au préjudice des pauvres de l'hôpital, se permettent, de plus, de traiter les malades de toutes les classes de la société et de leur fournir des remèdes d'où sont résultées des erreurs funestes à l'humanité. Cette communauté a été établie très-nouvellement par monseigneur l'évêque de Léon, qui a plus consulté son zèle que le vœu et l'intérêt général des habitants. Il resterait, malgré ces suppressions, une communauté des ursulines qui, subsistant de ses revenus, si elle n'est pas utile, ne produirait pas au moins le mal inappréciable d'anéantir l'hôpital en le privant de ses ressources naturelles.

Art. 58. L'hôpital de Landerneau ne reçoit que 16 sous par jour pour le traitement de chaque soldat malade; cette somme est insuffisante par elle-même; d'ailleurs la retenue de 4 sous par homme pour le chirurgien et celle de 4 deniers pour livre réduisent ce payement à moins de 12 sous; il ne jouit cependant que d'un faible revenu qui peut à peine fournir à la subsistance des pauvres de la ville dont le malheur des temps augmente le nombre depuis plusieurs années. Il est prouvé par différents états des administrateurs que, sur vingt soldats, l'hôpital perd 10 francs par jour, sans y comprendre le linge et la charpie pour les pansements, objet de considération. L'intention de Sa Majesté n'est certainement pas que les troupes soient à charge aux hôpitaux de son royaume, et une preuve qu'il ne serait pas permis de le croire sans blesser sa justice, c'est que l'hôpital de Brest, qui recevait 20 sous par journée de malade, à qui l'on fournissait en sus les remèdes, un chirurgien par vingt-cinq malades, un apothicaire pour cinquante, et un infirmier pour quinze, s'étant plaint au gouvernement, en a obtenu un traitement plus avantageux.

L'hôpital de Landerneau, dans une position plus défavorable, mérite d'être traité pour le moins aussi avantageusement, puisque toutes les denrées y sont aussi chères qu'à Brest, où la garnison fournit continuellement une quantité de malades assez grande pour mettre l'hôpital à même de faire ses provisions en temps utile, au lieu que celui de Landerneau, ne pouvant prévoir la quantité de malades externes ni le temps de leur entrée, ne peut se livrer à la même économie.

Le même hôpital de Landerneau, à raison des cinq grandes routes qui viennent aboutir à cette ville, est grevé et surchargé d'une infinité de passagers de toute espèce qui viennent s'y loger et s'y reposer et enlèvent une subsistance spécialement consacrée aux pauvres des lieux; il serait essentiel et juste, pour conserver à ces malheureuses victimes de l'indigence la ressource que la piété des fondateurs a voulu leur ménager, d'accorder audit hôpital une indemnité.

L'assemblée arrête que cet article sera commun à tous les hôpitaux du ressort.

Art. 59. Qu'il soit formé par district, dans les paroisses qui en demanderont, des hôpitaux et des maisons de travail pour y élever et rassembler les mendiants des deux sexes et de tout âge qui abondent dans les campagnes et dans les villes.

Art. 60. Qu'on supprime les 8 sous par livre pour la capitation, que les habitants des campagnes seuls payent; qu'on supprime les charrois des troupes qui occasionnent des pertes considérables auxdits habitants des campagnes, pour les surcharges dont on remplit les voitures, les soldats montant, en outre, sur les charrettes et sur les chevaux et maltraitant les conducteurs.

Art. 61. Qu'on supprime le logement des troupes dans les campagnes lors des passages, à cause des dommages énormes qui en résultent pour les cultivateurs qui ne sont plus maîtres chez eux, par le nombre de soldats qu'on loge sur chaque ménage, lesquels disposent de tout ce qu'ils trouvent sous leurs mains soit dans les maisons, soit dans les champs, et maltraitent les propriétaires si l'on s'y oppose.

Art. 62. Qu'il soit ordonné que les obligations imposées aux fermiers baux soient payées en argent aux propriétaires comme vingtièmes et autres impôts et taxes réelles, et qu'ils n'aient point à prendre des commissions; comme aussi que défense soit faite aux propriétaires d'insérer dans leurs baux la clause par laquelle ils obligent leurs fermiers aux réparations de fond en comble des édifices, clause dont la plupart des fermiers n'entendent pas la force et qui tend à leur ruine, et toutes autres conditions captieuses.

Art. 63. Que la conduite et les comptes des trésoriers et receveurs soient bien examinés; que les chemins de traverse soient rendus praticables et réparés aux dépens des propriétaires, qu'il en soit ouvert de bourg à bourg pour la commodité publique.

Art. 64. Qu'il soit permis aux bénéficiers et aux églises des paroisses de faire des semis et plantations, et d'en disposer sans avoir recours aux maîtrises des eaux et forêts, ce qui coûterait plus que ne vaudraient les bois dont il est question.

Art. 65. De faire un arrondissement à la trève de Saint-Sauveur commune, l'ériger en paroisse pour la commodité d'avoir deux messes les dimanches et fêtes, ce qui sera aussi commode aux habitants des autres paroisses voisines qui se trouvent écartés de leurs paroisses et qui se peuvent faire administrer beaucoup plus facilement, d'ériger Saint-Cadan en succursale de Sizun, Saint-Derrien et Locmélar en succursale de Plounéventer, et Saint-Sève, et Saint-Martin de Morlaix en paroisse.

Art. 66. Liberté et faculté aux domainiers de jouir et disposer des plants et arbres qu'ils planteront et élèveront dans leur tenue, afin qu'ils aient des moyens pour tenir leurs édifices en état et se procurer des charrettes, charrues et autres outils nécessaires à l'agriculture, parce que, en cas de congédiement, le seigneur ne sera pas tenu de rembourser les bois que le domainier sortant pourra enlever en réparant les dégâts.

Art. 67. Que dans le nombre des égailleurs, on en prendra toujours un quart parmi les propriétaires des biens de campagne jouissant de leurs propriétés sans être fermiers d'aucun seigneur; que ce quart des égailleurs sera seul chargé de fixer les impositions supportables par les nobles, leurs gens d'affaires, leurs domestiques; que le quart des mêmes égailleurs se changera tous les ans et qu'il aura les qualités susmentionnées.

Art. 68. Que les propriétaires des fiefs, dans les assignations qu'il feront donner aux fabriques en payement des droits seigneuriaux, accorderont le délai d'un an, à compter de la demande, pour mettre le corps politique en état de faire les vérifications dans les archives et d'en retirer les titres souvent confondus.

Art. 69. De régler la vacation des notaires pour la rédaction des aveux à tant par journal ou arpent de terre, et de leur accorder un supplément de vacation proportionné à la consistance des édifices, sans que cela puisse avoir lieu pour la rédaction des lettres recognitoires, pour rente foncière ou domaniale au-dessus de 20 livres, lesquelles pourront être remboursées au denier vingt-cinq.

Art. 70. Que les procureurs fiscaux ou procureurs éligeant fief communiqueront sur papier commun et sans frais aux vassaux les moyens de blâme et d'impunissement qu'ils auront à fournir, et la preuve de cet avertissement résultera de l'exploit signifié au vassal qui payera les frais de cet exploit, s'il reconnaît la défectuosité de son aveu.

Art. 71. Que les réparations des chœurs et canceaux des églises se feront au journal d'une somme versée annuellement par les recteurs et décimateurs dans les archives, de même que pour les presbytères, et au moyen de ces versements qui seront proportionnés à la valeur des dîmes, le général de chaque paroisse fera faire les réparations nécessaires.

Art. 72. Qu'on établisse une sage-femme qui ait fait ses cours d'accouchement, dans chaque paroisse, même deux dans les grandes paroisses.

Art. 73. Que les charrois faits pour le compte du Roi et de la province soient payés sur-le-champ.

Art. 74. Demander des pensions pour les veuves et enfants mineurs dont les maris et les pères sont morts au service du Roi.

Art. 75. Que dans l'île de Bals il ne soit permis de faire aucun défrichement dans les parties de tout temps incultes; que les nouveaux défrichements faits dans le terrain afféagé par l'évêque de Léon, seigneur de fief, et le séminaire de Léon, propriétaire, soient abandonnés et laissés libres pour y sécher les goëmons, seul chauffage de l'île qui ne produit aucune espèce de bois, parce que le sol du terrain défriché, et qui pourrait l'être, étant de sable, le vent porte le sable dans le chenal de ladite île et y forme des bancs qui gênent la navigation et détruiront, à la longue, le mouillage qui est une une relâche.

Art. 76. Que les classes des agriculteurs, colons, paysans, laboureurs domiciliés, puissent avoir désormais leurs représentants aux Etats de la province et de la nation, pris dans leurs classes s'ils le veulent.

Art. 77. Qu'il soit permis aux habitants des paroisses voisines des bords de la mer de vendre aux habitants des paroisses qui en sont plus éloignées, et à ceux-ci d'acheter et transporter le goëmon propre à l'engrais des terres, dérogeant à cet égard à l'ordonnance de la marine, et que les difficultés nées et à naître touchant le district de chaque paroisse pour la coupe de cet engrais soient terminées par six notables de chacune de ces paroisses qui ont ou qui auront ces contestations à décider, et, à défaut de conciliation, ordonner qui le partage en soit fait par les juges ordinaires des lieux.

Art. 78. Que les fermiers des bénéficiers ne soient pas exposés, à chaque changement de titulaire, à renouveler leurs baux, à mettre des augmentations ruineuses pour éviter un prompt délogement également ruineux, et ne seront renouvelés que trois ans avant leur expiration.

Art. 79. De permettre l'aliénation des domaines du Roi.

Art. 80. Réduction de la dîme dans toutes les paroisses à la trente-sixième gerbe.

Art. 81. La paroisse de Locquenolé, qui a une grève très-resserrée sur laquelle il ne croît pas de goëmon, demande à pouvoir s'étendre pour la coupe du goëmon dans les districts voisins.

Art. 82. La trève de Locgueguiner demande un pont sur la rivière d'Elorne, en l'endroit où était celui du pont Arcouraiser, et qu'on rétablisse celui de l'Archidiacre sur la même rivière, passages très-fréquentés pour communiquer aux marchés de Landivisiau, Landerneau, Morlaix et Saint-Pol de Léon.

Art. 82. L'assemblée, en événement et contre toute attente qu'il fût question aux Etats généraux d'établir l'impôt territorial déjà proposé et rejeté, demande qu'on en refuse l'admission, ainsi que la circulation du papier-monnaie, cette valeur n'étant jamais relative.

Art. 83. La paroisse de Plougoulin demande l'importation des grains de province à province dans tout le royaume.

Art. 84. Que défense soit faite de récolter le goëmon les veilles de fêtes et dimanches après le soleil couché et le lendemain des fêtes et dimanches avant le soleil levé.

Art. 86. Qu'il soit fait aux Etats généraux une loi pénale contre les ivrognes d'habitude des deux sexes, contre les personnes du sexe qui se prostituent et contre ceux qui leur facilitent les moyens.

Art. 87. Que la dîme et prémice soient, à l'avenir, abandonnés en argent.

Art. 88. Que les marchands étrangers, qui viennent acheter des chevaux dans la province et qui forment l'action rédhibitoire pour cause de morve, pousse et courbature, ne pourront à l'avenir la former aux vendeurs que dans la juridiction consulaire de leur domicile, et pour la vérification desdits vices les acheteurs seront obligés de conduire lesdits chevaux au lieu de l'établissement dudit consulat.

Art. 89. Roscof, succursale de Léon, demande à être érigé en paroisse et en municipalité, et qu'il soit pour ce séparé absolument de la ville de Léon et que la nomination de leur recteur soit faite par les habitants dudit Roscof, patrons et fondateurs de leur église; qu'il ne soit accordé aucun droit qui puisse grever son commerce; qu'il leur soit accordé un jour de marché et six foires par an, comme ils en avaient obtenu le droit en 1649; qu'il soit fait un grand chemin neuf entre Léon et Roscof, le chemin actuel étant impraticable en hiver et par là très-nuisible au commerce de cette ville. Que le nouvel octroi accordé, en 1784, à la ville de Saint-Pol de Léon, comme grevant le commerce de Roscof; qu'il soit accordé un entrepôt général, particulièrement pour les eaux-de-vie d'Espagne; que s'il est nécessaire d'imposer quelques droits pour mettre les commerçants de Roscof à même de soutenir la concurrence avec les îles de Genesay et Origny, qui, par une exemption de tous droits, une franchise générale et une économie sur les frais résultant d'une régie régulière, ont attiré chez eux tout le commerce.

Art. 90. Tolé demande que toutes les terres incultes soient défrichées dans cet état, faute de quoi il serait permis aux riverains et autres personnes de bonne volonté d'en profiter irrévocablement, à la charge d'une redevance annuelle de 5 sous par journal de 80 cordes, suivant la coutume, observant ce qui est prescrit en pareil cas.

Art. 91. Trèfles demande que les franchises qui bordent les côtes restent en cet état, pour que les habitants des côtes, qui sont privés d'autres pâturages pour leurs bestiaux, puissent les y envoyer paître et qu'ils aient la facilité d'y faire sécher leur goëmon.

Art. 92. La paroisse de Plougué observe que, par une extension du droit de franc-fief aussi audacieuse qu'inattendue, il a été perçu sur seize villages de la paroisse la somme de 4,783 livres 1 sous 2 deniers. Ces villages n'ont jamais payé de franc-fief que depuis cinq ans, suivant l'état représenté en l'endroit par les députés de ladite paroisse; de plus, ces seize villages sont assujettis de temps immémorial au payement des fouages et continuent de l'être depuis qu'ils payent les francs-fiefs.

Art. 93. Qu'il soit permis à tous huissiers royaux et autres officiers royaux de se faire seconder, comme les notaires, par l'un de leurs confrères pour tous actes de leur état, et ce au lieu d'employer des recors, parce que l'officier qui secondera n'aura que moitié de vacation.

Et à l'assemblée signé ainsi, sur le registre : Rouxel de Bellechère, Miorec de Kdannec, Du Casbuer, Le Floch, Lucas, Gillart Marie, Mazurié de Kouatin, Tucdigel Rodros, La Caze fils aîné, Mayot, Mocquard, Le Casicat, Liscoat-Nicolas Cuziat, Jean Moizan, François Le Saint, Jacques Abgrall, Gabriel Jeancour, François Le Mer, François Coloigner, Guillaume Kbral, Jean-Tanné Pivain, Guy Leguen de Kaugall, Yves Menec, Guillaume Brannellec, François Le Bras, Yves Mesguen, Jean Gaé, Corfa, François Pinvidec, Yves Torchen, Jean Kboul, Pierre Marc, Goulven Le Gloannec, Louis Leguen, François Mauden Jean Guée, Le Bian, Jean Le Beyens, François Coat, Jacques Le Mevel, Jacques Croadel, Laurent Daulon, François Louer, Gabriel Le Maubian, Alain Richard, Jacques Lais, Guillaume L'Orient, Mathurin, Rious, Cristophe Le Sous, René Peuquilly, Guillaume Cuest, François Le Roi, François Mailloux, Girard Mège, François Scité, Jean Cloaret, François Messager, Alain Pinvidec, Philippe Quiviger, Jean Quiviger, Paul Le Sauquer, Hervé Jacques-François, Calvez, René Bozec, Yves Paugam, Vincent Le Borgne.

Et ont ceux des députés qui n'ont pas signé déclaré ne le savoir faire, et avant de faire procéder à l'élection par scrutin des députés, il a été arrêté unanimement par l'assemblée qu'il serait établi sept bureaux de correspondance, avec lesquels correspondront directement les députés aux États généraux; que les bureaux seront : à Losneven, chez Miorec de Kdannet; à Saint-Egounec, chez Bernard Le Breton, à Saint-Pol chez M. Le Hir ; à Landerneau, chez M. Lavau; à Lamilis, chez le sieur Mocquard; à Plouescoat, chez le sieur Liscoat; à Landivisiau, chez le sieur Pivain, dans lesquels bureaux toutes les paroisses du ressort prendront connaissance de ce qui se passera aux États généraux, et qu'il sera enfin imprimé nombre suffisant d'exemplaires de notredit procès-verbal, à la diligence du procureur du Roi, le tout aux frais des communautés, des villes et paroisses, par contribution égale, après quoi a été procédé devant nous par les trois commissaires scrutateurs nommés, à la réception du scrutin en la manière ordonnée par les règlements.

Et ledit scrutin reçu, après le compte fait des voix par nous et lesdits scrutateurs, il s'est trouvé que le sieur Guy Leguen de Kaugall a eu cent neuf voix, Jacques Queinnet cinquante-quatre, le sieur Kaugon quarante-huit, lesquels dits trois susnommés sont ceux qui ont réuni le plus grand nombre de voix.

Et le tout rapporté et dit à l'assemblée par nous, le sieur Leguen étant seul qui ait passé le nombre de voix requis par le règlement,

Nous avons ordonné qu'il sera procédé en la manière que dessus à un scrutin nouveau pour l'élection d'un second député, et attendu qu'il est deux heures du matin de ce jour 5 avril présent mois, avons renvoyé la continuation de notre opération à deux heures de relevée de cedit

jour et avons signé avec notre greffier, seulement sous la réserve ci-devant. *Signé* au registre Cosson de Krodies, Buller, greffier.

Et avenu les deux heures de relevée de cedit jour 5 avril présent mois, nous nous sommes, comme ci-devant accompagné et assisté, transporté dans la salle de nos audiences, où étant, et tous les députés assemblés, nous leur avons fait donner lecture, avant de passer outre, à la partie ultérieure de notre procès-verbal, avant la clôture de ce matin et ce par le ministère de notre premier huissier.

Et lecture faite, Leguen a demandé de porter la parole et a déclaré, après avoir refusé, d'accepter la nomination qui a été faite de lui par la voie du scrutin d'un député aux États généraux, et avons ensuite ordonné qu'il sera, dans la forme ci-devant, procédé à l'élection d'un autre député en notre présence par les trois commissaires scrutateurs, et il y a été sur-le-champ procédé.

Et ledit scrutin reçu, il s'est trouvé que le sieur François-Auguste-Prudhomme de Kaugon a réuni quatre-vingt-treize voix, lequel nombre a été le plus grand ; en conséquence, il a été nommé aussi député aux États généraux, et après la nomination faite desdits sieurs Guy-Gabriel-François-Marie Leguen de Kaugall, de Landivisiau, et du sieur François-Augustin-Prudhomme de Kaugon, de Saint-Pol de Léon, nous avons, en présence de l'assemblée, reçu leur serment de se bien et fidèlement comporter au fait de leurdite députation, lequel serment ils ont prêté la main levée à la manière accoutumée, et ont signé avec nous, notre adjoint; ainsi signé au registre : Guy Leguen de Kaugall, Kaugon, Cosson de Krodies, M. le sénéchal ; Buller, greffier.

Après quoi il a été donné par l'assemblée auxdits députés tous pouvoirs généraux et suffisants de proposer, remontrer, aviser et consentir tout ce qui pourra concerner les besoins de l'État, la réforme des abus, l'établissement d'un ordre fixe et durable dans toutes les parties de l'administration, la prospérité du royaume et le bien de tous et chacun des sujets du Roi; promettant, tous les membres composant l'assemblée, agréer et approuver tout ce que lesdits députés feront, délibéreront et signeront en vertu du présent pouvoir et de la manière que lesdits sieurs ci-comparants y auraient assisté en personne.

Fait et arrêté en la salle de nos audiences, sous les signatures de tous les députés qui savent signer, ceux qui ne l'ont pas ci-devant fait ayant déclaré ne le savoir faire, la nôtre, celle du procureur du Roi et des autres officiers à nous adjoints et nous assistant, ledit jour 5 avril 1789 ; ainsi signé au registre comme ci-devant: Feillet, premier huissier ; Bonnec, huissier audiencier; Maurice, huissier audiencier; Henri Kmenguy; M. le procureur du Roi, Cosson de Krodies, M. le sénéchal, et Buller, greffier; Boutterraux, commis juré. Délivré conforme au registre, Cosson de Krodies.

SÉNÉCHAUSSÉE DE LIBOURNE.

EXTRAIT DU PROCÈS-VERBAL (1)

De l'assemblée des trois ordres de la sénéchaussée de Libourne, contenant la liste des comparants

Du 11 mars 1789.

Aujourd'hui 11 mars 1789, huit heures du matin, dans l'église des révérends pères cordeliers de la ville de Libourne, local préparé pour la tenue de l'assemblée des trois états de la présente sénéchaussée de Libourne, par-devant nous, Godefroi Bondi Geoffre de Lanxade, conseiller du Roi, lieutenant particulier de ladite sénéchaussée et siége présidial, en l'absence du sieur lieutenant général, le procureur du Roi présent, sont comparus, jusqu'à l'heure de neuf, que nous avons supercédé l'ouverture de ladite assemblée après avoir fait lecture par le greffier de la lettre de convocation et règlement de Sa Majesté du 24 janvier dernier, de l'ordonnance de ladite sénéchaussée qui fixe l'assemblée à cejourd'hui et prononcé un discours relatif aux circonstances :

M. Dejean, curé de l'église paroissiale de la présente ville, tant en son nom que comme procureur constitué des religieuses ursulines de ladite ville, et de M. Richard, curé de Guîtres.

M. Rambaud, bénéficier de l'église paroissiale, député des ecclésiastiques de la présente ville, tant en cette qualité que comme procureur constitué de M. Ladavières, curé de Tournayragues et de M. Gintrac, curé de Ponchat.

F. Rocato, gardien des cordeliers, agissant tant comme député de sa communauté que comme procureur constitué de la communauté des cordeliers de Saint-Emilion et de celle de Sainte-Foi.

F. Bénigne, gardien des récollets, comme procureur constitué des religieuses de la Foi, aussi de cette ville, et de M. de La Roche-Aymond, abbé de Guîtres.

M. Trémollières, curé de la paroisse de Pomerol, juridiction de la présente ville, tant en son nom que comme procureur constitué de M. Constantin, curé de Canes.

M. Tymbaudy, chanoine théologal de l'église collégiale de Saint-Emilion, député du chapitre.

M. Brochart, chanoine de ladite église, procureur constitué de M. Trigout, chanoine et sacriste de la même église et paroisse de Saint-Emilion.

M. Desfossés, prêtre, député des prébendiers dudit chapitre, agissant tant en son nom que comme procureur constitué des religieuses ursulines de ladite ville de Saint-Emilion.

M. Sudreau, prêtre et chapelain de Peyeman.

F. Duval, prieur et député des religieuses Dominicaines de ladite ville.

M. Vidal, curé de Saint-Martin de Mazenat.

M. Labrousse, curé de Saint-Christophe.

M. Mestre, curé de Saint-Sulpice, tant pour lui que comme procureur constitué de M. Guignard,

(1) Nous publions ce document d'après les *Archives de l'Empire.*

curé de la Rouquette et Mangueron, et M. Eymard, curé de Saint-Sauveur.

M. Largeteau, curé de Vignonet,

M. Bouquet Saint-Bris, desservant de l'église et paroisse Saint-Laurent.

M. de Sèze, curé de la paroisse Saint-Hippolyte, aussi tant en son nom que comme procureur constitué de M. Pouyaud, curé d'Eygurande, et de M. Augan, curé de Mauriac.

M. Voisin, curé de Saint-Pierre d'Armans.

M. Jai, curé de la ville de Castillon, tant en son nom que comme procureur constitué de M. Villeneuve, curé de Saint-Philippe, et de M. Montagne, curé de la Roquette.

F. Maximien, prieur et député des carmes dudit Castillon.

M. Letellier, archiprêtre de Sainte-Magne, tant en son nom que comme procureur constitué de M. Monnerie, curé de Saint-Genez.

M. Sallène, curé de Sainte-Colombe, aussi tant en son nom que comme procureur constitué de M. Delageard, curé de Saint-Etienne de Lisse.

M. Tousot, curé de Sainte-Terre, tant en cette qualité que comme fondé de procuration de M. Duqueyssart, curé de Saint-Martial.

M. Rey, curé de Bellevès et de Capitoulant, aussi tant en son nom que comme procureur constitué d'autre M. Rey, son frère, curé de Gardegant et de M. Souffron, curé de Bonne-Farre et de Saint-Avid de Fumadière, son annexe.

M. Lévêque, prieur de la Fayotte et curé des Salles.

M. d'Andrezel, vicaire général, fondé de procuration de M. Champion de Cicé, archevêque de Bordeaux, comme seigneur de la terre et juridiction de Montravel.

F. Arnat, religieux cordelier, comme fondé de procuration de M. Arnaud, curé de Saint-Seurin de Prat, et de M. Vincent, curé de Bonneville.

F. Marquet, religieux Cordelier, comme fondé de procuration de M. Labalue, curé de Natringue, et de M. Travic, curé de Saint-Rémy.

M. Borderie, curé de la ville de Sainte-Foi et d'Epineuil, son annexe, tant en son nom que comme procureur constitué de M. Bru-la-Tour, curé de Saint-Philippe, et de M. Roches, curé de Saint-Quentin et Capblon, son annexe.

M. Bezard, prieur de la Rouquette, Margueron et Saint-André de Cabauze, tant en son nom que comme procureur constitué de M. Pasquet, curé du Breuil, et de M. Bouquier, curé de Saint-Michel de Montaigne.

M. Marti, curé de Saint-Avid du Moirzon, tant en son nom que comme procureur constitué de M. Lafond, curé d'Eynesse, et de M. Duquessart, curé de Montazeau.

M. Dufaures, curé d'Appelles, aussi tant en son nom que comme procureur constitué de M. Riccard, curé de Saint-Pierre des Lèves, et de M. Bouquet, curé de Riocaud, M. d'Auziac, curé de la paroisse Dufleix, tant en son nom que comme procureur constitué de M. Caussade, curé de Ligueux.

Autre M. Dauriac, curé de Saint-Martin de Gurçon, tant en son nom que comme procureur constitué de M. Léonardon, curé de Carsac, et de M. Dumarchet, curé de Mont-Peyroux et Saint-Cloud, son annexe.

M. Granaval, curé de Saint-Barthélemy de Bellegarde, tant en son nom que comme fondé de procuration de M. Vevresme curé de Saint-Michel de Double et de M. Chalvet, curé de Beaupouyet.

Dom Hilarion Queyrade, prieur des Chartreux de Vauclaire.

M. Simon, curé de Menesplet, tant en son nom que comme procureur constitué de M. Simon son frère, curé de Menesterol, de M. Faure, curé de Pizou, et de M. Lachèse, curé de Saint-Vivien.

M. Nadaud, curé de Branne, tant pour lui que comme procureur constitué de M. Montauge, curé de Lugagnac.

M. Darigant, curé de Cabara, tant pour lui que comme procureur constitué de M. Probert, curé de Courpiac.

M. Ferrand, curé de Romagne, tant pour lui que comme procureur fondé de M. Feguin, curé de Saint-Aubin.

M. Touzet, curé de Saint-Jean de Blagnac, aussi tant pour lui que comme procureur constitué de M. Bacot, curé de Saint-Vincent, et de M. Lapalme, curé de Mezignard.

M. Pierre, curé de Bellefond, tant pour lui que comme procureur constitué de M. d'Auvergne, curé de Luganon et de Canevert, son annexe.

M. Latour, curé de Cessac, tant pour lui que pour M. Bambaud, curé de Frontenac.

M. Lestrade, curé de Pujol-Mouliés en Sainte-Florence, pourvu de la cure de Bomigant, tant en ses différentes qualités que comme procureur constitué de M. Bechade, curé de Doulorizon.

M. Mercier, curé de Saint-Pierre de Castel et de Civrac, tant pour lui que comme procureur constitué de M. Mollère, curé de Buch, tous représentant l'ordre du clergé de la présente sénéchaussée.

Et pour l'ordre de la noblesse :

Messieurs

De Chazal, maréchal de camp.

De Cabart, lieutenant de MM. les maréchaux de France.

De Gombault aîné.

Le chevalier de Gombault, coseigneur du fief de Claupalu, situé dans la banlieue de cette ville.

De Gombault-Danferné.

De Lesval.

Le chevalier de Cannolle.

Le chevalier de Bounier.

De Cabart de Beaumalle.

Darssac.

Le chevalier Du Cheyron,

Desaignes-Desalles, seigneur de fief dans la susdite banlieue.

De Bordes.

Chaunade de Chandos.

De Bonneau fils, fondé de procuration pour le sieur son père.

Le chevalier de Carles.

De Carles de Mauvezin.

De Simard de Pitray aîné.

Le chevalier de Simard, capitaine de vaisseau.

Le président Lavie, représenté par le chevalier de Canolles, chargé de ses pouvoirs.

Le marquis de Canolles, représenté par le sieur de Gombaut aîné, son fondé de pouvoir.

Decarte, maréchal des camps, seigneur du fief de Maubusquet, situé dans la paroisse de Saint-Sulpice.

Le marquis de Mons, représenté par le sieur Desaignes de Salles, son fondé de procuration.

De Queissac.

De Grailly, seigneur du fief de Castagen, dans Bellèves.

De Sollminihac, seigneur du fief de Strasbourg, dans la paroisse des Salles.

De Belcier fils aîné.

De Simard, chevalier de Pitray, seigneur du fief de Pitray dans Garde-Gan.

De Monbrun, seigneur du fief de Monbrun, dans Saint-Seurin de Prat.

De Carrière, seigneur du fief de Monvert, dans ladite paroisse.

Du Puch de Montbreton, seigneur du fief de la Notte-et-Radegonde, aussi dans ladite paroisse.

De Nogaret, seigneur du fief de Nogaret, dans Montravel, représenté par le sieur de Ségur de Broissac, son fondé de procuration.

De La Faye d'Amberac, capitaine de vaisseau, seigneur du fief de la Rouquette, dans la paroisse de la Rouquette en Montravel.

De Cazenave, seigneur du fief de Montecouton, dans Montpeyroux.

Le chevalier de Cazenave de Froidefon fils.

De Belzieu frères.

De Filliot, seigneur du fief de Mezière, dans la paroisse du Canet, représenté par le sieur de Ségur de Boissac, son fondé de procuration.

De Tasque, seigneur du fief de Belair, dans Fouguerolles, représenté par le sieur Petit de La Siguerie, seigneur de la Poyade du Tizac.

Le comte de Ségur de Boissac.

De La Siguerie.

Raymond de Bernard.

Dumarchet, seigneur des fiefs du Marchet et la Capelle, dans la paroisse d'Epineuilh, représenté par le comte de Rosanne, son fondé de procuration.

Rigaud de Grandfond, seigneur des fiefs de Cazenas, des Guignard et des Mingaud, dans la paroisse d'Epineuilh, représenté par le comte de Rosanne, son fondé de pouvoir.

De Gervain, seigneur du fief de Lambertrie et des Rabouchets, situé dans la même paroisse, représenté par les chevalier Decartes, son fondé de procuration.

Duchillaud, demoiselle, pour le fief de Parenchère, dans ladite paroisse d'Epineuilh, représentée par le sieur de Lafaye d'Umbezac, son fondé de procuration.

Delanvaille, dame de Langallerie, pour le fief de Langallerie, situé dans Saint-Quentin, représentée par le sieur de Mombrun, chargé de sa procuration.

De Genaud, seigneur du fief de Langallerie, dans la paroisse d'Eynesse, représenté par le sieur de Mombrun, chargé de ses pouvoirs, ainsi que pour la demoiselle du Barail, à raison du fief du Barail, situé dans la même paroisse.

Petit de la Siguerie, pour le fief de la Siguerie, situé dans la paroisse d'Appelles, représenté par le sieur son fils, chargé de ses pouvoirs.

Dupuch de Monbreton fils, agissant tant pour lui que pour le sieur son père, comme seigneur de Peyroussat et Laroncau, dans Saint-Avid de Soutège.

Le comte de Rosanne, seigneur de la terre et juridiction du Fleix.

De Belcier père, seigneur de la terre et juridiction de Gurçon-Jourdain.

De Duzfort, duc de l'Orge et de Civrac, seigneur des terres et juridictions de Blagnac, Civrac et Rigaud, représenté par le sieur de Rogier, son fondé de procuration.

Ledit sieur de Rogier, comme seigneur des fiefs du Retour et de Sauvagniac, dans Postiac.

Le maréchal duc de Duras, seigneur des terres et juridictions de Rozan et Pujol, représenté par le marquis de Carte, son fondé de procuration.

De Meton, coseigneur du fief de Mondinet, situé dans la paroisse de Rauzan de Meton, autre coseigneur dudit fief. De Pontac, seigneur du fief de Taris, dans ladite paroisse de Rauzan, représenté par le sieur Desaignes de Salles.

De Solmimilial de Chaune.

Dubois de la Grèze.

Demettet, seigneur de Loubez, dans la paroisse de Cessac, représenté par le sieur de Rogier, son fondé de procuration.

De Sauvin, seigneur des fiefs de Cazalis et Laboise, situés dans la paroisse de Pujol, ledit sieur de Sauvin agissant encore comme fondé de procuration du sieur de Foubourgade, seigneur du fief de la Bassecour, dans Saint-Pey de Castel.

Dubois de Fresne de Saint-Fort.

De Bacalan, seigneur de Laurel, dans Doulouron, représenté par le sieur de Rogier, son fondé de procuration.

Barbe de La Barthe, seigneur des fiefs de Montleau et la Tibitiére, situé dans Saint-Pey des Castets.

Pour le tiers-état :

Messieurs

Dumas, Des Barat, Durand de la Grangère et Souffrain, avocats, Chauvin, Reynaud, J. Fontemoing et Chottet, députés de la présente ville.

Chaperon, conseiller, Mourtanne, Gily, Héritier et Catherineau, députés de la banlieue.

Chaperon jeune, notaire, Geyly et Castaing, députés pour Pomerol.

Maître Godet, avocat, Coste jeune, notaire, et Lescure, députés de la ville de Saint-Émilion.

Cazimajou, La Vallette, Cantenat, Bon, Faure et Camus, députés de Saint-Martin de Mazerat.

Berthomieu et Constant, députés de la paroisse Saint-Christophe.

Vidois et Bouquey, députés de la paroisse de Saint-Sulpice, Musset et Moustey, députés de Vignonet.

Voisin et Jean, députés de Saint-Laurent.

Béchaud, député de Saint-Hippolyte.

Greau, député de Saint-Fey-d'Armesis.

Garde et Ouy, députés de Saint-Étienne-de-Lisle.

Jay, Lassime, Aymen et La Farge, députés de la ville de Castillon.

Ouy et Thibaud, de la paroisse Sainte-Magne.

Meynard, député de Sainte-Colombe.

Chaton, autre Chaton, Lavigne, Fagnac et Dufon, députés de la paroisse Saint-Terre.

Dussaulx et Gossin, députés de Bellevés et Capitourlan.

Nadaud, député de la paroisse des Salles.

Virolles, député de Saint-Philippe.

Penaud et Damon, députés de Saint-Genez.

Me Lafeuillade et Germe, députés de la Mothe.

Jean et Pierre Marche, députés de Saint-Seurin de Prat.

Dangereau, Paquerée et Bernard, députés de Mont-Carel.

Aubert et Bertin, députés de Montravel.

Boirie, député avec Philippe (celui-ci absent) de la paroisse Saint-Michel-de-Montagne.

Duvigneau, notaire, et Pagès, députés de Bonnefaze et Saint-Avid-de-Fumadière.

Bricheau, médecin, et Du Peyrat, députés de la Rouquette.

Métivier et la Sablière, députés de Bonneville.

De Quessart et Barreau, députés de Montpeyroux.

Gendreau et Riffaud, députés de Saint-Vivien.

Vincent et Fraissineau, députés de Velines.

De La Rivière et Faucher, députés du Breuil.

Mestre, Thullier et Dubernat, députés de Sainte-Eulalie.

Manoutes et Valentin Thuillier, députés de Nastringues.

Baby et Caudet, députés de la paroisse du Canet.

Bernard et Denois, députés de Fouguerolles.

Bonneton, député avec La Brove (celui-ci absent) de la paroisse Saint-Avid du Tizac.

Me Bottey, juge royal, Mestre, Jouhanneau et Garran, avocats, députés de la ville de Sainte-Foy.

Meymac, autre Meymac et Jay, députés de la paroisse d'Epineuil.

Me La garde, avocat, et Blanchard, députés de Ligueur.

Bérard et Goulard, députés de la Roquille.

Gaussen et Briand, députés de Saint-Avid du Moizon.

Piocheau et Fauvert, députés de Saint-Nazaire.

Brun fils, avocat, avec Bonneton, procureur de Sainte-Foy (celui-ci absent), députés de Saint-Philippe.

Belleville et Fauvert, députés de Margueron.

Beylart, député de la Rouquette.

Guignard et Bauduc, députés de Riocaud.

Jauge et Maurin, députés de Capblon.

Drilhole et Dumas, députés de Saint-Quentin.

La Coudré et Ruffe (celui-ci absent), députés de Thoumeyragues.

Gorin et autre Gorin, députés de la paroisse de Sèves.

Rivoire et Paris, députés de la paroisse d'Eynesse.

Tuffe et Rusteau, députés d'Appelles.

Amassieu et Châtaigner, députés de la paroisse de Saint-Avid.

De Soulège, Cartier et Lafond, députés de la paroisse de Saint-André de Cabauze.

Me Dupuy, médecin, Sambellic et Dujarry, avocats, députés du Fleix.

Lourde et Goursie, députés de Montfaucon.

Faure et Brun (celui-ci absent), députés de Ponchat.

Durand, juge, et Fomazède, députés de Montazeau.

Bonnefin, avocat, Montillaud, Faure et Touzon, députés de Saint-Méard.

Darche et Danros (celui-ci absent), députés de Saint-Géraud.

Larjonnais et Bas, députés de Carnac.

Durand, notaire, autre Durand et Robert, députés de Saint-Martin.

Loyeux, Mirambeaux, Moulinier et La Marque, députés de la ville de Monpon.

Grandpré et Eymeric, députés du Piron.

Villegente, député d'Eygurande.

Merreau, député de Garde-Deuil.

Branchut et Fayolle, députés d'Echourgniac.

Bejardel et Nadaud, députés de Saint-Barthélemy.

Voulgre et Dodin, députés de Saint-Michel de Double.

De Guillaume et Masseloup, députés de Saint-Laurent de Pradoux.

Magardeau et autre Magardeau, députés de Beaupouyet.

Chereaud et Heberard, députés de la paroisse de Saint-Sauveur.

Lajonias de La Tour et Montigny, députés de Saint-Rémi.

Béchaud et Durand, députés de Saint-Martial.

Rougier et Magaudon, députés de Montignac.

Lacroze et Vergnol, députés de Menesplet.
Turgan et Reynaud, députés de Branc.
Bourlerne et Mesnard, députés de Cabara.
Landeau et Jaudin, députés de Saint-Aubin.
Eycart, député de Lugagnac.
Dupig et Brun, députés de Maujean.
Dussaut, député de Portiac.
Allien et Lamotte, députés de Romagne.
Delas, Platon et Fauguerolles, députés de Rauzan.
Destrilles et Teynac, députés de Saint-Jean de Blagnac.
Fraisse et Dubois, députés de Saint-Vincent.
Ramel et Dubois, députés de Merignas.
Trian et Roussel, députés de Bellefond.
Garineau et Folardeau, députés de Frontenac.
Bec et Musquin, députés de Courpiac.
Germon et Guillon, députés de Cessac.
Fley et Désindignant, députés de Jugaran.
Ducarpe, Vincent, Duthil et Expert, députés de Pujol.
Baltard et Castaing, députés de Ruch.
Grandpré et Ardara, députés de Mauriac.
Palus et Antoine, députés de Doulouzon.
Gayac et Bonneau, députés de Saint-Antoine du Queyret.
Couillaud et Meynard, députés de Saint-Pierre des Castels.
Fondadouze et Dailhe, députés de Sainte-Florence.
Gourssier et Andolle, députés de Baussugant.
Dufeix avocat, et Hugonnis, députés de Moulliés.
Maumelac et Barrière avocat (celui-ci absent), députés de Ville-Martin.
Saint-Jean et Joly, députés de Civrac.
Trigant avocat, Loizeau, Chevreau et Richon, députés de la ville de Guîtres.
Trigant, Lajeunie et Mie, députés de la Roche.
Bonniaut, député de Boscamenant et Saint-Sicaire.
Thevenin, député de la paroisse de l'Eparron.
Malleville et Chabonneau, députés de la Barde.

Formant les représentants du tiers-état de ladite sénéchaussée. Le sieur commandeur de Pomerol, les curés de Moncaret et Montravel, son annexe, de Saint-Avid de Soulége, Saint-André de Cabouze, de Sainte-Croix des Aigrons, de Montfaucon, de Saint-Médard de Gurçon, de Saint-Géreaud, de Gardedeuil, d'Echourgniac, de Saint-Laurent de Pradeux, de Naujean et Portiac, de Rauzan, de la Veyrie de Jugazan, de Saint-Antoine de Queyret, de Ville-Martin, de Saint-Michel, juridiction de la Roche, de Bocamenant et Saint-Sicaire, de l'Eparron, de la Barde, n'ayant tenu compte de se présenter ni procureur ou fondé, non plus que les représentants du tiers-état des paroisses de la Veyrie, Cassevert et Luganon, et les curés et représentants des paroisses de Saint-Egalin, de Saint-Laurent de Boch, Sainte-Colombe, juridiction de Montieu, Saint-Palais, Neuvic, Chepuiers, Châlon, Saint-Vivien, Champons, Bedenac, Chiergeac, Vassiac, juridiction de Monguyon, Carcou, Clerac, le Fouilloux, Saint-Martin de Couts, Laclotte, Saint-Pierre du Palais, Orignolles, Saint-Martin d'Aurianne, le pieur de l'abbaye de Guîtres, les religieuses de la doctrine chrétienne de Sainte-Foy, M. Le Berthou, premier président du parlement de Bordeaux, comme seigneur de la vicomté de Castignon, le sieur de la Bardie, seigneur du fief de Saint-Aulaie, le comte de Saussac, comme seigneur de la baronnie d'Epineuil, le maréchal de Ségur, seigneur de la terre et juridiction de Ponchat, le comte de Saussac, comme seigneur de la baronnie de Pineuil, le sieur de Beaupuy, seigneur de la terre de Mousson, les sieurs de Goisson frères, seigneurs des fiefs de Goisson et Calignan, et le sieur de la Tour du Pin, seigneur de la terre et juridiction de la Roche, quoique dûment assignés, avons contre eux donné défaut.

CAHIER

Du clergé de Libourne, du 11 mars au soir 1789 (1).

Sur l'invitation faite aux trois ordres par M. le lieutenant particulier, de se retirer dans leurs chambres respectives, pour y délibérer sur la question de savoir si les cahiers des trois ordres seront rédigés séparément ou en commun, l'ordre de l'Eglise, délibérant, a arrêté ce qui suit,

Savoir :

Que, jugeant plus convenable de rédiger ses cahiers séparément, et cependant ne voulant laisser aucun doute sur les véritables motifs et son désir de maintenir l'harmonie et l'intelligence entre les ordres, il croit devoir à son honneur, au sentiment désintéressé dont il fait profession, de déclarer que conformément au vœu commun de tous les membres du clergé, spécialement énoncé dans la dernière assemblée provinciale de cette métropole, il consent à la suppression de tous impôts pécuniaires distinctifs; à l'abolition de toutes ces dénominations de tribut qui rappellent sans cesse l'infériorité d'une classe de citoyens qu'il se fait un devoir de chérir et d'honorer ; et à l'égale répartition de toutes les contributions publiques, en raison de ses propriétés.

CAHIER

De doléances et supplications de la Chambre ecclésiastique de la sénéchaussée de Libourne.

L'ordre de l'Eglise de la sénéchaussée de Libourne, après avoir, par la délibération qu'il a prise à l'ouverture de ses séances et qui est annexée au présent cahier, donné au Roi un témoignage éclatant de son dévouement à sa personne, et aux deux autres ordres une preuve solennelle de la pureté de ses intentions, n'en présentera qu'avec plus de confiance à Sa Majesté et aux Etats généraux ses doléances et supplications, tant pour la restauration de l'ordre général, que pour les réclamations qui sont particulières à l'ordre ecclésiastique.

États généraux et finances.

Le clergé de France conservera précieusement dans ses annales la réponse mémorable que le Roi daigna faire l'année dernière à ses remontrances : *Je veux rendre à la nation l'exercice des droits qui lui appartiennent ; et nulle imposition ne s'établira sans le consentement des Etats généraux.*

La Chambre ecclésiastique de cette sénéchaussée réclame, en conséquence, l'accomplissement de cet engagement solennel ; mais elle pense devoir ajouter qu'il est indispensable d'assurer le retour successif des Etats généraux, et les époques auxquelles ils seront rassemblés, de manière qu'ils le soient au moins tous les cinq ans. Qu'aucun impôt ne pourra être prorogé plus d'une année au delà de l'époque fixée pour une nouvelle convocation, et qu'il en sera des emprunts comme des impôts.

(1) Nous publions ce cahier d'après un imprimé de la *Bibliothèque du Sénat*.

Qu'il sera pris dans l'assemblée nationale les mesures les plus efficaces pour prévenir à jamais le désordre que l'inconduite ou l'incapacité des ministres pourrait introduire dans les finances.

Que la conservation de toutes les propriétés publiques et individuelles des trois ordres sera la base de toutes les opérations des États généraux.

Que les recettes et les dépenses ordinaires et extraordinaires y seront constatées de manière à ne laisser aucun doute sur l'étendue du *déficit*, et sur les moyens d'y pourvoir.

Que le service du trésor de l'État étant une fois assuré, la répartition de tous les subsides sera exclusivement confiée à des États provinciaux qui seront établis dans toutes les parties du royaume, et organisés dans la même forme que l'assemblée nationale.

Que l'administration particulière de chaque province sera liée à la législation générale par un conseil national intermédiaire entre les tenues successives des États généraux, dont les membres seront choisis dans les trois ordres qui composeront les États de chaque province, de manière qu'ils soient renouvelés à chaque tenue, et dont les fonctions consisteront à surveiller l'exécution des délibérations prises par les États généraux et adoptées par Sa Majesté.

Qu'enfin ces délibérations seront prises par ordre, suivant l'ancien usage, qui ne pourra être changé que du consentement des trois ordres *votant séparément*, auquel cas, la pluralité ne sera censée acquise que par les deux tiers des suffrages.

Législation et justice.

C'est encore sur les dernières représentations du clergé, que le Roi a prononcé, *que nulle cour ne peut représenter la nation, qui ne peut l'être que par les États généraux*.

La chambre ecclésiastique de cette sénéchaussée croit par conséquent indispensable d'établir que les États généraux seuls pourront sanctionner les lois nouvelles proposées par eux, et adoptées par le Roi.

Que les cours souveraines seront obligées de les vérifier et transcrire sur les registres dans le délai de huitaine, à compter du jour de leur envoi auxdites cours, qui demeureront uniquement chargées de tenir la main à leur exécution.

Les magistrats souverains ainsi renfermés dans les honorables fonctions de la judicature, seront invités à travailler incessamment à la réformation du Code criminel, et des abus qui se sont introduits dans la distribution de la justice civile.

La Chambre ecclésiastique forme spécialement le vœu sur l'un et l'autre de ces deux objets :

Que la justice criminelle soit rendue publiquement, et que les accusés puissent se choisir un conseil.

Que les motifs des arrêts soient compris dans leur prononcé.

Que tous les genres de supplices qui ne tendent qu'à faire périr les condamnés dans les excès de la douleur et du désespoir, soient abolis et réduits à un seul.

Que tous les officiers publics soient personnellement responsables des méprises que l'inobservance des formes pourrait leur faire commettre.

Qu'il soit fait un rôle public des causes à juger, chacune à son tour, et par rang de dates, sans acception de personnes.

Qu'enfin les formalités quelconques soient circonscrites avec tant de précision qu'elles ne puissent dans aucun cas favoriser la mauvaise foi, ni nuire au fond des contestations.

Si toutes ces précautions sont indispensablement nécessaires pour la distribution de la justice, il ne l'est pas moins que les personnes chargées de la distribuer, inspirent aux différentes classes des justiciables de la confiance par leur état et par leurs lumières.

Pour remplir ce double objet, il est nécessaire, et la Chambre ecclésiastique demande instamment :

1° Que les cours souveraines soient composées de membres pris dans les trois ordres, et qu'il soit établi une charge ecclésiastique dans le parquet, suivant l'ancien usage.

2° Que ces offices dans ces cours soient donnés de préférence aux sujets qui auront déjà travaillé pendant plusieurs années dans les tribunaux inférieurs, ou sur la présentation des États provinciaux.

Mais il manquerait encore infiniment à ces vues utiles, si l'on ne réduisait pas considérablement le nombre de ces officiers, vacance arrivant ; si l'on ne rapprochait pas la justice des justiciables en resserrant l'étendue des différents ressorts qu'il serait alors convenable de multiplier ; si l'on ne parvenait pas enfin, selon le désir de tous les États généraux précédents, à abolir la vénalité des charges, et à pourvoir à leur remboursement.

Agriculture.

L'agriculture est la source de toute prospérité, de toute richesse nationale.

La chambre ecclésiastique désire et demande que cet art, le premier, le plus utile de tous, soit favorisé.

Elle renvoie aux États provinciaux les moyens à prendre pour encourager le cultivateur, et l'attacher à ses foyers : ils prendront spécialement en considération la corvée, les routes et les canaux, les communications vicinales, la libre circulation des denrées, les entraves qu'on y a mises jusqu'à présent, les milices, les droits de contrôle, la mendicité, les exemptions à accorder, les récompenses à décerner aux pères d'une famille nombreuse, ainsi qu'à ceux qui se distingueront par leurs vertus sociales et chrétiennes, par leur industrie et par des découvertes utiles : les maîtres d'école, les chirurgiens et médecins, enfin l'établissement de sages-femmes approuvées et reçues.

Tous ces objets importants seront mieux discutés par les États provinciaux, comme dans le sein d'une famille particulière qui portera son attention sur tout ce qui pourra tourner à l'avantage de la portion la plus laborieuse et la plus souffrante de ses enfants.

Administration spirituelle et temporelle de l'Église.

La chambre ecclésiastique de la sénéchaussée attend enfin du zèle de l'Assemblée nationale et de son amour pour le bien, ce que les réclamations constantes du clergé de France n'ont encore pu obtenir, savoir : le rétablissement des synodes diocésains chaque année, et celui des conciles provinciaux tous les cinq ans, pour remédier efficacement aux abus qui se sont introduits dans l'administration ecclésiastique. Mais en avouant avec douleur l'existence de ces abus et la nécessité de réformer, la chambre ne peut pas dissimuler à la nation que la plaie intérieure tient à des causes extérieures auxquelles il est encore, s'il est possible, plus pressant de porter remède.

Si la religion était plus ouvertement et plus

efficacement défendue et protégée; si la juridiction ecclésiastique n'était pas à la merci d'incursions étrangères, tellement que la confusion des droits amène la confusion des principes; si les biens de l'Eglise n'étaient pas de tous côtés envahis, et leur emploi calomnié; si les ministres les plus utiles du second ordre jouissaient d'une aisance raisonnable et d'une perspective constante qui encourageât leur zèle et qui soutînt leurs efforts, on verrait bientôt sans doute s'éloigner du sanctuaire des maux dont l'Egliseest la première à gémir.

Plein de confiance dans l'autorité imposante de la nation assemblée, la chambre unira donc ses vœux à ceux de tous les représentants de l'ordre de l'Eglise, pour que la foi, et la morale qui ne peut se soutenir sans la foi, puissent enfin, trouver un appui toujours assuré, non-seulement au pied du trône, mais encore dans l'opinion publique;

Pour que les barrières de la juridiction ecclésiastique soient relevées et mises à l'abri de la jalousie des tribunaux séculiers;

Pour que les biens de l'Eglise consacrés par la plus antique des possessions, regardés par nos pères comme un domaine inaliénable et sacré, et comme frappé d'une substitution perpétuelle, soient exclusivement réservés à leur destination;

Pour que, en même temps, il en soit fait une répartition plus équitable et plus conforme aux véritables besoins de l'Eglise et des pauvres;

Il est donc indispensable de demander au Roi et à la nation que les sages dispositions des conciles et des ordonnances soient exécutées; c'est-à-dire qu'il soit pourvu par union de bénéfices simples, même consistoriaux, de collégiales et des communautés rentées et inutiles, par réduction des prébendes dans les cathédrales, et par tous autres moyens que le Roi et la nation concerteront dans leur sagesse, à la dotation des curés et vicaires à portion congrue, qui n'ont pas évidemment de quoi subsister; à l'amélioration des cures auxquelles l'abandon total des dîmes n'assure pas un revenu honnête et suffisant; aux besoins des fabriques, au soulagement des hôpitaux, à l'établissement des petits séminaires et autres maisons d'éducation ecclésiastique; aux moyens enfin d'assurer une retraite aisée et honorable aux ministres des autels que leur âge ou leurs infirmités contraignent à abandonner les fonctions du ministère. Les vœux de la chambre seraient remplis, si, au moyen des dispositions ci-dessus indiquées, on parvenait à la suppression du casuel dans les villes et dans les campagnes, auquel cas les curés de villes qui n'ont que ce seul revenu, et qui cependant sont obligés à des dépenses plus considérables, mériteraient une attention particulière. Mais il est une classe bien surtout de l'intérêt général de l'ordre ecclésiastique, ce sont les curés de Malte, dont tout le monde connaît l'indécente détresse; la chambre a pensé que, pour parvenir à leur appliquer les mêmes dispositions qu'aux autres curés du royaume, le parti le plus simple peut-être serait de faire rentrer ces bénéfices dans la classe commune des autres bénéfices-cures du royaume, par des moyens concertés avec l'ordre de Malte, dont au surplus les autres patronages sont depuis longtemps indiqués par l'opinion commune, comme devant être réunis dans la main du Roi, à l'exemple de tous les bénéfices consistoriaux de son royaume.

La chambre s'est encore occupée de plusieurs objets intéressants pour l'ordre ecclésiastique, sur lesquels elle se contente d'indiquer rapidement son vœu, comme étant d'une utilité évidente et reconnue.

Tels sont, par exemple :

L'admission nécessaire des pasteurs du second ordre en nombre suffisant dans les assemblées du clergé, tant générales que particulières.

La liberté individuelle de chaque citoyen, de manière que nulle autorité privée ne puisse lui porter atteinte, et qu'il soit abandonné à la loi tout ce qu'elle peut exécuter.

La confirmation et l'exécution des ordonnances civiles et canoniques, concernant les visites épiscopales, la résidence et la pluralité des bénéfices.

La désunion des annexes et leur érection en titre de cure; la conservation des communautés religieuses de filles; la suppression de la mendicité; l'établissement d'un catéchisme national commun à tous les diocèses et à tous les fidèles.

La sanctification des fêtes et dimanches, et l'exécution littérale des ordonnances à ce sujet.

La modification du régime domanial qui est une source intarissable de vexations, particulièrement pour les gens d'église.

L'établissement d'un séquestre de bénéfices différent de celui qui existe aujourd'hui sous le nom d'économat, dont la suppression totale serait même plus conforme à l'esprit des conciles et aux intérêts des bénéficiers.

L'émission des vœux à dix-huit ans dans les communautés de religieux mendiants *seulement*.

Quant à la liberté de la presse, la chambre, après avoir mûrement discuté cet objet, a pensé que dans aucun cas le clergé ne pouvait entrer en composition avec la corruption et l'erreur, et que la prohibition absolue et l'interdiction sans réserve de tous livres contre la religion ou les mœurs, avec ou sans nom d'auteur et d'imprimeur, était le seul langage que le clergé pût tenir, comme le seul sentiment qu'il pût professer.

La dernière loi concernant les non catholiques aurait fixé d'une manière bien sérieuse l'attention de la chambre, si les remontrances du clergé de France à ce sujet ne la dispensait d'entrer dans des détails qui coûteraient sans doute à sa charité, mais dont son attachement aux vrais principes lui feraient un devoir : elle s'en réfère entièrement aux justes observations de l'année 1788, dans la confiance que les Etats généraux les prendront en considération, que le Roi daignera s'occuper d'y faire droit, et de rassurer à cet égard la conscience alarmée des pasteurs du second ordre : la Chambre se contentera d'ajouter qu'il serait indispensable, pour prévenir les apostasies, que toute personne qui se présenterait pour être admis à faire la déclaration autorisée par l'édit, fût préalablement obligée de prouver incontestablement qu'elle n'était point née de parents catholiques, et qu'elle n'a jamais professé la religion dominante.

La chambre terminera ses doléances par supplier le Roi de conserver au clergé la faculté de répartir lui-même les impositions entre les différents contribuables au moyen de bureaux qui seraient établis dans chaque diocèse sur un pied uniforme et tel que toutes les parties intéressées y fussent suffisamment représentées : le clergé ne peut pas douter que les motifs respectables qui le déterminent à réclamer fortement ses formes anciennes, ne le garantissent à cet égard de tout soupçon injurieux à son désintéressement.

Puissent les sacrifices qu'il fait au bien public, son amour pour son Roi, sa tendre affection pour tous les ordres de citoyens, concourir efficacement au retour de l'ordre et de cet esprit de paix et de charité que tout ministre des autels doit avoir sans cesse sur ses lèvres et dans son cœur!

Messieurs les députés des chapitres, communautés religieuses et corps de bénéficiers ayant réclamé contre l'article du règlement qui exclut de la présence individuelle chacun des membres qui composent lesdits chapitres, corps et communautés, la chambre a cru devoir leur donner acte de cette réclamation, et la consigner dans son cahier pour servir à telles fins que de raison.

Fait, clos et arrêté en la chambre ecclésiastique de la sénéchaussée de Libourne, le quatorzième jour du mois de mars 1789. *Signé* Dauriac, curé de Fleix; Tardif de la Bordière, archiprêtre de Belines-Roy, curé de Belvez; l'abbé de Bernard, prieur; Simon, curé de Menesplet; Grossavely, curé de Saint-Barthélemy; François Hilarion, prieur de Vauclaire; François-Martin Etelclon, prieur; La Brousse, curé de Saint-Christophe; S. Salesse, curé de Sainte-Colombe; le P. Duval, docteur en théologie et prieur, député des Jacobins de Saint-Émilion; Deauriac, curé de Saint-Martin de Gurçon en Périgord; Touret, curé de Saint-Jean de Blagnac; Pierres, curé de Bellefond; Rambaud, bénéficier de Libourne; Desère, curé de Saint-Hippolyte; Darigan, curé de Cabara; F. Reccateau, gardien des cordeliers de Libourne; Desfossés, prêtre, pour les prébendés du chapitre de Saint-Émilion et pour les dames Ursulines de la même ville; Letellier, archiprêtre d'Entre-Dordogne, curé de Saint-Magne; Témolières, curé de Pomerol; Voizin, curé de Saint-Pierre d'Armens; Mercier, curé de Saint-Pey de Castets et Civrac; Latour, curé de Cessac; Nadaut, curé de Branne; A. Dejean, curé de Libourne, et pour les ursulines de Libourne; Suderoud, chapelain; F. Annat, cordelier, pour les curés de Fouguerolles et de la Mothe Montravel; Nesir', curé de Saint-Sulpice; Timbaudi, chanoine théologal du chapitre Saint-Émilion; Lestrade, curé de Pujol, Sainte-Florence et Moulhés; F. Marquet, cordelier conventuel de Libourne, faisant pour les curés de Nastringue et de Saint-Rémi; Brochard, chanoine de Saint-Émilion, député de M. le curé de la même ville; Defaure, curé de Saint-Martin d'Appelles; Borderie, curé de Sainte-Foy-la-Grande; Jay, curé de Castillon; Lévêque, prieur de la Fayotte; l'abbé d'Andrezel, président; et Marty, curé de Saint-Avid-du-Moiron et secrétaire de la Chambre.

Extrait du procès-verbal de ladite assemblée.

Après quoi, l'ordre de l'Église, délibérant sur la nature et l'étendue des pouvoirs à accorder à son député, elle a arrêté qu'il serait revêtu de pouvoirs généraux et suffisants pour proposer, remontrer, aviser et consentir, etc. De manière qu'il puisse dans tous les cas réunir son suffrage à la majorité des avis, après, toutefois, que le retour successif et périodique des assemblées nationales aura été concerté avec les États généraux, et déterminé par le Roi d'une manière solennelle et irrévocable. Fait et arrêté les jour et an que dessus. *Signé* l'abbé d'Andrezel, vicaire général de Bordeaux, président : MARTY, curé de Saint-Avid-du-Moiron, secrétaire de la chambre.

POUVOIRS

Donnés par l'ordre de la noblesse de la sénéchaussée de Libourne à M. Dupuch de Monbreton, son député (1).

Art. 1er. Il demandera le maintien de la loi constitutive du royaume, d'opiner par ordres séparés irrévocablement et dans tous les cas.

Art. 2. Les députés sont mis sous la sauvegarde de la loi dans leurs personnes et dans leurs biens; en conséquence, nul coup d'autorité ni dans les tribunaux ne pouvant les frapper pour quelque raison que ce soit, et tous actes de justice quelconques et jugements les concernant seront interdits ou suspendus pendant la durée de leur mission.

Art. 3. Aucun impôt ne sera mis ou prorogé, aucun emprunt fait sans le consentement des États généraux par une ou plusieurs provinces, une ou plusieurs villes, une ou plusieurs communautés, toutes contributions seront illégales et il sera défendu sous peine de concussion de les répartir, asseoir et lever.

Art. 4. Les États généraux statueront qu'ils se rassembleront pour la seconde fois dans deux ans, dans le lieu que Sa Majesté jugera à propos d'indiquer, et qu'ensuite ils s'assembleront périodiquement tous les cinq ans au plus tard, et que le période statué fera partie essentielle de la constitution.

Art. 5. Les ministres seront responsables aux États généraux de l'emploi des finances de leur département et des délits de leur administration, sur lesquels ils seront jugés par lesdits États généraux; les dépenses de chaque département, y compris celui de la maison du Roi, seront fixés.

Art. 6. Les États généraux prendront les moyens les plus sûrs pour qu'en aucun cas aucun citoyen ne puisse être détenu par un ordre ministériel au delà de huit jours au plus, au bout desquels il devra être remis dans une prison légale, entre les mains du juge que lui donne la loi.

Art. 7. Les États généraux s'occuperont de la rédaction d'une loi qui établisse la liberté de la presse.

Art. 8. Les États généraux prendront acte de la déclaration qu'a faite Sa Majesté du droit imprescriptible appartenant à la nation d'être gouvernée par ses délibérations durables, et non par les conseils passagers des ministres. Et attendu que le vœu des États généraux est l'expression de l'intérêt et de la volonté générale auquel l'expérience n'a que trop prouvé que l'intérêt du ministre était souvent contraire, lesdits États généraux déclareront qu'à l'avenir aucun acte public ne soit réputé loi nationale et permanente s'il n'a été demandé ou consenti expressément par eux avant que d'être revêtu du sceau de l'autorité royale.

Art. 9. Les États généraux statueront qu'il soit accordé des États provinciaux à toutes les provinces qui ne jouissent pas de cet avantage; ils en régleront l'organisation, et les déclareront partie essentielle de la Constitution, statueront de plus que l'assiette, répartition et perception des impositions, de quelque nature qu'elles soient, se feront par lesdits États provinciaux.

Art. 10. Aucun citoyen ne pourra être enlevé à ses juges naturels.

Art. 11. Les États généraux statueront que les

(1) Nous publions ce cahier d'après un manuscrit des *Archives de l'Empire.*

cours souveraines seront chargées de l'enregistrement des lois rendues d'après la demande et le consentement exprès des Etats généraux, sans que lesdites cours puissent le différer ni apposer de modification à ces lois, ni en retarder l'exécution.

Art. 12. Les Etats généraux statueront que les magistrats ne pourront à l'avenir être troublés dans l'exercice de leurs fonctions, et que les cours souveraines seront responsables du fait de leurs charges auxdits Etats généraux.

Art. 13. Les Etats généraux statueront que la durée des impôts qui seront accordés par la nation sera limitée et strictement fixée à un an au plus tard au retour périodique de l'assemblée plus prochaine desdits Etats généraux, et que les parlements et autres cours souveraines seront chargés de poursuivre et punir comme concussionnaire quiconque aura la témérité d'asseoir, répartir et lever aucun subside non accordé par les Etats généraux ou dont le terme fixé par eux serait expiré.

Art. 14. L'impôt ne sera accordé que proportionnellement au déficit et au besoin de l'Etat, rigoureusement prouvés, et qu'après la vérification exacte des titres de créance et leur réduction s'il y a lieu à ce qu'exige l'égalité commutative.

L'ordre de la sénéchaussée de Libourne exige de M. Dupuch de Monbreton, son député, de ne délibérer sur aucun objet relatif à l'impôt, ni au déficit, ni à aucun impôt provisoire qu'il n'ait été délibéré et statué sur les objets expliqués dans les quatorze articles ci-dessus, et dans le cas qu'il lui fût fait refus de délibérer préalablement sur lesdits objets ou qu'il y fût statué d'une manière contraire à ce qui est expliqué auxdits articles, ledit ordre exige de sondit député qu'il en fasse sa protestation authentique au greffe ou secrétariat des trois ordres, ou du moins à celui de son ordre, et demander acte de sa protestation pour justifier de son zèle et de son exactitude, et ledit préalable rempli, l'ordre l'autorise à délibérer sur les impôts, le déficit et l'emprunt, et cependant lui recommande fortement tous les objets du cahier des demandes, plaintes et doléances, de solliciter soit des Etats-généraux, soit de la bonté de Sa Majesté, le remède indiqué ou demandé dans les divers articles dudit cahier et de s'efforcer enfin de l'obtenir, s'en remettant cependant sur lesdits objets non exprimés dans les quatorze articles ci-dessus, à son zèle et suffisance, en promettant, de ratifier, approuver, comme il ratifie et approuve dès à présent toutes délibérations auxquelles il aura consenti.

En foi de quoi ont signé, au nom de l'ordre entier et durant la séance du 14 mars 1789, le président et le secrétaire de l'ordre.

Signé à la minute :
Chazal, président, et Barbe de la Barthe, secrétaire de l'ordre.
Signé Durand, greffier; secrétaire du tiers-état.

CAHIER DES DOLÉANCES

Plaintes, remontrances et demandes que présentent au Roi les membres du tiers-état de la sénéchaussée de Libourne.

L'ordre du tiers-état de la sénéchaussée de Libourne charge ses députés de porter aux pieds du trône de Sa Majesté ses très-humbles et très-respectueuses doléances et de lui présenter le

tableau des abus et des maux infinis pour lesquels gémissent ses fidèles communes, des impôts sans nombre aussi accablants par leurs poids que gênants par leur nature, leur objet et la forme de leur perception.

La France, couverte de bureaux, de douanes, de commis, d'employés, de préposés et de gardes armés pour la perception de ces droits.

Le traitant hérissé d'un million de lois et d'arrêts du conseil connus de lui seul ou dans le labyrinthe desquels il égare à son gré le malheureux redevable.

Les abus de l'administration de la justice, les frais immenses qui en rendent l'accès impraticable, la multiplicité des degrés de juridiction et celle des tribunaux ordinaires et d'exception.

Les campagnes couvertes de praticiens plus propres à y semer les procès qu'à les terminer.

Une instruction criminelle qui livre un malheureux accusé à la discrétion de l'ignorance et de toutes les passions d'un juge. La volonté de l'homme presque toujours substituée à la loi par la multitude et l'incertitude des lois.

Les richesses excessives du haut clergé, les dîmes qui, par leur nature, ne laissent voir dans les pasteurs qui sont nos amis et nos consolateurs, que des parties adverses, et les exposent à être confondus dans la classe de ces hommes qui pèsent le plus sur le peuple.

Le fardeau des droits de la noblesse, de ceux du clergé et d'une foule de privilégiés de toute espèce, versé sur les classes les plus utiles et les plus malheureuses de la société.

Des exclusions humiliantes pour le tiers-état qu'on repousse de droit ou de fait des charges de judicature en cour souveraine, de tous les emplois militaires et du chemin de la gloire et des honneurs, quoiqu'on veuille bien s'entourer de lui dans les périls. Et pour remédier à tant de maux de demander :

1° Le retour périodique des Etats généraux à des époques fixes, et de proposer que ce retour soit déterminé à deux ans après la prochaine assemblée, et ensuite de cinq ans en cinq ans au moins.

2° Que le nombre des députés du tiers-état aux Etats généraux à venir soit fixé proportionnellement à la population de chaque bailliage, suivant l'intention que le Roi a manifesté par son règlement, sans que, dans aucun cas, le nombre desdits députés du tiers-état aux Etats généraux puisse être moindre que celui des députés des deux ordres réunis et dont les voix seront toujours comptées par tête.

3° Qu'aucune loi ne puisse être faite qu'en l'assemblée et du consentement des Etats généraux, sauf les lois d'administration et de police que les circonstances pourraient déterminer Sa Majesté à promulguer, et qui seront exécutées provisoirement jusqu'à l'assemblée lors prochaine des Etats généraux.

4° Que la personne des députés aux Etats généraux soit déclarée inviolable et placée sous la sauvegarde spéciale du Roi et de la nation.

5° Qu'il soit établi dans chaque province des Etats particuliers organisés comme les Etats généraux et dans lesquels le tiers-état de la province entrera en nombre égal à celui des deux ordres réunis du clergé et de la noblesse, dont les voix seront toujours comptées par tête, lesquels Etats provinciaux ne pourront élire les députés aux Etats généraux, et lesdits Etats provinciaux auront deux syndics généraux dont l'un sera pris alternativement dans l'ordre du clergé et de la noblesse, et l'autre dans le tiers-état.

6° Qu'aucun impôt direct ou indirect, aucun emprunt manifeste ou déguisé, aucun papier circulant, non plus qu'aucun office ou commission ne puissent être établis ou créés que dans les États généraux et de leur consentement.

7° Qu'aucun impôt ne puisse être octroyé que pour durer jusqu'à l'époque fixée par la prochaine convocation des États généraux ou six mois après au plus tard; qu'en conséquence, il soit fait défense à tous collecteurs ou receveurs, de continuer la perception dudit impôt après le terme fixé pour sa durée.

8° Que les privilèges pécuniaires dont jouissent la noblesse, le clergé, les officiers de judicature, même les villes capitales ou autres, soient supprimés, et qu'à l'avenir les impôts soient répartis également entre tous les sujets du Roi.

9° Que l'usage des lettres closes de cachet, d'exil et d'évocation arbitraire soit aboli, sans préjudice, dans le cas qui pourrait intéresser le salut et la tranquillité de l'État et l'honneur de la personne du Roi ou de son auguste famille, de faire usage desdites lettres de cachet pour arrêter les prévenus, lesquels seront renvoyés sous huitaine à leurs juges naturels pour le procès leur être fait conformément aux lois du royaume.

10° Que tout citoyen ait la liberté de faire imprimer ses ouvrages, à la charge de les soumettre à la censure des États provinciaux du lieu de l'impression ou de leurs commissaires.

11° Que le pouvoir du pape sur le temporel du Roi et sur celui des revenus ecclésiastiques, soit déclaré abusif, et que les annates et autres droits pécuniaires exigés par la cour de Rome soient abolis.

12° Que tous préposés ou administrateurs des finances soient déclarés responsables envers les États généraux de leur administration, et qu'à cet effet ils soient tenus de préparer l'examen de leurs comptes de recette et de dépense par la voie de l'impression qu'ils seront chaque année tenus d'en faire.

13° Que les membres de l'ordre du tiers-état soient admis à tous les grades civils et militaires et à toutes les dignités ecclésiastiques.

14° Que la vénalité de la noblesse et celle de toutes les charges et de tous les offices publics soient abolis.

15° Que toutes les lois soient envoyées aux cours souveraines pour les faire transcrire sur leurs registres, les faire publier et en maintenir l'exécution sans qu'elles puissent y apposer aucune modification sous quelque prétexte que ce soit.

16° Que de tous les articles ci-dessus il soit fait une loi, laquelle sera déclarée fondamentale et constitutionnelle.

Cette loi faite et arrêtée, le tiers-état de la sénéchaussée de Libourne autorise ses députés à octroyer les subsides nécessaires et indispensables pour les besoins de l'État, en observant de choisir ceux qui seront les plus simples, de la perception la plus facile et dont la répartition pourra se faire le plus également et de la manière la moins arbitraire, en observant encore que l'impôt soit tel qu'il porte également sur les richesses foncières et pécuniaires.

Les députés du tiers-état de la sénéchaussée de Libourne demanderont aussi :

1° Que les tribunaux de justice soient rapprochés des justiciables; qu'en conséquence, les limites de chaque ressort soient fixées de nouveau,

d'une manière invariable, et qu'il soit créé de nouveaux tribunaux dans les lieux où les arrondissements justement fixés embrasseraient une trop grande étendue.

2° Que les présidiaux puissent prononcer souverainement jusqu'à concurrence de 6,000 livres au moins.

3° Que le nombre des officiers de ces tribunaux soient fixés à vingt, y compris les gens du Roi.

4° Que les seigneurs soient tenus d'avoir des juges et procureurs d'office gradués, lesquels ne pourront être en même temps fermiers ou régisseurs desdits seigneurs, et seront tenus de résider dans le lieu où s'expédie la justice sans qu'ils puissent être destitués que pour forfaiture jugée, et faute par lesdits juges ou seigneurs de se conformer aux dispositions de cet article, les causes demeureront dévolues de droit aux sénéchaux.

5° Que deux ou plusieurs offices de judicature ne puissent être cumulés sur la tête du même sujet.

6° Que les tribunaux d'exception soient supprimés, et que les matières qui leur étaient dévolues soient attribuées aux juges sénéchaux, à l'exception de la voirie, qui demeurera réservée aux officiers municipaux ou juges ordinaires chargés de la police.

7° Que le nombre des cours consulaires soit augmenté.

8° Que les offices d'huissiers-priseurs soient supprimés.

Les députés du tiers-état de la sénéchaussée de Libourne sont en outre spécialement chargés de représenter aux États généraux la nécessité de refondre nos codes civil, criminel et de police; ils demanderont à cet effet qu'il soit formé par les États généraux, de concert avec le Roi, un conseil de législation composé de magistrats, de jurisconsultes et de citoyens éclairés de tous les ordres, lequel s'occupera de cette réforme et sera prié de la prendre en considération.

Que l'arbitraire des audiences blesse également la justice et l'humanité; que pour y remédier il suffirait de faire placer dans l'auditoire un tableau sur lequel seraient inscrites, après une simple sommation faite au greffier, toutes les causes d'audience ou de rapport pour être jugées par rang d'ancienneté, sauf des causes privilégiées qui pourraient être portées à des audiences extraordinaires.

Mais prévoyant bien que des réformes aussi importantes ne pourront recevoir de sanction qu'à la prochaine tenue des États généraux, le tiers-état de la sénéchaussée de Libourne charge ses députés de demander qu'il soit provisoirement arrêté :

1° Que les accusés auront la liberté de choisir un conseil.

2° Que l'instruction de la procédure criminelle sera publique.

3° Que nul citoyen domicilié ne pourra être décrété de prise de corps, si ce n'est dans le cas où il doit échoir peine afflictive ou infamante, conformément à l'ordonnance de 1670, et ce, à peine de la prise à partie contre le juge qui aura décerné le décret.

Lesdits députés demanderont aussi que provisoirement il soit ordonné :

1° Que nul sujet ne puisse être reçu dans les présidiaux ou sénéchaux qu'après avoir exercé pendant cinq ans au moins la profession d'avocat, duquel exercice il sera tenu de justifier mois par mois.

2° Que nul sujet ne puisse également être reçu

dans les cours souveraines du premier ordre qu'après dix ans d'exercice dans les présidiaux ou sénéchaux, ou quinze ans d'exercice effectif de la profession d'avocat, duquel exercice les uns et les autres seront tenus de justifier, les premiers par les certificats de leur compagnie, et les autres par une attestation de leur ordre, et ce, année par année.

3° Que les juges royaux et ordinaires et les officiers municipaux des villes soient autorisés à juger sommairement et sans appel toutes les causes qui n'excéderont pas 100 livres.

4° Que les parties soient obligées de terminer par la voie de l'arbitrage certaines causes, comme comptes, reddition de comptes de tutelle, partages de successions, règlement de limites et servitudes, et qu'il leur soit prohibé d'user de la voie criminelle pour les simples rixes et pour tous les cas où il n'y aura [pas d'excès réels, lesquels seront attribués à la police et jugés sans frais

Enfin les députés du tiers-état de la sénéchaussée de Libourne demanderont :

1° Que toutes les douanes soient transportées aux frontières du royaume.

2° Que les droits de péage soient abolis ainsi que les pêcheries avec nasses et escaves et même les moulins, partout où la navigation en est totalement gênée.

3° Que la cessation du droit de prélation soit abolie, et que tout seigneur soit déclaré déchu du droit d'exercer lui-même le retrait un an après que des fermiers ou préposés auront reçu les lods et ventes.

4° Que les droits de banalité, de corvée, de guet et garde soient supprimés, ou que du moins le rachat en soit autorisé.

5° Que les pensions, dons et gratifications soient réduits d'une manière proportionnée à leur qualité et aux besoins de l'État.

6° Que la libre élection des officiers municipaux soit rendue aux villes, et que ces officiers soient tenus de rendre compte chaque année à leur communauté.

7° Que le tirage au sort pour la milice soit aboli, sauf à prendre des mesures pour procurer d'une manière moins injuste des défenseurs à l'État.

8° Que les parts aux prises, assurées aux matelots par l'ordonnance de la marine, leur soient fidèlement remises, et qu'à cet effet, il soit prononcé des peines contre les commissaires qui ne se conformeraient pas à la disposition de la loi.

9° Que la quotité de la dîme soit fixée d'une manière uniforme pour toutes les provinces du royaume.

10° Que le casuel soit aboli dans les villes, sauf à pourvoir au sort des curés.

11° Que les congrues soient également abolies, et que les dîmes soient appliquées aux pasteurs qui desservent les paroisses, à la charge d'augmenter le nombre de leurs vicaires proportionnellement à celui de leurs paroissiens.

12° Que les évêques ne puissent conférer les bénéfices que sur la présentation de la chambre diocésaine, laquelle choisira les trois sujets les plus anciens.

13° Qu'aucune résignation ne puisse être faite que sur l'approbation de la même chambre.

14° Qu'aucun ecclésiastique ne puisse posséder plus d'un bénéfice; qu'il soit tenu de résider dans le lieu où ce bénéfice est situé.

15° Qu'il soit avisé aux moyens de supprimer le nombre des fêtes.

16° Qu'il soit ordonné qu'aucun sujet des deux sexes ne pourra être admis à faire ses vœux de religion avant vingt-cinq ans accomplis et entrer en noviciat avant dix-huit.

17° Que le nombre des collèges soit augmenté, en observant de les porter dans les petites villes, comme étant moins corrompues.

18° Que tous les privilèges exclusifs soient abolis, et qu'il ne puisse en être établi sous aucun prétexte.

19° Que les droits du contrôle et autres droits arbitraires et litigieux, tels que centième denier, mi-centième denier, dons gratuits et autres soient modérés et invariablement fixés.

20° Qu'aucun sujet ne puisse être reçu notaire sans une capacité bien connue et constatée par un examen public et par une enquête, et qu'en cas de mort, ses minutes soient déposées dans un dépôt public, dans le chef-lieu de la juridiction.

Telles sont les doléances, remontrances, demandes et propositions que le tiers-état de la sénéchaussée de Libourne charge ses députés de porter aux États généraux et de mettre sous les yeux du plus juste et du meilleur des rois.

Arrêté ce jourd'hui, 14 mars 1789, en l'assemblée générale du tiers-état, par nous, président, secrétaire et commissaires dudit ordre.

Signé Dupuy-Denest, Desbarrat, Joyeux, La Feuillade, Chaperon Descarps, Fougerolles, Gadet, Jouhanneau, Coste jeune, et Aymen, commissaires, et Durand, greffier en chef et secrétaire du tiers-état.

GOUVERNANCE DE LILLE.

EXTRAIT DU PROCÈS-VERBAL

*De l'assemblée préliminaire des trois ordres, con-
tenant la liste des comparants du clergé, de la
noblesse et du tiers-état (1).*

Du 15 mars 1789.

PREMIÈREMENT.

Pour l'Etat ecclésiastique :

Guillaume Florentin, prince du saint-empire ; de
Salm, évêque de Tournai.

M. Antoine-Félix-Joseph de Muyssart, chanoine
et écolâtre ; François Duverne de Marency, et Jean
Blin, aussi chanoines et députés de l'église collégiale de Saint-Pierre de Lille.

M. Philippe-François-Joseph Saladin, curé de
la Magdeleine de Lille, et doyen de Chrétienté.

M. Charles-Louis-Joseph Bem, curé de la paroisse de Saint Etienne de cette ville.

M. Louis-Joseph Descamps, curé de la paroisse
de Saint-Maurice.

M. Louis-Joseph Nolf, curé de la paroisse de Saint
Pierre de cette ville.

M. Jean-Baptiste de La Deulle, curé de la paroisse de Saint-Sauveur de cette ville.

M. Charles-Joseph de Lerne, curé de la paroisse
de Saint-André de cette ville.

M. Pierre-François-Joseph Quirez, député des
habitués de la paroisse de la Magdeleine.

M. Louis-Joseph Lepers, député des habitués
de la paroisse de Saint-Maurice.

M. Jean-Baptiste-Bruno-Joseph Jacquart, député
des habitués de la paroisse de Saint-Etienne.

M. François-Xavier Dutheil, député des habitués de la paroisse de Sainte-Catherine.

M. Charles-Joseph Droulers, député des habitués
de la paroisse Saint-Sauveur.

M. Philippe-Joseph de La Caille, député des
religieuses Sœurs noires de cette ville.

Le révérend père Dominique Des Buissars,
prieur du couvent des dominicains de cette ville,
représentant sa communauté.

Le R. P. Alexis de Meister, directeur des dames
de l'Abbiette de cette ville et représentant leur
communauté.

Le R. P. Jean-Baptiste-François Laurent, prieur
du couvent des augustins de cette ville, et représentant leur communauté.

M. Louis-Joseph Nolf, curé de Saint-Pierre, représentant la communauté des Sœurs brigittes.

Le révérend père Raymond Brébosia, provincial
des dominicains, représentant la communauté
des dominicains de la Mère de Dieu, en cette
ville.

Le R. P. Hubert-François Joseph Charlet, supérieur de la maison des minimes de cette ville, et
représentant leur communauté.

M. Philippe-François-Joseph Saladin, curé de

la Magdeleine, représentant les Sœurs de la Magdeleine, de cette ville.

M. Jean-Baptiste-Philippe-Joseph Delevignes de
Mortanges, chanoine de Saint-Pierre, représentant
les religieuses de Saint-François de Sales, de cette
ville.

M. Philippe-François-Joseph Saladin, curé de la
Magdeleine, représentant la communauté des ursulines de cette ville.

Dom Célestin Detétour, religieux, procureur de
l'abbaye de Los, représentant la communauté des
Sœurs urbanistes.

Jean-Baptiste-Joseph Liénard, et Jean-Baptiste-
Joseph Mariage, députés des ecclésiastiques attachés au chapitre de Saint-Pierre, sans préjudice
à leur qualité et à leurs droits de bénéficiers particuliers.

Le R. P. Toussaint Rasut, prieur choisi et député des carmes chaussés.

M. Philippe-François Renard, chanoine de Saint-
Pierre, représentant les demoiselles du Bégui-
nage de cette ville.

M. François-Joseph Grandet, chanoine, repré-
tant les Sœurs grises de cette ville.

M. Louis-Hippolyte-Joseph le Blondeau, prêtre,
bénéficier de Notre-Dame, dite de Cloquettes, en
la chapelle Saint-Jacques, à Saint-Etienne.

M. François-Joseph Lemaitre, prêtre, bénéficier
de Notre-Dame de la Première Messe, à Saint-
Etienne.

M. Simon Loisc, prêtre, bénéficier du Saint-Esprit, à Saint-Etienne.

M. Henri-Louis Létienne, prêtre, bénéficier de
Saint-Nicolas de Thumesnil, à Saint-Etienne.

M. Antoine-François Isabeau, prêtre, bénéficier
de Sainte-Marie-Magdeleine, à Saint-Etienne.

M. François-Joseph de Croix, prêtre, bénéficier
de Saint-Jacques, à Saint-Etienne.

M. Jean-François-Joseph Meurin, prêtre, bénéficier de Saint-Jacques des Patrouilles, à Saint-
Etienne.

M. Antoine-Louis Leblond, prêtre, bénéficier de
la troisième chapelle Saint-Jacques, dite Tourne-
mine, à Saint-Etienne.

M. François-Joseph-Marie Jacquez, prêtre, bénéficier de la chapelle dite des Parties, à Saint-
Etienne.

M. Valentin-Joseph Hendriques, prêtre, bénéficier de Saint-Jacques, dit la Seconde Messe, à Saint-
Etienne.

M. Jean-Baptiste-Joseph du Garin, prêtre, bénéficier de Notre-Dame de Grâce, à Saint-Maurice.

M. Auguste-Joseph Gahide, prêtre, bénéficier de
Notre-Dame de Salvé, à Saint-Maurice.

M. Ambroise-Joseph Mouton, prêtre, bénéficier
de Saint-Maur, à Saint-Maurice.

M. André-Joseph Strate, prêtre, bénéficier de
Saint-Nicolas, à Saint-Maurice.

M. Bien, curé de Saint-Etienne, bénéficier des
premières messes, à Saint-Maurice.

M. Alexis-Joseph Le Bounier, prêtre, bénéficier
de Sainte-Marie-Magdeleine des Prés, à Saint-Maurice.

(1) Nous reproduisons ce document d'après un manuscrit des *Archives de l'Empire.*

M. Nicolas-Joseph Pan, prêtre, bénéficier de la chapelle Saint-Thibault, à Saint-Sauveur.

M. Claude-Augustin Dubourg, prêtre, chanoine de Saint-Pierre, fondé de procuration de M. Victor de Perdriet, bénéficier de Sainte Catherine, à Saint-Sauveur.

M. Alexandre-Joseph de Le Deulle, bénéficier de Saint-Joseph, à Saint-Sauveur.

M. Honoré-Joseph Lubrez, prêtre, bénéficier de Notre-Dame-de-Consolation, à la Magdeleine.

M. André Loise, prêtre, bénéficier de la Trinité à Lille, représenté par M. Bruno-Joseph Le Loise, prêtre, son procureur.

Dom François de Thieffries, curé de Phalempin, représentant l'abbaye dudit lieu.

Dom Antoine Billau, abbé de Los.

Dom Auguste Done, abbé de Poing.

M. Joseph-Alexandre Gaudeux Révial, prêtre, directeur de l'abbaye de Marquette, représentant ladite abbaye.

Dom Damaze Raoult, religieux de l'abbaye de Los, représentant ladite abbaye.

Dom Henri Hoton, religieux de l'abbaye de Cysoing, représentant ladite abbaye.

M. François-Louis de Carondelet, prévôt, et Charles-Antoine de Biéz, doyen de ladite collégiale, députés d'icelle.

M. Jean-François Thomas Courtenoble, prêtre, représentant la communauté des chapelains de Séclin à leurs droits de bénéficiers particuliers.

M. Ferdinand-Antoine-François Lefebvre, doyen du chapitre de Commines, représentant ledit chapitre.

M. Jean-Pierre-Lambert Bouttet, curé de la Bassée.

M. Liénard Andrieux, curé de Fournes.

M. Félix-Joseph Dujardin, curé de Wavrin.

M. Ambroise Duriez, curé de Santes.

M. Pierre-François-Joseph de Lannoy, curé d'Alleunes-les-Haubourdin.

M. Jacques-François-Joseph Farvaque, curé de Secquedin.

M. Dominique-Joseph Testelin, curé d'Haubourdin.

M. Jean-Baptiste-Joseph de Bonnet, curé d'Esquermes.

M. Alexis-François-Joseph Lallou, curé de Wazemmes.

M. Louis-Joseph Lescornéz, curé d'Emmerin, représenté par Cyr-Louis Lescornez, aumônier de l'Hôpital général.

M. Pierre-François de Lemazure, curé de Noyelles-les-Séclin.

M. Hubert Parent, curé de Watignies.

M. Pierre-Joseph Michez, curé de Templemars, représenté par Jean-Baptiste Des Tombés, prêtre, assistant dudit curé.

M. Jean-Baptiste Crombet, curé de Séclin.

M. Pierre-Désiré-Joseph Phelipo, curé d'Houplinles-Seclin.

M. Jean-Baptiste de Le Mazure, curé de Chany et de Wachemy.

M. Louis-Bruno, curé de Rouvroy, représenté par Jean-Baptiste Crombet, curé de Séclin.

M. Antoine-François Armeville, curé de Mons, en Pevèle.

M. Masil-Joseph Brunel, curé d'Aubert, représenté par messire Salembier, prêtre, curé de Fromelles.

M. Pierre-Jean Brasseur, curé d'Avelin.

M. Pierre-Casimir Masquelier, curé d'Autrouil.

M. Martin-Joseph-Augustin Hochin, curé de Faches.

M. Jean-Charles Caillet, curé de Rouchin.

M. Charles-François-Joseph Mas, curé de Bachy, représenté par messire Jacquart, curé de Templeuve.

M. Guislain de La Haye, curé d'Hérin.

M. Hippolyte-François-Désiré-Joseph Mounier, curé d'Hallennes-sur-les-Marais.

M. Josse-Joseph Lepoutre, curé d'Aunceullin.

M. Jacques-Lambert-Joseph de Beaurepaire, curé de Carnin.

M. Guillaume Hellincq, curé de Provin-Bouvin, représenté par M. Monnier, curé d'Hallennes.

M. Pierre-Antoine Ferrés, curé de Camphin en Carembault.

M. François de Thieffries, curé et religieux de Phalempin.

M. Pierre-Philippe Chombart, curé d'Attiches.

M. Philippe-François Denis, curé de Wahaignies, représenté par M. Harmaville, curé de Mons en Pevèle.

M. Charles-Théophile-Joseph Marissal, curé d'Ostricourt.

M. Philippe-Joseph Polle, curé de Monchaux.

M. Pierre-Albert-Joseph Siro, curé de Mérignies.

M. Pierre-Joseph-Marie Gruttemaux, curé de Lesquin, représenté par Louis-Joseph-François Duchâtel, curé de Saint-Ghinen en Elautois.

M. Joseph-François Defrance, curé de Péronne, représenté par M. Duchâtel, curé de Saint-Ghinen en Elautois.

M. Pierre-Casimir de Mareseaux, curé de Fretin.

M. Nicolas-Joseph Haron, curé d'Ennevelin.

M. Pierre-Louis Jacquart, curé de Templeuve, en Pevèle.

M. Charles-Joseph Soyez, curé de Genest.

M. André-Joseph Royer, curé de Cobrieux.

M. Bauduin-Joseph Dumont, curé de Capelle.

M. François-Joseph Hochart, curé de Mouchin, représenté par M. Jean-Baptiste de Gauquier, curé de Bourg-Helles.

M. Stanislas Lecomte, curé de Camphin-les-Tournay, représenté par messire Louis Des Bounet, curé de Poing.

M. Jean-Baptiste de Gauquier, curé de Bourg-Helles.

M. Louis Des Bounet, curé de Poing.

M. Pierre Leduc, curé de Louvil.

M. Edouard Franchomme, curé de Bouvines, représenté par M. Leduc, curé de Louvil.

M. André-Joseph Vandermersch, curé de Gruson.

M. Jacques-Joseph Delebeque, curé d'Austaing.

M. Louis-François-Joseph Duchâtel, curé de Saint-Ghinen en Elautois.

M. Nicolas-Etienne-Joseph Chombart, curé de Lezennes.

M. Jean-Baptiste de Bac de Lecré, curé de Wannechain, représenté par M. Roger, curé de Cobrieux.

M. Pierre-Joseph Serive, curé de Marquette.

M. Jean-Baptiste-Joseph Wacrenier, curé de Marcq-en-Barœul.

M. Jean-Michel Odoit, curé de Wasquehal.

M. Louis-Charles Mortereux, curé de Bondus.

M. Philippe-Joseph Morel, curé de Wambrechies.

M. Isidore-Joseph Honoré, curé de Quesnoy, représenté par Augustin-Joseph Grimbel, chapelain dudit lieu.

M. Jean-Baptiste de Lannoy, curé de Deuslemont.

M. Pierre-Guillaume-Joseph Gosse, curé et chanoine de Comines.

M. Alexis-Joseph Selosse, curé de Bourbecque.

M. Anselme-Joseph, curé de Limelles.

M. Joseph Flattiez, curé d'Halluin, représenté par M. Bien, curé de Saint-Etienne.

M. Eugène-Joseph Chartet, curé de Roucq.
M. Isidore-Joseph Roussel, curé de Neuville en Ferrain.
M. Martin-François Dupont, curé de Tourcoing.
M. Pierre Martin, curé de Mouveaux.
M. Louis-François Carette, curé de Wattreclos.
M. Michel-Joseph Cos, curé de Leers.
M. Antoine Géry-Hovine, curé de Baisieux.
M. François-Joseph Carlier, curé de Willeunes.
M. Jean-Baptiste Grutois, curé de Sailly.
M. Antoine Surquin, curé de Touffler, représenté par M. Grutois, curé de Sailly.
M. Antoine-François Vendeville, curé de Lys-les-Lannoy.
M. Pierre-Joseph de Lemerre, curé de Lannoy.
M. Charles Leclerc, curé d'Hem.
M. Louis-Alexis Lorthoit, curé de Forest.
M. Norbert Anrys, curé de Roubaix.
M. Augustin Moureau, curé de Croix.
M. Simon-Joseph Dujardin, curé de Tressin, représenté par M. de Gauquier, curé de Chereng.
M. François de Gauquier, curé de Chereng.
M. Alexandre-Joseph Favier, curé d'Asecq.
M Jean-Baptiste-Joseph Denis, curé d'Annapes.
M. Pierre-Antoine-Joseph Du Thilleul, curé de Flers.
M. Hubert-François Martin, curé d'Hellemmes, représenté par M. Du Thilleul, curé de Flers.
Dom Jacques-Denis Picard, curé de Fives.
M. Charles-AlexanJre Bocques, prêtre, bénéficier de Notre-Dame de Foi, au Maisnil.
M. Philippe-Joseph Petit, prêtre, bénéficier de Molimont, à Houplines sur-la-Lys.
M. Pierre-Joseph Rohart, prêtre, bénéficier de la chapelle du Bois-Grenier.
M. Guillaume Gallouin, chanoine de Saint-Pierre et bénéficier de la chapelle du comte Guy de Flandres, à Erquinghem sur la Lys.
M. Herménégilde-Florent-Louis de Croix d'Hénechin, bénéficier de la chapelle de la Place, à Laubourdin.
M. Nicolas-Joseph Chevalier, prêtre, bénéficier de Notre-Dame-de-Grâce, à Los.
M. Pierre-Paul Rivo, prêtre, bénéficier de la chapelle de Notre-Dame, à Roubaix.
M. Jean-Baptiste de Buine, prêtre, bénéficier de la Vierge de Mastaing, à Flers ; représenté par M. Guillaume-François Durets, prêtre, en cette ville.
M. Jean-Simon Moureaux, prêtre, bénéficier de la chapelle de Notre-Dame, à Marcq-en-Baroul, représenté par M. Mortreaux, curé de Boucênes.
M. Augustin-Florent Bounières, prêtre, bénéficier de Saint-Jean-Baptiste, en la paroisse de Merignies.
Les députés de Saint-Pierre-les-Gand, représentés par M. l'abbé de Los.
Les députés du chapitre de Saint-Amé, à Douai, seigneur de Pomeroux, représenté par maître Louis-François Legrand, chanoine audit Saint-Amé.
Les députés de Saint-Barthélemy de Béthune, représentés par M. Jacques-Marie-Joseph Lepeau, chanoine de Commines.
Les députés de l'abbaye d'Anehin, pour leur fief à Emmerin, représentés par dom Benoît l'Écaillet, grand prieur et religieux de ladite abbaye.
Les députés du chapitre d'Arras, seigneur d'Hautay, représentés par M. Jacques d'Hénin, prêtre, chanoine de la collégiale de Saint-Pierre, à Lille.
Les députés de l'abbaye de Marchiennes, re-

présentés par dom Alexis Alard, abbé de ladite abbaye, seigneur de Bouchin.
Les députés de l'abbaye de Flines, pour leur fief à Templeuve, représentés par dom Chrisostôme Casin, prieur de l'abbaye de Los.
Les députés de l'abbaye des Prés de Douai, pour leur fief de Cachomprés, à Templeuve, représentés par dom Célestin de Letour, procureur de l'abbaye de Los.
Les députés des religieuses de Sainte-Elisabeth, au Quesnoy, seigneur de Laudas, représentés par M. Leduc, curé de Louvil.
Les députés du couvent des Augustins, à La Bassée, représentés par Charles-Théodore Bigot, leur prieur.
Les députés des Sœurs grises de Commines, représentés par M. Julien Théodore-Joseph Des Marescaux, chanoine dudit Commines.
Les Sœurs grises d'Armentières, représentées par M. Guillaume Beghin, curé dudit lieu.
Les Sœurs de Saint-François de Sales d'Armentières, représentées par ledit curé.
Les brigitins d'Armentières, représentés par le père Athanase Paul, religieux dudit couvent.
Les sœurs ursulines de Tourcoing, représentées par M. Dupont, curé dudit lieu.
M. Alexandre Duthoit, prêtre, bénéficier de Saint-Jacques, à Commines.
M. Antoine-Joseph Florin, prêtre, bénéficier de Notre-Dame-des-Affligés, à Roubaix, représenté par M. Aurys, curé dudit lieu.
Les croisés de Lannoy, représentés par ledit Jacques François Dujardin.
Les députés du clergé d'Armentières, représentés par M. Thieffries, curé de Phalempin.
M. Charles-Alexandre Lefèvre-Delattre, seigneur de la Fresnaye.
M. Jean-Joseph La Moracq-Jacquerie, écuyer, seigneur du fief de Bellecamp, à Thumeries.
M. Guillaume-François Durets, pour son fief de Lannenoye, à Lesquin.
M. Jacques-Joseph Labis, prêtre, résidant à Wattrelos.
M. André Jacques, prêtre, domicilié audit Wattrelos.
M. Pierre-François-Joseph Bettre, prêtre, domicilié à Roubaix.
M. Joseph-François Petit, prêtre, bénéficier de Fauquinard, représenté par M. Salembier, curé de Fromelles.
M. Jean-François-Joseph Herreng, prêtre, domicilié à Tourcoing.
M. Théodore-Joseph Monnier, prêtre, domicilié à Tourcoing.
M. Jean-Baptiste-Joseph Hurtrez, prêtre, domicilié à Tourcoing.
M. Basile Butteau, prêtre, domicilié à Roubaix.
M. André-Marie-Joseph Wacreninier, prêtre, chanoine de l'église collégiale de Saint-Pierre en cette ville, possesseur du fief de Wagnon, situé à Esquermes.
M. Marie-Eugène Lefèvre de Lattre d'Hollin, prêtre, possesseur du fief de Burgaussart, situé à Martinsart, paroisse de Séclin.
M. Jean-Baptiste-Joseph Lepers, prêtre, résidant à Wattrelos.
M. Cyr-Louis-Marie Choisie, prêtre, résidant à Roubaix.
M. François Crevoisier, prêtre, bénéficier de la chapelle claustrale de Saint-Pierre et Saint-Paul, au château de Pinch, représenté par M. Jean-Joseph Lamorat-Jacquerie, prêtre, chanoine de Séclin.
M. Charles-Alexandre-Joseph Corne, curé d'Her-

lies, représenté par M. Hippolyte-François-Désiré Monnier, curé d'Hallennes-sur-les-Marais.

M. Thomas-Joseph-Éloi Coupé, prêtre, résidant à Annapes.

M. Jean-Baptiste Delsart, prêtre, résidant à Roubaix.

M. Alexandre-Joseph Des Babieux, prêtre, bénéficier de Notre-Dame-des-Essays, à Saint-Maurice.

M. Adrien-Joseph Leuridan, prêtre, résidant à Wattignies.

POUR L'ÉTAT DE LA NOBLESSE.

Sont comparus :

Très-haut, très-puissant et très-excellent prince Mgr Louis-Philippe-Joseph d'Orléans, duc d'Orléans, premier prince du sang, comme seigneur de Commines, représenté par Emmanuel-Gabriel vicomte de Maulde, son fondé de procuration.

Pierre-Joseph Rouvroy, écuyer, seigneur de Laccessoye.

Le prince de Vaudemont, seigneur de la Comillerie, représenté par Charles-Lionine-Marie, comte de Croix, major en second au régiment de Provence-infanterie, son procureur.

M. Christophe-Antoine-Robert Imbert, écuyer, seigneur de la Phaluque.

Demoiselle de Banerode, dame de Freuneaux, représentée par Jean-Baptiste-Guillaume de Banerode, écuyer.

Auguste-Marie-Joseph-Marie de Madre, écuyer, seigneur de Lepière, représenté par Ferdinand-Marie-Isidore-Joseph de Madre, écuyer, seigneur des Oursins.

Madame de Petit-Pas, dame des Oursins, représentée par messire Jacops, marquis d'Aigremont.

Henri-Louis-Marie Jacops, marquis d'Aigremont, seigneur de Lompret.

Louis-Marie de La Fonteyne, écuyer, seigneur de Villiers.

Simon-Joseph-Robert, comte de Robersart, seigneur des Wambrechies, représenté par messire Jean-François-Joseph-Robert, baron de Saint Symphorien.

Charles-François-Joseph Libert, écuyer, seigneur de Pénénchicourt.

Alexandre-Louis-François, marquis de Croix d'Hénechin, seigneur des prévôtés Frélinghein, Verlinghem, etc.

Pierre-Joseph du Chambge, maréchal de camp, député de la noblesse, seigneur d'Elbhecq.

Jean-Baptiste-Amé Des Fontaines, écuyer, seigneur de la Barre.

La duchesse de Lauraguais, dame d'Houpline-sur-la-Lys, représentée par M. le marquis de Croix.

Messire Joseph-François-Régis de Madre, chevalier, conseiller du Roi en ses conseils, et président au conseil d'Artois, seigneur de Portingal, représenté par Ferdinand-Marie-Isidore-Joseph de Madre, écuyer, seigneur des Oursins.

Messire Julien-Louis-François Bidé de la Grandville, chevalier, seigneur de Saint-Simon et Raise.

Paul-Alexis-Joseph Hertz, écuyer, seigneur de la Blancardrie, représenté par Louis-Joseph Lecouvreur, écuyer, seigneur d'Avry.

Aimable-Armand-Joseph Obert, écuyer, seigneur de Courtembus.

Henri-Joseph Porrata, écuyer, seigneur du Fresnel.

Maximilien-François-Joseph Luyteur, écuyer, seigneur du petit Portingal.

Philippe-Joseph-Auguste Lecomte, écuyer, seigneur du Bus et de Warenghein, à Erquinghen-sur-la-Lys.

Jean-Nicolas Taverne, écuyer, seigneur de Terfur et du Jardin.

Louis-Joseph Vauderlinde, écuyer, seigneur de la Phatecque.

Arnould-Hugues-Joseph Vandereraisse, écuyer, seigneur de la Motte-Fermeselle.

Denis-Jean-Baptiste Potteau, représenté par Jean-Baptiste-Marie Vauzeller, écuyer, seigneur d'Aulnois.

Désiré-François Dominique, comte des Liot, seigneur d'Erquinghen-sur-la-Lys.

Dame-Philippine-Alexandrine Le Clément, douairière de Ligny, dame de Levigne, représentée par Dominique-Ferdinand Lefèvre, son fils.

Michel-Séraphin Hespel, écuyer, seigneur de Flenque et du Fresnel.

Joseph-Marie-François Lougin, écuyer, seigneur de Haut-Buisson.

Ferdinand-Séraphin-Lefèvre de Lattre, écuyer, seigneur des Prés.

François-Joseph Potteau, écuyer, seigneur de Courtisempire, tuteur de Marie-Bonne-Romaine Potteau, sa nièce, dame de la Rue, représentée par César-Auguste-Joseph-Marie Hespel-Lemer, seigneur de Guermanez.

Henri-Joseph Du Bosqueil, écuyer, seigneur d'Elfaut et du fief d'Escobecque.

Marie-Alexandre-Joseph Lefèvre de Lattre, écuyer, seigneur de Ligny, représenté par M. Luytens de Bossu.

Madame de Flandre, dame de Beaucamps, représentée par M. Bidé de la Grandville.

Louis-Henri Rouvroy, écuyer, seigneur de Beaurepaire.

Madame de Calonne d'Aubert, dame dudit Aubert, représenté par Gilles-Xavier-Casimir Des Fontaines, écuyer, seigneur de Liévain.

Monseigneur Adrien-Louis, duc de Guine, seigneur d'Illies, représenté par messire Charles-Liduine-Marie, comte de Croix.

Hyacinthe-Pierre-Joseph Cardon, écuyer, seigneur du Bronquart.

Clément-Henri-François Hespel d'Hoéron, écuyer, seigneur de Coisne.

Jean-Baptiste-Louis Rouvroy, écuyer, seigneur de Fournes.

Albert-François de Stapens, écuyer, seigneur de Relingham.

César-Auguste-Marie Hespel, écuyer, seigneur de Guermanes, Lestoquoi, etc.

Henri-Séraphin Hespel, écuyer, seigneur de la Vallée, représenté par M. Ferdinand-François-Séraphin Hespel, seigneur d'Harnouville.

Messire Louis-Antoine-Joseph, baron d'Haugouart, seigneur d'Hermès, représenté par M. le marquis d'Avelin.

Jacques-Gilbert Depierre, écuyer, seigneur du Petit-Allennes.

Messire Jean-Albert-Joseph de Buisteret, comte de Thienne-Stienbecque, etc.

Louis-Gaëtan-Philippe-Guislain de Thienne, chevalier, seigneur de Los, à Los, représenté par M. le comte de Thienne.

Philippe, baron de Brumondisse, seigneur de Meurchin-Longast.

Arnould-Philippe-Joseph Vandererouisse, écuyer, seigneur de Grimarest.

Louis-Séraphin du Chambge, baron de Noyelles.

Charles-François comte de Lannoy, seigneur de Wattignies.

Messire Louis-Eugène-Marie, comte de Beaufort, seigneur de Barges d'Oiembourg, représenté par M. le comte de Lannoy.

Dame Marie-Florentine-Henriette-Joseph Hespel, douairière de messire François-Marie-Joseph Dusart, chevalier, seigneur de Boucaux, dame de Gouelle, représentée par messire Auguste-François-Joseph-Marie Dusart, chevalier, seigneur des Carmes et de Léyot, etc.

Alexandre-Joseph Scherer de Scherbourg, chevalier, seigneur de Templemars.

François-Joseph-Marie Dusart, écuyer, seigneur du Sart et de Lannoy, etc.

Denis-Joseph Godefroid, écuyer, seigneur de Mailliard.

Alexandre-Albéric, comte de Pétrieux, seigneur d'Houplin-les-Séclin, représenté par messire Jean-Baptiste Lore, comte de Sommeyvre.

Dame Louise-Clémentine-Joseph Diedonau, dame de Carnin, représentée par M. Dubosquill Delfant.

Jacques-François Denis, écuyer, seigneur du Prage.

Louis-Robert Aronio, écuyer, seigneur de Fontenelte.

André-Joseph, écuyer, seigneur de Rigolle.

Louis-Dominique-Eustache de Lenequesaing, écuyer, seigneur de Morpas.

Charles-Louis-Guislain de Touremonde, seigneur de Mérignies, représenté par messire Louis-François, comte de Touremonde.

Pierre Cugnac, écuyer, seigneur de la Joncquierre.

Ferdinand-Marie-Isidore-Joseph de Madre, écuyer, seigneur des Oursins.

François-Auguste-Anne-Hubert Collette, comte d'Hauguard, marquis d'Avelin.

Antoine-François Joseph de Beaufrêmes, écuyer, seigneur du Roseau.

Maximilien-Philippe-Auguste d'Haffringues, écuyer, seigneur d'Hellemmes.

Dame Marie-Catherine-Laurent Vauzeller, représentée par ledit seigneur d'Hellèmes, son fils.

Louis-Joseph Cardon, écuyer, seigneur des Marêts, représenté par Ferdinand-François-Séraphin Hespel, écuyer, seigneur d'Arpouvil.

Dame Marie-Jeanne-Thérèse de Buissy, dame de Wattier, représentée par François-Marie Waresquel, écuyer, seigneur de Mégaland.

Pierre-François Brios, chevalier, seigneur d'Espaing, Coulombier, représenté par Ferdinand-Séraphin Lefèvre de Lattre, seigneur des Prés.

Robert-Joseph-Alexandre Huvins, écuyer, seigneur de Villiers de Merchin, etc.

Louis-François, vicomte de Turemonde, seigneur des Ding.

Philippe-Charles-Joseph de Guilleman, écuyer, seigneur de la Barre et d'Engrin.

Marie-Clément-Joseph de l'Espault, écuyer, seigneur de Frestin.

Jérôme-Joseph Grouet, chevalier, seigneur de Péronne.

Messire François, comte de Muyssart, seigneur des Obeaux, représenté par messire Joseph, comte de Muyssart, son fils.

Joseph-Alexandre Imbert, écuyer, seigneur d'Ennevelin.

François-Marie Varesquiel, écuyer, seigneur de Bonnance.

Messire François-Balthazar-Joseph Guislain, comte de Sainte-Aldegonde de Genech.

Jeanne-Clair-Françoise De Buisseras, dame des

Francs-Alleux, représentée par M. le baron de Saint-Symphorien.

Messire Louis-Philippe-Marie, comte de Palmed'Espaing, seigneur de Bachy.

Messire Alexis-Joseph de Flandre, chevalier, seigneur de Radinghem.

Messire Antoine-Louis, marquis de Vignacourt, seigneur de Montifaut.

Messire Jean-Baptiste-Joseph, comte de Muyssart, seigneur du Pire.

Louis-Albéric-Joseph de Madre, écuyer, seigneur de Norguet.

Charles-Ferdinand-Joseph de Beaumarêt, écuyer, seigneur de Marcotte, représenté par Simon-Ferdinand de Beaumarêt.

Louis-Joseph-Hippolyte Le Sars, écuyer, seigneur de Mouchin, représenté par messire Joseph-Marie-Ange de Lamotte, son fils.

Marie-Robertine Le Pinel, douairière de messire Auson de la Merville, représentée par M. le comte du Bus pour son fief de Luchin.

Marie-Joseph-Louis Tassin, écuyer, seigneur de Robled.

Demoiselle Marie-Catherine-Henriette Wacrenier, dame de la Bouchardrie, représentée par Jean-Baptiste-Alix de Wacrenier, écuyer, son frère.

Jean-François-Joseph Huvins, écuyer, seigneur de Bourghelles.

Pierre-Joseph-Albert Le Maistre, écuyer, seigneur d'Austaing.

Augustin-Jérôme-Joseph Des Fontaines, écuyer, seigneur des Thielfries-les-Austaing.

Auguste-Eugène-Joseph Denis, écuyer, seigneur d'Hollebecque.

Ferdinand, comte de Mercy-Argenteau, représenté par M. Jean-Baptiste-Guillaume Vauzeller, écuyer, seigneur de Roders.

Marie-Magdeleine-Séraphine Le Prevôt de Basserode, dame de Colo, représentée par Jean-Baptiste-Guillaume Le Prevôt de Basserode, son frère.

Charles-Joseph Lespagnol de Grembry, écuyer, seigneur de Wacquehal, etc.

Marie-Antoine Bouteier d'Urtemburte, écuyer, seigneur de Guel.

Albert-Louis-Joseph Du Bosquiel, écuyer, seigneur de Boucênes, représenté par Henri-Joseph Du Bosquiel, écuyer, seigneur d'Elfaut.

Dominique-Joseph des Wasiers, écuyer, seigneur du Verd-Bois.

Michel-Eugène-Joseph Aronio, écuyer, seigneur d'Elvigne.

Charles-Joseph-Marie Tesson, écuyer, seigneur de la Croix.

Joseph-Auguste Lefèvre de Lattre, écuyer, seigneur de Cliquennois.

Messire Emmanuel-Ferdinand-François, duc de Croï, seigneur du Quesnoy, représenté par M. le comte de Sainte-Aldegonde de Genech.

Jean-Baptiste-Guillaume Vauzeller, écuyer, seigneur de Roders, pour son fief de la Vallerie, à Deuslemont.

Jacques-Louis-Auguste-Joseph-Marie Imbert, écuyer, seigneur des Champagnes.

Dame Angélique-Caroline-Joseph Francs, douairière de Pierre-Robert-Martin Huvino, écuyer, seigneur de Bourghelles, représenté par M. Havino de Bourghelles.

Messire Auguste-François-Joseph-Marie Druart, chevalier, seigneur des Carmes de Leyof.

François-Hyacinthe de Maulde, écuyer, seigneur de la Tourelle.

Dame Françoise-Séraphine Hespel, douairière

de messire Martin-Louis de Maulde, seigneur de la Tourelle, dame du Doulieu, représentée par ledit François-Hyacinthe de Maulde, son fils.

Augustin-Joseph Le Mesre, écuyer, seigneur de Single.

Augustin-Théodore Vauzeller, écuyer, seigneur d'Hostove, des Escalus, etc.

Messire Joseph-Anne-Auguste-Maximilien de Croï, duc d'Havré, seigneur de Tourcoing, représenté par M. le comte François de Sainte-Aldegonde.

Clément-Henri-François Hespel, écuyer, seigneur d'Hocron, représentant la dame de Roucq.

François-Chrétien-Marie de Surmont, écuyer, seigneur de Francaux.

Ferdinand-François-Séraphin Hespel, écuyer, seigneur de Ledouze.

Dame Marie-Joseph-Thérèse Zouche de la Lande, douairière de M. Robert-François-Joseph-Etienne Huvino, écuyer, seigneur d'Inchy, représentée par Denis-Joseph Godefroy, écuyer, seigneur de Maillard.

Nicolas-Joseph Dupont, écuyer, seigneur d'Ogimont.

Joseph-Hubert Pottier, écuyer, seigneur de Marissons, représenté par Albert François de Stapens, chevalier, seigneur de Blinghem.

Yves-Blaise-Julien, comte de Bonne, écuyer, seigneur de Villem.

Louis-Ignace-Joseph Cardon de Montreuil, écuyer, seigneur de Garsigny, Montreuil, etc.

Louis-Joseph-Charles de Lespaul de Lespierre, écuyer, seigneur de la Potennerie.

Dame Albertine-Henriette Diedeman, dame de Bierbaix, douairière de François-Joseph-Clément de Bosquiel, représentée par M. de Lespierre.

Louis-Joseph Lecouvreur, écuyer, seigneur d'Havry.

Antoine-Nicolas-Louis-Charles de Fremont, marquis de Roset, représenté par messire Jean-Baptiste Lore, comte de Somièvre.

Ernest-Louis-Joseph de Surmont, écuyer, seigneur de Fontaine.

Jacques-Auguste-Joseph Imbert, écuyer, seigneur de Chereng.

Pierre-François-Albert Taverne, écuyer, seigneur de Montreuil.

François-Ferdinand, comte de Lannoy d'Annapes, représenté par messire Charles-François de Lannoy, comte de Wattignies.

Gilles-Xavier-Casimir Des Fontaines, écuyer, seigneur de Jautes.

Pierre-Robert-Joseph de Mengin, seigneur du Brûil.

Bon-François-Joseph Frayet, écuyer, seigneur de la Moussonnerie.

Jean-Antoine-Joseph de Fourmestraux d'Hollebec, écuyer, seigneur du Sart.

François-Michel Gherquières, écuyer, seigneur de Warrenghein.

Marie Elisabeth Wattepatte, dame du fief de Lenil, veuve d'André-François-Joseph Hert, seigneur des Mottes, représentée par Alexis-Joseph de Fourmestraux, écuyer, seigneur d'Engrin.

Marie-Alexandrine de Fourmestraux, douairière de Séraphin-Joseph de La Fontaine, dame Valgourdin, représentée par ledit seigneur de Fourmestraux d'Engrin.

François-Joseph Potteau, écuyer, seigneur de Courtisempire, père et tuteur légitime de Joseph-François de Paule, écuyer, seigneur d'Estevelles, représenté par César-Auguste-Joseph-Marie Hespel, écuyer, seigneur de Lestoquoy.

Christophe-Antoine-Robert Imbert, écuyer, seigneur de la Phalecque.

Dominique-Ferdinand-Marc Lefebvre de Lattre, seigneur de Duremort.

Pierre, baron de Mengin, chevalier, seigneur de Fondragon.

François-Marie, baron de Mengin.

Jean-Baptiste-Alexis Wacrennier, écuyer.

Charles-Joseph-Théodore Wacrennier, écuyer.

Hyacinthe-Louis Hespel, écuyer, seigneur de Flévêque.

Antoine-François-Joseph, chevalier de Muyssart.

Henri-Nicolas-Joseph de Saintoin.

Messire Ferdinand-Louis-Joseph de Vitry, chevalier, seigneur de Samblethem.

Romain-Séraphin-Joseph-Marie Hespel, écuyer.

Louis-Joseph de Fourmestraux, écuyer, sieur de Pas.

Et d'autant qu'il est huit heures du soir, nous avons continué la présente séance au 26 mars, présent mois, neuf heures du matin, en la même église.

Le 26 des mêmes mois et an, neuf heures du matin, nous nous sommes rendu dans ladite église dite des Jésuites, où, accompagné et assisté, comme le jour précédent, avons continué; et requérant ledit procureur du Roi à faire appeler les ajournés à comparoir en la présente assemblée, ainsi qu'il en suit.

Et sont comparus :

Marie-Alexis-Philippe Tassin, écuyer, seigneur des Obeaux, représenté par Marie-Joseph-Louis Tassin, écuyer, son frère.

Messire Charles-Louis-Philippe de Chambge, chevalier, seigneur de Douay, premier président au bureau des finances et domaines de la généralité de Lille.

Marie-Albertine Rouvroy, dame d'Has, représentée par Louis-Henri Rouvroy, écuyer, seigneur de Baurepaire, son fondé de procuration.

Marie-Ernestine-Adélaïde Rouvroy, dame de Capinghem, représentée par ledit sieur Rouvroy de Beaurepaire.

Dame Louise-Clémentine-Joseph Diedeman de La Riaudrie, douairière de Jean-Louis-Joseph de Lespaut, écuyer, sieur de la Haye, en qualité de mère et tutrice légitime d'Albert-Louis-Joseph de Lespaut, écuyer, seigneur de la Haye, son fils, représentée par messire Louis-Charles-Joseph de Lespaut, écuyer, seigneur de Lespierre.

Hippolyte-Maximilien-Joseph Obert, écuyer, seigneur de Grevilier.

François-Joseph Potteau, écuyer, seigneur de Courtisempire.

Henri-Joseph de Bosquiel, seigneur d'Elfant, en qualité de père et tuteur légitime d'Albert de Bosquiel, et de Henri-Joseph-Clément de Bosquiel, ses fils, représentés par ledit sieur Potteau de Courtisempire, pour leur fief de Monnequin et de Portingal.

Charles-Lidvine-Marie, comte de Croix.

Alexis-Joseph Fruyet, écuyer, seigneur des Parcqs.

Henri-Louis de Surmont, écuyer, seigneur d'Edigne.

Louis-Marie Schérer d Scherbourg, chevalier, seigneur de Ricarmèz.

Henri-Joseph-Hyacinthe Lespagnol, ancien seigneur de Cavrines.

Jean d'Anglart, écuyer.

Joseph Frinet, écuyer, seigneur d'Hoslove.

Paulin-Joseph Gherquières, écuyer, seigneur de Nieppes.

Louis-Dominique-Joseph de Lénéquesoing, écuyer, seigneur de Morpas.

Louis Renard, écuyer, seigneur d'Ouchain.

Pierre-Ernest-Joseph du Chambge, chevalier, seigneur de Noyelles.

Messire François-Auguste Guislain, chevalier de Teuremonde, seigneur de Camployé, représenté par Louis-François, vicomte de Teuremonde, seigneur des Ding, son oncle.

Louis-Auguste-François-Denis Lenglé, grand maître des eaux et forêts de France, au département du Hainaut et Cambresis.

Jean-Baptiste-Guillaume Le Prevôt, chevalier de Basserode.

Jean-Baptiste-Marie Vanseller, écuyer, seigneur d'Aulnois, marquis, etc.

Romain-Joseph Potteau, écuyer, seigneur d'Haucardrie, représenté par ledit sieur Vanseller d'Aulnois.

Henri-Joseph Poulle de Gaussin, écuyer.

Charles-Joseph-Obert de Tourout, écuyer.

Demoiselle Marie-Henriette Obert, dame par indivis de Prémesque, représentée par ledit sieur Obert de Tourout.

Ferdinand-Ernest-Antoine-Marie-Joseph-Albéric, comte Duchâtel de la Hovardrie, seigneur d'Archies à Mouchin.

Demoiselle Philippine-Colette-Joséphine de Coupigny, comtesse d'Énu, représentée par messire François-Augustin-Anne-Hubert Cottelle, marquis et comte d'Haugouart.

Louis-Hyacinthe-Joseph Tassin, écuyer, seigneur d'Hursel.

Pierre-Ignace-François Boutiller, écuyer, seigneur du Plouy, chevalier de l'ordre royal et militaire de Saint-Louis.

Ferdinand, comte Duchâtel.

Louis-Alexandre-Joseph de Fourmestreaux, écuyer.

Ferdinand-Elisabeth, marquis de Chistelles, demeurant à Commines.

Louis-Marie d'Haffringues, écuyer, seigneur de Liannes.

Jacques-Philippe-Henri-Marie d'Haffringues, écuyer, seigneur de Rebecques.

Charles-Ferdinand-Joseph d'Haffringues, écuyer, officier au régiment de Conti-infanterie.

Christophe Pajot, seigneur du Rouille, écuyer.

Louis-Robert Courtant, chevalier, comte de Hamel Belenglise, représenté par ledit sieur Pajot du Rouille.

Dame Agathe-Isabelle-Bernade Pajot, douairière de messire Jacques-Joseph-Marie de Verghelles, écuyer, seigneur de Salnghen, représentée par ledit sieur Pajot du Rouille.

Joseph-Louis-Anaclet Rouvroy, écuyer, seigneur de Capinghen.

Jean-Marie-Joseph Ghesquières, écuyer, seigneur de Millescamps.

Séraphin-Joseph D'Hespel de Flenèque, capitaine au régiment des dragons de Condé.

Jean-Amand, Chevallan de Boisragon, chevalier, seigneur de la Chenaye, ancien capitaine commandant au régiment d'Orléans, chevalier de l'ordre royal et militaire de Saint-Louis.

Augustin-Adrien Canné, écuyer, seigneur de Neuville et de Roders.

Albert de Druets, écuyer, seigneur de Chevelles.

Charles-Henri-François Le Sellier de Vaumenile, seigneur du fief de Mollaubois, à Buisieux, représenté par messire Godefroid, seigneur de Mailliard.

Marie-Louis-Auguste de Richoufftz, chevalier, capitaine au corps royal d'artillerie.

Pierre-Louis-François de Richoufftz, chevalier, officier au régiment d'Orléans-infanterie.

Messire Marie-Hippolyte-Barthélemy-Joseph, chevalier, baron de Vitry, pair de Gamand, représenté par messire Désiré-François-Dominique, comte d'Esliot, chevalier, seigneur d'Erquinghem sur la Lys.

Messire Eugène-Ernest, chevalier de Croix.

Jean-Baptiste-Louis-Magon de La Giélais, capitaine au régiment provincial de Metz.

François-Joseph Potteau, écuyer, seigneur de Courtisempire, père et tuteur légitime de Marie-Isabelle-Françoise Potteau, sa fille, dame du fief de Layens, représentée par messire Auguste-François-Joseph-Marie Dusart, chevalier, seigneur des Carmes et Leyof.

Demoiselle Bonne-Victoire Lefebvre de Lattre, dame de la Rue du Bois, représentée par Romain-Séraphin-Joseph-Marie Hespel, écuyer.

Demoiselle Thérèse-Lidie Lefebvre de Lattre, dame de Dolehain, représentée par ledit sieur Hespel.

Messire Louis-Henri-Joseph de Buisseret, chevalier, fils de messire Jean-Albert-Joseph de Buisseret Blarengheim, comte de Thienne-Stenbecque, seigneur du grand et petit Bertangli, représenté par M. son père.

Messire Jean-Albert-Joseph de Buisseret-Blarengheim, comte de Thienne-Stenbecque, en qualité d'aïeul et tuteur subrogé de messire Jean-Baptiste-Charles-Félix-Henri de Podenas, seigneur d'Herignies, paroisse d'Attiches, représenté par messire Charles-Louis-Philippe du Chambge, chevalier seigneur de Douay, premier président du bureau des finances et domaines de la généralité de Lille.

Charles-Marie Dauphin, écuyer, seigneur d'Haltinghem.

POUR LE TIERS-ÉTAT.

Sont comparus :

Pour la ville de Lille.

Jean-Baptiste Warlet, avocat.
Olulphe Salmon, médecin.
Charles-Guy-Joseph Couvreur, avocat.
Florent-Joseph Jacquez, libraire.
Jean-Louis-Mathurin Bernard, brasseur.
Thomas Roussel, rentier.
Félix Dugardin père, menuisier et ébéniste.
Louis-François Duriez, orfèvre.
Joseph-Marie Deldreque, couvreur.
Jean-Baptiste Brunin, charpentier.
Pierre Lambert, huissier royal.
François-Joseph Cartaërt, tonnelier.
Michel-Archange-Joseph Frevet, procureur.
Denis-Louis-Joseph Dupont, chirurgien.
Louis-Joseph Constenoble, procureur.
Gabriel-Joseph Courtois, brodeur.
Emmanuel-Joseph Rouzé, franc poissonnier.
Charles-Gabriel-Joseph Jacquerye, peintre.
Charles-Augustin-Joseph Wicart, procureur.
Nicolas Marchand, chirurgien.
Laurent-Joseph Dumont, serrurier.
Michel-Joseph Hereng, cordier.
Albert-Euzèbe-Evrard-Joseph Cuvelier, tanneur.
Jacques-Joseph Fauvel, médecin.
François Moutier, cirier.
Louis-Joseph Pacquet, cuisinier.
Séraphin-François-Joseph Mannier, tapissier.
Jean-Jacques-Albert Dubois, huissier royal.
Adrien Gobert, maçon.
François Béclin, pelletier.
Louis Tavant, graissier.

Jean-Baptiste Hette, courroyeur.
Louis-Honoré-Joseph Baillez, tourneur.
Jean-Baptiste-Joseph Leroy, plombier et étamier.
François Phalempin, peigneur de laines.
Et Théophile-Joseph La Chapelle, sellier.

Pour la ville d'Armentières.

Jacques-Philippe Bayard père, ancien notaire.
Jean-Baptiste-Marie d'Elbois, avocat.
Louis-Xavier Bayard, ancien marchand tanneur,
Pélerin-Guy Jocre.
Auguste-Joseph Gherquières.
Et Joseph-François-Xavier Castries, marchand audit lieu.

Pour la ville de Commines..

Antoine-Joseph Potdevin.
Chresolles-Joseph Lambin.
Norbert-Joseph Metot.
Et Arnould-Ignace-Joseph Lambin, respectivement notaires et marchands audit lieu.

Pour la ville de Séclin.

Philippe-Joseph Six, avocat en parlement.
François-Joseph Dujardin.
Jean-Baptiste Mottes.
Et Jean-Baptiste Desmons, fermiers et marchands audit lieu.

Pour la ville de Lannoy.

Jean-François Parent,
Lambert Malfuit.
Jacques Le Cherf.
Et Henri Dufresne.

Pour la ville de la Bassée.

Ferdinand-Joseph-Dominique Saladin, avocat en parlement.
Jean-Baptiste-Joseph Le Gillon, avocat.
Michel-Joseph Lebon, négociant.
Et Louis-Joseph Boucherie, négociant.

Pour le village de Capelle en Penèle,

Jean-Baptiste-Joseph Leville.
Et Philippe-Joseph Dupont.

Pour le village de Verlinghem,

Joseph Parent.
François-Joseph Hochart.
Pierre-Antoine-Joseph Vanneur.
Et Philippe-François Coisne.

Pour le village de Longpré.

Augustin Buttin, lieutenant.
Et François Lhernould, cultivateur,

Pour le village de Perenchies.

Jean-Baptiste-Joseph de Brusse, bailli.
Et Jean-Baptiste Vandeslande, échevin.

Pour le village de Frélinghien.

Jean-Baptiste Boucherie.
Pierre-Joseph Planques.
Et Pierre-Joseph Vandermesch.

Pour la chapelle d'Armentières.

Pierre-Joseph Waymel.
Et Jean-Baptiste Dehaunne.

Pour la Guelle-Lamotte, paroisse d'Armentières.

Louis-Joseph Courouble.

Pour Erquinhem-sur-la-Lys.

Philippe-François-Joseph Leuridan.

Pierre-François Honnart.
Jean-François Canlier.
Etienne Coustenoble.

Pour le village d'Escobecque.

Louis-Joseph Delaforterie.
Et Jean-François Lalan.

Pour le village de Ligny.

Charles-Joseph Delefour.
Et Pierre-François Wicart.

Pour le village d'Illies.

Pierre-Joseph Leroi.
Et Jean-Baptiste Caillet.

Pour le village d'Hantay.

Pierre-François-Siméon-Joseph Parent.
Et Pierre-André Leblanc.

Pour le village de Marquillier.

Jean-Baptiste Planque.
François Chombart.
Et Augustin-Joseph Buisine.

Pour le village de Wières.

Cosme-Alexandre Beghin.
Et Augustin-Aimé-Louis Lefranc.

Pour le village de Wavrin.

Adrien Brasme.
Jean-Baptiste Douchy.
Pierre-François Bonté.
Pierre-Joseph Dubois.
Et Jean-Baptiste Prévôt.

Pour le village de Santes.

Jacques-Joseph Haye.
Jean-Baptiste Leclercq.
Pierre-Joseph Dubois.
Et Pierre-Joseph Binsine, dit Montmarre.

Pour le village de Radinghem.

Antoine-Joseph Lefocq.
Jacques-Joseph Houssain.
Et Jacques-Joseph Piat.

Pour la Boutillerie.

Jean-Baptiste Leleu.
Et Jean-Louis Salengre.

Pour le village d'Esquermes.

Louis-Joseph Nolf.
Et Augustin-Joseph de Reptin.

Pour le village d'Emmezin-Châtellenie.

Emmanuel Cazier.
Et Rémi-Louis-Joseph Aunguiet.

Pour le village de Wazemmes.

Jean-Baptiste Petit.
François-Joseph Gremel.
Amand-Joseph Lefrancq.
Louis de Cobel.
Eustache Dubus.
Et François Mullier.

Pour le village de Wattignies.

Messire Charles-François-Charles de Lannoy, seigneur dudit Wattignies.
Et Jean-Baptiste Thibaut.

Pour le village d'Houplin-les-Séclin.

Pierre-Albert-Michel Parent.

Et Jean-Baptiste Bouvin.

Pour le village d'Hallennes-sur-le-Marais.

André Delefosse.
Et Jacques-Joseph Desbiens.

Pour le village de Carnin.

Florent Dupont.
Et Philibert Ledoux.

Pour le village de Provin.

Jean-Joseph Camus.
Et François-Théodore Delemarre.

Pour le village de Camphin en Carembaut.

Isidore de Robespierre.
Et Yves-François-Joseph Sian.

Pour le village de Bas-Warneton.

Pierre-Louis Legrand.
Et Thomas-Joseph Coisne.

Pour le village d'Aubert.

Pierre-Anselme de Couvehelle.
Et Antoine-François Cordonnier.

Pour le village de Wahaiguies.

François Baillet.
Et Nicolas Carpentier.

Pour le village de Los.

Messire Louis-Cazetan-Guislain, comte de Thienne, seigneur dudit Los.
Florent-Joseph Platel.
Et Floris de Router.

Pour le village de Tourmignies.

Jean-Baptiste Mélantois.

Pour le village d'Hérin.

Pierre-Anselme Mortelecque.
Et Jean-Baptiste Allard.

Pour le village de Mons en Pevèle.

Louis-Joseph Courouble.
Pierre-François Ployart.
Et Pierre-Alexandre Coget.

Pour le village de Faches et Thumesnil.

Michel-Joseph Hel de Bant.
Et Jean-Baptiste Montagne.

Pour le village de Rouchin.

Alexis-François Lefèvre.
Et Etienne-François Duponchelle.

Pour le village d'Herlées.

Pierre-Joseph-Marie Chombart.
Et Albert-Joseph Debarges.

Pour le village d'Ennetières en Weppe.

Antoine-Joseph-Marie Béhagne.
André-Joseph Morel.
Et Pierre-Joseph Desrousseaux.

Pour le village de Sauquissart.

Pierre-Alexandre-Joseph Legillon.
Et Jean-Baptiste Dubois.

Pour le village de Frétin.

Pierre-François Desté.
Charles-Louis Lemaire.
Louis Trezel.
Et Germain de Bieuvre.

Pour le village de Morquette.

Philippe-Albert d'Orchies.
Et Pierre-François Marchand.

Pour le village de Wambrechier.

Jean-Baptiste de Los.
Antoine-Joseph Wilocquet.
Noël-Joseph Vandamme.
Et Hubert Descamps.

Pour le village de Marcq-en-Barœul.

Pierre-Joseph Doës.
Pierre-François Deledigue.
Pierre-Joseph Lemesre.
Jacques Delerne.
Dominique Delesalle.
Et Jacques-Joseph Dantes.

Pour le village de Gondecourt.

Jean-Phillipe-Emmanuel Delefosse.
Jean-Michel Mortreux.
Et Louis-Joseph Marchand.

Pour le village de Cobrieux.

Auguste-Joseph Wauquier.
Et Jean-Baptiste Delecourt.

Pour le village de Vachy.

Louis-Alexandre-Joseph Devienne.
Et Jean-François de Roubaix.

Pour le village de Cisoing.

Théophile-Joseph Dherbaumez.
Pierre-François Duprès.
Jean-François Damide.
Et Jean-Baptiste Damide.

Pour le village de Bouvines.

François Aimé.
Et André-François Carpentier.

Pour le village de Cruson.

Jean-François Huin.
Et Pierre-Joseph Oudart.

Pour le village d'Austaing.

Jean-Baptiste Delerneu.
Et Bernard d'Engremont.

Pour le village de Louvil.

Jean-Baptiste Monnier.
Et Pierre-Joseph Olivier.

Pour le village de Mouchaux.

Nicolas-Joseph Penelle.
Et Jean-François Bauduin.

Pour le village de Deurtemont.

Ignace-Joseph-Patrice Wandermesch.
Jean-Baptiste Lepers.
Et Augustin Laloy.

Pour le village d'Annapes.

Jean-Baptiste Beghin.
Louis Liennard.
Et Pierre-Joseph Leprêtre.

Pour le village de Flers :

Antoine-Joseph Hoste.
Joseph Salembder.
Louis-Joseph Pau.
Et Georges Agache.

Pour Marecq en Penèle.

Eugène Butteau.
Et Pierre-François de Neubourg.

Pour le village d'Avelin.

Nicolas Baudoux.
Modeste Mottet.
Et Pierre-Joseph de Flairemortier.

Pour le village de Noyelles.

Pierre-Jacques Cottignies.
Et Jean-Baptiste Dassonville.

Pour le village de Sailly.

Antoine-Joseph Rouzé.
Et Jean-Baptiste Agache.

Pour le village d'Autrœuil.

Honoré-Marie-Joseph Hurtès.

Pour le village de Sequedin.

Pierre-Antoine Finne.
Et Pierre-Joseph Lelong.

Pour le village d'Ennevelin.

Louis Wallard.
Mathias de Lincelles.
Et Quentin Housez.

Pour le village de Péronne en Mélantois.

Jean-Baptiste Vaucquier.
Et Pierre-Joseph Desfontaines.

Pour le village d'Englos.

Gaspard-Joseph Duhamel.
Et Dominique Lecat.

Pour le village de Hem.

Vincent Cordonnier.
Pierre-Joseph Florin.
Et Nicolas Spriet.

Pour le village de Croix.

Jean-Baptiste Hotte.
André Mullier.
Jean-Baptiste Ferrèz.

Pour le village de Liers.

André-Joseph Plouvier.
Louis-Joseph Deffrennes.
Et Louis-Joseph Salembier.

Pour le village de Wasquehal.

Jean-François Deleporte.
Et Jean-Baptiste Delannoy.

Pour le village d'Hallennes-les-Laubourdin.

Florent-Joseph Sérurier.
Et Jean-Etienne Deffrennes.

Pour Erquinghem-le-Sec.

Pierre-François Deffrennes.
Et Pierre-François Olivier.

Pour le village de Lhomme.

Jacques-François Delecour.
Vincent-Joseph Lesix.
Et Pierre-Joseph Lesix.

Pour le village de Lys-les-Lannoy.

Gratien Six.
Et Pierre-François Doutreligne.

Pour Templeuve en Penèle.

Jean-Baptiste Castelain
Alexandre Wartel.
Antoine Tintiguies.
Jean-Baptiste Chrétien.
Jacques Dengremont.
Et Gilles de Bernard.

Pour le village de Fournes.

Hippolyte-Joseph-Prudent Charlet.
Philippe-Raymond-Timothée Cuvilier.
Pierre-Joseph Pottel.
Et Louis-Joseph Catteau.

Pour le village de Toufflers.

Antoine-Joseph Dillies.
Et Noël Delecroix.

Pour le village de Rouvroy.

Joseph-Xavier Duve.
Et Athanase Gavrelle.

Pour le village de Lezennes.

Ignace de Tourminier.
Et Jean-Baptiste Picqueur.

Pour les villages de Chemy et Wachemy.

Louis-François-Joseph Dufour.
Et Jean-Baptiste Coigny.

Pour le village de Salomez.

Pierre-Joseph Defives.
Et Charles-Antoine Frémont.

Pour le village d'Attiches.

Louis Joseph Hochin.
Et Louis-Joseph Dufour.

Pour le village de Capinghem.

Charles Six.
Et Augustin Tirant.

Pour le village de Jainghim en Mélanois.

Martin-Louis-Joseph Lefebvre.
Jean-Baptiste-Joseph Pottel.
Et Pierre-Joseph Castelain.

Pour le village de Lambersart.

Louis-Auguste-Joseph de Jacqhère.
Et Paul Duribreux.

Pour le village de Mouchin.

Jacques-Michel Norgues.
Et Jacques Clinquet.

Pour le village de Baisieux.

Pierre-François-Joseph Defontaine.
Pierre-Joseph Herkens.
Et Louis-Joseph Des Bonnets.

Pour le village de Beauven.

Vendicien Maximilien Delefond.
Et Amand Dumez.

Pour Roubaix.

Gaspard-Augustin-Désiré Lagache de Bourgies.
Louis Des Tombes Bar.
Louis de Letuque de Lerne.
Jean-Baptiste L'Heureux.
Constantin Fleurin.
Jean-Baptiste Mullier.
Constantin Prouvôt.

Jacques-François Colombart.
Augustin Delebecque.
Jean-Baptiste de Cottignies.
Louis-Castel Dujardin.
Amé Gruart.
Louis Bonté.
Et Constantin Wacrenier.

Pour le village d'Ostricourt.

Albert Dutilleul.
Et Louis Dutilleul.

Pour le Quesnoy-sur-la-Deusle.

Pierre-Joseph Dillies.
Pierre-François-Joseph Cornil.
Louis Lallau.
Antoine Lepercq.
Pierre-François-Joseph Dumoustier.
Jacques Horeldecque.
Auguste Gherquierre.
François Dubucquois.
Et Antoine-François Chombart.

Pour Tourcoing.

Philippe-Joseph de Surmont.
Jean-Philippe Facon.
Pierre-Motte.
Jean-François Leroux.
Philippe-André Dervaux.
Jacques-Philippe Lemaire.
Séraphin-Joseph Delobel.
Charles-François Tibenghien.
François-Joseph de Surmont.
Ubalde-Joseph de Wavrin.
Pierre-François Wattine.
Louis Honoré.
Pierre-Antoine Duhamel.
Jacques Tocq.
Jean-Baptiste Delobel.
Jacques-Philippe Six.
Pierre-Joseph Lepers.
Pierre Des Lombes.
Louis-François Pottel.
Guillaume Odoux.
Jean-Baptiste-Joseph Nollet.
Simon Dewette.
Et Jean-Baptiste-Joseph Lefèvre.

Pour le village de Roncq.

Jacques-Albert-Joseph Carton.
Pierre-François Lezaire.
Joseph-André Vaudebeulque.
Michel-Joseph Vienne.
Et François Cochon.

Pour le village d'Halluin.

François Dancelle.
Jean-François Lambelin.
Jean-Baptiste Vaudebeulque.
Charles-Louis Lemaitre.
Louis Delannoy.
Et Jacques Carton.

Pour Camphin en Pénèle.

Jacques-Joseph Lefebvre.
Calixte-Joseph Gosside.
Et Jean-Baptiste Cormane.

Pour le village de Genech.

Jourdain de Wavrin.
Et André Heddebaut.

Pour la paroisse de Commines.

Pierre-Joseph Gréman.

André Delbecque.
Jean-François Horetaquest.
Et Guillaume Joseph de Lefortrie.

Pour le village de Linselles.

Jacques-Philippe Delannoy.
Et Pierre-François Lepoutre.

Pour Watrelos.

Pierre-Joseph Lefebvre.
Jacques-Joseph Dubrule.
Bonnaventure Delannoy.
Alexandre Dussoulier.
Louis-Jacques Piat.
Louis-François-Joseph Droulers.
Pierre-Marie Labis.
Et Jean-Jacques Carette.

Pour le village de Mouveaux.

Charles Masure.
Et Théodore Houzet.

Pour le village de Boucennes

Louis Delerne.
Isidore-Joseph Lamblin.
Jacques Delefour.
Jean-Baptiste-Joseph Delefortrie.
Jean-Baptiste Cuvillier.
Et François Leroux.

Pour Neuville en Ferrain.

Jean-Baptiste Catteau.
Pierre-Joseph Dewitte.
Oneziphore-Joseph Lezaire.

Pour Louplines-sur-la-Lys.

Jean-François Lefebvre.
Jacques-Philippe Delerne.
Jacques-Martin Cartelain.
Eugène Cordonnier.
Et Joseph Croutes.

Pour le village de Beaucamps.

Arnould-Joseph Béhagne.
Et Arnould-Joseph Lallemand.

Pour la Neuville en Phalempin.

Jean-Baptiste Coget.

Pour le village de Thumeries.

Jean-Baptiste Coget.
Et Jean-Baptiste Plaisant.

Pour le village de Wannehain.

Charles-Luc Douville.
Et Nicolas Vannehain.

Pour le village de Bourghelles.

Constantin Barbet.
Et Antoine-Joseph de Mareseaux.

Pour le village de Phalempin.

Charles-Antoine Lohier.
Jean-Martin Thérin.
Et Etienne Bonnier.

Pour le village de Fromelles

Auguste Dubrule.
Nicolas Lemaire.
Et Séraphin Ployart.

Lesdits jour, mois et an, ont été aussi appelés
les gens d'Eglise, nobles et gens du tiers-état.
contre lesquels le procureur du Roi nous a requis
défaut, ainsi qu'il en suit, savoir :

De l'état ecclésiastique

M. Devalory, prévôt de Saint-Pierre.

Les bénéficiers de Saint-Jean, à Saint-Etienne.

Les bénéficiers de Notre-Dame-du-Salut.

Les bénéficiers de Saint-Laurent, à Saint-Maurice.

Les bénéficiers de Saint-Nicaise, à Saint-Sauveur.

Les bénéficiers de Sainte-Marguerite, à Saint-Sauveur.

M. Leroi, bénéficier des premières messes à Saint-Sauveur.

Le bénéficier de Sainte-Barbe, à Saint-Sauveur.

Le commandeur de la commanderie de Castres.

Le commandeur de la commanderie de la Haute-Avesnes.

M. l'abbé de l'abbaye de Phalempin.

Le curé de Salommés.

Le curé d'Hautay.

Le curé de Marquillies.

Le curé de Wièrcs.

Le curé de Tourmignies.

Le curé de Bas-Warnéton.

Les bénéficiers de Saint-Blaise, à Armentières.

Le bénéficier de Lambersart.

Le bénéficier de Saint-Michel, à Fournes.

Le bénéficier de Notre-Dame de Fièvre, à Hallenner-les-Haubourdin.

Le bénéficier de Saint-Adrien, à Werlinghem.

Les députés de l'abbaye de Saint-Eloi, à Noyon.

Les députés de l'abbaye d'Eversam.

Les députés de l'abbaye de Saint-Eloi.

Les député de l'abbaye de Saint-Martin, à Tournay.

Les députés de l'abbaye de Saint-Amand.

Le député de Saint-Quentin d'Isle.

L'évêque de Grand, seigneur de Watrelos.

Les députés des grands vicaires de Tournai.

Contre les nobles.

Savoir :

M. Wacrenier, écuyer seigneur de Presnez.

M. le comte d'Egmont.

M. Imbert de Warenghien.

M. de Basserode, seigneur de Neuville.

M. Vanderbrugen, écuyer, seigneur de La Cotterie.

M. Le Clément de Saint-Marc, seigneur du grand Busse.

M. Petit-Pas, seigneur du Verd-Croques.

M. de Wignacourt, comte de Flêtre, seigneur d'Herlies.

M. de La Chaussée, seigneur d'Herbains.

Le prince Orignies de Grimbergue, seigneur de Wieres.

M. le comte de Nassu-Cassoye, seigneur d'Hallelènes-les-Haubourdin.

M. Bessoyoules, marquis de Roquelaure, seigneur d'Haubourdin.

M. Hubert, seigneur de Lenglé-de-Mons en Barœuil.

M. Ingilliard de la Bretagne, seigneur de Canteleu.

M. Potteau, écuyer, seigneur de Bellincamps et de Burgault.

M. Rabert, baron de Saint-Simphorien, seigneur de Goudecourt.

M. Diedemand de la Riauderie, seigneur de Levigne.

M. de Calonne, seigneur de Beaufait.

M. de Montmore, seigneur de Lesquin.

Madame Hautdemare de Bruno, dame de Fauquennat.

M. Vaudergraeth, seigneur du Petit-Labroy.

M. de Creny, seigneur de Capelle.

M. le comte de Calonne, seigneur d'Estrement.

M. de Madre, seigneur de Beaulieu.

Le prince de Rohan-Guemenez, seigneur de Cisoing.

M. le comte de Diesbacq, seigneur de Sainghin en Melantois.

M. le comte de La Lande, seigneur de Waunchain.

M. le vicomte de Mailly-Mames, seigneur de Gravelance.

M. le comte de Villedrez, seigneur de Zenglebois.

M. Remalde de Trouzeau, seigneur de Fichambrughe.

M. Desplanque, marquis de Béthune, seigneur de Bousbecque.

M. de Forest.

M. le baron d'Auberchy, seigneur du Heulle.

M. Le Prudhomme-Dailly, seigneur de Neuville en Ferrain.

M. le comte de Berlaymont, seigneur de Mouveaux.

M. de Godschalez, seigneur de Baizieux.

M. le comte de Grand, seigneur d'Hem.

M. Despierres, seigneur de la Mounenière.

Et contre les gens du tiers-état

Savoir :

La communauté d'Haubourdin.

La communauté de Templemars.

La communauté de Bourbecque.

La communauté d'Ennetières, paroisse d'Avelin.

Contre lesquels non comparants, ni procureur pour eux, nous avons, ce requérant ledit procureur du Roi, donné défaut, sauf la séance tel prolit que de raison.

Après quoi, sont comparus MM. de Croix et Delbecq, lesquels, attendu que M. l'évêque de Tournai n'a point de bénéfices ni de fief patrimonial dans le ressort de cette gouvernance, et qu'en conséquence il n'a pas dû, aux termes du règlement du 24 janvier dernier, être assigné à comparaître à cette assemblée, nous ont requis de leur donner acte de la protestation qu'ils déclarent faire contre ladite assignation, qu'ils regardent comme illégale, et de l'opposition qu'ils font à ce qu'elle ait aucune suite.

Ce fait, avons fait faire le serment aux gens desdits trois états en tel cas requis, à savoir : qu'ils procéderont fidèlement d'abord, à la rédaction d'un seul cahier, s'il est ainsi convenu pour les trois ordres, ou séparément à celui de chacun desdits trois ordres, ensuite à l'élection, par la voie du scrutin, de notables personnages, et dans la proportion déterminée par la lettre de Sa Majesté, pour représenter aux Etats généraux les trois ordres de ce bailliage.

Ensuite, les ordres du clergé et de la noblesse se sont retirés dans les salles qui leur avaient été préparées pour leurs assemblées.

Et sur les délibérations, prises dans les trois ordres, qui nous ont été remises, nous avons ordonné que chaque ordre rédigera ses cahiers, et nommera ses députés aux Etats généraux du royaume, séparément.

Fait, clos et arrêté les jour, mois et an que dessus. *Signé* Dusart, Frémicourt, procureur et L.-J. Lemesre, greffier de la gouvernance.

Collationné à l'original, et trouvé la présente copie conforme par le greffier de la gouvernance de Lille, soussigné.

Signé J.-L. LEMESRE.

CAHIER
DU CLERGÉ DE LILLE (1).

Députés à l'assemblée des Etats généraux :
Mgr l'évêque de Tournay ; M. Dupont, curé de Turcoing.

Suppléants en cas de maladie, ou autre empêchement légitime :
M. Nolf, curé de Saint-Pierre, à Lille; M. Gosse, chanoine et curé de Commines.

PREMIÈRE PARTIE.

Administration du royaume, de la province, de la ville de Lille et de sa châtellenie.

Nous, prélats, chapitres, communautés, curés, séculiers et réguliers et autres ecclésiastiques assemblés en exécution de la lettre du Roi, pour la convocation des Etats généraux du royaume, du 19 février dernier, et conformément aux formes prescrites soit par le règlement pour la province de Flandre y annexé, soit par le règlement général du 24 janvier précédent,

Avons délibéré de supplier très-humblement Sa Majesté :

1. Que, conformément à l'usage suivi dans les anciens Etats généraux on opine par ordre, et non par tête, et qu'il soit formé un code de lois fondamentales et constitutives de la monarchie, qui ne puissent être ni changées ni révoquées, que dans l'assemblée de la nation; que la première de ces lois ait pour objet d'assurer la propriété, et que quiconque possède en vertu de la loi ne puisse être inquiété en raison de sa propriété.

2. Conformément à l'arrêté du conseil du 18 avril 1788 et à l'arrêt du conseil du 2 du présent mois de mars, officiellement apporté et communiqué à l'assemblée générale des ordres du clergé et de la noblesse de la Flandre wallone par M. le prince de Robecq, et par M. l'intendant, commissaires du Roi à la tenue des Etats de cette province, et conformément aux promesses par eux faites, au nom et de la part du Roi, établir incessamment dans cette province, et avant la première demande qui y sera faite des subsides, des Etats provinciaux identiquement organisés, quant à la composition, comme les Etats généraux et proportionnellement quant au nombre de leurs membres.

3. Régler que dans ces Etats, il n'y aura ni président ni membres-nés et nécessaires, mais que tous seront librement élus par leurs ordres respectifs ; que tous leurs officiers quelconques seront élus par eux; qu'ils seront tous amovibles et qu'aucune de leurs commissions ne sera susceptible d'être érigée en titre d'office formé héréditaire ni même à vie.

4. Déclarer que tout officier commissionné, de seigneur, même du Roi, tout pensionné de Sa Majesté, des provinces ou des villes, tout subdélégué, secrétaire ou commis des intendants, si ces magistrats sont conservés, tout régisseur, fermier ou croupier des droits du Roi ou d'octrois, tout pourvu de charge, d'emploi ou de commission, qui, directement ou indirectement, ait trait à l'administration, régie, direction et maniement des finances de Sa Majesté, des provinces et villes, tout entrepreneur ou adjudicataire d'ouvrages faits aux dépens du Roi ou du public seront inhabiles à remplir quelques places que ce soit dans les Etats provinciaux.

5. Déclarer qu'aux seuls Etats provinciaux appartiendra le droit de consentir toutes les lois locales ayant trait soit aux impôts, soit au régime et à l'administration, soit à la police générale de la province; qu'en un mot, dans les intervalles de la convocation des Etats généraux, les provinciaux, pour tous ces objets, les représenteront au petit pied dans la Flandre wallone et y auront les mêmes pouvoirs.

6. Statuer que ces Etats provinciaux s'assembleront tous les ans; qu'il ne sera point fixé de terme à la durée de leurs assemblées et que, dans les intervalles de celles-ci, ils auront une commission intermédiaire toujours subsistante, ainsi que des procureurs généraux syndics spécialement chargés de veiller aux intérêts de leurs concitoyens.

7. Ordonner que toutes les lois concernant l'administration de la justice, la compétence des tribunaux, la jurisprudence et la police locale, qui seront portées dans les intervalles de la convocation des Etats généraux, continueront d'être envoyées au parlement pour y être vérifiées, sauf à être rapportées aux Etats généraux ensuivants pour y être de nouveau examinées et vérifiées, si ces trois Etats de la province le requéraient ainsi; qu'au surplus les procureurs généraux syndics, à ce autorisés par les Etats provinciaux ou par la commission intermédiaire, pourront mettre opposition à l'enregistrement de ces lois, si elles contiennent des dispositions contraires à la constitution, aux coutumes, ou au bien de province.

8. En abrogeant en tant que de besoin du consentement et à la demande du tiers-état de la ville de Lille et à celle des ecclésiastiques et nobles habitants de la même ville, tous privilèges et chartres à ce contraires, ordonner qu'à l'avenir cette commune aura la libre élection de tous ses administrateurs et de tous ses officiers quelconques dont les places seront déclarées n'être jamais susceptibles d'être érigées en titre d'office, sans préjudice néanmoins du droit qui appartient à Sa Majesté comme seigneur de ladite ville de commettre des officiers pour desservir la haute, moyenne et basse justice ; ordonner que tous les comptes de la commune seront publiquement rendus par-devant les commissaires des Etats provinciaux dans la forme prescrite de Jean-sans-Peur, duc de Bourgogne, du 18 mars 1414; ordonner que le projet de règlement pour la composition, l'organisation et les fonctions du corps municipal dudit Lille sera préalablement communiqué aux Etats provinciaux, pour leurs observations, être par Sa Majesté ultérieurement statué comme elle le jugera convenir pour le plus grand avantage de ladite commune.

9. Ordonner que parmi les députés de la commune de la ville de Lille nommés pour procéder à l'élection des officiers municipaux d'icelle, dont le nombre sera restreint à celui purement nécessaire, il y aura, conformément à la charte de la comtesse Jeanne, quatre des sept curés de ladite ville.

10. Interdire à tout autre qu'aux juges ordinaires de prendre connaissance des tailles, octrois, et de tout ce qui est relatif à l'administration intérieure des communautés de la campagne, lesquelles continueront d'être régies dans la forme prescrite par les coutumes et autres lois propres à la Flandre.

11. Déclarer, conformément à la réponse faite par le Roi aux cahiers des Etats de la province

---

(1) Nous publions ce cahier d'après un manuscrit des *Archives de l'Empire*.

d'Artois et à un arrêt du conseil du 3 octobre 1702, que le placard de l'empereur Charles-Quint de l'année 1547, lequel paraît rendre domanial dans la Flandre maritime le droit d'eau et de vent, n'est point susceptible d'exécution dans la Flandre wallone, ni dans le Hainaut et l'Artois, puisqu'il n'a jamais été adressé aux tribunaux de cette province, et qu'en conséquence il n'y a point été enregistré.

Maintien de la liberté.

12. Assurer la liberté individuelle de tous les citoyens, laquelle sera sous la sauvegarde de la loi, des tribunaux et des Etats provinciaux. En conséquence, prononcer formellement l'abolition de toutes lettres de cachet, d'exil et autres espèces d'ordres arbitraires, sauf toutefois que pour cas graves et de nature à inquiéter les familles, il pourra être expédié des lettres de réclusion, mais seulement à la demande du tribunal qui sera à cet effet établi de l'autorité du Roi par les Etats provinciaux, lequel ne pourra lui-même faire cette demande aux ministres que sur la réquisition par écrit, signée, circonstanciée et dûment vérifiée des familles qui en seront responsables.

Ce tribunal sera en outre chargé de faire visiter les détenus tous les trois mois, de veiller soigneusement à ce que la détention cesse avec les causes qui l'auront motivée, et qu'elle ne soit point accompagnée de traitements aggravants.

13. Autoriser ce même tribunal, aussitôt qu'il sera institué à prendre connaissance de toutes les reclusions existantes dans la Flandre en vertu de lettres de cachet, ainsi que des exils et de leurs causes, et d'adresser aux ministres de Sa Majesté telles observations, représentations et demandes que la raison, la justice et l'humanité lui dicteront.

14. Interdire toute violation du sceau des lettres, déclarer toute transgression à cette défense punissable comme crime de lèse-foi publique.

15. Révoquer tous les privilèges exclusifs qui gênent le commerce et le roulage, ainsi que ceux des routes et messageries.

16. Rendre à la navigation intérieure des provinces de Flandre, Artois, Hainaut et Cambrésis sur l'Escaut, la Lys, l'An et la Deûle toute la liberté qui lui était accordée par l'arrêt du conseil du 12 juin 1775. En conséquence, révoquer les arrêts du conseil des 25 juin 1771 et 23 juin 1781, tous deux concessifs de privilèges exclusifs en faveur des bateliers de Condé et des bélandriers de Dunkerque.

17. Anéantir et révoquer tous droits de travers, vinage, pontenage et péage, et tous autres de même ou semblable nature, sauf l'indemnité due aux propriétaires.

18. Supprimer tous les droits quelconques mis sur les grains et grenailles, quels que soient leur dénomination et leur objet; déclarer que cette denrée de nécessité n'en est point susceptible; assurer indéfiniment dans tous les temps la liberté, soit dans la circulation de l'intérieur du royaume, soit de l'importation de l'étranger, et accorder aux Etats provinciaux l'autorité d'en défendre ou d'en permettre, sous le bon plaisir du Roi, l'exportation à l'étranger de leurs provinces respectives, suivant les circonstances où elles se trouveront à cet égard.

19. Supprimer tous les droits de franc-fief dont le recouvrement livre un grand nombre de familles aux recherches inquisitoriales et aux poursuites vexatoires des traitants, fermiers ou régisseurs.

Maintien de la propriété.

20. Attendu que l'édit de 1749 a privé le clergé du droit d'acquérir dont il jouissait, que du moins cette époque soit un terme au delà duquel les officiers du domaine ne puissent remonter pour faire payer aux gens de mainmorte des droits d'amortissement et de nouvel acquêt, et qu'en conséquence tous les fonds, maisons et héritages possédés par les gens de mainmorte avant l'époque de 1749, ainsi que les bâtiments, édifices, églises, chapelles, maisons abbatiales, prieuriales, canoniales, pastorales et tous autres biens possédés avant ladite époque, soient déclarés valablement amortis ou réputés tels avec finances, sans qu'on soit obligé d'en justifier par quittances, et soient exempts de tous droits d'amortissement et de nouvel acquêt, quand même ils auraient été ou seraient à l'avenir mis dans le commerce; que de plus tous ces droits, taxes, impôts, ne puissent avoir lieu lorsqu'il s'agira d'une acquisition de fonds, rentes, maisons et héritages, en faveur des pauvres et pour leur subsistance.

21. Ordonner que l'arrêt du conseil de 1688 et les lettres patentes de 1689, relatives à la régie des bois, soient exécutés selon leur forme et teneur, et qu'en conséquence les abbayes, chapitres et communautés de la Flandre soient maintenus dans le droit, dans lequel ils ont toujours été en possession avant comme après lesdits arrêts et lettres patentes, d'administrer et régir leurs bois en bons pères de famille, sans pouvoir être troublés, à cet égard, par les officiers des eaux et forêts ni par qui que ce soit.

22. Assurer aux sujets du Roi, surtout les ecclésiastiques, tant séculiers que réguliers, qui ont des possessions situées sous la domination de Sa Majesté impériale, d'une protection spéciale de la part du gouvernement, et que, dans le cas où leur bien leur serait enlevé de quelque façon que ce puisse être, il leur soit procuré une compensation exacte, soit par représaille, soit de toute autre manière conforme à l'équité.

23. Des terrains considérables ayant été pris sur les possessions des ecclésiastiques, corps, communautés de la ville de Lille pour servir d'emplacement aux fortifications, forts, citadelles, et agrandissement de cette même ville, sans que les propriétaires en aient été dédommagés, ordonner qu'il leur soit accordé à ce sujet une compensation proportionnée à la perte qu'ils ont supportée.

24. Attendu qu'il existe des exemptions qui ont été acquises par des chapitres, monastères ou communautés à titre onéreux et en vertu de transactions en bonne forme, ordonner que ces exemptions tiendront nature des fonds, rentes ou mouvances qui auront été donnés par forme de compensation, et que, dans le cas où le bien de l'Etat exigerait que le sacrifice en fût fait, ceux qui en seraient dépouillés pourront rentrer dans les possessions qu'ils auront cédées ou obtenues de ceux qui ils auraient traité des dédommagements convenables.

25. Maintenir les abbayes, chapitres et monastères qui sont en possession, dans la Flandre wallone, de faire choix d'un gardien spécial à l'effet de les garder et protéger, ensemble leurs biens, terres et juridictions, dans ces droits et prérogatives, et daigner, ainsi que l'ont fait les augustes prédécesseurs de Sa Majesté, prendre lesdits établissements sous sa garde et protection, et se

faire représenter à cet égard par le gouverneur de Lille ou son lieutenant général.

Législation relativement à la religion et aux mœurs.

26. Pour l'intérêt de l'État, à qui il importe de protéger une religion qui fait un devoir de la soumission envers les puissances, qui en fait un autre de la pureté des mœurs, sans laquelle toute société, à la longue, se corrompt et se dissout, ordonner aux cours, aux tribunaux inférieurs et à tous les juges de police quelconques, de tenir sévèrement la main, et sans dissimulation, à l'exécution ponctuelle des lois et règlements portés contre les blasphèmes et les profanations ; contre tous actes irrespectueux soit pour la religion, soit pour le culte ; contre les auteurs, imprimeurs et colporteurs de cette foule innombrable de livres et pièces de théâtre où l'art le plus criminel s'efforce de saper les fondements de la foi et des mœurs ; contre les scandales publics qui nourrissent et propagent le libertinage, également destructeur de la vertu et de la population.

27. Conformément aux lois constitutionnelles et aux capitulations de la Flandre, confirmer la défense déjà faite aux non catholiques d'avoir des temples, des assemblées, un culte public, et les exclure de tous offices et charges de judicature.

28. Supprimer toutes les loteries quelconques et en proscrire l'établissement, à l'avenir, comme destructif des mœurs.

29. Attendu que la loi sacrée de la propriété a été violée dans la saisie faite récemment de tous les biens de la prévôté d'Aspres, faire cesser une oppression contre laquelle réclament tous les tribunaux de la province et la justice même de Sa Majesté, dont la religion a été surprise.

Éducation physique et morale de la jeunesse.

30. Ordonner aux administrateurs des communes, nommément aux officiers municipaux de la ville de Lille, d'augmenter la pension des nourrices chez lesquelles sont placés les enfants trouvés, dont, faute de soins, il périt annuellement plus des trois quarts.

31. Établir et multiplier, en raison proportionnelle de la population des paroisses et sous l'inspection des curés, les écoles destinées à l'instruction des enfants des pauvres dont l'ignorance, relativement aux premiers éléments de la religion qui est une et entière, a les suites les plus funestes pour les mœurs et pour la société ; en conséquence, pour remédier à l'abus qui résulte du choix souvent arbitraire des clercs des paroisses chargés de tenir les petites écoles, demander qu'il soit établi un concours présidé par celui à qui il appartient de nommer, assisté de deux curés à son choix.

Administration de la justice civile et criminelle.

32. Simplifier l'administration de la justice par la réduction du nombre des tribunaux ordinaires cumulés dans un même arrondissement, par l'établissement des présidiaux institués par l'ordonnance du 1er mai 1788, avec l'étendue de juridiction qui leur est attribuée, par la décision brève et sommaire des conflits de juridiction qui s'élèvent entre les tribunaux, par la clarté et permission des lois qui règlent leurs compétences respectives, par la diminution du nombre des instances, par l'abréviation des procédures.

33. Conformément aux lois constitutionnelles de la Flandre et à ses capitulations, déclarer qu'au parlement de Douai seul peut appartenir la juridiction souveraine et de ressort sur tous les tribunaux inférieurs de la province, en tous cas, et en toutes manières ; en conséquence, rendre à cette cour et aux siéges royaux qui y ressortissent l'exercice de la plénitude de la juridiction ordinaire ; déclarer toutes commissions inconstitutionnelles et illégales ; révoquer comme telles les évocations hors des tribunaux provinciaux et toutes les attributions généralement quelconques, sauf celles faites à la juridiction consulaire dont la conservation importe essentiellement au bien du commerce.

34. Rectifier la procédure criminelle ; supprimer les peines arbitraires, le bannissement auquel sera substituée la réclusion dans les maisons de travail ; ordonner qu'avant de procéder au jugement définitif, la procédure sera communiquée à un conseil composé d'un ancien et d'un jeune avocat dénommés par leur ordre, pour, par ce conseil, être opposés tels moyens de forme et au fond qu'il jugera convenir ; ordonner enfin l'exécution de la déclaration concernant la procédure criminelle, du 1er mai 1788.

35. Ordonner qu'à la requête du ministère public et sur la dénonciation de quelques créanciers, mais suffisamment appuyée de pièces justificatives ou autres preuves, les banqueroutiers seront extraordinairement poursuivis et condamnés au fouet, à la marque et à la réclusion pour dix ans dans une maison de travail.

36. Ordonner que tout débiteur qui voudra être admis au bénéfice de cession, même volontaire, sera tenu de présenter sa requête à cet effet, de se constituer prisonnier et de joindre l'acte d'écrou à sa requête ; qu'il ne pourra être élargi que lorsque après avoir examiné ses livres, ses créanciers auront unanimement déclaré en leur âme et conscience, par-devant le juge, qu'ils n'ont aucun reproche de fraude à faire au failli.

Que tout débiteur fugitif ou latitant, ainsi que tout officier chargé de la régie de deniers publics ou de recette particulière, seront réputés banqueroutiers frauduleux et punis comme tels.

37. Rétablir pour tous les faillis la nécessité de porter habituellement sur la tête le bonnet vert, aux peines prononcées par les ordonnances.

38. Abolir les arrêts de répit et surséances, autoriser les tribunaux à n'y avoir égard, si l'importunité ou la surprise en obtenait aucun ; révoquer tous ceux actuellement existants.

Commerce.

39. Rendre l'exécution du traité du commerce avec l'Angleterre exactement réciproque, en y mettant les mêmes restrictions qui l'accompagnent en Angleterre.

Administration des finances.

40. Communiquer le tableau exact et détaillé de la situation des finances de l'État.

41. Mettre les députés en état de constater l'importance de la dette nationale, ainsi que du déficit, et d'en approfondir les causes.

42. Établir une caisse d'amortissement qui sera sous l'inspection des États généraux, auxquels il en sera rendu compte.

43. Ordonner la publication annuelle des états de recette et de dépense, à laquelle sera jointe la liste des pensions avec l'énonciation des motifs qui les auront fait accorder.

44. Fixer d'une façon immuable la dépense de chaque département, sans qu'il soit au pouvoir des ministres de l'excéder.

45. Simplifier l'impôt, établir l'égalité dans sa

répartition et de l'économie, soit dans le recouvrement, soit dans son versement au trésor royal.

DEUXIEME PARTIE.

Demandes particulières de l'ordre, mais communes à toutes ses classes.

Elles supplient très-humblement Sa Majesté :

1. D'établir un conseil de conscience pour conférer les bénéfices à collation royale.

2. Déclarer que dorénavant les prébendes canoniales ne pourront être conférées qu'à des ecclésiastiques engagés dans les ordres sacrés.

3. Statuer que, sous aucuns prétextes, les chanoines ne pourrront être dispensés de la résidence, sauf dans les seuls cas exceptés par le droit ecclésiastique.

4. Confirmer les offices ou obédiences qui, sous le nom de prieurés ou prévôtés foraines, dépendent des abbayes des Pays-Bas, avec pouvoir aux supérieurs de ces abbayes d'en commettre, comme ils l'ont toujours fait, l'administration à des religieux révocables et comptables, et défense à tous les ecclésiastiques séculiers et réguliers, de quelle qualité et condition qu'ils soient, de les impétrer et de s'en faire pourvoir à peine de nullité.

5. Ordonner que tout ce qui concerne la célébration de l'office divin, et tout ce qui a rapport au culte dans les églises paroissiales, sera désormais réglé par l'évêque diocésain et, sous ses ordres, par les curés, exclusivement à tous autres, et que, tant les ecclésiastiques que les laïques employés au service des paroisses, à quelque titre que ce soit, seront soumis à la surveillance et à la discipline correctionnelle des curés.

6. Ordonner que tous les offices d'horistes, chantres, sacristains et autres de pareille nature, qui sont actuellement de nomination laïcale, seront dorénavant à celle des curés, de l'avis de leurs clergés respectifs, et que l'administration des biens affectés aux susdits offices sera confiée au corps du clergé de chaque paroisse, sous la surveillance des curés.

7. Conformément à la discipline de l'Eglise de France, interdire la célébration publique de l'office divin dans les églises et chapelles des réguliers aux heures des offices paroissiaux.

8. Augmenter la dotation des curés séculiers et réguliers, des vicaires soit des villes, soit des campagnes, et des autres ecclésiastiques employés au service des paroisses, de façon à leur procurer une subsistance honnête et décente, et ce qui touche beaucoup plus encore les curés, suffisante pour leur fournir les moyens de pourvoir aux besoins dont ils entendent journellement la déchirante expression.

9. Les décimateurs n'étant tenus qu'à suppléer au défaut des revenus des fabriques, les admettre conjointement avec les curés à entendre les comptes desdites fabriques et les autoriser à les discuter et contredire.

10. Défendre aux marguilliers des paroisses des villes et des campagnes de faire emploi des deniers de la fabrique, comme aussi de passer des baux, vendre ou donner en adjudication des biens appartenant aux fabriques sans que les décimateurs et curés en soient avertis et aient donné leur consentement, sans comprendre dans ces deux articles les fabriques des églises collégiales.

11. Ordonner qu'à l'avenir, et vacances arrivant, les administrateurs du bureau de la charité générale de la ville de Lille seront tenus d'admettre parmi eux un ou deux curés de la même ville, et qu'en outre chaque curé dans sa paroisse sera

administrateur né de toutes les fondations pieuses qui y sont établies.

12. Avoir égard aux représentations des religieux mendiants, qui sont très-utiles au public, tendant à ce qu'il ne leur soit plus imposé la dure nécessité de payer des droits d'amortissement pour des fondations pieuses, même en argent comptant, et leur permettre, ainsi qu'aux autres gens de mainmorte, de bâtir sur leurs propres fonds sans être tenus à un nouveau droit d'amortissement.

13. Conformément aux priviléges et capitulations de la Flandre et aux lois qui lui sont propres, abolir toutes les commendes quelconques, même en faveur des princes et des cardinaux.

14. Statuer qu'à l'avenir les monastères ne pourront être grevés de pensions au delà du tiers de leurs revenus, défalcation faite des charges réelles, et que ces pensions ne pourront être données qu'à des ecclésiastiques résidants ou qu'à des établissements pieux existant dans la province où le monastère sera situé.

Ainsi fait et arrêté dans l'assemblée des commissaires nommés le 27 mars 1789, par l'ordre du clergé, pour la rédaction des cahiers de doléances, à Lille, le 2 avril 1789. Etaient signés : F. Billau, abbé de Los; A. Gosse, abbé de Cisoing; l'abbé de Caroudelet, prévôt du chapitre de Séclin; l'abbé de Meryssart, écolâtre de Saint-Pierre; l'abbé Blin, chanoine de Saint-Pierre; Saladin, curé de la Madeleine, doyen de chrétienté, L. Nolf, curé de Saint-Pierre. L.-J. Deschamps, curé de Saint-Maurice; J.-B. Deledeuille, curé de Saint-Sauveur; Goullet, curé de la Bancé; M. Dupont, curé de Tourcoing; Liénard, bénéficier de la collégiale de Saint-Pierre; Le Blond, bénéficier et chapelain de Saint-Etienne.

Signé BECU, secrétaire.

TROISIÈME PARTIE

Doléances particulières, tant des abbayes que des chapitres de la Flandre wallone.

(Les abbayes et chapitres n'ont point voulu consentir à l'impression de ces doléances.)

N. B. Ces doléances ont été communiquées.

QUATRIÈME PARTIE.

Doléances et remontrances particulières des curés du ressort de la gouvernance de Lille.

Ces curés, uniquement déterminés par des considérations de bien public et seulement pour se procurer les moyens d'y coopérer plus efficacement supplient très-respectueusement Sa Majesté :

1. Vu la négligence des gros décimateurs à remplir leurs obligations à cet égard, affecter une quotité quelconque des dîmes qu'ils recueillent, tel que le quart ou le cinquième, au soulagement des pauvres.

2. Obliger par des lois précises les mêmes décimateurs à procurer aux Eglises et au culte divin la décence prescrite par les statuts synodaux.

3. Conformément aux remontrances du conseil supérieur de Douai et à la demande faite par les administrateurs de la Flandre wallone, ordonner que l'exécution des lettres patentes du 13 avril 1773 sera étendue dans ladite province, et qu'en conséquence les charges et obligations des gros décimateurs et des fabriques, relativement aux reconstructions et réparations des églises paroissiales et des presbytères des villes et de la campagne, seront déterminées et réglées suivant leurs

équitables dispositions sans les laisser peser plus longtemps sur la tête du pauvre cultivateur.

4. Ordonner que les curés des trois églises collégiales de Lille, Séclin et Commines, et tous les autres, participeront à l'administration des biens et revenus des fabriques de leurs paroisses respectives.

5 Déclarer paroissiennes toutes les communautés de filles, et les soumettre à la direction et surveillance du curé dans la paroisse duquel leur monastère est situé.

6. Affecter le quart de toutes les prébendes canoniales des églises collégiales de Lille, Séclin et Commines, aux curés des ville et châtellenie de Lille qui auront en cette qualité servi l'Eglise et l'Etat pendant quinze ans.

7. Ordonner que parmi les membres des Etats provinciaux de la Flandre, dont Sa Majesté a solennellement promis l'établissement, il y aura des curés choisis par leurs confrères en raison proportionnelle, tant du nombre des curés de cette province que de celui des autres membres du clergé, et eu égard aussi à leur influence sur l'esprit du peuple, à leurs connaissances locales et à l'utilité dont ils peuvent être pour éclairer les opérations de l'administration.

Ainsi fait et arrêté dans l'assemblée des commissaires nommés le 27 mars 1789.

Etaient signés : Saladin, curé de la Madeleine, doyen de chrétienté ; Louis Nolf, curé de la paroisse de Saint-Pierre ; L.-J. Deschamps, curé de Saint-Maurice ; J.-B. Deledeuille, curé de Saint-Sauveur ; Goulet, curé de la Banée ; M. Dupont, curé de Tourcoing ; Le Blon, bénéficier et chapelain de Saint-Etienne, et Becu, secrétaire.

CINQUIÈME PARTIE.

Demandes et doléances particulières des bénéfices des églises collégiales.

(Les bénéficiers des églises collégiales n'ont point voulu consentir l'impression de ces doléances.)

N. B. Ces doléances ont été communiquées.

SIXIÈME PARTIE.

Demandes particulières des bénéficiers et autres ecclésiastiques, tant des villes que de la campagne dudit ressort.

1. Que le curé de chaque paroisse soit toujours le premier des marguilliers, et que, parmi les autres marguilliers nommés par tels à qui le droit appartiendra, il y ait aussi un ecclésiastique du clergé, de l'approbation du curé.

2. Que tous les bénéfices fondés dans toutes les paroisses venant à vaquer soient toujours au choix du plus ancien titulaire résidant et faisant ses fonctions dans la paroisse où le bénéfice a été fondé.

Ainsi fait et arrêté, le 2 avril 1789.

Etait signé : Le Blon bénéficier et chapelain de Saint-Etienne.

Signé BECU, secrétaire.

CAHIER

Des plaintes et doléances de l'ordre de la noblesse du ressort de la gouvernance de Lille (1).

Nous, chevaliers et nobles du ressort de la

(1) Nous publions ce cahier d'après un imprimé de la *Bibliothèque du Corps législatif.*

gouvernance de Lille, assemblés en exécution de la lettre du Roi pour la convocation des Etats généraux du royaume, du 19 février dernier, et conformément aux formes prescrites, soit par le règlement pour la province de Flandre y annexé, soit par le règlement général du 24 janvier précédent :

Désirant, avec le plus sincère et le plus patriotique empressement, de concourir, autant qu'il est en nous, à l'exécution du projet paternel du Roi, qui réclame le *concours de ses fidèles sujets; qui veut s'environner de leur amour et de leurs lumières, pour apporter le plus promptement possible un remède efficace aux maux de l'Etat; pour réformer et prévenir les abus en tout genre, et pour établir un ordre constant et invariable dans toutes les parties du gouvernement qui intéressent le bonheur de ses sujets et la prospérité du royaume;*

Considérant que le seul moyen de parvenir à ce but est de rétablir l'ancienne constitution de la monarchie, dans laquelle le pouvoir du prince et les droits de la nation étaient balancés dans le plus juste équilibre ; où tous les citoyens étaient également protégés par la loi ; où la loi n'était que l'énonciation de la volonté générale des citoyens, exprimée par leurs représentants, et sanctionnée par le prince, seul dépositaire de la puissance exécutive ; où aucun impôt n'était établi, levé et perçu que de l'octroi libre et volontaire de la nation assemblée, qui ne l'accordait que pour un temps limité, qui en déterminait et en surveillait l'emploi.

Avons délibéré de supplier très-humblement Sa Majesté :

Art. 1er. D'agréer l'hommage de notre respectueuse reconnaissance pour avoir eu le courage royal et paternel de chercher la vérité, de surmonter les obstacles que l'intérêt particulier et l'intrigue opposaient à ce que Sa Majesté connût les abus, les moyens d'y remédier, de soulager son peuple, de régénérer la monarchie, de lui rendre la consistance intérieure et son éclat au dehors, pour avoir eu la force magnanime de soumettre sa puissance à l'empire de la raison et de la loi.

Constitution du royaume.

Art. 2. De reconnaître, dans la forme la plus solennelle, par un acte authentique qui ait le caractère de loi fondamentale, que la nation seule a le droit de s'imposer, c'est-à-dire d'accorder ou de refuser les subsides ; d'en régler l'étendue, l'emploi, l'assiette, la répartition, la durée ; d'ouvrir des emprunts, et que toute autre manière d'imposer, d'étendre l'impôt, soit par des droits additionnels, soit en y assujettissant des personnes ou des objets non compris dans la loi qui l'établit, et qui doit toujours être littéralement entendue, ou enfin d'emprunter, est illégale, inconstitutionnelle et de nul effet ; en conséquence, abolir tous les impôts actuellement existants, comme inconstitutionnels, mais desquels néanmoins les Etats généraux consentiront immédiatement après la continuation, jusqu'à ce qu'il leur plaise de les changer, quant au fond et à la forme.

Art. 3. De fixer irrévocablement le retour périodique et régulier des Etats généraux, pour la prochaine fois, au terme de deux ans, et ensuite à celui qui sera déterminé par cette assemblée elle-même, pour prendre en considération l'état du royaume, examiner la situation des finances, l'emploi des subsides accordés pendant la tenue précédente, [en décider la continuation ou la suppression, l'augmentation ou la diminution; pour proposer en outre des réformes, des améliorations dans toutes les branches de l'économie politique.

Et dans le cas où la convocation de l'assemblée nationale n'aurait pas lieu à l'époque fixée par la loi, reconnaître que l'effet du consentement conditionnel et limité, donné à la levée des impositions, cessera de droit à cette même époque; que les États particuliers auront l'autorité de s'opposer à leur perception, et les tribunaux celle de poursuivre, comme concussionnaires tous ceux qui voudraient continuer à faire ladite perception.

Art. 4. Déclarer qu'aucun règlement, s'il n'a préalablement été consenti par les États généraux, ne peut constitutionnellement fixer la composition, la forme, la durée, ni la police intérieure des assemblées, soit des États particuliers, soit des bailliages, ni restreindre la liberté, qui leur appartient essentiellement, de donner à leurs représentants aux États généraux les pouvoirs qui conviennent à leurs intérêts.

Art. 5. Statuer que, non-seulement aucune loi bursale, mais encore une loi générale et permanente quelconque, concernant, soit la valeur des monnaies, soit l'administration de la justice, soit la grande police, soit la compétence, le nombre et l'organisation des tribunaux supérieurs et inférieurs, etc., ne sera établie à l'avenir qu'au sein des États généraux, et par le concours mutuel de l'autorité du Roi et du consentement de la nation; que ces lois portant dans le préambule ces mots : *de l'avis et consentement des gens des trois États du royaume*, seront, pendant la tenue même de l'assemblée nationale, envoyées à tous les parlements et autres cours souveraines que la chose peut concerner, pour y être registrées et mises sous la garde de ces cours, lesquelles ne pourront, dans aucun cas, les modifier, ni en suspendre l'exécution; mais continueront, comme ci-devant, d'avoir la manutention supérieure des ordonnances royaux.

Art. 6. Déclarer les membres des États généraux personnes inviolables, ne devant répondre qu'auxdits États eux-mêmes de ce qu'ils y auront fait, dit et proposé, à moins qu'il ne fût directement ou indirectement contraire à leur mandat; suspendre à leur égard toute action jusque six semaines après la date de la séparation de l'assemblée.

Régime constitutionnel de la Flandre wallone.

Art. 7. Conformément à l'arrêté du conseil du 18 avril 1788, et à l'arrêt du conseil du 2 du mois de mars dernier, officiellement apporté et communiqué à l'assemblée générale des ordres du clergé et de la noblesse de la Flandre wallone, par M. le prince de Robecq et par M. l'intendant, commissaires du Roi à la tenue des États de cette province, et conformément aux promesses par eux faites au nom et de la part du Roi, établir incessamment, dans cette même province, et avant la première demande qui y sera faite, des rides, subsides et autres secours pécuniaires quelconques des États provinciaux dont la composition et l'organisation seront proportionnellement les mêmes que celles que l'assemblée des États généraux adoptera pour elle-même à l'avenir.

Art. 8. Régler que, dans les États, il n'y aura ni président ni membres-nés et nécessaires; mais que tous seront librement élus par leurs ordres respectifs; que tous leurs officiers quelconques seront élus par eux, qu'ils seront tous

amovibles et qu'aucune de leurs commissions ne sera susceptible d'être érigée en titre d'office formé héréditaire, ni même à vie;

Déclarer que tout officier civil commissionné du Roi, tout pensionnaire des provinces ou des villes, tout subdélégué, secrétaire ou commis des intendants, si, contre le vœu de la Providence, ces magistrats sont conservés; tout régisseur, fermier ou croupier des droits du Roi ou d'octrois; tout pourvu de charge, emploi ou commission qui, directement ou indirectement, ait trait à l'administration, régie, direction et maniement des finances de Sa Majesté, des provinces et des villes; tout entrepreneur ou adjudicataire d'ouvrages faits aux dépens du Roi, seront inhabiles à remplir quelque place que ce soit dans les États provinciaux, ainsi que tous ceux qui ne seront ni propriétaires ni domiciliés dans la province;

Faisant droit sur les réclamations et protestations de l'ordre, déclarer en outre que l'évêque de Tournai, et tout autre prélat du bénéfice duquel le titre est hors du royaume, ainsi que tout gentilhomme non régnicole ou non naturalisé, non domicilié dans le royaume, quoique possesseur de fiefs dans la province, seront aussi inhabiles à siéger, soit aux États particuliers de la province, soit aux États généraux du royaume, auxquels ils sont constitutionnellement étrangers.

Art. 9. Déclarer qu'aux seuls États provinciaux appartiendra le droit d'établir toutes les impositions nécessaires aux besoins de la province, et de consentir toutes les lois concernant, soit son régime et son administration, soit sa police générale; qu'en un mot, tous les intervalles de la convocation des États généraux, ceux provinciaux, pour tous ces objets, les représenteront au petit pied dans la Flandre wallone, et y auront les mêmes pouvoirs;

Ordonner que toutes les lois consenties par les États provinciaux seront ensuite adressées au parlement, et par cette cour aux tribunaux de son ressort, pour y être registrées et publiées.

Art. 10. Statuer que ces États provinciaux s'assembleront tous les ans; qu'il ne sera point fixé de terme à la durée de leurs assemblées, et que, dans les intervalles de celles-ci, ils auront une commission intermédiaire toujours subsistante, ainsi que des procureurs généraux-syndics spécialement chargés de veiller aux intérêts de leurs concitoyens.

Art. 11. Ordonner que toutes les lois concernant l'administration de la justice, la compétence des tribunaux, la jurisprudence et la police locale, qui seront portées dans les intervalles de la convocation des États généraux, seront d'abord communiquées aux États provinciaux, et ensuite envoyées au parlement, pour y être vérifiées, et qu'elles seront rapportées aux États généraux en suivant, pour y être de nouveau examinées et vérifiées, si les trois États de la province le requièrent ainsi.

Art. 12. Déclarer que les villages de Provin, Bauvin, Annœulin et Mons-en-Pévèle, qui font territorialement partie de la châtellenie de Lille, seront, comme par le passé, soumis à la même administration provinciale, et au même ressort de justice.

Art. 13. Supprimer la franchise des terres qui, quoique situées dans la châtellenie de Lille, en sont néanmoins distinctes quant à l'administration et quant au ressort de justice. En conséquence, ordonner que tous les lieux francs seront désormais soumis à l'administration générale de ladite châtellenie et à son régime, ainsi qu'au même ressort de justice, sauf l'indemnité des seigneurs, s'ils vérifient qu'ils jouissent de la franchise à titre onéreux, sauf encore l'indemnité des propriétaires, s'il leur en est due aucune.

Ordonner l'échange des enclavements réciproques de la Flandre wallone, de celle maritime, de l'Artois et des autres provinces voisines, par arrangements à faire entre commissaires respectifs.

Art. 14. Ordonner que les villes de Dunkerque, Bourbourg, Gravelines et leurs châtellenies, qui font territorialement partie de la Flandre maritime, qui sont comprises dans le même gouvernement, soumises à la même administration, au même régime, aux mêmes lois, seront aussi soumises au même ressort de justice ; en conséquence, révoquer la déclaration du 11 février 1664, qui n'a substitué le conseil provincial d'Artois au conseil de Flandre à Grand, que parce qu'à cette époque Louis XIV n'avait point d'autres possessions dans la Flandre, et ordonner qu'à l'avenir, les appels interjetés des sentences rendues par les juges ordinaires desdites villes et châtellenies seront relevés, suivant la nature des contestations, soit au siége présidial de Flandre, à Bailleul, soit au parlement de Douai.

Administration de Lille.

Art. 15. En abrogeant, en tant que besoin, du consentement et à la demande du tiers-état de la ville de Lille, et à celle des nobles habitants de la même ville, tous priviléges et chartes à ce contraires, ordonner qu'à l'avenir cette commune aura la libre élection de tous les officiers quelconques, dont les places seront déclarées n'être jamais susceptibles d'être érigées en titre d'office, sans préjudice néanmoins du droit qui appartient à Sa Majesté, comme seigneur de ladite ville, de commettre des officiers pour desservir sa haute, moyenne et basse justice ; ordonner que tous les comptes de la commune seront publiquement rendus par-devant les commissaires des Etats provinciaux, dans la forme prescrite par l'ordonnance de Jean-sans-Peur, duc de Bourgogne, du 18 mai 1414 ; ordonner que le projet de règlement pour la composition, l'organisation et les fonctions du corps municipal dudit Lille, sera préalablement communiqué aux Etats provinciaux, pour, sur leurs observations, être par Sa Majesté ultérieurement statué comme elle le jugera convenir, pour le plus grand avantage de ladite commune.

Administration des communautés de la châtellenie.

Art. 16. Interdire à l'intendant et commissaire départi, dans le cas où, contre le vœu de la province, il plairait à Sa Majesté de conserver ce magistrat, la connaissance des tailles, octrois et de tout ce qui est relatif à l'administration intérieure des communautés de la campagne, lesquelles continueront d'être régies dans la forme prescrite par les coutumes et autres lois propres à la Flandre, sous la surveillance des Etats provinciaux.

Maintien de la liberté individuelle.

Art. 17. Assurer la liberté individuelle de tous les citoyens, laquelle sera sous la sauvegarde de la loi, des tribunaux et des Etats provinciaux ; en conséquence, prononcer formellement l'abolition de toutes lettres de cachet, d'exil et autres espèces d'ordres arbitraires, sauf à prendre, par

les Etats généraux, telles mesures que leur sagesse leur suggérera, pour pourvoir à la tranquillité des familles, et pour faire cesser l'effet des lettres de cachet et d'exil qui seraient encore abusivement existantes, en renvoyant par-devant leurs juges naturels toutes les personnes dont ces lettres enchaîneraient la liberté ; autoriser en outre les Etats généraux à s'assurer, par toutes les voies qu'ils trouveront convenables, que les prisons d'Etat ne recèlent plus de prisonniers dont le renvoi ci-dessus mentionné n'aurait point été fait.

Art. 18. Défendre d'arrêter ou constituer prisonnier qui que ce soit, si ce n'est en vertu d'un décret décerné par les juges ordinaires, ou si n'est le délinquant n'est pris en flagrant délit.

Mais en même temps restreindre, dans des bornes sages et nécessaires pour la sécurité des citoyens, l'autorité de lancer des décrets, surtout contre des personnes domiciliées, contre lesquelles des présomptions, quelles qu'elles soient, ne peuvent jamais faire charge, sauf lorsqu'il s'agit de crime de lèse-majesté ou de trahison, ou conspiration contre l'Etat.

Art. 19. Ordonner que, dans tous les cas où il sera jugé que l'emprisonnement d'autorité, et sans être précédé d'aucune formalité judiciaire, peut être nécessaire, la personne ainsi arrêtée sera remise, dans les vingt-quatre heures de sa détention, entre les mains des juges ordinaires, qui seront tenus d'examiner, dans le plus court délai, les causes de l'emprisonnement, et de prononcer sur la validité ; comme aussi d'accorder l'élargissement provisoire à caution, si le prisonnier n'est point prévenu d'un délit méritant peine corporelle.

Art. 20. Défendre, sous peine de punition corporelle, à tous officiers, soldats, exempts, et à tous autres, à moins qu'ils ne soient requis par les juges ordinaires, de prêter main-forte à justice, d'attenter à la liberté d'aucun citoyen, en vertu de quelque ordre que ce soit ; soumettre à la prise à partie, aux dommages-intérêts, même, suivant la gravité du cas, à une peine corporelle, et ce, à la poursuite du ministère public, tous ceux qui auraient sollicité, surpris, expédié, signé et exécuté un ordre de cette nature.

De la correspondance.

Art. 21. Interdire toute violation du sceau des lettres ; déclarer toute transgression à cette défense punissable, comme crime de lèse-foi publique.

De la presse.

Art. 22. Établir la liberté indéfinie de la presse par la suppression absolue de la censure et de la nécessité des priviléges, à la charge, par les auteurs et imprimeurs, de mettre leurs noms à tous les ouvrages quelconques, et de répondre personnellement et solidairement de tout ce que les écrits pourraient contenir de contraire à la religion dominante, à l'ordre général, à l'honnêteté publique et à l'honneur des citoyens.

Défendre, sous les mêmes peines, et même sous celles de punition corporelle, à toutes personnes, de vendre, distribuer ou colporter aucun écrit imprimé chez l'étranger, dans lequel la licence se serait permis des écarts légitimement répréhensibles.

Et relativement au commerce.

Art. 23. Révoquer tous les priviléges exclusifs qui gênent le commerce et le roulage, ainsi que ceux des routes et messageries, et n'en plus accorder à l'avenir, sauf pour un temps limité, et de l'avis des chambres de commerce et de celui des États généraux ou provinciaux, à ceux qui auront fait des découvertes utiles ; à la charge par eux de préalablement communiquer leur secret au gouvernement, d'en vérifier l'efficacité par tous les détails de la manipulation, et de rédiger des instructions suffisantes qui seront déposées, sous cachet, au greffe des États de la province où l'inventeur aura son établissement.

Art. 24. Anéantir et révoquer tous droits de travers, vinage, pontenage, péage, et tous autres de même ou semblable nature, qui n'auraient été établis que pour subvenir à des charges locales, sauf à être pourvu auxdites charges par d'autres moyens moins onéreux au commerce et au public.

A la navigation.

Art. 25. Rendre à la navigation intérieure des provinces de Flandre, Artois, Hainaut et Cambrésis, sur l'Escaut, la Lys, l'Aa et la Deûle, toute la liberté qui lui était accordée par l'arrêt du conseil des 12 juin 1775 et 23 juin 1781, tous deux concessifs de priviléges exclusifs en faveur des bateliers de Condé et des bélandriers de Dunkerque.

A l'usage de l'eau et du vent.

Art. 26. Déclarer, conformément à la réponse faite par le Roi aux cahiers des États de la province d'Artois, et à un arrêté du conseil du 3 octobre 1702, que le placard de l'empereur Charles V, de l'année 1547, lequel paraît rendre domanial, dans la Flandre maritime, le droit d'eau et de vent, n'est point susceptible d'exécution dans la Flandre wallone, ni dans le Hainaut et l'Artois, puisqu'il n'a jamais été adressé aux tribunaux de cette province, et qu'en conséquence il n'y a point été registré.

Et même pour la Flandre maritime, déclarer que ce placard n'est qu'une loi de grande police, qui ne donne aucune atteinte à la propriété des seigneurs de fiefs, et qui ne peut opérer, ni sur les fonds, ni sur les ruisseaux qui leur appartiennent.

Au commerce des grains.

Art. 27. Supprimer tous les droits quelconques mis sur les grains et grenailles, quels que soient leur dénomination et leur objet ; déclarer que cette denrée de première nécessité n'en est point susceptible ; assurer indéfiniment, dans tous les temps, la liberté, soit de la circulation dans l'intérieur du royaume, soit de son importation de l'étranger ; et accorder aux États provinciaux l'autorité d'en défendre ou d'en permettre, sous le bon plaisir du Roi, l'exportation à l'étranger de leurs provinces respectives, suivant les circonstances où elles se trouveront à cet égard.

Et à la possession des biens-fonds.

Art. 28. Supprimer, du moins relativement aux marchés au-dessous de la somme de 10,000 livres, le droit de franc-fief, dont le recouvrement livre un grand nombre de familles aux recherches inquisitoriales et aux poursuites vexatoires des traitants, fermiers ou régisseurs ; établir sur cette matière, de concert avec les États généraux, une loi fixe et invariable.

Maintien de la propriété.

Art. 29. Le maintien de la propriété étant l'objet direct de l'institution de tous les gouvernements,

et étant en particulier celui d'une des lois fondamentales de la monarchie, conserver aux seigneurs la propriété des justices inhérentes à la glèbe de leurs fiefs, et patrimoniales comme ceux-ci, ainsi que le droit de commettre des officiers pour les desservir en leur nom, et celui d'en recueillir les profits ; les maintenir encore dans la jouissance pleine et entière de toutes les perceptions et droits utiles, fixes ou casuels, autorisés soit par les coutumes, soit par des titres authentiques, soit par une possession légale ; en conséquence, proscrire toute demande tendante à les dépouiller d'aucuns desdits droits, même d'en faire le rachat sans leur consentement, d'autant plus nécessaire, que ces droits sont le prix de l'inféodation, ou de l'accensement des fonds qui y sont soumis, et qu'ils dérivent d'un contrat synallagmatique.

Législation.

Art. 30. Donner aux lois et aux institutions politiques une tendance à supprimer tous les moyens d'acquérir subitement une grande fortune, et de s'enrichir sans travail.

Prendre des mesures plus efficaces pour empêcher les funestes effets de l'agiotage.

Art. 31. Supprimer toutes les loteries quelconques et en proscrire l'établissement, comme destructif des mœurs.

Administration de la justice.

Art. 32. Simplifier l'administration de la justice, en réduisant, conformément aux indications qui seront faites par les États provinciaux, le nombre des tribunaux ordinaires cumulés dans un même arrondissement ; en établissant des présidiaux, avec l'étendue de juridiction qui est ou sera attribuée aux tribunaux de cette classe ; en rendant très-brève la décision des conflits de juridiction qui s'élèvent entre les tribunaux ; en réglant leurs compétences respectives par des lois claires et précises ; en diminuant le nombre des instances ; en abrégeant l'instruction des procédures, surtout par l'établissement des audiences pour les causes sommaires, et pour toutes celles dont l'objet n'excède point 300 livres tournois ; en diminuant les frais énormes qui ferment l'accès des tribunaux à une classe très-nombreuse de citoyens ; en proscrivant les demandes en cassation contre les arrêts rendus par les cours dans lesquelles la révision a lieu, sauf la faculté qu'auront les États provinciaux de se pourvoir au conseil contre lesdits arrêts, même rendus entre particuliers, s'ils contenaient, ou contravention manifeste aux dispositions précises des ordonnances, ou interprétation de celles-ci dans des cas non prévus ; enfin, en interdisant la voie de révision toutes les fois que la sentence du premier juge aura été confirmée.

Art. 33. Abolir l'usage des lettres de dispense d'âge et de compatibilité, du chef de parenté et d'affinité, dans tous les tribunaux inférieurs, et dans celles des cours composées de cinquante magistrats, dans lesquelles la voie de révision est admise en matière civile ; ordonner que qui que ce soit ne pourra à l'avenir être reçu à l'exercice d'aucun office de conseiller et de gens du Roi dans les cours, s'il n'en a exercé un, pendant dix ans, dans un siége royal de leur ressort, ou exercé pendant le même terme, la profession d'avocat ; abolir la vénalité des charges aussitôt que l'état des finances permettra d'en faire le remboursement effectif, et dans ce cas, rendre les offices électifs par les États provinciaux, qui, par chaque place, présenteront trois sujets au Roi.

Art. 34. Conformément aux lois constitutionnelles de la Flandre et à ses capitulations, déclarer qu'au parlement de Douai seul peut appartenir la juridiction souveraine et de ressort sur tous les tribunaux inférieurs de la province, en tous cas et en toutes matières; en conséquence, rendre à cette cour et aux siéges qui y ressortissent l'exercice de la plénitude de la juridiction ordinaire; déclarer toutes commissions inconstitutionnelles et illégales; révoquer comme telles les évocations hors des tribunaux provinciaux, et toutes les attributions généralement quelconques, sauf celles faites à la juridiction consulaire, dont la conservation importe essentiellement au bien du commerce.

Art. 35. En conséquence, et attendu l'arbitraire et la clandestinité de leurs jugements, ainsi que l'énormité des dépenses dont ils écrasent les provinces, supprimer les intendants et commissaires départis, dont toutes les fonctions seront désormais plus convenablement remplies, savoir : pour la justice et la police, par les juges ordinaires, sous le ressort des cours; pour l'administration, par les États provinciaux; pour la partie militaire, par les commissaires ordonnateurs des guerres.

Art. 36. Conformément aux lois et à la jurisprudence du royaume, ordonner que les juges royaux connaîtront, dans la Flandre, des causes de séparation de corps entre époux, quand la demande en séparation de biens y sera jointe.

Procédure criminelle.

Art. 37. Rectifier la procédure criminelle; abolir les peines arbitraires, le bannissement, auquel sera substituée la réclusion dans une maison de travail, le serment des accusés, l'usage de la sellette, les prononciations pour cas résultants du procès, et la question préalable; modifier les peines portées par la déclaration du 4 mars 1724, concernant la punition des premiers vols simples; ordonner que, pour tous les cas, les accusés seront toujours jugés dans deux degrés de juridiction; en conséquence, supprimer la juridiction prévôtale; autoriser tous les juges quelconques à constater la folie des accusés, et à prononcer sur icelle; ordonner qu'avant de procéder au jugement définitif, la procédure sera communiquée à un conseil composé d'un ancien et d'un jeune avocat, qui seront à cet effet nommés par leur ordre, et mieux n'aiment les accusés choisir eux-mêmes leur conseil, pour, par celui-ci être opposé tels moyens de forme et au fond qu'il jugera convenir; ordonner enfin qu'une condamnation à mort ne pourra être prononcée, si l'avis ne prévaut de trois voix, et qu'il devra prévaloir de deux voix, lorsqu'il s'agira de peine afflictives ou infamantes.

Art. 38. Déclarer que ni la condamnation ni le supplice des coupables n'emportent note d'infamie, ou autre quelconque, pour leurs parents et alliés, et qu'ils ne peuvent motiver l'exclusion de ceux-ci d'aucun corps ecclésiastique, civil ou militaire.

Enseignement de la jeunesse et soulagement des pauvres femmes.

Art. 39. Confier le gouvernement des colléges municipaux réguliers, et par préférence, à ceux qui sont en congrégation, comme ayant plus de facilité pour procurer et choisir les sujets convenables à l'enseignement de la jeunesse, qui est d'une si grande importance pour la religion, pour les mœurs et pour l'État.

Art. 40. Avec les biens des communautés religieuses susceptibles de suppression, augmenter l'établissement de la maison dite de la noble famille, en la ville de Lille, si utile, si nécessaire même pour la noblesse de cette province et de celles voisines.

Par le même moyen, établir, en ladite ville, un hôpital pour les femmes, et accroître la fondation qui y existe en faveur de celles accouchées.

Religion.

Art. 41. Ordonner que l'édit concernant ceux qui ne font point profession de la religion catholique, du mois de novembre 1787, sera exécuté selon sa forme et teneur dans le ressort du parlement de Flandre; maintenir au surplus l'observation des capitulations de cette province, lesquelles n'admettent à l'exercice des emplois et charges publics que ceux qui professent la religion catholique, apostolique et romaine, et interdisent à tous sectaires d'avoir culte public, temples et ministres.

Discipline ecclésiastique.

Art. 42. Rétablir l'observation de la Pragmatique-Sanction de Charles VII, dont l'abolition a constamment excité les réclamations du clergé de France, de la nation entière, et des parlements, qui n'ont procédé que forcément à l'enregistrement du Concordat d'entre Léon X et François Ier.

Art. 43. Conformément aux privilèges et capitulations de la Flandre, et aux lois qui lui sont propres, abolir toutes les commendes quelconques, même en faveur des princes et des cardinaux.

Art. 44. Statuer qu'à l'avenir les monastères ne pourront être grevés de pensions au delà du tiers de leurs revenus, défalcation faite des charges réelles, et que ces pensions ne pourront être données, ou qu'à des ecclésiastiques résidants, ou qu'à des établissements pieux existants dans la province où le monastère sera situé.

Matière bénéficiale.

Art. 45. Ordonner qu'à l'avenir tous les bénéfices quelconques de la Flandre wallone ne seront conférés qu'à des ecclésiastiques natifs de cette province et y résidants, à peine de nullité des collations.

Charge des dîmes.

Art. 46. Pourvoir, par des moyens qui seront concertés avec les États provinciaux, à la subsistance suffisante et décente des curés, vicaires et autres ecclésiastiques employés au service des paroisses.

Art. 47. Etendre à la Flandre wallone l'exécution des lettres patentes du 13 avril 1773, et ordonner que les charges et obligations des décimateurs, relativement à la reconstruction et à l'entretien des églises et presbytères, maisons vicariales et cléricales, et tous autres objets les concernant, en ce compris ce qui est nécessaire au culte divin, et l'entretien des vicaires, seront réglées en conformité des dispositions de cette loi juste et nécessaire.

Exercice de la juridiction ecclésiastique.

Art. 48. Conformément aux ordonnances du royaume, et par réprocité, ordonner à l'évêque de Tournai d'avoir, en la ville de Lille, un auditoire, et d'y commettre official, promoteur et gref-

fier, pour y exercer sa juridiction contentieuse, avec défenses d'attraire à l'avenir, *hors du royaume*, les sujets du Roi, pour quelque cause et sous quelque prétexte que ce soit.

Enseignement des ecclésiastiques.

Art. 49. Attendu que le *séminaire* établi en la ville de *Lille*, en vertu des lettres patentes du mois de juillet 1671, et transféré à *Tournai* en vertu d'autres lettres patentes du mois de mai 1686, n'est plus soumis à la surveillance du parlement de Flandre; que le procureur général du Roi en cette cour ne peut s'assurer si l'enseignement et la discipline y sont conformes *aux lois du royaume*, nommément si l'édit du mois de mars 1682, pour l'enregistrement et observation de la déclaration du clergé de France, *touchant la puissance ecclésiastique,* y est observé ; attendu encore que ce séminaire est presque totalement doté de revenus qui se perçoivent *en France ;* et qu'enfin il est d'une *réciprocité* juste et naturelle que Sa Majesté établisse, pour ses sujets, la règle que l'Empereur a prescrite pour les siens : ordonner que, dans le terme d'un an, le *séminaire de Tournay*, pour les sujets de Sa Majesté, sera transféré en la ville de Lille ; que dans *l'enseignement*, on s'y conformera à l'édit du mois de mars 1682 ; que le *concours* pour les cures et les *ordinations* s'y feront à l'avenir, sans que, pour raison, soit *d'instruction*, d'examen et de *pénitence*, ou autre quelconque, les sujets du Roi puissent être attraits *hors du royaume.*

Droit d'amortissement.

Art. 50. Ordonner que la perception du droit *d'amortissement* sera restreinte dans les bornes posées par le règlement du 12 juillet 1789, et en conséquence, déclarer valablement amortis, ou réputés tels *avec finance*, tous les fonds, maisons, héritages et biens quelconques, possédés par les gens de mainmorte *avant le 1er janvier 1781.*

État et service militaire.

Art. 51. Avoir égard aux motifs qui donnent lieu *au mécontentement* qui paraît exister dans *l'état militaire*, par les inconvénients et par les inquiétudes qu'ils occasionnent.

Régler que tout *emploi militaire*, dont la finance aura été remboursée, ne pourra plus être *vénal.*

Art. 52. Régler que les communes des villes et les communautés de la campagne ne feront plus de *fournitures* de quelque genre que ce soit, à aucun officier *civil* ou *militaire* ; et que toutes les dépenses relatives à l'*État et au service militaire*, ainsi qu'à la *défense des places*, seront exclusivement supportées par le département de la guerre,

Commerce.

Art. 53. Rendre l'exécution du traité de commerce avec l'Angleterre exactement réciproque, en y mettant en France les mêmes restrictions qui l'accompagnent en Angleterre.

Banqueroutiers.

Art. 54. Ordonner qu'à la requête du ministère public, et sur la seule dénonciation de quelques créanciers, mais suffisamment appuyée de pièces justificatives ou d'autres preuves, les banqueroutiers seront extraordinairement poursuivis et condamnés au fouet, à la marque et à la reclusion pour dix ans dans une maison de travail.

Art. 55. Ordonner que tout débiteur qui voudra être admis au bénéfice de cession, même volon-

taire, sera tenu, avant de présenter sa requête à cet effet, de se constituer prisonnier, et de joindre l'acte d'écrou à sa requête, ou de donner caution solvable ; qu'il ne pourra être élargi, ou sa caution être déchargée, que lorsque après avoir examiné ses livres, ses créanciers auront unanimement déclaré en leur âme et conscience, par-devant le juge, qu'ils n'ont aucun reproche de fraude à faire au failli.

Art. 56. Ordonner que tout débiteur fugitif, ou latitant, ainsi que tout officier chargé de la régie de deniers publics, ou de recettes particulières, seront réputés banqueroutiers frauduleux, et punis comme tels.

Art. 57. Remettre en vigueur les lois qui imposent à tous ceux qui font cession, la nécessité de porter habituellement sur la tête le bonnet vert.

Art. 58. Abolir les arrêts de répit et surséance; autoriser les tribunaux à n'y avoir point égard, si l'importunité ou la surprise en obtenait aucun; révoquer tous ceux actuellement existants.

Demandes particulières à l'ordre de la noblesse.

Art. 59. Conformément aux respectueuses représentations portées au pied du trône par le parlement de Flandre, par les États des provinces d'Artois et du Hainault, par les députés ordinaires du clergé et de la noblesse de la Flandre wallone, et par les abbesse et chanoinesses du chapitre noble de Sainte-Aldegonde, à Maubeuge, révoquer l'arrêt du conseil du 18 août 1781, revêtu des lettres patentes registrées au parlement de Flandre, lequel sera regardé comme nul et non avenu; confirmer, relativement aux preuves de noblesse du côté maternel, requises pour l'admission dans les chapitres nobles de Maubeuge et de Denain, les usages anciens desdits chapitres, lesquels continueront d'être observés comme avant ledit arrêt de 1781.

Art. 60. Supprimer tous les offices qui donnent la noblesse graduelle ou transmissible, sauf, si l'existence desdits offices est nécessaire pour l'administration de la justice, à les recréer sans cette prérogative qui avilit la noblesse en la rendant vénale et en la communiquant sans examen; mais, dans ce cas, Sa Majesté est suppliée de pourvoir à l'indemnité juste et raisonnable des titulaires d'offices, sujets, soit à la suppression demandée, soit au retranchement d'un privilège qui en augmente considérablement la valeur.

Administration des finances.

Art. 61. Communiquer le tableau exact et détaillé de la situation des finances.

Art. 62. Donner aux États généraux tous les éclaircissements et toutes les pièces nécessaires pour qu'ils puissent constater l'importance de la dette nationale, ainsi que du déficit, et en approfondir les causes.

Art. 63. Établir une caisse d'amortissement qui sera sous l'inspection des États généraux, auxquels il en sera rendu compte.

Art. 64. Ordonner la publication annuelle des états de recette et de dépense, à laquelle sera jointe la liste des pensions, avec l'énonciation des motifs qui les auront fait accorder; régler que personne ne pourra avoir plus d'un traitement à la fois, et que toutes les grâces pécuniaires quelconques seront payées par le trésor royal.

Art. 65. Rendre les ministres personnellement responsables de tous abus de pouvoir, de toutes déprédations dans les finances, et de la proposition de tout projet tendant à bouleverser la constitution de la monarchie, telle qu'elle va être restaurée par les États généraux.

Art. 66. Déclarer que le domaine de la couronne est aliénable, mais seulement du consentement de la nation donné par ses représentants constitutionnels. Reconnaître que la nation n'est tenue de subvenir aux charges de l'État que subsidiairement, que lorsque les revenus du domaine sont insuffisants à cet effet; au surplus prendre, relativement aux domaines engagés et à ceux restés dans la main de Sa Majesté, le parti le plus avantageux pour l'État.

Art. 67. Comprendre pour la masse des dettes de l'État, les emprunts faits, pour son compte, par différentes provinces qui lui ont prêté leur crédit, et pourvoir au remboursement de ces emprunts.

Art. 68. De simplifier l'impôt, d'établir l'égalité dans la répartition et l'économie, soit dans son recouvrement, soit dans son versement au trésor royal, surtout en faisant acquitter dans chaque province, des fonds qui s'y perçoivent, les charges de l'État, civiles et militaires, qui y existent, ainsi que les pensions créées sur le trésor royal, et supprimer les transports d'argent, également inutiles et frayeux.

Art. 69. Supprimer toutes les exemptions quelconques d'impositions et droits d'octrois, attachées à quelques offices et places que ce soit, sauf l'indemnité due à ceux qui en jouissent à titre onéreux.

Arrêté dans l'assemblée générale de l'ordre de la noblesse, tenue en la ville de Lille, le 6 avril 1789, laquelle a autorisé M. le président et MM. les commissaires nommés pour procéder à la rédaction du présent cahier, à le signer pour elle et en son nom.

Signé le marquis de Croix, De Stappens. Le comte de Lannoy. D'Hespel d'Hocron. Le baron de Noyelles. Godefroy. Le baron d'Elbhecq .. Le comte de Thiennes.

DÉPUTÉS.

A L'ASSEMBLÉE DES ÉTATS GÉNÉRAUX.

M. le comte de Lannoy, seigneur de Wattignies.

M. Du Chambge, baron de Noyelles.

Pour les suppléer en cas de maladie ou autre empêchement légitime.

M. Du Chambge, baron d'Elbhecq, maréchal des camps ès armées du Roi.

M. d'Hespel, seigneur d'Hocron, Coisnes, etc.

Noms de MM. les commissaires qui, avec MM. les suppléants, composent le bureau de correspondance.

M. de Stappens, seigneur de Fléchinel, Abbleghem, etc.

M. Godefroi, seigneur de Moillart.

M. le comte de Palmes-d'Espaing, seigneur de Bachy, maréchal des camps ès armées du Roi.

M. Delespaul, seigneur de Lespierres-la-Pontennerie.

M. d'Haffrengues, seigneur de Liannes.

M. Dusart, seigneur du Sart et de Lannoy, lieutenant général du siége royal de la gouvernance du souverain bailliage de Lille.

M. Vander-Cruisse, seigneur de Waziers.

M. le comte de Thiennes, seigneur de Los.

M. le comte de Bonnescuelle d'Orgères, seigneur

de Willem, maréchal des camps ès armées du Roi.

CAHIER

Des plaintes, doléances et remontrances du tiers-état de la ville de Lille (1).

L'assemblée nationale qu'un Roi bienfaisant et juste vient d'accorder à nos vœux, ne peut et ne doit s'occuper que des intérêts généraux du royaume et de ceux également généraux des villes et provinces. Les doléances qui ne sont relatives qu'à des intérêts particuliers ne paraissent donc pas devoir ici trouver place. Néanmoins elles ne doivent pas être négligées, et les cahiers qui les contiennent, ainsi que les mémoires qui y sont joints et tous ceux que les différentes corporations voudraient encore présenter, seront en conséquence remis sous inventaire à MM. les députés aux États généraux, pour que ces députés y aient recours, lorsque ces réclamations particulières auront quelque rapport avec les objets mis en délibération.

Nous diviserons d'abord ce cahier en deux parties principales.

La première contiendra les objets communs à tout le royaume.

La seconde renfermera les objets relatifs au régime général et particulier de la Flandre wallone et de la ville de Lille.

PREMIÈRE PARTIE

Objets relatifs aux intérêts communs à tout le royaume.

La multiplicité des objets que cette première partie embrasse, rend nécessaire une subdivision qui les présente avec ordre.

Nous traiterons en conséquence sous différentes sections.

1° Des États généraux ;
2° De la justice ;
3° De la police ;
4° Des finances ;
6° Du commerce ;

SECTION PREMIÈRE.

Des États généraux.

Art. 1er. MM. les députés demanderont que les membres des États généraux soient avant tout reconnus et déclarés personnes inviolables, et que, dans aucun cas, ils ne doivent répondre de ce qu'ils auront fait, dit ou proposé dans les États généraux, si ce n'est aux États généraux eux-mêmes.

Art. 2. Que, dans toutes les délibérations, les voix seront comptées par tête et non par ordre.

Art. 3. Que Sa Majesté daigne fixer et faire connaître à ses sujets par la voie de l'impression, les objets qui seront soumis à la délibération des États généraux, et l'ordre dans lequel ces différents objets seront discutés.

Art. 4. Que les cahiers de doléances ainsi divisés par matière soient présentés à Sa Majesté par sections, en la suppliant de les prendre en considération à mesure qu'ils lui seront présentés, et de statuer sur chacune desdites sections, les États généraux tenant et avant leur séparation.

Art. 5. Le retour périodique des États généraux

---

(1) Nous publions ce cahier d'après un manuscrit des *Archives de l'Empire.*

dans la forme adoptée par ceux actuels et suivant les modifications qui pourront y être apportées par lesdits Etats.

Art. 6. Que les Etats généraux soient déclarés seuls compétents pour consentir à toutes les impositions générales quelconques, ainsi que les emprunts, et seulement pour un temps déterminé.

Art. 7. Que si, dans l'intervalle d'une tenue des Etats généraux à une autre, des besoins imprévus de l'Etat, tels par exemple que ceux causés par une guerre ou une invasion subite, exigeaient quelque subside, il sera convoqué à cet effet une assemblée des membres des trois ordres pris, dans tous les Etats provinciaux ou administrations provinciales du royaume et choisis par leurs comités, laquelle assemblée pourra provisoirement et seulement jusqu'aux Etats généraux suivants, accorder quelques sous pour livre sur les impositions existantes.

Art. 8. Demander qu'à l'avenir le nombre des députés du tiers de la ville de Lille, tant à l'assemblée des trois ordres de la province qu'aux Etats généraux, soit fixé en raison de sa population, et proportion gardée avec le nombre des députés de sa châtellenie.

SECTION II.

De la justice.

Art. 1er. Réforme générale dans l'administration de la justice criminelle et refonte totale de l'ordonnance du mois d'août 1670.

Art. 2. En attendant et par provision :

Abolition de l'usage de la sellette.

— des condamnations sans énonciations des crimes.

— des peines arbitraires.

— du bannissement, auquel on substituerait la réclusion dans une maison de travail.

Communication de la procédure à un conseil chargé de la défense de l'accusé.

Art. 3. Simplification dans l'administration de la justice civile et abréviation dans ses procédures.

Art. 4. En attendant et par provision :

Suppression de toutes évocations hors des tribunaux des provinces.

Abolition de toutes commissions particulières et des attributions extraordinaires.

Interdiction surtout de tout contentieux aux intendants.

Réduction des fonctions de ces magistrats à celles de surveillants et de commissaires de Sa Majesté, soit pour l'intimation de ses ordres, soit pour la communication de ses demandes.

SECTION III.

De la police.

Art. 1er. Suppression des lettres de cachet.

Art. 2. Suppression des visites domiciliaires par présomption de fraude.

Art. 3. La liberté de la presse, à charge que les auteurs se nommeront à la tête de leurs ouvrages, et qu'ils seront, avec les imprimeurs, libraires et colporteurs, solidairement responsables de tout ce qui pourrait y blesser la religion, le gouvernement, les mœurs et la réputation des particuliers.

SECTION IV.

Des finances.

Les objets que cette section renferme peuvent être considérés sous deux rapports. Ils sont relatifs les uns à la recette, les autres à la dépense. Nous les diviserons en deux paragraphes.

§ 1. Finances. — Recettes.

Art. 1er. Simplification des impôts qui seront jugés nécessaires par les Etats généraux.

Egalité dans leur répartition sans distinction d'ordres.

Economie dans leur recouvrement.

Art. 2. Aliénation de tous les fonds et tous les fonds domaniaux (à l'exception des forêts) par forme de baux emphytéotiques ou arrentements, dont la reconnaissance annuelle sera stipulée en grains et payable en argent sur le prix des prisées ordinaires.

Art. 3. Amélioration des forêts et réforme dans leur administration.

Art. 4. Remplacement de tous droits ou impositions sur l'industrie par un impôt réparti sur tous les citoyens de tous les ordres.

Art. 5. Suppression de toutes exemptions quelconques sur les impositions et octrois, sauf l'indemnité due à ceux qui les ont acquises à titre onéreux.

Art. 6. Suppression des droits de travers, vinage, pontenage, péage et de tous autres de semblable nature, levés au profit de Sa Majesté, des seigneurs et autres.

Art. 7. Suppression absolue des sous pour livre sur les impositions, octrois ou droits généralement quelconques, royaux ou autres, sauf dans le cas prévu par l'article 7 de la section première ci-dessus.

Art. 8. Lorsque l'on sera parvenu à la connaissance exacte des dettes et charges annuelles du royaume, et que l'on connaîtra en quelle proportion chacun des Etats provinciaux doit y contribuer, laisser à ces Etats le choix et la forme des impôts les moins onéreux et les plus analogues à leur constitution et à leurs ressources et au régime particulier de leur province.

Art. 9. Réforme et simplification dans les régies des droits qui subsisteront.

Art. 10. Versement direct des subsides dans le trésor royal.

§ II. Finances. — Dépenses.

Art. 1er. Que les pensions ou gratifications publiques ne soient plus cumulées sur une même tête.

Art. 2. Que, conformément à l'intention qu'il a déjà plu à Sa Majesté de manifester, les dépenses de chaque département soient invariablement fixées sans qu'il soit au pouvoir des ministres de les excéder sous tel prétexte que ce soit.

Art. 3. Que toutes les dépenses pour les fortifications, ponts et chaussées et autres entrées des villes fortifiées et accessoires soient réparties sur toutes les provinces et villes du royaume, suivant la proportion en laquelle elles contribuent aux autres impositions générales.

Art. 4. Que les logements, fournitures de lits, linges, etc, pour les états-majors, intendants, commissaires des guerres, inspecteurs, officiers du génie, d'artillerie et autres soient supprimés, ou au moins réduits à des bornes raisonnables, et que la dépense en soit répartie sur toutes les provinces, conformément à l'article précédent.

Art. 5. Que toutes les rentes, pensions, états de travaux, livraisons, fournitures, entreprises pour le compte du Roi, et généralement tout ce qui sera dû par l'Etat dans une des provinces du royaume, seront payées et acquittés des deniers royaux perçus dans la même province.

Art. 6. Que conséquemment aux dispositions de l'article précédent, tous trésoriers, receveurs et caissiers de deniers royaux dans les provinces seront autorisés à acquitter les dettes et charges du Roi et de l'État, affectées sur les fonds de leur caisse, de sorte qu'ils n'aient à tenir compte que des deniers clairs et nets qui leur resteront après l'acquittement desdites dettes et charges.

SECTION CINQUIÈME.

Du commerce.

Cette section importante paraît devoir être aussi divisée en deux paragraphes.

Le premier contiendra les articles relatifs à la partie administrative du commerce.

Le deuxième renfermera ce qui concerne la partie juridictionnelle.

§ 1. Commerce. — Administration.

Art. 1er. Que le bureau des députés du commerce ne pourra présenter aucune délibération au conseil royal sans avoir préalablement pris l'avis des chambres du commerce des provinces.

Art. 2. Suppression des privilèges exclusifs, à moins qu'ils ne soient le prix d'une découverte confiée sous le secret au gouvernement, non compris dans ladite suppression les privilèges des corps en jurande.

Art. 3. Représenter à Sa Majesté le tort immense que le dernier traité de commerce avec l'Angleterre cause aux fabriques et manufactures du royaume.

Art. 4. Révocation de l'arrêt du conseil du 30 août 1784 concernant le commerce des étrangers avec nos colonies.

Art. 5. Suppression des inspecteurs des toiles et manufactures.

Art. 6. L'entrée libre dans le royaume de toutes matières venant de l'étranger.

Art. 7. Que les fils rouges de coton simple dit d'Andrinople, seront réputés matière première.

Art. 8. L'entrée libre dans le royaume des fils simples venant de l'étranger.

Art. 9. Qu'il soit accordé des primes d'encouragement à ceux qui élèveront des bêtes à laine, et que la dîme de charnage quant à ce, ainsi que celle de laine ou de toison, seront supprimées.

Art. 10. Prohiber l'importation des chapeaux venant de l'étranger.

Art. 11. Demander le maintien de l'arrêt du conseil du 28 décembre 1717 concernant la librairie et la suppression des entraves mises au commerce de livres venant de l'étranger.

§ 2. Commerce. — Juridiction.

Art. 1er. Un nouveau code de commerce.

Art. 2. En attendant et par provision :

Uniformité d'usances et d'échéances pour tous les effets de commerce, telle que soit l'expression de leur cause.

Art. 3. Attribution irrévocable des faillites aux chambres consulaires pour, par elles, en connaître conformément à la déclaration du Roi du 27 août 1774.

Art. 4. Que tout particulier ayant créé des effets dans la forme mercantile à ordre, et avec expression de valeur, soit justiciable des juges et consuls, ainsi que tous les endosseurs.

Art. 5. Qu'aucun jugement sur incident en fait de commerce ne soit sujet à l'appel, mê ne sous prétexte qu'il serait irréparable et définitif, excepté néanmoins les appels du chef d'incompétence.

Art. 6. Que les juges et consuls prononcent en dernier ressort jusqu'à concurrence de 1500 livres.

Art. 7. Qu'il soit établi dans la capitale de chaque province une chambre consulaire supérieure composée de cinq anciens juges et de quatre jurisconsultes pour juger les appels des sentences des juges et consuls.

Art. 8. Abolition de tout arrêt de surséance, lettres de répit et sauf-conduit.

SECONDE PARTIE.

Objets relatifs au régime général et particulier de la Flandre wallone et de la ville de Lille.

La subdivision nécessaire à cette seconde partie s'annonce d'elle-même.

On traitera dans une première section de ce qui concerne la province en général.

Dans une seconde on s'occupera de ce qui concerne l'administration et l'avantage de la ville.

SECTION PREMIÈRE.

De la province.

Art. 1er. Demander le prompt établissement des États provinciaux que Sa Majesté a daigné nous promettre par l'arrêt de son conseil du 2 de ce mois. Demander que ces États soient identiquement organisés comme les États généraux quant à leur composition et proportionnellement quant au nombre de leurs membres.

Art. 2. Qu'il n'y ait pas de membres-nés et nécessaires dans les États provinciaux, mais que tous soient librement élus par leurs ordres respectifs pour un temps déterminé.

Art. 3. Que tous les officiers desdits États sans exception soient élus par eux ; que ces officiers soient tous amovibles, et qu'aucune de leurs commissions ne puisse être érigée en titre d'office formé et héréditaire.

Art. 4. Abolition du droit de franc-fief dans la Flandre wallone pour les mutations opérées par ventes ou équipollentes à vente ; la Flandre maritime en étant exempte dans tous les cas, et la Flandre wallone ne l'étant que pour les mutations par successions directes ou collatérales.

Interdiction de toutes recherches pour le passé au sujet de ce droit.

Art. 5. La liberté de la navigation sur les rivières et canaux sans distinction, et telle qu'elle est établie par l'arrêt du conseil du 12 juin 1775.

Art. 6. Revocation des arrêts surpris à Sa Majesté les 25 juin 1771 et 23 juin 1781, concessifs de privilèges exclusifs en faveur des bateliers de Condé et des belandriers de Dunkerque.

Art. 7. Suppression ou réduction au tiers des droits établis au passage de Condé et à toutes les entrées de France sur le charbon de terre provenant du Hainaut autrichien et des environs.

Art. 8. La suppression du droit sur les cuirs et peaux noires qui s'exportent.

Art. 9. La suppression du droit sur les cuirs et peaux en vert qui viennent de l'étranger.

Art. 10. La suppression de l'impôt établi par l'édit du mois d'août 1759 sur les cuirs et peaux apprêtés.

Art. 11. Dans les cas que les besoins de l'État exigent la continuation de l'impôt, demander au moins que la restitution, y compris celle des sous pour livre, s'en fasse en entier sur les peaux et cuirs apprêtés qui s'exportent.

Art. 12. Liberté aux bouchers de vendre les cuirs à qui ils trouvent bon, sans que les tanneurs puissent retraire les marchés.

Art. 13. Réduction des droits sur les amidons.

Art. 14. Suppression des droits de tonlieu, à Gravelines, et d'octrois sur les sels, à Saint-Omer.

Art. 15. La suppression des droits qui se perçoivent à l'entrée des cinq grosses fermes sur les productions de nos manufactures ou fabriques, dans le cas où le reculement des barrières ne serait point adopté par les Etats généraux.

Art. 16. Dans tous les cas, la suppression des droits qui se perçoivent sur les huiles, à l'entrée et à la sortie de l'ancienne France.

Art. 17. Réduction des droits sur les sucres terrés.

Art. 18. Que les créances pour main-d'œuvre des ouvriers et pour fournitures des matériaux soient privilégiées pendant un an sur les bâtiments qui ont été l'objet desdites mains-d'œuvre et fournitures.

SECTION II
De la ville.

Art. 1er. Examen par des députés de la commune des comptes et titres d'icelle, pour connaître, par leurs résultats et leur contenu, les moyens de simplifier l'administration et d'en acquitter les dettes et charges.

Art. 2. Réduction du corps municipal au seul ban échevinal, composé de M. le prévôt, du majeur et de douze échevins, dont quatre au moins devront être gradués en droit ou avocats, les fonctions desquels seront bornées à l'administration de la justice et de la police, à l'égard de l'administration des biens, finances et affaires de la commune; elle sera confiée à des administrateurs choisis par ladite commune, et dont les commissions seront déclarées ne pouvoir jamais être érigées en titre d'office.

Art. 3. Suppression du droit d'assise sur les cuirs.

Art. 4. Suppression ou rachat des droit de vieuvare, poids et balances, poids et madame.

Art. 5. En cas d'impossibilité ou de retard de cette suppression, qu'il soit fait par la chambre du commerce une répartition juste et proportionnelle du droit de poids et balances, en raison du nombre et du commerce des contribuables, sans égard au tarif annexé à l'arrêt du conseil d'Etat du Roi du 27 juin 1771.

Art. 6. Exécution des lettres patentes du mois de mars 1784, concernant l'administration du produit des fondations et aumônes destinées au soulagement de la ville de Lille. Le surplus des doléances qui se sont trouvées dans les cahiers particuliers des corporations de cette ville et qui ne figurent pas dans ce cahier général, n'a point paru de nature à pouvoir être traité dans l'assemblée de la nation; la plupart de ces doléances doivent être portées au conseil du Roi par l'entremise et sur l'avis du bureau et de la chambre de commerce, à qui les plaignants devront en faire parvenir des doubles; d'autres peuvent être redressées par les magistrats municipaux, ou les juges policiateurs des fabriques; presque toutes enfin paraissent devoir être adressées et recommandées aux Etats provinciaux, dont la Flandre wallone attend la constitution avec une juste et respectueuse confiance en la promesse de Sa Majesté.

D'ailleurs les cahiers et mémoires particuliers de toutes les corporations, comme on l'a déjà annoncé, seront remis à MM. les députés pour leur servir au besoin d'instructions.

Le cahier général a, en conséquence, été réduit aux points et articles qui précèdent par les soussignés, commissaires nommés à sa rédaction en l'assemblée municipale tenue le 16 des présents mois et an.

Et par le procureur du Roi, a été dit que les pouvoirs qui seront donnés aux députés des trois ordres aux Etats généraux, doivent être généraux et suffisants pour proposer, remontrer, aviser et consentir tout ce qui peut concerner les besoins de l'Etat, la réforme des abus, l'établissement d'un ordre fixe et durable dans toutes les parties de l'administration; dont acte.

Ainsi fait en l'assemblée desdits commissaires le 20 mars 1789.

Signé L. Vanhœnacher, Placide Panckouke, Beghein d'Aignerue, J. Wartel, Lagarde, A. Brasme, Leroy, Couvreur, Salmon, et L. Duriés.

Lecture faite du cahier qui précède et après approbation générale des articles qu'il contient, il a été arrêté, à la demande de quelques membres, d'y insérer les articles suivants :

1° Demander la confirmation de la décision du conseil du 29 décembre dernier, qui prohibe les fils retors venant de l'étranger.

2° Demander que chaque commune se charge d'acheter, dans le temps où le blé est à bon compte, une quantité suffisante de cette denrée qui se conservera dans les magasins construits à cet effet, pour être vendus aux pauvres à un taux modéré dans le temps où elle sera à trop haut prix.

Ainsi fait et arrêté en l'assemblée générale, ce jourd'hui 21 mars 1789.

Signé. J. Wartel, Lagarde, Beghein d'Aignerue, Placide Panckouke, Salmon, Couvreur, Leroy, L. Vanhœnacher, A. Brasme, et L. Duriés

PROVINCE DU BAS-LIMOUSIN.

CAHIER

Des très-humbles supplications et demandes du clergé du bas Limousin, assemblé à Tulle, par ordre de Sa Majesté (1).

Art. 1er. SUPPLIE SA MAJESTÉ de protéger la religion catholique, d'interdire tout culte public qui lui serait opposé, de déférer aux ordinaires la collation des bénéfices à charge d'âmes qui seraient du patronage des non catholiques, de faire exécuter les édits et déclarations contre les scandales, le libertinage et l'impiété; de remettre en vigueur la discipline ecclésiastique, concernant la résidence; de rétablir les synodes diocésains et les conciles provinciaux, en remplacement de ses assemblées générales, dont il demande la suppression; et qu'il ne soit imprimé aucun ouvrage qui ne porte le nom de l'auteur et de l'imprimeur, pour les rendre solidairement responsables du contenu.

Art. 2. Lui paraît nécessaire de restreindre la publication des monitoires aux meurtres et crimes d'Etat; et, hors ces deux cas, laisser à l'official la liberté de les refuser. De ne pas réunir sur la même tête deux bénéfices consistoriaux; de faire expédier gratuitement tous les actes qui émanent du secrétariat des évêques; de rendre le service des paroisses plus facile par des arrondissements mieux combinés, et de rapprocher les diocésains des supérieurs ecclésiastiques, en imposant aux évêques l'obligation d'établir des grands vicaires à des distances convenables.

Art. 3. Son vœu serait qu'un revenu déterminé sur des bénéfices en commendes fût assigné à chaque bureau diocésain, pour être employé à l'acquit des dettes du diocèse, au supplément des cures insuffisamment dotées, à la retraite des ecclésiastiques infirmes ou âgés, à la dotation des fabriques et à l'éducation des jeunes gens dont les talents naturels donnent de grandes espérances.

Art. 4. La religion elle-même réclame encore de nouveaux secours en faveur des curés et vicaires; mais leur délicatesse se refusant à une fixation déterminée, ils s'en remettent à la justice des Etats généraux; elle s'affligerait de voir les curés de l'ordre de Malte toujours frustrés des secours qu'elle sollicite pour ses ministres; elle souffre dans ce moment de les voir tous privés du bénéfice d'une loi que le défaut d'enregistrement rend inutile, et en désire l'exécution, même pour le passé, en attendant qu'elle puisse leur assurer le sort qu'ils méritent.

Art. 5. Elle croit devoir s'occuper aussi de ceux qui, cantonnés pour les dîmes, ne trouvent dans leur produit, ni une subsistance honnête, ni de quoi fournir aux charges auxquelles ils sont

(1) Nous reproduisons ce cahier d'après un imprimé de la Bibliothèque du Sénat.

tenus, et demande, pour eux, que tous les codécimateurs, sans distinction, concourent au supplément de leur pension et charges ordinaires.

Art. 6. Un sentiment d'équité semble exiger que les décimateurs utiles ou nécessaires, recouvrent, par des unions de bénéfices consistoriaux, ce dont la justice rendue aux curés congruistes les prive; et le clergé supplie Sa Majesté de venir, par cette voie, à leur secours.

Art. 7. Demande que les dîmes soient regardées comme de droit inviolable et de fondation nationale, que de sages lois préviennent tout débat sur le mode de perception; que ses dettes soient reconnues dettes de l'Etat et contractées pour ses besoins, faites de l'aveu du gouvernement et considérées comme celles qui ont été contractées par le pays d'Etats; que tous décimes, dons gratuits et abonnements ecclésiastiques soient supprimés; que la répartition de ses impôts soit faite par les Etats provinciaux, qui remplaceront, dans cette fonction, les chambres ecclésiastiques, dont il vote la suppression.

Art. 8. Espère que dans la répartition des impôts, on aura égard aux obligations dispendieuses de tous les curés et principalement des congruistes; que tous les ecclésiastiques auront la liberté de verser directement le montant de leurs impositions dans la caisse du trésorier des Etats provinciaux, que ledit trésorier sera seul chargé du rôle qui le concerne, et que le recouvrement n'en sera pas confié au collecteur de leur paroisse.

Art. 9. Les maisons religieuses pauvres ne seront pas moins dignes des regards du clergé; il croit devoir demander que, dans chaque province, les revenus des maisons riches du même ordre soient employés à secourir celles qui sont indigentes; il désire aussi que l'édit de 1768, concernant la conventualité, soit mis à exécution.

Art. 10. Il ne peut fermer les yeux sur l'inexécution des édits contre la mendicité, vote pour qu'ils soient mis en vigueur et que les mendiants soient employés à des ateliers de charité établis à cette fin, ou secourus dans des hôpitaux s'ils sont malades ou infirmes.

Art. 11. Un bureau de pacification propre à terminer les différents, la réformation des bureaux diocésains et la nomination de leurs membres faite dans les synodes, par la voie du scrutin; un nouveau et meilleur régime dans les économats; d'utiles et nombreux établissements pour l'éducation de la jeunesse; des bureaux de charité qui fournissent à la subsistance des orphelins et qui les mettent en état d'y pourvoir eux-mêmes un jour, sont des vœux ardents du clergé.

Art. 12. Désire que dans les Etats généraux on opine par tête et non par ordre; qu'on ne délibère sur les impôts qu'après le redressement des griefs; que la dette nationale soit consolidée et sanctionnée, qu'il ne soit mis aucun impôt qu'après qu'il aura été statué sur les besoins indispensables de l'Etat; qu'aucun nouvel emprunt ne soit avoué ni enregistré dans les cours que du consentement de la nation ; que les lettres de cachet soient supprimées ou assujetties à des formes légales, et que des États particuliers soient accordés à la province, sans association avec aucune autre.

Art. 13. Renonce à tout privilége pécuniaire, à tout casuel, à toute banalité, à tout privilége d'exercer la solidarité de rente, ou d'en réclamer les arrérages au delà de cinq ans, et désire que la noblesse fasse de pareils sacrifices, en ce qui la concerne.

Art. 14. Sur les objets d'administration, de constitution pour la forme des États généraux, sur leur retour périodique, le régime des États provinciaux, la responsabilité des ministres, la création de nouveaux tribunaux, l'ampliation de ceux qui existent, enfin sur la suppression de ceux d'exception, d'attribution et d'évocation, le clergé s'en réfère aux résolutions sur lesquelles la noblesse et le tiers-état se trouveront d'accord.

Art. 15. Demande que les points qui ne seront pas arrêtés aux États généraux, soient renvoyés aux États provinciaux, et que ceux-ci soient autorisés à statuer provisoirement sur tous les besoins locaux, jusqu'au retour de nouveaux États.

Art. 16. Consent à donner à ses députés des pouvoirs généraux et suffisants, pourvu qu'avant toute opération, et pendant la tenue des États généraux, la liberté individuelle soit regardée comme sacrée ; que toute propriété soit respectée, la constitution nationale clairement établie, et la forme de convocation des États généraux bien déterminée pour l'avenir.

Clos et arrêté le 22 mars 1789.

S'ensuivent les noms de MM. les commissaires :

L'abbé Fenis de Lacombe, grand prévôt de l'église cathédrale de Tulle, abbé commendataire de Boscheaut ; Brival, chanoine de Tulle ; Besse, chanoine d'Uzerche ; Clédat, chanoine d'Uzerche ; Forest, curé d'Ussel ; Brival, curé-prieur de Lapleau ; de Luret, curé de Cublac ; Reyjal, curé de Turenne ; Nugon, curé de Bar ; Thomas, curé de Meymac ; Béronie, curé des Angles ; David, curé d'Arnac-Pompadour ; Pommier, curé de Saint-Paul ; Borie Des Renaudes ; Lavareille, bénéficier simple ; Grandchamp, bénéficier simple ; Dom Gaillardon, prieur des feuillants ; Dom Jacques Chapuis, prieur de l'abbaye de Beaulieu.

CAHIER

Des représentations et doléances de la noblesse du bas Limousin, des sénéchaussées de Tulle, Brive et Uzerche, commencé le 17 mars 1789, et fini le 21 mars de la même année (1).

Art. 1er. Nos députés commenceront par témoigner à Sa Majesté toute notre reconnaissance du bien qu'elle nous procure en réintégrant la nation dans ses droits primitifs ; ils lui diront que la noblesse ne mettra jamais de borne à l'étendue de son dévouement pour la monarchie.

Art. 2. Nos représentants feront tous leur efforts pour qu'il ne s'élève point de scission dans leur ordre, et pour s'unir d'intention au reste de la noblesse, comme nous le sommes de cœur.

Art. 3. Ils demanderont d'abord que non-seulement aucune loi bursale, mais encore aucune loi générale et permanente ne soit établie à l'a-

venir qu'au sein des États généraux, et par le concours mutuel de l'autorité du Roi, et du consentement de la nation ; que ces lois portant dans le préambule ces mots : DE L'AVIS ET CONSENTEMENT DES GENS DES TROIS ETATS DU ROYAUME, etc., seront, pendant la tenue même de l'assemblée nationale, envoyées au parlement de Paris, les princes et pairs y séant, et aux parlements des provinces, pour y être inscrites sur le registre, et placées sous la garde de ces cours souveraines, sans qu'elles puissent se permettre d'y faire aucune modification, mais *qu'elles continuent*, comme ci-devant, à être chargées de l'exécution des ordonnances du royaume, du maintien de la constitution et des droits nationaux, de rappeler les principes par des remontrances au Roi et des dénonciations à la nation, toutes les fois qu'elle jugeront que ces droits sont attaqués ou seulement menacés.

Art. 4. Ils demanderont que les lois, autres que les lois générales et permanentes, ou les bursales, c'est-à-dire les simples lois de police ou d'administration, soient, pendant l'absence des États généraux, provisoirement adressées à l'enregistrement libre et à la vérification des cours, comme il a toujours été pratiqué, mais qu'elles n'aient de force que jusqu'à la tenue de l'Assemblée nationale, où elles auront besoin de ratification pour être obligatoires.

Art. 5. Que le retour périodique des États généraux soit fixé à quatre ans, et l'intervalle des premiers aux seconds à deux seulement, attendu les besoins urgents de l'Etat.

Art. 6. Que les Etats généraux statuent, par une loi permanente, que le Roi, sous aucun prétexte, ne puisse rompre l'Assemblée nationale que les articles principaux n'aient été confirmés.

Art. 7. Que les députés ne puissent voter aux Etats généraux que par ordre, non par tête, et que le consentement de deux ordres réunis ne pourra lier le troisième.

Art. 8. Que tout impôt soit déclaré illégal, et ne puisse être levé, s'il ne reçoit la sanction du Roi et des Etats généraux, qui en fixeront la nécessité, l'assiette, la répartition, l'emploi, l'étendue et la durée ; qu'il ne puisse même être fait aucune espèce d'emprunt sans leur consentement ; dans le cas où le terme de la durée de l'impôt déterminé ne serait pas prorogé par les Etats généraux, que les procureurs généraux dans les cours soient tenus de poursuivre, comme concussionnaires, ceux qui oseraient les percevoir, à peine de confiscation de leurs charges. Et comme les Etats généraux de Blois avaient fait inutilement la même injonction aux procureurs généraux, l'assemblée demande qu'il soit déclaré que le premier officier qui fera la dénonciation, dans le cas de négligence du procureur général, soit et demeure pourvu par Sa Majesté dudit office.

Art. 9. Que la nomination des députés aux Etats généraux n'émane point des Etats provinciaux, et que la nation rassemblée en districts séparés, qui ne se rassembleraient que pour cette nomination et la rédaction des cahiers, en ait seule le droit.

Art. 10. Que les ministres de notre souverain soient responsables aux Etats généraux de toutes les déprédations dans les finances, ainsi que de toutes atteintes portées par le gouvernement aux droits tant nationaux que particuliers, et que les auteurs de ces infractions soient renvoyés, par lesdits Etats généraux, par-devant la cour des pairs, ou tel autre tribunal qu'ils choisiront, et

---

(1) Nous publions ce document d'après un imprimé de la *Bibliothèque du Sénat*.

en leur absence par les procureurs généraux du Roi dans les cours.

Art. 11. Demander la liberté de la presse, à la charge par l'imprimeur de repondre, en son propre et privé nom, de tout ce qui pourrait se trouver de contraire à la majesté du trône, au respect dû au souverain, à la religion et aux bonnes mœurs, à moins que le manuscrit ne fût signé de l'auteur, auquel cas l'auteur en répondrait.

Art. 12. Que l'on demande aussi l'abolition des lettres de cachet contre tout citoyen, et que jamais aucun des justiciables ne puisse être jugé que par ses juges naturels et compétents, et non par commission, et que l'on demande aussi l'abolition de toutes lettres closes pour le regard de la justice.

Tels sont, les points préliminaires sur lesquels nous enjoignons à nos députés de faire statuer dans l'assemblée des États, *préalablement* à toute autre délibération, *avant surtout de voter pour l'impôt;* déclarant que si nos représentants, sans avoir égard aux clauses expresses du présent mandat, jugeaient à propos de concourir à l'octroi des subsides, nous les désavouons *formellement, et les regardons comme déchus de leurs pouvoirs, incapables de nous lier par leur consentement, et à jamais indignes de notre confiance.*

Art. 13. Demander que l'état de toutes les grâces pécuniaires, pensions, dons, gratifications accordées par le Roi, ainsi que les états de recette et dépense, et la fixation de divers départements, soient publiés par la voie de l'impression; que cet état soit rapporté aux États généraux, ainsi que la connaissance approfondie du montant du *déficit* et ses véritables causes, pour y être remédié ainsi qu'on avisera; supplier aussi Sa Majesté de vouloir bien révoquer les pensions immenses qui ont été accordées, et qui sont une des causes de la déprédation des finances.

Art. 14. La noblesse, accoutumée à faire des sacrifices pour le service du Roi, le bien de l'État et de la patrie, mais aussi pénétrée de la légitimité de ses privilèges, qui tiennent essentiellement à la constitution de la monarchie, a pensé que, dans la crise où se trouve la France par la déprédation des finances, l'immensité du déficit, et le poids accablant des impôts qui tombent sur le tiers-état, elle ne doit pas balancer à venir au secours de la patrie, avec cette loyauté et cette franchise qui la caractérisent; en conséquence, elle renonce provisoirement à ses privilèges pécuniaires jusqu'à la seconde tenue des États, mais en exceptant cependant du nombre des contribuables au nouvel impôt ceux des gentilshommes dont la fortune n'excéderait pas la somme de 1,200 livres de revenu.

Art. 15. Que l'on supprime tous impôts distinctifs, taille, capitation, etc., pour leur être substitué, d'après le consentement des États, un seul impôt qui les représente tous, pour être également supporté par les trois ordres de l'État, et proportionnellement aux facultés mobilières, sans que, dans aucun cas, le ministre des finances puisse se permettre de faire avec personne aucun abonnement, à peine d'en répondre en son propre et privé nom, et sous telle peine qu'il plaira à Sa Majesté, de concert avec les États généraux, statuer et de déterminer.

Art. 16. Que toutes les villes, bourgs et communautés élisent librement leurs officiers municipaux, leurs conseils publics, et ayent l'entière et libre administration du revenu des communes, sans être assujettis à l'inspection des commissaires départis et des ministres.

Art. 17. Que le droit de *committimus*, soit au grand, soit au petit sceau, ainsi que l'évocation des procès qui intéressent les pairies dans tout ce qui ne touche point à la dignité soit du fief, soit de la personne, que le scel des différents châtelets, au moyen desquels les parties sont évoquées du fond de leur province, souvent même contre leur gré, soient entièrement abolis, ainsi que les cassations et évocations d'affaires civiles, criminelles et contentieuses dans le conseil d'État.

Art. 18. Que l'administration des eaux et forêts soit confiée aux États provinciaux, en perfectionnant les lois du royaume destinées à la conservation de ces biens; demander, en conséquence, que les tribunaux des eaux et forêts soient supprimés, et le contentieux renvoyé aux tribunaux ordinaires, sauf ce qui regarde les juridictions des seigneurs.

Art. 19. Qu'il soit accordé une diminution d'impôt à la province du Limousin, vu la stérilité du sol, la pauvreté de ses habitants, la surcharge de ses contributions.

Art. 20. Qu'il soit avisé aux moyens de régler la distribution des biens attribués aux places et fonctions ecclésiastiques, proportionnellement aux besoins et à l'étendue de ces mêmes fonctions, suppliant le Roi de ne pas outre-passer les limites qui seront tracées à cet égard; que tous les évêques et bénéficiers, à charge d'âmes, soient tenus à résidence, à peine de saisie de leur temporel, lequel temporel serait remis entre les mains des États provinciaux, pour être appliqué au profit de ceux de ladite province qui auraient éprouvé des calamités imprévues, et qui manqueraient de moyens pour les réparer.

Art. 21. Qu'il soit avisé aux moyens de consacrer une partie des biens ecclésiastiques à des objets de bienfaisance publique, qui sont aujourd'hui à la charge de l'État.

Art. 22. Que toutes douanes et barrières soient reculées aux frontières, sans préjudice des droits d'octroi et droits d'entrée des villes.

Art. 23. Que les privilèges exclusifs étant reconnus comme un abus réel, il n'en soit plus accordé ni prorogé à l'avenir.

Art. 24. Qu'il soit manifesté le désir que, dans les bureaux qui seront convoqués pour préparer les objets qui doivent être déterminés dans l'assemblée nationale déjà indiquée, l'on s'occupe de tout ce qui peut intéresser la compétence et l'étendue du ressort des tribunaux, le bien des justiciables, et qu'en conséquence, la compétence des présidiaux soit portée à toute somme pécuniaire qui n'intéressera ni la qualité des personnes ni la qualité des fonds; qu'on leur donne également la compétence en dernier ressort de toute petit criminel, sans qu'ils puissent en aucun cas infliger aucune peine afflictive ni infamante, qu'à la charge de l'appel; qu'il soit également porté une réforme sur les droits excessifs de greffe, de forme et de frais de justice.

Art. 25. Que le Roi soit supplié de ne jamais réunir sur la même tête plusieurs grâces et emplois militaires ou autres, à moins que celui qui les obtiendrait ne fût borné aux plus forts appointements d'une de ces différentes places.

Art. 26. Qu'il soit avisé par les États généraux aux besoins instantanés qu'une guerre imprévue pourrait faire naître pendant l'absence desdits États généraux.

Art. 27. Qu'il soit fait un tarif clair et précis des droits de contrôle, qu'il soit réduit de manière à ne pas fatiguer les sujets du Roi, que le tableau des droits à percevoir soit placé dans le bureau du contrôleur et dans l'étude de chaque notaire, pour qu'il soit à la portée de tout le monde.

Art. 28. Que le droit de centième denier et celui d'insinuation soient détruits, et qu'il ne soit conservé, pour ce dernier objet, qu'un simple droit de greffe.

Art. 29. Que toutes les sommes, de quelle nature qu'elles soient, ne puissent être payées qu'à la caisse des Etats provinciaux, et par les moyens qui seront avisés.

Art. 30. Que l'on abolisse l'état de juré-priseur, dont l'établissement répugne autant aux lois romaines, qui régissent la province, que leur existence nuit à la propriété des citoyens.

Art. 31. Que l'on témoigne à Sa Majesté la reconnaissance, la confiance, le respect qu'imprime à ses sujets le désir qu'elle leur montre d'entendre leurs réclamations, ainsi que d'avoir donné cette loi vraiment nationale et constitutionnelle, d'un édit de bienfaisance qui, en confirmant la loi fondamentale de l'Etat concernant le culte et le dogme de la religion catholique, apostolique, romaine, assure en même temps l'existence civile de nos frères qui sont dans l'erreur.

Art. 32. Que l'on demande le rétablissement de la Pragmatique-Sanction, la nomination aux bénéfices consistoriaux demeurant toujours dans les mains du Roi, comme dérivant d'un droit nécessairement attaché à la couronne.

Art. 33. Que l'on demande la suppression des tribunaux d'exception et leur attribution portée aux juges ordinaires, et notamment celui de Valence et autres de ce genre.

Art. 34. Que l'intérêt de l'argent puisse être légitimement perçu à raison de 5 p. 0/0 sans aliénation du capital.

Art. 35. Que l'on exprime le désir de voir supprimer un impôt désastreux comme les aides et les gabelles, mais que l'on expose, en cas de l'extinction de cet impôt, que le Limousin en est rédimé, et depuis a été surchargé, à raison de cette exemption, en taille et autres impositions accessoires.

Art. 36. Que l'on demande l'extinction des moines mendiants.

Art. 37. Qu'il ne soit établi, sous quelque prétexte que ce soit, aucune commission intermédiaire d'une tenue d'Etats généraux à une autre.

Art. 38. Que le Roi soit supplié d'abolir la loi qui exclut le tiers-état des emplois militaires, et en même temps de restreindre les anoblissements à l'avenir, au service, à la haute magistrature, ou pour des traits de vertu et de bienfaisance, ou services importants rendus à l'Etat.

Art. 39. Qu'il soit établi dans le royaume des dépôts suffisants pour y recevoir les femmes condamnées aux peines équivalentes aux galères.

Art. 40. Demander l'abolition de toute sauvegarde, franchise et lieux privilégiés, qui mettent les coupables à l'abri de la sévérité des lois et de la justice.

Art. 41. Supplier le Roi de venir dès ce moment au secours de l'humanité, et sans attendre le résultat de l'assemblée des Etats généraux, sollicitée pour deux ans, donner une déclaration par laquelle on permettrait aux accusés le conseil d'un avocat dans toutes sortes de crimes ; accorder encore le renouvellement de la Charte du roi Jean, qui autorise tout citoyen décrété de prise de corps à se dispenser de se remettre en prison s'il trouve caution bourgeoise pour répondre de lui et des dommages qui pourraient résulter de sa fuite.

Art. 42. Demander, pour les habitants de la vicomté de Turenne, la conservation de leurs droits, dont ils ont toujours joui depuis l'an 1200, et que le cahier de leurs doléances particulières soit annexé à celui de la noblesse du bas Limousin ; et que leurs députés soient autorisés à représenter leur cahier et à statuer sur leurs justes réclamations à l'assemblée des Etats généraux.

Et ont signé :

Fenis de Labrousse, d'Arche d'Ambrugeat, Soulages, Boy de Lacombe, Delzor, Lespinasse de Bournazel, Traversac de Friat, de Larode, de Lumaze, de Selve Duchassain, de Sainte-Marrie, de Bar, Veyrière, Fenis de Roussillon, Lastours, chevalier de Lamaze, le chevalier de Flomont, Meynard de Queilho, Degain, le baron de Jaucen de Poissac, le baron de Lentilhac, le chevalier de Bouchiat, le chevalier de Burs, de Guilheaume, Delhorz, Lafagerdie de Lapraderie, de Pestels, Cerou, de Bar de la Chapoulie, Puyhabilier, Lafagerdie de Lapraderie, Donnet de Segur, La Chapelle de Carman, le comte de Philip de Saint-Viance, Lagaye de Lanteuil, Borderie de Vernejoux de Laserre, le vicomte de Valon Saint-Hippolyte, d'Arche de Vaurs, le duc d'Ayen, de Massoulie, Fenis de Tourondel, Joyet de Maubec, Meynard de Mellet, de La Bachelerie, Du Griffolet de Lentilhac, Certain de Lacoste, de Dienne, de Selve de Saint-Avid, Pelets, d'Estresse, le marquis de Lasteyrie du Saillant, Lamothe de Quinson, le chevalier de Jaucen, Combarel de Gibanel, de Parel, Hugon de Marlias, Fenis de Laprade, le baron de Lauthonye, Meynard de Maumont, Ernault de Brusly, de Turenne, le comte de Lentilhac-Sedière-Lauthine, de Chaunac, le baron de Lamazorie-Soursac, le comte de Douhet de Marlac, de Verlhac, Mamorel, Fenis de Lafeuillade, le vicomte de Laqueille, le marquis de Rodarel de Seilhac, le marquis de Soudeilles, du Courier de Plaignes, Lespinasse de Pebeyre, Du Bac de Lachapelle, Combret de Marsillac-Labeysserie, de Bouchiat, d'Enval, le chevalier de Bruchas, Selve de Bity, le comte de Lavaur, Fenis de Labrousse, de Saint-Pardoux, Dumas de Lamorie, de Montal, Fenis chevalier de Laprade, le marquis de Corn, Dubac, le baron de Pelets, Rodarel chevalier de Seilhac, Malden de la Bastille, Milhac, La Brue de Saint-Bauzile, Coureze de la Colombière, Sahuguet, chevalier de la Brue, de Sournies, Braquillange, le comte de Scorraille, le baron de Monamy, Lafagerdie de Saint-Germain, le baron de Bellinay, de la Brue, le chevalier de Brulys, Dumont de la Françonnie, Soulages fils, de Loyac de la Bachellerie, Lafagerdie de la Peyriere, le comte de Boisseul, de Gimel-Lespinat, de Lavialle-Lameillere, Dufaure de Saint-Martial, de Lastic Saint-Jal, le baron de Conac, Guillemin, de Laurens de Puy-Lagarde, chevalier de Guilheaume, de Baluze, comte de Beyssac, chevalier Dubac, de Chaumarex, Du Myrat de Boussat, Certain de Lacoste, chevalier de Saint-Martial, le baron de Chailas de Laborde, le baron du Bois d'Escordal, de Neux, le chevalier Todutti de la Balmondière, Latour du Fayet, le vicomte de Valon, de Laprade, secrétaire de la noblesse, Lafagerdie de Saint-Germain, secrétaire de l'ordre.

Par nous clos et arrêté, coté et paraphé par première, onzième et dernière page. Fait lesdits jour et an. Signé LE BARON DE LUBERSAC, capitaine de dragons, grand sénéchal de Tulle.

CAHIER

Des plaintes, instructions et remontrances des trois sénéchaussées de Tulle. Brives et Uzerche réunies, réduit et résumé par les commissaires soussignés, nommés dans l'assemblée générale des députés du tiers-état desdites trois sénéchaussées, tenue le 18 mars 1789 (1).

Art. 1er. Le tiers-état demande qu'aux prochains États généraux, les délibérations soient prises en comptant les suffrages par tête et non par ordre.

Art 2. Que les représentants du tiers-état soient, en toutes assemblées nationales, en nombre égal aux deux autres ordres réunis ; que les voix y soient comptées par tête et que cette forme soit déclarée constitutionnelle.

Art. 3. Que tout ce qui sera reconnu, à l'assemblée des États généraux, pour loi fondamentale de l'État, soit rédigé en corps de loi.

Art. 4. Que les prochains États généraux statuent irrévocablement sur leur retour périodique; qu'ils règlent la forme de leur convocation à venir, et que, pour assurer ce retour périodique, l'impôt ne soit accordé que pour un temps limité, sans qu'il puisse être perçu au delà de ce terme, sous aucun prétexte.

Art. 5. Qu'il soit arrêté qu'une loi permanente, générale ou particulière, ne puisse être faite que par le concours du Roi et des trois ordres assemblés en États généraux.

Que toute loi faite par ce concours soit confiée à la garde des cours souveraines pour son exécution seulement ; que le Roi puisse cependant, dans l'intervalle d'une assemblée d'États généraux à l'autre, faire des lois de police et d'administration, qui ne pourront être mises en vigueur qu'après l'enregistrement qui en aura été fait aux cours souveraines, du consentement préalable des États provinciaux.

Que les lois, ainsi faites par le Roi seul, ne soient que provisoires et demeurent abrogées, si la première assemblée des États généraux suivante ne les confirme.

Art. 6. Qu'il soit reconnu que la nation seule, assemblée en États généraux, a le droit de s'imposer; qu'il ne soit, en conséquence, dans aucun temps, levé aucun impôt, direct ou indirect, ni fait aucun emprunt que de son libre consentement.

Art. 7. Qu'il soit reconnu qu'aux seuls États généraux appartient le droit de déterminer la nature, la quotité, l'assiette, la durée et l'emploi de l'impôt, ainsi que sa répartition par province ou par généralité.

Art. 8. Qu'il n'y ait jamais aucune commission intermédiaire d'États généraux.

Art. 9. Que les ministres de chaque département soient tenus de rendre un compte public aux États généraux, qui établiront un ordre de comptabilité à leur égard, et que les ministres reconnus coupables seraient jugés par tel tribunal qui sera désigné.

Art. 10. Qu'il soit établi dans la province du Limousin des États particuliers composés des trois ordres de la province, librement choisis par les villes et paroisses, sans réunion à aucune autre province ; que le nombre des représentants de chaque ordre aux États provinciaux soit dans la même proportion qu'aux États généraux, qui en régleront les pouvoirs et les fonctions.

Art. 11. Que les États provinciaux ne puissent jamais s'arroger le droit de nommer des députés de la province aux États généraux, et qu'ils soient eux-mêmes sous leur dépendance immédiate.

Art. 12. Que les villes et bourgs soient irrévocablement établis dans le droit de choisir librement leurs officiers municipaux et conseil politique.

Art. 13. Que la liberté de la presse soit établie sous les modifications qui seront faites par les États généraux.

Art. 14. Que tous les règlements faits par les États généraux soient envoyés aux cours souveraines pour y être enregistré sur-le-champ, sans examen et sans modification de leur part, pendant la tenue des États, dont l'assemblée ne pourra être dissoute ni renvoyée à un autre temps qu'après ledit enregistrement.

Art. 15. Que le tiers-état puisse concourir avec la noblesse pour occuper les dignités, charges, gardes et emplois dans l'Église, la magistrature et l'armée, nonobstant tous règlements contraires qui doivent être abrogés comme injurieux au tiers-état.

Art. 16. Que tous restes de servitude de la glèbe soient abolis dans le royaume.

Art. 17. Que l'usage des lettres de cachet et autres ordres arbitraires soient aboli, ainsi que de tous mandats des cours souveraines, à moins de prévarication prouvée.

Art. 18. Qu'il soit avisé, à l'assemblée des États généraux, au meilleur moyen possible de remplacer les milices et classement, qui foulent et humilient le tiers-état, et que les États provinciaux en aient le régime.

Art. 19. Qu'au sein des États généraux les lois concernant la procédure criminelle, les délits et les peines soient revues et corrigées.

Art. 20. Qu'il ne soit établi, à l'avenir, aucune commission extraordinaire en matière civile et criminelle ; que celles déjà existantes, telles que le tribunal de Valence et autres, soient supprimées.

Art. 21. Qu'à l'avenir, les peines des mêmes crimes soient les mêmes pour les coupables de tous les ordres, comme un des principaux moyens d'anéantir le préjugé de l'infamie héréditaire.

Art. 22. Que les lois concernant la procédure civile soient revues et corrigées ; que les formalités des saisies réelles et décrets soient simplifiées, que le délai des lettres de ratification, concernant les hypothèques, soit prorogé à six mois, et que la publication des contrats soit faite par affiches, posées pendant trois dimanches consécutifs à la porte de l'église de la paroisse où les fonds aliénés seront situés, avant de sceller lesdites lettres.

Art. 23. Que tous les *committimus* soient supprimés, et qu'il ne soit fait à l'avenir aucune évocation générale ou particulière au conseil d'État.

Art. 24. Que tous les tribunaux d'exception, tels que les trésoriers de France, élection, greniers à sel, traites foraines et autres, et notamment la maîtrise particulière des eaux et forêts du Limousin, extrêmement onéreuse au peuple, soit supprimés, ainsi que les droits attribués à ces tribunaux, sans cependant y comprendre les juridictions consulaires et autres tribunaux de commerce.

Art. 25. Que les jurés-priseurs, depuis peu établis dans le Limousin, soient supprimés, ainsi que les droits attachés à leurs offices.

Art. 26. Que, pour le bien des justiciables, Sa Majesté veuille bien former des arrondissements plus exacts ; que le pouvoir des présidiaux soit amplifié, et qu'il soit avisé aux États généraux s'il serait avantageux à la nation d'ériger tous les sénéchaux en présidiaux.

Art. 27. Que les juges royaux ne puissent pas prévenir les juges seigneuriaux.

Art. 28. Que, dans les domaines du Roi, la solidité des cens et rentes, des banalités, corvées, guet de garde, accapte, taille aux quatre cas, et cessibilité du retrait féodal et censuel, soient supprimées.

Art. 29. Que, dans les terres de seigneurs, l'exercice de la solidité soit borné à l'année courante ; qu'il soit permis de se racheter de la banalité ; que le délai du retrait seigneurial soit fixé à deux mois à compter du jour de la notification légale du contrat qui aura donné ouverture à ce droit ; et que les arrérages des cens et rentes prescrivent par cinq ans.

Art. 30. Plusieurs paroisses du bas Limousin se plaignent de l'usage abusif du comble pressé, secoué dans le mesurage des rentes, et en demandent l'abolition.

Art. 31. Que les seigneurs ne puissent prétendre de lods d'indemnités et ventes pour la vente des bois de haute futaie, lorsqu'elle est faite séparément du sol, à moins qu'ils ne puissent établir que le sol était en nature de forêt à l'époque de l'accensement.

Art. 32. Que les lois concernant la chasse en temps prohibé soient exécutées, et qu'il ne soit permis de chasser, en aucun temps, dans les jardins et vergers des particuliers.

Art. 33. Que tous les impôts distinctifs d'ordre, qui se perçoivent à raison des possessions foncières et droits réels, soient fondus en un seul impôt ; qu'ils soient supportés indistinctement et perpétuellement par les trois ordres, en raison de leurs revenus ; qu'ils soient portés sur le même rôle ; que le rachat des corvées et autres impositions provinciales soit également supporté par les trois ordres; qu'en conséquence, les droits de franc-fief soient abolis comme blessant l'égalité des contributions, qui doit régner entre les ordres de l'État.

Art. 34. Qu'il ne soit établi aucun droit d'aides et gabelles dans la province de Limousin, ni aucun autre impôt dont la perception puisse donner lieu à des recherches chez les particuliers, à des formalités et à des amendes.

Art. 35. Que les barrières et bureaux des douanes et traites soient supprimés dans l'intérieur du royaume.

Art. 36. Qu'il soit fait un nouveau tarif du contrôle, fixe, modéré et proportionné aux qualités des parties et à la nature des contrats; qu'on ne puisse rechercher, après deux ans, les droits d'aucune espèce d'actes, encore moins forcer les familles à faire contrôler des testaments, dont elles sont d'accord de ne pas faire usage; que tous les actes, comme quittances, livres, journaux, ou autres produits par exception, soient déclarés exempts de contrôle; et que le parchemin timbré soit supprimé ; qu'on ne puisse exiger le droit de centième denier sur aucune succession, ou abandon d'usufruit, et que les difficultés et contestations relatives à cette administration soient dévolues aux juges royaux, pour être jugées sommairement et sans frais.

Art. 37. Que le tarif des droits des greffes soit fixé d'une manière juste et précise, pour qu'on n'aperçoive point, à chaque instant, un double emploi des droits perçus au contrôle, et de ceux qu'on exige dans les greffes.

Art. 38. Que, pour le bien du commerce et de l'agriculture, l'intérêt de l'argent en simple prêt soit permis, en restreignant néanmoins l'action pour les arrérages à cinq ans.

Art. 39. Que les arrérages des baux à ferme, à loyers et à colonages, prescrivent par cinq ans du jour de la fin du bail.

Art. 40. Que les bailleurs à cheptel ne puissent exiger leur part du croît, que des cinq dernières années, la dernière en nature, et les autres en intérêt du capital du cheptel au taux de l'ordonnance, si mieux le preneur n'aime rendre compte du croît et perte.

Art. 41. Que le sort de la province du Limousin soit amélioré ; qu'étant une des provinces du royaume les plus pauvres, à cause de l'infertilité de son sol et de sa position qui la prive de presque tout commerce, il lui soit accordé une diminution de subsides, si ardemment sollicitée par M. Turgot qui en connaissait la justice, et que la taxe d'industrie des journaliers soit entièrement supprimée.

Art. 42. Que le gouvernement accorde une protection puissante à l'agriculture; et qu'il cherche, dans sa sagesse, le meilleur moyen de rendre la condition de laboureur honorable; qu'il accorde pareillement sa protection au commerce et aux manufactures dans la province, en y détruisant les privilèges exclusifs, les monopoles et les lois fiscales qui peuvent les gêner, et que les droits, qui se perçoivent dans les foires, soient abolis.

Art. 43. Que la dîme ne soit perçue qu'après la déduction de la semence, et que la paille retournée au laboureur; qu'il soit avisé au moyen de procurer au peuple la suppression de la menue et verte dîme, et du carnelage.

Art. 44. Que les dépenses pécuniaires pour le logement des gens de guerre soient supportées par les trois ordres de la province.

Art. 45. Que Sa Majesté soit suppliée de mettre des bornes à sa générosité dans l'octroi des grandes pensions et des grands bienfaits, par la considération que cette munificence se prend sur le nécessaire de plusieurs millions de ses sujets; qu'elle soit aussi suppliée de supprimer toutes les places dont les États généraux n'avoueront pas l'utilité, de modérer les appointements et gratifications des gens de finance, et de se prêter à tous les moyens d'économie qui lui seront indiqués par les États généraux.

Art. 46. Qu'il soit agité aux États généraux s'il ne serait pas avantageux pour le bien de l'État qu'on aliénât les domaines de la couronne.

Art. 47. Qu'il y soit délibéré s'il ne convient pas de proposer au Roi de suspendre, pour un temps, la nomination aux bénéfices sans charge d'âmes, pour en employer le produit à l'acquit des dettes de l'État.

Art. 48. Que tous les monastères et maisons religieuses, dont l'existence sera reconnue inutile par les États généraux, soient supprimés, et leurs biens employés aux dettes de l'État, ou à tel autre usage que la nation trouvera convenable ; et que ceux qui seront conservés soient tenus de se rendre utiles à l'État.

Art. 49. Qu'il soit avisé par les États généraux au moyen de faire contribuer aux charges de l'État tous les capitalistes et rentiers.

Art. 50. Que les capitalistes avisent au meilleur moyen de conserver les minutes des actes des notaires décédés.

Art. 51. Qu'il soit laissé à la sagesse des États provinciaux d'aviser au meilleur moyen de recouvrer l'impôt pour le plus grand soulagement des redevables, et de supprimer les receveurs et huissiers aux tailles.

Art. 52. Que toutes les propriétés soient taxées en entier au rôle du lieu de leur situation, et que les États provinciaux avisent au meilleur moyen de procurer aux paroisses la faculté de faire elles-mêmes leur rôle.

Art. 53. Que les États généraux veuillent bien recommander aux États provinciaux du Limousin de s'occuper, aussitôt après leur établissement, des chemins de communication; et qu'à cet égard, ils donnent leurs premiers soins aux villes, bourgs et paroisses qui ont le moins de débouchés, et que, cependant, ils aient égard, dans la répartition de l'impôt relatif au rachat de la corvée, au lieux les moins favorisés jusqu'à présent.

Art. 54. Que la route directe de Paris à Toulouse soit conservée à la province du Limousin avec tous ses avantages actuels.

Art. 55. Qu'il soit défendu aux traitants d'envoyer, dans les bureaux particuliers, du tabac en poudre, et qu'il soit agité aux États généraux s'il ne conviendrait pas que la culture du tabac fût libre en France.

Art. 56. Qu'il soit établi dans le chef-lieu de chaque sénéchaussée une imprimerie.

Art. 57. Que, pour éviter aux citoyens des dépenses qui les grèvent, et empêcher la cour de Rome de tirer du royaume des sommes considérables, Sa Majesté soit suppliée de prendre les moyens convenables pour que les dispenses, bulles, provisions, et autre actes de la chancellerie romaine, s'accordent et s'expédient, à l'avenir, en France, et que tous droits en dérivant soient employés au profit de l'État.

Art. 58. Que le haras de Pompadour qui est un établissement onéreux au gouvernement, et infructueux pour la province, soit supprimé.

Art. 59. Que les États généraux soient invités à ne voter sur les subsides, qu'après s'être occupé des autres doléances et principalement, de la liberté nationale et individuelle, et de l'égalité de la répartition de l'impôt.

Art. 60. Les députés de la vicomté de Turenne demandent que, dans le cas où, contre l'attente et le vœu général, quelques provinces du royaume conserveraient leurs privilèges, elle soit maintenue dans ceux dont elle jouissait ci-devant. A cet effet, ils ont joint un mémoire au présent cahier.

Art. 61. Qu'il soit pris, sur les revenus ecclésiastiques, pour assurer aux curés de campagne 1,200 livres de pension, aux curés de ville, qui sont congruistes, 1,500 livres, et aux vicaires la moitié; et qu'en conséquence, tout casuel soit aboli, comme onéreux au peuple, et avilissant pour les ministres des autels; qu'il soit fait un arrondissement de paroisses.

Art. 62. Qu'il soit avisé aux moyens convenables d'arrêter les banqueroutes frauduleuses.

Art. 63. Qu'on porte une attention particulière à l'éducation publique; qu'à cet effet, il soit établi dans chaque province plusieurs collèges constitués sur les principes d'écoles militaires; et que les fonds nécessaires pour ces établissements soient pris sur ceux qui proviendront de la réforme des maisons religieuses.

Signé de Chiniac, lieutenant général d'Uzerche, commissaire; Malès, avocat, commissaire; Reyjal Latour, avocat, commissaire; Malpeyre, commissaire; Latreille de Lavarde, commissaire, déclarant ne conférer d'autres pouvoirs que ceux que j'ai reçus; Lachèse, commissaire; Sartelon, commissaire; Melon de Pradère, commissaire; Mougène de Saint-Avid, avocat, commissaire; Brival de Lavialle, commissaire; Poinsson, commissaire;

Melon, lieutenant général présidial; Estorges, greffier en chef.

CAHIER

Des instructions et demandes de l'assemblée du tiers-état de la sénéchaussée du bas pays de Limousin séante à Brives (1).

DÉPUTÉS :

MM. Malès, *avocat*.
Melon, *lieutenant général de la sénéchaussée*
De Lort, *avocat*.
Leudières, *avocat*.

Un roi juste et bienfaisant, restituant à la nation tous ses droits, dont la jouissance paraissait depuis longtemps suspendue, nous invite à lui faire connaître nos plaintes et nos vœux au sein des États généraux.

C'est dans cette vue que l'assemblée du tiers-état de la sénéchaussée de Brives va exposer ses demandes.

Constitution et législation.

Art. 1er. La présente assemblée demande qu'aux prochains États généraux les délibérations soient prises en comptant les suffrages par tête, et non par ordre, et que les suffrages y soient donnés à haute voix.

Art. 2. Que le nombre des représentants du tiers-état soit, en toutes assemblées nationales, au moins égal à celui des représentants des deux ordres réunis, et que cette forme soit déclarée constitutionnelle.

Art. 3. Que les prochains États généraux statuent irrévocablement sur leur retour périodique, et règlent la forme de leur convocation à venir.

Art. 4. Que, pour assurer ce retour périodique, l'impôt ne soit accordé que pour un temps limité, sans que, sous aucun prétexte, il puisse être prorogé au delà de ce terme.

Art. 5. Que le pouvoir législatif de la nation soit reconnu, et qu'en conséquence, il soit arrêté qu'aucune loi permanente, soit générale ou particulière, ne puisse être faite que par le concours du Roi et des trois ordres assemblés en États généraux.

Art. 6. Que toute loi faite par ce concours soit confiée à la garde des cours souveraines, qui seront tenues de l'enregistrer et faire publier aussitôt qu'elle leur aura été envoyée, sans pouvoir y faire aucun changement ni modification.

Art. 7. Que le Roi puisse cependant, dans l'intervalle d'une assemblée d'États généraux à l'autre, faire seul les lois de police et d'administration, qui ne pourront néanmoins être mises en vigueur qu'après l'enregistrement libre aux cours souveraines; et que ces lois ainsi faites par le Roi seul ne soient que provisoires, et qu'elles demeurent abrogées, si la première assemblée d'États généraux suivante ne les confirme.

Art. 8. Qu'il n'y ait jamais aucune commission intermédiaire d'États généraux.

Art. 9. Qu'il soit rétabli dans la province ou généralité du Limousin des États particuliers, composés des trois ordres de la province librement élus par les villes et paroisses, et que le nombre des représentants de chaque ordre aux États provinciaux, soit dans la même proportion qu'aux États généraux.

Art. 10. Que les États provinciaux ne puissent

(1) Nous publions ce cahier d'après un imprimé de la Bibliothèque du Sénat.

jamais s'arroger le droit de nommer les députés de la province aux États généraux, et qu'ils soient sous la dépendance immédiate des États généraux, lesquels régleront leurs pouvoirs et leurs fonctions.

Art. 11. Que les villes et bourgs soient irrévocablement rétablis dans le droit de choisir librement leurs officiers municipaux et conseils politiques, et qu'il soit établi des municipalités dans les villes et paroisses de campagne qui n'en ont point.

Art. 12. Qu'il soit solennellement reconnu qu'à la nation seule appartient le droit de s'imposer, et qu'en conséquence, il ne soit, dans aucun temps, levé aucun subside direct ou indirect, et qu'il ne soit fait aucun emprunt, que du consentement libre de la nation assemblée en États généraux.

Art. 13. Qu'il soit reconnu qu'aux seuls États généraux appartient le droit de déterminer la nature, l'assiette, la durée et l'emploi de l'impôt, ainsi que sa répartition par province ou par généralité.

Art. 14. Que les ministres de chaque département soient tenus de rendre un compte aux États généraux, à l'effet de quoi il sera établi par les prochains États généraux un ordre de comptabilité à leur égard, et les ministres reconnus prévaricateurs seront jugés et punis.

Art. 15. Que la liberté de la presse soit établie sous les modifications qui seront ordonnées par les États généraux.

Art. 16. Que le tiers-état concoure avec la noblesse pour occuper les dignités, charges, grades, et emplois dans le clergé, la magistrature, et l'armée, nonobstant tous règlements contraires, qui doivent être abrogés, comme injurieux au tiers-état et contraires au bien public.

Art. 17. Que les restes de la servitude de la glèbe soient abolis en France.

Art. 18. Que l'usage des lettres de cachet et autres ordres arbitraires soit aboli.

Art. 19. Qu'il soit avisé par la prochaine assemblée des États généraux au meilleur moyen de remplacer les milices et classements qui foulent et humilient le tiers-état, et que les États provinciaux en aient le régime.

Art. 20. Qu'il ne soit, à l'avenir, établi aucune commission extraordinaire en matière civile et criminelle, et que celles déjà existantes, telles que le tribunal de Valence et autres, soient supprimées.

Art. 21. Que la question ne puisse jamais avoir lieu dans aucun cas, et qu'au sein des États généraux, les lois concernant la procédure criminelle et concernant les délits et les peines soient revues et corrigées.

Art. 22. Qu'à l'avenir, les peines des mêmes crimes soient les mêmes pour les coupables de tous les ordres indistinctement, comme le seul moyen d'anéantir le préjugé de l'infamie héréditaire.

Art. 23. Que les États généraux avisent au moyen de procurer à la nation française un corps de lois civiles qui lui soit propre.

Art. 24. Qu'au sein des États généraux, les lois concernant la procédure civile soient revues et corrigées.

Art. 25. Que tous les *committimus* soient supprimés, et qu'il ne soit fait à l'avenir aucune évocation générale ou particulière au conseil d'État, lequel n'aura de juridiction contentieuse qu'en matière de cassation d'arrêts et de règlement de juridiction entre les cours souveraines.

Art. 26. Que tous les tribunaux d'exception soient supprimés, et notamment les maîtrises des eaux et forêts.

Art. 27. Que les huissiers-priseurs vendeurs de biens meubles, établis en Limousin sous le ministère désastreux de M. de Calonne, soient supprimés.

Art. 28. Que le Roi soit supplié de rapprocher les justiciables de leurs juges.

Art. 29. Que les États généraux avisent au moyen de faire des arrondissements de juridictions seigneuriales, et que dans chaque arrondissement il y ait un juge gradué, capable et résidant.

Art. 30. Que les premiers juges puissent juger en dernier ressort jusqu'à une somme déterminée, en matière purement personnelle.

Art. 31. Que le Roi soit supplié d'accorder des audiences, où chacun de ses sujets puisse aborder Sa Majesté et lui faire parvenir directement ses plaintes.

Art. 32. Que la question sur la légitimité de l'intérêt de l'argent en simple prêt, à temps limité, soit agitée aux États généraux.

Art. 33. Que la dîme ne soit perçue qu'après la déduction de l'équivalent de la semence, et qu'il soit avisé au moyen de procurer aux propriétaires la suppression de menue et verte dîmes.

Art. 34. Que le casuel des curés soit supprimé, et que cependant leur sort soit amélioré.

Art. 35. Que dans les domaines du Roi et de la mainmorte, la solidité des cens et des rentes seigneuriales, les banalités, corvées, acaptes, tailles, et cessibilité du retrait féodal soient supprimées; et qu'à l'égard des seigneurs laïques, l'exercice de la solidité soit modéré à l'année courante; qu'il soit permis de se racheter de la banalité; que la corvée soit convertie en une redevance pécuniaire, et que l'usage de la sénéchaussée de Périgueux, qui, d'après l'édit de Henri II, fixe le délai du retrait féodal à moins d'un an, soit rendu commun à la province de Limousin.

Art. 36. Que les seigneurs ne puissent prétendre de lods pour la vente des bois de haute futaie, à moins qu'ils ne puissent prouver que le sol était en nature de bois à l'époque de l'accensement.

Impôts.

Art. 37. Que tous les impôts distinctifs d'ordres, qui se perçoivent à raison des possessions foncières et droits réels, soient fondus en un seul impôt qui soit supporté indistinctement par les trois ordres, en proportion de leurs richesses; qu'il soit porté sur un même rôle, et que le rachat des corvées et autres impositions provinciales soit également supporté par les trois ordres. Qu'il en soit usé de même pour les frais de logement des gens de guerre.

Art. 38. Que les États provinciaux soient chargés de répartir l'impôt par paroisses ou communautés, et que les communautés soient autorisées à procéder à la confection de leur rôle dans leurs assemblées municipales.

Art. 39. Que toutes les propriétés soient taxées au rôle du lieu de leur situation.

Art. 40. Qu'il soit laissé à la sagesse des États provinciaux d'aviser aux meilleurs moyens de recouvrer l'impôt pour le plus grand soulagement des redevables.

Art 41. Que les barrières et bureaux de douanes

et traites soient supprimés dans l'intérieur du royaume.

Art. 42. Qu'il ne soit payé aucun droit d'aide et gabelles, ni aucun autre impôt dont la perception puisse donner lieu à des recherches chez les particuliers, et qu'en conséquence, il soit agité aux États généraux s'il ne conviendrait pas que la culture du tabac fût libre en France.

Art. 43 Que le droit de franc-fief soit supprimé.

Art. 44. Que le tarif du contrôle et celui des insinuations soit refait et modéré ; que dans les nouveaux tarifs, les classes des citoyens soient distinguées avec plus de précision, en observant même de faire à cet égard une distinction de province à province, à cause de l'inégalité de fortune des mêmes classes dans les différentes provinces; que les conventions de contrats de mariages ne soient pas sujettes à l'insinuation ; que le centième denier des successions collatérales ne soit perçu que sur ce qui reste net, déduction faite des charges dûment vérifiées ; qu'on ne puisse être forcé à faire contrôler les testaments et codicilles, qu'autant qu'on en voudra faire usage ; qu'il ne puisse être perçu de droit d'insinuation sur les substitutions, qu'autant et du moment que le grevé jouira des fruits des biens substitués ; que le délai de la prescription pour réclamer le trop payé, soit proportionné à celui que l'administration s'est arrogé pour exiger le moins payé; que tous préposés soient tenus de placer dans un endroit apparent de leur bureau les cahiers d'instructions, appelés registres d'ordres, pour que chacun puisse en prendre librement connaissance.

Réformes.

Art. 45. Que tous les gouvernements de provinces étant devenus inutiles, ainsi que les gouvernements des villes de l'intérieur du royaume, soient supprimés, et que toutes les grandes places, dont les États généraux n'avoueront pas l'utilité, soient également supprimées, ainsi que les pensions, appointements et gratifications des gens de haute finance.

Vivification intérieure.

Art. 46. Que le sort de la province de Limousin soit amélioré ; qu'étant une des provinces du royaume les plus pauvres, à cause de l'infertilité de son sol et de sa position qui se refuse au commerce, il lui soit accordé une diminution de subsides, si ardemment, mais inutilement sollicitée par M. Turgot, qui en connaissait la justice.

Art. 47. Que les États généraux veuillent recommander aux États provinciaux de s'occuper, aussitôt après leur établissement, des chemins de communication, et qu'à cet égard ils donnent leurs premiers soins aux endroits qui ont le moins de débouchés, et que cependant ils aient égard, dans la répartition de l'impôt représentatif de la corvée, auxdits lieux les moins favorisés jusqu'à présent.

Art. 48. Que tous les cahiers des différentes communautés de la présente sénéchaussée, qui sont demeurés au greffe, soient réunis à la première assemblée des États provinciaux, pour être avisé sur les demandes particulières et locales qui n'ont pu trouver place dans le présent cahier.

Réformes et économies.

Art. 49. La présente assemblée recommande expressément aux députés qui seront élus pour les États généraux de s'occuper premièrement de

toutes les réformes et économies poss bl··, p ur n'accorder des subsides qu'après avoir épuisé tous les autres moyens de mettre les recettes au niveau des dépenses de l'État.

Art. 50. La présente assemblée demande formellement que les États généraux ne votent pour les subsides qu'après s'être occupés de toutes les autres doléances, plaintes, et réclamations.

Ces articles ont été arrêtés dans l'assemblée du tiers-état de la sénéchaussée de Brives, le 14 mars 1789. Et ont signé :

MM. Malès, Malepeyre, Lavarde, Bachelerie, Violbans, Toulzac, Latour, Des Roches, Marbot, Laplace, Daval, Sclafer, Lasserre, Ramades, Cerout, Cirejol, Peyredieu, Laroche, Montbrial, Martial, Soulié, Labrunie, Lavergne, Vignes, Salvagnac, Beniés, Berty, Lafon, Serajal, Dupont, Montel, notaire ; Montel, Cherières, Verdier, Bastil, Bordes, Peyral, Duchamp, Lescure, Duchasseing, Chadirac, Reijal, Faurie, Borie, Dulmet, la Gironie, Bonneval, Algay, Chauvac, d'Aines, Peyral Delsue, etc., etc., etc.

MÉMOIRE

Contenant les privilèges du vicomté de Turenne, pour être joint et annexé au cahier général de la sénéchaussée de Brives, en vertu des articles contenus dans le cahier de ladite sénéchaussée (1).

Le vicomté de Turenne a été possédé, pendant plus de dix siècles, en toute souveraineté, par les vicomtes de Turenne. Les privilèges, prérogatives, franchises et immunités de ce vicomté furent respectés par Pépin, qui conquit la Guyenne, d'où dépendait le vicomté ; et les habitants des villes, bourgs et villages en dépendant, jouirent constamment et dans tous les temps, de l'exemption des impôts, contributions, payement de subsides, charges réelles, personnelles et mixtes, exemption de milice, de contrôle, et du privilège exclusif de faire du tabac.

Ces privilèges furent expressément confirmés en 1280 par Philippe le Hardi, et par ses successeurs, en 1332, 1350, 1374, 1380 ; par le duc d'Anjou, régent de France ; par Charles VII en 1446, en 1469, 1484, 1499, 1528, 1547, 1556, 1564, 1574 ; par Henri IV en 1593, 1609, 1633 ; et enfin, par Louis XIV, en 1656.

Plusieurs intendants ou administrateurs ont cherché à imposer des membres et paroisses du vicomté ; mais leurs tentatives ont toujours été inutiles : une foule d'arrêts du conseil, entre autres ceux des 15 décembre 1535 et 15 septembre 1555, condamnèrent l'entreprise des intendants ; et ils ne firent, en cela, que se conformer aux ordres ci-devant donnés par Philippe de Valois en 1332, qui ordonne à ses receveurs de Toulouse, de Carcassonne, de Périgord et Querci, d'entretenir les libertés et privilèges des habitants du vicomté, et leur enjoignit la restitution de ce qui pouvait avoir été perçu.

Ce ne fut qu'en 1738 que le vicomté de Turenne fut vendu à Louis XV, d'heureuse mémoire, par M. de Bouillon, propriétaire. Il fut stipulé au contrat que les privilèges seraient conservés en entier. Cette réserve n'était même pas nécessaire, parce que c'étaient des privilèges appartenant aux habitants, comme l'a reconnu depuis notre auguste monarque par une déclaration du mois de mars 1778, donnée en faveur des habitants de

---

(1) *Nous publions ce mémoire d'après un manuscrit des Archives de l'Empire.*

la ville de Turenne, capitale du vicomté, au sujet de la municipalité, et enregistrée au parlement de Bordeaux.

C'est aussi, en partant de ces principes, que Louis XV accepta, après l'acquisition du vicomté, l'abonnement proposé par les habitants du vicomté d'une somme déterminée, pour tenir lieu du don gratuit que les habitants accordaient aux anciens vicomtes. Mais ils eurent le soin de se réserver que leur cote d'imposition serait toujours distincte de celle des autres paroisses de la province. De là, cette distinction, connue depuis, d'ancien et nouveau taillable, c'est-à-dire que les habitants du vicomté sont distingués sous la qualification de nouveaux taillables, au point qu'il y a un rôle séparé, que les impositions sont toujours distinctes par la raison que les habitants du vicomté se soumirent volontairement envers le Roi à une imposition dont ses prédécesseurs les avaient déclarés exempts, imposition qui ne fut cependant fixée qu'eu égard à la surcharge des rentes imposées dans un temps où les habitants jouissaient des priviléges d'exemption de contrôle, exemption de milice, exemption absolue d'impôts, à raison de l'infertilité d'une partie du sol du vicomté, et du désavantage de sa position qui, par les montagnes non ouvertes, leur interdit toute exportation. C'est pour la faciliter cette exportation si nécessaire que les habitants se soumirent à la corvée dont ils étaient exempts, qu'ils ont servie long-temps en nature ; qu'ils ont ensuite rachetée sans avoir aucune voie praticable ; de sorte qu'à la suite des plus beaux priviléges, ont succédé les plus grandes vexations à raison des droits fiscaux et féodaux.

Signé Bories, avocat, corédacteur par commissariat; Bedoch fils, corédacteur par commissariat; Marbos ; Reyjal Latour; Chevière ; Roche ; Malès; Roche ; Dulmet; Vignes de Salvagnac; Siregjol ; Lacoste ; Dupré de Testut; Duchassaing, commissaire ; Toutejar ; Guerin ; Reyjal ; Lacoste de Sareymondié; Derdenat ; Delavigerie; Delrieux ; Sclafer ; Cerout ; Monmaur ; Boulies ; Duroux ; Deserere ; Delpuech ; Claval ; Lenière ; Blooch ; Robert ; Duchamp, notaire royal ; Verdier ; Chadirac; Charagen ; Labrunne; Jundefond; Demeilhac; Laremond ; Faurie ; Broussolle; Lagardette; Lafon-Plagnes ; Peyredieu ; Valence Laroche ; Barot-Sourzat ; Launet ; Couder ; Faurie-Lacoste ; Soulié; Lallamade Demeilhac; Toulzac ; Fauries ; Branchat ; Bochet ; Rols; Bourdet; Sembille-Lavarde ; Beynier ; Chanabie; Puybaret ; Lafeuille ; Brousse ; Peyral de Laramande ; de Lassere; Albiac de Beaurival ; Jarige ; Reyne ; Delon ; Lavergne ; Foussat ; Chadirac-Lacroix : Seignolles ; Sols; Champagnac ; Lajouanie ; De Melon De Vielban ; L. Particule ; Revinet ; Farge Monseil ; Bonneval ; Terrieu ; Tentière Bonneval ; Daval ; Tentière.

Coté et paraphé à chaque page.

EXTRAIT DU PROCÈS-VERBAL

De l'assemblée préliminaire des trois ordres, contenant la liste des comparants (1).

SÉNÉCHAUSSÉE DE LIMOGES.

Clergé.

Messire Louis-Charles Duplessis d'Argentrée, évêque de Limoges et premier aumônier de Monsieur, frère du Roi, en survivance et exercice. — Présent.

Messire Jean de Maussad, vicaire général, seigneur-abbé de Saint-Martial de Limoges.— Présent.

Et à l'instant s'est présenté messire Romanet, doyen de la cathédrale, lequel a remis sur le bureau une protestation de lui signée et requis que ladite protestation soit insérée dans notre procès-verbal, ce qui a été par nous ordonné.

Suit la teneur de ladite protestation :

« Sur la contestation qui s'est élevée dans l'assemblée de l'élection de la sénéchaussée au sujet des préséances entre M. le doyen de la cathédrale de Limoges et M. l'abbé de Saint-Martial de la même ville, M. le sénéchal ayant attribué provisoirement le premier rang après le seigneur évêque de Limoges, à M. l'abbé de la collégiale, en réservant à M. le doyen toutes protestations de se pourvoir contre cette décision par-devant qui il appartiendra,

« Nous, doyen de la cathédrale de Limoges, pour éviter tout scandale, et en notre qualité n'entendant préjudicier en rien aux droits et prérogatives attachés à notre dignité, faisons toutes protestations de fait et de droit contre ledit jugement, et demandons à M. le grand sénéchal acte de notre opposition à la susdite décision, et de nos protestations aux fins de nous pourvoir en temps et lieu par toutes voies de droit. Signé Romanet, doyen de la cathédrale. »

Suit la continuation de l'appel :

MM. les doyens, chanoines et chapitre de l'église cathédrale de Limoges, représentés par leurs députés :

M. Romanet, doyen. — Présent.

M. Demaldan, chanoine. — Présent.

M. Texandier, chanoine. — Présent.

MM. les vicaires de l'église cathédrale de Limoges, représentés par leurs députés :

M. Maury, prêtre, vicaire. — Présent.

MM. les prévôts, chantres, chanoines et chapitre de l'église collégiale de Saint-Martial de Limoges, représentés par leurs députés :

M. Tanchon, chanoine, syndic. — Présent.

M. Cramousaud, chanoine théologal. — Présent.

MM. les vicaires de l'église collégiale de Saint-Martial de Limoges, représentés par leur député :

M. Michel Maleau, prêtre, vicaire. — Présent.

(1) Nous publions ces pièces d'après un manuscrit des *Archives de l'Empire.*

M. Gabriel de Monfrabeuf, abbé commendataire de l'abbaye de Saint-Augustin de Limoges, représenté par M. Jean d'Alby, prêtre, curé de la paroisse de Juillard, son fondé de procuration. — Présent.

Les religieux de l'abbaye de Saint-Martin-des-Feuillards de Limoges, représentés par dom Paul Montpellier, prieur de ladite abbaye, leur député. — Présent.

Dame Marie-Antoinette-Barbe d'Abjol de Mayar, abbesse de l'abbaye de la règle, en la cité de Limoges, représenté par M. Jean-Julien Périgord, chanoine de l'église de Limoges, son fondé de procuration. — Présent.

Messire Charles de Gauzargues, prieur du prieuré de Noblac, sous le titre de Saint-Léonard, ordre de Saint-Augustin, diocèse de Limoges, représenté par M. Jean-Baptiste de Bruxelles, prêtre, prieur de Saint-Fiacre et chanoine de Saint-Léonard, son fondé de procuration. — Présent.

Dom Élie Burquet, abbé de l'abbaye de Saint-Martin-des-Feuillants de Limoges. — Présent.

MM. les chanoines et chapitre de l'église collégiale de Saint-Léonard, représentés par M. Pierre Daniel de La Garnière, chanoine, leur député. — Présent.

Dom Jean-Marie Campagne, prieur de l'abbaye de Beuil. — Présent.

Messire Jean-Baptiste-François Lebas de Lalande, prêtre, docteur de Sorbonne, abbé commendataire de l'abbaye de Beuil, représenté par M. Jean-Baptiste Pincau, prêtre, curé de la paroisse d'Isle, son fondé de procuration. — Présent.

Messire Charles de Cayrolles, abbé commendataire de l'abbaye de l'Esterp, ordre de Saint-Augustin, représenté par M. Jean-Baptiste Pelmiaud, chanoine régulier de la congrégation de France, son fondé de procuration. — Présent.

Messire Joseph de Brugière de Farssat, prieur du prieuré de Tarn, représenté par M. l'abbé de Touasnau, vicaire général et prévôt de Saint-Junien, son fondé de procuration. — Présent.

Dom François-Xavier Estin, prêtre, profès de l'ordre de Saint-Benoît, congrégation de Saint-Maur, prévôt titulaire de la prévôté de Sainte-Croix de Pierre-Buffière, membre dépendant de l'abbaye de Solignac près Limoges, représenté par dom Antoine Vergue, prêtre, prieur de ladite abbaye de Solignac, son fondé de procuration. — Présent.

Les religieux bénédictins de l'abbaye de Saint-Pierre de Polignac, représentés par dom Antoine Vergue, prieur de ladite abbaye, leur député. — Présent.

MM. les prévôt, chanoine, et chapitre de l'église collégiale de Saint-Junien, représentés par leurs députés.

M. François-Marie-Jérôme de Couarnou de la Bareillère, prévôt. — Présent.

M. Antoine-Léonard Muret, chanoine théologal. — Présent.

MM. les prévôt, chanoine et chapitre de l'église collégiale de la ville d'Exmouliers, représentés par M. François Du Marambaud, prêtre, leur fondé de procuration. — Présent.

MM. les doyen, chanoine et chapitre de l'église collégiale de la ville de Saint-Germain, représentés par M. Léonard Barnou, chanoine dudit chapitre, leur député. — Présent.

Messire Sylvain-Léonard de Charbannes, comte de Dyon, abbé commendataire de l'abbaye royale de Saint-Barthélemy de Benevant, représenté par M. l'abbé Deluret, vicaire général du diocèse de Limoges, son fondé de procuration. — Présent.

Dame Marie Debrie de Soumagnas, abbesse de l'abbaye du Chatenet, représentée par M. Pierre Vergniaud, religieux de l'ordre de Grammont, directeur et syndic de ladite abbaye, son fondé de procuration. — Présent.

Messire Jean-Loup de Virieu, chevalier, commandeur du palais soi-disant de Limoges, représenté par M. l'abbé Deluret, vicaire général du diocèse de Limoges, son fondé de procuration. — Présent.

Messire Jean-Pierre de Guain de Linard, chevalier de justice de l'ordre de Malte, commandeur de Pauliat. — Présent.

M. le commandeur de la Fauvèle. — Absent.

MM. les prêtres de la communauté et paroisse de Saint-Pierre-Duqueyrois de la ville de Limoges, représentés par leurs députés :

M. Tarabaud, prêtre, député de la communauté des prêtres de Saint-Pierre. — Présent.

M. Mitraud, prêtre, député des prêtres habitués de l'église de Saint-Pierre. — Présent.

MM. les prêtres de la communauté et paroisse de Saint-Michel-des-Lions de Limoges, représentés par M. Jean-Baptiste Peconnet, prêtre, vicaire de ladite communauté et paroisse, leur député. — Présent.

MM. les prêtres de la communauté et paroisse de Saint-Maurue, de la cité de Limoges, représentés par M. Thomas Mathieu, ancien curé de Saint-Michel-de-Pistorie, leur député. — Présent.

Les dames de la communauté de la Visitation de Limoges, représentées par M. Roudet, prêtre, ancien curé de Serandon, leur fondé de procuration. — Présent.

Les religieux de la communauté des pères augustins de Limoges, représentés par le père Jean Chartroule, prieur de ladite communauté, leur député. — Présent.

Les religieux de la communauté des pères carmes déchaussés en la ville de Limoges, représentés par le père Reymond, sous-prieur de ladite communauté, leur député. — Présent.

Les religieux de la communauté des pères, grands-carmes des Arènes de Limoges, représentés par le père Jean-Baptiste Theyrou, définiteur, leur député. — Présent.

Les religieux de la communauté des pères jacobins de la ville de Limoges, représentés par le père Saint-Martin, prieur de ladite communauté, leur député. — Présent.

MM. les prêtres des séminaires de la Mission de la ville de Limoges, représentés par M. Benoch, prêtre, leur syndic et député. — Présent.

Les religieux de la communauté des pères de l'Oratoire de la ville de Limoges, représentés par le père Mathieu-Mathurin Tarabaut, supérieur de ladite communauté, leur député. — Présent.

MM. LES CURÉS.

M. Gaingaud de Saint-Mathieu, curé de Saint-Pierre-Duqueyroix. — Présent.

M. Martin, curé de Saint-Michel-des-Lions. — Présent.

M. Pétinaud, curé de Saint-Maurice. — Présent.

M. Ragot, curé de Saint-Jean-en-Saint-Étienne. — Présent.

M. Ardant, curé de Saint-Paul de Saint-Laurent. — Présent.

M. Rouard, curé de Sainte-Félicité. — Présent.

M. Martin, prieur, curé de Saint-Gérald. — Présent.

M. Cosse, curé de Saint-Michel-de-Pistorie. — Présent.

M. Muret, curé de Saint-Domnolet. — Présent.

M. Michel, curé de Saint-Christophe. — Présent.

M. Ausbreton, curé de Saint-Julien. — Présent.

M. Romanet, curé de Saint-Cessateur-et-Saint-Aurélien. — Présent.

M. Vitrac aîné, curé de Saint-Martial de Montjuris. — Présent.

M. Léonard Ivisson, prieur, curé d'Aigueperse, représenté par M. Daniel Lafond de Mazubert, curé de Rozier et Saint-Georges Maléon, son fondé de procuration. — Présent.

M. Dardonnaud, curé de la paroisse d'Aubassague, représenté par M. Degay de Vernon, archiprêtre de la Porcherie, son fondé de procuration. — Présent.

M. Gabriel Tixier, prieur, curé de la paroisse d'Arènes, représentée par M. Juge Saint-Martin, curé du Grand-Bourg et de Lizière, son fondé de procuration. — Présent.

M. Bramaud, curé de la paroisse d'Aixe-et-Tarn. — Présent.

MM. les prêtres communalistes de la paroisse d'Aixe-et-Tarn. — Absents.

M. Raby, curé de la paroisse d'Aureil. — Présent.

M. Boutineaud, curé de la paroisse de Beaune. — Présent.

M. Guillaume Guisier, curé de la paroisse de Benaye, représenté par M. Pierre Teytul de Villouvier, curé et archiprêtre de Lubersac, son fondé de procuration. — Présent.

M. Parelon, curé de Bénevant. — Présent.

M. Petit, prieur de Bersac. — Présent.

M. Brillaud, archiprêtre de Rancou et curé de Bessines. — Présent.

M. Chazette, curé de Beynac. — Présent.

M. Debette-Dubois, curé de Boisseuil. — Présent.

M. Tramonteil, curé de Bonnat. — Présent.

M. Fournier, prieur, curé de Burgues. — présent.

M. Chalaignon, prieur, curé de la paroisse de Bussières-Galant. — Présent.

M. Henri Lenoir, curé de la paroisse de Bussières-Boffy, représenté par M. Ardant, curé de Saint-Paul-Saint-Laurent, son fondé de procuration. — Présent.

M. Jean Raymond, curé de la paroisse de Bussy-Varache, représenté par M. Joseph Cramousaud, chanoine de l'église collégiale de Saint-Martial de Limoges, son fondé de procuration. — Présent.

M. le curé de Charliat. — Absent.

M. Cercleix, curé du haut Chalus, représenté par M. Thomas Mathieu, ancien curé de Saint-Michel-de-Pistorie de Limoges, son fondé de procuration. — Présent.

M. Senemaud, curé de Chalus-Bas et Hageyrat. — Présent.

M. de Bruxelles, prieur, curé de Chanetery. — Présent.

M. Lemaçon, curé de la paroisse de Champsat. — Présent.

M. le curé de la paroisse de Château-Chervix. — Absent.

M. Cramousaud, curé de Château-Neuf. — Présent.

M. Mathieu, curé de la paroisse de Chertelat. — Présent.

M. Antoine-Léonard de Lomenie, curé de Cheniviers, représenté par M. Jean-Baptiste de Lomenie, prieur de Cessat, son fondé de procuration. — Présent.

M. Pierre-Faure Dumon, curé de la paroisse de Cieux, représenté par M. Jean-Joseph Faulte, prévôt de Saint-Martial de Limoges, son fondé de procuration. — Présent.

M. Degay de Vernou, curé de la paroisse de Compreignac. — Présent.

M. Ardant Dupieq, curé de la paroisse de Condat, près Limoges. — Présent.

M. Lalande, curé de la paroisse de Condat, près Userche. — Présent.

M. Roux, curé de la paroisse de Canore. — Présent.

M. Louis Houpin, curé de la paroisse de Corbière, représenté par M. Mathieu Tandeau, curé de Saint-Ybard, son fondé de procuration. — Présent.

M. Beaune, curé de la paroisse de Coussine-Bonneval. — Présent.

M. Alaboisset, curé de la paroisse de Couzeix. — Présent.

M. Jean-Baptiste Ducheyroux, curé de la paroisse de Domps, représenté par M. Denis Brunerie, curé de Saint-Pierre Château, son fondé de procuration. — Présent.

M. Cosse, curé de la paroisse de Dournazat. — Présent.

M. Jouvenel, curé de la paroisse d'Eyburie. — Présent.

M. Jean de La Bachellerie du Theil, curé de Notre-Dame de la ville d'Emoutier, représenté par M. Pierre de Puifferat, vicaire général et chantre du chapitre de Saint-Martial de Limoges, son fondé de procuration. — Présent.

MM. les prêtres communalistes de la paroisse de Notre-Dame d'Exmoutiers, représentés par M. Joseph Dalbiac, chanoine du chapitre de Saint-Martial de Limoges, leur fondé de procuration. — Présent.

M. Antoine Lafont, prieur, curé d'Eybouleuf, représenté par M. Jean-Julien Périgord, chanoine de l'église de Limoges, son fondé de procuration. — Présent.

M. Marboutin, curé de la paroisse d'Exjaux. — Présent.

M. Joubert, curé de la paroisse de Feytiat. — Présent.

M. Dussoub, curé de la paroisse de Flavignac-les-Cars. — Présent.

M. le curé de la paroisse de Folles. — Présent.

M. Jean-Baptiste Bourdier, prieur, curé de la paroisse de Saint-Etienne de Fursat, représenté par M. Cabaraud, ancien curé de Chaumeil, son fondé de procuration. — Présent.

M. François Nicard, curé de Glanges, représenté par M. Léonard Rivière, curé de Saint-Genest, son fondé de procuration. — Présent.

M. Meyladier, curé de la paroisse de Gorre. — Présent.

M. Jean Brousse, curé de Jabreilles, représenté par M. Antoine Pougat, curé de Neuil, son fondé de procuration. — Présent.

M. Jean Bardinet, curé de la paroisse de Janailiac. — Présent.

M. Tarneaud, curé de la paroisse de Jourgnac. — Présent.

M. Pineaud, curé de la paroisse d'Isle. — Présent.

M. le curé de la paroisse de la Bretaigne. — Absent.

M. Vitrac jeune, curé de la paroisse de la Brugère. — Présent.

M. Mathieu de Lambertie, curé de Saint-Laurent, la Chapelle Montbrandeix, représenté par M. Antoine Morellet, son vicaire, fondé de procuration. — Présent.

M. Joseph Bourdeix, prieur, curé de la paroisse de la Chapelle, près Saint-Léonard, représenté par M. Pierre-Daniel de La Gasnerie, chanoine de Saint-Léonard, son fondé de procuration. — Présent.

M. Brouin, curé de la paroisse de la Croizille. — Présent.

M. le curé de la paroisse de Genextoux. — Présent.

M. Richard, curé de la paroisse de la Joncherie. — Présent.

M. Pierre Chiniac, curé de la paroisse de la Mongerie, représenté par M. Jean-Baptiste Degay de Vernou, curé et archiprêtre de la Porcherie, son fondé de procuration. — Présent.

M. Joseph Lombardie, curé de la paroisse de Lanouaille, représenté par M. Pierre Lombardie, prêtre, vicaire de Saint-Pierre-Duqueyrois, son fondé de procuration. — Présent.

M. Degay de Vernou, archiprêtre et curé de la paroisse de la Poullerie. — Présent.

M. Senemaud, curé de la paroisse du Palais. — Présent.

M. François Rebière, curé de la ville et paroisse de la Souteraine, représenté par M. Léger Brissaud, archiprêtre de Bençon, curé de Bessines, son fondé de procuration. — Présent.

MM. les prêtres communalistes de la paroisse de Sainte-Souteraine, représentés par M. Brissaud, archiprêtre de Bessines, leur fondé de procuration. — Présent.

M. Pierre Doudet, curé de la paroisse de Lavignac, représenté par M. Raymond Martin, curé de Saint-Martin le Vieux, son fondé de procuration. — Présent.

M. Juge de Saint-Martin, curé du grand bourg de Sataignac. — Présent.

M. Léonard Joullot, curé de la paroisse de Compeix, représenté par M. Michel Rouard, curé de Royère, son fondé de procuration. — Présent.

M. Boutineaud, curé de la paroisse des Alloix. — Présent.

M. Pétiniaud, curé de la paroisse de Lexterpt. — Présent.

M. Jaugère, curé de la paroisse de Vigen. — Présent.

M. Villouviers, curé et archiprêtre de Lubersac. — Présent.

M. Degay Devernier, curé de la paroisse de Linard. — Présent.

M. Vergnaud, curé de la paroisse de Maignac. — Présent.

M. Joseph Marchandon, premier curé de Marsat, représenté par M. Jean-Baptiste-Martial Juge de Saint-Martin, curé du grand bourg de Sataignac et Lisière, son fondé de procuration. —

M. le curé de Meilhac. — Présent.

M. Jean-Baptiste Cournis de la Vergne, curé de la paroisse de Meillards, représenté par M. Jacques Degay de Vernon, prieur, curé de Linard, son fondé de procuration. — Présent.

M. le curé de la paroisse de Saint-Meuzat. — Présent.

M. le curé de la paroisse de Montaigu. — Absent.

M. François de Beaune, prêtre, prieur de la paroisse de Montgibaud, représenté par M. Jean-Baptiste Boutineaud, curé de Beaune, son fondé de procuration. — Présent.

M. Chegron, prieur curé de la paroisse de Nantiat. — Présent.

M. Decoux, curé de la paroisse de Neuvic. — Présent.

M. Deltièves, curé de la paroisse de Nexan. — Présent.

M. Pougac, curé de la paroisse de Nieuil. — Présent.

M. Beaure, curé de la paroisse de Pageat. — Présent.

M. le curé de Panazol. — Présent.

M. Charles Garou, curé de la paroisse de Pouliac, représenté par M. Ardant Dupieq, curé de Condat, son fondé de procuration. — Présent.

M. Louis Morin, curé de la paroisse de Perilliac. — Présent.

M. le curé de la paroisse de Peysac. — Présent.

M. Boulaud, curé de la ville et paroisse de Pierre-Bussière. — Présent.

M. Jean-Martin Besse, curé de la paroisse de Bazes, représenté par M. Melchior Cramouzaud, chanoine théologal de Saint-Martial, son fondé de procuration. — Présent.

M. Pougac, curé de la paroisse de Milhac-Rençon. — Présent.

M. Maud, curé de la paroisse de Rilhac-Hastours. — Présent.

M. Desportes, curé de la paroisse de Roussac et du Bius. — Présent.

M. Heudet, curé de la paroisse de Royère, près Léonard. — Présent.

M. Mazubert, curé de la paroisse de Rozier-Masléon. — Présent.

M. Jean-Joseph Mazaudois, curé de la paroisse de Saint-Amant-le-Petit, représenté par M. Denis Brunerie curé de Saint-Pierre-Château, son fondé de procuration. — Présent.

M. le curé de la paroisse de Saint-Bonnet. — Présent.

M. Laboulinière, curé de la paroisse de Saint-Brice. — Présent.

M. Pierre Faucheu, chanoine et curé de la ville et paroisse de Saint-Germain, représenté par M. Dufaure de Belisle, doyen dudit chapitre de Saint-Germain, son fondé de procuration. — Présent.

M. Paricard de Chammard, curé de la paroisse de Saint-Gilles-les-Forets, représenté par M. Bomi, curé de la Croisille, son fondé de procuration. — Présent.

M. Pierre Pecconnet, curé de la paroisse de Saint-Denis-des-Murs, représenté par M. Pierre Marcotin, curé d'Exjaux, son fondé de procuration. — Présent.

M. Filliatre, curé de la paroisse de Sainte-Gêmes. — Présent.

M. Rivière, curé de la paroisse de Saint-Genest. — Présent.

M. le curé de Saint-Hilaire-Bonneval. — Présent.

M. Abraham-Michel Baresge, curé de la paroisse de Saint-Hilaire-Lastour, représenté par M. Martial Legros, vicaire de l'église collégiale de Saint-Martial, son fondé de procuration. — Présent.

M. Limousin, curé de la paroisse de Saint-Jean-Ligoure. — Présent.

M. Jacques Lajoumard, curé de la paroisse de Saint-Jouvent, représenté par M. Jean-Marie Devoyon, chanoine de l'église cathédrale de Saint-Étienne, son fondé de procuration. — Présent.

M. Léonard Cramouzaud, curé de la paroisse de Saint-Julien-le-Petit, représenté par M. Joseph Cramouzaud, chanoine honoraire d'Exmoutier et chanoine de Saint-Martial de Limoges, son fondé de procuration. — Présent.

M. Devergues de Tafont, curé de Notre-Dame de Saint-Junien. — Présent.

M. Singareau, curé de Saint-Pierre de Saint-Junien. — Présent.

M. Jean Senèque, curé de la paroisse de Saint-Just, représenté par M. Joseph Raby, curé d'Aurel, son fondé de procuration. — Présent.

M. Catinaud, curé de Saint-Léger-la-Montaigne, représenté par M. Roudet, ancien curé de Serandon, son fondé de procuration. — Présent.

M. le curé de la paroisse de Saint-Léonard. — Présent.

M. Jacques Farges, curé du Pont-de-Noblac, représenté par M. François Du Marambeaud, prêtre, son fondé de procuration. — Présent.

M. Raymond Martin, curé de la paroisse de Saint-Martin-le-Vieux. — Présent.

M. Jean Choumont, écuyer, prêtre, curé de la paroisse de Saint-Martin-Sepert, représenté par M. Nicolas Teulier, prêtre communaliste de Saint-Pierre-Duqueyrois, son fondé de procuration. — Présent.

M. François Maud, curé de Saint-Martinet, représenté par M. Jean-Antoine-François d'Ethèves, curé de Mexon, son fondé de procuration. — Présent.

M. Jean-Baptiste Thouvenet, curé de Saint-Maurice-les-Brousses, représenté par M. Vincent Bardinet, curé de Janailliac, son fondé de procuration. — Présent.

M. Jean-Baptiste Sudraud des Isles, curé de la paroisse de Saint-Méard, représenté par M. Cramouzaud, curé de Sainte-Marie de Château-Neuf, son fondé de procuration. — Présent.

M. le curé de la paroisse de Saint-Michel-Laurière. — Présent.

M. Marc Briquet, curé de Saint-Pardoux-Rançon, représenté par M. Léonard Degay, de Vernon, curé de Compreignac, son fondé de procuration. — Présent.

M. François Bonnin, curé de la paroisse de Saint-Pardoux-l'Enfantier, représenté par M. Léonard Coignasse, prêtre de Saint-Pierre, son fondé de procuration. — Présent.

M. Jacques Dubois, curé archiprêtre de Saint-Paul d'Eyjaux, représenté par M. Jean-Baptiste Donnet, sous principal du collège royal de Limoges son fondé de procuration. — Présent.

M. Philippe Vignaud, prêtre, curé de la paroisse de Saint-Pierre de Château-Ponsat, représenté par M. François Gaudeix de Laborderie, curé de Saint-Tyrié de Château-Ponsat, son fondé de procuration. — Présent.

M. François Gaudeix de Laborderie, curé de Saint-Tyrié, de Château-Ponsat. — Présent.

M. Brunerie, curé de la paroisse de Saint-Pierre Château-d'Eymoutiers. — Présent.

M. Paul-Joseph Catinaud, curé de Saint-Pierre-Lamontagne, représenté par M. Vitrac, curé de Saint-Sylvestre, son fondé de procuration. — Présent.

M. Le curé de la paroisse de Saint-Priest-la-plaine. — Présent.

M. François Masmoret, curé de Saint-Priest-Levergues, représenté par M. Joseph Cramouzaud, curé de Notre-Dame de Château-Neuf, son fondé de procuration. — Présent.

M. Mazard, curé de la paroisse de Saint-Priest-Ligoure. — Présent.

M. Gérald, curé de la paroisse de Saint-Priest-sous-Aixe. — Présent.

M. Mousnier, curé de la paroisse de Saint-Priest-Taurion. — Présent.

M. Vitrac cadet, curé de la paroisse de Saint-Sylvestre. — Présent.

M. Grégoire du Château, curé de la paroisse de Saint-Sulpice-Laurière, représenté par M. Bernard Martin, curé de Saint-Michel-Laurière, son fondé de procuration. — Présent.

M. Pierre Du Château, curé de la paroisse de Saint-Simphorien, représenté par M. Léonard Degay de Vernon, curé de Compreignac, son fondé de procuration. — Présent.

M. Cheyron, curé de la paroisse de Saint-Tric, représenté par M. Jean Cheyron, prieur-curé de Nantial, son fondé de procuration. — Présent.

M. Peraud, curé de la paroisse de Saint-Vaulry. — Présent.

M. Bernard Gautier, curé de Sallon et Massoret, représenté par M. Libéral-Martin Lalande, curé de Condat-d'Uzerches, son fondé de procuration. — Présent.

M. le curé de Saint-Vita. — Présent.

M. Jacques Aguiré, curé de Salaignat, représenté par M. Jean-Martial Cheyron, curé de Texon, son fondé de procuration. — Présent.

M. Tandeau, curé de la paroisse de Saint-Ybard. — Présent.

M. Joseph Farue, vicaire desservant la paroisse de Lizières, annexe de celle du grand bourg de Salaignac, représenté par M. François Reudet, curé de Royère-Saint-Léonard, son fondé de procuration. — Présent.

M. Léonard Cantilhon de la Couture, prieur-curé de Saint-Yrieix-sous-Aixe, représenté par Martial Gérald de Faye, curé de Saint-Priest-sous-Aixe, son fondé de procuration. — Présent.

M. Rogues, curé de la paroisse de Reilhac. — Présent.

M. Mathurin Jonchade, curé de la paroisse de Solignac. — Présent.

M. Senemaud, curé de la paroisse de Saibresas-Saint-Claire. — Présent.

M. Laurent Chabrole curé de la paroisse de Surdoux représenté par M. Bonnin, curé de la Croisille, son fondé de procuration. — Présent.

M. Jean Forest de Faye, curé de la paroisse de Sussac, représenté par M. Denis Brunerie, curé de Saint-Pierre-Château-d'Exmoutiers, son fondé de procuration. — Présent.

M. Cheyron, curé de la paroisse de Texon. — Présent.

M. Duchesne, curé de la paroisse de Troche. — Présent.

M. Heyraud, curé de la paroisse de Veyrac. — Présent.

M. Demassias, curé de la paroisse de Verneuil. — Présent.

M. Claude Martin, curé de la paroisse de Vicq, représenté par M. Jacques Martin, prieur-curé de Saint-Gérald, son fondé de procuration. — Présent.

M. Bernard Berthy, curé de la paroisse de Vignols, représenté par M. Jean-Baptiste Duchesne, curé de Troche, son fondé de procuration. — Présent.

M. Jean-Michel Boudet, curé de la paroisse de Villevaleix, représenté par M. Jean Decoux, curé de Saint-Neuvie, son fondé de procuration. — Présent.

M. Montaigne, curé de la paroisse d'Usurat. — Présent.

SÉNÉCHAUSSÉE DE SAINT-YRIEIX.

Clergé.

MM. les doyen, chantre, chanoine de l'église collégiale de Saint-Yrieix, représentés par leurs députés :

M. Pierre de La Morelie de Puyredon, doyen. — Présent.

M. Joseph Paignon de Chantagrand, chanoine. — Présent.

Les dames religieuses de Sainte-Claire de Saint-Yrieix, représentées par M. Henri de La Morelie Des Biards, curé de Saint-Julien-le-Vendômois, leur fondé de procuration. — Présent.

M. Buisson, curé de Notre-Dame du Moutier. — Présent.

M. Antoine Bonhomme, curé de Notre-Dame de la Haute-Chapelle. — Présent.

M. Etienne de La Morelie, curé de la paroisse de Sainte-Catherine, représenté par M. Joseph Paignon de Chantagrand, chanoine du chapitre de Saint-Yrieix, son fondé de procuration. — Présent.

M. Aubin Bouverie, prêtre et vicaire régent de la paroisse de Saint-Pierre-dans-les-Murs et prieur de Saint-Jean, représenté par M. Joseph Paignon de Chantagrand, chanoine du chapitre de Saint-Yrieix, son fondé de procuration. — Présent.

M. Emery Cresenet, curé de la paroisse de Saint-Pierre-hors-les-Murs, représenté par M. François Buisson, curé de la paroisse de Notre-Dame du Moutier, son fondé de procuration. — Présent.

M. le prieur de Saint-Laurent. — Présent.

M. Gabriel Meytreaud de Charveix, curé de Rozier, prieur de Sainte-Anne, représenté par M. Cramouzaud, théologal du chapitre de Saint-Martial, son fondé de procuration. — Présent.

M. de La Morelie de Puyredon, doyen de Saint-Yrieix et seigneur des fiefs de Villebranche et de la Fayolle.

M. Bonhomme de la Cotte, chanoine, comme seigneur du fief de Heymerigie. — Absent.

M. Jean de Sauzillon, chanoine, comme seigneur de Lafranchie. — Absent.

MM. LES CURÉS.

M. Labroune de Laborderie, curé de la paroisse d'Angoisse. — Présent.

M. Gabriel Lascoulx, curé de Beyssenac, représenté par M. Martial Blanchard, curé de Saint-Cyr-les-Champaignes, son fondé de procuration. — Présent.

M. Charles de Beauvire, abbé commendataire de l'abbaye de Notre-Dame de Chalard-Peyroulier, représenté par M. Charles de La Rouverade, chanoine de la cathédrale de Limoges, son fondé de procuration. — Présent.

M. Guillaume Bareau, curé de la paroisse de Chalard-Peyroulier, représenté par M. Guillaume de Beaune, curé d'Hadignac, son fondé de procuration. — Présent.

M. Dubouchaud du Mazaubrun, curé de la paroisse de Chalusset. — Présent.

M. Tanchon, curé de la paroisse de Château. — Présent.

M. François Bossely, curé de la paroisse de Chervis, représenté par M. Bulaud, curé de Pierre-Buffière, son fondé de procuration. — Présent.

M. Guillaume de Chalaignac, curé de la paroisse de Coubetty, représenté par M. Jean Chateignon, prieur de Bussière-Galant, son fondé de procuration. — Présent.

M. Delage, curé de Firbeix, représenté par

M. Mosnier des Etangs, curé de Saint-Pierre de Frugier, son fondé de procuration. — Présent.

M. Jean-Baptiste Besse, curé de Sainte-Marie de Frugier, représenté par M. Mosnier des Etangs, curé de Saint-Pierre de Frugier, son fondé de procuration. — Présent.

M. Mosnier des Etangs, curé de la paroisse de Saint-Pierre de Frugier. — Présent.

M. Pierre Chabrol, curé de la paroisse de Freyssinet, représenté par M. Jean-Pierre Hervy, archiprêtre de la Meyse, son procureur fondé. — Présent.

M. Pierre Gondinet, curé de la paroisse de Glandon, représenté par M. François Buisson, curé de Notre-Dame du Moutier, son fondé de procuration. — Présent.

Jean Bonhomme, curé de la paroisse de Genis, représenté par M. Antoine Bonhomme, curé de Notre-Dame de la Haute-Chapelle, son fondé de procuration. — Présent.

M. Jean d'Alby, curé de la paroisse de Juilliac. — Présent.

M. Jean Martin, curé de la paroisse de Jumilhac, représenté par M. Antoine Bouchan, curé de Chalusset, son fondé de procuration. — Présent.

M. Guillaume de Beaune, curé de la paroisse de Ladignac. — Présent.

M. Hervy, archiprêtre et curé de la paroisse de la Meyse. — Présent.

M. François Maud, curé de Saint-Martinet, pour le prieuré de Saint-Amant. — Absent.

M. Lamy de Luret, curé de la Roche-Abeille. — Présent.

M. Paul Bouvery, curé de la paroisse de la Rochette, représenté par M. de Beaune, curé de Ladignac, son fondé de procuration. — Présent.

M. Jean-Louis Abraham de Laulière, curé de la paroisse de Mialet. — Présent.

M. Jean-Marie-Marcelin Bréard de Beauregard, prieur-curé de Nantial, représenté par M. Pierre-Grégoire Labiche de Reignefont, chanoine de l'église collégiale de Saint-Martial de Limoges, son fondé de procuration. — Présent.

M. Elie Silvain, curé de la paroisse de Quinsac, représenté par M. l'abbé de Puyredon, doyen de l'église collégiale de Saint-Yrieix, son fondé de procuration. — Présent.

M. Martial Blanchard, curé de Saint-Cyr-les-Champaignes. — Présent.

M. Lamy de Luret, curé de Royère, annexe de la Roche-Abeille desservie par un vicaire. — Présent.

M. Antoine Fournier, curé de la paroisse de Saint-Eloy, représenté par M. Henri de La Morelie des Biars, curé de Saint-Julien-le-Vendômois, son fondé de procuration. — Présent.

M. Henri de La Morelie des Biars, curé de Saint-Julien-le-Vendômois. — Présent.

M. Pierre Chateignon, prieur-curé de Saint-Nicolas, représenté par M. Jean Chateignon, prieur-curé de la Bussière-Galant, son fondé de procuration. — Présent.

M. Jean Bost, sieur Duclaud, curé de la paroisse de Saint-Paul-Laroche, représenté par M. Louis Dupin, vicaire de ladite paroisse, son fondé de procuration. — Présent.

M. Guilhem Vidal, curé de la paroisse de Saint-Priest-les-Fougers, représenté par M. Jean-Louis-Abraham de Laulière, curé de Mialet, son fondé de procuration. — Présent.

M. Jean-Baptiste Gentil, curé de la paroisse de Sarlande, représenté par M. Antoine Bonhomme, curé de la Chapelle, son fondé de procuration. — Présent.

M. Michel Bonhomme, curé de la paroisse de Sarazat, représenté par M. Limousin, curé de Saint-Jean-Ligoure, son fondé de procuration. — Présent.

M. Pierre-Joseph Catinaud, curé de la paroisse de Lavignac, représenté par M. Léonard Delort, curé de Peysac, son fondé de procuration. — Présent.

M. Antoine Meynardie, curé de Saint-Léger de la ville de Ségur, représenté par M. Pierre de La Morelie de Puyredon, doyen de Saint-Yrieix, son fondé de procuration. — Présent.

M. François Reyx, curé de Villemaud, représenté par M. Louis Filliâtre, curé de Saint-Gême, son fondé de procuration. — Présent.

Messieurs du séminaire de la Mission, pour le prieuré de la Faye et fiefs en dépendant. — Absents.

Après ledit appel achevé, se sont présentés plusieurs ecclésiastiques qui ont dit n'avoir pas été assignés, mais être en droit d'assister à la présente assemblée comme bénéficiers.

Suit la liste d'iceux :

SÉNÉCHAUSSÉE DE LIMOGES.

Messieurs :

Jean Guillaumaud, prêtre, chanoine de l'église collégiale de Saint-Junien, possesseur du fief de Maret et viguerie de police dudit Saint-Junien. — Présent.

Ledit sieur Guillaumaud, titulaire de la vicairie de Saint-Eutrope. — Présent.

Jean-Baptiste de Bruxelle, prêtre, chanoine de l'église collégiale de Saint-Léonard, titulaire de la vicairie de Saint-Fiacre, en l'église de Saint-Etienne dudit Saint-Léonard. — Présent.

Les dames religieuses de Sainte-Ursule de la ville d'Eymoutiers, possédant fiefs ès paroisse de la Croisille, l'église au bois de Saint-Pierre-Château, représentées par M. Depuyferat, vicaire général et chantre du chapitre Saint-Martial, leur fondé de procuration. — Présent.

Léonard de La Rouverade, prêtre, chanoine de l'église cathédrale de Limoges, pourvu de la vicairie appelée de Chambores ou de Saint-Jean-Saint-Yves, desservie en ladite église cathédrale. — Présent.

André Brejat, prêtre, semi-prébandier du chapitre séculier et collégial de la ville de Saint-Germain, représenté par M. Léonard Barnon, prêtre, chanoine dudit chapitre, son fondé de procuration. — Présent.

Juge de Saint-Martin, prêtre, habitant à Saint-Priest-d'Aixe, titulaire de la vicairie de Baillols en Saint-Pierre. — Présent.

Jean-Baptiste Chapotte, prêtre, titulaire des vicairies de Meymat, dans la chapelle de Crussifix, et de Saint-Barthélemy, dans l'église de Saint-Etienne. — Présent

Joseph de Brugières de Farssat, prieur du prieuré de Tarn, fondé en ladite église, représenté par M. l'abbé de Coasnon, vicaire général, son fondé de procuration. — Présent.

Jean-Marie Devoyon, prêtre, chanoine de l'église de Limoges, seigneur foncier de Juilhac, paroisse de Saint-Maurice-les-Brousses. — Présent.

Joseph-Marie Moiret, prieur de l'abbaye de Dalou, ordre de Cîteaux, fondé de pouvoir des religieux de ladite abbaye. — Présent.

Les communalistes de Solignac, représentés par M. Jonchade, curé, leur fondé de procuration. — Présent.

SÉNÉCHAUSSÉE DE SAINT-YRIEIX.

Messieurs :

Joseph Cramouzaud, prêtre, chanoine de l'église de Saint-Martial de Limoges, titulaire du prieuré de Courbetty. — Présent.

Jacques de La Bachellerie, chanoine de l'église collégiale d'Eymoutiers, titulaire de la vicairie de Saint-Laurent de Plaine-Meyer, paroisse de Laroche-Labeille, représenté par M. Joseph-Léonard Hamy de la Chapelle, curé de ladite paroisse, son fondé de procuration. — Présent.

Après quoi a été procédé à l'appel des gens de la noblesse.

Ainsi qu'il suit :

SÉNÉCHAUSSÉE DE LIMOGES.

Noblesse.

Messieurs :

Claude-Etienne Annet, comte des Roys, ancien capitaine de cavalerie, seigneur des Enclaux et de Saint-Cyr, seigneur de la Chandelis, les Bordes-Saint-Laurent et Puydeau, grand sénéchal de la sénéchaussée du haut pays de Limousin. — Présent.

Jean-Baptiste, comte du Hautier, chevalier, seigneur baron d'Auriat-Saint-Maureil, Charriers-Saint-Junien et la Brugère, chevalier de l'ordre royal et militaire de Saint-Louis, commandeur des ordres de Saint-Lazare et de Notre-Dame du Mont-Carmel, gouverneur de la ville d'Eu, colonel du régiment de Penthièvre-dragons. — Présent.

Claude Green de Saint-Marsault, chevalier, vicomte du Verdier, lieutenant des gardes du corps du Roi, chevalier de l'ordre royal et militaire de Saint-Louis, maître de camp de cavalerie. — Présent.

François-Germain Green de Saint-Marsault, chevalier, marquis du Verdier, chevalier de l'ordre royal et militaire de Saint-Louis, lieutenant des maréchaux de France. — Présent.

Thomas de La Rougère, chevalier, seigneur de Brouillet et le Penaud. — Présent.

Jean-Baptiste de Lapisse, chevalier, seigneur de Chevroux-la-Goupillère et en partie de Pontinoux. — Présent.

Jean-Baptiste-Germain de La Pomelie, chevalier, seigneur de Chaverivière. — Présent.

Jean-François de David, chevalier, baron de Renaudies, seigneur des Pousses-Saint-Maurice et Saint-Hilaire, chevalier de l'ordre royal et militaire de Saint-Louis, lieutenant des maréchaux de France. — Présent.

Louis-François-Gaspard-Jourdinand Du Vignaud, chevalier, seigneur de Villefort, les Vergues et Villeveau. — Présent.

Jean-Marie Dalesne, chevalier, seigneur baron de Chatelux, seigneur de Salvanet. — Présent.

Henri-Yrieix Doudinot de La Boissière, écuyer, ancien officier au régiment d'Aunis-infanterie, seigneur de Malmonge. — Présent.

Jean-Léonard Dumas de Peysac, chevalier. — Présent.

Jean, marquis de Sauzillon, chevalier de Jaffrenie, chevalier de l'ordre royal et militaire de Saint-Louis, représenté par M. Dubouchaud du Mazaubrun, son fondé de procuration. — Présent.

Thomas Du Bouchaud, chevalier, seigneur du Mazaubran. — Présent.

Pierre de La Pisse, chevalier, seigneur de Teulet de la Brugère et de Fouilloux. — Présent.

Pierre-Charles-Jacques de Martin, chevalier, ba-

ron de Nantiat, seigneur de Fredaigne, capitaine d'infanterie. — Présent.

Antoine Jousselin, chevalier, seigneur de Sauvaignac. — Présent.

Martial-François de Roussignac, chevalier, seigneur de Grimaudie. — Présent.

Pierre Guingaud, chevalier, seigneur de Saint-Mathieu-la-Renaudie et la Bouchie. — Présent.

Gaucher Du Hautier, chevalier, seigneur de Peyrussac, chevalier de l'ordre royal et militaire de Saint-Louis. — Présent.

François-Annet de Toustin, chevalier, seigneur comte d'Oradour, Saint-Basile, le Boucheron et Sazerat, sous-lieutenant honoraire des gardes du corps de Monsieur, frère du Roi, gentilhomme de sa chambre, chevalier de l'ordre royal et militaire de Saint-Louis, lieutenant-colonel de cavalerie. — Présent.

Jean-Baptiste-Joseph Dugarreau, chevalier, seigneur de Puy-de-Belle, la Seime, Vergnas, Neuvie, Maleon, ancien capitaine au régiment du maître de camp général de la cavalerie, chevalier de l'ordre royal et militaire de Saint-Louis. — Présent.

Joseph Dulery, chevalier, seigneur de Landerie. — Présent.

François-Martin, écuyer, seigneur de Foujaudran. — Absent.

Jean-Pierre-Grégoire Martin, écuyer, seigneur de Bonnabry. — Présent.

Pierre-Jean-Baptiste de Guillaume de Rochebrune, chevalier, seigneur de la Grange-de-Cordelas. — Présent.

Jean-Léonard d'Alesne, chevalier, seigneur d'Aigueperse. — Présent.

Madame la marquise de Mirabeau, première baronne du Limousin à cause de la baronnie de Pierre-Buffière, représentée par M. le vicomte de Mirabeau, colonel du régiment de Touraine-infanterie, son fondé de procuration. — Présent.

Madame Des Essarts, représentée par M. Labastide de Tranchillon, son fondé de procuration. — Présent.

Martial-Durand de Lasaigue, représenté par M. Auvray, seigneur de Saint-Remy, son fondé de procuration. — Présent.

Etienne Auvray, chevalier, seigneur de Saint-Remy et la Gondonnière, officier d'infanterie. — Présent.

Martial Guingaud, chevalier, seigneur de Gensignac et Duvignaud, ancien capitaine d'infanterie, représenté par M. Pierre Guingaud, son frère, fondé de procuration. — Présent.

Jean-Joseph de Parel, chevalier, vicomte de Parel, seigneur de Forsac et Lemas-Fargeix, capitaine au corps royal d'artillerie, chevalier de l'ordre de Saint-Lazare, représenté par M. le vicomte du Verdier, son fondé de procuration. — Présent.

Charles Roch, marquis de Toux, chevalier, seigneur de la Vergue et de Coux, représenté par M. de Cordier, son fondé de procuration. — Présent.

Jean de Corbier, chevalier, ancien garde du corps du Roi. — Présent.

Jean-Baptiste-Philibert de Fondant, chevalier, seigneur de la Valade, représenté par M. Desmarais du Chambon, son fondé de procuration. — Présent.

Joseph-Louis Desmarais, chevalier, seigneur du Chambon, Lage, Ponnet et le Noyer, ancien mousquetaire de la garde du Roi. — Présent.

Joseph Clément des Flottes, chevalier, seigneur de l'Echoisier et Bonnat, représenté par M. de

Lépine père, écuyer, son fondé de procuration. — Présent.

Jean-Baptiste de Lépine, écuyer, seigneur de Masneuf. — Présent.

Mathieu Romanet Du Caillaud, père, écuyer. — Présent.

André de La Breuille, chevalier, seigneur de Château-Renaud, représenté par M. Duhautier de Peyrussac, son fondé de procuration. — Présent.

Marguerite de Verthamond, comtesse de Lavaud, dame de Bussière-Beaufy, représentée par M. le comte de Lavaud de Saint-Étienne, son fondé de procuration. — Présent.

Jean-Baptiste de Lalande, chevalier de Lavaud-Saint-Etienne, seigneur de Neuvillars, Lage-au-Mont et Begogne. — Présent.

François-Louis-Antoine de Bourbon, comte de Busset et de Chalus, représenté par M. Simon-François de Chauveron, son fondé de procuration. — Présent.

Simon-François de Chauveron, ancien exempt des gardes du corps du Roi, chevalier de l'ordre royal et militaire de Saint-Louis. — Présent.

Pierre-Marie Chapelle, comte de Juilhac, lieutenant général des armées du Roi, inspecteur général de ses troupes, commandeur de l'ordre royal et militaire de Saint-Louis, baron de la baronnie d'Arfeuille, représenté par M. de Lesse de Noue, garde du corps du Roi, son fondé de procuration. — Présent.

André de Lesse de Noue, garde du corps du Roi, chevalier, seigneur de Champant de Chabaud. — Présent.

Joseph-François de Joussineau, marquis de Tourdonnet, baron de Fressinet, seigneur de Champagnac, capitaine au régiment de Lorraine-dragons, représenté par M. le vicomte de Joussineau, son fondé de procuration. — Présent.

Michel-Joseph, vicomte de Joussineau, lieutenant-colonel de cavalerie. — Présent.

Louis de Corbier, écuyer, ancien capitaine au régiment de Dauphiné-infanterie, représenté par M. de Brachet, son fondé de procuration. — Présent.

Louis de Brachet, chevalier de l'ordre royal et militaire de Saint-Louis, seigneur de la Bastide et Lafaye. — Présent.

André de Bonneval, comte de Bonneval, maréchal des camps et armées du Roi, seigneur de la baronnie de Blanchefort et de la vicomté de Naulhac, représenté par M. le comte de Calignon, son fondé de procuration. — Présent.

Jean Duburguet, chevalier, seigneur de Chaufaille, chevalier de l'ordre royal et militaire de Saint-Louis, lieutenant-colonel de cavalerie, représenté par M. Ardent de la Grénerie, son fondé de procuration. — Présent.

Jean-Jacques Ardent de la Grénerie, chevalier, seigneur de la Grénerie et de Meilhars. — Présent.

Adélaïde-Marie-Stanislas, marquis de Boisse, vicomte de Treignac et d'Éjaux, baron de la Bachellerie, colonel attaché au régiment de dragons de monseigneur le comte d'Artois, représenté par M. Beaupoil, marquis de Saint-Aulaire, son fondé de procuration. — Présent.

Henry de Beaupoil, marquis de Saint-Aulaire. — Présent.

Louis-François-Marie Pérusse, comte des Cars et Saint-Bonnet, marquis de Pranzat, baron d'Aixe, de la Renaudie, de la Motte, des Cars et de Lastours, premier baron du Limousin, seigneur de Saint-Sezert au Camville-Puy-Ségur, Belle-Serre, Saint-Ybard, Laroche-Labeille et autres places,

chevalier des ordres du Roi, maréchal de ses camps et armées, son lieutenant général commandant la province du haut et bas Limousin et son premier maître d'hôtel, représenté par M. de Chauveron, écuyer, son fondé de procuration. — Présent.

François de Chauveron, écuyer, chevalier de l'ordre royal et militaire de Saint-Louis, ancien commandant du bataillon de Limoges. — Présent.

Léonard Dulery, chevalier, lieutenant des grenadiers royaux au régiment de Touraine, représenté par M. Desmarais du Chambon, son fondé de procuration. — Présent.

Joseph Marchadieu, seigneur du fief de Nicoulaud, représenté par M. le vicomte de Brette, son fondé de procuration. — Présent.

Joseph-Martial, vicomte de Brette, chevalier, seigneur de la Mothe-Goutelard et Crotelle, chevau-léger de la garde ordinaire du Roi. — Présent.

Charles de David, baron des Etangs, chevalier, seigneur de Bussière-Galant, Mas en Bessier et Renoudie. — Présent.

Jacques-Joseph Magy, écuyer, seigneur d'Andalays, Bassouleix, Villeneuve et Mammolas. — Présent.

Raymond de Brachet, chevalier, seigneur de la Jalesie et la Nouaille, maréchal des camps et armées du Roi, représenté par M. Louis de Brachet, seigneur de Labastide et de Faye, son fondé de procuration. — Présent.

Louise-Antoinette Broussol de Broussonnet, dame de Vicq, veuve de messire Just de Calignon, chevalier de l'ordre royal et militaire de Saint-Louis, représenté par M. le comte de Calignon, son fils, fondé de procuration. — Présent.

Michel Landry, comte de Lescour, chevalier, seigneur d'Oradour-sur-Glane et Laplaud, chevalier de l'ordre royal et militaire de Saint-Louis, représenté par M. le marquis Ducros de Cieux, son fondé de procuration. — Présent.

Jean-Baptiste Debrette, chevalier, seigneur marquis du Cros, comte de Cieux, baron de la Vilette et Dumas-Rocher, seigneur de la Villatte, la Chapelle et Richebourg, capitaine de cavalerie. — Présent.

Marie-Thérèse Maillard de la Couture, veuve de messire Joseph Durand, chevalier, seigneur du Boucheron, capitaine au régiment de la Reine-dragons, représentée par M. Guingaud de Saint-Mathieu de La Bouchie, son fondé de procuration. — Présent.

Alphonse-Louis Dumontel de la Molhière, chevalier, marquis de Cardalhac, seigneur châtelain de Jounailhac et du Mazet, chevalier de l'ordre royal et militaire de Saint-Louis, lieutenant des maréchaux de France, représenté par M. le baron de Foucaud, son fondé de procuration. — Présent.

Jean, baron de Foucaud, capitaine au régiment d'Aunis-infanterie, chevalier, seigneur de Champvert, la Rochelle et Montuille. — Présent.

Marguerite Du Hautier, épouse et curatrice de messire de Joseph de Josselin, chevalier, seigneur de Lavaud-Bosquet, Lort et Mimolle, représentée par M. Duhautier de Peyrussat, son frère, fondé de procuration. — Présent.

Jacques Masbaret, écuyer, seigneur du Barty, ancien trésorier de France au bureau des finances de Limoges, représenté par M. Masbaret Du Barty, son fils, fondé de procuration. — Présent.

Jean-Marguerite Debrie, comte de Lageyral (qualifié de comte par brevet de Philippe Ier). — Présent.

Charles-Antoine-Armand-Odet Dumas, chevalier, comte de Peysat, capitaine au régiment de Contidragons, seigneur de Peysac, Lasserre, Cousage, co-seigneur d'Allassac et de la Salle, vidame de Limoges, représenté par M. Bony de la Vergue, comte des Égaux, son fondé de procuration. — Présent.

Jean Bony de la Vergue, comte des Égaux, chevalier, seigneur de Forges, ancien capitaine d'artillerie, chevalier de l'ordre royal et militaire de Saint-Louis. — Présent.

Jean-Louis, marquis de Lubersac, maréchal des camps et armées du Roi, chevalier de l'ordre royal et militaire de Saint-Louis, seigneur de Saint-Memy, Savignac et Lubersac, représenté par M. le marquis du Verdier, son fondé de procuration. — Présent.

Jacques-Georges de Joussineau, chevalier, vicomte de Tourdonnet, aide-major au régiment des Gardes-Françaises, seigneur de Saint-Martin-Sepert, représenté par M. le vicomte de Joussineau, son fondé de procuration. — Présent.

Louis-Jean-Baptiste Chapelle de Jumilhac, chevalier, seigneur de Jean-Ligoure, Courbefy et Pommaret, ancien capitaine de la gendarmerie de France, colonel de cavalerie, chevalier de l'ordre royal et militaire de Saint-Louis, représenté par M. Simon-François de Chauveron, son fondé de procuration. — Présent.

Luc Delaplace, chevalier, seigneur de Rougeras, Mimolle et coseigneur de Saint-Maurice-les-Brousses, représenté par M. Jean de Chauveron, écuyer, son fondé de procuration. — Présent.

Jacques-Urbain d'Alesne, écuyer seigneur de Puyvinaud, capitaine au régiment de Normandie, représenté par M. d'Alesne du Chateluc, son fondé de procuration. — Présent.

Dame Catherine de Raymond, épouse, et représentée par M. de La Roumagère, son fondé de procuration. — Présent.

Antoine de La Roumagère, écuyer, seigneur de Chavière et le Breuil. — Présent.

Joseph de Bony, chevalier, seigneur comte de Ladignac et Saint-Nicolas. — Présent.

Marie-Anne Garat, comtesse de Fayat, veuve de Gilbert, Marin de Joussineau, comte de Fayat, baron de Peyrelivade, seigneur de Saint-Martin-Sepert, les Oussines, la Valade, Lombert et Laboissière, représentée par M. le vicomte de Joussineau, son fondé de procuration. — Présent.

Jean de Grand-Saigne, écuyer, seigneur des Goberlies, représenté par M. de Grand-Saigne, son fils, lieutenant au régiment d'Artois-infanterie, fondé de procuration. — Présent.

Jean-Baptiste de Miomande de Murat, écuyer, co-seigneur du Breuil, représenté par M. Dugarreau, son fondé de procuration. — Présent.

François Dugarreau, chevalier, capitaine au régiment de Bassigny-infanterie. — Présent.

Jean de Sauzillon, prêtre, chanoine de Saint-Yrieix, seigneur du fief de la Franchie, représenté par M. d'Abzac, écuyer, son fondé de procuration. — Présent.

Adrien d'Abzac, écuyer, seigneur de Lascaux. — Présent.

Dominique de Laurade, chevalier, seigneur de Mouzat, Pressac et Langerie, chevalier de l'ordre royal et militaire de Saint-Louis, capitaine de cavalerie, représenté par M. Jean de Corbier, son fondé de procuration. — Présent.

Jean de Miomande, chevalier, coseigneur du Breuil, garde du corps du Roi, représenté par M. François Du Garreau, son fondé de procuration. — Présent.

Marie Morel de Fromentab, dame de la Cosse et du Montendeix, représentée par M. le baron de Fromentab, son fondé de procuration. — Présent.

Martial-Alexandre Morel, baron de Fromentab, ancien capitaine de dragons, chevalier de l'ordre royal et militaire de Saint-Louis. — Présent.

Jean-Baptiste de Bouilhac, chevalier, seigneur de Bouzac, Fénelon et Repin, représenté par M. Ardant de La Grenerie, son fondé de procuration. — Présent.

Théophile de Boisseuil, chevalier, seigneur de Boisseuil et Fialeix, ancien capitaine au régiment de Marieux-cavalerie, chevalier de l'ordre royal et militaire de Saint-Louis, représenté par M. Charles de Pasquet, seigneur de Salaignac, son fondé de procuration. — Présent.

Charles de Pasquet, écuyer, seigneur de Salaignac. — Présent.

Grégoire de Roulhiac, écuyer, seigneur de Roulhiac. — Présent.

Louis-Auguste Duvignaud, chevalier, seigneur de Vory et Lavillette officier au régiment d'Auvergne-infanterie, représenté par M. Joseph-Louis Des Marais Du Chambon, son fondé de procuration. — Présent.

Jacques de La Bachellerie, prêtre, seigneur du fief de Vieille-Ville, représenté par M. Thomas de Petiot, écuyer, son fondé de procuration. — Présent.

Thomas de Petiot, écuyer, seigneur de Caliad. — Présent.

Elisabeth Colomb, veuve de messire Jacques-Jean de Bruchard, écuyer, seigneur de la Pomelie, représenté par messire Jean-Charles de Bruchard, son fondé de procuration. — Présent.

Jean-Charles de Bruchard, chevalier, lieutenant au régiment de Touraine-infanterie.

Marie-Anne Blondeau de Laurière, veuve de M. Limousin, chevalier, seigneur de Neuvie, dame de Marlingue, représentée par M. Dugarreau de la Seinie, son fondé de procuration. — Présent.

Léonard Blondeau, chevalier, seigneur marquis de Laurière, capitaine au régiment des Gardes-Françaises, chevalier de l'ordre royal et militaire de Saint-Louis, représenté par M. Guillaume de Rochebrune, son fondé de procuration. — Présent.

Marie-Geneviève Petiniaud, veuve de M. Joseph-Louis Noailler, écuyer, seigneur de Laborie, conseiller secrétaire du Roi, maison et couronne de France, représenté par M. Simon Lamy, écuyer, son fondé de procuration. — Présent.

Jean-François de Carbonnières, seigneur de Saint-Denis-des-Murs et du Montjoffre, vicaire général du diocèse d'Arras, représenté par M. Germain de La Pomelie, son fondé de procuration. — Présent.

Jean-Baptiste de Carbonnières, chevalier, seigneur comte de Saint-Brice, Chamberri, Lavigne, le Repaire, et baron de Boussac, représenté par M. le comte de Brie, son fondé de procuration. — Présent.

Martial, comte de Brie, chevalier, seigneur de Soumaignac, baron de Ribeireix, Courbafy, Fourie, Labastide de Saint-Priest, les Fougères, ancien capitaine au régiment d'Artois et chevalier de Saint-Louis (*qualifié de comte par brevet de Philippe Ier*). — Présent.

Léonard Muret, écuyer, seigneur de Bort, représenté par M. Pierre Muret, écuyer, son fils aîné, fondé de procuration. — Présent.

Marie-Jeanne-Claude-Victoire de Lasteirie, marquise de Lestrade, représenté par M. François de Chauveron, son fondé de procuration. — Présent.

Charles Paredoux de la Morelie, écuyer, seigneur des Biars, chevau-léger de la garde du Roi. — Présent.

Joseph de Roulhac, chevalier, seigneur de Trachaussade, représenté par M. de Roulhac, seigneur de Chatelard, son fondé de procuration. — Présent.

Jacques-Christine de Roulhac, chevalier, seigneur de Chatelard, Rochebrune et voûte de Saugon. — Présent.

Alexandre de Coustin, chevalier, seigneur marquis de Masnadaud, comte d'Oradour-Survayre, représenté par M. le comte de Brie de Soumaignac, son fondé de procuration. — Présent.

Jean-Baptiste Fercol de Gay, chevalier, seigneur de Nexou, Compaigne et Cognac, représenté par M. Degay, son fils, fondé de procuration. — Présent.

Catherine Texandier, baronne de Nieuil, veuve de M. Jacques Léonard, chevalier, seigneur de Fressange, représentée par M. Louis-Jacques de Montbron, son fondé de procuration. — Présent.

Louis-Jacques de Montbron, chevalier, seigneur de Drouilles. — Présent.

Madeleine Regnaudin, dame de la Quintaine et Mazeyerelas, veuve de messire Joseph Limousin, chevalier, seigneur de Neuvie et Masléon, représentée par M. Thomas Du Bouchoud, son fondé de procuration. — Présent.

Joseph-Sylvain-Clément Durieux, chevalier, seigneur de Villepreux et le Doignon, représenté par M. Desmarais Du Chambon, son fondé de procuration. — Présent.

Jean-Baptiste-Pierre-Paul Bourdeau, écuyer, seigneur de Fleurat, représenté par M. Léonard Bourdeau, seigneur de Linard, son fondé de procuration. — Présent.

Jacques de La Noue, chevalier, seigneur de Magelier, représenté par M. Desmarais Du Chambon, son fondé de procuration. — Présent.

Jeanne-Marie de Sauzet, dame de Villefanges, veuve de messire Gaspard-Louis Desmarais, chevalier, seigneur de Chambon, représentée par M. François de Chauveron, son fondé de procuration. — Présent.

Guillaume-Grégoire de Roulhac, écuyer, seigneur de Laborie et Faugcrac, conseiller du Roi, lieutenant général en la sénéchaussée et siège présidial de Limoges, représenté par M. de Roulhac, écuyer, ingénieur des ponts et chaussées au département de l'Auvergne, son frère, fondé de procuration. — Présent.

Jean-Baptiste Pétiniaud, écuyer, seigneur de la Bourgade et de Beaupeyrat. — Présent.

Jean-Joseph Pétiniaud, écuyer, seigneur de Juriol et de Puinoge, représenté par M. Pétiniaud, écuyer, seigneur de Beaupeyrat, son frère, fondé de procuration. — Présent.

Marie-Anne Garat de Saint-Priest, veuve de messire Jacques-François de Douhet, chevalier, seigneur de Puymoulinier, le Palais et Panazol, représenté par M. Dugarreau de La Seinje, son fondé de procuration. — Présent.

Marcelle d'Arsouval, veuve de messire Charles de David de Lastour, chevalier de Laborie, la Guyonnie et Rilbac, ancien capitaine au régiment de Penthièvre, chevalier de l'ordre royal et militaire de Saint-Louis, représenté par M. Dupeyrat de Vigenal, écuyer, son fondé de procuration. — Présent.

Martial Dupeyrat, écuyer, seigneur de Vigenal. — Présent.

Guillaume Vergniaud, ancien curé de Magnac, représenté par M. le vicomte de Mirabeau, son fondé de procuration. — Présent.

Pierre Lamy, écuyer, seigneur de la Chapelle, conseiller du Roi et son procureur en la sénéchaussée et siège présidial de Limoges. — Présent.

Gabriel-Joseph Grellet Desprades, écuyer, seigneur de Pierre Fiche et de l'Etang. — Présent.

Joseph Martin, chevalier, seigneur de la baronnie de Compreignac et Dumas de Lage. — Présent.

François de Labonne, écuyer, seigneur d'Ecabillon et Loutre. — Présent.

Jean-Ignace Maldon, chevalier, seigneur de Feytiat. — Présent.

Valery d'Argier, chevalier, baron de Vaubry-Marival, vicomte de Bernage. — Présent.

Martial Goudin, chevalier, seigneur de Laborderie et du Genety. — Présent.

Pierre Garrat, chevalier, seigneur de Saint-Priest et Montcorn. — Présent.

François-Xavier Boutanel, chevalier, seigneur de Russy. — Présent.

Louis, comte de Villelume, chevalier, seigneur de l'Omonerie, la Jasseau et Pezé. — Présent.

Léonard, marquis de Villelume, chevalier, seigneur du Bâtiment, Morcheval et Corrigé. — Absent.

Jean-Léonard de La Bermondie, vicomte d'Aubroche, seigneur de Saint-Julien et de Laront. — Présent.

Le marquis de Saint-Ferée, seigneur de Lage-Rideau. — Absent.

François de Maldon de Balezy, chevalier. — Présent.

Jean-Baptiste de Martin Labastide, chevalier, seigneur de la Bastide, la Brugère, le Masbouriane et Teyssonnières. — Présent.

Léonard de Martin de Labastide-Verthamond, chevalier, seigneur de Curzac. — Présent.

Mathieu de Martin-Labastide de Curzac, chevalier. — Présent.

Henri de Marsanges, chevalier, baron de Vaubry-Bretex, chef d'escadron au régiment de Penthièvre-dragons. — Présent.

Charles de Marsanges, chevalier de l'ordre de Saint-Jean de Jérusalem et capitaine au régiment d'Aunis-infanterie. — Présent.

Joseph de Savignac, chevalier, seigneur de Vaux, lieutenant au régiment d'Artois-infanterie. — Présent.

Pierre de Beaupoil de Saint-Aulaire, chevalier, seigneur de Barry, chevalier de l'ordre royal et militaire de Saint-Louis, ancien colonel de cavalerie. — Présent.

François de La Cour, chevalier de Ventilhac. — Présent.

Antoine-Etienne Touzac de Saint-Etienne, chevalier, seigneur de Royère, Transforêt, Beaumont et Beausoleil. — Présent.

Léonard-François de Villoutreix de Brignac, écuyer, de madame Victoire de France, tante du Roi. — Présent.

Psalmet Ducheyron, chevalier, seigneur des Prats, Bonnefond, les Chapeaux, Joubert, Bort et Lapeyrière, chevalier de l'ordre royal et militaire de Saint-Louis, maître de camp de cavalerie, ancien major des gendarmes de la garde ordinaire du Roi. — Présent.

Antoine-Joseph de Maulmont, chevalier, capitaine au régiment du maréchal de Turenne-infanterie. — Présent.

François-Maurice Benoist de Lortande, chevalier, seigneur de Reignefort, capitaine, commandant au régiment de Rohan-infanterie. — Présent.

Louis-Guérin-Honoré-Vincent-Bonaventure Morel de Fromental, chevalier, lieutenant au régiment de Bassigny-infanterie. — Présent.

Germain de Croizant, chevalier et seigneur de Puychevalier et la Renaudie. — Présent.

Jean-Joseph de La Place, chevalier, seigneur des Forges et Virolle. — Présent.

Guy-René Durand, chevalier, seigneur de la Faucherie. — Présent.

Guillaume de Loudeix, chevalier, seigneur de Puytignon, ancien chevau-léger de la garde du Roy, chevalier de l'ordre royal et militaire de Saint-Lazare et capitaine de cavalerie. — Présent.

Pierre-Louis-Auguste de Villoutreix, chevalier, seigneur de Faye, lieutenant-colonel du régiment Royal-Étranger-cavalerie, chevalier de l'ordre royal et militaire de Saint-Louis. — Présent.

Simon de Meivière, chevalier, seigneur de Lortolary. — Présent.

Antoine Grellet, écuyer, seigneur de Marbillier. — Présent.

Chastaignac, chevalier, seigneur, baron de Sussac et de Ligourre. — Présent.

Faulte, écuyer, seigneur du Puy, du Tour et de Ventoux, chevalier de l'ordre royal et militaire de Saint-Louis. — Présent.

Dorat, écuyer, seigneur de Faugerat, Lagardelle et Monimes. — Absent.

Des Maisons, chevalier, seigneur de Bonnefont. — Absent.

Mondain, écuyer, seigneur de la Maison-Rouge. — Absent.

De Villemonce du grand bourg de Salaignac. — Absent.

Le comte de Nadaillac de Saint-Pardoux. — Absent.

Madame Roger de Nexou. — Absente.

De Verthamond d'Amboy, seigneur de Chalmet. — Absent.

Vidaud, comte du Doignon, seigneur du Carrier. — Absent.

Bazin de Montfaucon. — Absent.

De La Châtre, chevalier, seigneur de l'Eyraud. — Absent.

Martial Baillot, écuyer, seigneur d'Estivoux, trésorier de France au bureau des finances de Limoges. — Présent.

Pierre Baruy, écuyer, seigneur de Moulins, trésorier de France au bureau des finances de Limoges, représenté par M. Devoyon de la Planche, son fondé de procuration. — Présent.

Jean Devoyon, écuyer, seigneur du Buisson, trésorier de France au bureau des finances de Limoges. — Absent.

Guillaume Sausun, écuyer, seigneur de Royère, trésorier de France au bureau des finances de Limoges. — Présent.

Léonard-Louis Maillard, écuyer, seigneur de la Couture, trésorier de France au bureau des finances de Limoges. — Présent.

Antoine Faulte, écuyer, seigneur du Buisson, trésorier de France au bureau de Limoges. — Présent.

Joseph Benoist, écuyer, seigneur d'Estivaux, trésorier de France au bureau des finances de Limoges. — Présent.

Jean-Joseph Marbaret de Basty fils, trésorier de France au bureau des finances de Limoges. — Présent.

Antoine Lajoumard, écuyer, seigneur de Laboissière, trésorier de France au bureau des finances de Limoges. — Présent.

Mathieu de Vaucourbeix, écuyer, seigneur de la Bachellerie, avocat du Roi au bureau des finances de Limoges. — Présent.

Guillaume Dumazan, écuyer, seigneur du Vignaud, trésorier de France au bureau des finances de Limoges. — Absent.

Aubin Bignorie, écuyer, seigneur du Chambon, Caramijeas, Lagorre et Laboissière, trésorier de France au bureau des finances de Limoges. — Présent.

Martial Noailhé de Bailles fils, écuyer, seigneur de Leyssenne et Lesplas, trésorier de France au bureau des finances de Limoges. — Présent.

Antoine Noailhé, écuyer, seigneur des Bailles, trésorier de France honoraire au bureau des finances de Limoges. — Absent.

Léonard Devoyon, écuyer, seigneur de la Planche, procureur du Roi au bureau des finances de Limoges. — Présent.

Grégoire de Marsac, écuyer, seigneur de Malval, trésorier de France au bureau des finances de Limoges. — Présent.

Ces seize derniers assignés et appelés en vertu de l'ordonnance, sur requête de M. le grand sénéchal, dont la teneur suit :

A M. le grand sénéchal de la sénéchaussée de Limoges.

Les nobles possédant fief de la présente généralité ont l'honneur de représenter à M. le grand sénéchal, qu'ayant, par leurs offices, le titre et les prérogatives de noble, d'après les dispositions du règlement du 24 janvier dernier, il paraîtrait qu'ils doivent avoir l'avantage d'être admis dans l'ordre de la noblesse, parce que, par l'article 9, il est dit :

« Tous les nobles possédant fief dans l'étendue du bailliage ou de la sénéchaussée seront assignés pour comparaître à l'assemblée générale, disposition qui n'est nullement restreinte à ceux qui ont la noblesse acquise et transmissible. »

Comme sur l'article 16 subséquent :

« Les nobles non possédant fief, » qui astreint ces derniers à avoir la noblesse acquise et transmissible, d'où il paraît évident que ces deux articles ont deux objets différents, celui des nobles possédant fief et celui des nobles non possédant fief.

La qualité de noble étant incontestablement attribuée aux trésoriers par les édits et par leurs provisions, ceux qui possèdent des fiefs doivent donc, suivant la disposition de l'article 9, être assignés et appelés dans l'ordre de la noblesse ; il n'y a que ceux qui ne possèdent pas de fief qui doivent avoir la noblesse aquise et transmissible pour s'y présenter.

La preuve de cette distinction gît encore dans la position des articles.

Le premier ne fait aucune mention de la condition, elle n'est insérée que dans le suivant, ce qui établit qu'elle n'a été prescrite que pour la seconde circonstance, et pour faire une exception à la première, qui n'en a aucune.

Les nobles possédant fief ont lieu d'espérer que bien loin de donner une interprétation forcée et sans aucun motif, MM. les gentilshommes chercheront à l'interpréter favorablement, ainsi que l'ont fait messieurs de la sénéchaussée de Poitiers, qui ont fait assigner M. Durand de Richemont, trésorier de France, possédant fief, mais qui a la noblesse acquise et non transmissible.

Les nobles possédant fief seront toujours remplis des égards et de la déférence qui sont dus à MM. les gentilshommes ; ils soumettent ces observations à leur équité ; si elles réussissent, leur succès deviendra d'autant plus précieux, qu'ils l'attribueront principalement à la loyauté de l'ordre de la noblesse.

Nous, Claude-Étienne Annet, comte des Roys,

ancien capitaine de cavalerie, sénéchal de la sénéchaussée du haut Limousin, assisté de quatre gentilshommes par nous appelés et soussignés, pour la décision de la question contenue en la présente requête et vu les moyens qui y sont déduits ;

Ordonnons que, conformément à l'article 9 du règlement du Roi pour la convocation des États généraux, MM. les officiers du bureau des finances de Limoges et autres possédant fiefs et qui se trouvent avoir la noblesse acquise quoique non transmissible, seront admis à l'assemblée de la noblesse sans tirer à conséquence, et à la charge par eux de justifier de leurs titres de propriété et fief et de ceux de leur noblesse, et encore à la charge par eux de représenter l'assignation qui leur aurait été donnée à ces fins.

Fait à Limoges, en notre hôtel, le 15 mars 1789, *Signé* le comte des Roys, le marquis de Saint-Aulaire, le marquis du Verdier, le comte de Lavau, et le chevalier de Chauveron.

SÉNÉCHAUSSÉE DE SAINT-YRIEIX.

Messires :

Jean-Baptiste Demallet de la Jorie, écuyer, représenté par messire de Pasquet, seigneur de la Roche et Montsault, son fondé de procuration. — Présent.

Pierre de Pasquet, chevalier de la Roche et de Montsault. — Présent.

Louise de Lubersac, veuve de messire Jacques de Monfrabeuf, chevalier de l'ordre royal et militaire de Saint-Louis, seigneur des Piquets, représentée par messire Thomasson, seigneur du Queyroix, son fondé de procuration. — Présent.

Jacques Thomasson, écuyer, seigneur du Queyroix. — Présent.

Louise de La Faye, veuve de messire Joseph de Foumigier de Beaupuy, chevalier, seigneur de Gênes, représentée par messire Charles de Pasquet, chevalier, seigneur de Salagnac, son fondé de procuration. — Présent.

Pierre de Gentil, chevalier, seigneur de la Faye et du fief de Champ, ancien chevau-léger de la garde du Roi, représenté par messire de Gentil, seigneur de la Jonchapt, son fondé de procuration. — Présent.

Léonard de Gentil, chevalier, **seigneur de la Jonchapt. — Présent.**

Jacques-Gabriel de Chapt, comte de Restignac, baron de Eusche, première baronnie du Quercy, comte de Clermont et Combe-Bonnet, seigneur de Puyguilleu et Firbeix, maréchal des camps et armées du Roi, commandant la brigade de Champaigne de la division de Guyenne, chevalier de l'ordre royal et militaire de Saint-Louis, représenté par messire Faulte, écuyer, seigneur de Vantaux, son fondé de procuration. — Présent.

Jean-Georges de La Roche-Aymond, chevalier, représenté par messire de Pasquet de La Roche, son fondé de procuration. — Présent.

Louis Mounet, chevalier, seigneur de Truffen, représenté par messire Thenaut, seigneur de la Tour, son fondé de procuration. — Présent.

Mathieu Thenaut, chevalier, seigneur de la Tour, ancien garde du corps du Roi, chevalier de l'ordre royal et militaire de Saint-Louis. — Présent.

Pierre, comte de Marqueyssac, seigneur baron de Roussignet et Paleyrat, ancien capitaine, commandant au régiment de Royal-cravate-cavalerie, représenté par messire de Rossignol, seigneur de Combier, son fondé de procuration. — Présent.

Martial-Barthélemy de Rossignol, chevalier, seigneur de Combier et de Latrade, patron, fondateur de l'église de Sarrazac. — Présent.

Louis-François-Philibert Machat de Pompadour, chevalier, seigneur marquis de Chateaubouchet et d'Angoisse. — Présent.

François de L'Hermite, chevalier, seigneur dudit lieu la Meynardie, l'Anglade et Puyssillard, ancien capitaine, commandant au régiment de la Ferre-infanterie, chevalier de l'ordre royal et militaire de Saint-Louis. — Présent.

Catherine Debord, veuve de messire Louis Paignon de Fontambert, écuyer, seigneur en partie de Laseaux, représenté par messire Antoine de La Romagère, seigneur de la Chauvière, son fondé de procuration. — Présent.

Jeanne Dujardin de La Digue, veuve de messire Antoine Paignon de La Borée, écuyer, seigneur de l'Age et de Lavalade, représentée par messire Thenaut de la Cour, son fondé de procuration. — Présent.

Léonard de La Morelie, écuyer, seigneur de Marvieux et Laugère, ancien chevau-léger de la garde du Roi, représenté par messire de La Morelie, seigneur des Biars, son fondé de procuration. — Présent.

Gabriel de Teyssière, chevalier, seigneur de Bellezize, Hébart et en partie de la Sarrazac, représenté par messire Léonard Genty de la Jonchapt, son fondé de procuration. — Présent.

Pierre de Beron, chevalier, seigneur de Toutamie ; — Présent.

Guillaume des Fraux, représenté par messire de Beron, seigneur d'Oche. — Présent.

Pierre de Beron, chevalier, seigneur d'Oche, ancien lieutenant au régiment de Penthièvre-infanterie. — Présent.

Gabriel Dugarreau, chevalier, seigneur de la Meychenie, la Fourcaudie, les Renaudies et coseigneur de la Valade, représenté par messire Dugarreau, seigneur de Bourdelas, son fils, son fondé de procuration. — Présent.

Antoine-Louis Dugarreau, chevalier, seigneur de Bourdelas. — Présent.

Jeanne de La Morelie, veuve de messire Jean Dumoutet, chevalier, seigneur de la Bachellerie, représenté par messire de Brette, marquis de Crosde-Cieux, son fondé de procuration. — Présent.

Jean de Foucaud de Malambert, chevalier, seigneur des Rieux et des Champs, représentée par messire le baron de Foucaud, seigneur de Champvert, son fondé de procuration. — Présent.

Anne-Elisabeth de Beaupoil de Saint-Aulaire, veuve de messire Louis Dugarreau de Gressignac, dame de Leyssart et de Moulapt, représentée par messire Adrien d'Abrac de Laseaux, son fondé de procuration. — Présent.

François-Justin Coquard, baron de Beaupoil Saint-Aulaire, ancien lieutenant de vaisseau du Roi, chevalier de l'ordre royal et militaire de Saint-Louis, représenté par messire de Leste de Noué, seigneur de Champaut et Chabaud, son fondé de procuration. — Présent.

Jean de La Morelie de Puyredon, capitaine de cavalerie, chevalier, de l'ordre royal et militaire de Saint-Louis, seigneur de la Rochette, Lasbelotas, la Guillonie, Gerbilion, Masieras, la Sagesse et la Genette, représenté par messire Jean de Chauveron, chevalier, capitaine au bataillon de Limoges, son fondé de procuration. — Présent.

Yrieix de Sauzillon de La Fourcaudie, chevalier, seigneur de Pouzol, Virsait et le Cadussaud. — Présent.

Pierre Lemas, chevalier, seigneur de Saint-Martin et Puygueraud. — Présent.

Hyacinthe Blanchard, écuyer, seigneur de Champagne. — Présent.

De Champagnac, chevalier, seigneur de Montantin. — Absent.

La dame de Razat de Juillat. — Absente.

Roux de Lusson, seigneur du fief de Férégaudie. — Absent.

De La Roche, seigneur de fief de la Roche, dans Beyssenat. — Absent.

Le duc d'Harcourt, chevalier, seigneur de Coupiat, lieutenant général des armées du Roi, chevalier de ses ordres, gouverneur de la Normandie. — Absent.

Pasquet de Saint-Meyrice, chevalier, seigneur de Saveyse. — Absent.

Arlof de Cumont, chevalier, marquis de Frugie. — Absent.

Bourdineau, écuyer, seigneur de Villecourt. — Absent.

Mallet, écuyer, seigneur de Doussac. — Absent.

Pierre-Bazile de Villoutreix, seigneur de la Meynardie, Saint-Marc et autres lieux. — Absent.

Degafreteau, seigneur de Juvet. — Absent.

Le comte de Taillefert, seigneur de Douilhac. — Absent.

Garrebeuf de Beauplat, seigneur du fief de Beauplat. — Absent.

Le marquis de Lambert, chevalier, seigneur de Sarrazac, maréchal des camps et armées du Roi, commandeur de l'ordre de Saint-Louis, inspecteur de cavalerie. — Absent.

Le marquis d'Hautefort, vicomte de Ségur et baron de Juilhac. — Absent.

De La Serre, seigneur de Chalaud. — Absent.

Garrebeuf, seigneur de la Vatre. — Absent.

Après ledit appel se sont présentés plusieurs nobles qui ont dit ne pas avoir reçu d'assignation, mais être en droit d'assister à la présente assemblée en leur dite qualité de nobles.

Suit la liste d'iceux :

SÉNÉCHAUSSÉE DE LIMOGES.

Messires :

André-Boniface-Louis de Riquetti, vicomte de Mirabeau, chevalier de l'ordre royal et militaire de Saint-Louis, chevalier d'honneur de l'ordre de Saint-Jean de Jérusalem et de la Société de Cincinnatus, colonel du régiment de Touraine-infanterie. — Présent.

De David, chevalier, baron de Renaudies, sous-lieutenant au régiment de Condé-dragons. — Présent.

Etienne-Martin de La Bastide de Tranchillou, chevalier. — Présent.

Pierre Martin, écuyer. — Présent.

De L'Epine fils, écuyer, ancien garde du corps du Roi. — Présent.

Pierre-François Rosmanet Du Caillaud, écuyer, seigneur de Meyrignac. — Présent.

Siméon Colomb, écuyer. — Présent.

Jean de Chauveron, écuyer, capitaine au bataillon de Limoges. — Présent.

Jean de Grandsaigue fils, lieutenant au régiment d'Artois-infanterie. — Présent.

Siméon Lamy, écuyer, ancien gendarme de la garde. — Présent.

Pierre Muret fils aîné, écuyer. — Présent.

Philippe-Ignace Pegay fils, chevalier. — Présent.

Pierre Duhautier, chevalier, seigneur de Lampertie et Rilhac. — Présent.

Guillaume-Grégoire de Roulhac, écuyer, ingénieur des ponts et chaussées au département de l'Auvergne. — Présent.

Léonard de L'Age-Aumont, chevalier. — Présent.

Pierre Dussoutier, chevalier de l'ordre royal et militaire de Saint-Louis, ancien capitaine, commandant au régiment d'Artois. — Présent.

Antoine de La Saigne Saint-Georges, ancien brigadier des gardes du corps du Roi, ancien capitaine de cavalerie, chevalier de l'ordre royal et militaire de Saint-Louis. — Présent.

Joseph-Benoît de Lostande, lieutenant au régiment de Foix-infanterie. — Présent.

Louis-Elisabeth, comte de Calignan. — Présent.

SÉNÉCHAUSSÉE DE SAINT-YRIEIX.

Messires :

Jean Paignon de La Faye, écuyer, seigneur de Cubertefout. — Présent.

François Du Garreau de Gresignac, chevalier, capitaine au régiment de Bassigny-infanterie. — Présent.

Hyacinthe Tesserot, chevalier, seigneur des Places. — Présent.

Après quoi a été procédé à l'appel des députés du tiers-état, suivant les listes contenues aux procès-verbaux des assemblées préliminaires des sénéchaussées de Limoges et Saint-Yrieix, contenant réduction au quart de tous les députés du tiers-état, ce qui a été fait de la manière suivante :

SÉNÉCHAUSSÉE DE LIMOGES.

Tiers-état.

Messieurs :

Monlaudon, avocat en parlement à Limoges. — Présent.

Dumas, avocat en parlement à Limoges. — Présent.

Duverger, avocat en parlement à Aixe. — Présent.

Lanoaille-Delachèse, avocat en parlement à Saint-Léonard. — Présent.

Vergniaud, avocat en parlement à Magnac. — Présent.

Garrebeuf, docteur en médecine à Chalus. — Présent.

Naurissard, seigneur de Brignac, directeur de la Monnaie à Limoges. — Présent.

Ruaud, juge de Baledent. — Présent.

Rogues, seigneur de Fursac. — Présent.

Ruban de Lombre, seigneur du Mas et de la Condamine, lieutenant particulier au sénéchal et présidial de Limoges. — Absent.

De L'Estang, notaire royal à Bénévent. — Présent.

Peyrol de Magenest, bourgeois à Saint-Pardoux. — Présent.

Sudraud des Isles, avocat et juge d'Aixe. — Présent.

Boyer de Gris, docteur en médecine à Limoges. — Présent.

Faye, docteur en médecine à Nexon. — Présent.

Devillelette, juge de Saint-Germain. — Présent.

Pinaud, avocat en parlement à Lubersac. — Présent.

Begneton, juge de Salon. — Présent.

Labachellerie de La Faye, avocat et juge d'Eymoutiers. — Présent.

Mazeau des Granges, juge royal à Saint-Léonard. — Présent.

Martin, juge de Compreignac. — Présent.

Dupuytren, avocat à Pierrebuffière.—Présent.

Luguet, avocat et notaire royal de Compreignac. — Présent.

Navière de La Boissière, conseiller du Roi à l'élection de Limoges. — Présent.

Mérigot-Dumareix subdélégué à Chalus. — Présent.

Daniel de Courbiat, bourgeois de Saint-Léonard. — Présent.

Moreau d'Arrènes, notaire royal. — Présent.

Cramouzaud, bougeois, négociant à Eymoutiers. — Présent.

Tanchon de l'Age père, avocat en parlement et juge de la cité de Limoges. — Présent.

Bramaud de Boucheron, bourgeois, négociant à Aixe. — Présent.

Rebière de Nevelours, bourgeois du grand bourg de Salaignac. — Présent.

Couty aîné, avocat et juge de Nieuil. — Présent.

Guyot, notaire royal à Nexon. — Présent.

Pergaut des Genest, bourgeois de Saint-Priest-la-Plaine. — Présent.

Cruveillé, licencié ès lois à Magnac. — Présent.

Laforêt, directeur de la manufacture royale de Limoges. — Présent.

Lanouille-Dupuy-Jaubert, subdélégué à Saint-Léonard. — Présent.

Gay, procureur du Roi à Saint-Léonard.—Présent.

Muret de Narboneix, bourgeois au Vigen. — Présent.

Robert, notaire royal à Sereilhac. — Présent.

Mignol, juge de Laurière. — Présent.

Landry-Dumasgardaud, avocat et juge de Pierrebuffière. — Présent.

Rougiers de Vergnas, bourgeois à Neuvie. — Présent.

Boury, notaire royal à Flavignac. — Présent.

Boussy de Fromantal, juge de Cieux.

Morelieras, notaire royal à Solignac. — Présent.

Robert d'Arthoux, bourgeois à Sereilhac. — Présent.

Daniel de Meyrat, notaire à Saint-Léonard. — Présent.

Chaussade de Trasrieux, juge de Linard. — Présent.

Briquet, notaire royal de Saint-Pardoux. — Présent.

Crozetières, bourgeois à Peyssac. — Présent.

Rebeyrol, médecin à Gorre. — Présent.

Loriol de Barny, juge de Saint-Vaubry. — Présent.

Moreau de la Rochette, notaire royal à Razes. — Présent.

Delignac, notaire royal à Vicq. — Présent.

Debeaune-Defraixois, bourgeois à Mont-Gibaud. — Présent.

Senemaud, bourgeois à Saint-Jean Ligoure. — Présent.

Martinaud de la Valade, secrétaire-greffier du point d'honneur à Saint-Méard. — Présent.

Gauthier de la Varache, bourgeois à Eymoutiers. — Présent.

Sudraud des Isles, avocat en parlement à Aix. — Présent.

Doudet-Dessouts, bourgeois à Saint-Martinet. — Présent.

Rebière de Lizières, avocat en parlement à la Souterraine. — Présent.

Devarnet, procureur au sénéchal et présidial à Limoges. — Présent.

Navières de Bresefort, conseiller du Roi au présidial et sénéchal de Limoges. — Présent.

Courary de l'Age, bourgeois à Sereilhac. — Présent.

Meilhac de Grognias, bourgeois à Eymoutiers. — Présent.

Delabadie, juge de la Porcherie. — Présent.

Faugeras de la Vergnolle, notaire royal à Saint-Paul. — Présent.

Laseaux, notaire royal à Condat d'Userche. — Présent.

Guillaumaud, bourgeois à Coussac-Bonneval. — Présent.

Alluaud, directeur pour le Roi de la manufacture royale de porcelaine à Limoges. — Présent.

Cheyron, notaire royal à Aixe. — Présent.

Devalois, bourgeois à Saint-Martinet. — Présent.

Deburguet, bourgeois à Meuzac. — Présent.

Clément de Mazure, bourgeois à Ambazac. — Présent.

Mignot-Desbeges, bourgeois à Bersac.—Présent.

Guineau-Dupré, avocat en parlement à Limoges. — Présent.

Descoutures de Vicq, ancien garde du corps du Roi, chevalier de l'ordre royal et militaire de Saint-Louis. — Présent.

Delachaissagne, bourgeois. — Présent.

Talabot, procureur au sénéchal et présidial de Limoges. — Présent.

Geay de Couvalette, lieutenant de la grande louveterie de France au grand bourg de Solagnac. — Présent.

Personne de la Farge, avocat et juge du Verdier et Eyburie. — Présent.

Mathis de Chapé, trésorier principal des troupes à Limoges. — Présent.

Guartampes de la cour, bourgeois de la Souterraine. — Présent.

Rougier Dupont, bourgeois à Saint-Ville. — Présent.

Bernard Imbert, bourgeois à Coussat-Bonneval. — Présent.

Dumazaurus, bourgeois à Compreignac. — Présent.

Laurans de la Grange, négociant à Limoges. — Présent.

Debord de la Pouyade, bourgeois à Saint-Martin-le-Vieux. — Présent.

Brigueuil, maire de la cité de Limoges. — Présent.

Roux de Mazerolas, bourgeois à Limoges. — Présent.

Mathurin Broussaud, entrepreneur d'ouvrages à Limoges. — Présent.

Guyot de la Boueyne, bourgeois à Nexon. — Présent.

Debeaune, bourgeois à Lubersac. — Présent.

Dumont de Charapoux, bourgeois à Eymoutiers. — Présent.

Dufour de la Prugue, avocat en parlement à la Souterraine. — Présent.

Couty jeune, notaire royal à Nantial. — Présent.

Mousnier de Maraval, bourgeois à Glanges. — Présent.

Deigeyraud, notaire royal à Masseret. — Présent.

Iumeaud, bourgeois à Saint-Méard. — Présent.

SÉNÉCHAUSSÉE DE SAINT-YRIEIX.

Messieurs :

Jean Ceytul de Lajarrige, lieutenant général de Saint-Yrieix. — Présent.

Goudinet, maire de Saint-Yrieix. — Présent.

Creuzennet, lieutenant particulier à Saint-Yrieix. — Présent.

Pommeau de la Pouyade, conseiller au sénéchal de Saint-Yrieix. — Présent.

Chavoix, avocat en parlement au bourg de Juilhac. — Présent.

Chassaignac, avocat en parlement au bourg de Juilhac. — Présent.

Queyroulet, avocat en parlement et substitut du procureur du Roi à Saint-Yrieix. — Présent.

Moutet de La Crose, avocat au bourg de Saint-Paul-la-Roche. — Présent.

Labrouche de La Borderie, avocat en parlement à Saint-Yrieix. — Présent.

Moutet de Laurière, bourgeois au bourg de Juilhac. — Présent.

Germignac, médecin au bourg de Ségur. — Présent.

Senamaud de Beaufort, avocat en parlement à Saint-Yrieix. — Présent.

Faye, notaire royal et juge de la Roche-Labeille. — Présent.

Pouquet, notaire royal au bourg d'Angoisse. — Présent.

Mazard, médecin et échevin de Saint-Yrieix. — Présent.

Joyet de Beauroche, avocat en parlement. — Absent.

Profit de la Valade, notaire royal au bourg de Miattet. — Présent.

Fagois, médecin au bourg de Ségur. — Présent.

Fleurat, notaire royal au bourg de Firbeix. — Présent.

Chassaignac, médecin au bourg de Juilhac. — Présent.

Fleurat de Doumailhac, bourgeois de Ladignac. — Présent.

Lamotte Duqueyrois, greffier en chef du point d'honneur. — Absent.

Frélon, bourgeois au bourg de Juilhac. — Présent.

Pichon Dugravier, bourgeois au bourg de Juilhac. — Présent.

————

CAHIER

Des doléances du clergé des sénéchaussées de Limoges et de Saint-Yrieix (1).

Appelé à l'assemblée nationale, pour aider au meilleur des rois à établir, dans toutes les parties du gouvernement français, un ordre constant, d'où doit résulter la félicité publique, et, ce qui en est inséparable, le calme et la tranquillité dont ce monarque, vraiment ami du peuple, est privé depuis si longtemps, le clergé des sénéchaussées de Limoges et de Saint-Yrieix sent redoubler toute l'énergie de son patriotisme ainsi que de sa tendresse pour un prince, émule des Louis XII et des Henri IV.

L'ordre des curés se distingue surtout par son amour, comme il a été distingué par la confiance.

Toutes les classes des bénéficiers du haut Limousin osent se présenter aux pieds du trône; ils y déposent, avec toute la sécurité et toute la franchise que leur inspirent les vertus d'un monarque bienfaisant, leurs respectueuses remontrances, plaintes et doléances; elles ont pour

————

(1) Nous publions ce cahier d'après un imprimé de la *Bibliothèque du Sénat.*

objet les intérêts de la religion, de la nation et du clergé.

ARTICLE PREMIER.

Intérêts de la religion.

§ 1. — *Catholicisme.*

Nous entendons conserver dans toute son intégrité le précieux dépôt de la foi que l'Église nous a confié, en qualité de ses ministres, et rejeter tout ce qui pourrait y porter atteinte, ainsi qu'à la solennité, la décence du culte public.

Ce culte doit être exclusivement réservé dans tout le royaume à la religion de l'État.

Nous verrions, avec une sensible douleur, que la loi qui assure aux *non catholiques* un état civil, multipliât en France leurs prosélytes.

Nous demandons surtout qu'ils ne jouissent pas du droit du *patronage* qu'ils pourraient prétendre à raison de leurs fiefs, et que la nomination aux bénéfices dépendants de ce droit, soit, ainsi que cela s'observait avant la révocation de l'édit de Nantes, réservée aux ordinaires, jusqu'à ce que le patronage puisse être exercé par un catholique.

§ 2. — *Conciles provinciaux.*

Nous supplions très-humblement le Roi d'accorder à l'Église gallicane la libre convocation des conciles provinciaux toutes les fois que les besoins des métropoles l'exigeront C'est avec le regret le plus amer qu'elle s'en voit privée depuis si longtemps. Le clergé du haut Limousin regarde comme le plus impérieux de ses devoirs de réclamer, d'après les décrets des conciles et les ordonnances des augustes ancêtres de Sa Majesté, qu'elle fasse revivre ces assemblées si nécessaires au rétablissement ou au maintien de la discipline ecclésiastique, et que les curés y soient admis en nombre suffisant.

§ 3. — *Mauvais livres.*

Pénétrés d'une douleur profonde à la vue du dépérissement affreux de la religion et des mœurs dans tout le royaume; consternés de voir dans notre province, jusqu'à présent dépositaire si fidèle des vérités de la foi, se glisser sourdement l'impiété et le libertinage qui la suit toujours, nous adressons à Sa Majesté les plus vives et les plus humbles représentations sur la cause funeste et trop connue de ce renversement de tous les principes.

Il naît évidemment de la multitude scandaleuse de ces ouvrages antichrétiens, où l'on attaque avec audace l'Évangile, la pudeur, la raison, le trône et l'autel. On ne saurait opposer de trop fortes digues à la publicité de ces livres impurs, corrupteurs et incendiaires, répandus de toutes parts avec la profusion et la licence les plus révoltantes.

Le clergé est vivement effrayé d'entendre solliciter avec tant d'empressement la liberté indéfinie de la presse, et verrait avec douleur qu'elle ne fût pas restreinte dans des bornes justes et sages.

§ 4. — *Colléges, petites écoles, petits seminaires.*

Les maux dont toutes les provinces sont, infiniment plus que la nôtre, témoins; maux qui menacent même davantage les générations suivantes, nous portent à demander avec instance à Sa Majesté qu'elle prenne des moyens efficaces pour rendre à l'éducation publique l'éclat et l'utilité dont elle est déchue. Les collèges doivent au clergé leur institution primitive. Dans l'état de dépérissement où tous, excepté celui de notre capitale, sont tombés, ils méritent toute notre attention, parce que eux seuls élèvent la jeunesse qui se dispose aux divers emplois de la société, et principalement au sacerdoce.

Les États généraux voudront donc bien s'occuper des collèges ; examiner à quel corps ecclésiastique ou religieux on doit les confier ; quel degré de surveillance sur ces établissements on doit prescrire aux évêques et aux municipalités. L'Assemblée nationale est suppliée d'observer que l'heureux don d'élever la jeunesse appartient également à la vertu et aux talents.

Nous demandons aussi la fondation de petites écoles pour les enfants du peuple, qui, sans occupation, parce qu'ils sont trop jeunes, sans frein, parce qu'ils sont trop livrés à eux-mêmes, s'habituent au désœuvrement et aux vices. Mais que, conformément aux ordonnances, aucun précepteur ne puisse être installé ni maintenu dans sa place, sans l'agrément du curé et l'autorisation de l'ordinaire.

Nous réclamons, enfin, l'établissement d'un petit séminaire dans notre ville épiscopale. Ce sera un asile où ceux qui se destinent à l'état ecclésiastique se formeront, dans l'âge même des passions naissantes, aux talents et aux vertus indispensablement nécessaires pour exercer utilement le saint ministère.

Les vœux du clergé du haut Limousin seraient que le séminaire et le collège de Limoges fussent agrégés à une université, et que les écoliers, après le temps d'étude requis, fussent admis à celle de Poitiers, comme la plus voisine, pour y subir les examens, et y faire tous les actes probatoires nécessaires pour obtenir des grades. L'étendue du diocèse, la pauvreté de ses habitants, doivent faire accueillir cette demande.

§ 5. — *Chapitres et ordres religieux.*

Nous osons solliciter de la piété du Roi une protection particulière pour les églises cathédrales et collégiales, où l'office est célébré avec tant d'exactitude et d'édification, et pour les ministres secondaires qui contribuent à la majesté du culte public. Par l'augmentation des portions congrues, plusieurs de ces corps utiles et même nécessaires, sous bien des rapports, seront extrêmement appauvris. Les individus qui les composent n'auraient-ils pas tous droits à une subsistance honnête et à un supplément de dotation, opéré par les moyens les plus simples et les plus faciles ?

Il serait à désirer qu'on ne pût pourvoir d'un canonicat quelconque qu'un ecclésiastique initié aux ordres sacrés.

Nous sollicitons aussi la protection royale en faveur des ordres religieux de l'un et de l'autre sexe, établis dans le royaume sous les auspices de la loi.

§ 6. — *Pluralité des bénéfices.*

Nous supplions le souverain de sanctionner par une loi civile les règles ecclésiastiques et canoniques, qui défendent, avec tant de sagesse, la pluralité des bénéfices. Cette loi généralement désirée, si elle embrasse la collation, la possession des bénéfices mêmes prétendus compatibles, opérera un partage plus égal des biens de l'Église entre tous ses ministres.

§ 7. — *Juridiction ecclésiastique, et appel comme d'abus.*

Nous attendons de la justice de Sa Majesté qu'elle rendra à la juridiction ecclésiastique toute l'autorité qui lui est acquise par l'édit de 1695, et que les entreprises des tribunaux séculiers ont sensiblement affaibli.

Les appels comme d'abus, souvent fondés sur les plus légers prétextes, seront restreints, et les évêques rétablis dans le droit de prononcer sur les matières de doctrine et de sacrements. Les ecclésiastiques n'auront plus à répondre, à ce sujet, devant les juges laïcs, vraiment incompétents sur ces objets augustes.

Les juges civils obligent trop souvent nos officiaux à décerner des monitoires pour des objets de trop peu d'importance. Qu'il leur soit prescrit de n'en ordonner la publication que très-rarement, et pour des causes évidemment graves.

§ 8. — *Décence du culte divin.*

Comme rien n'assure mieux l'observation de tous les devoirs, même de ceux du citoyen, que la religion et la piété, nous espérons que le Roi très-chrétien ne négligera rien pour maintenir, par son autorité, la décence du culte divin, le respect pour les lieux saints et pour le sacerdoce.

ARTICLE DEUXIÈME.

Intérêts de la nation.

§ 1ᵉʳ. — *États généraux.*

Nous nous réunissons à toute la nation pour demander que les États généraux soient convoqués à des époques fixes et peu reculées ; qu'il y soit arrêté l'état des grâces de la cour, qu'on rendra public ; qu'on y détermine l'augmentation ou la diminution des impôts ; qu'aucun subside ne puisse être établi ou prorogé sans la sanction de l'assemblée nationale ; que les ministres, surtout ceux des finances, deviennent comptables de leur administration aux États généraux ; qu'enfin, tous leurs biens, meubles et immeubles, soient hypothéqués à la nation, et que toute aliénation en devienne caduque jusqu'après l'apurement de leurs comptes devant l'assemblée générale.

§ 2. — *Manière de voter au États généraux.*

D'après le vœu du Roi, clairement énoncé, nous croyons qu'il faut laisser aux États généraux à décider si les suffrages s'y recueilleront par ordre ou par tête. Mais nous mettrons toujours le plus grand zèle dans nos réclamations pour les intérêts pécuniaires du tiers-état.

§ 3. — *États provinciaux.*

Il est de la plus grande importance pour notre province d'obtenir des États particuliers. Le ministre, en accordant à notre généralité une administration provinciale, dont l'organisation peut être défectueuse, a amené l'heureuse révolution qui rassemble tous les ordres du royaume aux pieds du monarque, a reconnu nos droits sur cet objet, et a pris en quelque sorte un engagement à nous accorder des États provinciaux, ou plutôt à faire revivre notre ancien droit d'en former, puisque nous lisons (*Gallia christiana nova,* tome III, *addit.*) que le 15 mai 1126, les États du du haut Limousin envoyèrent Ramnulphe de Perusse, évêque de Limoges, à la cour pour les affaires de la province.

Nous nous opposons formellement à la réunion de nos communes aux États de Guienne. Le Limousin ne fit jamais partie de ce duché, qui eut souvent les mêmes maîtres que la vicomté de Limoges, et souvent aussi des princes différents.

On a voulu nous faire craindre qu'isolés, nous serions peu ménagés, espérer que réunis, nous deviendrons redoutables. Nous savons que les grandes masses opposent de grandes résistances; mais nous voulons obéir, aimer toujours, représenter quelquefois, ne jamais résister. La forme du gouvernement français étant une fois immuablement fixée par les États généraux, les demandes qu'on nous fera seront toujours légales, et dès lors la résistance d'une province particulière deviendrait un crime de lèse-patrie.

On nous a objecté que notre territoire était trop circonscrit; mais il l'est beaucoup moins que celui du Béarn, de la Bigorre, etc., etc., et ces provinces ont leurs États particuliers. On a ajouté que notre population est peu nombreuse, mais elle s'élève à près de six cent mille individus. Une si vaste famille ne suffit-elle pas pour occuper le zèle d'une administration attentive?

§ 4. — Unité d'impôts, perception confiée aux États provinciaux et comptes rendus.

Nous supplions Sa Majesté de réunir sous une seule dénomination tous les impôts directs; de n'en établir d'indirects que sur les objets de luxe; de confier aux États provinciaux l'assiette et la perception des subsides. Ils en simplifieront les moyens, et par conséquent en augmenteront les produits. Chaque année les comptes des États des différentes provinces seront rendus publics par la voie de l'impression.

§ 5. — Disproportion des impôts de province à province.

Nous recommandons au zèle de nos députés d'obtenir que les États généraux fassent disparaître l'inégalité manifestement injuste qui se trouve dans la répartition générale des impôts. Il est prouvé jusqu'à l'évidence que, dans notre généralité, les subsides enlèvent à peu près la moitié du prix de la production des biens, tandis que dans les provinces qui nous avoisinent, ils n'excèdent guère le quart du produit territorial. Le rapport de nos impositions à celles de la Saintonge, est de quatre à deux. MM. nos députés sont en état de le constater démonstrativement.

§ 6. — Exemption d'impôts pour les journaliers.

Cette classe, infiniment utile de citoyens laborieux, d'autant plus infortunés qu'ils sont sans propriétés et sans considération, méritent que le clergé élève la voix pour obtenir de la bonté paternelle du Roi, que cette partie précieuse de ses sujets soit affranchie de tout impôt. La perception du subside auquel elle est soumis, donne, quelque léger qu'il puisse être, trop souvent lieu à des exécutions qui dépouillent le journalier, non-seulement de ses meubles, sa seule richesse, mais encore de son crédit, son unique ressource.

§ 7. — Mendicité.

Pour extirper ce fléau qui, né le plus souvent

de l'oisiveté, enfante presque toujours la dépravation des mœurs, nous supplions Sa Majesté de proscrire sévèrement la mendicité dans tout le royaume.

Les maisons de force n'ont jusqu'ici presque rien fait pour cet objet; les bureaux de charité dans chaque paroisse feraient infiniment plus de bien. Le clergé offre ses lumières et ses contributions pour ces établissements tout à la fois patriotiques et religieux.

§ 8. — Justice civile et criminelle; tribunaux.

Nous osons attendre de la justice du Roi, que les lois, tant civiles que criminelles, seront réformées, les peines plus proportionnées aux délits; celle de mort plus rarement décernée, les formes des procédures abrégées et simplifiées, les juridictions subalternes supprimées; que les justiciables seront rapprochés de leurs juges, le droit de committimus abrogé; enfin les tribunaux des eaux et forêts éteints.

§ 9. — Contrôle des actes, francs-fiefs, etc.

La loi des contrôles prévient les surprises et les infidélités dans les actes publics; mais la perception des droits est arbitraire; en conséquence, le clergé du haut Limousin se réunit à la nation entière pour obtenir un tarif fixe, clair et précis; et surtout que toutes les contestations relatives au contrôle des actes, centième denier, etc., etc., soient renvoyées aux tribunaux ordinaires. On ne verra plus dès lors de ces vexations en tout genre, dont on ne se garantira jamais, quand dans son juge on trouvera sa partie. Nous espérons de la bonté du Roi la suppression des francs-fiefs.

§ 10. — Moyen de diminuer les procès.

La mauvaise foi, l'animosité sont ingénieuses pour inventer des chicanes; il est d'un intérêt général qu'on mette un frein à l'un et à l'autre : nous sollicitons qu'il plaise à Sa Majesté d'ordonner qu'il ne soit intenté aucun procès, sans que le demandeur y soit autorisé par la consultation de trois avocats, et qu'on ne puisse faire aucun appel sans la même formalité, qui sera de rigueur.

§ 11. — Arrêts motivés.

Nous supplions le Roi qu'il soit prescrit à tout tribunal subalterne ou souverain de motiver toutes ses sentences ou ses arrêts, tant en matière civile que criminelle; que dans cette dernière il soit donné à l'accusé un défenseur et des délais suffisants, même après sa condamnation; qu'on n'exige plus le serment des prévenus en justice.

§ 12. — Curateurs à l'effet du mariage.

La loi qui défend aux curés de procéder au mariage des mineurs sans l'autorisation d'un curateur nommé en justice, empêche ou du moins retarde un grand nombre de mariages, parce que les contractants sont trop pauvres pour fournir aux frais de cette nomination; il serait d'une utilité frappante que les notaires, dans le contrat de mariage, ou les curés, dans l'acte de sa célébration, fussent autorisés à donner un curateur ad hoc à l'un des parents des époux mineurs, sur la demande et désignation de quatre des plus près parents ou voisins.

§ 13. — Banalités.

Les banalités, restes du système féodal, occasionnent à ceux qui sont encore asservis à celles des fours et moulins, outre la perte d'un temps précieux, le malheur de trouver une mauvaise manipulation des farines et du pain, et d'être les victimes d'une foule de vexations : nous réclamons pour nos peuples qu'ils soient affranchis de cette servitude, en indemnisant toutefois, d'après un tarif arrêté par le Roi, les propriétaires des banalités.

§ 14. — Rentes seigneuriales.

Les lois relatives aux censives sont trop rigoureuses, surtout dans les provinces régies par le droit écrit ; et les devoirs qu'elles imposent occasionnent plus de procès que toutes les autres espèces de propriétés réunies : nous sollicitons également pour nos peuples que Sa Majesté étende à toutes les rentes seigneuriales, censuelles, directes, foncières, etc., le dispositif de la plupart des coutumes qui accueillent la prescription trentenaire des rentes, et qui bornent a cinq ans la réclamation des arrérages.

§ 15. — Lettres de cachet.

En reconnaissant que les lettres de cachet sont utiles, ou même quelquefois nécessaires pour l'honneur des familles et la sûreté de l'Etat, nous conjurons Sa Majesté que désormais il n'en soit décerné aucune que de l'avis du conseil, auquel il sera donné à ce sujet un règlement fixe et concerté avec les Etats généraux.

§ 16. — Etat militaire.

L'exclusion du service militaire avilit un des ordres les plus intéressants de la nation ; néanmoins, à l'époque où les grades étaient accessibles à tous les états, des hommes nés dans la classe trop dédaignée des citoyens, ont donné des preuves de bravoure, d'intelligence. Nous osons espérer que Sa Majesté réformera les ordonnances militaires sur cet objet, et déclarera que les enfants issus de familles honnêtes pourront être admis au service en qualité d'officiers.

§ 17. — Commerce.

Nous osons réclamer la liberté du commerce, au moins intérieur, et le reculement des douanes aux extrémités du royaume.

§ 18. — Conservation de la monarchie.

Nous chargeons nos députés aux Etats généraux de s'opposer, autant qu'il sera en eux, à tout changement, à toute innovation qu'on pourrait proposer de faire dans la monarchie, à laquelle nous sommes inviolablement attachés. Cette forme de gouvernement est la mieux adaptée au caractère national, la plus propre à maintenir la tranquillité intérieure et la sûreté au dehors comme la plus convenable à l'étendue de nos provinces.

ARTICLE TROISIÈME.
Intérêts du clergé.

§ 1er. — Portions congrues.

Tous les ordres du clergé des sénéchaussées de Limoges et de Saint-Yrieix sollicitent Sa Majesté d'améliorer, autant qu'il se pourra, la dotation évidemment trop médiocre de MM. les curés congruistes, de ceux qui, quoique décimateurs, possesseurs même de toutes les rentes ecclésiastiques assises sur les fonds de leurs paroisses, ne sont pas suffisamment dotés. Nous demandons humblement, mais avec force, que MM. les curés de Malte soient désormais inamovibles, et pensionnés comme les autres congruistes.

En combinant, à cet effet, une loi avec Messieurs des Etats généraux, et en observant que pour prévenir les inconvénients qui résultent de la variation continuelle du prix des denrées, il paraît nécessaire que la portion des congruistes ne soit plus acquittée en argent, mais en cession des principaux revenus décimables de chaque paroisse, équivalente à la somme qu'il plaira à Sa Majesté de fixer.

Cette augmentation sera telle que les curés y trouvent de quoi fournir pain, vin, lumière, livres nécessaires à l'office divin et à leur ministère, linges d'église et leur blanchissage, ornements et leur entretien : après toutefois que MM. les décimateurs auront mis tous ces objets en état, d'après un procès-verbal fait dans les six mois après la promulgation de la loi.

Mais où trouver les fonds nécessaires pour la dotation des curés ? On les trouvera dans la réunion des bénéfices moins utiles, dans les arrondissements des bénéfices curiaux, et même dans les revenus des bénéfices consistoriaux.

La faveur que MM. les congruistes attendent du gouvernement doit proportionnellement s'étendre à MM. les vicaires, leurs collaborateurs.

§ 2. — Gradués.

Pour encourager les études et récompenser les talents, il est nécessaire qu'une simple congrue ne remplace pas les grades. Mais il est important de réformer les universités qui accordent trop facilement les titres de gradués, bacheliers, etc.

§ 3. — Casuel.

Tous les vœux se réunissent pour demander la suppression de tout casuel forcé. Cette espèce de revenu, d'une indispensable nécessité dans le système actuel, révolte toute âme honnête, et avilit le plus respectable des ministères. Cette suppression facilitera l'arrondissement des paroisses.

§ 4. — Synodes.

Nous réclamons le rétablissement des assemblées synodales, et que MM. les curés y députent par archiprêtres.

§ 5. Assemblées générales du clergé.

MM. les curés mettent le plus vif intérêt à demander, ce qui est une suite naturelle de la pétition précédente, que, dans les assemblées générales du clergé de France, les députés des ecclésiastiques du second ordre soient véritablement pris dans leur classe. Ils ne sont pas suffisamment représentés par des abbés commendataires ou qui aspirent à le devenir.

§ 6. — Chambres diocésaines.

Si l'antique forme, pour la répartition et la

levée des impôts ecclésiastiques est respectée, nous réclamons un droit imprescriptible, établi par les lois communes du royaume, et les anciens usages du diocèse de Limoges. Ces lois et ces usages donnent pouvoir aux différents ordres ecclésiastiques, séculiers et réguliers, de nommer en synode leurs représentants aux chambres diocésaines. La nôtre sera composée d'un syndic, de huit conseillers, sous la présidence du seigneur évêque, et d'un commissaire député par lui dans le cas où il serait malade ou absent. Le syndic, nommé trois ans d'avance, sera en activité pendant trois autres ans, et les conseillers élus sortiront chaque année successivement deux à deux, à commencer par les plus anciens. Tous exerceront gratuitement leurs commissions.

§ '.. — *Renonciation aux privilèges pécuniaires.*

Le clergé du haut Limousin consent à ce que désormais les impôts soient répartis proportionnellement aux revenus territoriaux, sans aucune distinction d'ordre; de manière néanmoins que les subsides pèsent peu sur les bénéficiers réduits au pur nécessaire, et beaucoup sur ceux qui sont censés avoir un ample superflu, après avoir donné à leur état ce qui est dû sans faste.

§ 8. — *Suppression des déclarations aux bureaux du contrôle.*

Une fois soumis aux impôts comme tous les ordres de la monarchie, l'obligation pour les bénéficiers séculiers et réguliers, de déclarer aux bureaux des contrôles qu'ils entendent jouir par eux-mêmes de leurs dîmes et autres revenus, devient sans objet et serait vexatoire.

§ 9. — *Maison de repos pour les ecclésiastiques.*

La loi interdit et interdira toujours justement à tous les congruistes la faculté de se réserver la plus modique pension sur les bénéfices qu'ils quittent, puisque leur dotation a pour objet de leur procurer seulement une subsistance honnête; cependant, après avoir supporté le poids de la chaleur et du jour, devenus infirmes ou décrépits, s'ils étaient sans ressources, ils se verraient forcés de garder un bénéfice qu'ils ne peuvent plus desservir. Nous sollicitons de la bonté du Roi que surtout dans notre diocèse, où se trouvent près de six cents congruistes, il soit fondé une maison de repos pour les prêtres réduits à un état d'infirmité ou de décrépitude, et qu'ils aient l'option d'une pension égale aux frais qu'ils occasionneraient dans cet asile.

§ 10. — *Dotation des séminaires et bourses pour les jeunes clercs.*

Quiconque s'intéresse à la gloire du sacerdoce, à la solidité des principes de la doctrine et de la bonne conduite de ceux qui se destinent au saint ministère, doit vivement désirer que les États généraux prennent des moyens pour la dotation des séminaires, et pour le payement de la pension des séminaristes privés de fortune, mais pourvus de talents.

§ 11. — *Dettes du clergé.*

Les dettes du clergé ont été contractées pour les besoins de l'État, d'après des ordres supérieurs; elles ne peuvent donc donner lieu à aucun reproche fondé contre nous. Il est néanmoins

nécessaire de les payer. Pour y parvenir, il semble qu'il faudrait, chaque année, retenir de l'imposition sise sur les biens ecclésiastiques une somme qui, versée dans une caisse d'amortissement, éteindrait successivement nos dettes. Nous rejetons absolument tout projet d'aliénation de fonds.

Nous conjurons enfin Sa Majesté d'appeler aux futurs États généraux, suivant l'ancien usage, MM. les agents généraux du clergé, obligés, par état, de défendre les intérêts de tous les corps ecclésiastiques.

Telles sont les humbles remontrances, plaintes et doléances, que dépose aux pieds du trône le clergé des sénéchaussées de Limoges et de Saint-Yrieix. Ce sera pour lui la plus délicieuse des jouissances d'avoir pu concourir à la gloire de la religion, au service du Roi et à la prospérité publique.

———

CAHIER

De l'ordre de la noblesse des sénéchaussées de Limoges et Saint-Yrieix, dans le haut Limousin, pour être porté par ses députés au Roi, dans les États généraux qu'il a convoqués à Versailles pour le 27 avril 1789 (1).

L'ordre de la noblesse du haut Limousin, assemblé à Limoges, en vertu de lettres patentes données par le Roi pour la convocation des États généraux du royaume, pénétré de la plus vive reconnaissance, en voyant le Roi appeler la nation auprès de lui, pour écouter ses doléances, remédier avec elle à ses maux, et la rétablir dans ses droits constitutionnels, supplie Sa Majesté d'agréer l'hommage de son attachement pour sa personne sacrée, et la protestation qu'il lui fait d'être toujours prêt à sacrifier sa vie et ses biens pour son service et celui de la patrie.

Doléances, plaintes et remontrances.

La province du Limousin comprend le sol le plus ingrat du royaume; la semence n'y donne tout au plus que trois de net par an, en faisant la supputation de vingt années; ses vallons, noyés d'une infinité de sources qui filtrent près de leur surface, ses montagnes qui n'offrent au travail qu'un terrain sec et sablonneux, ne produisent, en grande partie, que deux ou trois récoltes après le défrichement, et l'on est obligé de les laisser incultes plusieurs années, pendant lesquelles la bruyère, qui est leur seule production, suffit à peine à la nourriture de quelques brebis, dont le revenu est de la plus mince valeur dans cette province.

Aucun débouché, un grand éloignement de la mer, point de rivières navigables, un commerce d'exportation borné à la vente de ses bestiaux, le seigle et le peu de froment récoltés suffisent à peine à la nourriture du colon dans les années ordinaires, et ne pouvant se débiter par la difficulté des transports, dans les années abondantes. Un pain de seigle, dont le son fait la moitié de la substance, est la nourriture du paysan limousin, qui ne s'abreuve que de l'eau qui arrose son pacage; le droguet fait son vêtement, le sabot sa chaussure; il dispute à ses bestiaux une partie du chaume destiné à les nourrir, pour se mettre

———

(1) Nous publions ces cahiers d'après un imprimé de la *Bibliothèque du Sénat.*

à l'abri des injures de l'air ; l'homme n'est qu'à demi couvert, le bétail n'est qu'à moitié nourri.

Le Limousin est infiniment plus chargé d'impôts que les provinces adjacentes, nous croyons même pouvoir dire qu'aucune province de la France (quoiqu'il se soit rédimé des gabelles et des aides). Nous citerons pour exemple un état de comparaison qui peut être vérifié par les contrats de fermes]: le Limousin paye 50, le Périgord ne paye que 22 à 23 p. 0/0; la Saintonge, le Poitou à peu près dans la même proportion ; et quoique ces deux dernières provinces paraissent plus grevées en apparence par l'impôt toujours révoltant des aides, elles le sont réellement beaucoup moins. Un autre abus incroyable qu'a voulu réformer M. Turgot, ce sage administrateur, à qui cette province doit ses chemins et beaucoup d'établissements utiles, est une taxe énorme que supporte le Limousin seul, sous le prétexte d'un soulagement accordé à la ville de Marseille, après le fléau de la peste qu'elle essuya. Toutes les provinces ont été déchargées de cet impôt ; le Limousin seul paye encore, et c'est une surcharge de cent mille écus depuis l'année 1720 ; toutes les provinces ont cessé de payer en 1740.

L'impôt direct, infiniment trop forcé relativement au revenu, s'aggrave encore par le rejet que la caisse de Poissy fait retomber sur cette malheureuse province ; les réclamations de M. Turgot, étayées des savantes observations des philosophes amis de l'humanité, qui cherchaient à éclairer l'administration sur cet objet, nous avaient fait concevoir l'espérance de voir abolir cette taxe onéreuse : elle fut suspendue un moment ; les révolutions du ministère l'ont recréée, et son extinction intéresse trop les propriétaires, pour qu'ils ne réunissent pas leurs efforts contre l'existence de ce fléau.

Cette province n'est pas la seule intéressée à cette destruction ; la Normandie, la Franche-Comté, une partie de l'Alsace, les corporations parisiennes, les consommateurs de cette ville immense concourent tous a engraisser de leur propre substance quelques publicains privilégiés, qui ne laissent échapper de leurs mains, pour passer dans les coffres du Roi, qu'une très-petite partie de leur gain odieux. Cet impôt a révolté le peuple dans tous les temps.

En présentant le tableau affligeant, mais nullement exagéré, des maux qui se réunissent pour accabler notre province, nous croyons devoir faire remarquer, pour la réussite de nos réclamations, que personne n'ignore en France que le paysan limousin est le plus pauvre, le plus malheureux.

Eh ! quelle partie du royaume mérite plus d'attirer sur elle le coup d'œil d'un gouvernement actif et vigilant ? Le peuple y est bon et fidèle, on en tire d'excellents soldats; les chefs des régiments qui en ont beaucoup réuni dans les corps qu'ils commandent, leur rendent la justice de dire qu'ils ont toutes les qualités qui constituent le bon défenseur de sa patrie : sobriété incroyable, subordination facile, vigueur indomptable, un Limousin déserteur est un être de raison dans nos troupes. Notre province remonte presque toute la cavalerie légère. Cet avantage nous indique encore un des objets qui méritent le plus particulièrement nos soins, celui des haras.

Les habitants industrieux vont ailleurs chercher à réparer, par leurs travaux, l'ingratitude du sol qu'ils cultivent; le même village qui fournit des maçons à la Hollande, fournit aussi des moissonneurs à l'Espagne. Les émigrations sont fréquentes et nécessitées, quoique nuisibles à l'agriculture ; l'industrie de l'habitant supplée à ce que lui a refusé la nature avare, et il rapporte au sein de sa famille un secours nécessaire, mais jamais abondant.

Nous allons présenter les tableaux comparatifs qui viennent à l'appui de ce que nous venons d'avancer, extraits d'un mémoire que M. Turgot remit au conseil en 1765, après les recherces les plus exactes.

Cinq domaines dans quatre paroisses de l'élection de Tulle, estimés, suivant le tarif de la taille, être du revenu de...... 1,027 liv. » s. » d.
Sont affermés.......... 800   »   »

Excès du tarif sur le revenu réel................ 227 liv. » s. » d.

Les vingtièmes imposés sur ces domaines montent à...................... 113 liv. 1 s. » d.
La taille et ses accessoires, à.................. 621   12   5
Il ne reste au propriétaire sur les 800 livres, les vingtièmes payés, que........ 686   19   »

Part du propriétaire, 686 liv. 19 s. » d., moins de 44 1/2 p. 0/0.
Part du Roi...... 734 liv. 13 s. 5 d., plus de 56 1/2 p. 0/0.

Total du produit.. 1,421 liv. 12 s. 5 d.

Différents domaines de la même élection sont vendus ensemble........ 7,616 liv. 15 s. » d.
Le revenu de ces biens calculé, sur le pied du denier 30, monte à........ 257   17   10
Ils sont portés sur le tarif à................. 337   16   »

Excès du tarif sur le revenu réel............. 79   18   2
Les vingtièmes montent à   37   1   »

Part du propriétaire 216 liv. 16 s. 10 d., un peu plus de 46 p. 0/0.
Part du Roi...... 254 liv. 1 s. 11 d., un peu moins de 54 p. 0/0.

Total du produit... 470 liv. 18 s. 9 d.

Si l'on évaluait seulement au denier 25 le revenu de ces domaines vendus, on trouverait :
La part du propriétaire, de 267 liv. 12 s. 3 d., un peu moins de 49 p. 0/0.
Celle du Roi do........ 254 liv. 1 s. 11 d., un peu plus de 50 p. 0/0.

Total du produit....... 521 liv. 14 s. 2 d.

Il résulte de ces tableaux, que l'imposition dans la généralité de Limoges est toujours au moins de 50 p. 0.0 du revenu des propriétaires.

Comparaison des impositions de la généralité de Limoges avec celles de la Rochelle.

Domaines d'Angoumois affermés.

Part des propriétaires, 356 liv., moins de 76 1/4 p. 0/0.
Part du Roi........ 120 liv., un p u plus de 24 p. 0/0.

Total............... 476 liv.

Cette comparaison donne le rapport des impositions de la première de ces généralités, à celles de la seconde, comme 4 est à 2.

Autre comparaison entre ces généralités par l'analyse exacte du produit des domaines régis, détails fournis par le subdélégué de Lavalette :

ANGOUMOIS.

Part des propriétaires, 137 livres, un peu moins de 43 p. 0/0.
Part du Roi......... 183 livres, un peu plus de 57 p. 0/0.

Total............... 320 livres.

SAINTONGE.

Part des propriétaires, 669 livres, un peu moins de 80 1/4 p. 0/0.
Part du Roi.......... 165 livres, un peu plus de 19 3/4 p. 0/0.

Total .... 834 livres.

Rapport de l'imposition de la première généralité à la seconde, donnée par cette comparaison, 5 7/10 à 2.

Autre comparaison par le moyen des dîmes.

La dîme de cinq paroisses de l'Angoumois affermée, donne pour ce qui reste aux propriétaires 93,940 livres.
Le principal de la taille qu'ils payent est de 21,740 livres, un peu plus de 23 p. 0/0.
Les dîmes de deux paroisses de la Saintonge, voisines des précédentes, et aussi affermées, donnent pour les propriétaires 26,520 livres.
Le principal de la taille à laquelle ils sont imposés est de 2,358 livres, 8 4/5 p. 0/0.
Ce qui donne le rapport de 5 à 2 entre l'imposition de ces deux généralités.

Autre comparaison sûre et démonstrative.

Dans quinze paroisses limitrophes de l'Angoumois et de la Saintonge, il y a eu des fonds taxés par double emploi dans les deux généralités ci-dessus.
Ces fonds, taxés dans la généralité de Limoges, l'ont été à 588 liv. 8 s. 9 d.
Les mêmes, taxés dans la généralité de la Rochelle, l'ont été à 220 liv. 16 s. 3 d.
Ce qui est dans le rapport de 4 6/10 à 2.
La généralité de Limoges paye donc constamment un peu plus du double que celle de la Rochelle.

Tableau pour servir de supplément à ceux ci-dessus présentés par M. Turgot.

Depuis l'année 1770, il a été vendu dans la paroisse d'Allussac, élection de Brive, par cent trente-sept contrats, plusieurs domaines, pour la somme de............... 100,858 liv.
Qui, sur le pied du denier 25, donnent un revenu de................. 4,034
La taille et impositions accessoires que le Roi perçoit sur ces revenus, monte à 1,808 livres............. } 2,153
Les vingtièmes, à 345 livres....
Ainsi, la part du Roi est de 2,153 livres, environ 53 p. 0/0.
La part du propriétaire 1,881 livres, environ 47 p. 0/0.
La même opération faite sur plusieurs paroisses a donné les mêmes résultats.
Comparaison des impositions sur l'élection de Limoges, et sur celles de Périgueux, généralité de Bordeaux.
En 1783, les vingtièmes sur l'élection de Li-

moges étaient de.... 416,808 liv. 15 s. » de
La taille et autres impositions étaient, la même année, de..... 1,215,288   9   1
La même année 1783, les vingtièmes imposés sur l'élection de Périgueux, ont monté à... 630.356   »   »
Les tailles et autres impositions à 1,151,421   »   »
Si la taille et accessoires avaient été imposés sur l'élection de Périgueux d'après les vingtièmes et dans la proportion où elles l'ont été dans l'élection de Limoges, elles auraient monté à .... 1,850,000 liv.
Elles auraient donc été plus fortes de................................ 698,579
C'est-à-dire plus d'un tiers en sus de ce qu'elles ont été.
Quelle que soit la manière dont on compare les impositions de la généralité de Limoges à celles des autres généralités voisines, il en résulte toujours qu'elle est beaucoup plus chargée, et que son imposition est de 50 p. 0/0 de la part du propriétaire.
Assurément il n'y a point de province dans le royaume qui soit imposée dans cette proportion accablante.
La généralité de Limoges contient 738 lieues carrées dont chacune paye 7,170 livres, c'est-à-dire presque autant qu'une lieue carrée, prise dans d'autres provinces infiniment plus productives, ce qui est une autre preuve de sa surcharge.
Nous avons donc demontré par tous ces tableaux qui seront justifiés, que l'impôt est établi en Limousin sur le pied excessif de 50 p. 0/0 du produit total des fonds, et de 81 p. 0/0 du revenu des propriétaires, et qu'il est dans une proportion beaucoup plus forte que dans aucune partie de l'Etat.
Un tableau qui étonnera sans doute beaucoup plus que tous les précédents, et qui prouvera quelle facilité on peut surprendre la confiance et tromper le calcul du ministre le plus éclairé, est celui de la comparaison qui nous a été présentée, de ce qu'a établi M. Necker dans son livre sur l'administration des finances, concernant l'étendue de la généralité du Limousin, et que nous avons fait certifier par l'ingénieur géographe, chargé de lever les cartes de la même province. Le ministre donne 864 lieues carrées à la généralité de Limoges et l'ingénieur fixe son étendue à un peu moins de 739. La différence est de 115 lieues, c'est à peu près un septième d'extension que nous donne l'état du ministre, et on pourrait lui proposer de travailler en finance cette partie non existante. On doit sentir la nécessité de relever cette erreur.
Après avoir mis sous les yeux du monarque et des États généraux un aperçu rapide des objets qui intéressent le plus essentiellement notre province, nous cesserons de l'isoler, et nous la regarderons comme faisant partie d'un grand tout, de la nation française, qu'il s'agit en ce moment de rallier sous le même point de vue, sous la même devise, l'utilité publique.
Nous concluons donc à demander par nos députés, au Roi et à l'Assemblée nationale, ce qui est contenu dans les articles suivants :

CHAPITRE PREMIER.

Demandes particulières pour la province.

Art. 1er. Que nos impôts soient diminués et

établis sur le même taux qu'ils le seront dans toutes les provinces du royaume.

Art. 2. Que les États provinciaux que nous nous proposons de demander seront chargés exclusivement de l'administration des grands chemins, ponts et chaussées, et généralement de tout ce qui concerne la voirie de la province.

Art. 3 Qu'on supprime le privilège exclusif de la caisse de Poissy, et le droit qu'elle perçoit sur les vendeurs et acheteurs qui n'ont pas recours à elle ; c'est l'intérêt de notre province, et nous osons dire celui de la nation.

CHAPITRE II.

Constitution des États généraux.

Art. 1er. Qu'aux États généraux la délibération se fasse par ordre ; c'est le seul moyen de conserver aux différents ordres l'influence égale qu'ils doivent avoir. Les délibérations étant faites en commun, et les voix comptées par tête, une résolution pourrait passer à la pluralité, sans qu'un ordre entier y eût librement consenti, sans qu'un seul de ses membres eût voté pour.

Art. 2. Que le concours des trois ordres soit nécessaire pour faire passer une loi ; telle fut toujours la constitution de l'État.

Art. 3. Que l'assemblée des États généraux, convoquée à Versailles, soit déclarée et reconnue légale pour cette fois ; mais qu'elle soit organisée différemment à l'avenir, ainsi qu'il sera statué et arrêté par elle-même.

CHAPITRE III.

Intérêts réciproques du Roi et de la nation.

Art. 1er. Qu'il soit statué que la nation soit assemblée en États généraux, comme maintenant, tous les quatre ans, et extraordinairement en cas de besoins urgents ou extraordinaires, sans pour cela déranger l'ordre de ses assemblées périodiques.

Art. 2. Que dans chaque province il soit établi des États particuliers, comme commissions intermédiaires entre les différentes époques périodiques des États généraux, et sous la même organisation qu'eux.

Art. 3. Que les États provinciaux seront chargés seuls de toutes les parties de l'administration dans leurs provinces ; qu'ils répartiront les impôts directs, les feront percevoir par leur trésorier, régiront toutes les branches quelconques du revenu public, même des domaines, si le Roi le juge à propos, et qu'ils en feront aussi la recette.

Art. 4. Que ces États provinciaux s'assemblent tous les ans, et aient seuls une commission intermédiaire, toujours subsistante, ainsi que des procureurs généraux syndics, chargés spécialement de veiller aux intérêts de leurs concitoyens, et de surveiller les préposés de tous genres qui seront sous leur autorité.

Art. 5. Que les États provinciaux aient toute l'autorité nécessaire pour mettre à exécution ce qui aura été statué par les États généraux, la liberté de proposer et remontrer tout ce qui pourra intéresser leur province, mais sans pouvoir y rien changer ni innover.

Art. 6. Qu'il soit statué et arrêté qu'il ne pourra être imposé ni perçu aucun impôt quelconque, fait aucun emprunt, sous quelque dénomination que ce puisse être, sans l'octroi de la nation assemblée en États généraux ; et que si quelqu'un était assez ennemi du bien public pour surprendre la religion du monarque, au point de le porter à exiger un subside non consenti par la nation, cet instigateur soit réputé coupable de trahison, poursuivi et puni comme tel.

Art. 7. Que les impôts quelconques ne soient jamais établis que pour quatre ans, excepté la première fois qu'ils le seront pour cinq, afin qu'il soit toujours pourvu un an d'avance aux besoins de l'État.

Art. 8. Qu'il soit statué qu'une loi n'aura la force de loi nationale que lorsqu'elle aura été sanctionnée par le Roi et la nation assemblée en États généraux, et que celles qui seront ainsi faites, devront être envoyées aux cours souveraines, pour qu'elles veillent à leur exécution, sans qu'elles puissent y faire aucune modification.

Art. 9. Qu'il soit statué que les administrateurs préposés du Roi et de la nation, et les États provinciaux eux-mêmes, seront tenus de rendre compte de leur gestion à la nation assemblée en États généraux ; et en outre que les États provinciaux seront tenus de rendre publics, par la voie de l'impression, leurs comptes annuels ; cette manière étant la seule de développer clairement leur gestion à leurs commettants.

CHAPITRE IV.

Des subsides.

Art. 1er. Qu'il soit remis sous les yeux des États généraux tous les états, tant ceux de la dette publique, que ceux des dépenses de tous les départements, avec toutes les pièces justificatives qui sont nécessaires pour les constater.

Art. 2. Que les États généraux fassent l'examen le plus strict de la dette nationale, ainsi que des dépenses de tous les départements, et qu'ils les réduisent au nécessaire, d'après la fixation qui en sera faite par eux.

Art. 3. Que l'état de toutes les pensions quelconques existantes soit mis sous les yeux des États généraux ; que celles qui se trouveront avoir été données sans causes légitimes soient supprimées, et celles qui sont excessives, réduites à ce qu'exige la justice.

Art. 4. Que le Roi soit supplié de fixer lui-même invariablement les dépenses de sa maison domestique, et que la nation dépasse même cette fixation.

Art. 5. Que tous les impôts directs, comme taille et impositions taillables, capitations, vingtièmes et accessoires, etc., soient réduits à la taille seule, sous deux dénominations, savoir : taille réelle, imposée également sur tous les fonds, même ceux des domaines des princes du sang, du clergé et de la noblesse, et taille personnelle, imposée sur les facultés mobilières et individuelles, dans la même proportion

Art. 6. Que le journalier, qui ne possède rien, ne puisse être taxé à plus de 5 sous, ou qu'il le soit d'une manière si modique qu'elle ne puisse aggraver sa détresse, mais assez prononcée pour qu'il se regarde comme citoyen et non cosmopolite.

Art. 7. Que les douanes et barrières, qui sont dans l'intérieur du royaume et gênent le commerce, soient ôtées et rejetées aux frontières, s'il est possible.

Art. 8. Que les gabelles soient supprimées, si les États généraux peuvent trouver un moyen de remplacer leur produit. Ce remplacement doit être fait, au moins en grande partie, par les provinces actuellement grevées de cet impôt désastreux ; quand elles le supporteraient en entier, elles y gagneraient encore les sommes immenses que coûte sa perception.

Art. 9. Que les autres impôts indirects en général soient préférés à ceux qui sont mis directement sur les terres, et que les Etats généraux diminuent ceux qui leur paraîtront les plus grevants, pour augmenter en même raison ceux qui le seront moins.

Art. 10. Que les aides soient supprimées, s'il est possible, leur inquisition étant aussi désastreuse qu'incommode. Les provinces qui y sont assujetties, fourniront volontiers un remplacement.

Art. 11. Que les capitalistes soient imposés, s'il est possible de trouver pour cela un moyen qui ne compromette pas la liberté individuelle, qu'on ne saurait trop respecter.

Art. 12. Que les rentiers soient taxés comme à présent, à raison de 11 p. 0/0 de leurs rentes.

Art. 13. Que l'intérêt que reçoivent les rentiers ou capitalistes qui ont placé leur argent sur le Roi, à un taux plus fort que celui autorisé par la loi, soit réduit au denier 20.

Art. 14. Que pour la simplification de la perception, il soit établi un grand trésorier, qui fasse toutes les recettes et dépenses, dont il sera comptable à la nation assemblée en Etats généraux, et dans la caisse duquel verseront directement les trésoriers divers, choisis par les Etats provinciaux.

Art. 15. Que les états provinciaux simplifient, autant que possible, la perception des impôts quelconques, consentis par la nation ; c'est une source d'épargnes incalculable.

Art. 16. Que les Etats provinciaux fassent la remise des impositions dans la caisse du grand trésorier de la manière la plus prompte, la plus sûre et la moins coûteuse; une province ne devant être déchargée de ses subsides qu'au moment où la remise sera constatée par un reçu.

Art. 17. Que les commissaires départis dans les provinces, sous le nom d'intendants, soient supprimés. L'établissement des états provinciaux leur ôtera toutes fonctions, et ils seront inutiles.

Art. 18. Que les receveurs généraux des finances soient supprimés, parce qu'il sont très-coûteux à l'Etat, et qu'ils seront inutiles lorsque les trésoriers des Etats provinciaux verseront directement les impôts dans la caisse du trésorier général.

Art. 19. Que les fermiers et régisseurs généraux, tous les suppôts et ayants cause soient supprimés. On ne saurait exagérer les maux qu'entraînent ces publicains privilégiés, onéreux par leurs profits excessifs et inutiles, puisque les Etats généraux peuvent régir et percevoir toutes les branches de revenus qui étaient livrées à leur manutention.

Art. 20. Que les engagistes soient maintenus, sans aucune réserve, en possession, à perpétuité, des domaines qui leur ont été engagés, en leur faisant payer un droit de confirmation, réglé par les Etats généraux.

Art. 21. Que les domaines soient vendus, et leur prix employé au payement de la dette publique. La plus grande partie coûte plus de frais de régie qu'elle ne rapporte, et aucune ne produit un revenu proportionné au capital de sa valeur.

Art. 22. Que les domaines de la couronne soient vendus partiellement, et le plus en détail possible, pour augmenter le produit de la vente, et que les Etats généraux prennent en considération, à l'égard de cette vente, les forêts le plus à portée de la mer et des rivières navigables, qui méritent quelques exceptions, à cause de la marine.

Art. 23. Que le Roi soit supplié de se défaire de celles de ses maisons de campagne ou édifices qui ne seront ni nécessaires ni utiles à la dignité de son trône, à son agrément, ou à des établissements pour l'administration.

Art. 24. Que, pour détruire l'arbitraire de l'inquisition domaniale, il soit fait des droits de contrôle et autres un tarif clair, net et précis, où chaque contribuable connaisse ce qu'il doit, et que le jugement des rixes élevées à ce sujet ne ressorte que des Etats provinciaux, auxquels on pourra appeler des jugements de la commission intermédiaire, qui décidera provisoirement.

Art. 25. Qu'il sera statué que ce tarif ne pourra être changé ni interprété que par la nation assemblée en Etats généraux.

Art. 26. Qu'il soit statué et arrêté que tous les impôts ou revenus quelconques de l'Etat ne pourront être employés qu'aux dépenses reconnues nécessaires et déterminées par la nation assemblée en Etats généraux.

CHAPITRE V.

Administration de la justice.

Art. 1er. Que les codes civil et criminel soient réformés, et que, pour y parvenir, il soit nommé un comité des magistrats et jurisconsultes reconnus les plus capables de travailler à un objet aussi important, et rédiger l'un et l'autre code, pour ensuite, sur leur rapport, être statué par l'Assemblée nationale.

Art. 2. Qu'il soit fait une loi qui statue la prescription centenaire du cens et autres droit seigneuriaux, à compter du jour de la date de la loi, et qu'il soit statué que l'on pourra légalement percevoir l'intérêt au taux de l'ordonnance, sur tous prêts exigibles.

Art. 3. Qu'il soit fait une taxation précise des honoraires ou vacation des gens d'affaires, procureurs, notaires, greffiers, huissiers, et même des avocats, de manière que, sous aucun prétexte, ils ne puissent demander plus qu'il ne sera porté par ce règlement.

Art. 4. Que tous les tribunaux d'attribution, conseils, requêtes de l'hôtel, prévôtés, etc., soient supprimés : ces tribunaux ruinent les citoyens, entraînent presque toujours l'oppression du faible, et servent rarement autre chose que l'injustice.

Art. 5. Que les juridictions consulaires soient multipliées : il serait à souhaiter que tous les tribunaux leur ressemblassent.

Art. 6. Que tous les tribunaux d'exception (surtout ceux des eaux et forêts, comme les plus vexatoires) soient supprimés, en conservant aux titulaires des charges, les prérogatives que les Etats généraux voudront leur conserver, en ayant égard aux droits sacrés de la propriété, que nous leur recommandons.

Art. 7. Qu'il soit établi dans chaque province un tribunal souverain, pour rapprocher la justice des justiciables et empêcher que le riche ne puisse, par les frais qu'occasionnent les délais de la distance, opprimer le faible. De manière toutefois qu'il ne soit établi qu'un tribunal souverain dans l'espace de 40 lieues de diamètre.

Art. 8. Qu'il soit fixé par les Etats généraux une époque déterminée pour le remplacement de la finance des charges, *le cautionnement des emplois ou avance des employés*, dont la suppression sera arrêtée, et que l'intérêt sera exactement payé, sur le taux de l'ordonnance, à ces créanciers privilégiés, et jusque à leur remboursement.

Art. 9. Que dans un moment de régénération et de reconstitution générale, les Etats généraux fassent sorte de rembourser, le plus tôt possible, les personnes qui perdent leur état, en observant que les magistrats supprimés doivent avoir la préférence. Il est de la dignité de la nation de faire un effort à cet égard. Les financiers ont eu des emplois assez lucratifs pour avoir acquis les moyens d'attendre.

CHAPITRE VI.

De la constitution militaire.

Art. 1er. Que le Roi soit supplié, dans un moment aussi important, de s'occuper essentiellement de la constitution militaire, et d'assurer à l'armée française la valeur d'une armée nationale; c'est un vœu patriotique, qu'il est bien digne du monarque bienfaisant qui nous gouverne, de remplir.

Art. 2. Que le sort du soldat sera amélioré, sa paye augmentée. On en trouvera les moyens dans les économies à faire sur le militaire brodé, toujours oublié dans les réformes, et qui seul offre des moyens sûrs et clairs d'économie.

Art. 3. Que l'on s'occupe des moyens de rendre l'état du soldat heureux, et de le rendre respectable à ses concitoyens; le meilleur à employer pour cela est de faire qu'il aime son état et qu'il se respecte lui-même.

Art. 4. Que l'on diminue les troupes étrangères, comme extranationales, parce que le Français a et doit avoir une confiance plus prononcée dans ses compatriotes; nous ne nous attachons qu'à la dénomination des troupes étrangères, d'autant que nous sommes bien convaincus qu'on perdrait d'excellents officiers et de bons soldats, si on ne les remplaçait pas dans les corps nationaux.

Art. 5. Que les régiments suisses, que nous regardons comme nécessaires, soient conservés; mais en ce que toutefois les capitulations avec la nation suisse et les ligues grises seront arrêtées par la nation assemblée en États généraux, et qu'eux seuls pourront les renouveler.

Art. 6. Qu'il soit donné à chaque régiment un canton particulier de recrutement; c'est le moyen le plus efficace pour rendre l'armée nationale et entretenir l'esprit de corps.

Art. 7. Que le Roi soit supplié de rendre une ordonnance pour adoucir la discipline et faire en sorte qu'elle ne contrarie pas le génie national. Celle qui est en vigueur aujourd'hui, humilie le soldat français; toute la nation réclame contre elle.

Art. 8. Que l'on statue que les soldats seront employés à la confection des chemins, canaux et autres travaux publics; on y trouvera le double avantage de tirer les troupes d'une inaction toujours dangereuse, de se procurer des soldats citoyens toujours utiles à la patrie, lui consacrant sans relâche leurs veilles et leurs travaux, et de conserver des bras si nécessaires et si rares pour la culture.

Art. 9. Qu'il soit demandé l'abolition de plusieurs privilèges de corps, et notamment celui qui établit une ligne de démarcation entre le monarque et les troupes qui ont la prétention juste d'être toutes la sauvegarde du chef, comme celle de la nation, sans néanmoins qu'il soit touché au corps de gentilshommes, si nécessaire à la dignité du trône et à la noblesse.

Art. 10. Que les corps du genre de ce dernier, qu'on a réformés, dont chaque individu coûtait moins qu'un cavalier, qui avaient si bien mérité de la patrie et qui étaient un débouché pour la noblesse du royaume, qui en a si peu, soient ré-

tablis, en réformant toutefois les abus de la vénalité des charges d'officiers, et les remettant sur le pied du corps brillant et valeureux qui existe aujourd'hui.

Art. 11. Qu'il soit demandé au Roi le rétablissement des grenadiers à cheval, ce corps si généralement regretté, et si bien fait pour conserver dans une armée une émulation toujours active et productive.

Art. 12. Que parmi les moyens d'économie nécessaires à placer à côté des projets de dépense ou d'augmentation, les États généraux prennent en considération l'abus de l'énorme quantité de commandements triplés, et de charges inutiles, accumulées sur une seule tête, qui ne pourraient être bien remplies si elles étaient actives, et qui ne font qu'augmenter la dépense, si elles ne le sont pas.

Art. 13. Qu'on augmente le sort, l'espoir et l'émulation des officiers subalternes, en donnant les compagnies et les lieutenances colonelles à l'ancienneté, dans tous les corps des deux armes, en donnant les places de colonels alternativement aux lieutenants-colonels ou majors, et alternativement aux fils des personnes qui auront bien mérité de la patrie, qui sont les seuls qui puissent être distingués des autres, dans un pays où la dénomination de haute noblesse est injurieuse à toute celle qui n'est point comprise dans cette classe indéterminée.

Art. 14. Que la liste de ces hommes, réputés méritants de la patrie, soit dressée et arrêtée à l'assemblée des États généraux.

Art. 15. Que les lieutenants-colonels concourent avec les colonels, pour parvenir à leur tour au grade d'officier général.

Art. 16. Que la dénomination injurieuse d'officier de fortune demeure supprimée et soit changée en celle glorieuse de Mérite; que ceux qui par leur conduite, zèle, valeur, auront mérité d'être promus à ce grade, puissent parvenir à tous les rangs et distinctions militaires.

Art. 17. Qu'il soit statué que, pour l'avenir, il sera réglé que le nombre d'officiers généraux doit être proportionné à celui des troupes, et qu'il soit fixé de manière qu'il ne puisse être augmenté.

Art. 18. Que la milice soit conservée sur pied, mais qu'elle ne soit pas assemblée en temps de paix, et que le tirage en soit toujours fait en présence de deux ou trois personnes de chaque ordre, préposées par les États provinciaux.

CHAPITRE VII.

Des privilèges de la noblesse.

Art. 1er. L'ordre de la noblesse renonce volontairement à ses privilèges pécuniaires; mais il désire conserver à chacun de ses membres, comme purement honorifiques, son manoir et quelques arpens autour, pour jardin et basse-cour, afin qu'il soit distingué de ses vassaux. Il est essentiel que les nobles tiennent aux distinctions nécessaires dans une monarchie, pour être plus à même de soutenir les droits de la liberté du peuple, le respect dû au souverain et l'autorité des lois.

Art. 2. Que le port d'armes ne puisse être ni permis ni toléré qu'aux seuls militaires en uniforme et à la noblesse vêtue de quelque manière que ce soit, et qu'il soit enjoint aux préposés de la police et à qui de droit de veiller, mieux que par le passé, à l'observation de l'ordre à cet égard.

Art. 3. Qu'il soit réglé que la noblesse acquise et transmissible seulement suffira pour entrer au service militaire, et que les preuves nécessaires à administrer à cet égard seront faites par-devant les pairs du candidat, membre des Etats provinciaux, et non devant un seul homme, dont la sanction fait souvent des gentilshommes.

Art. 4. Que l'imposition que devront payer les nobles soit portée sur les rôles sous le nom de taille noble, afin de les distinguer et conserver la ligne de démarcation si nécessaire dans une monarchie.

Art. 5. Que les justices seigneuriales et tous les autres droits honorifiques des seigneurs soient conservés et augmentés.

Art. 6. Que toutes les lettres de noblesse accordées par le Roi, selon son vouloir, soient enregistrées aux Etats provinciaux, et n'aient de vigueur qu'après cet enregistrement.

Art. 7. Qu'il soit statué que la noblesse graduelle ne sera plus accordée aux membres des cours souveraines, si ce n'est aux chefs ; mais que Sa Majesté pourra la leur concéder pour leurs vertus ou leurs longs services.

Art 8. Qu'à plus forte raison, la noblesse ne sera plus donnée aux secrétaires du roi par leurs charges, qui sont la source la plus féconde des anoblissements rapides et inutiles.

CHAPITRE VIII.

De la liberté individuelle.

Que la liberté personnelle et individuelle de tous les citoyens sera assurée de toute manière, et que les lettres closes ne pourront être données que sur les vœux d'une famille entière, approuvés par les pairs de son ordre, proposés aux Etats particuliers de la province.

CHAPITRE IX.

Du clergé.

Que les droits d'annates, dispenses, etc., soient supprimés absolument, afin qu'il ne sorte plus d'argent du royaume pour être transporté à Rome, et que la nation française cesse de payer un tribut à un souverain étranger.

Nous désirons voir le clergé aliéner une partie de ses biens pour acquitter sa dette, qui ne peut être celle de la nation ; mais nous avons cru devoir nous en rapporter à ce premier ordre de l'Etat, pour régler sa discipline, convaincus que le zèle et le patriotisme qui l'animeront, dans cette circonstance majeure, le porteront à faire de lui-même bien plus qu'on ne pourrait lui demander.

Nous attendons de la bonté et de la justice du Roi, qu'il écoutera nos plaintes, redressera nos griefs, se rendra à nos vœux, à ceux de toute la nation française. Alors la liberté assurée par le rétablissement de l'ancienne constitution du royaume, les citoyens consultés sur ce qui intéresse le public, appelés à concourir à l'administration, le caractère national reprendra toute son énergie, et le patriotisme régnera dans tous les cœurs. Le Français montrera ce dont il est capable lorsqu'il peut, à l'abri de la liberté, faire usage de tous les avantages qu'il a reçus de la nature.

Nous portons aux pieds du trône, par nos députés, un juste tribut de louange, d'amour et de reconnaissance.

Clos et arrêté le 21 mars 1789, par nous, commissaires soussignés, à ce délégués par l'ordre de la noblesse, le baron de Nantia; La Seine; Le comte Du Autier; de Bony de Lavergne; de l'Epine, père ; Le comte De Roulhac de Roulhac.

Le vicomte de Mirabeau, secrétaire et commissaire.

Remis par M. le comte de Roys, grand sénéchal, à M. le comte Des Cars, et à M. le vicomte de Mirabeau, députés de l'ordre de la noblesse à l'assemblée des Etats généraux convoquée à Versailles pour le 27 avril 1789.

Collationné et certifié conforme à l'original.

CAHIER

Des doléances du tiers-état des sénéchaussées de Limoges et de Saint-Yrieix (1).

Après des temps d'oppression, un Roi, qui aime son peuple, le rassemble et l'appelle pour concerter avec lui les moyens d'assurer un avenir heureux. Que les députés de la province portent à ses pieds, avec le tribut de notre amour et de notre respectueuse reconnaissance, le serment de notre inviolable fidélité !

Les maux étaient extrêmes. Le tiers-état en était accablé. Il gémissait en bénissant son maître, en rendant hommage à sa bienfaisance. L'ascendant des vertus d'un ministre patriote a fait taire l'intrigue ; il est venu, et avec lui la vérité ne sera plus éloignée du trône.

Dans l'assemblée auguste des Etats généraux, tous les ordres voteront sans doute pour les intérêts de la nation. Le clergé, la noblesse, comme le tiers, sujets d'un même monarque, citoyens d'un même Etat, ne tiendront plus à des exceptions qui blessent la justice ; ils ne voudront que les distinctions que donnent les vertus et la naissance. Le bien va donc s'opérer.

La constitution de l'Etat sera clairement déterminée, les lois réformées, la procédure simplifiée les tribunaux rapprochés de leurs justiciables, la classe malheureuse de nos frères soulagée, le commerce débarrassé des entraves qui le gênent, l'impôt proportionnellement réparti, directement porté à sa destination, et les mains qui le partagent avec l'Etat rendues à l'agriculture, au commerce et aux arts.

Art. 1er. Les représentants de la nation, les interprètes de ses vœux ne devant pas être enchaînés par la crainte, les députés demanderont pleine liberté de parler, et sûreté de leurs personnes.

Art. 2. Ils demanderont que les Etats généraux déterminent, d'une manière solennelle et précise, la constitution de l'Etat, les droits du souverain et ceux de la nation ; qu'ils assignent les pouvoirs des différents corps et règlent irrévocablement que les trois ordres doivent y délibérer ensemble, le tiers y concourir en nombre égal du clergé et de la noblesse réunis, et les suffrages y être comptés par tête.

Art. 3. Que pour assurer la stabilité et maintenir l'exécution des principes et de l'ordre qui seront établis dans les Etats généraux, comme pour perfectionner les opérations utiles qui pourront y être faites ou préparées, il soit ordonné qu'ils se rassembleront à des époques fixes.

Art. 4. Que les droits de la nation, une fois reconnus, soient déclarés imprescriptibles.

Art. 5. Que les arrêtés pris par les Etats généraux et sanctionnés par Sa Majesté, soient rédigés les Etats tenant, en forme de loi, et exécutés sans autre formalité que la publication.

Art. 6. Qu'il soit de nouveau déclaré et consa-

(1) Nous publions ce cahier d'après un imprimé de la *Bibliothèque du Sénat.*

cré aux États généraux, comme maxime fondamentale et inviolable, que nul impôt ne peut être établi ni prorogé sans le consentement de la nation librement et régulièrement assemblée.

Art. 7. Qu'il soit aussi établi que les ministres seront comptables aux États généraux de l'emploi des fonds qui leur seront confiés, et assujettis à répondre sur leur conduite en tout ce qui sera relatif aux lois du royaume.

Art. 8. Que les États généraux formant, avec Sa Majesté, le corps législatif de l'État, ils ne puissent être gênés par les restrictions aux pouvoirs des députés d'une ou plusieurs provinces, toute volonté particulière devant céder à l'intérêt général, exprimé par la majorité des suffrages.

Art. 9. Les députés demanderont l'abolition des lettres de cachet et la liberté de la presse.

Art. 10. Le génie fiscal, ayant épuisé ses ressources, forcé de dévoiler une longue suite de déprédations dans les finances, laisse à combler par la nation l'abîme qu'il a creusé. L'excès dans les subsides présente en même temps la nécessité de soulager le tiers-état qui, depuis des siècles, en supporte tout le poids.

Ainsi, d'une part ses besoins, et de l'autre la réclamation du tiers, commandent la réforme des abus multipliés et la suppression de tous priviléges pécuniaires.

Lorsque, sans distinction, les citoyens d'un même État supporteront proportionnellement toutes ses charges, elles seront moins pesantes; leur extension sera moins à plaindre, parce que tous auront intérêt de veiller à l'intérêt commun.

Tant de raisons réunies décideront sans doute le clergé, la noblesse à ne plus défendre des prétentions qui les ont jusqu'à présent fait compter parmi le nombre des oppresseurs du tiers-état. Que s'ils tenaient encore à ce système, si leur trop longue jouissance était pour eux un prétexte de chercher à la prolonger, tous pouvoirs de nos députés cesseront.

Art. 11. Qu'il soit statué que toutes contributions actuelles ou futures, sous quelque dénomination qu'elles puissent être, seront sans distinction supportées proportionnellement par les trois ordres; les députés demanderont qu'il soit donné une connaissance exacte des revenus de l'État, des charges auxquelles ils sont destinés, et qu'aidés de ces notions préliminaires, les États généraux constatent quel est le déficit et consolident la dette de l'État.

Art. 12. Que dans le cas où, après avoir employé tous les moyens d'économie, le produit de la contribution à laquelle seront désormais assujetties toutes les propriétés, laisserait à chercher de plus grands moyens encore, on les prenne de préférence sur ceux qui emploieront à leur service au delà d'un nombre déterminé de domestiques, de voitures et d'équipages.

Art. 13. Que toutes les charges, sous la dénomination de taille, capitation, vingtième et autres, soient réunies dans un seul rôle, sous une seule dénomination ; et que le produit, perçu par les collecteurs, soit par eux remis aux officiers municipaux ou autres préposés par les États de la province, pour être directement versé au trésor royal dans un temps déterminé.

Art. 14. Que, dans la répartition à faire de l'impôt entre les provinces, on ait égard à ce que celle du Limousin, malgré la stérilité de son sol et sa moindre étendue, paye dans l'état actuel le double de celles qui l'avoisinent, et que, pour faire cesser une inégalité aussi accablante, il soit procédé à un cadastre général du royaume.

Art. 15. Qu'en supprimant les aides et gabelles dans les provinces qui y sont assujetties, ces provinces soient imposées proportionnellement à celles où ces droits n'étaient pas établis.

Art. 16. Jusqu'à présent ce n'est pas seulement l'impôt qui a pesé sur le tiers-état de la province du Limousin ; la manière dispendieuse de le percevoir, l'injustice dans la répartition en ont doublé la charge; l'intrigue, la bassesse, la faveur y ont soustrait une foule de particuliers, et la classe indigente a payé pour les protégés.

Les députés demanderont qu'il soit accordé à chaque province, et en particulier à celle du Limousin, des États provinciaux organisés comme ceux du Dauphiné, sauf les modifications que l'expérience démontrerait avantageuses; que les États du Limousin soient indépendants de tous autres, nommément de ceux de la province de Guienne, qui sollicite une réunion ; et dans le cas où la province de Guienne insisterait, les députés formeront une opposition directe à cette réunion.

Art. 17. Les députés demanderont que ces États du Limousin soient chargés, en seuls, de l'assiette, répartition et perception de l'impôt, avec attribution des objets les intéressant dans la partie de la guerre, comme tirage de milice, étape, logements, et tous autres objets d'administration intérieure.

Art. 18. Les députés demanderont que la législation civile et criminelle soit réformée; que l'on prenne des moyens sûrs pour garantir l'innocence, et que la procédure soit simplifiée et dégagée d'une foule d'actes et d'écrits, qui réunissent le double inconvénient de multiplier les frais et d'obscurcir les questions à juger.

Art. 19. Que les droits de guet, de corvée, de banalité, et autres qui dégradent l'homme, en le rappelant aux temps barbares de la servitude, soient abolis, à la charge par les redevables de les racheter.

Art. 20. Que toutes rentes foncières, directes, secondes et obituaires, soient assujetties à la prescription de trente ans, ce qui aura lieu même à l'égard de la mainmorte, et que les arrérages desdites rentes, se réglant comme ceux des rentes constituées, ne puissent être demandés que de cinq ans.

Art. 21. Que les tribunaux soient rapprochés de leurs justiciables, jusqu'à présent obligés à des voyages longs, dispendieux et souvent inutilement répétés; qu'à cet effet les ressorts trop étendus de plusieurs cours souveraines soient divisés, et qu'il soit établi des tribunaux supérieurs dans le chef-lieu des généralités qui en seront détachées.

Art. 22. Que dans les mêmes vues, les maîtrises des eaux et forêts et toutes autres cours d'exception, attribution ou évocation, soient supprimées, en en exceptant néanmoins les juridictions consulaires; et qu'effectuant ces suppressions, même celle des offices des huissiers-priseurs, il soit pourvu au remboursement de la finance, suivant l'évaluation qui en a été faite par les titulaires.

Art. 23. Les députés demanderont qu'il soit créé, dans chaque sénéchaussée, deux offices de commissaires aux saisies de fruits, lesquels seront chargés de tous les procédés relatifs à leur commission.

Art. 24. Que l'on révoque tous les priviléges exclusifs de faire extraire, au préjudice des propriétaires, les mines de quelque nature qu'elles soient.

Art. 25. Les députés demanderont que le commerce intérieur soit dégagé de tous droits particuliers d'une province à l'autre ; que les douanes soient reculées aux frontières du royaume; et que tous privilèges exclusifs, notamment celui du roulage, soient supprimés.

Demanderont aussi que tout failli soit privé de la faculté de remettre son bilan, ou même de traiter avec ses créanciers, tant qu'il ne sera pas constitué prisonnier.

Art. 26. Les députés demanderont que les domaines du Roi, dont le produit est, en majeure partie, absorbé par les frais de régie, soient aliénés; que le prix en provenant serve au payement des dettes de l'État; et que, jusqu'à leur acquit, il plaise à Sa Majesté surseoir à la nomination à toutes abbayes et prieurés royaux, dont les revenus que percevront les États des provinces seront destinés au même objet.

Art. 27. Les députés demanderont que le nombre des religieux rentés étant diminué des deux tiers, leurs revenus soient réduits proportionnellement, et le surplus employé comme il sera pourvu par les États généraux.

Art. 28. Que l'on modère les droits attribués à la caisse de Sceaux et de Poissy, qui, suivant le taux actuel, portent la plus grande atteinte au commerce du Limousin, dont les bœufs sont destinés à l'approvisionnement de Paris.

Art. 29. Que les droits de contrôle. centième denier, et autres droits domaniaux ou qui sont en régie, actuellement portés à un taux excessif, et dont la perception est devenue arbitraire, soient aussi modérés et classés dans des tarifs clairs et précis, qu'il ne soit plus permis d'éluder par des interprétations forcées ou des décisions particulières, et que la connaissance des contestations à ce sujet soit désormais attribuée aux tribunaux ordinaires, par lesquels les préposés qui succomberont seront condamnés aux dépens.

Art. 30. Que toutes charges et contributions devant être également supportées par les membres des trois ordres, les francs-fiefs soient supprimés.

Art. 31. Les députés demanderont que le sort de ces hommes précieux, dont la vie est consacrée aux fonctions curiales dans les compagnes, soit amélioré; que, supprimant le casuel exigible, le revenu des moindres soit porté à 1,500 livres, et que les dîmes de la paroisse étant insuffisantes pour remplir ce revenu, il y soit pourvu par des réunions ou des arrondissements qui ne pourront avoir lieu et être opérés que du consentement exprès des communes.

Art. 32. Que renouvelant les lois qui prohibent la pluralité des bénéfices, il ne soit plus permis de les cumuler sur une même tête, et qu'il soit pourvu par des réunions à l'augmentation des bénéfices à conserver qui ne se trouveraient pas dotés.

Art. 23. Que tous les évêques, abbés, prieurs et autres bénéficiers, sans exception, soient tenus de résider dans le chef lieu de leurs bénéfices, et qu'à défaut de résidence, ils soient privés du tiers de leurs revenus, proportionnellement au temps de leur absence.

Qu'à la diligence du ministère public, ce tiers de revenu soit saisi et versé dans les mains du curé ou du syndic de la paroisse, pour être employé au soulagement des pauvres, et qu'il soit rendu compte de cet emploi au procureur du Roi de chaque siége.

Art. 54. Les députés demanderont que le droit d'annate soit aboli, et qu'à l'avenir on ne s'adresse plus à la cour de Rome pour les bulles, les résignations et les dispenses.

Art. 35. Les députés demanderont que l'ordonnance qui fait une distinction humiliante pour le tiers-état, en n'admettant pour officiers dans les troupes que des gentilshommes, soit révoquée.

Art. 36. Qu'il ne soit plus accordé de pensions qu'à ceux qui auront rendu à l'État des services réels.

Art. 37. Qu'en conservant aux gentilshommes l'exemption du tirage à la milice, leurs domestiques y soient assujettis, ainsi que ceux des ecclésiastiques; le domestique des curés de campagne seul excepté.

Signé à l'original MONTAUDON, LA NOAILLE DE LA CHAIZE, DUMAS et CHAVAUX, commissaires.

ROULHAC, président,

Et BOYSSE, greffier en chef et secrétaire.

———

DEMANDES.

Remontrances et doléances des grands vicaires ou semi-prébendés de l'église cathédrale de Limoges, soi disant membres du clergé du présent diocèse, mais dans le fait du tiers-état (1).

Les grands vicaires ou sémi-prébendés de l'église cathédrale de Limoges sont de l'avis de tout bon citoyen; ils désireraient pouvoir alléger les charges de l'État et acquitter sa dette, et consentent à ce qu'ils soient, ainsi que le clergé en général, imposés à raison de leurs fonds et propriétés. Mais de quels secours seront-ils à la nation? Leur modique revenu ne peut suffire à les faire vivre honorablement, et les charges auxquelles ils sont tenus et que chaque jour on cherche à aggraver, mettent des entraves à leur bonne volonté. Ils espèrent que leur sort deviendra meilleur; alors ils pourront effectuer leurs offres et remplir les vœux et devoirs de Français.

Les revenus perçus en France, n'ont pu suffire depuis quelques années; il a fallu faire des emprunts très-considérables, les dépenses se sont accrues et les revenus, loin d'augmenter, semblent diminuer; l'État ne peut rester plus longtemps dans cette situation critique : ou il faut que tous les citoyens se prêtent à la nécessité, ou qu'il survienne une crise qui ne pourrait opérer qu'une fâcheuse révolution ; la dette publique, quoique immense, s'éteindra insensiblement si, comme ils le doivent, tous les ordres du royaume y concourent à proportion.

Des États généraux.

1° Comme il est reconnu que les États généraux peuvent seuls remédier aux maux de l'État : la plaie est si profonde et les abus se sont tellement multipliés qu'il est impossible que les premiers États généraux fassent tout le bien, quand même tous les citoyens des trois ordres se réuniraient et concourraient unanimement à vouloir tout ce qui peut être avantageux à l'État; il est donc à propos qu'une nouvelle assemblée des États généraux suive de près celle qui va se tenir, pour remédier à ce qu'elle ne pourra pas faire. Les objets seront discutés pendant trois ans. Les États provinciaux prépareront les déterminations à prendre dans les États généraux qui succéderont et les seconds États généraux auront même occasion de rectifier plusieurs des décisions qui se feront dans les États généraux prochains. Mais peut-être demandera-t-on pourquoi les assembler si souvent? Parce que le mieux ne se découvre pas tout d'un coup, et que ce n'est qu'à force

(1) Nous publions ce cahier d'après un manuscrit des *Archives de l'Empire.*

de raisonner qu'on parvient à le trouver; tous les citoyens, animés du même zèle, ne formeront qu'un, prenant part au bien public, et, persuadés que leur bonheur est dans leurs mains, s'étudieront à l'envi pour trouver le moyen de se le procurer.

2° Qu'après les seconds Etats généraux, il soit indiqué une assemblée périodique de la nation tous les six ans, sans préjudice des Etats provinciaux tenus tous les ans, qui seront d'une grande utilité et qui prépareront toutes les voies pour les Etats généraux de six ans en six ans.

3° Remercions le génie bienfaisant qui veille au bonheur de la France; il a écouté la voix de l'Europe entière unie à celle de tous les citoyens patriotes. Il a bien voulu accorder au tiers-état d'avoir à l'Assemblée nationale numériquement autant de députés que le clergé réuni à la noblesse. Cette égalité parfaite de représenter lui donne une prépondérance nécessaire.

4° Laissons, d'après les vœux clairement exprimés du Roi, laissons aux Etats généraux à décider la question si l'on délibérera par ordre ou par tête; quelle que puisse être la décision de ce problème, le tiers-état aura toujours la majorité pour ses vrais intérêts, mais il est de celui du public qu'ils le soient par tête et non par ordre, et que les députés du tiers-état soient en nombre égal à ceux des deux autres ordres, parce qu'il y a dans le haut clergé et dans la noblesse plus de partisans qu'on ne l'imagine qui chercheront toujours à pouvoir l'opprimer. Quoi qu'il en soit, Messieurs, si le choix de cette assemblée charge quelqu'un de nous de représenter le clergé de nos deux sénéchaussées, nous dirons à celui à qui on aura confié cette députation aussi honorable que délicate : il faut pour vous, pasteurs, une loi impérieuse qui vous commande de ne pas mollir dans vos réclamations en faveur du tiers-état; cette loi dérive de l'obéissance que tout Français doit à son Roi, de cette loi filiale que nous prêchons à nos peuples. Ce bon roi n'a-t-il pas manifesté ses désirs avec le ton du sentiment, ce ton qui dit plus pour des âmes sensibles que celui de l'autorité? Pourquoi nous a-t-il tous appelés à cette assemblée. Ah! méditons la première partie du règlement qu'on nous a signifié, nous y verrons ses intentions et nos devoirs.

5° Que les différents genres d'impositions soient réduits à un seul, et qu'aucun citoyen, de quelle qualité qu'il soit, n'en soit exempt. La demande est si équitable que le haut clergé et la noblesse ont déjà renoncé aux privilèges dont ils jouissent à présent. Cette renonciation a dû nous rappeler les beaux jours de l'épiscopat; mais comme nous ne sommes pas assurés que leurs successeurs hériteront de leur amour pour la justice, nous insistons pour que cette égalité de contributions aux charges de l'Etat soit sanctionnée par une loi nationale qui prévienne les réclamations de leurs neveux et les alarmes des nôtres.

Que la noblesse et le clergé soient imposés, à raison des fonds qu'ils possèdent et des revenus dont ils jouissent, à un impôt sur le même taux que le tiers-état sans distinction, vu que nous sommes tous frères et sujets du même Roi : alors le *déficit* se trouvera rempli. Nous pourrions dire avec vérité que le haut clergé pourrait le faire en seul, sans s'appauvrir. Le tiers-état le regarderait comme son libérateur.

6° Que le Limousin ait ses Etats particuliers et qu'ils soient assemblés annuellement ; que la répartition de l'impôt et la perception de tous revenus leur soit confiée, et qu'ils soient eux seuls les administrateurs de la province sous la direction du gouvernement.

Tels sont les principaux objets ou mieux quelques-unes de nos doléances générales, car il en est un foule d'autres dignes de fixer l'attention des Etats généraux.

Par exemple : la diminution des frais dans la perception des impôts : ces frais finissent d'écraser le pauvre sans enrichir le trésor royal ; il faudrait encore que cet argent ne passât pas par tant de mains, qu'il fût versé directement dans le trésor royal. Pour lors nous ne verrions plus de maltote ni de ces gens inutiles qui font mille fraudes et appauvrissent en même temps l'Etat.

7° Qu'on supprime les fermiers généraux et les administrateurs, receveurs, régisseurs généraux, particuliers, leurs agents qui sont tous les premières causes du déficit actuel, vu que ces gens-là ont de forts appointements et ne contribuent en rien ou presque rien à payer les charges publiques, sous pretexte de leurs privilèges ; qu'on supprime également plusieurs autres charges, offices ou plaies auxquelles sont attachés de forts gages dont l'immunité et l'inutilité reconnue et dont les fonctions peuvent être remplies par d'autres officiers déjà utiles. Alors tout serait au pair : le marchand riche ne se prévaudrait plus de sa prétendue noblesse, en exerçant son premier état ; il payerait comme les autres et ne chercherait plus à opprimer et à avilir le tiers-état d'où il est sorti : il est vrai, me dirait-on, qu'il faudrait rembourser une finance considérable à grand nombre de supprimés ; mais qu'on fasse attention que les gages dont jouissent les pourvus, joints aux profits et retenues énormes des traitants et agents, seraient suffisants pour effectuer leurs remboursements. Que les aides, gabelles, douanes et traites soient supprimés, ou au moins reculés aux frontières, et que le commerce intérieur soit libre.

8° Les grands vicaires ou semi-prébendés sollicitent avec force que les lois tant civiles que criminelles soient réformées, les formes de procédure abrégées et simplifiées, cette foule de juridictions subalternes supprimées, et surtout que les justiciables soient rapprochés de leurs juges supérieurs ; il faudrait pour cela une cour souveraine à Limoges, vu que la trop vaste étendue des ressorts accumule nécessairement les causes et immortalise les procès.

Les grands vicaires de Limoges, ne l'éprouvent que trop, n'ayant pu encore, depuis dix-sept à dix-huit ans, obtenir un jugement au parlement de Bordeaux contre le chapitre qui, de siècle en siècle, a toujours cherché à nous appauvrir. Nous supplions les Etats généraux de vouloir nous faire rendre justice. La communauté est épuisée par les voyages que le syndic a faits pendant trois années, voyages longs et coûteux, pour obtenir un arrêt qu'on n'arrache qu'après des délais éternels. Presque toujours on eût trouvé plus d'avantages réels à être condamné tout de suite, malgré l'équité de ses prétentions, qu'à gagner sa cause, après s'être épuisé plusieurs années en frais qu'on ne réclame pas, en sollicitations à qui l'or seul a pu donner du poids.

9° Qu'on sur les bénéfices considérables il soit pris une portion de revenus pour améliorer le sort des curés et vicaires auxiliaires des chapitres cathédraux et semi-prébendés de la même église, qui sont pour la plupart sans pain. Pour cela, qu'on supprime les collégiales, maisons religieuses ou autres forts bénéfices, dont les revenus seront destinés aux mêmes fins ; les grands vicaires demandent que lesdits revenus soient réunis à la cathédrale et aux semi-prébendés de la même église qui sont chargés de payer les portions congrues de plusieurs curés et vicaires auxiliaires, l'entretien des églises, ce qui diminue tellement leurs revenus, qu'il ne leur reste pas 200 livres, toutes charges déduites.

Lesdits grands vicaires exercent les fonctions pénibles du ministère non-seulement dans ladite église, mais même dans plusieurs paroisses de la ville pour l'administration des sacrements, le tout gratis. Le surplus de leur revenu est leurs messes qui, à raison de 10 sous, montent à 182 livres.

Sa Majesté, guidée par sa sagesse et son amour pour son peuple, secondée par un grand ministre et éclairée des lumières des Etats généraux, saura faire un choix des moyens les plus prompts, les plus salutaires et les moins onéreux à la France.

Fait et arrêté dans la chapelle du Crucifix de la cathédrale de Limoges, lieu ordinaire de nos assemblées, tous convoqués *ostiatim*, le 2 mars 1789.

Signé Maury, prêtre, grand vicaire semi-prébendé de l'église de Limoges, député de sa communauté.

Revenu général des grands vicaires. 4,520 fr.
Charges....................... 1,963
Reste net.................... 2,673 fr.

Divisibles entre quinze portions au *prorata* du service.

CAHIER

Des remontrances, plaintes et doléances et moyens à aviser, présentés et fournis par la paroisse et communauté de Miallet à l'assistance générale de Saint-Yrieix en Limousin (1).

Le plus beau jour pour le peuple français est celui où Sa Majesté fixe ses regards paternels sur cette portion de ses sujets qui, écrasés sous le poids de l'indigence et vexés de toutes parts, ont eux seuls, jusqu'ici, été chargés du fardeau des impositions. Le plus beau jour pour le tiers-ordre est celui de voir parvenir aux pieds du trône l'état d'oppression dans lequel il a vécu depuis près de deux siècles.

C'est pour jouir de cette faveur signalée que les habitants de la paroisse de Miallet, formant la communauté d'icelle et délibérant, ce jour 1er mars 1789, prennent la liberté de représenter :

Art. 1er. Que la paroisse de Miallet est située sur les confins du Périgord, du Poitou et du Limousin, qu'elle a toujours fait partie de la première province pour l'administration de ses biens et pour le versement des deniers royaux dans la capitale; qu'elle ne pourrait donc en être distraite sans éprouver des alarmes sur les suites fâcheuses qu'amènerait son association à la province du Limousin, où l'impôt s'assigne et se lève d'une manière inconnue jusqu'ici à la province du Périgord, laquelle a d'ailleurs fait parvenir aux pieds du trône le vœu de ses trois ordres, pour obtenir le rétablissement de ses Etats particuliers.

En conséquence, les délibérants chargent et autorisent expressément leurs députés de représenter que c'est uniquement pour donner une preuve de leur obéissance aux ordres de Sa Majesté ainsi qu'à l'ordonnance de M. le lieutenant

particulier en la sénéchaussée de Saint-Yrieix, du 18 du mois dernier, qu'elle a réuni sa délibération à celles des autres justiciables de cette sénéchaussée, n'entendant, dans cette démarche, reconnaître aucune opération qui tendrait à la séparer de sa mère province. Protestant au contraire contre tout ce qui pourrait tendre directement ou indirectement à cet objet.

Art. 2. Chargent les délibérants, leurs représentants, de remontrer que le taux des impositions qu'ils payent est excessif relativement aux facultés des habitants et à la nature de leurs propriétés. En effet, le sol de cette paroisse est un terrain ingrat, couvert de bruyères et inculte dans la majeure partie de son étendue, parce que le cultivateur n'y trouverait pas le dédommagement de ses peines; l'abondance des eaux et la multitude des petits ruisseaux y ont formé des marais qui détruisent la salubrité de l'air et font disparaître l'espoir des récoltes par les brouillards qui s'en exhalent sans cesse; les fourrages qui s'y récoltent sont de mauvaise qualité et peu nourrissants; par conséquent ils privent des ressources qui pourraient augmenter la multiplication des bestiaux. La coupe des taillis ne peut s'y renouveler que tous les quinze ans, en sorte que ses revenus ne consistent qu'en seigle, blé noir et quelque peu de châtaignes; aussi ne rencontre-t-on que très-peu de villages et de hameaux sur cette paroisse, encore sont-ils éloignés les uns des autres et n'offrent que des amas de ruines et le tableau de la misère aux yeux des spectateurs. Cet état de misère est si considérable et le taux de l'imposition est si peu proportionné, que les délibérants n'ont pu, jusqu'à présent, trouver les moyens nécessaires pour réparer leur église et leur clocher qui, comme tous les autres édifices, annoncent un pays désert et inculte. Il ne reste donc aux délibérants qu'un seul moyen de subsistance; encore est-il onéreux et destructif de l'agriculture : c'est l'usage où sont les colons de voiturer clandestinement à l'insu des propriétaires, le vin qui passe du Périgord dans le Limousin, usage qui entraîne la perte des bestiaux, celle des charrettes et enfin celle des terrains, par la perte des engrais.

Art. 3. Représentent les délibérants que la disproportion dans la contribution de l'impôt augmente leur indigence, parce que le seigneur et le curé de la paroisse jouissent d'une étendue immense de propriétés qui ne sont pas taxées; privilège d'autant plus funeste, qu'il s'étend, pour les droits de l'un comme pour ceux de l'autre, jusque sur les frais de culture, et enlève aux cultivateurs de cette paroisse les avances nécessaires pour faire renaître les produits de son cru. Il n'est donc pas douteux que les délibérants verraient un adoucissement à leur fardeau, si le seigneur, comme tous ceux qui perçoivent rentes dans la paroisse, et le curé, étaient imposés en raison de l'étendue des propriétés qu'ils y possèdent, comme en raison des revenus, droits seigneuriaux et décimaux qui passent dans leurs mains chaque année en déduction du contingent de chaque contribuable.

Art. 4. Que la répartition dans la contribution destinée au rachat des corvées soit à l'avenir plus exactement faite; que cette contribution s'étende aux paroisses voisines qui, jusqu'ici, en ont été affranchies. Qu'un certain nombre d'elles concourent à la perfection d'une certaine étendue de chemins qui leur sera indiquée, préfixée et assignée par potaux. Qu'en formant un syndicat,

---

(1) Nous publions ce cahier d'après un manuscrit des *Archives de l'Empire.*

elles soient appelées, en la personne de leur syndic, pour se présenter aux adjudications; que cet avantage aille jusqu'à leur donner la préférence sur les dernières enchères. Par ce moyen cette paroisse, comme celles qui lui seraient associées, jouirait du produit de l'économie de leurs rabais sur le devis.

Art. 5. Désirent les représentants qu'il soit avisé aux moyens d'adoucir les frais de recouvrement dans la levée des cens et droits seigneuriaux. Qu'il soit statué que les arrérages seront prescrits par le laps de cinq ans, tout ainsi que les rentes constituées ; cette demande paraît d'autant plus juste aux délibérants en ce qu'elle est également conforme à l'intérêt du seigneur et celui du tenancier, par rapport au premier, en lui évitant le déguerpissement forcé et l'abandon de la culture des fonds qui sont dans sa mouvance, et par rapport au tenancier, en le prémunissant contre l'inconvénient trop réel et trop prouvé de payer deux fois, lorsqu'il a eu le malheur d'égarer la quittance ou lorsque sa confiance dans les agents du seigneur l'a dispensé d'en retirer une.

Désirent encore les délibérants sur cet objet, que les seigneurs se fassent une loi et obligent leurs préposés au recouvrement des cens et rentes, à exprimer dans leurs quittances la nature de la rente, l'espèce du grain sur lequel elle porte ainsi que sa qualité, et qu'ils déclarent la somme qu'ils reçoivent lorsque la rente a été payée en argent.

Art. 6. Ne cesseront les délibérants de représenter qu'un des impôts qui les grèvent le plus énormément, c'est la manière dont sont perçus et administrés les droits de contrôle des actes et autres droits y joints. Ils observent à cet égard, que c'est mal à propos et abusivement que l'on a porté la taxe que l'on comprend à la quatrième classe des articles 35 et 89 du tarif de 1722, le laboureur qui, dans cette paroisse comme dans celles qui l'avoisinent, n'est qu'un pauvre colon partiaire, que sa médiocre fortune doit faire appliquer à la sixième classe de ces deux articles. Cette perception étant la seule qui dût se pratiquer, augmenterait le produit de cet impôt en favorisant les dispositions de cette classe d'individus, qui désireraient également que les quatre droits d'insinuation résultant de l'article 5 du tarif fussent réduits à un seul, dans le cas de fidéicommis faits par des pères et mères sur la tête du survivant de l'un deux pour profiter à leurs enfants en tel nombre qu'ils soient, dès qu'ils ne sont pas substitués les uns aux autres, parce qu'alors n'y ayant qu'un d'eux qui puisse recueillir l'effet de l'institution par la volonté de l'héritier chargé de rendre, le salaire d'un seul droit doit suffire à la forme de cette disposition. Un motif qui devrait encore rendre favorable cette réclamation, c'est que les délibérants observent que les testaments faits entre enfants doivent être favorisés dans la société par un adoucissement des droits qu'ils peuvent opérer. Une autre raison, c'est que la confiance du testateur dicte toujours une pareille disposition et qu'elle naît toujours du désir d'imprimer aux enfants le respect et la soumission qu'ils doivent à leurs parents. Ce droit ne devrait

pas exister dans les cas de donation en avancement d'hoirie de père et de mère aux enfants, pas plus que pour don d'usufruit par l'un des époux au survivant lorsque la disposition est testamentaire et qu'il y a des enfants.

Art. 7. Chargent les représentants de demander également la suppression des droits de centième denier et mi-centième denier auxquels sont assujetties les dispositions des articles ci-dessus. De même que la suppression du droit de centième denier perçu sur le principal des rentes et droits seigneuriaux que l'acquéreur est chargé de servir à la place de son vendeur. Cela leur paraît d'autant plus juste, que cette charge ne porte aucun bénéfice à l'acquéreur, et que loin de servir à accroître le prix des biens elle ne peut contribuer qu'à les avilir.

Art. 8. Les délibérants désireraient également obtenir la suppression des droits de contrôle qu'on perçoit depuis peu sur l'adjudication des baux des biens des mineurs passée devant les officiers de justice. Cette demande rentre dans l'espèce des perceptions des droits de contrôle à laquelle ne sont pas assujettis les actes de rigueur, et qui ne peuvent se passer devant notaire ; les biens des mineurs passent de cette nature.

Art. 9. Le droit de franc-fief n'aggrave pas moins le sort du roturier possédant fiefs ou biens nobles. Les délibérants sollicitent la bonté de Sa Majesté pour en réduire la perception, aux seuls droits et profits qui caractérisent les fiefs, et pour que ce droit ne soit payé qu'une fois par chaque roturier qui entrera en jouissance. Il est sensible que dans l'état actuel, sa perception qui se fait tous les vingt ans et à chaque ouverture de fief qui emporte une année et demie de revenus, sans affranchissement d'aucune autre imposition, ceux qui acquittent ces droits sont exposés à une ruine certaine.

Art. 10. Chargent expressément, les délibérants, leurs représentants, de ne consentir à rien de ce qui pourrait être statué dans les États généraux qu'autant qu'ils auraient obtenu de Sa Majesté de délibérer par tête et non par ordre, attendu que ce dernier mode de délibérer rendrait illusoire au tiers-état d'avoir un nombre de représentants égal à ceux de la noblesse et du clergé réunis.

Délibéré et arrêté par nous, habitants soussignés, composant la communauté de la paroisse de Miallet, et remis à sieur Jean Dabsat de Fougerat, François Fournier de la Roussie et à maître Profit, notaire royal, nommés pour nos députés, à l'effet de porter les présents cahiers de plaintes et doléances de représentations et d'y aviser conformément à icelles, tout ce qu'ils croiront convenable au bien de l'État et de notre paroisse en particulier. — *Signé* : etc., etc.

Nous, soussignés, députés de la communauté de Miallet dénommée ci-dessus, attestons que la copie ci-dessus et des autres parts transcrite a été prise mot pour mot sur le cahier présenté à l'assemblée générale de Saint-Yrieix, tenue le 9 mars.

Signé Dabsat de Fougerat, député.
Fournier de La Roussie, député.
Profit, député.

SÉNÉCHAUSSÉE DE LIMOUX.

EXTRAIT DU PROCÈS-VERBAL

De l'assemblée préliminaire des trois ordres de la sénéchaussée de Limoux, contenant la liste des comparants.

Du 27 janvier 1789.

Clergé.

Pathe, curé de Belvèze, président.
Jouve, curé de Gaja, adjoint.
Gabarrou, curé d'Ajac.
Clerey, curé de Villarzel.
Mouisse, ancien curé de Villemartin.
Pechmarty, curé de Villemartin.
Rondel, ex-curé de Malviés.
Auban, ministre de la Trinité.
Trinchant, curé de Saint-André.
Bernard, curé de Cambieure.
De Bault-Lacoste.
Reverdy, curé de Limoux.
Audouy, ancien curé de Saint-Martin de Villereglan.
Fortacy, ancien curé de Cépic.
F. Arène, Dominicain.
Pagés, recteur de Tourreilles.
Jouis, recteur de Gramazie et Ferrand.
Bedat, curé de Pauligne.
Montagné, curé de Malras.
Marcel, curé de Lauvaguel.
Larrue, curé de la Serre de Prouille.
Pathe, curé de Brezilhac.
Espardessier, curé de Mazerolles.
Barrière, curé de Danazac.
Castel, curé de Bellegarde.
Faurine, curé d'Escueillens.
Martin, curé de Routier.
Durgueil, curé d'Alaigne.
Vasserot, docteur de Sorbonne, ancien curé d'Alaigne.
Mansui, curé de la Digne-d'En-Bas.
De La Garrigue, curé de Saint-Polycarpe.
Lacaze, curé de Missegré.
Couffin, curé de Brugairolles.
Barthès, curé de Cépic.
Dambacq, curé de Malviés.
Gayraud, recteur de Saint-Martin de Villereglan.
Maurens, curé de Montaud.
Balla, recteur de Villelongue.
Calmet, recteur de Saint-Just, de Belengard.

Signatures des membres de la noblesse.

De Bault, président.
D'Auberjon de la Chevalinière.
Saint-Hilaire.
Saint-Gervais.
Duston, de Villereglan.
Madaillan.
De Barry-Taillebois.
D'Auriol-Lauvaguell.
De Casteras, syndic de Bault.
De Marion de Brezillac.
Belot de la Digne, lieutenant-colonel de dragons.
Mouisse de Pehsalomon

De Belissens.
Le chevalier de Saint-Pierre.
De Belvèze.
De Ferrouil.
Dupuy.
Jarlan de Marlas fils.
Dupuy de Pauligne père.
De Pauligne fils.
Le chevalier de Barthe.
De Vezian.
Mouisse.
D'Hélie de Saint-André.
D'Escueillens.

Signatures des membres du tiers-état.

Andrieu aîné, président.
Mir, avocat, député.
D'Alaigne, syndic.
Commez, député de Cailhau, syndic.
Alex, député de Brugairolles, adjoint.
Dambax, député de Malviés :
Druilhe, député de Cailhau.
G. Tournié, député de Villarzel.
Bonnet, député de Lauraguel.
F. Gély aîné, député de Montgradail.
F. Teissière, député de la Serre.
B. Teissière, député.
J.-O. Paul, député de Montgaillard.
P. Sénié, député de Peyrefite.
J.-F. Marty, député de Malras.
Bonnet, syndic.
Durand, syndic, adjoint.
Caudebat.
Gaffe, consul de la Digne-d'Amont.
G. Bonnery, consul.
H. Barrau, consul.
G. Bourgès, consul.
F. Delcasse, fabricant de draps.
Soulié, syndic des procureurs.
Lagarde, idem.
De Brezillac.
Caullet, député de Belvèze.
P. Amiel, député de Bellegarde.
J. Bertrand, député de Ferran.
Bonnery, député d'Escueillens.
J. Antoine, député d'Hounous.
Gabele, député de Pehsalomon.
Corneil, député de Cépie.
A. Facha, député de Pauligne.
Cazals, député de Cambieure.
Villeneuve, député du corps des tailleurs.
Coste, idem.
Guittard, idem.
Lapasset, idem.
Majorel, idem.
Rivaly, idem.
Captier de Valette, syndic.
Laserre, député de Villardebelle.
Castet Fournery, député de Routier.
Alauié, député du corps des bourreliers.
Pech, député de Tourreilles.
Durau, député de Saint-Martin.
Beziat, député de Danazac.

Foulquier fils, député des maîtres pareurs de draps.
B. Degua, idem.
J. Echausser, idem.
Vincent Delpech, député des cordonniers.
Peille dit Pelet, idem.
B Hortoul fils, député.
Pechou aîné, député des maçons.
P. Cazes, député des charpentiers.
R. Jourda, député de Gaja.
P. Carbonnel, député de la Digne-d'En-Haut.
A. Hot, député d'Ajac.
Ballette, député des menuisiers.
Catala aîné, député du corps des tisserands.
B. Francoual, député des ménagers.
Montagné, député de Saint-Polycarpe.
J. Vié, député.
P. Anglès, député.
Lagarde, député des maîtres serruriers.
A. Aupin, député des drosseurs de laine.
S. Ribes, idem.
P. Rech, député des boulangers.
Rouby, député des huissiers.
Rouch, docteur en médecine.
Baurrau fils, député des meuniers.
Trinchan Cadet, député des tanneurs.
Saurines, avocat.
Buges, avocat.
Guittard, avocat.
Degua, bourgeois.
Andrieu, avocat.
Hippolyte Andrieu, avocat.
B. Couxié, député des retorseurs.
Jauson, député des maîtres perruquiers.
G. Tournié, député des potiers de terre.
Ormiers, député des maréchaux ferrants et taillandiers.
J. Balla, député des blanchers.
Gaston, député des bouchers.
Michel Gellis, négociant.
Pons, négociant.
Arnauld Salles, négociant.
Guyot, négociant.
Mir, négociant.
Baptiste Rougé.
Andrien Ferran, bourgeois.
A. Vaquié, syndic adjoint.
Barthe.
P. Saurine, avocat.
Pechmarty, second député des tanneurs.
P. Caverrivière, député de Missegré.
Castel, député de Gramazie.
Caulet, député de Mazerolles.
Roland aîné, négociant.
Laffon, négociant.
Julien Vayre, député de Poumy.
Sérié-Clermont.
Roumengoux de Feste, juge criminel au présidial.
Rouch, chimiste.
Bernard, député de la Courtelle.
Bousquet, député de Montant.

CAHIER

Des plaintes et doléances du clergé de la sénéchaussée de Limoux.

Nota. Ce cahier manque aux *Archives de l'Empire* : Nous le demandons à Limoux, et, afin de ne pas interrompre le cours de notre publication, nous ne l'insérerons que dans le Supplément qui terminera le Recueil des cahiers.

CAHIER

De doléances de l'assemblée générale de l'ordre de la noblesse de la sénéchaussée de Limoux (1).

L'ordre de la noblesse de la sénéchaussée de Limoux, assemblé en conformité du règlement fait par le Roi, pour l'exécution des lettres de convocation aux États généraux du royaume, pénétré de la plus vive reconnaissance pour la justice de Sa Majesté qui vient de rendre à la nation ses droits imprescriptibles, jaloux de manifester son désintéressement, et voulant donner une preuve non équivoque de son zèle pour la gloire du souverain, la régénération de l'Etat et le maintien de la constitution.

Déclare qu'il fait dépendre son bonheur de celui de son Roi, de la stabilité de la monarchie e de celle des lois fondamentales qui la régissent;

Et regardant comme le plus précieux de ses devoirs, d'assurer une égale influence aux trois ordres qui composent la nation, a unanimement délibéré et arrêté :

Constitution.

1° Que, pour conserver aux Etats généraux la seule forme constitutionnelle et celle qui favorise le mieux la discussion des affaires, son député ne pourra jamais voter que par ordre, que les suffrages seront comptés par tête dans chaque ordre, sans que la réunion de deux puisse dans aucun cas obliger le troisième.

2° Qu'il sera reconnu dans la forme la plus solennelle, par un acte authentique et permanent que la nation seule à le droit de s'imposer, c'est-à-dire d'accorder ou de refuser les subsides, d'en régler l'étendue, l'emploi, l'assiette, la répartition, la durée, d'ouvrir des emprunts, etc., etc., et que toute autre manière d'imposer ou d'emprunter est illégale, inconstitutionnelle et de nul effet.

3° Que le retour périodique des Etats généraux sera fixé irrévocablement au terme de cinq ans, et que dans le cas de régence, ils seront convoqués deux mois après le commencement du nouveau règne ; que leur forme et la manière de les convoquer sera déterminée par l'assemblée de la nation, en observant que tout noble ayant intérêt dans la sénéchaussée pourra être mandataire, électeur et éligible, et que la représentation des trois ordres aux Etats généraux sera fixée dans la proportion d'un membre du clergé, deux de la noblesse, et trois du tiers-état.

4° Que l'établissement de l'impôt consenti par la nation ne pourra être prorogé, sous quelque prétexte que ce puisse être, que d'une tenue d'Etats généraux à l'autre, enjoignant aux cours souveraines de s'opposer à la levée des impôts et à poursuivre comme concussionnaires tous ceux qui voudront en continuer la perception, dans le cas où la convocation de l'assemblée nationale n'aurait pas lieu après le délai fixé.

5° Qu'il sera statué que non-seulement aucune loi bursale, mais encore aucune loi générale et permanente quelconque, ne soit établie à l'avenir qu'au sein des Etats généraux et par le concours mutuel de l'autorité du Roi et du consentement de la nation. Que ces lois portant dans le préambule ces mots : *De l'avis et consentement des gens des trois Etats du royaume, etc.*, soient, pendant la tenue même de l'assemblée nationale, envoyées au parlement de Paris, les princes et pairs y

(1) Nous publions ce cahier d'après un manuscrit des *Archives de l'Empire.*

37

séants, et aux parlements des provinces, pour y être inscrites sur leurs registres et placées sous la garde de ces cours souveraines, lesquelles ne pourront se permettre d'y faire aucune modification, mais qui continueront comme ci-devant à être chargées de l'exécution des ordonnances du royaume, du maintien de la constitution et des droits nationaux, d'en rappeler les principes par des remontrances au Roi, et des dénonciations à la nation, toutes les fois qu'elles jugeront que ses droits sont attaqués ou seulement menacés.

6° Que les simples lois d'administration et de police seront, pendant l'intervalle des États généraux, adressées à l'enregistrement libre et à la vérification des cours souveraines, pour être provisoirement exécutées, mais qu'elles n'auront de force que jusqu'à la tenue de l'assemblée nationale où elles auront besoin de vérification, pour continuer à être obligatoires.

7° Que les ministres du Roi seront responsables et comptables à la nation de toutes les déprédations dans les finances, ainsi que de toutes les atteintes qu'ils pourraient porter aux droits tant nationaux que particuliers, et que les auteurs de ces infractions seront poursuivis par-devant la cour des aides ou tel autre tribunal que choisiront les États généraux, et après leur séparation, par les procureurs généraux du Roi dans les cours.

8° Qu'il ne sera porté aucune atteinte aux privilèges, droits, distinctions et propriétés de la noblesse.

9° De demander aux États généraux qu'il y soit statué sur les moyens les plus sûrs, pour concilier les avantages qu'on peut retirer des lettres de cachet avec les abus tyranniques qu'on aurait à craindre, si elles étaient à la disposition libre du pouvoir ministériel, et qu'il y soit fait et promulgué une loi qui interdise à jamais toute commission particulière.

10° D'enjoindre à son mandataire aux États généraux de n'y voter sur aucun impôt, qu'au préalable le Roi n'ait accordé la demande formée par la province du Languedoc d'une assemblée générale composée des membres librement élus des trois ordres de la province, où sera délibéré le plan constitutionnel de ses États pour être présenté à Sa Majesté et recevoir sa sanction.

11° Que les privilèges, droits et coutumes de la province de Languedoc, et particulièrement celui d'être régie par le droit écrit, seront expressément confirmés, et que la disposition du revenu des villes ne sera désormais soumise qu'à l'administration des États provinciaux.

12° Qu'il sera nommé une commission pour s'occuper de la réforme des Codes civil et criminel, en conservant cependant la vénalité des charges, accordant la compétence définitive aux juges bannerets, jusqu'à concurrence de 50 livres, et supprimant tous juges d'attribution et les évocations au conseil, sauf les cédules évocatoires.

13° Que les cours souveraines demeurant chargées par les États généraux de défendre les lois contre les atteintes du peuple et de l'autorité, seront à l'avenir responsables de leur silence à la nation assemblée.

14° Que la liberté des magistrats sera désormais sacrée, et leur inamovibilité irrévocablement assurée, à moins de forfaiture, préalablement jugée par juges compétents.

15° Que la liberté de la presse sera indéfinie, à la charge par l'imprimeur de ne recevoir que des manuscrits signés de l'auteur, de se conformer aux règlements sur l'imprimerie, fixés par les

États généraux, et de répondre personnellement de tout ce que ces écrits pourraient contenir de contraire à la religion, à l'ordre général, à l'honnêteté publique et à l'honneur des citoyens.

Finances.

16° Que les États généraux chercheront à mettre un juste équilibre entre les revenus des propriétés foncières et les intérêts des fonds en argent, placés à constitution de rente.

17° Qu'il sera demandé un tableau exact et détaillé de la situation des finances, pour parvenir de la connaissance du déficit à celle des besoins de l'État et pour établir la quotité de l'impôt nécessaire à consentir, et que la dette du Roi ne pourra être déclarée nationale, qu'en réduisant les intérêts au taux qui sera fixé par la loi.

18° Que la publication des États de recette et de dépense, auxquels sera jointe la liste des pensions, aura lieu tous les ans par la voie de l'impression, et que les pièces justificatives en seront représentées à chaque assemblée d'États généraux.

19° Que les États généraux fixeront les sommes nécessaires aux divers départements, même à celui de la maison du Roi.

20° Qu'il sera demandé sur les droits du fisc un code clair, net et précis, où seront supprimées les augmentations relatives à l'état des personnes, pour être substitué à l'ambiguïté du code actuel, et que la connaissance des contestations à cet égard soit attribuée aux cours souveraines.

21° Que les douanes et barrières seront reculées aux frontières du royaume.

22° Qu'il sera établi une caisse nationale, où seront versés les fonds destinés au payement des intérêts et à l'amortissement de la dette publique.

23° Que son député aux États généraux sera chargé de manifester son vœu sur la répartition de l'impôt, qui ne pourra être accordé qu'à titre de don gratuit, dans une égale proportion tant sur les biens nobles que sur les biens ruraux, sans que ce don gratuit librement accordé puisse porter aucune atteinte à la nobilité des fiefs, fonds nobles, aux droits généraux de la nation et aux privilèges particuliers de cette province.

Mandat.

Tels sont les points préliminaires sur lesquels nous enjoignons à notre député de faire statuer dans l'assemblée des États, avant de voter pour l'impôt, déclarant que si notre représentant, sans avoir égard à la clause expresse du présent mandat, jugeait à propos de concourir à l'ordre des subsides, nous le désavouons formellement et le regardons dès à présent comme déchu de ses pouvoirs et incapable de nous lier par son consentement.

Après l'obtention de ces articles fondamentaux, nous chargeons notre député de consentir à l'octroi des seuls subsides qu'on jugera nécessaires aux besoins réels et indispensables de l'État : désirant que s'il est constaté par les États généraux que la dîme royale perçue sur tous les biens-fonds du royaume peut remplacer tous les impôts directs sur les propriétés foncières dont elle nécessite la suppression, elle soit adoptée comme l'impôt le moins susceptible d'inégalité, sous la clause expresse qu'elle ne pourra jamais excéder le dixième des fruits.

Demandes de la noblesse relatives aux grâces du Roi.

L'ordre de la noblesse a également délibéré :

24° De demander que les charges de gouverneurs commandants de province, villes, citadelles et états-majors de places ne soient à l'avenir confiées qu'à des nationaux.

25° Que les pensions de retraite militaire, étant spécialement consacrées à récompenser les services rendus à la patrie, soient exemptes de retenue.

26° Que la nouvelle loi émanée du conseil de la guerre, qui rend les officiers absents comme présents, responsables des désertions qui peuvent avoir lieu dans leurs compagnies, soit entièrement supprimée.

27° Que nul officier ne puisse être destitué de son emploi que par arrêt d'un conseil de guerre, de manière que la liberté, l'état et l'honneur du citoyen qui se dévoue au service de sa patrie, ne dépendent que des lois et non du caprice d'un seul homme.

28° Qu'à l'exception des charges de magistrature dans les cours souveraines, nulle charge vénale ne puisse donner la noblesse, cette distinction honorable devant être le prix le plus flatteur du mérite et de vertus patriotiques.

29° Que les secours accordés pour l'éducation gratuite de la jeune noblesse de l'un et de l'autre sexe, étant insuffisants, il soit avisé, par la suppression de quelques abbayes, aux moyens d'augmenter le nombre des maisons destinées à cet objet important, et qu'il n'y soit admis que des sujets dont le défaut de fortune sera constaté par six gentilshommes de leur diocèse.

30° Qu'il soit permis à la noblesse de nommer par sénéchaussée des syndics librement élus qui seront autorisés à la convoquer dans toutes les occasions où les besoins du corps ou ceux de quelques membres en particulier l'exigeront.

Demandes de la noblesse relatives au clergé.

31° Que le corps épiscopal soit suffisamment représenté à l'assemblée nationale dans l'ordre du clergé.

32° Qu'il soit proposé de faire et de promulguer une loi pour la régie des économats et pour renvoyer devant les juges naturels les contestations qui pourront s'élever sur la succession des ecclésiastiques.

33° Que son député réclamera l'exécution des anciens règlements civils et canoniques, qui prohibent la pluralité des bénéfices et prescrivent l'obligation de la résidence.

34° Que le corps du clergé demeure chargé de la construction et entretien des églises, presbytères et généralement de tout ce qui a rapport au service divin, la dîme ecclésiastique étant déjà un impôt trop onéreux pour le cultivateur.

35° La suppression du casuel, en déterminant, pour les congrues, une augmentation relative à la consistance des lieux, et en établissant que les fruits prenants contribueront avec les curés au payement des vicaires.

Demandes de la noblesse relatives au tiers-état.

36° Que le tiers-état soit désormais affranchi de toutes distinctions humiliantes, quand il sera réuni avec les deux autres ordres.

37° Qu'il soit statué sur les moyens de rendre le sort des soldats plus heureux, et que la punition des coups de plat de sabre, plus propre à l'avilir qu'à le ramener aux principes de délicatesse et d'honneur soit entièrement abolie.

Demandes de la noblesse relatives aux localités.

38° Que son député aux Etats généraux sera enfin chargé de demander la conservation du monastère royal de Prouille, dans son régime actuel.

Tel est le cahier de doléances de l'ordre de la noblesse de la sénéchaussée de Limoux, qu'il a composé de trente-huit articles, auxquels il enjoint à son député de se conformer, sans entendre toutefois le borner aux objets qui y sont compris, l'autorisant au contraire à adopter tous ceux qui pourront mériter son approbation dans l'assemblée générale de la nation, toutefois cependant qu'ils ne porteront aucune atteinte aux droits et privilèges réclamés.

Fait et arrêté à Limoux, dans l'assemblée générale de la noblesse, et signé par nous, commissaires, rédacteurs et président, et collationné par nous, secrétaire de l'ordre, ce 25 mars 1789.

Signé le marquis de Puivert, commissaire ; de Cassaignau-Saint-Gervais, commissaire ; le marquis de Bruyères Chalabre, président.

Collationné par nous : De Cassaignau-Brasse, secrétaire de l'ordre de la noblesse.

CAHIER

De doléances et humbles remontrances du tiers-état de la sénéchaussée de Limoux, assemblé en ladite ville, formée du résultat de celles de quatre cent dix-huit communautés, comprenant environ cent mille habitants qui composent cette sénéchaussée (1).

L'assemblée, pénétrée d'amour et de reconnaissance envers le souverain qui l'a convoquée, touchée vivement du spectacle des maux qui affligent la nation, mais animée du désir de les voir cesser, moins occupée du soin d'en exagérer le tableau, que de celui de les réparer et les prévenir, pleine de zèle pour la défense des droits du peuple, mais toujours plus attentive aux règles de la justice et de l'honneur ainsi qu'à la conservation des véritables droits de toutes les classes de citoyens, de laquelle seule peut résulter le bonheur national,

A considéré que l'objet du présent cahier se divise naturellement en trois articles qui se rapportent :

1° A l'instruction des députés aux Etats généraux ;

2° A l'indication des abus qui font le mal de l'Etat, d'après le vœu général de la sénéchaussée ;

3° A quelques plaintes particulières à certaines communautés.

INSTRUCTIONS POUR LES DÉPUTÉS AUX ETATS GÉNÉRAUX.

1° Qu'ils doivent se regarder comme les dépositaires de l'honneur et des fortunes des citoyens, mais surtout de leurs volontés ; que dans le choix des moyens propres à réparer les maux de l'Etat, ils pourront user de tous les pouvoirs que leur assure une confiance sans bornes ; mais qu'à l'égard des objets de délibération sur lesquels la voix publique s'est fait entendre, ils seront tenus de borner leur ministère à se rendre les défenseurs et les organes de cette voix puissante qui ne peut les égarer.

2° Que leurs premiers soins doivent tendre à obtenir et à s'assurer que l'assemblée des Etats généraux sera constituée d'après les lettres de convocation et le règlement y annexé, et qu'elle pourra être appelée à juste titre *la dépositaire des volontés de la nation.*

(1) Nous publions ce cahier d'après un manuscrit des *Archives de l'Empire.*

3° Qu'ils demandent aux Etats généraux qu'il soit publié un procès-verbal de chaque séance, auquel soit annexée la liste des adhérents et des opposants ; que nos députés correspondent avec les syndics de leur ordre dans chaque diocèse pendant la tenue des Etats généraux, et qu'à leur retour ils soient tenus de convoquer une assemblée de commissaires qui seront nommés dans chaque diocèse en la proportion déjà fixée pour la réduction des cahiers, à laquelle ils rendront compte de leur conduite, en recevront la louange ou le blâme dont elle sera jugée digne, duquel jugement il sera dressé acte public.

4° L'assemblée exhorte ses députés à s'armer de courage et surtout de prudence; à se montrer amis de la paix et attentifs à la poursuite des véritables moyens qui peuvent la procurer; à se déclarer ennemis des abus, mais doux et modérés envers ceux qui en auront profité; à combattre les titres injustes et usurpés, et à respecter les titulaires; à consulter scrupuleusement la voix de leur conscience dans toutes les circonstances où ils ne pourront se diriger par la volonté publique, et à ne céder jamais qu'à la voix du devoir et de l'honneur.

5° Elle les exhorte surtout à songer que le peuple aura toujours l'œil ouvert sur leur conduite, à ne jamais désespérer de la vertu de leurs commettants, à ne point les injurier par de fausses appréhensions, à ne point ménager, dans tout ce qui concernera le bien de l'Etat, les efforts et les fortunes des citoyens de qui le dévouement n'a d'autres bornes que celles de leur zèle pour la patrie et de leur amour pour le souverain. C'est à de tels députés que l'assemblée confiera avec joie et assurance l'expression de ses vœux et doléances qui vont être énoncés.

VŒUX GÉNÉRAUX.

1° Supplier le Roi d'abolir les distinctions humiliantes qui avilirent les communes aux derniers Etats de Blois et de Paris. En laissant au clergé et à la noblesse la juste prérogative de la préséance, nos députés présenteront à ce sujet, à Sa Majesté, une requête conçue à peu près en ces termes :

« Sire, nous sommes vos enfants, vos fidèles sujets, et des hommes; aucun sacrifice ne nous sera pénible quand ce sera vous qui l'ordonnerez; nos fortunes, nos vies, nous mettons tout à vos pieds ; recevez-en l'hommage volontaire ; votre justice aura toujours à se défendre de notre générosité, ce sont nos cœurs qui vous en donnent l'assurance.

« Sire, nous plions le genou devant Dieu..... Votre Majesté en est sans doute, par ses vertus, la plus fidèle image sur la terre, et ce sont ces vertus mêmes auxquelles nous devrons notre bonheur, qui motivent notre confiance. Abolissez Sire, nous vous en conjurons, un antique usage qui, sans augmenter votre puissance ni le respect dont nous sommes pénétrés pour votre personne sacrée, ne sert qu'à nous humilier aux yeux des deux premiers ordres et à perpétuer l'erreur qui partage votre nation en deux peuples différents. »

2° A demander à ne point voter par ordre, et que les suffrages soient comptés par tête.

3° Que la constitution actuelle des Etats, assiettes et municipalités de cette province soit abolie, que leur régime soit établi d'après le vœu d'une assemblée générale des trois ordres, composée de députés de chaque diocèse librement élus par leurs pairs, l'assemblée ratifiant les délibérations prises à ce sujet par les trois ordres des différents diocèses de la sénéchaussée et de la province,

notamment celles que les députés réunis de plusieurs diocèses ont prises à Montpellier.

4° Que la liberté civile et individuelle soit assurée par l'abolition de toutes lettres closes, lettres d'exil ou ordres arbitraires quelconques, qu'il soit seulement permis aux pères, mères ou ascendants, de l'avis des quatre plus proches parents, de solliciter des ordres supérieurs pour faire arrêter leurs enfants ou descendants qui se livreraient à des vices déshonorants pour leur famille, et, ce qui serait infiniment plus juste, qu'on prenne des mesures efficaces pour que les fautes et la honte soient purement personnelles.

5° La liberté de la presse à des conditions sages et raisonnables.

6° Qu'il soit reconnu, dans la forme la plus solennelle, par un acte authentique et permanent, que la nation seule a le droit de s'imposer, c'est-à-dire d'accorder ou de refuser les subsides, d'en régler l'étendue, l'emploi, l'assiette, la répartition, la durée; d'ouvrir des emprunts, de faire des règlements généraux quelconques au sujet des finances, et que toute autre manière d'imposer, d'emprunter ou de gérer les revenus de l'Etat, est illégale, inconstitutionnelle et de nul effet; qu'aucune loi soit bursale, soit générale, civile ou criminelle, ne pourra être faite que du consentement libre des Etats généraux.

7° Déclarer décidément les ministres du Roi responsables de toutes les déprédations dans les finances, ainsi que de toutes les atteintes portées par le gouvernement aux droits tant nationaux que particuliers, et que les auteurs de ces infractions seront poursuivis par-devant le tribunal que choisiront les Etats généraux.

8° Demander le tableau exact et détaillé de la situation des finances du revenu annuel de l'Etat, la connaissance approfondie du montant du déficit, la fixation motivée des dépenses des divers départements, la reddition publique des comptes par pièces justificatives, à chaque tenue d'Etats généraux, et la publication annuelle par la voie de l'impression des états de recette et dépense, en y joignant la liste des pensions avec l'énonciation des motifs qui les auront fait accorder.

9° Que Sa Majesté soit très-humblement suppliée d'accorder que les Etats généraux soient rassemblés trois ans après leur séparation, et que leur retour périodique soit fixé à six ans.

10° Qu'il ne soit octroyé que les seuls subsides absolument nécessaires aux besoins réels et indispensables de l'Etat; que, pour remplacer les impôts actuels qui devront être abolis par les Etats généraux, on préfère les taxes peu nombreuses, d'une égalité proportionnelle, d'une perception simple, facile et toujours limitée aux termes de la convocation de l'Assemblée nationale, avec pouvoir aux Etats particuliers des provinces et, pendant leur séparation, à leurs procureurs généraux syndics et aux procureurs généraux des cours souveraines, de poursuivre comme concussionnaire quiconque entreprendrait d'en continuer la levée après l'époque fixée par les Etats généraux.

11° L'extinction de tous impôts distinctifs, pour leur être substitué des subsides également supportés par les trois ordres, proportionnellement aux richesses soit mobilières, soit immobilières de chaque contribuable, sans en excepter l'industrie, lesquels subsides seront mis sur un seul et même rôle.

12° Pour obtenir bientôt la cessation de toute distinction, du moins quant aux fonds de terres, il paraît avantageux que l'impôt soit pris, en matière de fruit, sur tous les objets qui en seront susceptibles, à la réserve des fruits manducables, et sur ceux qui ne produisent pas de fruits, un impôt proportionnel au premier, avec les modifications qui seront jugées convenables.

13° Une modification essentielle serait que les frais de culture, de semence et d'exploitation emportant la moitié des productions du sol, si la cote de l'impôt en nature est fixée au vingt sur le produit des terres, elle le fût au dix sur les autres revenus fixes et casuels, autres néanmoins que ceux provenant des baux faits par tradition de fonds, sans préjudice, suivant le vœu des deux tiers des communautés, de pouvoir demander que les différentes qualités de fonds soient prises en considération.

14° La contrainte par corps, en matière d'impôt, supprimée, en avisant aux meilleurs moyens d'en faire le recouvrement aux moindres frais possibles ; proposer s'il serait convenable que celui de l'impôt en nature fût fait par les fermiers ou par les consuls.

15° Qu'attendu que l'impôt, pour être juste, doit atteindre toutes les propriétés, il soit imposé sur les maisons, cours, jardins, parcs et enclos des cinq principales villes du royaume les trois quarts de l'impôt qui sera imposé sur les mêmes objets situés dans la ville de Paris ; sur ceux des autres principales villes des provinces, la moitié ; sur les cent vingt villes du second ordre, le quart ; sur toutes les autres villes du troisième et du quatrième ordre, le huitième ; sur les maisons des bourgs, villages et hameaux, le quarantième, en rangeant néanmoins dans la classe des principales villes des provinces, les châteaux ou maisons de campagne de pur agrément, les bâtiments et potagers contigus aux censes, fermes et métairies nécessaires pour l'exploitation des terres, demeurant exempts de tout impôt.

16° Que tous les droits de contrôle, la formule sur les parchemins et tous autres droits quelconques, notamment le franc-fief, perçus par les employés des domaines ou contrôleurs, sous quelque dénomination que ce puisse être, soient supprimés, et pour en remplacer le produit, qu'il soit créé un droit unique et proportionnel avec un tarif clair et précis qui ne se prête à aucune interprétation arbitraire ; que la connaissance de toutes contestations sur le fait dudit contrôle soit attribuée aux juges ordinaires royaux, le dernier ressort aux présidiaux, pour les juger sur les requêtes des parties sommairement et sans frais.

17° Le sel rendu marchand et vendu aux salines à un prix qui remplace le produit net actuel ; liberté d'abreuver les bestiaux aux fontaines et étangs salés, le tabac rétabli en carottes, les juridictions des gabelles et autres tribunaux établis pour connaître des faits de contrebande supprimés, et leurs attributions rendues aux juges ordinaires.

18° Sa Majesté sera très-humblement suppliée d'abolir le tirage du sort, à la charge par les communautés de fournir, à leurs frais, d'après une taxe dont personne ne soit exempt, le nombre d'hommes qui sera jugé convenable, en raison de leur population et des besoins de l'État.

19° Que l'exclusion des membres du tiers-état des emplois militaires, et les coups de plat de sabre, qui ne sont propres qu'à avilir et rebuter les soldats, soient abolis ; qu'il soit permis aux pères et mères de retirer du service, sauf le cas de guerre, les fils de famille qui se seraient engagés contre le gré de leurs parents, en rendant le prix de l'engagement et en fournissant un homme recevable.

20° Que les règlements faits par les cours souveraines portant exclusion des membres du tiers-état des charges de la haute magistrature soient abolis.

21° La vénalité des charges abolie, le rapprochement des tribunaux des justiciables ; une réforme dans la justice civile et criminelle, que les sujets soient jugés par leurs pairs, et que tous les arrêts, sentences, et jugements soient motivés et rendus publics ; attribution aux officiers municipaux assistés de quatre notables habitants de pouvoir juger en dernier ressort les contestations jusqu'à la somme de 10 livres dans les villages, et à celle de 20 dans les villes et bourgs comprenant deux cents feux.

22° Demander une meilleure répartition et un emploi général des biens et revenus ecclésiastiques plus conforme à leur destination primitive ; décharger les communautés et tous les corps laïques de tous frais de construction et réparation des églises, presbytères, cimetières, clochers, cloches, ornements, et de tout ce qui a trait au service divin, assigner sur ces mêmes biens et revenus, aux curés et aux vicaires, une pension honnête et suffisante pour qu'ils puissent se passer du casuel, qui est devenu un véritable impôt aussi onéreux au peuple que peu honorable au clergé, que les villes aient la faculté de s'imposer en conseil renforcé, jusqu'à 200 livres, sans autorisation de l'intendant, et les villages à concurrence de 100 livres, le tout une fois chaque année.

23° Un règlement sur la cote de la dîme et la fixation de la nature et qualité des fruits et productions qui doivent y être assujettis.

24° Proscription générale et absolue de la pluralité des bénéfices, résidence des archevêques, évêques, abbés et autres titulaires, à peine d'être privés de leurs revenus au prorata de leurs absences, qui tourneront, dans ce cas, au profit et dédommagement des communautés.

25° Retenir au profit de l'État les sommes qui sortent tous les ans du royaume à celui des officiers du Saint-Siége, sans toutefois que notre union avec lui en soit altérée.

26° Que la nation s'occupe surtout d'arrêter par de prompts efforts le débordement des mœurs publiques.

27° Un meilleur enseignement public, en multipliant et réformant les écoles et augmentant les revenus de celles qui n'en ont pas de suffisants par la réunion de quelques bénéfices.

28° La multiplication des hôpitaux et la réunion de quelques bénéfices simples, en faveur de ceux qui ne sont pas suffisamment dotés, pour fournir surtout à l'entretien des enfants trouvés.

29° S'occuper de l'encouragement de l'agriculture, du commerce, des arts et métiers.

30° Favoriser la multiplication des bestiaux, notamment de l'espèce des chevaux, et l'amélioration de la qualité des laines.

31° Le reculement des douanes jusqu'aux frontières du royaume, l'abolition et le refus, à l'avenir, de tous privilèges exclusifs, destructeurs de l'agriculture, du commerce et des arts.

32° La libre exportation des denrées, excepté le cas où le prix du froment excédera 14 livres par quintal, poids de marc, et celui des autres grains à proportion.

33° Suppression des inspecteurs des manufactures de draps et de plombs par eux fournis, à moins qu'ils ne résident dans le lieu de l'établissement de la manufacture ou jurande.

34° Le payement de tous billets et effets de commerce rendu uniforme dans tout le royaume, et l'argent déclaré marchandise.

APERÇU.

Examiner s'il serait avantageux et convenable, pour combler le déficit en tout ou en partie, d'aliéner les domaines de la couronne, sous le bon plaisir de Sa Majesté, les biens ecclésiastiques, pour payer premièrement les dettes du clergé, et le surplus appliqué au déficit; de supprimer les religieux rentés, si toutefois chaque ordre consulté y donne le consentement du plus grand nombre de ses membres, en accordant à chacun d'eux une pension viagère honnête et suffisante, ou bien les obliger à l'enseignement public.

PLAINTES PARTICULIÈRES.

1° Quant aux juges bannerets, s'en rapporter à la sagesse des États généraux.

2° Prendre en considération la réclamation presque générale contre les banalités, droits de coupe, leudes, servitudes personnelles, droits de prélation et d'enchères, et y pourvoir en la manière qui sera trouvée la plus juste et la plus convenable.

3° Établir une commission à l'effet d'examiner les titres des communautés qui réclameront contre les défenses de lignerage, de pacage, d'alibreuvage et autres de pareille nature soumis à des protestations annuelles au domaine ou aux seigneurs; comme aussi les droits que les communautés prétendent avoir sur les possessions des seigneurs, réintégrer chacun de ces droits en ordonnant l'exécution des titres qui seront jugés bons et valables, et que les seigneurs ne puissent renouveler leurs reconnaissances que cinquante ans après la date des précédentes.

4° Demander la révocation de la déclaration du 5 juillet 1770 et autres lois relatives aux défrichements, à l'égard des montagnes des Corbières, des environs de la ville de Quillau, du pays de Sault, et de la partie de la haute frontière qui longe le Conflent, la même loi, continuant d'être exécutée pour les autres cantons de la sénéchaussée.

5° L'extinction des forges et bouches à feu inutiles, dans toute l'étendue de la sénéchaussée, particulièrement de celles qui sont chauffées avec les bois des forêts du Roi, en indemnisant les propriétaires, et ce, pour prévenir la disette totale du bois qui commence déjà à se faire sentir dans ces cantons, notamment celle du bois propre à faire l'esclape servant à la fabrique des peignes, branche de commerce dont le produit nourrit quinze ou vingt mille habitants.

6° Qu'il soit recommandé aux États provinciaux de prendre en considération les pertes que plusieurs communautés ont faites des oliviers et des bestiaux, de faire pratiquer des chemins dans les cantons où ils en manquent, quoiqu'ils aient payé pour cet objet de très-fortes sommes, suspendant néanmoins dans le moment présent, à cause de l'extrême misère de la province, tous les travaux particuliers qui ne sont pas d'une nécessité absolue et indispensable.

CONCLUSION.

L'assemblée joint à l'expression de ses vœux le témoignage répété de sa confiance envers ceux qui en seront les organes. Elle confie à leurs lumières le choix des moyens les plus propres à en obtenir l'accomplissement et sans préjudicier

en rien aux dispositions qu'elle a manifestées dans l'article des instructions des députés, leur donne pouvoir absolu de proposer, remontrer, aviser et consentir suivant leur âme et conscience. Clos et arrêté en l'assemblée générale, le 23 mars 1789. *Signé* Duston d'Arsse, lieutenant général, juge mage, président de l'assemblée; L. Coronat, J.-A. Foulquier, Cairol, Soulère, Ribes, Peprax, Rouan, Sage Audouy, Pagnon Escaude, Clauzel, Cairol Cicéron, Isidore Lassale, Pagès Jaubert, Saint-Julia, Rigal Lasserre, Cailhau aîné, Larade, et Bonnet, commissaires signés. Collationné sur l'original : Amalic, greffier en chef.

CAHIER

Des doléances plaintes et remontrances que font au Roi ses très-fidèles sujets et habitants de la communauté de Sainte-Colombe, dans la terre privilégiée du diocèse de Mirepoix, sénéchaussée de Limoux, en vertu de la permission que Sa Majesté à accordée à tous ses sujets, par sa lettre de convocation, de les faire parvenir aux pieds du trône.

Sensibles aux bontés de notre auguste monarque, les habitants de cette communauté s'empresseront toujours de lui donner des preuves de leur amour et de leur respect; ils exprimeront leurs vœux avec cette franchise et cette liberté, que la confiance que Sa Majesté veut accorder à tous ses sujets leur inspire, et pénétrés de la plus vive reconnaissance, ils lui dévouent leurs corps et leurs biens; ils tâcheront toujours par leur zèle de seconder ses vues paternelles, et ils contribueront avec le plus grand empressement à tout ce qui pourra tendre à la prospérité de la monarchie.

Art. 1er. Nous demandons que la communauté soit maintenue dans ses privilèges comme faisant corps de la terre privilégiée du diocèse de Mirepoix, si Sa Majesté trouve à propos de les conserver dans toute la France, et audit cas, qu'il nous soit permis de nous faire représenter par députés aux États de la province de Languedoc, pour lesquels nous supplions Sa Majesté de nous accorder le même régime que la province du Dauphiné vient d'obtenir pour les siens.

Art. 2. Il existe dans cette communauté une fabrique de peignes de buis, qui occupe environ quatre mille ouvriers, tant dans la présente communauté que dans vingt autres du voisinage, laquelle fabrique a été de tous les temps alimentée et a reçu sa matière première des buis qui croissent à la forêt des Fanges, dans la maîtrise de Quillan, la seule capable de fournir aux besoins de ladite fabrique, et que Sa Majesté a concédée au sieur de Varnier, qui fait convertir lesdits bois en charbon pour fournir à la forge qu'il a fait construire à Belvianes : ce qui a obligé les fabricants de cette communauté à épuiser tous les petits bois des environs, en sorte que la fabrique est à la veille de chômer faute de buis; et lesdits habitants voient avec douleur le moment où un nombre considérable de citoyens occupés à ladite fabrique vont être privés de leur subsistance, si Sa Majesté ne fait défendre audit sieur de Varnier et à tout autre de convertir lesdits buis en charbon et faire ordonner qu'ils seront réservés à l'avenir pour la fabrication des peignes.

Art. 3. Les fidèles sujets de Sa Majesté habitants de cette communauté, pour se conformer au vœu général de la nation, demandent une égale répartition d'impôts sur tous les trois ordres de l'Etat.

Art. 4. La suppression des impôts arbitraires est également demandée, attendu qu'ils ne sont pas répartis avec équité, et qu'il arrive toujours qu'ils pèsent sur la classe la plus indigente.

Art. 5. Lesdits habitants remontrent à Sa Majesté qu'il serait très-avantageux que les douanes fussent reculées aux frontières du royaume, et qu'elle ordonnât la suppression de tous les leudes et péages, douanes intérieures et octrois des villes, qui ne font que mettre des entraves à la circulation et arrêter les progrès du commerce.

Art. 6. Remontrent encore lesdits habitants que beaucoup de propriétaires de grains les vendent dans leurs greniers pour se soustraire au payement du coupage des places, ce qui, en diminuant la quantité des grains qui y sont portés, doit nécessairement les faire enchérir. Ce qui engage lesdits habitants à demander que lesdits droits soient supprimés.

Art. 7. Pour obvier aux calamités et aux événements fâcheux que cause le haut prix des denrées dans les années stériles, lesdits habitants désireraient qu'il fût pris un jour dans le mois de septembre pour établir un prix fixe sur le blé pour toute l'année, et qu'il fût mis une égalité sur les poids et mesures dans tout le royaume.

Art. 8. Lesdits habitants réclament encore que les ordres qui ont été déjà donnés par le ministère concernant la sortie des bestiaux de ce royaume, soient confirmés, moyen seul capable de diminuer leur haut prix actuel.

Art. 9. Lesdits habitants remontrent humblement à Sa Majesté qu'il serait de la plus grande nécessité de faire une réforme dans l'administration de la justice, et principalement dans les codes civil et criminel, vu les abus extraordinaires qui se commettent, et les frais énormes de procédures qui entraînent la ruine des familles.

Art. 10. Lesdits habitants réclament la suppression de l'arrêt de règlement pour les juridictions subalternes, rendu par le parlement de Toulouse, le 12 mars 1784, qui attribue aux seigneurs le droit d'agréer ou réformer le tableau des avocats postulants, ce qui est cause que les habitants ne trouvent pas de défenseurs, non-seulement contre les seigneurs, mais même contre leurs serviteurs et protégés, dans la crainte qu'ont ces avocats d'être privés de leur état.

Art. 11. Sans être exposés aux recherches des employés, les habitants de cette communauté soupirent après la suppression des gabelles; qui portent un préjudice considérable à l'Etat, en ce qu'il en sort beaucoup d'argent pour l'achat du tabac qui se récolterait avec avantage sur le territoire de la France, et quoique lesdits habitants payent le sel à meilleur marché de la moitié que les sujets non privilégiés, ils sont privés d'en donner à leurs bestiaux la quantité qui leur serait nécessaire, par rapport à sa cherté, ce qui empêche d'améliorer cette branche de commerce indispensable pour l'agriculture.

Art. 12. Si une capitation sur les célibataires n'est pas propre à remplir le vide que ferait la suppression de la milice qui est ardemment désirée, on supplie Sa Majesté d'y faire comprendre tous ceux attachés au service du clergé et de la noblesse.

Art. 13. Placés aux pieds des Pyrénées et dans un pays rempli de bois, les habitants de cette contrée en trouvent difficilement pour leur chauffage et à un prix excessif; parce qu'il est tout employé à l'approvisionnement de sept forges,

dont la plus éloignée est distante de cette communauté de dix mille toises. Nous supplions Sa Majesté de chercher dans sa sagesse les moyens les plus propres pour que ses sujets trouvent plus facilement à se procurer cet objet de première nécessité.

Art. 14 Les vexations continuelles que les habitants sont obligés de supporter de la part des fermiers des moulins, à raison de la banalité, fait demander auxdits habitants qu'il plaise à Sa Majesté de leur permettre d'aller moudre leurs grains partout où ils voudront.

Art. 15. Lesdits habitants ont eu de tous les temps l'usage à titre onéreux dans les vacants de Plantaurel et autres de la communauté; ils supplient Sa Majesté de les maintenir en la possession dudit usage et qu'il leur soit permis d'en jouir ainsi et de même que leurs ancêtres l'ont toujours fait et conformément au titre primitif.

Art. 16. Ils supplient encore Sa Majesté de leur permettre de se libérer des droits de champart ou agrier, censives et autres que le seigneur exige et qui seront reconnus lui être légitimement dus d'après les titres primordiaux.

Art. 17. Lesdits habitants réclament avec instance, qu'il leur soit permis d'aller à la chasse et à la pêche sur le territoire de ladite communauté, sans que le seigneur puisse les troubler, à moins que ses titres primordiaux ne lui accordent cette propriété.

Art. 18. Cette communauté étant située sur un sol ingrat, où il arrive souvent que la dîme qui porte sur la semence, emporte une récolte sur trois, ses habitants supplient Sa Majesté d'ordonner que la dîme sera perçue au quinzième.

Art. 19. Les habitants de cette communauté supplient Sa Majesté d'ordonner que les décimateurs seront tenus de contribuer aux charités nécessaires dans la communauté à proportion des revenus qu'ils en retirent. La difficulté de les y faire contribuer les force à faire cette réclamation.

Fait et délibéré dans l'assemblée générale tenue à cet effet audit Sainte-Colombe, le 12 mars 1789.

Signé Michau; Vivier aîné; Escolier; Taurine, marc et consul; Pierre Bigou, consul; P. Thalamas; J.-B. Vivier; J. Mariné, Richou; Marc Pons; Roudière; Jean Pons; Autier; Dumont; F. Vivier; R. Bigou; Pierre Caut; Autier, syndic forain; Achède, Saint-Pastou; Lugas; Antoine Bigou; J.-H. Thalamas; J. Coudier; François Bigou; S. Caut, J.-P. Coste; Pierre Bigou; Bernard Bigou; L. Bigou; Batiesto Balciero; Germain Bigou; F. Chaufour; Ginore; P. Bigou; Pierre Augé; Chauffouraine; *ne varietur*, Bougaud, président; Pierre Escolier, greffier.

CAHIER

De doléances des communautés de Saint-Quintin et de Cayra, remis à leurs députés à la sénéchaussée de Limoux, le 11 mars 1789.

Sire,

Enfin la justice de Votre Majesté nous permet de porter nos doléances aux pieds du trône, à cet asile depuis si longtemps inaccessible aux plaintes du juste opprimé.

Vos communes voient avec la plus vive reconnaissance que Votre Majesté, voulant retirer à elle toute la puissance qui avait été confiée à ses augustes prédécesseurs, veut rendre à la nation ses droits légitimes; la tenue des Etats généraux est un des plus essentiel, celui qui peut procurer le plus de bien à la nation, et nous nous flattons qu'il sera pris des mesures efficaces pour en assurer le retour périodique.

Sire, il y a des siècles que les communes de votre royaume gémissent sous toutes sortes d'abus; depuis longtemps les intérêts de nos rois et les nôtres, qui sont les mêmes, étaient totalement séparés. Un rayon d'espérance commence à luire sur nos têtes, mais il disparaîtra bientôt. Notre bonheur ne sera que momentané, et nous serons replongés dans les ténèbres de la misère, si Votre Majesté, de concert avec la nation, n'extirpe jusqu'à la racine du mal. Les palliatifs ne conviennent point à une nation; le fer, le feu doivent être employés pour détruire les maux, du moment qu'ils sont connus.

Les principaux attributs de nos rois sont le commandement des armées, la distribution de la justice, la perception des impôts librement consentis par la nation assemblée pour subvenir aux besoins de l'État.

Nos aïeux ne connaissaient d'autres distinctions entre eux que celles résultantes des charges et emplois censés accordés au mérite et non au hasard de la naissance et à la possession d'un parchemin, acquis le plus souvent au prix du sang des peuples foulés et pillés.

Sire, nous serions tous heureux si notre constitution n'avait été bouleversée, et nous ne pouvons le redevenir qu'en la rétablissant.

Dans des temps où des rois faibles tenaient les rênes de cet empire, ceux à qui ils avaient confié le gouvernement de leurs provinces devinrent des traîtres et s'emparèrent, chacun dans leur département, de l'autorité royale avec tous ses attributs; pour s'affermir dans leurs usurpations, ils se donnèrent des complices en les sous-divisant, moyennant de faibles redevances. Tous ces souverains subalternes, devenus despotes, firent des lois à leur fantaisie, vexèrent leurs sujets de toute manière, se rendirent maîtres absolus de leurs personnes, et confisquant leurs propriétés sous de vains prétextes, les accensèrent au plus offrant. Nos misérables aïeux, maltraités, abandonnèrent leurs biens, dont les seigneurs s'emparèrent, prononçant que la possession des biens vacants était un de leurs droits utiles; de cette anarchie naquirent des lois, des coutumes bizarres, inexplicables, la variété dans les poids et mesures, enfin la rigueur de tous les droits féodaux.

Dans ces temps de désolation, vos augustes prédécesseurs, Sire, n'étaient plus les rois des Français, mais les premiers de leurs seigneurs. Peu à peu ils reprirent quelques-uns de leurs droits, mais les peuples n'y gagnèrent rien. Ils furent au contraire courbés sous un double joug, et en effet nos charges sont doublées, nous payons l'impôt à Votre Majesté qui doit protéger nos personnes et nos biens, et à nos seigneurs qui, au lieu de nous protéger, nous oppriment.

Ce n'était qu'à titre de souverains que nos pères leur devaient des droits utiles et honorifiques; ils ne le sont plus : donc nous ne leur devons plus rien. La cause cessant, l'effet doit cesser. La noblesse héréditaire est chimérique, ses privilèges quelconques inconstitutionnels, arrachés à la faiblesse de vos prédécesseurs et à l'ignorance de nos pères réduits en esclavage : le pacte entre le maître et l'esclave ou tel, le droit de conquête et d'usurpation cesse d'en être un quand l'usurpation perd les moyens de le conserver; et la nation, Sire, vous a accordé un pouvoir suffisant pour rentrer dans les vôtres.

La noblesse a beau se démener, s'agiter, nous crier qu'on nous trompe, qu'on veut nous tromper encore, ses cris sont inutiles, le voile est tombé, nous connaissons nos intérêts, nous ne voulons plus de corps intermédiaire oppresseur; nous ne désirons plus de protecteurs que nos rois, plus de barrière entre eux et nous, que les États généraux et nos lois, qui sont aussi sacrées pour nos souverains que pour nous.

Ce n'est que dans son délire que la noblesse nous menace de faire scission avec nous et d'annuler, par ce moyen, l'assemblée des États généraux; mais comme ce n'est point la masse des dignités et des richesses qui fait la légalité d'une assemblée nationale, mais la masse des individus, si la noblesse s'en excluait elle-même, l'assemblée ne serait pas plus illégale, que si l'ordre des avocats ou des procureurs refusait d'y entrer; elle serait obligée d'obéir à la loi consentie par la majorité de la nation. Ainsi que la noblesse et ses biens subviennent proportionnellement aux besoins de l'État, ce sera un des premiers moyens de restauration dans les finances de Votre Majesté; qu'elle nous restitue ce qu'elle a usurpé à nos ancêtres, ce sera un puissant moyen de soulagement pour vos peuples.

Sire, ce n'est qu'avec la plus vive douleur que nous voyons de grosses pensions accordées à des courtisans vils et intrigants, qui se parent, aux yeux de Votre Majesté, des dehors du mérite; des émoluments considérables sont attachés à des charges sans fonctions.

Si vous saviez, Sire, de combien de sueurs, de combien de larmes, est arrosé l'argent qui entre dans vos trésors, sans doute votre bonté serait plus en garde contre les demandes indiscrètes des gens qui consument en un jour, dans les débauches de la capitale, le produit des impôts de milliers de vos misérables sujets.

Nous ne pouvons nous dissimuler, Sire, que c'est la noblesse qui consume la majeure partie des revenus de l'État. En effet, c'est dans cet ordre de citoyens, à qui on suppose sans doute un mérite inné, que sont pris les officiers de la couronne, les gouverneurs, les commandants, les intendants, enfin tous ceux qui occupent des places honorables et même simplement lucratives. Un noble, sachant bien danser, manier un cheval et une épée, se croit propre à tout et prétend cependant que son bien et sa personne ne doivent rien à l'État; s'il n'est avide que de gloire, qu'il serve gratuitement Votre Majesté et la patrie, qu'il ne regarde plus d'un œil insultant le collecteur inexorable découvrir nos chaumières, arracher le pain des mains défaillantes de nos enfants, pour amasser des fonds destinés à assouvir son luxe effréné; qu'assis dans un char doré, les chevaux superbes qui le traînent, ne foulent pas aux pieds le malheureux occupé à lui construire un grand chemin; que, précédé d'une meute de chiens, il ne ravage pas, à la poursuite d'un lapin, nos moissons et nos vignobles.

Sire, nous ne finirions pas, si nous déposions aux pieds de Votre Majesté toutes nos plaintes contre la noblesse; si elle nous a fait construire des fours, des moulins, des ponts, nous sommes justes, qu'elle nous montre les titres originaux, nous rembourserons les frais, mais la prescription ne saurait lui tenir lieu de titre à notre égard, un corps est proscrit contre la nation. Cet ordre respectable renferme cependant des membres dignes en tout sens de notre estime et de notre vénération, mais le nombre en est petit.

Le ministre vertueux qui est aujourd'hui à la

tête des finances de Votre Majesté, nous empêche presque, par sa bonne administration, de nous plaindre des maux que ses prédécesseurs ont causés à l'État. Mais il est nécessaire de se précautionner contre ses prédécesseurs. L'histoire nous apprend que plusieurs ministres des finances qui avaient malversé, ont été livrés au glaive de la justice. Ah! Sire, que cet usage salutaire revive, que la démission des ministres des finances ne soit acceptée qu'après que leur gestion aura été scrutée, punie ou récompensée suivant ses mérites.

L'impôt de la capitation pèse infiniment sur vos peuples, à cause de l'arbitraire qui règne dans sa répartition ; sans doute que des temps plus heureux engageront le cœur paternel de Votre Majesté à le supprimer ou à le convertir en un autre moins onéreux.

Celui de la gabelle nous expose à des vexations inouïes : des cohortes d'employés tirés de la lie du peuple, commandés par des chefs qui prennent le titre pompeux de capitaines généraux, inquisiteurs insolents, viennent tout bouleverser dans nos maisons au nom de Votre Majesté ; et, semblables aux brigands de grands chemins, qui assomment les voyageurs qui n'ont point d'argent, ces employés nous maltraitent impunément quand ils ne trouvent pas moyen de nous faire payer des amendes.

Votre Majesté connaît déjà les grands abus qui se sont glissés dans notre administration provinciale, et nous espérons de sa justice qu'ils seront réformés.

Le Code civil et criminel, embrouillé à un point que les gens de loi eux-mêmes n'y connaissent rien, puisqu'une cour casse souvent une sentence rendue par une autre, exige de grands changements. Nous croyons, Sire, devoir réclamer fortement en faveur des sûretés personnelles ; surtout abolissez jusqu'au souvenir même des justices seigneuriales, où les juges et les avocats, destitués au gré des seigneurs, n'osent ou ne veulent pas prêter leur ministère à ceux qui sont opprimés par les agents ou les protégés de leurs maîtres.

Pour éviter que nous ne soyons ruinés par des procès qui prennent souvent naissance de peu de chose, y aurait-il d'inconvénient, Sire, d'attribuer aux officiers municipaux des communautés des campagnes, assistés de leur conseil, la connaissance des causes, surtout rurales, qui n'excèderaient pas 100 livres et qui n'exigent souvent que le sens commun pour être jugées?

Le clergé, indépendamment de ses propriétés, perçoit le dixième des fruits de nos terres ; mais comme elles sont de qualité médiocre, il reçoit au moins le cinquième des revenus territoriaux qui est partagé entre notre curé et des religieux.

Lorsque nos ancêtres firent, de gré ou de force, ce magnifique présent à leurs prêtres, c'était pour fournir à leur subsistance et pour distribuer le superflu aux pauvres ; mais, hélas! que leurs volontés sont mal exécutées! notre curé est sourd aux gémissements des nécessiteux dont cette paroisse fourmille. Cinq moines consomment 24,000 livres de rente dont nos biens font partie. Superbement logés, les mets les plus recherchés abondent sur leur table ; les dames, la noblesse des environs y sont admises ; mais les pauvres qui se présentent à leur porte sont chassés ignominieusement comme des êtres vils et méprisables qu'ils ne reconnaissent plus pour leurs frères. Usez, Sire, de grâce, de toute votre puissance pour détruire ces moines inutiles qui ont fait vœu de

pauvreté et qui regorgent de richesses ; ce sont des sangsues dévorantes, des plantes parasites ; et c'est chez eux que Votre Majesté trouvera un des moyens de restauration pour ses finances.

Que notre curé, que nous logeons, qui a un casuel de 300 livres, ait encore une somme fixe de 1,000 livres (il aura certainement lieu d'être satisfait); qu'il prélève sur ce revenu un dixième pour l'entretien de son évêque.

Que nos prêtres ne se mêlent plus d'affaires temporelles ; qu'ils soient sans cesse occupés à attirer sur nous les bénédictions célestes ; qu'ils s'abstiennent de vouloir dominer aux assemblées nationales, qu'ils se bornent à vivre des charités des fidèles, c'est leur institution : alors on pourra leur pardonner de qualifier de don gratuit ce dont ils feront présent à l'État.

Sire, que Votre Majesté attire dans son trésor les revenus dont jouit mal à propos le clergé, les droits de souveraineté que nous payons injustement à nos seigneurs : les revenus de Votre Majesté seront triplés et nous serons allégés.

Ce ne sont, Sire, qu'une partie de nos doléances ; nos députés à la sénéchaussée ont des pouvoirs suffisants pour en faire de plus étendues et pour proposer des moyens plus généraux pour réformer les abus, et pour subvenir aux besoins pressants de l'État. Mais cette communauté est dans l'impossibilité de payer de plus fortes impositions. Si on les exigeait, nous nous verrions forcés d'abandonner nos minces propriétés et de nous expatrier, et si cette ressource nous était interdite, nous nous rendrions volontairement dans vos prisons, où nous ne mourrions peut-être pas de faim ; et dans cette triste situation, nous ne cesserions d'adresser des vœux au ciel pour la prospérité de votre règne et pour le bonheur de la patrie.

Telles sont, Sire, les très-respectueuses et très-vraies doléances de vos très-fidèles sujets du tiers-état des communautés de Saint-Quintin et de Cavra. Et ont signé : J. Expert, consul de Saint-Quintin ; Autier, consul de Cayra ; B. Gournac ; P. Pons ; F. Contrasty ; Cathala, Fure ; Paul Mounier ; J. Cathala ; Pons ; Cathala ; Luga, consul ; J. Gournac ; Pille ; J. Cathala ; Jauson ; Delen, B. Pulles ; B. Cathala ; F. Croux ; Jean Cathala ; Ant. Cathala, députés.

CAHIER

De doléances, plaintes et remontrances particulières qui n'ont pu être contenues dans le cahier que MM. les députés de la sénéchaussée de Limoux ont présenté au Roi, et qu'expose très-respectueusement la communauté de Villefloure en Languedoc, aux bontés du monarque et à la bienveillance et sagesse du ministre qui travaille avec succès au bonheur du peuple.

Cette communauté, encouragée par l'espoir de voir remédier à ses maux, vient porter aux pieds du trône les malheurs qu'elle éprouve, les torts qu'on lui fait, et vient avec confiance implorer la religion du Roi pour arrêter l'injustice qui depuis longtemps porte la misère et l'indigence chez tous les membres qui la composent ; pourquoi ces cris des malheureux, qui gémissent sous le despotisme tyrannique d'un seul particulier usurpateur d'un domaine de Sa Majesté, ne seraient-ils point écoutés? Les bontés du monarque, sa sagesse et son amour pour ses fidèles sujets doivent nous encourager à lui dire tous nos malheurs, en lui présentant la vérité toute nue aux yeux de sa justice.

Fait.

1° Faire rentrer au domaine de Sa Majesté un fief usurpé avec ses droits utiles et honorifiques et qui fut baillé à titre d'engagement à la communauté le 29 mai 1699 ;

2° Casser des sentences et arrêts qui dépouillent Sa Majesté dudit fief;

3° Confirmer l'arrêt du conseil du 4 août 1784, qui maintient la communauté en la propriété et jouissance dudit fief sous l'albergue de 300 livres.

Voilà le sujet de nos réclamations ; pour convaincre la justice qu'on réclame des bontés du monarque, nous offrons de prouver par des titres invariables et bons, que le fief réclamé est le seul et véritable de l'escoux appartenant à Sa Majesté, et qu'il n'y en a jamais eu d'autre ; que toutes les manœuvres qui ont été faites contre la communauté ont été injustes et ne nous doivent point priver de nos propriétés ; et qu'en revendiquant ainsi des droits qui ne peuvent être annulés, nous demandons à Sa Majesté de condamner le sieur Joseph Airolles, ayant cause du sieur Désiran Cavairac, en la restitution du fief, au remboursement des frais et amendes qu'il a perçus comme il va être dit, et pour raison de tous ces attentats et entreprises, le condamner à des dommages arbitraires, à la justice du Roi.

Frais, amendes et entreprises, etc.

A Jean Aveza, pour avoir été faire dépaître ses troupeaux dans les vacants dudit fief, une amende de 400 livres et des frais pour plus de 1,300 livres.

A la communauté, pour avoir pris le fait et cause, 4,600 livres de frais.

A Étienne Labadie, qui avait défriché des terres vacantes dudit fief, pour 2,500 livres de frais ; lui donna ensuite ces mêmes terres sous des rentes annuelles, et l'obligea par cette voie à le reconnaître pour propriétaire de ce fief appartenant au domaine, et ne consentit à ces actes que pour se soustraire à la vexation et poursuite du sieur Airolles, qui l'aurait infailliblement perdu.

A Girard Fraisse, des frais pour plus de 72 livres, et s'empara d'un terrain qu'il avait défriché dans les mêmes vacants.

Après la ruine de ces malheureux, il fit une procédure criminelle à neuf cultivateurs, pour avoir été dépaître leurs troupeaux dans les terres incultes du fief, les fit condamner à une amende de 1,000 livres et à de grands frais.

Il emprisonna Jean Mignard à Toulouse, où il resta deux ans ; il ne sortit de son cachot que faute de consignation d'aliments.

Arnaud Rivière, convalescent, dans un état de faiblesse, fut arrêté avec toutes les cruautés que l'inhumanité peut exercer sur les hommes, et mourut peu de temps après sa détention aux prisons de Castelnaudary.

Les autres abandonnèrent leurs maisons et leurs familles, obligés de souffrir la faim et l'indigence, pour ne pas tomber entre les mains de leur ennemi commun ; la mort leur paraissait moins dure que les bons traitements que leur aurait pu porter leur oppresseur.

Profitant de l'état déplorable de ces malheureux qui fuyaient les poursuites et achevant leur ruine en les forçant de suspendre les travaux des terres qui étaient récoltées, et ses agents, excités par leur maître, commettent mille entreprises, notamment sur Jeanne Aveza, fille de Pierre Aveza, l'un de ces malheureux, laquelle allait conduire un troupeau d'une de ses métairies à une autre, par un chemin public, l'attaquèrent, la maltraitèrent et lui enlevèrent une partie de ses brebis, comme le tout se trouve prouvé dans la procédure d'information devant le sénéchal de Limoux.

Il fait encore plus : oubliant toute justice et ne suivant que la loi du plus fort, après s'être emparé pleinement dudit fief pour lequel cependant ladite communauté de Villefloure paye annuellement à Sa Majesté l'albergue de 300 livres et qu'elle veut toujours payer, enlève même encore dans la seigneurie de Villefloure, domaine incontestable de Sa Majesté, des champs cultivés par les habitants du lieu, seuls propriétaires rentiers du Roi, amende, saisit et pignore, les gardes des troupeaux ; en un mot, il n'est aucune entreprise qui ne soit faite par le sieur Airolles ou ses agents, entreprises qui ne prouvent que trop à quel état conduisent les passions qui n'ont point de bornes pour l'ambition.

Tel est l'état déplorable des habitants de la communauté de Villefloure, et tels sont les justes sujets de nos réclamations. Veuillez, s'il vous plaît, examiner qu'en rendant justice à notre cause, c'est défendre les intérêts du monarque en ses domaines. Double motif qui doit nous déterminer à défendre nos droits.

Fait, lu et dressé en l'assemblée générale de la communauté de Villefloure et écrit sous nous, Gabriel Bizia, greffier consulaire, le 16 mai 1789.

Signé de Loupy, Jean-Pierre Aveza, E. Labadie, Roques, G. de Loupy.

Par MM. les consuls, signé Bezia, greffier.

Du 7 mai 1789.

BAILLIAGE DE LOUDUN

EXTRAIT DU PROCÈS-VERBAL

D'assemblée préliminaire des trois ordres du bailliage du Loudunois. Liste des comparants (1).

CLERGÉ.

MM. les abbés :

M. de Boissieux, abbé de Ferrière.

Chapitres.

MM. les doyen, chanoines et chapitre de Sainte-Croix, de la ville de Loudun.

Les doyen, chanoines et chapitre de la ville du Puy-Notre-Dame.

Les doyen, chanoines et chapitre de Messeine.

Communautés régulières des deux sexes rentées.

Les prieur et religieux des Carmes de Loudun.

Les gardien et religieux des Cordeliers de Loudun.

Les supérieure et religieuses du Calvaire de Loudun.

Les supérieure et religieuses de l'Union Chrétienne de Loudun.

Les supérieure et religieuses de la Visitation de Loudun.

Les supérieure et religieuses de Guênes, ordre de Fontevrault.

Communautés régulières, possédant fiefs.

Madame l'abbesse de Fontevrault, propriétaire du fief de Saint-Mathurin.

Les chanoines réguliers de Saint-Georges-sur-Loir, propriétaires du fief de Saint-Georges.

Madame l'abbesse de Sainte-Croix de Poitiers, propriétaire du fief de Paix.

Titulaires des prieurés.

Messieurs :

Ebrard, prieur de Trion.

Cresac, prieur de Puy-Notre-Dame.

Bauné, prieur des Gouêts.

Dumont, prieur de Nueil-sur-Dive.

Port de Montmegem, prieur d'Arçay.

Courtois, prieur de Coussay.

Maria, prieur de Chassaigne.

Evêque de Langres, prieur de Saint-Mandé.

Les chanoinesses d'Amboise, prieur de la Chaussée.

Courtois Minute, prieur de Saint-Hilaire des Trois Moustiers.

Diotte de La Vallette, prieur de Morton.

Boussay, prieur de Veniers.

Chauvin, prieur de Saint-Citroine

Briant, prieur de Saint-Cassien.

Tubert, prieur d'Assay.

Religieux de Bouveaux, prieurs du Bois-Rogne.

Aubert, prieur de Saint-Jacques de Vaon.

(1) Nous publions cette liste d'après un manuscrit des *Archives de l'Empire.*

Petinieau, prieur de Sainte-Christine.

Bénédictins de Bourgueil, prieur de Saint-Léger.

Jolivard, prieur de Sainte-Catherine.

Curés des villes du ressort du bailliage Loudunois.

Messieurs :

Treffault des Treilles, curé de Saint-Pierre du Martray de Loudun.

De Brussy, curé de Saint-Pierre du marché de Loudun.

Boblain, curé du Puy-Notre-Dame.

Bernier, curé de Saint-Vincent de Monts.

Curés des Paroisses des bourgs, villages du ressort du bailliage de Loudun.

Messieurs :

Rivière, curé d'Arçay.

Tabart, curé d'Assay.

De L'Épinay, curé d'Angliers.

Bernard, curé de Bertegon.

Lebrun, curé de Brezé.

Neron, curé de Bœux.

Couray, curé de Bouchet.

Loriot, curé de Bouille-Loro.

Pousset, curé de Bournaud.

Bonnet, curé de Saint-Cassien.

De Sallé, curé de Chalais.

De Brou, curé de Chasseignes.

Halle, curé de la Chaussée.

Le Viel, curé de Ceaux

Roy, curé de Claunay.

David, curé de Saint-Gervais de Curçay.

Berger, curé de la Pensière, portion de Saint-Pierre de Curçay.

Gandier, curé de la deuxième portion de Saint-Pierre de Curçay.

Gilles, curé de Coucay.

Chevallier, curé de Dercé.

Renault, curé de Saint-Aubin de Douloir.

Prodeau, curé d'Epieds.

Limousineau, curé de Glenouxes.

Legris, curé de Grazay

Dusaulle, curé de Guênes.

Bozier, curé de Joué.

Lenoir, curé de Lernay.

Doazan, curé de Marçay.

Maurin, curé de Maulay.

Croué, curé de Martaize.

Chemeau, curé de Messemé.

De Brou, curé de Monterre.

Branchu, curé de Notre-Dame des Trois-Moustiers.

Mesnard, curé de Morton.

De Marçay, curé de Nueil-sur-Dive.

Gaufreteau, curé d'Ouzilly.

Martin, curé de Pouamay.

Deliard, curé de Saint-Pierre des Trois-Moustiers.

Robin, curé de Saint-Hilaire des Trois-Moustiers.

Bonnet, curé de Pouant.

Loret, curé de Ranton.

Briant, curé de Rallay.

De Brou, curé de Rossay.
De Vollevire, curé de Roissé.
Ragon, curé de Sammarsolles.
Pressat, curé de Saix.
Boisramier, curé de Sairo.
Droussin, curé de Sauve.
Deré, curé de Saint-Cir en Bourg.
Moreau, curé de Saint-Citroine.
Aillet, curé de Saint-Clair.
Mercier, curé de Saint-Laon.
Guérin, curé de Saint-Léger.
Guidault, curé de Solomé.
Le Bleu, curé de Ternay.
Drouisin, curé de Villiers.
Gilloire, curé de Vezières.
Dutertre, curé de Veniers.

Commandeurs.

M. de Saint-Simon, commandeur de Loudun.

Bénéficiers possédant fiefs dépendants de leurs bénéfices.

Messieurs :
Les chanoines du chapitre de Candes, fief de Basse.
Les chanoines de Menigoutte, fief de Bellair.
Les religieux du Pain, fief de Moussetandreau.
Les chanoines de Saint-Pierre de Poitiers, fief de Belair.
Archevêque de Tours, fief de Couciné.
De l'Homeau, fief de Monnet.
Les chanoines de Saint-Hilaire de Poitiers, fief de Pouant.

Ecclésiastiques dans les ordres, possédant fiefs de leur patrimoine.

Montault des Iles, propriétaire du fief des Sicots.

Ecclésiastiques titulaires de chapelles.

Messieurs :
Deweaux, chapelle de Saint-Sébastien.
Avril Bigotterie, chapelle de Hoffraux.
Chesneau, chapelle de Saint-Jean de Bœux.
Ricordeau, chapelle de Sainte-Anne du Puy-Notre-Dame.
Jolivard, chapelle des Malardières.
Forget, chapelle de Chapelle-Beloin.
Ginot, chapelle de la Chauvière.
Blotteau, chapelle de Sainte-Marguerite.
Aubry, chapelle des Goupis.
L'Hommeau, chapelle de la Trinité.
Vacher, chapelle de Saint-Laurent de Bernezé.
Tabart, chapelle de Sainte-Suzanne de le Brosse.
Marcoux, chapelle de Sainte-Marguerite.
Confex la Chambre, chapelle de Saint-Sébastien.
Duperron, chapelle de Notre-Dame de Velors.
Boux, ancien curé de Chasseignes, chapelle 3me du Lac.
Poirier l'aîné, chapelle 2me du Lac.
Poirier le jeune, chapelle de Génébaux.
Devilliers, chapelle 1re du Lac.
Félix Tabart, chapelle de Saint-Jean-Baptiste.
Diotte de la Haye, chapelle de Saint-Jacques de Limon.

NOBLESSE.

Mgr comte d'Artois, fils de France, prince apanagé, prince du sang.

Nobles possédant fiefs.

Messieurs :
De Bussy, fief de Bizay.
De La Bonnetière, fief de la Bonnetière.
De Beauregard père, fief de la Rivière.
De Beauregard fils, fief de la Ploube.

De Beauregard, fief de Tibardière.
De Boucharville, fief de les Coudreaux.
De Bauvollier, fief de Sammarsolles.
La Berruyère de Saint-Laon, fief du Carroix.
De Castellanne, fief de Ranton.
Duchesneau, fief de la Trapière.
De Charnassay, fief de Pouancay.
Doublet de Persan, fief de Monts.
Dabadie, fief de Sautonne.
De Dreux, fief de Berrie.
Darsac de Ternay, fief du Bué.
Dujon père, fief de Baussé.
Dujon fils, fief de Boisrogues.
Denné Dubuisson, fief de Chavigny.
Dujon, fief de Bausse.
De Fronsac, fief de Saint-Cassien.
Ferrière de Marçay, fief de la Tourderie.
De Farrouille l'aîné, fief des Forges.
De Farouille cadet, fief de Vezières.
Fournier de Verrière, fief de Verrière.
Gilbert, fief des Fontenailles.
Gilbert, fief des Dormants.
De Lommeron, fief d'Aulnay.
De L'Epinay l'aîné, fief de la Tapottière.
De Messemé, fief de Messemé.
De Maupeou, fief de la Motte-Chandennier.
De Menou, fief de Basse.
De Mondion d'Artigny, fief d'Artigny.
De La Motte Barrossay, fief de Bourg en Bournaud.
Le Vieil de Marsonnière, fief de la Marsonnière.
De Mondion de Chassigny, fief de Chassigny.
De Mondion de Couesné, fief de Couesné.
Montault de Brault, fief de Brault.
Montault de Rrilles, fief de la Fontaine.
Puosineau de Vendeuve, fief de Ripailles.
De Ragilly, fief de la Guerinière.
De Rigny, fief de la Tour du Boisgourmont.
De Richemonts, fief de l'Epinay.
Robin, fief de la Roche Chizay.
De Sanglier, fief de la Fontaine.
De Sanglier de la Plaine, fief de la Bastis.
De La Tulais, fief des Angliers.
De Vidart, fief de Saint-Clair.

Veuves et demoiselles possédant fiefs.

Mesdemoiselles :
Albert de Grandmonts, veuve.
Montault de Dudfen, fief d'Ainzay.
De Menou, veuve de M. Broglie, fief de Bois-prueilly.
Guyotte, veuve de M. de Brissac, fief de Merian.
De Dreux de Somloir (Dlle), fief de Silly.
Veuve M. Farouilles, fief de Churière.
De Farouilles, veuve M. Patrix, fief de Malaquet.
Veuve M. Dulangon, fief de Marçay.
Poirot, veuve de Morton, fief de Morton.
Veuve M. Mougon, fief d'Aumelles.
Rigny, demoiselle, fief de Pinparé.
Archambault, veuve M. de Vernay, fief de Bois-goulu.
Veuve de M. de Vilarmois, fief de Savoye.

TIERS-ÉTAT.

Ont comparu maître Jean-Félix Harvard de la Blotterie, conseiller au bailliage, et M. Jacques Du Moustier de la Fond, avocat du Roi, députés de messieurs du bailliage.
MM. Diotte de la Valette, avocat, et Maudet, députés du corps municipal de l'hôtel de ville.
MM. Montault de Chavigny et Jean Ferrand, députés de la compagnie du grenier à sel.
MM. Jean-Baptiste Croné de la Rainerie et Jacques-Michel Durand, députés de la compagnie de l'élection.

MM. Jean-Marie Bion, et Jean Texier, députés de l'ordre des avocats.

MM. Daniel Montois et François-Marie Nozereau, députés et seuls médecins.

MM. Jean-François-René Avril et Pierre Baillergeau, députés de la communauté des procureurs.

MM. Pierre-Jacques Vinée et Jean Arnault, députés de la communauté des notaires.

M. Jean-Paul Arnault, seul député de la communauté des arpenteurs.

Les sieurs Charles-Abraham Rebondy et Robert, députés de la communauté des huissiers.

Les sieurs Jean Dumoutier de Vrilly et Simon-Gabriel Canuel, députés de la communauté de la bourgeoisie.

André-Pierre Baillergeau et Pierre Vallée, députés de la communauté des chirurgiens.

Pierre Chignard et Gilles Beaufrère, députés de la communauté des maîtres perruquiers.

Le sieur Bernier, député de la communauté des orfèvres.

Delafois, marchand drapier, député de sa communauté.

Jean-François Robin, député de la communauté des épiciers.

Pierre Rollet, député de la communauté des maîtres tailleurs.

Charles Chesneau, pâtissier, député de sa communauté.

Jean Maulion, tanneur, député de sa communauté.

Louis-Scolastique Dubois, sellier, député de sa communauté.

Pierre Salesse, arquebusier, député de sa communauté.

Jean Loury, menuisier, député de sa communauté.

Louis Itesse, serger, député de sa communauté.

Pierre Bastard, taillandier, député de sa communauté.

Henri Bertonneau, tisserand, député de sa communauté.

Jean Bougreau, maçon, député de sa communauté.

André Lamoureux, poêlier, député de sa communauté.

Louis Martin et Jean Roy, laboureurs, députés de leur communauté.

Mathias Delaunay, chapelier, député de sa communauté.

Pierre Guignard, cordonnier, député de sa communauté.

Charles Grignon, boucher, député de sa communauté.

Joseph Debron, boulanger, député de sa communauté.

René Joyau, charpentier, député de sa communauté.

Le sieur Richard Labaudière et Bernier, chirurgiens, députés de la ville de Monts.

Les sieurs Pierre Imbert et François Dubourg, députés de la paroisse d'Arçay.

François Foucault et François Pichard, députés de la paroisse d'Assay.

André Mandeau et René Poncet, députés de la paroisse d'Anglier.

Louis Petit et Pierre Gouin, députés de la paroisse de Basse.

René Proust et Louis Desnoue, députés de la paroisse d'Aulnay.

Laurent-Pierre Archambault et Pierre Tourneporte, députés de la paroisse de Bertegon.

Le sieur Pierre-François Boisnet, René Gauthier et René Volland, députés de la paroisse de Brézé.

Jean Petit et Louis Petit, députés de la paroisse de Bœux.

Le sieur Dumoutier de la Rue, député de la paroisse du Bouchet.

Le sieur Pierre Toutant et Nicolas Pimbert, députés de la paroisse de Bournaud.

Le sieur André-René Briant de Monfarton et Jean Poux, députés de la paroisse de Chalais.

Le sieur René Vinée et Pierre Guignard, députés de la paroisse de Saint-Cassien.

Jean Bouchard et André Garnier, députés de la paroisse de Chasseignes.

Vincent Martineau et Charles Sigonneau, députés de la paroisse de la Chaussée.

François Lecomte et Jean Roy, députés de la paroisse de Claunay.

Pierre Bodin et le sieur Benoist Morry, députés de la paroisse de Coussay.

Les sieurs Louis Redon et François Baillon, députés de la paroisse de Saint-Gervais et Saint-Pierre de Cursay.

Louis Duchesne et Louis Lecomte, députés de la paroisse de Dercé.

Pierre Baudu et Martin Rocher, députés de la paroisse de Saint-Aubin du Douloir.

Jean Jourdia et Jacques de Ruet, députés de la paroisse d'Epieds.

Maître Michel-Marc Fabry et Louis Caillandrier, députés de la paroisse de Guênes.

Le sieur Louis René Perronneau et Jean Richard, députés de la paroisse de Grazay.

Pierre Jamet et Gilles Lunet, députés de la paroisse de Glenouze.

Charles Blondeau et Vincent Savoye, députés de la paroisse de Joué.

François Salesse et Barthélemy Dudé, députés de la paroisse de Lernay.

Le sieur François Michaud et François Girault, députés de la paroisse de Marcay.

Maître Pierre Niverreau et le sieur Lambert, députés de la paroisse de Martaizé.

Louis Pivard et Nicolas Richard, députés de la paroisse de Mauloy.

Maître Ambroise-Guillaume Gletraye et Philippe Guerry, députés de la paroisse de Messemé.

Les sieurs Pierre Couturier et Pierre-Jean Cesvet, députés de la paroisse de Morton.

Les sieurs Joseph Moreau et Julien Lefebvre, députés de la paroisse de Mouterre.

Les sieurs Pierre Allard et Louis Mallecot, députés de la paroisse de Notre-Dame de Trois-Moustiers.

Le sieur Degonne, l'un des députés de la paroisse de Saint-Hilaire des trois Moustiers.

Pierre Gespin et Pierre Guillemain, députés de la paroisse de Saint-Pierre des Trois-Moustiers.

Les sieurs André Guillon et Joseph Jolly, députés de la paroisse de Bosneuil-sur-Dive.

Mathurin Houlier et Louis Guerin, députés de la paroisse de Saint-Martin d'Ouzilly.

Pierre Charpentier, député de la paroisse de Pouancé.

François Gaillard et Philippe Gouin, députés de la paroisse de Pouant.

Les sieurs Isaac Herault et Etienne Douteau, députés de la paroisse de Raslay.

Les sieurs Guillaume Cesvet et René Lunet, députés de la paroisse de Ranton.

Le sieur Pierre Minier et Pierre Poux, députés de la paroisse de Rossay.

Les sieurs André Baillon et le sieur Augustin-François Fouquet, députés de la paroisse de Roissé.

MM. Laurent-François Langlois et François Duchesne, députés de la paroisse de Sammarsolle.

Les sieurs Sébastien Brunneau et Louis Patrix, députés de la paroisse de Saix.

Les sieurs Fleurant, Joseph Bricheteau, Gravelanne et Jean Perriot, députés de la paroisse de Saire.

Gabriel Petit et François Boutière, députés de la paroisse de Saint-Citroine.

Louis Massereau et Jacques Bobin, députés de la paroisse de Saint-Clair.

Urbain-Christophe Cherbonnier et René Ferrand, députés de la paroisse de Saint-Laon.

M. Robert et Charles Herbault, députés de la paroisse de Saint-Léger.

Le sieur Urbain Gallet, député de la paroisse de Solomé.

Guillaume Hardouin et Charles Girault, députés de la paroisse de Ternay.

Pierre Barbier et Pierre Plaud, députés de la paroisse de Villiers.

Maître Charles Lucas et le sieur Nicolas-Louis Baillergeau, députés de la paroisse de Veniers.

Le sieur Pierre-Abraham Lambert et Louis Rolland, députés de la paroisse de Vemiers.

CAHIER

Du clergé du Loudunois (1).

En vertu des lettres du Roi du 24 janvier dernier, portant convocation des États généraux du royaume, au 27 avril prochain, dans la ville de Versailles, nous, soussignés, François Chencau, ancien curé de Mesmay, Pierre Gilloire, curé de Vezières, Louis Diotte de la Valette, prieur de Morthon, Georges de Marsay, curé de Nueil-sur-Dive, Paul Confex de la Cambre, doyen du chapitre de Sainte-Croix de cette ville, Félix Tabard, chanoine du même chapitre, sous la présidence de M. Etienne Richard de Bussy, curé de la paroisse de Saint-Pierre du Marché de Loudun, abbé commendataire de l'abbaye de Saint-Laon de Thouars, nommé commissaire à la rédaction du cahier de doléances et remontrances, du clergé du Loudunois;

Considérant que nous étions sujets de l'État avant d'être ministres de la religion, et que notre consécration au service des autels ne nous dépouille pas de notre qualité de citoyen;

Considérant en outre que nos droits, franchises, immunités, honneurs et priviléges sont, de la part du souverain et de la nation, des concessions libres qui méritent notre amour et notre reconnaissance; pénétrés de ce double sentiment, loin de voir dans nos prérogatives des titres pour nous soustraire aux charges publiques, nous n'y voyons au contraire que le devoir impérieux de courir, avec nos concitoyens de toutes les classes, au secours pressant de l'État menacé depuis longtemps d'un orage qui ne peut être écarté que par le concours heureux de la sagesse du monarque et des efforts de son peuple;

Considérant encore que, dans sa bonté paternelle, Sa Majesté nous invite à faire parvenir jusqu'à son trône nos remontrances, doléances, avis et conseils, tant sur les abus à réformer, que sur l'établissement d'un ordre fixe et durable dans toutes les parties de l'administration, nous avons fait et rédigé le présent cahier, dans lequel nous osons, avec confiance, joindre à l'offre sincère de tous les sacrifices qui sont en notre pouvoir, les plain-

(1) Nous publions ce cahier d'après un manuscrit des *Archives de l'Empire*.

tes et demandes que nous croyons justes et que nous avons réduites aux articles suivants:

Art. 1er. Depuis longtemps on réclame en France contre le pouvoir arbitraire que les chefs de tous les ordres et de toutes les administrations exercent avec tyrannie et impunité sur la classe des subordonnés et des faibles. Ce désordre pouvant être attribué à l'insuffisance ou à l'obscurité de nos lois, nous chargeons notre député de requérir en notre nom: 1° qu'avant toute opération relative aux finances, il soit, par l'assemblée générale, dressé une Charte nationale, dans laquelle seront établis clairement, et invariablement fixés les droits respectifs du monarque et de la nation; 2° que toutes les lois constitutives de la monarchie française, tant les anciennes, qui par le Roi et nos seigneurs les États généraux seront jugées dignes de leur sanction, que les nouvelles qu'ils estimeront devoir établir, soient insérées dans ladite Charte de la manière la plus claire et la plus précise; 3° que la première de nos lois fondamentales ait pour objet particulier le maintien sacré et imprescriptible des propriétés et des personnes, en sorte qu'il ne puisse dans aucun cas être porté la moindre atteinte illégale aux légitimes possessions, états, titres, rangs, dignités et liberté individuelle des citoyens dont aucun, pour quelque cause que ce soit, ne pourra être arraché arbitrairement à ses foyers, ni détenu prisonnier plus de huit jours sans jugement légal qui confirme sa détention. Cependant, comme il est des circonstances où quelquefois il est important à la société, et encore plus à des familles honnêtes, de prévenir ou d'arrêter sans délai le cours dangereux de cette liberté, nous demandons qu'il soit réservé aux officiers municipaux des lieux, de connaître de ces cas particuliers, d'y pourvoir avec sagesse, de manière qu'il n'en résulte aucune flétrissure personnelle et encore moins transmissible; 4° que, par une autre loi, il soit statué et absolument arrêté que désormais il ne sera établi aucun impôt, de quelque nature qu'il soit, sans être demandé par le Roi lui-même et consenti par la nation assemblée, et surtout limité à un terme fixe, après lequel il ne pourra être perçu sans un nouveau consentement; à l'effet de quoi nous demandons que le retour périodique des États généraux soit si invariablement fixé, qu'il ne soit pas besoin de nouvelle convocation, et que les époques en soient assez rapprochées pour que les abus que l'on aura étouffés n'aient pas le temps de renaître.

Art. 2. Les défenseurs et les juges des prétentions et des poursuites respectives des citoyens, s'étant souvent égarés et pouvant s'égarer encore dans le dédale ténébreux des lois tant civiles que criminelles, nous demandons qu'il soit incessamment procédé à la confection d'un code pour chacune de ces deux parties différentes de la justice, aux fins d'en éclairer les ministres, d'en fixer les termes, d'en abréger les formes et d'en réduire les frais, qui souvent excèdent la valeur de l'objet en litige. Cet article, qui intéresse essentiellement la fortune, l'honneur, la vie même de chaque individu du royaume, cet article fixera sans doute l'attention des États généraux.

Art. 3. Par un abus déplorable, les richesses, presque partout, tenant lieu de lumières et quelquefois de probité, nous voyons avec douleur que les charges de magistrature pour la plupart sont acquises par des hommes qui n'ont d'autre mérite qu'assez d'argent pour acheter le droit de juger leurs concitoyens; c'est dans notre gouvernement un vice radical qui cause bien des malheurs, mais on y pourrait remédier, en donnant au écoles de droit une administration plus soignée, en examinant les sujets avec plus d'exactitude, et surtout en abolissant, s'il est possible, la vénalité des offices, dont deux ne pourraient être réunis sur la même tête; alors, ne choisissant qu'entre des hommes éclairés, d'un âge mûr, et d'une probité reconnue, la balance de la justice ne pencherait plus sans discernement, ni au gré des passions, parce qu'elle ne serait confiée qu'à des mains sûres.

Art. 4. Si on rapprochait les justiciables de leurs juges, en réduisant la juridiction de nos cours souveraines, en étendant celle des principaux bailliages, en donnant de l'ampliation aux autres sièges royaux, en réunissant à l'ordinaire les justices contentieuses des seigneurs et les tribunaux d'exception, on ne verrait pas si souvent des malheureux plaideurs sacrifier la moitié de leur fortune pour défendre l'autre. Nous espérons que tous les députés de la nation prendront en considération cet objet important, sur lequel Sa Majesté a déjà fait connaître ses intentions.

Art. 5. Une triste et longue expérience n'ayant que trop éclairé sur les vices désastreux de l'administration des finances, nous demandons qu'il y soit apporté le plus efficace et le plus prompt remède, tant pour prévenir les déprédations, que pour augmenter le numéraire, par une perception plus simple et un versement plus direct dans les caisses; pour parvenir à ce but d'où dépend aujourd'hui le salut de la nation, il nous paraît indispensable de prendre une juste connaissance des sommes nécessaires au Roi, pour soutenir l'éclat de sa couronne, pour l'entretien majestueux de sa maison, de celle de la reine et de celle des princes du sang royal, de calculer les frais ordinaires des départements ministériels tant au dedans qu'au dehors du royaume, et, après en avoir, sous le bon plaisir de Sa Majesté, supprimé quelques places inutiles et réduit les émoluments de toutes les autres, de fixer invariablement pour un temps limité les sommes nécessaires à remplir ces différents objets, d'examiner ensuite la liste interminable des pensions, d'en effacer celles qui ne sont pas la récompense de quelques services rendus à la patrie, de réduire même les mieux méritées, si elles sont jugées excessives et d'assigner pour cet article une finance assez considérable pour qu'un grand monarque puisse être libéral et même magnifique, mais sans profusion.

Cette opération finie, il conviendrait d'établir une caisse nationale dans laquelle les fonds destinés à tous ces objets seraient versés directement par un receveur général de chaque province, sans qu'il fût besoin entre ledit receveur et ladite caisse d'aucun autre agent intermédiaire, laquelle caisse serait confiée à un surintendant, qui, comme tous les autres ministres et leurs subordonnés, sera tenu de rendre compte à la nation de l'emploi des deniers; et, en cas de malversations, poursuivi et jugé suivant la rigueur des lois.

Art. 6. A raison de la multitude et de la diversité des impôts, une portion considérable de leur produit est absorbée par les frais de perception. En réformant et simplifiant cette partie, la plus étendue de l'administration, il serait possible que les sujets payassent beaucoup moins, et que le souverain reçût beaucoup plus. Il serait donc avantageux pour l'intérêt commun que tout ce qui se perçoit à titre d'imposition fût réduit à un impôt unique ou au moindre nombre possible, auquel, sans distinction, tous les sujets du Roi seraient assujettis, en raison proportionnelle de leurs pos-

sessions, commerce et industrie; que la répartition et perception en fussent faites indistinctement sur les trois ordres de l'Etat, dans la même forme, de la même manière et par les mêmes officiers commis à cet effet. Cette égalité et conformité de contribution mettrait les chefs de chaque ordre à l'abri d'une multitude de murmures et de plaintes, qui peut-être ne sont pas toujours des calomnies. En conséquence, renonçant aux privilèges dont le clergé a joui jusqu'à présent de s'imposer lui-même et de faire ses recouvrements par ses officiers particuliers, nous demandons avec instance à n'être pas distingués des autres sujets de l'Etat dans l'assiette et la perception de nos impositions, à l'effet de quoi nous chargeons notre député de solliciter la suppression entière de ce comité despotique, connu sous le nom de Chambre ecclésiastique, où l'on semble se faire une loi de violer la plus sacrée de toutes les lois, celle de la justice distributive, comité tyrannique et ténébreux, où les membres de l'Eglise les plus laborieux et les plus pauvres sont arbitrairement écrasés, à la décharge des oisifs et des opulents, sans pouvoir y puiser la moindre lumière pour se pourvoir contre l'injustice.

Art. 7. Si nous connaissions les motifs qui ont rendu les grands propriétaires opposants au projet de l'impôt territorial et en nature, peut-être les approuverions-nous. Mais ne jugeant des objets éloignés que par ceux qui nous environnent, nous jugeons que cet impôt en nature serait impraticable, tant à raison de la difficulté et des frais de perception, que par le peu de ressources qu'il laisserait aux petits propriétaires, et plus encore par le découragement qu'il inspirerait aux laborieux cultivateurs. Ces puissants motifs nous déterminent à demander que le même impôt territorial soit perçu en argent, suivant une estimation légalement faite des domaines par les officiers de chaque municipalité.

Art. 8. Ce ne serait pourvoir qu'à demi à la tranquillité publique, si, en réduisant les impôts dans un seul, ou dans le plus petit nombre possible, on ne supprimait pas généralement tous les droits assis sur les comestibles de première nécessité et autres objets de consommation : droits qui, dans le fait, sont des impôts indirects, dont la perception toujours rigoureuse et souvent arbitraire, désolent le citoyen et ne profitent qu'au traitant, tels sont surtout les droits de gabelles, dont les commis subalternes, plus avides encore que leurs commettants font un odieux commerce de trahison et d'injustice, pour mettre à contribution les contrées qu'ils habitent; tels encore les droits de contrôle et francs-fiefs dont le grimoire obscur ouvre la porte aux vexations et la ferme aux moyens de défense.

Ces deux branches de finances, il est vrai, sont d'un produit considérable pour le trésor de l'Etat; mais ne serait-il point possible de les remplacer d'une manière plus profitable au Roi et moins onéreuse à ses sujets? Nous laissons à la nation assemblée le soin d'en trouver les moyens et de les employer sans délai. Il tarde à tous les pays qui en sont infectés, d'être délivrés de cette cohorte d'ennemis domestiques dont les moindres défauts sont la cupidité et la tyrannie.

Il est bien d'autres espèces de droits qui, sans être aussi oppresseurs, troublent presque autant la paix de la société. Tels sont les droits d'aides et de traites intérieures, de foires et de marchés, de péage et d'entrée. Il en est un surtout qui nuit beaucoup au commerce particulier de notre petite capitale. C'est un droit de minage qui se perçoit sur les blés et autres denrées, qui, par cette raison, sont toujours rares dans nos foires et marchés. Ce droit est seigneurial et le pays qui en réclame la suppression offre d'en faire le remboursement si le seigneur est fondé en titre.

Art. 9. Si l'œil de notre monarque pouvait s'étendre à toutes les parties de l'administration, nous n'aurions point d'abus à corriger, mais il est forcé de se décharger d'une partie de ses soins sur des délégués qu'il croit être et qui ne sont pas toujours dignes de sa confiance. Ceux-ci, moins occupés du bien général, que du leur particulier, bornent souvent leur tâche à recueillir les honneurs et les émoluments de leur emploi, dont ils confient la partie onéreuse du détail à des subalternes qui ne se piquent pas de les surpasser en scrupule. Vivement persuadés que les fléaux qui oppriment la France sont nés et naissent de cette forme vicieuse du régime actuel, nous croyons qu'il est indispensable de lui en substituer un autre qui puisse à jamais tarir et fermer la source de nos malheurs.

Les moyens que nous jugeons les plus propres à opérer cette heureuse révolution seraient : 1º de confier aux provinces le pouvoir de se gouverner et régir elles-mêmes, en se formant des États provinciaux auxquels seraient subordonnés des États particuliers dans chaque district, et à ceux-ci des assemblées municipales dans chaque paroisse, les membres de ces administrations pris dans les trois ordres de l'État, élus au scrutin, et tous les trois ans renouvelés par tiers ; 2º de laisser à ces États provinciaux la faculté de répartir la masse totale des charges de la province dont les districts feraient la distribution partielle entre les municipalités, qui enfin assigneraient à chaque contribuable la cote qu'il serait jugé devoir supporter ; 3º d'obliger les municipalités à rendre, tous les ans, compte de leur gestion aux districts, et ceux-ci aux États provinciaux qui, tous les trois ou cinq ans au plus tard rendraient les leurs aux États de la nation ; 4º d'établir dans chaque district une caisse de recette qui serait versée immédiatement dans la caisse de la province et celle-ci directement dans la caisse nationale, et de rendre les administrateurs de ces dépôts sacrés responsables de leurs emplois envers la nation, qui aurait droit de les destituer et poursuivre sans qu'aucune autorité puisse y mettre obstacle ; en recommandant à notre député de solliciter cette nouvelle forme d'administration, nous lui laissons le pouvoir de consentir à toute autre qui serait jugée plus propre à assurer les droits et le bonheur du monarque et de ses sujets.

Art. 10. Le ministre éclairé qui gouverne aujourd'hui nos finances voit sans doute en frémissant la profondeur de l'abîme où ses prédécesseurs ont précipité l'État ; mais il ne peut l'en retirer par les forces seules de sa sagesse, il lui faut le bras de tous les citoyens, et nous rougirions de ne pas offrir le nôtre ; nous chargeons donc notre député, après avoir préalablement pris une exacte connaissance de la dette nationale, de porter aux pieds du trône et à la nation assemblée l'offre de tous nos efforts ; mais nos efforts et ceux de la nation étant insuffisants, ne pourrait-on pas, pour y subvenir en partie, proposer l'aliénation de quelque domaine de la couronne, dont l'administration est peut-être plus vicieuse encore que l'administration générale? Et si, pour acquitter le surplus, tant en intérêts qu'en capitaux, on est obligé de recourir à des emprunts, nous demandons qu'ils ne puissent être faits et cautionnés que par les États généraux, qui, seuls, dans tous

les cas possibles, en auront le droit et le pouvoir.

Art. 11. Le désordre général des finances du royaume ne s'est que trop communiqué aux finances particulières du clergé ; pour s'en convaincre et juger du reste, il ne faut que jeter un coup d'œil sur les économats, fléau ruineux pour une multitude de familles honnêtes, gouffre insatiable où s'engloutissent des biens immenses qui deviennent nuls pour le but sacré de cette sage institution ; notre vœu serait donc que cette caisse fût détruite et remplacée par une autre, destinée à l'usage que nous allons indiquer.

Le clergé contribuant, suivant le nouveau plan d'administration, à toutes les charges publiques, comme tous les autres sujets du royaume, ne trouverait plus, dans ses revenus annuels, des ressources suffisantes pour acquitter les intérêts de ses dettes et encore moins pour en rembourser les capitaux. Cette portion du clergé surtout, qui a la plus grande part aux travaux de l'Église et la plus petite à ses richesses, ne pourrait en aucune manière, malgré son désir et ses efforts, contribuer à cet acquittement qui pourtant serait indispensable pour y parvenir. Voici les moyens qui nous paraissent les plus sûrs et les plus expédients. Que le Roi, de son autorité et de concert avec la nation assemblée, ordonne la suppression et même l'aliénation de plusieurs maisons religieuses ; de tous les bénéfices simples à la nomination des réguliers ; de quelques riches abbayes et même de quelques évêchés qui dans plus d'un pays sont beaucoup trop multipliés, et que le produit en provenant soit employé à payer les intérêts, et successivement à rembourser les capitaux. Si le haut clergé prétend que ce serait porter une main sacrilège à l'encensoir, qu'il se charge de nos dettes et qu'il les acquitte ; il est assez riche et doit être assez juste pour ne pas nous demander des secours.

Il est encore un autre moyen qui, à notre avis, pourrait être meilleur : le clergé rentrant dans la classe des autres citoyens, à l'égard des charges publiques, il serait injuste de le faire contribuer à la dette nationale et de le charger seul de sa dette particulière qui n'a été contractée que pour fournir des secours à l'État. La justice exigerait donc que la dette du clergé fût confondue avec celle de la nation, et que la répartition s'en fît comme il est dit dans l'article précédent.

Alors la caisse des économats restant toujours supprimée, ne serait pas remplacée par une caisse générale pour tout le royaume, mais par une caisse particulière établie dans chaque province et confiée à l'administration des États provinciaux. Dans cette caisse seraient versés, non-seulement les fonds qui, par leur nature, appartiennent aux économats, mais encore ceux provenant des suppressions et aliénations qui seraient faites dans l'étendue de la province, pour le tout être employé par lesdits États à des fondations d'hôpitaux et autres établissements utiles à la province. Si aucun de ces moyens n'est approuvé, nous autorisons notre député à consentir à tout autre qui, par l'assemblée générale, sera jugé le meilleur, pourvu que les curés surtout, outre leurs contributions à la charge publique, ne soient pas assujettis à une autre imposition pour les charges particulières du clergé, pourvu encore les obligations spirituelles et temporelles des économats et celles résultantes des suppressions et aliénations des bénéfices, soient scrupuleusement acquittées.

Art. 12. Entre les usages nuisibles à la nation, quoique autorisés par l'Église et par le gouvernement, il en est un qui semble mériter l'attention particulière des États généraux : c'est le passage sans retour de notre numéraire chez l'étranger et surtout à Rome, d'où nous ne recevons en échange que des bulles, des brefs et des dispenses. Sans rompre le lien sacré qui nous unit au chef de l'Église universelle, ne pourrait-on pas trouver le moyen de lui rendre l'hommage de notre respect filial d'une manière moins préjudiciable à nos finances ? C'est un point délicat sur lequel, sans nous permettre aucun avis, nous donnons à notre député pouvoir de délibérer et consentir tout ce qui par le Roi et la nation sera jugé nécessaire.

Art. 13. Les curés, cette portion du clergé la plus utile à la religion et peut-être même à l'État, étant, comme nous l'avons déjà observé, la plus chargée et la moins rétribuée, nous invitons la nation à solliciter pour eux une augmentation de revenu, qui puisse les mettre en état de vivre avec l'aisance et la dignité qui conviennent à leur place. Nous présentons la même supplique en faveur des vicaires, dont nous demandons un nombre suffisant dans chaque paroisse, à raison de l'étendue et de la population. A ce moyen on ne serait pas obligé de recourir à des secours étrangers qui ne sont pas toujours aussi salutaires aux âmes que ceux qui leur sont administrés par leur propre prêtre; et si lesdits vicaires étaient rétribués de manière à ne pas attendre une partie de leur vie et de leur entretien de la libéralité de leurs paroissiens, on verrait sans doute rejaillir sur leur personne une plus grande mesure de la considération que l'on ne peut refuser à leur emploi. Mais l'élévation de l'âme étant quelquefois étouffée par les besoins pressants du nécessaire, il arrive ou peut arriver qu'une place honorable cesse d'être honorée, à cause de l'indigent qui l'occupe.

On objectera peut-être que dans plusieurs diocèses l'on trouve à peine le nombre suffisant de curés, et que, par conséquent, il n'est pas possible d'y multiplier les vicaires ; mais que sans distinction de titre on assujettisse à servir l'église tous les oisifs qui vivent à ses dépens, on augmentera beaucoup le nombre des ministres nécessaires. Qu'on assure à tous une rétribution durant le temps de leurs services, et une retraite avantageuse après leurs longs travaux, on verra infailliblement augmenter le nombre des prêtres.

Art. 14. Si nous invitons le Roi et la nation à s'occuper du sort des ministres utiles à l'Église, nous les invitons encore davantage à ne lui en procurer que de dignes de la servir ; ces moyens, à notre avis, seraient : 1° de pourvoir efficacement et uniformément à l'instruction des sujets que l'on y destine, en établissant dans chaque ville de province un collège, tenu par l'ordre ou la congrégation des réguliers qu'on en jugerait les plus capables, et assujetti à l'inspection des officiers municipaux ; 2° de n'attribuer la nomination à tous bénéfices et places ayant charge d'âmes, qu'aux évêques seuls et en faveur de leurs seuls diocésains, sans toutefois préjudicier aux droits des réguliers à l'égard de leurs bénéfices-cures, qu'ils seront obligés de remplir dans les trois premiers mois de la vacance, après lequel délai la nomination en serait dévolue à l'ordinaire ; 3° de renouveler la loi de la résidence, cette loi si sage et si négligée, loi essentielle qui probablement reprendrait sa vigueur si nos revenus en étaient garants. En conséquence, nous consentons et nous demandons même que, dans chaque district, il soit établi un bureau de charité au profit duquel seront adjugées les taxes pro-

portionnelles des absences qui n'auront pas pour motif les intérêts du bien public. L'exemple de nosseigneurs les évêques sera pour nous, à cet égard comme à tous les autres, la loi la plus impérieuse ; mais, quel que soit le motif de leur absence, nous demandons que, dans tous les cas, ils soient tenus aux frais des démissoires.

Art. 15. Si nous nous occupons du sort des ministres de l'Église, et du soin de le pourvoir de sujets dignes de la servir, nous ne devons pas moins nous occuper des moyens de les loger avec décence, d'entretenir leur logement et la portion de l'église qui serait à leur charge, dont les réparations négligées entraînent, à la mort des titulaires, la ruine de leurs familles et celle des paroissiens, ce qui nous a fait désirer que, pour prévenir de semblables malheurs, il y soit pourvu par des moyens plus efficaces et moins onéreux aux parties intéressées, de la manière qu'on le pratique dans quelques provinces du royaume. Il n'est point de titulaire qui ne fît quelques sacrifices à ce sujet. Il serait aussi à propos de fixer les vacations des notaires et de supprimer les huissiers-priseurs.

Art. 16. Quand on aurait pour ainsi dire, régénéré la nation par l'abolition des abus, les lois les plus sages et le meilleur ordre possible dans toutes les parties du gouvernement, on n'aurait encore rien fait pour cette nombreuse portion du peuple qui borne ses plus hautes prétentions à attirer sur elle quelques regards de pitié, sur cette classe surtout qui gémit tout à la fois sous le poids des travaux, des infirmités et de l'indigence. Un hôpital et un bureau de charité, en chaque ville, seraient sans doute les établissements les plus utiles et les plus glorieux à l'humanité ; mais ils seraient insuffisants pour prévenir les ravages que la mort fait en nos campagnes. Que de malheureux, victimes de leurs travaux, ne nous enlève-t-elle pas, parce qu'ils sont ou trop pauvres ou trop éloignés pour se procurer des remèdes et les autres secours ! Nous réclamons donc, en faveur de ces membres précieux de la société, un petit hospice en chaque paroisse de la campagne, gouverné par deux ou plusieurs religieuses hospitalières et administré par les officiers municipaux. L'intérêt le plus cher à la nation est de conserver les bras destinés à l'agriculture.

Art. 17. L'œil d'une administration bien ordonnée devant s'étendre à tous les individus, la nation assemblée donnera sans doute son attention à ces fruits innocents du libertinage qui, désavoués de leurs auteurs, appartiennent en commun à toute la société, et qui pourraient devenir utiles si elle veillait plus attentivement à leurs jours et à leur éducation ; mais confiés à des mains mercenaires et quelquefois homicides, rarement arrivent-ils au lieu destiné à leur conservation ; l'humanité réclame donc aussi pour eux un hôpital dans chaque ville, pour prévenir sinon la débauche, au moins l'atrocité ; les mœurs et l'intérêt public ne réclament pas avec moins d'instance un lieu de force pour ces viles créatures, dont l'infâme métier est de corrompre la jeunesse et de lui transmettre un poison meurtrier, dont le germe se perpétue de génération en génération.

Art. 18. Nous savons que ce n'est pas assez de donner des projets, il faut en même temps fournir les moyens de les exécuter. Augmenter le revenu des curés, multiplier les vicaires et les doter, fonder des collèges, des hôpitaux, des bureaux de charité, des maisons de force sont sans doute des vues louables, dignes de la religion et de l'hu-

38

manité du souverain et des sujets de la France, mais qui, surtout en ce moment de crise, paraîtront peut-être au-dessus de leurs ressources. Cependant nous avons indiqué un moyen praticable sans grever la nation qui serait l'entremise du crédit et de l'autorité de nosseigneurs les évêques pour la réunion, suppression ou destruction d'une multitude de bénéfices qui ne servent qu'à entretenir l'oisiveté ou à nourrir le faste de ceux qui les possèdent. Les fonds qui en proviendraient seraient peut-être suffisants pour l'augmentation des revenus des curés et des vicaires et pour la dotation des nouveaux établissements; et cependant, s'ils ne suffisaient pas pour la fondation surtout des hôpitaux, on pourrait trouver une ressource naturelle et abondante dans une portion de l'ordre de Malte, en les rappelant à leur première destination, et si le nombre des maisons supprimées était insuffisant, il pourrait être ordonné à ceux des ordres religieux de l'un et de l'autre sexe qui, rapportant tout à soi, ne s'occupent que de leur propre salut, de faire place aux âmes généreuses qui se dévoueraient à l'instruction de la jeunesse et au soulagement de l'humanité.

Art. 19. On ne travaillerait qu'imparfaitement au bonheur général et particulier des citoyens, si on ne donnait pas la plus rigoureuse attention aux actes qui font la base fondamentale de leur état et de leur fortune. On y a déjà sagement pourvu par la loi qui ordonne les dépôts des registres de paroisses au greffe des sièges royaux. Mais cette loi, qui met en sûreté les registres, n'assure ni l'exactitude, ni même l'existence, des actes qu'ils doivent contenir. Avec le zèle le plus pur et l'attention la plus scrupuleuse, un prêtre peut, comme tout autre, commettre des fautes de méprise et d'oubli, et relativement à ces actes, il n'est point de fautes dont les suites ne soient essentiellement préjudiciables aux intéressés. Pour les prévenir, autant qu'il est possible, nous jugeons qu'il faudrait encore, par une autre loi, enjoindre à tous les curés de faire, à haute et intelligible voix, avec la plus grande discrétion, la lecture des actes (en passant sous silence ceux qui doivent être secrets), tous les trois mois dans les villes, tous les ans, au mois de janvier, dans les campagnes, afin que chaque paroissien, attentif aux actes qui l'intéresse, pût en remarquer les erreurs et en instruire le curé qui, après s'en être convaincu lui-même, aurait soin de les corriger.

Art. 20. Si le nouveau plan général que nous proposons n'est pas agréé ou ne peut avoir lieu, si des obstacles insurmontables forcent le Roi et la nation à laisser subsister le régime vicieux sous lequel surtout le clergé du second ordre gémit depuis si longtemps, nous demandons qu'au moins les principaux abus en soient corrigés; que les droits primitifs et imprescriptibles des curés leur soient rendus; que, conformément aux canons, on rétablisse les synodes provinciaux, mal représentés par les retraites ecclésiastiques qui sont en usage dans plusieurs diocèses; que si des besoins spirituels rendent nécessaires les assemblées générales du clergé, les curés y soient appelés en nombre suffisant; que si, par un malheur inévitable qui répugne non-seulement au vœu du clergé, mais encore à celui de la nation entière, la chambre ecclésiastique subsistait encore, ils y aient des représentants en nombre égal à tous les autres députés réunis et choisis par eux; que, dans tous les cas, l'édit de 1695, qui n'a été accordé qu'à l'importunité du clergé

du premier ordre, et si contraire aux droits du second, soit incessamment réformé. Nous demandons, pour l'honneur du sacerdoce, qu'il soit provisoirement pourvu au plus juste et plus prompt moyen de soustraire les curés et vicaires à l'avilissement auquel, pour la plupart, ils sont réduits par l'indigence, et que les tarifs des secrétariats ecclésiastiques soient réformés, fixés et modérés, et que surtout, suivant l'esprit des canons, toutes les dispenses soient expédiées *gratis*, sauf aux évêques à imposer à ceux qui les obtiennent, par forme de pénitence, une aumône applicable au bureau de charité des impétrants, laquelle dispense ne pourra être mise à exécution que sur la quittance des administrateurs desdits bureaux.

Art. 21. La noblesse, cette portion respectable de la nation, faisant le sacrifice volontaire de ses prérogatives les plus utiles pour subvenir aux besoins de l'État, il nous paraît bien juste de maintenir ces généreux défenseurs de la patrie dans les droits honorifiques, rangs, préséances et dignités que leurs pères leur ont acquis et au prix de leur sang; nous souhaitons même que, par de nouvelles distinctions, on ajoute, s'il est possible, un nouveau degré à la considération qu'ils méritent personnellement par leurs vertus civiques. Pour nous qui ne devons nous glorifier que dans la croix et l'humiliation du Sauveur, nous ne cherchons à nous distinguer que par nos vertus évangéliques et par la ferveur de nos prières pour la prospérité de la nation, et si l'on daigne augmenter notre trop juste portion de pain, l'emploi que nous en ferons le plus consolant et le plus cher à notre cœur, sera de le partager avec nos frères indigents, et de manger le reste dans la paix et la joie de nos âmes.

Clos et arrêté, le présent cahier, le 20 mars 1789, par nous, président et commissaires soussignés : l'abbé de Bussy, président; Confex, doyen; Chemeau de Marsay, curé de Neuil-sur-Dive; Diotte de la Vaillette, prieur de Morton; Tabart, secrétaire; Giloire, curé de Vezieres; Delliard, curé de Saint-Pierre des Trois-Moustiers, secrétaire.

CAHIER

Des doléances de l'ordre de la noblesse du Loudunois (1).

L'ordre de la noblesse, après mûres délibérations, à arrêté le cahier des doléances, griefs et pétitions, lequel a été rédigé par M. le comte de Ternay, M. le comte de Marconnay, fondé des pouvoirs du monseigneur comte d'Artois; M. de La Chaussée, comte de Boucherville; M. le comte de Messemé et M. Marault de la Bonnetière, commissaires nommés par l'ordre de la noblesse et présidés par M. le marquis de Razilly, brigadier des armées du Roi, ainsi qu'il suit :

Art. 1er. Qu'à l'ouverture des États, il sera délibéré de faire une adresse au Roi pour le remercier d'avoir réintégré la nation dans le droit d'être appelée à délibérer, voter et consentir les subsides, et d'avoir déclaré, par son arrêt du conseil du 27 décembre 1788, que, pour former une constitution invariable et permanente, sa volonté est non-seulement de réaliser la promesse qu'elle a faite de ne mettre aucun impôt sans le consentement des États généraux du royaume, mais encore de n'en proroger aucun sans cette condition,

_____

(1) Nous publions ce cahier d'après un manuscrit des *Archives de l'Empire*.

laquelle doit également s'étendre aux emprunts que les circonstances rendraient nécessaires.

Art. 2. Que, dans une charte déposée dans les archives de la nation, il soit établi et immuablement fixé que la liberté individuelle soit assurée à chaque citoyen, et l'abolition entière des lettres de cachet.

Art. 3. Que la liberté de la presse soit accordée avec des modifications.

Art. 4. Qu'il soit accordé une périodicité de termes d'États généraux, au moins tous les trois ans, à laquelle les mêmes députés ne pourront être envoyés qu'après une nouvelle élection, et lesdits États généraux auront seuls et essentiellement le pouvoir de vérifier l'état des revenus annuels, celui des charges fixes et ordinaires de la dépense publique, ainsi que les états de comptabilité depuis la dernière tenue, afin de s'assurer s'il y a proportion et équilibre entre la recette et la dépense, faute de quoi toute dette cessera d'être reconnue et obligatoire.

Art. 5. Qu'il soit fait un code de lois uniformes avec l'approbation du Roi, et auquel la nation réunie par ses représentants donnera sa sanction à la plus prochaine assemblée, après sa rédaction.

Art. 6. Que la justice soit rapprochée des citoyens, ses honoraires et autres émoluments réglés, obligée d'en donner quittance, et que les peines afflictives et corporelles soient infligées aux délinquants suivant l'exigence des cas, lesquelles demandes ont été faites par les parlements mêmes.

Art. 7. Qu'il soit établi des États provinciaux dans toutes les provinces, leur formation une fois faite d'après les règlements qui y seront proposés ou consentis par les États généraux et par les provinces, avec déclaration que, tant la création que la constitution une fois arrêtées, lesdits États provinciaux seront regardés comme lois fondamentales du royaume, et qu'il ne pourra y être rien changé qu'avec le concours du Roi et des États généraux, et qu'à ce moyen les assemblées provinciales actuellement subsistantes seront supprimées, attendu l'illégalité de leur création, étant établies sans le consentement des provinces qui n'ont eu aucune participation à la nomination des membres qui les composent. La province du Loudunois, se trouvant confondue dans la généralité de Tours, demande qu'il lui soit accordé des États provinciaux, comme dans toutes les autres provinces du royaume, d'après le droit qu'elle a de députer directement aux États généraux et ayant une coutume particulière.

Les établissements des États provinciaux seront constitués de manière à ce que l'assiette, la perception des impôts et le jugement du contentieux en première instance leur soit absolument dévolus, dont l'appel sera porté à un conseil d'administration qui sera établi dans le ressort de chaque parlement et dans la ville où il réside, et composé de membres électifs par chaque province, à raison de deux députatés par chaque État provincial, de manière que chaque députation soit formée d'un ecclésiastique, d'un noble et de deux représentants du tiers, dont un pour les municipalités et l'autre pour les communautés, et de quatre magistrats, desquels deux élus par le conseil national et deux par le parlement de la province.

Art. 8. Que le Roi sera supplié de concerter avec les États généraux les moyens les plus efficaces et les plus prompts d'opérer une réduction dans les offices, charges, places militaires et de judicature et de finance, et d'effectuer toutes les économies et bonifications dont chaque département sera susceptible.

Art. 9. Que les douanes et autres droits intérieurs du royaume sur l'importation et l'exportation, et qui atténuent le commerce, soient portés aux frontières, pour que le commerce, difficile à taxer sans le faire arbitrairement, paye sur cet objet de change ou d'achat une taxe proportionnée à celle du citoyen ; que les aides et gabelles soient entièrement supprimées, ce dernier impôt affligeant particulièrement la classe la plus indigente par la manière dont il est perçu et par les abus odieux qui en résultent.

Que tous les autres droits, et qui sont sans nombre, demeurent éteints, sous la réserve du contrôle, pour la sûreté des différents pactes entre les citoyens ; mais qu'il n'y soit annexé aucun droit et qu'il ne soit décerné aucun autre salaire à celui qui en sera chargé dans chaque district, que les gages proportionnés à l'étendue de sa gestion.

Art. 10. Que les domaines de la couronne, qui doivent être sacrés et inviolables et qui n'ont jamais dû être aliénés soit par des échanges ou tout autre moyen, à l'avenir, soient confiés à l'administration des États de chaque province, dans laquelle ils sont situés, lesquels États seront responsables et comptables envers le Roi des revenus desdits domaines, ainsi que des améliorations et bonifications opérées par une meilleure régie.

Art. 11. Que d'après l'état du déficit et de la dette publique dûment constaté, une déclaration expresse portera : 1° reconnaissance et consolidation de la dette nationale avec des moyens de parvenir à sa libération ; 2° qu'à l'avenir aucune dette ne puisse obliger la nation, qu'autant que deux conditions également essentielles auront concouru pour en assurer la solidité : la première, qu'elle aura été reconnue par la nation ou ses représentants ; la seconde, qu'elle aura été hypothéquée et affectée sur un gage fixe et déterminé.

Art. 12. Qu'il est important, pour ne pas multiplier les impôts et par conséquent les abus, de les réduire à deux seulement, dont l'un porterait sur les propriétés, et l'autre, sur chaque individu, même n'ayant aucune propriété ; les États généraux aviseront aux moyens les plus convenables pour que les personnes qui jouissent d'une fortune considérable, sans cependant avoir de fonds, comme les négociants et autres spéculateurs, contribuent à la charge publique.

Que chaque individu, de quelque ordre ou État qu'il soit, sans aucune distinction de rang ou de privilège, ainsi que le clergé séculier ou régulier, abbayes, évêchés, prieurés, communautés, tant d'hommes que de femmes, commanderies et autres biens ecclésiastiques généralement quelconques, soit taxé suivant la qualité de ses biens et propriétés et sujet aux impositions réglées par les États généraux.

Art. 13. Que dorénavant les impôts seront versés dans une caisse dite nationale, directement par les receveurs particuliers des provinces, pour être employés au payement des différents objets relatifs au gouvernement ; desquelles sommes les ministres chargés des différents départements seront responsables et comptables à la nation ; et si sur les fonds assignés à leur département il se trouve un excédant opéré par leurs bonifications ou réformes, il sera remis dans une caisse d'épargne destinée aux dépenses imprévues d'une guerre subite, ou autres besoins de l'État ; et, la guerre survenant, le Roi assemblera ses États généraux pour voter les sommes nécessaires ;

elles seront déposées dans la caisse de l'épargne, où les ministres de l'épargne puiseront d'après les arrêtés du conseil. Le député de la noblesse demandera la réintégration de la Chambre des comptes de Paris dans ses droits et fonctions, avec autorité suffisante pour que la comptabilité soit rapprochée, régulière et publiée chaque année, et que les comptes arrêtés ainsi que l'État des revenus et dépenses publiques qui sera chaque année arrêté seront rendus publics par la voie d'impression, afin que chaque citoyen puisse en avoir connaissance.

Art. 14. Que, pour assurer à la noblesse la conservation de ses titres à la postérité, il soit établi un dépôt sous le titre de *Chambre de la noblesse*, dans lequel il sera libre à tous gentilshommes de déposer des copies authentiques de leurs titres, reconnues et approuvées par le généalogiste de la cour qui en sera directeur.

Que tout officier chargé d'un emploi militaire quelconque ne pourra être destitué à la volonté et gré du ministre, sans que préalablement son procès ne lui soit fait, soit par un conseil de guerre, soit par les justices ordinaires, suivant l'exigence des cas.

Que tout anoblissement vénal sera aboli, et que le Roi sera supplié de ne conférer le titre qu'à ceux seulement qui, dans le militaire ou dans tout autre état, auront rendu des services essentiels à la patrie, et la qualité d'écuyer interdite à tout autre qu'à la noblesse; qu'il soit absolument défendu à tout individu non noble de porter l'épée, cette marque de distinction appartenant essentiellement à l'ordre de la noblesse; qu'il soit de même défendu à toutes personnes non nobles et non possédant fiefs d'avoir dans leurs maisons des armes à feu, et que celles qui en ont soient obligées de les porter dans les arsenaux qui leur seront indiqués, où, en recevant les armes, il leur sera payé le prix de l'estimation, et la maréchaussée qu'il est essentiel d'augmenter considérablement sera chargée de veiller à l'exécution du présent article.

Que les charges de MM. les officiers de ce corps cesseront d'être vénales et qu'elles seront données pour récompense à des officiers des troupes du Roi, dont le zèle, l'activité et la bonne conduite les auront rendus susceptibles, et qu'il ne puisse être admis dans la maréchaussée aucun cavalier, qu'il n'ait préalablement servi huit ans dans les autres troupes, soit infanterie, cavalerie ou dragons, et qu'il ne soit muni d'un congé absolu et d'un certificat de vie et mœurs du commandant du corps dans lequel il aura servi, et que ce corps, très-utile pour la sûreté intérieure et journellement en activité, soit absolument assimilé aux autres troupes, et que la composition en soit la même.

Art. 15. Que les bulles et autres droits payés à la cour de Rome soient entièrement supprimés, étant infiniment onéreux à l'État par l'exportation du numéraire.

Art. 16. Que le Roi sera supplié de faire une réforme dans les ordres religieux, d'établir un plan qui les rende également utiles à la religion, au soulagement du pauvre et particulièrement à celui du peuple; que l'excédant des revenus immenses dont jouit une partie des ordres religieux, soit appliqué au profit de l'État et pour tenir lieu des sommes fournies par le trésor royal pour le secours des hôpitaux; et que tous les ordres mendiants soient absolument supprimés comme étant inutiles et à charge au peuple.

Art. 17. Que le revenu des curés et des vicaires sera augmenté de façon à pouvoir vivre honnêtement, et que ces derniers ne soient plus dans le cas de faire la quête dans leurs paroisses. Les moyens d'y parvenir sont la suppression de plusieurs communautés religieuses tant d'hommes que de femmes, celle de plusieurs chapitres d'hommes, de quelques abbayes, prieurés et autres bénéfices simples, la réduction des revenus immenses de plusieurs évêchés, et des abbayes qu'il plaira au Roi de conserver, et la suppression des économats, lesquelles suppressions ne s'accompliront qu'à l'extinction des religieux et titulaires.

Art. 18. L'établissement des États provinciaux doit opérer tous les soulagements que le peuple et en particulier la classe tout à la fois cultivatrice et propriétaire ont droit d'espérer; l'ordre de la noblesse croit y avoir pourvu en sollicitant ce bienfait; et de plus, il charge son député de déclarer dans l'assemblée nationale que la noblesse du bailliage du Loudunois a intention et volonté de supporter dans une égalité juste et proportionnelle sa part contributoire aux charges publiques, et lui recommande de requérir préliminairement qu'il ne soit consenti à aucuns secours pécuniaires, soit impôts ou emprunts, avant que les droits de la nation et du citoyen ne soient préalablement reconnus et fixés de la manière la plus claire, et que la dette de l'État ne soit dûment constatée et vérifiée, ces demandes n'ayant pour but que le bonheur de la France et de le perpétuer, d'insister à ce qu'on opine par ordre et non par tête.

Fait et arrêté le présent cahier dans la chambre indiquée pour Messieurs de la noblesse, aux anciens Capucins de cette ville de Loudun, par MM. les commissaires ci-dessus nommés et présidés par M. le marquis de Razilly, après lecture faite à l'assemblée de l'ordre de la noblesse, et a été signé de MM. les commissaires, de M. le président et du secrétaire, le 19 mars 1789. D'Arsac de Ternay, le comte de Marconnay, La Chaussée de Boucherville, Messemé, de La Bonnetière, le marquis de Razilly, président, Montault, secrétaire.

CAHIER

Des doléances du tiers-état du bailliage de Loudunois (1).

Le tiers-état demande :

1° Qu'aux États généraux prochains et successifs, les voix se comptent par tête et non par ordre.

2° Qu'il plaise au Roi de consentir qu'il soit fait une constitution qui assure les droits du monarque et ceux de la nation.

3° Que cette constitution assure la liberté personnelle et individuelle de tous les citoyens et les droits de leurs propriétés.

4° Que l'usage des lettres de cachet soit aboli, que tout accusé soit jugé par ses juges naturels, suivant les ordonnances, sans évocation ni commission.

5° Que le Roi soit très-respectueusement supplié qu'aucune loi ne s'établisse sans le concours essentiel de sa volonté et le consentement de la nation réunie aux États généraux.

Que les États généraux tiennent de droit tous les cinq ans.

6° Qu'aucun sujet du monarque ni aucun tribunal ne puissent impunément violer les lois du royaume.

7° Que les députés prennent connaissance de la

---

(1) Nous publions ce cahier d'après un manuscrit des *Archives de l'Empire*.

dette nationale et s'occupent en âme et conscience des moyens les plus propres à en remplir le déficit de la manière la moins onéreuse et la plus digne de la tendresse paternelle du monarque.

8° Qu'à l'avenir aucun impôt ne soit créé, réparti et recouvré, sans le consentement de la nation aux États généraux, hors pour les cas de guerre imprévus.

9° Que les États généraux aient le droit de veiller et inspecter les gestions, administrations et fonctions des ministres qui seront jugés par les tribunaux compétents relativement aux impôts.

10° Que les impôts soient répartis entre les trois ordres, avec égalité, sans exception de privilèges, de la manière la plus sûre, mais la moins compliquée, la plus simple et la moins onéreuse à la nation.

11° Que le Roi soit respectueusement supplié de consentir que ceux de ses domaines, qui sont trop à charge, sujets à dépenses et sans affectation pour lui, soient aliénés, ainsi que ceux des ci-devant soi-disant Jésuites ; que les économats rendent leurs comptes et que les prix et produits du tout soient employés jusqu'à due concurrence à l'acquittement des dettes de l'État.

12° Que la bonté du monarque soit très-respectueusement suppliée de fixer et déterminer elle-même la dépense de sa maison, de celle de l'auguste reine, de toute la famille royale et de tous les princes de son sang.

13° Que les droits désastreux des gabelles, des aides, de francs-fiefs, d'ensaisinement, d'infirmation, de centième denier, de voirie, de boucherie, de collatérale, droit sur les huiles, sur les cuirs, sur les laines, sur les fils, et généralement tous droits domaniaux et fiscaux, soient supprimés.

Qu'il ne subsiste qu'un droit de contrôle sur tous les actes pour en assurer l'existence et la fidélité, et que ce droit soit et demeure réduit aux salaires nécessaires de chacun des contrôleurs dont le nombre sera invariablement fixé et déterminé.

14° Qu'en faveur de la liberté du commerce, les droits de maîtrise d'arts et métiers créés par l'édit de 1777 avant et depuis, soient supprimés ; que tout commerçant pour le bien public soit inspecté par les syndics de leurs corporations et par les juges des lieux, sans aucuns frais, ni pour les syndics, ni pour les juges, directement et indirectement.

15° Qu'il n'y ait qu'un impôt divisé en deux parties, l'une sur les propriétés et l'autre sur les facultés personnelles, réparties arithmétiquement sur les trois ordres, sans exceptions de privilèges pécuniaires, et de manière à écarter tous les désordres de l'arbitraire qui est le germe de la division et de la discorde.

16° Que les places de la municipalité reprennent leur première nature ; qu'elles redeviennent électives ; qu'elles ne soient plus ni en titre d'office, ni par commission, suivant les édits de 1764 et 1765.

Qu'il n'y ait plus de collecteurs en chacune des paroisses pour éviter la perte du temps aux malheureux ; qu'il soit établi un receveur en chacune d'elles.

17° Que la répartition des impôts soit faite par les municipalités et quatre notables de la paroisse élus tous les ans, dont deux pris dans les deux premiers ordres et deux dans les tiers-état.

18° Qu'il plaise au Roi d'établir en chacune des provinces des États provinciaux, composés de manière que le tiers-état y soit en nombre égal à celui des deux autres, et que les membres soient toujours élus.

19° Qu'à l'avenir il ne soit fait aucun emprunt sans le consentement de la nation aux États généraux.

20° Que la bienfaisance de Sa Majesté soit très-respectueusement suppliée de permettre que les États généraux prennent connaissance des causes et du mérite des personnes à la charge de l'État, et qu'elle veuille les proportionner aux services rendus, soit en les supprimant, modérant et prorogeant.

21° Qu'il soit sollicité auprès de Sa Majesté une loi qui n'entache plus d'infamie les familles des coupables convaincus et condamnés suivant les ordonnances du royaume, et que les parents jouissent de la même considération et droits des autres citoyens.

On demande une caisse nationale pour y verser directement ; que la durée des impôts soit mesurée à celle des besoins.

MATIÈRES ECCLÉSIASTIQUES.

22° Que les annates soient abolies pour le bien de l'État ; que la Pragmatique-Sanction soit rétablie pour l'intérêt de la religion.

23° Que les portions congrues des curés des villes soient portées jusqu'à 2,400 francs, celles des vicaires des villes à 800 francs, celles des curés de campagne à 600 francs, sans qu'en aucun cas les vicaires puissent faire une quête pour eux.

Ces augmentations à prendre sur les bénéfices simples.

Il paraîtrait juste que les curés reçussent les enclos attenant à leurs presbytères en déduction et à dire d'experts.

DROITS DE SERVITUDE.

24° Que tous les droits de servitude, de banalités des moulins, fours, pressoirs, de levage, minage et autres de cette espèce, fondés en titres légitimes, soient rachetables à perpétuité, et que ceux sans titres soient prohibés et défendus sans avoir égard à la possession même immémoriale.

On demande encore la liberté de racheter les rentes nobles, hors le cens.

25° Que tous propriétaires de colombiers, fuies et volières, soient tenus d'y tenir renfermés leurs pigeons pendant le temps des ensemencements et la maturité des grains et récoltes, sinon permis à tous de les détruire.

DE L'ADMINISTRATION DE LA JUSTICE.

26° Que la justice et les justiciables soient rapprochés ; qu'il n'y ait plus que deux degrés de juridiction ; que si les justices seigneuriales ne sont pas supprimées, la prévention soit donnée aux juges royaux ; que les officiers des seigneurs résident dans l'étendue de leur juridiction, et que les poursuites criminelles soient aux frais des seigneurs hauts justiciers.

27° Que le droit de juger en dernier ressort, et par jugement souverain, soit accordé à tous les bailliages et sénéchaussées royales, à la charge que les jugements seront rendus par sept juges au moins.

28° Qu'il soit fait un code criminel qui adoucisse autant qu'il sera possible la peine des coupables, sans leur procurer l'impunité de leur crime ; qu'il soit également demandé un code civil pour la forme de la procédure, qui en abrège l'étendue, la durée et les frais, dont trop souvent le taux devient la ruine des familles.

Qu'il soit encore demandé un tarif clair et prévoyant pour la taxe des frais des procureurs, notaires et huissiers ; et que les droits de greffe y soient aussi modérés et limités qu'ils sont devenus exorbitants et arbitraires.

29° Qu'il soit avisé aux moyens de n'accorder aux candidats des lettres de licence et de doctorat, qu'autant que la capacité en fera le vrai mérite.

30° Que nul ne soit admis aux fonctions de la magistrature, qu'après un exercice réel, six ans de profession d'avocat dans les bailliages et sénéchaussées royales, et pour les cours supérieures après un exercice de dix ans.

31° Qu'aucun officier de judicature ne puisse être destitué que pour cause de forfaiture jugée par juges compétents.

32° Qu'il ne soit fait aucune distinction entre les nobles et les roturiers, pour être admis aux fonctions de la magistrature dans toutes les cours et pour les grades militaires ; qu'enfin le mérite soit la base de l'admission.

33° Que l'exercice de la police dans les villes, la taxe du pain, celle de la viande et autres denrées, ne soit pas confié à une seule personne; que tous les officiers y concourent, et qu'à la taxe, les notables de tous les ordres y soient appelés au moins au nombre de quatre, et que cet exercice et celui de la justice en général soit absolument gratuit.

Qu'il y ait un tribunal souverain dans chaque province.

DEMANDES LOCALES.

34° Le rachat du droit de levage et minage sur tous les blés et autres denrées qui se vendent dans les villes et banlieues de Loudun, en quelque endroit que s'en fasse la livraison. Si ce droit est dû, il faut le racheter, en prenant des précautions à cause de la substitution.

Il est désastrueux, il cause la disette des grains dans les marchés; ni le pauvre, ni le riche, ni le boulanger ne peuvent s'y approvisionner; si on ne peut prouver la légitimité de son existence, il faut solliciter sa prohibition.

Deux foires dans la ville de Loudun, l'une en fin de mars, et l'autre en fin d'octobre de chacune année, au moyen de ce qu'il n'y en a que quatre, et que ces six foires soient toujours franches.

Qu'il soit accordé 2,400 livres de revenu annuel à la ville de Loudun à imposer sur la ville même.

Qu'il soit sollicité une ouverture de grande route de Chinon à Loudun, l'ouverture d'une de Loudun à Curcay ou à Pas-de-Jeu, pour atteindre jusqu'à la rivière de Dive.

Une augmentation de régents pour le collége de Loudun, à la nomination et destitution de la ville.

Enfin un établissement pour la retraite des enfants trouvés, n'y en ayant qu'à quatorze lieues.

CAHIER
DES DEMANDES DE L'ORDRE DU CLERGÉ DE LA SÉNÉ-CHAUSSÉE DE LYON,
Assemblée le 14 mars 1789,

En vertu des ordres du Roi, du 24 janvier de la même année, pour la convocation des Etats généraux, et arrêté le 28 mars suivant, ledit cahier contenant les pouvoirs donnés aux députés dudit ordre, pour le représenter aux Etats généraux (1).

Le premier devoir qu'auront à remplir les députés de l'ordre du clergé de la sénéchaussée de Lyon, sera de porter aux pieds du trône l'hommage du respect, de la reconnaissance et de la fidélité dont tous ses membres sont pénétrés pour le meilleur des rois; ils n'oublieront jamais que la nation est redevable à la justice de son souverain, et à son amour pour ses peuples, d'être rentrée dans l'exercice d'un droit presque oublié, et que le sacrifice d'un pouvoir que le long abus avaient en quelque sorte consacré, a été volontaire et uniquement dicté par les principes d'équité qui le dirigent.

Mais ils se rappelleront, en même temps, que ce devoir si honorable, ils ne pourront mieux le remplir qu'en faisant connaître, avec une noble franchise et une respectueuse fermeté, les vœux de leurs commettants, sur le maintien de la religion catholique, apostolique et romaine, la régénération de l'ordre public, le rétablissement des finances, et la réforme des abus de tous genres.

Les députés de l'ordre du clergé se regarderont bien plus comme les représentants de la nation entière, nommés pour elle par des citoyens électeurs, que comme ceux d'un ordre particulier; sans cesse occupés du bien général et de l'intérêt public, c'est à leur zèle pour la religion, à la sagesse de leurs délibérations, à la justice et à l'équité de leurs jugements, au désintéressement de leur conduite et à l'impartialité de leurs décisions, qu'on reconnaîtra seulement qu'ils appartiennent au premier ordre de l'Etat.

Les députés de l'ordre du clergé de la sénéchaussée de Lyon s'empresseront de faire connaître l'esprit de justice et de désintéressement qui a présidé à ses délibérations. Depuis longtemps une grande inégalité dans la répartition de l'impôt divise les trois ordres qui constituent la nation, et tandis que tous les membres de ce vaste empire participent également aux avantages de la société politique, que la protection est la même pour tous, une classe de citoyens contribue aux charges de l'Etat dans une proportion infiniment plus forte.

Il est temps qu'un tel abus cesse, et il est digne de l'ordre du clergé, qui s'est dans tous les siècles distingué par son patriotisme et sa bienfaisance,

(1) Nous publions ce cahier d'après un imprimé de la *Bibliothèque du Sénat.*

de donner l'exemple de l'abandon de ses privilèges pécuniaires.

Il a dû les défendre contre l'usurpation du fisc; il a dû conserver avec soin le droit de consentir lui-même ses impositions, d'en régler la forme et la répartition, puisqu'il était important de perpétuer les vestiges d'un droit jadis commun aux trois ordres de l'Etat.

Mais aujourd'hui que la bienfaisance du Roi, que les lumières répandues dans tous les esprits, font rentrer la nation dans l'exercice d'un droit dont la raison prouve la justice, et dont l'avenir prouvera les avantages, les privilèges de l'ordre du clergé devenant inutiles aux deux autres ordres, il ne peut lui convenir de se séparer du corps de la nation; c'est d'elle qu'il reçoit sa considération, c'est d'elle qu'il a reçu ses biens, ses intérêts doivent être confondus avec les siens.

Les députés de l'ordre du clergé, sans s'attacher donc à examiner s'il doit résulter d'une répartition commune une augmentation de charges sur les biens qu'il possède, déclareront à la nation, en l'assemblée des Etats généraux, que le clergé de la sénéchaussée de Lyon a unanimement délibéré:

1° De partager également toutes les charges de l'Etat, de contribuer à la prestation représentative de la corvée, aux frais de casernement, soit de maréchaussée, d'administration soit générale, soit particulière, en un mot, à toutes les dépenses de l'Etat, de la province et de la communauté dans lesquelles ses biens sont situés; de consentir à ce que toutes les impositions soient réparties sur tous les biens proportionnellement à leur valeur, et de renoncer expressément à toutes exemptions pécuniaires;

2° Que, dans le cas où la nation approuverait la perception des droits de contrôle et centième denier exigés sur les biens laïques lors des mutations en ligne collatérale, il consent à ce que les mêmes droits soient perçus sur les biens ecclésiastiques à chaque mutation, ou tous les trente ans, sur les biens qui ne sont pas sujets à mutation;

3° Les députés de l'ordre du clergé ne pouvant mettre aucune réserve à cette déclaration, et quelle que soit la masse des dettes dont il est grevé, il s'en rapporte au zèle et aux lumières de ses représentants, pour faire valoir ses observations à cet égard, et à la justice de la nation sur la manière dont elles seront accueillies.

Les représentants de l'ordre du clergé s'attacheront bien plus à prévenir les abus qu'à les dénoncer; il est bien plus sage, sans doute, de demander des lois propres à rendre la nation heureuse, que d'entrer dans des détails longs et inutiles des abus qui blessent les droits et font le malheur des hommes.

Les Etats généraux ne pourront pas, sans doute, délibérer et proposer toutes ces lois utiles, puisque le plus grand des abus serait de vouloir tous les détruire sans examen et sans discussion. Que les députés de l'ordre du clergé partent sans inquiétude, qu'ils assurent la constitution de l'Etat, qu'il établissent les bases d'une bonne administration, qu'ils préparent la réforme de la justice, le rétablissement de la discipline ecclésiastique, qu'ils s'occupent à détruire la trop grande inégalité qui existe dans la distribution et dans l'emploi des biens ecclésiastiques; enfin, et surtout, que les vrais intérêts de la religion, de cette unique principe de toutes les vertus, soient l'objet de leur principale sollicitude : leur mission sera remplie, et ils se seront acquis des droits à l'estime et à la reconnaissance de leurs commettants.

L'ordre du clergé recommande à ses députés de faire déclarer sur l'article de la constitution :

1° Que la religion catholique, apostolique et romaine, qui est la religion nationale et constitutionnelle, sera la seule maintenue dans l'exercice du culte public.

2° Qu'aucune loi constitutionnelle ne pourra être établie et promulguée qu'après avoir été consentie et acceptée par les Etats généraux, et sanctionnée par le souverain.

3° Que la nation seule pouvant consentir l'impôt, il n'en sera perçu aucun sans le consentement libre des Etats généraux.

4° Qu'aucun impôt ne puisse être accordé que jusqu'au 1er janvier qui suivra immédiatement l'époque assignée pour la convocation des Etats généraux suivants.

5° Que ces deux principes s'appliquent non-seulement aux impôts directs et de propriétés, mais encore à ceux qui ne sont qu'indirects ou de consommation.

6° Qu'il ne puisse être fait aucun emprunt manifeste ou déguisé, sans la volonté ou consentement des Etats généraux.

7° Que tous privilèges et exemptions seront déclarés contraires à une bonne constitution; qu'ainsi donc aucun corps de l'Etat, aucune province, ville ou corporation ne seront admises à opposer un privilège particulier, pour se soustraire à une loi délibérée et consentie par les Etats généraux.

8° Qu'il sera déclaré que les Etats généraux ne pourront jamais se séparer sans avoir indiqué l'époque d'une nouvelle convocation.

9° Que les Etats, les administrations provinciales, les municipalités des villes ne pourront, dans aucun cas, nommer les députés aux Etats généraux, même en se réunissant au nombre de députés choisis par leur ordre respectif.

10° Qu'en matière de contributions et d'impôts, les délibérations des Etats généraux seront prises par la totalité des représentants de tous les ordres réunis en une seule assemblée, et que la pluralité ne sera acquise que par la réunion des deux tiers des voix au même avis.

11° Que si le vœu patriotique que forme l'ordre du clergé pour que les trois ordres se réunissent même en matière de législation ne pouvait pas s'accomplir, il sera déclaré que dans le cas où les trois ordres délibéreraient séparément, la pluralité ne sera censée acquise dans l'ordre opposant que par la réunion des trois quarts des voix contre la résolution prise par les deux autres ordres.

12° Que les impôts ou contributions publiques ne pourront jamais être délibérées ni accordées par les Etats généraux, qu'autant que tous les actes de législation et tous les articles de la constitution auront été arrêtés.

13° Que les Etats généraux ne pourront établir aucune commission intermédiaire.

14° Que les membres des Etats généraux seront déclarés personnes inviolables, et que dans aucun cas ils ne puissent répondre de ce qu'ils auront dit ou proposé dans l'assemblée nationale, si ce n'est aux Etats généraux eux-mêmes.

15° Qu'il ne peut y avoir de liberté nationale qu'autant que celle de tout individu français sera inviolable, et qu'un citoyen ne pourra être privé en tout ou partie de la sienne, autrement que par ordonnance du juge compétent, ou à charge d'être remis à l'instant même entre les mains du juge, pour être dans tous les cas interrogé dans les vingt-quatre heures.

16° Que la loi, que l'autorité doivent respecter toutes lettres et écrits de confiance, et qu'il soit défendu de violer le secret des correspondances.

17° Que si l'on jugeait à propos d'étendre la liberté de la presse, ce que l'ordre du clergé ne saurait désirer, elle ne soit jamais tellement illimitée qu'elle puisse nuire à la religion, aux mœurs et à la réputation des personnes, et soient renouvelées et exécutées.

18° Que tout privilège exclusif soit supprimé comme contraire à la propriété, nuisible au commerce et favorisant le monopole.

N'entendant néanmoins comprendre sous le nom de privilège le droit qu'a tout inventeur d'user privativement de la découverte qu'il a faite, à moins que l'Etat ne l'achète.

19° Que toutes concessions de mines, et notamment celles des carrières de charbons fossiles, soient révoquées comme attentatoires à la propriété, et qu'à l'avenir il n'en soit accordé aucune, sauf à assujettir son propriétaire à n'exploiter sa mine en carrière qu'en se conformant aux lois faites ou à faire, sur les règles à observer dans ladite exploitation.

L'ordre du clergé recommande à ses députés de faire déclarer sur l'article de la législation :

1° Qu'il sera établi dans chaque province, et notamment à Lyon, un tribunal supérieur auquel seront portées toutes les causes d'appel, de quelques nature qu'elles soient.

2° Que les offices de judicature des nouveaux tribunaux supérieurs ne pourront être acquis à prix d'argent, et que la finance des offices existants sera supprimée et remboursée à mesure de vacance.

3° Que l'ordre du clergé aura dans chacun des tribunaux supérieurs un nombre d'offices qui lui sera affecté.

4° Que la formation des tribunaux sera telle, que ceux de première et ceux de seconde instance seront entièrement distincts et séparés.

5° Que Sa Majesté soit suppliée de communiquer aux Etats généraux le travail des commissaires qu'elle a chargés de la rédaction d'un code français, ainsi que la réforme des ordonnances civiles et criminelles, pour être discuté et provisoirement approuvé, s'il y a lieu, par l'Assemblée nationale.

6° Que le vœu de l'ordre du clergé est que tous les Français n'aient qu'une seule loi, comme ils n'ont qu'un seul souverain.

7° Que, pour prévenir les procès, surtout entre les habitants des campagnes, il serait établi par arrondissement, un conseil d'arbitrage composé de jurisconsultes présentés par les municipalités et nommés par les Etats provinciaux.

8° Qu'aucune communauté ne sera autorisée à plaider en corps, que de l'avis et consentement de ce conseil d'arbitrage.

9° Que, pour la sûreté des familles et prévenir la perte des titres importants, il sera ordonné que tous les actes sujets au contrôle seront copiés en entier sur les registres du contrôleur qui serviront de dépôt public.

10° Que les priviléges dont ont joui les droits casuels soient réduits, et qu'à l'avenir les arrérages du cens, ainsi que les profits casuels, puissent se prescrire par cinq ans ; les droits casuels demeureront d'ailleurs une propriété inviolable.

L'ordre du clergé recommande à ses députés de faire déclarer sur les articles de l'impôt et de l'administration :

1° Que l'Etat fixe des dépenses de chaque département soit présenté aux Etats généraux pour être discutées, réduites et approuvées.

2° Que le compte des finances sera arrêté chaque année, et que Sa Majesté sera suppliée de le rendre public par la voie de l'impression.

3° Que chaque ministre ou secrétaire d'Etat soit tenu de rendre compte aux Etats généraux de l'emploi des sommes affectées à son département.

4° Les députés prendront en considération la dette de l'Etat, pour, après en avoir fixé la quotité, la déclarer dette nationale.

5° Que non-seulement l'égalité de l'impôt soit établie, mais encore l'uniformité, autant qu'il se pourra, et qu'aucune province ne puisse changer la nature ou la forme de ses impositions sans le consentement des Etats généraux.

6° Que les différentes natures d'impôts soient examinées, corrigées ou refondues en un seul ou plusieurs genres d'impôts les plus favorables à une égale répartition et à une perception économique.

7° Que les règlements relatifs au contrôle des actes, ainsi qu'à la perception des droits d'aides, si la nation approuvait ce genre d'impôt, soient présentés aux Etats généraux pour être réformés et rendus uniformes.

8° Que le régime des gabelles, si contraire à l'agriculture, soit changé, et qu'un impôt uniforme et perçu aux salines mêmes rende le sel marchand dans tout le royaume.

9° Que les loteries soient supprimées, comme tendantes à altérer la probité et l'honnêteté du peuple, et à le priver de toutes les ressources que le travail et l'économie pourraient lui assurer.

10° Que le rachat des péages et autres droits particuliers, fondés en titres, qui gênent la circulation des denrées, soit ordonné, lesquels ne pourraient être rachetés qu'à la charge de remploi en immeubles, s'ils appartiennent au clergé.

11° Que le reculement des douanes aux frontières rende au commerce sa liberté.

12° Qu'il soit établi néanmoins des douanes de secours dans les grandes villes de commerce, et qu'il soit libre aux négociants d'y acquitter les droits ou de les payer, s'ils le préfèrent, dès l'entrée du royaume.

13° Que la position de la ville de Lyon semble exiger qu'elle jouisse des mêmes avantages que les villes maritimes, et qu'on lui accorde la facilité de l'entrepôt pendant une année.

14° Que l'on s'occupe des moyens d'établir dans tout le royaume l'uniformité des poids et mesures.

15° Qu'il soit créé dans le royaume des Etats provinciaux, dont tous les membres soient nommés par le choix libre de leurs concitoyens.

16° Que les règlements relatifs à leurs régime et composition soient uniformes, et qu'ils soient rédigés par les Etats généraux.

17° Que la répartition de tous les impôts directs, la surveillance et la direction de tous les travaux publics, la perception des impôts directs ou indirects, les fonds d'encouragements et généralement tout ce qui intéresse les provinces, leur soit confié.

18° Qu'ils ne puissent ordonner aucune levée de deniers, pas même pour frais d'administration, consentir aucune imposition, abonner aucun droit sans le consentement et l'approbation des Etats généraux.

19° Que la conservation des biens des villes, communautés, hôpitaux, colléges, instituts de bienfaisance, maisons de charité et généralement de tous les établissements d'utilité commune, autres que les ecclésiastiques, soit confiée aux Etats provinciaux, et que les comptes de recette et dépense de ces divers établissements soient rendus, chaque année, en leur présence par leurs administrateurs particuliers, et arrêtés par eux sans frais, ainsi que ceux de tous les comptables de la province.

20° Que le vœu du clergé est que l'on s'occupe des moyens de supprimer la mendicité et d'assurer dans chaque paroisse des secours aux véritables indigents.

21° Qu'aucun canal ne puisse être ouvert que sur la demande des Etats provinciaux et l'autorisation des Etats généraux, et que, dans aucun cas, l'entreprise ne puisse en être cédée à une compagnie, mais qu'elle soit toujours faite aux frais des provinces et dirigée par leurs Etats.

22° Que les désordres, les dépenses abusives, l'effroi et le dérangement qui sont les avant-coureurs ou les suites du tirage de la milice, paraissent à l'ordre du clergé des motifs suffisants pour désirer que les Etats généraux prennent cet objet en considération.

L'ordre du clergé de la sénéchaussée de Lyon, convaincu que les bases d'une bonne administration ne consistent pas uniquement dans la confection de lois sages ; que les lois ne peuvent prévoir et empêcher que les désordres éclatants et ne sauraient s'opposer aux dégradations insensibles qui minent l'édifice social et en préparent la ruine ; que ces lois ne sont utiles qu'autant qu'un sentiment supérieur aux passions en fait respecter l'autorité et chérir même l'observation ; que la première cause enfin de tous les abus et des injustices qui troublent la société et font le malheur des hommes, se trouve dans l'oubli des principes religieux ; recommande spécialement à ses députés d'inspirer à la nation assemblée le respect profond que doivent attirer à la religion chrétienne la divinité de son origine et la pureté de sa morale, et d'indiquer aux Etats généraux les moyens de lui rendre toute l'influence quelle doit avoir sur l'ordre social et sur le bonheur des peuples.

Ce ne seront point des lois sévères qu'ils demanderont contre les infracteurs ou les détracteurs de cette religion sainte ; en insistant, au contraire, pour que les lois proscrivent tout ce qui peut altérer la foi, troubler le culte et pervertir les mœurs, ils proposeront en même temps d'adoucir la rigueur des peines portées par les anciennes ordonnances du royaume.

Ils remonteront à la source des maux, pour les prévenir ; et comme les abus que nous déplorons, viennent principalement de l'infraction publique des lois de l'Eglise, du peu de respect pour les mœurs, du défaut d'une bonne éducation religieuse et civile, et enfin du défaut de pouvoir dans le clergé, pour arrêter lui-même les progrès du relâchement insensible de la discipline ecclésiastique, l'ordre du clergé recommande à ses députés de faire déclarer sur tous ces points :

1° Que les lois du royaume, relatives à la sanctification du dimanche et fêtes, et au respect du culte public et solennel, soient renouvelées et exactement observées.

2° Que les lois somptuaires arrêtent les progrès de luxe ; que la licence publique des mœurs soit réprimée, et que les ordonnances qui défendent les fêtes baladoires soient renouvelées et exécutées.

3° Que l'éducation publique ne sera plus conduite d'après des principes arbitraires, et que tous les instituteurs publics soient tenus de se conformer à un plan uniforme, approuvé par les États généraux.

4° Que les corps ecclésiastiques soient chargés, par préférence, de l'éducation publique. Les succès avec lesquels une société religieuse et savante a longtemps dirigé les collèges, et dont, à cet égard, l'on ne saurait trop regretter les travaux et déplorer la suppression ; la supériorité des établissements confiés à des communautés séculières ou régulières, prouvent quelles ressources la nation peut trouver dans la religion, le zèle et les talents des corps ecclésiastiques qui ne demandent eux-mêmes qu'à se rendre utiles.

5° Que non-seulement les collèges d'exercices publics et gratuits, mais encore les établissements d'éducation que forment les particuliers, soient soumis à l'autorité ecclésiastique.

6° Que les moyens d'instruction soient multipliés, surtout dans les campagnes, et qu'il soit établi dans chaque paroisse des maîtres et maîtresses d'école choisis avec soin et soumis à l'inspection des curés.

7° Que l'on rende à l'Église de France ses conciles provinciaux, et qu'ils se rassemblent tous les trois ans pour s'occuper de l'uniformité de l'enseignement et du culte, des règles à observer dans la collation des bénéfices, de l'entretien et décoration des églises, et généralement de tout ce qui intéresse le maintien de la discipline ecclésiastique.

8° Que dans chaque diocèse il soit tenu toutes les années un synode.

9° Que toute impétration de bénéfices, par voie de prévention, soit déclarée de nul effet, au moins pour les bénéfices qui sont à charge d'âmes.

10° Que le sort des religieux soit assuré, et que la crainte d'une suppression prochaine n'étouffe plus parmi eux tout principe d'émulation.

11° Que l'expérience ayant prouvé que l'âge de vingt et un ans, fixé pour l'émission des vœux solennels, ne permet plus au corps religieux de se procurer des sujets assez flexibles pour se former à la science, aux mœurs et à la discipline des cloîtres, il soit fixé, par les États généraux, un âge au-dessous de celui qui a été déterminé par l'édit de 1786.

12° Que toutes les annexes soient réunies aux curés dont elles dépendent, ou érigées en cures, si la réunion n'est pas praticable.

13° Que la dotation des cures et vicariats soit fixée proportionnellement aux charges relatives de chaque pasteur, par tout autre moyen qu'une pension pécuniaire ou portion congrue.

14° Que la dotation des cures et vicariats soit prise sur les dîmes perçues dans l'étendue de la paroisse, et que dans le cas de leur insuffisance, ainsi que dans les villes, il y soit pourvu par d'autres moyens.

15° Qu'il soit procédé, par voie de réunion, à la dotation des chapitres et autres décimateurs utiles, qui éprouveraient une diminution trop sensible dans leurs revenus par la dotation des cures et vicariats.

16° Que les réunions des bénéfices soient faites, à l'avenir, sans autres formalités que le décret de l'évêque, rendu suivant les formes canoniques,

et l'enregistrement aux tribunaux supérieurs de la province, obtenus sans frais et sans nouvelles procédures.

17° Qu'il soit établi, dans chaque diocèse, des places ou pensions de retraite, pour les anciens curés, vicaires et autres ecclésiastiques que leurs infirmités rendraient inhabiles aux fonctions du saint ministère.

18° Que les curés aient, dans toutes les assemblées du clergé, un nombre fixe de représentants librement choisis et nommés par eux, et qu'on détermine le rang qu'ils doivent occuper dans les assemblées ecclésiastiques.

19° Que dans les assemblées municipales, les curés ne puissent être présidés que par le seigneur de la paroisse.

20° Qu'il soit établi des moyens moins onéreux aux familles, pour veiller à la conservation des biens qui font la dotation des bénéfices consistoriaux, lors de leur vacance.

21° Que le clergé, consentant à payer les droits de contrôle et centième denier, lors des mutations de bénéfices, et renonçant à tous les privilèges pécuniaires, ne soit plus assujetti aux droits d'amortissement et de nouveaux acquêts, ainsi qu'à l'obligation de passer ses baux par acte public et notarié.

22° Que, pour prévenir les difficultés toujours renaissantes entre les décimateurs et les contribuables, il soit déterminé par un règlement général quels sont les fruits décimables, quelle est la quotité de la dîme, de quelle manière elle doit se percevoir, et comment doit s'en prouver l'exemption.

L'ordre du clergé, en rédigeant ses cahiers, n'a point entendu prescrire à ses députés des lois dont ils ne puissent s'écarter ; il n'ose se flatter d'avoir indiqué tout le bien qui peut se faire, et même, avec les motifs les plus purs, de ne s'être pas trompé sur les moyens de préparer la félicité publique ; c'est au milieu de la nation assemblée, c'est dans le moment où ils seront environnés de toutes les lumières et de tous les intérêts, c'est après qu'une discussion sage et réfléchie aura présenté les objets sous toutes les faces, que les députés du clergé se détermineront. Nous ne mettons donc d'autres bornes à leurs pouvoirs, que celles que la religion, l'honneur et l'esprit patriotique leur prescriront, d'autres conditions que de travailler avec un zèle infatigable à la tranquillité d'un grand empire et au bonheur de 24 millions d'hommes. En conséquence, nous donnons à MM. de Castellas, abbé de Bonnecombe, doyen de l'Église, comte de Lyon, vicaire général ; Flachat, licencié en droit, curé de Saint-Chamond ; Maillet, bachelier de Sorbonne, curé de Rochetaillée en Franc-Lyonnais ; Charrier de la Roche, prieur des Bois-de-la-Salle, prévôt du chapitre noble de Saint-Martin d'Ainai, et curé de la même paroisse, tout pouvoir pour proposer, remontrer, aviser et consentir tout ce qui peut concerner les besoins de l'État, la réforme des abus, l'établissement d'un ordre fixe et durable dans toutes les parties de l'administration, et la prospérité générale du royaume.

CAHIER

De l'ordre de la noblesse du ressort de la sénéchaussée de Lyon (1).

L'an 1789, et le 27 mars, nous, nobles possé-

---

(1) Nous reproduisons ce cahier d'après un imprimé de la *Bibliothèque du Sénat*.

dant fiefs, et autres composant l'ordre de la noblesse dans l'étendue de la sénéchaussée de Lyon, étant assemblés en vertu des lettres de convocation qui ordonnent aux trois ordres d'élire librement leurs députés aux Etats généraux, et de leur confier tous les pouvoirs et instructions qu'ils croiront utiles à la prospérité de l'Etat et au bonheur particulier des individus, nous remettons par ces présentes, aux quatre députés qui seront par nous librement élus pour porter notre vœu aux Etats généraux qui doivent se tenir à Versailles le 27 avril prochain, les cahiers ci-après, relatifs à la constitution, à la liberté des personnes et des propriétés, à la réformation des lois civiles et criminelles, à la discipline ecclésiastique, à l'honneur des armes françaises, à la prospérité du commerce en général, et à celle de la ville et ressort de cette sénéchaussée.

Mais, avant tout, nous enjoignons à nos députés d'exprimer au Roi notre profonde et respectueuse reconnaissance, de ce qu'assuré de l'amour et de la fidélité de ses sujets, et sensible à la seule véritable gloire, celle de faire le bonheur de la nation généreuse qu'il gouverne, il en a reconnu les droits et a désiré la réunir autour de son trône, pour l'interroger et l'écouter sur ses intérêts et ses vœux.

Pour répondre à cette auguste intention du monarque, nous voulons que nos députés insistent sur la délibération par ordre, leur laissant cependant la liberté de consentir la délibération par tête aux prochains Etats généraux, si des circonstances impérieuses les y obligent.

CONSTITUTION.

Nosdits députés requerront : 1° que l'ordre de la succession à la couronne par primogéniture de mâle en mâle soit reconnu, sans délibération, par les Etats généraux, conformément à la loi salique;

2° Qu'en cas de régence, elle soit provisoirement déférée par les seuls princes et pairs du royaume, entre les mains desquels tout régent prêtera le serment de déposer son pouvoir aux Etats généraux, qui s'assembleront de droit et sans convocation, dans les deux mois, à dater du jour de l'événement qui aurait donné lieu à la régence. Lesdits Etats généraux la déféreront seuls définitivement, et régleront tout ce qui aura rapport aux conseils de régence, à l'étendue des pouvoirs, tant du régent que des conseils, à la sûreté de la personne du Roi et à celle du royaume.

Ils insisteront pour que les Etats généraux prochains arrêtent les meilleures formes constitutionnelles pour la convocation des Etats généraux subséquents, et la nomination des députés, de manière à opérer la plus libre, la plus juste et la plus complète représentation de chaque ordre de la nation.

Ils feront déclarer : 1° que les députés aux États généraux sont personnes inviolables, et que, dans aucun cas et dans aucun temps, ils ne peuvent être recherchés sur ce qu'ils auront dit ou fait dans l'assemblée des Etats généraux, et que, pendant le temps de leur mission, il sera sursis contre eux à toutes poursuites pour intérêts civils.

2° Que les Etats généraux seront réputés complets, et pourront délibérer et statuer toutes les fois qu'il se trouvera dans l'assemblée les cinq sixièmes des députés envoyés par chaque ordre.

Ils feront arrêter : 1° que les Etats libres et généraux du royaume seront de nouveau assemblés dans deux ans, à compter du jour de la sépara-tion des Etats généraux prochains, et qu'aucune assemblée d'Etats généraux ne pourra se dissoudre sans avoir fixé l'époque précise d'une nouvelle convocation, qu'il sera toujours libre au Roi de devancer, s'il le juge convenable, mais qu'il ne pourra jamais être retardée.

2° Que tous les actes émanés de la volonté et consentement des Etats généraux régulièrement convoqués, auront seuls force de loi dans toute l'étendue du royaume, après néanmoins qu'ils auront été sanctionnés par l'autorité du Roi ; auquel cas, les cours et tribunaux supérieurs chargés de leur exécution, seront tenus de les transcrire sur leurs registres, sans réserve ni examen. Et quant aux règlements interprétatifs et de pure administration, qui pourront être faits pendant l'intervalle de la tenue des Etats généraux, ils n'auront qu'une exécution provisoire jusqu'aux Etats généraux subséquents, où ils seront rapportés, pour y être admis ou rejetés.

3° Que le pouvoir des députés ne pourra, dans aucun cas, s'étendre au delà d'une année, à compter du jour de l'ouverture des Etats généraux pour lesquels ils auront été élus, et que, ce temps expiré, leur mandat cessera de droit.

Nous les chargeons spécialement de faire déclarer par une loi constitutive : 1° que la liberté individuelle de tout Français, c'est-à-dire, le droit d'aller, de venir, de vivre et de demeurer partout où il lui plaît dans l'intérieur ou hors du royaume, est assuré, sans qu'il soit besoin d'aucune permission, sauf cependant aux Etats généraux à déterminer les personnes et les cas où cette liberté devrait être restreinte pour la sortie du royaume.

Qu'en conséquence, nul Français (qui ne sera pas dans les liens de la discipline militaire) ne pourra être constitué prisonnier, hors le cas de flagrant délit et de clameur publique, que sur un décret ou ordre par écrit des juges ordinaires ou de police ; que, s'il est arrêté par ordre du Roi, il sera, en vertu de la loi, à laquelle il ne pourra dans aucun cas être dérogé, remis dans les vingt-quatre heures à ses juges naturels, qui seront tenus de l'interroger dans le même délai, et que toute personne qui en ferait arrêter une autre, sans caractère légal, ou qui concourrait à un pareil arrêt, sera poursuivie devant les tribunaux, et punie, soit par des dommages et intérêts envers celui dont elle aurait violé la liberté, soit par des peines qui seront réglées par les Etats généraux.

Et qu'à l'égard de ceux qui auront été régulièrement arrêtés, ils seront élargis provisoirement, en donnant caution, ou sans caution, toutes les fois que le délit qui leur sera imputé ne sera pas de nature à emporter peine de mort ou peine corporelle.

2° Que la liberté de la presse sera indéfinie à l'avenir sur toutes les matières qui auront rapport à l'administration, à la politique, aux sciences et aux arts ; sauf aux Etats généraux à statuer sur les précautions à prendre pour que la religion, les mœurs et les personnes soient respectées dans les écrits imprimés.

3° Que les lettres confiées à la poste seront inviolables, et que, dans aucun cas sans exception, une lettre ne pourra devenir un titre ou un moyen d'accusation ou de défense pour aucuns autres que celui auquel elle est adressée ou celui par qui elle a été écrite.

4° Que nul individu ne pourra être privé de sa propriété, même à raison d'intérêt public reconnu, s'il n'en est à l'instant dédommagé en une valeur justement proportionnée au dommage.

5° Que, pour assurer la liberté de la nation, les ministres seront comptables aux Etats généraux de tout ce qu'ils auraient pu faire de contraire aux lois consenties par les Etats généraux, ainsi que de l'emploi des fonds assignés pour leurs départements respectifs ; à l'effet de quoi, le premier soin de tout ministre qui entrera en place sera de reconnaître et d'établir le compte de son prédécesseur.

6° Qu'il sera créé, le plus promptement possible, dans chaque province, des administrations, sous telle dénomination que les Etats généraux croiront le plus convenable, et dont les membres seront librement élus dans les différents ordres, et pour un temps limité, lesquelles administrations, formées suivant la composition qui aura été arrêtée par les Etats, seront chargées de l'exécution et des détails provisoires de tout ce qui aura été statué par les Etats généraux, ainsi que de l'inspection de tous les établissements et intérêts locaux, en rendant chaque année un compte public et détaillé de leur gestion, et ces comptes seront portés aux Etats généraux subséquents, pour y être vérifiés, discutés, approuvés ou blâmés.

7° Que les Etats généraux et futurs ne délibéreront sur aucun impôt, avant d'avoir définitivement statué sur tout ce qui aura rapport à la constitution, c'est-à-dire à la liberté de la nation et à la liberté individuelle des personnes et des propriétés.

IMPOT.

En ce qui regarde l'impôt, nous chargeons nos députés : 1° de réitérer à l'assemblée des Etats généraux la libre renonciation que nous avons faite de toutes exemptions et privilèges relatifs aux impôts qui seront consentis par lesdits Etats, à la charge néanmoins que lesdits impôts seront proportionnellement répartis sur chaque province sans distinction ni exemption, et quoique tous les impôts actuellement existants doivent être déclarés nuls, comme n'ayant pas été accordés par la nation, nous consentons cependant de les payer pendant la tenue des prochains Etats généraux, mais seulement ainsi que nous les avons payés jusqu'à ce jour, n'ayant contracté l'engagement de renonciation à nos privilèges pécuniaires que pour les impôts qui seront légalement établis ou confirmés par les Etats généraux, et entendant réserver expressément tous nos privilèges honorifiques, tels que le droit de nommer toujours seuls nos représentants, celui de marcher au ban et arrière-ban, les ordres et décorations accordés à la noblesse, les distinctions et honneurs dans les églises et assemblées publiques, le droit exclusif d'entrer dans certains corps et établissements militaires ou ecclésiastiques; la libre possession des fiefs, sans payer aucun droit qui serait imposé à raison seulement de la nobilité des terres seigneuriales ; les titres, qualifications, port d'armes, et tous autres signes extérieurs indicatifs de la noblesse.

2° Nous demandons que, préliminairement à aucune concession ou confirmation d'impôts, les Etats généraux prennent une connaissance entière, détaillée et approfondie de la situation actuelle des finances et des vrais besoins de l'Etat, de manière à lever toute incertitude sur la quotité plus ou moins considérable de la dette nationale, et à s'assurer de tous les moyens d'y satisfaire.

3° Que la dette, une fois reconnue et constatée,

soit déclarée dette nationale, et en conséquence convertie en contrats, à l'effet d'anéantir l'agiotage, et de faire contribuer à l'impôt cette portion de la richesse publique, qui doit d'autant plus y être soumise, que la garantie de la nation y donnera un degré de certitude et de confiance qu'elle n'avait pu raisonnablement obtenir jusqu'à présent.

4° Qu'à la dette publique soient ajoutées toutes les dettes contractées par les villes, corps, compagnies et corporations, pour prêts ou dons versés au trésor royal ; ce moyen étant le seul pour établir une répartition égale des impôts, n'étant pas juste qu'une ville, un corps, une compagnie, une corporation se trouvassent à la fois soumis aux impôts généraux et à des impôts particuliers, pour opérer le remboursement d'emprunts qui ne leur auraient pas profité, et pour lesquels ils ne peuvent être considérés que comme caution, sauf auxdits villes, corps, compagnies ou corporations, à rester chargés des dettes qu'ils auraient contractées pour leurs besoins particuliers, n'entendant point comprendre la dette du clergé sous la désignation de dette de corps, compagnies ou corporations.

5° Que les Etats généraux, dans le choix des impôts à consentir ou à confirmer, ne perdent jamais de vue que les seuls impôts, admissibles sont ceux qui se concilient le plus possible avec la libre jouissance des propriétés, et donnent le moins de prise aux recherches vexatoires, à l'arbitraire, aux frais de perception, à la fraude, à l'immoralité, aux gains exorbitants des fermiers ou régisseurs.

En conséquence, nos députés aux Etats généraux solliciteront la conversion de la gabelle en un impôt perçu aux salines, laissant ensuite la circulation du sel libre dans tout le royaume, comme marchandise de commerce.

La suppression des aides et de tous les droits de consommation sur les vins, eaux-de-vie, huiles et savons.

Un tarif exact, précis et modéré des droits de contrôle, insinuation et autres droits domaniaux, sans que ce tarif puisse être interprété par des décisions ministérielles.

L'absolue suppression de toutes les loteries, et celle des droits sur les fers, les cuirs et les papiers.

Et dans le cas où la capitation serait conservée, ils chercheront à en écarter l'arbitraire.

Quant aux impôts à consentir, nos députés s'occuperont des moyens :

1° De les faire supporter également et proportionnellement par chaque propriété du royaume, en déterminant, sur des principes uniformes, un cadastre général divisé par provinces, et subdivisé par communautés.

2° De soumettre les revenus mobiliers à la contribution, sans cependant employer des voies inquisitionnelles, et sans gêner la liberté du commerce.

3° De faire porter, le plus possible, les impôts sur les objets de luxe et de superfluité.

Et à l'égard des contestations qui pourraient naître relativement aux impôts, ils requerront qu'elles soient toujours portées devant les juges du territoire, en supposant néanmoins que les administrations des provinces n'eussent pas pu les terminer d'abord par la voie de conciliation.

4° Ils feront déclarer qu'aucun impôt, soit direct, soit indirect, sous quelque forme ou dénomination que ce puisse être, tels qu'emprunts, papiers circulants, créations d'offices, ne peut

être établi et perçu que du libre consentement
des Etats généraux, et pour le temps qu'ils auront déterminé, lequel, dans aucun cas, ne pourra
se prolonger au delà de six mois, après le jour
où aura été fixée l'ouverture des Etats généraux
subséquents; et qu'en conséquence, il sera enjoint
aux cours de poursuivre par les voies les plus rigoureuses tous exacteurs d'impôts dont la durée
serait expirée.

Ils auront soin que les sommes reconnues nécessaires à chaque département soient rigoureusement assignées par les Etats généraux, sans
que, sous aucun prétexte, elles puissent être détournées de l'objet pour lequel elles auront été
destinées.

Ils demanderont que les administrations des
provinces qui répartiront et feront percevoir les
impôts soient autorisés à ne verser au trésor
royal que ce qui excédera les frais de l'administration de la province, ceux des travaux publics;
les intérêts dus aux créanciers de l'Etat résidant
dans la province, les pensions, les gratifications,
les encouragements, les gages des officiers de
justice et autres, afin d'éviter tout retard ou suspension de payements et de conserver dans l'intérieur du royaume une grande et facile circulation du numéraire.

OBJETS D'ADMINISTRATION, DE GRANDE POLICE ET
D'ÉCONOMIE POLITIQUE.

Nous désirons : 1° que tous les engagements des
domaines du Roi soient rapportés aux Etats généraux, pour y être vérifiés, et qu'ils s'expliquent
décisivement sur l'aliénabilité ou l'inaliénabilité
des domaines corporels du Roi, et que, dans le cas
où ils en demanderaient l'aliénation, ils s'avisent
aux moyens de la rendre productive et vraiment
utile, par le bon emploi des deniers qui en proviendront.

2° Qu'à l'avenir aucune place, sans fonctions
habituelles et nécessaires, ne puisse conférer la
noblesse héréditaire, ou même les privilèges personnels et honorifiques de la noblesse, laquelle
ne pourra être accordée qu'à des services longs
et utiles, ou à de grands et éclatants services
rendus à l'Etat.

3° Que toutes les places reconnues inutiles par
les Etats généraux soient supprimées, dans quelque rang qu'elles soient, administration, justice,
finance, militaire et autres; qu'à l'avenir il ne
soit accordé aucune survivance, même des places
reconnues nécessaires, sans que les survivances
qui auraient pu être consenties jusqu'à ce jour
puissent être un obstacle à la suppression des
places inutiles; auquel cas, le survivancier ne
pourra prétendre aucune indemnité.

4° Que tous les titulaires de places dans les
provinces, de quelque ordre qu'elles soient, y résident au moins huit mois chaque année; à défaut de quoi les administrations des provinces,
par les mains desquelles ils recevront les gages
et honoraires de leurs places, seront autorisées à
les retenir et à les employer en objets publics et
utiles.

5° Que, par une loi générale, il soit permis,
dans tous les actes publics et privés, de stipuler,
au taux fixé par la loi, l'intérêt des sommes dues
pour quelque cause que ce soit.

6° Que les Etats généraux s'occupent des moyens
d'inspirer un caractère national, en multipliant
pour toutes les classes de citoyens, et notamment
pour la noblesse, des établissements destinés,
sous l'inspection des administrations des provinces, à l'éducation des enfants de l'un et l'autre

sexe, et constitués sur des principes relatifs à la
destination présumée de ces enfants.

7° Qu'ils s'occupent aussi des moyens les plus
efficaces pour détruire en France la mendicité.

8° Que, chaque année, les comptes de l'administration du royaume, des départements, des
administrations des provinces, des villes, municipalités, hôpitaux, et généralement de tous les
établissements publics, soient imprimés et publiés.

9° Que les Etats généraux examinent s'il convient de faciliter et de procurer l'affranchissement des possessions territoriales, en permettant
des rachats généraux et proportionnés à la véritable valeur de la propriété des seigneurs directs
et justiciers.

Consentent néanmoins dès à présent que tous
droits de servitude personnelle soient supprimés,
s'ils n'ont été convertis en denrées ou en argent.

10° Que la division des communaux soit favorisée de manière à attacher plus de sujets à la
patrie par des propriétés, et à faire fleurir l'agriculture.

11° Que, pour faciliter la communication des
lumières de province à province, les Etats généraux ordonnent la réunion et l'impression de
tous les mandats qui auront été remis aux députés
des trois ordres.

LOIS CIVILES ET CRIMINELLES.

Sur les lois civiles, nous demandons que, conformément à la volonté annoncée du Roi, au vœu
de la nation et à ses besoins, tout ce qui tient à
l'ordre judiciaire soit réformé ou amélioré dans
les ministres, dans les formes, dans les principes
de la justice.

D'abord, dans les ministres de la justice :

1° En détruisant les abus qui peuvent exister
dans l'exercice des justices royales et seigneuriales.

2° En augmentant, en matière civile, l'attribution des présidiaux et des justices consulaires.

3° En supprimant les tribunaux d'exception,
avec remboursement effectif.

4° En réduisant le nombre des agents secondaires, et en supprimant plusieurs genres d'offices, notamment ceux des receveurs des consignations, des commissaires aux saisies réelles,
des commissaires enquêteurs, experts jurés, greffiers de l'écriture, et huissiers-priseurs.

5° En créant dans le chef-lieu de chaque généralité, et notamment à Lyon, un tribunal souverain, lequel, sous telle dénomination qu'il appartiendra, jugera en dernier ressort, et sans
exception, tous procès civils et criminels, quel
qu'en soit l'objet.

Et à l'égard de la vénalité des offices, il en
sera délibéré aux Etats généraux, qui pourvoiront au remboursement effectif, si la vénalité est
supprimée, ou à en prévenir les abus, si elle est
maintenue.

Ensuite dans les formes de la justice, en les
rendant simples, uniformes, sommaires, peu dispendieuses, favorables à la bonne foi, et communes à tous les sujets, sans exception par privilége, comme les *committimus*, sans exception, par
autorité, tels que les évocations, les arrêts de défense, les commissions.

Enfin, dans les principes de la justice, en formant un code qui appartienne véritablement à
la nation française; qui soit assorti à son caractère et à ses mœurs, et qui régisse uniformément
les personnes et les biens.

Quant aux lois criminelles, en attendant leur

réforme générale si justement désirée, nos députés solliciteront provisoirement:

1° Que l'instruction ne soit plus confiée à un seul juge.

2° Que les accusés aient des conseils pour la confrontation et les actes subséquents.

3° Que nulle condamnation à mort ou à peine corporelle ne puisse être prononcée qu'à la pluralité des trois quarts des voix.

4° Que l'usage de la sellette et toute torture soient abolis.

5° Que le supplice de trancher la tête soit commun à tous les condamnés, de quelque ordre qu'ils soient.

COMMERCE.

Nos députés aux Etats généraux s'occuperont, relativement au commerce, de tout ce qui peut assurer à celui de la France l'égalité, la liberté, la facilité, la sûreté, la dignité.

En conséquence, ils demanderont, sur l'égalité, l'examen approfondi des traités de commerce avec les nations étrangères, et l'exécution entière de celui des Pyrénées entre la France et l'Espagne.

Sur la liberté, l'examen du privilége exclusif de la Compagnie des Indes, le rapport aux Etats généraux de tous priviléges particuliers, pour supprimer ceux qui seraient contraires à l'intérêt public, et statuer qu'il n'en sera jamais accordé que pour de véritables inventions, reconnues telles par les administrations des provinces et seulement pour un terme au-dessous de dix années, sans que les découvertes utiles à la santé des hommes puissent être récompensées autrement que par des gratifications.

La suppression du privilége exclusif des messageries, en laissant à toutes personnes la libre et entière concurrence pour le transport des voyageurs et des marchandises.

La suppression des péages domaniaux.

Le rachat par l'Etat des péages patrimoniaux, qui se trouveraient établis sur des titres légitimes.

Le transport des douanes sur les frontières.

La suppression des jurandes, à l'exception de celles qui intéressent la sûreté publique, telles que la communauté des apothicaires, des serruriers, des orfévres et des tireurs d'or, et des imprimeurs et libraires; sauf à donner des règlements simples et précis, pour la fabrique des étoffes de soie, la chapellerie et la boulangerie, qui, par leur importance et la multitude des individus qui y sont employés dans les villes principales, peuvent exiger une discipline particulière.

Sur la facilité, ils solliciteront un tarif général et précis de tous les droits d'entrée et de sortie du royaume, combiné avec l'intérêt plus ou moins réel que peut avoir le commerce de France à écarter ou recevoir certaines productions étrangères, à retenir ou à faire écouler certaines productions nationales : et quant aux objets dont l'introduction serait prohibée, en cas de fraude découverte et jugée, ils seront patemment brûlés sur la frontière.

Ils aviseront aux moyens les plus faciles de rendre les poids et les mesures uniformes dans tout le royaume.

Et ils requerront le prompt établissement de courriers pour le transport des lettres, partout où les chambres de commerce en demanderont, et notamment de Lyon à Bordeaux.

Sur la sûreté, ils feront arrêter qu'aucun ordre ministériel ne pourra plus à l'avenir contrarier, modifier ou suspendre l'exécution des lois qui seront établies pour le commerce.

Qu'il sera permis aux administrations des provinces et aux chambres et compagnies de commerce de faire entendre leurs réclamations, par mémoires et députés, lorsqu'ils croiront les intérêts du commerce compromis.

Que le Code du commerce sera vu, réformé et arrêté par une commission composée de jurisconsultes et de négociants, et qu'entre autres principales lois de ce Code, il s'en trouvera d'expresses contre les lettres de surséance et de répit, qui ne pourront être accordées que sur la demande des trois quarts des créanciers comptés par les sommes, et contre les faillites, qui seront toujours jugées à la poursuite des procureurs du Roi des justices consulaires, et en cas de fraude, sévèrement punies, aux frais du domaine; et enfin, contre quiconque accepterait l'hérédité d'un failli, en déclarant son donataire ou héritier exclu de toutes charges et fonctions publiques, s'il n'abandonne la succession aux créanciers du failli.

Sur la dignité du commerce, ils s'occuperont de tous les moyens possibles de détruire les stériles et détestables spéculations de l'agiotage.

CONSTITUTION MILITAIRE.

Nous déclarons sur la constitution militaire, que nous ne céderons jamais le plus précieux de nos droits, celui de marcher au premier rang contre les ennemis de l'Etat.

Nous désirons que les Etats généraux s'occupent des moyens : 1° de rendre au militaire son véritable caractère, en établissant une formation et une composition plus patriotique, et en l'employant le plus utilement possible en temps de paix ; en arrêtant que l'exercice du commandement ne sera livré qu'à ceux qui auront appris à obéir ; en rendant les enrôlements forcés des milices moins préjudiciables aux campagnes ; en bannissant ces variations continuelles de discipline, d'exercices et de manœuvres qui fatiguent le soldat, le portent à la désertion et le dégoûtent de se rengager; en supprimant toutes les peines auxquelles l'esprit national a attaché une idée d'avilissement ; en accordant des récompenses distinguées à tous actes extraordinaires de valeur et de bravoure.

2° De multiplier les établissements des écoles militaires, qui seront formés sur des plans et régis par des principes uniformes.

3° D'empêcher que la protection ou l'argent fassent obtenir la différence que le mérite et les talents qui (en respectant cependant le droit d'ancienneté des services) doivent seuls faire parvenir à tous les grades militaires auxquels seront admis tous les nobles ayant la noblesse acquise et transmissible.

4° Qu'ayant égard au sort de la noblesse pauvre, les Etats généraux ne permettent plus qu'elle ne porte pas avec honneur les marques glorieuses de sa valeur ; qu'ils ne souffrent pas que la misère soit le partage du brave et malheureux soldat qui a perdu au service de la patrie les moyens de pourvoir à sa subsistance.

5° Qu'ils examinent s'il ne serait pas possible, en leur donnant une éducation patriotique, de tirer parti de la foule des enfants abandonnés que l'Etat recueille, et d'en faire de bons soldats et de bons matelots.

6° Qu'ils demandent que la marine royale ait une activité toujours subsistante, qui servirait à perfectionner les connaissances, à faire respecter le pavillon français, et à protéger utilement le commerce.

7° Qu'ils statuent que toutes les parties relatives à la guerre et à la marine seront toujours confiées à des conseils, dont les membres continueront à être choisis parmi les sujets les plus distingués, sur le compte desquels l'opinion de la flotte et de l'armée aura parlé le plus favorablement.

LOIS ECCLÉSIASTIQUES.

A l'égard des lois ecclésiastiques, persuadés que dans toutes les provinces, Messieurs du clergé s'empresseront de demander tout ce qui intéresse la pureté de la discipline, nous bornons nos députés à requérir les objets suivants :

1° Que la religion catholique, apostolique et romaine soit toujours la seule religion dominante en France.

2° Que le Concordat soit aboli : en conséquence, les élections aux bénéfices rétablies, l'usage des résignations anéanti, et toutes les institutions canoniques et dispenses données par les évêques diocésains, sans recours au saint-siège.

3° Que la régie des économats soit supprimée et confiée, dans chaque province, au corps administratif qui y sera établi.

4° Que toutes les aliénations faites par l'Eglise, depuis plus de trente ans, soient déclarées irrévocables, par le seul effet de ce laps de temps.

5° Que les curés et vicaires vieux ou infirmes, qui désireront se retirer, trouvent des asiles utiles et décents, soit dans les chapitres, soit dans des établissements destinés pour eux.

6° Que, conformément à l'esprit de la discipline canonique, les hôpitaux soient dôtés par des unions de bénéfices, et non par des impôts.

Que ces unions puissent aussi avoir lieu aux collèges, aux séminaires, aux bénéfices-cures, mais non à des bénéfices consistoriaux ou autres.

7° Que les lois contre la pluralité des bénéfices soient strictement exécutées ; qu'en conséquence, nul ne puisse, à l'avenir, posséder à la fois deux bénéfices, sans que l'un et l'autre ne soit impétrable, n'entendant comprendre sous le nom de bénéfices les chapelles, prébendes, prestimonies et commissions de messes.

8° Que le sort des curés congruistes et vicaires soit amélioré avec prudence, et dans de telles proportions qu'ils puissent vivre avec décence, mais non se livrer au luxe, et déserter leurs paroisses.

9° Qu'il soit avisé aux moyens d'augmenter la considération des ordres religieux, en augmentant leur utilité.

10° Que, renouvelant et prenant les précautions les plus exactes et les plus sûres pour l'exécution des lois sur la résidence, les archevêques, évêques et autres grands bénéficiers que les Etats jugeraient à propos de conserver, soient tenus à neuf mois au moins de séjour annuel dans le chef-lieu de leurs bénéfices, pour y édifier par leur présence, et y faire refluer, par leurs aumônes et leurs consommations, la plus grande partie des revenus qu'ils en tirent.

OBJETS PARTICULIERS A LA VILLE DE LYON.

Après avoir chargé nos députés des objets généraux qui nous ont paru le plus importer pour une bonne constitution, et assurer la gloire du Roi, autant que le bonheur de la nation, nous pensons qu'il nous est permis de jeter un regard sur ce qui peut contribuer à la bonne administration de la ville de Lyon, au soulagement de ses habitants et à la prospérité de son commerce,

sans nuire à celui des autres parties du royaume, étant d'ailleurs persuadés que la splendeur d'une ville aussi importante par sa population et l'industrie de ses habitants, ne peut être étrangère au reste de l'Etat ; en conséquence, nou chargeons nos députés de demander, quant à son administration :

1° Que la nomination de MM. les officiers municipaux soit faite, à l'avenir, par une représentation plus nombreuse et plus proportionnelle des trois ordres.

2° Que la représentation de MM. les recteurs et administrateurs des hôpitaux soit faite par l'administration municipale, ainsi qu'elle sera établie, et que les bureaux puissent choisir sur trois sujets qui leur seront proposés, en remplacement de chaque recteur qui se retirera.

3° Qu'une attribution en dernier ressort, égale à celle qui sera donnée aux présidiaux, soit accordée au tribunal de la conservation.

4° Qu'au moyen de ce que les députés sont chargés de demander : 1° que la portion de la dette de la ville de Lyon, qui a été contractée pour le Roi, soit déclarée dette de l'Etat ; 2° que nos hôpitaux, qui sont vraiment nationaux, soient dotés par des unions de bénéfices ; 3° de consentir le payement de tous les impôts qui seront agréés par les Etats généraux. les octrois, et tous autres droits qui se perçoivent à l'entrée de la ville, soient réduits et modérés à ce qui sera reconnu absolument nécessaire, pour liquider la dette qui restera particulière à la municipalité, et fournir aux frais de son administration ; et cependant que, provisoirement, le bail précédent et le bail actuel des octrois soient rapportés à l'administration de la province, pour y être examinés, et le dernier résilié, s'il y a lieu.

5° Que ceux des faubourgs qui payent à la fois les charges du dedans et du dehors de la ville, jouissent de tous les avantages qui pourraient être conservés aux citoyens de Lyon, en payant seulement les mêmes charges.

Quant à ce qui regarde l'intérêt du commerce de la ville de Lyon, nous désirons :

1° Qu'il y soit établi une espèce de port franc, qui permettra aux négociants d'y faire arriver toute espèce de marchandises venant des îles du Levant, en les laissant en entrepôt dans les magasins publics destinés à cet objet, et où elles pourront rester l'espace d'une année, pendant ou après laquelle le propriétaire sera libre de les faire sortir du royaume en exemption des droits, ou de les faire circuler dans l'intérieur du royaume, en payant, en ce dernier cas, les droits d'entrée.

Nous pensons que cet établissement procurerait un commerce immense à la ville de Lyon, aux dépens seulement de la Suisse et de la Hollande ; qu'il faciliterait l'abondance des matières premières pour établir des filatures de coton dans nos campagnes, même des rafineries de sucre, et qu'il serait en même temps un débouché utile et sûr pour les ports de mer, et favoriserait les approvisionnements dans tout le royaume.

2° Nous croyons utile au commerce, en général, de conserver seulement dans la ville de Lyon une douane de vérification pour les marchandises venant de l'étranger, et une douane de sortie, pour les marchandises que Lyon exporte à l'étranger.

Nous chargeons aussi nos députés de demander que les privilèges exclusifs, pour l'extraction des charbons de terre, si nécessaires aux manufactures et à la consommation de la ville de Lyon, soient retirés, et l'exploitation rendue aux propriétaires, lesquels seront tenus de la faire selon les principes de l'art, et sous l'inspection des ingénieurs des mines seront subordonnés aux administrations des provinces.

Nous désirons que les droits qui se perçoivent aux portes de la ville sous les noms de leyde, cartelage et couponnage soient rachetés, s'ils sont fondés, et ensuite supprimés.

Qu'il soit établi dans les environs de Lyon, et aux frais de la province, des moulins à organiser les soies, à l'instar de ceux de la Saône et d'Aubenas.

Qu'il soit fondé à Lyon une chaire de chimie, dont l'objet particulier soit de perfectionner l'art de la teinture.

Que le privilége accordé pour le faux surdoré soit retiré, et cette branche d'industrie supprimée, comme facilitant à la mauvaise foi un mélange de matières fines et de matières fausses dans la fabrication des étoffes riches, ce qui décréditerait bientôt nos manufactures auprès de l'étranger.

Enfin nous demandons très-expressément, pour l'intérêt de tous, que le magasin à poudre qui menace perpétuellement la ville de Lyon d'une explosion funeste, soit transporté dans le local qu'assignera l'administration de la province.

Nous chargeons aussi nos députés de requérir que les nobles, ou autres, nés à Lyon, puissent entrer dans l'ordre de Malte, comme chevaliers de justice, servants d'armes, ou prêtres conventuels, en faisant les preuves nécessaires de noblesse ou de roture, et sans égard au décret du grand maître, qui les en aurait exclus.

Tels sont les pouvoirs et instructions que nous donnons à nos députés, lesquels se conformeront exactement à tous les articles qui sont exprimés d'une manière obligatoire, et insisteront, le plus qu'il sera possible, sur tous les autres ; leur laissant la liberté d'opiner selon leurs lumières et conscience, sur tous les points qui n'ont pas été ci-dessus exprimés, et qui pourraient être agités aux prochains États généraux.

Fait à Lyon, les jour et an que dessus, et signé par MM. les commissaires de la noblesse :

Le marquis DE MONT-D'OR, DE BOISSE, CHIRAT, LACROIX DE LAVAL, BEUF DE CURIS, JOURDAN, DE JUSSIEU DE MONTLUEL, IMBER-COLOMES, PALERME DE SAVY, LORAS, RAMBAUD, NOLHAC, le marquis DE REGNAULD DE LA TOURETTE, et DESCHAMPS.

CAHIER
Du tiers-état de la sénéchaussée de Lyon (1).

Un Roi juste et bienfaisant, l'objet de l'amour de ses peuples, rassemble les représentants de la nation pour apporter un remède aux plaies de de l'Etat ; rappelant les Français aux droits imprescriptibles d'un peuple libre et généreux, il veut, de concert avec eux, s'occuper de la réforme des abus, de l'établissement d'un ordre fixe et invariable dans toutes les parties de l'administration, et de tout ce qui peut intéresser la prospérité générale et le bien de tous les sujets de ce vaste empire.

Grâces éternelles lui soient rendues! Que l'expression de la plus tendre et la plus respectueuse reconnaissance soit le premier vœu dont seront chargés, au nom de cette sénéchaussée, les députés du tiers-état! Proposons à ce monarque chéri, et à la nation assemblée, des vues vraiment patriotiques et dignes de l'auguste assemblée

qui établira les bases inébranlables, sur lesquelles doit reposer à jamais la félicité publique (1).

CHAPITRE PREMIER.
Constitution.

Le pouvoir arbitraire fut la source de tous les maux de l'Etat; ainsi notre premier vœu est l'établissement d'une constitution vraiment nationale, qui détermine les droits de tous, et des lois qui les maintiennent. En conséquence, nos députés prieront les États généraux d'arrêter, et Sa Majesté de vouloir bien sanctionner une loi vraiment constitutionnelle, dont voici les principaux objets:

1° Que la loi est l'expression de la volonté générale de la nation, sanctionnée par la volonté du Roi, ou l'expression de la volonté royale, approuvée et consentie par la volonté générale de la nation.

2° Que les États généraux, régulièrement composés, seront solennellement reconnus être la seule assemblée compétente pour déclarer la volonté générale de la nation, après mûres et libres délibérations.

3° Les États généraux détermineront le retour prochain et périodique de leurs assemblées, qui ne pourront jamais être éloignées de plus de trois années, le droit de convocation, la forme des élections et la représentation de chaque province, en telle sorte que les députés soient choisis librement dans leurs ordres respectifs ; que ceux du tiers-état soient toujours en nombre égal à ceux du clergé et de la noblesse réunis; que les suffrages se recueillent par tête; que les décisions se forment à la pluralité ; que les cahiers des trois ordres soient représentés avec le même cérémonial ; et que les assemblées ne puissent être rompues avant la fin de toutes délibérations.

4° Les États généraux rédigeront en charte les lois fondamentales relatives à la succession au trône, aux domaines de la couronne et à l'établissement et aux pouvoirs de la régence, ainsi qu'à la nécessité et au droit d'assembler les États, en cas de mort ou d'absence du souverain.

5° Toutes les chartes, capitulations, priviléges, immunités et franchises des particuliers, des corps, communautés, villes, provinces et ordres de l'Etat relatives à l'impôt, seront remis à la disposition des États généraux ; en conséquence, il n'y aura de loi en France, que celle qui aura été proposée par les États généraux et sanctionnée par le Roi ; et il ne sera levé aucun impôt, fait aucun emprunt des étrangers, des provinces ou des sujets, apporté aucun changement dans la valeur ou le titre des monnaies, ni mis aucun papier en circulation, sans le consentement des États généraux. Ceux-ci ne pourront jamais consentir l'impôt, ni aucunes levées de deniers pour un espace qui excède de six mois le jour fixé au retour périodique des États généraux, et ceux qui tenteraient de le percevoir après ce terme seront poursuivis par les juges ordinaires et punis comme concussionnaires.

6° Il sera établi des règles fixes pour assurer à la nation la liberté dans le choix des députés aux

Etats généraux : pour faciliter les élections, le royaume sera divisé par districts ; le nombre des députés généraux, pour chaque district, sera reglé à raison de sa population et de ses contributions ; toutes les élections se feront dans les campagnes par communautés, et dans les villes par arrondissements, et non par corporations.

7° Tout droit de propriété sera inviolable, et nul ne pourra en être privé, même à raison d'intérêt public, qu'il n'en soit dédommagé sans délai, et au prix qu'arbitreront des experts amiablement choisis ou nommés en justice par le propriétaire, d'une part, et par le syndic des Etats provinciaux, d'autre part.

8° Aucun état civil, ou grade militaire, n'appartiendra exclusivement à un ordre de l'Etat.

9° La loi constitutionnelle ordonnera que les impôts qui seront consentis par les Etats généraux, quels que soient leur dénomination et leur objet, seront supportés également et proportionnellement à leurs propriétés et facultés par tous les sujets du Roi, sans distinction d'ordre, et sans qu'il puisse exister, soit quant aux biens, soit quant aux personnes, aucune exception, privilége, immunité ni faveur, et nonobstant tout affranchissement ou abonnement, et l'impôt dans chaque ville, paroisse ou commune, sera réparti et recouvré sur un même rôle.

10° Il sera établi, dans chaque généralité, des Etats provinciaux composés de membres librement élus. Ceux pris dans le tiers-état ne pourront être élus que dans les membres qui composent cet ordre, et seront en nombre égal aux membres réunis du clergé et de la noblesse ; la présidence sera élective.

Les fonctions des Etats provinciaux, leur régénération et leur régime seront réglés par la loi constitutionnelle.

11° Cette loi ordonnera, dans toutes les paroisses et villes sans exception, l'établissement d'une assemblée municipale, composée de membres librement élus parmi les contribuables, habitants ou forains, dont la moitié au moins sera prise dans l'ordre du tiers-état ; le nombre des membres sera déterminé à raison de l'importance et de la population des villes et des campagnes ; la même loi réglera les fonctions, le régime et la régénération de ces assemblées, et prononcera l'abolition de toutes les municipalités subsistantes.

12° Pour assurer le dépôt et la publicité de la loi, elle sera envoyée aux Etats provinciaux, qui la feront enregistrer et publier dans les cours et tribunaux ordinaires, sans que, dans aucun cas, les cours puissent apporter dans l'enregistrement aucune restriction, modification ou retard.

13° Toute servitude personnelle sera abolie en France. La loi constitutionnelle assurera à toutes personnes la liberté individuelle ; en sorte que nul ne puisse être arrêté ou constitué prisonnier, qu'en vertu d'un décret décerné par les juges ordinaires, et dans le cas où il serait reconnu que l'emprisonnement provisoire pût être nécessaire à l'ordre public. Toute personne ainsi arrêtée, sera remise, dans vingt-quatre heures au plus tard, à ses juges naturels, qui seront tenus de statuer dans le plus bref délai, même de lui accorder son élargissement provisoire en donnant caution, à moins que le détenu ne soit prévenu d'un délit qui entraînerait une peine corporelle. Il sera défendu, à peine de punition corporelle fixée par la loi, à tous officiers, soldats, exempts ou autres, s'il n'est aide à justice, porteur d'un décret ou jugement, d'attenter à la liberté d'aucun citoyen en vertu de quelque ordre que ce puisse

1re SÉRIE, T. III.

être ; et toute personne qui aurait sollicité ou signé un tel ordre, ou favorisé son exécution, sera prise à partie devant les juges ordinaires, et il sera prononcé, contre les coupables, la peine indiquée par la loi et les dommages et intérêts dus au citoyen lésé.

14° Les assemblées municipales et paroissiales, ainsi que les hôpitaux et tous autres établissements publics, rendront leurs comptes tous les ans aux Etats provinciaux, qui arrêteront les leurs chaque année, et les rendront aux Etats généraux lors de leur tenue périodique ; les Etats généraux apureront aussi le compte des finances de l'Etat, et tous les différents comptes seront sans délai imprimés et rendus publics ; enfin, les Etats généraux aviseront aux meilleurs moyens d'établir la comptabilité et la responsabilité des ministres, et de prévenir la dissipation des finances et l'infraction des lois dans l'intervalle des assemblées de la nation.

15° Comme dans toute société il n'y a point de bonheur à espérer sans une bonne constitution, la province du Lyonnais recommande à ses députés de ne délibérer sur aucun objet, avant que la constitution française ait été fixée par les Etats généraux.

CHAPITRE II.

Église.

Nous demandons que la religion catholique, apostolique et romaine, soit seule dominante en France. Nous demandons que le clergé séculier et régulier aliène, dans le délai qui sera fixé par les Etats généraux, une partie de ses biens pour le payement de ses dettes, soit à jour, soit en constitution de rentes ; que les aliénations faites jusqu'à ce jour soient déclarées irrévocables, sans pouvoir être attaquées sous quelque prétexte que ce soit.

Les députés présenteront le vœu des communautés pour l'érection en cures des annexes et vicaireries perpétuelles, pour la suppression des dîmes, casuels et quêtes, aux offres des communautés de pourvoir aux dépenses pour le service divin et à l'entretien des curés et vicaires, de manière à leur permettre de soutenir la dignité de leur caractère, et de tendre des secours à l'indigence ; qu'il ne sera plus impétré, pour quelques bénéfices que ce soit, des provisions en cour de Rome ; mais que les actes de nomination soient assujettis à un droit de sceau au profit de l'Etat, conformément au tarif qui sera arrêté par les Etats généraux.

Que la pluralité des bénéfices soit prohibée, à moins que leurs revenus réunis n'excèdent pas la somme de 1,200 livres ; dès la prise de possession d'un second bénéfice, les deux bénéfices seront réputés vacants, impétrables, et les ecclésiastiques non bénéficiés en seront pourvus à première réquisition ; la résidence, pour les bénéfices qui l'exigent, sera au moins de dix mois chaque année, nonobstant tous priviléges, dispenses, emplois ou affaires ; en cas d'absence, les officiers municipaux des villes et communautés, seront autorisés à saisir les deux tiers des revenus des bénéfices, pour les employer au soulagement des pauvres. Que les dispenses de parenté soient accordées gratuitement par l'évêque diocésain, dans tous les cas prévus par les canons ; celles de publications de bans n'auront plus lieu à l'avenir.

Que les vœux pour l'entrée en religion ne pourront plus être prononcés avant l'âge de vingt-cinq ans accomplis. Que les communautés religieuses qui ne seront pas composées au moins de sept religieux prêtres, soient éteintes et supprimées, les religieux réunis à une autre maison de leur ordre, et leurs biens vendus pour le payement de partie des dettes.

Que sur tous bénéfices dont le revenu excédera 2,000 livres, il soit imposé une taxe déterminée par les Etats généraux. Le produit en sera appliqué : 1° aux besoins des communautés de filles non rentées, à des prêtres du diocèse, vieux ou infirmes ; 2° à l'établissement d'écoles et hospices de charité dans les campagnes.

Que la régie des économats soit supprimée; que lors de vacance des bénéfices, la perception des fruits et revenus, jusqu'à la prise de possession du nouveau titulaire, la reconnaissance de l'état des bâtiments et fonds, la distinction des réparations à la charge de la succession, les poursuites contre cette succession, soient faites à la diligence des Etats provinciaux.

CHAPITRE III.

Législation.

Les lois civiles et criminelles sont la sauvegarde de l'honneur, de la vie et des propriétés de tous les citoyens ; elles font la règle de leur conduite.

C'est d'après ces vérités importantes que nous supplions le Roi et les Etats généraux de rassembler, le plus tôt possible, toutes les lumières de la magistrature, du barreau et de bons citoyens, pour établir un code uniforme, s'il est possible, pour tout le royaume, clair, précis et assez à portée de tout le monde, pour que chacun puisse y trouver, sans effort, le tableau de ses devoirs et de ses droits.

SECTION PREMIÈRE. — *Tribunaux et officiers de justice.*

1° Les députés exposeront le danger de la vénalité des charges de magistrature, et en demanderont, avec instance, l'abolition.

2° On demande qu'il soit établi dans chaque province, et notamment dans celle du Lyonnais, une cour souveraine qui sera fixée à Lyon pour connaître en dernier ressort de toutes matières civiles et criminelles, même des droits fiscaux et domaniaux ; que les charges en soient électives, inamovibles et ouvertes à tous les ordres, et que quelques-unes soient attribuées à des conseillers clercs et à des négociants recommandables. En conséquence, on demande que la juridiction ecclésiastique soit réduite à la connaissance des sacrements et de la discipline canonique, et que toutes les commissions, eaux et forêts, élections et autres tribunaux d'exception, tant souverains que de première instance, soient supprimées ; en pourvoyant, par les Etats généraux, au remboursement des offices, on exceptera de cette suppression les amirautés, les justices consulaires et les conservateurs des privilèges des foires.

3° On demande la suppression des commissaires enquêteurs, receveurs des consignations, commissaires aux saisies réelles, experts jurés et greffiers des rapports, payeurs des gages, jurés priseurs et notaires seigneuriaux ; en conséquence, que les scellés soient mis par les juges, les inventaires faits par les notaires, les consignations reçues gratuitement dans la caisse des Etats provinciaux, des prud'hommes experts nommés dans chaque paroisse ; que les notaires

royaux soient astreints à la résidence fixée par leurs titres ; que les juges des seigneurs soient inamovibles et incapables de postulation ; et qu'enfin, chaque cour souveraine fasse pour son ressort un tarif général, clair et modéré des épices et de tous les droits dus aux notaires, procureurs, greffiers et huissiers.

4° On demande qu'il soit établi, partout où faire se pourra : 1° un ou plusieurs juges de paix, élus par la paroisse, pour concilier les différends des habitants ; en sorte qu'on ne puisse se pourvoir en justice avant que les juges de paix aient porté leur décision ; 2° un conseil charitable dans chaque arrondissement pour aider de conseils, d'avances, les pauvres dans l'exercice de leurs droits ; 3° que les procureurs et huissiers soient responsables des nullités des procédures provenantes de leurs faits, et qu'il soit rédigé un règlement qui détermine les cas où les notaires répondront des nullités de leurs actes.

SECTION II. — *Réforme des lois.*

Il sera formé un code national, adapté à nos mœurs et à notre gouvernement, qui prescrive les formes à suivre en matière civile et criminelle, et qui concilie, autant qu'il sera possible, le droit romain et les diversités des coutumes ; et pour y parvenir, les Etats généraux choisiront des commissaires parmi les plus habiles jurisconsultes de chaque province.

On désirerait que le but des lois civiles fût d'unir les époux par des intérêts communs, de rendre l'autorité paternelle plus respectable, et d'assurer les propriétés et le repos des familles par l'abréviation du terme des prescriptions.

On demande un code pour le commerce, simple, noble, protecteur de la bonne foi, et digne de la loyauté des négociants français.

On attend surtout un code de lois agraires qui encouragent l'agriculture, qui veillent à l'éducation dans les campagnes, qui protègent les cultivateurs, leurs récoltes, qui détruisent l'oppression des capitaineries et les abus de la chasse, qui soumettent à des règlements la police des colombiers et des animaux domestiques, et qui prohibent toute servitude rurale sans titre, à moins qu'elle ne soit forcée et naturelle.

SECTION III. — *Procédure criminelle.*

En s'en rapportant à la sagesse des commissaires qui choisiront les Etats généraux, la province du Lyonnais ne peut s'empêcher d'exprimer son vœu pour que le Code criminel classe les délits et les peines ; que les coupables, sans distinction de rang, subiront la peine due au crime dont ils seront convaincus. Cette égalité de peines, indiquée par la seule raison, peut seule éteindre le préjugé fatal qui fait rejaillir, sur une famille entière, l'ignominie qu'inspire le supplice d'un seul criminel.

Nous espérons que les formes de cette loi nouvelle protégeront l'innocent contre une accusation injuste : mais, provisoirement, nous demandons que l'information et le premier interrogatoire soient faits en présence de trois juges ; qu'après le premier interrogatoire, il soit donné un conseil à l'accusé ; que dès lors toute l'instruction soit publique ; qu'il soit sursis, hors les cas de sédition, à l'exécution de tout jugement portant condamnation à mort, pendant trois mois, à compter de la notification au conseil de l'accusé, pour lequel accusé le jugement sera tenu secret; que la révision du procès sera faite huit jours avant l'exécution ; que la peine de mort pour crime de vol soit abolie, et que dès à présent les prisons soient un lieu de sûreté et non un lieu de supplice.

SECTION IV. — *Procédure civile.*

La nécessité de simplifier la procédure civile et d'abréger les formes ruineuses, longues, des ventes judiciaires et des distributions de prix, est trop manifeste pour qu'on doive insister : on demande cependant que provisoirement, la rigueur des contraintes par corps soit restreinte et adoucie; que les sentences de séparation de biens soient inscrites dans un tableau exposé dans l'auditoire de la juridiction royale ; que tout privilége de *committimus* et de garde-gardienne soit supprimé; et que l'article suivant soit érigé en règlement : « Toute signification sera faite à personne ou domicile, et l'huissier tenu de prendre un récépissé de la partie ou de la personne étant dans son domicile ; et en cas d'absence ou de refus, de prendre le récépissé d'un préposé qui sera à cet effet établi dans les villes et dans les campagnes, l'huissier prendra le récépissé du curé, ou de son vicaire, ou du syndic de la paroisse. »

SECTION V. — *Droits féodaux.*

1° Toute servitude personnelle, corvée à miséricorde, mi-lods en ligne directe et retrait féodal et censuel , seront abolis sans indemnité, ainsi que tous les droits insolites, autres que les cens et servis, tels que ceux de leyde, couponage cartelage, barrage, fouage, maréchaussée, banvin, ban-d'août, fours, pressoirs , moulins , banaux, tabellionage et autres semblables.

2° Les censitaires auront la faculté perpétuelle de racheter tous leurs cens et les rentes foncières, suivant les formes et tarifs qui seront arrêtés par les Etats généraux. Les fonds affranchis seront exempts du droit de franc-fief ; ils ne seront soumis qu'à un simple contrôle, et le prêteur qui aura fourni les deniers de rachat sera privilégié à tous les créanciers, même au bailleur de fonds.

3° Les cens, directes, rentes foncières, obits, se prescriront par trente ans, les arrérages et profits éventuels, par cinq ans, et il sera défendu à l'avenir d'aliéner aucun fonds sous cens et servis.

4° Le droit de lods et mi-lods , au cas où il est dû, se percevra sur la valeur présente du sol, indépendamment de toute construction, à moins que le titre originaire, et à son défaut le terrier le plus ancien, ne fît mention de l'existence d'un bâtiment.

5° Les eaux vagues et fluantes dans les chemins appartiendront à celui qui pourra les recueillir rière ses possessions, pourvu que la prise qu'il en fera ne dégrade pas le chemin : les abénévis en ce genre seront déclarés abusifs et contre le droit commun.

CHAPITRE IV.

Police générale.

Le Roi et les Etats généraux seront supplés de prendre en considération les abus qui se sont glissés dans le régime des universités, dans la concession des grades et dans l'éducation publique; de l'établir de manière à former dans tous les ordres des citoyens utiles; que l'amour de la patrie, l'esprit public, soient dès l'enfance le premier sentiment de tout Français ; que les lois constitutionnelles deviennent des livres classiques dans les villes et dans les campagnes; qu'il soit établi dans chaque paroisse des écoles gratuites, où les enfants puissent apprendre à lire, à écrire, et les éléments de calcul ; que dans les villes les enfants du peuple soient instruits gratuitement des eléments des arts les plus utiles; que partout l'oisiveté, l'inutilité et l'intrigue, toujours surveillées par la loi, n'obtiennent que le mépris.

Les curés, dans les villes et les campagnes, doivent avoir, par leur exemple et par la confiance due à leur caractère, la plus grande influence sur la régénération des mœurs.

Nous demandons encore que dans chaque diocèse il y ait des places honnêtes, réservées aux curés et vicaires pour leur servir de retraite, lorsque leur grand âge ou des infirmités ne leur permettent plus de continuer leurs fonctions.

Nous demandons que les enfants trouvés soient élevés aux frais de la nation, pour former des citoyens utiles, de bons soldats.

Qu'il soit pourvu dans chaque paroisse aux besoins des infirmes et des vieillards indigents, et que la mendicité soit proscrite dans tout le royaume, comme le vice le plus contraire au bon ordre.

La liberté de la presse sera admise, mais tout écrit contraire à la religion et à la décence, ou attentatoire à la réputation des personnes, sera considéré comme libelle, et les distributeurs, imprimeurs et auteurs seront poursuivis avec rigueur.

Le secret et la sûreté des objets confiés à la poste, seront mis sous la sauvegarde de la nation; et l'assemblée nationale s'occupera d'un tarif relatif à ces objets.

On désire la suppression des états-majors, des gouvernements de tout genre, grands et subalternes, à l'exception de ceux des villes frontières ; la suppression des commissaires provinciaux des guerres, et la suppression de la régie des étapes ; les Etats provinciaux assureront le logement des gens de guerre, aucun privilége n'en pourra dispenser.

Les commissaires départis dans les provinces, les ingénieurs des ponts et chaussées seront supprimés ; leurs fonctions seront confiées aux Etats provinciaux et à leurs projets ; dans les projets des routes nouvelles, on adoptera de préférence ceux qui favoriseront l'agriculture, en facilitant l'exportation des denrées.

On désire que les portes des villes, dans l'intérieur du royaume, à l'exception de celles où il y aura garnison, soient ouvertes la nuit comme le jour, à l'exemple de celles de la capitale.

Que, pour procurer aux campagnes des médecins, chirurgiens et sages-femmes instruites, on cherche les moyens de faciliter à ceux qui en seront jugés dignes par les Etats provinciaux, des établissements avantageux dans les arrondissements qui en demanderont.

Nous demandons l'exécution de la loi salutaire, qui ordonne l'inhumation hors l'enceinte des villes.

Enfin, comme rien n'intéresse aussi essentiellement la classe la plus nombreuse de la nation, que la fixation modérée et équitable du prix des subsistances, nous demandons que, d'après des essais authentiques de panification et de tueries, il soit dressé dans toutes les provinces des tables qui serviront de règle pour éviter tout arbitraire dans la fixation du prix du pain et de la viande.

CHAPITRE V.

Agriculture et commerce.

L'assemblée la plus auguste de la nation arrêtera essentiellement ses regards sur l'agriculture et le commerce, ces deux sources inépuisables de la richesse et de la force nationales.

L'agriculture nous donne la subsistance, le commerce donne aux productions de l'agriculture une valeur qui augmente les ressources du cultivateur ; ces deux professions utiles et honorables doivent être toujours unies par le même intérêt.

Nous demandons pour l'agriculture liberté et encouragement.

L'agriculteur sera libre lorsque, délivré des entraves et des chaînes qui pèsent sur lui, il n'aura plus à combattre contre les impôts destructeurs, perçus sur les vins et boissons, impôt soumis au régime le plus inquisitionnel ; ainsi nous demandons la suppression de tous les droits sur les vins et boissons, ou au moins que jusqu'au jour heureux qui les verra abolir, nous soyons affranchis des visites, exercices et autres formes inquisitionnelles.

Le régime des gabelles n'est pas moins vexatoire, et cet impôt funeste prive le peuple et les bestiaux du sel, cette denrée précieuse, non moins utile à la santé des hommes, qu'à la multiplication des troupeaux.

Nous demandons que le sel acheté aux marais salants, à un prix uniforme, qui rendra au trésor national un produit égal à celui des gabelles, soit vendu librement dans l'intérieur du royaume, à un prix qui se fixera de lui-même, en raison de l'achat et des frais de transport.

Nous demandons aussi que la vente privilégiée du tabac se fasse en bâton et aux frontières, et que le tabac circule librement dans l'intérieur du royaume, ainsi que toute autre marchandise.

Nous demandons, pour le bonheur de l'agriculture, l'affranchissement de tous les droits sur les denrées de première nécessité.

La suppression des mi-lods, en ligne directe et de ceux en cas d'échange, qui sont dans la main du Roi, et la liberté de racheter, moyennant un prix modéré, ceux aliénés aux seigneurs.

L'abolition de droits insolites, non justifiés par titres ; la faculté de racheter ceux qui seront justifiés, moyennant un prix modéré.

Nous demandons des distinctions, des récompenses pour les cultivateurs qui auront enrichi le premier et le plus utile des arts par des découvertes.

Nous osons espérer, et nous demandons avec instance l'abolition de ces concessions trop fréquentes, qui, en assimilant, contre tous les principes, les carrières de charbons de terre aux mines, dépouillent les propriétaires de leur héritage, pour en investir un concessionnaire, qui revend le plus souvent au propriétaire qu'il a dépouillé, le droit d'exploiter sa propre carrière : c'est à cet abus que nous devons le renchérissement du charbon de terre dans nos provinces, où la rareté du bois à brûler se fait sentir depuis longtemps.

Nous demandons que le tirage des milices soit aboli, ou au moins qu'il soit libre à tous habitants, sujets à la milice, de racheter par une redevance modique la délivrance du tirage ; la somme de ces redevances réunies peut fournir aux frais des enrôlements volontaires, et ce moyen simple, conserverait à l'agriculture des bras utiles et des mœurs.

Que les chemins vicinaux soient entretenus, et d'une largeur suffisante, pour permettre la libre circulation des denrées.

Que le commerce des grains et des bestiaux ne soit jamais gêné par des lois prohibitives, et que leur libre circulation, même la sortie du royaume, ne puisse être interrompue que momentanément et à la demande des États provinciaux, lorsque l'on pourra craindre la trop grande diminution de la masse des subsistances ou des bestiaux.

Nous demandons enfin que les biens communaux restent en nature aux communautés qui seront autorisées à faire rentrer dans leurs mains ceux aliénés ou usurpés, quelque longue que puisse être la possession des détenteurs desdits biens.

Le commerce, non moins entravé que l'agriculture, a droit à la même liberté. Nous demandons pour lui l'abolition de tous les péages, sauf à indemniser les propriétaires, sous la déduction des charges imposées à ces droits onéreux ; la suppression de tous les privilèges et des messageries ; la destruction des droits de marque sur les fers, qui donnent dans le sein même du royaume un avantage aux fers de Suède sur les fers de France ; de la marque des cuirs, impôt inquisitorial, auquel nous devons la destruction de notre commerce des cuirs, qui était florissant avant cette invention fiscale.

L'abolition de tous les droits de plomb et marque sur les étoffes de toiles nationales, ainsi que la suppression de tous inspecteurs des toiles, et de tous droits de jurandes.

Du droit sur les amidons, les huiles, les savons, les papiers et cartons, et sur toutes matières premières, importées pour alimenter les manufactures nationales.

La libre circulation, sans aucuns droits dans le royaume, de tous objets de commerce ; et qu'en suivant le vœu, si souvent répété par la nation entière, les douanes et barrières soient transportées aux frontières.

On examinera s'il est avantageux pour la ville de Lyon de demander un bureau de *transit*, sollicité par sa position ; et si ce bureau, qui, sans nuire à aucune autre ville, peut nous rendre le commerce d'entrepôt, qui fut la source de notre prospérité longtemps avant l'établissement des manufactures, peut être établi sans gêner la circulation et la liberté que désirent tous les ordres des citoyens.

Nos députés porteront aux États généraux le vœu de l'établissement d'un poids et d'une mesure uniformes dans tout le royaume.

De l'abolition des lettres de répit et de surséance ; et qu'après avoir consulté les chambres de commerce, l'édit de 1673 soit remplacé par une loi nouvelle, qui contienne de sages règlements, pour prévenir des fraudes trop fréquentes dans les faillites ; que les jugements des tribunaux de commerce soient exécutés sans *pareatis*, dans tout le royaume, et qu'ils puissent juger en dernier ressort jusqu'à 4,000 livres ; que, dès à présent, pour arrêter les abus excessifs et ruineux qui accompagnent les faillites, on fasse le règlement suivant :

« Les négociants seront tenus de faire parapher par des juges-consuls chaque feuillet du livre-journal dont ils se serviront ; le paraphe sera mis gratuitement ; le livre où cette formalité aura été omise, ne fera pas foi en justice; les faillis qui n'auront pas ce livre paraphé à produire, seront réputés banqueroutiers frauduleux.

« Nul ne sera admis à déposer bilan, et à traiter avec ses créanciers, s'il n'a des livres en la forme prescrite, et n'est armateur, banquier, manufacturier ou marchand.

« Son dépôt de bilan sera fait au greffe ou chez un notaire : ce dépôt fait, le failli ne pourra être arrêté pour dettes civiles; mais il lui sera défendu de s'absenter, sous peine d'être réputé banqueroutier frauduleux.

« A l'instant du dépôt du bilan, les scellés seront apposés, et il sera informé du fait de la faillite, à la requête du procureur du Roi, en la juridiction consulaire; la procédure sera, dans tous les cas, suivie jusqu'à jugement définitif, aux frais du domaine.

« S'il est reconnu que la faillite n'a eu pour cause que des malheurs ou de légères imprudences, il sera prononcé un jugement d'absolution qui ne sera pas susceptible d'appel.

« S'il est évident que le failli s'est livré à des dissipations, et que, connaissant son insolvabilité, il ait préféré contracter des engagements, il sera prononcé un jugement d'admonition.

« S'il est prouvé que le failli a détourné ses effets, supposé des créanciers, falsifié des livres, ou s'il n'a pas fait au moins tous les deux ans un inventaire, il sera déclaré banqueroutier frauduleux, et condamné aux galères perpétuelles.

« Dans le cas où le traité entre le débiteur et ses créanciers ne contiendra qu'un attermoiement sans remise, la pluralité sera formée par le concours des créanciers privilégiés, hypothécaires et chirographaires.

« Quand le traité contiendra remise à perte de finance, la pluralité ne sera formée que par les trois quarts du total des créances chirographaires.

« Les faillis seront exclus de la Bourse, et de droit seront incapables de tous emplois et fonctions publiques; leur nom sera inséré dans un tableau exposé dans la salle d'audience de la juridiction consulaire, avec mention du jugement d'absolution, d'admonition ou de condamnation qui aura été rendu. Ceux qui auront accepté les successions ou donations des faillis, seront exclus, ainsi que leurs héritiers, des charges municipales et emplois publics, à moins qu'ils n'abandonnent à la masse des créanciers tout ce qu'ils auront recueilli, ou qu'ils ne fassent réhabiliter le failli en sa mémoire.

« Qu'il soit libre de stipuler l'intérêt dans tous les contrats publics ou privés pour prêt d'argent, et que l'intérêt dans les affaires civiles soit réglé suivant le taux du prince, et dans toutes affaires de banque, commerce ou finance, au taux du cours de la place.

« Que les places à mesure de vacance, dans les chambres et dans les tribunaux de commerce, soient nommées par le suffrage libre des négociants et manufacturiers.

« Que le Roi et la nation assemblés prennent en considération les divers traités de commerce faits avec les puissances étrangères, et calculent les avantages ou les maux qui peuvent en résulter pour le commerce national.

« Que les députés du tiers-état de cette sénéchaussée mettent sous les yeux du bureau chargé par les Etats généraux des objets intéressants de commerce, le régime des jurandes qui régissent nos manufactures; que les Etats pèsent, dans leur sagesse, si, en établissant des règles pour assurer le titre des matières et la qualité de l'étoffe que l'œil ne peut apercevoir, il ne serait pas plus sage de laisser à l'industrie cette liberté, qui toujours augmente ses ressources, que d'imposer aux manufactures des gênes souvent oppressives, qui, loin de favoriser le commerce, ne servent presque toujours qu'à nuire à ses progrès. »

Nous chargeons nos députés de remontrer aux Etats généraux que, dans les villes de manufacture, la classe des ouvriers est toujours la plus nombreuse, et qu'on ne peut charger les denrées de première nécessité du droit le plus léger, sans augmenter la main-d'œuvre, et nuire par cela même à la concurrence de nos manufactures avec les manufactures étrangères. Ils mettront sous les yeux de l'assemblée nationale *l'excessivité* des droits qui renchérissent à Lyon les subsistances, et la misère extrême des ouvriers de nos fabriques; ils demanderont avec instance la suppression de ces droits, non moins nuisibles aux habitants des campagnes qu'aux ouvriers de la ville.

Nos députés proposeront d'ordonner que toute invention utile pour le commerce soit récompensée, et que le négociant distingué par sa probité et son utilité, ou tous autres citoyens, recommandable par ses services, puisse obtenir la noblesse, et que la noblesse vénale soit abolie.

La marine marchande sera honorée et procurera l'entrée de la marine royale; les commerçants et manufacturiers ne dérogeront point à la noblesse; on distinguera dans la distribution des grâces et des honneurs ceux qui auront suivi le commerce de leurs pères; et les Etats généraux seront invités à déclarer ennemis de la nation, et indignes du nom de négociant, les hommes assez vils pour se prostituer au jeu de l'agiotage.

Les députés représenteront avec force que les manufactures de Lyon et Saint-Chamon, et autres de la province, menacées d'une ruine totale, ont des droits puissants à la protection de la nation; parce que leur bénéfice se faisant sur l'étranger, la prospérité du royaume est étroitement liée avec la leur. Ils demanderont, en conséquence, qu'elles soient efficacement soutenues et encouragées; que des primes leur soient accordées; qu'on favorise leurs exportations par les traités de commerce, le tarif des traites aux frontières du royaume, la vigilance des ambassadeurs et consuls, l'abondance des denrées et la bonne administration de ces manufactures; les députés feront sentir que l'intérêt que ces manufactures inspirent s'étend à la province qui leur fournit des denrées et des bras.

Enfin, ils présenteront le vœu du tiers-état, pour que toutes les lois générales relatives, soit à l'agriculture, soit au commerce, ne soient rendues que du consentement des Etats généraux, et que les ordonnances particulières ou sociales ne soient rendues que du consentement des Etats provinciaux, ou sur l'avis des chambres de commerce.

CHAPITRE VI.

Domaines et finances.

Nos députés proposeront aux Etats généraux de prendre une connaissance approfondie des déprédations commises dans l'administration des finances et des domaines, et d'employer avec sagesse, justice et fermeté, les moyens les plus propres à réparer les pertes que le trésor public en aurait prouvées.

éNos députés remontreront que de toutes se

compagnies de finance, nulle n'exerce sur la nation un empire plus despotique et plus meurtrier que les régisseurs des domaines, accoutumés dès longtemps à juger en dernier ressort dans toutes les parties de l'administration qui leur est confiée ; les droits domaniaux sont devenus dans leurs mains un fléau pour les provinces ; toutes les perceptions ont acquis à leur gré une extension incalculable ; les actes ont été scrutés et fixés à volonté. Ils demanderont que les tribunaux ordinaires, et les cours par appel, connaissent de toutes les contestations relatives à ces droits ; et que dans aucun cas le conseil ne puisse y statuer.

Ils demanderont un tarif modéré et clair de tous les droits qui ne laissent aucune prise à l'arbitraire.

La suppression des droits de franc-fief, foi et hommage pour les allodiaux, plus onéreux qu'utiles au domaine ; des droits perçus, contre toutes règles, au profit du domaine, sur les moulins placés sur les fleuves et rivières, invention récente et désastreuse qui, en assujettissant un frêle artifice à tous les droits dus sur un immeuble, augmente le prix des moutures et pèse sur la classe la plus indigente de la nation ; la modération des droits de greffe, droits réservés et insinuation accrus arbitrairement au gré des préposés du domaine ; l'abolition du centième denier et contrôle des inventaires dans tous les cas où l'actif des successions ne suffit pas au payement des dettes.

D'établir dans la régie des domaines de la couronne, en supposant que le Roi et la nation assemblés n'ordonnent pas leur aliénation , une régie plus économique et plus propre à en améliorer le produit.

Nos députés proposeront que les Etats généraux vérifient et arrêtent avec une sage économie les dépenses nécessaires pour le service de chaque département, l'état des pensions et gratifications ; qu'ils prennent connaissance de l'étendue de la dette publique, et qu'elle ne soit consolidée qu'après que la Constitution aura été fixée d'une manière invariable ; que l'Etat actuel des finances soit rendu public par la voie de l'impression ; que les Etats généraux concertent un ordre invariable dans les finances, et des précautions sûres pour empêcher ou prévenir toute dissipation des fonds publics dans l'intervalle d'une tenue des Etats généraux à l'autre, et assurer leur emploi aux destinations qui auront été arrêtées par les Etats généraux.

Qu'il soit rendu chaque année un compte public et imprimé de la recette et dépense des finances de l'Etat ; que ce compte , avec les pièces justificatives, soit mis sous les yeux des Etats généraux à l'ouverture de leurs séances , pour être examiné avec la plus scrupuleuse attention.

CHAPITRE VII ET DERNIER.

Impôts.

Les députés de cette sénéchaussée concourront, par tous les efforts de leur zèle, au nom du tiers-Etat de cette province, à l'établissement des ressources suffisantes pour les besoins de l'Etat.

Tous les impôts actuellement subsistants, sous quelque dénomination que ce soit, seront supprimés ; il en sera octroyé de nouveaux, selon la proportion qu'exigera la situation où se trouvera la nation ; leur durée sera limitée, et ils seront supportés, avec égalité, en proportion des biens et facultés par tous les sujets de l'Etat, sans distinction d'ordre, et sans égard à toutes prétentions, p. ivilèges, de la part d'aucune ville ou province du royaume.

Dans le choix des impôts qui seront délibérés par les Etats généraux, nos députés proposeront d'octroyer et consentir, par préférence, ceux dont l'égale répartition, à raison des biens et facultés, sera la plus facile, dont la perception sera la moins coûteuse, et qui seront les moins onéreux pour l'agriculture et le commerce ; en conséquence, l'impôt sera toujours perçu en argent et non en nature. Ils proposeront de rechercher les moyens de faire participer à l'impôt le capitaliste, dont la fortune, cachée dans un portefeuille, échappe toujours aux contributions ; d'y assujettir les rentiers, les objets de luxe ; ils feront leurs efforts pour en affranchir les denrées de première nécessité, les matières premières propres aux manufactures nationales.

Ils remontreront la nécessité d'établir un ordre juste, mais modéré, pour la perception des impôts, et surtout de garantir les laboureurs, les outils et bestiaux servant à l'agriculture, ainsi que les pailles et foins nécessaires à leur entretien, des exactions des agents du fisc.

Ils demanderont que la répartition des impôts entre les généralités soit réglée par les Etats : é-néraux ; celle entre les paroisses, par les Etats provinciaux, et la répartition entre les individus soit faite par les municipalités ; que la recette de chaque paroisse soit versée directement au trésor royal, par les préposés des Etats provinciaux, déduction faite de toutes les charges à payer dans la province, et qui y seront acquittées aux parties prenantes.

Qu'il soit avisé aux moyens les plus sages pour opérer une répartition équitable des impôts entre les individus, les paroisses, les districts et les généralités ; en sorte que nul ne supporte l'impôt qu'en raison de ses propriétés ou facultés.

Qu'en réglant les attributions et le régime des Etats provinciaux, ces administrations soient tenues de rendre public chaque année le compte en recette et dépense des contributions de leur généralité ; que, dans toutes les villes, les municipalités chargées de la régie des biens de la commune soient astreintes à rendre public chaque année le compte de son administration.

Nos députés remontreront combien il importe que l'ordre le plus exact soit établi, non-seulement dans l'administration générale de l'Etat, mais encore dans la régie des biens de toutes les communes, corps et municipalités.

Ils demanderont que ces régies particulières soient astreintes à des règles fixes et invariables ; que les biens et octrois appartenant aux villes et communautés, soient toujours affermés à l'enchère et publiquement, et l'exécution des baux sera sous la sauvegarde de la nation et la surveillance des Etats généraux ; que tous les ouvrages ou entreprises les concernant, soient adjugés au rabais avec la même publicité ; que les Etats provinciaux soient spécialement chargés de l'exécution de ces règles ; que toutes les villes, corps et communautés, ayant des dettes, soient tenus de fournir aux Etats généraux un tableau de leur situation, pour être délibéré sur les moyens de les obliger à liquider leurs dettes.

Après qu'il aura été délibéré et pourvu sur les objets qui intéressent la nation en général, qu'il soit permis à nos députés d'arrêter un instant les regards des Etats généraux sur la ville de Lyon.

Cette ville, fameuse autrefois par la prospérité

de son commerce, a vu disparaître le bonheur qui semblait s'être fixé dans ses murs ; les caprices de la mode, qu'il eût été facile de diriger en faveur des étoffes nationales, ont perdu nos manufactures : une classe nombreuse et intéressante d'ouvriers utiles, éprouve les horreurs de la misère, et n'a trouvé de ressources que dans la charité publique.

Pour comble de maux, une dette immense accable la ville de Lyon, et pour subvenir au payement des arrérages, des vues vicieuses ont toujours les octrois sur les vins et boissons, sur le pied fourché ; à Lyon même, les grains sont soumis à des droits de leyde, barrage, cartelage ; ou s'ils arrivent par la Bourgogne, ils sont chargés des octrois de la Saône, en sorte que les denrées de première nécessité sont renchéries au détriment du peuple et de nos fabriques.

Ces surcharges pèsent non-seulement sur la ville, mais encore sur le cultivateur, qui, en dernier résultat, souffre toujours des contributions impolitiques auxquelles sont soumises les consommations.

De plus, la dette de la ville donne de l'ombrage aux propriétaires de la campagne, qui craignent toujours de voir refluer sur eux une partie des charges locales de la ville, ou que ces charges ne nuisent à la juste répartition de la contribution publique, entre les habitants de la ville et ceux de la campagne.

Ce n'est pas que les habitants de la ville de Lyon n'aient le plus ferme et le plus constant désir de supporter, en raison de leurs propriétés et facultés dans la ville, l'impôt public, dans la plus parfaite égalité avec les habitants de la campagne ; ce n'est pas qu'ils n'aient renoncé à toute espèce de privilège attaché à la qualité de bourgeois de Lyon.

Les Etats généraux, en consentant des impôts uniformes pour les habitants des villes et pour ceux des campagnes, les impôts existants ne devant plus avoir lieu, il sera facile d'établir dans la répartition de l'impôt l'égalité si justement désirée ; et les habitants de la ville auront à supporter, outre leur part égale et proportionnelle dans la contribution publique, les droits locaux résultant de la dette municipale.

Mais il importe, pour le bonheur de tous, de mettre une borne à ces droits, et de les établir de manière à ce que leur assiette ne puisse en aucun cas devenir nuisible aux habitants de la campagne.

La dette de la ville de Lyon a pour cause, en plus grande partie, les avances faites au trésor royal pour tout autre motif que celui d'acquitter des impositions communes à toutes les villes.

Ainsi nos députés demanderont avec instance que toute la portion de la dette de la ville de Lyon, qui sera justifiée avoir pour cause des avances faites au trésor royal, à tout autre titre que celui d'acquitter des impositions communes avec les autres villes du royaume, soit déclarée dette nationale, et que l'Etat pourvoie au payement des arrérages, et à l'extinction de ladite dette.

Qu'il soit pourvu à l'établissement d'impositions suffisantes, pour parvenir au payement des arrérages et amortissement successif du surplus de ladite dette, qui sera reconnue dette de la ville.

Cette contribution sera supportée par les habitants de la ville de Lyon, et sans diminution de la part qu'ils seront reconnus devoir supporter à raison de leurs propriétés et facultés, des impôts qui seront consentis par les Etats généraux.

Et enfin ces droits seront établis de manière à ce qu'ils ne puissent refluer directement ni indirectement sur les habitants des campagnes, ou nuire à la vente et consommation des denrées de première nécessité.

Au surplus, nos députés ne négligeront aucune des demandes particulières des diverses corporations ou communautés de cette sénéchaussée, lesquelles seront réunies dans le cahier d'instruction qui leur sera remis avec les présentes.

VILLE DE LYON.

OBSERVATIONS

Des députés du tiers-état de la ville de Lyon depuis le dimanche 29 mars 1789, à quatre heures après midi, au palais royal de justice; les présentes observations ont été jointes à la suite du cahier, comme arrêtées et signées le 26 dudit mois (1).

Les députés représentant le tiers-état de la ville de Lyon, usant de la faculté à eux accordée par le règlement délibéré au conseil le 24 de ce mois, d'ajouter au bas du cahier commun du tiers-état de cette sénéchaussée les observations, propositions et demandes relatives aux intérêts particuliers de la ville de Lyon et aux pouvoirs des députés aux États généraux,

Ont déclaré qu'en persistant sans réserve aux déclarations libres par eux faites, et au vœu qu'ils ont exprimé, pour concourir sans distinction, dans la plus parfaite égalité avec les propriétaires des campagnes, à l'acquittement des impôts qui seront consentis par les États généraux, en proportion de leurs propriétés et facultés, tant dans l'intérieur qu'au dehors de la ville, ils croient devoir rappeler sommairement dans le mandat des députés aux États généraux les objets qui doivent particulièrement fixer leur attention.

En conséquence, les députés aux États généraux sont spécialement chargés d'insister pour que, dans cette assemblée nationale, les délibérations soient prises par les trois ordres réunis, et les suffrages comptés par tête. Que les délibérations prises à la pluralité ne deviennent définitives qu'après la troisième séance qui suivra celle où elles auront été prises.

De proposer l'établissement d'une loi constitutionnelle, à laquelle seront soumis sans aucune distinction tous les sujets du Roi et les cours et tribunaux, et qui ne pourra être enfreinte sous quelque prétexte et en vertu de quelque ordre que ce puisse être, à peine de punition, et d'être responsable des dommages soufferts par les citoyens.

Cette loi consacrera l'ordre établi pour la succession du trône dans la famille régnante, de mâle en mâle, et d'aînés en aînés, à l'exclusion des filles de leur descendance et des étrangers.

Elle maintiendra l'unité de la religion dominante du prince et de l'État, qui est et ne peut être que la religion catholique, apostolique et romaine, en conservant les libertés de l'Eglise gallicane.

Elle fixera les distinctions dues au clergé et à la noblesse; mais elle abolira toute exclusion humiliante pour le tiers-état, et capable de décourager le vrai mérite.

(1) Nous publions ces observations complémentaires du cahier d'après un imprimé de la *Bibliothèque du Sénat.*

Cette loi réglera irrévocablement la composition des États généraux formée des députés des trois ordres librement élus, ceux du tiers-état toujours en nombre égal à ceux du clergé et de la noblesse réunis; que les délibérations y seront prises par les trois ordres réunis, et les suffrages comptés par tête : elle assurera le retour périodique dans un terme très-court des États généraux.

Cette loi déclarera la liberté individuelle et les propriétés inviolables; que nul impôt direct ou indirect ne sera légal, nul emprunt à l'avenir, reconnu dette de l'État, nulle loi promulguée sans avoir été consentis par les États généraux.

Elle ordonnera l'établissement, dans chaque généralité, d'États provinciaux; dans chaque ville, paroisse et communauté, d'assemblée municipale, lesquels seront organisés sur les mêmes éléments que les États généraux, et dont les fonctions, les attributions, le régime seront réglés par la même loi.

Les députés ne pourront voter sur aucune proposition avant que cette loi constitutionnelle ait été sanctionnée, à moins que des circonstances impérieuses n'exigeassent un secours extraordinaire et momentané.

Mandat spécial est en outre donné auxdits députés pour demander aux États généraux la réforme des lois civiles et criminelles; la suppression des tribunaux d'exception, et de la vénalité des charges de judicature et des offices onéreux.

L'établissement dans chaque généralité d'une cour souveraine.

La réforme des abus introduits dans le régime et l'emploi des biens ecclésiastiques.

La liberté de la presse.

Que le dépôt des lettres confiées à la poste soit inviolable.

Des règlements.

1° Pour la conservation des enfants trouvés, et de ceux confiés aux nourrices mercenaires.

2° Sur l'éducation publique et les universités.

3° Sur le traitement des curés et vicaires et la suppression du casuel.

4° Sur les établissements de charité, et à mendicité.

Ils demanderont l'exécution de la loi concernant l'inhumation hors les villes et la suppression des loteries.

Que la consommation du sel soit facilitée; que la vente exclusive de cette denrée soit bornée aux marais salants et aux salines.

La suppression de tous droits, dans l'intérieur, sur les grains, légumes, vins et boissons.

L'abolition de la milice; et que les États généraux pourvoient au moyen de recruter nos troupes sans gêner la liberté.

La réforme des abus dans la perception des

droits féodaux, et la facilité de les racheter sans nuire aux droits de propriété.

L'abolition de toute concession, notamment celle relative aux charbons de terre, en établissant des règles relatives à leur exploitation.

La suppression des barrières intérieures, et cependant qu'un bureau de transit soit conservé pour la ville de Lyon, à la forme du règlement qui sera proposé à cet égard par les États provinciaux.

L'extinction de tout privilège onéreux, et celle des péages, tant par eau que par terre, sauf les indemnités légitimes.

La suppression des droits de marque sur les fers, les aciers, les cuirs, et généralement de tout droit intérieur.

Que les droits d'entrée et de sortie soient combinés de manière à favoriser les manufactures nationales.

Que les poids et mesures soient uniformes dans tout le royaume.

Qu'il soit permis de stipuler les intérêts pour prêts d'argent dans tous les actes.

Que les tribunaux et chambres de commerce soient composés de membres librement élus par leurs pairs.

L'examen des différents traités de commerce avec les puissances étrangères.

La réforme de l'ordonnance du commerce, et un règlement sur les faillites.

L'affranchissement de toute contribution sur les denrées de première nécessité.

Que, pour honorer le commerce et associer tous les sujets du Roi à ses succès, il soit statué par une loi, que tout noble pourra faire le commerce sans déroger.

Nos députés sont autorisés à demander l'attribution aux juges ordinaires de toutes matières fiscales et domaniales, sans que le conseil puisse connaître du fond des contestations.

Un tarif modéré et uniforme pour le contrôle des actes, centième denier et insinuation.

La suppression des droits onéreux du domaine, et notamment de ceux perçus sur les moulins et artifices établis sur les fleuves et rivières.

Que la régie des domaines soit améliorée : ils demanderont l'établissement d'un ordre économique et sûr dans la régie des finances du royaume.

La fixation des dépenses dans chaque département, et des traitements, pensions et gratifications.

Que les ministres soient comptables aux États généraux, et personnellement responsables envers le roi et la nation de l'emploi des fonds destinés à leur département.

Que les comptes des finances de l'État, ceux des États provinciaux et ceux des municipalités soient rendus publics chaque année : ils solliciteront un règlement pour parvenir à une juste répartition des impôts entre tous les provinces, les districts, les communautés et les individus.

Ces objets remplis, les députés concourront à la vérification et reconnaissance des besoins réels de l'État et de l'étendue de la dette publique. Quant à la dette publique, quoique contractée sans le consentement de la nation, nos députés, par honneur pour le nom français, par amour pour nos rois, et par justice envers les créanciers, nos députés consentiront à ce que la dette soit consolidée et déclarée dette nationale ; ils concourront en conséquence à l'établissement des impôts nécessaires, soit pour fournir aux besoins réels de l'État, soit pour acquitter les intérêts de la

dette nationale, et en opérer l'amortissement progressif.

Les députés demanderont que tous les impôts actuellement subsistants soient abolis, et remplacés par des impôts librement consentis par les États généraux.

Dans le choix des nouvelles impositions, ils voteront par préférence pour les impôts les moins onéreux à l'agriculture et au commerce, ceux dont la répartition est la plus facile, le recouvrement le moins dispendieux.

Les États généraux aviseront aux moyens de faire contribuer aux impôts les capitalistes et les objets de luxe.

Que nul impôt ne sera octroyé qu'à temps et pour la durée seulement de l'intervalle à courir jusqu'au retour des États généraux, dont l'époque sera fixée ; et six mois après cette époque, ils cesseront de plein droit, si les États généraux ne sont pas assemblés pour les renouveler.

Toutes les impositions qui seront consenties, seront également et proportionnellement réparties entre tous les sujets du Roi, sans distinction d'ordre.

En ce qui concerne l'intérêt général des habitants de la ville de Lyon, mandat exprès est donné aux députés de représenter et solliciter que le choix des administrateurs des hôpitaux et collèges, celui des officiers municipaux chargés de l'administration des deniers patrimoniaux, des officiers de police, soit déféré aux représentants qui seront nommés à cet effet par les députés des citoyens, librement élus dans des assemblées formées par corporations.

Que l'élection des membres du tribunal de la conservation soit faite à la forme du règlement qui sera fait à cet égard.

Qu'il soit fait pareillement un règlement pour la composition de la chambre de commerce et le choix de ses membres.

Que les comptes des hôpitaux, des collèges et des deniers patrimoniaux, seront apurés par les États provinciaux et rendus publics chaque année ; que la dette municipale soit déclarée dette nationale, pour les portions ayant pour cause des avances faites au trésor royal, ou des dépenses à la charge et au profit de l'État ; que tous octroi et imposition de ville soient abolis ; et s'il pouvait rester quelque charge locale à Lyon, les ressources pour y pourvoir soient imposées sur tout autre objet que sur les denrées de première nécessité.

Qu'il soit pourvu à l'entretien des deux hôpitaux de cette ville, sur les dotations du clergé destinées à des œuvres de charité ; qu'il soit réservé dans l'hôpital de la Charité un plus grand nombre de places pour les ouvriers infirmes et âgés, sans être obligé d'attendre qu'ils aient atteint l'âge de soixante-dix ans ; et que tout droit sur les grains soit dans l'intérieur, soit au dehors, même ceux connus sous le nom d'octrois de la Saône, soient irrévocablement supprimés que le magasin à poudre soit transféré hors la ville et dans un lieu qui la garantisse de tout danger d'explosion.

Le tiers-état de la ville de Lyon s'abstient d'insérer dans le présent mandat les objets de détail qui peuvent intéresser la province, la ville en général et les corporations, bien persuadé que, dès l'instant où les États généraux auront réglé les objets majeurs relatifs à la Constitution, à l'administration des finances et la prospérité générale du royaume, le zèle des députés du tiers-état les portera à s'occuper des diverses démandes et détails qui intéressent la province, la ville et les corporations; qu'ils auront recours aux cahiers des divers corps ou communautés, à celui de la ville de Lyon, qui leur sera remis et aux instructions que les parties intéressées et les bons citoyens pourront leur faire parvenir pour obtenir des réglements provisoires sur les objets les plus urgents, et notamment pour les manufactures des étoffes de soie; en sorte que nos députés, pénétrés de l'importance de leur mission, se feront une gloire et un devoir de solliciter avec ardeur les réformes qui intéressent le bien de tous les individus du tiers-état de cette ville et sénéchaussée.

Nous attendons de l'honneur et de la délicatesse des députés, que sur tous les objets énoncés au présent mandat, ils se conformeront scrupuleusement aux pouvoirs qu'il renferme ; et en ce qui concerne les objets non prévus qui pourront être proposés et discutés aux Etats généraux, tant pour l'intérêt de la nation en corps que pour chacun de ses membres, nous invitons nos députés, après avoir consulté les principes qui forment la base de ce mandat, de se livrer dans leurs avis aux mouvements de leur conscience, de leur patriotisme, de leur amour pour le Roi.

Les députés du tiers-état sont spécialement invités de conserver, envers MM. les députés choisis par les deux ordres, les déférences et les égards dus à leur naissance et à leurs personnes, bien sûrs qu'il ne peut exister entre les deux premiers ordres et le tiers aucune diversité d'intérêt. Le tiers-état espère que les députés des trois ordres réunis offriront à la nation le modèle de la bonne harmonie, si désirable entre tous les ordres de l'Etat.

Enfin, nos députés voteront avec instance, pour qu'il soit élevé à LOUIS XVI, RESTAURATEUR DE LA LIBERTÉ ET DES DROITS DE LA NATION, un monument qui perpétue le souvenir de ses bienfaits et de notre reconnaissance.

ARRONDISSEMENT DE L'ARBRESLE.

Bourg et paroisse de Vaize-les-Lyon.

Les malheureux habitants du bourg et paroisse de Vaize-les-Lyon sont assujettis à toutes les impositions de la taille, capitation et subsidiaires, vingtièmes, corvées, milice, logement des gens de guerre et fourniture de l'ustensile ; enfin, aux droits d'entrée et de sortie sur les marchandises et denrées de consommation.

La paroisse de Vaize a toujours été reconnue pour être indépendante et séparée de la ville de Lyon. Dans ce moment encore elle est du département du Lyonnais et de l'arrondissement de l'Arbresle. Là seigneurie appartient à M. l'abbé d'Ainay, qui a ses officiers ; et il y existe une municipalité subordonnée à l'assemblée provinciale.

Enfin, les habitants de Vaize ont été déclarés forains par l'ordonnance de Louis XIV sur les aides, titre 1er du droit de gros, article 2, confirmés dans cette qualité par deux arrêts du conseil, des années 1757 et 1771, qui exemptent les habitants de plusieurs droits bursaux que la ville est parvenue à établir sur leur bourg.

Sous ce véritable point de vue on sera révolté que les fermiers des octrois, sous le nom de prévôt des marchands et échevins, par une extension condamnable, par l'abus le plus oppressif, aient forcé et forcent encore ces pauvres habitants à payer un droit de 9 livres 18 sols sur chaque ânée de vin, sans qu'ils aient jamais joui des privilé-

ges de la cité, ni donné lieu à ses dépenses intérieures, pour l'acquittement desquelles les octrois lui furent uniquement concédés.

Le double emploi est évident ; il est de principe, même en matière d'impôts, qu'un lieu sujet aux charges de la campagne, ne puisse en même temps être assujetti aux charges de la ville, dont il n'a jamais été l'objet.

Les habitants de Vaize ont toujours résisté à cet assujettissement injuste ; ils en ont demandé la suppression, à différentes époques, devant les tribunaux ordinaires.

Mais les funestes évocations, qui sont les armes familières du fisc, ont toujours eu le déplorable effet d'étouffer leur voix et de rendre leurs plaintes inutiles. Ils se trouvent accablés d'une dette immense, occasionnée par la résistance la plus légitime, avouée par la raison et la justice ; et ces malheureux n'ont, pour l'acquitter, aucune espèce de ressource commune ou particulière.

Les habitants de Vaize rappelleront: 1º que le Roi et le parlement de Paris ont formellement déclaré que les Etats généraux sont seuls compétents pour octroyer et proroger les impôts ;

2º Que le clergé, la noblesse et le tiers-ordre de la ville de Lyon, et notamment les bourgeois de cette ville, ont renoncé à tous priviléges et exemptions pécuniaires, avec offre de supporter également et proportionnellement avec le tiers-état des campagnes, tous les impôts qui seront arrêtés par les Etats généraux ;

3º Que les bourgeois et tiers-ordre de la ville de Lyon ont offert encore de supporter seuls les taxes et impositions pour les dettes communes de la cité, sans qu'elles puissent peser directement ni indirectement sur les habitants des campagnes, dont ceux du bourg de Vaize font essentiellement partie.

D'après toutes ces considérations, dictées par l'humanité, la justice et le patriotisme, il ne peut plus y avoir de difficulté à supprimer, dès à présent, le droit inique qui pèse depuis si longtemps sur les habitants de Vaize, et qui forme double emploi avec les charges onéreuses de la campagne.

En conséquence, les habitants de la paroisse de Vaize, par l'organe de leurs députés soussignés, supplient MM. les députés aux Etats généraux, auxquels ils remettront des mémoires particuliers, de solliciter une loi provisoire qui supprime, dès à présent, les octrois et tous les droits qui en sont la suite, perçus injustement sur leur bourg, *aux offres que font les habitants de Vaize de payer, suivant leurs propriétés et facultés, leur part proportionnelle de tous les impôts qui seront consentis et fixés par la nation assemblée, et répartis sur la province ;* faisant toutes réserves et protestations contre toutes lois bursales intervenues ou qui pourraient intervenir ; soutenant qu'il n'y a jamais de prescription à opposer contre l'abus, contre une communauté toujours mineure, moins encore contre la raison et la justice qui constituent le droit public de toutes les sociétés et de toutes les nations. Fait et inséré au bas du cahier général du tiers-ordre de la sénéchaussée de Lyon, en assemblée générale du dimanche 29 mars 1789.

Signé RAVIER, syndic de la municipalité et député.

Signé THIBAUDET, premier membre de la municipalité et député.

CAHIER

Des bourgeois de la ville de Lyon (1).

En conséquence des ordres adressés à la ville de Lyon de notre bon roi Louis XVI, pour la tenue des États généraux du royaume, à Versailles, le 27 avril présente année 1789, et la convocation que viennent de nous en faire nos officiers municipaux, d'assembler notre corporation pour élire nos électeurs ;

En vertu desdits ordres adressés aux bourgeois de ladite ville les 3 et 5 mars, nous nous sommes assemblés et de suite nous, commissaires et électeurs de notredit corps, avons procédé à notre cahier de doléances, remontrances, ainsi qu'il suit :

Art. 1er. Notre bon Roi sera supplié par les députés de son tiers-état de supprimer toutes les douanes, contrôles, insinuations, centièmes deniers, tous les péages et entraves qui gênent le commerce pour la fin de la présente année 1789, actuellement exercés par toute le royaume sur le tiers-état, se trouvant hors d'état de pouvoir les supporter, étant au moins plus de la moitié dudit tiers réduite à la mendicité, par la perception de tous les droits royaux, surcharges et vexations exercés contre lui par tous les commis et régisseurs desdits impôts, que par la noblesse et le clergé pour la perception de leur dîme et droits seigneuriaux qui ruinent en partie tous les emphytéotes, les dîmes ne tenant aucun compte des grains que l'on ensemence, sur lesquels ils ont déjà perçu une dîme et les droits de lods qu'ils perçoivent à la rigueur du prix de l'immeuble vendu, lesquels lods ils ne devraient percevoir que sur le prix de l'estimation du sol de l'immeuble que les propriétaires y ont fait construire dessus.

Art. 2. C'est pourquoi notre bon Roi est supplié de vouloir bien supprimer les dîmes qui ruinent entièrement les campagnes et ordonner le rachat des droits féodaux de tous les emphytéotes du royaume, sur le pied de l'estimation des sols desdits immeubles, la moitié du prix provenant desdits rachats revenant au Roi, comme premier seigneur, pour être versée dans le trésor royal et public pour aider et acquitter les dettes de l'État ; accorder l'entière liberté à tous les citoyens du royaume et ordonner l'égalité des poids, mesures et aunages par tout le royaume, pour éviter toute usure et fraude, et accorder la liberté du commerce du sel et du tabac par toute la France, le Roi vendant le sel aux salines maritimes 50 sous le quintal poids de marc, et l'établissement d'une douane sur les frontières du royaume, pour balancer seulement celles de nos marchandises pour l'entrée dans notre empire.

Art. 3. Le tiers-état doit accepter l'impôt territorial à 4 livres l'arpent s'il est possible, à compter du 1er janvier 1790, pour remplacement des impôts royaux, y ayant dans l'empire 150 millions d'arpents de terre, ce qui fera une somme de 600 millions de rente annuelle ; il doit aussi accepter un impôt sous le nom de subvention royale pour les non propriétaires suivant leurs facultés, et un vingtième sur les revenus des capitalistes et obligataires, et un dixième sur tous les immeubles des villes et bourgs du royaume, conformément aux revenus actuels qu'ils en perçoivent,

pour leur tenir lieu de l'impôt territorial, à l'exception des biens mineurs placés dans les hôpitaux qui ne rendent que 3 à 4 p. 0/0 d'intérêt par an, tous lesquels impôts seront supportés par toutes les classes des citoyens de l'empire, nobles, clergé et tiers-état. Les impôts seront en partie diminués aussitôt que la dette de l'État sera acquittée.

Art. 4. Le Roi est très-humblement supplié de créer, dans toutes les villes du royaume, des administrations provinciales et des paroissiales dans tous les bourgs et villages avec toute l'authenticité des États généraux prochains, pour, les consuls desdites paroisses, percevoir les impôts royaux qui seront adoptés par lesdits États généraux et les porter à leur administration provinciale qui, de suite, les fera verser dans le trésor royal public pour le soutien de l'empire, après avoir acquitté dans leurs provinces les rentes annuelles que l'État y doit à différents particuliers.

Art. 5. Sa Majesté est humblement suppliée de nous accorder l'abolition de la chicane exercée par les gens de justice qui ruinent annuellement un vingtième des citoyens du royaume, avec les titres de Pères du peuple et de nosseigneurs de parlement, ôtant les biens de l'un et les donnant à l'autre, et consomment les parties en frais, ce qui absorbe les biens qu'il vaudrait mieux abandonner et que l'on se dispute entre citoyens, et nous accorder le transport de toutes les affaires civiles pour être décidées sommairement et sans frais par les administrations provinciales et paroissiales de tout le royaume, sur vue des titres et, à défaut des titres, sur dépositions de témoins ; et supprimer toutes les justices seigneuriales qui ruinent en la plus grande partie les habitants des campagnes.

Art. 6. Sa Majesté est suppliée de donner pouvoir à toutes les justices royales des villes du royaume de juger toutes les autres affaires en dernier ressort, ce qui arrêtera la voracité des gens de justice et empêcherait la ruine des citoyens, et d'accorder la révision des procès mal jugés depuis le rappel que Sa Majesté a fait de ses anciens parlements à son avénement au trône, que plusieurs citoyens attendent de sa bonté et justice, ce qui prouvera le mal jugé de plusieurs procès décidés par son parlement de Paris qui juge sans avoir égard aux titres produits aux procès, notamment en août dernier 1788, qu'ils ont condamné tous les habitants et bourgeois propriétaires du hameau de Vernay en Franc-Lyonnais, ci-devant paroisse de Collonge-du-Mont-d'Or, de payer la dîme de onze la douzième à l'encontre d'une transaction passée dans le seizième siècle avec tous les seigneurs bénédictins de l'Isle-Barbe, qui fixa la dîme de seize la dix-septième, sans pouvoir jamais revenir à l'encontre de cette transaction par aucun titre postérieur que l'on peut faire ; mais Messieurs, des parlements, qui sont tous seigneurs, quels titres que leur produisent les emphytéotes, ils sont toujours condamnés, quel bon droit qu'ils puissent avoir.

Art. 7. Sa Majesté est très-humblement suppliée de supprimer tous les impôts sur les denrées de première nécessité à l'entrée dans sa bonne ville de Lyon, pour faciliter tous les ouvriers manufacturiers du grand commerce de cette ville, qui auraient la facilité de faire leurs provisions de première nécessité à beaucoup meilleur marché, et d'abolir la loterie royale de France, comme étant un jeu du hasard des plus ruineux que la malice humaine ait jamais pu inventer pour oc-

---

(1) Nous publions ce cahier d'après un manuscrit des *Archives de l'Empire.*

casionner la ruine entière de tous les citoyens du royaume.

Ainsi finit le présent cahier de nos plaintes, doléances et propositions des bourgeois de Lyon, pour être remis à nos députés pour les Etats généraux, et sont priés de persister auprès de Sa Majesté et de son ministre pour la révision des procès mal jugés à l'encontre des titres produits aux procès.

Lyon, le 15 mars 1789.

Signé BROTET, un des membres de la corporation des bourgeois de la ville de Lyon, et l'un des citoyens propriétaires du hameau de Vernay en Franc-Lyonnais.

BAILLIAGE DE MACON.

CAHIER GÉNÉRAL

DES PLAINTES, DOLÉANCES ET REMONTRANCES DE L'ORDRE DU CLERGÉ (1).

Extrait des registres des délibérations de la chambre de l'Eglise du bailliage, pays et comté du Mâconnais.

Les commissaires nommés par délibération de la chambre de l'Eglise du bailliage, pays et comté du Mâconnais, du 18 mars 1789, à l'effet de procéder à la rédaction du cahier général des plaintes, doléances et remontrances de l'ordre, pour être présenté par le député qui sera élu à l'assemblée des Etats généraux du royaume, ayant pris lecture des différents cahiers, notes, mémoires et instructions à eux remis en l'assemblée générale tenue le 18 du présent mois, ont discuté chacun desdits cahiers, mémoires, notes et instructions; après quoi ils ont procédé ainsi qu'il suit :

Art. 1er. L'ordre du clergé du bailliage, pays et comté de Mâconnais charge son député aux Etats généraux de consentir à payer, pour toutes impositions, toutes les contributions pécuniaires des autres ordres proportionnellement à ses propriétés, sous la réserve et condition que le clergé sera déchargé de sa dette, comme ayant été contractée pour le service du Roi et à la décharge de la nation.

Art. 2. Comme de bonnes lois assurent les mœurs, la vie, la tranquillité de l'Etat et la propriété des particuliers, il sera demandé que réformation soit faite du Code civil et criminel, que le juge d'appel soit rapproché le plus qu'il sera possible des justiciables : en conséquence, qu'il y ait toujours deux ressorts en toute matière soit criminelle, soit civile, au delà de 200 livres; que la procédure soit abrégée, les taxes modérées et les tribunaux d'exception supprimés.

Art. 3. Il sera demandé que le régime des chartreux et de l'ordre de Malte, pour l'exploitation de leurs bois, soit rendu commun à tous les gens de mainmorte, et en conséquence, que la déclaration des eaux et forêts de 1669 soit réformée.

Art. 4. Que la gabelle, déjà jugée au conseil du Roi, soit abolie; que le sel soit rendu marchand et qu'il ne soit payé à la saline que ce qu'il faut pour produire au Roi le revenu net qu'il en retire; que la plus grande partie des gardes soit supprimée et le reste employé aux frontières, où seront reculés les bureaux qui font de toutes les provinces du royaume comme autant de provinces étrangères, en faisant néanmoins aux pays rédimés une diminution proportionnelle sur les autres impôts.

Art. 5. Que les aides soient pareillement supprimées, et le produit net qui en revient au Roi converti en un impôt d'égale valeur.

Art. 6. Il sera demandé un tarif fixe et invariable des droits de contrôle, lequel sera rendu public.

Art. 7. Il sera demandé que les fermiers des trois ordres ne soient imposés qu'à raison du juste profit, comme le veulent la justice et le titre de la loi; que, pour éviter l'arbitraire, ce juste profit soit réglé à une valeur moyenne et au cinquième du prix du bail; que l'imposition se fasse sur le fermier pour ce cinquième seulement, sur le même pied que les autres cotes d'industrie.

Art. 8. Le Roi sera très-humblement supplié de donner à la religion et aux mœurs une protection éclatante, deux principes sans lesquels on ne peut compter sur la prospérité d'un empire; de maintenir dans toute sa pureté la religion catholique, apostolique et romaine; pourvoir à l'exécution des ordonnances et règlements concernant l'observation des fêtes et dimanches, empêcher les travaux et les scandales, la fréquentation des cabarets pendant l'office divin et à heure indue et les fêtes baladoires, source de mille désordres dans les campagnes; de supprimer la liberté indéfinie de la presse, plus propre à obscurcir qu'à éclairer; de procurer l'établissement d'un institut uniquement destiné à l'éducation de la jeunesse par tout le royaume; d'ordonner pareillement l'exécution de l'édit de 1695, en ce qui touche les maîtres d'école si utiles et si désirés pour les campagnes; et de former un conseil de conscience, sous la présidence du ministre de la feuille, auquel seraient présentés dorénavant des sujets dignes par leur conduite et leurs talents de remplir les bénéfices vacants, et ainsi ressusciter une émulation qui s'éteint parmi les ecclésiastiques.

Art. 9. Sa Majesté sera encore suppliée de supprimer le casuel, sous quelque dénomination qu'il puisse être, laissant à sa sagesse et à sa bonté d'en ordonner et régler un remplacement simultané comme indispensable.

Art. 10. Le clergé du bailliage demande pareillement l'augmentation des portions congrues et déterminée en nature, afin qu'elles soient fixes, stables, et que, dans tous les temps, même les plus reculés, elles puissent fournir à l'entretien honnête des pasteurs et les mettre dans le cas de soulager les besoins et gagner le cœur de leurs paroissiens indigents.

Art. 11. Le même clergé demande qu'il soit procuré aux vicaires, curés et à tous les ecclésiastiques vieillards, infirmes, hors d'état de travailler au saint ministère, une retraite honorable et suffisante; pour parvenir à ce but si désiré et si conforme à la justice, le député portera à la nation assemblée le vœu qu'elle fit elle-même au concile de Trente par ses ambassadeurs. Un bénéfice ne pouvant être sans quelque charge ou office, s'il s'en trouve quelqu'un qui soit de telle nature qu'il n'oblige à prêcher ni administrer les sacrements, ni à aucun autre devoir ecclésiast[

(1) Nous publions ce cahier d'après un manuscrit des *Archives de l'Empire.*

que, l'évêque le réunira aux plus prochaines paroisses.

Art. 12. Quoique les chapitres nobles de l'un et de l'autre sexe soient infiniment respectables et utiles, cependant comme ce sont des chapitres d'exclusion qui restreignent et limitent l'expectative des autres sujets du Roi, Sa Majesté est suppliée de n'affecter ni unir auxdits chapitres aucun bénéfice libre et d'une expectative ouverte à tous les citoyens.

Art. 13. Les économats étant ruineux pour les bénéficiers et onéreux aux bénéfices le Roi est supplié de les supprimer.

Art. 14. L'abus des moniteurs, ordonnés souvent pour les choses les plus légères, étant devenu criant, le Roi sera supplié d'ordonner qu'il n'en soit plus ordonné ni requis, que dans les cas d'accusation de meurtre et de crime d'État.

Art. 15. La discipline ecclésiastique intéressant tous les ordres de l'État, le Roi sera supplié de permettre et ordonner la tenue des synodes diocésains tous les cinq ans ; celles des conciles provinciaux tous les dix ans et tous les trente ans celle d'un concile national.

Art. 16. Les chambres ecclésiastiques étant différemment composées dans les différents diocèses et les curés n'y étant pas suffisamment représentés, Sa Majesté est suppliée de former une composition à peu près uniforme dans tous les diocèses et de fixer le nombre des curés qui doivent y entrer en nombre suffisant et égal pour balancer leurs intérêts, et qu'il en sera de même pour les abbés, prieurs, religieux rentés et non possédant bénéfices et pour les chapelains.

Art. 17. Que dans le cas où les chambres ecclésiastiques diocésaines subsisteraient, tous les membres les composant soient librement choisis, sans que, dans les chapitres ou communautés, personne puisse prétendre avoir droit d'y assister en vertu de son titre.

Art. 18. Que le clergé, justement alarmé de la décadence des mœurs et de la religion, supplie très-humblement Sa Majesté d'accorder sa protection aux corps religieux dont l'Église a plus que jamais un très-grand besoin ; en conséquence, de vouloir bien remettre l'émission des vœux à l'âge de dix-huit ans.

Art. 19. Que l'uniformité dans le rit, la liturgie et la forme de l'enseignement, désirée depuis si longtemps, soit enfin dans tout le royaume.

Art. 20. Que Sa Majesté sera suppliée de vouloir bien accorder des lettres patentes portant pouvoir d'établir des bureaux de charité, tant dans les villes que dans les bourgs et campagnes, comme le seul moyen de faire cesser la mendicité, source de beaucoup de désordres.

MM. les curés connaissant plus particulièrement les pauvres et leurs besoins, Sa Majesté est suppliée d'ordonner qu'ils soient admis par tour dans tous les hôpitaux et maisons de charité des villes, et qu'il soit dérogé à toutes les lettres patentes et règlements à ce contraires, et que dans les hôpitaux et maisons de charité de 1698 les curés aient la place qui doit être assignée à leur ordre, aussi nonobstant toutes lettres patentes et règlements à ce contraires, auxquels il sera dérogé par la loi qui interviendra, sans préjudicier néanmoins aux us et coutumes des lieux où MM. les curés y assistent conjointement.

Art. 21. Le clergé demande qu'il soit permis aux seigneurs soit laïques, soit ecclésiastiques, possédant rente noble et d'une ventilante, de pouvoir les cantonner par des échanges entre eux, sans qu'ils soient tenus de payer des droits d'a-

mortissement, d'autant que de pareils échanges ne sont que pour éviter les frais de perception desdits droits et non pour en augmenter les produits ; et comme tous les biens de gens de mainmorte sont déjà amortis, et qu'ils les soumettent comme tous les autres biens du royaume aux impôts pécuniaires, ils demandent qu'il leur soit permis d'améliorer leur possession dans les villes et partout ailleurs, sans être tenus de payer aucun droit d'amortissement.

Art. 22. Sa Majesté, ayant permis les échanges même entre les biens ecclésiastiques et laïques, sera suppliée d'ordonner que la mutation résultant des échanges de gens de mainmorte sera exempte de lods, même envers les seigneurs particuliers, pour la partie de l'échange qui rentre dans la mainmorte, puisque si elle retire du commerce la partie qu'elle acquiert, elle fait rentrer dans ce commerce la partie qu'elle possédait.

Art. 23. Sa Majesté sera suppliée de vouloir bien révoquer l'édit de 1768 concernant les novales, et d'ordonner qu'elles fassent à l'avenir partie du patrimoine des curés, et que la portion congrue des vicaires et desservants soit augmentée en proportion de celle des curés.

Art. 24. Que les titres curiaux, ceux des bénéfices simples et autres, qui ne sont point déposés dans des archives particulières, seront mis par duplicata en forme probante dans celles des chambres ecclésiastiques diocésaines pour y avoir recours au besoin.

Art. 25. Le petit séminaire de la ville de Tournus étant de ce bailliage, quoique non du diocèse, et ses besoins étant urgents, le Roi est également supplié de pourvoir à sa dotation par l'union de quelque bénéfice du diocèse de Châlon-sur-Saône, le plus promptement possible.

Art. 26. Les ecclésiastiques attachés à des chapitres, étant les seuls membres du clergé dont le sort est toujours incertain, leur état étant précaire, supplient Sa Majesté d'ordonner que tout chapitre qui s'associe ou est obligé par sa constitution d'avoir des prêtres gagés, pour l'aider dans le service divin, ne puisse renvoyer aucun sujet ayant servi avec zèle pendant un temps déterminé, si ce n'est pour des causes graves et constatées par une information juridique.

Art. 27. Prenant en considération les affaires particulières de ce pays, l'ordre du clergé demande que ses traités avec la Bourgogne soient maintenus et observés ; en conséquence, que notre ancienne union avec cette province subsiste et soit confirmée au fait du gouvernement et des finances.

Que les États particuliers du Mâconnais reçoivent une forme et une convocation régulière tous les trois ans ; qu'ils soient assemblés assez de temps, à chaque triennalité, pour prendre des délibérations utiles.

Que la pleine liberté des suffrages soit rendue aux ordres qui se plaignent, pour le choix et la nomination de leurs élus ou représentants, et que nul, ni doyen, ni prévôt dans l'ordre des chapitres, ne puisse arriver à l'élection en vertu de son titre.

Que MM. les curés soient convoqués à l'assemblée générale desdits États en nombre égal à celui des autres députés ecclésiastiques.

Que les bénéficiers, compris dans la classe des chapelains et autres de cette espèce, soient bien représentés auxdits États.

Que le tiers soit autrement représenté qu'il ne l'est, soit aux États particuliers, soit à la chambre d'administration, et que cette dernière rende compte de sa gestion aux États assemblés.

Que le trésorier, syndic et secrétaire soient élus par lesdits États, qu'ils ne soient ni à vie, ni pour un temps limité, mais pour autant de temps qu'il plaira aux États, et qu'il y sera commis provisoirement en cas de mort, d'émission ou autrement, par la chambre d'administration, dans l'intervalle de la tenue desdits États.

Art. 28. Quant à la question de voter par tête ou par ordre, le clergé pense que l'honneur de la religion, le bonheur et la prospérité de l'empire français doivent faire la base de la décision de cette question; il attend de la justice et de la sagesse du Roi, des lumières et de la prudence des députés des ordres aux États généraux du royaume, cette décision qui, en fixant les droits de chacun, fera le bonheur de tous.

Art. 29. Enfin Sa Majesté sera très-humblement suppliée de vouloir bien ordonner l'union de la mense conventuelle du prieuré de Saint-Fortuné (supprimé par arrêt de son conseil) au séminaire de Mâcon, dont l'exercice est suspendu à raison de la modicité de son revenu et de la ruine totale de ses bâtiments.

Le cahier rédigé et présenté par les commissaires soussignés, en l'assemblée générale de l'ordre, dans la chambre assignée au clergé pour tenir ses assemblées particulières, lecture en a été faite à haute et intelligible voix, et après que chaque membre a eu pris une parfaite connaissance du contenu dudit cahier, il a été arrêté, à l'unanimité des voix, qu'il subsistera dans l'état, sera déposé en minute aux archives du clergé du bailliage et partout où besoin sera; qu'extrait en sera délivré au député élu et choisi par l'ordre pour le représenter aux États généraux du royaume.

Fait et arrêté en l'assemblée générale du clergé du bailliage du pays et comté du Mâconnais, en la chambre, audit Mâcon, ce 26 mars 1789, Mgr. l'évêque de Mâcon présidant ledit ordre, et a mondit seigneur signé avec lesdits commissaires, secrétaire et adjoint.

Signé † Gab.-F., évêque de Mâcon, président; d'Hugon, chanoine, comte de Saint-Pierre; de Bonnet, chanoine de la cathédrale; l'abbé Clergier, chanoine de la cathédrale; Lombard, chanoine de Tournus; dom Talmeuf, procureur de l'abbaye de Cluny; Chevalier, curé de Saint-Laurent en Brionnois; Pitois-Labaume, curé de Varennes et la Clayette; Morel, curé de Varennes-sur-Saône; Ducret, curé de Tournus; Besson, curé de Saint-Marcel de Cluny; Nonin, curé de Fuissé; Farraud-Greuze, curé de Saint-Sorlin, secrétaire; Sigorgue, doyen de l'église de Mâcon; dom Rollet, prieur de Cluny; Chaverot, curé de Viré; Roberjot, curé de Saint-Veraud.

Et à l'instant s'est présenté M. François-Bénigne d'Hugon, député du chapitre noble de Saint-Pierre de Mâcon, et fondé de pouvoir du chapitre des dames chanoinesse comtesses de Neuville, lequel a dit que l'article douzième inséré dans le présent cahier, faisait grief aux chapitres nobles; qu'en conséquence il faisait toutes réserve et protestation contre ledit article, même de se pourvoir, si besoin est, au conseil du Roi pour empêcher l'obtention dudit article, et a signé.

Signé d'Hugon, chanoine, comte de Saint-Pierre de Mâcon.

Par extrait:

Signé Greuze, curé de Saint-Sorlin-les-Mâcon, secrétaire.

COPIE

Du mandat et des instructions de la noblesse du Mâconnais à ses députés aux États généraux (1).

26 mars 1789.

L'an 1789, le 26e jour du mois de mars, en vertu des lettres du Roi portant convocation des États généraux du royaume au 27e jour du mois d'avril de l'an 1789, en la ville de Mâcon, en date du 7 février; en présence de nous, bailli du bailliage de Mâcon, a été élu pour comparaître et assister en ladite assemblée des États généraux, Messire Florent-Alexandre Melchior de La Baume, d'Occors, d'Agout de Vicq, comte de Montrevel et du Saint-Empire, maréchal des camps et armées du Roi, chevalier de l'ordre royal et militaire de Saint-Louis et chevalier d'honneur au parlement de Besançon; auquel dit élu lesdits nobles donnent les instructions et pouvoirs qui suivent :

Les nobles, considérant que le bonheur de tous les citoyens français, la grandeur du trône et la gloire du Roi ne peuvent jamais être assurés sans une règle invariable et durable dans la constitution et dans toutes les branches de l'administration, se sont intimement pénétrés de l'importance des pouvoirs qu'ils confient à leur député,

Et ils ont regardé comme principes fondamentaux et inaltérables de la monarchie :

Le concours des trois ordres de la nation pour la formation de la loi, qui ne peut être que l'énonciation de la volonté générale des citoyens, exprimée par leurs représentants et sanctionnée par le Roi revêtu de tout le pouvoir exécutif.

Le consentement de la nation assemblée librement en États généraux pour tout emprunt, loterie et création de charges, ou toute espèce de contribution réelle ou personnelle, directe ou indirecte, sous quelle forme que ce puisse être.

La stabilité coordinative des trois ordres constituant la nation, qui les limite sans les diviser et les unit sans les confondre.

Le retour des États généraux à des époques fixes et périodiques, ou déterminées par la seule volonté de la nation, toutes les fois qu'elle sera prononcée par la pluralité des provinces.

L'unité d'action dans les mains du monarque héréditaire.

La protection de la loi tellement assurée à tout citoyen que sa liberté personnelle et individuelle soit inviolable et sacrée, que son honneur, sa vie et le plein et entier exercice de ses propriétés se trouvent continuellement sous la sauvegarde de la loi qui, en même temps, ne doit pas permettre qu'aucun sujet du Roi puisse la transgresser impunément.

Tous ces principes devant être conservés, quelques modifications que puissent exiger les réformes à faire dans la constitution, les nobles déclarent qu'ils en confient le maintien irrévocable à M. le comte de Montrevel, auquel ils donnent pouvoir et mandat spécial de représenter la province aux États généraux du royaume, en tant qu'ils seront composés de membres librement élus.

Et en conformité de la délibération prise à Mâcon par la noblesse dudit comté le 8 février 1789, ils l'autorisent spécialement à se concerter avec les députés ecclésiastiques et nobles des autres provinces du royaume pour, à l'ouver-

---

(1) Nous publions ce document d'après un manuscrit des *Archives de l'Empire*.

ture des États généraux, renouveler ensemble le consentement que donnent les deux premiers ordres à ce que toutes leurs propriétés nobles, ecclésiastiques ou autres soient sujettes à toutes les contributions que supporteront à l'avenir celles des autres citoyens.

Lui recommandent d'insister fortement et de tout son pouvoir pour que l'usage inviolable et antique où sont les trois ordres de l'État de voter séparément soit conservé et adopté à perpétuité par les États généraux, cet usage étant une des principales bases de la monarchie.

D'insister pour qu'il n'y ait que le concours des différents ordres au même vœu qui puisse déterminer la loi.

Lui défendent d'acquiescer pour nous à l'innovation de faire voter les ordres collectivement et d'y recueillir les suffrages par tête.

Lui enjoignent expressément de ne statuer sur l'octroi d'aucun nouvel impôt, emprunt, et en un mot aucun secours pécuniaire :

1° Avant que les États n'aient pris une connaissance parfaite et détaillée de l'état des finances, des dettes et des besoins de l'État, et qu'ils n'aient opéré les réductions dans les dépenses qui en seraient susceptibles, afin d'y proportionner les sacrifices que la gloire, l'honneur du trône et le salut de la nation pourraient exiger ;

2° Avant que les bases fondamentales de la constitution et de l'administration n'aient été invariablement déterminées par les États et sanctionnées par le prince ;

Et enfin, avant qu'ils n'aient préparé les matières et communiqué pour ainsi dire leur esprit aux commissions auxquelles ils seront forcés de confier, pendant l'intervalle des États généraux, le développement des parties qui, par leur détail et la multitude de leurs combinaisons, ne pourraient être traitées dans une si nombreuse assemblée, et dont la sanction serait réservée aux États généraux subséquents.

Donne pouvoir spécial à son député de consentir pour ladite province les impôts qui seront accordés par les États généraux prochains, sans que ce pouvoir puisse tirer à conséquence dans aucune autre circonstance ou assemblée d'États généraux, pour les droits, franchises et privilèges des États dudit comté du Mâconnais, qu'elle entend se réserver dans leur entier, ainsi que ceux des États de Bourgogne, s'il y a lieu.

Le vœu unanime des nobles dudit bailliage étant que ces principes servent de bases invariables à toutes les opérations des États généraux, ils déclarent qu'ils annulent lesdits pouvoirs et désavouent leur député s'il y contrevient aux principes ci-dessus établis.

INSTRUCTIONS.

Mais comme on ne saurait répandre un trop grand jour sur des intérêts qui ont pour but la dignité de l'homme, la grandeur du Roi et le bonheur des Français, les nobles ont cru devoir fixer leurs réclamations dans les instructions suivantes, et ils chargent spécialement leur député de déclarer aux États généraux que le vœu unanime de la noblesse mâconnaise est que les États statuent dans la forme et par les actes les plus authentiques, savoir :

Art. 1er Qu'ils annulent tous subsides, dons gratuits quelconques du jour de l'ouverture des États généraux et déclarent que tous les impôts directs, emprunts, etc., qui se sont perçus sans avoir été consentis par la nation assemblée, sont

illégaux, contraires aux droits de la nation, et que si elle en a souffert la perception, c'est uniquement une marque d'amour qu'elle a donnée à son Roi.

Art. 2. Qu'ils consentent seulement, pour le bien du service du Roi, que la perception de tous les impôts subsistants se continue pendant le cours d'une année sur le même pied et de la même manière que cette perception se fait maintenant.

Art. 3. Qu'ils prennent des moyens d'assurer à la nation tous ses droits pour l'avenir, soit en fixant le retour des États généraux à des époques fixes et périodiques, soit en donnant à la nation le pouvoir de les assembler d'elle-même dans les cas où elle le trouverait nécessaire.

Le terme qui paraît le plus convenable pour la période des États généraux est celui de cinq ans; mais il serait essentiel que le terme pour les prochains États ne soit fixé qu'à trois ans.

Art. 4. Que la loi ne puisse être établie sous une autre forme que celle d'une proposition faite au Roi par les États généraux et d'une déclaration faite par le Roi qu'il a agréé et sanctionné la proposition des États.

Art. 5. Que la personne de chacun des membres des États généraux soit déclarée inviolable et sous la sauvegarde des États, et que, dans aucun cas, ils ne puissent répondre de ce qu'ils auront fait, proposé ou dit dans ladite assemblée, si ce n'est aux États généraux eux-mêmes.

Art. 6. Qu'ils procurent à toutes les provinces du royaume une meilleure forme d'administration à peu près uniforme et dont les rapports soient tellement rapprochés, que les ressorts du gouvernement puissent être également tendus dans toutes les parties de la France, qui doivent toutes avoir le même intérêt, et de manière que les différents ordres de l'État puissent y avoir part et y être représentés librement et dans une juste proportion entre eux.

Recommandant, au surplus, à leur député d'insister et d'appuyer de tout son pouvoir le plan de réforme proposé pour les États du Mâconnais par la noblesse dudit comté; comme aussi d'éclairer sur la haute antiquité des États de cette province, et sur le droit incontestable qu'elle a d'en réclamer la régénération et de prouver surtout l'impossibilité et les malheurs qui résulteraient, pour cette province, de sa réunion totale avec les États de Bourgogne.

Art. 7. Que la perception des impôts octroyés par les États généraux, l'administration et police intérieure de chaque province, la décision et l'exécution des routes, des canaux ou autres ouvrages de travaux publics, la direction et la surveillance sur les biens et affaires des communautés, l'inspection sur la régie des hôpitaux, collèges, etc., les dépenses locales, le remboursement des dettes, la dispensation des fonds de charité et les encouragements qui peuvent intéresser la culture, les arts, le commerce, l'industrie, la salubrité, la subsistance, l'amélioration et la prospérité des provinces, soient irrévocablement confiés aux États ou administrations de chaque province.

Art. 8. Que la forme des administrations des provinces une fois arrêtée, cette forme, pour acquérir une stabilité durable, soit rendue constitutionnelle du royaume, et que la puissance exécutrice ne puisse y introduire aucun changement sans le consentement des États généraux.

Art. 9. Que tout tribunal, ministre ou autre personne, à qui le prince aura confié une portion du maintien ou de l'exécution des lois soit responsable de sa conduite à la nation assemblée.

Art. 10. Que les dépenses de chaque département, y compris celles de la maison du Roi, soient fixées, et que les ministres de chacun d'eux soient responsables à la nation assemblée de l'emploi des fonds.

Art. 11. Que toute ordonnance ou règlement rendu par le prince en exécution des lois, dans l'intervalle des États généraux, ne pourra être exécuté qu'après avoir passé à l'enregistrement des parlements ou cours souveraines, qui doivent conserver le droit de faire des remontrances et de se refuser à l'enregistrement de toute ordonnance ou règlement qui serait contraire aux principes de la loi établie par les États généraux,

Sans néanmoins qu'aucun de ces tribunaux puisse s'attribuer aucun pouvoir législatif et se regarder, dans aucun cas, comme les représentants de la nation.

Art. 12. Que le cours de la justice ne pourra être interrompu dans aucun cas, ni aucun tribunal déplacé, que lorsque les États généraux en auront ordonné.

Art. 13. Qu'aucune autorité ne pourra jamais anéantir l'ordre établi par la législation et pour le jugement de ceux qui l'auront violée.

Art. 14. Qu'il soit fait une loi qui, en déclarant la liberté individuelle des citoyens de toutes les classes inviolable et sacrée, fixe à jamais qu'aucun citoyen français ne pourra être privé, sous aucun prétexte, de sa liberté, par aucune lettre de cachet ou ordres supérieurs, au delà du terme de vingt-quatre heures, terme auquel il sera remis entre les mains de ses juges naturels et compétents, pour être interrogé sur-le-champ.

Art. 15. Qu'il ne sera jamais établi de commission pour juger aucun cas particulier, et que toute personne, de quel rang et condition qu'elle soit, sera soumise au jugement de ses juges naturels.

Art. 16. Qu'il sera fait une loi qui, en établissant une liberté légitime de la presse, ne permette cependant pas que l'auteur d'un écrit criminel ou séditieux puisse demeurer impuni et impose le respect le plus absolu pour toutes lettres confiées à la poste.

Art. 17. Que les traites et douanes soient transportées aux frontières du royaume, et qu'il soit pris les moyens les plus sages pour délivrer le commerce des entraves que causent les péages.

Art. 18. Que la culture, l'industrie, le commerce et les arts jouissent de la plus grande liberté et soient délivrés du monopole et de la gêne qu'entraînent les privilèges exclusifs.

Art. 19. Que le libre et entier exercice de la propriété soit assuré à tout citoyen sur telle espèce de biens qu'il possède.

Art. 20. Qu'ils établissent des lois sages et sévères pour assurer dans le royaume la conservation des bois, le tribunal de la maîtrise n'ayant servi, depuis son établissement, qu'à en accélérer la destruction.

Art. 21. Qu'aucunes propriétés quelconques ne puissent être enlevées à un citoyen, par quelle autorité que ce soit, hors le cas où le bien public en serait jugé le motif ; et dans ce cas, la valeur de cette propriété lui serait remboursée sur-le-champ.

Art. 22. Que tous les droits de propriété, tels que les droits seigneuriaux et redevances aux fiefs, etc., qui intéressent également tous les ordres, les fiefs étant possédés par le tiers-état comme par le clergé et la noblesse, soient déclarés inviolables et mis sous la sauvegarde de la loi.

Et à l'égard de la mainmorte personnelle et du droit de suite qui, en pesant particulièrement sur la personne du redevable, peuvent gêner sa liberté personnelle, qu'il soit permis à celui qui en est grevé de pouvoir s'en affranchir par une somme jugée équivalente.

Art. 23. Que le partage des communes en bois soit favorisé, et que les lois tendent sans cesse à procurer à tous les citoyens les moyens d'acquérir quelques propriétés.

Art. 24. Qu'il soit pris les moyens les plus sages pour que, d'ici à quelques années, la France puisse jouir du bonheur d'être régie par de nouveaux codes civil, criminel et même de police qui, en simplifiant les lois et les procédures dans tous les pays, puissent mettre l'honneur, la vie et les propriétés de chaque citoyen sous la sauvegarde d'une loi claire et précise, et le garantir de l'erreur et de l'injustice des juges mêmes, ainsi que de la rapacité de cette foule de suppôts de la chicane multipliés à l'infini, et dont le nombre doit être fixé à l'avenir.

Art. 25. Qu'après le plus mûr examen des conséquences avantageuses ou abusives de l'inamovibilité et de la vénalité des charges, la composition des tribunaux soit telle, que les juges soient éclairés, honorés de la confiance générale, et que l'opinion publique puisse influer sur leur choix.

Art. 26. Qu'un notaire ou toute autre personne chargée des dépôts ou de la foi publique ne puisse en même temps exercer l'état de procureur ou d'avocat.

Art. 27. Qu'il y ait un registre déposé chez le curé ou le syndic de chaque paroisse, sur lequel les huissiers seraient tenus d'enregistrer toutes les assignations qu'ils donneraient aux habitants de ladite paroisse.

Art. 28. Que les tribunaux soient tellement répartis dans le royaume, que le citoyen qui y a recours ne soit point exposé à un déplacement onéreux et puisse espérer une fin prochaine à ses affaires.

Art. 29. Que tous les appels en matière de police seront portés au bailliage, sauf l'exécution provisoire, comme ils l'étaient autrefois et comme ils le sont encore en Bourgogne.

Art. 30. Que tous tribunaux ou offices quelconques qui seraient regardés inutiles ou surabondants pour l'administration de la justice soient supprimés.

Art. 31. Qu'il s'assure enfin l'invariabilité dans toutes les branches de la composition et de la constitution militaire, qui doit être combinée sur l'esprit de la nation et les principes de notre gouvernement :

En conservant pour bases des principes militaires l'honneur, le mobile si puissant en France, qui, en élevant le courage, a porté souvent le soldat français aux plus grandes choses ;

En ne cherchant pas à dégrader par des punitions flétrissantes des hommes à qui, jusqu'à présent, on n'a donné d'autres récompenses à leurs services et de leurs sacrifices, que l'honneur d'avoir servi sa patrie et son Roi ;

En prenant les moyens d'attacher le soldat et l'officier à leur métier par l'augmentation de la paye et des appointements, par l'espoir d'un bien-être réel pour la fin de ses jours, par l'appréciation du mérite, par la juste dispensation des récompenses honorifiques et pécuniaires, par la considération attachée à cet état et par l'assurance de ne pas être soumis à l'arbitraire d'un ministre : tout militaire ne pouvant être dépossédé de son emploi que par sa démission ou le jugement de ses pairs ;

En ne s'efforçant pas d'arrêter le développenient des grands talents par le peu d'espoir qu'une certaine classe d'officiers a de parvenir aux premiers emplois militaires;

En convainquant les jeunes gens, faits pour parvenir à la tête des corps, que le grand art de commander ne peut s'acquérir qu'en apprenant soi-même à obéir;

En fixant le nombre des troupes réglées en temps de paix;

En cherchant les moyens de pouvoir rendre le militaire utile à sa patrie, même en temps de paix.

Art. 32. Qu'aucun impôt, emprunt ou contribution quelconque ne puisse être accordée au monarque et perçue dans aucun lieu du royaume qu'en vertu de l'octroi libre et volontaire de la nation assemblée en États généraux et la confirmation des États de provinces qui ont ce privilége.

Art. 33. Que les États ou administrations de chaque province ne puissent consentir dans aucun cas, ni permettre la levée d'aucune contribution qui leur serait demandée particulièrement par le monarque, ce droit étant réservé aux États généraux seuls, et lesdits États ou administrations des provinces ne pouvant exercer cette faculté que pour les contributions particulières destinées aux frais d'administration et aux dépenses locales de la province, toutefois encore avec l'agrément du Roi.

Art. 34. Que toutes les contributions, sous quelle forme qu'elles puissent être, ne pourront être délibérées et accordées par les États généraux qu'après que tous les actes de législation auront été déterminés par eux et sanctionnés par le Roi.

Art. 35. Que tous les impôts qui en seront susceptibles se payent par abonnement avec les provinces; et qu'il soit pris les moyens de les faire arriver au trésor royal en deniers ou quittances, sans passer par plusieurs caisses qui rendent la perception dispendieuse.

Art. 36. Que la quotité pour laquelle chaque province doit entrer dans la masse des impositions soit irrévocablement fixée aux États généraux, d'après la connaissance qu'ils auront prise des forces respectives de chaque province.

Art. 37. Que tout impôt sur les propriétés ne pourra être mis sous la dénomination d'une fraction de leurs produits, mais seulement par abonnement pour chaque province.

Art. 38. Que tout impôt ne pourra être consenti que pour un terme fixe, passé lequel temps il ne pourra plus être perçu.

Art. 39. Que l'impôt qui sera particulièrement affecté à l'acquittement de la dette nationale ne puisse, sous aucun prétexte, être détourné de son emploi.

Art. 40. Qu'aucun emprunt manifeste ou déguisé, aucun papier-monnaie circulant, ne puisse être établi et créé que par la volonté et consentement de la nation assemblée.

Art. 41. Que les épices accordées à la chambre des comptes, pour le rendement des comptes des provinces, soient supprimées, ou tellement diminuées qu'elles ne deviennent pas une surcharge pour chaque province,

Ces rendements de comptes devenant même inutiles d'après ceux qui seront rendus aux États ou administrations de chaque province.

Art. 42. Que le sel, objet de première nécessité et très-essentiel pour l'agriculture, devienne marchand ou soit fixé à un prix modique dans toutes les provinces du royaume.

Que le droit de centième denier soit supprimé pour les successions en ligne collatérale.

Que les frais de reprises de fiefs, d'aveu, dénombrement soient modérés extrêmement.

Que les droits de contrôle, insinuation, etc., soient aussi modérés et fixés par un tarif égal, sans distinction de rang ni de qualité.

Art. 43. Que les différentes natures d'impôts existants soient examinées, corrigées et refondues en un ou plusieurs genres de contributions qui puissent être supportées par tous les citoyens de tous ordres ou classes quelconques, dans une juste proportion d'égalité, même, s'il est possible, par les capitalistes.

Qu'elles soient réparties avec assez de mesure et de sagesse pour que le commerce, l'industrie, les arts et surtout l'agriculture ne puissent en souffrir et sans que la tranquillité des contribuables puisse être troublée.

Art. 44. Qu'après une connaissance approfondie des déprédations commises dans l'administration des finances et des domaines, ils emploient avec justice et fermeté les moyens les plus propres à réparer les pertes que la nation en aurait éprouvées

Art 45. Qu'ils prennent des mesures pour que les produits des domaines de la couronne puissent arriver au trésor royal sans subir de grandes diminutions.

Le moyen le plus sûr et en même temps le plus profitable au bien de l'État serait l'aliénation de la partie des domaines dont la régie, sous toutes les formes, ne peut être que dispendieuse.

Le produit de cette aliénation pourrait entrer dans l'acquittement des dettes de l'État.

Les nobles autorisent spécialement leur député à consentir à l'aliénation des domaines.

Art. 46. Qu'il soit fait un dépouillement très-approfondi soit des dettes du clergé, soit de celles des provinces, villes ou campagnes, soit des remboursements, des charges ou autres dettes quelconques, afin de fixer irrévocablement toutes les parties de ces dettes qui peuvent, avec équité, se regarder comme dettes nationales.

Art. 47. Que toutes les plaies de l'État étant sondées, que les dettes étant connues et fixées, ils prennent les mesures les plus sages pour parvenir à leur remboursement, sans que la prospérité de l'État et le bonheur de la génération actuelle puissent en souffrir.

Art. 48. Que tous les ans il soit fait un tableau exact des dettes de l'État qui auront été remboursées dans le cours de l'année, lequel tableau sera rendu public par la voie de l'impression.

Art. 49. Que tous offices, charges, rétributions et pensions inutiles ou excessives soient supprimés ou modérés.

Art. 50. Que tous les appointements, pensions et enrôlements quelconques soient accordés, à l'avenir, sans aucune espèce de retenue d'imposition.

Art. 51. Que le Roi sera supplié de supprimer toutes ces charges inutiles qui, au moyen d'une finance, donnent à leur possesseur le titre de noble.

Qu'à l'avenir cette prérogative ne reste plus attachée qu'aux premières charges de la magistrature et devienne, dans tout autre cas, la récompense des grandes qualités et des services rendus à l'État par des citoyens sans distinction de classe.

Art. 52. Que les haras au compte du Roi soient supprimés dans l'étendue du royaume, et qu'il soit pris les mesures les plus sages pour encourager ce genre de commerce et multiplier en France l'espèce de chevaux, pour laquelle nous faisons tous les ans une grande exportation de notre numéraire.

Art. 53. Qu'ils portent leur regard sur l'emploi des fonds provenant des réformes des communautés religieuses, et qu'à l'avenir les États généraux seuls puissent fixer l'emploi des biens résultant de l'extinction desdites communautés.

Art. 54. Qu'il soit accordé une augmentation d'émoluments aux curés qui n'ont que la portion congrue, afin de les mettre à même de se passer de casuel : cette augmentation peut aisément se prendre sur les fonds des communautés religieuses réformées, ou sur le surplus des abbayes.

Art. 55. Que les hôpitaux et les établissements destinés pour les enfants trouvés soient multipliés dans le royaume ; qu'il soit établi dans les villes de province des bureaux de charité, qui assurent une subsistance à tout citoyen infirme ou hors d'état de travailler et qui puissent procurer du travail et un salaire aux malheureux qui ne trouvent pas cette ressource en des temps de disette et de calamité.

On peut encore trouver des fonds considérables pour ces établissements, soit par l'extinction des communautés religieuses, soit par la réforme de quelques abbayes inutiles et superflues et qui, pour cet emploi, deviendraient une ressource pour cette partie souffrante de la grande société.

Par ce moyen on pourrait espérer de détruire la mendicité.

Art. 56. Qu'il soit fait une loi qui, sans apporter d'entraves au commerce, par sa sagesse s'oppose à l'impunité des banqueroutiers presque toujours frauduleux.

Art. 57. Qu'il soit libre et permis à tout citoyen de stipuler l'intérêt de quelque prêt que ce soit, quoique à terme et sans aliénation du principal.

Signé Desbois, grand bailli.

Pour extrait : *Signé* La Martine, secrétaire de la noblesse des pays et comté de Mâconnais.

Quant aux réclamations locales et particulières à la province du Mâconnais, les nobles ont regardé qu'elles deviendraient trop minutieuses parmi les objets aussi intéressants, et bien persuadés que de grands et vrais principes il ne peut résulter que des conséquences justes et d'heureux effets, ils ne doutent pas que les bases constitutionnelles de l'État et celles des administrations des provinces une fois établies, l'esprit d'équité et de patriotisme qui doit ressusciter avec elles ne vienne bientôt attaquer et détruire tous les abus qui se sont introduits dans les administrations particulières.

Ils se réduisent donc à demander :

1. Que, d'après le plus mûr examen des vues et abus de l'administration du Mâconnais, relatés en partie dans le plan qu'ils ont eu l'honneur de présenter à M. le directeur général des finances, le 2 mars dernier, et d'après les privilèges et droits de la province confirmés par plusieurs de nos rois, il leur soit accordé la régénération du leurs États, conformément au susdit plan qu'ils approuvent dans tout son contenu.

2. Dans le cas où les droits d'aides seraient supprimés à l'avenir dans l'étendue du royaume, que la somme de 1,282,902 livres empruntée en 1780 et celle de 550,000 en 1689, toutes deux versées au trésor royal pour le rachat des nouvelles et anciennes aides du Mâconnais, soient regardées comme dettes de l'État.

Et dans le cas où cet impôt serait conservé ou modifié, que le Mâconnais continue de jouir de l'exemption de ce droit qu'il a acquise par le rachat.

3. Que les sommes employées au remboursement de quatre offices de l'élection, en 1771 et 1772, et au remboursement des offices de la cour des monnaies de Lyon, en 1778, dont les finances primitives avaient été versées au trésor royal, soient aussi reconnues dettes de l'État.

4. Les nobles enjoignent à leur député de solliciter près de Sa Majesté la confirmation des droits, franchises et priviléges du Mâconnais par actes authentiques, tels que ceux que plusieurs de ses prédécesseurs ont daigné accorder à la province.

Quant à tout ce qui n'est pas énoncé et restreint par le mandat et les instructions ci-dessus, les nobles déclarent qu'ils s'en rapportent à ce que leur député estimera, en son honneur et conscience, pouvoir contribuer au bonheur de la nation, à la gloire du Roi et à la tranquillité publique.

S'ensuivent sur l'original les signatures ci-après :

J. Desbois, grand bailli ; de Franc de La Salle ; Michon de Pierre, le marquis de Noblet d'Anglure ; La Martine ; Canat de Chavry ; Touditi de la Bal mondière ; Bernard de Villars ; le comte Dechy, le chevalier de Prisque ; le comte de Montrevel ; le chevalier de Senecé ; Pâtissier de la Forestille ; de Barthelot ; de Rambuteau ; Duvernay ; le comte Descorailles, élu de la noblesse ; Bernard de Senecé ; Michon de Berzé ; Pelleterot de Bordes ; chevalier de Franctien ; Sevré de Monteroz de Belligneux ; Perrier de Marigny ; Demontrouge ; Desimard ; le chevalier de Bordes ; Dygé ; Laborier ; Palerne de Chintré ; Laborier père ; Chapuis de Prisque de Besanceuil ; le comte de Drée de la Baltmondière, chevalier de Saint-Louis ; Cellard de Chasselas ; le chevalier de La Martine ; Chesnard Layé ; Pâtissier de la Presle. *Signé* J. Desbois, grand bailli.

Pour extrait : *Signé* La Martine, secrétaire de la noblesse des pays et comté du Mâconnais.

Et ont signé comme porteurs de procurations :

Messieurs : pour M. le comte de La Rode et pour M. le duc de Rohan-Chabot, le comte de Montrevel ; pour M. le marquis de La Guiche et pour M. le marquis de Castellanne, le comte Descorailles ; pour M. le comte Archambaud de Périgord et pour le baron de Mandelot, Perrier de Marigny ; pour madame de Cassiou, comtesse d'Aulczy, de Montrouge ; pour M. de Duvozé de Rossan, Pâtissier de la Forestille ; pour M. de Veaubeau-Chapuy, Chesnard Layé, fondé de pouvoir de madame la marquise de Saint-Christophe et de M. le baron de Montbellet ; pour M. de Montréchard, de Franc de La Salle ; pour madame la comtesse de Dys, de Montrouge ; pour M. le marquis de Drée et pour M. de Monteynard, le marquis de Noblet d'Anglure ; pour M. le comte de Maudelot, le comte de Drée ; pour demoiselle Françoise de Chaffin, de Sermaise ; pour M. de La Rochethulon, Des Miards ; pour M. de La Vernette et pour M. Dumirat de Crary, Bernard de Villars ; pour M. Perrin d'Acrou et pour M. de Jons, Perrey ; pour M. Barthelot de Murzeau, le chevalier de Bordes ; pour M. de Pelleterot, de Borde ; pour M. le comte de Naturel, P. Meteral de Borte ; pour M. le comte de Damas, d'Audour ; pour M. de Barthelot d'Oreray, de Barthelot de Rambuteau ; pour M. de Chavanne, Besanceuil ; pour M. Cellard, seigneur de Chasselas et Prusilly, Cellard de Chasselas ; Michon de Pierre Clan, pour M. Louis Charrier, ayant la procuration de Bridet Desmiards, pour M. de La Rochethulon et pour mademoiselle de Raffin de Sermaise.

Signé J. Desbois, grand bailli.

Pour extrait : La Martine, secrétaire de la noblesse des pays et comté du Mâconnais.

———

ARTICLES PROPOSÉS,

Supprimés, à une petite majorité, de la minute du mandat remis au député en cas de discussion sur les objets.

17. Que la milice soit supprimée et abolie en temps de paix et que cette levée d'hommes ne soit employée que comme les bans et arrière-bans pour les nobles, dans des temps calamiteux ou de guerre;

Et qu'alors chaque communauté puisse être libre, ou de laisser au sort la décision de son milicien, ou de fournir ou de proposer un homme de bonne volonté.

Mais dans le cas où quelque inconvénient s'opposerait à la suppression totale de la milice, qu'il soit pris des mesures pour qu'à l'avenir il n'en coûte pas à chaque communauté une somme quelquefois assez considérable et la perte de quelques jeunes cultivateurs qui, par crainte, s'échappent pendant quelques mois et souvent s'éclipsent pour plusieurs années.

58. Qu'ils prennent les mesures les plus sages pour cesser de payer à la cour de Rome les annates ou tributs quelconques accordés au pape à chaque mutation de certains bénéfices.

CAHIER

DES VŒUX DU TIERS-ÉTAT DE LA VILLE DE MACON.

Extrait des minutes du greffe du bailliage de Mâcon (1).

CONSTITUTION.

Art. 1er. Il ne sera pris aucune délibération aux États généraux, que le nombre des représentants du tiers-état ne soit égal à celui des deux autres ordres réunis.

Art. 2. Le tiers-état sera admis à parler aux États généraux dans la même attitude que les autres ordres; il opérera concurremment avec eux sans aucune distinction.

Art. 3. Voter par tête et non par ordre.

Art. 4. Dans le cas où les députés des deux premiers ordres se réuniraient en tout ou en partie ou se refuseraient de délibérer, les délibérations prises par les députés du tiers-état et par les membres restant des deux premiers ordres, ou enfin par le tiers-état seul, seront déclarées émaner de l'Assemblée nationale.

Art. 5. Il sera fait une loi qui confirme à la nation le pouvoir législatif et au monarque le pouvoir exécutif, dont les bornes seront déterminées.

Art. 6. Fixer à deux ans le retour périodique des États généraux, déterminer la forme de les convoquer et de les tenir à l'avenir; que le nombre des représentants de la nation ne puisse être moindre de mille deux cents.

Art. 7. Il sera fait un plan général des États provinciaux pour chaque province du royaume; des États provinciaux seront formés sur le plan ces États généraux, ils en seront élémentaires.

Art. 8. Il ne sera accordé aucun impôt, que les droits de la nation n'aient été constamment réglés et assurés.

Art. 9. L'impôt ne sera accordé que pour l'intervalle fixé d'une tenue à l'autre, après quoi il cessera de droit; les receveurs préposés seront punis comme coupables de crime capital s'ils en

(1) Nous publions ce cahier d'après un manuscrit des *Archives de l'Empire.*

continuent la perception après le jour indiqué.

Art. 10. Toutes charges publiques et tous impôts seront supportés par chaque citoyen des trois ordres, sans distinction, à raison de ses propriétés ou usufruit, facultés ou industrie, et répartis dans chaque communauté par un seul et même rôle.

Art. 11. Il ne sera fait aucune opération sur les monnaies sans le consentement de la nation.

Art. 12. Aucun emprunt manifeste ou déguisé aucun papier circulant sous le nom d'effet public, aucun office ou commission de quelque nature qu'ils soient, ne pourront être établis que par la volonté ou consentement de la nation.

Art. 13. Les comptes des finances, par état au vrai, seront chaque année rendus publics par la voie de l'impression.

Art. 14. Les dépenses de chaque département, y compris celles de la maison civile et militaire du Roi, seront invariablement fixées, et les ministres de chacun d'eux seront comptables et responsables à la nation assemblée de l'emploi des fonds.

Art. 15. Assurer la liberté individuelle, supprimer les lettres de cachet, et que tout citoyen arrêté soit remis à l'instant entre les mains de son juge naturel.

Art. 16. Le militaire prêtera serment de ne jamais porter les armes contre les citoyens; si ce n'est dans les cas qui seront déterminés par les États généraux.

Art. 17. Le bonheur des Français n'exigeant pas d'étendre les bornes actuelles du royaume par de nouvelles conquêtes, la nation ne consentira aucun impôt pour une guerre offensive, qu'autant que les États généraux l'auront jugé nécessaire.

Art. 18. Il ne sera fait aucun traité définitif avec les nations étrangères que du consentement des États généraux.

Art. 19. Le cas arrivant d'une régence, les États généraux s'assembleront sur-le-champ et sans convocation, au même lieu et par les mêmes députés qu'à la dernière séance, et ils pourront seuls la déférer.

Art. 20. Les États généraux fixeront et détermineront les apanages.

Art. 21. Aux États généraux on ne procédera pas par scrutin pour tout ce qui sera relatif à la constitution; les opinions seront données à haute voix, les articles mis en délibération, admis ou rejetés, seront imprimés; il sera fait séparément une liste des noms des députés qui auront opiné pour et de ceux qui auront opiné contre. Cet article n'est relatif qu'à la constitution.

Art. 22. Les membres des États généraux seront reconnus et déclarés *personnes inviolables* et, dans aucun cas, ils ne pourront répondre de ce qu'ils auront fait, proposé ou dit dans les États généraux, si ce n'est aux États généraux eux-mêmes.

Art. 23. Les membres du tiers-état pourront posséder toutes dignités ecclésiastiques, civiles ou militaires.

Art. 24. Réformer la constitution militaire et augmenter la paye du soldat.

Art. 25. Bannir l'arbitraire du régime militaire; que les manœuvres et la discipline soient déterminées par des lois stables dont les ministres ni les commandants des corps ne pourront s'écarter.

LÉGISLATION.

Art. 1er. Un nouveau code criminel; proportion des peines aux délits, sans distinction d'ordre ni de rang.

Art. 2. Que la peine de mort ne soit plus infligée

d'une manière barbare et cruelle, et que le seul assassin soit condamné à mort.

Art. 3. Que les prisons soient entretenues dans un état de propreté, salubrité et santé.

Art. 4. Réforme dans les lois civiles et dans l'instruction de la procédure.

Art. 5. Suppression de la vénalité des charges et offices au décès de chaque titulaire, sauf l'indemnité.

Art. 6. Les vœux étant partagés sur la suppression des justices seigneuriales, les Etats généraux examineront s'il est plus utile de les conserver que de les supprimer. Dans le premier cas, les juges seigneuriaux pourront juger en dernier ressort jusqu'à la concurrence de 100 livres, en se faisant assister de deux gradués. Dans le second cas, on établira des juges royaux dans les arrondissements où ils seront nécessaires, avec pouvoir de juger en dernier ressort jusqu'à la somme de 500 livres, pourvu qu'ils soient au nombre de cinq.

Art. 7. Tous ceux qui postuleront dans les justices seigneuriales seront tenus de se faire recevoir et de faire enregistrer leurs provisions au siége royal où ressortent les justices.

Art. 8. Tous juges royaux et seigneuriaux seront tenus de juger sommairement, sans frais et sans ministère de procureur, toutes les causes personnelles et même dans les héritages, jusqu'à la concurrence de 18 livres.

Art. 9. Abrogation des saisies réelles, qui seront remplacées par les ventes sommaires suivies de lettres de ratification.

Art. 10. Proroger de quatre ans au lieu de deux le délai du dépôt au greffe du contrat translatif de propriété, pour pouvoir obtenir des lettres de ratification, conformément à l'édit de 1771, et que toutes personnes soient admises à enchérir.

Art. 11. Suppression de toutes lettres de chancellerie et des lettres de sursis.

Art. 12. Suppression de tous les tribunaux d'exception, notamment des maîtrises, sauf l'indemnité.

Art. 13. Ampliation des tribunaux.

Art. 14. Défense de réunir sur une même tête des offices, ou commissions, différents : tels que ceux de notaire et de procureur, de notaire et de commissaire à terrier, d'agent du fisc et d'officier de justice, ce qui n'aura lieu que pour les justices royales.

Art. 15. Autoriser la stipulation de l'intérêt du prêt à terme fixe, surtout pour les tuteurs et pour les hôpitaux et maisons de charité.

Art. 16. La réformation de l'ordonnance du commerce, de manière que cette loi ne soit plus en contradiction avec les usages reçus dans le commerce.

Art. 17. Uniformité de poids et de mesures.

Art. 18. Qu'il soit défendu, sous les peines les plus sévères, d'ouvrir les lettres dans les bureaux des postes.

Art. 19. Liberté de la presse pour tout ouvrage avoué par son auteur, sous les conditions et modifications qu'exigent l'ordre public et le maintien des mœurs.

Art. 20. Qu'il soit formé aux Etats généraux un plan d'éducation qui soit exécuté dans toutes les parties du royaume.

Art. 21. Réforme dans les universités et sévérité dans les examens.

Art. 22. Amélioration du sort des curés à portion congrue. Suppression de tous casuels, coupes de feu, gerbes de passion et autres rétributions.

Art. 23. Les canonicats ne pourront être résignés et seront donnés pour retraite aux anciens curés.

Art. 24. Abolir le Concordat et rétablir la Pragmatique-Sanction.

Art. 25. Proscrire la pluralité des bénéfices, désunir dès à présent tous ceux qui, par leur réunion, procurent au titulaire un revenu de plus de 2,400 livres, laisser l'option au titulaire et mettre dans une caisse d'amortissement tous les revenus des bénéfices qui auront été désunis jusqu'à l'extinction des dettes du clergé.

Art. 26. Déterminer la quotité des revenus des archevêchés, abbayes, prieurés etc., et verser le surplus dans la caisse d'amortissement destinée à l'extinction des dettes du clergé ; obliger les titulaires de ces bénéfices à neuf mois de résidence.

Art. 27. Fixer les revenus de chaque communauté religieuse, en proportion du nombre des individus qui en sera pris chaque année par les juges royaux; employer l'excédant des revenus des religieux dotés à renter les religieux mendiants des deux sexes dans la même proportion, et verser le surplus dans la caisse d'amortissement destinée à l'extinction des dettes du clergé.

Art. 28. Que l'on ne puisse disposer de sa personne par des vœux en religion ou par la promotion aux ordres sacrés, qu'à l'âge fixé par les lois pour la majorité.

Art. 29. Les baux à ferme des biens de l'Eglise, même ceux de l'ordre de Malte, seront entretenus après la mort du titulaire ; les baux ne pourront être que de six années et ne pourront être renouvelés que dans le cours de la sixième année.

Art. 30. Suppression des dîmes tant ecclésiastiques qu'inféodées, sauf l'indemnité ; et dans le cas contraire, que la dîme portable soit quêtable sur l'héritage.

Art. 31. Remboursement du capital des droits seigneuriaux dans le délai et de la manière qui seront fixés aux Etats généraux, et les arrérages prescriront par cinq ans.

Art. 32. Même remboursement pour les rentes foncières, taillabilité, mainmorte, corvée personnelle, droits de leyde, bicerie, banalité, guet et garde et autres du même genre.

Art. 33. Supprimer cette multitude d'offices, charges et emplois qui ne sont d'aucune utilité à l'administration publique, à la défense de l'Etat, à la majesté du trône et sont infiniment à charge au peuple par la masse effrayante des émoluments, pensions et gratifications sacrifiés chaque année à ceux qui en sont revêtus.

Art. 34. Faire rentrer dans le domaine de la couronne tous les biens aliénés par usurpation, vente, échange, engagement ou autrement, en remboursant les sommes légitimement payées par les possesseurs actuels.

Art. 35. Déclarer aliénables les domaines de la couronne, et les aliéner dès à présent par acte public où toute personne serait admise à enchérir, pour le prix être versé dans une caisse d'amortissement destinée au payement des dettes de l'Etat.

Art. 36. Former des établissements dans plusieurs provinces du royaume, où les insensés et les incurables seront reçus sous différents prix, proportionnés aux facultés du citoyen et les pauvres reçus gratis.

Art. 37. Permettre aux propriétaires d'héritages d'user des eaux pluviales, chacun en droit de soi, et défense aux seigneurs de les asservir; il en sera de même des ruisseaux ou petites rivières sur lesquelles il n'y aura pas d'usines, moulins et autres établissements utiles au public.

Art. 38. Défendre aux gens de main morte d'exporter par eux-mêmes, ou de vendre à des marchands en gros, les fruits de leurs domaines avant de les avoir exposés dans les marchés publics les plus voisins, et leur défendre toute espèce de commerce.

IMPOSITION.

Art. 1er. Avant de fixer la quotité de l'impôt, il sera pris une connaissance exacte des besoins de l'état et de la situation actuelle des finances ; toutes les bonifications et réductions dans la dépense seront arrêtées, les pensions et gratifications seront supprimées ou modérées, suivant les causes qui les ont fait accorder.

Art. 2. Les vœux étant partagés sur l'impôt en argent ou en nature, on observe que si l'impôt en nature est préféré, il faudra laisser aux États généraux le droit de décider la quotité et la manière dont il sera perçu et d'y substituer un impôt en argent pour tous les objets qui ne sont pas susceptibles de la perception en nature ; et si l'impôt en argent est préféré, qu'il soit établi d'une manière uniforme sur toutes les propriétés.

Art. 3. Supprimer tous les péages et octrois, sauf l'indemnité ; porter la perception des traites aux frontières et laisser au commerce une circulation libre dans l'intérieur du royaume.

Art. 4. Le sel sera marchand ou au moins fixé à un prix modique et uniforme pour tout le royaume.

Art. 5. Le prix du tabac sera fixé d'après les besoins de l'État et sera uniforme dans tout le royaume.

Art. 6. Faciliter les abonnements des droits de marque sur les ouvrages d'or et d'argent, papier, cuir, poudre et amidon.

Art. 7. Faire un nouveau tarif des droits de contrôle et autres y réunis, d'une manière uniforme, invariable et à raison de l'importance de l'objet ; modérer ceux qui se perçoivent sur la qualité des parties, attendu qu'il y a souvent qualité sans faculté ; accorder la prescription de ces droits par deux années.

Art. 8. Aucune exemption pour le logement des gens de guerre et transport des équipages ; liberté à chaque citoyen de convertir cet impôt en argent, sur le pied qui sera fixé par les États provinciaux.

Art. 9. Suppression des milices en temps de paix, et dans le cas de nécessité en temps de guerre, n'accorder d'exemption qu'aux gens mariés ou promus aux ordres sacrés ; permettre à chaque citoyen de se faire remplacer au tirage par un homme dont il répondra jusqu'à la revue si le sort lui tombe.

Art. 10. Suppression de la loterie royale de France et autre.

Art. 11. Suppression du droit de franc-fief.

Art. 12. Les vœux sur la corvée en nature ou en argent sont divisés ; mais ils se réunissent, si la corvée se fait en nature, pour que le corvéable soit payé convenablement et en raison de sa tâche, et les deniers imposés sur chaque citoyen des trois ordres à raison de leurs propriétés, facultés et industrie. On a proposé de diviser la corvée par communautés qui seront cantonnées, et chaque communauté composée du seigneur, des propriétaires forains, habitants et autres, sera libre de faire faire la partie de chemin où elle sera cantonnée ainsi qu'elle avisera dans le temps fixé.

Art. 13. Faire verser l'impôt directement au trésor royal et à moins de frais possible.

Art. 14. Chaque ordre supportera les frais de sa députation, et le tiers-état payera à chacun de ses députés 15 livres par jour, à compter du jour indiqué pour l'ouverture des États généraux jusqu'à celui de la clôture, non compris les frais de voyage qui demeurent fixés, pour chaque député, à 480 livres. Il a été fait décret portant que le trésorier de la province fera l'avance à chaque député du tiers-état de la somme fixée pour ses frais de voyage et de celle de... à compte de ses honoraires, sur un mandat qui sera fourni par le président de la chambre du tiers-état.

VŒUX PARTICULIERS AU MACONNAIS

Art. 1er. Demander la conservation des États du Mâconnais, leur désunion absolue d'avec ceux de Bourgogne, une organisation nouvelle conforme au plan qui sera arrêté aux États généraux pour les États provinciaux, et, dans le cas où il ne serait fait aucun plan général d'États provinciaux, accorder au Mâconnais une administration conforme à celle du Dauphiné, sauf les modifications locales.

Art. 2. Pour servir de règle à la nouvelle administration qui sera formée sur la situation actuelle des finances de la province, il sera ordonné que la chambre d'administration rendra compte, par état au vrai, de ses recettes et dépenses depuis le traité fait avec la Bourgogne en 1782.

Art. 3. Rendre à chaque ville le droit de nommer, tous les trois ans, le maire, les syndics et autres officiers municipaux.

Art. 4. Les comptes des villes et communautés seront rendus, à l'avenir, aux États provinciaux et par eux apurés chaque année sans frais, pour être ensuite, ceux des villes et bourgs seulement, rendus publics par la voie de l'impression ; ces comptes ne seront plus apurés par la chambre des comptes, attendu les frais énormes que ces apurements occasionnent.

Art. 5. Établir une juridiction consulaire dans le Mâconnais, ou ordonner que les juges ordinaires se feront assister dans les matières de commerce par deux anciens négociants.

Art. 6. Rétablir le séminaire et faire rendre compte de ses revenus depuis qu'il a été supprimé.

Art. 7. Veiller exactement à ce que les fabricants de tonneaux se conforment à la jauge mâconnaise, dont une mesure matrice sera déposée au greffe de chaque juridiction de police.

Art. 8. Faire une loi perpétuelle de l'édit de 1771, rendu pour les clôtures et échanges, avec la restriction que les prés et prairies sujets au pâturage commun après la première levée, ne pourront être clos.

INSTRUCTIONS AUX DÉPUTÉS SUR LA LÉGISLATION.

Art. 1er. Accorder un dédommagement sur le trésor royal pour les accusés poursuivis par le ministère public, lorsqu'ils seront définitivement reconnus innocents.

Art. 3. Les prisons de Mâcon ne sont ni sûres ni saines.

Art. 4. Une seule loi pour tout le royaume, la quotité des frais proportionnée à l'importance des actions, fixer un délai dans lequel chaque procès sera définitivement jugé. Assujettir les curés ou syndics des communautés à tenir un registre sur lequel les huissiers seront tenus d'inscrire par date la remise des exploits.

Art. 9. Les ventes sommaires contre les mineurs comme contre les majeurs, sauf le recours des mineurs contre leurs tuteurs dans le cas où ils auraient pu prévenir cette vente, et l'action en lésion du tiers au quart contre les adjudicataires; les parents qui auront nommé le tuteur resteront garants de sa gestion et du reliquat; tous les acquéreurs sur vente sommaire seront dispensés de consigner, lorsqu'ils offriront de payer les intérêts jusqu'à la perfection de l'ordre et de donner bonne et suffisante caution.

Art. 12. Voir le mémoire de Messieurs de l'élection de Mâcon, et notamment l'article 14.

Art. 16. Les faillites se multipliant beaucoup, il convient de prendre toutes les précautions pour les prévenir; il serait peut-être utile de diminuer les peines prononcées par la loi et de la faire exécuter exactement.

Art. 30. L'indemnité due aux laïques propriétaires des dîmes inféodées sera supportée par la nation, et celle due aux ecclésiastiques sera opérée par suppression ou réunion de plusieurs bénéfices.

Art. 31. Il sera nommé dans chaque province des commissaires pour faire la vérification des terriers et fixer le remboursement du capital des droits seigneuriaux, d'après les plans qui seront arrêtés aux Etats généraux; ces commissaires s'occuperont de la recherche des communaux usurpés sur les communautés et dont la restitution est absolument nécessaire à l'agriculture.

Art. 32. Mêmes observations qu'à l'article précédent.

Art. 33. Gouverneurs, commandants, lieutenants de roi et autres officiers majors qui sont inutiles dans l'intérieur du royaume, enfin cette chaîne d'individus qui ne servent qu'à répandre dans les provinces l'influence du despotisme ministériel.

Art. 34. Il serait impossible dans les justices seigneuriales de trouver des sujets qui pussent se renfermer dans l'une ou l'autre des fonctions indiquées par cet article.

ART. 14. DU MÉMOIRE DE MM. LES OFFICIERS DE L'ELECTION DE MACON.

« En ce qui concerne les officiers de ce tribunal, qui, de temps immémorial, ont joui du droit « d'entrer en corps aux Etats particuliers du pays « et comté de Maconnais en qualité de commis- « saires de Sa Majesté, d'y avoir voix délibéra- « tive, d'y apporter ses ordres et d'y vaquer au « département de toutes les impositions du pays, « qui ont été maintenus et gardés dans ce droit « par les titres les plus authentiques, spéciale- « ment par arrêt du conseil, contradictoirement « rendu le 20 octobre 1674 et récemment par « lettres patentes données le 10 novembre 1779; « attendu qu'il est notoire que l'ordre de la no- « blesse de cette province et plusieurs commis- « saires nommés par les corporations du tiers- « état de cette ville, se sont assemblés à l'effet de « rédiger un nouveau plan d'administration que « ces derniers ont rendu public par la voie de « l'impression; que le silence absolu qui y a été « gardé sur l'attribution dont il s'agit, fait pré- « sumer que les démarches de ces deux ordres « tendent à obtenir qu'un droit aussi précieux et « aussi bien acquis soit enlevé à ce tribunal. Ces « officiers demandent que Sa Majesté veuille bien « prendre en considération l'utilité et l'impor- « tance de fonctions qu'elle a daigné leur confier « de tous temps; qu'il lui plaise ordonner qu'ils « y seront conservés et qu'ils continueront de « jouir des prérogatives, honneurs et émoluments

« qui y sont attachés : ils observeront que les « émoluments n'ont subi de variations que dans « le nom, et qu'ils forment et représentent le « gage des sommes et les diverses taxations qu'ils « ont payées pour être admis à ces charges. S'il « arrivait cependant que le Roi et la nation assem- « blés jugeassent à propos d'abroger désormais « les sages dispositions qui, jusqu'à présent, ont « appelé lesdits officiers à ces places importantes, « si une aussi honorable attribution devait leur « être enlevée, pleins de confiance en la justice « et les bontés paternelles de Sa Majesté, ils pren- « nent la liberté de lui représenter très-respec- « tueusement qu'une telle suppression ne pour- « rait s'opérer sans porter une atteinte grave à « l'Etat, à la fortune et aux droits de ces officiers : « que le Roi Henri III, aux Etats de Blois, en 1576, « pénétré de cette frappante vérité, daigna or- « donner, sur une pareille pétition, que ces offi- « ciers ne seraient supprimés qu'à la charge par « le pays de les rembourser et de les dédomma- « ger, et ils osent se flatter qu'à l'exemple de cette « décision, il sera pris de justes mesures pour « que la province les indemnise des pertes réelles « que leur occasionnerait un tel changement, s'il « devait avoir lieu.

INSTRUCTION SUR L'IMPOT.

Art. 13. Etablir à Paris un correspondant qui donnera des rescriptions sur le trésorier à Mâcon et versera directement au trésor royal.

Une compagnie de négociants offre d'établir ce correspondant à ses frais, elle demande que le trésorier de Mâcon soit tenu de lui remettre tous les fonds à mesure des recettes, et elle établira une banque provinciale qui sera infiniment utile au commerce des vins; cette compagnie offre tout cautionnement et sûreté que l'on exigera.

Le receveur du caissier de la province versera directement au trésor royal par le moyen des rescriptions ou des effets payables au porteur qui seraient fournis par une compagnie de négociants de la province. Cette compagnie donnerait caution suffisante et aurait un domicile indiqué à Paris, au besoin, pour que le payement de ces effets ne souffrît aucun retard.

INSTRUCTIONS SUR LES VŒUX PARTICULIERS DU MACONNAIS.

Art. 6. Le retour des Etats généraux à des époques très-rapprochées donnera lieu à des frais moins considérables que l'établissement d'une commission intermédiaire; les pouvoirs qui seraient donnés à cette commission pourraient un jour tourner au préjudice de la nation ou du monarque, et en général il est dangereux que tout corps ou commission chargé de représenter les Etats généraux n'en abuse.

PÉTITIONS PARTICULIÈRES DE LA VILLE DE MACON.

Art. 1er. Supprimer tous les octrois de la ville, les remplacer par un rôle municipal réparti également sur les citoyens des trois ordres; cette suppression n'aura lieu qu'à l'expiration des baux.

Art. 2. Suppression de l'octroi sur les boucheries accordé à l'Hôtel-Dieu; le remplacer par un rôle municipal également réparti sur les citoyens des trois ordres.

Art. 3. Supprimer le don gratuit et autres droits perçus au profit du Roi sur les boucheries.

Art. 4. Supprimer le don gratuit qui se perçoit sur les vins à l'entrée de la ville : cet impôt met beaucoup d'entraves au commerce par l'abus et les équivoques du remboursement.

Art. 5. Demander que les droits établis sur les vins de Mâcon et du Beaujolais expédiés pour les provinces de Picardie, Flandres et autres pays conquis, soient perçus au départ de la ville de Mâcon et fixés à 5 livres 4 sous 3 deniers, suivant l'usage, jusqu'au mois d'octobre dernier; la perception qui se fait depuis cette époque dans les bureaux des provinces étrangères est arbitraire et excède quelquefois la valeur locale de la marchandise.

Art. 6. Dispenser les négociants en vins du Mâconnais de rapporter les certificats de déchargement de tous les vins qu'ils expédient pour la Normandie, à cause du droit de gros; les assujettir seulement à en faire la déclaration à un bureau quelconque à Mâcon ou ailleurs.

Art. 7. Demander expressément que les appels du ressort continuent d'être relevés au parlement de Paris, à la forme du traité d'Arras.

Nota. Pour plus grande instruction, le cahier des pétitions de la ville de Mâcon sera annexé aux présentes.

PÉTITIONS

De quelques communautés du district de Mâcon qui ne sont pas comprises aux pétitions générales.

Art. 1er. Établissement d'une halle ou grenier de charité aux frais de la province, dans lequel on délivrera aux pauvres le blé nécessaire à leur subsistance, pendant trois mois, au prix du marché, et on leur fera crédit pendant trois mois en donnant caution.

Art. 2. Établir un impôt sur les citoyens des villes à raison du nombre des domestiques qu'ils ont à leur service; on ne payera rien pour un seul domestique, la taxe n'aura lieu que pour le second et elle augmentera progressivement en raison du nombre; cette taxe aura lieu pour les seigneurs et habitants des campagnes qui tiennent des domestiques uniquement attachés au service de leur personne.

Art. 3. Suppression des colombiers dont les pigeons dévastent la semence, ou au moins faire exécuter les lois qui exigent un certain nombre d'arpents de terrain en production pour qu'il soit permis d'avoir un colombier.

RÉCLAMATIONS PARTICULIÈRES

Extraites des cahiers de doléances de la ville de Saint-Gengoux-le-Royal et des communautés qui composent son district.

· VILLE DE SAINT-GENGOUX-LE-ROYAL.

Art. 1er. La ville de Saint-Gengoux est la quatrième qui députe aux États particuliers de cette province; comme chacune des autres villes, elle a un corps municipal; cependant elle n'a point été convoquée à l'assemblée du bailliage dans la même forme que l'ont été les villes de Mâcon, Tournus et Cluny; elle demande qu'aux prochains États généraux, il plaise à Sa Majesté ordonner qu'elle sera convoquée dans la même forme que le seront lesdites autres villes.

Art. 2. Elle demande l'établissement de quatre nouvelles foires, pour faciliter et faire fleurir son commerce.

Art. 3. Elle demande pareillement un règlement pour l'assemblée de la commune, lequel dé-

terminera les classes et le nombre des citoyens qui seront admis.

Saint-Boil, Vaux-en-Pré, Saint-Ithaire, Bissy-sous-Fley et Saint-Martin-du-Tertre

Demandent que pour la conservation des mœurs et l'entretien de la police dans les villages où aucun officier des juridictions ne réside, il soit ordonné qu'il n'y aura qu'un cabaret seul, qui ne pourra être tenu que par des personnes dont la vie et mœurs seront irréprochables.

Saules, Cules et Saint-Ithaire

Demandent la division de leurs communes.

PÉTITIONS PARTICULIÈRES DU DISTRICT DE LA CLAYETTE.

Châteauneuf, Saint-Martin de Lixy, Tancon, Fleuri-la-Montagne, Saint-Maurice, Mussy, Azolette.

Art. 1er. Que le pont en bois des Grandes-Planches, sur la rivière de Sornin, emporté par les glaces, soit réparé et que la province soit tenue de le faire construire en pierres.

Art. 2. Que le grand chemin tendant de la Clayette à Charlieu soit abandonné depuis la Chenauderie, pour en être ouvert un qui passera par Châteauneuf.

Art. 3. Que chaque habitant soit conservé dans tous ses droits de prise, passage et autres dans les taillis et bois d'Avaize et dans tous les autres droits communaux.

Art. 4. Que la prestation de la corvée présentant plus d'inconvénients que la corvée en nature, il soit accordé de faire leurs tâches, s'ils le préfèrent.

Art. 5. Que les tailles n'augmentent plus dans les paroisses à raison de 30 sous par livre, comme il est avisé depuis dix ans.

Art. 6. Que la mesure de ces paroisses soit conforme à celle de Mâcon.

Art. 7. Que les paroisses et bourgs des campagnes participent aux établissements publics faits dans les villes de la province, ou qu'on les affranchisse de toutes contributions à cet égard.

Art. 8. Que les dîmes en vin et grains soient uniformes et fixées à la vingtième partie des fruits.

Art. 9. Que les bans des vendanges soient abolis et qu'il soit permis à chacun de vendanger dans le temps qui lui paraît le plus convenable.

Art. 10. Que les biens des ordres religieux supprimés restent dans la circulation générale pour les employer au plus grand avantage de l'État.

Art. 11. Que le hameau de la Chenauderie, alternatif des paroisses de Saint-Maurice et Saint-Laurent, soit décidément de la paroisse de Saint-Maurice.

Les habitants de ce hameau demandent à dépendre définitivement de Saint-Laurent.

La Clayette, Bosdemont, Saint-Julien de Civry, Dyo, etc.

Demandent qu'il soit ordonné que l'indemnité des femmes pour les obligations qu'elles contractent en faveur de leur maris n'aient d'hypothèques qu'à la date de celles du créancier ou du jour qu'elles se sont obligées.

Cluny, Blanot, Mazille, Marcilly.

Que les religieux de province qui ont reçu des

biens sous la condition d'enseigner la jeunesse soient tenus de veiller avec plus de soin aux éducations qui leur sont confiées.

Saint-Symphorien d'Ancelle, Romanèches, Saint-Romain et Lancyé.

Que les dépenses de constructions et réparations des édifices, quais, ponts, canaux, promenades et autres d'utilité et d'agrément dans les villes, soient supportées dans les villes où ils sont faits.

Si les dîmes ne sont pas remboursées, les constructions et réparations des églises, presbytères, cimetières, ainsi que les fontes des cloches, seront à la charge des décimateurs.

Les chemins finerots et de desserte à la charge des propriétaires et habitants de campagne, sans distinction.

Les paroisses de Dyo, Gibles, Montmelard, Dompierre, Matour, Meulin, Trivy, Saint-Symphorien-des-Bois, le Bois-Sainte-Marie, Tareilles, Colombier, Ouroux, Saint-Julien de Civry et autres composant les cantons brionnais.

Demandent de continuer de payer, comme elles l'ont fait jusqu'à présent, leurs impositions à la recette de Semur en Brionnais et de dépendre, pour la justice, des bailliage de Mâcon et parlement de Paris.

PÉTITIONS PARTICULIÈRES DE LA VILLE DE TOURNUS.

Que la police appartienne à la municipalité.

Les autres pétitions de cette ville seront remises aux députés.

PÉTITIONS PARTICULIÈRES DE LA VILLE DE CLUNY.

Demander, pour le bien général et pour l'utilité particulière de cette ville, que la route de Mâcon à Charolles aura son passage par Cluny, avantage sensible pour la province, puisque cette direction abrégeant la route, diminuerait le nombre des dépôts et par conséquent le prix du transport des denrées et des marchandises.

RÉCLAMATIONS PARTICULIÈRES FAITES PAR DIFFÉRENTES COMMUNAUTÉS DU DÉPARTEMENT DE TOURNUS.

Presty et Lacrost.

Cette paroisse demande la suppression des droits d'aides, conformément aux anciens privilèges qu'elle a.

Plotte et Huchizy.

Ces deux paroisses demandent la suppression du droit de péage de Saint-Oien et du droit d'entrée des voitures dans la ville de Tournus.

Farges.

Cette paroisse demande la faculté de passer sur le territoire de celle d'Huchizy, pour aller dans sa prairie, n'ayant pas d'autre passage, du moins très-difficile.

Ozenay et Boyer.

Ces deux paroisses demandent que le produit des dispenses en matière spirituelle soit affecté aux pauvres de leurs paroisses ou à la réparation des églises ou presbytères.

Ozenay et Grevilly.

Ces deux paroisses réclament contre la chasse, attendu que leurs fonds sont dévastés ; elles demandent une juridiction gracieuse et désintéres-sée pour la conciliation des affaires et pour l'administration des tutelles des pauvres orphelins.

Montbelet, Lugny et Lacrost.

Ces paroisses demandent la suppression du droit de bleerie qui est d'environ 36 livres pesant de grains de froment par chaque tête de bête en état d'être liée, comme nuisible au droit des gens, à l'agriculture, à la multiplication du bétail, aux engrais, etc., et cause l'émigration de toute la jeunesse : l'abolition des coupes d'avoine pour le droit de guet et garde, cette servitude n'ayant plus lieu depuis des siècles.

Grevilly et Lugny.

Ces paroisses demandent que leurs seigneurs soient tenus de faire limiter leurs cantons de manière à faire connaître leurs directes, pour prévenir toutes difficultés et faciliter le payement des cens et lods. Le dépôt des terriers, chaque année, aux greffes des justices pour y avoir recours au besoin. Nouvelle administration dans la manière de couper et vendre leurs bois.

Plotte, Presty, Lacrost, Dulphé, Vers, Chardonnay, Boyer, Montbelet et Saint-Gengoux-de-Chissé.

Ces paroisses demandent que les propriétaires ne puissent faire paître leurs moutons que sur leurs héritages, et qu'il ne soit permis à aucune communauté de faire parcourir son bétail sur les communautés voisines.

Arrêté en l'assemblée générale du tiers-état, suivant le procès-verbal du 27 mars 1789.

MANDAT.

L'an 1789, et le 29 mars, les députés des municipalités et communautés du bailliage du Mâconnais assemblés en la ville de Mâcon en vertu des lettres de convocation, pour la tenue des États généraux du royaume, données à Versailles les 24 janvier et 7 février derniers, à l'effet de se nommer deux représentants à l'assemblée des États généraux convoqués à Versailles au 27 avril prochain, ont fait choix de M. Antoine de La Metherie-Sorbier, avocat en parlement, demeurant au bourg de la Clayette, et de M. André-Marie Nerle, maire de la ville de Mâcon, auxquels ils donnent pouvoir de comparaître en l'assemblée générale de la nation, d'y proposer, discuter, décider, et de les engager sur les vœux contenus au cahier de la province qui leur seront remis, et cela conjointement avec les députés des autres provinces de France, néanmoins à la pluralité des suffrages qui seront comptés par tête et non par ordre ; leur enjoignant expressément de ne s'occuper de l'impôt qu'après que tous les objets de constitution et de législation générale auront été arrêtés, à peine de désaveu et de nullité de tout ce qui serait fait au préjudice du présent mandat. Les membres de l'assemblée présents qui ont su signer se sont soussignés avec nous, les commissaires et notre greffier secrétaire du tiers-état. Signé de La Metherie-Sorbier, Parents, Delavol, Martin, Conard, Chaillot, Sausset, Lotaud, Jean-Pierre Delorre, Margue, G. Guyon, Laurencin, Rameaux, Dumont, Chateaudou, Poivre, Desroches, A. Martinot, Chaffin, Philibert, François Denuelle, Pierre Mazillier, Blondeaut, Bayon, P. Pachon, Ducher, Guichard, Garnier aîné, Chevalier, Corciut, Geoffroy de Bœuf, Devesche, Bichet, Courtois, Merlin, F. Lamain.

J'approuve pour M. le maire de Mâcon, Versant, cadet, Michel Renaud fils, C Commerson, Goncet.

J'approuve pour M. le maire de Mâcon, Bouillard, Roberjot, J. Garnier.

Approuvé la nomination de M. La Metherie : Philibert, Corsin, Sambin fils, Durieu, Larochette, Percy, Jaudot, Boussin fils, Claude Pernin, Jean-Baptiste Rivet, Chaumont, Greuzard, Pierre de Givry, Demigneux, Jean Derain, Burtin Lagrange, Perrin, Mounier, J.-D. Charpy, Puget, Cadoux, Clément, Jean Bernard, Moreau, Grosbert, Maillet, C. Pichon, Janin, Rozaud, Clément, Jean Tipicnier, Chaveron, Chapuy, Bouillaud, B. Janaud, Chachuat, Calamier, Barbier, Supoy, Chapuis, C. Laurencin, Greuzard, E. Perusset, Lauprents, Meunier, Denis Marin, Louis Sobredeau, Lamain.

J'approuve la nomination de M. de La Metherie, et de M. le maire : Gacon, Jean Lurest, Pierre Canard, Louis Thomas, Gormaud cadet, Tartet, Moreau, Curlose, Nonin, J. Sambin, Raguillet, Augoyat, Greuzard, J. Lemonier, Febure, Corneloup, Perroux, Louis Ferré, Ducour. Chamouard, Dutartre, Claude Gallaut, J. Boyaud, Grandjean, Devillard l'aîné, J. Millon, Chapuy, Gaudet, Ebrayard, Vesigaud, Rebout, Chardonnay, Lambert, Pierre Canot, Lattaud, Maliot, Chapuy, Claude Langlois, Jean Couchet, Poirrier, Pierre Barraud, Antoine Briéres, Prudon, Greuzard, Paul Dumoulin, Merzé, Geoffroy, Janillon, Montmessin, Friaud, Aupéché-Billébaud, Ducosté, Antoine Perrachon, Michel, J. Ray-Joly, Dargaud, Parin, Jean Dufour, Duvaisnay, Chagny, Guyot, Plassard, Durix, François Dubuc.

J'approuve pour M. de La Metherie et M. le maire : Auclen, Larochette, Dejoux, Maillet, Raquin, Buisson, Jaudon, Antoine Vassaud, Roux, Bertoud, Demont, Reignier, F. Cotossard, F. Cadot, Chervierst, Greuze, Guérin, Drouio, Laurent, Antoine Thorin, Lemonon, Bernard, Fouchy, Lamyn, Maurice Michel, J. Bouckarcourt, Claude Guye, Joseph Sire, Pochon, Fleurot, Duther, J Mazoyer, Michel-Dumoulin, Trailefort, Foulon, Spay, Benoît Laborier, Lesmonon, de Lucenay, Jobredeau, Olivier, Dufour, Mazoyer, Poncet, Boussin, Bruys, Boussin, Lacharrière, Bellicard, Generon, d'Autouy, Dufour Baylon, Debiaume, Poivre, Daverdy, Foillard, Barraud, Fichet, Porcher Grandjfouchy, Revillon, P. Genty, Claude Cadot, Benoît, Bourdon, J. Burtin, M. Perret, Chachuat, Lefebvre, Rollet, Martin, avocat, Devoluet, Larochette, Lacombe, Delaye, Jomain, Thibert, Dubrief, Loreton, Dumontet, Giraud, Geoffroy, Ducray, Dumont, Duroncey, P. Pain, Pierre Maripain, Rubat, Verset, Reignier, Morin ; Morin, notaire ; Cajon, Denamps, lieutenant général et Laroux, greffier.

Collationné. Signé Laroux.

La minute du présent cahier a été cotée et paraphée au haut de chaque page, signée au bas de chacune et à la fin, par M. le lieutenant général, président de l'assemblée du tiers-état. Signé Laroux.

———

PÉTITIONS.

Plaintes et doléances du tiers-état de la ville de Mâcon.

Art. 1er. Demander à voter par tête et non par ordre, et que si cette proposition est mise en question, elle soit décidée en votant par tête.

Art. 2. Ne consentir à aucun impôt avant que le sort et les droits de la nation soient constamment réglés et assurés.

Art. 3. Que le tiers-état soit admis à parler aux États généraux dans la même attitude que les deux autres ordres.

Art. 4. Que le pouvoir législatif soit attribué à

la nation et que le pouvoir exécutif demeure au Roi et à ses tribunaux.

Art. 5. Répartition égale de tous impôts entre les individus des tous les ordres, sans distinction.

Art. 6. Demander l'impôt territorial en nature quant aux fruits sujets à la dîme ordinaire, et l'impôt pécuniaire en raison des autres productions de la campagne, à titre de facultés, et que le produit en soit perçu et versé au trésor royal à moins de frais possible.

Art. 7. L'impôt pécuniaire sur les propriétaires des maisons, capitalistes, commerçants, artisans et tous individus des trois ordres en raison des facultés apparentes.

Art. 8. Que l'assemblée nationale forme la base de la constitution monarchique et que cette assemblée soit reportée à des époques qui seront fixées par les États généraux.

Art. 9. Que dans la prochaine assemblée on arrête la forme de les convoquer et de les tenir à l'avenir.

Art. 10. Qu'il soit établi une commission intermédiaire entre les assemblées générales, qui sera nommée par les États généraux, pour éclairer Sa Majesté sur les entreprises qui pourraient être faites contre les droits du monarque et de la nation.

Art. 11. Que la situation des finances de l'État soit chaque année rendue publique par la voie de l'impression.

Art. 12. Qu'il ne soit fait aucun emprunt sans le consentement de la nation ; que les pensions ou gratifications soient supprimées ou modérées, surtout lorsqu'elles ne sont pas causées pour services rendus à l'État.

Art. 13. Qu'il soit fait un nouveau tarif des droits du contrôle, qui les fixe d'une manière uniforme et invariable et qui modère essentiellement les droits qui se perçoivent sur la qualité des parties, attendu qu'il y a souvent qualité sans faculté.

Art. 14. Que le sel et le tabac soient rendus marchands ou au moins fixés à un prix modique et uniforme dans l'intérieur du royaume.

Art. 15. La suppression des douanes, péages, roulages et traites dans l'intérieur du royaume, comme contraire à la liberté du commerce, et le tout porté sur les frontières ; même suppression pour les droits sur la marque d'or et d'argent et sur les cuirs, papiers, poudre, amidon et autres.

Art. 16. Qu'il soit permis à tous propriétaires de biens en roture et sujets à directe de racheter l'affranchissement des cens, servis, lods et autres droits seigneuriaux par le remboursement d'un capital tel qu'il sera fixé et par un temps que lesdits droits prescrivent par cinq ans.

Art. 17. Demander la liberté civile et individuelle ; que tout citoyen soit jugé suivant les lois par son juge naturel ; en conséquence, suppression des tribunaux de commission et chambre ardente, abolition des lettres de cachet, à l'exception seulement de la demande d'une famille contre un de ses membres et lorsqu'elle en aura délibéré au nombre de douze des plus proches parents ou voisins assemblés devant une personne publique.

Art. 18. Amélioration de la condition des curés et vicaires et abolition des droits casuels.

Art. 19. Demander que la stipulation de l'intérêt du prêt à terme fixe soit autorisée.

Art. 20. Qu'il soit fait un nouveau Code pénal ; qu'il soit accordé à l'accusé un conseil qui pourra prendre communication de la procédure ; qu'il y ait uniformité de supplices contre les condamnés des trois ordres.

Art. 21. Demander une réformation dans l'instruction de la procédure civile devenue onéreuse par les longueurs et la multiplicité des écrits, ainsi que le taux excessif auquel se trouvent portés les droits du Roi. En conséquence, qu'il soit fait un nouveau Code civil de pratique et un nouveau tarif.

Art. 22. Que les huissiers soient assujettis à inscrire les exploits qu'ils feront dans la campagne sur un registre qui sera tenu par les curés en papier libre, coté et paraphé par les juges des lieux sans frais, et sera fait ledit enregistrement le jour même de l'exploit.

Art. 23. Que l'on examine aux Etats généraux s'il y a inconvénient ou non dans la vénalité des offices et quels sont les moyens d'y suppléer.

Art. 24. Que les juges des seigneurs soient tenus de résider dans le lieu de la juridiction, sinon qu'elle soit réunie au siège royal.

Art. 25. Que les domestiques des ecclésiastiques et des nobles soient sujets au tirage de la milice.

Art. 26. Que chaque citoyen des trois ordres soient soumis au logement des gens de guerre sans exception.

Art. 27. Demander l'abolition du Concordat et le rétablissement de la Pragmatique-Sanction.

Art. 28. Que chaque ordre supporte les frais de ses députations aux Etats généraux.

Art. 29. Demander la recherche et la rentrée dans les mains du souverain de tous les biens qui ont été distraits du domaine ou usurpés sur l'Etat par des administrateurs infidèles, ou par des échanges désavantageux.

Art. 30. L'abolition de toutes les lois ou coutumes qui interdisent au tiers-état d'entrer dans l'état militaire ou dans la magistrature.

Art. 31. Demander que la dette du clergé soit déclarée personnelle à cet ordre, et qu'il soit tenu de l'acquitter dans le temps et de la manière qui seront réglés pas les Etats généraux.

Art. 32. La réformation des douanes une fois effectuée, qu'aucun agent du fisc ne puisse inquiéter les marchands ou particuliers dans l'intérieur du royaume par des visites domiciliaires, sous prétexte de vérification de plombs ou marques, les droits, si aucuns sont, devant être perçus dans les fabriques ou manufactures.

Art. 33. Demander le rétablissement des prisons, qu'elles soient entretenues dans un état de propreté, de salubrité et de sûreté ; qu'en conséquence celles de Mâcon soient changées, attendu la grande humidité de leur local et leur peu de sûreté.

Art. 34. La révocation de toutes franchises en exemption de droit sur les bois provenant des forêts de Sa Majesté, attendu les abus résultant de la facilité d'en faire confusion avec les autres bois.

Art. 35. Que les comptes des villes et communautés seront rendus à l'avenir par-devant les Etats de la province et par eux apurés chaque année pour être ensuite, ceux des villes et bourgs seulement, rendus publics par la voie de l'impression ; qu'en conséquence, aucun desdits comptes ne puisse, en aucun cas, être apuré par la Chambre des comptes, attendu les frais énormes que les apurements occasionnent.

Art. 36. Demander la suppression de la loterie royale comme un établissement de la plus funeste conséquence.

FIN DES VŒUX GÉNÉRAUX.

VŒUX PARTICULIERS DU TIERS-ETAT DE LA VILLE DE MACON.

Art. 1er. Demander la conservation des Etats du Mâconnais et leur désunion absolue d'avec ceux de la Bourgogne, pour supporter à l'avenir, comme par le passé, une quotité d'impôts à raison de la onzième partie de ceux de la Bourgogne, de laquelle quotité commission sera directement envoyée par le gouvernement aux Etats du Mâconnais.

Art. 2. Demander une réformation d'administration particulière des Etats du Mâconnais sous un régime conforme à celui qui a été réglé pour le Dauphiné par l'arrêt du conseil du 28 octobre 1788, sous les modifications locales qui ont été indiquées par le rapport des commissaires du 28 janvier dernier.

Art. 3. La suppression de tous les octrois de la ville de Mâcon et en remplacer le produit par un rôle municipal réparti sur les individus des trois ordres en proportion des facultés, ladite suppression néanmoins ne s'effectuant qu'à l'expiration des baux.

Art. 4. Le rétablissement de la corvée pour l'entretien des chemins, mais que le corvéable soit payé modérément en raison de sa tâche par le produit d'un ajouté au provincial pareillement réparti sur les trois ordres.

Art. 5. Que MM. les maires et procureurs-syndics seront nommés par la commune pour la durée qui sera fixée aux Etats généraux, et MM. les échevins pour deux ans seulement.

Art. 6. Demander que les appels du ressort continuent d'être relevés au parlement de Paris, aux chefs qui excéderont le pouvoir du présidial suivant le traité d'Arras.

Art. 7. L'établissement d'une juridiction consulaire à Mâcon.

Art. 8. Le rétablissement du séminaire.

Art. 9. Le rétablissement de l'exécution rigoureuse de la jauge mâconnaise pour la teneur du tonneau qui doit être de 30 quartes et la quarte de 8 pintes, mesure de Paris, à l'effet de quoi, il sera déposé une mesure matrice au greffe de la juridiction qui en doit connaître.

Art. 10. La suppression du don gratuit que se perçoit à l'entrée de la ville sur les vins, qui est devenu une entrave au commerce par l'abus et les équivoques des remboursements.

Art. 11. Demander que les droits établis sur les vins de Mâcon et du Beaujolais expédiés dans les provinces de Flandre, Picardie et autres pays conquis soient perçus au dépôt de la ville de Mâcon et fixés à 5 livres 4 sous 3 deniers, suivant l'usage pratiqué jusqu'au mois d'octobre dernier, usage qui a été interrompu par les administrateurs, pour les percevoir aux bureaux desdites provinces étrangères, telles que Thil, le Châlet, Guise, Péronne, Saint-Quentin et autres, où la quotité en est réglée arbitrairement à raison d'une valeur excédant la valeur locale de la marchandise.

Art. 12. Dispenser les négociants en vins des provinces de Bourgogne, Mâconnais, etc., de rapporter les certificats de déchargement de tous les vins qu'ils expédient pour la Normandie, à cause du droit de gros ; les assujettir seulement à en faire la déclaration à un bureau quelconque à Mâcon ou ailleurs.

Art. 13. Que pour servir de règle aux Etats de la formation desquels il a été parlé ci-dessus, article 2, il soit ordonné que la chambre d'administration actuelle rendra un compte exact du passé.

Art. 14. Solliciter la suspension du droit gratuit et autres droits perçus sur les boucheries au profit du Roi.

Art. 15. Solliciter aussi la suppression de l'octroi qui se perçoit sur lesdites boucheries au profit de l'Hôtel-Dieu, pour n'avoir néanmoins lieu qu'à l'expiration des baux que les administrateurs de cette maison pourraient en avoir passés, sauf à remplacer le dit octroi par un rôle municipal sur les trois ordres.

Fait, clos et arrêté à l'hôtel de ville de Mâcon le 13 mars 1789, et sont, MM. les commissaires et officiers municipaux qui ont rédigé le présent cahier, soussignés. *Signé* Viard, Dauphin, procureur du Roi en l'élection ; Morin, Terret, Trecourt père, Pollet, Moiroud, Reignier Morin, Cortambert, Durtet, Guichard, Vaillant, Sausset, Merle et Petit.

A l'assemblée des députés de la commune tenue dans l'après-midi, le même jour, MM. les députés de l'élection ont demandé que dans le cas où, par une suite des précédentes pétitions, le tribunal de leur juridiction serait supprimé, il fût audit cas ordonné qu'ils seraient remboursés par la province de la finance et de la valeur de leurs offices.

Sur quoi, ouï le procureur-syndic et les avis des commissaires qui ont rédigé le cahier des autres parts recueillis,

Il a été arrêté qu'il serait fait mention de la pétition de MM. les députés de l'élection et renvoyé au gouvernement pour y être statué. *Signé* Durest, Guichard, Sausset, Merle et Petit.

Collationné. *Signé* Laroux.

SÉNÉCHAUSSÉE DU MAINE.

CAHIER

Des doléances et souhaits du clergé de la séné-
chaussée du Mans (1).

Le clergé de la sénéchaussée du Mans, pénétré
de reconnaissance pour le prince, ami de son
peuple, qui vient de rétablir la nation dans ses
antiques droits, charge d'abord ses députés de
porter aux pieds du trône les sentiments de son
amour pour son Roi et de son dévouement pour
réparer les malheurs publics.

Ce sentiment des besoins de l'Etat détourne
ses regards des maux particuliers qui affligent
cette province, travaillée depuis longtemps par
la main cruelle du fisc. Elle a des maux à réparer que les autres ignorent. Mais la chose publique est en danger. Tout citoyen doit oublier
ses malheurs particuliers ; et le clergé de cette
sénéchaussée, sensible, avant tout, aux besoins
de la patrie, ne vient offrir aux Etats généraux
que les objets civils et ecclésiastiques qui intéressent également les provinces du royaume. Le
premier vœu qu'il fait avec amour et par acclamation, est que Sa Majesté vive.

Ensuite, il dit que, vu les circonstances et le
besoin pressant de l'Etat, il offrait de supporter,
d'une manière proportionnelle aux autres, en
raison de ses propriétés, les impôts qui seront
consentis par la nation, à l'assemblée des Etats
généraux.

CHAPITRE PREMIER
Constitution du royaume.

Article 1er. Que les lois constitutives de la
nation ne doivent pas être fondées sur des tra-
ditions obscures et douteuses, mais établies sur
une base solide, l'équité et l'intérêt des peuples.
La puissance du prince ne sera jamais plus en
sûreté que quand elle se trouvera essentiellement
liée avec le bonheur de la nation.

Art. 2. Que toutes les propriétés soient également sacrées.

Art. 3. Que tout citoyen français est libre dans
sa personne, dans ses biens, quand l'usage de sa
liberté n'est pas contraire aux lois. En conséquence, qu'il ne peut être arrêté que pour cause
légitime, et pour être, à l'instant, remis entre
les mains de ses juges naturels, afin d'être jugé
par eux sur les causes de sa détention ; et
qu'après la condamnation, le Roi pourra faire
grâce ou commuer la peine.

Art. 4. Que la nation, ayant droit de s'assembler en Etats généraux, ils seront désormais périodiques, et se formeront à l'époque qui aura
été fixée par l'assemblée précédente, sans qu'il
soit besoin d'une convocation particulière, ni
qu'il puisse y être apporté d'obstacles ; et qu'à

(1) Nous publions ce cahier d'après un manuscrit des
Archives de l'Empire.

cet effet, leur forme et convocation seront réglées dans la prochaine tenue par le concours
du Roi et de la nation.

Art. 5. Qu'il sera constitué par les Etats généraux des Etats provinciaux qui leur seront subordonnés, et qui seront constitutifs et élémentaires des Etats généraux ; qu'il n'en pourra être
établi que par la nation dans les tenues d'Etats
généraux, librement et légalement convoqués,
ni être prorogés au delà du terme par lequel
ils auront été constitués.

Art. 6. Qu'il continuera d'y avoir, dans la monarchie, trois ordres distincts, le clergé, la noblesse,
et le tiers-état ; qu'ils seront suffisamment et proportionnellement représentés dans toutes les
assemblées nationales, et y conserveront le rang
qui leur est assigné par la Constitution.

Art. 7. Que la forme d'opiner par ordre soit
conservée dans les Etats généraux, conformément
aux ordonnances de 1355 et 1560, dont il résulte
que deux ordres réunis ne peuvent jamais lier
le troisième.

Art. 8. Que, dans l'assemblée des Etats généraux, aucune opération ne sera arrêtée avant
que les droits de la nation n'aient solennellement
été reconnus et constatés ; et qu'il en sera dressé
une charte, dans laquelle ils seront formellement
et irrévocablement consignés.

CHAPITRE II.
Administration.

Art. 1er. Que les ministres soient responsables de leur administration pécuniaire ; et que,
dans le cas où ils seraient accusés de malversations, ils soient jugés par un tribunal choisi et
formé par les Etats généraux.

Art. 2. Qu'il soit prononcé, par une loi nationale, que les Etats généraux seuls peuvent accorder des impôts, ou faire des emprunts au nom
de l'Etat, et que tout ministre ou préposé qui entreprendrait des levées de deniers qui n'auraient
pas été consenties, soit déclaré criminel de lèse-
nation.

Art. 3. Que le Roi rentre dans tous les domaines aliénés à faculté de rachat, et qu'ils
soient engagés sous de nouvelles enchères, sous
l'inspection des Etats provinciaux.

Art. 4. Que tous les privilèges exclusifs
soient détruits, parce que l'Etat doit favoriser
l'industrie, et jamais n'y mettre d'entraves.

Art. 5. Que la liberté de la presse soit telle
qu'elle conserve à la religion et aux mœurs le
respect qui leur est dû.

Art. 6. Que les grâces pécuniaires ne soient
plus accumulées sur une même tête.

Art. 7. Que les grands gouvernements et
ceux des maisons royales soient supprimés
comme onéreux à l'Etat.

Art. 8. Que les monnaies soient invariablement fixées, ou qu'il n'y ait que la nation qui
puisse les changer.

Art. 9. Que les arrêts de surséance et lettres de répit soient restreints à des cas rares et graciables.

Art. 10. Que les droits de franc-fief et centième denier soient supprimés.

Que le tarif des bureaux de contrôle soit modéré, et qu'un même acte, quelque clause qu'il renferme, ne puisse jamais être sujet qu'à un seul et même droit, irrévocablement déterminé.

Art. 11. Que les places dans les municipalités des villes soient éligibles et non vénales; et que les membres en soient choisis dans les trois ordres; que dans celles des campagnes, la présidence en appartienne alternativement au seigneur et au curé.

Art. 12. Que le tirage de la milice soit remplacé par des miliciens volontaires, aux frais de chaque paroisse.

Art. 13. Que la maréchaussée soit augmentée et casernée comme les autres troupes, à poste fixe.

Art. 14. Que les commissaires à terriers soient supprimés, et les droits de feudistes modérés. Que les bureaux de consignations soient abolis, ainsi que les maîtrises.

Que les loteries, agiotages et jeux publics soient prohibés. Que les traites soient reculées aux frontières.

Art. 15. Que toute banalité soit supprimée; que les lois concernant les colombiers, chasse, garenne et pêche, soient exécutées; et que les amendes ou autres peines pour délits concernant ces objets soient modérées.

Art. 16. Qu'il soit établi dans chaque ville principale des hôpitaux pour les enfants trouvés, pour les fous et les femmes de mauvaise vie.

CHAPITRE III.
Impositions.

Art. 1er. Que l'impôt, quelle que soit sa dénomination, est un tribut libre, volontaire, accordé au Roi pour être employé aux besoins du royaume, en proportion de ses besoins clairement connus.

Art. 2. Que les impôts qui distinguent les trois ordres de l'Etat, et qui tendent à les séparer, soient abolis; qu'il leur en soit substitué d'autres qui seront également répartis entre les citoyens de tous les ordres; que la dette du clergé soit déclarée dette nationale.

Art. 3. Que la répartition de l'impôt, ainsi constituée, appartienne à la nation et aux différents ordres qui la composent; que les Etats provinciaux soient chargés de la faire dans leur province; mais que le pouvoir d'imposer soit réservé aux Etats généraux.

Art. 4. Qu'il soit fait une distinction des autres impôts d'avec celui qui sera arbitré pour remplir le déficit, afin que le déficit, une fois couvert, l'impôt cesse d'avoir lieu.

Art. 5. Que, dans la répartition de toutes sortes d'impôts, l'arbitraire n'ait jamais lieu, et que la perception en soit simplifiée.

Art. 6. Que la dette nationale soit consolidée, et que, pour l'acquitter, l'impôt consenti soit assis, de préférence, sur des objets de luxe.

Art. 7. Que les Etats cherchent les moyens de faire contribuer les capitalistes et actionnaires, parce qu'ils doivent supporter les charges de l'Etat dont ils partagent tous les avantages.

Art. 8. Que l'impôt désastreux de la gabelle soit supprimé; que les droits des aides et autres y réunis soient réformés; que les Etats généraux prennent en considération l'abus et le danger du tabac en poudre, et qu'il soit libre de le cultiver en France.

CHAPITRE IV.
Ordre judiciaire.

Art. 1er. Que le Code civil et criminel soit réformé; qu'il n'y ait plus que deux degrés de juridiction indéclinable; et que l'on supprime les lettres de *committimus* et d'évocation.

Art. 2. Que tous les tribunaux d'exception soient supprimés, et leurs fonctions attribuées aux juges-ordinaires, en s'en rapportant à la sagesse du Roi et de la nation pour le dédommagement; qu'il soit donné plus d'extension à la compétence des juridictions consulaires.

Art. 3. Que les charges de magistrature ne soient plus vénales, mais qu'elles soient données au mérite, et que les trois ordres soient admis à les posséder; que, dans chaque tribunal, il y ait un avocat qui soit chargé de défendre gratuitement la cause des pauvres.

Art. 4. Que les officiers de justice aient toujours la liberté de faire des remontrances, sans qu'ils puissent néanmoins cesser leurs fonctions à volonté.

Art. 5 Que les édits, arrêts, déclarations et ordonnances soient publiés et affichés dans toutes les paroisses; qu'il en soit de même pour les contrats sujets aux hypothèques, dans les paroisses où les fonds sont situés.

Art. 6. Que les lieux régis par une même coutume ressortissent au même tribunal.

Art. 7. Qu'il soit établi un dépôt public où les notaires seront obligés de remettre, après trente ans, leurs protocoles.

Art. 8. Que le tarif pour les frais de scellés soit modéré; que les charges d'huissiers-priseurs soient à jamais éteintes, ainsi que celles des greffiers dits de l'écriture.

Art. 9. Que les municipalités soient établies juges de paix pour toutes matières d'injures et de légers dommages; et que, sur un certificat de pauvreté donné par le curé de la municipalité, il soit procédé à la vente des effets des parents décédés de pauvres mineurs, et les deniers en provenant déposés entre les mains d'un curateur qui ne sera comptable que de la somme certifiée par la municipalité.

Art. 10. Que les mineurs peu aisés soient autorisés à pouvoir se marier, sans qu'il soit besoin de faire nommer un curateur en justice, en se présentant devant leur curé, assistés de quatre parents, ou, à leur défaut, de quatre membres de leur municipalité.

Art. 11. Que les lois contre les charlatans soient exécutées rigoureusement.

CHAPITRE V.
Religion et discipline ecclésiastique.

Art. 1er. Que la religion catholique, apostolique et romaine soit exclusivement la religion de l'Etat, et que les édits, ordonnances et déclarations concernant son culte public et sa police extérieure, soient exécutés selon leur forme et teneur.

Art. 2. Qu'il n'y ait plus, pour tout le royaume, qu'un seul et même rit, qu'un seul bréviaire pour les réguliers comme pour les séculiers; qu'un même catéchisme; que les mêmes statuts, et que le bénéfice de l'impression vertisse au profit de l'Etat.

Art. 3. Que les mariages des non catholiques soient exclusivement attribués aux juges laïcs, et que l'exercice de leur droit de patronage soit dévolu à l'ordinaire.

Art. 4. Qu'il y ait tous les trois ans un synode diocésain; des conciles provinciaux tous les six ans, dont les règlements ou décisions auront force de loi provisoire et graduelle jusqu'à la tenue des conciles nationaux, qui auront lieu tous les dix ans, et auxquels les deux premiers seront subordonnés.

Art. 5. Que le corps des pasteurs étant de sa nature inséparable, les curés aient immédiatement rang et place après les évêques ; qu'ils soient appelés aux différents conciles qui se tiendront dans la suite, ainsi qu'aux assemblées du clergé.

Art. 6. Que les curés aient la liberté de s'assembler pour conférer entre eux sur les matières concernant leur état ; et qu'ils aient le droit de faire des remontrances pour les intérêts du bien public et de la religion.

Art. 7. Que tout curé, de qui l'évêque diocésain n'aura pas exigé, dans les trois premiers mois de sa prise de possession, le temps du séminaire qu'il peut être en droit de prescrire, ne puisse plus être contraint à cette préparation préliminaire, quelles que soient les clauses de son visa.

Art. 8. Que les curés puissent choisir leurs vicaires parmi les prêtres approuvés dans le diocèse, et que les évêques ne puissent en donner *invito parochio* ; que les droits respectifs des évêques et des curés soient respectés.

Art. 9. Qu'un curé qui passe d'une cure à une autre cure, ou à plusieurs successivement, puisse, après quinze années d'administration, se retirer avec pension.

Art. 10. Que les curés, lors de la visite de leur église, ainsi que dans les assemblées synodales, aient le droit de porter l'étole, marque distinctive de leur juridiction.

Art. 11. Que les dîmes, appartenantes de droit commun aux pasteurs, leur soient rendues ; que les droits honorifiques des curés primitifs soient supprimés, et que chaque paroisse ait son église séparée.

Art. 12. Qu'il soit pourvu à l'honnête subsistance des curés et vicaires de ville et des curés et vicaires qui, avec la totalité des dîmes de leur paroisse, n'auraient encore que des revenus insuffisants : ce qui pourrait s'opérer par réunion des bénéfices simples et en commende ; et qu'au moyen de cet article et du précédent, le droit répugnant du casuel forcé soit aboli, pour que l'on oublie jusqu'au nom de portion congrue et de quête de vicaire, si humiliante pour le clergé.

Art. 13. Que les dîmes soient perçues aux champs selon les anciennes lois du royaume ; et qu'au cas de contestation sur la matière des dîmes, la récréance soit accordée aux décimateurs lorsqu'ils prouveront les deux dernières années de jouissance.

Art. 14. Que la quotité des dîmes dans les différentes paroisses soient constatées, et qu'elles deviennent imprescriptibles pour éviter à jamais les procès entre les décimateurs.

Art. 15. Que tous les ecclésiastiques, ainsi que les fabriques, soient libres de constituer de nouvelles rentes, de construire et reconstruire sur leur terrain, parce que c'est ajouter à la richesse.

Art. 16. Que les bénéficiers ne soient plus tenus de faire au bureau du contrôle la déclaration qu'ils font valoir leurs bénéfices, et qu'ils jouissent, pour les affermer, de la même liberté que les autres citoyens.

Art. 17. Que les bâtiments construits pour l'agrément ou l'utilité particulière des bénéficiers ne tombent à leur charge, ni à celle de leurs successeurs, ni à celle des paroissiens.

Art. 18. Que les titres et papiers d'un bénéficier mort soient inventoriés par trois ecclésiastiques voisins.

Art. 19. Que les réceptions des réparations des bénéfices soient moins coûteuses, et que leur forme soit simplifiée.

Art. 20. Que les charges des bénéficiers soient évaluées, et déduites de l'imposition, avant de la fixer.

Art. 21. Que les bureaux diocésains soient supprimés ; et, dans le cas où le clergé aurait la liberté de faire lui-même l'assiette et la répartition de l'impôt qu'il consent supporter, il en soit créé de nouveaux, composés, pour les deux tiers, de curés pris dans les différents doyennés, et nommés alternativement dans l'assemblée synodale qui se tiendra tous les trois ans, sans qu'ils puissent espérer de rétribution.

Art. 22. Que tous notaires royaux soient autorisés à faire toutes les fonctions de notaires apostoliques.

Art. 23. Que, pour les provisions de bénéfices quelconques, y compris les *mandates* de l'archidiacre, il ne puisse être exigé d'autre droit que celui fixé par l'édit de 1695 ; et que, conformément au concile de Trente, toute espèce de dispense soit expédiée gratis, et qu'il en soit de même des lettres d'ordre, démissoire, et celle de visa.

Art. 24. Que les fruits d'un bénéfice pendant la vacance n'appartiennent plus aux archidiacres, mais seulement aux pauvres de la paroisse où est situé le bénéfice. Que les économats soient supprimés.

Art. 25. Que les monitoires ne soient plus accordés que pour cause grave, jugée telle par les officiaux, sans qu'ils puissent y être contraints par la saisie de leur temporel ; que les officiaux soient toujours assistés de quelques curés pour rendre leur jugement.

Art. 26. Que les ecclésiastiques qui auront vieilli dans les fonctions du ministère, et les professeurs, après vingt ans d'exercice, soient pensionnés.

Art. 27. Que les universités n'accordent plus de lettres de licence en droit, pour exercer les fonctions de juges ou d'avocats, qu'après un temps suffisant d'études, prescrit par la loi ; et qu'il ne soit plus accordé, en vertu de grades, aucune expectation, qu'à ceux qui se seront distingués dans l'étude de la théologie ou du droit canon ; que les écoles de philosophie et de théologie de la ville du Mans soient agrégées à l'université d'Angers ; que les collèges soient donnés à des corps ecclésiastiques rentés, et spécialement consacrés à l'instruction de la jeunesse.

Art. 28. Que, dans chaque ville épiscopale, il soit établi un collège-séminaire, fondé par union des bénéfices, où, dès la troisième, seront formés de jeunes élèves pour l'état ecclésiastique, et où les enfants d'une famille pauvre et nombreuse seront admis de préférence et gratuitement.

Art. 29. Qu'il soit établi, dans chaque paroisse, deux écoles gratuites pour les pauvres de l'un et l'autre sexe, ainsi qu'un bureau de charité. Ceux qui seront établis seront maintenus et protégés.

Art. 30. Que l'arrêt du 11 juillet 1786, portant règlement pour les fabriques paroissiales d'Angers, soit rendu commun.

Art. 31. Qu'il soit permis aux curés réguliers de pouvoir tester en faveur de ceux qui sont attachés à leur service, ainsi qu'en faveur des pauvres de leur paroisse, les réparations prélevées.

Art. 32. Que tous ceux qui ont des dîmes, de quelque nature qu'elles soient, contribuent à la réparation du chœur et cancel, ainsi qu'aux autres charges des curés.

Fait et arrêté le 27 mars 1789.

DEMANDES PARTICULIÈRES DE MM. LES CURÉS DE LA VILLE DU MANS.

Les curés de la ville épiscopale réclament le droit commun à l'effet de n'être visités que par le seigneur évêque ou autres commissaires qu'il jugera à propos de nommer, sans qu'aucun archidiacre puisse prétendre le droit de visite.

Que la commensalité, dont jouissent quelques chapitres au préjudice des curés, soit supprimée comme contraire au droit commun.

Fait et arrêté le 27 mars 1789.

PROTESTATIONS ET DIRES PARTICULIERS DE MM. LES CHANOINES ET DÉPUTÉS DE MAISONS RELIGIEUSES.

Sont comparus MM. les députés du chapitre de Saint-Julien, du chapitre de Saint-Pierre, du chapitre de Saint-Thugal de Laval, du chapitre de Sillé-le-Guillaume; le prieur député de l'abbaye de Saint-Vincent; le prieur député de la maison de Solème; le député de l'abaye de Beaulieu du Mans, M. Boucard, prieur de Saint-Nicolas de Port-Ringeard; M. Bartholin, prieur de Sainte-Catherine de Laval; M. Jaubert, prieur de Château-l'Ermitage.

Lesquels, en adoptant les articles du cahier général, qui ont véritablement pour objet l'utilité publique, et notamment le vœu de partager, avec les autres citoyens, l'impôt qui sera consenti par la nation, proportionnellement aux facultés de chacun, ne peuvent et ne doivent consentir tous ceux des articles qui attaquent les propriétés, sont contraires à la juridiction ecclésiastique et à l'ordre hiérarchique, et blessent leurs droits, rangs et prérogatives. Ils demandent et requièrent l'effet des délibérations de l'assemblée des 27 et 28 mars dernier, par lesquelles il leur a été donné acte de la demande qu'ils ont faite; que leurs protestations desdits jours 27 et 28, fussent inscrites sur le cahier général, ainsi que partie de leurs doléances, qui n'y ont point été admises. Parmi plusieurs articles de leurs cahiers, non insérés dans le cahier général, ils se bornent aux suivants : 1° le règlement du 24 janvier dernier pour l'exécution des lettres de convocation des États généraux, étant contraire à l'équilibre nécessaire dans toute assemblée, dont les membres ont des intérêts distincts et séparés, plusieurs articles du cahier général et du procès-verval, étant une preuve convaincante de l'inconvénient d'une assemblée, où le plus grand nombre réuni par un même intérêt contre toutes les autres classes, devient nécessairement leur partie et leur juge, et ne laisser subsister, dans toutes les délibérations, d'autres règles qu'une majorité de suffrages irrésistibles : lesdits chapitres représentent très-respectueusement aux États généraux la nécessité de modifier ledit règlement en cette partie; 2° la régule prive les dignitaires, chanoines et autres titulaires de la faculté de résigner ou permuter leurs bénéfices. Le diocèse du Mans, dans l'espace de quatorze ans, a subi ces entraves pendant plus de dix ans. Les chapitres et autres bénéficiers supplient Sa Majesté d'ordonner qu'à partir de la prestation du serment de fidélité, les bénéficiers jouiront du droit de disposer de leurs bénéfices; requièrent en conséquence. les soussignés, en persistant dans leurs dires, déclarations et protestations, que tout ce que dessus soit inscrit dans le cahier général, en exécution des délibérations susdatées, et ont signé.

M. l'évêque du Mans ; MM. les abbés commendataires; MM. les dignitaires; MM. les chanoines de tous les chapitres de cette sénéchaussée, et MM. les réguliers protestent contre tous les articles du cahier général, contraires à leurs droits réels et honorifiques avoués par les lois, et contre tout ce qui peut compromettre la juridiction ecclésiastique. Et ont signé le 28 mars 1789.

Les soussignés, qui ont entendu la lecture rapide et souvent interrompue du cahier général de l'ordre du clergé, dans la séance de l'après-midi, le vendredi 27 du courant, sans se départir de leur soumission à supporter les charges de l'État par proportion égale avec les deux autres ordres, déclarent désavouer certaines dispositions dudit cahier, et notamment celles qui portent atteinte aux droits sacrés de propriété, spécialement reconnus dans le même cahier, et celles qui peuvent préjudicier à la juridiction de l'Église et aux règles de la discipline ecclésiastique, et protestent contre ce qui a pu et pourrait être fait au contraire : desquels désaveu et protestations ils demandent acte et inscription à la suite du cahier général. Fait au Mans, le 30 mars 1729. *Signé* Motreuil, curé de Saint-Frimbault de Price, etc.

EXTRAIT

Des procès-verbaux des séances particulières de l'ordre de la noblesse du Maine, assemblée au Mans (1).

Du 26 mars 1789.

Pouvoirs donnés par l'ordre de la noblesse du Maine à ses députés aux Etats généraux.

La noblesse de la province du Maine, assemblée au Mans en États, en vertu de la lettre de convocation du Roi en date du 24 janvier 1789, à l'effet d'envoyer un nombre de députés aux États libres et généraux indiqués à Versailles pour le 27 avril prochain, a délibéré, sans approbation du règlement provisoire de Sa Majesté joint à la lettre de convocation, et sous ses réserves du droit national, d'autoriser ses députés à se rendre aux États généraux, au jour indiqué par le Roi, pour y voter sur les principes suivants, sans pouvoir s'en écarter, savoir :

1° En France, la souveraineté réside essentiellement dans l'assemblée libre des trois États de la nation présidée par le Roi ; et tout abus du pouvoir public, exercé par ses agents, est un crime contre la souveraineté, dont la vindicte appartiendra aux tribunaux auxquels la nation en déférera le jugement.

2° Les États généraux ont seuls le droit de s'organiser de la manière qui leur convient.

3° Les députés ne pourront voter autrement que pour la délibération par ordre ; mais dans le cas où la pluralité de l'ordre de la noblesse, opinant séparément, consentirait à une autre forme, les députés ne feront pas de scission ; mais dans aucun cas, l'opinion de deux ordres ne pourra lier le troisième.

4° Les ordonnances générales, ou royaume, ne peuvent avoir force de loi que par le consentement libre des trois États régulièrement assemblés, et la sanction du Roi.

5° Nul impôt, nul emprunt ne peuvent être établis que par le libre consentement, des trois

---

1) Nous publions ce document d'après un imprimé de la *Bibliothèque du Sénat*.

Etats, et ne peuvent être ni prorogés ni étendus au-delà du terme fixé par les Etats généraux, sans le même consentement, sous aucun prétexte, même de règlement provisoire du pouvoir exécutif.

6° Toute perception faite sans ledit consentement préalable et prouvé, doit être punie de mort dans les tribunaux de la nation, sur la dénonciation des citoyens, et la nation ne garantira aucun emprunt fait sans son consentement exprès.

7° Les Etats généraux s'assembleront, sans qu'il soit besoin d'aucune convocation nouvelle, régulièrement, à une époque qui sera fixée par eux, soit annuelle, s'il est possible, soit périodique, à intervalles peu distants, et en un lieu déterminé.

8° Les Etats provinciaux seront formés dans leur activité de droit dans toutes les provinces, d'après le plan général qui sera adopté par les Etats généraux.

9° Les Etats provinciaux assemblés ne pourront s'immiscer dans la nomination des députés aux Etats généraux.

10° Les Etats généraux seront invités à régler les dispositions qui seront suivies pour assembler promptement la nation dans le cas de changement de règne ou de régime, soit pour pourvoir aux besoins du royaume, soit en régler l'administration.

11° Jamais les Etats généraux ne pourront être suppléés par aucune commission intermédiaire.

12° Les biens, la liberté, la vie, l'honneur de tout individu, de quelque classe qu'il soit, sont sous la sauvegarde des lois, sans qu'il puisse en être privé qu'en vertu d'un jugement des tribunaux reconnus par les trois Etats du royaume, dans les prisons desquels tribunaux devront être remis incontinent, pour y être jugés, ceux dont la prévision du pouvoir exécutif aurait jugé à propos de s'assurer, en faveur de la tranquillité et de la sûreté publique, et qui seront écroués dans lesdites prisons sur un registre à part. Leur élargissement provisoire ne pourra être refusé sous caution proportionnée au délit dont ils seront prévenus dans les matières de grand criminel.

13° Le secret du commerce épistolaire sera respecté, et la liberté de la presse établie sous telles réserves claires et précises qui paraîtront convenables aux Etats généraux.

14° Le droit de propriété reconnu ne pourra être enfreint sous prétexte de l'utilité générale, sans l'assurance préalable d'un dédommagement déterminé au plus haut prix et sans délai.

15° Les choses et les personnes ne pourront être soumises au jugement d'aucune commission extraordinaire.

16° Les députés ne pourront traiter d'aucune matière avant que les droits de la nation des provinces, des individus et de leurs propriétés n'aient été rédigés en une loi de l'Etat, qui devra être lue deux fois par an au prône de chaque paroisse, les premiers dimanches du mois de mars et du mois d'août.

17° Aussitôt après, et non auparavant, les députés sont autorisés à consentir la reconnaissance nationale de la dette de la couronne.

18° Avant de voter sur les moyens d'y pourvoir, ils mettront toute leur application à bien constater le montant réel de cette dette, dans toutes ses circonstances, l'état réel des revenus, celui des dépenses indispensables de chaque département, les réductions, les économies, et les bonifications qui peuvent être faites sur les uns et

sur les autres, enfin les sommes dont on aura besoin, soit pour remplacer les droits et impositions, vicieux par leur nature, soit pour subvenir au service courant, soit pour établir un fonds de liquidation certain et proportionné à l'engagement national.

D'après cet examen approfondi, les députés consentiront à la décision des trois états sur l'impôt et sur l'emprunt.

19° Tout citoyen des trois ordres devra contribuer, proportionnellement à ses facultés, et dans une parfaite égalité, aux impôts qui seront consentis par la nation, sans qu'il puisse être dérogé, par aucune exception personnelle ou de profession à cette loi.

20° Dans le cas où le retardement des mesures générales qui seront prises sur la recette, paraîtrait mettre le service public en péril, les députés seront autorisés à voter pour un secours provisoire, prompt et court, ou pour un emprunt, s'en rapportant à la sagesse des Etats généraux.

21° Pour maintenir l'ordre qui sera établi dans les finances, les députés insisteront principalement sur le règlement précis des fonds de chaque département, d'une tenue d'Etats à l'autre, et sur la proscription des acquits de comptant, dont le mystère effraye les peuples par la facilité d'en abuser.

22° Les ministres seront responsables aux Etats généraux de l'emploi des deniers assignés à leurs départements respectifs.

23° Les députés seront autorisés à voter sur l'aliénation des domaines royaux, sous la garantie nationale et au profit de la libération publique, en exceptant toutefois les forêts royales, dont le meilleur et le plus économique aménagement doit être pris en considération pour les besoins du royaume ;

Ils sont également autorisés à voter sur la propriété, à rendre incommutables des engagements faits depuis 1576, moyennant une révision amiable et équitable, dont résulterait une redevance annuelle en grains au domaine royal.

24° Les députés voteront aux Etats généraux pour le règlement et la modification des apanages pour l'avenir, et sur le remplacement de ceux qui existent.

25° Les députés voteront sur la liberté la plus étendue du commerce et de la navigation en général, et la suppression des privilèges exclusifs, sur un régime constant dans celui des grains, sur la liberté de vendre dans les greniers, sur le reculement des douanes aux extrémités; et comme l'intérêt du commerce est un, ils requerront que la dépense, soit des canaux, soit pour rendre navigables les rivières qui en seront susceptibles, devienne une dépense générale de la nation, et qu'elle soit répartie par les Etats généraux sur toutes les provinces, d'après les plans qu'ils auront successivement adoptés, de manière qu'aucune entreprise utile ne puisse être oubliée par l'insuffisance des moyens.

26° Le Roi sera supplié de réserver, dans les traités de commerce, la ratification des Etats généraux, à l'effet de quoi lesdits traités leur seront communiqués, pour être par eux sanctionnés, modifiés ou annulés.

27° Les députés voteront pour qu'il soit formé un conseil pour la réformation des ordonnances civiles et criminelles du royaume et le renouvellement de celles qui tendent à composer les tribunaux de magistrats instruits et appliqués; pour l'augmentation des pouvoirs des tribunaux inférieurs, et qu'il soit pris des mesures pour que la partie de l'administration de la justice soit inspectée comme toutes les autres parties de l'administration du royaume.

28e Dans le cas où il serait agité, dans l'assemblée des États généraux, des questions concernant quelqu'un des ordres en particulier, et non prévues dans le présent pouvoir, les députés sont autorisés à voter suivant leur âme et conscience.

2° La noblesse prescrit à ses députés aux États généraux de déclarer qu'elle ne reconnaît et ne reconnaîtra jamais en France qu'un seul ordre de noblesse jouissant des mêmes droits.

3° Les députés demanderont que les officiers de l'armée soient admis à jouir du même droit réclamé par les autres citoyens, celui de ne pouvoir être privés de leurs emplois sans un jugement émané d'un tribunal militaire, et qu'il soit pourvu à la réforme des abus reconnus dans les nouvelles ordonnances militaires.

L'ordre de la noblesse se réserve de donner à ses députés d'autres instructions sur divers objets de détail, et qu'il s'en rapporte à leur fidélité, à leur honneur et à leur intelligence sur les intérêts généraux et particuliers, en ce qui n'est pas spécifié dans la présente procuration, comme base essentielle du droit du peuple français; laquelle procuration n'aura son effet que pendant le temps de la tenue des prochains États généraux.

Il a été arrêté qu'il sera donné aux députés par l'ordre, pour le représenter aux États généraux, une copie en forme des pouvoirs ci-dessus.

Du 27 mars 1789, neuf heures du matin.

M. le marquis DE MONTESSON a été élu premier député, à la pluralité de soixante et une voix au delà de la moitié des votants.

Du 27 mars 1789, quatre heures de relevée.

M. le chevalier DE HERCÉ a été élu second député, à la pluralité de dix-sept voix au delà de la moitié des votants.

Du 28 mars 1789, huit heures du matin.

M. le vidame de VASSÉ a été élu troisième député, à la pluralité de soixante-six voix au-dessus de la moitié des votants.

Du 28 mars 1789, quatre heures et demie de relevée.

M. le comte DE TESSÉ a été élu quatrième député, à la pluralité de vingt et une voix au-dessus de la moitié des votants.

Du 29 mars 1789, quatre heures de relevée.

M. BAILLY DE FRESNAY a été élu cinquième député, à la pluralité de trente-huit voix au delà de la moitié des votants.

Les députés de l'ordre de la noblesse ayant été ainsi élus, l'assemblée s'est séparée, après que l'original des procès-verbaux, dont copie ci-dessus, a été signé par tous les membres présents; clos et arrêté pour nous, grand sénéchal du Maine, et contre-signé par nous, membre et secrétaire de l'ordre, soussignés.

J.-M.-G. LE VAYER, G. S. M.
LEPRINCE D'ARDENAY.

Le lundi 30 mars 1789, devant nous Jean-Michel Christophe LE VAYER, marquis de Faverolles, grand sénéchal du Maine, sont comparus :

Messire Jean-Louis DE MONTESSON, procureur syndic de l'ordre de la noblesse à l'assemblée provinciale du Maine, demeurant au Mans, premier député aux États généraux pour l'ordre de la noblesse;

Messire Jean-François DE HERCÉ, chevalier, seigneur du Plessis, et chevalier de l'ordre royal et militaire de Saint-Louis, ancien lieutenant de vaisseau du Roi, et lieutenant des maréchaux de France, demeurant à Mayenne, au Bas-Maine, second député de l'ordre de la noblesse;

Messire Alexis-Brunot-Etienne, marquis DE VASSÉ, vidame du Mans, colonel du régiment Dauphin-cavalerie, demeurant en son château de Vassé, dans la province du Maine, troisième député de l'ordre de la noblesse;

Messire Réné MANS DE FROULLAY, comte de Tessé, grand d'Espagne, chevalier des ordres du Roi, lieutenant général de ses armées et des provinces du Maine, Perche et comté de Laval, écuyer de la reine, demeurant à Paris, quatrième député de la noblesse;

Messire Jean-Baptiste-Joseph BAILLY, marquis de Fresnay, ancien capitaine au régiment du Roi-infanterie, chevalier de l'ordre royal et militaire de Saint-Louis, demeurant au château de Fresnay à Laval, cinquième député de la noblesse;

Lesquels ont juré et promis de se conformer aux instructions et pouvoirs qu'ils ont reçus de leur ordre, en qualité de ses députés aux États généraux, dont nous avons dressé le présent procès-verbal, qu'ils ont signé avec nous, les jour et an que dessus.

Signé J.-L. DE MONTESSON, le chevalier DE HERCÉ, le vidame DE VASSÉ, de FROULLAY, comte DE TESSÉ; BAILLY DE FRESNAY, J.-M.-G. LE VAYER, G. S. M., et LEPRINCE D'ARDENAY, membre et secrétaire de l'Ordre de la noblesse.

J.-M.-G. LE VAYER, G. S. M.
LEPRINCE D'ARDENAY.

CAHIER.

Des plaintes, doléances et remontrances du tiers-état de la province du Maine (1).

OBSERVATIONS PRÉLIMINAIRES.

Les députés aux États généraux ne perdront pas de vue qu'ils ne sont que les mandataires des habitants qu'ils représentent; qu'ils doivent, sur tous les points, se déterminer d'après leurs intentions connues ou présumées et faire ce qu'ils croiraient que leurs commettants feraient eux-mêmes, s'ils étaient présents à l'assemblée et admis à y délibérer.

TITRE PREMIER.

Droits du Roi et de la nation.

CONSTITUTION.

Art. 1er Demander, comme le premier vœu de bons et fidèles sujets, que la loi de la succession héréditaire et masculine à la couronne dans la maison régnante (sauf, en cas de son extinction, le droit d'élection réversible à la nation), soit renouvelée et confirmée, ainsi que la loi de l'indépendance de la couronne de toutes puissances spirituelles et temporelles, toutes les deux formant la base constitutive de la monarchie.

Art. 2. Déclarer que le pouvoir exécutif appartient au Roi seul; que toute loi, émanée de son autorité, ne pourra être sanctionnée que du consentement de la nation assemblée légalement.

Art. 3. Qu'il ne puisse être établi, perçu ni prorogé aucun impôt, donné aucune extension aux

(1) Nous publions ce cahier d'après un manuscrit des *Archives de l'Empire.*

impôts établis, fait aucun emprunt à la charge de l'État, sans le consentement des États généraux légalement convoqués ; qu'il ne puisse être accordé aucun impôt que pour un temps limité, qui ne pourra excéder six mois au delà de l'intervalle d'une tenue à l'autre, sans que la perception puisse être prolongée au delà, sous quelque prétexte que ce soit ; qu'en cas de nécessité de nouveaux impôts, il soit annoncé à la nation pour donner des pouvoirs relatifs à ses députés. Toute levée d'impôts, sans le consentement de la nation légalement convoquée, sera déclarée une concussion que tous juges seront tenus de poursuivre, à peine de forfaiture, ou d'office, ou sur la dénonciation des procureurs généraux, syndics de chacuns États provinciaux.

Art. 4. Demander le retour périodique des États généraux aux époques qui seront fixées dans leur première tenue.

Deux des douze divisions de la sénéchaussée du Mans ont demandé l'établissement, pendant l'intervalle de leur tenue, d'une commission intermédiaire composée de membres des États, et dans la même proportion entre les ordres, choisis par les États, changés à chaque tenue, auxquels ils donneront des pouvoirs par eux limités, sans que ladite commission puisse consentir aucun impôt, extension, ni emprunt, sous quelque prétexte que ce soit. Ses fonctions cesseront de plein droit aux époques déterminées pour la tenue des États.

Une division de la sénéchaussée du Mans, et un bailliage secondaire ont demandé qu'au contraire il fût statué :

1º Que ce sera un crime de lèse-majesté à tous corps quelconques de pouvoir prétendre représenter ou remplacer, même provisoirement, les États généraux ;

2º Que toute interprétation ou extension d'une loi n'appartient qu'au Roi et aux États conjointement, et non séparément ; qu'une pareille interprétation ou extension serait, de la part de tout corps ou individu, un crime de lèse-majesté.

Les cinq autres bailliages secondaires ont demandé que si, dans l'intervalle des États généraux, des cas urgents et non prévus nécessitent des règlements provisoires, le Roi, pour suppléer au consentement des États jusqu'à l'instant de leur réunion seulement, appellerait auprès de sa personne un nombre déterminé de membres des États provinciaux dont la moitié serait toujours prise dans le tiers-état. Ils formeraient un conseil légal pour délibérer sur le règlement proposé ; et s'il était adopté par eux à la majorité des suffrages, il serait exécuté provisoirement jusqu'au jour indiqué pour la prochaine tenue des États généraux ; auquel jour il demeurerait de plein droit nul et sans effet, sauf aux États généraux à le confirmer et à lui donner, s'ils le jugeaient à propos, la sanction nécessaire. Les membres des États provinciaux qui rempliraient cette fonction, seraient élus et nommés par lesdits États provinciaux à chacune de leurs tenues ; et ils ne pourraient être continués qu'une seule fois. Le nombre nécessaire pour former ce conseil de législation provisoire serait réglé par les États généraux, sauf à eux à indiquer telle autre voie qu'ils jugeront plus avantageuse pour parvenir au même but. Ce conseil, d'ailleurs, ne pourrait donner la sanction aux lois bursales ni consentir à l'établissement ou à l'extension d'aucun impôt. Toutes les lois perpétuelles ou provisoires seraient enregistrées dans tous les tribunaux à la diligence des procureurs généraux, syndics de cha-

cun des États particuliers de la province où ces tribunaux exerceraient leurs fonctions. Cette formalité ne serait qu'une promulgation incapable, par elle-même, de donner aucune sanction. Chaque tribunal serait obligé de se conformer à la loi ou règlement enregistré, d'user de toute son autorité pour en maintenir l'exécution ; et il en serait comptable aux États généraux.

Art. 5. Demander la représentation du tiers-état, aux États généraux, en nombre égal aux deux autres ordres réunis ; que les membres du tiers-état ne puissent être pris que dans son ordre ; que le tiers-état présente ses cahiers et traite avec ses collègues représentant les deux ordres, de la même manière et dans la même forme que ces deux derniers ; qu'il en soit fait une loi fondamentale du royaume.

Art. 6. Demander qu'il soit délibéré par les ordres en commun et opiné par tête, et non par ordre distinct et séparé, sauf à chaque ordre à délibérer séparément pour ses intérêts particuliers. Et cependant, les députés pourront consentir, pour prévenir un scission, qu'on opine par ordre, sous la condition que le clergé et la noblesse ne formeront qu'un seul ordre, et que chaque ordre aura la négative sur l'autre, dans le cas seulement où les deux tiers de l'ordre opposant se détermineraient pour elle.

D'après le résultat du conseil du 27 décembre dernier, la première question qui doit être agitée aux États généraux aura pour objet de déterminer si l'on doit opiner par ordre ou par tête. Les représentants du tiers-état sont chargés de demander l'opinion par tête, à condition que sur cette question préalable, la majorité d'une seule voix suffira pour former l'avis, et qu'à l'avenir, lorsque les ordres réunis opineront par tête, l'avis ne sera formé que par la majorité des deux tiers des suffrages.

Art. 7. Que, dans le même cas de délibération par ordre, il sera délibéré dans le tiers-état par tête et non par bailliage.

Art. 8. Représenter que la province du Maine trouve vicieuse la convocation actuelle pour l'avenir. Les États sont priés de nommer un comité qui s'occupera des convocations futures ; de dresser un plan tel que les assemblées secondaires se fassent dans les différentes villes principales à portée d'arrondissement, qui évite aux députés des paroisses leur transport à des distances éloignées, comme dans cette convocation, de 20 à 25 lieues, et des séjours dispendieux dans le chef-lieu de la province (1).

Art. 9. Que, pour la réforme des abus partiels, il soit établi, dans toutes les provinces de France, sur un plan uniforme, autant que pourront le permettre les titres particuliers de quelques provinces réunies à la France, des États provinciaux constitués dans la forme adoptée pour les États du

(1) Les communautés de Mayenne, Ernée et Lassary, et toutes les paroisses de leur arrondissement, espèrent que Sa Majesté aura d'autant plus d'égard à la demande portée au présent article, que, par une lettre en date du 12 mars de la présente année, monseigneur le garde des sceaux les aurait autorisées à former à Mayenne une assemblée dans laquelle elles auraient pu opérer la réduction, et nommer les députés qui auraient porté leurs cahiers à l'assemblée générale, si cette interprétation leur était parvenue avant le 9 mars. Elles demandent donc à se conformer, à l'avenir, à cette décision, et, en conséquence, à tenir à Mayenne une assemblée particulière, laquelle sera présidée par un officier du siège de la sénéchaussée du Mans, que le lieutenant général dudit siège députerait à cet effet.

Dauphiné, ou tonte autre qui sera jugée la plus convenable par les États généraux. Qu'à ces États provinciaux seront confiés la répartition des impôts consentis par les États généraux, leur recouvrement, l'entretien des routes, la surveillance de tout ce qui peut intéresser l'agriculture, le commerce, la prospérité générale et particulière de la province.

Art. 10. Que l'idée attachée à la personne du Roi est une idée de justice et de bienfaisance ; qu'en conséquence, le mal qui pourrait être sous son nom vient nécessairement de ses ministres, qui en seront personnellement responsables aux États généraux ; que, dans le cas où le Roi jugerait à propos de leur faire grâce, il serait supplié de ne la leur accorder qu'après l'instruction achevée et le jugement prononcé.

Art. 11. Que la propriété et la liberté individuelle des citoyens soient assurées, en sorte qu'aucun sujet ne puisse être privé de ses biens et de sa liberté que pour juste cause, et dans les formes autorisées par les lois du royaume, sauf à laisser aux États généraux le soin de prévenir l'abus des lettres de cachet.

Art. 12. Que la liberté de la presse soit accordée ; que l'imprimeur soit seulement assujetti à mettre son nom, à conserver le manuscrit de l'ouvrage signé de l'auteur, pour le représenter au besoin.

Art. 13. Qu'à mesure que, dans les prochains États et dans les suivants, il sera passé une délibération, elle soit présentée au Roi pour avoir son approbation, y donner force de loi ; qu'on ne passe jamais à une autre délibération, que la première n'ait été arrêtée, passée en loi ou rejetée.

Art. 14. Que le Roi sera supplié, dans la concurrence pour toutes places civiles et militaires, d'anéantir toute loi, règlement, décision ou arrêt exclusif, qui ne peuvent qu'humilier l'ordre du tiers, distingué par ses lumières, ses talents, son utilité, sa fidélité à son souverain.

Art. 15. Que les monnaies ne puissent être refondues, ni leurs titres changés, sans le consentement de la nation.

Art. 16. Que le Roi sera supplié par les États généraux de donner fréquemment à ses sujets des audiences publiques.

TITRE II.

CLERGÉ.

Art. 1er. Quatre des douze divisions de la sénéchaussée du Mans demandent que tous les biens du clergé régulier soient vendus, le prix employé, ou à l'acquittement des dettes de l'État qui se chargerait de faire à chaque religieux une rente légère suffisante, ou à fonder des établissements utiles pour les campagnes, tels que des écoles, des bureaux de charité, des dotations de vicaires.

Les huit autres divisions et les bailliages secondaires demandent que le Roi soit supplié de suspendre, pendant quelques années, sa nomination aux abbayes, prieurés et autres bénéfices consistoriaux, pour employer leurs revenus par préférence à l'acquit des dettes du clergé, ensuite au soulagement de l'État ; qu'à la décharge du trésor royal, les pensions qu'il acquitte soient assignées, jusqu'à la concurrence qui sera fixée par les États généraux, sur les abbayes et prieurés commendataires et sur les maisons religieuses opulentes.

Que l'émission des vœux religieux ne puisse se faire qu'à vingt-cinq ans pour les hommes et vingt et un pour les femmes.

Que les maisons des ordres religieux soient composées d'un nombre de sujets proportionné à leurs revenus, de dix au moins pour les ordres mendiants, de vingt pour les ordres rentés. Que les maisons religieuses qui n'auront pas le nombre de sujets suffisants soient supprimées ; que les maisons du même ordre établies dans les mêmes villes, quel que soit le nombre des religieux, soient réduites à une seule, les autres supprimées. Que les ordres mendiants soient réduits à un seul ; que les ordres rentés qui s'éteindront par le défaut de sujets soient supprimés ; que leurs revenus soient appliqués à des objets d'utilité publique, tels qu'à la dotation de petites cures, de collèges, de séminaires, d'hôpitaux, bureaux de charité et autres.

Par addition à cet article, les bailliages secondaires ont demandé, qu'outre les pensions dont il est parlé ci-dessus, le clergé soit chargé, à l'avenir, de l'entretien des hôpitaux, maisons religieuses, dépôts de mendicité, et des acquits de toutes autres œuvres pies qui sont actuellement à la charge du trésor royal, ou qui se payent par les différentes recettes, ainsi qu'il paraît par le compte rendu au Roi, au mois de mars 1788. Ils demandent encore que toutes abbayes commendataires, prieurés ou autres bénéfices simples, à la nomination du Roi, devenus vacants, et qui seront de nouveau conférés, soient chargés de l'acquit d'une partie quelconque des rentes dues par l'État, dont la quotité sera proportionnée au produit du bénéfice, ce qui pourrait s'étendre à tous autres bénéfices simples, quel qu'en soit le présentateur, nommément à ceux attachés aux maisons religieuses. On prendrait, en ce cas, des précautions pour que les arrérages en fussent exactement acquittés à leur échéance.

À cette pétition ils ajoutent que les lois du royaume contre la pluralité des bénéfices soient remises en vigueur, et que les bénéfices fondés en chaque province soient accordés, par préférence, à des sujets qui y sont nés ou habitués depuis dix ans, à la charge de la résidence. À ces derniers vœux la sénéchaussée a acquiescé unanimement.

Art. 2. Demander que les affaires contentieuses des officialités, soit pour demandes en nullité de mariage, émission de vœux, et autres semblables, soit pour causes civiles ou criminelles des ecclésiastiques, seront renvoyées devant les juges royaux, sauf aux officiaux ou leurs délégués à assister, dans les tribunaux laïcs, à l'instruction des procès criminels des ecclésiastiques, sauf aussi le droit de correction des évêques et des officiaux sur les poursuites des promoteurs.

Art. 3. Demander la suppression des chambres et bureaux ecclésiastiques diocésains et souverains, des décimes et dons gratuits du clergé ; lesquels seront inutiles, au moyen de ce qu'il sera assujetti à toutes les impositions qui seront perçues sur les ecclésiastiques, de la même manière et sur le même rôle que les autres sujets du Roi.

Art. 4. Que toutes les rentes dues aux gens de mainmorte soient amortissables au denier qui sera fixé par les États généraux, sauf à les recoloquer sur les caisses des États provinciaux.

Art. 5. Que le clergé et tous gens de mainmorte soient autorisés à aliéner à perpétuité leurs fiefs, droits en dépendant, seigneuries et droits honorifiques, sans tomber en dépier de fief, pour le prix être employé au remboursement de leurs dettes, ou colloqué sur les caisses provinciales. A l'égard de leurs domaines, qu'ils puissent les vendre à perpétuité, échanger, donner à beaux emphytéotiques, ou à perpétuité, avec de simples formalités qui seront réglées par les États généraux, au lieu des formalités coûteuses employées jusqu'à présent pour de pareilles aliénations antérieures, sans donner ouverture, pour l'avenir, à aucun droit bursal de confirmation dans la propriété des biens acquis des mainmortes.

Art. 6. Demander la suppression des économats, ou au moins la réduction des frais immenses qu'ils occasionnent; la suppression des droits d'amortissement et de nouvel acquêt qui sont exigés des gens de mainmorte pour les nouvelles constructions et réédifications des maisons et autres bâtiments qui leur appartiennent.

Art. 7. Demander que les ordonnances sur les quarts de réserve des bois des gens de mainmorte soient observées. Qu'il ne leur soit accordé d'en abattre que sur l'attache des États provinciaux, d'après l'avis des municipalités, lesquelles veilleront à l'ensemencement des bois et à l'emploi des deniers.

Art. 8. Que l'édit de 1749 et lois subséquentes soient rigoureusement exécutés, pour la défense, aux gens de mainmorte, d'acquérir et recevoir aucuns biens-fonds et autres propriétés, ni rentes sur particuliers; qu'il y soit, néanmoins, dérogé en faveur des hôpitaux et hôtels de ville, sans être astreint à aucunes formalités : vœu particulier de trois bailliages.

Art. 9. Que l'on usant de la faculté donnée aux hôpitaux, par l'édit de janvier 1780, d'aliéner leurs immeubles, il leur soit permis, suivant le vœu le plus général, d'en colloquer le prix sur les caisses provinciales et, suivant le vœu des mêmes trois bailliages, en fonds de terres; et cependant, dans tous les cas, demander que les hôpitaux et hôtels de ville soient obligés d'aliéner leurs fiefs, seigneuries et droits en dépendants, et le prix employé comme ci-dessus.

Art. 10. Que les portions congrues des curés soient augmentées et fixées depuis 1,000 jusqu'à 1,800 livres, suivant l'étendue et la population des paroisses, ainsi qu'il sera réglé par les États généraux; que les portions congrues et honoraires de tous les vicaires soient portés de 500 à 700 livres, si mieux n'aiment les décimateurs abandonner leurs dîmes pour s'en décharger. Que, sur ces portions congrues, il soit fait déduction de la valeur et du revenu des domaines et rentes attachés aux cures et aux vicariats, à l'exception des logements et jardins. Que les vicaires soient chargés de dire les premières messes des fêtes et dimanches, de faire les écoles de garçons dans les paroisses où il n'y en a point de fondées, sans pouvoir exiger ni recevoir des habitants aucunes glanes, dons ni rétributions, sous quelque prétexte que ce soit. Pourront, néanmoins, les vicaires, jouir des fondations faites pour les premières messes et écoles; qu'au surplus, pour l'augmentation ou la fondation d'établissements d'écoles et autres, utiles aux paroisses, on y affecte les prestimonies, chapellenies, pédagogies et autres petits bénéfices simples non décrétés.

Art. 11. Que, dans les villes, bourgs et paroisses, il soit institué des hôpitaux, des dépôts d'enfants trouvés, des bureaux de charité, dans la forme et le nombre qui seront déterminés par les États généraux. Que tous possesseurs de dîmes soient obligés d'y fournir des secours, suivant la fixation qui en sera faite aussi par les États généraux, les dîmes ayant été données anciennement au clergé,

tant pour cette destination que pour la subsistance des ecclésiastiques et la réparation des bénéfices.

Art. 12. Demander la suppression de tous droits d'annates, bulles et autres payements qui se font, en cour de Rome, pour dispenses, résignation de bénéfices et autres causes. Que toutes dispenses soient accordées par les évêques gratuitement; que toutes résignations, démissions et permutations soient faites entre leurs mains.

Art. 13. Qu'il soit pourvu par les États généraux :

1° Au supplément de dotations des collèges et séminaires, qui ne sont pas suffisamment dotés, et à l'établissement de bourses et pensions gratuites dans les collèges et séminaires, qui seront accordées, par préférence, aux enfants de ceux qui ont bien mérité de la patrie;

2° A l'établissement des collèges dans les villes où il n'y en a pas, et où il peut être nécessaire d'en fonder;

3° A un nouveau plan d'études dans les collèges, universités et facultés supérieures, uniforme pour tout le royaume;

4° A ce que, sur chaque bénéfice, il soit retenu, par année, une somme proportionnée au revenu, pour faire face aux réfections et réparations dont, à ce moyen, les titulaires et cures seraient déchargés. Que cette somme soit déposée au trésor de la province.

Art. 14. Demander, d'après plusieurs divisions de la sénéchaussée du Mans, que les dîmes possédées par les gros décimateurs étrangers soient rendues aux paroisses; et qu'en conséquence, toutes les fonctions ecclésiastiques soient exercées gratuitement; que la dîme ne puisse être sur les grains, qu'après leur battaison et le prélèvement de la semence; qu'elle soit fixée à une quotité uniforme par toute la province.

A la majorité, il a été demandé, au contraire, que les décimateurs perçoivent les dîmes en paille, mais qu'ils soient tenus de rendre les pailles aux cultivateurs, en proportion de ce qu'ils en auront fourni, au prix qui sera annuellement fixé par les États provinciaux. Que les décimateurs n'en puissent vendre hors leur paroisse, qu'après un délai fixé par les États provinciaux; que les dîmes vertes et menues et de charnage soient supprimées. Demander que le changement de titulaire n'opère plus la résiliation des baux des biens ecclésiastiques qui n'excéderont pas neuf ans.

TITRE III.

JUSTICE.

Art. 1er. Le vœu le plus unanime de cette province est que tous les degrés de juridiction soient réduits à deux; qu'aussi toutes les affaires civiles et criminelles, hors les matières légères, subissent deux degrés de juridiction.

Art. 2. Que, dans chaque État provincial, il soit établi un tribunal supérieur, avec ampliation de pouvoirs qui sera fixée par les États généraux, suivant les uns, ou qui jugerait souverainement, suivant le plus grand nombre. Ce tribunal connaîtra des matières civiles et criminelles et, suivant le vœu le plus général, des matières du fisc; à moins que les États généraux, sur la demande particulière d'un bailliage, ne trouvent convenable de conserver aux élections la connaissance des affaires qui leur sont attribuées.

Art. 3. Que les charges ne soient point vénales, mais qu'elles soient données par le Roi. Qu'après la première fondation de ces tribunaux, lorsqu'une place deviendra vacante, les États provinciaux ou leurs commissions intermédiaires présenteront au Roi trois sujets jugés les plus dignes, pris dans les juges inférieurs ou dans les avocats, ayant, les uns et les autres, six ans d'exercice. sur lesquels le Roi choisira celui qu'il lui plaira.

Art. 4. Qu'il sera établi, en outre, dans les principaux points de la province, un nombre de justices royales proportionné à son étendue, avec un arrondissement de paroisses à leur proximité, sans tenir des fiefs. Il sera créé, auprès de ces justices, une chancellerie pour purger les hypothèques. Les contrats d'aliénation seront, en outre, lecturés dans les paroisses de la situation des biens. Les droits de consignation seront supprimés ou modérés, et les fonds seront versés dans les caisses provinciales où, dans aucun cas, la consignation ne pourra être demandée ni ordonnée, quand toutes les parties intéressées seront d'accord sur le choix d'un autre dépositaire.

Art. 5. Les places de ces justices seraient données également à l'un des trois sujets choisi par le Roi d'après la présentation des États provinciaux. Ils ne pourraient être pris que parmi les avocats et gradués ayant quatre ans de profession. Ces justices ne jugeraient en dernier ressort que jusqu'à 1,000 livres en mobilier, et 40 livres de revenu en immeubles.

Art. 5 (bis). Toutes les places, tant des tribunaux supérieurs que des justices royales, seront à vie. à moins de forfaiture jugée.

Art. 6. Que ces changements, exigeant de nombreuses suppressions, les États généraux pourvoiront, avec équité, aux remboursements nécessaires.

Art. 7. Pour éviter les détails des articles particuliers sur l'administration de la justice, épars dans les différents cahiers où ils resteront consignés pour l'instruction des députés, il a été arrêté unanimement de se renfermer, sur cet objet, dans l'article qui suit :

Que les États généraux établissent une commission composée d'hommes capables, à laquelle seront appelés des magistrats des sièges de la province, en nombre égal au moins à celui des sièges supérieurs. Cette commission projettera un plan de législation civile, où elle s'efforcera, en refondant toutes les lois et toutes les coutumes, d'amener, autant qu'il se pourra, toute la France à l'unité de législation civile, dût-on en reculer l'exécution à une époque éloignée, pour ne priver aucun citoyen des droits acquis par sa naissance.

Ce plan devra présenter des formes de procéder promptes, simples et peu coûteuses, des rapports publics en présence des parties ou de leurs avocats, la suppression des droits de committimus, garde gardienne, du droit exclusif du sceau des châtelets, de la conservation de Lyon et autres.

Une autre commission, composée comme la première, s'occupera de la procédure criminelle et d'un code pénal. Ce plan conciliera les droits de l'homme avec ceux de la société. Il établira une juste proportion entre les délits et les peines, une forme de procéder qui écarte l'arbitraire et le secret de la procédure, qui supprimera les supplices distincts d'ordre, source de funestes préjugés populaires.

Une troisième commission formera un plan de police générale et particulière, où la sûreté et la tranquillité publique se concilieront, autant que possible, avec la liberté individuelle.

Ces plans, avant d'être adoptés et passés en lois, seront imprimés, abandonnés pendant un temps convenable aux observations publiques. Après le temps fixé, les mêmes commissions se rassembleront pour y réformer ou ajouter ce que leurs propres réflexions et celles du public auront suggéré. Ils seront présentés aux États généraux pour être, ensuite, approuvés par le Roi et recevoir force de loi.

On demande, par addition au présent article, que, dans le cas où les États généraux n'adopteraient pas l'ordre judiciaire ci-dessus, alors ils s'occupent d'un plan qui, en réformant les abus de l'ordre judiciaire actuel, conserve à chaque justiciable une justice toujours à la proximité, dont il ne puisse être distrait que de son consentement, et qui accorde, soit à cette justice, soit à des juges de paix, soit aux municipalités, le droit de juger sommairement, sans frais et sur simples mémoires, les injures légères, les petites affaires, jusqu'à la concurrence de 6 livres, et les dommages des bestiaux jusqu'à 20 livres.

Sera, au surplus, fait par les députés le dépouillement des différents vœux contenus dans les cahiers respectifs de chaque bailliage sur l'administration de la justice, pour les faire valoir auprès des États généraux.

Art. 8. Demander la réduction des notaires, tant des villes que des campagnes ; qu'il soit formé, dans les campagnes, des arrondissements dans lesquels le nombre des notaires qui sera jugé convenable à l'étendue de l'arrondissement exercera concurremment, sans pouvoir réunir plusieurs protocoles. Ces notaires rentreront dans leurs fonctions attribuées aux jurés-priseurs. Ils seront commissaires enquêteurs, examinateurs pour l'apposition des scellés seulement, sauf l'indemnité envers les juges, si la vénalité des charges de judicature continue d'avoir lieu. Les notaires seront obligés de tenir un double répertoire sur papier libre, coté et paraphé gratuitement par le juge du lieu, où ils inscriront à mesure tous les actes qu'ils recevront à l'exception des testaments. Ils déposeront, chaque année, l'un des doubles du répertoire au greffe de la justice royale de l'arrondissement. Ils seront tenus, sur les expéditions, et en tête, de coter le folio du répertoire où sera inscrit l'acte expédié. Ils seront responsables à la province de leurs minutes, de celles qu'ils auront de leurs prédécesseurs. Ils ne pourront être pourvus qu'à vingt-cinq ans. Ils seront assujettis, avant leur réception, à un stage de cinq ans et à un examen rigoureux. Il sera sollicité un tarif pour le payement des droits et vacations des notaires.

Art. 9. Toute la province élève une voix commune pour demander la suppression des jurés-priseurs, fléau moderne dont le rétablissement, d'après une première tentative infructueuse, est devenu le moyen d'enlever aux mineurs le reste des dépouilles du malheureux cultivateur, et pour que chaque citoyen rentre dans le droit naturel de disposer, par lui-même, de ses meubles par vente publique ou autrement. La majeure partie forme des vœux pour la suppression des notaires seigneuriaux.

Art. 10. Demander la suppression des experts et arpenteurs en titre, des greffiers de l'écritoire, des arbitrages, et de tous autres offices et bureaux, sauf à pourvoir à leurs remboursements.

Art. 11. Demander la suppression des commissaires et receveurs des saisies réelles, l'autorisation aux créanciers de faire vendre les biens de leurs débiteurs sur trois affiches et publications faites seulement dans le lieu de la situation des biens et celui de la juridiction ; que, pour obvier aux formalités trop dispendieuses, les adjudications soient faites devant notaires, qui formeront les ordres et distributions, sauf l'indemnité aux juges, si la vénalité subsiste. (Voir les *additions*.)

TITRE IV.

NOBLESSE ET MILITAIRE.

Art. 1er. Demander que la noblesse ne soit plus conférée, à l'avenir, à prix d'argent, par la possession d'offices vénaux et souvent sans fonctions ; que cette récompense glorieuse ne soit accordée qu'à des services réels, au mérite et à la vertu, et surtout à des sujets pris dans toutes les classes, qui seront jugés dignes de cet honneur, par les Etats provinciaux ou généraux.

Art. 2. Demander la suppression du tirage de la milice ; et que si le bien de l'Etat exigeait que cette troupe fût conservée, elle soit levée, recrutée et entretenue aux dépens des villes ou communautés, à quoi tous les ordres contribueront comme aux autres impôts.

Art 3. Supplier Sa Majesté de fixer un prix commun, auquel pourront être rachetés tous les congés militaires, qui sera versé aux caisses des régiments pour les compléter.

Art. 4. Demander que la noblesse ne puisse déroger par le commerce en gros et en détail, ni par l'exercice d'aucune profession utile à la société.

Demander que le logement des gens de guerre, le fournissement d'ustensiles nécessaires aux casernes, en nature ou autrement, soient également supportés par tous les habitants des trois ordres, sans exception des villes , bourgs et villages sujets au passage et logement des troupes.

Art. 5. Que la maréchaussée soit augmentée, que les nouvelles brigades soient moitié à pied et moitié à cheval ; qu'elles soient distribuées dans les gros bourgs, principalement dans ceux qui se trouvent sur les grandes routes et voisinage des forêts ; qu'on en mette dans chaque ville, en raison du besoin ; que les brigades soient commandées par un lieutenant qui fera remettre les accusés, aussitôt après la capture, dans les prisons du juge ordinaire, et qui n'exercera aucune juridiction sur les citoyens. Que les cavaliers de maréchaussée soient autorisés à faire toutes significations et procès-verbaux pour le instructions criminelles, et tenus de mettre à exécution tous décrets, ordonnances et jugements, sans ministère ni assistance d'huissiers ; enfin que la discipline soit telle que la constitution militaire de ce corps se concilie avec les fonctions qu'il doit remplir dans l'ordre civil, et qu'il exécute les mandements des juges, quoique donnés verbalement.

Art. 6. Demander que le logement des troupes soit supporté dans les villes et bourgs de passages ordinaires, par tous les habitants desdites villes et bourgs, de quelque ordre qu'ils soient, sans exemption pour personne.

TITRE V.

AGRICULTURE.

Art. 1er. Demander qu'il soit établi un bureau d'agriculture et de commerce, composé de douze membres, présidé par un secrétaire d'Etat. Ce bureau sera formé d'anciens négociants, de chefs de manufactures, d'agriculteurs distingués, qui s'occuperont de tous les renseignements relatifs à l'agriculture, qui solliciteront l'abolissement des lois ou traités nuisibles au commerce et à l'agriculture, leurs modifications, et l'examen de nouveaux traités qui se trouveraient avantageux.

Art. 2. Qu'on restreigne et qu'on modifie les droits de classe et de pêche et autres analogues, de manière que leur exercice n'ait rien de rigoureux ni d'humiliant, et qu'ils ne détournent point les propriétaires d'une classe inférieure d'habiter les campagnes. Que les fuies et les garennes soient détruites, et que les seigneurs qui font garder leurs fiefs soient responsables du dommage causé par le gibier.

Art. 3. Que les désarmements soient prohibés, le cultivateur isolé dans les campagnes ayant besoin d'armes pour sa défense, et pour tuer le nombre d'oiseaux et animaux destructeurs des récoltes.

Art. 4. Demander que le triage de toutes les landes, communes et novales, soit fait à la diligence des seigneurs, dans un temps limité ; passé lequel, s'ils ont négligé de le faire, les vassaux seront libres de les partager entre eux, après des formalités légales moins dispendieuses.

Art. 5. Demander la suppression totale de la banalité des fours, moulins à farine, à draps, à foulon, et des pressoirs. Le droit exclusif que conserveraient les seigneurs d'avoir et de construire des moulins, représenterait toujours la propriété du seigneur ; et la suppression d'une des plus fortes vexations dont est grevé l'agriculteur, est un bienfait digne de l'élévation des sentiments des seigneurs.

Art. 6. Qu'il puisse être permis d'amortir les rentes seigneuriales ; au moins d'être déchargé de la solidité et des servitudes des trains et traînages, des meules de biau, corvées et autres personnelles. Cet avantage rendrait à l'agriculture les plus grandes facilités, ainsi que l'amortissement des droits de champart, terrage, et autres de cette nature.

Art. 7. Demander que la cession du retrait féodal ne puisse jamais être faite, sans entendre toucher au droit particulier du seigneur de retirer à son profit.

Art. 8. Que les propriétaires des prairies qui bordent les ruisseaux et rivières non navigables puissent user de l'eau qui les baignent pour les arroser et fertiliser ; et qu'on concilie, par un règlement sage, les droits des seigneurs de fiefs, des meuniers et des riverains ; et que les meuniers soient tenus de lever leurs palles ou vannes, lorsque les municipalités le jugeront convenable, dans le temps de la récolte et de la maturité des foins, pour éviter les inondations.

Art. 9. Demander des magasins ou greniers publics dans les villes principales, pour prévenir les disettes de grains et de farines.

Art. 10. Demander que, pour encourager l'agriculture, le gouvernement accorde aux cultivateurs distingués des récompenses et des marques de décoration.

TITRE VI.

COMMERCE.

Art. 1er. Demander la suppression de toutes les douanes, de tous les droits de péage, billettes, avages, prévôté, coutume, et autres semblables qui se perçoivent, tan tau profit du Roi que des villes et des seigneurs.

Que les barrières, traites par terre, trépas de

louaire, cloisons, et autres semblables, disparaissent à jamais de l'intérieur du royaume; que les douanes soient reculées aux frontières extrêmes; que le tarif des droits d'entrée et sortie dans le royaume soit clairement détaillé; et que les ordonnances et les règlements, qui déterminent la forme et les conditions de la perception, y reçoivent les changements convenables.

Art. 2. Demander qu'il soit fait une loi qui calme les scrupules des capitalistes sur la légitimité du prêt à intérêt, avec obligation de rembourser à époques fixes. Cette loi, dont quelques provinces de France et d'autres pays catholiques donnent l'exemple, rappellera à la circulation des fonds considérables qui demeurent tous oisifs, é'endra les affaires, et fera baisser le taux de l'intérêt.

Art. 3. Qu'il soit établi, dans toute la France, autant que faire se pourra, l'unité de poids, d'aunage, de mesures sèches et liquides.

Art. 4. Demander la suppression de toutes les maîtrises, le libre exercice des arts et métiers, sauf cependant les apprentissages, et épreuves et réceptions pour les professions importantes à l'ordre public; la suppression des inspecteurs appointés du commerce, qui seraient remplacés suffisamment par les commerçants jurés, dont l'intérêt est lié intimement à l'observation des règlements.

Art. 5. Qu'on prenne les précautions convenables pour empêcher qu'il ne s'introduise, dans le royaume, par les ports francs, des marchandises étrangères prohibées, et, dans le cas où leur franchise serait jugée préjudiciable au commerce du royaume, en demander la suppression totale.

Art. 6. Qu'il ne soit plus accordé de lettres de répit, sauf-conduits, arrêts de surséance, ou lettres de cession, que les créanciers de l'impétrant n'aient été intimés pour nommer deux syndics qui veilleront aux intérêts communs, et auront le régime et le gouvernement des biens de leurs débiteurs, jusqu'à ce que tous soient pleinement satisfaits.

Art. 7. Demander que le traité de commerce avec l'Angleterre soit examiné et discuté; et que dans le cas où on le laisserait subsister, on tienne la main à son exécution entière, en faisant exiger strictement, dans les douanes de France, les droits qui sont fixés par le tarif, en empêchant qu'ils soient fixés arbitrairement en Angleterre, et que les marchandises y soient détériorées dans les douanes.

Art. 8. Demander la révocation de la permission donnée aux nations étrangères d'approvisionner nos colonies; qu'il soit veillé à ce que les ports francs ne puissent y introduire des marchandises do fabrication étrangère.

Art 9. Que tous ceux qui auront fait une banqueroute frauduleuse soient poursuivis suivant la rigueur des lois, et que la franchise des lieux qui leur servaient d'asile, soit supprimée.

Art. 10. Qu'il soit fait un règlement pour interdire aux monts-de-piété de recevoir en gage des pièces d'étoffes entières, des grosses parties de marchandises, d'après les abus qui existent de leur part actuelle à en recevoir.

Art. 11. Représenter, au nom des négociants de la province, que les emprunts, faits par le gouvernement et l'agiotage qu'ils alimentent, ont élevé et soutiennent l'intérêt de l'argent à un taux si considérable, que le commerce national ne peut soutenir la concurrence avec le commerce étranger, qui se procure des fonds à meilleur marché.

Art 12. Pour éviter le détail des différentes demandes exposées dans les cahiers des bailliages, principal et secondaires, sur les juridictions consulaires, l'ampliation de leurs pouvoirs en dernier ressort, les bornes de leurs juridictions, demandes que les députés trouveront au besoin consignées dans les cahiers différents, il demeure arrêté qu'il sera sollicité du gouvernement une commission composée de négociants connus, qui s'occupera de la refonte de l'ordonnance du commerce, d'y prescrire un ordre fixe pour la réforme et l'échéance des lettres de change, billets à ordre, qui fixera des formes de procéder, simples et peu coûteuses, qui établira, avec clarté, les objets dont connaîtront les justices consulaires, à l'exclusion des justices ordinaires. Ce règlement assurera l'obligation de tenir des registres de commerce, de la cote et paraphe gratuits par les juges; enfin, il prendra toutes les précautions les plus sages pour prévenir les banqueroutes frauduleuses, dégager le commerce de ses entraves et assurer sa prospérité.

TITRE VII.

IMPÔT.

Art. 1er. Demander que toutes les impositions soient payées également par les trois ordres, sur les mêmes rôles, sans abonnement quelconque pour aucun des ordres.

Art. 2. Qu'il soit remis aux États généraux, avant toute délibération de leur part, des états exacts:

1° De tous les impôts actuels et de leurs produits, ainsi que de tous les autres revenus de l'État;

2° De leurs différentes espèces, de la manière de les percevoir, surtout de leur circulation jusqu'au trésor royal;

3° De toutes les dépenses ordinaires et extraordinaires de chaque département, et de chaque partie de l'administration;

4° De tous dons, pensions, gratifications, quelle que soit leur dénomination;

5° De toutes dettes en rentes perpétuelles, viagères, principaux remboursables à époques indiquées, avances faites au gouvernement, et autres quelconques;

6° De tous emprunts et de leur emploi;

7° Du déficit des finances, de leur montant juste, de ses causes, enfin de tous autres objets dont les États généraux doivent être instruits, pour connaître, sur les pièces justificatives, les maux de l'État, et y remédier.

Art. 3. Que les États généraux arrêtent irrévocablement une liste civile:

1° De toutes les rentes perpétuelles et viagères, gages, appointements et intérêts quelconques à la charge de l'État;

2° De toutes les dépenses fixes et ordinaires de chaque département;

3° De toutes les dépenses extraordinaires qui se fixeront, pour chaque année, à une somme déterminée et limitée;

4° De tous les dons, pensions et gratifications, et généralement de toute la dépense de l'État.

Art. 4. Qu'il soit rendu compte aux États généraux des dépenses de chaque département, et de chaque partie de l'administration par les ministres et autres qui en sont chargés, qui demeureront garants et responsables de l'exactitude de ces états, comme de leur administration. En cas de prévarication et d'abus, ils pourront être poursuivis par les États généraux dans les tribunaux.

Art. 5. Demander la suppression ou réduction par les États généraux:

1° Des pensions, dons et gratifications; 2° des

gages et appointements excessifs, surtout ceux qui concernent les gouvernements et commandements des provinces et villes ; 3° de toutes places et emplois inutiles ; 4° des traitements des employés supérieurs, intérêts excessifs, droits de présence accordés dans la finance. Quant aux pensions, demander que l'état en soit mis sous les yeux des États généraux, et que chaque article soit supprimé ou réduit après un examen, selon la circonstance et l'exigence des cas. Qu'il soit d'ailleurs réglé qu'aucune pension ne pourra excéder ce qui sera réputé nécessaire à la subsistance de chaque impétrant, relativement à son État, d'après un tarif déterminé ; que personne ne pourra avoir deux pensions à la fois, à peine de privation de l'une et de l'autre ; que chaque brevet contiendra le détail des causes qui l'auront fait accorder ; qu'enfin, à chaque tenue d'États, qui suivra immédiatement l'obtention du brevet, les causes en seront vérifiées, et que si elles se trouvent supposées ou insuffisantes, il sera annulé.

Pour décharger le trésor royal des pensions qu'il acquitte, il serait possible d'adopter le plan de retenue annuelle d'une modique somme sur tous les gages et émoluments des offices, charges et commissions des départements civils et militaires, plan déjà mis en pratique dans les fermes et les régies ; de former, dans chaque corps, des caisses où ces retenues seront versées pour en donner des pensions proportionnées aux fonctions et appointements des différentes classes, d'après un temps déterminé de service.

Art. 6. Que les États généraux fassent la répartition des impôts sur la province, et réforment l'inégalité de leurs contributions actuelles et respectives, notamment pour la province du Maine, surchargée au delà de ce qu'elle doit supporter.

Art. 7. Demander la suppression de ceux des impôts actuels qui seront jugés, par les États généraux, les plus onéreux aux peuples, les plus inégaux dans leur répartition et les plus dispendieux dans leur perception. Que cette suppression porte surtout sur les loteries qui sont un établissement dangereux, et dont les profits, souvent supposés, servent de voile à bien des infidélités. Que lesdits impôts supprimés soient remplacés par d'autres impôts que les États généraux estimeront le moins à charge à la nation, les plus susceptibles de répartition égale et proportionnelle sur tous les ordres, et les moins coûteux à percevoir.

Art. 8. Le vœu de la province est que les impôts qui pèsent sur les propriétés, tels que les décimes pour le clergé, les vingtièmes pour les propriétaires, le gros de la taille, le second brevet, les corvées, les francs-fiefs, la somme qui sera nécessaire pour le remplacement de la milice, forment la masse d'un impôt foncier à répartir sur toutes les propriétés, provisoirement sur chaque province, à proportion des impositions foncières qu'elles payent annuellement jusqu'à la répartition à demeure, à faire par égalité sur toutes les provinces du royaume.

Que l'imposition personnelle, composée de la capitation des nobles et privilégiés, de la capitation roturière, de l'industrie, soit répartie sur l'exploitation sans aucune exemption, et sur le même rôle, et aussi sans aucun abonnement pour des propriétés ou exploitations situées dans différentes paroisses.

Pour encourager l'agriculture, après la répartition égale sur chaque province, sur chaque pa-

roisse, sur chaque propriété et exploitation, le montant de l'imposition ne pourra être changé, augmenté ni diminué, ni en général ni dans les subdivisions partielles, qu'autant que tous les impôts généraux du royaume souffriraient une augmentation ou diminution.

Art. 9. A l'impôt personnel et au marc la livre par forme de capitation saline, pourrait être joint l'impôt de remplacement de la gabelle.

A ce nom s'élève le cri général : ce régime désastreux est jugé. Mais il reste enfin à le proscrire à jamais. Les maux de tout genre dont il a couvert la partie du Maine, voisine de la Bretagne, les avantages naturels qu'il enlève à toute la province appellent sa proscription. Il est urgent qu'elle soit effectuée ; nulle loi, nul frein ne pourront arrêter le brigandage, les rapines des employés et des contrebandiers : religion, moralité, tout est détruit au milieu d'une armée composée du rebut de la société, à sa suite, plus qu'à celle d'une horde de sauvages, se voient la dévastation des campagnes, la violation de l'asile des citoyens, les vols, les emprisonnements, les meurtres ; hommes et bestiaux, tout devient la victime de cette affreuse invention. Avec l'abolition totale et du nom et de la loi, les hommes recouvreront une denrée de première nécessité, les bestiaux un remède salutaire, un engrais abondant. Le Roi, image sur la terre de la Divinité, rendra enfin aux hommes l'agent le plus puissant de la nature, qu'elle lui a prodigué pour son bien et non pour son malheur.

Art. 10. Demander, qu'après la répartition générale des impôts par les États généraux sur les provinces, les départements, ou répartition sur les villes, bourgs, paroisses ou communautés de chaque province, la répartition générale soit faite par les États provinciaux, et la répartition individuelle par les municipalités, en présence d'habitants adjoints et nommés, tous les ans, par les communes, sauf aux États provinciaux à établir les bureaux de recette qui leur paraîtront convenables.

Art. 11. Demander que les droits d'aides, de la marque des fers, des cuirs, papiers et cartons, sur les boucheries, et autres droits réunis, soient soumis à l'examen des États généraux qui discuteront l'avantage, et de les supprimer suivant le vœu le plus général, et de les remplacer par un autre impôt ; ou, en les conservant, de faire dresser un tarif clair et précis, qui ferait connaître l'imposition à chaque contribuable, et ce qu'il doit ; et dans le cas de conservation, que la régie en soit veillée par les États provinciaux et les octrois municipaux rendus aux villes.

Art. 12. Demander absolument la suppression du droit de franc-fief, comme une suite de la contribution égale des trois ordres à tous les impôts, ce droit étant d'ailleurs très-nuisible au commerce libre des biens, onéreux au peuple, peu productif au Roi par les frais de sa perception ; enfin vexatoire, surtout, pour les habitants de la campagne ; demander même que les États généraux obtiennent cette suppression avant de consentir aucuns impôts.

Art. 13. Demander la suppression des droits de contrôle, insinuation, centième denier, amortissements et autres dépendants de l'administration générale des domaines ; ou que chaque province soit abonnée pour raison desdits droits ; que le produit en soit versé, directement, des caisses provinciales au trésor royal ; ou, à défaut de suppression, au moins leur réduction par un tarif général, uniforme, invariable, arrêté par les

Etats généraux, enregistré aux siéges royaux qui connaîtront des droits du fisc, a l'exclusion des commissaires départis, sur simples mémoires, sommairement et sans frais. Que la peine du double droit, établie contre les particuliers, en cas de fraude, soit réciproque contre les préposés, en cas de perception excédant le tarif. Qu'il soit établi, pour d'autant diminuer les droits de contrôle, une formule pour les notaires, un timbre pour les commissions civiles et militaires, les brevets de pensions, gratifications et autres; que les droits de contrôle pour les partages et licitations entre cohéritiers, démissions, avancements d'hoieries, ne soient que moitié des autres actes translatifs. Que lesdits partages, licitations, actes d'échange, soient exempts de centième denier; que les droits doubles, qui dérivent d'actes, suite nécessaire d'un premier, dont les droits ont été payés, soient supprimés; solliciter, s'il se pouvait, en cas de non suppression, l'abonnement de tous les droits de l'administration générale, au profit de la province qui en serait chargée.

Art. 14. Supplier très-humblement Sa Majesté de permettre l'aliénation de la partie des domaines dont la jouissance est trop dispendieuse au Roi. Les Etats généraux s'occuperont d'en faire la distinction. Ils prendront des renseignements sur les échanges abusifs. Ils veilleront à faire tourner le prix des domaines, qui seront aliénés, à l'amortissement des dettes de l'Etat.

Art. 15. Les Etats généraux considéreront l'avantage de faire cultiver le tabac en France, la perte qui résulte de l'achat de l'étranger, le moyen de remplacer cet impôt, dont la suppression est demandée par un petit nombre. Si, d'après le vœu général cet impôt subsiste, on demande que le tabac soit vendu en bouts ou en rouleaux, pour laisser au consommateur, en le payant aussi cher, la liberté de le prendre à son gré, sans mélange des parties hétérogènes nuisibles à la santé, que facilite la vente du tabac en poudre.

Art. 16. Demander que, jusqu'à l'instant où la vénalité des offices sera supprimée, le centième denier ou payement auquel ils sont assujettis cesse d'avoir lieu, ou qu'on admette en cette province les modifications établies à cet égard dans le reste du royaume.

TITRE VIII.

DEMANDES PARTICULIÈRES A LA PROVINCE DU MAINE.

Art. 1er. Demander qu'il soit accordé à cette province des Etats provinciaux, dont les membres seront nommés par la province, et le nombre proportionné à son étendue. Ils seront fournis par chaque canton ou district, en raison composée de leur population respective et de leur contribution à l'impôt La représentation du tiers sera égale à celle des deux autres ordres réunis. Il y sera opiné par tête.

Art. 2. Que le régime de la province soit divisé, distinct et indépendant du régime des provinces de Touraine et d'Anjou. Que, jusqu'à la conversion des assemblées provinciales en Etats provinciaux, l'assemblée générale, établie à Tours, soit supprimée, ainsi que sa commission intermédiaire. Dans le cas où les assemblées provinciales subsisteraient, les membres qui seraient nommés à l'avenir seront pris dans les trois ordres de la province, dans la même proportion que pour les Etats provinciaux, et dans tous les cantons et districts de la province.

Art. 3. Que le ressort du présidial du Mans, s'il subsiste, soit déterminé par le ressort de la coutume du Maine. Qu'en conséquence, toutes les paroisses démembrées de l'ancienne sénéchaussée du Maine ressortissent au présidial, nonobstant la création des présidiaux de la Flèche, de Château-Gontier, de Vendôme, dont sera distrait ce qui est de la coutume du Maine. Lequel ressort ne s'étendra que pour les cas présidiaux seulement, les autres devant, suivant le vœu commun, être portés au tribunal souverain.

Art. 4. Que les Etats provinciaux s'occupent de faire rendre aux villes l'élection de leurs officiers municipaux. Qu'en vertu d'un règlement général, les comptes des villes et hôpitaux soient examinés, clos et arrêtés tous les ans, à époques fixes, avec le général des habitants convoqués à cet effet, où chacun pourra faire ses observations, et fournir tels débats qu'il jugera convenables.

Art. 5. Solliciter un règlement pour fixer un modèle uniforme de passe-port à prendre, pour leur délivrance, leur authenticité, par des registres déposés aux hôtels de ville, où seraient inscrits les signalements, les noms de baptême et de famille. Les passe-ports, pour les habitants de campagne, pourraient être délivrés par la municipalité de la paroisse, et visés par l'hôtel de ville du district, ou, à défaut d'hôtel de ville, par l'officier de police le plus prochain.

ADDITION AU TITRE III, DE LA JUSTICE.

Art. 12. Demander la suppression des commissaires à terrier dans la province du Maine, comme contraires aux dispositions de sa coutume, qui accorde aux seigneurs une justice foncière pour la reconnaissance des droits féodaux. Mais s'ils subsistent, demander la réforme de la dernière loi, qui a doublé au moins leurs droits. Que tout propriétaire soit autorisé à faire rédiger les foi-hommages, aveux et déclarations par qui bon lui semblera, et même sous leurs seings, pour les présenter aux commissaires à terrier ou au seigneur, sans frais. Qu'il ne puisse être exigé qu'une seule foi-hommage, aveu et déclaration, par chaque propriétaire pendant sa vie, sauf à faire reconnaître, par trente ans, les devoirs et rentes sujets à prescription, sauf aussi les nouveaux actes de foi-hommage et aveux à la mutation des seigneurs, lesquels seront aux frais de ces derniers.

Art. 13. Demander la suppression actuelle des bureaux des finances et chambre des domaines; que leurs fonctions soient réunies, savoir : celles d'administration et de finances, aux Etats provinciaux, et le contentieux, y compris les réceptions de foi-hommages et aveux, aux justices ordinaires.

Art. 14. Faire entrer dans les plans de réforme ci-dessus proposés la nécessité d'un examen particulier sur les prisons, en discuter les abus, pourvoir à leur salubrité, à leur séparation en prisons civiles et prisons criminelles, à l'augmentation de la nourriture des prisonniers, à sa meilleure qualité, à une surveillance suivie, à la suppression des visites à jours fixes.

Ces mêmes plans autoriseront les officiers de justice à examiner la position dangereuse de nombre de cimetières. Ces officiers pourront, sur la demande des municipalités, en ordonner la translation, en fixer la dépense et la répartition, le tout gratuitement et sans frais.

Art. 15. Demander que tous les biens immeubles, quelles que soient leur nature et leur mouvance, soient partagés également entre roturiers, malgré la disposition contraire de la coutume à l'égard des biens nobles tombés en tierce foi : ce qui n'aura lieu, néanmoins, que pour les familles non encore formées, dont aucuns enfants ne sont encore nés. Au surplus, les Etats généraux seront suppliés de prendre cet article en considération, et d'aviser aux moyens d'établir, entre les héritiers de condition roturière, une parfaite égalité, sans préjudicier, s'il est possible, aux droits de la génération présente.

Art. 16. Demander que les baux à rentes, pour tous les biens de la province, soient exempts de lods et ventes, sinon en cas d'amortissement des rentes ; et, en conséquence, suivant le vœu général, la cassation de l'arrêt du parlement du 6 avril 1775, comme contraire à la coutume et à l'ancien usage de la province, ou du moins qu'il n'ait pas un effet rétroactif.

OBSERVATIONS.

Les différents cahiers, tant du bailliage principal que des bailliages secondaires, détaillent plusieurs demandes particulières aux villes principales de ces bailliages et a plusieurs paroisses. Il a été arrêté que ces demandes, comme pouvant devenir étrangères aux occupations importantes de cette première tenue des Etats généraux, ne seraient point rapportées dans ce présent cahier général de la province, sauf aux députés à reprendre ces demandes dans les cahiers particuliers, pour les faire valoir au besoin.

La province finira l'expression de ces vœux par demander que la distribution des récompenses, l'admission aux places, l'entrée aux écoles publiques pour les enfants, soient assurées de préférence au mérite et à la vertu. Ce serait un des plus puissants ressorts de l'Etat. Un comité composé des trois ordres, qui présenterait au souverain les sujets les plus méritants de la patrie, dans quelque classe qu'ils fussent nés, préviendrait les erreurs de la surprise et de la protection.

Un pareil établissement ne pourrait commencer sous de plus heureux auspices que ceux qui nous sont annoncés par le juste témoignage qu'a rendu le peuple français aux vertus du ministre citoyen, déjà récompensé par la confiance de son souverain.

Il ne reste plus à la province qu'un seul vœu à former, celui d'offrir a M. Necker trois couronnes civiques que Sa Majesté sera suppliée de faire ajouter à ses armes.

Art. 17, du *titre de la justice*. — Demander la suppression des justices seigneuriales ; et, dans le cas où les Etats généraux jugeraient convenable de les conserver, ne réserver que celles dans lesquelles les officiers de justice feraient leur résidence, seraient gradués, ne pourraient se faire remplacer que par des gradués, et dont les auditoires seraient décents, et les prisons sûres et saines.

Art. 18 Demander la suppression de tous les juges d'attribution, et notamment de la juridiction des intendants ; les fonctions contentieuses desquels seront réunies aux justices ordinaires, dans lesquelles l'instruction s'en fera sommairement et sur simples mémoires.

Fait et arrêté en l'assemblée de l'ordre du tiersétat, le 21 mars 1789, après avoir été signé des vingt-quatre commissaires, du président et du secrétaire ; coté et paraphé par le président, par première et dernière.

Signé Ronsard, lieutenant général ; de Beaumont ; Pelisson ; de Gennes, bailli du Sonnois ; Enjubaut de la Roche ; Rottier ; Négrier de la Ferrière ; Daillibourg ; Delelée ; Cottereau ; Prevost ; Maupetit ; F.-R. Guérin ; Segretain l'aîné ; Chenon des Varannes ; Serveau de Touchevalier ; de La Lande ; Garnier ; Drouard ; Lorin Duboëlle, avocat ; Jardin ; G. Le Fassier ; Levain ; Cornilleau ; Lelong, comte de Besse ; Jouye des Roches, et Brouard, secrétaire, greffier.

Pour copie conforme à la minute : *Signé* Brouard, secrétaire du tiers-état.

BAILLIAGE DE MANTES.

CAHIER

DES POUVOIRS ET INSTRUCTIONS DU DÉPUTÉ DE L'ORDRE DU CLERGÉ DES BAILLIAGES DE MANTES ET MEULAN,

Remis à M. le curé de Flins, élu député aux prochains États généraux, par l'ordre du clergé des bailliages de Mantes et Meulan, le 23 mars 1789 (1).

Pénétrés de reconnaissance pour les sentiments paternels dont le Roi nous a donné des témoignages si touchants dans le préambule du règlement fait pour l'exécution des lettres de convocation des États généraux, nous n'avons pas cru pouvoir y répondre d'une manière plus conforme à ses intentions, qu'en lui ouvrant nos cœurs sur tous les objets qui intéressent le bien de l'État, l'avantage de ses sujets et sa félicité personnelle. C'est pourquoi nous allons déposer aux pieds de son trône nos actions de grâce et nos très-respectueuses remontrances.

Nous déclarons, avant tout, que le gouvernement monarchique étant la constitution inébranlable de la nation, la plus propre à sa tranquillité intérieure et à sa sûreté au dehors, la plus convenable à l'étendue de ses provinces, la plus conforme au caractère de ses peuples, qui, dans tous les temps, se sont distingués par leur amour et leur attachement pour leur souverain, le clergé des bailliages de Mantes et Meulan ne pourra jamais se prêter à rien de ce qui pourrait tendre à altérer la forme de ce gouvernement. Il y est attaché par les liens les plus sacrés de l'obéissance, par les liens d'une inviolable fidélité, par l'amour et le respect pour ses maîtres, et par le bonheur de leur être soumis.

Après cette déclaration qui est comme notre profession de foi sur l'essence de la constitution française, nous allons parcourir les différents objets qui feront la matière des délibérations des États généraux :

1° La religion, ses ministres, et les biens ecclésiastiques ;

2° La constitution de l'État, qui comprendra les États généraux et les impôts ;

3° L'administration, qui comprendra l'administration de l'État et l'administration de la justice ;

4° Les abus à réformer ;

5° Les demandes particulières et locales.

RELIGION.

1° Conserver dans son intégrité le précieux dépôt de la religion, qui est spécialement confié aux ministres de l'Église, et rejeter tout ce qui pourrait y donner atteinte, ainsi qu'à la solennité et à la décence du culte public, qui doit être exclusivement réservé, dans toute l'étendue du royaume, à la religion catholique, apostolique et romaine.

2° Supplier le Roi très-humblement d'accorder

(1) Nous publions ce cahier d'après un imprimé de la *Bibliothèque du Sénat.*

à l'Église de France la tenue des conciles provinciaux, à l'effet de rétablir et entretenir, dans toute sa vigueur, la discipline ecclésiastique ; de manière que la convocation desdits conciles puisse se faire sans longs délais, et selon les besoins de chaque province, et que dans les conciles l'ordre des curés y soit représenté en nombre suffisant, ainsi que les ordres religieux ; comme aussi dans les assemblées générales et particulières du clergé, si elles continuaient à avoir lieu.

3° Supplier pareillement Sa Majesté de maintenir l'exécution de toutes les lois et ordonnances reçues dans le royaume, et qui forment le droit public, ecclésiastique et canonique, et que les rois, ses augustes prédécesseurs, ont marqués du sceau de leur autorité.

4° Le clergé, pénétré d'une douleur profonde à la vue du dépérissement de la religion et des mœurs dans tout le royaume, adresse à Sa Majesté les plus humbles et les plus vives représentations sur la cause funeste et trop connue de ce renversement déplorable de tous les principes, qui provient évidemment de la multitude scandaleuse des ouvrages où règne l'esprit de libertinage, d'incrédulité et d'indépendance, où l'on attaque avec une égale audace la foi, la pudeur, la raison, le trône et l'autel : livres impies et corrupteurs, répandus de toutes parts, avec la profusion et la licence la plus révoltante, auxquels on ne peut opposer trop promptement les digues les plus fortes.

5° Demander une loi qui, en renouvelant les anciennes, proscrive d'une manière efficace cette foule d'écrits qui se répandent de tous côtés contre la religion, en sorte que son exécution ne se borne pas à une simple formalité judiciaire, mais qu'il soit fait une information sérieuse et suivie contre les auteurs, imprimeurs et colporteurs, et qu'il soit prononcé contre eux une peine plutôt infamante qu'afflictive, dans la proportion du délit.

6° Que cette loi s'étende à tous les écrits licencieux et obscènes qui corrompent les mœurs de la jeunesse, qui souvent entretiennent la corruption, et en infectent l'âge le plus avancé.

7° Que la même loi proscrive ces peintures, ces gravures lascives qui corrompent le cœur par les yeux.

8° Il serait à souhaiter qu'il fût établi, surtout dans la capitale, un comité ecclésiastique (par exemple, la faculté de théologie), chargé de veiller à l'exécution de ces lois, et autorisé à dénoncer légalement ces sortes d'ouvrages au ministère public, après les avoir examinés, en avoir analysé les erreurs et les avoir combattus par une réfutation sommaire ; que, sur cette dénonciation, le ministère public fût tenu d'en faire son rapport au tribunal qui en doit connaître.

9° Une des causes de l'affaiblissement de la religion et des mœurs est la violation des lois divines et humaines qui prescrivent la sanctification des dimanches et des fêtes. Les marchés, foires et autres assemblées, pendant ces saints jours, éloignent les fidèles de leurs paroisses, en sorte que, dans les campagnes surtout, où réside la plus grande et la moins instruite portion de la nation, les églises sont désertes, et que, dans ces jours destinés à l'instruction, le zèle des pasteurs se trouve presque sans exercice.

10° Supplier le Roi de renouveler toutes les lois qui ordonnent la sanctification des fêtes et dimanches, par la suppression des marchés, foires et autres assemblées dans ces saints jours; d'ordonner que tout ouvrage manuel et lucratif, que tout charroi particulier, soit dans le même lieu, soit de paroisse à paroisse circonvoisine, excepté le cas d'une véritable nécessité, seront rigoureusement proscrits; qu'une nécessité réelle et pressante sera le seul motif de la permission qui sera accordée, par écrit, par le magistrat de police, et que, dans le cas d'infraction de la loi, la sentence qui interviendra sera publiée à haute voix dans le lieu où le délit aura été commis.

11° D'ordonner encore que les cabarets seront fermés pendant tout le temps que durera l'office divin, et qu'aucun cabaretier ne pourra recevoir personne chez lui, pour y boire, après le soleil couché.

12° Que la même loi s'étendra sur les maisons consacrées aux jeux publics, parce qu'elles occasionnent les mêmes désordres.

13° Les maux dont nous sommes les témoins, et qui menacent encore les générations futures, nous portent à demander avec instance, pour la conservation de la religion et des mœurs, à Sa Majesté, de prendre des mesures efficaces pour rendre à l'éducation publique l'état et l'utilité dont elle est déchue. Plusieurs des principaux établissements n'existent plus; ces sources les plus précieuses se sont presque taries de nos jours, et on y a substitué, dans la plupart des villes où elles procuraient tant d'avantages, que des institutions obscures et privées, faibles, éphémères et souvent suspectes.

14° Le Roi sera donc très-humblement supplié de vouloir bien ordonner qu'il sera établi, dans le chef-lieu de chaque bailliage principal, un collège où l'on enseignera les humanités; pour la dotation duquel seront réunis des bénéfices simples, qui se trouveront dans le ressort, ou seront employés d'autres moyens arrêtés par les États généraux.

15° Dans les mêmes vues de répandre la lumière de tous côtés, et d'avancer les progrès de la religion et des mœurs, il sera pourvu à ce qu'il y ait, dans chaque paroisse de cent feux, un maître et une maîtresse d'école, sous l'inspection du curé, destinés à montrer à lire aux enfants de l'un et de l'autre sexe, qui seront toujours séparés les uns des autres, à les instruire des éléments de la religion, et à veiller soigneusement sur leur conduite.

16° Le maître d'école sera toujours le clerc du curé, et ne pourra être installé dans cette place que de son aveu, ainsi que la maîtresse d'école; ou même que de son choix, lorsque personne ne pourra exciper d'un titre qui lui donne le droit de nommer à ces places.

17° Les honoraires de ces places, lorsqu'il n'y aura point de fondations, seront pris sur les biens des bénéfices simples réunis aux collèges, ou sur tous les autres fonds indiqués par les États généraux.

18° Il serait à souhaiter qu'on pût établir, dans chaque paroisse, un bureau de charité qui serait administré par le curé et un certain nombre d'habitants choisis par la paroisse, et que les fonds destinés à cet établissement utile fussent pris sur les revenus des bénéfices simples supprimés, et que les mêmes fonds pussent servir aux honoraires d'un chirurgien dans chaque arrondissement, pour traiter gratuitement les pauvres de la campagne, et d'une sage-femme qui aurait fait son cours d'accouchement.

19° Le clergé sollicite de la bonté et de la piété du Roi, une protection particulière pour les ordres religieux de l'un et de l'autre sexe qui subsistent dans le royaume, sous les heureux auspices de sa faveur et de son autorité. Il espère voir fleurir et se vivifier de plus en plus ces saints instituts utiles à la religion, au bien de l'État, aux familles indigentes et à la subsistance surtout des pauvres de la campagne.

MINISTRES DE LA RELIGION ET BIENS ECCLÉSIASTIQUES.

1° Le premier abus contre lequel réclament la religion et la raison, c'est cette multiplicité de bénéfices considérables rassemblés sur la tête d'un petit nombre d'ecclésiastiques, dont l'inutilité est peut-être le moindre défaut, abus criant, puisqu'il est une injustice envers tant de ministres utiles qui portent le poids de la chaleur et du jour, sans avoir même l'espérance de partager les biens qui, dans la vérité cependant, doivent être regardés comme le patrimoine de tous ceux qui exercent les fonctions du saint ministère.

2° Le Roi sera donc très-humblement supplié de refuser sa nomination à un bénéfice à toute personne ecclésiastique qui en sera pourvu d'un autre, à moins qu'il n'en fasse préalablement la démission, sous peine d'être exposé au dévolu, pour cause d'incompatibilité.

3° Sa Majesté sera suppliée d'imposer la même obligation à tous les collateurs ecclésiastiques ou laïques de ce royaume.

4° Comme les bénéfices à charge d'âmes imposent des obligations personnelles et continuelles, Sa Majesté sera suppliée d'ordonner, sous peine d'une privation de fruits proportionnelle au temps de l'absence, à tous archevêques, évêques, cures et autres bénéficiers semblables, de résider dans le lieu de leur bénéfice, sans pouvoir s'absenter un temps considerable, et sans avoir justifié des raisons qui pourraient autoriser leur absence.

5° Étant dans l'ordre que les évêques visitent chaque année leurs diocèses, ou au moins une partie considérable, pour y porter l'exemple de leurs vertus, y rétablir la paix, et s'instruire de la conduite de ceux qu'ils doivent regarder comme leurs coopérateurs, le Roi sera supplié de réduire tous les archevêchés et évêchés à quatre cents paroisses, et d'en établir de nouveaux dans les lieux où le démembrement de deux ou trois autres présentera la facilité d'en former un.

6° En protégeant les religieux rentés, on doit prendre les moyens de les rendre plus utiles aux lettres, aux sciences et à l'éducation publique. C'est pourquoi le Roi sera supplié d'ordonner que, dans les communautés régulières, il sera établi des collèges en pensionnats, pour instruire la jeunesse. Les membres de ces maisons qui annonceront des talents pour les lettres, et surtout pour les sciences ecclésiastiques, seront excités à s'y livrer, dans la vue de se rendre utiles à l'Église et à l'État.

7° Dans les maisons dont les revenus excèdent de beaucoup les besoins des membres qui les composent, on pourrait y établir un certain nombre de lits pour les indigents de la campagne qui seraient attaqués de maladies dangereuses, et qui trouveraient dans la charité de ces solitaires des remèdes à leurs maux et les secours consolants de la religion.

8° Comme la charité publique envers les religieux mendiants se refroidit de jour en jour, et que ce refroidissement les expose ou à des refus humiliants, ou à recevoir des aumônes assaisonnées de paroles plus humiliantes encore, et que d'ailleurs leur nombre diminue beaucoup, il sera demandé qu'on les fasse refluer dans quelques-unes de leurs maisons, et qu'on vende les terrains qu'ils abandonneront, pour leur en constituer des rentes et les exempter d'une mendicité qui entraîne après elle des inconvénients et quelquefois des scandales.

9° Mais attendu que cette dispersion des religieux mendiants enlèvera aux paroisses une multitude de prêtres auxiliaires qui remplaçaient les curés, ou qui les aidaient dans leurs fonctions, le Roi sera supplié d'ordonner que, dans les lieux où il n'y aura point de religieux mendiants, les religieux rentés seront strictement obligés de choisir parmi eux un certain nombre de religieux prêtres, pour aider les curés infirmes, malades, ou pour les représenter, lorsqu'ils seront nécessairement forcés de s'absenter, et que les services qu'ils leur rendront seront purement gratuits.

10° Les États généraux seront priés de prendre en considération la réclamation des religieux ou chanoines réguliers supprimés, et qui vivent dans le monde, par laquelle ils demandent un état civil, sans cependant que cette nouvelle existence puisse avoir aucun effet rétroactif.

CURÉS ET VICAIRES.

1° Toutes les voix s'élèvent depuis longtemps contre la modicité du revenu des curés à portion congrue, et même de plusieurs curés dont les honoraires ne consistent que dans une modique distraction de la dîme qui leur est accordée à titre de *gros*. Ces hommes, consacrés à tout ce que le ministère a de plus pénible, sont encore réduits à une subsistance précaire, et joignent à ce malheur celui de ne pouvoir venir au secours des indigents qui réclament leur charité dans leurs fréquents besoins.

2° Il est donc nécessaire que le Roi, sur les humbles supplications des États généraux, fixe d'une manière invariable le sort de cette portion la plus utile du clergé de France, dans laquelle doivent être compris les desservants des annexes, qui ont les mêmes devoirs à remplir et les mêmes charges à supporter.

3° Sa Majesté sera donc suppliée d'ordonner que le revenu des curés produira, depuis 1,500 livres jusqu'à 2,400 livres, soit dans les villes, soit dans les campagnes, en mettant une proportion entre le revenu et les charges, et surtout la multitude des pauvres.

4° Que toute paroisse ayant plus de cent feux sera autorisée à demander un vicaire.

5° Que la portion congrue des vicaires montera à 750 livres.

6° Il serait à souhaiter que les dîmes retournassent à leur première destination, et qu'établies dans leur origine pour la subsistance des curés et de leurs coopérateurs, elles fussent encore appliquées au même usage; mais comme on ne peut pas espérer qu'un changement aussi considérable puisse s'opérer tout à coup, le Roi au moins sera supplié d'ordonner la suppression de tous les bénéfices simples non consistoriaux, et que leur revenu soit employé à augmenter jusqu'à **la somme de 1,500 livres les honoraires,** tant

des curés à portion congrue que des curés qui ne perçoivent qu'un gros, ou même de ceux à qui la totalité des dîmes ne produirait pas cette somme.

7° Que les mêmes fonds soient employés à fournir la portion congrue des vicaires.

8° Il serait encore à souhaiter qu'on pût, dans la suite, augmenter graduellement cette portion des curés et des vicaires, afin de leur fournir les moyens, non-seulement de subvenir aux besoins des pauvres, mais encore de renoncer à tout casuel pour l'administration des sacrements et autres fonctions ecclésiastiques.

9° Le Roi sera encore supplié d'ordonner que le revenu assigné aux cures, soit à portion congrue, soit de simple *gros*, soit à tous autres curés qui ne posséderont pas les dîmes de leurs paroisses, ainsi qu'à leurs vicaires, ne pourra être considéré que comme représentatif du même revenu en nature, et que, dans tous les temps, il sera calculé sur le prix commun du blé, à l'époque de l'année où ce revenu aura été fixé.

10° Sa Majesté sera suppliée de réserver dans les bénéfices simples à sa collation un quart ou un tiers de revenu d'iceux, qui sera destiné à faire des pensions de retraite aux anciens curés et autres ecclésiastiques qui auront blanchi dans le ministère, et dont les infirmités solliciteront des ressources pour achever leur carrière dans un repos qu'ils auront mérité par leurs travaux.

11° Que la même réserve s'étende jusqu'aux bénéfices simples à nomination soit ecclésiastique, soit laïque.

12° Que sur ces fonds il soit encore prélevé les sommes nécessaires pour la reconstruction et la réparation des églises.

13° Que dans le cas où ces arrangements ne pourraient s'exécuter dans la circonstance actuelle, Sa Majesté serait suppliée d'ordonner que les cures à portion congrue ne payeront aucun impôt; que ceux dont le revenu ne passera pas 1,200 livres ne seront assujettis qu'à une modique rétribution, et que les novales qui ont été ôtées aux curés par les édits de 1768 et 1786 seront restituées pour l'avenir, ainsi qu'aux curés à portion congrue, sans qu'on puisse les obliger à payer la rétribution d'un vicaire, dans le cas où la population de leurs paroisses semblerait en exiger un.

14° Nous aurions mis fin ici à nos très-respectueuses représentations sur ce qui concerne la religion et les ministres, mais nous savons que, dans ces circonstances, des écrivains exaltés ont parcouru les extrêmes, et qu'il s'en est trouvé qui ont disputé au clergé le droit d'assister aux États généraux comme ordre distinct de l'ordre du tiers-état. Nous devons donc à notre député une instruction, dans le cas où cette prétention serait élevée dans l'auguste assemblée des États généraux. On a assuré qu'un des moyens de conciliation qu'on a présenté, pour faire adopter ce système sans fondement, était de demander que le clergé du premier ordre fût réuni à la noblesse, et celui du second ordre au tiers-état.

Nous chargeons notre député aux États généraux de s'opposer de tout son pouvoir à cette injuste prétention, et de s'unir avec tous les représentants du clergé de France, pour soutenir qu'il y a dans le clergé une hiérarchie, un ordre de membres, qui descend depuis le souverain pontife jusqu'au dernier clerc, et qui remonte depuis celui-ci jusqu'au souverain pontife, chef visible de l'Église, et vicaire de Jésus-Christ qui en est le chef invisible ; qu'ainsi le clergé est un seul corps, un corps unique divisé en plusieurs membres, que cette unité est essentiellement indivisible ; que le premier ordre du clergé partage avec le second les mêmes prérogatives ; qu'on ne peut pas assigner de temps, dans les fastes de la monarchie, où le clergé n'ait eu la prééminence sur tous les autres corps ; que ces droits anciens ont été reconnus et renouvelés par Louis XIV, dans l'édit d'avril 1695, article 45, par lequel il déclare « qu'il veut que les archevêques et évêques, *et* « *autres ecclésiastiques*, soient honorés *comme le* « *premier des ordres du royaume*, et qu'ils soient « maintenus dans les droits, honneurs, rangs, « séances, présidences et avantages dont ils ont « joui ou dû jouir jusqu'à présent » ; que le Roi heureusement régnant a confirmé cette prérogative, dans le règlement annexé aux lettres de convocation des États généraux, article 39, par lequel il ordonne que le clergé aura la droite sur la noblesse dans l'assemblée générale ; enfin, que ces prérogatives sont fondées sur le caractère auguste dont ils sont revêtus, et sur les fonctions saintes qu'ils exercent.

C'est pourquoi il ne négligera rien pour que le corps du clergé soit maintenu et conservé dans toutes les prérogatives honorifiques, et notamment dans celle d'être le premier ordre de l'État. Il demandera avec la plus vive instance l'exécution de l'article 45 de l'édit de 1695. Il représentera qu'il est de l'intérêt du Roi que les curés et tous ceux qui partagent leurs fonctions, et qui sont la plus nombreuse et la plus utile portion du clergé, jouissent de toute la considération des peuples ; que cette ligne de démarcation entre le clergé du premier ordre et celui du second, en avilissant à leurs yeux leurs pasteurs, diminuerait et anéantirait bientôt ce respect que les inférieurs ont, comme par instinct, pour ceux qui leur sont présentés comme ayant une supériorité d'état, et comme étant revêtus de privilèges distinctifs.

BÉNÉFICES.

1° Les saints canons, d'accord avec la raison, veulent que les places ecclésiastiques soient données aux plus dignes et à ceux qui doivent être le plus utiles à l'Église et à la religion. Si ce principe était la règle de conduite de tous les collateurs, il renverserait toutes les brigues de l'ambition et de l'avidité, et l'Église n'aurait pas à gémir tous les jours sur tant de ministres qui font sa douleur et qui la déshonorent par leurs scandales. La probité du Roi, la pureté de ses mœurs, son amour commun pour le bien de l'Église, nous sont un sûr garant du désir qu'il a de ne laisser tomber ses grâces que sur ceux qui en sont dignes.

2° Pour remplir le but que Sa Majesté se propose, elle sera suppliée d'ordonner qu'il sera formé un conseil composé d'un certain nombre d'ecclésiastiques, choisis dans le premier et second ordre, chargés de prendre et recueillir des informations sur les vie et mœurs, sur la capacité et sur les talents respectivement nécessaires pour chaque place de chacun des ecclésiastiques destinés à recevoir des marques de bonté de Sa Majesté, et de lui indiquer ceux qui, selon l'esprit des canons, méritent la préférence.

3° Dans ce cas, la confiance du Roi serait la seule récompense de ceux qui composeraient cette espèce de conseil de conscience, et pendant tout le temps qu'ils seraient chargés de cette administration, ils ne pourraient aspirer à aucun bénéfice ou aucune grâce de la part de Sa Majesté.

4° Comme les récompenses supposent toujours un mérite, Sa Majesté est suppliée d'ordonner qu'il ne sera point accordé de pension ou bénéfice au-dessus de 30 livres, depuis l'âge de douze ans jusqu'à dix-huit, et de 600 livres depuis dix-huit jusqu'au temps où l'on entrera dans les ordres sacrés.

5° Sa Majesté sera suppliée de considérer que les talents nécessaires aux grandes places ne se donnent pas avec elles ; qu'il est indispensable de s'être exercé et d'avoir fait une espèce de noviciat dans les places inférieures ; qu'il serait par conséquent digne de sa sagesse de n'élever à l'épiscopat que des personnes qui auraient exercé, avec édification, les fonctions du saint ministère, soit en qualité de curés, soit en qualité de vicaires, soit par toutes autres fonctions ecclésiastiques, qui seraient un témoignage de leur zèle, de leur capacité.

6° Il est encore de la justice du Roi de déclarer que la noblesse ne sera point destinée exclusivement aux grandes places de l'Église ; que la vertu, le mérite et les talents seront un titre de recommandation auprès de Sa Majesté, quelle que soit la naissance de celui qui les possède, et que sa bienfaisance et ses bontés reposeront, sans distinction, sur tous ceux qui en seront dignes.

7° Les motifs qui ont donné naissance aux économats étaient si visiblement utiles à l'Église et à la religion, que les docteurs les plus sévères en ont approuvé l'irrégularité apparente. L'emploi des deniers provenant des bénéfices, mis en réserve, était destiné à rétablir les bâtiments qui dépendaient des bénéfices, et dont les titulaires étaient morts insolvables ; à soutenir des communautés pauvres et à faire des pensions aux nouveaux convertis. Le Roi sera donc supplié de vouloir bien rappeler cet établissement à sa première destination, et d'ordonner le retranchement des abus qui peuvent régner dans son administration.

8° On doit regarder aussi comme biens appartenant à l'Église et à l'État, les fonds destinés au soulagement des pauvres, et les maisons qui servent d'asile à l'indigence et à la maladie. C'est pourquoi, pour la conservation des fonds consacrés à ces pieux usages, il sera ordonné que tous les établissements de charité, connus sous le nom d'hôpitaux, Hôtels-Dieu, bouillons des pauvres, bureaux de miséricorde, ou sous toute autre dénomination, seront soumis, lorsqu'ils auront des fonds assurés, à une administration composée des magistrats, des curés, avec plusieurs notables habitants, et que tout privilège, usage ou possession, à cet égard, seront déclarés abusifs et supprimés.

CONSTITUTION DES ÉTATS GÉNÉRAUX.

Demander :

1° Que préliminairement à toutes autres discussions, de quelque nature qu'elles soient, il soit fixé et déterminé quels sont les droits de la nation représentée dans les États généraux ; la décision de cette question devant nécessairement influer sur toutes les opérations dont doit s'occuper cette assemblée.

2° Qu'il soit décidé que tout impôt, pour être légal, doit être consenti par la nation représentée dans les États généraux, et approuvé par le Roi.

3° Qu'avant toute délibération sur les impôts, le Roi soit supplié de mettre sous les yeux des États généraux un état détaillé de la recette et de la dépense par départements, comme le seul moyen de pouvoir établir une juste proportion entre la contribution et les véritables besoins, et de vérifier sans erreur la dette de l'Etat; que cette dette sera consolidée dans son état actuel ; qu'il sera pourvu à un fonds de remboursements graduels des capitaux, ainsi qu'au payement des assignations à époques.

4° Que préalablement encore à toute discussion sur les impôts, tous les objets de législation et et tous les articles de la constitution nationale seront délibérés, résolus, présentés au Roi, et répondus par Sa Majesté.

5° Qu'on recueille les suffrages par ordre et non par tête ; cependant, dans les circonstances, notre député sera libre de prendre le parti qui lui paraîtra le plus avantageux.

6° Qu'il soit cependant arrêté que les objets de discussion ne seront définitivement décidés que lorsqu'ils auront été soumis jusqu'à trois fois à une nouvelle délibération dans des intervalles convenus.

7° Que les Etats généraux prennent en considération la forme à observer dans la suite, pour leur conformation, en conservant toujours une juste proportion entre le nombre des députés et la population, soit dans les villes, soit dans les campagnes

8° Que l'époque périodique de la tenue des Etats généraux soit fixée à trois ans pour la première tenue, et à cinq ans dans la suite, sans que, sous aucun prétexte, on puisse la différer au delà de ce terme.

9° Que néanmoins Sa Majesté puisse les assembler extraordinairement, dans le cas de guerre ou d'autres besoins pressants qui demanderaient des secours extraordinaires.

10° Que, dans l'intervalle des assemblées des Etats généraux, il soit établi dans les différentes provinces des bureaux, dont les fonctions se borneront à préparer les matériaux nécessaires à éclaircir les matières qui n'auront pu être réglées dans la dernière assemblée, et à recueillir les plaintes et les preuves de la violation des lois arrêtées par les Etats généraux.

11° Que, pour assurer l'exécution des lois proposées et arrêtées par les Etats généraux, simplifier l'administration dans les pays d'élection et y établir un régime économique, il y sera établi des Etats provinciaux, dont l'organisation sera assimilée à celle des Etats du Dauphiné : sauf à en établir plusieurs dans chaque province ou généralité, suivant son étendue ; lesquels seront chargés de la répartition des impôts qui auront été arrêtés. Lesdits Etats seront tenus de s'assembler tous les deux ou trois ans au plus tard, et la moitié des députés sera changée absolument à l'époque de leur assemblée. Parmi ces députés, il sera toujours admis deux des corps réguliers qui seront choisis par leurs provinces respectives.

12° Que dans le cas où des raisons de bien public ne permettraient pas de former, dans cette circonstance, ces sortes d'établissements, il fût pourvu à la consolidation des assemblées provinciales, en leur donnant néanmoins la forme la plus propre à remplir le but qu'on s'est proposé en les établissant.

13° Qu'il soit arrêté préliminairement dans les Etats généraux, que toute propriété sera inviolable; que nul ne pourra en être privé, même à raison de travaux publics, sans recevoir une juste indemnité.

14° Que les Etats généraux ne se séparent pas sans avoir rédigé et signé le résultat de leurs délibérations sur tous les points qui auront été ar-

rêtés. Ce résultat sera rendu public par la voie de l'impression et déposé d'une manière légale dans tous les greffes des cours souveraines, des justices subalternes et dans les archives de toutes les municipalités.

IMPÔTS.

1° Le clergé des bailliages de Nantes et Meulan consent à supporter proportionnellement à ses biens et facultés, et concurremment avec les deux autres ordres, les contributions et impôts, de quelque nature qu'ils soient, renonçant, à cet égard, à tous privilèges et prérogatives.

2° Il demande que la durée des impôts ne soit jamais indéfinie, et qu'elle soit toujours à temps.

3° Que cette durée ne puisse s'étendre au delà du temps intermédiaire entre l'assemblée qui les aura consentis et l'assemblée suivante, sauf à celle-ci à voter une prolongation, si elle le juge nécessaire.

4° En se soumettant à porter, proportionnellement à ses facultés, sa portion dans la contribution générale, il désire que la répartition en soit confiée au clergé de France, qui la distribuera par diocèse.

5° Que chaque diocèse ait une chambre syndicale, comme par le passé, mais qui soit composée de telle sorte que le nombre des curés y soit au moins égal à celui des autres membres qui la formeront, et que la nomination de ces derniers se fasse ou par conférences, ou par doyennés.

6° Que les réclamations que pourraient faire les bénéficiers soient portées à cette chambre, de la décision de laquelle, cependant, il pourra être appelé à une cour souveraine, soit par appel simple, soit par appel comme d'abus.

7° Qu'il soit arrêté qu'un quart des membres qui composeront cette chambre sortira d'exercice tous les ans et sera remplacé par un pareil nombre.

8° Qu'il soit arrêté aussi que copie certifiée du montant de l'imposition générale sur le clergé, de l'imposition particulière du diocèse et du rôle qui contiendra la répartition pour l'année sera déposée dans chacune des villes du diocèse, pour y avoir recours en cas de besoin.

9° Que les receveurs préposés à la perception des impositions ecclésiastiques soient choisis par le clergé du diocèse, pour ladite perception être faite à moindres frais possibles.

10° Que ces receveurs versent directement le montant des impositions au trésor royal.

11° Que, par conséquent, la charge de receveur général du clergé soit supprimée, comme absolument inutile.

12° Que la nation représentée par les Etats généraux donne sa sanction aux dettes contractées par le clergé uniquement pour venir au secours de l'Etat; qu'elle se charge des engagements qu'elle a contractés, de sorte que, dans aucun temps et sous quelque prétexte que ce soit, il ne puisse être ni poursuivi ni recherché, pour cause des emprunts que le gouvernement a faits sous son nom.

13° Demande que le règlement qui oblige les collecteurs à faire la perception de tous les impôts ait une exécution durable, et que tous les receveurs des deniers du Roi, intermédiaires jusqu'à présent entre les collecteurs des paroisses et le garde du trésor royal, soient supprimés, comme extrêmement onéreux à la nation qui est chargée de leurs honoraires, gratifications et taxations.

14° Que dans le cas où il paraîtrait nécessaire

d'avoir dans chaque élection un receveur particulier, il soit fait un choix dans chaque arrondissement d'une personne qui, au moyen d'une caution solvable, soit chargée de la recette de toutes les sommes perçues par les collecteurs, à laquelle serait attribué un honoraire honnête; lequel receveur serait néanmoins soumis à l'inspection et à la vérification de la part des municipalités.

15° Quant à l'impôt représentatif des corvées, demande qu'il soit employé à la confection des chemins de chaque province, où il aura été levé, sans qu'on puisse intervertir cette destination ni en confondre les deniers avec ceux d'une autre province, encore moins avec ceux d'un autre déjartement.

16° Que les sommes provenant de l'impôt pour les corvées ne soient employées que pour la réparation ou la réfaction des grandes routes et des chemins de communication, sans qu'il soit permis aux seigneurs, sous prétexte du bien public, d'en faire faire pour leur utilité particulière.

17° Que lorsque la confection des routes nouvelles, ou une nouvelle direction des anciennes, occasionnera la perte d'une portion de terre ou d'une maison, elles seront remboursées aux propriétaires à leur juste valeur avant qu'on puisse y faire passer le chemin qui aura été projeté.

18° Demande que les impôts portent sur toutes les possessions foncières, de quelque nature qu'elles soient; que les châteaux, parcs et généralement tous les enclos appartenant aux seigneurs et autres propriétaires, y soient compris.

19° Comme il ne serait pas juste que les capitalistes, qui possèdent une partie du numéraire du royaume, et dont la fortune est enfermée dans un portefeuille, fussent exempts de la contribution commune, il sera avisé par les Etats généraux aux moyens de leur faire partager, avec la nation, les impôts auxquels ils se sont soustraits jusqu'à présent.

20° Le sel étant une denrée de première nécessité, il paraîtrait de l'intérêt de la plus urgente et de la plus nombreuse portion de la nation que la valeur en fût fixée à un prix beaucoup au-dessous du prix actuel; c'est pourquoi les Etats généraux aviseront aux moyens de réduire le prix du sel à 6 sous la livre, dans les pays de gabelle, en supposant qu'il ne soit pas possible de le confondre avec tous les objets qui entrent dans le cours du commerce.

21° Les droits d'aides sont un des impôts les plus onéreux; l'exercice en est tyrannique; il soumet tous les citoyens à une inquisition d'autant plus révoltante, que ces lois fiscales sont un très-grande partie un mystère réservé aux percepteurs, et que le peuple se trouve souvent en contravention sans le savoir; c'est pourquoi le Roi sera très-humblement et très-instamment supplié de vouloir bien supprimer entièrement les droits d'aides, ou de les convertir en un impôt sur les vignes et jamais sur le vin.

22° Que l'impôt du contrôle des actes est encore un de ceux qui pèsent souvent avec le plus d'injustice sur toute la nation. La jurisprudence de cette partie de l'administration est aussi mobile que la volonté des administrateurs; elle est fondée, en très-grande partie, sur des arrêts du conseil qu'ils demandent et qu'ils obtiennent sans peine, et dans l'incertitude des droits, les contrôleurs les portent toujours au plus haut, sauf la restitution. Ceux qui ignorent l'injustice de la perception ne la demandent pas, et ceux qui la connaissent sont obligés de multiplier les

démarches pour l'obtenir. Le Roi sera donc très-humblement supplié de vouloir bien donner une loi qui fixe invariablement, par un tarif détaillé, les droits de contrôle qui seront dus pour chaque acte en particulier, sans qu'il soit permis aux administrateurs, ni d'interpréter cette loi, ni de lui donner aucun extension, sous peine d'être poursuivis comme concussionnaires. Cette loi sera enregistrée et publiée dans chaque juridiction, et une copie certifiée, déposée dans les archives de chaque municipalité.

23° On doit encore mettre au nombre des impôts les droits de péage, qui gênent le commerce, qui sont dispendieux pour ceux qui passent fréquemment d'un lieu à autre, et qui souvent ont été accordés à des particuliers pour des ouvrages pour lesquels ils gagent 40 p. 0/0. C'est pourquoi les Etats généraux sont priés de présenter au Roi les vœux de tous les citoyens contre ces droits, souvent injustes, et d'en ordonner la suppression.

ADMINISTRATION DE L'ÉTAT.

1° Après que Sa Majesté aura bien voulu faire connaître aux représentants de la nation la véritable situation de ses finances, l'état fidèle de la dette publique et du *déficit* actuel, les Etats généraux s'occuperont des mesures pour sanctionner la dette publique, combler le *déficit* et rétablir l'équilibre entre la recette et la dépense, par tous les moyens que pourra fournir un bon système d'administration dans les finances, de perception des impôts, d'économie dans les dépenses, d'une parfaite exactitude dans la comptabilité et d'un ordre stable dans toutes les parties de l'administration, sans lequel tout le zèle et tous les efforts de la nation seraient vains et inutiles.

2° Pour parvenir à cette heureuse restauration, il serait convenable que les Etats généraux, sous le bon plaisir du Roi, fixassent la dépense des maisons de Sa Majesté, de la reine et des princes, de manière cependant que cette détermination de dépense ne pût nuire ni à la grandeur du Roi ni à la splendeur du trône.

3° Qu'ils fixassent de même la dépense de chaque département, en y retranchant cependant celles qui, après un mûr examen, auraient été reconnues inutiles et ruineuses, comme celles qu'entraînent, par exemple, dans les bureaux des ministres, cette multitude de commis subalternes, dont les appointements, trop considérables, n'ont aucune proportion avec leur travail.

4° Qu'ils établissent un système de finance qui puisse simplifier celui qui a été suivi jusqu'à présent, qu'ils supprimassent toutes ces places, créées sous différentes dénominations, ou au moins qu'elles fussent restreintes au nombre rigoureusement nécessaire, n'étant pas dans l'ordre de distribuer à vingt individus le travail qui peut être fait par un seul.

5° Le Roi, revêtu éminemment de la puissance exécutive, et ne pouvant remplir seul et par lui-même cette auguste fonction, est forcé d'appeler à son conseil des ministres, entre lesquels il partage son autorité et qui peuvent en abuser; les Etats généraux sont donc priés d'arrêter, sous le bon plaisir du Roi, que tous les ministres, et généralement tous ceux qui auront été chargés en chef, ou autrement, d'une partie d'administration quelconque, seront responsables à la nation de leur conduite et poursuivis par-devant les tribunaux désignés par les Etats généraux, pour cause de prévarication dans la partie de l'administration qui leur aura été confiée, n'étant pas dans l'ordre que l'impunité et souvent des honneurs et des bienfaits soient la récompense de l'inconduite et de l'incapacité.

6° Il serait encore à souhaiter que le Roi voulût bien accueillir avec sa bonté ordinaire la supplication que lui feraient les États généraux de donner entrée dans ses conseils à un nombre de personnes éclairées et d'une probité reconnue, que Sa Majesté leur permettrait de lui présenter.

ADMINISTRATION DE LA JUSTICE.

1° Il sera fait à Sa Majesté de très-humble supplications de maintenir les différents tribunaux ecclésiastiques et civils dans le libre cours et exercice de leurs pouvoirs et juridictions, trop souvent interrompus par des commissions, évocations ou attributions particulières.

2° Sa Majesté sera encore suppliée de vouloir bien ordonner la continuation et perfection d'un travail déjà commencé par ses ordres, concernant la réformation du code civil et criminel, dont le but doit être de simplifier la procédure, de régler la taxe des dépens, diminuer les épices et autres frais, et porter enfin la lumière dans ce labyrinthe obscur où s'égarent, tous les jours, tant de malheureux plaideurs, victimes de la rapacité des ministres inférieurs de la justice.

Quant à la réforme du Code criminel, le vœu du clergé serait : 1° que toute question fût abolie, excepté pour le crime de lèse-majesté au premier chef ; 2° que l'instruction de la procédure criminelle se fît publiquement, interrogatoires, dépositions des témoins, récolement et confrontation ; 3° qu'on accordât un conseil à tout prévenu de crime ; 4° qu'on établît une proportion entre le délit et la peine ; 5° que la loi ne prononçât pas indifféremment la peine de mort contre des crimes qui ont entre eux une énorme différence ; 6° que la peine de mort ne fût prononcée que contre les grands crimes, tels que ceux de lèse-majesté divine et humaine et les assassinats ; 7° que les supplices atroces fussent abolis ; 8° qu'aucun tribunal, aucune cour souveraine, ne pût juger les procès criminels en dernier ressort ; 9° que tout arrêt qui prononcerait peine de mort n'eût son exécution qu'après trente jours au plus, selon la distance des lieux, et que, pendant tout ce temps, on laissât ignorer au criminel le supplice auquel il a été condamné ; 10° que des ecclésiastiques zélés visitassent les prisons plusieurs fois dans l'année ; 11° enfin, qu'on accordât la communion aux condamnés à mort, lorsqu'ils demanderaient cette grâce.

3° Il sera représenté aux États généraux assemblés qu'il serait très-avantageux pour la nation que le ressort des parlements fût renfermé dans des bornes plus étroites, que par là ils rendraient plus promptement la justice.

4° Que, pour faciliter l'exécution de ce projet, les présidiaux pourraient être autorisés à juger en dernier ressort jusqu'à la concurrence de la somme de 10 à 12,000 livres.

5° Il serait à souhaiter que les juges, tant supérieurs qu'inférieurs, fussent responsables de leurs jugements, lorsque, par l'ignorance des lois qu'ils doivent connaître, ou par corruption, ils auraient rendu des jugements injustes, et que, dans ces circonstances, ils fussent condamnés à des indemnités envers les parties, proportionnées aux torts qu'elles auront éprouvés, et même déclarés incapables d'exercer dans la suite aucune charge de judicature.

6° Cette responsabilité doit s'étendre à tous les officiers subalternes, qui seront condamnés aux mêmes peines, dans le cas où ils seraient convaincus d'avoir, par des procédures insidieuses, prolongé la durée des procès, ou d'avoir augmenté les frais par des écritures inutiles.

7° Pour obvier à tous ces inconvénients, les États généraux seront priés d'aviser aux moyens de supprimer la vénalité des charges de judicature, de procurer la justice gratuite, d'éteindre successivement tous les offices inutiles et surabondants dans l'administration de la justice.

8° Il serait donc encore avantageux de demander la suppression des justices seigneuriales : 1° parce que plusieurs degrés de juriction multiplient les frais ; 2° parceque les baillis, ne tenant audience que rarement, à causes de leur éloignement du lieu où ils doivent rendre la justice, prolongent nécessairement les procès ; 3° parce que, parmi ces juges, on ne trouve pas toujours les lumières et les talents qui devraient présider à ces honorables fonctions.

9° Il serait à souhaiter, pour le bonheur des campagnes, qu'il fût établi, dans chaque paroisse, une espèce de tribunal, sous le nom de *chambre d'arbitrage*, composée du syndic, de six habitants et du curé qui présiderait ; qu'avant de faire aucune demande juridique et de donner assignation, les parties fussent tenues de se présenter à cette chambre, d'y expliquer elles-mêmes, ou par d'autres, mais sans le ministère d'un procureur, l'objet de leur discussion, les raisons sur lesquelles elles fondent leur demande ou leur refus, et d'attendre la sentence arbitrale qui serait prononcée dans le délai seulement nécessaire pour prendre des éclaircissements, lorsqu'ils seront indispensables. Si les parties étaient de deux paroisses, l'avis serait suspendu jusqu'à ce que les membres des deux chambres, ou le plus grand nombre d'iceux, eussent pu conférer ensemble sur l'objet de la contestation ; et alors la sentence arbitrale serait commune. Les parties ne pourraient commencer aucune procédure sans un certificat de la chambre d'arbitrage, qui attesterait qu'elles s'y sont présentées, et qui renfermerait la sentence arbitrale. Que de procès seraient étouffés dès leur naissance, si on choisissait ainsi des juges de paix!

ABUS.

1° Sa Majesté sera suppliée de vouloir bien, dans sa sagesse, remédier, pendant la tenue des États généraux, et sur leurs respectueuses représentations, aux abus suivants :

2° C'est un abus à supprimer que ces priviléges exclusifs qui gênent le commerce, contrarient l'ordre et la liberté publique, et par conséquent sont onéreux à l'état.

3° C'est un abus que ces accaparements qui se font, ou par des compagnies ou par des particuliers Ce serait plus qu'un abus, ce serait un crime digne de la plus sévère punition, si, dans ces temps malheureux où le prix des grains est excessif, ces accaparements portaient sur ces objets de première nécessité.

4° C'est un abus que tous ces priviléges, acquis souvent à un prix modique, qui déchargent les uns en augmentant le fardeau des autres.

5° C'est un abus que ces loteries qui exaltent les imaginations par l'espérance, qui servent d'aliment à l'avidité, ruinent des familles, et exposent les enfants et les domestiques à voler leurs parents ou leurs maîtres, pour satisfaire une passion qui n'a qu'un objet fantastique.

6° C'est une surprise faite à la religion du Roi que ces lettres de cachet ou ces lettres closes données arbitrairement par ses ministres, et qui enlèvent à l'homme la plus précieuse de ses propriétés, sa liberté. Les Etats généraux supplieront Sa Majesté de vouloir bien les abroger, ou au moins de n'en accorder aucune qui ne soit signée de sa main, et après qu'elle aura été jugée nécessaire par un conseil de six personnes d'une probité reconnue, dont Sa Majesté aura fait choix.

7° C'est encore une surprise faite à la religion du Roi que ces pensions, souvent excessives, souvent multipliées sur une même tête, accordées par la protection, à l'importunité et à l'intrigue. Les Etats généraux supplieront Sa Majesté de leur faire représenter l'état des pensions, le nom des personnes à qui elles ont été accordées, afin qu'ils puissent lui faire de très-humbles représentations sur celles qui seraient sans motifs ou excessives ; comme aussi de faire publier tous les six mois, par la voie de l'impression, l'état des pensions que Sa Majesté aura accordées dans cet intervalle.

Les Etats généraux supplieront encore Sa Majesté de se ressouvenir, dans sa bonté, de tant de braves militaires qui ont vieilli dans ses armées, de tant de magistrats qui se sont épuisés dans les fonctions de la magistrature, de tant d'hommes dans tous les états qui ont bien mérité de la patrie, et qui, réduits à une pénible indigence, parce que leurs vertus ne leur ont pas permis de solliciter des faveurs qui ne s'accordent qu'à l'intrigue, ont besoin des secours de Sa Majesté pour achever leur carrière en paix.

8° C'est un abus ignoré du Roi que cette extension donnée aux capitaineries qui, en privant les seigneurs du droit de chasse dans les lieux où Sa Majesté n'est jamais venue et ne viendra jamais chasser, ne présente qu'un moyen de donner, dans les bailliages de Mantes et Meulan, à des étrangers, le patrimoine des légitimes propriétaires.

9° C'est un abus, et plus qu'un abus, car c'est une injustice évidente que cette quantité de gibier qui dévore les campagnes, qui ruine les cultivateurs, qui éveille l'audace des braconniers et qui conduit dans les prisons, et souvent aux galères, ces hommes, coupables à la vérité, mais qui auraient été des citoyens paisibles, si l'abondance excessive du gibier ne les eût pas invités à violer la loi. C'est pourquoi les Etats généraux supplieront le Roi, s'il ne pouvait encore se rendre à la réclamation générale de la suppression du droit de chasse, de donner une loi simple, claire, d'une exécution facile et efficace, qui mette tous les cultivateurs à l'abri de l'inconcevable vexation qu'ils ont éprouvée jusqu'à présent, et qui leur assure une indemnité proportionnelle au tort qu'ils auront souffert.

10° C'est un abus que cette foule trop nombreuse de gardes-chasses répandus dans toutes les campagnes, et qui croient, parce qu'ils sont armés, pouvoir traiter avec hauteur, et souvent avec dureté, ses honnêtes et paisibles habitants. Il serait à souhaiter que leur nombre fût réduit, et ne s'accrût pas arbitrairement selon la volonté des seigneurs.

11° C'est un abus que la foi accordée à leurs procès-verbaux. L'erreur, la malice, la vengeance, peuvent souvent les égarer. Il serait avantageux pour tous les citoyens qu'il fût fait un règlement qui ordonnerait que les procès-verbaux des gardes-chasses n'auraient foi en justice qu'autant qu'ils seraient appuyés du témoignage d'un second témoin.

12° C'est un abus que les maîtrises des eaux et forêts se donnent le droit d'exiger tantôt 30, tantôt 36, tantôt 40 sous, et même davantage, pour la permission donnée à un particulier, d'abattre un arbre qui souvent n'a pas cette valeur. Les Etats généraux seront priés de prendre en considération, pour les intérêts du Roi, à cause de ses forêts, et pour l'avantage de la nation, l'administration arbitraire de cette juridiction.

13° C'est une surprise faite à la religion du Roi, que le règlement qui exclut le tiers-état de tous les grades militaires. Ce règlement avilit, dégrade et pourrait décourager à jamais cette partie la plus nombreuse de la nation, dans le sein de laquelle on a trouvé des hommes qui, par leurs vertus, leurs connaissances et leurs talents militaires, ont été les soutiens de la patrie et la gloire de la nation française. Le Roi sera donc très-humblement supplié d'annoncer que le tiers-état jouira du droit naturel qu'il a de parvenir, par ses talents et ses vertus, à tous les grades militaires, et qu'il n'y aura pas, selon l'expression de bonté de Messieurs de l'ordre de la noblesse, *de barrières entre les hommes et les places*.

14° C'est un abus que ces survivances qui éternisent les places dans certaines familles, en les rendant héréditaires. C'est récompenser un mérite qui n'existera peut-être jamais; c'est priver des hommes qui ont bien mérité de la patrie, d'une récompense qui leur est due.

15° Nous souhaiterions que la suppression de la milice fît disparaître un abus qui se renouvelle tous les ans, et que la rigueur des ordonnances ne peut empêcher, les bourses qui se font avant le tirage, et qui sont une seconde taille pour les paroisses.

16° C'est un abus que ces lettres de répit et de surséance qui enlèvent au créancier le droit de réclamer sa propriété, et qui donnent au débiteur le temps et la facilité de faire disparaître les objets qui étaient le gage d'une juste créance. Le Roi sera donc supplié de refuser indistinctement à toute personne, de quelque état et condition qu'elle soit, ces sortes de lettres, et de laisser aux tribunaux à prononcer une surséance, dans le cas seulement où le délai de payement sera avantageux au débiteur, sans faire courir de risques au créancier.

17° C'est un abus que le silence du ministère public dans ces faillites frauduleuses qui mettent le créancier à la merci du débiteur. C'est autoriser un vol public; c'est ménager, à des hommes consommés dans l'art perfide d'augmenter leur fortune par la ruine de leurs concitoyens, une impunité d'autant plus révoltante, que la bonne foi trahie est encore obligée d'y donner les mains, dans l'espérance de recueillir quelques débris qui leur échapperaient sans cette condescendance. Le Roi sera donc supplié de consentir une loi qui enjoigne au ministère public de requérir qu'il soit informé contre tout banqueroutier frauduleux, et que son procès lui sera fait et parfait, suivant la rigueur des ordonnances.

Ce serait une justice de faire supprimer le privilège de ces lieux qui servent d'asile à la mauvaise foi, et d'autoriser tout créancier à pouvoir faire exécuter le décret de prise de corps qu'il aurait obtenu contre son débiteur, condamné comme banqueroutier frauduleux, dans quelque endroit qu'il se fût réfugié, même dans sa propre maison.

18° L'humanité révoltée doit dénoncer à la nation, représentée dans les Etats généraux, un abus qui déchire toutes les âmes sensibles; cet abus, c'est le droit atroce que s'est donné l'homme d'acheter son semblable, de le priver de sa liberté, de le soumettre à un travail dur et continuel, et de le rendre jusqu'à sa mort la victime de ses caprices et de ses cruautés. Le Roi sera donc supplié de vouloir bien encourager la respectable Société des amis des Noirs, et l'autoriser à chercher et à proposer au gouvernement les moyens les plus propres à abolir l'infâme commerce de la traite des nègres.

DEMANDES PARTICULIÈRES ET LOCALES.

Si nous pouvions espérer que les Etats généraux pussent s'occuper des intérêts particuliers de chaque bailliage, nous ajouterions les demandes suivantes :

1° Des secours pour les réparations urgentes de l'église collégiale de Mantes, monument superbe de la piété de la mère et de la femme de saint Louis, et dont la chute pourrait être désastreuse pour un grand nombre de citoyens.

2° Quoique nous ayons déjà parlé des abus qui se passent dans la juridiction des eaux et forêts, nous chargeons notre député de dénoncer ceux qui se commettent particulièrement dans la maîtrise de Saint-Germain en Laye, dont les officiers subalternes rançonnent les habitants de la campagne, en exigeant d'eux qu'ils prennent des permissions pour abattre toute espèce d'arbres, même les taillis, et qui font payer ces permissions arbitrairement, parce qu'elles leur tiennent lieu de gages, que cette maîtrise ne leur donne pas. La suppression de cette juridiction serait avantageuse et les juges royaux pourraient la remplacer.

3° Les bailliages de Mantes et Meulan réclament encore contre un abus qui leur est particulier : c'est le droit de déport que les évêques, particulièrement en Normandie, s'attribuent dans leurs diocèses. Ce droit est contraire à la propriété des curés, puisqu'il les prive pendant une année, d'un bien qui leur appartient ; mais il est encore bien plus contraire aux droits des paroissiens ; ils se trouvent livrés à un étranger qui est venu marchander le droit de vivre à leurs dépens, et pour lequel les mœurs et la religion sont des objets à peu près indifférents. Il est affligeant pour l'Eglise de voir, dans ces circonstances, le revenu temporel adjugé à l'enchère, et le ministère spirituel au rabais ;

4° Les religieuses Annonciades de Meulan supplient le Roi : 1° de vouloir bien leur accorder une indemnité proportionnée à la perte qu'elles ont faite de la moitié de leur dotation, par la réduction à moitié des rentes sur les revenus de Sa Majesté ; 2° de vouloir bien leur ordonner que les deux années qui leur sont dues des arrérages du reste de leur dotation leur soit payées, leur subsistance y étant rigoureusement attachée.

5° Le Roi sera encore supplié de vouloir bien prendre en considération les entraves mises depuis trois ans à la liberté que doivent avoir les ecclésiastiques, de disposer de leurs biens, en les assujettissant, par l'arrêt de son conseil du 5 septembre 1785, à ne pouvoir passer les premiers baux de constructions ou reconstructions qu'à l'enchère, et en présence du subdélégué de l'intendant. Cette formalité, sollicitée par les administrateurs des domaines, prive les ecclésiastiques du droit de faire le choix de ceux auxquels ils ont intérêt de faire le bâtiments qui leur appartiennent, les soumet à une dépense inutile et les expose à payer des droits proportionnels aux prix d'une adjudication qui peut être forcée dans ces circonstances, et qui souffrira un rabais au premier bail qui sera passé dans la suite.

Tels sont les vœux que forme le clergé des bailliages de Mantes et Meulan ; il les réunit aux vœux patriotiques de l'ordre de la noblesse et de l'ordre du tiers-état, ou plutôt à ceux de tous les Français. Sa confiance dans les lumières de la nation représentée dans les Etats généraux ; l'espérance que l'on n'entendra, dans cette auguste assemblée, que la voix du patriotisme, et surtout la connaissance qu'il a des sentiments paternels du Roi pour ses fidèles sujets, tout lui annonce cette heureuse harmonie qui doit réunir les esprits et les cœurs, et qui opérera cette régénération si désirée, qui rendra à la religion sa splendeur ; à l'Etat, sa constitution ; aux citoyens, l'affermissement de leurs droits et de leurs propriétés ; et qui procurera au monarque, ou plutôt au père qui nous gouverne, cette gloire solide et immortelle qui est le prix de la bienfaisance et des vertus.

Ledit cahier renferme les instructions que nous avons eu l'intention de donner à notre député. Nous allons les résumer et les réduire à quelques points principaux, dont nous le chargeons de solliciter l'admission :

1° Nous lui recommandons de ne point s'éloigner des principes sur la nature et l'essence de la monarchie française, et les prérogatives qui appartiennent au monarque chargé des rênes de l'Etat.

2° Nous lui recommandons de s'opposer, avec le zèle dont doit être animé tout ministre de l'Evangile, à tout système qui pourrait contrarier les principes de la religion catholique, apostolique et romaine, la sainteté de son culte, les prérogatives essentielles de ses ministres ; en un mot, tout ce qui pourrait tendre à affaiblir l'autorité dont Jésus-Christ a revêtu son Eglise, et le respect qui lui est dû.

3° Nous lui recommandons expressément de s'unir à tous les représentants de la nation, pour demander au Roi, avec les instances les plus vives et les plus respectueuses, de vouloir bien, avant toute délibération sur les impôts, accorder une loi irrévocable qui ordonne : 1° que les Etats généraux seront toujours assemblés dans la suite à une époque fixe ; 2° que nulle loi portant création d'impôts ne pourra être portée que dans lesdits Etats ; que les impôts ne seront accordés au plus que jusqu'aux Etats généraux suivants, et que, si lesdits Etats n'étaient pas convoqués à l'époque arrêtée, lesdits impôts ne pourront être ni continués ni perçus ; 4° que les ministres rendront compte aux Etats généraux de toutes les sommes dont ils auront fait et ordonné l'emploi. Cette dernière loi est d'autant plus nécessaire, que sans elle tous les efforts de la nation pour la restauration de l'Etat ne laisseraient, pour l'avenir, que la funeste perspective des mêmes malheurs que la bonté du Roi a intention de faire disparaître, et la ruine inévitable du royaume, qu'un administration sage et économique doit élever au-dessus des différentes puissances répandues dans l'Europe entière.

4° Enfin, nous chargeons notre député de faire sur tous ces objets, que nous regardons comme les plus essentiels, et sur tous les autres de même importance qui pourraient être proposés dans l'assemblée des Etats généraux, les remontrances les plus fortes, les plus énergiques ; nous le conjurons, au nom de la nation entière, qui réclame son inébranlable fermeté, de ne point se décourager à la vue des obstacles qu'on pourrait lui opposer ; mais de faire, dans cette précieuse circonstance, tout ce qu'on doit attendre d'un zélé citoyen et d'un bon Français.

Dans cette confiance, par ces présentes nous lui donnons tous pouvoirs généraux et suffisants pour proposer, remontrer, aviser et consentir tout ce qui peut concerner les besoins de l'État, la réforme des abus, l'établissement d'un ordre fixe et durable dans toutes les parties de l'administration, la prospérité générale du royaume et le bien de tous et de chacun des sujets de Sa Majesté, promettant d'agréer tout ce qu'il aura consenti et arrêté avec les autres représentants de la nation dans les États généraux.

Hua, doyen, président. Radix. Harasse. Hua. Chopier. Le Marie. Maheu, secrétaire. Obry, de Caix, de la Vigne, tous secrétaires.

CAHIER
DE L'ORDRE DE LA NOBLESSE DES BAILLIAGES DE MANTES ET DE MEULAN,

Remis à M. le marquis de Gayon, élu député par l'ordre de la noblesse, le 23 mars 1789 (1).

Nous commençons par déclarer que nous désirons la conservation du gouvernement monarchique sagement tempéré par les lois. C'est le gouvernement que nos pères nous ont transmis, et sa durée non interrompue depuis tant de siècles, suffirait pour garantir sa perpétuité. C'est aussi le gouvernement qui convient le mieux à un grand État. Il convient surtout à la France, dont la situation physique et le caractère moral semblent s'en être fait un besoin. Enfin, nous ne pouvons que nous glorifier et nous réjouir des grandes espérances que le monarque vient de faire renaître; et si nous étions encore à ces temps où la nation élisait et proclamait ses rois, le libre suffrage devrait, sans doute, se réunir sur celui que la gloire de ses ancêtres, la droiture de ses intentions, et sa généreuse facilité à permettre tout ce qui tend au bien public, nous font chérir et respecter aujourd'hui sur le trône.

Après cette profession de nos sentiments, nous allons présenter les idées que les droits d'homme et de citoyen dictent impérieusement dans toute espèce de constitution, et qui, dans cette époque de restauration universelle, se concilient sans effort avec la monarchie.

L'ordre de la noblesse ne s'est occupé d'aucune discussion sans avoir fait le sacrifice entier de ses privilèges pécuniaires, et sans avoir été lui-même annoncer solennellement à l'assemblée du tiers-état de ces bailliages, son aveu formel que l'impôt doit être également supporté par tous les citoyens. Nous avons cru que, pour êt e dignes de soutenir la cause de la France, notre première pensée devait être un retour sur nous-mêmes , et un hommage à la justice.

Tous les objets relatifs aux États généraux (qui doivent se tenir à Versailles, le 27 avril 1789) se divisent en deux parties :

1° L'assemblée;
2° Les affaires communes.

DE L'ASSEMBLÉE.

Art. 1er. Quoique la députation actuelle ne soit pas dans les principes constitutionnels d'une bonne représentation, cependant, attendu que les besoins de la nation ne souffrent aucun retard,

(1) Nous publions ce cahier d'après un imprimé de la *Bibliothèque du Sénat.*

nous autorisons notre député, et, autant qu'il est en nous, les députés de tous les ordres de ces bailliages, à se porter dans l'assemblée des États comme les légitimes représentants de la nation française, à agir, en cette qualité, comme revêtus de toute l'autorité, et de tous les pouvoirs qu'une nation a le droit naturel et imprescriptible de conférer à ses représentants, et dont a droit de jouir toute assemblée nationale, légitimement et régulièrement convoquée.

Art. 2. En conséquence, nous autorisons notre député à prendre, sur la forme de délibérer dans les États prochains, toutes les résolutions qu'il jugera utiles au bien général, et, en particulier, à voter sur la question de la délibération par ordre ou par tête, sous quelque forme que cette question soit soumise à la décision des États.

L'ordre de la noblesse prescrit à son député de présenter son vœu d'opiner par ordre, lorsqu'on élèvera la question de savoir si l'on doit opiner par ordre ou par tête. Cependant, dans les circonstances particulières, le député sera libre de prendre le parti qui paraîtra le plus avantageux.

Art. 3. Nous ne doutons pas que les députés ne fassent tous les règlements nécessaires pour l'ordre, la police, la liberté et l'indépendance de leur assemblée.

Art. 4. Nous prescrivons à notre député de demander qu'aucune délibération ne soit censée arrêtée qu'à la pluralité des deux tiers des voix dans la même séance, ou même une simple pluralité dans trois séances successives.

Art. 5. Nous déclarons que nous limitons la durée des présents pouvoirs à une année seulement, à dater du jour de l'ouverture des États généraux prochains; nous réservant, si l'assemblée des États n'est pas terminée, le droit que nous aurions de faire une nouvelle élection, et de donner de nouveaux pouvoirs.

Art. 6. Nous prescrivons à notre député de ne consentir à aucune dissolution ni même à aucune suspension des États généraux qui n'aurait pas été arrêtée par une délibération libre et indépendante; en conséquence, et pour prévenir cette dissolution ou suspension, il déclarera dans les premières séances que tous les impôts établis jusqu'à présent l'avaient été d'une manière réputée légale, mais au fond directement contraire à la loi fondamentale de l'État, et au principe universellement reconnu sur la sanction de l'impôt qui n'appartient qu'à la nation.

Il déclarerait ensuite si, en cédant à la force, il était contraint de se retirer, que tout tribunal sera tenu, à peine d'en être responsable à la nation, de poursuivre comme concussionnaire quiconque viendrait à répartir, asseoir ou lever aucune taxe non consentie ou prorogée par les États généraux.

AFFAIRES COMMUNES.

CHAPITRE PREMIER. — *La déclaration des droits.*

Art. 1er. Nous prescrivons à notre député de demander qu'après les règlements nécessaires pour l'ordre intérieur et extérieur de l'assemblée, il soit procédé immédiatement à la formation d'une déclaration des droits, c'est-à-dire d'un acte par lequel les représentants de la nation énonceront en son nom les droits qui appartiennent à tous les hommes en leur qualité d'êtres sensibles, raisonnables et capables d'idées morales; droits qui sont antérieurs à toute institution sociale : et nous déclarons en même temps que tous les hommes soumis aux lois françaises doivent jouir de ces droits sans qu'aucune autorité puisse légitimement y porter atteinte.

Art. 2. Nous lui prescrivons de fonder cette déclaration sur le développement des droits primitifs et universellement reconnus, tels que la sûreté et la liberté des personnes, la sûreté et la liberté des biens, et l'égalité des droits politiques et civils.

Art. 3. Nous lui prescrivons en conséquence de déclarer, d'abord,

Quant aux personnes :

1° Qu'aucun individu ne pourra être condamné à aucune peine, sinon pour une violation grave du droit d'un autre homme ou de celui de la société ; et à moins que la peine n'ait été décernée d'avance contre cette violation par une loi précise et légalement promulguée.

Qu'il ne pourra être jugé que par un tribunal, établi ou reconnu par la nation, sans que les juges puissent modifier ni interpréter la loi, sans que les causes puissent être évoquées pour aucuns motifs, si ce n'est dans les cas prévus par la loi, et en rendant les juges responsables de l'autorité qui leur est confiée ; enfin, avec cette condition expresse que, dans l'instruction, la loi réservera toujours à l'accusé le libre usage de ses moyens naturels de défense.

2° Qu'aucun individu ne pourra être emprisonné que sur une accusation de crime emportant peine afflictive ou infamante ; ni retenu en prison que sur le décret d'un tribunal, et en vertu d'une loi qui détermine les causes légitimes de ces décrets, et veille à ce que la détention ne puisse jamais être indéfinie : article qui renferme la proscription de tout ordre illégal, et la nécessité de restreindre à une juste mesure envers les citoyens l'obéissance illimitée ou militaire.

3° Que tout individu jouira de la liberté d'écrire et d'imprimer, sans que la liberté d'écrire puisse être gênée par l'ouverture clandestine des lettres, et sans que personne puisse être recherché et soumis à une peine pour ce qu'il aura dit, imprimé ou distribué, à moins que (conformément à l'article 1er) il ne résulte de ces discours, de cette publicité une violation du droit d'autrui, déclarée telle par la loi.

Nous pensons que, dans ce cas, on peut prévenir tous les inconvénients de la liberté en rendant l'imprimeur responsable, s'il ne fait pas connaître l'auteur.

Nous prescrivons à notre député de déclarer ensuite,

Quant aux biens :

1° Qu'aucun citoyen ne pourra être dépossédé des propriétés dont il jouit, sinon en vertu du jugement d'un tribunal légalement établi.

2° Qu'aucun citoyen ne pourra être privé d'aucune partie de sa propriété, si ce n'est pour une contribution à la charge commune, ou pour que cette propriété soit consacrée à un usage public, déclarant en même temps que, dans ce premier cas, la contribution ne sera point regardée comme légitime, à moins que, pour les dépenses générales, elle n'ait été consentie par la pluralité des représentants de la nation, et pour les dépenses locales et particulières, par la pluralité des représentants de la province ; et dans le second cas, on ne pourra prendre pour un usage public aucune partie de la propriété qu'en vertu de la décision des mêmes pluralités, et qu'après que le remboursement, ou convenu de gré à gré, ou contradictoirement

fixé par un jugement régulier, aura été entièrement effectué.

3° Que les lois conserveront à tous les individus leur liberté naturelle de travailler, de choisir leur domicile, d'acheter ou de vendre, excepté dans les cas où l'exercice de cette liberté nuirait aux droits d'autrui, car la loi est faite pour conserver les droits des hommes, et non pour accorder des privilèges.

Art. 4. Nous espérons que notre député présentera à ses concitoyens ces grandes et éternelles maximes, non-seulement avec la précision et la clarté qui subjuguent la raison, mais encore avec ce sentiment d'énergie qui pénètre les cœurs et y grave les vérités de la nature en caractères ineffaçables !

Art. 5. Nous lui prescrivons de ne prendre part à aucune délibération, que cette déclaration des droit n'ait été formée par l'assemblée ; parce que, sans une telle déclaration, les députés ne peuvent se regarder comme des hommes libres, et que jusque-là ils ne doivent se permettre d'accepter ni de s'attribuer aucune immunité qui ne leur serait pas commune avec tous les citoyens.

Art. 6. Mais comme il n'est pas possible de présumer qu'aucun être raisonnable ose se refuser à l'évidence de la précédente déclaration, considérant que les objets qu'elle énonce sont tous de l'intérêt le plus pressant, nous prescrivons à notre député de demander que ces objets soient érigés incontinent en une loi soigneusement combinée dans toutes ses branches, qui applique aux personnes les droits que l'on vient d'établir, et se réserve de les appliquer pareillement aux biens, avec le temps et les précautions nécessaires : en abrogeant néanmoins dès à présent toutes les institutions qu'il est urgent d'abroger pour la conservation des biens, telles que les capitaineries, dont la suppression sera demandée ; et en statuant une révision des droits féodaux considérés chacun dans son origine, dans sa nature et dans ses effet.

Art. 7. Enfin, comme aucune des réclamations de l'humanité ne peut être étrangère à des amis de la liberté et de la justice, nous recommandons à notre député de solliciter l'abolition de la servitude de la glèbe, abolition dont le Roi a donné l'exemple dans ses domaines ; nous lui recommandons aussi de proposer l'examen des moyens de détruire la traite, et de préparer la destruction de l'esclavage des noirs. Il doit nous être permis de désirer pour la France l'honneur d'effacer jusqu'aux dernières traces de la dégradation de la nature humaine.

CHAPITRE II.

De la Constitution.

Art. 1er. Une représentation entière et égale étant la seule base de toute constitution légitime, nous prescrivons à notre député de s'occuper des moyens à prendre pour que, dans les sessions suivantes, les députés soient élus par la généralité des citoyens de chaque territoire ; et, en conséquence, il demandera qu'on établisse une constitution représentative depuis les assemblées paroissiales jusqu'à l'assemblée nationale.

Art. 2. Nous le chargeons de voter pour l'établissement d'assemblées de provinces, d'assemblées secondaires de district dont la formation, les droits et les fonctions fassent partie de la constitution, et pour la réunion de plusieurs paroisses de campagne dans une seule communauté, comme étant un moyen de rendre la représentation plus égale dans les assemblées, et d'établir plus d'équilibre entre les différentes classes de citoyens.

Art. 3. Nous lui prescrivons de voter pour que les membres d'aucune de ces assemblées ne soient élus ni par ceux de l'assemblée supérieure, ni par ceux de l'assemblée inférieure, et particulièrement pour que les membres des assemblées de provinces n'aient aucune part ni aucune influence dans l'élection de ceux de l'assemblée nationale.

Art. 4. Nous demandons que les députés appartenant à la représentation nationale, à quelque degré que ce soit, reçoivent de l'assemblée qui les aura députés, et jamais d'une autre source, leurs honoraires qui ne doivent être que des indemnités.

Art. 5. Les principes de la politique étant aussi absolus que les principes de la morale, puisque les uns et les autres ont pour base commune la raison, nous ne pouvons nous empêcher de penser, en réfléchissant sur la nature du pouvoir législatif, que la permanence de toutes ces assemblées, ainsi que celle de l'assemblée nationale, est une suite de leur existence, et qu'elle doit être déclarée par une loi expresse (sauf la faculté de se mettre en vacances et de s'ajourner). Et dans le cas où cette permanence serait établie, nous exhortons notre député à rechercher les règles ainsi que les moyens d'une régénération partielle et périodique des membres qui composeront les assemblées.

Art. 6. Comme on ne peut permettre qu'aux assemblées inférieures, à raison de la perpétuité nécessaire de leurs travaux, de confier à une commission intermédiaire la suite de leur gestion et la surveillance d'exécution, nous en exceptons spécialement l'assemblée nationale, et nous prescrivons à notre député de s'opposer à son égard à l'établissement de toute commission intermédiaire à laquelle on accorderait le droit de consentir aucun impôt et de donner la sanction à aucune loi dans l'intervalle des assemblées nationales, et par une conséquence que les principes exposés ci-dessus rendent inévitable, nous recommandons à notre député de ne point consentir à l'attribution qu'on voudrait faire de la même autorité à aucun corps existant dans l'État.

Art. 7. Nous prescrivons à notre député de demander qu'il soit énoncé qu'aucune loi ne pourra être établie, qu'aucun impôt ne pourra être levé, ni aucun emprunt engager la nation que par le vœu de l'assemblée nationale; qu'elle seule aura le droit d'ordonner aux citoyens, sous la forme de loi, ce qui ne sera pas contraire aux articles des droits, des hommes libres ne pouvant regarder comme loi que ce qui est l'expression de la volonté commune, formée dans l'assemblée des citoyens, ou dans celle de leurs représentants.

Art. 8. Nous autorisons notre député à demander, pour la législation, une formule qui exprime sur chaque article le droit de la nation.

Art. 9. Enfin, pénétrés plus que jamais du grand principe de la volonté commune, telle qu'on doit l'entendre, et du besoin de jouir d'une constitution régulière, nous prescrivons à notre député de voter pour que cette constitution soit réformée après un espace de temps déterminé; qu'elle ne puisse l'être dans l'assemblée nationale ordinaire, laquelle ne doit qu'en faire partie; mais par une assemblée solennelle, convoquée pour ce seul objet, dont la composition, la forme et l'époque seront fixées par les prochains États généraux (on pourrait fixer cinquante ou cent ans).

CHAPITRE III.
De la législation.

Art. 1er. Nous prescrivons à notre député de demander qu'il soit créé une commission pour l'établissement d'une éducation vraiment nationale, et qui s'étende à toutes les classes de citoyens, comme étant le principe fécond du développement des hommes et de leurs vertus.

Art. 2. Nous lui prescrivons de demander qu'il soit créé une seconde commission pour la révision et la réforme des lois civiles, criminelles et de police; pour la réforme des procédures, et généralement pour tout ce qui concerne l'administration de la justice. Nous recommandons que ce travail soit l'application particulière des principes généraux énoncés dans la déclaration des droits. Nous insistons pour qu'il soit statué que les citoyens, de quelque étendue de pouvoir qu'ils soient revêtus, doivent dépendre également de l'autorité de la loi et de la juridiction des tribunaux.

Nous désirons que la question de la jurisprudence, par jurés, soit examinée avec la plus grande attention.

Art. 3. Comme tous les hommes doivent en même temps concourir par leurs lumières à ce grand travail, nous prescrivons à notre député de demander que la commission publie, dans les assemblées représentatives inférieures, c'est-à-dire dans les assemblées paroissiales, dans celles de district, et dans celles de province, un catalogue des questions qui auront besoin d'être éclaircies, et des demandes qui auront été formées, en sollicitant auprès de ces trois degrés de la représentation nationale les réflexions de chaque citoyen, et les renseignements qu'il n'est possible de se procurer que par des connaissances locales, pour que la commission en compose ensuite son rapport à l'assemblée de la nation.

CHAPITRE IV.
Des finances.

Art. 1er. Nous prescrivons à notre député de ne voter sur aucun subside, sur aucun emprunt, avant que les objets précédents n'aient été traités, que les points fondamentaux de la constitution exposés ci-dessus n'aient été arrêtés; que la commission pour la réforme des lois n'ait été établie.

Art. 2. Nous l'autorisons à reconnaître, au nom de la nation, la dette contractée par le Roi avant le 1er mai 1789 seulement, à sanctionner cette dette, après avoir toutefois vérifié les titres des dettes qui n'auraient pas été contractées en vertu d'édits, ou de lettres patentes, ou d'arrêts du conseil; et de soumettre à un examen particulier celles dans lesquelles, outre l'intérêt des sommes prêtées, on aurait accordé des privilèges aux fournisseurs de fonds, comme celles pour lesquelles il pourrait y avoir des doutes que les fonds eussent été réellement fournis.

Art. 3. Nous prescrivons à notre député de demander la formation d'une caisse nationale chargée, 1° de recevoir tous les impôts accordés par les États généraux, tous les deniers provenant des emprunts arrêtés par eux, de la vente des biens publics ordonnée par eux; 2° de payer les intérêts de la dette, les remboursements tels qu'ils seraient arrêtés par l'assemblée nationale, et de verser dans le trésor royal la somme fixée par l'assemblée nationale pour la dépense publique de chaque année; 3° de suivre l'exécution des réformes ordonnées par les Etats, et de payer les pensions ou les remboursements que ces réformes pourraient entraîner,

La commission chargée de diriger cette caisse étant obligée de publier chaque mois le tableau de la situation et le compte de ses opérations, et de rendre à l'assemblée nationale, si elle est permanente, un compte annuel qui sera toujours publié, et seulement un compte général à chaque assemblée nationale si elle est periodique.

Art. 4. Nous autorisons notre député à demander le compte détaillé de la recette et de la dépense, avec les motifs et les preuves de chaque article, pour qu'il puisse, d'après ce compte détaillé, demander la fixation de la dépense publique et celle de chaque département, le Roi ayant lui-même annoncé (1) le désir généreux que sa dépense personnelle et celles de sa maison fussent réduites à une somme fixe : et proposer les réformes nécessaires, régler la manière dont ces réformes doivent être exécutées, en ayant égard, d'après les principes de la justice, aux droits des personnes que les réformes priveraient de leur état et d'une partie de leur bien-être.

Art. 5. Nous autorisons uniquement notre député à accorder les fonds nécessaires pour la dépense publique, pour le payement de l'intérêt de la delte, pour celui des remboursements arrêtés, et cela pour deux ans seulement, ou pour six mois jusqu'après l'ouverture de l'assemblée nationale qui suivra ces Etats généraux, pourvu que l'époque de cette assemblée ait été solennellement fixée.

Art. 6. Nous l'autorisons, pour former ces fonds, à consentir à la continuation des impôts actuels, en demandant les diminutions qu'exige le soulagement du peuple, en faisant les opérations nécessaires pour que les impôts soient supportés également par tous les ordres et par toutes les classes des citoyens; à prendre des mesures pour diminuer les frais de perception, et adoucir la dureté des contraintes et celle des lois pénales contre les fraudeurs.

Art. 7. Et comme il serait possible que les impôts, ainsi diminués, ne fussent pas suffisants pour compléter les fonds accordés par les Etats, nous autorisons notre député à consentir aux emprunts nécessaires pour compléter ces fonds, ainsi qu'à la levée d'une somme égale à l'intérêt perpétuel de ces emprunts, sous la forme d'un impôt additionnel, sans aucun privilége ni exception pour aucune nature de biens.

Nous nous bornons à donner ce pouvoir à notre député, quelque convaincus que nous soyons de la nécessité d'une réforme générale dans l'administration de l'impôt, parce que nous croyons que cette réforme ne peut se faire d'une manière utile que d'après un plan combiné avec soin, et sur lequel les assemblées représentatives des différents ordres dans chaque province aient pu être consultées, et qu'une forme partielle, que l'excès du zèle pour le bien public pourrait entreprendre, aurait les inconvénients les plus graves et pourrait même entraîner des suites funestes.

Art. 8. En conséquence, nous autorisons notre député à demander l'établissement d'une commission, chargée de présenter à l'assemblée nationale suivante, un plan de réforme, à consulter sur ce plan, dans l'intervalle, les différents ordres d'assemblées, à se procurer dans toutes les archives, greffes ou registres des diverses compagnies

(1) Résultat du conseil et rapport fait au Roi le 27 décembre 1788.

et des divers départements, toutes les instructions dont elle aura besoin, sans que cette commission puisse ni rien imposer ni sanctionner, sous quelque prétexte que ce soit, aucun règlement ni aucune loi fiscale.

Art. 9. Nous autorisons notre député à consentir à la vente des biens qu'il sera proposé de vendre pour l'utilité publique, à condition que les droits de propriété seront scrupuleusement conservés, que les divers ordres d'assemblées des provinces seront chargés des opérations relatives à ces ventes, et que la totalité du produit sera employé à des remboursements ordonnés par les Etats.

Art. 10. Si l'assemblée nationale n'est pas permanente, mais seulement périodique, notre député pourra autoriser la commission chargée de la direction de la caisse nationale, pour le cas d'une guerre forcée, à condition que ces cent millions ne seraient employés que pour les frais extraordinaires occasionnés par la guerre, qu'il serait présenté à la commission de la caisse nationale un état des dépenses sur lequel elle ordonnerait d'en remettre les fonds aux départements chargés de la guerre.

SUPPLÉMENT DE POUVOIRS.

Dans le cas où il serait pris par les Etats une résolution contraire au vœu que nous avons prescrit à notre député, et contre laquelle il aurait protesté, comme aussi dans les cas où les Etats seraient d'avis de s'occuper des objets que nous avons cru devoir renvoyer à l'assemblée suivante, nous autorisons notre député à prendre part à toutes les délibérations qui auraient lieu en vertu de ces décisions, et à y voter suivant ses lumières et sa conscience : et en général à voter sur tous points relatifs à la constitution, à la législation et à l'administration des finances, pour lesquels les présents pouvoirs ne contiendraient pas une prescription particulière.

ARTICLES PARTICULIERS A L'ORDRE DE LA NOBLESSE.

Art. 1er. L'ordre de la noblesse, par une suite de son attachement au gouvernement monarchique, demande la conservation des rangs intermédiaires; car, autrement, il y aurait trop de distance entre le prince et les sujets : l'équilibre où le pouvoir doit reposer serait rompu au préjudice de tous les deux, et ce désordre finirait bientôt par entraîner la destruction totale du corps politique.

Art. 2. L'ordre de la noblesse prescrit à son député de s'opposer formellement à ce qu'il soit établi, dans l'assemblée nationale, aucune chambre composée de membres héréditaires ou à vie.

Art. 3. L'ordre de la noblesse observe que sa représentation, en nombre égal avec le clergé, n'est pas établie dans une juste proportion, et demande qu'elle soit de deux nobles sur un ecclésiastique.

Art. 4. Comme, relativement aux visites faites chez les particuliers, soit pour la levée des droits sur les consommations, soit pour prévenir la fraude, les nobles jouissent, ou par la loi ou par l'usage, de quelques immunités; comme ils ont toujours été exempts de toutes les impositions qui sont acquittées par un service réel et non en argent, nous déclarons qu'en demandant l'égalité en matière d'impôt, nous n'avons pas entendu renoncer à ces privilèges, mais voter pour qu'ils cessent d'être tels, et qu'ils deviennent un droit commun à tous les citoyens.

Art. 5. Nous demandons que les formes humiliantes auxquelles les députés du tiers-état sont assujettis dans les États généraux soient abolies.

Nous prescrivons à notre député de réclamer contre ces formes, et surtout celles qui auront pour objet de s'en rapporter à celui du clergé, pour proposer les moyens les plus efficaces et les plus convenables de parvenir à l'établissement d'un meilleur ordre, soit pour le spirituel, soit pour le temporel.

Nous prescrivons à notre député de réclamer contre ces formes, si on tentait de les introduire dans les prochains États généraux, et nous demandons, en même temps, que ces mêmes formes, qui accompagnent la reddition de foi et hommage soient abolies : le spectacle d'un homme à genoux devant un autre homme blessant la dignité de la nature humaine et annonçant, entre des êtres égaux par la nature, une infériorité incompatible avec leurs droits essentiels.

Art. 6. Nous demandons qu'à l'avenir aucunes charges, et surtout celles qui auront pour finance, ne puissent conférer la noblesse héréditaire; que cette distinction, ainsi épurée, et par là devenue plus honorable, ne puisse être accordée qu'à des actes constants de courage et de vertu, dont tous les états sont susceptibles.

Art. 7. Nous demandons la suppression des droits de francs-fiefs.

Art. 8. Un membre de la noblesse a fait sur l'imperfection des assemblées provinciales les observations suivantes :

Le ressort des assemblées provinciales étant extrêmement compliqué, cet établissement patriorique, gêné par la difficulté de sa correspondance et privé de beaucoup de lumières par le défaut d'un nombre assez considérable de députés, ne répond que très-imparfaitement aux espérances qu'on en avait conçues. Il paraît donc plus avantageux de demander pour chaque province des États particuliers modelés sur ceux du Dauphiné ou sur la forme qui réunira l'approbation des États généraux. En conséquence, nous demandons que la province de l'Isle de France soit érigée en pays d'États, dont le siège sera à Paris. Mais à raison de la richesse et de l'extrême population de cette province qui contient vingt-deux élections, il convient que ces députés élus par chaque ordre soient en plus grand nombre que dans le Dauphiné, et l'on croit pouvoir raisonnablement le fixer à douze députés par élection, savoir : deux du clergé, quatre de la noblesse et six du tiers-état, ce qui fera le nombre de deux cent soixante quatre députés aux États provinciaux; il paraît encore essentiel de décider la composition de la commission intermédiaire toujours subsistante desdits États provinciaux. On pense qu'elle serait convenablement formée par le sixième des membres desdits États, lesquels membres seront pris proportionnellement dans tous les ordres et dans toutes les élections.

Art. 9. L'ordre de la noblesse ne peut se dispenser de marquer son vœu sur la réforme des abus qui se sont introduits dans la manière de conférer les bénéfices ecclésiastiques, et dans leur usage; sur l'avantage qu'il y aurait de faire une plus juste répartition des revenus de l'Église, soit en augmentant les portions congrues, soit en portant toutes les cures à un revenu proportionné ou relatif aux besoins locaux, par la réunion des bénéfices simples ou distraction de ceux qui sont trop considérables.

Il ne peut se dispenser surtout d'énoncer un vœu exprès et formel pour la suppression du droit de déport que M. l'archevêque de Rouen perçoit sur les paroisses de son diocèse, situées dans les bailliages de Mantes et Meulan, usage, sinon manifestement usurpé, du moins injuste, qui prive le ministre d'une paroisse de la subsistance que cette même paroisse lui accorde et qui donne lieu, à chaque mutation de curé, au scandale public de voir, d'un côté, le revenu temporel adjugé à l'enchère, et, de l'autre, le ministère spirituel au rabais.

Au surplus, l'ordre de la noblesse ne peut mieux faire que de s'en rapporter à celui du clergé, pour proposer les moyens les plus efficaces et les plus convenables de parvenir à l'établissement d'un meilleur ordre, soit pour le spirituel, soit pour le temporel.

Art. 10. Quoique nous ayons déjà annoncé notre vœu commun sur la réformation des lois et des tribunaux en général, en demandant une commission particulière pour s'occuper de cet objet intéressant, nous chargeons néanmoins notre député d'exposer dans tout leur jour les abus particuliers sur les capitaineries, sur la juridiction des eaux et forêts, et nommément ceux qui se commettent en la maîtrise particulière de Saint-Germain en Laye qui s'étend sur les bailliages de Mantes et Meulan. Cette maîtrise exige depuis quelques années les déclarations de toutes espèces d'arbres forestiers et fruitiers, même des bois blancs et taillis, que chaque particulier veut faire couper, en obligeant de prendre des permissions distinctes pour arbres et futaies et bois taillis, refusant d'en donner collectivement à plusieurs propriétaires du même canton, renchérissant à volonté lesdites permissions, et dans un temps de calamité extrême, s'étant établi de cette manière un revenu odieux sur les paroisses de son ressort.

Les officiers de cette maîtrise nomment des gardes dans chaque canton et ne leur donnent aucuns gages. Ces subalternes avides abusent de l'ignorance simplicité des paysans pour les rançonner tyranniquement, car il faut croire que c'est sans l'aveu de leurs supérieurs qu'ils font payer à ces malheureux le droit d'abattre de méchants cerisiers.

Cette vexation établit une seconde taille pour les gens de campagne. Elle est telle, qu'il y a des particuliers qui payent à la maîtrise, pour le prix de la permission qu'elle exige d'eux, la valeur de l'arbre qu'ils font couper; il serait peut-être encore mieux de demander la suppression entière de ce tribunal amphibie, très à charge au Roi et à la nation; le petit nombre de leurs fonctions d'utilité reconnue serait facilement exercé par les officiers des bailliages royaux.

Art. 11. Nous demandons la révision des règlements contre le port d'armes à feu, avec attroupement, afin qu'il en résulte une loi renouvelée et perfectionnée, dont la disposition soit à l'avenir observée.

Art. 12. Nous demandons que tous les pauvres soient secourus dans leurs paroisses, et nous pensons que l'on pourrait trouver un moyen de soulager leurs besoins en supprimant toutes les quêtes établies pour les confréries ou dévotions particulières, et en substituant une seule quête pour les pauvres et l'établissement d'un tronc public dans ces églises.

Art. 13. Nous demandons qu'aux soins particuliers qu'on a déjà pris pour la confection des grandes routes, on ajoute ceux qui ne seraient pas moins nécessaires pour réparer et entretenir dans chaque canton les chemins vicinaux praticables.

Art. 14. Un membre de la noblesse demande que le Roi soit supplié de permettre qu'il soit élevé un monument national à la gloire de Louis XVI, surnommé le Français, en considération de tout ce que la France devra à ce prince magnanime.

Il demande que Sa Majesté permette également

que la nation assemblée en États généraux présente ou accorde à M. Necker l'*indigenat*, grande récompense sans doute, digne d'une grande nation sensible et reconnaissante.

Art. 15. Un membre de la noblesse demande qu'il soit établi dans les campagnes un hospice de charité, dans lequel se rassembleraient tous les jeunes enfants, après l'école, à l'effet d'y travailler en commun, soit à filer, tricoter la laine ou le coton, soit à faire de la dentelle ; que le ministère aurait la charité de fournir, par avance, les matières et ustensiles ; et que l'inspection de cet hospice serait confiée à une personne dont la piété, la sagesse et les bonnes mœurs seraient connus. En occupant ainsi les enfants, on les accoutumerait au travail, par l'espoir de la petite rétribution qui leur reviendrait au bout de la semaine, à proportion de leur ouvrage, et on bannirait l'oisiveté qui les porte trop souvent aux vices auxquels se livre la plus tendre jeunesse, par un très grand abandon à elle-même.

Art. 16. Le marquis de Guiry demande la conservation de la haute justice de son fief du Perchey-Cabin, attendu qu'elle est patrimoniale et possédée par sa famille depuis huit cents ans.

Art. 17. Le seigneur de Guitrancourt demande des secours pour les réparations de l'église de sa paroisse, attendu l'indigence de ses habitants et l'insuffisance de la grosse dîme, dont il est propriétaire. Ces secours pourraient être pris sur les économats.

Le présent cahier, contenant les pouvoirs et instructions de notre député, a été arrêté par nous soussignés, à l'exception de M. le comte de Murinais, qui s'est trouvé absent pour les ordres du Roi ; à Mantes en la chambre de la noblesse, le 22 mars 1789. *Signé* de Gaillon ; Mérault ; Hocquart de Coubron ; de Condorcet ; de Savary ; Levric ; le comte Archambault de Périgord ; le marquis de Tilly-Blaru ; Choppin de Seraincourt ; Dachery ; de David de Perprauville ; Dusault Donzac ; Grison de Villangrette ; de Richebourg ; de Mornay ; Mauleon-Savaillant ; Lifnard de la Roche ; Le Prêtre de Chateau ; Dulac de Casefort ; Seran ; le chevalier de David de Perdrauville ; Dupin-Desratinés ; de Kouaillan ; Le Vaillant de La Panne ; d'Azemard ; le chevalier d'Hudebert ; de Chaulnes ; de Goubert ; de Blan-Bisson ; de Brossard d'Hurpy ; Le Gendre , chevalier de Montenel ; le chevalier de Sailliac ; Demazis; Legrain ; de Cormeille ; de Boullongne ; Coinare, et de Castagny.

CAHIER

ET INSTRUCTIONS DE L'ORDRE DU TIERS-ÉTAT DES BAILLIAGES DE MANTES ET DE MEULAN,

Remis, le 26 mars 1789, à MM. Meunier du Breuil, *lieutenant général du bailliage et siège présidial de Mantes, et* Germiot, *cultivateur, députés* (1).

Nous demandons quelque indulgence pour ce cahier, dicté par un vif amour du bien public et par la longue expérience de nos maux. Il ne faut pas que l'on y cherche la profondeur du génie politique ; mais on y trouvera des vœux exprimés avec la simplicité de la nature, auprès de laquelle nous vivons, et que nous cultivons plus que notre esprit.

CHAPITRE PREMIER.
Constitution.

Art. 1er. Nous observons à nos députés, que, pour

(1) Nous publions ce cahier d'après un imprimé de la *Bibliothèque du Sénat.*

qu'à l'avenir on respecte les droits de l'homme, il ne suffit pas que ces droits soient connus, il faut encore qu'ils soient fixés avec solennité : en conséquence, nous demandons une *Constitution* qui détermine nos droits et les rapports des sujets avec le souverain. Au surplus, nous restons inviolablement attachés à la monarchie sous laquelle ont vécu nos pères.

Nous déclarons que le premier droit de l'homme est d'être libre dans sa personne et dans ses biens.

Par une suite de ce droit originaire, nous demandons la liberté de la presse, seul moyen de pouvoir en tout temps défendre sa propriété personnelle et réelle. Ainsi, il sera libre à tout individu d'écrire, comme il lui est libre de penser ; mais aucun ouvrage ne sera mis au jour sans porter le nom de celui qui le publiera.

Art. 2. Ce serait en vain que nous aurions un plan de Constitution, si nous n'avions pas ensuite des représentants pour maintenir la Constitution contre les attaques du temps. Ainsi, nous demandons que les prochains États généraux , après avoir fixé cette Constitution, fixent aussi le retour et la périodicité de l'assemblée de la nation. Nous désirons que ce retour soit de cinq ans en cinq ans.

Art. 3. La périodicité des États ne nous paraît pas suffisante ; il faut encore que leur intervalle soit rempli par une triple assemblée nationale, qui soit toujours en activité.

Nous prescrivons à nos députés de demander qu'il soit arrêté : 1° que l'on formera des États provinciaux dans toutes les provinces du royaume ; et par suite, des assemblées municipales et paroissiales, lesquelles seront, ainsi que la commission ci-après, composées des représentants des villes et des campagnes, élus en la même manière que les députés aux États généraux ; 2° qu'il sera créé une commission intermédiaire, composée, comme on vient de le dire, de représentants des villes et des campagnes, laquelle remplira l'intervalle d'une tenue d'États généraux à l'autre, et aura pour seule mission de l'exécution des lois consenties aux États généraux, et de correspondre avec les États provinciaux pour cette exécution seulement, n'entendant pas qu'elle puisse, en aucune façon, exercer le pouvoir législatif.

Nous adoptons, pour les assemblées provinciales, le régime du Dauphiné, mais nous ne voulons pas nous priver, par l'exclusion de toute autre forme, d'un meilleur régime, que la nation assemblée pourrait admettre.

Art. 4. Quant aux États généraux en eux-mêmes, nous demandons que leur organisation soit fixée d'une manière stable et invariable, autant qu'il sera possible. Nous croyons qu'ils reposeront sur ces principes :

1° Que les députés du tiers-état soient pris dans les villes et les campagnes, par égale portion ;

2° Que quant à présent, ils ne puissent être pris, pour le tiers-état, que dans son ordre ;

3° Que les trois ordres étant réunis dans toutes les délibérations, les suffrages soient comptés par ordre ;

4° Que dans le cas où les ordres seraient séparés, deux ordres ne pourront obliger le troisième ;

5° Et enfin, nous demandons que l'on nomme à chaque député aux États généraux un suppléant ou adjoint. L'exemple du Dauphiné, ainsi que les avantages qui en résulteront, nous portent à faire cette demande pour l'avenir.

CHAPITRE II.

Impôts.

› Objets généraux.

Art. 1er. Les États généraux ayant ainsi fixé leur organisation et celle des États provinciaux et des municipalités, nous demandons qu'avant qu'il soit procédé à aucune autre opération, quelque proposition qui pût être faite par les ministres, il soit déclaré et arrêté par la nation et le souverain :

1° Que les Français ne peuvent être imposés, sous quelque prétexte que ce soit, sans le consentement de la nation assemblée en États généraux ;

2° Que les États généraux prochains, ainsi que les futurs, ne pourront jamais être obligés de s'occuper de l'impôt, que lorsque toute autre espèce de réclamation aura été décidée ;

3° Que les impôts ne pourront s'accorder que pour un temps limité, lequel sera d'une tenue d'États généraux à l'autre, sans que, sous aucun prétexte, on puisse les percevoir lorsque le terme sera expiré, à peine par les ministres ou leurs agents, d'être déclarés traîtres à la nation;

4° Que tous les impôts seront également répartis sur les trois ordres, de quelque nature et sous quelque dénomination qu'ils soient : ce qui emporte l'abolition de tous les privilèges et exemptions.

Nous nous empressons ici de consacrer, par les expressions de la plus vive reconnaissance, nos sentiments sur la justice que l'ordre de la noblesse de ces bailliages nous a rendue avec tant de générosité, en nous déclarant qu'elle renonçait à tout privilège pécuniaire. Puisse cet ordre respectable, auquel nous vouons un attachement éternel, être bien convaincu que nous ferons de notre côté, pour le bien public, tous les sacrifices que notre position nous permettra.

5° Que lorsqu'il sera question de l'impôt dans la prochaine tenue, tous les impôts présents seront et demeureront supprimés ; sauf, ensuite, à être recréés provisoirement, et enfin remplacés par d'autres impôts consentis par la nation.

6° Comme il est nécessaire de remédier aux maux de l'État, nous consentons que la dette publique soit consolidée, parce que la violation des engagements contractés serait une honte et une calamité publique.

Mais nous prescrivons à nos députés de ne consentir à cette consolidation qu'après s'être fait représenter les états au vrai de la recette et de la dépense. De cette connaissance dépend tout l'arrangement futur des finances, et nous prions nos députés de ne point épargner leurs soins pour y parvenir.

7° Il sera établi une caisse nationale dans laquelle se verseront toutes les impositions ; nous nous en rapportons à l'assemblée des États sur la formation de cette caisse.

8° Et enfin nous demandons une loi par laquelle tous les ministres seront déclarés responsables de leur administration, et pourront être poursuivis au nom de la nation, ainsi que leurs agents, pour les malversations de tout genre.

OBJETS PARTICULIERS.

Impôt territorial.

Art. 2. Les impôts actuels étant supprimés, comme on vient de le demander, nous savons qu'il est de toute justice de les remplacer par d'autres contributions.

Nous demandons, en conséquence, qu'il soit substitué à la taille, vingtième, capitation, corvée, industrie, etc. : 1° un impôt sous la dénomination d'impôt territorial, lequel frappera sur toutes les propriétés territoriales, sans exception, ce qui emporte nécessairement la contribution des propriétaires des châteaux, des maisons de campagne, et surtout des maisons de ville, par tout le royaume, sans que la capitale, dont les hôtels renferment des terrains immenses, et d'une grande valeur, puisse se soustraire a cet impôt, sous le prétexte de la différence énorme de la valeur des terrains des maisons de Paris : car c'est précisément parce que ces terrains valent beaucoup, qu'il est juste qu'ils payent beaucoup à la décharge de ceux qui n'ont qu'une médiocre valeur.

Un impôt sur toutes les consommations, et principalement celles de luxe, qui s'étendent à toutes les villes, bourgs et villages du royaume.

Nous ne pouvons nous dispenser de recommander à nos députés de solliciter un règlement pour que les garnisons qui seraient établies dans les villages, pour le recouvrement retardé de l'imposition territoriale, soient à la charge de tous ces contribuables en retard, au moment de l'arrivée de la garnison.

Nous sentons que cet objet appartiendra aux assemblées provinciales ; mais nous observons ici que nous ne pouvons omettre aucune des demandes de la commune, sans manquer à sa confiance. Nous déclarons donc que nous parlerons de tous les besoins et de toutes les plaintes : il est trop juste qu'elles soient connues de la nation qui doit transmettre aux assemblées provinciales un caractère pour y faire droit.

Avant de quitter l'impôt territorial, nous demandons qu'il soit fait, lorsqu'il sera question de le départir, un cadastre et un classement des terres : les réclamations universelles sur la disproportion des classements actuels, et les injustices qui en sont résultées, nous portent à recommander à nos députés la plus grande attention sur cet objet, dont l'inexactitude replongerait les cultivateurs dans les malheurs d'où nous cherchons à les tirer.

Il paraîtrait, d'après ce que nous venons de dire, qu'il n'y aurait plus lieu à parler d'aucun impôt ; mais comme il est possible que l'état actuel des finances ne permette pas l'abolition totale des autres impôts, nous allons, *subsidiairement,* exposer nos plaintes sur les contributions de tous les genres, et proposer, toujours *subsidiairement,* nos observations sur les conditions auxquelles il faudrait les laisser subsister provisoirement.

Gabelles.

Un des impôts dont la suppression importerait le plus à la classe la moins aisée, est l'impôt du sel ou la gabelle : cet impôt, quoi que puissent alléguer certaines provinces, présente d'abord une injustice générale en ce que plusieurs provinces en supportent le fardeau, sans que les autres y soient assujetties.

Il nous paraît donc que si on ne peut le détruire entièrement, il est juste de le répartir sur la totalité des provinces ; ce sera le premier moyen d'en diminuer le prix : dans tous les cas, nous demandons avec instance, au nom de tous les citoyens, et surtout en faveur de ceux qui ne sont pas dans l'aisance :

1° Que le sel soit modéré à un prix tel que tout individu puisse s'en procurer suffisamment pour sa consommation ;

2° Que la livraison s'en fasse au poids et non

à la mesure : on sait que le consommateur en détail se trouve lésé par cette méthode de mesurer, parce que les débitants ont imaginé des moyens d'enfler cette denrée, de sorte que l'on paraît avoir le poids, parce qu'on a la mesure, quoiqu'il n'en soit pas ainsi. Que cette digression nous soit permise : nous en ferons quelquefois de ce genre. C'est à celui qui est le plus affligé de parler le plus longtemps de ses maux ;

3° Que le devoir de la gabelle soit aboli, parce qu'il est contraire à la liberté du consommateur ;

4° Enfin, que toutes les franchises sur le sel soient détruites : c'est encore un moyen d'en diminuer le prix.

Tabac.

Nous ne dirons ici qu'un mot du tabac : c'est qu'il serait à désirer qu'il devînt marchand et que la culture en fût permise dans tout le royaume : mais, s'il n'en était pas ainsi, qu'au moins chacun puisse, malgré l'exclusion introduite en faveur des débitants de tabac, moudre, arranger et consommer son tabac, de la manière qu'il jugera la plus convenable.

Aides.

Le droit d'aides a été la source de tant de vexations et d'injustices criantes; il s'est étendu dans une proportion si effrayante, que son nom seul est devenu un cri d'alarme pour l'habitant des villes et des campagnes; il est d'ailleurs frappé de deux vices intolérables : 1° il est inintelligible, inconnu dans ses détails, au point qu'il exige une langue à part ; 2° il est accompagné de visites et d'une inquisition qui blessent la liberté civile, et qui, s'il était possible, tendent à compromettre la personne auguste et sacrée au nom de laquelle il est perçu.

En conséquence, nous demandons, si on ne peut supprimer cet impôt : 1° que l'on supprime dès à présent tous les droits et les noms des droits d'aides, tels que gros, nouveaux cinq sous, courtiers-jaugeurs, sou Langlois, etc. (il est bien difficile de nommer tous ses ennemis); et que l'on substitue, comme nous l'avons dit, un droit unique sur la consommation, universellement supporté par les trois ordres; nous demandons surtout que les agents de cet impôt ne puissent faire des visites et des perquisitions chez les citoyens; car, encore une fois, ce mode de perception est attentatoire à la liberté civile, et donne lieu à la fraude des suppôts eux-mêmes, qui vont souvent porter le délit où ils allaient le chercher.

Enfin nous demandons que ce droit unique, s'il a lieu, soit si clair et si positif, qu'il ne soit pas plus possible au contribuable de l'ignorer, qu'au percepteur de l'interpréter.

Et afin que la loi qui le fixera soit bien connue, nous demandons qu'elle soit publiée au prône, et affichée à la porte de l'église, et que cette formalité soit renouvelée tous les six mois.

Les cuirs.

Nous demandons la destruction de la marque des cuirs; elle étouffe l'industrie et décourage les tanneries et ces autres fabriques de ce genre qui sont faites pour primer et exclure les étrangers, si on veut détruire les entraves.

Contrôle.

Nous demandons l'abolition des droits arbitraires, et par là injustes, du contrôle, insinuation, centième denier, francs-fiefs, et autres du même genre.

Nous observons, quant au droit de contrôle et insinuation, qu'il est contraire à la société, dont il révèle les secrets, et nous demandons qu'il soit avisé à un moyen de conserver la date des actes, tant à Paris qu'en province, moyennant une rétribution légère et uniforme.

Quant aux droits de franc-fief, ils ne peuvent subsister, puisqu'ils mettent entre les nobles et les roturiers une barrière humiliante, et par là nuisible à la circulation des immeubles.

Banalités et péages.

Nous demandons la suppression des banalités, péages, pontonnage, roulage, et de tous droits de rivière (sauf indemnité).

Tous ces droits, qui nous rappellent des temps dont la raison ne veut plus qu'il reste de traces, sont nuisibles au commerce et à la navigation intérieure.

Frais de justice.

Il y a longtemps que l'on se plaint des frais de justice ; mais il faut convenir que les droits qui se perçoivent pour le compte du Roi, dans tous les actes de procédure, composent la plus forte portion des frais des officiers de justice.

Nous demandons l'abolition de ces droits, ou au moins qu'ils soient réduits à ce qu'exige la simple nécessité de constater la date des actes de justice, afin que la justice soit accessible au pauvre comme au riche.

Formule.

Les droits de formule, sur le papier et le parchemin, ne sont point à négliger ; et il serait bien désirable que toutes les provinces en fussent rédimées, comme la province de Flandre et quelques autres.

Passage des troupes.

Nous demandons que les troupes payent au passage leur logement ; la ville de Mantes, surchargée plus qu'aucune ville du royaume, réclame cet acte de justice, et observe qu'il ne sera avantageux qu'autant que l'on renouvellera la discipline du militaire sur le fait des logements.

Enfin, nous demandons, pour éviter la plus grande partie des inconvénients inséparables du passage des troupes, que les régiments soient fixés, dans les garnisons de frontières, autant qu'il sera possible, et que le règlement qui détermine leur séjour dans les garnisons à dix ans, soit exécuté.

Loteries.

Nous demandons la suppression de la loterie royale, et des autres loteries : espèce d'impôts insidieux, dont le nom nous rappelle tant de malheurs domestiques ; appât funeste qui obstine sans cesse un malheureux à se heurter contre l'écueil de sa fortune.

Traites.

Nous prévenons de bien peu le vœu du gouvernement, en demandant le reculement des traites aux frontières du royaume ; outre les entraves que les barrières intérieures apportent au commerce, elles semblent avoir fait de chaque province une province étrangère.

Enfin, nous sollicitons une loi claire sur le mode général de la perception à venir des impôts au compte de la nation.

CHAPITRE III.

Economie.

Ce serait en vain que l'on s'occuperait des impôts, si une sage économie ne venait au secours du bien que l'on projette ; nous ne pouvons que supplier Sa Majesté de mettre la dernière main aux réformes qu'elle a commencées si généreusement pour le bonheur de son peuple ; nous proposerons seulement :

1° Une caisse d'épargne nationale, afin de pourvoir aux besoins inattendus, ou d'une guerre qui accroîtrait les dépenses, ou d'une calamité qui rendrait impossible la perception des impôts.

2° La suppression de tous les offices de finance, emplois et commissions qui sont reconnus inutiles et onéreux pour l'État, par les traitements et taxations qui sont attribués à ces offices, et qui doublent souvent les frais de perception.

3° La révision de toutes les pensions, et leur réduction à celles qui, méritées par des services, sont plutôt une justice qu'une faveur.

4° La suppression des places inutiles et secondaires dans l'état-major de l'armée.

Des gouverneurs, lorsqu'il y a un commandant en chef dans la province.

Des lieutenants généraux, lorsqu'il y a un commandant en second.

Des lieutenants de Roi des provinces, où il y a des troupes pour faire le service.

Des états-majors dans toutes les villes de l'intérieur du royaume.

La réduction des états-majors dans les villes frontières de la première et deuxième ligne, aux personnes vraiment nécessaires,

Et celles des lieutenants généraux des armées, employés dans l'état-major sur les États du Roi, au nombre strictement utile au bien du service.

CHAPITRE IV.

Domaines du Roi.

Peut-être la nation et le souverain regarderont-ils comme un moyen d'économie et d'amélioration l'aliénation des domaines du Roi.

Quant à nous, nous demandons que les aliénations et engagements qui ont été faits précédemment, soient révoqués et annulés ; sauf conserver aux possesseurs actuels la faculté d'en conserver la jouissance pendant un certain temps, à la charge de payer à l'État une redevance annuelle, qui ne pourra être moindre que la moitié du revenu, fixé par une évaluation non suspecte.

Mais cependant nous n'imposerons point à nos députés l'obligation stricte de suivre notre intention sur un objet aussi important ; nous nous en rapporterons donc à ce qui sera réglé par la volonté générale et le consentement du souverain.

CHAPITRE V.

Eglise.

Nous diviserons nos demandes et nos observations en deux articles principaux.

Le premier contiendra les demandes relatives au temporel.

Le second portera sur les objets spirituels.

Temporel.

Art. 1er. Nous supplions l'ordre du clergé de croire que nous n'avons point l'intention d'appuyer sur l'égalité de répartition ; nous sommes persuadés que cet ordre respectable n'hésitera pas à rendre au tiers-état la justice que nous a déjà rendue la noblesse, et qu'il s'empressera de consacrer, par son consentement à l'égalité de répartition, les principes de patriotisme que le clergé a toujours fait valoir. Comment douter, d'ailleurs, du désintéressement de cet ordre, dont tous les droits sont appuyés sur l'autel d'un Dieu qui ne posséda et ne demanda jamais rien ?

Ainsi nous demanderons : 1° que le tiers-état soit admis à posséder toutes sortes de bénéfices indistinctement avec la noblesse. Nous avons lieu d'être surpris que la hiérarchie soit fondée sur d'autres titres que les vertus et les talents.

2° Nous demandons, pour l'avantage de l'agriculture, que les baux des bénéficiers ne puissent être résiliés dans le cas de décès, permutation, démission ou résignation des titulaires : l'interruption subite de ces baux étant très-nuisible aux spéculations des amodiateurs.

3° Que dans chaque diocèse il soit réuni un certain nombre de bénéfices simples pour améliorer le sort des curés et des vicaires.

4° Et pour parvenir à cette amélioration, que les cathédrales soient réduites, et les collégiales supprimées, comme peu utiles au bien de l'église.

5° Que tous les curés aient un vicaire, et que le sort de ces derniers ne puisse être moindre que de 1,000 livres fixes.

6° Que toutes les annexes au-dessus de cent communiants, ainsi que les succursales, soient convenablement dotées et converties en cures.

7° Et attendu l'amélioration du sort des vicaires et des curés, nous demandons qu'il ne soit plus parlé de ce trafic honteux des choses saintes, de la part des ministres des autels, qui ne doivent ouvrir la main que pour donner et pour secourir. En conséquence, qu'à l'avenir il ne puisse rien être perçu pour les baptêmes, mariages et enterrements.

8° Et dans le cas où la réforme de l'administration des biens de l'Eglise ne s'effectuerait pas pour le moment, qu'il soit fait un règlement provisoire et uniforme pour les honoraires des prêtres.

9° Que la dîme en charnage, celle en toisons, toutes les dîmes sur les légumes, et celles sur les prés artificiels, mangés en vert, enfin toutes les autres dîmes solites dans un lieu, et insolites dans d'autres, soient supprimées, et que la dîme ordinaire en grains soit convertie en une addition à l'impôt territorial.

Et enfin que la dîme inféodée soit convertie en une prestation en argent, sur une évaluation en grains.

10° Que les gens de mainmorte puissent être remboursés des rentes non rachetables qui grèvent les immeubles, et en général la circulation.

11° Que tous les bénéfices qui seront vacants à l'avenir soient, pendant cinq ans, du jour de la vacance, versés dans la caisse nationale, tant pour les besoins de l'État que pour les besoins de l'Eglise : on sent bien qu'il n'est pas ici question des bénéfices-cures.

12° Enfin, nous demandons la suppression du droit de déport dans le diocèse de Rouen ; nous nous en référons à ce qui a été dit si ironiquement par l'ordre de la noblesse, pour exprimer la défaveur que mérite ce droit.

Spirituel.

Art. 2. Nous supplions l'ordre du clergé de nous permettre de demander :

1° Que tous les archevêques, évêques et abbés

soient tenus d'exécuter les lois de la résidence, à peine d'une retenue sur leur temporel, applicable aux pauvres. On sent assez combien la religion et les mœurs gagneront par l'exemple continuel des vertus si naturelles aux prélats ; et s'il était permis de s'occuper encore du temporel, nous ajouterions que la résidence des gros bénéficiers ne sera pas moins profitable à la consommation des provinces éloignées de la capitale.

2° Que tout possesseur de plusieurs bénéfices, de quelque nature que ce soit, sera tenu de se réduire à un seul, et les autres déclarés impétrables.

3° Que les ordinaires soient autorisés par une loi positive à donner toutes dispenses pour mariage entre parents et autres, moyennant une légère rétribution aux pauvres, afin que la violation de la loi ne soit ni inutile, ni impunie.

4° Que le droit d'annates soit éteint, comme honteux pour la politique, qui doit rougir de payer tribut à une puissance étrangère.

5° Il serait convenable que les maisons religieuses qui n'ont pas un nombre de sujets suffisant pour remplir les fonctions du culte divin, fussent supprimées, et leurs biens réunis à la caisse nationale.

6° Afin de propager de plus en plus les lumières, nous demandons que dans toutes les villes décorées d'un présidial, et toutes les villes importantes par leur population, il soit établi des collèges et des séminaires administrés par des prêtres réguliers (car il faut que tout le monde serve sa patrie); et nous désirons qu'à l'éducation ordinaire, il soit ajouté des éléments de droit public et civil, afin que les hommes s'accoutument à connaître leurs droits, et ne soient plus effrayés lorsqu'on prononce devant eux ces mots : *droits des hommes*.

7° Nous demandons la suppression et la réunion des ordres mendiants aux maisons régulières non mendiantes. Tout corps parasite doit être écarté d'une société bien réglée.

8° Nous demandons la fixation des vœux des religieux des deux sexes à l'âge de vingt-cinq ans; nous nous croyons dispensés de motiver cette demande.

9° Nous désirons que les lois sur le retour des religieux-curés à leur maison soient exécutées.

10° Enfin, nous devons, pour la satisfaction du tiers-état, énoncer le désir qu'il aurait de voir la liturgie commune. Nous parlons aujourd'hui avec plaisir de cette demande, qui nous prouve que les sentiments sont déjà uniformes, puisque l'on désire que la manière de prier le soit elle-même. Plût à Dieu que cette réclamation eût été faite il y a trois cents ans !

CHAPITRE VI.
Justice.

Admission du tiers.

Art. 1er. Nos députés demanderont à la nation une loi qui admette les membres du tiers-état en concurrence avec les deux autres ordres, aux places de magistrature dans les cours supérieures; car on sait que le tiers-état possède des talents et de la probité, seules qualités nécessaires pour faire un magistrat.

Evocations.

Art. 2. Les abus des évocations, commissions, etc., étant portés à leur comble, nous prescrivons à nos députés de demander une loi qui porte que tout citoyen ne pourra être traduit que par-devant son juge naturel, et qu'en aucun cas le cours de la justice ne pourra être interrompu.

Tribunaux d'exception.

Art. 3. En conséquence, et attendu l'inutilité dont seront frappés la plupart des tribunaux d'exception, par la suppression de nombre d'impôts, nous demandons qu'ils soient tous supprimés, et que les officiers soient replacés dans les tribunaux ordinaires, sans avoir besoin de grades ni de nouvelles provisions : c'est le seul moyen de leur conserver l'existence, et de regarnir un grand nombre de tribunaux où l'on manque d'officiers.

Justice des seigneurs.

Art. 4. Nous demandons, sur le vœu unanime des communes, et même, nous osons le dire, sur celui de plusieurs membres de l'ordre de la noblesse, l'extinction des justices seigneuriales, en leur conservant, toutefois, la juridiction gracieuse pour les actes domestiques, tutelle, curatelle, scellés, etc.

Vénalité.

Art. 5. Il y a plusieurs siècles que l'on s'élève contre la vénalité des charges ; il n'est donc pas besoin de dire pourquoi elle doit être proscrite. Le cri des siècles et des nations a-t-il besoin d'un interprète ?

Nous demandons qu'on ne vende plus les offices ; que les juges soient nommés par voie d'élection, après des épreuves multipliées, qui, enfin, ne soient plus illusoires.

Que les places qui vaqueront dans les cours souveraines soient remplies par des juges inférieurs, nommés par le Roi, sur la présentation des provinces.

Et comme il est juste de mettre les récompenses à côté des vertus, quoique la vertu soit à elle-même sa première récompense, nous désirons qu'il soit établi une distinction purement personnelle pour les officiers des bailliages qui auront exercé pendant un certain temps, et bien mérité de la patrie.

Justice gratuite.

Art. 6. Si les emplois de la justice ne se vendent plus, il ne sera plus nécessaire de prostituer la justice elle-même, en vendant ses fonctions honorables : ainsi il sera arrêté que la justice sera gratuite, ou qu'au moins les droits des officiers de toute espèce seront fixés par un règlement uniforme et modéré.

Présidiaux.

Art. 7. Nous demandons l'ampliation des présidiaux.

Qu'il soit formé des arrondissements pour tous bailliages, de manière que les justiciables soient à portée de leurs tribunaux, et qu'à cet effet il soit fait toute suppression de juridiction, sauf à établir, dans les endroits où la population l'exigerait, des juridictions particulières qui connaîtraient des matières sommaires et de police, à la charge de l'appel au présidial le plus prochain.

Justice consulaire.

Art. 8. Nous demandons l'établissement des juridictions consulaires, à l'instar de Paris, dans les lieux où il y a présidial.

Conseil de conciliation.

Art. 9. Nous demandons qu'il soit créé, dans

toutes les paroisses, un conseil de conciliation auquel tout plaideur pourra soumettre ses prétentions avant d'intenter un procès.

Commissaire de police.

Art. 10. La commune paraît désirer un commissaire de police dans toutes les paroisses.

Réforme des codes.

Art. 11. Nous ne ferons pas de commentaire sur la nécessité de réformer le Code civil et pénal, ainsi que les formes judiciaires; il n'est que trop vrai que la justice ne peut plus se passer de cette réforme : nous prescrivons à nos députés de la demander, mais nous nous en rapportons, pour l'exécution, à la sagesse de la nation assemblée.
Nous n'ajouterons que deux observations.
La première, c'est que le Code pénal ne pourra manquer de porter que les peines seront égales pour toutes les classes de la société ; il serait absurde que la société dût des prérogatives au crime.
La deuxième, c'est que les contestations en matière d'impôts, les causes sommaires et de police, ainsi que les causes consulaires, seront jugées à l'audience, sans écriture ni procédure, et sur une seule remise ; et que toute juridiction contentieuse, ci-devant attribuée aux commissaires départis dans les provinces, sera dorenavant dévolue aux juges naturels.

Duels.

Art. 12. Quelle que soit la contradiction entre la punition du duel et les lois de l'honneur français, nous espérons que les lumières s'accroissant par une éducation vraiment nationale, on en viendrait enfin à regarder comme un crime réel, et non comme un trait d'honneur, l'action de tuer son semblable. En conséquence, nous demandons que la loi sur les duels soit exécutée sans espérance de pardon pour les coupables.

Huissiers-priseurs.

Art. 13. Nous demandons la suppression des offices d'huissiers-priseurs, et qu'il soit établi une forme simple et peu dispendieuse pour la vente mobilière.

Domicile des huissiers.

Art. 14. Nous demandons que les huissiers soient tenus de résider dans le domicile fixe par leurs provisions, et qu'à l'avenir les charges d'huissiers ne portent plus la clause d'exploiter par tout le royaume.

Hypothèques.

Art. 15. Nous demandons que l'édit des hypothèques soit réformé, en ce que l'opposition pour vente d'immeubles ne dure que trois ans : nous désirons que cet acte ait son effet, comme tous les autres, pendant trente ans, et au surplus, qu'indépendamment de l'affiche sur le tableau du bailliage, il en soit appliqué une semblable à la porte de l'église du lieu où sont situés les biens.

Affiche des lois.

Art. 16. Enfin, nous rappellerons ici, pour toutes les lois qui seront promulguées à l'avenir, ce que nous avons dit sur les lois de l'impôt : c'est qu'il est à désirer qu'elles soient lues aux prônes, affichées à la porte de l'église de chaque paroisse, et qu'un exemplaire en soit déposé au greffe de la juridiction, et un à celui de la municipalité. On ne peut trop avoir devant les yeux les formes conservatrices de la liberté publique.

CHAPITRE VII.

Agriculture.

Nous aurions dû peut-être nous occuper avant tout d'un point aussi intéressant et nous empresser de payer le tribut d'estime que nous devons à la classe, osons le dire, la plus précieuse de la société; mais d'abord, l'ordre des matières répandues dans les cahiers ne nous l'a pas permis. D'ailleurs, nous avons traité à l'article de l'impôt, en parlant de l'impôt territorial, l'objet le plus essentiel à l'agriculture.
Il nous reste à parler des maux et des inconvénients qui gênent et qui affligent l'agriculture.

Champart.

Art. 1er. Le vœu unanime de la commune est la conversion du champart en une prestation en argent sur une évaluation en grain : par ce mode de payement, les grains et les pailles engraissent chaque année le sol qui les a vus naître.

Droits féodaux.

Art. 2. Le vœu unanime est de demander aux seigneurs la suppression des droits féodaux et leur conversion en argent ou en rentes rachetables, et dans tous les cas, la suppression des commissaires à terrier, dont les opérations sont presque toujours accompagnées de vexations que les seigneurs ignorent et dont ils ne profitent jamais.

Baux prolongés.

Art. 3. Nous demandons que les baux à ferme puissent être portés à la volonté des propriétaires, jusqu'à vingt-sept ans, sans payer de droits, afin de donner aux fermiers une sécurité qui favorise leurs entreprises.

Chemins.

Art. 4. Nous demandons, sur l'article des chemins : 1° que les propriétaires soient remboursés, depuis vingt ans jusqu'à présent, des terrains qui, dans cet intervalle, leur ont été enlevés pour la construction des routes, et que ce remboursement s'opère d'après une estimation faite par des experts des lieux;
2° Que l'on comprenne, dans les objets qui seront renvoyés aux assemblées provinciales et municipales, les routes à faire ou à perfectionner, tant pour les communications d'une ville à l'autre que pour l'avantage général du commerce.

Arbres.

3° Qu'il soit fait un règlement qui permette aux propriétaires de terres, sur les routes, de planter devant leurs terres ; qui néanmoins leur prescrive la qualité des arbres qui devront être plantés à l'avenir sur ces grandes routes, tels que le pommier, ou autre de ce genre. Qui proscrive au contraire les ormes et arbres qu'ils seront arrachés des routes qui en sont bordées, et qu'il leur sera substitué des arbres qui ne dévorent point le terrain.
Enfin, pour ne rien omettre, ce règlement fixera la distance des arbres qui seront à l'avenir plantés dans quelque lieu que ce soit ; car leur rapprochement, que le désir de jouir a introduit, entraîne la perte d'une grande quantité de terrain et le refroidissement sensible de la terre qui en est couverte.

Pigeons.

Art. 5. Il ne nous reste plus qu'à parler des

pigeons, et à demander qu'il soit défendu par un règlement positif à tout propriétaire, quel qu'il soit, d'avoir, soit en campagne, soit en ville, des pigeons dans un colombier ou un volière.

Le pigeon est, sans doute, un volatile de quelque utilité pour la consommation des villes, mais il est l'ennemi déclaré des campagnes ; son séjour est toujours accompagné de la destruction : enfin, nous devons le dire, il n'est pas un seul cahier qui ne se soit occupé de cet objet.

Plusieurs avaient demandé seulement que les pigeons fussent renfermés dans les mois où ils sont le plus nuisibles aux grains ; mais nous avons cru qu'il n'était pas possible d'en débarrasser les campagnes par ce moyen, car il y a des propriétaires qui ont jusqu'à cinquante mille paires de pigeons. Nous demandons où il serait possible de cantonner une armée de cette espèce, et surtout une armée pestiférée ?

CHAPITRE VIII.

La chasse.

La chasse est trop liée au sort de l'agriculture, pour ne pas en parler ici.

Si les pigeons sont des ennemis redoutables pour les cultivateurs, le gibier de toute espèce est encore un ennemi plus terrible !

Nous demandons à grands cris la destruction des capitaineries et celle de toutes sortes de gibier. Nous ne pouvons peindre qu'avec le mot de désespoir la situation où sont réduits les habitants de la campagne, et surtout ceux de cette province qui a le malheureux honneur d'être dans la capitainerie de Saint-Germain. On dirait que c'est une province ennemie, où toutes les propriétés sont la proie de celui qui s'en empare à main armée. Nous déclarons hautement que si ces seigneurs ne sollicitent pas eux-mêmes la destruction du gibier, ils verront dans peu cette province totalement dévastée et abandonnée du cultivateur : c'est donc en même temps de leur intérêt que nous nous occupons, en les invitant à se joindre à nous pour obtenir l'anéantissement de ce fléau. Quelques personnes qui, sans doute, ne connaissent pas assez l'ordre respectable auquel nous devons déjà tant de reconnaissance, paraissant douter que les seigneurs abandonnent la chasse, nous ont porté un vœu pour qu'il soit fait une loi sur le fait de la chasse, dans le cas où elle ne serait pas supprimée : nous allons donc énoncer les principaux articles de cette loi.

1° Que les capitaineries soient absolument détruites.

2° Que les particuliers et le Roi, oui, le Roi lui-même (premier organe de la loi, il ne se croit pas dispensé d'être juste), soient tenus de réparer les délits causés par le gibier, et que ces délits soient poursuivis, à la requête des municipalités, par-devant le juge royal plus prochain, lequel, assisté de trois officiers, pourra statuer sans appel sur la réparation de ces délits.

3° Que les lapins soient mis en garenne exactement fermée.

4° Que les gardes-chasse ne puissent être armés que conformément à l'ordonnance des eaux et forêts, et qu'il leur soit défendu de s'introduire dans le clos ni dans le domicile d'aucun citoyen, sous le prétexte de suivre le gibier ou d'en chercher les œufs.

5° Que le garde ne puisse être ouï sur son rapport, et qu'il soit tenu de produire un témoin autre qu'un autre garde.

Ne vaut-il pas mieux qu'un délit, de la nature de ceux que les gardes constatent, reste impuni, que de voir traîner en prison, ou ruiner par des amendes, le citoyen que le garde aura accusé et jugé seul ?

6° Que les propriétaires de la chasse ne puissent en jouir que depuis le 15 septembre jusqu'au 1er mai pour les terres labourables, et depuis le 1er novembre pour les vignobles.

7° Enfin que, par le principe de la liberté naturelle, il soit permis à tout cultivateur, dans le temps et de la manière qu'il jugera la plus convenable, de nettoyer ses grains, de faucher les prés artificiels et d'enlever ses chaumes, sans égard pour la perdrix ou tout autre gibier. car il serait inconséquent de favoriser la propagation quand on a droit d'attendre la destruction de toute espèce.

8° Avant de quitter la chasse nous dirons deux mots des bois qui en sont aussi le théâtre.

Nous demandons, 1° qu'il soit fait une loi pour fixer une réserve d'un sixième ou de toute autre proportion dans les coupes.

Nous sommes effrayés de l'idée que la disette d'un objet aussi important avance à grand pas : si ce malheur doit nous accabler un jour, que du moins nos neveux n'aient pas à nous reprocher d'avoir gardé le silence sur ce point dans l'assemblée nationale !

2° Que toute personne qui voudra faire couper un arbre fruitier ou autre puisse en obtenir la permission du juge des lieux, sans frais : les habitants de cette province n'ont que trop appris le chemin de Saint-Germain, où on les force d'aller dépenser, en voyage et coût de permission, souvent au delà de la valeur de l'arbre qu'ils veulent abattre.

CHAPITRE IX.

Commerce. — Blés.

Art. 1er. Le commerce n'ayant pas en France de branche plus précieuse que celle des blés, nous vous empressons de recommander à nos députés de solliciter une loi qui nous mette, s'il est possible, à l'abri des calamités dont nous sommes menacés si souvent dans un pays où le mot d'*abondance* devrait être un mot d'habitude : nous proposons des greniers publics dans tous les bailliages, mais nous désirons que la nation trouve encore d'autres moyens de prévenir la disette.

Banqueroutes.

Art. 2. Nous n'avons que trop fait l'expérience, depuis quelque temps, que le luxe a banni la bonne foi du commerce ; pour arrêter, autant qu'il est en nous, les progrès de ce désordre, nous demandons, quoique avec douleur, que la loi sur la peine de mort infligée aux banqueroutiers frauduleux soit remise en vigueur, et nous sollicitons la révocation de tous les asiles des banqueroutiers, qui sont devenus des repaires de voleurs, où le débiteur impudent brave son créancier et lui fait la loi, lorsqu'il devrait être à ses genoux.

Par une suite de ces principes, nous demandons la révocation de toutes les lettres de surséance, répit, sauf-conduit, et sera le parlement de Paris invité à faire exécuter l'arrêt, en forme de règlement, qu'il a donné il y a quelque années pour proscrire les arrêts de défense, arrêts qui néanmoins sont devenus si communs, à la honte de la justice et à la ruine du créancier, qu'on peut les appeler la monnaie des mauvais débiteurs.

Traités de commerce.

Art. 3. Nous prions nos députés de se faire représenter les différents traités de commerce faits depuis quelque temps avec les nations étrangères, et surtout avec une nation voisine, qui a trouvé le secret de nous faire une guerre ruineuse, sans exposer la vie des citoyens ni les intérêts de la patrie : nous les prions d'examiner ces traités et de jeter un coup d'œil sur l'état où sont réduites la plupart des provinces commerçantes de la France; mais nous invitons la nation, avant de prendre un parti sur un objet de cette nature, à prendre l'avis et à recueillir les lumières, non pas des chambres de commerce, mais des véritables intéressés, des manufacturiers et des négociants assemblés à cette effet dans toutes les villes de commerce.

Arts et métiers.

Art. 4. Plusieurs paroisses désirent la suppression des communautés d'arts et métiers, parce que l'exclusion peut être contraire à la liberté et à l'industrie, et désirent qu'il soit fait seulement un règlement de police pour le régime du commerce : mais la ville de Mantes demande, au contraire, dans son cahier, à être conservée dans tous ses droits de maîtrise, avec toutes les villes du royaume qui, comme elle, ont payé la finance sous Louis XIV, lesquels ont été confirmés par Louis XV et renouvelés par Louis XVI, par les États d'avril 1777 et la déclaration du 1er mai 1782.

Messageries.

Art. 5. Par le même principe de la liberté naturelle, nous demandons la suppression du privilège exclusif des messageries. Ce privilège offense non-seulement la liberté naturelle et celle du commerce, mais il étouffe les effets de l'humanité. Qu'il nous soit permis de justifier cette phrase en rappelant à nos concitoyens qu'un voyageur fatigué, malade même sur un grand chemin, ne peut être recueilli par le samaritain, sans exposer son bienfaiteur à l'amende.

CHAPITRE X.

Militaire; admission du tiers.

Art. 1er. Nous demandons que la distinction humiliante qui a été établie entre le tiers-état et la noblesse, pour l'admission aux emplois militaires, soit anéantie. Il est bien juste que le citoyen qui défend la patrie ait l'espérance de mourir un jour à la première place.

Milice.

Art. 2. Nous demandons la suppression de la milice qui, depuis longtemps, ne remplit plus son but, la défense de l'État, qui afflige en pure perte pour la patrie, les habitants de la campagne et les distrait de leurs travaux importants.

Paye et travaux du soldat.

Art. 3. Nous désirons que le soldat soit employé, en temps de paix, aux travaux publics : c'est lui rendre service et aux mœurs; mais en même temps, nous croyons qu'il doit être payé à raison de ses travaux.

Enfin, dans tous les cas, nous demandons que la paye du soldat soit augmentée; les denrées de nécessité sont augmentées dans une si haute proportion, qu'il ne peut plus être question des 5 sous de notre bon roi Henri IV.

CHAPITRE XI.

Administration générale.

Nous n'adoptons pas l'ordre fixe pour les demandes qui nous restent à faire, parce qu'elles frappent sur les divers objets généraux et isolés.

Mendicité.

Art. 1er. La suppression de la mendicité. Un des moyens de détruire ce fléau, germe de tant de crimes, sera d'établir des ateliers de charité pour tous ceux qui voudront se présenter; mais en même temps nous croyons que le salaire de ces ateliers doit être modique, pour ne pas détourner l'ouvrier des travaux nécessaires.

Ateliers.

Art. 2. Un établissement de bureau de charité, dans chaque arrondissement, pour les infirmes et les vieillards : la patrie doit des aliments à celui qui lui a donné ses bras et sa vie.

Orphelins.

Art. 3. Des établissements généraux pour les orphelins.

Sages-femmes et chirurgiens.

Art. 4. L'établissement d'une sage-femme par village et d'un chirurgien par arrondissement.

Nous osons espérer que, si le bien projeté s'exécute, une seule sage-femme ne suffira pas, et que le chirurgien deviendra presque inutile;

Car, à la campagne, population et santé sont les fruits de l'aisance.

Droit et médecine.

Art. 5. La réforme des facultés de médecine et du risible enseignement des facultés de droit.

Art. 6. L'uniformité des poids et des mesures : leur variété gêne le commerce et ne paraît en multiplier les opérations que par des pièges.

Art. 7. Abus dans l'administration de la poste.

1° Suppression ou retard des lettres.

2° Bris de cachets, surtout en province, où la curiosité est indiscrète, pour ne rien dire de plus.

Enfin, surtaxe des lettres, contre laquelle on n'obtient jamais justice, parce qu'il est dégoûtant de faire voyager une lettre ouverte, pour se faire restituer 4 ou 5 sous.

Art. 8. La stipulation des intérêts dans les obligations à terme, et diminution de l'intérêt légal.

Art. 9. Aviser aux moyens les plus sûrs de faire que les gens appelés agioteurs, ou négociateurs de papiers publics, soient obligés d'ouvrir leur portefeuille, devenu le fléau du commerce et un répertoire de pièges tendus aux pères de famille, et de contribuer, à raison de leurs richesses, aux impôts auxquels nul citoyen n'a droit de se soustraire.

Art. 10. Que les consignations soient versées dans la caisse nationale; cette réclamation est fondée sur la méfiance que les événements nous ont inspirée contre tout dépositaire particulier des deniers publics.

Art. 11. La suppression des droits de place et autres sur les denrées.

Art. 12. La suppression des privilèges des propriétaires, par l'effet desquels ils sont affranchis des droits aux barrières, sur les denrées déclarées venir de leurs terres; ces privilèges sont injustes et servent souvent la fraude.

Art. 13. La cherté du blé, depuis quelque temps, et celle que nous avons lieu de craindre pour l'avenir, nous portent à demander une loi qui défende aux brasseurs, aux amidonniers et aux tanneurs, d'acheter des grains, quand le prix excédera 25 livres le setier.

Art. 14. Que les municipalités soient autorisées à veiller à l'entretien des églises et des presbytères : il est juste de ne pas perdre de vue la maison où l'on entre souvent, et celle qu'on est toujours obligé de réparer.

Art. 15. Nous sollicitons une loi qui serve de régime à l'administration des biens communaux, et nous demanderons, entre autres choses, le partage de ces biens dans tous les lieux où ils sont indivis entre plusieurs paroisses ; la paix et l'union des voisins, qui en résultera, nous portent à cette motion, comme les principes nous autorisent à demander le retrait de ceux qui sont entre les mains d'indus possesseurs.

Art. 16. Nous demandons qu'il soit fait, dans chaque paroisse, une réserve pour l'entretien des chemins.

Art 17. Et pour n'omettre les réclamations de qui que ce soit, nous demandons un règlement qui fixe uniformément le droit de mouture.

Signatures des députés.

Le Roys-Maurys, Loiseau, L. Bonin, Pétibon, Croville, A. Bidault, Duprey, Dufruit, Paris, Legrand, Michaux, Charles, Mouton, Bertin, Maignien, Laurent, Fréville, Augustin Boulan, Pelletier, N. Louchart, Cornillard, Stoufleau, Larcher, Duvivier, Laur, Cosson, Bruno, Bouvier, Charles Duleit, Cochin, Gabriel Laslier, Jean-Baptiste Caillon, Le Maistre, Pommier, Jacques Pattes, Viveru, Henry, Jeannes Desvignes, Aubé, ancien officier chez le Roi ; Isabeau de I. G., commissaire adjoint à la rédaction ; Bourgeois, Vorillon, Laurent Delisle, Laurent, G. Chrétien, Chamot, de Laisement, Auger, Balleux, Gesselin. de Laisement, Gamot Desvignes, Ch.-D. Maistre-Petis, Robert Petis, Fairoville, Truet, Retis, Rivierre, Sarazin, Lechantre, Moine-Legrand, Mouton, Placet, Souillons, Firmin Dubois, Le Roux, Martin, Le Roux, Cresté, Petis, Gousiers, Jean-Baptiste Penel, Leduc. Pierre Poutres, Lechantre, Begran, Lejeune, D. Beguin, Chandelier, Pain, Nicolas Daye, Binet de Saint-Saulieux, Chenoux, Le Roy, Pellerin, Cotard, Delaunay, Vathonies, Jacques Vœstrau, Meusnier, Du Breuil, *lieutenant-général de Mantes, président de l'ordre du tiers, député ;* De Marolles, *greffier du bailliage, secrétaire de l'ordre du tiers.*

MARCHE (SÉNÉCHAUSSÉE DE LA BASSE-).

CAHIER

Des plaintes, doléances et remontrances du clergé de la province et sénéchaussée de la basse Marche, assemblé en la ville du Dorat, le 20 mars 1789 (1).

Nous, soussignés, commissaires nommés par l'ordre du clergé assemblé en la ville du Dorat, en vertu des lettres de convocation des Etats généraux, en date du 24 janvier 1789, à nous dûment signifiées, pour statuer tant sur les remontrances, plaintes et doléances que sur les moyens et avis à proposer à l'assemblée générale desdits Etats, pour porter un remède efficace aux maux de l'Etat et prévenir, par de bons et solides moyens qui assurent la félicité publique, la réforme des abus en tous genres, nous avons arrêté de faire par notre député les demandes et doléances suivantes :

1° Que le Roi sera supplié de conserver la protection à l'Eglise, et soustraire à la liberté de la presse tous les ouvrages irréligieux et contraires à la pureté des mœurs.

2° Que les lois ecclésiastiques et civiles sur l'observation des fêtes et dimanches seront strictement observées et renouvelées en tant que de besoin.

3° Le retour périodique des Etats généraux sera déterminé par un règlement de la prochaine assemblée.

4° Dans l'assemblée des Etats généraux on votera par tête et non par ordre.

5° Les impôts et contributions générales seront supportés par tous et chacun des individus des trois ordres de l'Etat, dans une juste proportion de leur fortune et sans aucune exemption pécuniaire.

6° Dans la dette nationale sera confondue celle que le clergé a contractée pour subvenir aux besoins de l'Etat.

7° Les impôts seront versés dans les coffres du Roi le plus directement et en passant par le moins des mains qu'il sera possible.

8° Les membres des trois ordres seront imposés sur le même rôle dans l'ordre qu'ils ont, toujours conservé entre eux.

9° Les provinces d'élection seront régies par des assemblées provinciales dont l'organisation sera déterminée par les Etats généraux.

10° La répartition et la recette des impôts, la confection des routes, la manière la moins onéreuse au peuple pour y parvenir et tous les moyens nouveaux de prospérité qu'une province peut développer seront confiés auxdites assemblées provinciales; en conséquence, la suppression des receveurs particuliers des finances sera sollicitée.

11° On imposera une taxe sur toutes les voitures

(1) Nous publions ce cahier d'après un manuscrit des *Archives de l'Empire.*

publiques, pour subvenir à l'entretien des grandes routes.

12° Il sera demandé aux Etats généraux que les troupes, en temps de paix, soient employées à la confection et aux réparations des grandes routes, à la charge par les assemblées provinciales d'accorder auxdites troupes une augmentation de paye.

13° Il sera demandé aux Etats généraux de faire connaître l'étendue du *déficit* dans les finances sur des pièces originales, et que les détails en seront imprimés, publiés et soumis à la censure de tous les citoyens.

14° Les impositions nécessaires pour combler le *déficit* porteront principalement sur les objets de luxe, comme voitures, équipages, domestique trop nombreux, parcs et autres terres, objet de luxe, au préjudice des récoltes, vignobles et pâturages, ainsi que tous les arts qui servent à l'entretien du luxe, etc., etc.

15° On déterminera une somme pour les pensions, laquelle ne pourra être augmentée.

16° Les traites seront reculées aux frontières.

17° Il sera permis aux communautés de se rédimer des banalités, péages et corvées par une somme ou redevance déterminée par un tarif d'équité.

18° Les cens et rentes ne pourront arrérager que pour dix ans.

19° On sollicitera la suppression des droits de franc-fief.

20° La suppression des tribunaux d'exception sera demandée, ainsi que l'ampliation du pouvoir d'en juger définitivement attribué aux juges royaux.

21° Les membres du tiers-états seront admis aux différents grades du service militaire, ainsi qu'aux divers emplois de la magistrature, pour exciter et récompenser le mérite.

22° Il sera pourvu à la régénération des études, et pour multiplier les moyens d'instruction, on choisira dans les ordres religieux ceux qui seront tenus d'enseigner la jeunesse de chaque arrondissement. Ils seront obligés de se réunir en nombre suffisant dans chaque communauté, conformément aux règlements qui seront établis, et les autres maisons supprimées.

23° Le privilège qu'ont les ecclésiastiques et les nobles, qui ne sont point au service, d'exempter leurs domestiques de la milice sera supprimé.

24° Il sera établi dans les villes principales des différents districts des sociétés d'agriculture, sous la direction des assemblées provinciales.

25° Chaque année, sous le bon plaisir du Roi, il sera rendu un compte public de la gestion du ministre des finances.

26° Les abbayes et bénéfices simples payeront aux impositions la moitié de leur revenu.

27° La pluralité des bénéfices sera défendue, conformément au saint concile de Trente.

28° Le Roi sera supplié de faire avec le saint-siége un nouveau concordat pour modérer les frais.

29° Les ecclésiastiques ne jouissant d'aucun droit seigneurial ne seront plus astreints à l'entretien des prisons ni aux frais des procédures criminelles.

30° La présentation et collation des cures ne sera exercée par les corps séculiers et réguliers qu'à la pluralité des voix recueillies dans les assemblées capitulaires.

31° Les curés, comme membres du premier corps de l'Etat, auront la présidence dans les assemblées municipales des campagnes.

32° Il sera accordé une augmentation de portion congrue pour les curés et vicaires, afin que l'indigence ne prive pas ces utiles pasteurs de la considération qui leur est nécessaire.

33° Lorsque le curé aura en dîme un revenu excédant celui de la portion congrue, il ne contribuera à celle des vicaires, avec les autres décimateurs ecclésiastiques, qu'au *prorata* de cet excédant.

34° Il sera libre aux curés qui accepteront la portion congrue de retenir, en déduction et à dire d'experts, les fonds de cure attachés à leur bénéfice.

35° Il sera défendu de percevoir aucun casuel pour l'administration des sacrements, ainsi que pour les inhumations, lorsque les portions congrues seront augmentées.

36° Les différentes cures qui ne sont pas dotées convenablement et qui ont un trop petit nombre de communiants seront éteintes par voie de réunion, ainsi que les bénéfices simples, pour compléter l'augmentation de portions congrues demandée.

37° Les chapitres qui ne sont pas suffisamment dotés auront une augmentation de revenu par voie de réunion ou de réduction.

38° Les curés sexagénaires obtiendront l'expectative des canonicats, prébendes et bénéfices simples pendant quatre mois de l'année, autres que ceux affectés aux gradués.

Signé Laurens de Maseloux, approuvant les articles ci-dessus sous la protestation contre l'article 30, comme contraire aux droits des chapitres; Bonnier, archiprêtre de Nancois; Robert Du Ribourgeon, curé de Billet ; Le Borthe de Grandpré, curé d'Oradour-Sanois ; Dauvres, curé de Millac ; Guillot, curé de Dompierre ; Aubugeois, curé de Saint-Bonnet ; Saudemoy de Flavary, curé de Darnac.

Fait, clos et arrêté, en la salle capitulaire de Messieurs du Dorat, le 20 mars 1789.

Signé Laurens de Maseloux, président de l'assemblée du clergé de la sénéchaussée de la basse Marche.

CAHIER

Des plaintes et doléances de la noblesse de la basse Marche, remis à ses députés aux Etats généraux (1).

La noblesse de la basse Marche, sensiblement affectée des maux de la France, la servira de ses conseils et de sa fortune comme elle l'a toujours servie de son épée, mais elle ne consentira pas à l'abandon du moindre de ses privilèges ; elle ne donnera son assentiment à aucun impôt qu'auparavant les droits de la nation ne soient reconnus et consolidés, la noblesse, ordre législatif, rendue

à son ancien lustre, et la source des désordres de toute espèce à jamais tarie.

En conséquence, elle lie son représentant à ne s'occuper de l'impôt que préalablement les Etats généraux n'aient obtenu la sanction royale pour les lois suivantes :

Art. 1er. Les Etats généraux seront librement et uniformément convoqués à des époques fixes et déterminées, dont la durée sera au plus de cinq ans.

Art. 2. Les Etats généraux, avant de se séparer, nommeront une commission intermédiaire dont la principale fonction sera de surveiller l'administration, dénoncer les abus, correspondre avec les Etats des provinces, y répandre et en recevoir des lumières. La commission intermédiaire sera particulièrement chargée, en cas d'obstacles, de convoquer les Etats généraux du royaume aux temps et au lieu indiqués à la séparation des précédents Etats, et si ladite commission se trouvait gênée dans ses opérations, les Etats des provinces seraient non-seulement autorisés, mais même obligés de faire tenir les assemblées pour nommer les députés qui doivent composer les Etats généraux du royaume, auxquels ladite commission sera obligée de communiquer les comptes à elle rendus chaque année par les divers départements, ensemble les pièces, titres et renseignements qui peuvent éclairer les Etats généraux sur les affaires de royaume.

Art. 3. Les Etats généraux auront seuls l'attribution d'établir les lois et consentir l'impôt, mais la sanction royale sera nécessaire à leur exécution et perception, et pour assurer le retour des Etats généraux, les impôts ne seront consentis que jusques et inclusivement l'année fixée pour les suivants Etats, et si lesdits Etats n'étaient pas convoqués, les peuples seraient par ce seul fait déchargés de toute prestation d'impôt, et la rigueur des lois employée contre ceux qui voudraient les y contraindre.

Art. 4. La suppression entière des lettres de cachet et prisons d'Etat, et la liberté assurée à l'homme, comme la plus précieuse des propriétés.

Art. 5. La liberté de la presse entière et absolue, à la charge par l'imprimeur d'apposer son nom à tous les ouvrages et de répondre personnellement, lui ou l'auteur, de tout ce que les écrits pourraient contenir de contraire à la religion, aux mœurs et à l'honnêteté publique.

Art. 6. La délibération par ordre dans les Etats généraux pour conserver à chaque ordre sa dignité, et ne pas s'écarter des principes constitutifs de notre antique monarchie.

Art. 7. Les provinces auront toutes des Etats particuliers qui seront composés de membres librement choisis dans les districts.

Art. 8. La dette nationale reconnue et consolidée, et les fonds de chaque département faits et accordés par les Etats généraux.

Lorsque ces huit lois seront sanctionnées et dûment établies, la noblesse de la basse Marche autorise son représentant à consentir à ce que la totalité des biens fonciers ou féodaux du royaume soient également imposés, en insistant cependant sur la conservation des immunités dont jouit la noblesse pauvre.

La noblesse de la basse Marche exige aussi de son représentant de ne rien négliger, afin que les Etats généraux prennent en considération les objets suivants :

Les chapitres.

La noblesse, renonçant à ses privilèges et

---

(1) Nous reproduisons ce cahier d'après un manuscrit des *Archives de l'Empire.*

n'ayant que peu ou point de ressources pour établir sa fortune, l'augmentation du nombre des chapitres en serait une pour la noblesse peu aisée; en conséquence, elle demande que plusieurs chapitres et maisons religieuses soient convertis en chapitres nobles, en faveur des personnes des deux sexes de tout le royaume.

Charges qui donnent la noblesse, les priviléges et tribunaux d'exception.

Ces charges peuvent avoir eu l'avantage d'être nécessaires dans ces moments où l'État, pressé par des besoins extraordinaires et dénué de ressources, a employé les moyens les plus onéreux, comme un homme pressé a recours aux usuriers; elles doivent être anéanties; mais les propriétés étant sacrées, surtout lorsqu'elles sont acquises d'après des lois reçues et revêtues des formes qui leur donnent la sanction, elles doivent être précieusement conservées. D'après ces considérations il serait nécessaire que le remboursement de toutes ces charges fût ordonné aux époques où les avantages que les propriétaires doivent en attendre seront périmés, que les propriétaires actuels acquièrent la noblesse, et qu'après eux elles restent éteintes, et que celles qui ne donnent que les priviléges soient éteintes et remboursées à la mort du propriétaire.

Anoblissement.

Le tiers-état, ce corps si nécessaire, si digne de toutes les faveurs qui ne sont pas contraires aux lois fondamentales de l'État, doit avoir le moyen de parvenir à la classe supérieure, non par des charges achetées à prix d'argent, souvent le fruit d'une cupidité destructive, mais par des vertus, des talents ou des emplois distingués qui rendent les individus respectables. Les charges vénales qui donnent la noblesse étant détruites, il est nécessaire de lui donner des moyens dont il n'ait pas à rougir; en conséquence, demande que le nombre des cordons de Saint-Michel soit augmenté et ceux vacants accordés à chaque tenue d'États généraux, moitié par le Roi aux artistes et moitié aux hommes distingués par les vertus et présentés par les États généraux, parmi lesquels le Roi choisira un sur trois, et que les lieutenants généraux de chaque siége ayant connaissance des cas royaux soient anoblis après trois générations ayant chacune vingt ans d'exercice ou le pourvu mort dans la charge.

Charges de magistrature.

Les charges de magistrature dans les parlements doivent être toutes occupées par la noblesse à l'instar du parlement de Lorraine; la connaissance de toutes les causes de toute espèce qui sont attribuées à tous les tribunaux d'exception sera portée aux tribunaux ordinaires, la suppression de tous les tribunaux d'exception étant comprise dans l'article 2 et la suppression des droits exclusifs, qui donnent l'attribution des causes de quelques individus à d'autres tribunaux sera prononcée comme contraire au bien public.

Justice.

Il est nécessaire de simplifier les droits de la justice, de diminuer et fixer les frais, limiter, s'il est possible, la durée des procès, fixer jusqu'à quelle somme les justices subalternes et les siéges en seconde instance peuvent juger en dernier ressort, rapprocher les cours souveraines de leurs justiciables et s'occuper des changements absolument nécessaires à la justice criminelle. Les États généraux pèseront dans leur sagesse les

moyens de salarier les peines et les veilles des magistrats.

Police.

Aviser aux moyens de tenir une police exacte dans toutes les parties du royaume, notamment dans les campagnes où il n'y en a aucune.

Impositions.

Elles doivent être de plusieurs espèces, vu les différentes qualités des richesses sur lesquelles elles doivent frapper, point très-essentiel à discuter.

Domaines.

Les contrôles, si nécessaires à la sûreté des possessions et tranquillité des familles, mais très à charge par les vexations qu'exercent sans cesse les employés à la perception de ces droits et centième denier, doivent être réformés. Un règlement clair de ces différents droits est nécessaire, ainsi qu'un terme fatal à leur perception, après lesquels ils seront prescrits.

Les domaines engagés doivent être retirés et remis avec les autres domaines et forêts appartenant à la couronne entre les mains des États provinciaux, qui rendront compte de leurs revenus.

Aides et traites.

Les lignes qui séparent les différentes provinces renvoyées aux frontières du royaume, et voir pour les droits d'aides les réformes possibles.

Entrées des villes.

Voir celles qui doivent être taxées à la taille ou à la capitation et entrées.

Manufactures et commerce.

Consulter les bureaux de commerce pour voir quelle espèce d'imposition l'on peut mettre sur les articles sans gêner le commerce et en conservant la concurrence des manufactures françaises dans le commerce général de l'Europe.

Chemins.

Les grandes routes, si nécessaires puisqu'elles vivifient le commerce, seront faites aux frais de la province et le régime renvoyé aux États provinciaux.

Clergé.

Que les produits des dîmes inféodées ne contribuent plus à l'augmentation des revenus des cures.

Subsides au pape.

Que les taxes perçues par la cour de Rome pour bulles, indultes, annates, résignations et dispenses, etc., doivent être absolument abolies comme contraires au bien de l'État.

Haras.

Les haras doivent être supprimés, les abus sans nombre les rendant très-onéreux et inutiles.

Il est encore d'autres parties d'administration à changer ou modifier et des institutions utiles à faire; mais la noblesse de la basse Marche n'a pas cru devoir les insérer dans son cahier, s'en rapportant à la prévoyance et au zèle des États généraux.

Signé le vicomte de Vareilles, le marquis d'Anière, Saint-Fief, Dupin de Saint-Barbau, le comte de Laipand, sénéchal d'épée; le chevalier de Tisseuil, le comte de Montbas, le vicomte de Mallet, secrétaire.

CAHIER

Des remontrances, plaintes et doléances de l'ordre du tiers-état de la province et sénéchaussée de la basse Marche, rédigé en conformité de la lettre du Roi et du règlement du 24 janvier 1789 (1).

Adoptant unanimement le vœu général des communes du royaume pour que les députés du tiers-état, dans la prochaine assemblée nationale, soient en nombre égal à ceux des deux ordres du clergé et de la noblesse réunis ;

Adoptant également le vœu des mêmes communes pour que les voix, les suffrages soient pris et comptés par tête et non par ordre;

Ces réclamations étant fondées sur le droit naturel et sur les lois constitutionnelles de l'État, suivant lesquelles les affaires publiques doivent être réglées par le Roi et la nation ;

Délibérant en seul corps,

Ledit ordre a arrêté :

Art. 1er. Que MM. les députés de ladite province se réuniront à ceux du tiers-état du royaume, pour demander préliminairement qu'il soit arrêté définitivement par un statut particulier constitutionnel, sanctionné par l'assemblée nationale, que le nombre des députés du tiers-état sera égal à celui des deux autres ordres réunis; que les voix seront recueillies et comptées par tête et non par ordre, et qu'au cas qu'il s'élève quelque opposition à cet égard, les députés se retireront avec les autres du tiers-état, pour aviser sur le parti qu'ils auront à prendre.

Art. 2. La loi qui nous assure la propriété de nous-mêmes ou notre liberté, sera déclarée à jamais inviolable, et qu'à cet effet il ne pourra y être porté aucune atteinte par l'emprisonnement ou l'exil d'un citoyen, de quelque ordre qu'il soit ; en conséquence, MM. les députés demanderont la suppression des lettres de cachet ou lettres closes, et la révocation de l'édit de 1705 qui les a autorisés, et pour l'exécution de cette loi conservatoire de la liberté, MM. les procureurs généraux et leurs substituts seront chargés de faire des informations de l'existence des personnes disparues ou enlevées et d'en donner connaissance à ceux qui y seront intéressés.

Art. 3. Aucun citoyen ne pourra être jugé ni condamné que par ses juges naturels et non point par des juges de commission.

Art. 4. Les comptes des finances seront représentés aux États généraux pour y être vérifiés, et en cas de fraude, ceux qui en auront eu l'administration seront poursuivis par-devant les juges ordinaires comme coupables du crime de péculat et punis suivant les rigueurs de la loi.

Art. 5. Il ne sera accordé aucun impôt sans le consentement des États généraux, et tous ceux qui pourraient être établis sans leur consentement, quoique vérifiés dans les cours, ne pourront pas être perçus sur la nation ; il sera aussi arrêté et statué formellement que tout impôt sera réglé dans sa somme et défini dans sa durée.

Art. 6. Le retour périodique des États généraux sera fixé aux époques dont il sera convenu aux États, et les lois qu'ils auront arrêtées ne pourront être détruites ni révoquées que par la nation elle-même, sauf à assembler extraordinairement les

États généraux, lorsque les circonstances l'exigeront.

Art. 7. La répartition et la perception des impôts exigeant des détails infinis qui ne peuvent être recherchés et déterminés que par les États généraux,

MM. les députés demanderont qu'il soit établi, dans les pays d'élection, des assemblées provinciales ou États provinciaux, suivant le vœu d'adoption que pourra faire chaque paroisse ou commune, à raison de sa situation et de sa convenance.

Art. 8. Les motifs sur lesquels étaient fondés les privilèges du clergé et de la noblesse ne subsistant plus, il est juste que tous les impôts distinctifs d'ordre, tels que les taxes de propriété d'exploitation, rapport de taille, taille tarifée ou non tarifée, capitations nobles ou roturières, impositions militaires, vingtièmes et accessoires, dixièmes abonnements, dons gratuits et généralement toutes autres impositions quelconques, soient entièrement supprimées et qu'elles soient remplacées par un impôt général qui sera réparti à l'avenir et à perpétuité, supporté par les trois ordres, à proportion de leurs revenus et facultés, sur leurs propriétés foncières, sans privilèges ni exception aucune, sur une même base, un même rôle, et par les capitalistes, négociants, artisans, marchands, négoce et industrie, à l'exception des marchands et manouvriers dont les gains sont absolument nécessaires pour leur subsistance et celle de leur famille, ainsi que pour les choses de première nécessité, le tout suivant ce qui sera arrêté par les communes.

Il est également juste que l'impôt pour le rachat de la corvée soit réparti de la même manière et sur les mêmes personnes énoncées ci-dessus ; que quatre cinquièmes de cet impôt soient appliqués à la confection et entretien des grandes routes, et que l'autre cinquième soit appliqué aux constructions et réparations des chemins vicinaux de chaque commune.

Art. 9. Parmi les différentes réformes dont la nation doit s'occuper, MM. les députés proposeront de prendre en considération les droits onéreux et vexatoires que le fisc a créés et multipliés à l'infini depuis un siècle.

La partie des domaines incorporés à laquelle sont soumis tous les contrats de la société, les biens, la fortune de tous les ordres pour les droits de contrôle, insinuation, centième denier et autres, soit principaux, soit accessoires, doit subir le premier et plus rigoureux examen.

En conséquence MM. les députés demanderont qu'il soit fait un nouveau tarif clair et précis de tous ces droits, pour éviter l'arbitraire qui en rend la perception toujours odieuse et souvent injuste, afin qu'ils soient restreints dans une circonscription déterminée et resserrée; de faire limiter le temps pour les demandes et spécialement de faire attribuer aux tribunaux ordinaires les questions qui pourront s'élever.

Art. 10. Le franc-fief qui semble imprimer au tiers-état une tache humiliante autant qu'elle est onéreuse, étant une espèce de contribution indéfinie dans laquelle il s'est glissé tant d'abus,

MM. Les députés en demanderont la suppression, puisqu'il tient aux exemptions pécuniaires dont l'anéantissement fait l'objet des vœux les plus ardents de toutes les communes.

Art. 11. Les gabelles qui fomentent, qui entretiennent journellement une guerre active et meurtrière entre les sujets d'un même État, qui établissent une bigarrure inconcevable entre les

---

(1) Nous publions ce cahier d'après un manuscrit des *Archives de l'Empire.*

provinces d'un même royaume, les unes connues sous une dénomination avilissante, les autres sous une dénomination ridicule, d'un côté un nombre considérable d'individus enlevés à l'agriculture, aux arts, à la défense de la patrie pour passer à la solde des traitants et pour être leurs agents subalternes et trop souvent meurtriers ;

D'une autre part, des malheureux stimulés par l'appât d'un modique bénéfice, exposés à la mort ou civile ou forcée ;

Ce tableau trop réel suffira pour faire opérer la suppression, la destruction d'un établissement aussi désastreux.

Art. 12. Les traites intérieures, si nuisibles au commerce, réunissent d'ailleurs des inconvénients tellement sentis par le souverain et la nation, que leur réforme ou reculement jusqu'aux frontières du royaume a été médité, promis et assuré.

La concession de ce bienfait, reconnue, ne sera pas difficile à obtenir et néanmoins doit être demandée.

Art. 13. Les aides, ce dédale impénétrable de droits vexatoires et indéfinis, cette vraie inquisition civile qui trouble la paix des familles, les expose à des procès dans lesquels le traitant a tous les avantages, doit être un des objets essentiels de suppression.

Ainsi MM. les députés la demanderont.

La ville de Dorat, une partie du ressort de son siége, ainsi que la ville de Bellac et tout le ressort de son siége, quoique rédimés des droits d'aides et gabelles, mais touchés des maux dont elles sont l'origine, soit pour une partie du siége de Dorat, soit pour leurs voisins, s'unissent pour en demander la suppression ; mais ils demandent qu'il est juste que les pays non rédimés supportent, dans la répartition de l'impôt qui aura lieu, une quotité proportionnelle à cet affranchissement afin d'établir le niveau et l'égalité avec les pays rédimés.

Art. 14. MM. les députés demanderont que les tabacs soient fournis aux débitants particuliers, en billes et carottes et non point en boucauts, et que tous les délits qui peuvent être relatifs au tabac soient jugés par les juges des lieux ; qu'ainsi les chambres ardentes soient entièrement supprimées.

Art. 15. Les domaines corporels de la commune étant exposés à de fréquentes usurpations par des échanges désavantageux et des concessions illusoires, que l'on peut difficilement refuser au crédit et à la protection ; les revenus diminués, presque anéantis par les frais de recouvrement auxquels sont attachés des priviléges particuliers, préjudiciables au bien général, les déprédations fréquentes, les charges multipliées, le produit à peu près nul,

Toutes ces considérations portent à demander la suppression des engagements, la rentrée des objets qui les composent, la proscription et la résolution des échanges, en remboursant les sommes ou finances que les engagistes justifieront avoir payées et être entrées dans les coffres du Roi.

Ces considérations portent encore à demander la vente et l'aliénation de toutes les terres et fonds domaniaux, sous la réserve d'un cens inaliénable.

Art. 16. Les grâces nécessaires pour encourager les talents, exciter et récompenser le mérite, ne doivent cependant pas être onéreuses ; elles le deviennent lorsqu'elles sont cumulées avec trop de facilité.

En conséquence, MM. les députés demanderont que les fonds qui y seront destinés soient déterminés d'après un examen combiné, qu'une partie soit réservée pour les cas imprévus, que ces cas et ces taux de toutes pensions et gratifications soient déterminés par les États généraux ; que celles qui existent actuellement soient restreintes, diminuées ou supprimées, ainsi qu'il sera décidé par les États assemblés, et que toutes les concessions soient toujours rendues publiques dans tous ces rapports.

Art. 17. MM. les députés insisteront sur la nécessité de faire déposer aux archives de chaque capitale ou en tout autre dépôt public, les plans arrêtés de toutes les routes qui font partie de chaque administration, afin que les riverains soient instruits, qu'ils puissent s'opposer à des alignements versatiles qui bouleversent plusieurs fois leurs propriétés ; ils demanderont aussi que les comptes détaillés des travaux soient soumis à l'examen des communes sur le territoire desquelles ils auront été exécutés.

Art. 18. Le but des ateliers de charité étant de donner à la pénurie locale des secours qui procurent en même temps quelque autre avantage public, il est important de prévenir que les fonds qui y sont destinés soient détournés et portés à des objets étrangers.

De là MM. les députés demanderont que cette direction, ainsi que celle de tous autres travaux publics, ensemble l'apurement de tous les comptes, soient réunis aux assemblées provinciales ou États particuliers, mais toujours avec la sous-inspection des communes qui y seront intéressées.

Art. 19. Les exclusions, toujours odieuses par elles-mêmes, enchaînent les talents, émoussent le sentiment de l'émulation, contraires au bien général ; elles doivent donc être proscrites.

De là MM. les députés réclameront contre les ordonnances qui excluent les membres du tiers-état des emplois militaires et des charges de magistrature des cours supérieures, et ce qui est d'autant plus étrange, les enfants des anoblis, et ils insisteront pour obtenir que les membres du tiers-état soient admis concurremment avec les nobles, suivant leurs talents et leur mérite, à tous emplois et grades tant militaires sur terre et sur mer, qu'aux charges de magistrature des cours souveraines et aux bénéfices à nomination royale.

Art. 20. Les réunions de divers établissements publics et particuliers ayant été opérées depuis quelque temps, l'extinction de plusieurs ordres religieux pouvant être prescrite par le manque de sujets, ces réunions des patrimoines, bien loin d'avoir tourné à l'utilité publique qui en était la destination naturelle et politique, ayant au contraire été employée pour accroître les richesses et le luxe de certaines places déjà trop opulentes.

MM. les députés demanderont et remontreront que les biens précédemment réunis soient détachés, et ceux provenant des réunions et extinctions qui s'opéreront à l'avenir, les unes et les autres soient employées pour la libération et le bien de l'État, et d'après un plan en faveur des séminaires, colléges et hôpitaux ou autres établissements publics dans les endroits de leur situation.

Art. 21. Les bénéfices ayant été fondés pour des services ou secours spirituels à acquitter dans le lieu d'où les revenus proviennent, ces bénéfices se trouvent accumulés sur la tête d'un seul individu, qui ne peut remplir les conditions essentielles de la donation, ce qui est injuste et illusoire.

MM. les députés réclameront contre la multiplicité des bénéfices; ils demanderont que l'application des revenus des bénéfices simples, inutiles à la société, soit faite en augmentation des pensions de MM. les curés et vicaires, afin de leur donner des moyens pour soulager dans leurs paroisses la classe trop nombreuse des pauvres et des malheureux qui, dans leurs besoins et leur indigence, ne peuvent s'adresser qu'à leurs pasteurs.

Ils demanderont ensuite la suppression de tous les droits casuels forcés de l'Église, et que le sort des curés et vicaires, amélioré par des augmentations prises d'abord sur les bénéfices simples et subsidiairement sur les gros bénéfices, les laïcs propriétaires de dîmes inféodées soient affranchis du payement en tout ou partie des portions congrues.

Art. 22. Les circonstances pourraient encore faire proposer des réformes dans les établissements, les édifices publics dont la plupart sont inutiles, les maisons royales dont plusieurs ne sont pas habitées, enfin sur différents autre objets de pure ostentation qui occasionnent des dépenses ordinaires et extraordinaires très-considérables; mais l'éclat du trône est trop précieux à chaque citoyen, la nation a un confiance trop assurée dans l'économie du Roi pour ne pas se remettre à ses soins sur tous ces objets.

Art. 23. Les vices de la procédure criminelle, les inconvénients du Code civil, l'éloignement des tribunaux supérieurs, la multiplicité des tribunaux inférieurs, ainsi que des arrondissements, ont déjà fixé l'attention du gouvernement, qui s'occupe depuis longtemps de ces réformes.

MM. les députés les solliciteront de nouveau; ils réclameront aussi contre la longueur des procédures, l'énormité des frais, contre tous les autres abus commis dans cette partie, et qu'en conséquence il soit procédé à la réformation des lois civiles, criminelles et forestières, à l'effet de quoi il sera établi une commission qui aura des correspondances et prendra des renseignements ou instructions dans toutes les sénéchaussées et bailliages du royaume.

Art. 24. Les États généraux prendront en considération la vénalité des offices, ils aviseront, ils délibéreront à ce sujet, ainsi que sur les moyens de rendre la justice gratuitement et sur les procurations et nominations aux offices, les gages des officiers et autres objets relatifs.

Ils demanderont particulièrement qu'il soit arrêté que les juges royaux ne pourront exercer aucune commission à l'instar de celles de subdélégué et autres de cette nature.

Il serait également important de porter la réforme dans le choix des notaires, des médecins et chirurgiens, et pour cet effet, de solliciter un règlement sévère pour les études : logique et physique, droit civil, droit canon, médecine et chirurgie.

Art. 25. La liberté de la presse étant un moyen généralement reconnu pour donner l'essor au génie, pour encourager les talents et les rendre utiles à la société,

MM. les députés demanderont la liberté de la presse en tout ce qui ne sera pas contraire à la religion et aux mœurs.

Art. 26. Les propriétaires et leurs fermiers sont souvent négligents à exiger le payement de leurs rentes nobles et secondes foncières, ainsi que beaucoup de redevables à les payer : et comme ces arrérages ne se prescrivent que par trente ans, ainsi accumulés, ils causent souvent la ruine des tenanciers.

MM. les députés demanderont que l'on ne puisse demander que les arrérages de neuf années et de la courante; qu'après ce laps de temps ils soient prescrits, s'il n'y a demandes judiciaires pour les conserver, et qu'il en soit de même à l'égard du prix solidaire envers le garant, s'il ne les appelle dans l'année de l'action en solidarité exercée contre lui.

Art. 27. La loi qui défend l'intérêt d'une somme d'argent, mais non aliénée, nuit à la circulation des espèces et en fait retenir de très-considérables dans les coffres de plusieurs. Ces sommes, répandues dans le commerce, lui donneraient de l'activité et contribueraient au bien général de la société.

MM. les députés demanderont que la stipulation d'intérêt soit permise au denier vingt pour les prêts d'argent sur billets, obligations et lettres de change, sans jugement ni même assignation.

Art. 28. Rien n'est plus pernicieux ni plus nuisible au commerce qu'une banqueroute faite frauduleusement; presque toutes les banqueroutes participent de ce vice, et presque toujours aussi l'on voit ceux qui les font échapper, avec le secours des lettres qu'ils obtiennent du prince, à la poursuite de leurs créanciers et à la rigueur de la loi; comme il est juste que l'innocent profite du bénéfice de cession, il l'est aussi que le coupable, le banqueroutier frauduleux soit puni sévèrement.

En conséquence, MM. les députés demanderont que celui qui voudra jouir des bénéfices des cessions soit tenu de se constituer prisonnier, avant de présenter ses lettres de cession, et qu'il soit obligé de tenir prison jusqu'à ce qu'il soit prouvé par lui-même que sa banqueroute n'est pas frauduleuse.

Et dans les mêmes vues, ils insisteront contre les sauvegardes pour la suppression des lettres de sauf-conduit, répit, attermoiement et surséance.

Art. 29. L'utilité comme la nécessité de la suppression des tribunaux extraordinaires sont manifestes.

En conséquence, MM. les députés demanderont que ces suppressions soient définitivement arrêtées, moyennant le remboursement des finances de leurs offices, lequel fera partie de la dette nationale, et que la connaissance des matières attribuées à ces tribunaux soit donnée aux juges qui doivent en connaître.

Et pour éviter les distractions de ressort, MM. les députés demanderont aussi la suppression des privilèges et *committimus*, et de tous les sceaux attributifs de juridiction.

Art. 30. La levée des soldats provinciaux introduit plusieurs abus :

Ces soldats sont indisciplinés, ils n'acquièrent aucune aptitude pour porter les armes, ils ne rendent aucun service à l'État, et ils lui coûtent; d'un autre côté, plusieurs classes de citoyens qui méritent des distinctions et d'en être exemptées, sont assujetties à la rigueur du sort et confondues avec les dernières, tandis que le plus petit privilégié ecclésiastique, noble ou anobli, y soustrait son domestique, et ces levées occasionnent des dépenses extraordinaires et assez et trop souvent des querelles dans les communes.

De là MM. les députés demanderont que la levée des soldats provinciaux soit supprimée, ou qu'il soit pourvu à une nouvelle ordonnance moins onéreuse et moins sévère pour plusieurs classes de citoyens, et qui remédie aux abus commis dans cette partie.

Art. 31. L'établissement des jurés-priseurs gêne la confiance et la liberté.

MM. les députés en demanderont la suppression, afin de laisser aux parties le choix libre de leurs experts et appréciateurs, à la charge néanmoins par la nation de rembourser la finance de ces offices.

Art. 32. L'humanité réclame de la nation assemblée et de son souverain une attention particulière pour assurer dans chaque communauté la subsistance des pauvres malades et invalides.

Il convient également de multiplier les brigades de maréchaussées pour arrêter les brigandages.

Art. 33. Il est de l'intérêt public qu'il soit établi dans le chef-lieu de chaque justice un dépôt public pour la conservation des minutes des greffes et des actes des notaires.

Art. 34. A tous les moyens déjà proposés pour simplifier la perception des impôts, on doit ajouter celui très-important qui résulterait de la suppresion de tous les receveurs généraux et particuliers des finances.

Un seul receveur établi dans chaque province où les assemblées provinciales, par l'intermission de leurs commissions intermédiaires, recevraient toutes les contributions et les verseraient directement au trésor royal, dont les administrateurs auraient l'attention, par un plan sagement combiné, d'ordonner sur les caisses particulières tous les payements que doit faire l'État, afin d'éviter le reflux dispendieux d'argent du Trésor dans les provinces et des provinces au Trésor.

Art. 35. MM. les députés demanderont que, pour un prix qui sera convenu avec les seigneurs féodaux ou sinon fixé par arbitres, il soit permis à tous les habitants des villes et campagnes de s'affranchir des droits de banalité, corvées seigneuriale, mortaillable, banalité de four et moulin, péage, manade, vigerie, traverse, pontonage et généralement de tous les droits établis sur les blés, les vins et autres denrées, ainsi que de toutes servitudes seigneuriales, reste odieux du régime féodal, sauf, comme dit est, à indemniser les seigneurs qui se trouveront fondés en titres légitimes.

Art. 36. Les appels sous des moyens de grossir la masse des frais et d'embarrasser le droit des parties, ils favorisent l'esprit de chicane et il en résulte des longueurs fatigantes.

Pour y remédier, MM. les députés demanderont qu'il soit accordé aux bailliages et sénéchaussées le droit et pouvoir de juger en dernier ressort, en ce qu'ils seront au nombre de sept, jusqu'à la concurrence de la somme de 1,000 livres, et d'admettre la preuve testimoniale en toute matière concernant les conventions qui n'excéderont pas 200 livres.

Art. 37. MM. les députés demanderont qu'il soit accordé des distinctions particulières aux magistrats qui se seront distingués dans les cours et dans les bailliages et sénéchaussées, lorsqu'ils auront exercé leurs fonctions pendant vingt-cinq ans.

Art. 38. MM. les députés aux États généraux aviseront aux moyens pour éviter que les Français soient obligés de s'adresser à la cour de Rome pour les dispenses de mariage, résignations, permutations de bénéfices et pour toutes autres causes.

Art. 39. Il importe au tiers-état que les offices qui confèrent la noblesse ne soient pas trop multipliés ; en conséquence, MM. les députés feront des remontrances à ce sujet.

Art. 40. L'administration des justices seigneuriales sera prise en considération par les États généraux, afin de remédier aux abus.

Art. 41. Il serait juste de rendre aux villes le droit d'élire leurs officiers municipaux; MM. les députés le réclameront.

Art. 42. MM. les députés demanderont le partage des landes et communaux, pour favoriser l'agriculture, et que les États généraux avisent aux moyens les plus simples et les moins dispendieux pour y parvenir.

Art. 43. Le retrait lignager étendu à l'infini, comme dans la coutume de Poitou, occasionne des abus hérissés de formalités minutieuses, il est très-embarrassant et ne produit souvent qu'une illusion pour celui qui l'exerce.

MM. les députés demanderont que le droit de retrait lignager soit restreint aux enfants et descendants ou ascendants jusqu'au troisième degré inclusivement, et jusqu'au même degré en collatérale, qu'il soit dégagé de toutes les formalités dont il est embarrassé et qu'il soit seulement soumis aux formalités des actions ordinaires.

A l'égard des retraits féodaux et censuels, le tiers-état du siège de Dorat demande qu'il en soit usé à l'avenir comme par le passé, mais qu'il soit défendu aux gens de mainmorte de céder leur faculté d'exercer l'un et l'autre de ces retraits.

Mais le tiers-état du siège de Bellac, régi par le droit écrit, insiste sur la suppression de ces deux retraits, et dans tous les cas que les seigneurs n'en puissent pas céder l'exercice; il insiste aussi pour la conservation de la maxime que nul ne peut se dire seigneur particulier sans titre ; qu'en conséquence tous héritages soient réputés allodiaux et tenus en franc-alleu, lorsque les seigneurs ne seront munis de titres suffisants, et qu'il y a lieu même contre le Roi.

Art. 44. MM. les députés remontreront que feu M. Turgot ayant démontré, dans un Mémoire fourni au conseil que les impositions établies sur la généralité de Limoges étaient, proportion gardée, plus fortes d'un tiers que celles des provinces voisines, et que cette surcharge provenait de ce que, pour soulager la province des ravages que la peste lui avait causés, en 1722, les impositions de cette généralité avaient tiercé ; que depuis elle n'en a pas été déchargée; qu'au contraire, elle a supporté les augmentations successives d'impôts qui ont eu lieu depuis; il est juste de diminuer d'un tiers la masse de ces impositions, pour la remettre au niveau des autres provinces.

Art. 45. MM. les députés présenteront ces objets importants et tous autres que leur prudence et leur sagacité leur suggéreront, et d'après l'émission de ces vœux, les réformes et suppressions réclamées et une fixation éclairée de la dette nationale, s'il est question de délibérer pour consentir à un impôt quelconque, pour réparer les désordres où se trouvent les finances en général et maintenir la splendeur du trône, MM. les députés y accéderont conjointement avec la majeure partie des États généraux, non-seulement pour le grand avantage de la chose publique, dans laquelle l'on aime à se persuader qu'il y aura une sage économie, mais aussi à cause du zèle du tiers-état de la province et sénéchaussée de la basse Marche à se conformer aux vues bienfaisantes de leur souverain. Fait et arrêté par les commissaires soussignés, le 19 mars 1789. *Signé* De Chalard, commissaire; Lesterpt de Beauvais, commissaire; de Nouet, commissaire; Aubugeois, commissaire; Mallebay de Chabanne, commissaire; Gevardot de Fonbelle, commissaire; Massoulard de Maubert, La Croix commissaire.

CAHIER

*De doléances et souhaits du clergé de la séné-
chaussée de Guéret en la haute Marche (1).*

Le clergé, pénétré du respect le plus profond
pour Sa Majesté, de la reconnaissance la plus vive
pour son affection paternelle, et plein de la plus
ferme confiance en sa haute sagesse, s'empresse
de porter aux pieds du trône ses vœux pour le
soulagement des peuples et la prospérité du
royaume. La convocation des Etats généraux est
l'unique ressource pour rétablir l'ordre et corriger
les abus sans fin qui se sont glissés dans le gouvernement, surtout dans la partie des finances.
Ces abus pesant principalement sur le tiers-état,
le clergé est persuadé qu'il sera entré dans le
détail de tous les maux dont il est accablé, et
qu'il aura cherché les moyens d'y remédier. C'est
pourquoi le clergé ne fera que les indiquer et
joindre ses vœux à ceux du tiers-état, pour en
demander une réforme entière et constante.

VŒUX GÉNÉRAUX.

Le clergé désire que ses députés aux Etats généraux votent :

1. Pour l'établissement d'une constitution nouvelle, solide et permanente, pour le retour périodique des Etats généraux, et pour la formation
d'une chambre nationale pendant l'intervalle
d'une tenue d'Etats à une autre.

2. Pour l'établissement d'Etats provinciaux
dont les membres des trois ordres seront pris
dans la même proportion que pour les Etats généraux.

3. Pour que tous les ordres contribuent aux
subsides, en proportion de leurs facultés, par un
impôt unique, en ce que préalablement la dette
du clergé sera réunie à celle de l'Etat, pour être
payée par tous les sujets.

4. Pour la réformation de la procédure civile
et criminelle, pour le rapprochement des justiciables de leurs juges et pour l'arrondissement
des justices, et rendre les frais de tutelles, curatelles, scellés, etc., moins dispendieux aux sujets.

5. Pour la suppression des gabelles avec indemnité pour les pays rédimés; pour le reculement des barrières aux frontières et pour la
réforme des contrôles.

6. Pour un règlement concernant les bois à
semer et à planter, et abréger les formalités rigoureuses et dispendieuses pour la coupe des
bois.

7. Pour la suppression de toutes les charges
inutiles ou peu utiles.

8. Pour la réforme des abus qui éloignent tous
les sujets du tiers-état des grades militaires, des
charges de magistrature et des hautes dignités
ecclésiastiques : abus humiliants pour le tiers-

état, qui empêchent l'émulation des citoyens et
les rend comme étrangers au sein même de la
patrie.

9. Pour qu'il soit trouvé un moyen où, sans
nuire aux propriétaires, on pût abolir les banalités, vinades, arbaux, les conditions serves et
mortaillables. Tout languit dans les paroisses où
règne ce reste de barbarie. La population, l'a-
griculture, les arts et le commerce y sont dans
un engourdissement mortel.

10. Pour que les hôpitaux et collèges soient
multipliés.

11. Pour qu'il n'y ait, dans tout le royaume,
qu'un même poids et une même mesure.

12. Pour la suppression des lettres de cachet.

13. Pour que les pensions royales soient mûrement examinées; qu'il sera fait une révision
par commissaires nommés aux Etats généraux.

14. Pour que les abus dans les faillites et la
perception des rentes soient corrigés.

15. Pour que le temps fixé par l'édit des hypothèques soit prolongé, et que les affiches soient
mises aux portes des églises paroissiales où sont
situés les biens, suivant la forme ordinaire, icelles
affiches certifiées par le curé seulement.

16. Pour la responsabilité aux Etats généraux,
des ministres et de tous autres chargés des deniers
de l'Etat.

On pourrait faire beaucoup de remontrances
bien fondées sur les corvées qui montent à plus
de 80,000 livres dans cette province, sur les fonds
destinés pour les ateliers de charité et les indemnités sur les non-valeurs des dixièmes et des capitations, sur les milices et la manière dispendieuse de les faire tirer, sur la mauvaise qualité
du tabac, sur les frais énormes des adjudications
et sur une infinité d'autres concussions et déprédations qu'éprouvent en tout genre les sujets de
Sa Majesté. Mais comme la province est déjà en
administration et qu'elle a lieu d'espérer que ses
Etats provinciaux lui seront rendus, elle a aussi
un juste fondement d'espérer que ces abus seront
détruits à l'avenir.

VŒUX PARTICULIERS AU CLERGÉ.

17. Pour que Sa Majesté soit suppliée d'ordonner l'exécution de toutes les lois qui regardent
le culte divin et les mœurs, dont la plupart sont
publiquement violées, avec injonction aux magistrats d'y tenir la main.

18. Pour la fixation invariable de la juridiction
ecclésiastique, afin d'éviter le conflit de juridiction dispendieux aux justiciables et pour l'attribution aux juges ecclésiastiques de toutes leurs
causes personnelles dont les juges laïques, sous
prétexte de sceau public, vérifications d'écritures,
possessoires, trouble public et police, s'attribuent
la connaissance.

19. Pour la réforme de l'abus des décrets
d'ajournement personnel contre les ecclésiastiques
que l'on se plaît à mettre et à tenir dans les liens
de l'interdit, par l'affectation de signifier les dé-

---

(1) Nous publions ce cahier d'après un manuscrit des
Archives de l'Empire.

crets dans le temps pascal et à la veille des fêtes ; dès qu'il n'échoit point de peines afflictives ou infamantes, pourquoi commencer par déshonorer un ecclésiastique, surtout un curé, par un décret et un interdit qui supposent une faute grave ? C'est le punir avant qu'il soit jugé coupable, et souvent plus qu'il ne le sera en définitive.

20. Contre l'abus des monitoires, en ce que les juges laïques, surtout ceux des seigneurs, accordent trop facilement la permission de les obtenir.

21. Pour qu'il soit ordonné que tous autres que ceux dénommés dans l'arrêt de règlement en 1778, qui voudront s'opposer à quelque mariage pour cause d'empêchement dirimant, soient tenus d'en coter l'espèce, et que les curés puissent passer outre toutes les fois qu'il leur sera clair qu'il n'existe aucun empêchement.

22. Que la dotation de toutes les cures, même de celles de Malte, soit portée à 1,500 livres net et sans charges, attendu que c'est une portion sacrée, une pension alimentaire pour des citoyens qui consacrent leur temps et leurs travaux aux besoins de leurs paroisses ; que si toutefois les besoins extrêmes de l'Etat exigent qu'ils viennent à son secours, leur contribution soit fixée à une somme modique ; qu'il soit également pourvu à la dotation des cures dont la dîme est insuffisante, en portant ladite dotation aussi à 1,500 livres net et sans charges, l'évaluation de la dîme faite sous forme judiciaire et sans frais, à laquelle dotation on peut parvenir par la voie des arrondissements des paroisses ou par des réunions ; et que, par des suppléments pris sur des maisons éteintes ou sur les économats, les curés dont la dîme est insuffisante, soient dédommagés de leur état de souffrances pour le passé, pour le présent et pour l'avenir, jusqu'à ce que la dotation de leur cure soit effectuée.

23. Pour que les curés possédant des fonds et des dîmes, ne soient imposés pour leurs maisons, jardins, bâtiments en général et portion de leur revenu équivalente à la portion congrue, que comme les congruistes, et que, pour le surplus desdits fonds, ils ne soient point laissés à la discrétion des paroissiens, mais qu'il leur soit fait, par les commissaires des Etats provinciaux et en présence de chaque municipalité, une cote invariable et dans la même proportion qu'aux autres contribuables de la paroisse ; que les curés dont les fonds et dîmes sont au-dessous de la portion congrue, soient absolument exempts de toutes charges quelconques, pour quelque cause que ce soit, à moins qu'il ne soit pourvu à leur dotation et les vicaires à proportion.

24. Pour que les ecclésiastiques aient la même liberté que les laïques pour jouir de leurs biens, places, et faire valoir leurs fonds.

25. Pour que la réunion nécessaire à la dotation des cures se fasse sous forme judiciaire et sans frais ; qu'il ne soit plus fait à l'avenir d'union aux évêchés, que Sa Majesté soit suppliée de ne plus accorder de bénéfices aux évêques qui sont suffisamment dotés, et que partie du supplément, pour subvenir aux besoins urgents des ecclésiastiques pauvres ou infirmes soit prise dans l'excédant des bénéfices possédés par les prélats, autres néanmoins que leurs évêchés.

26. Pour que, si l'ancienne constitution des décimes subsiste, les curés, sur qui pèse la plus grande partie des décimes, composent la moitié des assemblées générales du clergé, et que dans la répartition des décimes, il y assiste un membre de chaque district ainsi qu'un député des corps séculiers et réguliers du diocèse.

27. Pour qu'il soit donné des pensions de retraite aux curés et autres ecclésiastiques anciens ou infirmes.

Les curés offrent de renoncer au casuel forcé, aussi désagréable pour eux que pour leurs paroissiens ; votent pour que le remplacement des maisons religieuses supprimées s'opère par des établissements utiles à la province, et notamment il serait besoin d'établir un évêché à Guéret, plus nécessaire dans cette ville que dans aucune autre du royaume, à cause de son grand éloignement de toutes les villes épiscopales.

28. Pour que Sa Majesté suspende la nomination des bénéfices consistoriaux autres que les évêchés, et permette le séquestre des revenus des monastères supprimés, pour acquitter les dettes du clergé, les fondations toutefois acquittées, et cela dans la supposition que la réunion des dettes de l'Etat et du clergé ne peut avoir lieu.

29. Pour la réforme nécessaire quant aux universités.

30. Pour la réunion de toutes chapelles et succursales, et qu'on choisira pour église paroissiale celle qui sera plus avantageuse et plus commode.

Cependant l'assemblée ne prétend point limiter les pouvoirs de ses députés aux Etats généraux, mais leur permet de consentir à toutes les délibérations qui seront prises dans cette assemblée à la pluralité des voix et conformément aux règlements faits ou à faire pour parvenir à une conclusion utile aux trois ordres de l'Etat.

Fait et arrêté en l'hôtel de ville, lieu assigné par M. le sénéchal pour l'assemblée du clergé, à Guéret, le 21 mars 1789 ; et ont signé tous les délibérants le présent cahier avec nous, président et secrétaire de l'assemblée. Signé l'abbé de Gain, chantre de l'église, comte de Lyon, abbé de l'abbaye royale du Palais, président de l'assemblée, sans adhérer en aucune manière auxdits cahiers de doléances ; Bannassat, curé de Saint-Fiel, député nommé ; Coudert, chanoine, secrétaire ; Cartier, curé de Mainsac ; Goubert, prieur de Chenevailles, curé de Saint-Silvain de Bellegarde ; Rouchon, prieur-curé d'Ars ; de Boismandé, curé de Bonat ; Pajon, curé de Saint-Fréon ; Aubusson Dupiat, curé de Naillat ; Deval, curé de Cressac ; Silvain, prieur-curé de Chantôme ; Bazenevie, curé de Dun ; Gerouille, curé de Betête ; Frise, curé de Saint-Hilaire-la-Plaine ; Martin, curé de Saint-Martin-Sainte-Catherine ; Lemoyne, prieur-curé de Chambon-Sainte-Croix ; Besse, curé de Croc, Binet, prieur-curé de Fresselines ; Thomas, curé de Châtenet ; Geay, curé de Lespinas ; Bonnin de La Vaubois, prieur-curé de la Celle de Noise ; La Forest, curé d'Augère ; Rousseaux, curé de Savènes ; Doussol, curé de Pionat ; Beraud, prieur-curé de Celle ; Midre de la Chabane, prieur-curé de Sardent ; de La Porte, curé de Saint-Georges-la-Pouge ; Cohade, prieur-curé de Saint-Médard et de Puismalsigniat, son annexe ; Jagot de La Chaune, curé de Saint-Sulpice-Laschamp ; Boucher, prieur-curé d'Azat-Châtenet ; Pillard, prieur-curé de Chenerailles ; Merle de la Brugière, archiprêtre de Bénévent, curé de Saint-Sulpice-le-Dunois ; Meiheaux, curé de Saint-Hiviés-les-Bois ; Parcaud, curé de Crozant ; Autier, curé de Saint-Sulpice-le-Douzeil ; Raymond, prieur-vicaire de Thorion et Potarion ; Nadaud, curé de Fleurat ; Simon, prieur-curé de Janaillac ; Lemoyne, prieur-curé de Chavanat ; Sudre, curé de Guéret ; Louvadour, curé de Saint-Médard-la-Breuille ; et de La Porte, curé de Saunière.

Expédié comme ayant été déposé au greffe de la sénéchaussée. Signé Rocque, greffier en chef.

CAHIER

Des doléances, plaintes et remontrances de l'ordre de la noblesse de la sénéchaussée de la haute Marche (1).

EXTRAIT DE REGISTRES DU GREFFE DE LA SÉNÉ-CHAUSSÉE DE LA HAUTE MARCHE

L'an 1789, le 23° jour du mois de mars, en vertu des lettres du Roi, portant convocation des États généraux du royaume en la ville de Versailles le 27 avril prochain, est comparu par-devant nous, haut et puissant seigneur Alexandre-Philippe-François Merigot, chevalier, seigneur marquis de Sainte-Feyre, grand bailli d'épée, sénéchal de la province de la haute Marche, l'ordre de la noblesse de ladite province, lequel a élu pour comparaître et assister en ladite assemblée des États généraux, M. le marquis de Biencour et M. le marquis de Saint-Mexant, auxquels dits élus l'ordre de la noblesse donne les instructions et pouvoirs qui suivent :

Elle enjoint expressément à ses députés de ne concourir à aucune délibération relative à l'impôt, avant que les États généraux aient statué sur les articles ci-après :

1. L'existence et la permanence des États généraux seront confirmées loi fondamentale de l'État, et leur retour périodique fixé à deux ans, s'il n'en est autrement décidé par la pluralité aux États généraux.

2. Aucune loi ne pourra être promulguée par l'autorité royale, sans le consentement des États généraux.

3. Aucun emprunt, impôt ou subsides, sous quelque dénomination que ce soit, ne pourra être établi et perçu, s'il n'a été consenti par les États généraux.

Les principes ci-dessus étant solidement fixés, comme préalablement nécessaires et rigoureusement exigés, l'assemblée donne pouvoir à ses députés de proposer, aviser, remontrer et consentir tout ce qui peut concerner les besoins de l'État et en général tout ce qui sera arrêté dans l'assemblée de la nation.

Parmi les sujets de délibération qui seront discutés aux États généraux, l'assemblée recommande à ses représentants d'employer tous les efforts de leur zèle pour maintenir l'ancienne constitution et déterminer la délibération par ordre; désirant néanmoins contribuer de tout son pouvoir à l'union des trois ordres, si nécessaire au bien de l'État, elle autorise ses délégués à adopter la forme de délibération qui conviendra à l'assemblée générale.

Les députés demanderont que les ministres soient tenus de rendre compte aux États généraux de l'emploi des sommes qui leur auront été confiées, et qu'ils soient responsables de tout acte d'autorité contraire à la loi.

Ils demanderont aussi que les dépenses de chaque département soient invariablement fixées.

Ils s'occuperont des moyens d'assurer la liberté politique qui produit la sûreté personnelle, et la liberté civile qui rend les propriétés inviolables, sans oublier la liberté légitime de la presse.

Ils demanderont expressément que les capitalistes et rentiers de l'État contribuent dans une proportion exacte aux charges publiques, et que les propriétés foncières accablées d'impôts ne leur

soient plus immolées, pour soutenir un crédit qui exige encore des impôts.

Ils feront statuer que l'assiette, la répartition et la perception des subsides seront confiées aux États établis ou à ceux à établir dans chaque province.

Ils solliciteront la réforme de tous les abus qui se sont introduits dans l'administration de la justice; et ils ajouteront à cette demande celle de la suppression d'une multitude de droits onéreux, plus oppresseurs encore par la manière dont les agents du fisc les perçoivent, et notamment la suppression des aides, gabelles et traites foraines.

L'assemblée recommande expressément à ses députés d'insister sur la conservation de ses privilèges, avec soumission de les remplacer par un subside pécuniaire employé au soulagement du tiers-état et réparti en proportion des facultés de chaque contribuable par des commissaires pris dans l'ordre de la noblesse.

Ce vœu unanime de l'assemblée a surtout pour objet de soulager le gentilhomme pauvre, si dénué de secours et si intéressant pour l'État. La suppression des privilèges pèserait uniquement sur lui. L'homme riche afferme ses terres. Au sein des villes où son opulence le fixe, il lui importe peu que ses prés-clôtures soient ou ne soient pas imposés. 2 ou 300 livres de moins n'influent pas sur son existence. Mais le gentilhomme qu'un revenu médiocre fixe à la campagne, a besoin de cette ressource ; son privilège est une partie de sa fortune. Si on l'en prive, c'est le plus injuste des impôts. Nul pour pour le riche, il serait uniquement supporté par la noblesse indigente, qui perdrait encore la seule distinction qui fait connaître son état.

Les députés solliciteront l'établissement d'États provinciaux communs à la haute et la basse Marche, le franc-alleu et le Combraille. Cette demande sera fondée : 1° sur l'ancienne existence des États de la province ; 2° sur la surcharge extraordinaire d'impôts qu'a fait supporter à la haute Marche sa réunion à la généralité du Bourbonnais et Nivernais ; la preuve de cette surcharge est consignée dans les bureaux du contrôle général. Ils ajouteront à ce motif de séparation, l'inconvénient qui résulte de la différence du régime et surtout du sol de la Marche, l'un des plus stériles du royaume et qui ne peut supporter de comparaison avec celui du Bourbonnais et du Nivernais.

D'après cet exposé, les députés demanderont qu'il soit fait une répartition qui rétablisse l'équilibre entre ces provinces.

Ils présenteront aussi le vœu de la province pour que les biens des différentes maisons religieuses supprimées dans son étendue et dont la destination n'est pas irrévocablement prononcée, soient employés en hôpitaux, hospices ou collèges. Cette demande est d'autant mieux fondée, qu'il n'y existe aucun établissement public de ce genre.

L'assemblée, connaissant les sentiments d'honneur, le patriotisme, la sagesse et les lumières de ses représentants, regarde comme superflu de leur rappeler l'importance des fonctions dont ils sont chargés ; elle s'en rapporte à leur zèle ; et pour leur prouver sa confiance, elle les autorise de nouveau, suivant leur honneur et conscience, à délibérer, arrêter et statuer tout ce qu'ils jugeront nécessaire au bien de l'État, à celui de cette province et à se conformer pour tous les objets ci-dessus énoncés à ce qui sera convenu par la nation assemblée.

Lesquels instructions et pouvoirs ont été lus, approuvés et arrêtés en l'assemblée de l'ordre de la noblesse par-devant nous, sénéchal, susdit en la ville de Guéret, siége de la sénéchaussée de la province de la haute Marche, afin d'être présentés à l'assemblée générale des États du royaume indiquée par Sa Majesté, par MM. les députés ci-dessus dénommés, auxquels l'ordre de la noblesse de ladite sénéchaussée donne pouvoir et puissance de faire suivant qu'il a été arrêté dans ledit ordre, en témoin de quoi lesdits instructions et pouvoirs ont été signés des membres du dit ordre qui ont comparu et du secrétaire, et seront délivrés à MM. les députés par expéditions. Fait à Guéret lesdits jour et an que dessus. *Signé* marquis de Sainte-Feyre, sénéchal, grand bailli d'épée de la haute Marche ; de Malleret, marquis de Saint-Mexant ; Laborey de Borpêche, de Saint-Maur, le marquis de la Celle, le comte d'Arfeuille, le marquis de Brade, le comte de Saint Jullien, le comte de Courthille, de Mesmond, Couturière-Fournones, Tournyol du Rateau, M. le comte de La Rochebriant, le comte de La Sagne-Saint-Georges, de Seiglière de Breuil, le marquis de La Roche-Aymon, le marquis de Sarazin , le marquis de Biencourt , le comte de Montbas, le comte de La Celle, de La Celle, vicomte de Châteauclos; Vildon de Ribagnat, le chevalier Esmoingt, Durieux, Baret de Beauvais, Doiron de Cherigniat, de Courthille fils, Baret des Cheises, le marquis de Brachet, Ribière de Naillat, Batheon de Vertrieux, le chevalier de la Pivardière, le comte d'Autier, le chevalier de Courthille, de Besse de la Chassagne, Daniel de Montfayon, d'Argiès vicomte de Bernage, le chevalier de Montagnac, de Seiglière de Rocry, comte de Clavière, Le Large de Lourdoueix, le marquis de la Marche le chevalier de La Pivardière , Du Breuil de Sourvolles, de Coudert de La Vaublanche, Tournyol de Peyrat, Rollin de la Ribière, Tournyol du Rateau, Rollin de Courtallier, le chevalier de Château-Bodeau , Ajasson de Grandsagne , de Maulmont, baron de Chalard, et Le Moyne, secrétaire de l'assemblée de la noblesse.

Expédié comme ayant été déposé au greffe de la sénéchaussée.

Signé Rocque , greffier en chef de la sénéchaussée de Guéret.

CAHIER

Des doléances du tiers-état de la sénéchaussée de Guéret en la haute Marche (1).

Le tiers-état de cette province, pénétré d'amour et de respect pour le meilleur des rois, portera aux pieds du trône la ferme résolution de demeurer toujours uni au vœu général de la nation assemblée.

Une surface hérissée de montagnes, un sol aride dont le produit est absorbé par les impôts, sembleraient lui refuser les moyens de concourir au bien public ; son zèle y suppléera.

Il trouverait le sujet de ses doléances dans ses besoins particuliers. Mais convaincu que l'union des Français va ouvrir les sources de la félicité publique, fonder la prospérité de l'État et assurer sa constitution, il ne se permettra que des réflexions relatives à l'intérêt général.

Art. 1er. Les députés de la province donneront leurs premiers soins à demander qu'on règle la

forme des États généraux, que leur constitution soit déterminée et leur retour périodique irrévocablement fixé.

Ils demanderont que les suffrages soient comptés par tête, en se prêtant aux circonstances où l'intérêt général exigerait que chaque ordre opinât séparément.

Ils auront l'attention, dans les assemblées générales et particulières, de conserver au tiers-état le caractère d'homme libre.

Après s'être occupés de la liberté individuelle qui est le premier des biens, ils solliciteront celle de la presse.

Ils demanderont que les ministres soient déclarés comptables envers la nation ; rien n'est plus capable de lui inspirer de la confiance et d'assurer son bonheur.

Art. 2. Les députés solliciteront les États assemblés de réunir et simplifier l'impôt, c'est le moyen d'en alléger le poids ; de n'en accorder aucun, qu'après l'établissement fixe de la constitution nationale.

De répartir sur les trois ordres toutes charges et contributions pécuniaires, sans distinction ni privilége, en prenant les précautions nécessaires pour que les capitalistes supportent dans une juste proportion la charge publique, afin que le fardeau ne pèse point entièrement sur le cultivateur et le propriétaire de fonds.

D'aliéner le domaine de la couronne et d'attribuer aux engagistes une propriété incommutable, moyennant finance.

De mettre dans le commerce les fonds des ordres religieux supprimés, pour en employer le produit à la liquidation de la dette publique, après qu'elle aura été vérifiée par les États.

D'y appliquer le droit d'annate, qui diminue journellement le numéraire sans aucun retour.

De faire verser au trésor royal le tiers du revenu des abbayes et prieurés à la nomination du Roi qui excèdent 3,000 livres, en cas de vacance seulement.

Art. 3. Les députés demanderont la suppression des gabelles, des aides et des traites intérieures. C'est le vœu général de la nation, sauf à remplacer, si les circonstances l'exigent, le produit de ces établissements par tels moyens que les États généraux arbitreront.

La suppression des tribunaux d'exception qui sont inutiles et à charge au public, en attribuant les fonctions de leurs offices aux juges ordinaires, à la charge du remboursement des finances ainsi que les États généraux l'aviseront.

L'extinction de la vénalité des offices municipaux, pour procurer aux communautés l'avantage de se régir, en faisant choix de leurs officiers.

Art. 4. Les députés supplieront Sa Majesté d'aviser avec les États généraux aux moyens de et moins dispendieuse de la justice plus prompte rendre la dispendieuse.

D'arrêter le cours des exactions des traitants; l'arbitraire qu'ils ont introduit dans la perception des droits de contrôle exige un nouveau tarif.

De substituer par les mêmes motifs un droit de lods à celui de franc-fief, qui ne sera perçu qu'en cas de mutation par vente au denier douze du prix.

De n'établir dans aucun cas de commissions extraordinaires; de ne plus accorder de *committimus* ni de lettres de cession.

De proroger le délai de deux mois préfixé, par l'édit des hypothèques, à un an, et de porter à six ans la durée des oppositions.

---

(1) Nous publions ce cahier d'après un manuscrit des *Archives de l'Empire.*

Art. 5. Les mainmortes et servitudes réelles ayant déjà été jugées odieuses dans la sagesse du conseil du Roi, il serait convenable de solliciter une loi qui autoriserait au rachat de cette condition, en indemnisant les seigneurs à prix d'argent ou par un surcens, suivant le règlement qui en sera fait par les Etat généraux.

Il serait également utile d'abolir la banalité des moulins, pour mettre les astreignables à couvert des fraudes.

Le partage des communaux mérite d'être pris en considération. Ils comprennent une grande étendue de terrain qui n'offre qu'une vaine pâture. Il serait donc d'un intérêt général d'en féconder une partie par la culture et d'en semer une partie en bois.

Art. 6. La haute et basse Marche n'ayant qu'un seul et même gouvernement, il serait intéressant pour l'une et pour l'autre de solliciter l'établissement d'Etats particuliers pour la province, en y réunissant le Combraille et le franc-alleu.

Dans tous les cas, la désunion de la haute Marche avec le Bourbonnais est un objet de la plus grande importance à cause de la disparité de leur régime.

La Marche est surchargée des impôts dont la province du Bourbonnais a trouvé dans la taxe du sel le prétexte de s'affranchir. Les corvées qui se lèvent en Marche rendent annuellement une somme d'environ 100,000 livres, qui ne sert qu'à embellir les routes du Bourbonnais. C'est aussi dans cette dernière province que se distribuent les indemnités et gratifications du gouvernement.

Art. 7. Les députés s'intéresseront à ce que le sort des curés soit amélioré, en demandant que l'augmentation soit payée aux dépens des biens ecclésiastiques, sans qu'en aucun cas elle puisse réjaillir sur les dîmes inféodées, amélioration qui fera cesser tout casuel.

Ils solliciteront l'établissement de colléges et hôpitaux, en demandant qu'on y applique les revenus des maisons religieuses supprimées dans la province ou qui le seront dans la suite.

Ils demanderont aussi que le tiers-état soit admis aux emplois et grades militaires, de même qu'à toutes charges et dignités de la magistrature.

Lecture faite du cahier ci-dessus, le tiers-état, plein de confiance dans la sagesse et les lumières des députés dont il fera choix, leur donne pouvoirs généraux et suffisants pour proposer, remontrer, aviser et consentir tout ce qui peut concerner les besoins de l'Etat, la réforme des abus, l'établissement d'un ordre fixe et durable dans toutes les parties de l'administration, et d'employer les moyens les plus efficaces pour obtenir le succès des doléances ci-dessus expliquées. en s'y conformant spécialement, ce qui a été ainsi

arrêté par l'assemblée, ce jourd'hui 21 mars 1789.

Signé Chornons de Saint-Léger, Bazenerie, Bussière de Courtias, Coudert, Martin, Ducouret, Banon, Dumas du Teil, de La Font de Bramant, Purat, Gerbaud de Malgane, Berthulat de la Rondière, Poissonnier, Segrette de la Ribière, Miquel de la Maison-Neuve, Goguier des Chaumes, Peyroulx, Miche de Villemonteil, Dissandes de Montlevade, Periot, Brunet, de La Porte, Baudy de Maleische, Caillaud, Boullaud, Yvernaud, Lasnier de Confolant, Mignerat, Lasnier, de la Chaise, Fauvat de la Roche, Bonnet, Delarcour, Henri Florat, Léonard Le Petit, Maugnest, Bellat, Chaussat, Poitrenaud, Guillon, Bertrand, Mage, Augay, Fauche de Chaumon, Soumy, Mongis, Delestangt, Thevilhat, Bertrand d'Arfeuille, Martinon, Chauard, Barjaud de la Font, Jamot, Jabaud, Courty, François Tandeau, Bazenerie, de Courteix, Guyet, Lombard, Moreaux, Lecler, Pinot, Du Peyra, Chaussard, Barry, Perperot, Coulandon du Villard, de La Roche Delage, de Champême, Merle de la Brugière, Lavetison de Manoux, Gilbert Choderon, Grellet, Grosleron, Blondet, Antoine Maumy, Cattis, Derasis, Dissandes, Vincent, Lavetisson, Renard, Jarour, Roussillon, Raymont, de La Brosse, de La Boureys, de Puisgrenier, Le Moyne, Aupetit, Barraud, Caboche, Allaguette, Saudon de la Villosse, de Courteix, Choriol, de Chambon, Vergne, Southon, Boissy, Perdrix, Giron, Niveau de Villeday, Poissonnier, Fayolle de Ville Rapujagot, de La Coussière, Duret, Dumont, Gorsse, Dazat, Sudre des Cartières, Thonet, Blonde Devost, Boudet, Simonet, Verrier, Perier, Giraud, Boussac, Lamy, Peyroux Jouilleton, Dissaudes de la Villotte, Martin, Baron, Surjet, Foussadier, Furgaud-Dufot, Decombredet, Bouleire, Barben, La Couque, Le Guy, Picaud, Bajengeon, Boy de Pierrefitte, Paris, Coutisson-Dumas, Paris, Duverrier, Chabredin, Duret, Piguiot, Étienne Boncorps, Duret, Nadaud, Jacques Legrand, Mouratille, Léonard Le Raton, Dumonteil, Barat-Jorraud, Labareys, de Château-Favier, Tottaire des Gouttes, Giraud, Goussy, Vallette, Couvilliat, Maugont, Thonet, Corbet, Riby, Rouzaud, Levesque, Deiras, Boyron, Basset du Colombier, Grellet, Penot, Rebière, Renet-Religon, Antoine Boutton, Purat, négociant; Darfeuille, Lauly l'aîné, Philippon, Plazanet, Bord, Bouyeron, Gloumeau, Caboche, Fichon, Duris, Jean Amathieux, Collinet, Legrand, Brisebost, Sauvanaud, Ruyneau de Saint-Georges, Coudert de Sardent, lieutenant général, et Rocque, greffier en chef et secrétaire du tiers-état : ledit cahier coté et paraphé, *ne varietur.*

Expédié.

Signé Rocque, greffier en chef, secrétaire du tiers-état.

MARCHES COMMUNES DE POITOU ET DE BRETAGNE.

CAHIER

Des doléances des trois ordres des Marches communes de Poitou et de Bretagne (1).

Ce 2 avril 1789, les gens des trois-états des Marches communes franches de Poitou et de Bretagne, rassemblés en cette ville de Montaigu en vertu des lettres du Roi du 19 février dernier, qui les a convoqués à l'effet de nommer leurs représentants aux Etats généraux qui doivent s'assembler à Versailles le 27 de ce mois, pour proposer, remontrer, aviser et consentir tout ce qui peut concerner les besoins de l'Etat et la prospérité du royaume, ont donné à leurs députés aux Etats généraux leurs instructions et leurs pouvoirs, ainsi qu'il suit :

1° Ils voteront pour qu'il soit présenté au Roi une adresse respectueuse pour lui exprimer leur amour et le désir sincère dont ils sont animés pour concourir à la gloire de sa personne, à l'éclat de sa couronne et, suivant les vues paternelles de Sa Majesté, au bonheur de ses peuples.

2° Que la religion catholique apostolique et romaine soit la seule dominante dans le royaume et la seule dont le culte soit public, conformément aux dernières remontrances de l'assemblée générale du clergé de France.

3° Ils n'entreront point dans la totalité des détails des demandes et des doléances qui leur sont communes avec toutes les autres provinces du royaume, s'en rapportant absolument à ce que la justice du Roi et la sagesse des Etats généraux régleront pour la sûreté et la liberté de chaque individu ;

Pour la paisible et inaltérable possession de ses propriétés ;

Pour l'ordre à rétablir dans les finances ;

Pour les mesures à prendre afin que les impôts soient immuablement employés à leur destination ;

Pour qu'il ne puisse plus à l'avenir être fait aucun emprunt par le gouvernement, qui retombe à la charge des peuples ;

Pour le retour périodique des Etats généraux ;

Pour l'ordre à rétablir dans la justice qui se rend d'une manière si lente et si coûteuse, que les parties épuisées ne peuvent voir la fin de leurs discussions ;

Pour que le prix des actes des notaires royaux, apostoliques et seigneuriaux, soit soumis à un tarif, attendu les abus qui résultent des prix arbitraires qu'ils demandent ;

Pour la suppression des impôts qui sont vexatoires par leur nature ou par leur perception ;

Tels que les contrôles, dont il convient que les tarifs soient fixés d'une manière si claire, si précise, que les droits de chaque acte soient connus des particuliers qui sont obligés de les payer, en attendant qu'on puisse les réduire à un droit simple et modéré ;

(1) Nous publions ce cahier d'après l'ouvrage intitulé: *Archives de l'Ouest*, par M. Antonin Proust.

Tels que le centième denier, relativement auquel il se commet beaucoup d'abus et entre autres celui de revenir sous prétexte de fausse déclaration, longtemps après, contre les particuliers qui ont acquitté ce droit à l'ouverture des successions collatérales, ce qui devient une véritable vexation, parce que les biens, outre qu'ils s'améliorent, s'afferment souvent et s'achètent par affection ou par convenance au delà de leur valeur réelle ;

Tels que les francs-fiefs relativement auxquels il arrive des circonstances qui font qu'un héritier paye quelquefois quatre années et demie de son revenu sans en retirer un denier, avec l'obligation encore d'en payer les impositions royales ;

Pour la suppression, autant que faire se pourra, de tous les droits qui mettent des entraves à la circulation libre des denrées et des marchandises dans l'intérieur du royaume, et pour l'uniformité des poids et des mesures.

4° Ils voteront pour que les portions congrues pour les curés soient augmentées suffisamment ainsi que celles des vicaires, que le boisselage soit supprimé et que toutes les dotations soient tirées d'une meilleure répartition des biens ecclésiastiques ;

Que les anciens ecclésiastiques, tant les curés que les autres, qui se trouveront infirmes et non pourvus d'une subsistance honnête, soient pris en considération pour y pourvoir à la charge du clergé ;

Que les foires, marchés et autres assemblées, soient défendus les jours de fêtes et dimanches, conformément à ce qui est déjà réglé par les lois du royaume qui seront confirmées de nouveau ;

Quant aux érections des nouvelles paroisses aux unions des curés, ou autres pieuses dispositions, qu'il soit obvié aux frais que les formalités actuelles occasionnent, et qu'il soit examiné par les Etats généraux, s'il est possible de laisser aux supérieurs ecclésiastiques et à leurs officiaux la liberté d'y donner eux-mêmes la forme légale ;

Qu'il soit libre aux bénéficiers d'afférmer les domaines de leurs titres sans faire de publications de ce qu'ils retiennent par leurs mains pour en jouir ;

Qu'il soit établi dans les paroisses, s'il est possible, et avec le consentement des communautés, des bureaux de charité dont l'inspection soit soumise aux lumières des trois ordres.

5° Les trois ordres chargent spécialement leurs députés de conserver et de maintenir la constitution et les droits du pays des Marches.

Ils sont arrêté que les impositions, de quelques espèces qu'elles soient, seront également supportées par les trois ordres et conformément à la manière qui sera réglée par les Etats généraux, et dans le cas où ils auraient arrêté une forme particulière pour les ecclésiastiques à cause des décimes ou autrement, on se conformera à ce sera décidé par les Etats généraux.

6° Enfin, les trois Etats du pays des Marches communes et franches de Poitou et de Bretagne autorisent leurs députés aux Etats généraux à consentir la consolidation de la dette qui aura été reconnue pour être nationale, et à consentir les impôts qui seront déterminés en conséquence, proportionnellement aux facultés desdites Marches, et ainsi qu'il sera réglé par les Etats généraux.

ARTICLES PARTICULIERS.

Art. 1er. Le clergé demande la révocation de l'édit de 1768, quant à l'abolition des novales (1), sans prétendre qu'il soit rien changé aux édits et déclarations rendus en faveur des défrichements et dessèchements.

Cette demande est fondée sur le préjudice que la disposition de l'article de l'édit de 1768 a causé à tous les curés, non-seulement à l'égard des anciennes novales et dîmes, parce que les terres étant laissées longtemps sans culture, les font devenir grandes dîmes, sans qu'il soit possible de prouver qu'elles sont novales, ce qui a diminué la portion des curés qui se trouve fondée souvent dans une mince portion des dîmes, et qui n'avaient de ressources que dans les novales.

La noblesse et le tiers regardent l'édit de 1768 comme une loi positive et très-sage qui a mis fin à une infinité de contestations et qui ne manqueaient pas de renaître si on en changeait les dispositions.

Art. 2. L'ordre de la noblesse a arrêté que jamais son député ne consentirait à voter autrement que par ordre, et que s'il se trouvait quelques circonstances où le corps de la noblesse assemblée aux Etats généraux pût croire nécessaire d'opiner par tête, il ne se retirerait point, mais qu'il n'y donnerait jamais son consentement, et que, dans aucun cas, il ne consentirait jamais à ce que l'avis des deux ordres puisse lier le troisième.

Sur cet arrêté de la noblesse, le clergé a délibéré de s'en rapporter entièrement à ce que décideraient les Etats généraux.

L'ordre du tiers a arrêté, au contraire, que ses députés ne consentiraient point à voter autrement que par tête, qu'il croirait contrarier le vœu de Sa Majesté qui a bien voulu lui accorder le nombre de voix égal à celui du clergé et de la noblesse réunis.

Art. 3. La noblesse et le tiers observent que les ecclésiastiques et les mainmortes jouissent de rentes et de redevances foncières sur une infinité de domaines, ce qui leur est très à charge, ne pouvant jamais se libérer; ils chargent leurs députés aux Etats généraux de les engager à examiner si les propriétaires ne pourraient être autorisés à en faire le remboursement.

Sur cet arrêté des deux Etats, le clergé a délibéré que cet aperçu attaque directement les propriétés, qu'il serait très-funeste à un très-grand nombre d'ecclésiastiques et même des curés dont le revenu ne consiste que dans ces sortes de rentes, que les hôpitaux en souffriraient, que les fabriques même perdraient la plupart de leurs dotations.

Art. 4. Le tiers charge ses députés de demander qu'il soit permis aux cultivateurs riverains des bois et forêts de tuer les bêtes noires ou fauves trouvées à gâter leurs récoltes.

La noblesse observe, pour et au nom des propriétaires des fiefs de tous les ordres, que les droits de chasse et de conservation du gibier leur appar-

tiennent de toute ancienneté, que c'est une propriété à laquelle on porterait atteinte, que leurs terres qu'ils possèdent soit par succession, soit par acquisition, ont été évaluées en conséquence de ces droits, qu'il y a des ordonnances des eaux et forêts qui sont suffisantes pour en arrêter les abus et qu'ils ne peuvent se prêter à cette demande.

Art. 5. L'ordre du tiers charge en dernier lieu ses députés de supplier Sa Majesté de permettre qu'il soit pris sur les bénéfices qui se trouvent dans chaque paroisse les fonds qu'elle jugera convenables pour l'établissement d'un maître et d'une maîtresse d'école.

Sur cet arrêté, l'ordre du clergé et les patrons laïques observent que c'est toucher aux propriétés; que cet article, loin d'être utile, nuit à l'intention des fondateurs, diminuerait les titres des pauvres ecclésiastiques qui entrent dans les ordres sacrés, même à tous autres ecclésiastiques, et qu'il est aisé de prendre d'autres moyens pour cet objet.

Fait et arrêté ledit jour 2 avril 1789, par nous, commissaires nommés pour la rédaction du présent cahier par délibération de ce matin.

Ont signé sur l'original : Richard, recteur de la Trinité de Clisson; François Garaud, recteur de la Brussière; de Buor, prieur-curé de Saint-Etienne-de-Corcoué; Le Clerc, marquis de Juigné, syndic général des Marches; Marie-Claude de Mouty de la Rivière; Charles-Alexis de l'Espinay du Clouzeau, Francheteau de la Glaustière; Richard père, docteur-médecin; Auvynet.

Et consenti par les membres des trois états cedit jour et heure.

Ont signé sur l'expédition : Richard, recteur de la Trinité de Clisson; Gautret, recteur de Boussay; F. Jaraud, recteur de la Brussière; Guilbaud, recteur de Paulx; Le Bastard, recteur de Cugand, Payo, recteur de Bois-de-Céné; J.-J. Le Marié, recteur de Gétigné; P. Mongis, chanoine de Clisson; P.-J. Lotel, curé de Montaigu; Marion, chanoine, curé de Saint-Jacques; Poulain, curé de Saint-Nicolas; Gaboriau, prêtre, semi-prébendé de la collégiale de Clisson; Sauvaget, chanoine souschantre du chapitre de Montaigu; F. Bonnet de Buor, curé de Boufféré; de Buor, prieur, curé de Saint-Etienne-de-Corcoué; Bonnin, chanoine de Montaigu; Le Clerc, marquis de Juigné, syndic général des Marches; de Rorthay de la Pouplinière; Robineau de la Chauvinière; de Mauclerc; de Kemar; Degranges de Surgères; Le Clerc de Juigné; de Goullard; Charbonneau; Hallouen de la Pénissière; de Lechasserie, ancien conseiller et commissaire des Marches; de l'Espinay du Clouseaux; Dubois, chevalier; Lechevalier-Dubois, chevalier; Richard de la Roulière; Marie-Claude de Mouty de la Rivière; Francheteau de la Glaustière; Richard père, docteur-médecin; F. Tardiveau; Auvynet; de Bourneuil; Couane; R.-F. Rousseau; Pierre Baudry; Jean Forget; Pierre Durand; René Rassegeau; Gourand de la Lachezière; Jean Richard; Pierre Beziau; Etienne Juillon; Pierre Monnier; Jean Bonauchaud; René Gris; Jean Vrignaud; René Martineau; Levaulle de la Goulinière; Hervouet de la Jaufrés; Mourain de Monbail; J. Coudriau; J. Jouvard; Dubois de la Patelière; M. Fiérabras; Pierre Garnier; Etienne Du Soiron; L.-François Richard de la Vergne fils, docteurmédecin; M.-Jean Poirier; Jean Perray; René Chasseloup; Guerry, avocat; René Blouain; Etienne Blanceil; Baudry; Bareteau; Thibaudière, avocat; Martin; Gibotteau; Rousseau; Jouheneau; Bouvier de la Viollière; Mathurin Peaudeau; Pierre Raud; Vrignaud notaire, procureur et syndic; Samson, Jean Passet, Pierre Bresson.

---

(1) Novales. — Terres nouvellement mises en culture, après avoir été défrichées. L'édit de 1768 les avait supprimées.

Louis Rousseau a déclaré ne savoir signer.

André Violleau. député de la paroisse de Legé, et René Vrignaud, député de la paroisse de Bois-de-Céné, n'ont point comparu et sont compris dans le défaut donné à la séance de l'après-midi du premier de ce mois.

Signé Le Clerc, marquis de Juigné, Faveron secrétaire.

———

NOMS DES DÉPUTÉS ÉLUS PAR LES TROIS ORDRES DES MARCHES COMMUNES DE POITOU ET DE BRETAGNE.

Pour le clergé.

M. l'abbé Richard, recteur de Clisson.

Pour la noblesse.

M. le marquis de Juigné.

Pour le tiers-état.

M. Francheteau de la Glaustière.
M. Richard, trésorier des Marches.

CAHIER

De doléances de l'ordre du clergé de la sénéchaussée de Marseille (1).

L'ordre du clergé supplie les États généraux de prendre en considération, sous le bon plaisir du Roi, les articles suivants :

1° Le Roi sera très-humblement supplié de donner les ordres nécessaires pour remettre en vigueur et faire exécuter les lois contenant l'observation des fêtes et dimanches.

2° Prions Sa Majesté de prendre en considération le projet de loi qui lui a été présenté par l'assemblée du clergé de 1782, pour remédier aux maux qu'occasionnent les livres contre la religion et les mœurs.

3° Le Roi sera très-humblement supplié d'améliorer le sort de MM. les curés et secondaires par les moyens que sa sagesse lui suggérera pour les délivrer de la dure nécessité de ne subsister que du casuel, aussi onéreux pour celui qui donne, qu'humiliant pour celui qui reçoit.

4° Le Roi sera pareillement supplié de prendre en considération les prêtres desservant les succursales du territoire de Marseille, et en conséquence, de leur faire assurer d'une manière fixe une portion congrue capable de les faire subsister avec la décence convenable à leur état, attendu que ces pauvres et sages prêtres sont réduits aux aumônes arbitraires de leurs habitants, d'où il résulte les plus grands inconvénients dans les fonctions du saint ministère, en les réduisant souvent à l'indigence la plus humiliante pour le sacerdoce.

5° Supplions Sa Majesté de pourvoir à l'éducation gratuite, dans les séminaires, d'un nombre suffisant de jeunes ecclésiastiques et à l'entretien d'un certain nombre de prêtres vieux et infirmes qui, après avoir servi un certain nombre d'années, se trouvent sans ressource.

6° Le clergé de Marseille, pénétré des sentiments d'un vrai patriotisme et du zèle le plus ardent pour concourir aux vues bienfaisantes de Sa Majesté, a consenti unanimement et par acclamation l'égalité proportionnelle de contribution sans aucune distinction ou exemption pécuniaire.

7° Le Roi sera très-humblement supplié d'assurer les dettes du clergé et leur remboursement, soit par le produit des bénéfices consistoriaux vacants ou à vaquer ou par tout autre moyen que sa sagesse et les États généraux pourront déterminer.

8° L'égalité de contribution aux charges publiques paraissant devoir rendre inutiles les assemblées du clergé et des bureaux diocésains, si néanmoins, par quelque considération particulière, lesdites assemblées et lesdits bureaux diocésains étaient conservés, le clergé demande que

chaque classe de contribuables y ait un nombre suffisant de représentants à leur choix.

9° Les députés intéresseront le cœur paternel du Roi et les États-généraux pour la conservation des corps religieux, sollicitant la révocation de la déclaration de 1768 qui fixe l'émission des vœux à l'âge de vingt et un ans, représentant les avantages et l'utilité que la religion et les peuples en ont toujours retirés et en retirent chaque jour.

10° Les dîmes qui forment l'antique et principal patrimoine de l'Église étant devenues un sujet continuel de discussion et diminuant de leur valeur de jour en jour, le Roi sera très-humblement supplié d'accorder au clergé sa protection et son autorité, à l'effet de rétablir les choses dans les règles conformes à l'équité, soit par abonnement, soit par tout autre moyen ; en outre, il sera demandé l'exécution de l'article 5 de la déclaration de Sa Majesté, du mois de septembre 1786, en indemnité des surcharges que cette même loi a occasionnées aux décimateurs.

11° Les députés requerront la conservation des anciennes constitutions des Églises, nommément des statuts de l'Église de Marseille, qui ont été confirmés par les comtes de Provence et par les rois de France.

12° Une représentation du clergé séculier et régulier aux États provinciaux conforme à celle qui a été adoptée par la province du Dauphiné, sauf les modifications que le clergé assemblé, après la tenue des États généraux, pourra y apporter; et dans le cas où les terres adjacentes resteraient séparées de la province, il leur soit permis de se faire une constitution particulière et des États séparés.

13° Le Roi sera supplié d'avoir égard, dans la distribution des bénéfices, à la vertu et au mérite sans distinction de naissance et de rang, et aux lois canoniques concernant la pluralité des bénéfices et la résidence des bénéficiers.

14° Le Roi sera pareillement supplié de rétablir l'ancien usage des conciles provinciaux, comme un moyen nécessaire pour le maintien de la discipline et la pureté de la foi, lesquels seront composés des diverses classes du clergé séculier et régulier qu'elles se choisiront elles-mêmes.

15° Que le retour périodique des États généraux soit fixé à une époque certaine et déterminée.

16° Le Roi sera supplié d'assurer de plus en plus la propriété des biens et la sûreté des personnes, comme la loi la plus sacrée et la plus avouée depuis l'origine du monde.

17° Enfin le clergé de Marseille déclare joindre son vœu à ceux qu'ont déjà exprimés les deux autres ordres pour le bien général de la ville, la conservation de ses privilèges, le progrès du commerce et le bonheur de tous ses concitoyens.

18° Le clergé demande encore qu'on vote par tête et non pas ordre aux États généraux, et ont signé Auberti secrétaire; † J.-B., évêque de Marseille; Martin, prévôt, commissaire ; Bernard, prêtre, commissaire.

(1) Nous publions ce cahier d'après un manuscrit des *Archives de l'Empire*.

J'approuve tout ce qui est mentionné ci-dessus, hors l'article des dîmes dont je désirerais qu'on ne fît aucune mention; mais devant avouer que les circonstances ne m'ont laissé aucune liberté, je me réserve le pouvoir de remettre à nos députés un mémoire des objets qui ont été supprimés dans les doléances qui nous ont été présentées par les différents corps, persuadé que la commission des rédacteurs ne tend seulement qu'à supprimer les répétitions, et non les objets importants dont il nous a été impossible de faire mention dans ce cahier.

Les soussignés sont fâchés de se voir obligés de déclarer, pour l'acquit leur de conscience et de leurs obligations envers leurs commettants, qu'il ne leur a pas été possible, attendu la brièveté du temps, de concourir à faire rédiger dans le cahier beaucoup de réclamations tant générales que particulières, et ont signé : Arnoux ; commissaire, Bertrand, chanoine.

J'adhère au dire de M. l'abbé Bertrand. *Signé* l'abbé de Poulharies, commissaire.

J'adhère au dire de M. le chanoine Bertrand. *Signé* Martelle, dominicain, commissaire.

Le soussigné ayant joint son nom et sa signature aux doléances du clergé, Mgr l'évêque, président l'assemblée générale, lui demanda s'il ne pouvait pas communiquer sa protestation à l'assemblée et ajouta ces mots : *Lisez, lisez tout haut, Monsieur.* Lecture faite, trois grands vicaires qui n'étaient point du nombre des commissaires, firent la motion la plus vive contre mon dire, soutenant que je me faisais tort et que je devais me rétracter; ma consceince ne me permettant pas d'avoir cette complaisance, ces messieurs se servirent de leur autorité pour inspirer l'idée de me contredire aux autres commissaires qui signeront après moi. « Ayez soin, disaient-ils, de déclarer en s ignant si vous adhérez au dire de Monsieur. » Signez dans cette forme, avec adhésion ou sans adhésion; la lecture seule des signatures prouvera leurs scellés, et la qualité seule des commissaires, qui attendaient presque tous leur fortune du prélat, prouvera si j'étais fondé en soutenant qu'il n'y avait de liberté dans l'assemblée.

J'observerai de plus que le secrétaire devait signer après les commissaires. On sera surpris de trouver son nom avant eux ; c'est la dernière ressource qu'on a employée. Il en résulte que les commissaires réclamants n'ont pas même acte de leur opposition et que le gouvernement peut les soupçonner d'avoir formé cette opposition hors de l'assemblée générale. L'assemblée rompue, nos députés certifieront le contraire, ainsi que tous les ecclésiastiques présents, au nombre de quatre-vingts et plus.

Signé Baussat, comte de Saint-Victor, commissaire du clergé pour le mémoire des doléances en supplément.

SUPPLÉMENT AUX DOLÉANCES DU MÊME ORDRE.

En ma qualité de commissaire de Marseille pour la rédaction de ses doléances, je me suis réservé la faculté de remettre à nos députés un mémoire instructif des objets importants dont il n'est point parlé dans le travail souscrit de tous les commissaires de l'assemblée générale et remis à nos députés par M. le grand sénéchal. Le devoir des commissaires n'étant point de supprimer des articles en entier, j'y suppléerai autant qu'il sera en mon pouvoir. Honoré de la confiance du clergé de cette sénéchaussée, la justice, l'honneur tout m'impose la loi de répondre à son espérance. Je ne fais que mon devoir en traçant

le tableau des objets que les circonstances nous ont forcés d'omettre, et je dois avouer, dussé-je déplaire à quelques personnes en prononçant cette vérité, qu'on n'a laissé aux commissaires rédacteurs ni le temps ni la liberté. Nulle liberté : je le prouve.

Il n'est aucun membre du clergé qui ignore que, les commissaires nommés par l'assemblée générale du 2 avril, le prélat qui la présidait déclara hautement qu'il ne signerait point les cahiers du clergé s'ils renfermaient des plaintes *contre le haut clergé*. En conséquence, j'ai été forcé, dans l'assemblée particulière des rédacteurs, après avoir employé tous les moyens honnêtes, de me servir des moyens les plus opposés à mon caractère, des moyens les plus rigoureux, de faire la menace d'un huissier dans une assemblée qui, suivant l'intention de Sa Majesté, devait être libre, pour faire insérer dans les cahiers, le cahier du clergé et celui des bureaux diocésains. Le clergé en demande la suppression totale, sans aucune modification sa, réclamation est générale, tous les cahiers des différents corps sont conformes sur ce point, et quoiqu'on ait cherché à affaiblir sa demande, je dois l'exprimer dans toute sa force, telle qu'elle est dans les différentes pièces que j'ai sous les yeux dans ce moment même. Nulle liberté, en ce qu'un prélat de quatre-vingts ans, qui n'était point nommé commissaire, vint présider l'assemblée des rédacteurs sans en avoir le droit. Point de temps : les commissaires furent forcés de commencer leur travail le vendredi matin 3 avril et de le clore le même jour à huit heures du soir. Mgr l'évêque, qui nous présidait, nous avait pourtant accordé jusqu'au lundi suivant, mais une ordonnance de M. le lieutenant nous obligea de procéder le lendemain à l'élection de nos députés. Il était impossible que notre cahier ne fût pas très-imparfait, et que, sans en avoir l'intention, on m'omît pas une grande quantité d'articles essentiels. Le prétexte dont on se servit, pour s'excuser auprès de nous, fut celui de la crainte de certains mouvements populaires. Tout était tranquille à Marseille; si ces mouvements devaient avoir lieu, M. le lieutenant seul était dans le secret, et était le seul qui les craignît. Disons-le, tout ce qui tient à la magistrature et au premier ordre du clergé craignait les réclamations, cette crainte était la seule.

Les commissaires n'étant pas les juges des différents objets de doléances, mais seulement le canal qui doit porter aux pieds du trône la lumière de la vérité, je vais réparer ici ma faiblesse et ma faute, si toutefois je suis coupable.

1° MM. les prêtres desservant le territoire immense de Marseille n'ont ni dîme ni congrue ; gagés, si j'ose le dire, par chaque habitant de leur district, ils demandent un meilleur sort; ils sollicitent l'érection des églises de leurs quartiers en succursales avec stabilité des prêtres desservants, auxquels il sera payé une congrue, telle qu'il plaira à Sa Majesté, payable par qui de droit, indiquant pour décimateurs de leur territoire monseigneur l'évêque et le chapitre de la cathédrale, anciens prieurs, indemnisés par échange, par la communauté, pour des biens-fonds considérables, suivant les actes sur ce passés.

On se contente dans les cahiers de demander une congrue pour ces ecclésiastiques, mais il n'est fait aucune mention des moyens de l'acquitter, et la *stabilité* que ces prêtres réclament est absolument interceptée.

2° L'article dans lequel on demande des nouvelles paroisses, tant dans la ville de Marseille que dans ses faubourgs, attendu la grande population, et que sur cinq paroisses seules de Marseille il y a encore deux cures dans la même église. Cet article ne se trouve pas non plus dans les cahiers du clergé, ainsi que l'abolition des collégiales non rentées ni prébendées et leur érection en cure avec un nombre suffisant de vicaires pour les fonctions curiales.

3° En demandant une administration gratuite le sacrements on ne dit point dans les cahiers qu'il serait à propos de trouver un moyen de destituer celui qui ne remplirait pas les fonctions, ce qui pourrait arriver lorsque le prix ne serait pas au bout du travail, mais que dans le cas où il plaira à Sa Majesté et aux États généraux de laisser subsister le casuel, le clergé de Marseille daigne supplier le Roi et les États de vouloir bien ordonner aux seigneurs évêques de faire un règlement sur les honoraires, rétributions et droits casuels, suivant l'importance des lieux, tels qu'ils s'observent dans un grand nombre de diocèses, savoir, à Paris, Dijon, Aix, Fréjus, etc., etc.

4° MM. les ecclésiastiques domiciliés demandaient que les bénéficiers supprimés fussent rétablis. Cet article n'est point dans les cahiers; s'il présente des inconvénients, les rédacteurs n'en sont pas les juges. Je le répète, ils doivent transmettre la vérité dans tout son état sans affaiblir sa lumière, ils doivent cette impartialité à la confiance publique, ils la doivent à Dieu, à la nation, à eux-mêmes.

5° Le clergé demandait que les plus anciens vicaires fussent promus aux cures s'ils en étaient jugés capables, et les plus anciens curés aux canonicats des cathédrales; on n'a point voulu consentir à cet article qui aurait pu gêner les nominations de quelques collateurs.

6° Le clergé de Marseille suppliait Sa Majesté et les États généraux de convoquer une assemblée générale du clergé, pour s'occuper d'un rituel et d'un bréviaire commun à toute l'Eglise gallicane; on a repoussé cet objet comme très-coûteux; s'il paraît ruineux au premier coup d'œil, il l'est beaucoup moins que les abus régnants. Chacun sait que lorsqu'un nouvel évêque arrive dans son diocèse, on est presque assuré d'avoir un rituel et un bréviaire nouveaux. Chaque évêque veut faire mettre ses armes au frontispice des livres divins, de la même manière que les archevêques placent dans leur antichambre le signe qui dénote le modeste et parfait chrétien; il en résulte que chaque diocèse il en coûte 800,000 livres pour l'édition de ces livres, que quarante éditions coûtent quarante fois 800,000 livres, et qu'un bréviaire général et commun à toute la France serait un grand objet d'économie.

7° La communauté des révérends pères Picpus donnant une pleine adhésion à tous les divers motifs de doléances du cahier de l'ordre du clergé, souscrit par un commissaire que l'assemblée choisit dans l'ordre régulier, demande en outre:

1° Afin d'assurer la félicité des religieux, les rendre stables et plus utiles et fixer en même temps la confiance publique en leur faveur, cette communauté demande établissement d'affiliation, dans tous les ordres religieux non affiliés qui désirent de l'être, pour tous et chacun des individus dans les différentes maisons de leur demeure respective;

2° L'admission de ceux de son ordre à la Sorbonne, avec les mêmes prérogative que les autres ordres religieux qui y sont admis; d'autres ecclésiastiques demandent la régénération de l'état

religieux d'une manière plus avantageuse à l'Eglise et à l'Etat, non par l'émission des vœux à l'âge de seize ans, mais par leur annulation et l'érection des communautés religieuses en congrégations séculières soumises à l'ordinaire.

L'émission des vœux à l'âge de treize ans présente des abus trop évidents pour qu'il soit nécessaire de combattre une pareille demande de la part des religieux; personne n'ignore qu'un jeune homme à cet âge, ne se connaissant pas lui-même, ne peut disposer de rien, encore moins de sa personne et de ses biens.

Les vœux annulés procureraient un avantage considérable à l'Eglise et à l'Etat, ils rendraient à la société et aux familles des gens morts pour elles, qui, susceptibles de toutes sortes de bénéfices auxquels ils pourront parvenir par leur mérite, seraient à même de tendre une main secourable et bienfaisante à des parents appauvris par le malheur.

Les communautés religieuses, érigées en congrégations séculières soumises à l'évêque, formeraient des séminaires, des collèges de philosophie et de théologie. Les ecclésiastiques parvenus à la prêtrise sortiraient de ces communautés, pour aller vicarier dans les différentes paroisses; ils seraient promus aux cures et aux canonicats lorsqu'on les en jugerait dignes, et si, par les effets des infirmités ou du grand âge, ils se trouvaient hors d'état de continuer les pénibles fonctions du ministère, ils rentreraient dès lors dans leurs congrégations respectives, où ils trouveraient tous les secours dus à l'âge et aux infirmités.

Pour subvenir aux dépenses que le sujet, en entrant dans une congrégation, occasionnerait, il me paraît qu'il serait nécessaire que celui qui s'affilie dans une congrégation y apporte pour dot une somme de 1,000 livres, laquelle serait perdue pour lui, et que ses parents ou ses héritiers ne pourraient réclamer.

Toutes ces congrégations, les unes sous le nom de Saint-Augustin, de Saint-Dominique, du Mont-Carmel, de Saint-François, seraient revêtues de l'habit ecclésiastique; plus de différence entre les prêtres, plus de bigarrure dans les habits; chacun, occupé de l'importance de ses devoirs ne songerait qu'à les remplir; les bénéfices étant les récompenses des bons ouvriers, le zèle pour le travail doublerait et on ne trouverait dans l'Eglise que des sujets instruits qui travailleraient avec fruit à la vigne du Seigneur, n'entendant nullement, dans l'annulation des vœux, que les religieux puissent réclamer les biens auxquels ils ont renoncé, mais que le jour de l'annulation de leurs vœux ils soient à l'unisson des autres ecclésiastiques. Le chapitre de Saint-Victor, désirant, pour le bien de la religion et l'utilité de l'Eglise, de voir conserver dans leur intégrité tous les ordres religieux, considérant néanmoins les abus qui pourraient résulter des applications différentes qui pourraient être faites des biens des maisons religieuses que le défaut seul des sujets forcerait d'abandonner et de supprimer, demande que les sommes provenant de la vente des effets, tant mobiliers qu'immobiliers, desdites maisons soient appliquées à l'acquittement de la dette générale du clergé.

8° Tout le clergé de Marseille demande, de plus, que tous les bénéfices consistoriaux vacants ou à vaquer qui n'exigent point de résidence soient le gage de la dette générale du clergé. Ces bénéfices ne sont point nécessaires à l'Eglise, ce qui en rend la disposition plus libre, disposition limitée à un certain temps.

Le clergé de Marseille demande que le Roi et les Etats généraux, dans leur sagesse, préfèrent ce moyen à tout autre.

9° Le clergé demande la réduction des revenus des évêques, afin d'accélérer le payement de la dette générale du clergé, suivant la sagesse du Roi et des Etats généraux. Cet article dans les cahiers du clergé est délayé dans une phrase si générale et si équivoque qu'elle n'indique nullement ce moyen.

10 Le clergé supplie le Roi et les Etats généraux de vouloir bien enjoindre aux secrétaires des évêques de France et notamment à celui de Marseille de se conformer au deuxième article de la déclaration de 1695 et de n'exiger pour le visa que 3 livres, à peine de concussion et de restitution du double en cas de contravention.

11° Abolition des lettres levées au greffe de l'évêché de Marseille pour la publication des mariages, dès que les parties ne requièrent point les dispenses des bans, usage abusif, contraire aux droits des curés et onéreux au peuple.

12° Le clergé supplie Sa Majesté et les Etats généraux de vouloir bien obliger les évêques d'accorder les dispenses du mariage entre pauvres et même d'enregistrer les sentences de fulmination, le cas échéant, gratuitement, conformément au tarif dressé et ordonné par Sa Majesté, le 11 décembre 1695.

13° Injonction aux greffiers des bailliages et sénéchaussées, ainsi qu'aux vicaires, curés et autres ecclésiastiques de se conformer, à l'égard des extraits de baptêmes, mariages et sépultures, au 19° article de la déclaration de 1736, portant fixation pour les villes, bourgs et villages, dont le taux est porté à Marseille au double, par les greffiers et autres. C'est le cas de parler ici des certificats de vie. Les légalisations des contrats et les certificats de vie se payaient un sou sous M. de Saint-Michel, ancien lieutenant de cette sénéchaussée; ils vinrent progressivement à 12 ou 13 sous; enfin, sur des arrêts obtenus sur requête, ils ont été portés à 22 sous, avec une amende prononcée contre les notaires si leurs actes sont légalisés par tous autres que le lieutenant. Cependant autrefois les négociants légalisaient la signature des notaires lorsque l'envoi des actes se faisait dans le pays où ils commercent, et la chambre de commerce certifiait leurs signatures, le tout gratuitement.

Les consuls étrangers légalisaient les signatures des notaires, lorsque leur expédition était destinée pour le pays de la domination de leurs puissances respectives; aujourd'hui ils ne peuvent légaliser qu'après le lieutenant, ce qui occasionne double frais de légalisation.

Le lieutenant et le greffier étaient bien payés à 7 sous, puisqu'ils ne font que mettre leur signature, les notaires par le fait étant assujettis à présenter l'expédition avec la légalisation toute dressée. Cet arrêt est du 18 mars 1782; il a été provoqué par M. de Caslitton, procureur général au parlement de Provence, oncle de M. le lieutenant à la sénéchaussée de Marseille. La chambre de commerce s'était occupée de sa révocation dans les temps, mais les difficultés l'ont dégoûtée; elle néglige cet objet si intéressant pour chacun des trois ordres, pour chaque citoyen et chaque habitant de cette ville domicilié ou non domicilié. J'avais inséré cet article dans mon cahier de doléances motivé, mais il a plu à l'imprimeur de le supprimer entièrement, s'en excusant auprès de moi comme d'un oubli involontaire.

14° Le clergé de Marseille demandait la liberté de la presse, mais en même temps qu'elle ne fût point indéfinie sur les objets de dogme et de foi : nulle mention de cet article dans les cahiers.

15° On n'a pas jugé à propos d'y insérer l'article dans lequel on formait la demande d'un nouveau plan d'éducation ; les évêques préfèrent l'ignorance sans doute à ce qui pourrait diminuer leur juridiction.

16° On ne parle pas des moyens que le clergé sollicite pour détruire la mendicité ; ce fléau dévore la ville de Marseille, le rendez-vous de toutes les nations. Le clergé demande que chaque communauté soit obligée de nourrir ses pauvres, que chaque consul soit obligé de renvoyer dans sa nation l'étranger qui viendrait enlever le pain des malheureux indigents de cette ville, et qu'à défaut de bâtiments en partance on destine une maison pour nourrir les étrangers jusqu'à leur prochain départ.

17° Le clergé sollicite le moyen de diminuer le nombre des filles publiques; il serait possible d'y parvenir en remontant aux causes premières. Quelles sont les causes? M. de Saint-Pierre en indique une dans son excellent ouvrage des *Etudes de la nature* : « Où voulez-vous, dit cet auteur, que « se réfugie un homme fouetté, marqué, et banni? « La nécessité en fait un voleur, la rage en fera « un assassin, ses parents déshonorés abandonnent « le pays et deviennent vagabonds, ses filles, ses « sœurs, sa femme se livrent aux prostitutions. » Si tous les citoyens étaient soumis aux lois indistinctement, qu'on abolît le préjugé des peines que le peuple étend aux actions les plus indifférentes, ce qui augmente le poids de la misère, révolution que le temps seul et non les Etats généraux peut faire, mais qu'ils peuvent préparer, on parerait alors à cet inconvénient ; qu'on entende publier à l'avenir dans les carrefours l'arrêt qui *récompense* à côté de l'arrêt qui condamne ; que le prince et la patrie osent seuls donner des couronnes à la vertu ; et surtout qu'on mette en vigueur les lois prononcées contre les enlèvements, nullement observées à Marseille.

18° Le clergé de Marseille demande encore la réforme du Code civil et criminel soit dans le fond, soit dans la forme.

19° La suppression ou modification des frais ruineux des greffes multipliés et accumulés d'une manière odieuse. Pour en donner une juste idée, voici un exposé fidèle de ce qui s'est passé à Marseille.

Le..... se taxe..... 48 livres.

Le receveur perçoit 3 sous pour livre sur les 48 livres, plus la moitié des 48 livres appelée droit de greffe, plus 8 sous pour livre tant sur ladite moitié que sur le montant des 3 sous.

Cette perception se fait sur l'original, ensuite le receveur prend 4 sous par rôle de l'expédition sur papier moyen contenant douze lignes à chaque page ;

Plus 8 sous pour livre sur le produit desdits 4 sous, plus 1 sou pour livre sur l'adjudication des dépens Mais comme l'expédition n'a pas toujours lieu et que sur cinquante sentences, à peine les parties en lèvent une pour éviter les frais de taxe, le receveur prend arbitrairement et par anticipation, ledit sou pour livre, quoiqu'il n'ait droit de le percevoir que lorsque les dépens sont taxés. Ce tableau exact mérite l'attention du gouvernement.

20° Règlement pour les honoraires des notaires à l'égard de tous les actes.

21° Règlement pour les honoraires des avocats à l'égard des plaidoiries, des séances, conseils ou avis, et des écrits et mémoires, suivant leur importance.

22° Règlement pour les honoraires des procureurs, qui sont devenus illimités par la multiplicité des procédures et par la facilité des cours à augmenter progressivement les droits des anciens règlements, comme ceux des greffes.

23° Suppression des charges vénales et remboursement par les corps des provinces, selon la forme qu'il plaira à Sa Majesté et aux États généraux.

24° Injonction aux juges qui seront établis de rendre bonne et brieve justice envers tous et contre tous justiciables, avec clause de destitution et restitution des frais, etc., en cas de prévarication constatée.

25° Que les magistrats de quelque espèce et nature qu'ils soient ne puissent entrer à l'avenir aux États provinciaux, sous quelque prétexte que ce puisse être, attendu que s'il s'élevait une question qui exigeât tel soin, comme le cas est arrivé, ils se trouveraient juges et parties.

26° Le clergé de Marseille demande l'abolition des lettres de cachet ; mais que tout homme qui sera arrêté par ordre du Roi, dans les cas pressants, puisse sans retard se justifier suivant les lois du royaume devant les tribunaux auxquels ce pouvoir sera confié.

27° Que la nation ne soit soumise à l'avenir qu'aux lois qu'elle aura consenties.

28° Que les lois consenties par la nation soient adressées aux assemblées provinciales pour y être inscrites et observées, et à tous les tribunaux supérieurs pour servir de règle à leurs jugements et arrêts, sans que les tribunaux puissent y apporter aucune modification, ni en arrêter l'exécution et la publication sous aucun prétexte.

29° Que la présidence des États ne soit plus permanente, qu'elle soit alternativement au clergé, à la noblesse et au tiers, et dans le clergé alternativement aux évêques ou abbés, ensuite aux chapitres, prieurs et autres bénéficiers.

30° D'avoir une représentation au conseil de ville proportionnée à celle du tiers-état et égale à celle de la noblesse.

31° Que les baux de la ville ne soient délivrés à l'avenir qu'en présence de tous les chefs de famille.

32° La suppression des jeux de hasard qui infectent cette ville, ce qui est la cause de la ruine d'un grand nombre de familles, de duels, de suicides et de bassesses.

33° Une garde plus considérable pour la ville.

34° L'entretien des rues, leur propreté, et une forme de gouttières qui ne noie pas les passants. Quoique ces trois articles soient plutôt un objet de police que de gouvernement, le clergé ne croit pas devoir se dispenser de solliciter la protection du gouvernement pour qu'on y tienne la main.

35° Le clergé de Marseille demande que le receveur général du clergé soit réduit à 30,000 livres de rente seulement, dans le cas où les assemblées du clergé subsisteraient encore.

36° Le clergé de Marseille rejette tous les plans proposés par les assemblées du clergé pour la réforme des économats, les regardant tous comme tendant à l'arbitraire, réservant à chaque diocèse le pouvoir de concourir à cette réforme dans une assemblée générale du clergé tant séculier que régulier, suppliant Sa Majesté et les États généraux de vouloir bien leur accorder cette grâce. On a dit dans l'assemblée des commissaires rédacteurs que les deux articles précédents ne regardaient

point MM. les curés, prieurs, chanoines et vicaires, mais comme ils supportent tous le poids du ministère et que ce n'est que par un abus qu'on les éloigne des grâces du Roi, nous osons supplier les États généraux de vouloir bien mettre notre juste demande sous les yeux du gouvernement, afin que MM. les curés, vicaires et autres bénéficiers du second ordre du clergé, tant séculier que régulier, puissent participer aux grâces de Sa Majesté, suivant leur mérite, les travaux, les talents et le besoin d'un chacun.

37° Comme sujet et citoyen, le clergé de Marseille ne peut voir avec indifférence la cessation des fonctions de cinq magistrats de notre sénéchaussée; ils n'ont jamais démérité la confiance et la bienveillance publique; l'exercice de la justice ne peut que se ressentir de leur absence. Le Roi sera donc très-humblement supplié de les rendre à leurs fonctions et à nos vœux ; fidèle à sa parole royale, Sa Majesté ne manquera pas de prendre leur obéissance en considération.

38° Le clergé de Marseille demande l'agrandissement du port et que le magasin à poudre ne soit plus à côté du port. Il sollicite de plus toute protection pour le commerce.

39° Que le prix du pain et de la viande ne puisse jamais s'élever dans tout le royaume au-dessus d'un prix qu'il plaira à Sa Majesté et aux États généraux de fixer, et que le prix de toutes les denrées nécessaires à la subsistance de l'homme ne puisse jamais être augmenté ou diminué que dans un conseil général de chaque municipalité, en présence des trois ordres en nombre égal et proportionné.

40° Qu'il plaise à Sa Majesté et aux États généraux de vouloir bien donner les ordres les plus sévères pour qu'on n'augmente point le prix du pain et de la viande à Marseille avant la fin des États généraux, et qu'ils veuillent bien donner les mêmes ordres pour empêcher l'assemblée des États actuels de cette province avant la fin des États généraux, précaution indispensable pour entretenir l'union et prévenir les malheurs.

ARTICLES INSTRUCTIFS POUR NOS DÉPUTÉS.

1° Nos députés s'occuperont avant tout de l'organisation des États généraux et de leur constitution.

2° Ils s'occuperont ensuite de l'établissement d'une constitution générale pour tout le royaume, soumise aux modifications des différentes provinces, lesquelles modifications ne pourront être apportées que par le concours des trois ordres de chaque province en nombre égal et proportionné.

3° Ils demanderont que les États généraux soient tous les ans sur le principe de la constitution nouvelle. Nous le croyons indispensable pour asseoir solidement un nouvel édifice ; mais une fois établi d'une manière stable, les États généraux [ne] paraissent nécessaires que tous les trois ans, et nos députés recevront des pouvoirs triennaux.

4° Nos députés adopteront l'administration la plus simple pour la perception des impôts, une administration qui ne laisse aucune méfiance à chacun des trois ordres sur l'égalité parfaite et exacte des contributions.

Pour y parvenir plus sûrement ils commenceront par la suppression de tous les impôts du jour, ils prouveront par cette méthode que la nation seule a le pouvoir d'imposer; mais dans le même instant, afin que l'État ne reste point en souffrance, ils rétabliront tous les impôts qu'ils auront supprimés la veille, s'occupant ensuite de la meilleure forme d'imposition.

Nos députés, pour éviter l'embarras des parlements dans cette opération, agiraient prudemment s'ils ne la consommaient qu'après avoir établi que les lois ne seraient consenties à l'avenir que par la nation assemblée ou au moins par les trois ordres de chaque province, réunis à cet effet en nombre égal et proportionné.

5° Nos députés prendront la précaution de ne consentir les impôts que pour un an seulement, chaque province les renouvelant au bout de l'année ou les supprimant à son gré, si le cas l'exige. J'ai mis en dépôt chez M. Jean-Joseph Bonseignour, notaire de cette ville, les pièces justificatives de toutes les demandes, et ai signé.

Signé Bausset, comte de Saint-Victor, vicaire général d'Apt, commissaire du clergé pour le mémoire du supplément.

MANDAT DONNÉ AUX DÉPUTÉS DE L'ORDRE DU CLERGÉ DE LA SÉNÉCHAUSSÉE DE MARSEILLE.

Le clergé de Marseille donne pouvoir à messires de Villeneuve-Bargemont et Davin de le représenter aux États généraux du royaume en tant qu'ils seront composés de membres librement élus.

Les charge de proposer aux États généraux de ne consentir les subsides nécessaires qu'après que la constitution sera fixée, les lois fondamentales établies et l'état des finances discuté.

Leur défend d'accorder des subsides illimités ou à plus long terme que la prochaine tenue des États généraux, et laisse à leur conscience de se décider sur tous ces points selon leur patriotisme et leur honneur, leur donnant pouvoir de proposer, remontrer, aviser et consentir sur tout ce qui se présentera, en se conformant autant qu'il le sera possible aux articles déterminés, *Signé* F.-Baptiste, évêque de Marseille; Martin, prévôt; le comte de Sude, prévôt, Robineau, Levezy, prieur de Saint-Laurent de Belloy, vicaire général; Mathieu, curé; Audigier, prêtre; Ami, prêtre; Leraut, vicaire; Cailhaud, curé de la cathédrale; Veaury, prêtre; Brisson, prêtre; Pellet, prêtre; Maiffredy, prêtre; Olivier, prêtre; F. Marletty, député des Dominicains; Pastorel, prêtre; Jaubert, prêtre bénéficier; Roux, prêtre; Butol, vicaire; J. Laget; député de Saint-Jerome; Venin, prêtre; Pluniceron; Dondrade, prêtre; Chassaignet, prêtre; Gayon, prêtre; Car, prêtre; Moissonnier, prêtre; Figon, prêtre; Barde, prieur et député des Augustins réformés; Lecton, prêtre; Peyronet, député des Grands-Aigues; Voullone, prêtre; Ardon-Dunez; F. Jauvat, député des Minimes. F. Norbert-Queyras, Récollet, député de Sainte-Claire; Canton, chanoine, curé de Saint-Martin; J.-B.-P. Perol, prêtre; Antoine-Nicolas Chac, curé; F. Laurent Monet, député du Papis, Chabaud, prêtre; F. Mittre-Augref prêtre; Duvaublin, prêtre de l'Oratoire; Etienne Laufond, prieur de la Chartreuse; Silvey, député de la Palan J. Genest, Récollet, député des religieuses; Bernardines; J. Brienne, Grand-Carme, député du couvent de Mazargues; F. Camin, prieur des Grands-Carmes des Aygalades; Roux, prêtre; Bausset, comte de Saint-Victor; l'abbé de Poulharies; l'abbé Prat de l'Oratoire; Bernard, prêtre; F. Jaubert, prieur des Grands-Augustins; Bertrand, chanoine, député: Jacques du Lusset de La Croix, député de Saint-Hommobon; Berthe, prêtre; Bernard, prêtre; P. Bertin, provincial des Carmes déchaussés; Feigneron, prêtre, et Aubertv, secrétaire.

———

DOLÉANCES PARTICULIÈRES DE M. MAIFFREDY, PRÊTRE, ANCIEN AUMÔNIER DE LA MARINE,

Présentées à MM. les commissaires, non transcrites dans le cahier de l'assemblée, au requis du prélat présidant à la rédaction, quoique non commissaire député et sur le refus déclaré en pleine assemblée de signer les doléances, si lesdits commissaires admettaient quelques articles contre le haut clergé.

Ces articles sont :

1° Suppression des bureaux de décimes, à cause de leur inutilité et des abus qu'on y commet, sauf de contribuer avec proportion suivant l'ordre et la forme qu'il plaira au Roi et aux États généraux.

2° Suppression des assemblées générales du clergé qui se tiennent à Paris, soit à cause des dépenses excessives et des abus favorisés par les prétendus dons gratuits.

3° Réunion de toutes les abbayes séculières et régulières, ensemble des prieurés et autres bénéfices consistoriaux, en cas de vacance, à la caisse des économats, pour payer desdits revenus les dettes du clergé.

4° Suppression des annates payées au pape, pour les bulles des abbayes et évêchés, comme un tribut odieux, suivant les conciles de Bâle et de Constance, et lesdites sommes versées dans la caisse royale pour subvenir à l'acquittement de la dette nationale.

5° Abolition des collégiales non rentées ni prébendées, et érection en cures avec nombre suffisant de vicaires pour les fonctions curiales.

6° Érection de nouvelles paroisses, tant dans la ville de Marseille que dans ses faubourgs, attendu la grande population.

7° Érection des églises des quartiers du territoire de Marseille, en succursales, avec stabilité du prêtre desservant et une congrue telle qu'il plaira à Sa Majesté, payable par M. l'évêque et le chapitre cathédral, anciens prieurs décimateurs du territoire de Marseille, indemnisés par échange de biens-fonds, par la communauté, suivant les actes sur ce passés.

8° Injonction aux secrétaires des évêques de France de se conformer au second article de la déclaration de 1695 et de n'exiger pour le *visa* que 3 livres, à peine de concussion et de restitution du double en cas de contravention.

9° Abolition des lettres levées au greffe de l'évêché de Marseille, pour la publication des mariages, dès que les parties le requerront point dispense des bans, comme un usage abusif, contraire aux droits des curés, et onéreux au peuple.

10° Obligation d'accorder les dispenses de mariage entre pauvres et même d'enregistrer les sentences de fulmination, le cas échéant, le tout gratuitement et conformément au tarif dressé et ordonné par Sa Majesté le 11 décembre 1691.

11° Injonction aux greffiers des bailliages et sénéchaussées, ainsi qu'aux curés, vicaires et autres, de se conformer, à l'égard des extraits des baptêmes, mariages et sépultures, au 19° article de la déclaration de 1736, portant 10 sous pour les villes épiscopales, et à peine de concussion.

12° Abolition du casuel des paroisses suivant les anciens canons de l'Église, la décence du sacerdoce et l'édification du peuple, et en cas que le Roi juge à propos de le laisser subsister, il sera supplié d'ordonner aux archevêques et évêques de faire un règlement sur les honoraires, rétributions et droits casuels, suivant l'importance des lieux, comme il s'observe à Aix, Fréjus et autres diocèses.

13° Réduction des revenus des évêques suivant la sagesse du Roi et des États généraux, l'excédant versé dans la caisse des économats pour payer les dettes du clergé et ensuite celles de l'État.

14° Changement et réformation du Code civil et criminel, soit dans le fond, soit dans la forme.

15° Suppression ou modification des frais ruineux des greffes.

Exemple :

Le juge se taxe..... 48 livres.

Le receveur perçoit :

1° 3 sous pour livre.

2° La moitié des droits de greffe.

3° 8 sous pour livre tant sur ladite moitié que sur le montant desdits 3 sous pour livre ; cette perception se fait sur l'original.

Autre exemple :

Le receveur prend 4 sous par rôle de l'expédition sur papier moyen contenant douze lignes à chaque page et ensuite 8 sous pour livre sur le produit desdits 4 sous.

Plus il perçoit 1 sou pour livre sur l'adjudication des dépens et 8 sous pour livre sur le montant du produit des dépens. Mais comme sur l'expédition de 50 sentences, qui sont levées au greffe, il y en a au moins 19 dont on ne fait pas taxer les dépens, le receveur prend arbitrairement et par anticipation le sou pour livre sur les dépens, lesquels sous pour livre il n'a le droit de percevoir que lorsque les dépens sont taxés.

16° Règlement pour les honoraires des notaires, à l'égard de tous les actes, afin de faire cesser le taux arbitraire excessif et oppressif.

17° Règlement pour les honoraires des avocats, à l'égard des plaidoiries, séances, conseils ou avis, et des écrits ou mémoires, afin de fixer des salaires devenus arbitraires, oppressifs, ruineux et révoltants.

18° Règlement pour les honoraires des procureurs, qui sont devenus illimités par la multiplicité des procédures et par la facilité des cours à augmenter progressivement les droits des anciens règlements.

19° Suppression des charges vénales et remboursement par le corps des provinces.

20° Injonction aux juges qui seront établis, de rendre bonne et brève justice, envers tous et contre tous justiciables, avec clause qu'en cas de prévarication constatée, il s'ensuivra la destitution et restitution des frais. *Signé* Maiffredy, prêtre, ancien aumônier de la marine.

DOLÉANCES DU CHAPITRE NOTRE-DAME DES ACCOULES.

Arrêtées par délibération du 17 mars 1789, pour servir de supplément au cahier du clergé de la sénéchaussée de Marseille, rédigé en un jour.

Ponam in lucem scientiam illos, et non præteribo veritatem..... (SAB., c. VI, v. 24.)

AVIS DE L'ÉDITEUR.

Les doléances qu'on donne au public n'avaient pas été faites pour être imprimées ; dirigées par l'amour de la religion et du bien public, on ne s'y était proposé d'autre fin que d'en conférer et d'en communiquer ensemble dans l'assemblée générale de l'ordre du clergé, d'après les termes mêmes de la lettre de convocation de Sa Majesté.

Ce bienfait du Roi n'a été ni connu ni senti ; ce n'est que par la communication des idées et des sentiments, dans une assemblée libre et générale, que les commissaires ensuite chargés de la rédaction du cahier, peuvent faire un choix aussi clair que précis et conforme au vœu de tous. Dans l'assemblée générale on discute, on édile ; dans le comité on arrête et on rédige.

Le clergé de la sénéchaussée de Marseille, par la précipitation qu'on a mise dans ses opérations, a été non-seulement privé de ce premier avantage, mais les commissaires chargés de rédiger le cahier n'ont pas même eu la faculté de lire toutes les réclamations ; on ne leur a donné qu'un seul jour pour connaître et remplir ces deux objets, et trois jours, en tout, ont décidé des opérations de l'assemblée (1).

Que doit-on se promettre d'un aperçu si rapide, d'une attention si courte de la part de notre ordre dans ses préliminaires aux États généraux ? Que les lumières sans doute et le zèle de nos députés y suppléeront. J'aime à me nourrir de cette idée, à me flatter de cet espoir, et nos députés sont bien dignes en effet de nous inspirer cette confiance. Mais je croirais n'avoir rempli qu'à demi le ministère confidentiel dont j'ai été chargé de concourir à la rédaction du cahier, si, après tout ce qui s'est passé et que j'ai consigné par ma déclaration au bas du cahier de notre ordre, je ne donnais au public, de l'aveu de la compagnie dont j'ai l'honneur d'être membre, ses doléances particulières ; quoique assez courtes, elles ont paru à des personnes impartiales, exprimer suffisamment, non-seulement le vœu général de MM. les curés de la ville et du terroir et de deux chapitres pour les intérêts desquels j'ai été nommé par l'assemblée dans le bureau de la commission, mais encore le vœu particulier de toutes les autres classes du clergé tant séculier que régulier de la sénéchaussée de Marseille.

Les prêtres desservant les églises des quartiers de notre terroir, dépendantes des paroisses de la ville, dont on a tant parlé, tant dans l'assemblée que dans la commission, y trouveront le vrai titre qu'on pouvait faire valoir à leur égard (2), et dont on n'a pas dit un seul mot dans l'article du cahier les concernant, quoiqu'on y ait prodigué, en leur faveur, un grand luxe de paroles et de sentiments.

C'est avec la même impartialité que je joindrai à la suite des doléances du chapitre des Accoules, celles de MM. les vicaires et prêtres habitués de la même église, que je puis dire avec vérité n'avoir connues qu'après que ce cahier a été rédigé, et ce par défaut de confiance de leur part à ne m'en avoir pas fait la remise. Mes sentiments

(1) Voyez, à la fin, le verbal du 6 avril en son verbal et du jour de lundi, jour auquel on ne s'assemble que pour signer les pouvoirs donnés à MM. les députés, pour les admettre tout de suite après, à la réception du serment. Le jour précédent, jour de dimanche, il n'y a point eu de séances et on a procédé à l'élection des députés le quatre, jour de samedi, en vertu de l'ordonnance du trois, jour d'auparavant, qui le déterminait ainsi ; c'est à-dire le troisième jour depuis la tenue de l'assemblée générale des trois états de cette sénéchaussée. Trois jours en tout ont donc décidé pour nous de toutes les opérations dont la bonté du Roi et celle du gouvernement se sont occupés pendant si longtemps pour assurer le succès de nos réclamations.

(2) C'est l'article 3 de la déclaration du Roi du mois de septembre 1786 qui enjoint aux évêques de doter, par union de bénéfices, ou autres moyens légitimes, les paroisses des villes qui sont sans dotation et par conséquent leurs annexes.

pour eux et ma franchise, dont ils sont les témoins journaliers, leur sont assez connus ; mais ils ont cru avec justice pouvoir marquer la même confiance à tous les commissaires indistinctement nommés par l'assemblée, et l'ignorance où j'ai été jusque dans le bureau de leurs doléances particulières, est une preuve nouvelle de ce que j ai avancé quand j'ai dit que toutes nos opérations ont été pressées, quand j'ai déclaré en si-_nant le cahier que le défaut de temps ne nous avait pas permis d'y rédiger beaucoup de déclarations, tant générales que particulières.

Au reste, on ne doit pas s'attendre à trouver dans les doléances particulières du chapitre des Accoules des vues et des plans étrangers à son ministère. Ce serait avoir voulu porter la faux dans le champ d'autrui. On pouvait se reposer sur chaque ordre de citoyens du soin de manifester son vœu et de défendre ses droits. Un chapitre curial devait se renfermer particulièrement dans la sphère de la religion et de tout ce qui peut y avoir trait.

C'est par cette dernière considération, aussi conforme aux lois politiques qu'au véritable esprit du christianisme, que nous n'avons pas cru étrangers à nos sentiments et à notre sollicitude aucun des sujets du Roi et de nos concitoyens. Il faudrait être bien peu juste et peu équitable pour montrer aujourd'hui la plus petite méfiance sur ce point et pour détourner des sources de la félicité publique ceux que le divin législateur de la loi chrétienne a appelés de tout temps, avec nous, à une même immortalité.

DOLÉANCES.

Le chapitre de l'église collégiale et paroissiale Notre-Dame des Accoules, capitulairement et extraordinairement assemblé après avoir procédé à la nomination de députés dans la forme et proportion déterminées par l'article 10 du règlement de Sa Majesté du 24 janvier dernier, à l'assemblée générale des trois états de cette sénéchaussée ; considérant que son député à ladite assemblée n'y doit porter que le vœu du chapitre ;

Qu'en cette qualité, pour et au nom dudit chapitre, il doit concourir avec les autres membres de l'ordre du clergé à la rédaction du cahier de plaintes, doléances et remontrances, avant que de procéder, au nom du même chapitre, à l'élection des députés qui seront envoyés aux Etats généraux ;

Que notre but principal, pour cette si grande et si notable assemblée qui se prépare, doit être de tendre, comme bons et fidèles sujets du Roi, à seconder de toutes nos forces les vues paternelles de Sa Majesté, qui ne veut être heureuse que du bonheur de son peuple ;

Que la majesté même royale semble sacrifier à ce grand objet jusqu'à ses propres intérêts ;

Qu'entraîné par un si grand exemple, tout intérêt particulier doit céder à l'intérêt général ;

Qu'il nous est permis cependant de faire parvenir jusqu'au trône nos doléances et nos justes réclamations ;

Que le clergé de Marseille et son terroir peut d'autant plus espérer qu'elles seront favorablement accueillies, qu'il est plus grevé et moins bien partagé des biens de l'Eglise ;

Que les paroisses tant de la ville que leurs annexes, dans le terroir, sont sans dotation ;

Qu'il ne retire point de dîmes ;

Que ceux des chapitres de la ville qui sont décimateurs, hors le terroir, n'ont pas encore retiré le bénéfice promis par la déclaration du Roi du mois de septembre 1786, en indemnité de surcharges que la même loi leur apporte ;

Qu'au milieu de cette détresse, ledit clergé de Marseille et de son terroir ne laisse pas de contribuer déjà, et depuis longtemps, en égalité avec tous les autres citoyens, à toutes les charges de l'Etat et de la municipalité ;

Que nonobstant cette contribution égale, de sa part, à toutes les charges publiques et à laquelle il est bien éloigné de vouloir rien changer, le dit clergé est néanmoins imposé aux décimes comme le reste du diocèse et tous les autres diocèses de France ;

Que c'est une injustice ;

Que par ce moyen le clergé Marseille et de son terroir se trouve payant deux J deux côtés les subventions royales ;

Une fois à Marseille, par les objets de consommation et de première nécessité sur lesquels lesdites impositions sont perçues, et une seconde fois dans la caisse du clergé général de France par les décimes ;

Que cette double exaction sur le clergé de Marseille et de son terroir, achève d'opérer sa ruine par la cherté excessive où sont portés dans notre cité tous les objets de première nécessité ;

Considérant enfin qu'un chapitre curial, tel que le nôtre, intégralement composé de membres qui ont tous passé par la cure des âmes, qui continuent par leurs titres d'en être chargés solidairement et d'en exercer les fonctions, ne peut qu'être touché sensiblement du dépérissement presque général de la religion, de la dépravation, des mœurs et de la misère du peuple ;

Après avoir arrêté par acclamations et tout d'une voix des actions de grâces pour le monarque bienfaisant qui nous gouverne, qui veut le bonheur de tous ses sujets et qui l'opérera, parce que cette volonté est dans son cœur et dans sa puissance, et des remerciments au ministre humain et populaire qui, comme un autre Sully, seconde si bien les vues de notre nouveau Henri IV,

A unanimement délibéré de mettre sous les yeux de l'assemblée des trois ordres, ou de l'ordre du clergé, s'il délibère séparément, que de très-humbles supplications seraient faites au Roi, dans le ou les cahiers des trois états, à l'effet d'obtenir de Sa Majesté Très-Chrétienne et de sa piété digne du fils aîné de l'Eglise :

1° Le maintien, la gloire et la plus exacte observance de la religion chrétienne catholique et de ses préceptes, comme ayant toujours été la seule religion de l'Etat, son plus ferme appui et sa plus grande consolation ;

2° La conservation des biens de l'Eglise et de tous ses ministres (1), nous bornant à réclamer

(1) Nous disons la conservation des biens de l'Eglise et de tous ses ministres, parce que nous n'ignorons pas que les prélats assemblés à Paris, l'une de ces dernières années, ont délibéré la suppression de beaucoup de collégiales et d'ordres religieux. Nous déférons à cet égard nos plaintes au Roi et à la nation assemblée, à qui il appartient seulement de connaître de l'utilité de certaines collégiales qui n'auraient d'autre importance (ce qui en est une pourtant aujourd'hui) que celle du ministère pastoral ; et nous prenons la liberté de demander aux prélats, auteurs de ce système destructeur, si le droit de propriété n'est sacré que pour les évêques ; s'ils n'ont pas lieu de craindre pour eux-mêmes, à leur tour, d'un aussi mauvais exemple ? Nous les prions encore de nous dire qui servira l'Eglise, si on diminue le nombre des ministres de la religion ; qui prêchera ; qui remplira les différentes fonctions du saint ministère, si, comme ils l'ont aussi arrêté, on procédait à la réunion des cures et des paroisses, qu'il faudrait bien plutôt multiplier sui-

sur ce point, de la sagesse du Roi, une répartition (1) plus juste desdits biens en faveur du clergé des paroisses et des pauvres desdites paroisses, qui ne trouvent plus dans le refroidissement de la charité des fidèles les mêmes secours que par le passé : ce sera rendre lesdits biens à leur destination naturelle.

3° La conservation aussi des saints ordres religieux qui nous restent, dont l'utilité et la nécessité même sont assez reconnues en cette ville, par les services qu'ils rendent journellement à la religion et à la patrie, et qu'on ne saurait trop apprécier.

4° La continuation de la protection de Sa Majesté et de sa bienfaisance envers ceux de ses sujets dont le nombre est considérable dans cette ville, que nous ne laissons pas que d'embrasser dans nos cœurs, comme nos frères, quoiqu'ils ne professent pas une même religion avec nous, et que nous ne cesserons pas d'y appeler à bras ouverts et de toutes nos forces, par nos vœux et nos prières.

5° La liquidation de la dette nationale.

6° L'entière et plus prompte suppression qu'il se pourra des décimes pour le clergé séculier et régulier de le ville de Marseille et de son terroir. Ledit clergé ne paraissant pas former d'autre vœu (c'est du moins le nôtre, et nous l'avons exprimé dans l'acte reçu par le notaire Bonsignour, le 5 février dernier, et par notre délibération du 6me jour suivant, notifiée aux Etats prétendus de cette province) que celui de continuer à contribuer, avec tous les autres citoyens de cette ville, et dans une égale proportion, à toutes les charges publiques, mais n'étant pas dans la justice, encore moins dans les intentions du meilleur des rois, que ledit clergé de Marseille et de son terroir continue d'acquitter plus d'une fois par la suite ce que jusqu'à présent et depuis tant de temps il a payé deux fois.

7° La suppression aussi des assemblées générales du clergé de France à Paris et des chambres et bureaux diocésains dans les provinces. Lesdites assemblées et leurs accessoires devenant inutiles par l'égalité de contribution consentie de la part des trois ordres, et étant de plus ruineuses à tout l'ordre du clergé par les seuls frais d'administration, sauf aux évêques de tenir, selon l'ancien esprit de l'Eglise, des synodes provinciaux et diocésains pour le bien spirituel de

leurs églises, en y appelant tous ceux que de droit.

8° Une représentation légale et proportionnée du clergé séculier et régulier du second ordre de la ville de Marseille et de son terroir aux Etats de Provence, accommodée à nos droits divers, soit de clergé propriétaire et bénéficier dans la province.

9° L'exécution de l'article 5 de la déclaration de Sa Majesté du mois de septembre 1786, pour la dotation promise aux paroisses des villes et à à leurs annexes qui n'en ont point, et la jouissance des avantages que le même article assure aux décimateurs d'une indemnité des surcharges que la même loi leur a apportées.

10° La conservation du privilège, entre autres, dont est en possession la ville de Marseille et son terroir, d'abonner ses impositions, sauf et sans préjudice des moyens les plus convenables que la communauté avisera, aux fins que lesdites impositions pèsent moins sur la classe du peuple et se trouvent en règle de plus juste proportion envers les riches (1).

11° Et finalement que les mêmes instances et supplications que dessus seraient faites à Sa Majesté par les députés qui seront envoyés aux Etats généraux, pour la réforme et régénération des mœurs publiques, en redonnant aux lois prononcées à cet égard, leur ancienne vigueur; en écartant, s'il le faut, de nos cités ou du moins de devant chaque pas des jeunes gens et des étrangers sans expérience, les malheureux objets et victimes tout à la fois de la séduction. Tous les ordres sont intéressés à solliciter vivement ce point essentiel; les Etats généraux doivent s'en occuper, si l'on désire que la génération naissante donne de meilleurs citoyens.

Il a été de plus délibéré de donner charge expresse à M. Bertrand, chanoine, député du chapitre à l'assemblée des trois ordres, d'y requérir la lecture de la présente délibération, comme renfermant le vœu dudit chapitre, d'y voter conformément à son contenu, et lecture faite de ladite délibération, de la laisser sur le bureau pour y avoir, par les commissaires qui seront nommés dans l'assemblée pour la rédaction du cahier de l'ordre, tel égard que de raison; et leur travail fini, y être définitivement arrêté dans la même assemblée, en conformité de l'article 44 du règlement, et ont signé :

Chabrand, chanoine; Garcin, chanoine; Altignau, chanoine ; Bertrand, chanoine ; Aubin, chanoine; Latour, chanoine; Caffarel, chanoine, administrateur ; Nicolas, chanoine, curé.

Collationné sur l'original :

Signé Caffarel, chanoine, administrateur.

DOLÉANCES

De MM. les vicaires et prêtres habitués de la même église, adressées à MM. les commissaires chargés de la rédaction des cahiers du clergé de la sénéchaussée de Marseille.

Puisque ce souverain, que l'Europe étonnée et

---

vant l'étendue de la population, que de les réunir et de les réduire.

(1) Ce mot ne doit offenser personne ; on ne l'a employé que parce qu'il est sacramentel, et qu'il en supplée beaucoup d'autres. On ne veut appauvrir personne; encore moins veut-on enrichir ni aux dépens et des dépouilles des autres. Ces systèmes n'entrent point dans les paisibles et tranquilles spéculations des Nababs, Mais nous observons avec tous les écrivains judicieux et impartiaux qu'y ayant assez de biens dans l'Eglise pour fournir aux besoins de ses ministres, il n'y manque qu'une plus juste répartition. Et quel grand inconvénient y aurait-il à ce que, au décès d'une infinité de riches titulaires, qui réunissent, au mépris des règles et de l'équité, plusieurs bénéfices consistoriaux sur une seule tête, ces bénéfices fussent employés à la dotation du clergé des paroisses, si utile tout à la fois, et si nécessaire ? Nous croyons bien servir le Roi et la patrie de leur indiquer, entre autres, ce moyen si facile et si légitime de subvenir aux besoins des curés et des vicaires qui sont sans dotation. Si le casuel, toujours onéreux aux peuples et avilissant pour le ministère, est un objet de grande considération dans les paroisses vastes et d'une riche population, la même considération n'a pas lieu pour les paroisses d'un arrondissement moins riche et moins étendu.

(1) On observera que ces doléances ont été dressées et signées le 17 mars dernier. Depuis lors, qui n'admirera la sagesse de nos administrateurs citoyens, qui, sans autre escorte que leurs concitoyens, sans autre égard qu'aux besoins du moment, ont converti un instant de crise en des actions de grâces qui n'auront point de fin ! Il ne leur a fallu pour cela que se montrer, et leur présence à tout apaisé, tout pacifié; Marseille s'est couverte de gloire en ce jour de trouble, et les jours d'ordre et de tranquillité dont l'aurore paraît lui assurent pour la suite des temps un bonheur inaltérable.

attendrie se hâte de classer parmi les rares libérateurs de l'humanité dégradée, invite avec la bonté d'un tendre père tous les ordres des citoyens a venir s'associer à l'intéressant ouvrage de la régénération de la France, hélas trop ébranlée par les désastreux divertissements du fisc national, ma compagnie me charge de vous présenter ses observations et ses doléances.

Si toutes les classes plébéiennes vont voir tomber ces fers antiques et durs, dont le despotisme féodal, digne enfant de l'oppression et de l'ignorance gothique les avait chargées, si un prince généreux va leur redonner cette précieuse liberté et tous les droits de citoyens que ce monstre social leur avait ravis, quel ordre français peut prétendre plus justement à la bienfaisance et à la justice du monarque, que cet ordre respectable que j'ai l'honneur de représenter ici? Il suffit de connaître sa noble destination et les fonctions augustes et utiles qu'il remplit pour être assuré de la légalité de ses réclamations. Que dis-je, il suffit de le nommer, cet ordre vénérable et cette association secondaire de ministres qui depuis sa naissance jusqu'à sa mort prête à l'homme une main paternelle, le réconcilie en naissant avec le ciel, lui donne avec cette complaisance d'un bon père cette éducation religieuse qui élève ses idées, ennoblit son âme, qui en fait un sage, un vrai citoyen; qui s'associe à ses malheurs, alimente par ses soins ses besoins physiques, essuie ses larmes, partage ses douleurs; qui adoucit par les plus pressantes consolations ses infirmités et ses maladies, qui s'efforce enfin de le conduire dans le tombeau avec la sécurité et la douce tranquillité d'un homme de bien.

On sent l'utilité politique et religieuse de ce corps ecclésiastique; le philosophisme qui a tant décrié la religion, nous l'a lui-même démontrée dans ses écrits incendiaires, qui depuis près d'un siècle scandalisaient la France, et la liberté de la presse vient de nous en offrir des développements plus approfondis et plus étendus.

Si ce corps est si utile à la religion et à l'État, pourquoi le laisser gémir dans cet oubli avilissant où l'avait originairement jeté le despotisme des premiers chefs de la hiérarchie ecclésiastique? Pourquoi ne pas l'encourager par des améliorations alimentaires et par des perspectives intéressantes? Si sa dégradation fut l'odieux ouvrage de l'égoïsme, sa résurrection civile doit être celui du souverain et de la France. Pour leur en faciliter la glorieuse opération, nous recueillons à l'envi les observations, les idées et les doléances qui leur sont relatives.

DEMANDES PERSONNELLES.

La classe des vicaires et prêtres habitués des paroisses a toujours été utile, mais elle n'a jamais été décemment rentée. Cette position qui lui est générale dans toute la France est encore plus révoltante dans la ville de Marseille et plus injurieuse à la dignité du sacerdoce.

Aux églises collégiales et paroissiales de cette ville, les vicaires n'ont qu'un traitement de 400 livres, et un numéraire fixe ou casuel forme les émoluments des prêtres habitués.

On sent que ces divers honoraires ne peuvent fournir aux premiers besoins, d'après le taux local des comestibles de nécessité. La satisfaction de ces besoins, et la décence ecclésiastique exigent donc une extension plus honorable et plus relative au sacerdoce.

Croirait-on que cette classe si médiocrement rentée, fût soumise à la taxation des décimes? Cette contribution qui n'est toujours pas proportionnée à son traitement individuel, n'est-elle pas injuste? Que de riches bénéficiers partagent proportionnellement cette imposition royale; ils ne s'acquittent en cela que de leur devoir envers le prince qui les soutient, et envers la France qui les alimente.

D'après ces diverses observations, nous demandons que les honoraires des vicaires et des prêtres habitués soient améliorés relativement a la décence ecclésiastique et à la valeur locale de tous les besoins physiques et d'État; nous demandons aussi que la répartition individuelle des décimes ne s'étende que sur les ecclésiastiques titulaires, et que l'égalité et la proportion personnelle de cette répartition soient soumises au jugement des contribuables, par un tableau annuellement imprimé et affiché.

A ces demandes, nous ajoutons l'anéantissement des résiguations. On sentira la légalité de cette pétition, et l'utilité individuelle et générale qu'elle offre, quand on apercevra dans cette transmission bénéficiaire la cause originelle de la dépravation ecclésiastique. Il est inutile de développer notre assertion; toute la France en sent la vérité et l'utilité de la réforme qu'elle présente.

L'exécution de cette réforme n'est pas difficile, l'admission du concours relativement à tous les bénéfices essentiellement utiles à la religion et à l'État, l'opérera facilement à l'aide du souverain et de la nation.

Il nous reste à former un autre vœu, infiniment cher à notre cœur et très-précieux à la religion et à l'État. Nous souhaitons qu'on établisse des asiles ecclésiastiques pour recevoir les ministres indigents, et qu'on crée des pensions pour les renter, afin que l'indigence de ces citoyens respectables n'afflige plus l'Église et ne scandalise plus la France et l'Europe. Pour que la justice présidât à l'adjudication des pensions ou des places gratuites qui seraient établies dans ces asiles, on n'y nommerait que les prêtres dont les services dateraient au moins de vingt ans. Ces établissements seraient des encouragements pour les ministres utiles, et leur seraient du moins une assurance de la récompense que méritent leurs travaux; alors la vieillesse n'aurait plus rien d'effrayant pour cette classe utile.

Enfin nous demandons la destruction des entraves qui naissent du renouvellement annuel des pouvoirs des vicaires, et la cessation de cette accumulation scandaleuse de bénéfices sur un même individu, en faisant de ces bénéfices, individuellement répartis, l'apanage des talents, des vertus et du service; une noble émulation vivifiera les classes laborieuses et utiles du clergé national.

Voilà le tableau de nos demandes personnelles. Il nous reste d'autres pétitions à former; mais pour ne pas rendre volumineux le cahier des doléances marseillaises, nous demandons les mêmes objets qui y sont consignés. Puisse le patriotisme qui les a dictés honorer Marseille, coopérer à la restauration de la France et rehausser la gloire du trône!

Lu, arrêté, délibéré à Marseille, le 27 mars 1789 et unanimement approuvé par les soussignés, lesquels déclarent que les doléances ci-dessus seront annexées au cahier des doléances du clergé de Marseille, et qu'ils regarderont comme attentatoires au règlement du Roi, relatif à la convocation des États généraux, et qu'ils regarderont comme attentatoires au règlement du Roi, relatif à la convocation des États généraux, et qu'ils regarderont comme attentatoires les opérations contraires.

Signé Cayras, vicaire; Moulard, vicaire; Fau, prêtre, aubier; Faubet, prêtre, choriste; Teissère, prêtre, choriste; Gayon, vicaire.

CAHIER

Des doléances et instructions arrêtées dans l'assemblée de la noblesse de Marseille et remis à ses députés aux États généraux le 2 avril 1789 (1).

Art. 1er. Les députés de l'ordre de la noblesse de Marseille seront d'avis d'opiner par tête dans les trois ordres réunis.

Art. 2. Nul impôt ne sera légal et ne pourra être perçu qu'après qu'il aura été consenti par la nation, dans l'assemblée des États généraux, et lesdits États ne pourront les consentir que pour un temps limité et jusqu'à la prochaine tenue, en sorte que cette prochaine tenue n'ayant pas lieu, tout impôt cesserait.

Art. 3. Le retour périodique des États généraux sera fixé à cinq ans au plus, et dans le cas d'un changement de règne ou d'une régence, ils seront assemblés extraordinairement dans un délai de six semaines ou deux mois.

Art. 4. La liberté individuelle sera garantie à tous les Français, de manière qu'aucun ordre ou lettre close ne puisse y porter atteinte que pour le moment qui précéderait la rémission du prisonnier à son juge naturel.

Art. 5. Comme il importe de connaître l'état des finances du royaume, les députés demanderont que le compte en soit rendu public, chaque année, par l'impression.

Art. 6. Ils demanderont la responsabilité de tous les ministres aux États généraux.

Art. 7. La liberté de la presse, avec la réserve de la signature de l'auteur ou de l'imprimeur.

Art. 8. Le respect le plus absolu pour toute lettre confiée à la poste.

Art. 9. Les députés s'obligeront à l'envoi direct de toutes les impositions au trésor royal, et demanderont la suppression de tous les dépôts et caisses intermédiaires.

Art. 10. Ils solliciteront la réformation de la justice civile et criminelle, et les meilleurs moyens pour abréger les procédures, en diminuer les frais et venir au secours des accusés ; en un mot, assurer l'exécution des lois, en sorte qu'aucune ne puisse être enfreinte, sans que quelqu'un ne soit responsable.

Art. 11. Aucun impôt ne sera accordé sans que l'état des finances ait été dépouillé, que les sources du déficit aient été connues, et qu'on ait établi des moyens pour qu'elles ne se reproduisent jamais.

Art. 12. L'état des finances reconnu et fixé dans chaque département ; et après avoir déterminé toutes les réductions et économies, les députés sanctionneront la dette publique et nationale, et pourvoiront au meilleur moyen d'y satisfaire.

Art. 13. Demander qu'aucun militaire ne puisse être privé de son état que par un jugement rendu par ses pairs, sur une procédure en forme.

Art. 14. Les députés, après avoir soutenu, avec tout le zèle dont ils sont capables, tous les articles ci-dessus, et après avoir donné leur opinion en honneur et en conscience, tant sur lesdits articles que sur tous autres objets non prévus qui pourront être proposés, seront tenus de consentir, à ce qui aura été délibéré et arrêté dans les États généraux à la pluralité des suffrages recueillis par tête.

Art. 15. Les députés défendront nos statuts

(1) Nous publions ce cahier d'après un manuscrit des *Archives de l'Empire.*

confirmés de règne en règne et les articles de nos chapitres de paix ; en conséquence de ces pactes, les subsides consentis par les États généraux ne pourront être levés à Marseille, que par le consentement des trois ordres réunis de la cité, et ils seront payés dans la forme délibérée entre eux.

Art. 16. Les députés consentiront l'égalité de toute contribution avec le clergé, la noblesse et le tiers-état, sans aucune distinction.

Art. 17. Ils demanderont que la noblesse soit maintenue dans tous les droits honorifiques dont elle jouit à Marseille.

Art. 18. Le droit de propriété conservé dans son intégrité à tous les possédant biens de la ville et du territoire, et qu'il ne puisse y être porté atteinte, même à raison d'intérêts publics, qu'après avoir accordé un dédommagement au plus haut prix, et sans délai.

Art. 18. Les députés soutiendront le maintien de la franchise du territoire, dont la suppression causerait un préjudice notable, et demanderont que les bureaux des fermes du Roi demeureront établis toujours pour les limites.

Art. 20. Le commerce devant être regardé comme la source des richesses de l'État et l'aliment journalier des capitaux de cette grande ville, Sa Majesté sera suppliée de vouloir bien le protéger et l'entretenir dans l'enceinte de ses murs. Pour arriver à ces heureuses fins, les députés demanderont : 1° la liberté entière de tous les commerces dans notre port ; 2° l'expulsion totale du port de toutes les personnes tenant à la ferme générale ; 3° l'établissement des bureaux des fermes à l'extrémité du territoire, en conservant l'établissement du bureau du domaine d'Occident, nécessaire à l'exploitation du commerce d'Amérique qui nous est commun avec les autres ports de France ; 4° l'abonnement du droit de poids et casse, afin qu'il ne reste plus dans la ville une seule trace ni des fermiers ni du droit des fermes ; 5° demander la protection immédiate du commerce du Levant et les bons offices du gouvernement auprès du Grand Seigneur, afin que le nom français et son commerce y soient soutenus et respectés, et convaincre l'État, par une adhésion naturelle, de l'importance et de l'utilité de ce commerce pour la France dont Marseille recueille le premier fruit ; 6° organiser le commerce des îles, sur le vœu des différentes chambres de commerce du royaume, que l'on peut lier avec les réclamations journalières des colons ; 7° ouvrir à la nation le commerce de l'Inde, fermé par l'ambition d'une compagnie qui doit être détruite, sauf à l'État de la dédommager dans ses dépenses. Rien n'en prouve mieux la nécessité, que la quantité des expéditions neutres entreprises par le commerce français, malgré l'existence de cette compagnie, qui force le négociant français de partager le profit avec l'étranger qui lui prête son nom ; 8° que dans le cas du rétablissement du commerce de l'Inde, le négociant fût le maître de faire le commerce en droiture et de retour dans son port en payant les droits établis par Sa Majesté. Le port de Lorient serait privé d'un entrepôt dont il pourrait être dédommagé, mais le commerce ne peut jouir de sa véritable existence que par la liberté entière qui en est l'aliment.

Art. 21. Les députés de la noblesse sont autorisés à s'occuper, avec les députés choisis dans la classe des négociants, de tous les moyens qui procureront le plus grand avantage du commerce réuni à celui de la cité.

Art. 22. Les députés représenteront combien il

est nuisible au territoire de Marseille que les cultivateurs soient soumis au service des matelots canonniers.

Art. 23. Le droit que le gouvernement a donné à l'Hôtel-Dieu de se décharger des enfants trouvés en forçant les capitaines de les embarquer en qualité de mousses, contrarie tout à la fois le bien de l'État et l'avantage du peuple. L'État perd sans retour des sujets que le préjugé de leur naissance fait mépriser et déserter, et le peuple est privé d'un débouché certain pour leurs enfants trouvés qui, confiés en bas âge a nos paysans, deviendraient une ressource pour l'agriculture qui manque de bras dans toute l'étendue du royaume.

Art. 24. L'utilité que présente à l'État le corps des patrons pêcheurs doit décider en leur faveur la protection du gouvernement : c'est le seul moyen de rétablir les choses en augmentant la pépinière des matelots.

Art. 25. Demander la démolition de la poudrière placée à l'embouchure du port, qu'elle menace, ainsi qu'une grande partie de la ville, du danger le plus imminent.

Art. 26. Demander l'agrandissement du port, qui réunisse l'avantage du commerce de la cité et de l'État.

Art. 27. Les députés demanderont qu'en reculant le remboursement des capitaux l'on reconnaisse la nécessité de rendre aux créanciers de l'État la justice qui leur est due; que les réductions d'intérêt soient supprimées, les contrats passés sous la foi publique remis à leur valeur primordiale, puisque c'est le meilleur moyen de rétablir le crédit national.

Art. 28. Que les propriétaires de directes conserveront leurs censives sur les terrains employés à l'exécution des chemins, rues, places, monuments et tous autres objets publics, soit dans l'intérieur, soit hors des villes et villages; que lesdits propriétaires n'éprouveront point l'amortissement qui est une atteinte à la propriété; et que les provinces ou les communautés, qui auront ordonné lesdits ouvrages, seront tenus de payer aux propriétaires un demi-lot tous les dix ans, ou un lot tous les vingt ans, les droits étant fondés sur une propriété primitive et réelle.

Art. 29. Que l'on s'occupe des moyens de fixer les habitants dans les campagnes, dont la désertion et la dépopulation est arrivée à un point incroyable, dans celles surtout qui sont voisines des grandes villes de commerce, où la rareté des bras donne lieu à un prix excessif dans le salaire des journaliers.

Art. 30. Les députés demanderont la ratification de la vente de l'Arsenal.

Art 31. Les députés appuieront toutes les demandes et tous les mémoires relatifs à l'intérêt général du royaume, et à celui de la cité de Marseille, qui seront envoyés par les commissaires nommés dans l'assemblée générale par eux, notamment sur tout ce qui tendra à favoriser l'agriculture et le commerce.

Art. 32. Ils demanderont enfin l'autorisation du nouveau règlement d'administration municipale, auquel il va être procédé par les commissaires nommés dans le conseil général de la cité.

Signé le marquis de Poulives ; le comte de Marin-Sinety ; le chevalier de Montgrand ; le chevalier de Villeneuve-Trans ; Cipierre, Rians, Borelly, commissaires; marquis de Forbin-Gardane, grand sénéchal d'épée; Catelin, secrétaire.

Je certifie la présente instruction conforme à l'original. *Signé* Sinety, député.

MANDAT AUX DÉPUTÉS DE LA NOBLESSE DE MARSEILLE.

La noblesse de la ville de Marseille donne pouvoir à MM. de Cipierre et de Sinety de la représenter aux États généraux du royaume en tant qu'ils seront composés de membres librement élus.

Leur prescrit de délibérer par tête dans les trois ordres réunis, leur donne pouvoir de concourir à l'établissement de toutes les lois nécessaires pour assurer la liberté personnelle, la liberté de la presse, la sûreté des propriétés, les droits de la nation pour le consentement aux lois et aux impôts, l'assurance du retour périodique et indépendant des États généraux, la responsabilité des ministres, la réforme de la justice civile et criminelle; en un mot, toutes les lois tendantes à réformer les abus en tout genre.

Les charge de proposer aux États généraux qu'il soit élevé un monument patriotique en l'honneur du souverain bienfaisant, le restaurateur de sa fidèle nation.

Leur donne pouvoir de consentir les subsides nécessaires après que la constitution sera fixée, les lois fondamentales établies et l'état des finances discuté.

Leur défend d'accorder des subsides illimités ou à plus long terme que la prochaine tenue des États généraux, et laisse à leur conscience de se décider sur tous les points selon leur patriotisme et leur honneur.

Leur donne pouvoir de proposer, remontrer, aviser et consentir sur tout ce qui se présentera, en se conformant autant qu'il sera possible aux articles déterminés et aux instructions qui seront données s'il y a lieu.

A Marseille, le 6 avril 1789, et ont signé tous les membres de la noblesse de Marseille, au nombre de quatre-vingt-quatorze.

Pour copie dont l'original est resté entre les main de mon collègue, certifié véritable par moi soussigné, député. *Signé* Sinety.

PLAINTES ET DOLÉANCES
De la ville de Marseille (1).

Les commissaires rédacteurs du cahier des doléances déclarent solennellement :

1° Que leur comité n'a jamais été séparé d'opinion ; que les articles ont été arrêtés d'un commun accord et approuvés dans les assemblées générales où les doléances ont été lues.

2° Que s'il est des objets généraux ou particuliers contenus dans les divers cahiers qui leur ont été remis, et qui n'aient point été rappelés dans le cahier général, c'est qu'il aurait été impossible de rapporter toutes et les mêmes expressions, et qu'il a paru suffisant à l'assemblée de joindre, ainsi qu'elle l'a fait, toutes les doléances particulières, au cahier général remis à MM. les députés chargés de faire valoir sans exception toutes les réclamations y contenues.

3° Que s'ils n'ont pas fait une mention expresse de la suppression de la mairie et de l'assessorat, c'est que cet objet de réforme municipale fait partie de ceux qui doivent être traités dans le comité établi par la délibération des trois ordres, du 26 mars dernier, et auquel le présent cahier se réfère par l'article 21 de la seconde section, page 14, ainsi que pour la formation du nouveau

---

(1) Nous publions ce cahier d'après un manuscrit des *Archives de l'Empire*.

conseil municipal et pour tous les détails de l'administration de cette ville.

4° Que cependant, à la demande de plusieurs classes et corporations, ils croient devoir manifester le vœu qu'elles ont formé dans leurs doléances particulières, de demander la suppression de la mairie et de l'assessorat, et d'en charger spécialement MM. les députés, à quoi les commissaires adhèrent de leur chef, et déclarent ne trouver aucun inconvénient, de manière que cette réclamation fera partie essentielle de la mission donnée à MM. les députés, auxquels toutes les classes et corporations pourront s'adresser pour la recommander encore à leurs soins.

Et finalement, qu'ils n'ont entendu attribuer aucun rang ni préséance dans l'ordre qu'ils ont suivi pour la rédaction des objets qui intéressent les divers corps; et que s'il en est dont les titres et dénominations aient été confondus, le rapprochement des mêmes vœux et l'expédition du travail, ont déterminé cette confusion sans prétendre qu'elle existe dans le fait, ni qu'elle puisse préjudicier à aucun de ces corps.

Signé J.-B. Boulouvard, François Raymond fils aîné, L. Barbaroux, Bouzige aîné, Lavabre, Nodet, Liquier.

PLAINTES ET DOLÉANCES

De la ville de Marseille, délibérées dans l'assemblée générale du tiers-état de ladite ville, tenue les 30, 31 mars et 1er avril 1789.

Les députés de l'ordre du tiers-état de la ville de Marseille sont chargés de porter au pied du trône de Sa Majesté, dans l'assemblée nationale, les vœux formés par cette antique cité, l'une des plus importantes du royaume par son commerce, sa population et la fidélité inviolable de ses habitants.

L'assemblée du tiers-état considère que les intérêts de la propriété et de l'industrie présentent deux rapports sous lesquels toute réclamation des sujets du Roi peut être rangée.

Nous avons l'avantage d'être Français et Marseillais.

Français : l'intérêt général de la nation excite notre zèle.

Marseillais : l'intérêt de la patrie, qui ne peut être séparé de celui du commerce, réclame notre sollicitude.

En adoptant ces bases et cette division, l'ordre du tiers-état de cette ville déclare solennellement :

Qu'il donne son adhésion aux sages et généreux principes qui ont dicté l'instruction envoyée par S. A. S. monseigneur le duc d'Orléans à ses procureurs fondés; elle s'y réfère avec cette respectueuse confiance que toujours la nation française mit en l'opinion des princes du sang royal.

Ces principes vont être tracés dans presque toute leur étendue, et si l'assemblée du tiers-état se permet d'en séparer un article relatif aux mœurs, c'est qu'elle aime à se persuader que la contagion n'est point arrivée jusqu'à nous au point de nécessiter le divorce.

INTÉRÊT GÉNÉRAL DU ROYAUME.

1° La liberté individuelle doit être garantie à tous les Français.

La liberté de vivre où l'on veut; celle d'aller, venir, demeurer où il plaît, sans aucun empêchement, soit dans ou hors du royaume, et sans qu'il soit besoin de permission passe-port, certificat et autres formalités tendantes à gêner la liberté des citoyens.

Que nul ne peut être arrêté ou constitué prisonnier qu'en vertu d'un décret décerné par les juges ordinaires.

Que dans le cas où les Etats généraux du royaume jugeraient que l'emprisonnement provisoire peut être quelquefois nécessaire, il soit ordonné que toute personne ainsi arrêtée soit remise dans les vingt-quatre heures entre les mains des juges naturels; et que ceux-ci soient tenus de statuer sur ledit emprisonnement, dans le plus court délai; que, de plus, l'élargissement provisoire soit toujours accordé en fournissant caution, excepté dans le cas où le détenu serait prévenu d'un délit qui entraînerait une peine corporelle.

Qu'il soit défendu à toute autre personne que celle prêtant main-forte à la justice, soit officiers, soldats, exempts ou autres, d'attenter à la liberté d'aucun citoyen, en vertu de quelque ordre que ce puisse être, sous peine de mort, ou au moins de punition corporelle, ainsi qu'il sera décidé par les Etats généraux.

Que toute personne qui aura sollicité ou signé tout ordre semblable ou favorisé son exécution, pourra être prise à partie par-devant les juges ordinaires, non-seulement pour y être condamnée à des dommages et intérêts, mais encore pour y être punie corporellement et ainsi qu'il sera décidé.

2° La liberté de la presse, sauf les réserves qui peuvent être faites par les Etats généraux.

3° Le respect le plus absolu pour toute lettre confiée à la poste sera pareillement ordonné.

4° Tout droit de propriété sera inviolable, et nul ne pourra en être privé, même à raison d'intérêt public, qu'il n'en soit dédommagé au plus haut prix et sans délai.

5° Nul impôt ne sera légal et ne pourra être perçu qu'autant qu'il aura été consenti par la nation dans l'assemblée des Etats généraux, et lesdits Etats ne pourront le consentir que pour un temps limité et jusqu'à la prochaine tenue des Etats généraux, en sorte que cette prochaine tenue venant à ne pas avoir lieu, tout impôt cessera.

6° Le retour périodique des Etats généraux sera fixé à un terme court, et dans le cas de changement de règne, ou celui de régence, ils seront assemblés extraordinairement dans un délai de six semaines ou deux mois.

7° Les ministres seront comptables aux Etats généraux de l'emploi des fonds qui leur seront confiés, et responsables auxdits Etats de leur conduite en tout ce qui sera relatif aux lois du royaume.

8° La dette de l'Etat sera consolidée.

9° L'impôt ne sera consenti qu'après avoir reconnu l'étendue de la dette nationale, et après avoir vérifié et réglé les dépenses de l'Etat.

10° L'impôt consenti sera généralement et également réparti.

11° On s'occupera de la réforme de la législation civile et criminelle.

12° On cherchera les meilleurs moyens d'assurer l'exécution des lois du royaume, en sorte qu'aucune ne puisse être enfreinte sans que quelqu'un en soit responsable.

13° On invitera les députés aux Etats généraux à ne prendre aucune délibération sur les affaires du royaume, qu'après que la liberté individuelle aura été établie, et à ne consentir l'impôt qu'après que les lois constitutives du royaume auront été fixées.

Après avoir émis le vœu de cette adhésion aux principes tutélaires de la liberté nationale et individuelle, l'ordre du tiers-état de Marseille manifeste ceux qu'il forme encore pour le bien et l'avantage de l'État, et les fait consister à :

1° Prendre en considération dans l'assemblée des États généraux les meilleurs moyens de maintenir le respect dû à la religion et aux mœurs, ce qui renferme les encouragements et les récompenses pour les actes de vertu et de bienfaisance.

2° Voter par tête et non par ordre.

3° Consulter le vœu de la nation sur la conservation des citadelles nécessaires à la défense du royaume, et sur la fixation des troupes nationales.

4° Réduire autant qu'il sera possible les pouvoirs intermédiaires entre le trône et les sujets, ce qui entraîne la suppression des commissaires départis, lieutenants généraux des provinces, commandants en second, etc. L'État y trouvera le double avantage de l'économie et de l'obéissance la plus prompte.

5° Verser directement les impositions des provinces dans le trésor royal, ce qui emporte la suppression des receveurs généraux des finances.

6° Supprimer la gabelle et les visites domiciliaires des employés des fermes et régies qui dégénèrent trop souvent en inquisition.

7° Opérer dans tous les départements de l'administration générale et particulière avec la même franchise et publicité, en mettant sous les yeux de la nation les comptes de ces départements.

8° Citer devant les États généraux (ainsi qu'il a été indiqué pour les ministres) les gouverneurs, les cours et les tribunaux de justice, les commandants et les commissaires départis dans les colonies, pour les abus dont ils se seraient rendus coupables, et pour les faire juger compétemment.

9° Supprimer le contrôle, centième denier, insinuation, sous pour livre et autres droits bursaux qui gênent la liberté publique, par des tarifs exorbitants, injustes, arbitraires successivement accrus et interprétés, et toujours plus accablants ; prendre néanmoins des précautions pour constater la date des actes et des exploits, précautions qui seront commises aux municipalités sans mélange du fisc.

10° Favoriser, autant qu'il sera possible, en respectant la propriété, tous les moyens d'affranchir les fonds de terre des cens et redevances emphytéotiques, ainsi que le rachat des rentes perpétuelles.

11° Veiller à ce que nos armées ne se recrutent plus par des voies illicites et des moyens oppressifs, à ce que les cultivateurs ne soient point enlevés à l'agriculture, pour former des milices presque toujours sans utilité, ou pour être transportés sur un élément qui leur est inconnu et où ils sont inhabites.

12° Veiller encore à ce que les levées des gens de mer et de tous les ouvriers travaillant pour la marine du Roi, n'exposent plus leurs réduits au fléau des garnisons, aux désordres qui en sont la suite ; les recommander d'une manière spéciale à l'humanité du souverain et de la nation relativement à leurs salaires, à leur juste augmentation, à l'objet des avances, à leur prompt et sûr payement au retour des campagnes, aux secours urgents à leurs familles ; accorder aux braves marins de cette classe une marque d'honneur comme aux soldats vétérans.

13° Demander que la paye des invalides de la marine soit acquise de droit et sans qu'il soit besoin de la solliciter, aux marins âgés de soixante ans, ou plus tôt en cas d'infirmité ; que le produit de cette caisse, formée par la retenue sur le prix du service, soit uniquement et sans distraction appliquée à ceux qui l'ont soufferte : ce sera remplir le vœu des ordonnances, et la patrie ne fera que s'acquitter de ce qu'elle leur doit.

14° Employer en temps de paix les troupes du Roi aux travaux publics et utiles, avec supplément à leur solde de la part des provinces et villes.

15° Unir le vœu justement formé par le tiers-état à celui de la religion et l'humanité en faveur des curés et des pauvres prêtres, pour leur assurer des revenus suffisants, dignes de leur noble ministère.

16° Extirper la mendicité, et à cet effet renvoyer les mendiants dans leurs provinces respectives ; multiplier les maisons de charité et les ateliers pour les rendre utiles.

17° Demander avec une courageuse persévérance la révocation des édits, ordonnances, règlements, lettres patentes, statuts et toutes délibérations qui excluent le tiers-état des dignités et bénéfices de quelque nature qu'ils soient, de l'admission dans les cours supérieures et dans les grades militaires, tant au service de terre que de mer.

18° Laisser subsister les moyens actuels d'acquérir la noblesse, sans en introduire de nouveaux, pour que cette distinction ne puisse être accordée qu'au mérite personnel, et en récompense de service rendus à l'État.

19° Perfectionner l'éducation publique ; supprimer les écoles et établissements royaux à la charge de l'État, ou les ouvrir aux élèves de l'ordre du tiers de l'un et l'autre sexe, au moins en nombre égal à celui de la noblesse ; publier et répandre des livres élémentaires et uniformes pour l'instruction publique ; adopter les vues patriotiques de M. de Philipon de la Magdeleine ; encourager les gens de lettres et instituteurs par des distinctions et la noblesse ; réformer les universités qui sont sans exercice public ; rappeler les écoles pies à leur institution, et celles de chirurgie à toute la noblesse de cette profession, utile à l'humanité, en n'admettant que des élèves instruits et revêtus de la qualité de maîtres ès arts dans une université fameuse.

20° Prendre les moyens les plus efficaces contre les jeux de hasard ; supprimer la loterie royale de France, et toutes celles dont la modicité de la mise est une occasion de ruine pour le peuple.

21° Mettre en vigueur, dans toute leur étendue, l'exécution des lois civiles et canoniques concernant la pluralité des bénéfices, la résidence des évêques, celle de dignitaires et bénéficiers de toute sorte, et l'application de leurs revenus aux pauvres, en cas d'absence non forcée.

22° Supprimer tout transport d'argent à Rome et à la légation d'Avignon, pour dispenses, provisions de bénéfices, même consistoriaux, de quelque nature que soient lesdites dispenses et provisions et à quelque titres qu'elles puissent être sollicitées, avec renvoi de tous ces objets aux évêques diocésains.

23° Empêcher toute exportation à Malte du produit des successions des grands prieurs, baillis et commandeurs de l'ordre de Saint-Jean de Jérusalem.

24° Supplier le Roi de mettre en économats les abbayes et prieurés qui vaqueront à la nomination de Sa Majesté, sans assignat d'aucune pension sur cette partie.

25° Hâter la réformation du Code criminel par la modération des peines, réconcilier nos formes avec l'humanité, en donnant un conseil à l'accusé, en rendant l'instruction publique ; porter cette même publicité dans l'instruction civile ; abréger les formes, motiver les jugements sans surcharge de frais, amplier les pouvoirs des premier juges jusqu'à 300 livres sans appel, et jusqu'à 500 livres nonobstant appel et sans caution.

26° Proposer aux Etats généraux qu'en première instance aucune affaire ne puisse être décidée par un seul magistrat, mais bien par cinq juges ou gradués ; et à défaut de gradués, par le juge assisté de quatre pairs des parties.

27° Abolir la vénalité des charges de judicature, dès que les forces de l'Etat pourront le permettre, et ne consulter que le mérite pour l'admission à ces charges.

28° Considérer les avantages de l'abolition des justices seigneuriales, qui soumettent les sujets du Roi à trois degrés de juridiction, et qui livrent l'instruction criminelle, dont le préjudice est irréparable, à des officiers souvent peu instruits, objet sur lequel ont principalement réclamé les habitants de la terre de Mazargues communistes de Marseille, suivant leur mémoire (1).

29° Prohiber tout commentaire sur le code unique et national que la France sollicite, comme un bienfait digne du grand Roi que la gouverne et des fidèles sujets qui lui obéissent.

30 Prendre en considération dans l'assemblée des Etats généraux, le grand avantage et l'urgente nécessité de favoriser la propagation des bestiaux en France, et s'armer de sévérité pour en prévenir la sortie.

31° Employer l'intercession des Etats généraux pour supplier Sa Majesté de fixer elle-même les moyens par lesquels ses bons et fidèles sujets de tout rang pourront, dans tous les temps, lui faire connaître leurs besoins, qu'elle voudrait prévenir, et la vérité quelle aime.

INTÉRÊTS DE LA VILLE DE MARSEILLE.

Economie politique de la ville.

La ville de Marseille ne réclamera, de tous ses anciens droits, que ceux qui peuvent se concilier avec la gloire de l'Etat, l'intérêt de la nation et la félicité commune. Elle ne doit pas cependant être confondue avec les autres villes du royaume. C'est une cité libre qui ne tient ni à la province ni aux terres adjacentes. C'est un Etat à part (2) et isolé, une ville qui n'a été ni conquise ni réunie ; Sa Majesté lui adresse ses ordres, comme comte de Provence, et les rois ses prédécesseurs avaient autorisé les Marseillais qu'en tant qu'ils porteraient la qualité de seigneur de Marseille (3). Lorsque cette ville céda sa propre souveraineté aux comtes de Provence, elle les investit de la propriété de tous les revenus qui lui appartenaient, mais en même temps elle exigea d'eux qu'ils en feraient l'application et l'emploi aux besoins de la cité. Telle est l'expresse disposition de l'article 2 de nos fameuses conventions, appelées du nom de Chapitres de paix.

Le 11e ordonne que les citoyens et habitants de la ville de Marseille ne pourront être contraints, mais invités au payement des impositions, *possint negare, si voluerint, absque damno et timore aliquo.*

Les relations de la ville de Marseille avec le pays de Provence se multiplièrent ; elle en eut ensuite avec le royaume de France, lorsque cette province lui fut unie. Au milieu de tous ces changements nos pères n'oublièrent jamais qu'ils avaient été autrefois libres. Ils prévoyaient les progrès du pouvoir ministériel ; ils se tinrent étroitement attachés à leur constitution.

Nous en avons la preuve dans plusieurs ordonnances, telles que celle du roi François Ier, du mois d'octobre 1529, et celle de septembre 1543.

Tous les droits de la ville de Marseille avaient précédemment été reconnus et confirmés par Louis XI lorsqu'il prit possession, par le ministère de son représentant, de la seigneurie et du domaine de Marseille.

Cet acte solennel fut dressé et publié le 19 du mois de janvier 1481.

Il y est dit que, conformément à nos conventions et Chapitres de paix, le Roi et ses successeurs ne pourront exiger et imposer aucuns nouveaux droits, subsides et gabelles.

Rapprochant de son ancien état sa situation actuelle, autrefois exempte de subsides, Marseille supporte aujourd'hui des charges énormes. Elle contribue aux impositions royales de la province indépendamment de ses charges particulières ; elle ne connaît pas même la quotité de sa contribution, ou du moins la règle proportionnelle que la province peut adopter, pour déterminer la somme que cette ville porte annuellement dans la caisse du receveur, sur une note arbitraire ; si elle en juge par la portion qu'on lui fait supporter aux frais de construction du palais d'Aix et aux vingtièmes, c'est à peu près le tiers des impositions royales qui frappent sur elle ; cependant il s'en faut de beaucoup que Marseille soit à la province ce qu'un est à trois.

La récapitulation de ses charges présenterait un tableau aussi effrayant que disparate avec ses privilèges. Le moment des sacrifices n'est cependant pas celui des calculs.

L'assemblée du tiers-état se borne à déclarer:

1° Qu'elle supplie Sa Majesté de maintenir cette ville dans le droit honorable d'être convoquée aux Etats généraux directement comme par le passé, et en vertu de lettres adressées à ses officiers municipaux.

2° Que formant un coétat non subaltern, qui est à la Provence ce que la Provence est au royaume, toutes les parties de son administration doivent être autorisées à correspondre, sans moyens intermédiaires d'intendant ni de commissaires départis, avec les ministres de Sa Majesté, tant pour son régime, que pour ses impositions, dont le produit sera versé directement dans le trésor royal, la ville de Marseille n'étant d'après ses titres et privilèges, qu'invitée et non contrainte à payer ses subsides, dont les seuls frais de recouvrement mettent à sa charge annuelle une somme de plus de 15,000 livres.

3° Que, conformément à nos statuts et à la franchise du logement des gens de guerre, Marseille n'aura plus rien à payer pour celui des officiers

---

(1) Annexe n° 65 du dossier qui sera remis à MM. les députés.

(2) Lettres patentes de 1543 et de 1559.

(3) Item placeat *regis* majestati, post titulum coronæ intitulare et etiam comitem provinciæ et dominum Massiliæ in omnibus et quibus cumque litteris, pro quacumque causa scribendi ad hanc vestram civitatem et statuere quod non vultis exequi, in Massilia dictas litteras vestras, in quibus *secretarius* omiserit apponere, dominum Massiliæ.....

militaires qui n'ont aucun trait à son administration et qui sont inutiles à son service.

4° Que l'ancien et respectable privilége de *non extrahendo*, sera confirmé dans toute son étendue, à l'effet de préserver les habitants de cette ville d'être distraits de leurs juges naturels, et de les prémunir contre le fléau des évocations et des *committimus*, surtout dans les affaires de commerce.

5° Que nul citoyen ne pourra se dispenser de remplir les charges municipales, et que toutes exemptions à ce sujet seront abolies, comme servant à favoriser une lâche et honteuse défection envers la patrie, à laquelle tous les citoyens doivent leurs soins et leur temps.

6° Que la place de capitaine gouverneur viguier de cette ville sera supprimée comme inutile et dispendieuse pour toutefois cette suppression n'être opérée qu'après la vacance du premier des titulaires actuels.

7° Qu'il sera prohibé de faire remplir par la même personne plus d'une charge ou place publique, relative à l'administration directe ou indirecte de la ville.

8° Que l'attribution des faillites sera rendue à notre juridiction consulaire d'une manière indéfinie et irrévocable pour rétablir un droit inhérant à ce tribunal, droit qui a été usurpé par le juge ordinaire; que le pouvoir de ce tribunal sera amplié, à l'effet de juger souverainement jusqu'à 3,000 livres, et qu'il sera nommé six négociants conseillers, avec voix consultative et préférence pour les rapports.

9° Que le Roi sera supplié de faire participer la ville de Marseille au bienfait par lequel Sa Majesté a déjà voulu et manifesté à ses peuples, que les prisons civiles fussent séparées de celles destinées aux criminels, avec prière à Sa Majesté d'y pourvoir aux frais de son domaine, ce qui sera d'autant plus juste, que le palais actuel a été bâti aux dépens de la ville, et qu'elle contribue depuis quatre ans à près d'un tiers de la dépense pour la construction du palais de justice à Aix.

10° Que les droits de consignation, de 7 1/2 p. 0/0, de latte et inquant, qui portent sur les débiteurs les plus malheureux, seront supprimés ainsi que le droit barbare de *tiercérée*, inconnu à toute la France, seul monument de nos préjugés gothiques, droit établi en faveur de la commune de Marseille en punition de ceux qui l'abandonnaient, droit tout municipal et comminatoire, que le domaine usurpa et qu'il continue à percevoir de la communauté qui ne profita jamais de l'exercice de cette loi pénale.

11° Que les offices de jurés priseurs, que la ville avait réunis, qui ont été de nouveau créés, seront supprimés ou rachetés par les mêmes motifs qui avaient déterminé les précédents sacrifices de la communauté.

12° Que toutes pensions à la charge de la communauté et de la chambre du commerce, qui n'auront pas été établies en forme légale, doivent être supprimées comme formant un surcroit d'impôt.

13° Que le tiers-état marseillais réclamera avec zèle et constance son admission dans le chapitre de l'abbaye Saint-Victor de cette ville, dont il a été exclu, contre le vœu de nos pères et au préjudice de sa longue possession.

14° Qu'on sollicitera le changement du grand magasin à poudre placé depuis peu à l'entrée de notre port, qu'il menace du double danger de l'incendie et du comblement.

15° Qu'il sera accordé protection et encouragement à la pêche nationale sur nos côtes, sans exclusion des pêcheurs étrangers, pour procurer la plus grande abondance du poisson et pour multiplier les matelots.

La classe des pêcheurs de Marseille intéresse essentiellement la cité, le commerce et la marine royale. Par toutes ces considérations il doit être fait droit aux réclamations contenues dans leur cahier (1).

16° Que l'exercice de la grande et petite voirie sera concentré dans notre municipalité, qui en possède les offices à titre onereux.

17° Que l'édit des hypothèques sera enregistré et exécuté en Provence.

18° Que le nombre des paroisses de cette ville sera augmenté, sans chapitres, et d'une manière relative à la population.

19° Qu'il sera établi des règles et un plan fixe pour les alignements en cette ville. Tant que ce plan n'existera pas, le citoyen n'aura qu'une propriété précaire et dépendante de la volonté d'un administrateur ou des caprices d'un architecte. Il faut empêcher, a dit une corporation (2), le compas de la géométrie de se plier à des inspirations puissantes et l'architecte de faire des fautes, même en traçant des lignes droites.

20° Que l'exercice du procureur du Roi à la police sera annuel et à la nomination du conseil de ville.

21° Que les députés du tiers-état seront chargés de déclarer dans l'assemblée des Etats généraux, au nom de tous les ordres de cette ville, et essentiellement au nom du tiers-état, ainsi qu'il résulte de la réclamation universelle, formée par les doléances de tous les corps, que Marseille vient de porter sur son régime municipal, sur la manière d'asseoir et de payer ses impositions, sur les atteintes portées à ses priviléges, en un mot sur tous les abus de son économie politique, le même esprit de réforme et de régénération dont la France donne aujourd'hui l'exemple à l'univers.

Que la ville de Marseille use en cela de son droit constitutif dont ses annales lui offrent tout à la fois les titres sans nombre et le modèle solennel dans ce qui fut pratiqué en 1652.

Qu'en conséquence, Sa Majesté sera suppliée de sanctionner du sceau de son autorité royale et provençale, et comme seigneur de Marseille, le nouveau règlement dont s'occupent les commissaires nommés à cet effet, par la délibération des trois ordres réunis par députés dans cet hôtel de ville, le 26 mars dernier, de manière que jamais et dans aucun temps il ne puisse y avoir à Marseille ni ferme, ni fermier, ni régie, ni régisseur, ni impositions établies, sous quelque prétexte et tournure insidieuse qu'on voulût les introduire sur les denrées et comestibles; déclarant à l'avance coupables de trahison et de lèse-patrie tous auteurs, fauteurs et complices de pareils projets que nous livrons à l'anathème et à la proscription.

COMMERCE.

C'est le commerce et l'amour de la liberté qui fondèrent Marseille sur cette côte, où les vents commandent d'aborder; c'est le commerce d'économie qui fit son accroissement; c'est le commerce de l'univers qui soutient sa splendeur; c'est la franchise de son port qui invite toutes les nations à le fréquenter.

Sous un roi conquérant, elle fut l'ouvrage du

_____
(1) N° 58 qui sera remis à MM. les députés.
(2) N° 52 des cahiers particuliers.

grand Colbert ; sa restauration sera celui du ministre écrivain et philosophe qui a fait l'éloge du créateur de notre franchise.

Ce commerce important a formé des vœux particuliers. Ils se confondent avec ceux qu'il fait pour la prospérité du commerce national.

Dans un Etat tel que la France, tous les intérêts se lient. Le bien et l'harmonie générale naissent de cet heureux accord, de la correspondance de toutes les parties du système politique.

Le commerce, cette branche essentielle des richesses de l'Etat, réclame par ses représentants :

Une nouvelle rédaction de l'ordonnance de 1673 sur le commerce, pour la rendre uniforme dans tout le royaume, en fixant des opinions que la diversité de la jurisprudence et des usages a fait vaciller depuis plus d'un siècle.

Délais à fixer relativement aux assignations pour les absents.

Faculté de faire des avances sur connaissements, avec privilège, quoique les marchandises ne soient pas encore arrivées, pour nous assimiler à toutes les nations étrangères et commerçantes qui ont la même loi.

La même révision pour l'ordonnance de la marine, de 1681, dans tous les objets qui en seront susceptibles, sur lesquels les diverses chambres de commerce ont depuis longtemps manifesté leur vœu.

La conformité de loi dans tout le royaume, pour le recours à exercer sur les billets et lettres de change, dont tous les cooblgés ont failli.

L'abolition de la compagnie des Indes et autres, exclusivement privilégiées, à l'exception de celle d'Afrique à Marseille, qui est plutôt un établissement politique que commercial, son exercice étant moins un privilège accordé par notre souverain qu'une concession volontaire des Etats Barbaresques sur lesquels la puissance législative ne peut s'étendre. Le port de Bone, néanmoins, étant ouvert aux nations étrangères, tout navire français doit être admis à y charger des grains et les apporter à Marseille.

La plus grande circonspection dans la concession de tout privilège particulier pour les inventions nouvelles et vraiment utiles. Ils ne doivent être accordés que pour un terme court et sur le rapport des chambres de commerce.

Par une suite de l'abolition des privilèges exclusifs, qu'il soit permis à MM. les capitaines de navire, qui abordent aux Echelles du Levant, de pouvoir faire par eux-mêmes leurs ventes et achats, sans qu'ils soient asservis à s'adresser aux maisons françaises établies sur les Echelles.

Un nouveau règlement pour les droits qui sont perçus au bureau du poids et casse de cette ville, le tarif qui existe pour les droits de pesage étant sans proportion avec la nature et la valeur de certaines marchandises classées dans ce tarif.

La suppression des droits d'entrée sur les objets servant à la teinture, pour favoriser les progrès des manufactures nationales.

La nécessité de soumettre à un comité de négociants l'examen approfondi du traité du commerce fait avec l'Angleterre et d'en peser les avantages et les inconvénients, pour être statué, sur leur rapport, ce qu'il appartiendra.

La révocation de l'arrêt du conseil, du 30 août 1784, concernant l'admission des navires étrangers aux îles françaises de l'Amérique.

La suppression des droits qu'on perçoit dans les consulats de France des ports étrangers, comme onéreux au commerce et à la navigation.

La plus grande réserve pour l'expédition des **lettres de surséance et de répit.**

Faveur à la navigation française en accordant des primes ou autres encouragements à l'importation en France et sur des navires nationaux des marchandises étrangères.

La suppression du payement de 360 livres perçu au bureau des classes sur chaque expédition de navire allant aux colonies françaises de l'Amérique, le transport des six engagés (vulgairement trente-six mois) qui en était le sujet n'ayant plus lieu.

L'établissement d'un transit et d'un entrepôt pour toutes les marchandises étrangères, moyennant la déclaration qui en sera faite et le dépôt en magasin, sous deux clefs au pouvoir des propriétaires et du fermier, jusques au moment de l'expédition pour l'étranger, ou du versement de bord à bord, ainsi qu'on le pratique pour le tabac.

De très-expresses défenses au fermier et à ses préposés de procéder à aucune visite ou saisie à bord des navires ancrés dans le port de Marseille, qui sera, comme il doit être, un lieu de franchise et d'immunité, où les étrangers abordent sous la foi de cette franchise, où les nationaux doivent reposer à l'abri de nos priviléges que le fisc méconnaît dans le port, tandis qu'il est forcé de les respecter dans la ville et son territoire, en tempérant la rigueur de ses visites domiciliaires par la présence d'un officier de ville ; contradiction absurde qui distingue le port de la cité dont il fait le lustre et la richesse.

Le même caractère de publicité, d'authenticité et d'enregistrement, tant pour toutes les décisions sur l'impôt et ses accessoires, sur les modifications et ampliations que pour la loi qui établit l'impôt.

La suppression à Marseille de tout tribunal d'attribution et d'exception pour les affaires des fermes, sauf le renvoi aux juges ordinaires et, par appel, aux cours qui doivent en connaître.

L'établissement d'une juridiction consulaire dans les chefs-lieux des colonies françaises, avec pouvoir de décerner la contrainte par corps et la saisie des biens du débiteur ; recommandation spéciale et instruction formelle aux gouverneurs, commandants et commissaires dans les colonies de seconder de tout le pouvoir de l'autorité qui leur est confiée l'exécution de jugements émanés des tribunaux de la métropole.

Même instruction aux consuls de France dans les pays étrangers ; l'examen le plus exact et le plus rigoureux de divers droits de péages, qui mettent de longues et coûteuses entraves à la libre circulation par terre et sur les rivières, ayant été vérifié que les bois merrains, qui nous viennent de la province de Lorraine par la Saône et le Rhône, payent jusqu'à quarante-huit droits et péages différents, perçus par autant de receveurs, ce qui fait perdre à cette qualité de bois, tirée de l'intérieur du royaume, tout moyen de soutenir la concurrence avec ceux qui nous viennent des pays étrangers. Nécessité du rachat des péages par les provinces, et leur suppression.

L'autorisation de stipuler les intérêts du prêt à jour, tant par acte public que par obligation privée.

Le creusement du port de Bone, devenu indispensable par la navigation sur nos côtes.

Les douanes placées aux frontières et les bureaux des fermes éloignés du territoire de Marseille, qui ne doit aucune place de son sol libre à ces établissements, repoussés loin de nous par l'arrêt du conseil revêtu des lettres patentes, du 13 septembre 1616, contre la foraine.

Essentiellement la franchise de notre port, de la ville et de son territoire, rétablie dans toute l'intégrité et l'étendue de l'édit protecteur de 1669, en insistant sur cette vérité que, pour élever le commerce de Marseille au plus haut période de sa splendeur, il fallut briser les entraves fiscales, et que, par des entreprises sourdes et successives, le traitant est presque venu à lui forger des fers, dont le poids entraînerait bientôt la ruine de ce même commerce.

AGRICULTURE, ARTS ET INDUSTRIE.

La fatalité de la même influence s'est étendue sur toutes les branches de l'arbre de notre commerce; on le voit se dessécher par l'abandon des manufactures et des ateliers.

Il n'est point de doléances particulières aux corporations qui tiennent au commerce, qui ne viennent à l'appui de cette triste vérité. Le détail de ces atteintes partielles serait immense et trop capable peut-être de jeter le découragement dans tous les esprits, si nous n'étions à l'époque où la nécessité de sonder la plaie nous oblige à la découvrir.

Tandis que le souverain forme avec la nation un lien de concorde et de force, pourquoi les corps qui constituent la nation ne formeraient-ils par entre eux une ligne d'action et de résistance contre l'ennemi commun?

En résumant les objets de doléances présentés à ce sujet, nous voyons les tanneurs, les peaussiers, les cordonniers, les fabricants de papiers, les imprimeurs-libraires et les relieurs se réunir pour dénoncer à la patrie le tableau désastreux dont nous venons de tracer l'esquisse.

En conséquence, la ville de Marseille doit :

1° Donner à ses fabriques la plus grande extension, en accordant aux fabricants la faculté de faire venir du royaume et de l'étranger, soit par terre, soit par mer, toutes les matières premières en franchise de tous droits et sur le simple certificat qui sera remis à cet effet par la chambre de commerce, visé par l'un des syndics du corps auquel le fabricant appartiendra, en lui accordant la libre circulation dans le royaume des marchandises de sa fabrication, et soumises alors au droit uniforme établi pour la France.

Les fabricants et marchands de papiers, cartes et cartons, ne désirent point d'être admis à la faculté de faire venir, sous certificats, les matières propres à leur fabrication, dites chiffons; ils demandent, au contraire, la confirmation de l'arrêt de 1771 qui en défend l'exportation hors du royaume, et d'être compris aux articles suivants.

2° Maintenir, en cas d'imposition particulière, tout abonnement accordé à cette ville, en considération des privilèges et franchises de son port, et rendre ce privilège commun à toutes nos fabriques.

3° Extirper ou du moins repousser du sein d'une ville immense et de son territoire ce bureau de régie générale des droits réunis qui, toléré dans son institution à Marseille, pour la faculté du négociant, engourdit et corrode tout ce qu'il touche, harcèle sans relâche et sans exception de moment le fabricant actif, le réduit à la plus triste extrémité et le force à porter son industrie chez l'étranger, s'il ne l'anéantit.

4° Se remparer de toute la force de l'édit du port franc, de celui de 1616 contre la foraine, et de l'arrêt du conseil d'État, du 10 juillet 1603, qui, en renouvelant les dispositions de l'édit du port franc, en cimente les privilèges.

5° Se rendre à la réclamation de presque tous les corps qui demandent que l'arrêt du conseil, rendu en 1774, portant que les rentes assignées sur le Roi ne seront payées qu'à Paris, soit révoqué, et qu'il soit de nouveau ordonné que le payement de ces rentes sera fait dans les villes capitales de chaque province, comme auparavant.

6° Se rendre également à la réclamation univoque de tous les corps d'arts et métiers, contre le privilège abusif qu'ont les maîtres des villes capitales de s'établir dans les villes de province; décider qu'ils ne puissent le faire qu'après avoir exercé leur état pendant quatre ans dans la capitale où ils auront été reçus.

FABRICANTS ET GARNISSEURS DE CHAPEAUX.

7° Seconder les plaintes des marchands, fabricants et garnisseurs de chapeaux, au sujet de l'imposition du droit de 20 p. 0/0 et 10 sous pour livre, perçu par la chambre du commerce sur les peaux de lièvres qui ne viennent point en droiture du Levant. La suppression de ce droit sur une matière première favorisera cette branche du commerce, presque éteinte à Marseille.

CAISSIERS.

8° Accorder le même secours aux caissiers, qui réclament que toutes les fabrications et manufactures soient inspectées avec sagesse, pour que les ouvrages de France soutiennent leur réputation. Ils se plaignent de la clouterie de Saint-Chamond, qui devient presque inutile par l'extrême ténuité des clous, vendus en nombre, et qui devraient l'être à poids. Ils demandent encore, ainsi que beaucoup d'autres corporations, le privilège pour le prix de leurs fournitures.

CHAUDRONNIERS.

Les chaudronniers réclament la faculté accordée aux fabricants de cire et de tôleries, de faire transporter leur cuivre hors du territoire.

La stérilité de notre territoire les privant de la ressource des agents qui ne peuvent être employés qu'avec un grand volume d'eau, il est juste que le cautionnement qu'ils fournissent leur soit remboursé en entier, puisque le raffinage occasionne un déchet de plus de 10 p. 0/0 sur la matière.

TONNELIERS ET BARILLATS.

Les tonneliers et barillats demandent que toutes les corporations d'arts et métiers jouissent paisiblement de toute l'étendue de leurs privilèges, et en conséquence, s'occupant avec raison de l'intérêt de leur corps, ces ouvriers réclament le droit de conduire tous les ateliers où l'on fabrique les ouvrages de leur état.

MAÇONS.

Les maîtres maçons demandent l'établissement d'une chambre des bâtiments; ils se plaignent de ce que les rapports faits en justice sont commis à des bourgeois ou praticiens, sans connaissances de leur art; ils réclament le droit de les faire et encore la discipline intérieure, à raison des différends de leur état. Ils sollicitent d'être traités à l'instar des maîtres de Paris, et ils s'élèvent, ainsi que la grande pluralité des corporations, contre l'inconséquence qu'ils trouvent à se voir traduire comme acheteurs devant le tribunal consulaire, tandis que, vendeurs des matières ouvrées par leurs mains, ils ne peuvent en poursuivre le payement que par-devant les tribunaux ordinaires, où ils éprouvent toute la longueur des formes.

OUVRIERS.

Les ouvriers attachés à diverses corporations ont représenté à l'assemblée du tiers-état que dans beaucoup de villes, on ne leur délivre qu'à prix d'argent les certificats sans lesquels ils ne peuvent être admis dans les ateliers des villes où ils arrivent, ce qui épuise leurs faibles ressources et les expose à tout sacrifier pour obtenir ces certificats, ou à passer pour vagabonds.

Cette portion industrieuse du tiers-état mérite la plus grande faveur, et le gouvernement est intéressé à prévenir les émigrations; il est donc juste de leur accorder sûreté, protection et facilité.

ÉBÉNISTES.

Plusieurs ébénistes établis à Marseille, demandent que leur profession soit érigée en maîtrise; elle a une double influence sur le commerce de nos colonies. Les bois qu'elles nous procurent leur retournent ouvrés d'une manière qui accrédite et qui honore l'industrie nationale. Nos députés prendront cette demande en considération.

PEINTRES, DOREURS ET SCULPTEURS.

Les peintres, sculpteurs et doreurs ont manifesté le même vœu que d'autres communautés sur l'établissement d'un tribunal particulier, où les causes des artistes et des artisans soient expédiées avec la célérité que la justice doit à ces objets sommaires et dignes de toute faveur.

CORDIERS ET SPARTERIE.

Les cordiers de sparterie bornent leur réclamation à la faculté de vendre leurs ouvrages et de faire le travail ordinaire de leurs cordes, dont ils exposent que les marchands de sparterie se sont emparés.

SALEURS.

Les magisiniers saleurs allient les intérêts de leur état avec ceux de la patrie, en sollicitant une réduction sur le prix du sel, qu'ils présentent comme un moyen d'encouragement pour la pêche et pour multiplier les matelots.

OUVRIERS DES DIVERS CORPS.

Tous les ouvriers, tels que les cordiers, tonneliers, charpentiers, calfats et autres, demandent de participer au bienfait des invalides de la marine, comme soumis au service du Roi dans les arsenaux, et souffrant la retenue qui forme l'aliment de cette récompense.

PROPRIÉTAIRES AGRICULTEURS.

Les habitants de notre territoire ingrat, auquel il faut que le labeur le plus pénible arrache des productions toujours modiques et souvent incertaines, réclament avec raison la juste valeur des terrains qu'ils sont obligés de sacrifier à l'agrandissement des chemins, ainsi que la réédification des murs. Ils portent également la demande de la circulation libre dans notre territoire des blés de Provence pour leur subsistance et leurs semailles. Le froment n'est introduit à Marseille que par le bureau de Septèmes, placé dans la partie septentrionale de notre territoire; mais ceux qui sont au midi désirent qu'il leur soit permis de se procurer dans les lieux circonvoisins du blé pour leur consommation, sans prétendre en faire un objet de commerce; ils espèrent que MM. les commissaires chargés de déterminer notre nouvelle forme d'imposition, voudront bien considérer l'infertilité de notre territoire et la modicité des revenus qu'il procure aux propriétaires.

FABRICANTS D'INDIENNE.

Les fabricants d'indienne et de mouchoirs de cambresine croient réunir l'intérêt de la patrie, celui du commerce du Levant, à l'avantage de leur profession, en demandant que les toiles peintes ou indiennes fabriquées à Marseille puissent être importées librement dans le royaume et les colonies françaises, en payant tel droit que le gouvernement jugera convenable d'établir, et qu'elles puissent encore être librement exportées à l'étranger sans être soumises aux visites et vexations que les employés des fermes se permettent contre eux. Les fabricants d'Alsace, province réputée étrangère, ont cette faculté; pourquoi ceux de Marseille en seraient-ils privés? Les fabricants d'indienne n'entendent point être mis à l'instar de la fabrique d'Alsace; quant aux droits à payer, ils désirent qu'ils soient fixés sur le pied de 5 p. 0/0, attendu que les indiennes qu'ils fabriquent à Marseille, étant d'un très-bas prix, ne peuvent point supporter les mêmes droits que celles fabriquées en Alsace. Ils observent que les toiles qu'ils emploient viennent du Levant en retour de draps et autres marchandises de fabrication nationale que nos négociants y envoient.

FABRICANTS DE GRENAILLE.

Les fabricants de grenaille demandent d'être assimilés aux fabricants nationaux de la même profession, et ne payer à l'introduction de leur grenaille dans le royaume ou aux îles françaises de l'Amérique, que le même droit que payent les manufactures de Toulon, plus le droit que doit le plomb en matière première.

FABRICANTS DE BAS.

Les marchands fabricants de bas demandent que les marchandises fabriquées dans l'étranger ne puissent avoir l'entrée en France; et si des circonstances extraordinaires forcent à l'accorder, qu'elles soient soumises au droit de 20 p. 0/0; ainsi nos manufactures reprendraient une nouvelle vigueur, et le numéraire resterait dans le royaume.

Adhésion à ce vœu de la part de toutes les corporations des fabricants.

Les fabricants de bas remettront à MM. les députés un mémoire sur leur demande particulière.

APOTHICAIRES.

Le collége de pharmacie a joint son vœu à celui de MM. les capitaines, pour que tous les navires qui font des voyages de long cours soient pourvus d'une caisse de médecine, et qu'un chirurgien soit embarqué sur ces navires. On ne peut qu'applaudir au projet qu'ils font connaître d'établir à Marseille un jardin de botanique. La facilité qu'il y a à Marseille de se procurer des plantes exotiques doit être un motif d'encouragement et d'intérêt à cette demande.

FABRICANTS DE FAIENCE ET DE PORCELAINE.

Nos manufacturiers de faïence et leurs ouvriers font rouler une grande partie de leurs doléances sur le préjudice que leur porte notre traité de commerce avec l'Angleterre; déjà l'assemblée a manifesté son vœu sur ce traité, mais elle ne peut se dissimuler la décadence frappante de nos fabriques de faïence.

VOITURIERS.

Les voituriers et charretiers demande la suppression des messageries et autres priviléges qui leur sont contraires, la libre importation du son et de l'avoine par tous les chemins publics, et leur libre entrée à Marseille par toutes les portes de la ville. Il est bien surprenant que pareils objets soient soumis à de semblables gênes. Ils réclament encore la permission d'atteler,- dans les chemins royaux de la province, jusqu'à quatre chevaux ou mulets aux charrettes de transport, ainsi que cela est permis dans les autres provinces.

CAPITAINES.

MM. les capitaines des navires marchands nous ont manifesté le vœu qu'ils forment que sur tous les navires destinés aux voyages de long cours, on soit tenu d'embarquer deux officiers et un chirurgien. La sûreté de la navigation exige les uns et l'humanité réclame l'autre.

La ville de Marseille, qui doit tant à la navigation et à ceux qui l'exercent, ne voit point avec indifférence que les fils de capitaines qui se destinent à la navigation, soient soumis à un service accablant sur les vaisseaux du Roi, dans un rang qui n'est point fait pour eux ; héritiers des sentiments, de la bravoure de leurs pères, ils n'auront pas besoin de cette épreuve pour se rendre dignes de servir l'État et de seconder les grandes entreprises du commerce; c'est par l'honneur qu'il faut exciter la nation, qui en est idolâtre.

HUISSIERS ET SERGENTS ROYAUX.

Les huissiers et sergents royaux du sénéchal observent avec force que leurs fonctions sont dévolutées par trop de concurrents ; ils requièrent que nuls autres huissiers étrangers au tribunal du sénéchal ne puissent exploiter les commissions qui en émanent.

CORDIERS A CHANVRE.

Les fabricants et ouvriers cordiers à chanvre demandent que les cordages étrangers soient sujets à la même inspection et au règlement municipal des cordages nationaux, et que les fils de voile [et] cordes d'emballage étrangères soient soumises à un droit d'entrée, afin que ceux de France puissent en supporter la concurrence (1).

CONSTRUCTEURS.

Les constructeurs, charpentiers, remolats et poulieurs de cette ville, demandent la prohibition de la vente de tout navire de construction étrangère, c'est-à-dire que nul navire, sous le pavillon français, ne pourra à l'avenir être expédié, s'il n'est de construction nationale. Cette prohibition sera également avantageuse à tous les ouvriers, à la marine, au commerce et au gouvernement. Leurs doléances, qui seront remises séparément à MM. les députés, en démontrent l'utilité.

CALFATS.

Les maîtres calfats ont exprimé dans leurs doléances le vœu suivant que nous transcrivons :

« Comme sujets et citoyens, nous ne pouvons

« voir avec indifférence la cessation des fonc-
« tions de cinq magistrats de notre sénéchaussée ;
« ils n'ont jamais démérité la confiance et la
« bienveillance publiques ; l'exercice de la justice
« ne peut que se ressentir de leur absence ; le
« Roi sera donc très-humblement supplié de les
« rendre à leurs fonctions et à nos vœux ; fidèle
« à sa parole royale, Sa Majesté ne manquera pas
« de prendre leur obéissance en considération. »

TISSERANDS ET COTONNIERS.

Les fabricants tisserands et cotonniers ont observé que la fabrication des toiles à voile avait vu tomber plus de la moitié des ateliers depuis 1748, par la concurrence des toiles à voile venant de l'étranger en franchise de droit et sans inspection ; ils demandent qu'il soit remédié à ces griefs, conformément aux doléances, dans leur cahier.

BOULANGERS.

Les maîtres boulangers demandent un tarif fixe pour l'augmentation et diminution du pain, toujours en proportion du prix du blé, d'après des épreuves et inspectées pour que le prix du pain ne soit point sujet à une fixation arbitraire qui donne lieu souvent à des réclamations, tant de leur part que de celle des consommateurs. Ce corps, précieux à toute administration, mérite d'être écouté.

OUVRIERS CHAPELIERS ET AUTRES.

Les ouvriers chapeliers et autres se plaignent de ce que les associations qui existaient entre eux pour des œuvres de piété et des actes de bienfaisance ont été supprimées ; ils en sollicitent le rétablissement, tels que les menuisiers, serruriers, tailleurs de pierre, etc. Et plusieurs joignent à cette demande celle d'avoir la faculté de suivre le cours d'un maître de dessin à leur frais.

ORFÈVRES.

Les marchands orfévres et joailliers représentent le nombre excessif de leurs maîtrises, trop souvent accordées par obreption , le préjudice qu'ils en souffrent, la nécessité de venir à leur secours pour réprimer les abus du commerce des matières d'or et d'argent et des bijoux ; cette communauté intéressante et qui tient au commerce aura des droits à l'attention spéciale de MM. les députés du tiers-état.

HUISSIERS DE MM. LES JUGES CONSULS.

Les huissiers de la juridiction consulaire désirent de n'être plus obligés de se faire assister de deux recors pour les saisies et autres actes de leur ministère, qu'ils pourront exercer avec moins de frais et sans scandale, n'étant assistés que d'un confrère ; ils ont contre les gardes de la connétablie, ceux des monnaies et autres de ce genre, les mêmes doléances que les huissiers de la sénéchaussée.

HOTES ET CABARETIERS.

Les hôtes et cabaretiers, pâtissiers, traiteurs et aubergistes, demandent avec instance que toute personne qui exercera les fonctions de leur état, soit soumise à payer les droits de corporation et les charges annuelles, sans qu'elle puisse en être exemptée sous aucun prétexte, étant juste que tout membre qui exerce, supporte les charges du corps qui proviennent de subsides, emprunts, dons faits à Sa Majesté et autres.

---

(1) Mémoire produit au soutien n° 16 du dossier qui sera réuni à MM. les députés.
(2) N° 72.

PORTEFAIX.

Le corps des portefaix, dont le commerce eut toujours à se louer, mérite qu'on ait égard à ses représentations.

Et en général toutes les corporations qui ont présenté des doléances doivent exciter le zèle et la sollicitude patriotique de MM. les députés, à qui ces cahiers particuliers seront remis avec tous les autres, pour qu'ils y puisent les renseignements dont ils auront besoin, à l'appui des justes demandes de la classe la plus pauvre et la moins favorisée; il est plusieurs de ces doléances qui présentent des réclamations sur des objets particuliers et locaux, auxquels l'administration intérieure peut seule apporter un remède efficace, sous le bon plaisir de Sa Majesté.

Demander, indépendamment du vœu déjà émis sur la réduction des pouvoirs intermédiaires entre le trône et les sujets, et de celui manifesté dans l'article 2 de la seconde section de ce cahier, pour que cette ville corresponde directement avec les ministres de Sa Majesté, pour son régime et ses impositions, la suppression de l'intendant de cette province, conformément à la motion qui vient d'être faite dans la présente assemblée après la lecture de ce cahier, et à la délibération dont le dépend suit : « L'assemblée te-« nant, il s'est présenté à la porte une foule « immense de citoyens, qui ont porté le vœu de « toute la cité, de motiver la suppression de-« mandée de M. l'intendant, que par les abus et « prévarications qu'il a commis dans l'exercice « de ses charges ; ce vœu a été déterminé par « l'assemblée, et il a été délibéré par acclamation « qu'il ferait article de doléances portées aux « États généraux... »

Extrait le présent dépend sur le registre du secrétariat de la ville de Marseille.

Signé Ailhaud, notaire, secrétaire.

Lequel dépend est au pouvoir des commissaires soussignés, et remis au plus ancien d'entre eux.

A Marseille, le 1er avril 1789.

Paraphé, *ne varietur*, de la première page à la dernière du manuscrit, folio 55 verso.

Signé Lavabre, Michel Roussier, L. Barbaroux, Nodet, M. Blanc Gilly, Jean-Baptiste Boulouvard, Bouzige aîné, Samatan, François Raymond fils aîné, Liquier et Carraire.

INSTRUCTIONS ET POUVOIRS

Que l'ordre du tiers-état de cette ville de Marseille donne à MM. Michel Roussier, Louis Lejeans, Arnaud Delabat, L. Liquier, ses députés aux États généraux, nommés par la délibération dudit ordre prise le 4 de ce mois d'avril 1789.

INSTRUCTIONS PARTICULIÈRES

Formant partie essentielle et individuelle du cahier de nos doléances.

L'assemblée a désiré que nos députés fussent chargés de faire encore quelques réclamations qui intéressent la ville, le commerce, les arts et l'industrie.

Nous allons les établir dans le même ordre qu'elles ont été proposées et délibérées.

1° Réclamant l'exécution plénière de lettres patentes du mois de février 1719, concernant le commerce d'Amérique, l'exemption sur les huiles et savons, *sur les marchandises fabriquées à* Mar-

seille et celles venant de l'intérieur du royaume.

2° Hâter l'exécution des arrangements proposés pour faire repartir de la quarantaine les navires qui font le commerce des Échelles du Levant, en raison des avantages qui en résulteront, soit pour la brièveté des voyages et l'économie, soit pour faciliter notre cabotage du Levant ; concilier ce plan avec tous les moyens de sûreté publique.

3° Accorder à nos navires la faculté de charger à Bone, non-seulement des grains, mais encore toutes les marchandises que les navires étrangers peuvent en exporter.

4° Permettre la vente des navires français dans l'étranger, moyen de favoriser la construction française, la main-d'œuvre, et d'augmenter le nombre des ouvriers.

5° Réclamer une juste et égale réciprocité entre les nations commerçantes pour l'exercice du droit de suite et revendication, pour l'ordre et l'admission dans les faillites, et pareille réciprocité sur l'usage établi en Toscane, où l'accepteur se fait relever de son acceptation, lorsqu'elle est d'une date postérieure à la faillite du tireur.

6° Abroger l'arrêt du conseil qui ne permet les exécutions contre l'adjudicataire général des fermes unies de France, ses directeurs, receveurs des traites, régisseurs, etc., qu'après trois mois de la rémission où on est obligé de faire entre leurs mains les jugements obtenus contre eux, faveur inconcevable dont ils peuvent abuser, et qui forme une cruelle disparate avec l'exercice subit de leurs droits contre le citoyen.

7° Revenir avec force sur les doléances des chapeliers ; leur fabrication, autrefois si importante pour la ville de Marseille, a presque entièrement déchu. Ils ont perdu l'approvisionnement de l'Italie, de l'Espagne et des Indes espagnoles qui leur fournissait un débouché immense, sans que la chapellerie de France en ait profité. On soumet indistinctement au droit de 20 p. 0/0 et 10 sous pour livre, qui le fait revenir à 30 p. 0/0, et les peaux de lièvre, qui viennent du Levant sur navires étrangers et celles qu'on nous importe de Trieste et autres ports de la Méditerranée, quoique le plus souvent munies de certificats d'origine autres que du Levant ; ainsi la fabrique est privée de son aliment, le prix en accroît, et la concurrence de l'étranger devient plus dangereuse. Il faut dire que toutes les peaux de lièvre qui nous sont importées de Trieste et autres ports de la Méditerranée et de l'Océan, autres que ceux du Levant, ne sont point soumises au droit de 20 p. 0/0. Il serait même de la plus grande importance que celles du Levant, venant sur des navires étrangers, en fussent exemptes, pour accorder quelque faveur à une fabrication autrefois conséquente, et la concentrer dans la province.

8° Appuyer la réclamation que font les fabricants de porcelaine et de faïences, de la suppression totale de l'entrée de la faïence de la Chine, en observant « que la fabrique établie à Sèvres, « comme celle de Marseille, exige les plus grands « talents, l'accord de la peinture, de la sculpture « et de l'art de la métallique. » Ceux qui se sont dévoués à ce genre de manufacture méritent encouragement et protection ; ils peuvent forcer les étrangers à devenir nos tributaires.

9° Prévenir l'abus de la vente des remèdes composés, que le collège de pharmacie expose avec raison être sujette à beaucoup d'inconvénients. Les foires et les marchés doivent ne présenter à l'acheteur que des remèdes simples. C'est dans les laboratoires, et après la manipulation des personnes avouées, que le public doit être pourvu de compositions pharmaceutiques.

10° Appuyer la demande formée par MM. les députés du collége des notaires de cette ville, dans la dernière assemblée, comme présentant un vœu qui intéresse le respect dû aux dernières dispositions des citoyens. La liberté du choix fait par les héritiers, tuteurs et administrateurs. Ce vœu consiste à ce qu'en conformité des dispositions des édits de nos rois (11 décembre 1543, 24 juillet 1544, 4 décembre 1553), de l'article 161 de l'ordonnance de Blois de 1579, et autres lois postérieures formant le droit français; des statuts de Provence et de la ville de Marseille, les notaires royaux procéderont à la confection de tous les inventaires volontaires, même de ceux ordonnés en justice, lorsqu'ils en seront requis, et ce, quand même le scellé aura déjà été apposé, ou que quelqu'une des parties serait en pupillarité, minorité, ou absente, ou qu'elle jouirait du privilége des mineurs et pupilles.

Qu'aux notaires seuls appartiendra la confection des inventaires quand ils seront délégués par le testateur, sans que les juges commissaires aux inventaires et autres puissent y procéder, même étant requis, à peine de nullité.

Que tous ces inventaires, ainsi faits par les notaires, ne pourront être rejetés en justice.

Que les seuls inventaires où le Roi a intérêt en cas de bâtardise, déshérence et aubaine, seront exclusivement dévolus aux officiers de justice.

11° Accueillir la demande des habitants du lieu de Saint-Marcel et des quartiers qui en dépendent. Les habitants de ce fief, dont la seigneurie appartient à la ville de Marseille, ont été privés d'avoir parmi nous leurs nombreux représentants. Ils supportent nos impositions; ils partagent nos charges et nos droits, et cependant ils sont séparés de nous. La forme de la convocation pour les Etats généraux les a forcés de porter leurs doléances et leurs vœux dans une assemblée étrangère, dans celle de la sénéchaussée d'Aix, qui comprend dans son ressort le fief de Saint-Marcel et ses dépendances.

Ce n'est pas assez qu'à l'avenir ils se réunissent à nous pour les députations aux Etats généraux; nous devons encore à ces communistes de les affranchir d'un premier degré de juridiction. Marseillais comme nous, ils doivent, du moins en première instance, profiter du droit d'être jugés par le magistrat de notre ville, qui fera sans regret le sacrifice d'une juridiction onéreuse aux vassaux, obligés, dans la forme actuelle, d'aller plaider devant un juge éloigné et hors de leur domicile.

12° Fixer les droits de la messagerie, qui se permet des taxes arbitraires et trop fortes pour les objets de petit volume.

POUVOIRS GÉNÉRAUX ET SPÉCIAUX A MM. LES DÉPUTÉS DU TIERS-ÉTAT DE LA SÉNÉCHAUSSÉE DE MARSEILLE.

Intérêt général du royaume.

MM. les députés emploieront tout ce qu'ils ont de raison et de courage pour obtenir le vote par tête et non par ordre.

Ils feront valoir les divers objets de demandes et doléances contenues dans notre cahier, pour le bien et l'intérêt général du royaume.

Ils ne se départiront jamais des principes posés dans ce cahier sur la connaissance et la fixation de la dette nationale,

La nécessité de la consolider,

La garantie de la liberté individuelle,

La fixation périodique des Etats généraux,

L'égale répartition des impôts, de manière que tous les citoyens de tous les ordres, y contribuent dans la seule proportion de leurs propriétés, et sans distinction de rang, de naissance et de privilége.

Tout moyen qui n'irait pas directement à ce but, sera rejeté par eux sans aucune sorte de tempérament.

Comme aussi s'il était proposé dans l'assemblée des Etats généraux quelque changement au préjudice de la loi de la succession au trône et des droits inprescriptibles de la propriété, d'où dérive l'octroi volontaire, et l'égale répartition de l'impôt déjà recommandée à leurs soins et à toute leur constance, ils s'opposeront avec force, et ne consentiront jamais à pareille innovation.

Ils ne pourront consentir aucun impôt ou subside dont la durée excède l'intervalle de temps fixé jusqu'aux plus prochains Etats généraux.

MM. les députés sont spécialement chargés de faire déclarer qu'à l'avenir les ministres demeureront comptables à la nation, représentée par les Etats généraux, de toutes les dépenses et emplois des impôts, subsides et emprunts de quelque nature qu'ils soient. S'il est proposé par d'autres villes ou provinces des objets de réforme intéressants et non prévus, qui paraissent à MM. les députés pouvoir être utiles à l'Etat et à la prospérité générale du royaume, ils les adopteront quoique non énoncés dans notre cahier de doléances.

Nous nous persuadons volontiers que, sans perdre cette modestie, qui est le partage des grandes âmes, ils se défendront de cette timidité naturelle à l'individu sage et isolé.

L'intérêt public réside en eux. Les vertus du Roi et l'opinion nationale les garantiront des attaques auxquelles une noble fermeté pourrait les exposer.

L'assemblée peut leur transmettre, comme une émanation de ses propres forces, le droit et le courage de défendre, d'égal à égal avec les autres ordres, les intérêts et la dignité du peuple.

Intérêts de la ville de Marseille.

Ils s'occuperont avec zèle et persévérance de toutes nos demandes particulières, lorsque les grands objets qui doivent fixer d'abord l'attention des Etats généraux, auront été appréciés et résolus avec stabilité, et que les bases de l'édifice seront posées de manière à permettre qu'on s'occupe ensuite des détails de l'ordonnance intérieure.

MM. les députés sont spécialement chargés de sauvegarder et de ne jamais compromettre :

Notre constitution particulière formant de Marseille un coétat à part ;

Sa correspondance directe avec les ministres du Roi, sans moyens;

La confirmation de nos statuts et chapitres de paix;

Le droit particulier à Marseille d'être invitée et non contrainte à payer les subsides;

Celui d'établir et de lever ses impositions;

Celui de se garder ;

Celui d'éloigner de son enceinte et de son territoire les bureaux des douanes, fermes et régies;

La franchise de son port dans toute son intégralité, objet duquel ils ne pourront jamais se départir, et qu'aucune circonstance, projet ou réforme ne pourra leur permettre d'affaiblir, mais seulement d'amplier, d'asseoir et d'expliquer par leurs suffrages.

Ils apporteront la même fermeté dans la discussion de tous les objet inhérents à notre constitution marseillaise.

Et comme cette ville n'a fait de ses intérêts et de ceux du commerce en général qu'un seul et même article, parce que ses habitants sont convaincus qu'ils doivent tout à ce même commerce, MM. nos députés pourront, indépendamment des objets contenus au cahier de nos doléances, requérir, proposer, consentir de plus grandes faveurs, encouragements et plus spéciale protection au commerce et à la marine, en profitant des avis et demandes qui seront faites par les chambres de commerce, villes marchandes et maritimes du royaume.

Et pour le surplus, l'ordre du tiers-état, garanti par la promesse du souverain qui veut apporter un remède efficace aux maux de l'État, réformer et prévenir les abus de tout genre par de bons et solides moyens, se conformant aux intentions de Sa Majesté, et usant du droit constitutionnel de la nation, que le tiers-état forme essentiellement, a donné pouvoir et charge à MM. Michel Roussier, Lejeans aîné, J. Arnaud, Delabat et L. Liquier, ses députés, de se rendre aux États libres et généraux convoqués à Versailles, pour le lundi 27 de ce mois; d'y porter le cahier des doléances arrêté dans les assemblées de l'ordre aux précédentes séances, dûment paraphé *ne varietur*, ainsi que les présents pouvoirs et instructions qui en font partie essentielle et indivisible, à l'effet, par MM. les députés, de requérir, solliciter et obtenir qu'il soit fait droit aux diverses demandes contenues dans le cahier et les instructions, représenter aux États généraux l'ordre du tiers-état de cette sénéchaussée, comme aussi pour proposer, remontrer, aviser et consentir tout ce qui peut concerner les besoins de l'État, la réforme des abus, l'établissement d'un ordre fixe et durable dans toutes les parties de l'administration, la prospérité générale du royaume, le bien de tous et de chacun des sujets du Roi, et généralement faire, agréer et consentir tout ce que les circonstances exigeront d'urgent et de très-provisoire, bien qu'il fallût un mandement plus spécial, le tout en conformité des lettres pour la convocation desdits États libres et généraux, sous la réserve néanmoins et respectueuse protestation (1) qu'ils feront, avant de voter, sur la forme en laquelle lesdites lettres de convocation ont été adressées en cette ville, qui ne cessera de réclamer, comme elle l'a fait dans l'assemblée des trois ordres présidée par M. le

(1) *Dépend de la délibération du tiers-état de la ville de Marseille des 30, 31 mars et 1er avril 1789.*

Il a été délibéré, par acclamation générale, que M. Lavabre, avocat, l'un des quatre-vingt-dix, déclarera dans l'assemblée des trois ordres du 2 de ce mois, en s'adressant à M. le grand sénéchal, et lui dira:

« M. le grand sénéchal.

« Le premier vœu de l'assemblée du tiers-état de cette ville a été de nous charger de vous faire la déclaration formelle, qu'en ne portant aucun obstacle, ni aucun retard à l'exécution des ordres du Roi, pénétrée de reconnaissance pour les vues générales de sa bienfaisance, elle a protesté, comme elle proteste encore, sur la forme et l'adresse des lettres de convocation, qui sont contraires aux droits constitutionnels de cette ville, à ce qui avait été pratiqué pour les précédents États généraux, droits que la ville de Marseille ne cessera de réclamer, conformément à la délibération du 12 mars, de laquelle déclaration nous vous prions et requérons de nous donner acte par votre ordonnance, à l'effet de quoi nous remettons cette déclaration sur le bureau. »

Extrait le présent dépend du secrétariat de la communauté, par nous, notaire royal, secrétaire de ladite communauté. Signé, Ailhaud.

grand sénéchal en ce siége, envers l'atteinte portée à ses priviléges par l'adresse desdites lettres de convocation à tout autre qu'à ses officiers municipaux, l'assemblée s'en rapportant pour le surplus aux lumières, à la prudence et au patriotisme des bons citoyens en qui elle a mis sa confiance justement méritée.

Fait et arrêté dans l'assemblée du tiers-état de cette sénéchaussée, tenue à Marseille cejourd'hui 6 avril 1789. *Signé* Emerigon, Didier, Louche, J. Durand, Nodet, Touvesque, Nicolas-J. Meistre, Rostan, François Comps, Honoré Angles, Bertrand, Lagranes aîné, Lavabre, Lejeans aîné, Michel Roussier, Willecrose, J.-J. Dragon-Samatan, Charles Salles, Pierre Siau, Liquier, Gimon fils, Crudère, Carraire, Estuby, Castelanet, Prébion, J.-F. Rozan, Gourtin, F. Saurel, J.-B. Boulouvard, G. Michel, A. Gueydon, Arnoux de Valbarel, chevalier de Saint-Louis; F.-Trophime Rebecquy, Blanc Gilly, Mourraille, Ferrari, Lainé, L. Ferrary, J.-B. Albouy, Delabat, Joseph Long, Fabre, Toussaint Carbonnel, V. Laugier, Raymond fils aîné, Facemas, Jean-Baptiste Laroque, Achard, Michel Madou, H. Martin, L. Barbaroux, J. Dubois, Franc, E. Long, J. Azemar, Mazoilier, Honoré Lieutaud, Caudier, Daumas, Dalmas, Antoine Jouquier, Peloux, Prion, Robert, Pélissier, Antoine Silvestre, J.-B. Jean, Chabrery, E. Cameau père, Jullien, Monier, Constant, J.-B. Coupin, Fabre, Raimbaut, Bucy-Raimbaut, Bonnefoy, Sibilly, Ricord, Carriol, Jean-Baptiste Bouse, et Rolland.

DOLÉANCES

Du corps des maîtres charcutiers de la ville de Marseille (1).

Voici l'instant heureux où la France va réformer tous les abus, et le moment si désiré où l'égalité va régner dans la contribution individuelle de chaque particulier aux charges de l'État.

Il faut, pour seconder les vœux du monarque, que chaque sujet se fasse entendre avec liberté et franchise; et ce n'est que par ce moyen que Sa Majesté pourra atteindre au but qu'elle s'est proposé.

Chaque doléance, ainsi portée au pied du trône, fera connaître combien le sujet français est dévoué à son Roi. Il connaîtra les abus en tout genre, il les réprimera, et la France, dans sa régénération, ne verra que des sujets heureux, le plus ferme appui de la couronne.

L'abondance régnera parmi nous; l'artisan, cette classe d'hommes nombreuse et utile, aura le moyen d'élever sa famille du fruit de son travail. Chaque sujet pourra se suffire, parce que les charges qu'il supportera ne seront pas au-dessus de ses moyens. C'est alors que les ennemis de l'État trembleront devant la puissance française, car celui qui vit heureux dans sa patrie la défend avec une ferme intrépidité.

Mais à quoi servirait le bonheur de toute la nation, si les habitants de quelques villes n'en jouissaient pas, à cause de la distribution abusive des impôts? Le système actuel est l'égalité dans la contribution. Il faut donc que les villes qui ont droit d'abonner les impôts, en le conservant, établissent une contribution égale.

Marseille a le droit d'abonner ses impôts et de faire contribuer l'habitant pour retirer une somme suffisante pour les payer. Mais s'il est re-

(1) Nous publions ce cahier d'après un manuscrit des *Archives de l'Empire.*

connu qu'il est de toute justice que le particulier opulent doive supporter une contribution proportionnée à ses grands biens et que le pauvre doit être soulagé, pourquoi n'adaptera-t-on pas à Marseille le même système? Pourquoi ne changera-t-on pas la forme et la manière de contribution qui fait payer aux pauvres tous les subsides?

Espérons au contraire en nos magistrats; ils reconnaîtront les abus de la forme des impositions; ils en reconnaîtront l'injustice, et en adoptant le système des meilleurs plans qui leur seront présentés, ils soulageront le pauvre qui aujourd'hui paye seul les impôts. Ils ne permettront pas que nous soyons les témoins du bonheur du peuple français sans en profiter nous-mêmes.

Nous avons dit que la classe de citoyens la plus pauvre paye la plus grande partie des impôts; et cela est vrai, puisqu'ils sont pris sur les objets de première nécessité, le pain et la viande.

L'artisan, le manouvrier, qui sont ordinairement chargés d'une famille nombreuse, consomment beaucoup plus de pain que le citoyen opulent. Les premiers n'ont à leur table que cet aliment, au lieu que le second a sa table couverte des mets les plus exquis et les plus somptueux; il ne mange que très-peu de pain, tandis que le pauvre citoyen n'a que cette nourriture pour se rassasier; il en consomme donc davantage. Pour soulager le pauvre, il est donc naturel de diminuer l'impôt sur les objets de consommation d'absolue nécessité.

Si le citoyen opulent consomme plus de viande que le père de famille infortuné, celui-ci supporte encore une contribution excessive sur cette partie de l'aliment nécessaire. La cherté de la viande occasionne un prix exorbitant sur toutes les denrées, et le pauvre seul en ressent les tristes effets.

L'homme de peine consomme plus de vin que l'homme riche. Cette boisson lui est absolument nécessaire pour l'aider à résister aux pénibles travaux auxquels son état d'indigence l'a destiné; s'il faut un pot de vin par jour à l'homme riche, il en faut deux à celui qui fait un travail forcé.

Si la vie animale renchérit, le citoyen opulent s'en récupère sur le produit de ses immeubles, dont il augmente les loyers. Le citoyen, qui ne vit que de son industrie ou du fruit de son travail, est le seul surchargé; il supporte au contraire le surcroît de dépense de cette classe de citoyens, sur qui devraient frapper les impôts.

Lorsque tant de citoyens ont donné leur avis pour réprimer les abus et ont présenté leur plan de contribution, qu'il nous soit permis de parler avec cette vérité qui part du cœur d'un bon citoyen, et de convaincre, par ce moyen, nos magistrats, pères du peuple, de la nécessité d'une nouvelle forme de contribution.

Pour parvenir au but que nous nous sommes proposés nous devons faire connaître combien la fabrication de la viande de charcuterie est surchargée de frais, ce qui en occasionne la cherté, soit dans cette partie, soit dans celle que nous vendons fraîche.

Non-seulement la main-d'œuvre est coûteuse en raison de la cherté du comestible, mais encore les droits sur la viande de cochon et les autres frais de fabrication sont excessifs. Nous payons actuellement 3 livres 15 sous par chaque quintal de cette viande, et nous avons calculé que sur un cochon qui pèse 200 livres les droits s'élèvent environ à 10 livres, en y comprenant ceux d'échaudage, peseur, boudinière et autres, à quoi il faut encore ajouter les dépenses considérables de fabrication.

La charcuterie n'est pas une branche de commerce à négliger, et on doit nous accorder des encouragements, en diminuant les dépenses que cette fabrication entraîne avec elle. Elle forme déjà une branche de commerce des plus considérables, à Marseille, par le transport des salaisons, soit aux îles françaises de l'Amérique, soit dans l'Inde. Elle est d'une utilité singulière pour les approvisionnements des navires; il faut donc augmenter cette fabrication, étendre le commerce dans cette partie, en venant au secours du fabricant par la diminution des impôts qu'il supporte. Si un état est florissant, principalement par son grand commerce, il faut avoir recours à tous les moyens possibles pour l'augmenter.

La nécessité de réduire les impôts sur le comestible, dont chaque corporation fera connaître l'abus à nos magistrats, la nécessité d'une nouvelle forme de contribution et de l'abolition des fermes. Ils adopteront sans doute les divers plans proposés de mettre une légère imposition sur les consommations de première nécessité.

Mais avant de proposer notre avis sur les divers plans de contributions qui ont été produits, avant de présenter celui qui nous paraît sage, témoignons à nos magistrats avec quelle joie nous verrions revivre le conseil des Trois-Cents qui fut établi en 1652.

Ce conseil, dont les membres seraient choisis dans toutes les classes de citoyens, s'occuperait sans cesse du bonheur des habitants et de la félicité publique. Nos magistrats, tous les corps ensemble ne manqueront pas de le solliciter auprès du monarque, ainsi que nous le sollicitons nous-mêmes.

Mais occupons-nous actuellement de quelle manière les impôts doivent être perçus à Marseille, pour procurer au pauvre le plus grand soulagement.

Plan d'imposition pour subvenir aux charges de la ville. État des consommations.

On consomme à Marseille 160,000 moutons, année commune; on peut y mettre une imposition de 1 livre 4 sous sur chaque mouton, ce qui fait une somme de.................. 190,000 liv.

4,000 bœufs, à une imposition de 12 livres...................... 48,000

3,000 veaux à une imposition de 6 livres...................... 18,000

26,000 agneaux ou chevreaux à une imposition de 6 sous.......... 7,800

8,000 cochons, la présente année 8,283, à 3 livres.............. 24,000

10,000 quintaux viande de charcuterie venant de l'étranger, 3 livres par quintal.................... 30,000

500 charges de blé par jour, avec imposition de 2 livres par charge, ce qui fait le tiers de l'imposition actuelle......................... 365,000

Revenus de la communauté consistant en madragues, bancs de halle, greffe des consignations, portés à   26,600
                          ⎯⎯⎯⎯⎯
                         709,400 liv.

Le produit des impôts ci-dessus ne suffit point pour payer les charges de la ville, qui s'élèvent à 2 millions environ. Ces impôts seront payés par le pauvre comme par le riche. Il faut actuellement qu'à raison de ses biens, le riche supporte une plus forte quotité; et nous trouvons qu'il est de justice de prendre cet impôt sur les immeubles en ville. Si le plan d'imposition que nous venons de tracer est adopté, le père de famille infortuné sera beaucoup soulagé, sans que le citoyen opulent puisse alléguer de justes motifs de plainte. On doit être persuadé que la viande de mouton et de bœuf sera vendue un tiers de prix de moins que celui actuel.

Nous sommes à portée de connaître la diminution qu'éprouverait par ce moyen la viande de charcuterie, et nous pourrions là vendre au public à un taux plus bas. Le droit actuel sur la viande de cochon étant excessif, et notre fabrication étant coûteuse, ainsi que nous l'avons dit, en raison de la main-d'œuvre, étant obligés de nourrir les ouvriers que nous y employons, elle le serait beaucoup moins, puisque nous profiterions de la diminution sur les objets de consommation de première nécessité.

Plusieurs corporations ont indiqué dans leurs doléances une imposition personnelle ; elle doit être rejetée par la seule raison qu'il serait impossible d'apprécier la fortune du citoyen ; et tel paraît riche, ou dans une honnête aisance, que sa fortune est bien inférieure aux apparences. D'ailleurs cet impôt est inutile, puisque, d'après le plan que nous venons de présenter, le produit des impositions sera plus que suffisant pour payer les charges de cette ville. On pourrait même, en mettant un impôt raisonnable sur les comestibles, ne porter l'imposition sur le blé qu'à 20 sous par charge.

Ces mêmes corporations ont été d'avis d'imposer sur les hôtels garnis et sur le vin. Nous sommes d'un avis tout contraire ; il faut favoriser l'étranger qui vient en cette ville ; il faut l'y attirer ; et pour y parvenir, il ne faut point l'imposer. Cet étranger fait travailler l'artisan, il consume ses rentes à Marseille et le numéraire reste dans la ville. Le vin est une boisson d'absolue nécessité pour la classe des citoyens la plus pauvre ; c'est elle qui en fait la plus grande consommation ; il ne faut donc point le faire renchérir par un impôt. Il serait même à désirer qu'il fût possible d'affranchir tous les objets de consommation nécessaires aux pauvres.

Tel est notre avis sur la manière de contribution individuelle aux charges de la ville de Marseille. Il est à désirer que chaque corporation produise le sien au grand jour ; et dans cet ensemble d'opinions, nos magistrats, sur le zèle desquels nous nous reposons, en adoptant les plus sages, procureront à tous les citoyens la félicité la plus parfaite.

Signé Jean Isnard, Apollinaire Second, Joseph L'Eglise, Jean-Baptiste Rollandin, prieurs ; Esprit Izouard, Martin Roche, François Chaise, Etienne Jouven, Médard Saurin, François Arnoux, Joseph Vernet, Jean Roustan, Jean-François Vigouroux, Jean-Antoine Long, Joseph Bastide, Joseph Bontemps, Etienne Clérique, Jacques-Bruno Honoré, Jean-Jacques Senière, Joseph-Antoine Chevalier, Jean-Baptiste Rolland, Pierre Capelle, Raymond Ganivet, Augustin Bastide, Jean Rampal, François Drougnon, Jean Gachet, François Blache, Antoine Camouin, Jean Roux, Louis Ginoufliet, Augustin Pélissier, Joseph-Jean Foulin, Honoré Lombard, Joseph Cailhot, Joseph Gondran, Joseph Michel, Jean-Martin-Pierre-Charles Itasse, Charles Nicolas, Jean-Antoine Moutel, Louis-Gabriel Bonnet, Jean-Pierre Lieutaud.

DOLÉANCES
Des habitants de Mazargues.

Les députés des habitants de Mazargues, nommés par la délibération du 18 du courant, sont chargés de présenter à l'assemblée du tiers-état de la sénéchaussée de Marseille les doléances suivantes, et de demander qu'il en soit fait article dans le cahier de cette sénéchaussée.

Les habitants de Mazargues sont accablés par l'ingratitude du sol qu'ils cultivent, par les redevances dont il est chargé et par l'extension abusive que le seigneur ou ses gens d'affaires donnent à ses droits.

Ces habitants, qui ne forment point communauté, n'ont que leurs malheurs pour recommandation. La ville de Marseille les repousse lorsqu'ils s'adressent à elle pour les protéger ou les defendre, de sorte qu'ils ne sont étrangers à cette ville que pour les secours qu'elle pourrait leur procurer, tandis qu'ils contribuent à toutes ses charges, et qu'aux portes d'une ville libre, ils portent le fardeau du vasselage le plus arbitraire.

Ils rendent aux qualités personnelles de leur seigneur l'hommage qu'elles méritent ; mais il ne peut se défendre des illusions de l'intérêt personnel, et les habitants de Mazargues, trop faibles pour réclamer seuls, viennent solliciter l'appui de Marseille, leur mère patrie.

Ils lui exposent : que leurs biens sont soumis à la taxe de tous les grains, olives, et de tous les légumes d'un sur quatre.

Que pour les raisins, le droit est d'un sur cinq.

Que chaque habitation est soumise à la redevance annuelle d'une poule grasse, que le seigneur évalue de 20 à 36 sous.

Que les préposés du seigneur et ses fermiers gênent la liberté des habitants pour l'époque de la récolte et des vendanges, qu'ils s'opposent à ce qu'elles soient faites sans leur agrément et hors de leur présence, ce qui est une gêne inouïe, contraire au droit naturel, et que les seigneurs ou ses préposés ne peuvent étayer par aucun titre.

Que celui sur lequel le seigneur de Mazargues fonde la directe universelle et les droits seigneuriaux qu'il perçoit, est un titre particulier d'accasement fait, en 1538, par Jean de Boniface qui donna quelques terres à nouveau bail à dix-huit particuliers tant seulement.

Que cet acte, combattu avec succès par des possédants biens à qui le seigneur de Mazargues a voulu l'appliquer, en confondant de simples emphytéotes avec des vassaux et hommes de son fief qui ne peuvent être que les tenanciers successeurs des dix-huit accasés, est étendu indistinctement sur toutes les possessions des habitants qu'on soumet à la taxe, au cens, à la redevance de la poule grasse, etc., etc.

Que la terre des Mazargues, ayant appartenu à la maison de Grignan qui avait le plus grand crédit en France, il n'est pas étonnant que sous de pareils seigneurs les habitants aient été sacrifiés, et que les entreprises du riche sur le pauvre se soient multipliées et étendues au point d'agrandir le fief aux dépens de la liberté primitive et naturelle des fonds.

Que s'il pouvait être question de remonter au titre fondamental, les habitants de Mazargues ne seraient point en peine de prouver que ce n'est que par abus, dans les temps de troubles et d'usurpations, qu'on a forgé leurs fers, asservi tous les biens, à la faveur d'un acte qui ne portait que sur une portion des biens dans cette partie du territoire, qu'on nomme L.

Que ce qui est particulier et taxatif pour les biens donnés à nouveau bail aux accasés de 1538, ne peut être un titre universel, et que les propriétaires du terrain le plus infertile qui soit à vingt lieues de Mazargues doivent être reçus à affranchir leur biens en payant le quart de leur valeur.

Que ce serait un acte de justice et digne de notre siècle que la ville de Marseille fût autorisée à faire l'acquisition de ce fief, pour rendre la liberté à cette portion de ces communistes qui ont eu le malheur de naître sur cette terre, chargée du poids de la glèbe, la seule qui, dans son territoire, dépose encore de la féodalité et qui forme un contraste si révoltant avec les franchises et priviléges de Marseille.

Que les exactions des préposés du seigneur sont révoltantes et leurs prétentions également gênantes, contraires au droit commun qui admet des prélèvements sur la taxe, et qui permet aux vassaux d'enlever leurs fruits vingt-quatre heures après l'avis qu'ils en auront fait donner au seigneur ou à son fermier.

Que celui du four banal exerce sur les habitants de Mazargues, et probablement contre l'intention du seigneur, des vexations de tout genre :

Excès sur les droits de fournage ; refus de cuire ; négligence.

À quoi il faut joindre l'inconvénient qu'un seul four ne peut suffire pour les habitants du lieu, et qu'ils sont obligés de manquer de pain ; et que si, pour se procurer ces objets de première nécessité, ils s'adressent aux boulangers circonvoisins, on pousse la dureté jusqu'à saisir leur pain, tandis qu'à Mazargues il leur en coûte 50 sous par charge, et qu'ailleurs ils ont la facilité de crédit et le bénéfice de 10 sous par charge.

La presse est telle au four banal que le pain en sort torréfié ou mal cuit.

Le seigneur doit avoir un four banal suffisant, et à défaut, les habitants doivent être autorisés, après vingt-quatre heures de l'avis donné, à faire cuire leur pain où bon leur semble : c'est la jurisprudence, et si elle n'existait pas, il faudrait l'établir.

Que les seigneurs de Mazargues ont incorporé en fief provenant des Boniface, des biens roturiers qu'ils font participer aux privilèges du fief, ce qui n'est pas juste et doit être réparé par la séparation de ces terres réunies au fief.

Qu'il y a des bornes certaines pour fixer les limites de la terre de Mazargues, au delà de l'enclave desquelles il ne peut y avoir ni fief ni juridiction.

Que ces limites résultent du titre primitif auquel il faut toujours recourir, et au préjudice duquel l'extension abusive a été faite par la surprise des seigneurs, l'ignorance et la faiblesse des vassaux.

Que ce titre primitif est celui de 1474, par lequel Vivand Boniface, docteur ès droits, juge mage de Provence, après avoir fait faire des criées et publications dans la ville et territoire de Marseille, consigna dans les registres d'un notaire de cette ville la déclaration des limites et confronts de son domaine ainsi que suit :

« Les terres, bosques de Seguin, avec les pos-
« sessions, terres et bosques des heoirs de Jean
« et Monet de Pontevés.

« La terre de Fantin Blain et le Valla de Can-
« ferme.

« L'affart de Luminée qui est la montagne de
« Malcaussade, laquelle est aigue pendente vers
« ladite Bastide del Dich. M. Vivand Boniface,
« embé la cotte de Morgion aigue pendente embé la

« cotte de Sormion aussi aigue pendente vers la-
« dite Bastide.

« Leis devens de noble Guilhens de Montau-
« lieu, chemin public au milieu. »

Hors de ces limites, tout exercice de la seigneurie et des droits qui en dépendent, ne peut être qu'une usurpation contre laquelle les habitants d : Mazargues réclament. L'acte de 1538 ne fut qu'un traité particulier entre le propriétaire successeur de Vivand Boniface et les dix-huit accasés, auxquels il donna des terres à nouveau bail ; d'où il suit que les habitants de Mazargues sont tous devenus vassaux, sans que tous leurs biens fassent partie du domaine des Boniface et de la partie du devens donné à nouveau bail par l'acte de 1538.

Ils protitent de cette occasion où le souverain veut bien entendre les plaintes et doléances de tous ses sujets, pour faire connaître à l'assemblée du tiers-état de cette ville leur position malheureuse et la nécessité de venir à leur secours.

Puisqu'ils sont communistes de Marseille, ils doivent participer à toutes les franchises et priviléges de cette ville. Ils doivent jouir du précieux avantage de posséder, à l'abri des entreprises féodales, de la foule des gardes chasses, des exacteurs et préposés du seigneur.

Ils sont les seuls habitants du terroir de Marseille soumis à trois degrés de juridiction : le juge de Mazargues, le siége de Marseille et le parlement d'Aix.

La suppression de cette juridiction féodale est bien digne d'exciter l'attention de la ville de Marseille, puisque cette justice est évidemment une atteinte portée à ses juridictions, du moins dans toutes les parties formant aujourd'hui la terre de Mazargues et qui ne sont point comprises dans l'acte de 1474.

Nous en demandons en conséquence la suppression, ainsi que l'affranchissement de nos biens.

Nous unissons notre vœu à tous les bons patriotes qui se sont élevés avec force contre la forme d'imposition adoptée à Marseille, qui ne fut imaginée, dans des siècles d'ignorance, que pour fouler le peuple, sous l'apparent et frivole prétexte de rendre l'étranger contribuable à nos charges. Celles de la ville sont les nôtres ; mais les habitants de la ville et du territoire sont assez heureux pour ne pas connaître les nôtres. Ils daigneront venir, nous osons l'espérer, au secours de leurs concitoyens opprimés, et nous jouirons des avantages de la réforme générale des abus, ainsi que de ceux particuliers au régime municipal, aux fermes et à l'administration des revenus de la ville.

Nous ne sommes point étrangers à la cité et au commerce, de qui elle tire toute sa splendeur : sur quatorze cents habitants de Mazargues, il y en a deux cents qui sont classés et toujours prêts à servir la marine royale ou la marine marchande. Nos pêcheurs contribuent par leur industrie à l'approvisionnement de la ville, et fournissent les impositions de la communauté de la ville de Marseille. Nous fournissons encore à la levée des gardes-côtes. Tant de titres et de sacrifices ne doivent pas nous rendre indifférents au chef-lieu de la sénéchaussée.

Ce n'est plus le moment des égards et des considérations serviles, c'est celui du patriotisme, de la liberté nationale et individuelle, c'est celui où il est permis de scruter les prétentions des grands et de les mettre en opposition avec la liberté des peuples. C'est celui où le malheureux cultivateur d'une terre ingrate a le droit de prélever, en payant le quart de sa récolte, la semence qui la produit et le prix des sueurs dont il a arrosé la terre.

Quelle sera sa position, si, après ant et tant de charges, de redevances, de prestations féodales, de gênes barbares et d'impositions, il faut encore que ces habitants de la campagne, privés des avantages de la ville, participent, sur tous les objets de la consommation, à l'impôt qui ne frappe à Marseille que les objets de première nécessité ? Il verra ses champs dévastés par le gibier, qu'il faut respecter comme s'il appartenait au seigneur, parce qu'il est entré dans son enclave, et il ne sera pas permis au propriétaire de l'éloigner de son domaine.

Il sera privé de la faculté de faire cuire son pain au four le plus commode et le plus voisin, tandis que le fermier du four banal le refusera, ou fera perdre sa cuite par l'insouciance et l'arbitraire qu'il y apporte.

Enfin cette partie des habitants de Mazargues vient réclamer justice, assistance et protection contre toutes les entreprises, surcharges et usurpations dont elle a présenté le tableau.

OBJETS DE DOLÉANCES

Que les députés de la communauté des procureurs sont chargés de porter à l'assemblée du tiers-état de cette ville de Marseille (1).

Premiers défenseurs de l'honneur et de la fortune de nos concitoyens, nos vœux doivent porter principalement sur ce double objet, si digne de nos soins, si cher à nos cœurs.

Si les besoins de l'État sont considérables, l'amour des Français pour leur souverain ne connut jamais de bornes. Ces besoins seront bientôt remplis ; ce sera par les résultats d'un heureux accord entre le clergé, la noblesse et le tiers-état, et toutes les exemptions, dont les deux premiers ordres étaient autrefois si jaloux, seront désormais regardées par eux-mêmes comme des injustices.

Mais si quelque juste, quelque avantageuse que puisse être la répartition des impôts sur tous les sujets de Sa Majesté, si la communauté de cette ville, qui a le privilège d'abonner ses subsides et de verser directement son tribut dans le trésor royal, continue la forme de l'imposition qu'elle a observée jusqu'à présent, les Marseillais ne jouiront pas du prix inestimable de cette égalité précieuse où tendent tous les vœux de la nation.

C'est sur le pain, c'est sur la viande que l'imposition est établie. Les denrées de première nécessité sont surchargées d'un droit qui varie relativement aux besoins plus ou moins considérable de la cité, mais qui, toujours, est insupportable ; tandis que les fonds de terre, les maisons, les capitaux, vraie richesse de l'État, sont libres, et que la plupart de leurs heureux possesseurs n'habitent point Marseille. C'est l'ouvrier, c'est l'indigent qui contribuent le plus aux charges de la communauté, en mangeant un pain qu'il arrose souvent de ses larmes.

Cette manière d'imposer a toujours été considérée comme abusive, vicieuse et tyrannique. Elle doit être réprouvée à jamais ; et il est de la justice de prendre au plus tôt les voies convenables pour en changer le régime.

Ce changement doit être opéré par le concours

et le consentement unanime de tous les citoyens, à l'exemple de notre auguste souverain qui daigne appeler auprès de sa personne sacrée l'élite de ses fidèles sujets, pour leur ouvrir les trésors de sa sagesse, les associer à sa puissance et les rendre les coopérateurs des bienfaits dont il va combler une nation qui l'adore. Nos magistrats municipaux doivent envisager comme un jour bien glorieux, celui où, au milieu de tous les ordres et de toutes les corporations de la cité, ils s'occuperont avec eux du bonheur de leurs concitoyens.

Ce conseil municipal renforcé, que l'amour du bien public nous fait considérer comme utile et nécessaire, devra être permanent, parce qu'il convient que toutes les classes des citoyens aient toujours part à l'administration de la chose publique.

L'édit de Sa Majesté de 1717, et les lettres patentes de 1766, portant règlement pour la communauté de cette ville, n'admettent que quarante-huit personnes dans le conseil municipal. Ces personnes sont prises parmi les nobles, les avocats, les négociants, les bourgeois et les marchands, faisant le trafic au détail.

Le conseil municipal, composé de toutes les classes de citoyens exerçant une profession utile, pourrait être formé de trois cents personnes. Ce nombre autrefois adopté, sera bien plus proportionné aujourd'hui, eu égard à la plus grande population de cette ville et aux affaires trop multipliées de la municipalité, qui, distribuées à des commissaires, chacun pour la partie relative à son état, ne seront que mieux et plus promptement gérées.

L'exercice d'une profession aussi essentielle, dont nous avons l'honneur d'être revêtus, est un moyen bien raisonnable d'admission aux charges municipales ; nous n'en sommes point exclus véritablement par l'édit et le règlement que nous avons cités, mais nous n'y avons jamais été appelés. Si nous ambitionnons cet avantage, dont nos confrères jouissent dans toutes les villes de cette province, ce n'est que pour être plus utiles et plus chers à la patrie.

C'est ce même amour du bien public qui nous fait désirer avec la plus vive impatience la réformation du code criminel.

Secourir l'innocent, l'aider à repousser les traits de l'erreur ou de la calomnie, le dérober au glaive, trop souvent mal dirigé, de la justice, le rendre à sa famille éplorée, le rétablir dans la société qui paraissait déjà l'avoir repoussé de son sein : tel a été, tel sera toujours l'objet de nos vœux et de nos travaux. Mais le cachot qui recèle cet infortuné ne nous est ouvert qu'après que des témoignages intéressés ou peu réfléchis, des interrogatoires trop souvent insidieux, des réponses mal articulées et plus mal interprétées, ont conspiré sa perte, et que, malheureuse victime des formes barbares, que l'ignorance de nos pères et leur vertu trop austère avaient introduites, l'ont dévoué à l'opprobre et à la mort.

Qu'il sera cher à la France ce jour à jamais heureux où, pour la première fois, l'accusé, libre même dans ses fers, assisté d'un défenseur, sera instruit du genre et des circonstances du crime qu'on lui impute, et où les témoins déposant en sa présence, il aura, s'il n'est pas coupable, les moyens de les confondre et de devenir leur accusateur !

Cette réformation, depuis si longtemps désirée, était réservée au règne heureux du plus juste des rois. Hâtons par nos vœux les plus ardents le

---

(1) Nous publions ce cahier d'après un manuscrit des *Archives de l'Empire.*

bienfait ineffable de ce grand ouvrage, dont Sa Majesté daigne s'occuper. Un jour plus tard coûtera peut-être la vie à un innocent.

Saisis du plus juste attendrissement sur le sort des malheureux, nous ne pouvons voir qu'avec douleur que les prisons de cette ville sont inhabitables.

Lors de la construction du palais de justice, où sont les prisons, on pratiqua dans leur enceinte, par une économie mal entendue, des magasins et des salles à blé, dont la communauté perçoit des loyers ; ce qui rend les prisons étroites et malsaines.

Ces prisons sont d'ailleurs si mal disposées, par rapport au peu de local qu'elles embrassent, que les prisonniers civils sont confondus avec les prisonniers criminels, n'y ayant qu'une seule et très-petite cour, qui sert de passage aux uns et aux autres pour se rendre dans leurs cachots ; car nous ne pouvons guère qualifier autrement les tristes réduits où les prisonniers civils sont forcés de passer une partie de leur vie.

Dans une ville de commerce telle que Marseille, où toutes les obligations mercantiles ou maritimes soumettent à la dure loi de la contrainte par corps ceux qui les ont contractées, les prisons ne sont que trop souvent la triste et longue demeure d'une foule de débiteurs honnêtes, jouets de la fortune, quelquefois même de la mauvaise foi.

La privation de la liberté n'est-elle pas une peine assez dure, sans l'aggraver ainsi par l'incommodité du local, par l'air infect qu'on y respire, et par cette communion insupportable avec des malfaiteurs ou des scélérats dévoués à l'infamie ou au supplice ? Faut-il que ces débiteurs infortunés soient privés de la seule consolation qui leur reste ? Leurs parents et leurs amis sont repoussés par l'horreur que ce lieu funeste leur inspire.

Et ces scélérats même, l'humanité ne réclame-t-elle pas en leur faveur ? Faut-il qu'ils expient mille fois leurs crimes, avant que d'être livrés à la sévérité des lois, qui les punit, non pour se venger, mais pour écarter, par des exemples terribles, d'autres victimes ?

Il est donc nécessaire que les prisons de cette ville soient agrandies ; elles peuvent l'être : 1º en y réunissant les magasins, les salles à blé, qu'on n'aurait jamais dû se permettre d'en détacher ; 2º en y ajoutant une partie de la place publique voisine du palais, et le sol de deux maisons, dont une est démolie et l'autre en ruine.

Depuis longtemps MM. les administrateurs de la communauté ont défendu aux propriétaires de ces deux maisons de les réédifier, parce qu'ils les ont destinées à l'agrandissement des prisons ; mais pourquoi différer de l'effectuer ? Si les fonds de la communauté sont insuffisants, qu'on se hâte de suspendre le pavé des rues, la construction du nouveau chemin et tous autres ouvrages ; en bouchant ainsi tous les canaux, quelque utiles qu'ils soient, par où s'échappent les deniers publics, on sera bientôt à même de remplir une obligation aussi sacrée.

Considérant combien le pauvre est dépourvu de moyens pour réclamer le fruit de son travail, lorsque son débiteur est assez injuste pour le lui refuser ; témoins chaque jour de ses gémissements et des sacrifices qu'il est forcé de faire, dans l'impuissance de jouir de la protection des lois, nous souhaitons que la cause d'un tel homme, ou de tout autre dont la créance n'excédera pas la somme de 100 livres, soit traitée désormais dans

tous les tribunaux de justice, avec toute la faveur dont elle est susceptible.

L'ordonnance de 1667 veut que les jugements des sénéchaussées soient exécutoires nonobstant l'appel, si les condamnations n'excèdent pas la somme de 100 livres. L'exécution provisoire des jugements des siéges particuliers d'amirautés et autres est réduite à la somme de 60 livres ; mais cette exécution provisoire ne peut être exercée, qu'autant que le créancier a donné caution à son débiteur.

Quoique les dépens soient un accessoire naturel et légitime du principal, des commentateurs de l'ordonnance ont pensé qu'ils devaient en être séparés, lorsqu'il s'agit de l'exécution provisoire, et leur opinion a été canonisée par des arrêts.

De sorte que le débiteur, qui déclare appel d'un jugement de condamnation pour une somme n'excédant pas 100 livres, est autorisé à ne payer que le capital à son créancier, lorsqu'il est assez heureux pour avoir pu fournir une caution ; et si ce créancier n'est pas en état de frayer aux dépens bien considérables d'un arrêt de confirmation, il éprouve une perte irréparable.

Mais la situation de ce créancier est bien plus désespérante encore lorsque, n'ayant point de caution à fournir, il ne peut exécuter, pas même pour le principal, le jugement qu'il a obtenu : étant bien rare qu'un pauvre ouvrier, qui n'a d'autre bien que son industrie, dont les parents, dont les amis sont aussi pauvres que lui, puisse se flatter de ne pas réclamer en vain le cautionnement d'un capitaliste, étant de règle, dans les affaires civiles, que le créancier qui veut faire usage d'un jugement provisoire est obligé de donner à son débiteur une caution bourgeoise, c'est-à-dire qui possède des biens immeubles, libres de toute hypothèque.

Cependant ce même ouvrier avait mis en œuvre la matière première qu'il avait achetée à crédit dans le commerce ; il l'avait livrée avec confiance après en avoir accru le prix par un travail pénible ; il attendait son payement pour satisfaire le vendeur ; et tandis qu'il a épuisé le peu de moyens qui lui restaient pour obtenir une justice impartiale, le vendeur, usant des droits que la rigueur des engagements mercantiles autorise, le traîne dans des prisons.

Cet artisan est un homme précieux à l'État ; le travail de ses mains doit être protégé par le gouvernement. Nous osons espérer que Sa Majesté daignera ordonner que tout jugement dont la condamnation n'excédera pas la somme de 100 livres, sera exécuté nonobstant l'appel et sans y préjudicier, pour le principal, les intérêts et les dépens, sans que le créancier soit tenu de donner caution.

Nous devons nous en rapporter au zèle patriotique de MM. les commissaires qui seront chargés de la rédaction du cahier des doléances générales de cette ville, pour réclamer le maintien de ce droit antique et jaloux, qui met les Marseillais à l'abri du fléau des *committimus* et d'évocations. Nous devons espérer de la justice de Sa Majesté que, d'après nos Chapitres de paix, si souvent et si solennellement confirmés par nos augustes prédécesseurs, nos juridictions ne seront plus expatriées, surtout dans les causes générales de bénéfice d'inventaire et de discussion.

Ces causes où les intérêts de tant de citoyens sont réunis et confondus, de manière qu'en réglant le sort et l'intérêt de l'un on juge l'intérêt et le sort de tous les autres ; ces causes qui attirent à elles, comme dans un centre commun, toutes les causes particulières, un seul créancier peut-il avoir le privilège inconcevable de les distraire de leur juge naturel ; de porter la connaissance d'une discussion locale, qui tient à la propriété foncière, à un juge étranger à tous les autres créanciers ; de priver ainsi ses créanciers du droit de se faire entendre sur leurs propres foyers ; de les forcer à se déplacer, et d'ajouter le plus souvent à la perte entière de leurs créances un surcroît de frais insupportables ?

Ces causes de bénéfice d'inventaire et de discussion donnent lieu à des droits royaux et à des frais de justice excessifs ; et ce qui rend presque toujours vaines les espérances des créanciers chirographaires, c'est le droit de 7 1/2 p. 0/0 auquel elles soumettent les biens immeubles.

Ce droit est dû sur le prix à la vente de tous les biens immeubles qui ont été mis sous la main de la justice. Il est perçu depuis longtemps en cette ville par la communauté, qui a acquis l'office de receveur des consignations auquel il était attribué.

Ce ne fut que pour soustraire ses habitants aux vexations du receveur que la communauté se détermina à faire cette acquisition ; et comme elle s'aperçut bientôt que le produit annuel excédait de beaucoup le prix de la finance, elle s'empressa de faire grâce du quart sur le montant de l'exaction.

Malgré cette remise, la quantité de ventes forcées, que les malheurs des temps n'ont que trop souvent occasionnées depuis l'achat de l'office, a permis à la communauté de se rembourser du prix de l'achat et de tous intérêts.

Ce vœu de la communauté est rempli ; elle doit donc renoncer désormais à la perception d'un droit qu'elle n'avait acquis que parce qu'il était trop onéreux à ses habitants, et dans l'unique objet de l'éteindre.

Le sacrifice que nous attendons de la communauté, sera un soulagement pour les malheureux débiteurs, dont tout conspire à consommer la ruine, et pour les créanciers, plus malheureux encore, qui, presque toujours, seraient payés, si la principale partie de la fortune des débiteurs n'était pas dévorée par cette foule de droits de contrôle, insinuation, centième denier, 1 sou pour livre, 3 sous pour livre, 8 sous pour livre, timbre, parchemin, et tant d'autres impôts accablants, dont la perception, toujours croissant, dépouille la justice de son attribut le plus précieux.

Ne craignons pas que ces objets de détail, ces abus particuliers, que nous sommes plus à portée de connaître à raison de notre état, se perdent dans l'immensité et l'importance du grand intérêt national dont les États généraux vont s'occuper. Fondons nos espérances, pour la réformation de ces abus, sur la promesse paternelle du souverain, qui a bien voulu annoncer à ses peuples que le royaume et tous ses sujets en particulier ressentiront pour toujours les effets salutaires qu'ils doivent se promettre d'une telle et si notable assemblée.

Fait et arrêté dans l'assemblée de la communauté des procureurs, tenue au palais, le 23 mars 1789. *Signé* Seytres, Martichou, syndics ; Emericou, doyen ; Estuby, Audibert, Chalvet, Court, Gras, Mouret Rolland, Estelle, Esmenard, Nicolas, Arnaud, Martin, Larguier, Terres, Maquan, Montaud.

DOLÉANCES

Des ménagers, agriculteurs et paysans du terroir de Marseille.

C'est au nom des propriétaires et possédants biens du territoire de Marseille, résidant à la paroisse de Saint-Julien, qu'en notre qualité de députés, nous adressons nos plaintes et doléances aux pieds de notre auguste monarque. Ce grand Roi comble son peuple d'un bonheur dont nous n'aurions jamais osé nous flatter, et il n'était dû qu'à un prince aussi juste et à un ministre aussi éclairé de nous retirer de l'assoupissement léthargique où nos ancêtres et nous étions plongés depuis tant de siècles.

Le ciel bénisse à jamais le règne d'un si grand Roi qui, s'occupant du bonheur de ses peuples, nous facilite les moyens de sortir de l'esclavage où nous étions réduits !

Toutes ces phrases étudiées, tous ces grands mots dont on embellit les discours, ne seraient pas analogues à notre état d'agriculteur. Détaillons énergiquement et simplement nos malheurs, et implorons la justice et la clémence du souverain.

Les aliments de première nécessité, tels que le pain et la viande, sont, à Marseille et son territoire, à un si haut prix, par les impositions dont ils sont surchargés, qu'ils réduisent le propriétaire, le cultivateur et l'artisan à toute extrémité, ce qui a été la funeste cause, surtout dans le cours de l'hiver, que nous avons vu tant de malheureuses victimes se porter, par extrémité, à des crimes et à des violences, dont nous n'avons, malheureusement pour nous, que d'exemples funestes trop récents à nos yeux.

De pareils malheurs auraient pu se prévoir, en soulageant le pauvre et l'indigent et laissant un prix libre et naturel aux aliments de première nécessité, dont le pauvre fait la plus grande consommation ; et par cet unique moyen, le salaire de sa journée aurait suffi à sa subsistance et à celle de sa famille.

Chers agriculteurs, compagnons de nos travaux et de nos misères, malheureuses victimes du caprice du riche, attendons-nous à voir renaître ces temps heureux où notre classe intéressante était si estimée ; c'est dans nos anciens Romains que nous en puisons le souvenir : ils obligeaient l'agriculteur à quitter sa charrue pour en faire un sénateur ou un capitaine, dès lors qu'il avait du mérite. Temps heureux ! la qualité d'honnête homme tenait alors lieu de tout ; ces temps sont bien changé, il ne suffit à présent que d'être opulent. C'est à notre Roi, chers patriotes, à qui nous devons l'honneur d'avoir été convoqués aux conseils municipaux. Sans sa voix nous en étions exclus pour toujours. Les seules personnes nourries dans le luxe, l'opulence et la mollesse avaient le droit d'y assister et de s'y rendre, au gré de leurs caprices, arbitres de notre sort.

Oui, chers laboureurs, ne craignons pas que ce sage Necker, ministre si éclairé, suive l'exemple de bien des personnes qui ont environné nos tribunaux ; qui, sans écouter nos plaintes et douleurs, nous foulent et méprisent ; souvent engraissés de notre propre sang, ils en sont tous les jours plus avides ; espérons que ce grand homme domptera leur audace et calmera leurs fureurs. Jetons un clin d'œil sur notre déplorable situation. Concentrés au milieu du territoire de Marseille, nous voilà bientôt sans ressource ; nos terres, depuis la perte du privilège du vin, ont diminué au moins de 3 p. 0/0 de leur valeur et cependant toutes les denrées que nous achetons ont augmenté au moins d'un tiers, ce qui met le comble a notre misère; l'avenir le plus funeste s'offre à nos yeux sans pouvoir l'éviter.

Divisons les propriétaires du territoire en trois classes, et regardons-nous sous trois points de vue différents :

1° Les propriétaires qui restent aux environs de la mer, quand leurs récoltes ou leurs denrées leur manquent, ont une ressource en la pêche, et cela les indemnise en partie.

2° Les propriétaires qui ont des jardins trouvent, tant sur les fruits que sur les fleurs, de quoi s'affranchir de la misère.

3° Mais nous, qui sommes de cette troisième classe malheureuse, où nos terres ne consistent qu'en vignobles qui à peine produisent la moitié de ce qu'elles rendaient autrefois, parce que nos terrains en sont las et épuisés, nous, dis-je, que le froid vient de priver de nos oliviers, nous enfin qui ne vivions qu'en comptant que notre vin eût un peu de valeur; nous dont les ancêtres ont emprunté de l'argent au 5 p. 0/0 pour acheter des terres, aujourd'hui ces mêmes terres ne rendent pas le 3 p. 0/0, de sorte que la succession de nos pères, dont nous vivions en travaillant, va devenir la proie de ceux à qui nous sommes encore redevables, nous voilà donc privés de toute espérance, par l'introduction libre des vins étrangers : en un mot, cette année, le ciel et la terre ont juré notre perte. Un espoir nous reste, c'est de porter nos cris aux pieds du trône.

C'est au nom de ceux que nous représentons, que nous demandons qu'il soit dorénavant choisi dans la classe des ménagers, agriculteurs, deux personnes dont la conduite soit irréprochable, pour être élus conseillers et assister à tous les conseils quelconques de la communauté, afin que le pauvre puisse faire entendre ses plaintes, et que justice lui soit rendue lorsqu'elle lui sera due.

Nous demandons que les droits du piquet, l'auret, soient abolis; qu'il n'y ait plus aucune imposition sur la viande, et que l'on égorge toute sorte de viandes, pour que le pauvre qui se contente des aliments les plus grossiers, puisse trouver à vivre à bon compte, et que tout soit libre, à l'instar de tant de villes bien policées du royaume.

Nous demandons que tous ces embellissements de la ville, ce luxe, édifices, réverbères et autres fastes, ne soient pas à la charge de l'agriculteur : qui veut une commodité doit la payer, c'est la loi du prince.

Nous demandons que les places et marchés à vendre le foin, le bois et la paille, soient situés aux trois portes principales de la ville, et à portée de tout le peuple; non pas que nous avons vu cet hiver des familles entières périr de froid dans la ville, pour ne pouvoir aller faire demi-charge pour en acheter; et le pauvre paysan qui le transporte n'est encore qu'à moitié chemin quand il est arrivé à la ville.

Quant à ce qui concerne les travaux, chemins et enchères de la communauté, nous demandons que le citoyen marseillais soit toujours préféré à l'étranger, non pas que nous avons souvent vu des personnes en charge abuser de la confiance des magistrats et critiquer les travaux du propre citoyen, le forcer à plaider, tandis qu'un étranger reçoit à profusion le fruit de ses rapines.

Nous demandons qu'à l'arrivée des navires chargés de blé il en soit au moins détaillé sur le quai pendant quatre jours, auparavant que l'avare vienne l'engloutir dans ses magasins.

Nous demandons qu'il soit permis au pauvre malheureux paysan qui nourrira toute l'année un pourceau, qui malheureusement sera lépreux, de l'emporter chez lui, non pas que l'on exerce une tyrannie cruelle à son égard ou on le lui achète à moitié prix de sa valeur, ou on le force à le laisser sept à huit jours; dans cet intervalle les rats de quatre jambes et ceux de deux en consomment une partie, et cela parce que l'on craint, dit-on, que cette viande ne fasse mal aux paysans; mais quand elle est achetée à un bas prix, elle est de recette et sert de nourriture au riche.

Nous demandons que puisque nous contribuons à toutes les charges de la communauté, elle soit tenue à entretenir nos chemins, aboutissant directement aux bourgs et villages, et que ces chemins soient propres à rouler charrette.

Mais, dira-t-on, comment fera la communauté pour faire face aux dépenses indispensables?

1° Supprimer tout ce luxe dispendieux et inutile.

2° Mettre une imposition sur les capitaux en maisons et beaux édifices, qui rendent à Marseille le 8 et le 10 p. 0/0, tandis qu'à la campagne les terres à l'agriculteur, après bien du labeur, ne rendent pas le 3 p. 0/0.

3° Imposer ces vastes hôtels garnis, où un étranger richement logé en passant, suce à loisir le sang des citoyens, et transporte ensuite l'or et l'argent hors du royaume.

4° Sur tant de carrosses et domestiques.

5° Sur le droit d'ancrage aux vaisseaux chez qui nous n'avons pas de priviléges en leur nation.

6° Sur la volaille, les agneaux et les veaux; le riche qui veut sa table somptueusement servie, les payera ; c'est le moyen que dans la suite les bestiaux de tous genres soient plus nombreux.

7° Sur les vins étrangers entrant en ville ou son territoire, une imposition de 1 livre 10 sous au lieu de 2 livres; quoique l'on crie et l'on cherche à priver l'agriculteur de ce seul et unique secours, et que l'on reproche que le vin est cher à 4 sous le pot, notre souverain est trop juste pour ne pas voir que c'est injustement; car que nous servira d'être patriote, citoyen, si l'étranger jouit de plus de priviléges que nous ? D'ailleurs c'est un droit accordé de tout temps par les rois, de permettre aux magistrats de mettre des subsides pour fournir à la dépense des communautés ; et de quoi se plaindra l'artisan, quand le pain et la viande seront à bon compte et le vin à 4 sous le pot ? Veut-il vivre gratis, et nous faire payer bien chèrement son travail ? Rien de plus probable ; que si l'imposition sur les vins était détruite, le ménager, agriculteur et paysan seraient aux abois, l'artisan et le marchand n'y gagneraient pas, et s'en reconnaîtraient facilement à leur débit.

Voilà en un mot le seul espoir, l'unique ressource de l'agriculteur : ou l'imposition sur les vins, ou abandonner ses terres par rapport à la misère.

Chers agriculteurs, voici notre espérance réunie dans les mots suivants :

Louis XVI est bon, il est juste; l'honnête ministre qui a mérité sa confiance, imbu de nos besoins, ne voudra pas notre perte, rassurons nous : cet illustre personnage ne permettra pas que la misère oblige les pères nourriciers de l'État et de la ville à aller solliciter dans les pays étrangers l'humanité qu'on lui aurait refusée dans sa patrie.

Implorons, chers patriotes, la clémence de notre bon Roi, observons à ses pieds, en les mouillant de nos larmes, que l'élément de la mer, n'étant point l'art de l'agriculteur, nous le supplions que nos enfants à l'avenir ne soient plus destinés à servir sur les vaisseaux! A ce seul nom, à ce seul aspect, à peine ont-ils atteint leur quatorzième année, que de crainte d'aller périr sur cet élément ils abandonnent la maison paternelle, ce qui est cause que nos terres se trouvent désertes de paysans et de laboureurs pour les cultiver; et si nous trouvons des étrangers pour y suppléer, c'est à un si haut prix, que nous achetons nos propres denrées avant de les avoir recueillies. Au lieu que le service de terre ou de garde-côte leur est agréable, parce qu'il tend au service du Roi et au bien général de la communauté !

Nous prions de même Sa Majesté de nous affranchir de tous les péages quelconques.

Que les seigneurs concentrés dans la Provence, qui ont des immensités de terres incultes, dont les bois n'ont jamais servi à la construction, par l'ordre que ces seigneurs mettent à les couper toutes les quatre années, pour vendre les bois pour les charbonnières et autres fabriques, aient à souffrir que les chèvres y pâturent, ce qui fournira outre une immensité de bestiaux ou chevreaux qui donneront abondance de viande au même peuple, feront encore beaucoup de fumier pour engraisser ces vastes terres qui ne produisent rien et qui produiraient du blé. Et que ces mêmes seigneurs soient obligés à faire défricher leurs terres incultes ou les donner à défricher aux paysans, à un taux raisonnable.

Que généralement tous les droits, épices de juge, avocat, frais de procureur et de notaire soient taxés à un prix raisonnable pour que le pauvre puisse jouir du privilège des lois.

Ne cessons, chers agriculteurs, d'adresser nos vœux au ciel, pour la conservation des jours du monarque qui mérite à jamais le nom d'immortel.

Signé Burizel, Simon Blanc, Ailhaud.

BAILLIAGE DE MEAUX.

CAHIER

Contenant les pouvoirs et instructions remis, par l'ordre du clergé du bailliage de Meaux, à son député, M. Barbou, curé d'Isle-lès-Vilnoi, et à M. l'abbé de Ruallem, chef du conseil de MES-DAMES, tantes du Roi, abbé commendataire de Saint-Faron de Meaux, nommé pour le suppléer aux Etats généraux, en 1789 (1).

BASES CONSTITUTIONNELLES DE L'ÉTAT.

Art. 1er. L'ordre du clergé du bailliage de Meaux, considérant que, lorsque le Roi va rendre à la nation française les droits imprescriptibles qui appartiennent essentiellement à un peuple libre, ce serait mal répondre à un acte aussi mémorable de sa justice, que de retarder, par des dissensions intestines, la régénération de l'État, que Sa Majesté veut opérer efficacement, et que les citoyens de tous les ordres désirent depuis si longtemps.

Que l'amour du bien public ne doit inspirer à tous les ordres qu'une seule volonté, celle de la prospérité générale de la nation et de la gloire de l'État; que devant des considérations aussi élevées, tous les intérêts particuliers, toutes les prétentions qui pourraient troubler l'harmonie générale, doivent entièrement disparaître; et que, dirigées avec sagesse vers le bonheur commun, toutes les facultés individuelles doivent s'unir indistinctement, sans préjugé et sans rivalité, pour assurer au gouvernement un ordre constant et invariable; à la nation, sa prospérité et sa gloire; et au Roi, l'amour de sujets fidèles et reconnaissants. En conséquence, pour contribuer, autant qu'il est en son pouvoir, à affermir la constitution française sur des bases solides et inébranlables, et conformément au vœu de Sa Majesté, annoncé par le résultat de son conseil du 27 décembre 1788, l'assemblée charge spécialement son député de concourir, avec les autres représentants de la nation, à faire statuer, aux États généraux, dans la forme la plus authentique;

1° Que les États généraux seront permanents, et dans le cas où la permanence ne pourrait pas avoir lieu, le retour périodique en sera fixé à l'époque la plus rapprochée, laquelle néanmoins ne pourra excéder le terme de trois ans; qu'ils s'assembleront dans un lieu déterminé, sans qu'il soit besoin de convocation préalable, attendu que les assemblées de la nation étant proposées par Sa Majesté comme un ressort désormais nécessaire du gouvernement français, elles seules peuvent préserver le royaume de retomber dans le chaos d'où l'on s'efforce de le faire sortir;

2° Qu'afin d'imprimer aux assemblées de la nation des caractères certains d'une représentation libre et complète, il sera arrêté, qu'avant la séparation des États généraux, il sera fait une loi, par laquelle le nombre des députés, nécessaire pour représenter la nation, sera fixé d'une manière invariable; et que les formes des élections seront réglées d'après les principes d'une représentation libre, et de la distinction des trois ordres.

3° Qu'afin de former un lien durable entre l'administration particulière de chaque province et les délibérations générales de la nation, il sera établi, dans toutes les provinces du royaume qui n'en possèdent pas encore, des États provinciaux, lesquels seront constitués au sein des États généraux, et seront chargés de la répartition, assiette et perception des impôts.

4° Que, pour consacrer comme un principe fondamental de la constitution française le droit certain et reconnu qui appartient à la nation assemblée en États généraux de consentir ou octroyer les impôts de quelque nature qu'ils soient, directs ou indirects, de même que les emprunts, qui ne sont que des impôts déguisés et de les voter librement dans les assemblées nationales, aucun emprunt ne pourra être fait, ni aucun impôt être levé en France, sans que l'édit ou déclaration qui établira l'impôt ou l'emprunt ne renferme une disposition expresse du consentement de la nation assemblée; et qu'en conséquence toutes impositions établies ou prorogées par le gouvernement, sans cette condition, seront nulles et illégales, et qu'il sera défendu de les percevoir, sous peine de concussion.

5° Que la durée des impôts, qui seront consentis par les États généraux, sera toujours limitée d'une assemblée à l'autre.

6° Qu'à la nation française, assemblée en États généraux, appartient essentiellement le droit imprescriptible de proposer au souverain les lois qu'elle croit nécessaires au bien du royaume, et de donner ou refuser son consentement à celles qui lui seront proposées par le souverain, sans que jamais aucun acte public puisse être réputé loi sans le consentement exprès et formel de l'assemblée nationale; que les lois, après avoir reçu ainsi la double sanction également essentielle du souverain et de la nation, seront adressées aux parlements et aux autres cours chargées de veiller à leur exécution; et que, pour prévenir les atteintes qui pourraient être portées à un droit qui constitue aussi essentiellement l'ordre public, il sera défendu aux parlements et autres cours d'enregistrer, publier ni poursuivre l'exécution d'aucune loi qui ne contiendrait pas la sanction expresse de la nation assemblée.

7° Que, pour confirmer aux citoyens de tous les ordres la sûreté personnelle et individuelle que chacun a droit d'attendre de la protection des lois, sous un gouvernement bien ordonné, et prévenir à jamais l'abus contre la liberté des personnes, il sera défendu qu'aucun citoyen ne puisse être privé de sa liberté, sous quelque prétexte que ce soit, autrement que suivant les formes consacrées par les ordonnances du royaume, et qu'aucun citoyen ne puisse être détenu prisonnier ailleurs que dans les prisons légales, pour y subir son jugement par-devant son juge naturel, suivant les formes judiciaires.

8° Que toutes les commissions en matière criminelle seront irrévocablement prohibées.

9° Attendu que l'on chercherait vainement à assurer les bases du gouvernement, tant que les principes sur lesquels reposent les propriétés individuelles de toutes les classes de la société pourraient être ou éludés, ou attaqués, l'assemblée juge qu'il est nécessaire d'obtenir une loi qui, en prenant sous sa protection immédiate toutes les propriété du royaume, les défende efficacement des atteintes sans nombre qui leur ont été portées, tantôt par des évocations à des tribunaux illégaux et privilégiés, tantôt par des arrêts de surséance, qui privent un créancier légitime du remède que la loi lui offre pour recouvrer sa propriété injustement détenue par un débiteur favorisé; souvent, enfin, par des cassations multipliées qui, en éternisant les procès dans les familles, ou bien absorbent en frais de procédure la valeur des propriétés litigieuses, ou bien forcent le propriétaire faible et indéfendu à abandonner, sur les poursuites d'un adversaire puissant et en crédit, une propriété que ses facultés trop modiques ne lui permettent pas de défendre. Cet abus des cassations a même été porté à un tel point, que l'on a vu des procès renvoyés successivement à divers parlements du royaume, et les parties finir par en abandonner la poursuite, après avoir consumé toute leur fortune en procédures ruineuses et souvent vexatoires.

Pour tarir sans retour la source de pareils abus, l'assemblée charge spécialement son député de faire statuer aux États généraux, que nul citoyen, de quelque classe que ce soit, ne pourra être inquiété dans sa propriété que conformément aux lois établies dans le royaume, ni être poursuivi ailleurs que devant le juge naturel de son territoire, de quelque nature que soit l'action intentée contre lui; que, sous ce prétexte, le cours ordinaire de la justice ne sera arrêté par les actes du pouvoir arbitraire; qu'en conséquence les évocations particulières et les arrêts de surséance seront expressément défendus, et les cassations restreintes dans les limites qui leur ont été fixées par les lois.

Que les ministres seront responsables aux États généraux des infractions commises contre la constitution de l'État dans l'exercice de leurs fonctions.

Et afin que l'affermissement de ces principes, qui constituent essentiellement les droits de la nation, ne puisse être éludé ni différé, l'assemblée charge spécialement son député de ne consentir à aucun secours pécuniaire, soit à titre d'emprunts, d'impôts ou autrement, avant que la loi qui les doit consacrer n'ait été solennellement proclamée.

INSTRUCTIONS GÉNÉRALES RELATIVES AUX TROIS ORDRES.

Art. 2. *Pouvoirs relatifs à l'acquittement de la dette de l'État.* — Après que les droits de la nation auront été ainsi invariablement établis, et non autrement, le député sera tenu de concourir à l'examen de la dette du Roi; d'en approfondir la nature et l'origine; de vérifier l'utilité ou la profusion des dons et des pensions; et, seulement après cet examen, l'assemblée donne pouvoir à son député de s'engager avec les autres représentants de la nation au payement de la dette du Roi, qui sera convertie en dette nationale; de

consentir au secours, soit à titre d'impôts, soit à titre d'emprunts, qui sera jugé nécessaire, tant pour en acquitter les intérêts, que pour former un fonds d'amortissement qui en assure l'extinction.

Et afin que les secours qui seront accordés pour l'acquittement intégral de la dette ne puissent pas être détournés, le député de l'assemblée demandera qu'il soit arrêté que les ministres des finances justifient aux États généraux que les sommes accordées et perçues auront été employées conformément à leur destination, à moins que la nation ne se charge elle-même de l'extinction de la dette en la répartissant entre les différentes provinces.

Donne mandat à son député de concourir à l'examen des dépenses annuelles et ordinaires de chaque département, y compris celles de la maison du Roi; de les régler et fixer invariablement, après avoir opéré toutes les réductions dont elles seront susceptibles; et d'après la connaissance des besoins annuels de l'État, rigoureusement démontrée, pourra le député user du pouvoir que l'assemblée lui donne de consentir à une somme annuelle d'imposition, proportionnée à l'étendue des besoins, dans la forme qui sera réglée par les États généraux, à la charge, néanmoins, que la durée de l'imposition consentie sera limitée à la première assemblée des États généraux, dans le cas où leur permanence ne serait pas établie; que dans l'acte qui contiendra l'octroi fait par la nation, il y sera stipulé que les parlements, les autres cours et tous juges demeureront chargés de poursuivre et punir comme concussionnaire quiconque aurait la témérité de répartir ou lever d'autres subsides que ceux qui auront été consentis par les États généraux, ou dont le terme, par eux fixé, serait expiré, et que les ministres de chaque département seront responsables à la nation de l'emploi des fonds.

Inamovibilité des charges de magistrature. Et attendu que l'inamovibilité des offices de magistrature est tellement liée à l'ordre public, qu'elle n'a été établie sur la demande de la nation que pour rendre l'administration de la justice indépendante de l'autorité arbitraire, et communiquer aux magistrats, dans l'exercice rigoureux de leurs fonctions, l'impartialité de la loi dont ils sont les organes, et que cependant le statut national qui les a déclarés inamovibles a souvent été éludé par des destitutions déguisées sous les noms de suppression et de rétablissement d'offices sur la tête des nouveaux officiers, par des changements versatiles dans le nombre des offices et dans la compétence des tribunaux; il sera demandé qu'en consacrant de nouveau la loi de l'inamovibilité des offices, il ne puisse être fait aucun changement dans l'ordre des tribunaux sans le consentement de la nation, à laquelle ils seront responsables de leurs fonctions.

Réforme dans l'administration de la justice. — Considérant, l'assemblée, que l'administration de la justice, qui devrait être tout à la fois gratuite et expéditive, est devenue cependant un fardeau accablant pour les peuples, tant par les procédures longues et dispendieuses qui se sont introduites, que par les droits attachés à une multitude d'offices inutiles que le fisc a fait établir à la suite des tribunaux, et par les vacations et les épices des juges, il sera demandé aux États généraux de supplier le Roi de réformer et d'abréger les procédures, d'en diminuer les frais, et, lorsque les circonstances le permettront, de supprimer tous les offices inutiles, ainsi que les droits que le fisc s'est réservés sur les offices créés à la fin du règne de Louis XIV, et qui ont été supprimés par l'édit d'avril 1717; et enfin, de supprimer les épices des juges, en y substituant des traitements modérés, et proportionnés au rang des tribunaux et à la dignité des offices.

INSTRUCTIONS LOCALES ET PARTICULIÈRES RELATIVES AUX TROIS ORDRES.

Art. 3. *Etats provinciaux de la Brie.* — L'ordre du clergé, unissant son vœu à celui des deux autres ordres réunis, charge son député de concourir avec ceux des deux autres ordres pour demander l'établissement d'Etats provinciaux particuliers à la Brie, dont le siége sera fixé dans la ville de Meaux.

Capitainerie et droit de chasse. Il est une sorte d'impôt qui, sans en porter le nom, est cependant aussi onéreux au peuple d'une partie de ce bailliage que tous les autres impôts réunis : la capitainerie de Monceaux, établie dans son origine pour les plaisirs du Roi, assez cher à ses sujets pour les engager à faire à cet objet seul le sacrifice de leurs propres intérêts. Tant qu'elle a pu remplir leur vue, elle n'a occasionné que de faibles réclamations ; devenue depuis plus de cent soixante ans étrangère à cette destination, alors un cri général s'est fait entendre, et l'on a vu renouveler tous les ans les plaintes du cultivateur assez malheureux pour se voir frustré, par ce fléau destructeur, de plus de moitié du fruit de ses travaux. Exposé, dans le temps de la semence, à voir dévorer son grain à mesure qu'il le sème ; arrêté par mille entraves dans le temps de la récolte, il porte, pendant toute l'année, le poids d'un joug d'autant plus accablant qu'il n'a, pour s'en soulager, aucun motif de consolation, puisque l'impôt dont il se plaint, absolument inutile au Roi, est aussi à la charge de l'Etat qu'au particulier même. C'est par ces considérations que le clergé du bailliage de Meaux, occupé bien plus encore de l'intérêt général que de son intérêt particulier, charge son député, en joignant son vœu à celui de la noblesse et du tiers-état, de supplier Sa Majesté de consentir à la suppression de cette capitainerie et de rendre au malheureux cultivateur, dont elle détruit l'espérance, le courage et la liberté, qui seuls peuvent assurer le succès de son travail. Le clergé croit même qu'il est du devoir de sa charité envers les malheureux de solliciter vivement auprès du Roi, dans l'assemblée des Etats généraux, la liberté de tous les particuliers condamnés et servant sur les galères du Roi, pour des délits relatifs au fait des capitaineries. Mais le Roi sera supplié de porter plus loin sa bonté pour un peuple dont il veut être le père.

La capitainerie supprimée, il resterait encore le ravage occasionné par les bêtes fauves. Le clergé du bailliage de Meaux sait que le droit de les faire conserver est une des prérogatives royales, mais il connaît assez la bonté du Roi pour charger son député aux Etats généraux de remontrer les inconvénients de cette conservation, lorsqu'elle est confiée à un pouvoir particulier et arbitraire.

La vexation des gardes qui y sont employés, le nombre des bêtes fauves, les amendes exorbitantes exigées avec rigueur, et même sans aucune formalité, pour la moindre contravention, fait bien souvent, de ce qui n'est destiné qu'aux plaisirs du souverain, la ruine et le malheur des sujets.

Le député du clergé insistera également sur le renouvellement et l'observation des lois rendues sur le fait de la chasse, en représentant le tort considérable qui résulte de la trop grande multitude de gibier et les dommages qu'occasionne le peu d'attention qu'ont les propriétaires du droit de chasse, à n'user ce droit que dans les temps prescrits par les lois, et avec les précautions qui ne puissent nuire à l'intérêt public ni aux propriétés des particuliers.

INSTRUCTIONS GÉNÉRALES RELATIVES A L'ORDRE DU CLERGÉ.

Art. 4. *Consentement à la contribution commune.* — L'assemblée, considérant que l'immunité du clergé, dont il n'a jamais fait usage que pour se préserver d'impôts qu'il n'aurait pas consentis, cesse d'être un privilège qui lui soit particulier dès l'instant que le Roi rétablit la nation entière dans le droit imprescriptible de voter librement les subsides ; que si, dans ces assemblées générales, le clergé de France s'est persévéremment attaché au maintien de ses formes, ce n'était pas qu'elles fussent une exemption utile à son ordre, et onéreuse au reste de la nation, mais plutôt parce qu'il les considérait comme un monument précieux des franchises nationales, dont il a voulu perpétuer le dépôt pour le remettre à la nation assemblée, et en partager la jouissance avec tous les ordres sans distinction et sans privilège ; que, jusque-là, le sacrifice qu'il en aurait fait aurait effacé la trace d'un droit précieux à la nation dont l'usage, dans les mains du clergé, rappelait perpétuellement l'image de la liberté primitive, et offrait sans cesse à tous les ordres un moyen plus facile d'en obtenir le rétablissement ; mais que, quand un prince, ami de son peuple, va régénérer l'Etat en lui rendant ses premiers droits, le clergé qui vote l'impôt avec les deux autres ordres dans l'assemblée de la nation, n'a plus de privilège ni d'exception à réclamer ; que dès lors les formes particulières devenant celles de tous les ordres, il ne voit plus dans les charges publiques qu'un fardeau général, qui doit peser également sur toutes les propriétés en proportion de leur valeur ; qu'en conséquence, l'ordre du clergé consent que, pour ôter tout prétexte aux divisions qui ont agité les différents ordres, toutes les contributions pécuniaires qui seront octroyées par les trois ordres aux Etats généraux, soient supportées également par les citoyens de tous les ordres, à proportion des leurs, sans distinctions ni sans privilèges.

Consentement que son zèle patriotique lui inspire, quoique, dans l'origine, ses biens, qui sont le fruit de la piété de nos pères, fussent, par leur nature, séparés de tout usage profane, et uniquement destinés à l'entretien des temples, à la subsistance des ministres de la religion et au soulagement des pauvres.

Demande du payement de la dette du clergé. — Et attendu que la masse des dettes du clergé ne s'est accrue qu'à cause des secours abondants et multipliés que les besoins de l'Etat l'ont obligé de fournir, et qui a diminué d'autant les emprunts, auxquels le gouvernement aurait été forcé de recourir, l'ordre du clergé charge son député de demander qu'il soit pourvu, dans l'assemblée des Etats généraux, au moyen d'opérer l'extinction de sa dette.

Etablissement des conciles provinciaux. — Considérant en outre, l'ordre du clergé dudit bailliage, que la tenue périodique des conciles provinciaux, qui a été si utile au bien des églises et de la religion, peut seule remédier efficacement aux maux sans nombre qui affligent l'Eglise gallicane ; que l'objet de ces saintes assemblées étant de maintenir la pureté de la foi, de soutenir la régularité des mœurs, et d'entretenir entre toutes les provinces ce concert et cette uniformité, qui font la force et la dignité de la discipline ecclesiastique, jamais circonstance ne fut aussi impérieuse pour en réclamer la convocation ; que la religion, qui a reçu autrefois un si grand éclat de la ferveur et de la piété de ses ministres, est aujourd'hui attaquée de toutes parts, et qu'une des causes de la propagation rapide de l'impiété, est principalement le relâchement de la discipline ecclésiastique ; que, dans un moment où le monarque s'occupe efficacement de la régénération de l'Etat, l'Eglise gallicane doit aussi, à son exemple, travailler à régénérer dans toute sa pureté l'esprit ecclésiastique, et, par le même moyen, les mœurs qui en dépendent. C'est pourquoi l'assemblée charge spécialement son député de demander à l'ordre du clergé, aux Etats généraux, de renouveler auprès du Roi ses instances les plus vives, pour qu'il plaise à Sa Majesté statuer, par une loi irrévocable, que tous les archevêques et métropolitains convoqueront périodiquement, tous les cinq ans, les conciles provinciaux, comme Louis XIV l'avait ordonné par sa déclaration du 16 avril 1646 ; et qu'afin de former un lieu permanent et uniforme entre les décisions de ces conciles et la discipline des diocèses de chaque province, les procès-verbaux des visites que les évêques feront dans leurs diocèses, et les règlements arrêtés par eux dans leurs synodes, pendant l'intervalle de la tenue des conciles, seront portés à l'assemblée suivante, à l'effet d'y faire connaître l'état des diocèses, tant dans l'ordre de la foi que dans l'ordre de la discipline.

Dîmes. — Parmi les propriétés qui forment le patrimoine des églises de France, la dîme est celle que le souverain et la nation leur ont le plus solennellement assurée. L'établissement de ce droit remonte jusqu'aux Capitulaires de nos rois, qui ont affecté à la dîme tous les fruits de la terre, et imposé aux cultivateurs l'obligation civile de la payer ; ces lois qui portent la double sanction du souverain et de la nation au milieu de laquelle elles ont été proclamées, auraient dû préserver de toute entreprise une propriété aussi ancienne et appuyée sur une possession aussi recommandable ; cependant, par succession de temps, on a cru pouvoir dépouiller les églises d'une partie des droits attachés à la dîme, en élevant des discussions, soit sur la quotité, soit sur la forme de perception, ou bien sur les nouveaux fruits substitués à ceux qui étaient anciennement décimables : la diversité des jugements que les tribunaux ont rendus sur ces matières n'a fait que multiplier les procès, au lieu d'en tarir la source, et perpétuer entre les pasteurs et les habitants des paroisses des débats aussi nuisibles au bien de la religion qu'à l'efficacité des fonctions de ses ministres.

D'après ces considérations, l'assemblée juge qu'il serait nécessaire d'obtenir une loi qui, en combinant, suivant les règles de la justice la plus exacte, le droit acquis au clergé, tant sur les fruits anciennement décimables, que la quotité déterminée par une possession avec l'indemnité légitimement due au décimateur. dans le cas d'une nouvelle culture, maintînt, d'un côté, le décimateur dans sa propriété, et de l'autre, n'imposât aucun obstacle à la liberté du cultivateur. Une pareille loi aurait tout à la fois l'avantage de conserver au clergé sa propriété, et de la débarrasser,

par une uniformité de principes, de la gêne qu'a introduite, dans sa perception, la diversité de jurisprudence des tribunaux.

Economats. — Considérant, l'assemblée, que les économats qui, dans le principe de leur établissement, étaient destinés à veiller, en qualité de séquestre, à la conservation des bénéfices, et à réparer, par des moyens faciles et peu dispendieux, la négligence des bénéficiers, ne présentent plus qu'une organisation vicieuse et onéreuse aux successions des bénéficiers, tout l'autorise à en demander l'abolition ; mais ce qui doit principalement inquiéter le clergé, c'est que la caisse des économats est devenue, par une progression rapide et effrayante, un gouffre où vont s'engloutir les revenus des plus riches abbayes. Pour alimenter cette caisse, il faut que les titres des églises restent longtemps vacants ; que l'acquit des charges, tant civiles qu'ecclésiastiques, soit alors abandonné à des créanciers avides, bien plus occupés à faire profiter leurs traités qu'à remplir les obligations du bénéfice. Aussi, à la réserve des charges civilement affectées sur les biens, toutes celles qui, dans l'ordre de la religion et de l'humanité, intéressent la conscience des bénéficiers, et qui, sous ce rapport, doivent être très-étendues, tel que le soulagement des pauvres, l'acquit des fondations et autres, sont presque toujours négligées dans les bénéfices en économats.

Mais si l'administration de ces biens est vicieuse, l'usage des fonds qui en proviennent n'est ni régulier ni canonique ; souvent on leur donne des applications qui n'ont aucun rapport au service de l'Eglise, ou bien on les emploie à des libéralités obscures, que l'on craindrait de publier.

Un dépôt aussi extraordinaire des revenus de l'Eglise contrarie trop ouvertement les vrais principes, pour que le clergé entier n'en demande pas la suppression.

Il faut bien distinguer un établissement aussi vicieux et aussi abusif du droit de garde des églises vacantes, qui appartient au Roi, au titre de sa couronne, sur lequel la piété de nos rois a affecté des secours en faveur des nouveaux convertis, et que Sa Majesté est suppliée de leur conserver ; mais en avouant au Roi le droit de garde, que le clergé de France s'empressera toujours de reconnaître, il doit en même temps éclairer Sa Majesté sur le vice des économats ; c'est pourquoi l'assemblée charge spécialement son député de demander que les économats soient supprimés, et que le Roi soit supplié de pourvoir de titulaires les églises vacantes, au moins pendant les six premiers mois de la vacance.

Attendu qu'en demandant la suppression des économats, le clergé, aux Etats généraux, s'occupera de prévenir le dépérissement des bénéfices, l'assemblée s'en rapporte à son député, avec les représentants du clergé des autres provinces, pour arrêter un projet de loi qui assure la réparation des bénéfices, et qui débarrasse en même temps les successions des bénéficiers des retards du payement que le régime actuel de l'économat oppose à l'héritier ou au nouveau titulaire.

Peut-être sera-t-il plus simple de traiter les bénéfices consistoriaux, comme dans les provinces où les économats n'ont pas lieu, ou comme les bénéfices sur lesquels ils n'ont pas de droit à exercer. Mais si l'on s'en tient à l'admettre d'autre précaution que la vigilance habituelle des officiers de justice, il sera nécessaire que la loi simplifie et modère leurs vacations.

Maîtrises des eaux et forêts. — L'assemblée charge

son député de demander aux États généraux, de supplier le Roi de prendre en considération les entraves onéreuses que le régime actuel des eaux et forêts impose sur les propriétés des gens de mainmorte. Les formalités sans nombre, et souvent inutiles, auxquelles ceux-ci sont assujettis pour obtenir la délivrance de leurs bois, absorbent souvent la majeure partie de leur valeur. Il est nécessaire, sans doute, de prévenir, par des formes salutaires, les coupes anticipées qu'un usufruitier pourrait faire dans ses bois, en sacrifiant un avantage futur et certain au besoin du moment, et de conserver au public et à la marine une denrée dont la disette serait une vraie calamité; mais l'expérience ayant démontré que l'attribution, accordée aux maîtrises sur les bois des gens de mainmorte, leur est extrêmement onéreuse sans prévenir les abus, Sa Majesté sera suppliée d'y pourvoir ; et l'assemblée, étendant ses considérations sur les rapports qui intéressent l'ordre public, ne voit dans les maîtrises que des tribunaux d'exception, dont la compétence dans les matières contentieuses doit être remise aux bailliages, comme juges naturels dans l'étendue de leur district.

Droits domaniaux. — Depuis que l'administration des domaines a été autorisée à porter au conseil toutes les questions relatives aux droits domaniaux, il s'est élevé de toutes les parties du royaume des plaintes contre cette administration. Les grandes chambres des parlements sont les cours souveraines des domaines du Roi. Pourquoi les contestations sur les droits domaniaux légitimement établis n'y seraient-elles pas également jugées en dernier ressort? L'assemblée demande que la connaissance leur en soit attribuée. L'administration, forcée de conformer sa régie à des principes fixes et certains, se renfermerait dans la perception des droits qui lui sont légitimement attribués, sans chercher à les étendre en inquiétant perpétuellement les citoyens.

Une jurisprudence versatile dans ses décisions, est une atteinte à la propriété. Aussi le clergé, inquiété dans ses propriétés par le régisseur des droits domaniaux, ne peut s'empêcher de s'élever contre les arrêts du conseil qui ont autorisé ses prétentions. Tel est celui du 5 septembre 1785, qui oblige les ecclésiastiques à passer à l'enchère et en présence du subdélégué de l'intendant, les premiers baux des nouvelles constructions et reconstructions. C'est une entrave de plus mise à la propriété. Tels sont les arrêts qui assujettissent à un nouveau droit d'amortissement les échanges, entre les ecclésiastiques, des biens déjà amortis. Tels sont enfin les arrêts qui ont autorisé la perception des droits de franc-fief et autres droits domaniaux accessoires, sur les baux emphytéotiques de quelques portions d'héritage situées dans l'étendue des seigneuries des gens de mainmorte. L'établissement de droits aussi injustes qu'onéreux au clergé n'est fondé sur aucune loi ; ils ne doivent leur existence qu'aux prétentions fiscales du régisseur et à la facilité qu'il a de les faire accueillir au conseil par des arrêts sur requête : l'assemblée charge son député d'en demander la suppression.

MM. l'abbé de Ruallem, l'abbé d'Albignac, l'abbé de Saluces, l'abbé Boulay, le prieur de Saint-Faron, le prieur-curé de Lysy, le curé de Reuil, le curé d'Isle, le curé d'Étavigny, le curé de Sablonnières, le curé de Chambry, *commissaire*; le curé d'Étrepilly, *commissaire* ; l'abbé de Saint-Hilaire, *président* ; le curé de Saint-Nicolas, *secrétaire.*

CAHIER

Des pouvoirs et instructions du député de l'ordre de la noblesse du bailliage de Meaux, remis à M. d'Aguesseau de Fresnes, conseiller d'État, élu député aux prochains États généraux par l'ordre de la noblesse du bailliage de Meaux, le 21 mars 1789 (1).

CONSTITUTION.

Art. 1er. Le député de la noblesse du bailliage de Meaux déclarera que la volonté du bailliage est qu'il ne soit passé à l'examen de la dette et à l'octroi d'aucun emprunt ou impôt, que les bases de la constitution n'aient été posées dans les États, qu'il n'y ait été statué par eux et par le Roi, et que les lois à faire sur cet objet n'aient été rédigées, consenties et promulguées.

Art. 2. Le député demandera que les États généraux soient rendus permanents, mais de manière à ce que le renouvellement de leurs membres soit successivement opéré, ou périodiques à terme rapproché, et sans besoin alors d'aucune convocation ; que l'on détermine pour l'avenir le lieu, l'époque de convocation, la forme des élections, le nombre et l'espèce des députés, la forme et le régime des délibérations, sans avoir égard à ce qui s'est pratiqué jusqu'à présent, mais seulement au plus grand avantage de l'État.

Art. 3. Que les États généraux déclarent qu'ils ne se départiront jamais du droit constitutionnel d'après lequel aucune imposition, emprunt ou subside quelconque, ne peuvent être établis qu'avec leur consentement, formellement et clairement exprimé.

Art. 4. Qu'il soit décidé de prononcer expressément, qu'il sera établi, dans toutes les provinces du royaume, des États provinciaux chargés de veiller à chaque partie de l'administration, et à la juste répartition des subsides.

Art. 5. Qu'il soit décidé que tous impôts (autres que celui ou ceux qui doivent servir à l'extinction de la dette nationale) ne seront jamais accordés que pour un temps limité, au delà duquel ils cesseront d'être perçus.

Art. 6. Que les droits du pouvoir législatif et ceux du pouvoir exécutif soient exactement déterminés et séparés l'un de l'autre.

Art. 7. Le député demandera une loi par laquelle il sera statué que la liberté individuelle de tous les citoyens étant sacrée, elle ne pourra être attaquée que par les formes de la loi ; qu'aucun citoyen ne pourra être emprisonné en vertu d'aucun ordre du pouvoir exécutif, que pour être remis entre les mains de ses juges naturels, dans le délai qui sera fixé par la loi ; et en conséquence, qu'il n'existera aucun lieu de détention, autre que ceux qui sont soumis à l'inspection et à la juridiction de la justice ordinaire ; que toute violation de ce premier article du pacte social sera regardée par la nation comme un délit envers elle.

Art. 8. Que toute contravention aux lois constitutives sera un délit, et qu'en conséquence, tous contrevenants à ces lois, ordonnateurs ou ministres, seront responsables de leur contravention envers la nation, et comme tels, poursuivis devant les tribunaux ordinaires, et qu'aucun ordre privé ne pourra les garantir de cette responsabilité.

Art. 9. Que la liberté de la presse sera établie

---

(1) Nous publions ce cahier d'après un imprimé de la *Bibliothèque du Corps législatif.*

sans restriction ; mais il sera fait une loi pour rendre responsables les auteurs, et à défaut de leur représentation, les imprimeurs, de ce que l'ouvrage contiendra, et cette responsabilité ne pourra être exercée que suivant les formes légales, et devant des tribunaux ordinaires.

Art. 10. Les neuf articles ci-dessus sont ceux que le bailliage regarde comme les bases essentielles de la constitution, et il les juge aussi nécessaires et aussi inviolables que les lois de la succession au trône.

En conséquence, il enjoint expressément à son député de ne jamais s'en écarter, sous aucun prétexte.

ADMINISTRATION.

Art. 1er. Après l'établissement de ces lois, qui doivent assurer à jamais la liberté nationale, le député sera chargé de donner, au nom du bailliage, à l'État et au Roi, toutes les preuves possibles d'attachement, de respect et de dévouement; en conséquence, il commencera par recevoir la déclaration de la dette de l'État, sur laquelle on ne se permettra d'autres recherches que la vérification des calculs et des pièces probantes ; parce que tout créancier de l'Etat a dû transiger avec confiance, croire au pouvoir de celui qui réglait les conditions de son engagement, tant que les bornes de son pouvoir n'ont pas été constitutionnellement posées; qu'il n'est pas juste de lui faire porter la peine des erreurs du gouvernement, et que la nation croit son honneur engagé à ne pas faire naître un doute sur sa fidélité envers aucun de ses créanciers, même les plus onéreux.

Art. 2. Le député consentira à l'octroi du subside qui sera jugé nécessaire, tant aux intérêts, qu'à l'extinction successive et totale de la dette nationale. Ces fonds seront versés dans une caisse nationale séparée, inaccessible à toute influence du pouvoir exécutif, et soumise à l'inspection des États généraux. Ledit subside sera perçu, sans réclamation, tout le temps fixé pour parvenir à la susdite extinction, et en conséquence tous les officiers publics employés, tant à la conservation des deniers de ladite caisse, qu'à leur perception et à leur distribution, seront à la nomination et dans la seule dépendance des États généraux, dans tout ce qui aura rapport à cette administration.

Art. 3. Le député déclarera que les impôts et subsides actuellement subsistants sont illégalement établis, néanmoins que le bailliage consent qu'ils continuent d'être perçus jusqu'à ce qu'un nouvel ordre d'imposition ait été fixé par les États généraux.

Art. 4. Les dépenses des départements seront réglées et fixées au taux qui sera reconnu juste et convenable par les États généraux, d'après l'examen et vérification qu'ils en auront faits.

Quant à la dépense de la maison du Roi, Sa Majesté sera suppliée de la régler elle-même, avec l'économie qui lui appartient, et cependant avec la dignité qui convient à sa couronne.

Art. 5. Le député consentira aux subsides qui seront jugés nécessaires pour acquitter les dépenses fixes desdits départements, mais sous la condition expresse que ces impositions ne seront établies que pour un temps limité, qui ne pourra jamais être reportée au delà du terme d'une année, s'il est décidé dans l'assemblée de la nation que les États généraux seront permanents, ou au delà du terme d'une tenue à l'autre, si les États généraux sont jugés devoir être périodiques.

Art. 6. Les fonds destinés à l'acquittement des dépenses d'administration seront versés au trésor royal, et tous les ordonnateurs et administrateurs de chaque portion de ces dépenses seront tenus de rendre compte de leur gestion à chaque tenue d'États généraux, en rapportant leurs états de recette et de dépense, avec les pièces probantes et justificatives. Il est enjoint au député de poursuivre l'exécution de cet article avec tout le zèle et toute la détermination possible.

Art. 7. Le député portera le vœu unanime de l'ordre de la noblesse pour que tous les impôts et subsides, tant pour parvenir au payement de la dette, que pour acquitter les dépenses publiques, soient supportés par toutes les classes des citoyens indistinctement, en proportion de leurs facultés.

Art. 8. Le député demandera que tous les comptes de finance soient rendus aux États généraux, et que les ministres des finances soient responsables envers la nation de leur administration.

Art. 9. Le député demandera que les capitaineries soient totalement supprimées, et qu'il soit fait au Code des chasses tels changements qui, en assurant aux tribunaux ordinaires la connaissance des délits et contraventions, rendent toutes ses clauses compatibles avec la liberté et la propriété des citoyens.

Art. 10. Le député demandera nommément, avec la plus forte instance, et dans le plus court délai possible, la suppression totale de la capitainerie de Monceaux, comme d'autant plus vexatoire, que depuis cent soixante-quinze ans, elle est absolument inutile aux plaisirs de Sa Majesté, et qu'elle subsiste, malgré la demande en suppression formée par le bailliage lors des États de 1614.

Art. 11. Le député demandera que la noblesse soit maintenue inviolablement dans sa possession de tous les droits honorifiques qui ne blessent en aucune manière la liberté, et qui font une partie essentielle de sa propriété.

Art. 12. Le député demandera que les lois constitutives, arrêtées et promulguées dans les États généraux, soient imprimées ; qu'il en soit envoyé des exemplaires dans chaque paroisse, et que lecture en soit faite au prône et à l'audience au moins deux fois par an.

Art. 13. Le député demandera qu'après la promulgation des lois constitutives, véritable sauvegarde de la liberté et de la propriété, les clauses de ces lois soient rédigées en une espèce de catéchisme, ou livre d'instruction élémentaire, lequel sera enseigné dans les paroisses, et dont l'usage constant attachera dans peu d'années les Français à la loi, par le lien indissoluble d'une éducation nationale.

Art. 14. Le député engagera les États généraux à demander au Roi de faire cesser la violation du secret de la poste, abus tyrannique, aussi contraire à la foi publique qu'à la liberté des citoyens, et inutile, dès qu'il est connu. Le Roi sera supplié de donner toute satisfaction sur ce point à la nation, qui s'en rapportera à sa parole sacrée ; en conséquence, il ne sera plus alloué dans le compte des dépenses d'administration aucune somme, sous le titre de dépenses secrètes de la poste aux lettres.

Art. 15. Le député demandera, au nom de la noblesse du bailliage, qu'il soit établi dans la province de Brie des États particuliers, séparés de ceux de l'Isle-de-France et de ceux de la Champagne, et que ces États soient établis à Meaux, comme la capitale de la province. Le député appuiera cette demande sur la proportion inégale dans laquelle se trouve, avec les deux provinces auxquelles elle a été jusqu'à présent associée, tant par rapport à la fertilité de son sol et au nombre de ses habitants, que par rapport à la quotité et à la nature de son imposition : quant à la formation du régime de cette assemblée provinciale de Brie, le député s'en rapportera aux lumières et au patriotisme des États généraux.

Art. 16. Le député demandera que nul citoyen servant dans les armées de terre et de mer ne puisse être destitué irrévocablement de son emploi qu'après un jugement préalable, et suivant les ordonnances rendues sur cette matière.

Art. 17. Le député demandera que le titre des monnaies ne puisse être changé, ni aucun papier-monnaie introduit sans le consentement national.

DEMANDES GÉNÉRALES.

La noblesse du bailliage de Meaux, bien convaincue que les objets importants de première nécessité, contenus dans les deux chapitres précédents, occuperont suffisamment la prochaine assemblée des États généraux ; considérant que, par leur permanence ou leur périodicité, les États généraux pourront successivement attaquer et détruire tous les abus existants, indiquer et mettre en usage toutes les ressources et moyens d'amélioration possibles, remet à son député les indications suivantes, en laissant entièrement à sa prudence le soin de déterminer l'usage qu'il en pourra faire, d'adopter les divers modes d'exécution qui pourraient être proposés.

Art. 1er. Le député proposera aux États généraux de délibérer sur les pensions abusives ou exagérées, et sur le règlement à faire à ce sujet. Dans le cas où les États généraux jugeraient à propos d'ordonner une révision des pensions, la noblesse désire qu'ils laissent subsister celle de mille écus et au-dessous.

Art. 2. Le député demandera que le régime actuel des intendants ou commissaires départis, que l'établissement des assemblées provinciales a déjà favorablement modifié, soit entièrement aboli, lorsque les États provinciaux seront constitués légalement.

Art. 3. Le député demandera que les lois dérogatoires, tendantes à diminuer les ressources que des professions honnêtes et lucratives peuvent présenter à la noblesse, et à la priver ainsi d'un moyen de rétablir une fortune souvent ruinée par des sacrifices faits à la patrie, soient détruites.

Art. 4. Le député proposera de réformer l'abus des anoblissements par charge et par aucun moyen de finance.

Le Roi sera supplié de n'user du droit qu'il a d'anoblir, que pour récompenser des services réels, importants, que tous les anoblissements soient proclamés par le Roi aux séances des États généraux.

Art. 5. Le député proposera la suppression de tous les priviléges tendant à distraire les justiciables de leur justice ordinaire.

Art. 6. Le député proposera de statuer sur l'abus résultant des lettres d'État ou de surséance.

Art. 7. Le député proposera de revoir avec une scrupuleuse attention le tarif des droits connus sous le titre de droits du domaine incorporel.

Art. 8. Le député proposera que les priviléges et exemptions dont se trouvent jouir quelques personnes du tiers, tels que les maîtres de poste et autres, soient abolis, leurs services paraissant devoir être récompensés autrement.

Art. 9. Le député proposera de s'occuper de l'examen et de la réformation de la jurisprudence civile et criminelle, et cet objet paraît devoir être confié par les États à une commission formée par eux.

Art. 10. Le député proposera d'assujettir la régie des domaines fonciers du Roi à des lois fixes et à un meilleur régime d'administration ; ce travail paraît devoir être confié par les États à une commission formée par eux.

Art. 11. Le député proposera de détruire les péages existants dans le royaume, et de subvenir d'une autre manière aux dépenses qui les motivent, ou aux indemnités qui nécessiteraient leur suppression.

Art. 12. Le député demandera que les barrières de l'intérieur du royaume soient reportées aux frontières ; ces entraves multipliées causant un préjudice notable au commerce qu'elles grèvent partout d'une inquisition locale, portant le trouble et l'inquiétude dans le sein de la patrie, et tendant à séparer les provinces d'un empire, qui ne peut acquérir toute la force dont il est susceptible, que par le rapprochement et l'harmonie la plus parfaite entre ses parties intégrantes.

Art. 13. Le député proposera aux États généraux de supprimer les loteries, comme une source de désordres, et un impôt d'autant plus préjudiciable à la nation, qu'il offre aux citoyens un appât séducteur qui trouve des victimes dans tous les ordres, et surtout dans la classe la plus indigente.

Signé Clermont-Tonnerre, Reilhac, Corduan, Montesquiou, Quatre-Solz de Marolles, de La Marlière, *commissaires.*

Approuvé : Du Coudray, de Sancy, de Chavigny, d'Ossy, de Sanois, de La Chastre, de La Mire-Mory, Ninjot, Des Courtiles, Le Noir, de Thomé, Decan, La Marlière, Quatre-Solz de la Haute, de Constant, de Mondollot, de Montfort, de Monferrant, Du Jay, Des Graviers de Berchiny, Houdan, Ménage, Rochard, Le Ruhier, de l'Herbé, Ogier de Baulny, de Résy, de Bretot, Royer de Maulny, Royer de Bélon, Huby, de Maistre, de Ricouart, Boula de Savigny, de Chavigny, de La Marlière, de Montesquiou, d'Aguesseau de Fresne, *président* ; de Vernon, *secrétaire.*

CAHIER

De doléances, plaintes et remontrances de l'ordre du tiers-état du bailliage de Meaux (1).

Remontre l'ordre du tiers-état du bailliage de Meaux qu'il est accablé d'impôts.

La taille, dont le capital et les accessoires sont excessifs, a une base injuste de répartition ; la perception s'en fait à grands frais, et le mode d'assiette est une véritable inquisition.

Les vingtièmes sont rigoureusement exigés du pauvre, et réduits aux abonnements les plus médiocres pour les riches.

La corvée est payée par les communautés, qui, privées de chemins, ne peuvent avoir de débouchés pour leurs denrées, à la décharge de celles à l'usage desquelles les communautés sont ouvertes.

Les aides se grèvent plus rigoureusement le vigneron et le pauvre. Le débiteur ne peut connaître la mesure de l'impôt ; le citoyen est à la discrétion des commis ; il est forcé de leur ouvrir les lieux les plus secrets de sa demeure ; il est

(1) Nous publions ce cahier d'après un manuscrit des *Archives de l'Empire.*

en butte à ses vexations; il est taxé à des amendes arbitraires, ou traîné de tribunaux en tribunaux.

Les lois sur la gabelle font exercer par le souverain un monopole sur une denrée de première nécessité; elles mulctent de peines capitales, et envoient, par année, aux galères plus de trois cents citoyens, dont tout le crime a été de transporter ou de vendre du sel.

Le contrôle et droits y joints est une imposition arbitraire; l'impôt a des bornes pour le riche, il n'en a pas pour le pauvre. Ce tarif est absurde et inintelligible; il n'est compris et entendu que par les commis, qui l'interprètent toujours à l'avantage du fisc. L'habitant de la campagne appréhende de faire les conventions, par l'exorbitance du droit; et il devient victime de cette interprétation par les procès auxquels l'expose le défaut de preuves de son contrat.

Le droit de franc-fief est un impôt odieux, qui établit une différence entre les citoyens d'une même nation, et porte sur la supposition que la classe la plus nombreuse des sujets est incapable de posséder une partie des biens du royaume.

L'administration de la justice est devenue un fléau; la jurisprudence est versatile; les lois et les coutumes obscurcies, le droit incertain; le recours à la justice impraticable par la multiplicité des tribunaux et les frais immenses de procédure; le faible est victime de l'oppression du riche; et s'il résiste, sa ruine est certaine, avant qu'il ait passé par les différents degrés de juridiction pour parvenir au tribunal souverain.

Le Code criminel est encore plus injuste. Un citoyen est incarcéré et livré à toute la rigueur de la procédure criminelle par le témoignage et le jugement d'un seul homme; l'instruction est secrète, la défense est interdite à l'accusé, et la méprise ou la mauvaise foi des témoins a souvent conduit l'innocent à l'échafaud.

La police est, en quelque sorte, un impôt. Le citoyen ne peut être admis à exercer son état qu'après avoir épuisé ses soins et tous ses fonds pour obtenir des lettres de maîtrise. Il est sujet à des visites et perquisitions dont tout l'objet est l'honoraire des syndics; enfin, il est mulcté d'amendes, ou privé de sa liberté sans délit réel.

L'agriculture est dans le découragement; la moisson du laboureur lui est enlevée par la multitude du gibier; toute réclamation est étouffée.

Dans la capitainerie de Monceaux, qui embrasse quatre lieues carrées d'étendue, vingt-cinq gardes sont employés pour veiller au maintien de la loi injuste d'épiner, de celle qui empêche la fauchaison; vexer les habitants par des amendes, des perquisitions, des emprisonnements; vingt-cinq gardes, en un mot, sont toujours en activité pour la conservation d'un ennemi qui rend la terre stérile. Quatre cavaliers de maréchaussée veillent seuls à la sûreté des citoyens.

Le commerce est tombé dans un véritable dépérissement; la circulation est gênée par les droits de traite, douane; le monopole des capitalistes arrête les spéculations du négociant; la multiplicité et l'impunité des banqueroutes met le commerce dans le plus grand discrédit.

L'ordre du tiers-état attribue la grandeur de ces maux à l'éloignement où il a été tenu de la présence du monarque. Les abus et les vexations dont il est victime prennent leur origine dans l'oubli des principes de la Constitution, de la privation où il a été de déposer, dans le sein de son Roi, ses justes plaintes. L'unique manière de couper racine à tant d'abus est de rappeler ces

principes, de les sanctionner de nouveau, de rétablir la communication qui aurait dû toujours subsister entre la nation et le monarque.

Le vœu du tiers-état du bailliage de Meaux est donc que les députés demandent une loi qui sanctionne les principes sacrés à l'abri desquels reposent la liberté, la propriété des citoyens, la gloire et la prospérité du royaume, et statue et déclare ce qui suit :

CHAPITRE PREMIER.

Constitution.

Art. 1er. La France est un empire gouverné par un roi suivant les lois.

Art. 2. Le trône est héréditaire de mâle en mâle, en ligne directe et collatérale, à l'exclusion des filles et de leurs descendants mâles, quelle que soit la proximité du degré.

Art. 3. Au roi, et à la nation représentée par ses députés aux États généraux, appartient conjointement le pouvoir législatif.

Art. 4. Au roi appartient la plénitude du pouvoir exécutif.

Art. 5. La nation française est divisée en trois ordres, l'ordre du clergé, l'ordre de la noblesse, et l'ordre du tiers-état.

Les États généraux de 1789 fixeront l'organisation des États généraux subséquents, et détermineront dans quelle classe chaque citoyen doit être placé, en observant que les députés de chaque ordre seront nécessairement pris dans les ordres. Ils détermineront pareillement le nombre des députés que chaque province, bailliage, ou arrondissement enverront aux États généraux; mais dans la fixation du nombre respectif des députés de chaque ordre, ceux du tiers seront toujours en nombre égal aux députés réunis des deux autres ordres.

Art. 6. Les citoyens seront tous admissibles à tous les emplois, charges, offices et places dans le ministère, dans les armées, dans la marine, dans la magistrature et dans l'ordre ecclésiastique. Toute loi et tous règlements contraires au présent article seront, de ce moment, abrogés, et ne pourront, dans quelque circonstance et sous quelque prétexte que ce soit, être rétablis ou renouvelés.

Art. 7. Les impôts n'étant que des dons gratuits, aucun impôt, direct ni indirect, sous quelque dénomination qu'il soit établi, assis ou perçu ; aucun emprunt portant constitution de rentes viagères ou perpétuelles, ou remboursable à époques, ne pourront être établis ou créés que du consentement de la nation représentée par ses députés aux États généraux.

Art. 8. Tous les impôts et contributions pécuniaires, jugés indispensables, seront également supportés par tous les citoyens de tous les ordres, et répartis entre eux, sans distinction ni privilèges.

Art. 9. Toutes les charges publiques, de quelque nature qu'elles soient, seront converties en prestations pécuniaires, également supportées par tous les citoyens de tous les ordres, et pareillement réparties entre eux, sans distinction ni privilèges.

Art. 10. Tous les impôts et contributions pécuniaires seront portés sur les rôles d'impositions communs à tous les citoyens de tous les ordres.

Art. 11. Les États généraux du royaume seront assemblés à des époques fixes et périodiques, dont la plus prochaine ne pourra être que de trois ans, et la plus éloignée de cinq ans ; et les États généraux ne pourront jamais octroyer aucun subside que pour un temps déterminé, qui n'excédera, dans aucun temps, l'intervalle fixé pour une tenue d'États à l'autre.

Tous collecteurs préposés ou autres, qui percevraient l'impôt au delà de sa fixation, en quotité ou en durée, seront poursuivis sur la dénonciation de tout citoyen, et à la requête des procureurs généraux syndics des États particuliers, dont il sera ci-après fait mention.

Art. 12. Sans préjudicier à la périodicité des États généraux, établie par l'article précédent, le Roi pourra les convoquer extraordinairement, mais alors les objets sur lesquels on devra délibérer seront énoncés dans les lettres de convocation; et les députés auxdits États ne pourront traiter aucune autre matière.

Art. 13. La nation ayant seule le droit de déférer la régence, le cas arrivant, le premier prince du sang royal, majeur de vingt-cinq ans, et à son défaut, le plus proche dans l'ordre de la succession au trône, et chacun des ordres successivement, seront tenus de convoquer extraordinairement les États généraux dans le délai de quinze jours.

Art. 14. Les États généraux périodiques pourront n'accorder les subsides qu'après avoir proposé toutes les lois relatives au redressement des griefs de la nation, et qu'après que lesdites lois proposées auront été revêtues de la sanction du Roi, et publiées, sans que le refus des cours souveraines de faire la publication desdites lois puisse en arrêter l'exécution.

Art. 15. Les États généraux n'accorderont aucun subside, que le compte de l'emploi des fonds octroyés par lesdits États généraux précédents n'ait été rendu, et que les dépenses de chaque département, y compris celles de la maison du Roi, n'aient été de nouveau fixées.

Art. 16. Les États généraux pourront accorder, sous les conditions prescrites par l'article précédent, une somme quelconque pour les dépenses extraordinaires dont le ministre des finances sera spécialement chargé.

Art. 17. Les pouvoirs des députés aux assemblées des États généraux périodiques ne pourront, durer plus d'une année à compter du jour de l'ouverture desdits États, passé lequel tous lesdits députés ne pourront dans aucune circonstance, et sous quelque prétexte que ce soit, continuer de rester assemblés.

Art. 18. La liberté individuelle des citoyens étant sacrée et inviolable, elle ne peut être attaquée que par les formes de la loi. En conséquence, aucun citoyen ne pourra être emprisonné en vertu d'aucun ordre du pouvoir exécutif, sans être remis entre les mains de ses juges naturels dans le délai qui sera fixé par la loi; il n'existera aucun lieu de détention autres que ceux qui seront soumis à l'inspection et à l'autorité de la juridiction ordinaire. Toute violation du présent article sera regardée par la nation comme un délit envers elle.

Art. 19. En conséquence, tous contrevenants à l'article précédent seront destitués de leurs charges, offices ou emplois, déclarés incapables d'en posséder aucun à l'avenir, et condamnés à telle amende qui sera fixée par la loi.

Art. 20. Il sera demandé que tout citoyen ait le droit de réclamer l'exécution de l'article 18, et de poursuivre celle de l'article précédent; et en cas de déni de justice, il aura le droit d'en rendre compte par la voie de l'impression; et les juges, qui en seront coupables, seront dénoncés à la nation assemblée.

Art. 21. Il ne sera établi aucune commission pour juger un citoyen et le soustraire à ses juges naturels; et tous ceux, qui accepteraient des places dans lesdites commissions seront destitués de leur emploi, déclarés incapables d'en posséder aucun à l'avenir; et la condamnation aux peines ci-dessus sera poursuivie de la manière indiquée par l'article précédent, par-devant les juges qui auraient dû connaître de l'affaire mise en commission.

Art. 22. Il ne pourra être accordé de lettres de grâce qu'après jugement définitif en dernier ressort.

Art. 23. Aucune affaire ne pourra être évoquée, même du consentement des parties, au conseil du roi, ou par les cours souveraines, sur les peines portées par l'article 21; et les droits de *committimus* et de gardes-gardiennes seront et demeureront supprimés.

Art. 24. Nul magistrat ne pourra être destitué, si ce n'est pour forfaiture, préalablement instruite et jugée par les tribunaux compétents; et nul tribunal ne pourra être supprimé en totalité ou en partie, si ce n'est de l'avis et du consentement de la nation assemblée.

Art. 25. Nul citoyen, servant dans l'armée de terre ou de mer, ne pourra être irrévocablement destitué de son emploi, qu'après un jugement préalable, et suivant les ordonnances rendues sur cette matière.

Art. 26. Le titre des monnaies ne pourra être changé ni altéré; et le cours d'aucun papier-monnaie ne pourra être introduit dans le royaume sans le consentement de la nation représentée par ses députés aux États généraux; et toutes pièces de monnaie seront reçues aux hôtels des Monnaies pour leur valeur originaire; et en cas de refonte et de rechange, la perte en sera supportée par l'État.

Art. 27. Les subsides consentis par les États généraux seront répartis par eux seuls entre les différentes provinces.

Art. 28. Il sera établi, dans toutes les provinces, des États particuliers qui s'assembleront tous les ans, et qui seront chargés d'asseoir, de répartir, conformément aux articles 8, 9 et 10 ci-dessus, et de percevoir tous les impôts et contributions pécuniaires.

Art. 29. Lesdits États particuliers seront composés conformément à ce qui est prescrit par l'article 5 ci-dessus, relativement au nombre des représentants du tiers-état; et, dans lesdits États particuliers, les trois ordres délibéreront en commun et les suffrages seront comptés par tête.

Art. 30. Les commissaires du Roi, départis et délégués, n'auront aucune juridiction ni attribution, même provisoires.

Art. 31. La liberté de la presse sera indéfinie sous la responsabilité de l'imprimeur, qui se fera toujours connaître, et ne sera déchargé des poursuites à faire contre lui qu'en justifiant, en vertu d'injonction du juge, des noms et qualités, et domicile de l'auteur.

Art. 32. Les ministres seront personnellement responsables de toutes atteintes qu'ils auront portées directement ou indirectement à la constitution.

CHAPITRE II.

Justice.

Art. 1er. Les députés demanderont que les ressorts des parlements trop étendus soient réduits de justes limites; que, pour les lieux retranchés du ressort desdits parlements, il soit créé des cours souveraines ; que les juridictions royales soient arrondies et circonscrites, et qu'il en soit érigé de nouvelles dans les lieux nécessaires.

Art. 2. Que les pouvoirs de présidiaux seront amplifiés à 6,000 livres, sans exception de matières ni de personnes, et sans qu'il soit besoin de faire juger préalablement la compétence. En conséquence, que le nombre des officiers sera augmenté dans la proportion de cette amplification.

Art. 3. Que l'administration de la justice étant un apanage de la souveraineté, le droit de la faire rendre par des officiers seigneuriaux sera retiré aux seigneurs.

Art. 4. Et, au cas où le respect pour la possession actuelle des seigneurs empêcherait ladite suppression, que les juges seigneuriaux seront gradués et résidents ; et ne seront, non plus que les procureurs, sergents et tabellions seigneuriaux, destitués que pour les mêmes causes et en la même forme que les officiers royaux.

Art. 5. Que les tribunaux d'exception seront et demeureront supprimés conformément à l'édit du 8 mai 1788, ensemble le grand conseil, les cours des aides et monnaies, et les juridictions des maréchaussées, et encore les attributions de juridiction accordées à certains scels, et le droit de suite.

Art. 6. Qu'en toute matière, tant civile que criminelle, il ne pourra y avoir que deux degrés de juridiction, aussi en conformité de l'édit du 8 mai 1788.

Art. 7. Qu'à l'avenir, nul office de judicature ne sera acquis à prix d'argent, ni possédé à titre de propriété héréditaire. En conséquence, lesdits offices seront remboursés sur le prix de l'évaluation de 1771, au fur et à mesure du décès des titulaires actuels ; et les nouveaux offices à pourvoir, choisis par les cours et siéges, savoir, les dignitaires parmi les conseillers, et ceux-ci dans le corps des gradués exerçant.

Art. 8. Que nul ne pourra être reçu dans les cours souveraines, ni présider dans les siéges royaux, avant l'âge de trente ans accomplis, sans qu'il puisse être obtenu à cet égard aucune dispense.

Art. 9. Qu'il ne sera permis à tel juge que ce puisse être, soit souverain, soit inférieur, soit seigneurial, de se taxer, ni percevoir, en aucun cas, épices ni évocations, au moyen de quoi, il sera fixé une augmentation de gages, savoir, pour les juges royaux sur le domaine du roi, et pour les seigneuriaux sur celui des seigneurs.

Art. 10. Qu'en toutes causes et procès, les dépens adjugés seront tarifés à une somme déterminée en proportion de la nature et de l'intérêt des causes, les déboursés non compris, et suivant le genre de juridiction.

Art. 11. Que les minutes et expéditions des greffes seront tarifées dans les mêmes proportions, sans qu'en aucun cas il soit nécessaire de faire expédier les arrêts et jugements plutôt en parchemin qu'en papier.

Art. 12. Que les droits des greffes, présentation, défaut, vérification de défaut, sous pour livres des dépens, dommages et intérêts, seront et demeureront supprimés.

Art. 13. Qu'en nul lieu du royaume, les actes ne puissent être affranchis de la formalité du contrôle ; que le tarif dudit contrôle, de 1722, ensemble celui des insinuations, seront réformés et modérés ; toutes les contestations sur la perception, réglées par les juges ordinaires, et l'exercice du contrôle déclaré incompatible avec les fonctions des notaires et tous les autres offices publics.

Art. 14. Qu'en toute matière, tant civile que criminelle, les instances et procès ne puissent, en telle juridiction que ce soit, durer plus d'un an, sous les peines qui seront prononcées par la loi, tant contre les juges que contre les officiers ministériels du fait desquels procéderait le retard.

Art. 15. Qu'il sera procédé à la rédaction d'un nouveau code criminel, qui permette aux accusés d'avoir des défenseurs, ordonne que l'instruction sera publique, exige la réunion de plusieurs officiers pour décerner décret ou la confirmation des décrets par trois gradués, dans les vingt-quatre heures ; supprime la formule du serment des accusés, celle de l'interrogatoire sur la sellette, le supplice de la roue, toute espèce de question propre ; proportionne les peines au délit ; abroge la peine de mort pour tout vol sans violence ni effusion de sang ; et inflige les mêmes peines pour la même espèce de délit, abstraction faite de la qualité des coupables.

Art. 16. Que les offices de police seront et demeureront supprimés, et l'exercice de cette juridiction rendu au corps des municipalités, dont les membres seront toujours électifs.

Art. 17. Que l'ancien régime des communautés d'arts et métiers sera rétabli, et le nouveau supprimé ; les maîtres reçus sans finance au Roi ni aux communautés, sur le simple consentement des communautés, chefs-d'œuvre pour les arts, et brevets d'apprentissage.

Art. 18. Qu'à l'avenir, nul ne pourra être reçu au tabellionage seigneurial, sans avoir préalablement subi examen en la communauté des notaires du chef-lieu, et avoir été par elle certifié capable.

Art. 19. Que tous huissiers résidant dans l'étendue d'un siége royal seront tenus de comparaître aux assises, pour défendre aux plaintes qui pourraient être faites contre eux.

CHAPITRE III.

Clergé.

Art. 1er. Que les portions congrues des villes et campagnes seront fixées, savoir : celles des villes à 3,000 livres par réunion de bénéfices, et celles des campagnes à 2,000 livres aux frais des décimateurs, et les pensions des vicaires à moitié.

Art. 2. Qu'au moyen de la fixation desdites portions congrues et pensions, les droits casuels des curés et vicaires des villes et campagnes seront et demeureront supprimés.

Art. 3. Que les successeurs des bénéficiers seront tenus des baux de leurs prédécesseurs ; en conséquence, aviser aux moyens à prendre pour empêcher les titulaires, lors de la passation des baux, de faire leur profit personnel au détriment du bénéficier successeur.

Art. 4. Que les bâtiments, dépendants desdits bénéfices, seront vus et visités à la requête des procureurs du Roi, tous les cinq ans, à l'effet de constater leurs réparations urgentes, pour sûreté de la confection desquelles le temporel desdits bénéfices sera saisi, à la requête desdits procureurs du Roi, qui demeureront responsables du défaut de diligence à cet égard.

Art. 5. Que tous fournisseurs et ouvriers qui, au décès des bénéficiers consistoriaux, se trouveront leurs créanciers, seront admis en concurrence avec les successeurs auxdits bénéfices, sans égard aux priviléges exclusifs desdits successeurs, qui seront réduits à ladite concurrence.

Art. 6. Que nulle coupe de bois dépendants desdits bénéfices ne sera accordée au titulaire, par anticipation des temps limités par l'ordonnance des eaux et forêts.

Art. 7. Que le clergé sera autorisé à aliéner à perpétuité les bâtiments et lieux qui lui appartiennent dans les villes, à la charge du remploi.

Art. 8. Que tous les ecclésiastiques, possédant bénéfice de valeur de 3,000 livres, n'en pourront posséder un second, et que chaque titulaire sera tenu de résider dans le chef-lieu de son bénéfice, sous les peines qui seront déterminées par la loi.

Art. 9. Qu'il sera fait un nouveau code des dîmes, qui en fixe et règle la perception d'une manière à la rendre moins nuisible et gênante à l'agriculture ; et les dîmes vertes et grasses supprimées.

Finances et impôts.

Art. 10. Que la taille réelle et personnelle, la capitation, l'industrie, l'ustensile, la corvée, les vingtièmes, les droits d'aides, ceux réservés, droits de traites-foraines et domaniales, et des douanes, ceux de marque aux cuirs, or, argent, cuivre et autres métaux, seront et demeureront supprimés et convertis en un impôt territorial en argent qui portera sur toutes les propriétés indistinctement, en un autre sur les consommations et objets de luxe ; lesquels nouveaux impôts seront supportés ainsi et de la manière qu'il est indiquée par un des articles précédents ; et en une retenue proportionnelle sur les rentes.

Art. 11. Que la milice, le logement des gens de guerre, le guet et garde, et autres charges publiques et personnelles seront pareillement éteints et supprimés, et convertis en une contribution pécuniaire, indistinctement supportée et répartie comme dessus.

Art. 12. Que les fermes des gabelles et du tabac seront pareillement éteintes et supprimées ; le sel et le tabac rendus marchands, et la culture du tabac permise dans toute l'étendue du royaume.

Art. 13. Que les droits de franc-fief, échanges contre-échanges seront et demeureront supprimés.

Art. 14. Que les attributions données aux offices de jurés-priseurs seront réduites à de justes limites ; et les 4 deniers pour livre sur le prix des ventes de meubles supprimés.

CHAPITRE IV.

Administration.

Art. 1er. Que les domaines de la couronne, qui sont engagés, seront rachetés ; qu'il sera fait examen des échanges faits d'aucuns desdits domaines, et qu'après la rentrée du Roi dans lesdits domaines engagés, ils seront aliénés à perpétuité au profit du plus offrant et dernier enchérisseur.

Art. 2. Qu'il sera pareillement fait examen de toutes les pensions accordées sur l'Etat, pour être, lesdites pensions, conservées, éteintes ou réduites, selon qu'il sera jugé convenable.

Art. 3. Que les étapes et la régie des fourrages seront supprimés, ou qu'au moins il sera avisé aux moyens de réformer les abus qui sont multipliés en cette partie.

Art. 4. Qu'il n'y aura, à l'avenir, dans tout le royaume, qu'un seul aunage, qu'un seul poids, qu'une seule mesure.

Commerce et agriculture.

Art. 5. Que les lois contre les banqueroutiers frauduleux seront renouvelées et mises en vigueur.

Art. 6. Que le colportage sera interdit.

Art. 7. Que, pour prévenir les accaparements de grains et pourvoir à la disette, il sera, sous la direction des Etats provinciaux demandés par un des articles précédents, formé des magasins dans les années d'abondance, pour être ouverts et distribués aux habitants de chaque province, à un prix moyen, dans les années de disette.

Art. 8. Que tout droit de banalité, ensemble ceux de minage, mesurage, hallage, pontage, pontonage, péage, et généralement tous les droits de route et rivière, nuisibles à la circulation et liberté du commerce, seront abolis et supprimés.

Art. 9. Que tous privilèges exclusifs, et notamment ceux accordés aux messageries, seront éteints et supprimés.

Art. 10. Que toutes loteries et monts-de-piété seront pareillement éteints et supprimés.

Art. 11. Que l'intérêt stipulé pour prêt d'argent sans aliénation du capital sera déclaré licite, lorsqu'il n'excédera pas le taux fixé par les lois.

Art. 12. Que tout propriétaire et cultivateur pourra, par tout autre moyen que les armes à feu, tuer sur ses terres le gibier destructeur de ses fruits et récoltes.

Art. 13. Que toutes remises à gibier, garennes ouvertes, seront ruinées.

Art. 14. Que les capitaineries, les lois qui y sont relatives, et le code des chasses, seront et demeureront supprimés.

Art. 15. Que les habitants de la campagne pourront, après la moisson entièrement faite, faire les chaumes au jour par eux indiqué dans une assemblée de paroisse, sans être obligés de recourir à la juridiction du seigneur, et qu'il en sera usé de même pour le ban des vendanges.

Art. 16. Que tous les colombiers et volets à pigeons seront fermés à la réquisition des cultivateurs, toutes les fois que les blés seront versés.

Art. 17. Que les propriétaires d'héritages contigus aux chemins vicinaux seront admis à les planter de préférence aux seigneurs, à l'instar des grandes routes ; de laquelle préférence lesdits propriétaires ne pourront être déchus que par un procès-verbal de sommation publique en forme ordinaire dans la paroisse.

Art. 18. Que les seigneurs ne pourront planter sur les chemins qu'à 6 pieds de distance de l'héritage commun, et qu'il ne pourra être fait de plantations en arbres fruitiers que sur les chemins qui auront 36 pieds de large.

Art. 19. Que la déclaration de 1766, concernant les défrichements et le partage des communes, sera abrogée.

Art. 20. Que les seigneurs soient tenus de faire faire, tous les trente ans, terriers et bornages de leurs seigneuries, et que les droits fixés par le dernier tarif pour les déclarations à terrier soient modérés.

Art. 21. Qu'il soit permis à tous cultivateurs de faire tirer de la marne dans toutes les marnières ouvertes, en payant aux propriétaires 20 sous par mille.

Art. 22. Qu'il soit formé un code rural, et que, pour son exécution, il soit créé des consuls ruraux qui seront choisis parmi les anciens cultivateurs.

Art. 23. Qu'il soit fixé un jour auquel les meuniers travaillant pour l'approvisionnement de Paris seront tenus de moudre pour les habitants du lieu.

Art. 24. Que, pour l'assiette des impôts, la mesure du roi sera généralement adoptée dans l'arpentage des terres.

Art. 25. Que la quantité d'arpents que pourra faire valoir un fermier sera fixée.

Art. 26. Que les biens ruraux pourront même, par les gens de mainmorte, être affermés pour plus de neuf années, sans que les baux qui excéderaient ce terme soient défendus ni assujettis à aucun droit extraordinaire.

CHAPITRE CINQUIÈME ET DERNIER.

Instructions et pouvoirs que l'ordre du tiers-état du bailliage de Meaux donne à ses députés aux Etats généraux du royaume.

Le vœu de l'ordre du tiers-état du bailliage de Meaux est que l'on vote par tête aux États généraux. Pour arrêter ce premier point de discussion, on délibérera par ordre et par tête, à défaut d'unanimité.

Les députés du tiers-état du bailliage de Meaux ne s'occuperont de l'octroi des impôts qu'après qu'il aura été statué sur les bases constitutionnelles.

Ils insisteront pour la périodicité des Etats généraux, aux termes de l'article 11 du chapitre premier, et ne voteront jamais pour la permanence.

Les députés du tiers-état du bailliage de Meaux demanderont qu'il leur soit communiqué les détails et instructions nécessaires pour connaître la source, les progrès et le montant de la dette du Roi. Ils insisteront pour que lesdits détails et instructions soient imprimés ; et après les avoir examinés, et en avoir constaté la vérité, ils déclareront que ladite dette est nationale ; et sur les sommes qu'ils accorderont, en forme de dons gratuits, ils auront soin d'affecter spécialement un impôt pour le payement des arrérages et le remboursement des capitaux, laquelle somme sera payable annuellement jusqu'à l'extinction définitive de la dette nationale, laquelle extinction sera préalablement calculée, et les sommes qui seront destinées à cet objet ne pourront être détournées et employées à un autre usage, sous quelque prétexte que ce soit. Et à chaque tenue d'Etats, il sera rendu un compte exact de l'emploi desdits fonds et des rentes viagères qui se seront éteintes dans l'intervalle d'une tenue d'Etats à l'autre.

Au surplus, le tiers-état du bailliage de Meaux s'en rapporte à ce qui sera avisé par les Etats généraux pour le bien et l'amélioration du royaume, et à la prudence de ses députés, auxquels le tiers donne pouvoir de proposer, remontrer, aviser et consentir tout ce qui peut concerner les besoins de l'Etat, la réforme des abus, l'établissement d'un ordre fixe et durable dans toutes les parties de l'administration, la prospérité générale du royaume, le bien de tous en général et de chacun en particulier.

Le tout fait et arrêté cejourd'hui, 17 mars 1789, et ont MM. les commissaires signé avec nous et le secrétaire greffier.

Ainsi signé : Houdet, Hattingais, et Michel.

BAILLIAGE DE MELUN.

CAHIERS
De l'ordre du clergé des bailliages de Melun et Moret [1].

Les membres qui composent l'ordre du clergé des bailliages de Melun et Moret, convoqués par ordre du Roi pour envoyer des députés aux prochains Etats généraux et pour coopérer, dans cette illustre assemblée, à la régénération de la félicité publique, s'empressent d'exprimer à la nation les sentiments qui les animent au moment où la France entière va reprendre son ancienne énergie, trop longtemps ensevelie sous les ruines de sa liberté.

Ils ne doutent pas que les Français, rétablis dans leurs pratiques, droits de voter eux-mêmes leurs subsides, de réformer les abus de l'administration et de prescrire l'établissement des lois qui doivent assurer les propriétés et protéger également toutes les classes de citoyens, ne consacrent par leur amour et par leur reconnaissance le souvenir du plus juste des rois.

Ils ne doivent pas oublier que Louis XVI s'est fait gloire de régner sur un peuple libre; qu'il a voulu sonder devant tous ses sujets les plaies de l'Etat, afin de trouver dans leur sollicitude les moyens de faire revivre cette prospérité nationale, à laquelle son cœur aspire depuis qu'il est assis sur le trône.

L'ordre du clergé des bailliages de Melun et Moret, persuadé qu'il faut surtout accélérer le moment heureux où les représentants d'une grande nation vont se concerter ensemble, pour trouver dans leur zèle et dans leur patriotisme les ressources qui peuvent rendre à cet Etat son ancienne splendeur, n'a voulu déterminer que les points essentiels qui doivent à jamais établir notre constitution sur des bases inébranlables.

L'ordre du clergé, après avoir consolidé cet édifice national que le despotisme ministériel travaillait à détruire depuis cent soixante-quinze années, proposera ensuite à la chambre ecclésiastique des Etats généraux de s'occuper des différents objets qui intéressent la religion et tout le clergé du royaume; il se bornera à fixer son attention sur plusieurs réformes à faire dans l'administration et dans la législation.

Le Roi a daigné assurer l'établissement des administrations provinciales; c'est au milieu des Etats généraux qu'il en fera sentir toute l'importance; et comme elles remédieront plus immédiatement aux maux dont elles seront témoin, il semble qu'il suffira d'en tracer l'esquisse dans l'assemblée de la nation qui ne portera que rapidement ses regards patriotiques sur les objets qui n'auront pas un rapport direct avec le grand ensemble de l'administration.

En conséquence, l'ordre du clergé des bailliages de Melun et Moret estime que la première chose dont l'assemblée des Etats généraux doive s'oc-

(1) Nous publions ce document d'après un imprimé de la *Bibliothèque du Sénat*.

cuper, c'est de concerter et d'arrêter avec Sa Majesté un corps de lois constitutionnelles formellement inscrites, clairement énoncées et consignées immuablement dans un registre national; à quel effet les Etats généraux ne s'occuperont d'aucun autre objet, et notamment ne consentiront à aucune levée d'impôts, que toutes les parties constituantes de ce code ne soient définitivement arrêtées, rédigées et promulguées comme la base de la constitution française.

Art. 2. Qu'après avoir posé pour maximes fondamentales que le gouvernement du royaume est monarchique, que la couronne est héréditaire et que les filles sont exclues du trône, il serait statué que le pouvoir souverain n'existant dans un seul que pour le bonheur de tous, il ne peut bien remplir cette destination qu'autant que la nation sera consultée sur tout ce qui l'intéresse; qu'en conséquence, les assemblées nationales sont de l'essence du gouvernement; que ces assemblées seront et demeureront composées des trois ordres distingués entre eux, et que leur retour périodique sera invariablement fixé tous les trois ans.

Art. 3. Que lesdites assemblées détermineront pour toujours, sauf à faire elles-mêmes par la suite les changements que le temps aurait rendu nécessaires, la forme de leur convocation, le nombre des députés de chaque province dans chacun des trois ordres, enfin, tout ce qui tient à leur organisation.

Art. 4. Que toutes provinces ayant le plus grand intérêt à s'administrer elles-mêmes, afin de mieux connaître leurs facultés, leurs besoins et l'étendue de leurs charges, et s'assurer de l'égalité proportionnelle dans la répartition des impositions, il leur sera accordé des assemblées provinciales ou Etats provinciaux, composés d'un nombre de représentants suffisants, pris dans chaque ordre et par eux librement élus, conformément au plan qui en sera tracé, avec la restriction, néanmoins, qu'ils ne pourront consentir hors de l'assemblée des Etats généraux aucune imposition, dont tous les deniers ne tourneraient pas au seul profit et pour le seul besoin de la province, ou de la partie d'icelle sur laquelle elle serait assise.

Art. 5. Qu'aucune loi ne prendra le caractère et le rang de la loi constitutionnelle qu'avec le consentement de la nation, et que, quand elle aura ce caractère et ce rang, il ne pourra plus y être dérogé, changé ni ajouté, sans ce même consentement.

Art. 6. Que quoiqu'il y ait d'excellentes dispositions dans les codes civil et criminel, plusieurs articles cependant ayant besoin d'être corrigés, redressés et perfectionnés, le Roi sera supplié de faire travailler incessamment à la réformation desdits codes civil et criminel, demandant surtout, à l'égard du dernier, que les projets en soient faits et mis sous les yeux de l'assemblée générale suivante.

Et cependant, l'ordre du clergé des bailliages de

Meulun et Moret, considérant combien jusqu'à présent la vie et l'honneur des citoyens ont été compromis par le défaut de ces mêmes lois, demande qu'il soit déclaré constitutionnellement que l'instruction de la procédure criminelle ne sera plus secrète, mais publique, et qu'il sera permis aux accusés de prendre des conseils pour défendre leurs causes.

Art. 7. La promulgation et la vérification des lois, par un usage aussi antique et aussi sage qu'il a été utile, appartenant à ceux qui, chargés de leur exécution, en sont les dépositaires naturels, et leurs personnes, dans le rapport de ces nobles fonctions, devant être aussi sacrées que la loi même, il sera constitutionnellement établi qu'aucun magistrat ne pourra être destitué de sa charge que par jugement de ses pairs, ou pour cause de forfaiture.

Art. 8. Ces objets préliminairement réglés et établis, les États généraux s'occuperont de ce qui concerne les droits de tous et de chaque individu. Ces droits sacrés au livre de la nature et de l'humanité, ainsi qu'au code de la justice et de la raison, sont les droits de liberté, les droits de propriété, les droits de tranquillité ou de sûreté personnelle. L'ordre du clergé des bailliages de Meulun et Moret demande d'abord l'abolition de toutes lettres de cachet, que Sa Majesté a bien voulu déjà promettre; qu'en conséquence, il sera constitutionnellement établi que nulle personne en France ne pourra être arrêtée ou emprisonnée qu'en vertu d'un jugement légal ou de la loi du pays; que si quelqu'un est privé de sa liberté par ordre ou par décret illégal, même par commandement direct de Sa Majesté royale, ou de son conseil, il obtiendra dans les vingt-quatre heures une comparution formelle, à l'effet de se présenter en personne devant le tribunal ordinaire et compétent, lequel décidera si l'emprisonnement est juste; et il pourra même, après jugement, à moins qu'il ne soit arrêté pour crimes capitaux, demander d'être élargi provisoirement, en prêtant caution suffisante, sur quoi le tribunal prononcera ce qu'en justice appartiendra.

Art. 9. La liberté morale et des facultés intellectuelles étant encore plus précieuse à l'homme que celle du corps et des facultés physiques, toute violation du sceau des lettres sera interdite; et il sera constitutionnellement défendu aux ministres, et à toute personne sans exception, d'en ordonner, permettre ou faire l'ouverture; et toute transgression de cette défense sera déclarée punissable, comme crime de lèse-foi publique.

Il sera en outre libre de faire imprimer et publier tout ouvrage, sans avoir besoin préalablement de censure et de permission quelconque; mais les peines les plus sévères seront portées contre ceux qui écriraient contre la religion, les mœurs, la personne du Roi, la paix publique, et contre tout particulier: ordonnant aux gens du Roi et aux cours d'y tenir la main, permettant à tout citoyen d'en poursuivre la punition; à quel effet, le nom de l'auteur et de l'imprimeur devra se trouver en tête du livre.

Art. 10. Les droits de propriété étant aussi sacrés que ceux de la liberté, il en résulte que tout ce qui porte atteinte, directement ou indirectement, à ces droits, doit être proscrit constitutionnellement.

Or, c'est une dépendance du droit de propriété qu'il ne soit établi ni prorogé aucun impôt sans le consentement de la nation; qu'il soit réparti dans une juste proportion sur toutes les propriétés

généralement quelconques et sans exception.

C'est pourquoi le clergé des bailliages de Melun et Moret déclare consentir à payer comme tous les autres sujets du Roi, et de la même manière, proportionnellement à leurs revenus.

Art. 11. Que toutes les conventions contractées ci-devant, ou qui, du consentement de la nation, toujours nécessaire à l'avenir, seront dorénavant contractées avec ceux qui ont prêté ou prêteront leurs fonds pour les besoins de l'État, seront exactement remplies, leurs créances étant de vraies propriétés.

Qu'en conséquence les rentes viagères ou perpétuelles, créées pour tenir lieu de l'intérêt des fonds prêtés à l'État, ne pourront, en aucun cas, subir de réduction; que leur acquittement ne pourra pas être suspendu ni retardé, et que les payements en seront faits en espèces sonnantes et non en papier, si ce n'est avec le consentement du créancier.

Art. 12. Pour qu'on ne soit plus à l'avenir exposé à des augmentations d'impôts, il sera demandé que la dépense ordinaire de chaque département soit fixée, en sorte qu'on ne puisse jamais l'outre-passer que pour des besoins extraordinaires, tels que ceux qu'une sage et prévoyante politique peut exiger; auquel cas le ministre, dans le département duquel elle aura eu lieu, sera obligé d'en déduire les motifs et d'en rendre compte à la première tenue des États généraux.

Et afin qu'en tout temps les trois ordres puissent connaître la véritable situation des finances de la nation, les comptes effectifs de chacune des années qui se seront écoulées dans l'intervalle d'une assemblée à l'autre seront rendus aux États généraux, dans la forme par eux adoptée.

Enfin, pour que les ministres ne puissent jamais oublier que la nation aura sans cesse l'œil ouvert sur leur conduite, tant pour approuver les bons services qu'ils auraient rendus que pour les empêcher de se départir des règles établies, il doit être statué constitutionnellement, indépendamment du principe de droit naturel qui les y oblige, que tout administrateur, pour son département, sera responsable de sa gestion auxdits États généraux.

Toutes et chacune de ces dispositions, qui ne tendent qu'à affermir les antiques bases de la constitution, à régénérer la monarchie française, à assurer le bonheur et la tranquillité publique et resserrer les liens qui attachent les sujets à leur souverain, sont les principales des lois que le clergé des bailliages de Melun et Moret a jugé devoir entrer dans la composition du code constitutif de la nation.

Pour achever de satisfaire aux intentions de Sa Majesté, relativement à l'état des finances, à l'amélioration de toutes les parties du gouvernement et à la réformation des abus, le même clergé estime:

Art. 13. Qu'on doit songer principalement aux moyens d'obtenir une diminution prompte, graduelle et sûre des impositions déjà trop onéreuses.

Il demande, en conséquence, qu'il soit établi une caisse d'amortissement nationale dont les deniers ne puissent être détournés sous aucun prétexte, et dont le fonds progressif, par le résultat des différentes extinctions, soit continuellement et invariablement employé à sa destination jusqu'à la libération totale de l'État.

Art. 14. Que comme les premiers désordres dans les finances se sont manifestés par l'abus des anticipations, le retour au bon ordre doit s'annonce, chaque anné, par une diminution successive de leur masse actuelle, que la prudence exige.

Art. 15. Que la malheureuse situation des finances ne permettant pas d'espérer la diminution des impôts, lorsqu'au contraire elle en paraît exiger l'augmentation, les État généraux sentiront qu'il est indispensable de procurer quelques soulagements au peuple, du moins par la révocation de ceux de ces impôts que leur nature, la forme de leur perception, les frais qu'elle exige, les condamnations qu'elle entraîne, ont rendus plus onéreux que la charge elle-même.

Qu'en conséquence, ils s'occuperont d'alléger le fardeau, en substituant aux aides et gabelles, soit une imposition territoriale, soit des abonnements pour chaque province proportionnés aux produits nets entrant dans le trésor royal, soit de toute autre manière qu'ils jugeront convenir ; qu'ils demanderont la suppression de la taille industrielle, aisément convertible en un impôt sur le luxe; qu'ils arrêteront des règlements pour bannir les voies de rigueur et l'arbitraire de la taille réelle et personnelle, et qu'enfin ils accorderont, conformément aux intentions connues de Sa Majesté, à chaque paroisse des campagnes une somme égale au vingtième de leursdites tailles, pour être distribuée aux habitants d'icelles les plus nécessiteux, le tout provisoirement, et dans le cas où les circonstances n'en permettraient pas l'extinction totale par la substitution d'une autre imposition.

Que les droits de contrôle soient réglés de manière à n'être plus susceptibles d'extension à volonté ; que la pauvre succession des journaliers de la ville et de la campagne ne soit plus absorbée par les frais et droits d'huissier-priseur.

Art. 16. Que dans la vue d'opérer le même soulagement, la corvée doit être abolie et remplacée par une prestation pécuniaire répartie avec justice et entièrement employée à la confection des chemins, jusqu'à ce que, par ordonnance de Sa Majesté, à la demande des États généraux, et par les soins des assemblées provinciales, des États provinciaux, des barrières aient pu être établies de distance en distance sur toutes les grandes routes, à l'effet d'y percevoir tel droit qui sera déterminé, et de faire ainsi payer les réparations et entretiens des chemins publics par ceux qui contribueront à leur dégradation.

Art. 17. Qu'afin que les domaines du Roi ne soient plus exposés à la cupidité ou la faveur ou aux effets de la faiblesse des ministres, et pour prévenir efficacement leur aliénation, leur dégradation et leur mauvaise régie, il faut, conformément à leur destination naturelle, les affecter particulièrement à faire partie des fonds qui seront déterminés pour la dépense de la maison de Sa Majesté.

Art. 18. Qu'on ne peut trop s'attacher à saisir tous les moyens d'économie que pourront offrir les détails des divers départements, tels que les conditions des régies et entreprises.

Que, pour voir diminuer successivement cette masse énorme de pensions sur le trésor royal, sans priver du mérite des récompenses qui lui sont dues, l'arrêt de règlement du 8 mai 1785, doit être exécuté suivant sa forme et teneur, jusqu'à ce qu'ayant obtenu la réduction désirée, il en soit autrement ordonné.

Qu'enfin les troupes étrangères étant d'un côté plus dispendieuses que les troupes nationales, et d'un autre côté privant un grand nombre de familles, dans tous les états, des ressources que le service du Roi leur procurerait, il est convenable de les remplacer par des régiments nationaux, excepté néanmoins les régiments suisses qui seront conservés, conformément aux traités faits avec eux, par suite de notre ancienne alliance avec les Treize-Cantons.

Après s'être occupé de tout ce qui lui a paru pouvoir concilier les intérêts du peuple avec ceux de l'État, proposant des moyens de supporter la surcharge, lorsque les circonstances du moment la nécessitent, le clergé des bailliages de Melun et Moret a cherché de nouveaux secours pour la misère publique et de nouvelles ressources pour le bien général dans les encouragements à donner à l'agriculture, au commerce et à l'industrie. C'est dans cette vue qu'il demande :

Art. 19. Que l'on fasse enfin cesser ces variations continuelles et fréquentes dans les règlements portés sur le commerce des grains, qui ne seraient déjà que trop funestes, quand elles n'auraient d'autre mauvais effet que celui de jeter l'inquiétude et l'alarme dans les esprits ; qu'en conséquence, cet objet soit invariablement fixé par une loi mûrement délibérée.

Que tous droits de minage qui, par leurs titres, ne sont point devenus de vraies propriétés, soient réellement supprimés, et que ceux qui seront jugés devoir subsister ne puissent être perçus hors des marchés.

Qu'il soit cherché des moyens pour multiplier en France le nombre des bestiaux de tout genre.

Que dans la même quantité de terres en friche, qui existent dans toutes les parties du royaume, il s'en trouve un très-grand nombre qui seraient susceptibles de culture si elles étaient dans des mains habiles, qui augmenterait d'autant plus la richesse de l'État; et qu'il devrait être fait une loi pour obliger les propriétaires desdits terrains à les cultiver, ou à les laisser cultiver par ceux qui en auront la volonté, moyennant des conditions justes et raisonnables qui seront déterminées.

Que rien n'étant plus contraire à la liberté naturelle et à la prospérité des campagnes que les enrôlements forcés, connus sous le nom de milice, qui frappent de terreur tous les habitants d'une même paroisse, enlèvent au cultivateur médiocre son fils unique, dans l'instant souvent où ses bras lui deviennent le plus nécessaires dans sa vieillesse ; qui déterminent le fermier plus aisé, et par conséquent plus propre à l'agriculture, de fuir un état qui l'expose à un si grand sacrifice ; qui occasionnent des frais énormes et tels qu'ils surpassent en hauteur la taille et la corvée prises ensemble : le clergé insistera vivement sur l'abolition d'un pareil usage, en substituant soit l'obligation, pour chaque paroisse, de fournir un homme qu'elle engagerait volontairement, soit toute autre manière qui sera jugée plus convenable.

Art. 20. Que tous les citoyens étant frères, toutes les provinces étant sœurs et parties intégrantes d'un même empire, ces droits de passage d'une ville à l'autre, cette diversité d'entrées et de sorties, cette accumulation de règlements bizarres, qui obstruent de tant de manières la circulation et mettent tant d'entraves à la prospérité du commerce intérieur, disparaissent par le reculement de toutes barrières aux frontières du royaume et par l'établissement d'un tarif uniforme, déjà vivement sollicité par les États généraux de 1614 ; qu'en effet tous ces droits qui découragent l'industrie, dont le recouvrement exige des frais excessifs et des préposés innombrables, font tous les ans tomber mille citoyens en sacrifice aux lois de la fiscalité.

Art. 21. L'ordre du clergé des bailliages de Melun et Moret, qui connaît par lui-même la désolation que les abus de la capitainerie de Fontainebleau ont répandue dans ses campagnes, qui est journellement le témoin oculaire de la misère affreuse qu'ils occasionnent, ordonne à son député de ne pas cesser d'élever la voix sur cet objet, en faisant valoir tous les motifs contenus au mémoire qu'il a fait rédiger, à quel effet ledit mémoire sera et demeurera joint au cahier pour en faire partie.

Art. 22. Considérant que l'impôt mis sur les cuirs et la marque établie pour en constater la perception ont entraîné depuis vingt ans la décadence d'une fabrication déjà pénible et malsaine par elle-même, et dont l'objet cependant est de seconde nécessité pour les laboureurs, les artisans et les pauvres ; que les frais de perception montent à plus de 35 p. 0/0, sans y comprendre la perte du temps, les frais litigieux, suite de l'impossibilité de constater la fraude quand elle est réelle et de ne pas la soupçonner quand elle n'existe pas ; d'où il est résulté que les cuirs, en diminuant de qualité, ont augmenté de valeur, ce qui a donné la prépondérance aux fabrications étrangères : le clergé des bailliages de Melun et Moret demande qu'une entière liberté soit rendue à ce genre de commerce, sauf à remplacer le produit du droit existant par d'autres moins fâcheux.

Art. 23. Qu'enfin il soit pourvu aux moyens d'empêcher les banqueroutes frauduleuses, devenues si fréquentes, tant par la trop grande rigueur des lois qui, par cette raison, demeurent sans exécution, que par la facilité même des créanciers à les favoriser, sous prétexte de certaines conventions particulières, et par une multitude de lieux privilégiés qui deviennent ainsi des refuges publics de la fraude et de la mauvaise foi. Il serait peut-être même désirable qu'il fût déclaré que les enfants de ceux qui seraient morts insolvables soient tenus de toutes charges de l'État, à moins qu'ils n'acquittent les dettes de leur père.

Art. 24. Le clergé des bailliages de Melun et de Moret n'ignore pas que, dans aucun royaume, il n'a été porté plus de lois sévères et de règlements sages pour empêcher la mendicité ; il demande qu'il en soit fait un choix, et que les meilleures soient renouvelées. Son zèle lui fait désirer qu'il soit ordonné que chaque paroisse sera chargée du soin de ses pauvres, et qu'en même temps il soit établi des ateliers de charité, sous l'inspection des assemblées provinciales ou États provinciaux, le travail étant le moyen le plus sûr et le plus facile de bannir ce fléau de la société.

Art. 25. Les enfants trouvés sont un objet bien digne d'intéresser la religion, l'humanité et l'État ; ledit ordre souhaite qu'il soit fondé dans toutes les grandes villes des maisons où lesdits enfants puissent être portés et reçus, en prenant les précautions nécessaires pour que les personnes du sexe non mariées soient sûres qu'elles ne seront pas connues, que leur secret sera inviolablement gardé ; qu'ainsi elles ne succombent plus à la malheureuse tentation d'exposer leurs enfants dans les rues, ce qui en fait périr un très-grand nombre.

Il désire pareillement, pour les mêmes motifs, que, par forme d'essai, il soit ouvert, sous la protection du gouvernement, une souscription volontaire pour fonder quelque hospice où soient admises les femmes en couches, leur misère étant plus grande à l'instant où les secours sont le plus nécessaires, ce qui en fait succomber, faute de cet asile, un très-grand nombre, même avant d'avoir donné un nouveau citoyen à l'État ; et comme l'expérience a démontré aux pasteurs l'inutilité et les inconvénients de l'édit d'Henri II, renouvelé par Louis XIV, ledit clergé demande sa révocation.

Art. 26. En même temps que nombre de tribunaux sont trop multipliés, plusieurs ne le sont point assez, ce qui, concourant à rendre le recours à la loi plus difficile, et les frais de justice plus considérables, exige qu'il y soit apporté un prompt remède.

Art. 27. Le Roi sera supplié de supprimer le droit de noblesse attaché à nombre de charges et d'offices, ou de les réduire au moins à la noblesse personnelle, et de ne l'accorder, à l'avenir, que pour récompense d'une longue suite de services rendus à l'État.

Art. 28. Considérant que les loteries sont un mal d'autant plus dangereux qu'il est public et autorisé par le souverain, le clergé des bailliages de Melun et Moret demande leur destruction, comme tendant à pervertir les mœurs, et devenant la source d'une foule de désordres et de crimes.

Art. 29. Enfin, comme le christianisme a fait connaître la véritable dignité de l'homme et ses droits à la liberté ; qu'en conséquence on a vu la servitude disparaître de l'Europe, à mesure que l'Évangile s'est propagé, c'est un devoir pour le clergé de demander que tout le reste de servage soit détruit en France, et particulièrement en Franche-Comté. L'exemple que Sa Majesté a donné la première l'autorise à penser que tous les propriétaires de ces droits barbares sentiront qu'ils ne peuvent imposer des fers à leurs concitoyens, lorsqu'ils réclament une entière liberté pour eux-mêmes ; et puisqu'aux yeux de la religion la différence des couleurs n'en peut mettre aucune entre ses enfants, ses ministres ne peuvent s'empêcher de réclamer sans cesse contre l'esclavage des nègres dans les colonies.

Tels sont les demandes, les vœux, les conseils que la conviction la plus grande et le zèle le plus pur ont dictés au clergé des bailliages de Melun et Moret, pour répondre à l'attente de la nation et aux intentions bienfaisantes de son souverain.

Suite du cahier du clergé des bailliages de Melun et Moret.

RELIGION.

Art. 1er. Nous demandons au clergé des États généraux, de faire substituer aux assemblées périodiques du clergé, des conciles provinciaux et synodes diocésains : ces assemblées ont toujours été le désir de l'Église, le but des saints canons et le vœu du dernier concile général. Nous les regardons comme un des moyens les plus efficaces pour réformer les mœurs, arrêter la corruption et l'impiété. Cette communication fréquente des premiers et seconds pasteurs ne pourrait qu'entretenir l'union entre eux, et ces assemblées légales et canoniques ranimeraient l'émulation, feraient germer les lumières et ressortir le mérite.

Art. 2. Les États généraux feront renouveler et donner plus de vigueur aux ordonnances qui, de concert avec la puissance ecclésiastique, ·

prescrivent la sanctification des dimanches et fêtes. Dans les campagnes même, ces saints jours sont devenus une occasion de débauches pour la plupart des habitants : les travaux y sont presque aussi suivis que les autres jours : les temples sont déserts pendant les offices, et les cabarets sont remplis. Dans le plus grand nombre des villages, les officiers de justice ne résident point : de là cette licence effrénée des cabaretiers qui, au mépris des lois divines et humaines, favorisent l'intempérance et la tolèrent même fort avant dans la nuit. Le pasteur ne peut que gémir; il n'a que la voix de représentation, et le plus souvent l'intérêt et la débauche rendent les habitants sourds à sa voix. Sans envier le partage de l'autorité civile sur un point aussi essentiel pour le maintien de l'ordre et la restauration des mœurs, le clergé espère que les Etats généraux y pourvoiront d'une manière efficace.

Art. 3. Les plaintes multipliées et les inconvénients réels qui résultent de la diversité des fêtes, bréviaires, rituels et catéchismes, font désirer vivement que tous ces objets soient ramenés à l'uniformité dans tout le royaume, autant qu'il sera possible.

Art. 4. En désirant la restauration des mœurs, le clergé ne peut s'empêcher de demander aux Etats généraux qu'ils portent aux pieds du trône, dont la religion est la base la plus solide, le vif désir qu'il a de voir opérer une réforme utile dans l'éducation publique; en vain le clergé se tairait-il sur les abus dont elle fourmille, sur l'éclat et l'utilité dont elle est déchue, sur les vices d'administration des maisons d'éducation, sur la perte d'hommes voués, par état, à de si nobles fonctions, et qui n'ont pu être universellement remplacés depuis, malgré les efforts du gouvernement, le désir des villes où ils existaient; ce sont des vérités notoires et vivement senties, même par les ennemis du bien public. Il est donc de la sagesse du gouvernement de concourir, avec le clergé, à une réforme dont dépend le bonheur des générations futures.

Art. 5. Une réforme non moins essentielle que le clergé doit solliciter, est celle de l'administration des hôpitaux. Le gouvernement a paru, depuis quelques années, s'occuper d'en assurer la salubrité dans les grandes villes; les malheurs du temps ont mis et mettront peut-être encore des entraves à de si utiles opérations : mais vainement procurera-t-on aux malheureux, qui sont forcés de s'y réfugier dans leurs infirmités, l'espoir le plus assuré d'y trouver la guérison, si l'administration des hôpitaux n'est pas soumise à des réformes utiles et nécessaires; en vain les attendra-t-on de cette bienfaisance humaine qu'on cherche à substituer à la charité chrétienne. La religion seule peut les opérer d'une manière sûre et salutaire, et c'est à ses ministres à en suggérer les moyens, que Sa Majesté daignera sans doute accueillir favorablement.

Art. 6. Les abus existant depuis longtemps dans l'administration des économats excitent vivement la réclamation de tous les ordres, attendu qu'ils absorbent la plupart du temps la succession des derniers titulaires. Nous croyons donc qu'il est de notre devoir d'engager le clergé à faire choix d'un plan nouveau, pour assurer la répartition des bénéfices et la tranquillité des familles, et solliciter des bontés du Roi de ne pas laisser des bénéfices sans titulaires, d'après un simple arrêt du conseil.

Art. 7. Il sera demandé une loi, déjà sollicitée par la dernière assemblée du clergé, pour em-

pêcher l'aliénation des biens ecclésiastiques et ceux des fabriques, des hôpitaux, sous tel prétexte que ce soit. Que cependant, en faveur des fabriques qui n'ont pas 1,200 livres de rentes, il soit dérogé à l'édit qui défend aux gens de mainmorte d'acquérir.

Art. 8. Un abus bien contraire à l'émulation, proscrit par les saints canons, est la pluralité des bénéfices. De bons prêtres vivant dans l'indigence, meurent sans récompense ; beaucoup, qui n'ont d'autres mérites que la protection et leur noblesse, sont chargés des fruits de l'Eglise. Dans un moment où la nation veut se régénérer, où le monarque annonce et pratique pour lui-même la réforme, le clergé doit solliciter Sa Majesté de rendre une déclaration par laquelle, sous tel prétexte que ce soit, aucun ecclésiastique ne pourra posséder deux bénéfices à la fois, lorsque l'un des deux suffira à une honnête existence relative à son état. Une telle loi multipliera les récompenses, fera cesser le scandale, ranimera l'émulation, fera germer les talents par l'espoir et ramènera les choses à leur vrai principe.

Art. 9. Les bénéfices-cures à portion congrue, même celles de l'ordre de Malte, et autres cures qui, sans avoir la portion congrue, n'ont que des gros modiques, ou ne sont pas suffisamment dotées, seront portées à 2,000 livres. Le clergé ne peut se dissimuler que c'est le vœu général ; l'insuffisance du revenu d'un très-grand nombre de cures est démontrée ; l'augmentation progressive des choses nécessaires à la vie et à l'entretien doit les faire porter de prime-abord à une valeur qui mette le pasteur à l'abri des besoins, et lui facilite les moyens de secourir les pauvres.

Art. 10. Pour procurer cette augmentation de revenu, si les curés ne sont pas mis en possession de la totalité ou partie des dîmes de leur paroisse, ce qui ne paraît pas se concilier avec les droits sacrés d'une propriété présumée, il y sera pourvu par tels autres moyens que la sagesse du clergé des Etats généraux jugera convenir, et il sera enjoint à l'ordre du clergé d'y pourvoir dans l'année, conformément à l'article 5 de la déclaration du Roi du 2 septembre 1786.

Art. 11. La perception des dîmes, leur division en solites et insolites, étant une source de discordes et de procès entre les décimateurs et les contribuables, depuis la substitution des différents objets de culture, le clergé des Etats généraux sera prié de réclamer l'axiome de droit : *Mutatá superficie soli, non mutatur jus decimandi.*

Art. 12. Etant de toute justice d'assurer aux curés et prêtres qui ont passé de longues années dans le saint ministère, ou qui deviennent infirmes, une retraite honnête, le clergé des Etats généraux est supplié de prendre en considération particulière cet article comme étant l'expression d'une réclamation universelle.

Art. 13. Le clergé des Etats généraux sera supplié d'aviser aux moyens d'établir un vicaire dans les paroisses de trois cents communiants à desservir, à cause des écarts ; et dans toutes les paroisses, des maîtres et maîtresses d'école où il n'y en a point.

Art. 14. Les curés de campagne ne peuvent trop solliciter de la bonté paternelle du Roi, l'établissement d'un hospice, lequel serait desservi par des Sœurs de Charité qui, par leurs soins et leur dévouement, rendraient à l'agriculture de bons ouvriers qui périssent victimes de l'ignorance et du défaut de soins. L'administration de cet hospice serait confiée aux curés, seigneurs et syndics des paroisses qui auraient le droit d'envoyer leurs pauvres malades à cet hospice, dont les fonds seront avisés par les Etats généraux.

Art. 15. L'impéritie de la plupart des chirurgiens étant un vrai fléau pour l'habitant des campagnes, les Etats généraux seront suppliés de faire renouveler les lois sur l'admission d'un chirurgien, et faire statuer qu'ils ne pourront en choisir que dans les élèves d'hôpitaux ou de collèges de chirurgie.

Art. 16. En s'occupant de prolonger les jours de la génération présente, on ne peut, sans frémir, songer au nombre des enfants et des mères qui meurent victimes de l'ignorance des femmes qui, sans études, sans expérience et sans pouvoir, s'ingèrent dans l'art des accouchements. Le clergé des Etats généraux ne peut donc trop insister sur l'établissement des femmes instruites, légalement examinées et reçues par les maîtres de l'art.

Art. 17. L'allaitement des enfants, confiés à des nourrices qui vont les chercher dans les villes, étant une branche importante de l'administration déférée à la vigilance des curés, ils demandent une grande réforme sur ce qui se pratique actuellement; on les reçoit pour la plupart sans certificat : de là vient que tant d'enfants périssent victimes de l'excès de confiance; il est donc très-essentiel que les femmes de campagne ne puissent être agréées pour nourrice, sans le certificat du chirurgien qui en atteste la santé, et sans celui du curé qui en prouve l'honnêteté et les mœurs.

Art. 18. L'ordre du clergé, en se soumettant à payer toutes les impositions comme les autres sujets du Roi, sans aucune distinction, entend en même temps qu'il ne sera pas plus imposé qu'eux, proportionnellement à ses revenus ; qu'en conséquence, toutes les contributions indirectes qui ne lui seraient plus communes avec la nation, et qui faisaient ci-devant partie de ses charges envers l'Etat, cesseront, et notamment en ce qui concerne la coupe de ses bois, qu'il pourra régir comme tout seigneur particulier, sauf les précautions à prendre pour que les usufruitiers n'en puissent abuser.

Art. 19. Considérant combien les ordres religieux ont été utiles à la religion, par les grands hommes qu'ils ont produits à l'Etat, par les défrichements qu'ils ont faits; que l'Eglise n'a point un esprit de destruction, mais de conservation et de perfection, que l'origine de leur décadence peut être attribuée à la commende, la chambre ecclésiastique des bailliages de Melun et Moret désire que l'on s'occupe de rendre à ces ordres leur ancienne splendeur. C'est pourquoi le mémoire lu dans son assemblée sur cet objet sera remis ès mains de son député, pour être par lui présenté à l'ordre du clergé aux Etats généraux.

Art. 20. Le clergé des bailliages de Melun et Moret demande que, plusieurs curés dont les gros sont trop médiocres ne pouvant fournir la subsistance de leurs vicaires, les décimateurs soient obligés de payer les honoraires des vicaires, dans les endroits où il en existe et partout où il sera nécessaire d'en établir, en proportion de la dotation des curés.

INSTRUCTIONS

Pour le député de la chambre ecclésiastique de Melun et Moret, aux Etats généraux.

La chambre ecclésiastique des bailliages de Melun et Moret, réunie pour mettre son député

plus à portée de justifier la confiance dont elle aura bien voulu l'honorer, a cru qu'il était important de réunir en forme d'instruction les objets qui doivent principalement fixer son attention.

Elle n'ignore pas qu'en liant son député sur tous les articles qui sont connus dans ses cahiers, elle mettrait des entraves au cours des délibérations de l'assemblée des Etats généraux ; elle est loin d'approuver ces systèmes de résistance et d'opposition, qui font sentir aux citoyens toute leur force, sans leur montrer l'usage qu'ils doivent en faire. Mais en reconnaissant la liberté de tous les membres qui représentent une nation libre, elle a cru devoir remettre sous les yeux de son député les principes fondamentaux qui ont dirigé toutes ses déterminations et sur lesquels elle fonde l'espoir si consolant du retour de la prospérité nationale.

Le clergé des bailliages de Melun et Moret a cru que ce serait en vain que l'on attendrait du succès de l'assemblée des Etats généraux, si leur première occupation n'était pas de poser sur des fondements indestructibles la constitution ébranlée de notre monarchie.

Il pense donc que, pour garantir notre liberté nationale, il faudra n'accorder ni impôts ni emprunt, que les lois constitutionnelles ne soient arrêtées et promulguées.

La chambre ecclésiastique ne laisse pas à son député la faculté d'opiner sur cet article, d'une manière qui ne serait pas conforme à ses délibérations. Elle s'est arrêtée sur cet objet avec une attention trop scrupuleuse, pour que son député puisse douter de la solennité de son vœu.

Mais elle a trop de déférence pour les délibérations qui émaneront de cette importante assemblée, pour tellement lier son député, qu'il puisse se croire obligé de quitter les Etats généraux, s'ils prenaient un parti qui fût contraire même à la volonté formelle de l'assemblée des bailliages de Melun et Moret.

Lorsque les Etats généraux auront déterminé l'intervalle qui séparera les assemblées nationales, et qu'ils statueront sur leur organisation et sur la manière de recueillir les opinions, c'est alors que le député du clergé des bailliages de Melun et Moret rappellera les principes de la monarchie française, et qu'il insistera irrévocablement sur la distinction des trois ordres.

La chambre ecclésiastique des bailliages de Melun et Moret a cru devoir rappeler ici quelle avait été dans tous les temps l'organisation constitutionnelle des assemblées de la nation. Elle n'ignore pas que l'esprit novateur du siècle suggère dans toutes les provinces des systèmes dangereux qui, sous le spécieux prétexte de réunir les trois ordres en les faisant opiner ensemble et par tête, ne tendraient qu'à les confondre : elle se fait un devoir de consacrer ces principes et de les appuyer sur les usages constants, et sur des lois établies dans le sein des Etats généraux.

Elle n'a pu oublier que la distinction des trois ordres, et la manière d'opiner séparément dans les assemblées politiques, a été solennellement établie par les Etats de Paris de 1355, sur la réquisition du tiers-état lui-même.

Que cette distinction a été observée dans les tenues d'Etats suivantes, qu'elle a été reconnue même en 1483 aux Etats de Tours, puisque dans cette mémorable assemblée, convoquée seulement pour décider de la régence pendant la minorité de Charles VIII, l'on a toujours regardé comme un obstacle à toute délibération la seule opposition d'un des trois ordres.

Les mêmes principes ont reçu une nouvelle sanction des États de Blois de 1576, qui ont prononcé, comme ceux de 1355, que deux ordres ne pouvaient lier le troisième.

Et cette maxime a été inviolablement admise par les États de Blois de 1588, et ceux de Paris de 1614.

La chambre ecclésiastique des bailliages de Melun et Moret a été trop heureuse de trouver dans la constitution de cette monarchie une loi que les lumières du dix-huitième siècle auraient sans doute inspirée, si elle n'était pas consignée dans les fastes de nos assemblées nationales.

Elle pense que la distinction des trois ordres est un triple rempart contre les entreprises ministérielles et les efforts du pouvoir arbitraire; que l'indépendance respective des trois ordres assure leur force et leur sécurité; qu'elle donne aux affaires une marche plus facile et moins compliquée; qu'elle promet à la discussion le calme nécessaire pour l'éclairer, et qu'elle préserve les délibérations de cette précipitation dangereuse, qui leur ôterait le caractère imposant de la prudence et de la maturité.

La chambre ecclésiastique des bailliages de Melun et Moret, après avoir enchaîné le mandat de son député sur deux objets qu'elle regarde comme l'égide de la constitution et la sauvegarde des droits respectifs des différents ordres de l'État, l'invite encore à se rappeler les grands objets d'intérêt public qui ont occupé cette assemblée préparatoire : elle se persuade que les opinions qui ont été développées avec cette franchise patriotique et ce zèle constant qui appartient surtout à des ministres des autels, viendront toujours éclairer ses démarches et préparer son opinion. Elle ne doute pas qu'il ne sente l'influence des délibérations, qui n'ont jamais été prises qu'après avoir été longtemps éprouvées au creuset de la discussion et de l'amour du bien public.

Elle lui enjoint de se concerter avec les députés des deux autres ordres des bailliages de Melun et Moret, afin que le concours de leurs lumières puisse servir plus utilement encore aux intérêts qui leur seront communs.

Le clergé rassemblé à Melun espère que lorsqu'il s'agira de faire sur les provinces respectives, la répartition du subside que l'on aura consenti, son député fera valoir le nombre et le poids des impôts qui, depuis tant d'années, accablent tous les habitants de cette province intéressante; que la multiplicité des contributions, que le pouvoir arbitraire a fait élever dans une proportion accablante et incompréhensible, ne permettra pas sans doute que l'on prenne, pour base de l'assiette de l'imposition générale, le marc la livre des impositions actuelles.

La chambre ecclésiastique des bailliages de Melun et Moret engage son député à diriger tous les efforts de son zèle sur le retour de la concorde et de l'union entre tous les ordres. Quel avantage pourrait-on attendre de l'assemblée des États généraux, si l'on ne commençait par détruire le germe fatal de défiance réciproque qui avilirait une nation libre et franche, et qui mettrait sans cesse des entraves au cours précieux de ses délibérations? Aujourd'hui que tous les citoyens de l'État vont consacrer leur zèle et leurs travaux aux intérêts les plus chers à la patrie, ils s'apercevront, sans doute, qu'ils n'ont jamais d'autre sentiment que celui de la gloire du nom français et de sa félicité publique.

Le clergé rassemblé à Melun croit devoir finir cette instruction par une réflexion importante, qui dirigera sans doute toutes les démarches de son député.

Il ne doit pas oublier qu'il va tenir dans ses mains le dépôt sacré de la confiance et les intérêts de tout le bailliage; qu'il vase trouver, dans une célèbre assemblée, l'organe de la religion, le défenseur de la patrie et, pour ainsi dire, le protecteur de cent mille citoyens.

Il ne doit pas oublier que c'est lui seul qui est aujourd'hui l'espoir de ces pasteurs vénérables qui gémissent de voir sans cesse la misère au sein des campagnes, sans pouvoir en prévenir les tristes effets ni mettre un terme à sa durée.

Il ne doit pas oublier que le malheureux viendra lui demander compte de la mission importante qu'il aura reçue, et qu'il bénira ses efforts, ou qu'involontairement il le rendra responsable de ses peines.

Mais il se persuadera sans doute que pour parvenir au but si désiré de la régénération d'un état jadis si florissant et si fécond encore en ressources, il faudra que, lorsqu'il sera transporté dans une sphère qui lui sera peut-être étrangère, il s'éloigne du foyer des intrigues, qu'il redoute les complots dangereux et qu'il sache se mettre en garde contre les efforts de la faveur ou les menées de la séduction.

Enfin, lorsqu'il sera au milieu des États généraux, qu'il n'abandonne jamais cet esprit de modération qui rend les résolutions plus imposantes et les hésitations moins équivoques; et que l'on retrouve toujours en lui la douceur et la retenue qui font respecter un ministre des autels, et cette fierté inébranlable qui caractérise le citoyen d'une grande nation.

Ont signé l'abbé Rigaut, abbé de Chaumes, président ; le doyen de Buisset, le curé de Sivry, le curé de la Chapelle-la-Reine, l'abbé de Galonne, l'abbé de Champigny, le curé de Mormans, le prieur des Bénédictins, le prieur de Samorau, le curé d'Ericy, l'abbé de Damas, le curé de Perte, le curé d'Andreselle, l'abbé de Richebourg, chanoine de Champaut, le curé de Chailly, le curé de Villeneuve-la-Guion, le curé de Saint-Aspel, le curé de Saint-Étienne, le curé de Saint-Barthélemy, le curé de Dannemarie, le prieur de Saint-Ambroise, le curé de Milly, le curé d'Elbe, le curé de Sessons, le curé de Châtelet, le curé de la Chapelle-Gauthier, le curé de Champigny, l'abbé Pisson, le curé de Saint-Germain-d'Anis, l'abbé Menedrieux, le curé de Rosoy, et autres.

Le curé de Saint-Étienne, secrétaire.

CAHIER

Des pouvoirs et instructions du député de l'ordre de la noblesse des bailliages de Melun et Moret, remis à M. Freteau de Saint-Just, seigneur de Vaux-le-Penil, conseiller de grand'chambre au parlement de Paris, élu député aux prochains États généraux par l'ordre de la noblesse des bailliages de Melun et Moret, le 20 mars 1789 (1).

L'an 1789, le vendredi 20 mars, en vertu des lettres de convocation qui ordonnent aux trois ordres des bailliages de Melun et Moret d'élire leurs représentants aux États libres et généraux du royaume, et de leur confier tous les pouvoirs et instructions qui seraient jugés nécessaires pour la restauration de l'État et des bailliages de Melun et Moret, l'ordre de la noblesse desdits bailliages

(1) Nous publions ce cahier d'après un imprimé de la *Bibliothèque du Corps législatif.*

donne par ces présentes à son député auxdits Etats qui doivent se tenir à Versailles, le 27 avril 1789, les pouvoirs et instructions tels qu'ils suivent :

Considérant que Sa Majesté, par le résultat de son conseil, du 27 décembre 1788, et par la lettre de convocation du 24 janvier 1789, a déclaré solennellement à ses peuples,

Que sa volonté est : 1° non-seulement de ratifier la promesse qu'elle a faite de ne mettre aucun impôt sans le consentement des Etats généraux du royaume, mais encore de n'en proroger aucun sans cette condition ;

2° D'assurer le retour successif des Etats généraux, en les consultant sur l'intervalle qu'il faudrait mettre entre les époques de leur convocation ;

3° Que sa Majesté veut prévenir de la manière la plus efficace les désordres que l'inconduite ou l'incapacité de ses ministres pourront introduire dans leurs finances, en concertant avec les Etats généraux les moyens les plus propres d'atteindre à ce but ;

4° Que Sa Majesté veut que, dans le nombre des dépenses dont elle assurera la fixité, on ne distingue même pas celles qui tiennent plus particulièrement à sa personne ;

5° Que Sa Majesté veut aller au-devant du vœu légitime de ses sujets, en invitant les Etats généraux à examiner eux-mêmes la grande question qui s'est élevée sur les lettres de cachet, son intention étant d'abandonner à la loi tout ce qu'elle peut exécuter pour le maintien de l'ordre ;

6° Que Sa Majesté est impatiente de recevoir l'avis des Etats généraux, sur la mesure de liberté qu'il convient d'accorder à la presse et à la publicité des ouvrages relatifs à l'administration, au gouvernement et à tout autre objet public ;

7° Que Sa Majesté préfère avec raison aux conseils passagers de ses ministres les délibérations durables des Etats généraux ;

8° Que Sa Majesté a formé le projet de donner des Etats provinciaux au sein des Etats généraux, et de former un lien durable entre l'administration particulière de chaque province et la législation générale ;

9° Que Sa Majesté a déclaré avoir besoin du concours de ses sujets pour établir un ordre constant et invariable dans toutes les parties du gouvernement qui intéressent le bonheur de ses sujets et la prospérité du royaume ;

10° Que Sa Majesté demande à connaître les souhaits et les doléances des peuples; qu'elle désire que, par une mutuelle confiance et par un amour réciproque entre le souverain et ses sujets, il soit apporté, le plus promptement possible, un remède efficace aux maux de l'Etat, et que les abus de tous genres soient réformés et prévenus;

En conséquence d'une déclaration si solennelle et des droits nationaux qu'elle consacre, la noblesse des bailliages de Melun et Moret réunis charge expressément son député de demander :

Que le premier des Etats généraux soit de présenter au Roi une adresse de remerciments conçue en des termes qui peignent à Sa Majesté toute la vénération et toute la reconnaissance dont les a pénétrés pour sa personne sacrée cette déclaration qu'elle a faite de ces principes vraiment constitutionnels ; et de renouveler la profession de leur attachement inviolable à la constitution monarchique et à la maison régnante ;

Qu'ensuite, conformément aux droits imprescriptibles de la liberté, de la propriété, qui appartiennent essentiellement à l'homme par la loi naturelle, et qui ne peuvent être gênés ni restreints que par la loi qu'il a consentie, lesdits Etats généraux statuent dans la forme la plus authentique les articles suivants, savoir :

Art. 1er. Que dorénavant la nation s'assemblera périodiquement et à des époques régulières, qui seront déterminés par les Etats généraux, lesquels fixeront le nombre et la proportion des députés, la forme de la convocation, et généralement tout ce qui concerne l'organisation des Etats qui devront suivre la présente tenue; qu'ils statueront sur l'admission aux présents Etats d'une représentation des colonies;

Que de plus, les Etats généraux aviseront éventuellement à ce qu'il soit pourvu aux circonstances d'une guerre, d'une minorité ou d'une grande calamité qui affligeront en tout ou en partie le royaume; et qu'ils décideront si une tenue extraordinaire devant être prévue, il ne serait pas essentiel d'aviser aux moyens de la rendre la plus prompte possible; à l'effet de quoi le député exprimera le vœu que les bailliages se rassemblent immédiatement après la clôture des Etats généraux, pour y nommer les députés qui composeraient les Etats extraordinaires.

Art. 2. Qu'à l'avenir, aucun acte public ne sera réputé loi du royaume, s'il n'a été consenti ou demandé par les Etats généraux et revêtu du sceau de l'autorité royale, et n'en contient la mention expresse.

Que dans l'intervalle d'une tenue à l'autre, le Roi statuera sur les difficultés survenues et objets instants qui seront à régler, par des déclarations et lettres patentes seulement.

Que les Etats généraux, de concert avec le Roi, aviseront, dans leur sagesse, à la meilleure forme qu'il conviendra d'adopter, pour donner à ces actes la sanction nécessaire; mais qu'ils n'auront acquis le caractère de loi nationale, qu'autant qu'ils seront consentis par les Etats généraux.

Qu'aucune modification, restriction, ni opposition ne sera dans aucun cas permise aux cours de justice contre les lois du royaume ainsi sanctionnées; qu'elles jureront d'en maintenir le contenu, de les exécuter strictement, de ne concourir à l'exécution d'aucune décision qui s'en écarterait, et de s'opposer à la levée de tout impôt non accordé par la nation.

Que telle sera la base de la charte nationale, laquelle, signée par le roi et par les membres des Etats généraux, sera publiée, enregistrée dans toutes les chambres supérieures et autres, dans les municipalités, et lue tous les ans au prône des paroisses.

Art. 3. Que la liberté individuelle étant le premier des biens comme le plus inviolable des droits, les lettres de cachet soient abolies et les prisons d'Etat supprimées; en sorte qu'aucun citoyen ne puisse être privé, en tout ou en partie, de sa liberté, que pour être remis aussitôt, dans une prison légale, entre les mains de ses juges naturels; et que copie de l'ordre de sa détention soit remise dans les vingt-quatre heures au citoyen détenu, sauf aux Etats généraux à combiner les moyens propres à prévenir les crimes et l'éclat des désordres domestiques; sauf aussi, par eux, à admettre les délibérations régulières des communautés, sous l'autorité du magistrat, contre les personnes notées, contre celles qui seraient réputées suspectes au jugement de dix de leurs pairs et contre les gens sans aveu.

Art. 4. Que les Etats généraux, de concert avec le Roi, statueront sur la liberté de la presse et sur les moyens de connaître, juger et punir ceux qui en abuseraient, ainsi que sur la sûreté inviolable des lettres missives et des relations de confiance, lesquelles ne pourront jamais faire titre d'accusation contre aucun citoyen.

Art. 5. Que les propriétés personnelles, mobilières et foncières soient assurées, de manière que, sous aucun prétexte, on ne puisse inquiéter aucun citoyen dans sa personne, dans son honneur ou dans ses biens, autrement que d'après les lois du royaume, ni le poursuivre ailleurs que devant les tribunaux ordinaires; que tout ministre qui se sera permis d'expédier et de faire exécuter des ordres contraires aux droits nationaux ou privés, en soit responsable et puisse être dénoncé, soit aux tribunaux ordinaires, soit aux États généraux assemblés, pour être ensuite jugé légalement, s'il y a lieu.

Art. 6. Qu'en conséquence des articles précédents, aucun citoyen ne puisse être enlevé à ses juges naturels, et qu'ainsi l'usage des commissions extraordinaires et des évocations soit entièrement aboli, à moins qu'elles ne soient demandées par toutes les parties intéressées dans l'affaire à juger.

Et qu'à l'égard des arrêts de surséance et des lettres d'État, il soit avisé à la réforme des abus dont ces actes sont susceptibles.

Art. 7. Que les parlements et autres tribunaux souverains, ainsi que les juges subordonnés à ces cours ne pourront, à l'avenir, être troublés dans l'exercice de leurs fonctions; mais que dans le cas où les parlements ou autres cours, par une conduite opposée à celle qui vient de mériter la reconnaissance publique, se rendraient coupables de quelque infraction aux lois constitutionnelles, ou se permettraient d'enregistrer des déclarations ou lettres patentes contraires aux droits y énoncés, ils seront responsables des faits de leurs charges à la nation assemblée.

Art. 8. Qu'à la nation assemblée en États généraux appartient exclusivement le droit de consentir les impôts et les emprunts, d'en fixer la quotité, les conditions et la durée; en conséquence, que toutes impositions mises ou prorogées sans cette condition, ou accordées au gouvernement, hors des États généraux, une ou plusieurs provinces, une ou plusieurs villes, une ou plusieurs communautés, seront nulles, illégales, et qu'il sera défendu, sous peine de concussion, de les répartir, asseoir et lever.

Qu'à l'égard des octrois ou contributions particulières qui seraient demandées par une ville ou par une province, il sera établi, par la forme de les lever et d'en compter, une loi qui en prévienne les abus et les inconvénients.

Art. 9. Que passé le terme fixé par les États généraux pour la durée des impôts, leur perception cesse, sans pouvoir être continuée, sous peine de concussion, et sans qu'il puisse jamais être rien répété contre les contribuables, pour raison de l'interruption de la perception, et ce, sous la même peine.

Art. 10. Que les États généraux statueront sur une composition d'États provinciaux dans la forme qu'ils jugeront la plus propre à la bonne administration des provinces et localités, en respectant et combinant avec le bien général les usages, conventions, traités et capitulations, au moyen desquels les diverses parties du royaume se trouvent réunies à l'empire français : c'est à la sagesse éclairée du Roi, assisté des États généraux, à donner aux provinces de l'ancien domaine une constitution tellement organisée, que les autres provinces désirent elles-mêmes d'en

adopter le régime, et qu'on parvienne ainsi à n'avoir, dans le royaume, qu'une administration uniforme pour toutes ses parties.

Que la répartition, assiette et levée des impôts ne se fassent que par les États provinciaux.

Les États généraux examineront, dans leur prudence, s'il ne serait pas avantageux de charger les États provinciaux d'administrer et porter à leur valeur réelle les domaines de la couronne, pour en connaître le véritable produit, et de n'adopter aucun projet quelconque à cet égard, avant que leur valeur ne soit ainsi constatée.

Art. 11. Que tous les fonds qui auront été versés au trésor public par la nation, devant être assignés aux dépenses des différents départements, les ministres qui en seront chargés seront tenus de rendre public chaque année, par la voie de l'impression, le compte détaillé de la recette et de la dépense, dont la minute, signée par eux, sera remise aux greffes des tribunaux établis par la comptabilité, afin que les comptes effectifs de chacune des années qui se seront écoulées d'une assemblée à l'autre des États généraux, puissent leur être rendus dans la forme qu'ils jugeront à propos d'adopter ; et que les administrateurs coupables de prévarication puissent être dénoncés à la nation et légalement poursuivis.

Art. 12. Telles sont les bases de la constitution, sur lesquelles il est enjoint formellement au député de faire statuer dans l'assemblée des États généraux, préalablement à toute délibération relative aux finances, avec défenses expresses de rien voter sur l'impôt ni sur l'emprunt ; de vérifier, constater ni reconnaître le montant de la dette publique, ni de s'expliquer sur les moyens d'y satisfaire, avant que le principe de la nécessité du concours de la nation pour la formation des lois générales, les maximes de la liberté individuelle et de la propriété, ainsi que la périodicité des États généraux, au moins tous les cinq ans, et la responsabilité des ministres, n'aient été solennellement et irrévocablement établis.

Et néanmoins le député ne se retirera point de l'assemblée, il n'adhérera à aucune scission ; mais il s'efforcera par tous les moyens d'y entretenir ou d'y ramener la paix et la concorde, demandant seulement acte de ses protestations.

Art. 13. Le député prendra ensuite une connaissance détaillée des réductions, dont chaque partie de la dépense sera susceptible, de la situation des finances et des besoins de l'État, rigoureusement démontrés ; et il sera autorisé, après cet examen, à consentir à l'établissement des subsides qui seront jugés indispensables, dans la forme et sur les objets qui seront le moins onéreux à la nation.

Art. 14. Le député aura également pouvoir de substituer aux impôts, maintenant établis, tels que la taille, la gabelle, déjà jugées par le Roi, tels que les aides, les traites, les marques des cuirs et autres impôts d'une nature accablante, ceux qui en remplaceraient le produit nécessaire, et qui seraient d'une nature moins greveuse pour le peuple, en frappant sur le luxe, d'une assiette plus facile et surtout d'une perception moins dispendieuse.

Il s'occupera particulièrement des moyens de faire disparaître les différences qui existent maintenant dans la dénomination et la forme des impôts supportés jusqu'ici par les trois ordres; différences dont l'effet serait de diviser des intérêts communs, d'affaiblir ces idées d'égalité et de juste répartition, seules bases équitables de tout impôt entre les citoyens d'une même patrie.

Art. 15. Après qu'il aura été pourvu à l'acquittement des dettes, et que l'état des dépenses aura été arrêté, les États généraux délibéreront dans leur sagesse, si, dans le cas d'une grande calamité publique ou d'une guerre imprévue, il ne serait pas utile de statuer à la disposition du Roi un crédit dont ils détermineront le montant, bien entendu que ce fonds extraordinaire sera soumis au même ordre de comptabilité que les fonds ordinaires dont il ferait partie pour l'année suivante, si la circonstance à laquelle il aurait été spécialement destiné ne l'avait pas entièrement consommé.

Le vœu de la noblesse est que le crédit accordé ne s'élève que jusqu'à la somme indispensablement nécessaire pour fournir au premier besoin, jusqu'à une convocation extraordinaire des États généraux qui seront assemblés dans le plus court délai possible.

Art. 16. Le député aura un pouvoir indéterminé de concourir à régler tout ce que le temps permettra aux États généraux de statuer sur les améliorations de tous les genres et sur la poursuite des principaux abus qui affligent le royaume, et en particulier :

Sur le maintien de la religion ;

Sur le respect dû au culte ;

Sur le rétablissement de la discipline ecclésiastique ;

Sur la restauration des mœurs ;

Sur la vénalité des charges ;

Sur la réformation si nécessaire et si désirée des lois civiles et criminelles, et notamment sur le conseil qu'il paraît si instant de donner aux accusés ;

Sur l'allégement des décrets pour les citoyens qui donneront caution, toutes les fois qu'il ne sera pas question de meurtre ou agression violente, de rapt, d'incendie, ou de trahison d'État, conformément aux anciennes lois du royaume ;

Sur l'état des non catholiques en France, et sur la nécessité de rendre loi du royaume l'édit du mois de novembre 1787, et de statuer définitivement sur les mariages mixtes ;

Sur la réforme de l'éducation nationale ;

Sur l'assignation de fonds certains destinés à entretenir et à récompenser ceux qui se consacrent à cette utile et honorable fonction ;

Sur les moyens d'établir entre les cultivateurs et propriétaires fonciers d'une part, et les capitalistes de l'autre, cet équilibre sans lequel l'impôt pèse entièrement sur l'agriculture et sur l'existence des gens de campagne. Pour y parvenir, le député exprimera avec force le vœu que la chambre forme de voir proscrire efficacement les loteries, les spéculations usuraires et l'hydre de l'agiotage ;

Sur les abus multipliés de la forme actuelle de la comptabilité causée par les retards de la reddition des comptes ; sur les déprédations sans nombre et impunités qui en résultent, et dont le détail est énergiquement développé dans un Mémoire particulier (1) qui sera remis au député ;

Sur les meilleurs moyens à trouver pour prévenir les banqueroutes et les faillites, ou en empêcher l'impunité et les funestes effets ;

Sur la propagation et extension du commerce national, en enregistrant les lois prohibitives, et l'abus des privilèges exclusifs, toutes les lois qu'ils ne sont pas accordés à l'invention ;

Sur l'encouragement à donner aux arts et aux manufactures ;

Sur la faveur à accorder aux entreprises de

(1) Ce Mémoire a été composé par M. du Tremblay de Rubelles, maître des comptes.

canaux, d'où résulteront une prodigieuse diminution du prix des transports, et une augmentation de bras et d'animaux pour la culture des campagnes ;

Sur la suppression des entrées vexatoires qui s'exigent au détriment du commerce et de la liberté des provinces, et qui, en reculant les barrières aux frontières du royaume, les placerait au véritable point où elles peuvent être utiles à l'équilibre du commerce national.

Art. 17. Et pour le redressement des griefs des bailliages de Melun et Moret,

Le député demandra : 1° des États provinciaux pour la Brie, auxquels sera confié tout ce qui est relatif à l'administration des chemins.

2° La diminution jusqu'à la suppression de la taille, dont le taux excède le plus souvent le tiers du loyer, surcharge terrible à cause de la cherté de la culture, de l'immensité des bâtiments nécessaires à l'exploitation, de l'inégalité des produits et de la difficulté des communications pour le transport et la vente des denrées. Toutes ces causes réunies à l'incertitude et à la fluctuation de la législation sur le commerce des grains et au renchérissement subit des bestiaux, ont opéré la ruine d'un grand nombre de laboureurs. Plusieurs fermes sont abandonnées, et les villages sont, pour la plupart, dans une misère extrême rendue encore plus affreuse par l'intempérie des saisons, par l'oubli total des lois sur le prix de la mouture et la police des moulins, par l'augmentation arbitraire des droits d'aides, par l'impuissance des juges des élections pour les réprimer, par la rigueur des exécutions pour les impôts depuis les frais de bulletin jusqu'à l'emprisonnement des malheureux contribuables ; enfin plus de la moitié du bailliage est dévastée par l'horrible fléau des capitaineries de Fontainebleau et de Corbeil, qui fait tomber en friche toutes les terres riveraines des bois et des terrains sablonneux.

3° Pour relever l'agriculture, il est indispensable de supprimer les capitaineries, cet attentat à la propriété, qui a excité les remords de plusieurs de nos souverains expirants, ainsi qu'on le voit par l'histoire qui s'est chargée de leur tardif repentir, et qui nous en a transmis les inutiles monuments ; de rétablir une juste proportion entre l'impôt et le produit net, toutes mesures étant rompues, au point qu'une foule de propriétaires payent par eux ou par leurs fermiers quatre dixièmes et plus d'impôts directs. Les autres droits du Roi s'opposent à tous baux à longs termes, à la facilité des échanges, à la mutation et au commerce des biens-fonds arrêté par les francs-fiefs. On ne s'est pas même occupé des réformes les plus faciles, telles que l'abolition du parcours, la suppression d'un grand nombre de fêtes dans les jours les plus précieux de l'année, et qui n'ont pas lieu dans les autres diocèses ; de l'extinction des droits de minage, hallage, péages, bien entendu après l'examen des titres, avec les indemnités dues à la propriété reconnue légitime ; ni des vexations exercées, à Melun même, pour la perception des droits de minage qui s'y exigent contre les ordonnances du royaume, sans tarifs ni pancarte, source intarissable de procès, ni de la rectification du cadastre le plus injuste et le plus arbitraire, fait d'autorité absolue par le commissaire départi, exécuté d'une manière impérieuse et vexatoire par ses agents oppresseurs.

Sous les auspices de ce même commissaire, la milice est devenue un impôt sans cesse renaissant, et qui pèse autant et, plus, sur les familles pauvres, que la taille elle-même : les réparations et les constructions des églises ou presbytères, auxquelles on sait que le clergé s'est soustrait depuis 1695, épuisent les villages pour plusieurs années. Des paroisses entières sont réduites à la mendicité par les frais énormes de la construction des murs et entreillagements destinés à écarter les bêtes fauves, et qui ne servent malheureusement qu'à multiplier le petit gibier.

Art. 18. Enfin la masse des impôts étant votée pour tout le royaume, il est agité par les États généraux quelle sera la part proportionnelle que chaque province devra supporter de ce fardeau commun ; le député devra représenter, avec la plus ferme énergie, combien il serait souverainement injuste pour la généralité de Paris, et notamment pour le bailliage de Melun, de prendre pour base de la répartition, de l'assiette et de l'impôt général, le marc la livre des impositions actuelles dans la généralité ; il démontrera que la province de l'Isle-de-France, et en particulier le bailliage, livré depuis longtemps par la servile complaisance des anciens administrateurs, aux volontés du pouvoir fiscal, a vu successivement, et pour ainsi dire d'année en année, le poids accablant des contributions s'élever à un taux presque incompréhensible et hors de toute proportion avec les autres provinces du royaume ; il se concertera sur ces objets avec les députés des autres bailliages de la province, et il se procurera les lumières qui peuvent être utiles au soutien de cette grande vérité dans le dépôt de l'assemblée provinciale ; et il n'oubliera rien de ce qui pourra faire rétablir entre la province de l'Isle-de-France et les autres provinces du royaume l'équilibre qui n'existe plus depuis longtemps, et qu'il est également juste et nécessaire d'y voir incessamment rétabli.

Art. 19. La chambre de la noblesse, sans réclamer aucun privilège qui puisse la soustraire à la plus juste égalité dans la répartition des impôts, ne croit pas avoir besoin de recommander à son député de défendre et de maintenir la prééminence des rangs, les honneurs, les immunités non pécuniaires, et les droits dont la noblesse a joui dans tous les temps, et qui ne sont que la juste récompense de ses services.

Ces distinctions tiennent à la constitution de la monarchie ; elles en ont toujours fait la force, et le député rappellera qu'elles sont tellement fondées par la justice, qu'elles ont été solennellement reconnues et consacrées dans les États généraux du royaume assemblés à Blois.

Le député présentera aux États généraux le vœu de la noblesse, pour qu'ils prennent en considération la multiplicité des charges qui la donnent en très peu de temps, la nécessité de prononcer sur l'abus de l'usage des titres, celle d'inscrire la liste des nobles dans un catalogue déposé au greffe des bailliages et États provinciaux, et l'examen de la question sur les francs-fiefs, dont l'examen de la question sur les francs-fiefs, soit pour qu'il ne soit payé qu'une seule fois par la même personne.

Il leur exposera ensuite les trop justes remontrances de la noblesse pauvre qui sert dans les armées, dont l'état précaire change à chaque mutation de ministre, dont le traitement pécuniaire, l'avancement, les récompenses et les retraites sont soumis à une instabilité injuste, destructive du talent et d'autant plus décourageante, que cette noblesse même, qui condamne en quelque sorte le gentilhomme à la pauvreté, se prodigue au prix de l'argent, et que l'ordre militaire, qui devrait être la récompense de ses services, se prostitue chaque jour à des personnes aviliées.

Il ajoutera à la doléance de la noblesse consacrée au service militaire de demander :

1° Que les officiers de l'armée soient admis à jouir du droit réclamé pour les autres citoyens de ne pouvoir être privés de leurs emplois sans un jugement.

2° Qu'ils ne soient pas livrés à une forme de jugement, qui est telle que les officiers mis au conseil de guerre n'ont pas la permission de récuser aucun juge, et qu'il n'existe aucun tribunal militaire permanent auquel ils puissent appeler des sentences prononcées contre eux, dans le cas même où les formes judiciaires auraient été violées pendant la procédure, tandis que les ministres se sont permis d'aggraver à leur volonté ces sentences mêmes.

Enfin le député sera autorisé à promouvoir et consentir tous règlements, ou nouvelles institutions tendantes à améliorer le sort des citoyens de toutes les classes, et à s'occuper avec le plus grand zèle de tout ce qui pourra, en rétablissant l'ordre et l'économie dans toutes les branches de l'administration, rendre à l'État et à la couronne le degré de considération et de puissance qui appartiennent à la première nation de l'Europe.

Signé le duc du Châtelet ; le duc de Praslin ; de Bougainville ; Desroches ; Freteau de Saint-Just ; de Guerchy ; de Gouy d'Arsy ; Boudet, *commissaires.*

Bernard de Coubert ; de Chavigny ; de Bizemont ; Geoffroy de Charnois ; de Montmorin ; Desaulnois ; Dargens ; de Miton ; de Vauxblanc ; Gitton de La Ribellerie ; La Barre de Carroy ; Dupré de Saint-Maur ; Des Massues ; de Saint-Blancart ; Fraguier ; de Lery ; Du Tremblay de Rubelles ; Marié de La Gâtinerie ; Marié de Bois d'Hyver ; Marié de Chanteloup ; de Bodesson ; de Valmanet ; de Chevry ; Morel de La Borde ; Moreau de La Rochette ; Moreau d'Olibon ; Dulau d'Allemans ; de Blanchy ; de Bausse ; Jamin ; Jamin de Changeon ; Dupont de Compiègne ; Gillet de La Renommière ; Pajot ; Fontaine de Cramayel ; Agasse ; de Gassonville ; Hedelin ; Le Rayer ; de Neuville ; Boussier ; de Toulongeon, Dallard ; de Mauroy ; Le Feron ; chevalier de Compiègne ; de Gouy d'Arsy, *président* ; de Vauxblanc, *secrétaire.*

CAHIER

Des plaintes, doléances et remontrances du tiers-état des bailliages de Melun et Moret, ensemble des pouvoirs donnés à ses députés pour l'assemblée des États généraux, à l'effet de déclarer, demander et consentir (1).

Art. 1er. Que comme c'est par une des lois fondamentales que la succession du trône est déférée à l'aîné mâle, c'est aussi par la loi que le Roi doit régner.

Art. 2. Que le pouvoir législatif appartient à la nation avec le concours de l'autorité du Roi ; et que, pour consacrer ce principe, il sera mis dans le préambule des lois qu'elles ont été faites sur la demande, ou d'après le consentement des États généraux.

Art. 3. Que le pouvoir exécutif et le pouvoir judiciaire appartiennent au Roi, pour être exercés, le premier par Sa Majesté, et le second, au nom du seigneur Roi, par des tribunaux, dont les membres ne seront amovibles que dans le cas de forfaiture bien et dûment jugée.

(1) Nous publions ce cahier d'après un manuscrit des *Archives de l'Empire.*

Art. 4. Que les Etats s'assembleront régulièrement à des époques périodiques, les plus prochaines possibles, qui seront déterminées, ainsi que le lieu où ils s'assembleront, sans qu'il soit besoin de convocation, ni qu'il puisse y être apporté aucun obstacle; à l'effet de quoi, la forme dans laquelle ils s'assembleront, et généralement tout ce qui précédera ladite assemblée, sera arrêté par les Etats généraux actuellement convoqués.

Art. 5. Que la liberté individuelle, étant un bien dont nulle puissance ne doit disposer arbitrairement, aucun citoyen ne sera détenu en vertu d'aucune lettre close, d'exil et autre espèce d'ordre absolu, que pendant le temps nécessaire, et qui sera fixé par les Etats généraux, pour le remettre entre les mains de ses juges naturels.

Art 6. Que tous juges royaux ordinaires seront tenus de faire, à des époques fixes, des visites dans toutes les prisons, de quelque espèce que ce soit, étant dans l'étendue de leurs juridictions; laquelle visite, ils pourront même réitérer toutes fois que bon leur semblera; à l'effet de quoi, tous gouverneurs de châteaux, concierges de prisons et maisons fortes, tenus de leur faire ouverture desdits lieux, à toutes réquisitions, même de leur déclarer dans trois jours, au plus tard, après détention, les noms, qualités et demeures de chaque prisonnier nouvellement détenu; de leur exhiber l'ordre en vertu duquel il l'aura été, et le registre sur lequel ledit ordre aurait été inscrit; le tout, sous telles peines sévères qui seront imposées par les Etats généraux.

Art. 7. Que les ministres, administrateurs et tous autres qui auraient demandé, expédié ou exécuté lesdits ordres arbitraires, en seront responsables à la nation, poursuivis à la requête du ministère public ou de la partie civile, et jugés par les baillages et sénéchaussées dans le ressort desquels lesdits châteaux, prisons ou maisons fortes seront situés.

Art. 8. Que les propriétés seront assurées de manière que, sous aucun prétexte, on ne puisse inquiéter aucun citoyen que d'après les lois du royaume, ni les poursuivre que devant les tribunaux legaux, même pour les recherches domaniales et autres; et qu'il sera pris, par les Etats généraux, les mesures nécessaires contre les dépossessions et expropriations, auxquelles donne lieu la maxime dangereuse et illimitée de l'imprescriptibilité des domaines de la couronne.

Art. 9. Que, pour assurer à tout citoyen sa liberté et sa propriété, nul ne pourra être jugé que par ses juges naturels; à l'effet de quoi, toutes affaires contentieuses, tant en matière civile que criminelle, pendantes au conseil du Roi, ou portées devant des commissaires, seront renvoyées, sans délai, devant les baillis des sénéchaux ou autres juges qui devront en connaître, sauf l'appel au parlement, notamment les discussions relatives à la perception des droits domaniaux incorporels, droits réservés et autres, lesquels seront jugés sur simples mémoires et sans frais

Art. 10. Qu'il ne sera établi ni levé aucun subside que ceux consentis librement par les Etats généraux; lesquels subsides ne pourront être levés que selon qu'il sera déterminé par la nation, ni être prorogés au delà d'un an après le terme fixé par l'assemblée suivante, à peine par les percepteurs d'être poursuivis comme concussionnaires.

Art. 11. Qu'aucun emprunt ne pourra réellemen' être fait sans le même consentement desdits Etats.

Art. 12. Qu'aucun Etat particulier, province, corps ou communauté ne pourront consentir ni lever aucuns subsides, ou faire aucuns emprunts particuliers, à peine par les percepteurs et emprunteurs d'être poursuivis extraordinairement et punis comme concussionnaires, par les juges ayant la connaissance des cas royaux, et par les prêteurs d'être privés de toute action.

Art. 13. Qu'aucun tribunal ne pourra, sous aucun prétexte que ce soit, être troublé dans l'exercice des fonctions qui lui sont confiées, soit par translation, dispersion, réduction, exil, ou autrement.

Art. 14. Qu'il est très-expressément enjoint aux députés aux Etats généraux de ne passer à aucune délibération quelconque relative au subside, même provisoire, que les articles concernant la constitution nationale ci-dessus indiquée, et celui de la responsabilité des ministres, dont il est ci-après parlé, n'aient été accordés, et les lois à rendre en conséquence promulguées; les constituants n'entendant aucunement être engagés, par lesdits députés, sur tout ce qui serait fait ou consenti au préjudice du présent article.

Art. 15. Que, pour parvenir à fixer la quotité des subsides nécessaires, tant aux besoins de l'Etat qu'à la liquidation de sa dette légitime, il sera pris, par les Etats généraux, une connaissance détaillée des dépenses de chaque département et du déficit actuel.

Art. 16. Que, pour éviter tout arbitraire dans la levée des subsides, la nation fera, soit par elle, soit par ses représentants, la perception desdits subsides.

Art. 17. Qu'il sera établi, en conséquence, des Etats provinciaux, composés à l'instar des Etats généraux, pour, dans les arrondissements qui seront circonscrits, faire la répartition et perception des subsides consentis.

Art. 18. Que les pouvoirs desdits Etats provinciaux seront limités, non-seulement pour la quotité des subsides à répartir, mais encore pour le terme de la levée desdits subsides consentis, lequel ne pourra excéder celui indiqué par l'article 10.

Art. 19. Qu'il sera établi, dans chaque arrondissement des Etats provinciaux, une caisse particulière, dont les fonds seront versés dans la caisse générale de la nation, dans laquelle caisse générale seront puisés les fonds nécessaires à chaque département.

Art. 20. Que les dépenses de chaque département, même de celui de la maison du Roi, soient invariablement fixées; et que les ministres de chacun desdits départements soient responsables envers la nation de l'emploi des fonds.

Art. 21. Que les Etats provinciaux, chacun dans son arrondissement, seront tenus de rendre un compte particulier de leurs recettes et dépenses aux chambres des comptes, ou en tout autre tribunal indiqué par la nation.

Art. 22. Que, pareillement, les ministres, chacun pour son département, seront tenus de rendre compte de l'emploi des fonds puisés dans la caisse générale de la nation.

Art. 23. Que des comptes rendus, tant par les Etats provinciaux que par les ministres, il sera formé un compte général pour chaque année, lequel sera imprimé à l'effet d'éclairer la nation sur la manière dont les subsides auront été répartis, perçus et employés.

Art. 24. Que les comptes généraux de chaque année seront examinés par la nation à son assemblée suivante.

Art. 25. Que, dans le cas où il s'élèverait quelques difficultés imprévues par la nation assemblée, sur la forme de perception des subsides, comptes à rendre, elles seront réglées par les tribunaux chargés de maintenir l'exécution des lois, sans néanmoins qu'ils puissent se permettre aucune modification ou extension, qui fussent contraires aux décisions émanées des États généraux.

Art. 26. Qu'il sera représenté au Roi et aux États généraux qu'il ne doit être mis aucuns subsides nouveaux qu'après avoir épuisé les moyens d'économie possibles, pour satisfaire à toutes les dépenses de l'État avec les impôts actuellement subsistants, s'ils sont jugés devoir être conservés.

Art. 27. Que tous les impôts dont la perception serait difficile, dispendieuse, arbitraire, ou donnerait des entraves à l'agriculture et au commerce, seront, ou supprimés, ou du moins considérablement modifiés, tels que les aides, gabelles, etc.; et que, dans le cas où ils ne seraient que modifiés, que le gros manquant soit supprimé, le sel diminué, et que les commissions, connues sous le nom de chambre ardente, soient également supprimées.

Art. 28. Que tous impôts frappant sur un ordre particulier, seront supprimés; et qu'il y sera, suivant les besoins de l'État, substitué tels autres impôts qui seront avisés par les États généraux, sans distinction d'ordre ni de privilèges, ainsi que les ordres du clergé et de la noblesse des bailliages de Melun et de Moret l'ont ainsi voté.

Art. 29. Que la répartition des subsides soit faite également, soit dans les campagnes, soit dans les villes, dont aucune ne sera réputée franche, notamment la ville de Paris; le tout, eu égard, non-seulement aux propriétés; à celles des rentes sur le Roi et sur des particuliers, foncières ou constituées, mais encore aux facultés et industries connues de chaque individu, en prenant néanmoins toutes les précautions possibles pour ne pas donner lieu à l'arbitraire.

Art. 30. Que les banalités, corvées et autres espèces de servitudes rigoureuses, appartenantes au domaine de la couronne, seront supprimées; et que, pour faciliter l'extinction des droits de cette nature appartenant aux différents particuliers, les droits féodaux et domaniaux, auxquels le remboursement, dont sera ci-après parlé, pourrait donner lieu en faveur du Roi, seront supprimés.

Art. 31. Que le droit de franc-fief, qui est aussi humiliant qu'onéreux pour le tiers-état, et qui est devenu, par la forme de sa perception, une source de vexations, sera supprimé.

Art. 32. Qu'il soit dressé un code public sur la perception des impôts, le plus clair, le plus détaillé possible, et qui puisse le moins donner lieu à aucune exécution arbitraire.

Art. 33. Que les domaines du Roi, dont le produit est absorbé presque en entier par les frais d'administration, soient vendus par des commissions des États généraux, et le prix, tant desdites ventes que des confirmations pour ceux précédemment aliénés, employé à l'extinction des dettes de l'État.

Art. 34. Que dans le cas où l'aliénation des forêts du Roi serait jugée devoir être exceptée de celle de ses autres domaines, il soit procédé à un ménagement mieux entendu, moins uniforme, et non variable à la volonté des administrateurs préposés à l'inspection des forêts; que surtout les formes judiciaires soient les seules admises dans la vente des bois, et que des adjudications publiques, et au rabais, soient l'unique moyen avoué de travailler à la régénération des forêts, régénération que leur ruine prochaine rend également instante et nécessaire.

Art. 35. Qu'il soit fait des réductions et retranchements d'une forte partie des pensions des ministres et des gouverneurs militaires; et que généralement toutes les pensions au-dessus de la somme qui sera déterminée par les États généraux, seront également sujettes à réduction.

Art. 36. Qu'il soit pourvu à la liberté légitime de la presse, sous la responsabilité de l'auteur, et même du ministre.

Art. 37. Qu'à l'avenir la noblesse ne puisse s'acquérir à prix d'argent, mais qu'elle soit la récompense des services, tant civils que militaires, et qu'elle ne puisse être accordée que sur le témoignage des États provinciaux et des corps militaires.

Art. 38. Que tous les citoyens de tous les ordres, sans distinction, puissent être admis dans les corps civils et militaires, et ecclésiastiques.

Art. 39. Que, désormais, il ne soit plus admis de distinctions humiliantes pour le tiers-état, et que le cérémonial de l'assemblée des États généraux soit le même pour tous les ordres.

Art. 40. Que les dépôts de mendicité soient supprimés comme contraires à l'humanité: et qu'il soit avisé, par les États généraux, aux moyens d'occuper les mendiants valides à des travaux utiles qui seront surveillés par les magistrats des lieux, dans la même forme que les hôpitaux; et à l'égard des invalides et vieillards, qu'il sera pourvu à leur subsistance, soit par le Roi dans ses domaines, soit par les seigneurs hauts justiciers dans les leurs.

Art. 41. Que les codes civil et criminel soient réformés de manière à détruire les abus anciens, prévenir les nouveaux, rendre l'administration de la justice la plus prompte, la moins dispendieuse, et le plus utile possible, et qu'il soit fait un corps de droit qui délivre la nation de l'incertitude et de la fluctuation de la jurisprudence; à l'effet de quoi, il sera nommé une commission chargée de ce travail, et en faire le rapport à la tenue qui suivra la prochaine; que cependant, dès à présent, il sera pourvu aux cas les plus pressants, tels que de donner des conseils aux accusés, ainsi que la communication du procès, etc.

Art. 42. Que tous les crimes commis par les citoyens de tous les ordres soient punis de mêmes peines, sans distinction ignominieuse pour le tiers-état.

Art. 43. Qu'il soit statué qu'il ne pourra être fait aucune perquisition dans le domicile d'un citoyen, soit par les agents du fisc, soit pour toute autre cause, sinon par ordonnance de justice rendue en connaissance de cause, et même en présence du juge ordinaire, qui sera présent est requise par le citoyen chez lequel on voudra entrer.

Art. 44. Que, comme la nécessité où sont les habitants d'obtenir, avant de former une demande judiciaire, et même de défendre à celle qui serait dirigée contre eux, l'autorisation du commissaire départi, est oppressive et devient à la charge des peuples par les précautions qui ont été prises pour y remédier, il sera arrêté que l'exercice des voies de droit, tant en demandant qu'en défendant, sera libre auxdits habitants, comme il aurait dû l'être toujours; que seulement ils joindront à leur demande une consultation de deux avocats du bailliage royal le plus prochain, ou, en cas d'appel au parlement, une consultation de deux anciens avocats audit parlement.

Art. 45. Que les juges des seigneurs ne soient destitués que pour forfaiture, bien et dûment jugée.

Art. 46. Que le Roi sera supplié d'accorder à ses sujets des audiences publiques pour les entendre en personne sur leurs plaintes et demandes.

Art. 47. Que les bénéficiers soient tenus de résider, pendant neuf mois, dans le lieu de leurs bénéfices, à peine de saisie, à la requête du ministère public, du temporel dudit bénéfice ; lequel temporel sera applicable au profit des pauvres pendant tout le temps de leur absence sans de justes raisons.

Art. 48. Que chaque individu ne puisse posséder qu'un seul bénéfice, pourvu qu'il soit suffisant pour l'entretien du bénéficier pourvu.

Art. 49. Que les décimateurs ecclésiastiques ou laïcs soient tenus de la construction et entretien des églises et des presbytères.

Art. 50. Que les portions congrues des curés soient augmentées.

Art. 51. Qu'il soit pourvu à la grande disproportion qui se trouve entre les revenus des différentes cures et le travail qu'elles exigent.

Art. 52. Que désormais les curés et autres ecclésiastiques ne puissent rien exiger pour les baptêmes, mariages et sépultures, et généralement pour l'administration des sacrements.

Art. 53. Que, conformément aux saints décrets, il sera déduit, sur les revenus des archevêchés, évêchés, abbayes et prieurés en commende, le quart, appelé le quart des pauvres ; lequel sera employé, d'abord, à l'acquit des dettes du clergé, qui seront jugées à la charge de la nation, puis à des hospices de charité dans les lieux les plus considérables, et, enfin, à aider ceux déjà établis, dont les revenus seraient jugés insuffisants, tels que les hôpitaux de Fontainebleau et de Melun.

Art. 54. Que les baux faits par gens de mainmorte ne pourront plus être interrompus par mort, résignation ou mutation des titulaires, pourvu qu'ils n'excèdent pas neuf années, et que les baux en aient été passés devant notaires, dans un délai compétent, avant lesdits décès, résignation ou mutation.

Art. 55. Que, pour la commodité et l'utilité du peuple, il ne soit plus assujetti à faire des voyages longs et dispendieux à la ville où est le siége épiscopal, pour obtenir les dispenses de publications de bans, et que le doyen rural le plus prochain puisse accorder lesdites dispenses.

Art. 56. Que le droit de résigner les bénéfices à charge d'âmes, toutes préventions et obtentions de bénéfices simples ou à charge d'âmes en cour de Rome, toute nomination du pape auxdits bénéfices, au préjudice des collateurs ordinaires, et le payement des annates cesseront d'avoir lieu ; et qu'il ne sera plus nécessaire de recourir au pape pour quelque dispense que ce soit, lesquelles seront accordées, s'il y a lieu, par les archevêques et évêques, chacun dans leur diocèse.

Art. 57. Que les milices annuelles soient converties en milices extraordinaires, qui seront levées dans les cas de guerre seulement, sans les exemptions sur tous les célibataires au-dessous de quarante ans, excepté, toutefois, les fils uniques des veuves.

Art. 58. Qu'il soit apporté la plus grande économie possible dans l'état militaire ; et qu'on y fasse toutes les réductions que peut comporter la sûreté du royaume.

Art. 59. Que tous les citoyens, sans distinction d'ordre, soient tenus du logement des gens de guerre.

Art. 60. Que toutes les entraves qui s'opposent aux progrès de l'industrie, nuisent à la liberté des arts et métiers, et à celle du commerce, soient détruites.

Art. 61. Que les jugements des surséances, si ruineux pour le commerce, ne puissent plus être accordés sur requête non communiquée, mais en connaissance de cause et par les juges ordinaires, après avoir entendu ou fait appeler les créanciers.

Art. 62. Qu'il soit pris les mesures convenables pour l'approvisionnement des blés dans les moments de disette, et empêcher les accaparements de cette denrée de première nécessité.

Art. 63. Que l'expérience n'ayant que trop fait voir les inconvénients attachés à la municipalité par charge ou brevet, ou à la nomination faite des syndics des paroisses par voie d'administration, les villes, bourgs et villages rentreront dans le droit qui leur appartient de nommer leurs maires, échevins et syndics ; lesquels, en cas de revenus communs, seront tenus de rendre compte desdits revenus aux officiers municipaux qu'ils auront élus pour un temps, et en présence des notables de la commune.

Art. 64. Qu'il soit apporté les précautions les plus sévères dans l'examen des chirurgiens et sages-femmes qui exercent dans les campagnes ; que, dans chaque district, il en soit établi aux frais du gouvernement, lesquels, sur l'avertissement des curés et syndics, se transporteront gratis chez les pauvres malades de leurs cantons ; que lesdits chirurgiens et sages-femmes, afin d'ajouter plus de prix à un établissement aussi précieux pour l'humanité en général, seront subordonnés à l'inspection d'un médecin par arrondissement.

Art. 65. Qu'il sera défendu à tous propriétaires de chasse, gardes, de chasser dans les blés, prés, vignes, après le 15 avril, et avant l'enlèvement des dernières récoltes ; qu'il leur sera expressément enjoint de maintenir l'exécution des règlements et ordonnances concernant la destruction totale des lapins, sinon, en cas de négligence de leur part, laquelle sera suffisamment constatée par une simple sommation de ladite communauté, ou même de cinq habitants seulement, ladite communauté, assistée de son syndic, sera autorisée, trois jours après cette sommation, s'il n'y a été déféré, à procéder elle-même à ladite destruction des lapins par tous les moyens usités autres que les armes à feu, et que lesdits propriétaires, et même les gardes solidairement avec eux, seront tenus de payer les délits.

Art. 66. Qu'il soit également pourvu à ce que lesdits propriétaires ne puissent, à l'avenir, laisser multiplier toute autre espèce de gibier ; et enfin, que toutes les dispositions contenues en l'article précédent seront applicables au profit des propriétaires pour leur domaine seulement, sans être obligés de requérir le consentement de la communauté.

Art. 67. Que le droit de chasse ne soit cessible à personne, même sous la dénomination de conservateur.

Art. 68. Qu'il soit avisé par les États généraux aux moyens de prévenir les voies de fait, violences et emprisonnement sans cause par les propriétaires de chasse ou leurs gardes.

Art. 69. Que toutes les capitaineries existantes dans les bailliages de Melun et Moret, autre que la capitainerie de Fontainebleau, bois et buissons de la Brie, seront entièrement supprimées ; que ladite capitainerie de Fontainebleau, bois et buissons de la Brie, sera circonscrite dans la forêt de Fontainebleau ; qu'en conséquence, les territoires enclavés dans ladite capitainerie, et situés hors les limites de cette forêt, seront à jamais distraits de ladite capitainerie ; que les remises qui y ont été plantées seront arrachées, et les récoltes de chasse qu'on y a pratiquées supprimées, pour, les propriétaires de terrains, en disposer comme ils le jugeront convenable ; qu'afin de rendre véritablement utile la destruction des territoires dont il s'agit, la clôture de la forêt, qui a existé autrefois, ainsi qu'il résulte de quelques monuments historiques et de vestiges encore subsistants d'anciens murs, sera commencée, aux frais du Roi, dès le 1er mars de l'année 1790, et parachevée sans interruption, pour quelque cause ou sous quelque prétexte que ce soit ; que les murs commencés aux frais des paroisses, et qui sont construits par delà les limites de la forêt, seront interrompus, et la dépense déjà faite payée par le Roi, ainsi que la dépense de la totalité faite pour les murs commencés qui pourront servir de clôture à la forêt ; et qu'auprès des portes, qui seront pratiquées dans lesdits murs, pour la facilité des communications, seront établis, aussi aux frais du Roi, des logements pour des gardes chargés d'ouvrir et de fermer les portes à toute heure du jour et de la nuit.

Art. 70. Que les juridictions des capitaineries, et même celle de Fontainebleau, bois et buissons de la Brie, quoique circonscrite dans les limites de la forêt de Fontainebleau, seront supprimées ; et que la connaissance des délits et contestations qui pourront avoir lieu dans ladite capitainerie ainsi circonscrite, sera rendue aux juges ordinaires, ainsi que celle relative aux chasses en général.

Art. 71. Que, quelque place qu'occupe dans le présent cahier l'article des capitaineries, il sera considéré comme une conséquence nécessaire de l'article 8 de la Constitution, concernant la certitude de ne pouvoir être privé de ses propriétés que d'après les lois du royaume ; et que ledit article sera très-fort recommandé aux députés, comme le plus intéressant de tous les articles des bailliages de Melun et Moret, après toutefois les articles de la Constitution.

Art. 72. Que les banalités, corvées et champarts, distingués du cens, et les rentes foncières stipulées non rachetables, puissent être remboursés à la volonté des propriétaires des terres qui y sont sujettes, et ce, à raison du denier qui sera arbitré par les États généraux ; et que les champarts, représentatifs du cens, pourront être également remboursés, à la réserve néanmoins du denier de cens nécessaire pour la conservation des autres droits du seigneur.

Art. 73. Que les droits d'échange, établis par édit de mai 1645 et février 1674, et qui doivent être payés dans les coutumes où ce droit n'avait pas lieu, seront supprimés ; et qu'il sera pourvu au remboursement des sommes que les acquéreurs justifieront avoir bien et légitimement payé pour cette acquisition.

Art. 74. Que les baux faits par les particuliers auront leur exécution, et ne pourront être résiliés en vertu des lois cede et emptorem.

Art. 75. Que quelque espèce d'impôt qui soit consenti par les États généraux, ledit impôt ne puisse avoir lieu qu'en argent et non en nature.

Indépendamment de ces principaux objets, qui font la matière des vœux et doléances de l'assemblée du tiers-état des bailliages de Melun et Moret, il en est des particuliers à chaque corps et communauté, dont il serait à désirer que la nation assemblée pût s'occuper, après avoir réglé les grands intérêts de la nation ; car, il n'est presque pas de citoyen qui ne gémisse sous le poids des maux attachés à chaque lieu, à chaque état, à chaque profession. Ces maux particuliers sont presque tous le résultat de l'arbitraire dans les pouvoirs, dans la perception dure, odieuse et vexatoire de l'impôt, dans la facilité meurtrière avec laquelle les employés prétextent des contraventions, source intarissable de procès, dans les priviléges exclusifs ; en un mot, dans les abus de tous genres qui ont pris la place de la liberté, de la justice et de la loi, sous des administrations tantôt négligées, tantôt déréglées, tantôt dissipatrices, tantôt despotiques.

L'assemblée du tiers-état des bailliages de Melun et Moret, consent qu'il soit donné aux députés aux États généraux tout pouvoir nécessaire pour prendre connaissance de la dette de l'État, la liquider, la consolider pour l'honneur du nom français, et accorder tel impôt également réparti, qui sera jugé nécessaire sous les conditions ci-dessus énoncées. Pourront, en outre, lesdits députés faire, dire, proposer, remontrer et consentir tout ce qu'ils aviseront pour la réforme des abus, l'économie dans les finances, l'établissement d'un ordre fixe et durable dans toutes les parties de l'administration, la restauration de l'État et le bonheur de tous les citoyens qui le composent.

Suivent 200 et plus de signatures, souscrites ; de celle de M. Despatys de Courteille, président de l'assemblée, et de M. Jarry, greffier en chef, secrétaire d'icelle.

Pour copie collationnée, conforme à l'original,

Nous, René Aspais-Moreau de Maison-Rouge, conseiller du Roi, lieutenant particulier civil au bailliage et siége présidial du châtelet de Melun, faisant fonction, pour l'empêchement de M. le lieutenant général, porteur du présent cahier comme député aux prochains États généraux, certifions que la signature apposée au bas du présent cahier est celle de M. Jarry, greffier en chef de ce siége, et que foi doit y être ajoutée.

Donné à Melun, ce 24 avril 1789.

Signé Moreau de Maison-Rouge.

INSTRUCTIONS PARTICULIÈRES.

Données aux députés du tiers-état des bailliages de Melun et Moret, comme faisant suite au cahier des plaintes et doléances desdits bailliages.

Il est très-recommandé auxdits députés de regarder comme un objet très spécial de leur mission les instructions qui suivent, et de ne rien négliger pour faire statuer par la nation assemblée :

Art. 1er. Que tous droits dont le produit ne serait pas employé à leur destination première, tels que les minages, péages, octrois, dons gratuits et dons réservés, et autres, seront supprimés, ou sévèrement examinés, pour n'en être conservé que ceux qui seront jugés indispensables, eu égard, soit au respect pour les propriétés, soit à toute autre considération d'une pareille importance.

Art. 2. Que les droits du Roi sur les actes relatifs à l'administration de la justice soient supprimés, ou considérablement diminués, notamment le contrôle des greffes, les huit sous pour livre d'icelui et du principal.

Art. 3. Que le droit de timbre sera supprimé; et, dans le cas où il serait conservé, qu'il sera libre à tous avocats, procureurs, greffiers et autres, de se servir de papier et parchemin timbrés, sans être astreint à n'y insérer, comme par le passé, qu'un certain nombre de lignes et de syllabes; qu'ils seront même tenus de réduire désormais toutes les pièces de procédure en forme d'expéditions de notaires.

Art. 4. Que les droits de contrôle des actes de notaires, et autres de la juridiction volontaire, notamment les contrats de mariage, les droits d'insinuation, centièmes deniers et accessoires, soient modifiés, ou même supprimés; auquel cas, il serait pris des précautions pour la date et l'insinuation des actes.

Art. 5. Que les frais de consignation, comme onéreux au peuple, seront considérablement réduits.

Art. 6. Que les banalités, corvées et champarts, distingués du cens, et les rentes foncières stipulées non rachetables, puissent être remboursés à la volonté du propriétaire des terres qui y sont sujettes, et ce, à raison du denier trente, en formant une année commune sur dix; et que ceux représentatifs du cens pourront également être remboursés, à la réserve néanmoins du denier de cens nécessaire pour la conservation des droits du seigneur.

Art. 7. Que les droits d'échange, établis par édit de mai 1645 et de février 1674, et qui doivent être payés dans les coutumes où ce droit n'avait pas lieu, seront supprimés; et qu'il sera pourvu au remboursement des sommes qu'ils justifieront avoir bien et légitimement payées pour cette acquisition.

Art. 8. Que le centième denier, et le vingtième sur les offices et droits seront supprimés, ainsi que le droit de marc d'or.

Art. 9. Que les droits de sceau, tant de la grande que des petites chancelleries, seront réglés et réduits au taux le plus modique.

Art. 10. Que les douanes intérieures, qui gênent le commerce, seront reculées jusque sur les frontières, et que, pour remplacement de leur produit actuel, les habitants des provinces réputées étrangères seront sujets à la répartition égale de tous les impôts.

Art. 11. Qu'il soit délibéré sur les inconvénients des coutumes locales et les avantages d'une seule loi; que, dans tous les cas, le droit d'aînesse en faveur des roturiers, accordé par un grand nombre de coutumes, soit aboli.

Art. 12. Qu'il soit procédé à de nouvelles circonscriptions et arrondissements des différents sièges, d'après les vues d'utilité que pourront indiquer les distances, coutumes, et autres considérations résultantes des localités, même à l'érection de nouveaux tribunaux qui seraient jugés nécessaires, et la suppression des anciens.

Art. 13. Qu'il ne soit accordé aucune évocation générale ni particulière que contradictoirement avec les parties intéressées, et en cas de connexité et de litispendance, conformément à l'ordonnance des évocations; et qu'il soit loisible, enjoint même aux juges naturels de passer outre aux lettres ou arrêts portant évocation, surpris sur requête non communiquée, sans être tenus de prendre la voie de l'opposition, et de revendi-

quer les causes dont ces lettres ou arrêts leur enlèveraient la connaissance.

Art. 14. Que le plus grand nombre des *committimus* ou autres privilèges, tendant, sans des raisons puissantes, à intervertir l'ordre des juridictions, comme aussi les scels attributifs de juridiction et droits de suite, soit supprimés.

Art. 15. Que les commissaires départis, intendants de finances; et leurs juridictions, soient supprimés.

Art. 16. Que le nombre des officiers instrumentant soit considérablement diminué; qu'aucun d'eux ne puisse exercer au delà de la juridiction où il a été reçu; que tous les notaires, procureurs, greffiers, huissiers, et autres, soient soumis à l'inspection des juges composant le tribunal auquel ils sont attachés, et où ils ont prêté le serment; laquelle inspection s'étendra, de la part des juges royaux, sur tous les officiers des justices seigneuriales.

Art. 17. Que les offices des huissiers-priseurs, vendeurs de meubles, seront supprimés, et les ventes judiciaires et amiables affranchies des quatre deniers pour livre.

Art. 18. Que les offices de jurés-experts et de greffiers de l'écritoire seront pareillement supprimés, étant lesdits offices nuisibles aux opérations mêmes qui en font l'objet.

Art. 19. Qu'il sera établi des tribunaux de conciliation, où les affaires seront présentées et discutées, sans frais, et sans l'attache desquels on ne pourra porter les affaires devant les tribunaux ordinaires.

Art. 20. Que les jurés ou pairs, tels qu'ils existaient autrefois en France, seront établis pour juger en affaire criminelle, du fait seulement.

Art. 21. Que l'éducation publique soit rendue nationale; et qu'à cet effet, il sera établi des chaires de morale et de politique.

Art. 22. Que les écoles de droit et celles de médecine soient réformées; et qu'il soit fait des règlements généraux pour que les études soient plus utiles et plus régulièrement suivies.

Art. 23. Que les charlatans, fléau redoutable pour les crédules habitants des campagnes, soient recherchés et punis, même de peines corporelles, proportionnées au préjudice qu'ils causent à l'État, ou lui enlèvent des citoyens utiles.

Art. 24. Qu'il soit fait une loi sévèrement exécutée par laquelle non-seulement le débit des remèdes secrets sera défendu, mais même les annonces.

Art. 25. Que les paroisses, au dessous de dix feux, et à distance mesurée, soient réunies les unes aux autres, et qu'il en soit érigé dans les lieux où elles seraient jugées nécessaires.

Art. 26. Qu'il soit avisé aux moyens de rendre les moines plus utiles.

Art. 27. Que la mendicité des moines sera détruite, sauf à pourvoir à une honnête subsistance, par les abbés, prieurs et moines rentés.

Art. 28. Que la disette des bois, tant de construction que de chauffage, ayant pour cause le défaut d'exécution des lois rendues en cette partie, qui soumettent la conservation des bois au pouvoir judiciaire, il ne sera plus accordé, soit aux corps et communautés d'habitants, soit aux ecclésiastiques, des jugements du conseil pour autoriser la coupe des quarts en réserve, et pour dispenser de l'exécution desdites lois, mais que lesdits corps et communautés, ainsi que les ecclésiastiques, seront tenus de s'adresser aux juges de la situation des bois pour obtenir ladite coupe, laquelle ne pourra être permise qu'après la vérification de la nécessité de la faire.

Art. 29. Que les colonies auront le droit de députer aux États généraux; et comme ils participent autant aux avantages de la nation que les habitants du royaume ils soient imposés de la même manière que les autres citoyens en raison de leurs facultés, propriétés et revenus.

Art. 30. Que les gens de guerre soient employés aux travaux publics, à la sûreté des routes et au maintien de la police générale.

Art. 31. Que, pour la facilité du commerce de province à province, il ne soit plus admis, dans tout le royaume, qu'un seul poids et une seule mesure.

Art. 32. Que le colportage soit permis indéfiniment, à la charge seulement par les colporteurs d'obtenir la permission du juge de police dans les lieux de leur passage; et de justifier d'un contrat de domicile, légalisé par le juge du lieu du domicile.

Art. 33. Que, dans le cas où le colportage ne serait pas permis indifféremment, il soit pourvu au tort considérable qu'il cause aux négociants domiciliés dans les villes, où leurs maîtrises ne sont pas établies; dans lesquelles, les colporteurs, venant avec affluence, détruisent entièrement le commerce desdites villes.

Art. 34. Que les privilèges des postes et messageries soient modifiés de manière à ne plus gêner, jusqu'à un certain point, la liberté des routes.

Art. 35. Qu'il sera libre de détruire les corbeaux et moineaux, par toutes voies autres que par les armes à feu.

Art. 36. Qu'aucuns gardes-chasse, huissiers et autres officiers, ne pourront faire aucun procès-verbal, qu'assistés de deux témoins.

Art. 37. Qu'il soit remédié à la trop grande multiplicité des pigeons, attendu le dommage qu'ils causent aux cultivateurs.

Art. 38. Que la grande route, allant de Paris en Allemagne par Rozoy, Sézanne, Vitry-le-François, soit achevée. Cette route est arrêtée au conseil depuis plusieurs années. Elle abrège de douze lieues la route ordinaire, et serait infiniment avantageuse au commerce et à la vente des denrées d'une quarantaine de paroisses qui avoisinent ce chemin.

Art. 39. Qu'il soit avisé aux moyens de faire ou réparer les chemins, notamment les chemins vicinaux et communiquant de village à village.

Art. 40. Que les lois rendues pour l'abolition du parcours, seront rendues communes et générales; sauf aux différentes paroisses limitrophes à se former des cantonnements d'après des conventions qui seront homologuées par les baillis et sénéchaux sur les conclusions du ministère public.

Art. 41. Qu'il soit fait des règlements sur les pâturages destinés aux différentes espèces de bestiaux, eu égard aux différents inconvénients qui pourraient résulter du pâturage commun entre tous.

Art. 42. Qu'il soit permis à tout particulier de faire ses chaumes immédiatement après la récolte.

Art. 43. Qu'étant d'humanité et de justice que les habitants, voisins des forêts du Roi, profitent du bois mort, qui ne peut être d'aucune utilité au domaine du Roi, il sera permis à tous les habitants de prendre ledit bois dans les forêts du Roi; qu'il leur sera pareillement permis d'envoyer pâturer leurs bestiaux dans les bois non défensables, puisque l'usage de cette faculté ne peut, en aucune manière, leur préjudicier.

Art. 44. Que les pépinières royales, étant à charge à l'État, seront supprimées.

Art. 45. Qu'il soit libre à tout particulier d'avoir un étalon, et que les privilèges des gardes-étalons soient supprimés.

Art. 46. Que, dans le cas où les aides ne seraient pas supprimées, les petites villes, bourgs et villages soient exempts des octrois, entrées, dons gratuits, droits réservés et autres, qui s'y perçoivent : ces villes et bourgs n'étant pas, pour la plupart, plus considérables que de simples villages.

Art. 47. Que, sur le quart réservé des pauvres dans les archevêchés, évêchés et abbayes en commende, il soit prélevé les sommes suffisantes pour établir, dans les villes et bourgs, des écoles publiques dirigées par des Frères des Écoles-Chrétiennes, pour l'instruction de la jeunesse, et notamment des pauvres.

Nota. Le 48ᵉ article est supprimé.

Art. 49. Que les emprunts, portant intérêt avec époques de remboursement, ne seront plus réputés usuraires.

Art. 50. Qu'aucuns contrôleurs ambulants, ou vérificateurs, ne puissent désormais lire chez les notaires les actes déjà contrôlés, en prendre des extraits, ni se faire représenter les testaments, dont le secret doit être respecté.

Art. 51. Qu'en attendant l'établissement des États provinciaux, Fontainebleau ait le droit d'avoir des représentants nommés par lui aux assemblées provinciales de Melun et à celle de département.

Art. 52. Qu'en attendant, de même, la suppression désirée des gabelles, il soit établi un grenier à sel à Fontainebleau, vu la distance de quatre lieues de celui où il est forcé de se fournir de sel.

Art. 53. Que la prévôté de Fontainebleau, ressortissant, d'une manière très-préjudiciable à ses intérêts particuliers, et sujette à de très-grands et très-fréquents inconvénients, des deux bailliages de Melun et Moret, soit enfin convertie elle-même en bailliage ressortissant, pour les cas présidiaux, au châtelet de Melun, comme elle l'aurait été déjà depuis longtemps, si, jusqu'ici, le seul intérêt personnel ne s'y fût toujours opposé.

Art. 54. Que le bailliage de Moret, étant déjà circonscrit dans des bornes très-étroites, il ne pourra rien être distrait sur ledit bailliage, pour former celui demandé par Fontainebleau.

Art. 55. Que, de même que, dans la répartition des impôts, la justice veut que les terres ne soient imposées qu'à raison de leur produit, et qu'il soit fait une distinction des bonnes, médiocres et mauvaises, de même aussi Fontainebleau seul, quoi qu'il arrive, toujours exposé au fléau indestructible à son égard de la capitainerie, seul privé de tout genre de commerce territorial et d'industrie, seul obligé d'entretenir meublées les maisons plus considérables que son besoin particulier ne l'exige, doit être distingué dans l'assiette des impositions des autres villes, bourgs et communautés; et les faibles privilèges locaux, non à charge à la province qu'il a plu au Roi de lui accorder à titre de pure indemnité, ne doivent pas lui être ôtés.

Art. 56. Que toutes personnes indistinctement, nobles, privilégiés, domiciliés à Fontainebleau, y soient portées sur le rôle de la capitation et autres impositions accessoires.

Art. 57. Qu'un droit de tabellionnage, qu'exige des notaires le seigneur engagiste de Fontainebleau, quoique les tabellionnages soient supprimés depuis longtemps, soit lui-même supprimé.

Art. 58. Qu'en attendant la suppression des huissiers-priseurs, leurs charges, soient déclarées compatibles avec celles des notaires, ou, du moins, que ces derniers aient la concurrence.

Au-dessous est : Signé et arrêté par nous, commissaires nommés à cet effet par l'assemblée du tiers-état du bailliage de Melun, le mardi 17 mars 1789, ainsi signé : Des Patis de Courteille ; de Laplace ; Rozières ; Boucher de La Richarderie ; Havard ; Dubois d'Arneuville ; Gauthier ; Ville ; Le Moust-Delafosse ; Chalmet ; Moreau ; Pichard, et Jarry, secrétaire du tiers-état.

Pour copie conforme à l'original : *Signé* Jarry, greffier en chef.

Légalisé par René Aspais-Moreau de Maison-Rouge, lieutenant particulier au châtelet de Melun.

A Melun, le 24 avril 1789.

Signé : Moreau de Maison-Rouge.

PLAINTES, DOLÉANCES ET REMONTRANCES

De la paroisse de Montarlot-les-Moret, portées à l'assemblée du tiers-état des bailliages de Melun et Moret.

Cette paroisse, située près de la ville de Moret et sur le finage de la capitainerie de Fontainebleau, est le centre d'une réserve destinée aux plaisirs de Monseigneur, comte d'Artois. C'est ce qui fait la matière de vexations inouïes.

Art. 1er. L'agriculture, que le gouvernement encourage partout, éprouve dans cette paroisse les plus dures entraves. Son territoire est tour à tour dévoré par le lapin, le lièvre, la perdrix, le canard. Le lièvre broute l'herbe de la pousse du blé ; la perdrix en pique le cœur, et souvent même l'arrache et le fait mourir. Ce qui échappe à la voracité de ces deux fléaux, s'il parvient à la maturité, se trouve éparpillé et dissipé sur la terre par une légion de canards qui tombent dessus. Ce dernier objet forme pour Montarlot et ses environs une perte de plus de 3,000 livres par an, tandis que la canarderie rapporte à peine au seigneur, M. de Caumartin, la somme de 200 livres.

Art. 2. Un autre inconvénient, c'est que les gardes de la capitainerie, outre les horribles vexations qu'ils commettent, et dont le tableau est esquissé dans un Mémoire imprimé et intitulé : *Observations sur les capitaineries*, se promènent dans la campagne, à pied et à cheval, au milieu des blés et des avoines prêts à être récoltés, sous prétexte de chercher des lacs, des collets, etc. Ils renversent une partie de la récolte pour nourrir les perdreaux, ce qui est absolument contre les ordonnances qui, dans ce temps-là, interdisent, même aux seigneurs, l'exercice de la chasse.

Art. 3. La paroisse de Montarlot a d'autant plus de raison de se récrier contre tant de vexations, qu'on les opère sous le spécieux prétexte que monseigneur le comte d'Artois s'est choisi ce canton pour se former une réserve ; autre abus,

puisque sous le règne de Louis XIV, outre le frère du Roi, il se trouvait plusieurs enfants de France, on n'a jamais accordé de réserve ; car celle de Montarlot est d'autant plus inutile au prince, que, dans l'espace de quinze ans, il n'y est pas venu chasser six fois.

Art. 4. Cette réserve est d'autant plus révoltante qu'elle a servi de raison aux officiers de la capitainerie pour s'emparer des terres des particuliers, et les changer en remises. Avant cette époque, il n'y avait que deux remises qui appartenaient à M. de Caumartin. Mais depuis, on en a ajouté dix autres, dont deux d'un arpent, et les autres d'un demi-arpent ; et sans respecter la propriété de particuliers, on s'est emparé de leurs terres sans les payer. On y a planté des bois, dont la coupe est attribuée aux gardes, et servent de repaires à des lapins qui dévorent tout le sol des environs.

Art. 5. Pour comble d'horreur, on a formé de petits buissons que les gardes appellent cages ou cagerons, et que l'on nomme hallier. Il y en a plus de cent dans le petit territoire de Montarlot, de dix pieds de long : nouvelle invention pour gêner le cultivateur, laquelle forme, dans toute l'étendue de la paroisse, une usurpation de plus de deux arpents. M. le duc du Châtelet, voisin de Montarlot par sa terre de Varennes, paye aux particuliers par cage ou cageron la somme de 30 sous. Pourquoi MM. les officiers de la capitainerie n'imitent-ils pas la conduite équitable de ce seigneur ?

Art. 6. Une paroisse aussi accablée et aussi vexée sous tous les rapports, devrait être soulagée pour les impôts. Loin de cela, malgré la petitesse de son territoire, la délicatesse du sol, le petit nombre d'habitants, elle est encore imposée durement, et paye, malgré qu'elle ne fasse pas de récolte, plus de 900 livres de taille.

Art. 7. Ce n'est pas tout ; les habitants, qui sont pour la plupart vignerons, sont encore vexés par la régie des aides, fort souvent pour des misères. Ils éprouvent des visites insolentes de commis qui comblent l'iniquité, en les ruinant par des rapports et des procès-verbaux fondés d'ordinaire sur le mensonge. Le vœu de la paroisse serait que l'on pût produire un projet de payer au Roi un impôt qui les délivre de tant de descentes importunes et vexatoires.

Art. 8. Les habitants de Montarlot se plaignent encore d'un désordre provenant du fait des receveurs du droit de centième denier, qui, pour faire payer triple droit, ont soin de ne pas prévenir les particuliers pour les insinuations des actes d'acquisition ou d'échange.

Art. 9. La plupart d'entre eux, vu leur pauvreté et la cherté du sel, sont le plus souvent privés de soupe, ainsi que leur famille qui languit de misère.

Art. 10. Enfin, ils ne savent plus comment s'y prendre pour se défendre contre l'oppression, vu que la manière dont se rend la justice est absolument ruineuse pour les particuliers, tant par la quantité d'écritures que l'on prodigue, que par la lenteur que l'on met dans les décisions.

SÉNÉCHAUSSÉE DE MENDE EN GÉVAUDAN.

CAHIER

Des doléances et supplications du clergé de la sénéchaussée du pays de Gévaudan (1).

De tous les vœux que le clergé du Gévaudan va porter aux pieds du trône, le premier, le plus important et le plus cher à son cœur est sans doute le maintien de la religion dans toute sa splendeur, et c'est le désir de la voir toujours victorieuse et florissante au milieu des combats sans nombre que lui livrent ses adversaires, qui l'anime a solliciter de la piété d'un Roi qui mérite encore plus par sa vertu que par le nom que lui ont transmis ses ancêtres, l'auguste titre de Roi Très-Chrétien.

Art. 1er. Que Sa Majesté daigne accorder une protection spéciale à la religion catholique dans toute l'étendue de son royaume, ainsi qu'au clergé de France qui de tous les temps en a été le plus bel ornement et le plus ferme appui.

Art. 2. Renouveler les arrêts de règlement concernant la sanctification des dimanches et fêtes et la décence dans les églises, surtout pendant la célébration de l'office divin, et pour cet effet enjoindre expressément aux officiers de police de tenir la main à leur exécution.

Art. 3. Réprimer la liberté de la presse en proscrivant tous les écrits qui attaquent la religion, contraires aux bonnes mœurs, et diffamatoires.

Art. 4. Permettre les conciles nationaux et provinciaux et laisser à nosseigneurs les évêques le soin de leurs convocations.

Art. 5. Rendre les chefs de monitoires plus rares, et pour cela défendre aux juges de forcer les officiaux à les accorder pour d'autres raisons que les meurtres, les incendies et les crimes d'État.

Art. 6. Conserver et protéger les ordres religieux et chercher dans sa sagesse les moyens de les rendre encore plus utiles à l'Église et à l'État. En conséquence permettre l'émission des vœux à un âge moins avancé.

Art. 7. Soumettre tous les couvents de religieuses à la juridiction immédiate des ordinaires, quelques droits qu'elles puissent opposer pour leur exemption.

Art. 8. Autoriser le clergé de France à n'avoir dans tout le royaume qu'un même bréviaire, les mêmes livres d'église, le même rituel, la même théologie et le même catéchisme.

Art. 9. Réformer les universités en remettant en vigueur les anciens statuts.

Art. 10. Faciliter une éducation meilleure à la jeunesse, maintenir les petites écoles dans toutes les paroisses où elles sont établies, en créer dans celles où il n'y en a pas, en les obligeant à imposer pour les honoraires de ceux qui y seront préposés 300 livres dans les villes, 200 livres dans les campagnes pour les régents.

Art. 11. Établir dans les paroisses des bureaux de charité dotés de manière qu'ils puissent se-courir les vrais pauvres, encourager du travail et détruire la mendicité, préposer les curés à ces bureaux, en sorte qu'aucune distribution n'y soit faite que sur leurs mandats, et pour faciliter ces établissements, il leur soit accordé gratuitement ainsi qu'aux hôpitaux toutes lettres patentes nécessaires pour leur dotation.

Art. 12. Déclarer, en expliquant en tant que de besoin le dernier édit donné en faveur des non catholiques, qu'il n'y ait que ceux qui ont toujours fait une profession ouverte et connue d'une religion non catholique, ou n'ont pas été élevés dans la religion catholique et ne sontpas issus de père ou de mère catholiques, qui puissent faire publier leurs bans de mariage en la forme établie pour les non catholiques, et qu'en conséquence les mariages mixtes ne puissent être célébrés que suivant les rits de l'Église catholique, sans cela le libertinage entraînerait beaucoup de fidèles dans l'apostasie.

Art. 13. Ordonner que les chrétiens non catholiques, chez qui l'usage de différer le baptême expose les enfants à mourir sans avoir reçu ce sacrement, ce qui arrive souvent, soient tenus de les faire baptiser au plus tard trois jours après leur naissance, et que leur baptême soit inscrit dans les registres des curés ou des juges.

Art. 14. Ordonner au clergé de France de prononcer sur la légitimité ou l'illégitimité du prêt à jour, pour tirer les âmes timorées de l'embarras où les jette la variété des opinions sur cette matière. Après avoir manifesté son zèle pour la religion le clergé du Gévaudan va maintenant énoncer ses vœux pour la chose publique. Le désir qu'il a de voir rétablir l'équilibre dans les finances de l'État et de soulager l'indigence du peuple le détermine à se soumettre avec empressement à toutes les charges ordinaires et extraordinaires, sans aucune distinction, en proportion de ses biens et revenus, pourvu toutefois que les impôts soient votés par l'assemblée de la nation et pour un temps limité, de sorte qu'après l'expiration du terme desdits impôts, les États généraux soient de nouveau convoqués pour proroger ceux qui seront trouvés nécessaires, demandant d'être conservé dans toutes ses propriétés, de quelque nature qu'elles soient, et dans tous les honneurs et prérogatives dont il a joui jusqu'à présent en sa qualité de premier ordre de l'État, et en outre que la dette générale du clergé du royaume ainsi que celle du Gévaudan en particulier, qui n'ont été contractées que par ordre du Roi et pour le besoin de l'État, soient confondues avec la dette nationale.

Ce premier objet rempli, le clergé du Gévaudan espère obtenir de la bonté du Roi :

Art 1er. D'augmenter les portions congrues de MM. les curés et vicaires, sans en excepter ceux de l'ordre de Malte dont les titulaires des cures désirent d'être par une loi expresse déclarés inamovibles comme les autres et sans être obligés de se croiser, afin qu'ils puissent vivre d'une manière convenable à leur état et en même temps soulager leurs pauvres.

(1) Nous publions ce cahier d'après un manuscrit des *Archives de l'Empire.*

Art. 2. De pourvoir à cette augmentation désirée sans détruire les corps, les établissements utiles, sans détériorer la condition des prieurs-curés, sans que la modicité du produit des dîmes, dans quelques paroisses, prive ceux qui y exercent le ministère d'un revenu égal à celui des autres ; et il est indispensable de pourvoir incessamment au sort de ces derniers pour parvenir à cette fin.

Toutes les recherches faites par les diocèses prouvent que la voie des unions en est le moyen le plus facile et le plus convenable ; la bienveillance de Sa Majesté pour son clergé lui fait même espérer qu'elle voudra bien faire concourir certains bénéfices de sa nomination à cette amélioration, et qu'en conséquence, il lui plaira autoriser nosseigneurs les évêques à procéder de suite à cette union, et pour cela supprimer toutes les formalités requises par les lois qui rendent ces unions impossibles, vu les frais immenses et les contradictions qu'éprouvent les parties de la part des tribunaux séculiers, unions qui paraissent encore indispensables pour fournir soit à la subsistance des prieurs simples, à qui l'augmentation des portions congrues ne laisserait pas 600 livres de rente, soit à celle des jeunes étudiants pauvres qui se destinent à l'état ecclésiastique, soit enfin à celle des prêtres vieux ou infirmes et dépourvus de secours.

Art. 3. De vouloir bien réduire les différents corps qui composent les églises cathédrales et collégiales du diocèse, autres que des chanoines, et les réunir en un seul et même corps de chanoines dont le nombre soit proportionné au revenu des églises où s'opérera cette réunion, et suffisant néanmoins pour que le culte divin y ait toute la décence et la majesté qu'il exige.

Art. 4. De conserver et de protéger les chapitres collégiaux, surtout ceux que nosseigneurs les évêques jugeront les plus utiles à leurs diocèses ; de transférer ceux de la campagne dans la ville la plus prochaine de leur résidence ou les unir à d'autres chapitres pauvres, en faisant les réductions convenables, et de venir au secours des chapitres réduits à l'indigence par ladite augmentation des portions congrues.

Art. 5. De séparer le service paroissial de celui des chapitres partout où ils seront jugés incompatibles, sauf le droit des parties et les dédommagements respectifs.

Art. 6. De donner pouvoir à nosseigneurs les évêques de créer de nouvelles paroisses et d'établir des vicaires, lorsqu'ils le jugeront nécessaire, sans être astreints à des calculs numériques des paroissiens, lorsqu'il se trouverait d'autres motifs plus importants, tels que l'éloignement des villages et hameaux et la difficulté des chemins, en y procédant néanmoins suivant les formes établies que l'on désirerait d'être plus simples et moins coûteuses ; il serait encore à propos d'autoriser les évêques à procéder de plano, sur la requête et pour la commodité des habitants, à de nouveaux arrondissements des paroisses ; les inconvénients des limites actuelles dans ce diocèse sont innombrables, et il serait urgent d'y remédier.

Art. 7. D'exempter les communautés religieuses de l'un et de l'autre sexe des formalités auxquelles elles sont assujetties lorsqu'elles veulent faire des nouvelles constructions ou reconstructions, et de les affranchir ainsi que les hôpitaux du droit d'équivalent sur leurs consommations.

Art. 8. De contribuer à prohiber l'aliénation des biens ecclésiastiques, et dans le cas où elle serait nécessaire, d'ordonner qu'elle ne pourra être effectuée que d'après le jugement d'un tribunal ecclésiastique.

Art. 9. De confirmer la déclaration du 1er décembre 1769 qui soustrait aux recherches des dévolutaires les unions faites depuis cent ans aux cathédrales, collèges, cures, séminaires, hôpitaux, etc., et d'étendre ladite déclaration aux églises collégiales.

Art. 10. De faire dresser un tarif clair et précis sur les droits de contrôle et les objets qui y sont sujets ; et s'il arrive que, malgré la clarté de ce tarif, les directeurs du domaine intentent des procès, les juges royaux en puissent connaître, les décider en dernier ressort et condamner les directeurs aux dépens lorsqu'ils auront des demandes injustes à faire.

Art. 11. De supprimer les gabelles, impôt désastreux à tout le royaume et plus particulièrement au pays de Gévaudan, ainsi que les douanes et généralement tout ce qui peut gêner la liberté du commerce.

Art. 12. De rapprocher la justice des justiciables, en formant des arrondissements de justice seigneuriale, et d'établir dans la ville de Mende un sénéchal et présidial, dans lequel il y ait un certain nombre de conseillers clercs.

Art. 13. Tous les contribuables ayant le même intérêt dans les assemblées où se feront l'imposition et la répartition des impôts, de leur permettre d'y assister par eux-mêmes où par leurs députés librement élus et d'organiser ces assemblées, tant provinciales que diocésaines et municipales, de manière que tous les membres qui les composeront puissent se contrebalancer et y occupent la place que l'usage leur assigne.

Art. 14. De régénérer le bureau des décimes tant qu'il sera nécessaire d'en conserver un conformément à la disposition de l'arrêt du conseil du 5 septembre 1784 pour le diocèse d'Evreux, et d'attribuer audit bureau l'administration des biens des bénéfices qui seront unis pour les objets mentionnés dans l'article 2 des présentes doléances.

Art. 15. De réunir au collège de Mende et à d'autres établissements utiles qui seraient faits dans ce diocèse l'entier revenu du payement du monastère ci-devant uni au collège de Rhodez ; cette demande est d'autant plus juste que le bénéfice est situé dans le Gévaudan, et que l'on a transporté les seules ressources d'un pays indigent dans un autre qui en a de plus considérables.

Art. 16. D'établir dans chaque paroisse une juridiction de police qui termine sur les lieux les petites contestations avec attribution de souveraineté jusqu'à la somme de 6 livres, et de remédier aux abus déplorables des saisies et des séquestrations.

Art. 17. De venir au secours de la ville et du chapitre de Sangues, qui, par un incendie de cent maisons, ont souffert des dommages irréparables.

Art. 18. Le clergé du Gévaudan ne terminera pas ses représentations sans témoigner à Sa Majesté la plus vive reconnaissance pour l'avoir appelé, ainsi que les autres ordres, à ses conseils; mais il prend la liberté de lui observer qu'il désire avoir à l'avenir, en proportion avec la noblesse et le tiers-état, une représentation aux États généraux qui soit plus relative à sa population que celle à laquelle il se trouve aujourd'hui réduit.

Il la supplie spécialement encore d'ordonner que les différents corps ecclésiastiques aient une représentation proportionnelle à celle des autres titulaires dans les assemblées de cette sénéchaussée et déterminée de façon qu'il n'y ait plus lieu à aucune interprétation arbitraire.

Telles sont les principales demandes du clergé du Gévaudan ; la religion en est la base ; elles reposent sur la justice, et il les adresse avec la plus ferme confiance à une assemblée où on n'écoutera que la voix de l'une et de l'autre.

Que les répartitions des presbytères et des églises, qui sont à la charge des communautés, seront dorénavant décidées par les administrations diocésaines, qui les jugeront définitivement sans frais, ce qui sera observé même pour les logements de MM. les vicaires. Que les réparations qui sont à la charge des gros décimateurs aux églises où il n'y a pas de fabriques, seront prononcées par l'évêque, et son ordonnance exécutée par provision, nonobstant l'appel qui sera définitivement jugé par les bailliages aux présidiaux qui ne pourront pas joindre le provisoire au fond.

Signé Jean Arnaud de Castellane, évêque de Mende ; Blanquet, curé de Saint-Pierre-Cousain ; Cairoché, Felgeirolles, Roche, l'abbé de Bruges, Colson, Chaudesaigues, Rivière, Amblard, Norophin, Desclaux, Cabot, Bastide, Dupré, F. Mathuis, Martignac, Berthui-Bros, Brun, l'abbé de La Baulie de la Villevieille, Carlot, Chauchat, Bonvel, Brun, Leroy, gardien des Dominicains de Marvejols, et commissaire des communautés régulières ; Trémolet, gardien des Cordeliers de Mende ; Cavalier, curé de Banas ; Sac, commissaire ; Cruvelier, prêtre bénéficier ; Barau de Chardonnet, Rouvière, curé de Badaroux ; Paulhan, prêtre bénéficier et chapelain ; Berthui-Fabre, curé, secrétaire.

CAHIER

De doléances plaintes et remontrances de l'ordre de la noblesse du pays du Gévaudan (1).

MM. les gentilshommes de la sénéchaussée du Gévaudan, pénétrés des malheurs dont leur pays est accablé, chargent M. le marquis d'Apchier, leur député aux États généraux du royaume, de présenter à cette assemblée les objets ci-après et de solliciter une amélioration dans le sort de ses infortunés habitants.

Art. 1er. Ils le chargent de demander qu'il ne soit fait désormais aucune altération dans les monnaies sans le consentement des États généraux.

Art. 2. Que la contribution relative des diocèses du Languedoc soit réformée sur de nouvelles vérifications.

Il est facile de prouver que les fonds du Gévaudan ont perdu, par les pluies et la fonte des neiges, une partie de la valeur qu'ils avaient. lorsque ce pays fut imposé sur le pied du dix-neuvième de la province, les diocèses en plaine ou peu montagneux ont gagné par les plantations et les défrichements. La première de ces améliorations est impossible en Gévaudan et la seconde ne l'est pas moins, vu la difficulté d'en faire dans un pays aussi pauvre et la modicité des récoltes qu'on a lieu d'espérer de son sol ; d'ailleurs la loi, d'accord avec l'avantage du pays, proscrit les défrichements sur la crête et les pentes rapides des montagnes.

Art. 3. Que les receveurs généraux des finances soient supprimés, de même que le trésorier de la

(1) Nous publions ce cahier d'après un manuscrit des *Archives de l'Empire.*

Bourse de Montpellier et les receveurs particuliers des diocèses de cette province, afin de diminuer les frais de perception qui aggravent d'autant la charge du contribuable.

Art. 4. Les gentilshommes de la partie des Cévennes, comprise dans le Gévaudan, demandent une distribution d'États particuliers dirigée moins sur la division des diocèses que sur les convenances géographiques, le climat, la qualité du sol et les productions.

Art. 5. La noblesse de toute la sénéchaussée demande que le payement des subsides soit divisé en six termes, dont les quatre premiers dans les mois de mars, avril, mai et juin, et les deux derniers dans les mois d'octobre et de novembre.

Art. 6. L'abolition du règlement sur les séquestrages, source funeste de la ruine d'une infinité de citoyens ; de la contrainte par corps en fournissant une caution agréée par le créancier, et des décrets de prise de corps pour d'autre cause que des crimes graves.

Art. 7. La diminution des droits de contrôle, insinuation, centième denier et un tarif fixe, clair et invariable de tous ces droits, rendu public par la voie de l'impression, et attribution au juge du lieu de toutes les contestations relatives à ces droits ; défense aux fermiers ou administrateurs des domaines de pouvoir exiger un supplément des droits à eux payés, sous quelque prétexte que ce soit.

Art. 8. Que toutes les digues qui obstruent la rivière d'Allier soient construites de manière à ne pas gêner la navigation, et à ne pas ôter la liberté du passage au poisson qui remonte dans les rivières supérieures et sert à la subsistance du haut Gévaudan.

Art. 9. Que le nombre des représentants des villes du pays de Gévaudan, qui seront envoyés dans la suite pour procéder à l'élection des députés aux États généraux, soit proportionnel à leur population, ainsi qu'il l'a été dans toutes les députations des autres pays du royaume.

Art. 10. D'observer que les rentes sur les fonds ne doivent pas être soumises à l'impôt, parce que le fonds étant déjà sujet à l'impôt, il est évident que si la rente et le fonds y étaient sujets en même temps, l'impôt porterait deux fois sur le même objet.

Art. 11. De prier le gouvernement d'envoyer des gens habiles pour vérifier s'il y a ou s'il n'y a pas possibilité de trouver des mines de charbon de terre en Gévaudan ou à portée, vu la rareté des bois qui augmente toujours, pour encourager ou non les spéculateurs dans les plantations.

Art. 12. De demander que la construction et l'entretien des églises, maisons presbytérales et des vicaires, fourniture des cloches, etc., soient à l'avenir à la charge des décimateurs.

Art. 13. Que l'on s'occupe d'un arrangement par lequel les bulles, annates, dispenses, ne soient plus payées à la cour de Rome.

Art. 14. Qu'en ramenant les biens d'Église à leur première et plus sainte destination, le régime des économats soit supprimé, et que toutes les dépenses de bienfaisance et de charité que fait le gouvernement soient prises sur ces fonds.

Art. 15. Une augmentation dans le nombre des paroisses, dont la vaste étendue, dans un pays aussi froid et souvent chargé de plusieurs pieds de neige, est une cause sensible de dépopulation, expose presque tous les hivers les habitants des villages et hameaux éloignés du chef-lieu de la paroisse à une mort presque certaine et prive les infirmes des secours spirituels et temporels qu'ils seraient en droit d'attendre de leur curé.

Art. 16. Les maisons de Canilhac et de Peyre ayant fondé le prieuré de Monastier, auquel on en a joint plusieurs autres et en ayant investi MM. les chanoines réguliers de Saint-Victor de Marseille, à condition qu'ils auraient une maison dans le pays, on demande que les revenus du prieuré, dont l'emploi a été diverti pour la dotation du collège de Rhodez, soient rendus au diocèse de Mende pour y être employés à quelque établissement utile, d'après l'avis et le plan réglés par l'administration qui sera établie dans ce diocèse.

Art. 17. Une réforme dans la manière de percevoir la dîme, et qu'il soit distrait désormais de la quotité de cette redevance la dixième partie des semences et celle des agneaux, puisque les mêmes bestiaux, par le régime actuel, la payent double pour la dîme de la laine et des agneaux.

Art. 18. Demander l'amélioration des hôpitaux, d'après le plan porté dans le mémoire de M. de Fages, qui sera remis au député.

Fait, clos et arrêté par nous, commissaires, président et secrétaire soussignés, à Mende, ce 31 mars 1789.

Signé Châteauneuf de Randon, le marquis d'Apchier, le comte de Briges, le baron de Framond, le comte de Corsat, Lescure, de Saint-Denis, le comte de Noyant, le baron de Pages-Pourcarel, d'Aguilhac, de Soulages, le marquis de Malaveille, de Châtaignier, de Puigrenier, le vicomte de Chambrun, le comte de Capellis, Randon de Mirandol, secrétaire et membre de l'assemblée.

CAHIER

D'instructions et mandats illimités donnés au député de l'ordre de la noblesse de la sénéchaussée de Gévaudan.

Art. 1er. La noblesse du pays de Gévaudan assemblée déclare qu'elle regarde la délibération par ordre et l'influence qu'elle assure à la noblesse et au clergé comme constitutives de la monarchie ; en conséquence, elle enjoint à son député de ne pas délibérer par tête à l'assemblée des États généraux, surtout en ce qui a rapport à la législation et administration du royaume.

Considérant que, sur le fait de l'impôt, cette influence des ordres privilégiés pourrait être suspecte au tiers-état, et l'unanimité nécessaire pour qu'il soit légalement consenti, difficilement obtenue, elle lui permet, seulement sur cet objet, de délibérer par tête.

Art. 2. Considérant encore que nul impôt n'est plus contraire à la prospérité publique et plus désastreux que celui de la gabelle, surtout dans un pays où les troupeaux sont la principale ressource, elle charge son député de demander sa suppression.

Art. 3. Demander que les barrières, destructives de tout commerce, seront reculées aux frontières et les péages détruits.

Art. 4. Demander la discussion exacte de toutes les réformes dont les dépenses du gouvernement sont susceptibles, telle que :

1° La réforme des maisons des princes ;

2° La révision des pensions obtenues sans titres et accumulées sur la même tête, la publicité du nombre des pensions qui seront accordées à l'avenir, et de leurs motifs, pour honorer ceux qui les recevront, et l'extension de la retenue qui avait été mise sur celles qui étaient méritées.

3° La réduction des agents du fisc au nombre strictement nécessaire, et la diminution des profits exorbitants qu'on leur attribue.

4° La suppression des places militaires qui ne seront pas nécessaires au maintien de l'ordre dans les provinces, et une réduction dans les émoluments de celles dont la nécessité sera démontrée.

Art. 5. De demander la rédaction d'une loi qui établisse la liberté légitime de la presse, sous les réserves qui seront jugées convenables par les États généraux.

Art. 6. Qu'il soit assuré à chaque citoyen le droit qu'il a d'être jugé par ses juges naturels, en proscrivant l'usage des commissions, des évocations au conseil, des droits de *committimus*, des sursis, des arrêts de surséances accordés aux débiteurs et banqueroutiers.

Art. 7. La réformation de la justice civile et criminelle et la rédaction d'un code simple dont l'interprétation ne livre plus l'honneur, la vie et la fortune des citoyens à des décisions arbitraires.

Art. 8. Le rapprochement des tribunaux du ressort ou des cours supérieures, la fixation du tarif des juges au soulagement des plaideurs, et notamment la réduction des cours de sabatine usitées dans le parlement de Toulouse, qui grossissent arbitrairement les frais des procès, tous articles qui doivent entrer dans la réforme du code, ainsi que la défense aux procureurs de faire des tournées, sous les peines portées par les règlements de quelques cours supérieures.

Art. 9. L'établissement d'une justice sommaire qui jugerait en dernier ressort et sans frais les causes personnelles qui n'excéderaient pas 10 livres et serait rendue, dans les villes, par les consuls, et dans les arrondissements qui seraient formés pour les campagnes, par un des consuls des communautés y enclavées, nommé à la pluralité des voix, avec un ou deux juges de paix dont l'attribution serait la même.

Art. 10. La suppression de juges particuliers de l'équivalent, et le renvoi des procès concernant cet impôt particulier à la province de Languedoc aux juges des lieux et, par appel, à la cour souveraine de la province.

Art. 11. De s'opposer à l'abolition des justices seigneuriales :

1° Parce que c'est une propriété ;

2° Parce qu'elle serait désavantageuse au tiers, à cause de la plus grande cherté des frais dans les justices royales.

Art. 12. Considérant, la susdite noblesse, que l'impôt indirect a l'inappréciable avantage d'une prescription imperceptible et spontanée ; que le contribuable ne le paye qu'au moment où il en a les moyens ; que la mesure des consommations étant en général celle des richesses, il atteint par sa nature à une justesse de répartition dont l'impôt n'est pas susceptible ; que pouvant être dirigé sur les consommations de luxe et particulièrement sur celles qui se font dans les villes, il a le double avantage de peser sur les citoyens les plus riches et les moins utiles et de faire refouler vers les campagnes la population qu'engouffrent et détruisent les grandes villes ;

Considérant enfin que pour que les finances d'un grand État soient bien réglées, il ne suffit pas que les revenus égalent la dépense ordinaire, mais que sans avoir égard à des emprunts toujours ruineux il faut pouvoir faire face aux dépenses d'une guerre par la création d'un impôt qui y suffise et finisse avec elle ; que l'impôt direçu sur les propriétés est seul susceptible de cet accroissement subit et momentané qui deviendrait impossible si les terres étaient imposées ce qu'elles peuvent rigoureusement payer; elle entend que son député sollicite pour que la majeure partie des impôts ordinaires soit établie sur les consommations.

Art. 13. Elle le charge de demander une loi ayant un effet rétroactif qui réduise à 4 p. 0/0 l'intérêt de l'argent et à 8 celui des rentes viagères; le bas prix de l'argent vivifie l'agriculture et le commerce. Cette vérité, devenue triviale, est démontrée par la théorie et par l'expérience du bien qui a résulté des lois rendues sur cet objet par Henri IV, Louis XIII et Louis XIV, dans l'espace de trente-trois ans depuis 1666, époque de la dernière réduction de l'argent. Cent vingt-quatre ans se sont écoulés, la masse du numéraire a triplé, et la nature des choses aurait réduit le taux de l'argent bien au-dessous des taux fixés par la loi, si les pressantes nécessités du gouvernement ne l'y avaient maintenu.

L'effet rétroactif de la loi est absolument nécessaire, parce que c'est le seul moyen de faire contribuer directement les capitalistes à l'acquit des dettes de l'Etat, parce que si la loi demandée n'avait pas cet effet, les propriétaires seraient infiniment lésés dans la conversion de l'impôt des vingtièmes qu'ils étaient autorisés à retenir sur leurs créanciers.

Le crédit public ne peut souffrir de cette réduction, la sûreté qu'acquerront les créances sur le gouvernement par la sanction nationale étant plus qu'équivalente à la diminution de leur produit.

Art. 14. Qu'il soit établi dans toutes les villes des administrations municipales composées de membres qui soient tous librement élus par les citoyens de ces villes, et que toutes les places municipales en titre d'office et tous droits de représentation publique attachés à certaines personnes, à certaines commissions ou à certaines propriétés, soient irrévocablement supprimés dans toutes les provinces du royaume, en remboursant la finance.

Art. 15. Que toutes les impositions seront à l'avenir réparties dans les hôtels de ville et par son conseil, et dans les campagnes par les consuls et principaux contribuables.

Art. 16. Une loi qui autorise les billets et contrats à jour portant intérêt, rassure les consciences timorées, et rende à la circulation un numéraire que font enfouir des scrupules mal entendus.

Art. 17. De supplier le Roi de diminuer la grande quantité d'anoblissements qui depuis plusieurs années multiplient la noblesse à l'infini, tandis qu'elle ne devrait être que le prix des services rendus à l'Etat ou à la personne du Roi.

Art. 18. De faire une loi qui défende aux notaires et tabellions de donner la qualité de nobles dans les actes qu'ils reçoivent à des personnes dont la noblesse ne leur est pas connue, et aux curés des paroisses d'insérer cette qualité dans les actes baptistaires, nuptiaux et mortuaires sans une parfaite connaissance des personnes qui demanderaient cette qualification, désirant, ladite noblesse, que son ordre ne soit pas vicié par l'introduction illicite de membres qui réclameraient sans fondement l'honneur de lui appartenir.

Art. 19. La suppression de la commission des vingtièmes, que les abus d'autorité qu'elle se permet rendent infiniment dangereuse; on en voit un exemple frappant dans son ordonnance de 1788.

Art. 20. L'amovibilité et l'élection au scrutin des syndics et autres officiers publics de la province de Languedoc; la soumission aux mêmes règles pour les ingénieurs et directeurs des travaux publics; l'établissement des trésoriers à gages dont les caisses ne seraient établies que dans la province.

Art. 21. De supplier Sa Majesté de faire suivre exactement l'article de son ordonnance qui ordonne que nul officier ne puisse être destitué de son emploi sans avoir été jugé par un conseil de guerre composé de membres non permanents.

Art. 22. L'assemblée de la noblesse du Gévaudan, ayant entendu la lecture de la lettre adressée à M. le marquis de Châteauneuf, le 11 mars 1789, par M. le garde des sceaux, pour se conformer aux intentions du Roi qui y sont manifestées, a délibéré, à la pluralité de trente-neuf voix sur vingt-cinq, que le siège royal serait demandé dans la ville de Mende comme plus avantageux aux justiciables, sous la condition expresse qu'il ne pourra jamais y avoir plus de trois degrés de juridiction, savoir : le juge du seigneur, le siège royal et le parlement; que l'évêque ne pourra jamais, dans aucun cas, pouvoir nommer ni présenter aucun des membres de ce tribunal, et que si jamais ledit sieur évêque de Mende voulait faire revivre ses droits pareagers, Sa Majesté sera suppliée d'abolir ce tribunal ou d'en changer la résidence dans la ville de Marvejols.

Fait, lu et arrêté par nous, commissaires, président et secrétaire soussignés, à Mende, ce 30 mars 1789.

Signé le comte de Briges, Châteauneuf-Randon, le baron de Framoue, Eymar, le vicomte de Chambrun, le comte de Capellis, le baron de Pages, Pourquarès, le comte de Corsac, Lescure, de Saint-Denis, le comte de Noyant, d'Aguilhac, comte de Soulages, le marquis de Retz, de Malvieille, de Châtaignier, de Puygrenier, le marquis d'Apchier, le vicomte de Framond, président; Randon de Mirandol, secrétaire et membre de l'assemblée.

CAHIER

De doléances, instructions et réclamations du tiers-état du pays de Gévaudan, pour être remis aux députés aux Etats généraux de 1789 (1).

Le premier soin du tiers-état de la sénéchaussée de Mende doit être d'adresser à notre auguste monarque de très-humbles remerciments de ce qu'il a bien voulu environner de son peuple pour s'occuper avec lui de la restauration de la chose publique. Nul pays n'a besoin de ses bienfaits comme cette contrée : un sol aride et montagneux, un climat froid, la privation de tout commerce, des désastres fréquents occasionnés par les grêles et les orages, l'insuffisance de la denrée de première nécessité, une administration depuis longtemps vicieuse et mal organisée, tout semble se réunir pour lui mériter une attention et des faveurs particulières. Ce malheureux pays les attend de la justice du Roi autant que de sa bienfaisance et du zèle éclairé de la nation, qui sera juste dans l'application des moyens qu'elle obtiendra pour porter la vie et le bonheur dans toutes les parties du royaume. En conséquence, il charge ses députés aux Etats généraux de demander:

Art. 1er. Qu'il sera voté aux Etats généraux par

(1) Nous publions ce cahier d'après un manuscrit des *Archives de l'Empire.*

tête et non par ordre, et que ce sera une règle fixe et invariable pour l'avenir.

Art. 2 Que les États généraux s'occuperont d'abord de la constitution de la monarchie, et qu'ils la fixeront de manière qu'il ne puisse être fait aucun changement que de l'exprès consentement de la nation assemblée.

Art. 3. Que les points principaux de cette constitution seront :

1° Que nul impôt ne pourra être établi, prorogé ou augmenté sous aucun prétexte que de l'exprès consentement des États généraux.

2° Que dans toutes les assemblées soit générales soit particulières, le tiers-état sera toujours en nombre au moins égal à celui du clergé et de la noblesse réunis, et que ces assemblées ne seront composées que des députés librement élus par leurs pairs.

3° Que la nation ne sera soumise qu'aux lois qui auront été convenues par elle et le souverain.

4° Que les lois ainsi arrêtées seront enregistrées aux administrations de la province, à celle du diocèse dans les greffes des municipalités tant de la ville que de la campagne et dans tous les tribunaux de justice supérieure et inférieure, pour servir de règle à leurs jugements sans qu'il soit permis de les modifier ni d'en retarder l'exécution.

5° La liberté individuelle de tous les sujets du Roi et la suppression des lettres de cachet.

6° Que toute règle tendant à donner au tiers-état l'exclusion aux emplois militaires et aux charges de magistrature sera abolie, et que désormais le mérite suffira, sans la noblesse; pour y prétendre.

7° La liberté des lois et les règlements que la sagesse des États trouvera à propos de déterminer.

8° Que les impôts créés et à créer seront également répartis et sur les personnes et sur les biens, rentes et revenus de quelque nature qu'ils soient, expressément sur les capitalistes comme sur les autres, sans aucune exemption et par un même rôle d'impositions, tout privilège à cet égard demeurant supprimé, et que la perception en sera la même pour tous les ordres indistinctement.

9° Qu'il sera pris en considération que la dîme n'est payée que pour le service divin, auquel les citoyens de tout état doivent également contribuer; que néanmoins le cultivateur supporte seul cette charge et que l'on doit y avoir égard dans la répartition de l'impôt.

10° Que Sa Majesté sera très-humblement suppliée de régler, de concert avec la nation, les dépenses de sa maison, celles des princes apanagistes ainsi que des autres princes et princesses de sa famille.

11° Que les comptes de l'administration générale des finances et de chaque département seront rendus publics toutes les années par la voie de l'impression.

12° Que les ministres seront responsables aux États généraux de leur gestion et des abus d'autorité par eux commis.

13° Que les domaines de la couronne seront incessamment aliénés et mis hors de la maison du Roi, pour le prix être employé au payement de la dette nationale; que les seigneurs échangistes seront tenus de rendre les objets échangés, et les engagistes de suppléer le juste prix de leur engagement, si mieux ils n'aiment délaisser les biens engagés en recevant leur remboursement légitime.

Art. 4. Que le pays du Gévaudan, à raison de sa population et de son étendue, sera autorisé, à l'avenir, à envoyer aux États généraux un plus grand nombre de députés que celui déterminé par le règlement du 7 février 1789.

Art. 5. Que le Roi sera supplié d'accorder à sa province du Languedoc une constitution représentative des trois ordres ainsi qu'il a bien voulu l'accorder à celle du Dauphiné.

Art. 6. Que, sous la vigilance des commissaires qu'il lui plaira nommer, Sa Majesté voudra bien autoriser sa province du Languedoc à s'assembler par députés librement élus en tel lieu qu'elle lui indiquera pour former un plan d'administration qui sera mis sous ses yeux.

Art. 7. Que, dans le cas où il serait porté atteinte aux droits et prérogatives des États généraux tels qu'ils seront déterminés à leur prochaine assemblée, la province du Languedoc sera rétablie par le fait dans ses droits, immunités, prérogatives et privilèges quelconques, qui pourraient avoir été transportés aux États généraux, la présente clause étant expresse et rigoureuse.

Art. 8. Que les députés ne pourront voter aucun subside qu'après que les articles ci-dessus auront été arrêtés, le déficit rigoureusement vérifié, et après que les réductions dont les dépenses de l'État sont susceptibles auront été opérées.

Art. 9. Que l'impôt que la nation sera dans le cas d'accorder ne pourra l'être que pour un temps limité après lequel il cessera de plein droit et ne pourra être prorogé, sous quel prétexte que ce puisse être, que du consentement desdits États généraux; que même il sera fait défense à toutes personnes d'en continuer ou ordonner la perception, à peine d'être poursuivies extraordinairement comme concussionnaires par le ministère des juges ordinaires.

Art. 10. Que la gabelle sera supprimée comme un impôt également onéreux au peuple et préjudiciable tant à l'agriculture qu'au commerce.

Art. 11. Que l'aliénation des biens de mainmorte sera ordonné jusques et à concurrence des dettes du clergé.

Art. 12. Que tous les bénéfices consistoriaux en commende et les autres bénéfices simples qui sont actuellement vacants ou qui viendraient à vaquer le fait dans le cours de dix années seront unis à l'économat, pour le produit de leur revenu être employé à l'acquit de la dette nationale.

Art. 13. Que l'entretien des maisons curiales, églises, cloches et clochers, cimetières, le logement et payement des vicaires et les secondes messes seront dorénavant à la charge des prieurs décimateurs.

Art. 14. Que les paroisses seront multipliées à raison de leur population et de l'éloignement des habitants et formées de manière qu'elles aient un arrondissement à peu près égal.

Art. 15. Que les portions congrues seront portées à 1,500 livres pour les curés et 800 livres pour les vicaires; qu'en conséquence le casuel, prémices et autres droits de cette nature seront supprimés.

Art. 16. Que le droit d'annate sera supprimé.

Art. 17. Que les monastères et couvents inutiles seront supprimés.

Art. 18. Que les bénéficiers non attachés à un corps seront tenus de résider dans le lieu de leurs bénéfices, sous peine de la saisie de leurs revenus au profit des pauvres de la paroisse.

Art. 19. Que toute sorte de dîme soit réduite à la vingtième partie, attendu que la semence paye deux fois ce droit.

Art. 20. Que les rentes obituaires et autres services à la mainmorte seront sujettes à la prescription quarantenaire et déclarées rachetables à volonté au taux de l'ordonnance, à la charge par le bénéficier d'en placer le prix à main sûre.

Art. 21. Que les dispenses et dimissoires seront accordés *gratis* et que les évêques seront tenus de défrayer les prétendants aux ordinations de leur voyage en diocèse étranger, lorsqu'ils ne conféreront aux eux-mêmes les ordres, excepté le cas de maladie ou autre légitime empêchement.

Art. 22. Qu'il sera fait dans son diocèse des arrondissements de justices seigneuriales dont les officiers ne pourront être révoqués que pour forfaiture préalablement jugée.

Art. 23. Que les tribunaux d'exception et toute attribution particulière seront supprimés et que les juges ordinaires connaîtront de toutes sortes de matières indistinctement.

Art. 24. Qu'il n'y ait à l'avenir que deux dégrés de juridiction; que la justice soit rapprochée des justiciables et qu'elle soit rendue d'une manière plus simple et moins dispendieuse.

Art. 25. Que les codes civils et criminels soient réformés et simplifiés ; l'instruction criminelle rendue publique, et que les prisons soient saines et commodes.

Art. 26. Que l'édit des hypothèques soit révoqué.

Art. 27. Que la nation assemblée s'occupe dans sa sagesse à chercher de nouvelles règles qui soient exemptes d'abus pour l'établissement des séquestres et gardiens.

Art. 28. Que les créanciers seront autorisés à faire saisir et vendre sur trois publications judiciaires les biens de leurs débiteurs à l'audience et sommairement.

Art. 29. Qu'il sera donné juridiction aux officiers municipaux des villes et à ceux des communautés des campagnes, assistés des deux prud'hommes, pour terminer et juger sommairement et sans frais, toute contestation en matière personnelle dont l'objet n'excédera pas la somme de 10 livres.

Art. 30 La suppression des intendances et la réunion de leurs fonctions aux cours de justice et aux administrations municipales régénérées.

Art. 31. Qu'il sera fait un tarif général de la province à l'effet de réduire la quotité du diocèse de Mende proportionnellement à la nature de son sol et aux détériorations qu'il a éprouvées depuis le dernier cadastre, et qu'il soit permis aux communautés de se choisir la forme de répartition qui leur paraîtra la plus convenable.

Art. 32. Que la terre, dite épiscopale, ainsi que toutes les terres franches, seront comprises dans le nouveau cadastre, et que par provision elles contribuent aux impositions foncières à proportion de celles des communautés voisines.

Art. 33. Que les terres cultes et les édifices non encadastrés seront compris dans le nouveau cadastre et contribueront en attendant aussi par provision aux impositions des communautés où ils sont situés.

Art. 34. Que les écluses, pellières et filets établis sur la rivière d'Allier, au Pont du Château en Auvergne, à Moulins en Bourbonnais et ailleurs, pour intercepter le passage du poisson, seront démolis.

Art 35. Que le gouvernement veillera avec plus d'attention à la conservation des bois communs ou sujets à des usages; qu'il sera accordé des récompenses à ceux qui en formeront de nouveaux.

Art. 36. Qu'il soit enjoint aux administrations générales et diocésaines de la province du Languedoc de rendre un compte public de leur gestion depuis vingt ans.

Art. 37. Qu'à l'avenir les communautés auront la liberté de se départir elles-mêmes dans l'hôtel de ville leurs impositions sans l'assistance d'aucun commissaire.

Art. 38. Les députés demanderont encore la démolition des places fortes dans l'intérieur du royaume, la suppression des emplois qui y sont attachés et des états-majors, la diminution des gages des gouverneurs et commandants des provinces ; que ceux de ces emplois qui ne seront pas jugés absolument nécessaires soient aussi supprimés, et qu'aucun sujet ne puisse jamais réunir deux emplois ou du moins en retirer les émoluments, afin que toutes les faveurs ne s'accumulent pas sur la même tête.

Art. 39. La suppression des pensions accordées uniquement à la faveur, à l'intrigue et au crédit, ou qui ne sont pas proportionnées aux services pour lesquels elles ont été obtenues.

Art. 40. La suppression des fermiers et trésoriers généraux, ensemble des receveurs généraux et particuliers, à la charge du remboursement, le cas y échéant, et que chaque diocèse soit libre de faire parvenir au trésor royal son contingent de l'impôt de la manière qui lui sera convenable.

Art. 41. Que les douanes et traites intérieures seront reculées aux frontières et que tous les autres droits intérieurs qui peuvent mettre des entraves au commerce seront supprimés.

Art. 42. Que le commerce national sera encouragé par les règlements les plus avantageux et que l'on fera revivre la sévérité des lois contre les banqueroutiers.

Art. 43. Que l'agriculture soit protégée et encouragée par des récompenses distribuées publiquement au meilleur agriculteur dans chaque district et que les mêmes récompenses seront accordées au meilleur fabricant des étoffes du pays.

Art. 44. Que le tirage de la milice n'aura plus lieu.

Art. 45. Que les troupes en temps de paix seront employées aux travaux publics.

Art. 46. Qu'il soit établi un même poids et une même mesure pour le commerce dans le royaume.

Art. 47. Que toutes les communautés du diocèse seront à l'avenir admises à leur tour sans aucune exclusion dans les assemblées diocésaines et qu'elles y seront représentées par leurs pairs, élus librement parmi les taillables ou domiciliés.

Art. 48. Que les réparations et embellissements faits et à faire dans les villes seront uniquement à leur charge et qu'ils ne pourront pas être compris dans les impositions générales de la province et du diocèse.

Art. 49. Que l'administration municipale des villes et communautés sera libre et indépendante de l'autorité des seigneurs dont les droits à cet égard seront abolis ; que les officiers municipaux seront nommés librement et au scrutin et qu'ils ne pourront pas être prorogés dans leurs fonctions au delà du temps ordinaire de leur service.

Art. 50. Qu'en cas qu'il soit fait des suppressions des maisons religieuses dans ce diocèse, leurs biens et revenus seront employés à fonder des institutions publiques soit dans les villes, soit dans les campagnes, pour l'instruction de la jeunesse, et que le revenu du prieuré de Monastier, situé dans le Gévaudan et supprimé, sera employé à doter le collège de sa capitale et à établir un pensionnat.

Art. 51. Que les juges ordinaires jugeront sommairement avec l'assistance de deux assesseurs, toute affaire pure et personnelle qui n'excédera pas la somme de 50 livres.

Art. 52. Que le papier de la formule sera d'une meilleure qualité et que le parchemin sera supprimé.

Art. 53. Qu'il sera établi des règles fixes, simples et invariables sur les droits du contrôle et sur leur perception ; que la connaissance des contestations qui s'élèveront sur cette matière sera attribuée aux juges ordinaires ; que ces juges seront autorisés à décerner exécutoire en faveur des parties qui auront gagné leur cause contre les administrateurs des domaines et que tout droit en sera prescrit en deux ans.

Art. 54. Que toute insinuation sera faite dans les bureaux du contrôle des lieux et que le droit de franc-fief sera supprimé.

Art. 55. Que l'intérêt du prêt à jour sera autorisé.

Art. 56. Qu'il sera établi une plus grande sévérité dans l'examen des études de droit et de médecine, sans aucune dispense d'âge ni de temps d'étude; qu'il ne sera reçu aucun officier de justice qu'après qu'il aura justifié de sa capacité par un examen rigoureux, et de sa probité par une enquête de vie et de mœurs.

Art. 57. Que les résidences des brigades de maréchaussée à pied ou à cheval seront multipliées dans ce diocèse.

Art. 58. Que les banalités, corvées, tailles aux cinq ans, brassages, fanage, palvérage, paréage, vingtain, guet et garde, fourneaux, usage et bail, chassipont, et autres droits de cette nature, abonnés ou non abonnés, qui attaquent la liberté personnelle, soient abolis, ainsi que les redevances attachées à la faculté de faire boire les bestiaux aux fontaines et rivières, sauf à indemniser les seigneurs s'il y a lieu.

Art. 59. Que tous les droits féodaux seront déclarés prescriptibles, même quant au fonds, après l'espace de quarante ans, faute de perception ou de demande, et que les reconnaissances féodales seront à l'avenir à la seule charge des seigneurs.

Art. 60. Que les droits de leude, péage et autres de cette nature seront supprimés, à la charge de l'indemnité s'il y a lieu.

Art. 61. Qu'il sera donné aux campagnes quelques secours pour faire des chemins de communication avec les villes, afin que le débit des denrées soit moins difficile pour les habitants.

Art. 62. Qu'il n'y aura plus dans le diocèse qu'un seul ingénieur amovible au gré de l'administration diocésaine, et que cet ingénieur ni toute autre personne ne pourra retirer aucune rétribution à raison de l'inspection des chemins du diocèse et des communautés, sauf les émoluments attachés à son emploi.

Art. 63. Qu'il sera permis aux notaires d'instrumenter hors de leur district.

Art. 64. Que les députés feront connaître au Roi et à la nation le cruel désastre dont la ville de Sangues a été affligée, et réclameront pour ceux qui en ont été les malheureuses victimes des secours et des soulagements.

Art. 65. Que le Roi sera supplié de créer un siège de ressort avec présidialité, dont la séance d'après la majorité des suffrages sera fixée dans la ville de Mende, capitale du pays.

Art. 66. Que le monopole des grains sera défendu dans le Gévaudan.

Fait, clos et arrêté à Mende, le 30 mars 1789.

Signé Monteil Brun, Actrazic de la Peyrouse, Airal, Reirols, Bes, Desplagnes, Portefaix, Biron, Charrier, Vialard, Grandet, Filhon, Michel, Velay, Damergue de Bessière, Salaville, Panafieu, Julien, Bonnet, La Coste, Bany, Bonnel de la Bragéresse, Dalzan de la Pierre, Combet, de La Pierre, Nauton, Charrier, André, François, Gleize, Bancillon, Despuech, de La Martinerie, Paul Valette, Savy, Tessonnière, La Baume, Dangles, Layre, Meinadier, Valantin, Bros, Chevalier, Ferrand, Chas, Barrot, Combes, Baldit, Laporte de Berviala, Forestier, Condami, La Bilherie, Bodetti, Bonnet, Polge, Boulanger, Mançon, Vincent, Gaillard, Vernet, Digon, Molinets, Pourquier, Bergonnhe, Deltour, Monastier, Olivier, Renusc, Dimal, Sevène, protestant contre l'article 65, ledit article étant contraire aux droits du Roi, au bien de son service et aux prérogatives de la ville royale de Marvejols, la décision devant être renvoyée à Sa Majesté et à son conseil où l'objet est en instance réglée.

Osty, député de la ville de Marvejols, proteste comme dessus.

Desplos de Chirac proteste de même.

Alla, député du Monastier, id.

Reversat, id.

Pintard, député de Notre-Dame de Val-Francesque, demande que sa communauté continue à ressortir à la sénéchaussée de Nîmes.

Bertrand, député de Chanac, proteste contre l'article relatif à la taille épiscopale jusqu'à ce que le cadastre général soit fait.

Pages, Bodetti, Filon, Dangles font la même protestation.

BAILLIAGE DE METZ.

CAHIER

Des pouvoirs et instructions du député de l'ordre du clergé du bailliage de Metz, pour être remis au député aux Etats généraux, pour l'ordre du clergé dudit bailliage, remis à MM. THIÉBAUT, *curé de Sainte-Croix de Metz,* et BROUSSE, *curé de Volerange, députés du clergé des bailliages de Metz, Thionville, Sarrelouis et Longwy, et des prévôtés royales de Phalsbourg et de Sarrebourg* (1).

En vertu des lettres de convocation, qui ordonnent aux trois ordres du bailliage de Metz d'élire leurs représentants aux Etats libres et généraux du royaume, et de leur en confier tous les pouvoirs et instructions qui seraient jugés nécessaires pour la restauration de l'État, la réformation des abus, le redressement des sujets de plaintes et doléances, et pour la prospérité particulière de la province et du bailliage de Metz, nous donnons par ces présentes, à notre député auxdits Etats libres et généraux qui doivent se tenir à Versailles, le 27 avril de la présente année, les pouvoirs et instructions tels qu'ils suivront; lesquels pouvoirs et instructions auront leur plein et entier effet, tant que lesdits Etats généraux resteront assemblés. Mais le peu de temps que nous avons eu pour nous rendre aux ordres du Roi nous a obligés de resserrer dans un court espace la grande quantité d'objets intéressants que nous avons à parcourir, ce qui ne nous permet pas de donner l'essor à nos sentiments de vénération, de respect et d'amour pour sa personne sacrée; ils sont imprimés dans nos cœurs en caractères ineffaçables; et le devoir le plus doux que nous ayons à remplir, c'est d'affirmir ces mêmes sentiments dans le cœur des peuples confiés à nos soins.

Pour répondre à la confiance du monarque, nous, tous membres de l'ordre du clergé du bailliage de Metz, nous sommes occupés d'indiquer les abus dont le redressement nous paraît nécessaire; de faire connaître nos maux, nos plaintes et doléances et de demander qu'il y soit apporté remède. Nous avons, en conséquence, divisé notre cahier en quatre chapitres. Le premier aura pour titre : *Constitution et administration;* le deuxième, *Justice et police;* le troisième *Finances et impositions,* et le quatrième, *Eglise;* auxquels seront ajoutés, par forme de supplément, trois articles sur lesquels il y a eu diversité notable d'opinions.

CHAPITRE PREMIER.
Constitution et administration.

Art. 1er. Que le vœu de l'ordre du clergé est que les délibérations, dans l'assemblée des Etats gé-

(1) Nous publions ce cahier d'après un imprimé de la *Bibliothèque du Sénat.*

néraux, se fassent par tête, pour tous les objets qui concernent l'impôt, et par ordre pour tous les autres objets.

Art. 2. Que le vœu de l'ordre du clergé est qu'il plaise aux Etats généraux de prescrire le retour périodique des assemblées desdits Etats généraux; d'en fixer l'époque, et d'ordonner que ladite fixation tiendra lieu de convocation, sans qu'il soit besoin d'en faire de nouvelle; et, en outre, que lesdits Etats indiqueront la forme dont se feront les élections, dans les différentes parties du royaume.

Art. 3. Que le bien le plus précieux du citoyen étant sa liberté, l'ordre du clergé pense que tout acte qui peut l'en priver, sans que cette peine ait été prononcée par son juge naturel, est absolument contraire au droit naturel et au droit positif. Que les lettres de cachet en vertu desquelles, sans jugement préalable, sans instruction, sans information, sans aucune forme ni procès, on enlève un citoyen à sa famille, à sa maison, à la poursuite de ses affaires, pour le constituer prisonnier, sans souvent qu'on sache ce qu'il est devenu, sont des actes contraires à toute idée de justice; que ces sortes d'actes, souscrits du nom respectable du Roi, ne sont souvent que des surprises faites à sa religion, par des ministres qui ont été trompés eux-mêmes par des délations clandestines de gens puissants qui n'ont en vue que d'assouvir des haines et des vengeances contre de malheureux innocents, qui n'ont souvent commis d'autres crimes que celui de n'avoir pas voulu plier servilement sous leur joug; qu'en conséquence, le vœu unanime de l'ordre du clergé est que l'usage desdites lettres de cachet soit entièrement proscrit et aboli; que, dans aucun cas, et sous aucun prétexte, aucun citoyen ne puisse être privé de sa liberté ni éloigné de ses foyers qu'après un jugement régulier, rendu par ses juges naturels.

Art. 4. Que les droits de propriété soient inviolablement conservés.

Art. 5. Que le vœu du clergé et que les Etats généraux sollicitent de la bonté du Roi l'établissement d'Etats provinciaux, composés des membres de tous les ordres, tous élus librement, et auxquels il sera donné, par lesdits Etats généraux, l'étendue de pouvoir qu'ils jugeront convenable, principalement sur la répartition et la levée des impositions qui devront leur être confiées.

Art. 6. Que le vœu de l'ordre du clergé est que les Etats généraux veuillent bien s'occuper d'un plan d'éducation nationale, et des moyens de pourvoir aux petites écoles, soit dans les villes, soit dans les campagnes, ainsi et de manière qu'ils le jugeront le plus convenable.

Art. 7. Que les Etats généraux veuillent bien s'occuper de supprimer la mendicité dans les villes et dans les campagnes; et qu'à cet effet, les établissements formés pour concourir à cet objet, et qui seront jugés utiles, soient revêtus de lettres patentes, qui les autorisent à recevoir des legs, et à les placer au profit des pauvres, sans être tenus au payement d'aucun droit d'amortissement.

Art. 8. Que les ecclésiastiques, séculiers ou réguliers, de l'un et de l'autre sexe, même les hôpitaux et les fabriques, puissent faire dans leurs biens les réparations, améliorations et reconstructions d'objets déjà amortis, sans être tenus au payement du droit appelé *de nouvel acquêt*. Que lesdits ecclésiastiques, séculiers ou réguliers, de l'un et de l'autre sexe, puissent librement, sans être soumis à aucun droit, échanger entre eux des biens déjà amortis; enfin, qu'après l'espace de douze années de jouissance, les commis, contrôleurs et autres préposés à la perception des droits soient non recevables à faire aucune recherche ni réclamation d'aucuns droits, sous quelque dénomination que ce soit, contre lesdits ecclésiastiques.

Art. 9. Que les barrières qui séparent la province des Trois-Evêchés de celle de l'intérieur du royaume ne soient pas reculées, et qu'elles restent comme et où elles sont.

Art. 10. Que dans le cas où les Etats généraux ne croiraient pas devoir prononcer sur la suppression de partie des salines et des usines à feu, dont la trop grande quantité est infiniment nuisible à cette province, ils en renvoyassent l'examen et la discussion aux Etats provinciaux qui seront établis.

Art. 11. Que les lois sur le commerce d'importation ou d'exportation paraissent insuffisantes pour cette province; qu'en conséquence, les Etats généraux sont suppliés d'en renvoyer l'examen et la discussion aux Etats provinciaux, pour, sur leurs mémoires et observations, rapportés aux prochains Etats généraux, être, par ceux-ci, formé une nouvelle plus claire, plus précise te plus avantageuse à cette province.

Art. 12. Qu'un grand nombre d'habitants du ressort du bailliage de Metz réclament contre la conversion de la corvée en nature, en argent; que cette question néanmoins ne paraît pas, à l'ordre du clergé, suffisamment éclaircie pour qu'il puisse former un vœu précis à cet égard, et que le seul qu'il puisse présenter aux Etats généraux est pour qu'ils en renvoient l'examen et la décision aux futurs Etats provinciaux.

Art. 13. Que les Etats généraux supplieront le roi de révoquer l'édit qui permet la clôture des héritages, comme contraire au bien général de la province, à la multiplication des bestiaux et à la diminution du prix de la viande, qui est devenu excessif depuis ledit édit; que l'objet, tant du partage des communes que des défrichements, soit renvoyé à la décision des Etats provinciaux qui, par leur composition, seront à portée de connaître si la loi existante est avantageuse ou nuisible au peuple de la campagne; que, pour ce qui regarde la police de nuit, cet objet étant du ressort de la police générale, il soit également renvoyé à la discussion et décision des Etats provinciaux, qui feront, à cet égard, tels règlements qu'ils jugeront utiles et avantageux au peuple.

Art. 14. Que le régime des eaux et forêts, étant illégal, abusif et vexatoire, soit absolument détruit, et que l'on confie aux futurs Etats provinciaux l'exécution des règlements qui paraîtront nécessaires aux Etats généraux.

Art. 15. Que les huissiers-priseurs créés en charge soient supprimés, et qu'on révoque tous leurs privilèges qui sont absolument vexatoires

et ruineux pour les habitants des villes et surtout pour ceux de la campagne, dont ils absorbent presque la totalité des successions

Art. 16. Qu'il soit formé une nouvelle organisation du mont-de-piété établi à Metz, attendu que celle qui existe ne remplit pas les conditions qui rendent ces sortes d'établissements licites et utiles.

Art. 17. Que la loi, qui permet à MM. les curés et vicaires de recevoir des testaments dans les paroisses de la campagne destituées de notaires, soit rendue commune et étendue à tous les lieux de la province du pays messin, où cet usage ne s'observe pas, faute de loi précise qui le permette dans ledit lieu.

Art. 18. Que les Etats généraux sont suppliés d'obtenir, de la bonté et de l'humanité du roi, l'abolition de la traite et de l'esclavage des nègres, attendu que ce commerce est contraire à la loi naturelle et à toutes les lois de l'humanité.

CHAPITRE II.
Justice et police.

Art. 1er. Que les Etats généraux s'occupent de réformer le Code civil et criminel, d'abréger les procédures, de fermer la porte à la chicane et de diminuer les frais des procès.

Art. 2. Que les Etats généraux portent une loi positive, précise et claire, qui confirme l'inamovibilité des magistrats dans l'exercice de leurs fonctions.

Art. 3. Qu'on proscrive ce qu'on appelle *jurisprudence des arrêts*, d'où il résulte une espèce d'arbitraire dans les jugements qui ne peuvent et ne doivent être fondés que sur la loi, sans qu'il soit permis aux juges de s'en écarter par des considérations et de prétendus motifs d'équité.

Art. 4. Que les arrêts de surséance, ou autrement appelés *lettres d'Etat*, soient abolis, et qu'on ne puisse en accorder dans aucun cas et sous aucun prétexte.

Art. 5. Que le tribunal souverain du parlement, séant à Metz, soit conservé sans pouvoir être transféré ou uni à aucune autre cour; que, suivant les clauses et conditions de la réunion de la ville et du pays messin à la couronne, les sujets dudit pays messin, ecclésiastiques et autres, ne puissent être traduits, pour aucune affaire de quelque nature qu'elle soit, dans aucuns autres tribunaux que leurs propres.

Art. 6. Qu'on supprime les évocations, hors les cas prévus par l'ordonnance, et qui seront approuvées par les Etats généraux.

Art. 7. Que la maréchaussée, étant insuffisante en nombre pour le service de la province, soit augmentée proportionnellement à ses besoins.

Art. 8. Que, par respect pour la religion, les mœurs et les lois, tous les ouvrages de librairie continuent d'être soumis à la censure, et que les contraventions, tant de la part des censeurs que de celles des auteurs et imprimeurs, soient punis suivant toute la rigueur des lois.

Art. 9. Que les lois contre les danses, et spécialement pendant la célébration des offices de l'Eglise, soient renouvelées, et qu'il soit pourvu à leur exécution, et qu'à cet effet, il soit fait une loi, si déjà n'existe, par laquelle il sera défendu aux cabaretiers et taverniers de donner à boire aux gens du lieu.

Art. 10. Que les ordonnances de tous les juges des lieux, pour faits de police, seront provisoirement et promptement exécutées, nonobstant toute appellation et sans y préjudicier.

Que les procès-verbaux que dresseront les échevins d'église, pour constater les irrévérences dans les lieux saints, aux processions ou autres cérémonies ecclésiastiques, soient reçus par les juges des lieux, et que les délits qui en sont l'objet soient punis provisoirement comme les faits sujets à la police civile.

CHAPITRE III.

Finances et impositions.

Art. 1er. Qu'il ne soit établi et levé aucun impôt qu'il ne soit consenti par la nation, représentée par les Etats généraux.

Qu'il ne soit ouvert aucun emprunt public sans le consentement et l'autorisation des Etats généraux.

Art. 2. Que les Etats généraux n'accordent aucun impôt avant qu'il n'ait été statué sur toutes leurs demandes, et que les lois faites par eux n'aient reçu la sanction et l'adhésion royale.

Qu'il plaise aux Etats généraux de sanctionner par leur autorité les demandes du clergé de Metz et surtout celles qui seront regardées comme tenantes à la Constitution.

Art. 3. Que les Etats généraux s'occuperont des moyens de diminuer les dépenses de l'Etat, par le retranchement, dans tous les départements, des emplois et charges onéreux à la nation, et qui pourront être supprimés.

Art. 4. Que les Etats généraux demandent la suppression de toutes les charges de finances onéreuses au peuple, et dont les futurs Etats provinciaux jugeront qu'on peut se passer.

Art. 5. Que les Etats généraux s'occupent de la réduction ou suspension des pensions qui en seront susceptibles, et qu'ils supplient le Roi de n'accorder, à l'avenir, de pension sur les fonds publics, que pour services importants rendus à l'Etat et vérifiés par les Etats de la province où réside le pensionnaire.

Art. 6. Que ceux qui ont des rentes viagères et perpétuelles sur le Roi soient assujettis à l'impôt, sur le pied de celui payé par les propriétaires de fonds, et que les Etats généraux ne sanctionnent leurs créances qu'à cette condition.

Art. 7. Qu'on supprime tous les impôts qui portent sur les objets de première nécessité, tels que le sel, le bois, etc., et qu'attendu que ces impôts forment une partie considérable des revenus du Roi, ils soient remplacés par un impôt qui portera principalement sur les objets de luxe, et par cela même le moins onéreux au peuple et à la partie la plus indigente de la nation.

CHAPITRE IV.

Eglise.

Art. 1er. Que les Etats généraux confirment et ordonnent l'exécution des lois, relativement au maintien de la religion catholique, apostolique et romaine.

Art. 2. Que l'édit du mois de novembre 1787, en faveur des non catholiques, soit révoqué comme contraire aux lois ecclésiastiques, avouées et adoptées par plusieurs actes émanés de l'autorité des lois.

Art. 3. Que le Roi veuille bien ne nommer aux bénéfices consistoriaux que des ecclésiastiques qui lui soient présentés par un conseil de conscience, dans lequel il y aura au moins moitié d'ecclésiastiques.

Art. 4. Que les lois canoniques, relativement à la pluralité des bénéfices, soient exécutées.

Art. 5. Que les Etats généraux règlent et conviennent, avec la cour de Rome, que les ecclésiastiques qui obtiennent des bénéfices non consistoriaux, dans la province des Trois-Evêchés, ne soient point astreints à demander et obtenir de ladite cour de Rome des bulles sous plomb ; mais qu'il leur suffise de demander et d'obtenir de simples signatures, comme il se pratique dans les différentes provinces du royaume.

Art. 6. Que le Roi soit supplié d'abolir l'obligation où sont tous les bénéficiers de la province, évêques, abbés, chanoines, curés et autres, de prêter serment de fidélité entre les mains des parlements ou des bailliages, obligation qui non-seulement est humiliante pour lesdits ecclésiastiques qui se glorifient d'être aussi fidèles au Roi que les autres sujets du royaume, mais est encore infiniment onéreuse auxdits ecclésiastiques, à raison des informations de catholicité, de vie et de mœurs qui précèdent l'admission à ladite prestation de serment, et des épices qui s'accroissent de jour en jour et sont entièrement arbitraires de la part des tribunaux ; pourquoi le clergé de Metz et de la province serait-il traité plus défavorablement que les autres ecclésiastiques des autres provinces du royaume auxquels ledit clergé de Metz et des évêchés le dispute en attachement, en amour et en fidélité pour son Roi ?

Art. 7. Que l'intention de l'ordre du clergé, qu'il a ci-devant manifestée à l'ordre de la noblesse et à celui du tiers, est de payer les impositions qui seront ordonnées par les Etats généraux, dans la même proportion que les laïcs et dans celle de ses facultés, dont il consent que la vérification soit faite dans tous les lieux où ses biens sont situés.

Art. 8. Que, n'étant pas juste que les bénéficiers d'un petit revenu et grevés de beaucoup de charges, tels que les curés, payent la portion de l'impôt dans la même proportion que les bénéfices riches et qui n'ont aucune charge, il soit établi, s'il n'est déjà fait, une chambre ecclésiastique composée de membres de tous les ordres du clergé librement élus par ceux de leur ordre, laquelle chambre formera un tarif graduel et proportionnel qui s'accroîtra depuis la moindre taxe, qui sera celle des curés à portion congrue, ou d'un semblable revenu, jusqu'à la plus forte, qui sera celle des bénéfices simples et riches, et qu'afin que chaque bénéficier puisse connaître sur quel pied est taxé son bénéfice et dans quelle classe d'imposition il est placé, le rôle d'imposition et de la fixation du revenu auquel chaque bénéfice aura été porté soit rendu public par la voie de l'impression et qu'il en soit joint un exemplaire à chaque cote qu'on enverra à chaque contribuable. Que ladite chambre ecclésiastique soit entièrement renouvelée dans l'espace de six ans, à l'effet de quoi, tous les deux ans, le tiers des députés désignés pour la première fois, et la seconde fois par le sort, cesseront d'être membres de la chambre, et seront remplacés par pareil nombre de députés élus comme il est dit ci-devant.

Art. 9. Que l'ordre du clergé, pénétré de l'insuffisance des portions congrues pour la subsistance de MM. les curés des villes et de la campagne, comme aussi des curés et vicaires de l'ordre de Malte, desquels on sollicitera l'inamovibilité, demande aux Etats généraux que lesdites portions congrues desdits curés et vicaires des villes soient augmentées et portées à un taux suffisant pour qu'ils puissent vivre et subsister avec décence et subvenir aux besoins et soulagement des pauvres et des malades de leur paroisse respective, et que, pour satisfaire à cette demande, les Etats généraux prennent les moyens que leur sagesse leur dictera, et que leur autorité leur donnera le droit de prescrire aux dépens de qui il appartiendra, se réservant, ledit ordre du clergé, de remettre des Mémoire particuliers, indicatifs de différents moyens proposés par quelques membres dudit ordre et dont ledit député pourra, s'il le juge convenable, en faire part auxdit sEtats généraux.

Art. 10. Qu'il est de toute justice que les honoraires des vicaires soient payés par les décimateurs, au prorata de la portion de dime dont ils jouissent, sans préjudice néanmoins aux transactions qui peuvent exister entre les codécimateurs, lesquelles doivent continuer à être exécutées jusqu'à ce qu'elles aient été annulées par des jugements contradictoirement rendus par les juges qui doivent en connaître.

Art. 11. Que l'ordre du clergé désire que les Etats généraux s'occupent de procurer aux anciens curés et vicaires infirmes des retraites suffisantes pour leur donner une subsistance honnête et proportionnée à leurs besoins, à l'effet de quoi lesdits Etats généraux useront des moyens que leur sagesse leur suggérera.

Art. 12. Que l'utilité publique exige la conservation des ordres religieux, avec leurs propriétés, et des non rentés dans leur forme actuelle; désirant, ledit ordre du clergé, qu'ils continuent à rendre service au public.

Art. 13. Qu'à l'avenir il ne soit plus reçu de dot dans les communautés religieuses de l'un ou de l'autre sexe, mais qu'il leur soit permis de recevoir des pensions viagères.

Art. 14. Que dès lors qu'un homme prévenu de crime sera constitué en prison, il lui soit loisible de demander à se confesser, et que le prêtre qui sera averti pour remplir ce ministère soit, sans délai, introduit dans la prison, et puisse confesser le prévenu de crime, autant de fois que celui-ci le demandera.

Art. 15. Qu'il soit pourvu à un supplément de dotation des séminaires de Saint-Simon et de Sainte-Anne; ce qui a déjà été reconnu nécessaire par un arrêt revêtu de lettres patentes, pour celui de Saint-Siméon, et ce qui n'est pas moins urgent pour celui de Sainte-Anne, qui, outre l'insuffisance de sa dotation, est dans l'obligation ou d'acheter une maison, ou de reconstruire la sienne qui, par vétusté, tombe en ruine.

CHAPITRE UNIQUE.

En forme de supplément, contenant les articles sur lesquels il y a eu diversité notable d'opinions.

Art. 1er. Que MM. les curés forment le vœu pour que les chœurs et nefs des églises soient à l'avenir à la charge des décimateurs, et que les habitants soient déchargés de toute contribution à ces objets; qu'au contraire MM. les chanoines, députés des chapitres, des abbés, prieurs, communautés séculières et régulières, de l'un et de l'autre sexe, demandent que les édits, déclarations et ordonnances royaux continuent à être exécutés sur ces objets, et que les décimateurs n'éprouvent à cet égard aucune innovation qui les grèverait.

Art. 2. Que MM. les curés forment le vœu pour que le Roi retire sa déclaration de 1777, enregistrée au parlement, laquelle accorde la noblesse et la décoration d'une croix au chapitre de la cathédrale, et que ledit chapitre soit remis dans l'état où il était avant ladite déclaration.

Qu'au contraire MM. les députés dudit chapitre, en réclamant et protestant contre cette pétition, prétendent qu'une grâce accordée à leur chapitre et revêtue d'une loi enregistrée au parlement, après une information préalable de *commodo et incommodo*, ne peut leur être ôtée que par la seule volonté du Roi, qui serait consignée dans une nouvelle loi, revêtue des mêmes formalités.

Art. 3. Que MM. les curés forment le vœu que la loi de 1768, qui réunit les novalles aux grosses dîmes, soit rapportée et révoquée, et que lesdites novalles soient déclarées appartenir auxdits sieurs curés, en vertu de leur titre.

Qu'au contraire MM. les députés des chapitres, des abbés, prieurs, communautés séculières et régulières, de l'un et de l'autre sexe, et tous autres bénéficiers décimateurs, en réclamant et protestant contre cette pétition, demandent la conservation d'une loi, fruit de la sagesse du monarque, qui a éteint par elle des semences infinies de procès et de contestations qui occupaient sans cesse les tribunaux.

Lecture faite du présent cahier, il a été unanimement approuvé, arrêté et signé, tant par Mgr l'évêque, président de l'assemblée, que par MM. les commissaires. † L.-J., évêque de Metz; † H. évêque d'Orope; Chevreu, doyen du chapitre; de Gorze, commissaire; de La Marre, Minime; D. Colette, commissaire; Thiebaut, curé de Sainte-Croix; Jenot, curé de Chenez; L'Huillier, curé de Saint-Livier; Jenot, curé de Jussy; Dupleit, curé de Lessy; Sidoz, curé de Semécourt; Prochard, curé de Courcelles; Chaussy; F. Gravelotte, curé de Cuvry; Sar, curé de Saint-Victor, secrétaire de l'assemblée.

CAHIER

De l'ordre de la noblesse du bailliage de Metz, remis à M. le baron DE POUTET, conseiller au parlement, nommé directement par la noblesse, le 14 avril 1789 [1].

La noblesse de Metz, assemblée en vertu des lettres de convocation du 7 février 1789, et de l'ordonnance de M. le lieutenant général, en date du 26 du même mois, considérant que la sûreté des propriétés et celle des individus dépendent d'une constitution sage et invariable; que la soumission aux lois est toujours en proportion de la protection que les peuples en reçoivent; qu'on ne peut attendre de grands sacrifices que de citoyens fortement attachés à leur patrie et à leur Roi par les liens d'un intérêt commun, pour répondre aux vues bienfaisantes du monarque et atteindre au but que la nation a dû se proposer, a arrêté les articles suivants :

Mandat de rigueur.

Art. 1er. Les pouvoirs que nous donnons à nos députés n'auront de valeur que pendant l'espace d'une année.

Art. 2. A l'assemblée des Etats généraux, nos députés demanderont que les chambres se séparent et que les suffrages soient recueillis par ordre; ils déclareront en même temps que leur intention est que la répartition de l'impôt soit égal entre tous les ordres et qu'il soit perçu sur toutes les classes de citoyens, par les mêmes moyens et par les mêmes agents, mais que l'ordre de la noblesse se réserve ses privilèges honorifiques, notamment l'exemption de la milice et des logements des gens de guerre.

---

(1) Nous publions ce cahier d'après un imprimé de la *Bibliothèque du Sénat.*

Art. 3. Que les impôts actuellement établis soient déclarés nuls, et qu'ils soient à l'instant recréés avec le même mode de perception pour le temps de la tenue des Etats généraux seulement.

Art. 4. Nos députés, avant de s'occuper d'aucun objet, demanderont qu'il soit rendu une ordonnance qui règle la constitution, qui assure la propriété des citoyens, et qui mette leur liberté hors de toute atteinte.

Art. 5. Que la constitution soit invariablement fixée; que les bases de la représentation ainsi que la manière de convoquer, d'assembler les Etats généraux et recueillir les suffrages, soit déterminée; qu'aux différents ordres soit conservé le droit de *veto* respectif.

Art. 6. Que les Etats généraux fixent le retour périodique de leurs assemblées, qui ne pourra être éloigné de plus de cinq ans, et qu'aucun impôt ne soit accordé que jusqu'à l'époque d'une nouvelle tenue d'Etats.

Art. 7. Que le pouvoir législatif appartient au Roi et aux différents ordres de la nation, et que le droit de proposition, d'acceptation et de refus leur appartient respectivement.

Art. 8. Que le Roi est le chef suprême du pouvoir exécutif.

Art. 9. Que la justice sera rendue dans des tribunaux constitués par la nation, et administrée, au nom du Roi, par des magistrats inamovibles qui tiendront de lui leur pouvoir.

Art. 10. Que les cours souveraines seront responsables envers la nation.

Art. 11. Que les ministres seront également responsables envers la nation des atteintes portées à la constitution, et des déprédations commises dans leurs départements.

Art. 12. Que tous droits de propriété seront inviolables, et que si le bien public exigeait des sacrifices, le propriétaire serait dédommagé avant toute chose.

Art. 13. Que le Roi ne pourra ni imposer ni emprunter sans le consentement de la nation.

Art. 14. Que les lettres de cachet seront entièrement abolies, et que la liberté des citoyens sera garantie du pouvoir arbitraire.

Art. 15. Que le secret des lettres confiées à la poste soit inviolablement respecté.

Art. 16. Que toute espèce de commission momentanée ou permanente pour juger, soit en matière civile, criminelle ou fiscale, sera supprimée.

Art. 17. Que la liberté de la presse soit établie avec les modifications qui seront jugées nécessaires par les Etats généraux.

Art. 18. Que les Etats généraux ne pourront transmettre leurs pouvoirs à aucune commission intermédiaire.

Art. 19. Que la loi qui devra contenir ces articles importants sera rédigée par les Etats généraux et promulguée avant toute délibération ultérieure.

Art. 20. Tels sont les points essentiels dont nos députés ne pourront se départir, et nous voulons qu'ils se retirent en cas d'opposition, à moins que le vœu de la pluralité des deux tiers de leur ordre, exprimé dans leurs cahiers, ne soit contraire au nôtre; à l'égard des articles suivants, ils contiennent aussi nos intentions, mais ils ne forment pas un mandat rigoureux dont nos députés ne puissent jamais s'écarter.

Mandat qui n'est pas de rigueur.

Art. 1er. Nous désirons qu'on ne désigne plus que deux ordres en France : la noblesse et le tiers-état et que le clergé soit réparti dans l'un ou dans l'autre, suivant sa naissance.

Art. 2. Qu'aucun individu ne puisse être emprisonné, pour fait de police, audelà du terme de vingt-quatre heures, et qu'ensuite il soit remis à ses juges naturels, pour être jugé suivant les ordonnances du royaume.

Art. 3. Que le conseil du Roi soit borné aux objets d'administration, et qu'il ne puisse, en aucun cas, accorder des lettres de surséance, évoquer les causes, ou casser les jugements des tribunaux constitués par la nation.

Art. 4. Que tous les impôts territoriaux soient réduits à un seul, sous une dénomination unique, et que les capitaux placés à intérêt sur le Roi ou sur les particuliers acquittent le même impôt, et dans une proportion égale à celle des biensfonds, à la réserve des créances sur l'Etat qui ont éprouvé des réductions, et dont la propriété a été transmise à titre héréditaire.

Art. 5. Que les corps de magistrature soient reconnus dépositaires des lois consenties par la nation, que l'exécution leur en soit confiée, sans qu'ils puissent jamais s'opposer à leur enregistrement.

Art. 6. Que ces corps soient revêtus, par les Etats généraux, d'une puissance suffisante pour rendre des arrêts de défense dans le cas où l'on voudrait tenter de percevoir sur les peuples des impôts qui n'auraient pas été consentis par la nation, ou protéger au delà du terme fixé par les Etats généraux ceux qui auraient été consentis.

Art. 7. Que tous les tribunaux, sans exception, soient tenus de motiver leurs jugements.

Art. 8. Qu'il soit établi des commissions pour la réformation des lois civiles, criminelles, de police et forestières, à la charge de soumettre leur travail à la première assemblée; par provision, qu'il soit rendu une loi pour abolir la torture et donner un défenseur à l'accusé.

Art. 9. Que l'état de situation des finances soit rendu public, chaque année, par la voie de l'impression.

Art. 10. Qu'il soit donné aux députés aux Etats généraux tous les états et renseignements nécessaires pour acquérir une connaissance positive de la situation actuelle des finances.

Art. 11. Qu'on mette les députés à portée d'examiner, dans le plus grand détail, les dons, pensions, croupes, etc., etc., sous quelque dénomination qu'ils aient été accordés.

Art. 12. Qu'il soit fait des réductions sur les grâces non méritées, et spécialement sur celles qui sont accordées à des personnes dont l'état et la profession n'en paraissent pas susceptibles.

Art. 13. Que les Etats généraux règlent, pour l'avenir, les dépenses de chaque département.

Art. 14. Qu'ils s'occupent de continuer la dette publique et qu'ils examinent à quel taux doit être fixé l'intérêt, à raison de l'hypothèque qui sera donnée par la nation.

Art. 15. Qu'ils réduisent et fixent les apanages et maisons de princes, s'en rapportent au Roi pour les économies qu'il voudra faire lui-même dans sa maison, en les conciliant avec l'éclat et la dignité qui conviennent à un grand monarque.

Art. 16. Qu'ils s'occupent des moyens d'établir la balance entre la recette et la dépense ordinaires, et qu'ils pourvoient à un supplément pour les dépenses imprévues.

Art. 17. Qu'ils consentent à l'aliénation incommutable des domaines.

Art. 18. Qu'ils ne puissent voter aucun impôt qu'après en avoir vérifié la nécessité, et qu'en ce cas ils choisissent, de préférence, ceux qui frapperaient sur les objets de luxe, qui ne tournent point au profit de l'industrie nationale.

Art. 19. Que l'impôt de la gabelle soit supprimé.

Art. 20. Que la ville de Metz conserve toujours une cour souveraine, conformément à ses priviléges successivement reconnus et confirmés.

Art. 21. Que nos députés demandent l'établissement, à Metz, d'écoles de droit public et d'économie politique et publique.

Art. 22. Qu'il soit demandé aux États généraux, pour la province des Trois-Evêchés, des États particuliers, bornés uniquement aux objets d'administration.

Art. 23. Que les recettes et dépenses, les travaux publics, ponts et chaussées, l'administration des hôpitaux, maisons de force et renfermeries, les milices et la comptabilité des municipalités, fassent partie de leurs fonctions.

Art. 24. Que tous les actes qui émaneront de l'autorité des États provinciaux soient rédigés en papier libre et affranchis de la formalité du contrôle.

Art. 25. Que nos députés s'opposeront formellement au reculement des barrières, et si la pluralité aux États généraux l'emporte sur leur vœu, qu'ils protestent et prennent acte de leur protestation ; qu'ils déclarent que ce reculement serait une véritable atteinte portée à la propriété, qu'il entraînerait la ruine de la province, et l'émigration de plus de deux mille familles.

Art. 26. Que nul militaire ne puisse réunir sur sa tête ni les honneurs ni les avantages pécuniaires de plusieurs grands emplois.

Art. 27. Que ces grands emplois exigent résidence au moins de six mois de l'année, afin que le traitement qui y est attaché soit consommé dans les provinces.

Art. 28. Qu'il soit pris des mesures pour empêcher la vénalité des emplois militaires.

Art. 29. Que la constitution militaire soit formée sur d'autres principes, qu'elle seconde l'esprit national au lieu de le détruire, et que jamais pour correction il ne soit infligé des coups de plat de sabre, verges et courroies.

Art. 30. Que les articles de l'ordonnance militaire qui séparent la noblesse en différentes classes et bornent l'avancement des officiers soient supprimés.

Art. 31. Que l'ordre de la noblesse n'approuve aucune des lois qui ferment l'entrée des emplois militaires à l'ordre du tiers-état.

Art. 32. Que les fournitures militaires quelconques soient faites par adjudication publique et partielle, par emplacements dans les différentes provinces.

Art. 33. Que les évêques et bénéficiers ecclésiastiques soient assujettis à neuf mois de résidence au moins.

Art. 34. Que la pluralité des bénéfices soit supprimée pour l'avenir.

Art. 35. Que les bénéficiers qui réunissent plusieurs bénéfices, dans des lieux différents, soient tenus de verser le dixième du revenu des bénéfices où ils ne résideront pas dans une caisse destinée au soulagement des pauvres.

Art. 36. Que la condition des curés et vicaires soit améliorée.

Art. 37. Que les États généraux avisent aux moyens d'extirper la mendicité.

Art. 38. Que tous les régnicoles, quelle que soit leur croyance, jouissent dans le royaume du droit de cité.

Art. 39. Que le prêt à intérêt, par simple obligation, soit autorisé.

Art. 40. Que les haras soient supprimés dans la province.

Art. 41. Que les états-majors des places de guerre, qui seront reconnus inutiles, soient supprimés par extinction.

Art. 42. Qu'on supprime tous les anoblissements par charge, pour l'avenir, sauf à la nation à indemniser ceux qui sont actuellement pourvus.

Art. 43. Que tout gentilhomme puisse laisser dormir sa noblesse, suivant l'usage de Bretagne.

Art. 44. Que tout citoyen, d'un mérite reconnu, puisse parvenir aux différentes places de magistrature, et que nul n'y soit reçu qu'il n'ait fait preuve de capacité.

Abus particuliers et locaux, dont nos députés solliciteront avec instance le redressement.

Art. 1er. Abus dans la réunion des autorités militaire et civile dans les mains du gouverneur, et dans la possession où il est de présenter aux offices municipaux.

Art. 2. Abus dans le nombre trop multiplié des grandes places militaires auxquelles est attribué le commandement.

Art. 3. Abus dans les impôts accessoires à la taille, dans la province des Trois-Evêchés, qui lui font supporter un impôt de 400,000 francs pour des dépenses militaires qui devraient être acquittées par le département de la guerre.

Art. 4 Abus dans l'impôt des marcs de raisin, qui n'est point également établi, qui ne porte que sur une partie des habitants de la campagne, et qu'il convient de supprimer, sauf les droits d'autrui.

Art. 5. Abus dans la constitution actuelle des trois ordres de Metz.

Art. 6. Abus dans les ordres particuliers qui maintiennent le maître échevin, et autres officiers municipaux, dans leurs fonctions, au delà du terme pour lequel ils ont été élus par leurs concitoyens.

Art. 7. Abus dans la composition de sa municipalité et dans l'administration générale de la ville.

Art. 8. Abus dans la comptabilité des fonds de la caisse municipale, dont partie seulement est soumise à l'examen et à la vérification de la chambre des comptes.

Art. 9. Abus dans l'emploi des fonds des communications, détournés de leur véritable objet.

Art. 10. Abus dans les invasions de l'autorité militaire sur l'autorité civile.

Art. 11. Abus dans l'acquittement des logements en argent, lorsqu'ils sont fournis par la ville en nature.

Art. 12. Abus dans le droit de chasse que le gouverneur s'est attribué sur les terres des seigneurs.

POUVOIRS.

Nous donnons pouvoir à M. le baron DE POUTET, conseiller au parlement de Metz, notre député, élu au scrutin le 14 avril 1789, de nous représenter aux États généraux indiqués pour le 27 avril prochain, d'y proposer, délibérer, statuer et consentir dans l'esprit, avec les réserves et sous les conditions portées dans notre cahier, arrêté clos et signé par nous le 4 dudit mois d'avril 1789. *Signé à la minute :*

Le marquis de Cherisey, président.

Poutet; Roederer; Goussaud de Montigny; le baron Bock; Vaudouleurs; Boudet de Puymaigre; Besser; Goussaud d'Antilly, commissaires. Faultrier; le vicomte de Beaurepaire; le vicomte de Beaurepaire, fils; Crespin de la Woivre; le vicomte de Lambertye; Mey de Valombre; Matrionnele; Le Goulon d'Hauconcourt; Bry d'Arcy; Bournac de Fercourt; Goyon des Rochettes; de Requin; Dosquet; de Boulennes; Ladonchamps; Chièvres; Chazelles, du régiment de Vintimille; le vicomte de Courten; Chazelles, du corps des mineurs; Chazelles, du régiment d'Orléans; Le Duchat de Rurange; de Seillons; le comte de Foucquet; de Chazelles; le baron de Couët; le chevalier de Faultrier; Fabert; Sainte-Blaise de Crépy; Mamiel de Marieulle; Turmel; Geoffroi; le chevalier de Buzelet; Goullet de Saint-Paul; Dumoulin; Macklot; de Belchamps; le chevalier de Chenicourt; Ancillon fils; Midart; Rancé; Gérard d'Hanoncelle; d'Ecosse; Regnier d'Araincourt; de Domgermain; Thirion; Franchessin, le baron de Cosne; Bournac; de Barat de Boncourt; le comte d'Arros; Pottier de Fresnois; Gournay du Gallois; La Chapelle de Bellegarde; de Haussay; Evrard de Longeville; Mardigny; Le Bourgeois de Cheray; Guerrier; de Comeau; Covissart de Fleury; Evrard; de Brazy; Joly de Maizeroy; de Marion de Glatigny; Gaultier de Lamotte; le comte de Latour-en-Woivre; Le Duchat de Mancour; Saint-Blaise; Le Duchat, comte de Rurange; de Marion; le baron de Plunkett; Du Balay fils; Beausire; Le Bourgeois Ducheray père; Pacquin de Vauziemont; de Compagnot; Poutet; de Crespin; le comte d'Allegrin; Frey de Neuville; Ferrand; le baron de Guillemin; de Serre; Tinseau; de Luc; Jobal de Pagny; Eschalard de Bourguinière; le chevalier de Fabert; de Cabouilly; le baron de Vissec; d'Alnoncourt de Ville; de Lambert de Rezicourt; Des Brochers; le chevalier de Loyauté; le chevalier de Rancé; le baron de Blair; le chevalier de Vareilles; le vicomte d'Auger; La Roche-Girault; le Duchat d'Aubigny; le chevalier de Blair; Faultrier; Cabannes; Louis, comte de Courten; Georges Des Aulnois; Barandiery, comte de Dessville; Barandiery Dessville.

BERTEAUX, secrétaire.
Collationné par le secrétaire,
Signé BERTEAUX.

CAHIER

Des plaintes, doléances et remontrances du tiers-état du bailliage de Metz, présidé par M. le lieutenant général audit siège, remis à MM. EMMERY et MATHIEU DE ROUDEVILLE, avocats au parlement; LA SALLE, lieutenant général du bailliage de Sarrelouis, et CLAUDE ALONGONS, avocat, nommés, le 15 avril 1789, députés du tiers des bailliages de Metz, Thionville, Sarrelouis et Longwy, et des prévôtés royales et bailliages de Phalsbourg et de Sarrebourg (1),

Commencé le 13 mars 1789, et clos le 20 dudit mois.

Art. 1er. Auront charge et pouvoir, les députés, de proposer et requérir que les délibérations soient prises aux Etats généraux par les députés des trois ordres réunis, et que les suffrages soient comptés par tête.

Art. 2. De demander un règlement sur les lettres de cachet, qui assure la liberté individuelle,

---

(1) Nous reproduisons ce cahier d'après un imprimé de la *Bibliothèque du Sénat.*

et prévienne, à cet égard, toute surprise sur la religion du prince.

Art. 3. Qu'indépendamment de la liberté des personnes, tous les genres de propriété soient garantis par la constitution, de manière qu'on ne puisse jamais y porter atteinte, et que les propriétaires soient toujours assurés d'une indemnité actuelle, effective, juste et proportionnelle, avant de pouvoir être dépossédés, dans le cas où la nécessité évidente du bien public exigerait quelques sacrifices à la charge de ces mêmes propriétaires.

Art. 4. Qu'il soit reconnu dans la forme la plus solennelle, par un acte authentique, permanent et perpétuel, que la nation seule a le droit de s'imposer, c'est-à-dire d'accorder ou de refuser les subsides, d'en régler l'étendue, l'emploi, l'assiette, la répartition, la durée; d'ouvrir des emprunts directs ou indirects par création de charges et offices en finance et que toute manière d'imposer ou d'emprunter sans le consentement de la nation est illégale, inconstitutionnelle et de nul effet.

Art. 5. Que le Roi soit très-humblement supplié de trouver bon qu'il ne puisse être apporté dans les monnaies, par refonte ou autrement, aucun changement au titre, valeur et aloi des espèces d'or, d'argent et autres, sans le consentement exprès des Etats généraux.

Art. 6. Qu'il soit statué que non-seulement aucune loi bursale, mais même aucune loi générale et permanente quelconque, ne sera établie, à l'avenir, qu'au sein des Etats généraux, et par le concours de l'autorité du Roi et du consentement de la nation; que ces lois porteront dans le préambule ces mots : *De l'avis et du consentement des gens des trois états du royaume;* qu'elles seront, pendant la tenue même de l'Assemblée nationale, envoyées aux parlements du royaume, pour être inscrites sur leurs registres et placées sous la garde des cours souveraines, qui ne pourront se permettre d'y faire aucune modification, mais continueront, comme ci-devant, à être chargées de l'exécution des ordonnances du royaume, du maintien de la constitution et des droits nationaux, d'en rappeler les principes par des remontrances au Roi et des dénonciations à la nation, toutes les fois que ces droits seront attaqués ou seulement menacés, lesquelles cours souveraines ne pourront être supprimées, réunies, interdites en corps, transférées, exilées ou privées de leurs fonctions, sans le consentement de la nation.

Art. 7. Que, pendant l'absence des Etats généraux, les ordonnances du Roi, concernant la législation, l'administration et la police, seront provisoirement inscrites sur les registres des cours, mais n'auront de force que jusqu'à la prochaine tenue de l'Assemblée nationale, et ne pourront devenir lois permanentes et perpétuelles, qu'après avoir été ratifiées dans le sein de cette assemblée.

Art. 8. Qu'aucun traité de commerce avec les puissances étrangères ne puisse avoir d'effet permanent sans la sanction des Etats généraux.

Art. 9. Que le retour périodique et régulier des Etats généraux sera fixé au terme de trois ans, pour prendre en considération l'état du royaume, examiner la situation des finances, l'emploi des subsides accordés pendant la tenue précédente, en décider la continuation ou la suppression, l'augmentation ou la diminution, pour proposer en outre des réformes et des améliorations dans toutes les branches de l'économie politique; et que, dans le cas où la convocation de l'Assemblée nationale n'aurait pas lieu dans le délai fixé par la loi, les provinces et Etats particuliers seront de plein droit autorisés à s'opposer à la levée des impôts, et même les cours souveraines et autres tribunaux obligés à poursuivre, comme concussionnaires, tous ceux qui s'aviseraient d'en continuer la perception, et comme violateurs de la constitution, ceux qui payeraient volontairement.

Art. 10. Que le rétablissement, ou l'établissement, ou enfin la formation des Etats provinciaux soit accordée, sous la réserve de tous les droits de la ville de Metz et du pays messin, ainsi que la députation aux Etats généraux par l'élection du peuple, sans exclusion des membres des Etats provinciaux ; que ces Etats soient organisés sur le modèle des Etats généraux, avec la différence cependant que les Etats provinciaux se tiendront tous les ans, et qu'ils auront seuls une commission intermédiaire toujours subsistante, qu'ils ne pourront consentir ni accorder aucun subside ou emprunt particulier à leur province, qu'au sein des Etats généraux, et du consentement général de la nation; que le nombre des députés sera réparti entre la ville et la campagne, suivant la proportion de leur population respective ; qu'il y aura deux procureurs généraux syndics, choisis l'un dans les deux premiers ordres, et l'autre dans l'ordre du tiers, lesquels seront spécialement chargés de veiller à la sûreté et aux intérêts de leurs concitoyens, de mettre opposition par-devant les cours à l'exécution des lois locales et momentanées, promulguées dans les intervalles de la tenue de l'assemblée nationale, lorsqu'elles contiendront des clauses contraires aux droits et privilèges de leur province, comme aussi d'intervenir et se faire entendre au nom des Etats dans les affaires ou procès qui intéresseront ces mêmes provinces ou partie d'icelles.

Art. 11. Que tous les ministres soient déclarés responsables des déprédations dans les finances et dans les domaines de la couronne, et des atteintes portées aux droits tant nationaux que particuliers; que les auteurs de ces infractions soient poursuivis par-devant la cour des pairs, ou tel autre tribunal que choisiront les Etats généraux, et, en leur absence, par les procureurs généraux dans les cours.

Art. 12. Que la liberté indéfinie de la presse soit établie par la suppression absolue de la censure, à la charge par l'imprimeur d'apposer son nom à tous les ouvrages, et de répondre personnellement, lui ou l'auteur, de tout ce que ces écrits pourraient contenir de contraire à la religion dominante, à l'ordre général, à l'honnêteté publique et à l'honneur des citoyens.

Art. 13. Que, nonobstant tous édits, ordonnances et autres choses à ce contraires, qui seront révoqués, les gens du tiers-état soient conservés dans le droit et capacité d'obtenir et posséder tous bénéfices, dignités, offices, emplois ecclésiastiques, civils et militaires auxquels ils pourront être promus ou nommés.

Art. 14. Que la manière de recruter et renforcer les armées par les milices tirées au sort sera abolie pour toujours, comme contraire à la liberté de la nation, sauf, quand la nécessité l'exigera, à fournir, de la part de chacune des provinces et à ses frais, son contingent de soldats, qui ne pourront être incorporés et seront toujours licenciés aussitôt après la paix ; comme aussi à répartir l'impôt nécessaire à cet effet sur les trois états, dans la proportion des biens et revenus de chacun des individus qui les composent.

Art. 15. Qu'il soit statué sur tous les points précédents qui tiennent à la constitution, et ce avant toute autre délibération et, surtout, avant de voter pour l'impôt, à peine de désaveu contre les représentants de ce bailliage aux Etats généraux ; et après l'obtention de ces articles fondamentaux, il sera permis auxdits représentants de délibérer sur les subsides, et alors ils seront tenus d'exiger :

1° Un tableau exact et détaillé de la situation des finances;

2° La vérification du montant du déficit, de ses véritables causes;

3° La fixation motivée des dépenses des divers départements;

4° La consolidation des capitaux de la dette nationale avec modération des intérêts usuraires ;

5° L'extinction de tous impôts, pour leur être substitués, d'après le consentement des Etats, des subsides également supportés par les trois ordres, proportionnellement aux propriétés soit mobilières, soit immobilières de chaque contribuable qui acquittera sa taxe dans chaque lieu de la situation de ses propriétés, sur un seul et même rôle ;

6° La publication annuelle des états de recette et de dépense, auxquels sera jointe la liste des pensions, énonçant les motifs qui les auront fait accorder;

7° Enfin la reddition publique des comptes par pièces justificatives à chaque tenue des Etats.

CLERGÉ.

Art. 16. Qu'il sera arrêté ou au moins demandé qu'il soit procédé, à la réquisition des parties intéressées ou de la partie publique par les voies de droit, à la désunion de toutes les cures du royaume qui ont été unies, dans quelque temps que ce soit, aux corps, chapitres, abbayes et monastères des deux sexes, aux prieurés et autres bénéfices non cures ; qu'en conséquence, toutes les paroisses seront autorisées à rentrer dans leur patrimoine primitif, notamment dans la perception des dîmes ecclésiastiques et autres revenus affectés à la célébration du service divin, à l'administration des sacrements et autres secours spirituels ; à condition que le tout demeurera chargé de la construction, reconstruction et entretien des églises paroissiales en leur entier, ainsi que des annexes et succursales et leurs dépendances, des presbytères, des logements de vicaires et de ceux des maîtres d'école et chantres des paroisses, des portions congrues des vicaires, de la rétribution des maîtres d'école et chantres, de la fourniture de tout ce qui est nécessaire au culte et au service divin, et de toutes autres charges de la dîme, et de ne pouvoir, de la part des curés et vicaires, percevoir aucuns casuels; au moyen de tout quoi, il n'existera plus de curés primitifs, ni de vicaires perpétuels, et les ordonnances sur ce point, ainsi que celles qui ont chargé les paroissiens de ce qui, dans l'état primitif, devait être supporté par les dîmes et revenus des cures, seront révoquées, notamment la loi de 1772, qui a mis à la charge des paroissiens la reconstruction des églises, contrairement aux anciens usages du pays.

Et au cas que la réunion des dîmes aux cures, et le recouvrement de leur patrimoine, n'équivaudrait pas, toutes charges déduites, à une portion congrue de 2,400 livres pour les curés de ville, et de 1,600 livres pour les curés de campagne, y compris le bouverot et prélèvement fait de 800 livres, pour les vicaires de la ville et ceux résidant dans les annexes, de 600 livres pour les autres vicaires, et de 300 livres pour les maîtres d'école, il y sera suppléé par des pensions sur des abbayes et autres bénéfices simples, et pourvu de la même manière, le cas échéant, tant à la construction et réparation des églises qu'autres objets ci-dessus désignés.

Art. 17. Qu'il soit construit des églises et établi des vicaires à résidence dans les villages ou hameaux composés au moins de trente feux.

Art. 18. Qu'on se rapproche, autant qu'il est possible, de l'esprit de l'Église et des fondateurs, dans la nomination et collation des bénéfices à des personnes dignes et capables, notamment par l'affectation d'un certain nombre de prébendes des églises cathédrales et collégiales, soit du tiers ou de moitié dans chaque église, à des prêtres, qui, après avoir rempli les fonctions du saint ministère en qualité de curés ou de vicaires, seraient susceptibles de les obtenir, à titre de récompense, après au moins dix années de service, ou à titre de retraite en cas d'infirmité.

Art. 19. Que l'anoblissement accordé à tous les chapitres non fondés comme nobles, sera révoqué, et ces chapitres réintégrés dans le premier état de leur fondation, n'ayant pu changer de nature sans nuire à ceux qui avaient droit d'y être placés, et ceux-ci n'ayant pu être privés de ce droit au préjudice de l'intention des fondateurs.

Art. 20. Demander la suppression actuelle des abbayes en commende qui sont aux économats, et celle de toute autre abbaye en commende, lors de la première vacance, et pour quelque cause que ce soit, et que les revenus desdites abbayes, ainsi qu'une année des revenus de tous les bénéfices qui ne sont pas à charge d'âmes, lors de chacune vacance de ces bénéfices, soient versés dans la caisse provinciale, pour être employés, sous la surveillance des États provinciaux, soit à fournir le supplément de la portion congrue des curés dont la dotation ne serait pas suffisante, et à pourvoir aux autres charges de la dîme, le cas échéant, soit à procurer aux pauvres les secours dont il sera parlé ci-après.

Art. 21. Qu'à l'avenir il ne sera accordé aux prêtres ou clercs étrangers naturalisés aucun congé de tenir bénéfices dans le royaume, qu'après qu'ils y auront demeuré et exercé les fonctions du ministère pendant dix années.

Art. 22. Que les canons et les ordonnances concernant la résidence des bénéficiers, pendant neuf mois de l'année, et la pluralité des bénéfices, soient rigoureusement observés, nonobstant toutes dispenses à cet égard ; le tout sous les peines portées par lesdits canons et ordonnances, et notamment de la privation des revenus de leur bénéfice, lesquels seront, à la diligence des syndics des États provinciaux, versés dans la caisse provinciale.

Art. 23. Que Mgr l'archevêque de Trèves soit tenu d'établir dans le royaume des juges pour y exercer la juridiction contentieuse métropolitaine sur les parties françaises des Trois-Évêchés, de la même manière qu'il l'a fait, il y a quelques années, à Longwy, par rapport à sa juridiction diocésaine sur les sujets du Roi.

Art. 24. Que les baux passés par les ecclésiastiques ne puissent l'être pour moins de neuf années, et qu'ils aient leur exécution pendant tout ce temps, nonobstant mort, résignation, permutation du titulaire ou tout autre genre de vacance du bénéfice, duquel dépendra le bien loué ou amodié.

Art. 25. Que les bénéficiers soient tenus de laisser séparément, et dans le lieu du principal manoir, les corps de ferme et autres biens et revenus dépendants des bénéfices, sans pouvoir les comprendre dans un bail général ; qu'il leur soit défendu de recevoir aucune somme à titre de franc-vin, non plus qu'aucun canon d'avance, à peine de restitution dans tous les cas.

Art. 26. Qu'on abolisse les formalités auxquelles sont assujettis les baux des gens de mainmorte, et qui entraînent des droits considérables de contrôle, de greffe, de gens de mainmorte et autres, sans aucun degré d'utilité, ni pour le titulaire, ni pour le fermier ; qu'en conséquence, les ecclésiastiques soient autorisés à passer leurs baux sous signature privée.

Art. 27. Que nul ne puisse, de l'un et de l'autre sexe, faire profession religieuse dans quelque ordre que ce soit, qu'il n'ait atteint l'âge de vingt-cinq ans.

Art. 28. Qu'il sera statué sur les anciennes protestations et réclamations contre les concordats faits avec la cour de Rome, notamment contre celui connu sous la dénomination de Concordat français ; que les alternatives introduites par le Concordat germanique seront supprimées, et que, dans la province ecclésiastique et métropolitaine de Trèves, les bénéficiers jouiront, comme dans l'intérieur du royaume, du droit d'obtenir leurs bulles et provisions par simple signature, et non sous plomb.

NOBLESSE.

Art. 29. Qu'il ne soit accordé désormais des lettres de noblesse qu'à gens d'un mérite supérieur, et qui auront rendu des services importants à la patrie, reconnus et avoués par les États provinciaux qui les certifieront, sans que l'argent puisse être jamais un titre et un moyen suffisant pour se tirer de la classe où on est né.

Art. 30. Que tout seigneur qui n'aura pas dans l'étendue de sa haute justice, ou à deux lieues de distance du chef-lieu, des officiers ayant les qualités requises par les lois et arrêts pour l'entière administration de la justice, et qui n'entretiendra pas des prisons sûres, saines et en bon état, ne pourra, jusqu'à ce qu'il y ait pourvu, faire exercer ses droits de haute justice, mais qu'en ce cas sa juridiction sera provisoirement dévolue aux juges et officiers royaux supérieurs.

Art. 31. Demander le rétablissement de l'exemption du droit de franc-fief, fondé sur les privilèges des Messins, consacré par l'article 2 du titre 1er de la loi municipale, et confirmés par arrêt contradictoire du conseil, du 2 août 1693, dont les fermiers ou régisseurs du domaine sont parvenus à empêcher l'exécution, au moyen d'un autre arrêt du conseil, intervenu en 1741, qui sera révoqué.

Art. 32. Que toutes personnes ayant des colombiers dans la ville et dans le pays, sans titres ni droits, notamment les officiers de l'état-major de Metz, soient tenus en défense d'avoir et nourrir des pigeons dans lesdits colombiers ; que les seigneurs et autres, ayant titres et droits, ne puissent en user que conformément aux règlements, et qu'ils soient obligés d'enfermer leurs pigeons dans le temps des semailles et moissons ; qu'enfin le droit de chasse, quoique réglé par les ordonnances, ne laissant pas d'être onéreux aux habitants de la campagne, il soit fait un règlement qui prévienne efficacement tous abus sur ces objets.

Art. 33 Que toutes servitudes réelles ou personnelles, banalité de moulins, fours, pressoirs, cens, redevances en nature ou en deniers, tant seigneuriaux qu'autres, droits de banvin et prestations quelconques, puissent être rachetés par tous ceux qui y sont assujettis, et ce en argent sur le pied qui sera déterminé par les États généraux.

Art. 34. Qu'il soit réclamé contre les infractions à l'article 16 du titre III, et à l'article 4 du titre XII de la coutume de Metz, notamment en ce qui concernait la soustraction du tiers des communes au profit des seigneurs, en cas de partage ; qu'en conséquence, ils ne puissent s'approprier ce tiers qu'autant qu'ils seraient en état de justifier que les communes proviennent d'eux à titre particulier et gratuit, et que ceux des seigneurs qui se les seraient appropriées jusqu'à présent, sans titre valable, soient tenus de les remettre aux communautés, à charge par elles de répartir les seigneurs comme premiers habitants, et que, dans tous les cas les seigneurs supportent les impositions au *prorata* de ce qu'ils prendront dans lesdites communes.

JUSTICE.

Art. 35. Demander la suppression du grand conseil, des commissions de Reims, Saumur et Valence, et de toutes autres commissions que les fermiers ont eu le crédit de faire établir ; celle des cours, tables de marbre au souverain, des chancelleries près des cours et des présidiaux, et de toutes commissions particulières et extraordinaires, tant au civil qu'au criminel, évocations au conseil ou hors des provinces, excepté dans les cas de parenté et alliance, de toutes attributions de juridiction (à l'exception des juridictions consulaires), et du droit de *committimus*, sans que ces commissions, juridictions et attributions puissent jamais être rétablies ni avoir lieu, de manière que toutes les contestations soient portées dans les tribunaux ordinaires, sauf l'appel aux cours de parlement ou autres cours souveraines légalement établies.

Art. 36. Que la juridiction contentieuse soit retirée à la cour des monnaies de Paris, et rendue aux tribunaux souverains et ordinaires dans chaque province où il y a des hôtelsdes monnaies.

Art. 37. Que chacun des officiers de maîtrise reçoive désormais de l'État, pour toute rétribution, une somme fixe et annuelle, qui sera répartie et supportée en proportion de leurs possessions par tous corps, communautés et particuliers, propriétaires de bois, de chasse, rivières et pêches, moyennant laquelle rétribution lesdits officiers exerceront gratuitement leurs fonctions, et qu'il soit fait un règlement pour assurer l'exactitude et la fidélité des gardes.

Art 38. Que les sentences des juges et consuls soient exécutées dans tout le royaume, pays, terres et seigneuries, de l'obéissance du Roi, et singulièrement dans les provinces réunies à la couronne depuis le premier établissement des juridictions consulaires, sans qu'il soit fait besoin de placet, visa, ni *pareatis*.

Art. 39. Qu'en général on insiste à la réformation non-seulement des lois civiles et criminelles, mais à celle des tribunaux et à leur reduction au nombre d'officiers nécessaires pour la bonne et brève administration de la justice.

Art 40. Que, pour assurer aux tribunaux la considération qui leur est due, et à la nation l'utilité qu'elle doit retirer des tribunaux, il soit fait des examens rigoureux des mœurs et des talents de ceux qui se proposent pour être juges ; qu'à

cet effet il soit ordonné, conformément à l'article 104 de l'ordonnance de Blois, que par les principaux officiers du Roi, de l'avis des plus apparents et notables, tant du clergé et noblesse du pays, que du tiers-état, il sera envoyé au Roi d'année à autre une liste des personnes qu'ils jugeront dignes et capables d'être pourvues des états et offices.

Art. 41. Qu'aucun sujet ne soit reçu dans un bailliage qu'après cinq ans d'exercice et d'assiduité au barreau, cette fréquentation devant suffire pour être reçu dans des tribunaux qui ne prononcent définitivement sur le sort des plaideurs que dans certains cas.

Art. 42. Qu'aucun sujet ne soit admis dans les tribunaux supérieurs qu'après dix ans d'exercice, soit comme avocat, soit comme juge, et qu'au surplus on remette en vigueur tout ce que présentent de plus utile, pour la bonne administration de la justice, les ordonnances d'Orléans, de Roussillon, de Moulins et Blois.

Art. 43. Que les offices de jurés-priseurs-vendeurs de biens immeubles, créés par l'édit de 1771, soient éteints et supprimés, les droits et fonctions à eux atribués étant une atteinte à la propriété d'autrui, un retranchement dans les droits de justice patrimoniale appartenant aux seigneurs, et un démembrement des fonctions des notaires, huissiers, sergents royaux et autres officiers publics.

Art. 44. Qu'en ajoutant à l'édit pour la conservation des hypothèques, il soit enjoint aux acquéreurs de faire publier et afficher, trois dimanches consécutifs, à la porte et principale entrée de l'église du chef-lieu de la situation des biens, un extrait de leur contrat, dans lequel soient énoncés les noms des trois derniers possesseurs, afin de prévenir toutes fraudes et surprises ; que les publications et affiches soient faites par le sergent des lieux, moyennant trente sous pour tous droits, compris le certificat qu'il sera tenu d'en donner, lequel sera attesté par les officiers de justice ; de tout quoi mention sera faite dans les lettres de ratification ; que ceux qui exposeront au tableau soient obligés de faire élection de domicile dans le lieu où les lettres doivent être scellées, et que les mêmes lettres soient affranchies de tous droits fiscaux auxquels elles sont maintenant assujetties.

Art. 45. Qu'à l'avenir il ne puisse être accordé aux faillis ou banqueroutiers aucun sauf-conduit ou surséance par arrêt du conseil, ou par ordre signé en commandement dans un secrétaire d'État, sauf à se pourvoir en conformité de l'ordonnance de 1669, concernant les lettres de répit, et à remplir rigoureusement toutes les formalités prescrites par les lois, notamment à justifier de la bonne foi du failli par le dépôt des bilans, livres et registres.

Art. 46. Qu'en matière criminelle on n'admette aucune distinction dans les peines, par rapport aux individus des différents ordres ; c'est un des moyens de faire tomber le préjugé fatal qui humilie la famille d'un supplicié ; que les États généraux daignent s'occuper dans leur sagesse des autres moyens qui peuvent tendre au même but : telle serait l'abolition du droit de confiscation ; telle serait encore la déclaration précise que les enfants et parents des suppliciés pourront posséder et exercer toutes dignités, charges et emplois civils, militaires et ecclésiastiques, lorsqu'ils auront d'ailleurs la capacité requise.

Art. 47. Que les curés, vicaires et toutes autres personnes chargées de tenir les registres, et rédiger les actes de baptêmes, mariages et sépultures, soient obligés d'exprimer dans l'acte de baptême, outre les nom et surnoms de l'enfant, le jour de sa naissance ; le lieu où sont nés les père et mère, et le nom de la paroisse sur laquelle ils ont été mariés ; comme aussi les noms et surnoms des parrains et marraines ; s'ils sont parents, de quel côté et à quel degré ; d'exprimer dans l'acte de mariage le lieu de la naissance des conjoints, les noms et surnoms de leur père et mère, ceux des témoins, en indiquant, si ce sont des parents, de quel côté et à quel degré, et enfin les permissions qu'auraient données les curés de se marier ailleurs que dans leurs paroisses ; d'exprimer dans l'acte de sépulture, outre les nom et surnoms du défunt, le lieu de sa naissance, et les noms des parents assistant aux funérailles, en marquant de quel côté et à quel degré ils sont ; que ceux qui baptiseront ou enterreront un individu né ou décédé en voyage, soient tenus d'envoyer l'extrait de baptême ou de sépulture dans le lieu du domicile, pour y être enregistré ; qu'afin de prévenir les changements de noms ou altérations d'iceux, il soit fait et renouvelé tous les ans, dans chaque paroisse, une liste de ceux qui demeurent sur la paroisse, où les noms et surnoms soient exactement écrits, le tout afin de faciliter à la suite les preuves de filiation et de généalogie, et d'empêcher que les étrangers n'envahissent les successions au préjudice des véritables héritiers.

Art. 48. Que le Clermontois et la mairie de Beaumont qui, à l'époque de l'établissement du parlement de Metz, faisaient partie de son ressort, et en ont été distraits pour être unis à celui de Paris, déjà trop considérable, soient rendus au parlement de Metz ; ce qui évitera aux justiciables de ce canton les peines et les frais d'un très-long voyage.

Art. 49. Que chaque citoyen soit maintenu dans le droit de voter librement pour l'élection de ses officiers municipaux ; qu'en conséquence on déclare nulles et comme surprises les lettres de cachet, au moyen desquelles aucun des officiers prétendrait se faire continuer au delà du terme pour lequel il a été élu.

FINANCE.

Art. 50. Les députés ne perdront pas de vue qu'ils ne sont chargés de consentir qu'à l'octroi des seuls subsides qui seront jugés absolument nécessaires pour subvenir aux besoins réels de l'État ; que les impôts actuels directs ou indirects, même ceux indûment qualifiés de domaniaux procédant de création et de suppression d'offices, devaient être abolis en totalité par les États ; que la plupart de ces impôts nuisent le commerce du la vie et les conventions des hommes, jettent le trouble dans les familles, surchargent et empêchent le cours de la justice dans les tribunaux ; que pour les remplacer on doit préférer des taxes peu nombreuses, d'une perception simple et facile ; observant qu'il est indispensable que ces taxes soient toujours limitées au terme fixé pour la convocation de l'assemblée nationale.

Art. 51. Au cas que, pour assurer la date des actes, on estimerait devoir laisser subsister des droits de contrôle, qu'il n'en soit perçu que sur les actes reçus par notaires ou tabellions, sur les actes privés, en vertu desquels on intente actuellement en justice des demandes précises, et sur les exploits ; qu'il soit fait un nouveau tarif des droits conservés, en suivant la proportion la plus exacte possible entre la nature des actes et la valeur des objets ; qu'afin de faciliter la réunion

des propriétés éparses et morcelées, les contrats d'échange sans mieux-value ne puissent être soumis qu'à un simple droit qui n'excédera jamais 10 sous ; qu'il ne puisse être perçu que 5 sous pour le contrôle de chaque exploit, quel que soit le nombre des parties à la requête desquelles ou contre lesquelles il aura été fait ; que les lettres de change ou autres effets de commerce soient maintenus dans l'exemption absolue du droit de contrôle ; que les droits de formule sur les papiers et parchemins soient modérés, et que les parties ne soient pas obligées à faire expédier en parchemin les contrats et actes dont elles voudront se servir en justice ; que les droits de petit scel, contrôle des greffes, droits de défauts, vérificateur des défauts, recœveur des épices et vacations, contrôle des dépens, de syndic et garde des archives, et tous autres connus sous le nom de droits réservés, ou autrement, qui se perçoivent sur l'administration de la justice, en empêchent ou retardent le cours, et ferment l'accès des tribunaux aux pauvres, ne puissent jamais être rétablis.

Art. 52. Qu'il soit défendu aux commis et préposés des percepteurs de faire aucune visite ou recherche dans les greffes et autres dépôts publics ; que les contestations qui pourront naître relativement aux droits qui seront conservés soient portées en première instance par-devant les juges ordinaires, sauf l'appel aux cours, chacune dans leur ressort, pour être jugées sommairement et sur simples mémoires ; qu'enfin les parties aient, pour répéter les droits indûment perçus, les mêmes délais que ceux qui seront accordés pour réclamer les droits non perçus ou arrérages.

Art. 53. Que l'on prononce la suppression totale de la gabelle du sel, suppression à laquelle la ville de Metz et le pays messin ont un droit spécial, attendu qu'ils ont joui de toute franchise sur cet objet, avant, lors, et depuis leur soumission volontaire à la couronne.

Art. 54. Que les salines de Château-Salins et de Moyenvic soient supprimées, ainsi que la réformation établie pour l'aménagement des bois qui y sont affectés, et que les juges ordinaires rentrent dans la connaissance de tout ce qui peut être relatif aux bois nécessaires à la consommation de celle de Dieuze.

Art. 55. Que la ferme du tabac et tout privilège exclusif pour la vente de cette denrée, soient supprimés et ne puissent être rétablis.

Art. 56. Qu'il soit fait défenses aux salpêtriers de faire leurs fouilles dans l'intérieur des maisons à moins qu'ils n'en aient obtenu l'agrément par écrit des propriétaires et locataires.

Art. 57. Qu'il soit spécialement décidé que l'impôt représentatif de la corvée en nature sera sup porté et réparti également entre les trois ordres de l'État

Art. 58. Que les rentes dues par le Roi sur les aides, les tailles, l'hôtel de ville de Paris et autres de semblable nature, seront acquittées à l'avenir, comme il se pratiquait ci-devant, dans les villes capitales des provinces, et non pas à Paris.

Art. 59. Demander la suppression des fermiers généraux et particuliers des finances, et celle des intendants.

Art. 60. Que toutes les loteries en général soient supprimées.

COMMERCE.

Art. 61. Que les députés seront obligés de s'opposer de toutes leurs forces au reculement des barrières, comme contraires aux droits, régimes et priviléges de la province, et ce, à peine de défaveur sur cet objet.

Art. 62. Qu'il soit fait les plus vives et les plus pressantes instances pour la suppression des droits qui gênent notre commerce avec l'étranger et les provinces assimilées à l'étranger effectif, même les péages particuliers qui se lèvent sans titre, ou sans remplir les conditions portées par les titres.

Art. 63. Que le traité de commerce, dernièrement fait avec l'Angleterre, soit revu par les Etats généraux.

Art. 64. Que toutes espèces de poids, mesures et aunages soient uniformes dans tout le royaume.

Art. 65. Qu'il soit permis à tous particuliers, même aux fabriques des paroisses, aux administrateurs des hôpitaux et fondations pieuses, de prêter, par cédules, obligations et promesses privées ou publiques, pour un temps, avec stipulation d'intérêts tels et semblables qu'ils ont ou auront cours à l'égard des constitutions de rente, ainsi que cela est d'usage dans les provinces voisines de Lorraine, d'Alsace, de Franche-Comté et dans le Luxembourg, et que cela se pratiquait dans cette province avant l'édit de 1669.

Art. 66. Que tous les droits qui se perçoivent à titre de permission, ou sous quelque dénomination que ce soit, sur les voyageurs qui emploient d'autres voitures que les messageries, soient supprimés et abolis.

Art. 67. Qu'il soit fait un nouveau tarif des ports de lettres et paquets, et qu'ils ne puissent être taxés qu'à raison de la distance réelle entre l'endroit d'où la lettre part et celui où elle est adressée, sans égard aux détours que lui font faire les fermiers des postes; qu'il soit établi des courriers pour aller directement de cette ville dans les autres grandes villes du royaume et dans toutes celles de la province; qu'enfin aucun citoyen ne puisse être forcé de prendre les lettres ou paquets qui lui sont adressés, à peine d'être privé de la remise des autres qui viendraient ensuite à son adresse, ainsi que le prétendent les directeurs des postes.

AGRICULTURE.

Art. 68. Que l'édit des clôtures soit révoqué.

Art. 69. Que les communes en valeur, ainsi que les terrains qui ont été ou qui seront défrichés, en exécution de la déclaration du Roi, de 1766, soient à jamais exempts du payement de la dîme.

Art. 70. Qu'il soit établi dans les villes principales, et sous l'inspection des Etats provinciaux, des greniers d'abondance, capables de contenir les grains nécessaires à la nourriture des habitants de la province, pendant une année au moins, et que l'exportation des grains et farines hors du royaume ne soit permise que lorsque les greniers d'abondance seront remplis, et du consentement des Etats de la province.

Art. 71. Que les bois essartés depuis soixante ans soient repeuplés, et qu'il soit planté, le long de tous les chemins communaux des villes, villages et bourgs du royaume, et dans tous les terrains arides et incultes, des arbres fruitiers, dont les fruits appartiendront aux communautés entièrement et sans part d'autrui.

Art. 72. Que les haras et les impôts relatifs à l'établissement des haras soient supprimés.

Art. 73. Que, pour l'avantage des cultivateurs, il soit établi dans la ville de Metz ou sa banlieue deux foires de bestiaux, franches de tous droits, qui se tiendront, la première le 15 février, et la

seconde le 1er septembre, lesquelles dureront chacune trois jours.

Art. 74. Que les Etats généraux considèrent combien peu d'encouragement il a été donné jusqu'ici à l'agriculture, à l'industrie, au commerce; qu'ils s'occupent en conséquence des moyens de faire naître et entretenir l'émulation dans les différentes parties, pour les faire atteindre au degré de splendeur qui doit augmenter la richesse et le bonheur de l'Etat.

Art. 75. Demander la suppression des exemptions d'impositions dont jouissent les maîtres de poste, sauf à leur être accordé par l'Etat des gratifications que leurs services pourront mériter.

ARTS ET MÉTIERS.

Art. 76. Demander qu'on examine l'avantage ou le désavantage qu'il y aurait à laisser subsister l'édit de juillet 1780, et autres lois subséquentes, qui accordent la liberté de l'exercice des arts et métiers, et qu'en tout cas il soit statué dès à présent que les veuves et enfants des admis et agréés jouiront des mêmes priviléges qu'ils avaient avant l'édit de 1780.

Art. 77. Qu'il ne soit plus accordé de priviléges exclusifs, mais seulement des gratifications une fois payées, à ceux qui découvrent des secrets propres à perfectionner les arts.

Art. 78. Qu'on autorise les députés aux Etats généraux à recevoir les observations particulières relativement à leurs arts, qui pourront leur être adressées par les diverses corporations, et à les faire valoir ainsi qu'au cas appartiendra.

SECOURS ET SUBSISTANCES AUX PAUVRES.

Art. 79. Qu'il soit établi des ateliers publics, où tous ceux qui sont en état de travailler puissent trouver de l'ouvrage, moyennant un salaire proportionné aux prix commun des denrées de première nécessité.

Qu'à l'égard des pauvres qui ne sont pas encore, ou qui ne sont plus en état de travailler, il leur soit fourni, aux dépens de l'Etat, les secours nécessaires à leur subsistance, après y avoir employé d'abord les fonds consacrés à la charité.

Art. 80. Qu'il soit aussi, et de la même manière, établi des secours pour prévenir et arrêter les progrès des incendies, pour soulager les malheureux incendiés, et ceux qui auraient essuyé des pertes notables, soit par des maladies épidémiques ou épizootiques, soit par des inondations ou par tous autres accidents.

Art. 81. Qu'il soit recommandé aux Etats provinciaux d'établir des stipendes dans les campagnes pour des chirurgiens et des matrones; stipendes qui deviendraient elles-mêmes un nouveau point d'émulation pour d'anciens chirurgiens-majors, qui pourraient les réunir à leur pension de retraite.

DEMANDES PARTICULIÈRES.

Art. 82. Demander que la forge de Moyeuvre soit supprimée, attendu que sa proximité de la ville de Metz et son excessive consommation en bois, non-seulement ont fait augmenter le prix de cette matière de première nécessité, mais en occasionnent une telle rareté que la ville et le pays sont sur le point d'en manquer, et que les défenses faites à toutes les autres usines à feu de consommer des bois de la grosseur de six pouces et au dessous, soient exécutées à la rigueur.

Art. 83. Demander qu'il soit établi une école de droit public, national et étranger, où seront admis les sujets de tous les ordres. Si les lois exigent que les défenseurs des droits des citoyens aient été soumis à des études préliminaires, combien n'est-il pas plus important que l'honneur de la nation, ses droits et ses intérets ne soient pas compromis légèrement en les confiant à des personnes que la faveur seule place dans cette carrière difficile!

Art. 84. Demander d'aviser aux moyens de rendre les Juifs utiles.

Art. 85. C'est l'opinion du tiers-état que ce bailliage doit prendre son rang aux États généraux, à compter de 1552, époque de sa soumission libre et volontaire à l'autorité de nos rois.

Art. 86. Enfin, il est défendu aux députés du tiers-état, aux États généraux, de se prêter à aucune forme qui tendrait à humilier le peuple, et à le distinguer des deux premiers ordres dans la manière de présenter les doléances.

Donnant charge et pouvoir, l'assemblée du tiers, aux députés qui seront élus, de proposer, remontrer, aviser et consentir tout ce qui peut concerner les besoins de l'État, la réforme des abus, l'établissement d'un ordre fixe et durable dans toutes les parties de l'administration, la prospérité générale du royaume et le bien de tous et de chacun des sujets du Roi.

Fait, clos et arrêté sur les réquisitions du procureur du Roi, par nous, Claude-Nicolas Carré, conseiller du Roi, lieutenant général aux bailliage et siége présidial de Metz, en l'assemblée du tiers, le 20 mars 1789. *Signé* à la minute :

Députés réduits de la ville de Metz.

Mathieu de Rondeville, avocat.
Emmery l'aîné, avocat.
Collin, substitut de M. le procureur **général**.
Sechehaye, procureur syndic.
Thiébault, conseiller-échevin *.
* Cunin, conseiller-échevin.
* Raux de Tonne-les-Brez, lieutenant **criminel**, conseiller-échevin.
* *Signé*, sous la réserve d'une représentation plus forte de la ville pour l'avenir, et proportionnée à sa population. Ceux marqués d'une étoile ont fait les mêmes réserves.
* Pêcheur, procureur au bailliage.
Dumont, avocat.
Guelle, notaire.
* Renaud l'aîné, huissier au parlement.
* Aubertin, juge consul.
* Bourgeois, conseiller au bailliage et conseiller-échevin.
* Berteaux, greffier de la maréchaussée.
* Lemaire, procureur au parlement.
* Auburtin, avocat et conseiller-échevin.
* Gaspard, négociant.
* Luc Marly, négociant.
* Dedon, conseiller du bailliage.
* George, lieutenant particulier **au bailliage.**
* Gustin, quartier-mesureur-juré.
Collignon, traiteur.
Prud'homme, fermier de la ville.

Députés reduits de la campagne

Pierre Devaux, Jean Thiel l'aîné, Nicolas Antoine, Louis Pierson, Robert Wathier, Philippe Le Roi, George Poulmaire, Jean Jenot, Louis Blanchebarbe, François Paulus, Charu, Nicolas Navel, Jean Didry, Pierre Bazaine, Nicolas François, Jean Lawalle, Gourmaux, Martin Cabirol, François-Pierre Pacquin, M. Perhaut, Jacques Clément,

Claude Pouilleux, Nicolas Beaulié, Jean-François Philbert, C. Delatre, Bertin, Nicolas Alexandre, François Carlier, Pierre Jean, J.-F. Didon, J.-N. Caillo, F. Jacmin, Joseph Barthélemy, Guepratte, Renaud, Legardeur, J.-F. Galland, Claude Bail, Nicolas Grandpierre, Claude Francois, J. Bertrand, Beauzin, C. Pacquin, Jean Vogeain, Colson, Christophe Baugéné, Claude Pichon, F. Louis fils, B. Henri, François Floquet, N. Chantrène, de Lacour, J.-B. Francois, Claude Genot, Bertrand, François Laurent, Dominique Richet, Dominique Didelon, J.-N. Loison, Dominique Henri, Jacques Buzy, Jean Vogeain, George Periquet, Jacques Barbé, M. Humbert, Nicolas Lejaille, François Gaillot, Dominique Messate, Jacques Ferveur, F. Chenot, Bonnestraine, Philippe Renaud, N. Peariot, J. Poinsignon, Antoine Ploussard, Michel Basselin, F. Bonnetraine, N. Valzer, Joseph Griet, D. Bastien, Jacques Buisson, N. Barou, Barthélemy Colas, Jean Chéri, Christophe Goulion, Jean Bastien, C. Grandjean, Darignat, Christophe Renault, Didier Colas, Jacques Henriot, Didier Le Lorrain, Henri Marsal, Claude Obelliane, Christophe Vion, Jacques Codfrin, Jacques Codard, Louis Beaudoin, Jean Remy, D. Bouley, Laurent Hurlin, Jean Barthélemy, P.-A. Lapointe, Etienne Buzy, Simon Caye, Claude Sabatier, Geant, Jacques Crosse, Etienne Sido, Dominique Humbert, Prévot, Peiffer de Léoville, Piernet, Gérard Remi, Claude Fenot, Barthélemy Sido, C. Rolland, Pierre Godefrin, Penigot, C. Verchamp, Pierre Eloi, C. Viry, A. Poirot, Nicolas Antoine, Charles Munier, A. Jardin, N. Jardin, Claude Bardier, C.-Bazile Le Roi, Dominique Brouant, Didier Fagot, Renard, Jean-François, H.-J. Dosda, Perrin, J.-P. Marchand, Antoine Puay, C. Pierre, Henri Mathis, Charles André, François Tireur, François Renard, Lorrain, Jean Woirhaye, Louis Hennequin, Christophe Lapointe, Charles Gendre, Charles Toussaint, Thomas Chéry, Louis Bouvier, Boulanger, Charles Nassoy, Jean Woisard, Pierre Maréchal, C.-F. Leclerc, François Desforge, Sébastien Fosse, N. Chiltz, Sébastien Girard, J. Thirion Delatte, François Pister, François Germain, J. François, Caye, P. Brock, M. Champigneulle, Dominique Tailleur, Nicolas Tailleur, Martin Cayatte, Jacques Crosse, Jean Baugenet, Jean-François Veringe, Jacques Georges, F. Fontaine, Simon Rebert, Jean Laurent, Jean Petit, Michel Ory, J. François, Louis Alary, Etienne Koppe, Nicolas Stremeler, François Roussel, Jean-François Jeanjean, Antoine Godard, Claude Teitz, *a fait sa croix*, Antoine Germain, François Fourcault, Didier Peltre, J. Bombardier, Nicolas Veleur, Jean Thomas, Nicolas Mangin, Duguet, Joachim Gille, Fiacre Vintrigner, Nicolas Demange, Etienne Pillot, Gaspard Bertard, Jean Neveu, Jean Dedon, Claude Job, Barthélemy Fauville, François Perrin, Jean-François Pelte, Nicolas Mercier, Jacques Hurlin, Carré, *lieutenant général* ; Dutailly, *procureur du Roi* ; Marly, *greffier en chef.*

DOLÉANCES

Du clergé du bailliage de Longwy, à présenter à l'assemblée des États généraux (1).

Pénétré de la plus vive reconnaissance pour l'invitation qu'il a plu au Roi d'adresser à tous ses sujets, pour concourir à ramener l'ordre, la prospérité et l'abondance dans l'État, le clergé du

(1) Nous publions ce cahier d'après un **manuscrit des** *Archives de l'Empire.*

ressort du bailliage de Lonwy forme le vœu le plus ardent, pour qu'il soit incessamment pourvu au service du Roi et aux exigences de la chose publique par les plus généreux efforts, et des sacrifices proportionnés aux besoins présents.

Envisageant les fonctions qui lui sont propres, et l'intérêt de la religion qui fait la base de la félicité publique, le même clergé désire :

1° Que les dispositions des édits de nos rois, relatives au culte public, à la décence qui doit s'observer dans la maison de Dieu, et à la discipline ecclésiastique, la fréquentation des écoles et des catéchismes, soient renouvelées et mises en vigueur.

2° Que l'autorité des évêques dans le gouvernement de leurs diocèses, et la manutention de la discipline parmi le clergé, cesse d'être exercée et rendue illusoire par les éternels appels comme d'abus, qui enhardissent les ecclésiastiques déréglés, en leur offrant la perspective d'une longue impunité : qu'en conséquence, il soit tracé une ligne de démarcation, clairement déterminée, pour distinguer le ressort des juridictions ecclésiastique et civile.

3° Qu'au cas que Sa Majesté, en conformité des saints canons, ordonne la tenue des conciles provinciaux, les archevêques, dont le siége est hors du royaume, conservent le droit d'y présider par députés, comme notre saint-père le pape préside aux conciles généraux.

4° Qu'à la faveur de l'édit de tolérance, ni les protestants, ni tout autre non catholique ne puissent jouir du droit de patronage attaché à leurs possessions.

5° Que, pour le bien du saint ministère, l'encouragement des hommes laborieux et l'avantage de plusieurs familles du royaume, les bénéfices à nomination royale ne soient point accumulés sur une même tête, ni accordés à d'autres qu'à ceux qui auront rendu des services réels, et non à de simples porteurs du titre de grand vicaire sans fonctions.

6° Que les pourvus de bénéfices dans les provinces conquises, ou réputées étrangères, ne soient plus assujettis à la prestation du serment de fidélité, inconnu dans l'intérieur de la France.

7° Qu'il soit formé, dans chaque diocèse, un établissement pour la sustentation des curés ou vicaires non avantagés de la fortune, que leur âge ou les infirmités forceraient à abandonner leur station : ces besoins pourraient être supportés, soit par des biens d'église en séquestre, soit par des bénéfices en commende, soit en partie par les revenus intermédiaires des bénéfices vacants, au lieu de les verser dans les économats.

8° Qu'afin de remédier à la pénurie des prêtres destinés au service des peuples, ainsi que pour l'intérêt général des lettres, il soit pris des mesures pour améliorer l'éducation publique, et la mettre plus à portée des ordres inférieurs des citoyens. Dans cette vue, il serait nécessaire de la confier exclusivement à une classe d'hommes formés sur de bons principes, et dévoués par état à cet important objet. Et, pour faciliter ces avantages à tous les sujets du Roi, on indique le rétablissement ou l'établissement de colléges d'humanités dans les petites villes, dont communément les habitants ne peuvent soutenir le dispendieux séjour des enfants dans les capitales des provinces ; en chargeant de l'enseignement les religieux établis dans les extrémités des provinces, on ne ferait que les rapprocher de leur destination qui est d'utilité publique. Si ce plan était adopté, il entraînerait la nécessité d'avancer l'âge déterminé pour la profession religieuse.

9° Que nul monastère, chapitre, ou autre établissement ecclésiastique ne soit plus supprimé ; que ces corps, au cas qu'ils aient dégénéré de leur institution primitive, y soient ramenés par les moyens consignés dans les saints canons et les édits de nos rois.

10° Que, pour aplanir toutes les difficultés qui écartent le petit peuple de l'instruction, il soit assigné, sur les bénéfices en commende, situés dans la province, des fonds nécessaires, tant pour rendre l'instruction gratuite là où elle ne l'est pas, que pour fournir des livres, etc., aux enfants nécessiteux.

11° Que, pour occuper les pauvres, soulager leur misère et abolir la mendicité, chaque ville, municipalité ou district soit efficacement obligé d'adopter un plan analogue à ses ressources, ses relations et autres considérations locales ; et que, si la nécessité exige de recourir à une taille des pauvres, que ces deniers ne puissent, comme ci-devant, être confondus avec les autres impositions, ni sortir de la municipalité ou au moins du district où ils auront été levés.

12° Que, dans ses édits, la législation s'occupe à corriger les mœurs qui sont le nerf de l'ordre et de la subordination ; à mettre des bornes à la licence de la presse, qui porte dans les esprits le germe de la corruption et de la révolte ; enfin, à faire retracer, dans la génération présente, le caractère mâle et énergique de nos aïeux.

13° Que les ministres de la religion soient maintenus dans les priviléges et dans le rang qui leur a été assigné dans l'État, dès la naissance de la monarchie.

14° L'ordre du clergé s'offre, avec empressement, à porter dans la même proportion, avec le reste des citoyens, les charges publiques pécuniaires. Néanmoins, il supplie Sa Majesté de charger la chambre ecclésiastique de répartir, sur les membres du clergé, la portion des impôts qui lui aura été assignée par les États provinciaux ou les bureaux de district, sur le cadastre exact de ses revenus.

15° Que, pour favoriser la circulation des argents, et multiplier les moyens de l'industrie dans les mains de ses sujets, le Roi soit supplié de révoquer l'édit de 1748 quant à la prohibition de placer à intérêts les argents économisés par les communautés religieuses, les fabriques, chapitres ou autres corps ecclésiastiques, sauf à leur défendre l'acquisition de nouvelles terres ; qu'il soit également supplié de permettre l'échange des biens de mainmorte contre ceux d'autres citoyens en valeur égale.

Comme enfants de la patrie, et comme intéressés à la splendeur du nom français et au bonheur de ses concitoyens, le même clergé désire :

Que les États généraux, en pourvoyant aux besoins publics, mettent les peuples à couvert des vexations des receveurs intermédiaires ; qu'en conséquence :

1° Chaque province soit taxée à raison de sa richesse, son étendue, sa population, son commerce,

2° Que le Roi réalise le dessein qu'il a manifesté de faire régir les provinces par des États qui en seraient les véritables représentants ;

3° Que, dès le moment de l'établissement des États provinciaux, tout impôt quelconque, direct ou indirect, vienne à cesser ; et qu'à jamais la nation n'ait plus à gémir sous le poids des péages, gabelles, traites et foraines, marque de fer, cuir, timbre, contrôle, messagerie et autres,(sous quelque dénomination qu'elles existent ;

4° Qu'il soit abandonné à chaque province d'asseoir les impôts et de percevoir les deniers publics sur tel objet que les besoins locaux en rendront susceptible; que les deniers levés sur le citoyen soient directement versés, sans frais, dans les coffres du Roi, et que les économies des premières années soient employées à former une caisse d'amortissement pour l'extinction de la dette nationale;

5° Qu'il soit fait une réforme dans la marche de la justice;

6° Que l'apposition des scellés et la confection des inventaires, lors du décès des chefs de famille, soient confiées aux municipalités, et que leur ministère soit gratuit;

7° Que la vénalité des charges soit abolie;

8° Qu'on donne une forme moins ruineuse à l'administration des eaux et forêts, et que les deniers provenant de la vente du quart des réserves des communautés puissent être placés au profit des lieux, ou du moins être réservés dans les lieux mêmes, dans un coffre à trois clefs, sous la garde des municipalités.

Enfin, pour la tenue des Etats généraux, désirent :

1° Qu'ils déclarent et reconnaissent que nul impôt ne peut être assis sur le peuple français, sans le consentement de la nation rassemblée dans la personne de ses représentants ;

2° Que le Roi soit très-humblement supplié de déterminer les époques pour les convocations successives des Etats généraux;

3° Que toutes les charges des dîmes ecclésiastiques soient communes à tous les décimateurs, chacun à raison de sa portion de dîme.

Fait et arrêté en l'assemblée de l'ordre du clergé du ressort du bailliage de Longwy, convoquée à cet effet en l'hôtel de l'officialité, le 23 mars 1789, tous les membres présents en personne, ou par leurs fondés.

Signé † l'évêque d'Ascalon, suffragant de l'archevêché de Trèves, vicaire général et official pour la partie française, président de l'assemblée de l'ordre; Faulbecker, curé de Longwy; d'Ollières, curé de Lexy, commissaire, vice-promoteur de l'officialité; François, curé de Rehon; Pierrard, curé de Herserange et Seannex; l'abbé Raymond; Rollet, bénéficier de Saint-Jean-Baptiste de Mexy; F. Ferdinand Morin, par procuration de la communauté des PP. Carmes de Longwy; Petin, député du clergé non bénéficier de Congrerg, et secrétaire élu de l'assemblée.

En conséquence du règlement, nous, soussignés, avons donné pouvoir aux députés, comme, par ces présentes, nous donnons pouvoirs généraux et suffisants de proposer, remontrer, aviser et consentir tout ce qui peut concerner l'Etat et la réforme des abus, l'établissement d'un ordre fixe et durable dans toutes les parties de l'administration, la prospérité générale du royaume, et de tous et un chacun les sujets de Sa Majesté.

A Longwy, le 23 mars 1789.

Signé † l'évêque d'Ascalon, suffragant, vicaire général et official; Faulbecker, curé de Longwy; d'Ollières, curé de Lexy; François, curé de Rehon; Pierrard, curé de Herserange; l'abbé Raymond; Rollet, bénéficier de Saint-Jean-Baptiste de Mexy; F. Ferdinand Morin, par procuration de la communauté des PP. Carmes de Longwy; Petin, secrétaire de l'assemblée de l'ordre du clergé.

CAHIER

Des doléances du clergé du bailliage de Thionville (1).

Cahier des doléances, souhaits et respectueuses remontrances du clergé du bailliage de Thionville, dressé par MM. les curés : Tinot, curé de Thionville; Brousse, curé de Volkrange; Jacobi, curé de Kaidange; Senzy, curé de Kerling; Fassi le Roy, curé de Yentz; Philippe, curé de Bertrange; Richard, curé de Famek; Francin, curé de Kœnismaker; Juving, curé de Florange, commissaires à ce nommés par l'assemblée ecclésiastique, du 12 mars, convoquée et réunie dans la salle du gouvernement de Thionville, en vertu du règlement du Roi, du 7 février 1789, et de l'ordonnance de M. le lieutenant général du bailliage, du 28 dudit mois de février ; lequel cahier doit être remis aux députés dudit clergé, pour être porté, appuyé par eux, à l'assemblée qui doit avoir lieu le 16 mars dans la ville de Metz; lesdits commissaires, après avoir attentivement examiné les cahiers de doléances présentés par les membres composant le clergé du bailliage de Thionville, et avoir combiné les dispositions desdites doléances avec celles du cahier des commissaires du tiers-état, ont arrêté unanimement que, pour diminuer le travail de la refonte des cahiers en un seul, ils avaient délibéré ce qui suit :

Art. 1er. Qu'ils font volontiers le sacrifice de leurs privilèges pécuniaires; qu'ils consentent que tous biens contribuent, sans aucune distinction, aux charges de l'Etat, et soient imposés aux rôles des communautés où ils sont situés; et leurs biens rentreront par là dans la classe commune des impositions. Ils demandent d'être déchargés, comme les autres sujets, de toutes entraves dont ils étaient jusqu'ici grevés, comme droit de mainmorte, passation de baux par-devant notaires, droit de contrôle, et autres.

Art. 2. Ils demandent instamment que toute portion congrue soit augmentée et fixée à 1,200 livres pour les curés, et 600 livres pour les vicaires.

Art. 3. Qu'on établisse un vicaire dans toutes les paroisses où il y a cent cinquante feux, et dans toutes celles où il y a plusieurs villages.

Art 4. Qu'on établisse, dans chaque paroisse, un bureau de charité où se verseront les cotes prélevées sur une portion des dîmes et les propriétaires.

Art. 5. Que la construction et l'entretien des églises paroissiales soient à la charge des seuls décimateurs séparés de la paroisse ; que les curés ne soient obligés d'y contribuer que pour le tiers de l'excédant des 1,200 livres, soit en dîmes, soit en argent, non plus que pour le chœur desdites églises, le payement des vicaires et les bureaux des charités.

Art. 6. Que tous les biens-fonds possédés par les religieux et chapitres, jusqu'ici exempts des dîmes, y soient assujettis sans distinction.

Art. 7. Ils supplient Sa Majesté de pourvoir aux infirmités et à la vieillesse des pasteurs et vicaires. Il n'en coûtera rien à l'Etat, ni même à l'Eglise; qu'on donne des canonicats aux curés infirmes, ou vingt ans d'exercice en conséquence.

Art. 8. Que les chapitres de la cathédrale soient ouverts à tous les sujets du diocèse, et que les seuls étrangers au diocèse soient obligés à faire preuve de noblesse.

Art. 9. Que tous les curés de l'ordre de Malte jouiront des mêmes droits, privilèges, prérogatives et revenus que les autres curés, sans être obligés de faire les vœux de l'ordre.

Art. 10. Que tous les séminaires soient gouvernés par les prêtres séculiers du diocèse, qui y auront exercé les fonctions du ministère pendant cinq ans ; et que, dans tout le royaume, on enseigne un seul corps de théologie et de physique.

Art. 11. Que tous les sujets, sortant du séminaire, de quelque condition qu'ils soient, ne puissent posséder des bénéfices à charge d'âmes ou à résidence, à moins qu'ils n'aient exercé dignement les fonctions de vicaire pendant cinq ans.

Art. 12. Que les patrons ecclésiastiques soient obligés de choisir, pour les bénéfices à charge d'âmes, entre les six plus anciens vicaires du diocèse, à moins qu'ils ne préfèrent d'y nommer un curé déjà pourvu.

Art. 13. Que les prêtres étrangers ne puissent plus être nommés aux bénéfices du royaume, les sujets du Roi n'en obtenant pas, ou n'étant pas reçus dans les Etats étrangers.

Art. 14. Que les cent soixante et douze paroisses du diocèse de Trèves, situées en France, soient assimilées aux autres cures du royaume pour les provisions, et que les titulaires ne soient tenus de payer à la métropole les annates.

Art. 15. Sa Majesté est très-humblement suppliée de supprimer, à la mort des titulaires, les abbayes en commende ; en faisant un noble heureux, elle fait le malheur de trente à quarante mille sujets. Les revenus des inutiles bénéfices pourraient être très-utilement employés, par les soins des Etats provinciaux :

1° À l'augmentation de la partie congrue des curés et vicaires, en cas d'insuffisance des dîmes ;

2° A former des fonds pour l'instruction des enfants, tant des villes que des campagnes ;

3° A doter les séminaires, pour l'entrée aux sujets des diocèses qui, à raison de leur peu de faculté, en sont exclus au grand préjudice de l'Etat et de l'Eglise.

Art. 16. Que les cures, tant régulières que séculières, à la mort des titulaires actuels, ne puissent plus être possédées que par des prêtres séculiers, tous les bénéfices-cures étant, de leur nature, séculiers

Art. 17. Que l'édit de l'année 1768, qui ôte les dîmes novales aux curés, soit révoqué, et que les cures rentrent dans la possession desdites dîmes novales.

Art. 18. A l'occasion des bruits qui courent de la suppression ou réforme de quelques ordres religieux, ils supplient Sa Majesté de conserver la respectable maison de la Chartreuse de Réthel pour son utilité, par les secours qu'ils accordent aux cultivateurs, par leurs aumônes considérables, et leur vie exemplaire.

Art. 19. Les commissaires de la chambre ecclésiastique, ayant eu communication du cahier de Messieurs de l'ordre de la noblesse, ne peuvent qu'applaudir au zèle et au patriotisme qui l'ont dicté, et aux vues pour le bien général et particulier dont il est rempli. Ils adhèrent, dans tous les points qu'il renferme avec les modifications suivantes :

1° Sur l'article 15, qui porte que, dans les Etats généraux et provinciaux, et assemblées secondaires, il soit voté par ordre. Contradictoirement à cet article, ils pensent qu'afin de mettre le Roi plus à portée de juger du vœu des ordres du royaume, il conviendrait que les suffrages fussent comptés par tête et non par ordre, comme l'ont voté les Etats du Dauphiné : laquelle forme ils pensent devoir être également suivie dans les Etats provinciaux et assemblées secondaires.

2° Relativement à l'article 24 sur la gabelle, ils pensent qu'il conviendrait de demander l'abolition des salines de Lorraine, d'où il résulterait un double bien : consommation des bois épargnés, et l'usage du sel mer supérieur en qualité et salubrité à celui qui nous est fourni par lesdites salines.

3° Relativement à l'article 30, ils pensent que, selon la jurisprudence en vigueur dans les cours, l'usage local dans la perception, et les charges des dîmes doivent être maintenus comme ci-devant.

4° Relativement à l'article 32, ils pensent que, dans une motion si délicate, Sa Majesté saura, dans sa sagesse, allier les lois de la conscience avec les vues du bien public, si elle se détermine à une nouvelle législation sur cet objet important.

Art. 20. Lesdits commissaires de la chambre ecclésiastique, ayant eu en communication le cahier de Messieurs du tiers-état, y adhèrent avec les modifications suivantes :

1° Relativement à l'article 8, ils pensent que les charges et les perceptions des dîmes doivent suivre l'usage local, suivant la jurisprudence de la cour.

2° Relativement à l'article 15, qui dit que la dîme de la dîme, sans distinction, doit être employée au soulagement des pauvres, lesdits commissaires persistent dans la teneur de l'article 4 et des modifications de l'article 5 de leur cahier.

Signé Jean Mathias Brousse, curé de Volkrange ; Thinot, curé de Thionville ; Jacobi, curé de Kaidange ; François, curé de Kœnismaker ; Philippe, curé de Bertrange ; Fassi le Roy, curé de Yentz ; Senzy, curé de Kerling ; Richard, curé de Famek ; Juving, curé de Florange ; Kock, curé de Sierck ; *ne varietur*, Blouet, président.

Pour copie conforme à l'original, délivrée par le greffier en chef, au bailliage de Thionville.
Signé Albert.

———

CAHIER

Des doléances, souhaits et respectueuses remontrances de la noblesse du bailliage de Thionville, rédigé par MM. le comte de Gevigny, de Cabannes, d'Attel et de Villecour, commissaires nommés par l'assemblée de ladite noblesse du 12 mars 1789, convoquée et réunie dans une salle du gouvernement dudit Thionville, en vertu du règlement fait par le Roi, le 7 février dernier, et l'ordonnance de M. le lieutenant général du bailliage, du 28 du même mois (1).

DROITS NATURELS.

1° La noblesse assemblée demande l'assurance de la liberté individuelle de tous les citoyens qui observeront les lois, et l'abolition des lettres de cachet.

2° Qu'il ne soit porté aucune atteinte quelconque aux propriétés héréditaires ou acquises conformément aux lois.

3° Elle renonce à tous privilèges et distinctions pécuniaires dans l'assiette et répartition des impôts.

———

· (1) Nous publions ce cahier d'après un manuscrit des *Archives de l'Empire.*

DROITS DE LA NATION.

1° Ladite noblesse demande qu'il n'y ait de nouvelles lois que celles qui auront été consenties par les États généraux et sanctionnées par le Roi.

2° Qu'il n'y ait aucun impôt que ceux qui seront établis du consentement des États généraux.

3° Que les États généraux ne puissent consentir des impôts que pour deux ans ou trois ans au plus.

4° Que la fixation des impôts ne soit faite que proportionnellement aux besoins de l'État, reconnus par les États généraux.

5° Qu'il n'y ait de dette nationale que celle qui aura été reconnue et consentie par les États généraux.

6° Que la manière de recevoir les comptes, que les ministres et autres ordonnateurs supérieurs rendront de leur administration annuellement et à chaque mutation, soit réglée de concert avec les États généraux.

ADMINISTRATION.

1° Ladite noblesse remercie Sa Majesté du règlement du 7 février dernier, et demande qu'il soit permanent pour les convocations des trois ordres de ce bailliage aux États généraux.

2° Que, dans le cas où il sera établi une commission intermédiaire des États généraux, les députés qui la composeront soient annuellement choisis par les provinces.

3° Qu'il sera accordé aux Trois-Évêchés et Clermontois des États provinciaux qui s'assemblent annuellement à Metz.

4° Que tout Français, âgé de vingt-cinq ans, domicilié et payant des impositions, puisse être représenté et représenter à ces États provinciaux ; et que, pour y être convoqués, les citoyens soient classés, comme il l'ont été par le règlement du 24 janvier dernier, pour la convocation aux États généraux.

5° Qu'il soit accordé une assemblée secondaire desdits États provinciaux pour le bailliage de Thionville, ou pour les bailliages de Sarrelouis, Longwy et Thionville, si les trois ordres desdits bailliages désirent cette union.

6° Que les députés auxdits États provinciaux et à l'assemblée secondaire soient toujours tirés, un quart du clergé, un quart de la noblesse, et moitié du tiers, et choisis par leurs ordres respectifs.

7° Que le président des États provinciaux, et celui de l'assemblée secondaire, soient toujours tirés du clergé ou de la noblesse indistinctement, et choisis par les trois ordres.

8° Qu'il y ait des commissaires intermédiaires des États provinciaux et de l'assemblée secondaire.

9° Qu'il y ait, aux États provinciaux, ainsi qu'à l'assemblée secondaire, un procureur-syndic pour le clergé et la noblesse, choisi par ces deux ordres, et un pour le tiers-état, choisi par cet ordre ; lesquels procureurs-syndics le seront aussi des commissions intermédiaires.

10° Que les charges financées dans les municipalités des villes de ce bailliage soient remboursées par ces villes, et supprimées.

11° Qu'il soit établi, dans chaque ville de ce bailliage, une municipalité formée comme les États provinciaux et l'assemblée secondaire, ayant un seul procureur syndic ; et que le président et le procureur syndic de chaque municipalité soient toujours choisis indistinctement dans les trois ordres.

12° Qu'il soit voté par ordre aux États généraux, aux États provinciaux et à l'assemblée secondaire, et par tête aux commissions intermédiaires, et aux municipalités des villes et campagnes.

13° Que toutes les charges des receveurs des impositions quelconques soient remboursées et supprimées, et les recettes des impositions confiées à la province, aux bailliages et aux villes qui auront remboursé lesdites charges.

LÉGISLATION.

1° Ladite noblesse demande la réformation de la justice, pour laquelle elle s'en rapporte au gouvernement.

2° Que, dès à présent, l'on supprime la chambre ardente, et l'on ôte à la maîtrise des eaux et forêts et aux traites foraines, le contentieux ; ainsi que le jugement des rapports et délits, et la taxation des honoraires, frais et amendes ; que ces objets soient remis aux justices ordinaires ; et que les offices financés soient remboursés aux officiers desdites juridictions, qui pourraient donner leur démission.

3° Que Sa Majesté veuille bien retirer sa déclaration du 11 janvier 1772, concernant les entretiens et reconstructions des églises de cette province, qui resteront dans ce bailliage à la charge des décimateurs, comme elles y étaient avant cette déclaration.

4° Que les contestations entre les décimateurs et les communautés, relativement à la fourniture des bêtes mâles, soient terminées par un règlement général pour les paroisses où cette fourniture n'est fixée ni par titre ni par usage.

5° Que, vu les plaintes relatives aux colombiers, il soit fait un règlement général qui maintienne tous les droits et fasse cesser tous les abus.

6° Que l'autorisation du prêt à intérêt au taux de l'ordonnance, pour aliénation de capital, maintenue dans le duché de Luxembourg, soit renouvelée sur-le-champ dans ce bailliage démembré dudit duché, cette autorisation étant comprise implicitement dans les privilèges confirmés par la capitulation de Thionville, le 8 août 1643.

7° Que la législation s'occupe des Juifs sous tous les rapports ; et que, dès à présent, il soit accordé des délais suffisants à leurs débiteurs dans ce bailliage, à la charge d'acquitter, tous les trois mois, les intérêts aux taux de l'ordonnance, pourvu que la justice du domicile du débiteur certifie qu'il est compris dans la classe des non privilégiés de sa communauté et qu'il possède en immeubles, dans le ressort de ce bailliage, ou en mobilier servant à l'agriculture, l'équivalent des 4/5 de la dette, ou que ledit débiteur fournisse pour caution un habitant du lieu, muni du certificat exigé.

SOULAGEMENT DU PEUPLE.

1° Que la gabelle soit supprimée le plus tôt possible, et, qu'en attendant sa suppression, le prix du sel, qui, pour la comparaison vérifiée de son peu de qualité, est aussi cher dans ce bailliage (7 sous 9 deniers la livre) que celui vendu à l'intérieur du royaume où à l'étranger le serait à 14 sous, soit diminué sur-le-champ de moitié, parce que la cessation de la contrebande et l'augmentation de la consommation, surtout pour les troupeaux, compenseront la diminution du prix.

2° Qu'il soit fait et rendu public un tarif clair et précis pour le contrôle des actes, et que toutes stipulations dont la taxe n'aura pas été spécifiée par ce tarif ne soient susceptibles d'aucune taxe quelconque.

3° Que sur les échanges égaux, il ne soit perçu que le moindre droit de contrôle; et sur les échanges inégaux, qu'un droit proportionné à la plus-value.

4° Que la foraine et le haut-conduit, dont le produit est infiniment petit en comparaison des frais de perception, soient supprimés sur-le-champ.

5° Que les haras soient supprimés sur le champ, mais que l'imposition qui y est relative subsiste en compensation de la suppression de la foraine et du haut-conduit. •

6° Que la marque des cuirs et celle des fers soient supprimées le plus tôt possible.

7° Que les huissiers-priseurs soient remboursés et supprimés le plus tôt possible.

8° Que les barrières ne soient pas reculées sur cette frontière; ou que, dans le cas où l'intérêt démontré des provinces de l'intérieur nécessiterait le reculement des barrières, il soit accordé, sur les impositions les plus onéreuses au peuple, une diminution proportionnée au tort que ledit reculement causera à tout ce bailliage.

9° Que dans le cas où l'on réduirait le nombre des chartreuses, l'on conserve celle de Réthel qui a des propriétés considérables dans le pays étranger, et dont les charités empêchent la dépopulation de quantité de villages voisins de la frontière.

PRÉROGATIVE.

Ladite noblesse demande que son ordre soit maintenu dans ses prérogatives.

Fait et arrêté triple à Thionville, les jour, mois et an d'autre part, et ont lesdits sieurs,

Signé à la minute: de Gévigny, président; le comte de Jaubert; chevalier de Bruc; Poirot de Valcour; de Jacob de la Cottière; Tourville fils; le chevalier de Bertrandy; d'Attel de Luttange; Cabannes; de Ponts; de l'Hoste; de La Motte; de Remlingen; de L'Hoste de Lamotte; Jacques Henry-Standt de Limbourg; Franchessin; Vendel d'Hayange; J.-B. Standt de Limbourg; Clément; J.-M. de Cabannes; Gevigny; Du Pertuy; de Rousse d'Archemont; Arnault; de Mesnil-Bock; Gargan; le chevalier de Girard; La Salle de Preische; Vellecour; Wolter de Neurbourg; et plus bas: Par le secrétaire, de Goest, avec paraphe.

Pour copie délivrée par le soussigné, greffier en chef au bailliage de Thionville.

Signé Albert.

CAHIER

Des doléances du tiers-état de la ville de Thionville (1).

Un Roi, père de son peuple, le plus grand des rois parce qu'il est le meilleur, daigne assembler la nation pour la consulter; il désire son bonheur, et pour le procurer, il entend que toutes les parties de l'administration soient perfectionnées et ordonnées avec sagesse. Il sait que ses intérêts et ceux de son peuple se confondent; qu'un roi de France ne doit pas régner sur des esclaves, mais sur des sujets fidèles, soumis aux lois, à la sanction desquelles ils ont concouru par un consentement libre.

Pleine de reconnaissance pour ses bontés paternelles, animée des sentiments de piété filiale, la ville de Thionville ose exposer avec respect,

(1) Nous publions ce cahier d'après un manuscrit des *Archives de l'Empire.*

annoncer avec franchise les droits qu'elle tient de la nature et de la constitution, sans donner atteinte à la prérogative de son auguste monarque.

Qu'on sache que tout Français est toujours prêt à sacrifier sa vie et sa fortune pour son Roi, pour la patrie, et qu'il n'excepte de ce sacrifice que l'honneur.

C'est d'après ces maximes que la ville de Thionville a calqué ses doléances, et qu'elle attend avec confiance qu'il plaira à Sa Majesté de les agréer et d'y faire droit.

1° La ville de Thionville demande que les Etats généraux soient composés de députés du tiers-état en nombre égal à ceux du clergé et de la noblesse réunis, et que les voix se comptent par tête et non par ordre : sans cette double condition, l'influence du tiers-état deviendrait nulle.

2° Que les lois qui doivent nous gouverner et faire notre bonheur soient proposées, discutées et approuvées dans cette assemblée nationale, qu'il plaira à Sa Majesté de rendre périodique.

3° Qu'aucun impôt ne pourra être levé qu'il ne soit accordé par les Etats généraux.

4° Que les citoyens devant supporter les charges de l'Etat, en raison de la protection qu'ils en reçoivent, et cette protection étant proportionnée aux propriétés dont chacun jouit, tous, sans distinction d'ordre, contribuent également, en raison de leurs facultés, aux dépenses et aux charges quelconques de l'Etat, sans aucune exception.

5° Qu'en conséquence de cette égalité dans la contribution, les impositions qui seront établies pour mettre la balance entre la recette et la dépense de l'Etat, portent indistinctement sur les citoyens de tous les ordres du royaume.

6° Que les fiefs étant dans leur origine des concessions gratuites, qui ne sont devenues héréditaires que par l'abus des circonstances et du temps, chaque homme libre pouvait se recommander pour un fief, même convertir en fief son alleu. Il est conséquent que tous les Français étant libres, le droit de franc-fief soit supprimé.

7° Que la liberté individuelle de chaque citoyen soit également sous la protection de la loi; qu'aucun ne puisse être emprisonné qu'en vertu de sentence de juge civil; qu'ainsi les lettres de cachet soient supprimées.

8° Que, pour éclairer la religion du souverain et faciliter à la vérité l'accès aux pieds du trône, la liberté de la presse soit accordée pour tous ouvrages signés de l'auteur.

9° Qu'il plaise à Sa Majesté accorder à la province des Trois-Evêchés et du Clermontois des Etats particuliers, dans la forme de ceux accordés au Dauphiné.

Toutes les parties qui composent cette province sont fondées dans cette juste réclamation, singulièrement la ville de Thionville, démembrée du duché de Luxembourg, qui tenait le premier rang dans les Etats de ce duché après la capitale. Ses privilèges lui ont été conservés par la capitulation du 8 août 1643, confirmés par des lettres patentes de Louis XIV.

10° Que ces Etats provinciaux seront chargés spécialement de faire la répartition, entre les districts, des fonds qui seront accordés par les Etats généraux.

11° Qu'il sera établi, dans la ville de Thionville, une assemblée secondaire, chargée de répartir les impositions qui formeront la cote de son district, d'en faire la levée et la perception à moindres frais possibles, pour les verser directement dans la caisse qui sera indiquée.

12° Que Sa Majesté sera suppliée d'ériger le bailliage de Thionville, à lui joints ceux de Sarrelouis et de Longwy, en bailliage principal, pour députer, à la suite, directement aux États généraux.

Nota Thionville est le siége d'un district, d'une maîtrise des eaux et forêts, et d'une recette ou Sarrelouis et Longwy répondent.

13° Qu'il sera arrêté que les quatre députés qui formeront la députation du bailliage principal de Thionville, seront pris alternativement dans les sujets et les ordres des trois bailliages qui le composeront.

14° Qu'il plaise à Sa Majesté accorder à ses juges des gages proportionnés à l'importance de leurs fonctions, et supprimer le centième denier.

15° Que, pour diminuer les appels qui tirent les habitants des villes et des campagnes de leurs foyers pour aller suivre les audiences de la cour, surchargées d'affaires de peu d'importance, ce qui les dérange et cause souvent leur ruine, le bailliage de Thionville soit autorisé à juger souverainement jusqu'à la somme de 500 livres.

16° Que Sa Majesté sera suppliée de réprimer les abus de la jurisprudence civile actuelle, et notamment de celle criminelle, à l'effet d'accélérer la décision des procès et d'assurer aux citoyens leurs propriétés, leur vie, leur honneur.

17° Qu'il est indispensable de remédier aux abus qui naissent de la perception presque arbitraire du droit de contrôle, en faisant procéder à un nouveau tarif conçu en termes clairs, précis ; que de ces dispositions, le rédacteur écarte toute idée fiscale, pour n'avoir en vue que l'utilité publique, telle que de donner aux conventions plus d'authenticité sans en gêner la stipulation, de n'en point multiplier les droits arbitrairement ; et lorsque les parties passent des actes qui n'ajoutent rien à leur propriété, tels que des échanges de but à but, ne les assujettir qu'à un simple droit ; et qu'il en soit de même à l'égard des retours ou mieux-values, qui ne doivent être assujettis aux droits qu'en raison de la somme qui en fait l'objet.

18° Que, pour faire cesser les justes plaintes des villes et des campagnes, les charges d'huissier-priseur soient supprimées, et le droit de faire des prisées et ventes de meubles rendu aux huissiers et sergents, comme ils l'avaient avant la création de ces nouvelles charges.

Si tous les huissiers des juridictions ont intérêt à cette suppression, ceux de cette ville ont des droits particuliers à invoquer : ils avaient obtenu la réunion à leur communauté des commissions de priseur-jurés, dont quatre d'entre eux avaient été pourvus. Ils ont payé à ces quatre huissiers une somme d'environ 4,000 livres, tant pour la finance, les provisions, que pour les frais d'un arrêt du conseil ; et sans leur avoir remboursé cette somme, on les a dépouillés du droit qu'ils avaient acquis et payé. Ils réclament le remboursement, et attendent de l'équité de Sa Majesté qu'elle leur fera donner satisfaction.

19° Depuis la révocation de l'édit de 1765, les charges municipales de Thionville n'ayant pas été financées, sinon celles de procureur du Roi, syndic, et de secrétaire-greffier, les anciens magistrats n'ont pas été remplacés, la plupart sont décédés, ainsi que les notables. Il est donc nécessaire que la ville se pourvoie. A cet effet, elle supplie Sa Majesté de rétablir à son égard l'édit

de 1765, qui sera exécuté selon sa forme et teneur ; que les charges financées soient remboursées, et les titulaires rendus indemnes.

20° Thionville est une place-frontière, une clef du royaume du côté des Pays-Bas autrichiens et de l'Allemagne ; de sorte qu'il est de l'intérêt du Roi et de la nation que ce boulevard ait des casernes suffisantes pour loger la garnison nécessaire à sa défense. Et comme elles sont insuffisantes, Sa Majesté sera suppliée de faire construire un pavillon vis-à-vis l'hôtel du gouverneur, parallèle au corps des casernes des Augustins, et deux corps de casernes au fort pour la cavalerie, le long du canal, dans le voisinage du manége, et des nouveaux magasins des fourrages. Ces constructions sont absolument nécessaires pour le bien de la place et du service.

21° A défaut de pavillon, les officiers de la garnison de Thionville occupent des logements en ville. Ce sont les bourgeois seuls qui fournissent les chambres, les lits garnis, le linge et les ustensiles prescrits par l'ordonnance ; les ecclésiastiques, les nobles et les privilégiés ne contribuent pas à cette charge qui pèse uniquement sur la classe des habitants les moins aisés, et qui les accablent. Pour faire cesser cette contribution exclusive, évidemment injuste, il faut, ou que les officiers payent eux-mêmes leur logement, ainsi qu'il se pratique dans les villes de Sarrelouis, Longwy et de la Flandre, ou que le prix de ces logements soit acquitté par tous les ordres de la province ; en un mot, que cet objet fasse partie des imposition des Évêchés ; et que nosseigneurs des États généraux prennent cet objet en considération, lors de la répartition générale des impositions.

22° Un objet, non moins important, intéresse la ville de Thionville ; elle paye en argent les logements des officiers supérieurs des régiments, les ustensiles du gouverneur qui ne réside pas dans la place, et du lieutenant du Roi, les logements des majors, aides-majors de la place, des officiers d'artillerie et du génie, même de trois chefs, dont l'un du génie, et deux d'artillerie, qui n'ont pas leur résidence en cette ville, ceux des commissaires des guerres, gardes des magasins, gardes des mines, etc. Cette dépense s'élève annuellement au delà de 7,000 livres. D'un autre côté, la ville est chargée de la fourniture des ustensiles des casernes, de leur entretien, de celui des fenêtres des corps de garde, de l'intérieur de la place, des premiers ponts-levis, des deux ponts dormants aux portes de Metz et de Luxembourg, etc.

Ses revenus patrimoniaux suffisent à peine pour faire face aux dernières dépenses et à celles ordinaires ; de sorte que, pour se procurer l'excédant de 7,000 livres destinées aux logements et ustensiles, la ville a été nécessitée de recourir à des octrois qui, dans un lieu circonscrit et resserré que des fortifications, consistent nûment dans des droits d'entrée sur des objets de première nécessité : ce qui, d'un côté, excite les plaintes des citoyens et de la garnison, et de l'autre donne atteinte au peu de commerce qui est dans Thionville. Ces faits sont de notoriété publique, et attestés par les comptes de la ville.

Ainsi, elle attend de la bonté paternelle et de la justice de Sa Majesté, qu'elle l'affranchira du payement de ces logements et de ces ustensiles, ou qu'elle ordonnera que cet objet fera partie des impositions de la province. Par ce tempérament équitable, les citoyens et la garnison seront soulagés et exempts des droits onéreux et préjudiciables d'entrée sur des denrées de premier besoin.

23° Avant la paix de 1762, les maîtres des corps d'arts et métiers de Thionville jouissaient du droit exclusif d'exercer leurs professions; les ouvriers de la garnison étaient compris dans cette exclusion. Il n'y avait pas de magasins dans les régiments; point d'ateliers d'aucune espèce dans les casernes; les marchands et les artisans de Thionville vendaient à la garnison, travaillaient pour elle exclusivement comme pour les bourgeois. Par ce moyen, les pères de famille élevaient leurs enfants dans une certaine aisance, leur transmettaient leurs talents et leur industrie, et en faisaient des citoyens utiles. L'État y gagnait, et le service du Roi n'en souffrait pas. La concurrence fixait le prix des marchandises et des ouvrages à leur juste valeur, et la qualité, par cette raison, en était bonne.

La guerre se déclare-t-elle, des maîtres et des élèves habiles dans leur art se présentaient en foule pour suivre les régiments à l'armée. Mais depuis l'établissement des magasins et des ouvriers de tous métiers dans les troupes, les maîtres, établis dans les villes de guerre, privés de leur principale ressource, languissent faute d'ouvrage, ne sont plus en état d'acquitter les subsides, d'élever une nombreuse famille; et le mal ne faisant qu'empirer, ces villes se dépeupleraient, si Sa Majesté n'y remédiait.

Ces considérations puissantes sont bien faites pour toucher son cœur bienfaisant, et la déterminer à tendre une main secourable à une portion de ses sujets industrieux, sans compromettre en rien le bien du service militaire.

Aussi la ville de Thionville, en vous présentant leurs doléances, attend de votre justice bienfaisante la suppression des magasins et des ouvriers établis dans vos régiments, le rétablissement des choses sur l'ancien pied; et qu'il sera fait défense aux ouvriers servant dans vos troupes, de travailler ailleurs que chez les maîtres jurés des villes.

24° Des marchands et des artisans n'ont souvent, pour toute fortune, que leur petit commerce et leur profession. C'est la seule richesse qu'ils transmettent à leurs veuves, et l'unique ressource de celles-ci pour élever leurs familles. Il est donc intéressant que ces veuves et leurs enfants aient la faculté d'exercer les professions de leurs maris et de leurs pères, sans acquitter de nouveaux droits de réception. Ils jouissaient de cet avantage avant l'édit du mois de juin 1780 qui les en a privés. Ainsi Sa Majesté sera suppliée de déroger, en ce point, à cet édit.

25° La ville demande la suppression du vingtième de l'industrie, à l'instar des campagnes qui ont obtenu cette justice.

26° Que la chambre syndicale soit supprimée, et la liberté rendue aux bourgeois et à la garnison de se pourvoir, au poids de la ville, des comestibles que les forains y déposeront, ainsi et de même qu'il se pratiquait avant l'édit de 1780.

27° Que Thionville et son ressort sont propres à l'établissement des fabriques de cuirs, de draps communs et de toiles. Ces fabriques, pour prospérer, ne demandent que des encouragements. Un des plus efficaces serait d'autoriser le prêt à intérêt sur simples obligations au taux du royaume. Par ce moyen, tous les fonds morts rentreraient dans la circulation; l'usure, qui fait de jour en jour tant de progrès, qui désole singulièrement les campagnes, ruine les cultivateurs, rentrerait

dans le néant; et tant de citoyens, et surtout les gens de campagne, ne seraient plus les victimes malheureuses des astuces des Juifs qui se multiplient trop dans ce ressort, et s'élèvent sur la ruine des cultivateurs et des artistes.

Le prêt à intérêt est autorisé en Lorraine, où il produit de bons effets. Les habitants de cette province sont nos voisins. Il est même des villages, tels que Fameck, Budange et Remange, qui sont mi-partie Luxembourgeois, Français, et Lorrains. Plusieurs paroisses sont composées de villages de l'une et de l'autre province.

D'un autre côté, l'argent est le signe des valeurs; il représente conséquemment tous les biens; le loyer de ceux-ci produit des fruits; pourquoi le loyer de l'argent serait-il nul? Au contraire, il ne ferait que mieux sa fonction de signe en produisant des intérêts. Les progrès du commerce et de l'agriculture, et l'extirpation de l'usure le demandent.

Sa Majesté sera donc suppliée d'accorder, pour l'encouragement des fabriques, de l'agriculture, et pour le bien des sujets, une loi qui autorise le prêt à intérêt sur simple obligation.

28° D'après les lois du duché de Luxembourg, dont l'usage a été conservé à Thionville, les Juifs sont exclus de la province. Un seul ménage avait été, par tolérance, établi à Thionville. On a surpris de la religion de Votre Majesté l'établissement d'un second ménage en cette ville, de cette nation. Les officiers municipaux ont protesté contre cet établissement; et en suppliant Sa Majesté de maintenir la ville dans ses franchises et privilèges, elle ose demander qu'il n'y ait qu'un ménage de la nation juive à Thionville, et que la permission accordée à Mayer Lévy de s'y établir soit révoquée.

29° Les dîmes en France, dès leur origine, ont été destinées à l'entretien des ministres des autels, et spécialement à la reconstruction des églises de paroisses. Dans le duché de Luxembourg, les gros décimateurs ont été, de tout temps, chargés de cette reconstruction, et le sont encore. Thionville a droit de jouir du même privilège, et en a joui jusqu'en 1768, où l'édit du mois de mai de cette année l'en a dépouillé, ainsi que toutes les autres communautés du ressort du parlement de Metz. Comme cet édit porte atteinte à ses privilèges, la ville demande que la disposition de cette loi, qui a pour objet cette charge, soit abrogée, et qu'il soit ordonné que la reconstruction des églises paroissiales soit remise indéfiniment à la charge des décimateurs, sans avoir égard aux transactions ou autres arrangements pris par des communautés d'habitants avec les décimateurs, qui seront déclarés nuls et de nul effet.

30° Toute la France s'élève de concert contre la gabelle, la régie générale et les droits unis; Sa Majesté elle-même, touchée des inconvénients de ces impositions, en désire la suppression. Thionville a des privilèges à réclamer qui lui ont été assurés par la capitulation du 8 août 1643 et par des lettres patentes du souverain. Elle a joui, longtemps après la conquête, de ses privilèges; quatre seigneuries de son ressort, Rodemack, Roussy, Puttelange et Preische, en jouissent encore; la Flandre française, détachée de la souveraineté des rois d'Espagne, comme Thionville, en jouit aussi. La ville de Thionville pourrait donc borner ses doléances à ce sujet, à solliciter de la justice du souverain, d'être rétabli dans ses anciens droits, mais elle demande la suppression générale de la gabelle, de la régie des cuirs et des droits unis. Tous les Français sont frères, et ne forment qu'une famille; ils doivent être disposés à supporter également le poids de l'impôt qui sera établi, pour suppléer à ces impositions ruineuses, dont toute la France demande la suppression.

31° L'expérience a prouvé que les édits des années 1768 et 1769, concernant les clôtures, la suppression du droit de parcours, et le partage des communes, ont nui sensiblement, par leur exécution, à l'abondance du bétail, et, par une suite nécessaire, à l'agriculture, à cause de la disette de l'engrais, sans lequel les terres mêmes dans ce ressort rendent peu; le renchérissement des viandes, cuirs, peaux, suifs, beurre, laine, etc., qui tiennent de si près aux besoins de l'homme, a été l'effet de la même cause. Aussi la coutume de cette ville avait prévu ces inconvénients, en déclarant, article 1er du titre XVIII, que l'un des principaux moyens de l'entretien des habitants du pays est la nourriture de toutes sortes de bétail par le moyen des vains pâturages, usages, parcours, etc.; par conséquent, il est du bien public que ces édits soient révoqués, et les choses remises sur l'ancien pied.

Il serait même à souhaiter qu'on accordât des primes d'encouragement aux cultivateurs qui laboureraient leurs terres avec des bœufs. Ce serait le moyen de rendre l'espèce commune dans le ressort, et d'envoyer moins d'argent à l'étranger pour l'approvisionnement des viandes qui sont rares; et une des premières causes de cette rareté, est l'exécution des deux édits dont la ville demande la suppression.

32° Pour faciliter aux bouchers de cette ville les moyens de faire les approvisionnements nécessaires pour les bourgeois et la garnison, Thionville demande qu'il plaise à Sa Majesté défendre aux bouchers forains, et singulièrement aux Juifs, de faire le commerce de veaux à une lieue de l'arrondissement de la ville : ce commerce nuisant sensiblement à ces approvisionnements, surtout celui des Juifs, qui achètent des veaux de l'âge de huit jours et au-dessous, tandis qu'il serait du bien public qu'il n'y en ait point de vendus qu'à l'âge d'un mois.

33° La ville demande que Sa Majesté se fasse rendre compte des revenus des biens des maisons religieuses supprimées, comme aussi de la vente des meubles et immeubles des corps d'arts et métiers supprimés par l'édit de juillet 1780, et deniers qui étaient en caisse lors de cette suppression; et que la vente des immeubles de ces maisons supprimées soit ordonnée.

34° Que les abus qui naissent de la faculté accordée aux salpêtriers de fouiller dans les étables et écuries des villes et villages, soient réprimés; qu'à cet effet, ils ne puissent faire de telles opérations, que de concert avec les municipalités, et après avoir obtenu leur consentement.

35° Que l'entretien des chaussées devant être à la charge de tous les ordres indistinctement, il paraît équitable, vu la quantité des rouliers publics, dont la province des Evêchés est couverte, que cet effet de dépense entre en considération, lors de la répartition à faire, par les Etats généraux, de la généralité des impositions.

36° Que les entrepreneurs de messageries exigeant des permissions des personnes qui se servent de voitures étrangères pour se rendre dans les villes de cette province, ont rendu la communication difficile et très-coûteuse, ce qui est contraire à l'intérêt public, comme à celui des particuliers. Pour faire cesser cet abus, la ville demande la suppression de ces permissions.

37° Elle demande également la suppression des moulins et pressoirs bannaux, comme contraires au bien public, à charge d'indemnité envers les seigneurs propriétaires.

38° Que les vétérans et invalides exerçant commerce, ou une profession, ou possédant des biens-fonds, soient assujettis, comme les autres citoyens, à toutes les charges.

39° Que l'exportation des grains à l'étranger soit suspendue, lorsque le froment se portera au-dessus de 7 livres 10 sous le quintal.

40° Qu'il plaise à Sa Majesté défendre l'exportation à l'étranger des bois de la Lorraine.

41° Qu'il soit libre aux communautés régulières et séculières d'exploiter leurs futaies, sans obtenir, à cet effet, un arrêt du conseil, d'après le martelage qui fixera la réserve, d'après le règlement général de Sa Majesté.

42° Que les quarts de réserve seront fléchis à l'âge de trente ans, et que Sa Majesté sera suppliée de fixer les réserves par un règlement général, excepté dans les besoins urgents; et pour ne point forcer lesdites ventes, ordonner que, par les officiers des maîtrises, il sera dressé un rôle et répartition desdits quarts de réserves, en trente parties, autant égales que faire se pourra, et à portée des différentes communautés, en commençant par les quarts de réserve les plus anciens.

43° Ordonner que toutes les places vaines et vagues, qui ne sont propres à la culture d'aucune espèce de grains, ou nécessaires à la pâture, seront ensemencées en grands et faines, ou autres espèces de bois ou plantes, sur les indications qui en seront données sans frais par les officiers des maîtrises.

44° Qu'attendu la multiplicité des forges répandues dans ce pays, il soit défendu aux maître desdites forges de convertir en charbon des bois au-dessus de deux pouces de diamètre.

45° Ordonner que les communautés seront tenues de salarier leurs gardes de bois, qui demeureront responsables desdits délits qui s'y commettront; et, pour cet effet, seront tenus de donner caution, ainsi qu'il se pratique pour les gardes des bois du Roi.

46° Que le ruisseau de la Fensche, se déchargeant dans la Moselle, en passant par les fortifications, ses eaux bourbeuses, causées par le lavage de la mine de la forge d'Hayange, corrompent celle de la Moselle, dans l'endroit où les bourgeois et la garnison vont puiser, ce qui est insalubre et malsain, suivant qu'il a été reconnu par les chirurgiens-majors. D'ailleurs, ces eaux bourbeuses nuisant aux fabriques de cuirs, répandues sur ce ruisseau, font périr les bestiaux, et en empêchent la production. Pour remédier à ces inconvénients essentiels, la ville demande qu'il plaise à Sa Majesté d'ordonner que le propriétaire de la forge d'Hayange soit tenu de creuser un bassin suffisant pour y recevoir les eaux qui lavent la mine, afin qu'elles y déposent les parties terreuses et ferrugineuses, et puissent se rendre dans les ruisseaux claires et limpides.

47° Qu'il soit ordonné que la ville ne mettra plus dorénavant d'octrois sur les entrées des pieds-fourchés; et que Sa Majesté sera suppliée de supprimer ses droits sur cette partie, vu la cherté des bestiaux.

Fait et parachevé à l'hôtel de ville de Thionville, le 9 mars 1789. Signés à la minute : Tailleur; Blouet; Robert Du Château; Probst; Schswestzer; Delavallée; Colas; Petit; Rolli; Elminger; Nicolas; Merlin; Lafontaine; J. Mathis; Facque; Jadin; Cazeneuve; Hermand; Jean Vagnair; Mathias Kleffert; Nicolas Boé; Michel Brandebourg; Loriot; Nicolas Bouget; Vatri; Duon; Dondaine; Dubois; Dinot; Gradidier; Nicolas Glandt; Philippe Hippert; Claude Shweizer; Jacques de Metz; Jean Thomas; Jacques Hippert; de Lapierre; N. Lefèvre; Renouard; S. Simonet; Brandebourg; Tailfer, secrétaire-greffier.

Pour copie délivrée par le soussigné, greffier en chef au bailliage de Thionville.

Signé Albert.

CAHIER

De doléances des deux corps des marchands merciers et épiciers de la ville de Thionville (1).

Cejourd'hui, les deux corps des marchands merciers et épiciers de la ville de Thionville, ayant été convoqués en assemblée générale chez le sieur Laidequer, syndic des merciers, pour, et en exécution des lettres du Roi, données à Versailles le 24 janvier 1789, du règlement y annexé, et de l'ordonnance de M. le lieutenant général du bailliage rendue en conséquence le... conformément à l'avertissement donné à l'effet de la présente assemblée par MM. les officiers municipaux de cette ville, en la personne dudit sieur Laidequer, syndic des merciers, le..., être procédé à la nomination de députés dans la proportion déterminée, par l'article 26 du règlement, à l'assemblée du tiers-état, qui doit être tenue le 10 mars présent mois, en l'hôtel de ville, pour rédiger le cahier dont il est parlé dans ladite ordonnance, et nommer des députés pour porter ledit cahier en l'assemblée qui doit être tenue par M...; dans laquelle assemblée, lesdits sieurs susnommés, après en avoir délibéré et recueilli les voix, d'après la pluralité des suffrages, nommer et députer, par ces présentes, les personnes de..., à l'effet de les représenter à l'effet de ladite assemblée du tiers-état qui doit se tenir à.... dans les formes ordinaires ; et là, concourir, avec les autres membres de ladite assemblée, à la rédaction de leur cahier de doléances, plaintes et remontrances d'après la rédaction dudit cahier; concourir pareillement à l'élection des députés qui seront chargés de porter ledit cahier à l'assemblée qui sera tenu par M..., le...; donner auxdits députés tous pouvoirs généraux et suffisants de proposer, remontrer, aviser et consentir tout ce qui peut concerner les besoins de l'État, la réforme des abus, l'établissement d'un ordre fixe et durable dans toutes les parties de l'administration, la prospérité du royaume, et le bien de tous et de chacun des sujets du Roi, déclarant lesdits sieurs agréer et approuver tout ce que les députés, qui seront nommés, auront fait, délibéré et signé en vertu des présentes, de la même manière que si lesdits sieurs comparants y avaient assisté en personne; fait et passé, ladite assemblée, opérant en conséquence des pouvoirs de Sa Majesté sur ses doléances, n'a rien plus à cœur que de lui donner des marques de son zèle à concourir au besoin de l'État, et à faciliter M. de Necker, directeur général des finances, non-seulement à combler le déficit, mais encore à mettre les forces nationales dans un degré de splendeur si respectable que nous n'eussions rien à craindre des entreprises de nos ennemis; et, comme tout dépend de l'ordre économique dans les finances,

(1) Nous publions ce cahier d'après un manuscrit des *Archives de l'Empire.*

de la réforme des abus d'administration, et établissement à faire en faveur de l'humanité souffrante, nous aurons l'honneur d'exposer avec respect :

Nous supplions tous ceux qui sont à supplier, et prions tous ceux qui sont à prier, de mettre tout intérêt personnel de côté, afin que les trois ordres réunis ne forment qu'un même vœu et un même cœur pour le déposer au pied du trône ; et, d'un concert unanime, rendre la France heureuse, florissante et invincible; et pour y parvenir, nous demandons avec respect :

1° Que les États généraux se reproduiront tous les cinq ans, dans la forme qui sera jugée le mieux convenir.

2° Qu'il sera nommé une commission intermédiaire qui aura la garde du trésor royal, et qui sera composée d'un membre de chaque province qui correspondra avec les États provinciaux de celle qui lui sera affectée, pour toutes les impositions et améliorations d'administration de ladite province.

3° Que les subsides, qui seront réglés, auront lieu pour six ans, afin que le service ne manque pas.

4° Qu'en cas de guerre imprévue, ladite commission intermédiaire sera autorisée de faire un emprunt jusqu'à la concurrence qui sera réglée par les États généraux, afin de n'être pas pris au dépourvu, et de parer aux attaques de l'ennemi.

5° Que MM. les receveurs généraux et particuliers seront supprimés; et qu'il sera pris des arrangements pour leur remboursement, en leur payant intérêt par diminution graduelle, jusqu'à extinction de la dette.

6° Que la levée des subsides se fera par nous-mêmes, et seront versés sans frais au trésor royal.

7° Qu'il sera accordé aux Trois-Évêchés des États provinciaux, à l'instar de ceux du Dauphiné.

8° Que lesdits États provinciaux seront composés de représentants élus librement par le peuple, et que le tiers y sera en nombre pour moitié, et que les voix se prendront par tête.

9° Que lesdits États provinciaux auront seuls la compétence de l'administration des subsides.

10° Qu'il y aura une commission intermédiaire à Metz qui suppléera aux États provinciaux, qui connaîtra des comptes des villes, réglera leurs dépenses, et autorisera les améliorations à faire.

11° Que MM. les fermiers généraux seront supprimés, laissant à la sagesse des États généraux à pourvoir au remplacement du fisc de cet objet.

12° Que la capitation, subvention, industrie, seront mises en masse, pour le tout être réparti sur les trois ordres à titre de capitation, au prorata des facultés mobilières et immobilières d'un chacun.

13° Que le dixième du revenu net des biens sera établi sur ceux des trois ordres.

14° Que les curés, chanoines ou prélats payeront le dixième de leurs honoraires.

15° Que les abbés commendataires seront supprimés, et leurs revenus employés à acquitter les pensions des officiers retirés.

16° Que tout prêtre ou prélat ne pourra posséder qu'un seul bénéfice; le surplus sera versé dans la caisse de la province, soit pour rembourser des charges, ou construire des casernes, ou autre institution du bien public.

17° Que le logement des gens de guerre à Thionville se payera en argent, à raison de 10 livres par mois pour un capitaine, 8 livres pour un lieutenant, aumônier et chirurgien-major, 6 livres pour les sous-lieutenants et porte-drapeau, pour être imposées sur les trois ordres au sou la livre de la capitation, en ce, non compris les pauvres chargé du logement des soldats.

18° Que les logements des officiers supérieurs seront répartis sur la province, selon l'article 5 de l'ordonnance de 1765.

19° Que la dîme sera supprimée, et les curés payés en argent, ainsi qu'il sera réglé, si mieux n'aiment qu'elle ne se percevra plus dans les Trois-Evêchés sur les terres arables, qu'à la 20ᵉ et sur les vins à la 30ᵉ.

Que le curé en tirera deux tiers, et les gros décimateurs l'autre, à charge à ces derniers d'en laisser un huitième aux curés pour être distribué aux pauvres.

Que les hauts décimateurs seront chargés, comme d'ancienneté, aux réparations et reconstructions des paroisses, le curé au chœur, et les paroissiens au clocher.

20° Que l'exportation des blés à l'étranger sera défendue à peine de confiscation, moitié au profit du capteur, et l'autre moitié pour être distribuée aux hôpitaux les plus prochains ; ou que l'exportation ne pourra avoir lieu dans les Trois-Evêchés que jusqu'à 7 livres 10 sous le quintal.

21° Qu'après les foins coupés, le parcours sera rétabli en faveur des communautés, comme du passé, afin que les pauvres puissent élever des bestiaux.

22° Que les seigneurs rendront en partage, aux communautés, le tiers des communes qu'ils ont eues, pour les réparer de la misère où les a réduites le monopole qui s'est commis par l'exportation des blés, les engagistes surtout n'y ayant aucun droit.

23° Que le tirage de la milice sera suspendu, pour ne pas déranger l'ordre de la société ; et qu'au besoin, nous contribuerons, avec le reste du royaume, à fournir une armée de cent mille hommes, et plus s'il le faut, moyennant qu'il sera donné 100 livres d'engagement à chaque soldat, qui seront répartis, au sou de la livre de la capitation des trois ordres ; n'étant pas juste que la plus pauvre classe du tiers fournisse seule l'armée nationale pour la conservation des biens des riches.

24° Que la confection des grands chemins sera remise aux communautés de campagne, moyennant la rétribution de 8 sous par jour pour les femmes et enfants de quinze ans, 10 sous pour les hommes, et 20 sous par cheval ou bœuf attelé, en observant d'établir leurs tâches le plus possible de leur village : ce qui servira d'un atelier de charité qui diminuera la mendicité ; bien entendu que cette imposition ne sera répartie que sur le clergé régulier et séculier, la noblesse, les habitants des villes, et le tiers des habitants les plus riches de chaque village, les deux autres tiers des individus du village devant être employés à la confection des grands chemins.

25° Que tous les couvents rentés, qui ne rendent aucun service au public, seront supprimés ; leurs caisses versées dans celles de la province, et leurs biens vendus et employés à des hôpitaux ou ateliers de charité, pour y placer les vieillards des deux sexes, les orphelins, les mendiants et les vagabonds, et gens sans aveu.

26° Que les corps d'arts et métiers seront remis comme d'ancienneté, pour être régis selon leurs statuts et arrêts de règlement, à charge d'acquitter leurs anciennes dettes, ainsi qu'il sera réglé en assemblée générale : le tout, en attendant que la commission intermédiaire ait réuni les corps qui ont trait entre eux, pour obvier aux procès que la jalousie pourrait susciter, et qu'ils aient obtenu de nouveaux statuts gratis.

27° Que, pour proscrire le brigandage, et empêcher l'étranger d'enlever notre numéraire, et obliger les coureurs à s'établir, le colportage de tous objets fabriqués sera défendu à peine de confiscation ; pourront toutefois les vendre en gros à la douane ou chambre syndicale.

Quant aux comestibles, ils pourront être vendus en gros aux commerçants, à la chambre syndicale.

28° Qu'il sera défendu à tous régiments de cavalerie, hussards, dragons, et infanterie, d'avoir aucuns magasins ni ouvriers au service de leurs troupes, sous peine de confiscation et de punition envers les chefs qui le toléreront, avec injonction à MM. les commandants de place d'y tenir la main.

29° Que tous soldats seront libres d'acheter leurs besoins où bon leur semblera, sauf au sergent d'être présent pour le payer.

30° Comme l'armée nationale est composée des enfants du tiers-état, et que nous avons douleur de les voir déserter et s'expatrier pour obvier aux traitements trop durs qu'ils endurent, c'est à nous à en chercher les causes et à indiquer les remèdes, d'autant plus que c'est nous qui, jusqu'ici, avons le plus contribué à leur solde. En conséquence, nous demandons qu'ils eussent un sou d'augmentation de paye par jour, attendu que leur ancienne paye ne suffit plus, eu égard à la trop grande augmentation des comestibles.

Que la ration de pain ne leur sera comptée qu'à 18 ou 20 deniers dans tout le royaume.

Que leur pain sera composé de deux tiers farine de froment et d'un tiers de seigle, ou moitié farine de froment et moitié seigle, purgé de son, qui ne se digère pas, et qui ne convient qu'aux bestiaux.

Que la manipulation du pain sera retirée aux régiments, comme n'étant pas de leur compétence, et qu'elle distrait partie des officiers ou soldats de leur service.

Qu'il sera fait une adjudication au rabais sur trois affiches, par-devant les officiers municipaux de chaque ville de guerre pour trois ans, moyennant caution, pour le service du pain de la garnison, en présence du commandant. Par ce tempérament, le sou d'augmentation de paye ne coûtera rien à l'État, puisque le Roi payait 33 deniers la ration du mauvais pain, et qu'un meilleur ne coûtera que 18 à 20 deniers.

Que les Français étant susceptibles du point d'honneur, ils doivent être maintenus dans les sentiments louables ; et en conséquence, nous demandons que les coups de plat de sabre et de canne soient supprimés, en ce que ces traitements, contraires à la délicatesse nationale, nous a déjà fait perdre plus de quarante mille hommes par désertion, depuis son institution, sauf à suppléer la punition par appointement d'une ou plusieurs gardes à la décharge de la compagnie.

Que la conservation de nos soldats étant de la dernière importance, que les hôpitaux militaires seront rétablis comme d'ancienneté, sauf à en purger les abus de l'administration, à en faire l'adjudication sur les lieux, où il se trouvera des citoyens honnêtes qui entreprendront les places à 13 ou 14 sous, et d'en accorder la préférence aux Sœurs Grises, comme ayant plus de douceur, de propreté et d'intelligence à soigner les malades.

31° Comme il importe essentiellement au Roi et à la nation que tous nos régiments eussent des officiers expérimentés, voulant bien accorder quelque préférence à la noblesse, nous consentons que les trois quarts des officiers de chaque régiment soient tirés de la noblesse, et l'autre quart du tiers-état, choisi au scrutin par tous les officiers du corps, le colonel ayant deux voix parmi les adjudants, sergents, fourriers et maréchaux des logis, afin d'exciter l'émulation au service comme sous Louis XIV.

Que tous les jeunes gens de noblesse qui entreront dans un régiment, feront trois ans au moins le service aux grenadiers ou chasseurs pour leur servir d'école, à demi-paye des sous-lieutenants, en quoi ils auront d'autant moins lieu de se plaindre, que chez Sa Majesté Impériale les cadets servent à leurs dépens, des dix et douze ans, avant d'avoir le grade d'officier.

32° Comme nos troupes, soit par terre, soit par mer, n'ont souvent été battues que par jalousie ou par trahison qui a toujours restée impunie, nous demandons, pour la gloire du Roi et de la nation, que tous officiers, de tel rang, telle qualité et condition qu'ils soient, qui auront manqué aux ordres ou signaux du commandant, passeront aussitôt au conseil de guerre; et qu'étant convaincus de faute, ils seront cassés ou punis de mort, selon l'exigence du cas.

33° Que Thionville étant une place de guerre, il soit ordonné à Sa Majesté qu'en tout temps les habitants auront le droit d'élire librement leurs magistrats. Or, comme notre bureau municipal est réduit, par mort, à plus de moitié, et que M. Petit a été institué maire par lettre de cachet, il y a environ vingt ans, lors de la discussion du bureau municipal avec feu M. le comte de Vaux, nous supplions Sa Majesté d'ordonner qu'il soit le plus tôt possible procédé à une élection générale, excepté des places acquises, afin que nous puissions connaître la situation des comptes, et d'en diminuer les octrois s'il est possible.

34° Que Thionville étant la première frontière de l'Allemagne, qu'il importe essentiellement que ses fortifications soient réparées, et qu'en conséquence il soit pourvu, le plus tôt possible, à l'ouverture du canal du fort, qui ne reste plus que 7 à 8 toises pour lui faire traverser la Moselle.

Qu'il y soit construit un manège en maçonnerie comme à Metz, et deux ailes de caserne pour un régiment de cavalerie, selon le plan de feu M. le maréchal de Vauban, afin que les bourgeois et étrangers puissent bâtir des maisons dans l'emplacement; ce qui tiercera la force de notre ville.

35° Comme les frais exorbitants de justice absorbent et surpassent souvent le fond des causes, nous demandons que tous les procès au-dessous de 100 livres de valeur soient jugés sommairement, et à peu de frais, à l'hôtel de M. le lieutenant général du bailliage; et qu'au cas où il ne pourrait pas concilier les parties, qu'il les renverra à la huitaine pour être jugées, en dernier ressort, à l'assistance de deux juges ou avocats.

36° Que toutes les causes jusqu'à 500 livres seraient également jugées au bailliage, comme aux consuls, en dernier ressort, moyennant qu'il y aurait cinq juges sur les rangs.

37° Que les domaines du Roi seront amodiés sur les lieux pour chacun dix-huit ans, afin de les mettre en état d'en tirer meilleur compte.

38° Que les petits cens des domaines, qui ne rapportent presque rien, et jusqu'à la concurrence de 100 livres de rente, pourront être remboursés au denier vingt. .

39° Que la capitulation de Thionville, souscrite par feu le grand Condé et nos magistrats, sera exécutée selon sa forme et teneur; et qu'en conséquence, les barrières de l'intérieur du royaume ne pourront jamais être reculées à nos frontières, comme contraires à nos constitutions et régime de commerce avec nos voisins étrangers.

40° Que les lettres de cachet seront supprimées; et qu'un citoyen ne pourra être arrêté que par décret du juge civil, et son procès instruit pour être puni ou élargi suivant l'exigence du cas.

41° Que les supérieurs de la place ne pourront faire emprisonner un bourgeois pour plus de vingt-quatre heures; excepté le cas criminel, pour faire instruire son procès, à ses risques, périls et fortune.

42° Que dans le cas où un officier maltraiterait un bourgeois, que le commandant de la place lui rendra bonne et prompte justice; et qu'au refus, le magistrat de la ville fera dresser procès-verbal des circonstances, et l'enverra au ministre de la guerre pour en obtenir satisfaction.

43° Comme la répartition des impositions est très-inégale et vicieuse à Thionville, et qu'elle exige correction, il convient, qu'à l'avenir, les anciens asseyeurs, pour donner leurs raisons, soient présents à la nouvelle imposition, sans voix délibérative; et qu'elle sera faite par les huit le plus haut en taxe, assistés de quatre députés du bureau municipal, qui, avec les huit bourgeois, auront voix délibérative, excepté le cas de parenté.

44° Que la trop grande quantité de Juifs qu'il y a dans les Évêchés, et qui ruinent les garnisons, les enfants de famille et les pauvres paysans qui ont recours à eux par leur usure exorbitante, demande de la sagesse du gouvernement qu'il soit mis un frein à cette usure destructive; et qu'ils soient dispersés dans le royaume et dans nos colonies, et que, surtout, ils soient proscrits de tous les villages, villes et bourgs du Luxembourg français, comme ancienne possession espagnole où les Juifs n'ont aucun domicile, n'y ayant en avoir qu'une maison tolérée à Thionville.

45° Qu'il est important de supprimer les droits de la marque des cuirs, sur l'amidon et le papier, comme destructifs de ces trois branches d'industrie de la province.

46° Que les droits de contrôle seront réglés par un tarif plus modéré, et si clair qu'on sache ce qu'il doit, car ils sont si compliqués et si obscurs, que le plus savant avocat n'est pas en état de donner le moindre avis sur cette partie, qui ne doit plus être amodiée, mais levée par régie pour le compte de l'État.

47° Que l'échange du comté de Sancerre, fait avec M. le baron d'Espagnac, sera annulé, et que les acquéreurs des biens du Roi feraient état des dégradations, sauf leur recours contre leur vendeur.

48° Qu'il sera rendu un compte exact de la vente des effets des corps d'arts et métiers, ainsi que les brevets qui ont été levés depuis la nouvelle formation.

49° Qu'il sera aussi rendu compte des revenus des biens des Jésuites depuis leur suppression, ainsi que de ceux des dames de Mariendal et du Saint-Esprit, qui ont été supprimées par Sa Majesté Impériale.

50° Que le public étant exposé à des pertes considérables, lorsqu'il donne son blé à moudre, en ce que les uns prennent la mouture en nature au seizième, d'autres au vingtième : ce qui fait un monopole considérable lorsque le blé double de prix, et que, si le meunier est infidèle, ce qui n'est que trop journalier, il se trouve qu'on paye souvent quatre et cinq fois la mouture, quoique l'ouvrage soit toujours le même. Or, pour prévenir cet abus, nous demandons qu'il soit fait expérience par-devant des commissaires, savoir :

Combien le muldre, mesure de notre pays, produit de farine blanche, son et retrait ;

Idem, combien en bis blanche, son et retrait ;

Idem, combien en bis, son et retrait.

Que les meuniers seront tenus de peser le blé en le prenant en ville, et de même en rendant la farine, son et retrait.

Que la mouture se payera en argent, pour les particuliers à 16 sous le muldre, et 4 sous au conducteur ; en quoi ils pourront d'autant moins se plaindre que la plupart sont arrangés avec les boulangers à 10 et 12 sous par muldre, et 3 sous au conducteur.

Que, dans leurs moulins, ils auront poids et balance en règle, pour peser celui des gens de la campagne ; et qu'en cas de fraude, ils seront condamnés à 100 livres d'aumône pour les pauvres du lieu pour la première fois.

A 200 livres pour la seconde ;

A 300 livres pour la troisième ;

Et au carcan pour la quatrième.

51° Pour établir la paix, l'union et la concorde dans la société, il est intéressant que les libellistes et susciteurs de procès soient punis exemplairement, comme perturbateurs du repos public.

52° Les jeux de hasard doivent être défendus rigoureusement, pour empêcher la jeunesse et des pères de famille de se ruiner, et qui les conduisent souvent à des choses honteuses.

53° Que, pour pourvoir à la subsistance des pauvres honteux et empêcher la mendicité, nous estimons qu'il conviendrait de mettre 1 ou 2 sous pour livre de la capitation des trois ordres, qui seraient administrés par une société bienfaisante, à l'assistance du curé.

54° Comme il est de la noble franchise des commerçants d'exposer la vérité au Roi et aux États généraux pour le plus grand bien de la nation, nous estimons que les tribunaux d'intendance sont contraires au bien public, et que le service doit être suppléé par les États provinciaux que nous sollicitons des bontés de Sa Majesté.

55° Que nous avons l'honneur d'observer l'arrêté du conseil de guerre, qui a statué qu'un colonel à seize ans de service, serait maréchal de camp, de droit.

a Que seize ans de service n'en font que cinq effectifs, puisque MM. les colonels ne paraissent que trois à quatre mois chaque année au régiment, et qu'un aussi court espace de service procure rarement les talents nécessaires pour en faire un général.

b Que c'est avilir le grade de général que de récompenser aveuglément le mérite et l'ignorance, sans distinction.

c Que, par cette promotion de droit, l'État serait, avec le temps, chargé d'un si grand nombre de généraux superflus, qu'ils absorberaient la majeure partie des contributions de l'État.

56° Que partant des mêmes conséquences, nous estimons qu'il est important qu'il soit choisi, aux États généraux, un comité des trois ordres pour faire un relevé du nombre des généraux qui existaient à la mort de Louis XIV, ainsi que des traitements dont ils jouissaient, pour en faire comparaison, afin de statuer en connaissance de cause.

57° Que le même comité prenne connaissance du travail du conseil de guerre, afin d'en élaguer les objets qui pourraient rebuter l'officier et le soldat du service ; car on dit que plusieurs trésoriers quartiers-maîtres se plaignent de ne pouvoir plus suffire de ce qu'on exige de leur service.

58° Que le même comité soit chargé d'observer les pensions ou retraites qui méritent d'être modérées.

59° Que toutes les places, qui n'exigent pas résidence, fussent supprimées pour l'avenir, et les pensions ou traitements des titulaires actuels modérés, s'il y a lieu, eu égard à leur fortune.

60° Qu'il soit accordé aux protestants un état civil au moins aussi favorable que celui des juifs, afin d'attirer les patriotes hollandais et autres à venir s'établir parmi nous.

61° Que les trois provinces d'Alsace, Trois-Evêchés et la Lorraine, continueront d'être réputées provinces étrangères, et que, pour faciliter la circulation du commerce entre elles, tous les bureaux, sans distinction, des trois provinces seront supprimés ; et qu'elles payeront au fisc du Roi la même somme que les fermiers en donnaient, et que la répartition s'en fera sur les trois provinces, au prorata de ce qu'elles en étaient grevées.

62° Qu'aux États généraux, les voix se prendront par tête et non par ordre, d'autant mieux que nous espérons qu'à l'avenir le clergé ne figurera plus comme ordre aux États généraux, n'ayant aucun droit à l'administration du royaume, leur service devant se borner à celui des autels.

63° Que les célibataires depuis trente ans seront imposés au moins au double des pères de famille à raison de leurs facultés, afin de les obliger à se marier, ou, au moins, à payer pour les enfants illégitimes qu'ils laissent à la charge de la société.

64° Que les droits de permission d'ici à Metz, comme de toutes les villes des Evêchés qui ressortissent à Metz, seront supprimés comme contraires à la circulation du commerce de la province, et qui ruinent les fiacres et voituriers pour un très-vif objet que l'entrepreneur en paye à la messagerie de Paris.

65° Que le dépôt de la poste aux lettres sera sacré, et que, dans aucun cas, on ne pourra intercepter ou ouvrir les lettres qui y seront déposées ; et que cette partie ne sera plus affermée, mais administrée pour le compte de l'État.

66° Que tous les prélats, abbés et prieurs seront tenus de rester dans leur diocèse, à peine de confiscation de leur temporel au profit de la province, à moins que, pour intérêt de famille ou de santé, ils n'eussent obtenu permission de s'absenter du bureau intermédiaire.

67° Qu'il soit défendu de sortir des bois de chauffage ou de construction de la province des Trois-Evêchés, à peine de confiscation au profit de ladite province.

68° Que la presse sera libre, afin de procurer aux patriotes la faculté de développer leurs sentiments pour le bien public.

69° Que la distillation des fruits en eaux-de-vie, sera libre dans les Evêchés, la Lorraine et l'Alsace, afin de conserver notre numéraire et d'attirer celui de l'étranger.

70° Qu'en temps de paix, la partie des fourrages ne sera pas laissée à aucune compagnie, afin d'empêcher le brigandage qui se commettrait sur cette partie ; que l'administration des régiments en sera chargée, et répondra de l'exactitude du service, sous peine de destitution.

71° Que tous les vétérans, qui feront commerce quelconque, contribueront aux charges communes aux citoyens du même ordre.

72° Que la banalité des fours et moulins, étant un esclavage contraire au droit des gens, qu'elle soit supprimée dans l'étendue des Trois-Évêchés.

73° Que les cens et rentes non rachetables, étant une condition onéreuse à quiconque voudrait libérer son héritage, que le remboursement pourra s'en faire au denier quinze.

74° Que l'obligation de ne pouvoir prêter à 5 p. 0/0 qu'en aliénant le fonds, étant contraire au bien du commerce et de la société ; qui est cause qu'un numéraire considérable reste sans activité, et que, vu la rareté de l'argent en circulation, qu'il sera permis à toutes personnes, même aux séculiers et réguliers, de prêter sur papier libre, à 5 p. 0/0, et pour terme fixe ; mais que, pour avoir hypothèque, il faudra passer des contrats par-devant notaire, qui pourront, de même, être stipulés à terme.

75° Que, comme la charité publique se trouve surchargée à Thionville de pauvres étrangers qui s'y sont introduits sans être reçus bourgeois, ce qui diminue les secours des anciens citoyens, qu'ils seront tous mandés à l'hôtel de ville pour justifier de leurs mœurs et conduite, le cas échéant se faire recevoir bourgeois pour être imposés au rôle des contribuables, ou sortir de la ville.

76° Que toutes personnes des deux sexes de conduite scandaleuse, ou suspectes d'infidélité, seront également mandées pour être réprimandées en secret, et en cas de récidive, chassées de la ville.

Si nous sommes assez heureux pour mériter le suffrage de nosseigneurs des États généraux, nous osons espérer que M. de Necker, directeur général des finances, sera en état de combler le déficit dès la première année, en soulageant même la pauvre classe du peuple de plus de 100 millions, et qu'il pourra mettre les forces nationales de terre et de mer dans un état si respectable qu'aucune nation ne sera tentée de nous troubler ; et, au besoin, nous pourrons fournir deux cent mille hommes et plus, sans inconvénient, et sans toucher au trésor royal.

La franchise avec laquelle nous nous sommes exprimés, pour le soutien du trône et l'honneur de la nation, nous font espérer que les personnes mêmes qui sont dans le cas d'éprouver des changements, nous rendront intérieurement justice, car aux grands maux il faut de grands remèdes ; et ce n'est qu'en corrigeant les abus d'administration que la nation pourra parvenir à parer à nos malheurs, en établissant l'équilibre dans les répartitions, de l'ordre dans la société.

Nota. — A la suite de ce cahier, on trouve la note suivante :

Le présent cahier de doléances des deux corps des marchands de Thionville a été présenté à l'assemblée générale des députés du bureau municipal, par le sieur Hentz, ancien juré et ancien notable de l'hôtel de ville, député du corps des merciers, comme extrait seulement d'un Mémoire de 86 pages in folio, qui développe les moyens de l'exécution de son plan de finances, qui présente environ 600 millions d'impositions sans surcharger aucune classe, et qui, par sa politique, engagera la noblesse de faire cause commune avec le tiers-état, puisqu'en contribuant avec nous, leur revenu sera encore augmenté de plus de 10 p. 0/0.

En supprimant MM. les fermiers, six ou huit des meilleurs travailleurs seront conservés avec

un bon traitement et grâces de noblesse pour administrer la vente du sel et tabac à un prix modéré, pour le compte de l'État : le sel, depuis 3 sous à la frontière, et 5 sous dans l'intérieur du royaume, et le tabac à 30 sous la livre.

Tous les receveurs conserveront leurs places, ainsi qu'un quart des meilleurs employés.

Dix mille seront enrégimentés avec bonne paye, et auront leurs propres officiers pour les commander.

Le reste des réformés auront une retraite modérée, et la faculté de faire tel commerce ou métier qu'ils voudront, sans brevets.

En réformant l'administration des intendances, MM. les intendants pourront être nommés par Sa Majesté, si bon lui semble, présidents des États provinciaux, et leurs secrétaires, de même, y être employés ; ce n'est que le nom qui changera sous une autre forme d'administration, où un plus grand nombre d'élus contribueront au bien du service.

La nation, en comblant le déficit par la réforme des aides, procurera au peuple, en soulagement, la suppression des 10 sous pour livre, qui coûte à l'État 80 millions.

Idem, la suppression du droit tyrannique des aides, ainsi que ceux de la marque des cuirs, papiers et amidon. Il indiquera les moyens simples de fournir à l'État deux cent mille hommes de bonne volonté, qui, sans inconvénients, ne coûteront pas un sou au trésor royal.

Enfin, il proscrira la mendicité en pourvoyant au sort des pauvres de toute espèce, orphelins et vagabonds, sans qu'il en coûte un sou au Roi ni au peuple, et de manière que tous les sujets de l'État seront utiles les uns aux autres.

Il se promet de mettre la nation dans un état si respectable, qu'il ne se tirera pas un coup de canon sur terre et sur mer sans le consentement de Versailles, et espère, sous trois ans, faire renaître l'âge d'or sous le règne de notre bon Roi, qui accomplira la promesse de Henri IV en faisant manger la poule au riz à ses paysans.

Tout dépend de la bonne volonté à me seconder, et alors, je réponds sur ma tête de rendre la France heureuse, florissante et invincible, telle que j'ai eu l'honneur de le proposer au présent cahier de doléances de mon corps.

Ce ne sont ni les rangs ni la fortune qui donnent les connaissances d'administration : ce sont des dons de Dieu, et que nous devons consacrer au service du souverain et de la patrie. Et, depuis 1771 particulièrement, je me suis occupé par inclination, et avec zèle, à développer les moyens d'améliorer l'administration des finances du royaume, et à la correction à faire aux abus.

Signé HENTZ.

CAHIER

Des doléances de l'ordre du clergé de Sarrebourg et Phalsbourg (1).

Cejourd'hui, 8 avril 1789, l'ordre du clergé des prévôtés royales de Sarrebourg et Phalsbourg, assemblé au couvent des RR. PP. Cordeliers de ladite ville de Sarrebourg, en exécution de la lettre du Roi concernant la convocation des États généraux, du règlement y

---

(1) Nous publions ce cahier d'après un manuscrit des *Archives de l'Empire.*

annexé, et de l'ordonnance de M. le prévôt, à l'effet de procéder à la rédaction de son cahier de doléances, plaintes et représentations, a chargé son député de présenter à l'assemblée des ordres de la province des Evêchés, à Metz, et de faire insérer, dans le cahier du clergé de ladite assemblée qui doit être porté à celle des États généraux, les articles suivants :

Art. 1er. Le clergé consent à faire généralement tous les sacrifices pécuniaires qui lui sont en son pouvoir, et qui peuvent être nécessaires dans les circonstances présentes, pour subvenir aux besoins de l'État et procurer le soulagement des peuples.

Art. 2. Il demande la conservation de ses anciennes formes, et de tous les privilèges, prérogatives et immunités dont il jouit depuis l'origine de la monarchie, et dont il ne pourrait être dépouillé que par une innovation injuste et funeste à l'État.

Art. 3. Une nouvelle organisation des chambres ecclésiastiques, chargées de la répartition des subsides imposés sur le clergé. Il désire, en conséquence, que le nombre des députés de tous les corps séculiers et réguliers soit proportionné à leur contribution respective ; que ces députés soient élus dans toutes les parties du diocèse ; que le bureau diocésain ne soit chargé de répartir l'impôt que sur les districts, doyennés ou archiprêtrés, et qu'il soit établi dans ces différents districts des bureaux particuliers chargés de la répartition immédiate sur les individus.

Art. 4. Qu'il n'y ait plus aucune distinction entre les biens appartenant aux ordres teutonique et de Malte et ceux du clergé, et que les subsides imposés sur les biens de l'Église soient également répartis sur ces deux ordres, comme sur tous les corps ecclésiastiques.

Art. 5. L'augmentation survenue depuis quelques années dans le prix des objets de consommation, mettant la plupart des curés et vicaires dans l'impuissance de remplir, avec décence, les fonctions de leur ministère, et de soulager les pauvres de leurs paroisses, le clergé demande qu'il soit pourvu, par union de bénéfices sans charge d'âmes, à ce que chaque curé ait au moins 1,000 livres de revenu annuel, et chaque vicaire amovible au moins 500 livres.

Art. 6. Que, dans les assemblées municipales, le curé de la paroisse occupe la première place après le seigneur, et qu'il ait la présidence en son absence : cette distinction, due à la dignité de son caractère, est nécessaire pour opérer le bien que le gouvernement se promet de la présence du pasteur dans ces sortes d'assemblées ; elle lui est déjà assurée dans plusieurs provinces, et accordée volontairement dans les autres par les syndics et autres membres de la municipalité.

Art. 7. Que les ordonnances et édits du Roi, ainsi que les règlements faits par les corps souverains, concernant la sanctification des fêtes et dimanches, la fréquentation des cabarets, les danses, les spectacles, les attroupements, les assemblées publiques et tumultueuses, soient renouvelés en tant que de besoin, et exécutés selon leur forme et teneur ; et qu'il soit pris des mesures efficaces pour prévenir les débauches, les querelles, les meurtres mêmes, auxquels les fêtes patronales ne manquent pas de donner lieu chaque année.

Art. 8. La révocation de l'édit du Roi, qui défend aux églises et aux hôpitaux le remplacement de leurs capitaux.

Art. 9. Que le gouvernement prenne les me-

sures les plus promptes et les plus efficaces pour arrêter le cours des livres également funestes à la religion, aux mœurs et à l'État, dont le poison se répand, dans ces cantons surtout, avec une hardiesse et une rapidité sans exemple.

Art. 10. Que les ecclésiastiques non nobles puissent être admis dans les chapitres et parvenir aux dignités du premier ordre pour encourager les talents, et donner à l'Église les bons et utiles ministres qui lui sont nécessaires.

Art. 11. Qu'il soit fait de nouveaux règlements sur l'enseignement public, l'éducation de la jeunesse, et surtout l'instruction des jeunes clercs ; que les séminaires, les collèges et les universités, confiés à des congrégations religieuses, qui n'ont point assez de sujets pour en remplir les places à la satisfaction du public, soient donnés à des prêtres séculiers, choisis dans tous les membres du clergé des différentes provinces.

Art. 12. Pour terminer des contestations qui, pour des objets de la plus petite conséquence, ruinent souvent les habitants de la campagne, qu'il soit établi, dans chaque communauté, un tribunal de paix, composé du curé de la paroisse et des membres de l'assemblée municipale ; lequel tribunal jugera, sans frais, jusqu'à la concurrence d'une somme à fixer par les États généraux.

Art. 13. Que les Juifs, domiciliés dans la province des Trois-Evêchés, soient soumis aux règlements rendus pour celle d'Alsace le 10 juillet 1784, pour réprimer efficacement les vexations et usures d'une nation qui produit la ruine des villes et des campagnes.

Art. 14. Que les réclamations des autres ordres, touchant la régie, les fermes, la gabelle, l'impôt sur le sel, les huissiers-priseurs, les maîtrises des eaux et forêts, les salines et autres usines, etc., soient accueillies favorablement.

Tels sont les articles que les commissaires députés pour la rédaction du cahier de l'ordre ecclésiastique des prévôtés de Sarrebourg et Phalsbourg, par procès-verbal de ce jour, ont rédigés, et qui doivent être présentés par son député, pour être insérés dans le cahier du clergé du bailliage de Metz, et de suite porté aux États généraux.

Et ont lesdits commissaires signé, les jour et an que dessus,

Signé Georgel, doyen et curé de Sarrebourg ; Mangenot, chanoine, député du chapitre ; Marc, curé d'Imling ; Rossignol, représentant le curé de Reding.

Coté et paraphé par nous, prévôt, juge royal à Sarrebourg, le présent cahier contenant quatre pages, en exécution de notre procès-verbal de ce jourd'hui 9 avril 1789 ; le présent à l'instant remis au sieur Georgel, député du clergé.

Signé Mathey ; Embry, secrétaire-greffier.

HUMBLES DOLÉANCES

Du corps des vicaires de la paroisse des Trois-Evêchés (1).

> Domine Rex, propitius esto sorti ; converte luctum nostrum in gaudium, ut, viventes, laudemus nomen tuum.

C'est à Votre Majesté même, Sire, que s'adres-

(1) Nous publions ces pièces d'après un manuscrit des *Archives de l'Empire.*

sent ces plaintives paroles, que, du fond d'une de
vos provinces, élèvent vers votre bienfaisance,
une petite mais intéressante portion de ce peuple dont vous vous montrez le père (les vicaires
de votre province des Trois-Evêchés). Vous avez
permis, Sire, que l'on porte au pied de votre
trône, et qu'on verse, pour ainsi dire, dans votre
sein, les doléances que l'infortune arrache aux
malheureux qu'elle tourmente ; mais, hélas ! cette
douceur que doivent goûter tous et chacun, nous
a été refusée, et l'article quatorzième de votre ordonnance de convocation aux États généraux, qui
permet à l'affliction d'élever la voix, a condamné
la nôtre au silence, en nous obligeant à rester les
gardiens des paroisses de ceux dont nous sommes
les coopérateurs en notre qualité de vicaires.

Cependant, Sire, nous osons le dire avec autant d'ingénuité que de vérité, de tous vos sujets du clergé, il n'en est peut-être pas dont la
dure destinée ait plus de droits à la réclamation et
dont les voix soient moins à portée d'être entendues, et la misère connue. Nous nous attendons bien, Sire, que l'on nous dira que nous pouvions charger MM. les curés de nos doléances, et
qu'après tout nous faisions corps avec le clergé
qui a des représentants aux États généraux. Ah !
Sire, nous faisons effectivement partie de ce
clergé ; nous avons même l'honneur d'être du
nombre de ceux que votre bonté a honorablement
qualifiés du titre flatteur de bons et utiles pasteurs ; mais malgré toute la confiance que nous
inspirent leurs vues bienfaisantes et éclairées, nos
intérêts, quoique du même corps, sont bien différents, comme vous l'apercevrez sans doute par
les doléances que nous avons l'honneur de vous
mettre sous les yeux et l'apparente opposition,
que semblent mettre nos pétitions à leurs intérêts, aurait pu refroidir leur zèle à nous être utiles. Non, Sire, il n'y aura point de vicaire aux
États généraux, aussi peu considéré dans la société qui a dû former cette notable assemblée que
leur qualité de vicaire paraît peu relevée ; ils en
ont été exclus et n'auront par conséquent personne pour présenter, étayer leurs doléances et
en montrer la justice, et cette même indifférence,
qui les élimine des États généraux, aurait aussi
fait peu de cas de l'objet de leurs pétitions, et
leurs doléances seraient restées dans l'oubli. Tel
est, Sire, le sort du faible : gémir est sa tâche,
se taire est son devoir.

Ne dédaignez donc pas, Sire, écouter favorablement nos timides voix, et puisque l'accès de
votre trône nous est ôté à des êtres qui seraient aussi
jaloux que tout autre de montrer et satisfaire leur
amour pour votre auguste personne, en contemplant sa profonde sagesse, et lui rendant leurs
respectueux hommages, permettez que, du fond
de nos asiles où notre condition nous enchaîne,
nous ayons l'honneur de vous faire parvenir ces
doléances que vous avez permises à tous et à
chacun de vous exposer ; nous en userons, Sire,
avec cette respectueuse liberté que doivent avoir
d'humbles et d'affectionnés sujets envers un monarque digne de toute leur tendresse et attachement.

Pour mettre, Sire, dans nos doléances toute la
clarté et l'ordre nécessaires et en montrer la justice, il est essentiel de vous prévenir que dans
vos vastes États, Sire, on distingue deux sortes
de vicaires ; les uns sont à résidence, les autres
commensaux. Les vicaires à résidence sont des
ecclésiastiques placés dans une de ces paroisses
qu'on nomme annexe ou succursale, pour y remplir toutes les fonctions du sacerdoce et de pas-

teur (en sous-ordre et à la disposition des curés
primitifs), obligés de tenir maison, vivre et s'entretenir, tout cela sous la seule rétribution de
350 livres.

Les vicaires commensaux sont ceux qui logent
et vivent chez et aux dépens des curés, dans les
paroisses, desquels ils travaillent avec la même
rétribution que les premiers : c'est d'après cette
observation préliminaire et intéressante pour l'intelligence de nos doléances que nous allons, Sire,
établir nos pétitions, que nous réduisons à deux.

PREMIÈRE PÉTITION.

Nous demandons de changer le sort des vicaires
résidants en remplaçant l'amovibilité à laquelle
ils sont soumis par l'inamovibilité.

Quand on cherche, Sire, à demander quels motifs
peuvent maintenant assigner et assurer l'inamovibilité à certains endroits, et la refuser à d'autres
qui ont les mêmes raisons et les mêmes moyens de
se la voir attacher, on ne peut aisément les découvrir, et par conséquent les détailler. Invoquerait-on
l'usage qui le veut ainsi ? mais si des circonstances
qui n'existent plus ont introduit cet abus, qui n'en
était pas un moins, n'est-ce pas à ce siècle et un
Roi éclairé à les redresser ? Craindrait-on en accordant l'inamovibilité aux vicaires résidants, que
les curés auxquels appartiennent ces endroits en
souffriraient dans leurs droits et revenus ? Mais on
verra dans l'exposé de notre seconde pétition que
nous ne conspirons nullement à toucher à des propriétés aussi sacrées et à en dépouiller les curés.
Serait-ce qu'il résulterait du plan que nous proposons, quelque inconvénient ? On n'en voit aucun
sans doute, et même nous osons dire qu'il n'y aurait qu'un bien.

On ne conçoit pas, Sire, quel tort font à un vicaire et à une paroisse ces changements fréquents
auxquels ils sont exposés, et que produit le pouvoir arbitraire et absolu d'un vicaire général, ou
la volonté capricieuse d'un curé déplaisant, ou
des raisons de convenances ou d'intérêt de part
et d'autre, enfin les sourdes menées dont un vicaire est sourdement la victime.

Si d'abord nous voulions montrer combien
grèvent un pauvre vicaire les changements,
nous exposerions ici les frais indispensables et
coûteux qu'ils entraînent après eux : dans ce
temps surtout, où l'indigence se fait sentir dans
presque toutes les classes des artisans, les
payements et les rétributions sont énormes, et si
le trajet d'un lieu à un autre est de longue haleine, comme cela arrive quelquefois, comment
alors charrier meubles et personnes, et vivre pendant un an avec la faible pension de 350 livres
dont il faut se priver en partie pour frais de
voyage, acquit et tous autres droits ; on sent donc
déjà quel tort font aux vicaires ces changements.

Mais si un vicaire, par là même, souffre déjà,
nous pouvons ajouter que son ministère n'en tire
pas plus d'avantages. L'incertitude d'un long domicile dans un endroit (car nous ne sommes sûrs
de rien) l'inquiète et l'empêche de prendre pour
le régime de la paroisse les précautions et les arrangements auxquels il pourrait recourir lorsque
l'utilité ou la nécessité paraissent le demander,
par l'idée qu'il a, qu'au milieu de sa besogne et
de ses opérations, il sera obligé de quitter et aura
la douleur de ne les point voir soutenues par son
successeur ; chaque homme, chaque usage, toujours flottant, son anxiété énerve en lui sa bonne
volonté, les heureuses dispositions qu'il aurait
d'opérer le bien et d'en consolider l'établissement ; de là le ministère dont il est revêtu souffre,

et ne produit pas les heureux effets qui devraient naturellement en résulter.

La paroisse elle-même en souffre. On sait que l'uniformité de doctrine, de principes et d'usages est ce qui entretient l'ordre et l'harmonie dans une paroisse, chose si désirée et si intéressante ; on n'ignore pas que de cette uniformité naît la docilité des esprits et le respect pour ce qu'elle consacre et consolide ; mais de ces changements naissent le trouble et la confusion, les esprits sont déroutés : nouveaux pasteurs, nouvelles idées, nouveaux usages qui tournent tous au détriment de la religion et de ses ministres, par les plaisanteries et propos indécents que tout cela occasionne dans la société. Les paroissiens n'ont point pour un vicaire l'estime et la confiance si nécessaires aux succès de son ministère ; ils ne s'y attachent point par la crainte d'avoir la douleur de le quitter, ils ne mettent point à ses instructions la même importance, la même assiduité, parce qu'ils ne le regardent point comme étant en autorité ; il passe à leurs yeux comme un mercenaire aux gages de son curé, qui travaille pour pouvoir vivre, et ne comptent point sur cette amitié qui attache les pasteurs à leurs troupeaux ; aussi remarque-t-on, Sire, avec douleur, que les paroisses à vicaires résidants, amovibles, sont jusqu'à présent les moins disciplinées et les plus incorrigibles. Comment donc, Sire, les rappeler à cette harmonie qui doit se faire apercevoir dans les mœurs et la religion que votre piété et votre tendresse désirent voir régner parmi eux, si on ne donne à ceux qui y sont établis, pour y pourvoir, une stabilité qui leur laisse le temps et les facultés d'y travailler efficacement et de ne point y être gênés ?

D'ailleurs, Sire, oserons-nous le prononcer, l'accord ne règne pas toujours entre un curé et son vicaire, leur humeur comme leur intérêt sont quelquefois bien différents ; alors ces changements sont toujours une source de murmures, de plaintes, qui nuisent puissamment à l'harmonie et à la morale chrétienne ; chacun voit toujours malicieusement les causes de ces changements : l'un accuse le curé de ridicule, de dureté, de caprice, l'autre en fait retomber tout l'odieux sur le vicaire, d'où naissent des propos hasardés, des plaisanteries souvent grossières qui tournent tous au détriment de la religion et de ses ministres. Cet inconvénient, qui en est un bien réel et bien nuisible, ne se rencontrerait pas, si l'un ne dépendait pas de l'autre.

Sans recourir à de nouvelles considérations dont nous passons bon nombre, crainte d'être trop prolixes, n'avons nous donc pas raison de solliciter puissamment cette première grâce ?

Y-a-t-il, Sire, plus de danger de nous accorder l'inamovibilité que de nous confier l'important ministère dont nous avons l'honneur d'être revêtus et des sublimes et délicates fonctions desquelles nous sommes chargés à l'égal des curés inamovibles ? Si on nous trouve capables et dignes de les remplir, tâche absolument intéressante pour le bonheur et la tranquillité du monarque et des peuples, pourquoi nous trouverait-on indignes de l'inamovibilité dont les avantages sont incontestables et pour les paroissiens et pour les pasteurs ? Nous n'osons pas soupçonner, Sire, qu'on s'imaginerait que nous en abuserions plutôt que ceux qui en sont pourvus ; ce n'est point, Sire, l'inamovibilité qui préserve de la dissipation et des écarts celui qui n'a pas une conscience droite et timorée pour conseil et guide, comme ce n'est pas l'inamovibilité qui

donne lieu au relâchement dans les mœurs et dans ses devoirs ; grâce à la morale que nous prêchons et tâchons d'observer, nous éloignons de nous tout esprit de faste et de relâchement qui pourrait donner aux ministres de la religion le plus grand ridicule et les couvrir du plus juste mépris.

A quoi maintenant doit-on l'existence de cette amovibilité des vicaires à résidence ? Il est aisé, Sire, de l'apercevoir, et les causes qui laissent subsister un tel abus sont précisément celles qui auraient laissé nos réclamations dans l'oubli aux Etats généraux en les confiant aux représentants du clergé, soit curés, grands-vicaires ou évêques.

Nous le répétons, Sire, nous n'avons garde de suspecter la justice et la bonne volonté de ces messieurs à notre égard ; mais quand le faible met entre les mains du plus fort des moyens qui ont une opposition apparente ou peu concordante avec ses intérêts personnels, est-il croyable qu'il se prête volontiers à en faire l'usage que l'on en attendait ? Et d'abord, MM. les curés se seraient bien gardés de les y agiter vigoureusement ; la crainte de se voir dépouiller d'une juridiction et d'un revenu qu'ils ont et tirent dans les annexes et succursales dont ils sont les premiers pasteurs et qu'ils auraient appréhendé voir passer entre les mains d'un vicaire inamovible, aurait balancé le désir qu'ils montrent et ont montré que les choses soient telles que nous les demandons : leur temporel, vu leurs charges et les pauvres qui les entourent, est déjà trop insuffisant, nous l'avouons, pour se voir encore volontiers diminuer les moyens d'y pourvoir, sans diminution de ces charges ; ainsi nous pouvons croire qu'ils auraient pu proposer nos vœux, mais pas les soutenir comme ils demanderaient de l'être.

Nous n'aurions pas eu meilleures sources dans MM. les grands vicaires. Personne, Sire, ne plaide volontiers contre ses droits et ses prérogatives, et n'aime à voir sa liberté restreinte et son autorité limitée ; le petit amour-propre ne s'y porte pas volontiers : c'est cependant ce qu'auraient été chargés de faire contre eux MM. les grands-vicaires, si nous les avions priés de prendre nos intérêts en main ; on sait, Sire, que c'est d'eux comme des curés que dépendent absolument les changements et remplacements des vicaires ; ils sont à cet égard pleinement despotes, et peuvent, comme et quand ils le veulent, nous faire voltiger, et tout cela à nos frais ; l'amovibilité nous laisse à leur discrétion.

Quant à nosseigneurs les évêques, d'un côté la sublime élévation où les place leur dignité et leur opulence, de l'autre l'abjection dans laquelle nous laisse à leurs yeux et selon leur idée notre condition de vicaire, ont mis entre eux et nous un intervalle trop immense pour oser le franchir, et les supplier de prendre en main nos intérêts ; notre présomption aurait pu se voir accablée de leur grandeur comme de leur animadversion ; on sait qu'ils ont le même intérêt à nous tenir à leur disposition que MM. les grands vicaires qui sont leurs fidèles agents et par conséquent opposés aux nôtres.

Que seraient donc devenues, Sire, nos réclamations entre les mains de personnes intéressées à ne pas les exhiber ? Elles seraient restées dans l'oubli, et nous aurions été, dans vos vastes Etats, les seuls qui n'auraient point eu part aux douceurs que votre tendre bienfaisance promet à vos sujets.

Daignez donc, Sire, accueillir favorablement cette première pétition que nous avons l'honneur de vous adresser, à l'appui de laquelle nous répéterons, Sire, les paroles de notre texte :

Domine Rex, propitius esto sorti.

SECONDE PÉTITION.

La seconde pétition que nous avons l'honneur de vous adresser, Sire, est de vous supplier d'améliorer notre sort.

Loin de nous, Sire, tout sentiment qui respirerait le faste ou la mollesse! En vous faisant cette demande, Sire, nous sommes bien éloignés de vouloir être les échos ou de nous guider d'après l'ambition coupable de ce bénéficier riche et puissant qui disait ne pouvoir imaginer comment cent mille écus de rente pouvaient suffire à un honnête homme pour vivre, tandis qu'il aurait pu, sans sortir de son état, voir de ses semblables obligés de se contenter et vivre avec 350 livres et être honnêtes gens.

Non, Sire, nous rejetons et désapprouvons tout superflu en formant ce vœu qu'arrachent de nous, et les circonstances et notre misère incroyable Nous ne vous demandons que ce que demandait autrefois à Dieu le plus sage et le plus puissant des monarques de l'antiquité, Salomon : *Mendicitatem et divitias ne dederis mihi, tribue tantum victui meo necessaria* (Prov. c. xxx, v. 8). Tel est, Sire, le mode que nous donnons à notre demande.

Pourrait-elle, Sire, paraître indiscrète ou présomptueuse et par là être désapprouvée, si nous réussissions à montrer que dans notre sort, tel qu'il est maintenant, l'urgent nécessaire nous manque, et que nous sommes les premiers pauvres de nos paroisses, nous, qui cependant passons dans l'esprit des gens superficiels, accoutumés à ne juger des choses que par les yeux et sur des préjugés, pour être à l'aise et dans l'abondance? Cela ne sera malheureusement que trop facile.

Pour mettre, Sire, dans une évidence inconcussible notre première proposition, il suffit d'exhiber le détail et tracer le tableau du strict nécessaire dans un ménage pour la consommation et l'écoulement d'une année; ce calcul montrera d'une manière sensible la justice de notre demande. Permettez donc, Sire, que nous le plaçions ici, et que nous mettions sous les yeux du plus tendre et plus généreux monarque, l'infortune de quelques-uns de ses sujets.

1er Article. Blé pour deux personnes, 12 quarts, sur lesquels il faut prendre pour les aumônes que l'on ne peut, sans dureté, refuser aux misérables auxquels l'indigence commande impérieusement de la demander ou mourir de faim, la quarte à 12 livres ; total, ci.......................... 144 liv.

2e. Bois, denrée qui augmente annuellement, que bientôt on ne trouvera plus facilement à raison de l'extrême consommation qu'en font les bouches à feu de la province, 6 cordes à 18 livres ci.... 108

3e. Fagots 200 à 9 livres le 100 ; total, ci............................. 18

4e. Vin, 6 mesures à 8 livres la mesure, ci............................. 48

5e. Domestique.................. 36

6e. Porcs qu'il faut acheter gras attendu que nous n'avons d'aucune espèce de grain pour pouvoir en élever, ci............................. 48

Est-il, Sire, nécessaire de pousser plus loin ce détail que nous ne croyons point exagéré pour montrer déjà l'insuffisance de 350 livres pour l'honnête et décente subsistance d'un vicaire à résidence ? Nous n'y faisons pas entrer, Sire, les vêtements, boucherie, sel, etc., choses de première nécessité, d'une cherté et d'un entretien effrayant et dont l'usage quotidien fait renaître chaque jour le besoin; nous ne parlons point de ces événements malheureux, comme maladie, etc., qui viennent compléter le désastre de l'infortuné que l'indigence en laisse la victime.

Il est donc déjà évident, Sire, que nous manquons de l'urgent nécessaire; il n'en est pas moins vrai aussi que nous sommes les premiers pauvres de nos paroisses.

On n'est véritablement pauvre qu'autant qu'avec la privation de tout bien, on est encore privé de tout moyen de s'en dédommager par son industrie et son travail; car de ces deux sources libres jaillissent l'entretien et la vie; or, Sire, dans nos paroisses, personne n'est plus dépourvu de biens que nous : nous n'avons ni dîmes, ni bouvrots, ni prés, souvent pas de maison, et quelquefois on porte même la dureté jusqu'à nous contester et nous refuser une chétive portion de paquis, lot qu'on ne refuse pas au dernier des habitants; personne n'est comme nous dépourvu de moyens de s'en dédommager: voués par notre état à nos fonctions, nous sommes obligés à nous concentrer dans l'étude et le seul exercice de notre ministère ; nous n'osons ni nous ne pouvons recourir à aucune espèce de commerce, de travail, d'occupation mécanique et mercenaire, seul moyen d'appeler vers nous l'aisance que notre condition en éloigne; on regarde tout cela et avec raison comme incompatible avec notre état et nos devoirs. A quoi donc, Sire, nous voyons-nous condamnés, sinon à végéter ou à mourir de faim? Maintenant quel est donc dans nos paroisses celui des habitants réduit à une si dure alternative?

D'abord tout pauvre soit-il, il a toujours l'usage de ses bras, facultés et talents, ressources qui nous sont ôtées et interdites; a-t-il encore avec sa pauvreté nombre d'enfants, ces enfants sont autant de ressorts qu'il fait jouer pour l'entretien de sa famille ; tandis que lui et sa compagne vaquent à gagner ce qu'il faut pour leur entretien et vêtement, il disperse prudemment ses enfants dans toute la paroisse et aux environs où ils recueillent en aumônes quelque peu que ce soit, de quoi subsister, et retournent à leurs foyers sinon sensuellement, au moins solidement rassasiés par leur petite collecte à laquelle, malgré notre indigence, nous sommes obligés de contribuer, si nous ne voulons pas nous faire un mauvais parti chez quelques-uns, qui, ne consultant que notre état sans calculer nos moyens, nous imposent rigoureusement l'obligation de l'aumône, devoir que nous remplissons avec autant d'inclination que d'empressement.

Non-seulement nous sommes privés de tous ces moyens, mais avons-nous quelque ouvrage à faire faire, il faut recourir à des étrangers qu'il faut nourrir et payer grassement, privilège dont on se croit en droit d'user envers nous par l'idée que l'on a que prêtre et riche sont des termes synonymes. Quel est donc, Sire, l'être le plus misérable que nous dans nos paroisses, où l'on veut cependant que nous figurions avec une modeste mais honnête apparence, que nous compatissions et subvenions à la misère dont nous sommes les témoins affligés de nos paroisses, et que nous n'avilissions pas notre état par un costume ou un genre de vivre mesquin et incongru?

Nous demanderait-on, Sire, comment nous vivions précédemment, privés de cette augmentation que votre bienfaisance vient de nous accorder? Si c'étaient des bénéficiers qui fissent cette question nous leur demanderions pour toute solution, comment, ayant par leurs bénéfices, infiniment plus que nous, et de quoi vivre honorablement, ils ne cessent, malgré cela, de poursuivre et fatiguer votre tendre sollicitude, pour accumuler bénéfices sur bénéfices, ou au moins les échanger pour de plus gras. Allégueront-ils le faste et la grandeur qu'ils ont à soutenir? Mais leur état leur interdit tout cela : Saint-Paul leur dit comme à nous : Ayez dequoi vivre et vous vêtir et soyez contents (Thim., c. VI, v. 8). Veut-on donc savoir comment nous vivions et vivons encore, et quelle ressource venait à notre aide? Il faut le demander, Sire, non pas à ces bénéficiers, à ces monastères riches qui enlèvent la toison des brebis qui nous sont confiées sans nous en laisser que très-difficilement cette pension qu'ils sont obligés de nous payer à regret, ce semble encore; qui tirent de la ruche qui ne nous est confiée toute la douceur et le miel et qui ne nous laissent que l'amertume avec le soin de veiller à sa conservation; qui nous chargent du poids du jour et de la chaleur, auquel ils ajoutent encore celui de la misère, pour aller s'épanouir dans un faste ou une mollesse qui leur fait dédaigner notre condition. Mais demandez-le, Sire, à ces bons et utiles curés qui nous environnent et dont la compassion nous force à aller prendre chez eux et à leurs tables ce que notre sort nous refuse chez nous; il faut le demander à ces seigneurs généreux et bienfaisants qui se trouvent quelquefois dans nos paroisses et dont la piété fait de temps en temps alimenter par leurs libéralités notre existence débile : il faut le demander, Sire, à ces bons et compatissants habitants de nos paroisses qui, touchés de notre infortune, versent chez nous ce que leurs moyens et facultés leur permettent de se dessaisir en notre faveur; nous taisons ici, de peur d'affliger votre sensibilité, ces moments durs et désolants où, attaqués tout à la fois, par la faim et l'indigence, nous recourons à l'esprit de patience et de mortification qu'inspire la religion, pour nous consoler en attendant qu'un coup de la Providence vienne ranimer notre affaissement.

Tels sont, Sire, les moyens qu'ont de vivre et s'entretenir les vicaires à résidence de la province des Trois-Évêchés et peut-être de tout votre royaume, moyens tout à fait dissonants avec l'importance et le succès de leur ministère, à raison des égards, et de la reconnaissance qu'ils doivent avoir envers leurs bienfaiteurs et qui cadrent souvent mal avec des circonstances où le devoir de leur état et le bien des mœurs et de l'ordre demanderaient une fermeté qu'ils n'osent avoir et montrer.

Hélas! Sire, ces considérations ne sont-elles donc pas suffisantes pour étayer notre demande? On accorde à un curé à portion congrue et à un administrateur un sort honnête quoique modique; serait-ce donc que ces titres de curés ou d'administrateurs étendraient tout à coup la sphère des besoins des êtres qui les portent?

Serait-ce que cette dénomination de vicaire rétrécirait la sphère des nôtres? Dans tous les états, Sire, la nature, cette mère sage et vigilante de tous les êtres, commande impérieusement qu'on pourvoie à son honnête entretien, et dès lors qu'entre curé et vicaire résidants il y a même fonction, même devoir, même nécessité de vivre, et qu'il n'y a de différence que l'inamovibilité et le revenu de ces premiers, pourquoi refuser à ces derniers le traitement que l'on sent nécessaire aux premiers?

Les vicaires commensaux, Sire, ne sont pas moins dignes de votre bienveillante attention ; il est vrai qu'ils ont par-dessus les vicaires résidants l'avantage d'être nourris, logés chez MM. les curés dont ils sont les humbles coopérateurs, mais leur sort n'en est pas plus satisfaisant; plusieurs de MM. les curés estiment la table et le logement qu'il accordent à leurs vicaires valoir leur pension de 350 livres, et ne leur donnent aucune autre rétribution; et en quoi leur condition est tout à fait déplaisante, pire même que celle des domestiques de MM. les curés; ils sont toujours nourris, logés, quelquefois même habillés, ces domestiques; on leur donne avec cela un gage honnête, tandis qu'un malheureux vicaire n'a rien absolument que son logement et sa nourriture; il est vrai qu'il a l'honneur de manger avec M. le curé, mais cet honneur s'achète un peu cher, puisqu'il faut y mettre tout ce que nous pourrions économiser pour vêtements, événements imprévus, comme maladie, etc., dont nous sommes dépourvus.

Nous ne pensons pas, Sire, qu'on nous alléguerait ici le casuel que l'un ou l'autre de nous sommes dans le cas de tirer; nous n'irons pas à cette occasion faire parade d'une délicatesse bien placée et de la répugnance qu'une âme honnête et sensible éprouve sur le recouvrement de cette espèce d'honoraire qui coûte infiniment plus à demander et recevoir qu'à s'en passer : mais ce casuel est toujours fort peu de chose dans nos paroisses qui ne sont ni les plus riches ni les plus considérables, et qu'on rougit de percevoir de malheureux qu'on sait affliger encore par ce moyen.

Quelles réclamations paraîtront donc, Sire, plus justes et mieux fondées que les nôtres? Daignez-donc, Sire, les peser dans cette profonde sagesse qui dirige cette tendresse que vous avez pour vos sujets. Nous le savons, Sire, ce n'est point votre bienfaisance qu'il faut presser, elle nous est connue; le seul embarras gît à trouver une source d'où jaillissent les secours que nous demandons : elles ne manquent point, ces sources; des êtres plus fortunés et plus puissants que nous y puisent abondamment; nous permettrez-vous, Sire, de vous les indiquer? Ce sont ces commendes, ces bénéfices simples que l'on nomme prieurés et chapelles, dont chaque province renferme bon nombre; leurs revenus, mis en masse et partagés prudemment, vous donneraient, Sire, le moyen de verser chez les vicaires et chez tous les individus que votre justice croirait devoir récompenser une aisance et des gratifications qui concourraient au bonheur de mille individus et plus, tandis qu'elles ne font le bonheur de quelques-uns qui l'ont déjà par leurs bénéfices suffisamment établi; nous le savons, Sire, vous vous êtes formellement déclaré contre toute suppression qui ôterait à votre bienfaisance ces moyens de faire des heureux. Hélas! Sire, votre tendresse, en acquiesçant au projet que nous avons l'honneur de proposer, ne serait que plus amplement satisfaite, par l'accroissement des individus qu'elle rendrait heureux. — Si on alléguait encore ici, Sire, ces charges en prières ou messes que sont obligés d'acquitter les possesseurs de ces commendes, nous sommes à même, Sire, par notre état de les remplir, et nous nous y soumettons volontiers.

Pardonnez, Sire, si nous osons porter à vos pieds des doléances auxquelles, sans doute, votre tendre sollicitude ne s'attendait pas. Nous profitons, Sire, de cet heureux moment où, les avenues de votre trône étant ouvertes à tout le monde, nous n'avons pas à redouter que les cris qu'arrache souvent de nous notre misère ne parviennent sûrement à Votre Majesté, ou que des personnes intéressées à les étouffer dans leurs principes puissent mettre en œuvre ce qui pourrait rendre nos efforts nos faire entendre impuissants.

Permettez-donc, Sire, qu'aujourd'hui que votre bienfaisante attention fait jouer tous les ressorts qui peuvent lui laisser apercevoir la vérité et la situation des différents états qui partagent votre peuple, qu'aujourd'hui que vous nous laissez espérer voir luire sur nous et la postérité des jours plus consolants et fortunés, nous recourions à vous, et qu'en mettant sous vos yeux nos doléances, nous ayons aussi l'honneur de vous présenter nos très-humbles hommages. Daignez donc les accueillir favorablement, et si nous sommes privés de l'inestimable avantage de vous voir, ne le soyons pas au moins de celui d'être entendus et de répéter avec respect : *Domine Rex, propitius esto sorti, converte luctum nostrum in gaudium, ut, viventes, laudemus nomen tuum*. Et ferez grâce et justice.

PLAINTES ET DOLÉANCES

Des habitants de Scy, vignoble près de Metz, le 8 mars 1789 (1).

Art. 1er. — *Population.*

Le village de Scy contient cent-sept feux, entre lesquels il y a dix propriétaires cultivateurs et soixante-dix vignerons à gages, les autres étant des manœuvres, veuves et orphelins qui, pour la plupart, manquent de pain.

Art. 2. — *Cadastre.*

Il comprend dans l'étendue de son ban 318 jours 2 mouées de vignes et 207 jours de terres et prés, dont la majeure partie appartient aux trois différents ordres, tant du clergé que nobles et du tiers-état, et qui résident dans les villes.

Art. 3. — *Imposition.*

Nous avons eu pour imposition en l'année 1788, la somme de. 1,216 liv. 11 s. 6 d. de subvention.
Celle de... 2,469 liv. 11 s. 11 d. d'accessoire à la subvention.
Celle de... 1,681 liv. » » de capitation.
Celle de... 442 liv. » » d'accessoire à la capitation.
Celle de... 971 liv. » 6 d. pour travaux des routes, qui forment la somme de.......... 6,780 liv. 3 s. 11 d. supportée par tous les habitants au prorata des biens qu'ils cultivent.

Le propriétaire cultivateur paye le double d'un vigneron à gages; de plus, ce propriétaire cultivateur paye, indépendamment desdites impositions, les vingtièmes, qui se sont montés cette année à la somme de 1,616 livres 6 deniers. C'est dans cette seule imposition que les propriétaires résidant dans les villes sont compris; de sorte qu'il en résulte deux maux : le premier, c'est que la plupart des propriétaires un peu aisés se retirant dans les villes pour se soustraire aux impositions, et le nombre des cultivateurs diminuant, ceux qui restent supportent tous le poids des imposi-

tions qui n'ont fait qu'augmenter, tant parce qu'il fallait supporter les cotes de ceux qui se retirent que parce qu'elles sont au double depuis vingt ans. Le second, c'est que le vigneron à gages qui ne reçoit pour l'ordinaire que 250 livres ou au plus 300 livres du propriétaire d'avance sur les deux tiers du vin que ledit propriétaire perçoit au prix qu'il juge à propos, ne le taxant pour l'ordinaire qu'à la moitié du prix courant, il arrive que, dans les meilleures années, ledit vigneron à gages n'a pour sa tout charge déduite, que 100 livres ou au plus 150 livres pour vivre et entretenir sa famille, comme on peut le démontrer par la charge des impositions et la cherté des fournitures qui sont au double depuis vingt ans, et qu'il arrive que dans les mauvaises années il redoit au propriétaire l'avance qu'il lui a faite, ce qui doit, par une conséquence nécessaire, empêcher la population et l'éducation des enfants; il faudrait que dans les mauvaises années, l'avance à eux faite leur tint lieu de salaire, et, dans les récoltes copieuses, qu'ils eussent, lors de la taxation des vins, des représentants pour coopérer à une taxation raisonnable.

Pour remédier à tous ces inconvénients, il serait convenable que tous les propriétaires résidant dans les villes payassent la propriété des biens qu'ils possèdent dans nos campagnes, ce qui ne doit pas leur faire de peine, le patriotisme devant les engager à l'offrir eux-mêmes.

Il faudrait aussi que les tailles soient réparties sur toutes les terres, à raison de leur produit, qu'il n'y eût aucune terre exceptée, aucune exemption ni privilège, que les forêts mêmes soient taxées par arpent à raison du produit de leur exploitation, et ainsi des étangs, rivières, etc.

Art. 4. — *Forains.*

Il conviendrait aussi que les forains soient cotisés au rôle des impositions dans les villages où gisent les biens qu'ils possèdent; on éviterait par ce moyen bien des recélés.

Art. 5. — *Vignoble chargé des impositions.*

Les impositions sur les vignobles sont à proportion beaucoup plus fortes que pour les pays du labourage, ce qui paraît injuste, puisque les vignobles sont sujets à plus d'inconvénients, de la gelée, de la grêle, et même supportent plus la cherté des blés que les labourages, la grêle dévastant le canton pour trois ans; d'ailleurs les vignobles ont moins de facilité de faire des nourris de bestiaux et d'avoir des engrais. Aussi voit-on plus souvent des fermiers faire fortune et élever leurs enfants au-dessus de leur premier état que des vignerons qui peuvent à peine leur faire donner une éducation commune.

Art. 6. — *Suppression du commerce des grains.*

Il serait nécessaire, pour que l'on puisse vivre et encourager les vignerons ainsi que les artisans et manœuvres qui sont en plus grand nombre dans ce pays messin, qu'il soit défendu d'exporter et de commercer les grains, qui est une denrée de première nécessité, les profits n'étant que pour la plupart des seigneurs riches et propriétaires des fermes, qui étant les seuls qui eussent pu jusqu'ici se faire entendre près du gouvernement, ont préféré leurs intérêts au détriment et à la ruine du public, en employant le monopole qui suit le commerce prédominant, et opprimant les peuples sous l'ombre d'encourager l'agriculture, ce qui engageait les laboureurs à augmenter

---

(1) Nous publions ce cahier d'après un manuscrit des *Archives de l'Empire.*

extraordinairement les fermes dont le profit n'est pas du tout pour le fermier, mais uniquement pour le propriétaire.

Art. 7. — *Accessoire injuste.*

Les habitants de Scy et des autres villages sont très-outragés et demandent justice de ce que, étant regardés comme des bêtes de somme, on les oblige à payer les impositions sans aucun éclaircissement. Nous payons avec bien du plaisir la subvention, capitation et vingtièmes, espérant qu'elles sont employées au besoin de l'État; mais ce que nous appelons depuis peu accessoire à la subvention et à la capitation nous répugne et nous fait peine, et voici ce qui nous engage à nous plaindre.

Dans les années 1769 où elle n'était pas à la moitié, et les années 1780 où elle était déjà augmentée, mais pas si fort que cette année 1788, les ordonnances de M. l'intendant nous faisaient voir que ces sommes étaient employées :

1° Pour ouvrages imprévus de ponts et chaussées.

2° Pour frais des voyages des inspecteurs et autres employés dans les ponts et chaussées.

3° Pour les intérêts d'une somme due à M. l'évêque de Toul.

4° Pour les fourrages attribués aux commissaires provinciaux de Metz et Thionville.

5° Pour frais des bureaux et des appointements des commis établis en conséquence d'un traité conclu, à Paris, entre Sa Majesté et M. le duc de Lorraine.

6° Pour l'abonnement sur les droits des huiles et savons.

7° Pour l'entretien des pépinières de Metz, Toul et Verdun.

8° Pour les appointements de l'inspecteur des manufactures de Metz.

9° Pour la solde des brigades de la maréchaussée.

10° Pour la quarante-quatrième partie du remboursement des héritages compris dans les nouvelles fortifications de Metz.

11° Pour les dépenses relatives au service des haras de la généralité de Metz, dont il est levé la somme de 40,000 livres sur cette généralité pour cette dépense si peu nécessaire qui nous est très à charge.

12° Pour bois de chauffage aux troupes en garnison dans les villes de Metz et voisines.

13° Pour contribution à la dépense de la destruction de la mendicité.

14° Pour la dépense que les convois militaires ont occasionnée.

15° Pour l'indemnité accordée aux huissiers du conseil.

16° Pour la dépense destinée aux travaux et autres dépenses relatives à la navigation et à ses progrès.

17° Pour l'abonnement des droits des courtiers, jaugeurs et inspecteurs aux boissons.

18° Pour la subsistance des mendiants renfermés dans les hôpitaux à ce destinés dans ce département.

19° Pour la continuation des travaux entrepris à l'effet d'ouvrir des routes de communication dans les pays d'entre Sambre et Meuse, en exécution d'un traité conclu, le 24 mai 1772, entre la France et les États de Liége.

De toutes ces destinations, il devrait y avoir quelque libération ou au moins quelque diminution ; mais pour que nous ne puissions pas en juger, on nous envoie les feuilles des impositions

qui sont plus fortes que dans les temps où toutes ces charges étaient à remplir, sans d'autres éclaircissements que celui de cotiser tous les contribuables pour ces sommes, et de les remettre entre les mains du receveur en exercice qui nous en donne quittance.

Pour empêcher nos justes réclamations, il serait bon de nous faire connaître l'emploi des sommes dont nous sommes chargés et que nous payerons avec une entière satisfaction.

Art. 8. — *Corvée.*

La taille représentative des corvées nous surcharge beaucoup nos impositions, étant le sixième de toutes celles que nous venons d'expliquer ; le gouvernement a cru nous soulager en convertissant la corvée en prestation en argent, ce qui occasionnerait que les habitants des campagnes ne seraient plus assujettis à y travailler; mais nous en payons bien cher la façon, étant portés, cette année 1788, à la somme de 971 livres 13 sous 5 deniers. Nous savons qu'il faut entretenir les routes ; mais dans les années où nous avions notre tâche, et ne pouvant la faire, il nous coûtait pour la faire faire 400 livres ou au plus 450 livres; les routes cependant étaient fatiguées comme elles sont à présent et en meilleur état.

Il serait essentiel et nécessaire que les villages eussent les grandes routes, chacune leurs tâches embornées, qui seraient réparées conjointement avec leur chemin qui y conduit, à la diligence des syndics et membres des municipalités ; que, dans les moments où les travaux des vignes cessent, les pauvres habitants des lieux seraient employés à ces ouvrages et payés au sou la livre des impositions, les propriétaires résidant dans les villes cotisés comme les habitants des campagnes, puisque les chemins ne sont fatigués et ne sont nécessaires que pour conduire et exporter les productions de leurs propriétés ; il conviendrait aussi que les voituriers, rouliers et maîtres de postes payassent une certaine contribution à proportion de leurs roulages.

Les inspecteurs et autres employés dans les ponts et chaussées, chargés de distribuer les tâches, auraient égard aux communautés qui sont éloignées des routes et qui ont des chemins à entretenir pour y communiquer, leur donnant leurs tâches à leur portée et à proportion de leurs charges.

Art. 9. — *Les marcs.*

Indépendamment de ce que les villages vignobles sont plus chargés en impôts que les villages labourables, on leur enlève encore, depuis 1703, par différents arrêts du conseil, leurs marcs de raisin, étant une perte réelle pour le propriétaire cultivateur et même pour le vigneron, dont le prix leur suffirait, et même au delà, pour leurs frais de vendange, le prix de ces marcs étant employé au profit de la ville de Metz. Nous n'avons pas encore été indemnisés de cette perte. Si la ville a des charges nous y contribuons déjà trop par un extraordinaire excessif; nos villages ont des charges, considérables et nous les supportons seuls. Ce serait une nécessité de nous rendre nos marcs et de nous dédommager d'une perte que nous faisons injustement depuis si longtemps.

Art. 10. — *Suppression de la gabelle.*

L'impôt sur le sel, sur les cuirs et sur le tabac, nous est très-dommageable ; les prix de ces denrées sont haussés des deux tiers depuis vingt ans.

Pour remédier à cet inconvénient, c'est que les impôts étant portés sur toutes les terres, comme nous demandons, il conviendrait de supprimer la gabelle dont le nom seul répugne, renvoyer tous ces employés qui doivent par leur multitude absorber tout le profit, et seraient employés à l'agriculture ou tel autre état ou profession qu'ils seraient capables, supprimer les fermes et toutes les régies, ce qui encouragerait les arts de première nécessité.

Art. 11. — *Procès.*

La durée des procès, qui est inconcevable, est occasionnée par la chicane des agents subalternes de la justice dont le nombre est trop multiplié. Les frais d'un procès surpassent souvent la valeur du fonds contesté; l'on voit même cent familles ruinées par les procès, et l'on n'en voit pas une par le feu: il faudrait que le jugement se fasse aussi promptement qu'un conseil de guerre; qu'il y ait un nouveau code de loi égal partout et pas multiplié, qu'il soit lu tous les trois mois par le syndic des lieux à l'assemblée de toute la communauté.

Art. 12. — *Jurés-priseurs.*

Les jurés-priseurs enlèvent la moitié de la succession des pauvres mineurs des campagnes, qui n'ont ordinairement que quelques meubles à vendre dont le prix reste entre les mains de leur tuteur pour les élever.

Art. 13. — *Testament.*

Il conviendrait que les habitants des villages puissent faire leurs testaments en présence des curés et des officiers de justice, dont le dépôt resterait au greffe.

Art. 14. — *Marque de fer.*

L'impôt sur la marque des fers est très-préjudiciable, les outils et toutes les autres choses qui sont nécessaires pour l'agriculture étant plus chers.

Art. 15. — *Bois.*

Les bois sont aussi extrêmement augmentés par la déprédation des officiers de la maîtrise qui les ont dévastés, de sorte que les chars, qui sont de moindre qualité et force qu'autrefois, sont cependant doubles du prix depuis dix ans, de même que le bois de chauffage qui est extrêmement rare; les forges en consument une trop grande quantité.

Art. 16. — *Enclos des prairies.*

Pour que les habitants des campagnes puissent nourrir des bestiaux, il faudrait supprimer l'enclos des prairies; car depuis cette permission de clore, les viandes sont plus chères du double.

Art. 17. — *Commerce des vins.*

Pour faciliter le commerce des vins du pays messin qui sont froids, il faut empêcher les vins étrangers d'entrer dans le pays messin que sous les conditions de payer les droits au profit de la ville, tels qu'ils soient tarifés, parce que si on laisse entrer les vins de Champagne, de Bourgogne et autres quelconques qui sont de meilleure qualité, on les préférerait pour la consommation, ce qui occasionnerait la perte et la ruine du vignoble du pays messin, qui est la majeure partie de son revenu.

Art. 18. — *Répartition égale pour les vignes.*

La répartition des tailles étant mal distribuée le village de Scy payant bien plus à proportion que les autres vignobles, il conviendrait que toutes les vignes soient cotées sur la même règle.

Art. 19. — *Milice rurale.*

Comme l'exemption de toutes sortes de corvées est un privilège à notre province du pays messin pour les officiers des milices rurales qui, étant très-utiles, tant parce qu'il faut de la subordination et de l'ordre que parce que nous sommes frontières et qu'ils sont très-nécessaires pour veiller à la sûreté publique, ils réclament cette exemption, étant le seul honoraire qu'ils désirent, et supplient le seigneur Roi, dont ils ont le bonheur d'être les plus fidèles sujets, de leur octroyer des lettres patentes pour le confirmer et régler irrévocablement leurs droits et leurs privilèges.

Art. 20. — *Richesse des portefeuilles.*

Nous laissons donc à nos députés aux Etats généraux la liberté de décider de quelle façon on percevra la taille sur les grands commerçants et sur les riches qui possèdent des richesses immenses dans leurs portefeuilles; il convient qu'ils contribuent de tout leur pouvoir au besoin de l'Etat, le patriotisme devant les engager à l'offrir volontairement.

Art. 21. — *Vénalité des charges.*

Nous leur laissons aussi le soin de trouver des moyens pour rembourser la vénalité de toutes les charges, pour pouvoir les donner au mérite

Art. 22. — *Suppression du casuel.*

Les corps religieux n'étant respectables et ne devant être conservés qu'autant qu'ils sont l'espoir de l'Eglise, il conviendrait de supprimer les bénéfices simples, dont les revenus seraient employés à fournir une honnête subsistance à des curés respectables qui n'ont pas même le nécessaire dans une faible portion congrue, et à donner une retraite honorable à nos anciens curés que leur zèle et leurs longs travaux ont épuisés, et à augmenter les vicaires, faire payer à nos décimateurs toutes les charges et l'entretien des églises et des presbytères, supprimer le casuel que les peuples ont tant de peine à payer, et pensionner les maîtres d'école qui sont utiles et nécessaires pour donner de l'éducation aux enfants, ce qui leur serait une véritable richesse.

Art. 23. — *Canonicat.*

C'était un privilège annexé à notre province du pays messin, que les enfants nés et naturalisés pouvaient aspirer au canonicat par leur mérite, sans distinction de noblesse. Notre seigneur Roi, sera supplié de nous maintenir dans cette liberté et privilège, étant un serment solennel que le grand et auguste roi Henri IV, d'heureuse mémoire, fit au Messin pour lui et ses successeurs; notre bon Roi, marchant sur ses traces, aura la bonté d'avoir égard à une si juste réclamation.

Art. 24. — *Pigeons.*

Nous avons à nous plaindre aussi de la multiplicité des colombiers qui, dans une lieue de circonférence, sont au nombre de vingt-quatre, dont les pigeons ne sont retenus dans aucun mois de l'année, et qui, malgré les règlements, se rabattent dans nos plaines et font un ravage abominable, surtout lors de la semaille et des moissons; il conviendrait de renouveler le règlement et y ajouter: que lorsqu'il arrivera qu'ils ne seront retenus dans ces mois, il soit permis au cultivateur de les tuer lorsqu'il les trouve dans son champ.

Art. 25. — Cens rachetables.

Nous demandons aussi que tous les cens, rentes et servitudes seigneuriales et ecclésiastiques soient déclarés rachetables, ce qui s rait un point essentiel pour l'agriculture ; l'on propose que les remboursements soient fixés au prorata de leur valeur.

Art. 26. — La clôture des prés.

Il faudrait empêcher et arrêter par un arrêt du conseil les bestiaux d'entrer dans les prés, depuis le 1er janvier jusqu'après la fenaison ; les dégels occasionnent le détériorement desdits prés; de plus, c'est qu'il ne peut y avoir à la sortie de l'hiver aucune pâture.

De toutes ces suppressions on dira : Où prendre, pour les besoins de l'État, tous ces impôts formant un capital? Mais aux grands maux les grands remèdes. La France a de grandes ressources; chacun n'a qu'à payer à proportion de ses facultés, sans aucune exception ; point de priviléges, ni d'exemption; tous étant sujets, tous doivent contribuer unanimement à la cause commune. On n a aussi qu'à substituer la Pragmatique-Sanction au Concordat, ce qui soulagera les peuples et raffermira la fortune de l'État.

Art. 27. — Création des États provinciaux.

Notre seigneur Roi sera aussi supplié de créer des États provinciaux dans la province d'Austrasie, sur le plan des États généraux et de confirmer les municipalités dans les villages, en fixant irrevocablement leurs droits et leurs priviléges.

Nous prions nos députés aux États généraux d'avoir égard aux susdites réclamations et d'appuyer de tous leurs pouvoirs à l'accomplissement de nos vœux.

Délibéré à Scy, le 8 mars 1789.

Résumé des doléances du présent cahier.

Art. 1er. Que les impôts étant presque tous à la charge des habitants des campagnes, il conviendrait cotiser exactement tous sans distinction, clergé, nobles et privilégiés, à proportion de leurs revenus et facultés; que les grands négociants, les riches qui possèdent des biens immenses dans leurs portefeuilles contribuent de tous leurs pouvoirs aux besoins de l'État.

Art. 2. Les impositions étant beaucoup plus fortes pour les villages vignobles que pour les pays du labourage, on doit y avoir égard.

Art. 3. Pour que l'on puisse vivre aisément et pour aider à la population, c'est l'abondance; et pour l'avoir, il faut empêcher l'exportation des grains, denrée de première nécessité, hors du royaume, et que les vignerons soient salariés.

Art. 4. Nos députés aux États généraux feront rendre compte, avant la suppression des intendants, de l'emploi des extraordinaires qui sont doublés depuis vingt ans.

Art. 5. Les corvées remises sur l'ancien pied étant au double dans sa conversion en argent, il faudrait seulement observer que les propriétaires des villes payassent au sou la livre des impositions des biens qu'ils possèdent dans nos campagnes ; les voituriers et les marchands, etc., chargés aussi d'y contribuer.

Art. 6. Supprimer l'arrêt du conseil qui permet l'octroi des marcs de raisin qui sont employés tous les ans pour la ville de Metz.

Art. 7. L'impôt sur le sel, sur les cuirs et sur le tabac, supprimé ; c'est nous rendre l'air que nous respirons.

Art. 8. La durée des procès inconcevable ; il faudrait que la justice nous soit rendue comme dans le militaire.

Art. 9. Les jurés-priseurs supprimés.

Art. 10. Supprimer l'impôt sur la marque des fers.

Art. 11 Supprimer l'enclos des prairies.

Art. 12. Supprimer les officiers de la maîtrise, étant les seules causes de la cherté des bois par leur déprédation, ainsi que les forges.

Art. 13 Faciliter le commerce des vins de Metz et empêcher l'entrée des vins de Bourgogne, etc., que sous les conditions de payer les impôts tarifés ; on les préférerait pour la consommation.

Art. 14. L'exemption de toutes sortes de corvées pour les officiers des milices rurales, la subordination étant nécessaire dans les villages et attachant quelques priviléges pour donner de l'émulation.

Art. 15. Rembourser la vénalité des charges pour les donner au mérite.

Art. 16. Supprimer les maisons religieuses inutiles à l'Église, employer leurs revenus pour fournir à la subsistance de ceux qui n'ont pas leur nécessaire dans une portion congrue ; augmenter les vicaires, supprimer le casuel que les pasteurs n'osent demander et que les peuples ne peuvent pas payer; obliger les décimateurs à l'entretien des églises et des presbytères, les obliger aussi à donner des pensions aux maîtres d'école.

Art. 17. Rendre aux Messins leurs priviléges au sujet des canonicats.

Art. 18. Renouveler le règlement au sujet des pigeons; qu'ils soient retenus lors des semailles et des moissons, ou qu'on les puisse tuer sur le champ.

Art. 19. Que les cens, rentes, etc., seigneuriales soient remboursés au prorata de leurs revenus.

Art. 20. Que l'on fasse un règlement au sujet des troupeaux qui détériorent les prés après le dégel.

Art. 21. Qu'il y ait un nouveau code de lois pour les villages, égal partout, et pas multiplié.

Art. 22. Que l'on substitue la Pragmatique-Sanction au Concordat.

Art. 23. Que le Roi crée des États provinciaux dans la province d'Austrasie, sur le plan des États généraux.

Art. 24. Priant nos députés aux États généraux d'appuyer à l'accomplissement de nos vœux.

Délibéré à Scy, le 8 mars 1789.

Signé T.-E. Rollin, François Arnoux, S. Collignon, Dominique Nida, François Thomas, Jean Camus, Jean Berne, Usse, François Arnoux, Dauxiaires, Nicolas Arnoux, Nicolas Dexit, F. Lavualle, J.-F. Arnoux, Jean Hoccard, Pierre Thomassin, Claude Pavares, P. Bazaine, député, Bradin membre.

Dix-neuvième et dernière page qui a été signée et paraphée par premier et dernier côtés par moi, greffier soussigné, en l'assemblée municipale de Scy, le 5 juin 1789.

Signé Henry Harquel. J. Rollin greffier.

Copié littéralement.

VŒU

DES TROIS ORDRES DE LA VILLE DE METZ ET DU
PAYS MESSIN,

*Au sujet du nombre respectif des députés de cha-
que ordre aux États généraux.*

EXTRAIT

*Des registres des trois ordres de la ville de Metz et
du pays Messin du 19 novembre* 1788 (1).

En l'assemblée de Messieurs des trois ordres dûment convoqués en la forme ordinaire,

MM. les commissaires chargés par la délibération du 4 du présent mois, de faire et dresser toutes
les instructions et observations nécessaires pour
le bien de la ville et du pays messin, au sujet de
la prochaine assemblée des États généraux (l'un
d'eux portant la parole) ont dit :

« Messieurs,

« Dans ce moment de régénération pour la
France, dans ce moment où l'administration appelant de tous côtés la lumière, invite les citoyens à lui faire part de leurs observations pour
la meilleure forme de l'assemblée des États généraux, les trois ordres qui se sont fait entendre
dans toutes les circonstances importantes concernant la province, pourraient-ils garder le silence ?
Nous avons, Messieurs, pressenti votre vœu d'après
la connaissance que nous avons de votre patriotisme, et nous avons l'honneur de vous présenter
quelques réflexions que nous soumettons à vos
lumières.

« Si nous remontons au berceau de la monarchie,
nous verrons que dans les premiers siècles où les
Francs étaient tous égaux, la majesté du souverain sut se concilier avec la liberté du peuple.

« Le régime féodal qui s'introduisit quelque
temps après la conquête de Clovis, éloigna pendant un temps de l'administration cette classe
importante de citoyens. Mais sous Philippe le
Bel, ils rentrèrent dans l'exercice de leurs droits
primitifs, et ils eurent voix délibérative dans les
assemblées nationales, concurremment avec la
noblesse et le clergé.

« Ces assemblées en qui réside exclusivement le
droit d'accorder des subsides, et qui sont connues
depuis ce temps sous le nom d'États généraux, ne
furent plus convoquées sans que les trois ordres
y fussent réunis.

« Le premier de ces ordres, organe d'un Dieu de
bienfaisance, en attachant le peuple au gouvernement par les motifs d'espérance et d'amour que la
religion inspire, exerce un ministère respectable
et précieux aux yeux de l'humanité; le second
est destiné, d'après la constitution de la monarchie, à consacrer ses jours pour la défense de la
patrie.

« La noblesse des sentiments de ces deux ordres
est connue; aussi, Messieurs, cette conviction en-
courage-t-elle, lorsqu'il s'agit de plaider devant
eux la cause du peuple qui est liée essentiellement au bonheur et à la durée de tout gouvernement.

« Cette vérité, si évidente par elle-même, est
confirmée par l'histoire. Considérons la Pologne,
dont l'origine remonte presque à la même époque que la monarchie française. Ce royaume a
conservé son ancien gouvernement aristocratique,

(1) Nous publions ce cahier d'après un manuscrit des
Archives de l'Empire.

le même que la France avait, avant que le tiers-
état eût été admis aux États généraux. Qu'en est-
il résulté ? La Pologne, où il n'y a que des esclaves et des maîtres, et par conséquent, point de
patrie, cet empire, qui, du côté de l'étendue et
des ressources territoriales, présentait à bien des
égards plus d'avantages que la France, après
avoir été pendant un siècle le jouet des États
voisins qui lui ont dicté des lois, s'est vu récemment démembrer sans opposer de résistance.

« Les efforts de Pierre Ier et de Catherine II, pour
assurer une existence légale et libre au tiers-état
dans leur empire, attestent assez bien qu'ils ont
senti son importance.

« Si, après ces grands exemples, nous consul-
tons nos annales, nous verrons que la ville de Metz
et le pays messin, qui anciennement avaient un
gouvernement aristocratique, ne jouirent d'une
constitution stable et vigoureuse que lorsque les
trois ordres de citoyens s'unirent entre eux et
consentirent, d'un accord unanime, de supporter
en commun toutes les charges du gouvernement;
l'intérêt de la patrie devient celui de chaque citoyen. On vit la république messine, qui n'avait
qu'un territoire très-borné, suffire aux dépenses
de l'administration intérieure, entretenir chez elle
des compagnies de gens armés, soudoyer des
princes voisins, soutenir avec des forces inégales
des guerres renaissantes pendant trois siècles
contre les Lorrains et les Barésiens, souvent con-
fédérés avec d'autres souverains. Dans ces temps
orageux, toutes les volontés, réunies comme un
seul faisceau, acquièrent une énergie dont on peut
difficilement se former une idée.

« Le tiers-état est en population, relativement à la
noblesse et au clergé, comme 99 sont à 1. Il
partage avec ces deux ordres, dans un rang inférieur et plus pénible, toutes les fonctions qu'ils
exercent. C'est lui qui recrute les armées, c'est
lui qui, dans les villes et dans les campagnes,
surtout, chargé d'annoncer les vérités de la religion, témoin et consolateur de la misère du
peuple, en supporte souvent avec lui le fardeau.

« Outre ces fonctions qu'il remplit concurremment avec la noblesse et le haut clergé, il exerce
encore le premier et le plus utile des arts : ces
travaux, il rend la terre féconde, il fait fleurir
les manufactures et le commerce, il fournit des
orateurs au barreau, des juges dans les tribunaux :
en un mot, toutes les classes de citoyens, tous les
genres de culture et d'industrie, il vivifie tout, il
est l'âme universelle de la société.

« Le tiers-état formant, ainsi qu'on vient de l'observer, les 99 centièmes de la nation, supportant
presque la totalité du fardeau des subsides, n'est-
il pas juste qu'il influe également sur leur assiette ?
Et le moyen d'opérer cette influence égale, peut-
il être autre que d'avoir dans les assemblées nationales un même nombre de députés que le
clergé et la noblesse réunis ? Qui consultera-t-on
pour la fixation des impôts, si ce n'est ceux qui
doivent principalement en ressentir le poids ?

« Et à ce dernier titre, quel droit le tiers-état
n'a-t-il pas d'être entendu, si on considère la
surcharge que font retomber sur lui les exemptions
des privilégiés ? Mais n'anticipons pas sur des
questions qui seront sans doute agitées aux États
généraux.

« Bornons-nous à observer que la noblesse pourrait d'autant moins s'opposer à supporter avec
le peuple une partie des impôts, qu'elle n'a plus
en sa faveur les mêmes motifs d'exemption qu'elle

avait autrefois. Du temps de la féodalité, elle était obligée de s'armer et de soutenir la guerre à ses frais, sous la bannière du souverain. Mais maintenant que depuis longtemps elle n'est plus tenue à ce devoir, maintenant que c'est le Roi et la nation qui l'arment et la soudoient, est-il juste qu'elle conserve en totalité des prérogatives, qu'elle n'avait eues qu'à des conditions qui ne subsistent plus?

« A l'égard du clergé, il a annoncé lui-même, par l'organe de son président dans l'assemblée des Notables du 25 mai 1787, que la qualité de ministre des autels ajoutait encore aux devoirs que lui impose celle de sujet et de citoyen ; il a annoncé combien il est éloigné de toute prétention qui puisse aggraver le fardeau des contributions publiques.

« Ces sentiments où respire le patriotisme, et que le clergé partage avec la noblesse, nous sont un sûr garant que ces deux ordres ne s'opposeront point à ce que leurs voix ne soient égales en nombre à celles du tiers-état dans l'assemblée des États généraux, dès qu'il n'en peut résulter qu'une répartition juste et proportionnelle.

« La demande du tiers-état est d'autant plus fondée, que dans la réalité, l'ordre de la noblesse et celui du clergé n'en font qu'un, puisqu'ils jouissent à peu près des mêmes prérogatives et exemptions, et que ne s'adonnant ni au commerce ni aux arts, ils ne peuvent guère être considérés que comme propriétaires.

« L'égalité qu'on demande pour le tiers-état, outre qu'elle est de toute équité, n'est point contraire à ce qui s'est observé jusqu'à présent pour la convocation des États généraux. Aucune loi n'a fixé le nombre des députés du tiers-état à ces assemblées ; ils ont été quelquefois en grand nombre, d'autres fois dans une moindre proportion.

« Aux États de Tours, en 1484, ils ont surpassé celui de la noblesse et du clergé réunis.

« La proposition d'envoyer un nombre égal de députés du tiers-état à celui des deux autres ordres doit souffrir d'autant moins de difficultés, que cette proportion a été adoptée pour l'établissement des assemblées provinciales du Berri et de la Guyenne. Elle a obtenu le suffrage des notables pour la composition des assemblées provinciales du reste de la France. Ces citoyens respectables, en qui le prince et le peuple ont mis une si juste confiance, pourraient-ils décider différemment aujourd'hui relativement aux États généraux?

« Cette proportion a été trouvée juste lors de la composition toute nouvelle des États du Dauphiné, et le gouvernement vient d'y donner sa sanction.

« Enfin les trois ordres, par leur demande, ne font que réclamer les droits que leur donne leur constitution.

« Du temps de la République, les trois ordres, en vertu d'une ancienne confédération, supportaient également les impôts. Les ecclésiastiques, qui, dans l'origine, ne s'étaient point réunis à la noblesse et au tiers-état, demandèrent d'accéder à la confédération, convaincus que cette union de la noblesse et du peuple tendait à la prospérité de la République et contribuait non-seulement au bonheur public, mais à entretenir l'affection réciproque des citoyens..... Ils adhérèrent à l'alliance des deux autres ordres et arrêtèrent de se soumettre, eux et leurs biens, aux conditions sous lesquelles elle avait été formée (1).

(1) Videntes autem hæc ecclesiastici..... Fædus prædictum pro felicitate Reipublicæ inductum et initum.

« Le tiers-état, en admettant dans la confédération l'ordre du clergé, n'a certainement pas entendu consentir à rien perdre de ses droits ; et ce qui le prouve, c'est qu'il a toujours été plus fort en nombre que les deux autres ordres réunis, comme il l'est encore maintenant.

« C'est donc la confirmation de la composition actuelle des trois ordres, que vous demanderez, Messieurs, en réclamant l'égalité de suffrages entre le tiers-état et les deux autres ordres réunis ; composition maintenue depuis la réunion des trois ordres à la couronne.

Ainsi, quand même il serait décidé, pour le reste du royaume, que le tiers-état ne doit pas être en nombre égal, dans les assemblées nationales, aux deux autres ordres réunis, la ville de Metz et le pays messin devraient faire une exception, en vertu de leurs privilèges confirmés par tous nos rois. »

La matière mise en délibération, et le procureur-syndic ouï en ses conclusions et réquisitions, l'assemblée ayant mûrement examiné et pesé toutes les raisons de justice et d'équité sur lesquelles est fondé le plan de MM. les commissaires, et considérant en même temps que son exécution est essentiellement liée au bonheur des peuples, et indispensable pour le succès des vues bienfaisantes de Sa Majesté, en persistant à sa délibération du 4 dudit mois, a arrêté de demander avec instance que les députés du tiers-état de la ville de Metz et du pays messin, aux États généraux, soient en nombre égal à celui des députés du clergé et de la noblesse réunis ; qu'à cet effet sa délibération et les raisons qui la motivent seront imprimées et envoyées sans délai à monseigneur le garde des sceaux, à monseigneur le secrétaire d'État ayant le département de la province, à monseigneur le directeur général des finances et à l'assemblée des Notables, comme le vœu libre et pur de citoyens qui n'ont d'autres vues que le plus grand bien de l'État.

Fait à Metz, en l'assemblée des trois ordres, le 19 novembre 1788.

Signé :

Fromantin, archidiacre, chanoine et député du chapitre noble de l'église cathédrale de Metz.

Maujean, chanoine et député de la collégiale de Saint-Sauveur.

Ristelhubert, chanoine et député de la collégiale de Saint-Thiébault.

Dom Jeantin, député de l'abbaye de Saint-Arnould.

Dom Breton, député de l'abbaye de Saint-Symphorien.

Schweitzer, député de l'abbaye de Saint-Louis.

Wesque, député de l'abbaye de Sainte-Glossinde.

Crépin de La Voivre.

Le Duchat de Rurange.

Le chevalier de Flin.

De Tinseau.

Dosquet de Tischemont, de l'ordre de la noblesse.

Dedon, conseiller et député du bailliage.

Camus ; Bourgeois ; Cunin ; Millet ; Tiébauld.

Aubertin, La Lance, Raux de Tonne-les-Prés.

Pantaléon ; Vernier, conseiller échevin.

Harvier, doyen des avocats ; Pierre ; Humbert.
Hillaire, conseiller au bailliage ; Baudesson ; Chenu.

Blouet; Jacquinot, avocat; Collignon; Pantaléon ; Courageux, ancien échevin.

Munico ; Janès, député de la paroisse Saint-Jacques.

Fizi, député de la paroisse Saint-Martin ; d'Hermange.

Poinsignon, député de la paroisse Sainte-Croix.

Ladrague, député de la paroisse de Saint-Maximin.

Woirhaye, député de la paroisse de Saint-Eucaire.

Pantaléon ; Robiche, députés de la paroisse de Saint-Simplice.

Lamarle, député de la paroisse Saint-Gorgon.

Joly, député de la paroisse Saint-Marcel.

Sechehaye, député de la paroisse Saint-Livier.

Pécheur, député de la paroisse Saint-Victor.

Gilbrin, député de la paroisse Saint-Georges.

Woirhaye ; Jaunez, députés de la paroisse Saint-Etienne.

Berger, député de la paroisse Saint-Segolène.

Humbert, député de la paroisse Saint-Jean Saint-Vic.

Regnier, député de la paroisse Saint-Simon.

Et en marge, Sechehaye, procureur syndic.

Et plusieurs de Messieurs du clergé, de la noblesse et du tiers-états, qui ont été empêchés d'assister à l'assemblée du matin ayant pris communication de la délibération des autres parts, ont déclaré qu'ils y adhèrent.— Fait à Metz, au greffe de l'hôtel de ville et des trois ordres, le 19 novembre 1788. — *Signé* Pouchot, député de la collégiale de Saint-Sauveur ; Dom Rossignol, député de l'abbaye de Saint-Vincent ; Dom Irenée Herbin, Dom Duval, députés de l'abbaye de Saint-Clément ; d'Angerville, ministre et député de la Trinité ; Joly de Maizeroy, de l'ordre de la noblesse ; Leclerc, de La Barre, Rouyer, anciens conseillers échevins ; Rouyer, député de Saint-Maximin ; Mathieu, Lallemand, députés de Saint-Gengoult. Collationné. *Signé* Fenoüil, secrétaire greffier en chef des trois ordres.

FIN DU TOME TROISIÈME.

ARCHIVES PARLEMENTAIRES.

PREMIÈRE SÉRIE.

TABLE PAR ORDRE DE MATIÈRES

DU

TOME TROISIÈME

www.ingramcontent.com/pod-product-compliance
Lightning Source LLC
Chambersburg PA
CBHW030008220326
41599CB00014B/1739